封扉题签：姚奠中

国家十二五规划项目

三晋石刻大全

●吕梁市临县卷（上）

主编 郭时键

三晋石刻大全

总主编 李玉明 李俊明

山西出版传媒集团
三晋出版社

《三晋石刻大全》编纂委员会

《三晋石刻大全》吕梁市编纂指导委员会

《三晋石刻大全·吕梁市临县卷》编纂委员会

凡　例

一、以抢救和存史为收录原则。收录范围：以《三晋石刻总目》为基础，凡古代、近现代和新中国成立后现存和佚失石刻全部全文收录（其中新中国成立后没有社会文化价值的私人墓碑等除外）。收录上下限：上限从本地最早的石刻起，下限到定稿为止。

二、以县（市、区）分卷，原则上每县（市、区）一卷，另有山西省博物院卷、五台山卷、晋商会馆卷和总目各一卷。

三、“概述”为一个县（市、区）或石刻收藏单位总论性的文章，既有资料性，又有学术性，内容主要包括：石刻历史发展（收藏）演变情况、现在分布区域、类别、时代、数量和保存情况，重要石刻简述、主要特色和价值评估、保护和利用建议等。

四、石刻单位称谓：各类碑刻（包括造像碑）一律称“通”；石碣（或刻石），称“块”或“方”；经幢（包括石幢）称“尊”；墓志和墓志铭，有盖的称“盒”，无盖的称“方”；画像（图像）石、匾额、塔铭、法帖，称“方”或“块”；摩崖题记称“处”或“条”。石柱，称“根”；戒牒，刻在碑上的称“通”，刻在碣上的，称“方”或“块”。石刻录文称谓：碑，称“碑文”；碣（刻石），称“碣文”或“刻文”（镌刻诗赋的，称“诗文”）；造像碑（含座），称“发愿文”；墓志铭和墓志，称“志文”；石匾，称“匾文”；镌刻帝王诏令的，称“敕文”；摩崖题刻、画像石、石幢（内容非经文者）、石柱等，称“题记”或“题刻”；经幢，称“经文”；塔铭，称“铭文”；墓表，称“表文”；石对联，称“联文”；戒（度）牒，称“牒文”；法帖，称“帖文”。

五、不设篇、章、节，一件石刻独立成篇。全卷录文分两部分，即现存石刻、佚失石刻。以县（市、区）为纲，分别按时代顺序排列，不分类。

六、每件石刻编纂内容包括名称（全称）、简介、录文（全文）。另附照片或拓片。

七、凡涉及人物的石刻，“简介”除介绍石刻外，还介绍人物的生卒年、籍贯、主要官职、生平事迹、著述等；凡涉及人物籍贯的，一律用原地名，括号内注明今地名。如郭泰，太原界休（今山西省介休市）人。

八、新中国成立以来，有不少石刻陆续由原址搬迁到异地，这部分石刻均由现收藏单位收录。地址一律按原址书写，然后注明搬迁时间和地点。

九、真假或断代暂无定论的石刻，可沿用旧说或存疑。有几种说法的，诸说并存。

十、纪年：1912 年以前的石刻一律用历史纪年，括注公元纪年，如唐贞观元年（627）。括号内公元纪年前后不加“公元”和“年”字。1912 年至 1949 年 10 月 1 日中华人民共和国成立前，一律用民国纪年，括注公元纪年，如中华民国 16 年（1927），也可写成“民国16年（1927）”。民国年号用阿拉伯数字，不用汉字。1949年10月1日之后，一律用公元纪年。

十一、表示体积、面积等尺寸的，单位用“厘米”。如长（或高）120、宽60、厚20厘米，长、宽均不加“厘米”二字，用顿号间隔。

十二、收录的石刻文字原为繁体字的，仍用繁体字；原为简化字的，仍用简化字。1957年汉字简化之后，有的碑繁简混用，录文尽量保持原貌，以保存史料的真实性。录文横排，原则上根据文意分段，不易分段的，可以连排。编者所加文字，用楷体字，并加圆括号，以与正文宋体字区别。如“（碑阳）”“（碑阴）”等。

十三、收录的石刻文字，只作标点，不作校勘，原文中的错别字、异体字、通假字及不当之处等，一般保持原貌，不作甄别、注释和括注。

十四、石刻文字漫漶、剥泐不清的，用一字一“□”表示。漫漶、剥泐字数不清的，用“……”或“下阙”表示。

十五、索引按类编排，使本书既可按历史顺序阅读，又可按类检索，互为补充，相得益彰。

总序（一）

李玉明

石刻，指镌刻有文字的历代碑、碣、造像碑、经幢、石幢（内容非经文者）、摩崖题记、墓志铭、画像石等，是历史文化的重要载体。

石刻，有狭义和广义的两种理解。狭义的理解，专指“碑”；广义的理解，包括碑、墓志、造像等各类刻石。

所谓“碑”，汉以前就有了，但那时的碑不是为了刻字，而是立于宗庙、学校，用以观日影、记时刻、测方向的。古代礼仪规定，主人迎宾进宗庙之门要当碑而揖。祭祀时亦常常把祭祀用的牛羊等牺牲先拴于碑上。碑在古代还有另一种用途，是立于墓前用于棺木下葬，称为“窆石”，下棺时用以固定辘轳。所以早期的墓碑中上部有穿，称之为“碑穿”，用以系绳下棺；在宗庙之碑则为系牺牲的牛羊所用。因此，最初碑的用途并非为了刻字，而是实用。

现代意义上的“碑”，兴起于西汉而盛于东汉。原来在西汉以前，即商周时期，歌功颂德的文字铸刻在钟鼎彝器上，西汉开始以石代金，用碑记载功德和事件了。这即是金石铭文的由来。

从西汉“碑”开始镌刻文字以来，历朝历代的碑刻大体相似，均由碑首、碑身、碑座三部分组成。但各类碑之间又呈现繁多的样式。碑首有圭首、圆首、平首、梯首、冠形首、螭首等。碑身以长方形为多，另有倒瓶形，六棱、八棱形，正方柱形，扁方形等。碑座有龟趺形，形状庄重，采用得最多。古人以龟为长久，常常以龟（实际称赑屃）背碑。碑的种类有功德碑，记载文臣武将的文治武功；庙碑，种类繁多，记述庙的修建历史；墓碑，记载死者籍贯、世系、事迹及卒葬时间等。还有记事碑、纪念碑、文告碑、诗文碑等。

从现代广义上讲，凡是镌刻有文字的石刻都可以称为碑刻，而在先秦时除“碑”以外，其他都不称碑，而称“刻石”。我国迄今发现最早的刻石是商代的《小臣系毁》和一些石磬刻字。以后有秦石鼓文，秦始皇峄山、泰山、琅琊台刻石等。汉以后这些刻石逐渐统称碑石了。佛教传入中国和中国道教兴起后，又出现了宗教刻石及造像。山西是我国中原地区宗教刻石最早产生和发展的省份之一，云冈石窟、天龙山石窟，以及现在散存在全省各地大量的经幢、石幢、造像碑等刻石，见证了这一历史发展的轨迹。另外，作为墓碑衍化物的墓志，起源于汉代，形制为长方形。而标准方形的墓志则兴起于魏晋南北朝，大盛于唐，是碑刻的重要组成部分。比如山西现存的北魏司马金龙墓志，封和宠、辛祥墓志；北齐裴良、厍狄回洛、娄叡墓志；东魏刘懿墓志等。

石刻最大的特点，是能长久地保存下去，故称为刻在石头上的历史，简称“石史”。它最大的功用，是可以证史、补史和纠正官修书面历史记载的舛误，在弘扬民族文化，借鉴历史经验，在社会主义经济建设、政治建设、文化建设、社会建设和生态文明建设服务等方面，都有十分重要的意义，历来受到地方当局、有关社会组织和个人爱好者重视。例如，我国现存最早最大的殿堂式建筑五台山佛光寺东大殿，1937年梁思成先生调查发现后，轰动了国内外学术界。殿前镌刻于唐大中十一年（857）的经幢，解决了该殿学术上的两大问题。一是根据经幢的记载，该殿始建于唐德宗大中十一年（857），不仅使该殿是唐代建筑得到了有力的佐证，而且使这座国宝级文物建筑有了准确的纪年，其学术价值大大被提升。二是从这尊经幢的记载中得知，佛光寺东大殿的施主（即捐资人）是长安官宦人家出身的女弟子“宁公遇”。由于施主的身份高，其建筑的级别也相应被提高。又例如，山西现存18000多处古建筑，其每处建筑的历史沿革，要么文献记载简单，多数只一句话；要么查不到任何记载。而这些建筑前前后后的历史发展变化情况，主要靠现存碑刻的记载来见证，因而各座古建筑附属的碑刻就成了该古建筑历史沿革有力的证据。再例如，山西历史上的灾荒不断，元大德七年（1303）平阳、太原地区曾发生过山西历史上最大的一次地震；清光绪三年（1877）

曾发生过山西历史上最大的一次旱灾，连续三年颗粒无收，死亡百姓不计其数，并出现了人吃人的现象。这些灾荒，由于历史的原因（如信息不畅），或是地方官员为保乌纱帽，有意隐瞒，因而文献记载零碎简单，甚至缺失无记载。而民间百姓在灾荒过后却镌刻了不少碑刻，使后人永志不忘。这些灾荒碑虽有不少毁于战火，或被人为破坏，但各地保存至今的仍有不少，已成为研究山西历代地震、水旱等自然灾害的宝贵资料。除灾荒碑外，存世的还有不少古代科技方面的碑石，是研究当地农林水利、医药等发展的重要实证。三晋石刻是山西省一个丰富多彩的重要人文资源，因此，编辑出版《三晋石刻大全》，不仅具有深远的历史意义，而且有可资借鉴的现实意义，是功在千秋、荫及子孙的一件好事、善事。

自宋代兴起金石学以来，访求石刻是历代众多史学家、方志学家们的终生爱好和一生的追求。山西自明成化十年（1474）创修《山西通志》时，就收录了“金石”资料，现在能够作为代表的是清光绪年间山西巡抚胡聘之主编的《山右石刻丛编》。这套《丛编》于光绪二十五年（1899）出版，共 40 卷，收录北魏至元代计 14 个王朝 840 余年的各类石刻 720 通（件）。还有在此之前于光绪十八年（1892）官修的《山西通志·金石记》（单行本称《山右金石记》），杨笃（秋湄）主编，收录汉以来碑刻 1550 余通。《山西通志·金石记》与《山右石刻丛编》比较，前者“有则录之，存亡不计”，后者“存者收录，亡者不述”。

山西历史上石刻最多时究竟有多少，谁也说不准。新中国成立后，经过文物部门的多次调查和普查，山西现存各类碑碣大约 5 万。清代著名金石学家叶昌炽在《语石》中说：“大抵晋碑皆萃于蒲、绛、泽、潞四属。”四属原都称州，大体上是现在的运城、临汾、晋城、长治四市，即山西南部地区。《山右石刻丛编》收录的 720 通碑刻，属于上述四州的有 496 通，占全省的 68.9%；《山西通志·金石记》收录的 1550 余通碑刻，属于上述四州的有 993 通，占全省的 64%；现存的 5 万余通石刻中，上述四市占了全省的一半以上，叶氏的论断基本是正确的。但除上述四州（四市）外，其他地区也有不少碑刻存世，其中不乏精品，同样应予重视。

新中国成立以来，山西省文物考古部门和有关部门、团体以及个人爱好者，在石刻的调查、保护、拓印、研究、出版等方面做了大量工作，取得了一定成果。但这些成果比较零星分散，缺乏全面性、系统性；也没有一个专门访求石刻的机构，使这项事业的发展受到一定制约。其次，历史资料少而缺失，已出版问世的石刻著作，存量极少，不仅难求，而且收录不全。比如，《山右石刻丛编》和《山西通志·金石记》均只收录到元代，且遗漏不少，大量明清时期的碑刻又未被采撷，造成历史的遗憾；宋代赵明诚的《金石录》只收录山西唐以前碑石 45 通；清代王昶的《金石萃编》，只收录山西元以前碑石近 30 通。所有这些，都需要我们在前人研究成果的基础上，做大量的拾遗补缺工作。第三，建国以来又新发现了大量的石刻，特别是新发现和出土了一批重要的墓志铭、摩崖题记、造像碑等，大大丰富了山西石刻的研究资料。比如北朝至隋唐一批重要墓志的出土、黄河沿岸等处汉以来漕运摩崖题记和一批早期造像碑的发现，以及其他一大批新发现石刻的著录登记等，都是重要的石刻资料，这些都需要有人去进一步访求和研究。第四，石刻文物具有不能再生性的特点，毁一件即少一件。比如北周武帝二次灭佛，山西的汉碑及三国两晋碑除郭泰碑外，全部被毁。郭泰碑后来也流失不存，造成了“山右无汉碑”的历史遗憾。当前仍存在盗窃和建设工程中人为破坏石刻文物的严重现象，自然损毁也日益加剧，古老石刻随时都有流失和被毁的危险。因此，抢救保护石刻，将其全部著录在册，世代流传下去，是当务之急，是带有抢救和存史双重重要性质的宏大工程。

为了全面系统地开展三晋石刻的访求和研究工作，三晋文化研究会成立以来，即借鉴历史经验，适应形势的需要，挑起了保护研究石刻传统文化这个重任。从 1990 年开始，即着手分市编辑出版《三晋石刻总目》，到 2006 年底，已有 9 个市的《总目》正式出版，共收录存碑 11878 通，佚碑 4168 通，合计 16046 通。

在基本完成《三晋石刻总目》编辑出版的基础上，三晋文化研究会从 2007 年正式开始编辑《三晋石刻大全》。《大全》以《总目》为基础，将新中国成立前后的碑刻，不论存佚，有文则存，全文抄录，并断句。同时，每篇加“简介”，附照片或拓片。基本上每县（市、区）1 卷，山西博物院和五台山、晋商会馆各 1 卷，再加记事总目录 1 卷，全省预计 125 卷。

分步编辑出版的山西石刻研究成果，其资料价值、历史价值、学术价值和使用价值都将远远超过以往出版的石刻著作，将成为山西有史以来的首创之作，流芳后世，意义深远！

是为序。

总序（二）

李俊明

2024年8月换届产生的山西省三晋文化研究会第七届理事会，坚持以习近平文化思想为指引，全面贯彻党的二十届三中全会精神，认真落实省委“加强三晋文化研究和活化利用”的部署要求，以山西正在做的事情为中心，突出“六个紧紧围绕”，深入开展古色文化、红色文化、绿色文化、土色文化、墨色文化等“五色文化”立体研究，探索开展黄河文化、长城文化、太行山（第三阶梯线）文化、万里茶道（晋商古道）文化、万里移民文化等“五线文化”集成研究，展示“五彩山西”形象，凸显山西“一地中、两枢纽、三中点”特殊地位。

山西是中华文明的重要发祥地之一，历史悠久，文化灿烂，遗存丰厚。特别是珍藏在三晋大地上海量的石刻遗存，是山西文化大省的重要标志，是“五色文化”的重要载体，是“五线文化”的重要见证。

回望历史，中华民族素有树碑立传的文化传统。这些镌刻在石头上的文字，形式多种多样，内容包罗万象，是中国社会史上原始、鲜活的史料，可信度高，具备极高的学术研究价值，构成中华历史文献的重要部分。自宋代以来，金石学逐渐成为一门显学，著述和文献成果层出不穷。

据近年对山西石刻文献的系统整理知悉，全省所存各类石刻总量当在50000种左右，在中华石刻总量上占有很高的比重，而且有许多名碑，如唐太宗李世民亲撰并书写的国内第一通行书碑《晋祠之铭并序》，有唐武则天时期无名氏篆书的《碧落碑》，有苏轼撰写的《司马光神道碑》（俗称《杏花碑》），有宋代驸马潘师旦主持编刻的名帖《绛帖》，有明代藩王府朱奇源主持刊刻的《宝贤堂集古法帖》，等等，均属国内名碑名帖，是三晋“墨色文化”中的瑰宝。

整理出版《三晋石刻大全》，是中华石刻文献整理史上的一大创举，被列为“国家十二五规划项目”，是国家古籍整理的重点工程。山西省三晋文化研究会自2007年启动编撰出版《三晋石刻大全》以来，以县（市、区）为单位，已出版83个县（市、区）的石刻史料，占全省117个县级行政区的70%。

《三晋石刻大全》的编撰出版，得到业界的充分肯定与广泛赞扬。中国社会科学院考古研究所研究员、中国石刻研究权威专家赵超在《中国古代石刻概论》中指出：“如果像编写《三晋石刻总目》这样地区性石刻目录的工作，能够在全国开展起来，最终形成一部中国石刻总目，那么，必将对中国古代石刻的保护与研究产生重大影响。”事实上，我们历经17年，已取得三晋石刻整理出版的巨大成果，为社会提供了大量文献价值极高的石刻史料，有力地推动了三晋文化研究。

《三晋石刻大全》形式多样，有碑、志、铭、碣、摩崖、经幢等多种形式。内容丰富，包括遍及山西各地的佛教、道教、民间信仰史料，农业水利及农业信俗，以及天灾记录、战争信息、生活习惯、职官名称、姓氏演变、名人踪迹和题刻、家族变迁、婚姻缔结、书院学校、科举题名、建筑修缮、雕塑彩绘。其中最为显赫且具备广泛社会影响的，有太原晋祠、临汾洪洞的水利史料，五台山、云冈等地的佛教史料，永乐宫等地的道教史料，上党地区的民间信仰史料，等等。

为此，新一届理事会坚持守正创新，在继续整理出版石刻史料的基础上，计划对三晋石刻中涉及的职官、地名、耕织、水利、灾荒、教育、戏曲、信俗、宗教、匠艺、建筑、书艺、彩绘和壁画等方面进行类编和研究，并相机出版内容完备的《三晋石刻总目》。

《三晋石刻大全》的整理出版，凝聚了全省各级三晋文化研究会同仁和出版社编辑的心血和汗水。历经十七载寒来暑往，有大量热心的研究工作者参与石刻文献的搜集和整理，做出无私奉献。他们田野调查，披荆斩棘，照相抄碑；梳理史料，兀兀穷年，检校错讹；排版编辑，焚膏继晷，谨慎判读。虽不能尽善尽美，但力期无误。最难能可贵者，当属李玉明、罗广德、杨子荣等老一辈研究会领导，他们在宏观规划、筹集资金、编辑出版等方面，可称筚路蓝缕，老骥伏枥，皓首穷经，实在可钦可佩。相关各市县（市、区）研究会同志，热情饱满，坚持不懈，协力同心，奋发争先。截至目前，晋城、运城两市已完成所辖各县（市、区）的整理出版任务，走在全省前列。

一代人有一代人的使命，一届研究会有一届研究会的责任。我们一定要牢记“赓续三晋之文脉，弘扬时代之新风”的办会初衷，发扬“功成不必在我、功成必定有我”的优良传统，秉持孜孜不倦、久久为功的学术精神，精心组织，全力以赴，深化研究，并力求做到创造性转化，创新性发展，圆满完成《三晋石刻大全》这一中华石刻整理史上的里程碑式壮举，不断谱写三晋文化研究新篇章！

是为序。

序

白荣欣

吕梁地区组建于1971年，2004年撤地设市，辖一区十县二市，总面积21095平方千米。位于山西省中部西侧，黄河东岸，介于北纬36° 43' ~ 38° 43' 和东经110° 22' ~ 112° 19' 之间。西隔黄河与陕西相望，东与太原市和晋中市相邻，南与临汾市接壤，北与忻州市为邻。

吕梁是中华民族的重要发祥地之一，历经旧石器、新石器时代人类进化的历程。史前人类足迹遍布吕梁，石楼殷商方国、柳林高红商城等在吕梁建立，五千年华夏文明有其一席之地。春秋属晋、战国属赵，独领风骚，成为晋文化的一朵奇葩。秦汉魏晋，隋唐宋元，离石西河郡、岚县南秀容、方山南村“左国城”等出现，成就了吕梁文化遗产的特色。明清商人艰苦创业，出关越境，省内外闻名。近代吕梁，红军东征、晋绥边区，享誉中国。

延绵不断的吕梁文明史，积淀了博大丰厚的历史遗存。目前，吕梁市第四次全国文物普查工作刚刚正式启动，根据吕梁市第三次全国文物普查登记结果，不可移动文物有5901处通过国家验收。已公布的各级文物保护单位共1548处，其中，全国重点文物保护单位17处，省级文物保护单位43处，市级文物保护单位52处，县级文物保护单位1436处。全市还有2个中国历史文化名镇、10个中国历史文化名村、75个中国传统村落。

保存于5901处不可移动文物内的石刻，不仅门类齐全，而且跨越时间长，具有很高的历史、科学和艺术价值。由于自然风化、地震、人为损毁等原因，吕梁的石刻在1949年前就损失不少。新中国成立后，战乱兵燹虽成历史，但古老石刻流失和被盗被毁现象仍未绝迹。如今吕梁的石刻除少数保存条件较好以外，大部分或矗立于乡间小庙，或倒卧于荒野蔓草之中，或已散落民间被挪作他用，随时可能遗失。吕梁市三晋文化研究会在省三晋文化研究会的指导下，组织各县（市、区）三晋文化研究会编纂了《三晋石刻大全》吕梁市各县（市、区）卷，辑录了各自地域内从古至今的各类石刻。虽不敢言已全部收录和发掘，但不失为一笔宝贵财富，对挖掘、弘扬吕梁优秀传统文化，具有划时代的意义。

石刻大部分是地方历史文化的重要载体，大多数碑碣上的文字，是一种公开的地方历史档案。与传世文献相比，石刻文字更具有地方性与民间性，往往直接记述了当地历史人物的活动和重大历史事件。因此，它是区域历史文化不可或缺的资料。

吕梁市境内现存的石刻中，重要者略述如下。

离石区的《重建汉光文帝庙碑》，记述刘渊于“泰始（265—274）之后，建国成邦，再不可言，后谥汉光文帝，此处建立行宫”的史实，元至元二年（1336）岁次丙子仲夏立；《明通议大夫兵部左侍郎赠工部尚书襄敏张公墓志铭》，主要记载了张珩的生平，还有他总督陕西三边，以文吏而擅武略，屡著奇功之事，明嘉靖三十九年（1560）立石；《五岳真形之图碑》，现存于北海山巅玉皇庙，记载了《五岳真形之图》的有关事宜，明嘉靖十七年（1538）立石；《芦则峁石碣》，主要记述于准自归田后，承先志择势而建莱公别墅，以志先人之志，乐先人之乐，由清代于准撰，清雍正五年（1727）九月立石；《左国郎单于所徙庭经幢》，记载了刘渊为“冒顿之后……今离石左国郎单于所徙庭也……泰始之初，建国成邦，后谥汉光文帝，此处建立行宫，立其庙”等重要史实，元至元十七年（1280）立石；永宁州知州陈韶建书的《永宁州东界碑》，位于离石区吴城镇上三交村竹框里自然村东约2千米，明嘉庆十一年（1806）春月立石。

临县的赐同进士出身赵中元撰文的《文塔铭》，记载了文塔的环境风貌和修建事宜，清乾隆二年（1737）立石；永宁州知州王继贤撰文并书丹的《卧虎山黑龙王庙碑》，记载了碛口黑龙庙重修事宜，清道光二十七年（1847）立石；太子太保、东阁大学士、兵部尚书兼理都察院右都御史、陕甘总督部堂、一等恪靖伯爵、加一等轻车都尉左宗棠书丹的《玉坪张济远墓碑》，记载了张公济远生平，清光绪三年（1877）立石。

柳林县的《重修佛殿碑》，记载了重修佛殿的经过，宁邑岁进士惠迪吉撰，清乾隆八年（1743）立石；《五十二村修桥碑》，记述了沙曲等52个村共同修建桥梁的经过，还凿刻了当地4大村、8小村及124个自然村村名，嘉庆二十三年（1818）立石；《谢雨碑》，记述了吴村东塔上自然村大旱求雨的过程，清嘉庆十年（1805）立石。

中阳县的《柏洼山傅山石刻》，记载了傅山游柏洼山时住龙泉道观介石山房的事实，清康熙十三年（1674）立石；《柏洼山王继贤石刻》，记载了永宁州知州王继贤公事繁忙，抽空游柏洼山时的感受，清道光五年（1825）凿刻；《重修吴王庙碑》，记载了重修吴王庙的艰辛情况和"乾隆戊午季冬十一月二十四日"始，当地地震数日，震塌庙宇建筑和损毁塑像的有关情况，这通碑为研究中阳县乃至吕梁市地震史，提供了重要的实物资料，清乾隆十一年（1746）立；《高守谦墓碑》，记载了奉政大夫，曾任陕西西安府同知前授衔承德郎直隶通判高守谦的生平，立于明天启二年（1622），由"赐进士出身光禄大夫太子太保吏部尚书前都察院学院事左都御史治生孙伟"题；《南大井界碑》，为明正德年间宁乡县（今中阳县）与孝义县（今孝义市）地界碑，明正德十三年（1518）立石。

交口县的《韩极墓碑》，记载了韩极生平及其商业活动，清咸丰五年（1855）立石。

岚县的《丁瑄墓碑》，记载了明故赐进士出身按察司佥事升奉议大夫丁瑄的生平及丁氏家谱，清乾隆二十二年（1757）立石。

方山县的《于成龙墓碑》，记载了直隶巡抚、两江总督、兵部尚书兼都察院右副都御史于成龙的生平及政绩情况，清康熙二十三年（1684）立石；《福胜庵石碣》，永宁州知州王继贤书。

交城县的《平寇六律摩崖石刻》，主要记载了交城知县赵吉士镇压交山农民起义得手后，在惠家庄军营所作六首律诗，六首律诗记述了镇压农民军的经过，清康熙十年（1671）刻凿；《古罕碑记碑》，主要记载了赵吉士任交城知县伊始，即整治交城名胜却波湖环境，清康熙十二年（1673）立石；《申家庄真武庙重修碑》，主要记载了民国初年捐资重修申家庄真武庙的事实，其中捐资者包括汉口、东口、沙市、甘肃、榆邑、寿邑等地商号数百家，是研究民国初年这些地方商业发展史的重要资料。

文水县的《甘泉常稔渠水程碑》，立于清光绪三十四年（1908），主要记述清光绪三十四年（1908）甘泉常稔两渠，因争水酿出人命，后官府出面调解纠纷，并按乾隆年间所分水程重新立碑划分水程的事实。另外，该碑还记录了当年两渠的走向，具有一定的史料价值。碑由甘泉、常稔两渠渠长呈头所立。

汾阳市的《北齐崇圣寺造像碑》，碑阳上下各开一龛，上龛一佛二弟子，龛外线刻力士像，下龛一佛二菩萨，北齐天保三年（552）立石；《梅君墓志》记载了墓主人梅渊生平，书法极好，隋开皇十五年（595）立石；《郭君之碑》，记载了郭君随李世民征战的生平事迹，传为虞世南所书，唐乾封二年（667）立石；《曹君墓志》，记述了唐时中亚人在晋的活动现状，唐永徽六年（655）立石；《大唐故宋府君墓志铭》，记载了墓主人宋胤生平，志文可证早在唐开元二十三年（735）时，现在的汾阳即称汾阳；《旌忠元勋之碑》，记载了狄青生平，宋仁宗赵祯篆额，翰林学士朝散大夫尚书礼部郎中王珪撰文，宋嘉祐七年（1062）立石；《金王庭筠诗碣》，碣文为四首七绝草书，若行云流水，有很高的艺术价值，金代著名书法家王庭筠赋并书，书于金代大定十三年（1173）前后，明代嘉靖年间模勒；《嘉议大夫礼部尚书河东郡侯谥简肃吕公神道碑》，记载了简肃吕公生平，碑文由国史院官虞集撰，集贤大学士冯思温书，元至正七年（1347）立石；

《申明亭酒泉记碣》，记载了20世纪初汾酒获得巴拿马国际博览会金奖之事，中华民国6年（1917）中秋日立石。

孝义市的《唐奉诏释□佛顶尊胜陀罗尼经幢》，主要记载了大孝堡临黄舍利塔藏经记事，唐贞观元年（627）勒石；《唐朝上轻车都尉梁石寸之铭》，主要记载了梁广身世及生平，唐调露元年（679）勒石；《明故资政大夫兵部尚书思斋霍公墓志铭》，记载了霍冀身世及生平事迹，明万历五年（1577）勒石；《重建中阳书院碑记》，主要记载了孝义县（今孝义市）重建中阳书院之事，清同治六年（1867）勒石。

除以上重要的碑刻外，在社会主义革命和建设时期，先辈们也留下了大量的碑刻，这些都是今天向人民群众特别是青少年进行爱国主义和革命传统教育的重要资料。

《三晋石刻大全》吕梁市各市县（市、区）卷的编纂工作，得到了吕梁市委、市政府以及各县（市、区）领导的高度重视和大力支持，才使这项工作按照预期的进度圆满完成。我们相信，《三晋石刻大全》吕梁市各县（市、区）卷的出版发行，不仅是对全市范围内石刻资源的有效保护和合理利用，对于文化强市、文化强省，也具有重要意义。

前　言

中共临县县委书记　范亮珍
临县人民政府县长　姚树山

在全县上下深入贯彻落实党的二十大精神之际，由县三晋文化研究会编撰的《三晋石刻大全·吕梁市临县卷》即将付梓成书，这是一部系统收录临县遗存石碑石刻的历史百科全书，客观展现了当时的政治、历史、文化、风土人情，为研究古代临县的经济社会及历史文化提供了翔实的资料。

临县文化底蕴深厚，文物遗存丰富，人杰地灵，历史悠久，文化厚重，被誉为“中国红枣之乡”“中国伞头秧歌之乡”，有中共中央后委旧址、中央西北局旧址、毛主席东渡黄河纪念碑等一批红色革命遗址，有“临县伞头秧歌”“临县道情”“临县大唢呐吹”等一批国家级非物质文化遗产，有正觉寺十二连城、义居寺、紫金山、大渡山等一批人文自然景观。境内碛口古镇集黄河风情、晋商文化、革命遗迹、明清建筑于一体，是“全国历史文化名镇”“国家级风景名胜区”“国家4A级旅游景区”，西湾村、李家山村、孙家沟村、前青塘村是“全国历史文化名村”，义居寺、善庆寺、碛口古建筑群是全国文物保护单位。

临县历史文化资料，大多在明朝毁于战火，对于明代以前的临县历史，只有史书中遗留的点滴，后经沧桑岁月，纸质史料更为稀少，遗留的石刻碑文便显得弥足珍贵。《三晋石刻大全·吕梁市临县卷》资料翔实、内容丰富、图文并茂，有皇帝圣旨碑，有官署通告碑，有历代名人神道碑、德教碑、墓志墓表，有建修庙宇、学堂、道路、桥梁的记事碑，有记载水利、教育、交通、灾荒、地震、乡规民约的记事碑，有吟咏寺观、歌颂名胜的诗文碑碣等等，内容涉及人文事件、自然景观、民风民俗、城乡建设、文化教育等各个方面，种类齐全，形式多样，忠实记录了临县政治、经济、文化、社会变迁发展的轨迹，突出挖掘整理了临县历史文化资源，具有十分厚重的历史价值。

编撰《三晋石刻大全·吕梁市临县卷》的同志们，十几年坚持实地调查，检阅资料，走访群众，冒严寒、顶酷暑，沐狂风、淋急雨，爬高山、跑野地，挖掘寻觅、翻碑拓片、拍照抄录、断句编辑、排版校对，付出了艰苦的劳动和辛勤的汗水。精神可嘉，令人敬佩。现在，《三晋石刻大全·吕梁市临县卷》即将出版，这是临县文化建设史上的一件盛事，可喜可贺，意义深远。本书的出版，必将进一步吸引更多的人投入到深入研究文化、保护文化、传承文化的实际行动中来，必将进一步发挥临县传统历史文化价值，不断丰富发展新时代临县人民精神内涵，必将进一步推动全县上下增强历史自觉，坚定文化自信，更好引领和推动临县高质量发展。

概　述

临县历史悠久，远在旧石器时代晚期，就有原始人群在这里繁衍生息。

临县夏属冀州，周属并州，春秋属晋，战国时属赵国。秦庄襄王二年（前248），属太原郡。汉武帝元朔四年（前125），置临水县，属西河郡。王莽时期，临水县曾改监水县。东汉，复名临水县。东汉永和五年（140），临水县并入离石县，仍属西河郡。东汉末，西河郡并入太原郡。三国初，仍属太原郡。

魏黄初二年（221），设置西河郡，复属西河郡。两晋时辖于离石，为匈奴占领。十六国时期，属离石镇。南北朝时期，北周时置乌突郡、乌突县（境域属三郡三县）。隋开皇元年（581），废郡，改乌突为太和。大业三年（607），改州为郡。太和县属离石郡。唐武德三年（620），改太和县为临泉县，属石州。

宋仍称临泉县、定胡县（部分）、方山县（部分），隶属石州，属河东路。元符二年（1099），改属晋宁军（方山县部分属石州）。金天会元年（1123），复名为临水县，废晋宁军，属石州。元世祖中统二年（1261），改临水为临泉，属太原郡。元世祖中统三年（1262），临泉县升为临州（版图扩大到现域）。明洪武二年（1369），临州降为县，属太原府。临县之称由此而定，未变。万历二十三年（1595），临县改属汾州府。清因明制，县属汾州府，冀宁道。民国废除府州，县直属山西省辖，境内实行区所制，划为东、南、西、北、中5个区。民国29年（1940），临县解放，成立共产党领导的抗日民主政府，临县划为10个区。同年10月，因抗日战争所需，将临县分为临县、临南两个县，临县设5个区，临南设5个区。民国35年（1946），临县与临南合并，仍称临县。

1949年新中国成立后，属兴县专署管辖。1952年划归榆次专署（后改晋中专署）。1971年组建吕梁地区，划归吕梁地区。1984年4—7月，改乡（镇）村制。临县设10个镇，28个乡。2002年撤乡并镇，全县设13个镇，10个乡。2004年7月，吕梁撤地设市，临县属吕梁市管辖。

石刻是石碑或其石制品上面刻的文字、图画。石刻属于国家不可移动的宝贵文物和资产，也是全人类的历史文化财富，是不可复制、不能再生且相当重要的文化遗产。我们要研究临县历史、学习古人的经验和知识，需要挖掘和依靠这些古代的文物载体。

石刻是一个相当丰富的文化宝藏。它品种繁多、数量浩大，分布范围更是十分广泛。在临县，石刻以石碑为主，本次收录的近1000块石刻中，石碑占90%。另外有墓志和墓志铭、摩崖题记、塔铭、经幢石幢、匾额对联等，占10%。

石碑，是把功绩勒于石上，以传后世的一种石刻。一般以文字为其主要部分，上有螭首，下有龟趺。简单的石碑，仅有碑身和碑座，俗称“赤脑碑”。作为纪念物或标记的竖石，多镌刻文字，意在垂之久远。临县现存最早的石刻是唐长庆二年（822）的《唐故校尉守左武卫泾州四门府折冲都尉员外置同正员赐紫金鱼袋上柱国刘府君墓志铭并序》。本书现存石刻收录了唐4通、五代1通、宋3通、金1通、元7通、明79通、清343通、中华民国31通、建国以来518通，共计987通。另有佚失碑文80篇。

在临县境内，古庙宇和寺院随处可见，有村就有庙。初步调查，全县有2130多处庙宇，大小寺院60多所。这些寺庙多有碑石。有一定功名的人，去世后均立墓志或者石碑。初步估计，中华人民共和国成立前的石碑应在四、五千通左右。改革开放以来，人民生活大幅提高，立碑速度空前提升，特别是进入新世纪以来，寺庙碑、工程建设碑、个人墓碑如雨后春笋，每年以五六百通的速度增加，新中国以来新立的碑超过两万。粗粗估计，截至2022年底，临县曾经有过2.5万通以上的碑刻。

但是，立碑易，存碑难。可以说绝大多数人对碑的重要性认识不足，没有保护意识。尤其是1949年前的石碑，不仅经历了热火朝天、百废待兴的建设时代和“文革”运动的浩劫，就是在当下，每年也以5到10通的速度在消失。在工程建设过程中、在新寺庙的改建中以及在日常生活中，石碑惨遭填埋、毁坏的现象层出不穷、屡见不鲜。这样，四五千通旧碑到现在仅剩一千通左右。至于新石碑的命运，更加不堪，一些公共碑在立碑十年以后，往往就会被清理。因此，抓紧石碑的辑录整理，迫在眉睫。

石刻是临县地方志的补充。翻开临县现有的三本县志，明代之前的历史寥寥无几，唐宋金元的史实点点滴滴，许多石碑补充了临县历史的空白。如从新发现的三块宋代石刻上，看到了临县县境中宋代属于方山县域的范围，这一史实一直不被人们提及。《重建长乐寺记》的石刻记载，填补了临县有过长乐寺并是普化寺下院的历史空白。从元代《渠家坡渠仲禄墓塔铭》中，知道了元代统治者的一些统治手段。《重修金楼寺碑记》使我们知道了金楼寺也是从前的一座寺院，而且是丛福寺的下院这些历史事实。又如发现了五块刻着圣旨的石刻，这些圣旨内容在旧县志中根本没有。

石刻是编写村志、家谱的重要历史资料。2022年8月，中共中央办公厅、国务院办公厅印发了《“十四五”文化发展规划》，规划中这样说：“加强农耕文化保护传承，支持建设村史馆，修编村史、村志，开展村情教育。把乡土特色文化融入乡村建设，留住乡情乡愁。”近年来，乡村编村志、写家谱者如雨后春笋，但是，由于“文革”的浩劫和平日人们没有保护意识，许多村庄的历史资料近于空白，仅靠人们头脑中的记忆，最多能记得抗日战争时期的人和事，之前的事则茫然不知。如果村里有几块石刻，则一下就把村庄的历史提前到清代甚至明代。寺庙和古墓表碑上的捐款人、立碑人，更是直接提供了各个家族先辈人的名字，解决了无法寻取、无法入手的资料困难。

石刻所载人物事迹，于今仍有教育意义。如《小王家塔新修王家塔石峁路碑序》《阳宇会村修路碑记》《寺家塔世平桥简介》《湍水头高家庄筑桥寄语》《玉荐村建置怀少堂义学碑记》《文庙学校兴学碑文》等，都是个人或集体出资、集资修成的，热心集体事业的行为，永远值得效仿。

不少碑文是名人留给世人的稀有作品。临县历史上的名人如赵中元、吴命新、贾凤书等人，他们的纸质作品基本不存在了，但是刻在石头上的东西却在。如《文塔铭》《郝家塌赵敦临墓表》《城庄村李潜德墓表》《后甘泉孙公祚长墓志》《丁家沟李建业墓表》《高家塌贡元高树柏墓志》《清故乡饮介宾聘西秦公暨德配穆孺人合葬之墓表》《后甘泉邑庠生孙公墓碑文》等等。这些文章，让我们看到了这些名家的手笔。

不少石刻文学艺术价值极高。古人写的碑文，十分凝练和精致，特别是一些墓志铭和塔铭，更是不可多得的文学作品，读来令人羡慕不已，爱不释手。

从碑刻上的捐款数量对比研究中，还可以得出当时社会的富裕程度和人均收入状况，也可以看出同一时期人们的贫富悬殊情况。这是社会经济学研究人员的宝贵资料。

从石刻上还可以看到各地的商号情况，既能知道本地商号数量的多少，也可以看到本地人员和外地商家的交往程度。

从石刻上还可以看到先辈书法名家的书法真迹。如吴命新给黑水沟村民墓碑上的题额，给西湾村、陈家山村题的门额，撰书《北武当山石硙记》等等；还有樊映月等人的题额。

总之，石刻涉及了历史社会的方方面面，确实是一部临县社会的百科全书，看石刻，可以从微观上了解临县的社会和历史。

《三晋石刻大全·吕梁市临县卷》全书由上、下两册组成。这些石刻碑文为临县的历史研究和经济建设提供了确凿的第一手资料，具有非常重要的文献价值和使用价值，被人称为“会说话的石头”和“储存历史记忆的容器”。希望人们意识到石刻的历史作用，提高保护碑刻的责任心。因为保护石刻是一件无愧先辈、有益后人的大好事。

郭时键

目　录

上　册

凡例
总序（一）……李玉明
总序（二）……李俊明
序……白荣欣
前言……范亮珍　姚树山
概述……郭时键

上编　现存石刻

●唐·五代·宋

唐故校尉守左武卫泾州四门府折冲都尉员外置同正员赐紫金鱼袋上柱国刘府君墓志铭并序（唐长庆二年）……（五）
唐故河东郡樊府君墓志铭并序（唐开成四年）……（七）
唐故蓝府君墓志铭并序（唐开成四年）……（九）
唐故彭城刘府君墓志并序（唐大中元年）……（一〇）
开阳村高君买地券（后晋开运二年）……（一二）
王家庄摩崖石刻（宋天禧四年）……（一四）
长乐村买地券石刻（宋天圣十年）……（一五）
赵家社税户买地券（宋代）……（一七）

●金·元

菩萨神咒经幢（金大定十八年）……（二一）
堡子峪摩崖石刻（蒙古至元五年）……（二五）
前青塘元代敏公禅师塔铭（元至元二十二年）……（二六）
兔坂常胜塔观音堂摩崖石刻（元大德四年）……（二八）
宋家沟北庙香炉石幢记（元延祐二年）……（二九）
平满刘氏灵位碑（元至治元年）……（三二）
渠家坡渠仲禄墓塔铭（元至治二年）……（三三）
李公思温高年耆德之碑（元至正十六年）……（三六）

●明

关王辞曹操书（明永乐十八年）……（三九）

和尚闵如兰游历记事（明永乐二十年） ……（四〇）
侯公之墓（明永乐二十二年） ……（四三）
秦公褫寿龛墓志（明永乐年间） ……（四五）
白公玱塔文记（明宣德九年） ……（四七）
白公之墓（明景泰元年） ……（五〇）
增修林峰禅寺记（明景泰五年） ……（五一）
历代祖师碑（明景泰五年） ……（五四）
增修林峰禅寺赞碑（明景泰五年） ……（五五）
重修奉天寺碑记（明成化元年） ……（五七）
宝峰寺记（明成化三年） ……（五九）
薛公之墓（明成化十年） ……（六一）
冯公墓碑（明成化十四年） ……（六三）
重建宿皇寺记（明成化十五年） ……（六六）
白氏世系记（明成化二十一年） ……（六八）
赵家塔赵子威墓碑（明成化二十三年） ……（六九）
重建长乐寺记（明弘治十一年） ……（七〇）
重修东岳庙记（明弘治十六年） ……（七二）
增新恒岳碑记（明正德元年） ……（七三）
周家沟正德元年石碑（明正德元年） ……（七五）
白文镇张家湾村施钱人碑记（明正德二年） ……（七六）
先考白子英妣郑氏之墓（明正德七年） ……（七九）
重修浮济庙记（明正德七年） ……（八一）
莲花池无梁殿石柱题刻（明正德九年） ……（八二）
重修浮屠阁碑记（明正德十三年） ……（八四）
新建高佛岭佛堂碑记（明正德十六年） ……（八六）
侯公浩室人李氏之墓（明嘉靖六年） ……（八八）
刘家洼村石佛堂碑记（明嘉靖七年） ……（九〇）
刘家洼村石佛堂石柱题记（明嘉靖七年） ……（九一）
刘家洼村石佛堂石梁石刻（明嘉靖七年） ……（九三）
新修□南山圆洞庵观音殿记（明嘉靖八年） ……（九四）
侯台大禅师天渊灵塔铭（明嘉靖十年） ……（九八）
高勲妻张氏墓志（明嘉靖十二年） ……（一〇〇）
东林落成寺记（明嘉靖十二年） ……（一〇一）
新增石佛堂记（明嘉靖十七年） ……（一〇二）
郭公墓志（明嘉靖十八年） ……（一〇四）
白家山白姓世系碑（明嘉靖二十三年） ……（一〇六）
刘家沟玉皇庙香盆柱铭文（明嘉靖二十五年） ……（一〇七）
李公之墓（明嘉靖三十四年） ……（一〇九）
义宰廷瑞室张氏墓志（明嘉靖三十六年） ……（一一一）
陈公之墓（明嘉靖四十一年） ……（一一三）
重建五龙灵感庙碑（明嘉靖四十一年） ……（一一五）

郭公墓志（明嘉靖四十二年） ……（一一七）
明上舍刘公墓志铭（明隆庆二年） ……（一一八）
重建宿皇寺碑记（明隆庆四年） ……（一二〇）
青凉寺寨上张氏坟碑记（明隆庆五年） ……（一二二）
复建观音殿记（明万历七年） ……（一二三）
佛堂寺御契续入藏经序（明万历十四年） ……（一二四）
孙家沟孙公墓志（明万历十九年） ……（一二六）
增修佛堂寺并创建广济禅院碑记（明万历十九年） ……（一二七）
郭家塔赠郭公墓志序（明万历二十二年） ……（一二九）
佛堂寺经藏记（明万历二十四年） ……（一三一）
明处士赵公暨配高氏之墓（明万历二十五年） ……（一三三）
明兵马副指挥襟河郭公之墓（明万历二十八年） ……（一三四）
大明故居士西川马公墓志铭（明万历三十二年） ……（一三五）
重修浮济庙记（明万历三十四年） ……（一三六）
明故显考郭公之墓（明万历三十七年） ……（一三八）
先祖碑记（明万历三十七年） ……（一四〇）
宝珠山重修庙残碑（明万历四十三年） ……（一四一）
火燎坡重修诸庙碑记（明万历四十四年） ……（一四二）
山西汾州府临县孝才都王公墓志（明万历四十五年） ……（一四四）
王公东山苗裔碑（明万历四十五年） ……（一四六）
明承德郎赵公仝妻薛氏圹志（明万历四十六年） ……（一四七）
明处士赵公讳应科妻张氏之墓（明万历四十七年） ……（一四九）
明故显考薛汝豸高氏之墓碑（明万历四十七年） ……（一五〇）
明故显考赵公之墓（明天启元年） ……（一五一）
明故孙公汝元室樊氏马氏之葬（明天启二年） ……（一五二）
铭故小泉王公讳敬张氏韩氏刘氏（明天启五年） ……（一五三）
陈公世万字大宽寿葬铭记（明天启六年） ……（一五四）
兴福碑记（明天启六年） ……（一五五）
重修神庙记（明天启六年） ……（一五七）
李君爱墓碑（明天启七年） ……（一五八）
长安堡碑记（明崇祯十年） ……（一五九）
重修紫金山崇应侯庙碑记（明崇祯十三年） ……（一六一）
明故显考讳养性张公神位碑（明崇祯十三年） ……（一六二）
明显考恩妣之墓（明崇祯十五年） ……（一六三）
敕封明承德郎南城正兵马显考小斋赵公孺人秦氏恩妣左氏墓（明崇祯十六年） ……（一六四）
苗友义墓碑（明代） ……（一六五）
莲花池无梁殿石梁题记（明代） ……（一六六）

●清

明显考赵公恩妣郝氏薛氏之墓（清康熙四年） ……（一六九）
铭显考赵公恩妣刘氏之墓（清康熙四年） ……（一七〇）

黄龙山重修北岳庙碑记（清康熙二十一年）……（一七一）
重修龙天庙记（清康熙二十五年）……（一七二）
皇清赠文林郎王公暨配孺人赵氏合葬墓志铭（清康熙三十年）……（一七四）
重修浮济大王庙碑记（清康熙三十三年）……（一七七）
皇清诰封文林郎显考穆公孺人恩妣李氏之墓（清康熙四十年）……（一七九）
重修庙碑记（清康熙四十二年）……（一八一）
重修庙碑记（清康熙四十六年）……（一八三）
东王家沟重修龙天庙碑记（清康熙四十七年）……（一八五）
清故王公讳朋选室李氏墓碑（清康熙四十九年）……（一八七）
重修三郎庙碑记（清康熙四十九年）……（一八八）
重修佛堂碑记（清康熙五十一年）……（一九〇）
新建菩萨殿碑记（清康熙五十六年）……（一九二）
黄龙山重修北岳庙碑记（清康熙年间）……（一九三）
老营所儒学掌印训导白公墓碑（清雍正三年）……（一九五）
桑树峁蔚家窊重修三教观音佛殿碑记（清雍正四年）……（一九六）
吕家湾创建观音庙碑记（清雍正五年）……（一九八）
重修佛堂庙碑记（清雍正六年）……（二〇〇）
重修北岳庙碑记（清雍正六年）……（二〇二）
重修奉天寺山门碑记（清雍正十一年）……（二〇四）
文塔铭（清乾隆二年）……（二〇五）
修职郎白公墓碑（清乾隆四年）……（二〇六）
重修观音圣母地藏碑记（清乾隆五年）……（二〇七）
清故显考张翁讳建字立基父元配柔氏恩妣孺人袁氏之墓（清乾隆七年）……（二〇九）
圆寂亲教师上圣下轩懋公和尚寿塔（清乾隆九年）……（二一〇）
重修复生庵碑序（清乾隆十年）……（二一一）
杨公施地序（清乾隆十二年）……（二一二）
重修兴隆寺（清乾隆十二年）……（二一四）
增修观音大士阁碑记（清乾隆十四年）……（二一六）
重修观音寺碑记（清乾隆十五年）……（二一八）
清故显考□文生赵翁恩妣待赠曹氏之墓（清乾隆十六年）……（二一九）
重修碑记（清乾隆十八年）……（二二〇）
重修黑龙庙碑记（清乾隆二十一年）……（二二一）
清故显考讳永喜字景梅处士苗公妣高氏之墓（清乾隆二十二年）……（二二三）
三朝特授中大夫敕封诚悫公太监墓碑（清乾隆二十七年）……（二二四）
重修龙天庙碑记（清乾隆二十九年）……（二二五）
赵隆周墓碑（清乾隆三十年）……（二二七）
设立香烟况化地土财物碑记（清乾隆三十年）……（二二九）
皇清待封郝公讳立字卓凡妻王氏之墓（清乾隆三十年）……（二三一）
清故显祖郝公讳永盛字天禄祖母秦氏之墓（清乾隆三十年）……（二三三）
香炉题刻（清乾隆三十六年）……（二三五）
重修碑记（清乾隆三十八年）……（二三六）

"豪族墓坟"石刻（清乾隆三十八年） …………………………………………………………（二三八）
重修龙天庙碑记（清乾隆三十八年） …………………………………………………………（二三九）
关帝庙重修碑记（清乾隆四十年） ……………………………………………………………（二四一）
创修戏楼神棚碑记（清乾隆四十二年） ………………………………………………………（二四三）
重修庙碑记（清乾隆四十二年） ………………………………………………………………（二四四）
重修庙记（清乾隆四十三年） …………………………………………………………………（二四六）
辛家塔乡贤碑记（清乾隆四十四年） …………………………………………………………（二四七）
"生气绵连"石匾（清乾隆四十六年） ………………………………………………………（二四八）
重修庙记（清乾隆五十年） ……………………………………………………………………（二四九）
重建神庙碑记（清乾隆五十年） ………………………………………………………………（二五一）
重修关夫子庙碑记（清乾隆五十二年） ………………………………………………………（二五三）
秦元岗祖父母等敕命碑（清乾隆五十二年） …………………………………………………（二五五）
吕家岭新建献殿碑记（清乾隆五十三年） ……………………………………………………（二五七）
重修北岳庙碑记（清乾隆五十三年） …………………………………………………………（二五八）
移修佛殿碑记（清乾隆五十四年） ……………………………………………………………（二五九）
东林寺和尚碑（清乾隆五十五年） ……………………………………………………………（二六一）
重修观音殿碑记（清乾隆五十五年） …………………………………………………………（二六二）
重修关帝祠碑记（清乾隆五十六年） …………………………………………………………（二六三）
王氏碑记（清乾隆五十九年） …………………………………………………………………（二六五）
重修关圣庙殿并诸神庙宇碑记（清乾隆五十九年） …………………………………………（二六六）
皇宿寺买地碑记（清乾隆五十九年） …………………………………………………………（二六八）
创建关圣帝君观音大士暨诸神庙碑记（清乾隆六十年） ……………………………………（二七〇）
赵公行述碑记（清乾隆六十年） ………………………………………………………………（二七一）
新建奎光楼重修龙王庙碑记（清乾隆年间） …………………………………………………（二七三）
忠义神武灵佑关圣大帝庙移动重修碑记（清嘉庆元年） ……………………………………（二七五）
皇清待赠处士张公讳愈兰暨淑配郝孺人之墓（清嘉庆元年） ………………………………（二七六）
谱系序记（清嘉庆元年） ………………………………………………………………………（二七八）
皇清处士显考王公讳天才字超凡待赠孺人显妣王太君之墓（清嘉庆元年） ………………（二七九）
大王庙重修碑记（清嘉庆元年） ………………………………………………………………（二八〇）
重修奉天寺碑记（清嘉庆二年） ………………………………………………………………（二八二）
新修观音庙碑记（清嘉庆五年） ………………………………………………………………（二八三）
清显考李公之墓（清嘉庆六年） ………………………………………………………………（二八四）
重修汉高山列神庙碑记（清嘉庆六年） ………………………………………………………（二八五）
张氏墓碑记（清嘉庆七年） ……………………………………………………………………（二八八）
重修神殿乐楼记（清嘉庆七年） ………………………………………………………………（二八九）
皇宿寺重修碑记（清嘉庆八年） ………………………………………………………………（二九一）
重修汉高山正殿真武及列圣碑记（清嘉庆八年） ……………………………………………（二九三）
重修佛殿功德碑记（清嘉庆十年） ……………………………………………………………（二九七）
王佩瑜父母王居和李氏敕命碑（清嘉庆十一年） ……………………………………………（二九九）
祈雨碑记（清嘉庆十二年） ……………………………………………………………………（三〇〇）
清泰高祖考吉公讳祚字选朊妣吉门白氏一位之塚（清嘉庆十四年） ………………………（三〇二）

重修观音殿新建关帝庙碑记（清嘉庆十四年） ……（三〇三）
新建南海大士关圣帝君庙序（清嘉庆十五年） ……（三〇五）
“马氏坟”匾额（清嘉庆十六年） ……（三〇七）
“大宾”匾额（清嘉庆十八年） ……（三〇八）
重修北山寨关帝庙院碑记（清嘉庆十九年） ……（三〇九）
新建祠堂碑记（清嘉庆二十年） ……（三一二）
重修奉天寺碑记（清嘉庆二十一年） ……（三一四）
重建文昌帝君阁碑记（清嘉庆二十三年） ……（三一六）
新设祭田碑记（清嘉庆二十四年） ……（三一九）
清故显考刘公妣李氏武氏之墓（清嘉庆二十四年） ……（三二〇）
重修财神庙西墙碑记（清嘉庆二十四年） ……（三二一）
创修文昌帝君庙碑记（清嘉庆二十五年） ……（三二三）
“桂郁兰芳”匾额（清嘉庆二十五年） ……（三二五）
重修圣母庙碑记序（清嘉庆二十五年） ……（三二六）
重修观音庙记（清嘉庆年间） ……（三二八）
增修关圣帝君庙记（清道光元年） ……（三二九）
重修龙天蚆蛾风神山神土神碑记（清道光元年） ……（三三〇）
重修观音庙碑记（清道光元年） ……（三三一）
重修碑记（清道光二年） ……（三三三）
重修龙王庙碑记（清道光二年） ……（三三五）
重修大王庙碑记（清道光二年） ……（三三六）
杨节母郭氏墓志表（清道光二年） ……（三三八）
重修碑记（清道光三年） ……（三三九）
新修王家塌石峁路碑序（清道光四年） ……（三四一）
重修弥勒庙碑记（清道光五年） ……（三四三）
“明经第”匾额（清道光五年） ……（三四五）
后寨村重修庙记（清道光五年） ……（三四六）
皇清待赠樊公讳杨字士达元配赵氏之墓（清道光六年） ……（三四八）
皇清例授太学生樊公讳玉麟字启文元配吕氏继配李氏之墓（清道光六年） ……（三四九）
皇清给札僧会司圆寂恩师融公讳琏字仙鼎和尚觉灵之墓（清道光六年） ……（三五〇）
皇清圆寂亲教恩师通公讳宝字孔方和尚觉灵之墓（清道光六年） ……（三五一）
明处士赵公讳本之墓（清道光六年） ……（三五二）
重修浮济大王庙碑记（清道光六年） ……（三五四）
紫金山神祠香火碑记（清道光六年） ……（三五六）
重修永兴寺碑记（清道光六年） ……（三五八）
重修观音庵碑记（清道光六年） ……（三六〇）
重修圣母庙碑记（清道光六年） ……（三六一）
故显考郭公讳兆宁字长安显妣郭门儒人李氏之灵柩（清道光七年） ……（三六二）
观音阁碑记（清道光八年） ……（三六三）
前小峪新建奎星文昌财神庙（清道光八年） ……（三六四）
重修庙记（清道光十年） ……（三六五）

重修碑记（清道光十年） …………（三六七）
王家庄重修诸神庙碑记（清道光十二年） …………（三六九）
重修碑记（清道光十二年） …………（三七一）
河神庙募化碑记（清道光十二年） …………（三七三）
张氏祖坟碑记（清道光十三年） …………（三七五）
皇清处士杜公讳陟瀛字登仙原配王氏继配姚氏合葬之墓（清道光十三年） …………（三七六）
新修北塞关帝庙序（清道光十三年） …………（三七七）
新建关帝庙碑记（清道光十四年） …………（三七九）
高家堝高为舜墓碑文（清道光十五年） …………（三八〇）
移修碑记（清道光十五年） …………（三八一）
清故显考妣白翁讳存荣妻周氏高氏柩之葬（清道光十五年） …………（三八四）
李桂廷墓碑（清道光十五年） …………（三八五）
刘氏建坟碑记（一）（清道光十六年） …………（三八六）
刘氏建坟碑记（二）（清道光十六年） …………（三八七）
重修碑记（清道光十六年） …………（三八八）
举人王万选墓碑（清道光十七年） …………（三九〇）
新庙碑记（清道光十八年） …………（三九一）
高家沟新修关帝、观音庙碑记（清道光十九年） …………（三九三）
新建河神庙碑记（清道光十九年） …………（三九五）
新建河神庙布施碑（清道光十九年） …………（三九七）
重修关帝庙碑记（清道光二十年） …………（四〇〇）
临邑普照寺僧觉涛自叙（清道光二十年） …………（四〇一）
普照寺檀越公旌仙舟大禅师懿范（清道光二十年） …………（四〇二）
龙王庙碑记（清道光二十年） …………（四〇三）
丛罗峪贺氏列祖碑（清道光二十一年） …………（四〇四）
重修龙天□□庙碑记（清道光二十一年） …………（四〇五）
沟底村张氏家谱碑（清道光二十二年） …………（四〇六）
重修碑记（清道光二十二年） …………（四〇七）
邑庠生兴九薛君之墓（清道光二十二年） …………（四〇九）
志美碑记（清道光二十三年） …………（四一〇）
重修玉皇庙碑记（清道光二十三年） …………（四一一）
新建观音庙碑记（清道光二十三年） …………（四一三）
碛口黑龙庙大门匾额楹联（清道光二十三年） …………（四一六）
重修佛庙碑记（清道光二十四年） …………（四一七）
重建观音庙关帝庙碑记（清道光二十四年） …………（四一九）
重修观音殿碑记（清道光二十四年） …………（四二一）
补修观音庙碑记（清道光二十五年） …………（四二三）
碛口黑龙庙大门楹联（清道光二十五年） …………（四二五）
重修庙记（清道光二十五年） …………（四二六）
“欲绍先谟”匾额（清道光二十六年） …………（四二九）
重修菩萨庙碑记（清道光二十六年） …………（四三〇）

龙天庙建窑碑记（清道光二十六年） ……………………………………………………………（四三二）
重修佛殿碑序（清道光二十六年） ………………………………………………………………（四三三）
卧虎山黑龙王庙碑（清道光二十七年） …………………………………………………………（四三五）
“其旋元吉”匾额（清道光二十七年）……………………………………………………………（四三七）
皇清待赠武生樊公讳问勇字景汤元配李氏继配辛氏刘氏赵氏之墓（清道光二十八年） …（四三八）
皇清待赠樊公讳问仁字景尧元配闫氏继配张氏任氏高氏之墓（清道光二十八年） ………（四三九）
皇清待赠府庠生樊公讳晋辉字含清元配张氏继配吕氏李氏之墓（清道光二十八年） ……（四四〇）
“安之居”匾额（清道光二十八年）………………………………………………………………（四四一）
“安且吉”匾额（清道光二十八年）………………………………………………………………（四四二）
奉天寺新立石碑记（清道光二十八年） …………………………………………………………（四四三）
皇清曾祖考拔贡刘公讳五教字敬敷又字莲峰妣妣之墓志（清道光二十八年） ……………（四四五）
重修浮济大王庙碑记（清道光二十八年） ………………………………………………………（四四六）
重修庙记（清道光二十八年） ……………………………………………………………………（四四八）
建修庙记（清道光二十九年） ……………………………………………………………………（四五〇）
“瑞气绕屋”匾额（清道光二十九年）……………………………………………………………（四五二）
“神恩永护”匾额（清道光三十年）………………………………………………………………（四五二）
遵父命重修庙碑记（清道光年间） ………………………………………………………………（四五三）
秦氏阖族始祖之墓（清咸丰元年） ………………………………………………………………（四五四）
新修庙堂记（清咸丰元年） ………………………………………………………………………（四五五）
重修庙宇碑记（清咸丰元年） ……………………………………………………………………（四五七）
重修关帝庙记（清咸丰元年） ……………………………………………………………………（四五九）
重修浮济王圣母庙碑志（清咸丰二年） …………………………………………………………（四六一）
皇清恩赠登仕郎显祖考杨公讳克远字文德号云亭待赠孺人妣高太君之墓（清咸丰二年）
……………………………………………………………………………………………………（四六三）
嘉庆十二年移修关帝庙碑记（清咸丰二年） ……………………………………………………（四六四）
“福备三多”匾额（清咸丰三年）…………………………………………………………………（四六五）
皇清例授儒林郎显考王公讳佩珩字映芾号南珍安人显妣陈氏合葬之墓（清咸丰四年） …（四六六）
清故庠生樊翁讳裔兴字吕后室人赵氏合葬之墓（清咸丰五年） ………………………………（四六七）
皇清待赠国学樊翁讳联元字廷辂原配崔氏赵氏继配段氏合葬之墓（清咸丰五年） ………（四六八）
皇清待赠庠生樊翁讳铎字圣化原配薛氏合葬之墓（清咸丰五年） ……………………………（四六九）
皇清待赠乡饮介宾樊翁讳登三字近台原配雒氏张氏继配李氏合葬之墓（清咸丰五年） …（四七〇）
戏楼碑记（清咸丰五年） …………………………………………………………………………（四七一）
“恩进士”匾额（清咸丰六年）……………………………………………………………………（四七三）
重修神阁乐楼碑记（清咸丰六年） ………………………………………………………………（四七四）
皇清曾祖考讳如智字象川妣氏之墓（清咸丰六年） ……………………………………………（四七六）
皇清待赠曾祖考讳于连字少牧妣高氏之墓（清咸丰六年） ……………………………………（四七七）
皇清待赠祖考讳天祥字文山妣高氏之墓（清咸丰六年） ………………………………………（四七八）
赠高公洪庵碑铭并序（清咸丰七年） ……………………………………………………………（四七九）
高洪庵墓志诗碑（清咸丰七年） …………………………………………………………………（四八一）
赠高公讳君赐字三锡妻氏薛碑铭并序（清咸丰七年） …………………………………………（四八二）
刘炳章墓碑（清咸丰七年） ………………………………………………………………………（四八三）

重修天官庙观音庙碑记（清咸丰七年） ……（四八四）
“善居室”匾额（清咸丰七年） ……（四八六）
重修碑记（清咸丰七年） ……（四八七）
赵光储墓碑（清咸丰七年） ……（四八九）
皇清国子监太学生乡饮介宾高公讳时发字永兴元配张氏继配李氏之墓（清咸丰七年） ……（四九〇）
重修诸庙碑记（清咸丰八年） ……（四九一）
皇清待赠太学生樊公讳映字玉川原配张氏继配李氏赵氏合葬之墓（清咸丰八年） ……（四九三）
樊氏家谱碑（清咸丰八年） ……（四九五）
中南山观音庙碑记（一）（清咸丰八年） ……（四九八）
中南山观音庙碑记（二）（清咸丰八年） ……（四九九）
皇清待赠登仕佐郎樊翁讳峻字腾霄孺人元配李太君孺人继配李太君合葬之墓
（清咸丰十年） ……（五〇一）
皇清显考国子监太学生高公讳明喜字帝臣妣待赠孺人李太君杨太君郝太君之墓
（清咸丰十一年） ……（五〇二）
求子献地碑记（清咸丰十一年） ……（五〇三）
重修观音关帝庙施地碑记（清咸丰十一年） ……（五〇四）
“和顺店”匾额（清同治元年） ……（五〇五）
王裕后祭母碑文（清同治元年） ……（五〇六）
新建乐楼碑记（清同治元年） ……（五〇八）
杜家圪垛新修献殿布施碑（清同治元年） ……（五一〇）
重修皇宿寺碑记（清同治元年） ……（五一二）
皇清待赠樊公讳济清字尚澄原配薛氏继配薛氏王氏崔氏合葬之墓（清同治二年） ……（五一四）
皇清例授乡饮耆宾显考刘公讳树本字培根妣赵氏秦氏牛氏王氏秦氏张氏高氏之墓
（清同治二年） ……（五一五）
皇清祖考刘公讳寸心字省齐妣张氏王氏之墓（清同治二年） ……（五一六）
兴荣山碑记（清同治三年） ……（五一七）
关王庙村戒赌碑（清同治三年） ……（五一八）
兔坂水槽沟山神灵梦记（清同治三年） ……（五二〇）
重修菩萨阁记（清同治三年） ……（五二一）
皇清故处士显考康府君讳应魁元嫡配杨氏侧室郭氏之墓志（清同治四年） ……（五二三）
皇清显考刘公讳孝基字德元妣待赠孺人张氏合葬之墓（清同治四年） ……（五二四）
南庄真武庙碑记（清同治五年） ……（五二五）
卜家崖村重修神庙碑记（清同治五年） ……（五二七）
本山后土神位（清同治五年） ……（五二九）
皇清显考刘公讳映池字清香妣刘氏合葬之墓（清同治五年） ……（五三〇）
王裕后父母敕命碑（清同治五年） ……（五三一）
清故例授议敘正九显考武公讳巨河字清一妣刘氏之墓（清同治五年） ……（五三二）
清故乡饮耆宾显考武公讳巨江字浙亭号珍生妣王氏之墓（清同治五年） ……（五三三）
创修碑记（清同治五年） ……（五三四）
皇清三祖考刘公讳寸忱字天真元配崔氏次配徐氏赵氏合葬之墓（清同治六年） ……（五三六）
皇清郭府君讳应城一位之墓（清同治六年） ……（五三七）

"善为宝"匾额（清同治六年）……（五三八）
皇清待赠显祖考张公讳廷玉字温其妣薛氏合葬之墓（清同治六年）……（五三九）
例授都司显考张公讳锡字纯嘏府君恭人妣原配刘氏继配王氏王氏赵氏太君合葬之墓
（清同治六年）……（五四〇）
榆林村补茸新建庙宇碑记（清同治六年）……（五四一）
"复顺店"匾额（清同治六年）……（五四三）
皇清赵公讳存宽字广亭之墓（清同治七年）……（五四四）
新建乐楼序（清同治七年）……（五四五）
重修关帝庙碑记（清同治七年）……（五四六）
"福如东海"匾额（清同治八年）……（五四七）
西孙家沟整修大庙碑（清同治八年）……（五四八）
新修关圣观音庙碑记（清同治八年）……（五五一）
重修观音庙碑记（清同治八年）……（五五三）
"好本成业"匾额（清同治九年）……（五五五）
玄天大帝庙社内存钱碑记（清同治九年）……（五五六）
新建魁星楼碑记（清同治九年）……（五五七）
木村峪村重修神庙碑记（清同治十年）……（五五九）
清故曾祖考张公中的原配郝氏继配高氏之墓（清同治十一年）……（五六一）
高家墕高氏祖坟碑记（清同治十一年）……（五六三）
重修龙天庙碑记（清同治十一年）……（五六五）
王铎墓碑（清同治十一年）……（五六七）
王秉文墓碑（清同治十一年）……（五六八）
王自禄墓碑（清同治十一年）……（五六九）
王自全墓碑（清同治十一年）……（五七〇）
王生泰墓碑（清同治十一年）……（五七一）
重补修庙碑记（清同治十一年）……（五七二）
重修观音庙碑记（清同治十二年）……（五七四）
张家湾修庙碑记（清同治十三年）……（五七六）
陈家庄重修庙碑（清同治十□年）……（五七八）
重修观音堂碑记（清同治年间）……（五七九）
枣窊沟村改建重修七佛观音牛王并新建财神庙碑记（清光绪元年）……（五八〇）
宝珠山地基争讼调停碑记（清光绪元年）……（五八四）
左宗棠书玉坪张济远墓碑（清光绪三年）……（五八五）
王生长墓碑（清光绪三年）……（五八六）
王思保墓碑（清光绪三年）……（五八七）
山西汾州府临邑七村合社重修神庙碑记（清光绪三年）……（五八八）
王自福墓碑（清光绪三年）……（五九〇）
皇清敕授儒林郎奉直大夫吏部候铨布政司理问显考王公讳佩瑜字映绶号润亭妣樊太君
继妣高太君合葬之墓（清光绪四年）……（五九一）
张世治墓碑（清光绪六年）……（五九二）
乔家沟重修五龙圣母祠碑记（清光绪七年）……（五九三）

重修庙碑记（清光绪七年） ……（五九五）
重修观音庙碑记（清光绪七年） ……（五九七）
皇清例授国子监典籍显考王公讳士眕字儒修号睿章妣贾太君合葬之墓（清光绪八年） …（五九九）
户内碑记（清光绪九年） ……（六〇〇）
重修观音风神龙天虸蚄庙碑记（清光绪十年） ……（六〇一）
胡氏碑记（清光绪十三年） ……（六〇三）
“当局”匾额（清光绪十三年） ……（六〇四）
“文景德厚”匾额（清光绪十三年） ……（六〇五）
清故群庠武生功赏六品职衔显考武公讳中元字廷卫号明亮妣郭氏妣高氏之墓
（清光绪十四年） ……（六〇六）
重修浮济大王祠（清光绪十四年） ……（六〇八）
皇清显考例赠国子监太学生显考讳玉璋字奉之貤赠孺人显妣刘氏合厝墓志（清光绪十四年）
……（六一〇）
王晋美墓碑（清光绪十四年） ……（六一一）
削去丁首钱碑（清光绪十五年） ……（六一二）
重修诸神庙碑记（清光绪十五年） ……（六一三）
重修三位娘娘庙碑记（清光绪十六年） ……（六一五）
清故乡饮介宾显考樊公讳嘉植字茂森府君原配高氏继配李氏杜氏李氏合葬之墓
（清光绪十七年） ……（六一六）
重修义居寺碑记（清光绪十八年） ……（六一七）
“克昌后”匾额（清光绪十八年） ……（六一九）
诰授昭信校尉孔昭李公讳潜德暨元配郝安人合葬之墓表（清光绪十八年） ……（六二〇）
诰授武德将军守御所千总衔显考李公讳长春字竹君府君显妣秦宜人继妣赵宜人樊宜人赵宜人
继妣张宜人张宜人李太君合葬之墓（清光绪十八年） ……（六二二）
新建关帝财神庙碑记（清光绪十八年） ……（六二三）
重修财神祠记（清光绪十八年） ……（六二四）
高家沟重修关帝庙碑记（清光绪二十年） ……（六二五）
重修黄龙山北岳庙碑序（清光绪二十一年） ……（六二七）
阳宇会高中元墓碑（清光绪二十二年） ……（六二八）
重修五龙圣母祠碑记（清光绪二十二年） ……（六二九）
例授昭武都尉兵部候推都阃□杜开英募化施钱题名碑（清光绪二十二年） ……（六三一）
怀少堂义学碑序（清光绪二十五年） ……（六三三）
五甲秦户议立户首碑记（清光绪二十五年） ……（六三四）
新建龙王庙碑记（清光绪二十五年） ……（六三六）
重移庙碑记（清光绪二十八年） ……（六三八）
新修奎星楼并补葺前后村各庙碑记（清光绪二十八年） ……（六四〇）
修补诸庙碑记（清光绪二十九年） ……（六四二）
观音古刹诸祠重修碑记（清光绪二十九年） ……（六四四）
补修关帝火帝庙碑记（清光绪三十年） ……（六四七）
重修山神土地庙碑记（清光绪三十年） ……（六四九）
皇清待赠显考讳昌隆妣任氏穆公之墓（清光绪三十一年） ……（六五一）

旌表节孝邑处士张禔妻李孺人墓志（清光绪三十二年） ……（六五二）
重修关王庙碑记（清光绪三十二年） ……（六五四）
皇清例授国子监显考樊公讳□□妣□氏之墓碑（清宣统元年） ……（六五七）
清故显考樊公讳嘉树字立德元配郭氏继配雷氏之墓（清宣统元年） ……（六五八）
皇清例授明经进士显考讳松龄字星南号鹤亭例赠孺人显妣张氏王氏合厝墓志（清宣统元年） ……（六五九）
“望隆山斗”匾额（清宣统元年） ……（六六〇）
新修圣母庙碑（清宣统二年） ……（六六一）
吕杜家岭刘王沟争水判讼碑记（清宣统三年） ……（六六三）
重修龙天庙碑记（清宣统三年） ……（六六六）
紫金山无量佛庙碑铭（清代） ……（六六八）
李兆麟长生之位碑（清代） ……（六六九）
张家庄施钱碑序（清代） ……（六七〇）
重修三官龙天龙王庙碑记（清代） ……（六七二）
重修观音庙记（清代） ……（六七三）
冉子庙大门楹联（清代） ……（六七四）
曹家畔斜山庙楹联（清代） ……（六七五）
重修北岳庙碑记（清代） ……（六七六）
重修北岳庙碑序（清代） ……（六七七）
中舍永兴寺楹联（清代） ……（六七八）
前甘泉郭氏世系碑（清代） ……（六七九）
武举郭万清祖父郭廷槐敕命碑（清代） ……（六八〇）
正坡村施钱人名碑（清代） ……（六八一）
正坡村领疏人名碑记（清代） ……（六八三）

● **中华民国**

重修关帝观音庙碑记（中华民国2年） ……（六八七）
“惠迪吉”匾额（中华民国3年） ……（六八九）
前清故逝显考大人张翁子仁府君正妣穆氏继妣陈氏之墓（中华民国4年） ……（六九〇）
清故邑庠生俊卿孙老先生暨德配孺人之墓表（中华民国4年） ……（六九一）
“进善堂”匾额（中华民国5年） ……（六九二）
重修三教圣人观音庙碑记（中华民国5年） ……（六九三）
重修关圣帝君庙碑记（中华民国5年） ……（六九五）
重修圣母关帝等庙新修蚜蜥虮蜡庙记（中华民国6年） ……（六九七）
关帝庙复建碑记（中华民国6年） ……（六九九）
修建阖村庙阁碑记（中华民国7年） ……（七〇一）
清故武略佐骑尉国学生孙公暨德配赵安人秦安人刘安人李安人之墓志（中华民国8年） ……（七〇五）
补修经堂宗祠碑记（中华民国8年） ……（七〇六）
故显考李公讳振勋府君妣李母高太君墓（中华民国8年） ……（七〇七）
“型绍太邱”匾额（中华民国8年） ……（七〇八）

重修庙宇新建戏楼碑记（中华民国9年） …………（七〇九）
皇清例授贡元候补儒学副堂高公讳树柏字养鳞号心斋元配刘孺人继配郭孺人之墓（中华民国9年） …………（七一一）
重修阖村各庙碑记（中华民国9年） …………（七一二）
“福海寿山”匾额（中华民国9年） …………（七一六）
白家山白氏族产售卖碑记（中华民国16年） …………（七一七）
清赠登仕郎显考讳恩波妣曹太君合葬之墓（中华民国16年） …………（七一八）
重修观音庙碑记（中华民国17年） …………（七一九）
吕家岭重修关帝火帝庙碑记（中华民国17年） …………（七二〇）
重修观音三圣母庙碑记（中华民国17年） …………（七二二）
清耆宾兴盛刘老先生暨德配辛太孺人碑铭（中华民国17年） …………（七二四）
刘兴魁墓表（中华民国17年） …………（七二五）
前清例授国子监太学生显考讳继林府君嫡妣张太君庶妣刘太君合葬之墓（中华民国20年） …………（七二六）
吴命新墓碑（中华民国21年） …………（七二七）
前清处士胡府君讳尚道字得中妻刘氏一位之墓（中华民国21年） …………（七二八）
五甲秦户议立分粮碑记（中华民国24年） …………（七二九）
先考胡公长讳尚嘉字子美次讳尚善字子良室人曹氏吕氏高氏之墓（中华民国33年） …………（七三一）
黄龙山残碑（中华民国年间） …………（七三二）

下　册

●中华人民共和国

“发家致富”匾额（1950年） …………（七三五）
临县白文修建防洪堤碑记（1952年） …………（七三六）
刘文纪念碑（1958年） …………（七三八）
“月镜新石器时代文化遗址”保护标志碑（1959年） …………（七三九）
阳坡水库简介碑（1959年） …………（七四〇）
建设水库甲等模范（1959年） …………（七四二）
皇姑墓文物古迹保护标志（1960年） …………（七四三）
“全面发展”匾额（1962年） …………（七四四）
寨子山烈士纪念碑（1969年） …………（七四五）
李探保烈士碑（1974年） …………（七四八）
伟大领袖和导师毛主席东渡黄河登岸处（1978年） …………（七四九）
“为人民服务”石刻（1978年） …………（七五一）
“创业桥”石刻（1978年） …………（七五二）
郭户纪念堂碑记（1982年） …………（七五三）
先父樊希骞未婚母赵氏先母高玉廉暨胞妹长沂合葬之墓（1984年） …………（七五五）
重修宝珠山碑记（1986年） …………（七五七）
共和故显考高公讳增荣字伯仁妣武氏修文合葬之墓（1986年） …………（七五九）

庵庙社补修戏台山门碑记（1987 年） …………（七六〇）
建戏院志（1987 年） …………（七六一）
复修真武观碑记（1988 年） …………（七六二）
补修寨则凤凰山共天寺记（1988 年） …………（七六五）
重补建凤凰山共天寺碑记（1988 年） …………（七六七）
临县善庆寺碑序（1988 年） …………（七六八）
卜家岩村重修神庙碑记（1988 年） …………（七六九）
人民舞台落成纪念（1988 年） …………（七七一）
重修碑记（1988 年） …………（七七二）
修献殿芳名碑（1989 年） …………（七七四）
复建真武正殿碑记（1989 年） …………（七七五）
重修观音寺序言（1989 年） …………（七七七）
三交复修南山寺碑记（1989 年） …………（七七八）
神峪塔补修关帝庙碑记（1989 年） …………（七七九）
重修扶济大王庙碑志（1989 年） …………（七八〇）
刘万山墓碑（1990 年） …………（七八一）
张应官之墓位（1990 年） …………（七八二）
善庆寺史记（1990 年） …………（七八三）
安家圪台修戏台碑记（1990 年） …………（七八五）
西二干取水枢纽碑文（1990 年） …………（七八七）
观音圣母庙重修碑记（1991 年） …………（七八八）
碛口张一题词碑（1991 年） …………（七八九）
孙庆谦墓碑（1991 年） …………（七九〇）
重修关帝庙正殿碑记（1991 年） …………（七九一）
维修黑龙王庙碑记（1991 年） …………（七九三）
丛罗峪戏台碑记（1991 年） …………（七九五）
关圣帝君碑文（1991 年） …………（七九六）
修葺东岳庙碑记（1991 年） …………（七九七）
玄天上帝真武祖师碑序（1992 年） …………（七九九）
重建共天寺序言（1992 年） …………（八〇一）
宝珠山维修观音殿碑记（1992 年） …………（八〇二）
复修碑记（1992 年） …………（八〇三）
三交南山寺重建碑记（1992 年） …………（八〇五）
佛兴寺碑记（1992 年） …………（八〇七）
维修龙王庙碑记（1992 年） …………（八〇八）
重修广化寺碑记（1992 年） …………（八〇九）
重修五道庙碑记（1992 年） …………（八一一）
修复皇姑墓碑记（1992 年） …………（八一二）
北寨山关帝庙碑记（1992 年） …………（八一三）
重塑圣像整修庙宇碑记（1992 年） …………（八一四）
重修关帝财神庙碑记（1992 年） …………（八一五）

重修关帝财神庙捐款芳名碑记（1992 年） ……（八一六）
王家沟重修关帝庙碑记（1992 年） ……（八一七）
大庙考绪（1992 年） ……（八一八）
安家圪台重修大王庙碑记（1992 年） ……（八二〇）
黄白塔重修庙碑记（1993 年） ……（八二一）
重修五庙之碑记（1993 年） ……（八二二）
重修佛殿庙碑记（1993 年） ……（八二三）
张家圪垯舞台竣工碑记（1993 年） ……（八二四）
火燎坡河坝工程碑（1993 年） ……（八二六）
复修观音殿碑记（1993 年） ……（八二八）
西坡重修弥勒佛庙碑记（一）（1993 年） ……（八二九）
西坡重修弥勒佛庙碑记（二）（1993 年） ……（八三〇）
再建天龙庙碑记（1993 年） ……（八三一）
重建观音庙碑记（1994 年） ……（八三三）
复修庙宇碑记（1994 年） ……（八三四）
江泽民总书记视察临县纪实碑文（1994 年） ……（八三六）
武家沟关帝财神庙塑像壁画碑记（1994 年） ……（八三八）
重修庙碑序（1994 年） ……（八三九）
王家沟重修观音庙碑记（1994 年） ……（八四一）
三清殿普救殿药王殿补修碑记（1994 年） ……（八四二）
重修碑记（1994 年） ……（八四三）
重建广严寺碑记（1994 年） ……（八四四）
刘家会广严寺布施碑（1994 年） ……（八四六）
东王家沟修路移井碑记（1994 年） ……（八四七）
郭家沟重修庙宇碑记（1994 年） ……（八四八）
贺家圪台观音庙碑志（1995 年） ……（八四九）
冯门祠堂碑记（1995 年） ……（八五〇）
浮济大王庙碑记（1995 年） ……（八五一）
重修观音庙碑记（1995 年） ……（八五三）
重修济渎庙碑记（1995 年） ……（八五四）
建学校舞台纪念碑（1995 年） ……（八五五）
修庙碑记（1995 年） ……（八五六）
明旺塔综合治理区碑记（1995 年） ……（八五八）
白文职中江泽民复信碑和兴建职业技校纪念碑（1995 年） ……（八六〇）
郝家梁大王庙碑（1995 年） ……（八六三）
张家湾村重修罗汉寺庙记（1995 年） ……（八六五）
扩建关帝庙碑记（1995 年） ……（八六七）
禹家梁修关帝庙碑记（1995 年） ……（八六九）
重修五龙圣母庙碑记（1995 年） ……（八七〇）
重建胜利坪学校记（1995 年） ……（八七二）
复修唐僧庙碑序（1995 年） ……（八七三）

重修观音寺碑记（1995 年）……（八七四）
水源关帝庙碑记（1996 年）……（八七五）
上冯家山烈士碑记（1996 年）……（八七六）
补修关帝诸庙简序（1996 年）……（八七七）
樊氏家谱（1996 年）……（八七九）
郑社奎为佳临大桥题词（1996 年）……（八八一）
姚新章为黄河大桥题词（1996 年）……（八八二）
陆绪为临佳大桥题词（1996 年）……（八八三）
樊吉厚为临佳大桥题词（1996 年）……（八八四）
郝有亮为临佳大桥题词（1996 年）……（八八五）
孙文盛为佳临大桥题词（1996 年）……（八八六）
薛军为临佳黄河大桥题词（1996 年）……（八八七）
李盘盛为临佳大桥题词（1996 年）……（八八八）
郭海亮为临佳大桥题词（1996 年）……（八八九）
柳学耀为临佳大桥题词（1996 年）……（八九〇）
薛万明为临佳大桥题词（1996 年）……（八九一）
赵有珍为临佳大桥题词（1996 年）……（八九二）
胡富国为临佳大桥题词（1996 年）……（八九三）
段丽卿为临佳大桥题词（1996 年）……（八九四）
薄一波为大桥题词（1996 年）……（八九五）
临佳黄河公路大桥碑记（1996 年）……（八九六）
重修关帝财神庙捐款芳名碑记（1996 年）……（八九八）
碛口湫河大桥碑（1996 年）……（八九九）
新建天官庙碑记（1996 年）……（九〇〇）
吕家岭村补修关帝、火帝庙碑记（1997 年）……（九〇一）
重建观音庙碑记（1997 年）……（九〇三）
天官敬祀道物新址碑文（1997 年）……（九〇四）
龙天庙碑（1997 年）……（九〇五）
弘法寺由来始末碑记（1997 年）……（九〇六）
水平山新修庙碑记（1997 年）……（九〇八）
重修四庙正殿碑记（1997 年）……（九一〇）
王修善墓碑（1997 年）……（九一一）
丰达桥碑记（1997 年）……（九一三）
药王孙真人碑记（1998 年）……（九一四）
钟鼓山庙群碑记（1998 年）……（九一六）
重修钟鼓山碑记（1998 年）……（九一七）
赤卜浪修建学校碑记（1998 年）……（九一八）
新庙碑铭（1998 年）……（九二〇）
后青塘村护村堤、山上自来水工程碑志（1998 年）……（九二二）
雕塑关帝财神庙碑记（1998 年）……（九二四）
维修正殿碑记（1998 年）……（九二五）

重建文昌庙碑记（1998 年）……（九二六）
村庙重建碑记（1998 年）……（九二七）
新建庙宇碑记（1998 年）……（九二八）
重修王氏宗祠碑序（一）（1999 年）……（九二九）
重修王氏宗祠碑序（二）（1999 年）……（九三〇）
王家湾天官庙碑记（1999 年）……（九三二）
重修龙泉庵碑记（1999 年）……（九三三）
重修青龙庙高佛殿碑记（1999 年）……（九三五）
大窑沟修复观音庙碑记（1999 年）……（九三六）
关圣帝君觉世真经碑（1999 年）……（九三七）
吴荣庆墓碑（1999 年）……（九三八）
吴祥彝墓碑（1999 年）……（九三九）
刘健墓碑（1999 年）……（九四〇）
烈士碑记（1999 年）……（九四一）
新建学校戏台维修古庙碑记（1999 年）……（九四二）
尧子坡村功德碑记（2000 年）……（九四三）
火燎坡建修庙记（2000 年）……（九四四）
文庙学校兴学碑文（2000 年）……（九四五）
维修观音庙碑记（2000 年）……（九四六）
圪麻岭村戏台之碑并序（2000 年）……（九四七）
重修武圣宫碑记（2000 年）……（九四八）
重修南山寺碑记（2000 年）……（九五〇）
关圣帝君庙碑记（2000 年）……（九五一）
建校碑记（2000 年）……（九五四）
重修观音庙碑记（2000 年）……（九五五）
重塑诸神碑记（2000 年）……（九五六）
大峪沟河坝工程碑记（2000 年）……（九五八）
曲峪大桥碑（2000 年）……（九六〇）
建文昌庙碑记（2001 年）……（九六二）
李西苑夫人墓碑（2001 年）……（九六四）
戏台碑铭（2001 年）……（九六五）
观世音菩萨庙复修碑铭（2001 年）……（九六六）
复修龙王庙碑记（2001 年）……（九六七）
万安里普善寺碑志（2001 年）……（九六八）
重修关圣庙碑记（2001 年）……（九六九）
重修关圣庙功德碑（2001 年）……（九七〇）
重修观音庙碑记（2001 年）……（九七一）
重修关帝庙碑记（2001 年）……（九七二）
瓦舍坪修戏台碑记（2001 年）……（九七三）
观音庙重塑圣像碑记（2001 年）……（九七四）
观音庙重修碑记（2001 年）……（九七五）

修庙碑志（2001 年）……（九七六）
重建关帝庙简介（2001 年）……（九七七）
筹建关帝庙概况（2001 年）……（九七八）
续修关帝圣君庙碑记（2001 年）……（九八〇）
重修真武圣庙碑记（2002 年）……（九八一）
真武大帝的来历（2002 年）……（九八二）
观音庙碑记（2002 年）……（九八三）
乔家坪龙天庙碑记（2002 年）……（九八五）
秦谆益墓碑（2002 年）……（九八六）
维修真武祖师庙碑序（2002 年）……（九八七）
关帝庙维修碑记（2002 年）……（九八八）
植树纪念碑记（2002 年）……（九八九）
重建大王庙碑记（2002 年）……（九九〇）
广化寺佛殿庙碑记（2002 年）……（九九一）
观音堂重修碑记（2002 年）……（九九二）
重修观音庙碑记（2002 年）……（九九三）
重修石踏碑记（2002 年）……（九九四）
东西林家坪首届关帝庙会碑记（2002 年）……（九九五）
三次重修庙碑记（2002 年）……（九九六）
临之东南隅黄家沟村重修庙宇扩建舞台碑记（2002 年）……（九九七）
“虔诚”碑（2002 年）……（九九八）
重修关帝庙碑记（2002 年）……（九九九）
重修庙碑序（2002 年）……（一〇〇〇）
高家塌老爷庙碑记（2003 年）……（一〇〇二）
修建戏台碑序（2003 年）……（一〇〇三）
王门先祖考清代庠生讳灼中妣□杨家山郭氏合葬之墓（2003 年）……（一〇〇四）
王门先考清代处士讳贤妣六甲王氏讳瑞娥合葬之墓（2003 年）……（一〇〇五）
重修城隍庙碑记（2003 年）……（一〇〇六）
重修观音庙碑记（2003 年）……（一〇〇八）
新修天官庙碑记（2003 年）……（一〇〇九）
重修观音阁佛殿庙碑记（2003 年）……（一〇一〇）
修复龙天庙简介（2003 年）……（一〇一二）
官地学校碑记（2003 年）……（一〇一三）
岩头观音庙碑记（2003 年）……（一〇一四）
刘王庙碑记（2003 年）……（一〇一五）
郭家塔郭昌仁墓碑文（2003 年）……（一〇一七）
张阳会佛殿庙碑记（2003 年）……（一〇一九）
修建文化中心碑记（2003 年）……（一〇二一）
观音神像开光碑记（2003 年）……（一〇二二）
兴建操场石记（2003 年）……（一〇二四）
修建文昌庙魁星楼碑记（2003 年）……（一〇二五）

"南山寺"碑（2003 年） ……………………………………………………（一〇二七）
"验"字碑（2003 年） ……………………………………………………（一〇二八）
重修观音老爷龙王三庙碑记（2003 年） ……………………………………（一〇三〇）
重修庙碑记（2004 年） ……………………………………………………（一〇三二）
麻塔村功名碑文（2004 年） ………………………………………………（一〇三四）
董家墕观音庙碑记（2004 年） ……………………………………………（一〇三五）
重修本寺西侧碑记（2004 年） ……………………………………………（一〇三六）
复修文昌庙碑记（2004 年） ………………………………………………（一〇三七）
重修宝珠山正殿碑记（2004 年） …………………………………………（一〇三九）
重修观音庙碑记（2004 年） ………………………………………………（一〇四一）
维修观世音菩萨庙碑记（2004 年） ………………………………………（一〇四三）
重修东林寺碑记（2004 年） ………………………………………………（一〇四五）
重修菩萨阁碑记（2004 年） ………………………………………………（一〇四七）
重修观音殿碑记（2004 年） ………………………………………………（一〇四八）
修观音菩萨庙碑记（2004 年） ……………………………………………（一〇五〇）
易风学校碑记（2004 年） …………………………………………………（一〇五一）
义圪垛重修庙宇碑记（2004 年） …………………………………………（一〇五三）
重修戏台碑记（2004 年） …………………………………………………（一〇五四）
关圣帝君、观世音菩萨神位碑（2004 年） ………………………………（一〇五五）
薛家坪诸神位碑（2004 年） ………………………………………………（一〇五六）
新建观音关帝庙碑记（2004 年） …………………………………………（一〇五七）
警民大桥修建碑记（2004 年） ……………………………………………（一〇五八）
维修茶亭碑记（2004 年） …………………………………………………（一〇六〇）
修庙碑记（2004 年） ………………………………………………………（一〇六二）
重修财神庙碑记（2004 年） ………………………………………………（一〇六三）
心桥碑记（2004 年） ………………………………………………………（一〇六四）
玉荐村王氏坟碑（2004 年） ………………………………………………（一〇六五）
修庙碑记（2005 年） ………………………………………………………（一〇六六）
殿宇落成碑记（2005 年） …………………………………………………（一〇六八）
新修佛殿庙碑记（2005 年） ………………………………………………（一〇七〇）
忠孝剧场碑记（2005 年） …………………………………………………（一〇七一）
郭宝华墓碑（2005 年） ……………………………………………………（一〇七三）
郭庆增墓碑（2005 年） ……………………………………………………（一〇七四）
供奉本山后土皇帝之神位碑（2005 年） …………………………………（一〇七五）
保护母亲河工程山西临县项目东渡黄河纪念林碑（2005 年） ……………（一〇七六）
临县青少年爱国主义教育基地碑（2005 年） ……………………………（一〇七七）
重修观音庙碑记（2005 年） ………………………………………………（一〇七八）
补修关帝庙记（2005 年） …………………………………………………（一〇七九）
新修乡音舞台碑记（2005 年） ……………………………………………（一〇八〇）
北寨山关帝庙碑记（2005 年） ……………………………………………（一〇八二）
北寨山关帝庙碑序（2005 年） ……………………………………………（一〇八四）

府底村重建关帝庙碑记（2005 年）…………（一〇八六）
南庄村五路一街工程简介碑（2005 年）…………（一〇八八）
重修观音关帝庙碑记（2005 年）…………（一〇九〇）
观音庙志（2005 年）…………（一〇九二）
重建观音庙序（2005 年）…………（一〇九三）
父母合厝碑记（2005 年）…………（一〇九四）
重修观音庙龙王庙碑记（2005 年）…………（一〇九五）
修路碑记（2005 年）…………（一〇九七）
大后沟村新建剧场碑记（2005 年）…………（一〇九八）
坪墕村修学校舞台碑记（2005 年）…………（一〇九九）
敬铸地藏王菩萨铜像功德碑记（2005 年）…………（一一〇〇）
维修庙宇碑记（2005 年）…………（一一〇二）
重修龙王庙碑记（2005 年）…………（一一〇三）
重修东林玉佛寺缘起碑记（2005 年）…………（一一〇五）
上马家山重修关帝观音庙碑记（2005 年）…………（一一〇八）
九凤庵道教三清殿碑记（2005 年）…………（一一〇九）
九凤庵道教三清殿补充碑记（2005 年）…………（一一一一）
日元贷款植树造林项目工程区标志碑（2005 年）…………（一一一二）
惠民桥碑（2005 年）…………（一一一三）
李家峁关帝庙碑记（2005 年）…………（一一一四）
毛泽东主席路经处碑（2005 年）…………（一一一五）
复修五龙圣母古庙碑记（2005 年）…………（一一一六）
修庙碑志（2006 年）…………（一一一七）
刘家沟塑像志（2006 年）…………（一一一八）
扩建祠堂施款碑记（2006 年）…………（一一二〇）
观音殿宇落成序言（2006 年）…………（一一二二）
重建观音庙碑记（2006 年）…………（一一二三）
小王家塔王氏先祖碑记（2006 年）…………（一一二四）
“姜太公在此”碑（2006 年）…………（一一二五）
石板沟修墙碑记（2006 年）…………（一一二六）
“爸爸妈妈生平”碑（2006 年）…………（一一二七）
重修青龙庙碑记（2006 年）…………（一一二九）
重修真武庙碑记（2006 年）…………（一一三〇）
修建观音庙碑记（2006 年）…………（一一三二）
重修天官庙碑记（2006 年）…………（一一三三）
善庆寺文物保护标志碑（2006 年）…………（一一三四）
碛口古建筑文物保护标志碑（2006 年）…………（一一三五）
义居寺文物保护标志碑（2006 年）…………（一一三七）
娘娘庙缮记（2006 年）…………（一一三八）
娘娘庙修缮碑记（2006 年）…………（一一四〇）
沿黄扶贫旅游公路碑文（2006 年）…………（一一四一）

重修佛殿庙碑记（2006年）……（一一四二）
白家庄建祠碑记（2006年）……（一一四三）
柏局上修庙碑记（2006年）……（一一四四）
建文昌庙碑记（2006年）……（一一四六）
观音寺修建碑记（2006年）……（一一四九）
重修龙王庙碑记（2006年）……（一一五一）
重塑东岳关帝庙神像记（2006年）……（一一五二）
兴修五道庙碑记（2006年）……（一一五四）
筑道铭（2006年）……（一一五五）
魁星楼文物保护标志碑（2006年）……（一一五七）
乌突戍古城遗址文物保护标志碑（2006年）……（一一五八）
天地坛释文（2006年）……（一一五九）
南河桥碑记（2006年）……（一一六一）
财神庙重建碑记（2006年）……（一一六二）
补修碑记（2006年）……（一一六三）
迁茶亭庙铭记（2006年）……（一一六五）
西关新区门楼落成碑记（2006年）……（一一六七）
重修观音庙碑记（2007年）……（一一六九）
重塑观音圣像碑文（2007年）……（一一七〇）
修缮庙宇戏台碑记（2007年）……（一一七一）
玉荐佛殿修复碑记（2007年）……（一一七三）
李氏家族文化纪念碑（2007年）……（一一七四）
柏局上维修庙功德碑（2007年）……（一一七六）
柏树林园修复记事（2007年）……（一一七八）
王家坪新建戏台碑记（2007年）……（一一七九）
维修山神庙碑记（2007年）……（一一八一）
李树莲墓碑（2007年）……（一一八二）
郭元善坟墓碑文（2007年）……（一一八三）
重修钟鼓楼碑记（2007年）……（一一八五）
李氏纪念园大门楹联（2007年）……（一一八七）
临县张家沟村李氏宗族文化纪念园落成碑记（2007年）……（一一八八）
重修文昌魁星山神土地庙暨补修诸神祠碑记（2007年）……（一一九一）
重修庙宇碑文（2007年）……（一一九三）
重建普善寺缘起（2007年）……（一一九五）
重修庙碑序（2007年）……（一一九七）
补修庙碑记（2007年）……（一一九八）
重修黑龙大王庙碑记（2007年）……（一二〇〇）
修庙碑记（2007年）……（一二〇二）
真武山修复功德碑记（2007年）……（一二〇三）
薛家坪村整修文昌庙碑记（2007年）……（一二〇五）
重修庙碑记（2007年）……（一二〇六）

真武圣庙塑像碑记（2007 年）……（一二〇八）
世祖王公讳功杰至六代祖之墓碑（2007 年）……（一二〇九）
修复三皇庙碑记（2007 年）……（一二一〇）
重修观音庙碑记（2008 年）……（一二一一）
关帝庙重修碑记（2008 年）……（一二一二）
凰背局戏台碑志（2008 年）……（一二一三）
观音庙简介（2008 年）……（一二一四）
补修观音庙碑（2008 年）……（一二一五）
庙甲村黑龙庙重修碑记（2008 年）……（一二一七）
曹步清先生碑记（2008 年）……（一二一八）
秦英泰背石碑记（2008 年）……（一二二〇）
重建冯家会王氏祖坟晚孙献资纪念碑（2008 年）……（一二二一）
冉子庙重修碑记（2008 年）……（一二二二）
神武圣人关羽碑（2008 年）……（一二二三）
怀墕桥碑记（2008 年）……（一二二四）
观音庙老爷庙财神庙维修塑像碑记（2008 年）……（一二二五）
重建观音龙王庙碑记（2008 年）……（一二二六）
修补路碑记（2008 年）……（一二二八）
修建献殿功德碑记（2008 年）……（一二二九）
观音庙碑记（2008 年）……（一二三〇）
马王庙修缮碑记（2008 年）……（一二三一）
李氏家族庙碑记（2008 年）……（一二三二）
官地村重修戏台碑记（2008 年）……（一二三三）
重修青龙庙剧场碑记（2008 年）……（一二三五）
宝珠山张明贵题联碑（2008 年）……（一二三七）
宝珠山郝枝锋题词碑（2008 年）……（一二三八）
宝珠山王犁青题词碑（2008 年）……（一二三九）
宝珠山贺建平题词碑（2008 年）……（一二四〇）
修建三官庙碑记（2008 年）……（一二四一）
葛政峰纪念碑（2008 年）……（一二四三）
高氏家族简谱（2008 年）……（一二四五）
重塑神像碑记（2008 年）……（一二四七）
松峪村庙维修装饰碑记（2008 年）……（一二四八）
重修龙王庙碑记（2008 年）……（一二四九）
修缮观音庙碑记（2008 年）……（一二五〇）
重修诸庙碑记（2008 年）……（一二五一）
冯家塔村观音庙碑记（2008 年）……（一二五二）
“观音庙”“关帝庙”匾额（2008 年）……（一二五三）
玉坪村整村推进项目碑记（2008 年）……（一二五四）
后柏塔扶贫开发整村推进项目碑记（2008 年）……（一二五五）
修庙碑记（2008 年）……（一二五六）

重修真武观音庙碑记（2009 年） …………………………………………………… （一二五八）
宝珠山李金峰题词碑（2009 年） …………………………………………………… （一二六〇）
宝珠山王焕立撰李省斌书碑（2009 年） …………………………………………… （一二六一）
宝珠山王焕立题词碑（2009 年） …………………………………………………… （一二六二）
宝珠山张莹源题词碑（2009 年） …………………………………………………… （一二六三）
新建宝珠山大戏台碑记（2009 年） ………………………………………………… （一二六四）
宝珠山功德碑（2009 年） …………………………………………………………… （一二六六）
维修观音庙碑记（2009 年） ………………………………………………………… （一二七〇）
秦懋益夫妇墓碑（2009 年） ………………………………………………………… （一二七二）
临县宝珠山道观发展简介（2009 年） ……………………………………………… （一二七三）
上马家山村人联谊会碑记（2009 年） ……………………………………………… （一二七六）
小王家塔兴村碑记（2009 年） ……………………………………………………… （一二七七）
王家庄村天地庙碑记（2009 年） …………………………………………………… （一二七八）
张家沟李光德高月仙夫妇墓碑（2009 年） ………………………………………… （一二八〇）
临县大度山大善寺源流碑序（2009 年） …………………………………………… （一二八二）
重修大度山大善寺碑序（2009 年） ………………………………………………… （一二八四）
重修大度山大善寺碑记（2009 年） ………………………………………………… （一二八六）
圪台上戏台碑记（2009 年） ………………………………………………………… （一二八八）
改建大王庙碑序（2009 年） ………………………………………………………… （一二九〇）
林家坪盛达大桥碣石记（2009 年） ………………………………………………… （一二九一）
寺家塔世平桥简介（2009 年） ……………………………………………………… （一二九三）
修缮关帝财神庙碑记（2009 年） …………………………………………………… （一二九四）
新塑神像碑记（2009 年） …………………………………………………………… （一二九五）
新增建娘娘庙碑记（2009 年） ……………………………………………………… （一二九六）
临县太平沟小流域综合治理工程碑记（2009 年） ………………………………… （一二九七）
五龙圣母庙碑记（2009 年） ………………………………………………………… （一二九八）
重修皇宿寺碑记（2009 年） ………………………………………………………… （一二九九）
大王庙维修碑记（2009 年） ………………………………………………………… （一三〇〇）
南庄村观音庙重建碑记（2009 年） ………………………………………………… （一三〇一）
重修观音关帝庙碑记（2009 年） …………………………………………………… （一三〇三）
重修文昌庙魁星阁碑记（2009 年） ………………………………………………… （一三〇四）
真武山修复碑记（2009 年） ………………………………………………………… （一三〇六）
开化社庙第三次修缮碑记（2009 年） ……………………………………………… （一三〇八）
开化村修庙常小兵功德碑（2009 年） ……………………………………………… （一三一〇）
开化村修庙张侯贵功德碑（2009 年） ……………………………………………… （一三一一）
开化村修庙张海红功德碑（2009 年） ……………………………………………… （一三一二）
重修关帝庙碑记（2009 年） ………………………………………………………… （一三一三）
周家沟创建大坝碑记（2009 年） …………………………………………………… （一三一五）
寨子山观音庙碑记（2009 年） ……………………………………………………… （一三一六）
周家沟重修古庙碑记（2009 年） …………………………………………………… （一三一七）
新建文昌、财神二殿碑记（2009 年） ……………………………………………… （一三一八）

重建碑记（2009 年）……（一三二〇）
白文村整村推进碑记（2009 年）……（一三二二）
整村推进项目简介碑（2009 年）……（一三二三）
整村循环路硬化碑记（2009 年）……（一三二四）
樊家岭观音庙碑记（2009 年）……（一三二五）
整村推进项目碑记（2009 年）……（一三二七）
扶贫开发整村推进碑记（2009 年）……（一三二八）
整村推进扶贫开发碑记（2009 年）……（一三二九）
郭家崖大桥及附属工程简介（2009 年）……（一三三〇）
整村推进扶贫碑记（2009 年）……（一三三一）
重修关公伽蓝庙碑记（2009 年）……（一三三二）
重修观音殿碑记（2009 年）……（一三三四）
“灵光普照”石刻（2009 年）……（一三三五）
临县阳宇会村农田水利工程碑（2009 年）……（一三三六）
青家塌新建戏台碑记（2010 年）……（一三三八）
创建碑记（2010 年）……（一三三九）
高家庄修路碑记（2010 年）……（一三四〇）
筑桥寄语（2010 年）……（一三四二）
为献树木者而咏（2010 年）……（一三四三）
重修观音庙碑记（2010 年）……（一三四四）
扩建观音殿碑记（2010 年）……（一三四五）
杨家圪垛维修观音庙碑记（2010 年）……（一三四七）
重修财神庙碑记（2010 年）……（一三四八）
重修观音阁碑记（2010 年）……（一三四九）
饮水碑记（2010 年）……（一三五〇）
重修王户祠堂碑序（2010 年）……（一三五一）
枣洼沟重修庙宇碑记（2010 年）……（一三五二）
吴大光秦应明夫妇墓碑（2010 年）……（一三五四）
新修戏台碑记（2010 年）……（一三五五）
新修祠堂匾记（2010 年）……（一三五六）
补修关帝庙记（2010 年）……（一三五七）
重修观音关帝庙碑记（2010 年）……（一三五九）
白家庄建庙功德碑（2010 年）……（一三六〇）
天官庙重修简介（2010 年）……（一三六一）
庙洞改造之功德碑序（2010 年）……（一三六三）
通水泥路功德碑记（2010 年）……（一三六五）
重修黑龙庙碑记（2010 年）……（一三六六）
修庙碑记（2010 年）……（一三六七）
修路碑记（2010 年）……（一三六八）
通村公路硬化碑记（2010 年）……（一三六九）
孙家圪台饮水碑记（2010 年）……（一三七〇）

龙天庙修建碑记（2010 年）……（一三七一）
村通水泥路碑记（2010 年）……（一三七三）
新建戏台碑记（2010 年）……（一三七四）
朱氏家祠碑记（2010 年）……（一三七六）
序言与捐款芳名碑（2010 年）……（一三七七）
重修财神庙碑记（2010 年）……（一三七八）
东林寺新修地藏王菩萨殿碑记（2010 年）……（一三七九）
林家坪整村推进开路碑记（2010 年）……（一三八〇）
小马坊整村推进项目碑记（2010 年）……（一三八一）
大王庙碑记（2010 年）……（一三八二）
龙王老爷风神庙碑记（2010 年）……（一三八三）
重修观音庙碑记（2010 年）……（一三八四）
三交墕头村修桥碑记（2010 年）……（一三八五）
修缮关帝观音庙碑记（2010 年）……（一三八六）
神峪沟戏台碑记（2010 年）……（一三八七）
革命老区项目简介（2010 年）……（一三八九）
三庙碑记（2010 年）……（一三九〇）
整村推进碑记（2010 年）……（一三九一）
整村推进项目碑记（2010 年）……（一三九二）
关帝庙附属设施修建碑记（2010 年）……（一三九三）
正坡功德碑记（2010 年）……（一三九四）
寨子山村观音庙修缮碑记（2010 年）……（一三九五）
修缮观音庙陈来应捐款碑记（2010 年）……（一三九七）
修缮观音庙郭氏家族捐款碑记（2010 年）……（一三九九）
修缮观音庙陈海平、陈有平捐款碑记（2010 年）……（一四〇一）
修缮观音庙陈建玉四兄弟捐款碑记（2010 年）……（一四〇三）
修缮观音庙陈桃生携姊妹六人捐款碑记（2010 年）……（一四〇五）
陈氏柒门大家族捐款碑记（2010 年）……（一四〇七）
修缮观音庙白氏家族捐款碑记（2010 年）……（一四〇九）
修缮观音庙陈文海捐款碑记（2010 年）……（一四一一）
重建龙王庙碑记（2010 年）……（一四一三）
扶贫桥碑记（2010 年）……（一四一五）
蔚家山村重建庙宇碑记（2010 年）……（一四一六）
蔚家山村复建慈善祖堂布施序（2010 年）……（一四一八）
平安门记（2010 年）……（一四一九）
重修龙天庙碑记（2010 年）……（一四二〇）
重修大戏台碑记（2010 年）……（一四二一）
侯家沟修建戏台碑记（2010 年）……（一四二三）
整村推进项目建设记（2010 年）……（一四二六）
整村推进项目碑记（2010 年）……（一四二七）
维修天官庙碑记（2010 年）……（一四二八）

维修观音庙碑记（2010 年） …………（一四二九）
"和谐"石刻（2012 年） …………（一四三〇）
"民生"石刻（2012 年） …………（一四三一）
"师魂"石刻（2015 年） …………（一四三二）
"毛主席东渡路居处"石刻（2015 年） …………（一四三三）
"九曲黄河第一镇"石刻（2016 年） …………（一四三四）
临县城"阳府井金融街"石刻组（2020 年） …………（一四三五）
"前曹底"石刻（2021 年） …………（一四三七）
后月镜祠堂院石刻（2022 年） …………（一四三八）

下编　佚失石刻

宋将西征祷应克捷碑记（宋元符二年） …………（一四四一）
宋明灵公碑文（宋建中靖国元年） …………（一四四一）
石州定胡县上招贤村普照禅院记（金大定九年） …………（一四四二）
慈云院铭（金大定十三年） …………（一四四二）
通玄大师珏公纪行之碑并序（元至元二十二年） …………（一四四四）
大元故延安兵马总管袁公神道碑铭并序（元至元二十五年） …………（一四四五）
善庆寺碑文（敕令）（元至元二十五年） …………（一四四六）
济渎清源王庙碑记（明正统九年） …………（一四四七）
重修紫金山隆福寺记（明正德五年） …………（一四四七）
善庆寺伽蓝土地碑记（明嘉靖二年） …………（一四四八）
重修善庆寺记（明嘉靖二年） …………（一四四八）
改修学宫碑记（明嘉靖三十九年） …………（一四四八）
临县陈侯石砌城堤记（明万历八年） …………（一四四九）
创建城台碑记（明万历二十三年） …………（一四五〇）
万历二十六年知县交河常时芳重修庙学碑记（明万历二十六年） …………（一四五〇）
永乐村永兴寺重修碑记（明万历二十七年） …………（一四五一）
郭公小楼合葬墓志记（明万历四十八年） …………（一四五一）
郭家岔老坟碑文（明崇祯十四年） …………（一四五二）
西白家庄新建家佛堂记（明末清初） …………（一四五二）
顺治三年知县济南谢道重修文庙碑文（清顺治三年） …………（一四五二）
郭家岔村六代祖廪生高节孝行碑文（清顺治九年） …………（一四五三）
邑侯朱公德政碑记（清顺治年间） …………（一四五四）
重修善庆寺碑记（清康熙初年） …………（一四五五）
邑侯庄公建修城楼碑记（清康熙二十一年前后） …………（一四五五）
康熙二十四年创建儒学碑记（清康熙二十四年） …………（一四五六）
重修圣母庙碑记（清康熙中期） …………（一四五六）
阖邑绅衿耆庶公记崔公德行碑文（清康熙二十六年） …………（一四五七）
高家山明葬碑文（清康熙年间） …………（一四五七）
重修下西坡祖坟碑记（清乾隆四年） …………（一四五八）

乾隆二十八年知县丁宗懋增修石堤碑记（清乾隆二十八年） ……………………………（一四五八）
乾隆二十八年知县丁宗懋开学宫前路碑记（清乾隆三十四年） …………………………（一四五九）
修建公署碑记（清乾隆三十九年） ………………………………………………………（一四五九）
乾隆四十年知县吕公滋重修凤山书院碑记（清乾隆四十年） ……………………………（一四五九）
郭门高孺人墓碑（清乾隆年间）……………………………………………………………（一四六〇）
堡子峪王太君碑记（清乾隆年间）…………………………………………………………（一四六〇）
嘉庆二十四年知县长安赵廷澍复修学宫前路碑记（清嘉庆二十四年） …………………（一四六一）
显岩上村修桥碑文（清道光二十五年） ……………………………………………………（一四六二）
招贤上孙家塔科举条老六门碑序（清道光二十六年） ……………………………………（一四六二）
普照寺增修牌坊新殿宇碑记（清道光二十七年） …………………………………………（一四六三）
孟家塌新建献殿乐楼碑记（清同治九年） …………………………………………………（一四六三）
光绪二十二年知县孔繁昌复修凤山书院碑记（清光绪二十二年） ………………………（一四六四）
新建南城魁星楼碑记（清光绪二十二年） …………………………………………………（一四六四）
徐家沟重修观音殿碑记（清中晚期） ………………………………………………………（一四六五）
霍公祷雨灵应碑文（清代） …………………………………………………………………（一四六五）
新建乐楼碑序（清代） ………………………………………………………………………（一四六六）
王家坪遗嘱碑（清代） ………………………………………………………………………（一四六六）
三交重修文昌庙门墙引（清代） ……………………………………………………………（一四六七）
重修魁星楼引（清代） ………………………………………………………………………（一四六七）
徐家沟重修神庙碑记（清晚期） ……………………………………………………………（一四六七）
三交重修河神庙彩绘碑文（清晚期） ………………………………………………………（一四六八）
三交重修石洞阁引（清晚期） ………………………………………………………………（一四六八）
重修中脚沟龙王庙碑记（清晚期） …………………………………………………………（一四六八）
重修关帝庙等碑记（中华民国 13 年） ……………………………………………………（一四六九）
皇清例授国子监太学生显公登魁字之路刘府君之墓（中华民国 15 年） ………………（一四六九）
宋家沟辛氏碑谱（中华民国 20 年） ………………………………………………………（一四七〇）
下寨上村公修永靖桥碑记（中华民国 23 年） ……………………………………………（一四七〇）
显岩上贺氏墓碑（中华民国 24 年） ………………………………………………………（一四七一）
秦家坪刘氏碑文（中华民国年间） …………………………………………………………（一四七一）
郭家塔新建郭氏祠堂碑记（1982 年） ……………………………………………………（一四七一）
郭家塔郭氏新建祠堂概况碑文（1982 年） ………………………………………………（一四七二）
正觉寺重修碑记（1989 年） ………………………………………………………………（一四七二）
一步塌村王氏始祖石碑（1990 年） ………………………………………………………（一四七三）
曲峪钟鼓山庙复修碑记（1994 年） ………………………………………………………（一四七三）
卜家岩取水枢纽碑文（1994 年） …………………………………………………………（一四七四）
东王家沟、孙家沟修路建桥碑记（1995 年） ……………………………………………（一四七四）
赵家圪台扶贫攻坚责任碑文（1996 年） …………………………………………………（一四七五）
林家坪军工大桥碑记（1998 年） …………………………………………………………（一四七五）
秉明拨款兴学感赋（2000 年） ……………………………………………………………（一四七五）
重修观音阁关帝庙碑记（2000 年） ………………………………………………………（一四七六）
寨上村“6·24”遇难英烈纪念碑（2003 年） ……………………………………………（一四七六）

观音庙改建碑记（2003 年） ……（一四七七）
寨上村十件大事碑记（2003 年） ……（一四七七）
大度山大善寺引水上山用电设施道路拓宽工程纪念碑（2005 年） ……（一四七八）
临县烈士陵园碑记（2005 年） ……（一四七八）
整村推进项目路基工程碑记（2008 年） ……（一四七八）
整村推进项目兴修涵洞碑记（2008 年） ……（一四七九）
正觉寺重修万佛殿记略（2008 年） ……（一四七九）
周家沟建坝碑（2008 年） ……（一四八〇）
整村推进项目碑记（2009 年） ……（一四八〇）
整村推进项目河坝工程碑记（2009 年） ……（一四八一）

附　录

一、有关临县的域外重要碑刻选录……（一四八五）
临州高里村施醮石幢记（元至正十年） ……（一四八五）
新建三台圣母碑志（清乾隆四十一年） ……（一四八七）
清太曾祖考杨公讳鼒字良弼妣薛氏继妣刘氏之墓（清嘉庆年间） ……（一四八八）
二、临县砖刻选录……（一四八九）
汉高山施钱人砖刻（元至大元年） ……（一四八九）
三、分时代统计表……（一四九〇）
四、分类统计表……（一四九一）

索引……（一四九二）
后记……（一五二〇）

上编

现存石刻

唐·五代·宋

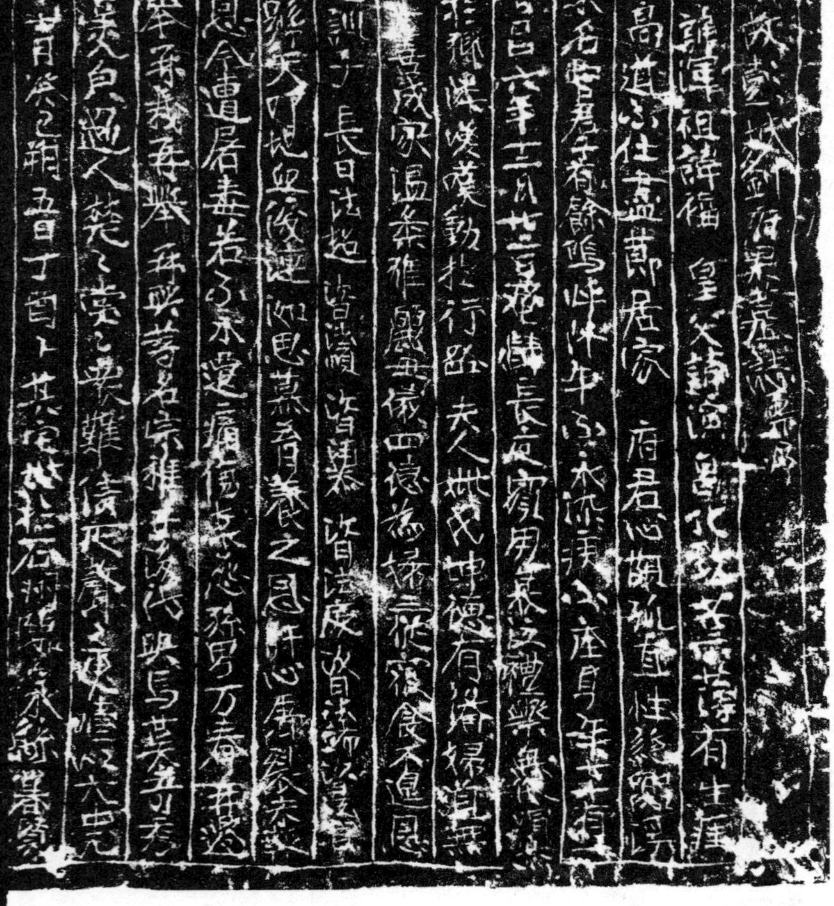

唐故校尉守左武卫泾州四门府折冲都尉员外置同正员赐紫金鱼袋上柱国刘府君墓志铭并序

【简介】

唐长庆二年（822）仲夏勒石。现存于临县文物所内。盖志两石，青石质，正方形，边长35、厚5厘米。志文楷书，23行，行32字。主要内容是记载刘明德的家世和一生。志文完整，字迹模糊，石体一块失一小角，一块断为四块。

【盖文】

刘君墓志　（围刻十二时辰名词）

【志文】

唐故校尉守左武衛涇州四門府折衝都尉員外置同正員賜紫金魚袋上柱國劉府君墓誌銘并序

君諱明德，字茚望，自彭城漢帝之裔，家本河曲延州豐臨縣人也。因革之故，移居此州，寄食臨泉縣界永吉村而業焉。曾祖及祖墜於譜牒，不録其諱。父諱慕舉，傲隱雲臥，披荷戴簦，飲水曲肱，且歌且嘯，時稱逸者也。府君有擒虎之勇、拔鈞之力，楊穿白羽，雁落虛弓，猿啼遶枝，號於奇人者哉。嗚呼不祿，其如命何？遂於貞元六年正月廿九日，寢疾而終別業，春秋六十有六。夫人高氏，有容有德，合禮有儀。在室無虧，爲婦何闕。奈何天降其禍，致此凶變，於長慶二年夏首十三日而殂矣。以蚨請師，青烏遠屆。卜吉山澤，龍崗建墳。興於子孫，榮祿克就，事無不中。以其年仲夏月十二日，永吉村西北二里，合葬於平原而禮焉。嗣子，奉天定難功臣、上柱國、鎮軍大將軍、試殿中監、十將朝逸，燕領鳳須，鷹揚虎視。深其軍誡，仍包玄女之符。鐵石爲心，更冠楚王之勇。爲國展效，丹心報誠。四稔討賊，身不離甲，苦門殫力，沉水溺躬，刀跡猶存，槍痕尚在。痛切之甚，莫大於斯。中使知勞，

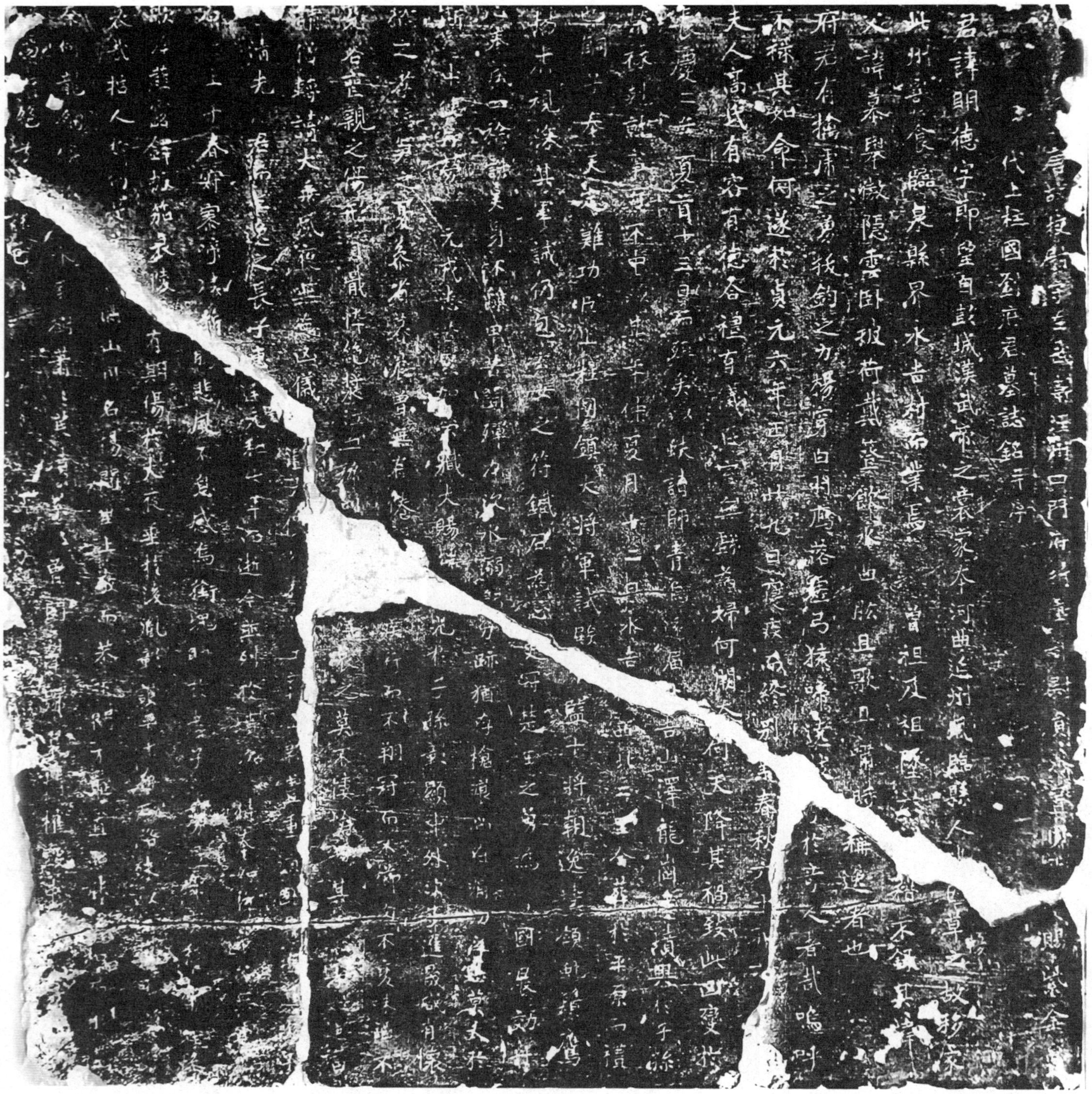

元戎悉苦，屢加榮職，大賜殊勳，光於子孫，彰顯中外。次子進晟，咸有懷橘之孝、泣筍之憂，参省暮晨，曾無有倦。親之有疾，行而不翔，冠而不櫛，肉不變味，酒不變容。喪親之傷，形質瘠悴，絶漿泣血，號叨感人。山澤哀之，莫不悽愴。爲其考妣，追福請僧。轉讀大乘，夙夜無愆。凶儀不濫，大價石於良工。葬土殷豐，重遺酬於哲匠。次子智清，先君而亡逸之。長子惠達，元和七年而逝，今並列於墳次，侍奉如存，晨夕無替。九原之上，千春寂寥。啼猿斷腸，悲風不息。感烏銜塊，助於孝子之勞。丹櫬雲愁，素車煙慘。歌吟《薤露》，鐸振笳哀。陵谷有期，傷於大夜。垂於後胤，彰贊平生。存亡路殊，以詞歌曰：

哀哉哲人，於何是美。言滿山川，名揚閭里。上敬而恭，下問不恥。直而能謙，和而有禮。奈何龍劍，俱成逝水。風樹蕭蕭，荒墳累累。曾閔攀號，哀情摧毁。中外痛咽兮苦深，腸斷絶兮不能已已。

唐故河东郡樊府君墓志铭并序

【简介】

唐开成四年（839）勒石。原出土于临县三交阳坪上，现存于临县三交正街。志砂石质，方形，边长 42×43、厚 5 厘米。志文楷书，计 21 行，行字不等，最多 31 字，约 560 字。主要内容是记载樊公的家世和一生。志文完整，字迹较清晰，石体完好。

【志文】

唐故河東郡樊府君墓誌銘并序

公諱華，字惟忠，河東人也。因幽陵孛乱，脱身東走，就養晉汾，編居孝義縣中都鄉武原里。公即抗公之玄胄也，後因宦移家，今爲昌化人矣。曾諱稷，林下長遊，傲逸悠然；祖諱良佐，皇左威衛丹州通化府折衝都尉，員外置同正員，上柱國，輔主盡忠，誓心終始。公翫業養身，甘道育命，藝黍稷於膏腴，卧煙嵐於林藪，倨傲不仕，優遊鄉閭，享年六旬有四，去大和七年閏七月十四日，終于定胡莊之私弟也，何期梁木斯摧，哲人物喪。夫人清河張氏，年謂初笄，歸於樊氏，褵襟結隅，虔供中饋，匪懈事姑，衆親推美，春秋七旬有一，以開成四年四月二日，寢疾於昌化城之私舘也。有子三人，孟曰亮，弱冠從戎，盡節夷嶺，旋加水運十將，欲以理煩去乱，弥日忘歸，汎風浪舟，倏忽沉溺，洪河一注，返葬無由，嗚呼天乎！一葉先落。仲曰審，文武不墜，南畝恭勤，新婦郝氏，先歿於姑，今改卜良辰，同歸塋寢。季曰密，度支汾石院勾押官，性本忠實，飾以貞幹，表授朝議郎，試光祿寺丞、驍騎尉，凡所佐理，清慎四知，冰潔從宦。女三人，長適隴西李君，次歸京兆田氏，幼事會稽朱公，並門傳光族，秦晉合儀，皆承孟母之風，節幸姮姜之志。孫男從盛等九人，立性謙恭，幼閑礼則，孫女□人，淑慎天然，不遺箴诫。嗣子審等，泣血號天，痛貫骨髓，寢苫枕塊，柴立戚容，稱家有無，八爲營舉，即以其年五月四日，扶護於石州西北八十里，莊東百步先君之塋也。恐陵谷更易，徵修刊石，永鎮玄宫，免爲冥寞。其詞曰：

偉哉樊君，英靈賢臣，名行累代，榮貴一門。盛族夫人，温潤如春，撫養無二，長幼同均。哀災嗣子，忠孝無比，生事死葬，俯就其禮。昌化西北，定胡東鄰，龍崗鳳嶺，永痛孤墳。

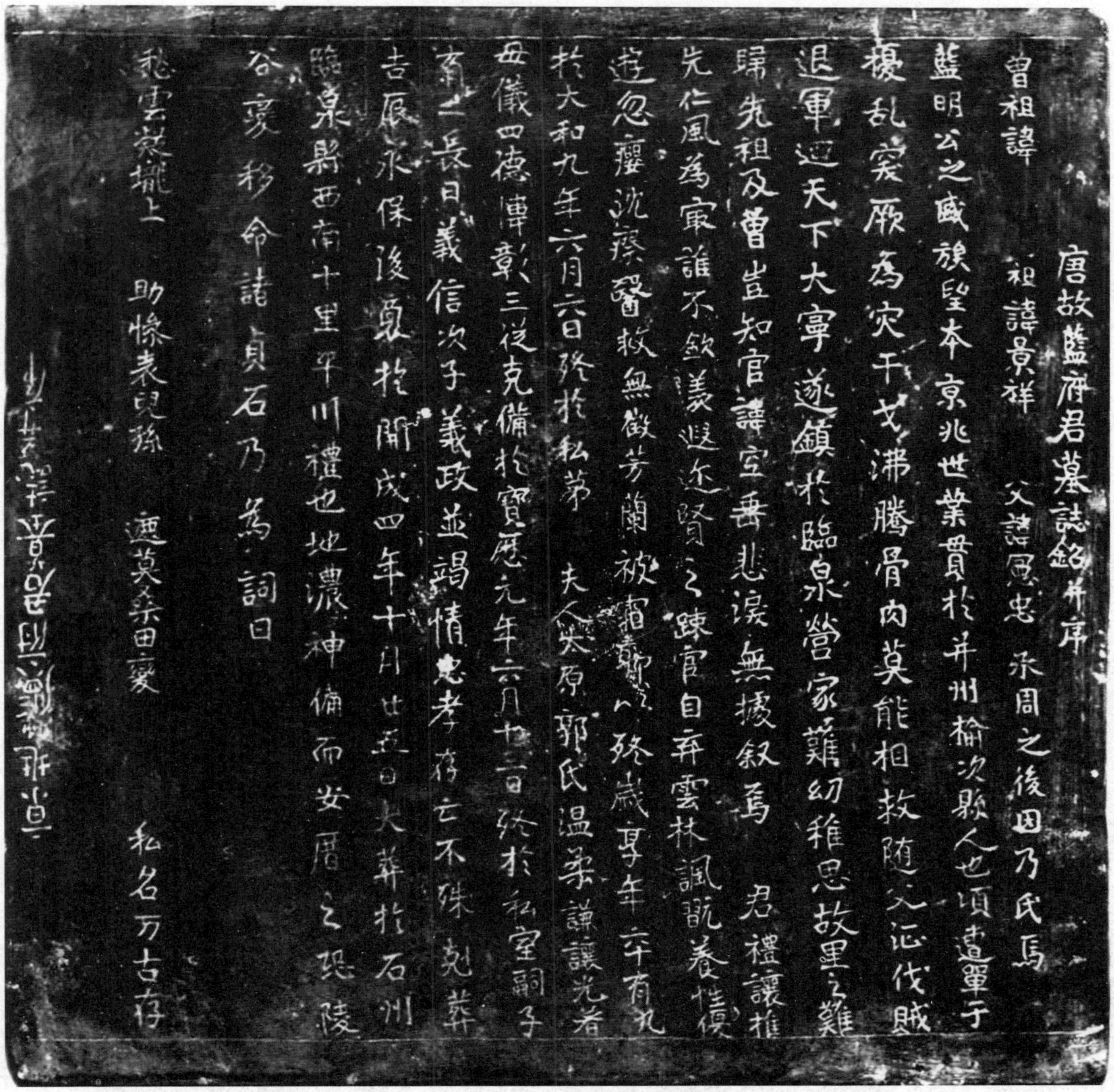

唐故蓝府君墓志铭并序

【简介】

唐开成四年（839）勒石。现存于临县文物所。志砂石质，正方形，边长36、厚4厘米。志文楷书，计16行，行字不等，最多25字，约290字。主要内容是记载蓝明公的家世和一生。志文完整，字迹清晰，石体完好。

【志文】

唐故藍府君墓誌銘并序

曾祖諱　，祖諱景祥，父諱憲忠，承周之後，因乃氏焉。藍明公之盛族望，本京兆世葉，貫於并州榆次縣人也。頃遭單于擾乱，突厥爲灾，干戈沸騰，骨肉莫能相救，隨父征伐，賊退軍，廼天下大寧，遂鎮於臨泉。營家難，幼稚思故里之難歸，先祖及曾，豈知官諱，空垂悲淚，無據敘焉。君禮讓推先，仁風爲最，誰不欽羨，遐迩賢之，疎官自棄，雲林諷翫，養性優遊。忽瘿沈瘵，醫救無徵，芳蘭被霜，聊以終歲，享年六十有九，於大和九年六月六日終於私弟（第）。夫人太原郭氏，温柔謙讓，光著母儀，四德懷彰，三從克備，於寶歷元年六月十三日終於私室。嗣子有二，長曰義信，次子義政，並竭情忠孝，存亡不殊，剋葬吉辰，永保後裔。於開成四年十月廿五日大葬於石州臨泉縣西南十里平川，禮也。地濃神備而安厝之，恐陵谷變移，命諸貞石，乃爲詞曰：

愁雲凝壠上，助慘表兒孫，遮莫桑田變，私名万古存。

京兆藍府君墓誌并序

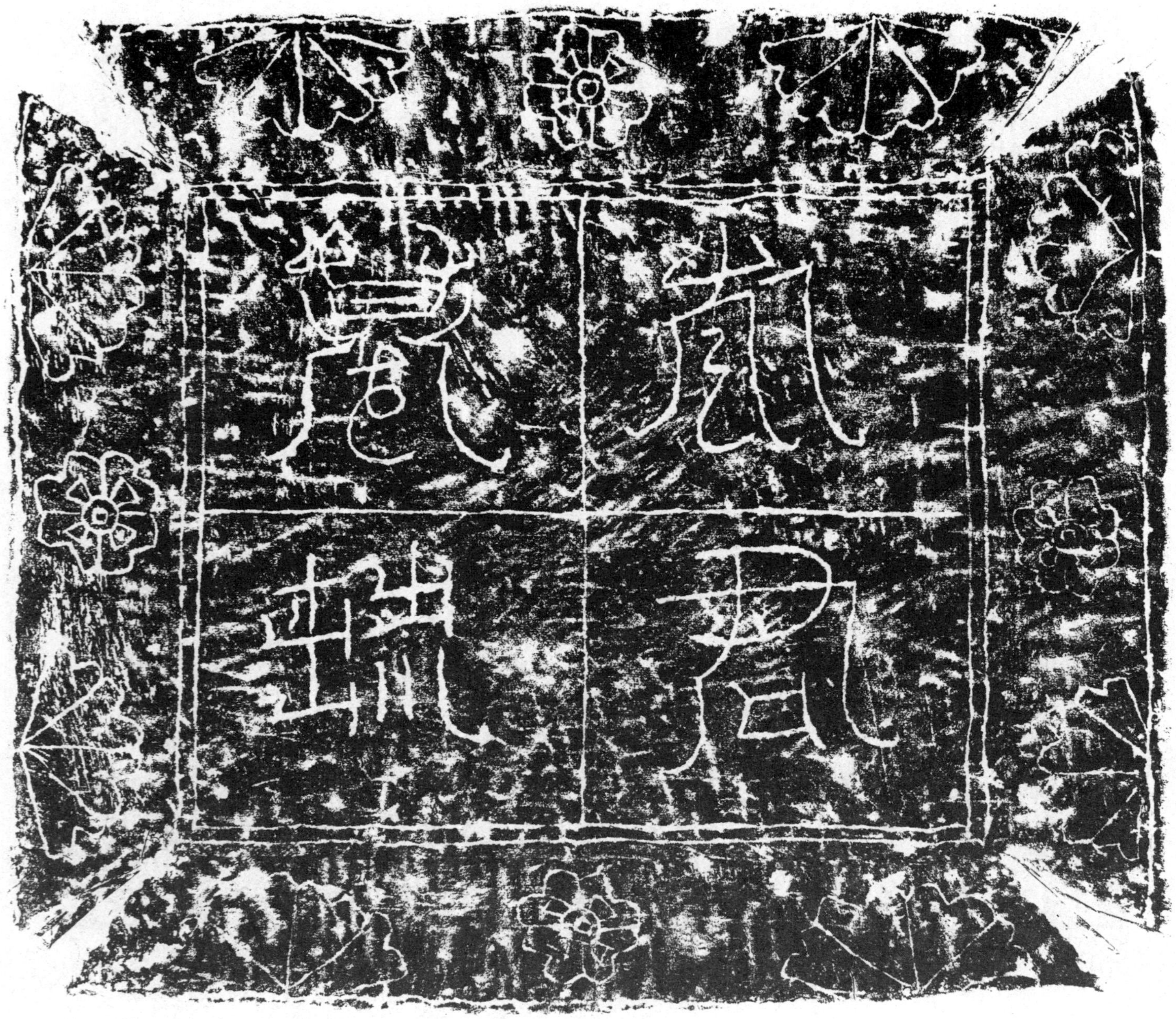

唐故彭城刘府君墓志并序

【简介】

唐大中元年（847）七月勒石。出土于临县武家湾村，现存于个人家中。盖志一合，砂石质，正方形，边长约40、厚8厘米。志文楷书，计18行，每行20字左右。主要内容是记载刘府君的生平。志文完整，字迹较清晰，石体完好。

【盖文】

劉君墓誌

【志文】

唐故彭城劉府君墓誌并序

曾諱運，祖諱福，皇父諱演，昌化致業，薄有生涯，並高道不仕，盡節居家。府君心頗孤直，性縱無懼，不親名官，君子有餘。嗚呼！終年不永，染疾不痊，享年七十有一，以會昌六年十二月廿一日，奄歸長庭。賓用哀泣，禮樂無及，喟然滿於鄉鄰，嗟歎勤於行路。夫人姚氏，坤德有備，婦道無虧，平善成家，温柔雅麗，母儀四德，爲婦三從，寢食不遑，恩慈訓子。長曰法超，次曰法順，次曰法恭，

次曰法良，次曰法端，次曰法敵等，號天叩地，血淚漣洳。思慕育養之恩，肝心屠裂，未報之恩，今遭屠毒，若不永還，痛傷哀怨。孫男万春、再還、再峰、再義、再舉、再興等名宗稚子，後代興焉，莫奇秀哲，美貌過人，楚楚裳裳，衆難儔疋，聲聲哽噎，以大中元年七月癸巳朔五日丁酉，卜其宅兆於石州臨泉縣暮賢鄉永受村西南十里，祔葬焉山原，礼也！南有孫恩之備，北有虎貌龍形，山望四崗，如休五岳。恐桑田變改，後代無依，刻石爲名（銘），以示來詞（玆），其詞曰：

彭城劉君，獨立比群。生爲賢哲，死爲明神。馮村西北，永受南鄰。龍崗補内，永鎮孤墳。東瞻流水，後倚松雲。玄宫一閉，万古千春。

开阳村高君买地券

【简介】

后晋开运二年（945）十一月勒石。现存于临县曲峪开阳村。券两石，第一石青石质，正方形，边长46、厚8.5厘米，有盖，大小相同，厚度边薄中厚。第二石汉白玉石质，正方形，边长43、厚9厘米。券文楷书，正文12行，满行18字。主要内容是高君买地券。券文完整，字迹清晰，石体断为三块。

【盖题】

墓置壹道故記

【刻文】

（第一石）

維開運二年歲次乙巳十一月甲午朔三日丙申，定胡縣長洛鄉開陽村平原郡百姓高淙及妻阿王命過者合下墓置買此墓田，方圓阡（千）傾（頃），所使用錢九萬九阡（千）九十九貫文。東至青龍，西至白虎，南至朱雀，北至玄武，上至倉（蒼）天，下至黄泉。所使保人張堅故（固）、李定度。有人横來搶奪，提付與君王，依法科斷，付與北斗七星，急急如律令。長男高行周，次男充衙前押衙高行收，次男高行恩，長新婦王氏，次新婦黨氏，次新婦武氏，孫男黨奴、王奴、三奴、閏哥、□哥、蘇哥、武十、香哥、福哥、硧哥，出事（適）長女小姑兒，次女羅羅，次女荿娘，

（第二石）

孫女鮮愁，孫女大蘇，孫女小蘇，孫女三蘇，孫女蘇娘、喜娘、東娘、春娘。莊舍田業多少如□：其墓四至自己自宅舍之差補五十文正税八十畝，當川平地一十段共一傾（頃）五十畝，已來西莊咸到高僕射之□莊業共計一十五傾（頃）。已來並是自己翁父田業，如後有人搶奪，請檢故記。

王家庄摩崖石刻

【简介】

宋天禧四年（1020）四月刻石。现存于临县王家庄高速大桥之下石崖上。砂石质，石崖高约 5 米，长 10 余米。石刻高约 30、宽约 25 厘米。 刻文 3 行，满行 6 至 8 字。刻文基本完整，字迹模糊，石体风化。

【刻文】

天禧肆年四月一日□□□修造□□各

木匠□　□□□

石匠人　謝美

长乐村买地券石刻

【简介】

宋天圣十年（1032）三月刻石。现由临县个人收藏。砂石质，长方形，高29、宽26、厚5厘米。内容为买地券。刻文楷书，券一正文9行，满行10字。刻文基本完整，字迹模糊，石体完好。券二正文6行，满行11字。刻文完整，字迹模糊，碑体完好。

【刻文】

（券一）

□□□□□爲次二甲 三月□二十四日乙酉，大宋國石州小原郡方山縣懷文鄉長樂村公進買地一□一□二分，買常□高贇在上面，下面是高斌，兩界明細焉，二十四疋銀錢一伯二十貫文，東至青龍爲界，西至白虎爲界，南至朱雀爲界，北至玄武爲界，上至天，下至□

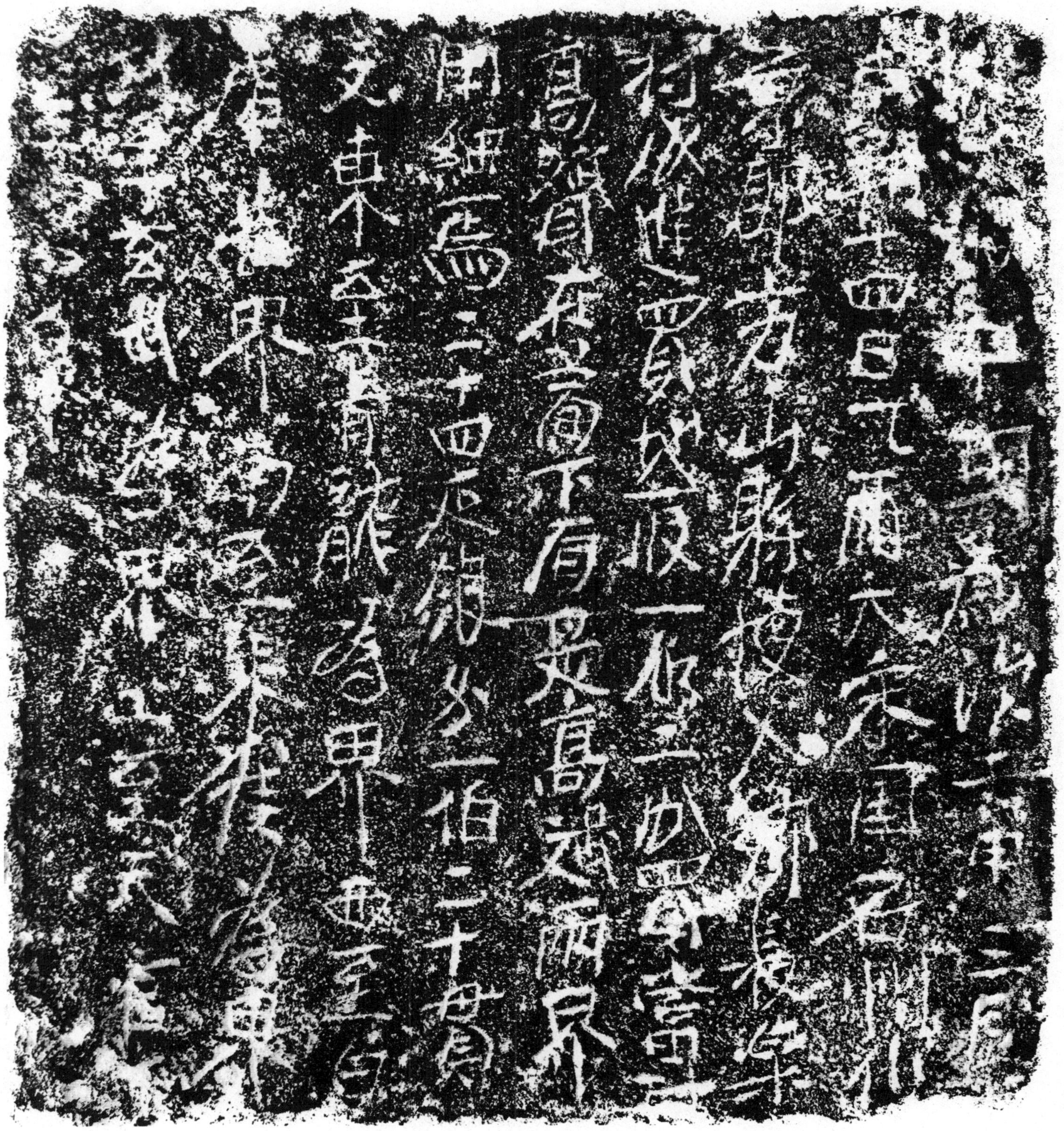

（券二）

同坐人，東王公，西王母。□先公李定杜，田公地母並令。指政見人日直神。寫契人赤松子。一定已後□進永□，万歲千年爲主，四方暮神安吉。

天聖十年三月十四日　買地人公進　賣地人高贇　賣地人高斌

赵家社税户买地券

【简介】

宋代刻石，现存于临县个人手中。青石质，长方形，石高 38、宽 36、厚 7 厘米。内容为赵家社税户买地券。刻文楷书，正文 12 行，满行 17 字。刻文缺失少部，字迹清晰，石体残缺右下角。石刻原为两块，一块被毁不存。

【盖文】

銘記大吉

【刻文】

維南贍部州大宋國石州昌化□□□方山縣懷文鄉趙家社税户□□□上大宗祖百姓一者趙設，姪男趙□□嵩，於永豐村税户呼延温地内買得園地□□計三畝，准價錢五十陸貫，並□少□□□□莫鄉府君，謹以青酌之奠□□□□□□□□二神必令，今亡父冀宜合□此地安□□□取專禮交用銀錢一万九千九百□□貫九文，焦□黄豆一万□石，遂於日土邊買得此地。東至青龍，西至白虎，南至朱雀，北至玄武，東至東王公，西至西王母，上至天堂，下至地付。四至□内，並有證明，一任安置，永……

金·元

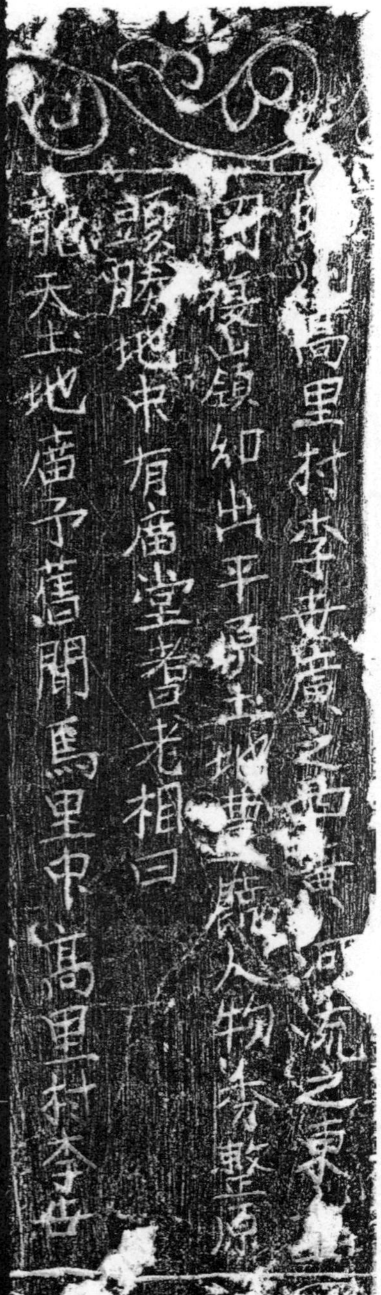
萬里村李安廣之西黄河流之東
府樓山嶺細出平原土地豊饒人物秀整原
頭勝地中有廟堂耆老相曰
龍天土地廟予舊聞馬里中萬里村李岳

菩萨神咒经幢

【简介】

金大定十八年（1178）刻石。现存于临县兔坂镇中舍村。经幢砂石质，六棱柱，柱通高 52、宽 40、厚 77 厘米。内容为菩萨神咒。刻文楷书，各面正文行、字不等。郝裕书丹。刻文残缺，字迹清晰，风化较严重。

【幢文】

（第一面）

□一坐記大定十八年其寺地一畝四分。

菩萨神咒

（124 字略）

本上洞玄公寳救苦經……

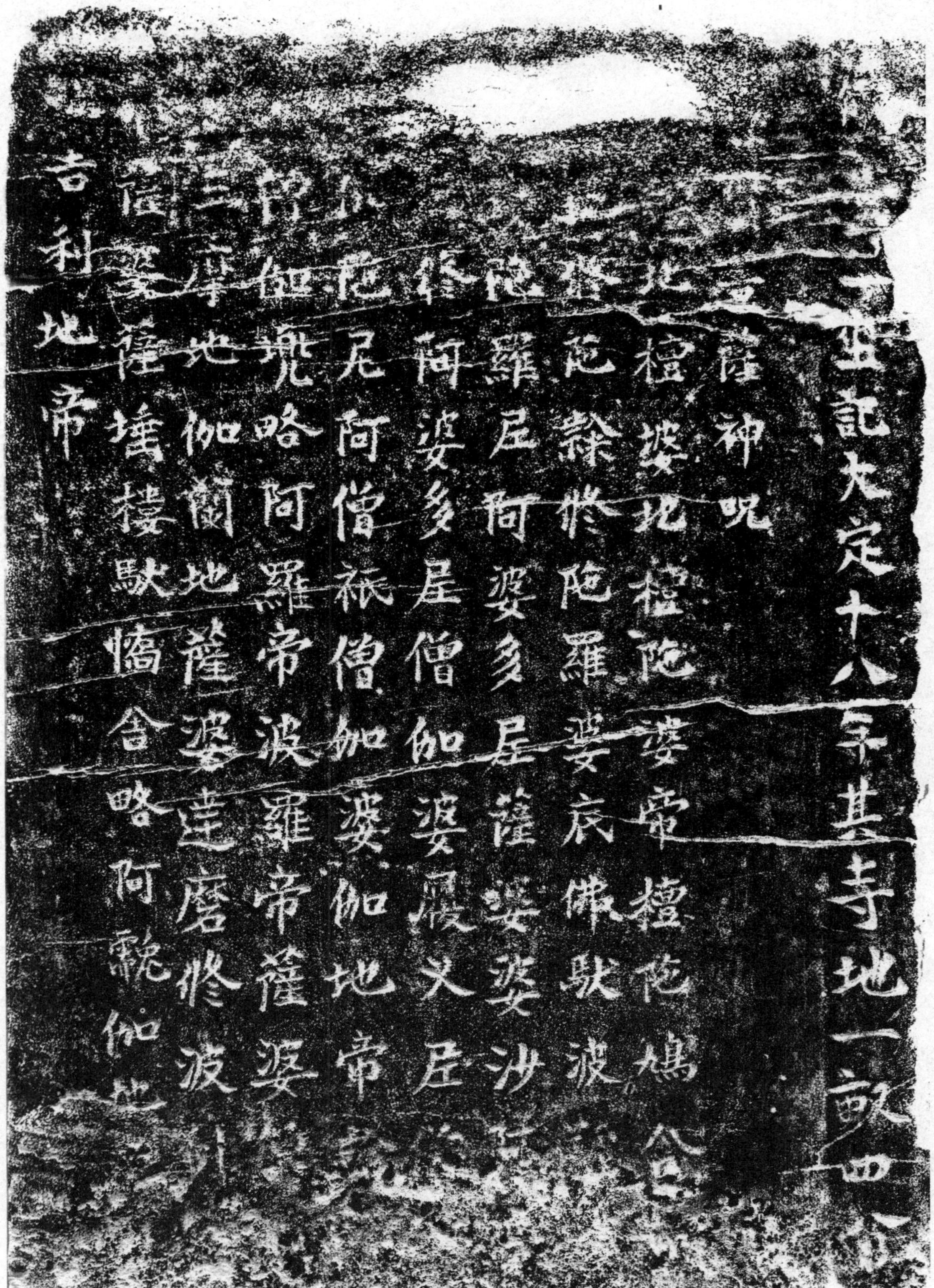

（第二至五面）

（经文略）

（第六面）

（经文略）

□□劉惠　開陽北社高山　臨泉縣賀家莊郝深　崔家莊吕貴

本縣奉佛郝裕書丹　男小二郎

本州石匠作頭　陳裕　刊　男陳利

玉尺天尊
度命天尊
天尊
神天尊
十方界普濟度
可言我今説
生身大仙地獄
來後府下入開
飛天真人元
説教引接於淨
無武道名朗詠羅福
仙衆説是頌畢首
太上洞玄靈寶救苦經

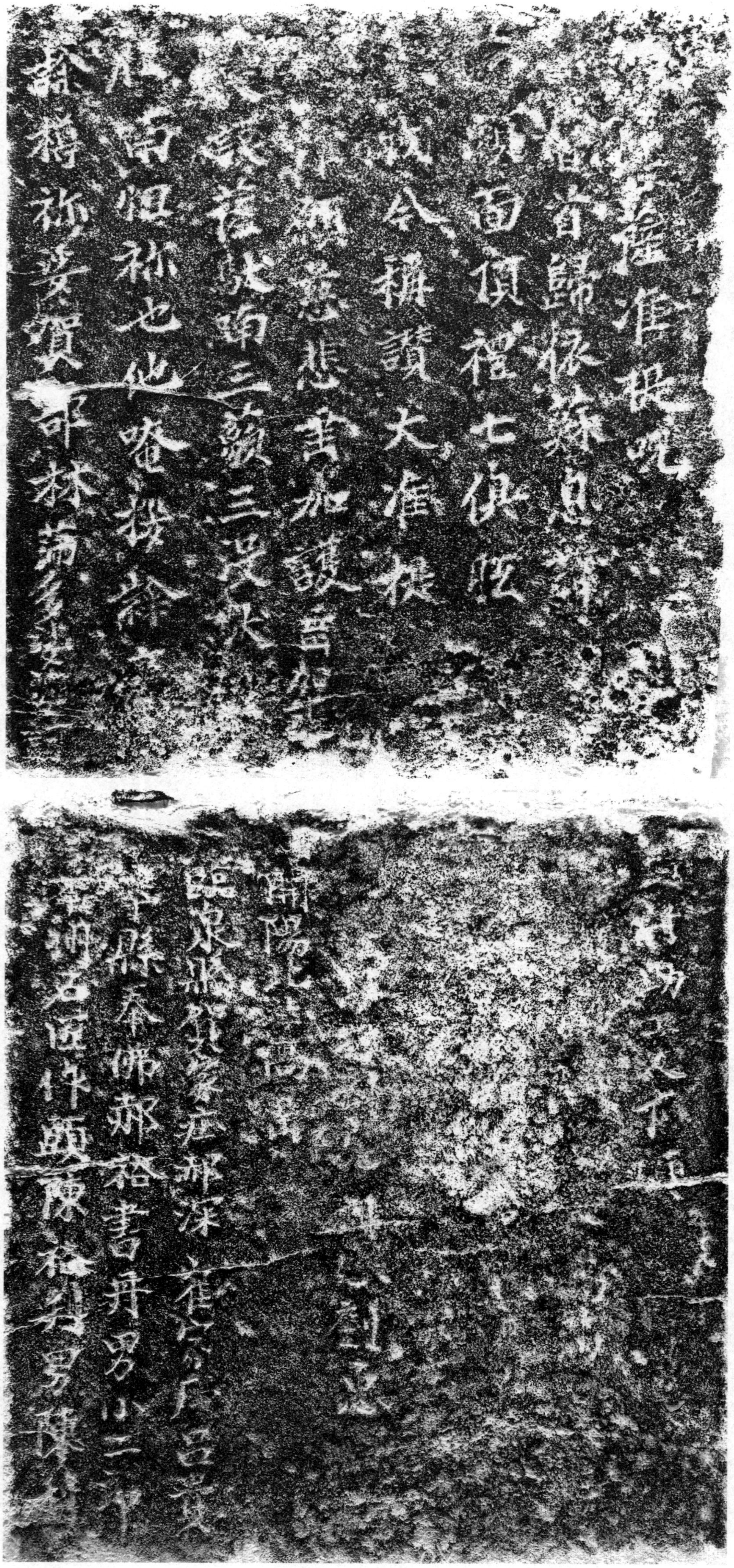

堡子峪摩崖石刻

【简介】

蒙古至元五年（1268）八月刻石，现存于临县丛罗峪镇堡子峪村石崖上。崖高约6米，崖长数十米。刻字通高50、宽24厘米。内容为游记留念。刻文楷书，正文2行，满行13字。刻文完整，字迹模糊，石体风化严重。

【刻文】

至元五年八月廿七日一行五人

同行石刻

前青塘元代敏公禅师塔铭

【简介】

元至元二十二年（1285）六月勒石。现存于临县安业乡前青塘村。铭砂石质，圆首碑，高200、宽69、厚25厘米。内容为敏公禅师塔铭，额篆“敏公禅师塔铭”。碑文楷书，计22行，满行50字。沙门德闲撰并书。碑文残缺严重，字迹清晰，碑体被人凿为两半，右半部剥落严重。

【碑文】

臨州青舍里佛智□□□奉天禪□□□□塔銘并序

夫傳燈續焰，備十善之□繞……《洪範》，可謂即……敏公□禪師欤，師之遠……裔。但以……父諱進，字獻之，尤善陰……血。母劉……知命，賢士達人不可稱……氏之言捨送當里善慶寺……長成立，遠造諸□□□□愚……年大有緣契……可之，乃以衣領付之四方知……師本州僧正慈，惪四綱首皆……輸教……日，有本州大檀越張禧……年□□五日也……一領郝……運□清住祖刹□□□四年……遇乃獻……寺事及來闲居，以奉養爲□□□義……聞□郝溪之僧瑩移三日見夢於師曰：汝療我得所矣，母刘氏□□之，年邁還苦枕席執念……問啟靈柩□□如行□焉。□皆□□……報□善……如□朔，遠本二□□號。至元十五年五月，授提刑按察洎總府□□□卦山天寧禪寺，凡三年□訖毗盧大閣頭頂，及塑三身像，又下置達摩大像□□□。至元十七年，蒙授□□□□令永住卦山，師知時至……遊鄉社雲水，往來一日，或染□□□□更衣右脅而□，乃至元二十□年二□□二十二日也，享齡六十。僧夏五十有□師……在府蔚勸農勝静居（居）士遊閑□得知師之詳，乃敢爲之□又□門□子曰慶□顯曰威曰湛曰□曰潤以仝銘。□□辭，固□□爲銘。曰：

雲山老人，宗門偉侶，齠齡辭□，立登祖位。遠造諸方，敬尊佛製，一日歸□，□□授□。

指出神珠，輝天鑒地，三座道場，四方拱衛。傳道之餘，二親時記，爲孝有忠，至於葬瘞。

借此明堂，春秋時祭。晚歲得持，卦山特異。金石丹書，祖風不墜，我爲銘詩，不忘道契。

徒属誂誂，哀號□□。明月清風，揚光万世。

太原府西陽曲□花里觀音堂傳法嗣祖沙門德閑撰并書

性海大師前本州僧正德燦

住持慈雲寺妙嚴太師本州僧正慈□

大元國至元二十有二年六月十五立

法属住持祖刹善慶禪院园通智悟大禪師　傳法嗣祖沙門雲閑　德演

敏公禅師塔銘

兔坂常胜塔观音堂摩崖石刻

【简介】

元大德四年（1300）八月刻石。现存于临县兔坂镇常胜塔观音堂石门外岩石崖上。刻字通高137、宽35厘米。石洞口顶刻“观音堂”。刻文2行，满行8字。刻文完整，字迹稍模糊，石体稍风化。

【刻文】

觀音堂

公德主郝因六十五

大德四年八月廿日

宋家沟北庙香炉石幢记

【简介】

元延祐二年（1315）五月刻石。现存于临县木瓜坪乡宋家沟村。八棱幢，通高70、宽16厘米。内容为施钱人花名。刻文44行，行字不等。刻文完整，字迹模糊，石体完好。

【刻文】

陳國雲……陳仲學……李海……高伯英……高汝林　妻武氏　孫氏　長男高順　高思明　孫家亮　龐德……龐文顯　妻郭氏　長男龐榮　次龐賢　劉侯貴……武仲威　妻薛氏　侄男武賢　長男武思敬　武彦盛　武祥劉成……蔚伯釗　妻馮氏　男蔚慶弘

蔚仲賓……高秀……王侯……蔡廣　妻張氏　次男仲元　妻張氏　吉仲良　妻高氏　長男吉世廣　吉仲思　妻王氏　長男敬花　劉榮……苗亨　妻白氏　馬氏　長男苗明

施錢人　（一面）

陳國□　妻李氏　次男陳協□　陳世□　孫男陳□□

陳仲□　妻董氏　郭氏　長男陳思義　陳福□□□彦良

糺首　陳□□　妻劉氏　長陳伯雄　次男陳伯明　陳男忠　陳□　妻李氏　男□□□□妻□□

糺首　李海　妻劉氏　長男李子寬　次男李仲祿　李子□　李子賢

郝良　妻徐氏　長男□□　高伯□　妻□氏　長男高朗　妻吉氏

高□　妻武氏　張氏　姪男高義　男高興　高汝林　妻武氏　孫氏　長男高順　高思明　孫家高 龐德元　妻劉氏　長男龍福　龐明　龐以顯　妻郭氏　長男龐榮　□慶賢

刘□貴　妻高氏　長男刘□□　妻高氏（二面）

武仲威　妻□氏　姪男開□　長男武思敬　武彦石　武祥　武添　妻李氏　男武濟民　武濟□ 武十二　武得　妻楊氏　男武成　□□□　劉成　妻王氏　男劉元明　姪男劉氏　妻劉氏　男□□

蔚伯□　妻馬氏　男蔚慶弘　次男元通　妻安氏　□氏　男□□　魏仲宝　妻陳氏　魏彦温　妻高氏　孫男魏良　男魏齊秀　妻劉氏　高秀　妻王氏　長男高□祿　高□□　王侯　妻陳氏　長男王子政（三面）

王汝府　妻□氏　長男王□　蔚榮　妻王氏　長男蔚□　蔚明　妻高氏　長男蔚□千　侯才　妻吉氏　長男侯□瑞　趙珎　妻牛氏　長男趙伯通

蔡廣　妻張氏　長男仲　賢妻□氏　次男仲元　妻張氏　吉仲賢　妻蔚氏長　男吉存政　協仲良　妻高氏　長男吉世廣　吉仲界　妻王千　長男□範（右下部有字不清）（四面）

張仲祿　妻武氏　男張思敬　長男王美　男王彦恭　次男家劉王秀　男王棣　男怙　次男怙塊　妻武氏　次男王元　男萬家兒

刘聚次　男刘仲寬　孫男刘齊　刘□長　刘廣　妻張氏　長男刘仲宴　次男刘仲美　妻王氏

刘恩　妻魏氏　孫男刘汝成　妻□氏　男□兒　刘英　妻白氏　長男刘□妻王氏

延祐二年五月二十一日

石匠　劉德貴　書字人　陳思義

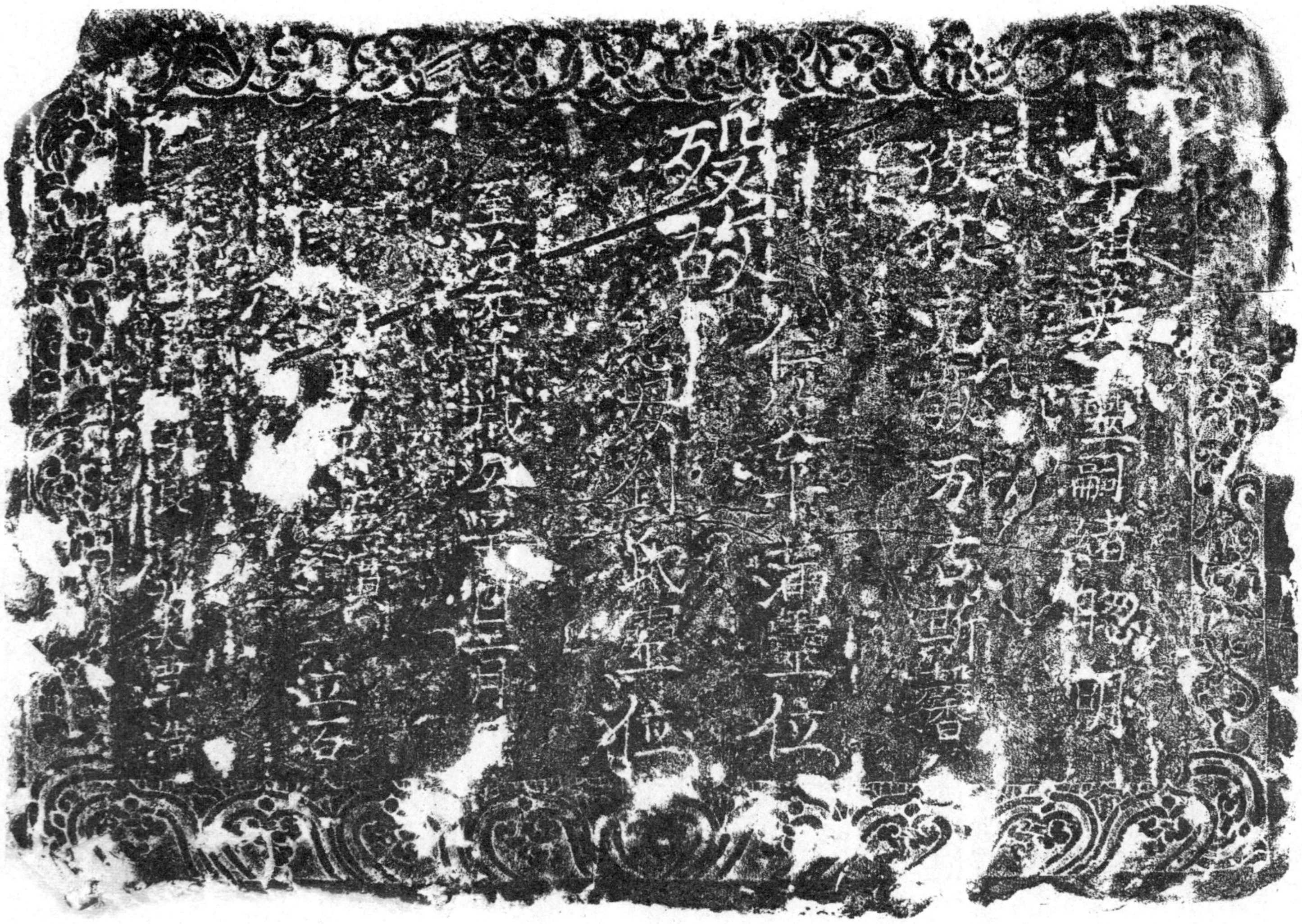

平满刘氏灵位碑

【简介】

元至治元年（1321）五月刻石。现存于临县三交镇正街村。大理石质，长方形，通高30、宽42、厚12厘米。内容为平满灵位。碑文楷书，正文计2行，满行8字。字迹漶漫，碑体略有残损。

【碑文】

宗祖英靈，嗣緒聰明，孜孜克敬，万古斯馨。

殁故仁父平滿靈位　慈母劉氏靈位

至治元年歲次辛酉二月

男□□寶立石　孫男□良　孫女夫覃浩

渠家坡渠仲禄墓塔铭

【简介】

元至治二年（1322）四月刻石。现存于临县招贤镇渠家坡村。塔铭青石质，六棱柱体，村人称“石棒槌”。柱高82、边长22、厚42厘米。内容为渠氏先祖渠仲禄墓塔铭及世系人名。铭文楷书，正文9行，满行28字。塔铭完整，字迹模糊。

【铭文】

（第一面）

高祖父渠清　祖母郝氏

增祖父渠德　祖母衛氏　二祖父渠忠　祖母李氏　三祖父渠全　祖母張氏　四祖父渠滿　祖母高氏　張氏　五祖父渠潤　祖母趙氏　六祖父渠小老　祖母賀氏

（第二面）

高祖父渠德　衛氏　父渠山　高氏

男渠仲祿　妻馬氏　劉氏

長男伯温　妻賀氏　二男伯良　妻武氏　三男伯恭　妻郭氏　四男伯謙　妻杜氏　五男伯讓　妻樊氏

孫男思齊　妻李氏　八力　麆兒忽論赤　八篤　不采　妻郭氏　雞兒　鴨兒　無事　妻李氏　右兒　妻郭氏　戲安　安兒　妻氏　玄孫自多　嵓兒　妻樊氏　平兒　妻樊氏　記兒

（第三面）

墓銘　　書丹並撰　　汾陽古陶後□　邢思忠　男邢文卿

夫墓者，渠公仲禄之墓也，斯人也，近居臨境興□玉亭馬頭山西，大河水東，處仁遷義，窮禮脩身，德性自然兮，惇行四教，本心虛靈兮，明解九經論當世，卹貧而濟苦，於衆中果斷辨是非，鄉人之善者好之，其不善者惡之。乃□□妻□馬氏、劉氏，人倫之道，續莫大焉，猶繼後嗣者五，長者伯温，次者伯良、伯恭、伯謙、伯讓，謹命工師共賫立石，書諸其名，考永立法，厝代傳焉，光於後世。是故上其擇兆而安措之，生民之本盡矣，死生之義備矣，孝子之事親終矣。

玉亭團郝村石匠提控　韓君祥　男回回　次童兒

歲次壬戌至治二年四月二十四日 工畢

（第四面）

立石墓主渠公仲禄之塔

長女郭家門渠氏　女夫郭元昌　次女李家門渠氏　女夫李國用

姪女高家門渠氏　女夫高迺　次女高家門　女夫高仲民

（第五面）

伯父渠仲濟　伯母高氏

長男渠伯林　妻王氏長男文秀　男思明　重孫歡兒　二男世德　妻郝氏　重孫鑾兒　三男渠管孫男伯朗　妻張氏　徐氏　生孫撒忽

次男渠汝林　妻劉氏　任氏　長男世全　妻張氏　重孫伯通　妻薛氏　濟川　妻王氏　伯廣　韓氏　伯能　任氏

次男世雲　妻樊氏　伯祥　妻張氏　玄孫道兒　伯昌

（第六面）

親兄渠仲寶　妻劉氏　李氏

長男渠再立　妻高氏　孫男伯英　妻李氏　重孫黑眼　二伯雄　妻張氏

二男渠再榮　妻劉氏　長存道　妻張氏　重孫撒咸匝荅　二存禮　妻李氏　重孫兀剌　三存信

三男渠再整　妻趙氏　長渠顯　妻武氏　二安仁　妻張氏　三喁兒

李公思温高年耆德之碑

【简介】

元至正十六年（1356）五月勒石。现存于临县安业乡下西坡村，形制为圆首碑。嵌于墙内。砂石质。碑高53、宽106厘米。内容为李公思温高年耆德之碑，额题缺失。碑文楷书，正文14行，满行29字。要源溥书。碑文残缺严重，字迹模糊，碑体下部残损。

【碑文】

李公思温高年耆德之碑

省部詮注臨州吏目塗水要源溥書　司吏李□□

皇帝聖旨：襄冀寧路臨州准本州達魯花赤伯顏忠翊關切，聞大德之人，必有高壽，苟無其德，安有是效，此天理之必然，非人力之所致。然念當職忝守政……遇善須爲獎勸，見惡必當戒懲，照得近准本州關，爲勸課農，巡□至……耆老李思温，年已八十餘歲，已蒙詔旨，恩賜照緞疋，其人有德有年，無偏無儻，躬率子弟，暮讀朝耕……之楷範。嗟哉！此老人莫與儔侶，此高年耆德之人，實可加於旌表……請照驗，依例旌表施行，准此施行間，擬本村耆老人秦鼎等……思温年八十二歲，其人生資篤厚，稟性端平，治家有法，而……曰孝曰忠，善和親戚，能睦鄉鄰，黃耇無疆，受天之慶，已蒙□……詔旨恩賜到□疋鈔定，本人已行支給□常，似此高年耆德之人……結由乞照驗事得此，篤恐不實，格准本州知州賈奉直關照……至正餘格内。

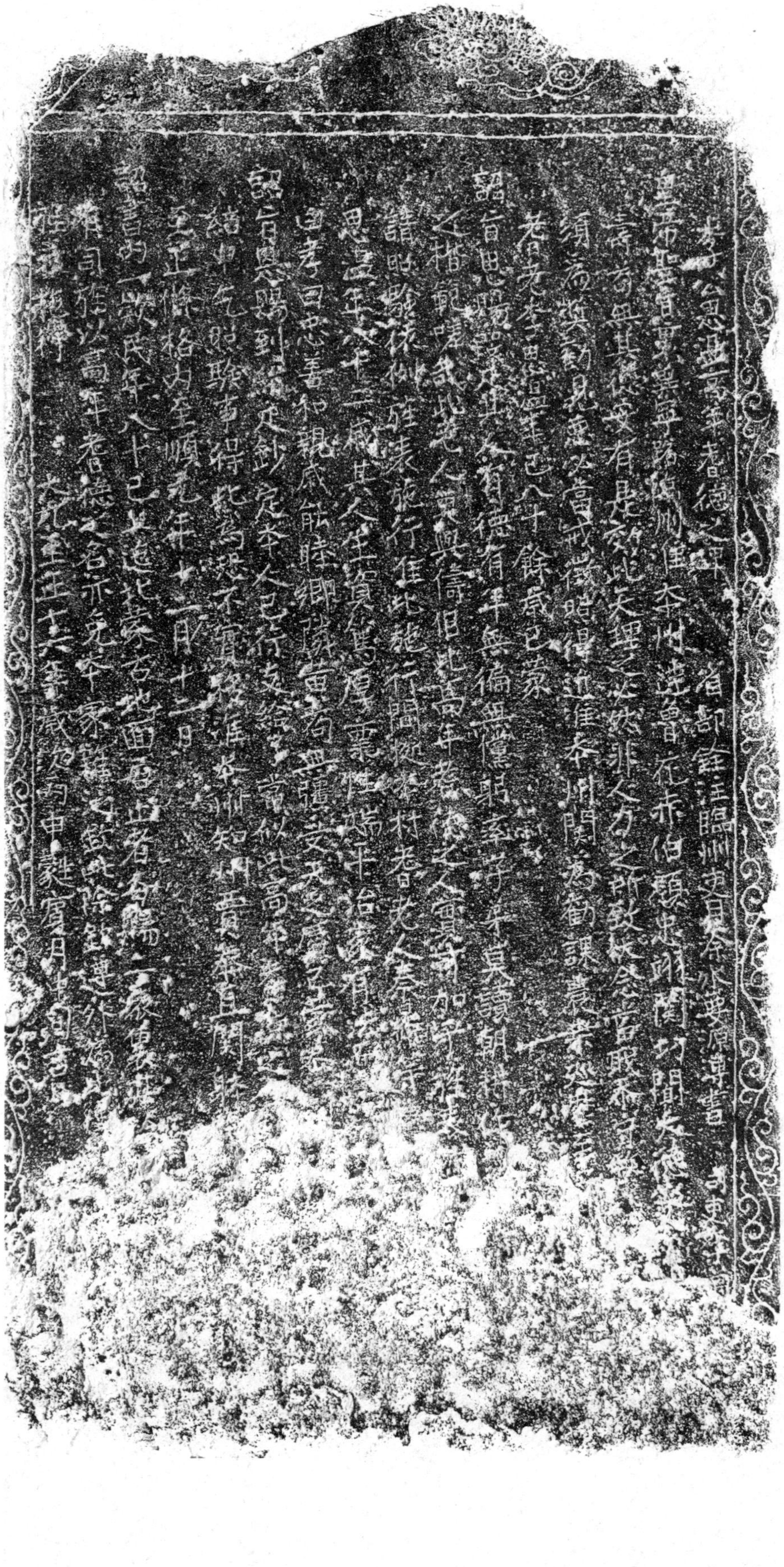

至順元年十二月十二日

詔書内一欵，民年八十已上，迄北蒙古地面居止者，各歸二表裹其……有司，旌以高年耆德之名，亦免本家雜泛，欽此！除欽遵外爲此□……旌表施行。

大元至正十六年歲次丙申蕤賓月中旬吉日

明

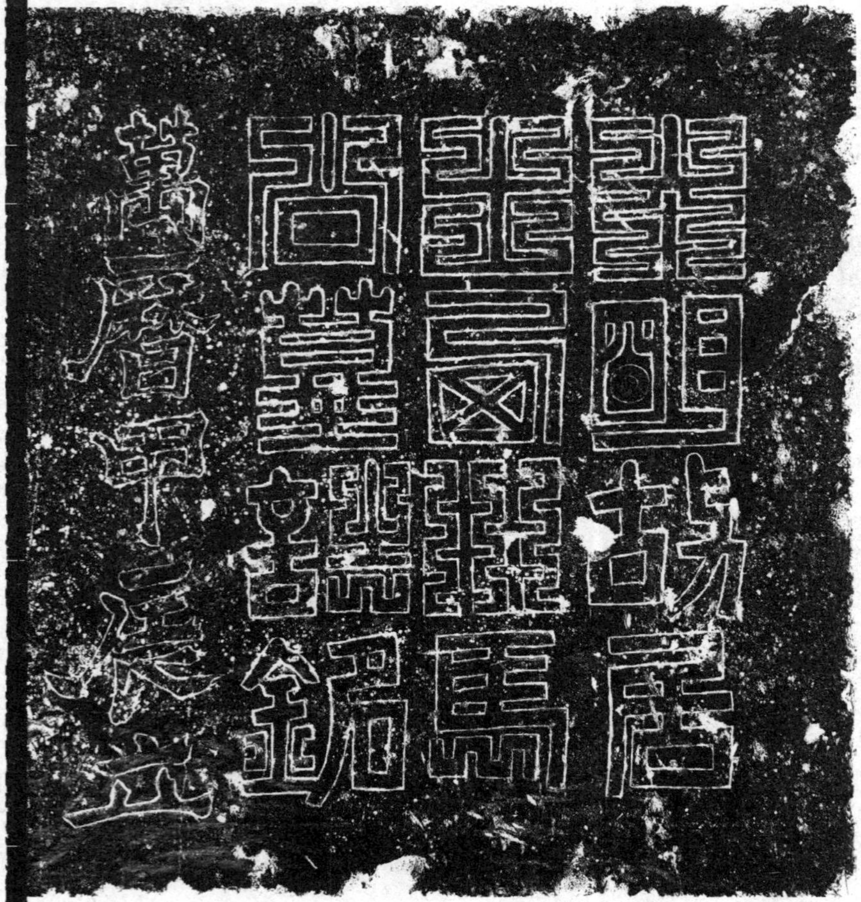

关王辞曹操书

【简介】

明永乐十八年(1420)二月勒石。现存于临县城庄镇大居村。砂石质，圭首，高90、宽62、厚13厘米。内容是关王辞曹操书。碑文楷书，正文计9行，满行19字，约740字。李岩书。碑文有残缺，字迹模糊，碑体缺少左上角。

【碑文】

関王辭曹操書

竊以日在天之上、心在人之内。日在天之上普照萬方，心在人之内以表丹誠。丹誠者，信義也。某昔受降之日有言曰，主亡則輔，主存則歸。新受曹公之寵顧，久蒙劉主之恩光，丞相新恩，劉公舊義，恩有所報，義無所斷。今主之耗某已知，望形立相，覓跡求功：刺顏良於白馬，誅文丑於南坡，丞相厚恩，□有所報。每留所賜之資盡在府庫封緘，伏望台慈，俯垂照鑒。關某書奉丞相府下。

□□□首再拜

之喜□□便□□吉道祥　妻刘氏　男吉□　妻□氏　吉冕　妻□□　增孫□□

兄□山　□平吉　長兒吉□思　吉厚　吉陳　妻□氏　吉□□　□□

李嵓書　男李□□千文　勝□□

永樂十八年二月下旬吉日泮生吉道祥敬建

石匠　□□□

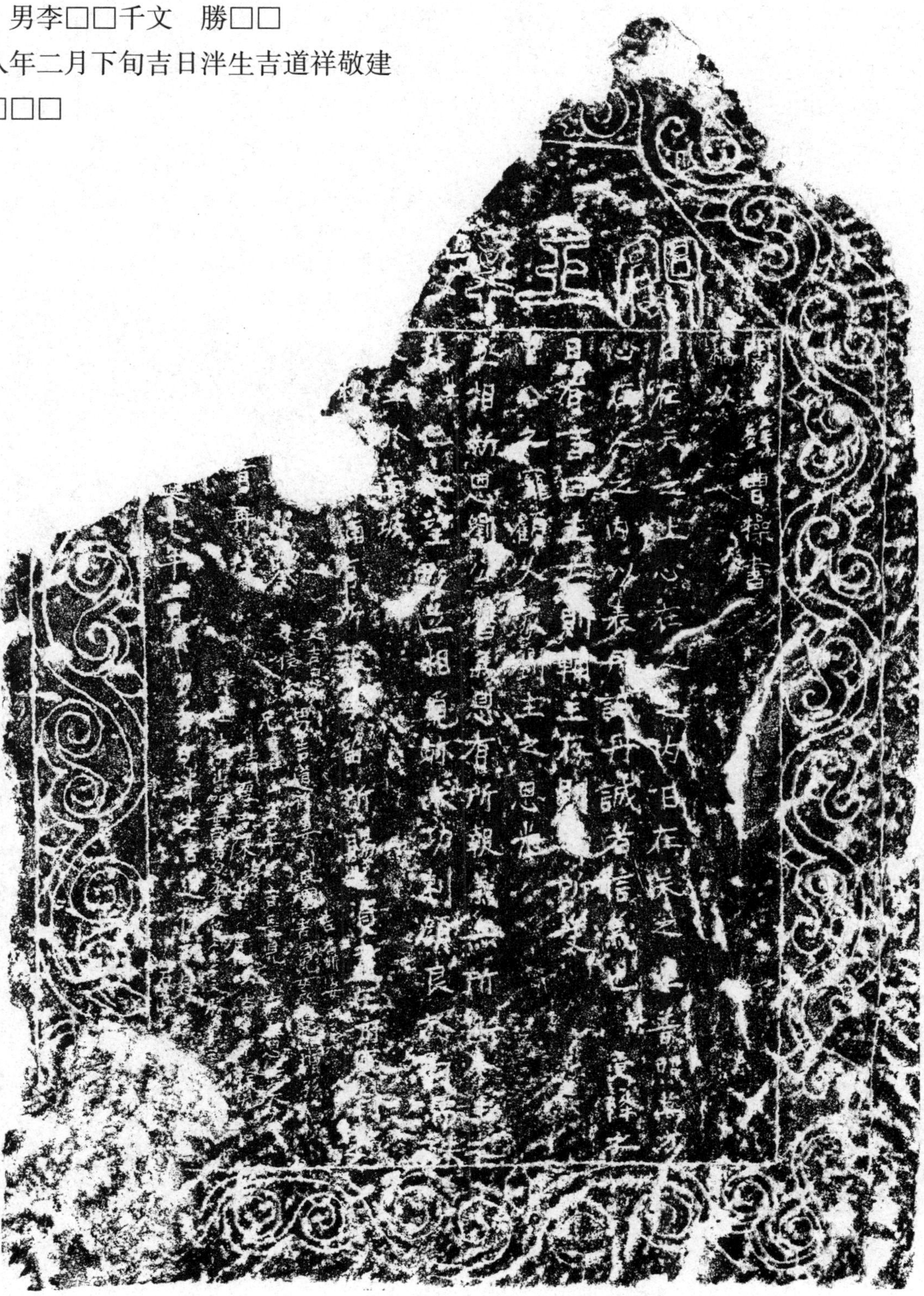

和尚闵如兰游历记事

【简介】

明永乐二十年（1422）三月勒石。原存于临县阳坡村的碾桩底下，现存于临县白文镇白文村赵姓村民院内。石灰石质，六棱柱体，高40、边长25厘米。碑文楷书，正文53行，满行18字，约740字。言中玉撰，张人阳子书。主要内容是记载江西和尚闵如兰游历各地传教的事。现保存基本完好。

【碑文】

伏聞逝波東注，終无再返之期。去世歸空，夭絶還来之相。始知山川草木，難逃改变之方；貴賤賢愚，豈免遷移之根。由是，漢朝感夢，白馬西来，摩騰彰漢化之初時，羅什感秦宗之代典。明明佛日，照破昏衢；朗朗惠灯，至今不滅。今我江西和尚者，切于爲人，具大慈大悲，續佛壽今，開弟二門。所遊江海，涉歷山川，途路疲勞，奔馳南北，非爲别事，乃爲生死事，大化度衆生，方便□□相滑，此五欲，衆生將無涯畔不可制也。□□惡焉，不亦轡制，將當牽人墜於坑陷，若止一世，禍及累劫。今之未者，如聾聽聲，妄生分别孰優劣之，真對痴兒，不得説夢。彼上人之行履，欲人歸者，我輩蹇淺者豈能蹤跡之，那師過去已久矣。純甫捕風繫影，而塑給之，是亦可笑。然世諦中，亦不可辭，謹次其狀曰：師，諱閔如蘭，江西南昌府南昌縣忠孝鄉守信里余武社白土寺，投礼幼稚之前，未及所由。日常論則，四事皆然，具足考諸牧則無一氏而不周。存信擅力遊□，五臺文殊道場，復入四川參禮峨嵋，經過山西太原府興臨二界，有信人王復貴等，命謁□各立願。然□三載，樂師輪燈又命蘭門童，拜命西山□□□人宴制選□求樂，□□年上元時也。伏自我師，繪絲最□三□，詣佛前設燈壇，其相好也大排旗蓋紅紗，罩映廣副□著，其光明也上徹九霄，燈然炬光燦琉璃，示其顯也。燈未□而自明□其驗也，放祥光，格東域迨一拾有五日，勝緣之畢，至參拾日，師乃謂衆曰：汝皆各宜看力，吾就端坐而去，亦無轉側。

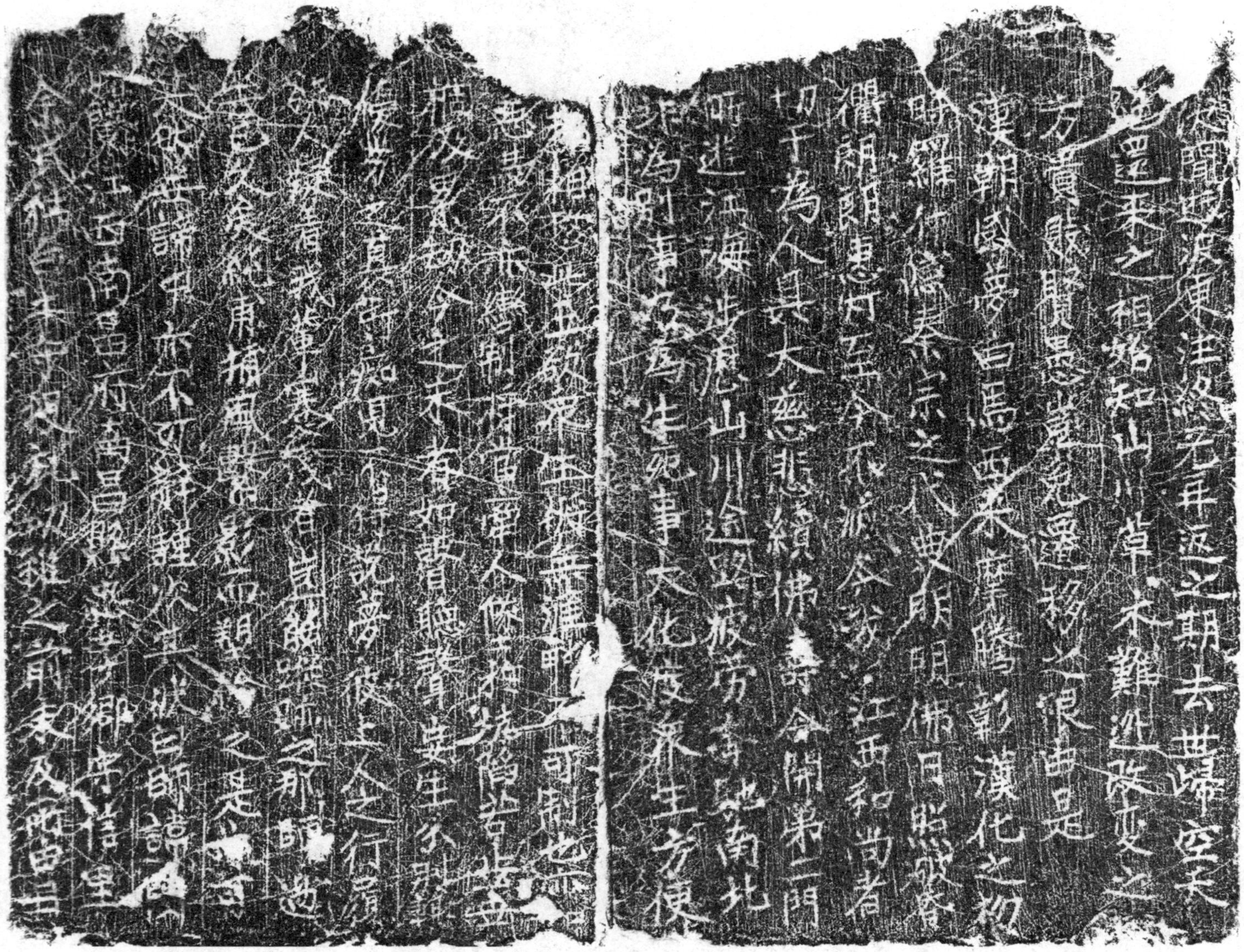

一日，闍維煙焰，如蓮花開合，牙齒目睛，不厭光明所及，收其靈骨，安置大乘，法寶紀綿。添花經雲，若有男子女人於四衢道造窣堵波，安置陀羅左幢塔等，上合掌恭敬，旋繞行道歸依禮拜供養者，彼人真是佛子持法棟樑，又是如來全身舍利窣堵波塔，若人或見或興，相□其影，映身或□□ 陀羅□其塔上，塵落在身上，彼諸衆生所有罪業，感應墜惡道地獄畜生閻羅王界餓鬼備羅身惡道之苦，皆悉不受，亦不爲罪垢染汙。其功叵測，其德難量者矣。

旹大明永樂貳拾年歲次在壬寅三月初二日午時立石

衆善人等啟心祝願：

皇圖永固，帝道遐昌。佛日增輝，法輪常轉。

蔚汾釋子言中玉撰

王亭弟子張人陽子書

太原府左户衛中左所石匠　史云　王全　張浴厚

興縣下宫一都立塔信人　王復貴隨衆人等

房從厚　安廷友　李彬

賀□　□□□　□□□

刘□文　□厚　宋寧

馮継先　孫□成　男孫普名

侯公之墓

【简介】

明永乐二十二年（1424）八月勒石。现存临县碛口镇侯台村。青石质，四棱柱体，柱高 36、边长 36 厘米。铭文楷书，每面计 1—10 行不等，满行 4—20 字不等。主要内容是侯氏先祖侯谦墓志。刻文完整，字迹漫漶，柱体基本完好。

【铭文】

侯公之墓

高祖　曾祖　祖父

侯思和　白氏　侯思義　韓氏　侯思賢　陳氏　侯思順　陳氏　楊氏

大人法名侯晉　□母白氏

男侯謙　馮氏　男侯問足　侯得旺　妻陳氏　侯仕旺　妻刘氏　□□　侯旺　妻白氏　官□二女

男侯復　妻陳氏　男侯二牛　侯牛　妻白氏　侯陳住　妻□氏
女夫王昇　李佃　李如
□用動□，□□墓公，上立墳塔。
石州孟門北都陰陽人　車□
本都陰陽人　□□
本縣石匠提空並復
……永樂二十二年八月二十二日　立

秦公褫寿龛墓志

【简介】

明永乐年间勒石。现存于临县安业乡安业村。砂石质，八面棱柱，柱高44、宽32、厚32厘米。志文楷书，每面行不等，每行字也不等。主要内容是记载秦氏始迁祖辈份情况。志文缺失较多，字迹模糊，柱体部分剥落。

【志文】

秦公褫壽龕墓誌

蓋聞人生……

其父議曰生我父……極爲可□□，五子思之，刱立壽塔，族……父百年壽終遐鈴……諧我□地東靠高地……此覩平源之浩浩，周……永線疊翠堆藍地□壯圭聰聰……嘉秀之地也。讚石銘曰：

秦公褫□，□□□□。公生五子，三女闺闥。命匠立石，刻石□□。□之在母，光顯宗親。百年壽已，礼□□□。刻銘於石，不朽其名。

高祖秦阜　男秦佩　二男秦□　三男秦奮　四男秦寧　五男坤　六男鼎

曾祖秦鼎　劉氏　祖秦奮先　二男秦茂光　三男秦繼先　四男秦孝先　五男秦尊先　六秦宗先

旹大明永樂□□

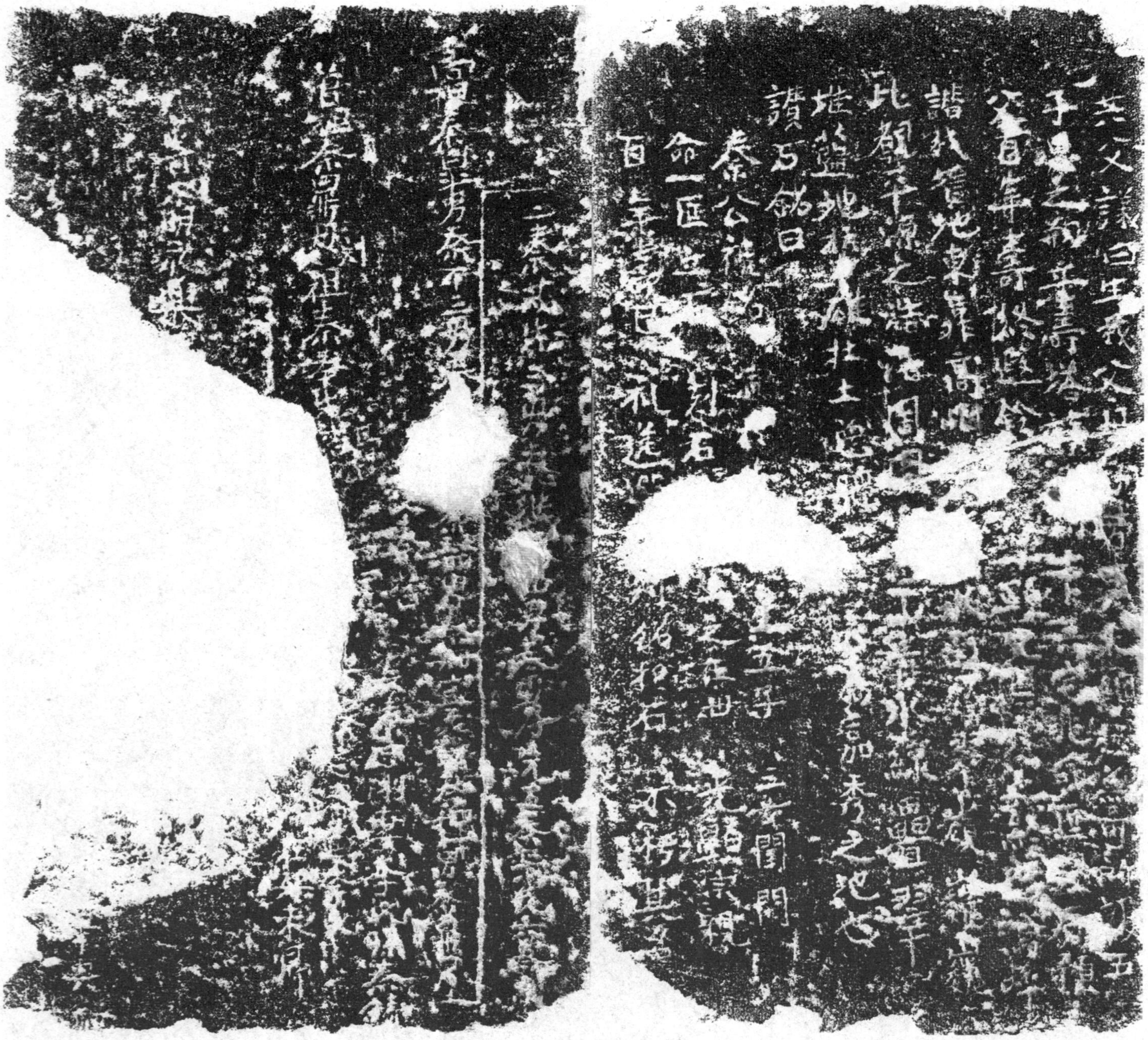

白公玽塔文记

【简介】

明宣德九年（1434）勒石。现存于临县玉坪乡石塘会村。砂石质，八棱柱体，八面刻字。高 42、边长 16 厘米。碑文楷书，每面计 1 至 5 行不等，满行 8 至 14 字不等，残存 2 至 7 字不等。弘彻书撰。现保存基本完好。

【碑文】

（第一面）

白玽　妻王氏之塔

曾祖白存利　□氏　秦氏

祖公白惟能　□□　□□

（第二面）

陰陽人　高興

善慶寺住持弘徹書撰

石匠提控牛小□

白公玽龕塔文記

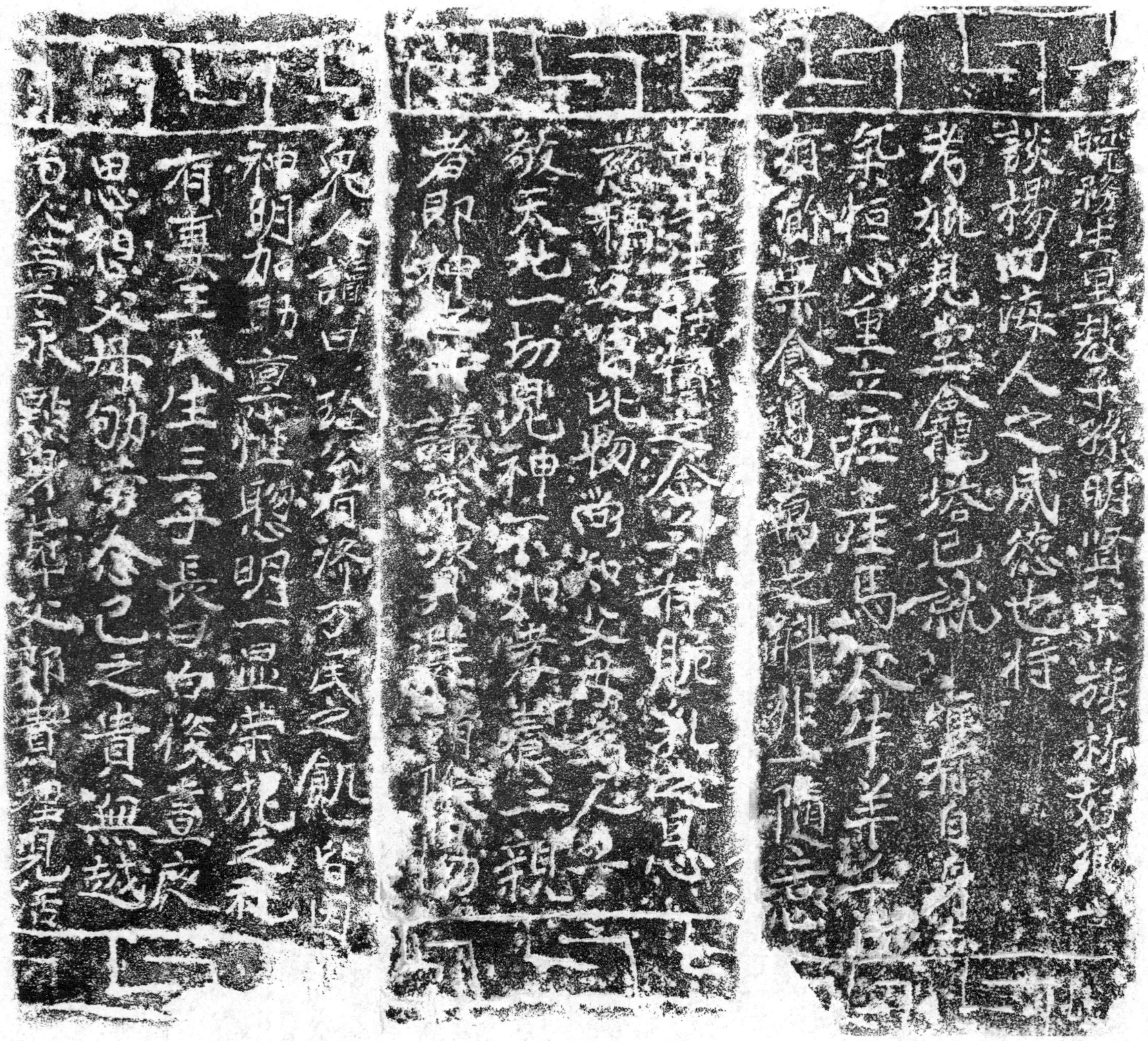

（第三面）

盖聞人生在世，善積陰功，有恆産者蓄於子孫，有名揚者名於後代。兹者祖郡臨邑甘泉里人也，琻公生而快性温良，長而剛柔礼儀，言時領衆絶敏，誨時喜善賢誘，勸農夫

（第四面）

曉務生里，教子孫明賢宗族，称好鄉黨，談揚四海，人之威德也。將考妣見堂龕塔已就，唯有自身志氣恒心，重立莊産，馬疋牛羊千□有餘，粟食過萬之斛，非一随意。

（第五面）

衆人譜曰，琻公有济万民之飢，皆因神明加助，稟性聰明，一显榮花之礼。有妻王氏，生育三子，長曰白俊，晝夜思想父母劬勞，念己之責，無越口心，董永點身葬父，郭貴理兒活

（第六面）

母，牛生舐犢之念，羊有跪乳之恩，慈鴉返哺，此物尚知父母，况人乎？敬天地一切鬼神不知，孝養二親者即神也。共議家資，選請陰陽

（第七面）

卜其宅兆，安墓留形，命匠砌龕建塔，預父母天年限尽，哀送礼葬，豈不美乎！今擇於宣德七年八月十六日安墳塔，显人中孝之終也。

（第八面）

宣德九年九月初□□□

次白來受□□□□□□□

汝白二姐　白三姐　□□□□□　孫男……

白公之墓

【简介】

明景泰元年（1450）三月勒石。现存于临县碛口镇白家山村。石灰石质，八棱柱体。柱高 43、两面宽 23、另两面宽 33 厘米。内容是白公墓志。志文楷书，正文 8 行，满行 16 字。志文完整，字迹清晰，石体完好。

【碑文】

白公之墓

父母白琓　妻李氏　高氏　邢氏　張氏

男長白文貴　妻張氏　男白釗　白授　妻楊氏

男次白文諒　妻李氏　男白徽　白振　白□

女童白小姐　白二姐

宗派之圖

高祖父白元素　祖母林氏　生

增祖父白碧　祖母陳氏　生

祖父白大興　祖母馮氏　生

旹大明景泰元年三月初二日立石

陰陽人　車乘　選

本都石匠　馮得云　姪馮寬　馮買　刊

增修林峰禅寺记

【简介】

明景泰五年（1454）十月冬勒石。现存于临县白文镇庙坪村学校院内。碑砂石质，圆首方座，座嵌入地内。碑身高 180、宽 85、厚 17 厘米。额篆“重修林峰寺记”6 字。碑文楷书，正文计 11 行，满行 41 字。内容记载增修林峰寺之事。薛禄撰，寿峰书。碑文略有残缺，字迹清晰，碑体上部缺损，下部剥蚀。

【碑文】

（碑阳）

增脩林峯禅寺記

臨泉有寺曰林峯禅寺，去縣北四十里，在廟坪村，其寺始創於金之皇統，脩元之辛巳，再脩於我朝洪武間，□且美焉。歷歲月遠，而寺之殿廊榱題，俱爲風雨剥落，而古柏尚存，其僧海興一等僧興增造之心，奈獨力而難成，郝貴等會議已而糾財貿料，遂延工匠以興，首脩正殿五間，継修两廊十六間，山門三間，伽藍堂一間。舊有也則脩之，彩畫□□，舊無也則補之。由是廊道峥嵘，金碧珣耀，僧房亦皆完美。工訖，請予刻石以記，余惟佛之在世，其来由自周世昭王，始生□于東方，一興于梁之武帝，則講三惠于同泰；再盛于唐之憲宗，以迎佛骨于禁闈。自入中國以來，千百年而教□流行，□之好尚靡常與興替不一，而其法輪轉至我朝，肇造區夏混一，車書而大務佛教，可謂比隆于前昔也。然我佛之道，大包天地，細入無門。佛有教也，而其教尊無一，佛□□闡，而龍虎伏降，經譯而神人會听，闢轉生之道路，掌度托之樞機，有益于世，有補于民，若不嚴其形象，儼其廟貌，則道無所□香，求福何以瞻仰哉。玆焉作成則棟宇崇麗，貌象尊嚴，位序丹青，應圖合禮。昔之廢者，今則煒然而一新，向之缺者，今則益輝。法輪常轉，保國祚于無疆，濟蒼生于熙皞，殆與天地相爲悠久云，故記。

旹景泰五年歲次甲戌孟冬中旬吉旦

鄉貢進□薛禄撰　本縣普化寺□嚴□師緣壽峰書

承卿知縣張雲　巡檢柳春　陰陽官高通　民政法官薛銀　老任仕謙高得　郭滿倉　書手郝□□郝志愷　將仕郎縣丞楊和　醫學官高進　儒會司官貴　寶峰　道會司官李志　清人安滿倉　袁長　本都里長柔迪　……　典史王春　吏史韓昱　高恭　鄭厚高　……

祁梁功德主　都里長郝貴第　郝玘　郝三男　……　前明造清教智惠門人　海無量　門人　园喜、园亮、园謹、园曉、园文、园信，師孫銘禅　銘珣　銘得　銘春　師孫海曇

全無岩門人　銘朗然、园杲　园保　師孫銘廣　銘琰　銘真　銘鍾銘通　銘徽　銘□　重孫……

興教堂門人　园益　园慶　园順　园深　园勝　园□　园善　园愷　師孫銘俊　銘□　……

前修造□教智玉門人　裡畢　□□　福厚門人　祥無比　用無盡　勤無敬　园旺　師孫銘緣　銘秀　銘演　銘穷　銘琜　銘釗　……

陰財施主　郝亮　郝志剛　郝演（郝姓 18 人，略）

（碑阴）

□平村　劉表　劉希祥　范得勝　武志凱　……

郝峪塔　郝□□　高□□　王海

翟家塔　翟敏　翟敬（翟姓 21 人略）

窰頭村　生員劉温　（刘姓 5 人略）　陳復勝（3 人略）　宋復海

白家灣　白子鬱　白整……　高友文　高春……

同送村　武復威　武復勝……王玉　賈仁德　賈仁友……劉復　范□□

在村　喬本　喬凱　喬璧（喬姓 21 人略）

故縣村　劉吉剛　劉希滿　……郭本　郭莫　王三　王大賢　王志敖　張志吉　孫三　喬貴（4人略）

白道坪村　李俊　王大恩　蔡得厚　蔡得玘　蔡玉　蔡得那　蔡得勝　郝文喜　劉志明　喬錦

馬坊村　折欽　折端　折因　折果　折杲　折俊　折幹　劉□　任聚（4人略）　武穀滿　李愛　鄭貴　鄭演　鄭忠

上馬坊村　高守用　李文勝……常旺（3人略）　蔡里　蔡子剛　蔡全　蔡子鑒　蔡子方　劉□

西溝村　楊鬱　楊復雲……唐昭　唐能　劉……高……

西會太平村　高……任昌……張才義……李得山……

大吉都施主　薛守能，西坡村施主　張泰　張鋒

上川施主　張義……高文慶……柔祀……袁逢……雷希勝　李秀　田王　賀守中……任鋒……

張朝溝　柔謙……袁穀整……柴勝　郭智倉　郭大倉　喬果……

喬則川　張希道……程復　李……劉……王復……吉臻　吉永泰　郭滿川　郭永□　郭□厚　郭箴

徐家溝　馮子貴　高旭　楊智才　賀繼祖

東山上施主　高　牛　任　郝　杜

木村榮施主　張　高　袁

茹和村　高用……白貴　柔雷

郝家坡　郝志剛　郝志得……

西莊溝　張……　劉……

平杲溝　高侯　任喬則川　張　武

東山上　李……　趙家原　趙　李

西路施主　張　劉　苗　南真　南田　郭大本　苗勝　喬順……

历代祖师碑

【简介】

明景泰五年（1454）十月勒石。现存于临县白文镇庙坪村学校院内。砂石质，圆首，碑高198、宽84、厚18厘米。碑文楷书，正文计11行，满行41字。主要内容是记载林峰寺历代祖师谱。碑文略有残缺，字迹模糊，碑体下部剥落严重。

【碑文】

歷代祖師惠歡　惠潤　門人善存　善亨　門人高□　廣榮　□貴　廣濟　廣原　廣仲　廣能　廣財　門人戒師　德聚　德和　德演　門人法忠　法□□□　門人□□　□□□□

宗派　智福圖銘海　玄祖正懷弘　萬行妙普融□□□□□

增修林峰禅寺赞碑

【简介】

明景泰五年（1454）十月勒石。现存于临县白文镇庙坪村学校院内。碑砂石质，圆首方座，座嵌入地内。碑高198、宽84、厚18厘米。额篆“重修林峰寺记”6字。碑文楷书，正文计12行，残存24至26字。主要内容是记载增修林峰寺之事。薛禄书。碑文残缺一半，字迹清晰，碑体下部剥落严重。

【碑文】

增修林峯禅寺賛碑

林峰禅寺，邑之叢林寺也，創自宋始，完自元初，歷年歲遠。寺之廊殿朽而瓦礫碎，本院僧海無量等，迺與邑之檀那劉瓛等發心捐資以修。工成，欲筆之於石，以記來請余。曰：諾，嗟夫！佛，西天聖人也，三代以前其世渾淪，其民顓蒙，不知佛之可事，而佛亦未有聞也。三代以下歷周昭王，如來始生，其教始立，迨漢朝帝聞西域有神，其名曰佛。因遣使之天竺求其道，得其書及沙門以來，於是中國始傳其術，圖其形象，王公貴人莫不□□降。迄梁武，專尚釋教，遠近承風，無不事佛，天下共有一萬三千餘寺，大興塔廟，極土木之麗，爲九層浮圖，又築僧房十間，珠玉錦繡，耀□□目，自佛入中國之盛，未之有也。隋唐以來，隆替靡常，難以俱載。迨自我朝，法古爲治，三教並行，凡黄冠圓頂之流，皆設官以掌之，故内有僧録之設，外有僧綱會之，司内外相承，禮統不紊，佛之盛超軼漢明，而比隆梁武矣。然我佛在世，道與天地同其大，德與日月並其明，巍巍乎其莫測，蕩蕩乎其難名，教雖以虛無爲宗。然究其歸趣，皆以爲人死精神不滅，隨復受形，生時所形，皆有報應，善爲宏闊勝大之言，以誘引愚，靠勸善懲惡，使善者度生天堂，受諸快樂；惡者以墜地獄，受諸苦楚。於自有佛以來，人皆知善之可趨，惡之可戒。經曰：開生天淨路成第一福田，信期言也，彼其救蒼生於苦海之中，超群黎於平康之域，護皇圖鞏固，佑民物阜，安又非吾佛保佑之功所致哉！因記而贊之曰：

如來教興，中國始尊，教尊無上，法大無倫。道同天地，至聖至神，明心見性，虛無爲宗。宏闊盛大，救度中生，祐我皇家，億萬其繩。佛力巍巍，難揚難稱，刪于翠琰，以表贊詠。

旹景泰五年歲次甲戌孟冬中旬吉日

癸酉科鄉貢進士薛祿書

同修造僧　福海　福目　福興　國銘　立石

祈梁都功德主劉瓛　男國子監生劉俊　次男劉傑　孫劉貫　劉升　劉根保　重孫劉添祥

普化寺前僧會　浩無雲　門人住持大千　□師緣壽峰　福山　福發　福中　福勝　師孫廣信　廣清　廣鼎　廣進　廣慶　廣秀　廣遷　廣哲　廣釗　廣銖　純孝寺定□

正覺寺住持　海寶　海雲　門人道立　道因　道貴　道玄　道永　師孫弘延

佛堂寺圓珉　祖鑑　大覺寺性銘　性湛　弥勒寺普添　觀音寺福寧　性諒　白雲寺思整　隆福寺守慶　金閣寺普通　叢福寺海潮　普照寺正寬　弘廷　慈雲寺弘喜　天宫寺性善　廣嚴寺印廣　興福寺正德　福昌寺廣能　奉天寺志愷　寶峰寺弘楝　清凉寺□□

興縣僧會信□　門人進財　慶安寺住持信存　得幸　羅漢寺華嚴上師鑒廓然萬壁潭緣古峰門人守行　守瑭　守祥　守宗　守□　守智　進錦　大寺正琜　守□

功德主　劉大本　高欽　高信　張翥　吉振　王能　張彧　高得厚　王貴　刘迺　賀子旺　賀子林　喬興　李廒　魏支　智小　郝貴　刘瑍　常欽　刘得用　李孝宗　李孝祖　魏福　刘□　劉祥□□□

捨財施主　刘志敖　張琰　張瑗　張昱　張仲得　生員張凱　賈仁厚　刘復威　薛支能　王倉　刘滿　刘欽　高福貴　武中名　武中海　武鐸　范敏　范原　范欽　范得旺　刘鐸　范得亮　高存厚　高存智　高存□

寺地主　武希杲　武希文　武貴　武庫　武雄　武錦　武鑒　武振　武春

捨財施主　賈琰　賈海　賈福　賈紅　賈本　賈鬱　賈得旺　賈得民　賈得鍾　賈得用

施錢人　高仲　高朋　高滿　高文貴　上川高□□

在城捨財施主　郝志厚　郭錦　高永安　王能　任雪　趙選　高永泰　陳廒　郝亮　郝瑍　曹興　田俊　楊名彰　刘翔　郭仲　任通　張□能　張文彬　康自立　白現　鄭永勝　武欽　武能　李得　范倉　袁鑒　吴春　吴仲

木匠　徐成　顧能　顧目　葛諒　木匠顧鑒

泥匠　郭欽　劉得　劉勝　郭玄

石匠　牛崴　牛能　牛印　牛鑒　牛增　牛永　□□

重修奉天寺碑记

【简介】

明成化元年（1465）勒石。现存于临县安业乡前青塘村。碑砂石质，圆首，高200、宽69、厚25厘米。主要内容是记载重修奉天寺事宜。碑文楷书，正文共11行，满行54字。曹英、张鉴书。碑体凿为两半，碑文缺失严重，字迹清晰。此碑阴为元代敏公禅师塔铭。

【碑文】

蓋聞……業盛□□□□而精□□□□□測微而存乎一心，大而放乎六合，巍巍然而佛有所在，蕩蕩然而教……於中□□□□廿六日□賴□□□歷代以來，覽臣靡……大所濟□□□□故佛有教而僧有所歸也。今臨縣青堂村敏公禪師至正三年……河水泛兩廊，三門漂流無存，潰於亂石沙灘，止有佛殿一座，盜永常……遠行，忽而殿……僧鎧公見殿庭損壞，其心竦懼不忍，古跡佛像粧嚴，謹發虔誠，謁議當村鄉老人，□同結良緣，各……安得□□□等畜者或得以布絹米麥者，俱措買木植顔料，俾工匠而以成之。正統癸亥，陰陽人劉資選□基……殿佛像，景泰丙子僧弘然、維那劉文岱同捨財善繪壁畫水陸。天順己卯，王希亮捨財，起蓋北廊五間，僧去宣□……俾貞□興然……矣……謂文云碑，可見……其僧也信士……

大明成化元年歲……

吏部聽選監生曹英　張鑑書丹

太原府臨縣……寧　儒學教諭白珎　訓導守信

前任臨縣……弘　本寺僧志鎧　志瑄……善誘　任晉鑑　弟任仕鈺

普化寺……福愛　善慶寺住持福威

慈雲寺住持弘□　監嗣福雲　福禎　使西化□竜潭寺化緣僧□□

寶峰寺……門人□□　福文　□寧　□□

石匠　李□□　李仕賢　李志原

都功德主　□□　杜春　杜愷　李海　李資　李貴　李文名　李仲剛　李景　趙仕琓　趙仕能　王聚　郝氏　王滿倉　孫王玉　教讀王惟勝　高□

施錢會首　……　高惟忠　任□　□本　張拳　樊守能　王全　李仕整　任普道　王志剛　王海　李謙　趙旺　秦志春　王希显　張志

施錢人　馬希宗　馬希敏　楊義　高旭　李泰　高謙　杜質　高谷万　杜潘　高谷貴　劉文達　高谷陳　郭福　高復勝　耿得貴　高鐸

宝峰寺记

【简介】

明成化三年（1467）九月勒石。现存于临县安业乡东沟子村水渠上。碑砂石质，圆首，高200、边宽75、厚14厘米。碑阳额题“宝峰□记”4字。碑文楷书，正文共10行，残存每行22至42字。碑阳碑文楷书，正文共12行，每行41字。为修建宝峰寺施钱人题名记。碑文残缺大半，字迹模糊，碑体断为两半，表面剥落严重。

【碑文】

（碑阳）

寶峰寺記

……尚□自漢明帝□金……下命使往天竺求其道，得其書以及沙門，由是化流中國……其妙□建者陋□□□其……有□□洪惟……造區夏混一寰宇，而佛教又無不興者也。臨縣邑治之南，去城二十餘里，官道近東崗，上有古刹寺一區……裔，其創也莫究其始，所建者陋簡苟合，惟名而已。緣年之許久，殿垣俱圮，將無餘跡之期可計日，待至宣德……其傾覆，各發虔誠，捐廢家資，命雇工匠，及請比丘弘，揀居寺化緣復修。不期年，殿庭墻垣，頗有其規，奈褫已逝。至景泰五年，其門人福聚、福文、福俊協同檀越李海、李文銘、秦玉等復追遐軌，捐資助力，以及募緣多方，漸致增粧采鮮妍，中塑佛像，其金容巍巍。然而整飭兩廊楹架皆三，東則福聚粧觀音等像，燁燁然而維新，西則福……文修三門三楹五架，亦以美麗晃耀，以之方丈香積，及周匝垣墉，靡不兼備。由是而觀，不惟棟宇之竣起……之軒翔，其綜理之□□可加焉。乃於戊……大事。工既終，增福俊老……憶經歷……瑁欲記累爲之……書之以記。

大明成化三年歲次丁亥季秋吉旦福俊立刊

知縣睢讓　典史陳銘　税課……寨巡檢丁廣　僧會司僧會福貴　陰陽訓術高通　儒學教諭□□　□□□刘文成……訓導郭隆……教讀王惟勝

寺僧知□　智□……弘萬……

助功僧□□

……瑶　師姪廣記　廣圖　廣繪　廣讓　門人廣鍪　廣琰

……文銘　李文勝　李谷鑑　李文鑑　李文信　李士賢　李仲安　李仲杲　李仲□　李志□　……　李谷瑾　李谷万　李文寬　李仕整　李秉資　李仲滿　李秉川　李仲□　李鑑　……　秦翼　秦復旺　秦昇　秦愷　高復原　高復云　高英　高瑾　高真　高……

（碑陰）

□□□坡都村功德主　李資　姪李仲端　李仲斌　李□寧　李志原　李谷原　李仲磻　李仲成　李仲祥　男李仲勝　李仲愷　李仲友　李谷全　孫李子幹　李子興　李茂　李愷　李過　李諒　李俊　李學　李景　李枚　李素　李文諒　李文□　李幹　李申　李彪　李彦　李子旺　李□　李滿□　李進　李乃　榔□　李朋

各村施錢人　成茂　成胤　成□　秦動　折宅秦氏女　折四姐　馬希□　馬希□　□□　耿德貴　白□□　白仕全　刘鑑　王付能　刘□　高貴　高希魚　高希雲　高得　高文勝　高鑑　王希諒　王□　□□　白□□　刘本　李義　王希显　王付云　王德剛

助工人　李幹　張文頡　各村趙仕瑰　李復諒　刘貴　刘復□　孫□□　高只　郝文吉　田□　田仲秋　□□□

石匠　李仲安　李志原　男李升　李興　李楚

各村施錢人　白□　白穩　白子鑑　白□　白安　杜□□　李□□　張□□　高天　王子太　趙文選　高□　□□□　高中　男高會□　高小會

普化寺僧　廣進　圓定　惠然

慈云寺僧　智能　福□　福祥　福禋　福欽　廣金　廣用　廣申

善慶寺僧　福緣　福威　福志　廣雲

□□郭麻丹青　張守能　張守然　張守幹

本郡丹青　李復志　　□□□□北都丹青張仲欽

薛公之墓

【简介】

明成化十年（1474）七月勒石。现存于临县碛口镇街道。青石质，正四棱柱体，柱身高45、边长40厘米。为薛氏先祖塔铭。铭文楷书，分四面刻文，正文1至9行不等，满行4至13字不等。铭文完整，字迹模糊，柱体风化，有破损。该碑为薛家塔村薛氏先祖坟塔铭。

【碑文】

薛公之墓

故祖父薛鳳　祖母雷氏　故父薛景忠　郝氏　李氏

石州孟門北都薛家塔立葬□德　　薛福原同室人周氏武氏

男薛□　王氏　薛□　高氏　薛閏　侯氏　薛惠　雷氏　孫男薛雙□

兄薛福敖　郭氏　弟薛穩　閆氏

女夫楊勝□　薛大姐　賀錳　薛二姐　李升　薛三姐　曹忠　薛四姐

臨縣招賢都馮家會石匠　馮琦　男馮永幹　馮永遷

石州孟門北都選擇陰陽人　車輦

旹大明歲次成化拾年七月十九日立

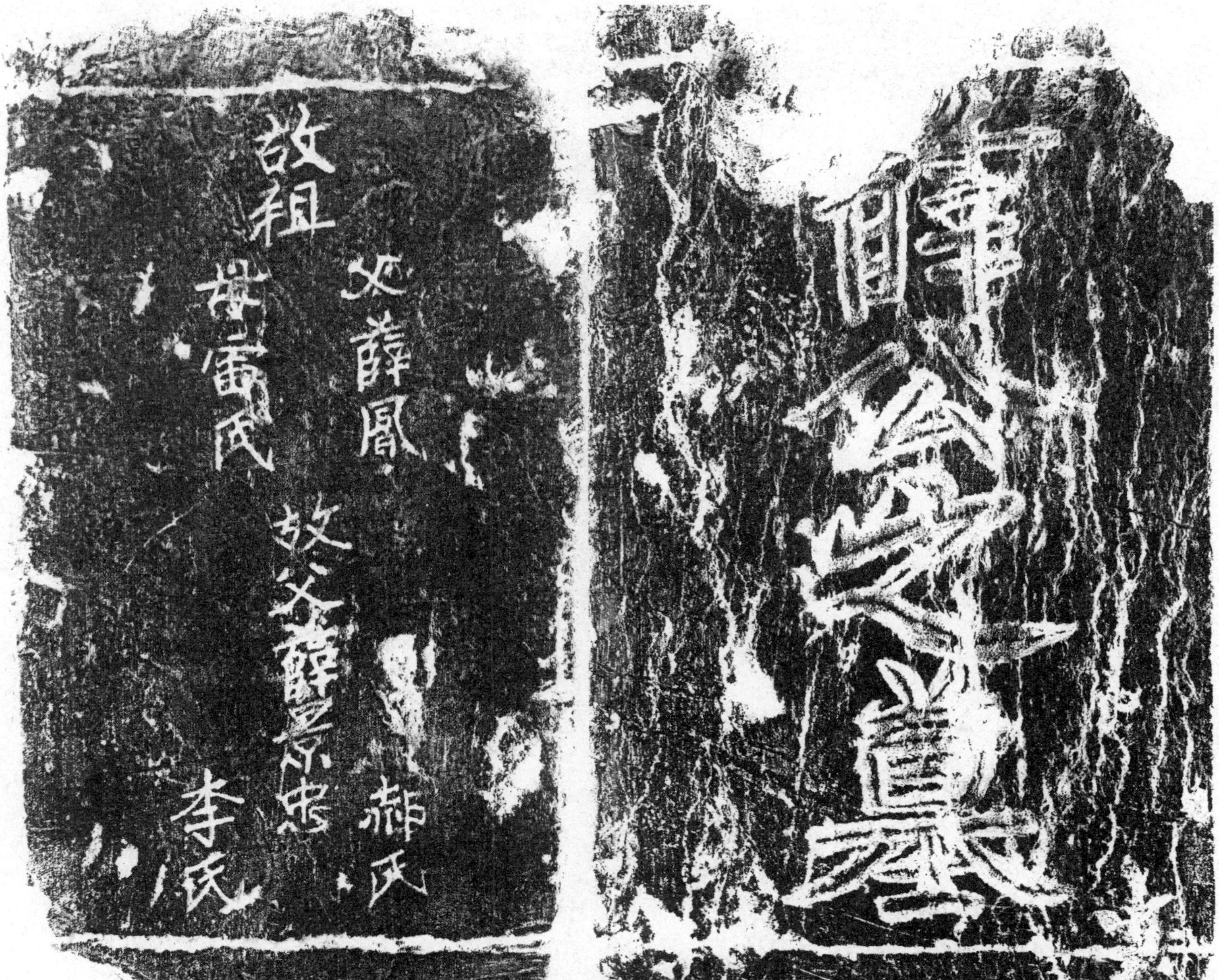

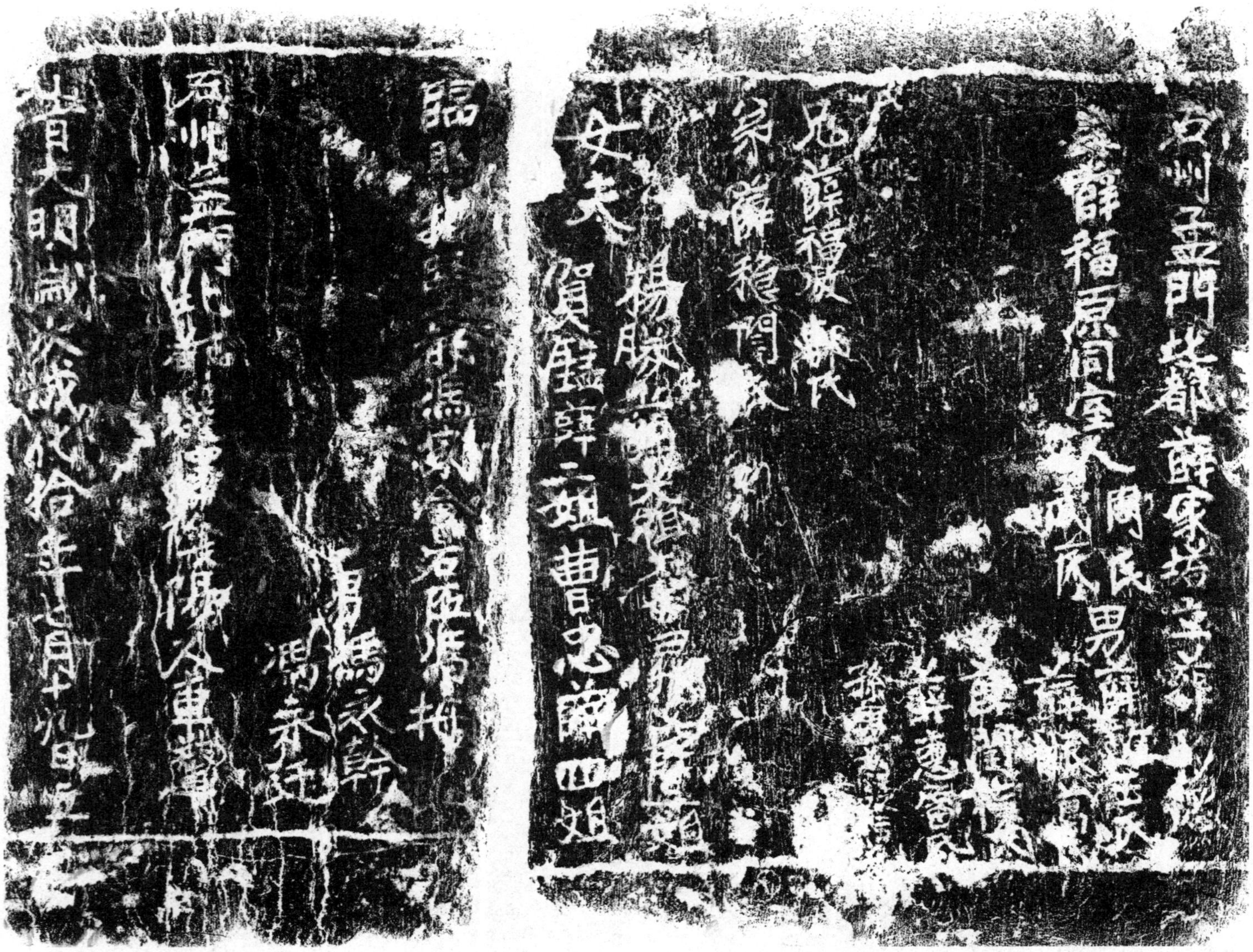

冯公墓碑

【简介】

明成化十四年（1478）勒石。现存于临县碛口镇冯家会村。碑青石质，八棱柱形，柱高46、边宽10至42厘米。碑文楷书，正文各面3至8行，满行4—19字。碑文完整，字迹清晰，碑体完好。

【碑文】

（第一面）

老人

馮公之墓

耶耶

（第二面）

曾祖父母

馮克楝　妻張　白氏

祖父馮仕原　妻刘氏　刘氏

伯父馮王

父母馮碧　妻成氏

（第三面）

竊念自盤古初分天地，三皇立位，五帝開基，設立天地人三才之内，有綱五常之礼，三元書内爲人生時之乂礼死葬之以祭之以礼，今有孝男馮永 昌、馮永勝、馮永閤、馮永□思念父母養育恩深難報，命請陰陽明師，選擇父命，前五辰大小運五音，年通月利日吉時良，俱各通利，命請本房石匠馮威等，下砌八角斗拱，葬上立宝塔，万年之記于石耳。

（第四面）

裹宅外宅案陰陽，八山旺相最爲良，中間砌葬上吉地，子孫後代出高官，員外長者儒流士，金銀米麦滿盆倉。万年富貴長吉慶，後出宰相侍君王。

（第五面）

祖宗祭，灵怎不交悶。可惜名夙人物化爲塵，年月消磨尽。日依新墳，人憑論，要相見一夢中，移刍（嘱）下子孫年年交上墳，我一去了無因信。

右詞寄朝天子

（别角面）

成化拾肆年捌月拾柒日　立墓塔壹座

書字人　馮富

（第六面）

父母馮碧成氏　男永昌　妻李氏　刘氏　男馮普　妻李氏　馮奈　妻樊氏　馮永勝　妻王氏　男馮津　馮瞻　馮永闊　妻閆氏　男馮鋭　妻馬氏　馮歡　馮小鉄　馮永礴　妻寇氏　男馮朗　妻刘氏　馮弘　妻樊氏

選擇陰陽人　白志榮

（别角面）

本房石匠　馮資　男馮威　男□□　馮貴林　馮珣　馮言□　馮質　馮永利　馮梅　馮友乾　馮戩

重建宿皇寺记

【简介】

明成化十五年（1479）十月勒石。现存于临县八堡乡宿皇寺。砂石质，圆首，碑身高185、宽73、厚16厘米。碑阳额题“重建宿皇寺记”6字。碑文记述重修宿皇寺之事。碑文楷书，正文8行，满行66字。碑阴记施地及布施花名。碑体完整，字迹模糊。

【碑文】

（碑阳）

夫宿皇寺者，乃古之勝景也，切見前朝曁有碑記，其詞曰：東望紫金之山名雄晉地，西進黄河之水津接秦邦。盖因兵革塵□永□，至大元建國，至元至正□僧大印瑞□□心重建，經年累歲，又革兵火，輕顏亦無□宇正存□□□□。大明國天順二年僧人根勤，發心建造正殿三間，佛像三尊，西廊一間，塑□□□□一尊多至□化正□門人廣運，發心建造東廊閻羅殿一間，新塑地藏聖像俱全，至成十二年廣運、廣曉、門人能瑞等仍發虔誠，建造□□一，庇□□□三尊，觀音□□七□，□□香花意蔭等完備。僧人廣曉、能瑞□□糾首高春等喜悦人心，□命石匠李□□建造石碑，留傳萬古。上祝當今皇帝，聖齡萬歲，臣宰千秋，日月光輝，法輪常轉，陰陽□□者□豐□□□□，三□□□於二□□土臣民均霑佛化，法輪大轉，我教旁流，次異施財，衆檀越父□子孝家富身，榮如滄海，前亡後化，早渡金橋，□識含靈，俱登彼岸。

□□功圓既滿，惟願恩□□之善，而□之刊於片石，謹記之耳。

時大明成化十五年歲次己亥孟冬吉旦立

□□主持□□□□□□□□ 石匠 問□□ 李經 李茂 李忠 寺地主高春 高彪 高文顯 高文寬

山西太原府臨縣知縣朱宗洪 典史王淳 剋胡……

先後建寺塑畫佛菩薩功德主 郝文諒 郝□諒 郝□諒……賀方 賀紛 刘明 刘鐸 刘凱 刘茂 高穩 高冠 高得□ 高復 高春 高文諒 郝志 張守□ 張者刊 張讓 賀……郝守太

先後建寺塑畫佛菩薩糾首 高春 郝春 高文□ 高□諒 高眼俊 高俊英 高文顯 ……郝彪 郝□選 高垚 刘志 ……

施錢：都維那寺頭村高復男高文顯孫高安 高幹 高春男高文信 高文通 高□ 高□晉 高仲廣 高儉 高□ 高會□ 高□ 高三奇 高四奇 高小奇 高小陳 高七兒 高卯時 高□兒 高長正 高彪 男高仕鑑 高仕通 高仕廣 孫高小奇 高旭 高□□ 高小勝……高明勝 高明智 高繼祥……高茂 高顯……高□英 男高文索 高小夥則 高三□ 高□ 男高□茂 ……郝安□ 郝安然 郝啟柳……郝鵬黨 郝只男郝朗…… 郝□貴 男郝建 郝雄 郝存義 男郝□ 郝兒則 郝小六 男郝萬 郝誠……郝景能 郝柏能 男郝安吉……郝自來 □□□ 郝重勝 賀陳倉 男賀泰 賀善 賀川 賀□ 賀□ 賀六兒 康敬 男康仁義 康……郝志善 郝显 男郝志雄 郝志彪……郝伯□ 男郝□□ 郝□ 男郝志選 郝志得 孫郝茂 郝勝 郝會兒 郝志 男郝富……高子幹 高□ 高林 男高子春 高三晉 高四晉

李家窪村 李大倉 男李文只 李文通 李文□ 李文□ 李文□ 李文愷……李秀□ 男李小奇……李文茂 李文異 李文秀 李文□ 李文來

高家莊村 高文諒 男高聚 高寬 高子前……高勉 高显……高鑫 男□□ □□ 高成盛……高遷

西窪村 刘剛 刘鐸 刘茂 男刘文賈 刘文玉 刘紀 刘文彰 刘文威 刘緝 刘渭 刘和尚 孫刘□兒

（碑阴）

大吉都二甲高熙領因染病疾有願，捨洪谷地卯一段，東西四至，各依舊界。東至……西至……南至……北至……認到夏秋糧二斗二升。情願捨予。

經手人……房親人……見人……成化十五年

寺地主 高春 高彪 高文显 高文寬

本寺主持 □□能瑞□□□石石匠 問陽□ □李經 李茂 李忠

先後建寺塑畫佛菩薩功德主 郝文諒

施錢都維那 寺頭村高復 男高文显 孫高安 高幹 高春 男高文信 高文通 高彪 男高仕鎰 高仕通 高仕廣 孫高奇 高旭

白氏世系记

【简介】

明成化二十一年（1485）十月勒石。现存于临县碛口镇白家山村。碑青石质，圆首，身高107、宽49、厚14厘米。内容是白氏世系记。额篆“白氏世系记”5字。碑文楷书，正文共13行，满行29字。杜槩撰文，广琛书丹。碑体表面磨损严重，碑首残缺，碑文残损大半，字迹模糊。

撰书人杜槩，山西太原府临县杜家圪垛村人，举人。弘治九年（1496）知县，杜槩曾主持刊刻《弘治句容县志》12卷，后任镇江府同知。

【碑文】

白氏世系記

北抵邑百里許，里曰招賢都，鄉曰白家山，白公文貴字彦華者居庄焉。厥先積德羨資，傳播五世，父琓，行實撼人，耄齡允終，暨公凝重雅致□言□□□□，從事□史涉及古今，考膺里正據懷菘事官氏躍荷已，而利物□□□□重節□□□□之音其□□□宇□□塑像焉，啟敏滌慮之舒，徐作□□□□□□大經萬□□□大資少無離，□然是離非□論抑可暴爲善無微而□□密□，□□爲開□珍崇□讚揚者較然矣。子三人，孟曰授，仲曰□，季曰□，□□而行孫□□暫□□而參□□風雷石而誨之曰：人惟患無子孫，子孫患不賢耳。志不師古，其如賢□□□□優□雲林而堙光鏤采者有烜□□堂而竣□□氏□公□遠考□□□□心事其事忠□□□□而不□□□之所□矣。□於群孫□拔其尤者□□□輩述事芹泮，□師□□□□寺其福□光前也。不像是□□惟裕後大□鞏□遠公家□□大□世銜□□□正中舉文室必公家□□擘焉，故□擬其□績之盛，又豈直今□矣□哉。□焉先生，□植本圖南□□察也□□之謂與書以示乘於無疆也□□□。

大明成化二十一年歲次乙巳冬十月□日

白文貴立石

鄉貢進士杜槩撰

□林寺僧廣琛書

赵家塔赵子威墓碑

【简介】

明成化二十三年（1487）清明勒石。现存于临县车赶乡赵家塔村。碑青石质，圆首，高 142、宽 63 、厚 20 厘米。额题“追远堂”，碑文楷书，正文共 17 行，满行 34 字。杜槩撰文，赵子英等书丹。碑文完整，字迹清晰，碑体完好。

【碑文】

趙公子威字有儀，安業茂胤，父曰：本營家植業，遠過旁隅，暨公岐嶷時，承庭訓。鑄師友，涉獵經史，精尚禮義，僉拔耆浴，總役律紀。待人一出乎正行，譽由是而益隆。四子曰通、曰達、曰安、曰逵，咸克繼志述事，四孫曰惠、曰聰、曰吉奇、曰遇奇，舉皆英雅秀發，一門之盛，企之者尠。成化乙巳，公以疾卒，哀悼之聲遐邇，一聞琢石成葬，亦窀穸於祖墳之間，其墳地形百弓，靈奇高爽，明山秀水，四顧拱向，良不卜之甲地也耳。若通輩來干識之垂示罔極，盖以積德深者，流慶達此，先正之格言也。間有利物濟人，惟依於仁，樂施好善，不徇乎己，則德之積也深矣，或重禄秩而壽國脉，或豐儲貯而隆家道，則慶之流亦遠矣。此盖天地常經，古今通義也。世之徒羨彼嗣續衍盛，而不探祖德迭積，是不知者也。趙氏德積前世者深，慶流後裔者遠，胡可以常族較哉。若子與孫謹於葬事，如此則生事以禮，從可知矣。然而垂裕後昆，抑不因是而見耶，庸書識之。

鄉貢進士杜槩撰　伯父趙子英　男趙選　後代趙□相書

高祖父趙文利　曾祖父趙繼祖　祖父趙本　父本縣總老人趙子威　妻郝氏　王氏　男趙通義官　趙達　趙逵禮官　趙安　孫趙惠生員　趙聰　趙吉竒　趙遇竒

並伯父趙子春　趙志剛　男趙朋　趙裡　趙能

旹大明成化二十三年清明前一日立

重建长乐寺记

【简介】

明弘治十一年（1498）九月勒石。现存于临县旧文化馆院内。碑砂石质，圆首，通高169、宽73、厚14厘米。额题“重建长乐寺记”6字。碑文楷书，正文12行，满行33字。郭现撰文，广琛书丹。碑文记载重建长乐寺之事。碑体完整，字迹基本清晰。

【碑文】

（碑阳）

重建長樂寺記

蓋聞佛教之興有自來矣，肇自漢之明帝，夢金人自西而來，其教大興，所以超生度死，慈悲方便，蓋有年矣。矧臨邑雖墹山城，亦爲典教立法之盛地也。普化寺下院長樂寺，摇鈴之祖廣稔，常懷修寺之心，奈無可建之地。幸而長樂都檀那吉永勝，謹發虔誠，施地一所，東鄰白馬天神，黄龍山水盤桓；南望五道將軍，香火往來継績；西連龍天古廟，神像赫赫；北通施主空地，桑麻浩浩。四面周匝，森羅萬象，禮佛興教莫逾於是稔，不憚暑雨祈寒，平基定址，營殿建祠，凡一木一石之類，無不用心，一磚一瓦之屬，罔不著意。正殿起建三間，盖造整飭，左有關王廟祠，以護佛教，右有土地神堂，以衛佛法。前有三門一座，以通出入。繪其節而飾其棟，金璧輝映乎日月；塑其像而圖其形，光彩炳煥乎霄漢。由是人有所仰，僧有所歸，何其偉歟！興自成化八年五月有八日吉時營工，迨及弘治十有一年，厥工告成。富且麗矣，完且美矣，不可不爲文以銘之，遂命工勒石豎碑，以垂不朽！故記。

大明弘治十一年歲次戊午九月吉旦

任順天府蘇州判官郭現譔

東林閣黎廣琛書

承事郎臨縣知縣盧安　典史李奈　巡檢趙郁　大使武尚文　陰陽官高□　僧會廣軍　醫生張□　道士高志虛　陰陽人高霄　郝文太　馬幹　馬遷　高隆

儒學教諭韓鸞　訓導邵誦　趙鑑　致仕官李奈　榮老官郝寬　張瑗　義官張銀　生員楊鳳　李廷桂　馬馴　張仁祿　書年馬子憲　殷肅　普化寺住持廣鼎　廣達　廣林　廣闡　能冲　能敬　可現　能芹　能寶　能月　能知　能暨　能潔　能錫　能才　清澄　清治　清潮　清濟　清潩　圓定　廣鏡　廣現　廣逵　能演　能觀　能禅　能祥　能貯　能拯　能朗　能杲　能喜　能征　能懷　清淮　清洹　清忻　清池　清法　廣遷　廣記　廣迺　廣資　能熊　能全　能聰　能省　能閲　能揹　能昉　可瑊　可琦　悟一　能岬　能拱　清湖　清涼　清湛　清濡

親教　福閏　門人修造主廣稔

立石門人　能閏　能曉　能法　能巽　能喜　能吉　門孫清虎　清玫　清治

同修善士　郝志春　男郝戩　孫郝永富

（碑阴）

施錢人

□□□　郝文□　高□□　郝□□　高□□　郝文剛　郝□□　郝文信　□□□　□□□　□□□　高春　高受　高□　高耀　高文顯　未得名　□□□　□□□　□□□　郝□□　馬□□　郝志□　□□□　郝□□　□□□　郝□　高文秀　高文輝　高文錦　高文□　孫景□　郝雷　馬□□　高文才　□□雲　郝□□　郝□　□□　□□□　□□□　□□安　□□□　高文招　高文□　高□　高戩　高奈　郝□　□□　□□□　郝聚　郝讓　郝保　郝登　郝顯　郝□　郝良　郝□　劉貫　張□　王仲　田□　□□　吉名院　吉名瑞　□□□　□谷□　李寓　吉讓　□□　郝□□　吉名秀　楊□忠　李秀　□□□　□□仲　吉□□　□□□　□□□　吉鐸　吉□　吉富　吉□　吉明　吉□　賀三　李現　賀子寬　賀名　□□　馬□□　□□　賀□□　賀子剛　□□　賀□□　賀杰　賀□　賀□　賀□　賀□□　賀□　李琰　李通　李鑑　郭文仲　郭文信　□□□　□□□　馬貴　康□　馬□　□□□　高□　高林　馬深　馬乾　李禋　李琴　趙□　□□勝　李□□　李□□　劉真　劉□　□□□　劉□　劉仁□　李□　張永吉　高鸞　高龐　高仲禮　高晁　高□　高□　徐春　徐仲　□□□　徐□□　李春　□□　馬原　馬剛　□□　馬志□　馬志□　馬文通　馬銀　康祥　康鐸　康錦　康表　康文□　朱銀　孫□杰　□□　高□　高□　劉□　□□　□愛　高□　高杰　高玫　黄□□　馬□利　張□仲　張子禋　郝志□　李原　馬文斌　馬太　高仲勝　高仲鐸　高昭　高□　高林　高□　郝振　高閃　高演　高騰　高飛　高□　高奈　高名　高鼎　龐文錦　龐子仲　張仲深　□永厚　高文□　張戩　張斌　趙□　白志雄　李義　李祥　石榮　郭志興　賀友林　王弘□　周易　李□　郭選　辛昶　王仲雲　任成　任□　□□□　□□□　劉富　劉貴　劉拱　劉祥　王深　郝友成　吉子厚　吉子成　□□　賀鋭　高□

寺地主　吉永勝　男□□　□□

施碑人　馬□　男馬□　馬□□　馬□□

本村助緣僧郝能□……

小南溝……

劉文翥　劉文鑑

重修东岳庙记

【简介】

明弘治十六年（1503）四月勒石。现存于临县大禹乡刘家圪垯村东岳庙内。碑砂石质，圆首，已残缺，残高113、宽76、厚18厘米。额题“东岳庙记”4字。碑文楷书，11行，满行23字。记载本村东岳庙的历史和重修过程。碑首破损，下部残缺，碑文缺损近半，字迹清晰。

【碑文】

重脩東嶽廟記

臨邑南距三十里，官道之東，舊有府云善訓，隋肇建之……玉溪，北曰古壇，中曰善慶，殿來可存者，惟善慶有寺，岱……重建。至大二年又加繕理。至正八年右增關王祠，是皆……聖朝統有，華夷一族，民物尤屑意天下建祠奉神，或載祀農……鄉民馮仕堅輩益暨獻殿，故儀衛神像仍以紙肖，又……志昱時，明胤出佛化谷，索儒諳吏殆人中之子出者……所謂諸鄉之老稚以爲神依人誠而祭饗，人庇神……於昧人道而褻神明者乎，盍復興之，僉聆唯唯……繪爲之華然，以被垣墉基砌之属無一而不爲……嶽，世謂五嶽之長，有曰天門，有曰日觀，所以生……以崇奉之所，以觀壽國脈，奠黎元于無疆也……

大明弘治十六年歲次癸亥四月吉日奉訓大夫……

臨縣知縣盧安　典史張鋭　前謂……

儒學教諭韓鸞　訓導張釗　生員……

池州府經歷吕茂　監生郝縉　劉朗……

本村耆老　張志昱　劉泰　曹志榮　安……馮仕德　曹昭　武仲名　曹……馮仕廣　曹海　□廷

增新恒岳碑记

【简介】

明正德元年（1506）八月勒石。现存于临泉黄龙山北岳庙。形制为圆首碑，砂石质。碑高156厘米、宽67、厚14厘米。碑文楷书，正文残存12行，满行残存41字。主要内容是增新恒岳碑记。额题“增新恒岳碑记”。碑文残缺近半，字迹模糊，碑体剥落严重。

【碑文】

……協□□□正□□□□庶……夫王良李……皆湮……每如是與□聞之謂……約數百……者曰：幾里？一人應云：十里。及寤沉思其詳，旦……暨偕幕僚……北俯延，東西隘狹，顧所不堪，仍之北行，遥見士民，總□趨迎，咸曰此……幽静，堪以建……如夢中之語，及其家，乃舊址也，東挹晉陽，南抵汾水，西接延綏，北距寧……祭祖之所也，於……石鼎，由是募力者霧滃趨事，赴工而不殊於旄倪；擢資者雲集樂施……踰月而殿廡垣……徐簡篤善之民，田懷達管領祀事，則人欽崇者，遂途跋涉，絡繹而來……吉□國子生陳洪範、武輝義……而泯属余有言識之。粤臨邑乃古之臨州也，前之爲令者，不淪於寬即失之猛，民風不能化格，禄位不能久長……寬猛適宜而政化維新，一誠與之故曰至誠。感神所以念慮所孚精□□格純一無僞，乃得是夢而與神胳……朕卜賚良弼者，益可驗矣。自是壯遐觀而觀風問俗，自是登五穀□物阜民安，雖繄乎神之餘庥，疇非侯之……安，字嘉靖，三秦涇陽茂胤，掇賢科甲，斯秩□猷最，故摭歲月……

大明正德元年歲次丙寅秋八月吉旦　國學生郝輔□□

臨縣知縣盧安　典史張锐　訓導張釗　温玉　巡檢雷俊　大使顧瑀　訓術高阜　訓科郝登，生□□□□□□□李世衡　李永謐　李廷珪　郝儉　郭衛民　郭奇　張九鵬　高翊　嚴霜　楊廷玉，見任員外郎胡雍　知州杜樂　知縣高賢　吕茂　郝縉　縣丞温讓　主簿□□　□□□　□□□刘朗　郝寶照磨賀吉　吏目雷倫　典膳李振　知事常寶　致仕府同知薛禄　知縣刘猷　郝事　李奈　主簿高拱吉宏，巡檢賈□　大使□□　□□□□郭睿　王壽　王永祥　張銀　高名　高擴　郭祿　張忻　薛禎刘復讓……舉人刘仲和　監生宋锐　郝輔　陳洪範　武輝　張元　高廷禄　賀天□　□□□　□□□□□高九思　楊風　張世榮　刘璿　郝偉　郭世衡　喬天錫　趙旸　任□……

大明正德元年歲次丙寅秋八月吉旦國學生郝朗

周家沟正德元年石碑

【简介】

明正德元年（1506）九月勒石。现存于临县八堡乡周家沟村庙，嵌在墙壁上。碑砂石质，长方形，高 40 、宽 20 厘米。碑文楷书，2 行，共 12 字。碑体完整，字迹清晰。

【碑文】

正德元年九月二十八日

重修

白文镇张家湾村施钱人碑记

【简介】

明正德二年（1507）四月勒石。现存于临县白文镇张家湾村。碑青石质，四棱柱状，四面刻字，残缺，通高78、宽分别为16、16、27、34厘米。刻文楷书，正文32行，行字不等。碑文记载观音庙施钱人花名。碑文模糊不可读，字迹漶漫，石体完好。

【碑文】

（第一面）

（漫漶不清）

（第二面）

旻　袁邦政　袁邦□　袁邦□　袁邦麒　石匠馮友信　夆意本村施□□□四月十九日上奉□□□□□□盆一面　□□□□灾難永□□□年□□□舍。

施錢人　袁得名　袁子宗　袁□　袁□□　袁□□　袁子□　袁□　袁恕　袁邦瑞　袁子锐　袁邦玉　袁子忻　袁子安　袁子春　袁懷　袁阜　袁子遷　袁子□　袁子銀　袁子茂　袁子傳　袁子□　袁□　袁□展　袁庚　袁陳　袁文素　袁文通　袁忠□　袁□　袁諢　袁□　袁□府　袁子風　袁□□　□□□　□□□　□□□　袁孟唐

（第三面）

施錢人

僧首　崔通　崔□　崔志□　張夢俊　張進　張□　張懷　高子太　高太　高□　□□　張文幹　張贇　刘子良　刘登

太平　杜文太　郝文□　杜恭　張林　張絨　張志□　張瞻　張九程　杜泉　任寅

榮都　張錦　張九皋　崔志琪　張紀　張九恭　母郝氏　男刘付

（第四面）

砦在河受□□花地□□□人有今□□就神前□□□□□□□

糺首　袁子磻　男　袁□其　袁□幸　袁小玄

崔志旻　男崔曉　崔玄　崔拱

袁邦政　男袁廷拱　袁□領　□□児

袁邦柳　男袁　袁邦麒　男袁進　袁瑩　袁喚言

石匠　馮友信　男馮郁

旹大明正德歲次丁卯越四月建乙巳朔十九壬辰日丙午時

山西太原府臨縣白文村

書寫人　袁邦瑞　男袁廷□　刘進益

施錢人

大明正德歲次
四月建乙巳朔十九壬辰日丙午時立
石匠
書寫人

先考白子英妣郑氏之墓

【简介】

明正德七年（1512）九月勒石。现存于临县玉坪乡石塘会村。碑砂石质，八棱柱体，高 50、边宽 20。碑文楷书，刻文每面 1 至 3 行，满行 6 至 19 字。广琛书。碑体略有剥蚀，碑文略有缺失。

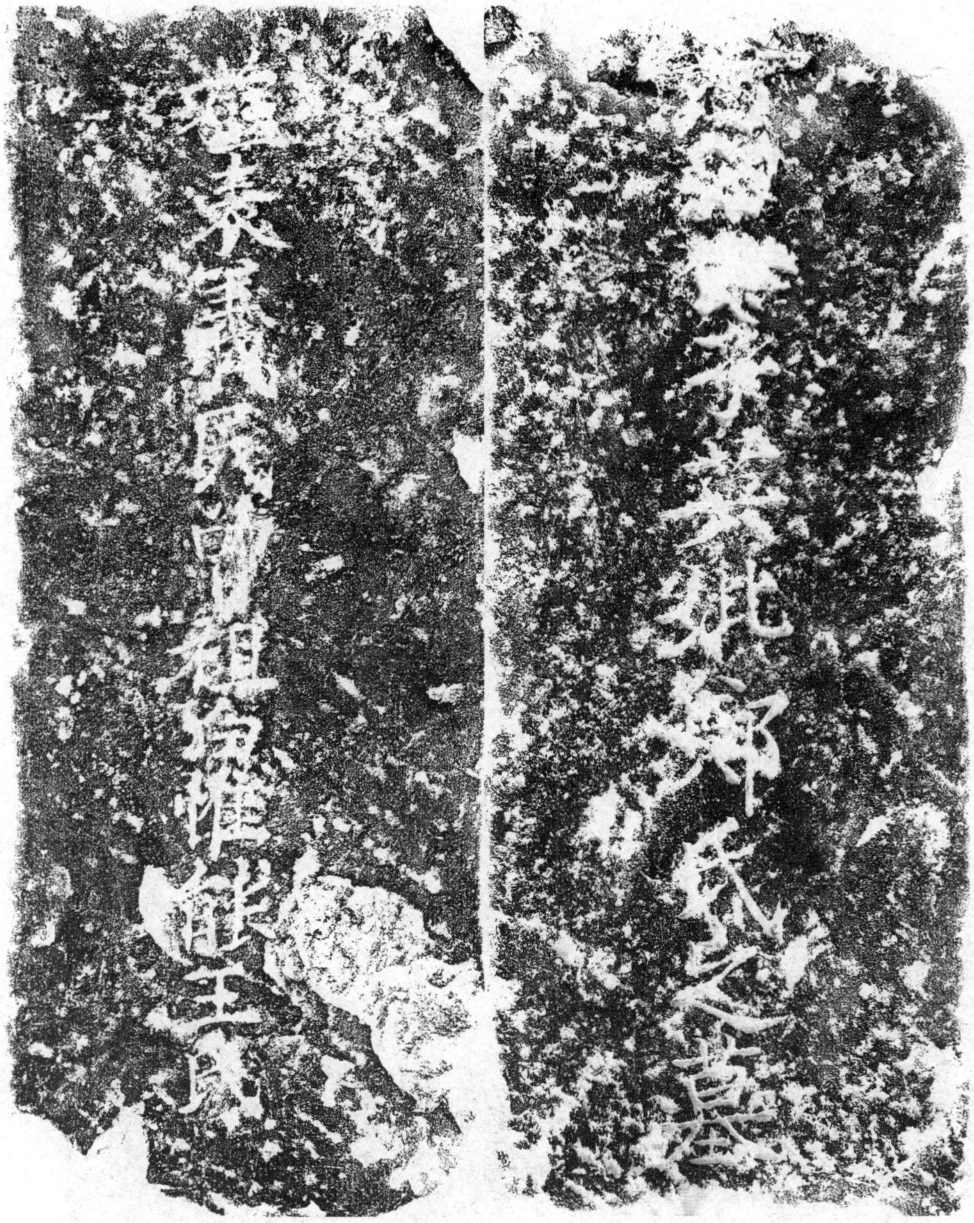

【碑文】

（第一面）

先考白子英妣鄭氏之墓

（第二面）

旌表義民曾祖白惟能　王氏

（第三面）

祖父白拳　王氏

（第四面）

長男義官白志榮　□氏　王氏　孫主簿白軌　任氏　馬氏　孫令史白輗　白輅　李氏　重孫白相　陳氏　白金　張氏　白松年　白九皋　郝氏　白九峪　白松柏

（第五面）

次男白紳　郝氏　孫白輝　高氏　白輪　王氏　重孫白九昭　白九□　白九□

（第六面）

次男白進　李氏　李氏　高氏　孫白世章　刘氏　重孫白九山

（第七面）

石匠　李威　男李孟珎　李孟章

（第八面）

陰陽術士　李□選

正德七年九月十一日立石

東林埜衲廣琛書

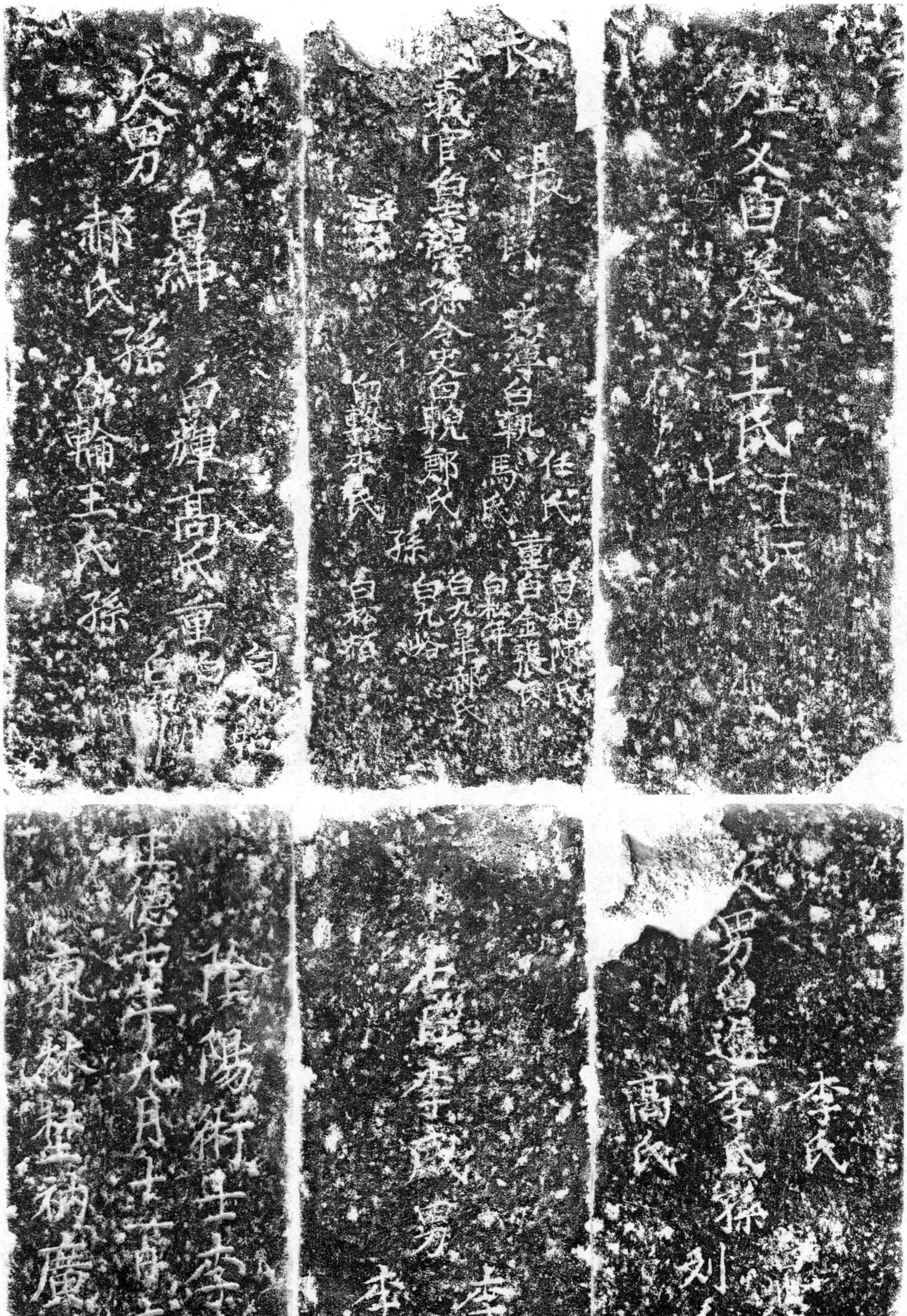

重修浮济庙记

【简介】

明正德七年（1512）九月勒石。现存于临县紫金山大王庙。碑砂石质，圆首，高 155、宽 61、厚 12 厘米。额题“重修浮济庙记”6 字。碑文楷书，计 10 行，满行 30 字。杜椝撰文。碑文记述重修浮济庙的经过。碑体下部剥蚀，碑文略有缺失。

【碑文】

重脩浮濟廟記

邑之北距四十里許，有山層巒疊嶂，巍然聳出，旁有石窟，内恒潴水，□□□□，取之自見，古目爲紫金山。至正乙亥，上建崇應侯之祠。迄我皇明永樂丁亥，因其禱無不應，故封爲浮濟王，延建神祠。歷久歲月，不無□□□□□禆葺。弘治癸丑，開中□令曰：安字嘉靖下□之初來謁於廟，睹其廢墜□□□□讀郭瑜重修是祠，塑造翬然，禱之者，摩肩接踵，輒加靈感，默延國脉，□□□□□然非嘉靖啟致其能爾乎，天治民事，神政之大者，躋仕版者惟眩舉而目憮□□御衆以承祭。抑不淪於慢神而虐民者，幾希業觀此山，山界於秦晉，屹於興臨，□五嶽，鎮一邑，謂云：山不在高，有仙則名，□山之高，而神又靈邪。嘉靖决巍科冠三□振鐸於濟寧，遼代賢才迭出，辟尹於□藩，臨泉而民風丕變加意民事，則□□爲政之出於尋常之萬萬一也。顧不□□故摭録之垂耀罔既。

大明正德七年歲次壬申九月吉旦

奉政大夫鎮江府同知杜椝撰

教讀郭瑜　□承事郎臨縣知縣於清　典史張鳳　訓術高阜　訓科郝登　僧會能賓　老人郭世隆　里長張恬　郭世寧　郭世用　助工僧人原因　善誘雷□□　儒學教諭劉璿　訓導李良相　義官郭睿郭環　典膳郭世衡　生員郭準　郭鳳舟　郭繼郭□宰　郭朝相　布政司吏郭鳳歧

莲花池无梁殿石柱题刻

【简介】

明正德九年（1514）八月勒石。现存于临县克虎镇莲花池村高佛岭。砂石质，长方形，石柱一高 80、宽 31、厚 30 厘米，刻文 10 行，满行 14 字，碑文基本完整，字迹清晰，柱体断为两截；石柱二高 178、宽 31、厚 30 厘米，刻文 11 行，满行 59 字，碑文基本完整，字迹清晰，柱体断为两截；石柱三高 115、宽 31 厘米，厚不详，刻文 8 行，满行 31 字，碑文基本完整，字迹大部清晰，柱体略有剥蚀；石柱四高 142、宽 29 厘米，厚不详，刻文 8 行，满行 31 字，碑文基本完整，字迹大部清晰，柱体略有剥蚀，刻文缺失多半，字迹模糊，石体完好。

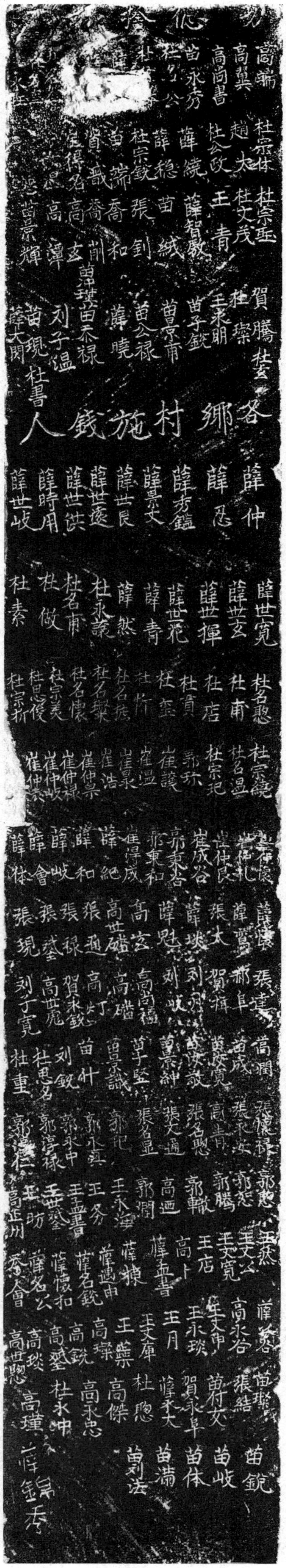

【刻文】

（刻文一）

苗永堆　苗汝歧　杜文斌　杜名锐　杜永秀　杜文曉　□□□　□□□　苗讓　趙璿　杜軌　郭贇　崔穩　崔忍　王寧

後峪村　高坐　高遇　高廷楫　高廷保

石匠　苗相

汾州木匠　刘文全　郝宗廣

施地主　杜文曉　杜名甫

石州青音金火匠　陳受

丹青　賀子異　苗鸞

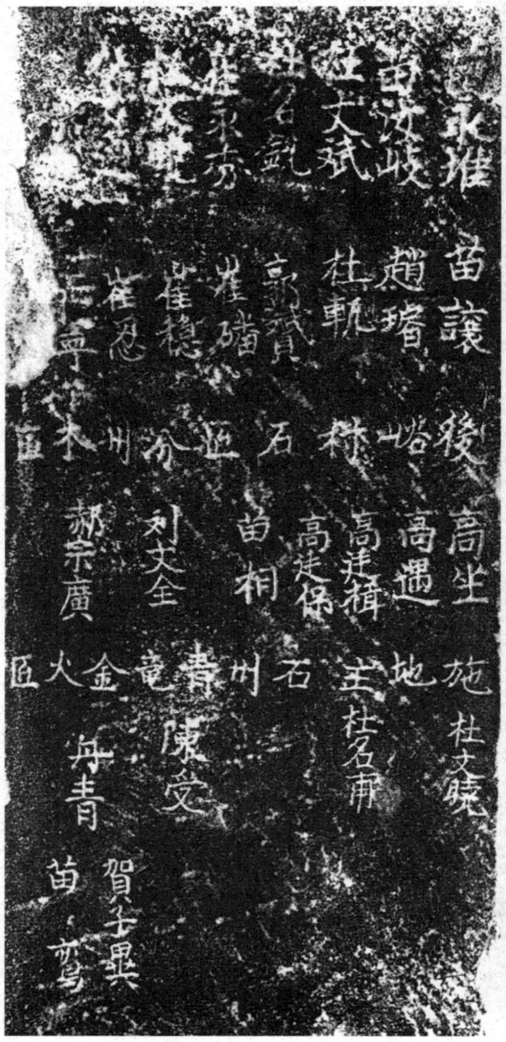

（刻文二）

功德舍□

高端　高翼　高尚書　苗永秀　杜名公　杜□□　薛□□　□□□　□□□　杜名□　村名璽　杜永旺　杜宗体　趙太　杜公政　薛繞　薛穩　杜宗锐　苗端　賀戩　崔得名　□□温　□□恕　杜宗旺　杜文茂　王青　薛智敖　苗絨　張釗　喬和　喬削　高玄　高潭　苗景輝　苗冲瑾　賀騰　杜燦　王永明　苗子锐　苗景甫　苗公祿　薛曉　苗忝祿　刘子温　苗現　薛閃　杜書

各鄉村施錢人

薛仲　薛忍　薛秀鑑　薛景文　薛世良　薛世遠　薛世洪　薛時運　薛世岐　薛世寬　薛世玄　薛世輝　薛世花　薛青　薛然　杜永讓　杜文甫　杜做　杜素　杜名聰　杜甫　杜店　杜貫　杜璽　杜忻　杜名摭　杜名燦　杜名懷

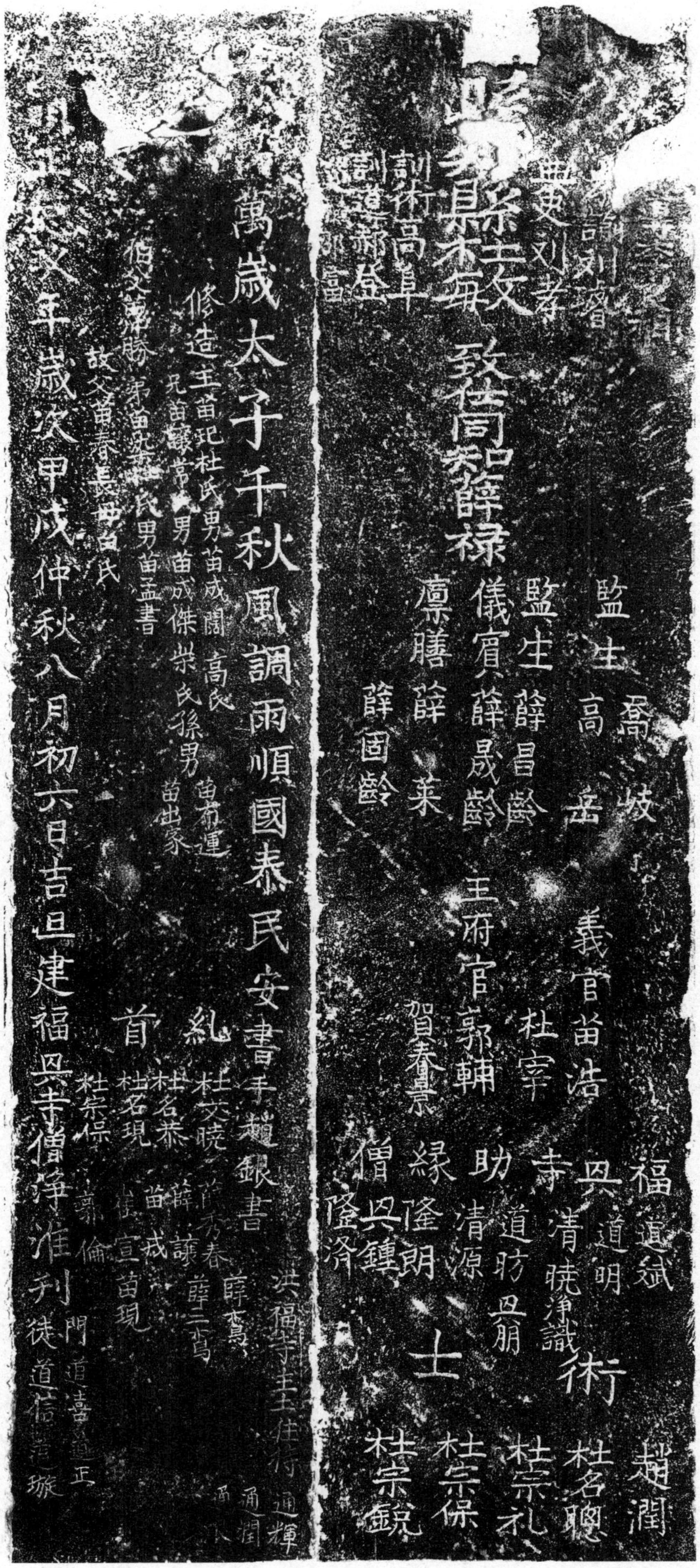

杜宗美　杜思俊　杜宗折　杜宗繞　杜名温　杜宗玘　郭珎　崔讓　崔温　崔泉　崔浩　崔仲臯　崔仲祿　崔仲□　崔仲懷　崔仲艮　崔成穀　郭秉穀　郭秉和　崔得成　薛紀　薛和　薛歧　薛体　薛懷　薛鸞　張太　薛琰　薛魁　高玄　高世磻　張通　張祿　張斌全　張現　張正　郝臯　賀揖　刘月　刘歧　高尚福　高磻　高燈　賀永锐　高世彪　刘子寬　高潤　苗成　苗汝寬　苗汝敬　苗景紳　苗子豎　苗景識　苗什　刘锐　杜思名　杜重　張懷祿　張永安　高青　張名聰　張文通　張名顯　郭玘　郭永真　郭永中　郭淳祿　郭淳仁　郭聰　郭恕　郭騰　郭轍　高逌　郭潤　王永海　王務　王孟書　王斌全　王昉　高正州　王然　王文公　王文寬　王店　高卜　薛孟書　薛棟　薛遇申　薛名锐　薛懷扣　薛名公　喬全　薛以穀　高永穀　王文申　王永琰　王月　王文庫　王葉　高燦　高锐　高斌全　苗燦　張潔　苗付文　賀永臯　薛永太　杜聰　高傑　高永忠　杜永中　高瑾　苗锐　苗歧　苗体　苗滿　苗刘法　薛錦秀

（刻文三）

臨縣知縣杜敏　致仕同知薛祿　典史刘孝　訓術高臯　教諭刘璿　訓導郝登　□導李之祖　巡檢邵富。監生喬歧　監生高嶽　監生薛昌齡　儀賓薛昌齡　廩膳薛萊　薛固齡　義官苗浩　杜宰　王府官郭輔　賀春景

福興寺助緣僧　道斌　道明　清曉淨識　道昉　清源　隆朗　興鍾　隆済　興明

術士　趙潤　杜名聰　杜宗礼　杜宗保　杜宗锐

（刻文四）

□□萬萬歲　太子千秋　風調雨順　國泰民安

書手　趙銀書

修造主苗玘　杜氏　男苗成闕　高氏　兄苗讓　常氏　男苗成傑　柴氏　孫男苗有運　苗出家

伯父苗仲勝　弟苗染　杜氏　男苗孟書　故父苗春長　母白氏

糺首　杜文曉　杜名恭　杜名現　杜宗保　薛秀春　薛讓　苗戎　崔宣　郭倫　薛鸞　薛三鴦　苗現

洪福寺主土住持　通輝　通潤　通艮

大明正德九年歲次甲戌仲秋八月初六日吉旦

福興寺僧　淨淮　刊　門徒道喜　道信　道正　道璿

重修浮屠阁碑记

【简介】

明正德十三年（1518）六月勒石。现存于临县白文镇秦家坪观音庙内。碑砂石质，圆首方座，碑身高 172、宽 77 厘米。额题“千秋金鉴”4 字。碑文楷书，正文计 11 行，满行 43 字。记载本村观音庙的历史和重修过程。碑体完整，碑文略有残缺，字迹漶漫。碑文中有“大明正德十三年”和“大清同治三年”两个年份，应该是在明代刻的碑上，未写满字，同治三年刻上了新内容。

【碑文】

重修浮屠閣碑記

施石碑人　魏德禮　泮生袁鑾朝儀撰

浮屠之教，教之僻者也，從其教由其道人之固者也。然而自古文士，或爲詩爲文爲序爲記，以讚揚其盛者，何哉？盖取其心之專而工於書耳。觀昌黎柳川之攻學辨難可見。夫臨城北五十里許，有秦氏普通者，衣粗而□□□□怡炳勢弱，耕桑爲業，君子之道也，唯從其教由其道，而去其道所謂□焉而述者，豈余所謂固者耶，近者倡衆人之力，率遠□之心□工掄材，建一閣於道澗之街，繪塑浮屠之像於其上，朝鐘暮鼓□□□依□所謂心之專而□心善者耳。然則閣間□□頌□神之齒，使得□職此之故耶。夫重其髮緇其報□焉，不能□□子之道外焉，不能全君臣之義，是盖□於□□而不知之教之，□□公不重發□河□脉□□□大倫理之□知之，而能盡由之，而不失維□尊奉，浮屠之教所謂已焉。而□□去之矣，其道□人之□君子之資□也。喬君鳴鳳與余有朝議之雅，公於□息而以人不苟爲余顯其賢，其囑余記之。余以□□□□賢也，而信夫公之賢，故不敢有□□也。嗚呼，□河洛而思禹，撫椽□而思稷，□甘棠而思召，伯見其□，物是國有以□其人也。斯閣之建在□□猶大道之間，則□往來停車駐□而有所焉者，其有所講也，□其□有所感也夫。

大明正德十三年歲次戊寅六月己未吉日

本縣承事即知縣梁佐　儒學教諭劉璿　儒學訓導邵昱

□□□□□□施錢肆仟二百文　□□□秦元□施錢□百文　典史劉孝　吏典劉良佐

剋胡寨巡檢司賈大才　修道主秦文進　男永□

大清同治三年歲次甲子十月初九日立

臨縣正堂王□彌路　□□車府王城守司加磧口鹽捕分府汪

儒學正副堂李鬱　劉邦俊　□□　王□□　趙鳴玉　施錢□千　地基二分

本村喬徽廷　□廷興　侄男崇德

狀元張從龍施錢肆千　歙加

都司苗萬慶施錢三千　劉法明施錢五百文

千秋金鉴

新建高佛岭佛堂碑记

【简介】

明正德十六年（1521）正月勒石。现存于临县克虎镇莲花池高佛岭。碑砂石质，圆首，高160、宽60、厚15厘米。额题“新建高佛岭□□”7字。碑文楷书，正文15行，满行残存40字。碑文记述高佛岭佛堂的修建过程。碑体尚全，但风化严重，碑文缺失近半，字迹模糊。

【碑文】

新建高佛嶺佛堂碑記

臨邑西去百里許，有地曰高佛嶺，東有正覺古刹若左手以挾肩，西有葭州大城似右□而□皆，南有□□□杏……太平。當紫金之瑞□，蓮花池開於其左，黃河天水於其右，高佛嶺地居其中也。古有山神祠堂□不絶有本郡居大□記……可建佛堂。正德□□□□□杜氏妙香與子苗□擴，同合三心，共成一心，□自己之箱，固化衆人之金帛，鳩工運石□晝夜不眠□顯□……□□手而順□□□□□火熱不乘凉，不理其家，專成其事。於斯文佛嶺下砌石，上蓋佛殿，不木不泥，若銅若鐵，風雨不朽，雀鼠……土咸□□□望之紺□彩色□三輝光映乎日月星，不其年載□宇周隆，又與僧常洪砌一石於内，賜其鐘，□致土洞數眼，俱皆粉……萬歲與天是□官庶，千秋和地久，舉所周麗，無不一新。又於□人□大十□□金□於戲佛教□曰：於雖不□略示……維□王姑釋□父名淨梵大夫人曰：摩耶佛本居□□天宫以先□正……佛□□慶曰：誰明實以三……滅駕日輪香，□托陰王宫以太夫人靡耶□十以周昭王甲寅二十年□四月初八日□曆……而生於……露即能縱行七步，目顧四方，一手指天，一手指地曰：天上天下維吾皇一十年，十有……車匿鞍乘……力天人扶駕，飛空而去，投身雪嶺，扶坐磐石，静思六年，遂成□果，無思不去，無□不□……曰你由是白馬經來……德被於孫權，隨丈稽□嘗延□武投□賓□李磨，傾心□□□拜首羅什，自古賢莫……書棲心祖道，豈苗記居士獨好於佛教者乎？盖因合孤□寺於我……合木……後世耳，又有……功一一宜備，復鳩工匠，磨礲砼砥，刊□其在上……居古之……以風雨不朽……

大明正德十六年正月二十八日續臨澤……

本縣知縣李承嗣典史劉孝克虎　寨巡檢司……修造□□□　室人杜氏

前義官苗浩　郭永林　同知薛祿　監生薛昌齡　薛固□　高嶽

僧會司繼印官　能實　福興寺住持　道斌　道興……

（以下漫漶，略）

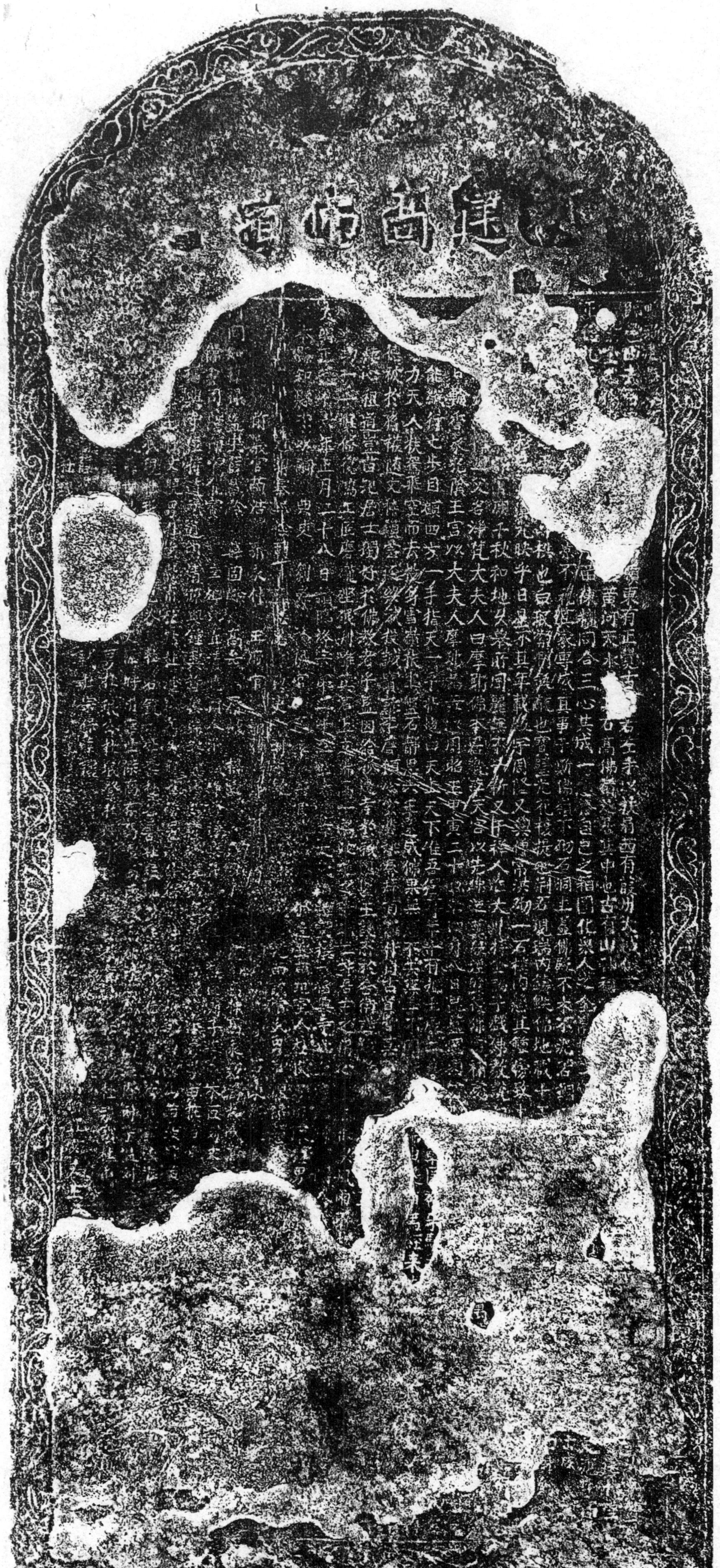

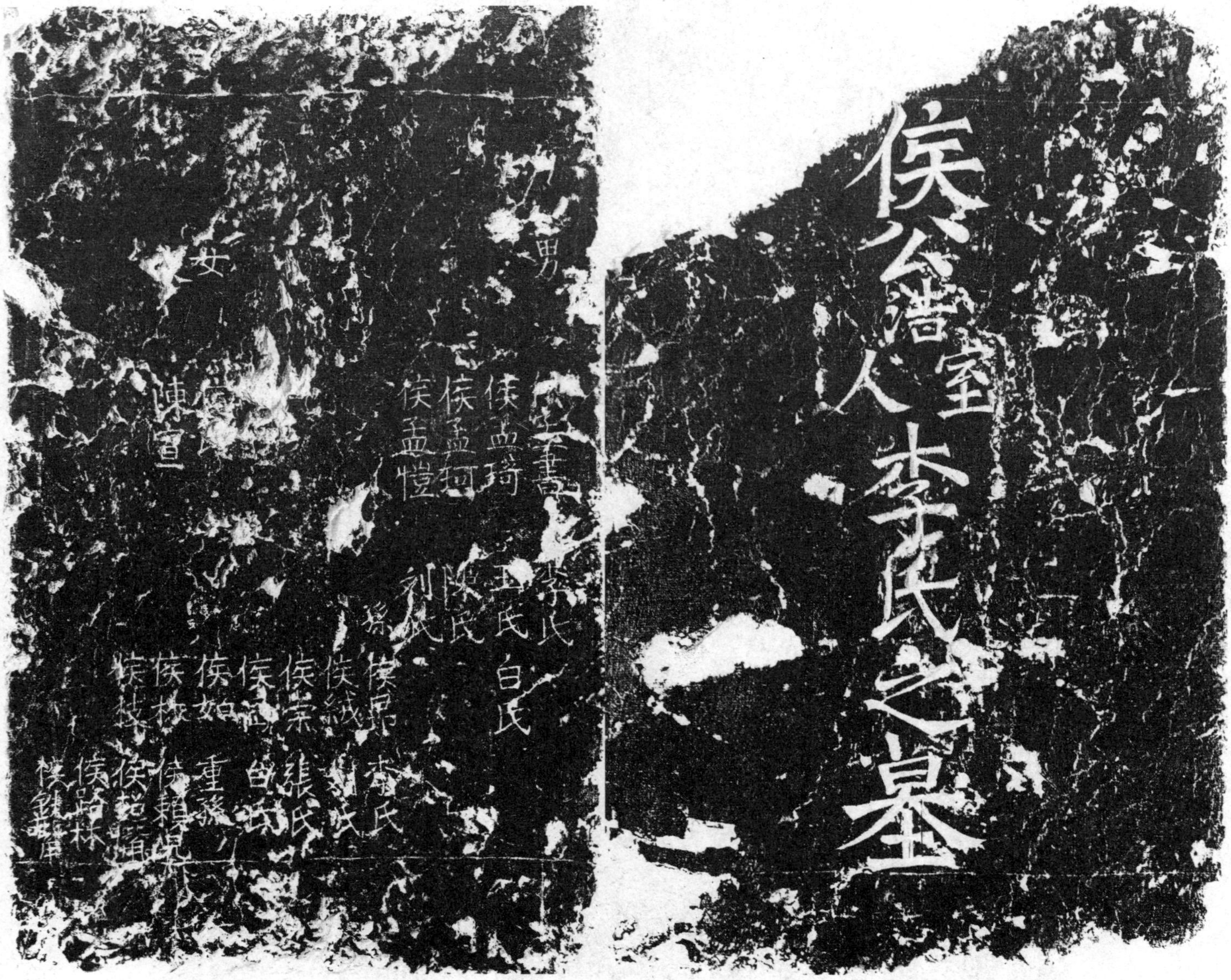

侯公浩室人李氏之墓

【简介】

明嘉靖六年（1527）九月勒石。现存于临县碛口镇侯台村。青石质，四棱柱体，高50、宽43、厚43厘米，碑文楷书，数行不等，满行字数不等。碑文为侯浩的墓志和世系。柱体基本完好，刻文完整，字迹清晰。

【碑文】

侯公浩室人李氏之墓

男侯孟書　李氏　侯孟琦　王氏　白氏　侯孟珂　陳氏　侯孟愷　刘氏　女□氏　陳宣

孫侯帛　李氏　侯絨　刘氏　侯崇　張氏　侯□　白氏　侯如　侯林　侯枝

重孫侯賴皃　侯趙嘴　侯路林　侯鉄嘴

祖父侯興　刘氏

曾祖侯院

故父侯志祥　母薛氏

石州陰陽術士　車世全

本都石匠　馮澤　馮敬　馮世恭　馮岑　刊字

西山嗣法沙門一空撰文

門徒海源書丹　法孫玄賔

大侯公諱浩塔銘

公處世七十有四，於弘治年間，本縣陳公推舉爲老人之職，明如寶鏡，公若權衡，妍蚩處分，輕重有准。公生四子，曰孟書、孟琦、孟珂、孟愷，二女九孫，各成其家，所致田産百頃，其餘甃井園圃，俱爲四分。蓋房産合□□座，分爲四院。公好陰隲，常懷濟貧援苦之心，以爲一方有德之人也。一日自歎生時尚賴房舍被四時之風雨，死藏墳墓掩百年之靈骨，今古流傳，以爲常也。特請陰陽相看風水，白土卯以爲良。鳩命巧工下八角，細砌造立一塔。一爲墳中之瑞氣，二爲子孫之眼目，三爲遠代知幾輩之先祖，四爲祭拜之有瞻，五爲風雨之不朽，六爲悠久之長存。刊雕基石，故爲序耳。

大明嘉靖六年九月初八日立石

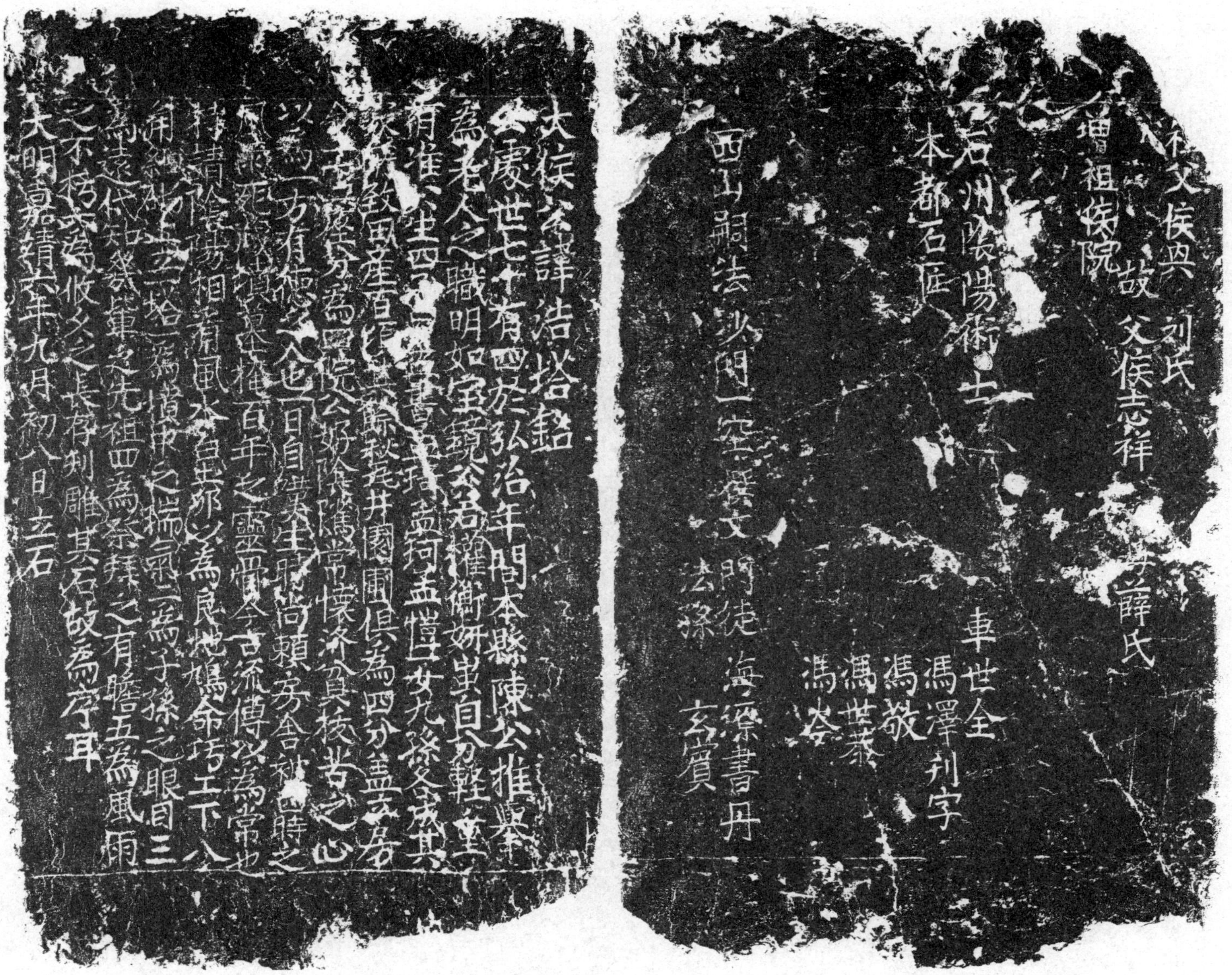

刘家洼村石佛堂碑记

【简介】

明嘉靖七年（1528）八月勒石。现存于临县青凉寺乡刘家洼村沟底。碑砂石质，圜首，已残，残高70、宽60、厚16厘米，额题"……堂"。碑文楷书，残留正文14行，每行残存17字。碑文记载修建石佛堂花名。碑体剥蚀严重，文字残缺大半，字迹模糊。

【碑文】

……官造聖衆信士　王……　刘得用　刘燦　王……　刘擴　刘閏　刘文廣　張氏　男刘……刘谷通　刘乹　刘坎　刘世和……刘岩　王氏　刘世即　刘世甫　……　崇礼都張大稔　高氏　男……刘氏　男……　張稳　高氏　張景珉　高景□　張氏　張景……張世禄　張瓆　張璣　張□　高原利　張氏……靳譚　靳拱　靳玘　□□　高廷　白九山　……　王文選　王九思　王讃　王□　王貫　老人王謬　高□……　王文玉　王文政　高俊　王廷　高□　高廷相　高□廣　……　王文拱　喬甫益　喬文□　喬……

嘉靖柒年八……

刘家洼村石佛堂石柱题记

【简介】

明嘉靖七年（1528）勒石。现存于临县青凉寺乡刘家洼村沟底。砂石质，柱状，刻文部分高 30、宽 15 厘米，刊刻修建石佛堂花名。刻文楷书，正文 4 行，满行 7 字。共五块，残缺，风化严重。

【刻文】

崇礼都施石柱　信士張稳　高氏　男張景珉　高氏　男張安祥

崇礼都施石柱　信士張景秀　刘氏　高氏　□良故　張景鸾

□□□女　刘氏　……張良　張小□

……張璣

施石人　刘世春　刘世冬　……　高氏

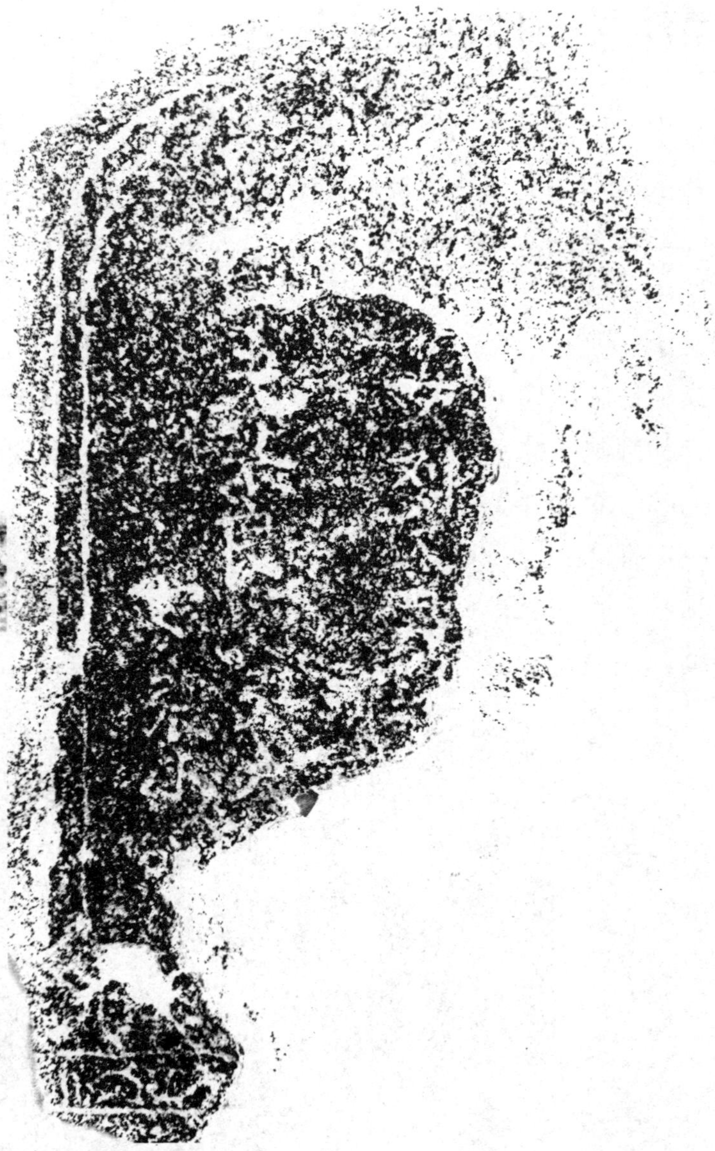

刘家洼村石佛堂石梁石刻

【简介】

明嘉靖七年（1528）勒石。现存于临县青凉寺乡刘家洼村沟底。砂石质条石，刻文部分长84、宽7厘米，刊载修建石佛堂花名。刻文楷书，正文2行，满行29字。刻文完整，字迹模糊，梁体完好。

【刻文】

□□僧　仁喜　通喜　門徒圓柔　圓恭　師父刘□□　喬氏　高氏　男刘方　刘燦　刘擴

□□□崇禮都□□□　□氏　□氏　男張景秀　張良　張景鸾

新修□南山圆洞庵观音殿记

【简介】

明嘉靖八年（1529）十月勒石。现存于临县木瓜坪乡张家湾村小南沟内。碑火成岩石质，龙首，高183、宽75、厚16厘米。碑阳额题“圆洞庵记”4字，碑文楷书，计12行，满行37字。记述新建圆洞庵的过程。碑阴额题“施钱人”3字，刊刻布施人花名。跐空撰文，广琛书丹。碑文缺少部且有剥落，字迹较清晰，碑体右下角掉了一小块。

【碑文】

（碑阳）

新修□南山圓洞庵觀音殿記

□□續臨濟達宗第二十五世嗣法沙門跐空撰　東林寺廣琛書

竊聞觀音大士，應現普門，尋聲救苦，利益最多者也，於弘治十年（1497）信官……風流，森森林木負蒼天，疊疊群峰朝此地，不異衹園亦似鷲嶺，可請緇流可……僧德通、德潮，堅持齋戒，道德超群，夜則以禪，晝則課誦祝延。隆慶元年二月十六□子明□□□聖□報。普化寺銅佛，八十八□。隆慶元年七月十五，陳獻水陸刊記。佛，洪恩真僧中之寶也，銀公敦請住山，便奮其力，伐木收林，正建觀音殿，内塑圓通金身，西蓋伽藍祠，粧彩護法神，聖事將圓，銀公奄逝，光映乎日星，彩色乎雲漢，來者瞻拜無不拒，安之銅造三十五佛、五十三佛、四十八願彌陀，三身四智之金軀開般若板，砌普通塔。幸感隱士張仲賢，舍子南山地一處，東至石堝，南至大溝，西至三岔，北至細堝，四至以爲其界，土木石水相連。仲賢切恐他日子孫不行其善，奪種其地，壞捨地之願心，使子孫之無福磨礲，堅珉刊竪其碑，上載捨山之善願，永爲金田之佛地，伽藍守護，德近爲業，悠久長存，故樹其記。

嘉靖八年歲次己丑十月吉日

修造主　德通　德潮　捨地隱士張仲賢　同誠立石

承事郎臨縣知縣蘇景泉　典史毛洪　巡檢訓術高天相　教諭羅相　訓導趙雄　僧會能寶　訓科李思仁　義官　張釗　田綉　張源潔　秦輝　高鐸

寺地主耆老張拱　男興□　張仲義　老人張仲賢　孫男張定　張宗　張宇　張宥

寺地主義官張銀　男張九岑　張時庸　張時成　張景榮　孫男張継善　張継先　張雲鳳　張小春　張□　張應□

義官張鉉　男監生張九鵬　生員張九霄　孫男希文　張希武　張希哲　張□□

典膳張九成　老人張世傑　張九臯　張九功　張世富　張世竒　張忠恭　典膳張□信

信士　張斌　張戬　張文曉　張□會　張子仲　張子敬　張世恭　張谷倉　張谷迺　張谷美　張宝　張碧　張富　張寅　張玉　張識　張孟珎　張山　張隆　王常德

親教道遇　門人德通　門孫圓海　圓郎　圓玫　圓柰　圓恭　圓喜　圓成　圓進　重孫明来　明仲　明显　明福　明禄　明鏡　明理　明□

居士　真虎　覔虎　賈普海　馮普通　徐普恭　郝普宰　郝志恭

（碑阴）

普化寺　廣闈　能玉　能省　能拯　能善　能才　悟明　能堅　能遇　能秀　清江　清登

正覺寺　圓座

廣嚴寺　道□　道才　昌寧　昌宣　隆州

大覺寺　明清　海洲　海源

林峯寺　明庫　明真

寶峯寺　廣琴

圓洞庵記

施錢人

陕西龍嵓寺　真學

法性寺　道禪　德浩　德法　德章　圓玺　福隆　永淵　義海

福興寺　能曉　□□　清藹　清彪　福寧　福剪　正儒

羅漢溝　道喜　道□　德威　真祥

榆樹長　圓講　圓瑞　圓恩　明遠　明端

君德溝　德成　玄德　圓果　能安　圓演

□南山前庵　祖忍　門人道明　道信　道原　門孫興存　興才　興擴　興杲　海衆　真鑒　常就

純孝寺　惟杲　門人妙安　妙德

長樂村　李安　郝宗　郝秀　李輝　李黨

翟家會　蘇隆　蘇文素　蘇文凰　蘇文濟

郝家岔　郝曇　郝朝用　郝世傑　郝永奈　郝廷輝　宋懷　刘輝　馬玄　張仲原

李家塔　李懷　李寶　刘子禋

碾子墕　張志春　張禮　張濛　張位　張世興

宋家溝　宋文深　宋文恭　宋完　宋祀　宋儒　宋鋭　宋倉　宋成　宋崇　宋學　李自儒

吉家庄　吉名勳　吉現　吉□　吉虎　吉會　吉良甫　吉□　吉仁達　吉仁擴　吉仁義　吉喜虎
吉仁實　刘江　孫鋭

高家庄　高鶱　高廷禄　高廷相　高相

大和村　高明　康文登　康文郎　高廷璽

開府村信士　高文廣　男高傑

曹家林　張世燦　王璿　靳曉　靳鋭　吕廷輝　賈得名　賈廷　郭奇

焦山則　尉讓　尉世明　高景暘　裴志完　男裴林　裴志隆　男裴陳

牛欄溝　張子敬　張玺　尉子深

禅房溝　刘剛　刘子達　郝名儉

木汧塔　刘完　李相　刘隆

□□溝　史□□　陳廣　史愷　史□　史宰　李□榮　史仲禋　史良　史志成　史志寧　史志美
史天成　張廉　張鳳　安唐　史奈

□□　刘□　刘□

塑匠　趙奈

□匠　李會

雕鑾匠　石□　石價

木匠　王友義　王鋭

紙匠　曹長　曹宰

陰陽術士　高奈　高進暘

石州泥匠　李思儉

招賢都　林山昌

□窳村　高世舉　高世經

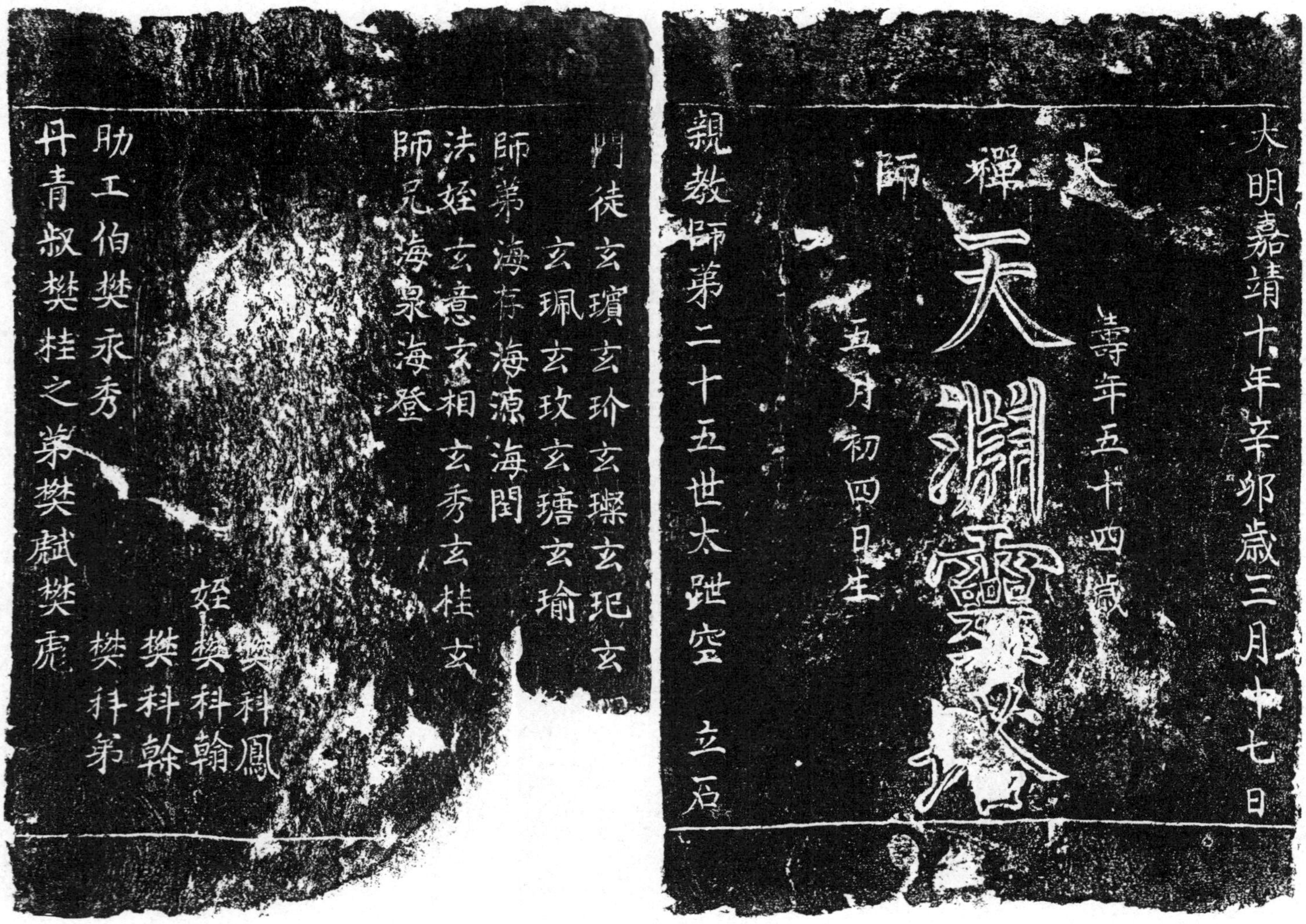

侯台大禅师天渊灵塔铭

【简介】

明嘉靖十年（1531）三月勒石。现存于临县碛口镇侯台村。青石质，正四棱柱，高 42、边长 39 厘米，铭文楷书，每面 5 至 12 行，满行 4 至 13 字。为大禅师天渊的灵塔铭。保存基本完整，字迹清晰。

【刻文】

大禪師天淵靈塔

壽年五十四歲

五月初四日生

大明嘉靖十年辛卯歲三月十七日

親教師第二十五世太跐空立石

門徒玄瓆　玄玠　玄璨　玄玘　玄□　玄珮　玄瑭　玄瑜

師弟海存　海源　海閏

法姪玄意　玄相　玄秀　玄桂　玄

師兄海泉　海登

姪樊科鳳　樊科翰　樊科榦　樊科弟

助工　伯樊永秀

丹青　叔樊桂之　弟樊甗　樊彪

本都石匠頭目　馮澤　弟馮敬　馮溢　馮隘　姪男馮九岑

選擇陰陽人　張隆　白玉潔　白世經　陳定之　車世全

海洲禪師者，係河南開封府睢州楊氏之宦族也。祖父金州府之判簿也，弟兄八人，禪師乃弟四也。於弘治十年四月八日，捨荣貴而出家，祝髮於跚空足下，弘治十一年受具足戒，得法於本師之前，續臨濟宗弟二十六代之正傳。正德六年，到于臨縣西山，誅茅剪荊，建立其寺。偶於嘉靖十年，凡今有語，只説西去。果於正月二十六日無疾奄然而化。有師銘太，鳩工刊石，永爲後記。

高勲妻张氏墓志

【简介】

明嘉靖十二年（1533）五月勒石。现存于临县安家庄乡后山村。砂石质，八棱柱，高46、对面宽分别是38、34厘米，刻文楷书，每面3至5行不等，满行5至10字。刊刻高氏先祖高勲及其世系。刻文少部缺失，字迹模糊，柱体少半部风化。

【碑文】

嘉靖三年五月十三……拾二年五月二十……

高勲妻張氏墓誌

兄高忠　閆氏　高忽　王氏　高聰　□□　高□　□□

石匠　刘□　刘……

純孝寺忠……

曾祖父高奉先　刘氏　祖父高威　張氏　祖父高黄□今任三原縣（知縣）

父高志欽　王氏　伯高志唯　閆氏

義尚……

男高廷毓　王氏　高廷秀　□氏　高廷逵　□氏　高廷輝　□氏　高廷軌　□氏

姪男　高悦勝　高廷器　高廷相　高廷壐　高廷花　高廷□　高廷□　高廷□

孫男　……

东林落成寺记

【简介】

明嘉靖十二年（1533）七月勒石。现存于临县东林寺，嵌于地藏王殿北墙内。碑砂石质，长方形，高70、长103厘米。碑文楷书，17行，满行16字，约200字。碑文记载东林寺修建过程。刘邦泰书撰。石体完好，刻文完整，字迹较清晰。

【碑文】

東林落成寺記

庠生劉邦泰書撰

縣城東一里許，有寺曰東林。廣上人𠨬所肇，已於成化十二年按年方預建佛閣兼禪堂、廂房數間。次年，其地基欲建大雄殿，以壯所觀，憂勞疾卒，心弗足以完。有廣琛弟者，知兄之卒在斯，兄之歉在斯，於正德年殫厥心力，化乞鳩工，建正殿五間，並兩廊門第五座。復同武公振村

密　凡口　志　山以之爲　新　敷翠高崗　府　清規塵寰不染，四恩九宥，凡彼道之當爲當酬者，不識二公與東林之衆，能副望否。予因衆屢請，強爲記。李侃。

嘉靖十二年七月　脩造主能賓謹立

刊石僧　清沼　净潔

新增石佛堂记

【简介】

明嘉靖十七年（1538）二月勒石。现存于临县克虎镇郭家垛村。碑砂石质，圆首，高111、宽51、厚15厘米。碑阳额题“石佛堂”3字。碑文楷书，正文11行，满行31字，约200字。碑文记载了新修石佛堂的过程。碑阴额题“碑记”2字，刊刻修造主郭永俊及子孙姓名。现保存完好。

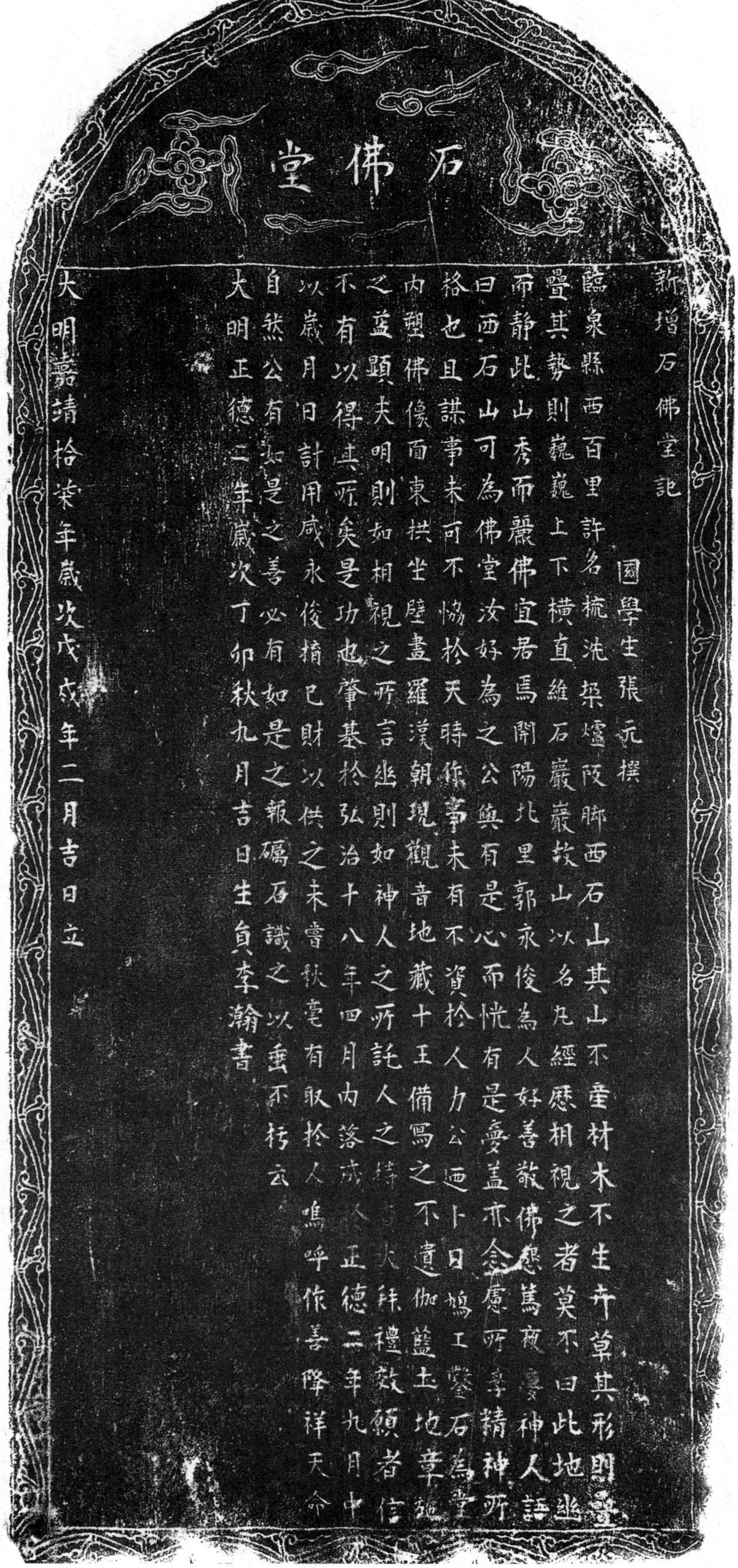

【碑文】

（碑阳）

新增石佛堂記

國學生張元撰

臨泉縣西百里許，名梳洗垛爐阪脚西石山，其山不産材木，不生卉草，其形則疊疊，其勢則巍巍，上下横直，維石巖巖，故山以名。凡經歷相視之者，莫不曰此地幽而静，此山秀而麗，佛宜居焉。開陽北里郭永俊爲人好善，敬佛懇篤，夜夢神人語曰：“西石山可爲佛堂，汝好爲之。”公與有是心，而恍有是夢，蓋亦念慮所系，精神所格也。且謀事未可不協於天時，作事未有不資於人力，公廼卜日鳩工鑿石爲堂，内塑佛像，面東拱坐，壁畫羅漢，朝現觀音，地藏十王備寫之不遺，伽藍土地章施之益顯，夫明則如相視之所言，幽則如神人之所託，人之持香火，拜禮效願者信不有以得其所矣。是功也，肇基於弘治十八年四月内，落成於正德二年九月

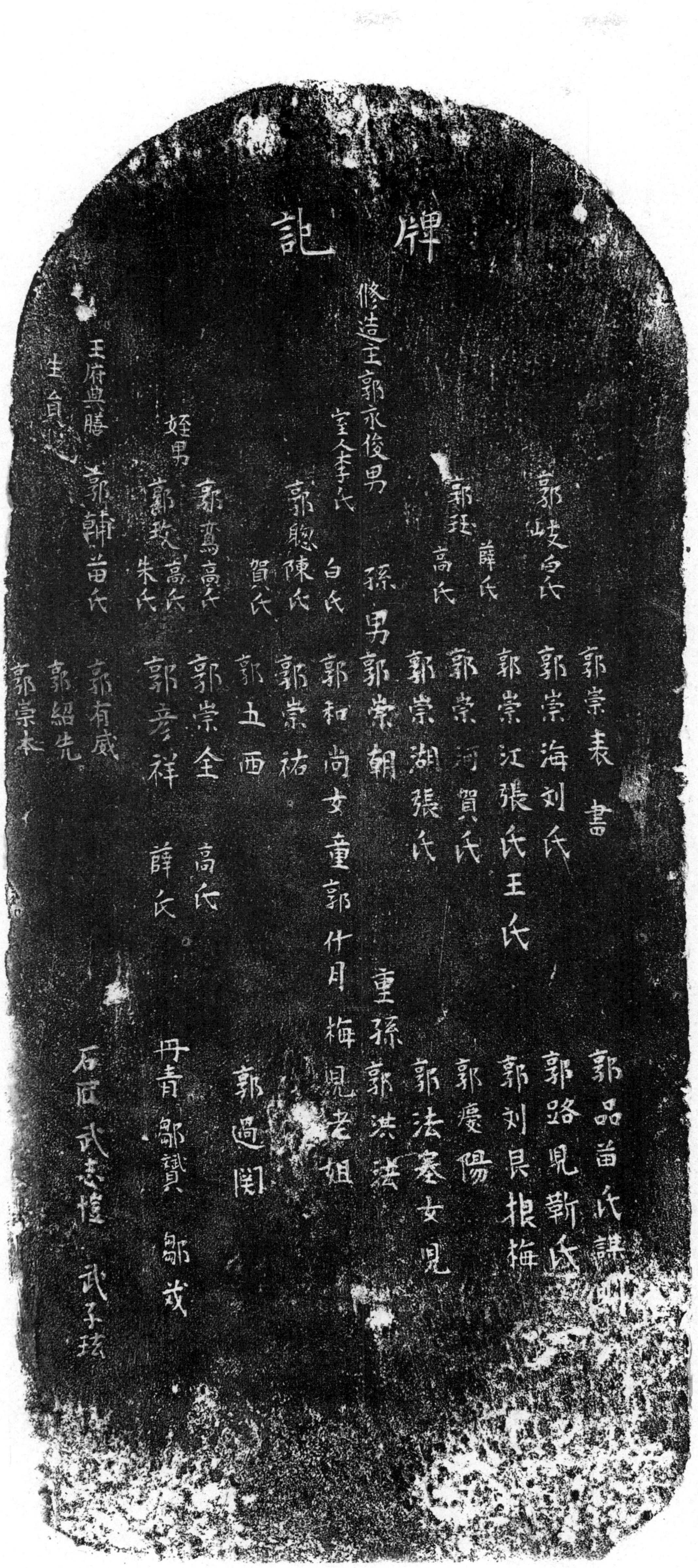

中。以歲月日計用，咸永俊捐己財以供之，未嘗秋毫有取於人，嗚呼！作善降祥，天命自然，公有如是之善，必有如是之報，礪石識之，以垂不朽云。

大明正德二年歲次丁卯秋九月吉日生員李瀚書

大明嘉靖十七年歲次戊戌年二月吉日立

（碑阴）

修造主郭永俊　室人李氏

男郭歧　白氏　郭珏　薛氏　高氏　郭聰　白氏　陳氏　賀氏

姪男郭鳶　高氏　郭玫　高氏　朱氏　王府典膳生員郭輔　苗氏

孫男郭崇表　書　郭崇海　刘氏　郭崇江　張氏　王氏　郭崇湖　張氏　郭崇朝　郭和尚　女童郭什月　郭崇祐　郭五西　郭崇全　高氏　郭彦祥　薛氏　郭有威　郭紹先　郭崇本

重孫郭品　苗氏　郭路兒　靳氏　郭刘艮　根梅　郭法塞　女兒　郭洪洪　梅兒老姐　郭過闗

丹青　鄒賛　鄒武

石匠　武志愷　武子玹

郭公墓志

【简介】

明嘉靖十八年（1539）十月勒石。现存临县刘家会镇郭家洼村。碑砂石质，四棱柱体，高40、宽27至29、厚40厘米。志文楷书，1至4行不等，满行6至17字，志文完整，字迹清晰，刻体下部有剥落。

【碑文】

（第一面）

郭公墓志

郭文愷　妻高氏

長男郭昌□　□氏　孫郭□□　郭□□

次男郭隆　孫氏　郭信　郭文信

（第二面）

□□□二氣乹坤造化万物，生平□□庄郭□□□□□□□性温柔和諧□□之美□□□□□□□漢，罕有□發□□□□□□□□之喜慶漠□□□□□□□□恒贈僧門造塔，□□□□□□□五十八歲不意□□□□□□□□□郭裕想父□劬勞□□□□□□□□□□□北磁□墳□□□□□□□□□□□□葬先者。

（第三面）

□郭伯　……　郭文□　……

兄郭……

弟郭軌

（第四面）

本都陰阳人　白□　男白華　弟白棣　男白□書

十八年正月……

本都石匠　馮世栾　馮世章　馮世登　馮世文

白家山白姓世系碑

【简介】

明嘉靖二十三年（1544）八月勒石。现存于临县碛口镇白家山村祠堂。碑青石质，圆首，碑体首部残缺，残高107、宽49、厚14厘米。刻白氏世系图，碑文楷书，正文19行，满行36字。碑文完整，但字迹模糊。

【碑文】

大覺寺刻字僧海源

……興故曾祖父白琓

祖父白文貴張氏生男立辭世碑一通　栽柏樹一根

（世系图略）

大明嘉靖二十三年八月二十五日老人白世金重刊

刘家沟玉皇庙香盆柱铭文

【简介】

明嘉靖二十五年（1546）勒石。现存临县雷家碛乡刘家沟村玉皇庙。砂石质，八棱柱体，高46、边宽18厘米。为玉皇庙香盆柱铭文，铭文楷书，正文6行，满行13字。风化严重，文字缺失较多且字迹模糊。

【铭文】

（第一面）

嘉靖二十五年歲次丙午□□月壬寅日吉時起建，復建願……施緡杆上有鵝，項下是……次復建重修，謹誌復……引頌善友普思護男白……白思……

（第二面）

白思温……白思□……馮公　白付……白付……白付春……施錢男白付……白□□　白思用　白……白思……

（第三面）

白思付　白刘保……白鉡　白刘□……男白盛　白□……

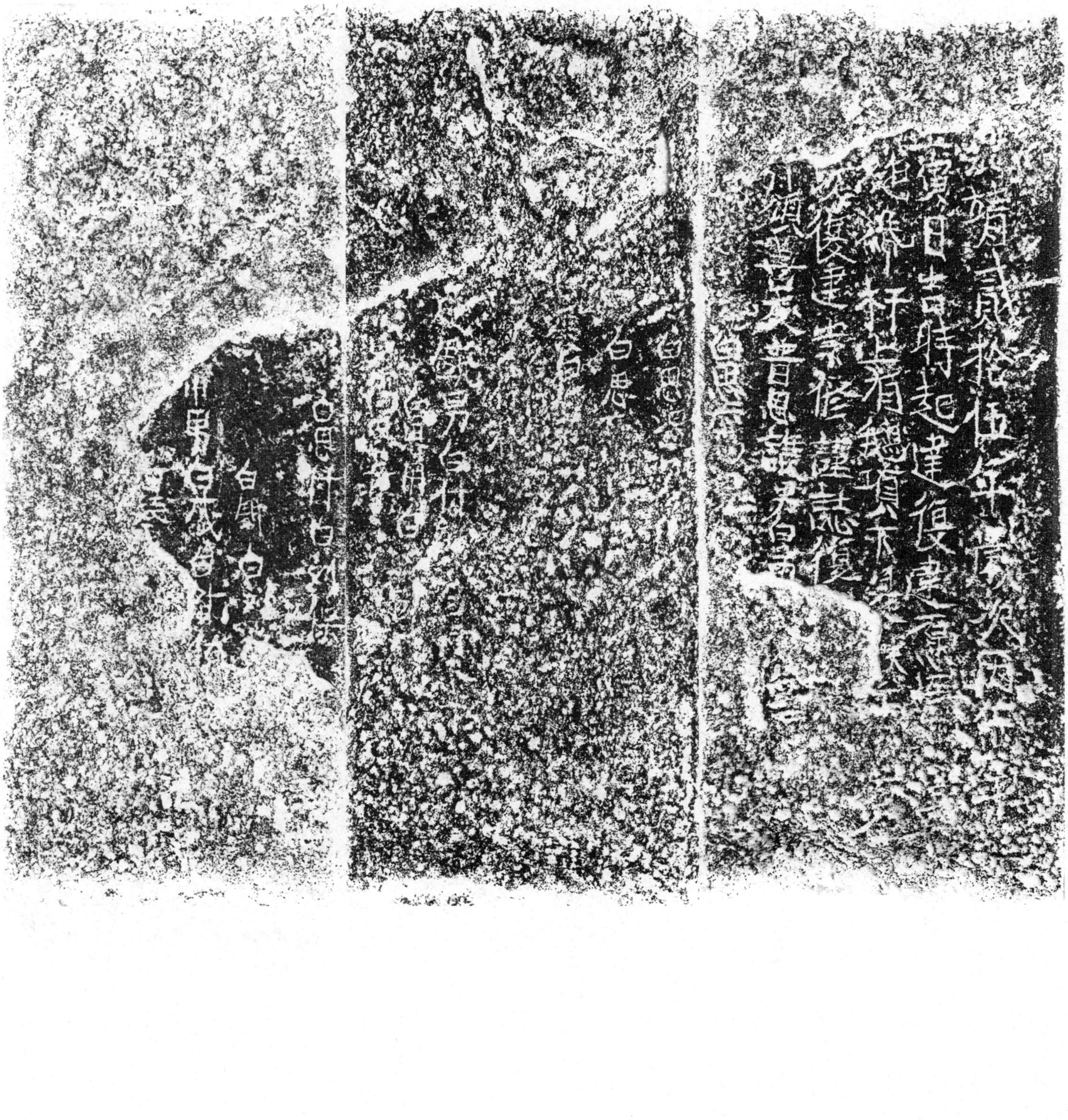

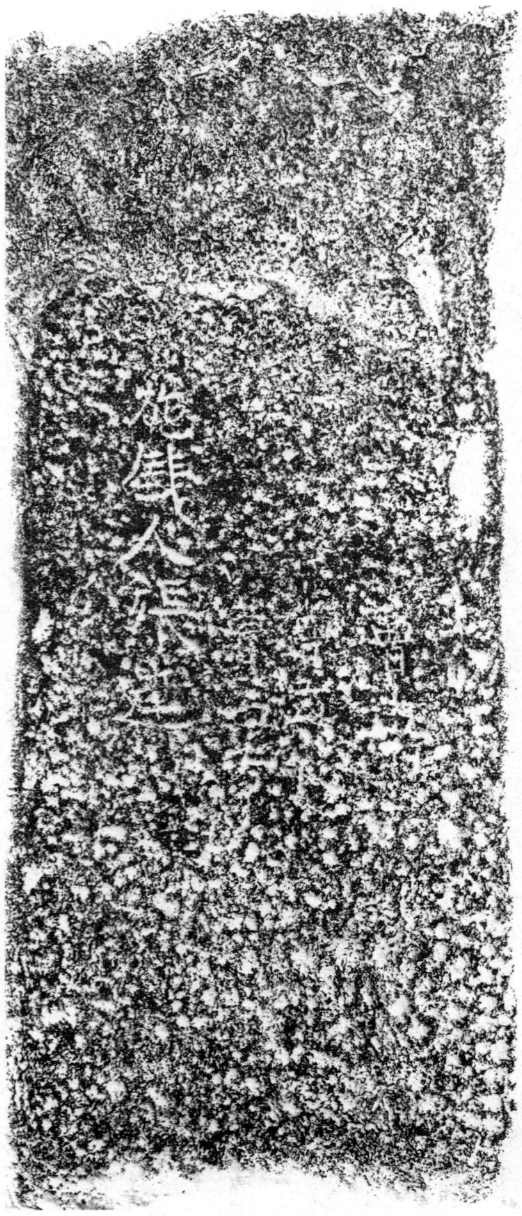

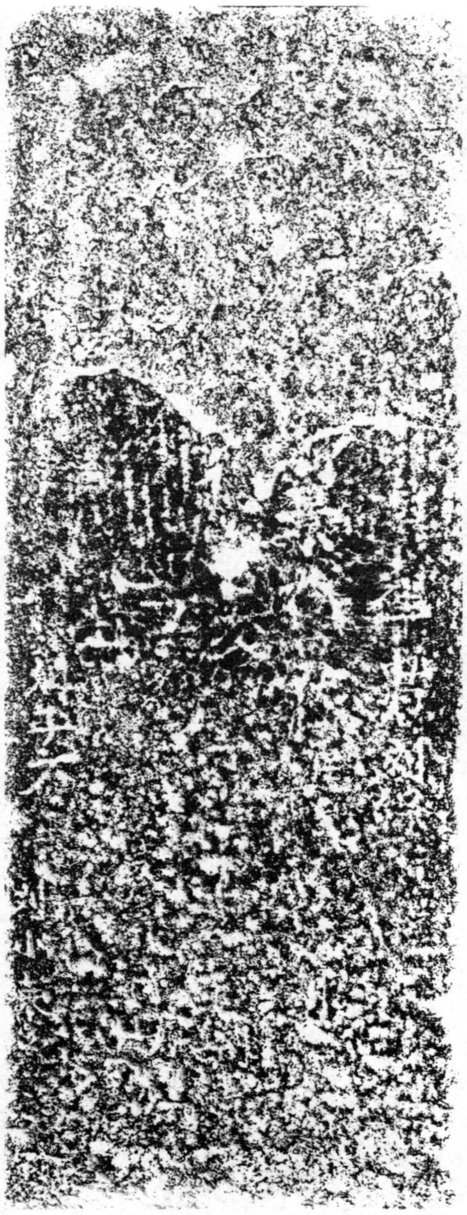

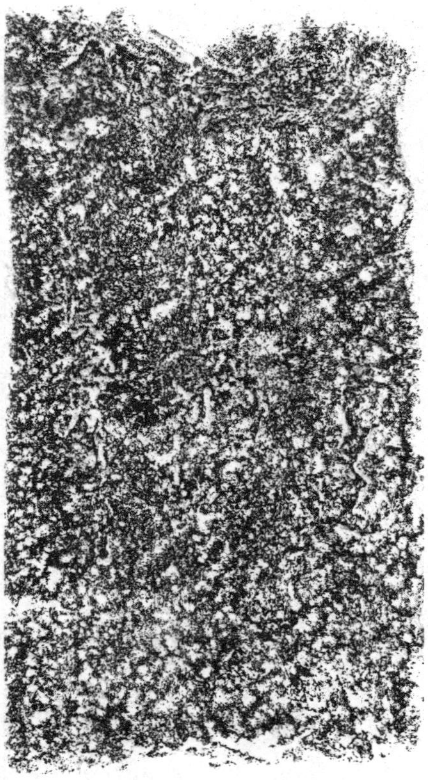

（第四面）

……男刘保□……景□男□□□……萬……刘小春

（第五面）

……刘□□　男……顺　男刘……

（第六面）

曹□□　曹□□　曹□□　施錢人　張□

（第七面）

……内書寫人

……日申時□□同供

（第八面）

臨河二都石匠　高廷順　男高崇

鐵匠　薛槊

李公之墓

【简介】

明嘉靖三十四年（1555）十一月勒石。现存临县丛罗峪镇麻塔村祠堂。碑青石质，四棱柱体，通高 45、宽 25 厘米。碑文楷书，碑文 11 行，满行 17 字，碑体下部略有残缺，碑文亦略有残缺，字迹清晰。

【碑文】

（第一面）

李公之墓

（第二面）

李公諱廷済，字□□□□□□□□□□□而足富所用非難□□□□□□□□□□於家，生一子曰李春蘭，二女稚幼未適。祖宅改換一新，庄田置買数處，修理園圃，各安農業，騾馬牛羊，人力浩大，儹千石之積粟，約百頃之良田，有賑荒済乏之心，具恭敬孝義之德、山海之量，魚鳥之依。正尔當年，天命将終，即今壽年四十有七，十一月十七日生，乃於其年九月十六日因疾而卒，有弟義官李廷瑞等，不忍兄故，逮命工匠下以八角細砌，上立一塔風雨不朽，攸久長存，永爲後記云耳。

大明嘉靖三十四年十一月二十九日　立石

（第三面）

故高祖李復先　白氏　曾祖李旭　康氏　正祖忠義官李子剛　康氏　併祖李紀剛　問氏　伯父李玺　徐氏　李鉢　喬氏

故父李櫎恩　妣王氏　王氏　叔父李傑

（第四面）

孝男李春　女童李重喜　李重女

舍弟忠義官李廷瑞　張氏　李廷珠　苗氏　李廷義　張氏　李廷洗　刘氏　王珠　張氏　姪男李考　刘氏　李教　武氏　李賢　李孝　李弁　李化　李喜定　李押定

堂兄李孟書　李天章　李孟益　李谷其　李廷宝

從弟李廷宰　李廷仕　李廷枝　李廷稍　李廷葉　李廷侃

妹夫張湘　妹李氏　外甥張九科　張元科

本村術士　李儒　李孟廷

石匠　蔚素　蔚世彪

招賢大竟寺埜人海源　徒玄桐書刊

义宰廷瑞室张氏墓志

【简介】

明嘉靖三十六年（1557）四月勒石。现存临县丛罗峪镇麻塔村祠堂。碑青石质，四棱柱，高 45、宽 25 厘米。志文楷书，计 8 行，满行 23 字。石体完好，志文完整，字迹清晰。

【碑文】

（第一面）

義宰廷瑞室張氏墓誌

（第二面）

李公忠義官廷瑞，字汝珎，乃孝才里中庄村之巨家也。幼而直卜，強立爲人。公生二男兩女，未乃成家，廣居舍業，衆多不数，壽年四十二歲命終之，夭壽也。有妻子同兄嫂弟用力，下砌八角之葬，上立石塔一座。塔乃葬之表也，人之名也。在世之時，二九歲上，朝廷有旨，荣身官帶，至二十歲上，縣召而徵收草五萬有餘，支過已必。至四十歲，部粮教次乃進忠也。在家孝養父母，愛與弟兄，乃忠孝之義也。逢善而捨財，功德詣白家坂獨立禅堂，命請僧衆教導百日，期場已必，乃公之修德也。墓誌云耳。

大明嘉靖三十六年四月二十日立石

書刊人　道才　張武

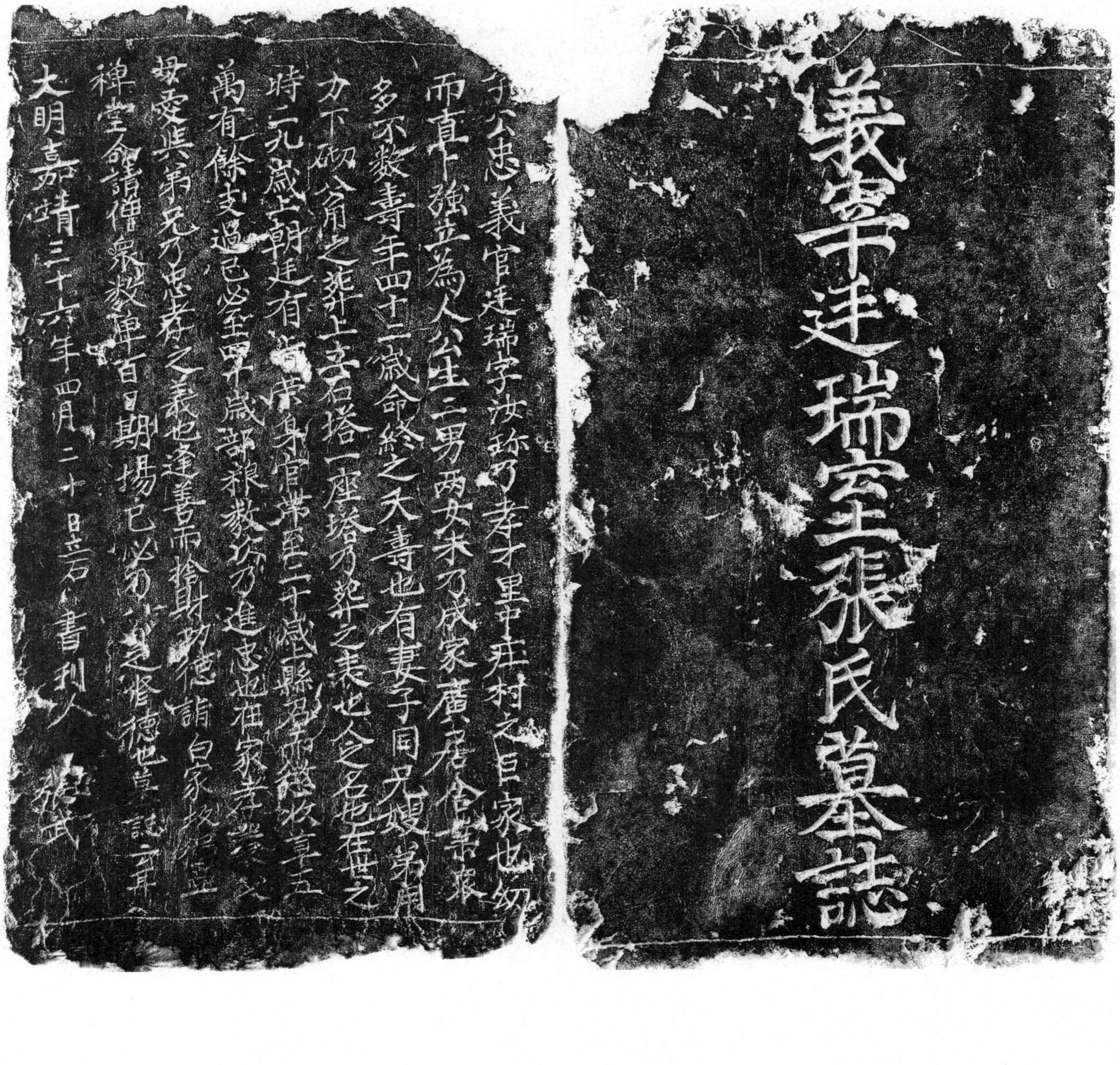

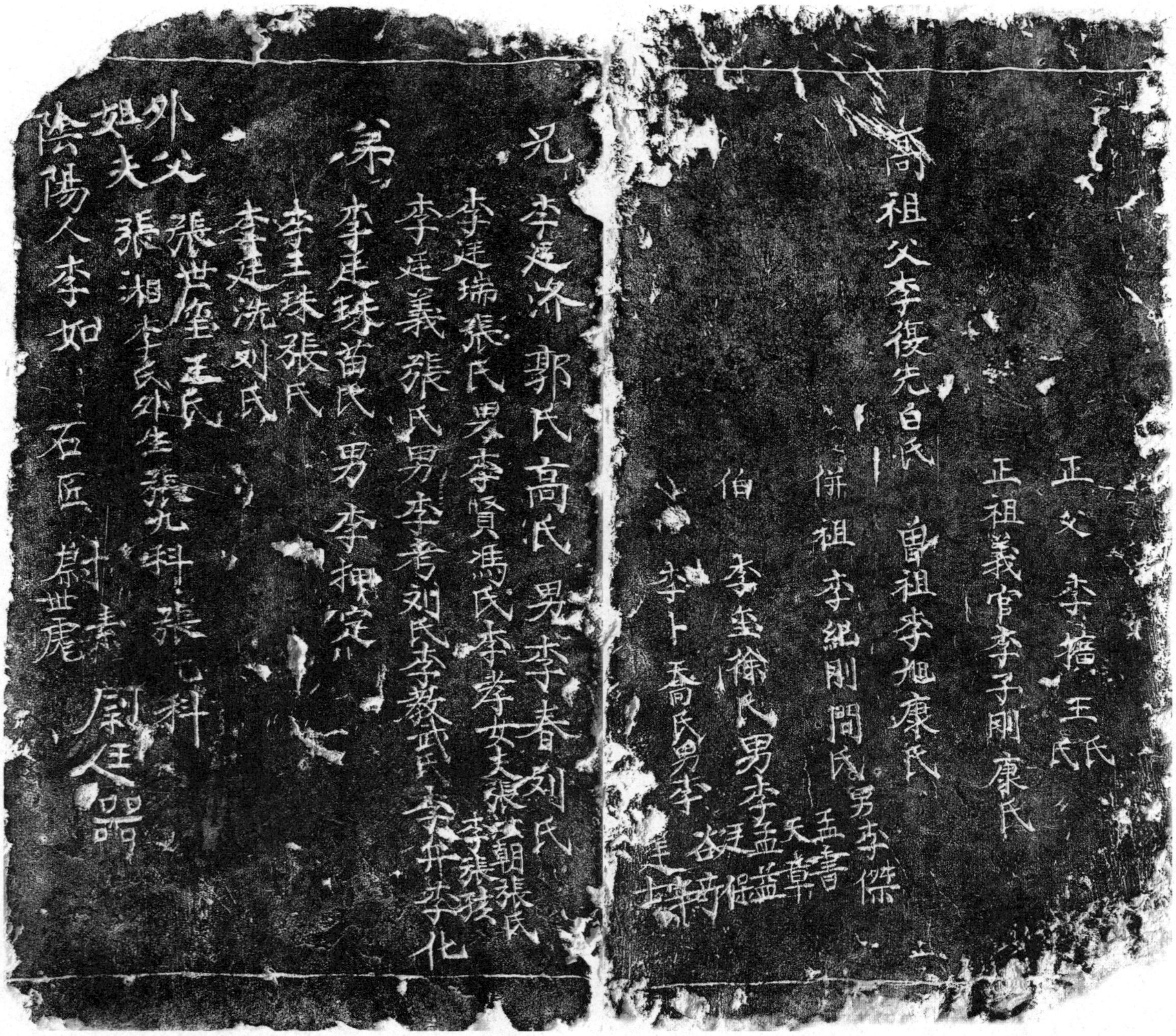

（第三面）

高祖父李復先　白氏　曾祖李旭　康氏　正祖義官李子剛　康氏　併祖李紀剛　問氏　男李傑　男李傑

正父李擴　王氏　王氏

伯李玺　徐氏　男李孟益　李天章　李廷保　李孟喜

伯李卜　喬氏　男李宰　李谷奇　李廷士

（第四面）

兄李廷济　郭氏　高氏　男李春　刘氏　李廷瑞　張氏　男李賢　馮氏　李孝女　夫張汝朝　張氏　李張孩

弟李廷義　張氏　男李考　刘氏　李教　武氏　李弁　李化

弟李廷珠　苗氏　男李押定

弟李王珠　張氏　弟李廷洗　刘氏

外父張世玺　王氏　姐夫張湘　李氏　外生張九科　張元科

陰陽人　李如

石匠　蔚素　蔚世虎　蔚廷器

陈公之墓

【简介】

明嘉靖四十一年（1562）正月勒石。现存于临县碛口镇寨子山村。碑青石质，圆首，四棱柱体，高 46、宽 37、厚 37 厘米。碑文楷书，正文计 11 行，满行 22 字。碑文完整，字迹个别风化，碑体完好。

【碑文】

陳公之墓

祖考妣陳文显妻馮氏

考妣陳錫妻高氏　男陳孟逵　陳孝　陳教　女夫孫應科　白葦　白領　成仁密

孫男陳貴蘭　陳王定　陳王道　陳王路　陳王階　陳王万　陳王令

葬主陳世珎　妻高氏　郭氏　高氏　男陳孟沂　薛氏　陳孟淋　高氏　張氏　陳孟湯　李氏　陳孟浙　薛氏　陳孟湖　林氏　陳孟池　氏　陳孟淮　氏

兄陳世玺　妻靳氏

弟陳世章　陳世夆　妻薛氏

姪男陳廷瑞　陳孝

陰陽術士　車瑜

本都石匠　馮隘　馮元岑　馮九明　馮泰　馮尚　馮秋

大覺寺住持玄玠書丹刊石

寨山陳先生墓誌

謂公諱世珎，字廷玉，乃招賢里之名家也。稟性□拉，治家嚴於秋霜，立志凜如潔玉，濟衆而博施。由是彼□君聚錫諸福，而居積致富，里人遂薦爲耆老。公一生勤慎，不欺獲上，安民訶□，世之偉人，

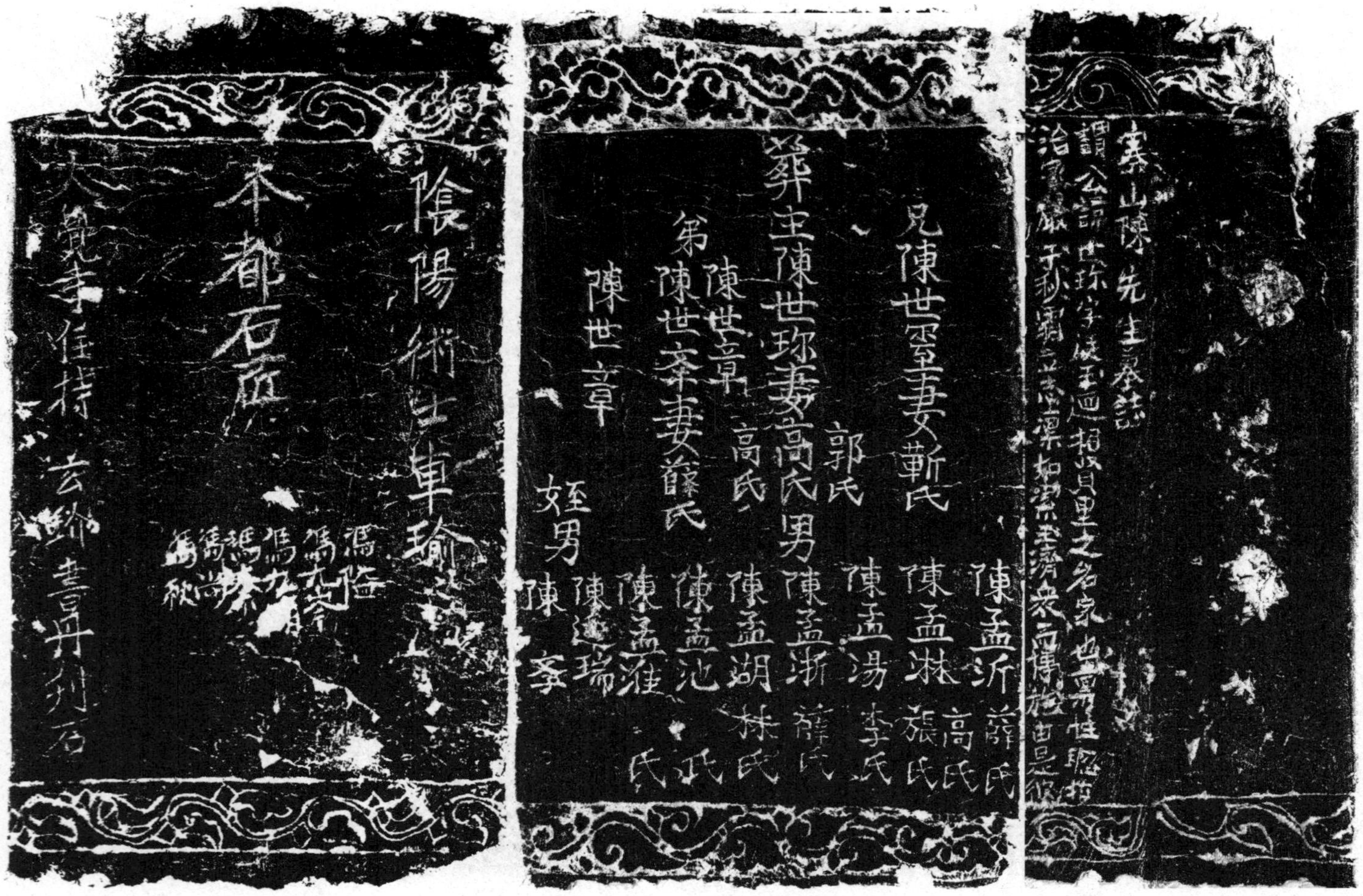

一邑之豪傑也。公生積□，□□□所，□高家平，下虞家宅，□馮家灣於祖宅。□故□□，廣置良田，□園平地，始二十餘頃。公歎曰：生之房舍，以備寒暑，死□於墳墓，掩四時之風雨之不杅。於是命術卜地，東靠艮山，南切壽峰，西接大河，北處巨川。山明水秀，遂鳩工匠，下以八角細砌，上立石塔一座，於文以爲後記云耳。

旹嘉靖四十一年正月初七日立石

重建五龙灵感庙碑

【简介】

明嘉靖四十一年（1562）十月勒石。现存于临县城庄镇大居村。碑砂石质，圆首，已残，残高95、宽68、厚17厘米。额题“重建□龙□感庙碑”8字。碑文楷书，正文计9行，残行20字。记述重建五龙灵感庙之事。碑文残缺大半，字迹漶漫，碑体仅剩上半部。

【碑文】

重建五龍□□□碑

□之□廟鄉野□□報答神功，祈福禳災也。廟之從植古柏，所以壯麗，廟貌從壑昂霄也。兹大居等村之南，山奇地香，□神焉，□□建五龍聖母殿，南北兩殿龍天、浮濟大王棲焉。西建賽庭三楹，鐘樓一座，南西兩隅，眼藏王、武安王口□□備焉，其□報感極靈，毫髮難欺。自古七月二十八日定規鄉賽，音有樂工，頗遺賽文一段，遂發癲狂，惡風倒懸於柏□死願許補，□而復生，餘賽一日，至今不改焉。靈感如此，人敢怠乎？其各廟内外上下分植古柏十六大株，挺秀參天，崢嶸蔽日，巍巍赫赫，古廟古柏也。然則斯廟也，建成於何代，重修於幾時，以數計之，蓋年久矣。斯柏也栽培於宋人，歷秀於元朝，詳考之，盖日遠□於□，鄉耆吉人等禮請禪師績鳳，號□祥，懼斯廟斯柏，年久日遠而無□也。□往來□勸各村禪德感□，衆聚財鳩工立石刻碑，由是斯廟也靈感萬古而不磨，起敬各鄉□，承賽者在於此也。其柏也挺秀，百世而不衰，瞻仰□□而不厭者，在於此也。於戲天祥，立碑之功大矣哉！不寧惟是，且因廟路崎嶇而峻險，復植寺楊以增觀，約數二十株。當口□鳳鳴焉，人感頌爲神感愈崇，古廟光華，於戲天祥，□之功至矣哉。

峕大明嘉靖四十一年歲次壬戌冬十月吉旦立

知縣　□印典史劉拱極　儒學教諭吕泮　訓導徐德□　鄭維城　普化寺修造僧清風　極僧會司護紀

外任官温嚴　省祭官温栗　儀賓武定邦　武靖邦

生員　武文　宋官

老人　武貴擎　陳虎　林仲傑

鄉老　王廷瑞　吉士　陳雄　任□　温□□　温時省……郭時　郭尚柴　郭無臣

經理人　大居村張繼科　劉自林　張敦儀　張敦海　曹振　赤岩會王進厚　張存□　土門溝薛□□

普化寺主持僧法湧　僧會司開忍施錢六千文　賀世□　楊□□　□永遠　王再祿　府底李含富

石匠　王金選　張燦明

木匠　李海旺　王清福　高立桂　王有福　張士吉　張存德

丹青　秦國開　秦有榮　高保元　郭師

石匠郝永成　刋石匠郝士恩施錢一千元

□生杜光舉沐浴拜撰主文　郭奇書　高貫刊

督工鄉耆　吉人　吉登科　生員吉登第　孫吉宗貞　吉宗周

糾首　王廷祿　任孟海　郭天佑　林鳳

赤岩會　王廷珠　任天貴

大居　郭嘉佑　郭積

土門溝　高九肖

張家嶺　張世

鄭家灣　宋寧

南峪　温宰

西莊溝　張登

王家焉　胡厚

陽背寨　陳金

上馬坊　劉紀花

高家塔　高進美

小馬坊　張存敘

普化寺　能喜

神聖感□嘉靖三十六年十一月十五日，温禪明，才號大用，起彌陀勝會七晝夜，應感萬真秀隆。先於嘉靖二十九年夙起鐘樓拜寺二座，鐘四口。

郭公墓志

【简介】

明嘉靖四十二年（1563）八月勒石。现存临县刘家会镇郭家洼村。砂石质，四棱柱体，高40、宽33、厚40厘米。四面刻字，志文楷书，正文1至5行，满行3至14字。志石下部有剥蚀，字迹漫漶。

【志文】

（第一面）

大明嘉靖十八年三月二十八日……

郭公墓誌

郭昶室人　李氏

（第二面）

男郭世英　陳氏　孫氏　男郭□□　郭□□

郭世傑　陳氏　李氏　男郭□□　郭□□　郭□□

郭世環　陳氏

（第三面）

（缺）

（第四面）

本都陰陽……

本都石匠　本都石匠　王觀　王鳶　王大林　王大朋　王大□　王大□

嘉靖四十二年十月二十五日重□

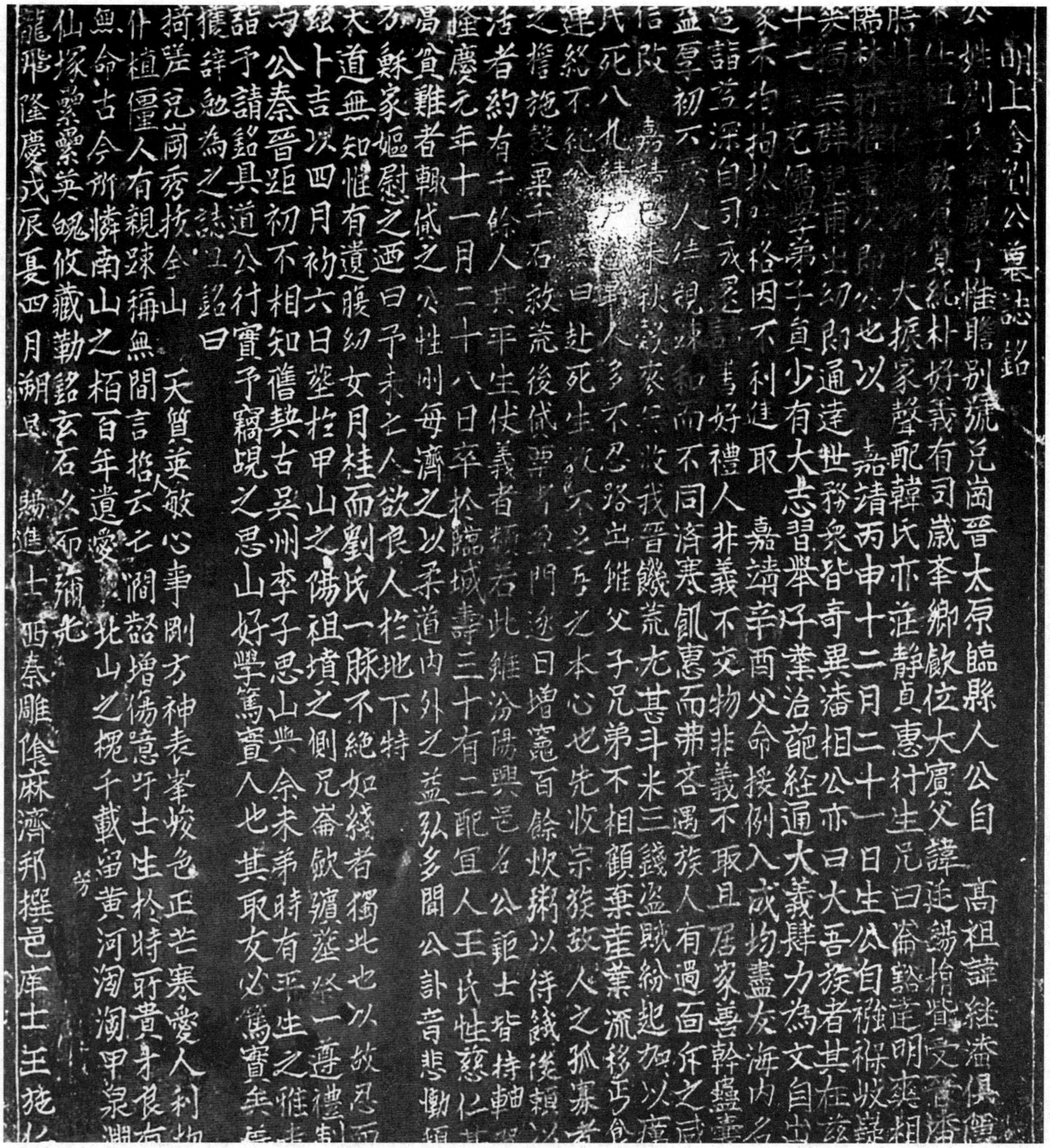

明上舍刘公墓志铭

【简介】

明隆庆二年（1568）四月勒石。原出土于临县小甲头村地内，现存于临县文物所。志砂石质，长方形，高70、宽65、厚10厘米。志文楷书，28行，满行30字，约780字。记载刘严的家世和一生。麻济邦撰文，王施仁书丹。现保存完好。

【碑文】

明上舍劉公墓誌銘

公姓劉氏諱嚴，字惟瞻，別號兑崗，晉太原臨縣人。公自高祖諱繼潘，俱隱居不仕。祖子敬賓，質純朴好義，有司歲峯（举）鄉飲位大賓。父諱廷錫，捐貲受晉潘□膳，性柔仁好施予，大振家聲。配韓氏亦莊静貞惠行，生兄曰崙，豁達明爽，相□儒林所推重。次即公也，以嘉靖丙申十二月二十一日生，公自襁褓，岐嶷□爽，獨異群兒，甫出幼即通達世務，衆皆奇異。潘相公亦曰：大吾族者，其在此□。十七歲充儒學弟子員，少有大志，習舉子業治葩經，通大義，肆力爲文，自出□家，不拘拘於時格，因不利進取，嘉靖辛酉，父命援例入成均，盡友海内名□造詣益深，自司成還，讀書好禮，人非義不交，物非義不取。且居家善幹，蟲囊□益厚。初工驗人，待親疏和而不同，濟寒飢惠而弗吝，遇族人有過，面斥之咸□信改。嘉靖己未秋，穀麥無收，我晉饑荒尤甚，斗米三錢，盜賊紛起，加以瘴病，民死八九，積尸遍野，人多不忍路出，雖父子兄弟不相顧棄，産業流移，丐食□運絡不絶。公□然曰：“赴死生，就不足，吾之本心也”，先收宗族故人之孤寡者□之，擔施穀粟千石，救荒後貸粟者盈門，逐日增竈，百餘炊粥以待餓，後賴以存活者約有千餘人。其平生仗義者類若此，雖汾陽興邑，名公鉅士，皆持軸賀□。隆慶元年十一月二十八日，卒於臨城，壽三十有二，配宜人王氏，性慈仁，其□當貧難者輒貸之。公性剛，每濟之以柔道，内外之益弘多，聞公訃音，悲慟頓□方蘇，家嫗慰之，迺曰：“予未亡人欲良人於地下，特天道無知，惟有遺腹幼女月桂，而劉氏一脉，不絶如綫者，獨此也。以故忍而□”。兹卜吉以四月六日葬於甲山之陽，祖墳之側，兄崙斂殯葬祭，一遵禮制，□與公秦晉，距初不相知，舊契古吴州李子思山，與余未弟時有平生之雅，專□詣予請銘，俱道公行實，予竊覘之，思山好學，篤實人也，其取友必篤實矣。□益獲辭，勉爲之誌，且銘曰：

猗嗟兑崗，秀拔金山，天質英敏，心事剛方，神表峰峻，色已芒寒，愛人利物，□仆植僵，人有親疏，稱無間言。哲人云亡，淵壑增傷。

噫籲土生，於時所貴。才良有□，無命古今，所憐南山之栢，百年遺愛，北山之槐，千載留芳。黄河洶洶，甲泉淵淵，仙塚纍纍，英魄攸藏，勒銘玄石，久而彌光。

龍飛隆慶戊辰夏四月朔旦

賜進士西秦雕陰麻濟邦撰

邑庠士王施仁□

重建宿皇寺碑记

【简介】

明隆庆四年（1570）八月勒石。现存于临县八堡乡李家洼村。碑砂石质，圆首，高188、宽72、厚18厘米。额题“观音下院宿皇寺记”8字。碑文楷书，正文12行，满行36字。记载重建宿皇寺之事。碑体表面略有剥蚀，字迹稍有漫漶。碑题之下有万历五年新刻内容。

【碑文】

（碑阳）

重建宿皇寺碑記

盖聞佛生之始，自漢之西翻譯建立道場，夫以惟佛者，三界之主，四生慈父，誕於周朝，大梵之宫，遊翫四門，假觀四相，利群迷，闡揚宗性，普濟而人天境界。靈山設教，千有餘齡。漢明時白馬西來，過數萬里，法流東土，教演三乘。有國曰伽維羅，王姓釋迦，父名淨飯王，母摩耶夫人，以周昭王甲寅二十四年四月八日，毘藍菌中左脅生。于時地摇六震，天雨四花，神捧金盆，龍吐香露，縱行七步，目顧四方，一手指天，一手指地，天上天下，唯吾獨尊。盤古王啟初分，列三教，内有老君駕青牛過関，悟與舟行，明理道性。奈聖人謚號，五帝三皇，報化應機，廣列方便之門，救度衆生之苦，建立古利梵宫，天下叢林道場。今有宿皇寺者，聖境地方，帝王宿一晚，望東觀紫金山，名雄晉地；西指黄河之水，津接秦邦□□□□應現爲以大，是因緣不墮，三塗盡得，蓮生九品。前朝大元建國至元二十年□□□□□□大明國天順三年重建，修蓋正殿三間，佛像三尊，西廊一間。今有成化五年經修釋□□□□造東廊閻羅殿、地藏十王一所，中殿一座，正佛一尊。後有發心衲子、清湖重修□□□□□光文殊

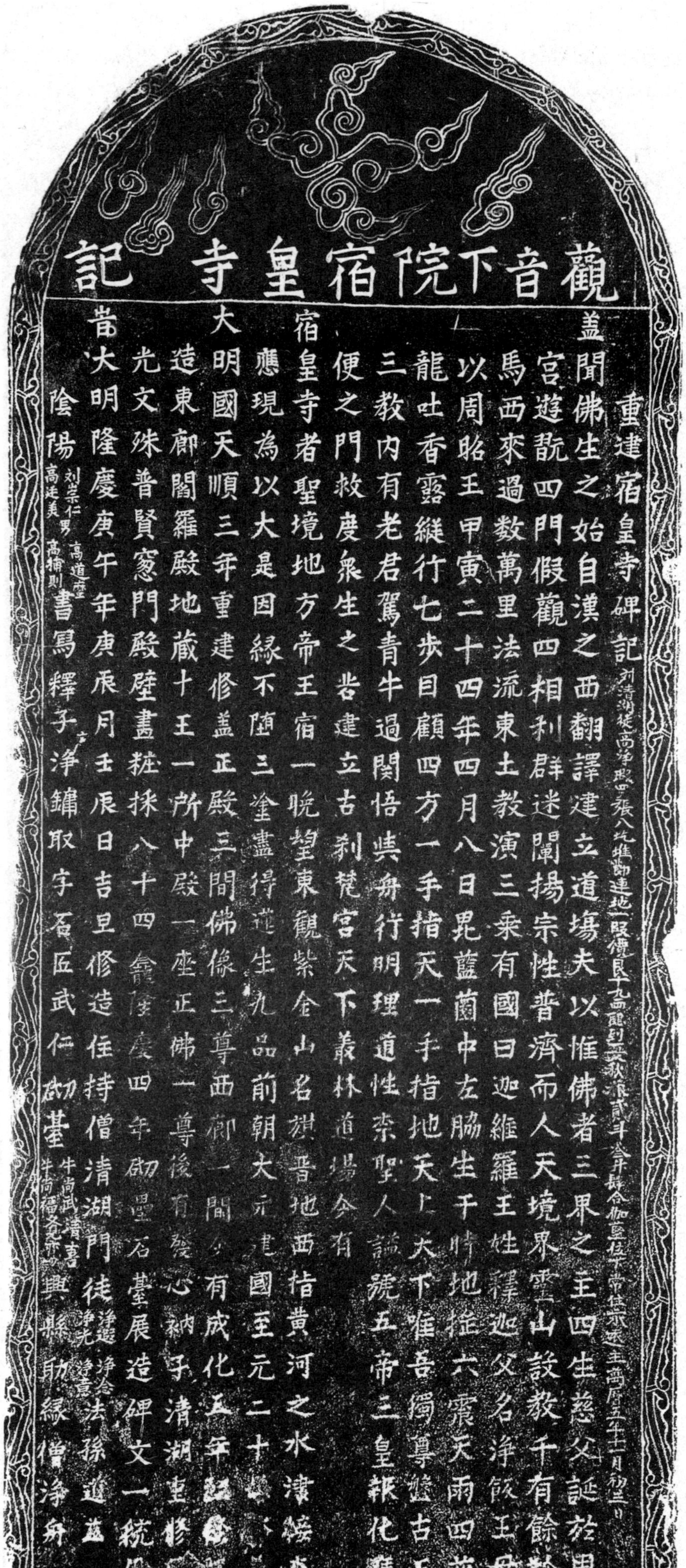

普賢，窗門殿壁盡粧採八十四龕。隆慶四年，砌壘石臺，展造碑文一統，俱將□□□。

旹大明隆慶庚午年庚辰月壬辰日吉旦

修造住持僧　清湖　門徒淨遐　淨意　法孫道益

陰陽　劉崇仁　高適美　男高道歷　高捕則　書寫釋子字浄鏞　取字石匠　武仁

砌臺　牛尚武　牛尚福　清喜　覺鶱

興縣助緣僧　浄舟

（碑陰）

寺頭村　高璋　男高孟逢

高家山　高遠　男高世保

水道窪　郝天福

高家庄　高智

段家畔　劉世仁

劉家圪塔　雙溝村　李廷交

周家溝　周廷保

杏樹溝　高定　李家堝　李九成

李家窪　李朝相

狼羽峁　賀崇

下窪村　賈家莊　窪舍全

觀音寺　清寅（等 7 人）　門徒（24 人）

普化寺　署印僧浄福

正覺寺　圓動

彌勒寺

興福寺　福和

平陽縣塑匠　王福興

臨縣丹青　李廷美　郭孟書

青凉寺寨上张氏坟碑记

【简介】

明隆庆五年（1571）八月勒石。现存于临县青凉寺乡寨上村。碑砂石质，长方形，高40、宽140、厚10厘米。碑文楷书，正文计13行，满行11字。碑文完整，字迹清晰，碑体断为两截。

【碑文】

刱立

㞢大明國山西等處承宣佈政使司太原府臨縣崇礼都見今葬主張廷錫

盖聞前修定生死，攤棫人倫，地内建立甃砌明葬之處，永遠保寧世処，人名有大限，至今現已長有歲限，過有葬主明安身地方，辛山有酉穴。

隆慶五年八月辛未年丁酉己酉丙午時

葬主張廷錫　室人白氏　苗氏　高氏　高氏

男張惟処　高氏　張舍兒

女夫薛孟騰　張氏　高孟崇　張氏

高田　張氏　高石到　張氏　□攔現　張氏

陰陽　□□□

石匠　穆□□　穆廷□

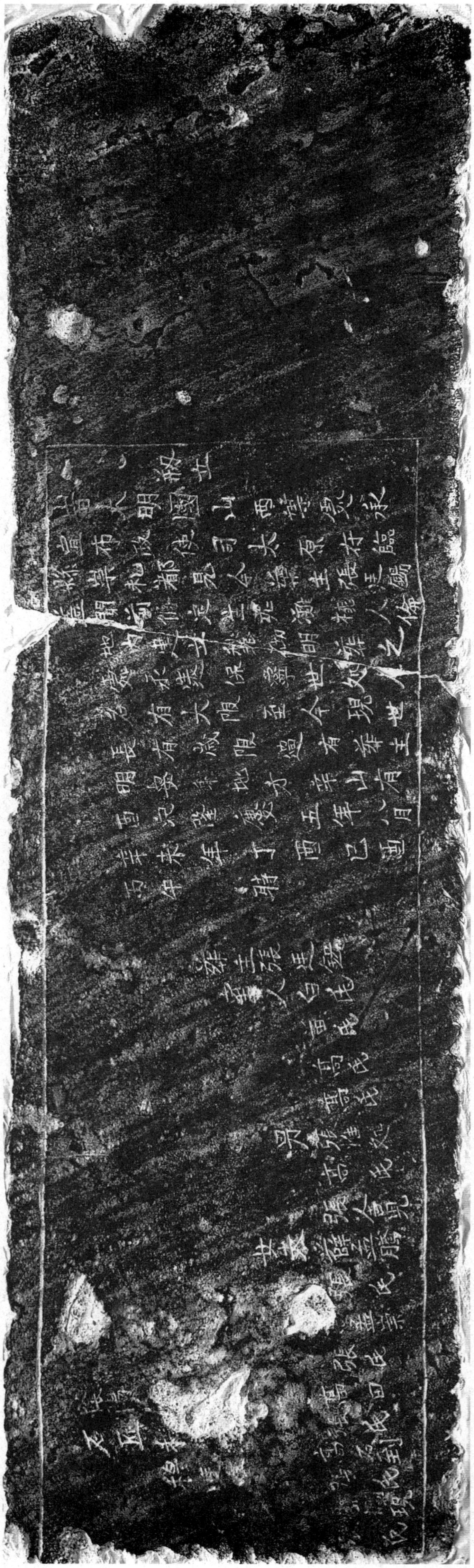

复建观音殿记

【简介】

明万历七年（1579）勒石。现存于临县临泉镇前甘泉村。碑砂石质，圆首，高90、宽52、厚13厘米。额题“观音殿记”4字。碑文楷书，正文13行，满行35字。记载复建观音殿之事。碑体表面剥落严重，碑文残缺严重，字迹模糊。

【碑文】

復建觀音殿記

蓋聞……慈尊□妙□□國王之女，方行慈善，不忘駙馬，往山修慈……大悲，智□□坐青蓮而身……應念除灾普度……危之祖心存□濟，功不□□量□□□□，海内□慈舟……去之灾，增長……泉之郡居民善……地之……緣之道切照，本庄……焚香之祠，謹發虔……之吉地，□□□之神堂壓鎮，一村……命□德勤……萬曆四年八月中旬……觀音之聖，有……捨家資，堂塑於聖……以□金□□刊碑一統，竪立聖前之……

旹大明萬曆七年歲次己卯……壬子……

佛堂寺御契续入藏经序

【简介】

明万历十四年（1586）三月勒石。现存于临县义居寺。碑砂石质，长方形，高160、宽70、厚15厘米。碑文楷书，13行，满行35字。为御契续入藏经碑记。现保存完好。

【碑文】

（碑阳）

續入藏經四十一函起，華嚴懸譚會玄記至。第一，稀有大功德，經記四百一十卷，此我聖母慈聖宣文明肅皇太后所命刻也。朕惟釋教東流，經典遞譯，函卷繁富極矣。我聖母躬體聖善，坐撫昇平，密契心乘，力修聖果，因復假筏迷津，施航覺海，續增玆典聿廣義宗德義甚盛載，惟經世出世，厥用敻殊。然其立教，以明心見性爲宗，以慈悲喜捨爲用，以嗔愛淫殺爲戒，以戒定禪寂爲門，大都使人破塵妄之迷，以印妙圓之體，惕罪報之由，以修慈善之根，悟未來之因，以滅現在之業，此其覺人濟物，勝殘去殺之功，於吾聖治不爲無助。故經謂莊嚴，施捨周於沙界，不若一經一偈流布之功，然則聖母慈命，真可謂續慧焰於昏衢，普慈雲於陰界，延佑宗社，種福人天，不可思議者矣。若乃梁魏隋唐之主，傾國貲以崇像飾，瘠齊民以奉緇流。殊戾釋氏本旨朕所不取，亦非我聖母流布是經之意。是爲序。

大明萬曆十四年三月　日　慈聖宣文明肅皇太后寶

（碑阴）

北京招寧寺……萬佛寺……文山寺……陝西官井寺……興縣合茶山……寧鄉縣清凉寺……興縣羅漢寺……永寧州石泉寺……普化寺……正覺寺……廣嚴寺……普照寺……慈雲寺……大覺寺……西印庵……奉天寺……義福寺……純孝寺……水泉庵……天宫寺……汾州清居庵……河南府朝陽庵……陝西寧夏固慶……保德州圓洞庵……本山……

北京往還請藏僧俗　道堅　志定

功德主　張孟騰　男張資

糾首　言九領　郭九山　郭仁　郭孟漢　郭九恩　郭進孝　郭免　程汝清　郭小坐　郭坐禪　郭賀三　言自智　言享　……

陰陽術士　孫孝第　男孫豸

陝西白水石匠　田芳　田邦秀

鐵匠　郭汝臣　郭守信　郭世泰　郭能　郭徹　郭孟稍　郭孟文　郭應包　郭孟居　郭孟堅　郭孟胡　郭有道　郭汝光　郭汝秋　郭加興　郭應自　郭教　郭應武　郭第　郭孟器　郭守約　郭元福　郭凡　郭世騰　郭世彪　……

續入藏經四十一函起華嚴懸譚會玄記至
第一希有大功德經記四百一十卷此我
聖母慈聖宣文明肅皇太后所命刻也朕惟
釋教東流經典遞譯函卷繁富極矣我
聖母躬體聖善坐撫昇平寄契心乘力脩聖果因復假筏之津施航覺海續增玆典聿廣義
宗德意甚盛載惟經世出世厥用更殊然其立教以明心見性爲宗以慈悲喜捨爲用
以嗔愛婬殺爲戒以戒定禪寂爲門大都使人破塵妄之迷以印妙圓之體惕罪報之
由以脩慈善之根悟未來之因以感現在之業此其覺人濟物勝殘去殺之功於吾聖
治不爲無助故經謂莊嚴施捨周於沙界不若一經一偈流布之功然則
聖母慈命真可謂續慧燄於昏衢普慈雲於陰界延佑
宗社種福人天不可思議者矣若乃梁魏隋唐之主傾國貲以崇像飾齋民以奉緇流殊
戾釋氏本旨朕所不取亦非我
聖母流布是經之意是爲序
大明萬曆十四年三月 日
慈聖宣
文明肅
皇太后寶

孙家沟孙公墓志

【简介】

明万历十九年（1591）三月勒石。现存于临县三交镇孙家沟村。碑青石质，圆首，身高118、宽58、厚15厘米。额题“孙公墓志”4字。碑文楷书，计4行，满行19字。碑体完好，碑文略有漫漶。

【碑文】

嘗謂天道之有陰陽，人之必有生死，蓋自然之道也。孫公廷相，朝臣其字也，生而聰惠，乃公輸之後，我家之巧人也，今則壽高八十餘歲，老耄將來，其孫文光輩刻□□□其後云耳。

高祖孫江　于氏　孫方　沙氏　祖父孫仲表　武氏　父孫□　武氏　叔孫要　張氏　孫成　陰氏　孫□　樊氏　孫璽　□氏　男孫廷相　薛氏　孫□□　孫廷明　薛氏……男孫□　孫□……　女夫樊光位　外生……王壬恩　外生……王士貞　外生……王�……

石匠　馮廷□　馮廷旺　□府樊修書

萬曆十九年歲次辛卯三月壬辰初四

增修佛堂寺并创建广济禅院碑记

【简介】

明万历十九年（1591）勒石。现存于临县三交镇义居寺。圆首，碑砂石质，高230、宽80、厚15厘米。内容为增修义居寺的情况。碑文楷书，正文11行，满行50字。碑文完整，字迹清晰，碑体完好。

【碑文】

增修佛堂寺併創建廣濟禪院碑記

陝西白水縣石匠田芳鐫本縣石匠　馮定　馮原　馮廷旺

鄉進士直隸阜城縣知縣關西米脂杜本益撰

本寺延瑍書丹奉天寺道賢篆

臨邑南二舍許地，名義居里，有寺曰佛堂者，剏自宋政和間。北枕紫金，南帶黄河，左右腋爲高崗、爲巨川，古柏蒼松，星羅斗列，美哉！三晉之勝概也。故制險陋且缺，嘉靖甲子僧隆演大衆，增修正殿，得鄉宦知州杜槃樓材，遂克拓舊址爲七楹。萬曆辛巳，僧永朓内塑佛像三尊，殿后爲毘盧閣廡，東五楹，西亦如之。正殿東聖境殿五楹，西明王殿五楹，左右伽藍。中殿五楹，兩翼爲諸天殿、閻羅殿各五楹。前山門三楹，面豎坊牌如屏。隆慶戊辰，僧永寧坊外砌石基，長二百尺，廣丈許，行者便之。僧永昕於殿后鑿石洞，廣二丈，深倍之，以貯藏經。萬曆戊寅，僧延珀、延斌、延玉三人雲遊四方，足跡幾遍江湖，見凡寺建十方禪院，有行者輪粟捐金，衣寒食飢，其意甚善。比歸仿而行之，擇寺東剏建禪堂五楹，坐震向兑，右方丈三楹，左廚房三楹，前韋馱殿一楹，左右爲茶菜房。越三年辛巳，僧永曉、延珀、延斌、延環，躬請京師造鏡光佛十二尊，高一尺有半，衣□金，儼然有生氣，印華嚴經、法華經、梁皇簽各三十部，置地一頃，爲守寺之資。寺遂完美無缺。

餘先爲山西石州大武鎮人，時拜掃大武，去寺僅舍。餘往觀之，僫僫□□，驚目快心，遂美曰：形勝廟貌，不得之矣。有僧珀就而問記，夫佛者覺也，其教有五戒，去殺、盜、淫、妄言、飲酒，大意與仁義禮智信當同觀。

聖帝明王，教民爲善，三令五申，不能無梗頑，佛未嘗諄，有求於世，自漢迄今千百載而化不衰，俗儒未可盡非之也。抑聞王陽明諫疏云，堯舜中國之佛，佛者西天之堯舜也。今三晉爲堯舜故都，若輩服堯舜之服而言行不倍，是佛而已矣。不則土木衣冠，衣冠土木兩相負也，奚益哉。

皇明萬曆十九年歲次辛卯季春之吉

廣濟禪院比丘　延珀　延斌　延玉　仝立

文林郎知縣張　典史韓　吏典備孫蘭　高邦恭介

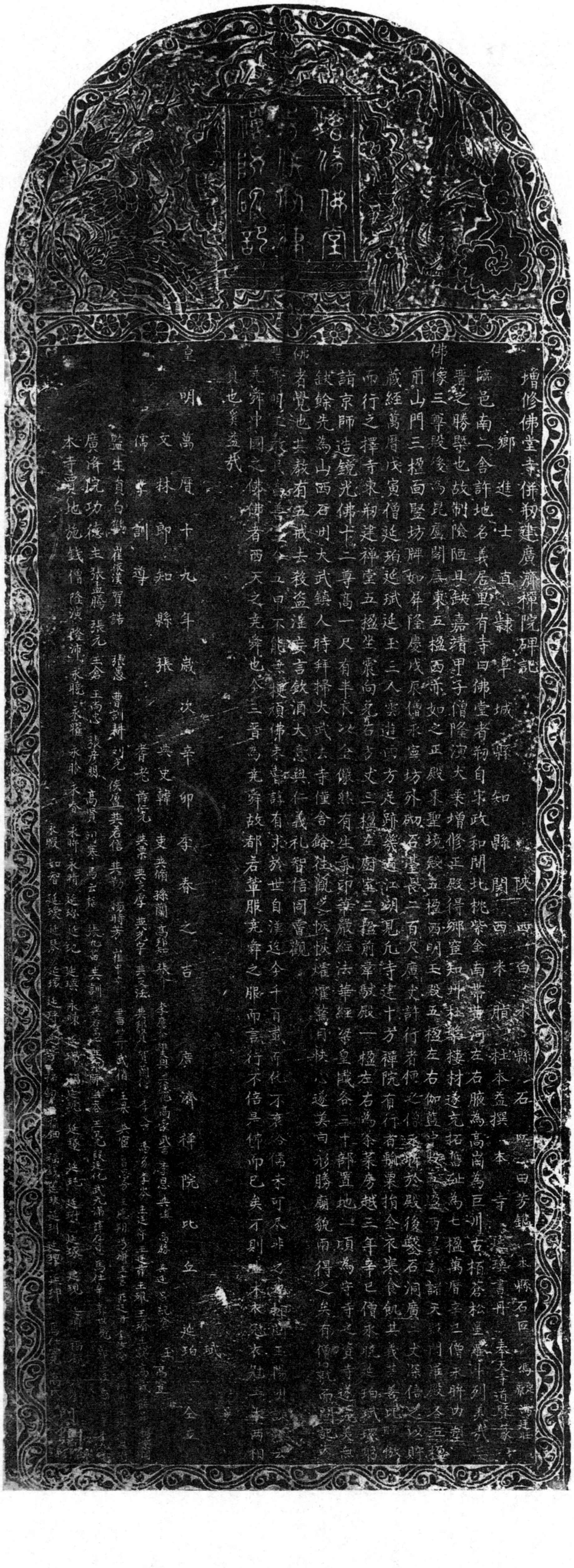

增修佛堂寺併剏建廣濟禪院碑記

鄉進士直隸阜城縣知縣關西米脂杜本益撰 本寺[illegible]書丹

陝西白水縣石匠田芳[illegible]

臨邑南二舍許地名義居里有寺曰佛堂者剏自宋政和間北枕紫金南帶黃河左右腋為高崗為巨川古栢蒼松星羅十列美哉三

晉之勝槩也故制陰陋且缺嘉靖甲子僧隆演大乘增修正殿得鄉宦知州杜槃捿材遂克拓舊址為七楹萬曆辛巳僧永昕内塑

佛像三尊殿後為毘盧閣高東五楹西亦如之正殿東聖境殿五楹西明王殿五楹左右伽藍[illegible]諸天[illegible]殿各五楹

前山門三楹面壁坊牌如舜隆慶戊辰僧永寧坊外砌石臺長二百尺廣丈許行者便之僧[illegible]於殿後鑿石洞廣二丈深倍之以貯

藏經萬曆戊寅僧延珀延斌延玉三人雲遊四方足跡幾遍江湖見凡寺建十方禪院有行者輒衆捐金衣寒食飢其義甚善[illegible]

而行之擇寺東剏建禪堂五楹坐[illegible]向各方丈三楹左廚室三楹前韋馱殿一楹左右為茶菜房越三年辛巳僧永脫延珀延斌[illegible]

詣京師造鏡光佛十二尊高一尺有半衣以金儼然有生氣印華嚴經法華經梁皇懺各三十部置地一頃為守寺之資寺遂[illegible]

鉢餘先為山西石州大武鎮人時拜掃大武去寺僅舍餘往觀之恢恢燿燿鶩目快心遂美句形勝廟貌而得之矣有僧[illegible]

佛者覺也其教有五戒去殺盗淫妄言飲酒大意與仁義礼智信同嘗觀[illegible]

聖[illegible]明王教[illegible]不能無便須佛未嘗諱有求於世自漢迄今千有[illegible]行不衰今儒亦可[illegible]

堯舜中國之佛佛者西天之堯舜也今三晉為堯舜故都若華服堯舜之服而言行不倍是佛而已矣不則[illegible]

負也矣哉

皇明萬曆十九年歲次辛卯季春之吉 廣濟禪院比丘延珀 延斌 仝立

文林郎知縣張[illegible] 典史韓[illegible]

儒學訓導[illegible]

監生[illegible]

廣濟院功德主張孟騰[illegible]

本寺買地施錢僧隆演 隆沔 永聰 永耀[illegible]

郭家塔赠郭公墓志序

【简介】

明万历二十二年（1594）勒石。现存于临县丛罗峪镇郭家塔村。碑砂石质，八棱柱，高 50、宽 32、厚 43 厘米。志文楷书，计 20 行，满行 15 字。碑体下部有剥蚀，志文略有残缺。

【碑文】

（第一面）

萬曆二十二年仲春□□庚申吉日立石

鄉耆郭公九山李氏墓

孝男郭利　郭言　郭永康　郭永寧

（第二面）

贈郭公墓誌序

夫公之爲人何人也，迺積善有德之人也，産於晋西臨邑南都郭家塔，諱九山，字宗仁，别號雙楼。慈公稟性剛直，持身嚴肅，敬老慈幼，和親睦族，患難相扶，婚喪必助，勤儉治家，貧富一律，屢請鄉耆，凶荒周急。宜人李氏，孟光復出，教子義方，誨孫態和，陰騭如是，福壽增益，豈無徵驗，光前後裕。所生四子，長郭利，配白氏；二郭言，配刘氏；三郭永康，太學生配苗氏；四郭永寧，配高氏。所生二女，長婿白大夆，次婿王施法。璋孫郭三意、郭三益、郭三省、郭揖讓、郭三戒、郭三奇、郭□

（第三面）

科、庠生郭三讓、郭三樂、郭卯科、郭喜科。凡人似此公者，古今少有。二十二年丁丑壬……子郭利等謹治于臨邑……石俾子孫千秋萬代和……祀……宗德于萬一也，嗚呼！

欝山蒼蒼，黄河洋洋，郭公之風，山高水長，靈其在兹，永保吉昌！

（第四面）

南都陰陽　□□□

石匠　張□□　張□□　張□□　張□□　男張朝在　張□□

佛堂寺经藏记

【简介】

明万历二十四年（1596）八月勒石。现存于临县三交镇义居寺。碑砂石质，圆首，碑身高230、宽80、厚15厘米。碑文楷书，正文15行，满行52字。记述佛堂寺经藏之事。碑文完整，字迹清晰，碑体完好。

【碑文】

佛堂寺經藏記

陝西白水縣石匠田芳鐫石

距縣治六十里，迤西南有古刹曰佛堂，層崖倚漢，峭壁凌空，古栢蒼松，庭庭鬱鬱，如虬如龍。黄河遶於後，湫水襟其前，所從來久遠，直不知經歷幾千百年。殿堂門廚若構，自朝夕間嘗披輿圖。按水經矚目於九垓八極，慨然念名山大川，遨遊放浪，滌除陳俗，不可得已。一曰：徜徉於斯，不覺機心頓釋，塵襟豁如，以爲庶幾近之不能去。僧有延珀、延珷，居士張元、刘寒等訪予，而請者曰：寺嘗購藏經於金陵。命曰：南經鑿藏，藏之已别有記，今復購經於金臺。命曰：北經亦鑿藏，藏之建画樓，東西各五楹供養翻閲之所，請先生記之。予曰：若知所以爲經乎，若知經所爲藏乎，靈臺丹府，曾不盈一掬，空空洞洞，何所不包，譬之太虚，無象之中，萬象涵焉，夫藏之大者，莫如天地，天地之大，斂于方寸，心之爲藏，尤大之者也。古賢聖以藏於心者，泄之言語文字以爲經，令後人因言語文字自識其所，爲心者以成藏，即汗牛充棟，未能發藏中之毫毛，即腐唇爛舌，未必探藏中之百一，識者且視爲糟粕，目爲土苴，功在反求，約而易操也。彼面壁九年，不立文字者，非其宗旨，與如指經爲經，而不知吾之所爲經；指藏爲藏，而不知吾之所爲藏，猶富翁巨室，以室廬資糈詒子孫，因以其記。室廬資糈者，詒之彼不肖者，博弈、飲酒、蕩喪，其室廬資糈，徒執其記。是室廬資糈者，朝而撿視夕而固緘，嘐嘐然號于人曰：吾富人也，吾巨室也，其誰信之。故經可購也，反而思吾之經，得無爲物所購乎？藏可鑿也，反而思吾之藏，得無爲欲所鑿乎？自得其所爲，心善看經者也；自完其所爲，心善守藏者也，嗟夫！反求者不越跬步，不廢斗量，不縻歲月，視求之金陵金臺者，遠近何如；視乞十方萬姓者，勞逸何如；視得之稚鑿工匠者，難易何如；視窮年矻矻，遷延寒暑者，遲速又何如。孟氏有曰：諸侯之禮，未之學也。雖然吾嘗聞之矣，予于浮屠氏之藏經亦云。

萬曆二十四年歲次丙申秋八月之吉

太學生對河李文郁撰

本寺延瑍書丹

奉天寺道賢篆

北京東西牌搂成造

知臨縣事直隷交河常　書辦官曹禄　廩膳生員崔依漢　僧會司道侶　李行會薛崇旺　高云路　薛仁耀

典史信　謝繼　蘇汝忠　鄉約所薛仁光　張价　張積　樊交精元　樊支厚　高義　孫蘭　王瑨

兵馬　趙承基　施財功德主　張孟騰　張彦朋　王毫　張条　王尚志　高朝貴　王福

監生　武孟增　武瓚化助緣師　真延　張九苗　王應期　樊邦師　張大化　張廷傛　助緣僧性廣福鋭

布政司吏　高邦知　張資　永曉　永春　永晴　延玘　延瑍　如智

本山施財功德主　隆沛　永昑　永昐　延珎　延瑞　永暕　延瑛　延環

助缘善士　刘寒　張元　高九順

請藏釋子　延珀　延珷　延玉

藏經人　穆滃　男穆應龍　穆應麒　穆潤　男穆應登　穆應奎

佛堂寺經藏記

陝西白水縣石匠田芳鐫石

距縣治六十里迤西南有古剎曰佛堂層崖倚漢峭壁凌空古柏蒼松庭庭鬱鬱如虯如龍黃河遶於後湫水[illegible]其前所從
久遠直不知經歷幾千百年殿堂門廚若搆自朝夕間嘗披輿圖按水經矚目於九垓八埏悵然念名山大川遨遊放浪滌除
陳俗不可得已一日徜徉於斯不覺機心頓釋塵襟豁如以為庶幾近之不能去僧有延珀延珷居士張元刘寅等訪予而請
者曰寺嘗購藏經於金陵命曰南經鑿藏藏之已別有記今復購經於金臺命曰北經亦鑿藏藏之建畫樓東西各五楹供養
翻閱之所請先生記之予曰若知所以為經乎若知經所為藏乎靈臺丹府曾不盈一掬空空洞洞何所不包譬之太虛無象
之中萬象涵焉夫藏之大者莫如天地天地之大斂于方寸心之為藏尤大之大者也古賢聖以藏於心者洩之言語文字以
為經令後人因言語文字自識其所為心者以成藏即汗牛充棟未能發藏中之毫毛即腐唇爛舌未必探藏中之萬一識者
且[illegible]糟粕目為土苴功在反求約而易操也彼西壁九年不立文字者非其宗旨與如指經為經而不知吾之所為經指藏
為藏[illegible]不知吾之所為藏猶富翁巨室以室廬資糈詒子孫因以其詒室廬資糈者詒之往不肖者博奕飲酒蕩費其室廬資
糈徒執其詒是室廬資糈者朝而撿視夕而固緘嘐嘐然號于人曰吾富翁也吾巨室也其誰信之故經可購也反而思吾之
經得無為物所購乎藏可鑿也反而思吾之藏得無為欲所鑿乎自得其所為心善看經者也自完其所為心善守藏者也嗟
夫反求[illegible]不越跬步不廢斗糧不靡歲月視求之金陵金臺者遠近何如視乞十方萬姓者勞逸何如視得之推鑿工匠者難
易何如視窮年矻矻還延寒暑者遲速又何如孟氏有曰諸侯之禮未之学也雖然吾嘗聞之矣予于浮屠氏之藏經亦云

萬曆二十四年歲次丙申秋八月之吉 太學生對河李文郁撰 本寺延琰書丹 奉天寺道賢篆 北京東四牌樓成造

知臨縣事直隸交河常 書辦官曹祿 廩膳生員崔依漢 僧會司道倡李行會 薛崇駐 高云路 薛仁耀 藏經人 穆應奎
典史 信 誦繼 蘇汝忠 鄉約所 辛仁光 張伃 張積 共光宇 共支厚 高義 孫尚[illegible] 王璠 穆濟 男 穆應龍
兵馬 趙承基 施財功德主張孟騰 張彥朋 王亳 張泰 壽忠 高朝貴 王福 穆潤 穆應麒
監生 武孟增 武瓚化 助緣師真延 張九苗 王應期 共邦師 張丕化 張廷倫 助緣僧性廣 福鋭 穆應登
布政司吏 高邦知 張資 永曉 永春 永晴 延玘 延琰 如智 延 助緣善士刘寅 張元 高九順
本山施財功德主隆沛 永盼 永晰 延琢 延瑞 永暕 延瑛 環 請藏糧子 延珀 延珷 延王 延玫
仝立石

明处士赵公暨配高氏之墓

【简介】

明万历二十五年（1597）二月勒石。现存于临县车赶乡赵家塔村。形制为圆首碑，青石质。碑身高 130、宽 56、厚 17 厘米。额无题，为赵应秋墓碑。碑文楷书，正文 2 行，满行 12 字。碑文完整，字迹清晰，碑体完好。

【碑文】

明處士趙公暨配高氏之墓

公諱應秋，字文薦，甫號月溪。

萬曆丁酉仲春吉旦

男生員趙鼎　生員趙派　生員趙演　生員趙郡

孫生員趙傑士　生員趙俊士　趙清才　趙奇才　趙英才　趙廣才　趙名才　趙彦士　趙佳士

曾孫安石　成石　堅石　鉄石　柱石　盤石　星石　正石　方石　平石

立石

明兵马副指挥襟河郭公之墓

【简介】

明万历二十八年（1600）二月勒石。现存于临县曲峪镇寨甲村。碑砂石质，圆首，高145、宽56、厚8厘米。碑文楷书，3行，满行12字。碑体表面略有剥蚀，字迹模糊，碑文有残缺。

【碑文】

萬曆二十八年歲次庚子仲春十日不肖子郭宗堯□□

明兵馬副指揮襟河郭公之墓

顯考立

大明故居士西川马公墓志铭

【简介】

明万历三十二年（1604）勒石。现由临县个人收藏。鱼籽石质，方形，高 61、宽 61、厚 9 厘米。志文九叠篆书，正文共 3 行，满行 4 字。志文完整，字迹清晰，碑体完好。

【志文】

大明故居士西川馬公墓誌銘

萬曆甲辰立

重修浮济庙记

【简介】

明万历三十四年（1606）五月勒石。现存于临县临泉镇上西坡村。碑砂石质，圆首，高156、宽70、厚12厘米。额题“重修浮济庙记”6字。刊载乡民捐资重修浮济庙之事。碑文楷书，正文共8行，满行34字。碑体表面有凿痕，碑文略有残缺，字迹模糊。

【碑文】

重修浮濟廟記

嘗謂有其誠則有其神，無其誠則無其神，是神之有無，總不外心之敬肆也。人心雖敬行繇顯達假廟祠以妥神靈，此祈報之大典，存虔誠者未嘗不於意矣。西坡村距縣城十有五里古北山岳間竪一祠曰：浮濟廟，建自正德年間，歲久易湮，竟成傾圮之所。本村鄉民薛愛，履庙基慨然曰：廟既傾圮，神將何依？我等可坐視乎？遂捐己資，於萬曆三十三年八月二十八日率衆興工，各舍銀兩、雜粟，置買磚瓦木植，於正殿左聖賢祠，右新建土地祠，内塑粧彩畫，外築壘垣牆，於次年四月十五日，俱已完備。至是福善禍淫，民得安康之休，雨暘時若，穀有豐登之慶，皆神所賜也。亦見衆等誠敬所格，工完後瀆予爲文，且事不朽故云。

功德主　薛愛　妻李氏

糺首　張應廩　張應官　曹惟成　張汝義　郭邦有　張發庚　鄭一元　張應登　賈大臣　薛希羽　張□道

施錢人　薛堊　張朝恩　張翰敬　薛登武　郝應海　薛希順　郭邦後　薛□　鄭一和　張應販　張當□　薛希堯　薛□貞　薛□孝　張□堯　張永　薛邱信　鄭國定　張田　薛希旺　張君禹　曹國望　張宗孝　薛從周　高希舉　高印春　高印夏　康汝弟　李良才　曹□棟　刘興　喬增福　刘希武　刘永忠　刘永春　刘俊　刘丈　刘淳　刘希勝　刘稀有　刘得　張升才　王忠　程汝清　李遠　張自□　刘永賢　胡□　刘成艾　刘佐　刘敏　□　刘舍　刘珮　張甲寅　史扒蘆　刘三　張天禄　張何　馬思坐　刘山　曹宗堯　馬潔　馬原　高一丈　高一增　刘應仕　高鄉印　高向用　高守泰　樊召　樊告　高漢福　高向智　薛國珎　薛印川　薛大販　薛大庫　張運　刘海　柳應科　柳應倉　郭由寨　刘科　張汝德　狄汝稍　賀連桂　曹隆光　高幹林　郝江　郭淳芳　刘永禄　薛希堯　陳夥人　王汝官　賈福

塑□匠　齊廷貴　郭守綱　齊福　齊□

木匠　王應州

泥水匠　曹□□

取字人　郭子綱　男郭超賢　寫碑文人　康添宇

萬曆三十四年仲夏吉旦庠生張璿瑾撰

重修浮濟廟記

明故显考郭公之墓

【简介】

明万历三十七年（1609）四月勒石。现存于临县丛罗峪镇郭家塔村。碑砂石质，圆首，高103、宽53、厚10厘米，碑文楷书，碑阳5行，满行8字。碑阴14行，满行20字。碑阳为墓碑，碑阴为墓主生平。碑体下半部剥蚀严重，碑文下半字迹漶漫。

【碑文】

（碑阳）

墓志

明故顕考郭公之墓

室人劉氏

男……

萬曆三十七年歲次己酉孟夏吉旦

（碑阴）

夫與萬物同散者始聚之形，不與萬物共朽者百世流芳。兹郭公諱嚴（言）字大□號□溪者，生于丙申八月初□，卒於戊申十二月初十。憶翁生平之爲人也，□□□□□□量恢宏存心正直，處事端方謙和槼衆惠施貧民□□□傳家，耕讀垂訓，誕生伯子藍袍黌宫，次生仲子□□□□商遡斯世之懿行如故翁有幾，享人間之福祉□□□□年胡七旬之有三，競一疾而云亡。生寄死歸□□□□□壽考維祺令聞不已。孝子三讓等親敦風鑒□□□□鳳閣聯雲環河流以爲帶龍居接地羅山岳以□□□□□乃福地歸于福人也，媰親殯送子媳痛傷庶靈□□□□□萃願經長髮其祥。銘曰：

嗚呼斯立，山川悠悠。神人協吉，天降其休。先靈□□，子孫無憂。瑞氣永昌，福禄無疆。

夫與萬物同載者
不與萬物共朽者
芳茲
郭公諱
者生于丙申八月初
戊申十二月初十
翁生平之為人也
最敦宏存心正直處事端方謙和御衆惠
誕生伯子
次生仲子
尚遡斯世之懿行如
翁有光享人間之福祉
年朝七旬之有三竟一疾而云亡
孝子三謙等求諸風鑑
環河流以為帶龍居接地羅山
乃福地歸于福人也
親殯送子媳痛
以長發其祥
銘曰
嗚呼斯立山川悠悠神人協言天降其休先靈
瑞氣永昌福祿無疆

先祖碑记

【简介】

明万历三十七年（1609）七月勒石。现存于临县白文镇吴家湾村。碑青石质，圆首，已残，残高69、宽46、厚12厘米，记载吴氏先祖之事。碑文楷书，正文共8行，残存每行14字。碑体仅存上半部，下半部残缺，字迹模糊。

【碑文】

先祖碑記

夫人生在世，更古相傳，統於天地，以……門庭，托父母乎丘山。劬勞難報，撫……之父賣身而葬父，石鼓難明，進……母□大吉都人氏，□在東白都異……之子先於少年□興□房，然後多……生子崗全、時全，無初建新墳之……山門□懸塔，父之母往……□風備□矣，鐫石銘碑。

高祖吳文桀　曾祖吳鉞　祖父吳廷仁　吳廷義　吳廷礼　吳廷智　吳廷信　吳廷□　伯父……

旹大明萬曆三十七年七月十日

刻碑　興縣石匠牛□□　牛□□

宝珠山重修庙残碑

【简介】

明万历四十三年（1615）四月勒石。现存于临县宝珠山庙内。碑砂石质，圆首方座，高105、宽48、厚10厘米。碑文楷书，正文3行，行残存12字。碑体表面剥蚀，碑文残缺少半。

【碑文】

萬曆二十八年六月重修……三官聖像後添兩邊元……財帛採畫金粧聊且完俻

修造善誘武汗　姪武邦堯　男武□邦

萬曆四十三年四月初一立

郭九□　郭宗□　郭宗□　郭□□

平遥縣塑匠王沂　男王尚登

永寧州丹青　李奏

新栽清楊椿柳樹内外数株

火燎坡重修诸庙碑记

【简介】

明万历四十四年（1616）十一月勒石。现存于临县大禹乡火燎坡村。形制为圆首，砂石质。碑高120、宽60、厚10厘米，为修建庙碑记。额题“皇帝万岁”4字。碑文楷书，正文共8行，满行41字。碑体完好，但字迹漶漫。

【碑文】

旹建大明萬曆二十年敬立碑□本寺

夫慈悲弘力之施祈福□□□□□可□□聖□。然而□□大士猛見□問之以□□□□□之軀，養□或生之餘侄□□之傾。所以傾□則□海所□火聖□以臨刀項上曰，刃不傷□□□□□□公身無以或□禁臨□散記，□軀□是外力倫鑒，雖尽君軀□□必感靈徵□□□他曹浮也。距縣南四十里火燎坡□□已處士王玉行□□一方，□□人等同心共意，□□昔於萬曆□□年二月十九日，□□觀音聖殿、□□圓□大士、□□傍列關聖□□□登□□彩□光……又無三□□□施聖鐘一口懸掛聖前，人□河□其感□出修□藏於三載……示於不失者矣。

萬曆四十四年十一月十九日修序　□心□□闢歲庠序

主功僧道　甯門徒太□□……齊心□□藏庠序　王孟河

管丹信士　王吉武　……　馬士蘭　李□□　刘福世　……　武化成　王登□　杜明光

本村管丹人　樊前　王□□　刘□明　刘……　刘如智　男刘進學　刘進士　崔養恩　薛仁孝　崔榮善　男崔□□　崔□□　崔□□　張俊　王良臣　男王□　王升六　王孟州　王□　男王福□　五福大　……　暴江山　暴汝林　暴……劉福　高非　高……　張應科　刘光正　刘朝□　刘顕吕應光　吕可□　……　高世平張氏　張氏　李氏　崔氏　□氏　馮氏　王氏　……　刘廷順　刘進義　刘門高氏　男劉進忠……王孟海　張茂男　王倉　張氏　王敖　男王……　樊進　王……　王孟河　……

皇帝萬歲

山西汾州府临县孝才都王公墓志

【简介】

明万历四十五年（1617）八月勒石。现存于临县丛罗峪镇堡子峪村。志青石质，方形，高 38、宽 35、厚 5 厘米。志文楷书，正文共 14 行，满行 17 字。志石体原裂右上一角，近年遗失，志文依旧存照片补。

【志文】

山西汾州府臨縣孝才都王公墓誌

公諱三奇，字别峰，號東山，生于嘉靖三十三年九月二十二日，卒于萬曆三十九年十一月十六日，享年五十八歲，世居古臨州堡子峪村，乃公發跡之地也。公祖九淮，父第，累世積德，義重鄉評，因而産邁跡之子公也。公，氣象魁梧，心胸廣大，髫年間即抱中興之志，日夜勤渠，拮据有法，不数年家貲以鉅萬。稱居室，頗有荊公遺風。公配劉氏，内助良多。公之子，富而博學，早年間，雪案螢窗，胸羅武庫，已拔之黌宫矣。其妻郭氏，亦良配也。公之長孫在鎬，次孫在豊，若在晋、在臺、在沼、在囿、在京又其次也。今日之麟趾接踵，他年甲第聯芳，皆公陰隲所致也。故勒之於石，以誌不朽云。

旹萬曆四十五年八月吉日

庠生郝孔照撰

王公东山苗裔碑

【简介】

明万历四十五年（1617）勒石。现存于临县丛罗峪镇堡子峪村。碑青石质，方形，高 38、宽 35、厚 5 厘米。碑文楷书，正文共 15 行，满行 17 字。碑体完好，碑文完整，字迹清晰。

【碑文】

王公東山苗裔

男庠生王之綱　室人郭氏　孫男　王在晉　室人馬氏

廩生王在鎬　室人高氏

王在豊　室人劉氏

王在臺　室人武氏

王在沼　王在囿　王在京

孫女秀起兒　富秀兒　喜秀兒

女誠貴　適郭門

孫女春芳　適賀門

重孫女　王姐

石匠王成孟、王引、王絨、王通

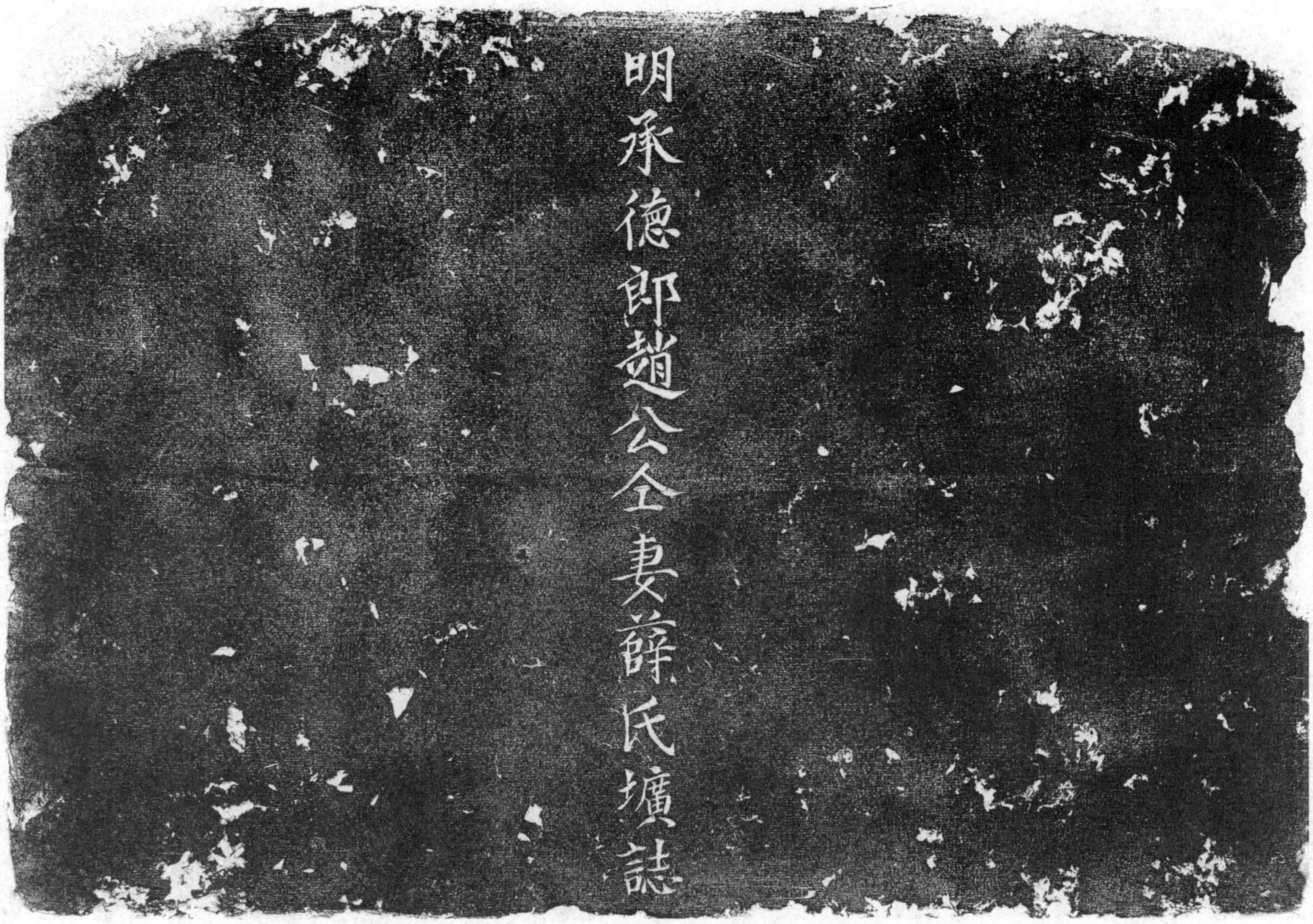

明承德郎赵公仝妻薛氏圹志

【简介】

明万历四十六年（1618）勒石。现存于临县三交镇正街村。碑青石质，长方形圆角，高 43、宽 63、厚 15 厘米。为赵祚与妻薛氏之圹志。志文楷书，志阳 1 行，共 12 字；志阴 19 行，满行 14 字。志石体完好，碑文完整，字迹清晰。

【志文】

（志阳）

明承德郎趙公仝妻薛氏壙誌

（志阴）

州同知趙公諱祚號位宇，汾州府臨縣安業都人，由廩膳加級守銓而逝。生於萬曆甲戌十二月初五日申時，卒於萬曆戊午二月初五日申時，享年四十有五。父承基南城正兵馬，母秦氏，贈孺人。妻薛氏，庠生薛宗周之女，生於萬曆乙亥十二月初四日申時，卒於萬曆乙卯七月初三日酉時，享年四十一歲。弟七祁祧袍禕，德慶德禎德運。子三完璧、全璧、聯璧。女一，適牛門。孫三永安、永昌、永旺，俱完璧出。萬曆戊午十月初六日寅時合葬於趙家塔北山之陽。公居左，配居右，是之爲誌。銘曰：

維兹北山，艮止有常。靈氣攸鍾，鬱鬱其光。

幽宅既兆，終焉久臧。子孫繩繩，億萬其昌。

州同知趙公諱衸號位宇汾州府臨
縣安業都人由廩膳加級守銓而逝
生於萬曆甲戌十二月初五日申時
卒於萬曆戊午二月初五日申時享
年四十有五父承基南城正兵馬母
秦氏贈孺人妻薛氏庠生薛宗周之
女生於萬曆乙亥十二月初四日申
時卒於萬曆乙卯七月初三日酉時
享年四十一歲第七衸祓祂禕德慶
德禎德運子三完璧全璧聯璧女一
適牛門孫三永安永昌永旺俱完璧
出萬曆戊午十月初六日寅時合葬
於趙家塔北山之陽公居左配居右
是之爲誌
銘曰
維茲北山　艮止有常
靈氣攸鍾　鬱鬱其光
幽宅既兆　終焉允臧
子孫繩繩　億萬其昌

明处士赵公讳应科妻张氏之墓

【简介】

明万历四十七年（1619）二月勒石。现存于临县车赶乡赵家塔村。碑青石质，圆首，高93、宽54、厚20厘米。碑文楷书，计1行，满行12字。碑体完好，字迹清晰。

【碑文】

萬曆歲次己未仲春吉旦爲

明處士趙公諱應科妻張氏之墓

男趙□　趙□　趙□

孫庠生趙國忠　庠生趙國士　庠生趙國信　趙國卿　趙國潤　趙國棟　趙國蘭　曾孫趙象賢　趙明性　趙英傑　趙清性　趙懷德　趙懷宗　趙道性　趙興龍　趙登雲　趙懷奇　玄孫紹先　繼先　立

明故显考薛汝豸高氏之墓碑

【简介】

明万历四十七年（1619）四月勒石。现存于临县招贤镇郝家山村。碑青石质，圆首，高108、宽45、厚9厘米。额题“碑记”2字，左右刻“日”“月”。碑文楷书，正文共5行，满行28字。碑体完好，字迹清晰。

【碑文】

刱碑記

且夫天地生人，古往今來，殆紛紛矣，切思父母之恩，昊天罔極，爲人之者，故不可以不孝。縣南八十里，吾今祖置樊坡頭，名號汝豸高氏，有子商議曰：必號生我父母之情，至大勞之恩，建墳墓一座，後靠北山，南覰虎崗，東西皆有風水可觀。内砌磚修葺，使土不近於親，雷月亦可以少伸吾辟。爲此創立之也，爲墳子稀常之記。

明故顯考薛汝豸高氏

男薛宗文　室人楊氏　薛宗武　室人高氏　薛宗斌　嚴氏

婿張希孔　薛氏

孫男薛邦相　薛邦梧　薛邦宰　薛邦遷

大明萬曆四十七年四月十五日　立石

明故显考赵公之墓

【简介】

明天启元年（1621）勒石。现存于临县车赶乡赵家塔村。碑青石质，长方形圆角，高 55、宽 60、厚 14 厘米。碑文楷书，正文共 1 行，满行 8 字。碑体完整，字迹清晰。

【碑文】

公諱佐

明故顯考趙公之墓

男趙進忠　趙進琢　趙進珺　趙進光　孫趙持　趙守

天啓元年仲春吉旦

明故孙公汝元室樊氏马氏之葬

【简介】

明天启二年（1622）二月勒石。现存于临县三交镇孙家沟村。碑青石质，圆首，高80、宽53、厚14厘米。额题“葬志”2字。碑文楷书，正文共4行，满行18字。石体完好，字迹清晰。

【碑文】

赠孝父砌茔詩：

人生孝順最爲強，立祖新墳五方安。青龍左水冲脈喜，白虎形勢显高崗。

朱雀玄武兼齊美，中央葬父過忙山。可愛此地真大吉，後代子孫伴帝王。

明故孫公汝之室樊氏馬氏之葬

高祖孫臣　薛氏　男孫廷佑　孫廷意　孫孫汝元　孫汝害　重孫孫文有　武氏　孫法　增孫守林　孫守選　孫守民　孫守禀

陕西田石匠

皇明天啓二年二月十三日卯時立石

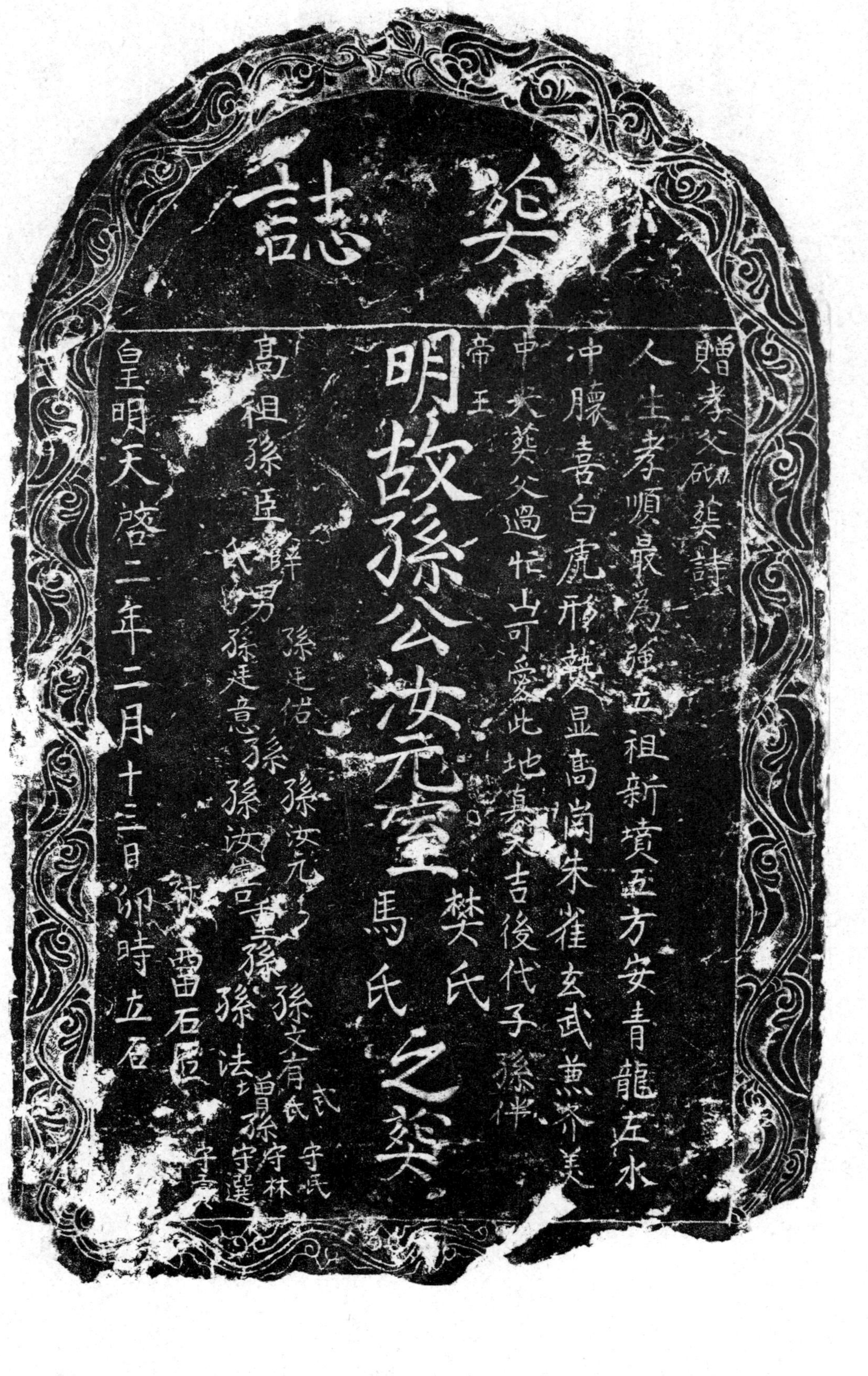

铭故小泉王公讳敬张氏韩氏刘氏

【简介】

明天启五年（1625）七月勒石。现存于临县三交镇东王家沟村。碑青石质，圆首，高 104、宽 49、厚 16 厘米，为王敬墓碑。额题“墓志”2 字。铭文楷书，正文共 3 行，满行 19 字。碑体完好，字迹清晰。

【铭文】

山西汾州府臨縣義居都民籍見在子孫，爲已故父母勒石，俾後代蕃嗣，以爲遺念。

銘故小泉王公諱敬張氏韓氏劉氏

姪子立嗣王朋秀立

男王黑漢　王天喜　王重喜

天啓五年七月三十日吉旦

陈公世万字大宽寿葬铭记

【简介】

明天启六年（1626）七月勒石。现存于临县碛口镇寨子山村。碑青石质，圆首，高 140、宽 62、厚 12 厘米。额题“陈公之墓”4 字。碑文楷书，正文共 13 行，满行 23 字。碑体完好，字迹清晰。

【碑文】

陳公世萬字大寬壽葬銘記

嘗謂生歿一理，始終一道，凢人之生也，動静起居之有其室，及其終也，潛軀隱形之有其穸，乃必然之理矣。然而，常人在世，起建楝宇，修飾宅舍，而謀於始不能慮其終，則塋葬之有無，更不看意焉耳。今有陳公大寬者，生於嘉靖丙午，制於天啟丙寅，江公之子，之公之孫，自童歲期，賦性倜儻，整甲扶户，應後都耆，治家有道，置業豐盈，持齋守戒，看經禮懺，設會求生，淨土預修，準備冥資，施財修寺，捨地養僧，濟弱扶貧，凡有舉善，無不勇投。陳公而有雷終之道也，於是本川坤山平原卜墳一區，乃嘉祥獲福之地也。造置灰石，命工脩砌一葬，規模楷正其端嚴矣，堅密鞏固其永久矣，周圍光潔其焕然矣。觀此陳公有制作機巧，調度精詳而能人之所不能也，他日歿後，形軀永保無虞，棺木愈堅不朽，而至得始終，昌後之道矣，豈可忽焉，永爲後記云耳。

天啓丙寅八月中浣十三日立

孝男陳九仕　孫男陳光整　陳光大　陳

兴福碑记

【简介】

明天启六年（1626）九月勒石。现存于临县曲峪枣庄真武庙内。碑砂石质，圆首，高120、宽60、厚12厘米。额题“兴福碑记”4字。碑文楷书，正文共7行，满行32字。碑文记述重修三圣寺之事。碑体表面有剥蚀，碑文略有残缺。

【碑文】

夫以聖道遠而難希，淨心近而易惑。爲山基之一簣，爲天起於初心，故萬里尅淮，初步而不登三祇之功，非始罔就。今有山西汾州府□□□南北二都許此境，各□村人民見得三聖寺年遠日久，至今潰毀殘□□□。會首刘君應品，薛君九應、白君文正、高君會四公，誠心協意，重修古□□□□□周圍彩飾□相内外，今備雖□會舉意，全仗一方善信，大家同發道人□□共成殊勝領□資□□□國家洪福，□保人民，殃咎南北，淳和賄賂，交通旱澇□□□□堯年□鐘漸濟於□日捨財□信運力，諸人□恩既積神海弥深者矣。

會首　薛九應　刘應品　男刘自旺　刘□□　白文正　高會

旹龍飛天啓六年歲在丙寅九月下旬庚寅日甲辰時吉旦

正覔寺書字僧德清淨躰

本都□陰陽人　劉登祿

本鎮丹青　賀三益　刘丹青

北都木料　白承厚　白永艾　白文選

白水縣鐫字人　党惟真

施錢人等

高華　苗守雲　郭寧□　苗明□　□□□　薛□□　薛廷滿　高能　刘尚厚　刘天福　張應臣　白自法　薛應得　薛希夏　刘尚艾　薛九法　高伏　高會　刘崇只　高要　刘可虎　高昌　薛希能　喬自異　苗大興　刘尚祿　刘可冬　刘可大　刘應消　薛希臣　刘應龍　高承恩　刘君秀　薛希俊　高自理　薛自鐸　刘可□　刘可延　刘九□　高□　白自春　刘自貴　薛希忠　薛應□　李□厚　高得　刘萬□　高恩　郝有福　高安　高台　高希閔　高□□　高有福　高守全　高守信　王□□　苗□□　□□　高□□　高□旺　李□□　薛自□　李□□　薛希□　薛□□　刘宇正　仝立

興福
碑記
全立

重修神庙记

【简介】

明天启六年（1626）十月勒石。现存于临县城庄镇小马坊村。碑砂石质，圆首，已残，残高95、宽54、厚12厘米，为重修三庙碑。碑文楷书，正文共8行，残留每行14字。碑额及碑下部残缺，缺字较多。

【碑文】

（碑阳）

重修神廟記

嘗謂小馬方有龍天、白龍、崇應侯廟，其來久矣，但年久毁壞神無所棲，以修造之不得其法也。特有大孝張汝舜等目擊心痛，不忍坐視，於是鼓舞一村人等，喜心佈施，不惜財物，請陰陽以擇其吉日，覔工匠以施其人功，選木修蓋，磨磚細砌，不惟廟貌更新，仕人觀瞻，一旦修整有方，永久弗毁，所以至動禪福其虔風調雨順，保佑一方，皆因修造之，故立此碑，以示後世。

時天啓六年十月二十五日

功德主　張汝舜　糾首（20人）

（碑阴）

張琢　張炳　張達　田迎春　張汝稍　張汝精　張九川　張汝長　張更化　張希恩　張希聖　張九元　張九敬　張守管　張天興　張希元　張君命　張汝友　張希正　張汝全　張喜化　張守法　張汝曾　張守業　張首　張禮　張教　張鑒　張昌　張領　高汝敬

陰陽　王維德

僧人　正茂　正雷

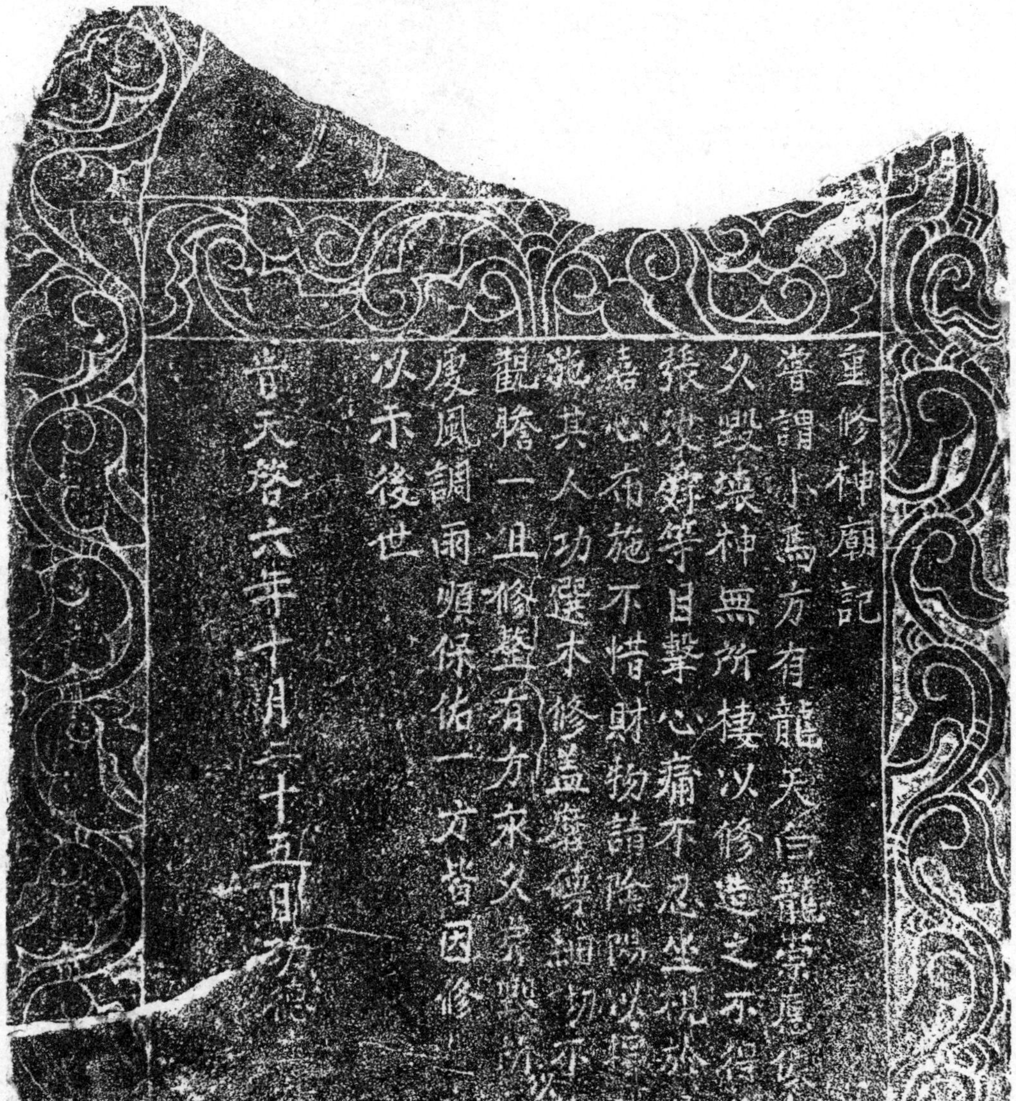

李君爱墓碑

【简介】

明天启七年（1627）十月勒石。现存于临县青凉寺乡柳沟村。碑砂石质，长方形，高32、宽112、厚8厘米。碑文楷书，正文23行，满行8字。碑断为两截，碑文有缺失。

【碑文】

盖□氣升西，體不□魄□也。人之有死，氣□其无，魂升於天，魄降於地。擇年月日時之利，爲子孫富貴之基，氣聚則生，氣散則死，死則魂氣歸于天。故曰："升魄体藏于地。"故曰："降生得□□之□□者，□平生富貴之□；葬得入土之□□者，乃子孫有世之蔭也。此□□□□□而已矣！"盖……父母敬六親，和鄉黨，財濟一方，無利□，救貧救苦，惜孤寡，□老怜貧，教子……於後世。

故曾祖　李除　李官　高氏　李安

故祖父　李得嶺　康氏　刘氏　父　李自稍刘氏

旹大明天啓柒年歲次丁卯孟冬辛亥□卯日

葬主　李君愛　妻秦氏　劉氏　□氏

长安堡碑记

【简介】

明崇祯十年（1637）二月勒石。现存于临县湍水头镇邓家塔关帝庙内。碑青石质，圆首方座，通高约 150 厘米，碑身高 120、宽 57、厚 16 厘米，座高 30、宽 67、厚 41 厘米。额题“皇帝万岁”4 字。碑文楷书，正文 11 行，满行 59 至 62 字。记载长安堡的历史和修建过程。杨开泰撰文，杨迎凤、王国华书丹。保存基本完好。

【碑文】

長安堡碑記

自古談兵者，首天時，獨子与氏曰：“天時不如地利，地利不如人和”。人和可易言哉？蓋人心至渙，必有人以固結之；人心至怠，必有人以鼓倡之。是以美里名焉，概自崇禎元年，流寇蜂起，始於秦，流於晉，如臨邑與永寧、寧、石等處，山僻巉崄，賊遞佔據，民舍改作賊之巢穴，民途變爲賊之通衢，城郭堡寨屢經侵犯，明攻暗陷，不可救□。本村□迹鄧家塔，於崇禎五年，經賊數萬，父子離散，夫妻不保。永郡生員楊迎風有感於此，而語衆言曰：“此鄉北嶺，勢據高山，有可恃之地利，險居嶙峋，有不拔之金湯。”於是，率衆築堡，人心忻然，不日成之。自後父子干城，兄弟捍衛，巡守禦敵，永保無虞。地利人和之徵也。然人和有自本村王諱彦同者，由貧苦勤儉起家，一方均沾恩惠，有男長曰慶，次曰□，繼父志，述父事，捐資濟衆，人之感恩，尤有篤焉。是以天眷大德，嗣孫名國華者，遊泮成名，其經理堡事，多方劝諭，曉夜巡守，盡心竭力。□經繼述之至善者也。幸仗糾首王河、張科、高自興、高自旺、王□步、王雲晏、張希後、楊君鳳，性醇行芳，皆君子路上人也。相與協力，共成偉績。僉曰：“堡寨無主，乃亂。神者，堡之主也。”是以國華信發虔誠，捐施木植，建關帝聖君廟貌並獻殿。一年四季，然尝感格，雖然“神之格思，不可度思，矧可射思”。若徒尚虛文以爲報答。神雖福民，不爲呵護，伏願本堡人人存心向善，積累世之德，享祀虔誠，格如在之神。人曰：“禍因惡積”。予曰：“福緣善慶”。果爾人心端正，創行懿美，天必佑之。雖禍亂之世，一方之安康有餘慶焉。誠不拔之金湯已。華，予婿也，求予以文，予村野俗儒，文不能也。姑就本堡實績表敘云爾。其字句鄙俚，意見庸膺，希大方家恕哂□礼。

永郡庠生楊開泰撰

永郡庠生楊迎鳳　臨邑庠生王國華書

李三問　男元奇　王河　男王云明　王云晏　男刘鎖兒　辛酉兒　王□□　男王□　王國華　男春奇　王國□　男□□　王國衫　男直奇　王國祚　王國英　王珺　張科　男張希榮　張希成　張希後　男福貴　張希福　王云務　王云□　王云□　男張鎖兒　楊君鳳　男簡伴　奇旦　楊□鳳　張英　馬士喜　高自旺　男高林　男薛宝　男高荣　男流大　高英　男如龍　男東□　張右科　男張稳　高自竴　男高後　跟成兒　胡自勇　男曹鎖　吳自竴　李榮　男三□　李鎖□　高養明　胡奇兒　胡恩　男三小則　魏喜奇　張□□　馬如龍　張信大　馬如林　魏成選　張自有　張明慶　男黑稳兒　張稀有　高孝　高信　趙汝明　男喚大兒　偏眼兒　薛邦太　男管定　侯存□　男許奇則　郭□秀　郭馬年　王世宰　李智選　趙明　崔應春

崇禎十年丁丑二月癸卯初六日丙子吉

皇帝萬歲

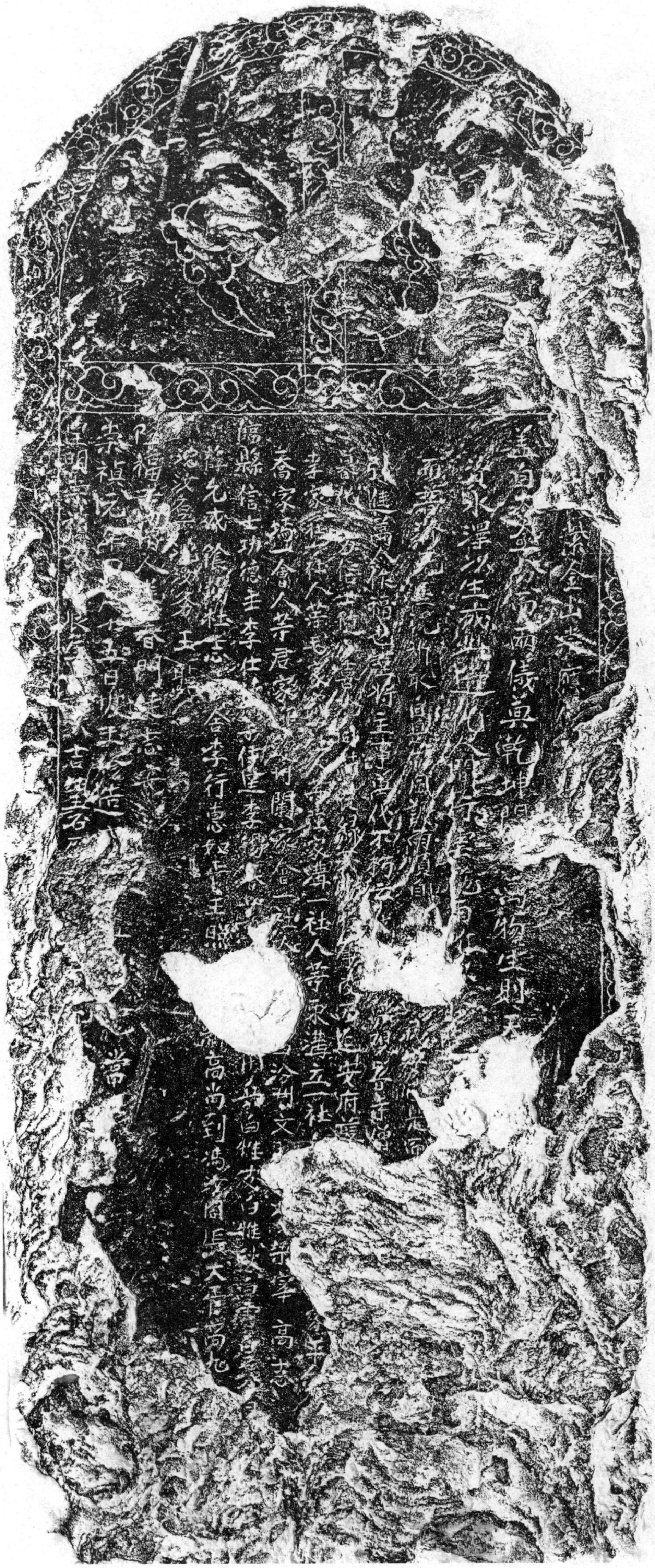

重修紫金山崇应侯庙碑记

【简介】

明崇祯十三年（1640）勒石。现存于临县紫金山崇应侯庙内。碑砂石质，圆首，高155、宽61、厚12厘米。碑文楷书，正文共4行，满行28字。记述重修崇应侯庙之事。碑体剥蚀严重，碑文残缺严重。

【碑文】

□□紫金山崇應侯□□

蓋自太極一分而兩儀奠，乾坤合□□萬物生。則天……資水澤以生成與造化人間，行雲施雨……而善濟□□□祈水自是□風調雨順，自□□……是而……引進萬人作福也。謹將主事萬代不朽云……觀音寺僧……募化□□信士□□喜□同結□緣□□□□□。陝西延安府葭……李家莊一社人等、王家窪一社人等、王家溝一社人等、東溝上一社人等、喬家塢一會人等、君家峁□□、蘭家會一社人等……汾州文粱宰　高志……

臨縣信士功德主　李仕□　李□達　李楊春……兵　白惟有　白惟秋　白雷　白應分　……　薛允成

陰陽　杜志

□捨　李行惠　如正　王照　□□□　高尚利　馮汝周　張大管　高旭……　沈汝厚　沈汝務　王□

隆福寺僧人　□春　門徒志安

崇禎元年四月十五日□土修造……常……

皇明崇禎庚辰年□□大吉望石

明故显考讳养性张公神位碑

【简介】

明崇祯十三年（1640）勒石。现存于临县三交镇沟门上村。碑青石质，圆首方座，高 91、宽 44、厚 15 厘米。额题“墓志”2 字，碑文楷书，正文 1 行，满行 11 字。碑体完好，字迹清晰。

【碑文】

號東楼

明故顯考諱養性張公神位

男張鳴漢　張勝漢　張翼漢

孫張瑃　張琇　張瑜　張玢　張理　張瑞　張珍　張瑄　張璞　張珽　張瑆　張琨

玄孫張運開　張運昌　張運亨

崇禎拾叁年仲冬吉旦立

明显考恩妣之墓

【简介】

明崇祯十五年（1642）七月勒石。现存于临县车赶乡赵家塔村。碑青石质，圆首，高135、宽57、厚17厘米。碑文楷书，正文2行，满行36字。碑体完好，碑文完整，字迹清晰。

【碑文】

明顯考恩妣之墓

父諱時化號東庄，生於嘉靖丙午年伍月拾捌日，卒於崇禎貳年正月貳拾叁日，享壽捌拾肆歲。母姓薛氏，生於嘉靖己酉年秋捌月拾壹日，卒於萬曆甲寅年肆月貳拾壹日，享壽陸拾陸歲。

崇禎十五年歲次壬午柒月拾伍日建

男趙祿　趙裕　趙衫　生員趙綸

孫旗牌趙維晋　生員趙光晋　武生趙甲晋　生員趙繼林　生員趙繼晋　生員趙魁晋　趙章晋　趙鵬晋　趙慶□　趙慶容　趙慶名

曾孫趙□□　趙永祥　趙正己　趙永慶　趙永年　趙永積

敕封明承德郎南城正兵马显考小斋赵公孺人秦氏恩妣左氏墓

【简介】

明崇祯十六年（1643）二月勒石。现存于临县车赶乡赵家塔村。碑青石质，圆首，高 135、宽 61、厚 16 厘米。碑文楷书，正文计 1 行，满行 16 字。碑文完整，字迹清晰，碑体完好。

【碑文】

崇禎癸未春二月吉日

勅封明承德郎南城正兵馬顯考小齋趙公孺人秦氏恩妣左氏墓

男州同知趙祚　監生趙禔　衛經歷趙祁　遵化知縣趙祱　序班趙袍　庠竹趙禕　庠生趙裍　庠竹趙補

孫庠生趙全璧　主簿趙完璧　廩生趙拱璧　庠生趙連璧　庠生趙尺璧　武生趙昆璧　趙和璧　趙符璧　趙聯璧　趙雙璧　趙穀璧　趙俊璧　趙瑞璧

玄庠生孫趙景温　廩生趙景猷　趙二猷　趙企獻　趙景漢　趙廣成　趙廣奇　趙大年　趙永平　趙延年

曾孫趙五福　趙五德

仝立石

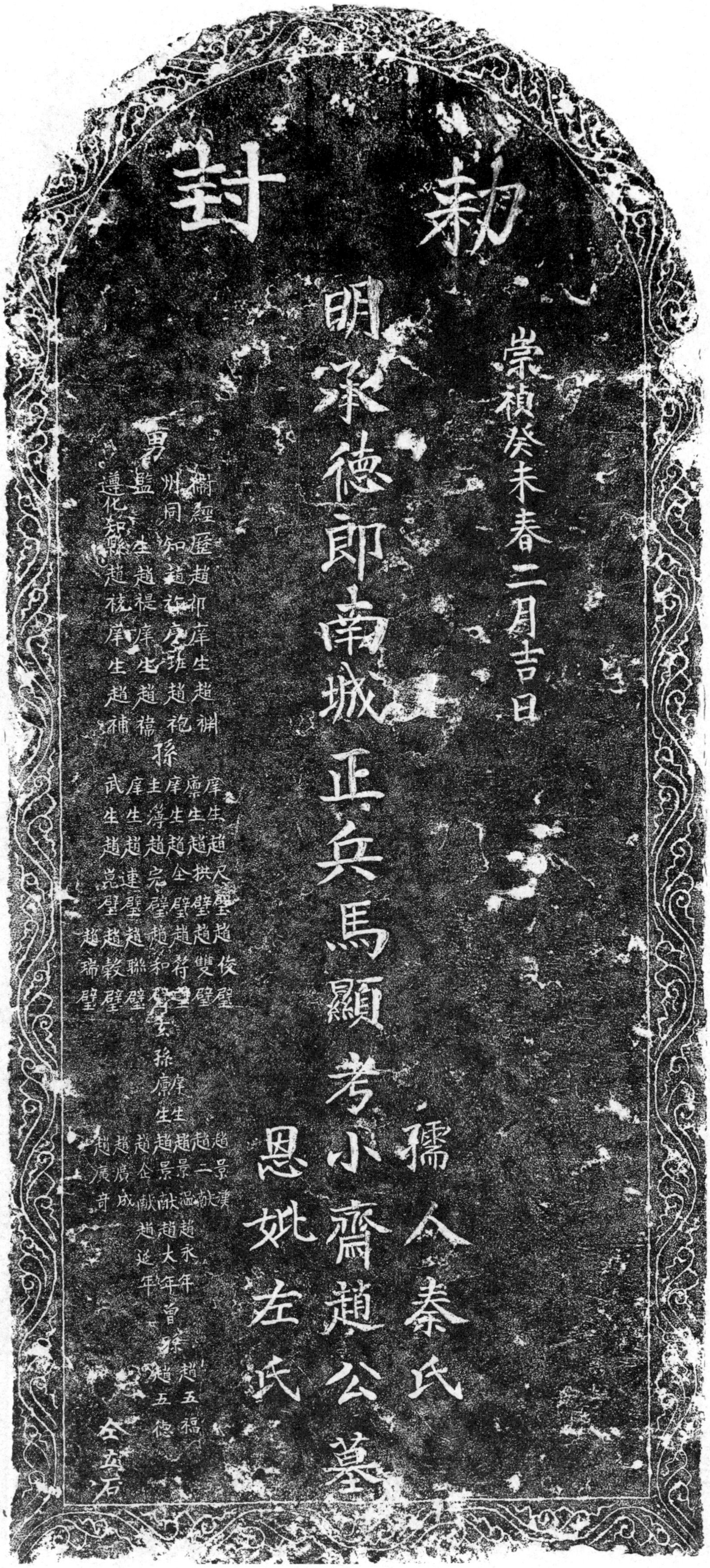

苗友义墓碑

【简介】

明代勒石。现存于临县曲峪镇蒿局子村。碑砂石质，方首，高96、宽60、厚14厘米。碑文楷书，正文9行，满行9字。碑体下部略有剥蚀，碑文完整。

【碑文】

公故父苗友義

母郭氏　郭氏　李氏　白氏

兄苗谷俊　高氏　高氏

弟生員苗碩　苗騰　苗谷珉　薛氏　男義官苗景富

姪男苗荣富

石工　高瓚

陰陽　賀友文

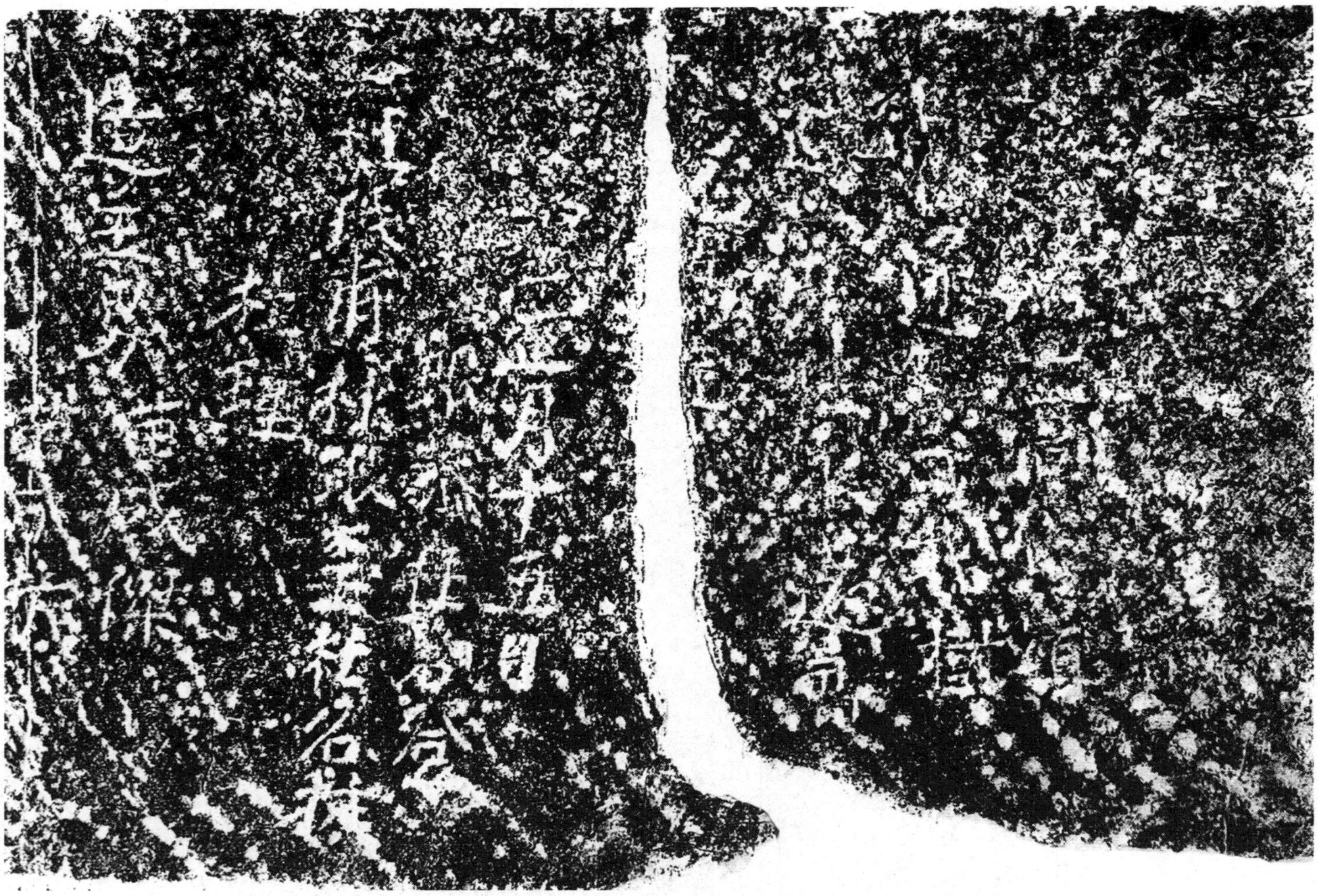

莲花池无梁殿石梁题记

【简介】

明代勒石。现存于临县克虎镇莲花池村高佛岭。砂石质，长方形，石刻高 26、宽 38、厚 26 厘米。刻文楷书，正文 10 行，满行 9 字。刻文缺失多半，字迹模糊。

【题刻】

……智……高□□順……樹□□□□永遠　高……蓮月十五日……張恭柱石合……杜□甫村□□杜名柱　杜瑾　造主　男苗成傑　苗成□

清

奉天承運
大清嘉慶十一年十二月十二日
男布政司理問王佩瑜

明显考赵公恩妣郝氏薛氏之墓

【简介】

清康熙四年（1665）三月勒石。现存于临县车赶乡赵家塔村。碑青石质，圆首，高 83、宽 46、厚 17 厘米。额题“如杜”2 字，碑文楷书，正文共 3 行，满行 18 字。碑文完整，字迹清晰，碑体完好。

【碑文】

明顯考趙公恩妣郝氏薛氏之墓

生於萬曆六年戊寅相九月二十五日。公諱裕，號継庄，享壽八十七歲，卒於康熙三年甲辰相八月二十五日。

男原仕平陽府夏縣訓導趙光晋　太原府儒學生員趙継晋

孫武生趙玫　趙逢琦　生員趙廷璧　曾孫趙全□　趙伯紹

康熙四年歲次乙巳三月吉旦立

铭显考赵公恩妣刘氏之墓

【简介】

清康熙四年（1665）七月勒石。现存于临县车赶乡赵家塔村。碑青石质，圆首，高92、宽44、厚17厘米。碑文楷书，正文共3行，满行19字。碑体完好，字迹清晰。

【碑文】

銘顯考趙公恩妣劉氏之墓

生於萬曆叁年十二月初一日，公諱禄號小庄，旗院管糧旗牌官，享壽八十八歲，卒於康熙二年七月十二日。

男旗牌官趙繼晋　武生趙甲晋　生員趙繼抃

孫生員趙璜　武生趙璿　趙廷昇　趙廷献　趙廷輒

曾孫趙海量　趙海容

康熙四年歲次乙巳七月吉旦建

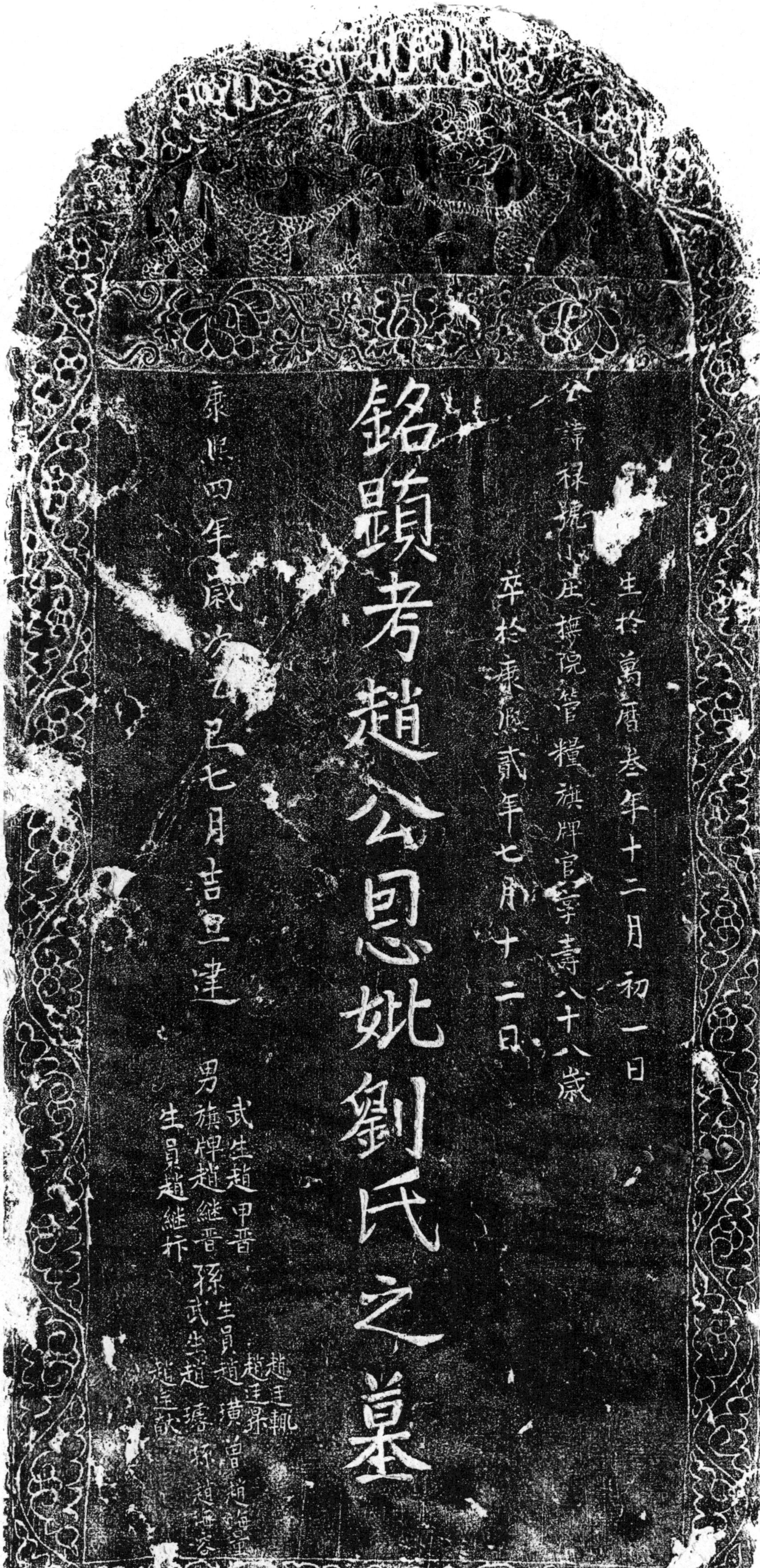

黄龙山重修北岳庙碑记

【简介】

清康熙二十一年（1682）勒石。现存于临县临泉黄龙山北岳庙。碑砂石质，圆首，已残，残高53、宽68、厚15厘米，记载重修北岳庙之事。碑文楷书，正文共16行，行残留3至8字。碑体残损严重，只存中间一段，且下部剥蚀，缺字严重。

【碑文】

助宣造化□□□者……以東至□□□有……餘里□□□知……哉求其……治壬戌……紳衿士……而未竟其業……而獻殿告成……營相度間忽……歎神之惠……之越賧，邑人……爲不善。幸偍……覺也，夫掘地……民爲也而事……作不善降之，百……志熙熙民風穆穆不……浣之吉

……比陵莊搢撰

……典史王遵

……選知縣趙尺璧　舉人……

重修龙天庙记

【简介】

清康熙二十五年（1686）九月勒石。现存于临县城庄镇阳宇会村。碑砂石质，圆首，高146、宽65、厚15厘米，记载重修龙天庙之事。额篆“重修龙天庙记”6字。碑文楷书，正文共10行，满行57字。碑体剥蚀，下部尤胜，碑文残缺较多。

【碑文】

重修龍天廟記

祀典曰：能捍災禦患則祀矣。譜云：凡有益於民生則祀之。矧我有□□以若□賜以時風雨以……舉，更當何如耶。臨北坎距城十有五里陽耳會村，襟山帶水，地平土肥，旬邑□爲沅□出村里……能天行祠焉，不知經始何年，自崇禎後未補修，復當事補葺者四十餘年，見今簷禿瓦破，無所……他□報，屆期詣廟禱塞跪拜者，咸香火□□煙蔓草間衆裕者亦獲泊飄，將子風雨中，不幾神人而有遺憾與，故數……不果，里中人有郭姓昌基其名者，因慨然曰：神人所□也，廟都所接也，神無所棲，人何所依乎？遂與鄉人謀重修……溪。西會刘來陰□約衆等亦樂其捐獻事，不數日選材征料，鳩工集衆，富者輸資，巧者湊技，致廟□兩……三間……形，橫其基址，翻其門墻，名雖重修，而實不亞創建也。愈數月工竣，□□莊嚴，金碧相映，煌煌然而之靈□次缺……不復以人間世□乎，如遊蛟宮焉，庶神妥其宅，人食其賜，□賜咸若風雨以時，旱澇……無詳，記之曰：是舉也，肇於丙寅仲春之朔五日，竣於季秋重陽節日。俾後之□，子踵是□者□□□□家云……

□□□□□敬書庠生郭世京撰

吏員刘永屬　郭礪京

糺首　張居國　白廷璧　張□芳　張鑑　高□□　高發世　刘光先

社人　張文俊　張文英　張蘭芳　張德芳　張門楊氏　李奇順　問江光　王君喜　高清品　白國臣　張□秀　賀□鳳　喬方□　張門□氏　郭永盛　李奇盛　刘□盛　賀聖鬱　秦萬倉　郭國疆　常芪範　張□運　胡加善　田如□　郭成周　刘祚萬　高進明　張□祿　白銀喜　秦喜　張文興　刘順　田如喜　胡自法　高英　高定世　朱守家　郭命疆　張□飛　張得弘　田富財　高如飛　李思才　王開吉　高卜世　郝世臣　張可立　張云明　段□□　李之□　問正花　柳□□　李□□　刘計□　溫自□　溫□亮　張敬　□□雲　張□□　白如昌　□□□　□□□　□□　張永太　□□□　白□□　□□□　高□□　□□□　高□□……郭庚申　郭辛酉　□□□　□步恭

康熙二十五年歲次丙寅季秋朔越吉日立石匠高現麟

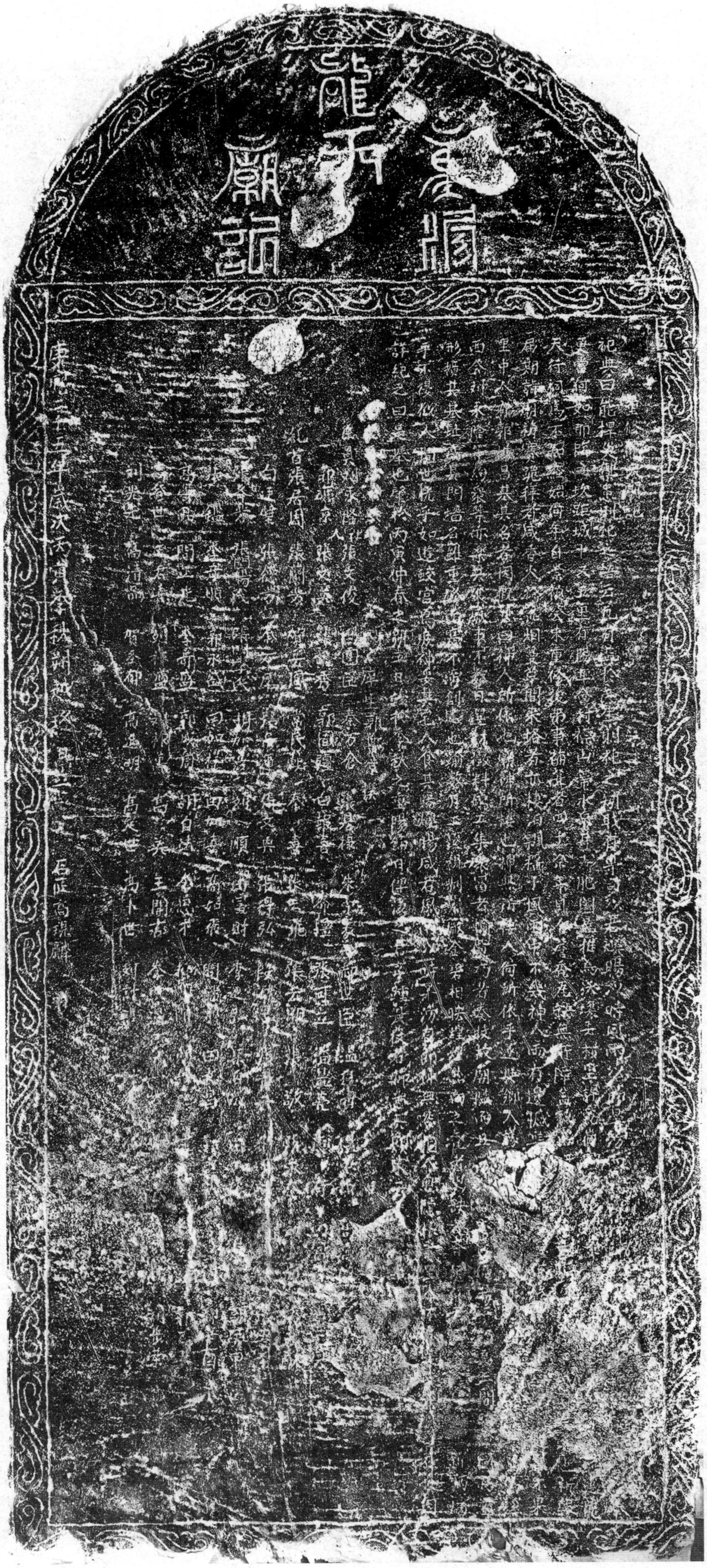

皇清赠文林郎王公暨配孺人赵氏合葬墓志铭

【简介】

清康熙三十年（1691）五月勒石。现存于临县丛罗峪镇堡子峪村。志砂石质，方形，高41、宽41、厚7厘米。志文楷书，正文共38行，满行25字。志石略有残损，志文略有缺。

撰文者薛蕴芝，字瑞阶，陕西吴堡川口村人。清顺治辛卯（1651）举人，辛丑（1661）进士。任贵州龙里县令，为官清正，视政有声，劝民勤农桑，开渠溢田，成绩突出，后因吴三桂之乱，不乐仕途，弃官归乡，读书设道颇广，受人敬慕。暮年纂吴邑志，至道光年间，尚存其稿。

书丹者乔士容，猗氏人，曾任江西督学。

【志文】

皇清賜贈文林郎王公暨配孺人趙氏合葬墓誌銘

賜進士第原任貴州龍里縣知縣眷弟薛蘊芝撰

賜進士第内閣中書年眷姪喬士容書

山西臨大河之濱，著姓王公諱在雍，字漢章，别號臨川，世有令德。至迺祖諱三奇，益陰行善事，父諱之綱，字振宇，隱於農，積粟時估累貲数萬金，好義樂施。舉丈夫子有七，皆庠中佳士，多而且賢。公行七，爲兒時精神丰彩，迥異尋常。十一歲壬申，當明懷宗之五年，流寇陷城，奇公狀貌，皆稱七相公，保全無恙。十三歲甲戌，寇訌肆掠，焚碑楼，又擄公去，視爲奇貨，非多金重貝，渠欲难饜，公身未易贖也。公有膽識，夜遁脱重圍。平定後，制舉子業，弱冠採芹，文名甚噪，不獲售知，有以留示子若孫也。公示父先承志，母早逝，每一念及，泪輒淫淫。下則友，因心睦族敦俗，教子則恩義相維，御僕則寬嚴有法。至於齒老恤孤，𢮦驢紓難，振乏殆無虚日，尤習勤蚤起，課農及時，而衣未純帛，食不兼味。且坦懷與人，大度容物。其生平行誼，概如此。是公之孝以忠訓也，公之弟以敬訓也，公之儉以廉訓也。公之謙恭仁厚，以子民拯世訓也，厥后克昌宜哉。元配趙氏孺人，貢生浙江黄巖縣二尹陶公次女，寔全女德，諸子成立，得之母訓者多。若長孫□幼失所恃，□護□□□焉。子七人，長永清，丙午舉人，娶吴堡辛丑進士貴州龍里縣知縣□□芝長女，繼娶吴堡貢生慕僑□次女。二永安，庠生，娶邑庠薛冲□長女，繼娶米脂縣庠生艾元□四女。三永齡，庠生，娶邑貢生趙魁晋長女，繼娶邑庠□□□□。四永春，乙丑進士，娶綏德朱維翰次女，繼娶□□□□蘊蒲長女，又續娶三女。五永興，增生，娶邑庠趙聯璧長女，□□□□□□庠生，娶吴堡薛蘊蘭長女。七永培，廪生，娶拔貢生趙拱□□□。女三人，長適米脂縣□□□闖同知艾泰徵孫瑗；次適邑庠賀美蕃；三適邑庠趙□□。孫男十三人，爾標，庠生，長門薛氏出，娶□三弟銓女，尔昌……方女，尔憲、尔章，艾氏出，尔熾，聘張克仁……士傑女，三門趙氏出；尔翼，四門薛氏出；□元聘……五門趙氏出；尔□、尔喆，六門薛氏出，□氏兄……尔珏，七門趙氏出。孫女九人，長適米脂舉人廣西道……孫尔绳；二適邑庠趙林；三適貢生見任榆社縣訓導樊如聖孫子美。已字五，未字二。公生于天啓元年辛酉三月十五日，卒於康熙十九年庚申七月十九日，壽六十歲，已塟先塋之次，趙孺人生於萬曆四十八年庚申十月初九日，卒於今康熙三十年辛未二月初十日，壽七十二歲，卜吉於五月十七日合葬，請余誌其墓。嗚呼！余與髫年友，且誼閔姻戚，方余赴黔時，公餞邑門外，虜鑾烟瘴雨，衷言如昨，及魔焰勢□，余幸生還，而公厭塵世已十有一年矣。余歸不見公，生離死别，不禁痛哭久之，泪眼感慨，因述其可傳於世者，以垂不朽云。銘曰：

黄河之曲，厥土維墳。公偕厥配，乘彼白雲。松蔚千尺，芝叢九莖。振振翽翽，麟遊鳳鳴。龍章載錫，紫誥重封。汾陽江左，接武芳蹤。

康熙三十年辛未五月十七日

不孝男永清等　孫爾標等　仝泣血納石

重修浮济大王庙碑记

【简介】

清康熙三十三年（1694）五月勒石。现存于临县临泉镇上西坡村。形制为圆首碑，砂石质。碑高156、宽70、厚12厘米。额题“碑记”2字。碑文楷书，正文共6行，满行49字。记载重修浮济大王庙一事。白以清撰文。碑体剥蚀严重，碑文残缺，字迹模糊。

【碑文】

重修浮濟大王庙碑記

聞之，是庙之修始自明季，其所以□□□之由來……澤□□土□神□□明□□歷年久而庙頹圮□聖像□零蕩乎神□有□其何□其□□中□民□□□□□□□急□□□□□□□□□□□□□煥然更新□□□□□但德高难于造厦□帛可以成裘故□□□村居民□□盛□□□□□□□□□□□爲□□□□□□□輸財，傾心修葺□□□□□未敢遽□□□□爲□務□明可观□祷于神□前，以乞明示夆□□□□□□□□□□□□□□□□□□誠所感應。若□□□□□□□志之肅穆□耶神明之降，鑑嗣石仰承麗錫雨暘時若未□□□□□□□□□□□□□□□□□□□□□□□□千百世□□□□□謹書典（顛）末，以誌不朽云。

功德主　張鵬　妻刘氏　男張間行　張慎行

糺首　張居禮　張忠　薛居安　李□祚　刘光泰　張玉金　曹萬胤　張桂芳　李成海

衆姓施錢人　馮宇廷　刘執祥　信女吳張氏

本村施錢人　張琳　張瑜　苗永喜　李天保　薛居然　薛居州　薛袍　薛居義　薛居凰　薛居務　薛榮桂　薛居林　鄭現祥　曹萬福　薛居高　鄭禎祥　曹萬壽　張正務　李成秀　張俊奇　刘吉　郭尚志　郭尚楝　苗永成　李成疆　李迎昌　張國柱　張□昌　薛居柱　馬子明　□□□　刘□□　薛□祚　薛守□　薛居永　薛居興　薛居相　惠元　刘世興　曹□琳　郝堂　曹氏

陰陽　馬高□

木匠　馮明才

丹青　延守信　崔如德

石匠　李瑞林

邑人白以清撰

大清康熙三十三年五月二十五日

碑記

皇清诰封文林郎显考穆公孺人恩妣李氏之墓

【简介】

清康熙四十年（1701）三月勒石。现存于临县木瓜坪乡榆林村。碑青石质，方形，高 45、宽 42、厚 10 厘米。两石，第一石碑文 1 行，楷书。第二石 9 行，满行 18 字，楷书。碑体略有剥蚀，碑文完整。

【碑文】

（第一石）

皇清誥封文林郎顯考穆公孺人恩妣李氏之墓

（第二石）

皇清誥封文林郎顯考穆公諱先春，字秀宇，生於天啓元年五月初一日未時，歷官湖廣通山縣少尹，卒於康熙二十九年二月十九日辰時，享年七十歲。配妣誥封孺人李氏，生於崇禎九年正月二十七日子時，卒於康熙三十九年十二月初五日亥時，享年五十五歲。俱臨縣人。葬於榆林塔後。

男玉田縣知縣穆成周，娶謝氏。孫候選縣丞生棠，娶薛氏。生棣，娶趙氏。生華，業儒未娶。長女適郭世新，次女適候選州同薛景淑。

大清康熙四十年三月初六日安葬

重修庙碑记

【简介】

清康熙四十二年（1703）十月勒石。现存于临县三交镇西坡村。碑砂石质，圆首，高165、宽70、厚14厘米。额题“以志不朽”4字。碑文楷书，正文共8行，满行46字。记载重修七佛殿、土地祠庙之事。樊桂林撰并书。碑体下部剥蚀，行缺1至2字。

【碑文】

重修庙碑記

嗚乎，盛衰之理，雖由天道，豈非人事哉？蓋□□後異屢見，而示之于人，人不知修省而聽之于天，此是氣数之迎□□人事之多咎者也。殊不知人力足以回天，可以昇氣運，可以維風化，可以化凶而爲吉，可以祈福而禳灾。祈以古人□察祥建峯築堤，而迎風聚氣者良有以也。里西南葫蘆塔舊有古廟二處，正七佛殿，西旁土地祠，位居乾地，坐鎮□□一方之保障，風化之源頭者也。流傳既久而神堂佛像杳然無存，即遺故址而亦在荒烟蔓草中矣。里有樊彭□□至興懷，愾然有志而采建，爰集衆人公議，遂舉祖父樊振基爲功德主，其餘諸叔如樊懷仁等以及善士李振、王玉昌等糺首，亦各捐己資，而亦幾殫精竭慮矣。奈居民鮮少，而所出有限。因而爲募化之舉，幸而庙宇佛像焕然一新，彩畫金粧，聊以備舉，敢云光大前業哉，亦少補空闕云爾，謹撮数字以献。

庠生樊桂林撰並書

大清康熙四十二年孟冬初旬八日

石匠　樊國民　郭清隆　馮利　刻石

文林郎知縣事李芃　典史張銘　儒學教諭楊駿聲　訓導仇長發

木匠　樊正　樊德

泥匠　孫英

丹青　李玉璋

住持道人　王來　僧人□□

貢士樊琳　候選縣丞樊瑁　侯推守備樊中興　拔貢張棲　生員樊子興　樊瑛　樊桂林　李紹綱　李岱　張維憲　樊□□　樊裔興　郭永年　雒京元　鄉耆張燦然　鄉約樊維新　樊若和　樊祥瑞　樊子正　李耀威　張炯然　武崇義　張維章　薛繼禹　樊守華　杜克讓　王相帝　王承帝　任甫　樊德　樊閣　樊紹興　李挺九　張守智　樊子賜　李宗沉　李□□　樊景命　張維聖　李玉璋　李岳　田育奇　刘瑞符　張進會　言伏鼎　霍如成　言振国　王義　段好桂　宋国選　樊期　張太　李職

功德主　樊根基

糾首　樊□正　李振　樊懷仁　樊懷玉　樊懷瑾　王玉昌　樊懷恩　樊彭年　樊玉奇　高應順　高成威　樊松　樊柏　郭英　張琰　樊開基　樊偉　張繼從　樊江　樊玉　樊續　王通　樊懷信　樊子年　王自道　薛繼武　高喬林　薛自興　黑則　張永貴　高振榮　樊政　刘養功　高寧　刘玘　孫重臣　樊冀昌　張洪熙　樊懷璽　樊春平　高遇賢　張正太　樊寧　李紹輯　小田驢　張家柱　郭秀如　樊堯　楊齊柏　樊浩　孫瑞　薛如先　樊璽　樊盛林　樊懷碧　言振江　王自貴　張枝　言振之　李軼凡　丟則　王家管　張晉魁　樊聲雨　刘進學　王林士　薛復秀　李歧　樊国柱　樊懷秀　樊懷孝　宋国利　樊治　張遇乾　杜三仲　樊玉龍　晉保　寶兒　樊信　樊開龍　王魁祿　薛繼華　樊引　郝盛先　刘進禮　樊懷俊　李登舜　宋国士　樊冉　薛義　刘永忠　樊玉虎　安則　樊懷英　言秀　樊成章　樊国旺　喬名震　樊玉功　樊懷卿　韓耀　高成□　樊耀爵　李德　刘一勝　郝滿利　六斤　四奴則　李明　張玉鳳　刘之瑾　樊加正　張文喜　薛自興　樊懷新　孫應喜　宋希英　樊維新　李美　樊新基　王自華　瑞林　張黄　薛居寬　李耀采　刘習章　王朝選　樊應稠　樊基旺　樊懷珠　樊耀榮　宋国儒　薛□興　張珽　張晉元　樊懷珍　寶林　樊非　王福成　樊良心　楊又明　李耀芝　刘之璉　王命　王自昌　樊耀華　王自勉　樊懷喜

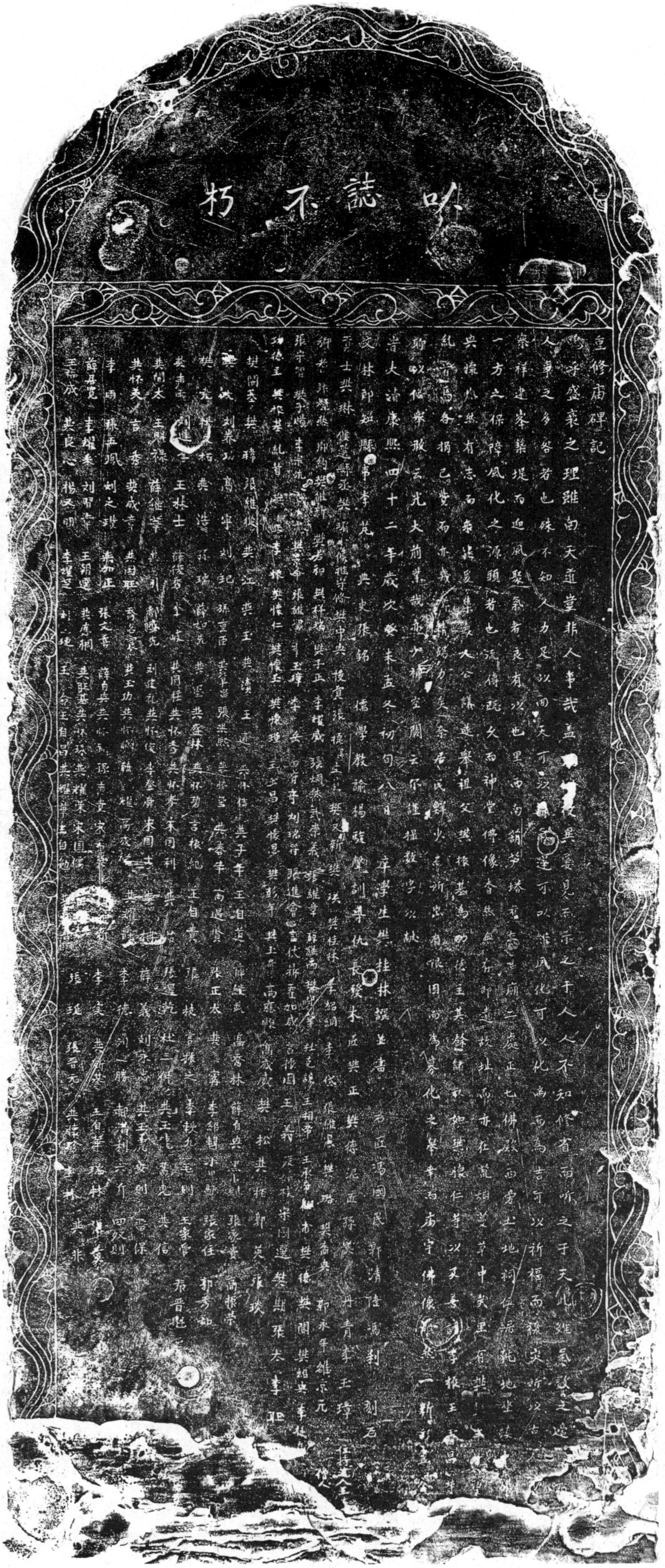
永誌不朽
重修廟碑記

重修庙碑记

【简介】

清康熙四十六年（1707）十月勒石。现存于临县大禹乡刘家圪垯村。碑砂石质，圆首，高217、宽92、厚13厘米。额题“施钱人”3字。碑文楷书，正文共9行，满行48字。记载重修东岳大帝、伏魔大帝庙之事。李思豫撰文。碑体断为两截，碑文略有残缺。

【碑文】

重修廟碑記

倚諸祀典，山川□□□致雨潤澤萬物者，則祀之佑之。聖賢聰明正直有功德，□□□□□之巨誠三□□顯□曰□□生□地有□□彬移民亦謹願率半瞻不匱之□者，以爲神靈默佑之故。至元舊建□□□□□東嶽大帝、伏魔大帝廟東西各三楹。歷年既久，頺圮剥落，居人竭盡心力，於康熙丙申歲倡率經始，越次歲□月興工，舉□焕□□□。功德主□□人等既已勒石，復萃檀施姓名，永垂不朽，而丐余爲記。余以泰山四嶽所宗故，回岱宗云：□石而出不□□天下施□懷大，故觀三公歷代封王封帝有加焉。關聖則精忠大義，貫日月而塞乾坤，護國佑民，故□當日封侯，後世封王封帝有加焉。是故其潤澤萬物，功德及民，所宜東西列之，俎豆不祧者也。而豈若感世誣民之梵□□宫可比哉？比人□□何其正也，神之□福於兹土者，將未艾也，余□聖爲土者，不徒務乎聲華，爲民者益共勉於禮義，永□神所佑而□□所□是不在醴□之文，而在昭格之實矣。

大清康熙四十六年丁酉陽月穀旦

董率勒碑歲貢士李思豫薰沐謹撰

（布施名单略）

施錢人

东王家沟重修龙天庙碑记

【简介】

清康熙四十七年（1708）勒石。现存于临县三交镇东王家沟村。碑砂石质，圆首，高165、宽66、厚17厘米。额题“日月”“重修碑记”。碑文楷书，正文共5行，满行43字，记载重修龙天庙之事。碑体下部剥蚀，碑文行残缺约4字，字迹模糊。

【碑文】

盖世人敬天地有求必應，賴神靈保障一方之安寧，風調雨順，存善積德，未福有禄……□恶之心，神聖自然□之□泪勸善之言，積善有慶，積惡禍殃。愚民焉能得知。今王教□工……龍天廟一座，歷年風雨頹敗，聖像不堪。王瑞等意欲振修，工程浩大，獨力難成，幸有善信武定國……同施出疏，幫助募化，神廟□能修完，瑞等不忍我善施資漏名無處書寫，因此重勒石刊刻，誌石永固，不□□時，衆善姓名開列於後。

計開：施銀三二錢姓名

武廷國　王成傑　薛炳　薛秉信　孫禄　王源　王□　王成　□□　王鋒　王欽　王曜　生員王自□　王紹福　白永興　以上施銀五六分

姓名　高士忠　高惟陽　高□軒　武有義　武有智　李纘唐……　□來直　薛洪智　薛蘭芝　霍如成　李含 思　生員薛煥　高景發　□士芳　張建功　吏員薛振康　王瑜　樊末基　王□□……寧王贊　王□　王通　王□賀　王紹順　王承枝　王孝　王継周　王承□　王継湯　王天佑　張其誠孫永應　郝應良　武□□……

姓名　生員薛文傑　薛昇法　薛國緯　薛之儉　薛以珩　王継禹　王國桂　王□成　吏員高玉孝　喬明理　王希□……張永□　李世英　李云廷　刘成林　刘成雍　武有理　武振國　霍芝鼎　霍建昌　霍建運　霍建德　霍明章　霍□□……馬□俊　霍壽連　雒陽顯　雒京魁　雒陽輝　雒廷章高秀　高琳　高品　高維斌　張全興　高安　李含文　李□□……李廷梅　王自忠　薛如明　孫麟芝孫永祚　武天臣　薛□□　劉廷□　孫永昌　陰陽孫可選　孫林瑞　孫永□……薛如鳳　王紹伯　王紹欽　王紹潢　孫永成　孫弘義　王□□　王小廚　張蘭生　孫開□　孫蘭枝　王紹陞　王□□　王成玉　王承相　王承才　王南照　王武管　白永春　王妙　□承武　王紹□　王紹教　王新桂　王紹公　高義　高□……高有德　孫理　高光明　雒邦器　李玘　王承□　王斗　孫永□

以上糾首人　王成喜　男王贇等　王継文　男王國柱等　王琰　妻段氏　侄王成器等　孫珍　男孫□孩　王渭　男王継荣等　王瑞　男王成仕　孫璋　男孫永應　王斌　男王紹英等　孫琰　男孫□德等

主□僧人□正　刊□……

日月
重修碑記

清故王公讳朋选室李氏墓碑

【简介】

清康熙四十九年（1710）八月勒石。现存于临县三交镇孙家沟村。圭首，碑青石质，高120、宽49、厚18厘米。额题“碑记”2字，两侧分刻“日”“月”。碑文楷书，正文共5行，满行31字。碑体完好，碑文完整，字迹清晰。

【碑文】

清故王公諱朋選室李氏

臨南六十里許王家溝村，有居士王公者昆仲三位，祖代耕讀傳家，至於公尤樂善好施，廣行方便，行己有恥，教子義方。享壽八十七歲，乃臨邑齒德俱尊人也。而室人李氏，賢能助家，以故生男一人，宅衷無僞，持躬勤儉，有紹聞杰德，從而公姓振振也。光前裕後，未可量也，予小子忝居莫逆，素知其詳，不述而誌之勒石。

康熙四十九年歲次庚寅桂月吉日

孝男王斌　孫王朝英　王朝傑　王朝芳　重孫王永昌　王永泰

河東通泉弟姬公裔譔

重修三郎庙碑记

【简介】

清康熙四十九年（1710）九月勒石。现存于临县安业乡下西坡村。碑砂石质，圆首，已残，残高130、宽80、厚18厘米，记载重修三郎庙之事。碑文楷书，正文共8行，行残存38字。碑首缺失，残碑体断为两截，文字缺失近半。

【碑文】

□□□郎廟碑記

……處人之廬，居高□□□城南十里下西坡……火之，肇自至……據考在昔後趙……有……而臨人祀之……郎也，重修於萬曆□十五年左右，列祀……昔之三郎，今之……盡是，然在昔日王號於禮，未必不然也……人李學孟等……位置依舊，而廟貌則巍峨矣。工始於四月……竣於九月初六日……敘顛末。噫！由今視昔已增其舊制，□□廠……有在時或有……君子云。

知縣沈天泳　相公沈大□……教諭楊駿聲　典史張銘　庠生……戊子科舉人崔鶴齡　鄉貢生候選教諭□□□

□□昇施銀五両　李□□□□□□□　李學新施銀三両三錢　李學□□□□□□□　□□召一両二錢　李□□□□□□　□永昇一両二錢　李萬喜　李萬勝……□□施銀五錢　庠生□□□□□□□□相五錢　泥匠李怌誠　郭景□□□□□□□□德□□□□李滿紅　男李學□□□□□□□李世臣　男器兒　李文斐　□□□□□□開□□　李芳昇　李極昇　李書昇　李成明　男士□□□□□　丹青李文科　男璸　璵　侄璉　玫　門徒張名□□□□□□□□□□□澄　門徒昌榮　木匠□□□□芳　王威　男從仲　從堯　從舜　王俊傑，王田　男直行□□□□□□□□□孟　男應召　李學禹　男越文　越英　李學聖　男人定　李宏猷　男預召　李萬英　男昌□□□□　男聖□□□□□□□舜　男佑生　李宗秘　男松齡　李芳　男持經　李弘相　男學朱　李盛業　男維誠　維美　李成德　男昌祥　李維□□香　李振龍　男呈王　李巍然　男竟先　竟成　李知命　男昌祿　李文斐　男喜存　補定　李文秀　男秋升　秋成　秦怌仁　男秦□　孫衆生管　李登魁　男文特　文英　秦世臣　男器兒　秦周王　男祥兒　康王召　男永清

石匠　馮陶玉　男永順　弟馮陶仁　馮陶信　穆大臣

康熙四十九年歲次庚寅秋九月初六吉旦立

馮陶信穆大臣

□廟碑記
處人之處者
人之肇自至
而臨人祀之
昔之王郎今
人李學孟等
九月初六日
致有在時或有
縣沈天泳相公沈大
人候選知縣趙 馹
昇施銀伍兩 李
召一兩式錢李
施銀伍錢庠生
李滿紅男李學
芳極書 昇李承明男士
澄門徒昌榮 木
孟男應召李學禹 起英 李學聖男人定李弘猷 男預召李萬英男旦 男耳
舜男佑生李宗岌男檜齡李芳男持經李弘相男學朱李盛業男維 城英 李成德男昌祥 李維
龍男呈王李巍然男竟成 李知命男昌祿李文斐男 喜存 補定 李文秀男秋 成升 秦柽仁男秦斌孫衆生 管
登魁男文英特秦世臣男器見秦周王男祥見康王召男永清 石匠馮陶王男永順弟馮陶仁
熙四十九年歲次庚寅秋九月初六吉旦 上 馮陶信穆大臣

南十
陵 在昔後趙 坂
而也重修於萬 年左右祀
盡是然在昔日王號於禮亦必不然也
位置依舊而廟貌則巍峩矣 始於四
叙顛末噫由今視昔已增其舊制 嚴
君子云
敎諭楊駿聲 典史張 銘 庠
科舉人崔鶴齡 鄉貢生候選敎
李學新施銀三兩三錢李學
昇一兩式錢李萬喜李萬晤
相伍錢 坭匠李恠誠郭景
世臣男器見李文斐
青李文科男璸璜任玫堪門徒張名
芳王威男從仲堯王俊傑王田男直行

重修佛堂碑记

【简介】

清康熙五十一年（1712）十一月勒石。现存于临县克虎镇郭家垛村。碑砂石质，圆首，高112、宽56、厚15厘米。额篆“重修碑记”4字。碑文楷书，正文11行，满行31字，记载重修佛堂一事。刘若温撰书。碑体完好，碑文完整，字迹清晰。

【碑文】

（碑阳）

重修佛堂碑記

嘗攷佛法之入中國，始於漢，盛於梁，其傳蔓延而浸昌者，有其人以昌其道故也。臨邑梳洗垛西石山有佛祖石龕，創始於正德二年間，善士郭姓名永俊者，夜夢佛祖顯化，晝即廣發弘願，建一石龕以昌其道，地不数武，神已羅列，若佛祖，若菩薩，若地藏觀音，若十王羅漢，非不聖像森嚴，廟貌輝煌者也。但歷年既遠，無成不壞，登斯宇之者，有目擊心傷之感，傾頹難堪之勢，往來君子僉曰：“斯道衰矣，莫爲之後，美弗傳矣！”乃幸有村人郭之輔等撫懷舊制，齊破堅囊，聖像裝修，而諸佛之神光赫濯，殘缺葺補，而前人之創建弗墜，望之者儼然，即之者肅然，佛法之興而或廢而復興者，神之感與，亦人之力也。予故曰：“佛法之蔓延而浸昌者，有其人以昌其道也，是用壽之貞珉，以爲後之踵事者勸。”是役也，於康熙五十年三月二十七日鳩工，十月初六日告竣開光，而施錢者姓勒名如左，是爲序。

主士陰陽　葭州劉冲斗　男庠生劉若温沐手撰書

功德主郭之輔，室人高氏　男成正妻靳氏、成德　侄男成玉妻苗氏

糾首郭炎、郭之功、郭兵男保成、郭之鎖

旹康熙五十一年歲次壬辰暢月朔六日立石

丹青　薛濯

泥匠　郭義　郭之漢　郭之佐　郭之相　郭之伯　郭之周　郭之文　郭之臣　郭之武

石匠　郭通

（碑阴）

施钱善人　康廷龙　龚世法　霍明……

福兴寺助缘僧人　净英　（等8人）

重修碑記

重修佛堂碑記

嘗攷佛法之入中國始於漢成於梁其傳蔓延而浸昌者有其人以昌其道故也臨邑梳洗梁西石山有

佛祖石龕創始於正德二年間善士郭姓名永俊者夜夢

佛祖顯化晝即廣發弘愿建一石龕以昌其道地不數武神已羅列若佛祖若菩薩若地藏觀音若十王羅漢非不聖像森嚴廟貌燦煌者也但歷年既遠無戒不壞登斯宇也有目擊心傷之感傾頹難堪之勢往來君子僉曰斯道衰矣莫為之後美弗傳矣乃幸有村人郭之輔等憮懷舊制齊破堅叢聖像粧修而諸佛之神光赫濯殘缺葺補而前人之創建弗墜望之者儼然即之者肅然而佛法之興而或廢廢而復興者神之感與亦人之力也予故曰佛法之蔓延而浸昌者有其人以昌其道也是用壽之貞珉以為後之踵事者勸是役也於康熙五十年五月二十七日鳩工十月初六日告竣開光而施錢善姓勸名如左是為序

主土陰陽蔑州劉中斗　男庠生劉著溫沐手撰書

功德主郭之輔　室人高氏　男成正　妻靳氏　侄男成玉　妻苗氏　成德

丹青薛[illegible]

糾首郭炎　郭兵　男保成　郭之功　郭之領

郭之旺　郭之漢　郭之伯　郭之文

泥匠郭義　郭之相　郭[illegible]　郭之臣

石匠郭遠

皆康熙五十一年歲次壬辰暢月朔六日立石

新建菩萨殿碑记

【简介】

清康熙五十六年（1717）八月勒石。现存于临县三交镇胡公村。碑砂石质，圆首，高155、宽74、厚14厘米。额题“重修碑记”4字。碑文楷书，正文共4行，满行39字。记述新建菩萨殿的经过。李绍纲撰文。碑体下部严重剥蚀，碑文漶漫。

【碑文】

新建菩薩殿碑記

臨縣之南胡公溝也，其命名必非無因，意胡其姓，公姓其爵也，但世……紫金，固西鄙往來必歷之途焉，而里人有張鼎者，家頗殷實……觀音、地藏、眼藏菩薩殿龕宇一間，聖像三尊，與文昌閣一時齊舉，同日告成……和，人民樂業，其所以默佑護持之者，張子創之力焉。

歲貢生李紹綱撰

功德主　張鼎

經理人　張正太　男張琮　張鼐　張玫　孫男張繼先　張光先　張嗣先　永住　智祿　張紹先　張荣先　重孫祥瑞　呈瑞

管鑿人　吕昌威　吕登明　男吕承業　吕統業　孫男吕文正

糺首　張正寧　張國興　張奇德　樊林宗　張維域　曹生金　樊守□……　生員高蔚林　生員曹澍　吕家業　吕温　吕□心　吕思明　吕……

施錢人　監生吕君寶　男生員吕履亨　施樹生員刘弘琯　刘□□　刘□□……　生員侯良翰　男生員侯懋德　薛其章　吕天□　□挎世　侯□□……　生員趙元勳　生員高帝升　生員高帝選　生員張懋　生員李爾彌　生員刘及超　康昌　曹鳳登　刘錦祚　雒出書

疏頭糺首　高儉　張其騰　吕光國　吕文英　孫復照　王昌□　張斌　樊玉瑾　樊□□　吕儉　吕新明　張雒□……　李餘□　高□威　高鳳鳴　吕元琳　吕文俊　樊□……　刘文元　武國良　□進祀　吕光瑞　薛兆弘　霍□□　王□□……　曹鳳巢　任瑜　王景武　秦維龍　王升考　李廷□　白永清……　刘相生　刘茂林　樊現　高弘□　吕良　曹愈昌　王永昌……　張國響　王彬　王景祿　吕謙　薛元合　張靖　王景堯　吕□□……　康文裕　杜永恭　吕鼎　刘玉宸　武秉智　趙涇　王景禹　吕敬　吕□府　杜□明　張繼成　趙汪　侯世祥

旹大清康熙五十六年仲秋吉旦立

石匠　刘□　馬□　李□□

黄龙山重修北岳庙碑记

【简介】

清康熙年间（1662—1722）勒石。现存于临县临泉黄龙山北岳庙。碑砂石质，圆首，已残，残高112、宽86、厚13厘米。碑文楷书，正文共9行，行残存27字，记载重修北岳庙之事。李生元书丹。碑体残损严重，只存下部且断为两截，并有剥蚀，碑文缺失大部。

【碑文】

……狀也，我邑縣治之艮方，屹然有山□□□龍巍然□□□□□北嶽，此地南映鏡碑，東環……四面旋繞，一若蓬萊矣。其中正殿□□□□蚜蚄虮蜡、山神土地、鐘樓一座，西廊□□□二師戲房□□持卡數間院□有歌舞臺……山環水繞，松秀柏青，非惟七社□□□而實一邑佳境也。第多歷年，所久經風雨……將傾，合社□□擊心傷，皆欲前□□□□程土物□□□□者舉之，缺者補之。然無財……者執其□□□城鎮不多日□□□□□錢陸百捌拾餘緡，可見好義輸財，吾邑真不……祭掃不□其期以動以散□□□□其力□級□□□用新非徒有以壯觀瞻，亦……粵稽地勢之風景，既詳明夫縣□□□□□補葺□次□□□□載於前碑，但受勞者不可……曰：序者敘也，敘其事之顛末而□□□□□形狀焉□□。

庠生李生元沐浴敬書

郝士忠　任茂東　任尚桂　郝樹德　孫增昌　郭光義　從九郝祥雲　從九郝莊餘　田樹德　馮映蘭　白映蘭　田生蘭　劉登寬　田培中　田守法　郝茂喜　高茂槐　郝汪江　高正秀　劉仲元　馬世賢　馬芝成　馬丕經　馮廷長　馬世芳　李法明　劉承先　……　李文全　李文友　李廷顯　宋□貴　高□□　王□□　李□□　任□□　郝□恩　……

八行半

吏員薛善修　吏員劉光前　孫椿林　庠生馮汝騏　庠生張永富　吏員郭悍□　僧會司法章，十房科：劉學才　馮進和　劉輔清　……郝□公　張明寬　□萬龍　趙學恩　馮廷魁　……　任永照

四班頭

木匠　高玉亮　王仲升　任□祥

泥匠　高□□　高修玉　田居中

丹青　秦道望

陰陽　高世明

住持僧　法通　門徒開□

石匠　師全珠

……菊月上浣穀旦　合社□□□□壹面

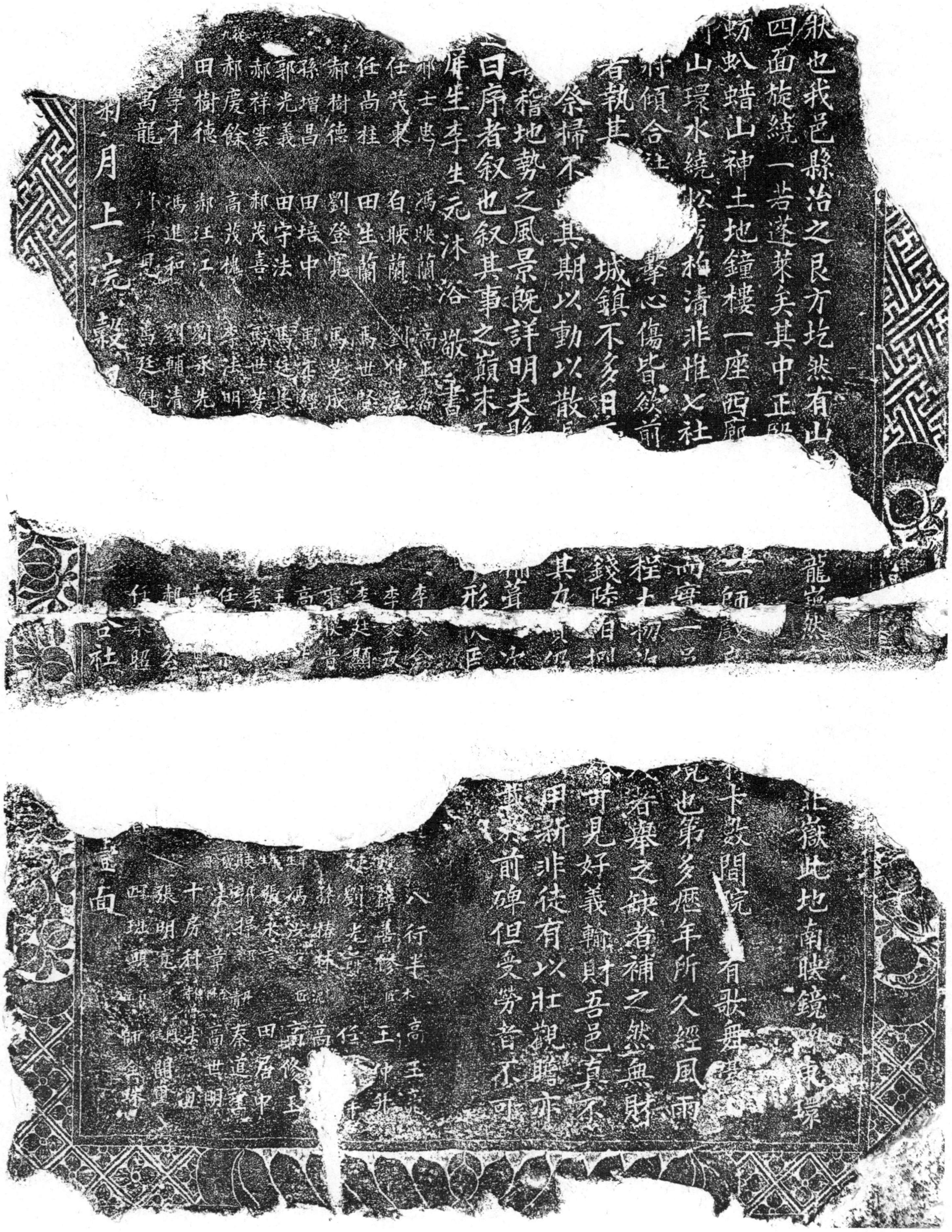
就也我邑縣治之良方圪然有山
四面旋繞一若蓬萊矣其中正殿
蚴虯蟠山神土地鐘樓一座西廊
山環水繞松柏清非惟
者執其
城鎮不多日
其期以動以散
稽地勢之風景既詳明夫形
曰序者叙也叙其事之巔末
庠生李生元沐浴敬書
北嶽此地南瞻鏡
院也第多歷年所久經風雨
者擧之缺者補之然無財
可見好義輸財吾邑真不
用漸非徒有以壯觀瞻亦
前碑但受勞音不可

老营所儒学掌印训导白公墓碑

【简介】

清雍正三年（1725）四月勒石。现存于临县临泉镇化林村。碑砂石质，圆首，高145、宽58、厚18厘米。额题“碑记”2字。碑文楷书，正文1行，满行23字。碑体下部剥蚀严重，碑文有缺失。

民国六年《临县志》记载：康熙二十四年（1685）白晅，大吉都拔贡，太平县教谕。康熙五十六年《临县志》载：白晋燮，大吉都人，二十七年贡，晅父，任山西老营堡训导。白晋峤，大吉都人，四十三年贡，晋燮兄。白晅，大吉都人，二十四年拔贡，晋燮子，现任山西省太平县教谕。所以可认定，此碑是白晋燮的碑。

【碑文】

清故顯考歲進士任老營所儒學掌印訓導白公□□恩妣李氏合葬之墓

雍正三年四月吉旦

桑树峁蔚家窊重修三教观音佛殿碑记

【简介】

清雍正四年（1726）九月勒石。现存于临县克虎镇蔚家洼村。碑砂石质，圆首，高162、宽68、厚15厘米。额题“碑记”2字。碑文楷书，正文共6行，满行44字。记述重修观音佛殿之事。碑体下部表面剥蚀严重，碑文缺失近三分之一。

【碑文】

桑樹峁蔚家窊重修三教观音佛殿

嘗聞神無人不靈，人無神莫祐久矣。夫神與人□相□向勷美□也，余聞此殿之設於行……人間功德，煌煌花採，豈非一方之盛境□□□□□□□沿□□今多歷年……觸目。欷吁，未尝不歎息於其間，幸有本村蔚崇英獨發宏願，□率於村更□□首蔚金……兩者有之或負緣布，乞化四方者有之，第工程浩大，日積月累，難以盡□□□□□而得……朝夕不遑，共襄神事，廟貌森然，雖由人力之興作，實本神聖之感應也。……月之有明老安少懷，人人享無疆之福，東作西□字字登大有之書，欲勒……

功德主　蔚崇英　男蔚清弼　孫喜門　蔚希文　蔚有周

甲方糾首等　賀普洪　……

糾首　蔚崇雨　男蔚玉府（福興寺僧淨礼）　蔚崇元　男　蔚崇玉　男　刘家喜　小喜兒　蔚希郎　男　郭管兒　根管兒　蔚金鵬　男百家鎖　鐵牛兒

陰陽人　杜大極　男天貴（桑樹峁村）

木匠人　張忠智　門徒李吞雨（刘清會）

丹青人　單增祿　男單玉柱（蔚家窪村）

高□海　小峪合村人等　□□□□□　男郭心讓　……郭□先　張大德　郝光祿　張□邦　喬法義　郝定□　徐持、郝新命　蔚要朋　蔚大朋　蔚成朋　蔚金府　蔚銀府　蔚文弼　蔚俊弼　蔚儉弼　蔚如弼　蔚崇弼　蔚有仁　蔚有義　蔚有礼　蔚有智　蔚有周　蔚有憲　蔚有卿　蔚有光　蔚有信　蔚顯功　蔚喜兒　蔚顯盛　張成德　郭玉琢　郭琰光　□金秀　郭之有　郭之成　龔世要　李維河　薛洪　賀尚登　李如肖　高雲山　王法户　王鳳臺　張有　刘廷温　高四海　薛照金　周興文　馬吞軒　蔚崇虎　郭空　張盛　薛吞三　杜永大　郭憶秉　高升　喬成之　刘元清　郭繼之　高大成　張貴　高貴礼　賀建謨　賀普洪　高必達　張虎　王天位　刘宝玉　郭玉宝　高希□　郭永定　郭永財　徐寧祿　刘之□　王□□　張永□　張士□　薛琛　……

大清雍正四年戊戌月癸丑立

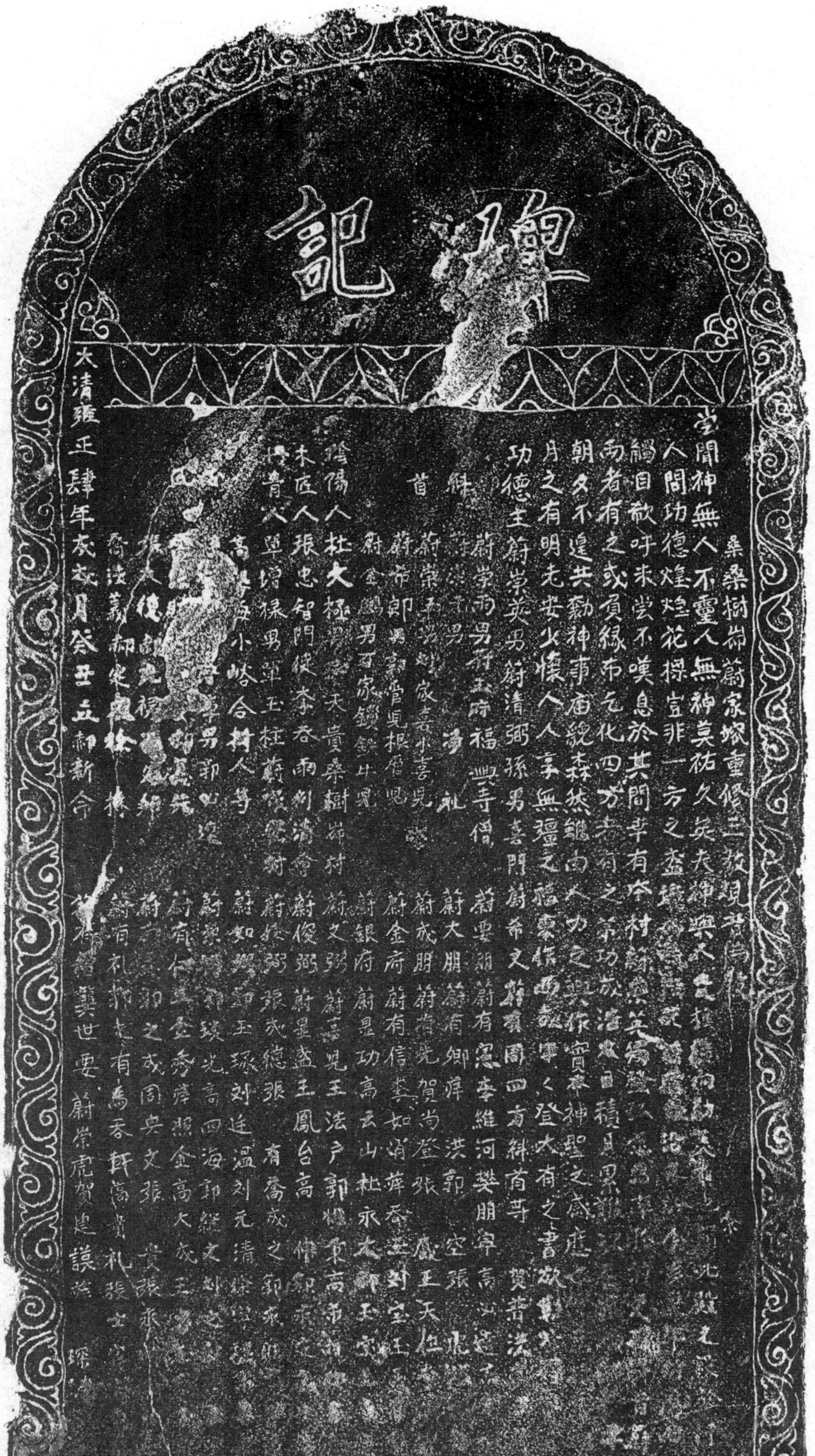
碑記

吕家湾创建观音庙碑记

【简介】

清雍正五年（1727）三月勒石。现存于临县大禹乡杜家岭村。碑砂石质，圆首，高137、宽60、厚12厘米。额题“创建观音蚄蛾龙王庙碑记”11字。碑文楷书，正文共8行，满行68字。记述创建观音蚄蛾龙王庙之事。碑体断为两截，局部漫漶，部分文字缺失。

【碑文】

吕家灣創建觀音廟碑記

世果有神……無聲，斯世果無神乎？何有是雨有應耶……亦□乎，其人爲何如耳，人不敬神而若無神，人若敬神則實有神。然徒敬之以心，尤各處……乃爲虔祝雨□□□。臨邑城南四十里，吕家灣曩者……里人驚慌，定於□歲□□□前設立蚄蛂、龍王、觀音神位獻戲禮牲，禳災祈福，如是者救十餘□鳳……陽……二神之靈，固□儕之不能忘也。□丑□□日盛非……忘，亦觀音之惠□也乎，祝二神不可不並觀守關，以故雍正年□□孟秋，合鄉父……功德主吕精，糺首吕寬等，即糾鄉衆輸財□而募化四方……

施地，□□四年仲春起造，遊土竭蹶而營業，鄉民踴躍而效力，□建正殿三間，内塑……然齊臨在上，判官小兒，□□剋□排……圖以□□□之並外墻畫，出入佇列，以昭神功浩大。西建□□一□□□而西□著内□□名……爾，爲造膳之……神……之乎，何其爲之□而成之易，即因吾節之風卜吉地亦一方之際，□感墳也，但有西地家……洎完因飲……然雨順風……其所已及，倘等继美，神聖之幸，亦今人之幸也，故留勒石以於表□老□□作記，恩自之□雖年遠……書出辭之□□□之□尤……亦爲之□而已。

□□吕□□薰沐謹撰　男……

□□□□□地基人劉□□　施□□地基人吕□明

功德主　吕□

糺首　吕寬　□□　……　吕中興　……　吕廷瑞　□士魁　……　吕□明　吕文英　吕□　吕信　……首十七人

施錢勒石人

吕□……　男能忠　吕寬　弟吕密　吕察　吕寗　□□　男……存琠　吕承業　男先□　吕廷□　男□□　吕□□如琣　爲美　吕廷瑞　姪秃則　吕中興　男甲儒　□□　吕□忠　男□□　孫□□　吕謙　男□□　存□　吕興□　男□業　守業　吕良　男存康　存節　存介　存志　孫懷瑛　□□　男□□　王相　永□　男吕興　扶朝　吕文英　男吕照　吕烈　吕傑　男如林　如成　小成　吕廷珠　男吕軾　吕輅　吕輒　吕□　五成　吕肇□　男懷信　懷清　□□　□□　吕軒　吕□□　男積德　積功　積貴　積富　吕温　男存仁　存義　存礼　存智　存信　孫吕□　直雲　小直……　吕稱　吕品□　男昌光　小昌　吕智明　男建業　開業　改林　四林　吕儉　男存孝　□成　吕□明　男統業　孫□□……　樊□□　刘維綱　刘維基　吕瑜　男文興　福管　吕文秀　吕文俊　男□風　吕會　吕彝　男□端　吕廷□　吕廷碧　吕□　吕□　□□□　監生吕□寶　男生員履亨　吕節　男甲信　吕文魁　吕祥　吕歡　吕誠　吕□□　□□□氏　男時中　履中　吕中偉　吕□　存□　□祥　吕□　生員張□　吕成福　吕正中　吕執中　吕思明　男継業　大業　孫應朝　吕昭門　吕懷□　□仁忠　男寬德　吕懷□　吕成貴　吕懷□　吕懷管　吕□□　刘文元　男維貞　孫如堯　吕雄　崔恒智　恒信　恒德　男還大　稱應　崔□瀛　□□　王□□　曹弘□　□河　□進　□升　吕欽明　吕□明　吕凰　吕□玖　吕成美　吕继望　王景禄　王景武　王景□

堪輿　郭清秀

鐵匠　郝□□

木匠　張正太　張奇□　張□　張□□　張士先　張□□　張盛□　刘□郁

石匠　馮直　馮云交　馮□□　郭清道

瓦匠　孫珍　白□　吕如□

泥匠　張金貴　段□

丹青　薛藴芳　高義

大清雍正五年三月吉日立

重修佛堂庙碑记

【简介】

清雍正六年（1728）四月勒石。现存于临县三交镇前陡泉村。碑青石质，圆首，高113、宽52、厚16厘米。额题“碑记”2字。碑文楷书，正文共12行，满行46字。记述重修佛堂庙之事。李志道撰文。碑体完好，字迹清晰，略有漫漶。

【碑文】

重脩佛堂廟碑記

先民有言，若欲求佛，即心是佛。明乎空寂之教，儒者弗尚也。然今顓農野叟固信佛而若騖，即至縉紳先生亦拜佛而恐後，甚者焚香默禱中夜弗輟者，何哉？善果之報結于中，而感應之説迫于後也。夫善果之報結于中，則雖欲不爲善而不能；感應之説迫於後，則雖欲爲惡而不敢。古聖人以神道設教，使天下相率而歸於君子之途，使今之禮佛者一意爲善，即謂之以佛道設教焉，何不可哉？由是言之，佛教之功亦未可厚非也。前陡泉村舊有佛堂，因山崖之絶壁，鑿爲石窨，塑爲石佛，盖歷有年所矣。里人樊文等以爲因陋就簡，不可久遠，欲起而重修之，金粧七佛，外置垣墉，凡一切添飾，俱從前所未有者，不数月而堂以成焉。夫事不難于圖始，而難于圖終。兹堂也，前人既爲之于前矣，使非有人焉，起而更修之，則數十年之後焉知不化爲烏有乎！今文等毅然自任，不吝己貲，募化四方，同心共濟，是固其天生之善出於自然，而非若今之禮佛者，惑於感通而希於果報也。堂既成，丐余作文以紀之。兹堂之建由來已久，今文等起而更脩之，是功德在文等也，且前人之爲此者，非文等之祖父、即文等之高曾，今□其故址而光大之，是文等之功德上継前人也。且今兹之堂，焕然一新，庶後之鑿此者，世爲補葺，將香火弗絶，可百世而未艾焉，是文等之功德下啟後人也。然則感應果報之説，予所弗取，獨嘉文等之功德可以継前，可以啟後，則不可不紀之于無窮焉。是爲記。

功德主　樊文　男玉璋　玉瓚　孫佛德

糾首　樊桂　劉仁　樊苗　樊玉金

丹青　李玉璋

石匠　馬思□

施錢人　主土僧應徵

樊鳳國　樊現　樊雍　樊朗　劉義　樊珮　劉禄悟　樊武　樊瑞　樊琢　樊珖　樊琙　劉政　樊真　樊雨　樊璿　樊玉　樊在田　樊敬　樊輝　樊珠　樊在沼　樊在臺　樊玉佩　劉棲功　劉棲瑞　劉棲柱　劉棲元　劉棲臥　劉雙齡　劉棲榮　樊玉成　樊玉琮　樊玉紳　樊玉恩　樊玉美　樊玉璽　樊玉琬　樊玉珀　樊玉愛　樊玉順　樊玉珩　樊玉璞　樊玉仙　樊玉珽　樊正瑶　樊灼　樊休　樊睿　樊娟　劉文質　樊歧　樊錦　樊□　樊□　樊焕　樊剛　樊耳　樊宜　樊月　樊敏　樊恭　樊泰　樊謙　樊玉龍　樊玉衮　樊玉俊　樊通歡　樊佛管　樊祝　歲貢生樊玉書　副生劉福齡　樊鐵錘

儒學生員　樊玉汝　樊玉�　樊穮

雍正六年四月八日穀旦立

廪膳生員李志道薰沐撰　樊穮謹書

碑記
重修佛堂廟碑記

重修北岳庙碑记

【简介】

清雍正六年（1728）四月勒石。现存于临县临泉黄龙山北岳庙。碑砂石质，首佚，已残，残高112、宽86、厚13厘米。碑文楷书，正文共10行，残行35字。记述重修北岳庙之事。任文基书丹。碑首缺失，下部断为两截且剥蚀严重。中有乾隆五十六年补刻一段文字："乾隆五十六年五月初一日，情愿施舍东峪沟舍窠一处价□□□□信士郝天贵，男明显，孙如海、如宽……"

【碑文】

……不昭，鑿地得泉而曰：水專在是固不可，然謂水不在□□□□不得，神之靈何獨不然，臨治東北十……"北嶽秋風"至爲臨泉八景之一，俯視城郭煙火，萬家歴歴如在□□□□北望紫金，東瞻文山，群峰縈繞若畫屏……舊於其上建……七十四司門外西南觀音樓一座，盖昉自前明正□□□邑侯盧公憂旱籲神，恍惚之間，夢……昭然。康熙二十二年莊公宰是邑，因補修殿宇而掘□□□□等文若神之憫人力之艱而助之者，不……丁卯歲重修後迄今垂四十餘年間，時久而剥落，多□□□無不蔽風雨，墻垣漸就傾頽，非獨無以肅……因議重修，乃謀於城闕鄉鎮，諸□信莫不踴躍樂從□□同志或捐或募，共得金三百三十有奇……丹題廟貌，俱焕然一新矣。事竣□□餘七十餘金，因買……平塌水地二十二畝，以供住持僧人香……德是依人神感應之理，衹在□□誠在此神，即在□□□固無乎不在也。因敬述顛末，以見夫……虔其禋祀而致其誠敬則昭格不遠，將永荷神庥於□□矣。

……譔

丙午科舉人任文基書丹

經領　□映江　□又新　□如琮　□爾泰　□五瑞　□兆鼇　□□楚　□兆鯤

舉意糺首　李鵬　高文秀　田輝榮

在城糺首　張學光　李昌元　延元德　王運玘　常登富　劉緝堯

執事糺首　□□孔　□□□　郝學□　高榮　馬守泰　任伯金　楊富　郝元貴　任兆鯾　田如瑨　田裕世　李世法　李可光　田壽世　李可貴　田基　□雲旺

糺首　……　任伯□　□進□　任兆□　任兆□　□懷璋　□增湯　□元寬　□兆賓　□琮　□萬義　□炳　□武昇　□兆鯉

四十二年□禄栽松樹三株

木匠　趙承熙

泥匠　高有義　康封伯

丹青　任增惠　李修

住持僧　通寶　門徒曉雕　曉鶴　侄曉鳴　法孫法源

……申四月穀旦

馮天富鐫

不昭鑿地得泉而曰水專在是固不可然謂水不□……不得神之靈何獨不然臨治東北十
里為臨泉八景之一俯視城郭煙火萬家歷歷如在……里紫金東瞻文山羣峰縈繞若画屏
舊於其上建　乾隆五十六年五月初一日情願施茶東頭分……信士郝天貴　男明顯　孫如海　如覺
七十四司門外西南　觀音樓一座盖昉自前明正……邑侯盧公憂旱籲神恍惚之間夢
昭然康熙二十二年莊公宰是邑因補修殿宇而擬……文若神之憫人力之艱而助之者不
丁邜歲重修後迄今垂四十餘年閱時久而剝落多……無不蔽風雨墻垣漸就傾頹非獨無以肅
因議重新乃謀於城關鄉鎮□信莫不踴躍樂從……同志或捐或募共得金三百三十有奇
丹題廟貌俱煥然一新矣事竣□餘七十金因買……平塌水地二十二畝以供住持僧人香
□德是依人神感應之理祇在□誠在此神即在……固無乎不在也因敬述其顛末以甚夫
度其禋祀而致其誠敬則昭格不遠將永荷神庥於……
譔　丙午科舉人任文……書丹
映江　李鵬　任兆鯤　懷璋
文新　舉意糺首高文秀　田如璠　增湯　木匠趙永祀
如琮　田輝榮　田裕世　寬　泥匠高有義
清泰　張學先　□□□　□世法　兆賔　康封伯
五瑞　李昌元　執事糺首　高榮　李可兆糺首　琮　丹青任增惠
兆鰲　在城糺首　王運玘　馬□泰　田壽世　李修
延元德　任甫仝　李可貴
楚　常發富　楊富　田基　武昇　任持僧通實　徒門曉鵬
兆鑑　劉緝堯　郝天貴　任兆　兆鯉　任曉鶴　孫法源
申四月穀旦　……天富鑄　四十二……　祿栽松柏三株　唱

重修奉天寺山门碑记

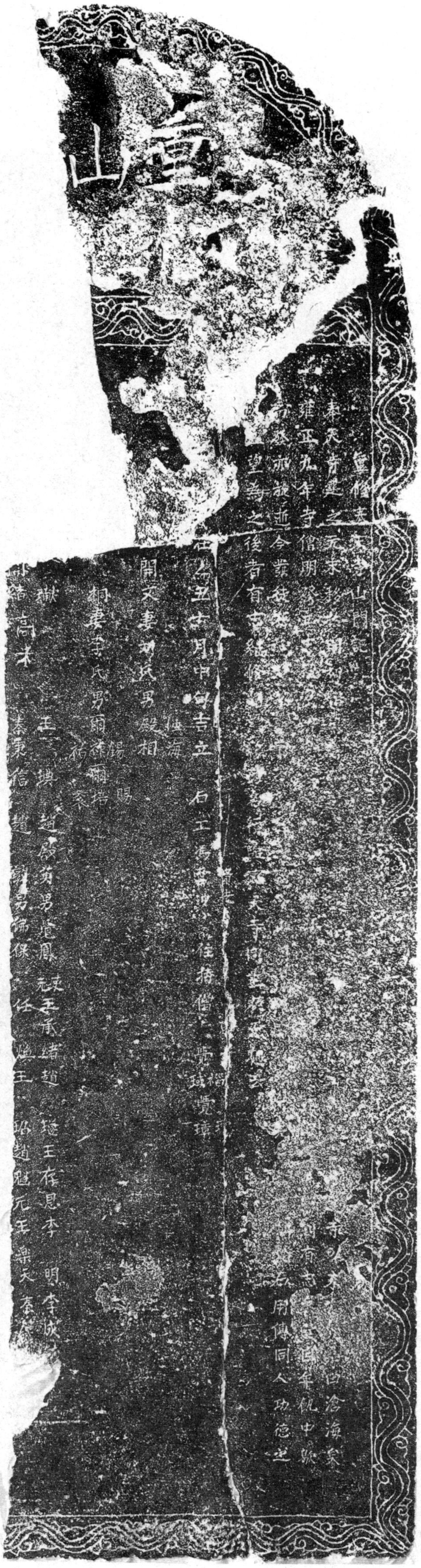

【简介】

清雍正十一年（1733）七月勒石。现存于临县安业乡前青塘村。碑砂石质，圆首，已残，残高190、残宽50、厚16厘米。额题“重修山门□□”。碑文楷书，正文共4行，满行41字。记述重修奉天寺山门的过程。碑体断为两半，一半残损严重，碑文严重残缺，字迹漶漫。

【碑文】

（碑阳）

重修奉天寺山門記

奉天寺建之元末，移於明初……建寺以來……桑田滄海矣。雍正九年寺僧明□……創有志□□□年飢中歡分發亦絶逝，今 發徒……後，用傳同人功德之望，爲之後者有志繼修……軒輿奉天寺□垂□天□云。

……歲在癸丑七月中旬吉立

石工　馮雪　□□

住持僧　覺緇　覺彧　覺璋　覺珅

功德主　開文　妻劉氏　男性海　殿相　桐　妻李氏　男爾祚　爾錫　爾祐　爾培　爾賜　爾袞

王瓛　王琠　趙殿英　男覺鳳　吏員王承緒　趙璲　王存恩　李明　李成□　開緒　高米　秦秉信　趙夔　男佛保　任煥　王玿　趙魁元　王樂天　秦□□

（碑阴）

適　坑　塗　浩　庠生驥　趙湧　庠生境　誼　溪駬　進士中元　大賓森　赳　舉人以清　庠生淙　庠生存興　詮興　武生□樸　增生□治　振義　庠生用康良楠　庠生雲鳳　貢生士庸　雲鶴　貢生以徵　庠生林監生維鍾　以潤　庠生超　世禄　士振　士重　芝　藝建　治　昆　監生殿元　明輔　履祥　宏榮　盛榮　奇英　建業　玉表　柱榮　飛雲　青雲　克二　光裕　書思聰　永祥　際照　榮祚　思問　恒祚　武生元勳　思沼　鳳雝　周牧　鳳儀　思仁　思信　宗愚　仝立

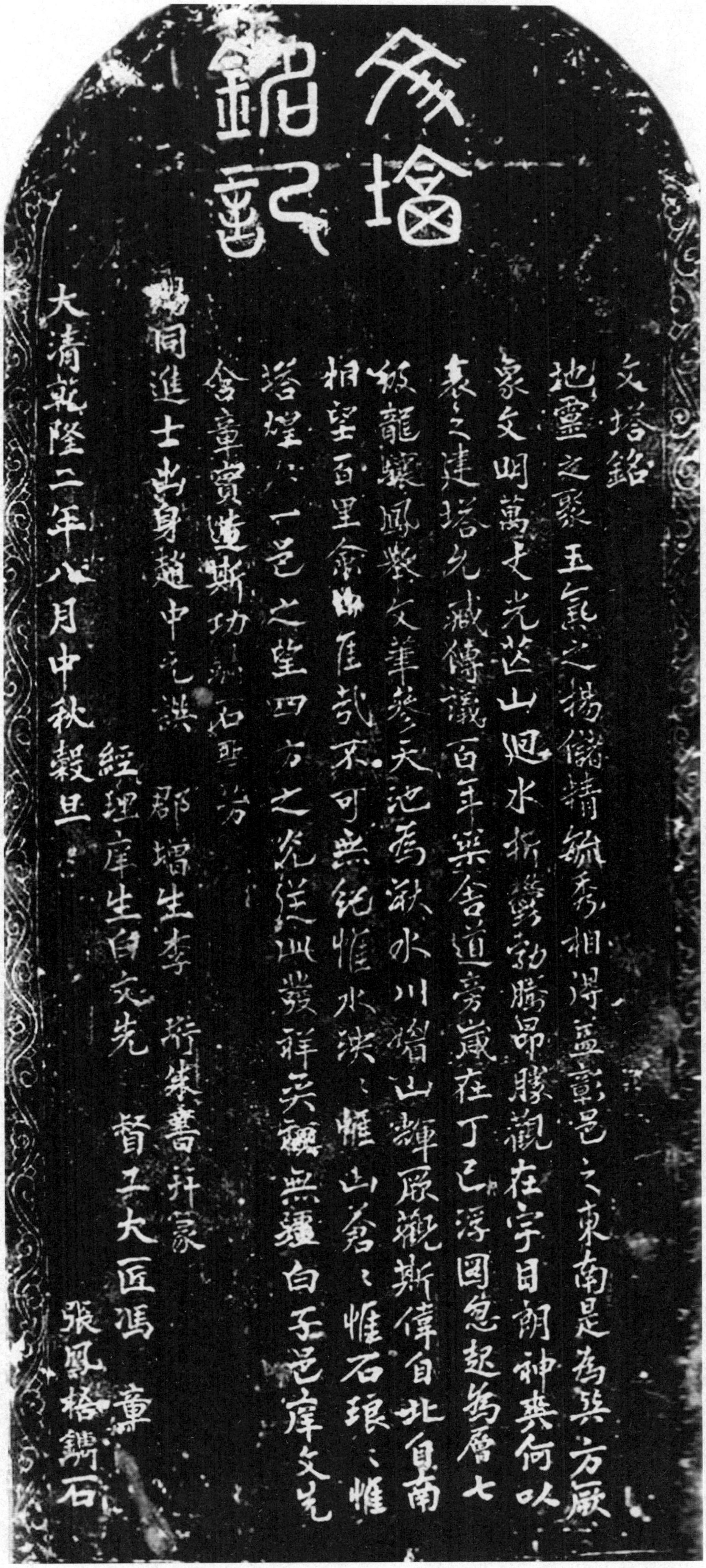

文塔铭

【简介】

清乾隆二年（1737）八月勒石。现存于临县东岳山文塔内。碑砂石质，长方形，高约120、宽60厘米。额篆“文塔铭记”4字，碑文楷书，计11行，满行约25字，约210字。内容记载文塔的修建过程。碑体完好，碑文完整，字迹清晰。

【碑文】

文塔銘

地靈之聚，玉氣之揚。儲精毓秀，相得益彰。邑之東南，是爲巽方。厥象文明，萬丈光芒。山廻水折，鬱勃騰昂。勝觀在宇，目朗神爽。何以表之，建塔允藏。傳議百年，築舍道旁。歲在丁巳，浮屠忽起。爲層七級，龍驤鳳舉。文筆參天，池爲湫水。川媚山輝，厥觀斯偉。自北至南，相望百里。僉曰佳哉，不可無紀。惟水泱泱，惟山蒼蒼。惟石琅琅，惟塔煌煌。一邑之望，四方之光。從此發祥，奕禩無疆。白子邑庠，文先含章。實造斯功，鐫石留芳。

賜同進士出身趙中元譔

郡增生李珩朱書拜篆

經理　庠生白文先

督工　大匠馮章

張風梧　鐫石

大清乾隆二年八月中秋穀旦

修职郎白公墓碑

【简介】

清乾隆四年（1739）十月勒石。现存于临县临泉镇化林村。碑砂石质，圆首，高130、宽58厘米。额题“碑记”2字，碑文楷书，正文2行，满行18字。碑体下部剥蚀严重，碑文有缺失。

民国六年《临县志》记载：康熙二十四年（1685）白暀，大吉都拔贡，太平县教谕。康熙五十六年《临县志》载：白晋燮，大吉都人，二十七年贡，暀父，任山西老营堡训导。本碑在白晋燮墓碑之下，推测应是白暀之碑，“太平县教谕”这一职务应该是风化掉了。

【碑文】

皇清誥授脩職郎原任平陽府……署理縣務鄉飲……

乾隆四年十月吉立

男鴻玼　鴻□　鴻□　鴻□　孫男□□□□□

重修观音圣母地藏碑记

【简介】

清乾隆五年（1740）六月勒石。现存于临县三交镇正街村。碑青石质，圆首，高150、宽66、厚17厘米。记述重修观音圣母地藏之事。额题“以志不朽”，左右分刻“福”“禄”。碑文楷书，正文共27行，满行59字。碑体完好，碑文完整，字迹清晰。

【碑文】

重修觀音聖母地藏碑記

領疏頭人　監生趙鳳雍　杜景星　高瑶　陳三□　融和鋪

施錢人　樊□德　白有命　薛恭　程表　張孝臨　樊定元　樊應年　姚倫才　樊新基　樊暹　王盛張忘　生員白鶴年　李亮寶　秦一德　楊国柱　閆朝利　李士元　王禮　樊耀魁　□□□　刘□□　張□　刘国興　樊雲會　樊自然　樊子才　高有信　樊昌　樊思讓　秦世寧　高元喜　高升泉　成玉喜　李升凡　張遇　李養金　樊廣玉　□耀爵　□□秉　王継帝　刘人望　薛管貴　張儉　王元功　杜貴奇　薛佩　張全臨　姜佑之　趙奠貴　賀彦儒　刘子偉　武探春　樊□恩　樊鶴年　樊松年　畢貴　樊珂　樊耀美　樊俟　雒京士　樊成福　郭永寘　樊俊　孫俊賢　楊禎常義士　張頭兒　薛士玉　馮荣先　刘思福　樊美興　樊思會　賈振　程士相　李恭　樊敏　樊彦標　樊周　李志貴　生員王朝聘　樊瑭　王璞　楊恭　刘東海　張席安　高文燦　高廷選　樊宗　樊士超　李耀儒　張祚　樊永富　樊崇孝　樊□謙　刘養功　樊盛年　恭威通　樊元玺　李瑗　曹進福　王元臣　刘福士　馮尊士　孫述燦

白景清　薛光先　曹永安　薛義　刘成福　刘継倹　樊耀□　樊自旺　樊□英　生員樊璐　生員樊鐸　武成文　李洪　薛彦　武顯即　張興宇　刘作幹　孫秉恭　刘寧　薛玿　郝甫　張謨　刘成祿　樊翔　高虎　王清　樊思遠　樊登科　張裕臨　高帝□　張世俊　李琬　高元義　刘飛鴻　刘宗法　孫應顯　馮大孝　樊長年　言有義　段希祥　曹子琬　李志朋　樊升　刘玉珠　高志盛　樊成祥　薛成才　生員樊瑗　李志良　樊潮　薛栄甫　雷泉　刘宗堯　薛文章　高宗偃　孫應光　刘成仁　段希祚　薛継公　樊孝　刘富興　刘士栄　樊信弘　張登宇　樊許　刘紹　樊玉豹　樊顯　成振安　薛聖才　監生趙殿元　刘文煥　楊禎　王命　張逵　王毓春　楊又明　樊梓　李志永　張禎　樊思善　李興　張聞喜　程玉秀　李清　杜克讓　侯盛　監生趙西元　趙建業　薛煥然　楊恭　賀永茂　樊子年　李金　刘輝　辛登甲　樊成美　樊自強　樊釖　任雲九　樊四　樊思林　樊角　李覆　馮萬蒼　王天爵　樊珩　薛異品　楊如章　李火明　樊歷年　樊有平　樊有年　薛継虎　刘成旺　樊興富　樊自崑　樊真寅　刘玉金　喬世　樊易年　薛栄賓　王永昌　高元位　張同合　李士元　薛君聘　段素品　秦秉彝　樊文臣　樊聖年　王永文　樊昇　毛生海　刘登文　樊彦栄　張援　樊廣興　張學武　孫克禮　侯国泰　好義當　高持才　賀楚白　薛扶五　薛有文　張旺　樊希凡　言秀　樊有德　樊赳　生員刘鏡　樊翢　樊彦礼　生員張敬臨　馮可畏　安之統　張大謨　永昌號　薛成仁　苗際隆　薛逵　薛裕後　任世佑　刘如璞　白有福　樊訓　李玠　張搢　孫應選　樊殿玉　樊彦喜　張維寶　王成領　李志善　樊瑁　白景儒　秦世寧　白如心　白棟　楊京青　薛德旺　孫應直　白有祿　崔德崇　李宗亢　張訓　生員高帝選　王朝聘　郭振福　李志楊　李輝　樊真　楊業　白全智　高景因　刘煥章　吕鳳祥　賀良弼　李福　刘建吉　白有財　薛如管　李志章　李玉瑋　樊耀成　樊思珍　李志華　刘貴興　宋九成　刘有義　張寧　武成　張克　沈金□　吕思□　陳三錫　高寧　王成後　白有盛　李養義　樊耀宗　刘福興　樊瓚　李養寧　郭英　樊德義　樊都　樊文德　李耀彩　刘選　王能永

肅州領疏頭人　刘桂　樊鎰　薛成智　樊信恭　王鳳棲　何永年　王錫位　李琮　舉人李志道　貢生張咸臨　李彬　高継　刘全興　刘進盛　王瑾　刘士望　樊懷瑾　孫玉奇　李玿　高子智　張謙　張鄉　郝文燦　張懋　樊懷新　樊秉仁　李琰　高子漢　刘耐　吕用和　李志達　樊福　薛居敬　王恭　樊慶年　高子威　樊文相　張如珍　張友貴　馮秀宜　樊常年　薛如錦　刘成鳳　高子彦　樊昌年　孫克智　武振世　吕温　孫仲臣　任甫　王廷遠　高子仁　吕良　吕謙　吕成玫　吕成業　樊順年　高希千　高壽一　大亮　吕文俊　李嶽　樊懷宗　樊懷卿　李登才　刘付興　樊国立　高子仝　貢生樊玉書　樊玉珩　李志栄　張鳳棲　生員樊升　王成領　張潔　高子義　武国虎　刘成法　杜寬　樊曜　張光　生員武廷璣　刘有義　高子信　康咸臨　武廷瑾　李寬　李玉環　薛天德　武廷琦　王継因　生員武廷瑜　李玠　張謨　樊子蔣　李春生　王元　生員張如桂　高滿盈　王來秉　刘生興　賀寧　張芳　張蘭　馬要天　生員張如蘭　高子金　王廷梅　生員李志微　生員李志陞　薛璉　魏才　武国瓣　高子威　刘士興　刘元召　郝現　樊恭來　鞏有亨　武国仲　高子全　張永原　高志興　樊章　樊現　尹聘之　武国捐　高子命　刘如君　薛興　張問興　李士義　任美昌　李志俊　高子倹　牛向仁　刘甲　刘全仁　刘大相　王存仁　吕如端　高子喜　薛元□　薛元必　孫克寬　楊良弼　吕讓　李謹　高子剛

大清乾隆五年歲次庚申六月吉日立

清故显考张翁讳建字立基父元配柔氏恩妣孺人袁氏之墓

【简介】

清乾隆七年（1742）六月勒石。现存于临县白文镇铁芦沟村。碑青石质，圆首，高 157、宽 65、厚 18 厘米。额题“碑记”2 字。碑文楷书，正文共 5 行，满行 48 字。碑体断为两截，碑文基本完整，字迹清晰。

【碑文】

清故顯考張翁諱建字立基父元配柔氏恩妣孺人袁氏之墓

甞聞人道莫先於返本，至理不外於尊親。誠以生我劬勞，父母恩誼維厚，而報本追遠，後人之孝思宜永也。玆者崇父辭世已逾十載，母親葬征亦越数年。猶憶父當生前，剛方自立，直道是：尊治家惟勤不辭辛苦之狀，持身以儉居然朴素之風。兼以母勤中饋，無忝內助，因而田産廣、家業興，後世之福澤，莫非前人之功苦也，独是父生三子，長男四十而辞世，幼子二旬而早亡，現今次子崇承父遺業，忝入國學，欲報親恩，悔無所及，聊述父之生平並母懿範，爰勒諸石，永垂不朽，庶後之子孫，過墓而思哀，撫碑而興嗟也。是爲誌。

父生於順治十八年七月二十七日，卒於雍正八年一月十五日。母生於康熙十年十月十二日，卒於雍正九年二月十日。

男問善　國學生問崇　問德　孫瓚　琚　琇　璦　玤　瑶　從孫光先　紹先　仝立

乾隆七年六月吉日立

圆寂亲教师上圣下轩懋公和尚寿塔

【简介】

清乾隆九年（1744）三月勒石。现存于临县碛口镇樊家沟村寺内。碑砂石质，长方形，高 45、宽 32、厚 8 厘米。碑文仿宋体，正文共 7 行，满行 21 字。碑体略有风化，碑文完整，字迹清晰。

【碑文】

師，臨邑樊氏之子，自幼削髮，五十受戒，持誦法華經十二載而道行得證明果，一朝正座，忽欲西歸，謂説偈曰：

真佛無形，無形不形；真道無體，無體不體；真發無相，無相不相；真人無心，無心不心。恭惟

圓寂親教師上聖下軒懋公和尚壽塔

門徒悟真　法侄悟寧　法孫真□　真性　真道　真安　玄孫如心　如意　曾孫道通

乾隆玖年三月拾玖日立

重修复生庵碑序

【简介】

清乾隆十年（1745）勒石。现存于临县兔坂镇陆家沟村庙内。碑砂石质，圆首，高158、宽74、厚17厘米。额题“时皇清”3字。碑文楷书，正文共14行，行残存8字。记载重修福生庵之事。碑体表面磨损严重，碑文残缺，字迹模糊。

【碑文】

重修福生庵碑序

同興魔三村之社稷……然傑出者皆福星之……志修□除□已合外……葺增修告□□邊……悲往事因留之……此庵也何請乎……閬□中……有成男成女……後土……所以音日創之前□日……神聖之功德於不朽……之以德在人之於人……神豈可肆然以……未見具可也……

總理人　吕□周

功德主　□□□

糾首　□□　明郭元

杨公施地序

【简介】

清乾隆十二年（1747）十月勒石。现存于临县白文镇杨家庄兴隆寺。碑砂石质，圆首，高150、宽63、厚14厘米。额题“日月”。碑文楷书，正文共13行，满行48字。记述杨玉鼎施地给兴隆寺之事。柔文选撰文并书丹。碑体完好，碑文完整，字迹稍模糊。

【碑文】

杨公施地序

窃以大造皆積善之區，善由施積儔儕，悉造福之□福缘舍造，况田産基地，尤歷億萬年之不敝，衛梵刹於永固者也。其施捨之有，不勝於囊金資財之萬萬者哉。慨自須達，不再三生無辜，錙銖必較，誰助舟麥，滿載慳吝成風，曷繼祇□□八十，故普濟之途雖廣，而輸將之人則寡選矣。乃有楊公諱玉鼎者，太平都十甲民也，自幼封葷奪裔，胄而不改，樂善好施。極困頓而猶然精神，遠契兑山；采學問而書籍頗曉，□墻常見。如耒終日，夜而經不絶吟。常存慈船溥渡之想，項發慷慨輸予之念，將自己土昂村祖業，山神爺圪垯官道坡下地貳垧，下節楊耳窪拖溝古時八垧，又牛皮梁壹垧，半下漫道灣拖連三垧；又墓則咤條貳垧，又麻澗梁拖窪上下柒垧，又主坡梁陽間捌垧，拖連下灣貳垧，前塔上下五垧，麻闊溝陰塌三垧，拖連下灣壹垧；又主坡梁陰面拖連至深溝渠共拾垧，又忽則梁上陽地四垧，下圪梁貳垧，菜地溝掌上窪拖條古時三垧今時貳垧；又暖泉溝陽塌上下前後拖連五垧，前溝門平地乙垧，又里圪塔坡貳垧；又陰耳側拖連陽道焉共地乙拾三垧，又黄草梁條地四畝，又背道條上下四畝，又磚墓焉□窪六垧，東窪拖水溝原柒垧，西窪拖至柳溝焉乙拾三垧；又下水溝掌地古時乙垧，今時半垧，又上磚墓圪垯六垧，坡下陽條貳垧；又村對面乙垧半，又小劉家溝地畔垧，又古舍窠地鐵爐坡壹畝，半里地貳垧，用立契券，盡數施於興隆寺永遠爲業。底糧七斗九升，即過割在寺僧真濟名下，則善之積也。孰積於斯福之造也，孰造於斯，雖不敢謂須達之再生，亦可望三生之有幸。凡我檀越，莫不感戴，公議勒石，俾後昆之乏傳者，藉斯而永傳於恒久。宗祀之莫光者，恃此而增光於不衰，庶幾乎我好善之楊公不死，於千百世下也已。

臨邑庠生柔文選謹撰並書

施主　堂弟楊貴鼎　楊皇鼎　堂侄楊繼林　男觀音保　楊繼榮　男佛家鎖　賀管大　三管大　楊繼後　男融瑾　如勝

經理糾首　馬世榮　穆登仕　徐之貴　劉讓　楊萬才　趙天材　楊芝　關現　楊承唐　楊大德　楊存信　楊大保

永寧州觀音寺師兄真顯　徒如璽　如璧　真愚　徒如學　師叔淨來　淨權　徒真修　師弟真室　真全　真鎮　真成

本寺海衆淨儲徒真媚　徒如琅　如憨　淨妙　徒真達　淨英　淨徹　徒真遠　淨能　徒真環　真亮　徒如琛　如守　徒智景　智升

白雲寺行濟　行英　妙生　比丘妙雲　徒普理　普珥　普珍　妙達　徒普璋　普林　徒融瑾

地藏庵昌文　徒寬厚　寬慶　廣恩　廣慧

白馬寺僧□見　宗勵　宗有　明柱

大清乾隆拾貳年歲次丁卯陽月下浣吉旦

住持僧真濟　徒如瑜

信士　張泰　劉廷良

石匠　牛鳳業　刊

日月
杨公施地序

重修兴隆寺

【简介】

清乾隆十二年（1747）十二月勒石。现存于临县白文镇杨家庄兴隆寺。碑砂石质，圆首，高150、宽63、厚14厘米。额题“碑记”2字。碑文楷书，正文共9行，满行52字。记载重修兴隆寺之事。柔文选撰文。碑体完好，碑文完整，字迹略模糊。

【碑文】

重修興隆寺

從來夆（举）廟興衰與剏修建造之功，而不相揜也。但夆（举）其事難，觀厥成尤難。興臨之界有興隆寺，由來舊矣，其間正殿與東西南殿規模非不具備，特天井狹隘，氣則促也；東西止於筆劃，制則略也。且歷年久遠，各殿將有傾覆之形，勢則危也。噫嘻！群神憑依之所，關風化之盛，系人物之興，須可聽其促且略傾且覆也哉！愚僧真濟於雍正八年掛錫於兹，爲之四顧，爲之徘徊，已動整理之想，第移焉蒞止行習未信於人，而難以動衆，是以蓄願於懷而未夆（举）其事。延至乾隆五年，願不自禁，會衆議之，僉曰：功至鉅，非易就緒。或曰：少年輕鋭，恐不勝任。與其廢於後，何若不夆（举）於前也。愚僧力爲之，請夾立會長以之從事，亦竊惴惴焉。恐不能以告終，又竊計之曰：倡衆作福，神將佑我，造其即於墜耶。於是，東奔西走，極力拮据，募化不継，給以

己資，將正殿補葺。裔皇東西廊易筆劃而塑像，至南殿則移易舊制，前展其地，創建磚窯三眼，位殿其上。東西鐘鼓楼二座，韋駝楼居中，則天井饒綽，氣勢開楊，向之促且略傾且覆者將無慮矣。行見地靈則人傑，神喜則人旺，而四方風化庶乎日增而月盛，物阜而人蕃焉，由之此矣。且丹艧塈堊，亦頗盡致，觸目之下，煥然改觀，翬飛斯革，非復舊年之黯淡，輪焉涣焉，大顯新時之生色，向之匪易就而半廢者，至此亦可無慮矣。而愚生整理之想，乃爲之少慰，四方來觀，輒大住持之力。愚曾維我檀越之助成焉，愚何力之有哉！兹當工程告竣，爰勒碑銘，以誌不忘。是爲誌。

臨邑庠生柔文選薰沐撰

經理人　馬□兒　賀□□　胡□儒　楊□□　楊□唐　□□德

會首　楊□唐　楊大德　胡□道　胡有□　馬朝富　賀尚全　楊黄□　趙大才　蘇貴　馬應□　楊□　楊存現　楊現才　楊楝才　楊巨才　楊継後　王吉　馬成林　刘成飛　魏良貴　楊開□　徐之花　楊存實　楊鳳才　楊漢月　刘漢茂　唐文正　胡君錫　唐堯　楊芝　刘讓　王壐　胡學盛

施錢衆姓人等

袁士功　楊士玉　成奇珍　孫如智　楊朝唐　楊茂寧　武梅　穆天成　孫開温　郝秉功　袁泌　胡有周　胡有林　胡有鳳　馬應武　趙以治　胡有謙　胡有力　胡有梅　胡今才　胡之鼎　胡有鸞　胡有府　胡有榮　胡今保　胡有福　胡有虎　胡有信　胡大才　穆登傑　楊士有　楊濤　穆億德　趙熊佐　楊良才　楊玉連　馬孝　楊如星　邢玉　楊正　楊存智　孟高俊　楊存仁　楊巨鼎　楊福　楊璋　王如信　馬廷國　楊珍　楊琰才　楊大義　楊玉珍　楊存義　楊大禮　楊大仁　王倫俊　楊大福　楊玉碧　馬忠　苗之富　刘玉玢　郝秉善　楊大如　馬堅　楊俊　張信　唐文全　唐柱　唐玢　唐榮　馮朝文　馮朝傑　馮朝俊　馮朝堯　唐清　穆登夆　刘良　温照奇　李得　唐貴　高之武　唐文要　唐舜　唐魁　史國如　□康昌　馮朝艾　王萬在　楊弘春　胡養錫　楊継春　史國義　馮朝禹　馮成興　馮朝書　楊士英　楊士□　楊貴鼎　史文海　楊正才　楊福才　楊継林　梁一乾　李玉還　樊玉義　樊玉仁　楊継榮　陳萬寧　任大有　刘環　楊建鼎　楊太保　李月光　賀保　賀尚元　賀亮　賀尚信　薛花　賀尚世　賀尚升　胡有竒　魏良宇　白富忠　李富　薛興世　賀普　閆亮　賀當　徐之榮　樊玉仁　張光　張忠　徐茂　張花　刘福先　張恭　張如訓　武非欽　苗福宇　秦希隆　白花國　徐之貴　刘漢盛　刘滿金　刘成春　刘成有　刘漢良　刘應伸　胡士禎　胡養同　康法壽　胡養禎　郝秉儉　刘珖　楊相才　賀如有　胡君義　楊泰　段美才　王花　孟言霞　刘弘乾　楊國泰　曹明德　趙大威　袁幼年　楊継唐

募化僧　真濟　徒如瑜

石匠　牛鳳歧　刊

大清乾隆十二年歲次丁卯十二月十七日立

增修观音大士阁碑记

【简介】

清乾隆十四年（1749）九月勒石。现存于临县临泉镇万安坪村。碑砂石质，圜首，高 180、宽 69、厚 17 厘米。记述增修观音大士阁之事。额题“閭里留香”4 字。碑文楷书，正文共 11 行，满行 49 字。李锡嘏撰文，张璿书丹。碑体下部剥蚀，碑文局部缺失。

撰文者李锡嘏（1708—1765），字如九，号祉堂，临县城内人。幼时勤奋好学，善于独立思考，不满足于记诵字句，对所学必追本溯源，直到融会贯通。18 岁起专治五经，博览群书，深得知识界人士敬重。乾隆丙辰年中举人，乙丑年中进士，受聘于汾阳罗城镇，就馆教学，不久又受聘于交城卦山书院，任主讲。父病逝，守孝三年后，赴京候选，被委任河南省阳武县知县。

【碑文】

（碑阳）

增修觀音大士閣碑記

人之善惡存乎心，心之善惡著於事，但心無止境而事有難易，則心之所欲，未必即爲力之所可勝，然力□□之而心却有餘□□之所著，亦足徵其心之事，所趨者豈必紳士大夫宏濟艱難哉。即鄉黨一曲之士，苟其不以自私自利□□□□□□□□因□利，即使其歧於所趨，而有識者亦必嘉其心，述其事，而樂爲斯人告焉。臨治北十里許曰萬安坪，居孔道□□□□□觀音大士閣□□□奉祀，而往來行人亦時以爲憩息之所，誠一盛境也。奈多歷年所，廟宇傾圮而金容剥落，斯□□□□□者，咨嗟歎息，（常發）虚無人之感焉。邇來善士超騶等喟然曰：廟貌頽廢，吾鄉凋敝之象見矣，且昔日之建斯宇者□□□餙觀哉！其香火甘泉有便塗（途）人，而吾鄉人入廟生敬，亦將以啟其善念焉。爰是毅然謀更新，增廣石洞，再構廟楹□□□□□就廢者，至是而煥然其一新。嗚呼！如斯人者可以風矣，夫建修閣其事之利濟幾何，修之於一鄉其力之所勝又幾何？然既以一鄉之事爲事，則其心之所趨，夫誠有在者而不□□□□往來者覘淳良之風，安之者啟好義之思，將於是乎賴也已！而超騶且曰：斯廟創自是鄉李復興，余特準而增之□□忘勞其忠厚又何如。抑語云，莫爲之後，雖盛弗傳。然則如吾叔祖復興，其亦可謂知人而能藉以傳者矣。

賜進士出身候銓知縣李錫嘏撰

廪膳生員張璿書

糾首　劉文信　郭如喜　辛大德　李成檜　薛永燕　薛克良　薛應元　薛文世　高能立　薛應武　李錫晉　楊滿金　薛應侃　吳思敬　殷有才　□□□　仝立

陰陽　高有文

木匠　趙位　楊存義

畫匠　任廷貴　任□□

泥匠　賀洪祿　郭有録　安定國

石匠　馮天仁　陳榮發　鐫

乾隆十四年九月穀日

（碑阴）

協成鋪　義豐鋪　通順鋪　永隆鋪　永慶鋪　廣成號　□秋號　義興號　會錦號　忠孝鋪　豪成義　復春鋪　臨江館　好義號　萬順鋪　四合鋪　義長號　恒興鋪　長盛鋪　義合號　協恒鋪　和義鋪　協和鋪　豐盛鋪　恒順鋪　集旺鋪　温其凡　集頭　温美……

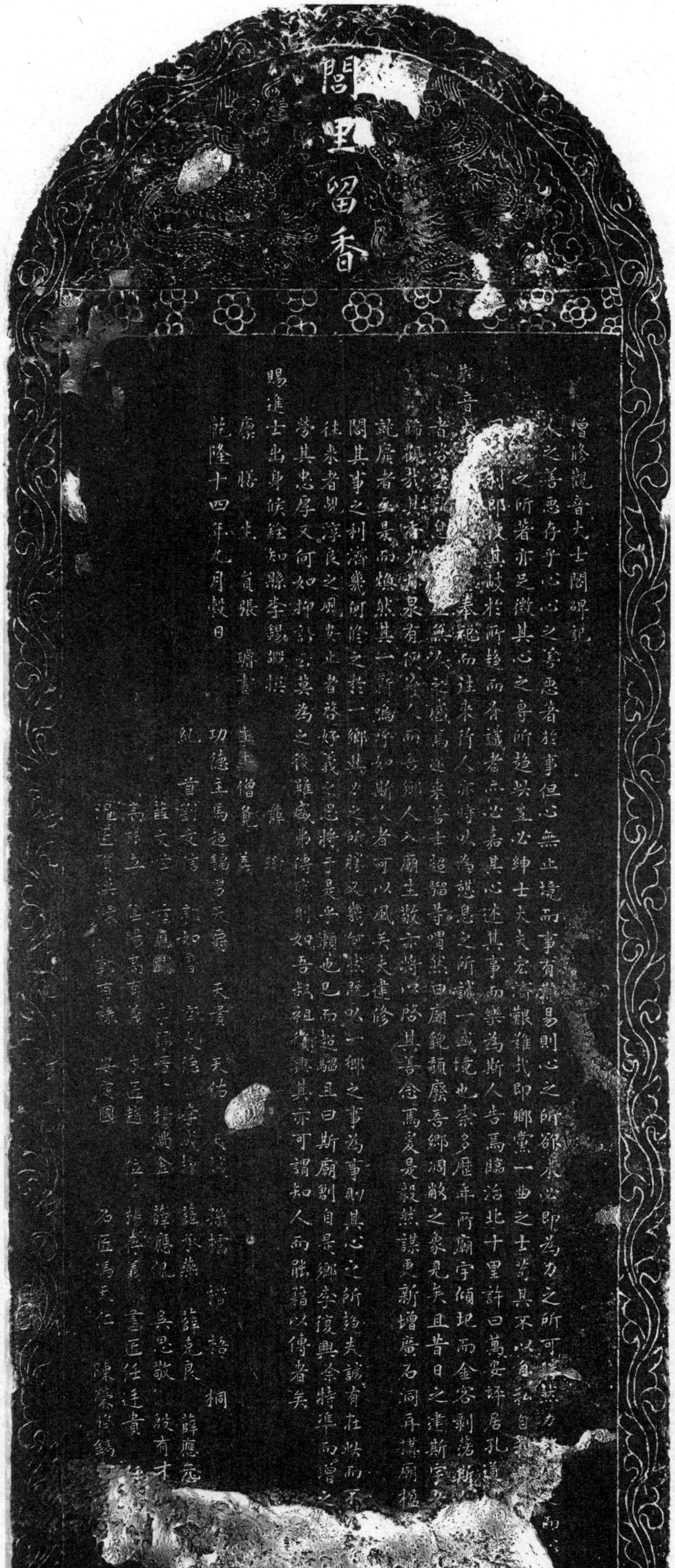
閭里留香
增修觀音大士閣碑記
乾隆十四年九月穀日

重修观音寺碑记

【简介】

清乾隆十五年（1750）勒石。现存于临县兔坂镇高家圪堎村观音寺。碑砂石质，圆首，已残，残高84、宽53、厚13厘米。额题“……寺”。碑文楷书。正文共8行，行残存14字。记述重修观音寺之事。碑体仅存缺首的上半部，碑文残缺大半。

【碑文】

……都中……貧加之饑……歎積久相沿……佛教亦聖王所不……寺□□□□□荒凉久萌善念大發……口□□人也於以捐者捐募者募破……然耶。総之此番功果原非藐小不有……匱也耶，孫傳之又孫，子子孫孫其必……

旹大清乾隆十五年歲次庚午季……

文林郎知臨縣事知縣張紫樞　僧會……

下院福興寺　海慶　淨珮　淨義　真曉　真修……

功德主　刘福興　張恭　張雪　薛雲明　郝能□　李□　刘之□　王□璽　喬如生　雷玘元　柴明　柴桂　張建□　郝成□　高元懷　白□　霍應□　王□□　王有行　常耐　郝成□　李克勤　馬如欽　高□□　郝玉章　高□文　常□清　蘭振才　常弘升　賀述湯

糾首　喬大烈　喬元□　刘之連　□□□　□□□　常愷　張繼方　喬宗才　李士清　柴進　柴岫云　張朝音　刘之昇　柴世虎　柴桂　豪興旺　王自悉　宋德喜　王弘英　張裕　柴敬　柴昇　高文海　武鳳軒　張彩桂　王福興　王自明　郭璿　曹如雄　張如云　曹可正　柴如堯　張洪良　王燦郭世　常士祿　薛建章　苗貴恩　郝元恭　郝自法　高玉金

清故显考□文生赵翁恩妣待赠曹氏之墓

【简介】

清乾隆十六年（1751）七月勒石。现存于临县车赶乡赵家塔村。碑青石质，圆首，高 95、宽 53、厚 18 厘米。额题“日”“月”。碑文楷书，正文共 4 行，满行 25 字。碑体基本完好，碑文完整。

【碑文】

清故顯考□文生趙翁恩妣待贈曹氏之墓

父諱夢龍，字公秀，享壽六十六歲，生於康熙九年九月初六日卯時，卒於雍正十三年四月十五日亥時。母享壽七十七歲，生於康熙十二年三月初十日亥時，卒於乾隆十四年十二月二十六日戌時。

長男庠生乾德　孫伸韓　伸魏　伸齊　曾孫成都　成就

次男國𥘉生豫德　孫性匡

次男庠生艮德　孫伸夑

長女張門婿咸臨歲進士　外甥庠生穀　稔　外小孫啟蒙　誘蒙　發蒙

次女李門婿又綱增廣生員　外孫性亮　性惠

乾隆十六年七月十五日穀旦

重修碑记

【简介】

清乾隆十八年（1753）九月勒石。现存于临县临泉镇乔家沟村。碑砂石质，圆首，高137、宽66、厚10厘米。额题“重修碑记”4字。碑文楷书，正文共5行，行残存24字。记述重修五龙圣母庙之事。碑体下部剥蚀严重，碑文缺损较多，字迹模糊。

【碑文】

重修碑記

夫人生在世，皆賴天地神明之庇，即於農家，要於龍王……不錯。臨邑西喬家溝南有聖母五龍廟，以及西廊山神土地祠，不知起建何朝，歷年久遠……乾隆十一年村民目睹心傷，舉意重修，聖像金粧，煥然一新，自……人能誠敬，神必佑之。謹此序云。

康熙五十八年功德主　杜果凡

糾首　白玉文　白進興　李之恒

乾隆十六年功德主　王如堯　杜寛　男杜良□　穆維金

糾首　杜恩德　秦先春　白弘舍　王甫章　高寧　王雷　白弘□　沈先基

施錢人　孫元　李創基　秦明玉　秦明德　王朝同　王秉信　李成信　王鳳祥　秦子春　孫要　李慶祥　郭茂義　薛克寛　白玉文　高明樂　高明貴　白□利　喬買伸　白弘賓　李天府　白弘堯　杜良法　刘玉行　白秉成　王功凡……

乾隆十八年九月二十七日　石匠　張殿金

重修黑龙庙碑记

【简介】

清乾隆二十一年（1756）十月勒石。现存于临县碛口镇街道黑龙庙。碑砂石质，圆首，高156、宽70、厚14厘米。碑文楷书，正文共10行，满行52字。记述重修黑龙庙之事。高文发撰并书。碑体右上缺一角，碑文完整，字迹清晰。

【碑文】

□修黑龍廟碑記

頌昇平之詞曰：風調雨順，海晏河清。此自然之氣化哉，抑亦有神焉，默爲主持運用於其間云。葢風雨河水，其爲利恒於斯，其爲露亦恒於斯。如無烈風淫雨，水不構波，若越裳氏之所稱，固利莫大矣。設或淫雨連月不開，朗風怒號，濁浪排空，若范文正之所記，則害孰甚焉。然則欲有利而無害，詎不於三神有嘉賴哉。臨永間磧口鎮，相傳於明時因河水漂來木植，刱廟三楹，正祀龍王，分祀風伯、河伯於左右，凡以風雨水三者其機相因，其勢相聯，故並奉爲玆土保障焉。迨雍正年間，增修樂樓一座，他如東西両廟以及齋房門墻，諸規制則蹉跎歲月，至今未修。夫廟宇者，神所憑依棲靈之處，而磧口鎮又境及秦晉地，臨河幹爲商旅往來、舟楫上下之要津也。比年來人烟輻輳，貨物山積，每當風雨驟至，波濤忽驚之頃，則人人倉惶，呼神欲應，夫是以演歌舞，供犧牲祈靈於玆廟者，踵幾相接。至於神所式憑之地，則顧因陋就簡，而令荊棘叢生於階，瓦礫狼藉於庭，何堪以妥神靈哉！此土人因循之過也。今募緣增修両旁，隙地營建磚窯若干眼，而竪鐘鼓樓於其上，其下則立山門，修垣墉，鳩工庀材，一一補前所未逮，雖其體制隘小，而視前荒凉冷落之况，焕然改觀，或差足爲神聖之行祠乎。爰制俚語，勒諸貞珉，俾後之覽斯文而咨□者，特加補葺，令四時香火無歇絶，則今日之遥爲厚望也夫。

臨邑廩膳生員高文發薰沐譔併書

功德主　永寧州侯銓州判陳三錫　男生員秉謙　秉敬　秉恭　孫□學生滿琰　滿瑜　滿琇　滿璿　曾孫男重喜　施銀一百両

領袖人　永寧州信士陳三寬　男水清□□□□□□陳圓　陳範　曾孫男其昌　其盛　其才　施銀十七両　臨縣信士劉鳳秀　男秉法　忠元　孫男進□　施銀施銀六両　又施銀十両

經理人　臨縣信士陳汝智又施銀四両　臨縣信士白成明施銀三両二錢　又施銀八両　臨縣信士劉鳳朝施銀九両二錢　又施銀八両　臨縣信士陳汝孝施銀八両二錢　又施銀八両　臨縣信士白永舍施銀六両二錢　又施銀八両　臨縣信士陳耀□又施銀六両　永寧州信士陳秉孝又施銀二両四錢　臨縣信士劉鳳崗施銀二両六錢　又施銀六両　臨縣太學生白瑞嶺施錢一十二両

長盛廠　薛鳳丹　趙渭施　銀一十四両四錢　陳秉順施銀二両七錢　廣昌號王一施銀一十四両四錢　廣裕號陳滿仁施銀二両四錢　陳汝信施銀三十七両　陳滿珍施銀一両二錢

修造　比丘龐法　門徒清明　清和　徒孫淨滿

住持善誘　白永隆

鐫石工人　陳秉法　男大桂　大有

旹大清乾隆二十一年十月二十二日穀旦立

脩黑龍廟碑記

頌昇平之詞曰風調雨順海晏河清此自然之氣化哉抑亦有神焉默為主持運用於其間云蓋風雨河水其為利恒於斯其為害亦恒於斯如無烈風淫雨水不揚波若越裳氏之所稱固利莫大矣設或淫雨霏霏連月不開陰風怒號濁浪排空若范文正之所記則害孰甚焉然則欲有利而無害詎不於

風伯

龍王

河伯

三神有嘉賴哉臨永間磧口鎮相傳於明時因河水漂来木植剏廟三楹正祀　龍王分祀　風伯　河伯於左右凡以風雨水三者其機相因其勢相乘故並奉為茲土保障焉迨雍正年間增脩樂樓一座他如東西兩廊以及齋房門墻諸規制則蹤跡歲月至今未脩夫廟宇者　神所憑以棲靈之處而磧口鎮又境接秦晉地臨河干為商旅往来舟楫上下之要津也比年来人烟輻輳貨物山積每當風雨驟至波濤忽驚之頃則人人愴惶呼神欲應夫是以演歌舞供犧牲祈靈於茲廟者踵武相接至於神所式憑之地則頹因陋就簡而今荊棘叢生於堦瓦礫狼籍於庭何堪以安神靈哉此土人因循之過也今募緣增修而旁隙地營建鑿窰若干眼而豎鐘鼓樓於其上其下則立山門修垣墉鳩工庀材一一補前所未逮雖其体制隘小而視前荒凉衰落之况煥然改觀或差足為神聽之行祠乎爰製俚語勸諸員眾俾後之覽斯文而容　者特加補葺今四時香火永無歇絶則今日之遂為厚望也夫

臨邑廪膳生員高文發董沐謀偕書

功德主　永寧州候銓州判陳三錫男生員[illegible]生滿琰滿瑜滿琇滿璇曾孫男重喜施銀壹百兩

永寧州信士陳三寬男永清　曾孫男其昌其盛其才施銀十七兩

領袖人　臨縣信士劉鳳秀男秉法施銀六兩　又施銀十兩

臨縣信士陳汝智　又施銀四兩

臨縣信士白成名施銀三兩二錢　又施銀八兩

臨縣信士劉鳳朗施銀九兩一錢　又施銀八兩

臨縣信士陳汝奎施銀八兩二錢　又施銀八兩

臨縣信士白永念施銀六兩二錢　又施銀八兩

經理人　臨縣信士陳耀思　又施銀六兩

永寧州信士陳秉孝　又施銀二兩四錢

臨縣信士劉鳳尚施銀二兩六錢　又施銀六兩

普

臨縣太學生白瑞晧施銀一十[illegible]兩

薛鳳舟

長盛廠趙渭施銀一十四兩四錢

陳秉順施銀二兩七錢

廣昌号王一施銀一十四兩四錢

陳滿仁施銀二兩四錢

廣裕号陳汝信施銀三十七兩

陳滿珍施銀一兩二錢

修造比丘龐法門徒清明清和徒孫淨滿

住持善誘白永隆

大清乾隆二十一年十月二十二日穀旦立

鐫石工人陳秉法男大桂大有

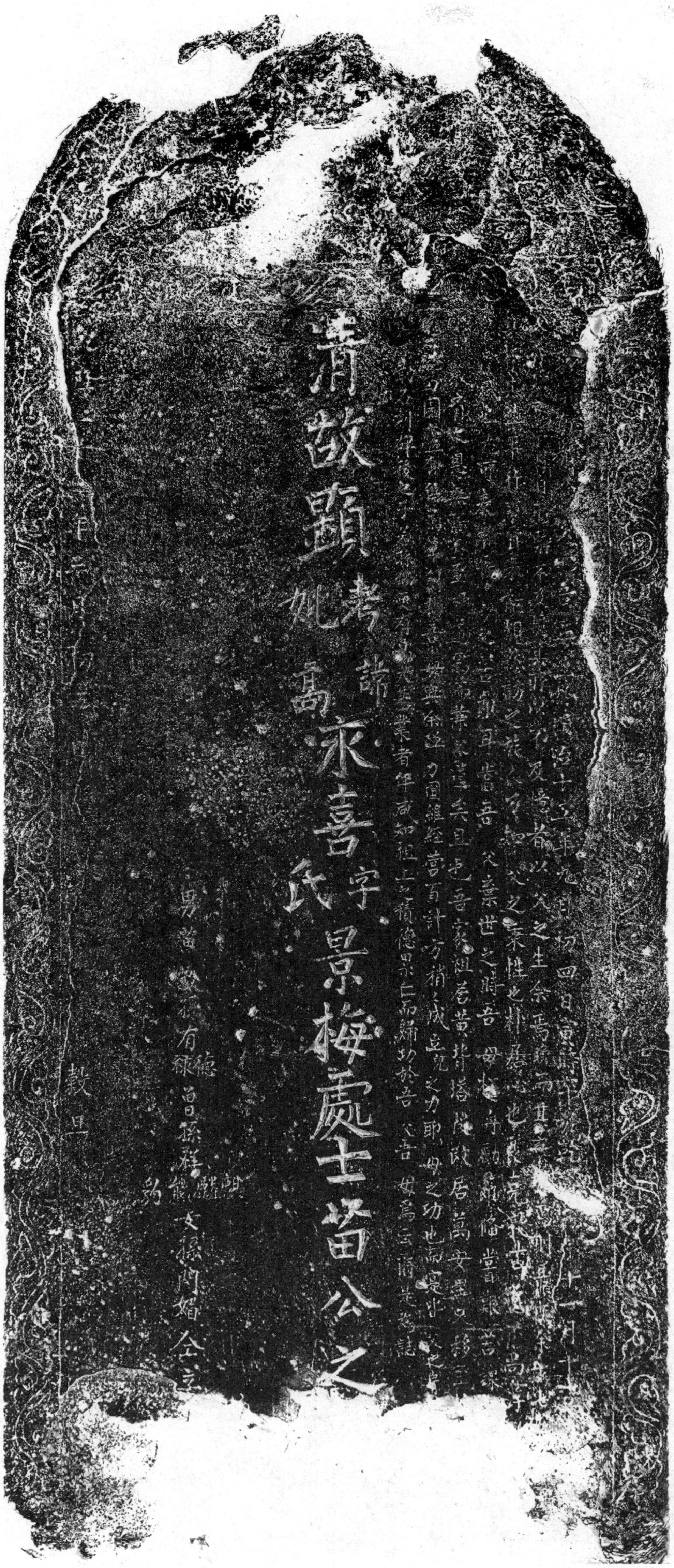

清故显考讳永喜字景梅处士苗公妣高氏之墓

【简介】

清乾隆二十二年（1757）三月勒石。现存于临县城庄镇阳宇会村。碑砂石质，圆首，高149、宽60、厚18厘米。碑文楷书，正文共7行，行残存50字。碑体剥蚀开裂风化严重，碑文残缺，字迹漶漫。

【碑文】

清故顯考諱永喜字景梅處士苗公妣高氏之墓

……吾……順治十五年九月初四日寅時，卒於乾隆□□年十一月十一日……日□□不及奮其所以不及憶者，以父之生余焉晚，而其□□焉，則其□余十七……奮其生平行事耳，不能親□訪之族人，乃知父之秉性也，朴居心也。良克敦古□□尚……感也。九可表□□□之苦亂耳。當吾父棄世之時，吾母杠舟勵節，備嘗艱苦，課……教育□恩無□不□母道焉，而業父道矣。且也吾家祖居黄背塔，後改居萬安里，又移至羊兒會……田園廬舍俱□篳創□吾母與余殫力圖維，經營百計，方稍稍成立。兒之力耶，母之助也，而寔皆父之……勒石刻碑，後之子若孫，倘更有昌大基業者，俾咸知祖上之積德累仁，而歸功於吾父吾母焉云爾。是爲誌。

男苗敬　孫有德　有禄　曾孫祥麒　祥麟　祥熊　祥豹　女孫門媚　仝立

乾隆二十二年三月初五日穀旦

三朝特授中大夫敕封诚悫公太监墓碑

【简介】

清乾隆二十七年（1762）七月勒石。现存于临县临泉镇前甘泉村。形制为方形碑，砂石质。碑高165、宽70、厚16厘米，为三朝特授中大夫太监郭进祥墓碑记。碑文楷书，正文共2行，残存14字。碑文残缺4字，字迹清晰，碑体剥落严重。

【碑文】

三朝特授中大夫勅封誠愨公太監……

公諱進祥字兆興

弟京相　京弼

侄麟斌生員　麟瑄　麟瑜　麟璜學儒　麟興　麟璋

大清乾隆貳拾柒年七月十五日

重修龙天庙碑记

【简介】

清乾隆二十九年（1764）五月勒石。现存于临县城庄镇阳宇会村。碑砂石质，圆首，高 170、宽 65、厚 11 厘米。额题“碑记”2 字。碑文楷书，正文共 7 行，行残存 42 字。记述重修龙天庙之事。碑体下半部剥蚀严重，碑文有残缺且字迹模糊。

【碑文】

重修龍天廟碑記

人之工□□以前，不□人焉，嗣而葺之，於後未有歷久不壞者，北坎□之功……祀之……則視之芳，完國□勸□則祀之，識龍天屢年施雨，澤被於民，功勞浩蕩，莫可……勝□矣。陽耳會　西會里、大焉頭於此共建廟焉，所以敬神報德……風雨剥蝕，棟宇毀壞，更越數年而報神祝□之所……功之將座埸□同社協力重修，易楹而窗，變木而石，□□是固……興工，以中吉竣，燦然一新，金碧燦然，庶神得所依，人□□記……後之來者，有感於斯，不待碩頹，嗣而葺之，則斯廟永存。

邑廩膳生員劉景志撰

功德主　郭□□　□□□　□□□　問□□

糾首　郭欽　楊宗桂　王闢國　秦臨西

羊耳會村施錢人　□□□　高□□　張□□　□□照　□□□　張守明　張維靖　高□權　白宗□　□□□　郭□□　□□□　□□□　□□□　□□□　□□□　□□□　□□□　□□興　□□□　郭鉉　張□□　高□□　高□□　□□□　張□□　□□□　高□□　□□□　郭□□　□□□　□□□　□□□　□有滿　崔□□　楊茂盛　□□□　□□　□□□　李聰　李興　高□□　高□□　高純信　高士奮　高懷世　□□登　王信　□□□　劉登　監生高廷瑜

西會村施錢人　問□□　李養元　張□　張□　張貴　張榮□　王卓　田功　問士林　問世忠　□□□　劉□佐　□□　劉士孝　張元巨　張元□　薛盈□　□德□　王朗　苗思祚　秦斌　秦□　郭□

松峪施錢人　張潤明　□自□　劉□舜　劉文蔚　劉文元　劉□□　高□禮　杜□□　郭□福　郭□□　劉□□　郭□□

東柏村施錢人　高□□　□□會　李□　劉世雄　王□公　劉□祿　李振祿　□□發　劉□維　薛□□　趙□□　李□□　李□　李□□　劉承統　李滿　秦滿庫

城庄施錢人　劉景亮　郝光福　高□禮　張一桐　秦玉福　高□

□□□施錢人　□□□　□□□　張□□　□□□　薛□□　□□□　薛□□　郭清□　苗世□　郝光前　杜□　蔚文□　……

丹青　□□管

石匠　□□茂　馮秉通　……

大清乾隆二十九年歲次甲申五月穀旦立

碑記

赵隆周墓碑

【简介】

清乾隆三十年（1765）二月勒石。现存于临县克虎镇崔家垛村。碑砂石质，圆首，高112、宽55厘米。额题“皇清”“日”“月”。碑文楷书，正文共6行，满行26字。碑体完好，碑文完整，字迹清晰。

【碑文】

山西汾州府臨縣北都六甲人氏，居住崔家垛趙

曾祖進臣，祖國鼎、漢鼎，伯父隆祚、隆業，叔父隆現，父隆周者，其爲人也好施與，勤義學，公平廉正，解忿息争，合社人等俱雅重之。兹卜葬於長盛墕，念三代之以往，心切切而難忘，憶懿德之堪夸，忘皇皇而靡寧。爲其祖者，既彰盛德於生前；爲其子孫者，能勿表令聞於身後乎？於是，勒石以誌不忘，庶我後人，是彝是訓，惟祖武之是繩。

曾祖處士進臣　妻高　苗氏

祖處士國鼎　妻賀氏

漢鼎　妻苗氏

隆祚　男趙所　趙禄　趙太

伯父隆祚　妻郭氏　男趙法　趙逵　趙昌

伯父隆業　妻王氏　男趙大乾　趙大順

父隆周　妻王氏　男趙魁儒　趙延儒　孫趙興文　曾孫趙富民

叔父隆現　妻薛氏　男趙英儒　妻苗氏　妻高氏

陝西榆林府葭州生員李楷撰

伯父隆基　妻基氏　主土陰陽

高如泥書

泥木匠　郭有茂

石匠　高忠

鉄匠　王嘉賓

大清乾隆歲次乙酉花月敬立

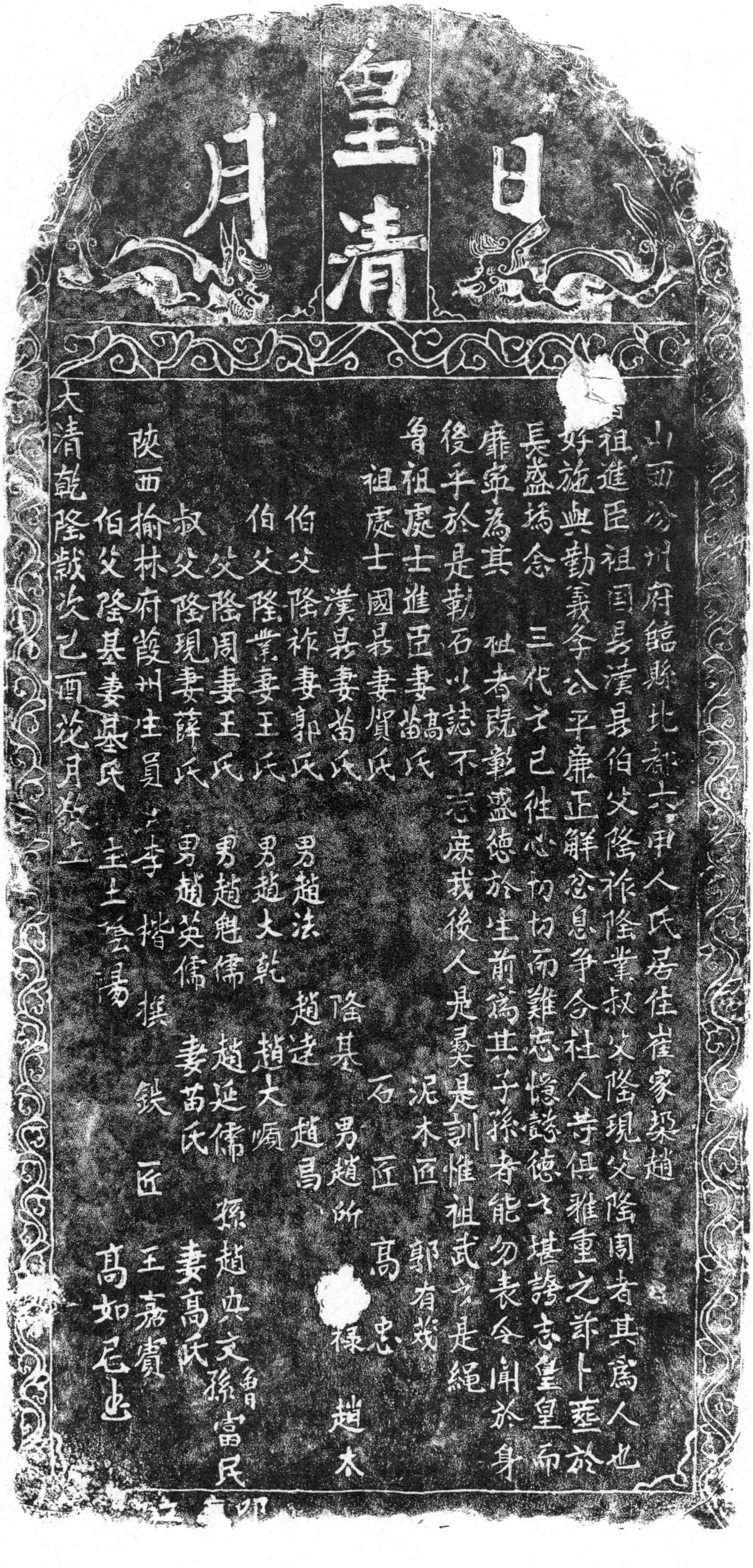
皇清
日
月
山西汾州府臨縣北都六甲人氏居住崔家梁趙
祖進臣祖国县漢县伯父隆祚隆業叔父隆現父隆周者其爲人也
好施與勤義务公平廉正解忿息争合社人等俱雅重之茲卜葬於
長盛墕念 三代之已往心切切而難忘憶懿德之堪誇志皇皇而
靡寧爲其 祖考既彰盛德於生前爲其子孫者能勿表全闡於身
後乎於是勒石以誌不忘庶我後人是彝是訓惟祖武之是繩
曾祖處士進臣妻苗氏 高氏 泥木匠 郭有義
祖處士國县妻賀氏 石匠 高忠
漢县妻苗氏 隆基 男趙所 禄 趙太
伯父隆祚妻郭氏 男趙法 趙逵 趙昌
伯父隆業妻王氏 男趙大乾 趙大順
父隆周妻王氏 男趙魁儒 趙延儒 孫趙典文 曾孫富民
叔父隆現妻薛氏 男趙英儒 妻苗氏 妻高氏
陝西榆林府葭州生員李揩撰 鉄匠 王嘉賓
伯父隆基妻基氏 圭土登湯 高如尼
大清乾隆歲次己酉花月穀立

设立香烟况化地土财物碑记

【简介】

清乾隆三十年（1765）四月勒石。现存于临县兔坂镇苗家梁村中南山。碑砂石质，圆首，高109、宽63、厚10厘米。额题“诸佛圣会记”5字。碑文楷书，正文共4行，满行25字。记述设立香烟、况化地土财物之事。碑体完好，碑文完整，字迹清晰。

【碑文】

中南山釋如來之正位，東玄武，西聖母，後觀音，左右文殊、普賢諸旁。盖聞佛生西域，祥光現於周朝，法流東土，金身夢於漢帝，以金身而焚修香火，賴佛光而護生之念。今有薛建璋等設立香烟，况化地土財物，故立碑刊石。中南山焚修香火地水草庶九畝、大溝坪八畝、棗峁則十四畝、蛇尾則四畝、桃樹圪垯四畝、蚊子圪咀、井峁上……共十一畝。

旹大清乾隆歲次乙酉三拾年四月初八日穀旦

書寫募化　僧人如琦

功德主薛建璋、施地功德主薛文煥，捨地五十畝，認到粮一斗五升。

石匠　高貴礼　男高宗輔

糺首　高永琦　苗貴樂　監生高潭　高泗　高天輔　高聿懷　苗秉義　高元凱　高継文　高守現　高宗茂　張問仁　張學賓　吕在盛　喬輔国　喬得現　喬天樂　薛祥發　薛瑗　張継爵　薛建能　高奮明　張明在　高永惠　苗其財　王鑑　王成功　王可升　王懷璧　高継孔　薛忠　杜元礼　趙隆周　趙漢卿　賀秉仁　高茂　苗璉　苗述魯　杜茂芝　薛永興　郭昌隆　郭生桂　郭宗爵　薛環　苗永茂　杜能玉　薛永盛　郭濳　高得智　薛継舜　王自英

福興寺主持　僧人真曉　真瑜　門人如琦　如朗　如悌　徒智知　智樂　智光　智成　門人慧成　能祥

刊石人　馮士威　高宗孝

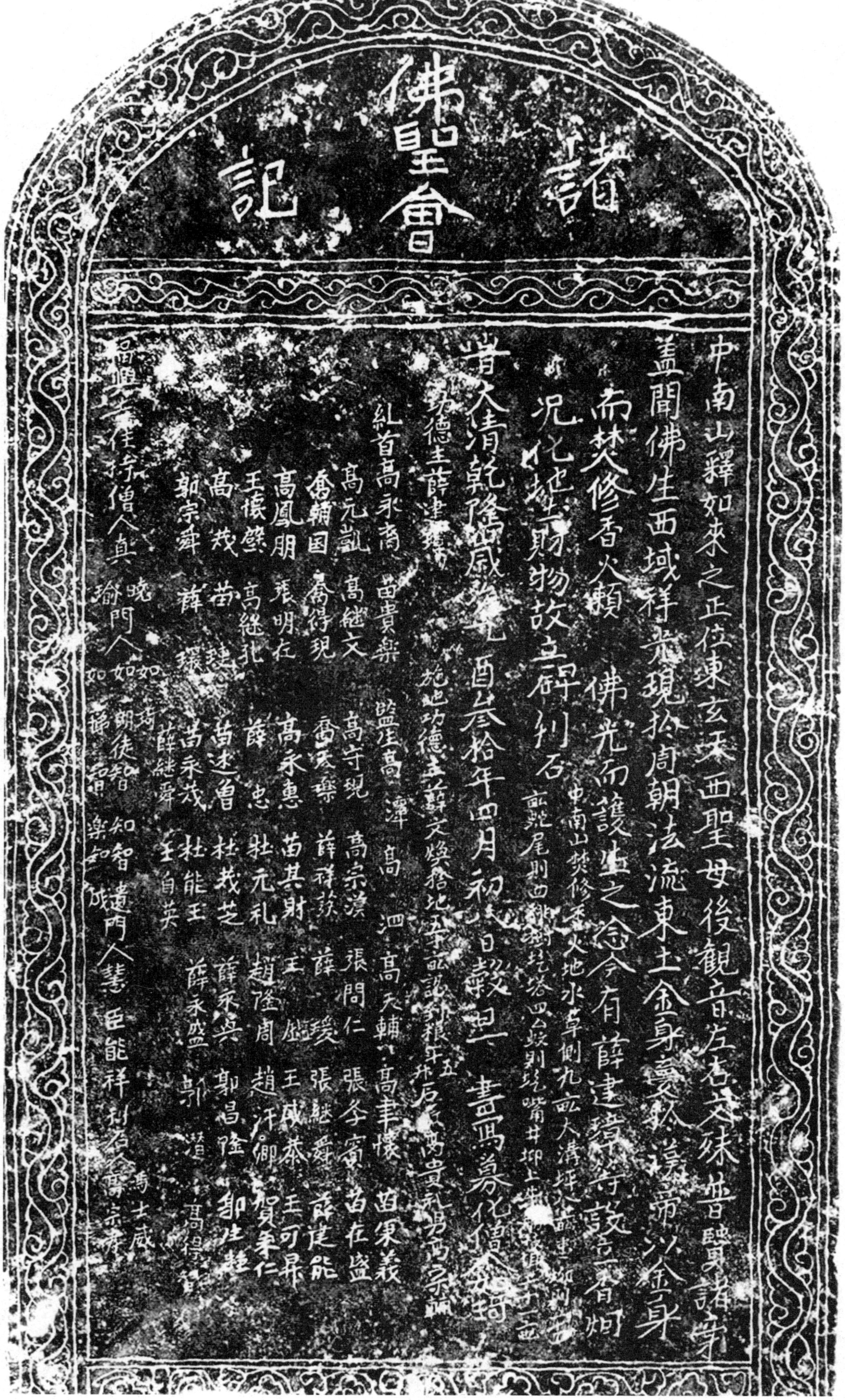
諸佛聖會記
中南山釋如來之正位東玄天西聖母後觀音左右文殊普賢諸堂
蓋聞佛生西域祥光現於周朝法流東土金身
而焚修香火賴佛光而護生之念今有薛建
況化地土財物故立碑刊石
大清乾隆歲次乙酉叁拾年四月初一日穀旦
功德主薛建
紅首高永裔 苗貴樂
高元凱 高繼文
喬輔国 喬得現
高鳳朋 張明在
王懷盤 高繼孔
高 茂 苗
郭宗舜 薛
高守現 高宗漢 張問仁 張季賓 苗在盛
高永惠 苗其財
薛 忠 杜元礼 趙隆周
杜栽芝 薛永興 郭昌隆
苗永茂 杜能王 薛永盛
薛繼舜 王自英
住持僧人真 門人如 如 如
知 智 遠門人慧 臣能祥 刊石

皇清待封郝公讳立字卓凡妻王氏之墓

【简介】

清乾隆三十年（1765）九月勒石。现存于临县白文镇南庄村。碑青石质，圆首，高127、宽60、厚14厘米。额题“永垂不朽”4字。碑文楷书，正文共10行，满行42字。碑体完好，碑文完整，个别字迹模糊。

【碑文】

皇清待封郝公諱立字卓凡妻王氏之墓

生於康熙五十年十二月九日亥時，卒於乾隆二十八年十一月二十五日未時。

大清乾隆三十年九月十三日

孝男儲文　大文　孫有蘭　親蘭　仝立

庠生劉實撰　膛叔永昌書

天地間有必然之理，有忽然之数，冥然而果然者理也，而不然者数也，若我郝公兼當之矣。夫以農事開基，昏作勞服田畝，終成勞苦，不敢荒寧，果然貫朽陳珠，田園日廣，家業興隆，城北一路空有其耦，此則必然之理也。厥後公有大志，屢延明師，詩書課子，冀登雲路，丕振家聲。二子亦皆心勉學，焚膏繼晷，十載寒窗，朱衣人竟不點頭是則，忽然之数也。顧公寔雄才，幡然改曰“義路成名亦奚不可，何必膠摇哉？”爰是大材小就，長子暫寄刀筆，作藩憲之喉舌，而晉陽馳名。次子橋門觀德，爲清時之碩兵，而天府登質。昆仲各就一職，雁行成名，是皆公之人龍繡虎，經緯全才，有以斡旋者也，公豈人所易及者哉。更可喜者公厥孫有四：男二，氣度不凡，賦資穎異，他年必成偉器。女二，素嘉淑慎，四三克謹，定作閨中之完人。矧公之二子俱屬中年，倘大德獲報，他日蘭芽茁發，麒麟頻添，愈出愈奇，科甲聯坊，不俾五桂專美，八龍擅此，亦事之未可量者，□克定之哉。今公卜葬於兹，幽室整齊，佳城告竣，勒石垂永，向余索序，余之少也，猶不如人，今老矣，無能爲也已。才一襪線，不克鋪張，即以公之行暨公之桂蘭輩，據其實，以爲序。

永垂不朽
大清乾隆三十年九月十三日
皇清待封勑公諱立字阜九之墓

清故显祖郝公讳永盛字天禄祖母秦氏之墓

【简介】

清乾隆三十年（1765）九月勒石。现存于临县白文镇南庄村。碑青石质，圆首，高130、宽57、厚13厘米。额题“日月”。碑文楷书，正文共9行，满行41字。碑体完好，碑文完整，字迹清晰。

【碑文】

清故顯祖郝公諱永盛字天祿祖母秦氏之墓

善繼善述聖人也，遽敢望之庸人，雖然亦有其相近者。玆碑之立，爲郝公字永盛諱天祿者立也，夫享壽七十，妻秦氏，其存日也端方正直，慷慨輸財，扶危濟傾，矜孤恤寡，種種德行，不能枚舉。升遐之日，親戚鄰里莫不流涕，厥子□立，致敬致愛，曲尺其孝，呼天號泣，曲盡其哀，凡屬喪具，悉從其厚，衣衾棺槨，無微不備，而所不克慰者，惟玆碑之未立也。夫其未立也，亦良有故，彼時二子俱就學門外，家務浩煩，兩耳一手，瞻前不能顧後，私心竊計，俟之異日，定有此舉。詎意二十四年歲遭大荒，人民逃散，治亂安危，勢在反掌，又不終舉。延至二十五、六年間，甫有此志，身有重疾，日交者八物六君子耳，而心竊計之曰，疾瘳之日，必先此事。不意二豎爲凶，恙蟲肆害，比及殘冬，竟成大夢，此有志未逮，實公之抱恨於九原者也。今厥孫儲文昆仲，體親之志爲此美舉，是以孝親者使親得展其孝，悅親者致親更悅其親，父子祖孫，幽明雖殊，各得其願，二世咸歡，真天地間一大快事也。向余索序，余即以是爲誌。

乾隆三十年歲在乙酉菊月十三日

庠生劉實撰

膛弟永昌書

孝孫儲文　大文　曾孫有蘭　親蘭　仝立

公生於康熙二十三年十一月二十二日戌時，卒於乾隆十八年四月二十日未時。

石工　牛昌刊

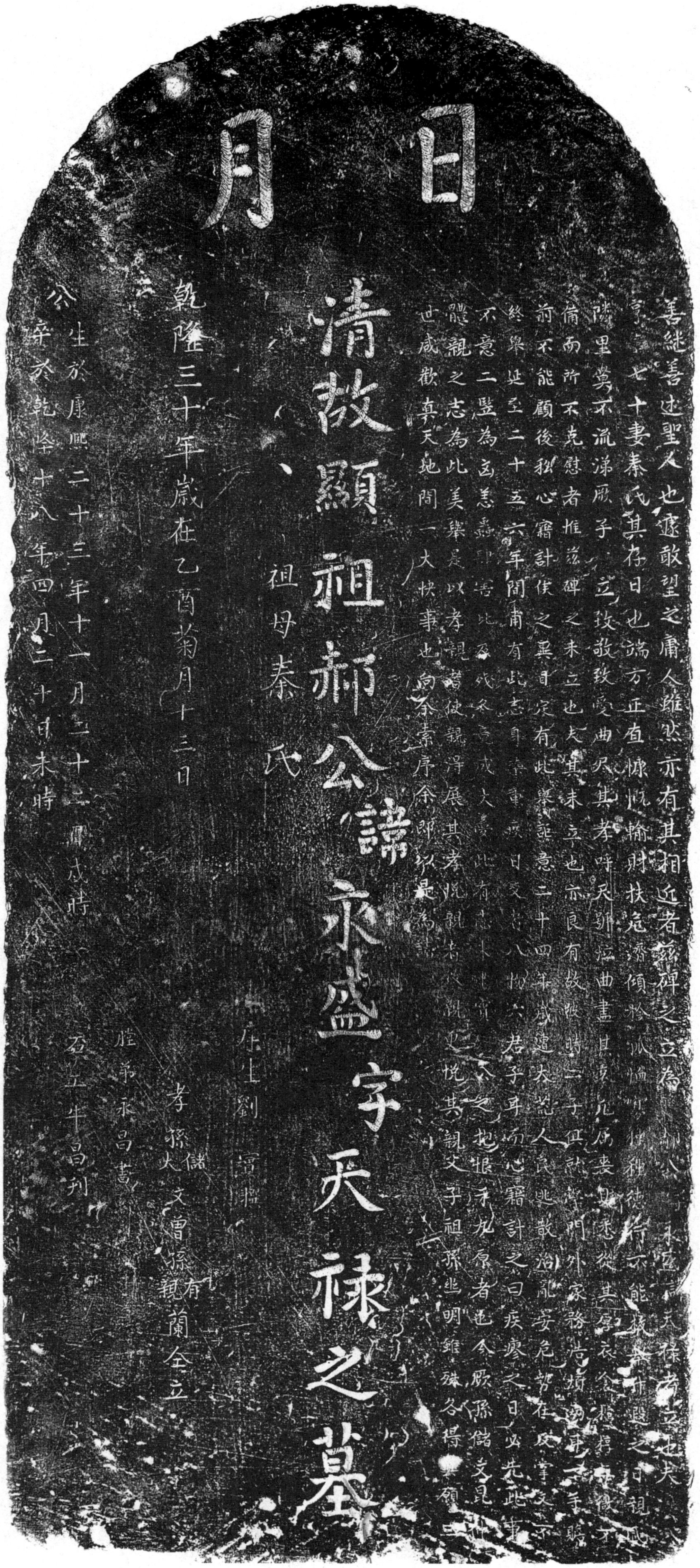
日月
清故顯祖郝公諱永盛字天祿之墓
祖母秦氏
乾隆三十年歲在乙酉菊月十三日
公生於康熙二十三年十一月二十二日戌時
公卒於乾隆十八年四月二十日未時

香炉题刻

【简介】

清乾隆三十六年（1771）五月勒石。现存临县籍收藏者家里。形制为斗形，细砂石质，香炉上口长28、宽18、高17厘米，底部收缩。三面刻字，内容为个人奉献香炉。刻文楷书，正文1至3行，满行6字。炉体基本完好，个别风化，刻文完整，字迹清晰。

【刻文】

（正面）

乾隆三十六年

献

榴月製

（侧面）

長年正月施盤香三柱門上對吊

（侧面）

安業都九甲□郝□賢　男長昇　長著　孫起會　□兒

重修碑记

【简介】

清乾隆三十八年（1773）三月勒石。现存于临县三交镇东坡村。碑砂石质，圆首，高156、宽63、厚13厘米。额题“重修碑记”4字。碑文楷书，正文共5行，满行47字。记述义圪垛重修观音庙之事。武廷瑛撰文。碑体有裂痕，碑文完整，字迹清晰。

【碑文】

重修碑記

義圪垛之建觀音大士子孫聖母也，創於前明洪武間，鄉人祈福於斯，求嗣於斯，荷神之庇者以矣。舊址房一間，基址迫狹，無足觀焉，蓋囿於時勢云。經重修於康熙四十二年，而舊址亦未及廓。迨乾隆間廟貌傾圮於風雨，神像剥落於樵牧，鄉人劉文彬等矢志重修，爰集衆公議而人心協然從之，各捐己資並募四方，築台基、大前規，易房爲窰而圖以墻，黝堊丹漆而俱以法，由是廟貌偉煥，神像輝煌，雖未能稱壯麗，而較前之狹陋大爲改觀矣。經始於乾隆三十三年，告竣於三十五年，今將勒諸貞珉，俾使後之人一目了然，庶幾而葺之，以長膺景福於無窮也，因舉顛末而爲之記。

增生武廷瑛譔

劉玫施地一塊

功德主　監生劉文彬六兩　男刘誠　刘藹　刘謹　刘詳　刘誼　刘讜　各乙兩二錢　孫刘志仁　刘志義　刘志礼　監生劉文彩疏募一百兩

經理　劉文炳六兩　劉儉

糺首　劉文祿六兩　劉文英　劉登十二兩

施銀人　曹思悦十二兩　張大鳳六兩　渠中福六兩　劉纘一兩二　徐自明　童養性　王希文　刘應昌　吳文慶　屈忠其　張學武　李可成　馬雲　張生旺　賈文輝　高士相　以上三兩六錢　豐泰店　刘召　德桂　甯秉全　曹寬文　天玉協　雲還號　永興恒　永興功　辛善行　王繼章　張乾　薛明遠　以上各二兩四錢　王澤浩　李應徵　張錦通　羅映崗　許淵　程廷運　刘文宰　刘文節　監生刘文彭　刘式　刘普　刘許　刘旺　以上一兩二　刘文照　刘文秀　刘文錦　刘文雄　刘文進　刘訓　刘潤　以上六錢六分　刘文世　刘文仲　刘文俊　刘學曾　刘學寬　刘思明　曹惠　申公吉　永協鋪　通裕店　喬大魁　三河號　陳汝功　申選　杜合　刘軻　賀管　刘文先　刘文海　刘文才　刘璽　刘喜　以上三錢三　李長春　刘森　刘榮　刘藝　張世富　刘發　永興盛　李瑺　趙良善　申旺　張印林　李登　苗春生　以上二兩　刘文欽　刘文宇　刘之辰　李文桂　樊英林　李彦隆　李全鼎　朱淮　薛元英　薛晉膏　薛芬瑞　郭祥生　閆義　邱萬林　成廷柱　曹信　曹映瑞　趙榮生　刘能順　通海店　刘如孔　刘寵　段鳳章　曹天祿　王祿　樊人發　樊位　孫玉光　吕能賢　吕文盛　吕存節　吕存惠　李明元　李管林　張萬寬　張成祿　刘閣　李世舜　鄭國選　郭元成　嚴有寬　薛愛方　元泰號　樊扶　霍元章　刘覺　刘華　李在朝　刘彪　刘桐　刘浩　刘注　刘淳　刘閤　樊性恭　李澍　樊貢　侯琦　雒增順　崔大本　樊確　吕日增　杜子印　刘朝棟　刘文寬　樊和儉　安普　刘顯　刘敬　刘如喜　刘如炎　刘文江　刘文池　刘世祥　刘恕　刘昌　刘芳　刘寬　刘孔　刘甲　刘瑜　刘招　刘諒　刘虎　刘謂　刘琦　刘信　三保　性保　性全　融根　刘珅　刘戒　刘科

木匠　康成才　　泥匠　王永宏

丹青　康含虎　李子文

瓦匠　刘開元　　石匠　李正儒

大清乾隆三十八年歲次癸巳季春吉日立

石匠　馮世春　男馮照清

日
月
重修碑記
義圯堞之建
觀音大士子孫聖母也創自前明洪武間鄉人祈福於斯求嗣於斯荷神之庇者久矣舊止房一間基址迫狹無足觀
焉蓋囿於時勢云經重修於康熙四十二年而舊址亦未及廓迨乾隆間廟貌傾圯於風雨神像剝落於樵牧鄉人劉文
彬等矢志重修爰集衆公議而人心協然從之各捐己貲惠募四方築台基大前規易房爲窑而圍以墻黝堊丹漆而供以
法由是廟貌倫煥神像輝煌雖未能稱壯麗而較前之狹陋大爲改觀矣經始於乾隆三十三年告竣於三十五年今將數
請自碣俾使後之人一目瞭如庶幾而葺之以長膺景福於無窮也因舉顛末而爲之記
大清乾隆三十八年歲次癸巳季春吉日立

“豪族墓坟”石刻

【简介】

清乾隆三十八年（1773）勒石。现存于临县兔坂镇蒿家沟村。石刻砂石质，长方形，高55、宽115厘米。刻文楷书，正文共1行，满行4字。石体完好，碑文完整，字迹清晰。

【刻文】

豪族墓墳

乾隆三十八年四月立

重修龙天庙碑记

【简介】

清乾隆三十八年（1773）十一月勒石。现存于临县城庄镇曹家岭村。碑白石质，圆首，高136、宽57、厚14厘米。额题“碑记”“日”“月”。碑文楷书，正文共10行，满行38字。记述重修龙天庙之事。樊頫撰文，樊仰辰书丹。碑体缺少一部分，碑文有缺失，字迹模糊。

【碑文】

重修龍天廟碑記

物之生也，無以震之則□□□□□□則不長，是以風雷雲雨，其相需也。孔急而龍天之建，求之鄉閭，往往□□□□□□□□舊有龍天廟遺跡，考其初建自崇禎七年，迄今百有餘歲矣。故址□□□□□□□□□聚村衆而議曰：風雷雲雨，惟神是仰，而廟貌若斯，是尚稱爲妥□□□□□□□□□□□亦篤動念，僉曰：“久有此心，苦無經理人，遂致凌夷，以至今日。”爰舉予□□□□□□□□□□□然歷久。於是各輸己資，共效乃力，廢者修之，缺者補之，不数月而庙貌□□□□□□□□□□□□□告竣。國學生高爾昆適至，謂予兄曰：“予家與爾，兩世莫逆，且予在□□□□□□□□□□□興所奈何，使予湮没而無聞，予願多助金資，以垂不朽。”予兄曰：“此盛□□□□□□□□□歆焉，况力缘衆出，功因衆成，予何敢獨擅其美，呼請書尊諱，同爲勒石”□□□□□□□□□工者知事有由起，工有由興，“莫爲之前，雖盛弗傳；莫爲之後，雖美弗彰”。□□□□□□□□□□則得矣。

功德主　生員樊惠　男□□……久弼　男之楷　之映

監生高爾昆施銀……發德　男成貴　成荣

許之雄　張玿　張瑸　高雲翮　許之英　成榮德　許之正　張輔楝　劉鳳儀　段喜仁　劉朝義　劉鳳榮　高漢光　張學賢　李廣成　李景顯　王子山　王通奇

石匠　馮雲冲　馮士元

旹大清乾隆三十八年歲次癸巳仲冬穀旦

增廣生員樊頫薰沐撰

生員樊仰辰謹書

关帝庙重修碑记

【简介】

清乾隆四十年（1775）勒石。现存于临县碛口寨子山村。碑砂石质，圆首，已残，残高130、宽67、厚14厘米。额题“……不朽”。碑文楷书，正文共11行，满行30字。记载关帝庙重修之事。碑首缺损，磨损严重，碑文局部残缺，字迹模糊。

【碑文】

關帝庙重脩碑記

歲進士候銓訓導……

寨則山村即古大同鎮也，傳言外藩建城於兹，原系名……無有關聖庙記，決知其地荒廢之久，父老不復傳聞……信等見村内掃地瞭望，不甚恭敬，因建梁山之麓，建洞一孔，上謂……時祭焉。顧樓之西，不數步即爲湫河，河之西不数步即有青園綠圃……蔚然深秀，實爲棲神勝境。越三十年至七月七日，偶值河水暴漲，兩……没，兹廟宇遂無存。公之子學東、興耀等見地勢蕭條，更兼前輩不……爲者久之，既而觀石之怪，如熊如羆，滿灘奔馳，水之奇似蛟似龍，止……爲其地雖更而風景别具殊尤。兹庙又不可不脩。越明年集村内好□署……興工重修，較前更爲堅固，因而囑余爲文。余當舌耕，於是見數十年間滄海桑田父終子継，頓爲改觀，因想見天地盈縮之理，慷慨直記其始末，以見前人能作，後人能述斯至善矣。至若興廢成敗，不可遥觀，兹廟其用鑒也夫。

領袖人　陳學東偕侄登高　孫祿兒　施銀伍拾兩　陳耀遠偕男申成　侄男之倫　施銀貳拾肆兩

經理人　陳學魁偕男如椿　如柏　施銀陸兩　陳汝愷偕男継淵施銀陸兩　陳耀鼎偕男殿福　殿有　殿祿　施銀陸兩　張光前偕男天雲　天順　天禹　天德　施銀陸兩　陳耀欽偕男順安　義親　施銀三兩　陳継舜偕男禹武　先五　施銀陸兩　陳廣山偕男伯賢　孝順　施銀陸兩　陳耀爵偕男順禹　順武　施銀三兩

大清乾隆四十年歲次乙未菊月下浣吉日立

石匠　楊滿倉　馮應信　應福敬　刊

月　不朽

關帝廟重修碑記　[illegible]進士　候銓訓[illegible]

暴則山村即古太同鎮也傳言趙蕃建城於斯求係[illegible]
無有關聖廟記[illegible]知其地荒廢久矣堯不得聞[illegible]
信得見村內[illegible]地[illegible]望不甚恭[illegible]因[illegible]梁山之麓建洞[illegible]
曉餘爲顏樓之西[illegible]數[illegible]即爲[illegible]河[illegible]西[illegible]
[illegible]深[illegible]實爲樓神勝境越三[illegible]年三[illegible]保[illegible]水[illegible]漲而[illegible]
[illegible]遂無存以之子學東[illegible]地勢等[illegible]業不[illegible]
者[illegible]之[illegible]而又見石之傾如[illegible]難[illegible]水之可[illegible]能[illegible]
爲其地雖更而風景別具[illegible]可不[illegible]越明年[illegible]村[illegible]
興工重修[illegible]前更爲[illegible]因因而[illegible]文[illegible]
[illegible]文緣子繼[illegible]爲改觀因想見天地[illegible]
[illegible]能[illegible]人能述斯廷善矣豈若興廢成敗不可[illegible]其[illegible]鑒也夫[illegible]

領[illegible]人
學東偕侄登高孫男祿晃施銀伍拾兩
耀運偕男申成侄男之倫施銀弍拾[illegible]兩
學魁偕男如椿施銀陸兩　耀欽偕男[illegible]安義親施銀叁兩
學愷偕男繼柏施銀陸兩　繼舜偕孫禹武先五施銀陸兩
[illegible]男殿福施銀陸兩　陳廣山偕男伯賢孝順施銀陸兩
[illegible]男天[illegible]施銀陸兩　耀[illegible]偕男順禹順武施銀叁兩

經理人　陳[illegible]
張光[illegible]

大清乾隆四十年歲次乙未[illegible]月下浣吉日[illegible]
楊[illegible]倉
[illegible]敬刊

创修戏楼神棚碑记

【简介】

清乾隆四十二年（1777）勒石。现存于临县碛口白家山村。碑砂石质，长方形，高 65、宽 102、厚 14 厘米。碑文楷书，正文共 18 行，满行 20 字。记载创修戏楼神棚之事。碑体磨损严重，字迹漶漫不清。

【碑文】

創修戲樓神棚碑記

粤稽上古□□立邑必先護檀越，竪□以□山□□神之□即□之下里己巳□時尊祟祀典以備福□濟□。我白家山村各處廟宇殘碑□碣皆屬大明成化間事，自本朝康熙雍正年來□□創立□□有碑碣傳記□□其時人民殷富，常使□□□□□□作樂，□優雖多風雨，□至舞□飛□□者以□神明□惘所敘議□樂□社户□數□□□工程□□□敢□舉是以終，迄明無成聖，乾隆三十□年原村□覺蕭條，偶時□□者□□□□□□前□□□□□□，遂公舉鄉黨白永令□□白□□等□白□□□□理首富者□□□財□□□□□不□□而其告竣，總共□□大□有□□□歡□□康□大盛舉□□□□□□□□□□不朽□□□憚詞贅原其始□□□□□□□□所創修而□懷焉。不然齊云□□□□□□□□□□不□□不過□□一時之□其□□□□□□□□□□□□爲記，記之猶慊□□□□□□□□□□□□□□□□旬人歲貢生施錢貳兩

經理　歲貢生白□奇施錢……

功德主　白永令　長男中……三錢

功德主　太學生白錫麟……捌錢

經理糺首……

施窰地基人　監生白瑞鱗　武生白家鱗　家……

施戲樓地基人　……

經理石刻……

大清乾隆四十二年……

重修庙碑记

【简介】

清乾隆四十二年（1777）勒石。现存临县安业乡赵家圪台村白马天神庙。碑砂石质，圆首，高156、宽58、厚13厘米。额题“重修天神白马庙碑”8字。碑文楷书，正文共5行，满行47字。记述重修天神白马庙之事。碑体表面局部有剥蚀，碑文有残缺。

【碑文】

重修廟碑記

建廟宇補廢缺皆吉祥盛事，□非神□所示，人何由而建脩，亦非前有所造，後何事而補葺。善居所有天神白馬廟，始自北山之梁，後遷於南山之嶺，脩補継焉。因念歲時豐和，固天道之自然而雨暘時若，尤神恩之普濟也，是神之福庇於民者無窮則人妥祀於神者，何可缺哉。但是廟之肇修，始於明時，□□□□風雨之傾頹廢壞甚矣。方社□□□惻念整修會計者已不一次，而工程浩蕩，人力不濟，迨至三十七年復議，經理募錢□□□少成多，而棟宇始爲甫煌，墻□□□有可觀。是有後之継先，聊以祠神於不替也。草陋爲序，謹誌以垂休□□□。

庠生李爾惠書　男廩生李錫疇

功德主　李爾珖　劉藴璞　□永忠

經理人　劉藴珍　張元良　賀元慶　賀克済　李秉良　李秉温　賀克勤　李秉忠　李棋　賀克紹　李元臣　張成信　李爾敏　張成就　李文臣　張元厚　李棖　李爾德　李相□　張成□　李秉明　張仁　秦厚　□□富　□□爵　□□愛　刘□□　康□□　李元祚　李振宗　高永□　王元才　李成祚　王錫禄　李如海　孫□□　趙文寬　李廷和　李永祚　□□□　刘福隆　李景智　劉喜祚　王孪武　仝施錢□□□

旹大清乾隆四十二年歲次丁酉秋日吉立

重修
大神白馬廟碑
重修廟碑記
建廟宇補廢缺皆吉祥盛事非神人何由而建脩亦非前有所造後何事而補葺善君所有
大神白馬廟始自北山之梁後遷於南山之嶺脩補繼馬因念歲時豐和固天道自然而雨陽時若尤神恩之
是神之福庇於民者無窮則人妥祀於神者何可缺哉但是廟之肇脩始於明時風雨之傾頹廢壞甚矣方社
惻念整脩會計者已不一次而工程浩蕩人力不濟迨至三十七年復議經理募緣少成多而棟宇始為甫煌墻
有可觀是亦後之繼先聊以祠神於不替也革陋為序謹誌以垂休
庠生李爾惠書　男庠生李錫疇
李爾珖　劉蘊珍　李秉良　李棋　張成就　李相　富　李元裕　李成裕　趙文寬　刘福
功德主劉蘊璞　經理人張元良　李秉溫　賀克紹　李文臣　張成　李根宗　王錫祿　李廷和　李
賀元慶　賀克勤　李元臣　張元厚　李秉明　高　如海　李永裕　刘
賀克濟　李秉忠　張成信　李　根　張　仁　王元才　王
李爾敏　李爾德　秦　厚
皆　全施錢人
大清乾隆四　年歲次　秋月吉

重修庙记

【简介】

清乾隆四十三年（1778）勒石。现存于临县车赶乡钟底村。碑砂石质，圆首，高 81、宽 68、厚 14 厘米。额题“重修庙记”“日”“月”。碑文楷书，正文共 11 行，满行 17 字。记述钟底重修关夫子庙的经过。崔庭训撰文并书丹。碑体下半部缺失，碑文残缺且字迹漶漫。

【碑文】

重修廟記

自天地生成西□□山川□即□□□……□□□□□□以垂□□佛使□花□□……關夫子廟爲赫赫顯奕留乎生前之忠義□……心不忠普天宇□凡有此氣者莫不□……矦，宋封王，明封大帝，爲問古今來孰……煌廟宇豈□如群神之渺冥無據耶……夫子廟焉，建自明季，綢繆於雍正季間……基址聖像盡皆剥落，當斯時也鄰封……邨人公議舉曰：璐爲功德主以振康……舉之間，四方樂于施助，共勷盛事，不……得有継述而不廢焉。今將告竣，勒石……欲使後之人覽乎此，而甫起衰振弊……

庠生崔庭訓撰書

遠方客人賀珺施銀……　嚴宇亭施銀……

功德主　劉曰璐施銀二百零五兩□□□

經領人　霍士耀　崔□□……劉曰□□……

旹大清乾隆四十三年□□月

辛家塔乡贤碑记

【简介】

清乾隆四十四年（1779）四月勒石。现存于临县玉坪乡辛家塔村。碑砂石质，圆首，已残。残高113、宽65、厚14厘米。额题“碑记”2字。碑文楷书，正文残存14行，满行30字，行残存19至22字不等。记载辛家塔乡贤之事。碑体残损严重，碑文缺损大半，字迹模糊。

【碑文】

聞之名者德之興□□□行誼，或與草木同□不足動人□□□□者非名之……寬宏之量故耳，何……世，財物爲輕，義氣爲重，使其人□□□合棼爲□□□□頌聲洋溢，殆□已乎？誰之□吾師之，甯翁則而有異辛氏者□□之□□武初有諱義者，歎明經之□□統年有諱志者，以明經□三□縣尤□及□……家養□翁大德寺敦化□而已。□有大志，學文未就□而寄跡□□倜儻不……日部□□見人有急則予□以川之□壬方之道，有不是趨焉，則□亦……□治□之矣，至於吾所□□之□恩汪穢其沾染於乎，日昔困難……□以固旌其間，令而□□□□□一□攤派乏□□□□問□中……有同□而□走乎。□□□名固學退浩……明代□陰雨……不□也。今當……陳處無之辭……

大清乾隆四十四年歲次己亥四月□□朔日

“生气绵连”石匾

【简介】

清乾隆四十六年（1781）三月勒石。现由临县籍个人收藏。匾砂石质，长方形，高33、宽106、厚8厘米。为大门石匾。匾文楷书，正文共1行，满行4字。保存完好，字迹清晰。

【匾文】

乾隆四拾六年

生氣綿連

辛丑三月吉旦

重修庙记

【简介】

清乾隆五十年（1785）二月勒石。现存于临县安业乡后寨子村。碑砂石质，圆首，高160、宽73、厚15厘米。额题“永垂不朽”4字。碑文楷书，正文共8行，满行32字。记述后寨子村重修古庙之事。李霖沛撰文。碑体下部略有剥蚀，碑文基本完整，字迹清晰。

【碑文】

重修廟記

勒石以記功也，有功而記之，伐其功也，何取乎記。後寨則村有古廟一所，創自康熙年間，廟居東岸，其制，一堂中隔。前塑関聖帝君，後塑觀音菩薩，南建戲楼，西修石窰，由來舊矣。厥後庠生康永清重爲補葺，北面又增設獻殿一座，越於今数十年矣。壁圮楝摧，難以棲神，里人李元英、康文運經理整修，神宫則易瓦房爲石窰，取其堅而固也。改作戲楼，壮觀瞻也。補理献殿，黝堊垣墉，示更新也。鳩工於乾隆四十五年，越歲告竣，属序於予，予曰：以社中人修本社廟所應然也，今欲勒石□□□以爲功乎？曰：不然，我等拮据，不敢綴，但村内人捐助之基，四方君子施捨錢物，其功没乎？予曰：善！不自居功，不掩人美，盛事也！是爲序。

廩生李霖沛熏沐撰募化錢□兩

本村施錢人　李志盛銀十两四錢　康濟博銀五两四錢　康濟國銀五两四錢　李志顯銀三两八錢　李志際銀二两七錢　李志達銀二两六錢　康志遠二两四　李天俊一两八　李迎士一两八　李正一两二　李廣仁一两二　王志榮十錢二分　康爾法六錢六分　李如棉一两四錢四分　李玉馨四錢　康事君七錢　李上達四錢　李旺財四錢　康繼遠三錢六分　康致君六錢　梁興發錢二百四十　劉愷錢一百五十　劉兆義一百四十　郝相仁錢一百二十　李文元錢一百二十　李思義錢一百二十　李國珍錢一百二十　李元積錢一百二十　李成元錢一百二十　李芬錢九十

經理人　康文運三十二两二錢五分　李元英三两二錢

糾首　李志發十六两八錢　康濟人八两　李志道七两八錢　康濟遠七两五錢　康濟邦六两　李廣興四两八錢　康濟都三两六錢　李鳳相三两六錢　李天佐二两四錢　李大林二两四錢　李生財二两二錢　劉文英八錢　康澤遠六錢　李復義錢一百四十

大清乾隆五十年歲次乙巳花月吉日立

永垂不朽
重修廟記
本村施錢人
大清乾隆

重建神庙碑记

【简介】

清乾隆五十年（1785）十月勒石。现存于临县湍水头镇张家庄村。碑青石质，圆首，高154、宽64、厚15厘米。为重建神庙碑记。额题“流芳万世”4字。碑文楷书，正文共6行，满行53字。碑体完好，碑文完整，字迹清晰。

【碑文】

重建神廟碑記

近世事益繁矣，用愈奢矣，而亦不可槩以踵事。增華之美，以薄今人之不若前人，而自當原其用意之有不容以已者。張家庄村，山陬僻處，明時刱造釋迦、龍天畫像，二郎、關聖與蚜蚄、土地塑像，不過草率粗循。屡經補葺，雖不至風雨剥落而究之土壁難支，實非妥侑之長策也。無何四十五年間忽傳失火，片木無存，居此土者莫不觸目感傷。一則悚神靈之無所憩自，一則嘆前徽之即時灰燼。合議各輸己貲，輪流工役外，又竭力募化大得四方之幇助，而故以磚壁其垣墉，燦爛其棟宇，更添塑像尊崇。可謂焕然一新。與昔逈不侔矣。而要之非卑鄙前人而故爲之壮光也，第以刱之扵先者不可堕之扵後焉耳。夫斯土也，亦余桑梓之地，本不善于文，而亦不徒事乎文，謹于里人之老幼辛苦，畧爲之歴叙其始末云。

庠生曹成先撰　孫曹思敏書　男巍　嶽

經理人　曹焕然　男程　銘　鋕　孫融發　耐外兒　拽兒　胡懷玉　男世富　孫融善　張志德　男應徵　應鳳　應麒　應麟

糾首　曹憲然　男釗　高景春　男恕　懃　王茂興　男輔光　輔室　張開貴　男通海　高克温　男通達　姓寕　楊興琳　男如錫　如金　如玉　胡懷仁　男世有　高寛　男希銘　張廷佐　男然成　張廷選　曹權　霍永寕　男全德　霍永成　男管弟　曹楨　曹富　男融欄

本村施錢人　王永珍　張志通　李温　高運春　張開務　張開昇　胡懷玘　曹杭　曹梃　曹槐　曹密　曹徐　曹程　曹貴　曹錫　曹樸　霍永祚　張廷實　胡世旺　高昇　高佑　張廷相　李新福　王輔侯　維希舜　李士謙　霍有章　張如秀　曹元貴　曹元平　曹元安　曹思化　曹思教　曹思殿　曹思明　曹思睿　張廷楝　王時忠　霍性清　高年喜　高跟喜　曹志興　李新禄　胡志荣　高管順　高管成　胡世俊　胡世傑　王來成　胡世英　男來富兒　小來兒　三來兒　補元兒　胡世勲　胡世錫　男鎖大兒　王虎元　侯威　男侯元成　曹櫟　曹柄　嚴芝　維五靈　崔澤厚　任思恩　生員任天德　張玥　張永秋　胡大恭　閆兆興　霍士通　張述曾　趙子温

木匠　樊雲龍

泥匠　薛扶選

瓦匠　郭持運

丹青　康豐栢

平陽府稷山縣李琈　李璉　刊

乾隆五十年十月十九日立

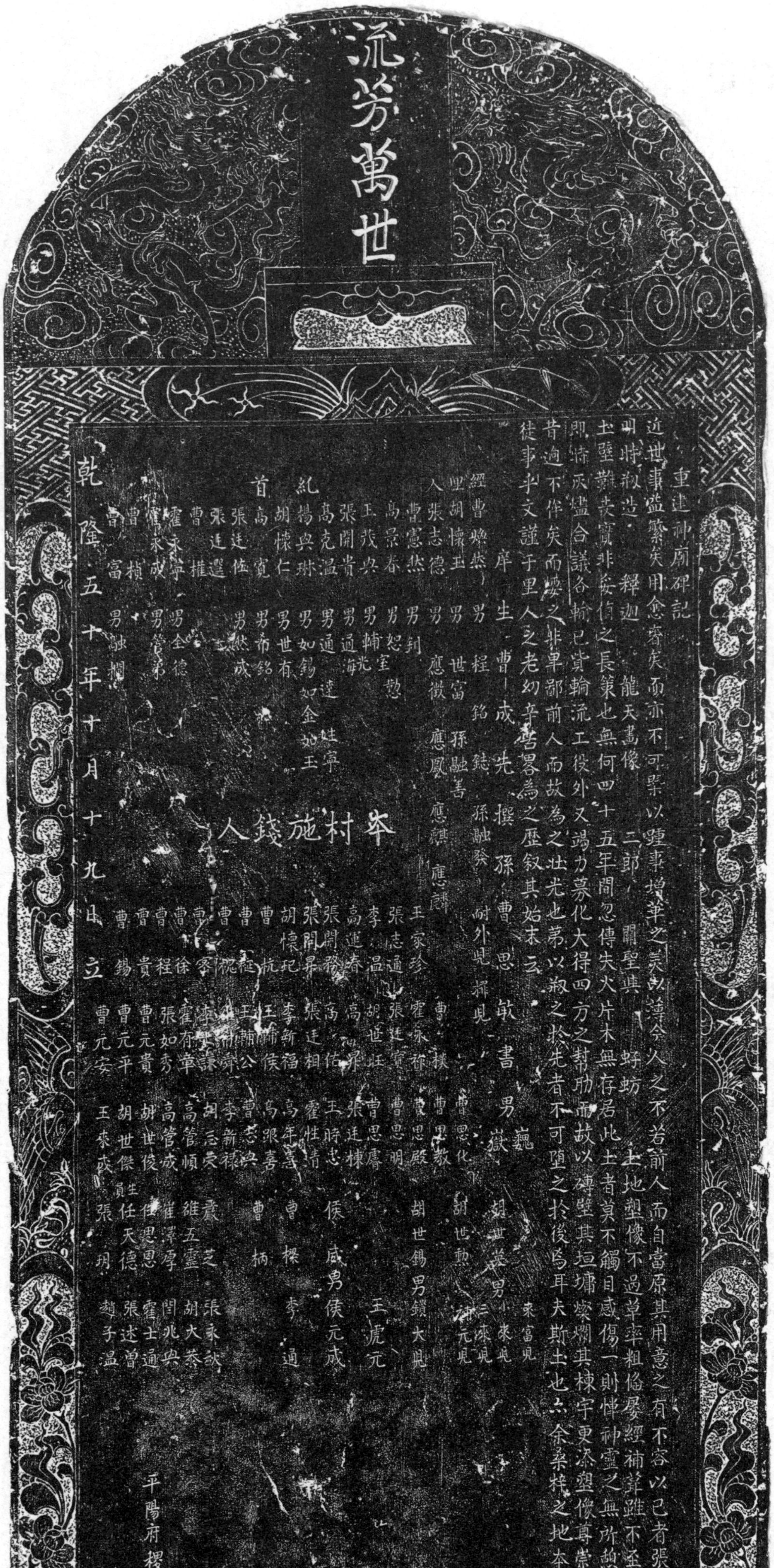
流芳萬世
重建神廟碑記
本村施錢人
乾隆五十年十月十九日立

重修关夫子庙碑记

【简介】

清乾隆五十二年（1787）三月勒石。现存于临县三交镇东王家沟村。碑砂石质，圆首，已残，残高167、宽70、厚19厘米。额题“石镜永传”4字。碑文楷书，正文共7行，满行48字。记述重修关夫子庙之事。崔庭训书丹。碑首缺损，碑体破为两半，下部有剥蚀，碑文有残缺。

【碑文】

惟神爲民之福，而民乃神之主，祠宇輝煌，照耀千古，今者不一而已。而如關夫子則愈赫赫顯著，爲人所欽承者也。憶當年精忠貫乎日月，正氣塞乎乾坤，扶漢室□□□□□列□綱常顯以不隆名教，恃以常存，流芳青史，血食天壤。迄今數千載，閆華夏蠻貊，凡有血氣者，莫不尊親□□□□□□做□然而□光有如此，豈淫寺所得興哉。我王家溝村有夫子神廟由來已久，因年深日遠，風雨飄摇，□依□□，墻垣傾頹，村人目擊心傷，無可如何。有王法仁，慨然自任，衆亦協力相輔。于是，設緣募化，經營改觀，賴四方之共助，□□□而廟貌燦然，人之樂□效力，皆神之默佑其衷也。今當告竣勒石，非敢表功第，以時有變遷，物不無故新欲□□□□□□□時□興振□救□□思者或將有感於斯焉。是爲序。

庠生崔庭訓書

功德主　王法仁

經理人　王永寧　王永隨　王永良　王應祥　王經　王永喜　王秉□　王純璐　王正庭　王公□　王公□

四方施錢人　薛魁宗　吕□　王良信　薛玉顔　韓照普　趙栢興　薛春進　王純恩　王朝陽　李深廣　王合玶　趙時之　王爾正　薛明勵　劉□□　武才俊　高荣先　高春先　王先　武照　武自修　劉朝寬　王會林　李維肅　王永軒　武克全　楊克順　曹紀善　薛秀臣　王尚儒　任清元　高錫嘏　雒居謙　李文章　趙子謙　霍玉温　劉希士　樊玉林　張継爽　韓均　曹□□　高應昇　閆有敬　雒考仁　閆寔堯　薛建喜　薛京明　雒振華　趙大秀　武璉　李翰春　王之智　曹德峻　崔道崇　張祥　白遵先　薛有全　薛漢　吕汝福　李大成　劉漢德　曹會元　曹宗亮　張永信　薛開興　李廷枚　任孫氏　孫郭氏　嚴義元　薛元勲　張亮　李荣　曹王重　孫良士　薛英世　張子勤　樊志耐　薛文章　集成鋪　德盛館　元盛鋪　樊位　積盛鋪　姚寬　復興鋪　興盛齋　特興鋪　義興鋪　元泰鋪　樊益　樊玉良　義盛鋪　張硯林　樊志諒　孝義館　集錦館　臨清館　張一錦　天興鋪　集盛館　豐盛鋪　樊玉林　聚豐鋪　聚錦齋　錦成鋪　四英館　王建紳　興盛鋪　王文義　興盛當　久恒鋪　隆盛館　義和鋪　升恒鋪　張桂　樊志立　孫招　樊□元　□香館　增高鋪　樊紹祚　樊子寕　永興鋪　長盛鋪　段時文　祥和當　廣成鋪　宏盛鋪　李廷明　李浩　樊輔周

本郡施錢人　王成章　王永康　王永慶　王永恩　王秉旺　王秉補　王□□　王正才　王愛仁　王永□　王安仁　王□□　王永□　王中元　（字迹漫漶，52人略）

□□□募錢乙拾乙千八百六十文

□□□募錢乙千七百三十文

瓦匠　劉開通

木匠　杜□□

丹青　□建仁

泥匠　王□塵　王永□

石工　□□先　王永□

刻字石工　馮立廷

大清乾隆五十二年三月穀旦立

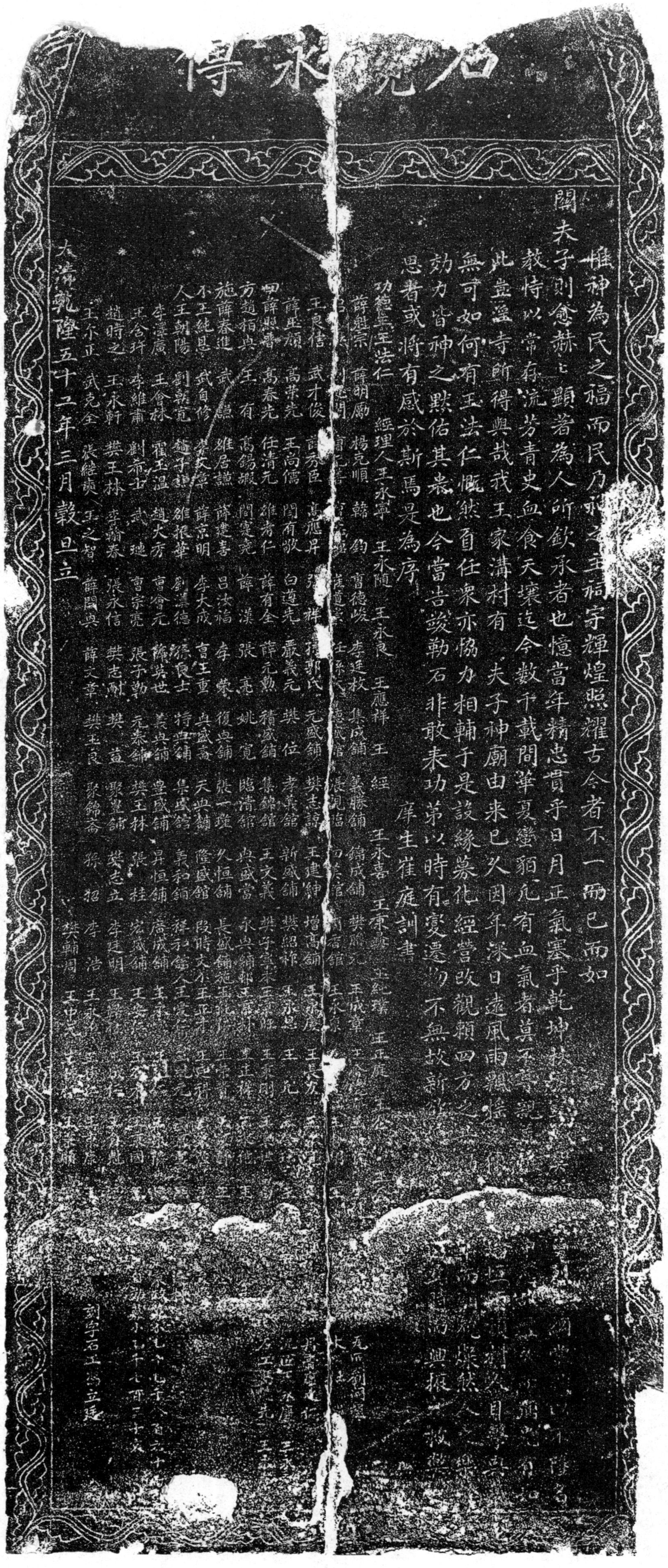

石[illegible]永傳

惟神為民之福而民乃[illegible]之主祠宇輝煌照耀古今者不一而已而如
關夫子則愈赫赫顯著為人所欽承者也憶當年精忠貫乎日月正氣塞乎乾坤[illegible]
教恃以常存流芳青史血食天壤迄今數千載間華夏蠻貊凡有血氣者莫不[illegible]
此豈盛寺所得與哉我王家溝村有 夫子神廟由来已久因年深日遠風雨飄搖[illegible]
無可如何有王法仁慨然自任衆亦協力相輔于是設緣募化經營改觀頓四方之[illegible]
勠力皆神之默佑其貴也今當告竣勒石非敢表功第以時有變遷物不無故新[illegible]
思者或將有感於斯焉是為序　庠生崔庭訓書

功德主王法仁　經理人王永寧　王永隨　王永良　王應祥　王經　王永喜

薛魁宗　薛明勵　楊克順　韓鈞　曹德峻　李廷枚　集成鋪　義勝鋪

王良信　武才俊　薛秀臣　高應昇　孫鄭氏　元盛鋪

薛丕顯　高荣先　王尚儒　閆有敬　白蓮先　嚴義元　樊位

薛懋譜　高春先　任清元　雒肯仁　薛有全　薛元勳　積盛鋪　集錦館

方趙栢與　王有　高錫蝦　閆寔克　薛漢　張亮　姚寬　臨清館

施薛春進　武德　雒居讜　薛建善　呂汝福　李榮　復興鋪

不王純息　武自修　李文學　薛京明　李大成　曹王重　興盛齋　天興鋪

人王朝陽　劉朝寬　趙子魁　雒振華　劉渭德　孫良士　將興鋪

李澤廣　王會林　霍玉溫　趙大房　曹會元　薛英世　義興鋪　豐盛鋪

王合并　李維甫　劉希世　武璉　曹宗亮　張予勤　元泰鋪

趙時之　王永軒　樊王林　李翰春　張永信　樊益　聚豐鋪

王不正　武克全　張繼爽　王之智　薛閏興　薛文章　樊玉良　聚錦齋

大清乾隆五十二年三月穀旦立

秦元岗祖父母等敕命碑

【简介】

清乾隆五十二年（1787）三月勒石。现存于临县大禹乡后大禹村。碑汉白玉石质，平首，高176、宽90、厚16厘米。碑文楷书，正文共20行，满行39字。为敕赠秦元岗祖父母等之敕文。碑体完好，碑文完整，字迹较清晰。

【碑文】

奉天承運，皇帝制曰：

考績報循良之最，用獎臣勞；推恩溯積累之遺，載揚祖澤。爾秦輟輅，乃捐職布政司經歷秦立德之祖父，錫光有慶，樹德務滋，嗣清白之芳聲，澤留再世；衍弓裘之令緒，祜篤一堂。兹以爾孫，遵例急公，貤贈爾爲儒林郎，錫之敕命，於戲！聿修念祖，膺茂典而益勵新猷；有穀貽孫，發幽光而丕彰潛德。

制曰：册府酬庸，聿著人臣之懋績；德門輯慶，式昭大母之芳徽。爾郭氏，乃捐職布政司經歷秦立德之祖母，箴誡揚芬，珩璜表德，職勤内助宜家，久著其賢聲；澤裕後昆錫類，式承乎嘉命。兹以爾孫，遵例急公，貤贈爾爲安人，於戲！播徽音於彤管，懿範彌光；膺異數於紫泥，天庥永劭。

奉天承運，皇帝制曰：

資父事君，臣子篤匪躬之宜；作忠以孝，國家宏錫類之恩。爾秦作梁，迺捐職布政司經歷秦元崗之父，善積於身，祥開厥後，教子著義方之訓，傳家裕堂構之遺。兹以爾子遵例急公，贈爾爲儒林郎，錫之敕命。於戲！殊榮必逮於所生，寵命用光，夫有子尚宏佑啟，益勵忱恂。

制曰：奉職在公，嘉教勞之；有自推恩將母，宜錫典之攸隆。爾郝氏，迺捐職布政司經歷秦元崗之母，懿範宜家，夙協承筐之徽，母儀貽穀，載昭晝荻之芳。兹以爾子，遵例急公，贈爾爲安人。於戲！彰淑德於不瑕，式榮象服，膺寵命之有赫，永賁泉壚。

制曰：奉職在公，嘉教勞之，有自推恩將母，宜錫典之攸隆。尔王氏，迺捐職布政司經歷秦元崗之生母，壼範宜家，夙協承筐之徽，母儀貽穀，載昭晝荻之芳。兹以爾子遵例急公，封爾爲安人。於戲！彰淑德於不瑕，式榮象服，膺寵命之有赫，益賁徽音。

敕命

乾隆五十二年三月初一日

奉天承運

皇帝制曰：若績報循良之最，用獎臣勞；推恩溯積累之遺，載揚祖澤。爾秦大輅，迺捐職布政司經歷秦元尚之祖父，錫光有慶，樹德務滋，嗣清白之芳聲，澤留再世；衍弓裘之令緒，祜篤一堂。茲以爾孫遵例急公，貤贈爾為儒林郎，錫之勅命。於戲！聿修念祖，膺茂典而益勵新猷；有穀貽孫，益迺老而彌光潛德。

制曰：冊府酬庸，聿著人臣之懋績；德門輯慶，式昭大母之芳徽。爾蘇氏，迺捐職布政司經歷秦元尚之祖母，箴誠揚芬，珩璜表德，職勤內助，宜家久著其賢；澤裕後昆，錫類式承乎嘉命。茲以爾孫遵例急公，貤贈爾為安人。於戲！播徽音於彤管，壼範彌光；膺異數於紫泥，天庥永劭。

奉天承運

皇帝制曰：資父事君，臣子篤匪躬之誼；作忠以孝，國家宏錫類之恩。爾秦作梁，迺捐職布政司經歷秦元尚之父，善積於身，祥開厥後，教子著義方之訓，傳家裕堂構之遺。茲以爾子遵例急公，贈爾為儒林郎，錫之勅命。於戲！沐榮必逮於所生，寵命用光太。有子為宏佑，啟益勵忱恂。

制曰：奉職在公，嘉教勞之有自；推恩將母，宜錫典之攸隆。爾郝氏，迺捐職布政司經歷秦元尚之母，壼範宜家，風協承筐之職；母儀貽穀，載昭晝荻之芳。茲以爾子遵例急公，贈爾為安人。於戲！彰淑德之不瑕，式孚象服；膺寵命之有赫，永賁泉壚。

制曰：奉職在公，嘉教勞之有自；推恩將母，宜錫典之攸隆。爾王氏，迺捐職布政司經歷秦元尚之生母，壼範宜家，風協承筐之職；母儀貽穀，載昭晝荻之芳。茲以爾子遵例急公，封爾為安人。於戲！彰淑德之不瑕，式孚象服；膺寵命之有赫，益賁徽音。

乾隆五十二年三月初一日

吕家岭新建献殿碑记

【简介】

清乾隆五十三年（1788）八月勒石。现存于临县大禹乡吕家岭村。碑砂石质，圆首，高146、宽55、厚11.5厘米。额题“永垂不朽”4字。碑文楷书，正文共3行，满行45字。记述新建献殿之事。碑体下部剥蚀严重，字迹漶漫。

【碑文】

吕家嶺村舊日止有戲楼，從無獻殿，每當請神報賽之時，屡被風雨飄零之侵□□敬神實□□神□□□等公議新建献殿，重修戲楼。於四十八年九月十三工程告竣，深望後之有心者相繼補葺，勿令破□□□神□□□降福不淺矣。現將碑記□□施錢助□□人勒石，以旌表云。

功德人　吕宗望

扶梁人　武生吕垂統　吕開統　吕進德

糾首　郭元臣　吕成英　吕存直　吕兆鯤　吕兆玉　吕兆鳳　吕□□　吕□□　吕□□　吕□□。吕開統　吕淘　吕子瞻　吕汝福　吕荁　吕有行　吕進德　生員吕緒　吕忠輪

領疏頭人　刘耀基　張秉元　侯法堯　任德　曹天錫　王永清　吕苞　崔道岩　賀天爵　任思德　趙□廷　刘以淮　刘成□　□□□　□□□　刘□□　刘書　薛荣祿　張継法　崔盛玢　貢生王希冉　監生李銘　王者良　生員郝天佑　吕□　吕忠□　刘□衆　高會元　□□　折桂　□□□　□□□　趙正國　曹良元　郝德務　李孝章　刘元德　監生趙槐　趙殿　吕國　王招福　馮天祿　刘之臣　武□　□峰□　郝德之　□□□　□□□　張如堯　尉思齊　刘景蔚　張禮謙　曹自發　刘虔　薛昌祿　郭思良　霍士峨　刘殿宰

本村施錢人　吕成玫　吕成宰　吕成祥　吕成英　吕懷軒　吕存直　吕萊　吕汝霖　吕汝震　□□□　□□□　吕兆宛　吕達　吕兆驥　吕苞　吕汝雯　吕汝霞　吕芝　吕蒲　吕汝騰　吕兆鼇　吕□□　□□□　吕承統　吕子由　郭元明　吕潛　吕武　吕盛統　吕兆熊　吕法　吕涇　吕淵　吕□□　□□□　李長經　楊成達　任元盛　郭元臣　吕兆鯤　吕兆玉　吕兆鳳　吕垂統　吕開統　吕孟□　□□□　□□□　吕汝福　吕莒　吕大業　吕邦定　吕邦清　吕邦明　吕邦富　吕有文　吕邦治　吕邦教　吕□□　□□□　吕有敬　吕有信　吕邦式　吕邦春　吕邦世　吕有行　吕進德　吕縉　吕□□　□□□　□□□　□□□　吕華裔　吕德齊　□忍公　吕學曾　吕海　吕熙　吕然　吕栢　郭□□　□□□　□□□　□□□　生員吕國相　吕燦　吕邦烈　吕邦厚　吕邦義　吕朝傑　吕修德　吕宗望　郭□□　□□□　□□□

石匠　吕世有　高述周　吕汝霄　吕汝賓　吕汝□　吕汝□　吕汝□　吕汝□

大清乾隆五十三年八月二十八吉日立

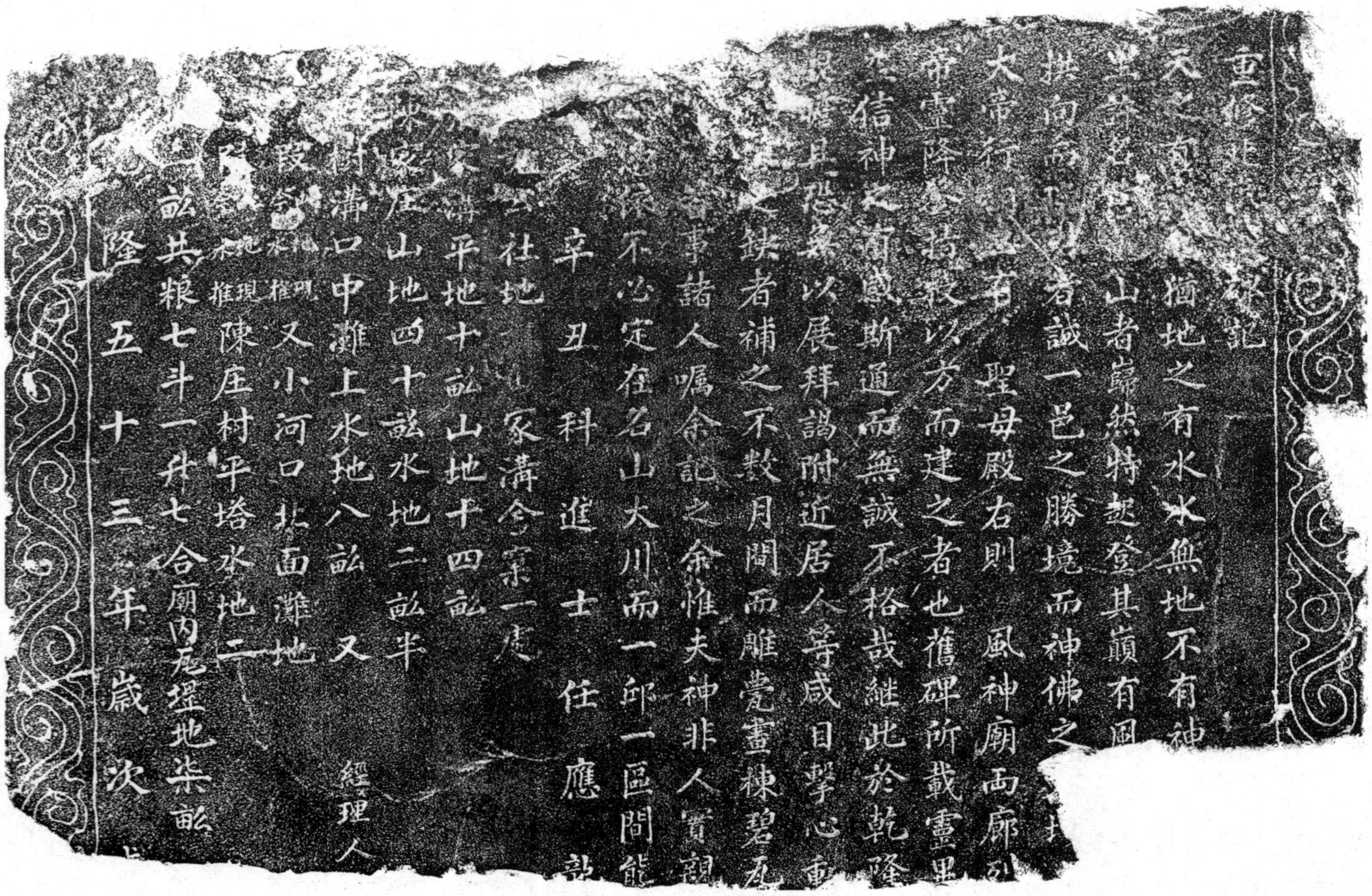

重修北岳庙碑记

【简介】

清乾隆五十三年（1788）勒石。现存于临县临泉黄龙山北岳庙。碑砂石质，已残，残高55、宽86、厚13厘米，为重修北岳庙碑记。碑文楷书，正文共10行，满行残存19字。碑首缺失，只存约三分之一，碑文缺失大半，字迹尚清晰。

【碑文】

重修北嶽廟碑記

天之有神靈猶地之有水，水無地不有，神無處不在……城東北三四里許，名黃龍山者巋然特起，登其巔有風……拱向而璀璨者，誠一邑之勝境，而神佛之……大帝行祠，左有聖母殿，右則風神廟，兩廊列……帝靈降□特授以方而建之者也。舊碑所載靈……益信神之有感，斯通而無誠不格哉。繼此於乾隆……觀瞻且恐無以展拜謁，附近居人等咸目擊心動……之，缺者補之，不數月間而雕甍畫棟，碧瓦……百事，諸人囑余記之，余惟夫神非人，實親……恕依不必定在名山大川，而一邱一區間能……

辛丑科進士任應龍……

□□□記公社地□□家溝舍窠一處，張家溝平地十畝，山地十四畝，陳家庄山地四十畝，水地二畝半；柏樹溝口中灘上水地八畝，又□□段山地現今水地；又小河口北面灘地□□段水地現今水推，陳庄村平塔水地二□□畝，共粮七斗一升七合。廟内瓦堤地柒畝。

經理人……

乾隆五十三年嵗次……

移修佛殿碑记

【简介】

清乾隆五十四年（1789）五月勒石。现存于临县三交镇薛家圪垛村。碑砂石质，圆首，身高137、宽54、厚14厘米。额题“永垂不朽”4字及“日”“月”。碑文楷书，正文11行，满行40字。记述移修佛殿之事。薛伟元撰文，李□□书丹。碑体表面有剥蚀，碑文有缺失。

【碑文】

移修佛殿碑記

三代以前未嘗言佛，至漢明帝時，佛書流入中國。而象教寖興佛氏之尊，由來已久，而衆生之處敬者，良非偶然也。曾自憲宗迎骨，忽生昌黎異詢，異論□之一士狐疑，不敵萬人誠信。以故建造神祠，金粧佛像，世之供香火而隆煙祀者，雖窮鄉僻壤，莫不皆然。邑南薛家圪垛村舊建佛殿於張家峁，後有師言此址不順，不若移修他處。里人感於其説，謂神之棲止不安，人之祈福何由。有信士薛步君者會衆公議，卜於村之西隅，地名青楊樹墕，相其形勢，可以昌神居而侑享祀也。里人施銀若干兩，又念獨任難以告竣，協力易於觀成，懇祈四方善人君子隨心施捨，共襄其事。募化銀若干兩，於乾隆五十年擇日興役，鳩工動衆修神宇三間，内作一磚洞，中塑觀音老母，左右塑佛二尊菩薩。□□在東，聖在西，二郎之神俱塑像焉。經始於春，而落成於冬，方位面向，布置得宜。視昔之創建於前者，規模□□闊大而丹黝金碧，輝煌焕彩，更覺踵事而增華焉。工竣欲勒諸石以垂永久，且不令捐資者□□□□□四下□也。因而走告於余，求文以誌之，余以爲，神依人而立，人賴神爲佑，是役也，人之所□以 □□□□□歡□盡力於神，而□之有求必應，所以福庇乎是里者可符契而券得之矣。爰略敘其顛末，以□□□好義者勸焉。

庠生薛偉元薰沐謹撰

里人李□□敬書

功德主　薛步君　男薛明有　施銀三兩陸錢　大三件門窗俱全

經理人　薛宗仁　男薛志忠　施銀三兩陸錢　薛步臣　男薛明仁　施銀貳兩四錢　薛步英　男薛明桐施銀壹兩六錢　薛步福男薛明厚　施銀壹兩六錢

旹大清乾隆五十四年歲次己酉五月初五端陽穀旦立

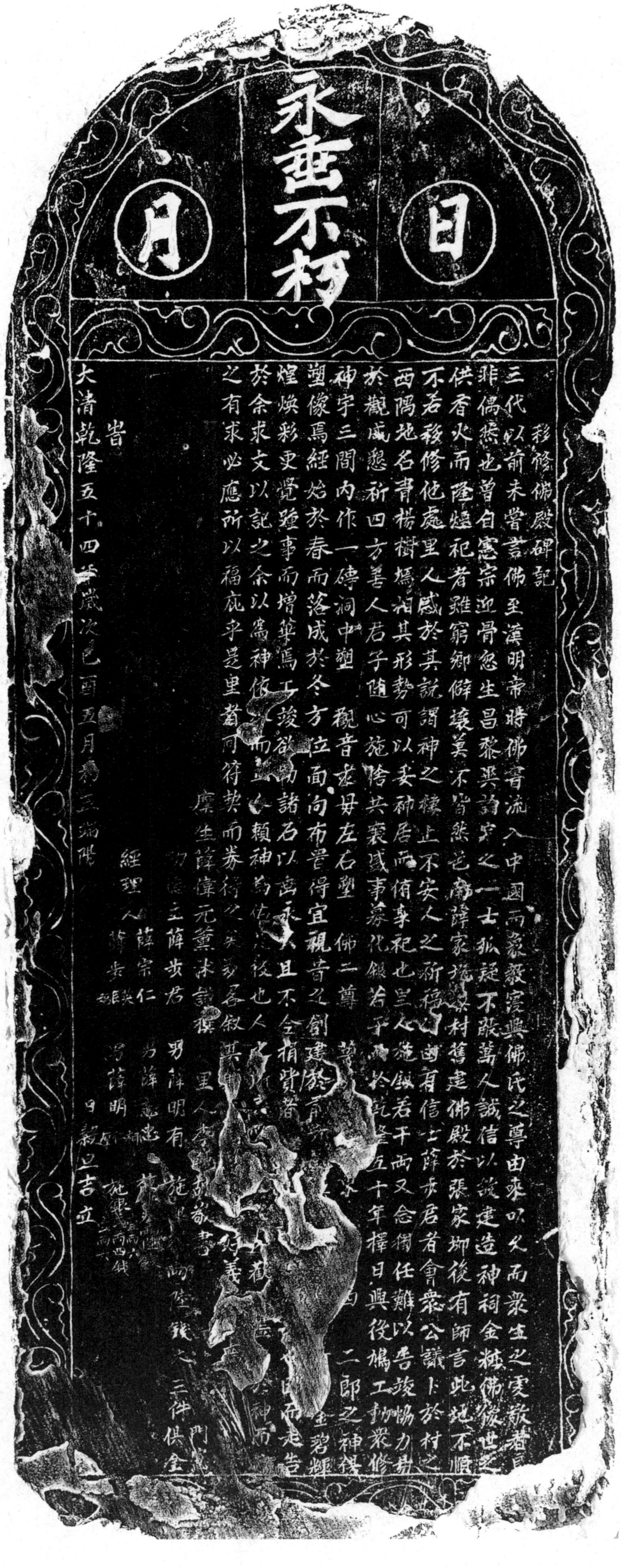

日 永垂不朽 月

彩修佛殿碑記

三代以前未嘗言佛，至漢明帝時佛書流入中國，而象教寖興。佛氏之尊，由來以久，而衆生之虔敬者，[illegible]
非偶然也。曾自憲宗迎骨，忽生昌黎異論，究之一士狐疑，不敵萬人誠信。以後建造神祠，金粧佛像，世之
供香火而隆禋祀者，雖窮鄉僻壤，莫不皆然。邑南薛家[illegible]村舊建佛殿於張家坬，後有師言此地不順，
不若移修他處。里人感於其說，謂神之棲止不安，人之祈禱[illegible]。適有信士薛步居者，會衆公議，卜於村之
西隅，地名背楊樹焉。相其形勢，可以妥神居而備享祀也。里人施銀若干兩，又念獨任難以告竣，協力勸
於觀成，懇祈四方善人君子，隨心施捨，共襄盛事，募化銀若干兩。於乾隆五十年擇日興役，鳩工動衆，修
神宇三間，內作一磚洞，中塑觀音老母，左右塑佛二尊，菩[illegible]二郎之神像，
塑像焉。經始於春，而落成於冬。方位面向，布置得宜，視昔之創建於前[illegible]金碧輝
煌，煥彩更覺。踵事而增華焉。工竣欲勒諸石，以垂永久，且不[illegible]捐貲者[illegible]而走告
於余，求文以記之。余以爲神依人而立，人賴神爲依[illegible]也人[illegible]神而
之有求必應，所以福庇乎是里者，可符契而券待之矣。爰略敘其[illegible]好義[illegible]門

庠生薛偉元薰沐謹撰　里人李[illegible]敬書

功德主薛步君　男薛明有　施[illegible]兩陸錢之　三件俱全

經理人薛宗仁　男薛惠忠　[illegible]

薛步雄　男薛明[illegible]　施銀[illegible]

皆

大清乾隆五十四年歲次己酉五月初五端陽日穀旦吉立

东林寺和尚碑

【简介】

清乾隆五十五年（1790）勒石。现存于临县临泉镇东峁村东林寺。碑砂石质，圆首方座，通高140厘米，碑身高120、宽60、厚14厘米，座高20、宽84、厚26厘米。额题“碑记”“日”“月”。碑文楷书，计6行，满行14字。保存基本完好。

【碑文】

圓寂親教恩師性公諱浦字廣緣和尚

大清乾隆五十五年三月吉日立

生於雍正三年十一月初八日巳時

卒於乾隆五十四年正月十二日子時

門徒融珖　法孫通鏻　通鍏　曾孫曉湼　曉溹　曉汾　曉曇

法侄融瑔　法孫通宴　曾孫曉治

重修观音殿碑记

【简介】

清乾隆五十五年（1790）勒石。现存于临县三交镇樊家岭村。碑砂石质，圆首，高130、宽56、厚13厘米。额题“继往开来”“升”“恒”。碑文楷书，正文共8行，满行36字。记载重修观音殿之事。崔德符撰并书。碑体下部风化严重，碑文残缺严重，字迹模糊。

【碑文】

重修觀音殿碑記

從來天子祭天地，諸侯祭山川，大夫祭五祀，士庶人祭其……觀音爲當祭之神，蓋出南海而駕祥雲救人，人雖慈……村，康熙五十五年，惟正祖建修佛殿，中座三間，墻垣土壁……風雨零落，神像凋謝，墻垣塌毀，永等目睹心驚，意□恐樹□日……人，循序施財，化錢四方助藉，增□逮至□□□力……磚，佛像燦然有光，羅漢巍然可觀，此雖□□□心……薄遂謏建造之功，聽其崩，斯舉也，庶……

功德主　樊永齡　男士興　樊永鴻　男和□　□□　孫□□

糾首　樊祚齡　男和財　和富　和□　孫□□　樊□□　男□□　樊□□　思□　樊□□　樊□□　□□□　□□□　樊和恭　男□達　孫□□　□□□　□□□　樊和儉　男世□　□□□　□□□　樊家齡　樊和榮　男世□　李元懋　□□□　□□□　□□□　樊和倫　樊元□

庠生崔德符謹撰并書

大清乾隆五十五年歲次庚戌　月　日

重修关帝祠碑记

【简介】

清乾隆五十六年（1791）正月勒石。现存于临县大禹乡西沟村。碑青石质，圆首，已残，残高156、宽58、厚9厘米。碑文楷书，正文共11行，满行34字。记载重修关帝祠之事。碑首缺失，碑文完整，字迹清晰。

【碑文】

重修關帝祠碑記

昔者，聖王之制，祭祀也，法施於民則祠之，以死勤事則祀之，以勞定國則祀之，能禦大災捍大患則祀之。以祀典推之，則關聖帝君之應祀昭昭矣。況我國家定鼎山川，群后效靈，海晏河清，嶽瀆諸神受職，而帝君尤神威顯應，赫赫在人耳目間者哉。此所以祠宇之建遍海内，春秋享祀者勿絶也。吾鄉關帝祠，創自前明，始構廊簷。亦越聖朝，重施黝堊，惟是丁酉補葺，以後風雨剥落，勢將傾圮，是前人不能無望於後矣。歲辛丑，里人賀成麟攜弟萬年，慨然以重修爲己任，糾衆興工，越壬寅始告厥成。夫以帝君之威，呵護三千世界，不必於是憑依即護此土，豈必欲此土之祀。然其大義參天地，其精忠貫日月，其正氣塞乾坤，而謂在天地之間，日月之下，乾坤之中，苟有心者，孰不當推陳感戴，永祀千秋乎！至謂廟貌莊嚴，定當威靈赫奕。洗刀池畔，白猿從玆叫月；繫馬臺前，赤兔自是追風，此又鯉之所不感知也。是爲記。

乾隆己酉恩科中式舉人劉應鯉熏沐并書

功德主　賀成麟　庠生賀萬年　施羊條埸地一十三畝　粮九升六合

糾首　劉正興　劉奇友　高玉衡　韓世忠　劉詳典　賀成鳳　賀成華　賀成霞　劉雲錦　劉惠元　劉子棟　賀成錦

施錢人　劉俊（等108人略）

乾隆五十六年歲次辛亥正月吉日立

木匠　杜茂福　杜超

泥匠　王永衡

瓦匠　馬克明

丹青　康封伯　男子仁

重修關帝祠碑記

昔者聖王之制祭祀也，法施於民則祀之，以死勤事則祀之，以勞定國則祀之，能禦大災捍大患則祀之。以祀典推之，則關聖帝君之應祠昭昭矣。況我國家定鼎，山川羣[illegible]效靈，海晏河清，嶽瀆諸神受職，而帝君尤神威顯應，赫赫在人耳目間者哉。此所以祠宇之建遍海内，春秋享祀者勿絕也。吾鄉關帝祠，舊自前明始搆廓簷，亦越聖朝重施黝堊，惟是丁酉補葺以後，風雨剝落，勢將傾圯。是前人不能無望於後矣。歲辛丑，里人賀成麟偕弟萬年慨然以重修為己任，糾衆興工，越壬寅始告厥成。夫以帝君之威，呵護三千世界，不必於是憑依，即護此土，豈必歆此土之祀？然其大義參天地，其精忠貫日月，其正氣塞乾坤，而謂在天地之間、日月之下、乾坤之中，苟有心者，孰不當推誠感戴，永祀千秋乎？至謂廟貌莊嚴，定當威靈赫奕，況刀池畔白猿從茲叫月，繫馬臺前赤兔自是追風，此又鯉之所不敢知也。是為記。

乾隆己酉恩科中式舉人劉應鯉薰沐撰并書

功德主賀成麟　庠生賀萬年施地四條□地一十三畝粮九升六合

糾首劉正興　庠生劉□友　韓世忠　劉□典　賀成鳳　劉□□　劉惠元　劉子棟　賀成□

施錢人劉□後　賀□忠　賀道□　劉更□　劉家福　劉福江　高□□　高尚品　王永慶　王嘉祥　賀□□

高□□　□勝□　劉福海　曹京元　曹殿元　高廷柱　高應通　張□□　王金□　曹□□

高□□　劉朝元　賀道□　曹□倍　曹殿僚　曹□元　高廷□　高能品　李□□　武□□　王秉禮　曹□□

高□□　劉興法　劉升元　曹清瑞　曹宗□　曹法元　高廷武　高□森　武正□　武其□　劉□□

高□□　賀道玉　劉記元　曹玲瑞　曹元□　曹□元　高□□　張□□　武其福　王□□　任□元

高建全　李承祥　□□仁　曹道輪　侯占元　曹□□　高廷□　高□□　王□□　任□元

王存貴　劉夢魁　劉級元　曹尊賢　曹春□　曹□元　高□　高文□　李秉□　李□□　高□□　劉□□

劉道□　韓宗□　劉更信　曹升元　曹現瑞　曹□元　高□□　高金□　□文禮　李秉堂　王□□　劉秉正

王國倍　曹思珍　□□　高應林　郭五□　張學孝　王五賓　馬恩□　高元紀

宋□□　劉□文　劉□□　曹道賢　王思珍

乾隆五十六年歲次辛亥正月吉日立　木匠杜茂福　杜□　泥匠王永□　泥匠馬元明　丹青□封□□□仁

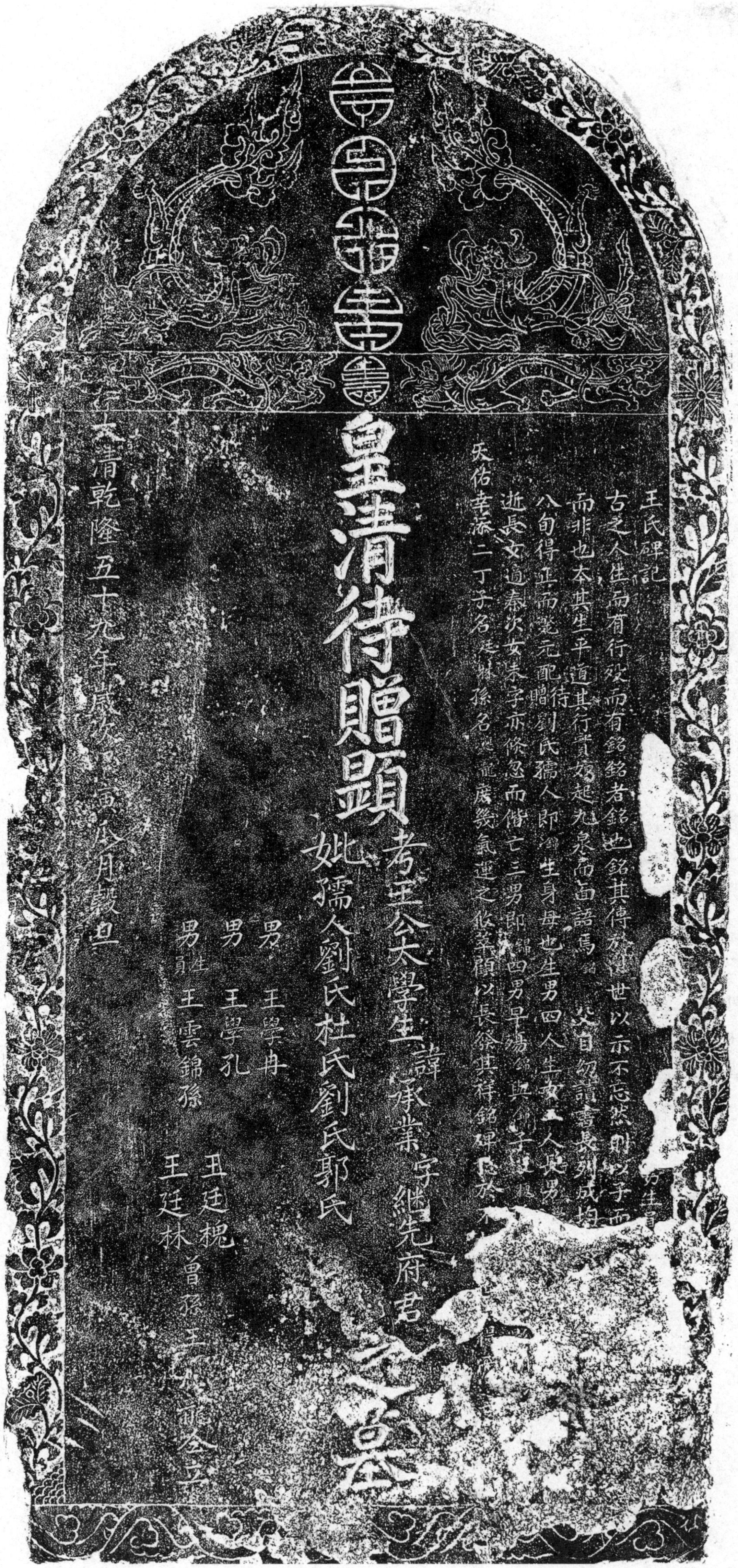

王氏碑记

【简介】

清乾隆五十九年（1794）七月勒石。现存于临县安业乡前青塘村。碑砂石质，圆首，高139、宽63、厚14厘米。为王承业墓碑记。碑文楷书，正文共5行，满行41字。碑文残缺，字迹清晰，碑体下部剥落严重。

【碑文】

王氏碑記

男生員……

古之人生而有行，歿而有銘。銘者名也，銘其傳於後世，以示不忘。然則以子而……而非也，本其生平，道其行實，如起九泉而面語焉。錦父自幼讀書，長列成均……八旬得正而斃。元配待贈劉氏孺人即錦生身母也，生男四人，生女二人，長男……逝，長女適秦，次女未字，亦倏忽而偕亡。三男即錦。四男早殤。錦與錦子廷槐、孫……天佑幸添二丁，子名廷林，孫名應龍，庶幾氣運之攸，萃顧以長發其祥，銘碑誌於不……得……

皇清待贈顯考王公太學生諱承業字繼先府君妣孺人劉氏杜氏劉氏郭氏之墓

男王學冉　男王學孔　男生員王雲錦　孫王廷槐　王廷林　曾孫王應龍　仝立

大清乾隆五十九年歲次甲寅瓜月穀旦

重修关圣庙殿并诸神庙宇碑记

【简介】

清乾隆五十九年（1794）十月勒石。现存于临县曲峪镇开阳村。碑砂石质，圆首，高 180、宽 72、厚 14 厘米。碑文楷书，正文共 9 行，满行 53 字。记述重修关圣庙并诸神庙之事。碑体完好，碑文完整。

【碑文】

重修關聖廟殿並諸神廟宇碑記

國之有史，邑之有志，以及廟殿之碑記贊誌，俱所以信今而傳後也。以故國無史無以知政事人物，邑無志無以知風景山川，廟無碑記亦無以考建立來由。開陽村舊有關聖帝殿以及諸神廟宇，聖像崖畫，無碑文廟記，多歷年所未知建於何代，創於何年。然當世遠年湮之餘，倘無好善君子、修德信士，則風雨漂揺，聖像泥塗，廟殿幾蕩然無存矣。大明洪武七年有信士者出而重修增修，遺跡犹在，昭昭可考。及至後代有信士歷数世，而景泰七年再爲補葺。及萬曆九年而又爲補葺，施其瓦栥俾鴛鴦湝翠，換舊更新，廟宇焕然，少壯觀瞻。夫有明以來，重重補葺，非有明獨重夫神，寔神能保我子孫，佑我黎民，有功於世人寔多焉。故延及我朝康熙二十八年而復爲補葺，新其翡翠，以當風雨。廟宇之所以延及於今者，盖自有由，然聖像崖畫，終未有易也。至於今閲八、九十載之風霜，其傾者、頽者、敝者、毀者，觸目神傷，將又何以堪。信士郭義通等結無量福果，作種種陰功，庀材鳩木，募緣增修，重新拆盖，俱用磚包，輝煌正殿，增修兩廊，諸神聖像，俱以泥塑，正殿聖像，純用金粧，非復昔日崖畫比矣。顾修德獲福，報應不爽，似此功德，自爾福祿綿綿，子孫繩繩，神之默佑，應自無既。即凡贊勷盛事，隨心施舍者，亦無不百福並臻，千祥雲集也。因詳其始末，敘其來由，勒之於石，以誌不朽。

乾隆五十九年十月十九日立

糾首　郭義通施銀六両　郭琰文施銀四両　高殿英施銀八両　高光俊施銀八両

監生高殿臣施銀十二両　生員郭鐸施銀一両三錢　郭懷刑施銀八両　郭懷明施銀八両　郭懷亮施銀八両　郭懷玉施銀五両　郭懷龍　郭懷中施銀一両二錢　郭懷欽施銀一両二錢　郭懷敬施銀三両　郭懷恩施銀二両　郭懷珍施銀二両　郭懷瑞施銀八両　郭朝琳施銀五両　郭朝玉施銀五両　高君仁施銀七両　高君義施銀四両　高君礼施銀二両　高仁英施銀四両　高君貴施銀四両　郭能顕施銀六両　郭厚施銀四両　郭生顕施銀四両　郭生光施銀四両　郭宗師施銀三両　高君喜施銀四両　高陽春施銀三両　□殿公施銀四両　□士英施銀一両二　□應瑞施銀六両　郭義友施銀一両二錢　郭琰喜施銀一両二錢　郭能正施銀一両六錢　高殿武施銀一両二錢　郭懷礼施銀一両六錢　郭成瑞施銀一両二錢　武景元施銀一両六錢　郭仲法施銀一両六錢　郭殿昇施銀一両　高生和施銀六錢四分

重修關聖廟殿並諸神廟宇碑記

國之有史，邑之有志，以及廟殿之碑記，讚誌俱所以信今而傳後也。以故國無史無以知政事人物，邑無志無以知風景山川，廟無碑記亦無以考建立來由。開陽村舊有關聖帝殿以及諸神廟宇，聖像崖畫，無碑文，廟貌多歷年所，未知建於何代，創於何年，然當世遠年湮之餘，倘無好善君子修德信士，則風雨漂搖，聖像泥塗，廟殿幾爲然無存矣。夫明洪武七年有信士者出而重新增修，遺跡猶在，昭昭可考。及至後代有信士，歷數世而景泰七年再爲補葺，及萬曆九年而又爲補葺，施其瓦葉，俾鴛鴦料翠，接舊更新，廟宇煥然，少壯觀瞻矣。着明以來重重補葺，非有明獨重，夫神寔神能保我子孫，佑我黎民，有功於世人寔多焉。故延及我朝康熙二十八年而復爲補葺，新其翡翠以當風雨，廟宇之所以延及於今者，蓋自有由然。聖像崖畫終未有易也。至於今閱八九十載之風霜，其傾者頹者敝者綫者，翁目神傷，將又何以堪？信士郭義通等結無量福果，作種種陰功，督材鳩木，募緣增修，重新拚蓋，俱用磚包，[illegible]壁正殿，增修兩廊，諸神聖像俱以泥塑，正殿聖像純用金粧，非復昔日崖畫比矣。願修德獲福，報應不爽，似此功德自爾福禄綿綿，子孫無絶，神之默佑應自無既，即凡贊勤盛事隨緣施舍者亦無不百福並臻，千祥雲集也。因詳其始末，叙其來由，勒之於石以誌不朽。

乾隆五十九年十月十九日立

郭玫文施銀四兩　郭懷亮施銀八兩　郭[illegible]林施銀五兩　郭生顯施銀四兩　郭玫喜施銀一兩二錢

糾首郭義通施銀六兩　郭懷五施銀八兩　郭朝玉施銀五兩　郭生先施銀四兩　郭能正施銀一兩六錢

高殿英施銀八兩　郭懷龍　高君仁施銀七兩　郭宗師施銀三兩　高殿武施銀一兩六錢

高光俊施銀八兩　郭懷忠施銀一兩[illegible]　高君義施銀四兩　高君喜施銀四兩　郭懷禮施銀一兩二錢

郭懷欽施銀一兩六錢　高君禮施銀二兩四　高陽春施銀三兩　郭成瑞施銀一兩二錢

監生高殿臣施銀十二兩　郭懷敬施銀三兩　高仁英施銀四兩　高殿公施銀四兩　武景先施銀一兩六錢

生員郭鐸施銀一兩三錢　郭懷恩施銀二兩　高君貴施銀四兩　郭小柔施銀一兩二　郭仲法施銀一兩六錢

郭懷利施銀八兩　郭懷珍施銀二兩　郭能顯施銀六兩　郭[illegible]瑞施銀十兩　郭殿昇施銀一兩

郭懷明施銀八兩　郭朝瑞施銀八兩　郭厚施銀四兩　郭義友施銀一兩　高生和施銀六錢四分

皇宿寺买地碑记

【简介】

清乾隆五十九年（1794）勒石。现存于临县八堡乡皇宿寺内。碑砂石质，圆首，高172、宽70、厚15厘米。额题“永垂不朽”4字。碑文楷书，正文共2行，满行47字。记载皇宿寺买地之事。碑体完好，碑文完整，字迹清晰。

【碑文】

皇宿寺舊有地四百畆，粮七斗四升。乾隆五十九年十二月十七日，智慶買娘娘廟背後地一連三十八畆，梨兒山地三十八畆，朱兒嘴地四十八畆，段思嘴地三十二畆，佛殿梁地八畆，認到粮四斗六升八合。賀家窊有土窰二眼，勒碑存照。

苗富仁　苗富德　苗生仁　苗生義　苗學恭　苗學敏　苗學惠　苗世隆　高成隆　王大才　王大喜　王大運　王成章　王成智　王成文　王成海　吕世貴　吕世法　郭小照　郭宗乾　郭宗由　郭宗聖　郭宗孝　郭宗偃　郭再興　苗清德　高述周　高述禹　高述文　高如飛　王成福　王成名　吕崇吕興　吕金　吕寧　吕盛　吕德　吕英　吕宗禹　賀耀祖　賀成祖　高良相　苗維隆　張克富　白成仁　喬泰　劉彦學　苗清富　喬尚德　喬尚富　喬尚清　李和生　苗喜望　李海生　郭時中　李雲生高興　李福倉　郭富朝　林　蔚有盛　李河生　張珍　賀輪　照　牛存好　樊朝世　樊富宇　喬能喜　孫如斌　張永信　馬秉智　喬述智　苗世旺　樊秀海　劉西玘　喬尚務　李世生　李寧生　王可盛　高位相　薛斐然　郭富貴　高可義　高成禮　高可祿　高長明　常宗明　樊錫福　樊錫禎　樊錫祥　樊錫元　郝有名　苗清智　苗應泰　苗世全　賀應奎　吕棟　李折桂　高文恭　林大法　苗生恒郭元禮　郭士峨　苗正福　苗學寬　苗世斌　薛元　張繼禹　薛琰　苗成相　郭能巧　郭能妙　郭能欽　王富榮　王富貴　王富有　王甫清　王忠　王宗保　薛宏光　薛琮　薛璦　薛建世　薛建業　薛廷甫　苗學曾　杜法　趙學恭　郭懷善　高寶法　高寶元　高寶利　高寶禎　高寶祥　苗位　苗海清趙英儒　趙延儒　高如岱　高如岳　高如尼　高如崇　宋爾才　宋爾富　李鳳浪　郭如法　高起元劉克明　高貴旺　郭殿才　郭能忠　郭興生　林世寧　賀興祿　苗清鏡　吕梁　段有智　苗富榮　郭繼富　郭繼賢　郭繼孝　苗生禮　高廷愛　高建金　霍興順　賀如鳳　賀如仁　賀如有　賀宗元　賀宗朝　賀宗貴　賀萬有　賀世注　趙開義　高正玘　高正法　馬琰龍　馬如平　馬如相　馬耀鋆　馬耀貴　馬超龍　馬文正　馬文煥　馬文森　馬文福　馬文順　馬文愷　高大成　高宗貴　馬永全　馬世全　楊玉寶　楊棟　楊德　賀貴元　馬文會　馬文廣　馬貴龍　馬智全　高法金　郝振璞　郝振珠郝振爰　苗昌林　靳三明

永垂不朽

皇宿寺舊有地四百畝粮七斗四升乾隆五十九年十二月十七日智慶買娘娘廟背后地一連三十八畝梨兒山地三十八畝恭
兒嘴地四十八畝段思嘴地三十二畝佛殿梁地八畝認到粮四斗六升八合賀家塬有土堰二眼勒碑存照
苗富仁　呂世貴　呂崇　苗清富　賀爚　王可盛　苗成相　郭能巧　杜法　宋爾才　郭繼富　高正玘　馬永全
德　法　興喬尚德　照高位相賀應奎　妙趙學恭　富　賢　法馬世全
苗生仁郭小照　金　富牛存好薛斐然呂棟　欽郭懷善李鳳浪　孝馬琰龍楊玉寶
義郭宗乾　寧　清樊朝世郭富貴李折桂王富榮高寶法郭如法苗生禮馬如平楊棟
苗學恭　酉　盛李和生樊富宇高可義高文恭　貴　元高起元高廷愛　相德
敏　聖　德苗喜望喬能喜高成禮林大法　有　利劉克明高建金馬躍鎣賀貴元
惠　孝　英李海生孫如鎣林可祿苗生恒王旟　清　貞高貴旺霍興順　貴馬文會
苗世隆　偃呂宗禹郭時中張永信高長明郭元禮王　忠　祥郭殿才賀如鳳馬超龍　唐
高成隆郭在興賀耀祖李雲生馬秉智常宗明郭士嵗王宗傑苗　位郭能忠　仁馬文正馬貴龍
王大才苗清德賀成祖高　興喬述智樊錫福苗世全薛宏光苗海清郭興生　有　煥馬智全
喜高述周高良相李福倉苗世旺　禎苗正福薛　琮趙英儒林世寧賀宗元　森高法鑫
運　禹苗維隆郭富朝樊秀海　祥苗學寬　璦趙延儒賀興祿　朝　福郝振璞
王成章　文張克富　林劉西玘　元薛世鎣薛建世高如岱苗清鏡　貴　順　珠
智高如飛白成仁蔚有盛喬尚務郝有名薛　元　業　岳呂　梁賀萬有　愷　愛
文王成福喬恭李河生李世生苗清智張繼禹薛廷甫　尼段有智賀世注高大成苗昌林
海　名劉彥學張　珍李寧生苗應泰薛　琰苗學曾　崇苗富榮趙開義高□貴靳三明

创建关圣帝君观音大士暨诸神庙碑记

【简介】

清乾隆六十年（1795）八月勒石。现存于临县八堡乡圆条垓村。碑砂石质，圆首，高146、宽70、厚16厘米。额题“创修碑记”“日”“月”。碑文楷书，正文共11行，残存每行22字。记述创建关圣、观音暨诸神庙之事。碑体下部剥蚀严重，碑文缺失过半，字迹模糊。

【碑文】

創建關聖帝君觀音大士暨諸神廟碑記

自昔先王以神道設教，而後世之虔奉香火者，莫不於……增補要，非有創建者倡其事於始，則亦何由而觀厥成……廟前之人有志焉而未逮，監生劉金聲寓居於此地……殘賊之害者，孰非神之默司其契哉，是不可不……宜砌石窑六孔，分爲二院。南院中供關聖帝君……供觀音大士，兩廡糠神、痘神配焉，經始人……費黄金三百有奇，雖隨心施捨者亦不乏人，而金所……用皆金聲，額外輸助而毫無求於人。夫心堅……協千人心之所同，然而後使荒郊蔓草一旦而成……者，□劉子奉神之心，以爲心殘缺者補之，廢……得而記之，其例□□名者，俾列之於左。

乾隆六十年歲次乙卯桂月上浣之吉

關中古正□廩生張瑛□□□

功德主　貢生張成名　千總張□□　監生□□□

糾首　……

陰陽典術　杜□□

赵公行述碑记

【简介】

清乾隆六十年（1795）八月勒石。现存于临县克虎镇崔家垛村。碑砂石质，圆首，高187、宽75、厚15厘米。额题“碑记”2字。碑文楷书，正文共7行，残存39至45字。记述赵延儒之行述。马河图撰文，高琏书丹。碑体下部剥蚀严重，碑文残缺较多且字迹模糊。

【碑文】

趙公行述碑記

公諱延儒，臨邑北都人也，世居崔家垛村，務本立農，以爲世業。至公醇篤，出於天性，讀詩書，達禮義，可以登青雲，而致顯□□，奈数奇不偶，遂以林下終老。余觀古之人，得志則勳名著於青史，不得志則懿行垂於鄉里，如沮溺犬人輩，□間閑歲□□，可樂公其兹若人之流歟，跡其生平，忠信敬謹，姻睦任恤，皆其所憂，而孝行尤爲特著。余見於祖塋，嘗升高而望見有□□□深秀，蒼然茂美，周圍砌以磚石，開合連夫墻垣，不知其爲誰氏之塋也。問之則曰，趙公之祖圩也，夫以祖者考葬埋之地，而□□意修築，一如生前之安宅，則公之生事死葬，其盡心竭力可知矣。所以親友仰慕於上，當十月二十一日，逢公托晨□□□□壽顔其額曰，令德壽孝，考公念親友雅意，恐歷久姓字磨滅，因勒諸貞珉，以誌不朽，向余乞記，余曰：“是舉也，一以□□□□人誼，一以見公之佑啟後人，使子孫知以忠厚爲本，孝友爲先，世世相傳勿替也，豈不休哉。”是爲記。

葭郡丙午科舉人揀選知縣馬河圖敬譔

庠生高璉敬書

總管人　郭昌虎　薛建林

迎賓人　苗殿鑾　高君聘

管酒人　苗學恭　趙祥

管水人　趙學寬　米蒼兒　趙學惠　苗國義

拱盤人　苗國□　苗能□

管壺人　郭傑　郭繼宗

火頭人　薛全仁　薛宗有

巡更人　高二正　高三正

管草人　趙跟富　趙稱兒

雜工人　高闞正

看客人　郝啟元

面廚人　郭桂

管賬人　苗孝曾　郭昌龍　苗大□

圪人居　郭忠　崔有雄　王洪珍

克虎寨　崔懷義　李作旺　郭忠恭　郭恩良　郭世琰　郭秉敬　郭秉順

水槽溝　高智　高清　……

薛家峁　薛宏光　……

乾隆六十年八月十五日立石

碑記

新建奎光楼重修龙王庙碑记

【简介】

清乾隆年间（1736—1795）勒石。现存于临县玉坪乡永丰村。碑砂石质，圆首，高175、宽67、厚17厘米。额题“流芳百世”“日”“月”。碑文楷书，正文10行，满行47字。记述新建奎光楼之事。表面剥蚀严重，左上部碑文漫漶，字迹模糊。

【碑文】

新建奎光楼重修龍王廟碑記

諺有云：士之子恒爲士，農之子恒爲農，此非篤論也。夫入横經者出負耒，士之子即可以爲農，時作息者敦孝弟，農之子即可以爲士。第衣食足然後礼義興，事有先後，序分緩急耳。吾臨僻處山隅，稼穡食力生平所共安，故龍王一祠，所在多有，至於翊贊文明，作育人才者，求諸邨落之間，殆寥寥無幾焉。永豐村舊有奎光楼遺制，與龍王廟同建一處，每遇八月聖誕之辰，合前後数村献戲三天，公□皆□□□維時亦頗人文蔚起，在東鄉一帶稱翹楚云。但世遠年湮，老成凋謝，祠宇頓頹，昔年之盛舉，幾不能覩矣□□□□□□等慨然有志修葺，□□□□，特以基址湫隘，移建□□□雲□之巔，新建一楼，規制較前宏敞，而廟仍其舊址，亦皆從新建造，將異日時和年豐衣食□□□□弟鍾奇毓秀，人文萃而風□□□□□之賜也。又何必拘拘於士農之分，□以歧視乎？神者自安於田，夫野者之□而弗克振拔也耶。工起於□□□春，□秋而告竣焉。爰勒諸石以誌不朽云。

廩膳生員弟子趙德誠薰沐敬撰

陰陽　高□□

施鐵器人　郝□□

儒學生員弟子高濟民薰沐敬書　施銀三两　並施奎光樓地基　又施榆樹二株　男體乾　體仁

功德主　國子監太學生高清民　妻李氏　男體先　體亨　體巽　體震　施銀五両

功德主　信士高折桂　妻劉氏　男安仁　安義　安禮　安智　安信　孫喜畝　巧太　施銀三两

糾首　生員趙受安施銀二両　高濟民施銀三両　高勝光施銀四両　高尚俊施銀乙両　高有祿施銀乙両　生員高蒞兆施銀六两　王錫光施銀二両　高創業施銀二両　高振興施銀三両　孫如寶施銀二両　□龍元施銀二両　高守祿施銀四両　高昌祿施銀二両　劉旺施銀乙両

木匠　秦中鵠

泥匠　李清閣

石匠　王温

丹青　李修

瓦匠　杜芳

大清……卯三月穀旦

流芳百世
日
月
新建 奎光楼重修 龍王廟碑記

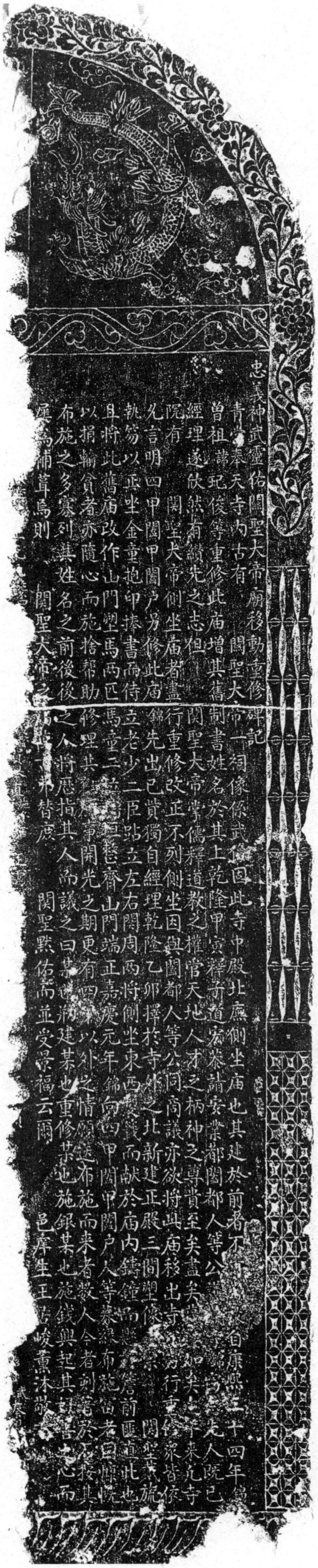

忠义神武灵佑关圣大帝庙移动重修碑记

【简介】

清嘉庆元年（1796）勒石。现存于临县安业乡前青塘村。碑砂石质，圆首，已残，高155、残宽31、厚20厘米。额题缺失。碑文楷书，正文共10行，满行48字。记述移修关帝庙之事。王居峻书丹。碑体仅存右半部，碑文残缺。

【碑文】

忠義神武靈佑闗聖大帝廟移動重修碑記

青堂奉天寺内古有闗聖大帝一祠，像係武像，因此寺中殿北廡側坐庙也，其建於前者不可移改，自康熙三十四年錦曾祖諱玘俊等重修此庙增其舊制，書姓名於其上。乾隆甲寅釋子道宏恭請安業都闔都人等公議□□，錦窃□先人既已經理，遂欣然有纘先之志，但関聖大帝掌儒釋道教之權，管天地人才之柄，神之尊貴至矣、盡矣，蔑□加矣，□子來，凡寺院有関聖大帝側坐庙者，盡行重修改正，不列側坐。因與闔都人等公同商議，亦欲將此庙移出寺院另行重修，衆皆依允，言明四甲闔甲闔户另修此庙，錦先出己貲獨自經理。乾隆乙卯，擇於寺外之北新建正殿三間，塑像□宗，関聖戴旒執笏以正坐，金童抱印捧書而侍立，老少二臣站立左右，関周兩將側坐東西，制籤而献於庙内，鑄鐘而懸於簷前。匪直此也，且將此舊庙改作山門，塑馬兩匹，馬童二位，墻垣整齊，山門端正。嘉慶元年，錦回四甲，闔甲闔户人等募緣佈施，富者固慷慨以捐，貧者亦隨心而施捨，幫助修理，共勷盛事。開光之期，更有四甲以外之情願送布施而來者数人，今者刻著於石，按其布施之多寡，列其姓名之前後。後之人將歷指其人而議之曰：某也剙建，某也重修，某也施銀，某也施錢，興起真好善之心，而屢爲補葺焉。則関聖大帝之福，萬古弗替，庶関聖默佑而並受景福云爾。

邑庠生王居峻薰沐敬書

賀舉直施錢……正雲……武生秦……

皇清待赠处士张公讳愈兰暨淑配郝孺人之墓

【简介】

清嘉庆元年（1796）七月勒石。现存于临县白文镇铁炉沟村。碑青石质，圆首，高152、宽61、厚15厘米。额题“碑记”“日”“月”。碑文楷书，正文共10行，满行47字。任文基撰文，冯师宓书丹。碑体完好，碑文完整，字迹清晰。

【碑文】

皇清待贈處士張公諱愈蘭暨淑配郝孺人之墓

天地間有盡者壽，無盡者名。有盡之壽，無論耄年，即彭祖八百，至今安在？無盡之名，無論大耋，即顔子三十，又何嘗不至今存之。於蘭公張老先生，暨德配郝儒人有感焉。公生而穎異，幼即岐嶷，比長益醇謹自持，性至孝，侍高堂承顔順志，色養維謹，且孝而能友。其待昆弟也，如詠棠棣，如協華萼，人無間言云。至於重然諾、敦信義則李杜高風也，排紛難，拯顛危，則仲連之雅度也。鄉黨間莫不重其名、服其義，而推爲一時表率焉。德顧不厚與，而淑配孺人者，婉娩倡隨，静好琴瑟。勵隹偶於交修，勤女紅於機杼。真若卓氏徙蜀，資賢範日成家；范公居陶，賴同心而致富。所謂夫義婦順者，洵無愧焉。年週花甲即棄世，孺人力持家政，教子若孫，勉承先志，以母道而兼父道，即以父道而兼師道，勤始謹終，家道成立，壽逾古稀，而亦謝俗。是誠巾幗之鬚眉，而裙衩中之丈夫也。不與先生之高誼懿行，交相濟美也哉。夫積善之家，必有餘慶，捷於影响今其子若孫，或遊膠庠，或推祭酒，繩繩振振，方興未艾。皆先生與孺人積德之所致也。所謂美可風而盛可傳者，不誠信然哉。公生於康熙五十三年二月二十八日辰時，卒於乾隆三十九年二月二十八日未時。孺人生於康熙五十五年十二月十一日亥時，卒於乾隆五十三年五月初二日申時，余故樂爲表之，以昭兹來許云。

年家眷晚生任文基拜撰

眷晚生馮師宓謹書

令嗣公世雋武生　世治監生　孫映雪　映文庠生　映璿

鐫字　牛堂林

大清嘉慶元年歲次丙辰秋七月吉日立

日　碑記　月

皇清待贈處士張公諱愈蘭暨　德配郝孺人之墓

天地間有盡者壽與盡者名有盡之壽無論耄年即彭祖百至今安在無盡之名無論大耄即顏子三十又何嘗不至今
存茲於　蘭公張老先生暨　德配郝孺人爲感焉公生而頴異幼即岐嶷比長益醇謹自持性至孝侍高堂承顏順志色
養維謹且孝而能友其待昆弟也如詠棠棣如協華萼人無間言云至於重然諾敦義則季布之高風也排紛難極顛危
則仲連之雅度也鄉黨間莫不重其名服其義而推爲一時表率焉德顧不厚與而德配孺人者婉娩倡隨靜好琴瑟勵
佳偶於交修勤女紅於機杼真若卓氏從蜀資贊鉅邑成家范公居陶賴同心而所謂夫義婦順者洵無愧焉年逾花
甲即棄世孺人力持家政教子若孫勉承先志以母道而兼父道即以父道而兼師道勤始謹終家道成立壽逾古稀
而亦謝俗是誠巾幗之鬚眉而裙釵中之丈夫也不與先生之高誼懿行交相濟美也哉夫積善之家必有餘慶提桂影响
今其子若孫或遊膠庠或推奈酒繩繩振振方興未艾皆先生與孺人積德之所致也所謂美可風而盛可傳者不誠信然
哉公生於康熙五十三年二月二十八日辰時卒於乾隆三十九年二月二十八日未時孺人生於康熙五十五年十
二月十一日亥時卒於乾隆五十三年三月初二日申時余故樂爲表之以昭許來許云

年家眷晚生任文基拜撰
眷晚生馮師涗拜書

令嗣　公世　雋武生　治監生　孫　洪　璘　錡字牛堂林

大清嘉慶元年歲次丙辰秋七月吉日立

谱系序记

【简介】

清嘉庆元年（1796）七月勒石。现存于临县刘家会镇朱家会村。碑青石质，圆首，高 95、宽 54、厚 11 厘米。额题“长发其祥”4 字。碑文楷书，正文计 9 行，满行 22 字。为王氏谱系序记。碑体表面剥蚀，字迹模糊。

【碑文】

譜系序記

王氏之派，由來遠矣。自有元年間，我始祖公諱玠者，由陝西遷來，於堡則峪家焉，爲孝才都六甲人也。歷五世列元、亨、利、貞爲四支，我其貞支派也。及我朝康熙五十年間，祖公諱增奇者，玠公之十五世孫，□遷居於朱家會爲家，祖生我父天才，母南都□氏。伯父天富，伯母劉氏；叔父天貴，嬸母康氏、樊氏，俱葬於此山之原。父壽七旬有四，歿於乾隆三十二年，母壽九旬有五，歿於嘉慶元年，合葬於本年七月初九日，附記於此。俾後之人綿綿翼翼，溯本尋源，有所考云。

男金文　金武　金寛　謹誌

大清嘉慶元年七月十一日穀旦

皇清处士显考王公讳天才字超凡待赠孺人显妣王太君之墓

【简介】

清嘉庆元年（1796）七月勒石。现存于临县刘家会镇朱家会村。碑青石质，圆首，高 95、宽 54、厚 11 厘米。额题“世泽绵长”4 字。碑文楷书，正文计 3 行，满行 20 字。碑体完好，碑文完整，字迹清晰。

【碑文】

皇清處士顯考王公諱天才字超凡待贈孺人顯妣王太君之墓

大清嘉慶元年歲次丙辰七月十一日穀旦

始祖諱玠，生得欽。生慶祿、生子文、生定、生志庸、生瑄、生惟忠、生府、生世曉、生堯、生九錫、生宰、生有福、生我祖增奇、生我伯天富、我父天才、我叔天貴。

長男金文　孫長庠生元龍　曾孫殿英　嗣孫殿選　次元鼇　三元鳳　曾孫殿杰

次男金武　孫長元功　曾孫殿召　殿用　殿翊　殿□　孫次元鵬　曾孫殿俊

三男金寬　孫長元鶴　曾孫殿珍　孫次元棟

大王庙重修碑记

【简介】

清嘉庆元年（1796）七月勒石。现存于临县城庄镇城庄村。碑砂石质，圆首，高206、宽77、厚20厘米。额篆“重修碑记”4字。碑文楷书，正文计9行，满行53字。记述重修大王庙之事。杨业鸿书丹。碑体略有剥蚀，碑文略有残缺。

【碑文】

（碑阳）

大王廟重修□□

從來人之敬神，猶臣之忠君也，臣不忠君則孰知其興衰理亂之由；人不敬神則孰知其禍福吉凶之端。斯二者雖屬各殊，其理一也。

臨邑城北二十里陳莊村舊有神地一處，□向癸丑之宫，村内人等常年于六月十八日謹備香紙牲禮，以助神會，雖廟貌聖像無形迹，即乞之而有應。想當年，□聖出遊，偶失火焚，迄今世遠年湮，風雨□壞，其地零落，不惟本村人等舉目心傷，即往來行人，莫不感慨。且邇年來，四鄉各行其禱，據悉未曾應於一處。惟我本村大小人等，同聲禱祝，如時雨降，屢應数載，而神之靈感，何其盛耶！因此人心協洽，欽承建立浮濟大王廟一座，其威靈焉，瑞雲普照，震電光明，□雨時降，以濟蒼生，歲歲豐盈，安諸樂業，何莫非自神佑之吉，無不利乎？由是於大清乾隆五十七年七月十五日，合村公議，俱欲改新，但本村力薄，費用不給，恐不能成其大功，因乞四方善人君子，隨心施捨，共襄盛事。庶樂廟貌巍峨，告成有期矣。書曰：作善降之百福，其以此，夫今又於大清嘉慶元年七月十五日，勒石刻名，歷久永存，以表諸人處誠之心矣。

丹青　任元質　趙光普

石匠　馮繼孔　馮繼權

信士楊業鴻頓首並書

經理人　張純率男元朝　元升　元殿　施銀六両　張桐率□茂　寧　施銀一十二両　郝先率男存温施銀六両

糺首　張思荣施銀三両六錢　李森彩施銀二両四錢　苗清選施銀二両　張模施銀八錢　宋孔裔施穀五石　李海亮施銀三両　趙秉仁施銀一両六　高鏡施銀一両二錢　薛履和施穀二石　高振亮施錢二両　薛惟德施錢二両　秦兆仁施錢一両　張興□施錢一両　郝掄元施錢一両　苗映施錢九錢七分　秦保身施錢六錢二分　馬爾龍施錢□錢二分　郝文元施錢六錢　李柱照施錢六錢　薛大勇施錢一両　張□□施錢七錢　張堯施錢三錢　郝元喜施錢五錢　郭天章施錢六錢　李月富施錢七錢　張楹施錢三錢　高□施銀□錢　秦□□施銀□錢八分　張富　張興益　糺首每名施二十天有餘

本村施錢士名

聚仙館銀一両二錢　恒順號銀一両二錢　□思善銀一両二錢　磨房館銀一両　興盛號銀一両　任中有銀一両　郭升荣銀七錢三分　李□銀□錢　張玉林銀二錢四分　郭昇華銀四錢二分　郭升富銀六錢四分　郝元盛銀三錢四分　郭升貴銀六錢　郝輔章銀一錢二分　郝元初銀二錢　杜成章□□□　劉之楷銀一錢　李自有銀一両　郭增福銀三錢六分　白文宗銀二錢四分　李海功銀三錢六分　張舜銀五錢二分　郝朝選 銀一錢三分　郝朝相銀二錢四分　□□銀二錢四分　張光福松椽二十四根　薛應湯銀一錢二分　三合館銀一錢二分　郝名揚三錢六分　高朝柱三錢六分　劉之荣銀二錢四分　高智銀六錢　郝元成銀六錢　郝元相銀六錢　郭宗保銀一錢二分　郝元德銀一錢二分　張枚銀二錢四分　郭守義銀六分　樊守禮銀二錢四分　郝成元銀一錢二分　張明銀一錢二分　張玉有銀二錢四分　薛文敬銀六錢四分　李懷元銀四錢　高世荣　郝應元　樊守信　郝聲揚　秦桐　郝興旺　高錫富

住持　真相　徒孫智仝

（碑阴）

外鄉施錢人　上城庄郭鐸　郭仲　郭偉　郭仲會　郭仲信……

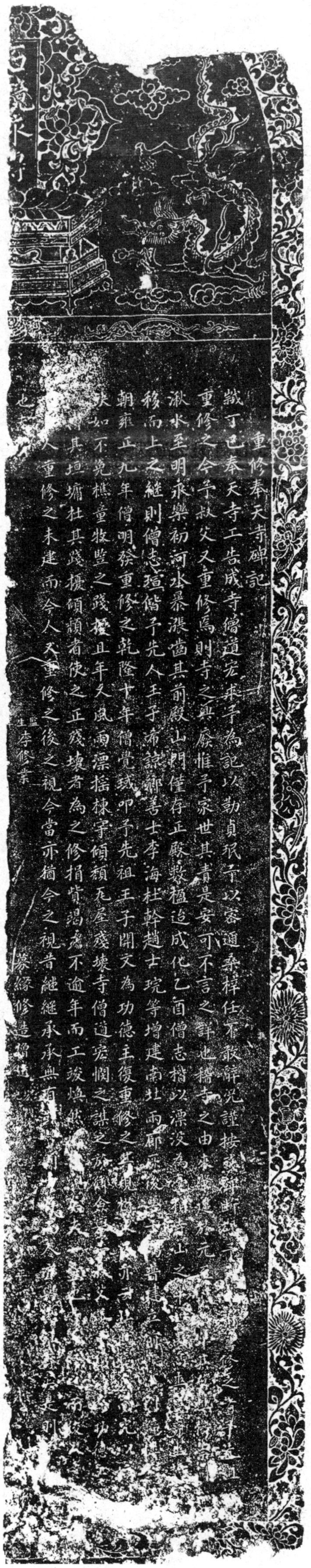

重修奉天寺碑记

【简介】

清嘉庆二年（1797）勒石。现存于临县安业乡前青塘村。碑砂石质，圆首，已残，残高195、宽38、厚16厘米。记载重修奉天寺之事。额题“石镜永传”4字。碑文楷书，正文9行，满行51字。碑体仅存右半部，下部剥蚀严重，碑文残缺。

【碑文】

重修奉天寺碑記

歲丁巳奉天寺工告成，寺僧道宏求予爲記，以勒貞珉。予以密邇桑梓，任不敢辭，况謹按殘碑断碣，予□□□□修之者，予先祖□重修之，今予叔父又重修焉，則寺之興廢，惟予家世其責，是安可不言之詳也。稽寺之由來，肇建於元至元□□，其復□□倚崇□□湫水。至明永樂初河水暴漲，嚙其前殿、山門，僅存正殿数楹。迨成化乙酉，僧志楷以漂没爲憂，□寺山之半□□□爽□奇幽□□移而上之，継則僧志瑄，偕予先人王子希諒鄉善士李海、杜幹、趙士琓等增建南北兩廊，厥後□士□普建立前□□閬鐘樓□□朝雍正九年僧明發重修之，乾隆十年僧覺珴叩予先祖王子開文爲功德主，復重修之，□亦云狀□□□而究以□□缺如不免樵童牧竪之踐擾，且年久風雨漂揺，棟宇傾頽，瓦屋殘壞，寺僧道宏憫之，謀之於鄉，僉舉□叔父□□□□功德□□□□其垣墉，杜其踐擾傾頽者，使之正殘壞者爲之修，捐貲竭力，不逾年而工竣焕然□□觀矣。夫□□也，□□□□而後人□□□□人重修之未逮，而今人又重修之。後之視今，當亦猶今之視昔，継継承承，無有□□間□□而人亦興之□豐□是則□□□也夫。

監生李修業　募緣修造僧　道宏　道光　門徒……□靈　玘靈

新修观音庙碑记

【简介】

清嘉庆五年（1800）十一月勒石。现存于临县三交镇双塔村。碑砂石质，圆首，高140、宽60、厚15厘米。额题“芳名百世”“乾”“坤”。碑文楷书，正文6行，满行33字。记载严家墕新修观音庙之事。碑体完好，碑文完整，字迹清晰。

【碑文】

新脩觀音廟碑記

觀音位居南海，映射中國，普天率土，咸沾賴焉。故建立殿宇，供香火以荅神恩者，不特名山大川，即孤庄小村，亦獲有之。嚴家墕前有龍天聖母廟，後有山神土地祠，墕中平坦如辞，楼下殿更神靈宜棲之所。先人欲建聖殿久矣，皆因村小有志未逮。嘉慶三年，信士嚴如華等慨然興創修志，村衆皆齊心協力，各捐己財，一時四方又多樂助，不踰月而工程告竣，寔觀音之有感有應也。凡樂善好施者，共獲神惠而子孫繁衍，當必有螽斯振振之慶已。故立碑誌，以示不朽云。

經理人　嚴如華　嚴清施錢四百六十文　槐木一件

嚴振悦　嚴振祥　施錢五千四百文　整石五百餘

嚴振元　嚴振明　施錢一百七十文

石工　王廷梅

泥匠　吕文喜

木匠　郝国揚

丹青　苗有良

旹大清嘉慶五年十一月吉日立

清显考李公之墓

【简介】

清嘉庆六年（1801）七月勒石。现存于临县白文镇白文村。碑白色石质，圆首，高130、宽61、厚14厘米。额题“碑记”2字。碑文楷书，正文8行，满行36字。碑体完好，碑文完整，字迹清晰。

【碑文】

清顯考李公之墓

先生柱下苗裔也，諱如椈，字南枝，少入庠，名甚藉。後慕道德宗風，不以功名爲念，其學深於古、精於書，其品如光風，如霽月，持己及物，規圓矩方。詩云：不竟不絿，不剛不柔，先生之謂歟。妻王氏媲美德耀，女適秦，相夫子，爲奉直大夫，能逮下家，人歌樛木焉。長子熙喬有終軍風，弱冠早逝。先生時已六旬，慨然曰：命也。遺腹生男，先生即名天印，安命順天，可慨見已。繼嗣榮喬，善居室有子荊風，諸孫雖幼，皆岐嶷出衆。長孫瀛載，即遺腹天印也。既冠成立，善繩祖武，時先生年逾八旬，精神益健，燈下能作小楷，壽近期頤，無疾而終。孔子云：大德必壽，信哉！因爲之銘曰：

嗚呼先生！盛德之至，天假之年，遺腹成器，黄庭有書，以續以似。展也大成，金和玉粹。

邑庠生秦堅撰並書

男榮喬　承重孫瀛載　孫瀛輔　瀛軒　仝立

嘉慶六年歲次辛酉七月穀旦

重修汉高山列神庙碑记

【简介】

清嘉庆六年（1801）十一月勒石。现存于临县玉坪乡汉高山上。碑青石质，圆首，已残，残高150、宽70、厚14厘米。碑文楷书，正文计14行，满行51字。记述重修汉高山列神庙之事。秦坦撰文，秦玉山书丹。碑首残缺，碑体断裂为三块，碑文残缺，字迹尚清晰。

【碑文】

（碑阳）

……

經理主人　庠生秦光清敬立　男國治　國安　國寧　稷山縣孫鈐南光輅鐫施錢五百

崇山峻嶺必有神焉，以主之故，五嶽視公，四瀆視侯，立社稷，設壇壝，古先王明禋祀典，敬天勤民所由制也。後世蹤而增之，凡有關於國計民生者，則爲立廟祀之，以爲輸誠禱祝之所，禳祈庇庥之地。吾臨漢高山邑志載，赤帝子征陳豨駐此山，因以名勝地焉。世遠年湮，駐蹕之遺，别無可考，止存馬道一條，其峰有姑姑塔一座，雖未詳其來歷，而洞口現白氣，不二三日必有雨神其司雨者與。國朝乾隆甲戌年，四村公舉余先君增廣生諱應春偕宗伯諱世裕等洞北建龍王廟一座，茶窯三眼，功未告竣，歲遭年荒，有志未逮而先君辭世。余家貧才劣，不能成父之志，嘉慶二季地基崩裂，廟貌傾圮。四年五月，宗伯之子庠生秦光清，多才好善，爰集四鄉之同志承先人之遺業，復偕堂弟□□、族侄立後，族孫成棟等戮力同心，重修地基，改券磚窰三眼，龍王龍母居中，風神居左，蚌蚄居右。又另券磚窰一眼於西，爲山神土地祠。復因姑姑塔門面窄隘，重新修基，塔前掘出廟基，内有打壞舊碑，係大明正德乙亥年郝文恕等重修廟宇所立，碑載大元國至大元年建五姑神塔一座，後有塔一座，前有姑姑殿，後有千佛殿，觀音殿居其内也。東西有關帝廟、土地堂，又有高祖、光武二殿，十王、風神二廟，另有山神土地環於西獻殿，鐘樓建其中。大明天順二年，東林寺僧人淨明、恩榮官李鐸重修姑姑塔一座，前殿三間，其餘諸廟未完。今因掘出廟基，系十王遺像，想即昔之前殿三間也。即券磚窰一眼，建立十王殿祀之。其他諸廟意欲照碑重修，以續古跡，奈山無豐泉，地盍頑石，水土之運移既堅，工匠之價值非輕，王處者貧，不克如願。衹於塔前建立鐘樓一座，懸古遺神鐘，龍王廟前建鐘樓一座，懸新制神鐘。吾儕之繼先志而奉神明者，雖規模未底乎巍焕，而經費已覺之不貲，不得不量力而爲之耳。功既竣，謹將四村經理糾首暨施錢募錢人等開列於左，以誌不朽。至於照碑興復，端有望於後賢云。是爲記。

經理增生秦坦薰沐敬撰　男庠生玉山沐手敬書

經理糾首人等

大禹村　秦成棟　秦立後　秦塾　秦基　秦大文　秦兆鼇　秦愛桂　秦升堂　秦繼統　秦光平　秦國柄　秦國槐　秦國模　平遥程邦寧　秦殷　秦愛模　秦堡　秦作梧　秦江　秦化文　秦東陽　秦思正　庠生秦巨川　劉寸田　署新昌正堂秦天峰　侯銓司經歷秦立德　秦作梧　馬如雲　秦紹英　秦作利　秦紹俊　秦國麒　秦元智　秦貴仁　秦國俊　秦登禄　秦峰　秦安仁　秦茂清　秦□仁　秦海□　秦□□　李仲□　秦玉□　秦□□　秦懷□　秦□□　秦□

蔚家梁村　秦□□

永豐里　高尚俊　高安義

峪箭里　苗□之　苗學芝　□明　□□禄

苗家坡　□光　□□光

劉家岔　□□□

漢高里　秦王銓　喬順　秦溥　李守學　秦耀庭

張家塢　郝清

棗宧里　李可芝　秦静安　馬負皇　劉爾福

乜家堢　李應盛　劉文英　張錦周　李慎徽　白如明　苗爾秀　郭在揚

康家堢　李其順　庠生秦渭川　秦清淮　秦安光　秦繼志

山劉家溝　劉全義　劉如財　秦荣新　李富閏　劉如信

鄭家溝　秦月德

郝劉家溝　郝進德

李家坡底　李焕章　李全祠

魏家灣　李福德

石塘會　李德興

圪麻里　李元義　王開興

半坡山　高侯士　高緒

馮家山　秦汪

後劉家庄　劉志修　劉廷奎　劉廷溎　劉勝

前劉家庄　劉宏禄　劉裔　庠生劉映　劉如福

秦家圪塄　秦如福

杜家溝　賈渭　郭如信

李家圪塄　李學□　□□錫

郝家溝　劉□興

楊家圪塄　秦宰　楊通

孫家圪塄　段復興　劉昌元

兑旧宧　王傳

石窰里　秦錫忠　高儉　□□

王家坡　秦本初　秦天光

月明嘴　劉月德

黄草林　郝沾仝

南宧里　劉鳳棲　劉鳳雄

荍兒嶺　秦仲鰲　高永壽　李海秀　李季春

枣林則　賀開荣　王

殿祥

羊圈圪垯　李文先

高家山　郭玉信

高庙梁　王永亨

上樹則山　馮復興　劉坤

下樹則山　秦耀遠　王信

崖窰上　王居全　秦守歧

瓦舍坪　劉天順　劉法科　趙國柄

崖頭村　李炳仁　秦學聖　秦世楊

張家山　安能□　安惟堯　秦秉智

羅王山　張積有　趙順

山劉家庄　任□　劉崢

蘇家灣　庠生蘇鬱桂

李家庄　延長言

榆乎灣　常荣生

常家坪　常有□

寺焉里　張□

安業村　監生秦曜忠

辛家塔　辛伯順　辛伯林

姚家山　李永直　秦瑞□

郭家里　閆祥　監生高春元

秦家坡　劉安　劉□□　安惟禹　張桐　郝天德

南高家山　趙克讓　趙來鳳

圪針塄　郝良儉　張能玘

南庄村　趙秉坤　張明治

後庄村　趙威　趙□成

石贇頭　張乃昌　劉廷召　張京海　劉堅　崔宗周　趙周　郝全智

陰陽　劉廷□

泥匠　薛之鑑　郝耀

木匠　劉□長　高少□

丹青　李□　李□

石匠　王□

瓦匠　武□　秦□路

大清嘉慶六年歲次辛酉七月穀旦敬立

（碑阴）

庠生苗耀春　興縣德順當　武舉李光新　監生霍士楹　庠生郭志仁　庠生賀萬年　庠生趙萬清　監生喬仁壽　庠生劉荣桂　監生李荣軍　監生齊其政　庠生李正齊　庠生高佩璜　監生劉公沛　監生張荣先　監生侯有儀　監生秦耀宇　監生郭廷奎　監生郝德英　監生樊藴瑾　監生樊際明　郭鳳奇　監生郝懷瑾　監生劉顯桂　監生李墀　監生嚴桂　監生秦懷孝　監生曹建中　郭天保　庠生樊定國　郭殿　庠生李錫光　庠生白心傳　庠生張發祥　庠生劉德勝　庠生王光清　庠生秦光清　庠生秦巨川　永寧州張泰　永寧州張恭　汾邑許光仁　永寧州張永　永寧州侯茂映　永寧州張克孝　河陽縣黨永興　石州張世勳　河陽縣黨錫吉　平遥趙元富　庠生李修　庠生蘇樊桂　庠生蘇有薰　郭心明……

张氏墓碑记

【简介】

清嘉庆七年（1802）三月勒石。现存于临县三交镇正坡村。碑青石质，圜首，高121、宽56、厚10厘米。额题“报本堂”3字及“日”“月”。碑文楷书，正文计11行，满行33字。碑体完好，碑文完整，字迹清晰。

【碑文】

張氏墓碑記

張氏爲臨邑望族，耕讀傳家，詩禮繼世，自明季以迄本朝發祥，經百餘年之久。傳至汝七世孫，內有諱唐者等，氣軒昂，性慈孝，繩武昭來，有守成不遑之志焉。迺年來嘗爲其祖考豎碑於北山之陽，越今春乃復爲其先考主諱鳳臨字鳴岐並妣安氏等豎碑於鎮西前坪之側，以爲世守計。曰：嗚呼！我父自與我母雞鳴相警以來，經營而志四方，持籌而期三倍，從事貨殖，其殆有古端木風，而家業之粗成，頗可言造端。至其大者，陰雨同心，椿萱喜色，即此悅親有道，而蓼莪孝思之咏，庶几有焉。不寧惟是，夫且篤行，葦敦棠棣，和氣之感召，以致吾父昆季輩，其一芹藻馳譽，其一卜数成名。至于今佑啓良多，而我子孫桂香蘭馥，亦頗爲門閭光。若此者，固上賴祖宗培植之厚，抑由我父丕承基業，酷愛書香，有以燕貽之故。至此而且我□母蘋藻流芳，螽斯叶慶，以爲子孫繩繩之一助也云爾。而謂可忘所自耶。今予小子統承先志，惟惧失墜，謹將水源木本之故，次其大略，俾後之子孫得覽鏡焉。是爲記。

男涇　崇　唐　閣　孫永兆　永德　永義　永吉　監生永泰　曾孫祐　禔　禂　衸　元孫四家管仝立

嘉慶七年歲次壬戌三月穀旦

重修神殿乐楼记

【简介】

清嘉庆七年（1802）七月勒石。现存于临县湍水头镇张家庄村。碑青石质，圆首，高127、宽55、厚16厘米。碑文楷书，正文计7行，满行47字。记述张家庄村重修佛殿乐楼之事。王吕功撰文。碑体完好，碑文完整，字迹清晰。

【碑文】

重修神殿樂樓記

盖聞人賴神立，全憑呵護，神惟人妥，竭盡禋祀，前人之建修殿宇無久不頹，後人繼續爲之振興事故有不容已者。縣東張家庄村南堡上舊有觀音神殿一座，北堡廟院東廡舊有土地神殿一座，村内當街舊有樂樓一座，歷年久遠，俱被風雨侵毁，已非一朝一夕之故。念前人之創建，村人誰不爲之歎息，故於去年合村人等公議重修，齊心協力，輪流營工，量其有無，各輸已資。又賴四鄰募化，善人信士共襄盛事以助不建。由是二尊神聖殿内金粧繪畫，殿外磚抱堅固，仍其原址，惟樂樓移修於井溝。均得工程告竣，焕然一新，敢云後人之述事，較盛於前人。然自今以後，億萬斯年，猶賴後人而復繼後人也。故用爲記。

永寧州文童王吕功薰沐謹撰

經理人　曹銘　男如昆　如侖　胡世輔　男昭　智　照　曹釗　男觀音保　張逸　男觀音鎖

糺首人　霍永成　男登州　張開桂　男廷用　孫男繁　楊如錫　男荣科　高造　男保天　王輔室　男管伶　根伶　張應麒　男來安　曹楨　男有生　天元

本村施錢人　高希明　高希成　高佑　男至富　曹鋕　男如巍　聖　高伸　男希聖　希天　張應麟　男通安　曹權　男有福　曹柄　男海珍　海銀　曹槐　男諶三　小謀　霍永寧　胡世建　男昆昱　曹發元　曹貴　男保有　王輔彩　王輔光　男管荣　高江　高法　張廷寶　張廷幹男昌　霍永祚　男登瀛　孫男鑾兒　王有貞　男自成　胡世有　薛君相　男法慶　法海　霍有章　霍思明　思睿　曹徐　男如嶺　高朗　高明　男甲申　張廷選　男廣　李士文　張應徵　男瑞鄉　張應鳳　男瑞君　胡世有　楊如金　楊如玉　胡中元　郝宗賢　男淦荣　淦州　淦源　薛應周　男不睡　通順　曹思敏　男進忠　進孝　高通　男希賢　高運　高達　曹鋥　男如元　荣伶　霍永茂　男免粮　韓繼堯　男嶠嶽　張開升　張開宇　張開德　張開泰　男能兒　高海　胡世有

河津縣刊石人　楊國禎　楊國幹

陰陽　李儉考

木匠　刘信　王輔室

泥匠　薛継

瓦匠　王建明

丹青　南天寧

大清嘉慶七年孟秋穀旦立

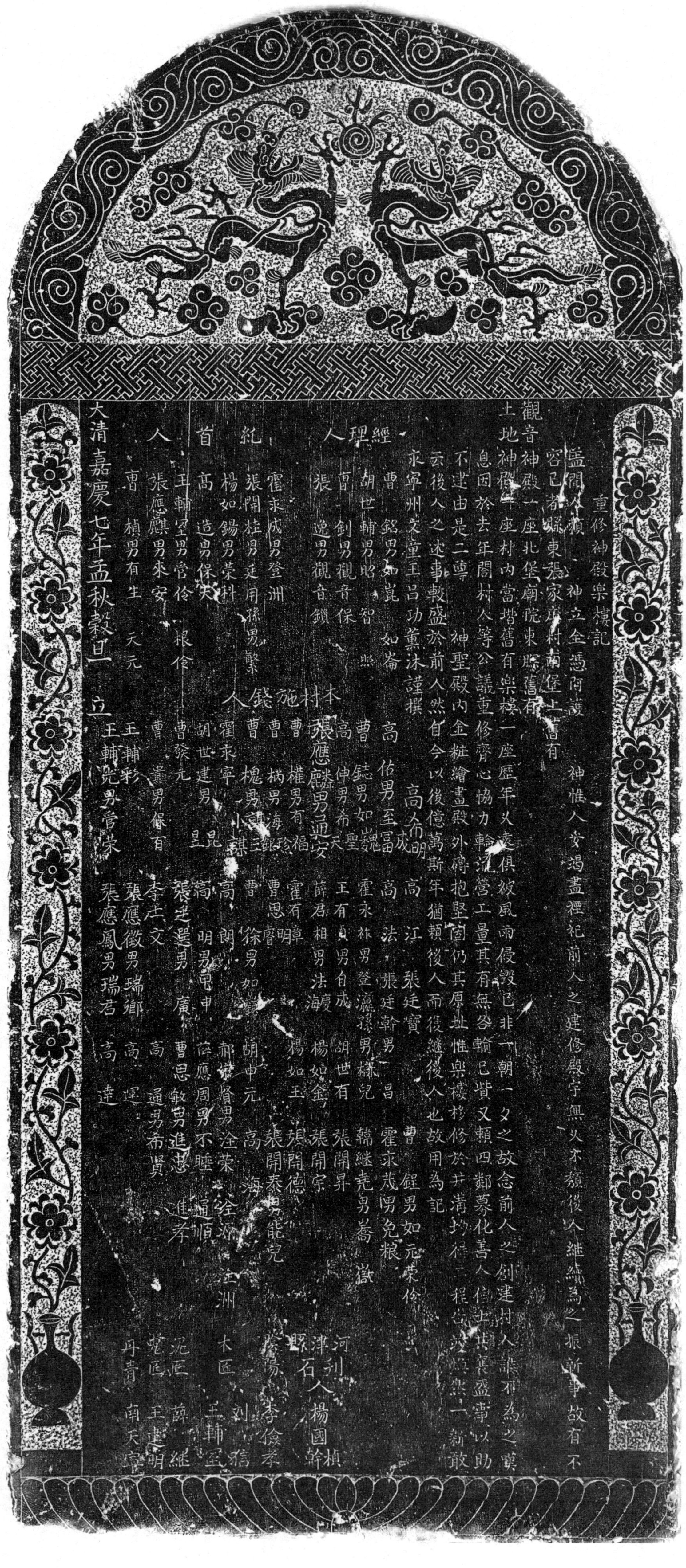
重修神殿樂樓記
蓋聞人頼神立全憑阿護神惟人安竭盡禋祀前人之建修殿宇無人不頼後人繼續為之振新事故有不
容已者縣東張家庄村南堡上舊有
觀音神殿一座北堡廟院東廊舊有
土地神殿一座村内當塔舊有樂樓一座歷年久遠俱被風雨侵毀已非一朝一夕之故念前人之創建村人誰不為之興
息因於去年闔村人等公議重修齊心協力輪流營工量其有無各輸己貲又頼四鄰募化善人信士共襄盛事以助
不逮由是二尊神聖殿内金粧繪畫殿外磚抱堅固仍其原址惟樂樓移修於井溝抄徙一程基址煥然一新敢
云後人之述事較盛於前人然自今以後億萬斯年猶頼後人而後繼後人也故用為記
永寧州文童王呂功薰沐謹撰

經理人
曹銘男如崑 如崙
胡世輔男昭智 照
曹釗男觀音保
張逸男觀音鎖

糾首人
霍永成男登洲
張開桂男廷用 孫男繁
楊如錫男蒙科
高造男保失
王輔堂男曾伶 根伶
張應麒男來安
曹楨男有生 天元

本村施錢人
高希明 成　高江　張廷寶　曹鋥男如元 榮俭
高佑男至富　高法　張廷幹男一昌　霍永茂男免粮
曹鋐男如巍　霍永祚男登瀛 孫男樣兒　韓繼堯男喬嶽
高伸男希聖 天　王有貞男自成　胡世有　張開昇
張應麟男迎安　薛君相男法海 慶　楊如金　張開宗
曹權男有福　霍有章　楊如玉　張開德
曹柟男海珍　曹思明 睿　張開泰男能兒
曹槐男鍾銀三　曹徐男如鎮　胡中元　高海
霍永寧 小謀　高朗　郝晉男淦榮 淦源 淦洲
胡世建男昆 旦　高明男足申　薛應周男不睡 通順
曹發元　張廷選男廣　曹思敏男進惪 進孝
曹貴男俸百　李士文　高通男希賢
王輔彩　張應徵男瑞卿　高運
王輔堯男管榮　張應鳳男瑞君　高達

河津刻石人楊國楨 楊國幹
陰陽李儉孝
木匠劉猖 王輔堂
泥匠薛繼
塑匠王建明
丹青南天寧

大清嘉慶七年孟秋穀旦 立

皇宿寺重修碑记

【简介】

清嘉庆八年（1803）七月勒石。现存于临县八堡乡皇宿寺。碑砂石质，圆首，高 174、宽 71、厚 15 厘米。额题“皇帝万岁”“日”“月”。碑文楷书，正文计 15 行，满行 35 字。记述皇宿寺重修之事。马河图撰文，张荣清书丹。碑阴为乾隆五十九年买地碑。碑体完好，碑文完整，字迹清晰。

【碑文】

余嘗遊歷名都所，至有古蹟勝境，以及招提蘭若，莫不尋訪而遊覽焉。觀其形勢，考其碑碣，知其出自何年，創自何人，而始終巔末，悉了然於心目之中。雖曰廣所聞見，亦其素性有然也。兹寺越在僻壤，余亦未之遊覽。癸丑春，有父老謁余於舘中曰：皇宿寺告竣矣，請先生作記可乎？余曰：記者，記其寺之源流也。問其開創則曰：大明隆慶庚午歲也。厥後重修者屢矣，俱有年数可稽。問其規模，則正殿三楹，内供唪呢佛也。左則関帝廟，右則伽藍祠也，而兩面則九天聖母廟也。其間若地藏、十王、觀音、羅漢、兩殿排列東西，中又有清净法身，圓滿報身，三類化身並三身佛殿，至山門則四天王殿也。如此諸殿與諸神像，舊皆傾圮剥落，不堪壯觀。今俱煥然維新，丹堊金碧，色色動人，儼然有祇園之風焉。余竊思之，佛者清虚之教，自漢歷唐，以迄我朝，幾二千餘年而其傳不息。若惠遠誌公輩，時時見於他説，其經如法華楞嚴諸卷，推其意亦在於勸善懲惡，雖不盡合乎尼山之旨要，亦有足多者。然則有其舉之，莫或廢之宜。斯寺之屢修也，一修於乾隆五十一年，再修於五十五年，是工則肇於五十六年四月九日，告竣於五十八年八月二十六日者也。所賴李公廷玫爲之総領，苗公生美爲之協力，及禪師智慶，募緣於四方，諸君子乃觀厥成焉。於是勒諸貞珉以記之。

僧人　普洪　門徒道福　法孫心田　心光

陝西丙午科舉人揀銓知縣葭州馬河圖沐手敬撰　受業庠生張榮清敬書

大清嘉慶八年七月二十日　住持僧　智慶　門徒慧寬　慧明　慧亮　敬立

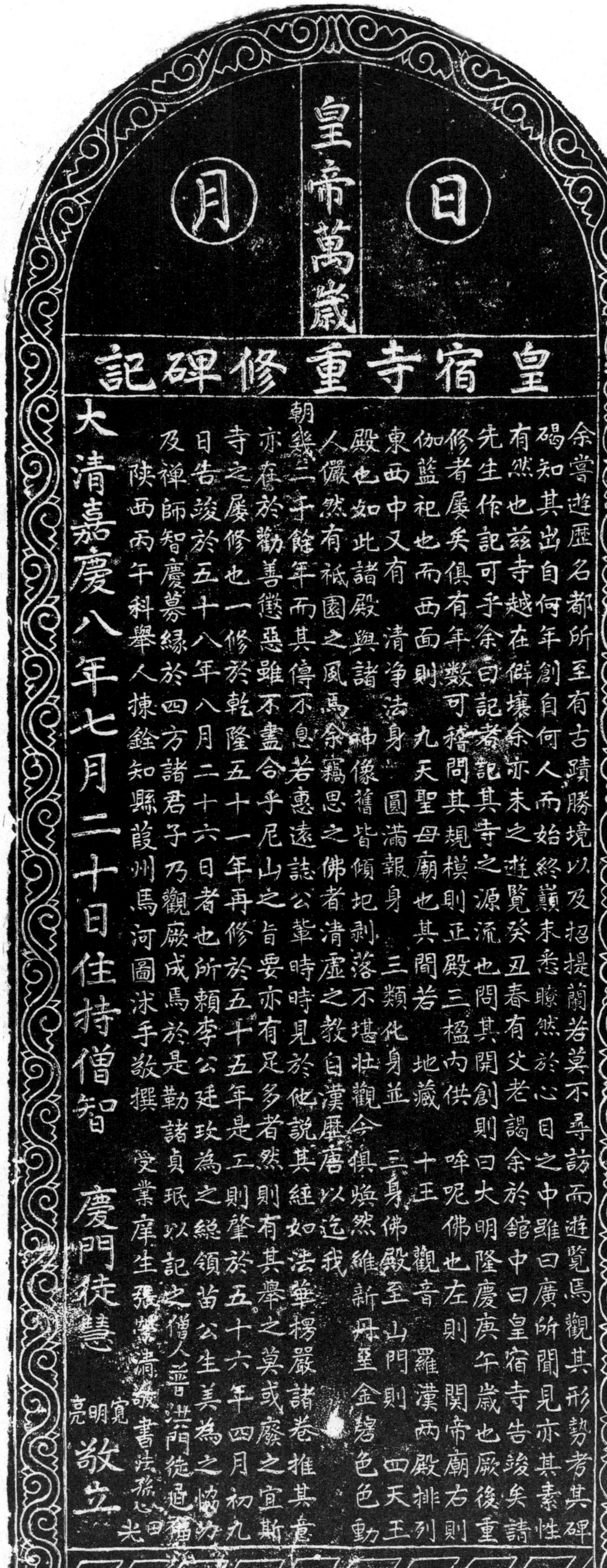

日　皇帝萬歲　月

皇宿寺重修碑記

余嘗遊歷名都所至有古蹟勝境以及招提蘭若莫不尋訪而遊覽焉觀其形勢考其碑碣知其出自何年創自何人而始終巔末悉瞭然於心目之中雖曰廣所聞見亦其素性有然也茲寺越在僻壤余亦未之遊覽癸丑春有父老謁余於館中曰皇宿寺告竣矣請先生作記可乎余曰記者記其寺之源流也問其開創則曰大明隆慶庚午歲也厥後重修者屢矣俱有年數可稽問其規模則正殿三楹內供 哞呢佛也左則 關帝廟右則伽藍祀也而西面則 九天聖母廟也其間若 地藏 十王 觀音 羅漢兩殿排列東西中又有清淨法身 圓滿報身 三類化身並 三身佛殿至山門則 四天王殿也如此諸殿與諸神像舊皆傾圮剝落不堪壯觀今俱煥然維新丹堊金碧色色動人儼然有祇園之風焉余竊思之佛者清虛之教自漢歷唐以迄我

朝幾二千餘年而其傳不息若惠遠誌公輩時時見於他說其經如法華楞嚴諸卷推其意亦在於勸善懲惡雖不盡合乎尼山之旨要亦有足多者然則有其舉之莫或廢之宜斯寺之屢修也一修於乾隆五十一年再修於五十五年是工則肇於五十六年四月初九日告竣於五十八年八月二十六日者也所賴李公廷玫為之總領苗公生美為之協力及禪師智慶募緣於四方諸君子乃觀厥成焉於是勒諸貞珉以記之僧人普洪門徒通福

陝西丙午科舉人揀銓知縣葭州馬河圖沭手敬撰　受業庠生張棨清敬書法孫心田 光

大清嘉慶八年七月二十日住持僧智　慶門徒慧　寬明亮　敬立

重修汉高山正殿真武及列圣碑记

【简介】

清嘉庆八年（1803）八月勒石。现存于临县玉坪乡汉高山。碑青石质，圆首，高168、宽70、厚13厘米。碑阳碑文楷书，正文计10行，满行31字。记述重修汉高山诸庙之事。碑阴额题“疏钱碑记”，碑文为布施花名。秦光清撰并书。碑体完好，碑文完整，字迹清晰。

【碑文】

（碑阳）

漢高山諸庙由來久矣，前者未詳，乾隆十九年余先君諱世裕，偕族叔庠生應春建龍王廟扵上，嘉慶二年庙貌傾覆。四年五月，四鄉公議，畀余經理重脩。余念先人遺業，不敢少有推委，特惧才疏力弱，恐負衆舉。因擇忠信百有餘人，協力共濟，歲冬温煖異常，搬磚運土之人，多有單衣。五年重修龍王、龍母，新建風神、蚄蚄諸庙，廟前券鐘楼製新鐘，另建山神、土地祠，懸小鐘，補葺仙姑塔。因門面窄隘，欲寬之基，内掘出正德年破碑一面，係郝文恕等公重修所立。碑載大國至大元年，建塔廟十有二座，已壞四，公行不乘騎，飢不思食，諸庙振興。碑有十王，即于塔前券窰建十王菩薩殿，殿前券鐘楼懸之古鐘，新旧庙宇另有新碑，余先乘騎不利，及見四公居心頗效之。六年開光，狂風折木，惟山上百草未動，豈非神感乎！因將其事另誌云耳。

大清嘉慶八年八月吉日

經理主人庠生秦光清敬撰並書經立

康家塌　庠生秦清川一千　秦清淮一千　秦宏光五百　李其順六百　秦継志五百　秦□川一千二　常門李氏男德富一千二百　常成明五百　朞天德五百　朞天喜五百　朞天才三百六　朞天梧二百四　李信德二百四　秦清泗二百四　王學恩二百四　秦中陽二百四　朞元功二百四　□成功二百四　張有亮二百四　常成二百四　白智通二百　常德祿一百六　□之荣一百六　郭如璉一百二　郭守益一百二　常開有一百二　常開福一百二　郝清一百二　秦懷福一百二　楊府一百二

長樂里　郝廷奎一千

上郭家里　監生高春元子嘉□施錢三千六百　問祥一千　張順一千　王好忠四百　高昌後三百六　秦又新三百六　喬法新三百六　刘見□二百四　郝□立二百四　秦閏二百四　秦香二百四　李通一百六　高晉奎一百六　高道奎一百六　高俊一百二

□□里　四成店二百四　勝□順一百二　平遥王歧山一千

安業村　監生秦耀學二千四

南庄里　趙秉坤一千二　崔成斌六百　張明治五百　崔起元三百六　趙希旺三百六　趙希達二百四　張清祿二百四　趙龍□二百四　張全通三百四　□開元一百二　□德信一百二

後庄里　趙琈成一千五　趙威一千五　趙琈孝三百　刘輔武三百六　郝應喜二百四　李學寬二百　□進忠二百　□思恭二百　馮學思二百　趙良二百　薛孚仁二百　趙棟二百　馬進孝一百二　喬祿貴一百二　□秀一百二

秦家坡　刘安三千　郝天德一千　安□禹一千　□桐一千　刘寸忱六百　安讓四百　刘琚三百　刘建丑二百　康乃元二百　郝荣顯二百　李慎一百二　刘領一百四　王天英一百　王廷真一百

石站頭　□乃富三千六　刘堅一千六　張全海一千三　郝全治一千二　趙週一千　崔□週一千　刘廷召八百　刘之祿一千　李清富八百　趙孟四百　張道濟二百四　楊國興二百四　高恩良二百四　郝如禹二百四　□良文二百四　侯德宗二百四　趙文祿二百四　李孝友二百　刘永□一百二　張□德一百二　刘士友一百二　張□光一百二　崔自□一百二　郝仁荣一百二　崔隨一百二　李清江一百二　張明□一百二　張乃安一百二　李光福二百　李光祿一百二　趙遷一百二　郝德世一百二　趙門朞氏一百二　牛長宇一百二　張魯一百二　秦宗德一百二　郝全堯一百二

秦家圪㙫　秦如福一千　賈映光二千　□有祿一千　刘元祥一千　賈□二千　賈□五百　賈天□六百　秦映文六百　李世枚四百　郝門亮四百　賈映吉二百四　刘廷英二百　秦耀週二百　刘瑜二百　李元金二百　王世選二百　□如光二百　秦門牛氏二百四　賈仁□一百二　□沙一百二　秦□□一百二

□□底　高立典二千

東門　監生郭步仙二千　□玉明一百二

城中　任奎楊一百　辛世温一百二

南門　喬世學一百二

四鄉　薛成龍二百四　李通元一百四　刘玉喜四百　王秉□二百四　康積山一百　李世光一百二　秦□一百二　尚守豐□□□　曺宗道□□□　問在孝□□□　□可映一百二　（以下 33 人略）

王述唐施香爐四個

住持僧　通寶　昌理　仝立

（碑阴）

庠生苗耀春二千二　王明二千一百文　興縣德盛當三兩　秦仲二兩一　司經歷趙之偉二千一　刘伯珎二千　武舉李光新二千　高五興二千　監生霍士楹二千　秦大文一千　平遥程邦寧二千　張楹二千二　監生張珽二千三　王殿祥一千九　庠生郭志仁二千　刘秀麗一千三百五　庠生賀萬年一千三　孫如海一千四百六　庠生趙萬清一千二　公盛當一千一百四　謙和鋪一千二　監生喬仁壽一千二　合盛鋪一千二　庠生刘廉貴一千一　恒盛號一千　白扶清一千一　監生齊其政一千　六合號一千　庠生李正喬一千　王錫光一千二　庠生高佩璜一千　秦得法一千八　崔能之一千五　監生刘公沛一千二　苗喜旺三千　楊純一千　秦梧一千五十　趙文週一千八十　監生張荣先一兩三錢　秦文一千　監生侯有儀一千三　刘萬荣二千二　監生康雲一千一　刘仲桂一千二　秦耀宇一千　晉元興一千　王廷奎一千　李可讓一千　庠生樊定國一兩二　郭殿一千　常忠一千　楊復貴一千　高瑞山一千四十　張彦興一千二百五　徐興盛一千二　成文一千二　刘□一千　霍士楷一兩二　刘世明一千一百六　王貴梧一千二百八　楊克蕃一千二　李元義一千四十　孫開緒一千　刘之昌一千　郝升一千　刘尚月刘樂安合二兩一　王存光一千二百四　高爾荣一千　監生郭廷魁男庠生輝祖光祖施一千　趙爾良一千　張桐一千七百四　楊殿升一千　韓興一千六十　李壐一千　侯成良一千二　宋法一千　李學寬一千　永寧州張録一千　李仁福一千　王招□□□　永寧州王根□□　楊明順一千一百四　温奇成一千四百四　吕德□一千一百　李士孝刘萬積仝施一千一百七　趙□一千二　刘明選一千一　王殿卿一千　刘爾良一千　馬德元一千　高興賢高直仝一千三　刘樹芝一千　刘玉彪一千五　王光生一千　吕柏一千　李應芝一兩　董敬一千　薛維有一千　白文遠一千四　高□一千三　庠生李錫光一千　許光仁一兩五錢　賀家興一千二　賀永興一千　四合館八百　李子清九百八　秦應安八百五　白心傳八百　王海八百　李福德八百　永寧州張永八百　賈美九百六　侯文一八百　監生郝德英八百　永寧州侯茂映七百八　楊世隆八百　白生德八百　李成仁八百六　高仁八百六　李發貴八百　高存福九百　吕溥之九百　白而清八百　張崢八百四　秦錫明九百八　高建義八百　周占元八百　任惟選七百八　高時通七百　秦作梧七百三　刘國登一千一　趙秉旺一千三　高丕雄一千　趙輔相一千三十　刘希賢一千六十　刘寸心一千　高爲愷一千五十　高聰林一千六十　高敦林一千　徐應杓一千　監生樊藴瑾一千二　李可選七百七　刘興讓七百　李永元七百　□懷瑜七百　□小温七百　□明昌七百　王映花七百七　任公七百　侯世永七百　高思成七百　秦大福七百　李正林七百　刘元坦七百　趙明順七百　李瑞才七百　吕邦春七百　李和宇七百五　李永智六百　喬□學六百　李慎修六百三　張鵬閣六百　武志喜六百　白全善六百五　白道全六百　安和泰六百　張鵬雨六百　郝元禮六百　廣成當六百　高□賢六百九　通寶一千　庠生張發祥一千四百四　張鵬程一千二　秦法成一千　蘇凌霄一千　王信二千一　張宗積一千二　張登一千六十　薛愛方一兩二　李巨法六百六　秦采柏六百　常荣生六百　李映清

六百　高璽六百　陳振新六百　張直虞六百　李士孝六百　李學易六百　辛存學六百　永寧州張克孝六百　馬殿選六百　刘富心六百　刘志信六百三十　馬際清六百　薛鑒文六百　秦裕六百七　趙邦基六百　李民讓六百五　李雲利六百　馬守恭六百　李耀宗六百　刘如友六百　張式六百　高成世六百五　郭鳳池六百　白天□刘進忠仝七百　王開秀施六百　刘成瑞一千二十　庠生刘德盛一兩　監生樊際明一千四百　刘耀兵一千二　秦裕俊一兩　李秉智一千二十　李荣明一千　段復興五百四十王府五百　張可興五百　孫成五百　李廣明五百　刘振光五百　韓學士五百　刘開基五百　李重義五百　孫環五百五　刘光宗李國成五百　李可良五百　薛學信五百　趙楷五百　樊如聖五百　郝可玫五百　秦丕五百　河陽縣党永興五百　孫謙五百六　馬清元五百九　張能玘五百　袁子義五百八　郭鳳奇五百　薛國治五百　李士謙五百　李忍郝治全五百　康天相五百　康天海五百　康泰海五百　趙佃九百八　李世維　漢九百六　趙鳳武九百六　高克貞八百　李士行八百　安盛裕八百　刘鳳棲　□多壽四百三　王逢清四百　刘如意四百　趙順四百八　白占鼇四百　刘通英四百　刘裕四百　李季春四百八　李映宗四百四　樊讓四百五　李爾桃五百　蘇海四百　刘玉光四百五　李可印四百六　李修四百八　監生郝懷瑾四百　郝全忠四百八　刘廷元四百　馬良德四百　侯全禮四百　張可成四百五宋奇四百六　康天相四百八　康智四百　刘爾敬四百　樊全斌八百　張守忠八百　張璞八百　趙怌道八百二　刘鶴翀八百　李嗣彥七百　趙時熙七百三　範中乃七百八　高立椿一兩　白成龍七百七　楊文明七百二　李元裔七百四　趙秉乾三百　秦□光三百六　刘玉山三百　張小德三百　王□□三百刘秉□三百　延□□三百　吕邦珍三百　常元智三百　康萬善三百　王開□六百　監生刘顯桂六百六高含貞六百二　高荣六百　吕朝慶六百　秦秉禮六百　胡継唐六百　樊相時六百　馮述孔六百　高五興六百　刘建林六百　薛步清六百五　樊光祚六百　趙文福六百二　朱敬六百　刘秉信六百　趙浮臣六百四　賀成智五百　趙佃五百七　高玉興五百　任玉五百　李生五百　李秋凡五百二　秦長祿五百一　刘三德五百七　刘如錫五百　高永春二百　月兒一千　根黑兒六百　刘萬年六百　監生李士犀四百　安法仁四百五　宋法四百　高含德五百　高克貞四百　刘泰龍四百七　張宗孝四百　高成世四百　楊瑞豐四百　張楷四百二　張錦文四百二　常正鐸四百　監生嚴桂五百　韓文章五百　秦時清五百　吕積發六百　王家寬二百四　薛純德三百六　辛百順三百　刘廷士三百　庠生王光清三百二秦文新二百　吕積祥二百四　高奉臣二百五　郝秉奇二百五　張叔偉二百四　王秉卿二百　書如選二百四　書耀運二百四　常步先一百　趙光善一百　刘永寧一百　刘鐸一百　李柱陽一百　侯謙一百李兆雄一百

重修佛殿功德碑记

【简介】

清嘉庆十年（1805）二月勒石。现存于临县三交镇杜家圪垛村。碑青石质，圆首，高140、宽58、厚15厘米。额题“永垂不朽”4字。碑文楷书，正文计11行，满行40字。记载重修佛殿之事。碑体断为三截，碑文有残缺，字迹模糊。

【碑文】

重修佛殿功德碑記

臨邑僻壤也，其西南鄉石厚土瘠，民居□□□数十家，小者数家。惟杜家圪垛村田肥美、民殷富，有通都大邑□。或曰：此廟地基，風鑑者謂爲印柄，故□□□丁旺而財豐。或曰：此廟建修於大明嘉靖戊申，重修於天順辛巳與本朝雍正三年。每經修葺，居人尤吉，是佛力□□□。此二說者，俱涉荒唐，□□□以爲必然也。歲乙丑杜子茂林、鳳朝等欲鳩工重修，□□□閎，輝棟宇金，聖像丕振，焕然新攜前言以乞記於予，予□□□勢之奇秀與茂林、鳳朝等好善樂施之誠而不禁有味乎其言之矣。竊□□□之生也，莫不由川嶽英□之氣□鉅□□風鑑之説，未可盡設也。若夫西方聖人，以無爲妙法傳□□□□□□觀自在菩薩行□般若，□□□多究竟涅槃，原非擇求福者而假之福，然而法輪常轉，慈航普渡□□不以□悲熱腸期合天下而成積善慶餘之家也。有□爲而爲善□然所□□而爲善，是即善不善之所以分也。今茂林、鳳朝等讀書明理，不過恐舊基圮□□□繼，故爲是□，夫豈有所布□□無聞。然大功既竣，則靈秀之聚，因果之證，亦事必至而理固然者。吾烏□□□爲而爲者，其功德不愈，悠遠□無疆耶。是爲記！

辛酉科舉人候銓知縣王萬選　舉事人太學生□□□

総理人　處□□□□　監生□□□

經領人　杜子宇　杜鳳義　李士烈　杜心誠

木匠　杜長安　杜心桂

瓦匠　馬三祿　杜逢春　杜心智並書

泥匠　張執

丹青　樊皇普

河津石匠　楊國禎　楊國幹

主持　劉輔才

大清嘉慶拾年歲次□□二月吉日

永垂不朽
修佛殿功德碑記

王佩瑜父母王居和李氏敕命碑

【简介】

清嘉庆十一年（1806）十二月勒石。现存于安业乡前青塘村。碑砂石质，长方形碑高 140、宽 68、厚 12 厘米。碑文楷书，正文计 8 行，满行 39 字。是嘉庆皇帝为王佩瑜父母所颁敕命。碑体完好，碑文完整，字迹清晰。

【碑文】

奉天承運，皇帝制曰：

資父事君，臣子篤匪躬之誼，作忠以孝，國家宏錫類之恩。爾王居和，乃捐職布政司理問王佩瑜之父，善積於身，祥開厥後，教子著義方之訓，傳家裕堂構之遺，兹以爾子遵例急公，贈爾爲儒林郎。錫之敕命，於戲！殊榮必逮於所親，寵命用光。夫有子欽兹優渥，長茫忠勤。

制曰：

奉職在公，嘉教勞之，有目推恩，將母宜錫典之攸隆。爾李氏，乃捐職布政司理問王佩瑜之母，壼範宜家，夙協承筐之嫺，母儀貽穀，載昭晝荻之芳，兹以爾子遵例急公，贈爾爲安人。於戲！彰淑德於不瑕，式榮象服；膺寵命之有赫，允賁泉壚。

男布政司理問王佩瑜立石

大清嘉慶十一年十二月十二日

祈雨碑记

【简介】

清嘉庆十二年（1807）五月勒石。现存于临县大禹乡杜家岭村。碑砂石质，圆首，高160、宽65、厚10厘米。额题“万古流芳”及“碑记”。碑文楷书，正文计14行，满行47字。记述杜家岭村历年祈雨之事。樊位撰文，吕英齐书丹。碑体右上、右下有缺损，下部有剥蚀，碑文有缺失。

【碑文】

祈雨碑記

邑庠生樊位薰沐謹撰

甞聞誠能格天，故人之於神，幽明雖隔，而本其誠敬之心，則固有求必應，感而遂通矣。况夫行龍祈雨，詠於《詩》與《周禮》，雜出於傳記百家之文，夫固以龍之爲靈，昭昭也。今我村東山之麓，舊有龍王、風神、蚪蚄、觀音……欲賴神之庥，俾風調而雨順，蟲蛾不作，甘露活人也。夫惟人之祀神維謹，而神之靈感立應。乾隆丁未歲……天道貢陽，此誠所謂五日不雨則無麥，十日不雨則無禾矣。鄉人潔齋宿廟，虔誠禱祝，未逾五日而雨大隆，乃……四方報賽神功，獻戲竪匾，姓名歷歷可稽焉。五十九年歲在甲寅，律中蕤賓，旱既有甚，田苗交槁，鄉民恐懼，行……甘霖立應，所存佈施，因置鑼鼓。迨至嘉慶五年六月大旱，甫祈之朝，大雨滂沱，萬民感戴，重塑聖像。至若陽鐍……桑乾，有年無年，所關在此，生死如救涸轍，遊雨三日，時雨丕降。所餘布施，爰製旗傘，此則嘉慶八年夏五月……二年時值閏六月，火西流

而金初見，旱魃爲虐，密雲不雨，鄉人奉神拜祈，越二日而澤普九野。既而彌月不雨……夏曆至七月將盡，如前致禱，大雨連日乃止，此嘉慶十年事也。所存佈施，建置匾額，於逢強圉之年，日躔鶉首之……半稿，穀未下種，城鄉村落，各廟祈雨者，所在皆然。本村社首，公議效董生春秋繁露之所，載及蜥蜴求雨之法，行之……雲行雨施，優渥沾足矣。鄉人屢見天神聖之，有求必應，有感必靈，如掺券而獲焉，將欲勒諸片石，以記其巔末。因求文於予，予曰：豐歉有数，風雨有時，二三子敢貪天之功而以己有耶？或曰：否，爾不聞蘇子之言乎？今天不遺，斯民旱雨……雨，使吾得優遊，以樂於斯者皆雨之賜也，其又可忘耶。予應之曰：善。於是歷指其所言者而誌之，俾后之覽斯碑者……之，誠能格天，而神靈之屢求屢應也，如此。

吕英齊敬書

三交鎮施錢一千一百文　雙埸村施錢三百二十文　武家溝施錢三百九十文　枣圪垯施錢一百八十文　胡公村施錢八百八十文　神峪塔施全一千文　刘王溝施錢一千一百文　窰則坡施錢三百六十文　西溝村　賀家圪臺仝施錢六百文　薛家坪施錢二百文　泥圪垛施錢七百文　神峪溝施錢三百文　大堨村施錢四百文　栢茔村施錢四百文　車�村送牲羊一只　南溝村施錢三百文　鍾底村施錢二百文　崔家坪施錢四百文　崖窊村施錢四百文　陽塔村施錢四百文　火燎坡施錢六百文　府底村施錢三百文　佛堂峪施錢四百文　薛家圪台施錢五百文　西王家溝施錢四百 文　杜家圪垛施錢八百文　善慶寺施錢二百文　胡廷珍施錢六十文

經理人　吕棟　吕殿章　吕積祿　吕德謙　吕賡清　吕津　吕灌　吕浚　吕銓　吕汝□　吕世忠　吕邦教　吕邦厚　吕文德　吕邦輔　吕有貞　吕德齊　吕通□　吕祿衣

本村施錢人　吕存惠　吕格　吕積祥　吕積壽　吕果　吕殿興　吕殿聖　吕存林　吕子瞻　吕遂　吕熙　吕汝福　吕汝霖　吕汝賓　吕汝霞　吕濤　吕潛　吕沈　吕淹　吕荁　吕兆鯉　吕秉寬　吕涵　吕潢　吕漏　吕德乾　吕德富　吕德明　吕德仁　吕扶清　吕榮清　吕明清　吕宗清　吕澄清　吕泰清　吕德本　吕德利　吕漢　吕乾一　吕朝輔　吕朝佐　吕朝渲　吕朝宋　吕朝幹　吕朝慶　吕世貞　吕朝仝　吕朝瑨　吕進德　吕明德　吕福德　吕荁德　吕立德　吕榮德　吕逢元　吕逢時　吕逢元　吕逢滿　吕邦定　吕邦明　吕邦齊　吕邦蒙　吕邦仁　吕邦眷　吕邦治　吕朝發　吕朝柱　吕朝瓚　吕有行　吕有富　吕肯成　吕愛普　任凡聖　吕鐸　吕鑒　吕錦　吕全才　吕全廣　吕永□　吕花衣　吕元衣　吕萬壽　吕通海　吕孝□　吕映衣　吕涯　吕江

大清嘉慶十二年蒲月吉立

萬泉縣石匠　李爲柱　刊

清泰高祖考吉公讳祚字选朊妣吉门白氏一位之塚

【简介】

清嘉庆十四年（1809）勒石。现存于临县招贤镇刘家庄村。碑青石质，圆首，高101、宽49、厚18厘米。内容为吉姓世系碑记。额题“永垂不朽”“碑记”。碑文楷书，正文计6行，满行24字。碑文完整，字迹清晰，碑体有裂纹。

【碑文】

清泰高祖考吉公諱祚字選朊妣吉門白氏一位之塚

祖宗雖遥世数不可不明，子孫雖遠位次不可不分。自始祖至今，世数已及五服，位次亦越幾，孫等恐自今以往，世遠年湮，難以備考，故勒碑刻石，歷序其次，以記二世、三世其祖某，子四世、五世某子某孫，使世世子孫知祖宗之名號，位次班班可考，不至紊亂失次於無稽云尔。是爲誌。

長男成才　妻薛氏

次男成相　妻刘氏

次男長孫仲荣字公耀　妻薛氏　任氏　張氏　從孫加祥妻刘氏　加兆　妻薛氏　再從孫富有　富慶

次男次孫仲公妻李氏　從孫開兆　妻薛氏　再從孫富義妻賀氏　富樂　妻薛氏

次男再次孫仲學　妻薛氏從孫開祥　妻賀氏

時大清嘉慶十四年歲次己巳穀旦日立

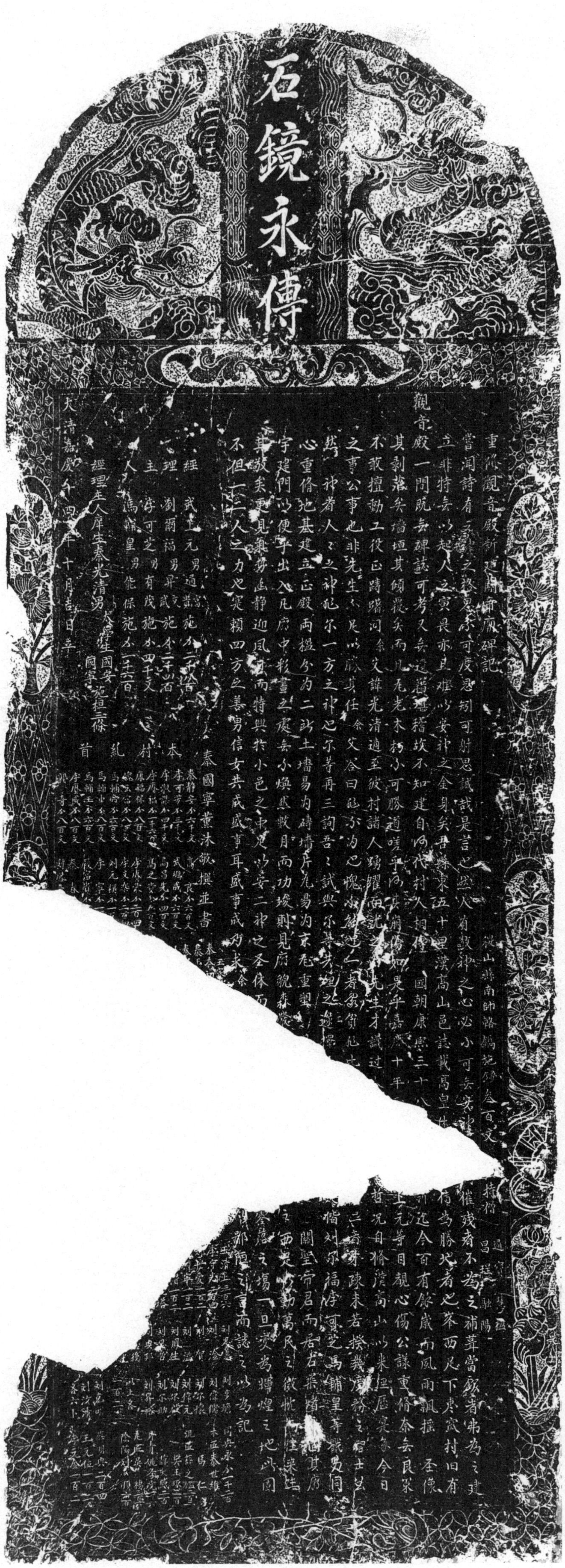

重修观音殿新建关帝庙碑记

【简介】

清嘉庆十四年（1809）十月勒石。现存于临县玉坪乡枣洼村。碑青石质，圆首，高183、宽72、厚16厘米。额题“石镜永传”4字。碑文楷书，正文计11行，满行54字。记述枣洼村重修观音殿新建关帝庙之事。秦国宁撰文并书丹。碑体断为两截且缺少一块，碑文缺失较多。

【碑文】

重修觀音殿新建關帝廟碑記

稷山縣南師輅鐫施錢叁百文　主持僧通寶　慧楹　昌珵　融陽

甞聞《詩》有云：神之格思，不可度思，矧可射思，誠哉是言也。然有敬神之心，必不可無安□□催殘者，不爲之補葺，當欽者弗爲之建立，特無以起人之寅畏，亦且难以安神之金身矣。吾縣東五十里漢高山，邑志載高皇夢□□□傳爲聖地者也。峯西足下枣窊村旧有觀音殿一間，既無碑誌可考，又無遺籍堪稽，故不知建自何代。村人相傳，國朝康熙三十八年□□□迄今百有餘歲，而風雨飄摇，圣像其剥落矣，墻垣其傾覆矣，而且瓦老木朽，不可勝道！嗟乎，何其崩傷如是乎？嘉慶十年□□□□上元等，目覩心傷，公議重修，奈無良策，不敢擅動工役。正躊躇間，余父諱光清適至彼村，村人踴躍而就之曰：“先生才識過人，□□□□□哲，况自修漢高山以來，經歷寔多，今日之事，公事也，非先生不足以勝其任。”余父答曰：非不爲也，愧不能也，一者家貧非比□□□□□□□二者才疏未若揆幾，庶務之智士，虽然神者人人之神，非尔一方之神也，吾等再三詢吾，吾試與尔等共理之。遂擇□□□□□□□偕刘尔福、李可芝、馬輔皇等勠力同心，重脩地基，建立正殿兩楹，分爲二所，土墻易爲磚墻，片瓦易爲京瓦，重塑觀音菩薩於左，關聖帝君居右，築堵□固其廟宇，建門以便乎出入，凡廟中彩畫之處，無不焕然。數月而功竣，則見廟貌森嚴，□□□□□□□□□□之西，足以動萬民之微忱，而往來生其敬矣。更見氣勢幽静，迎風□而特興與小邑之中，足以安二神之聖體，而□□□□□□□□□□零落之場一旦變爲輝煌之地，此固不但一二人之力也，寔賴四方之善男信女共成盛事耳。盛事成，乃求余□□□□□□□□□□以鄙陋之言而誌之，以爲記。

秦國寧薰沐敬撰並書

經理主人　武上元　男通富　通貴　施錢二千八百　劉爾福　男昇文　昇武　施錢二千四百　李可芝　男有茂　施錢二千四百　馬輔皇　男能保　施錢一千六百

經理主人　庠生秦光清　男太學生國安　國寧　施柦三條

本村糺首　秦静安錢六千文　李可芳錢三千文　李淑謀錢四千文　李賡福錢一千六百　康福保錢八百文　魏云富錢八百文　馬輔帝錢六百文　馬輔車錢八百文　馬輔玉錢六百文　李賡盛錢八百文　郭奇錢八百文　高良錢六百文　武維成錢六百文　高昌先錢四百文　高之貴錢五百文　李賡荣錢二百四　李文楽錢二百四　刘元樸錢一百□　李寧錢一百□　嚴富貴錢……　秦春……　刘鳳鳶……

王家坡　秦本初……　秦玉……　秦……王清正三百六　李守光二百四　□世爰一百二　□耀寧一百二　□□潛一百二

……塔　……

刘界兼　刘淦　刘賀　刘溢　刘鳳生　刘显哲　刘興邦　□□俊　……　刘步蟾　刘偉儒　刘尔懷　刘偉元　刘尔啟　刘尔助　刘昇裕　以上各一百二

刘克明　刘汝清　各六分

薛明興二百四　王元位一百二　李元鑫一百二

同興永錢一千二百

木匠　秦世維　馬仁

泥匠　薛之鑑二百二　樊玉琢二百　薛大盛二百

丹青　姚學党一百六

瓦匠　吳楨三百六

陰陽　刘順六百

薛明興二百四　王元位一百二　李元金一百二

大清嘉慶十四年十月吉日立

新建南海大士关圣帝君庙序

【简介】

清嘉庆十五年（1810）五月勒石。现存于临县白文镇天池沟村。碑砂石质，圆首，高111、宽57、厚12厘米。额题“百世流芳”及“日”“月”。碑文楷书，正文8行，满行38字。记述天池沟村新建南海大士、关圣帝君庙之事。赵融撰文并书丹。碑文略有残缺，字迹模糊，碑体剥落。

【碑文】

新建南海大士關聖帝君廟序

從來作善者佑之福，作不善者報之災。夫神道昭彰，必然之理也。夫神者，人所共賴者也，人賴乎神……積福德；神賴乎人者，四時香火供祀焉。臨邑城北四十里雖有村曰天池溝村，舊有荒丘，村内……歲在此，逢時現瑞，南通汾州，北觀興邑，往來相者嘗曰：此地天相吉人，却有地無神，如能盡……此境能增福壽，世代子孫荣昌。我村信士薛公□□，字□□，常有其意，奈獨力難成，遂……諱□寬字得□，趙公諱□字□□，意欲修理南海大士、關聖帝君廟宇。遂請經理會首八人相言起建，不但會首心願……善心，齊心資助，無一人而不遵□志，□公願施錢三十五千文，賀公願施錢十五千文，□亦助錢十五千文……助即於十四年四月初二日開工動衆，修至十五年五月初九日工程告竣，廟貌巍峨，金壁輝煌……者，神靈者……我等刻石立碑，以垂芳名於百世不朽云。

邑業儒金山趙融撰並書

經理人　青宗孟施錢四千文　□□德施錢四千文　秦元選施錢三千文　樊□信施錢二千文　薛国長施錢三千文　趙□施錢一千五百　薛應禄施錢五千　張成□施錢一千五百　薛国命施錢二千　李世富施錢二千　薛應貴施錢三千　趙锐施錢一千五　賀輔清施錢一千六百　張成貴施錢一千　賀子法施錢一千六百　趙應通施錢一千二百　張尚德施錢一千　趙萬年施錢一千五百　趙萬選施錢一千五百　李世花施錢一千二百　李世桂施錢一千二百　郝一洪施錢一千二百　馬名楊施錢五百　賀大治施錢一千　賀應施錢一千二百　賀宗海施錢一千二百　賀法……張荣華施錢五百　□一□施錢六百　賀如存施錢四百　高指施錢六百　刘自明施錢五百　……刘□□　郭□□　王□□　賀□□……

陰陽生　白通□

木匠　李世荣

丹青　李懋德

嘉慶十五年歲次庚午五月初九日穀旦

施地基人　張占智

栽水桐樹人　趙永昌

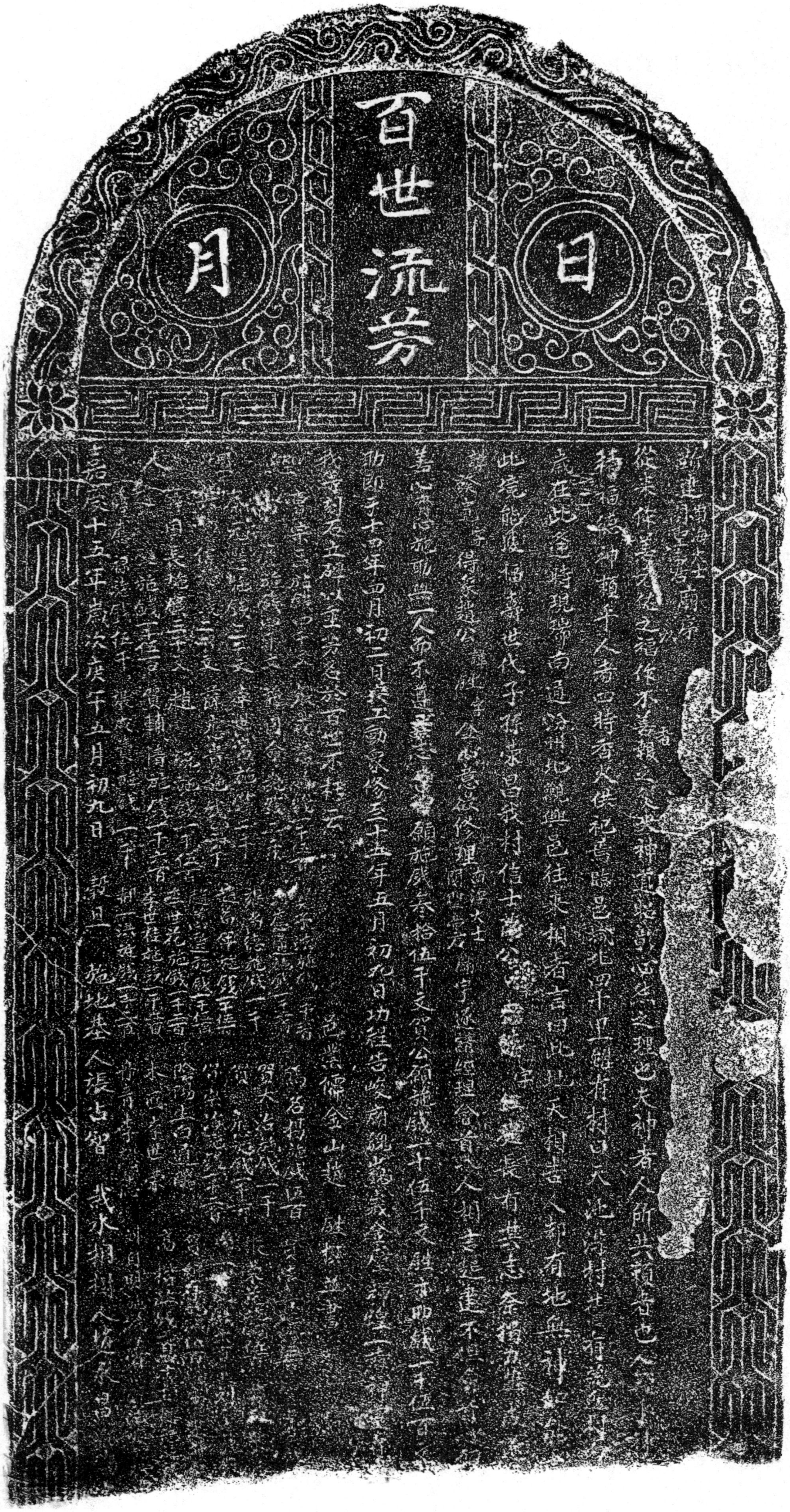
百世流芳
日
月

“马氏坟”匾额

【简介】

清嘉庆十六年（1811）八月勒石。现存临县木瓜坪乡马家庄村。碑砂石质，长方形，高 40、宽 84、厚 15 厘米。额题“日”“月”。匾文楷书，正文计 1 行，满行 3 字。匾额略残，匾文完整，字迹清晰。

【匾文】

馬純孝立

馬氏墳

嘉慶辛未桂月

“大宾”匾额

【简介】

清嘉庆十八年（1813）勒石。现存于临县碛口镇西湾村，嵌于墙内。匾砂石质，长方形，高 36、宽 56 厘米。匾文楷书，正文 1 行，满行 2 字。匾体轻度风化，刻文完整，字迹部分漶漫。

【匾文】

大賓

嘉慶十八年

重修北山寨关帝庙院碑记

【简介】

清嘉庆十九年（1814）八月勒石。现存于临县三交镇正坡村。碑砂石质，圆首，高 120、宽 50、厚 10 厘米。碑阳额题“万世常昭”4 字。碑文楷书，正文计 11 行，满行 38 字。记载正坡村重修北山寨关帝庙院之事。碑阴额题“流芳百世”4 字，碑文刊刻布施名单。张捷元、张铨撰文，樊承开书丹。碑体侧面开裂，顶部有砸痕，底部左下角缺一角，碑文基本完整，字迹部分漶漫。

【碑文】

（碑阳）

重修北山寨關帝廟院碑記

甲午舉人張捷元　孫生員張銓薰沐拜撰

天下莫靈於神，而有時因地以顯其靈，非地之靈也，神著其靈，斯地亦因之以靈，而人乃相與得其靈耳。如我鎮之北寨關帝廟不知創自何年，舊無碑誌可考。相傳以爲，明季之亂，有土賊來寇，邑人挈其妻孥，以避於上，賴神顯其靈，而群寇則望風以遁，一時所全活者殆未可以數計，此其立廟所由昉歟。嗣後有求必應，有感斯靈，凡鎮之禳災祈福、卜吉凶而測利鈍者，皆於是也。初修於雍正之五年，乾隆年復修者数次，迄於今風雨飄搖，圮毀日甚，鎮人目擊心傷，欲重修之而難其人。嘉慶十八年獨有樊子名栢者，久有修理之志，因與衆商，而樊宰、劉增光、張啟光、劉占元、武興無不欣然稱善。於是各捐己資，又爲募化以助之，共得錢五十餘千。擇日興工，彩其廟宇，葺其樂楼，而於垣墉則荷畚而築之，洞門則肩石以培之。當是時，栢以公事如己事，而往來督率，不憚其勞，至嘉慶十九年而止。工告竣，属余作文以記之。余觀其地，雄勝銜遠（連），西臨（峻嶺）長溪，烟雲杳靄，可謂盛矣。姑弗具（且）論茅（第），即人力之經營，溯神功之浩蕩，推往烈，昭來兹，歷叙其始末。如此庶神之因地以顯其靈者，可因人以傳其靈，而靈無不靈，永享靈應於無窮矣。是爲序。

儒學生員樊先元施抄簽簿一本

儒學生員樊承開薰沐拜書　施錢乙千文

張秉亨施簽簿櫃一個

經理人　劉增光施錢二千文　施人工錢二百文　樊柏施錢乙千貳百文　施人工錢二百文　張啟光施錢乙千伍百文　施人工錢二百文　武□□施錢乙千三百文　施人工錢二百文　劉占元施錢乙千文　施人工錢二百文　樊□寧施錢乙千二百文　施人工錢二百文

河津石匠　楊國定　鐫

大清嘉慶十九年歲次甲戌八月上浣之日

（碑阴）

樊輔周身内存杜寧疏銀三兩四分，至男柏身現清出本利錢十千一百五十八文。又舊年獻戲長錢一千九十四文，樊宰身存募疏錢本利現清出三千文，樊開虞身存募疏錢本利現清出乙千文，樊滚施錢八百五十文，樊海山出舊年身内經理長錢乙千文，又施錢二百文，樊維全出身内募疏錢六百零八文，杜寧舊年募化歸化城西全成施銀乙兩。

仁和店施銀三錢六分　雲興店施銀三錢六分　本鎮隆盛號施銀三錢六分　四鄉曹宗福施銀三錢六分　吕周裔施銀三錢六分　王璽施銀乙錢二分　賀進忠施銀□錢二分　武生樊丕顯施錢四千　李維斌　生員李敷榮　仝施錢五千　樊景錢一千　王璋一千　人工二個　李泰榮六百　老民武宗禮　武生樊向勇　監生李景銘　李檀　劉增禄各五百　張行　杜鳳漢各四百　姚發耀　孫會魁　斗行樊維宗　樊元勛　劉澤源　各四百　武光元□□□□　劉增美　曹儒選　曹江　樊之貴　劉蛟　張鎬　張錫　以上各三百　監生樊文山三百　樊衍周三百二十　樊檀　復成鋪　樊輔清　監竹樊槐　樊榆　劉增長　劉

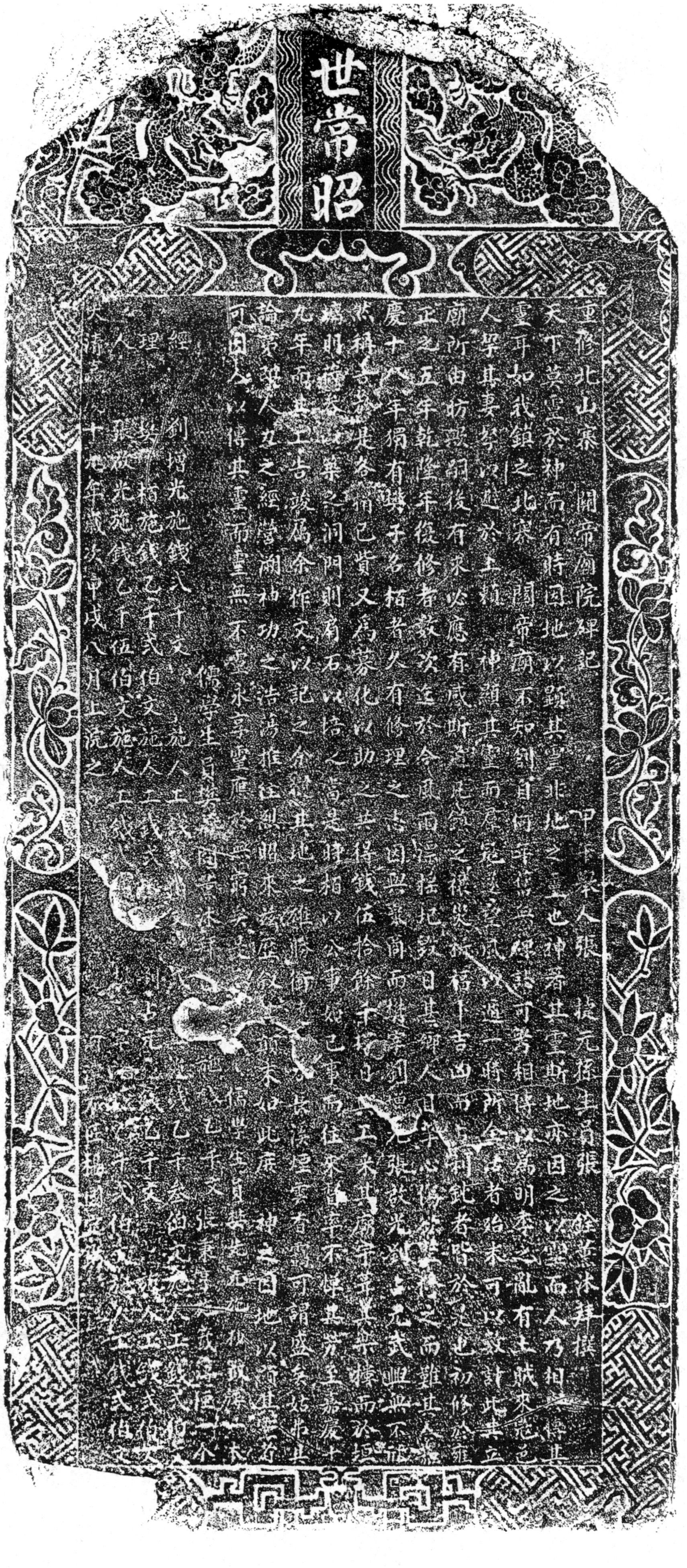
世常昭

增輝　張明　以上各二百四十　崔仲河　郭萬才　張楷　張峨　王有智　張鉣　曹儒瞻　張坦　樊輔江　李成山　樊官　以上各二百　武宗閔　李文玉　武銀　李發才　李朝柱　李維益　孫彩　李克昌　武生樊登三　樊振元　以上各一百二十　武宗文　劉增廣　武宗清　李法元　以上各一百　監生樊春山施滴水五十個　武點施□櫃　樊柏施栽柏樹二株　施犒工錢四百文　樊元勛施槐樹二株　柳輔德施槐樹一株　武萬柏施柳樹二株　武洪元施工三個　張鵬鶚施工三個　李錦綉一百元　生員張銓　監生樊蘊瑾　各一百　張謨騰施工三個　木匠郭元禎施工二個　復成鋪施犒工錢一百文　施顔料錢乙百文　張全柱　楊士良　張啟榮　樊宗□　張啟悟　張宜　張□官　樊宗　樊寂　樊密　姚發興　張禮　李朝陽　李太學　劉作汪　李法盛　郝希才　樊玉興　樊玉春　薛小寧　李有芳　張錦　張玉　杜心堅　村通元　曹廷儉　姚法彩　樊宗愷　以上各施人工一個　泥匠雷存仁　暴思榮　各施人工二個　□□有　康子仁　康子智　各施人工□個

生員武騰蛟　郭居仁　姚義　姚福　監生薛萬明　監生劉澤虞　監生馬祥蛟　監生李錦成　鄉耆樊文□　國子監典籍劉世芳　監生李如玉　生員李如門　監生楊永昇　鄉耆李兆鴻　佾生李光龍　鄉耆樊中和　郭尚寧　生員李如昇　武生樊汪　監生李培基　武生樊居敬　郭元俊　鄉耆樊文光　生員劉秉康　監生張儒林　監生樊中元　九品樊捷昌　監生王自全　武生樊啟敬　監生劉澤虞　監生劉灝　鄉耆樊中和　九品樊壽昌　郭秀芝　生員崔鳳山　郭琢　生員劉興魁　九品薛萬聰　平邑蔚寧合　生員崔玉輝　庠生樊映月　武生吕應德……

恒順館　源泰館　三合館　仁義館　發興館　合盛館　長盛館　德成館　慶源館　四合館　順成館　義成館　興順館　永盛館　自成館　復盛館　四盛館　德盛館　兩盛館　興盛館　三義染　復興染　同義染　復盛染　協力染　錫和染　永益染　仁義興　集義興　吉盛興　永和興　三合公　恒盛公　義盛公　協成公　同長公　同興公　自興公　義和公　興盛樓　孟盛樓　興義樓　同盛樓　集義樓　吉盛樓　泰和樓　自成樓　聚源成　廣和成　□□成　合義成　和合成　德義成　德和成　萬順成　信義成　同義合　和盛合　同盛合　凝和合　同興合　振興合　榮和合　自成合　三義和　同泰和　德盛和　復泰和　三義恒　合義恒　義順恒　議豫恒　謙豫恒　隆泰永　天興永　萬順永　天義永　源成永　萬泉永　益順永　吉盛永　廣順永　源隆永　三合廠　同義廠　慶勝廠　□順廠　一元當　協恒當　德盛當　益恒當　吉生長　泰和長　復盛長　復和長　興盛長　三義長　廣慶長　世興店　義生店　吉慶爐　泰和爐　慶源義　永盛義　復元隆　同昌號　同昇號　正成號　公義樊　晋發樊　昌盛楊　興盛閆　文盛堂　廣生堂　仁義堂　協和魁　德盛魁　復盛魁　成義錫　溢源涌　豐隆昌　同盛昌　同興皮　捷興□　平邑天寧長　廣成高　久盛萬　萬盛齋　恒善泉　□□□　源隆森　復成鋪

新建祠堂碑记

【简介】

清嘉庆二十年（1815）清明勒石。现存于临县招贤镇大长村。碑砂石质，圆首，高 163、宽 66、厚 17 厘米。额题“永垂不朽”及“日”“月”。碑文楷书，正文计 17 行，满行 54 字。记载高氏新建祠堂之事。碑体下部剥蚀严重，碑文略有残缺。

【碑文】

新建祠堂碑記

粵稽文公家禮，首重祠堂，誠以祠堂者開業傳世之本，所以妥侑先靈而以享以祀者也。迢維顯考高府君諱義字化裁，年十一失怙，越五歲喪兄，孤幼寡母，遭家不造，而府君奉遺囑，遵慈訓，早作夜思。卒至成家，年享四旬入國子監，守禮奉法，居然儒雅，而於鄉鄰之得失，更能正言不諱，以剛直著聲。癸卯之歲，府君五十有四矣，祖宅數處盡付□□，遷於今之孝寧塢，窑止數空，環堵蕭然，不蔽風雨，而府君晏然自安，毫不介意，友于之美，於此可見。爾來遠値屯邅（轉）有孚見窒，劉□大人至丁未之年而後歸於時，椿舉一子即今之行時也。又嘗經商於秦，往來步行，不辭辛苦，且被夥計詭變，不忍深究，寬厚之德，遠近共稱。至冬杪旋里，偶遇遺骸，心甚惻焉，欲置塚地，而道途之際，力無所施，每一念及，未嘗不拳拳不忘也。奈有志未逮而病終，享壽六十有二，時乾隆辛亥之夏也。囑椿百忍不望榮光，止冀成立，椿泣施地二畝以作塚地，今之栢坂橋耳，底立碑者是也。又先時食水於栢坂溝，系吾家所置，公之一鄉毫無吝色。至嘉慶……地忽然崩陷，其中有水，始疑其爲潦也。久而見其不涸，遂修井焉，較其柏阪水甘路近，斯豈非府君與太……之福耶。井成，太君因喜謂椿曰：自此以後，當以柏阪爲一鄉之井，而此則吾一家之井矣。十二年春，恭逢……贈府君爲登仕佐郎，封太君爲九品儒人，不料明年之春而太君亦病終矣，享壽七十有五。椿卜新塋於麥局則，易名百舉上……節也，坐甲向庚，丙寅丙申分金，考妣二主同時奉歸。嗚呼痛哉！十八年冬，復蒙誥贈府君爲奉直大夫，太君爲宜人，際斯封爵里重加，謹擇宅東大塔地内，營建祠堂……奉二主，逢吉移安，永寧祭祀，俾世世子孫，恪守不忘云爾。

誥授奉直大夫捐職布政司理問加二級高立椿敬立

大清嘉慶二十年歲次乙亥清明立

日　永垂不朽　月

新建祠堂碑記

粵稽文公家禮首重祠堂誠以祠堂者開業傳世之本所以妥侑先靈而以享以祀者也追維

顯考高府君諱居義字化裁年十一失怙越五歲丧兄孤幼寡母遭家不造而府君奉遺囑遵慈訓早作夜思卒至成家[illegible]

子監守禮奉法居然儒雅而於鄉鄰之得失更能正言不諱以剛直著聲癸卯之歲府君五十有四矣祖宅數處盡付[illegible]於今之

孝亭嫣蜜止數空環堵蕭然不蔽風雨而府君晏然自安毫不介意友于之美於此可見爾來運值屯邅有孚見窒[illegible]丁未

之年而後歸於時椿舉一子即今之行時也又嘗經商於秦往來步行不辭辛苦且被夥計詭變不忍深究寬厚之[illegible]共稱至冬

旋里偶遇遺骸心甚惻焉欲置塚地而道途之際力無所施每一念及未嘗不拳拳不忘也柰有志未逮而病終[illegible]昔乾隆

辛亥之夏也囑椿百忍不望榮光止冀成立椿泣涕受教遂暫厝靈柩於宅西地內奉母命也

顯妣馮太君年十四歸府君婉娩聽從敬執婦道至孀居時自奉尤儉而待人必豐鄰里親姻之間分多[illegible]於救子撫孫

相時度勢雖丈夫亦有不及者一日謂椿曰澤及枯骨古人所重汝父欲置塚地而不果此繼志述事[illegible]二畝以

塚地今之栢坂橋耳底立碑者是也又先時食水於栢坂溝係吾家所置公之一鄉毫無吝色至嘉慶[illegible]忽然

其中有水始疑其為潦也久而見其不涸遂修井焉較之栢坂水甘而路近斯豈非府君與太[illegible]之福耶

成太君因喜謂椿曰自此以後當以栢坂為一鄉之井而此則吾一家之井矣十二年春恭逢

贈府君為登仕佐郎

封太君為九品孺人不料明年之春而太君亦病終矣享壽七十有五椿卜新塋於麥局則易名[illegible]

節也坐甲向庚丙寅丙申分金考妣二主同時奉歸嗚呼痛哉十八年冬復蒙[illegible]

誥贈府君為奉直大夫太君為宜人際斯封爵重加謹擇宅東大塌地內營建祠堂[illegible]奉二[illegible]

逢吉移安永享祭祀俾世世子孫恪守不忘云爾

誥授奉直大夫捐職布政司理問二[illegible]椿[illegible]

大清嘉慶二十年歲次乙亥清明[illegible]

重修奉天寺碑记

【简介】

清嘉庆二十一年（1816）勒石。现存于临县安业乡前青塘村。碑砂石质，圆首，高179、宽73、厚14厘米。额题“百世流芳”及“日”“月”。碑文楷书，正文计10行，满行58字。记载青舍里重建奉天寺之事。碑体断为两半，下部剥蚀，碑文残缺中间一行，字迹尚清晰。

【碑文】

凡事“莫爲之前，雖美弗彰；莫爲之后，雖盛弗傳”，后與前固而相需者也，何以后人每多菲薄乎前人！夫我既以人爲前而菲薄之，安知后我者有不忍以我爲前人而菲之薄之乎？是菲薄前人者即不啻其自爲菲薄也，人豈欲自菲薄乎？不自欲菲薄而以菲薄前人者，致人之菲薄亦惑之□□□□□□□□名青舍里，於元之丁巳剏建奉天寺，於今此之向底地基工資多出自張禧所施，禧雅重孟門，善訓府里，賀氏進子法名德敏者，請□□□□□□□□□龍山信公之教，探驪得珠，誠不負西來之正脉脱化，后即塑本像於正殿蓮台之右。食祀至今，人固未嘗敢菲薄乎，敏公也獨惜禧□□□□□□□□□於萬曆辛卯之碑中，是碑因李汝蘭王庫等增修觀音閣而立也。夫寺原本有聖閣，何以云增修？鑒禧所建之寺爲河水侵犯，其不忍□□□□殿數楹，天順己卯易舊址之傾頽移寺於此者，時則有若；愷公與鄉人景泰丙子增廊廡者，時則有若。然師偕劉文岱隆慶壬申重飾所圖者，時□□□大川併高務亦越萬歷戊寅印堂及鄭天祿增修禅室廂房塑繪神像，迄辛卯工竣鐫碑，上塑及禧。曾幾何時，而是碑寢臥得有菲薄之者□□□。傷已久，幸有李子印生伯者，與衆同心，欲重起此碑而豎之於原地，奈文多剥落，囑余作誌，余欣然曰：公等不欲菲薄乎，前人以有是舉□□□□□□□□□□□□□□□宜本初因謹緣源□□□□□□亦將有感於斯文□□□□□□□矣，又何必雕□□□□□□□□□□□□。

萬曆十九年功德主　高九坐　李穎　王□　王□□　李□蘭　李行玫　李行玉　王召　趙行　高攢　高撮

經理人　高時光　高九横　趙思雄　李尚學　王科　王免　張岱　張法　白光　王尚忠　王尚賢　李道厚　李汝元　王庫　高第

重立經理人　李元位　庠生李士聡　李生柏　庠生李士彬　李靖宇

施錢人　監生李士荣　李元義　李興元　李元通　生員李士温　庠生李聲宇　李元光　庠生李士恭　李元熈　生員趙運昇　李際盛　王必寅　李際正　王明義　李際孝　王廷樞　李全林　李士裔　李莫宇　王映林　李耀成　李向荣　李士秀　李安和　李世祥　李邦彦　高思義　李士仲　趙君瑞　李定中　趙儒　李建揚　耆賓趙佶

修造僧　道美　道寬　道賢

住持僧　道宏□　比邱琇山　玘山　玥山　佑山　柱能　桂能　榜能　致能　正能　惠能　春能

嘉慶二十一年歲次丙子八月上浣吉辰立

石工　馮玉麟　鐫

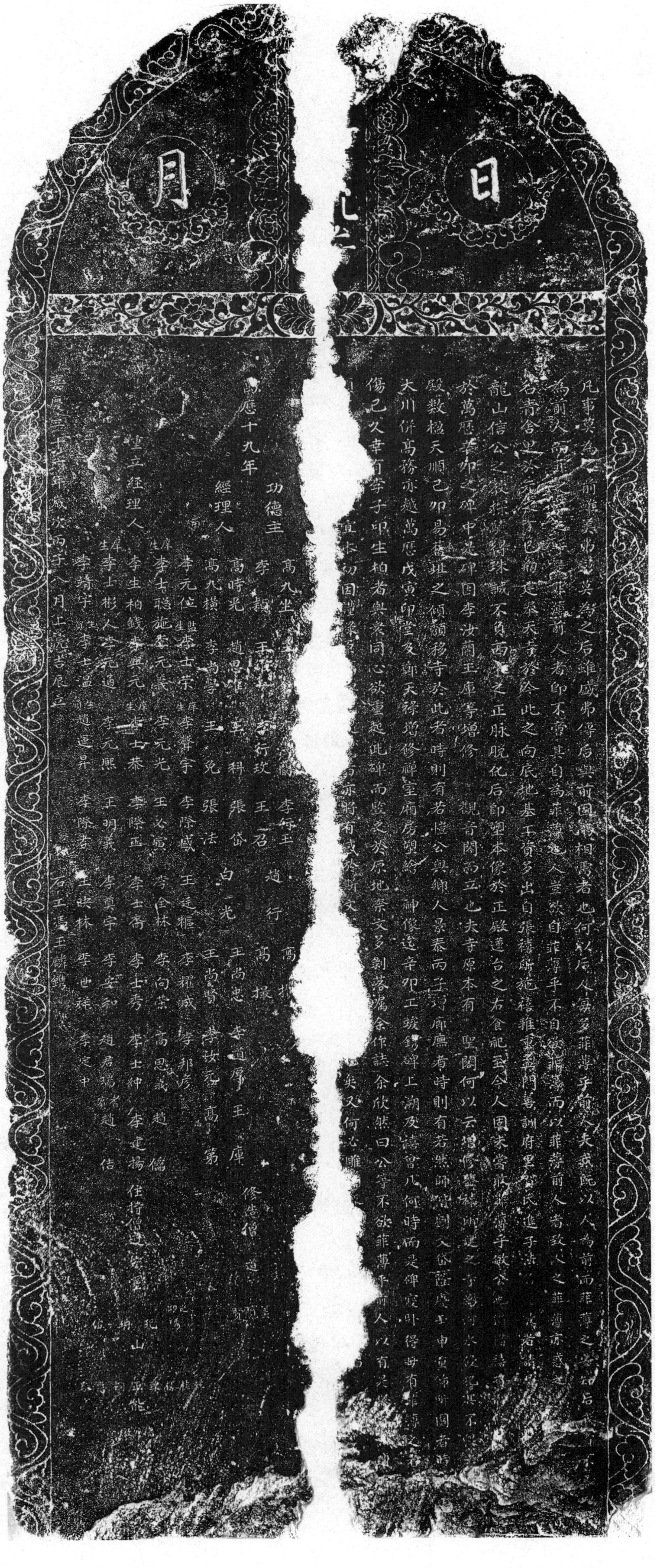
日
月
功德主
經理人

重建文昌帝君阁碑记

【简介】

清嘉庆二十三年（1818）五月勒石。现存于临县三交镇沟门村。碑砂石质，圆首，高162、宽67、厚14厘米。碑阳额剥蚀。碑文楷书，正文计13行，满行40字。记载王家岭重建文昌帝君阁之事。碑阴额题“万善同归”4字，碑文刊刻布施人名单。张铨撰文。碑首部分剥蚀，碑文略有残损，字迹清晰。

【碑文】

（碑阳）

重建文昌帝君閣碑記

從來文運之興，關乎氣化；而氣化之盛，係於神明。若其格神明以挽回氣化者，則又存乎文運耳。鎮之東南王家嶺，亘數百里蜿蜒而來，尾蟠荒陬，首注湫溪，諸山來朝，勢若星拱，盖天賜者，於是不限於方隅也。舊以其地雄勝，建文昌閣於嶺，自此斯文蔚起，科第相繼不絶。邑人感其靈，因于乾隆二十七年，議定得功名者皆捐銀二兩，迄今奉爲成規，恪守不違。數十年間，積金漸多，時廟宇就衰，觀者有不振之歎。僉曰：有募銀兩，盍爲更新？遂共推樊栢、李景銘經理之。而同心協力者，則又有衆糺首以爲之助。將舊布施銀錢二百兩爲献戲用，其餘庀材飭匠而猶未足，乃更得募金百餘兩以給之。雖基址未改，其簷楹之新，榱桷之華則更有加矣。工起于嘉慶二十一年，迄二十三年始告竣焉。丐文於余，余考舊碑，廟立於康熙四十二年，其後重修者屢矣。今是役也，既有以既往，且可以開來，而後之視今，當亦如今之視昔矣。詎不美哉！然余更有望焉，按文昌六星，一曰上將、二曰次將、三曰貴相、四曰司命、五曰司中、六曰司祿，是其所主，故不一事，而功名居多。要之以陰德爲本，化書陰騭諸篇皆可徵也。人苟□自便之，私行利人之事，積功累仁，明德以薦馨香。斯神明悦而玉燕投筆、花生鳳樓、爭勉虎步，捷登如是，則氣化盛而文運興矣。是爲序。

儒學生員張銓薰沐撰

經理　監生李景銘施錢十千　樊柏施錢五千

糺首　生員樊善問施錢五千　劉澤源四千　武生樊丕承五千　李兆鳳四千　生員武嘉猷三千　樊知務三千　監生樊映三千　樊柏施木燈樓一對　武生樊嗣倫二千　按察司檢校樊濟柔三千　監生樊槐二千　生員張銓一千　張鵬冲二千　張俊一千　生員李敷榮一千　李玉山二千　武生李勢泉一千　生員樊先元一千　生員張伯興一千　生員李鬱文一千　武生樊登三一千

大清嘉慶二十三年歲次戊寅五月穀旦立

刻字人　馮玉麟

（碑阴）

監生樊自立　□□□□□　□□李□□　生員張兆松　生員武鍔　監生王涓　監生李時中　生員樊位　生員李鬱文　彩繪孫玉輝施銀二兩

施錢人　樊緒年　武廷章　監生劉瑾　男佩珩　孫□□□□募化紋銀五十兩整　武生樊騰募化錢六千文　領疏人孫廷禎募化錢肆千□□文　樊三貴募化錢□□文　西口外迪化州庫城縣長盛興□□□　成泰祥　□□□　監生樊普五千　武菽四千

四鄉施錢人　武生李星明三千　監生李元泰二千　武生李元珩二千　監生李元瑀二千　李光祖一千　興盛館二千　樊青雲一千　李檟一千。監生樊宣　監生□昭　□□□□　□□□□　□生□□　武生樊廣　武生樊惠明　監生李新泰　監生李有舉　監生李有普　生員武嘉謨　貢生張敦臨　武鈺　生員樊□施銀二兩　曹□□　曹儒□　監生李世□　李光□　監生樊際昌　李光裕　監生高元魁　監生高元勳　長順和　監生杜心鏡　文盛堂　生員張皡　武生樊曦　武生樊曜　□□張惟一　□□□寶　武生□丕承　監生□□袞　生員□步夷　□定國　□維聖　□□彝　□子昌　各施銀二兩

□□堂　□□鋪　□成局　□興號　□義和　監生□新泰　□盛公　□泰和　□順公　復□□　□□□　以上各施銀□兩

監生樊安　武生樊登三　生員李際時　武生樊問智　武生王照魁　監生李世傑　武生樊丕顯　王殿魁　樊景　武生李長惠　生員張士恭　武生李楷　各施二兩

樊景施土　李新祚施石　武生樊丕承施土　義盛和　長盛生各施三兩六錢。同興合　合成公　樊輔清　同昌永　合順永　永義恒　□盛魁　□□公　□□□　□□□　□□□　監生樊文山　生員張銓　武生樊治國　武生樊藴珍　樊知非　各施銀二兩　武舉樊藴璜四兩　武生樊嗣倫　廩生張景星　監生樊福山　監生樊懋麟　監生李世哲　監生樊必遵　各二兩。

樊玉璋募化錢二千七百文　生員武嘉猷募化錢二千七百文　薛清募化錢二千二百有零　監生樊文山募化錢二千　郝增瑞三兩六錢　萬順永二兩　武生劉世□一千　監生樊壽山一千　生員張暐一千　武生樊茂一千　天成永六百六十　義豐永　永發祥　復順公　□□□　□□□　□□□　各施……

監生樊成山　監生樊映　武生樊映瑜　監生樊藴瑾　武生樊問勇　武生樊丕基　□□樊濟柔　監生樊聯元　監生樊察　生員樊昱　楊廷梁　監生樊德元　各施

銀二兩

義泰西　魁盛西　萬順公　德盛李　永盛店　□□□　永興店　捷興號　李兆鎬　長興□　□□□　□□□　□□　各六百

監生樊香山　監生李景銘　監生樊展謨　監生樊□□　監生□□□　監生樊晉魁　監生樊冕　武生□□□　監生□□麟　樊兆麟　張懿德　王強　各施銀二兩

恒豐隆　泰和泉　隆盛義　洪盛當　王會元　義興樊五百四十　義恒號　張永池　樊振元　□□□　□□□　□□□　□□□　各五百

長義興□□　長盛和□□□　集成□□□□　萬盛號四百八十　人和館　王□興　信義油店　樊□騫　恒盈當　義升□　義興館　□□□　各三百

武生劉世清　武生樊騰　武生樊茂　武生樊晉昌　武生樊晉珍　生員樊先元　生員樊晉輝　□□□壽山　生員□□元　李□□　孫爾□　任□　各施銀二兩

武生樊晉□　生員李敷榮　生員張伯輿　生員樊善問　監生劉謹　武生樊知命　武生樊鳴九　武生樊袞　武生樊晉向　孫傑　任縉　各施二兩

樊問仁施木一根　樊栢　樊槐同施□□□□　張濬領疏二個　武殿魁施角獸四個　樊栢領疏八個　栽柏樹三株　樊桐施□□　監生劉顥　劉□　劉□□□□　樊格　樊栝仝施捨稟價錢四千　北面石山一處　樊官施木八根　李□□施□一對　施頭披五個　劉□光　張□瑾　韓□義　張順理　楊州　李發財　茶房上住持　張全柱做飯

李朝柱　張橋　錦生公　協盛公　隆茂公　協成公　興盛公　天復公　監生劉成春　監生高傑　監生閆光明　監生閆光月　監生馬天申　廪生高雲騰　鄉耆李寧　監生雒顯士　雒□　監生趙□　監生趙錦　趙栢　監生王登甲　監生王澤久　生員王澤遠　雒步慶　賀光晉　高登俊　各一百二

張鳴喈一百　□□□　□成才　□□合　趙伯□　劉安仁　義合當　監生趙而瑞　監生張芳□　曹儒堂

樊輔明募化一千　恒裕公募化一千　李涓熊募化八百四十　李玉□募化八百四十　萬盛齋募化八百四十　李泰榮施松樹二株　南山住持山桂　郝儒達募錢五百　李光國　王明募錢五百　李長清募錢五百　任潔募錢四百八十　生員李敷榮募錢六百　長盛□□□□□　李玉□□□□□

領疏人　薛扶世　武治清　高夢熊　監生樊鳳　□□□一百二十　□□□

石匠馮玉麟　石匠胡守封　石匠嚴文安　石匠張玉明　木匠趙進榮　瓦匠武殿魁　泥匠薛扶世　泥匠張順理　□匠郝□文

薛□祥募化□□□百　□□□□□百六十　□□□□□□三百　□□□□□二千　豐□行　裕後行　以上各施二兩四錢　全盛義　雙盛號　常益號　恒盛公　義成永　義生隆　各三百六

三雙盛　大生堂　□□當　□□□　□□□　各三百

崇務當　恒昌當　集成當　新恒當　通衍　三義染　興盛染　大興館　李惟一　樊桂芳　樊進武　□□□　□□□　各三百

萬□□　樊□元　孫會魁　樊模　順成永　各三百

復順館　樊衍周　樊檀　樊榆　賀進道　李□　□□□　各二百四十

□□□　□□□　□□□　興順號　晉元興　樊文炳　集成義　天恒德　德盛魁　和合公　久大號　泰和義　兩義合　□□□　各二百四十

□□□　□□□　義和永　三盛義　二合公　永興鋪　永盛義　大成永　□□□　天□□　豐恒□　同心號　德盛公　通順公　各二百四十

楊永成　楊永州二百四　程升　郝布□　馬能寬　劉玉茂　樊和周　劉福□　□子□　男□□　□□□　□□□　□□□　□□□　李有□　各二百

三合館　崔□河　樊其善　玉成油店　樊丹桂　各二百　劉殿選一百八十　三合當一百八十　張元楷　曹廷讓　張□元　□□□　□□□　各一百

新设祭田碑记

【简介】

清嘉庆二十四年（1819）三月勒石。现存于临县招贤镇大长村。碑砂石质，圆首，高158、宽62、厚15厘米。额题“垂裕后昆”及“福”“禄”，碑文楷书，正文计10行，满行44字。记载新设祭田之事。碑体下部剥蚀严重，碑文漫漶。

【碑文】

新設祭田碑記

嘗讀詩至楚茨大田諸什，竊歎力農事以奉祭祀，古仁人孝子之用心何其純懇，而□純也……念先人遺德，立祠堂以奉香火，設祭田以供粢盛，且冀世世萬子孫毋變也。泐貞珉以垂久遠……人□子也。但願爲吾子孫者，藝黍稷致苾芬，世世以古仁人孝子爲法，庶高氏鬼神，不至□餒□而……之心也。夫並垂四勿，祭田界基於石：一曰完粮勿遲，二曰修葺薦新勿怠慢，三曰輪流經管勿推委，四曰祭祖時節子孫咸……人，其倫□祠堂周圍地三十六畝作爲祭田，此地係乾隆五十五年正月底，二契所置，上截坡地，名喚孝……十二畝，隨粮三升，契書考字；下截平地，名喚大塌壕兒二十四畝，隨粮一斗四升，契書大號。此址内有新□□眼，毫不認粮，子孫共食。又有嘉慶十七年秋，卜立故子行宜墳一座，亦不認粮。今將祭田四至載明，上至頂□□□熟地堎爲界，下至自己原分到大塌地爲界，左至大溝爲界，右至灰爐左小水渠爲界，土木石水一併相連，認粮一斗七升，年年早完毋違。

誥授奉直大夫布政司理問加二級高立椿字遐齡號永齊别號碩亭偕男監生行時字權之號□□孫□□等敬立

大清嘉慶二十四年歲次己卯三月癸巳朔越十日清明吉旦

清故显考刘公妣李氏武氏之墓

【简介】

清嘉庆二十四年（1819）七月勒石。现存于临县临泉镇治花泉村枣元峁。碑青石质，圆首，高 136、宽 54、厚 9 厘米。内容为刘多三墓碑记。额题“日月”。碑文楷书，正文计 6 行，满行 32 字。碑文完整，字迹清晰，碑体完好。

【碑文】

清故顯考劉公妣李氏武氏之墓

盖聞上世父母之既殯也，往而展墓，歸而哭墓，何爲而重於斯，報本返始爾雄也。生當晚遠，縱不能如古人之孝心純篤，而揆之寸衷亦殊難以自甘也。因擇於村之西南山名早圓峁者，新建茔基，謹修石窰，窃冀考妣之靈可安九泉矣乎。然有足慮者，此本乾山也。乾山則宜坐乾而向巽，山細，審之不甚妥當，故安尊靈於壬以向乎丙，庶無滋後人之疑惑矣。爰命工人敬勒碑記，俾奕世子孫知祖宗之墳墓何在，有所瞻依云爾。

公諱多三，字祝華，係長盛里永吉都一甲，祖庄月鏡里，後徙於治花泉村。

男世雄　孫折桂　曾孫永昌　永泰　仝立

大清嘉慶二十四年嵗次己卯桐月穀旦

重修财神庙西墙碑记

【简介】

清嘉庆二十四年（1819）九月勒石。现存于临县三交镇正街村。碑砂石质，圆首，高114、宽55、厚9厘米。额题“万古流芳”“日”“月”。碑文楷书，正文计11行，满行31字。记载乡民重修财神庙西墙之事。樊善问撰文并书丹。碑体侧面有裂纹，碑文完好，字迹清晰。

【碑文】

重修財神廟西牆碑記

鎮之西隅，一方之勝境也，湫水於此而瀠洄，南山對此而拱護。地近園林，鳥語花香，四時之景色如觀圖畫，溪橫石澗，蘋青水綠，一川之鍾靈，何異仙源。鄉人因其地佳，舊建財神廟及西方勝境，樓前碑可考，無庸復贅。但廟鄰谿谷，每遇驟雨，山洪水猛，波濤洶湧，祠院西墻，漂汩者數，邑人樊景、樊科等屢次補葺，賴神之靈可以稍安。忽於嘉慶戊寅歲六月既望，大雨如注，溪水暴漲，西墻又被傾覆，邑有樊子名栢者，素好義有志修理，然而佈施匱矣。遂公議糺首數人於商賈行中及合鎮人等，募金三十餘兩。己卯春動工修造，樊栢親任其事，經營料理，工匠則董飭之，基址則層累之，垣墻則黝堊之。由是巍然煥然，竣宇雕墻而厥功告竣焉。晝壁之重新，雖曰神靈，豈非人事哉。故述其大略，勒諸貞珉，一以見人善之不没，一以昭神威之顯赫，併以冀後之君子，相與同志，嗣而葺之，庶斯牆之不朽也。是爲序。

儒學生員樊善問撰並書

經理糾首　監生樊景施錢六百文　樊栢施錢六百文　武生樊科施錢六百文　王元富施錢六百文　監生李景銘施錢六百文　劉占元施錢六百文

大清嘉慶二十四年歲次己卯九月穀旦

鐫字人　馮玉鱗

住持　李常宇

日　萬古留芳　月

重修　財神廟西牆碑記

鎮之西隅一方之勝境也湫水於此而潆洄南山對此而拱護地近園林鳥語花香四時之景色如觀圖畫溪横石澗蘋青水緑一川之鍾靈何異仙源鄉人因其地佳舊建財神廟及西方勝境楼前碑可考無庸復贅但廟隣谿谷每遇驟雨山陡水猛波濤洶湧祠院西牆漂汩者数邑人樊景樊科等屢次補葺頻

神之靈可以稍安忽於嘉慶戊寅歲六月既望大雨如注溪水暴漲西牆又被傾覆邑有樊子名栢者素好義有志修理然而布施匱乏遂公議糾首数人於商賈行中及合鎮人等募金三十餘兩己卯春動工修造樊栢親任其事經營料理工匠則董飭之基址則層累之垣墉則黝堊之由是巍然焕然峻宇雕墻而廟功告竣焉畫壁之重新雖曰神靈豈非人事哉故述其大畧勸諸貞珉一以彰人善之不没一以昭神威之顯赫併以冀後之君子相與同志嗣而葺之庶斯牆之不朽也是爲序

儒學生員樊善聞撰并書

經理糾首

監生樊景施錢六百文

樊栢施錢六百文

武生樊科施錢六百文

王天富施錢六百文

監生趙景銘施錢六百文

劉占元施錢六百文

大清嘉慶二十四年歲次己卯九月榖旦

鐫字人馮玉麟

住持李常宇

创修文昌帝君庙碑记

【简介】

清嘉庆二十五年（1820）三月勒石。现存于临县城庄镇赤崖会村。碑青石质，圆首，高 109、宽 50、厚 15 厘米。额题“石镜永传”4 字。碑文楷书，正文计 12 行，满行 41 字。记述赤岩会村创修文昌帝君庙之事。王廷枢撰文，任文斗书丹。碑体完好，碑文完整，字迹清晰。

【碑文】

創修文昌帝君廟碑記

一邑之風化，宰是邑者振興之；一鄉之風化，居是鄉者維持之，自古然也。赤岩會村係樞家祖庄，而外姓亦復不少。先是先君子與先叔在日，地師輩經此村過者，僉謂村之東南，原氣象文明，宜建立文昌帝君庙，則於村中風化大有裨益。先君子與先叔屢聞是言，心窃許之而力有未逮，嗣後先君子等相繼棄世，樞以一身經理兩門，家事日事，奔馳碌碌，未遑然以先人之願，又爲一村風水所係，銘刻在心，未嘗忘也。且此系一村之事，不合募化於四鄉，而邨中居住者皆寒素之家，無力捐助，成此舉者，樞一人之責也。歲乾隆癸卯，樞乃自出己囊，力任修建，工未及半，而適值是歲秋歉，費用不給，不得已中止。又遲十餘年，至嘉慶丁巳，方得鳩工庀材，率領弟侄輩共襄其事，三閱月而告竣。雖規模未宏而殿宇整齊，神像莊嚴，是以補風水之缺，而成先人之志矣。工竣之日，爲敘始末而勒之於石，非敢自爲功也，亦欲使村中後進并樞之子孫輩得知舉事之艱，時加修葺，俾無廢墜也云爾。是爲記。

庠生王廷樞撰　胞弟監生廷楷　廷槐　侄瑛　燮　烈　侄孫作梁　作宇　作實　作梅　作矗　作賓　子熊　孫清喜　清俊　清彦

先父諱廷樞，字圖士作此記，後未曾上石，旋即棄世。爾時餘方年幼，不能任事，又遲二十餘年，乃始得請人書丹，覓工鐫刻，以全其事。歲在庚辰暮春八日，王熊謹識。

歲貢生就職訓導任文斗書丹

施錢姓名　陳萬英施錢一千七百文　王汝翼施錢二千文　趙堉施錢一千二百文　趙文翼施錢八百　王應鰲施錢一千　趙文盛施錢一千　畢興德錢八百　馬自寧錢八百　王于盛錢八百　李富元錢六百　刘融通錢六百　王振綱錢五百　王振惠錢五百　趙復聡施一百九十八文　刘管林施一百九十三文　趙百福施錢一百文　高上達施錢二千四百文　王能施錢十千文

嘉慶二十五年歲次庚辰三月上瀚穀旦

石匠　王遵節　鐫

石鏡永傳
創修文昌帝君廟碑記
嘉慶二十五年歲次庚辰三月上澣

“桂郁兰芳”匾额

【简介】

清嘉庆二十五年（1820）五月勒石。现存于临县碛口镇西湾村。匾砂石质，长方形，高45、长130厘米。匾文楷书，正文计1行，满行4字。保存完好，字迹清晰。

【匾文】

嘉慶五月穀旦

桂郁蘭芳

潤亭書

重修圣母庙碑记序

【简介】

清嘉庆二十五年（1820）八月勒石。现存于临县安业乡前青塘村。碑砂石质，圆首，高 139、宽 69、厚 15 厘米。额题“永垂不朽”4 字。碑文楷书，正文计 4 行，满行 43 字。内容为重修圣母庙碑记。碑首缺失，碑体剥蚀严重，碑文残损。

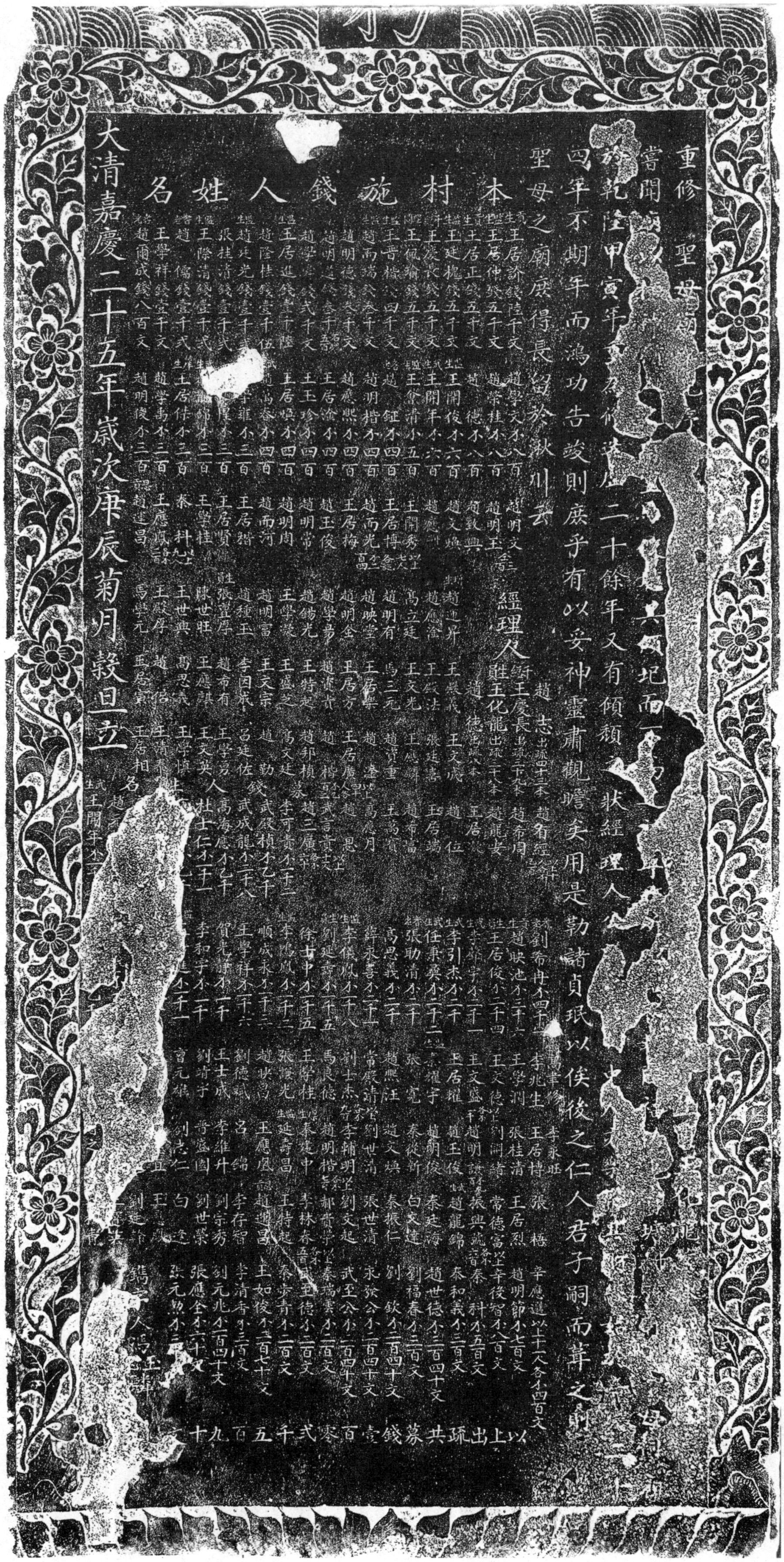

【碑文】

重修聖母廟碑記序

……王化龍

嘗聞廟以棲神□人□□□□□□其傾圮而不易……塘村……母祠於乾隆甲寅年重爲修造，歷二十餘年又有傾頹之狀，經理人公議□□□中人亦樂輸其財，□始於□□二十四年，不期年而鴻功告竣，則庶乎有以妥神靈肅觀瞻矣。用是勒諸貞珉，以俟後之仁人君子，嗣而葺之，則聖母之廟，庶得長留於湫川云。

經理人　趙志出疏四十三本　千總王慶長出疏三十九本　生員王化龍出疏三十八本　趙德出疏八本

本村施錢人姓名

貢生王居玠錢六千文　監生王居仲錢五千文　貢生王居正錢五千文　監生王廷槐錢五千文　千總王慶長錢五千文　理問王佩瑜錢五千文　監生王晉楷錢四千文　監生趙而瑞錢叁千文　趙明德錢叁千文　趙明道錢三千文　石塊五百　趙學舜錢式千文　監生王居進錢壹千陸

趙隆桂錢壹千伍　監生趙廷光錢壹千弍　張桂清錢壹千弍　監生王際清錢壹千弍　耆老趙儒錢壹千弍　王學祥壹千文　耆老趙爾成錢八百文　趙學文錢八百　趙榮桂錢八百　趙德錢八百　監生王開俊錢六百文　武生王開年錢六百文　監生王會清錢五百文　耆老趙鉦錢四百　趙明楷錢四百　趙應熙錢四百　王居淦錢四百　王玉珍錢四百　王居煥錢四百　武生趙萬春錢四百文　趙學雍錢三百　趙愲錢三百　武生趙龍錦錢三百　庠生王居傑錢三百　趙學禹錢三百　趙明俊錢三百　趙明文　趙明玉　仝三百文　趙致興　趙文煥　趙應麒　王開秀　王居博　趙而光　王居梅　以上七人各施錢二百四　趙玉俊　趙明常　趙明周　趙而河　王居楷　王居賢　王學桂　秦科　王應鳳　以上九人各錢二百　恩貢趙運昌　增生趙運昇　趙應淦　高立廷　趙明有　趙映堂　趙明全　趙學易　趙錫光　王學凝　趙明富　趙種玉　生員張亶厚　陳世望　王世興　王殿厚　馬學元　王殿義　王殿法　王文光　馬三元　王居樂　王居方　趙資貴　王特起　王盛芝　王文宗　李因成　趙希有　王應麒　高思義　趙侶　王居寅　王文成　張廷喜　王應麟　趙資重　趙淦　王居廣　趙楷　以上四十人各錢乙百二　趙邦楨　高文廷　趙勤　吕廷佐　王學勇　王文英　王學慎　王清泰　王居相　趙有經　以上十人各錢乙百　趙希周　趙龍安　王居凝　起位　王居端　趙希富　王萬寶　高應月　趙恩　武言貴　趙三廣　以上十一人各錢六十

募錢人姓名

李可貴錢一千二　武殿楨錢乙千　武成龍錢二千八　高海應錢乙千　杜士仁錢一千一　□□□錢乙千　□□□□□　趙元□□□　武生王開年錢一千　耆老劉希冉錢四千一　貢生趙映池錢三千六　生員王居俊錢二千四　武生李聲宇錢二千一　武生李引杰錢二千　武生任秉彝錢二千二　耆老張助清錢二千　高思義錢二千　薛永喜錢二千一　監生李儀鳳錢一千八　生員劉廷壽錢一千五　徐士中錢一千五　監生李鳴鳳錢一千二　順成永錢一千三　王學祥錢一千六　賀光静錢一千　李和宇錢一千　監生王□進錢一千一　□□□□□　□□□錢□□　□□□錢乙千　武生高聿修　李兆生　王學潤　王文德　王文盛　以上各錢一千　王居耀　監生秦耀宇　張寬　趙熙汪　常殿清　劉士杰　以上各錢九百　馬良德　王學桂　張謙光　趙映昌　劉德斌　王士成　劉靖宇　曹元雄　□□□　□□□　□□□　李永旺　王居博　張桂清　劉開緒　趙明謙錢九百　趙玉俊　趙明俊　秦從新　趙文煥　劉世清　李輔明　趙明楷　以上各錢七百　廩生秦建中　監生延壽昌　王應凰　吕錦　李維升　晋盛園　劉志仁　□□直　□□□　□□□　□□□　張梧　王居烈　常德富　振興號　以上各錢六百　武生趙龍錦　秦廷海　白文達　秦振仁　張世清　劉文起　郝貴榮　李林春　以上各錢五百　王特起　恩貢趙運昌　李存智　劉宗秀　劉世榮　白逢　王應鳳　劉廷幹　王寶英　□□青　辛應選　以上十一人各錢四百文　趙明節錢七百　辛後智錢八百文　秦科錢五百文　秦和義錢三百文　趙世德錢三百四十文　劉福春錢三百文　劉欽錢二百四十文　永發公錢二百四十文　武至公錢二百四十文　秦瑞雲錢二百文　武至德錢二百文　秦步清錢二百文　王如俊錢二百七十文　李清香錢三百文　劉元兆錢二百四十文　張應全錢六十文　張元勳錢三十文

以上出疏共募錢壹百零弍千五百九十文

鎸字人　馮玉麟　馮兆麟

大清嘉慶二十五年歲次庚辰菊月穀旦立

重修观音庙记

【简介】

清嘉庆年间（1796—1820）勒石。现存于临县安业乡任家沟村。碑砂石质，圆首，高172、宽70、厚15厘米。额题“片石留青”4字。碑文楷书，正文共9行，满行46字。记载任家沟村重修观音庙之事。碑文残缺一半，碑体表面有剥蚀。

【碑文】

昔昌黎有云“莫爲之前，雖美弗彰；莫爲之後，雖盛弗傳”。則建立廟宇其有□於碑誌也。尚已吾邑□□□□里任家溝邨，舊有觀音廟一處，乾隆五十八九年開創，火焚□□□□四季社□李煥□之……修□卜地於社内溝門……修□□□氏□□□□□嘉慶□年□□□□李芳……已□……將□與□□上□樓……三楹焉。觀音大士……祠□□□□修……而□□□□巍乎盛矣。噫！是……觀音大士與關聖帝君……秦□衆糾首等，同心協力□□□□咸□使□有以誌之□□美弗載□□盛弗傳……自愧□學委不能辭……爲之誌，而並將糾首與施金姓名數目開……觀音大士與關聖帝君□□□□□雖山村匹夫嫗婦，無不周知，故不爲之……

邑庠生秦□山熏沐謹撰

經理人　……

糾首　……

增修关圣帝君庙记

【简介】

清道光元年（1821）勒石。现存于临县三交镇李家塔村。碑砂石质，圆首，高 120、宽 61、厚 16 厘米。内容为增修关帝圣君庙碑记。额题失，只留一“方”字。碑文楷书，正文计 9 行，满行 35 字。碑文左半部残损，字迹模糊，碑体完好。

【碑文】

增修關聖帝君廟記

神之爲靈，昭昭也，而在關聖夫子爲尤甚。忠貫日月，氣塞乾坤，身雖未能常留於世，神則未嘗不顯於世，上有以□□國家，下有以默佑生民，隨感而應非獨華也。即在異地亦莫不建修廟宇，塑畫聖像以爲火之奉焉。予村雖係僻壤，亦嘗念其靈應，於乾隆年間移建此廟及樂楼矣。……東西……歷未建，不能無遺憾焉。村人於嘉慶十五年卜吉動衆，殿之東建石窰三眼，十八年用龍天佈施迤窰而前附樂楼，建門洞……如地……殿之西雖未建窰而崇應…… 厚垣……足以避風雨矣。復於天子即位之初年改建樂楼……斯……也……之功勳，雖爲有限，先是之修建爲完全，且殿前……神之……也，一邑之…… 功非一人，是……地……好……

庠生李正昌

陽塌山地六畝，粮七升二合，桃足則下截一段，溝條一段，陽塌石畔二塊，合……

大清道光元年

重修龙天蚘蛾风神山神土神碑记

【简介】

清道光元年（1821）七月勒石。现存于临县安业乡郭家墕村。碑砂石质，圆首，已残，残高150、宽57、厚14厘米。额题“……世”。碑文楷书，正文计5行，满行39字。记载郭家墕村重修龙天、蚘蛾、风神、山神、土神庙之事。王居堂撰文并书丹。碑首缺失，碑文完整，字迹清晰。

【碑文】

重修龍天蚘蛾風神山神土神碑記

昔者廬山既辟，銀殿飛來；漢觀初開，玉梁自下。凡由神異，無藉經營。然而龍宫象塔，非屬天成；白馬青鴐，皆緣人力。吾邑城南二十里許，名郭家墕村，舊有龍天、山神、土神廟，不知剏自何年，雖有碑記，字跡亦剥落而不真，垣墻皆塌毁爲平地，村人觸目傷心，久欲建修，奈村小力薄，未能早爲振理以安神靈。邇年來，風調雨順，時和年豐，村人公議重修，是以力厚者固捐資以慨任，即不給者亦勉力而樂成，鳩工庀材，雕梁畫棟，不月而其功告竣焉。斯時廟貌巍峩，不特爲村中光而神亦妥矣。是爲序。

邑儒學生員王居堂沐浴撰并書

經理人　郭如綱　秦廷寶　劉如義　劉世成

木匠　劉世有　劉世新

畫匠　李積　李福

石匠　李映

道光元年七月穀旦

重修观音庙碑记

【简介】

清道光元年（1821）八月勒石。现存于临县三交镇严家塔村。碑砂石质，圆首，高 170、宽 70、厚 15 厘米。内容为重修观音庙碑记。额题“永垂不朽”4 字。碑文楷书，正文计 7 行，满行 49 字。碑文完整，字迹清晰，碑体完好。

【碑文】

重修觀音廟碑記

盖聞擇地置祠，原爲焚香致敬之所，亦取重鎮保障之義，故創修與補葺其功同也。臨邑嚴家塔村，其西南堧舊有觀音殿一座，建於明洪武年間，向有殘鐘字跡可稽，迄今数百年矣。或曰：是廟之建也，以村之西北、東南山勢環繞甚密，獨西南一面，山形側下，溝壑顯露，空缺数里，藏風不密。昔人因建此廟以補之，誠吾鄉之重鎮、四方之保障也。厥後何人重修，並無碑跡可考，迩年來廟之頽壞不堪，鄉人目覩心惕，因於嘉慶二十二年孟春之月公議修理，莫不欣然樂從。議定之後，貧富老幼，輪流支工，將石洞破殿，毁其舊址，從新起造。下捲磚窑壹眼，上建觀音殿一座，多費經營，功始告竣。其廟内之佛像，俱以金粧彩飾，較前燦然改觀，幸賴諸君子捐貲募施，其成盛事。鄉人不敢泯其功德，故勒石鎸名，永垂不朽，俾前数百年創建之功不没於今，玆且爲奕世無疆之福地云。是爲序。

增生薛馥林敬撰　嚴學蘇敬書

經理人　嚴士和　嚴爾全　嚴爾江　嚴茂焕　嚴爾玨　嚴學順　嚴爾禄　嚴爾魂　嚴茂總　嚴學程　嚴學書　嚴學徐　嚴學□　嚴學有　嚴學冉　嚴學蘇　嚴學普　嚴光槐　薛玉禄　嚴光盈　嚴光遠　嚴善継　嚴善述

嚴學有　嚴學□　嚴光滿　嚴光□　仝施地一尺五寸　嚴光蘇　嚴光勳　嚴光清　嚴光宗　嚴光節　仝施地二尺三寸　嚴學範　嚴學瑜　仝施錢六百文　男爾□施錢五百文募化四千七百二十文　□□焕盤龍鎮募錢五千乙百四十文　嚴爾玫方山堡募錢肆千五百二十文　嚴爾愛西口外募錢壹拾陸千乙百二十九文　嚴光勤施錢乙百二十文　嚴爾豹施錢乙百二十文　劉正愷　劉正慷　男應聰　□施紋銀三兩一錢　施錢二百文　成彦居募錢肆百八十文　張福元募錢壹千零六十文

河津縣石匠　王先英

木匠　劉志良

丹青　樊和善

陰陽　王俊侯

泥匠　薛扶世

鐵匠　嚴學良　學房

旹大清道光元年歲次辛巳八月十六日穀旦立

永垂不朽
重修觀音廟碑記

重修碑记

【简介】

清道光二年（1822）七月勒石。现存于临县三交镇高家沟村。碑砂石质，圆首，高 174、宽 67、厚 18 厘米。额题“千古不朽”4 字。碑文楷书，正文计 11 行，满行 49 字。记述重修观音、文昌庙之事。薛科撰文，樊和普书丹。碑体完好，碑文完整，字迹模糊。

【碑文】

重修碑記

今夫作者不興，斯述者不起，無作者不能開將來之盛事，無述者不克繼往昔之徽風，凡事如此，而况廟社之靈乎。盖廟者貌也，所以仿佛無人之貌而祭祀之，猗歟休哉，誠盛典也。臨邑高家溝之西北，有舊建二神祠也。其一爲釋迦如來廟，肇建於明季嘉靖六年，重修於萬曆二十九年，至國朝康熙五十年歲次辛卯，再加補餙，迄今遺碑猶存，可考而知。其西又有古廟二間，觀音在左，文昌在右，歷年既久，又無石碣，雖父老不能究其由來，三廟屹然，固一鄉之偉觀也。邨人隨時洒掃，永奉烝嘗，佛祖慈悲，保民生於福壽，牟尼呵護，佑下土以安康。文昌則振我士子，觀音則渡其慈航，其賴神功之浩蕩者，豈一朝一夕之故哉。奈年代既遠，修補更疏，風雨經而凋形剥像，瓦礫壞而倒柱摧題。鄉人蒿目淒情，心實痛焉。於是薛爾玉、高步忠等倡議重修，合邨竭力捐施，因工程頗大，獨力難支，賴四方善人君子，傾囊相助，共成盛舉，於道光元年三月鳩工起事。木石之殘毁者易之，形像之剥落者補之，至本年七月告竣。佛座蓮台光明膩黄金之像，回欄蚤閣灼爍雕白玉之龕。我邨民社黍春啄，常昭祀事，吹幽飲蠟，共樂升平。所以睦鄉黨、厚風俗者在此，重祭典、報神惠者亦無不在此。兹當事竣勒石，將糺功理事之人，並輸財助義之士，並志芳名昭示，奕冀以傳其功德於不朽，且使後之人有志補修者，得爲繼善之跡云。

庠生薛科撰　丹青樊和普書

功德主　薛爾玉施錢六千文　高錫雲施錢四千文　高步忠施錢四千文　薛可周施錢三千文

糺首人　蘇肇德施錢五千　薛可仁施錢三千六百　薛肇明施錢二千三百　高子賢施錢一千二百　高德盈施錢一千　高錫佐施錢一千　高錫厚施錢一千　高錫泰施錢六百

本村施錢人　高錫仁施錢三千六百　薛可文施錢二千五百　薛爾□施錢二千　高步善施錢二千　高文達施錢二千　高步清施錢一千二百　高步用施錢一千二百　薛爾瑀施錢一千二百　高子法施錢一千二百

石匠　甯月照　曹應成

木匠　李守通

泥匠　雒□義　雒□元

瓦匠　郭元瀛

主土僧　通□

陰陽　梁福海

石匠　孫法祚

大清道光二年七月吉旦立

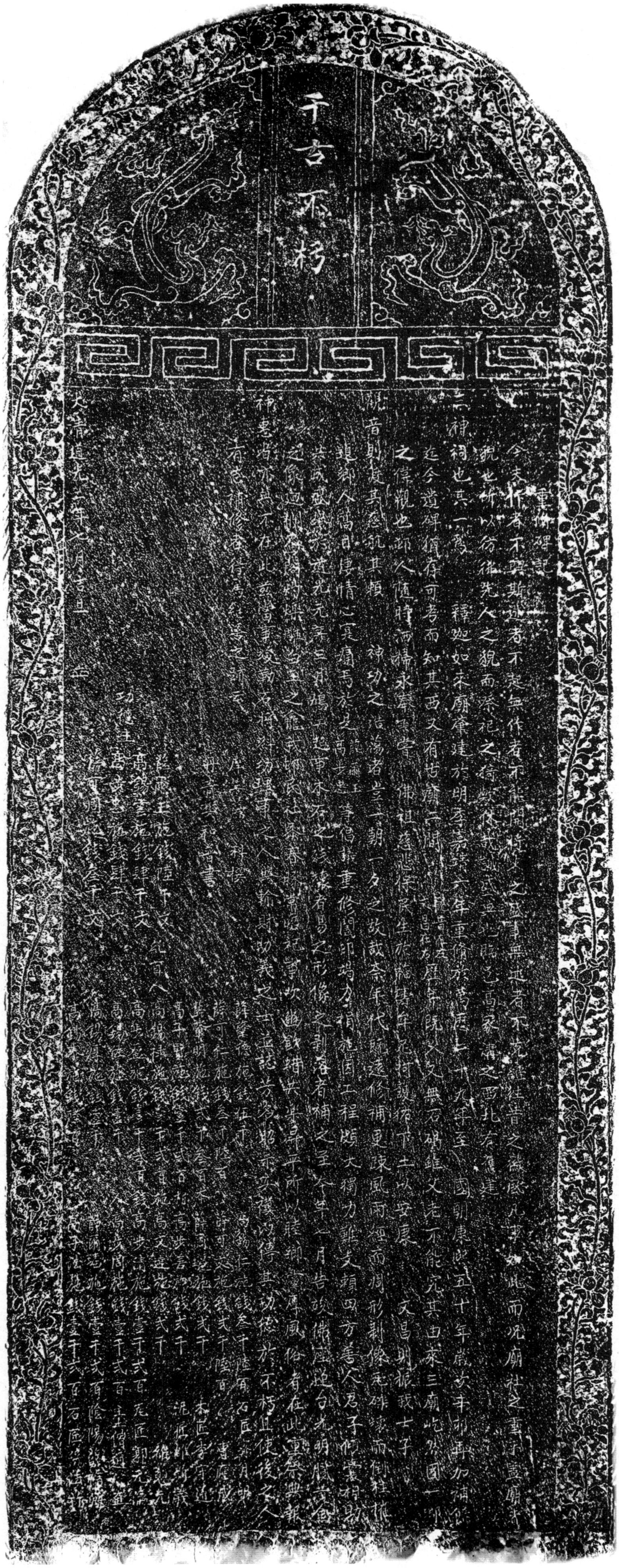
千古不朽

重修龙王庙碑记

【简介】

清道光二年（1822）七月勒石。现存于临县城庄镇刘家村。碑青石质，已残，残高79、宽45、厚10厘米。记载村民捐钱修庙之事。碑文楷书，正文共3行，残存13至20字。碑体仅存下半部，碑文残缺。

【碑文】

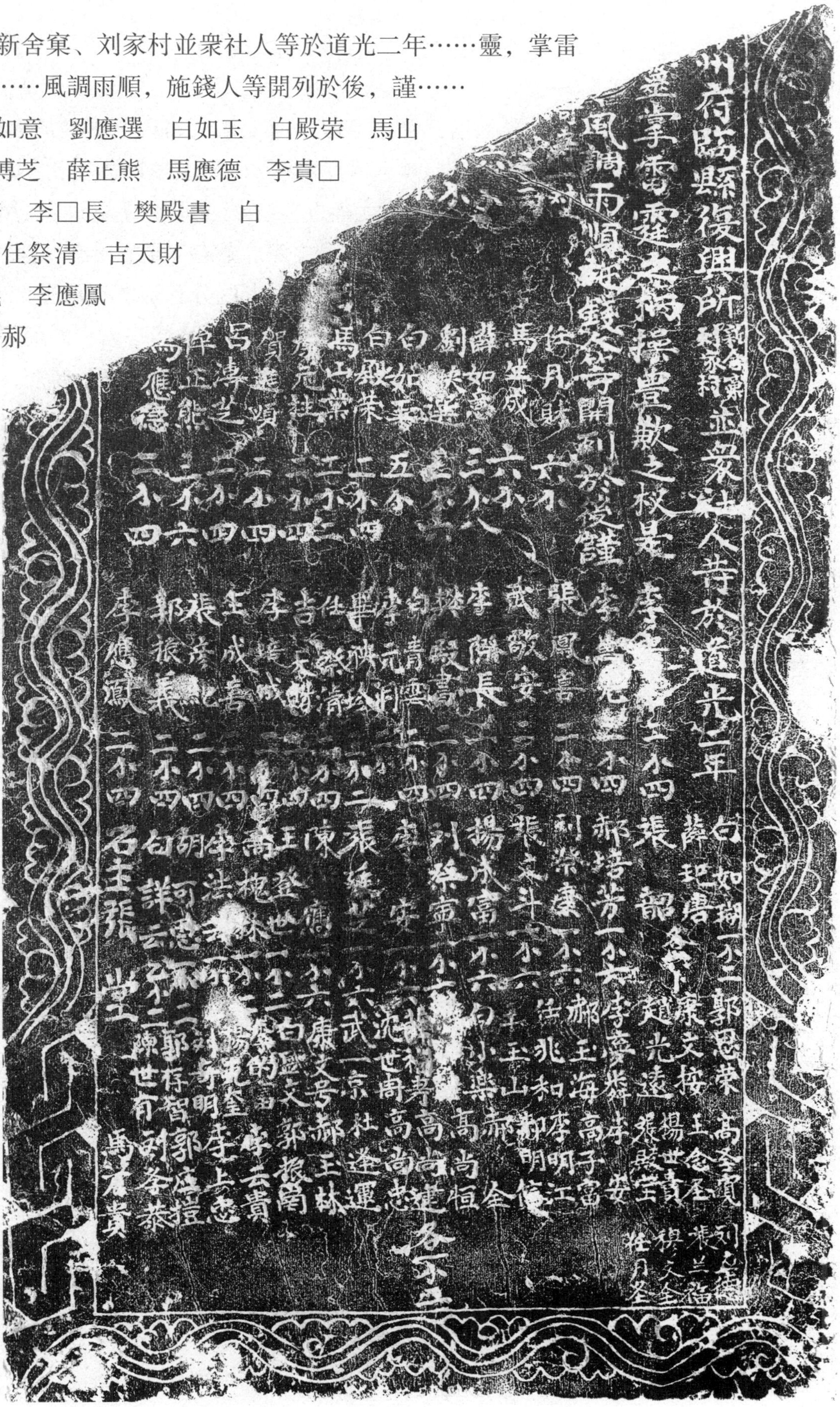

……州府臨縣復興所新舍窠、刘家村並衆社人等於道光二年……靈，掌雷霆之柄，操豐歉之权，是……風調雨順，施錢人等開列於後，謹……

任月財　馬生成　薛如意　劉應選　白如玉　白殿荣　馬山
業　□元桂　賀□順　吕溥芝　薛正熊　馬應德　李貴□
李萬元　張鳳喜　武敬安　李□長　樊殿書　白
青雲　李元月　畢映珍　任祭清　吉天財
王成喜　張彥□　郭振義　李應鳳
白如瑚　薛玘唐　張韶　郝
培芳　刘祭康　張文
斗　楊成富　刘祭寧
李安　張廷芝　陳應
王登世　高槐林　李
法云　胡可思　白詳
云　石主張堂　郭思
荣　康文按　趙光遠
李夢鱗　郝玉海　任
兆和　王玉山　白小
樂　□□□　薛福壽
沈世周　武一京　康
文號　白盛文　李□
富　楊克奎　劉奇
明　郭存智　陳世有
高聖賢　王念玉　楊
世貴　張殿寶　李安
高子富　李明江　郝
明信　郝全　高尚恒
高尚建　高尚忠　杜
逢運　郝玉林　郭振
崗　李雲貴　李上忠
郭應愷　刘學恭　馬
□貴　劉□德　張蘭
福　穆文全　任月圣
各一錢二

重修大王庙碑记

【简介】

清道光二年（1822）十月勒石。现存于临县临泉镇上西坡村。碑砂石质，圆首，高 159、宽 65、厚 15 厘米。碑阳额题“永垂不朽”4 字。碑文楷书，正文计 7 行，满行 45 字。记述西坡村重修大王庙之事。碑阴刻外乡施钱人等。郭廷槐撰文并书丹。碑体基本完好，碑文完整，字迹清晰。

【碑文】

（碑阳）

重修大王廟碑記

從來神道設教，所以爲人隆福也。而惟浮濟大王者，龍臥深潢，忽翻波於大海，而疆理滲和，蛟騰池水，即吐霧於神天。而原□優渥百穀草木，咸沾潤澤之恩，四方人民永享盛寧之慶。以故通都大邑皆另立祠，輝煌其樓殿，彩飾其墻墉，原以妥神靈而獲大福也。邇來上西坡村舊立廟宇，將享以時，萬民所以答冥眷，風雨不□一方。於之告明禋，奈年遠日久，廟像之筆彩無存，雨洒風漂，墻垣之傾圮已甚，神之未安，人何以堪，相等目擊心傷，決心補葺。無小無大，一鄉既分有餘之財，善女信男，四境共爲不足之補。復於東偏建風神廟一楹，西偏設土地廟一間，鳩工數月而煥然一新。遥而望之，竣宇雕墻，宛然近城之巨觀；既而視之，塗金綉堊，依舊祈報之勝地。夫神自奠居而雨暘時若，必衍慶于萬民，人襄盛事而刻石勒碑，亦垂芳於千載矣，爲此謹記。

功德主　張桐　子慶昌　同施錢三千六百文

糺首　張鋕施錢三千六百文 任文振施錢一千二百 薛維軻施錢二千

本村施錢人　張悟施錢五百　張桂施錢一千　薛繼冉施錢六百　薛池施錢一百二十　張允通施錢八千　吳琳施錢六千　張永福施錢六百　張蘭富施錢五百　張慶元施錢五百　薛汾施錢一千　張永順施錢十千　吳瑜施錢八百　鄭玉棟施錢一千　曹孟鶴施錢一千　霍成海施錢一千　曹慶業施錢六百。張奈施錢三千六百文　張永富施施錢一千二百　劉清盛施錢三百六十　張鐕施錢一千二百　張檢施錢一千二百　王有琳任進玉施錢二千　薛潔施錢二千　薛楹施錢五百　吳興讓施錢四百　郭進光施錢三百　薛繼路施錢四百　薛孔成施錢一千六百　薛繼武施錢五百　王再興施錢四百　吳志讓施錢四百□長清施錢一百二十　張永賢施錢一百二十

邑庠生郭廷槐撰並書　施錢四百文

石匠　陳法家施錢二百四十文

木匠　苗希義施錢三百文

泥匠　趙熙

丹青　李福

瓦匠　高臨位施獸一對

陰陽生　高成玘

道光二年歲次壬午十月穀旦

（碑阴）

外鄉施錢人　監生齊其永　監生齊其正　介賓張應斗　貢生郭廷槐　監生劉榮世　郭奇雲　郭其紅　郭小環　郭振綱　郭含直　監生高步雲　武生秦慶其　生員任德修　郭廷濤　郭步茂……

賜福人世間物阜民康　保佑鄉鄰人傑地靈

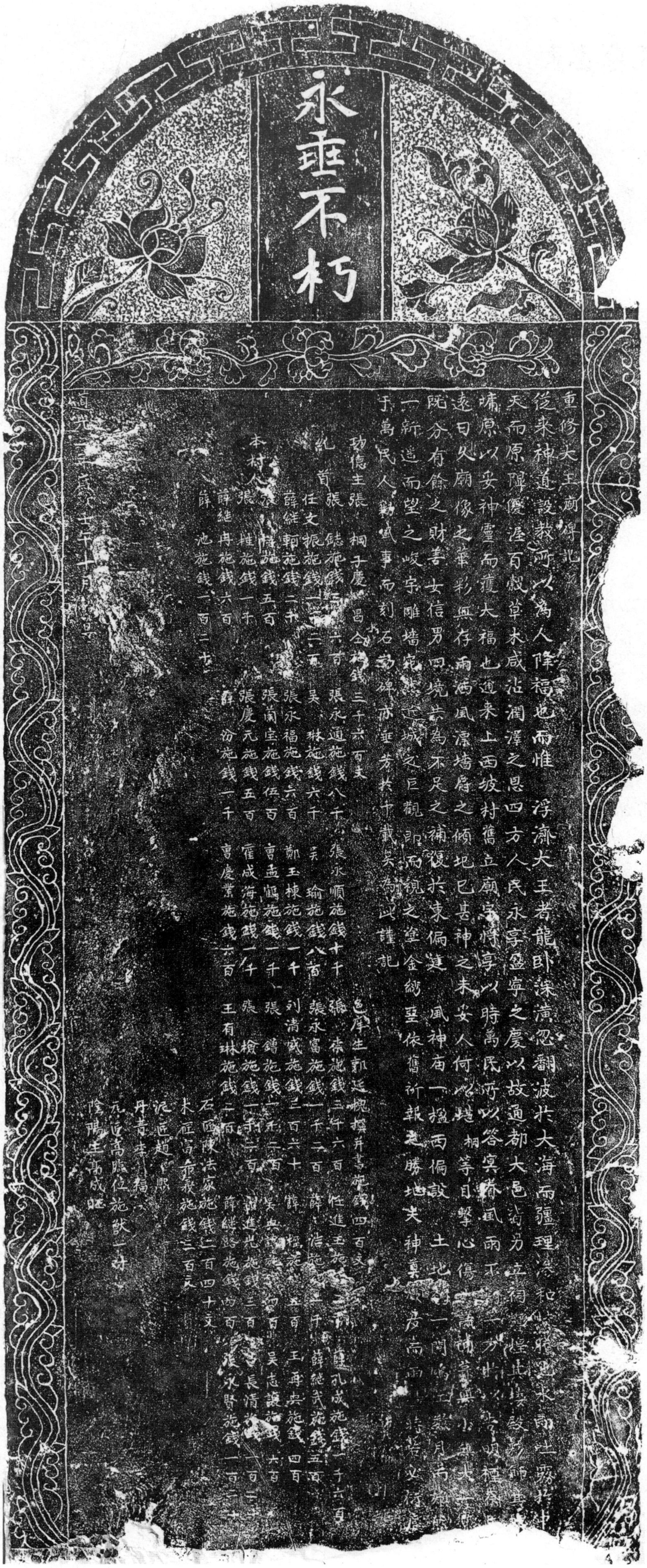
永垂不朽
重修大王廟碑記
從来神道設教所以為人降福也而唯浮濟大王者龍卧深潢忽翻波於大海而彊理湲和
天而原隰優渥百穀草木咸沾潤澤之恩四方人民永享盈寧之慶以故通都大邑皆立祠
墉原以妥神靈而獲大福也邇來上西坡村舊立廟宇將淳以時萬民所以答冥眷風雨不
遠日久廟像之華彩無存雨洒風漂墻屋之傾圮已甚神之未安人何以堪 桐等目擊心傷
既分有餘之財善女信男四境共為不足之補復於東偏建 風神廟一楹西偏設土地
一新遂而望之峻宇雕墻宛然近城之巨觀即而視之塗金繪堊依舊祈報之勝地夫神冀
于萬民人勷贰事而刻石勒碑亦垂芳於千載矣為此謹記

杨节母郭氏墓志表

【简介】

清道光二年（1822）十一月勒石。现存于临县三交镇西王家沟村。碑砂石质，圆首，高102、宽51、厚15厘米。额题“节孝流芳”“日”“月”。碑文楷书，正文8行，满行30字。为杨节母郭氏墓表。碑体下部风化严重，碑文有缺失，字迹模糊。

【碑文】

楊節母郭氏墓誌表

墓誌有表，猶家之有乘。家無乘則世系之顯榮不舉，墓無表則……不彰。先妣氏郭自適楊門，克相先考。先考同胞四人而居……不幸早逝，遺秀升一子甫三歲時，先妣年方二十有四，堅志……立，以承長門宗祧，深歷無窮之艱辛，貞守孤孀之居，諧宗戚等……“竹筠松操”匾額，而先妣操行益勵，課訓愈嚴，遂至家聲漸振而……逾半百餘始仙昇。夫當先考捐舘之後，先妣不□柏□何……妣矢志柏舟，今雖得以瞑目，而撫心終不忍忘先妣之範……誌竭墓前以表。

男楊節　孫忠　狗□　結□　□□　□□　禮

旹大清道光二年十一月初四日敬立

重修碑记

【简介】

清道光三年（1823）五月勒石。现存于临县玉坪乡郝刘家沟村。碑青石质，圆首，高94、宽51、厚15厘米。碑阳额题“重修碑记”4字。碑文楷书，正文计16行，满行32字。记述刘家沟重修观音殿、山神庙、土地祠之事。秦国干撰文并书丹。碑阴刊经理人、布施人姓名。碑体完好，碑文完整，字迹清晰。

【碑文】

（碑阳）

重脩碑記

竊嘗曠觀宇宙，瀏覽邑乘，凡窮郷僻壤，悉崇廟貌，俯答神庥，非以煩土木美觀遊也。良緣恩德被於天下，功烈施乎後世，令人千百載而不能忘耳。城東南二十里許劉家溝村，舊有觀音殿、山神廟、土地祠三處，莫知所昉而靈感異常，有求必應。每遇旱魃，土人禱於是廟，輒沛甘霖，此方之人無流離失所者何？莫非菩薩之慈悲普救，山神土地之默佑使然哉。宜其殿宇輝煌與日月爭光，雖然昔人刱之於前，縱竭盡心力，勢不能使之歷久而常新，則必有待於後之人補葺而整飭之。數如斯，理亦如斯。乾隆秊間，有貢生郝中桂出仕許願，言異日旋返，必經理補葺。爰於榮歸之際，卜地基正方位，移三廟而始建此境。迄今數十餘秊，久已梁壞棟折，瓦破垣頽，以致雨迹霜痕，污及聖像，見者靡不心惻。歲在庚辰，公議重修，村人郝寬、郭之德、郝榮等蕲諸余父，余父不敢薑（違逆），而與之同董之。謹擇明年庀材鳩工，仍厥舊址，新券磚窑一眼，正塑大士菩薩，旁塑羅漢，東西建殿二間，左山神而右土地，北立門樓，周圍築墻，夫以蕭條冷落之場，一旦金粧彩畫，煥然改觀。或者曰：人之所爲乎？吾則曰：神之所感矣！功既竣，僉謀泐石，經理人詢記於余。余愧無文，固辭而不得，因即其事之始末，約略誌之，以俟後之君子，有所觀感而興起云。

庠生弟子秦國幹薰沐敬撰並書

大清道光三年蒲月穀旦立

（碑阴）

經理人　郝寬　郭之德　大禹村介賓秦光清　郝榮　郭之福　耆老郝進德

施錢人　……劉思誠　劉殿選　劉思敬　大禹村監生秦建基　庠生劉秉敬　庠生秦玉山……周家溝周德一……

重脩碑記

竊嘗曠觀宇宙瀏覽邑乘凡窮鄉僻壤悉崇廟貌俯答神庥非以頌土木美觀
遊也良緣恩德被於天下功烈施乎後世令人千百載而不能忘耳城東南
十里許劉家溝村舊有
觀音殿　山神廟　土地祠建立三處莫知所昉而靈感異常有求必應每遇
旱魃虐人禱於是廟輒沛甘霖此方之人無流離失所者何莫非
菩薩之慈悲普救　山神　土地之默佑使然哉宜其殿宇輝煌與日月爭光
雖然昔人剏之於前繼竭盡心力勢不能使之歷久而常新則必有待於後
人補葺而整飭之數如斯理亦如斯乾隆年間有貢生郝中桂出仕許願言異
日旋反必經理補葺爰於榮歸之際卜地基于方位移三廟而始建此境迄今
數十餘年以已梁壞棟折瓦破垣頹以致雨流霜痕污及　聖像見者靡不
心惻歲在庚辰公議重修村人郝寬郝之德郝榮等暨諸余及余父不敢自□
與之同董之謹擇明年庀材鳩工仍屬舊址新砌磚窰壹眼正塑
三大士菩薩像塑　羅漢東西建殿二間左　山神而右　土地北□□□
周圍築墻夫以蕭條冷落之場一旦金粧彩畫煥然改觀或者曰人之所爲乎
吾則曰　神之所感矣功既竣僉謀泐石經理人詢記於余余愧無文□□
而不得因即其事之始末約畧誌之以俟後之君子有所觀感而興起云
庠生弟子秦國幹薰沐敬撰並書
大清道光三年蒲月穀旦立

新修王家塌石峁路碑序

【简介】

清道光四年（1824）六月勒石。现存于临县丛罗峪镇小王家塔村。形制为圆首碑，砂石质。碑高163、宽69、厚17厘米。额题“万古流芳”4字。碑文楷书，正文计8行，满行40字。记述王家塔村新修石峁路之事。碑体完好，碑文完整，字迹清晰。

【碑文】

新修王家塌石峁路碑序

糾首王玉泰、王以信合村舊存布施錢伍拾千有零，自此出。

嘗思夫路若大道，然是路之不便於往來者，猶道之不行於宇宙也。若臨邑王家塌村之西有路名曰石峁，傍山臨河，險隘迫狹，延袤二三里之遥，使無人焉起而整理之，則狹者終狹，隘者終隘矣。幸有是王公諱德善者，慷慨磊落，始起念欲修，覺財力不及，因與合村公議曰：“此路崎嶇，而欲要盡善，非能大興工役不可，又幸有泉源在左，得成其事。”族中老幼皆曰：甚善！於是擇其幹鍊者議爲幾糺首，相與修房舍，備器械，遂定興工於四月初八日，察其屈狹不可行者，則實傍空以廣之，覩其迂迫不能舒者，則鑿其危崖以直之。由是險隘者易爲寬廣，迫狹者易爲坦平，至是告竣於六月二十七日。其綜理之盡其往來者，咸爲歌頌焉。凡諸經理之人無不共負勤勞，而惟德善者更加辛苦，始終不怠，可謂名不虛傳矣。余是以略爲表彰，勸人爲善，且以俚言勒之貞珉，庶與諸公之姓字並垂不朽云。

功德主　王德善施錢三千二百文　王廣施錢一千六百文

經理人　王廣遠　王□□施錢二千四百　王選施錢三百二十文　王大業施錢一千六百文　王□清施錢一千二百文　從九王成業施錢一千二百文　王廣業施錢二千八百文　王連玉施錢一千二百文　王以敏施錢一千二百文　王增□施錢三百六十文　王興讓施錢六百六十文　王光富施錢一百二十文　王朴玉施錢二百四十文　王以知施錢四百八十文　王遇喜施錢四百六十文　王□安施錢三百六十文　王長富施錢三百二十文　王喜仁施錢三百二十　王長貴施錢一百二十　王來賓施錢一百二十　王□施錢一百二十　王映賢施錢一百二十　王有福施錢一百二十　王長清施錢一百二十　王慶榮施錢一百二十　王□□施錢一百二十　王長杰施錢一百二十　王肇彩施錢一千二百　王肇魁施錢一千二百　王名山施錢九百二十　王崇山施錢三百二十　王懋德施錢六百二十　王昭德施錢六百二十　王明德施錢六百二十　王濟施錢三百六十　王玫施錢三百六十　王珍施錢三百六十　王崑山施錢六十文

馬家山村　馬□楊施錢四千二　馬永富施錢二千二　馬騰文施錢二千二　馬士學施錢一千二　馬國祿施錢六百二十　馬國成施錢三百六十　馬廷龍施錢三百二十　馬廷相施錢三百二十　馬廷謝施錢三百二十　馬榮春施錢二百四十　馬騰富施錢二百四十　馬國利施錢二百四十　馬含相施錢六十　馬廷温施錢六十　馬含德施錢六十　馬勝桂施錢六十　馬富春施錢一百二十　馬國法施錢一百二十　馬□□施錢一百二十　馬□□施錢一百二十　馬□□施錢一百六十　馬正春施錢二百四十

白玉堂施錢二百四十　王映春施錢一百八十　郭百長施錢一百二十　楊向榮施錢二百四十

附生高其偉撰書

河津石匠　楊步清　楊步亮施錢一百二十文　楊步興

大清道光四年歲次甲申六月穀旦立

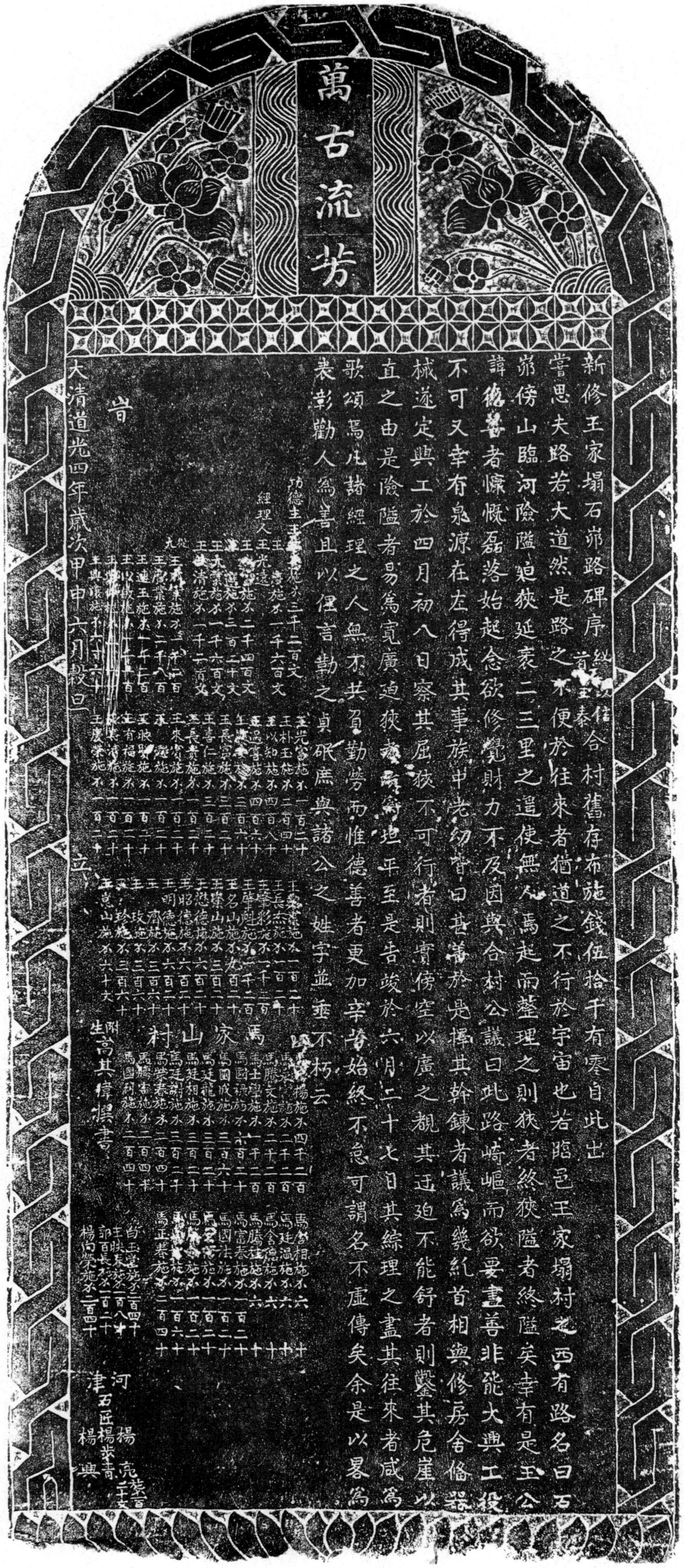
萬古流芳
新修王家塌石峁路碑序
嘗思夫路若大道然是路之不便於往來者猶道之不行於宇宙也若臨邑王家塌村之西有路名曰石
峁傍山臨河險隘迫狹延袤二三里之遥使無人焉起而整理之則狹者終狹隘者終隘矣幸有是王公
諱德善者慷慨磊落始起念欲修覺財力不及因與合村公議曰此路崎嶇而欲要盡善非能大興工役
不可又幸有泉源在左得成其事族中老幼皆曰甚善於是擇其幹鍊者議為幾紀首相與修房舍備器
械遂定興工於四月初八日察其屈狹不可行者則實傍空以廣之覩其迂迫不能舒者則鑿其危崖以
直之由是險隘者易為寬廣迫狹者地平至是告竣於六月二十七日其綜理之盡其往來者咸為
歌頌焉凡諸經理之人無不共負勤勞而惟德善者更加辛苦始終不怠可謂名不虛傳矣余是以畧為
表彰勸人為善且以俚言勸之鎸碑庶與諸公之姓字並垂不朽云
附生高其偉撰書
大清道光四年歲次甲申六月穀旦 立
河津石匠楊亮 楊興

重修弥勒庙碑记

【简介】

清道光五年（1825）四月勒石。现存于临县三交镇西坡村。碑砂石质，圆首，高155、宽68、厚14厘米。碑阳额题“万古常昭”4字。碑文楷书，正文计12行，满行32字。记述村民重修弥勒佛庙之事。碑阴为布施花名。碑体左侧有残损，碑文亦有缺失。

【碑文】

（碑阳）

重修彌勒佛廟碑記

李新祚領緣簿與佛堂峪劉克均募錢十五千　樊仲樂募錢二千

主持　暴思容

從來儒與佛道雖分途而立要，各造其極，有功德於人間，所當血食萬代、俎豆百年者也。以故鎮之西有山，山上舊建彌勒佛、三教堂廟二所，廟内韋馱閣、樂樓、僧窑二眼並三教堂之鐘樓，基址雖存，傾圮已甚。考之舊碑，補修於康熙年間，前人之辛勤至矣。使不重加修葺，不特前功盡棄而神于何依。且此山右鄰谿谷，谷口兩峰對峙，清泉中流，舊立廟於雙峰之巔，即関帝、伽藍二像也，距今亦圮甚，更兼舊無墻垣，往來乞丐侮漫神聖，非所以奉祀典而重神靈也。爰是樊三成、樊振元等公議重修，擇于道光甲申春，庀材飭匠，至秋告竣，共費錢二百餘千，上下廟貌神像以及樂樓與僧舍垣墉，無不煥然一新焉。且增修関帝、伽藍廟，周圍墉壁粉飾彩繪，以肅觀瞻，以伸誠敬，於以継往開來。俾廟貌永垂于不朽焉，豈不懿哉！舊于康熙年間，邑人樊有九其子瑞聯，施上下修廟地八畝，粮八升，前人未勒貞珉，今有樊子學信者，於修廟之本年慨然施雙廟前平地三畝三分，粮三升半，恐年遠無稽，並誌之，以彰好善樂施之雅意云爾，是爲記。

交鎮居士撰

施錢糾首

樊學信施錢四千　樊振元施錢四千　樊飛施錢三千　樊建施錢三千　武生樊丕承施錢三千　劉澤淵施錢三千　樊寵施錢二千　監生樊景施錢二千　監生李錦銘施錢二千　李新祚施錢一千二　庠生武嘉猷施錢一千二　武淦施錢一千二　武建壽施錢一千四　監生樊蘊瑾施錢一千二　樊知新施錢一千二　武生樊蘊珍施錢一千二　樊柏施錢一千二　劉占元施錢一千二　孫會魁施錢一千二　庠生樊壽山施錢一千二　李錦成施錢一千　樊真施錢一千　樊盡孝施錢六百　樊俊施錢六百　王天富施錢六百　樊三富樊三貴施錢一千　樊凌霄五百

瓦匠　杜永德

泥匠　王秉清　王希雍

木匠　樊海泉

丹青　康際有

石匠　李根春　高先庚

李春雲栽栢樹四株　李培智施大門一對　樊法堯施千二千

道光五年四月吉立

（碑陰）

施錢碑記

……　樊光清施錢一千二　……　康子智施錢一千二　樊景喜施錢一千二　樊清雲施錢一千二　樊鍾樂施錢一千　監生樊□施錢一千　武生樊□施錢一千　……　德□當　樊顯施錢一千　樊景照施錢九百　監生樊□樊榆同施一千　自順號　……　李建唐施錢六百　劉利唐施錢六百　樊元國施錢六百　樊學清施錢六百　樊學富　樊學士　仝施錢六百　義宜□□義長　……　□成樓施錢四百　樊晋發施錢四百　大興久施錢四百　……　文盛堂施錢四百　天成油店施錢四百　□□房　……　恒和局施錢四百　合成公施錢四百　段逢益施錢三百　……　永興店　曹儒簪　德興號　永盛店　李兆鴻　德□□……王文山　孫勤□　樊現光施錢三百　薛文明　高昌發　李維斌　三合廠　劉萬成　張銘　孫負才　陳升　李進才　協盛鋪　興盛永　興順升鋪　三元□　興和發　……　各施二百　三義館　張伯興　樊賡盛　三和館　萬積樓　三盛館　天順成　樊宗□　興盛□　薛萬祥　薛萬通　李發財　康子亨　李朝陽　李兆勳　……　張偉　高立後　王國安　李榮升　張保後　樊進周　王如蛟　興順永　薛長泰　興盛合　姚發選　……　薛文魁　樊德明　樊輔明　武長生　薛萬德　吕善修　崔嶺　……　樊興輝　裕順永　樊文斗　樊明光　樊蘊鈺　……　樊國林　嚴有富　樊國府　樊全美　曹正書　李榮斗　張映寬　四盛廠　永茂公　樊元福　高步珍　武生樊嗣倫　樊建祿　樊應隆　樊應遠　……　崔雲玉四百　劉茂槐一千　趙全忠六百　張休耀六百　張鑑四百　嚴成權　杜厚　王景雲　曹元儉　……　賀觀□八百四……　暴兆□　合盛永二百四　樊法堯五百　王天富一千二……　樊寵二百　孫儒□……　武锐……

“明经第”匾额

【简介】

清道光五年（1825）勒石。现存于临县碛口镇西湾村，嵌于墙内。匾砂石质，长方形，高56、长75厘米。匾文楷书，正文1行，满行3字。匾体风化，字迹模糊。

【匾文】

道光乙西

明經第

后寨村重修庙记

【简介】

清道光五年（1825）十二月勒石。现存于临县安业乡后寨则村。碑砂石质，圜首，碑高195、宽71、厚18厘米。碑阳额题“片石留青”4字。碑文行楷，正文计6行，满行58字。记载后寨村重修关帝、观音庙之事。碑阴刊刻外乡施钱人姓名。赵运昌撰文，赵家珍书丹。碑体完好，碑文完整，字迹清晰。

【碑文】

（碑阳）

窃見今之作碑者，非鋪張神妙即侈談功德，予甚惑焉。孟子曰：四聖而不可知之，之謂神者，既不可知矣。果孰能詳其神妙焉，完之娓娓且民爲神主，故刱建神祠与重修廟宇，皆我分所宜，又何功之足云。惟其然此，予所以甚异，夫今之作庙碑者也。距城十里許，後寨村旧有關帝觀音廟神殿数楹，樂楼一座，石窰二眼，刱自康熙年間。越后屢次補葺，貞珉可考，無庸冗敘。去年春，衆見庙基傾圮，議定重修。公舉李光裕、劉玺、康益安總理，康文彬等協办，合村努力捐貲，又于四方募化多金，將神庙献殿整旧如新。楼窰徹底重做，又增修茶房三間。事竣未遑立碑，今冬碑就，請予作文，予以不能辞。衆勉之曰：吾輩亦非欲鋪張神妙、侈談功德也，特念四方捐資之美，不容掩没。爰謀樹碣，俾后之覧者知独木难支大夏，衆志可成鉅城。随時修理，毋令是業淪於荒墜等云尔。予聞是言，頗覺近理，遂摭寔数語，略陳始末而为之記。

恩進士候銓儒學教諭趙運昌薰沐撰

長男邑庠生趙家珍敬書

廟外東南西北俱系李光裕地，兹修時日，在基狭隘，伊已於西南施地數尺，外地一應護常業，合社公認。

合社施錢人姓名

董事人　康益安錢三十四千　李光裕錢三十千文　劉玺錢二十四千

經理人　康文郁錢一十四千　李萬

齡錢一十千文　康元福錢一十千文　李樹模錢八千文　李秀升錢八千文　康文彬錢五千文　李鳳恩錢五千文　李元春錢二千五百　李樹楷錢四千文　李樹楕錢四千文　李林芳錢二千四　李樹齡錢二千四　康文炳錢二千四　康益喜錢一千二化一千三百四　李光福錢二千二　李思明錢一千二　康文喜錢二千文　康文全錢二千文　康元祿錢二千文　李希冉錢二千文　李彭齡錢二千文　李儒林錢二千文　李世恩錢二千文　李逢泰錢一千六　康益秀錢一千五　康文成錢一千二　康益賢錢一千二　李端方錢一千二　李鳳章錢一千二　李應法錢一千二　李世元錢一千二　李逢昌錢一千文化一千　康文有錢一千文　康文富錢一千文　李永芳錢一千文　康元禎錢一千文　李桂齡錢一千　李清秀錢一千　康太貴錢一千　李桂馨錢一千　李世川錢一千　李映起錢一千　李庭秀錢六百文化四百文　李桂芝錢六百文　李儒積錢四百文化六百文　李樹方錢四百文化一千一百三　李恒泰錢三百文化四百三　康文盛錢二百五　康益忠錢二百五　李應直錢二百四。李永直化錢二千五百六　李思聰化錢一千三　李文通化錢一千□百六十　康益讓化錢一千文　李映泉化錢八百三　李夢齡化錢八百三　康留大化錢七百文　李希孟化錢七百文　李鳳揚化錢三百文

石匠　馮積盛錢二千一

木匠　白仁錢六百文

泥匠　薛大盛錢六百

丹青　任建禎錢二百四

瓦匠　成則施錢四百文

大清道光五年歲次乙酉十二月穀旦

（碑阴）

外鄉施錢人名

監生李懷玉二千　監生樊普　庠生王玬　監生李儀鳳　監生李鳴鳳　監生李民璿　千總王庚長　武生李引傑　庠生趙家珍千二　監生高時泰八百　監生武菈（桂）材　監生李伯正　監生秦富忠　監生秦建基八百　監生李伯玉八百　監生李榮宗　監生李玉麟　監生秦國安　庠生劉秉敬　監生李敬忠　庠生王萬齡　監生李景新　庠生蔡挹　監生劉顯貴　監生郝炳　武生吕映德　吏員白榮升　監生高元魁三百　庠生趙光騰。……恒盛當千二　隆泰當　恒盛永　復升公　義裕當　義□永　永盛隆　天興永　義盛永八百　晉天興　元亨久　復和公　復順公　集盛公　梁世泰一千　隆盛張六百　德勝永　和盛成　泰和永　德盛劉　清香館　亨通店　長盛館　聚仙館　泰成永　永和鋪四百　大成永　三合義　增盛劉　會仙園　義生長　萬西全　三義館……

皇清待赠樊公讳杨字士达元配赵氏之墓

【简介】

清道光六年（1826）勒石。现存于临县三交镇东坡村。碑青石质，圆首，高 106、宽 55、厚 19 厘米。额题“春露秋霜”4 字，碑文楷书，正文计 3 行，满行 14 字。碑体完好，碑文完整，字迹清晰。

【碑文】

皇清待赠樊公諱楊字士達元配趙氏之墓

公秉性純篤，孝友特聞，從善如流，美言是行，田園樂事，父子天倫，元配趙氏，合葬佳城，生前獲福，歿後安寧。

男樊兆麟　樊瑞麟　樊石麟　監生樊玉麟　孫蛟　蟬　問仁　普　武生問智　武生廣　武生問勇　光問友　曾孫攀桂　培桂　晋光　折桂　監生晋魁　丹桂　武生晋昌　應桂　生員晋輝　武生丕承　武生晋□　武生丕顯　晋發　武生丕基　武生晋瑩　晋越　武生晋向　元孫安福　武生洪　錫嘏　立

道光六年三月穀旦

皇清例授太学生樊公讳玉麟字启文元配吕氏继配李氏之墓

【简介】

清道光六年（1826）勒石。现存于临县三交镇东坡村。碑青石质，圆首，高104、宽51、厚18厘米。额题“流芳百世”4字，碑文楷书，正文计3行，满行14字。碑体完好，碑文完整，字迹清晰。

【碑文】

皇清例授太學生樊公諱玉麟字啟文元配吕氏繼配李氏之墓

公温恭敦厚，性成於天，丕興基緒，于萬斯年，配惟吕李，内助良緣，安厝此宅，卜云福田，庶幾子孫，庇蔭綿綿。

男武生樊問仁　樊問智　武生樊問勇

孫晋光　監生晋魁　武生晋昌　生員晋輝　武生晋軫　晋發　武生晋莹　晋越　武生晋向

曾孫錫嘏　錫寶　錫名　錫書　錫三　錫璋　錫瑷　錫位　錫祚　錫瑾　錫九　錫璜　立

道光六年三月穀旦

皇清给札僧会司圆寂恩师融公讳琏字仙鼎和尚觉灵之墓

【简介】

清道光六年（1826）三月勒石。现存于临县临泉镇东峁村东林寺。碑砂石质，圆首，高 130、宽 57、厚 14 厘米。额题“长发其祥”4 字。碑文楷书，正文 1 行，满行 24 字。碑体表面剥蚀严重，字迹模糊。

【碑文】

皇清給劄僧會司圓寂恩師融公諱璉字仙鼎和尚覺靈之墓

生於康熙五十三年十二月初九日未時，卒於乾隆四十九年五月初四日辰時。

門徒通寶　孫道□　道□　道□　道□　道□　曾孫□□　元孫閔□

道光六年三月穀旦吉立

皇清圆寂亲教恩师通公讳宝字孔方和尚觉灵之墓

【简介】

清道光六年（1826）三月勒石。现存于临县临泉镇东峁村东林寺。碑砂石质，圆首，高130、宽57、厚13厘米。额题“百世恒昌”4字。碑文楷书，正文1行，满行21字。碑体缺失右上半部，字迹模糊。

【碑文】

皇清圓寂親教恩師通公諱寶字孔方和尚覺靈之墓

生於乾隆十七年三月十二日丑時，卒於嘉慶十一年九月二十日子時。

門徒曉□　曉□　曉□　孫□□　□智　□□　曾孫閉緒　閉籍

道光六年三月穀旦吉立

明处士赵公讳本之墓

【简介】

清道光六年（1826）清明勒石。现存于临县车赶乡赵家塔村。碑青石质，圆首，高145、宽65、厚16厘米。碑阳额题“永垂不朽”及“日”“月”。碑文楷书，正文计10行，满行31字。为赵本墓记。碑阴刊载后世捐钱情况。碑文完整，字迹清晰，碑体完好。

【碑文】

（碑阳）

明處士趙公諱本之墓

嘗觀木惟有本，故枝盛而葉繁，水非無源，因先河而後海。趙家塌陽向山，原爲趙氏祖墳所在，自萬歷年建修，而後門樓高聳，墻垣崇固。迨及國朝，歷年久遠，墻垣傾圮，多爲牧豎所踐踏。乾隆二十年間，先人誠等，動弓裘之感，切霜露之思，聚集宗族，公議重修，少長胥悅，各解囊貲助，亦復完固。迄今六七十季，風雨摧殘無演則覆，而且水到成渠，崩壞尤甚，先人墓塚，勢將漸及焉。城支中以之等謂夫朋儕往來，尚有通財之義，況奉先孝思，詎惜阿堵之輸。爰是鳩工築削，不數月而工程大略告竣，但因費用不足，水路尚未就理，於焉即止，不幾有初鮮終耶。卒賴有道等格外施助，方得成功焉。嗚呼！分支别派，稽命脉於祖功，幼子童孫，問淵源於宗德，前人之緒，後人繼之，亦欲使後人復繼後人也，庶不失木本水源之義云爾。

十一世孫趙義之　十二世孫有行　監生有道　監生敏

庠生貫撰　輔相書　十四世孫玉斗　毓秀　懷源　仝理

大清道光六年逢清明重修建立

（碑阴）

十世孫　耆民趙錦後一千　趙燮後一百

十一世孫　監生光儀三千二　鳳悦二百　鋒　侃　仝一千　鐸　锐　仝六百　監生紹經一千　義之一千　模之六百　開緒五百　僚四百　俐三百　萬年一千　萬國一千二　武生萬光八百　汝瑞　漢各一百六　監生紹絃一千　□□一千　福全一百　□保三百　復初五百　富榮　復榮　各三百　汝堯汝棋　仝二百　復貴六百　思之一百　有福二百。

十二世孫　輔柏二次六千五　監生有道二次六千　監生敏二次七千　輔卿八百　輔世三百　輔國五百　輔侯　輔廷　仝六百　輔公三百　輔皇五百　監生應升二千　有行三千　有常一千　金欽一千五　□□八百　應五百　□八百　玥二百　琬四百　爾河三百　爾週二百　爾光五百　任一百武一百　海清一百六　廷　琰三百　士彪三百　士雄三百　應存　應玉　仝六百　桐三百　玫二百璣四百　玉衡三百　士謙□百　士敏四百　士炳三百　士魁一百　士升一百　士祥三百　士表三百煜一百四　士光二百　海富四百　海貴一百六　元昌四百　元河一百　元貴四百　元一千四　希汪三百六　希望二百　希貴一百　秉光一百　稀有五百　元江一百

十三世孫　有喜五百　有榮四百　龍祥六百　貢生映池　庠生映奎　仝四千　明林三百　種玉二百　淦二百　映清五百　映奇三百　楷三百　監生廷光一千二　龍貴一千五　學文一千　武生龍綿五百　邦禎　希望　各二百　榮貴一千　希貴一百　應堂二百　龍安一百六　映明一百　仲光　裕光各一百　復光　有光　各一百六　治興五百　龍映一百八　錫光三百　邦才五百　生忍　生惠　仝四百　庠生於臯八百　士逵　士選　仝四百　監生效仁二千　榮光一千　榮湯八百　發瑞一百　蔚秀五百　□清一百二　扶清五百　佐清三百　邦彦一百　耆民耀清五百　富四百　耆民忠六百　宜六百時逢　時雲　各五百　時雍三百　錦生四百　錦寅三百　錦文三百　錦信　錦衡　各二百　學舜四百學禹一千　學湯三百　萬海二百

十四世孫　毓秀二次七千　懷源六百　玉斗一千二　增生玉田六百　徙週四百　玉堂一百六　玉章一百　玉光二百　禹週三百　懷週一百二　懷選一百六　相週一百六　助週一百二　懷瑾三百　懷珍二百　懷忠二百四　懷賢一百五　継週五百　應週一百二　元義二百　廩生恒德三百　恒心五百恒盈五百　居恭一百二　居輝二百　青選四百　武生萬春一千　萬恒二百　毓俊五百　毓清六百　青雲二百　清伯三百六　青仲一百　青奇□□　青傑□□　積德二百四　積厚六百　應泉八百　積堂二百　積貴三百　積善三百　積華一百六　進榮一百六　進富二百　進德二百　進美　進善　各一百六　進耀二百　進秀一百六　耀三二百四　逢春二百　文焕五百　儒珍一千二　應明三百　王珍一百二　元信三百

十五世孫　勲五百　廣富一百六　廣德六百　廣厚三百　普三百　崙一百二　泰運二百　子威四百　子敬三百　愷五百　偉二百

重修浮济大王庙碑记

【简介】

清道光六年（1826）勒石。现存于临县紫金山大王庙。碑青石质，圆首，高164、宽60、厚15厘米。额题“片石留青”4字。碑文楷书，正文计10行，满行40字。记述紫金山重修浮济大王庙之事。王晋钺撰并书。碑体断裂为五块，碑文残缺严重。

【碑文】

（碑阳）

重修……

癸酉拔貢候選儒學教論王晋鉞熏沐譔并書

臨邑有八景，紫金山誠爲一邑之勝境。乾隆乙卯夏，予來遊是地，著屐登攀，見此山峭拔高聳，巽……爭妍，百鳥和鳴。入廟瞻拜，内有浮濟大王、風神、水母居中，左有五龍聖母……右邊土神山神，其南有樂樓鐘樓。正殿階前有窟，深不見底，名曰風洞。左邊石壁有孔，僅穴……逢旱祈禱，無感不靈，山之麓建觀音、關帝廟，山之巔建無量廟，真不啻蓬萊仙島，鄉……年久遠，屋老瓦落，階廉頽仆。予徘徊久之，每嘆盛地名域刱建於前，凋敝於今，其何以竭虔……沾惠也乎。迄今垂三十年，有告予者曰：紫金山廟宇落成，願鐫諸石，求汝爲詞，以示將來。予因復……見其木瓦腐壞者易之以新好，墻垣傾頽者築之以壯固，且又新建三教、玉皇、三位娘娘、日光、月光諸廟，金碧輝煌，光彩耀目，較前之規模、制度大相懸殊，斯誠足以妥神靈，昭祈報矣。語云：莫爲之前，雖美弗彰；莫爲之後，雖盛弗傳。使後之視今亦猶今之視昔，俾時時補葺振修，則吾邑之盛地……環並垂不朽云。

前任臨縣正堂戚……施銀八两　前任儒學教諭韓……施銀十二两　前任儒學訓導劉……施銀十六两　前任城守司靳……施銀六两　前任臨縣右堂汪……施銀十二两　董鐸施銀十二两　劉□施銀六两　李永盛施銀□两　董□鏡……　李士温施銀六两　郭存德施銀一两□錢　李繼清施銀六两六錢　劉明裕施銀十两　□清維施銀六两　李成荣施銀六两　董讓施銀一两　高維德施銀二两　馬林施銀四两　秦居智　仝敬立

大清道光六年歲次丙戌三月穀旦

石工　馮玉麟施錢二百　修造僧　如浩

（碑阴）

純孝寺僧　廣秀　……　董鐸　郭存德　郭清雄　監生劉明裕　前任僧會司曉鶴　修造僧如浩　郭廷玉　郭有春　郭鳳宇　郭文輝　郭柱　貢生趙映池　庠生陳琬　庠生張如登　庠生李元冕　監生賀萬麟　監生李荣宗　監生秦耀宇　南天益　郭永清　……

紫金山神祠香火碑记

【简介】

清道光六年（1826）三月勒石。现存于临县紫金山大王庙。碑青石质，圆首，高 149、宽 65、厚 15 厘米。额题“石镜永传”4 字。碑文楷书，正文计 7 行，满行 43 字。记载为紫金山神祠捐施香火膳食之资的事情。李士温撰文并书丹。碑体完整，碑文略有残缺。

【碑文】

紫金山神祠香火碑記

邑庠生李士温薰沐撰並書

鐫字人　馮玉麟　馮瑞麟

從來廟有香火，僧有養膳，二者固相依而不可無者也。況紫金山大王諸神祠離村邊逺，光爲不能缺一者哉。然不有以誌之或歷年久，或遭事故遂有遺失而不知者。兹值工程告竣勒石留芳之际，謹將所有香火養膳之資，開列於後，以誌不朽云。

……廟基荒山一座，東至神嶺溝水渠，南至大小黑馬嘴，西至醋盆岔山塌，北至大溝天河爲界，無粮。又甘川溝村旧有集會，歲納官税銀二兩，大小十八村七月七日會戲三天，自集會廢後，献戲收税，利害俱移在廟上，經理□人真□買到甘川溝村陽崖上舍窠一處，如浩買到黄犬則梁山地十八垧，認粮二斗一升六合。苗仲富施甘川溝村廟峁上山地四垧半，認粮三升□合。李士温、薛玉清、苗佳富仝施瓦窰溝山地二十垧，認粮一斗七升……

馬金龍　貢生王居正　馬成龍　監生王居仲　理問王佩瑜　杜永寛　監生李儀鳳　張得寳　貢生齊其家　李爾璞　薛秀荣　劉大禮　李懷玉　段升明　白天信　白大賢　白萬仁　劉培川　楊丕基　段鳳魁　郭生義　杜成信　李子寛　劉應通　李邦彦　高丕雄　李希寛　高照　康荣顕　王廷柱　曾可託　以上各一千六　亩殿國　張全輔　吳梅　李仁恭　各千六　耆賓趙椿　賀敬　武生李培榮　張有德　張永富　秦時中　李新旺　以上各千五　王中□　劉映斗　高福山　杜成季　張荣貴　張有裕　李永富　張継□　高禄升　高時寛　高伯盛　□禄福　□禄盈　高禄厚　王啓桐　王法桐　王耀成　高忠　白士秀　張光鳳　郝學琴　李世成　以上各千四　杜心香　張其仙　杜開富　劉振修　郭祥旺　亩思興　各一千四　高守清　劉培　高如通　劉自修　秦國瑞　各千二　長興延　貢生王晋修　太和義　千総王晋鐘　高保民　千総王慶長　柔映昱　監生王晋楷　高殿俊　監生劉文友　高永福　李學雲　郝映江　李秉福　張立後　王盛珍　賀光普　張樹栢　劉大□　張進□　李茂通　秦治清　薛德盛　藴旺成　劉永德　李成□　董□旺　王興盛　李家盛　高彩　白連　張步宇　劉國良　張應貴　□合義　李應元　劉德　折應富　武維清　武維吉　劉元魁　劉存良　任□來　李盛江　劉全富　王中文　高萬升　郝存恭　劉國珍　问在豊　秦廷棟　劉國和　亩根喜　王明□　楊興□　王應禄

泥匠　任培輝

木匠　高登雲　張仙宇

瓦匠　高麟俊

陰陽生　李仁德

道光六年三月穀旦

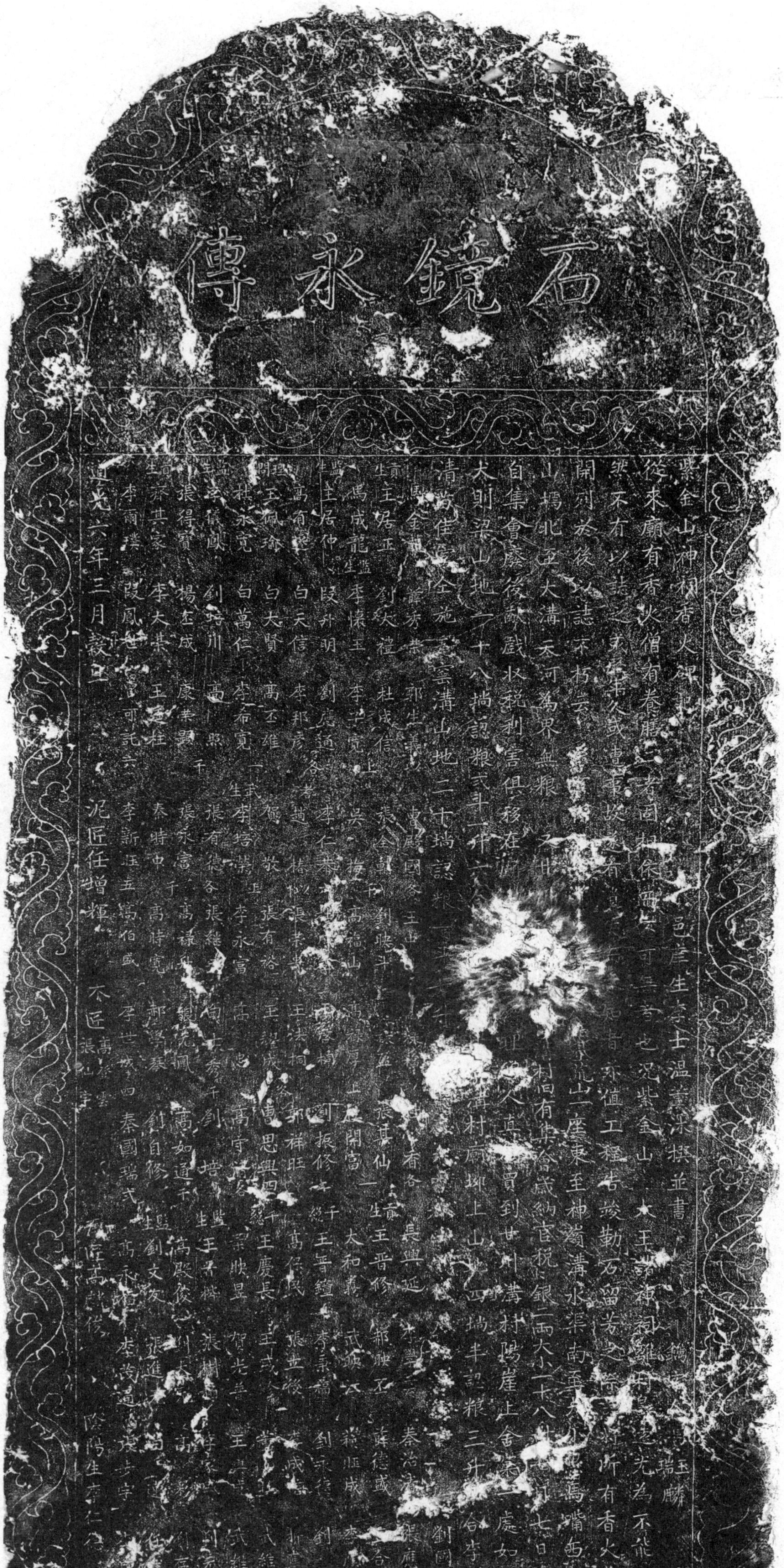
石鏡永傳
道光六年三月穀旦

重修永兴寺碑记

【简介】

清道光六年（1826）四月勒石。现存于临县兔坂镇中舍村。碑砂石质，方首，高 163、宽 87、厚 17 厘米。碑文楷书，正文 12 行，满行 60 字。记载重修永兴寺之事。刘天禄、高望魁撰文。碑体轻度剥蚀，碑文略有漫漶。

【碑文】

重修永興寺碑記

余嘗遊歷名都所至，有古跡勝境，以及招提蘭若，莫不尋芳而遊覽焉。觀其形勢，考其碑碣，如其出何年，創自何人，而始終巔末，悉瞭然於心目之中。雖曰廣所見聞，亦其素性有然也。兹寺越莅僻壤，余亦未之遊覽。乙酉設教於兔兒坂，書碑碣於財神廟，刊字匠人高忠曰：吾村永興寺告竣矣，請先生作記可乎？余曰：記者記其寺之源流也，問其開創則曰，世遠年湮也，厥後重修者屢矣，俱有年數可稽。問其規模，則正殿三楹，内供西方聖人也，東殿則関聖帝君，西殿則伽藍也。下正殿則北極玄天庙也，東殿五祖，西殿七貞排列至山門，則四大天神殿也。如此諸殿與諸神像，舊皆傾圮與剥落，不堪壯觀，今俱煥然維新，丹堊金碧，色色動人，儼然有祇園之風焉。余窃思之，佛者清虚之教，自漢歷唐以及我朝，凡二千餘年，而其傳不息，若惠遠志公輩，時之見於他説，其經如法華楞嚴諸卷，雄其意，亦在於勸善懲惡，雖不甚合乎尼山之旨要，亦有足當者。然則有舉之莫或廢之，宜斯寺之屢修也。一修於大定十八年八月内，再修於康熙五十四年三月初八日起建，告竣於雍正四年冬。是工則肇於道光四年四月十八日，告竣於兹歲者也。所賴合人等爲之經理，振修以观厥成焉。工竣索記，予井蝦枵腹耳，詎敢觀天，然而所善彰美窃有誌焉。聊吐數言，代宣善果，俾異日觀斯貞珉，凜然思奮，奮然思振，則今日之有賴於後，猶昔日之有賴於今也，以言不朽云。

功德主　高福厚　高元厚　高萬金　高文世

糾首　高福海　高福應　高殿公　高元泗　高廷荣　高廷義　高孝　高尚信　郭萬年　高天常　高思鑑　高盛明

經理人　高忠

高兆林施錢八百二十文

高萬金施錢二千四百文　高福通施錢一千八百文

（其余施钱人略）

刊字匠人　高忠　高義　高盛明　高亮明　高進明

刘天禄　高望魁　敬撰

大清道光六年正月十二日吉時立

劉天祿　高望魁敬撰

重修永興寺碑記
余嘗遊歷名都所至有古蹟勝境必招提蘭若莫不尋芳而遊覽焉觀其形勢考其碑碣知其出自何年創自何人而始終窮究悉瞭然於心目之中
先生作記可乎余曰記者記其寺之源流也問其開創則曰世遠年湮也覆後重修者屢矣但有年數可稽問其規模則正殿三楹內供
西方聖人也東殿則 關聖帝君西殿則 伽藍也下正殿則 北極玄天廟也東殿 五祖西殿 七貞排列至山門則 四大天神塑立
如此諸殿與諸 神像因皆傾圮剎落不堪壯觀今俱煥然維新丹堊金碧色色動人儼然有祇園之風焉余竊思之 佛者清虛之教自漢歷唐以及
我朝凡二千餘年而其傳不息若惠遠誌公輩時之見於他說其經如法華楞嚴諸卷推其意亦在於勸善懲惡雖不甚合乎尼山之旨要亦有足嘗
者然則有舉之莫或廢之宜斯寺之屢修也一修於
大定十八年八月內再修於
康熙五十四年三月初八日起建告竣於
雍正四年冬是工則肇於
道光四年四月十八日告竣於茲歲者也
功德主 高元厚 高萬金 糾首 高文世
高福厚 高福海 高廷榮 郭萬年
經理人 高忠
劉天祿 撰
高望魁 敬撰

重修观音庵碑记

【简介】

清道光六年（1826）十二月勒石。现存于临县木瓜坪乡康家墕村。碑青石质，圆首，高136、宽60、厚8厘米。额题“重修碑记”4字。碑文楷书，正文计6行，满行30字。记载康家墕村重修观音庵之事。王居泰撰文，常学川书丹。碑体完好，碑文完整，字迹清晰。

【碑文】

從來莫爲之前，雖美弗彰；莫爲之後，雖盛弗傳。康家墕村舊有南海大士庵，建於乾隆五十四年七月初八日。經理主常鐸，糾首曹天德。由來已久，邇年來風雨剥落，廟貌傾圮，里人目擊，以爲此非所以妥神靈而肅觀瞻也，於四年三月三十日糾集同志，公議重修，奈工程浩大，獨里難支，因著募疏，賴四村好善君子共襄盛舉，告成於陸年，庶神有憑依，而人無滋愧也，爰立石以誌不朽云。

謹作　庠生王居泰

敬書人　常學川

經理主人　常德富

經理人　秦光清

糾首　秦繼統　秦桐　曹先光　王居默　秦運財　武生秦致元

木匠　劉映清

泥匠　任增輝

石匠　南檀輅

陰陽　辛伯順

丹青　衛步堂

瓦匠　王南珍

大清道光陸年拾貳月十三日穀旦

重修圣母庙碑记

【简介】

清道光六年（1826）十二月勒石。现存于临县木瓜坪乡康家塌村。碑青石质，圆首，已残，残高90、宽58、厚8厘米。额题“永垂不朽”4字。碑文楷书，正文4行，满行字数不明。记载重修圣母庙之事。碑体仅存上半，碑文残存一半。

【碑文】

神之爲神昭昭也，况聖母之爲神，保繩振錫祚胤以育蕃衍而昌後昆，尤爲……也。奈歷年久遠，風雨飄摇，瓦老木秃，庙貌剥落……同議重修，竣於六年，庶有以妥神靈而壯觀瞻也。爰泐石以著芳名於奕禩云爾。

社内施錢

常德富錢六千文　王居默錢四千文　曹天德錢二千文　曺光先錢二千文　秦継統米一石二斗　秦桐錢五千文　秦運財錢四千文　秦致中錢二千文　秦致元錢一千文　李潤州錢一千文　曺天財錢一千八百　常治宇錢一千文　常治荣錢一千六百　秦荣揚錢一千文　常治福錢一千二百　秦運發錢一千二百　雷光福錢一千二百　曺輝先錢一千二百　李尊舜錢一千文　曺天吾錢一千文　曺林光錢一千文　李尊□錢六百文　賀荣生錢五百文　常德耀錢五百文　常德輝錢五百文　常雲瑞錢五百文　曺天喜錢三百文　陳樹盛錢三百文　秦爾元錢三百文　常雲章錢三百文……

大清道光陸年拾貳月吉日谷旦

故显考郭公讳兆宁字长安显妣郭门儒人李氏之灵柩

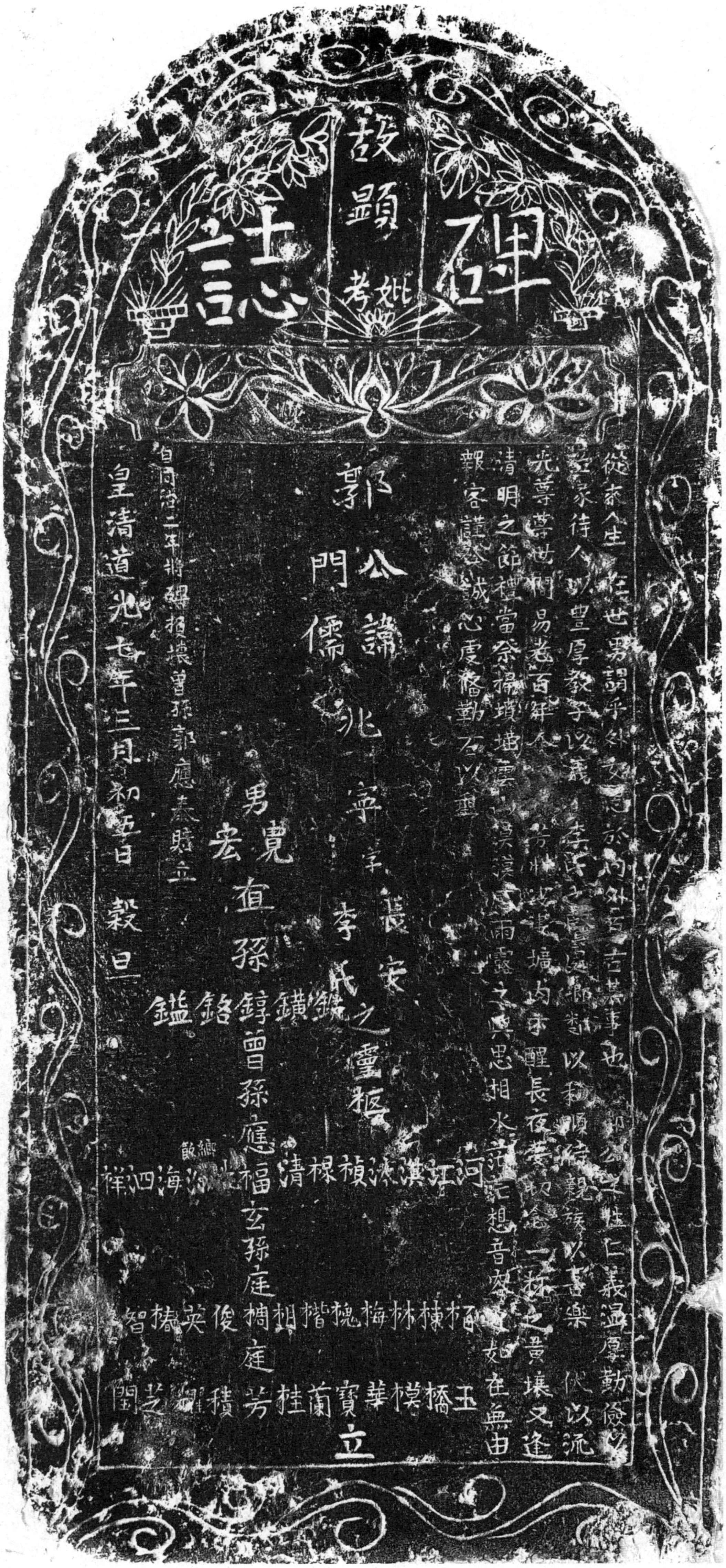

【简介】

清道光七年（1827）三月勒石。现存于临县木瓜坪乡康家湾村。碑青石质，圜首，高102、宽48、厚14厘米。额题“碑志”。碑文楷书，正文5行，满行32字。碑体完好，碑文完整，字迹清晰。

【碑文】

故顯考郭公諱兆寧字長安顯妣郭門儒人李氏之靈柩

從來人生在世，男謂乎外，女恩於内，外□古其事也。郭公之性仁義溫厚，勤儉以治家，待人以豐厚，教子以義方。李氏之賢，處鄉鄰以和順，待親族以喜樂，伏以流光尊尊，世間易老，百年人以□芳□□□壙内不醒，長夜夢切。念一抔之黄壤。又逢清明之節，禮當祭掃墳塋。雲山漠漠，感雨露之興思，相水茫茫，想音容之如在，無由報客，謹發誠心虔脩，勒石以垂。

男寬直　宏直　孫錞　鐄　銘　銑　鎰　曾孫應福　應清　應洸　應祿　鄉飲應汾　應禎　應海　應浹　應泗　應淇　應祥　應江　應河　玄孫庭椆　庭相　庭俊　庭楷　庭英　庭槐　庭椿　庭梅　庭智　庭林　庭楝　庭栢　庭閏　庭芳　庭桂　庭積　庭蘭　庭耀　庭寶　庭芝　庭華　庭閏　庭楧　庭橋　庭玉　立

皇清道光七年三月初五日穀旦

观音阁碑记

【简介】

清道光八年（1828）正月勒石。现存于临县临泉镇任家塨村。碑砂石质，圆首，高123、宽71、厚12厘米。额题“观音阁碑记”5字。碑文楷书，正文2行，满行28字。记载任家塨村创建观音阁之事。高承统撰文，秦应吉书。碑体表面略有剥蚀，碑文基本完整，字迹模糊。

【碑文】

觀音閣碑記

觀音之祠遍天下，幾千萬夫言不盡敘，任家塨村今重創建，里人各出己囊，伏乞四方信士隨心施捨，共襄盛事，期年告成，永垂不朽。是爲序。

劉暑□捐錢壹千　趙永清捐錢壹千　辛存義捐錢壹千　趙光恒捐錢壹千二百　成來元壹千　任自亮陸百四十　段升起　任福周　白興山　各捐六百文　苗在富　高丕□　陳樹林　陳又新　白積德　庠生高柄南　郝建功　秦福秉　王進□　各捐錢伍百文　苗在選　高可階　高元　李占魁　監生高田侖　劉生仁　高成翔　高成彪　庠生高時升　賀光深　振深　趙福林　高立英　十三人各捐錢四百二十文　高□選　高煥靈　苗在英　李錫元　王喜高　李常春　白振光　陳樹山　陳振新　陳月新　白茂盛　清光　高秦周　監生賀萬林　胡廷顯　進瑞　喬世昌　秦李顔　劉希成　希善　王親籠　高奉海　薛雨清　合共各捐錢三百六十文

功德主　任天爵　任自量

經理人　趙進元　王明清　任天佑　任自讓　任殿成　王居儉　任殿魁　任賈瑞　作映堂

道光戊子年正月穀旦

撰書人　高承統

刻書人　秦應吉

前小峪新建奎星文昌财神庙

【简介】

清道光八年（1828）勒石。现存于临县大禹乡前小峪村。碑青石质，圆首，高131、宽56、厚16厘米。碑阳额题“千古流芳”4字。碑文楷书，正文5行，满行24字。记载前小峪新建奎星、文昌、财神庙之事。碑阴刊载外乡施钱人名单。碑文完整，字迹清晰，碑体完好。

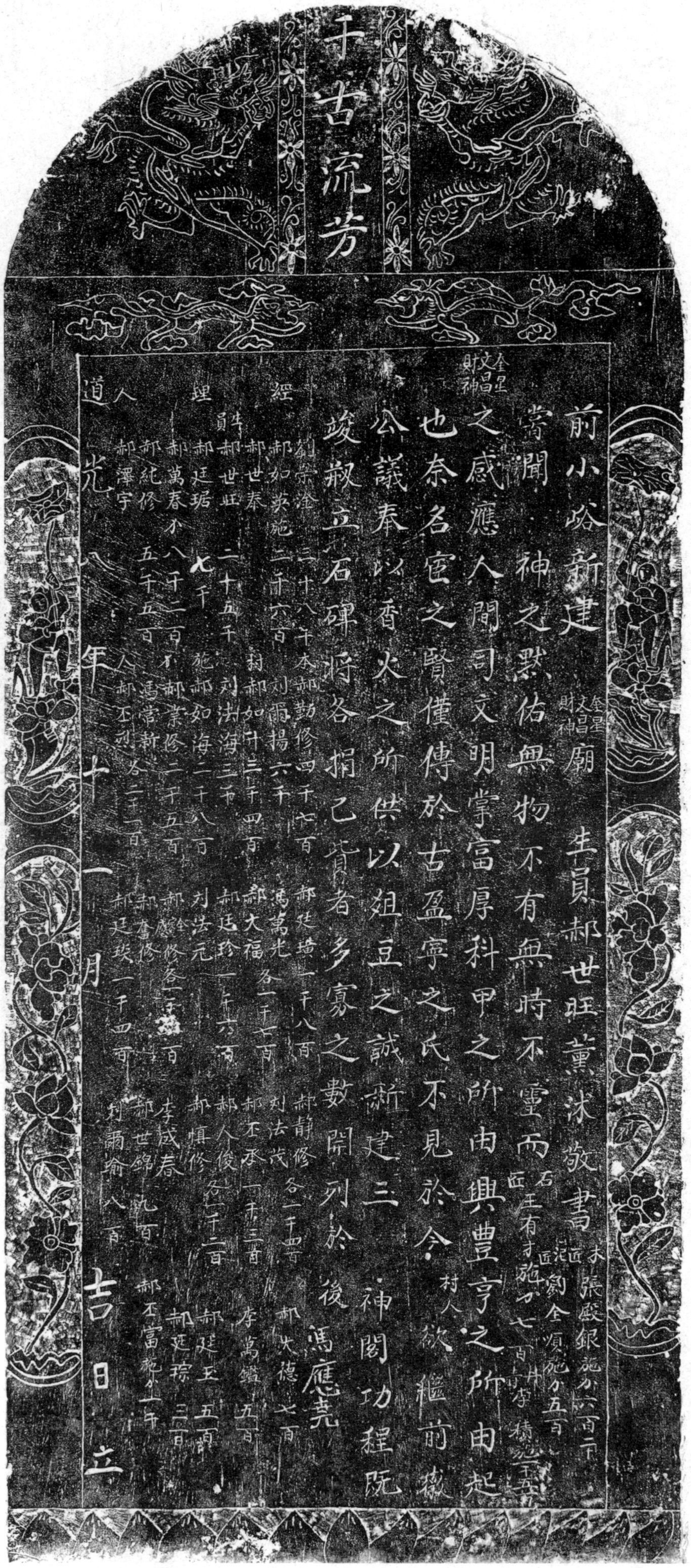

【碑文】

（碑阳）

前小峪新建奎星文昌财神廟

嘗聞神之默佑，無物不有，無時不靈。而奎星、文昌、財神之感應人間，司文明、掌富厚科甲之所由，興豐亨之所由起也。奈名宦之賢僅傳於古盈寧之氏，不見於今。村人欲繼前徽，公議奉以香火之所，供以俎豆之誠，新建三神閣。工程既竣，刱立石碑，將各捐己貲者多寡之數，開列於後。

經理人　劉榮淦施錢三十八千　郝如英施錢二千六百　郝世秦　生員郝世旺施錢二十五千　郝廷琚施錢七千　郝萬克施錢八千二百　郝純修施錢五千五百　郝澤宇

本村施錢人　郝勤修四千七百　刘爾楊六千　郝如升三千　刘法海三千　郝如海二千八百　郝業修二千五百　馮常新　郝丕烈　各二千一百　郝廷璜一千八百　馮萬光　郝大福　各一千七百　郝廷珍一千六百　刘法元　郝全修　郝家修　郝應修　郝奮修　各一千五百　郝廷琰一千四百　郝静修　劉法茂　各一千四百　郝丕承一千三百　郝人俊　郝慎修　李成春　各一千二百　郝世錦九百　刘爾瑜八百　郝大德七百　李萬鑑五百　郝廷玉五百　郝廷琮三百　郝丕富施錢一千

道光八年十一月吉日立

（碑阴）

外鄉施錢人　監生劉廷均　廩生樊正喬　生員高振翼　……

重修庙记

【简介】

清道光十年（1830）七月勒石。现存于临县城庄镇南岭村。碑砂石质，圆首，高158、宽64、厚13厘米。额题“片石留青”“碑记”。碑文楷书，正文计6行，每行残存30字。记载南岭上村重修观音、关帝庙之事。碑体下部剥蚀严重，碑文漫漶不清。

【碑文】

重修廟記

邑庠李子和薰沐撰並書　旧施廟基人……

嘗聞山不在高有仙則名，水不在深有龍則靈。邑北距城四十里有南嶺上村，土地□人……也，村人高宗禹、薛元相等於乾隆三十六年擇村落之岔口，建立觀音、關帝二廟……後，地僻人衆，恍如有名之山有靈之水，則謂二祠即山之仙、水之龍焉。因宜通乎來……觀瞻，亦且難以將享祀，村人高元喜等人公議重修，於是合村協力，捐資募化，動工於……成，欲勒諸石，以垂不朽。托余爲序，余不揣固陋，歷記本末，但願後之視今，亦如今之視昔……我名之山，有靈之水焉云爾。至二神之赫聲濯靈，其庇福乎人者，俱昭昭在人……

經理人　薛履貞　楊金喜　高元祿　高名山　張文孝　高元祥　薛成貴　張文忠　武學恭

糺首　劉智林　郭宗貴　劉映長　劉玉臣　高國含　劉聖居　張武富　秦國珍　薛樹清　李新旺　薛　方　杜廷智　薛履直

合社施錢人　薛履道　楊全法　各四千四　劉智林三千六　張宗法　高元祥　各二千二　劉玉臣　武學智　各二千四　高元輔　高明元各二千　薛成貴一千八　張文忠　郭映斗　劉映辰　各一千六　杜揚　馬元順　各一千五　□□閔　高國含　劉聖君　各一千四　高□祿　郝玉安　薛成富　秦國珍　薛樹法　馬忠武　郝元祥　各一千二百　杜廷智　薛履方　薛履直　郝丕珍　各一千一百　劉楷祥　四百　李□□　杜□□　楊啟□　劉□□　高宗□　劉玉□　□□□　馬□□　劉□□　（以下不清，略）

道光十年歲次□寅七月敬立

片石留青
碑記
重修廟記　邑庠李子和薰沐撰并書
嘗聞山不在高有仙則名水不在深有龍則靈邑北距城四十里有南崖上村
也村人高宗禹薛□相等於乾隆三十六年擇村落之谷口建立觀音
後地僻人衆恍如有名之山有靈之水則謂二祠即山之仙水之龍焉固宜
觀瞻亦且難以將享祀村人高元喜等公議重修於是合村協力捐貲募化
成欲勒□石以垂不朽託余為序余不揣固陋歷紀本末但願後之視今亦
有名之山有□之水焉云爾至二神之赫聲濯靈其庇福乎人者昭昭在
道光十年歲次庚寅七月穀旦

重修碑记

【简介】

清道光十年（1830）勒石。现存于临县大禹乡杜家岭村。碑砂石质，圜首，高167、宽73、厚14厘米。额题“重修碑记”4字。碑文楷书，正文计12行，满行43字。记述村民重修观音、风神庙之事。张□興撰文。碑体剥蚀严重，碑文缺失较多。

【碑文】

距城……觀音、風神……爲一方之鎮，考碑記創自雍正年……介穗□□□□以□□□□□□□每逢芒種佳節，必献戲歌舞，爲……歌□尤殘缺，嘉慶十三年末，鄉民占賡……亦庶爲觀□矣乎。猶未也……顧無以□個其規模焉。期間以□□□於是衆議……吕……己資，共募鄉□公買廟後附餘地一塊，將廟基移□□□□易廈高……楹崇禮□□神於□□巍然焕然固已，至於周□則包□嚴密焉，廊廡則營□□□□而院落亦至□□□□□□於己丑秋，告竣□寅冬，共費金七百有餘。嗚呼！此其事豈淺鮮者，□當是□□□□□□□經理協□□□□□□矣。其間擔當□□□巨細之，無遺忘出入之，有抵塾者則吕增榮等爲□從□□□□一謂顧可略而弗□耶。余因追敘其事而作歌曰：氣象堂皇兮於村有光，聲□赫濯□□□福無□，豐□□□□□□民物之永康，□□於不朽兮功亦與之□長。

庠生張□興譔　募錢一千　庠生樊齊□□

經理人　宗灌三千文　宗清　男俱謙三千文又□□個　□清貳拾千文　男□仕孫佩璿　佩瓏　曾孫進忠　進孝　施……朝宋施錢二千文　疏二個　吕世忠施錢……男吕□　施錢六千文　□祿八千文　孫□□□□文　疏四個　□昌肆千文　男□□□百文　疏七個　□榮□宋　仝施壹拾千文　男祚□清……□□施錢□□文　男□仲□□施錢三……□□施□千文　疏二個　□□施□□文　疏一個　肯成貳千六百文　邦厚□□文　男元宗　元相　施錢貳千貳百文　□□貳千四百文　□□二□□□□□千六百文　王尚□□□□文　……萬德……光□……望□□千四百文　男□□施錢二千四百文　疏二個　吕□□施錢□□文　□福□□百文　□□四百文　□□四百文　廷富乙千六百文

□□募錢拾四千三百文　□匠□□□施錢□□□　瓦匠白□□　□世□　王□□施錢四百文　木匠吕□□　泥匠王志和　王希勇　郭中美　丹青陰信安　塑匠王致中　刻字王廷玉　杜學閔　吕輔清施錢乙千二百文　住持□□□

重修

王家庄重修诸神庙碑记

【简介】

清道光十二年（1832）五月勒石。现存于临县城庄镇城庄村。碑砂石质，圆首，高 142、宽 64、厚 15 厘米。碑阳额题“于万斯年”4 字。碑文楷书，正文 13 行，满行 40 字。记载王家庄村重修大王庙诸神庙之事。碑阴刻布施名单。碑体表面略有剥蚀，碑文有部分缺失。

【碑文】

（碑阳）

從來神之爲道，視之而弗見，聽之而弗聞，而寔体物而不可遺。盛矣乎，其神之德乎，人之無能名也久矣。兹不論夫神何以福人，人何以庇神，第即其始終締造之情形，約略言之。王家庄村舊有大王、青龍、白龍、蚮蚄諸神廟，在當日皆異地而處，惟白龍、蚮蚄二神居不相離。奈代遠年湮，風飄雨洒，諸神之壇位，其壞裂凋敝也已非一日，村人久欲重修，而力多不逮，故有志未成尔。越道光十一年孟春之吉，村人聚首言歡，談及修廟一事，僉曰：神之有廟，猶人之有屋也，屋敝而人皆知修，獨廟敝而人不知修乎？遂合村公議，各出己資，并募及四方好善之士，得金若干，爰是謀諸堪輿家欲於数廟中擇一地之尤靈者，合数廟而成爲一院。伊曰：以予觀之，数地俱靈，既欲擇一地之尤靈者，總之不外乎舊所建之大王廟者，近是村人皆曰：唯唯。於是詢謀僉同而勝事聿興矣。功起於夏四月，告竣於秋九月，新建石窰三眼，其中窰則大王廟也，其北窰則青龍廟也，其南窰則白龍廟也，更於兩旁建立神閣二間，一則移來蚮蚄神像，一則增修八蜡神像，門窗俱全，墻垣完固，盖合数廟而成爲一院矣。此果誰之力哉？曰：村人之力也，亦四方好善之力也。而就四方好善之中，舉其最爲努力施捨者，惟侯家崖、高家塌二村人之中較居多，雖然人力原有不齊，神靈豈有或異哉？嗣是神益顯其靈，人多獲乎福而巍然焕然，嘆觀止於斯時者□□□□□代千古不朽云。

經理人　劉世□　樊進孝　劉應玘　趙永和　任敬承　張立明　趙永慶　劉茂瑞　趙應榮　劉永安　楊聖奇　劉世守　劉世□　□□□　□□□　高改元　……

道光十二年五月吉旦

（碑阴）

監生張開榮　庠生高樹楊　監生劉金鋼　監生李身榮　庠生苗榮滋　監生薛立榮　（下略）

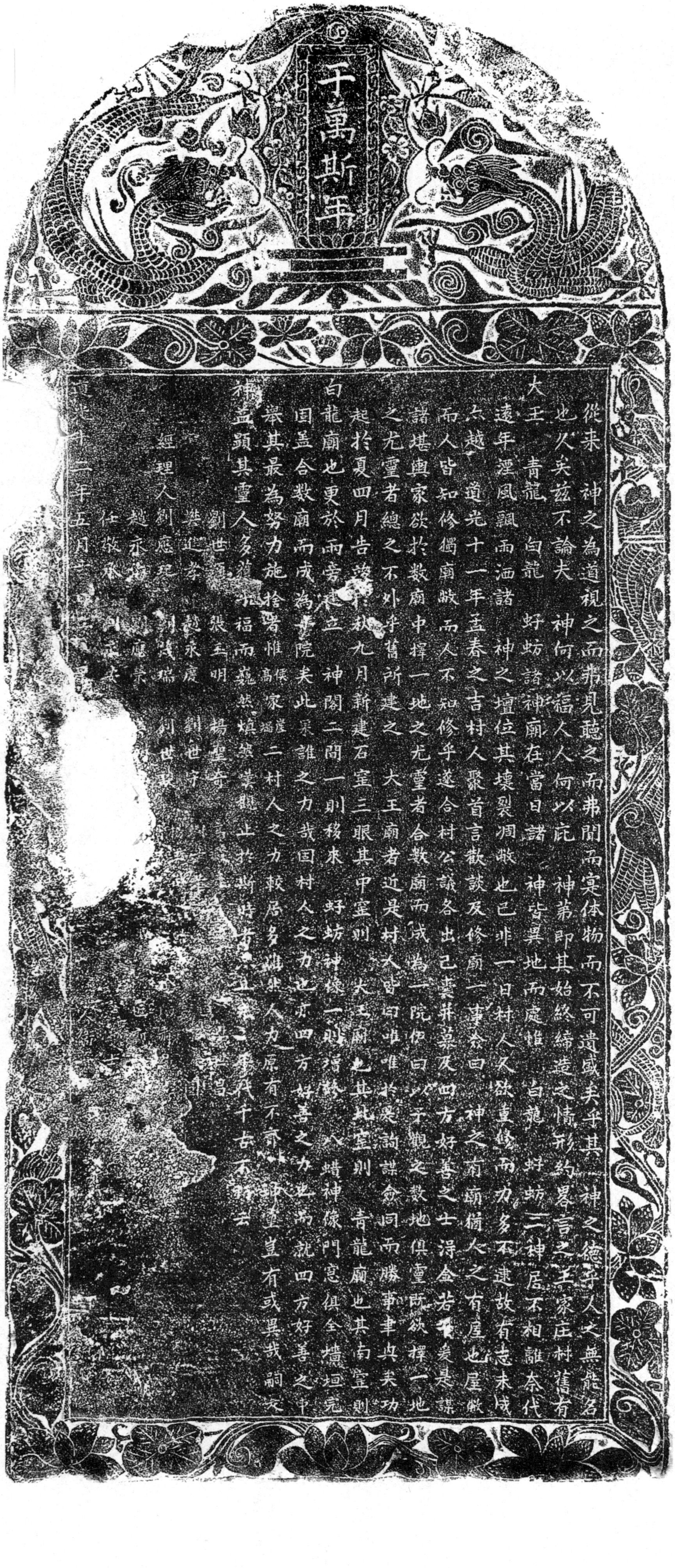

千萬斯年

從来神之為道視之而弗見聽之而弗聞而寔体物而不可遺盛矣乎其神之德乎人之無能名
也久矣茲不論夫神何以福人人何以庇神第即其始終締造之情形約畧言之王家庄村舊有
大王青龍白龍蝦蚄諸神廟在當日諸神皆異地而處惟白龍蝦蚄二神居不相離奈代
遠年湮風飄雨洒諸神之壇位其壞裂凋敝也已非一日村人久欲重修而力多不逮故有志未成
六越道光十一年孟春之吉村人聚首言歡談及修廟一事僉曰神之有廟猶人之有屋也屋敝
而人皆知修獨廟敝而人不知修乎遂合村公議各出己囊并募及四方好善之士得金若干爰是謀
諸堪輿家欲於數廟中擇一地之尤靈者合數廟而成為一院俾曰以予觀之數地俱靈既欲擇一地
之尤靈者總之不外乎舊所建之大王廟者近是村人皆曰唯唯於是詢謀僉同而勝事聿興矣功
起於夏四月告竣於秋九月新建石窑三眼其中窑則大王廟也其北窑則青龍廟也其南窑則
白龍廟也更於兩旁建立神閣二間一則移來蝦蚄神像一則增修八蜡神像門窓俱全墻垣完
固蓋合數廟而成為一院矣此果誰之力哉固村人之力也亦四方好善之力也而就四方好善之中
舉其最為努力施捨者惟侯家塌崖高家塌二村人之力較居多焉然人力原有不齊神靈豈有或異哉嗣定
神益顯其靈人多獲福而巍然煥然美觀止於斯時者……千古不朽云

劉世□　張玉明　楊望奇　劉□昌
樊進孝　趙永慶　劉世守
經理人　劉應魁　劉茂瑞　劉世銀
趙永海　劉應榮
任敬承　劉□友

道光十二年五月……

重修碑记

【简介】

清道光十二年（1832）八月勒石。现存于临县安业乡赵家圪台村。碑砂石质，圆首，高172、宽76、厚16厘米。额题“百世流芳”4字。碑文楷书，正文计7行，满行49字。记载村民重修白马庙之事。贺遐龄书丹。碑体完好，碑文略有缺失，字迹模糊。

【碑文】

重修廟碑記

嘗思“莫爲之前，雖美弗彰；莫爲之後，雖盛弗傳”。善居所有天神白馬廟，其所以創修補葺者，舊兩碑已備詳其説矣。然神之覆庇於兹地也，其功則同升□天其德，烈存□□其焉。則凌空勝襄其靈，則普照萬户，不以後先相继，長祀不衰。迩年來，歷歲既久，風雨更□，傾頽庙貌，仍復□氣。合社人等，公議重修者屡矣。而功程頗大，人力不逮。賴天公變化，雨暘時若，神恩普濟，時和年豐，因於本年仲春之□協同□□□□。二弟念地形卑下，□□非所以妥神靈，而院内狭窄，□難於便舉動。復請陰陽卜云其吉，於是移後数丈，高押圪臺，磚包墻垣，所建□楼，其所以□肅觀瞻者，較之於前愈加輝煌矣。而東西兩廊以及門間墻垣亦復成立，是神之加福於人者也。□而人之奉祀乎神者亦不替也。功程既竣，因勒石以誌不朽云。

賀遐齡書

功德主　劉折桂　男位昌　位泰　位正　位光　仝施錢三十四千

陰陽　薛田孔

經理人　賀士選施錢五千　樹六棵　李際盛施錢千三　張文遠施錢五千　李玉行施錢三千三　□□□施錢千□　李仲□施錢五千　李效春施錢七千八　又施五百二　李長芳施錢七千八　□存貴施錢六千　孫修德施錢十二千二　李全義施錢三千六　□□□施錢□千二　高琳施錢□千三　李□先施錢五千　李自立施錢二千三　郭之位施錢千五　趙清印施錢千三　安如玉施錢千二　□仰□施錢千二　劉世誠施錢三千　孫顕前施錢三千六百

木工　劉映□

泥工　高□萬施錢三百

畫工　趙光普　李□□

鉄工　□□□施錢□百

石工　高先庚　高甯爵

旹大清道光十二年歲次壬辰季秋穀旦

万世流芳

河神庙募化碑记

【简介】

清道光十二年（1832）勒石。现存于临县克虎镇薛家垛村。碑砂石质，圆首，身高 183、宽 80、厚 17 厘米。额题“芳名永著”4 字。碑文楷书，正文 24 行，满行 47 字。刊刻河神庙募化布施花名。碑体断为两截，碑文基本完整，局部有剥蚀。

【碑文】

道光十二年募化糾首

兵部差官魏長順　強汝翼　王禎　康天成　康天位　耆賓魏士俊　李作義　高禮元　賈慶元　白鶴飛　白元魁　生員劉連陞　張椿　郭鴻喜　王振國　張保成　成嘉珍　生員李逢清　劉克功　高登雲　鈔萬川　馬樂聘　王永盛　鈔萬慶　劉德璋　任天明　王慶升　闫如桂　監生高尚義　陳際賓　廣生泰　生員鈔丕顯　寳恒興　劉全廉　豊恒永　武生魏全順　長盛成　生員闫重慶　復慶魁　耆賓魏時俊　公義生　生員李□　両義合　介賓陳滿琳　永泰公　生員張吉星　闫□瑞　薛向輝　闫招武恒德　曹如法　白公荣　張興瑞　孫朝彦　薛成富　薛元德　劉永豊　郭芝　劉永寧　劉君配　鈔生貴　高大寬　武懷義　張家斌　高荣宗　喬國治　韓世荣　王大烈　劉士讓　毛閏德　郭喜

磧口鎮　塩行共施銀壹伯壹拾両　臨永船筏行共施銀三百両　河路會共施銀伍拾捌両

杏林村合村同施銀貳両貳錢　峪口鎮同施銀拾両　州地花布行施銀五両　復盛公施銀三両　元盛玉施銀三両五錢　合順成施銀三両五錢　同恒成施銀四両　復盛興施銀四両　順成號施銀四両

慶合成　三盛店　雙盛合　義盛成　四合通　德順公　豊隆合　升恒當　萬泉號　各施銀一両六錢　廣生泰　高殿恭　義盛隆　同昌盛　同田號　同恒義　和順公　興盛合　豊泰長　豊恒永　寳興恒　馬樂聘　復興號　任維常　同心合　永和長　廣和油店　益興全　永慶長　聚成泰　興泰成　集義和　恒盛美　雙和盛　復源成　義泰和　四合盛　順玉公　萬安當　吉慶成　通益成　祥盛成　元隆公　永瑞興　永盛公　永裕公　和合長　復昇店　光裕店　永盛德　和合盛　大順公　恒義店　廣和荣　合盛興　各施銀弍両四錢　復長盛　義和盛　積玉店　各施銀弍両四錢　天義公　源和義　天順店　致源店　謙和協　各施銀貳両

譚家坪合村同施銀三両五錢　白雲山正道司韓合時施銀一両二錢　復興隆施銀壹両貳錢

存義合　永和合　天福號　義利號　東元亨　興義泉　恒義號　復興永　天和合　永盛源　玉成公　義順永　和義成　同盛號　德盛強　双合永　合義順　大有豊　迎利成　義聚長　陳滿琳　復盛成　恒盛和　義合德　源順成　三元店　德合公　義聚成　公義生　永泰公　両義號　源興永　義源長　和豊正　萬和泉　瑞興源　二合廠　天興泰　德義公　清泰湧　永源長　義和局　義源合　復元公　郭尚佐　興泰永　順成公　協來成　逢源昌　郭□富　宏盛昌　德盛興　和盛興　德和義　和合義　大興隆　賀文光　張家斌　豊盛永　振豊永　聚盛合　以上各施銀一両

芳名永著
道光二十二年募化紀首
塩行共施銀壹伯壹拾兩
口永船筏行共施銀叁伯兩
鎮河路會共施銀伍拾捌兩

张氏祖坟碑记

【简介】

清道光十三年（1833）清明勒石。现存于临县安业乡关王庙村。碑砂石质，圆首，高162、宽65、厚17厘米。额题“张氏祖坟碑记”6字。碑文楷书，正文6行，行残存21字。记载张氏祖坟及张氏后人的情况。碑体下半部风化剥蚀严重，碑文残缺大半，字迹漶漫。

【碑文】

張氏祖墳碑記

張氏係安業都人，前治關王廟村，其舊址名曰張家溝……一塊□嚴可觀，巍然特踞於墳首，相傳□風水……之□□□□□之貢生諱健者曾仕冀州判官，餘……朝□世遠族零□往來祭掃此墳者，盖□墳……欲□修者久之，道光五年□生員□興等……就□將經修□□□□□□於石，俾後之……

□修□孫張□　張□　張□　張□　張□　張□　張□　張□

大清道光十三年清明穀旦

皇清处士杜公讳陟瀛字登仙原配王氏继配姚氏合葬之墓

【简介】

清道光十三年（1833）清明勒石。现存于临县三交镇杜家圪垛村，嵌于墙内。碑青石质，圆首，高 101、宽 53 厘米。额题“奉先孝思”4 字。碑文楷书，正文 6 行，满行 32 字。碑文记载杜陟瀛生平简况。碑面有裂纹，有风化破损，碑文有残缺，字迹模糊。

【碑文】

皇清處士杜公諱陟瀛字登仙原配王氏继配姚氏合葬之墓

祖秉倫公之六世孫也，倫公嘗任徽州訓導，□□傳家，其没也，茔葬於村之北梁。祖亦積學有年，卒爲善士，生先父一□，入學遊庠。祖逝，老茔隙地無多，建新茔兹山之原，工將起而先父卒，肖幼孤，未終其事，迨後家業蕭條，不能遂意。延至道光庚寅□□，始能合厝父老，可謂不肖。而言曰：汝祖公爲人其知之乎？不肖□□其爲人也，家雖小泰，性好施貧，濟人困厄，解人口舌，與鄉人處，直言無隱，年過古稀，與人談笑間，言病即逝，人嘗謂因果云。是爲記。不肖孫杜逢春謹誌。

男庠生臯　高氏　孫逢春　曾孫占魁　敬立

道光十三年清明穀旦

新修北塞关帝庙序

【简介】

清道光十三年（1833）十一月勒石。现存于临县湍水头镇邓家塔关帝庙内。碑青石质，圆首方座，通高186厘米，碑身高152、宽66.5、厚13厘米，座高34、宽80、厚43厘米。碑阳额题“百世流芳”4字。碑文楷书，计13行，满行47字。记载关帝庙的修建起因和过程。碑阴刊施钱人花名。王汝为志，张文明书。现保存完好。

【碑文】

（碑阳）

新修北塞關帝廟序

臨邑城東百里許鄧家塌邨，有堡焉，舊名長安，美名也，盛地也。然人之所以安，實賴神之長爲護焉。爾考古蹟，天崇年間盜賊紛起，村中擾擾不靖，居民紛紛鳥散，安於何？有幸國華王翁鼓舞于其間，建關聖帝君廟，壓鎮於其巔，北踞峻嶺，南望靈邱，東顧玄天，西臨馬頭，廟雖狹而浩氣長存，地居中而英風不散，真棲神之所也。厥後由明逮清，康熙年間，國華三世孫王能謙曾補修焉；乾隆年間，國華四世孫王嶷又補修焉。數百年來，民慍漸解，民財漸阜，足食足衣，無災無害，其得平安無事者，盖蒙神聖之靈佑居多云。不意道光十年夏四月，忽值地震，將廟角半圮，村人慮其根底不固，公議重修。于是量力捐資，四方募化，移舊址而新壘之，就舊像而新塑之，丹其楹，繪其壁，四面而圍以墻，洞門而杜以栅，較舊時不覺煥然改觀焉。更有神棚者居村中，爲每年献戲之所，亦改舊圖新，捲磚窰三眼而建神閣於其上，東西兩廊以盖房六間而開角門於其右，西南隅觀音廟亦拆舊墻而四圍之。興工於十二年壬辰之春，告竣於十三年癸巳之秋，計營工五百有餘日，計費錢一千有餘千。非第壯觀瞻，實以計長安耳。嗚呼！事必有首焉而後衆隨之，今日者廟既成矣，問誰爲之，總理國華五世孫兆羆也。村人擁戴，故以功德録之。羆老矣，八十有三，不能親理，命其子汝舟代理之。幫工者誰，羆之堂侄汝霖、堂孫象賢也。分理者則有楊子永居，孫子萬年，王姓兆寧、兆鴻等，大抵皆舊糾首之子若孫也。前人爲之，後人繼之，神長安，人亦長安焉。至若樂楼、香山、龍王、送子觀音廟，皆有志重修，奈山向不順，錢銀不継，請有待於來兹。是爲序。

堡底弟子增生王汝爲謹誌

陝南清澗庠生張文明敬書

功德主　耆賓王兆羆　男監生汝礪　汝舟

經理人　楊永居　孫萬年　胡廣　張見　王兆寧　王汝猷　王有林　王炳　孫億年　王兆鴻　高法海　牛清玉　王汝虞　王汝明　王汝爲　王象賢　王暄

堪輿　趙占魁

石匠　甯玉珠　甯玉泉　谷全魁

丹青　孔際雍　管成桂　王永盛

泥工　郭茂義　李景明

大清道光十三年十一月穀旦

（碑陰）

本村施錢人名

王士椿　王士華　王士每　仝施杜梨樹一枝

王汝霖　王汝虞　王汝欽　仝施椿樹一枝

王啟賢施椿樹一枝

庠生王兆鳳　男增生汝爲　孫尊賢　施錢壹佰柒拾伍千整

耆賓王兆羆　男監生汝礪　汝舟　孫建賢　賓賢　施錢壹佰柒拾伍千整

監生王兆鵬　男汝明　汝聽　汝雨　孫榮賢　育賢　興賢　已施錢一千二百文　施錢壹佰柒拾伍千整

王佐清　施榆樹一枝　王汝礪　王汝雨　施椿樹一枝　王汝梅　施椿樹一枝　王汝礪　王汝舟施榆　椿二枝

孫萬年　男大成　施錢二十千文

孫億年　男大安　施錢三千五百　楊永居　男廣成　施錢五千文　楊永見　男驢行　施錢三千五百文　胡映廣　男海雲　施錢一千六百　張見　男乃明　施錢一千六百　王兆鴻　男還成　施錢一千六百　牛清玉　男來大　施錢一千六百　王士植　男炳　施錢一千六百　王兆寧　男允武　施錢一千六百　王有全　男栓大　施錢一千文　王兆安　男允義　施錢一千四百　王汝猷　男餘喜　施錢四千文　王汝霖　男啟賢　勸賢　施錢五仟五百　王汝欽　男咬臍　施錢三千五百　王汝虞　男施錢五千文　王汝晶　男抭羝　施錢四千五百　王汝承　男來栓　施錢四千五百　王知賢　男佐清　施錢四千文　王象賢　男輔清　施錢四千文　王暄　男　施錢三千文　王昭　男小也　施錢一千文　高法海　施錢一千文　王成均　男生瓜　施錢一千二百　李樹雲　……　崔安岐　……　翟宗仕　……王昭榮　……　曹居全　……　胡寬　……李近遂　……　嚴秀　……郭興法　……　張海　……　李天亮　……　劉應才　……　王兆元　男允讓　……　王有林　……　王彩清　……張成良　……　孫大富　……　王有銀　……　王兆基　男允……　王兆耀　男允……　王兆順　男允……

新建关帝庙碑记

【简介】

清道光十四年（1834）五月勒石。现存于临县玉坪乡石骆驼山。碑青石质，圆首，高150、宽57、厚15厘米。额题“福缘善庆”4字。碑文楷书，正文8行，满行38字。记载石骆驼山新建关帝庙之事。霍应炳撰文并书丹。碑体被人为破坏断裂为为八块，有缺损，碑文略有残缺。

【碑文】

新建關帝廟碑記

城東四十里許有石駱駝山者，亂石一色，翠栢含株，蔚然深秀，足以棲神。邑人趙富榮於嘉慶辛未間偶登此山，大發願心，欲建廟宇於此，迨其後力雖不足，此念嘗常懷於方寸。邇年來資財頗可，力能勝任，因思向之所爲預望者，於今庶幾得爲也，顧可置之度外乎。及道光壬辰歲興工，三知己談及此事，欣然俱爲踴躍以從事，至議及建修何神行祠，僉曰：“故鄉遺傳，當年賊人蹂躪茲土，有赤面者此山顯神焉。”噫！神而赤面惟肖關帝之靈，遂建關帝君廟一座，外分二間，中央一堂。癸巳春鳩工伊始，癸巳秋工程告竣。趙富榮施錢一百千，外募錢一百零三千，共費錢二百零三千。今彩畫俱就，勒石垂名，以俟後之君子，蹤事增華而使大其壯麗也云爾。

業儒霍應炳薰沐敬撰並書丹　施錢六百文

功德主　趙富榮　男光海　光清　施錢□伯千　施地價錢肆拾千文

經理　楊存琳施錢肆千文　李學厚施錢弍千文　供棹一枝

糾首　高法章施錢千二　高□雲施錢一千　辛□智施錢一千　李□□施錢一千　郭文施錢一千　秦殿選施錢一千　秦成集施錢一千　李安仁施錢一千　秦開科施錢一千　秦周施錢一千　劉時榮施錢六百

泥木匠　秦爾和施錢弍千

丹青　李集　李省義

瓦匠　白映德

堪輿　辛百順施一千六百

河津縣石匠　平富財　刻

大清道光十四年仲夏穀旦立

高家墕高为舜墓碑文

【简介】

清道光十五年（1835）三月勒石。现存于临县安家庄乡高家墕。碑青石质，圆首，高150、宽70、厚8厘米。额题“枣园坟”3字。为高为舜墓及子孙世系碑。碑文楷书，正文16行，满行12字。保存完好。

【碑文】

曾祖兄弟四人，我曾祖行二，高祖讳登选，太高祖讳守彩，葬柳树墕。坟内姑不远溯，但念曾祖生我祖亦四人，递衍为四门。三祖与四祖移紫金山前冯家墕住，而殁后即葬于彼。至长、二祖即葬于是墓之右，以及葬此墓者，皆可按次而详焉。我四门虽无显族耀祖之荣，亦极螽斯瓜瓞之盛，嗟呼！由曾祖以迄于今，百有余岁，而笔迹无存，年幼辈且不识此为何墓，况其问之始末由来乎！是亦后嗣之过也。故我四门曾孙等公议立石，按其世次皆刻名于墓碑之阳，志不诬也。谨序。

保安里善训都二甲民籍

先逝曾祖父高爲舜曾祖母劉氏生平齋戒（世系略）墓誌

大清道光十五年三月穀旦立

移修碑记

【简介】

清道光十五年（1835）八月勒石。现存于临县大禹乡吕家岭村。碑砂石质，圆首，高183、宽74、厚14厘米。碑阳额题“移修碑记”4字。碑文楷书，正文计7行，满行53字。记载吕家岭移修关帝、火帝祠之事。张伯舆撰文，吕英齐书丹。碑阴刊布施人花名，吕太和书。碑体完好，碑文完整，字迹清晰。

【碑文】

（碑阳）

移修碑記

吕家嶺村有関帝、火帝祠，舊在村之前偏隅，里人以地基甚狹，出入爲艱。道光五年間，卜吉於村之當窊中，爲棲神之所，爰各出己貲，共募鄉囊，公舉邑望吕應德、吕積荣、吕錫荣爲經理，首依磐石之永固，築洞窰以架聳，上起殿宇輝煌，而爲神所憑依焉。至於此廟前，舊有樂楼傾圮耳，至是則徹底新造，間架雄偉，與斯廟併作一院，其餘周圍亦俱井然有條理也。工既竣，丐余作序以記之，余思夫廟之成，亦大有可觀耳。是村也壤地偏小，乃諸經理竭力經營，其中積荣有老成人風，総攬群工，無一不指劃周詳，計其費幾滿千金。考其成，動經数載，入此新廟奕奕而赫聲濯靈，丕亦爲一方之保障也哉。且也廟之上環山回抱，廟之下泉流映帶，地氣正矣，而更以二帝之正氣臨之，行見神武默運兮人無夭札，火德昭耀兮民獲安康，所謂神人以和非耶。然則是役也，不又有以衛民生乎？予故序之，以嘉首事之厥功爲甚偉，且以勸後焉，所有施錢人名並勒諸石，以示不朽云。

庠生張伯輿撰

吕英齊敬書　男吕廷芝　吕廷蘭　施錢八百文 吕逢清　崇德　仝頓領大疏一個

梁扶帶　武生吕應德十千四百　領疏廿六個　男紹荣　茂荣　施錢三百文　崇德十四千文　領疏八個　耆賓積荣仝十三千　領疏五個　男祚清　祚興　增荣　仝柳板五件　領疏十個　男祚祿　仝施錢六百文　朝林二十六千　領疏二十一　男琨　璿　珩　玳　孫結魁　清祥　朝輦三十千　領疏三個　男珅　太和　孫法貞　法炎　法后　耀齊　十九千五　領疏四個　男廷春施錢五百文　逢春十六千　領疏一個　男曉明　邦券　十五千七　領疏五個　男萬德　孫鼎功　茂功　洪泉　九千一領疏十一個　男桂荣施錢一百二十文　秀齊七千八　領疏五個　男廷琳　廷瑛　廷瑜　廷珍　廷瑞　孫曉愷施錢二百　子由十八千文　領疏十四個　男逢時　逢清　孫應升　文升　慶升　秀升　有貞　六千文　領疏四個　男學騫　孫法荣　朝良　五千文　領疏三個　吕逢齊四千文　領疏三個　男廷琚　廷祿　孫志公　志順　施錢二百　邦厚三千九　領疏三個　男元宗　相孫栓保　栓定　保齊三千文　領疏五個　男廷魁　孫通環　錢二百　肯誠二千六　領疏四個　男興旺　興宏　興居　世忠二千五百二十　領疏四個　男廷唐　廷奇　占元　千九五　領疏十個　男□□昌　朝柱　施錢千九五領疏二個　男□□愛　斌善　元寧　千九五　領疏五個　男來成　仝祿　八百文　領疏十個　男步升朝順　七百文　領疏一個　男應玉　應唐　應金　望裔　六百四　領疏二個　男法太　荣清　六百文領疏二個　男佑仲　良德　六百文　領疏三個　萬昌六百文　領疏三個　男春光　明光　廷文　廷章施錢六千

四鄉施錢人

趙文達一千　趙文鳳一千　武蛟　侯継業　馮英　秦成勇　監生高益　刘愷儒　監生王晋楷　刘德光　耆賓刘學德　李而達　武生張進礼　以上各八百　李如川七百　李思親七百　尉步元　李萬棟　李林槐　李萬清　李萬有　李長貴　李望川　李思珍　監生李而果　李而義　李步堯　李兆鎬　李寧宇　王滿玉　監生李心太　監 生李來　庠生李夢熊　耆賓安能讓　武生趙芝　秦成元　秦成利　耆賓刘学顔　監生刘浩　刘韶輝　刘月光　刘世振　張士杰　張綿綱　張耀宗　張映選　張峰　張維模

移修碑記
吕家嶺村有 關帝 火帝祠舊在村之前偏隅里人以地基甚狭出入為艱 道光五年閏□吉於村之當塬中為棲 神之所爰各
出己貲共募鄉農公舉邑望吕應德吕積榮吕錫榮為經理首倡盤石之永固築洞揺以架聳上起殿宇輝煌而為 神所憑依焉至於此
廟前舊有樂樓傾圮耳至是則徹底新造間架雄偉與斯廟併作一院其餘週圍亦俱井然有條理也工既竣丐予作序以記之予思夫廟
之成亦大有可觀耳是村也壤地褊小乃諸經理竭力經營其中積榮有老成人風總攬羣工無一不指畫周詳計其費幾滿千金考其成
動經數載從此新廟奕奕而赫聲濯靈丕亦為一方之保障也哉豈也廟之上環山迴抱廟之下泉流映帶地氣正矣而更以二 帝之正
氣臨之行見神武默運兮人無夭札火德焰耀兮民獲安康所謂神人以和非耶然則是役也不又有以衛民生乎予故序之以嘉首事者
之厥功為甚偉且以勸後焉所有施錢人名併勒諸石以示不朽云
生庠張伯輿譔
吕英齊敬書
四鄉施錢人
道光十五年中秋吉立

孫映清　武生樊衮　樊晋武　樊知務　振興號　晋盛魁　鍾天有　庠生王建明　庠生王居党　薛月思　武長盛　介賓武丕一　侯耀逺　侯文法　馮九寧　監生高時相　高步升　以上各六百　王思成　監生苗呈瑞　王如恒　以上各五百

東西施地基人　吕湧泉　吕朝柱

瓦匠　白映清　張世偉　仝施錢四千文

木匠　遊文學　遊文焕　遊文章　仝施錢一千二百文

石匠　王學礼　王學正　仝施錢四百文

河津石匠　甯思惠　王尚仁　杜學閔

泥匠　郭中美　王秉清　薛大成

丹青　陰信安　南宗閔　李積

道光十五年中秋吉立

（碑阴）

武生牛萬禄　武生刘元逢　庠生崔敬成　庠生賈思問　耆賓刘耀采　武生刘希及　監生李時全　庠生高樹桂　武生樊中元　耆賓李寓　監生李錦成　武生刘丕綱　庠生趙玉田　耆賓高巨　監生高輝　監生李秉章　武生王滿庭　庠生刘廷建　耆賓刘開清　監生刘開英　監生刘開明　耆賓刘開瀛　庠生刘安貞　耆賓刘開治　庠生曹居傑　武生樊寵　庠生高登岱　監生秦要明　太谷德淳永　平邑雲錦成　文舉王萬選　耆賓王明　監生李浚升　監生侯青桂　監生李錦明　監生李步成　武生樊汪　監生秦進元　庠生刘效文　武生李永謙　監生高傑　監生王居仲　貢生王居正　耆賓張助清　耆賓刘學冉　監生刘朝相　武生苗呈歧　監生李興周　理問王佩玉　千總王慶昌　介賓高時太　監生高時亨　監生高時發　介賓秦光清　庠生薛希適　武生刘成綱　監生李昌　武生郭磐安　監生武士威　貢生王居介　拔貢王晋鋮　庠生高継元　耆賓刘之亨　武生秦秀山　監生高元勲　監生趙敏　監生趙志　武生趙芝　……

吕太和謹書

清故显考妣白翁讳存荣妻周氏高氏柩之葬

【简介】

清道光十五年（1835）十月勒石。现存于临县雷家碛乡白家庄村，嵌于碑窑内。碑砂石质，圆首，高110、宽61厘米。额题“皇清”2字。碑文楷书，正文共6行，满行22字，为白存荣墓碑文。碑体下部略有风化，碑文每行缺失二字。

【碑文】

清故顯考妣白翁諱存榮妻周氏高氏柩之葬

詩礼名揚經史，厭飫惟重鄉邦，持己有勤儉之德，御衆有寬猛之良，礼儀儼大賓之肅肅，器宇若叔度之汪汪。善□賴其慈育，鄉邦荷其恩光，聿儀方之有成，喜蘭桂之飄香，正擬暇齡而期順，遽爾以疾而去亡。今卜宅于吉地，永□永祥，姻親殯送，子媳痛傷，庶灵氣之攸萃，願以長發其祥，名銘旌於不朽，君世母得而迷亡。

於維某丘，山水悠悠，神人協吉，天降其体（休）。

死者安妥，生者無憂，後嗣昌隆，福祿來求。

表弟薛世昌書

不孝男長子白明鏡　次子白明鎬及孫叩

愚婿李爾寧　苗培義　姪婿張恒杰同叩

河邑石匠嚴盛順刻

大清道光歲次乙未陽月初旬四日吉立

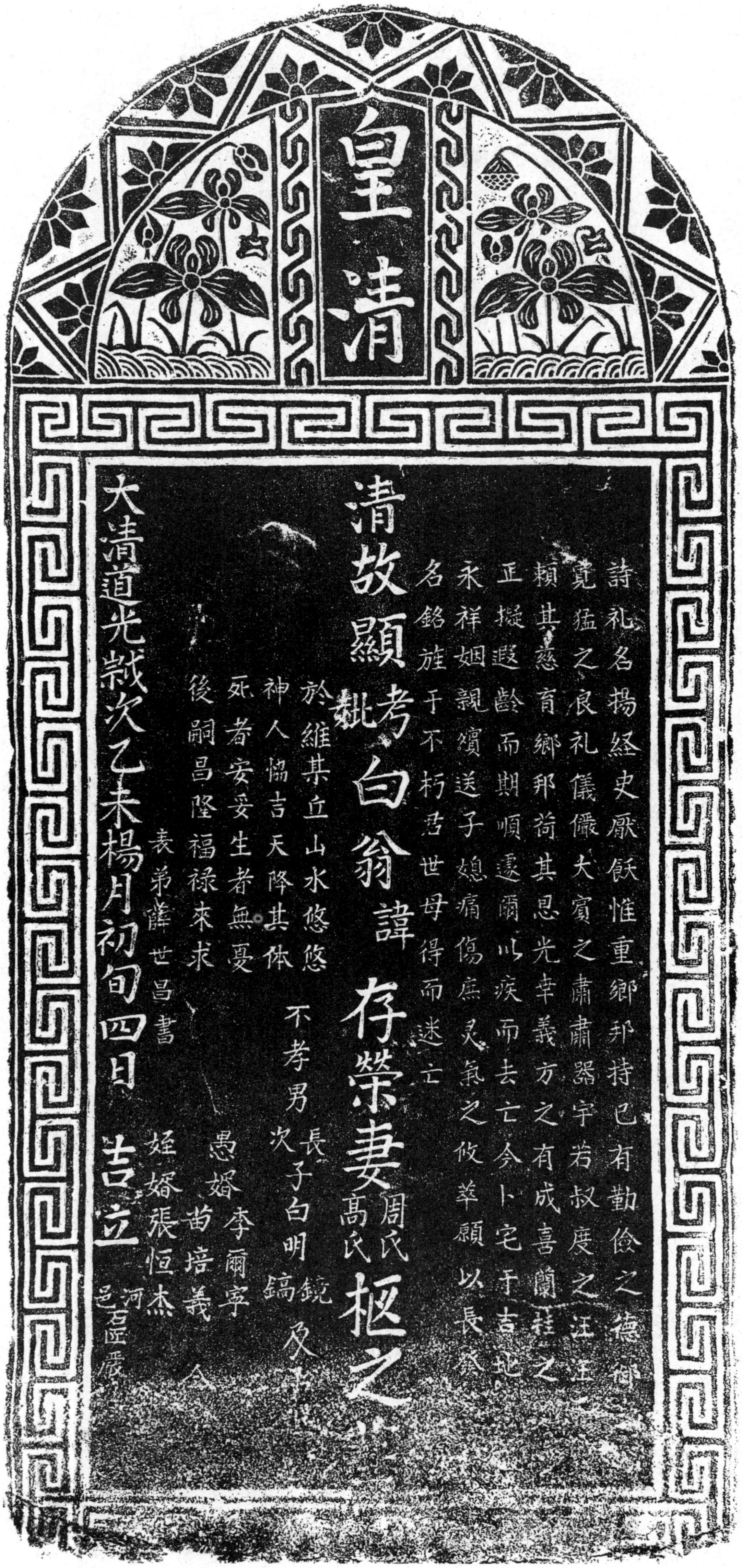

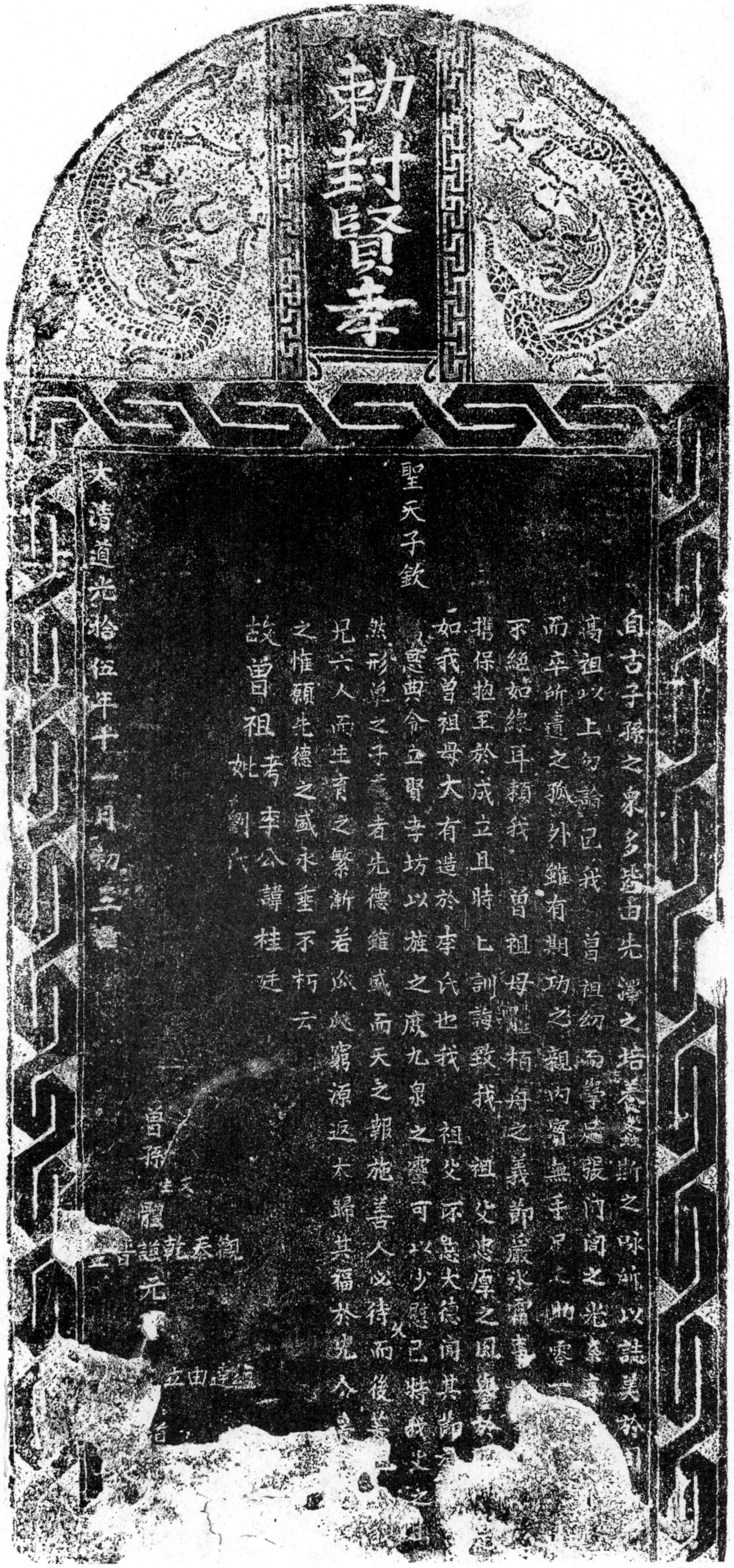

李桂廷墓碑

【简介】

清道光十五年（1835）十一月勒石。现存于临县安业乡下西坡村，嵌于碑窑内。碑砂石质，圆首，高134、宽63、厚15厘米。额题“敕封贤孝”4字。碑文楷书，正文共10行，满行30字，为李桂廷墓碑。碑体下部剥蚀，碑文缺失，字迹模糊。

【碑文】

自古子孫之衆多，皆由先澤之培養，螽斯之咏所以誌美於同□□□□□高祖以上勿論已。我曾祖幼而學足張門閭之光，奈享□□□□□而卒，所遺之孤，外雖有期功之親，内實無手足之助，零丁□□□□□不絶如線耳，賴我曾祖母體栢舟之意，節嚴冰霜，事□□□□□□携保抱。至於成立，且時時訓誨，致我祖父忠厚之風，譽於四方。是賢德如我曾祖母大有造於李氏也，我祖父不忘大德，聞其節於□□□朝□聖天子欽賜恩典，令立賢孝坊以旌之。庶九泉之靈，可以少慰已，持我父之生道□然形單之子□者，先德雖盛，而天之報施善人，必待久而後著也。□□□□兄六人而生育之繁，漸若瓜瓞，窮源返本，其福於先人，爰□□□□志□之，惟願先德之盛，永垂不朽云。

故曾祖考李公諱桂廷妣劉氏

曾孫體謙　文生體乾　體晋　體泰　體愷　體觀　元孫立道　近道　由道　從道　達道　藴道　□道

大清道光拾伍年十一月初三立

刘氏建坟碑记（一）

【简介】

清道光十六年（1836）六月勒石。现存于临县三交镇正坡村。碑鱼籽石质，圆首，高124、宽54、厚10厘米。额题“永垂不朽”4字。碑文楷书，正文11行，满行36字。为刘氏建坟碑记。张叶昌撰并书。碑体完好，碑文完整，字迹漶漫。

【碑文】

今皇上御極之元年，諭天下有司，察有久殯不葬並廢棄先人墳塋者，州縣均以不孝罪。聞馨軒劉君，湫川奇地，某乙未以孝廉入都，丙申館於北和之南里，竊愧有負鄉舉，而伏維朝廷以孝治天下，思得一人焉，以爲觀風者勸，越數旬，獲與馨軒爲忘年友。馨軒世皆服賈，家無譜系，七世祖進智公，上即名諱有莫考者，馨軒飲恨久矣。然不信不從，兵事皆然，况祖宗一體相佐，而或問之以疑，信其與於不孝者幾何，故鼻祖自進智公始。但蔓草荒烟，焚火鬼泣，山凹水濱，同室異穴，即羹陳埸祭，父老無能，略道其跡。而再世而又恐後之悲今，更勝於今之悲昔，昔歲季春，馨軒承父與季父命而卜厝於先塋之兆，序昭穆，別親疏，繼廢絶，崇宗祀，嗚呼！固其父與季父之盛德，而吾益感馨軒之思不匱也。他日我皇上簡策孝行，知必有連疏而入之者，若鳩工庀材，輝碧含青，此固爲富而仁所當然，以是友馨軒不可也。謹序。銘曰：

生無別，朽無速，猶有鬼神，於斯聚族。

例授文林郎楝選知縣乙酉科拔貢甲午科舉人愚弟張葉昌頓首拜撰并書

道光十六年六月望日

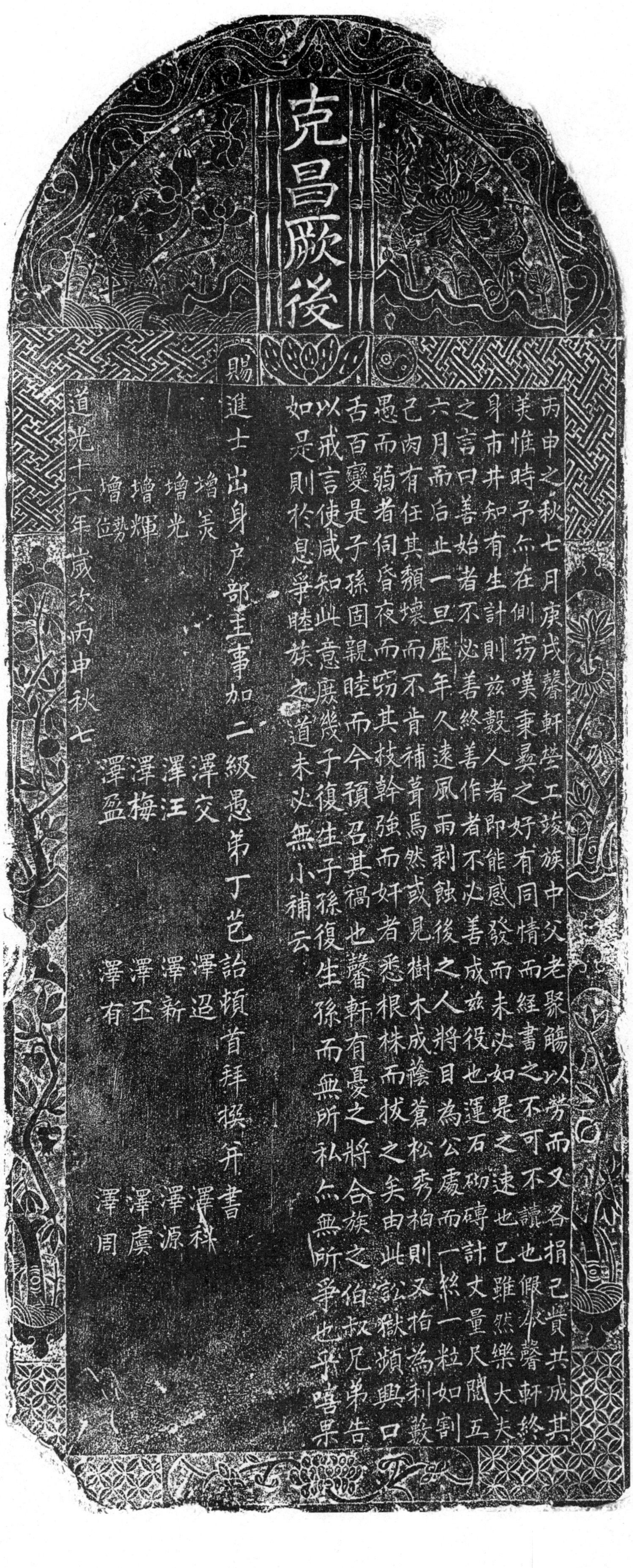

刘氏建坟碑记（二）

【简介】

清道光十六年（1836）勒石。现存于临县三交镇正坡村。碑砂石质，圆首，高130、宽54、厚12厘米。额题“克昌厥后”4字。碑文楷书，正文10行，满行30字。为刘氏建坟碑记。丁艺诒撰并书。碑体完好，碑文完整，字迹清晰。

【碑文】

丙申之秋七月庚戌，馨軒塋工竣，族中父老聚觴以勞，而又各捐己貲，共成其美。惟時予亦在側，窃嘆秉彝之好，有同情而經書之不可不讀也。假令馨軒終身市井，知有生計，則兹數人者，即能感發而未必如是之速也已。雖然樂大夫之言曰：善始者不必善終，善作者不必善成，兹役也，運石砌磚，計丈量尺，閲五六月，而后止一旦歷年久遠，風雨剥蝕，後之人將目爲公處而一絲一粒，如割己肉，有任其頹壞而不肯補葺焉。然或見樹木成蔭，蒼松秀柏則又指爲利藪。愚而弱者，伺昏夜而窃其枝幹，強而奸者悉根株而拔之矣。由此訟獄頻興，口舌百變，是子孫固親睦，而今預召其禍也。馨軒有憂之，將合族之伯叔兄弟告以戒言，使咸知此意，庶幾子復生子，孫復生孫，而無所私亦無所爭也乎。嘻！果如是則於息爭睦族之道，未必無小補云。

賜進士出身户部主事加二級愚弟丁艺詒頓首拜撰并書

增美　增光　增輝　增勢　增位　澤交　澤汪　澤梅　澤盈　澤迢　澤新　澤丕　澤有　澤祥　澤源　澤虞　澤周

道光十六年歲次丙申秋七

重修碑记

【简介】

清道光十六年（1836）六月勒石。现存于临县临泉镇东峪沟山神土地庙。碑砂石质，圆首方座，通高 180 厘米，碑身高 150、宽 64、厚 13 厘米，座高 30、宽 62、厚 58 厘米。额题“重修碑记”4 字。碑文楷书，正文 5 行，满行 47 字。记述东峪沟村重修山神、土地庙的起因和过程。宋德彰撰文并书丹。碑体完好，碑文略有残缺，字迹清晰。

【碑文】

重修碑記

從來“莫爲之前，雖美弗彰；莫爲之後，雖盛弗傳”。邑東峪溝村陽峁山側舊有山神土地廟，歷年久遠，風雨剥落，舊基盡壞，村人目擊心傷，以爲神者人之所庇覆也。况山神土地乃一方之所保障者，豈可不加修葺！則神且不安而人何所賴以庇覆乎？遂於乙未麥秋公議重建。於是父老子弟各開己囊，共襄盛事，不數日而百金已備。及至仲秋，工程告竣，焕然改觀，殊覺神已安而人亦有所庇覆矣。現將施錢姓名開列於左，庶可永垂不朽也已。

宋德彰薰沐敬書並撰

經理人　耆賓劉萬榮　耆賓郭夙翥　劉元璋　劉昌發　趙相　趙盛　劉百貴　宋德安　李培芳　宋應禎　從九劉光清

全村施錢人等　高業魁　劉映秀　監生宋德光　監生李進忠　宋宗盛　李位　宋德明　劉雨可　秦清陽　趙勝　劉佐　趙托　宋德升　郝應業　趙森　胡可光　宋德彰　金應愷　辛應祿　宋德清　劉萬喜　趙昌　任宗宜　劉之仁　李元印　郭宗長　辛□恒　李□香　李玉達　辛海　劉松林　康雲章　宋德□　馮選　王世泰　李相朝　劉百春　李元普　趙雕臻　王世清　劉萬禎　秦永年　趙潤身　李廷柱　任宗兆　劉之義　賀其昌　李元晉　馬善元　張德寧　劉世川　王應山　劉之智　郭宗端　李雲彩　樊兆廷　宋應斗　趙雕環　賀萬勝　杜應月　劉正春　趙選　楊世俊　趙應發　曹錫順　趙清　趙骞　劉伯安　霍守孝

石匠　高德　李法旺

木匠　劉應清

泥匠　李南英

丹青　井泉湧

住持僧　融峯　融彤　融惠　融愷　融景　門徒通政　通睿　通理　通謙　通讓　通敏　通譽

法孫曉鳳　曉凰　曉鴻　曉□　曉鸞

大清道光十六年六月吉日立

重修碑記

從來莫爲之前雖美弗彰，莫爲之後雖盛弗傳。邑東谷清村陽坬山側舊有山神土地廟，歷年久，風雨剝落，舊基盡壞。村人目擊心傷，以爲神者，人之所庇覆也。況山神土地乃一方之所保障者乎，可不加修葺，則神且不安，而人何所賴以庇覆乎。遂於乙未夏秋谷開已畢，共勷勝事，不數日而百金已備，及至仲秋功程告竣，煥然改觀，殊覺神已安而人亦有所庇覆矣。爰將施錢姓名開刻於左，庶可永垂不朽也已。

宋德彰沐手敬書並撰

經理人

合村施錢人

大清道光拾六年六月　吉日立

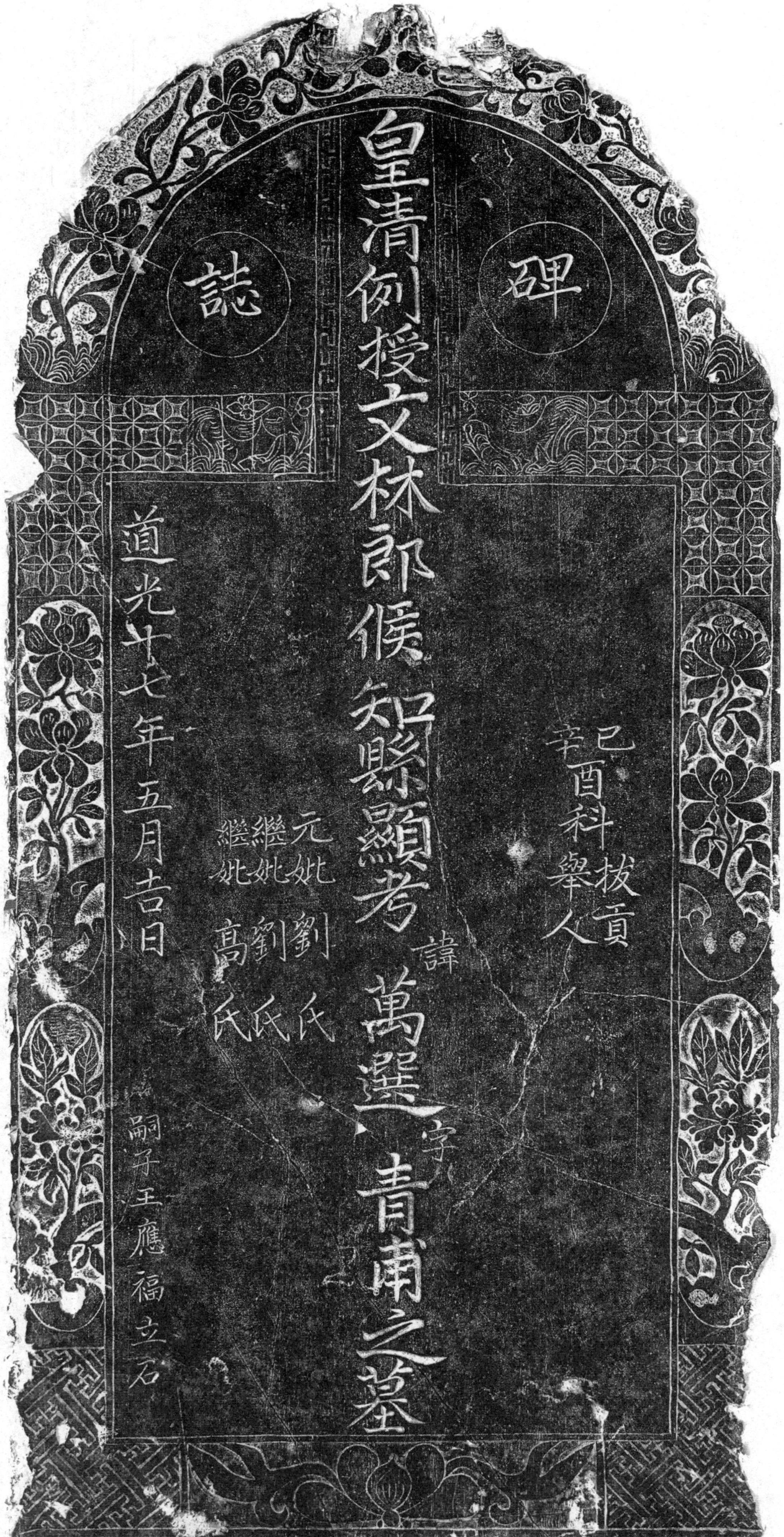

举人王万选墓碑

【简介】

清道光十七年（1837）五月勒石。现存于临县刘家会镇东刘凤山村。碑青石质，圆首，高 112、宽 54、厚 13 厘米。额题“碑志”。碑文楷书，正文共 1 行，满行 20 字。为举人王万选墓碑。碑体略有残损，碑文完整，字迹清晰。

【碑文】

己酉科拔貢辛酉科舉人皇清例授文林郎候知縣顯考諱萬選字青甫元妣劉氏繼妣劉氏高氏之墓

道光十七年五月吉日

嗣子王應福立石

新庙碑记

【简介】

清道光十八年（1838）八月勒石。现存于临县玉坪乡永丰村。碑青石质，圆首，高150、宽52、厚14厘米。额题“新庙碑记”4字。碑文楷书，正文7行，满行46字。记载蔚峰村新建观音庙的经过。碑体表面有剥蚀，碑文基本完整，字迹模糊。（碑阴面为另一缺失年代碑文）

【碑文】

新廟碑記

臨治東南距城一舍曰：蔚峰。村面南山，林壑拱秀，有道家言，此福地焉，都人建觀音廟以寔之。夫觀音之號不知始於何時,《搜神記》云: 菩薩——莊王女妙善也，年及笄，王令其贅，不從，入香山修行，道成。適莊王病，菩薩不愛身首以救之。越翼日，乃瘳王往禮焉，菩薩於空中降奇妙之相，手目之多約以千數。靈感觀世音菩薩之稱，自此始也。或以爲事屬不經不足信，然菩薩尋聲救苦如彼慈雲，遍蔭大千世界，故祠宇之建，幾遍天下，不必南海普陀也。蔚峰觀音廟，創於有明中葉，歷年久遠，風雨剥蝕，底基頹毁，作鄂歲都人鱗集公議，乃召工匠，一切撤而新之，改建舊址之上，傑構鼎新，規模視昔增壯麗矣。工竣屬英爲文，以志不朽，愚樂斯事之有成也，因不揣固陋，而爲之記。

汾州府儒學生員孫仕英敬撰　男祚長書丹

功德主　高雲章　妻雷氏　男萬亨　萬□　孫開□　施錢二十千文

高慎修　妻李氏　□弟懿修　孫文相　文模　施錢十六千文

高玉章　妻郝氏　胞弟玉德　男式典　式型　施錢二十千文

高文酉　妻秦氏　妾王氏　施錢六千文

高建中　妻孫氏　妾趙氏　男玉珍　玉懸　孫開亮　開印　施錢十六千文

武生高聿修　妻任氏　男小鑾　五兒　施錢□千文

經理人　高尚修施錢八千文　高克讓施錢三千文　高清棟施錢一千文　高卿雲施錢三千文　高□謙施錢三千文　高雲漢施錢六千文　高克漢施錢十千文　常居祿施錢二千文　高□□施錢一千五百文　延普元施錢一千五百文　王永亨施錢三千文　康樹德施錢一千文　張永潔施錢十六千文　張□□施錢□□千文

河津縣石工　甯煥文　鐫字

丹青　李學明

道光十八年中秋上浣吉立

新廟碑記
臨治東南距城一舍曰蔚峰村面南山林巒拱秀有道家言此福地焉都人建
觀音廟以祀之夫觀音之號不知始於何時按神記云菩薩莊王女妙善也年及笄王令其贅不從入香山修行道成適
莊王病苦菩薩不愛身首以救之越翼日乃率臣往禮焉菩薩於空中降奇妙之相手目之多約以千數靈感觀世音
菩薩之稱自此始也或以為事屬不經不足信然菩薩尋聲救苦如彼慈雲於世界故祠宇之建幾遍天下
不必南海普陀也蔚峰觀音廟創於有明中葉歷年久遠風雨剝蝕都人鱗集公議乃召工匠一
切撤而新之改建於舊址之上復擴其規模視昔增壯落成工竣屬余為文以志不朽爰樂斷事之有成也因不
揣固陋而為之記
汾州府儒學 英 敬撰 男 雍 長書

高家沟新修关帝、观音庙碑记

【简介】

清道光十九年（1839）十月勒石，现存于城庄镇高家沟。形制为圆首碑，青石质。碑高128、宽55、厚15厘米。内容为创修关帝庙碑记。额题“福缘善庆”4字。碑文楷书，正文计4行，满行53字。碑文完整，字迹模糊，碑体完好。

【碑文】

從來秉春秋存心忠義者関帝，隨處現身尋身赴感者觀音，玆二神者大能福人，凡城市鄉村切宜建立神祀，以奉祀事。高家溝人久欲創修二神祠而力多不逮，故有志未成，延及道光十五年，曹孟文、刘善仁素志不泯，復談復修廟一事，村人固皆努力施捨，即四鄉善士，亦皆慷慨樂輸。於是謀諸堪輿擇吉地新建之，關帝、觀音二神祠。工起於十五年，告竣於十八年，神像俱新，門窗俱全，墻垣亦俱完善，此固村人之力，即四方善士亦不爲無功。將見聖德蔭庇，合村人與四方善士，俱享無疆之福，而廟貌之巍然焕然者，亦庶幾永年千秋不朽云。是爲序。

庠生樊建侯題

問學雲九千二　刘秉秀九千二　刘玉秀九千二　刘裕秀六千　李光成八千八　高元福四千九　問學義四千四　李大元五千八　武振國五千五　盧桐二千二　武能富二千　曹孟文二千　刘善仁一千四　李玉德二千　曹清貴施地基一塊一千三　刘如愛一千　胡可行二千　張丕光二千七百六　李維貴二千　宋繼伯一千　高長盈一千　趙映昌一千　張善福一千　曹秉愛一千　王正月一千　曹殿國一千　賀長富二千　武振儉一千二　楊全喜二千　刘學孟一千　王三國一千　王忲國一千　雜貨行三千三　武振惠二千　李繼清二千　刘廣福一千　高先祥一千　張請講季一千　楊金法二千　薛復貞一千　霍殿仁一千　王進歧一千　刘朝陽一千　刘泰春一千二　郭玉林一千　任進修一千二　王士遠一千六　侯聚江一千二　張元通一千二　霍家塬一千三　霍長選一千二　張廷選一千　曹思禎一千　曹□□一千　刘□□一千　刘□琪一千二　郭□讓　高萬昇　刘士文　各八百　郭宗貴　王艮國　各五百　郭生宇　刘永安　高明元　武學信　各三百二十　薛昌禎　薛昌梅　各七百　霍成舟五百　高元禄六百　郝存恭　高明義　王萬慶　李萬慶　刘國成　刘德安　各一百二十　王上桂千三　高萬永　刘吉　各二百　刘德安　刘滿兒　高思禄　杜廷智　薛吕方　薛會成　薛成富　薛柱興　各施一百二十文　刘更裕　李存信　刘智宇　李正世　刘兆雄　刘佐清　曹丕花　李正富　李存仁　各施錢一百一十文　李存成　李存宇　白耀先　刘思興　刘旺捌　高滿喜　高凌雲　高世成　高全隆　高明禎　高□運　苗智泰　李元盛　趙運新　張宗清　白映清　趙運山　各施一百二十　趙蓮□　問伯相　郝萬清　宋朝思　賀通　董朝君　董朝綱　李學興　董朝盛　郝元義　郭玉山　問伯順　董朝縉　李希寬　郭永龍　趙運中　刘鴻元　樊殿昌　任法智　各一百二十　白含光　趙運山趙家岔　苗芳有　田逢太　齊宗順　陳世雲　郭萬民　（以下56人略）

瓦匠　白師

石匠　薛世顯

木匠　吕成□

泥匠　任□輝

丹青　吉成虎

大清道光十九年歲次己亥十月二十九日吉立穀旦

福缘善庆

新建河神庙碑记

【简介】

清道光十九年（1839）勒石。现存于临县克虎镇薛家垛村河神庙（沿黄路扩建将庙折迁）。碑砂石质，圆首，高184、宽80、厚14厘米。碑阳额题“勒石垂芳”4字。碑文楷书，正文9行，满行32字。记载新建河神庙之事。张慧业撰文，陈调元书丹。碑阴额题“百世流芳”4字。碑文刊刻布施人花名。碑体完好，靠地20厘米石皮空鼓，碑文基本完整，字迹清晰。

【碑文】

（碑阳）

新建河……

盖聞北條之水莫大於黄河，源發崑崙，流入江海，誠宇宙一鉅浸也。其間澎湃激盪、沸潰淪溢、令人目駭心驚者，大莫勝於磧。磧者，水激石而成之也。葭郡峪口邨有烏龍磧，盖由河口以至磧口通行船筏之要津也。當百川灌河之時，水深没石猶易行動，惟當開春之候，水淺波大，觸穹石激堆埼，損壞船筏甚多，四方客商咸曰：此必有神以憑之，當建立廟宇以祈庇護。衆謀僉同，共推永達賀公爲首事，四方助捐佈施外，按船筏以措辦。積累有日，遂動工於道光癸巳之二月，正殿建石窯一孔，左右建小石窰二孔，東西建鐘鼓二樓，禅堂磘三空。閱数月而告竣，自建廟以後，船筏往來放乎中流，平安無事，較前之洶湧澎濞大相異矣。神之靈也，亦人之誠有以感之也。因將輸財慶善並董事姓名，咸勒諸貞珉，爲後之樂勸盛事者勸。

經理功德主葭州耆賓賀永達　弟永盛　生員永升　永吉　男武生萬齡　生員萬年　萬邦　萬象　萬壽　孫慈雲　慈菴　圈兒　施銀四両

功德主　臨邑介賓高珩　男明月　明星　明可　孫文元　會元　武元　施廟基地四畝　地内原粮施地主自願完納　臨邑薛昇榮　昇彦　男泰宇　孫能喜兒　林宇　朝宇　春宇　祥宇　文宇　施廟基地壹畝

陰陽　生曹紹

大石工　馮興明

大木工　劉保泰

大泥工　劉元清　劉元秀

成首功德主劉福昇　男豔功　孫夢熊　施銀弍両

葭州歲貢生張慧業薰沐撰

丹青　絳州衛吉業

永寧州儒學增生陳調元沐手書

道光十九年歲次己亥吉月立

河津杜繼齡　王喜貴　鐫石

道士　張復禮

（碑陰）

巨川永　豐盛當　高升　根馬子　張萬珍　董珍　張德成　秦泰宇　劉起才　邢旺　周廣榮　楊逢遠　高榮奇　張萬盈　劉高元　白鶴鳴　張桂　萬和魁　侯金玉　楊興發　張登義　張萬寶　趙俊　王仲元　昌盛店　馬成亮　義興隆　杜大順　興盛公　李全發　通順店　閻興旺　喬成業　高逢泰　魯生榮　張喜羅　王興泉　德義深　馮田祥　王守福　孫如發　樊存中　太和成　王泰曾　興業成　趙崇　傅保存　陳保通　許恒禮　廣大高　裴登慶　梁泰運　恒泰長　趙發祥　萬順源　雙興魁　楊興魁　武喜□　魯盈貴　張逢玉　秦泰懷　福長全　周豐　張繼福　王懷年　春順發　牛錫　玉泰隆　喬滿　王季錦　天保號　董滿　李通　張慶祥　王光　杜軒春　馮世順　梁倉　趙正祿　王淑增　周善繼　杜喜春　張萬珠　義盛公　復盛益　王大錫　尹繼泰　王紅　田有福　合和永　裴永行　張□裕　興泰廠　李常序　增盛公　王保君　劉世興　張德茂　張柱　吳起順　張德龍　張萬財　任孝遠　德合成　王梅　永連長　王元士　義合成　馮通　梁登榮　王天福　趙富　秦泰安　許榮慶　久成公　許企龍　張慶雲　馮金玉　魯生富　王繼富　鄔存江　李德　侯通旺　侯明旺　談清　鄔行敏　談全信　賈萬財　王仲榮　侯萬林　東和成　王嘉才　馬海雲　復泰公　王裕　王大綱　楊興旺　楊逢寬　苗遇江　三合成　豫義長　豐泰恒　全順染　同泰興　永順成　同茂德　湧泉合　永茂公　馬萬成　廣盛成　高進愷　賀通高　王大鳳　馬志業　高學雙　馬德時　長盛公　大生館　王懷年　三合永　以上各施銀壹両

以兒塄地拾貳垧，碑兒墕地陸垧，凝條坬地四垧，南陽耳則地四垧半，共地四段貳拾陸垧半。地屬土軍，原無銀粮。

復興源　興盛園　順成堂　王燕飛　苗世福　苗茂　王三聘　同興義　劉化德　各施銀八分

王步林　徐善寶　杜雲高　梁步雲　邢邦明　聚和泉　許元慶　馬占魁　各施銀六分

新建河神庙布施碑

【简介】

清道光十九年（1839）勒石。现存于临县克虎镇薛家垛村河神庙（沿黄路扩建将庙拆迁）。碑砂石质，圆首，高187厘米、宽80厘米、厚13厘米。内容为新建河神庙集资人名录。碑阳额题“片石留存”4字。碑文楷书，正文共24行，满行36字，碑文约860字。刊刻新建河神庙施银人名单。碑阴额题“芳名永著”4字。碑文亦为新建河神庙施银人名单。碑体完整，靠地20厘米石皮空鼓，中间一点失损，碑文局部有缺失，字迹清晰。

【碑文】

（碑阳）

施銀人名開列於左

和合興　聚成公　合義成　永興店　恒泰當　興順當　永順長　両合盛　興盛成　聚盛永　源順湧　義興當　元盛泰　通益長　萬和興　長盛成　廣成益　祥泰永　永全成　義聚生　復盛泉　各施銀八錢

通益泰　源盛高　祥盛公　永順昌　義聚源　自成源　重興淵　天裕德　永盛廠　興盛李　長盛德　豐泰興　天成號　義豐號　德玉湧　德玉廠　恒盛□　隆盛全　廣順□　興盛成　合義成　義盛德　同盛恒　同田局　謙益亨　豐盛源　復義魁　信義公　增盛泰　和成局　萬興齋　生員馬裕河

鈔萬才　鈔萬銀　鈔萬金　復順和　□□德　□□荣　□□廠　□元泰　三和義　泰來誠永興店　復源湧　各施銀六錢

興泰成　王大賢　王世周公合永　高殿義　源深永　泗川永　天啟瑞　長盛永　五昌合　長順廠　元盛廠　恒盛廠通源永　興盛店　元盛樓　德順永　三和公　郭存本　郭存誠　郭存周　郭應璋　長盛成大興永　各施銀五錢

閆恒　三和合　三和號薛升彦　薛元德　薛成富　各施銀三錢二

復順公　宏盛源　永裕當長盛珩　苗時發　雙合永　奕和源　聚興盛　萬隆永　德義成　復泰通　宝興永　源和合興泰義　長泰號　永瑞源　各施五錢

元成店　豐泰永　王子忠　侯惟鳳　張崇元　興旺成慶豐吉　興盛合　義泰興　王聚興　義順興　仁和館　豐裕館　大興店　慶豐園　和義公魯鳳英　義成公　馬獻庭　杜德喜　張啟明　刘兆元　高秀祿仝　宝泉永　張興泰　張明孝　廣順永　復盛義　復泰湧永和德　和盛高　豐盛昌　豐盛高　聚義生　同心和　三盛合　淵懷珍　恒興店　鈔體仲張志清　萬源湧　天泰德　許壘　高逢俊　王文堯　各施銀四錢　王德茂　郭智荣　魁盛源　隆泰公　恒豐賀　高克仁恒興高　高克義　復盛興　三合成　白鶴年　董裕　恒盛源昌泰德　王德盛　張錫　尹升富　和泰成　宝興泉　復長義高裕　廣裕永　尹殿邦　三義店　義興隆　萬億泉　世興湧

義合西　月興公　萬億油店　東大成　雙義泉　義泰全　白世林　馬良　高萬益　各施銀三錢

公義成　鈔體忠　鈔文鬱　馬萬里　和合豐　馬爾騂　張裕德　馬驥　薛元貴　薛元金　德和公　和合店　以上十二位各施銀二錢四分

馬振致　合和廠　各施銀二錢四分

益泰全　德順永　源順興　高逢泰　雙盛泉　雙盛王　久成豐　三合魁　廣和源　義和荣　閆永康　李宗　源盛義　興盛昌　李振家　張恒舒　張積德　恒盛館　興盛成　復順成　王俊才　興盛美　以上各施銀二錢　萬和公　鮑喜　和合美　雙美店　隆泰永　復興泉　趙玉侯　各施銀二錢　復源成　苗秀　苗全智　苗全茂一錢二分　三合成　大興全　天錦店　興泰當　興盛源　苗俊　薛成興　薛元成　興盛號　各施銀一錢六分　薛明長　增盛源　王身修　德順成　賀本泉　復盛永　永成號　復盛荣　復興長　大順公　三義成　王肇修　大興長　豐盛館　王永照　隆盛興　同義興　郝萬倉　任長福　連尚禮　張天和　張德元　田保　任維　各施銀一錢二分

（碑阴）

久兒塄地拾式垧，碑兒墕地陸垧，凝条坬地四垧，南陽耳則地四垧半，共地四段式拾陸垧半。地属土軍，原無銀粮。

巨川永　豊盛當　高昇　根馬子　張萬珍　董珍　張德成　秦泰宇　劉起才　邢旺　張登義　張萬寶　趙俊　王仲元　昌盛店　馬成亮　義興隆　杜大順　興盛發　李全發　孫如發　樊存中　太和成　王泰增　興業成　趙崇　傅保存　陳保通　許恒禮　廣大高　秦泰懷　福長全　周豐　張継福　王懷年　春順發　牛錫　王泰隆　喬满　王季錦　周善継　杜喜春　張萬珠　義盛公　復盛益　王大錫　尹継泰　王紅　田有福　合和永　張德龍　張萬財　任孝逺　德合成　王梅　永連長　王元士　義合成　馬通　梁登荣　鄔存江　李德　侯通旺　侯明旺　談清　鄔行敏　談全信　賈萬財　王仲荣　侯萬林　豫義長　豐泰恒　全順梁　同泰興　永順成　同茂德　湧泉合　永茂公　馬萬程　廣盛成　以上各施艮壹錢

周廣荣　揚逢逺　高荣竒　張萬盈　劉高元　白鶴鳴　張柱　萬和魁　侯金玉　楊興發　通順店　閆興旺　喬成業　高逢泰　魯生荣　張喜羅　王興泉　德義深　馮玉祥　王守福　裴登慶　梁泰運　恒泰長　趙聚祥　萬順源　雙興魁　楊興魁　武善継　魯盈桂　張庭玉　天保號　董福　李通　張慶祥　王光　杜新春　馮世順　梁倉　趙玉禄　王淑增　裴永德　張□裕　興泰廠　李常春　增盛公　王保君　劉世興　張德茂　張柱　吴起順　王天福　趙富　秦泰安　許荣慶　□成公　許企龍　張慶雲　馮金玉　魯生富　王継富　東和成　王嘉才　馬海雲　復泰公　王裕　王大綱　楊興旺　楊逢寛　苗遇江　三合成　高進愷　賀通高　王大鳳　馬志業　高學雙　馬德時　□盛公　大生舘　王懷年　三合永　以上施艮壹錢

復興源　興盛園　順成堂　王燕飛　苗世福　苗茂　王三聘　同興義　劉化德　各施艮捌分

王步林　徐善騫　杜雲高　梁步雲　邢邦明　聚和泉　許元慶　馬占魁　各施艮六分

重修关帝庙碑记

【简介】

清道光二十年（1840）四月勒石。现存于临县八堡乡桃堡洼村。碑砂石质，圆首，高 105、宽 49、厚 11 厘米。额题“永垂奕祀”4 字。碑文楷书，正文 6 行，满行 24 字。记述重修关帝庙之事。碑体完好，碑文完整，字迹清晰。

【碑文】

今夫碑也者，所以紀姓氏、誌功德、著施財，凡以爲後嗣示不忘也。以故廟兒梁修葺之後，四方贊勷之姓氏，經理功德之勤勞，以及青山綠水之環繞，朱雀玄武之憑臨，聖地之佳境，前之述已備。所可誌者，開光之日，有彩繪中施財人等，尚未著述，首事人復請攻石之匠，勒碑刻銘，悉誌而不遺，不亦見善作者善成，善始者善終之志意也哉！余故樂得而爲之記，亦聊以爲小補云爾。

邑庠生郝文謨撰書

經理人　郝文煜

大清道光二十年四月十四日立

彫刻石匠　衛開荣施錢二百四十文

临邑普照寺僧觉涛自叙

【简介】

清道光二十年（1840）七月勒石。现存于临县招贤镇寺梵底村。碑青石质，长方形，高 57、宽 82。碑文楷书，正文 22 行，满行 17 字。刊刻普照寺僧觉涛自叙。碑体风化严重，碑文残缺，字迹漶漫。

【碑文】

临邑普照寺僧觉濤自叙

老僧俗姓杜，本永寧州籍同南都白桑屯人也。自五世祖徙於縣南之杜家莊，遂農焉，去普照寺里許耳。濤兄弟二人，弟生瑜業農。濤甫六歲，先父母以艱寒，故削髮爲僧，翻譯釋典，諷誦佛經，□師教養者十四年，而師即圓寂。伊時所貼香火地僅九畝耳。夫空者佛法也，然有恒産斯有恒心，僧俗無異。生計日蹙，而道心自堅，非有宿行者不能。濤粗衣疏食，備歷艱辛，迄今四十三年矣。荷佛祀之洪恩，先師之貽澤，邇來有絶業李家塔俗姓地三十七畝，柳溝塔地十一畝，典業本寺地八十畝，所置到本寺。現住禪房一處，亦更加秀麗焉。工始於春，告竣於夏，餘顧而落之曰：嗚呼！老僧之事畢矣！老僧之所以貽後者，亦差原矣。顧老僧衰且憊，而門徒性敏、性朗、性乾及法孫融升，愚且少，恕余一旦瞑目，若輩不知所由來，因道其大略而勒石以文之。汝輩異日觀此，當念締造之維艱，思來處之不易，老僧善爲之，汝輩亦善守之，以之衣食，以之居處，毋荒蕪，毋廢棄，永守斯言，勿替斯命，則老僧入龕無憾矣。

蘭軒李樹章薰沐敬撰并書

旹大清道光二十年歲次庚子七月穀旦立

普照寺檀越公旌仙舟大禅师懿范

【简介】

清道光二十年（1840）八月勒石。现存于临县招贤镇寺梵底村。碑青石质，长方形，高 53、宽 82。碑文楷书，正文 19 行，满行 20 字。刊刻普照寺檀越公旌仙舟大禅师生平事迹。李树章撰文并书丹。碑体完好，碑文完整，字迹清晰。

【碑文】

普照寺檀越公旌仙舟大禪師懿範

仙舟者，普照寺老僧也。法名覺濤，仙舟其字也。其籍貫里居與治生善後之計，伊自敘彰矣。歲庚子秋，仙舟增修間房数楹，落成之際，檀越畢集，咸顧余而囑曰：仙舟自敘者私事耳，其於重修本寺諸公務未曾隻字道及，今觀西畔之整齊，山門之鮮麗，以及聖母、十王等殿，靡不煥然聿新，是雖衆檀越捐資以助之，抑實仙舟師所曉夜經營，不辞勞瘁，以董其成者也。可撮記数語以補自敘所未備焉。余窃惟三教鼎峙，而釋教微於儒者，非世之不重乎。釋大約釋氏子自驃其行耳。如仙舟者秉教沙門，清規恪守，今已年近古稀矣。然每與吾輩晉接之間，修髯長軀，飄飄乎羽客之概，古貌荘言，恂恂然儒生之風耶。使無所創建而品行之端，方正卓卓，其可傳，又况乎多負勤勞於本寺者，厥功更甚偉哉！鉄中錚錚，人中皎皎，余於仙舟師三致意焉，爲俚語以旌之曰：

釋氏仙舟，沙門之傑。恪守清規，其儀不忒。領袖諸僧，俾無隕越。

垂裕後昆，情詞懇切。寺宇重修，厥有成績。我愛仙舟，舉止端肅。

我愛仙舟，貌言古樸。猗歟偉哉，以堪矜式。

蘭軒李樹章敬撰並書

甲寅舉人鄉飲大賓李光星　廩生高維俊　介賓李建中　監生高行時　庠生賀榮金　賀含珍　楊耀祖　監生孫世昌　孫文斗　薛寶桂　賀榮爵　薛步騰　高武德　公旌

旹大清道光二十年歲次庚子八月穀旦立

龙王庙碑记

【简介】

清道光二十年（1840）十二月勒石。现存于临县玉坪乡枣林村。碑青石质，圆首，已残，残高78、宽41、厚10厘米。额题“永垂不朽”“日”“月”。碑文楷书，正文6行，行残存14字。记述重修龙王庙之事。碑边刻有楹联。碑体下部缺失，字迹清晰。

【碑文】

從來人賴神爲保護，神視人以憑□，□不可使神不享也。况鄉村之地，民之望龍□□□農之力田者，日即乎山則龍王山神□□□依望者也。我村舊有龍王、山神廟歷年久遠遠，風雨催剥，村人心傷，公議補葺，未□□□□越三月而功告畢，則繼前人啟後人，不亦□□□□。

石匠　黄大祿

經理　王居國施錢五千

大清道光二十年十二月立

【联文】

年年庄上施甘露；

歲歲村中落慶雲。

國泰民安

丛罗峪贺氏列祖碑

【简介】

清道光二十一年（1841）三月勒石。现存于临县丛罗峪镇丛罗峪村。碑砂石质，方首，高 115、宽 51。碑文楷书，正文计 3 行，每行残存 18 字。刊载贺氏列祖名讳。碑体剥蚀严重，碑文缺失较多，字迹模糊。

【碑文】

道光二十一年歲次辛丑季春穀旦刻

曾祖賀公諱國安配李氏劉氏太君之位

高祖賀公諱希德配張氏太君之位

祖考賀公諱文魁配王氏劉氏太君之位

壬山丙向□□戊巳申辛

父排行五奉祀　不孝男賀貴荣　賀向荣　祭主孫賀本□……

男等欲爲先人卜葬地，因請占者遍觀之以爲惟□□□□壬山丙向告莫大焉，男等墳活動中心，築其周圍，建立佳□□□□□□考妣遷葬正穴，並將三代祖諱附記於上，永垂不朽。

重修龙天□□庙碑记

【简介】

清道光二十一年（1841）勒石。现存于临县白文镇赤卜浪村。碑砂石质，圆首，高189、宽76、厚13厘米。额题“永垂不朽”4字。碑文楷书，正文10行，满行14至25字。记述卜罗村重修庙宇之事。乔大槐撰文，高映兰书丹。碑体断为两截，剥蚀严重，碑文缺失较多，字迹模糊。

【碑文】

□□龍天□□廟碑記

……之無□□□□社……山川百神，凡有功於□□者，莫不隆享祀而崇祭報□，其間與□□□……民者功尤莫顯於□□神，故□卦首乾 六爻□□其象，豈不……卜羅村舊建……靈而圖像之，□□復□□暗淡不堪，起□□經理，衆公……各出□□□□募化□□□□□□具□糾工廢者興，缺者補，因舊址而更……非復□此之□□□□□□君子謀勒石以著□事……恭属也肅属陰□□□□□数□□□施也，今諸君子各竭……即□□□謂肅也，然□兹廟□是□□□□□□□□□旬□□黍□以……自今以始嵐其有□□□□□□□□□□□□人相□□□□虔和新□□之……余之所專望也無。是爲記。

□□□舉人臨縣儒學訓導喬大魁謹撰

庠生李□□高映蘭熏沐敬書

……延壽喜　房進□　高秀□　□成□　高□　高□□　□正□　秦□□　秦□□　□□□　□文照　□占寬　□□珍□占□　□□□　……　刘应道　喬应斗□□道

木匠　□□□

瓦匠　賀□□

丹青　趙来□

……

住持僧　……

大清道光二十一年歲次辛丑□月□卯吉日

沟底村张氏家谱碑

【简介】

清道光二十二年（1842）四月勒石。现存于临县碛口镇沟底村，有砖窑保护。碑砂石质，圆首。碑身高140、宽52厘米。额题“皇清”“墓铭”。碑文楷书，正文行数不等，行字也不等。内容为张氏家谱碑。底部略有风化，碑文完整。

【碑文】

盖聞墓之有碑也，所以志祖宗之功德及其行事也。予先人自别派分支以迄於今，其功德行事不可勝述，兹將□後之人不詳其世系，及其墳塚也，故刻著於石，以昭示來世云。

始祖父諱弘儒字大士妣張氏

兄諱弘德葬染溝

弟諱弘禮葬馬家墕

高祖父長諱振世妻閆氏葬大秦局

次諱振義妻張氏葬陵則絶嗣

次諱振黄妻張氏葬上梁上絶嗣

次諱振唐妻王氏葬墳東絶嗣

次諱振虞妻任氏葬墳西絶嗣

分爲五門

故祖張孟父滿榮妻陳氏合殯葬墕墳

長門曾祖諱述冉　述明　述顔　述言　述閔　（下略）

三門曾祖諱述曾　述程　（下略）

五門产曾祖諱天民　天爵　天俊　（下略）

重修碑记

【简介】

清道光二十二年（1842）五月勒石。现存于临县城庄镇靳家沟村，有砖窑保护。碑砂石质，圆首，高 140、宽 64、厚 15 厘米。额题“重修碑记”4 字。碑文楷书，正文 10 行，满行 28 字。记述靳家沟村补修诸神庙之事。碑阴为布施花名。高振翼撰文，张见龙书丹。碑体左下部略有残损，碑文完整，字迹清晰。

【碑文】

（碑阳）

重修碑記

昔先王神道設教而立廟繪像，所以使人肅觀瞻、勤拜奠也。城北三十里之鄉靳家溝村，舊有崇應侯大王、極浮屠大王、豐神王、蚮蚄、蚇蜡、山神、土地諸廟，神雖各别，而使之疣癘不作、沴戾不生，調風雨於中季，著康和於三時，而且螟螣去、虎豹藏，其爲訶護則一也，鄉人祀之宜矣。奈代遠年湮，創建莫考，查得舊鐘内乾隆五十三年三月二十日，經李志立、趙伸欒、曹夢周、劉世光、陳鐸等重修，今又多歷年所，圮壞更不堪言矣。村人趙竹山目擊心傷，糾合鄉衆，同爲修葺。辛丑二月三日經始，至十月二日而厥功告竣，圮者新，壞者立，燦然改觀，庶乎棲神有基而瞻拜得所矣。但事歷久而必敗，勢不能常，如今日者振興而補造之，竊不能不有望於後起者。是爲序。

經理人　趙竹山施錢肆拾貳千文　侯聚江施錢伍拾伍千文　任敬修施錢伍拾伍千文　曹重行施錢陸拾捌千文　柳樹壹拾株

庠生高振翼薰沐撰

張見龍薰沐書

糺首　劉士聰施錢壹拾千文　崔忠香施錢壹拾千文　薛秀玘施錢柒千陸百文　王應斗施錢柒千陸百文　曹秉居施錢柒千文　秦步元施錢陸千陸百文　劉應斗施錢陸千陸百文　王忠武施錢陸千陸百文　沈愛智施錢陸千貳百文　陳世榮施錢陸千文　曹秉福施錢伍千貳百文　王登會施錢伍千貳百文　劉學通施錢伍千貳百文　劉德寶施錢伍千文　王應光施錢肆千八百文　王廷通施錢肆千肆百文　王廷柱施錢肆千貳百文　趙積山施錢三千伍百文

坤輿郝存儉　石匠薛世顯施錢二百文　木匠高登榮　泥匠高昌祥施錢二百二十文　瓦匠高林位施錢一千二百文

丹青　衛步堂

河津師可法　師啟富　同刻　施錢壹千貳百文

大清道光二十二年歲次壬寅仲夏穀旦日立

（碑阴）

本村人李玉升　苗清元　張步成　趙光先　……

外村人　問學禮　賈丕光　郭齊春　穆世仁　楊盛奇　郭茂誎　郭茂卿　馬雲通　郭芝榮　郭芝義　董朝盛　霍起義　宋珍　白煒　郭兆富　郭兆華　郭富中　樊世清　千總秦德敬　監生高明　監生劉全綱　介賓張得升　郭爾縉　郭廷盛　郭著　監生宋尚南　郭生旺　郭宗貴　齊宗順　郭以忠　郭兆貴　郭茂謙　郭長貴　魏有臣　郭永昌　問成人　郭芝貴　郭淮清　郭玉海　郭玉安　…

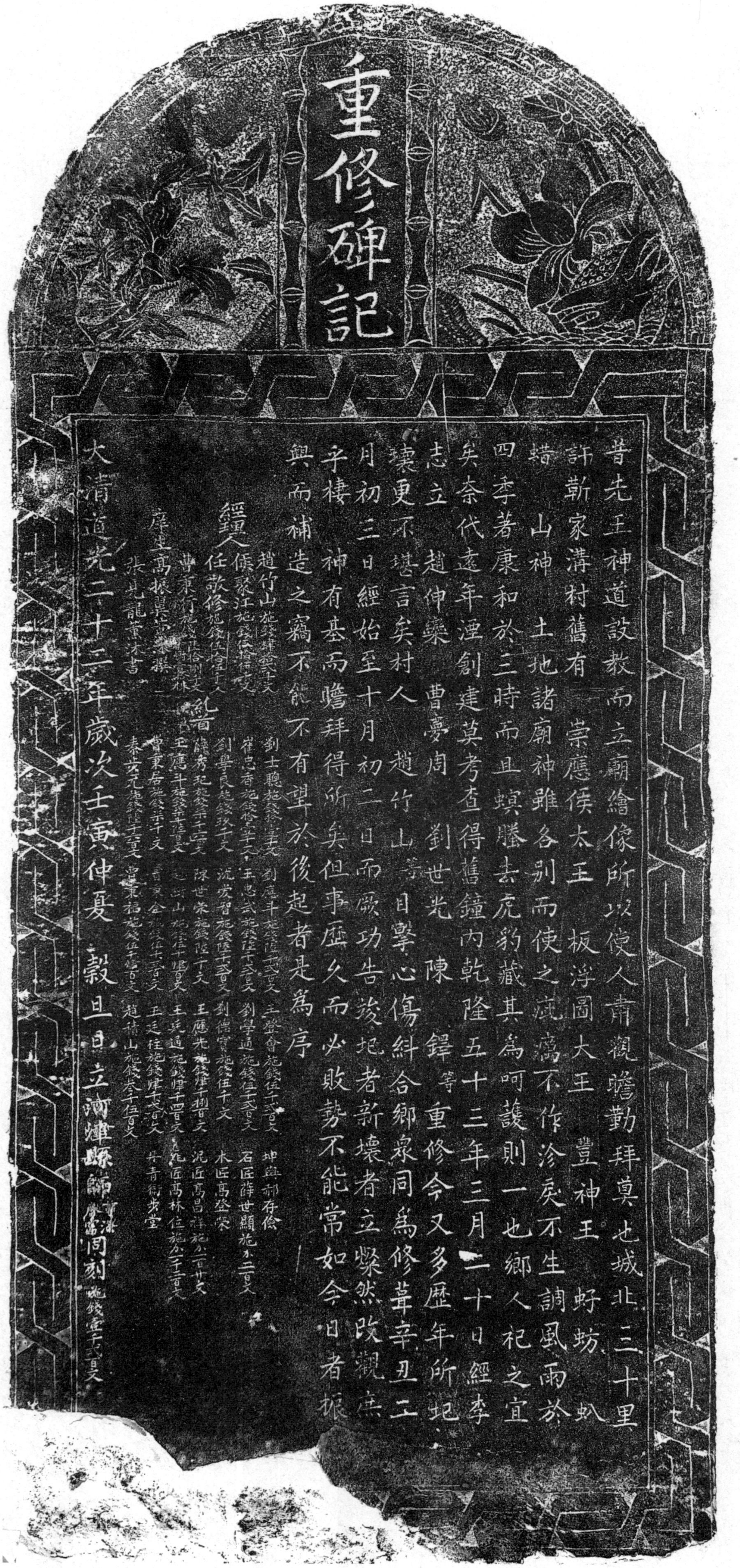
重修碑記
昔先王神道設教而立廟繪像所以使人肅觀瞻勤拜奠也城北三十里
許靳家溝村舊有　崇應侯太王　板浮圖大王　豐神王　虸蚄
蜡　山神　土地諸廟神雖各别而使之疵癘不作沴戾不生調風雨於
四季著康和於三時而且螟螣去虎豹藏其爲呵護則一也鄉人祀之宜
矣奈代遠年湮創建莫考查得舊鐘内乾隆五十三年三月二十日經李
志立　趙伸欒　曹夢周　劉世光　陳鐸等重修今又多歷年所圮
壞更不堪言矣村人　趙竹山等目擊心傷糾合鄉衆同爲修葺辛丑二
月初三日經始至十月初二日而厥功告竣圮者新壞者立燦然改觀庶
乎棲神有基而瞻拜得所矣但事歷久而必敗勢不能常如今日者振
興而補造之竊不能不有望於後起者是爲序
經理人
趙竹山施錢肆拾貳千文　劉士聰施錢叁拾壹千文　劉應斗施錢陸千貳百文　王登會施錢伍千貳百文　坤與郝存儉
侯聚江施錢伍拾伍千文　崔忠香施錢拾壹千文　王忠武施錢陸千叁百文　劉學通施錢伍千貳百文　石匠薛世顯施錢二百文
任敬修施錢伍拾伍千文　劉學良施錢玖千文　党智施錢陸千叁百文　劉德寶施錢伍千文　木匠高登榮
曹東行施錢伍拾捌千文　饒秀起施錢柒千壹百文　陳世榮施錢陸千文　王應先施錢肆千捌百文　泥匠高昌祥施錢一百廿文
王應斗施錢柒千伍百文　王兵通施錢肆千四百文　高林位施錢一千三百文
庠生高振景撰　曹東居施錢柒千文　曹東金施錢伍千叁百文　王廷柱施錢肆千貳百文　丹青衛步堂
張九龍薰沐書　秦安元施錢陸千壹百文　曹東福施錢伍千肆百文　趙積山施錢叁千伍百文
大清道光二十二年歲次壬寅仲夏　穀旦立　河津縣　同刻　施錢壹千五百文

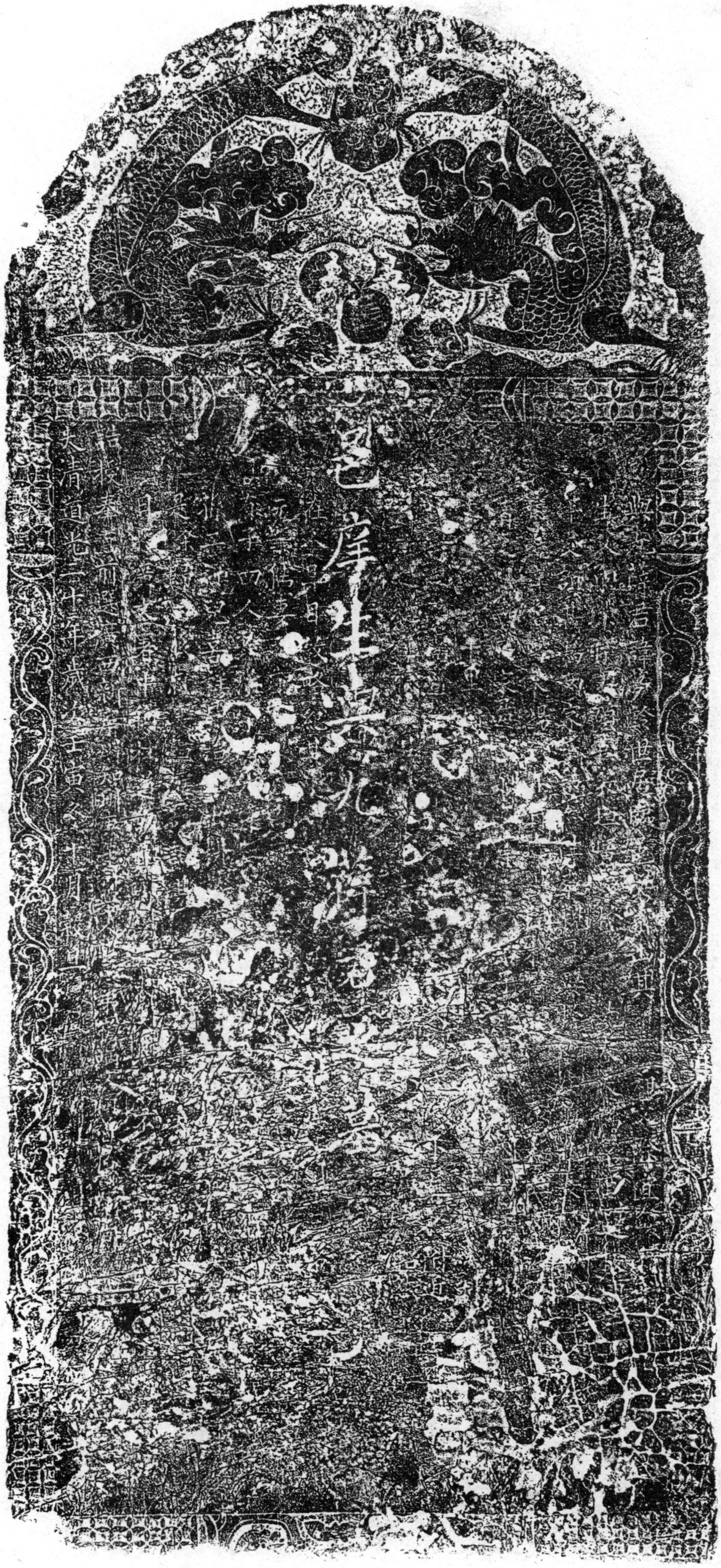

邑庠生兴九薛君之墓

【简介】

清道光二十二年（1842）十月勒石。现存于临县招贤镇后塔村。碑青石质，圆首，高114、宽52、厚13厘米。碑文楷书，正文13行，残存5至24字不等。为邑庠生薛公兴九墓碑。碑体表面风化严重，碑文残缺大半，字迹模糊。

【碑文】

邑庠生興九薛君之墓

興九薛君諱夢齡，世居臨邑□□山，其□□祖父際宜□行……生父□□□□碩□□垣□□於……焉，兩家……親……村醫……家……子……十里……在人耳目，故略紀其□元□儒妻……有子四人……孫二□兒喜……是□歸……日□廣文署中□林道……

誥授奉直前選廣西新寧州知州庚午十年舉人□□弟……

大清道光二十二年歲次壬寅冬十月穀旦

志美碑记

【简介】

清道光二十三年（1843）四月勒石。现存于临县青凉寺乡蔚家沟村。碑砂石质，圆首，高124、宽54、厚14厘米。额题“流芳百世”4字。碑文楷书，正文6行，满行37字。记载五村重修诸庙之事。碑体缺失少许，碑文完整，字迹模糊。

【碑文】

誌美碑記

嘗思好善莫如爲善，而爲善莫若樂施。今吾蔚家溝、郝家梁、青蒿溝、青蒿墕、前墕裡、尉家溝、郝家梁村舊有大王廟，歷年久遠，風雨漂搖，廟宇剥落，社人目擊心傷，公議重修。又新建虸蜡、蚄、龍王、山神土地神祠，合社踴躍樂輸，共募七百三十一千餘金。但工程浩蕩，費用不及，募化無所，社人憂心如渴，惟有郝家梁村劉建基者獨出己囊，自施七十三千餘金。於是神像得新，廟貌輝煌，無不完美，社人甚是欣悅。然有善弗彰，後人何以繼美，公議勒石垂銘，以誌不朽，是爲序。

經理人　薛春忠　賀世珍　賀順　賀世榮　張映　劉行直　劉伯适　高廷文　劉振興　劉思光　劉伯龍　薛貴榮　武進有　劉□□　劉振升　劉振周　劉奇黄　張萬禄　劉振業　劉作楫　劉作雨

石匠　郝元慶　鐫

大清道光二十三年歲次癸卯四月吉日穀旦

重修玉皇庙碑记

【简介】

清道光二十三年（1843）十月勒石。现存于临县大禹乡康家塔村。碑青石质，圜首，高107、宽53、厚12厘米。额题“重修玉皇庙碑记”7字。碑文楷书，正文计9行，满行33字。记载康家村重修玉皇庙之事。李冲霄撰文，李琚明书丹。碑阴为布施人花名。碑体完整，字迹清晰。

【碑文】

（碑阳）

重修玉皇廟碑記

臨邑而南據兑山之陽，層巒疊嶂，環列左右，逶迤而下有村曰康家塔，廬舍寥落，居民純厚，有古道遺風焉。村中舊建玉皇廟，不知創始於何時，當南北之衝術者，以爲壓此方氣脉，然未敢輕動也。迨道光二十一年，歷歲久遠，廟貌傾圮，村人目擊心傷，僉以移廟於山澗前坡，卜云其吉，延基鑿石窑一所，欲圖堅久不拔之計，移聖像於其中，彩壁精裝，森嚴可畏。逾二載而始落成，羅列澗畔，收山川之精英，補一村之罅漏，甚盛舉焉。工成誌美，勒石垂名，属予爲文，予維夫神莫尊於帝天，豈蚩民所可禋祀乎？特以日月之照，臨風雷之動散、雨露之滋培，所以行四時、主百物萬實告成者，莫不主宰於維皇，乃知普天之下，要皆一元所覆幬烝民之生，應爲惟天所呼籲焉。然則是廟之建於兹村也，不唯可以承先志、昭來許，壯一邑之觀瞻，盖實見戴帝知德之意也夫。

安業都一甲衛千總軍功加記録二次王慶長施地基

邑庠膳生員李冲霄薰沐謹撰

信士李琚明沐手書丹

李富貴六千二百　王映旭六千　高仲科四千五百　高海山乙百二　馬海生四千二百　秦林三五百　杜富貴二千五百　杜廷元乙百二　杜廷玉三百　杜立光二百四　馬法海乙千　馬法成三千二百　高法秀三千二百　高世温二千八百　高法福五百二　高法升二百　高法欣六百　趙如謙七百　趙如選一千三百　趙如建二千　趙如愷一千六百　趙喜清一千七百　李榮升二百四　刘茂牌乙百二　杜荣乙千　杜宇一千六百　杜齊二百四　高林愛二百　樊昌俊一千七百　樊昌映一千嬌　趙有光二百　趙有印乙百　趙有清五百　趙有福一百二　樊開祿六百　高如宏乙千　高法祿三百五　楊大元三百六

糺首　趙元玉六百二　秦林綸一千三　杜之順一千三　高仲元一千三　趙文映一千八　王文彦二千六　高法茂一千乙　杜廷映一千三　高法祥一千六　樊開福四千

經理人　樊運六千　高海印三千　趙繼宗三千　趙清海三千二

石匠　王明成　薛富□施錢五百

木匠　遊文學施錢六百

泥匠　薛大成

丹青　李學明施錢二百四

陰陽　劉鉅施錢六百

道光廿三年十月吉日立

（碑阴）

康文太　嚴有貴　康全位　康逢安　康逢泰　康宇　康逢運　郭士海　……

重修王皇廟碑記
臨邑西南據兑山之陽層巒疊嶂環列左右逶迤而下有村曰康家塌廬舍寥落居民
惇厚有古遺風焉村中舊建王皇廟不知創始於何時當南北之衝衢者以為
此方氣脉然未敢輕動迨道光廿一年歷歲久遠廟貌傾圮村人擊心傷
廟於山澗前坡下云其吉延基鑿石窑一所欲圖堅久不拔之計移聖像於其中
壁金裝森嚴可畏踰一載而始落成雖列澗畔收山川之精華補一村之罅漏甚
焉工成誌美勒石垂名屬予為文予維夫神莫尊於帝天豈崖民所可禋祀乎特
日月之照臨風雷之動散雨露之滋培所以行四時生百物萬寶告成若共不
維皇乃知普天之下要皆咒所覆幬烝民之生應為惟天所呼籲焉則是廟之建
茲村也不唯以承先志貽来許壯一邑之觀瞻蓋實見載帝知德之意也夫
道光廿三年十月吉日立

新建观音庙碑记

【简介】

清道光二十三年（1843）十一月勒石。现存于临县三交镇孙家沟村。共2通碑，形制尺寸相同，砂石质，圜首，高126、宽58、厚9厘米。第一通碑阳额题“永垂不朽”4字。碑文楷书，正文10行，满行34字。记述王家沟村新建送子观音庙之事。第一通碑阴及第二通碑阴刊布施人花名。樊映月撰文，樊映德书丹。碑下部残缺，碑文缺失。

【碑文】

（第一通碑阳）

新建觀音廟碑記

儒學廩膳生員樊映月謹撰

從來事之補葺者易爲功，而其創始者難爲力，凡物皆然，而廟宇其尤著者也。王家溝村新建送子觀音廟一座于村之正西，功竣之後欲刻於石，以垂不朽。総理王永忍等囑余作文以記之，余詢厥由來，伊慨然曰：吾儕之徙，居於此土者有年矣，而寥寥数家，丁財俱□□□，里人皆疑其無神廟以鎮之。故至此日，於皇上御極之廿二年與祖庄王□□人公議創建，但以工程頗巨，獨立難成。吾鄉雖各捐己資，猶募化四方而始足□□□。功始於春二月，卒於冬十月，共費錢一百六十千零。而殿宇墻垣已煥然維新矣。□□□雖諸公不自以爲功德，而其好善之誠，爲善之勇，誠一鄉之善士也。從此春秋□□□竭虔誠行見螽斯衍慶，麟趾呈祥，而一鄉之人丁俱旺，貨財生殖，在此舉矣。□□□□之果難于補葺乎。爰述其顛末而爲之記。

施地人　李新章　至廟墻外有空地一□

看地人　趙戰魁施一千

碑石主人　薛常春

經理人　王家忍十千　王秉勤三千　王秉儉三千四百四　王秉貞三千四百四　李幹三千五百四　王自福三千　王宗河一千　王自儀一千　王生柏一千四百四　王生春一千四百四　王秉招一千四百四　王自玉二千　王自明一千五百　王生義一千　王槐七百八　王希永三百六十　李升五百四十　王成德五百　樊宗礼一千零三十　武希財　刘弟　閆海智　閆海信　閆海義　各施錢一千六百　閆德成一千六百　閆海隆五百　閆海仁五百　王進忠六百　刘喜春□□　王秉恩□□

木匠　□□□

石匠　□□□

刻石　□□□

泥匠　□□

瓦匠　□□□

前陡泉村樊映德沐浴謹書

大清道光二十三年歲次癸卯十一月穀旦

（第一通碑阴）

領疏人

王永忍十八個　李幹二十個　王秉春二十八個　王永堅二十六個　王生柏十個　王生春十三個　王生儀二十個　王秉招一個

施錢人

王自林　王自荣　王秉路　王自適　各施錢一千　王生應一千二百　王永順一千四百　王生明　王恩德　曹居俊　雒登富　各施六百　王自槐　王自明　王生俊　楊茂蘭　王自山　王自訓　王

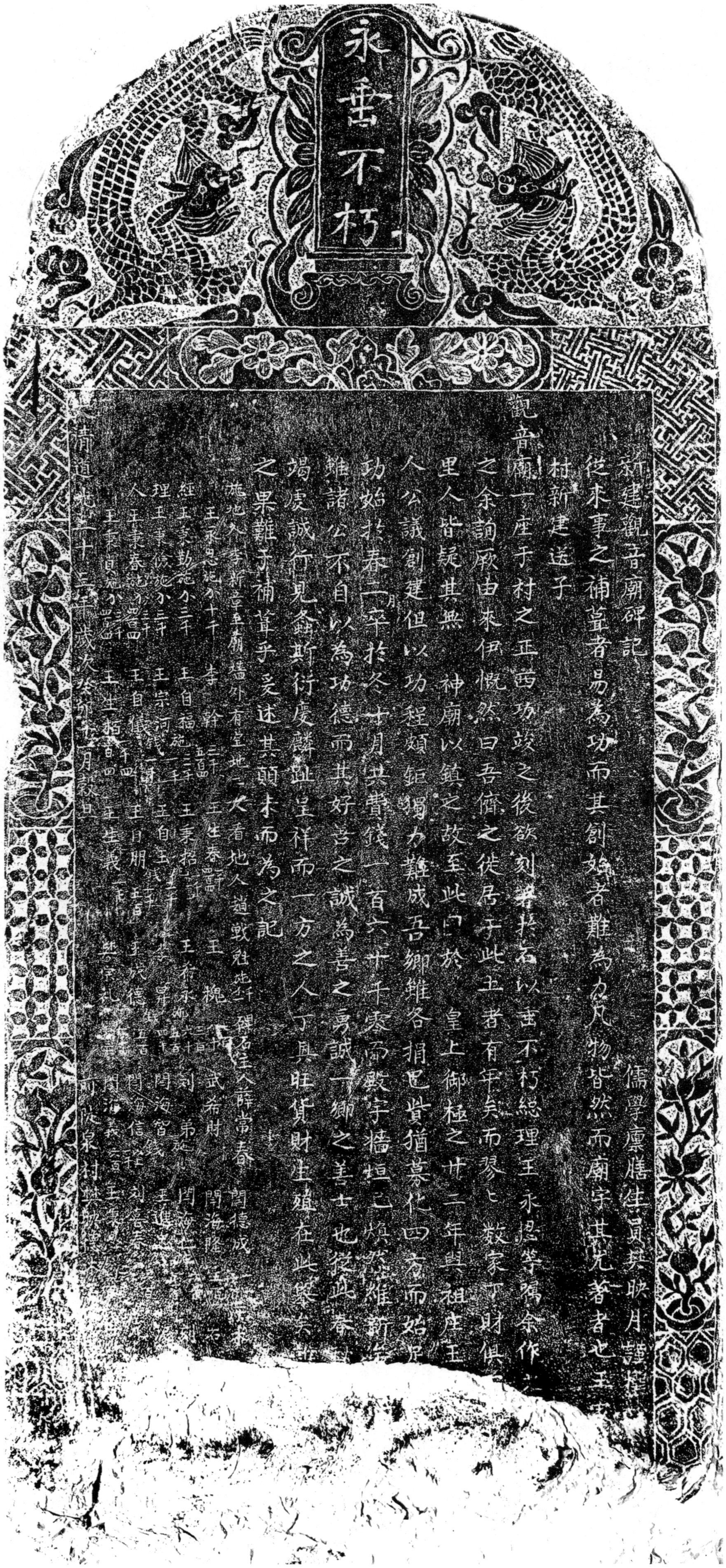
永垂不朽
新建觀音廟碑記

自檀　薛玉大　郝全元　各施三百　郝應忠八百　王宗緒一百六十　王漢德一百六十　王升荣　薛運礼　閆海礼　刘禄　高積荣　張統生　各施四百　王漢秋　王秉清　王自和　王文茂　王加運　杜士礼　高清　高泉　以上各施三百六十　王自梅　王生山　曹應祥　以上各施五百　趙雲騰三百　王應貞　王應儉　王宗淮　王維章　王自升　王宗海　賀朝珍　王文宣　王富業　王殿瑞　王上發　王加福　嚴珍清　嚴中清　嚴士真　杜明義　馮進德　王秉福　以上各施二百四十　王自良二百六十　王思温二百　李秉忠二百　李含英二百　張士登二百二十　曹居義七百一十　高登雲六百六十　武志清六百六十　王福義　王自合　王自應　孫世吉　王秉河　楊丕恒　王茂　楊茂有　王自儉　薛成　王海晏　王生富　王生富　王自真　王爭光　王維忠　王生祿　王主本　王維哲　王漢堂　王漢升　王秉安　王豐年　王自修　王漢心　王自臣　王統業　馬學忠　王希岩　薛金明　吕小太　樊莪　李泰嶽　趙義　王桐　閆生亮　以上各施一百二　王皇七百三　高發七百三　武成文一千零四十　李光富二千八百四　閆正海　薛兆中　康應儉　刘學有　李成雲　吕敬德　李秉時　張世鐸　以上各施五百王丕業　王宇德　各施四十　王興德　刘士月　王自恩　王維智　王自善　王自通　各施六十　薛宏雲五百八　李秉輝　薛滿生　孫世俊　武常久　胡作起　杜芝有　以上各施五百四　薛學清　薛五斤武自學　各施三百三　李新明七百二　李百端七百八　嚴光明六百九　孫發通　刘慶　郭應全　薛希富　各施三百六　楊丕清　張清泰　各施二百六　雒爾鴻一千二百　薛統□　郭新□　刘明瑞　侯學顔　王玉金　李興業　薛玉金　□□白懷信　李安身　各四百　李苗　李於綱　各四百四　李秉謙李秉威　薛時福　各三百三　李雲鳳　雒應龍四百八　薛占鼇五百五十五　李安敬四百九十　岳中玉五百三

道光二十三年歲次癸卯十一月穀旦

（第二通碑阴）

募化施錢人

韓莪八百　李自學七百八　李全積五百　雒山順一千四百　李應秀二百　楊元燦二百二　秦普德三百八　刘學孝九百　閆德恩二百七　楊丕全五百二　徐耀英四百　王檀六百二　薛士忠二百　維步昌一千四百　孫佩珢六百六　崔光新三百四　馮有發三百　刘養本三百三　閆秀芳六百　秦秉節　李條璠　王自選　各施一百　王尚雲　李少蟾　孫述舜　各四百　李群芳三百四　馮進廷一百五　嚴世選一百二　孫加吉　曹居信　王自安　嚴富國　段秀生　各四百　薛光斗四百六　高滿一百五　杜自喜一百五　高武　武希仲　武克斌　各施三百　刘成山四百　武苗一百二　王廷佐六十　張喬　張啟基　孫際昌　楊茂綱　李會儉　宋清祥　郭家有　薛亮明　張百貴　各施三百　刘居謙　雒生明　各施七百五　王維業三百　王維淮二百四　趙存義六百　李幹七百三十　獸一對　馬能有　雒正茂　任自喜　郭卓　各施二百四　刘佩和　李立雄　嚴有金　嚴茂陽　王積　各施二百　刘增美　楊秉瑜　各施一千　張居新三百　樊新二百　王秉有一百　王秉春八個　崔正中一千　胡應斗九百　李世盛　孫述孔　高升貴　孫丑則　刘大元　李桂財　各施四百　楊茂章　樊際通　雒有雲　各施六百張麟三百　杜荣清二百八　李會□四個四百　王生檀八個　王生玉　李永海　閆芝桂　楊德義　趙海文　吕萬雲　王立業　刘庚盤　各施六百　韓貴周　韓士爭　閆德義　各施八百二　胡錫照二百二崔恒新四百　張騰七百　王生春十一個　曹進財　楊丕蘭　嚴世荣　各四百　李正倫四百八十　刘元俊四百二　武□義　刘培春　張世福　刘法光　馬國斌　各五百　趙玉六百　□文祿三百　王生檀九百四　武成久四十個二百　王生福七個

咸豐六年補修連前施工人名

王生楝五個　王秉照十四個錢一百　王秉珍二十一個　雒中宇二個　任自喜一個　王永忍十個錢一千零八十七文

碛口黑龙庙大门匾额楹联

【简介】

清道光二十三年（1843）勒石。现存于临县碛口黑龙庙，分别嵌于大门上方与两侧。匾额楹联均为青石质，长方形，四字匾额高48、宽85厘米。楹联高176、宽17厘米。二字匾额高48、宽60厘米。匾文、联文均为行楷，保存完好。

【匾文】

（一）

道光癸卯

流霞

考亭

（二）

癸卯春

拱秀

晦翁

（三）

神宮寶界

【联文】

道光癸卯仲春

物阜民熙小都會；

河聲嶽色大文章。

郡人崔炳文譔並書

重修佛庙碑记

【简介】

清道光二十四年（1844）八月勒石。现存于临县三交镇前陡泉村。碑砂石质，圆首，高166、宽76、厚17厘米。额题“永垂不朽”4字。碑文楷书，正文8行，满行44字。记述重修佛庙之事。碑体断为两截，右部残损严重，碑文残缺严重。

【碑文】

……碑記

□□□教流於中國而人之崇奉……創於□□寺以白馬名，由是釋教東……殿二座，前人屢經修葺，現……丑□中之聖帝廟曾經修葺……力□□數□費若之何，爲今之計，莫若造□□□□□□□庶可集腋成裘耳。村衆皆以爲□□是□□鄉布施外葺之□□□□□於壬寅之春將廟之缺者補之，敝□□之金丹艧，越數月而厥功告竣矣。落成之後，即宜勒石書名□□□□方之布施尚未收足，故不得已而□□□□今焉，今即其所捐輸者，凡本村外鄉……刻著於石之，今□□□□之曰：某也多，某也寡，某也慷慨，某□□□□莫不瞭如指掌。斯也不没人善繼往開來之意云爾。是爲序。

經理人　李新祚施錢一千二百　領疏十本　募錢四千八百廿文　樊元盛施錢一千　領疏十一本　募錢八千七百六十文　劉步誠施錢五百　領疏十本　募錢六千三百九十文　樊有才施錢二百　領疏五本　募錢一千八百文　樊元智施錢二百　領疏四本　募錢一千二百文　樊元季施錢三百　領疏二本　募錢二千文　樊應清施錢三百　領疏五本　募錢四千一百廿文　樊應龍施錢一千　領疏十二本　募錢七千九百八十五文　樊汝均施錢三百文　樊元伯施錢五百　領疏三本　募錢一千八百八十文　□□□施錢五百　領疏五本　募錢一千八百文　劉明施錢一百　領疏五本　募錢六百文　以上十五人俱系經理人

樊元貴施錢一千二百　領疏二本　募錢六百文　樊元世施錢五百　樊應川施錢一千　領疏□本　募錢一千四百文　樊應煌施錢一百廿　領疏二本　募錢四千五百文　樊興韓施錢五百　領疏二本　募錢二千五百文　樊際唐施錢三百　領疏二本　募錢二千五百文　劉萬盈施錢二百　領疏五本　募錢二千三百文　□□高施錢三百　領疏三本　募錢一千九百九十文　□□□施錢二百　領疏二本　募錢一千九百八十文　□□□施錢二百廿　領疏三本　募錢一千七百二十二文　□□□施錢三百　領疏三本　募錢一千五百四十文　□□□施錢二百　領疏三本　募錢一千四百八十文　□□□施錢一百廿　領疏二本　募錢一千四百五十文　□□信施錢一百　領疏二本　募錢一千零五十文　□□惠施錢二百　領疏二本　募錢八百二十文　□萬春施錢三百　領疏三本　募錢九百三十文　□映池施錢一百　領疏二本　募錢六百二十文　□□玉領疏一本　募錢六百文　□榮富施錢一百　領疏一本　募錢五百文　□□熙施錢六十　領疏一本　募錢五百三十文　劉萬貴施錢六十　領疏一本　募錢四百文　樊應輝施錢一百廿　領疏一本　募錢三百文　樊應章施錢六十　領疏一本　樊應彩施錢一百廿　樊應光施錢五百　樊元適施錢一百廿　樊興趙施錢一百　樊元厚施錢二百四十　樊清鼎施錢一百廿　樊際儉施錢一百　領疏一本　募錢一千三百二十文　樊元三施錢一百廿　樊元高施錢三百　樊清宇施錢一百廿　樊振柱施錢一百廿　劉裕敏施錢一百四十　樊應祥施錢二百　樊際運施錢一百廿　樊令文施錢一百　樊映潭施錢一百廿　樊攔大施錢六十　樊萬年施錢六十　樊有常施錢六十　樊自修施錢六十

以下樊家嶺施錢人

李錫有一千二百　樊世裕一千　樊世廷一千　樊世興三百

大清道光二十四年歲次甲辰八月□□立

石工　張玉清　刻字

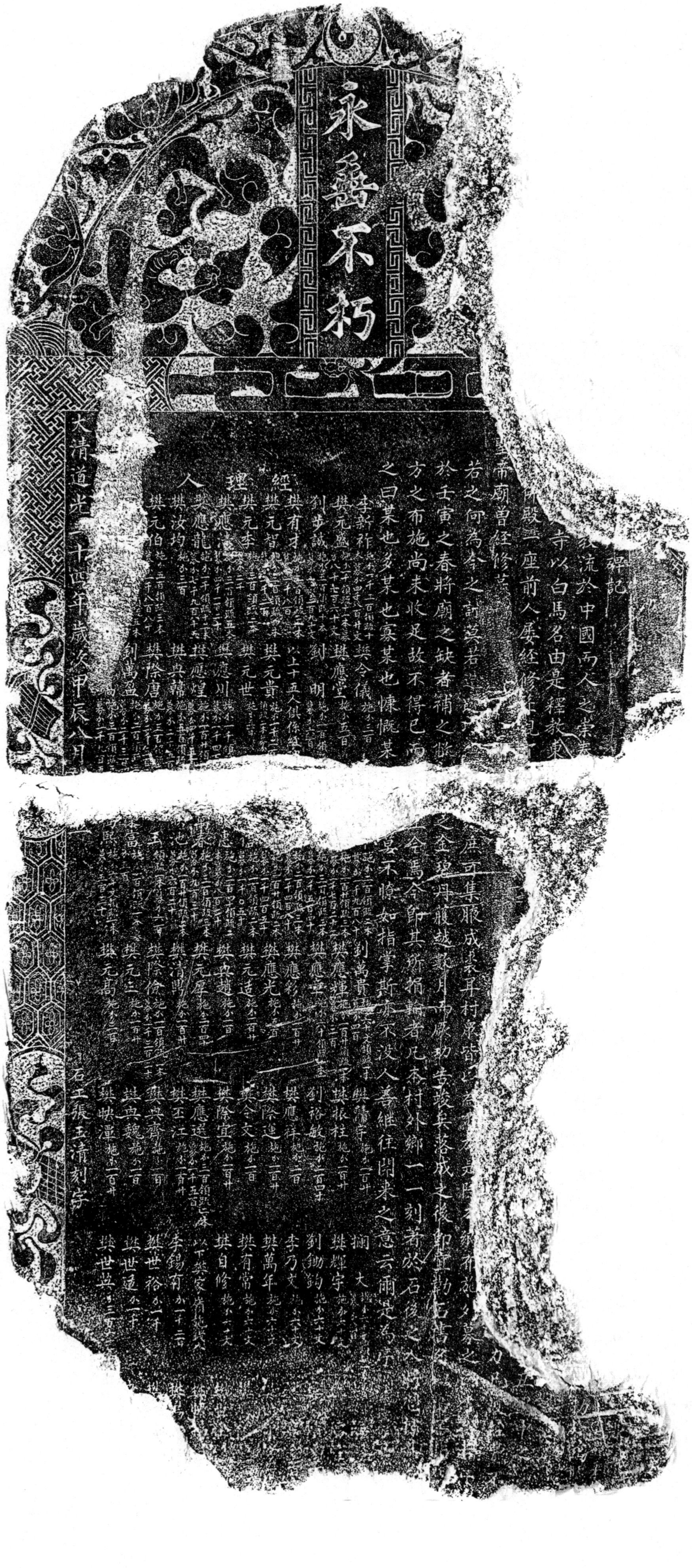
永垂不朽
大清道光二十四年歲次甲辰八月
石工張玉清刻字

重建观音庙关帝庙碑记

【简介】

清道光二十四年（1844）十二月勒石。现存于临县白文镇天池沟村。碑砂石质，圆首，高 156、宽 64、厚 16 厘米。额题“流芳百世”“日”“月”。碑文楷书，正文 3 行，残存每行 43 字。记载天池沟村重修观音庙、关帝庙之事。张辅清撰文，刘炳文书丹。碑下部剥蚀，字迹模糊。

【碑文】

重建觀音廟関帝廟碑記

從來“莫爲之前，雖美弗傳；莫爲之後，雖盛弗彰”。古人之規模，賴後人以創建之。城北天池溝村，舊有觀音、関帝廟，歷年久遠，風雨剥落，聖像鮮明。邑人目覩，甚是不堪，欲報之德，無可酧及，遂興厥志，創建補曲，衆皆悦之。奈工程浩蕩，独立難成，伏祈四方善人君子，捐資成美，焕然可觀，勒石刻名，留芳於後，永不朽云。

張輔清撰　劉炳文書

經理人　薛萬選施錢一十六千　山平地十垧　粮一斗七升　薛萬川一十四千　會首郝萬勳施錢七千　曹世林施錢五千　趙泰昌施錢四千　薛萬慶施錢四千　賀進謙施錢三千六　趙紀慶施錢二千六　薛萬玉施錢二千　賀成柱施錢二千　曹士英施錢一千八　賀世清施錢一千六　張進施錢一千二　……

隨社人　趙耀昌施錢四千五　高永安施錢一千二百　郝全勲施錢一千二百　趙壽昌施錢一千二百　……

南庄村　郝士俊施錢一千二百　李玉愷施錢一千二百　李玉堈施錢五百　秦尔玉施錢四百　李降銘　郝述新　郝記新　郝应成　郝士海　以上五名施錢三百文　……

中庄村　全村施錢柒千文

搖頭村　合村施錢五千五百文

郝宇灘村　高其珍施錢一千　張信然施錢六百　白烱施錢五百　郝美成施錢四百　高大清施錢四百　曹應法施錢三百　……

刘家邨陰陽郝維善施銀壹千　會首王希□施錢一千二百

瓦匠　穆生□　車希□

木匠　高德雲

河津縣刻碑　薛世英

泥匠　薛大荣

丹青　李荣□

大清道光二十四年歲次甲辰十二月丁丑穀旦

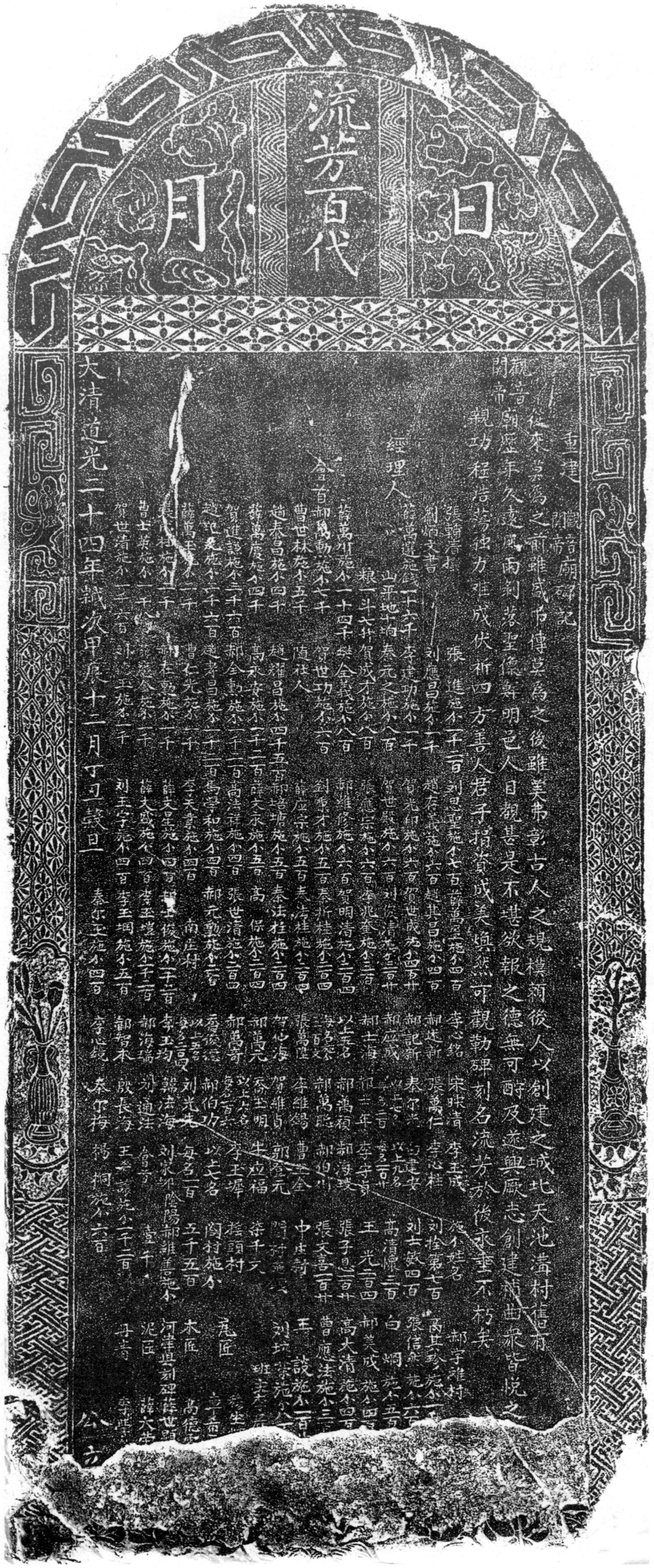
流芳百代
日
月
大清道光二十四年歲次甲辰十二月丁丑穀旦

重修观音殿碑记

【简介】

清道光二十四年（1844）十二月勒石。现存于临县玉坪乡半坡山村。碑青石质，圆首，高131、宽60、厚15厘米。额题“昭兹来许”4字。碑文楷书，正文12行，满行40字。记述半坡村重修观音殿之事。贾应昭撰书。碑体完好，碑文完整，字迹清晰。

【碑文】

重修觀音殿碑記

刹宇之設，到處有之，半坡山村舊有觀音大士殿，創造始於嘉靖年，幾經修補，乃代遠年湮，風雨飄搖，廟貌摧殘，無以妥神明，昭美報，村人目擊心傷，意欲更修。於是合村公議，神前祈卦，欲遷移而改修，遂於村東另卜吉地，頗可以安神，村内各捐己資，四鄉共爲募化。遂於道光二十二年起造，越一年而告成，規模雖隘而垣墻門户各理，居然一勝境焉。告竣之後，属予爲文以誌之。予念此神之妙諦真詮，法力無邊者，前人之述備矣。予雖雕琢蔓詞，自文固陋，亦衹套襲陳言，食人牙膾耳。然人但知三教並峙，各立門户，而源流合一之故，或未之及。試臆度之，想其南海練性，其苦心孤詣，以造此極者，殆不可以数記。而撮其要，不過曰清心寡慾，非即吾儒之閑邪存誠，非禮勿動乎，雖論禍福，不論是非，爲儒者所不取。而要之，善則福，惡則禍，是非不得而繩者，禍福轉得而正之，是禍福之説，其究亦歸於是非。由是言之，其有功於名教，爲何？如合村焚香奠醮，其爲世道人心，慮將且切矣，豈獨爲一家財利計哉？因從而贊曰：盛事聿起，於村有光，神道昭彰，民獲安康，庙與世而罔極，功亦與之俱長，念誰爲之創造，合村之德不可忘。倘遇後之監者，窃勿誚予之愚狂。

庠生賈應昭撰書

經理人　吕普化施錢一千八百　劉增富施錢二千　劉應鮫施錢二千　劉應鯉施錢二千　高英施錢一千八百　高奎施錢一千六百　高秀峯施錢四千　高玉峯施錢四千

丹青　魏生明一千

瓦匠　高廷清一千

泥匠　劉全爵五百

木匠　白安治三百

河津石匠　王金盛　刊

大清道光廿四年十二月吉日立

昭茲來許
重修觀音殿碑記
剎宇之設到處有之井坡山村舊有
觀音太士殿創造始於嘉靖年幾經補修乃代遠年湮風雨飄搖廟貌摧殘無以妥神明昭美報村人目
擊心傷意欲更修於是合村公議神前祈卦欲遷移而改修遂於村東另卜吉地頗可以安神座村
內各捐己貲四方共為募化遂於道光廿二年起造越一年而告成規模雖隘而垣墻門戶各有條
理居然一勝境焉告竣之後屬予作文以誌之予念此神之妙諦真詮法力無邊者前人之述備矣
予雖雕琢蔓詞自文固陋亦祇套襲陳言食人牙膾耳然人但知三教並峙各立門戶而源流合一
之故或未之及試臆度想其南海鍊性其苦心孤詣以造此極者殆不可以數紀而撮其要不過曰
清心寡慾非即吾儒之閑邪存誠非禮勿動乎豈論禍福不論是非為儒者所不取而要之善則福
惡則禍是非不得而繩者禍福轉得而正之是禍福之說其究亦歸於是非由是言之其有功於名
教為何如合村焚香具醮其為世道人心慮深且切矣豈獨為一家財利計哉因從而識自盛事書
趨於村有光神道昭彰民獲安康廟與世而罔極功亦與之俱長念誰為之創造合村之德不可忘
倘過後之覽者竊勿誚予之愚狂
庠生賈應召撰書
經理人
呂韋化施錢一千八百
高英施錢一千八百
丹青魏生敏一千
劉增富施錢弍千
高叅施錢一千六百
泥匠高廷清一千
劉政施錢弍千
高秀叅施錢四千
泥匠劉金舜五百
劉應施錢弍千
高玉峯施錢四千
木匠白安治百
河津石匠王金盛刻
大清道光廿四年十二月吉日立

补修观音庙碑记

【简介】

清道光二十五年（1845）四月勒石。现存于临县车赶乡桃塔村。碑青石质，圆首，高91、宽44、厚13厘米。额题“流芳”2字。碑文楷书，正文共7行，满行40字。记载桃塌村补修观音庙之事。赵揆文撰并书。碑体完好，碑文完整，字迹清晰。

【碑文】

補修觀音廟碑記

天下事有創必有継，然使前人創之，後人亦僅継之，而不再爲之創。則後之後者將欲繼而無由。桃塌村觀音廟肇自乾隆二十九年，里人嚴明、胡寬、胡廷玉等鼎新建立，迄今多歷年所而剥落殊甚，寬之孫成慨然以補修觀音廟爲己任，爰同胡作槐、胡作祀、趙世杰等恊力經營，聖像仍全身金粧，墻垣則周圍瓦覆，丹楹畫棟，庙貌於是乎燦然。又念每歲献戲舊無樂楼，非所以報神靈也。遂於村内擇一吉地，南建樂楼，北築献殿，西作社窰，東開大門，丹艧黝堊，院宇咸新，前後凡数舉而工始竣，約費錢四百千有奇。求余作記，謀鐫不朽，余曰：是役也，前人創之，翁等継之，不惟継之，而更爲創之，事實大矣，功勞巍矣，誠可記也。余固陋，愧不能文，始陳巔末，以誌其概。

庠生趙揆文沐手謹撰並書

大清道光二十五年四月穀旦

經理人　胡成　趙世傑　胡作槐　胡作杞

糺首　胡作梧　胡作柱　胡作棟　趙進昌　趙進全　管賬人胡兆福　趙全忠　張學舜　嚴春　趙世法　趙祚隆　薛尔泰

本村施錢人　胡兆鱗　胡兆福　胡兆麒　胡兆統　各施錢十二千文

胡兆隆施七千一百文　趙世法施四千八百文　趙世安施三千六百文　趙世泰施錢三千六百文　趙遇慶施錢三千六百文　趙祚隆　趙世有　薛尔花　各施錢三千六百文　趙進祥施錢三千文　胡玉耀　趙世道　趙世清　趙全廉　各施錢二千四百文　嚴學時施錢三千文　趙全莭施錢一千四百四十文　劉継昌施錢五百四十文　張有施錢一百二十文　趙宇通　嚴春　張武　各施錢一千八百文　胡輝宇　趙世光　趙全昆　胡玉明　康玉美　趙全才　各施錢一千文　嚴秋施錢六百文　胡作長施錢三百文　趙含萬施錢一百二十文　武萬清施錢一百二十文　張法施錢一百二十文

幫工人　薛尔花　趙世仁　胡輝宇　趙世昇　張學順　趙進昌　趙全廉　趙全節　胡作棟　嚴春　胡兆緒　趙宇通　張法　趙宇亨　趙世太　胡兆瑞　趙世光　胡兆魁　胡兆純　胡尚仁　胡兆凰　胡作梧　趙全忠　嚴學時　趙進全　趙進祥　薛尔荣　嚴秋　趙世法　胡兆麟　趙全廣　嚴明　胡兆統　趙世□　趙作隆　嚴孝　胡兆麒　趙世安　趙世清

流芳

補修觀音廟碑記

天下事有創必有繼，然使前人創之，後人不能繼之，而下爲之創，則後之後者將欲繼而無由。□塌村觀音廟肇自乾隆二十九年，里人嚴明、胡寬、胡廷王等鼎新建立，迄今多歷年所，而剝落殊甚。寬之孫成慨然以補修觀音廟爲己任，爰同胡作槐、胡作杞、趙世杰等協力經營，聖像仍全，明金粧墻垣則周圍尾覆，井楹畫棟，廟貌於是乎煥然。又念每歲獻戲舊無樂樓，非所以報神靈也，遂於村内擇一吉地，高築樓，北築獻殿，西作社房，東開大門，丹雘黝堊，院宇咸新，前後凡數載而工始竣，約費錢四百千有奇。求余作記，謀鐫不朽。余曰：是役也，前人創之，翁等繼之，不惟繼之，而更爲創之，事寔大矣，功亦巍矣哉，可記也。余固陋，愧不能文，姑陳巔末，以誌其概。

庠生趙揆文沐手謹撰并書

大清道光二□五年□月穀旦

本村施分人　趙□□　趙守道

刘繼昌五百四十文　□有一百二十文

胡兆麟　趙世有　嚴春

胡成　糾首　趙全忠　胡兆福　各施小錢二千文　辟不花　各施三千六百文　張武　各施錢二千八百文　武萬清　施小一千二十文

經理人　趙世杰　胡作梧　張學舜　胡兆麒　趙進祥　施小三千文　胡祥学　張法　施小一百廿文

胡作□　嚴春　胡兆統　胡王維　趙世光　趙全高　施小一百廿文

胡作槐　胡作棟　趙世法　胡兆隆　施小七千二百文　□□道　趙全高

趙進昌　趙□隆　趙世法　施小四千八百文　趙世清　胡王明

胡作杞　趙進全　□□□　趙世安　施小三千六百文　趙全□　各施小二千八百文　□王安

胡兆福　趙世泰　施小三千六百文　□詩　施小二千文　趙全有　各施小一二文

趙進□　施小二千□百文　趙全節　□小一千二百文　嚴秋　施小六百文

□辟　介宏　胡兆紹　趙世太　胡兆紀

工　趙世仁　趙守道　胡兆瑞　胡尚仁

胡□□　戊法　趙世□　胡兆風

趙世昇　趙學□　胡□□　胡作長　施小三百文

□□□　胡作梧　嚴□　趙□□　趙進□　趙全忠　趙世□　趙全節　趙進□　趙全□　胡兆祥　胡作棟　趙正祥　嚴□　胡兆統　趙世安　趙世清

碛口黑龙庙大门楹联

【简介】

清道光二十五年（1845）秋勒石。现存于临县碛口镇黑龙庙，嵌于大门上。楹联青石质，长方形，高176、宽17厘米。联文楷书，正文2行，满行7字。联石完好，字迹清晰。

【联文】

道光乙巳秋

山河礪帶人文聚；

風雨祥甘物氣和。

翰城王繼賢撰并書

重修庙记

【简介】

清道光二十五年（1845）十二月勒石。现存于临县大禹乡火燎坡村。碑砂石质，圆首，高 167、宽 70、厚 15 厘米。碑阳额题“重修庙记”4 字。碑文楷书，正文计 6 行，满行 41 字。记述火燎坡村重修诸庙之事。樊正乔撰并书。碑阴额题“石镜永传”4 字，碑文刊布施人花名。碑体略有剥蚀，碑文完整，字迹清晰。

【碑文】

（碑阳）

重修廟記

城南四十餘里有火燎坡村，爲両山夾岸，靈泉中流，溝口北山之上，有古廟一座，玄天上帝、關聖帝君、南海大士、韋陀、龍王，神聖昭然。鄉人年年祀之，溯其由來，創自有明萬曆年間。而今廟貌傾圮，樂樓摧殘，里人目擊心傷，以爲神無安身之所，何以施其靈。於是公議重修，道光二十年間先修樂樓，越一年復修廟宇，院内土窯五眼□接石口，三年而功成告竣。自是廟貌整嚴，頓然重新，丹楹壯麗，較前改觀，可見敬神之心人皆有之。向非樂輸董事者之傾盡其誠，烏能底於成也哉。功成之餘，爰勒諸石，使董事樂輸者之姓名，並不没於後世云。

廩膳生員樊正喬誌并書

經理人　杜可培施錢一千三百　劉宗寬領疏十三個　暴明領疏十一個　王學禮領疏五個　王映德領疏十個　劉菁領疏七個　張文德領疏二十二個　武生王滿庭領疏十個　劉宗柴領疏十七個　吕正領疏十六個　張振光領疏十個　薛增益領疏十三個

村内領疏人　張修德四個　張立德十個　張裕德五個　張映德五個　王學文九個　劉昌十個　劉士發八個　劉宗舜八個　劉宗亮十一個　劉宗禹十二個　武生劉喚章十六個　李捷三十四個　王應智六個　蔚錫榮四個　武生王滿堂六個　王學武二個　劉志吉三個　張峻德十個　吕盈七個　張映明四個　王學正四個　吕廣利三個　李煥銀施錢七百　王應才四個　劉舜五個　劉元五個　劉士彦五個　劉懷仁三個　吕廣洪三個　王應福四個　李進珍五個　吕廣明十個　王學斌七個　張振利四個　暴仁一個　劉志盛三個　王學顔三個　王學孟四個　吕廣耀一個　吕廣英三個　暴喜二個　暴義四個　劉廷禄十個　王學行五個

石匠　王明成　王尚仁　薛世滋　　木匠　王學禮　白士賢

泥匠　白宏彩　薛大成　　丹青　康際有　張德有

刻字人　王全盛　王玉成

大清道光二十五年十二月吉日

（碑阴）

四鄉施錢人

劉□□　劉宗明五千　劉宗義二千　張□□一千二百　介賓劉殿興一千四百　張士傑一千二百　劉尚進一千二百　吕廷春一千二百　劉樹桐一千　劉時一千　吕萬禄一千　從九李茂修一千　武生吕昆一千　耆賓劉榮淦一千　劉樹檀　劉培芝　郝世昌　各八百　劉惠德七百　劉克昌七百　吕積榮　吕萬昌　吕宏泉　吕朝贊　吕玉光　吕益　吕映德　吕世忠　吕佩璿　吕佩璋　吕佩琳　吕佩龍　張士利　各六百　□□□　劉成仁　吕釗　監生賈正言　各五百　廩生劉澍　劉尚惠　牛廷蘭　劉成進　吕元宇　吕潤泉　劉耀光　郝如升　郝萬春　劉發海　吕萬德　吕敬德　張明清　各四百　霍□修　劉輔仁　劉友成　劉增學　吕秀齊　吕朝綱　吕崇德　吕定齊　吕逢清　吕廷禄　吕廷奎　吕學騫　吕映禄　吕佑　各三百　□□□　□□□　郝廷居　張賡清　張玉聲　各三百　劉樹榛　吕庸德

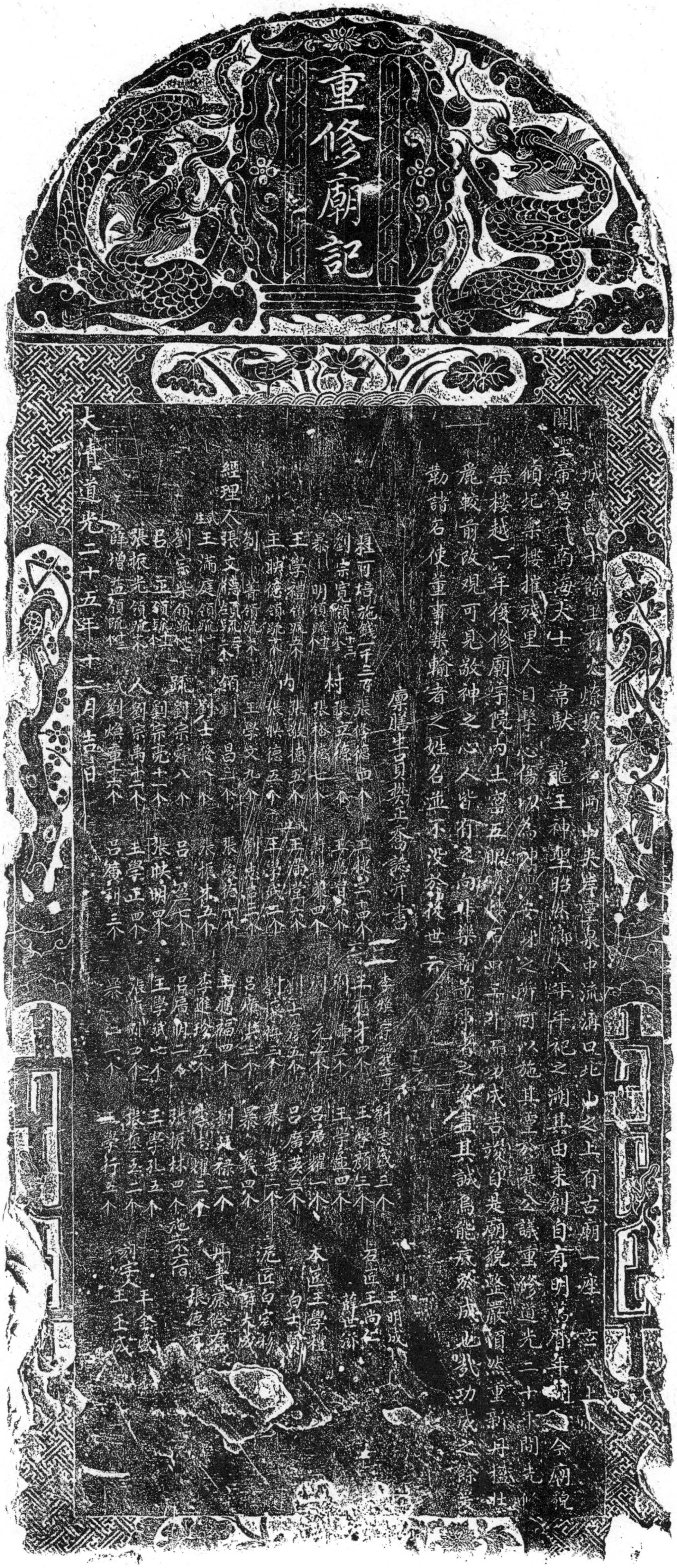

重修廟記

城□□十餘里有□燎坡村者，兩山夾岸，靈泉中流，瀕口北山之上有古廟一座，□□
關聖帝君、□南海大士、帝馱、龍王神聖，昭然鄉人耳祀之，溯其由來，創自有明，□□
頹圮樂樓摧殘，里人目擊心傷，欲為神□安□之所，□以施其靈，於是公議重修，道光二十□問□
樂樓越一年復修廟宇，院內土窯五眼，□□□□而□成，告竣，自是廟貌整嚴，煥然重新，丹楹□
麗較前改觀，可見敬神之心人皆有之，向非樂輸並勞□者之竭盡其誠，烏能底於成也哉，功成之餘，□□
勒諸石，使董事樂輸者之姓名並不沒於後世云。

廪膳生員魏□喬謹并書

經理人

大清道光二十五年十二月吉日

呂義德　呂惺　呂義　呂錕　呂元士　呂元相　呂春榮　呂興　張清喜　劉世安　張振清　張體寬　李好善　各二百四十　庠生劉廷建　劉錫彤　劉式和　劉茂德　呂謙　呂法祿　呂逢春　呂學長　呂鈺　呂□岱　呂封賓　呂茂寬　□□□　□□□　呂□□　呂朝敬　郝進修　李成春　郝景春　郝正修　霍世令　張理光　張世良　崔清秀　各二百　呂德引　張如積　劉居蜀　劉培義　劉廷柱　劉尚信　劉培椿　呂全祿　呂光　呂廷輔　呂新昌　呂英齊　呂池　呂朝泰　呂才　呂承清　呂元昌　郝奮修　郝□修　郝崇修　劉爾瑜　各一百二十　□□□　□□□　郝丕烈　郝廷槐　呂立　劉鳴謙　呂祚昌　郝永修　呂林　各一百一十

分疏募錢人

□□□　□□□　□□□　劉大烈二千四百　劉希稷二千四百　高景祥二千　康發財一千八百　高□元一千六百　王青容一千五百　王一心一千四百　杜生璋一千四百　劉長盛　張鵬瑞　康際明　劉積善　從九李茂修　崔小明　趙中三　趙恒一　秦錫順　劉希厚　李萬奇　閆居位　各一千二百　蔚選　薛天佑　閆滋桂　馮明先　李世英　王居峰　劉士昭　王居喜　杜發英　李□升　□□□　□□□　李映江　孫際茂　李運昌　張怌成　張世旺　薛天春　閆步昭　張士珍　張世通　張滿斌　張隆秀　李奇風　樊重德　曹□和　李登元　劉嶺　呂效通　劉玉　趙錫榮　秦柱　張朗　棲盛永　劉福光　各一千　賀世德　劉廣才　張潤　王清昌　耆賓劉學顔　張天保　王維□　李祿長　□□□　□□□　李耀　張有成　武鳳輝　各九百　庠生劉顯三　張長厚　馮壽山　呂廷奎　樊映昌　李朝佐　月化　薛照裕　賀廷儀　杜廷寬　呂秀齊　崔有德　李存富　李成居　曹映三　李謙　樊應裕　郝登海　張錫光　各八百　杜應召　劉起發　崔行　張天錫　李殿明　李怌仁　劉之儉　李□□　劉□□　□□□　□□□　成應才　崔樹桂　劉萬選　張浩　張榮　高誼　劉楷儒　樊本治　崔逢明　各七百　李志學　豐盛業　劉殿臣　呂增榮　監生劉浩　趙漢海　張士傑　崔景星　武鳳山　劉進喜　杜玙　薛巨柏　呂元士　張方敐　張□然　趙□□　□□□　□□□　劉成進　□世賢　□仁安　霍鳳鳴　□□□　劉如裕　王生玉　劉九意　秦守貴　趙毓秀　劉天奇　高明鏡　張錫　薛慎修　崔清上　劉元贊　高海生　胡作桂　呂玉光　王丕承　呂文宏　劉近富　劉近貴　張成居　劉有祿　侯桐　賀進道　趙錫明　李尚仁　孫海玉　□昆　□世元　□近仁　張學泰　張廣和　張世儉　薛希富　□□□　馬長髮　樊中　劉玉江　呂廷春　王自治　劉振武　侯立基　牛進善　三和保　庠生張惟一　趙世道　李好善　曹秉順　趙漢嶽　郭映泉　各六百　秦烈　李揚宗　杜可之　劉世鼇　段升富　張儒林　劉潛光　王選通　劉春山　李煥宇　薛德信　霍世德　霍世修　高文進　劉世喬　高海映　郭恩輝　閆正清　高萬喜　劉存富　秦萬順　張選　曹千家　王學選　劉敢祥　秦燕侯　張映林　韓自祿　王鳳祥　李應奎　秦海　秦全智　李玉光　高自修　劉世福　張錫瑾　樊大文　張世繼　張永升　張錫珩　趙玉山　吉成永　張景光　耆賓劉士奇　李德光　任文厚　各五百　王居明　吴□賢　劉錫爵　常生仁　樊開祿　劉錫袞　崔 裕林　武智　張長興　劉學元　劉行正　曹元治　李萬成　李秉義　樊有德　侯懷寶　呂封齊　馬慎富　劉茂林　郝文亭　侯長清　李進咸　劉玉安　侯開元　張映朽　劉中美　劉映書　劉懷禮　杜天吉　薛法平　王殿章　高琨　王宗楷　秦殿慶　李玉宏　李發旺　秦映富　杜廷輔　崔清秀　呂鍵　侯立本　王□　劉長　侯祥林　霍思中　張可斌　張玉成　李玉善　劉萬通　張士治　張士仁　王漢德　王安　樊錫福　趙占魁　張九令　李建月　薛希孟　霍世令　李友清　劉元禮　呂廷玉　長盛義　郭清宇　郝志靈　薛時安　各四百　張錫輝　武守先　薛繼□　呂祚昌　高文□　李□□　劉佩玉　馮有生　曹應□　李星照　薛長太　劉永盛　張□□　曹□□　李喜□　周廷輝　張錫□　樊□□　劉□□　曹□□　□□□　曹□□　李□□　劉建□　劉□□　李□□　□□□　李□□　□□□　□□□　□□□　□□□　□□□　□□□　□□□　□□□　□□□　劉先進　□□□　各三百　王世□　□□□　劉□恒　劉兆豐　高應隆　□□清　李□林　□有先　劉述孔　張映德　薛安海　劉振業　暴兆奎　張效霖　張映月　楊茂槐　□智春　□□□　□□□　呂□□　呂□□　李□前　呂□□　張□□　高□光　高柱　張務□　李全□　呂□　張如□　□士仁　樊建坤

"欲紹先謨"匾额

【简介】

清道光二十六年（1846）四月勒石。现存于临县碛口镇寨则山村，嵌于墙内。匾细砂石质，长方形，高 35、宽 112 厘米。匾文楷书，正文共 1 行，满行 4 字。保存完好，字迹清晰。

【匾文】

丙午夏四月

欲紹先謨

河曲張繩武書

重修菩萨庙碑记

【简介】

清道光二十六年（1846）六月勒石。现存于临县湍水头镇黄家坡村。碑青石质，圆首，高172、宽73、厚17厘米。碑阳额题“千古不朽”4字。碑文楷书，正文共6行，满行56字。记载黄家坡村重修菩萨庙之事。保存完好。

【碑文】

（碑阳）

重修菩薩廟碑記

盖聞佛號三千而皆可以菩薩名，菩薩之號人咸稱之，但習而不察。誰復爲之究其義乎，考諸唐釋典有云：菩者普也，薩者濟也，盖取普濟衆生之義云爾。黄家坡村舊建文殊、普賢、觀音菩薩殿一座，始於有明萬曆年間，雖稱名不一，而古人創建之意，無非欲其消災降福，普濟一方也。但以物换星移，原無久而不敝之理。我朝乾隆年間，里人閆德喜、王永□等雖經補葺矣，迄今又歷數十稔，而墻宇傾頽，神像剥落，春秋享祀見者無不浩嘆焉。因於己巳之春公議修葺，鄉人閆海隆、王嘉舜等繼前人志，述前人事，遂慨然以爲己任，而鳩工庀材，閱數月而焕然改觀矣。其規制較前爲寬敞，而土木丹雘之費猶賴四方之資助，而始是焉。落成之後，經理等俱道所以於余，囑余作文以表著其美，原其意非必欲炫己之功，盖不敢没人之善也。余喜諸君之祖武克，且喜諸

君之樂善不倦也。因不揣固陋，爰述其顛末而爲之序。

道光十四年置到社内村前大坡地五垧弍畝，死價錢捌拾过境千文，本地原粮二錢四分七厘五毫，加丁在外。二十年置來郭家溝村雲塔上條地壹垧，染石溝條地弍垧，背斜輒條地三垧，背耳則條地叁垧，死價錢柒拾千文，本地原粮四錢壹分，加丁在外。又有社窑一眼，門窗俱全，地一塊，供器一付，帳子兩塊。

經理人　閻海隆　王嘉舜

聞之公事不可自專，善道樂與人同，今黄家坡舊建山補廟一座，而威鎮山林，誠一方之保障也。因於乙巳之春，與菩薩廟同功重修，雖屬工程微小，一賴四方之資助而成，前序已畢，微記數語，庶幾乎古常昭也耳。

大清道光二十六年六月吉日穀旦

臨邑儒學廩膳生樊映月謹撰

永郡童生閆致中薰沐敬書

糺首　閆海義　薛用禮　曹映祥　高清　王嘉運　杜士禮　嚴禎清　吕映斌　李群芳　李太岳

本村施錢人名

王嘉舜　男成荣　新施錢一十二千文　閆海義　男省三　施錢三千四百文　閆海隆　男畏玉　寶玉　來大　施錢三千四百文　薛用社　男玉光　施錢貳千六百文　曹映祥　男萬財　施錢二千四百文　閆海信　男柱幸　施錢二千四百文　閆海仁　男□來　少孩　善□　施錢二千四百文　高清　男景旺　施錢二千　閆海智　男根寧　施錢二千文　王嘉運　男猛虎　三虎　施錢二千　杜士孔　男貴成　□貴　貴□　施錢一千八百文　王嘉福　男通順　施錢一千八百文　高全　男景染　景新　施錢一千七百文　李群芳　男長興　長富　施錢一千二百文　吕門李氏施錢一百文　吕映斌　男兆福　兆禄　嚴禎清　男潤月　各施錢一千二百文　薛玉恭　□中清　男銀柱　各施錢廿千□百文　王步嶺　男虎來　王進忠　男年□　王猛虎　吕書昇　男主幸　各施錢八百文　李太岳　男運柱　根□　施錢□百文　吕兆□施錢五百文　李□山疏頭施錢六十文　胡□光　男繩大　胡永大　男三温　各施錢□百六十文　王存斌　男□成疏頭　施錢六十文　李忠考　男通順　管順　薛昌海　男三柱　栓柱　□柱　施錢四百二十文　薛玉昌施錢三百文　薛玉温　男成仁　李中和　男根慎　各施錢一百二十文　趙佔魁施錢二千□百文　雒有荣施錢一百四十文　雒安和施錢一百二十文　李光玖□□□□□　雒有昌施錢六百文　薛□成

……

石匠　□□□……□□□

木匠　白□□　趙元清……百文　□□□……二百四十文

丹青　□啓德　李□□　……二百文　閆□

稷山縣刻字人　谷全魁施錢二百四十文

（碑阴）

（施钱人名单略）

龙天庙建窑碑记

【简介】

清道光二十六年（1846）七月勒石。现存于临县临泉镇柏火墕村。碑砂石质，圆首，高98、宽53、厚13厘米，额题“碑记”2字。碑文楷书，正文共9行，满行24字。记述龙天庙建窑一眼之事。碑文缺失少半，字迹模糊，碑体表面剥落严重。

【碑文】

從來業莫難於創始，而亦莫難於承繼。承繼者，承繼所創也，承繼所創以不棄所之美，爲美亦以能新所創之業□□。本村龍天廟設□一間，舊業也。道光十八年，里人張□□□□倡議重修，以爲地龍自西蜿蜒來，結氣在坎，坎永□□□□□□然前人所創業之美，自不可棄，至見其殿今傾圮□□□□以爲欲圖久遠，有如砌石，於是依其舊基建窰一眼□□□風雨而以廣□毅然鞏固煥然改觀，視所創之業□□□□□焉，言於余，余不□□□鄰里人不棄所創之□□□□□□□□□，嘉其善，於是□□□□以勒誌石。

經理人　張天□　高□□　張元升　張□□　劉□□　樊殿□

本村施錢人　張□移　秦自興　任敬義　李孝禹　每人各一千八　李□□　楊如□　任德□　高□□　張清□　……　□席雲　□茂運　□秉路　各七百　□明珍五百　□守安　□雲江　全四百

道光二十六年七月穀旦立

重修佛殿碑序

【简介】

清道光二十六年（1846）九月勒石。现存于临县刘家会镇上王家圪垛村。碑砂石质，圆首，高162、宽66、厚15厘米。碑阳额题“千古不朽”4字。碑文楷书，正文共7行，满行43字。记述王家圪垛村重修观音殿之事。王匡国撰文，王昭书丹。碑阴刊布施人花名。保存完好，碑文完整，字迹清晰。

【碑文】

（碑阳）

重修佛殿廟碑序

從來前人之所創，原賴後人之整修，而後人之整修，永傳前人之所創，所以莫爲之前，雖盛弗傳；莫爲之後，雖美弗彰。臨邑西南王家圪凹村舊有觀音殿一座，不知創自何代，經理何人。緣於乾隆四十六年合村公議重修，第歷年久遠，風雨飄摇，廟貌雖存，水簷頹傾，山塑猶是，金身剥落，有心者無不目覩而心傷也。况佛氏也爲道，以慈悲爲懷，以好生爲德，如天地之覆載萬世，如日月之照臨千古，数百年來扶危拔困，益齒添丁，無非神靈之保佑也。而謂殿宇之即於傾圮也可乎。於是，合村又經補葺，爰於道光二十五年七月内，同心輸力，共襄盛事，以致廟貌華麗，神像復新。但舊無垣墉，殊覺減觀，方今周圍圈墻，一則禁童稚之擾亂，一則防乞丐之棲宿，而神靈清淨，受福無疆也已。

經理人　王光烈　王有禄　王大中　王大山

庠生王匡國撰、庠生王昭書　先生薛夢龍施錢六百文　帶小引一本　募化錢六百

刻字人　薛世梓

瓦匠　郭元貴

木匠　麻師

泥匠　王開義　開邑　開耀　仝施磨獅頭一對

石匠　薛世桐

丹青　南春明

陰陽　薛福昇

大清道光貳拾陸年九月吉立

（碑阴）

施錢人　耆賓王振國　庠生王耀國（余略）

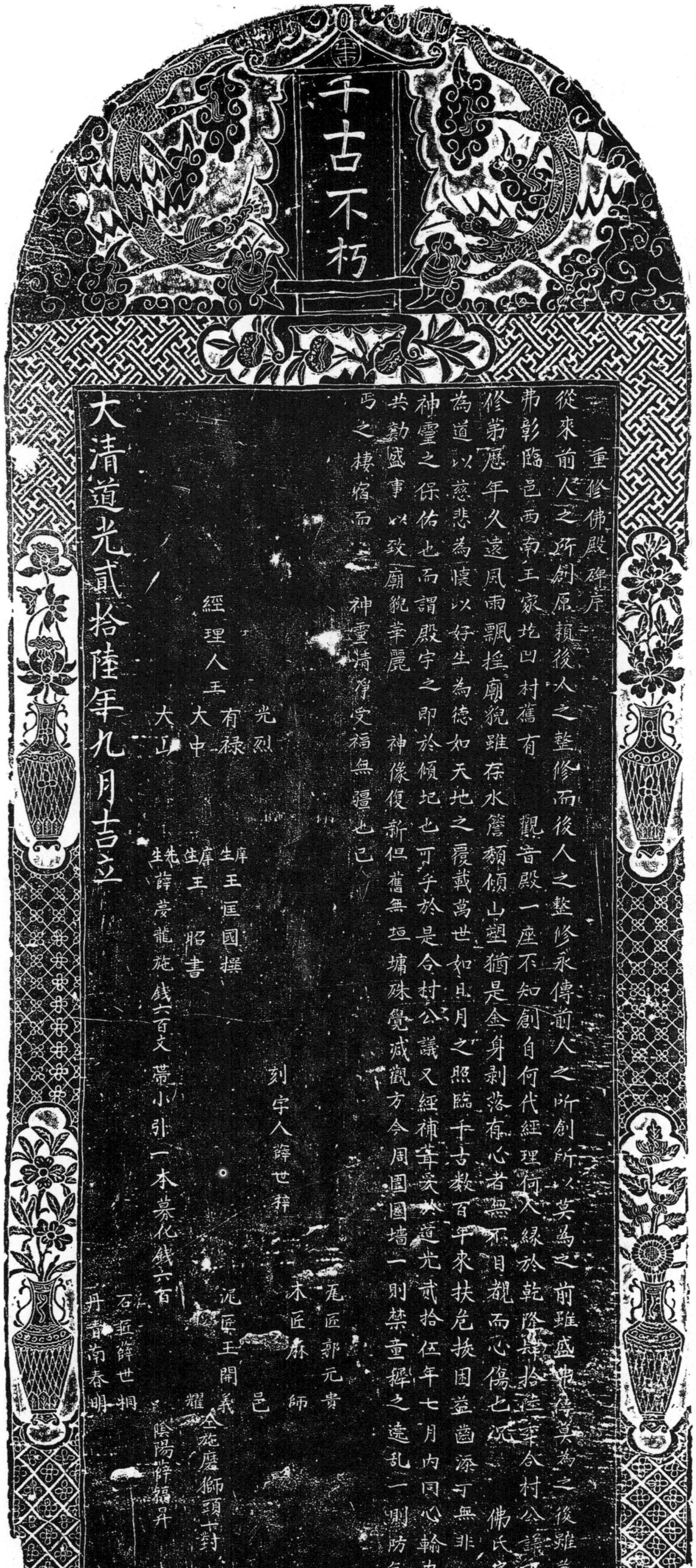
千古不朽
重修佛殿碑序
從來前人之所創原賴後人之整修而後人之整修永傳前人之所創所以莫為之前雖盛弗傳莫為之後雖美
弗彰臨邑西南王家圪凹村舊有觀音殿一座不知創自何代經理何人緣於乾隆肆拾陸年合村公議重
修第歷年久遠風雨飄搖廟貌雖存水簷頹傾山塑猶是金身剝落有心者無不目覩而心傷也況佛氏之
為道以慈悲為懷以好生為德如天地之覆載萬世如日月之照臨千古數百年來扶危拯困益嗇添丁無非
神靈之保佑也而謂殿宇之即於傾圮也可乎於是合村公議又經補葺於道光貳拾伍年七月內同心輸力
共勷盛事以致廟貌華麗神像復新但舊無垣墉殊覺減觀方今周圍圍墻一則禁童穉之遶乱一則防乞
丐之棲宿而□神靈清淨受福無疆也已
經理人王 光烈 有祿 大中 大山
庠生王匡國撰
庠生王昭書
先生薛夢龍施錢六百文 帶小引一本 募化錢六百
刻字人薛世稊
瓦匠郭元貴
木匠麻師 邑
泥匠王開義 耀
全施磨獅頭十對
陰陽薛福昇
石匠薛世桐
丹青南春明
大清道光貳拾陸年九月吉立

卧虎山黑龙王庙碑

【简介】

清道光二十七年（1847）四月勒石。现存于临县碛口镇黑龙庙内。碑砂石质，圆首，高166、宽78、厚10厘米。额题“虎卧龙蟠”4字。碑文楷书，正文共10行，满行31字。记述作者因公至洪济寺遇雨，感龙王保佑，并希望龙王能保佑百姓之事。保存完好，碑文完整。

撰书人王继贤（1792—1850），字翰城，黔城长坡村人。幼聪慧，12岁应童子试，曾两度入长沙岳麓书院受业，由廪贡生赴京都入国子监。受工部侍郎何凌汉的器重，延至其家授业子孙。不久以便补导援例入任中书科中书，前后达16年。道光二十三年（1843）任山西省汾州府永宁州知州。任上兴办学堂，以俸薪资助学员生活和灯油费，并教他们做诗、写文章、练习书法，使该州成为文风很盛的地方。处理争讼及违法事端，判断公正廉明。两次解送河南饷银。著有《南河纪游诗草》两卷。在任5年，殁于任所，终年58岁，运灵柩回家乡时，人民涕泣相送。朝廷追赠为奉直大夫。生平工书法，在京城一带享有盛名，高丽国（今朝鲜）多次遣派使臣前来购求，为其书写的“继美凌烟”四个大字，誉满邻国。在永宁州存有他临写的《黄庭经》《乐毅论》《兰亭序》《九成宫》《千字文》《大雪题南山寺》等石刻，州人将其嵌 入关圣庙的墙壁。又自撰《石室文书法》《爱书僧记》《听月泉记》《诗竹杂刻》等。他的手书珍藏于上海博物馆、湖南博物馆。黔城芙蓉楼存有其“妙画鸿戏秋江水，佳句风行晓苑花”石刻。

【碑文】

卧虎山黑龍王廟碑

余因公至洪濟寺，見古柏蓊鬱，恐久而湮也，作歌誌之。越翌日溯河流憩南山寺，觀孟門洪濤如龍潛浪起，澶漫濩瀉，没滑漭沆，不可名狀。復從濤畔行，遥望卧虎山雷電交作，雲黑如墨，雨大傾盆，前則龍潛淵而鼓濤，今則龍飛天而降雨矣。不避雨進近卧虎山下，有湫水駕橋以渡，余方渡橋雨更甚，轉瞬山水至，橋崩。有爲余喜者曰：倘渡橋稍遲，恐大受驚，此中有龍神佑焉。余曰：固然，龍神之佑余一人其功小，佑余百姓其功大也。方今望雨甚殷，得此大雨，官吏喜、商賈喜、農夫更喜，豈獨余喜乎？是皆神之賜也。爰登虎山，禮龍神，左風伯、右河伯，再左喜、貴、財神，再右金龍、倉官、白虎神，凡此皆輔佐龍神以錫福者也，其廟制之壯麗，結瑶構瓊，圖雲畫僊，臺雕榭鏤，櫎對閣連，董事者陳劉二姓云。此廟創始於乾隆初，陳三錫公玆重修起，道光癸卯秋訖丙午夏，兼賴衆姓以有成焉。

道光二十七年歲次丁未孟夏月五日

永寧州知州王繼賢譔并書

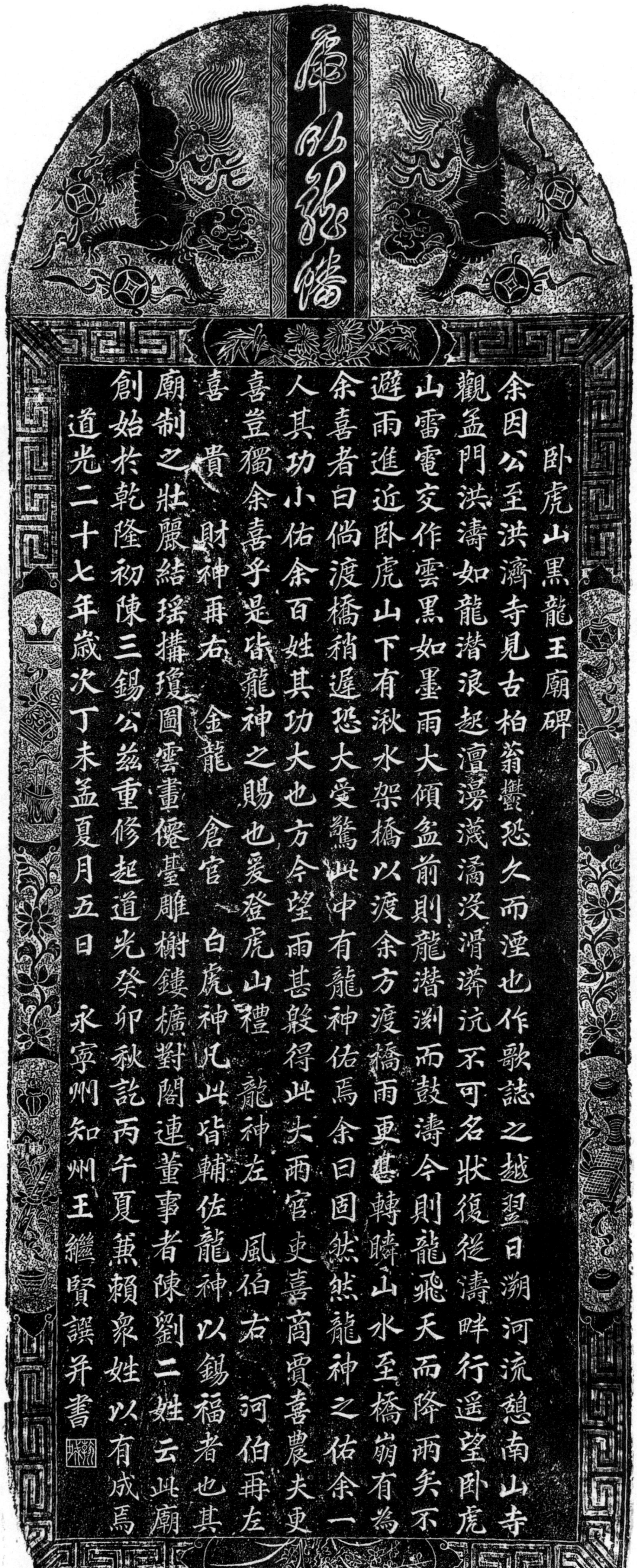

卧虎山黑龍王廟碑

余因公至洪濟寺見古柏蓊鬱恐久而湮也作歌誌之越翌日泝河流憩南山寺觀盂門洪濤如龍潜浪起澶湲濺濁没滑漭流不可名狀復從濤畔行遥望卧虎山雷電交作雲黑如墨雨大傾盆前則龍潜渊而鼓濤今則龍飛天而降雨矣不避雨進近卧虎山下有湫水架橋以渡余方渡橋雨更甚轉瞬山水至橋崩有為余喜者曰倘渡橋稍遲恐大受驚此中有龍神佑焉余曰固然然龍神之佑余一人其功小佑余百姓其功大也方今望雨甚殷得此大雨官吏喜商賈喜農夫更喜豈獨余喜乎是皆龍神之賜也爰登虎山禮　龍神左　風伯右　河伯再左　喜　貴　財神再右　金龍　倉官　白虎神凡此皆輔佐龍神以錫福者也其廟制之壯麗結瑤搆瓊圖雲畫像臺雕榭鏤櫎對閣連董事者陳劉二姓云此廟創始於乾隆初陳三錫公玆重修起道光癸卯秋訖丙午夏兼賴衆姓以有成焉

道光二十七年歲次丁未孟夏月五日　永寧州知州王繼賢撰并書

“其旋元吉”匾额

【简介】

清道光二十七年（1847）五月勒石。现存于临县碛口镇寨子山村，嵌于门洞上方。匾砂石质，长方形，高 50、长 128 厘米。匾文楷书，正文共 1 行，满行 4 字。保存完好，字迹清晰。

【匾文】

道光丁未五月上旬

其旋元吉

綏郡憲之題

皇清待赠武生樊公讳问勇字景汤元配李氏继配辛氏刘氏赵氏之墓

【简介】

清道光二十八年（1848）勒石。现存于临县三交镇东坡村。碑青石质，圆首，高113、宽55、厚15厘米。额题“德垂后裔”4字。碑文楷书，正文3行，满行26字。保存完好，字迹清晰。

【碑文】

皇清待贈武生樊公諱問勇字景湯元配李氏繼配辛氏劉氏趙氏之墓

公行三，爲人果敢多智慧，善於經營，幼時以武學成名，承先人之業，始而殷富，繼則稍衰，終則復興，享壽六十餘而終。娶三妻二妾，生二女無子，歿後胞侄晋發念叔侄之情，隨少子錫書以爲嗣，則禴祀烝嘗，庶有所依賴云。

男晋發　孫錫書　立

大清道光二十八年春月之吉

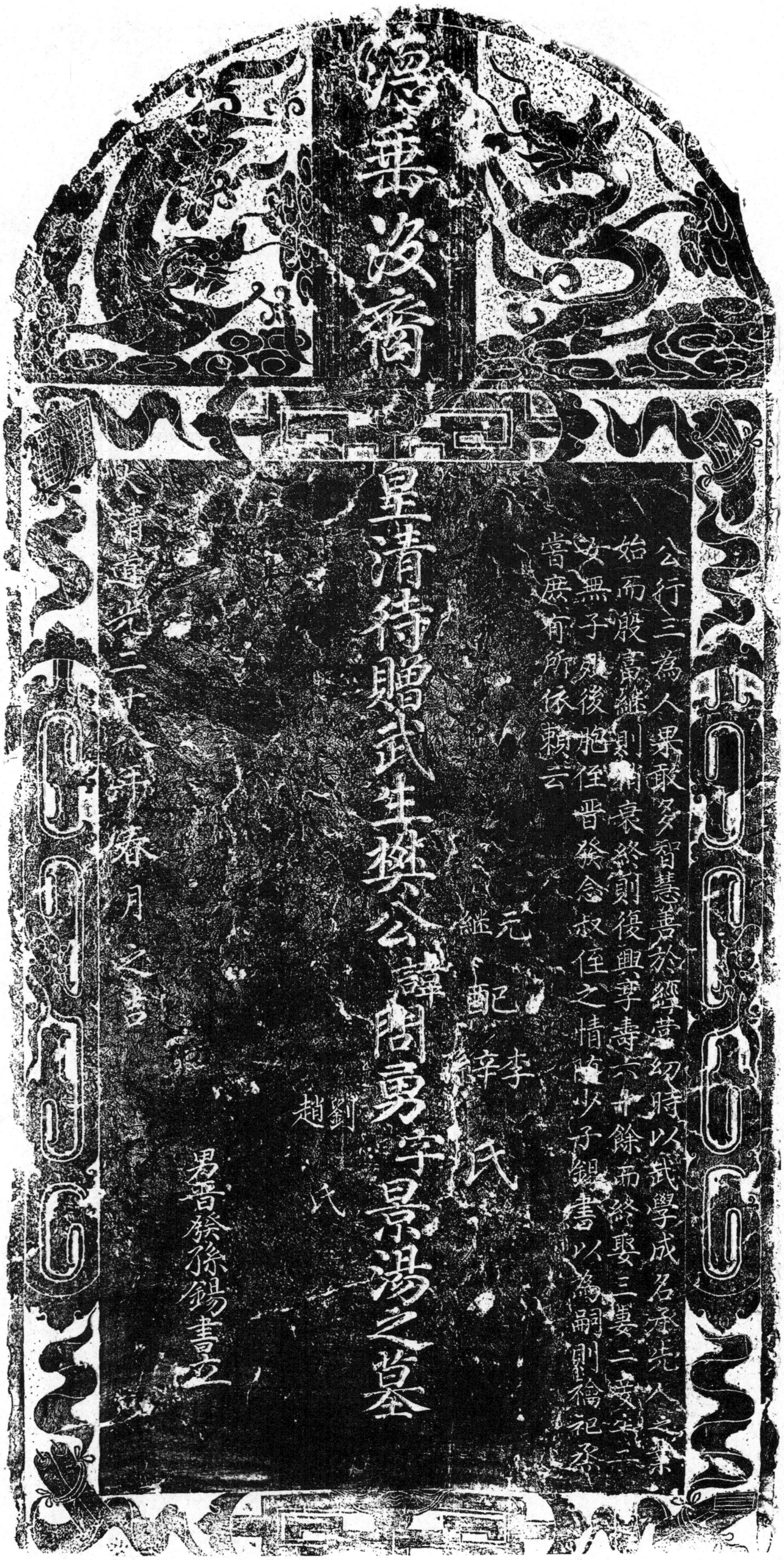

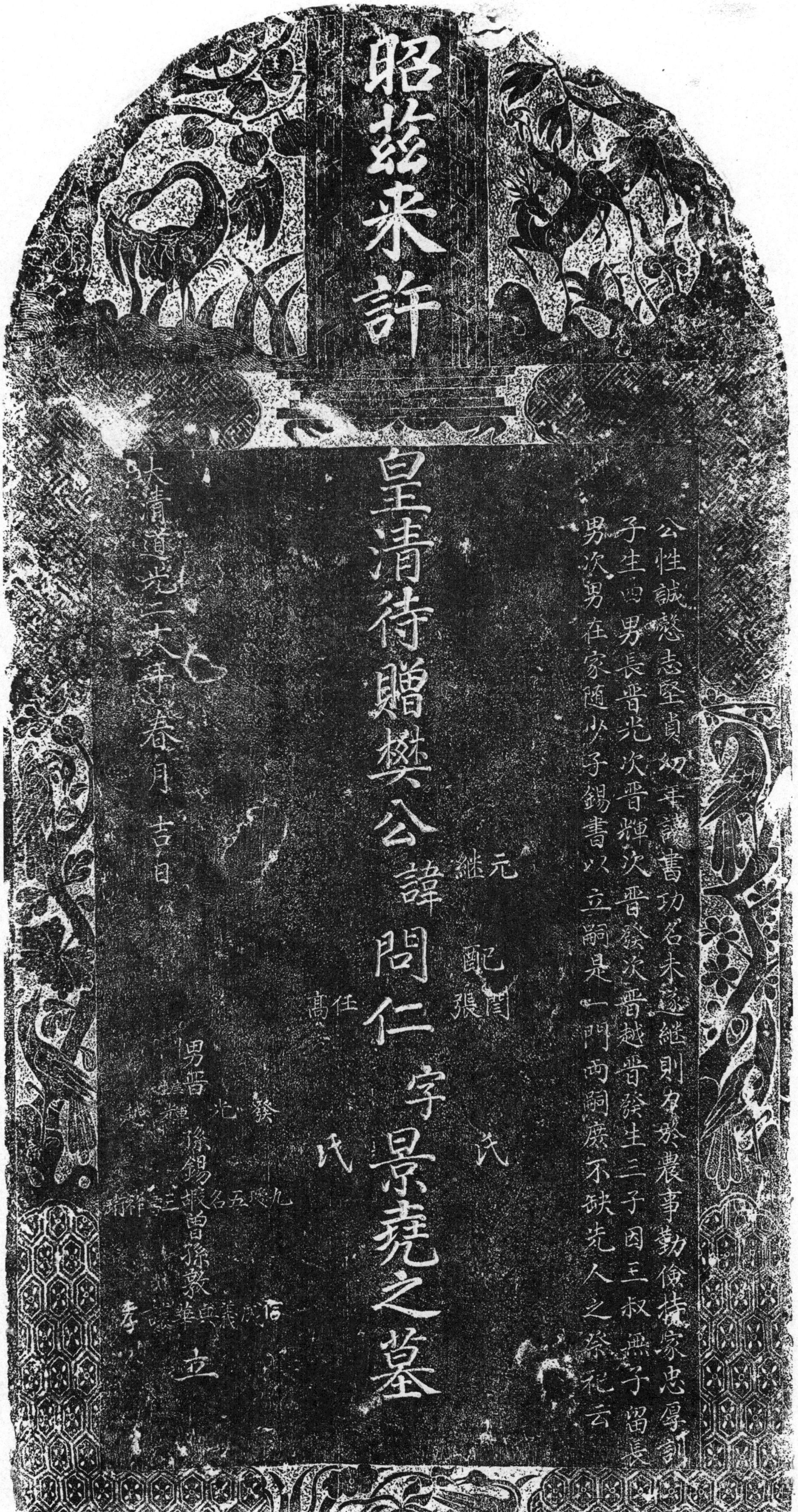

皇清待赠樊公讳问仁字景尧元配闫氏继配张氏任氏高氏之墓

【简介】

清道光二十八年（1848）勒石。现存于临县三交镇东坡村。碑青石质，圆首，高115、宽59、厚14厘米。额题“昭兹来许”4字。碑文楷书，正文共3行，满行28字。保存完好，字迹清晰。

【碑文】

皇清待贈樊公諱問仁字景堯元配閆氏繼配張氏任氏高氏之墓

公性誠慤，志堅貞，幼年讀書，功名未遂，繼則力於農事。勤儉持家，忠厚訓子，生四男，長晋光，次晋輝，次晋發，次晋越。晋發生三子，因三叔無子，留長男，次男在家，隨少子錫書以立嗣，是一門兩嗣。庶不缺先人之祭祀云。

男晋光　晋輝　晋發　晋越　孫錫嘏　錫名　錫三　錫五　錫書　錫瑷　錫祚　錫九　錫珩　曾孫敦典　敦華　敦義　敦讓　敦成　敦信　敦孝　立

大清道光二十八年春月之吉

皇清待赠府庠生樊公讳晋辉字含清元配张氏继配吕氏李氏之墓

【简介】

清道光二十八年（1848）勒石。现存于临县三交镇东坡村。碑青石质，圆首，高102、宽51、厚12厘米。额题“永言孝思”4字。碑文楷书，正文共2行，满行22字。保存完好，字迹清晰。

【碑文】

皇清待赠府庠生樊公諱晋輝字含清元配張氏繼配吕氏李氏之墓

公性好學，幼年入泮，負大成之望，後時命多蹇無意尚進，享壽六十餘歲而終，與妻張氏、吕氏、李氏合葬於此。

男錫三　錫祚　孫敦成　立

大清道光二十八年春月吉日

“安之居”匾额

【简介】

清道光二十八年(1848)五月勒石。现存于临县碛口镇李家山村，嵌于门洞之上。匾砂石质，长方形，高48、宽90厘米。匾文楷书，正文共1行，满行3字。保存完好。

【匾文】

道光戊申年瓜月

安之居

“安且吉”匾额

【简介】

清道光二十八年（1848）七月勒石。现存于临县碛口镇西湾村，嵌于门洞之上。匾砂石质，长方形，高48、宽70厘米。匾文楷书，正文共1行，满行3字。风化严重。

【匾文】

戊申初秋

安且吉

奉天寺新立石碑记

【简介】

清道光二十八年（1848）七月勒石。现存于临县安业乡前青塘村。碑砂石质，圆首，首缺大半，残高127、宽58、厚13厘米。额题“……留青”。碑文楷书，正文共4行，满行36字。记叙奉天寺新立石碑之事。王化龙撰文，僧能福书丹。碑首残缺，碑身剥蚀严重，字迹漶漫。

【碑文】

從來廟宇賴人力而能新，萬民憑神佑而能獲福，自古及今不爽毫厘。我奉天寺□碑□班班可考，爰於道光二十三年興工補葺，大約費錢六百餘千……多□□碑石甚衆，碑中不能備載，經理人等又另各出己資，重修石碑，將……示不没人善云爾，是爲序。

本村生員王化龍沐手敬撰

本寺住持僧能福沐手敬書

本寺住持僧山致施錢四千

□□□　趙清□千六　趙芝一千　王□□四百　□□鳳□□　王如□□□　□□□□□　□□□□□　□□信□□　□□□□□　□□富□□　□□□□□　□□□□□　□□□□□　□□□□□　□□□□□　王應升□□　□□□□□　王世□　王蘭田　□□□　□□□　李□□　李積□、李□□　李□□　□□□　□□□　白□明　白□清　白□清　□發英千二　白學文　白士賢　白宇　白錫五　白鳳儀　白士□　白鶴　李元桐　李向雲　吕萬昌三百　吕佑二百　吕仲二百　王居方二百　秦廣積　秦廣修　李秀寶　劉懷春　劉海溢　秦應春　劉元春　李寧國　李寅　李思坦　李步錦　李維□　李文静　韓學映　韓學修　韓守寧　韓德時　韓學川　李太清　薛世忠　郭尚誠　李濟盛　李永全　王有清　李子仲　李保寧　李新芳　高崇德　李應芳　李清芳　韓□春　李應全　郝萬元　郝庭可　劉景　劉存仁　郝有林　李□　郭如印　高雲林　高雲門　高雲峰　延普文　高興盛　劉世儉　趙玉仲　高應斗　蘇子英　劉永吉　趙應榮　樊應□　賀祥　李貴富　李□□　□□□　□□□　□□盛　楊玉　李□桂　劉世浩　□□□　□□□　□□□　郭□□　郭□□　郭其□　以上各施□□□□。辛□柏　李再敏　□□□　□□□　□□□　□□□　□□順　劉雲法　□□林　李□□　蘇□印　李□　□□河　□□芳　以上各施……

道光二十八年歲次戊申瓜月穀旦立

平陽府河津縣暢三元敬鐫

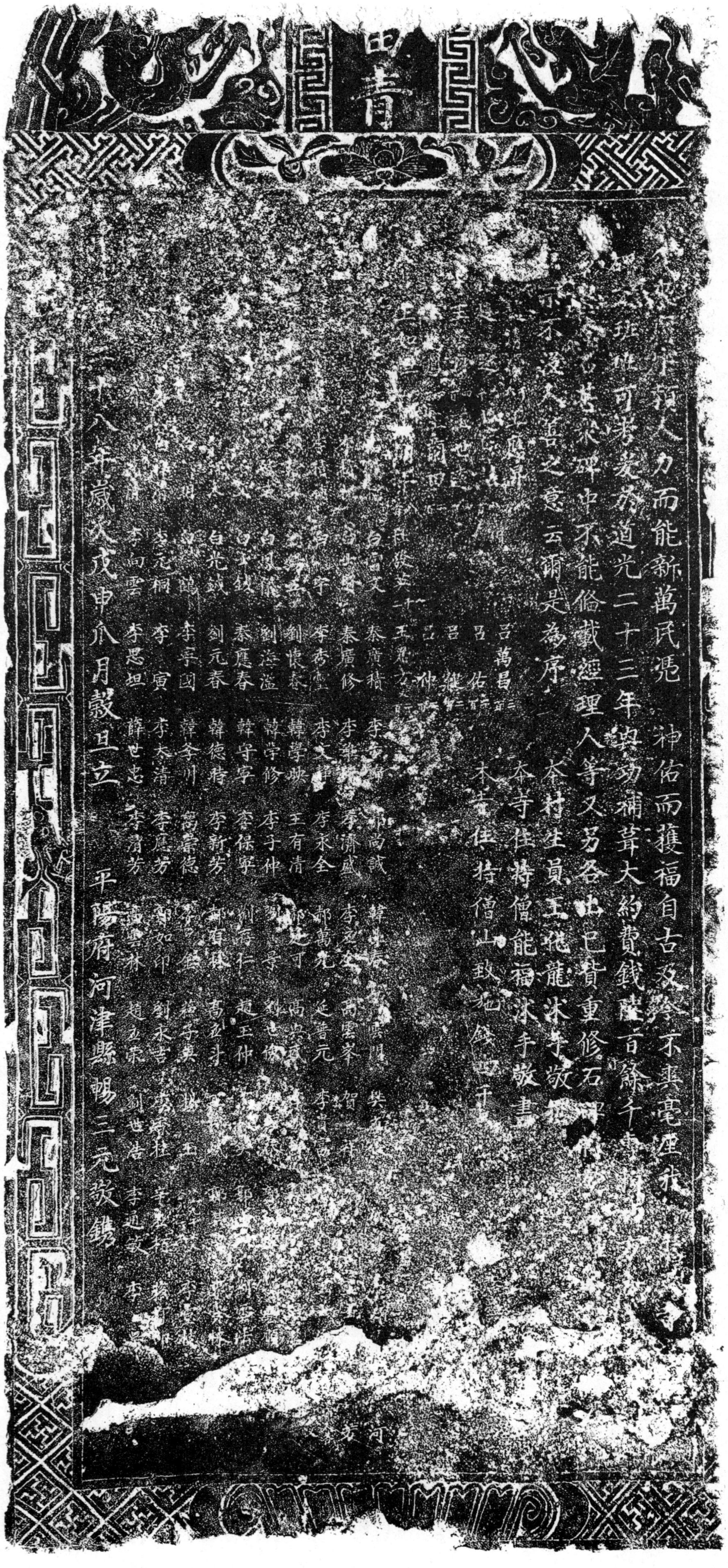
青
人力而能新萬民凴神佑而獲福自古及今不爽毫厘我
可考爰於道光二十三年興功補葺大約費錢陸百餘千
碑中不能備載經理人等又另各出己貲重修石
不没人善之意云爾是為序 本村生員王化龍沐手敬
本寺住持僧能福沐手敬書
本寺住持僧山致施錢四千
十八年歲次戊申八月穀旦立 平陽府河津縣暢三元敬鐫

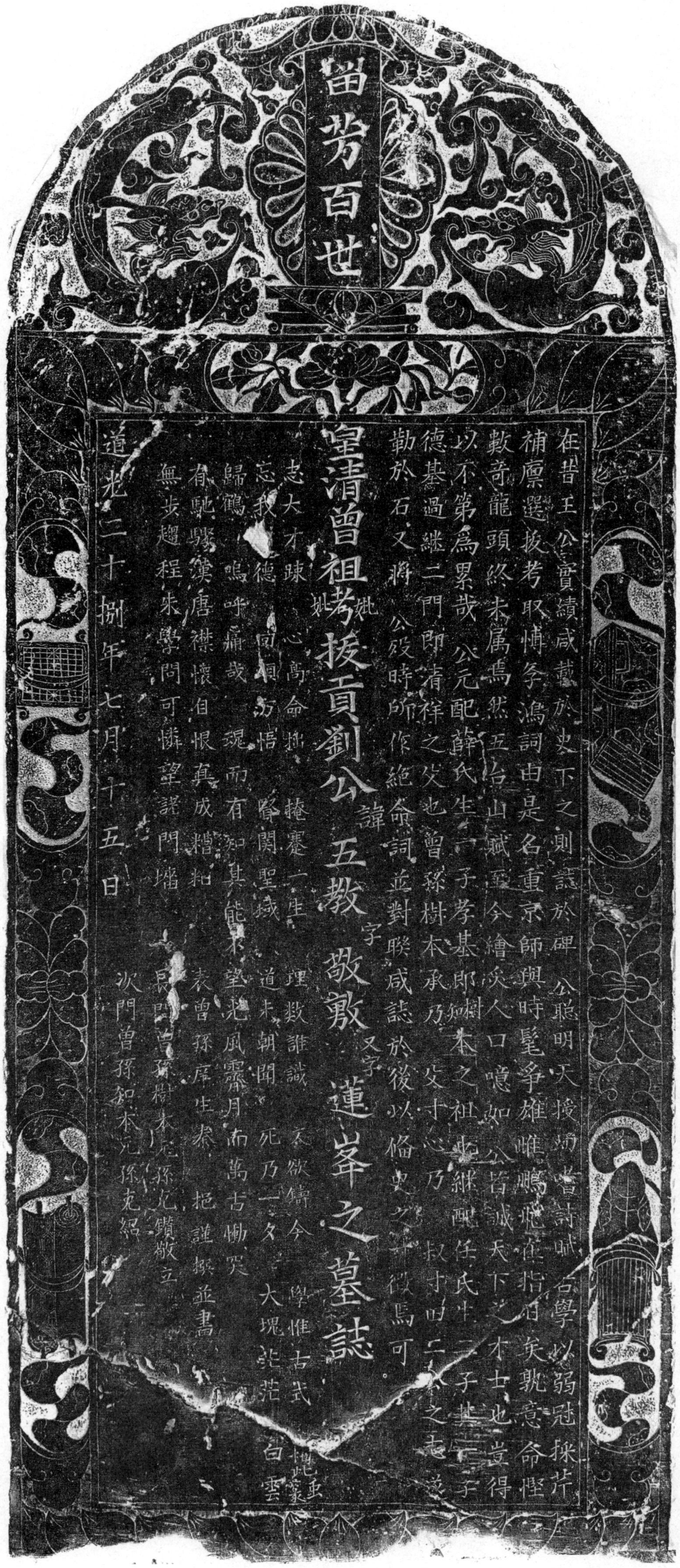

皇清曾祖考拔贡刘公讳五教字敬敷又字莲峰妣妣之墓志

【简介】

清道光二十八年（1848）七月勒石。现存于临县大禹乡马蕊坡村。碑青石质，圆首，高115、宽49、厚11厘米。额题“留芳百世”4字。碑文楷书，正文共11行，满行32字。碑破裂为三块，碑文尚完整。

【碑文】

皇清曾祖考拔貢劉公諱五教字敬敷又字蓮峯妣妣之墓誌

在昔王公實績咸載於史，下之則誌於碑。公聰明天授，幼嗜詩賦古學，以弱冠採芹，補廩選拔，考取博學鴻詞。由是名重京師，與時髦爭雄雌，鵬飛在指日矣。孰意命慳數奇，龍頭終未屬焉。然五台山賦至今膾炙人口，噫！如公者誠天下之才士也！豈得以不第爲累哉？公元配薛氏生一子孝基，即樹本，知本之祖也。繼配任氏生二子，其一子德基過繼二門，即繼祥之父也。曾孫樹本承乃父寸心、乃叔寸田二公之志遂勒於石，又將公歿時所作絶命詞並對聯咸誌於後，以備史之一徵焉可。

志大才疎，心高命拙，掩蹇一生，理数誰識，文欲鑄今，學惟古式。悔此蟲篆，忘我□德，回顧方悟，賢關聖域，道未朝聞，死乃一夕。大塊茫茫，白雲歸鶴，嗚呼痛哉！魂而有知，其能不望光風霽月，而萬古慟哭。

有馳驟漢唐襟懷，自恨真成糟粕；無步趨程朱學問，可憐望諸門墻。

表曾孫庠生秦挹撰並書

長門曾孫樹本　元孫克鑽　次門曾孫知本　元孫克紹　敬立

道光二十捌年七月十五日

重修浮济大王庙碑记

【简介】

清道光二十八年（1848）八月勒石。现存于临县紫金山大王庙。碑砂石质，首缺，残高141、宽74、厚16厘米。碑文楷书，正文共10行，满行38字。记载重修浮济大王庙之事。碑体缺损，表面剥蚀严重，缺字甚多。

【碑文】

重修浮濟大王廟碑記

《語》云："莫爲之前，雖美弗彰；莫爲之後，雖盛弗傳。"夫乃知天下事，有爲之□昔……衆多而加之振修，非若一神一廟之振修，則又用力少而成功甚……"紫金瑞雲"誠八景之居一也。正殿内有浮濟大王、風神、水母，階前有窟，深不見底，名曰風洞。左有五龍聖母……右邊有土地、山神，其南有楽楼、鐘楼，山麓又建觀音、關帝……山之巔玉皇、三位娘娘、三皇，東西上下諸神共立四院。□□已……威……祈其雨者共沾聖德之庇覆，至靈至應，實萬民□□□以□□□焉。□□□心……歷年所風吹雨洒，而諸祠幾傾頽矣。社人有志復修□已非……給……年正月間有義民，合社經理人等，使住持僧人慧恩、會榮……恩……而……朝廷至戊申年間，始廟貌丕振，煥然一新，是固神靈……拆亦經理……有……伊功，敬勒碑誌，告願後之人時加振修……爲之後者……爲……

邑庠生郝晉升薰沐撰

經理人　曹秉謙施錢□千六百　曹秉德施錢二千六百　李繼清施錢三千文　王晋璋施錢二千二百、杜心□施錢□千□百　劉廣福施錢二千四百　董朝陽施錢二千□百　郝存萬施錢一千二百　高名□施錢……　李永□施錢……

郭永慶……　郭友瑞……　郭映□……　郭長慶……　郭永寬……　郭生雲……　景三春……徐耀光……

大清道光二十八年歲次戊申仲秋……

重修淨濟大王廟碑記

重修庙记

【简介】

清道光二十八年（1848）十月勒石。现存于临县大禹乡张家圪埚村。碑砂石质，圆首，高110、宽53、厚15厘米。额题“碑记”“日”“月”。碑文楷书，正文共8行，满行46字。记载张家圪埚村重修山神、土地庙之事。张利仁撰文，张元魁书丹。碑体剥蚀严重，字迹模糊。

【碑文】

重修廟記

從來廟之□□易，……之新者可……張家圪埚村東南崗舊有山神土地一祠，亦不知爲自何年何時。我朝乾隆四十八季有張□□□遷移□基□費經營，其碑記斑斑可考，奈多歷春秋，迄今又十餘載矣。風雨飄摇，所不能免，故墻壁傾圮，簷柱摧折，村人張□□□□之日，感而歎曰：“我村人民頗屬盛衆，勢力何至式微，安得坐視其敗壞若斯也。”原有張錫耀□□□光甘□□因時□□而功□不繼，延至二十八季，又有張雲魁等公議重修，奈工程頗巨，非一手一足之力所能爲也。因祈合村人等錢力相助，庶幾賴人神之靈，而功於是乎可建，彼規模虽由舊而修飭□□者，亦足以壯数十季之观瞻，而可以安神焉。夫如是之輪厥恫愧也，神□□之隨在擁護矣，夫何有入山之害在□之虞哉，神之爲靈真若桴鼓之不夾也，已爲之垂型厥後，故勒石以云。

張利仁撰

張元魁書

施錢人　（52人，略）

經理人　武生張其烈四伯　張錫耀三伯四　張務本二伯五十　張高林二伯四十　張体書七十　張□□四伯元　張元魁三伯四　張鵬協　張利仁　各三伯四　張体寬二伯

道光二十八季十月穀旦立

丹青　李省秀

鐫石　六□□

碑記
張利仁
張元魁書

建修庙记

【简介】

清道光二十九年（1849）二月勒石。现存于临县大禹乡火燎坡村。碑砂石质，圆首，高177、宽70、厚14厘米。碑阳额题“建修庙记”4字。碑文楷书，正文11行，满行38字。记述火燎坡村修建庙宇之事。碑阴额题“万古常昭”4字，碑文刊布施人花名。碑局部有剥蚀，碑文有残缺。

【碑文】

（碑阳）

建修廟記

城南四十里許，有火燎坡村焉，爲地偏小，舊無廟宇。惟有明萬曆四十年……與余始祖之兄孟河者與村衆公議，于村之石峁北建觀音殿一座，以……其他如關帝等廟實有志而未建也。嗣後百有餘歲，再無一人念及此事者。迄至大清乾隆□□間，余高祖佐，目睹前人未竟之功，不忍坐視，復與村衆揆時度勢，公議重修。于十□年二月……年四月告竣，移佛殿于正東，建關帝廟于佛殿之右，玄天上帝廟于佛殿之左，真武、韋陀諸閣建于院内中央，廊坊樂樓等所建于西北，二□其□□□墻壁，焕然一新，嗟乎！非前人之有爲于前，後人莫能継其盛；然非後人有爲于後，□而前人之功莫□□□志也。而惜乎功成之餘，未曾勒石，衹有木簡存焉。夫木簡易壞原非久存之計，□□道光□□間村衆著意，社記憶體錢積至千有餘百，以待補葺之後，一齊勒石。至二十四年，□□修葺已完，□□□碑立矣而前碑猶未也，村衆見其木易朽而功易淹，于是公議以木易石。向余索文，余不能文，亦不敢辭，于是因事直書，聊期其永垂不朽云爾。

王捷三誌并書

初建功德主　劉鳳先　王孟河

糺首　崔三变　劉鳳朝　王嗣駿　王三義　劉鳳仞　王燭　王光瑞　王翼

次建功德主　王佐

糺首　暴世旺　吕懷義　劉冕　王宏道　劉訓　劉呈典　暴河　崔□禮　劉文□　王元

内□□□□　王□□　劉□□　耆賓□□□　□□□

□□　王尚仁　王石成

大清道光二十九年二月吉立

（碑阴）

初建社内施錢人

王□□　史文欽　劉如雨　劉儉　劉文喜　劉煥　王秉順　劉鳳成　杜興隆　高福　劉鳳至　王復明　劉文召　暴成功　劉登亮　張延壽　王復成　王煌　王登　王拖定　暴興　王煥　劉登明　劉如金　王柱　高志德　張遥基　暴盛　王應鳳　劉敬　張國輔　崔名揚　王選　王世清　王真明　暴起虎　王生　崔名遠　劉恭　劉讓　王文　劉聰　張成德　暴法虎　王弘才

次建施樹人

王佐一枝　王禮　王義　王智　王信一枝　劉訓　劉浩一枝　劉文遠一枝　王宏通一枝。

施錢人

王耀宗　劉宏　劉敏中　劉吴興　劉得時　暴漢　王佩玉　劉紹冉　劉時通　劉致和　王佩琮　劉興時　李玫　蘇君　李維乾　劉時現　劉元儒　暴世文　劉鳳金　暴淮　劉棲　劉遮氣　王耀祥　劉興法　劉鑑　劉浩　王元　劉呈祥　賀一祥　劉悟　王佩璠

立碑經理

劉菁　武生王滿庭　劉宗舜　王應德　吕盈　劉宗寬　王學正　薛存德　張文德　暴亮　王學孟　崔文山　崔廷升　暴仁　劉士彦　劉宗項　劉宗禹　劉宗愷　劉宗柴　劉萬元　劉懷仁　王登三　王奉三　王映福　王學禮　王學文　吕印　蔚錫榮　張敬德　張浴德　張映德　崔□□　崔□瑞　暴義　劉建福　劉宗義　劉宗亮　劉宗明　劉宗平　劉順　劉廷禄　王膺三　王友三　王映才　王學選　王學孔　吕廣英　吕廣耀　張立德　紡竣德　仝施錢一百二十文

崔□桂　□□□　暴永祥　崔□秀　暴梅　王頌三　王映禎　王學武　王學顔　吕廣利　張振光　張振烈　張振霖　王學行　王學斌　王廣泰　吕廣鴻　張振英　張振才　李膺三　王成□　王學曾　張恭選　張□真

“瑞气绕屋”匾额

【简介】

清道光二十九年（1849）七月勒石。现存于临县林家坪镇沙垣村，嵌于大门门洞上方。匾砂石质，长方形，高45、宽140厘米。匾文共1行，满行4字。保存完好，字迹清晰。

【匾文】

道光己酉
瑞氣遶屋
新秋吉日

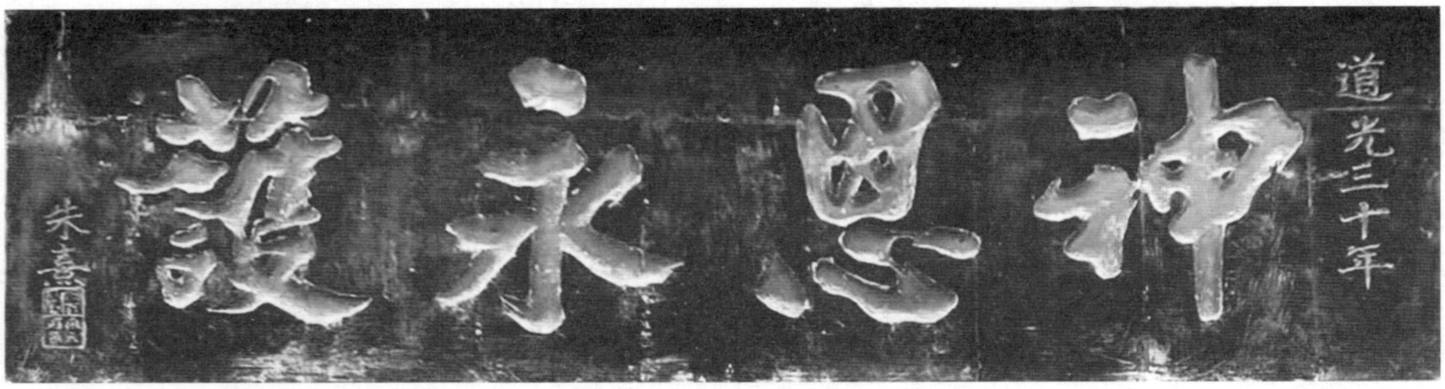

“神恩永护”匾额

【简介】

清道光三十年（1850）勒石。现存于临县招贤镇龙门墕村华佗庙，嵌于庙额。匾砂石质，长方形，高27、宽150厘米。碑文行楷，正文共1行，满行4字。保存完好。

【匾文】

道光三十年
神恩永護
朱熹

遵父命重修庙碑记

【简介】

清道光年间（1821—1850）勒石。现存于临县临泉镇陈家庄村。碑砂石质，已残，首缺，残高88、宽69、厚18厘米。碑文楷书，正文共2行，残存行38字。碑体残损剥蚀严重，缺字甚多。

【碑文】

……二年功德三□□□□修　……年遵父命陳繼善代立

……也。德何以盛，誠不可掩；德何能報，誠無不格。臨邑王家莊、□家莊合社，四方善人，誠心疏財，新建……誠通德所□□□□是之謂能報焉，夫是之謂能事焉，夫是之謂善人，芳名防石，永垂不朽，爲序焉。

□□□逵□□拜書丹　施錢五千文

……千文　……五伯　……伯　……文　……伯　高□□□千二百　介賔賀□□□千文　白□□□千二伯　監生白□□□千二伯　辛□□一千文　陳□□一千文　高□□□千八伯　喬□□□千八伯　白……　郝……　監生齊中山　各二千……　高善□　辛存義　監生胡可勤　賀廷輝　各一千四伯　賀廷貴　……　白茂盛、王永信　高鳳翔　各二千二百　□□孝　□見功　□世烈□□□……　監生齊其昌　……千六百　城庄合社共七千六百　陳樹義　薛玉馨　齊中選　陳樹智陳紅梅　陳慶德　高文炳　白映洪　吳永貴　杜清　王積□　苗世旺　苗興

□工　馮積□　　□工　白爾甯　　□工　任增華

丹青　衛吉　　鐫字　薛根才

秦氏闔族始祖之墓

【简介】

清咸丰元年（1851）三月勒石。现存于临县安业乡安业村。碑砂石质，圆首，高95、宽51、厚13厘米。额题“碑记”2字。碑文楷书，正文共1行，满行7字。保存较好，有少许风化剥蚀。

【碑文】

秦氏闔族始祖之墓

大清咸豐元年三月清明穀旦立

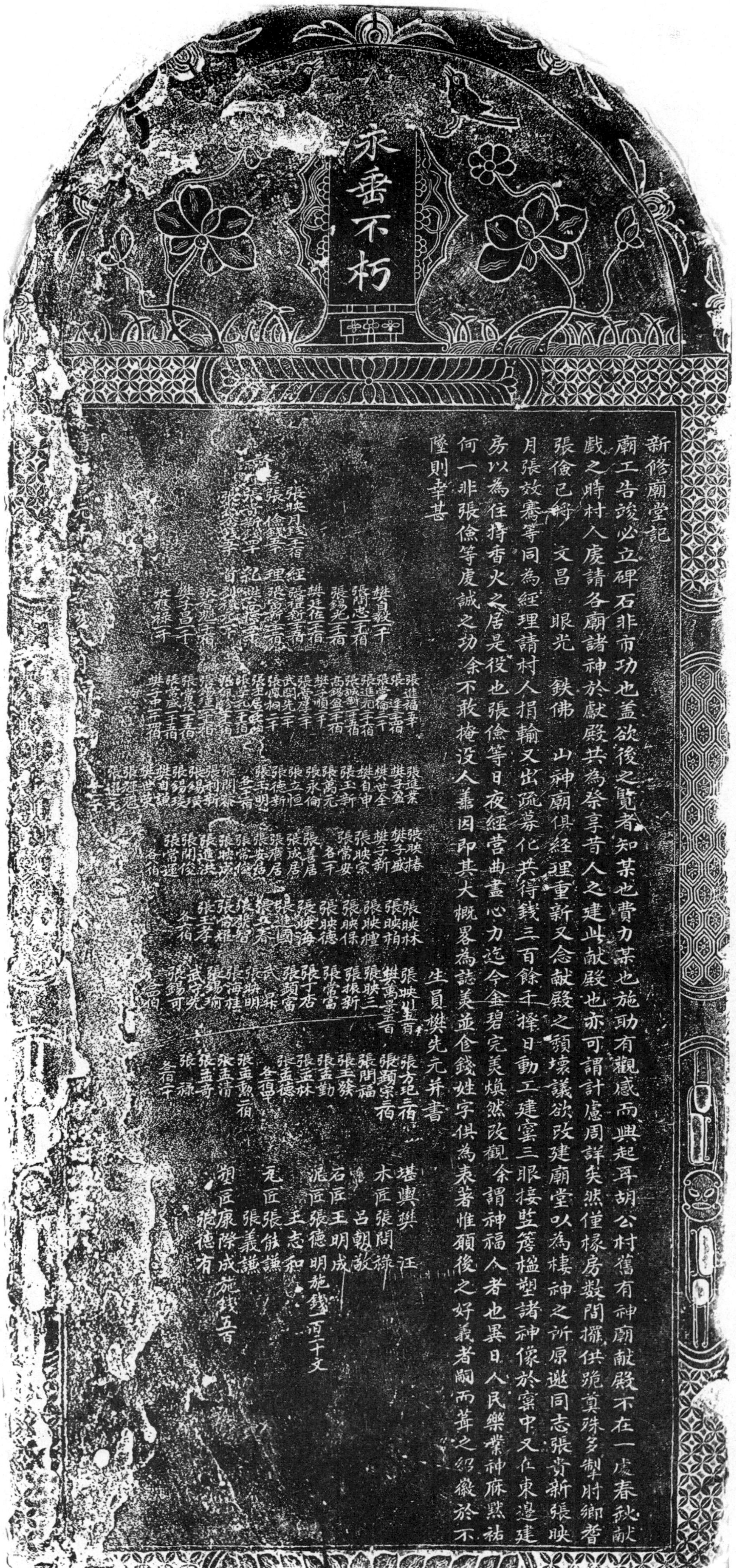

新修庙堂记

【简介】

清咸丰元年（1851）八月勒石。现存于临县三交镇胡公村。碑砂石质，圆首，高186、宽84、厚15厘米。碑阳额题“永垂不朽”4字。碑文楷书，正文共7行，满行50字。记载胡公村改建献殿为庙堂之事。碑阴额题“千古不朽”4字，碑文刊布施人花名。樊先元撰并书。碑体左侧剥蚀严重，文字漫漶。

【碑文】

（碑阳）

新修廟堂記

廟工告竣，必立碑石，非市功也，盖欲後之覽者，知某也費力，某也施助，有觀感而興起耳。胡公村舊有神廟、献殿不在一處，春秋献戲之時，村人虔請各廟諸神於献殿，共爲祭享。昔人之建此献殿也，亦可謂計慮周詳矣，然僅椽房數間，擺貢跪奠，殊多掣肘。鄉耆張儉已將文昌、眼光、鉄佛、山神廟俱經理重新，又念献殿之頽壞，議欲改建廟堂，以爲棲神之所。原邀同志張貴新、張映月、張效騫等同爲經理，請村人捐輸，又出疏募化，共得錢三百餘千，择日動工建窑三眼，接暨簷楹，塑諸神像於窑中，又在東邊建房，以爲住持香火之居。是役也，張儉等日夜經營，曲盡心力，迄今金碧完美，焕然改觀。余謂神福人者也，異日人民樂業神庥默佑何一，非張儉等虔誠之功。余不敢淹没人善，因即大概略爲志美，並施錢姓字俱爲著，惟願後之好義者嗣而葺之，紹巌於不墜，則幸甚！

生員樊先元并書

督総理　張映月錢一千六伯　張儉錢五千　張貴新錢四千　張效騫錢五千

經理糺首　樊自毅一千　張問忠一千六伯　張錫光一千二伯　樊子德三千　劉禮元二千　張智魁一千六伯　樊子昌一千　張應祿一千　張進福五千　張逢三千四伯　張常倫三千　張進元二千六伯　張誠新二千五伯　高錫盈二千一伯　樊子順二千　張常厚二千　武開生二千　張鳳桐二千　張丕居一千六伯　張學禮一千六伯　張佩珍一千六伯，張錫瑾一千六伯　張常茂一千五伯　張常盛一千五伯　樊子中一千五伯，張進業　樊子盈　樊世全　樊自申　張玉新　張萬元　張永倫　張立恒　張德新　張玉明　各一千二伯文　張問恭　張利新　張錫璜　樊自謙　樊世榮　張輝魁　張極元　各二千　張映椿　樊子盛　樊子新　張映宗，張常安　各一千　張善居　張成居　張廣居　張安居　張常俊　張映成　張進洪　張開俊　張常運　各八伯，張映林　張映栢　張映禮　張映保　張映德　張映海　張進國　張立春　張發智　張常耀　張玉孝　各六伯，張映川五伯，樊萬景五伯　張映三　張振興　張常富　張丁杏　張顯富　武升　張映月　張海桂　張錫瑜　武守先　張錫可　各四伯，張方玘三伯，張向福　張玉發　張孟勤　張孟林　張孟德　各二伯四十　張孟勳二伯　張孟清　張孟奇　張祿　各二伯

堪輿　樊汪

木匠　張問祿　呂朝敬

石匠　王明成

泥匠　張德明施錢一百二十文　王志和

瓦匠　張能謙

塑匠　康際成施錢五百　張德有

大清咸豐元年歲次辛亥八月穀旦立

（碑陰）

孫汝棟四千五伯　呂朝聘四千三伯　樊世通一千八伯　薛志仁一千二伯　楊春元二千六伯　劉志春一千七伯　張正儒一千一伯　庠生崔淨榮一千二伯　李文德一千三伯　薛如玉一千六伯　謙益和一千二伯　雒公璉一千二伯　孫曰實一千二伯　樊世迪一千二伯　曹懷門一千六伯　趙元一千一伯　薛永定一千二伯　郭元林一千一伯　李元仁一千一伯　劉文進一千　王商一千　樊榮合一千　李世閔一千　武士涵一千　張福安一千　張思明一千　郝國桐一千　曹富一千　崔彦一千　李法祥一千　劉維訓劉大明一千一伯　張盈一千一伯　張應瑾一千　郭茂順一千　高璜一千　武希元八伯　王文炎五伯　王富讓九伯　樊元紀七伯　崔芝香一千七伯　嚴富才八伯　孫作明八伯　王興仁八伯　高凌雲八伯　王喜樂八伯　監生張明聰一千　張潛七伯　任富七伯　李世遠五伯　樊富成八伯　武建珍五伯　馬士福五伯　馬士光八伯　劉開奇六伯　張謙亨七伯　杜心海五伯　孫會魁四伯　李登週六伯　劉長法六分　薛殿有一伯二　馬士魁六分　楊成元一伯四　段顯祥七伯　張君明二伯四　李秉中六分　孫浩良五分　劉世法五分　薛春露六分　薛永有三分　李元榮六伯　呂陶四伯　馬興樂一千三伯　劉興士一千二伯　李作管一千一伯　崔有元施錢八伯八十文　武子祿施錢四伯文　瓦窯堡晉興店施錢九伯六十文　瓦窯堡高增壽施錢六伯文　薛殿林施錢一伯六十文　嚴如瑜施錢八伯六十文　嚴如儉施錢四伯二十文　嚴如有施錢三伯六十文　嚴如温施錢一伯二十文　嚴海施錢一千九伯文　嚴涵施錢一千七伯文　嚴河施錢一千二伯文　嚴振德施錢一伯二十文　嚴振立施錢三伯文　嚴振悦施錢一千文　嚴振昌施錢二伯文　嚴振謙施錢六伯文　嚴振元施錢六伯文　嚴公施錢二伯文

重修庙宇碑记

【简介】

清咸丰元年（1851）十一月勒石。现存于临县湍水头镇张家庄村。碑青石质，圆首，高162、宽71、厚17厘米。碑阳额题“百世流芳”4字。碑文楷书，正文共6行，满行50字。记叙张家庄村重修诸庙之事。张秉铎撰并书。碑阴额题“昭示来兹”4字，碑文刊布施人花名。碑保存完好。

【碑文】

（碑阳）

重修廟宇碑記

從來祠宇之建，断無久而不敝之理，然使無人以葺之，則摧敗零落，非所以妥神靈而崇祀典也。張家庄村舊有釋迦佛、龍天晝像、二郎、關聖、蚜蛎、土地諸殿宇，前人之創建，非不巍煥可觀，奈歷年久遠，風雨漂摇，一時諸殿皆傾頹矣。里人目擊心傷，毅然有整修之志，但工程頗巨，獨力難成，是猶大廈將傾，原非一木之支；輕裘是製，必集千狐之腋。信乎一鄉之佈施，不足於群廟之繕葺也。經理胡映斗等公議重修，與村衆共襄盛事，復乞四方善人君子捐資成美，將見竹苞松茂，鳥革翬飛，舉前目之摧敗零落者，不數月而煥然維新矣。告竣之後，丐余爲作文以誌之，余學淺才疎，不敢妄爲支詞，止敘其顛末而爲之記。庶使後之人知其某也慷慨，某也樂施，而同樂善於無窮焉。至於感應果報之説，謂涉於恍惚而無憑也，故略而不書。

庠生張秉鐸謹撰並書

經理人　張繼禄施錢六千　高希顔施錢二千　胡映斗施錢六千　張萬成施錢六千　曹慶章施錢六千

糺首　曹進安施錢一千二伯　武志施錢壹千　曹如崙施錢八伯　曹如鵬施錢二千五伯　霍自學施錢一千二伯　張福施錢一千

本村施錢人　張繼福施錢三千　曹進財施錢三千　胡永文施錢一千　胡永恩施錢二千　高輔禹施錢二千五伯　曹永泉施錢二千六伯　曹思政施錢五千　曹進忠施錢壹千五伯　曹進德施錢壹千二伯　高自樂施錢壹千二伯　雒樹福施錢一千　張萬山施錢八伯　曹如道施錢八伯　曹思敬施錢八伯　胡永和施錢一千　曹如斌施錢一千　王崇斌施錢六伯　杜秉成施錢六伯　胡永海施錢六伯　胡永年施錢六伯　胡永清施錢六伯　張永年施錢六伯　胡永喜施錢三百六十　王致和施錢三伯　胡永貴施錢三伯　張萬清施錢二伯　曹如祥施錢二伯　胡光施錢二伯　胡永泰施錢二伯　趙臺魁施錢二千

瓦匠　張世偉

木匠　郭玉柱施錢二百七十

泥匠　雒有榮

丹青　南秉禄施錢五伯

稷山縣谷全魁刻　施錢二百四十

大清咸豐元年歲次辛亥十一月立

（碑阴）

介賓王汝礪　監生張繼斌　耆賓馬雲光　恩榮王汝林　耆賓高元龍　庠生張秉鐸　恩榮張福元　耆賓李兆映　庠生韓夢昌　貢生薛秀芳　耆賓張映柏　監生馬如俊　郭會盛　耆賓楊培義　監生李潛修　監生李俊川　庠生霍自立　……

百世流芳
大清咸豐元年歲次辛亥十一月 立

重修关帝庙记

【简介】

清咸丰元年（1851）十二月勒石。现存于临县玉坪乡双叶子村。碑青石质，圆首，高152、宽68、厚14厘米。额题“流芳百世”4字。碑文楷书，正文共10行，满行29字。记载重修关帝庙的过程。碑保存完好。

【碑文】

重修關帝廟記

邑庠生王化龍薰沐撰並書　陳宇□□□

昔先王本神道以設教，而諸神祠宇之剏修，萬方皆同。然創於前而不繼於後，不大失先王垂訓之意也哉。况山西夫子德配尼山，威振華夏，普天之下，莫不尊親，而且有求必應，靈威靈感異常，安可聽其傾圮耶！城東桑墕則村，距城四十里，古有關聖帝君廟，基剏於前者不可考，考自乾隆六十年，鐘上有張韓二姓，道光元年匾上有王居仲等補修。奈年深日久，風雨飄摇，牆垣傾而神像污，每逢祭祀既無以肅觀瞻，又何以妥神靈。村人目睹心傷，公議重修，各出己資，同心協力，新卜地基，規模較大於昔日，采画更勝於當年。是役也，經營於辛亥之春，告竣於本年之秋。將見廟貌輝煌，煥然更新，非敢云□神聖之護佑，聊以継前人之美意焉。爰將經理施錢名勒諸金石，俾後之覽者，亦將有感於斯文而屢爲補葺，庶兹村之廟，光景常新於宇宙云。謹序。

功德主　高永升施錢七千　張晋元施錢五千　張晋海施錢五千

經理人　王登魁施錢五千五　王文起施錢四千　李茂榮施錢三千五　李生歧三千　問步大施錢三千　趙芝貴施錢二千五　馬耀榮施錢二千　陳佐清施錢二千　高振修施錢壹千　曹士富施錢四千　高佩榮施錢二千六　問伯金施錢二千　馬福秀施錢二千　王玉琢施錢二千　高佩林施錢壹千六　陳大椿施錢壹千　高潛修施錢壹千　韓文祿施錢壹千　薛成義施錢五百　劉誠意施錢四百　張應川施錢二百四　高應有施錢二百　段南爲施錢二百　張景顔施錢二百　馬法寬施錢一百二　高林奇施錢一百二　嚴錫施錢一百二

大清咸豐元年歲次辛亥十二月吉日立

河津石匠柳春林鐫　施錢二百文

木匠　王如恒　趙□□

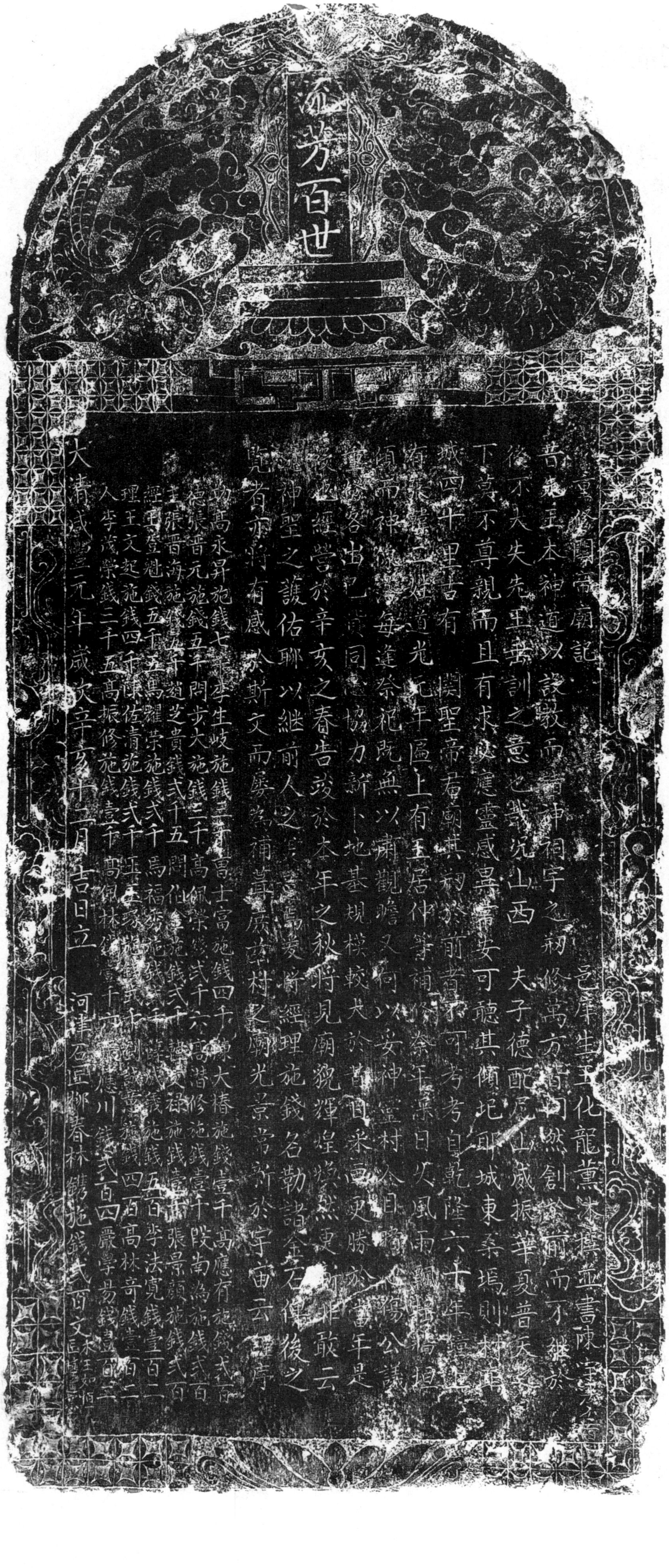
流芳百世
重修關帝廟記
大清咸豐元年歲次辛亥十二月吉日立

重修浮济王圣母庙碑志

【简介】

清咸丰二年（1852）六月勒石。现存于临县三交镇前宋家圪垛村。碑砂石质，圆首，高165、宽70、厚15厘米。额题“千古不朽”4字。碑文楷书，正文8行，满行36字。记载宋家圪垛等七村重修浮济王圣母庙的过程。任履新撰文并书丹。碑体边缘表面略有剥落，字迹尚清晰。

【碑文】

重修浮濟王聖母廟碑誌

廟之建也，由來久矣。自先代正德二年至我朝康熙十六年而始，有重修之碑誌。迄今百七十餘載，歷年久遠，風雨漂搖矣。宋家圪垛、段家庄、段家圪垛、薛家圪垛、老陽塌、崖窰峁、紅沙村共爲三社，慨然欲起而更新之。自道光二十六年經始，至咸豐二年告竣，期間或作或停，變故頗多。然而，廟基之鞏固，廊房之整飭，峻宇雕牆，刻桷丹楹，廟貌之頹然者，煥然其一新矣；聖像之燦然者儼然其如故矣。雖然此其易言也哉，假令施捨者不多，募化者亦少，事雖美爲之於前，不能繼之於後也；功雖盛，修之於始，不克完之於終也。玆則閤社人等及四方好義君子，慨輸己貲，共襄盛舉，革故鼎新之際，中外肅然。雖曰其如有神助乎，盖亦人力之經營有以至於此也耳。是爲序。

邑庠生任履新沐浴撰書

段宗章施寶瓶一架　段萬宇施錢四千

經理人：宋爾清　段紹正　段元章　段永盛　宋爾法　薛清璜　段丕成　宋爾寧　宋爾順　段榮九　段汝祿　薛清淦　宋景禹　薛清温　段榮金　宋爾榮　宋景□　段滿發　段元福　薛俊忠　宋景德　薛清梅　段殿仁　宋景楊　薛玉珍　段滿隆　段元棟　薛繼春　宋景槐　薛林春　段萬宇　宋景林　薛能智　宋光祖　段萬榮　薛清榮

段萬宇施錢四千　任天雲施錢四百　薛益貴施煙十把　段映明施錢六百　段維保　段維俊　施錢一千

木匠　高步珍疏錢五百一十文

泥匠　王世福疏錢三百文　王開義施錢二百四十文

丹青　劉俊鰲施錢三百五十文

地師　薛福升施錢二百四十文

大清咸豐二年六月吉日三社公立　石匠河津縣王化行刻

千古不朽
重修孚濟王聖母廟碑誌　□□樂施錢二千
廟之建也由來久矣自先代正德二年至我朝康熙十六年而始有重修之碑誌迄今一百
十餘載歷年久遠風雨飄搖矣宋家圪塄段家庄段家圪塄薛家圪塄老陽塌崖等村
共爲三社慨然欲起而更新之自道光二十六年經始至咸豐二年告竣其間□□或□故
頗多然而廟基之華固廊房之整飭墻宇雕牆刻桷丹楹廟貌之顯然者煥然其一新矣
神像之燦然者儼然甚如故矣雖然此豈易言也哉假令施捨者不多募化者亦少豈能□爲
之於前不能繼之於後也功雖盛修之於始不克完之於終也茲則閤社人等及四方□□□□
乎輸已嘗其襄盛舉草故鼎新之際中外肅然雖曰其如有神助乎蓋亦人力之□□有
以至於此焉耳是爲序　邑庠生任履亨沐浴撰書　段宗鄒施寳瓶一架　段萬宗施錢四千
經理人
宋爾清　宋爾順　宋景□　薛王珍　薛能智　任天雲施錢四百
段紹正　段榮九　段滿發　段滿隆　宋光祖　薛益貴施燈十枝
段元章　段安祿　段元福　段元棟　段萬榮　段□明施錢六百
段永盛　薛清淦　薛後忠　薛建春　薛清榮　段紀□施錢一千
宋爾法　宋景禹　宋景德　宋景槐　本村高步珍施錢五百二十文
薛清璜　薛清□　薛清梅　薛林春　王世福施錢一千□
段丕成　段榮金　段繼仁　段萬守　王關義施錢□□□
宋爾寧　宋爾雲　宋景揚　宋景林　劉俊榮施錢三百五十文
薛福中施錢二百□十文
大清咸豐二年十月吉日三社公立　石匠河津縣王化行刻

皇清恩赠登仕郎显祖考杨公讳克远字文德号云亭待赠孺人妣高太君之墓

【简介】

清咸丰二年（1852）八月勒石。现存于临县招贤镇龙门墕村。碑砂石质，圆首，高136、宽56、厚12厘米。碑阳额篆“墓碑记”3字。碑文楷书，正文共8行，满行38字。碑阴刻世系图考。碑体完整，中部有裂痕。

【碑文】

（碑阳）

皇清恩贈登仕郎顯祖考楊公諱克遠字文德號雲亭待贈孺人妣高太君之墓

夫以續之，所係大矣，□□統家，分□□不可以不明也！此塋地名元坂底，立祖者丕之祖父母也。姓氏字諱詳其中行大書，其次左邊一塚，乃丕之生父諱春和字致祥，丕母渠氏今尚在。右一塚則丕之叔父諱春順、字誠身，原配高氏，卒葬其在遠洋天地祖父母之右。而次門遺子七歲夭絶，塋外右側之墓，即其墓也。當是時過繼可立之丁，遠有難擇之勢。丕祖命孫以長門之子兼嗣次門，書立文約，别娶妻室。今祖母□氏係長門媳，李氏則次門媳也。長門媳之所出爲長門孫，次門媳之所出爲次門孫矣。日者丕之穴列生父、叔父之下而介其中，長門之孫附於丕穴下之左，次門之孫則附於其右焉。□恐後之人不各其詳，用勒諸石而爲記。如此以明其繼，□□繼之，大略云。

丕謹識

大清咸豐二年八月穀旦敬立

（碑阴）

（世系图考略）

嘉庆十二年移修关帝庙碑记

【简介】

清咸丰二年（1852）九月勒石。现存于临县大禹乡府底村。碑砂石质，圆首，高190、宽70、厚18厘米。额题“克绍前徽”4字。碑文楷书，正文计10行，满行40字。记载嘉庆十二年移修关帝庙之事。刘澍撰文，刘徽书丹。保存完好。

【碑文】

嘉慶十二年移修關帝廟碑記

儒學廩膳生員劉澍謹撰　劉徽敬書

竊思大義在天地，大義亦在人心。然則人心曷嘗有義也，我觀古今來，愚夫豎子何有知識，而每見義行而稱揚之，每逢義舉而欣慕之，此亦可以見人心矣。況乎大義行而初見君臣，滿其量義氣已塞乎宇宙；大義舉而篤於兄弟，盡其分義勇已絶乎古今。此豈當時則榮没則已焉者之所爲乎，此豈非人心所崇奉無已者乎。我府底善慶寺舊有關聖帝君祠，考其所建，固始於住持昌浩矣，但河水所冲已非佳地，雨風所剥，難以妥神。有昌浩曾孫融輔者，欲易下濕爲高燥，思振奮而重新，因集衆社共議重修。惟時賀子泰清等咸以爲此義事也，此義舉也，惟此可以安神靈、佑民物也。爰同募化，大興土木，不數年而廟貌已巍然矣，聖像已焕然矣，且遷其地而更覺良矣，大義在人心不益信哉。雖然人心雖好義，無非神之大義所感也，果其因所感而父子之親、夫婦之别、朋友之信以及君臣兄弟之間，皆由順正以行義，則人心之義克全乎，天地之義謂非神之所阿護無已者與。謹序。

經理人　介賓高時泰　監生賀泰清　武生高珮璜　劉天義　張輔清　監生侯有義　馮純熙　曹元良

住持　融輔

大清咸豐二年歲次壬子秋九月穀旦

河津刻字工　薛世桐　薛世梓　薛世椿

“福备三多”匾额

【简介】

清咸丰三年（1853）七月勒石。现存于临县碛口镇西湾村，嵌于门额处。匾砂石质，长方形，高56、长85厘米。匾文楷书，正文共1行，满行4字。保存完好。

【匾文】

癸丑孟秋

福偹三多

郎軒劉進琦題

皇清例授儒林郎显考王公讳佩珩字映芾号南珍安人显妣陈氏合葬之墓

【简介】

清咸丰四年（1854）七月勒石。现存于临县安业乡前青塘村。碑砂石质，圆首，高 158、宽 68、厚 16 厘米。额篆“碑记常留”4 字。碑文楷书，正文共 4 行，满行 24 字。碑断为两截，碑文略有残缺。

【碑文】

皇清例授儒林郎顯考王公諱佩珩字映芾號南珍安人顯妣陳氏合葬之墓

公生於嘉慶壬戌年正月二十三日卯時，卒於道光庚戌年六月初七日亥時。

男千総昌後　□後　立後　承後　千総敞後　繼後　保後　培後　敬立

咸豐四年歲次甲寅湘月穀旦

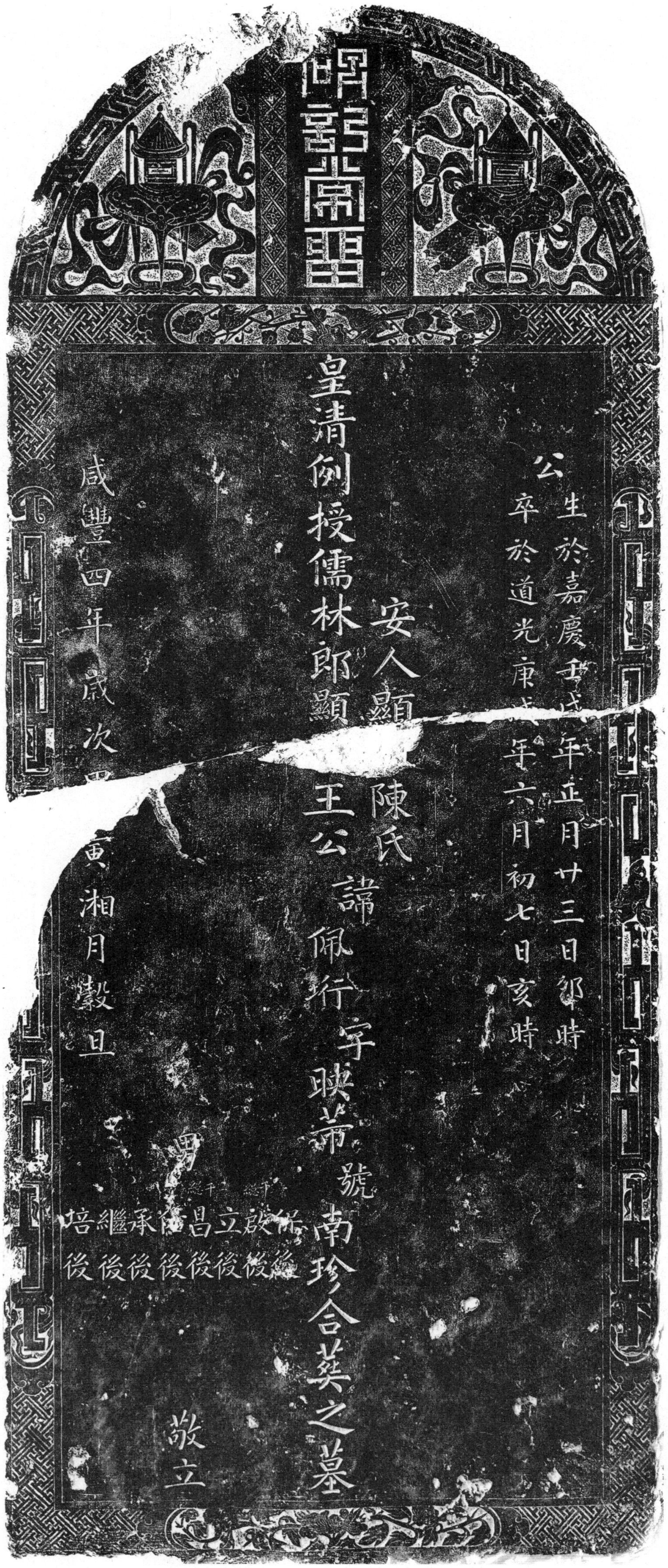

清故庠生樊翁讳裔兴字昌后室人赵氏合葬之墓

【简介】

清咸丰五年（1855）正月勒石。现存于临县三交镇正坡村。碑青石质，圆首，高106、宽54、厚18厘米。额题“佑启后人”4字。碑文楷书，正文共7行，满行31字。保存完好，字迹轻微模糊。

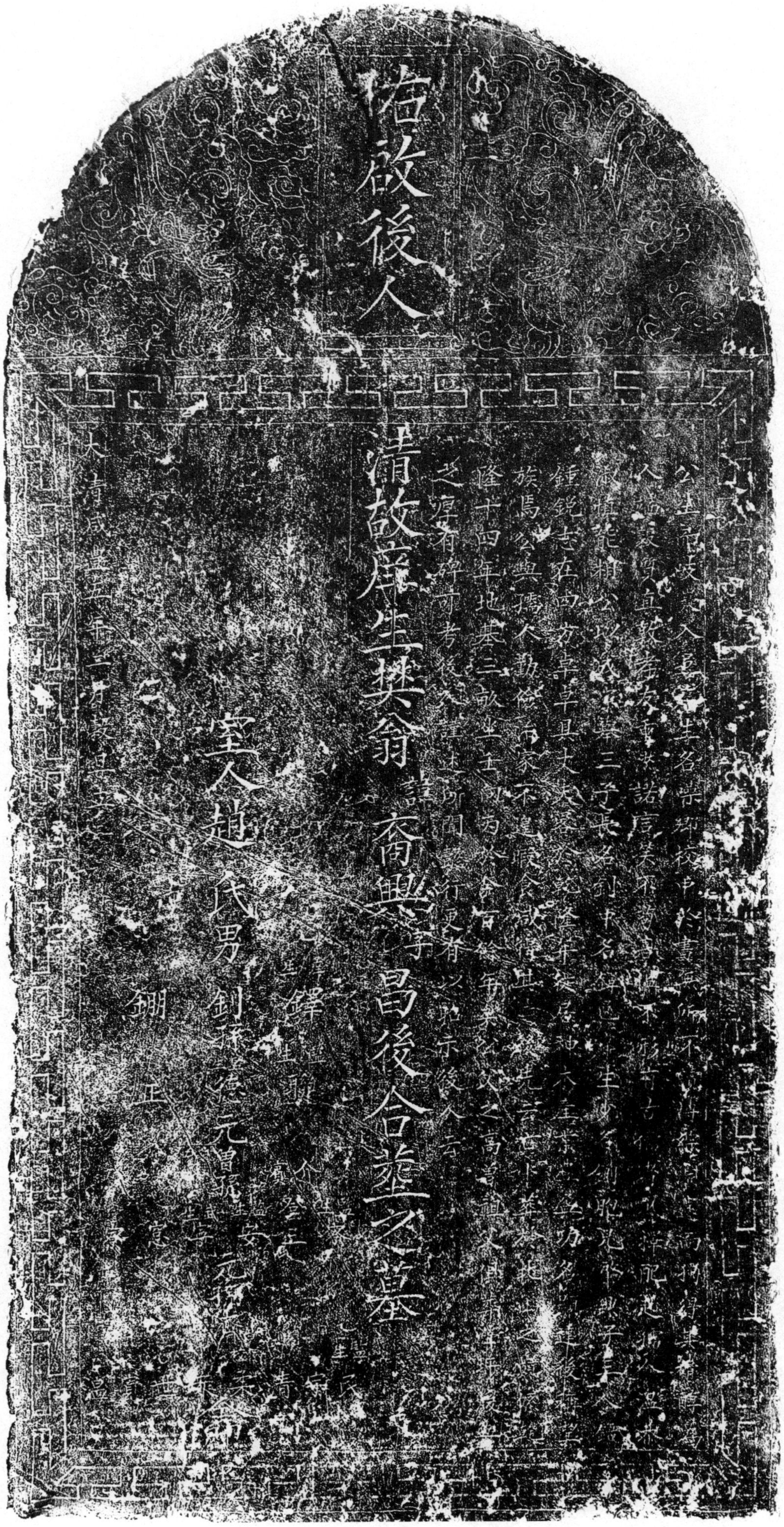

【碑文】

清故庠生樊翁諱裔興字昌後室人趙氏合葬之墓

公生而岐嶷，入邑庠生，名噪鄉校中，於書無所不讀，博綜□邃而獨得其精醇。爲人端毅質直，敦孝友，重然諾，言笑不苟，喜愠不形，有古儒者風。擇配趙儒人温恭淑慎，能相公以成家。舉三子，長名釗，中名鐸，邑庠生，少名鋤。胞弟肇興，子三人，鋙、鐘、锐，志在四方，卓卓具大夫。略於乾隆年徙居神木，産業豐盈，功名顯達，後稱望族焉。公與孺人勤儉治家，不遑暇食，咸得其續後先云，亡卜葬於北山之巔，系乾隆十四年，地基三畝，坐壬向丙，於今百餘年矣。公父之高曾祖父，俱葬塋坪，爰與之厚有碑可考，後人謹述所聞懿行，更有以昭示後人云。

男釗　庠生鐸　鋤　孫監生德元　監生聯元　正元　曾孫監生安　武生寧　介賓登三　窗　監生察　寮　元孫檢校齊柔　齊衆　齊清　齊世　齊宇　齊寬　監生齊民　齊温　仝叩

大清咸豐五年元月穀旦立

皇清待赠国学樊翁讳联元字廷辂原配崔氏赵氏继配段氏合葬之墓

【简介】

清咸丰五年（1855）二月勒石。现存于临县三交镇正坡村。碑青石质，圆首，高91、宽47厘米。额题“用垂永久”4字。碑文楷书，正文共6行，满行25字。保存完好。

【碑文】

皇清待贈國學樊翁諱聯元字廷輅原配崔氏趙氏繼配段氏合葬之墓

先祖父世居三交鎮，幼業儒，入國學，屢試秋闈，未獲一第，遂無意舉子業，治家尚勤儉，頗稱富有。娶崔太君端妍令淑，數年即逝。復娶趙太君，性尤婉嫕，内助有法。生三子長名登三，邑武學後祔鎮之大樹梁。中名察，入國學，卜宅義圪垛瓦甕溝之北梁。少名寮，葬本塋，祖母中年去世，又娶段太君，及後合葬於兹山。謹刻石以爲誌，略表其源本之有由也。

男介賓登三　監生樊察　樊寮　孫濟衆　濟清　濟世　濟宇　濟寬　監生濟民　曾孫嘉植　嘉樹　嘉榮　武生樊全　雲錦　嘉桂　樊令　雲慶　嘉桐　樊俞　雲岫　嘉模　叩

大清咸豐五年二月穀旦立

皇清待赠庠生樊翁讳铎字圣化原配薛氏合葬之墓

【简介】

清咸丰五年（1855）二月勒石。现存于临县三交镇正坡村。碑青石质，圆首，高 93、宽 48、厚 12 厘米。额题“昭示来兹”4 字。碑文楷书，正文共 6 行，满行 25 字。碑略有剥蚀，字迹尚清晰。

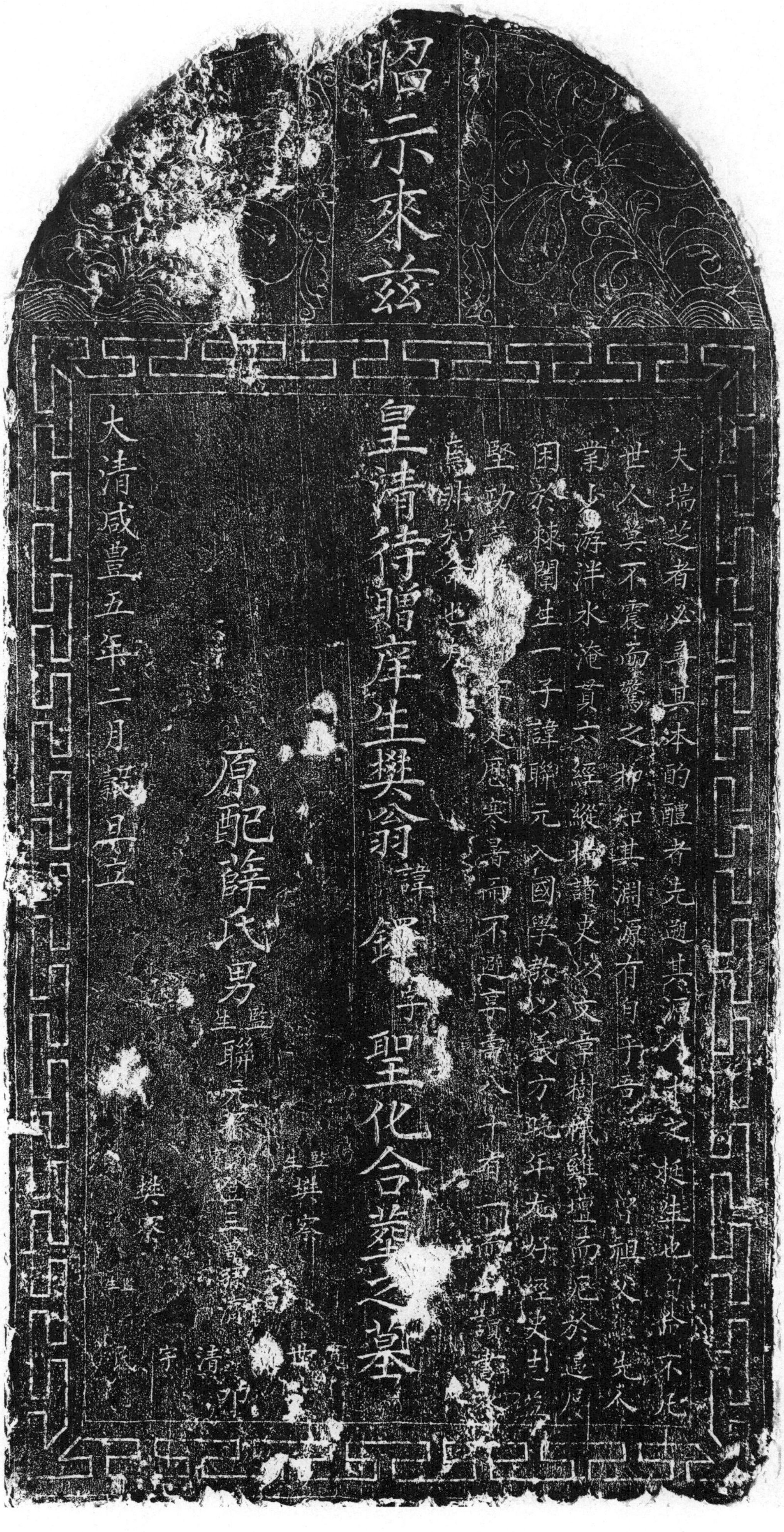

【碑文】

皇清待贈庠生樊翁諱鐸字聖化原配薛氏合葬之墓

夫瑞芝者必尋其本，酌醴者先溯其源。人生之挺生也，自命不凡，世人莫不震而驚之，抑知其淵源有自乎！吾曾祖父繼先人業，少遊泮水，淹貫六經，縱揚諸史，以文章樹職鷄壇，而厄於遇，屢困於棘闈。生一子諱聯元，入國學教以義方，晚年尤好經史，志益堅，功益苦，惟日不足，歷寒暑而不避，享壽八十有一，而□讀書終焉，非知命也夫！

皇清待贈庠生樊翁諱鐸字聖化原配薛氏合葬之墓

男監生聯元　孫介賓登三　監生樊察　樊寮　曾孫濟衆　濟清　濟世　濟宇　濟寬　監生濟民　叩

大清咸豐五年二月穀旦立

皇清待赠乡饮介宾樊翁讳登三字近台原配雒氏张氏继配李氏合葬之墓

【简介】

清咸丰五年（1855）二月勒石。现存于临县三交镇西坡村。碑青石质，圆首，高98、宽50厘米。额题“百世流芳”4字。碑文楷书，正文共6行，满行27字。保存完好。

【碑文】

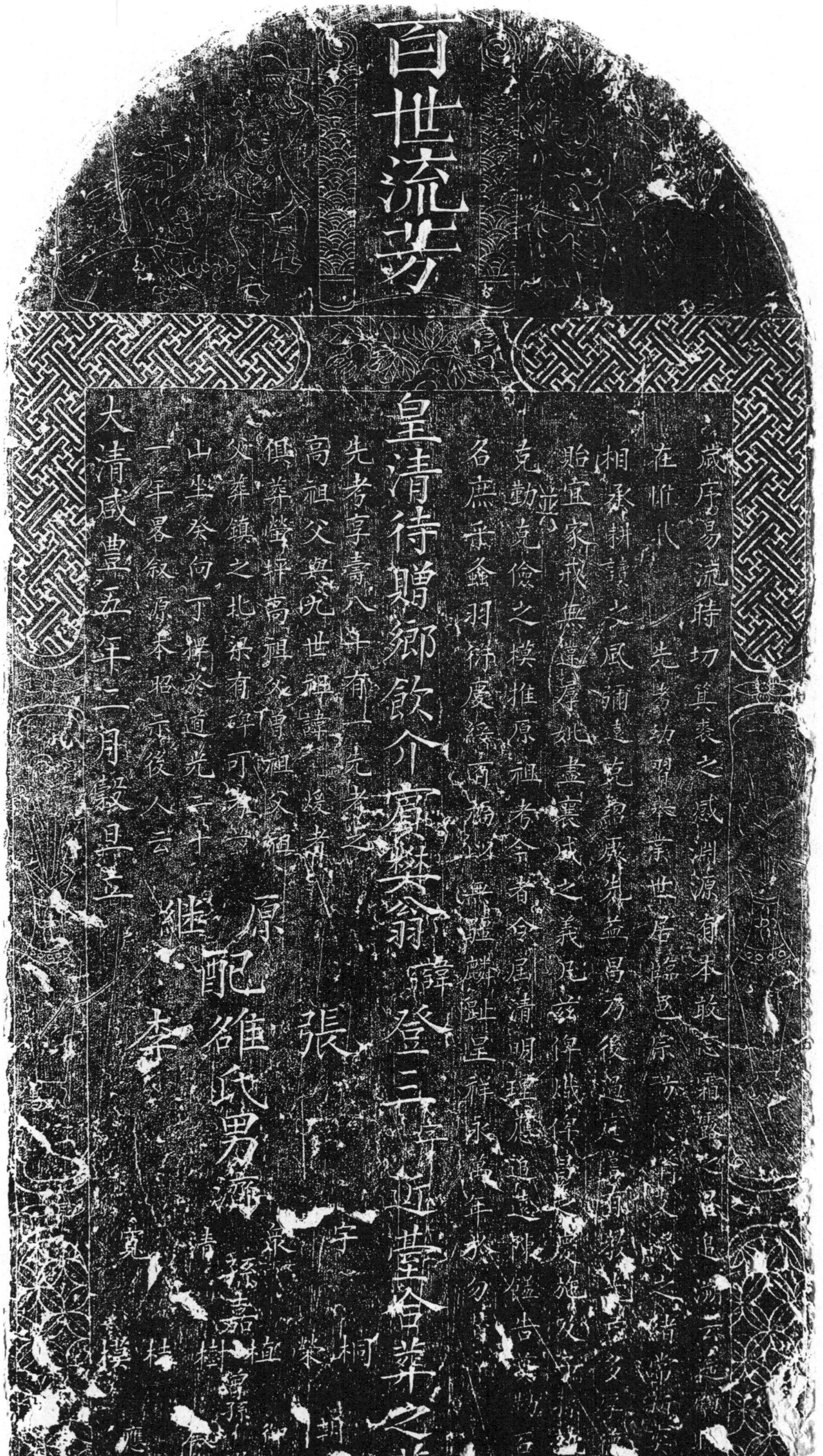

皇清待贈鄉飲介賓樊翁諱登三字近臺原配雒氏張氏継配李氏合葬之墓

歲序易流，時切箕裘之感；淵源有本，敢忘霜露之思。追溯云遥，顧盼如在。惟我先考，幼習舉業，世居臨邑。宗祊攸肇，支派之緒常新；奕葉相承，耕讀之風彌遠。克紹厥先，益昌乃後。過庭嘗有教，先君多厚德之貽；宜家戒無違，群妣盡襄成之義。凡兹俾熾俾昌之慶，施及子孫；□非克勤克儉之模，推原祖考。今者令屆清明，理應追逺，陳饈告奠，勒石垂名。庶乎螽羽衍慶，綏百福以無疆；麟趾呈祥，永萬年於勿替。

先考享壽八十有一，先考之高祖父與九世祖諱煖者俱葬塋坪，高祖父、曾祖父、祖父葬鎮之北梁，有碑可考，兹山坐癸向丁，擇於道光二十一年略敘源末，昭示後人云。

男濟衆　濟清　濟宇　濟寬　孫嘉植　嘉樹　嘉榮　嘉桂　嘉桐　嘉模　曾孫御選　殿選　朝選　應選　叩

大清咸豐五年二月穀旦立

戏楼碑记

【简介】

清咸丰五年（1855）八月勒石。现存于临县玉坪乡李家圪堎村。碑青石质，圆首，高116、宽54、厚16厘米。额题“戏楼碑记”4字。碑文楷书，正文共4行，满行34字。记叙村民新建戏楼之事。李承居书丹。保存完好。

【碑文】

戲楼碑記

嘗思神功之浩蕩，小民無物以可酧，不過設供献戲，聊以答報耳。我社内三四六月，……無有一定之地，雖素有修戲楼之願，日復一日，歲週一歲，但衆口妄談耳。孰是經理者，……因修廟既完之期，衆經理等商議建修，社内皆忺然共悦。或多或寡，協力扶助。巍巍乎……然成功矣。唱戲有一定之地，社内有得聽之美，神人共悦，因垂於石，以誌不朽云。

經修人　李承恩施錢五千　秦厚敬施錢四千

衆經理　段福齊施錢一千二　楊□施錢一千二　李寵施錢六百　李進忠施錢四百　曹晃施錢三千　秦林仁施錢四千　郝炳春施錢二千四　李步禹施錢二千

糺首　李森施錢一千六　馬士明施錢一千五　王伯□施錢一千四　楊存詰施錢一千二　秦成積施錢一千二　王應選施錢一千二　陳志法施錢一千二　李恒久施錢八百　楊實施錢八百　李承基施錢八百　馬士剛施錢八百　刘海居施錢六百　秦法榮施錢六百　高云路施錢五百　楊英施錢五百　李鐸施錢五百　李潤江施錢四百　秦殿選施錢四百　李承居施錢二百

本社施錢人　楊瑞七百　賈甲元　郭□□　陳□□　李永桂　辛栢□　各六百　李萬福　賈成先　李金　王宗賢　刘映福　各五百　樊映元　李明月　郝芝廷　李爲仁　王恩榮　李映選　曹盛江　各四百　秦尚仁三百六　王映喜三百四　白永齊三百二　樊玉明　刘海學　張百法　郭士珍　李玉□　楊珍　李可玉　李清仁　郝有禄　郝芝法　苗清桂　杜云海　秦彩　秦孝陽　辛映堂　各三百　王思春　刘映談　馬士寬　各二百四　李□林　秦居敬　郝三更　郭士奇　牛國富　楊煊　曹福昌　楊灼　郭如永　李永順　王世敬　楊峰　各二百　□志興　張有貴　趙祚太　高映順　楊步盛　郭士章　□文喜　王明□　各一百六　趙林□　李進善　楊潔　李如寧　李進明　韓更清　楊位　段文裕　郝峰清　楊丕　各一百四　楊存炎　李進珍　王思明　康貴德　李進孝　李玉英　秦映法　李光喜　李厚仁　李承耀　李良桂　李潤宇　樊四海　刘海堂　賈守先　楊潤　各一百二　李映科　王慶昌　秦開□　刘昌　各一百

楊家圪堎村施社窰□□

鐫字人李承居敬書

河津石匠　薛明月

大清咸豐五年八月吉日立

戲楼碑記
嘗思神功之浩蕩小民無物以酬不過設供獻戲聊以答報耳我社内三四六月
大清咸豐五年八月吉日立

“恩进士”匾额

【简介】

清咸丰六年（1856）勒石。现存于临县碛口镇西湾村，嵌入门额。匾砂石质，长方形，高 50、长 94 厘米。匾文楷书，正文共 1 行，满行 3 字。略有风化，字有剥蚀。

【匾文】

咸丰丙辰

恩進士

重修神阁乐楼碑记

【简介】

清咸丰六年（1856）八月勒石。现存于临县大禹乡前小峪村。碑青石质，圆首，高114、宽60厘米、厚13厘米。额题“昭兹来许”4字。碑文楷书，正文共8行，满行29字。记述重修神阁乐楼之事。保存完好。

【碑文】

重修神閣樂樓碑記

從來承祀典以報功，敬神必先建閣，借歌舞以鳴豫，作樂不能無樓。余村舊創神閣，爲祈報地也，素立樂樓爲献戲設也。但年深日久，土木朽蠹，墻壁傾圮。前人所作端賴後人繼之，古跡所遺，必需今時整之。道光二十八年，公議重修，舊存布施六十餘千，不足以供所費，村人各出己貲，出疏募化，神閣之建告成，庚戌年樂樓之立功竣。咸豐癸丑年，共費三百餘金，土墻也而磚砌之，破檐也而粉飾之。殿宇於是輝煌，誠通帝座；樓臺宛乎壯麗，響達塵寰。由此迎神賽社，同沾雨潤於瑶階；悅神和人共慶，風調於鳳律。凡此民人，管受景福，謹將重修始末、施錢人名，勒石垂後，以誌不朽云。

經理施錢人　郝丕宗弍拾肆千　耆賓郝世昌弍拾肆千　劉學孟弍拾肆千　郝萬春八千　劉奉先八千　郝澤逵八千　郝澤久八千　郝履春六千　劉耀先六千　郝應修四千　郝作舟四千　郝丕揚四千　耆賔郝廷琚三千　皇恩郝奮修三千　劉繼先三千　劉爾瑜千弍

耆賔郝作雨　庠生郝尚志敬誌

庠生郝齊遠　庠生郝中遇敬撰書

石工　師王全才施錢二百四　張義施錢一千　刊

丹青　宗明德施錢二百四　南宗敏施錢二百四

木工師　白惟謙　白邦慶代施錢一千

瓦匠　杜守施錢四百

石匠　薛世珍施錢二百

咸豐六年八月吉日立

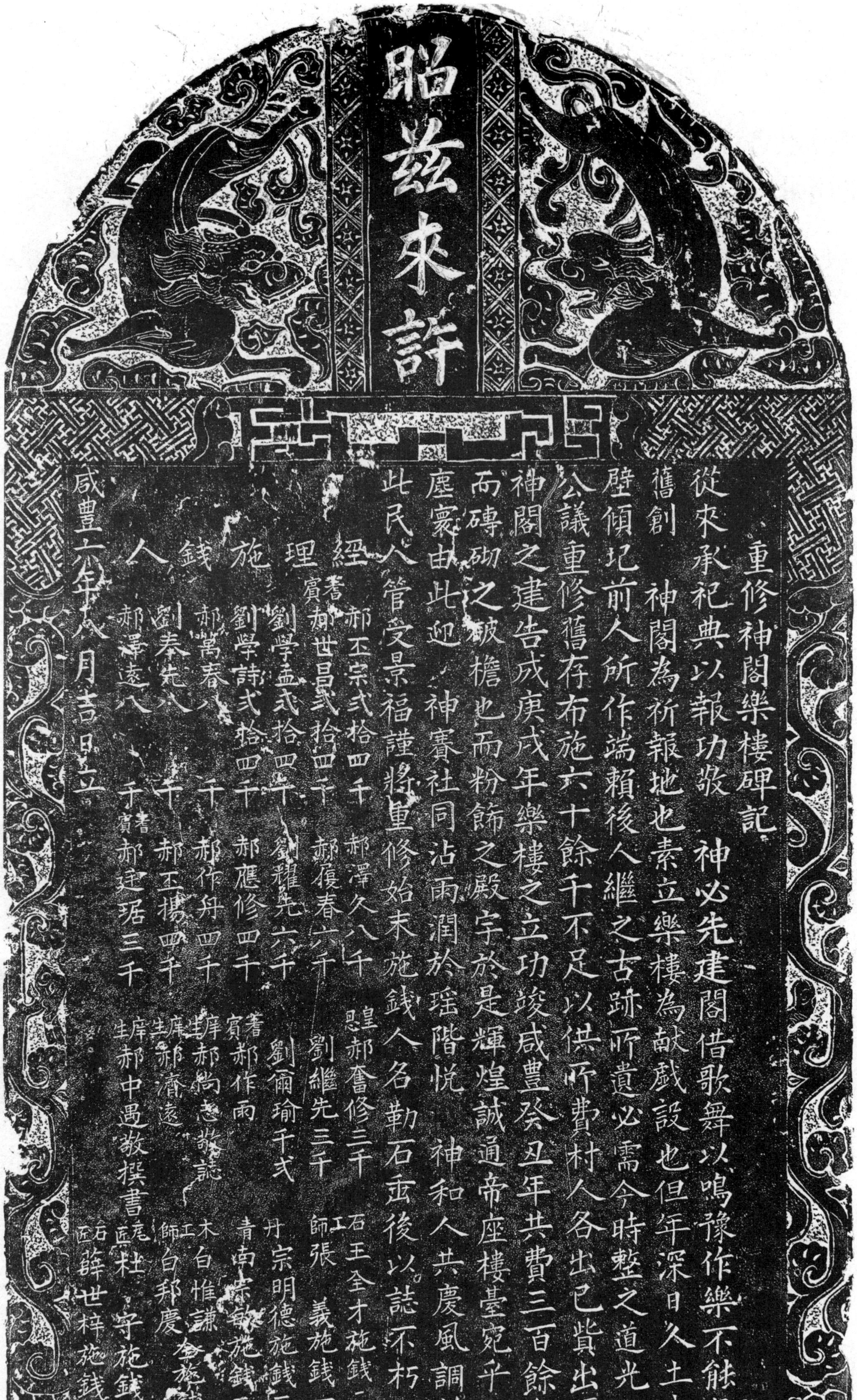

貽茲來許

重修神閣樂樓碑記

從來承祀典以報功敬 神必先建閣借歌舞以鳴豫作樂不能無樓余村
舊創 神閣為祈報地也素立樂樓為獻戲設也但年深日久土木朽蠹墻
壁傾圮前人所作端賴後人繼之古跡所遺必需今時整之道光二十八年
公議重修舊存布施六十餘千不足以供所費村人各出己貲出疏募化
神閣之建告成庚戌年樂樓之立功竣咸豐癸丑年共費三百餘金土墻也
而磚砌之破檐也而粉飾之殿宇於是輝煌誠通帝座樓臺宛乎壯麗響達
塵寰由此迎 神賽社同沾雨潤於瑶階悦 神和人共慶風調於鳳律凡
此民人管受景福謹將重修始末施錢人名勒石垂後以誌不朽云爾

經 郝玉宗弍拾四千 郝澤久八千 皇恩郝奮修三千 石工王全才施錢二百四
理 耆賓郝世昌弍拾四千 郝復春六千 劉繼先三千 工師張 義施錢一千
劉学孟弍拾四千 劉耀先六千 劉爾瑜千弍 丹宗明德施錢二百四
施 劉学詩弍拾四千 郝應修四千 耆賓郝作雨 青南宗敏施錢二百四
錢 郝萬春八千 郝作舟四千 庠生郝尚志敬誌 木工白惟謙
劉奉先八千 郝玉揚四千 庠生郝濬遠 工師白邦慶 金藝錢一千
人 郝澤遠八千 耆賓郝廷琚三千 庠生郝中遇敬撰書 泥匠杜守施錢四百
石匠薛世梓施錢二百

咸豐六年八月吉日立

皇清曾祖考讳如智字象川妣氏之墓

【简介】

清咸丰六年（1856）八月勒石。现存于临县车赶乡钟底村，嵌在碑套中。碑青石质，圆首，高114、宽53厘米。额题“本支百世”4字。碑文楷书，正文共5行，满行29字。保存完好。

【碑文】

皇清曾祖考諱如智字象川妣氏之墓

公之生距今惟有歷年，雖其性情、行誼稱道於人者，亦不過髣髴其萬一耳，復何庸贅一詞哉。公之孫始卜吉地，葬公於此山之原，至曾孫炳文、炳章、炳芳等，少同遊，長同業，每念先人累世寒微，無族譜可考，欲爲墓誌，以傳於後，有志未遂。而炳文、章相繼即世，炳芳乃顧其子學詩、學易而言曰：爾先父未成之志，責在爾等，其勒諸貞珉，以克永世，亦繼志述事之意云爾。

子于連　于典　孫天棟　天祥　天秀　曾孫炳章　監生炳芳　炳昇　炳安　炳文　炳正　元孫學訓　武生學道　學彬　附貢學易　學廣　學書　學裕　學詩　學鏞　礽孫長玉　長庚　同勒石

咸豐六年歲次丙辰仲秋月下浣之吉立

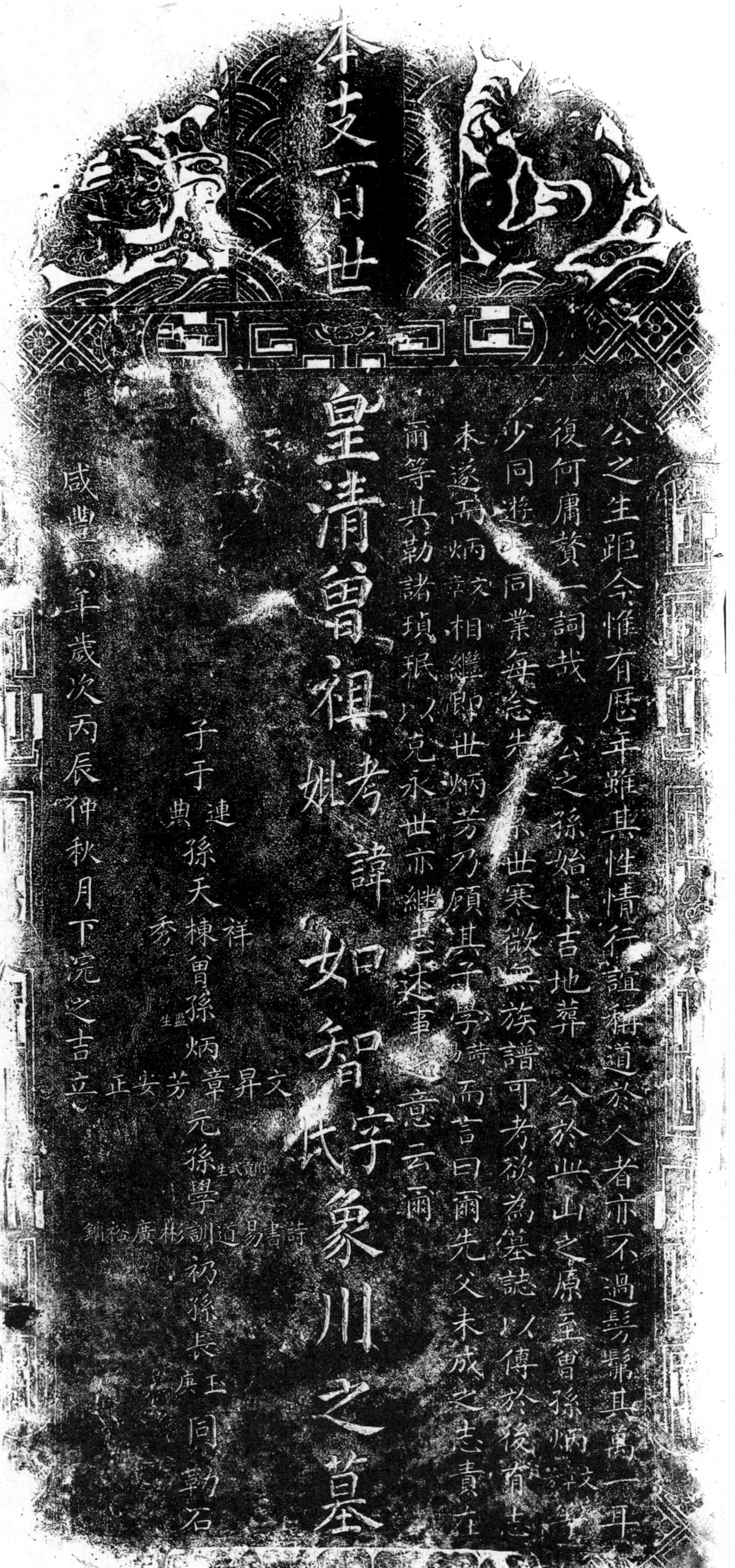

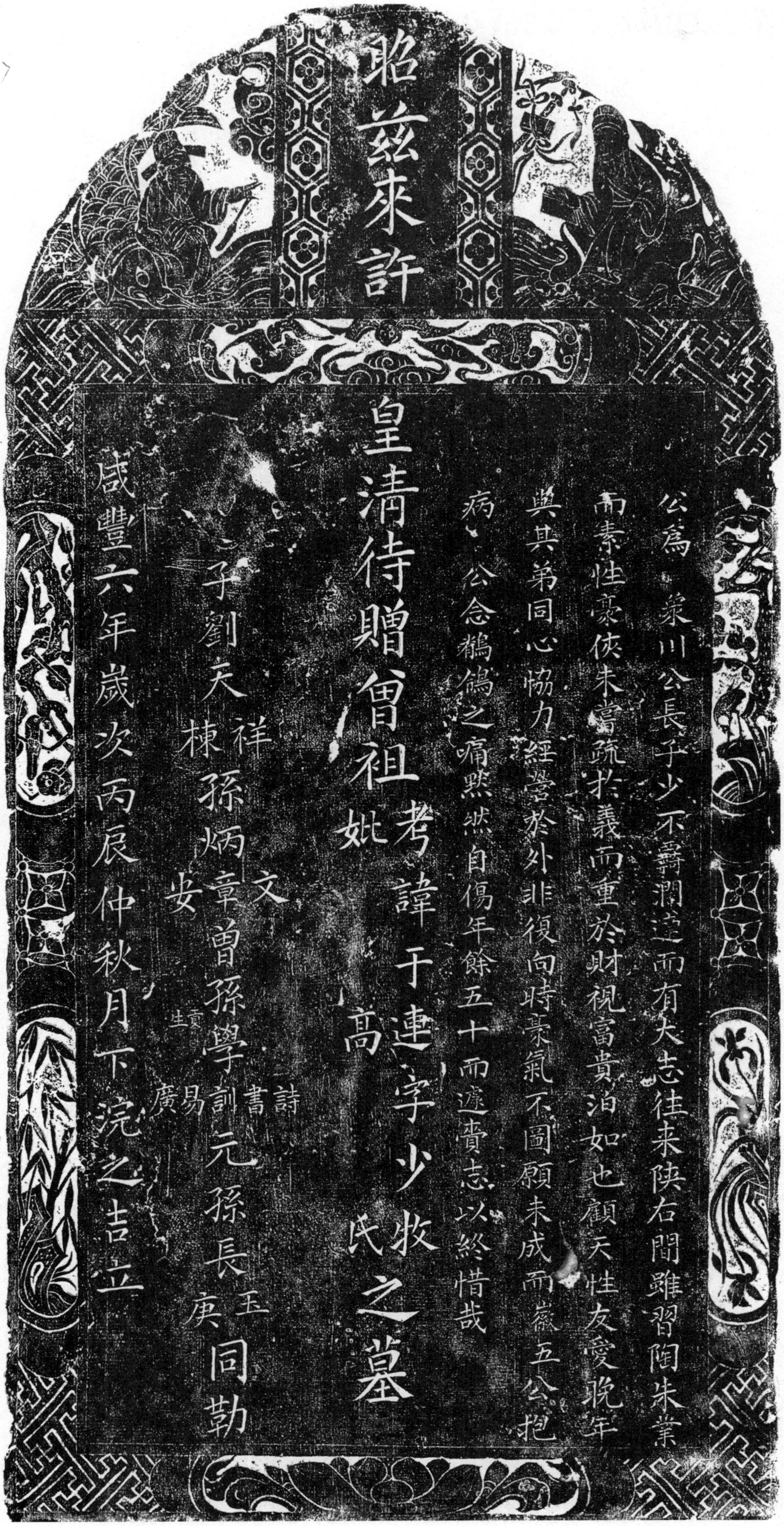

皇清待赠曾祖考讳于连字少牧妣高氏之墓

【简介】

清咸丰六年（1856）八月勒石。现存于临县车赶乡钟底村。碑青石质，圆首，高104、宽49、厚14厘米。额题“昭兹来许”4字。碑文楷书，正文共4行，满行27字。保存完好。

【碑文】

皇清待贈曾祖考諱于連字少牧妣高氏之墓

公爲象川公長子，少不羈，闊達而有大志，往來陜右間，雖習陶朱業，而素性豪俠，未嘗疏於義而重於財，視富貴泊如也。顧天性友愛，晚年與其弟同心協力經營於外，非復向時豪氣不圖，願未成而黴五公抱病。公念鶺鴒之痛，默然自傷年餘，五十遽賫志以終，惜哉！

子劉天祥　劉天棟　孫炳章　炳文　炳安　曾孫學訓　學書　貢生學易　學詩　學廣　元孫長玉　長庚　同勒

咸豐六年歲次丙辰仲秋月下浣之吉立

皇清待赠祖考讳天祥字文山妣高氏之墓

【简介】

清咸丰六年（1856）八月勒石。现存于临县车赶乡钟底村。碑青石质，圆首，高102、宽50、厚13厘米。额题“孝思维则”4字。碑文楷书，正文共5行，满行30字。保存完好。

【碑文】

皇清待贈祖考諱天祥字文山妣高氏之墓

惟詩有之，不侮鰥寡，不畏強禦，未嘗不歎混跡同聖者之多，而直道之不行於天下也，乃今得之於文山公。公繼先人之業，幼即經營於陝之凝條梁，其處世接物，無徇情亦無隱情，故物望歸之。及壽逾古稀，抱病歸里，臨歧贈別者咸至泣下。蓋公之待人惟以一誠相與，故能有始有終，用以光昭前業而貽謀於後人，其積善而必昌者耶。

子炳章　炳安　孫學訓　學易　學廣　曾孫長玉　勒

咸豐六年歲次丙辰仲秋月下浣之吉立

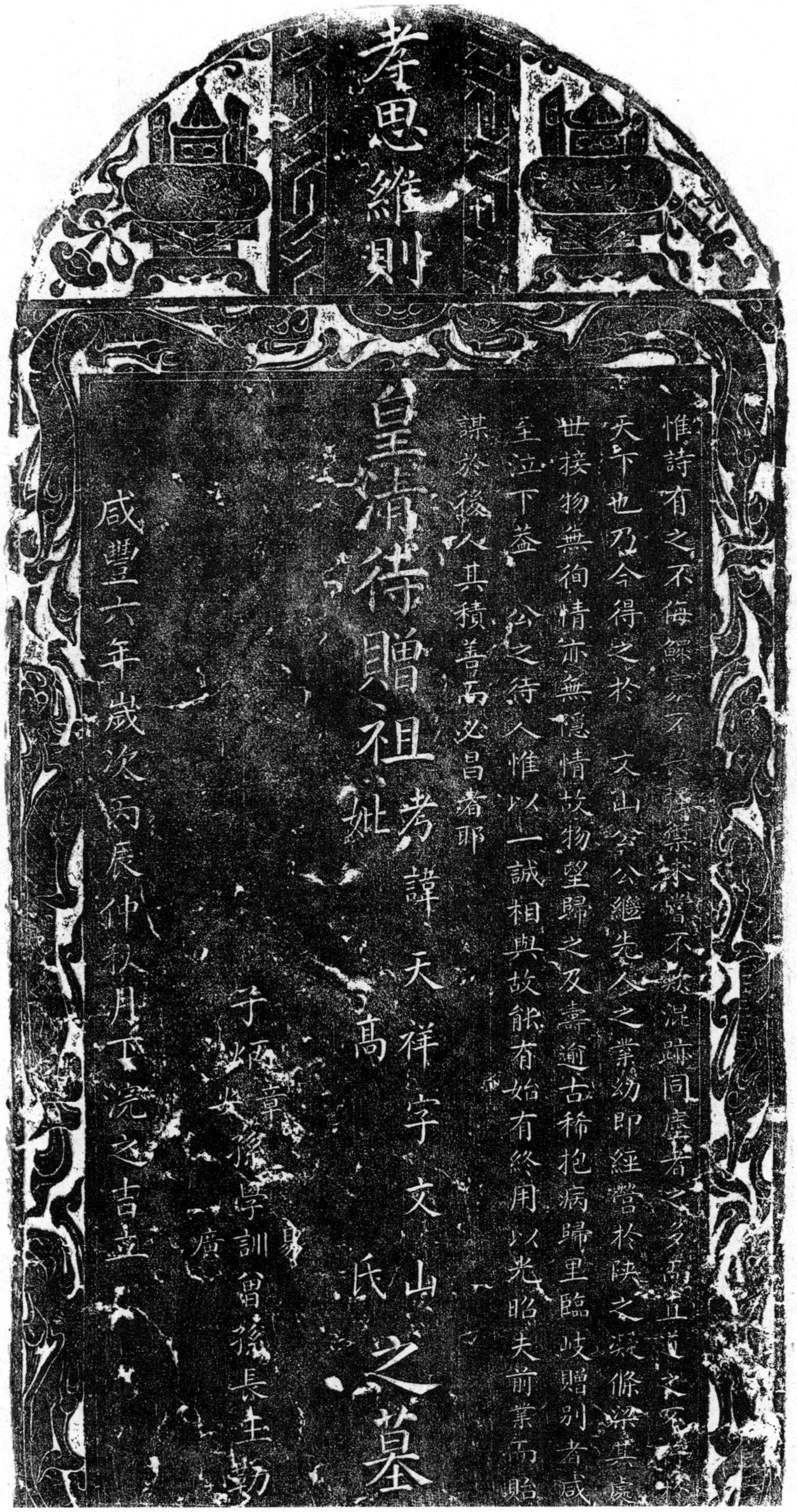

贈高公洪庵碑銘并序

【简介】

清咸丰七年（1857）二月勒石。现存于临县兔坂镇水槽沟村。碑砂石质，圆首，高103、宽49、厚13厘米。碑文楷书，正文共11行，满行27字。碑体下部剥蚀严重，碑文有缺失。

撰文者张澧中，字兰沚，陕西潼关人，清朝大臣。嘉庆二十二年（1817）进士，授刑部主事，充提牢厅，累迁郎中。执法明允，数从大臣谳狱黑龙江、奉天、江南、山东。道光十二年（1832），出为直隶大顺广道。奸民倡无生教惑众，澧中率兵役探其巢穴，得图卷及名册，悉焚之，归正者概不株连。署按察使，迁福建按察使。署布政使，授直隶布政使，未之任，调山西，署巡抚。道光二十年（1840），擢云南巡抚，于刑狱尤矜慎。道光二十三年（1843），召署刑部侍郎，寻实授。

【碑文】

贈高公洪菴碑銘并序

賜進士出身現任刑部主事閶中張澧中撰　稷山石匠□□□

客□族寓都門甚孑然也，吾友張子吉山自□□以來，言東□□□□□並述其祖洪菴公之始末，而求銘於余，曰：公諱浩、字洪菴，高□□□□□古風，每以奢侈爲孫子戒。聞公與二昆分居時，年甫十三，諸□□□□□讓□自後，公愈年長，以耕爲生，力事田間，天亦福善。公日積□□□□□凶歲，族人莫不沾其脂膏，親友亦皆得所周急，公之善，誠長□□□□□年五十四歲，子一名君賜，克繼先志，力田之暇，漁獵詩書，識者□□□□見云。孫男三，長一清，少遊泮水；次一元，忠厚持家；次一明，亦忝□□□曾孫七，一清出維元、維辰；一元出維房、維星、維斗；一明出維漢、維河。玄孫六，維房出根心、家女，維辰出來友，維漢出助性、順性，維星出能旺。螽斯衍慶，葛藟呈祥，公之大概，有如斯者。余聞之銘曰：

嗚呼！高公，生饒□□，□以示外，謙以誠中，身歷艱苦，畝盡南東，子子孫孫，□□□□。

咸豐七年二月初三立

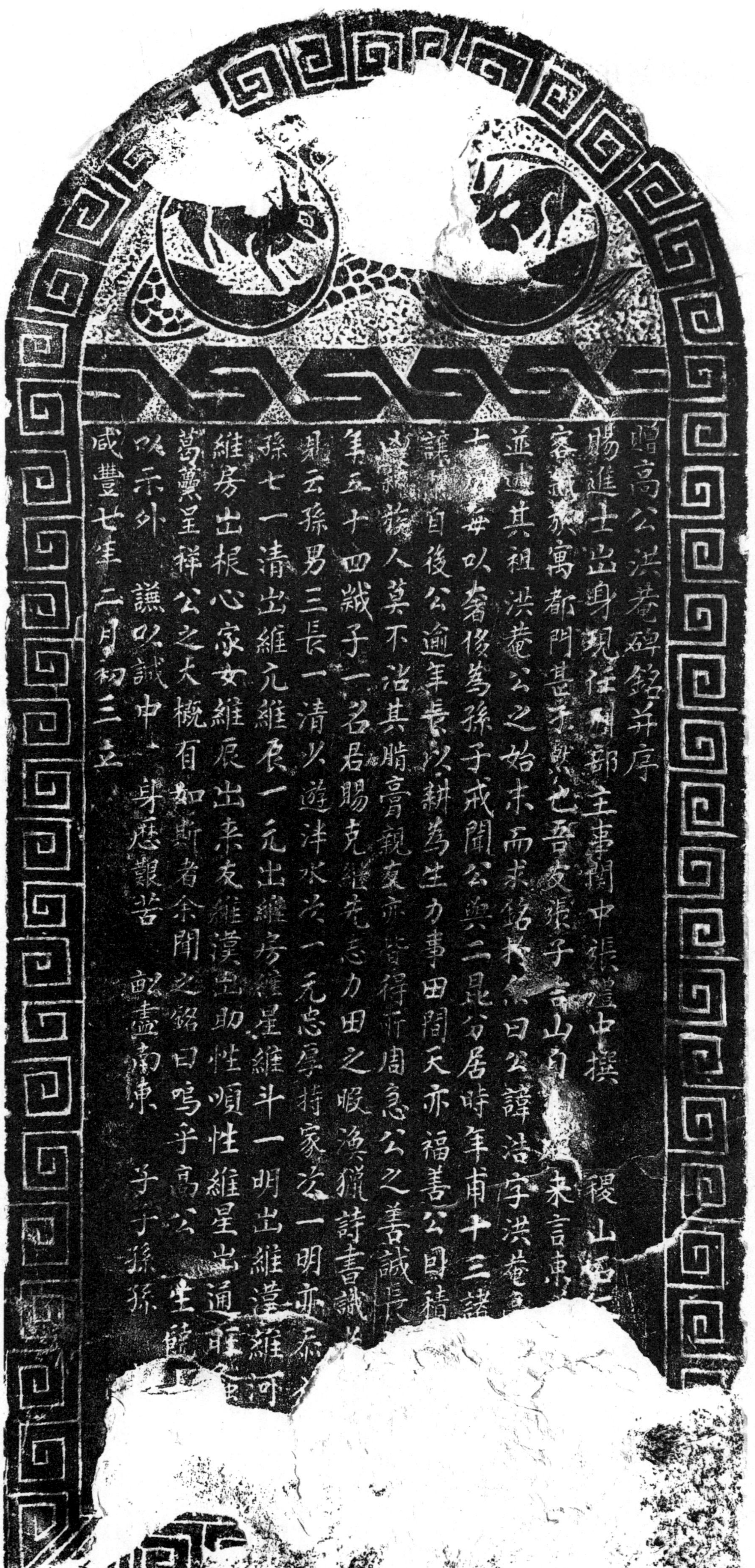
瞻高公洪菴碑銘并序
賜進士出身現任刑部主事閤中張豊中撰　稷山
客歲旅寓都門甚矛然也吾友張子言山自　來言東
並述其祖洪菴公之始末而求銘　曰公諱浩字洪菴
毋以奢侈為孫子戒聞公與二昆分居時年甫十三諸
自後公逾年長以耕為生力事田間天亦福善公曰積
族人莫不治其脂膏親友亦皆得所周急公之善誠長
年五十四歲子一名君賜克繼先志力田之暇漁獵詩書識
見云孫男三長一清以遊泮水次一元忠厚持家次一明亦
孫七一清出維元維辰一元出維房維星維斗一明出維漢維河
維房出根心家女維辰出來友維漢出助性順性維星出通
萬藁呈祥公之大概有如斯者余聞之銘曰嗚乎高公生
以示外　讓以誠中　一身歷艱苦
盡南東　子子孫孫
咸豐七年二月初三立

高洪庵墓志诗碑

【简介】

清咸丰七年（1857）二月勒石。现存于临县兔坂镇水槽沟村。碑砂石质，圆首，高 103、宽 49、厚 13 厘米。额题“流芳百世”4 字。诗文楷书，正文 4 行，满行 14 字。碑体剥蚀，碑文缺失甚多。

【诗文】

詩曰：
塞上笙声遠，
人何不□山。
壘壘吳楚路，
望□□□□。
指顾山環水，
吟□□□□。
此中清意味，
儂愛□□□。

赠高公讳君赐字三锡妻氏薛碑铭并序

【简介】

清咸丰七年（1857）二月勒石。现存于临县兔坂镇水槽沟村。碑砂石质，圆首，高 103、宽 49、厚 13 厘米。碑文楷书，正文共 12 行，满行 30 字。张叶昌撰文。碑体下部剥蚀一段，碑文每行缺失 4 到 5 字。

撰文者张叶昌，佳县木头峪人，清道光十四年（1834）甲午科文举人，时任白河县训导。

【碑文】

赠高公諱君賜字三錫妻氏薛碑銘并序

……書丹

葭州乙酉拔貢中式舉人現任白河縣教諭張叶昌□□□□序銘并篆額

高公諱君賜字三錫妻氏薛，洪菴公之所出也。洪菴在日，凡治家之事，惟洪菴是問；洪菴棄世，公以洪菴之志爲志，即以洪菴之事爲事。此固家法□□□□□□其短□也。公之所長，延師教子爲最著。公生三子，長一清、次一元、次一明，□□□緎從□。如劉荣佩等與公枘鑿不入，無容深敘，惟余堂祖翰飛，字逸□□□□□□□，兄大悅，延爲西宾，先後二十餘年。師師東東，人無間言。卒之吾祖寿終□□□□□□□□□衣棺歸葬，人之見者，咸謂公之待先生可謂厚矣，而公終戚□□□□□□□□□爲教子計耳。今則何如者，一清入泮，一元治家，一明遂可□□□□□□先生不可。非有先生如張老先生者，更不可也。一時強求弟子如□□□□□輩荐出，屡屡卒無可意，而余適都門荣歸，公遂不惜多金，慨然以東□□□□□未竟□，一明亦僥倖功名。嗚呼！公固未嘗學問也，而清亦早遊泮水，□□□□□門，人以爲余祖孫之教授有功也。寔乃公教子之心所致耳。銘曰：

□□□□，西鄙偉人，延師有禮，教子克成，伯遊泮水，季入黌門，□□□□，閉目而終。

大清咸豐七年歲次丁巳二月初三日立　……石

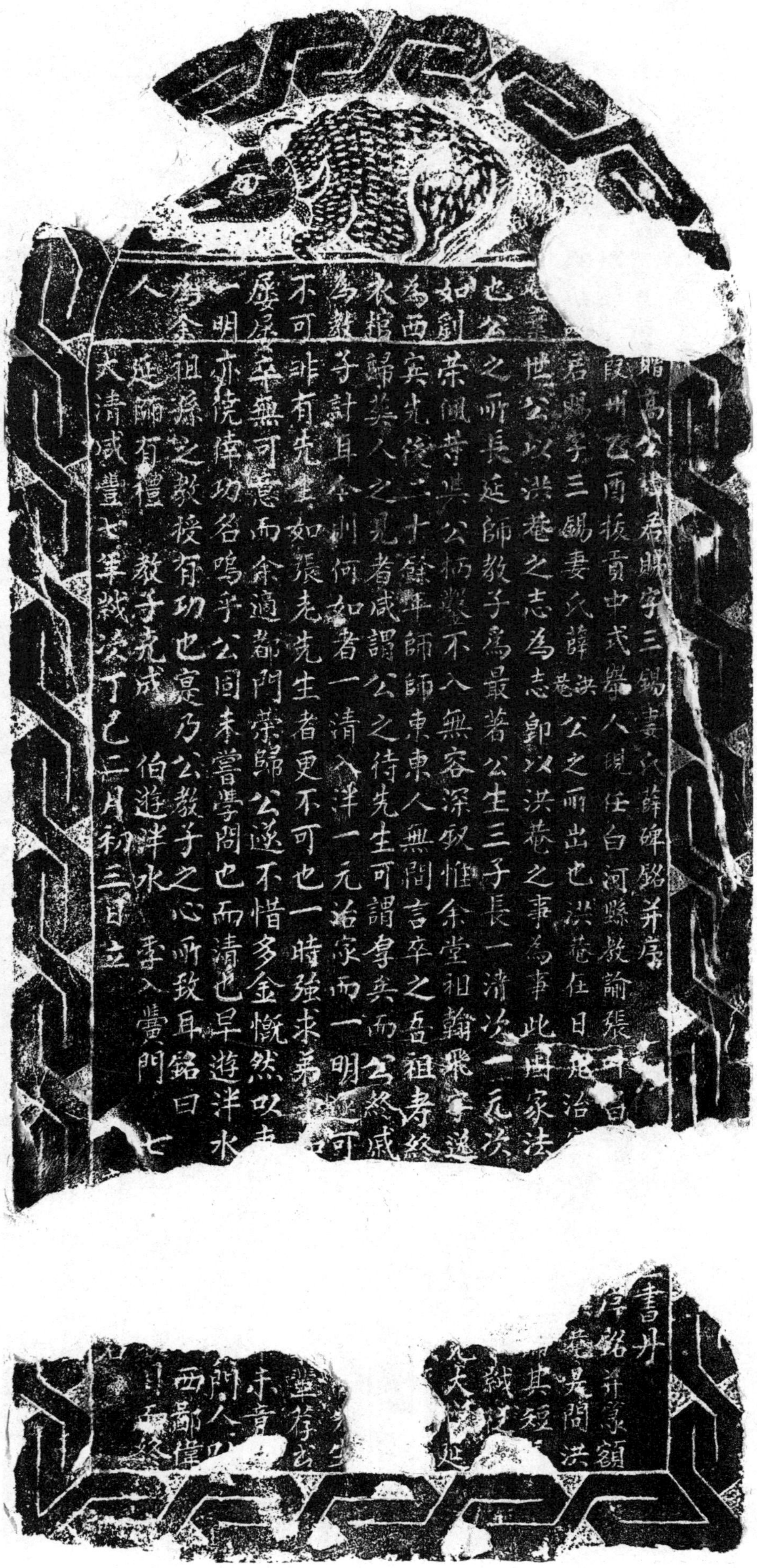

刘炳章墓碑

【简介】

清咸丰七年（1857）三月勒石。现存于临县车赶乡钟底村。碑青石质，圆首，高102、宽52厘米。额题“以克永世”4字。碑文楷书，正文共10行，满行28字。薛汝源撰并书。碑体有风化剥蚀，碑文有残缺者。

【碑文】

公生於嘉慶乙丑歲，其時文山公五十有一矣。晚而得子，□□愛憐，而公幼警敏，勤於誦讀，奈家非殷富，未竟其業，改而就商，年十四即隨其父奔走風塵，顧終身以未嘗學問爲憾。配張氏持家，嚴而有法。後獲大犬子二，長學易，甫成童，公延師教讀，期望綦切，未償夙願，旋丁内艱，甫及三載，公弟樂亭亦捐館，公彌切同氣之悲。後其弟六月□逝，時次子學訓方八歲，□□亦僅十九耳。凶問遽至，繼以喪婦而哀□□立，亦可謂盡禮盡哀，識者知善人之有後矣。自公之歿，學易於服闋後更名秋烈，□□□入泮，丙辰復□□入成均，而公生前未竟之志。於是乎慰公諱炳章字□江，卒於道光戊申歲，享年四十有四，即以其年四月二十七日，葬於祖塋之次。子□□耿烈，附貢，次學訓，孫長玉勒之於石，使後世有所觀感焉。

儒學咨部優行廪生愚弟薛汝源撰并書

大清咸豐七年歲次丁巳季春月清明之吉立

河津郝□慶鐫

重修天官庙观音庙碑记

【简介】

清咸丰七年（1857）四月勒石。现存于临县招贤镇后塔村李姓村民家中。碑砂石质，圆首，高132、宽69、厚12厘米。额篆“永垂不朽”4字。碑文楷书，正文计9行，满行40字。记载天官庙、观音庙的历史和重修过程。王开科撰文，刘开勋书丹。碑体风化，字迹模糊。

【碑文】

重修天官廟觀音廟碑記

盖聞建廟安神，率土皆然。然恒苦無其地，每患無其人，而兹有其地，並無其人也。嘉慶元年，本村李國棟倡議建立，同姓李之祚即施臥龍崗地基一塊。李國棟由是首爲經理，砌石窰，起飛樓，前祠天官，後祠觀音。孰意歷年未久而窰背忽然震動，廟堂因之開裂，李國棟仍備辦石塊，欲重砌石窰，以爲堅固久遠。奈石塊尚未辦足，即被溝中大水推去。思□爲辦理而貲財不繼，因而一時不能遂意，未幾而没，此工遂以中止。延至咸豐五年，破壞者其多，李國棟之孫李應杰觀廟堂之摧敗，念祖父之辛勤，欲继前猷，□四窰慮地址之狹窄，李之祚之子李向陽復献臥龍崗前後之地基並椿樹二株。李應杰欣然舉事，李國□□□同經理，暮春即興工動作，下砌石窰以當傾覆，上整屋宇以妥神靈，又復重新彩畫神像，廟堂煥然一新。至六年秋而神工遂以告竣，觀斯廟者莫不謂李應杰與李向陽能成先人之志者也。今當勒石之初，囑余作文，余不能文，特敘其始末而爲之記。

臨邑恩進士候銓直隸州州知王開科薰沐敬撰

臨邑永郡儒學庠生王寧謙　劉開勳薰沐敬書

經理人　耆賓李國柱　男之鳳　之鶴　之鴻　之昌　孫應祥　應康　應輝　應俊　施錢三千文

恩賜耆賓李之統　男應歧　孫希曾　施錢三千文

李應杰　男樹棟　樹楨　樹英　樹榮　樹昌施錢三千文

李伯鶉　男探來　施錢一千二百文

李明江　男富年　學年　施錢一千二百文

社地東至臥龍地垛爲界，南至溝中爲界，西至墻塄古路爲界，北至溝中爲界，地内新栽樹□株。

大清咸豐七年四月穀旦立

稷山任定貴　鐫石

“善居室”匾额

【简介】

清咸丰七年（1857）五月勒石。现存于临县碛口镇寨子坪村，嵌于大门上方。匾砂石质，长方形，高 50、长 110 厘米。匾文楷书，正文 1 行，满行 3 字。保存完好。

【匾文】

咸豐七年仲夏

善居室

成登魁題

重修碑记

【简介】

清咸丰七年（1857）六月勒石。现存于临县城庄镇刘家村。碑青石质，圆首，高167、宽71、厚18厘米，额题“流芳百世”4字。碑文楷书，正文8行，满行40字。记述新舍窠、刘家村等重修龙王庙、山神土地庙之事。张占元撰文并书丹。保存完好。

【碑文】

重脩碑記

古先王以神道示教，而今之立廟繪像，所以著誠慤而肅觀瞻也。城東北七十里許，新舍窠、劉家村等舊有龍王廟一座、山神土地廟一座，靈應有感而爲之調風雨、驅虎豹，著豐稔於三時，保安康於四季，神雖不同而爲呵護則一也。鄉人供奉應爾特，世遠年湮，創建莫考，惟於舊匾内查得於嘉慶四年業經張彦鶴等經理重修，以至道光二年，又有白如陵者經理補葺，立碑書事。迄今越年，又多風雨剥落，廟貌傾頽，其何以妥神靈而陳奠祭乎。村人白如岡、王新等目擊心傷，糾合鄉衆，各出囊貲，廣佈募施，興土木之費，運畚築之勞，經始於上年五月至九月而告竣，斯時也傾者復興、頽者復起，丹楹刻角，棟宇輝煌，廟貌煥然而又新焉，則神之默佑無量矣，但事不克歷久而不壞，勢必有復如今日者，振興而補脩之，正不得不有望於後起者。是爲序。

邑庠生張占元薰沐頓首撰并敬書

坤輿　高奇偉

經理人　監生白如岡　王新　武巨法　張珍　武巨信　鐘夢周　李夢月　趙榮春　張來祿　劉應管　白映富　白思明　張懷芳　張懷正　辛玉門　毛彩鵬　成桂花　白守吉　白映元　高自祿　高雲光　楊富貴　王玉山

木匠　王發後

泥匠　孫均

丹青　袁守福

稷山縣孫尚義敬鐫

大清咸豐七年歲次丁巳季夏穀旦立

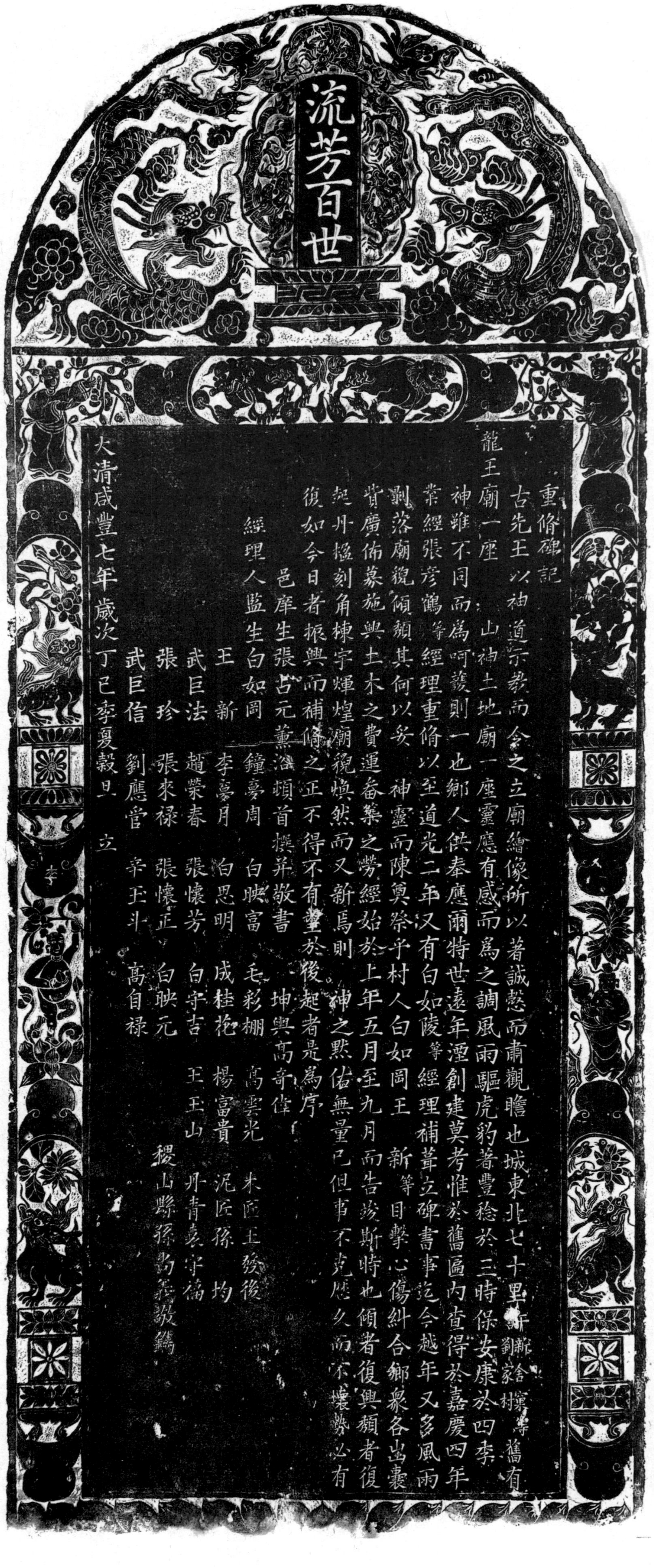

流芳百世

重修碑記

古先王以神道宗教而令之立廟繪像所以著誠慤而肅觀瞻也城東北七十里許劉家村新舍窯等舊有

龍王廟一座山神土地廟一座靈應有感而爲之調風雨驅虎豹著豐稔於三時保安康於四季

神雖不同而爲呵護則一也鄉人供奉應爾特世遠年湮創建莫考惟於舊匾內查得於嘉慶四年

棠經張彥鶴等經理重修以至道光二年又有白如陵等經理補葺立碑書事迄今越年又多風雨

剝落廟貌傾頹其何以妥神靈而陳奠祭乎村人白如岡王新等目擊心傷糾合鄉衆各出囊

貲廣佈募施興土木之費運畚築之勞經始於上年五月至九月而告竣斯時也傾者復興頹者復

起丹楹刻角棟宇輝煌廟貌煥然而又新焉則神之默佑無量已但事不克歷久而不壞勢必有

復如今日者振興而補修之正不得不有望於後起者是爲序

邑庠生張占元薰沐頓首撰并敬書　坤輿高奇偉

經理人監生白如岡　鍾夢周　白映富　毛彩棚　高雲光　木匠王發後

王新　李夢月　白思明　成桂花　楊富貴　泥匠孫均

武巨法　趙榮春　張懷芳　白守吉　王玉山　丹青袁守倫

張珍　張來祿　張懷正　白映元　稷山縣孫尚義敬鐫

武巨信　劉應會　辛玉斗　高自祿

大清咸豐七年歲次丁巳季夏穀旦立

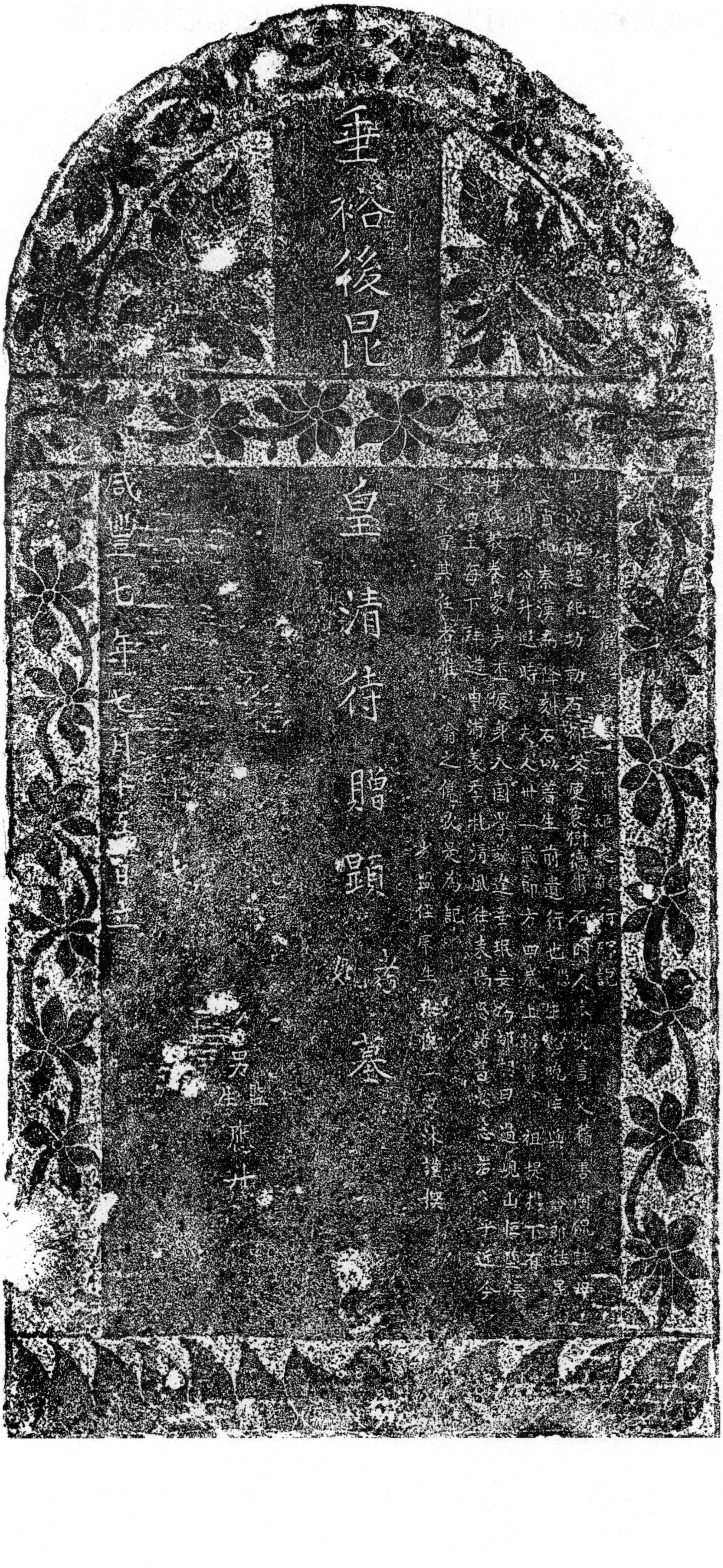

赵光储墓碑

【简介】

清咸丰七年（1857）七月勒石。现存于临县车赶乡赵家塔村。碑砂石质，圜首，高94、宽47、厚8厘米。额题“垂裕后昆”4字。碑文楷书，正文共6行，满行28字。碑风化严重，字迹漶漫不清。

【碑文】

□□□□光儲趙君□之□行碑記

伏以班超紀功勒石，柳父庾袞樹德鐫石，門人張□□父稿善，陶侃志母於貞，此秦漢而降，刻石以著生前遺行也。愚生也晚，□與翁郎結昆侣間，翁升遐時，夫人卅一歲，郎方四歲，上賴賢祖提携，下有母氏教養，家声丕振，身入国學，兹逢垂珉，妄爲鄙認。曰：過峴山恒附淚，望灑土每下拜，遊申浦羡季札，清風往來，陽□諸葛□□岩岩乎，近今之克當其任者，惟翁之偉歟。是爲記！

劣盟侄庠生張惟一熏沐謹撰

皇清待贈顯考妣墓

男監生應升

咸豐七年七月十五日立

皇清国子监太学生乡饮介宾高公讳时发字永兴元配张氏继配李氏之墓

【简介】

清咸丰七年（1857）七月勒石。现存于临县安家庄乡高家墕村。碑青石质，圆首，高104、宽49、厚12厘米。额题“万年蘋藻”4字。碑文楷书，正文共5行，满行40字。碑体完整，但字迹模糊。

撰文者刘子英，字擢五，咸丰丙辰进士。

【碑文】

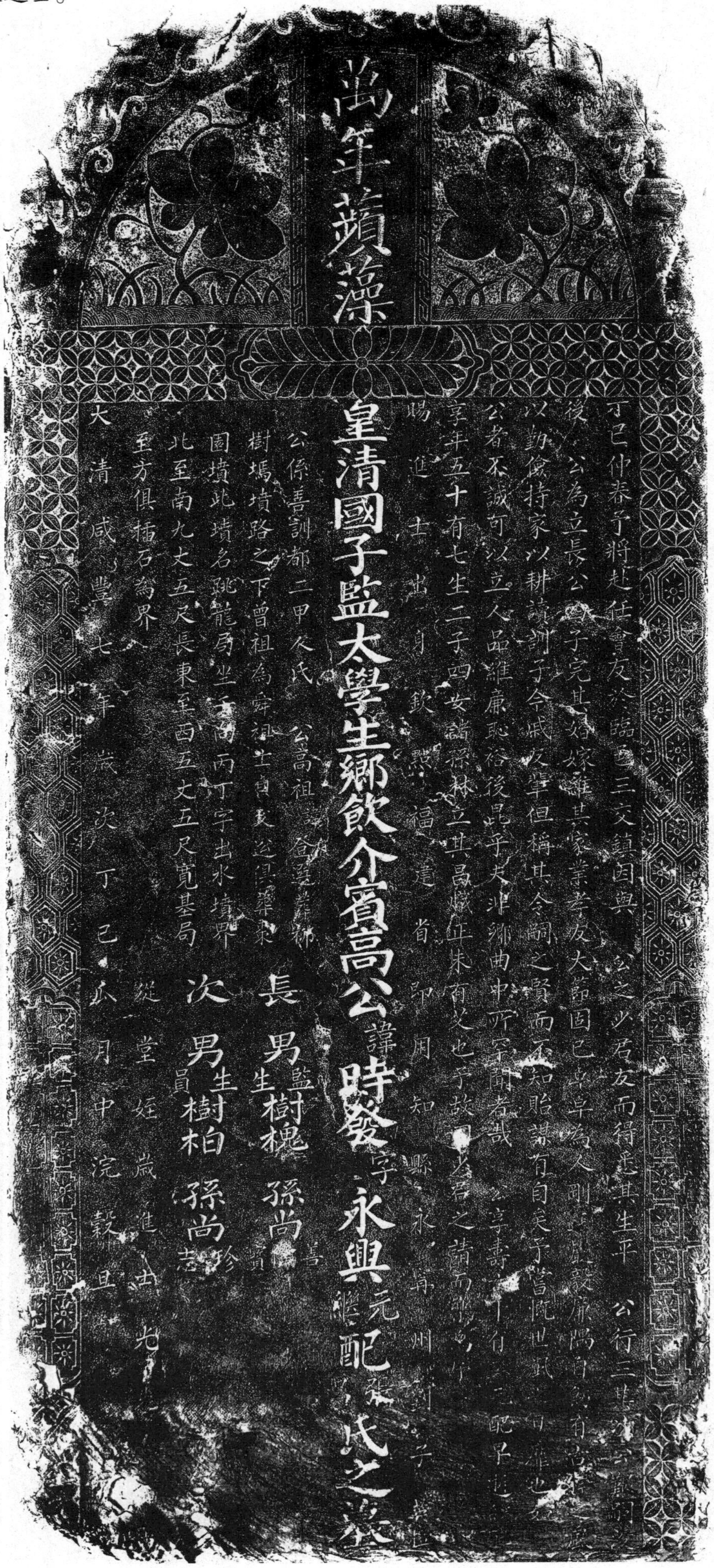

皇清國子監太學生鄉飲介賓高公諱時發字永興元配張氏繼配李氏之墓

丁巳仲春，予將赴任，會友於臨邑三交鎮，因與公之少君友，而得悉其生平。公行三，其次公鰥嗣，没後公爲立長。公四子，完其婚嫁，維其家業，孝友大節固已，卓卓爲人，剛正嚴毅，廉隅自飭，有古矜之風。以勤儉持家，以耕讀訓子，今戚友輩但稱其令嗣之賢，而不知貽謀有自矣。予嘗慨世風之日靡也，如公者不誠可以立人品、維廉恥、裕後昆乎？無非鄉曲中所罕聞者哉。公享壽六十有三，元配早逝，繼配享壽五十有七，生二子四女，諸孫林立，其昌熾正未有艾也。予固因少君之請而樂爲序。

賜進士出身欽點福建省即用知縣永寧州劉子英撰

公係善訓都二甲人氏，公高祖諱登選葬柳樹墕墳路之下，曾祖爲舜，祖士貞，父訟，俱葬棗園墳。此墳名跳龍局，坐壬向丙，丁字出水。墳界北至南九丈五尺長，東至西五丈五尺寬，基局至方，俱插石爲界。

長男監生樹槐　孫尚儒　尚善　尚賓

次男生員樹柏　孫尚珍　尚志

從堂姪歲進士光先書

大清咸豐七年歲次丁巳瓜月穀旦立

重修诸庙碑记

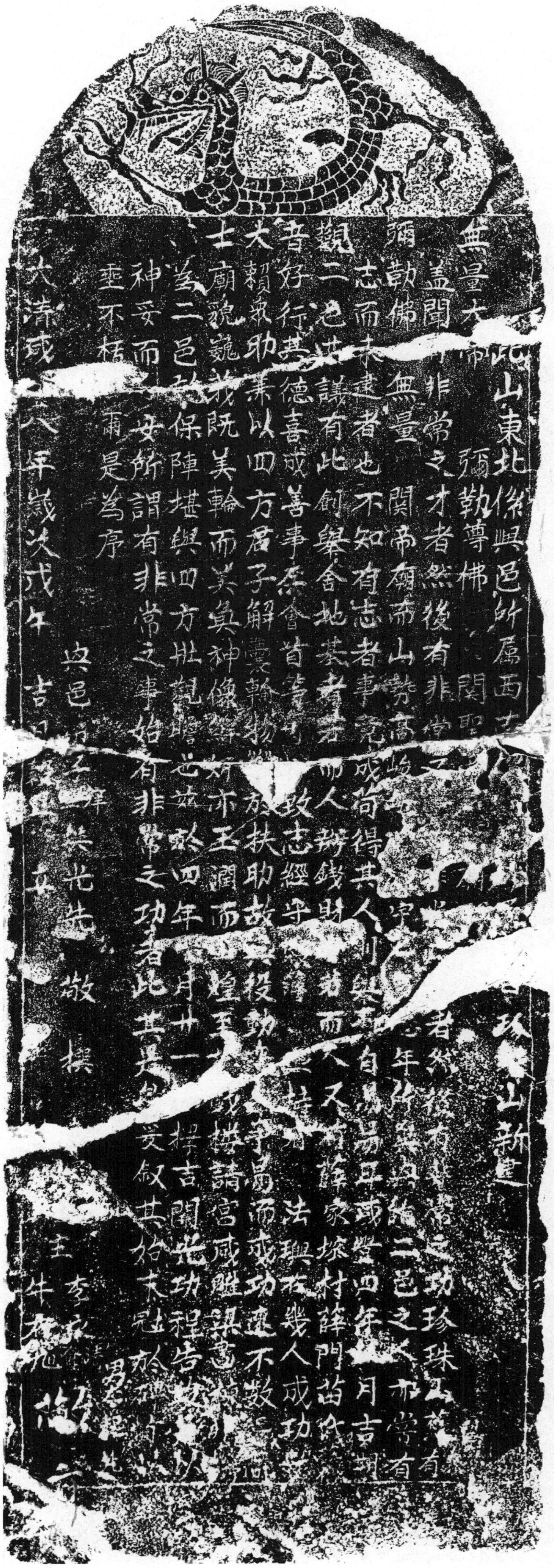

【简介】

清咸丰八年（1858）勒石。现存于临县大度山院内。碑砂石质，圆首，高156、宽54、厚10厘米。碑阳碑文楷书，正文共10行，满行34字。记述珍珠山重修无量大帝、弥勒尊佛、关圣帝君庙之事。樊光先撰文。碑阴额题“日”“月”。碑文楷书，正文2行，满行36字。刊刻珍珠山划界情况。碑体断为四截，碑文有缺失。

【碑文】

（碑阳）

此山東北系興邑所属，西南系臨邑所属。□□珍珠山新建無量大帝、彌勒尊佛、関聖帝君□□廟。盖聞有非常之才者，然後有非常之事，有非常之事者然後有非常之功。珍珠山舊有彌勒佛、無量、関帝廟，而山勢高峻□□□中□□□歷年所□，興臨二邑之人，亦嘗有志而未逮者也。不知有志者事竟成，苟得其人□□不自易易耳。咸豐四年□月吉期，二邑共議，有此創舉，舍地基者若而人，辦錢財者若而人，又有薛家窊村薛門苗氏，好行其德，喜成善事，李會首等專心致志，經守賬簿。主持者法璵右幾人成功□賴衆助，兼以四方君子解囊輸物，□於扶助，故興役動□□□易而成功速。不数日而廟貌巍峨，既美輪而美奐，神像鮮妍而玉潤，而□煌。至□戲楼請宮咸雕梁畫棟□□爲二邑□保障堪輿四方壯觀瞻也。玆於四年□月二十一日擇吉開光。工程告竣□以神妥而人安。所謂有非常之事始有非常之功者。此其是矣。爰敘其始末冠於碑□，以垂不朽云爾。是爲序。

興邑丙子庠生樊光先敬撰

□□主　李永法　李永會　男李起凡　牛有旭

大清咸豐八年歲次戊午吉日穀旦立

（碑阴）

咸豐□□□丙辰月己卯日

興縣太原府城南珍珠山山主郭渠村臨河都六甲，寶石姓。南至、西至山賢牛姓爲界，北至主陰山，除户社地以後，不□神焉相干。

山主　李巧寧　李應興　李應前　李增林　李□行　李□枝

山主　牛應旭　興邑馮家庄

碑石　高治中　高治□　李永清　男玘　李永富　李永昌　李永昇　李永會　李永世　李永寬　李漠　李海

州邑大善寺住持　授戒僧人法玓

興邑會首　張生契　李玘兆　李永會　李永海　史□□　史貞□　□上□　白彦□　韓順　張有英　郭□□　郭□盛　李□山　李唐裕　吕興枝　□法貴　□兆禄　李天玥　蔡兆玉　監生康廷僚　刘壽清　王命富　刘應法　白開基　孫柱貴　強有文　李国富　吕登魁　王貴□　馬欒興　刘柱□　張海清　白□第　雲□法　王振花　雲佩英　□德貴　□應禄　□元珍　王殿普　趙士綱　喬英清　喬振會　王□務　王国□　高仲魁　高大福　王成海　張太業　張文廣　吕迁蛟　吕□楊　吕□□　吕□□　吕旺山　刘彦榮　吕應寬　吕克犬　史根□　孫柱□　王世□　王成愛

石匠　高學理

□□　白士行　段□

□□　齊有貴

□工　高瑞羽

臨邑會首人等

刻碑人　高星明

皇清待赠太学生樊公讳映字玉川原配张氏继配李氏赵氏合葬之墓

【简介】

清咸丰八年（1858）勒石。现存于临县三交镇正坡村。碑青石质，圆首，高 84、宽 45 厘米。额题“追远”。碑文楷书，正文共 7 行，满行 26 字。保存完好。

【碑文】

皇清待贈太學生樊公諱映字玉川原配張氏繼配李氏趙氏合葬之墓

嘗聞司馬温公云：積財莫如積書，積書莫如積德，則知德者承先裕後，綿世澤於無窮也。而庸人往往難之以行善，妨於已讀書近乎迂，而惟財是務，卒之財漸消而德亦難存。惟樊公映者，重義輕財，扶危濟急，紹先人之大業，敬所尊而序其譜，垂子孫之統緒，愛所親而貽孫謀，誠所謂立德不朽者。與宜其子孫繩繩，簪纓濟濟，有人有土，有書有財，洵足丕振乎家聲也。今次男席珍偕侄繼先爲之紀其實，期後之子孫，聿修厥德，惟温公之言是聽，斯不没立碑之意也乎！

原配張氏生藴珍　继配趙氏生藴琇　席珍　繼配李氏無出

四女，原配趙氏生一女。

男藴琇妻高氏生一女嫁高都司之夫人，嗣子继先。

男庠生藴珍原配趙氏生一女嫁林門，继配薛氏生二子二女，長榮先，次繼先嗣二門，继配秦、秦氏無出。

男耆賓席珍原配李氏，生一女嫁劉門，继配王氏生五子二女，德先、開先、承先、恭先、紹先。

孫榮先妻牛氏生男全興（男善召）、三盛、女水美

孫庠生继先妻吕氏男全斌，四女，長女嫁雒門。

孫德先妻薛氏生男全特、全孝

孫承先原配張氏生一女

孫開先、恭先、紹先

增生孫仰曾序並書

孫继先敬立

刻字人　薛世椿

大清咸豐八年穀旦立

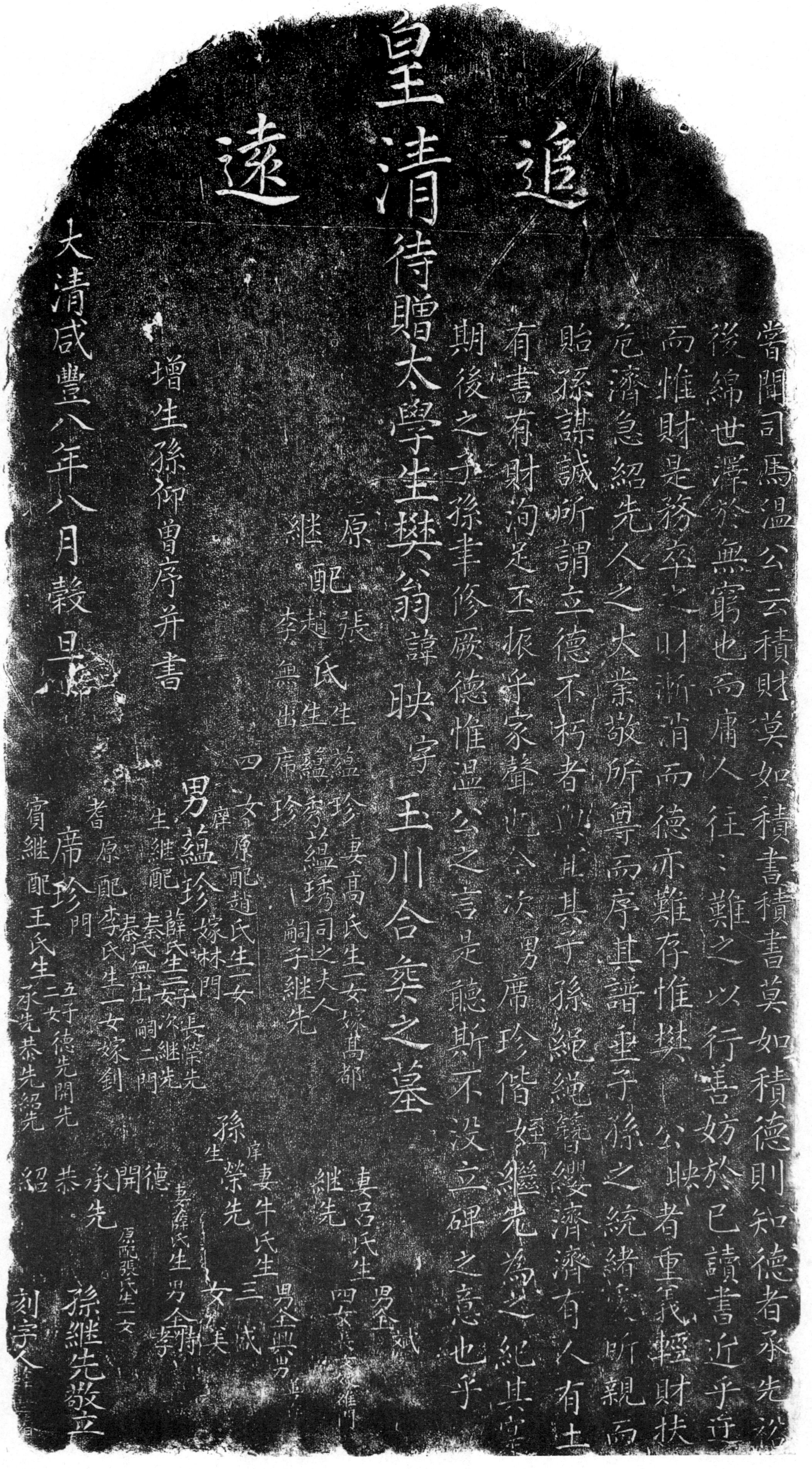

追遠

嘗聞司馬温公云積財莫如積書積書莫如積德則知德者承先啓
後綿世澤於無窮也而庸人往往難之以行善妨於已讀書近乎迂
而惟財是務卒之財漸消而德亦難存惟樊公映者重義輕財扶
危濟急紹先人之大業敬所尊而序其譜垂子孫之統緒愛所親而
貽孫謀誠所謂立德不朽者以此其子孫繩繩繼繼濟濟有人有土
有書有財洵足丕振乎家聲也今次男庠珍偕姪繼先為之紀其實
期後之子孫聿修厥德惟温公之言是聽斯不没立碑之意也乎

皇清待贈太學生樊翁諱映字玉川合葬之墓

原配張氏生蘊珍 妻高氏生一女嫁高都
繼配趙氏生蘊秀 蘊琇司巡夫人
李氏無出 庠珍 嗣子繼先
四女 原配趙氏生一女
男 庠蘊珍 嫁林門
生 繼配薛氏生三子長榮先 二女 次繼先
秦氏無出 嗣二門
耆 原配李氏生一女嫁劉
庠珍 門
賓 繼配王氏生五子德先開先承先恭先紹先 二女

孫 庠生榮先 妻牛氏生三男全興 男 女美
繼先 妻呂氏生 男全斌 四女長女嫁雒門
德 開 承先 恭 紹
妻薛氏生 男全學
原配張氏生一女

孫繼先敬立

刻字人

大清咸豐八年八月穀旦

增生孫御曾序并書

樊氏家谱碑

【简介】

清咸丰八年（1858）八月勒石。现存于临县三交镇沟门村。碑青石质，圆首，高108、宽51、厚10厘米。额题“永言孝思”4字。碑文楷书，正文共11行，满行31字。保存完好。

【碑文】

（碑阳）

高祖諱暢字茂之，有明之生員也，生五子，家資巨萬，性耽詩書，百家諸子，靡不究心，而更善星相之術。嘗負籍擔簦，求師他方，聞永寧郡高進士學有源淵，執弟子之禮往見，從學数年，遂爲邑名儒。後因告留甲，家資費大半，而絶無悔心，倘所謂慷慨好義，樂善不倦者非與。

五世孫映誌

墓碑者所以發明家譜，使子孫知木有本、水有源而不忘本也。然吾嘗聞姚崇之墓碑，惟張説能稱贊之，夫人子惟繼述之爲孝耳，何必效法古人哉。如樊公映者，紹先人之業，序其譜，列其派，又表明祖先之人品，方欲立碑，以昭來許，無何先升之速而有志未逮也。今有映之孫名繼先者，將立碑丐文於余，余曰：“美哉！斯志也，继先之志也，斯事也，述先之事也，真不愧其名而有其寔。”故略記其事，使後之雲仍相継者，祭薦以時，皆不忘乎祖考也是也，継先之意也夫。

增生孫仰曾撰並書

長門庠生東陽，無出，一女招賢鎮孫尚旦之祖母，葬於前坪大樹坪，字玉幾。

二門朝陽，孫都，曾孫文德、文魁、文衡、文元，元孫義、距、學，來孫宗仁、宗義、宗禮、宗智、宗信、宗富，昮孫天有、天富、天五、天招、天才、天進、天寳、天元、天福、天祿、天禎、天祥，雲孫大有、大福、道歧、鑾則、根虎、稱斤、狗臉、根來、囘兒、牛則、騗則、通昭。

經理人　七世孫継先　鄂　鳴五　敬立

刻字人　薛世椿

大清咸豐八年八月穀旦

（碑阴）

本支百世　日月

（四门一至八世人名，从略）

三門七世孫樊継先　樊鶚　鳴五敬立

八世孫全信　全俊仝敬書

永言孝思

高祖諱暢字茂之有明之生員也生五子家貲巨萬性耽詩書百家諸子靡不究心而更善星相之術嘗負笈擔簦求師他方聞永寧郡高進士學有源淵執弟子之禮往見從學數年遂為邑名儒後因吉溜果家貲費大半而絕無悔心倘所謂慷慨好義樂善不倦者非與　五世孫映誌

墓碑者所以發明家譜使子孫知木有本水有源而不忘本也然吾嘗聞姚崇之墓碑惟張說能稱贊之夫人子惟繼述之為孝耳何必效法古人哉如樊公映者紹先人之業序其譜列其派又表明　祖先之人品方欲立碑以昭來許無何仙昇之速而有志未逮也今有　映之孫名繼先者將立碑丐文於予予曰美哉斯志也繼先之志也斯事也述先之事也真不愧其名而有其寔故畧紀其事使後之雲仍相繼者祭薦以時皆不忘乎　祖考也是亦繼先之意也夫　增生孫仰曾撰并書

長庠　衡　義男天有五　信男天祿禎祥　昴弟
門生東陽（無出一女招贅鎮孫希昌之祖母）　曾　元　𤪌男宗仁宗義　來
弟子前坪大樹坪字王鐵
二　孫文　德男𤪌元　孫義　孫宗仁男天富　宗智男天福　孫天有五　天元　雲
門　朝陽　孫都男文德衡元魁　元男義學　學男宗信禮智富　禮男天招才進寶元　富無出
進　禎　經
招　福　理　仝七世孫繼先　鸐敬立
天富　天元　昴弟五
才　祿　大福犄斤牛則
寶　祥孫道岐狗騐駒　有根虎回兒
鑾則根來通昭

大清咸豐八年八月穀旦

刻字人仝世椿

日
本支百世
月
七世孫樊　敬立
八世孫全俊全敬書

中南山观音庙碑记（一）

【简介】

清咸丰八年（1858）九月勒石。现存于临县兔坂镇苗家梁村中南山。碑砂石质，圆首，高108、宽61、厚10厘米。额题“如明镜之鉴空”6字。碑文楷书，正文共15行，满行28字。记载观音庙兴建、维修之事。保存完好。

【碑文】

城西百里許，中南山古觀音賽也，四面皆水，中峰屹峙，人之見者，咸曰：此誠天造地設之一神境也。然山勢之峻峭，固屬天成，而廟貌之巍峨，皆由人力。爰敘斯廟之所建，始神位之所添設，以及修造之年月，經理之功德，於旧碑之蔭，以誌不朽云。

康熙戊寅七月二十九日香草墕、槐樹墕創修觀音賽

施山功德主　高建祚　姪高仲珍　高仲有　高仲瑶

監修功德主　薛星奎

康熙三十年香草墕、槐樹墕、苗家梁、前溝添修釋迦、真武、聖母、文殊並觀音爲六殿。

乾隆五十九年，香草墕、槐樹墕、苗家梁、前溝里、團周坪、水槽溝又添修關帝、文昌，並六殿爲八殿。

道光四年重修廟□，新修樂樓，糺首高發興、高廷相、高一元。

糺首　薛春林　薛增富　薛奎元　薛春安　高林厚　高殿伯　高廷相　高富春　高一元

咸豐八年九月十九日

高一明書丹　高星明刊石　合社公立

中南山观音庙碑记（二）

【简介】

清咸丰八年（1858）九月勒石。现存于临县兔坂镇苗家梁村中南山。碑砂石质，圆首，高104、宽60、厚10厘米。额题“善人是富”“镜鉴”。碑文楷书，正文共15行，满行25字。记载观音庙施地情况。高一明撰并书。保存完好。

【碑文】

窃以布地施金，固属美事，捐金買地，亦是雅誼。余社中南山地有一百一十二畝，粮共四斗一升六合二勺。而或施捨、或置買、或厚粮、或過割種種不一。苟不勒石垂銘，則歷年久遠，其不至於失地遺粮也。幾希此刻此文，於薛文煥施地碑之蔭之意也夫。

康熙戊寅年七月二十九日高建祚等將珍珠峁山一座，東至高仲恩，南至高錦繡，西至薛愛榮，北至薛秉和，四面溝沿在内，舍與香草墕、槐樹墕創修觀音賽，以爲祈福避兵之所，此地無粮。

乾隆二十三年四月八日，北都五甲薛文煥施水草塌九畝、大溝坪八畝、東峁塌十四畝、蛇尾塌四畝、桃樹圪達四畝、蚊子圪嘴、井峁上、牛觔子耳三段共十一畝，粮一斗五升。又南都六甲苗學敏施窨耳岔二段六畝，斗嘴子六畝，粮四升三合二勺，此粮過於薛户，二宗合官銀二錢九分。

道光四年高發興、高廷相、高一元經理買北都三甲高修桂中南山正峁十三畝，下峁窪二畝，背窪二畝，粮一斗五合，又買南都六甲苗芳春井兒峹七畝，馬家斜八畝，葫芦塄六畝，粮八升。又買南都六甲苗金春崖窨峁十二畝，粮三升八合，此二宗粮過入高户，三宗合官銀三錢三分。

糾首　薛春林　薛增富　高林厚　苗鳳池　高廷相　高岐山　苗世光　苗富春　高萬周　高丕業

經理人　高一元

咸豐八年九月十九日

生員高一明撰並書

石匠　高星明

合社重立

鏡鑑

善人是富

窃以布地施金固属美事，捐金買地亦是雅誼。余社中南山地有一百[illegible]十二畝，糧共四斗一升六合二勺，而或施捨，或置買，或原糧，或過割[illegible]不一，苟不勒石垂銘，則歷年以遠，其不至於失地遺糧也幾希。此刻[illegible]於薛文煥施地碑之陰之意也夫。

康熙戊寅七月二十九日，高建祚并将珍珠峁山一座，東至高仲恩[illegible]，高錦繡；西至薛受榮；北至薛秉和；四面溝岩在内，捨與香火瑪栨樹[illegible]，修觀音殿以為祈福避兵之所。此地無糧。

乾隆三十年四月初八日，北都五甲薛文煥施水草塌九畝，大溝坪弍畝，東峁則十四畝，蛇尾則四畝，菀樹圪塔四畝，蚑子圪嘴井峁上牛觔子耳[illegible]三段十一畝，糧一斗五升。又南都六甲苗學敏施窯兒盆二段六畝，斗[illegible]嘴則六畝，糧四升三合二勺。此糧過與薛戶，二宗合官良二錢九分。

道光四年，高發興、高廷相、高一元經理，買北都三甲高修桂中南山正[illegible]十三畝，下峁窑二畝，背窑二畝，糧一斗五合。又買南都六甲苗芳春井[illegible]探七畝，馬家斜八畝，葫芦墕六畝，糧八升。又買南六[illegible]金春崖窰峁十二[illegible]畝，糧三升八合。此二宗糧過入高戶，三宗合官銀三錢三分。

糾首
薛春林　薛增富
薛長貴　薛武
薛魁元　薛春安
高殿輔　高林厚　高殿伯
高廷相　苗鳳池　高岐山
苗世光　苗富春
高萬周　高丕業
經理人　高一元

咸豐八年九月十九日生員高一明撰並書　石匠高星明　合社立石

皇清待赠登仕佐郎樊翁讳蛟字腾霄孺人元配李太君孺人继配李太君合葬之墓

【简介】

清咸丰十年（1860）八月勒石。现存于临县三交镇东坡村。碑青石质，圆首，高95、宽45、厚12厘米，为樊蛟墓碑文。碑文楷书，正文共4行，满行19字。碑文完整，字迹清晰，碑体完好。

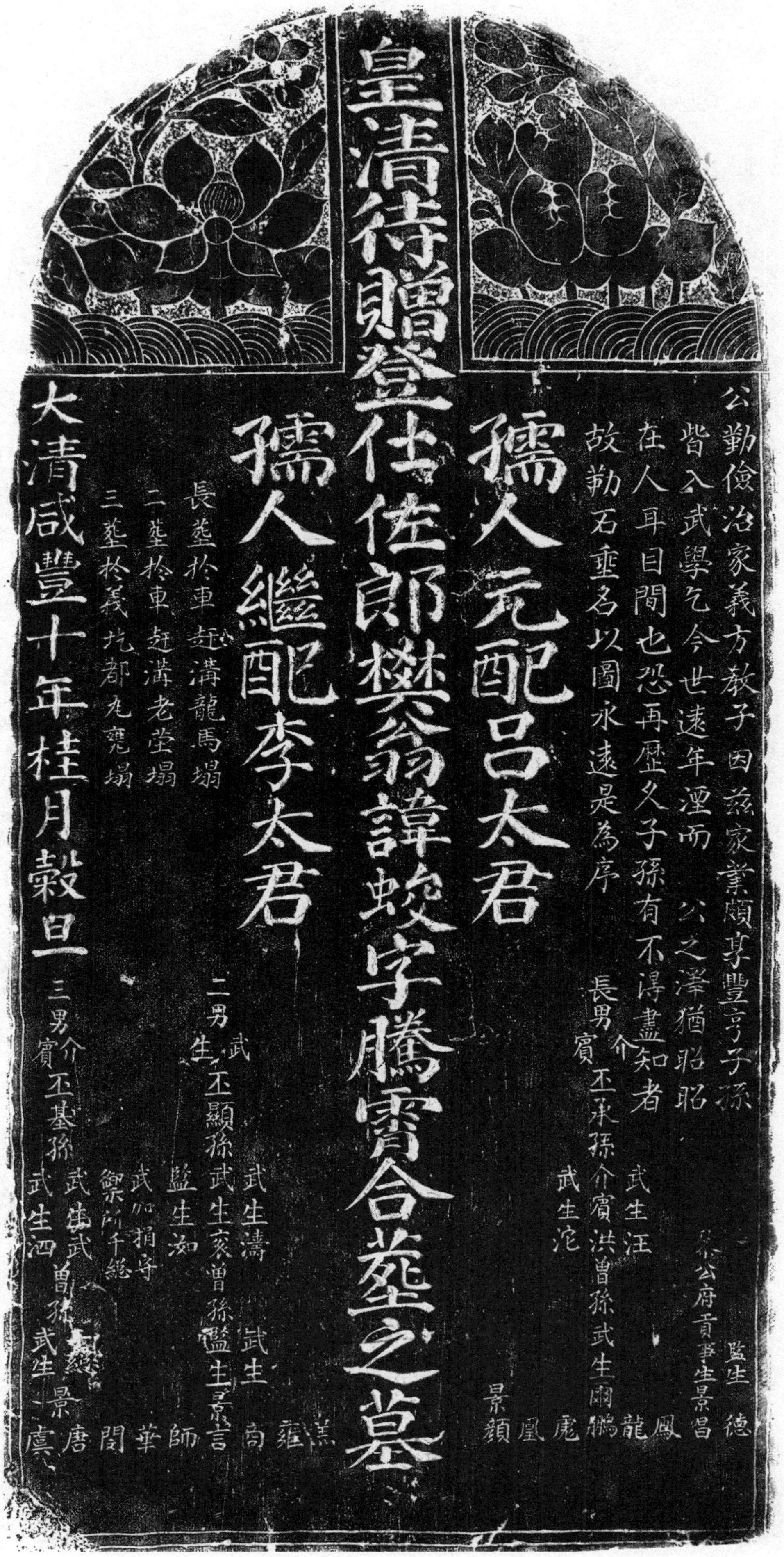

【碑文】

皇清待贈登仕佐郎樊翁諱蛟字騰霄孺人元配李太君孺人繼配李太君合葬之墓

公勤儉治家，義方教子，因兹家業頗享，子孫皆入武學，迄今世遠年湮，而公之澤猶昭昭，在人耳目間也，恐再歷久，子孫有不得盡知者，故勒石垂名，以圖永遠，是爲序。

長塋於車赶溝龍馬塌

二塋於車赶溝老瑩塌

三塋於義圪都瓦甕塌

長男介賓丕承　孫介賓洪　武生汪　武生沱　曾孫武生爾鵬　爾龍　爾彪　爾鳳　爾凰　黎公府貢事生景昌　景顏　監生景德

二男武生丕顯　孫武生衮　武生濤　監生洳　曾孫監生景言　武生景商　景師　景雍　景華　景羔

三男介賓丕基　孫武生武　武生泗　曾孫　千總景唐　武生景虞　禦所千總景閔

大清咸豐十年桂月穀旦

皇清显考国子监太学生高公讳明喜字帝臣妣待赠孺人李太君杨太君郝太君之墓

【简介】

清咸丰十一年（1861）六月勒石。现存于临县城庄镇程家塔村。碑青石质，圆首，高139、宽60、厚13厘米。额题“碑记”2字。碑文楷书，正文共5行，满行30字。碑体有破损，碑文亦有缺失。

【碑文】

皇清顯考國子監太學生高公諱明喜字帝臣妣待贈孺人李太君楊太君郝太君之墓

嗚呼！兒於親命，無一所尊，惟墓銘之事，有不敢或違者，憶親在日，常言咱本招賢都七甲，祖住老陽塌，移居胡家梁，後人又遷處程家塌，此必勒石，以便後之知悉，哀哉誰□，天命不佑，以嘉慶五年六月二十四日亥時之建生，突於咸豐十年九月二十□日卯時以微病而終，稽□年享壽六十有一，遂致有志未逮，兒今求人刻著，非□贅敘，以補□□之未及云。

孝男尚質　尚志　孫廣印

姪男尚德　尚寬　仝叩立

咸豐十一年歲次辛酉荷月穀旦

求子献地碑记

【简介】

清咸丰十一年（1861）八月勒石。现存于临县城庄镇程家塔村，嵌于墙内。碑青石质，方形，高108、宽63厘米。碑文楷书，正文共7行，满行24字。记载村民吕佐周求子献地于观音庙之事。高凤岐书丹。碑体破裂，碑文有缺失。

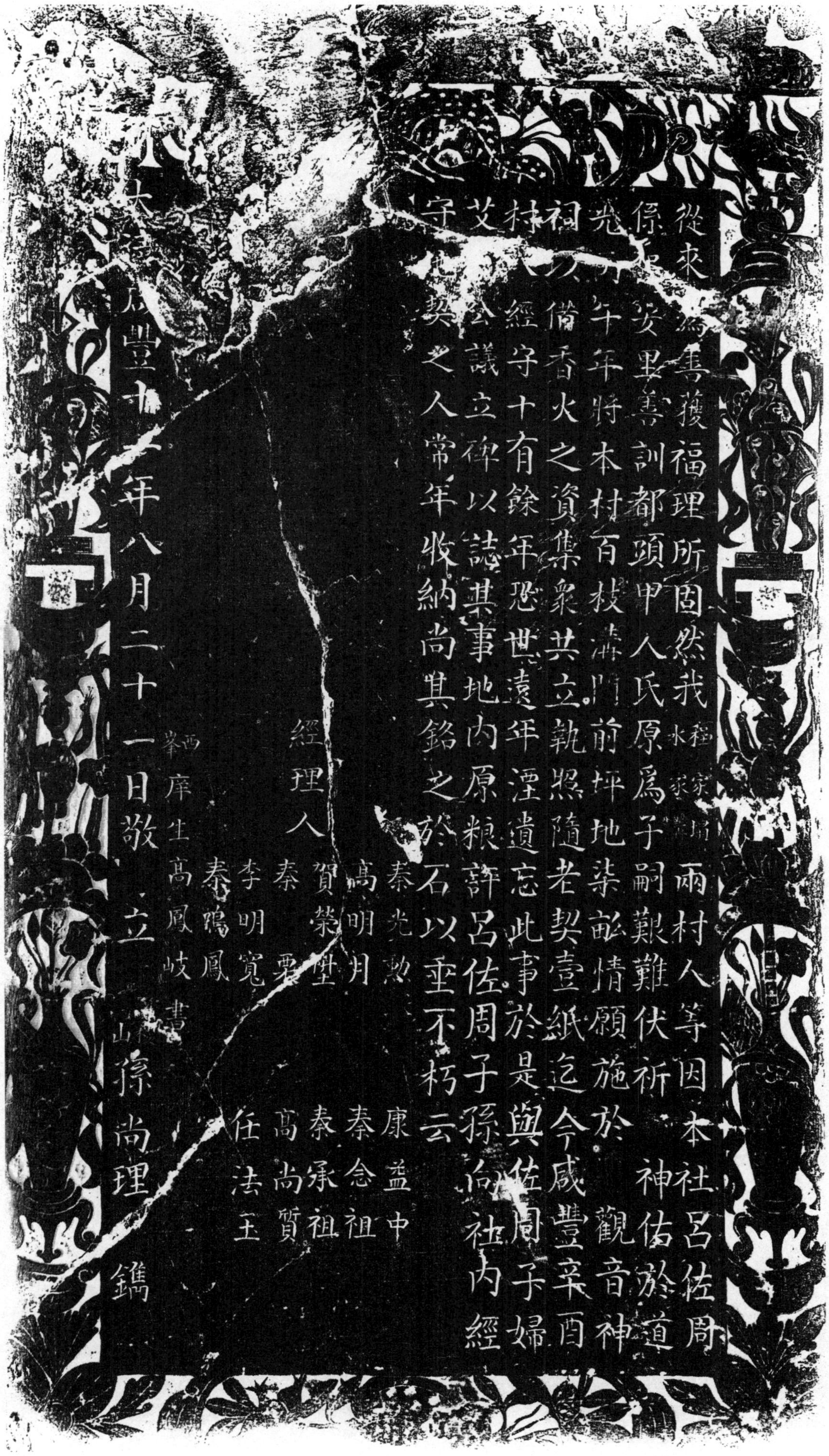

【碑文】

從來爲善獲福，理所固然，我程家塌、水家溝兩村人等，因本社吕佐周係保安里善訓都頭甲人氏，原爲子嗣艱難，伏乞神佑，於道光丙午年將本村百支溝門前坪地七畝，情願施與觀音廟祠，以備香火之資，集衆共立執照，隨老契一紙。迄至咸豐辛酉，村人經守十有餘年，恐世遠年湮遺忘此事，於是與佐周子婦艾□公議，立碑以誌其事，地内原粮許吕佐周子孫向社内經守，□契之人常年收納，尚其銘之於石，以垂不朽云。

西峰庠生高鳳岐書

經理人　秦光勲　高明月　賀榮陞　秦粟　李明寬　秦鳴鳳　康益中　秦念祖　秦成祖　高尚質　任法玉

大清咸豐十一年八月二十一日敬立

稷山孫尚理　鐫

重修观音关帝庙施地碑记

【简介】

清咸丰十一年（1861）十一月勒石。现存于临县白文镇张家湾村。碑青石质，圆首，高150、宽65、厚17厘米。额题“百代留芳”4字。碑文楷书，正文共5行，满行30字。记载木椿峪村康熙年间烈女信徒施地修庙之事。郝射准撰文并书丹。碑体完好，字迹略有漫漶。

【碑文】

尝思莫爲之前，雖善需彰；莫爲之後，雖美弗傳。我木椿峪村觀音、関帝廟中，於康熙年間有許多烈女信徒施田地五十餘畝，迄今歷年久遠，故址迷離，漸有遺失不全之勢矣。曾亦思前人好善而施之，後人不嘉其善，而守之可乎？於是合村公議爲之勒石，將施地姓氏與所施地畝若干，以誌於左，爲之永垂不忘云爾。

儒學生員郝射準撰并書

苗雷門袁氏施中灘圪梁地八畝，郝門袁氏施中灘地三畝，柔門袁氏施中灘地五畝，袁門許氏施小灣外面地六畝，劉氏舍中灘地十畝，劉氏施朝耳口則地十五畝，郭門□氏施上中灘地三畝，張門袁氏施中灘下截地四畝，高門袁氏施中灘上截地五畝。各認各糧。

各村人等　薛正玘　劉尚義　白貴　張學寧　周永　秦文汇　劉步云　郭世春　薛世□　薛登科　劉尚荣　□樹藩　薛□山　薛□捷　薛□林　劉尚真　□□荣　□有廷　□□□　薛□□

石匠　稷山縣任有忠

信士郝家駿書

大清咸豐十一年十一月二十四日穀旦立

中證人　郭世春（等十余人，略）

“和顺店”匾额

【简介】

清同治元年（1862）勒石。现存于临县碛口镇街道，嵌于大门上方。匾砂石质，长方形，高 60、长 130 厘米。匾文楷书，正文共 1 行，满行 3 字。保存完好。

【碑文】

同治壬戌

和顺店

樊映月書

王裕后祭母碑文

【简介】

清同治元年（1862）三月勒石。现存于临县安业乡前青塘村。碑砂石质，方首，高139、宽69、厚14厘米。碑文楷书，正文共12行，满行40字。为王裕后祭母之文。碑体右半部剥蚀严重，碑文缺失较多。

【碑文】

……如生事□□古□之□親何□□之至也。□□……即非……其親……生之□源於□不□天乃不愧……丁□□存之理本於性□復生……母有在世亦僅五十□年，……時年至□□歸及吾……父□即□□是時兄僅□□知識□開雖……識也，而……母之甘心守義貞操……能識其……□洎□長而猶未□也，至既……未書……觀人世之中年喪義，至□失節，□能□歷夫□漂風雨□冷□嚴霜□卒興草□同朽者，乃殆□吾母之不生而生不存而存者之自有真也。蓋人之有義□天之有利，天不死即人不死，以得乎生之道也，人之有節以性之有義，性不亡即人不亡，以全□得之理也，而形體無拘也，而吾母愈可信也。由是推之，吾母生即吾父之生，可知吾母存即吾父之存，猶是且也，後之人觀其文考其事謂某者某人之子，若婦是吾父母生而將而吾□□之父母亦生而存矣。某人之孫若父是吾父母生而存矣。□而上之無可窮，推而下之亦靡盡，而總□於吾母之生存，有以致之，乃益知吾母之節義猶凜然□日也，如第□享祀有祠。

表揚有詔是乃□以不生□生不存如存者焉，立吾母之謂哉！然□此。

表揚有詔享祠有祠，亦無□即義中自有之顯揚生存者，外見之□象□倘云事之所如□何敢云。

大清同治元年歲次壬戌三月清明節

軍功議敘營千總男王裕後敬立

同治元年歲次壬戌三月清明節

新建乐楼碑记

【简介】

清同治元年（1862）五月勒石。现存于临县三交镇樊家岭村。碑砂石质，圆首，高 131、宽 58、厚 14 厘米。为修建乐楼碑文。额题“永垂不朽”4 字。碑文楷书，正文共 10 行，满行 36 字。李万英书丹。碑文完整，字迹清晰，碑体开裂，顶部略有缺损。

【碑文】

新建樂樓碑記

自古悅神和人莫善於樂，迨樂章散亡而從。世之立廟祀神者，述借俳優演劇，以爲春祈秋報之資，樂樓之建所由來也。邑東南樊家嶺村地僻民寡，素未立戲亦無樂樓，舊建有觀音殿，屢年重修，廟宇一新，每歲二月聖誕之辰，村人祈福求嗣，有禱隨應。除供香火外，積布施已百有餘金矣。但集資已多，必思所以用之，本年春監生李君萬英始倡議集衆共商，欲初立戲，以報神功，村人衆口成願，僉曰：酬神莫如献戲之爲愈也。於是舉李君爲總理，並選同經理十餘人，相地卜基，擇吉起造，木石磚瓦，一時立辦。不數月而功告竣，樂樓遂成焉。至於所費舊存布施一百二十千，新計布施三十千，或可供給。自此常年献戲，以明年二月爲始，誠盛事也。夫李君年三十五歲，慨然以善事爲身任，衆經理同心協力，霎時起平地，作巨觀，加以彩畫輝煌，足壯村里之色，吹彈歌舞可答神聖之庥。宜乎降爾遐福，錫以多男，永沐神恩於無窮也。樓成勒石，求記於余，余少文，但詢以建樓之始末，歷敘其開創之勤勞，敢抒俚言以爲之記。

國子監太學生李萬英薰沐敬書

刻字人　河津县王九富

功德主　監生李萬英　男李世昌

經理人　樊鳳海　李萬春　樊思季　樊步斌

陰陽　雒正鰲

瓦匠　張新德施錢三百文

泥匠　王自和施錢二百文

木匠　記步鎮施錢二百文

畫匠

刻字人　河津县王九富

大清同治元年岁次壬戌榴月穀旦

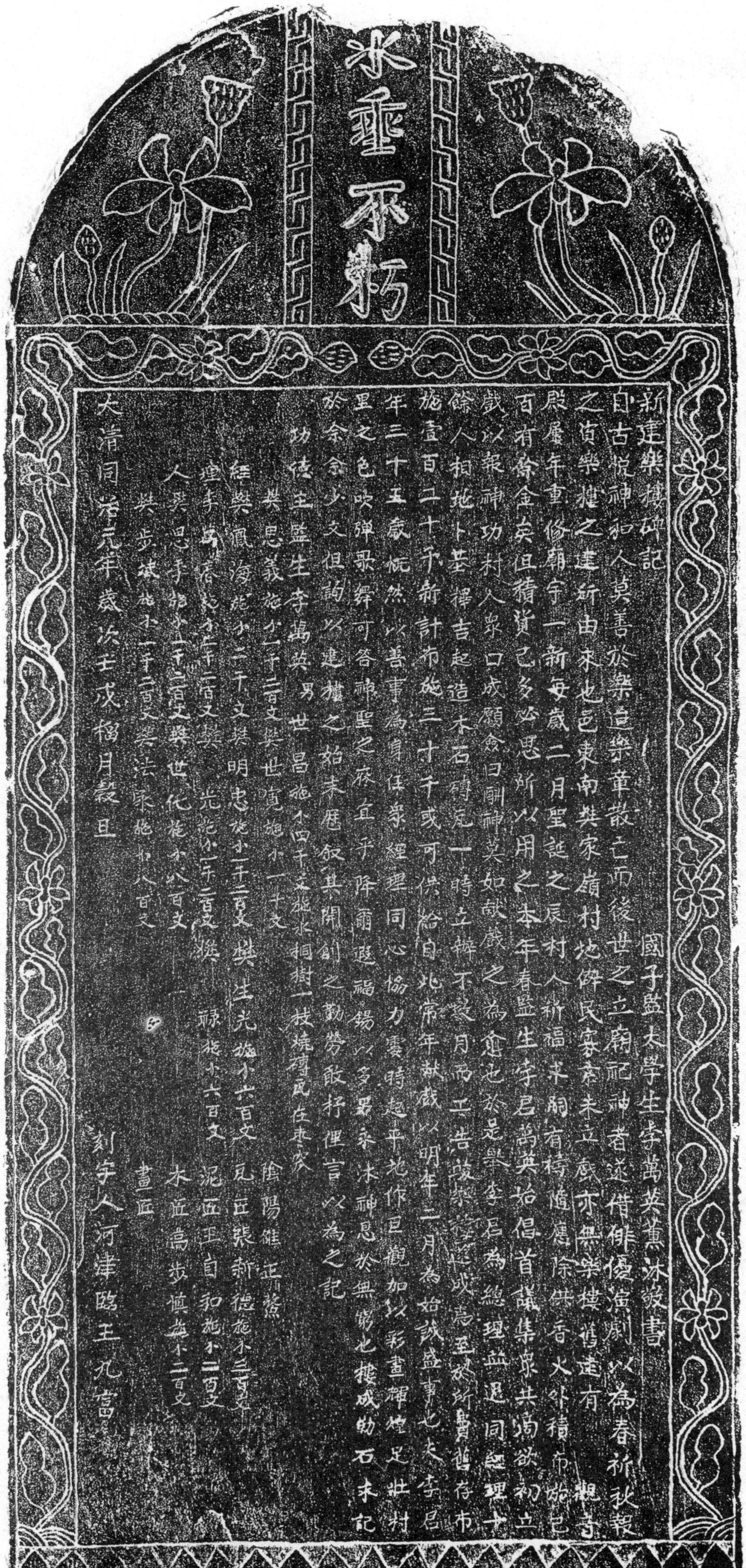

永垂不朽

新建樂樓碑記　國子監太學生李萬英薰沐敬書

自古悅神和人莫善於樂，迨樂章散亡，而後世之立廟祀神者，遂借俳優演劇以為春祈秋報之資，樂樓之建所由來也。邑東南樊家崖村地僻民寡，素未立戲，亦無樂樓。舊建有觀音殿，屢年重修，廟宇一新。每歲二月聖誕之辰，村人祈福求嗣，有禱隨應，除供香火外，積布施已百有餘金矣。但積貲已多，必思所以用之。本年春，監生李君萬英始倡首議，集眾共商，欲初立戲以報神功。村人眾口成願，僉曰：酬神莫如獻戲，戲之為愈也。於是舉李君為總理，並選同經理十餘人，相地卜基，擇吉起造，木石磚瓦，一時立辦，不數月而工告竣。樂樓既成，為至於所費，暫存布施壹百二十千，新計布施三十千，或可供給。自此常年獻戲，以明年二月為始，誠盛事也。太李君年三十五歲，慨然以善事為身任，眾經理同心協力，雲時起平地作巨觀，加以彩畫輝煌，足壯村里之色。吹彈歌舞，可答神聖之庥，在乎降爾遐福，錫以多男，承沐神恩於無窮也。樓成，勒石未記於余，余少文，但詢以建樓之始末，歷叙其開創之勤勞，敢抒俚言以為之記。

功德主監生李萬英　男世昌施小四千文，施水桐樹一枝，燒磚瓦在本窯

樊思義施小二千二百文　樊世寬施小一千文　陰陽雒正蔡

經　樊佩海施小二千文　樊明忠施小一千二百文　樊生光施小六百文　瓦匠張新德施小三百文

理　李萬春施小二千二百文　樊光施小一千二百文　樊祿施小六百文　泥匠王自和施小二百文

人　樊思孝施小二千二百文　樊世化施小八百文　木匠高步楨施小二百文

樊步瀛施小一千二百文　樊法泉施小八百文　畫匠

大清同治元年歲次壬戌榴月穀旦　刻字人河津臨王九富

杜家圪垛新修献殿布施碑

【简介】

清同治元年（1862）勒石。现存于临县三交镇杜家圪垛村。碑青石质，圆首，已残，残高151、宽66、厚15厘米。额题“万寿无疆”。碑文楷书，正文共4行，满行28字。为新修献殿布施人花名。碑额被砸掉少部，碑面略有剥蚀。

施钱人李能臣，是李效黎的高祖父。大约在19世纪初出生，道光、咸丰年间在清军供职。李能臣年轻时仅考取武秀才，在云南清军供职，因战功卓著，逐步跃升至总兵，历任云南边疆六镇中之腾越镇、临元镇、开化镇、普洱镇之总兵，隶属云南总督。任总兵的诸镇，处于崇山峻岭中，地势险要，条件艰苦，负有保卫祖国边疆的重任。咸丰元年，李将军奔赴广西协同作战，在长期战事中多处受伤，同治六年因病回到离石老家。

【碑文】

大清同治元年吉月吉日立

永郡雲南等處總兵隨帶軍功加三級記録十二次李能臣施錢壹千文

晉封武顯將軍候選布使經歷張龍章施錢二千文

欽賜花翎御前侍衛癸未科狀元福建延平等處協鎮府堪勝總兵張從龍施錢一千

張柏施錢六百五　王殿輝施錢二百四十　化錢二百二十（以下略去施钱数目）　杜秉孝　劉起寬　劉光成　杜永德　張順德　劉如昇　張玉田　李振先　李兆先　杜偉章　杜生盛　劉泰吉　杜榮章　高慶昌　杜廷寬　高全真　高仲書　高全烈　高振榮　高萬通　高青柏　高步珍　高發桂　高全龍　高全斌　高步修　高發有　高全彩　劉元昆　王在孝　高儒修　高有才　高柏興　高天佑　郭新柏　郭新歧　趙化成　高鱺珠　徐定基　郭培章　合義泉　萬和合　張念榮　趙發　趙芳　秦濳修　王居葦　趙明潔　趙芝　王盡義　趙謙　趙時光　樊應昇　樊應新　樊映雪　豐泰店　德和成　保和當　和盛郝　天盛成　玉隆公　昌盛協　恒德義　崇和盛　日新昌　隆泰德　自順成　公義園　秦學恕　車□樹　馮興仁　温□有　邢本真　魏國正　義盛成　裕盛館　杜應生　監生劉樹成　高英選　監生高承先　薛恩榮　薛海珠　杜榮富　杜天裕　杜天安　樊凌霄　李培歧　楊貴山　楊柏舟　楊林芝　肖廷柱　馬永建　劉印堂　大來店　杜心祿　貢生樊映月　樊應瑞　樊應林　曹世榮　曹永盛　劉光照　劉光昌　杜心福　曹秉全　王維益　杜心萬　杜應真　杜文榮　薛海珠　薛成春　薛海俊　薛海秀　沈玉有　劉光春　薛海玉　薛時昭　薛時財　薛鳳山　薛前昇　薛桂昇　張元海　薛光愷　李春孩　高登雲　楊增壽　高士元　薛儒昇　閆秉福　薛海長　高元國　賀世珍　劉佩全　高殿光　韓宗禮　劉慶選　劉慶榮　劉鍾賢　劉鍾玉　劉鳳梧　韓文發　高學海　劉□忠　郝能進　劉廷春　郝盛通　張體元　張體亨　劉步珍

補記舊修社窰

經理人　李士烈　杜生春　杜心選　杜應黄

社内舊存錢，滋成數百千，本期修獻殿，先讓把窰捲。李杜四經領，修窰受熬煎。窰成窗未修，相继各升天。社功今告竣，窰窗未補全，献殿將碑立，即流□其源。四人不可掩，碑上把名傳。

總經領人序

社功一動幾經年，動衆鳩工許多□，己施外募三社力，好善□施甲方錢。

前村手嶺皆大□，□邱獻殿新建□，□村等□千人助，三處神堂一時鮮。

今欲立碑垂善事，新系人衆費編聯，□將青石廣爲備，猶恐人名不盡鐫。

□詳□不列高下，繼亂□之紊後先。億□所施皆敬志，維式不周休怨偏。

余不能文惟直敘，俚語真□續碑邊。

張□敬撰並書

無疆
大清同治元年吉月吉日立

重修皇宿寺碑记

【简介】

清同治元年（1862）九月勒石。现存于临县八堡乡皇宿寺内。碑砂石质，圆首，高195、宽74、厚16厘米。额题“皇图永固”4字。碑文楷书，正文共9行，满行46字。记述重修皇宿寺之事。张一麟撰文并书丹。碑文完整，字迹清晰，碑体完好。

【碑文】

重修皇宿寺碑記

嘗聞佛生西域，無始以來，爲天地之最尊。自漢歷唐，化流中國。其所以普救衆生，廣度厚迷者，莫非明理道性、勸善懲惡之一證也。孰不虔心向拜，望推恩於萬一哉！兹臨邑治西皇宿寺，東連紫金、西映黄河，舊建佛祖之殿，以及諸位菩薩之宫，衆位神靈之閣，重修屢屢，俱有可考，然多歷年，所復又風雨飄摇，棟折榱崩，真不可以妥神佛也。况觀音聖母之殿，忽罹回禄之災，誰人豈忍坐視其焚滅。禪師能理目擊心傷，與經理人等公議重修，尤覺、韋陀孤魂，牛王、馬王、火神，諸佛龍天，福禄財神，藥王老爺，先年尚未建其宫殿。今於上殿院中創修韋陀、孤魂閣一座，中殿東西創修石窑四孔，東殿牛王、馬王、火神、諸佛龍天，西殿福禄財神、藥王老爺。興工於己未年之冬，不辭辛苦，但工程浩繁，有所不足，募緣於四方善人君子，一舉而聿觀厥成焉，真所謂千江有水千江月，萬里無雲萬里天。於壬戌歲之秋，工程告竣，輝光發越，金碧燦爛，恐世遠年久，四方之姓名與經理之功德，無可考驗，故勒諸碑石，以垂後世於不朽云爾！

邑弟子張一麟撰並書

大清同治元年九月二十五日

總領住持　僧能珠　能理　能玉　能貴　能謙　慧恩　能秀　門徒法庵　法義　門侄法起　法務　門徒法聰　法長　法映　門徒法林　門侄法喜　法種　法和　孫海岐　海洪　海金　海光　海現　海忠　海長　海香　玄孫通典　通選　通旺　敬立

經理　郭榮起　郭玉義　郭生富　郭玉喜　郭生金　郭仁有

糾首　常宗　常汝明　常萬選　監生常太平　劉有禄　從九高先貴　曹秉全　高明　監生曹秀升　張恒舒　張有仁　高福元　高錫炎　監生李永謙　苗方明　李保升　李洪春　李文升　苗歧仁　白有龍　劉忠慶　張丕烈　宋能仁　苗培義　高廣福　高存智　龔步月　賀洪元　苗方元　周至德　武生禄　高以玉　楊青春　楊增選　劉忠進　高步珍　高智清　張有倉　李玉春　李潤升　苗占安　劉忠義　劉興海　喬步雲　武有富　周發貴　賀成相　高裕鴻　劉忠泰　苗占濡　苗時榮　劉天賢　武登雲　高洪元　高林金　楊明月　高金法　武生鋭　賀成秀　高海有　高步明　苗應財　苗應安　苗元春　張丕基　高智富　賀德爲　賀興多　李榮春　李致春　李俊春　李秀春　李如春　李世春　李富春　李發春　李德升　李進生　李義升　李陽春　李玉明　李兆生　李兆福　李喜春　李慶升　李中升　苗致榮　苗致富　李兆元　李秀生　李枝升　李能愷

主土僧人　能謙

主土陰陽　高可安

石匠　張應居

木匠　温乃欽　王永如　申開義

丹青　宗明德　宗俊德

瓦匠　賀榮富　張白池

鐵匠　郝殿升

泥匠　成治興

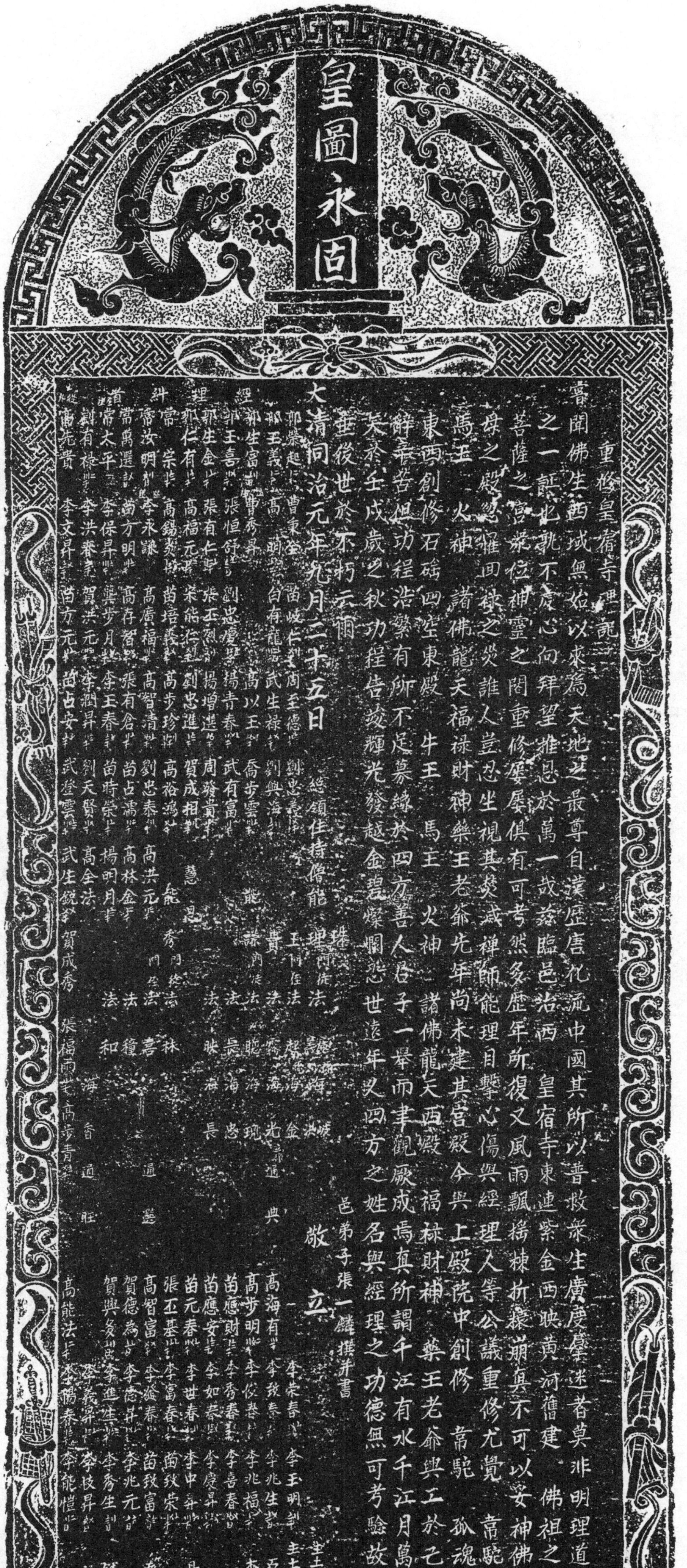

皇圖永固

重修皇宿寺碑記

嘗聞佛生西域無始以來爲天地之最尊自漢歷唐化流中國其所以普救衆生廣度羣迷者莫非明理道性勸善懲惡
之一誣也孰不虔心向拜望推恩於萬一哉兹臨邑治西　皇宿寺東連紫金西映黄河舊建　佛祖之殿以及諸位
菩薩之宮衆位神靈之閣重修屢屢俱有可考然多歷年所復又風雨飄摇棟折榱崩莫不可以安神佛也况觀音聖
母之殿總攝回禄之災誰人豈忍坐視其焚滅禪師能理目擊心傷與經理人等公議重修尤覺　嵩駝孤魂　牛王
馬王　火神　諸佛龍天福禄財神藥王老爺先年尚未建其宮殿今與上殿院中創修　嵩駝　孤魂閣一座中殿
東西創修石礎四空東殿　牛王　馬王　火神　諸佛龍天西殿福禄財神　藥王老爺與工於乙未年之冬不
辭辛苦但功程浩繁有所不足募緣於四方善人君子一舉而聿觀厥成焉真所謂千江有水千江月萬里無雲萬里
天於壬戌歲之秋功程告竣輝光發越金碧燦爛恐世遠年久四方之姓名與經理之功德無可考驗故勒諸碑石以
垂後世於不朽云爾　邑弟子張一麟撰并書

大清同治元年九月二十五日　敬立

總領住持僧能理　門徒法□　法起　法貴　法聰　法長　法昧
徒孫海□　海金　海光　海現　海忠　海長

經理
郭榮起　曹秉奎　苗岐　周至德　劉忠義
郭王義　高鵬　白有龍　武生禄　劉興海
郭生富　曹秀昇　高以王　喬步雲
郭王喜　張恒舒　劉忠慶　楊青春　武有富
郭仁有　張有仁　張玉烈　楊增進　周發貴
郭生金　高福元　宋能　劉忠進　賀成相

糾首
常宗　高錫　苗培義　高步珍　高裕鴻
常汝明　李永謙　高廣福　高智清　劉忠泰　高洪元
常萬選　苗方明　高存智　張有倉　苗占濡　高林金
常太平　李保昇　龔步月　李玉春　苗特榮　楊明月
劉有禄　李洪春　賀洪元　李潤昇　劉天賢　高全法
韓光貴　李文昇　苗方元　苗占安　武登雲　武生銳　賀成秀　張福　高步青　高能法　李鵬春　李能愷

高海有　李崇春　李玉明
高步明　李致泰　李兆生
苗應財　李俊春　李兆福
苗應安　李秀春　李喜春
苗元春　李如泰　李慶昇
張丕基　李世春　李中舜
高智富　李富春　苗致榮
賀德為　李發春　苗致富
賀興多　李德昇　李兆元
李進　李秀生
李義昇　李枝昇

主土僧人能誠
主土陰陽高可安
石匠張應善
木匠王永和
丹青申明秀
宗明德
泥匠賀榮富
張曰池
鐵匠郝殿昇
泥匠成治興

皇清待赠樊公讳济清字尚澄原配薛氏继配薛氏王氏崔氏合葬之墓

【简介】

清同治二年（1863）七月勒石。现存于临县三交镇正坡村。碑青石质，圆首，高98、宽50厘米。碑文楷书、宋体，正文共5行，满行27字。保存完好。

【碑文】

皇清待贈樊公諱濟清字尚澄原配薛氏繼配薛氏王氏崔氏合葬之墓

公父諱登三，因祖塋無穴，卜葬大樹梁中。公兄弟四人，擇配薛太君，夫夫婦婦，相敬如賓，舉一子而棄世，續娶薛氏，生二子，次子出繼四門。復續崔氏，享年亦不永。後娶王氏爲室，治内有法，家事賴以整齊，相夫無違，門庭因之肅睦，生一子成童未冠。公負性宏毅，不隨俗流，治家勤儉，財頗裕焉，享壽七十二，誠三多兼備，爲一世之完人也夫。

樊公諱濟清字尚澄原配薛氏繼配薛氏王氏崔氏合葬之墓

男嘉植　嘉樹　嘉模

孫御選　殿選　曾孫善恩

大清同治二年歲次癸亥孟秋穀旦

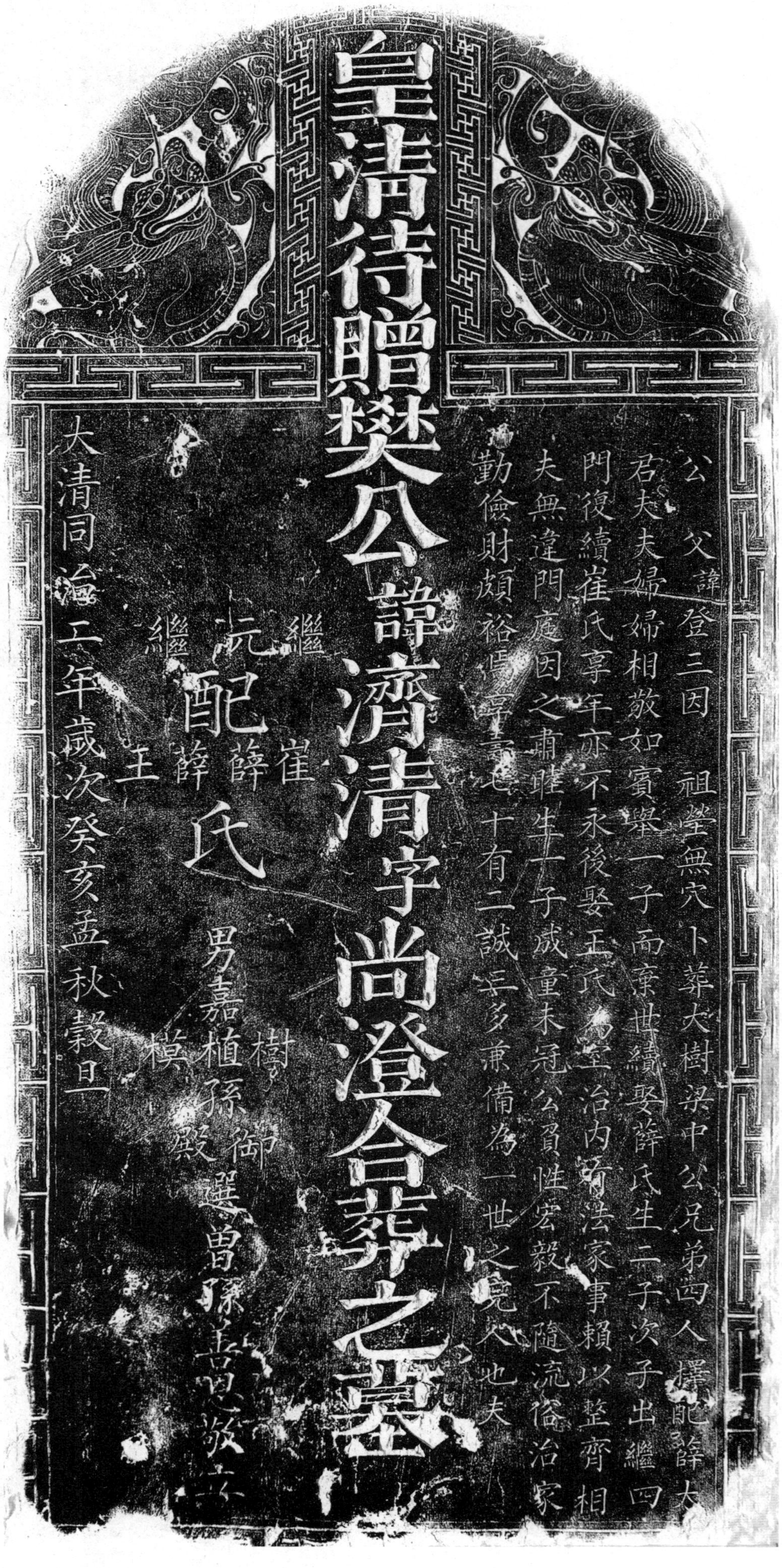

皇清例授乡饮耆宾显考刘公讳树本字培根妣赵氏秦氏牛氏王氏秦氏张氏高氏之墓

【简介】

清同治二年（1863）冬至勒石。现存于临县大禹乡马蕊坡村。碑青石质，圆首，高 101、宽 50、厚 13 厘米。额题“碑记”2 字。碑文楷书，正文共 4 行，满行 29 字。碑额开裂。

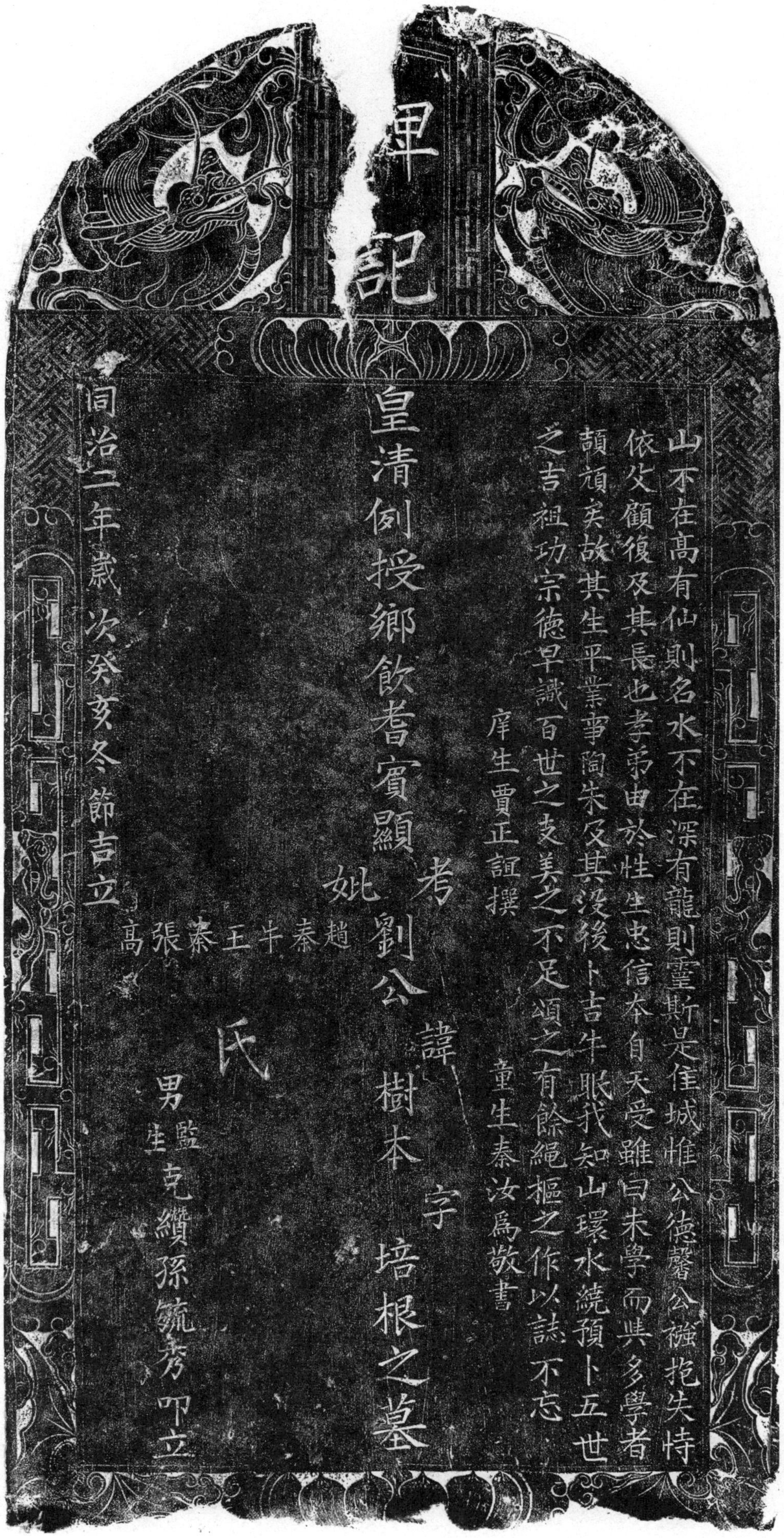

【碑文】

皇清例授鄉飲耆賓顯考劉公諱樹本字培根妣趙氏秦氏牛氏王氏秦氏張氏高氏之墓

山不在高，有仙則名；水不在深，有龍則靈。斯是佳城，惟公德馨。公褓抱失恃，依父顧復。及其長也，孝悌由於性生，忠信本自天受，雖曰未學而與多學者頡頏矣。故其生平業事陶朱，及其没後卜吉牛眠，我知山環水繞，預卜五世之吉，祖功宗德早識百世之支，美之不足頌之有餘，繩樞之作，以誌不忘。

男監生克纘　孫毓秀叩立

同治二年歲次癸亥冬節吉立

皇清祖考刘公讳寸心字省齐妣张氏王氏之墓

【简介】

清同治二年（1863）冬至勒石。现存于临县大禹乡马蕊坡村。碑青石质，圆首，高108、宽51、厚10厘米。额题“永言孝思”4字。碑文楷书，正文共6行，满行30字。碑体完好。

【碑文】

皇清祖考劉公諱寸心字省齊妣張氏王氏之墓

聞之唐宰相之將終，求墓道於張説，魏武帝之進爵亦曰：吾惟表於墓道，是知有德行者，不可不傳；有基業者，不可不表。如劉公者，雖非鐘鳴鼎食之家，而其世系出自國朝。雍正乙卯拔貢劉五教之子乃公之父也，公承祖志及父訓，好善樂施，而産業漸至微薄，不得已而貿易鄰境車趕村，贏贈頗豐，兼之排難解紛，訟獄消息，今即数十年間頌聲不絶，公之爲人可知矣。因之勒諸貞珉，以誌不忘云。

庠生秦長庚撰

故男樹本　孫監生克纘　曾孫毓秀　叩

同治二年歲次癸亥冬節吉立

兴荣山碑记

【简介】

清同治三年（1864）二月勒石。现存于临县碛口镇官地村。碑砂石质，圆首，高138、宽56、厚14厘米。额题“兴荣山碑记”5字。碑文楷书，正文共11行，满行37字。记述村民保护柏树之事。薛瑞玥书丹。保存完好。

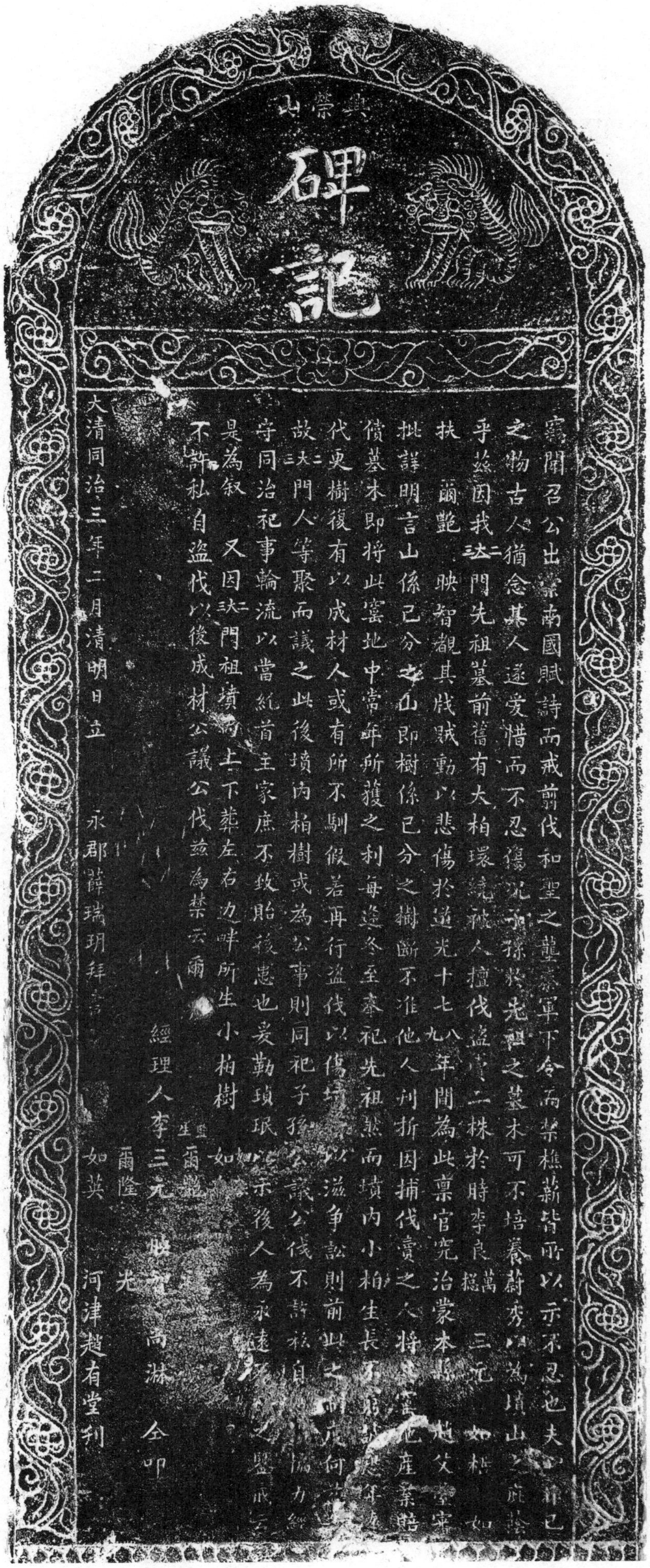

【碑文】

興榮山碑記

竊聞召公出□南國，賦詩而戒翦伐和聖之壟；秦軍下令而禁樵薪，皆所以示不忍也。夫□□已之物，古人猶念其人，遂愛惜不忍傷，况子孫於先祖之墓木，可不培養蔚秀以爲墳山之庇蔭乎？兹因我大門、二門、三門先祖墓前舊有大柏環繞，被人擅伐盜賣二株，於時，李良萬、李良揔、李三元、李如梧、李如扶、李爾艷、李映智覩其賤賊，動以悲傷，於道光十七八九年間爲此稟官究治，蒙本縣趙父臺審，批詳明言：山係已分之山，即樹係已分之樹，斷不准他人刊折。因捕伐賣之人，將其窑地産業，賠價墓木。即將此窑地中常年所獲之利，每逢冬至奉祀先祖。然而，墳内小柏樹生長不窮，誠恐年遠代更，樹復有以成材，人或有所不馴，假若再行盜伐，以傷墳木，以滋爭訟，則前此之制度，何□□。故大二三門人等，聚而議之，此後，墳内柏樹或爲公事，則同祀子孫公議公伐，不許私自□□。協力經守同治，祀事輪流，以當糾首主家，庶不致貽後患也。爰勒貞珉，以示後人爲永遠□□之鑒戒云。是爲敘。又因大門、二門、三門現墳内上下葬左右邊畔所生小柏樹，不許私自盜伐，以後成材，公議公伐，兹爲禁云爾。

經理人　李三元　監生李爾艷　李如梧　李如扶　李爾隆　李如英　李映光　李尚淋　仝叩

大清同治三年二月清明日立

永郡薛瑞玥拜書

河津趙有堂　刊

关王庙村戒赌碑

【简介】

清同治三年（1864）三月勒石。现存于临县安业乡关王庙村。碑砂石质，圆首，高121、宽48、厚11厘米。碑阳额题“碑记”2字。碑文楷书，正文共8行，满行40字。碑阴额题“永垂不朽”4字。碑文刊刻经理人等花名。保存完好。

【碑文】

（碑阳）

慨自鄉俗之壞，壞於賭場，人心之離，離於博戲。我李家莊村土瘠民貧，習尚勤苦，四鄰稱善俗焉。然間有遊蕩莠民，私自竊賭，鈎引頑民，其種種傷化亂俗，趨邪入匪之漸，莫此爲甚。村正士憫人生之疾苦，忍子弟之習於無良，爰於嘉慶二十年奉官嚴禁賭博，公立禁約，勒之木簡，章程俱在。至後越數十年，舊法歷久玩弛，今幸邑賢侯在上，政簡刑清，爲民除弊。我村因申明父老程法，復立禁賭告誡，自禁以後，父戒其子，兄戒其弟，共相勸勉，毋犯公禁。如有再聚賭錢，無論放牌打骰，以及小兒骨牌，即外村光棍，不許在李家莊境内設立賭場。一經捉獲，理難容放，公議罰戲三天，大供獻一桌，神前跪香三天。如或遇賭受賄不捉，即捉亦賭博中有私弊，公議一類受罰。其有恃強無忌，不依約束，惟戒賭人稟官究治，協力攤錢，公議所在，須至約者。

（碑阴）

大清同治三年桐月吉日合村人等公議禁賭博立

經理人　李苞　耆賓李隍明　李樹英　李法清　李清友　李法義　武生李積德　李明祥　李正明　耆賓李全貞　李盛林　廩生李道謙　李義　李青秀　李成貴　庠生李拙　要樹爍　李秉靈　李如禎　李省春　牌頭李興春　李元春　李季春　李升謙　李淳　李省元　李省利　李省恒　李迎膏　李志貞　李能議　李保成　李秉英　李如敏　李志道　李志順　庠生李景新　李居升　武生李玉瑞　杜開昌　李元貞　李見賢　李登贏　村主李廷章

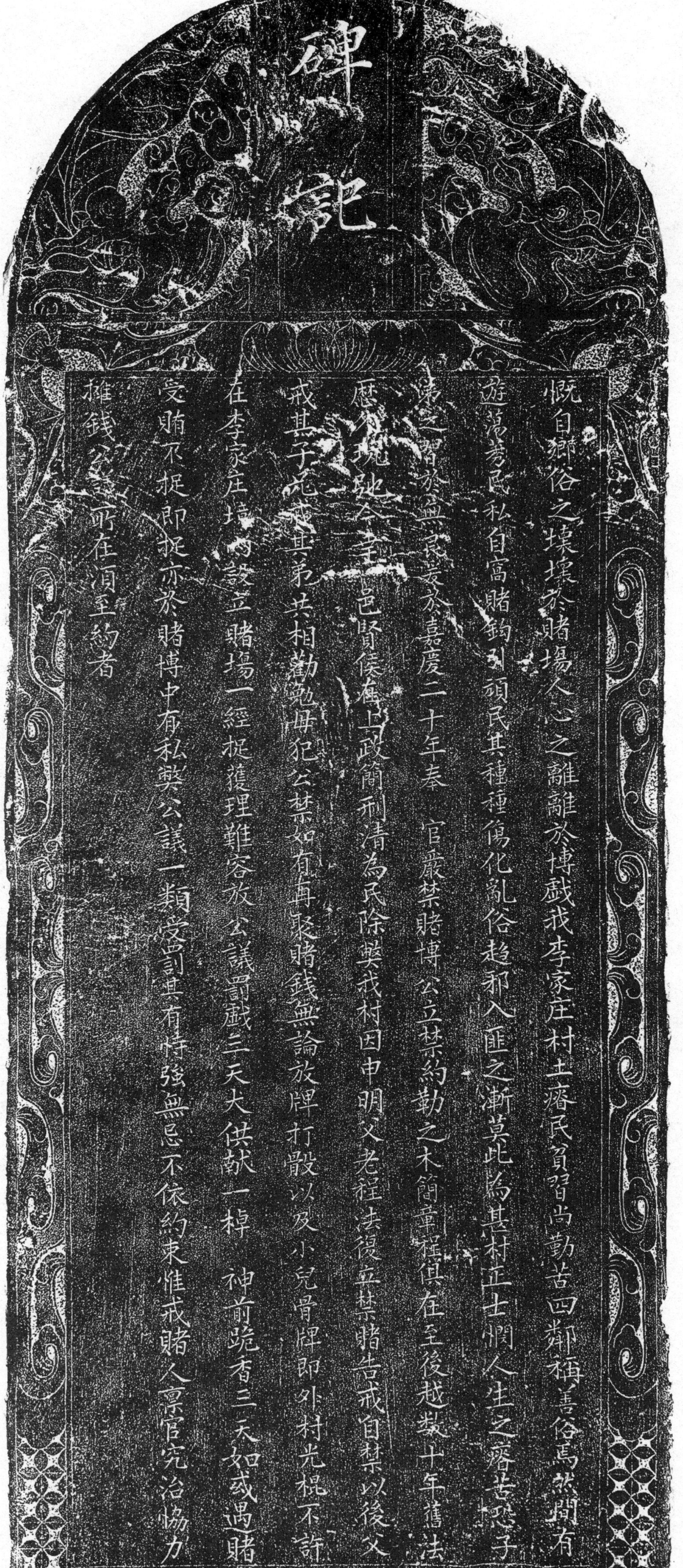

碑記

慨自鄉俗之壞壞於賭場人心之離離於博戲我李家庄村土瘠民貧習尚勤苦四鄰稱善俗焉然間有
遊蕩者民私自窩賭鈎引頑民其種種偽化亂俗趨邪入匪之漸莫此爲甚村正士憫人生之瘠苦恐子
弟之習於無良爰於嘉慶二十年奉 官嚴禁賭博公立禁約勒之木簡章程俱在至後越數十年舊法
歷久現弛今幸 邑賢侯奉上政簡刑清為民除弊我村因申明父老程法復立禁賭告戒自禁以後父
戒其子兄戒其弟共相勸勉毋犯公禁如有再聚賭錢無論放牌打骰以及小兒骨牌即外村光棍不許
在李家庄境內設立賭場一經捉獲理難容放公議罰戲三天大供献一桌 神前跪香三天如或遇賭
受賄不捉即捉亦於賭博中有私弊公議一類受罰其有恃強無忌不依約束惟戒賭人禀官究治協力
攤錢公議所在須至約者

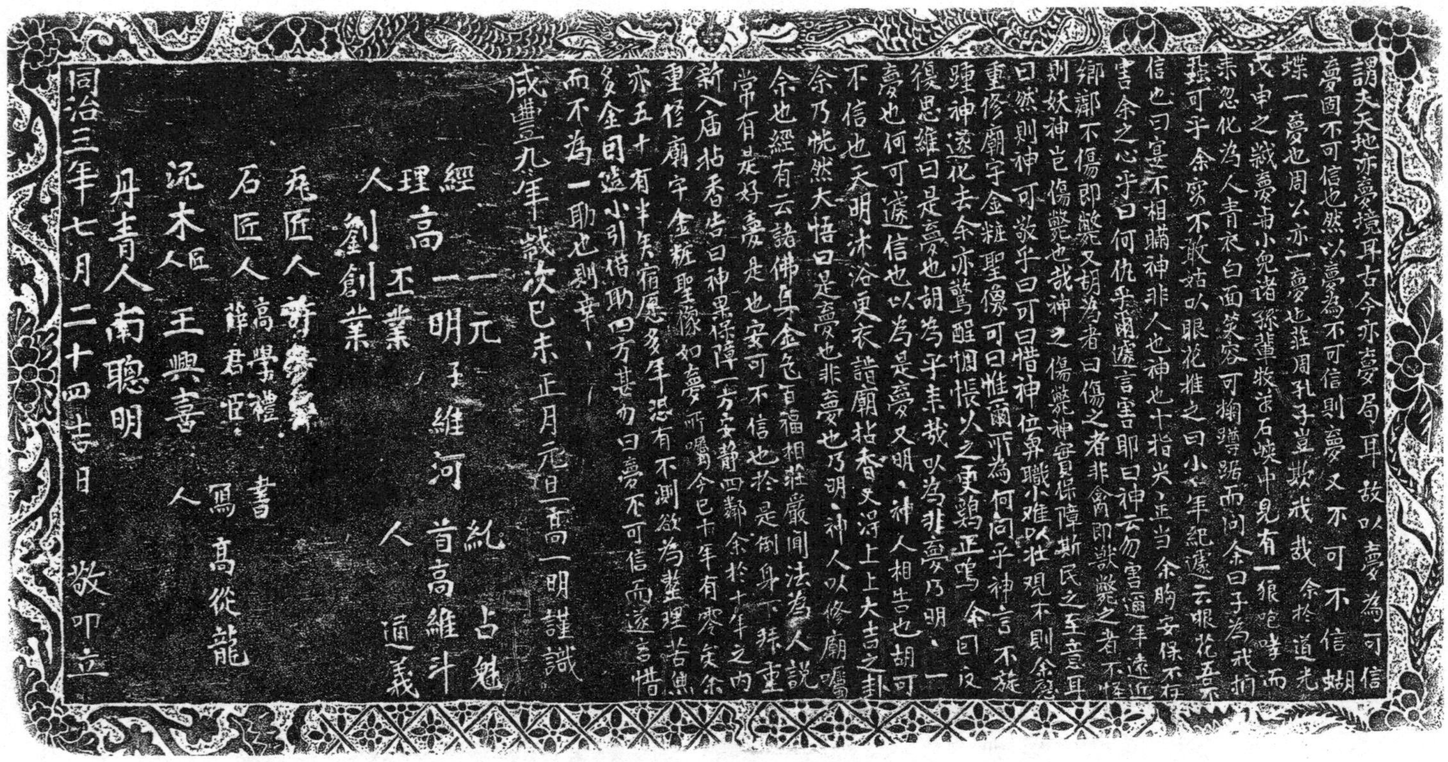

兔坂水槽沟山神灵梦记

【简介】

清同治三年（1864）七月勒石。现存于临县兔坂镇水槽沟村，嵌入墙内。碑砂石质，长方形，高50、宽100厘米。碑文楷书，正文24行，满行21至25字不等。记载山神显灵托梦之事。保存完好。

【碑文】

謂夫天地亦夢境耳，古今亦夢局耳，故以夢爲可信。夢故不可信也，然以夢爲不可信，則夢又不可不信，蝴蝶一夢也，周公亦一夢也，莊周、孔子豈欺我哉！余於道光戊申之歲，夢與小兒諸孫輩牧羊石峽中，見有一狼咆哮而來，忽化爲人，青衣白面，笑容可掬。蹲踞而問余曰："子爲我捫蝨可乎？"余實不敢，姑以眼花推之，曰："小小年紀，遽云眼花？吾不信也。"曰："實不相瞞，神非人也，神亦十指尖正當余胸，安保不存害余之心乎？"曰："何仇乎，爾遽言害耶！"曰："神云勿害，邇年遠近鄉鄰不傷即毖，又胡爲者？"曰："傷之者，非禽即獸，毖之者，不怪則妖，神豈傷毖也哉？神之傷毖，神實保障斯民之至意耳。"曰："然則神可敬乎？"曰："可。"曰："惜神位卑職小，難以壯觀，不則余歷，重修廟宇，金粧聖像可。"曰："惟爾所爲，何問乎神。"言不旋踵，神遂化去。余亦驚醒，惆悵久之。更雞正鳴，余因反復思維曰："是夢也，胡爲乎來哉？"以爲非夢，乃明明一夢也，何可遽信也。以爲是夢，又明明神人相告也，胡可不信也？天明沐浴更衣，詣廟拈香，又得上上大吉之卦，余乃恍然大悟曰："是夢也，非夢也，乃明明神人以修庙囑余也。"經有云：諸佛身金色百福，相莊嚴，聞法爲人，説常有是，好夢是也。安可不信也，於是倒身下拜，重新入庙，拈香告曰："神果保障一方，安静四鄰，余於十年之内，重修廟宇，金粧聖像，如夢所囑。"今已十年有零矣，余亦五十有半矣，宿愿多年，恐有不測，欲爲整理，苦無多金，因造小引，借助四方。甚勿曰："夢不可信，而遂吝惜而不爲一助也，則幸！"

咸豐九年歲次已未正月元旦高一明謹識

經理人　高一明　子維河　高丕業　高一元　劉創業

糾首人　高維斗　高占魁　高通義

瓦匠人　許□□

石匠人　高學禮　薛君臣

泥木匠人　王興喜

丹青人　南聰明

書寫人　高從龍

同治三年七月二十四吉日　敬叩立

重修菩萨阁记

【简介】

清同治三年（1864）十月勒石。现存于临县白文镇秦家坪村。碑青鱼籽石质，圆首，碑高172、宽77、厚11厘米。额题“万古常昭”4字。碑文楷书，正文共7行，满行51字。记述重修菩萨阁之事。刘中文撰文并书丹。保存完好。

【碑文】

聞之光於前裕於後，夫人而光前裕後，誠莫大於創寺院修廟宇也。我秦家坪村，南距城四十五里，北距白文鎮十五里，於正德年間，喬君娶秦公之賢，建地藏觀音菩薩閣於通衢大道之中，十閻君而分左右，十八羅漢而序昭穆，如金如玉，燦然可觀。南來者停車已有所講，北往者駐馬已有所感，斯於前可光，於後可裕也。乃世遠年湮，垣墉傾圮，簷楹剥落。康熙二十七年秦珍、蘇林倡率以補葺之，延至嘉慶六年，劉學顏從固縣移來時，偶瞻此閣，傾剥太甚，有不忍坐視之心，二年同寨作善，蘇肇業又倡率以增修之。邇年來，不惟傾圮剥落，且棟折榱崩，神無所棲矣。蘇玉成、劉慶文、孫扶清糾合衆人之心，鳩工庀材，改建於通衢大道之西旁。傾祀者重振之，剥落者復恢之，至於聖像莫不繪事後素五彩而金裝之。廟貌煥然一新，而南來者停者亦有所講乎，北往者駐馬亦有所感乎，安見前人得光，後人不得光裕也哉？因不揣夫鄙陋，窃舊文而補記，爰勒碑以刻銘，冀千秋於萬世。

邑庠生劉中元敬撰並書

河津縣師可法鐫字

文水縣宗明德繪塑

經理人　蘇左城施錢伍千伍百文　郭永中施錢貳千文　監生後加軍功六品劉慶文施錢陸千文　劉肇文施錢陸千文　劉友文施錢壹千文　孫繼清施錢肆千文　孫扶清施錢三千文　孫輔清施錢壹千貳百文　孫萬清施錢肆千文　蘇□吉施錢壹千文　蘇玉元施錢壹千文　孫佐清施錢貳千貳百文、又施錢三千貳百文　劉慶升施錢壹千文　楊治修施錢陸百文　劉正軒施錢壹千文　劉正位施錢貳千肆百文　劉正芝施錢壹千文　蘇文興施錢貳百文　蘇文章施錢壹千文

本村施錢人　李茂財貳千肆百文　孫長清貳千文　劉正本壹千文　劉正元貳千文　劉正璉壹千文　孫有清貳千文　孫德清壹千陸百文　高長玉壹千文　蘇文俊壹千文　劉自強陸百文　郭永正陸百文　武榮愷陸百文　劉秀文壹千文　劉長慶陸百文　蘇仲霄伍百文　楊映五百文　劉思慶四百文、王應財肆百文　張玉元三百文　馬世安貳百文　劉鳳歧三百文　李生選貳百肆十文　劉存信柒百文　武伯興貳百肆十文

本所李興福

泥匠　郭爾定　郭永中　張居仁二百　劉如登二百　劉廷玘二百　賀玉珍二百　高守堂二百肆　劉如明貳百肆　劉友文施地基貳分　劉如升貳百肆

瓦匠　張直　穆生輝鉗施銀壹千肆百

鐵匠　馬玉中施錢貳百

大清同治三年歲次甲子十月初九日立

萬善常修

皇清故处士显考康府君讳应魁元嫡配杨氏侧室郭氏之墓志

【简介】

清同治四年（1865）七月勒石。现存于临县安家庄乡康家岭村，嵌入碑套。碑青石质，圆首，身高95、宽50厘米。额题“永言孝思”4字，碑文楷书，正文6行，满31字。碑体完好。

【碑文】

皇清故處士顯考康府君諱應魁元嫡配楊氏側室郭氏之墓誌

于居與公近又同社，少時猶及見其爲人。公行二，性直諒，剛正卓然，有古人風貌，魁梧奇偉，見者懔懔而從無疾言遽色加人，幼讀書聰敏，後見家計，經農務，勤儉善居，積稱素封焉。使公得志於時，以經家者經國，豐財阜物，必有足傳於世者，而徒老田間言才者惜之。然垂裕後昆聲施鄉曲，與顯達何異，此予所以心向往之不已也。公歿時年四十九歲，嫡配楊氏，邑南鄉清源公女，享壽六十九歲，側室郭氏六十二歲亡，俱同穴。

咸豐戊午科舉人侯銓知縣弟高光先跋

男康步升　孫文昭

同治四年七月　男少昇　立

皇清显考刘公讳孝基字德元妣待赠孺人张氏合葬之墓

【简介】

清同治四年（1865）十一月勒石。现存于临县大禹乡马蕊坡村。碑青石质，圆首，高106、宽48、厚17厘米。额题“垂裕后昆”4字。碑文楷书，正文计6行，满行35字。保存较好，字迹模糊。

【碑文】

皇清顯考劉公諱孝基字德元妣待贈孺人張氏合葬之墓

昔宣聖有言曰：無憂者其惟文王乎，盖以其作述俱賢也。而如劉公者，雖不比性聖之際會，而以鄉閭視之，亦可謂前後得人矣。以拔貢爲父而詩書滿桌，足爲門□之光，以繼□爲子而貨物盈箱。不計日用之艱□，是生則當快於五内□亦於九泉，此衡加之□□也，不亦幸乎。更可幸者，後人象賢欲述前人之志，下問不□求作□□□□□□自愧□中無物，豈能筆下生花。聊以述漢光武贊嚴子陵之詞，而復爲公贊曰：雲山蒼蒼，江海洋洋，先生之德，山高水長。謹誌。

故男長寸心　次寸田　三寸忱　故孫耆賓樹本　知本　曾孫監生克纘　克紹　敬立

同治四年十一月初五冬至日立

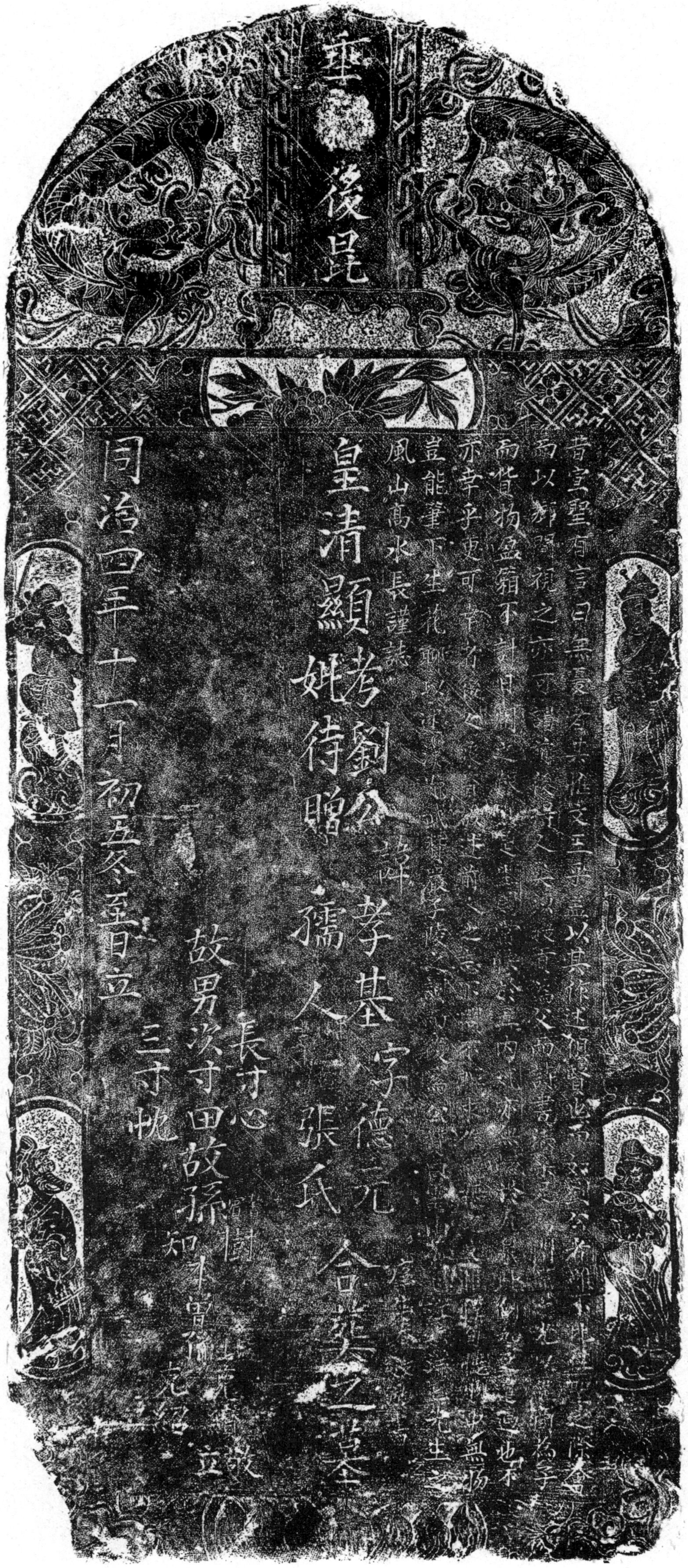

南庄真武庙碑记

【简介】

清同治五年（1866）六月勒石。现存于临县白文镇南庄村真武庙内。碑砂石质，圆首方座，碑身高216、宽87、厚16厘米。额题“垂于后”3字。碑文楷书，正文计11行，满行49字。记载真武庙的修建过程。碑体略有剥蚀，碑文有少量缺失。

【碑文】

碑額之恒篆，以求永垂不朽也。豈不朽其功德之謂，其謂後之覽者，將有感於斯記，而繼繼承承，相守於不廢墜焉耳。而若人之功，亦於是乎常昭斯地，斯廟昔無碑記之存，遂不知昉自何人，創自何代，亦並不知没自何年，識者不免存廢墜之歎焉。猶幸□以真武名，人尚知其爲真武廟也。况遺址尚在，顯然有礎石數塊，村人之欲爲重修者久之，奈倡事委無其人。咸豐□□郝萬聰祥徵神夢，與邨人共議此事，村議與神夢相符，遂會合郝述興、李心泰、郝海瑞等，率作興事，設施募化。先修真武正殿，設彩開光事未□，囊已空，所不足者百□□□，惟是郝萬聰補焉。越至同治三年萬聰又獨出己資數百緡，於真武廟前，東修財神廟，西修三位娘娘廟，正中一□□真武，聖佛之南天門也。廟院東修稚窰數眼，西修稚窰數眼，内有天地牌位焉。所以報兩大之□□，有廣應大王焉。所□酹百代之钜功也，有風伯雨師焉，有白龍神焉，所以冀其散潤，萬物道濟民生也。有虮蜡、蚜蚄焉，有五道將軍焉，所以冀其助成萬物，陰除民害也。若夫本山土神，永護一方，北向韋駝，功高萬代，則又民人之所當者也。是役也，興前人之已墜，啟後代以時，修以體天地之撰，以通神明之德，以類萬物之情。論工程經營八九載，論費用支使□□金，一時神像廟貌、鐘樓墻垣，焕然稱盛，李心盛、郝述奐等之從善可謂勇矣，郝萬聰之行善，不尤加人一等哉！至若神聖之阿護□，不如其所行焉。予也因其功而慕其德，爰敘其顛末而爲之記。

增廣生劉祚遠　歲貢生劉晟仝撰

從九品齊士英丹書

功德主　郝萬聰　男耆賓海珍　成德　孫從九明鏡　玉鏡　曾孫廷輔

城守司張繼彦　儒學教諭高桂秀　臨縣正堂崔成霖　儒學訓導傅良弼

臨縣右堂柯建勲

經理人　李玉坫　李玉均　郝述興　喬俊德　郝建興　李心鏡　郝士海　武生李心銘　喬應玘　秦□清　秦明福　郝海瑞　從九郝萬明　郭興盛　郝海貴　郝海清　李心忝　郝海元

木匠　張際龍　秦爾和　王兆海

泥匠　郭爾定　任增華

丹青　李文秀　秦佩福

石匠　楊應傑　王道□　刻　募化錢一千二百

大清同治五年歲次丙寅暑月吉日穀旦

垂於後
碑額之恒篆以永垂不朽也豈不朽其功德之謂與謂後之覽者將有感於斯記而繼繼承承相守於不廢墜焉耳而若人之功
亦於是乎常昭斯地斯廟昔無碑記之存遂不知肪自何人創自何代亦並不知沒自何年識者不免有廢墜之歎焉猶幸
以一真武名人尚知其爲真武廟也現遺址尚在顯然有礎石數塊村人之欲爲重修者久之奈倡事委無
萬聰祥徵神夢與郝此事村議與神夢相符遂會合郝述興 李心泰 郝海瑞等倡作興事設施募化先修真武正殿設彩開光事未
囊已空所不足者百 惟是郝萬聰補焉越至同治三年萬聰又獨出己貲數百緡於真武廟前東修財神廟西
三位娘娘廟正中一 真武聖佛之南天門也廟院東修稚窑數眼西修稚窑數眼內有天地牌位焉所以報雨大之
有廣應大王焉所酧百代之祈功也有風伯雨師焉有白龍神焉所以冀其散潤萬物道濟民生也有虸蜡
焉有五道將軍焉所以冀其助成萬物陰除民害也若夫本山土神永護一方北向常駁功高萬代則又民人之所常
者也是役也興前人之已墜啟後代以時修以體天地之撰以通神明之德以類萬物之情論功程經營八九載論費用妥使
金一時神像廟貌鐘樓牆垣煥然稱盛郝述興李心泰等之從善可謂勇矣郝萬聰之行善亦尤加人一等哉至若神聖之
不如其所衎焉乎也因其功而慕其德爰敘其顛末而爲之記
大清同治五年歲次丙寅暑月

卜家崖村重修神庙碑记

【简介】

清同治五年（1866）七月勒石。现存于临县白文镇卜家岩。碑砂石质，圆首，高157、宽65、厚15厘米。额题"百世流芳"4字。碑文楷书，正文共6行，满行34字。记载卜家岩重修诸神庙之事。李道谦撰文，刘烈书丹。碑体完好，字迹漫漶。

【碑文】

卜家崖村重修神廟碑記

從來造物生人，必賴群神以成立之。上有日星，下有河嶽，中有五祀，皆默寓精靈呵禁不祥。然其間或尋聲而就苦，或施澤以潤生，或驅虎豹違跡、豺狼潛蹤，俾閭静鎮，尤賴有神恩以保護也。我村自道光二十五年新建觀音、龍王、龍天、山神、土地聖祠於此，令無災可乘，大爲一村之鎖鑰，實有禱必應，永爲千載之庇蔭。但爾時工程告竣，未暇勒石，及今更樹門屏，稍爲修葺，垂之貞珉，以誌不朽云。

邑庠生李道謙謹撰

邑監生劉烈敬書

修廟經理信士

劉□德　耆賓劉利信　薛應讓　薛庭良　劉滿　薛□温　劉樹屏　張子德　劉樹禮　張海富　劉樹□　薛安禮　劉樹義

施錢人　薛□七千八百文　劉□□七千八百文　劉渭壹十三千文　薛應浪壹十八千文　劉樹信貳拾三千三　劉樹屏貳十八千六　劉樹德十七千六　劉樹□貳十二千三　劉□□壹十三千文　薛安禮七千八百文　薛應□七千八百文　張海富七千八百文劉樹□五千二百文　劉□玉五千二百文　張子德三千九百文　張成祥三千一百文　薛□仁貳千六百文　薛世祿貳千一百文　薛安□貳千六百文　劉□貳千一百文　劉圮貳千一百文　劉有山壹千五百文　李□萬壹千五百文　王玉□壹千五百文　□□七百文　劉樹□□□文

勒石經理人　劉樹□　薛□良　□□□

薛安禮　耆賓張海富　耆賓薛應讓　劉樹□　薛能慶　武生劉溥　監生劉恒　監生劉烈　劉□監生劉熙　劉有山　劉□　監生劉□

施錢人　監生□□貳千文　生員劉傑貳千文　監生劉熙貳千文　監生劉□熊貳千文　武生劉兆熊貳千文　劉繼熊壹千六百　薛永中壹千五　劉樹林壹千二　劉來熊壹千三　薛□慶八百文　劉□自八百文　□□□八百文　劉□山六百文　劉□山四百文　薛寶□五百文　□□五百文　劉儀上五百文張□四百文　劉昌三百文　薛□□貳百四　薛萬慶貳百四　劉樹才貳百四　劉樹□貳百文　□世□貳百文　李治元貳百文　李世志貳百文　薛永平貳百文　秦□□貳百文　□光明二百文　劉樹寬貳百文

大清同治五年歲次丙寅七月穀旦吉日立

河津縣李□□　萬榮縣李清平　敬刊

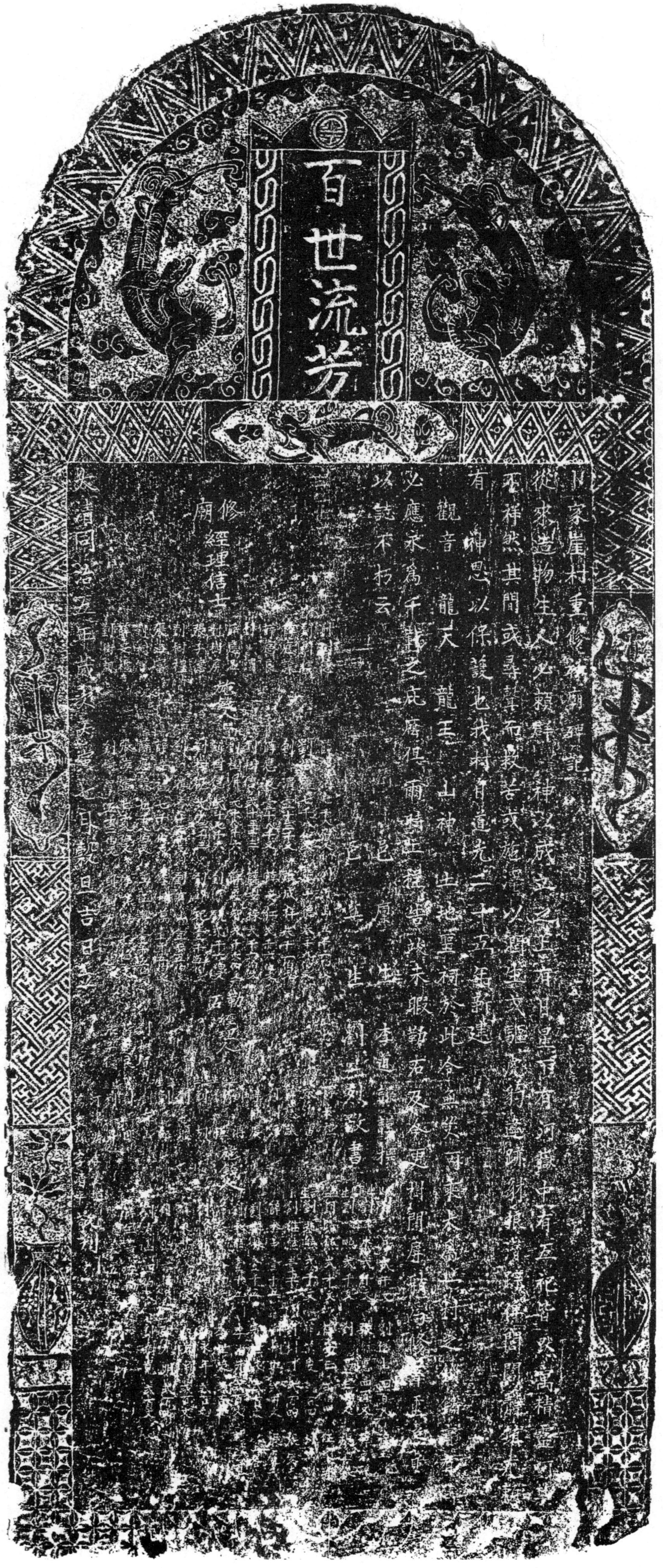
百世流芳

本山后土神位

【简介】

清同治五年（1866）七月勒石。现存于临县白文镇铁芦沟村张氏墓地。碑砂石质，圆首方趺，碑身高110、宽50、厚12厘米。碑文楷书，正文共1行，满行6字。保存完好。

【碑文】

本山后土神位

大清同治五年仲秋穀旦

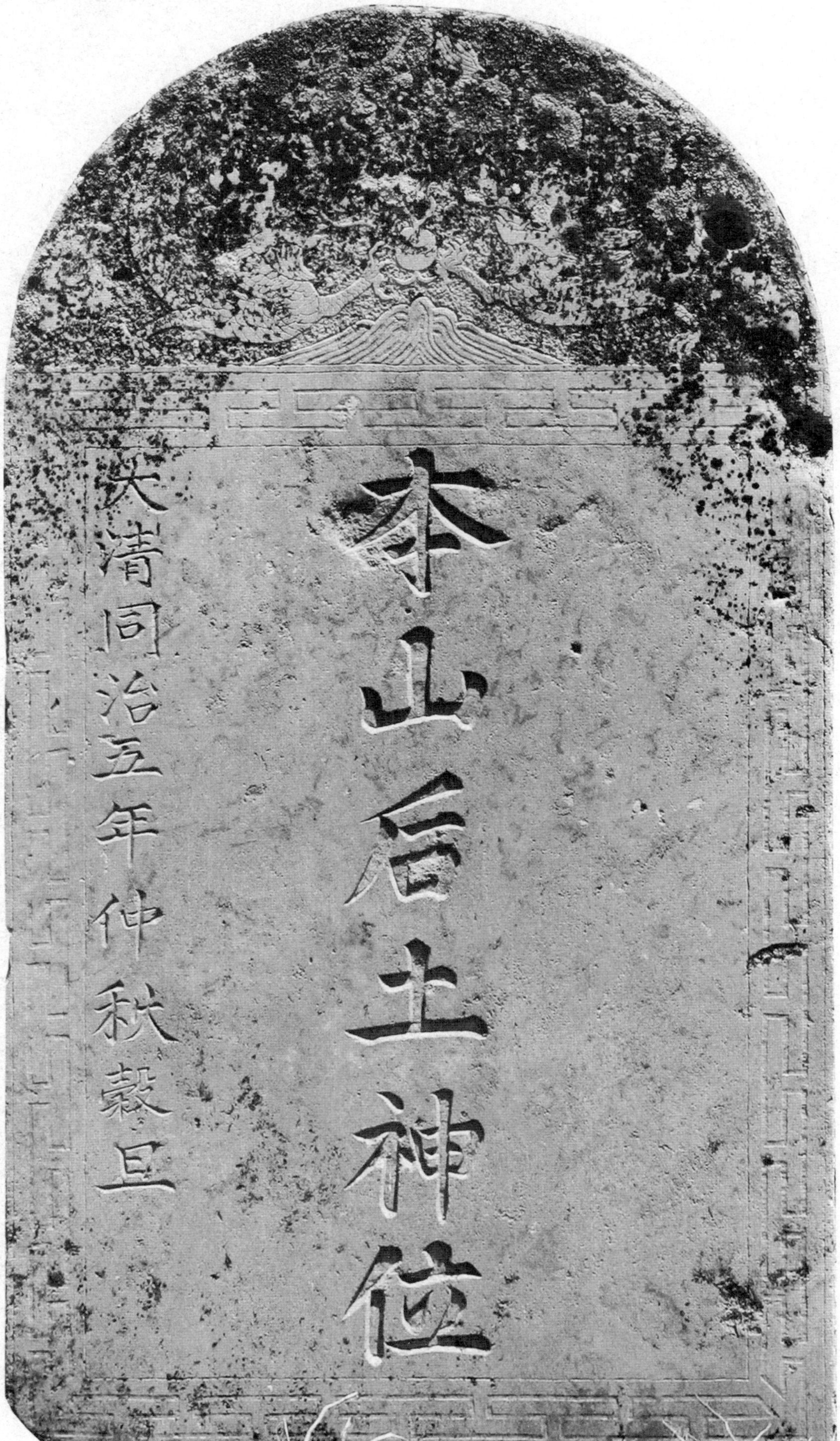

皇清显考刘公讳映池字清香妣刘氏合葬之墓

【简介】

清同治五年（1866）七月勒石。现存于临县三交镇东坡村。碑青石质，圆首，高 93、宽 48、厚 12 厘米。额题“万寿无疆”4 字。碑文楷书，正文共 4 行，满行 22 字。碑体曾遭日寇枪击，断为两截。

【碑文】

皇清顯考劉公諱映池字清香妣劉氏合葬之墓

尝思碑者，誌也。誌其始而復其終也，余等父享年七十二歲，生于乾隆六十年，終于同治五年初六日，葬于慢平嘴，甲山庚向，故使後世之子孫，一情碑記，而父母之德時念弗忘也，是爲記。

皇清顯考劉公諱映池字清香妣劉氏合葬之墓

男劉儒　孫劉茂元　曾孫劉生厚　劉昇厚

大清同治五年七月十五日

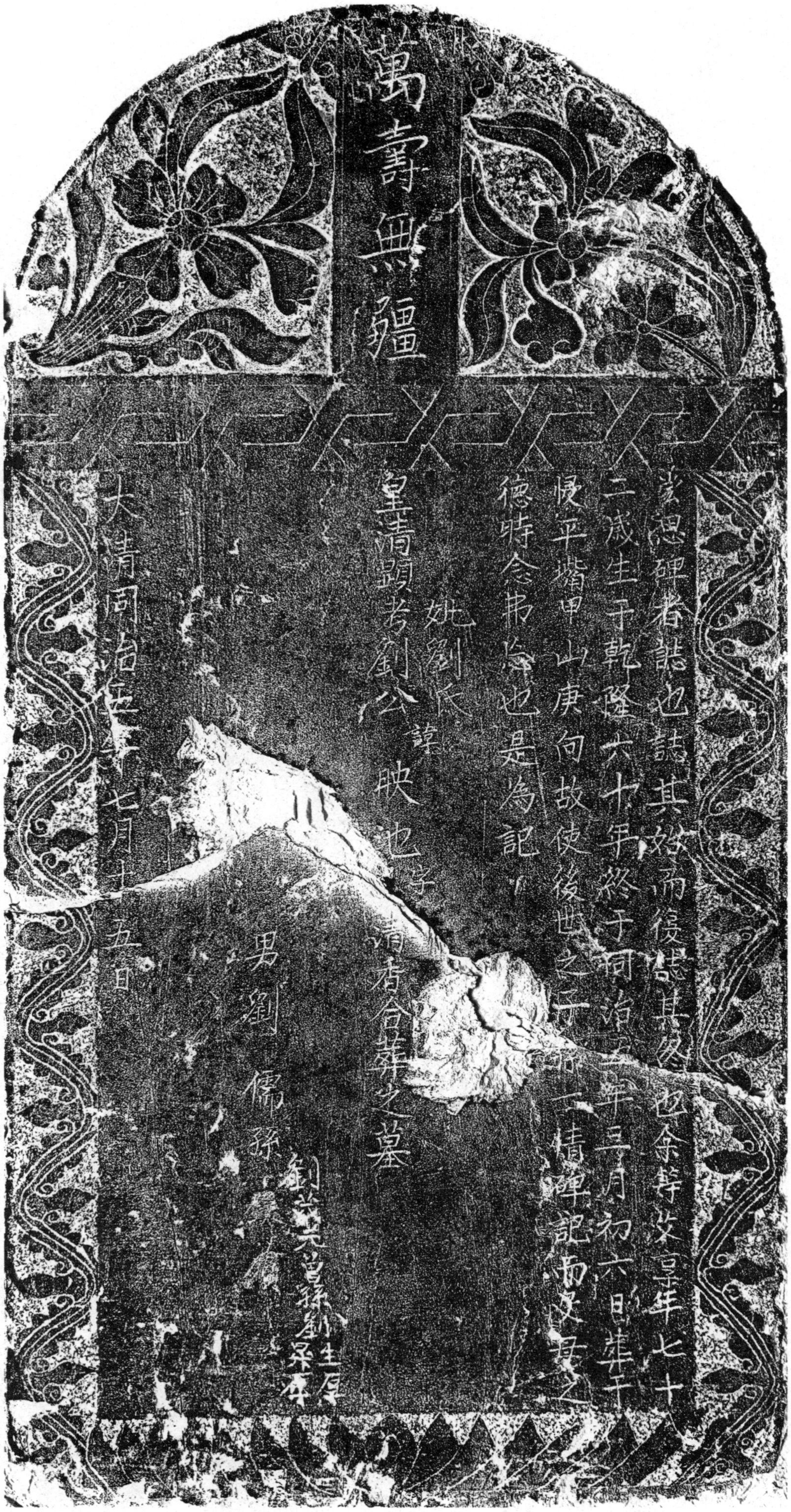

王裕后父母敕命碑

【简介】

清同治五年（1866）八月勒石。现存于临县安业乡前青塘村。碑砂石质，方形，高 201、宽 78、厚 14 厘米。碑文楷书，正文计 8 行，残存 37 字。主要内容是皇帝给王裕后母亲的勅命。碑体上部凿一洞，碑文缺失，字迹模糊。

【碑文】

奉天承運，皇帝制曰：

寵綏國爵，式嘉閥閲之勞；蔚起門風，用表庭闈之訓。爾王開瑞乃都司職銜王裕後之父，義方啟後，穀似光前。積善在躬，樹良型於弓冶；克家有子，拓令緒於韜鈐。玆以覃恩，贈爾爲昭武都尉，錫之誥命。於戲！錫策府之徽章，存承恩澤；荷天家之庥命，允賁泉壚。

制曰：怙恃同恩，人子勤思於將母，赳桓著績，王朝錫類於榮親。爾杜氏乃都司職銜王裕後之母，七誡嫻明，三遷勤篤。令儀不忒，早流珩瑀之聲；慈教有成，果見城干之器。慈以覃恩，贈爾爲恭人。於戲！錫龍綸而煥采，用答劬勞；被象服以承庥，允光泉壤。

都司職銜王裕後立石

大清同治五年捌月二十日

清故例授议叙正九显考武公讳巨河字清一妣刘氏之墓

【简介】

清同治五年（1866）八月勒石。现存于临县安家庄乡武家湾村。碑砂石质，圆首，身高134、宽52、厚13厘米。额题“奉先孝思”4字。碑文楷书，正文6行，满行约43字。碑体下部剥蚀，碑文有缺失，字迹模糊。

【碑文】

清故例授議敘正九顯考武公諱巨河字清一妣劉氏之墓

且夫碑者，誌也，因人以誌其事實，因事以誌其人也。如我父母因有可誌之實，属在吾等□□□□□□□□□□自與伯父等各立門户，分理家業，肯堂肯構，承先祖之基而日積月累，無怠無荒，彈一□□□□□□翼貽謀。既而家道頗厚，正宜享宁安樂，夫何天不假年，僅四餘旬而壽終。所遺吾等皆属幼稚，□□氏□□尤有甚也，語其持家，無所依，或操井臼，或感事務，治内更兼治外之責。語其育子，□無下□□穀□□義方之訓，母教還當父教之艱，吾等不能報深恩於生前，亦徒志編文於没後已耳。□非□□□□焉，實□□□辛苦，不忍使湮没而無傳，因而勒碑刻石，□誌厥□俾世世子孫知創業之艱，□□守勿替，則幸甚□。謹誌。

考生於嘉慶九年六月十三日寅，卒於道光二十八年十一月初十日辰時。

妣生於嘉慶八年三月十三日寅，卒於同治二年七月十九日丑時。

男長治　長□

同治五年□秋謹立

清故乡饮耆宾显考武公讳巨江字浙亭号珍生妣王氏之墓

【简介】

清同治五年（1866）八月勒石。现存于临县安家庄乡武家湾村。碑青石质，圆首，身高132、宽54、厚8厘米。额题“孝思无穷”4字。碑文楷书，正文6行，满行约27字。保存较好，字迹略有模糊。

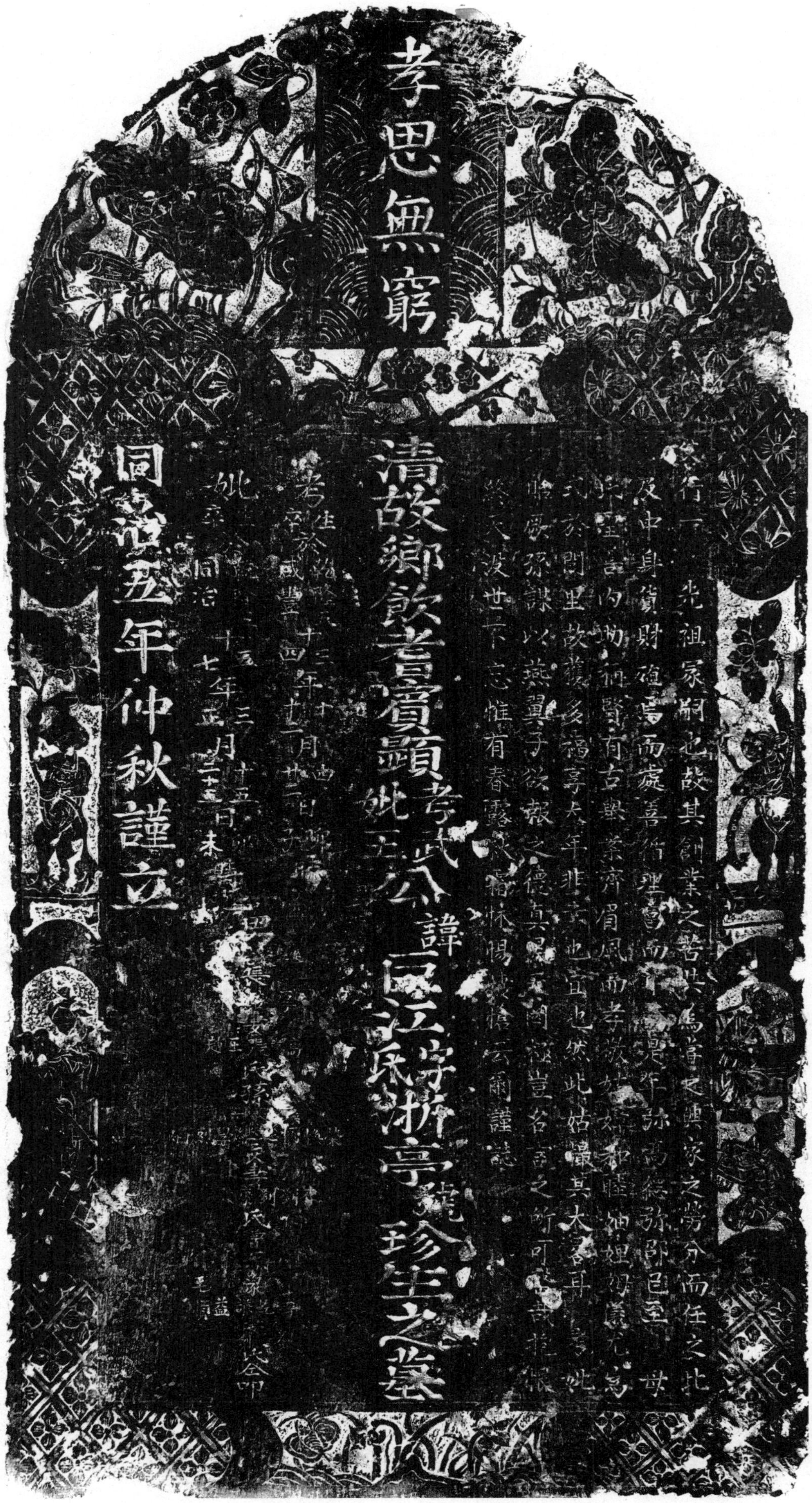

【碑文】

清故鄉飲耆賓顯考武公諱巨江字浙亭號珍生妣王氏之墓

父行一，先祖冢嗣也，故其創業之苦共爲嘗之，勞分而任之，比及中身，貨財殖焉。而處善循理，富而□□，是年弥高德弥邵已至。母氏聖善，内助稱賢，有古舉案齊眉風，而孝敬姑嫜，和睦妯娌，姆儀尤爲，式於門里，故獲多福。大年非幸也，宜也，然此姑撮其大略耳。考妣貽厥孫謀以燕翼子，欲報之德，真昊天罔極，豈名言之所可罄哉。抱恨終天，没世不忘，惟有春露秋霜，怵惕悽愴云爾。謹誌。

考生於乾隆五十三年十月四日卯時，卒於咸豐四年十二月廿二日子時。

妣生於乾隆五十五年三月十五日卯時，卒於同治七年正月二十五日未時。

男長裕　妻張氏　從九長厚　妻高氏　常氏　長□　妻王氏　趙氏　孫□文　妻劉氏　正九繼文　妻康氏　炳文　妻劉氏　學文　妻段氏　煥文　妻李氏　烈文　榮文　焰文　曾孫象乾　妻白氏　象謙　妻劉氏　象晋　妻劉氏　象益　毛順　仝叩

同治五年仲秋謹立

創修碑記

【简介】

清同治五年（1866）十一月勒石。现存于临县三交镇段家庄村。碑砂石质，圆首，高151、宽64、厚13厘米。额题“碑记”2字。碑文楷书，正文共9行，满行43字。记述段家庄村创建献殿、乐楼、正殿两廊之事。段荣廷撰文，段翼廷书丹。碑文完整，字迹清晰，碑体完好。

【碑文】

創修碑記

凡事之興廢，雖曰天意，而實關人事。必翕然共謀之，而後可興；毅然獨任之，而後可興。甚矣！共謀之難也，獨任之更難也。故修廟之事，而人每不敢爲不肯爲者，非阻於財用之不足，即阻於經理之無才。我段家庄村舊立會主一十三家，各出己貲，以崇祀典。每年於正月元宵佳節，設棚搭臺，天地神前，献戲三天。是舉也，前人行之，後人仍之，不審始於何時。或遇風雨之不測，而人皆曰：神無安室之地，人乏祈禱之區。逮同治乙丑春，少長咸集僉曰：會主經守之布施，迄今已有二百八十餘千，若得四方捐助，則廟可修矣。於是合村公議，選舉賢才，幸有好善諸人，獨敢身任其責，出疏募化，所獲一百多金。不數月，擇吉卜地，召匠鳩工，先建献殿，以妥神靈。南造樂樓一座，並及背後磚窰，莫不輝煌可觀。又於佛廟之正殿兩廊，圮者補之，傾者固之，塵封者皆騰光而耀采，此其功豈淺鮮哉！工既竣，將欲勒石，命予爲記，予自愧才同綴線，技等雕蟲，不能爲鴻章大論，以表揚盛事。姑即修廟之由，以誌其功於不朽云。

增貢生段榮廷薰沐敬撰　段翼廷薰沐敬書

經理人　段榮桐施錢壹千貳百文　段殿仁施錢六百文　段元順施錢四百文　段汝祿施錢壹千貳百文　段元濤施錢六百文　段滿倫施錢壹千貳百文　段映成施錢壹千貳百文　段萬務施錢壹千貳百文

糾首　段榮林施錢六百文　段丕承施錢六百文　段汝亮施錢六百文　段丕蘭施錢四百文　段汝賢施錢貳百四十文　段汝梅施錢壹千貳百文　段汝義施錢貳百四十文　段映儉施錢貳百四十文　段滿富施錢貳百四十文　段滿法施錢貳百四十文　段滿盈施錢六百文　段萬榮施錢貳百四十文　段萬欽施錢五百文　段萬柱　段萬選施錢貳百四十文

瓦匠　郭兆信募化錢貳百四十文

泥匠　雒治邑　薛希君募化六百文

木匠　高映居施錢五百文　薛慎德

石匠　王化行

丹青　李生花施錢三百文

段滿瑜施臺底地基一處，受錢六千，爲價一半。

大清同治五年十一月吉日立

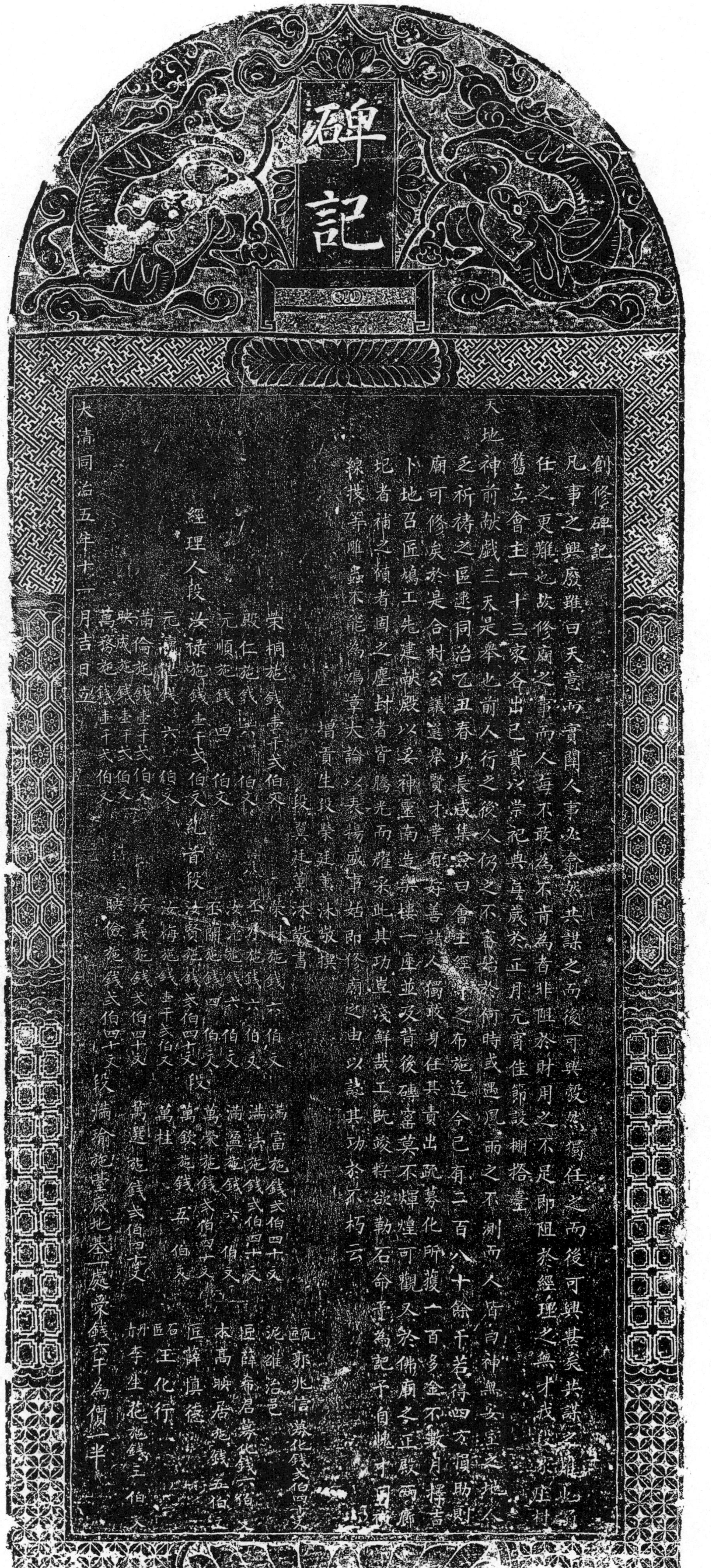

碑記

創修碑記

凡事之興廢雖曰天意而實關人事必僉議共謀之而後可與毅然獨任之而後可與甚矣共謀之難也獨
任之更難也故修廟之事而人每不敢為不肯為者非阻於財用之不足即阻於經理之無才我段家庄村
舊立會主一十三家各出己貲以崇祀典每歲於正月元宵佳節設棚搭臺
天地神前獻戲三天是舉也前人行之後人仍之不奮始於衛時或遇風雨之不測而人皆向神無安宜之地人
之祈禱之區逮同治乙丑春少長咸集僉曰會主經手之布施迄今已有二百八十餘千若得四方預助則
廟可修矣於是合村公議遂舉賢才華有好善諸人獨敢身任其責出疏募化所獲一百多金不數月擇吉
卜地召匠鳩工先建獻殿以妥神靈南造樂樓一座並及背後碑窑莫不煇煌可觀又於佛廟之正殿兩廊
圮者補之傾者固之塵封者皆騰光而耀彩此其功豈淺鮮哉工既竣將欲勒石命予為記予自愧才薄識
綫拔筭雕蟲不能為鴻章大論以表揚盛事姑即修廟之由以誌其功於不朽云
增貢生段榮廷薰沐敬撰
段翼廷薰沐敬書

榮桐施錢壹千弍伯文　榮林施錢六伯文　滿富施錢弍伯四十文　瓦匠郭兆信募化錢弍伯四十文
殿仁施錢[illegible]伯文　丕水施錢六伯文　滿法施錢弍伯四十文　泥匠雒治邑
元順施錢四伯文　汝花施錢六伯文　滿盈施錢六伯文　薛希君募化錢六伯文
經理人段汝祿施錢壹千弍伯文　糾首段丕蘭施錢四伯文　萬榮施錢弍伯四十文　木匠高映居施錢五伯文
元濬施錢六伯文　汝賢施錢弍伯四十文　段萬欽施錢五伯文　薛慎德
蕃倫施錢壹千弍伯文　汝梅施錢壹千弍伯文　萬杜　石匠王化行
映成施錢壹千弍伯文　汝義施錢弍伯四十文　萬選施錢弍伯四十文　丹井李生花施錢三伯文
萬務施錢壹千弍伯文　映倫施錢弍伯四十文　段滿瑜施臺底地基一處棠錢六千為價之半

大清同治五年十一月吉日立

皇清三祖考刘公讳寸忱字天真元配崔氏次配徐氏赵氏合葬之墓

【简介】

清同治六年（1867）三月勒石。现存于临县大禹乡马蕊坡村。碑青石质，圆首，高114、宽53、厚13厘米。额题“报本追远”4字。碑文楷书，正文共7行，满行32字。保存完好。

【碑文】

皇清三祖考劉公諱寸忱字天真元配崔氏次配徐氏趙氏合葬之墓

嘗謂施恩者當報，被德者莫忘。而如我三祖者，可謂□□□□□□均賴六親皆庇，於我長門尤爲敦厚。憶昔孫父以娶妾一事，□至涉訟，□□□□□自身乏嗣，繼父立門等詞，一力護持，事幾有成，而孫父力辭未娶，執意弄假□□悔之無及。息訟以後，竟將三祖嬰兒以痘症没之，此三祖殁世而悲□者耳。孫父痛之，以侄代子，無有二心，孫雖聞之，於父亦常爲之感傷。今孫仍然娶妾欲衍後嗣，倘皇天其多佑今子嗣之繁衍，則三祖之嗣可繼，而長門之後亦昌，綿綿延延，以光門第，孫之願也，祖之德也。兹者欲報大德，勒諸貞珉，以誌不忘云爾。

承嗣孫監生劉克纘敬立

大清同治六年三月初十日立

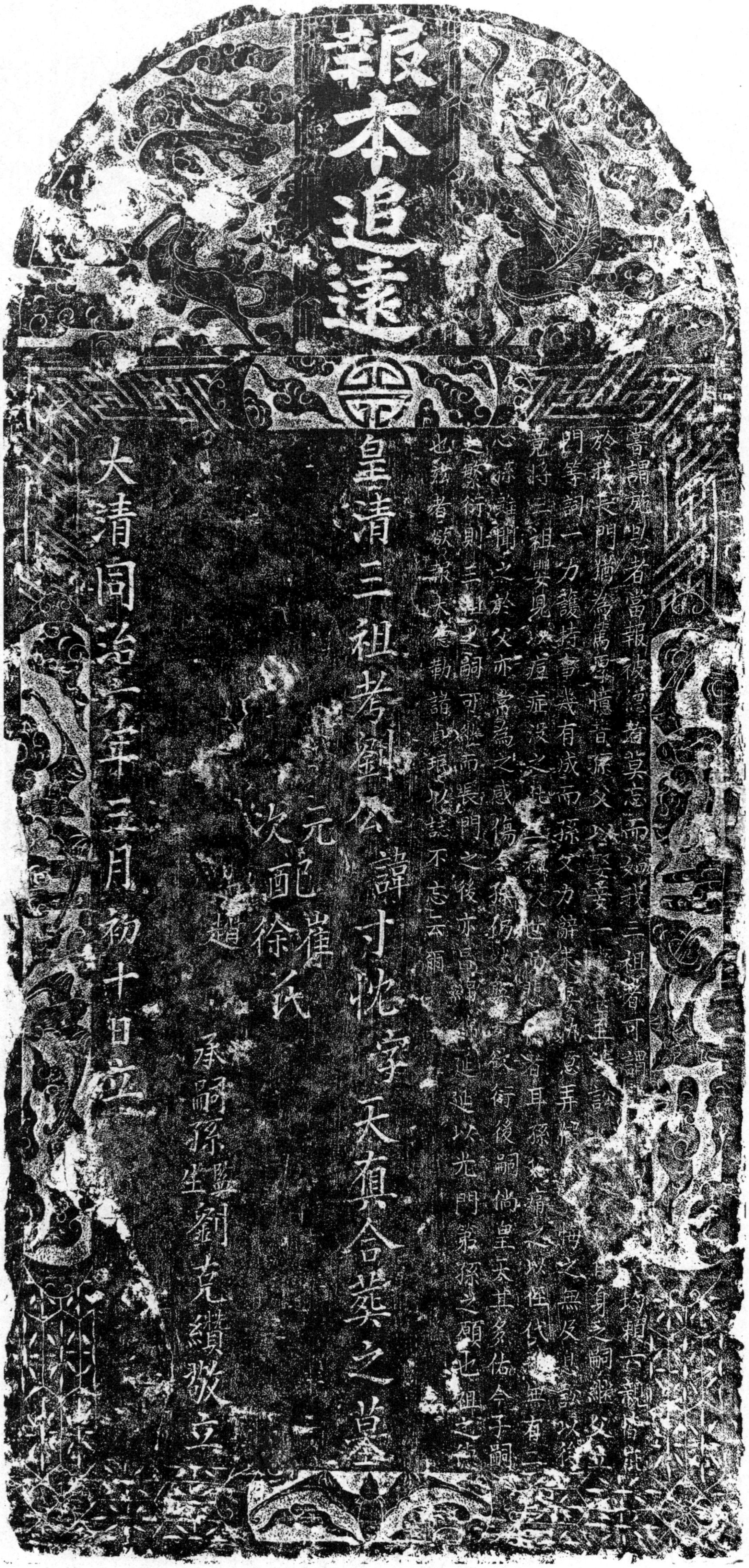

皇清郭府君讳应城一位之墓

【简介】

清同治六年（1867）清明日勒石。现存于临县丛罗峪镇郭家塔村。碑砂石质，圆首，高100、宽50、厚12厘米。额题“永垂不朽”4字。碑文楷书，正文5行，满行20字。碑体下半部剥蚀，碑文缺失。

【碑文】

皇清郭府君諱應城一位之墓

公諱應城，享壽八十餘歲，爲人……也，奈無子，有一女適堡則峪王門，……地，族中親近者，共議將此地出賣，除爲……錢外，尚餘錢十數千文，於是恐公之湮……謹將此錢勒碑置於公之塋前，庶永垂不朽云。

郭姓親近衆等立

大清同治六年清明日

“善为宝”匾额

【简介】

清同治六年（1867）夏勒石。现存于临县碛口镇寨子坪村，嵌于墙洞上方。匾砂石质，长方形，高 50、长 110 厘米。碑文楷书，正文共 1 行，满行 3 字。保存完好。

【匾文】

歲次丁卯夏

善爲寶

陳渭祥書

皇清待赠显祖考张公讳廷玉字温其妣薛氏合葬之墓

【简介】

清同治六年（1867）七月勒石。现存于临县玉坪乡永丰村。碑青石质，方首，高187、宽80、厚12厘米。碑文楷书，正文5行，满行50字。碑体基本完好。

【碑文】

皇清待贈顯祖考張公諱廷玉字温其妣薛氏合葬之墓

公諱廷玉，字温其，姓張氏，予堂譜其家乘是所謂質直好義、不侵爲然諸者也。乾隆年間，始居卜於永豐村，家素清貧，無以自業，常備作以給衣食，而存心端正，所爲必盡其力，無流俗謗張習氣，見人有過，輒面責之，欲改其失；見人有善，恒獎勸之，以成其美。鄉党以此稱慕之，推爲長者。娶薛氏有婦德，相敬如賓，謀無不協。生二子材質不凡，及其健壯，併力操作，勤勞稼穡，漸有豐潤之機，而公老矣，享壽六十餘歲，道光某年卒於家，葬於某山之原，曾孫等欲表其，遂請敘於予。爲敘其梗概，如此書而係之。銘曰：

世多務華，弗誠以身，庸信庸謹，儔如丈人，積善有報，後嗣顯親，發潛闡幽，載錫維新，愚銘斯語，并勒貞珉。

汾郡儒學優生孫俊卿撰

男貤封武德騎尉永信　永忠　孫誥封武德騎尉大興　大盛　曾孫甲子科武舉職授兵部差官元龍　元勳　元善　元孫蘭芳

同治六年歲次丁卯七月穀旦立

例授都司显考张公讳锡字纯暇府君恭人妣原配刘氏继配王氏王氏赵氏太君合葬之墓

【简介】

清同治六年（1867）十一月勒石。现存于临县三交镇东街村。碑青石质，方首，高134、宽68、厚12厘米。碑文楷书，正文共5行，满行30字。碑体断为两截，碑文略有残缺。

【碑文】

例授都司顯考張公諱錫字純暇府君恭人妣原配劉氏繼配王氏王氏趙氏太君合葬之墓

純暇張翁，孝廉公之後裔，明經公之嫡孫也。爾時，藝苑蜚聲，木鐸司乎夏縣；金門待詔，文名播乎湫川。先人之流澤孔長矣，後嗣之浡興可必焉。公自幼習文，埋頭於簡編者有日；及長就武，拾芥於汾郡者有年。名未登於蕋榜，望已重於賓筵。佐騎尉例授予初，都閫府銜加於後，聖朝之錫予既隆，奕業之箕裘弗墜。豈第持籌握算、家累千金，庶幾裕後光前、緒纘百世。是爲記。

男昌後　孫檟　曾孫文元　立

甲子科亞元年愚侄劉建英頓首拜題

大清同治六年歲次丁卯仲冬穀旦

榆林村补葺新建庙宇碑记

【简介】

清同治六年（1867）勒石。现存于临县木瓜坪乡榆林村。碑砂石质，圆首，高161、宽64、厚13厘米。额题“勒石垂名”4字。碑文楷书，正文计7行，满行38字。记载榆林村补葺新建庙宇之事。郝晋鍠撰文并书丹。碑体表面剥蚀严重，缺字较多。

【碑文】

從來善事莫爲之前，雖美弗彰；莫爲之後，雖盛弗傳。此溯流者必窮其源，原始者必要其終也，而乃棲佛之祠乎！我榆林村社内樓上，舊有實殿，不知創於何時，歷年久遠，廟貌寂寞，墻垣傾頹，聖像亦皆剥落矣。同治三年，村人公議補葺新建□□財神廟二祠，□石窰一眼，西馬棚四間。仲秋月，□□火焚，聖像失落，村人瞻拜而歎曰：“有佛殿並無佛立。”閤村人等心同意欲，募緣捐資。同治六年，經□□□共費金□百伍十余千，廟貌巍峨，煥然一新焉。此固前人之善創，實□□□之善因，而後人之善因，□顯前人之善創□。自此以後，善人君子，屢爲振修，求之即應，禱之則靈，□□□人尊□賴佛庇，所謂有其舉之，莫敢廢者，更有厚望耶。爰勒石垂名，以傳不朽云。

本村信士郝晋鍠敬撰沐浴書

馬家庄村合社施錢二千文

住廟樊全孝□匠□

經理人　郝永仁七千　馮映蘭一千　高文明三千　劉映貴二千　高□宇一千　……

施錢人　郝世恩……　馮映元七千　劉杰七千　……　曹丕謨　……　以上……　高成智一千　□荣敬一千　□□德一千　□富法八百　……　曹懷林　郝永安　高中　高萬富　高映選　……　各施錢六……　高光明　高太清　馬满□　馬□敬　馬□暎　……　王忠海三百　……

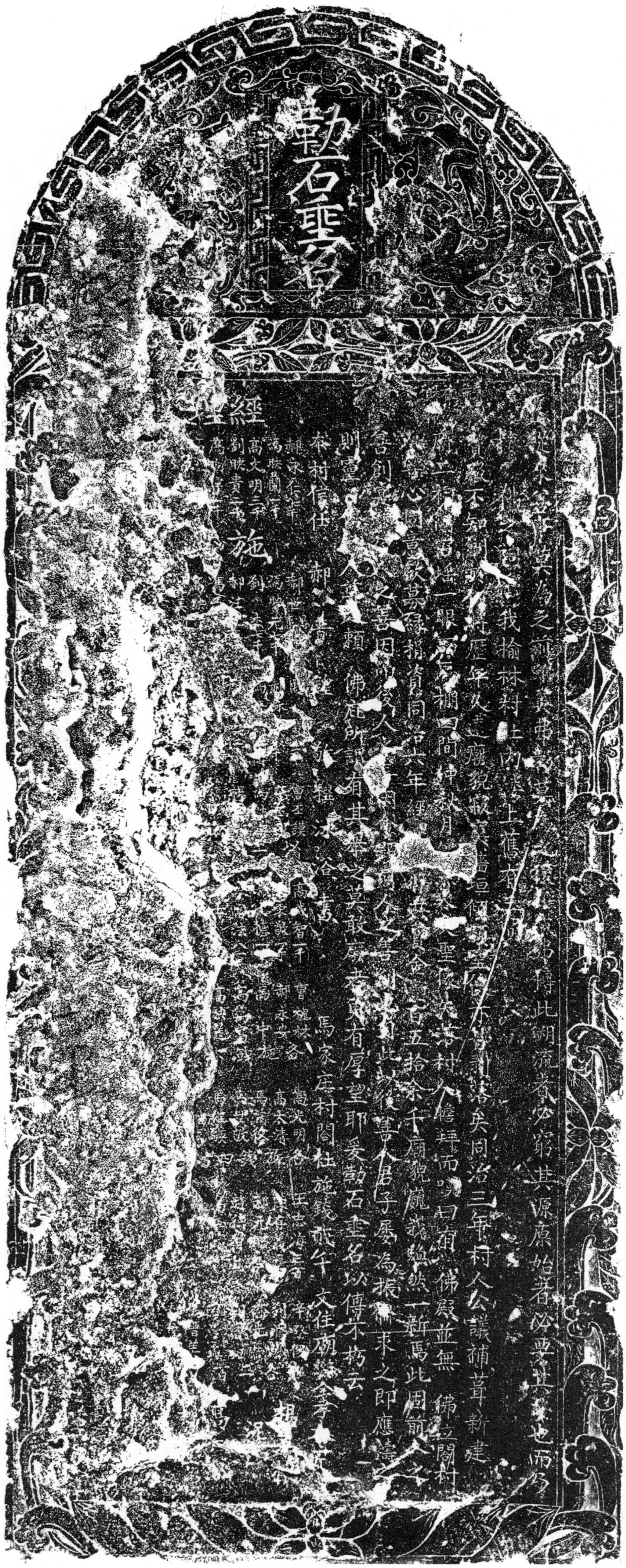
勒石垂名

“复顺店”匾额

【简介】

清同治六年（1867）勒石。现存于临县三交镇正街村。匾砂石质，长方形，高 50、长 110 厘米。匾文楷书，正文共 1 行，满行 3 字。为店铺商号牌匾。石体略有风化。

【匾文】

同治丁卯

復顺店

樊映月書（章）

皇清赵公讳存宽字广亭之墓

【简介】

清同治七年（1868）三月勒石。现存于临县车赶乡赵家塔村。碑青石质，圆首，高 81、宽 43、厚 10 厘米。碑文楷书，正文共 4 行，满行 19 字。碑体完好。

【碑文】

皇清趙公諱存寬字廣亭之墓

考生于嘉慶五年二月二十五日，卒于同治四年七月十六日，享壽六十六歲，生予等。元妣李氏生于嘉慶四年五月十二日，享年三十八歲，繼妣李氏，又繼李氏。

男子義　子禮

孫如川　如山　如昇

同治七年三月初六日安業都十甲趙氏墓碑立

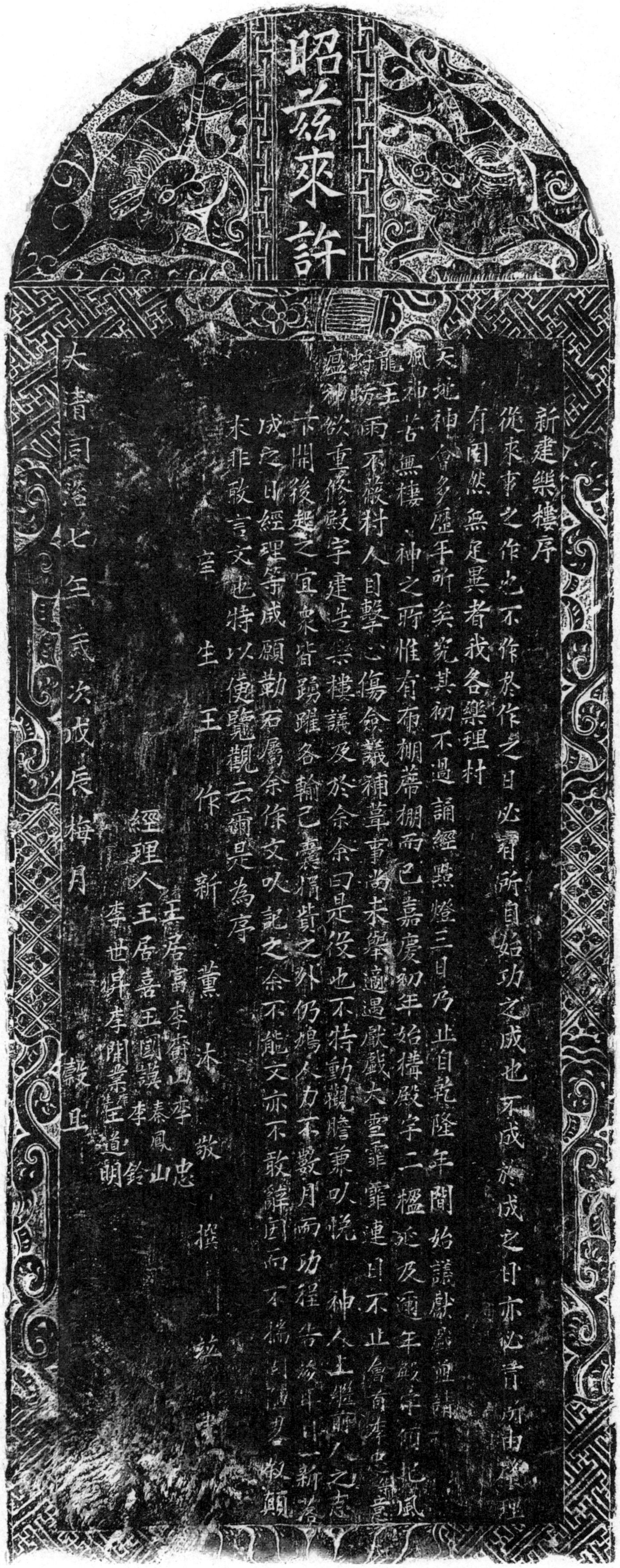

新建乐楼序

【简介】

清同治七年（1868）四月勒石。现存于临县大禹乡圪麻岭村。碑砂石质，圆首，高150、宽59、厚16厘米。额题“昭兹来许”4字。碑文楷书，正文共9行，满行36字。记述重修殿宇、新建乐楼之事。保存完好。

【碑文】

新建樂樓序

從來事之作也，不作於作之日，必有所自始；功之成也，不成於成之日，亦必貫所由肇，理有固然，無足異者。我各樂理村，天地神會多歷年所矣，究其初，不過誦經點燈三日乃止。自乾隆年間始議獻戲並請風神、龍王、蚆蚄、瘟神，苦無棲神之所，惟有布棚、席棚而已。嘉慶初年，始構殿宇二楹，延及邇年，殿宇傾圮，風雨不蔽，村人目擊心傷，僉議補葺事。尚未舉，適遇獻戲，大雪靡靡，連日不止，會首李中等意欲重修殿宇，建造樂樓，議及於余，余曰：是役也，不特動觀瞻，兼以悅神人，上繼前人之志，下開後起之宜。公皆踴躍，各輸己囊，捐資之外，仍鳩人力，不數月而工程告竣，耳目一新。落成之日，經理等咸願勒石，屬余作文以記之。余不能文，亦不敢辭，因而不揣固陋，略敘顛末，非敢言文也，特以便覽觀云爾。是爲序。

庠生王作新薰沐敬撰並書

經理人　耆賓王居富　王居喜　李世升　李樹山　王國謨　李開業　李忠　秦鳳山　李鈐　庠生王道明

大清同治七年歲次戊辰梅月穀旦

重修关帝庙碑记

【简介】

清同治七年（1868）十二月勒石。现存于临县临泉镇陈家庄村。碑砂石质，圜首，高126、宽48、厚12厘米。碑文楷书，正文共6行，满行27字。为重修关帝庙碑记。高鸿逵撰文并书丹。碑文部分缺失，字迹清晰，碑面凿去四小块。

【碑文】

嘗聞神也者，妙萬物而爲吉者。□□□□□□上下爭祀、顯應至靈者，唯關聖帝君。我臨邑萬安村西、白家溝□□□□□□□□莊東，大明萬曆三十二年建廟，年代久遠，風雨漂摇，村□□□□□□□□□窮，幸賴四方善人君子，誠心捐施，共勷盛事。殿閣改□□□□□□□□□金莊體□尊佐像，並作坐臺，庶可妥神靈而安人意，是□□□□□□□□□石□□□名。是爲記。

邑增廣生員高鴻逵經理薰沐敬撰文並書丹

經理人　陳毓秀　監生齊中山　陳繼賢　劉明清　高萬禄　劉法智　辛應祥　陳貴□　□□□　白茂泰　□□明　□□□

丹□　□佩福

木工　□玉福

車夫　王秉甯

泥匠　高遇禄

鐫字　張五美

合社人等　董□肅

大清同治七年歲次戊辰十二月乙丑十二日乙卯

“福如东海”匾额

【简介】

清同治八年（1869）六月勒石。现存于临县碛口镇寨子坪村。匾青石质，长方形，高45、长120厘米。匾文楷书，正文共1行，满行4字。保存完好。

【匾文】

歲己巳季夏

福如東海

顧三陳九徵書

西孙家沟整修大庙碑

【简介】

清同治八年（1869）六月勒石。现存于临县刘家会镇孙家沟村。碑砂石质，圆首（已损），残高116、宽67、厚13厘米。碑文楷书，正文共8行，满行约35字。碑文约280字，其中可辨认者230余字。碑文记述整修大庙之事。碑阳底部字迹少量风化，碑阴字迹风化损坏严重。碑中正面记有本村孙姓男士48名，背面记载本村孙姓男士68人，共116人。

【碑文】

（碑阳）

孫家溝有廟一所者，地基永固，局勢坦平。而且東披秀嶺，西帶西溪，南臨□□，北□□□。□□經始於前代，善葺於我朝，既而歷年甚遠，詎云久而彌光，簷謝榱殘，堂殿□□□□□□□□蘿。見者心惻，聞者神傷，村人於是相聚而議曰：“今欲鳩工振理，誠恐費用□□□□□□□是所願也。”爰舉經理數人，先請捐於本村，復募化於四境，積財者歡輸恐後，□□□□□□集數百，助工人奄有數十。時同治七年歲在丁巳，擇吉基工，率作興事，越數月，□□□□廟、蚜蛾、虮蜡廟、綵飾者佛帝廟、真武關聖二郎廟、龍王牛王廟、城隍廟，靡不□□□□，一時堂構軒巍，簷牙輝煌，對越間聖像儼如帝天，臨觀時樓閣暉映日月。舉向□□□今而焕然聿新矣。於戲！轉敗爲功，不特於前人有光，且將來者亦有所興也，故□□□□。

李中科洗心敬撰

功德主　監生曰書六千

經理人　孫曰禮八百　曰謀一千　曰協四百　曰愷五百　曰孝五百　效顏四百　曰庭二千　曰行一千八百　長榮二千七百　可孝四百　可祝二千五百　可遂一千　長玉五百施發世義一千三百　世盈一千　樹成二千四百　世金一千　可泰一千　可含二千　可善二千　可周二千　可行六千五百　恕元三千五百　曰忠二千五百　生枝二千　效武二千五百　世泰二千四百　可山二千一百　可運二千可斌二千一百　曰宏二千曰金二千九百　可謙三千　樹桐一千三百　樹林一千三百　樹明一千三百　世起一千樹章一千三百　樹梧一千三百　發福一千七百　發禄一千三百　光成一千二百　爾胡一千二百　發文一千四百　發魁一千□百　長□□□□　長□□□□　世□□□□

風鑒　□□□

□□　□□□

木匠　□□□

瓦匠　□□□

石匠　王化行　敬刊

大清同治八年歲次己巳六月吉旦立

（碑阴）

孫世德一千一百　世昇五千一百　世亨五千一百　曰□一千　曰□三千三百　曰□□千□百　世□□千　□□□□　□□□□　□□□□　□□□□　□□□□　□□一千五百　□□一千□□　可□□□□　可光一千一百　可遠一千五百　可愷一千　發□一千三百　□□一千六百　□□一千五百□□九百　□□□百　曰□六百　可□五百　可秀□□□□　長海六百　世興七百　可世五百　□□四百　□□六百　□□八百　□□八百　□□六百　世□□百　長俊□百　世美□百　曰合□百□□□百　□□四百　□□六百　□□四百　□□□百　□□□□　□□□□　□□□□　□□□□□□□□　可□五百　成□五百成□四百　成□四百　成□□百　成智□百　世□四百　成□五百長□二千　桂□□□　□□二百四十　世□二百四十　可英二百四十　可積二百四十　□□□□

孫家溝有廟一所者地基永固局勢坦平而且東披秀嶺西帶西溪南臨[illegible]
經始於前代繕葺於我朝既而歷年甚遠詎云久而彌光簷謝榱殘堂殿[illegible]
蘿見者心惻聞者神傷村人於是相聚而議曰今欲鳩工振理誠恐費用[illegible]
是所願也爰舉經理數人先請捐於本村復募化於四境積財者數輸恐[illegible]
集數百助工人奄有數十時同治七年歲在下巳擇吉基功萃作興事越[illegible]
廟蚜蜡蚆蜡廟綵飾者　佛帝廟真武關聖二郎廟龍王牛王廟城隍廟廠不[illegible]
一時堂構軒巍簷牙輝煌對越間聖像儼如帝天臨觀時樓閣暈飛日月舉[illegible]
於而煥然一新矣於戲轉敗為功不特於前人有光且將來者亦有所與也故[illegible]

李中科洗心敬撰

功德主監生曰書六千

曰禮八百　可孝四百　可含四千　可山二千二百　世起一千　[illegible]
曰謀一千　可視二千五百　可善四千　可運二千　樹章一千三百　[illegible]
曰協四百　可遂一千　可周四千　可斌二千二百　樹梧一千三百　[illegible]
曰愷施五百　長王施五百施鬘　可行施六千五百　曰宏施二千　發福施七百

經理人孫

曰孝五百　世義一千三百　恕元三千五百　曰金二千九百　發祿一千三百
敎顏錢四百　世盈錢一千　曰忠錢二千二百　可謙錢三千　光成錢一千二百
曰庭二千　樹成二千四百　生枝二千　樹桐一千三百　爾胡一千[illegible]
曰行一千八百　世全一千　效武二千[illegible]　樹林一千三百　發変一千[illegible]
長榮二千七百　可泰一千　世泰二千四百　樹昭二千三百　發魁一千[illegible]

大清同治八年歲次己巳六月吉旦立　[illegible]玉化行敬刊

□□□□　□□□□　世□□□　世□□□□　長□□□　（68人）

化錢人　康仲□千二百　王興□□　□□□□　孫□□□□　□□□□□　高□□□□　孫□□□□　劉□□□□□　□□行□□　□□□□□　□□□□□　□□□□□　□□□□□□□□□□□　□□□□□　□□□□□　□□□□□　□□□□□　□□□□□　□□□三百　□□□□□　□□□五百　□□□一千　□□□□□　□□□八百　□□□二百　□□斌五百　□□□四百　□□□五百　□□□□□　□□□□□　□□□□百　□□□□百　□□□二百　□□□九百　□□□三百　張大發二百　□應春四百　張□□□百　張□□六百　□□□六百　□□□四百　□桂枝一千　康逢玉一千二百　張樹桂六百　孫長春五百四十　張選賢六百　趙恒儀六百　王錫全三百二十　孫樹□□□　李思花六百□十　郭成忠四百□十　□成花三百□十　孫長明六百　費望五百　劉向榮三百　張富□三百四十　孫世泰一千三百六十　李□百七百八十　劉丕楊一千八百　李□明五百　孫□權六百六十　張爾□五百　李□□一千　王□□二百　張□寧二百四十□□□一千二百二　張□如二百　王□元三百　劉長德四百□十　孫樹元一千二百　樊秀林七百二十孫世米七百二十　高秉起六百　孫長□三百　王德孫二百　郭林□三百　張□□□□　孫□□□□□張□□□□　孫□□□□　李□□□□　王□□□□　張□□□□　孫□□□□　王□□□□　興盛□□□　李□□□□　孫□□□□　孫□□□□　王□□□□　李□□□□　□□□□□（93人）

新修关圣观音庙碑记

【简介】

清同治八年（1869）七月勒石。现存于临县湍水头镇壕子墕村。碑青石质，圆首，高150、宽63、厚12.5厘米。碑阳额题“千古不朽”4字，碑文楷书，正文共6行，满行40字。记述壕子墕村新修关圣观音庙之事。碑阴刊布施人花名。李渭阳撰文，李友梧书丹。碑体完好。

【碑文】

（碑阳）

新修關聖觀音廟碑記

從來廟宇之設，以人祀神，而實以神佑人也。故我毫則墕村自有村庄以來，人民寥落，財物空歉，説者疑人不祀神，神不佑人，而乃若斯也。因而前人屡憶及此，終有志而未逮焉。迄同治七年春，村人又議及此，謂前人將地基已就，磚瓦已成，而值此山順月順，安可不爲之繼志以成事也。爰是踴躍從事，募化四方，不数月間而關聖帝君殿、觀音聖母殿，靡不燦然立就也。庶幾哉，今而後神有憑依之地，人有獲福之所，居是里者，孰不歎爲千古之盛事哉。然非有碑刻以記之，安能使後之継今，亦猶如今之継昔也耶。爰將經理人名，施錢姓氏開列於後，以爲千載不朽之記云。

臨邑庠生李渭陽薰沐敬撰　男庠生友梧薰沐敬書

堪輿　趙占魁施錢三千四百文

經理人　李茂樹施錢十二千文　李耀成施錢六千文　張世興施錢五千文　劉清章施錢一千文　孫嘉言施錢四千文　李樹仁施錢四千文　郝汝章施錢十千文　嚴茂槐施錢六千四百　劉世海施錢十千文　李茂柏施錢八千文　武步章施錢六千文　雒振益施錢六千文　張映孔施錢四千文　薛永生施錢八千文

孫茂芝施地基一塊

本村施錢人　李茂有施錢五千四百　李時信施錢五千文　劉醜管施錢五千文　嚴茂盛施錢五千文　張映旭施錢四千六百　嚴茂柏施錢三千六百　嚴茂春施錢三千六百　張德全施錢三千二百　李樹智施錢三千文　李耀川施錢三千文　李耀山施錢三千文　李耀周施錢三千文　馬耀德施錢三千文　李樹義施錢二千四百文　張映書施錢二千四百文　劉步盛施錢二千文　劉步寧施錢一千六百文　張管弟施錢一千六百文　劉步興施錢一千二百文　張永恩施錢一千二百文

瓦匠　孫世昌六百

泥匠　雒治黄一千四百

木匠　陳治隆一千

丹青　秦法玉三百

石匠　鄭向南三百

（碑阴）

四方施錢人　權山　蕭有元　郭永祿　郭新治　梁德貴　蕭雲謙　郭新春　岳萬威　温中成　范文福　……　孫家山　岳家山　韓家山　樓家山　陽皇溝　鶴鴉窩村　……

大清同治八年秋七月吉日立

千古不朽
新修關聖觀音廟碑記
從來廟宇之設，以人祀神，而實以神佑人也。故我亳則墕村自有村庄以來，人民寥落，財物空散，説者疑人不祀神，神不佑人，而乃若斯也。因而前人屢議及此，終有志而未逮焉。迨同治七年春，村人又議及此，謂前人將地基已就，磚瓦已成，而值此山順月順，安可不為之繼志以成事也。爰是勇躍從事，募化四方，不數月間，而關聖帝君殿、觀音聖母殿靡不燦然立就也。庶幾哉，今而後神有憑依之地，人有獲福之所，居是里者孰不嘆為千古盛事哉。然非有碑刻以記之，安能使後之猶如今之繼昔也耶？爰將經理人名施錢姓氏開列於後，以為千載不朽之記云。
臨邑庠生李渭陽董沐敬撰　男庠生爰梧薰沐敬書
經理人
堪輿趙魁施錢三千四百文
李茂樹施錢十二千文
李耀成施錢六千文
張世興施錢六千六百
張世鏞施錢五千文
劉清章施錢一千文
孫嘉言施錢四千文
李樹仁施錢四千文
郝汝章施錢十千文
嚴茂槐施錢三千四百
劉世海施錢十千文
李茂栢施錢八千文
武夢章施錢六千文
羅振益施錢四千文
張映孔施錢四千文
薛永生施錢八千文
孫茂芝施地基一塊
李茂有施錢五千四百
李樹信施錢五千文
劉丑管施錢五千文
張映旭施錢四千六百
嚴茂栢施錢三千六百
嚴茂春施錢三千六百
張德全施錢三千二百
李樹智施錢三千文
李耀川施錢三千文
皇大清同治八年秋七月吉日　立

重修观音庙碑记

【简介】

清同治八年（1869）十二月勒石。现存于临县白文镇小吴家湾村观音庙。碑砂石质，圆首方座，碑身高149、宽67、厚15厘米。额题“流芳百世”4字。碑文楷书，正文计10行，满行36字。记载仁义村观音庙的历史和重修的过程。赵永祯撰文，刘宝忠书丹。现保存基本完好，略有风化。

【碑文】

盖聞觀音之神今古同祀，觀音之靈遐迩共欽，其廣大慈悲之徵應人世者，指不勝屈。上下数百年，窮鄉僻壤，靡不家喻而户曉，又奚煩予言之贅哉！然未可概論，於吾臨仁義村之觀音廟也。斯廟建於乾隆年間，相傳穆翁夜行之，寇斧傷翁首，自分必死，昏瞶中見一老媪坐身前以巾拭翁。首傷十八斧，媪以巾拭拾捌次得不死，旋獲寇正法，始悟大士之靈光，是翁薦耆論經，從此措金建廟於村前焉。代遠年經，漸已傾圮，行道者目擊心傷，村人僉議修補。今春社首高玉峰等首倡義舉，合村踴躍，從事四方好善者，解囊以勷，原仿舊址，稍事開列，不日成之，煥然一新焉！土木增華，金身繪彩，較昔年之廟，尤爲壯觀。已要非大士之靈曷克以臻。此工成，求記於予，予曰：莫爲之前，雖美弗彰；莫爲之後，雖善弗繼。今玉峰等克纘前緒，不有誌之，何以望後之繼者，且於好善若名，湮没不彰非所勸世也，將何以妥神乎？遂樂爲之，祀而歸之。

邑庠生趙永禎撰　劉寶忠書

功德主　高玉峰　穆生輝

經理人　吕學易　劉步業　高士智　秦振邦　李樹萬　高玉進　穆生輝　李克儉　李克勤　吕玉潔　李振年　王增福　穆萬清

施錢人名　吕玉俊　高成中　穆萬烈　孫自學十一千　高玉峰男時　代祥二五千。高代有二十千　吕元魁十千　高時臥八千　劉炳玉二五千　李全梅一五千　李孟全五千　吕玉清五千　吕玉俊五千　王建智三千　李克勤三千　吕元桂三千　高成中二千　秦振邦二千　穆成玉二千　高學勤一千　穆萬烈一千　穆萬福一千　穆萬春八百　穆萬清八百五　高建中五百　刘步先三百　李成年二百

木匠　劉步先

泥匠　張成須

丹青　馮中智　□□　李□進

河津縣師可法　鐫

大清同治八年歲次十二月穀旦立

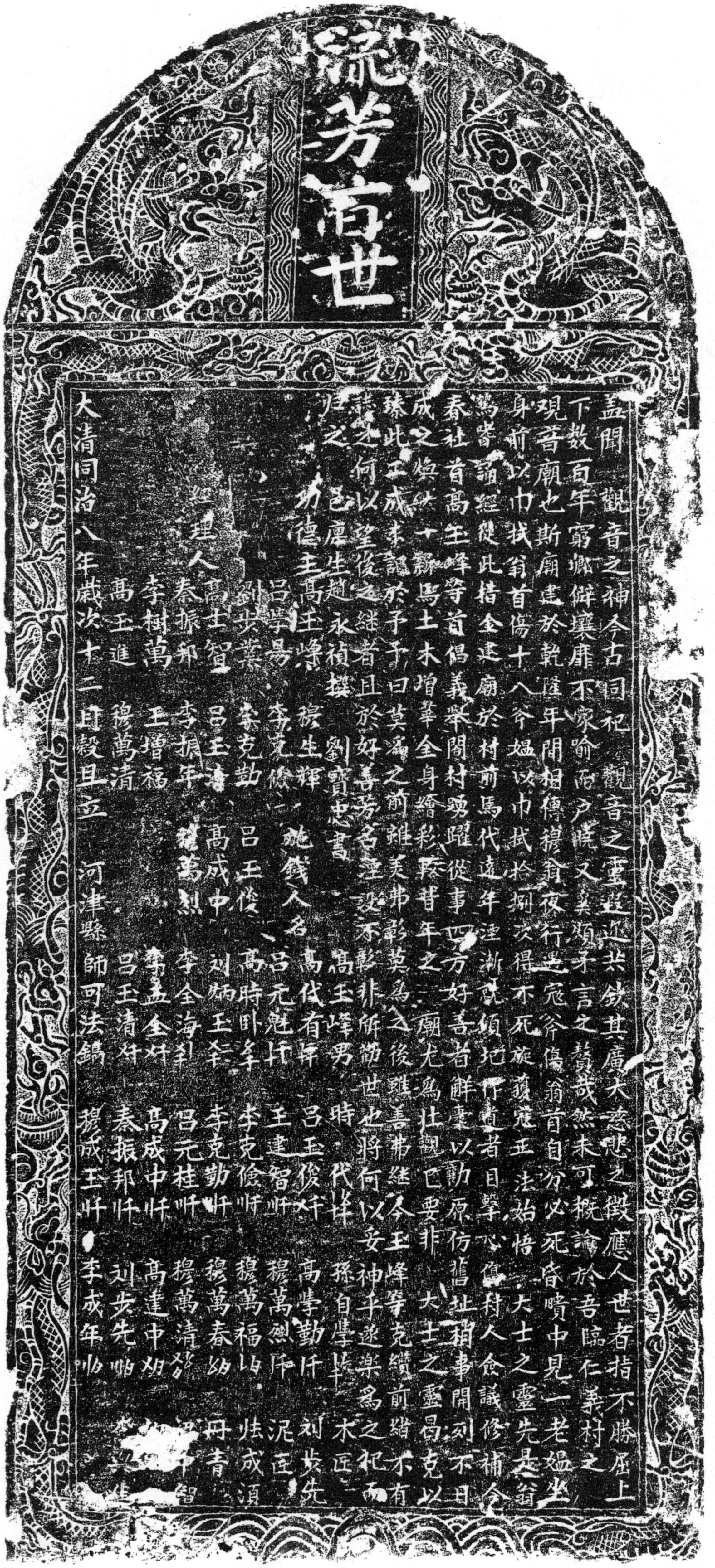
流芳百世
蓋聞觀音之神今古同祀，觀音之靈遊迎共欽，其廣大慈悲之微應人世者，指不勝屈。上
下數百年，窮鄉僻壤，靡不家喻而户曉，又奚須予言之贅哉！然未可概論。於吾臨仁義村之
觀音廟也，斯廟建於乾隆年間，相傳穆翁夜行遇寇，斧傷翁首，自分必死，昏瞶中見一老媼坐
身前，以巾拭翁首，傷十八斧，媼以巾拭拎捆，㳄得不死，旋獲寇正法，始悟大士之靈。先是翁
篤嗜誦經，從此捐金建廟於村前，焉代遠年湮，漸就傾圮，行道者目擊心傷。村人僉議修補，令
春社首高玉峰等首倡義舉，闔村踴躍從事，四方好善者解囊以勷，原仿舊址，稍事開刻，不日
成之，煥然一新。焉土木增華，全身繪彩，較昔年之廟尤爲壯觀。巳要非大士之靈，曷克以
臻此。工成，求記於予。予曰：莫爲之前，雖美弗彰；莫爲之後，雖善弗繼。今玉峰等克纘前緒，不有
誌述，何以望後之繼者？且於好善芳名湮没不彰，非所以勸世也，將何以妥神乎？遂樂爲之記，而
歸之。
邑庠生趙永禎撰　劉寶忠書　高玉峰男時代洋孫自學　木匠一
功德主高壬峰　穆生輝　高代有
呂學易　李克儉　施錢人名　呂元魁
劉步蕎　李克勤　呂玉俊　高時卧
高士智　呂玉海　高成中　刘炳玉
經理人　秦振邦　李振年　穆萬烈　李全海
李樹萬　王增福　李孟全
高玉進　穆萬清　呂玉清
呂玉俊　高學勤　刘步先
王建智　穆萬烈　泥匠
李克儉　穆萬福　彩成須
李克勤　穆萬春　丹青
呂元桂　穆萬清　智
高成中　高建中
秦振邦　刘步先
穆成玉　李成年
大清同治八年歲次十二月穀旦立　河津縣師可法鐫

“好本成业”匾额

【简介】

清同治九年（1870）八月勒石。现存于临县碛口镇西湾村，嵌于墙内。匾砂石质，长方形，高35、宽105厘米。匾文楷书，正文共1行，满行4字。保存完好。

【刻文】

同治庚午捌月穀旦

好本成業

主人謀題

玄天大帝庙社内存钱碑记

【简介】

清同治九年（1870）九月勒石。现存于临县曲峪镇枣庄村真武庙。碑砂石质，圭首，高126、宽65、厚12厘米。碑文楷书，正文共9行，满行27字。记载玄天大帝庙社内存钱之事。碑体下部剥蚀，碑文缺失。

【碑文】

玄天大帝廟社内經理存錢碑記

從古有非常之人，而後有非常之募，有非常之事，而後有非常之功。故□□□道光二十三年十月一日，真武廟社内存錢二千二百文，欲得□□□理之士殊覺落落而不易，□□□村信士劉通貴身任其事，既利物以□□□修□工修福，夕思朝謀，敢泥沙以妄用；日積月累，雖錙銖而必存。迄今□□同治九年存錢五十千文，置地四十二畝，皆二千一百之根基也，合社□□□□成之人以承祭祀。誠心誠意，逢朔望而以供其香燈；祈福祈安，當春□□□□□□□□。歷數十載之勤苦，永千百年之蒸嘗。其制可大而可久，其事可法而可□，□合社之光，神人之悦哉。其子學奇、學恭，念乃父之勤勞，欲繼□工□樂重治□勝任，遂原始而要終，巍巍功德，百世流芳，勒碑刻銘以示。

普連村信士　劉通貴　男　學奇　學良　學恭　學讓　學儉　孫喜旺　全大　會福　會管　五大　騶兒　侯頭　瑞紅　清□　四大

龍尾圪塄　窩圪堆　秦家山

庠生高一士沐手撰書

刻石碑人　高□□　□赦兒

大清同治九年九月十六日立

新建魁星楼碑记

【简介】

清同治九年（1870）十月勒石。现存于临县三交镇双塔村。碑砂石质，圆首，高123、宽61、厚10厘米。额篆“万古流芳”4字，碑文楷书，正文共12行，满行34字。记述双塔村新建魁星楼的经过。刘升庸撰文。保存完好。

【碑文】

竊聞，魁光一宿，斗極之象，太乙之精，頭角變化，天下文明，固無地不常立廟祀之也。縣城南五十里，有双塔郙，自道光三十年，余先父諱光先與余堂叔諱光生始建文昌閣，而魁光神牌借寄於文昌閣内。文閣既建，尚餘錢十数千。余父等經理放債，固欲積少成多，剏建魁光楼也，奈有志也未逮。越数年而余堂叔先逝矣，又数年而余父也逝矣。迩年來，文風漸盛，紳士漸多，凡新進文武生員及監生從九耆賓壽秩，又施錢三十餘千，至同治九年共積錢百有餘千，余念前人之志，不可無以繼之也。遂與同衆公議，新建魁光楼而衆皆從之。爰卜吉于郙之東北方爲六秀之勝地，由是辨方正位，擇日興工，下築石洞義取乎四方，上修磚楼象應乎八卦，無事刻桷丹楹，惟求堅實完固。歷數月而工程告竣，廟貌巍峨，于以妥神靈而崇祀典，不可與文昌閣之建後先媲美也哉。然祠宇非易建，獨立猶難成也。以余之懦弱，蓄貲無餘，豈能勝任而愉快，賴余弟興位同心協力，共爲經營，里人又施錢数十千，始克永成厥事。斯楼之建，所由昉也，後之人與余同志嗣而葺之，庶斯楼之不朽已！是爲序。

庠生劉升庸譔

經理人　耆賓薛星斗施錢三千文　地基一塊　從九薛萬春施錢三千二百文　劉樹規施錢二千四百文　地基一塊　監生劉興位施錢十千文　庠生劉秉鏞施錢三千二　劉克正施錢四千文　庠生劉振鏞施錢三千五　庠生劉文藩施錢三千五　從九劉光昭施錢二千文　耆賓薛継昌施錢一千二　耆賓劉光通施錢一千二　從九劉興讓施錢一千二　從九孫显俊施錢六百文　耆賓孫東文施錢六百文　王樹柏施錢五百文

大清同治九年歲次庚午十月穀旦

萬古書芳

竊聞魁光一宿斗極之象太乙之精頭角變化天下文明固無地不當立廟祀之一縣
城南五十里有双塔邨自道光三十年余先父諱光先與余堂叔諱光生始建文昌閣
而魁光神牌借寄於文昌閣內文閣既建尚餘錢十数千余父等經理放債固欲
積少成多翻建魁光楼也奈有志未逮越数年而余堂叔先逝矣又数年而余父亦逝
矣迩年来文風漸盛紳士漸多凡新進文武生員及監生從九者賓壽秩又施錢三十餘
千至同治九年共積錢百有餘千余念前人之志不可無以繼之也遂與邨衆公議新建
魁光楼而衆皆從之爰卜吉于邨之東北方為六秀之勝地由是辨方正位擇日興工下
築石洞義取乎四方上修磚楼象應乎八卦無事刻桷丹楹惟求堅實完固歷数月而工
程告竣廟貌巍峩于以妥神靈而崇祀典不可與文昌閣之建後先媲美也哉然祠
宇非易建獨力尤難成也以余之懦弱蓄貲無餘豈能勝任而愉快賴余弟與位同心協
力共為經營里人又施錢数十千始克永成厥事斯楼之建所由昉也後之人與余同志
祠而葺之庶斯楼之不朽已是為序 庠生劉升庸撰

經理人
耆賓薛星斗施錢三千文地基一塊 庠生劉秉鏞施錢三千二 耆賓許繼昌施錢一千二
從九薛萬春施錢三千二百文 劉克亞施錢四千文 耆賓劉先通施錢一千二
劉樹翘施錢二千四百文地基一塊 庠生劉振鏞施錢三千五 從九劉與讓施錢一千二
監生劉崇位施錢十千文 庠生劉文藩施錢三千五 從九孫昱俊施錢六百文
從九劉光昭施錢二千文 耆賓孫秉文施錢六□文
王樹柏施錢五百文

大清同治九年歲次庚午十月穀旦

木村峪村重修神庙碑记

【简介】

清同治十年（1871）九月勒石。现存于临县白文镇穆村峪村。碑青石质，圆首，高150、宽65、厚17厘米。额题“永垂不朽”4字。碑文楷书，正文共9行，满行36字。记述木村峪村重修神庙之事。刘盈科撰文并书丹。碑体剥蚀严重，碑文略有残缺，字迹模糊。

【碑文】

木村峪村重修神廟碑記

嘗思人道邇而神道遠，未始不歎人之作爲，實成效於神靈之保護也。試思上有日星，下有河嶽，而且中有五祀，此皆默寓精靈，可禁不祥，爲人所不可測者也。況乎或尋聲而救苦，或伏魔而降妖，或驅虎豹遠跡，或載萬物而無疆，尤賴有神恩，以鎮静而爲一村鎖鑰。木椿峪村舊有觀音、關帝、山神、土地聖祀於此，歷年久遠，風雨飄摇，損壞神像道旁，觀者不禁心傷，但以獨力難支，不能振興，真所謂心可用而事難成矣。□邇年來，河水浩浩，波浪滔滔，□前人所建之功，有基礎傾頹離然，合社公議補葺，鄉人皆欣然樂從，趨事赴功，因□四方募其施助，將廟祠移前半爲後半，永得不雕。又將村西廟閣起墻壁而彩□，稍作補作。此時殿宇輝煌，功成告竣日，刘成斌、刘步華問序於予，余不敏、不敢不成人之美，固抒鄙見，以是爲序。

邑庠生刘盈科敬撰並題

經理人　袁映禧　薛世海　刘尚榮　薛桂林　刘□榮　張學寧　刘成斌　白桂　周永　薛萬富　薛映□　薛如順　刘□存

泥匠　張□□　張全法　李如□

丹青　白師

刻字師　師可法

大清同治十年歲次辛未九月穀旦建立

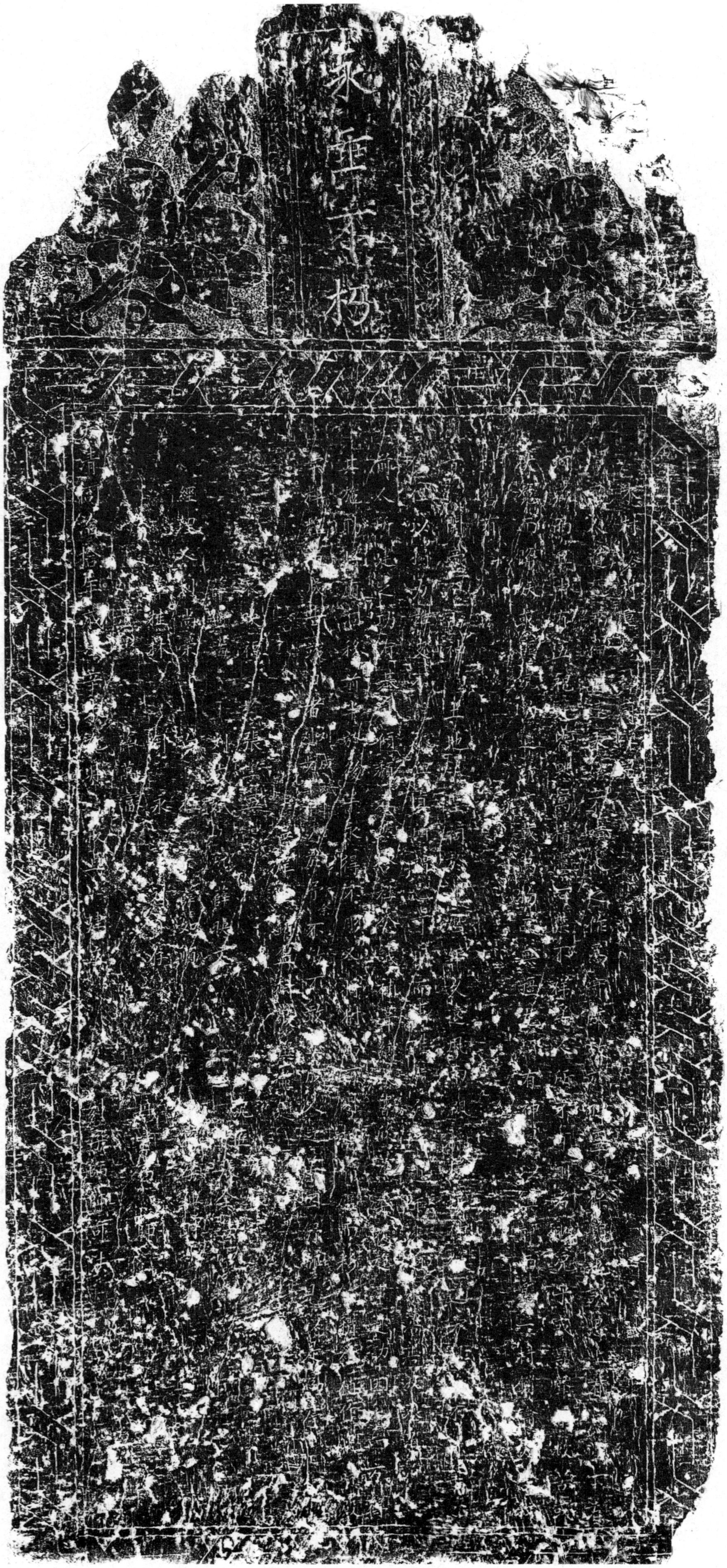
永垂不朽

清故曾祖考张公中的原配郝氏继配高氏之墓

【简介】

清同治十一年（1872）二月勒石。现存于临县白文镇吴家湾村。碑砂石质，圆首，高165、宽73、厚19厘米，为张仲的墓表。额题“德垂后裔”4字。碑文楷书，正文共6行，残行39字。碑文略有残缺，字迹清晰，碑体剥落严重。

【碑文】

清故曾祖考張公中的原配郝氏繼配高氏之墓

承前啓後碑記

且禮言親，親故尊祖，尊祖故敬宗，敬宗故收族。則知親其親而不尊其祖，非孝之本也。尊其祖而不□□□非孝之寄也。即尊祖矣、敬宗矣而或不克率醜類以合乎族也，更非所以爲孝之用也。如我曾祖，娶室爲二，嫡出有五，惟行四，繼房於同曾祖諱中選公立嗣。於是繼述五，宗譜列四門，逮……我生，承承繼繼者，人曰如瓜瓞之綿綿，族曰效螽斯之繩繩，以故曾孫等，悟而景想曰，豈非先祖之德□□□啟我後昆哉。倘不由斯而旌表彰明，將代愈遠而出愈衆，先祖之節序盲乎若迷。卑間尊而疏間親，于祭祀漫然難别。因此合族四門公議勒石於塚前以補誌譜之一闕云。

邑庠生劉盈科撰並題

男祥春　逢春　曉春　元春　孫茂業　光業　振業　偉業　丕業　富業　盛業　曾孫子法　子興　子隆　子瀛　子温　子寬　子全　子宋　子亮　子忠　子榮　子英　子俊　子淦　子遊　子伋　子輝　子助　子宏　元孫尚綱　尚文　尚忠　尚潛　尚彦　尚貞　尚謙　尚德　尚孚　尚行　尚澤　尚恒　尚□　尚□　尚樹

大清同治十一年二月穀旦立

刻字師　陕西延安府靖連縣劉伯盛

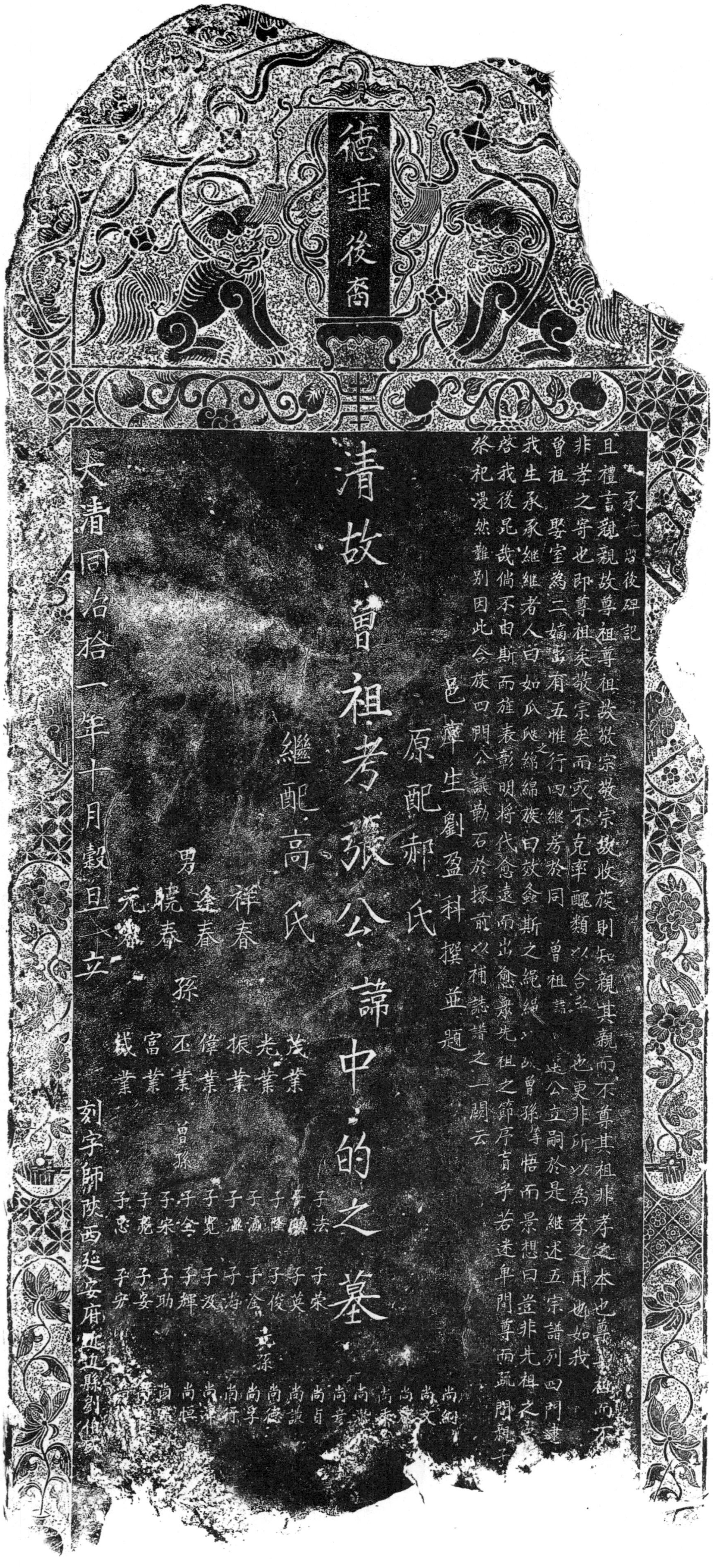

德垂後裔

承先啓後碑記

且禮言親親故尊祖尊祖故敬宗敬宗故收族則知親其親而不尊其祖非孝之本也尊祖而不非孝之守也即尊祖矣敬宗矣而或不克率醜類以合族也更非所以為孝之用也如我曾祖娶室為二嫡出有五惟行四繼房於同　曾祖諱□述公立嗣於是繼述五宗譜列四門逮我生承承繼繼者人曰如瓜瓞之綿綿族曰效螽斯之繩繩以啟曾孫等悟而景想曰豈非先祖之啓我後昆哉倘不由斯而旌表彰明將代愈遠而出愈衆先祖之節序旨乎若迷卑聞尊而疏閒親子祭祀漫然難別因此合族四門公議勒石於塚前以補誌譜之一闕云

邑庠生劉盈科撰並題

清故曾祖考張公諱中的之墓

原配郝氏

繼配高氏

男　祥春　逢春　曉春　元春

孫　茂業　光業　振業　偉業　丕業　富業　鐵業

曾孫　子法　子□　子隆　子濟　子溫　子寬　子全　子宋　子堯　子忠
子榮　子英　子俊　子金　子海　子汲　子輝　子助　子安　子安

玄孫　尚綱　尚文　尚□　尚秀　尚□　尚玄　尚貞　尚謙　尚德　尚孚　尚衍　尚淳　尚恒　尚□　尚□

大清同治拾一年十月穀旦　立

刻字師陝西延安府延長縣劉□□

高家堨高氏祖坟碑记

【简介】

清同治十一年（1872）四月勒石。现存于临县安家庄乡高家堨村。碑青石质，共二通，圆首，高95、宽47、厚13厘米。碑一额题“柳树堨坟”4字，碑文楷书，正文9行，满行35字。介绍高氏各支情况。碑二额题“于万斯年”4字。为高守还墓碑。保存完好，字迹清晰，碑体完好。

【碑文】

（碑一）

碑者，識也。不盡詳，而識之似猶不識，不盡詳而即其所詳者識之，猶勝於不識。我守彩胞弟守還，葬墳外之東北角，有石刻焉。彩生登枝、登選、登桂，妣康氏、余氏、劉氏。選生爲舜、堯、爲周、湯，堯無嗣，葬墳外。二門登桂生爲文，爲文生士讓、士和，遷居紫荊山後，三門登枝生爲武、儀，後遷神門。至爲字上至守字俱葬此，與碑相近，以上二三層墳墓便是。再以上係墳外，所有墳墓是周後代。我大高祖爲舜，葬棗園墳有碑。爲周生庠生士景，爲湯生士温、士良，移後山村，遷葬於彼，黍足上村住居者惟我舜門與周門。爲舜生長士禎、次士榮、三士宏、四士仁。榮即我高祖也，宏與仁俱遷馮家堨村。

此名柳樹堨墳，每年正月初二日，合族俱來拜節。至於某墓是某祖某妣是所，未詳也。焉得無憾，可知石刻是墳内大要緊事，無石刻并不知先人之名諱與所在矣。余等是以不敢少緩，急爲立石，庶後人知所似續云。

咸豐戊午科舉人例贈文林郎侯銓知縣七世孫光先　男增生壽芳謹撰并書

經理人　七世孫耆賓章　文　升榮　從九仙桂　庠生例貢元樹柏　榮富　純　八世孫耆賓增績　耆賓尚友　增仁　懷生　樹生　增輝

族孫圖新刻字

旹大清同治十一年歲次壬申四月中旬立

（碑二）

高公諱守還□□碑……後也經□進等□□兩窨爲明□石……午人剥落，□眼而棺焉，先嚴於……與……增修，方舉事而瞑目，事□移誠難□堂伯章□、堂叔……不遠□走向族中募資，重以石砌，掩藏妥貼，嗚呼！……澤及况在一本，胡忍露暴，是所望於後之□繼善述……

光先謹識並書

經理人　榮富　例授貢生樹柏　從九□□

同治十一年四月穀旦立

柳樹焉墳

碑者識也不盡詳而識之似猶不識不盡詳而即其所詳者識之猶勝於不識我始祖諱
守彩胞弟守還葬墳外之東北角有石刻焉彩生登桂登選娶姚氏余氏劉氏康氏選生為堯為周為學為湯堯無嗣葬
墳外二門登桂生為文為文生士讓士和遷居紫荊山後三門登枝生為武為俊後遷神門至為字
上自守字俱葬此與碑相近以上二三層墳墓便是再以上係墳外所有墳塋是周後代
我太高祖為舜舜囊園墳有碑為周生士寧生士景為湯生士溫士良移後山村遷葬於後奈足上
村係居吾惟我舜門與周門為舜生長士禎次士榮三士宸四士仁榮即我高祖也宏與
仔慎遷葛豕焉村此名柳樹焉墳每年正月初二日合族俱來拜節至於某墓是某祖某
妣是亦未詳也焉得無憾可知石刻是墳內大要緊事無石刻并不知先人之名諱與所
往矣今等是以不能少緩急為立石庶後人之知所以續云
咸豐戊午科舉人例贈文林郎候銓知縣七世孫光先男增生壽芳撰誌并書

經理人七世孫 庠生例貢元樹柏 耆賓升傑 章 從九仙桂 榮富 純 文 樹生
八世孫 耆賓增仁 耆賓增績 尚友 懷生 增輝

大清同治十一年歲次壬申四月中旬立　旹

族孫圖新刻字

重修龙天庙碑记

【简介】

清同治十一年（1872）五月勒石。现存于临县玉坪乡双叶则村。碑青石质，圆首，高 122、宽 63、厚 13 厘米。额题“万古昭章（彰）”4 字，碑文楷书，正文 6 行，满行 28 字。记述桑叶则村重修龙天庙之事。刘志直撰文，姜聿修书丹。碑体表面略有残损，碑文基本完整，字迹模糊。

【碑文】

重修龍天廟碑記

謂□□□□記□。□□□□□□天□□□也，民以龍之在天，能興雲治雨，澤潤生民者，□□□□□廟祀神，真盛事，爾如我婆婆塔桑葉則村，舊有龍天廟歷年久遠，風雨飄摇，村人見之莫不嘘唏，僉云此非所以妥神靈之所也。故於同治十一年二月募化重修，本年九月告竣，因泐碑刻石以傳盛事，以識不朽云。是爲序。

邑增生劉志直薰沐敬撰

邑軍功七品姜聿修薰沐敬書

經理人　劉學斌施錢四千文　李天升施錢九千文　馮滿印二千文　劉通智九千文　李應蘭二十千文　馬耀發二千文　武發泰二十千文　劉恩選七千文　林樹枝三千八百文　李秀明四千五百文　馬耀德三千三百文　李齊成八千文　馬福智三千三百文　武成元三千文　劉殿選二千五百文　馮居厚二千文　馮居修二千文　馮居成二千文　李元華二千文　劉正陽一千一百文　馮福順一千五百文　馮福成一千文　馮居長一千文　□□應一千文　李九思八百文、秦如川一百文　劉廷樹一百文　馮居雲五百文　□居柏五百文　馮居海四百文　馮居法三百文　武發財三百文　馬福信三百文　高兒則三百文　劉進雲二百文　馬福義二百文　劉進義二百文　段體庶二百文　劉發□二百文　劉光達一百二十文　白元喜一百二十文　武發安一百二十文　康子貴一百二十文

大清同治十一年五月穀旦立

萬古昭彰

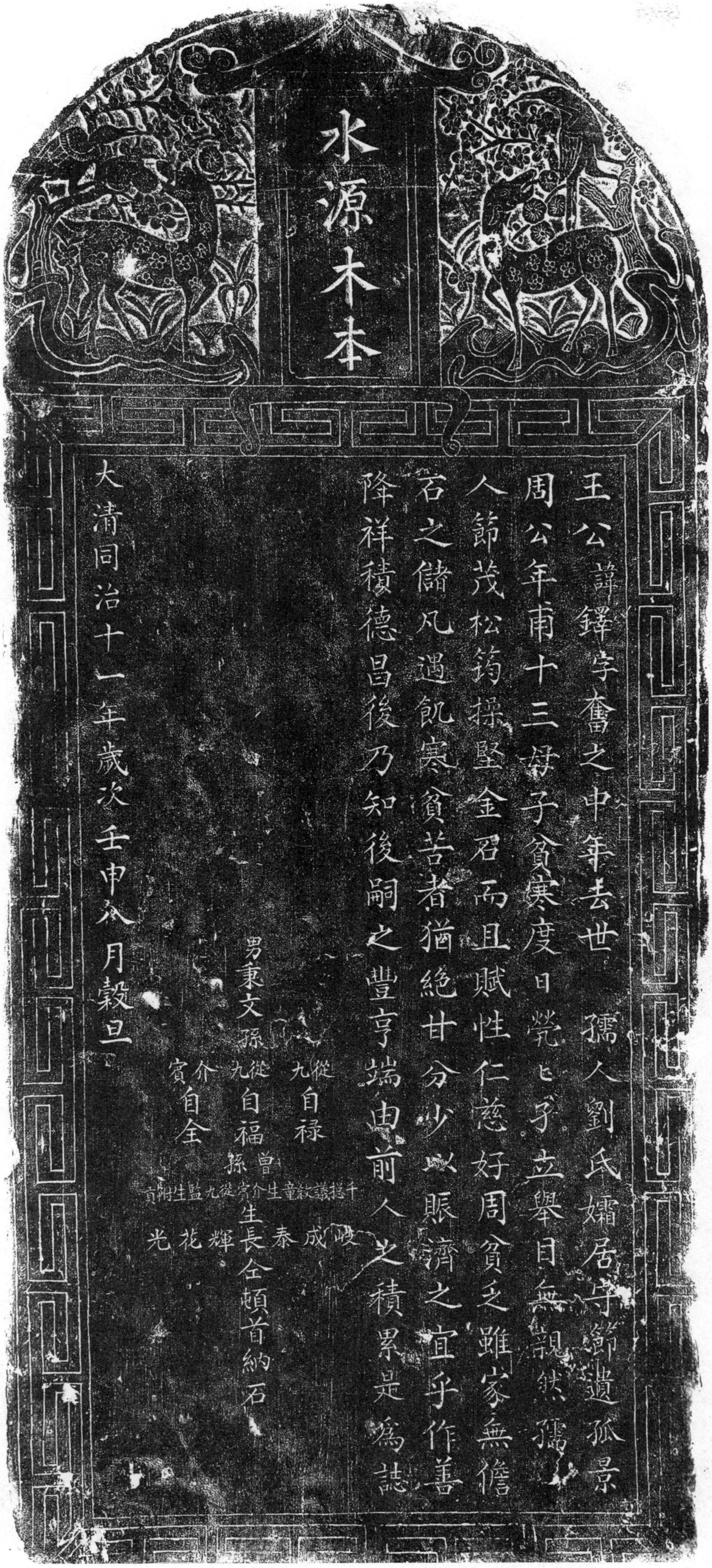

王铎墓碑

【简介】

清同治十一年（1872）八月勒石。现存于临县三交镇东孙家沟村。碑青石质，圆首，高111、宽50、厚10厘米。额题“水源木本”4字。碑文楷书，正文共5行，满行23字。保存完整，字迹清晰。

【碑文】

王公諱鐸，字奮之，中年去世。孺人劉氏，孀居守節，遺孤景周公年甫十三，母子貧寒度日，煢煢孑立，舉目無親。然孺人節茂松筠，操堅金石，而且賦性仁慈，好周貧乏。雖家無儋石之儲，凡遇飢寒貧苦者，猶絕甘分少，以賑濟之，宜乎作善降祥，積德昌後，乃知後嗣之豐亨，端由前人之積累。是爲誌。

男秉文　孫從九自福　從九自祿　介賓自全　曾孫介賓生長　童生生泰　從九生輝　議敘生成　監生生花　千總生歧　附生生光　仝頓首納石

大清同治十一年歲次壬申八月穀旦

王秉文墓碑

【简介】

清同治十一年（1872）八月勒石。现存于临县三交镇东孙家沟村。碑青石质，圆首，高100、宽50、厚9厘米。额题“祭思敬”3字，碑文楷书，正文共6行，满行24字。保存完好，字迹清晰。

【碑文】

王公諱秉文，字景周，祖父寄居三交，年十三失怙，與生母劉孺人孤寡貧苦，度日維艱。然公性至孝，雖家無餘貲而奉養寡母，時備甘旨。元配武孺人生三子二女，晚年家業漸興，由三交旋歸故里，營建新墳以移祖考，葺補舊宅以安子孫。前此數世單傳，累世貧乏，至此則丁財兩旺矣。公享壽八十有三，孺人八十有四，夫婦偕老，子孫繩繩，發福綿遠，從此始矣。是爲墓誌。

男自福　自禄　自全　孫生長　生華　生輝　生成　生岐　生泰　生光　仝頓首拜立

大清同治十一年歲次壬申八月穀旦立

王自禄墓碑

【简介】

清同治十一年（1872）八月勒石。现存于临县三交镇东孙家沟村。碑青石质，圆首，高102、宽51、厚9厘米。额题“垂裕后昆”4字。碑文楷书，正文共10行，满行32字。保存基本完好，边缘稍有破损，碑文完整，字迹清晰。

【碑文】

王公諱自祿，字天申，行二，軍功議敘從九品銜，享壽六十八歲，終於咸豐九年冬十月。自幼貧寒，學習生意。十八歲時河口上下鬻販食鹽，因店主愚弄，罰伊錢百有餘千，施於河津縣禹王廟中，置辦卓椅書，公姓名於上，至今沿河一帶稱人傑焉。二十七歲三交鎮營生，遂渣燒酒，自公創制。性剛烈少文，訓子孫嚴而有法，敬兄長老而不衰。又且篤於友誼，遇貧苦丐乞者，時時周恤，不惜小費，以故人多器重之。中年貨財生殖，於三交寺渠溝上街創修市宅一處，後街修高樓飯館一處，本村造住宅二院，更製買許多木器，栽培各樣果品。早夜勤勞，無非爲子孫計長久也。元配劉孺人、李孺人同合葬於此，爰記一生實蹟，俾後嗣子孫，無忘祖德宗功，而祭盡其誠焉。庶不負前人之創垂耳。是爲墓誌。

旹大清同治歲次壬申十一年八月穀旦

竊聞祭田之立，誠孝慈之良法也，今華、成等將先父所遺趙家墕村山坪地壹百壹拾七畝，原糧八斗六升九合，三交鎮發生館市宅半份，公議將此田宅立爲祭田之業，嗣後按大二門輪流，於清明節虔奉祭祀，永立成規，爰勒石而誌。

男議敘生成　監生生華　孫恩榮　從九恩澤　武生恩深　恩蒙　從九恩沛　恩滋　恩全　曾孫武生廷秀　廷輔　廷佐　全頓首立

王自全墓碑

【简介】

清同治十一年（1872）八月勒石。现存于临县三交镇东孙家沟村。碑青石质，圆首，高 103、宽 49、厚 12 厘米。额篆“合葬墓志”4 字。碑文楷书，正文共 10 行，满行 29 字。樊映月撰文并书丹。保存完好。碑文完整，字迹清晰。

【碑文】

王公諱自全，字純玉，行三，幼貧寒，賈於市廛，辛勤生理，後豐於財，由國學加捐介賓。性剛正不欺，遇人口舌善於排解，人多重之，壽六十九歲，終於同治三年冬。元配薛儒人，勤儉温柔，克盡婦道，生四男五女，壽六十五歲，卒於咸豐九年秋七月。公晚年繼配崔氏、孫氏，俱合葬於此山之原，因略敘其梗概云。

竊聞祭田之立，上祀祖考所以光前，下贍子孫即所以裕後，誠孝慈之良法也。今輝等將先父所遺觀音堂村山地共貳百零壹畝，田場一面，原糧壹石肆斗玖升貳合；任家山山地共壹百零三畝，田場一面，原糧玖斗肆升；三交鎮川心店内以西市宅半院，公議將此叁宗田宅作爲公中祭田，嗣後按丁輪流，以次經管，於每年清明節，先祖墳塋虔奉祭祀，祭畢而燕，凡我子孫皆得與焉。永立成規，世守勿替，爰勒石誌之。

男生泰　生輝　生岐　生光　孫恩賜　恩浩　恩詔　恩潤　恩浹　恩寵　恩沾　仝頓首拜立

大清同治十一年歲次壬申八月穀旦立

廪貢生樊映月謹撰並書篆額

王生泰墓碑

【简介】

清同治十一年（1872）八月勒石。现存于临县三交镇东孙家沟村。碑青石质，圆首，高106、宽48厘米。额题“以似以续”4字。碑文楷书，正文共5行，满行18字。保存完好，碑文完整，字迹清晰。

【碑文】

大清同治十一年歲次壬申八月穀旦

王公諱生泰，字子安，行一，幼攻書應試，年二十二歲不幸而夭，子女無出，弟等公議，二門過繼一子，四門過繼一子，以爲長門嫡嗣。是舉也，於天理順，於人情安。節質諸父兄在天之靈，當亦怡然而欣喜焉，豈不美哉，爰勒石爲之記。

男恩詔　恩浹　仝頓首拜立

重补修庙碑记

【简介】

清同治十一年（1872）九月勒石。现存于临县车赶乡桃塔村。碑青石质，圆首，高126、宽60、厚10厘米。额题“流芳百世”4字。碑文楷书，正文共8行，满行42字。记述桃塔村重补修观音庙之事。刘兴址撰文并书。保存完好，字迹清晰。

【碑文】

重補修廟碑記

且自古立廟，所以資神化、便祈報也。然神功甚大，繼作則迭加推尊，遠年則多見剥落。我桃塌村之觀音廟，由道光年間已經補修，迄今多歷年所而剥落殊甚。聖像奚瞻輝煌，殿宇頗存缺裂，土墻易於以傾頹，椽瓦俱見毁折。又念社院土窰難以棲舍，大門不堪以出入。我等慨然願爲之補修，遂與村人同議，協力幫工捐錢，共勷盛事。不惟有力者樂爲之傾囊，即地無立錐者亦願爲之助涓流焉。于是，擇日經理，聖像仍全身以金粧，椽瓦俱爲之更换，殿宇周圍以磚包，楹簷亦爲之彩畫，而丹艧黝堊，土牆以磚易之，院内更以磚砌之，廟門亦重修之，而基址石築，廟貌於是燦然矣。至於社窰之口，以磚葺焉。社窰之墻垣大門重建亦粉壁而瓦覆焉。其餘補修不可枚舉，今但僅誌其概，使後世爲可繼也。幸功巍而事已竣，亦庶乎神欣人悦，藹藹然俗臻仁里，雍雍然祥徵太和也夫。

經理人　胡兆魁施錢三千文　胡兆俊施錢式拾千文　率男喜慶　增慶　仝施錢三千文　趙世義施錢式千文　趙作熙施錢拾伍千文　薛爾華施錢拾千文　胡尚仁施錢拾千文　胡兆英施錢陸千文　嚴孝施錢伍千文　康玉德施錢壹千文　趙世元施錢伍百文

劉興址沐手謹撰并書

大清同治十一年九月上浣穀旦立

絳州丹青　張九如施錢捌百文

瓦匠　康玉昆施錢貳百文

泥匠　雒致都施錢伍百文

木匠　郭盡仁

河津石匠　薛遵師

流芳百世
重補修廟碑記
□□自古立廟所以資　神化便祈報也然　神功甚大繼作則述加推尊遠年則多見剥落我桃堉村之
觀音廟由道光年間已經補修迄今又屢年所而剥落殊甚　聖像奚睹輝煌殿宇頗有缺裂土牆易於以傾
頹椽瓦俱見毁折又念社院北窰壁以樓為大門不堪出入我□然願為之補修遂與村人同議協
力鄉工捐錢共勤勝事不惟有力者樂為之傾囊即地無□雖者亦願為之助涓流焉于是擇日經理
聖像仍全身以金粧椽瓦俱為之更換殿宇周圍以磚包檐亦為之彩畫而丹艧黝堊土牆以磚易之院內
更以磚砌之廟門亦重修之而基址石築廟貌於是燦然矣至於社窰之口以磚葺焉社院之牆垣大門
重建亦粉壁丹雘焉其餘補修不可枚舉今但僅誌其概使後世為可繼也幸功巍而事已亦庶乎
神欣人悦藹藹然俗臻仁里雍雍然祥徵太和也夫
胡兆魁施钱叁拾叁千文
胡兆俊施钱弍拾千文　举男□慶全施钱叁千文
經　趙世義施钱弍千文
趙裕熙施钱拾伍千文　劉□址沐手謹撰并書
薛爾華施钱拾千文
理　胡尚仁施钱拾千文
胡兆英施钱陸千文
嚴□孝施钱伍千文
人　康玉德施钱壹千文
趙世元施钱伍百文
絳州丹青張九如施钱捌百文
瓦匠康玉崑施钱弍百文
泥匠雒致都施钱伍百文
木匠郭盡仁
河津石匠薛遵師
大清同治十一年九月上浣　穀旦　立

重修观音庙碑记

【简介】

清同治十二年（1873）四月勒石。现存于临县城庄镇王家庄村。碑砂石质，圆首，碑下端缺损，残高179、宽83、厚13厘米。额题“流芳百世”4字。碑文楷书，正文7行，满行40字。记载王家庄重修观音庙之事。碑阴刊刻布施人花名。乔国珍撰文并书丹。碑体下部残缺约10厘米，碑文每行下缺1字。

【碑文】

（碑阳）

重修觀音廟碑記

蓋聞山不在高，有仙則名，因知地不在僻，有神則靈。本庄觀音廟創自前人，固一方之保障，萬民之護佑，沿至今歷年久遠，廟貌傾圮，甚非所以妥神靈而肅觀瞻。夫人於道路之險阻，橋樑之損壞，猶知補葺，况神之係乎！救苦闕乎消災，而顧瞻其傾圮不爲之□乎？己巳年冬，經理人等會合議修，莫不欣然樂從，錢粮無出，先乞施於一社，後募化於四方，農工商學，百計或千計，量力而出，共捐三百餘金。由是同心協力，鳩工庀材，正殿四面修理整齊，神像数座，□□新鮮，添修羅漢，排列左右，工程黎然畢具，廟貌煥然一新，而神靈於是妥矣，觀瞻於是肅矣。迨至癸酉年告厥成功，復議勒石以垂後，乞余爲記，余不辭陋，姑即其始末而爲之記，以不没人之美意云□。

增廣生員喬國珍薰沐敬撰併書丹

經理人　楊伯章　樊建功　高仲山　趙德時　劉萬海　趙德修　樊元三　趙德元　劉富海　趙德光　劉雍海　樊應璨　劉永孝　賈道明　張世貴　張世雷　賈生貴　劉永昇　秦元春　劉士江

木匠　李生輝

泥匠　郭全樂

丹青　梁中矩

素像　張學銀

石匠　師全珠　鐫

大清同治十二年歲次癸酉四月穀旦立

（碑阴）

前李家溝……　後李家溝郭玉清　郭清選　郭尚慶　郭尚善　郭尚福　郭清海　郭玉海

松峪監生高明　西溝閆步恒　閆步楊　閆步振　吳家灣　折家塔牛讓　牛田俊　新舍窠郭仲清　寨上村……　寨峁……　袁家山……

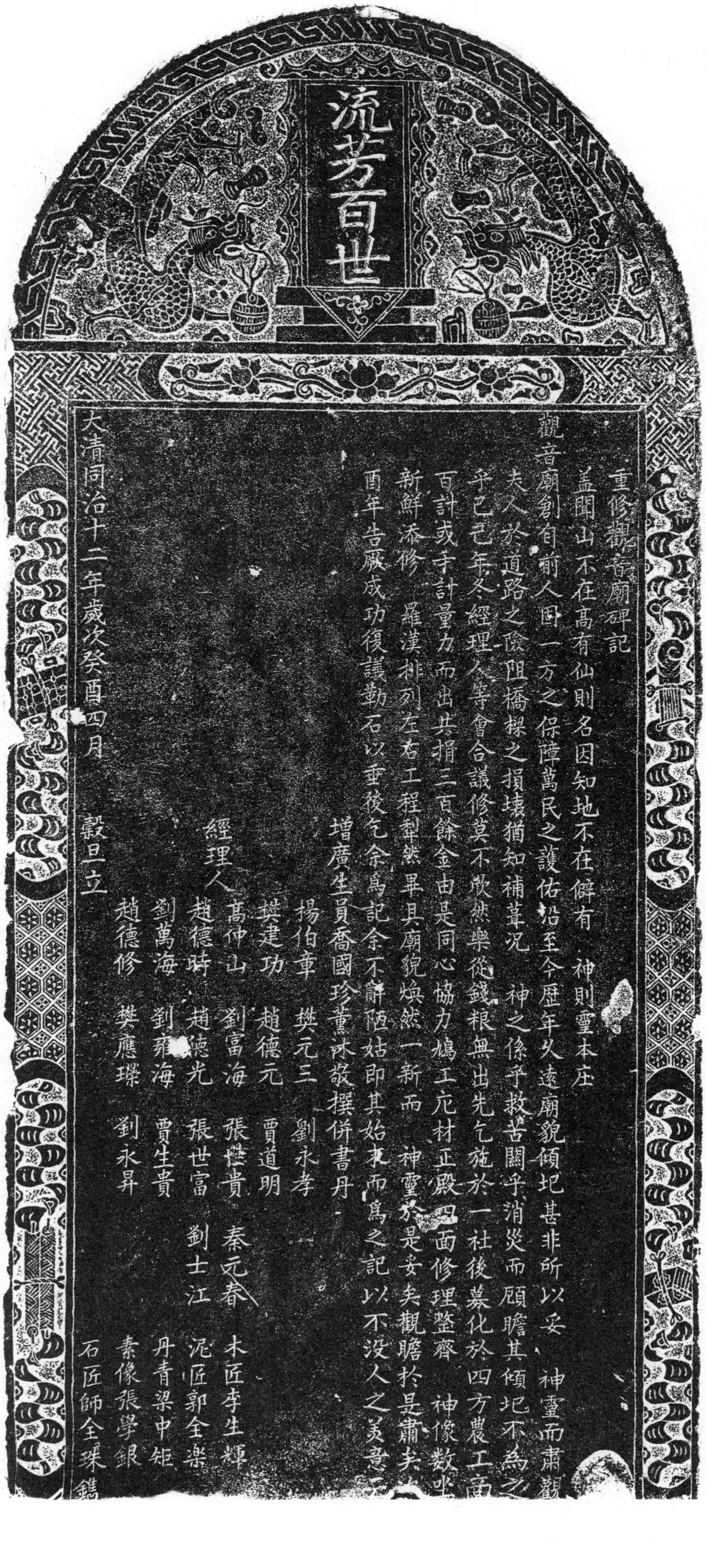

流芳百世

重修觀音廟碑記

盖聞山不在高有仙則名因知地不在僻有 神則靈本庄

觀音廟創自前人固一方之保障萬民之護佑沿至今歷年久遠廟貌傾圮甚非所以妥 神靈而肅觀

夫人於道路之險阻橋樑之損壞猶知補葺況 神之係乎救苦關乎消災而顧瞻其傾圮不為之

乎己巳年冬經理人等會合議修莫不欣然樂從錢粮無出先乞施於一社後募化於四方農工商

百計或千計量力而出共捐三百餘金由是同心協力鳩工庀材正殿四面修理整齊 神像數坐

新鮮添修 羅漢排列左右工程剋然畢具廟貌煥然一新而 神靈於是妥矣觀瞻於是肅矣於

酉年告厥成功復議勒石以垂後乞余為記余不辭陋姑即其始末而為之記以不沒人之美意云

增廣生員喬國珍薰沐敬撰併書丹

揚伯章 樊元三 劉永孝

樊建功 趙德元 賈道明

經理人 高仲山 劉富海 張[illegible]貴 秦元春

趙德時 趙德光 張世富 劉士江

劉萬海 劉雍海 賈生貴

趙德修 樊應璨 劉永昇

木匠李生輝

泥匠郭全樂

丹青梁中矩

素像張學銀

石匠師全珠鐫

大清同治十二年歲次癸酉四月 穀旦立

张家湾修庙碑记

【简介】

清同治十三年（1874）八月勒石。现存于临县白文镇张家湾村。碑青石质，圆首，高122、宽57、厚13厘米。额题“永垂不朽”4字，碑文楷书，正文9行，满行39字。记述张家湾村增修财神庙、新建观音庙之事。袁开业撰文并书丹。保存完好，字迹清晰。

【碑文】

張家湾修庙碑記

蓋聞地固因神而靈，庙必得人而振。臨邑西北鄉張家湾村舊有關帝神祠、聖母神祠，創自前代，村人香花焚唄咸在是焉。乃人以時而代遷，物以遠而日敝，遂致鼪鼯棲棟，難伸俎豆之儀，霜露沾裳，没展椒醑之献。村中克智張公好善士也，目睹庙貌傾頹，聖像凋零，於道光初年間，與村人商議。不料衆口一詞，於是四處張罗，不数月而告竣。迄自今時已四十餘年矣，仍然廢瓦頹垣，聖像塵封。有張永吉者，即克智公之侄男也，目擊心傷，因思先伯父有此善舉，而後裔者能不效法之，與王學中等衆董事公議，於關帝庙東廊增修財神庙，前溝岔新建觀音庙一座。於是衆志成城，各捐己資，四方募化，於上年仲春，鳩工庀材，超数月而焕然一新，庙貌巍峨，林木交加，泉水掩映，真勝境也。曩時陳俎豆者，豈慮鼪鼯棲棟，献椒醑者，猶是霜露沾裳者哉？村人不没人善，僉議勒石，囑余作文，余不揣固陋，敢窃俚語，聊以誌盛事於不朽云爾。

邑信士袁開業薰沐敬撰並書丹堪輿

功德主　張永吉

經理信士　王學中　薛殿揚　白治逺　吕元修　孫肇清　張永祥　趙善喜　王應祥並施觀音庙地基一塊　張富貴　高映貴　王明選　薛殿柱

泥匠　郝士強

木匠　張永富

瓦匠　高含春

丹青　李步中

稷山任勤業勒石

大清同治十三年歲次甲戌八月穀旦立

永垂不朽
日
月

張家灣修廟碑記
蓋聞地因神而靈廟必得人而振臨邑西北鄉張家灣村舊有
關帝神祠聖母神祠創自前代村人奉祀歌哦咸在是焉乃人以時而代遷物以遠而日敝遂致鼎
棲棟雖伸俎豆之儀霜露沾裳没晨椒醑之献村中克智張公好善士也目睹廟貌傾頹聖像凋零於
道光初年間與村人商議不料衆口一詞於是四處張羅不數月而告竣迄至今時已四十餘年矣仍然
廢毀頹垣聖像塵封有張永吉者即克智公之侄男也目擊心傷因思先伯父有此善舉爲後嗣者能不
效法之乎王學中等衆懂事公議於關帝廟院東廊增修財神廟前溝崗新建觀音廟一座於是衆
志成城各捐己貲四方募化於上年仲春鳩工庀材越數月而煥然一新聖像輝煌廟貌巍峩林木交蔭
泉水掩映真勝境也曩時陳俎豆者豈慮鼪鼯樓棟獻椒醑者尤是霜露沾裳者哉村人不没人善舉
勒石囑余作文余不揣固陋敢窃俚語聊以誌盛事於不朽云爾
邑信士袁開業薰沐敬撰並書丹堪輿
功德主 張永吉
經理信士 孫肇清 白治遠 王學中 薛殿揚 呂元修 張永祥
王明選 張富貴 趙善建 王應祥 高映貴 薛殿柱
王應祥施觀音廟地基一塊
泥水匠郝士強 木匠張永福 石匠高登春 丹青李忠中 稷山任勤勤
太清同治十三年歲次甲戌八月穀旦立

陈家庄重修庙碑

【简介】

清同治十□年（1871—1874）勒石。现存于临县临泉镇陈家庄村。碑砂石质，圆首，已残，残高76、宽70、厚15厘米。为重修庙碑记。额题“百世留芳”4字。碑文楷书，正文共4行。碑体仅存上半部，碑文残缺大半。

【碑文】

大清道光二……

夫神也者，施德盛也，能事神者……觀音大士廟、關聖帝君廟、浮濟大王廟重修煥然，以德動誠有感咸……臨邑增生高……

經理人　陳毓秀四千四伯　陳玉清五千二伯　張世勳七千八伯　陳繼賢十千二伯　陳大謨十八千文　陳世清十八千文　陳樹貴十二千文　高自厚八千文　陳大春六千文　陳樹泰四千四伯　劉廷貴一千文　監生賀廷珍施地基　興邑蔡鎮仝十七千文

施錢人等　陳扶清……　陳秉清……　陳樹棟……　陳樹衡……　白興山八……　白振元七……　陳俊清七……　陳萬瑞……　陳萬善……　陳萬益……　陳玉奇……　陳樹清六……　陳玉慶……　陳玉吉六……　王永智六……　陳樹彩四……　陳□蘭四……

大清同治一十……

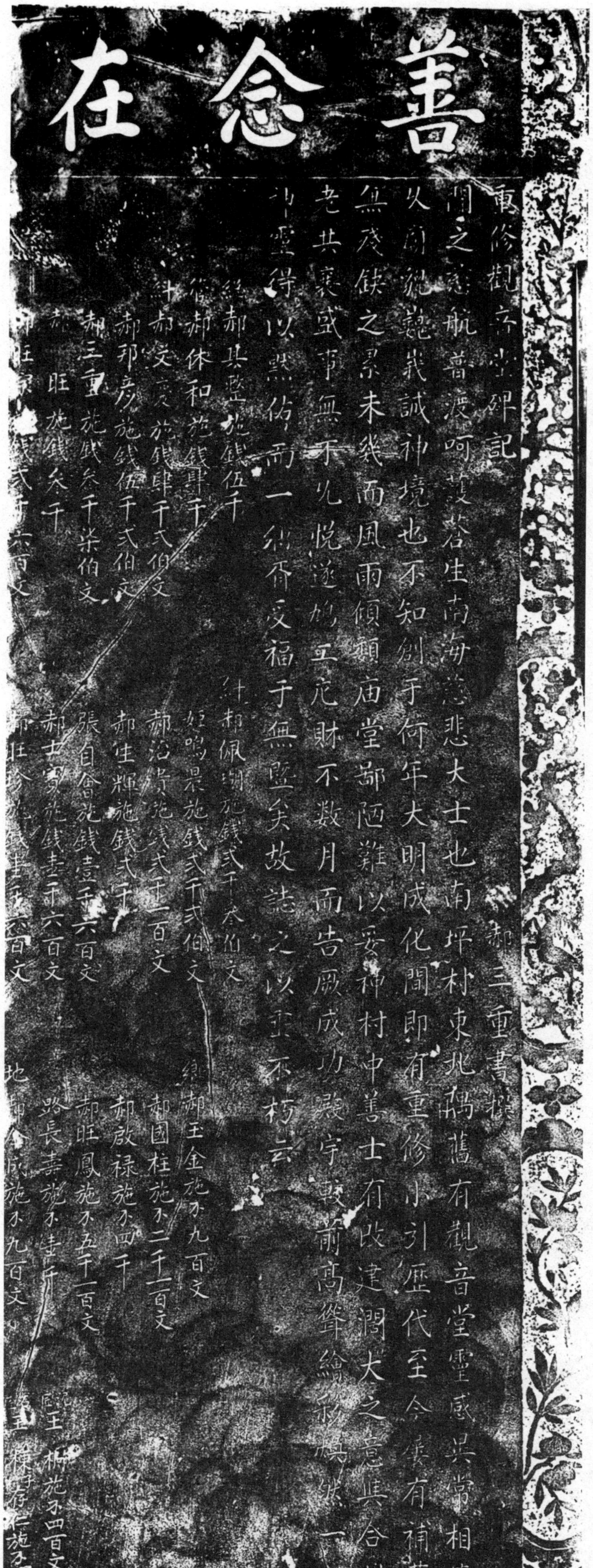

重修观音堂碑记

【简介】

清同治年间（1862—1874）勒石。现存于临县南坪村。碑青石质，已残，高150、残宽52、厚14厘米。额题“善念在□”4字。碑文楷书，正文共5行，满行25字。记载南坪重修观音堂之事。碑左部缺损，施钱人缺者较多。

【碑文】

重修觀音堂碑記

聞之慈航普渡呵護蒼生，南海慈悲大士也。南坪村東北隅舊有觀音堂，靈感异常，相傳已久，廟貌巍峨，誠神境也。不知創於何年，大明成化間即有重修小引，歷代至今，屢有補葺，不無殘缺之累。未幾而風雨傾頽，廟堂鄙陋，難以妥神。村中善士有改建闊大之意，與合村父老，共襄盛事，無不允悦。遂鳩工庀財，不數月而告厥成功。殿宇較前高聳，繪彩焕然一新，俾神靈得以默佑，而一鄉胥受福於無暨矣，故誌之以不朽云。

糾首　郝佩瑚施錢貳千叁百文　姬鳴晨施錢貳千貳百文　郝治貴施錢貳千一百文　郝生輝施錢貳千文　張自會施錢壹千陸百文　郝士賓施錢壹千六百文　郝旺珍施錢壹千六百文　……

鄉地□□　郝玉金施銀九百文　郝國柱施銀貳千壹百文　郝啓禄施銀四千　郝旺鳳施銀五千一百文　路長壽施銀壹千　郝全成施銀九百文　……

泥匠　王椆施銀四百文

石匠　王棟子存仁施銀四百文

……

枣庺沟村改建重修七佛观音牛王并新建财神庙碑记

【简介】

清光绪元年（1875）五月勒石。现存于临县三交镇枣洼沟村庙内。碑砂石质，圆首，身高155、宽63、厚9厘米。碑阳额题“石镜永传”4字。碑文楷书，正文4行，满行43字。记载枣洼沟村改建重修各庙宇一事。碑阴额题“□垂不朽”4字，碑文刊载三交镇四乡施钱铺户人名。樊继昌撰并书。碑阳最下边、碑阴右边、下边有剥蚀，碑文略有漫漶。

【碑文】

（碑阳）

枣庺沟村改建重修七佛觀音牛王並新建財神廟碑記

三交鎮儒學廪膳生員樊繼昌譔並書立

村之有七佛、觀音、牛王等廟，考之舊碑皆創自明季，迄今歷年久遠，殿宇傾頽，神像剥落，鄉人欲改建重修，苦之財用，爰請三交鎮数人乞助錢財，復新建財神廟。本村三交鎮二次起取錢五百餘千，四鄉布施疏頭起取錢二百餘千。由同治辛未至壬申米糧甚貴，更兼經理未周多費錢財，告竣之日用金八百餘千，該三交鎮人錢数十千，再無起取之處。然同属經理之人情願施捨，勒石垂名，盖不敢居其功也。特爲後之好善者勸。

三交鎮本村四鄉施錢鋪户人名

經理人　樊潤全施九千　樊永福施六千四　樊義全施十一千　樊海全施五千四　監生樊繼先施錢記後　佾生樊居安施錢記後　武登三施錢記後　樊應柱施錢九千二　樊嘉喜施錢九千　樊永壽施錢七千四　樊伯文施錢十三千　樊茂全施針九千　樊世全施錢五千四　樊應红施錢五千四　樊永康施錢五千四　嚴生義　嚴生智　武在祿　樊應武　各二千　樊新德　樊新義　樊景增　樊應清　樊樹林　各一千二百　吴枝貴　吴枝富　高學秀　各一千六　樊新順　嚴生榮　各五百　王儒盛八百　九品高運泰四百　軍功六品康時光一千二百　軍功六品康時光一千二　源泰和　萬和成　孫儉　孫岐鵬　李中魁　雒有成　李澤潤　雒兆魁　高亮　以上各五百文　李步星六百四　張希遠四百四　李會發四百二　樊玉宇　馬玉蛟　劉迎福　各四百　德盛樊　樊居元　任進財　武生樊汪　三義長　樊效芝　王如賓　興茂永　保泰和　復和店　同泰合　税盛園　厘金局　王德迎　義和昌　以上各施錢四百文　樊鯉　王世林　萬順成　各四百　樊如厚三百八　劉恩魁　雙柏樹　監生李培梧　李星著　李星經　監生李培岐　監生李彦修　石匠張好名　各三百六十文　義豐恒　高親賢　各三百五　王如福二百八　積盛楼　武福成　各三百二　後則溝　劉通山　新泰庄　張計環　薛建春　泰元源　大石吉　劉永慶　監生李茂芝　李星緒　姚秉成　武學亮　地師任希賢　以上各三百文　高俊全　杜文彪　薛培英　各二百六　張慎祿　萬和館　茂生永　益源湧　樊茂德　樊冲霄　全泰張　樊增福　三合楼　張世奎　樊衍　樊居鰲　武生杜三元　王秀義　張履端　馬国恩　薛萬通　樊應選　樊清頌　武生武繼周　樊餘九　胡元　武錫貴　張定福　任蘭玉　樊進官　生員樊世亨　李步鰲　張恒升　樊孝通　樊有福　張永清　王芝映　樊正學　樊興裕　大生號　德興義　復興厰　樊希禹　恒興長　三合號　伯興勝　李喜成　樊慶有　樊有德　姚有德　監生康步昇　監生康時中　王重英　康步順　樊世榮　德盛庄　德成庄　李志寛　楊茂樹　張應德　吕建功　喬九功　樊應滿　樊嘉桐　樊世全　劉崇樹　久盛窑　監生張儒林　樊希爵　王如秀　師庄村　崔廷香　杜文招　杜隆旺　楊逢慶　楊增美　大堣村　自成□　二合□　新□□　新□□　恒泰□　廣庭□　趙映□　林□□　杜□□　劉□□　各二百文

大清光緒元年歲次乙亥五月下浣吉日

刻字人薛學成施錢二百四十文

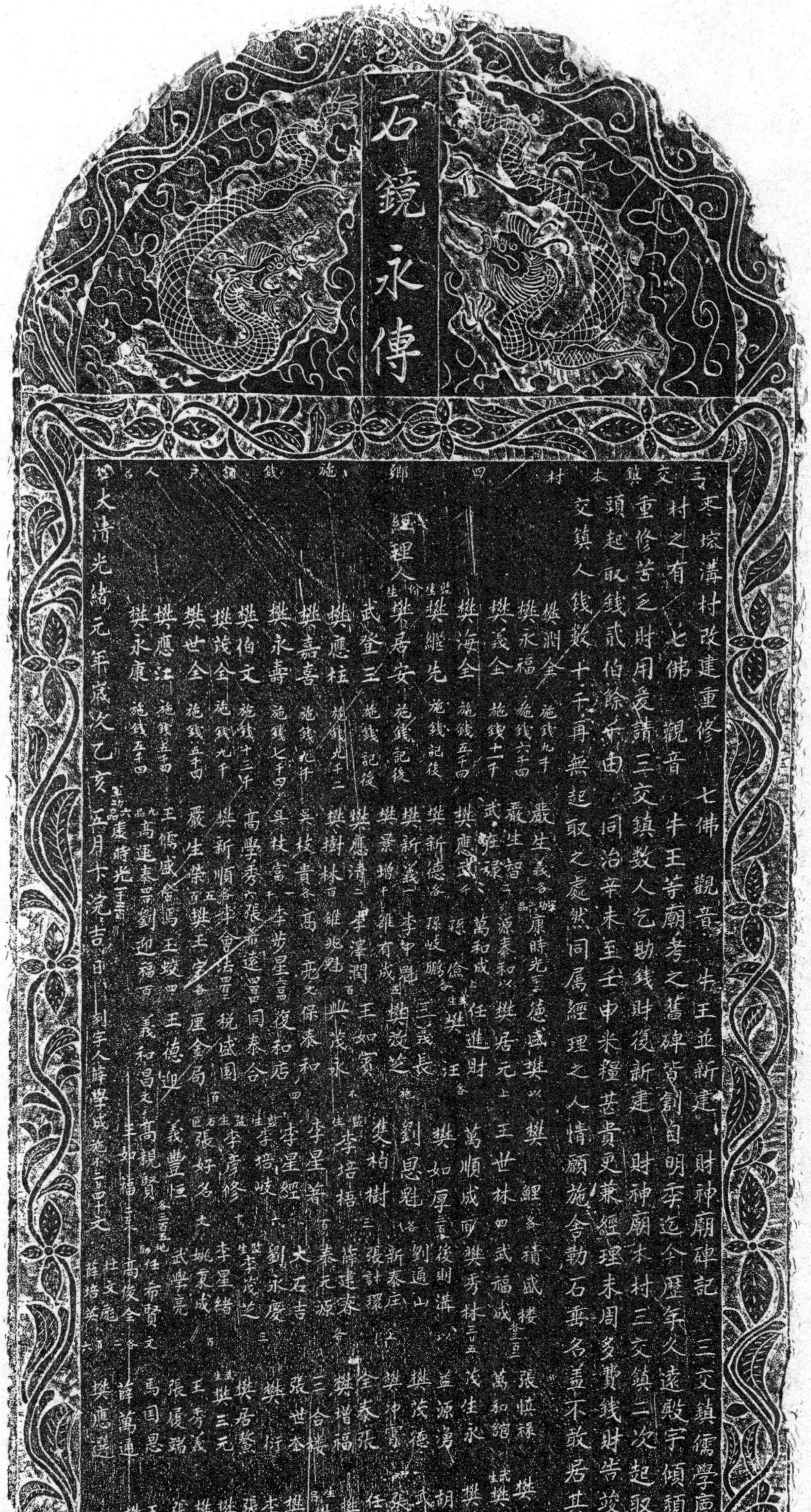

（碑阴）

三交鎮四鄉施錢鋪户人名

協恒當　益恒當　各七千三　武生樊秉仁六千　樊全烈六千　湍水頭八千　劉王溝　泉王村　各六千　都司張錫五千二　武生樊晉軫　監生賀運昌　禦千總樊武　各五千　武生樊佩文　武生孫問烈　監生樊錫賓　監生樊錫衮　各四千　源茂和三千八　佾生樊居安　生員張迎　武生李天成　各三千六　監生樊嘉善三千四　恒泰長三千三　監生王生長四千八　監生樊鶚　耆賓樊中和　吉成興　謙泰魁　三義和　廣慶長　廣育堂　以上各三千二百　武登三　九品樊壽昌　杜維升　樊希福　各三千　同和魁　監生樊繼先　李學勤　各二千八　泰順全二千六　四成館　監生張垂後　樊爾龍　復興成　萬源興　慶源館　慶和成　永義合　兩盛館　樊樹檀　德勝館　樊德先　公盛源　興盛館　各二千四百文　武振昌二千三　恒和長　自成銅　各二千二　武生樊全義　義昌號　萬全堂　養元堂　慶源義　（監生杜開英）　監生劉楊列　萬源永　同義廠　泰和長　和合長　以上各施二千文　德盛永　恒盛館　三和魁　三合廠　各施一千八　自興長　廣聚恒　張朋川　各一千七　王世春　發興館　忠義永　三義西　三盛昌　恒盛興　萬順永　同昌號　和盛永　永順興　公

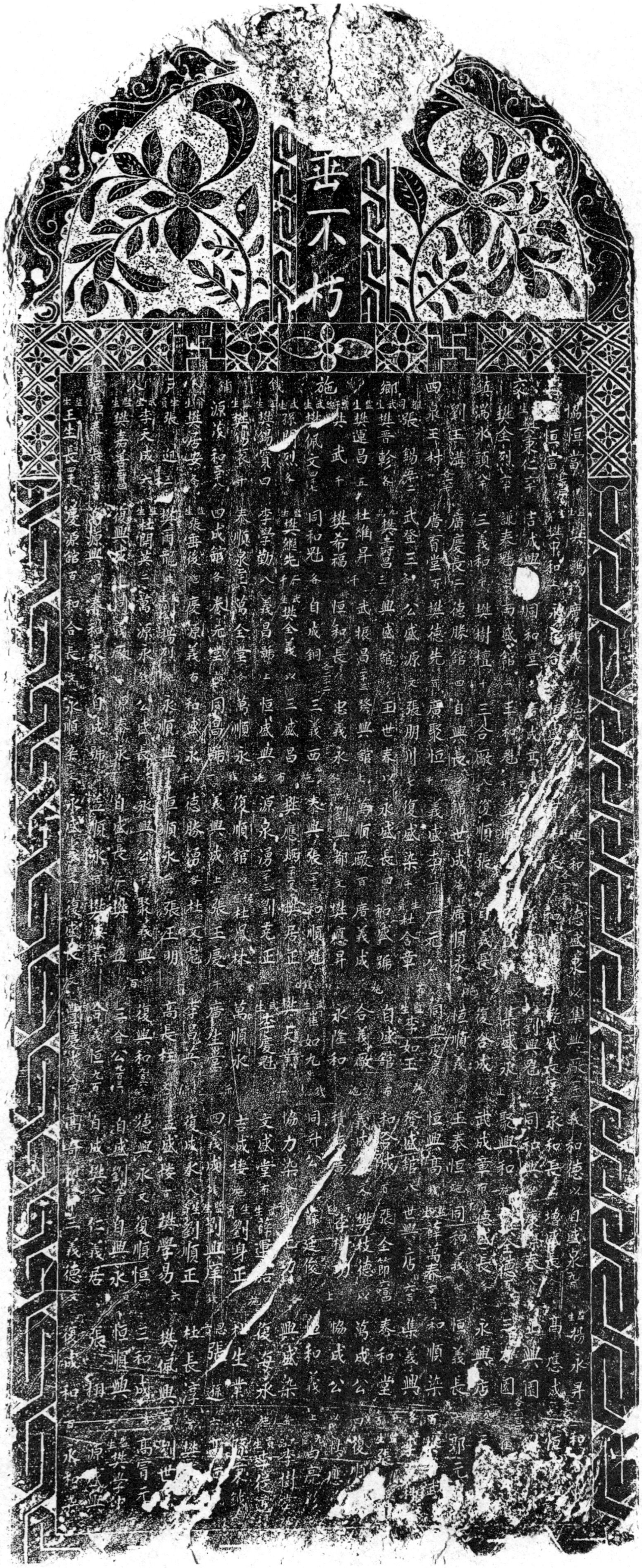

盛長　源泰永　自成號　永
順染　各施一千六百文　義
興和　□生泰　各施一千五
李□□　馬順公　復順張
錦世成　義盛李　復盛染
永盛長　萬順廠　生員劉興
初　各一千四百文　泰興張
一千三　樊應炳一千二百八
源泉永一千三　復順館　義
興成　德勝湧　恒順永　永
興公　自盛長　益順永　永
盛義　德盛泉　和順廠　復
盛義　自久長　廣順永　一
元公　生員杜含章　和盛號
廣義成　樊應升　和順魁
樊居正　劉克正　泥匠杜鳳
林　張玉慶　杜文彪　張玉
明　張義興　樊益　樊煥業
復盛長　以上各施一千二百
文　集興廠一千一　乾盛長
一千零五十　生員劉興魁
集盛永　復合成　恒順義
同興皮房　監生李如玉　自
盛館　合義廠　永隆和　武
生崔如久　樊長業　武生李
慶魁　萬順永　廣生堂　李
昌英　高長柱　復興和　各
九百六　三合公九百三　合
義恒九百　豐慶成八百　義
和德　永和長　同和興　聚
興和　武成章　王泰恒　恒
興高　發武館　和合成　義
成公　和德廣　同升公　協
力染　文盛堂　吉成楼　四
義成　復成永　孟盛楼　德
興永　以上八百　自盛劉
九百　自成樊八百　高奇烈
八百　自盛泉九百　增盛長
康際春　監生樊全德　各
八百　德盛長　同和義　監
生薛萬春　各七百　世興店
六百　張全節六百四　樊枝
德　千總李樹功　薛廷俊

李光功　武生薛運嘉　（生員劉身正）　監生劉興庠　生員李順正　樊學易　復順恒　自興永　仁義居　三義德　監生楊永升　高應成　各六百　正興園　三力園　各六百四　永興店　恒義長　和順染各六百　集義興　泰和堂　萬成公　各六百四　協成公　恒和義　興盛染　復海永　杜生業　恩貢張遜　杜長淳　各六百　樊佩興六百四　三和成　恒順興　張相　復成和　各六百　和合□　恒□□□□□　霍□□　□□□　郭元□　□□武　李□□　監生張□□　復順□　杜應□　瓦匠白亮彩　貢生李從道　九品李樹高　貢生李從道　孫秉鉞　高□□　樊□□　劉世□　高□元　監生樊學仲　源盛興　永和染　源泰和　萬和成　義和昌　厘金局　税盛園　同泰合　復和店　保泰和　興茂永　三義長　德盛樊　萬順成　義豐恒　泰元源　新泰莊　積盛楼　萬和館　茂生永　益源湧　全泰張　三合楼　大生號　德興義　復興廠　恒興長　三合號　伯興盛　德盛莊　德成莊　久盛窰　自成□　二合□　新隆莊　新永莊　恒泰治　廣德和　恒泰長　源茂和　益恒當　協恒當　吉成興　謙泰魁　三義和　廣慶長　廣育堂　同如魁　泰順泉　四成館　復興成　萬源興　慶源館　和合長　泰和永　同義廠　萬源永　慶源義　養元堂　萬全堂　義昌號　自成銅　恒和長　興盛館　公盛源　德勝館　兩盛館　同和堂　永義合　廣和成　德盛永　恒盛館　廣成高　王和魁　三合廠　自興長　廣聚恒　發興館　忠義永　三義西　三盛昌　恒盛興　萬順永　同昌號　和盛永　永順興　公盛長　源泰永　自成號　永順染　永盛義　益順永　自盛長　永興公　恒順永　德勝湧　義興成　復順館　源泉湧　泰興張　萬順廠　永盛長　復盛染　義盛李　錦世成　復順張　益順公　有生泰　義興和　德盛泉　和順館　義順廠　復順義　自義長　廣順永　一元公　和盛號　廣義成　和順魁　聚義興　復盛長　豐慶成　合義恒　三合公　復興和　廣生堂　萬順永　永隆和　合義廠　自盛館　同興皮房　恒順義　復合成　集盛永　乾盛長　集興廠　義和德　永和長　同和興　聚興和　王泰恒　恒興高　發盛館　和合成　義成公　積德廣　同升公　協力染　文盛堂　吉成楼　四義成　復成永　孟盛楼　德興永　自盛劉　自成樊　三義德　仁義居　自興永　復順恒　世興店　同和義　德盛長　增盛長　自盛泉　正興園　三力園　永興店　恒義長　和順染　泰和堂　萬成公　協成公　恒和義　興盛染　復海永　三和成　恒順興　復成和　永和染　源盛興　復順□　恒□□　和□□

宝珠山地基争讼调停碑记

【简介】

清光绪元年（1875）六月勒石。现存于临县宝珠山庙，嵌于墙内，外护砖石小窑。碑砂石质，圆首，身高103、宽49厘米。额题“碑记”2字。碑文楷书，正文12行，满行28字。记载对抢夺宝珠山土地者的惩罚之事。碑首部剥蚀严重，碑文字迹略有模糊。

【碑文】

蓋聞人倫之間，惟善爲寶，惟農爲本，勤耕好善，安居樂業。補修廟宇，修橋補路者，家道豐隆，子孫昌盛。人生在世，惟重者神也。多敬神靈，孝順雙親，相和親友，消灾無訟，真是一世快哉。今我社内薛公永一生好善，寶珠山欲新建廟貌，無有地基，崔家垛趙户施地二畝，伊家要做山主，同治七年動修，九年楊月告竣。及至十三年趙玉隆心生財意，要爭地基，今向薛永訛使施錢六千文，合社人等聞知不容。光緒元年二月二日，苗家窊經理會茶于山前，將伊請上山來，縛在神前，施錢悔出，罰戲三天。到至六月，仇心未退，起意供粮，將會首訟與案前，合社人等十五日依會于山前，亦與爭訟，今同説合，詞訟自消。罰伊京表香炮，油食麵點，立碑一面，趙姓永無爭奪。代説理之俱係親友相好，何在欲要不理，神事爲重，社户大矣。看到此處，嚴禁者爲是日後碑有破壞，合社人向趙玉隆一面究治。

大清光緒元年六月二十五日公社十八村人等大献

趙玉隆叩立

左宗棠书玉坪张济远墓碑

【简介】

清光绪三年（1877）三月勒石。现存于临县玉坪乡玉坪村张清云闲窑内。碑砂石质，圆首方身，身高 110、宽 70、厚 18 厘米。碑文楷书，正文 11 行，满行约 26 字。刊刻左宗棠为张济远书墓碑。现保存基本完好。

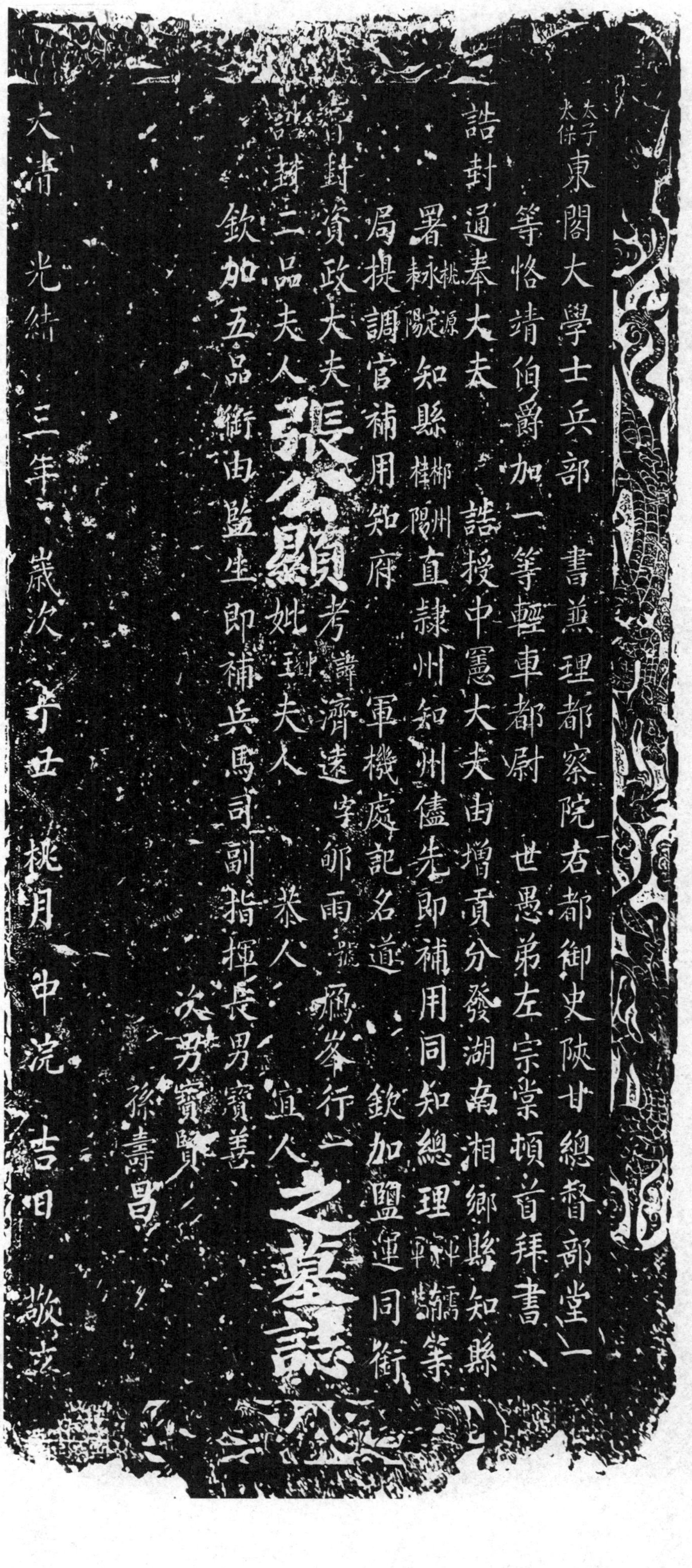

墓主张济远，临县历史上惟一一位武状元张从龙哥哥张龙章的儿子，弟兄 6 人中张济远排行老大，当地人称“大老爷”。1846 年，以增贡捐授湖南湘乡县县丞，1853 年 5 月，代理湘乡县知县，后经考核署耒阳县知县。因供给军需有功，以同知用。最后官至补用知府、道钦加盐运司。1859 年 2 月，曾与石达开兵战于桂阳。1866 年冬天，其告老回家，比他年长 13 岁的叔叔张从龙也已在家。在家赋闲 6 年后，于 1874 年去世。由于张济远在左宗棠的老家湖南做了 20 余年官，且有世交，于是家人请比张济远小两岁的左宗棠书写碑文。

书碑人左宗棠（1812—1885），字季高，一字朴存，号湘上农人，湖南湘阴（今湖南省岳阳市湘阴县）人。中国近代民族英雄、政治家、军事家、诗人，洋务派代表人物之一。

【碑文】

太子太保東閣大學士兵部尚書兼理都察院右都御史陝甘總督部堂一等恪靖伯爵加一等輕車都尉世愚弟左宗棠頓首拜書

誥封通奉大夫，誥授中憲大夫，由增貢分發湖南湘鄉縣知縣，署桃源、永定、耒陽知縣，郴州、桂陽、直隸州知州，儘先即補用同知，總理軍需、寶南、軍□等局提調官，補用知府，軍機處記名，道欽加鹽運同銜。

晉封資政大夫張公諱濟遠字郇雨號雁峰行一誥封二品夫人王夫人恭人宜人之墓誌

欽加五品銜由監生即補兵馬司副指揮長男寶善　次男寶賢　孫壽昌

大清光緒三年歲次丁丑桃月中浣吉日敬立

王生长墓碑

【简介】

清光绪三年（1877）四月勒石。现存于临县三交镇东孙家沟村。碑青石质，圆首，身高100、宽50厘米。额题“卧龙穴，未山丑向”。碑文楷书，正文9行，满行22字。碑体完好，字迹清晰。

【碑文】

從來墳之建碑，所以誌先人之實德，實行不湮没後世者也。顯考王公諱生長，字發祥，初捐太學生，後舉介賓，壽七十有三，終於同治十三年三月。幼時貧寒，身務農業。繼而少有扶危濟急，敬神虔誠，待人寬裕，忠孝儉勤，俱爲實德。一生愛修房舍，喜喂豬羊，上下二宅，惟營修之。原配段氏，繼配劉氏，俱無所出。又繼配高氏生四男五女，賢淑並著，壽六十四歲，終於光緒元年春三月，一同與先考合葬。自此新立祭田十八畝，四門輪流經管，以助後日清明之祭。是爲序。

祭田在本村，地名舍窠上。

男恩保　恩錫　恩洪　恩治　孫廷禎　正喜　富喜　貴喜　仝叩立

大清光緒三年歲次丁丑四月穀旦

王思保墓碑

【简介】

清光绪三年（1877）四月勒石。现存于临县三交镇东孙家沟村。碑青石质，圆首，高102、宽50厘米。额题“昭兹来许”4字，碑文楷书，正文10行，满行23字。保存完好，字迹清晰。

【碑文】

王公諱思保，字推之，行一，軍功議敘從九品銜，享年四十有二，終於同治十年秋七月。自幼讀書，赴考功名未遂，因而廢學就商，前往自己大順居。一者奉祖父，二者學生意，迨後日祖父年邁，父不理事，舉凡鋪事家事，内外交接，一概推託在身。公於是持守家業，資財漸長，置買田屋，内外頗多，勞心勞力，建修三交寺渠溝市宅一所，真所謂善繼善述，光前裕後者也。及其自奉儉樸，待人敦和，敬老慈幼，孝友昭彰，又有古人之休風焉。元配妻楊氏，亦且克盡婦道，生一男三女，享壽四十七歲。因於合葬之後，略記數語，俾後嗣子孫，庶不負前人之創垂，而知報本反始耳。是爲序。

男廷楨

大清光緒三年歲次丁丑四月穀立

山西汾州府临邑七村合社重修神庙碑记

【简介】

清光绪三年（1877）六月勒石。现存于临县曲峪镇枣庄村真武庙内。碑砂石质，方形，身高117、宽69、厚13厘米。内容是枣庄等七村重修神庙碑事宜。碑文楷书，正文10行，满行35字。碑文残缺少部，字迹清晰，碑体下部剥蚀。

【碑文】

山西汾州府臨邑七村合社重修神廟碑記

粵稽周易，風地觀卦，聖人以神道設教，而天下服，赫赫乎，神之爲靈昭昭也，故詩曰："神之格思，不可度思。"書曰："神無常享，享於克誠。"以是□神無論大小福善禍淫，□灵人□分□爲惡，心致志則成，自古及今，靡神不舉，靡神不宗，况玄天大帝、龍天佛、田翁、田母，天地三界、山神土地，尤爲神之至，而□□□□仰者也。七村舊有此廟，求之則應，禱之則灵，從古以來，屢次稍得補修，惟至同治八□□□□所□風雨之漂淫，幾乎不堪入目矣。合社善等目擊心傷，不忍坐視，以爲北□□□□□□肅觀瞻乎？所以衆人商議，情願大厥綢繆葺，但人貧財乏，不能遂其所欲，即□□□□鄉募得金若干，興工於八月十三日，九年九月十六日午時開光，玆當功□□□□□以記顛末，於是乞文於余，余不敢應，亦不得辭。夫不應者才疏學淺，恐資□□□□□得辭者臉面千金，慮情有難已，於是援筆數語，庶神喜人歡，則幸甚。

賀家畔村……

功德主　高大賓　刘錫奇　薛廷斌

糾首　高玉恩　高培德　郭保民　刘創業　白樹德　薛應光

石匠　張凌祥　刘世富

丹青　南春元

泥木匠　崔含章　袁顯基

瓦匠　張曰遲

傳人　元亮

刻碑匠人　高興明　親高明云　薛清貴施錢□百廿文

送蛟龍人　男高學斌

經理　刘□章　郭安民施錢一百廿文

碑文人　張含義

寫碑人　刘通□　男□□

石頭山主　郭愛民　白偉矩

□□□　郭利民　□□民　□□民　白□□

樹□□□□□□苗鳳太……

光緒三年六月十五日叩立

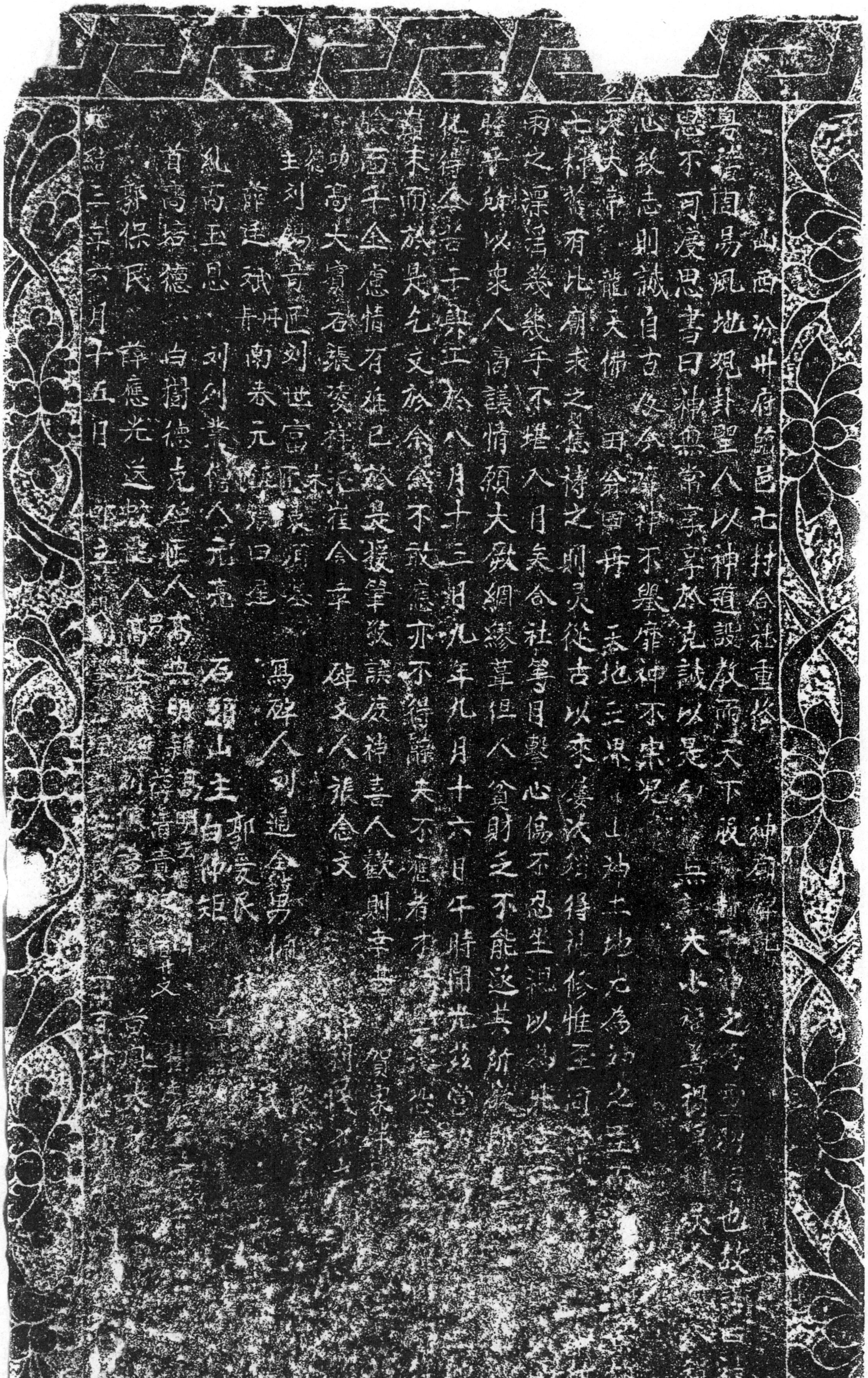
山西汾卅府臨邑七村合社重修□神廟碑記
易繫間易風地觀卦聖人以神道設教而天下服□□神之□□也故□□□
惑不可度思書曰神無常享享於克誠以是知□□無□大小□□禍□□□
心致志則誠自古及今□神不舉靡神不宗見□□□
之天大帝　龍天佛　田翁田母　一番地三界　山神土地尤爲神之至□
七村舊有此廟來之甚□特之則又從古以來屢次得祀修惟至司□□
雨之漂淫幾幾乎不堪入目矣合社等目擊心傷不忍坐視以爲□□
睦乎所以衆人商議情願大啟綢繆葺但人貧財乏不能逐其所□□
仗得合着于興工於八月十三日至九年九月十六日午時開光茲□□
竣未而於是乞文於余余不敢應亦不得辭夫不應者才□□
餘兩千金慮情有難已於是援筆致議慶禱喜人歡則幸甚賀□□
□功高大賓石張凌科□崔合幸　碑文人張念文
德主劉錫晉　匠劉世富　匠□□□　寫碑人劉通金鎸男□□
薛廷斌　井南春元□□曰星　郭愛民
紀高玉恩　劉列業　信人元亮　石頭山主白佛矩
首高培德　白樹德　克碑匠人高典明　郭高明　薛清貴
郭保民　薛應光　送樓匠人高□□　劉□□
光緒三年六月十五日　□□□□□

王自福墓碑

【简介】

清光绪三年（1877）六月勒石。现存于临县三交镇东孙家沟村。碑青石质，圆首，高 101、宽 50 厘米。额题“克昌厥后”4 字。碑文楷书，正文 9 行，满行 30 字。碑体完好，字迹清晰。

【碑文】

皇清軍功議敘從九品銜王公諱自福，字集五，行一，享壽七十三，終於道光二十九年夏四月。生平爲人，孝以事親，堂上之旨甘未缺；慈以御衆，庭前之子姪無殊。其待弟也，友愛與嚴厲兼施；其治家也，儉朴與勤勞並著。而且一貧如洗，盡瘁經商數十載。焦勞居，積致富，由是修宅舍，制田莊，教子孫，立産業，晚年席豐履厚，遠近稱財東矣。其興家立業，非所謂豪傑之士耶。元配薛孺人被型于化，推内助之賢，生一男二女，享年五十四歲，繼配劉孺人亦慈惠辛勤，稱賢淑焉，享壽七十六歲。因於合葬之後，聊記數語，俾後之安享其成者，知創業之艱難，俾從公始，其於春秋享祀期不忒焉，庶無負報本追遠之義云爾。爰勒石而爲之誌。

前溪庠貢生員樊映月謹撰並書

陽坡上祭田四畝

大清光緒三年歲次丁丑六月穀旦敬立

皇清敕授儒林郎奉直大夫吏部候铨布政司理问显考王公讳佩瑜字映绥号润亭妣樊太君继妣高太君合葬之墓

【简介】

清光绪四年（1878）七月勒石。现存于临县安业乡前青塘村。碑砂石质，平首，高 133、宽 67、厚 16 厘米。碑文楷书，正文 7 行，满行 28 字。碑首缺失，下部有剥蚀，碑文略有残缺。

【碑文】

皇清勑授儒林郎奉直大夫吏部候銓布政司理問顯考王公諱佩瑜字映綬號潤亭妣樊太君繼妣高太君合葬之墓

公生於……月廿五日申時，卒於……一年八月初八日丑時，享壽七十一歲。此墳坐辛向□。

男從九士曨　典籍士昣　士昭　議敘士曦　從九士暹　孫從九恩光　恩深　登仕郎恩蕩　從九恩榮　恩照　曾孫跟保　成保　壽保　仝敬

光緒四年歲次戊寅七月十五勒石

张世治墓碑

【简介】

清光绪六年（1880）四月勒石。现存于临县白文镇铁炉沟村。碑青石质，圆首，高 134、宽 64、厚 15 厘米。额题“碑记”2 字。碑文楷书，正文 4 行，满行 31 字。保存完好。

【碑文】

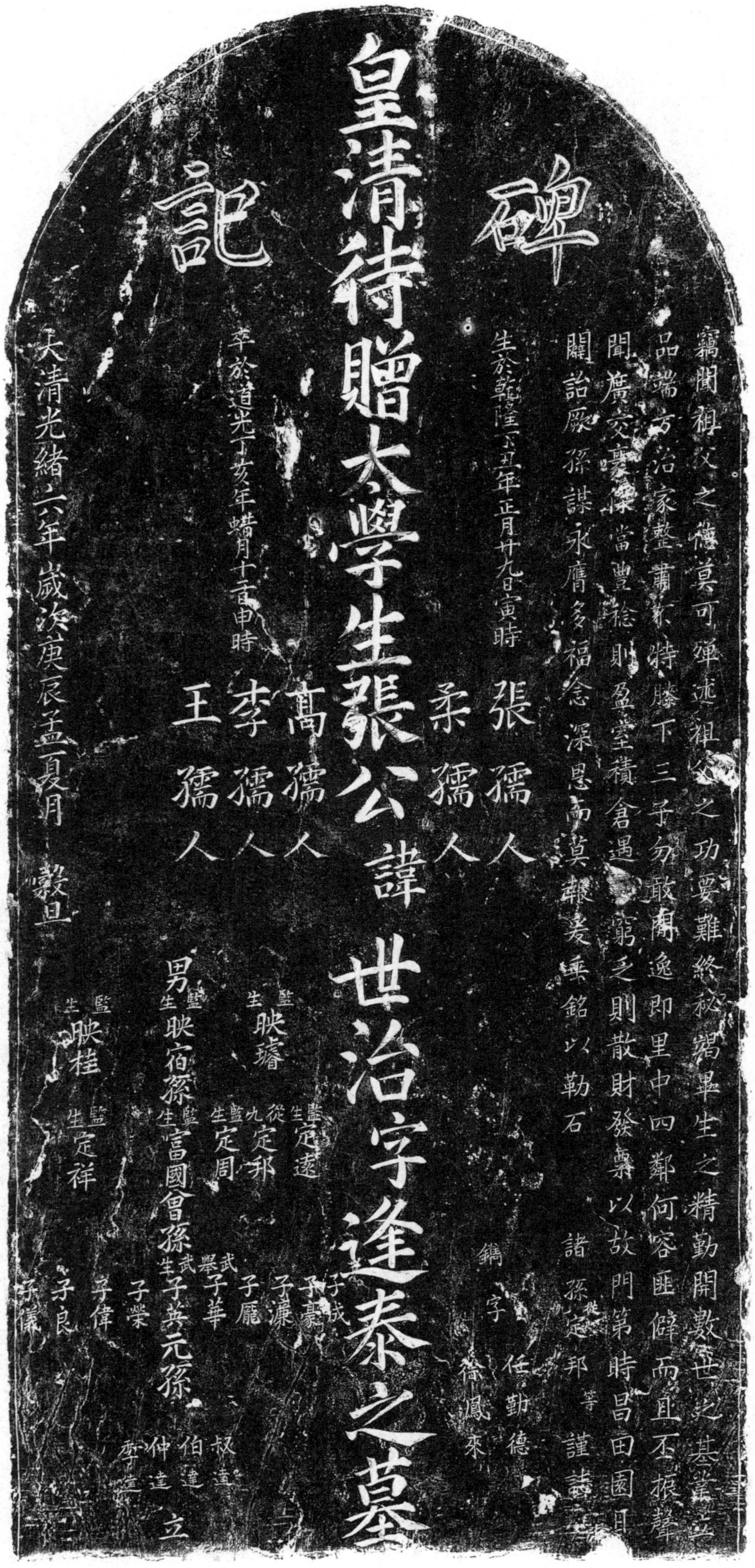

皇清待贈太學生張公諱世治字逢泰張孺人柔孺人高孺人李孺人王孺人之墓

竊聞祖父之德，莫可殫述，祖父之功，要難終密。竭畢生之精勤，開數世之基業，立品端方，治家整肅，不特膝下三子，勿敢閒逸，即里中四鄰，何容匪僻，而且丕振聲聞，廣交豪傑。當豐稔則盈室積倉，遇□窮乏則散財發粟。以故門第時昌，田園日闢，詒厥孫謀，永膺多福，念深恩而莫報，爰垂銘而勒石。

生於乾隆丁丑年正月二十九日寅時，卒於道光丁亥年蜡月十二月申時。

諸孫從九定邦等謹誌

鐫字　任勤德　徐鳳來

男監生映宿　監生映璿　監生映桂　孫監生富國　監生定逵　從九定邦　監生定周　監生定祥　曾孫武生子英　武舉子華　子榮　子龐　子偉　子濂　子良　子豪　子成　子儀　元孫伯達　仲達　叔達　季達　立

大清光緒六年歲次庚辰孟夏月穀旦

乔家沟重修五龙圣母祠碑记

【简介】

清光绪七年（1881）五月勒石。现存于临县乔家沟村五龙圣母庙内。碑砂石质，圆首，高 120、宽 54、厚 14 厘米。额题“流芳百世”4 字。碑文楷书，正文 7 行，满行 32 字。记载重修五龙圣母庙事宜。碑体侧面开裂，碑文略有残缺，字迹模糊。

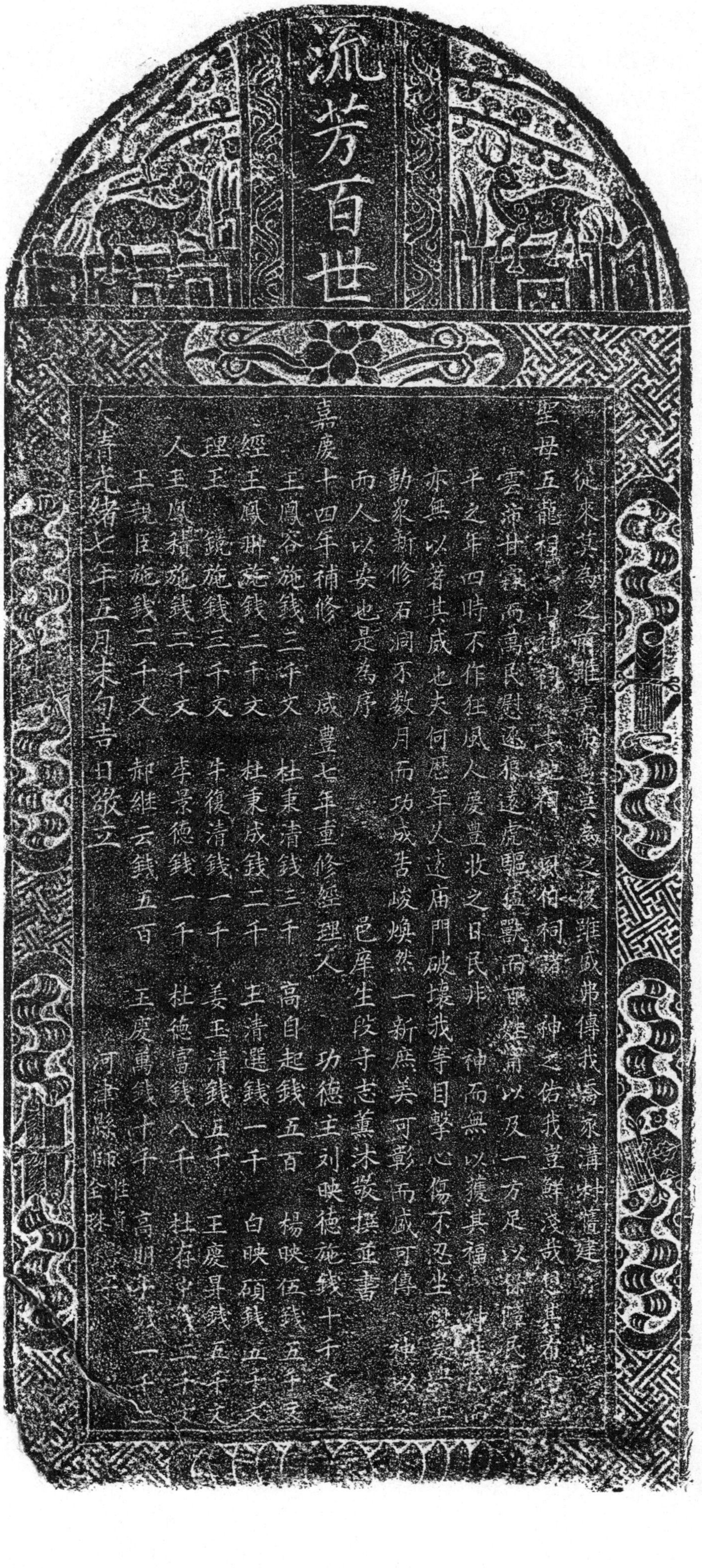

【碑文】

（碑阳）

從來莫爲之前，雖美弗彰；莫爲之後，雖盛弗傳。我喬家溝村舊建聖母五龍祠、山神祠、土地祠、風伯祠。諸神之佑我豈鮮淺哉，想其布雨鋪雲，沛甘霖而萬民慰；逐狼遠虎，驅猛獸而百姓寧。以及一方足以保障，民享太平之年；四時不作狂風，人慶豐收之日。民非神而無以獲其福，神非民而亦無以著其威也。夫何歷年久遠，廟門破壞，我等目擊心傷，不忍坐視，爰興工動衆，新修石洞，不數月而功成告竣，煥然一新，庶美可彰而盛可傳，神以妥而人以安也。是爲序。

邑庠生段守志薰沐敬撰並書

嘉慶十四年補修，咸豐七年重修。

功德主劉映德施錢十千文

經理人　王鳳容旋錢三千文　王鳳翀施錢二千文　王鏡施錢三千文　王鳳積施錢二千文　王親臣施錢二千文　杜秉清施錢三千　杜秉成施錢二千　牛復清施錢一千　李景德施錢一千　郝維雲施錢五百　高自起施錢五百　王清選施錢一千　姜玉清施錢五千　杜德富施錢八千　王慶萬施錢十千　楊映伍施錢五千文　白映碩施錢五千文　王慶升施錢五千文　杜存中施錢二千文　高明年施錢一千二

大清光緒七年五月末旬吉日敬立

河津縣師性貴　師全珠鐫字

（碑陰）

經理人　杜□□　王□□　杜春賢　王金□　王□□　劉萬清　白茂福

咸豐年施錢人名

王世洪施錢二千文　杜朝福錢乙行六百　杜祥富施錢八百文　王慶長錢乙千六百　杜正富施錢八千文　姜玘雲施錢七千文　王□長施錢六千文　杜繼富施錢四千文　王慶文錢二千四百　杜存賢施錢二千文　王世傑施錢六千文　王慶林施錢二千文　□□□　□□□　王金山錢乙千五百文　王光山錢乙千五百　王興光錢乙千二百　王明山施錢六百文　杜存孝施錢四百文　王慶裕錢二百四十　趙映寬施錢四百文　楊興旺施錢五百文　王易成施錢乙千文　王鳳音施錢五百文　杜琰錢二百四十　王□□乙千二百　王□□乙千二百　白光義乙千二百　賀如舟錢二千文　賀如楫錢乙千五百　杜玉堂錢乙千五百　王世吉錢乙千五百　陳富新施錢五百文。化林村施錢十千文　王家會施錢二千文　武家灣施錢六千二百　陳家莊施錢三千五百　郭家溝施錢二千六百　杜家溝施錢五千九百　劉家墕施錢乙千文　梅頭莊錢乙千三百文　泥溝里乙千二百文　董家溝施錢乙千文　廟峪溝施錢二千文　高□光施錢乙千文　東柏村四千乙百文　張君映施錢二百文　峪豐里施錢七千文　郭家里施錢二千文　萬安坪施錢三千文　石窰里施錢四千文　王家塌施錢乙千文　白家溝錢五百四　李省秀錢二百二十　李愈一百二十

（另碑）

咸豐年施錢人名

化林村施錢十千文　王家會施錢二千文　武家灣施錢六千二百文　陳家莊施錢三千五百文　郭家溝施錢二千六百文　杜家溝施錢五千九百文　劉家墕施錢乙千文　梅頭莊施錢乙千三百文　泥溝里施錢乙千二百文　董家溝施錢乙千文　廟峪溝施錢二千二百文　東柏村施錢四千乙百文　峪豐里施錢七千文　郭家里施錢二千文　萬安坪施錢三千六百文　石窰里施錢四千文　王家塌施錢乙千四百文　白家溝施錢五百四十文

重修庙碑记

【简介】

清光绪七年（1881）七月勒石。现存于临县紫金山上。碑砂石质，圆首，高184、宽77、厚13厘米。额题“万代流芳”4字。碑文楷书，正文10行，满行44字。记载重修庙宇之事。刘登魁撰文并书丹。碑体剥蚀严重，碑文缺失严重，字迹模糊。

【碑文】

重修廟碑記

……而□是……因因僉……之……爲之……相其勢而……爲較易而□剥禦□前面……前繼□□而不使……雲渺渺□□也□人之……終也□焉臨高山□□□□居此地者世沐神恩之默佑，祈其雨者共霑聖德之庇□□□□應實殫……坐者□一邑之勝境焉，況閱歷已久，風雨多傷而諸祠衆神幾傾頹□□□□棲亦損壞矣。社人不忍……有志補葺，因於五年四月間，使住持會茶公議，以補諸廟□有安業都人□□才、劉存裕、劉存温、劉存柔、劉存……二十四文□□一十六文，南面坪地認粮三升，作錢三千，施於廟内。有古路三條，□於六年……宜邊改樓閣□□□七年告竣，廟貌丕振，煥然一新，所謂□栽盡樹，變通盡宜，因其事而整理，……於□□□日勒諸貞瑁，非敢謂爭能於前人也，但欲師乎前而無悖於前人云爾，亦非敢謂立法乎後人，無墜於後人云爾。

邑庠生劉登魁熏沐撰並書

臨縣正堂左□□　儒學副堂王牛　前任□城守司李□□　前任臨縣右堂王□□　前任僧會司訔能

經理人　耆賓吳映沼施錢一千文　監生李家謙施錢四千二百文　庠生李心月施錢二千六百文　曹秉恩施錢一千四百文　曹秉全施錢四千文　庠生曹家儒施錢五百文　李儀俊施錢二千文　劉才　牛玉喜　從九徐近禮施錢五百文　從九郭肇升施錢五百文　李梓施錢一千文　李樹泰　李映謙　趙福成二千文　李登魁　曹耀元一千三百文　曹秉行二千文　高照謨八百四十文　李繼福一千文

石匠　李益兆　郭壽官　李德毛

木匠　樊生瑞　王成烈

泥匠　高修玉　曹布太

丹青　杜文興　高兆文　王成國

住持　法比　門徒海全　海光　門侄海旺　海俊　海法　孫□桂　□純　□□　□茂　□□

大清光緒七年又七月穀旦

萬代流芳
大清光緒七年又七月穀旦

重修观音庙碑记

【简介】

清光绪七年（1881）七月勒石。现存于临县三交镇孙家沟村。碑砂石质，圜首，身高124、宽60、厚12厘米。为重修观音庙碑记。额题“万古常昭”4字。碑文楷书，正文9行，满行27字。碑文完整，字迹模糊，碑体完好。

【碑文】

重修觀音廟碑記

監生雒正□施錢一千文

蓋聞神在天上，如水在地中，水隨處而皆有，神無往而不靈。我孫家溝舊建觀音閣一座，廟貌狹隘，簷牙傾頹，雖非古刹名寺之勝境，然而神亦無不顯其靈也。所以物阜民熙，家家得沾聖澤。而垣殘剥落，人人欲舉神功，由是於正月十五日，少長咸集，同謀重修。工始於三月初旬，告竣於七月既望，正面大窑一眼，兩旁小洞二孔，前插水簷，左修献殿，因兹觀音得庇蔭，山神賴安正倫。廟雖非華，然棟宇頗爲完全，將前之廟貌狹隘者，今則廓然而廣矣，前簷牙傾頹，而今則焕然而新矣。庶幾慈光普照而黎庶咸慶，一邨□賴安□咸靈，□而猛獸克驅，四季常爲默佑也已。是爲序。謹將施錢人名開列於後。

庠生王恩詔撰　庠生徐子善敬書

孫世寬施地一分

功德主　孫長盛　千總王生輝

經理人　孫長厚　監生王生花　王漢川　王恩會　把總王恩錫　從九王恩洪　庠生王恩詔　從九王恩澤

石匠　王寶則　孫侯跟

木匠　楊慶雲

泥匠　王漢川

丹青　康慶昌　孟天才

大清光緒七年歲次辛巳冬十月穀旦立

河津縣薛進魁鐫字

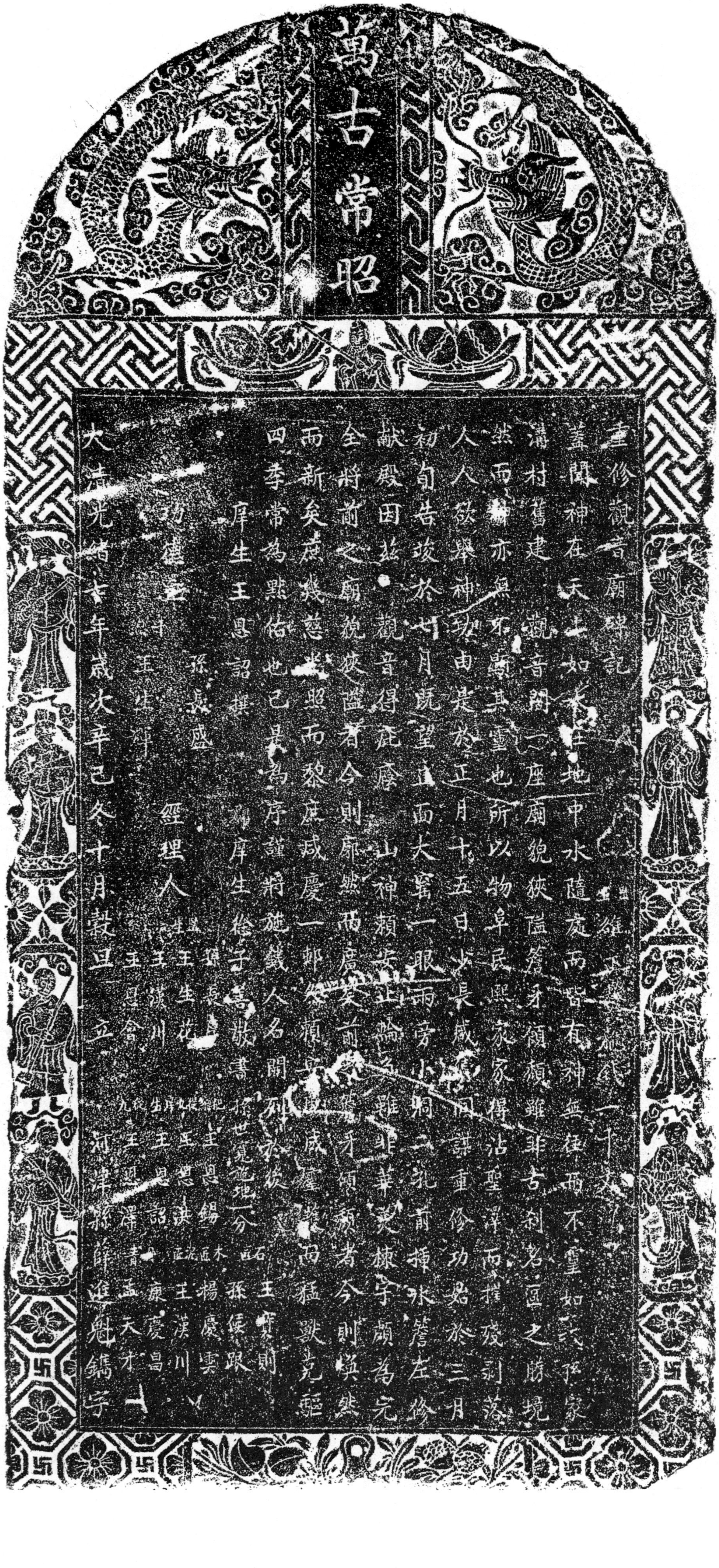
萬古常昭
重修觀音廟碑記
蓋聞神在天上如水在地中水隨處而皆有神無往而不靈如我孫家
溝村舊建觀音閣一座廟貌狹隘雖非古剎名區之勝境
然而神亦無不顯其靈也所以物阜民熙家家得沾聖澤而撰茲剝落
人人欲舉神功由是於正月十五日少長咸集同謀重修功始於三月
初旬告竣於廿月既望正面大窰一眼兩旁小洞二孔前接水簷左修
獻殿因茲觀音得庇山神賴安雖非華美棟宇頗為完
全將前之廟貌狹隘者今則廓然而廣矣者今則煥然
而新矣庶幾慈光照而黎庶咸慶一鄉而猛獸
四季常為默佑也已是為序謹將施錢人名開列於後
庠生王恩詔撰
大清光緒七年歲次辛巳冬十月穀旦立

皇清例授国子监典籍显考王公讳士昣字儒修号睿章妣贾太君合葬之墓

【简介】

清光绪八年（1882）勒石。现存于临县安业乡前青塘村。碑青石质，平首，高137、宽68、厚17厘米。碑文楷书，正文4行，满行26字。保存完好，字迹清晰。

【碑文】

皇清例授國子監典籍顯考王公諱士昣昣字儒修號睿章妣賈太君合葬之墓

嘉慶二十五年六月十七日子時生，光緒五年四月二十日未時終，壽六十歲。

坐辛山向乙用天盤。分金中盤坐戌向辰。

降服男登仕郎恩蕩　從九恩深　孫景華　景顏　景程　頓首立

光緒八年歲次壬午七月十五日勒石

户内碑记

【简介】

清光绪九年（1883）十二月勒石。现存于临县大禹乡刘家圪垯村。碑砂石质，圆首，高 129、宽 56、厚 14 厘米。额题“一片冰石”4 字。碑文楷书，正文 9 行，满行 24 字。内容是户内碑记。碑体完好，字迹模糊。

【碑文】

户内碑記

凡事必有所創而後有所固。我劉家圪塔村舊□户□者，户内有古道坡地六十垧，楊家圪凹地三十垧，龍水頭地二十五垧，□□□□□□□畝半，户下窠東窊一窊，西窊一窊，每窨出粮錢三十文，共粮六石六斗三十七合七勺八抄，常年所享之利，户首收用。自光緒三年劉全惠頂户首，因官錢難起，輪流□貢□人承應，乃施人丁錢十千，以爲清明祭祀之用。合户商議，至今以後，凡有官粮一兩者，舂完五錢；有一錢者，舂完五分。完不上者，教質倍佃完。户首一輪五年，每年出錢二千，亦爲祭祀之用。是以勒碑刻石，以誌其事云。

經理人　武生文普　好山　□□　□□　監生美和　□□　劉直　恒喜　武生户首敷五　九德　應玉　法善

大清光緒九年十二月穀旦立

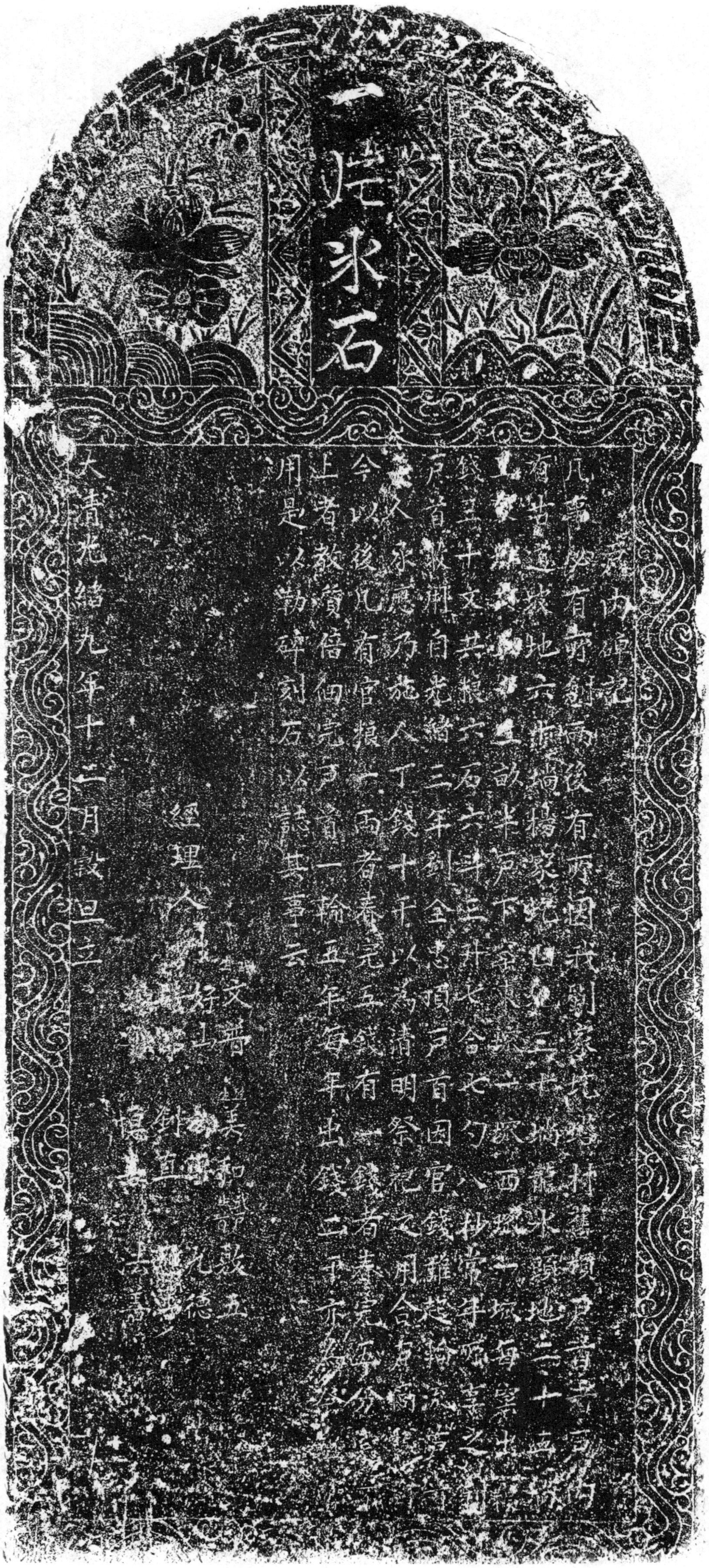

重修观音风神龙天蚮蚄庙碑记

【简介】

清光绪十年（1884）十二月勒石。现存于临县大禹乡杜家岭村。碑砂石质，圆首，身高160、宽75、厚11厘米。额题“名标金石”4字。碑文楷书，正文7行，满行38字。记载杜家岭重修观音、风神、龙天、蚮蚄庙之事。保存完好，字迹清晰。

【碑文】

距城南四十里峻嶺回環，湫水曲流者，吕家灣也。此地舊有觀音、風神、龍王、蚮蚄殿、鐘樓、樂樓、廊房，内顧披山抱水，礪石帶河。靈峰首出，真神府之妙境；平原環拱，亦聖地之奇逢。前人刱立，果屬善舉。今而聖像剥落，殿宇摧殘，廊房過耳，難免飄摇之患；樂樓在望，幾同傾覆之危。村人目睹心傷，久欲補葺，但貲力虧乏，莫敢擔當。光緒七年，合社公議，舉經理十三人，其間吕恩榮、吕佩珖、吕廷春，不惜巨細，竭力經營。餘亦董事，經始於壬午季春，將前刱者焕然一新。復建耳房，使人暫宿。告竣於甲申孟夏，約費金二百餘千，是以焚香諏吉，勒石垂青，前有肇跡，至今亦須爾爾，後有同心在兹，不妨云云。

庠生吕祚餘沐浴敬撰書

經理人　監生吕仟　男佾生佩珵　玠孫開富　富生施錢壹拾貳千文　建中　男守巨　純巨　白則施錢伍千二百文　吕學騫　男秉林　秉寅　秉正　秉善　孫德元　海祥　富祥　來祥　曾孫鑾則施錢六千文　耆賓德修　男中魁　孫世英　曾孫生明施錢貳拾肆千文　監生廷春　男自康　自長孫守廉曾孫甲申施錢壹拾陸千文　恩榮　男祚官　祚康　法保　法科孫慶　元章施錢六千文　佩珖施錢陸千男進福施錢貳千文　庠生祚餘　男維章　藴章　旺章　孫丁丑施錢貳千文　學孔男候小則　頂柱三小則施錢陸千文　來修施錢三千男開榮　跟榮施錢壹千文　封虞施錢壹千　男廷侯　廷相施錢貳百文

施錢人　吕之文貳千文　仁修□千文　智修五千文　耆賓祚興五千文　大章五千文　進智四千四百文　進永三千文　萬林二千四百文　敬修二千四百文　懋功二千四百文　吕文二千四百文

木匠　吕順一千六百文　吕自修三千二百文　祚祥一千文

丹青　吕桂榮五百文

泥匠　王漢川

石匠　張茂仲

刻字　王元升

住持　吕光修

光緒十年臘月穀旦立

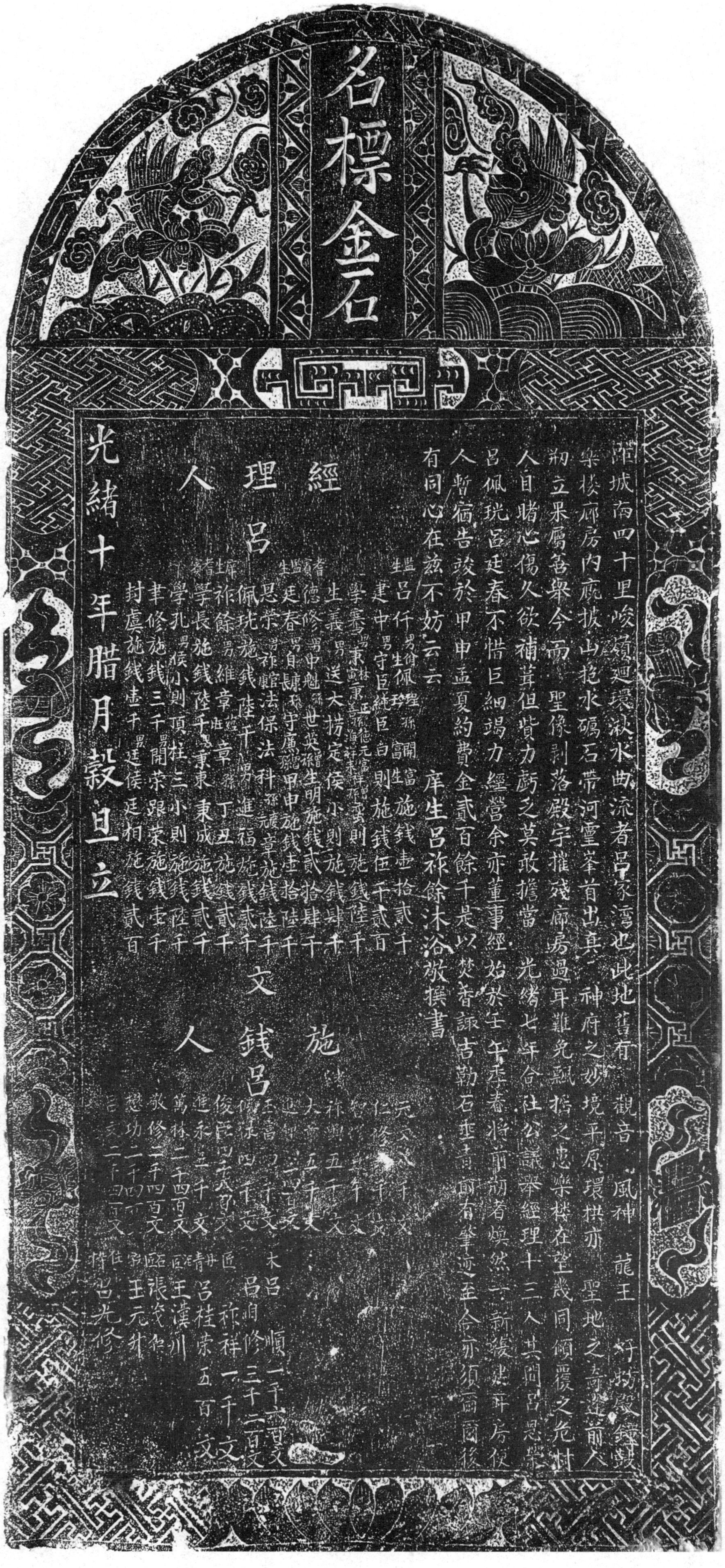

名標金石

距城南四十里峻嶺迴環湫水曲流者吕家灣也此地舊有 觀音 風神 龍王 好妙殿鐘鼓
樂樓廊房内麻拔山抱水礪石帶河靈峯首出真一神府之妙境平原環拱亦 聖地之奇逆前人
剏立果屬善舉今而 聖像剥落殿宇摧殘廊房過耳難免飄搖之患樂樓在望幾同傾覆之危村
人目睹心傷久欲補葺但貲力虧乏莫敢擔當 光緒七年合社公議舉經理十三人其間吕恩榮
吕佩珖吕廷春不惜巨細竭力經營余亦董事經始於壬午季春將前朔者煥然一新復建耳房役
人暫宿告竣於甲申孟夏約費金貳百餘千是以焚香諏吉勒石垂青俞有肇造至今亦須圖後
有同心在兹不妨云云 庠生吕祚餘沐浴敬撰書

經理人 吕

監生吕仟 男㑺生佩玲 孫開富 富生 施錢壹拾貳千
監生建中 男守臣 純臣 白則 施錢伍千貳百
學寒 男秉林 秉東 [illegible] 則施錢陸千
生義 男送大捞定侯小則施錢肆千
耆賓德修 男中魁 孫世英 曾孫生明 施錢貳拾肆千
監生廷春 男自長 [illegible] 守廣 甲申 施錢壹拾陸千
耆賓恩榮 男祚康 祚官 法保 法科 孫元慶 章 施錢陸千
佩珖 施錢陸千 男進福 施錢貳千
庠生祚餘 男維章 孫章 丁丑 施錢貳千
耆賓學長 施錢陸千 男秉東 秉成 施錢貳千
學孔 男侯小則 頂柱 三小則 施錢陸千
聿修 施錢三千 男開榮 跟榮 施錢壹千
封虞 施錢壹千 男廷侯 廷相 施錢貳百

施錢人 吕

元[illegible]千文
仁修[illegible]千[illegible]文
智[illegible]千文
祚興五千文
大[illegible]五千文
進[illegible]二[illegible]百[illegible]文
王富[illegible]千[illegible]文
偭祿四千[illegible]文
俊臣四千[illegible]文
進和三千文
萬林二千四百文
敬修二千四百文
懋功二千四百文
吕文二千四百文

木匠 吕順一千二百文
吕甸修三千二百文
匠 祚祥一千文
丹青 吕桂榮五百文
泥匠 王漢川
石匠 張[illegible]
鐵匠 王元[illegible]
住持 吕光修

光緒十年腊月穀旦立

胡氏碑记

【简介】

清光绪十三年（1887）三月勒石。现存于临县车赶乡桃塔村。碑青石质，圆首，高119、宽54、厚14厘米。额题“昭兹来许”4字。碑文楷书，正文8行，满行22字。保存完好，字迹清晰。

【碑文】

胡氏碑記

公，國子監太學生諱定國，字邦忠，元配張氏，余之高祖也。粵稽公之祖諱永寧，合厝於胡家圪垛井道峁，公之父桂，兹山之首一墓是也。公兄弟二人，弟振國，在杜家條塋内葬，有碑可考。公三子，長曰廷玉，次曰廷璿，三曰廷珍，俱在公之墓下，雁順成行。珍即余分派之曾祖，列於右者是。余恐久而無徵，因序其世，代指其宅兆，使人知某塚爲某祖，某祖號某諱，一爲觀覽，瞭然心目，此即余之本志也。謹勒之石，以垂不朽。

元孫胡兆敬等敬立

旹大清光緒十三年歲次丁亥三月吉日

“当局”匾额

【简介】

清光绪十三年（1887）七月勒石。现存于临县碛口街，嵌于门洞上方。匾砂石质，长方形，高54、长98厘米。匾文楷书，正文1行，满行2字。保存完好。

【匾文】

光緒丁亥年仲秋月立

當局

主人題

“文景德厚”匾额

【简介】

清光绪十三年（1887）秋月勒石。现存于临县碛口镇垣上村，嵌入墙内。匾砂石质，长方形，高50、长110厘米。匾文楷书，正文1行，满行4字。保存完好。

【匾文】

文景德厚

丁亥年秋月建

荣照题

清故群庠武生功赏六品职衔显考武公讳中元字廷卫号明亮妣郭氏妣高氏之墓

【简介】

清光绪十四年（1888）七月勒石。现存于临县安家庄乡武家湾村。碑青石质，圆首，高125、宽56、厚12厘米。额题“孝思无穷”4字。碑边刻楹联一副。碑文楷书，正文10行，满行41字。保存完好。

【碑文】

清故群庠武生功賞六品職銜顯考武公諱中元字廷衛號明亮妣郭氏妣高氏之墓

庭訓遺囑云:《尚書》曰: 肯堂肯構，言弗棄舊基也。《詩》云: 貽厥孫謀，以燕翼子，謂垂欲後昆也。維次級承中繼業，不敢言創垂而竊望尓子若孫，弗棄厥基，故爲辭以切諭之：按尓兄弟八人已將家業田産八股均分，惟有祖塋旁坪地八畝並樹木在内，不行瓜分。作爲尓八門公中之産，以備後嗣塋建宅□。凡作□壙，依行排列，勿亂昭穆。其地種植所入之租，或錢或粟，公議八門中著一公正善事之人，常年□□供給祭墓，葺補墳塋。若有贏餘，許出貸外人取獲利息。本地原粮已行分記，公中不與焉。再地中土窨一眼，置爲公中塾舍，凡各門幼童肄業其中，即以本地樹梢供給薪火。此諭尓等各宜凛遵，世世相承。倘有不法霸分公地，私資公錢，均以逆命論，即當治以家法。更有述者，父自弱冠，後忝入黌宫即棄藝學，而理家業，凡治庄農、設商局、開煤窨，拮据不遑，総期上承先德，下裕後昆。奈丁口甚多，支費甚繁，常所入不勝其所出，是以蓄積不厚，不能裕尓子孫，心窃慮之，然惟望尓子若孫，各勤生理，弗棄厥基，如尚書所云：肯堂肯構也夫。

男武生如蘭　李氏　議敘□□如升　陳氏　例員如山　王氏　如阜　杜氏　武生如岡　李氏　如陵　張氏　如川　劉氏　如金　白氏　女高門　樊門　王門　高門　劉門　孫宗先　王氏　耀先　張氏　述先　張氏　守先　王氏　丕先　高氏　稱先　齊先　問氏　治先　王氏　修先　王氏　正先　任氏　誠先　問氏　從先　纘先　曾孫候丑　丑□　三丑　毛生

光緒十四年七月十五日立

【联文】

鐫於此百代肇矣；

書諸上萬年垂之。

孝思不匱

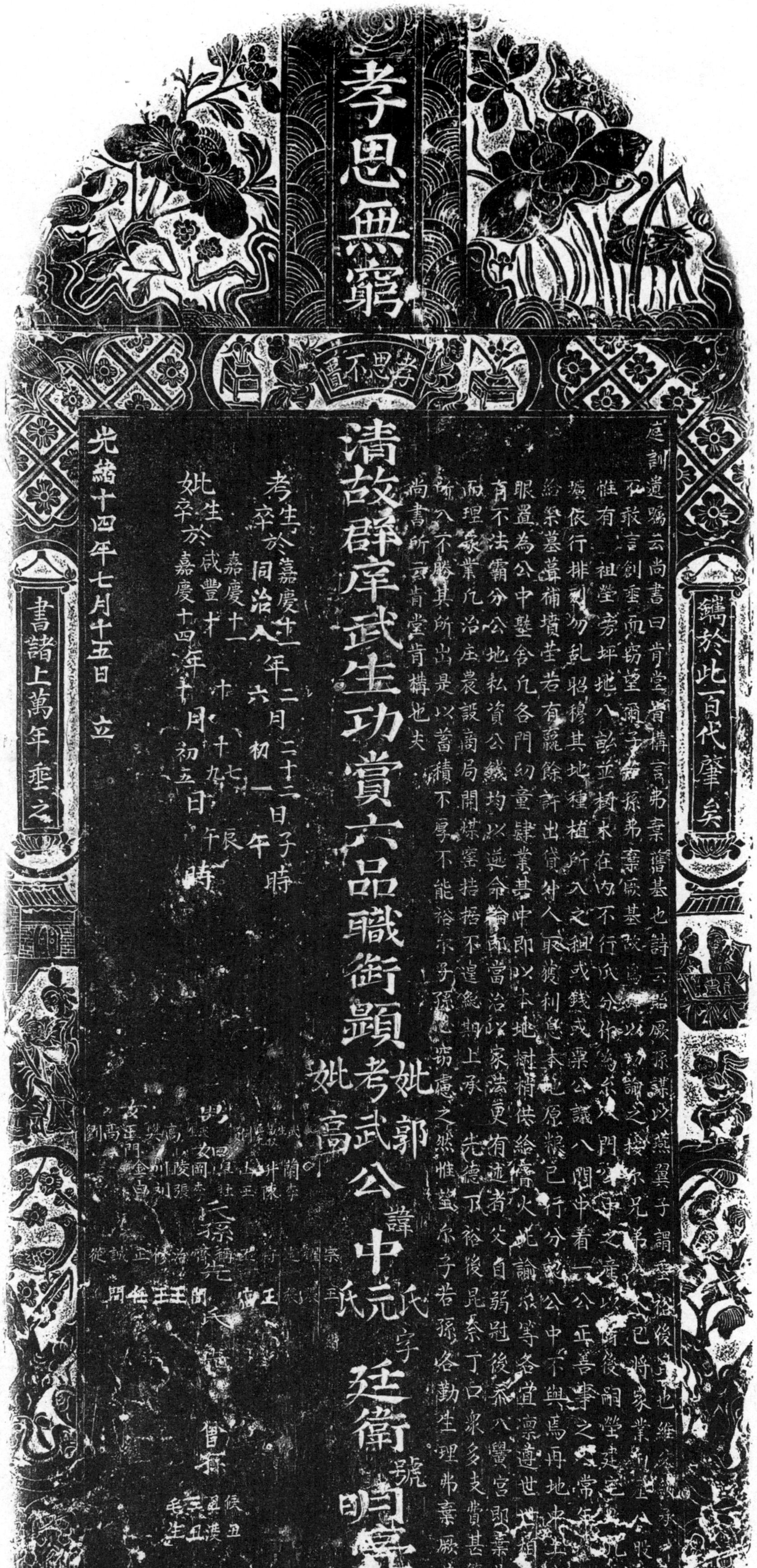
孝思無窮
孝思不匱
清故辟庠武生功賞六品職銜顯考武公諱中元字廷衡號明亮之墓
妣郭氏
妣高氏
光緒十四年七月十五日　立
書諸上萬年埀之

重修浮济大王祠

【简介】

清光绪十四年（1888）八月勒石。现存于临县紫金山。碑砂石质，圆首，高163、宽70、厚12厘米。额题“千古不朽”4字。碑文楷书，正文7行，满行45字。刊载重修浮济大王祠之事。杨守信撰文，曹士升书丹。碑体断为两截，碑文基本完整。

【碑文】

重修浮济大王祠

事有因必有創，欲其事之歷久長新，必其事之有因無已也。今我紫金山舊有神廟數處，溯源由來，不知創始於何年，而後日屢經補修，具有碑匾足證。延及於今，風雨之飄摇日久，而垣墉傾頽，金碧之光輝失色，而風光何振甚非，所以敬神靈而肅觀瞻也。社内人目擊心傷，公議重修，但地小力乏，不能獨舉。因啟簿醵金衆處，共募錢几千有餘，於本年三月興工，七月告竣。將浮濟大王廟，東面水神、五龍聖母，西面山神、土地，以南戲台鐘樓，東西茶房。中圬有三教、观音、関聖，東嶺真武大帝、日月二光廟，西嶺玉皇、三位娘娘，一應重脩□□。廟貌巍峨，神灵之顯赫如在，金碧鮮豔，圣得之普濟無穷也。爰擇於八月初旬二日開光，献戲三天，其有□於作者之初心無福已。其克免慢神之罪孽，此関甚大也。因原其終始，記其功程，謹將經理施主尊名開列於左，願永誌不忘云。

邑庠生楊守信譔

太學生曹士升書

經理人　曹秉恩　王道遵　王道生　王聘三　武生董奪魁　刘自海　曹居成　李登俊　李登魁　郭應盛　高佐周　曹耀安　曹耀元　李裕俊　李慶宇　李乾英　董資隆　趙福成　監生曹士升　武生任應魁　李儀俊　武生刘肇先　李正昌　武生李心月　監生高折桂　庠生楊守信　高昭謨　耆賓段興基　刘居存　刘逢元　郝丈英　郭茂中　郭有義　郭鳳清　董資應　郭尚中　刘存温　刘存福　郭怀居　郭應謙　庠生張錫齡　高斌　高治　張崇山　張治光　白光烈　白光恒　白建德　監生李永康　武學恩　武承先　李樹恭　高存賢　白士裕　白士文　李逢恩　白雄應　高長生　郭致祥　刘自祿　康有　郭玉明　刘萬福

住持僧　法玘　門徒海金　孫通典　通成　通泉　通利　通森　門侄海晏　海洪　海旺　孫通貴

泥匠　曹步泰

木匠　趙時禎　刘興桂

丹青　高兆文

大清光緒十四年八月穀旦

河津縣鐫字人　師全珠

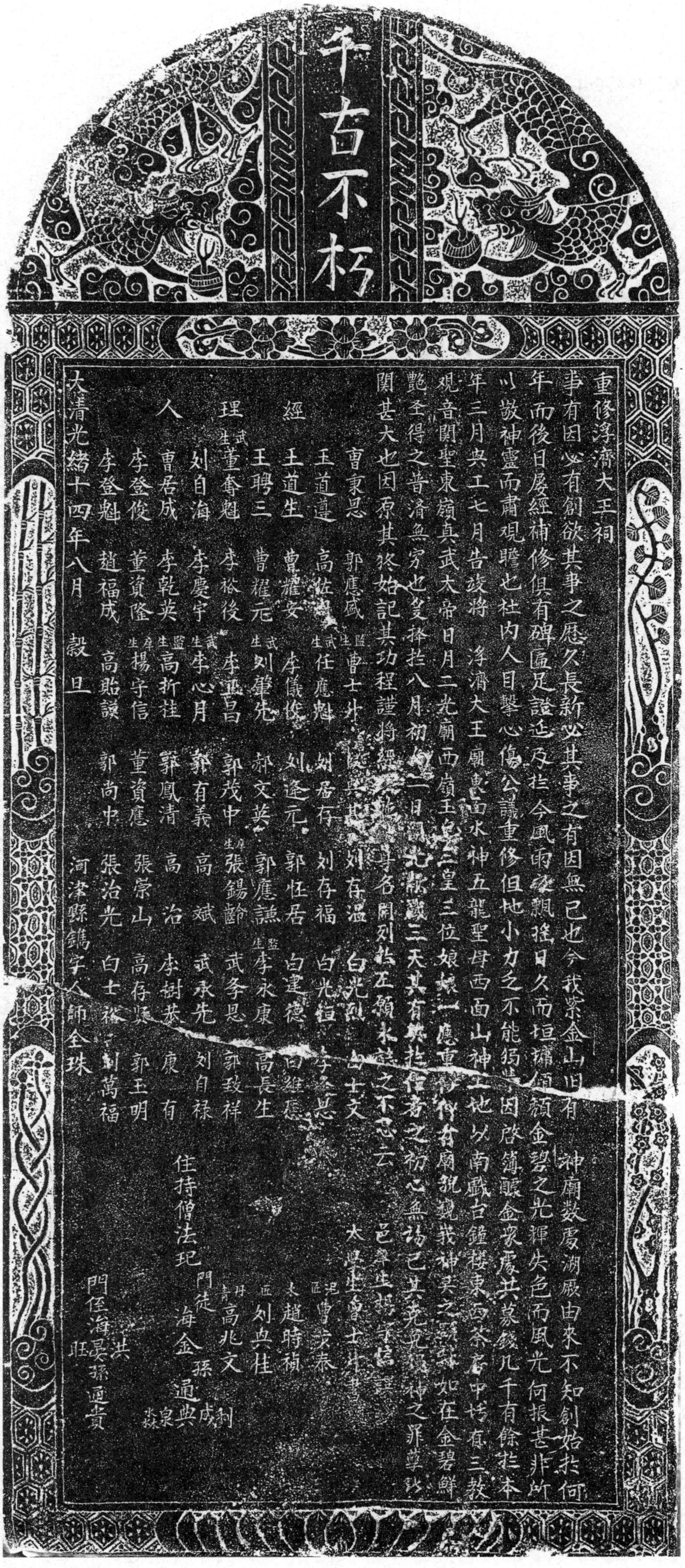
千古不朽
重修浮濟大王祠
事有因必有創欲其事之歷久長新必其事之有因無已也今我紫金山旧有　神廟數處溯厥由來不知創始於何
年而後日屢經補修俱有碑匾足證延及於今風雨飄搖日久而垣墉頹敝金碧之光輝失色而風光何振甚非所
以敬神靈而肅觀瞻也社内人目擊心傷公議重修但地小力乏不能獨成因啓簿醵金衆處共募錢几千有餘於本
年三月與工七月告竣將浮濟大王廟東面水神五龍聖母西面山神土地以南戲台鐘樓東西茶房中塑有三教
觀音閣聖東嶺真武大帝日月二光廟西嶺王母三皇三位娘娘一應重修修有廟貌巍峩神靈之[illegible]如在金碧鮮
艷丕得之普濟無穷也爰擇於八月初旬二日開光献戲三天其有與於信者之初心無論已其克[illegible]神之罪孽
関甚大也因原其終始記其功程謹將經[illegible]姓名開列於左願永誌之不忘云　邑庠生楊守信譔　太學生曾士升書
曾秉恩　郭應感　監生曹士升　[illegible]　刘存温　白光烈　白士文
玉道蓮　高佐[illegible]　武生任應魁　刘居存　刘存福　白光恒　李[illegible]恩　泥匠曾茂泰
經　王道生　曹耀安　李儀俊　刘逢元　郭恆居　白建德　白維[illegible]　木匠趙時禎
王聘三　曹耀元　武生刘韋先　郝文英　郭應謙　監生李永康　高長生　石匠刘興桂
理　武生董奪魁　李裕後　李[illegible]昌　郭茂中　庠生張錫齡　武季恩　郭致祥　丹青高兆文
刘自海　李慶宇　武生李心月　郭有義　高斌　武承先　刘自禄　住持僧法玘　門徒海金　孫通典　成　利　泉　森
人　曹居成　李乾英　監生高折桂　郭鳳清　高治　李樹恭　康有
李登俊　董資隆　庠生揚守信　董資應　張崇山　高存賢　郭玉明
李登魁　趙福成　高貽謨　郭尚中　張治光　白士裕　[illegible]萬福　門侄海洪　旺　孫通貴
大清光緒十四年八月　穀旦　河津縣鐫字人師全珠

皇清显考例赠国子监太学生显考讳玉璋字奉之貤赠孺人显妣刘氏合厝墓志

【简介】

清光绪十四年（1888）九月勒石。现存于临县赵家岔村坪局上坟地。碑青石质，圆首，身高105、宽48厘米。内容是墓志碑记。额题“永言孝思”4字。碑文楷书，正文6行，满行40字。胡鉴斗撰文并书丹。碑文完整，字迹清晰，碑体完整。外有护窑护栏，不能拓片。

【碑文】

皇清顯考例贈國子監太學生顯考諱玉璋字奉之貤贈孺人顯妣劉氏合厝墓誌

南陽府舞陽縣進士知臨縣事胡鑒斗謹撰並書

公諱玉璋字奉之，世居臨之西南鄉，系出趙姓，隸禾豐，與在臨諸趙氏，源同而派別者也。公生而類異□大志不拘，拘於流俗，雖未嘗學問，而雅好禮義。壯承父業，善治家，性揮霍，樂善好施，任事精幹，無巨細□，求合道吕，故滕理家政，貫朽陳紅，雖富甲一方，而仰息於公者，咸謂公意氣迎人，有長者風。至其周恤左右，保全親族，尤其餘事。公系單傳，旁無昆季，一妹適武，早寡遺孤，公性篤同氣，周視逾額，撫甥成立，不□辭色。公一生大節，即此可見一斑矣。公配儒人劉氏，亦淑慎有色，生四女一子，相夫恤道，人都稱爲賢内助，公及儒人皆壽考令終，卜葬佳城，用樹豐碑，爰舉其德之來見者，而志其略，是爲序。

男松齡　孫甲成　丙成　壬成　丁成　戊成　申成　庚成

大清光緒十四年歲次戊子菊月吉日立

王晋美墓碑

【简介】

清光绪十四年（1888）冬至勒石。现存于临县安业乡前青塘村。碑砂石质，方首，高110、宽51、厚10厘米。碑文楷书，正文6行，满行23字。字迹模糊，碑体下半部剥蚀严重，碑文缺损。

【碑文】

皇清例贈從九顯考王公諱晉美字□□□孺人妣郝氏……

父生於嘉慶十七年八月十四日巳時，卒於同治十二年二月廿三日卯時，享壽六十。母生於嘉慶廿三年正月初十日未時，卒於光緒六年二月廿七日卯時。

辛山乙向

男士□　士夜

孫□錫　□祚　□恒

立石

光緒十四年冬至……

削去丁首钱碑

【简介】

清光绪十五年（1889）二月勒石。现存于临县安业乡前青塘村。碑青石质，圆首，高102、宽47、厚10厘米。额题“削去丁首钱碑”6字，碑文楷书，正文9行，满行34字。内容记叙削去丁首钱事宜。王作新撰文并书丹。碑体断为两截，碑表有剥蚀，碑文右上角缺损。

【碑文】

削去丁首錢碑

□□□□□□□□□□□□興利除害亦以節民財，國家之大典同。然鄉黨之細務何獨□□。我青塘村系安業都保安所，自賈家溝以及青塘溝共爲一所，分作三牌，同一鄉約輪流管理，輪至别牌□□□□推我青塘村。每一輪至公舉鄉約之後，要以小門起齊，每門收錢三十六文，同□□□□□□丁首，日復一日，習以爲常，雖鰥夫寡婦，一門不讓，貧乏之輩，敢怒而不敢言，食其□□□此之時互相競爭，迄無底止，村人咨嗟太息，以欲削去，□無一人焉倡其先也。延自光緒戊子春，鄉約王振業，與村衆商議，願將此弊永遠改革，衆皆稱善，猶恐空言無補，歷年久遠，故弊復盟，咸願立石以垂不朽，属余作文以記之。余曰：是役也，不但革故弊於以往，亦且免貽害於將來，但余才疏學淺，恐不勝任，衆皆苦勸，不得已聊陳里語，記敘顛末，非敢言文也，特以記此事於永久云。

邑庠生王作新沐手敬撰並書

經理人　王晉臣　王立福　王振新　趙尚榮　郭宗元　王士夜　趙時林　王在國　王履端　趙時元

鄉約　王振業　王進善

牌頭　馬如龍

光緒十五年歲次己丑二月吉立

石匠　高士寬

重修诸神庙碑记

【简介】

清光绪十五年（1889）勒石。现存于临县白文镇赤卜浪村。碑砂石质，圆首，高 171、宽 68、厚 14 厘米。额题“不朽之铭”4 字。碑文楷书，正文 9 行，满行 42 字。记述赤卜浪村重修诸神庙之事。曹秉正撰并书。碑面有剥蚀，碑文略有残损。

【碑文】

重修諸神廟碑記

嘗思人之所□□生者神聖，神之所籍以棲□□宇廟之立也，因貴於前人創建，尤賴有後人之重修，豈能天造地設屹立千古而不壞哉！我赤卜浪村舊有地藏王、觀音、三官、龍王、大王、關帝、山神諸神祠，因年歲之久遠，受風雨之飄摇，以致墻毁房圮，棟梁損壞，漸至聖像亦皆剥落，不惟不足以肅觀瞻，亦不可以妥神靈矣。村人目睹心傷，欲重修葺，奈工程浩蕩，錢財空乏，後托諸空言者十有餘年。延至光緒七年，余等三十餘人各出己貲，首倡其事。□□本村善士、外鄉君子，俱量力施助，共得四百餘緡。於是鳩工庀材，召集衆藝，墻垣之傾圮者築補，棟梁損壞者易之，垣壁彩画，聖像金粧，歷三載而工始告竣，前後廟宇五所，焕然一新，猗歟休哉，斯□以肅觀瞻而安神靈矣。第廟貌既新，而輸財之功德不可終於湮没也。故將修葺始末，勒諸貞珉，以爲後世之□感云爾。

邑庠生曹秉正謹撰并薰沐敬書

經理人　耆賓高學儉　薛俊春　李正中　高進璜　高進琛　秦歧山　□□□　高應明　薛全通　高萬慶　薛永照　高萬清　延應胄　趙俊富　薛富春　董近智　高光德　薛佩蘭　薛思恩　薛焕春　秦瑞山　薛進春　秦岱山　房永春　張桂方　喬海仁　李秀法　張應福　樊應才　延尚直　薛云才

瓦匠　張隆廷施錢四百二十文　王如珍施錢一千二百文　張永中施錢三百六十文

木匠　秦法貴施錢二百四十文

丹青　高照文施錢三千文　梁中矩施錢一千文

石匠　師全珠　鐫字

住持僧　寅興　和南

大清光緒十五年歲次己丑中秋月穀旦合社公立

不朽之銘
大清光緒十五年

重修三位娘娘庙碑记

【简介】

清光绪十六年（1890）十二月勒石。现存于临县玉坪乡山刘家庄村。碑青石质，圆首，高 130、宽 59、厚 15 厘米。额题“永垂不朽”“流芳”。碑文楷书，正文 6 行，满行 42 字。内容是重修三位娘娘庙事宜。李勤补撰文，刘光溥录。碑体表面磨损严重，右下角缺失，碑文残缺较多，字迹模糊。

【碑文】

嘗讀《詩》，有曰：子孫繩繩；又曰：綿綿瓜瓞。以是知衆生迭出者，必推之積善之家，亦實賢神聖默佑□□□。山劉家庄村舊有三位娘娘廟一座，默佑赤子娶顯□，又見斯人之□，其庇蔭者多矣。迄今年遠日久，墻簷朽壞，以致神不安。光緒十六年春，適有李長中與村上人等共議，各施己錢，以爲補葺，因而重修簷墻，補全神像，至此廟貌□□焕然一新矣。今當成功之日，經理問序於余，予才疏學淺，不能序其所由來，但就其明顯且易見者，略記其事，以爲永垂不朽云。

主功人　監生李長中施錢□□四百文

經理人　李□□二千八百文　任□二千八百文，任祥　任□　二千八百文　高永耀三千八百文　監生刘光鑑二千九百文　□升□二千三百文　武思二千三百文　曹明□二千二百文　李逢□二千五百六十　王周賢一千六百五十　曹□思一千三百五十　曹□□一千三百五十　秦樹裕一千一百五十　高長祥一千一百五十　□志法一千一百五十　李□□一千一百五十　李正□七百文　刘□益七百文　高林德七百文　秦□□四百五十　□居法四百五十　秦映貴四百五十

優生李勤補薰沐敬撰

廩生劉光溥薰沐敬録

木匠　秦□□施錢六百

陰陽　刘□二百

石匠　王新□　刘風山

光緒十六年十二月十二日敬立

清故乡饮介宾显考樊公讳嘉植字茂森府君原配高氏继配李氏杜氏李氏合葬之墓

【简介】

清光绪十七年(1891)三月勒石。现存于临县三交镇正坡村。碑青石质，圆首，身高92、宽49厘米。碑文楷书、宋体，正文5行，满行23字。碑体完好，碑文完整。

【碑文】

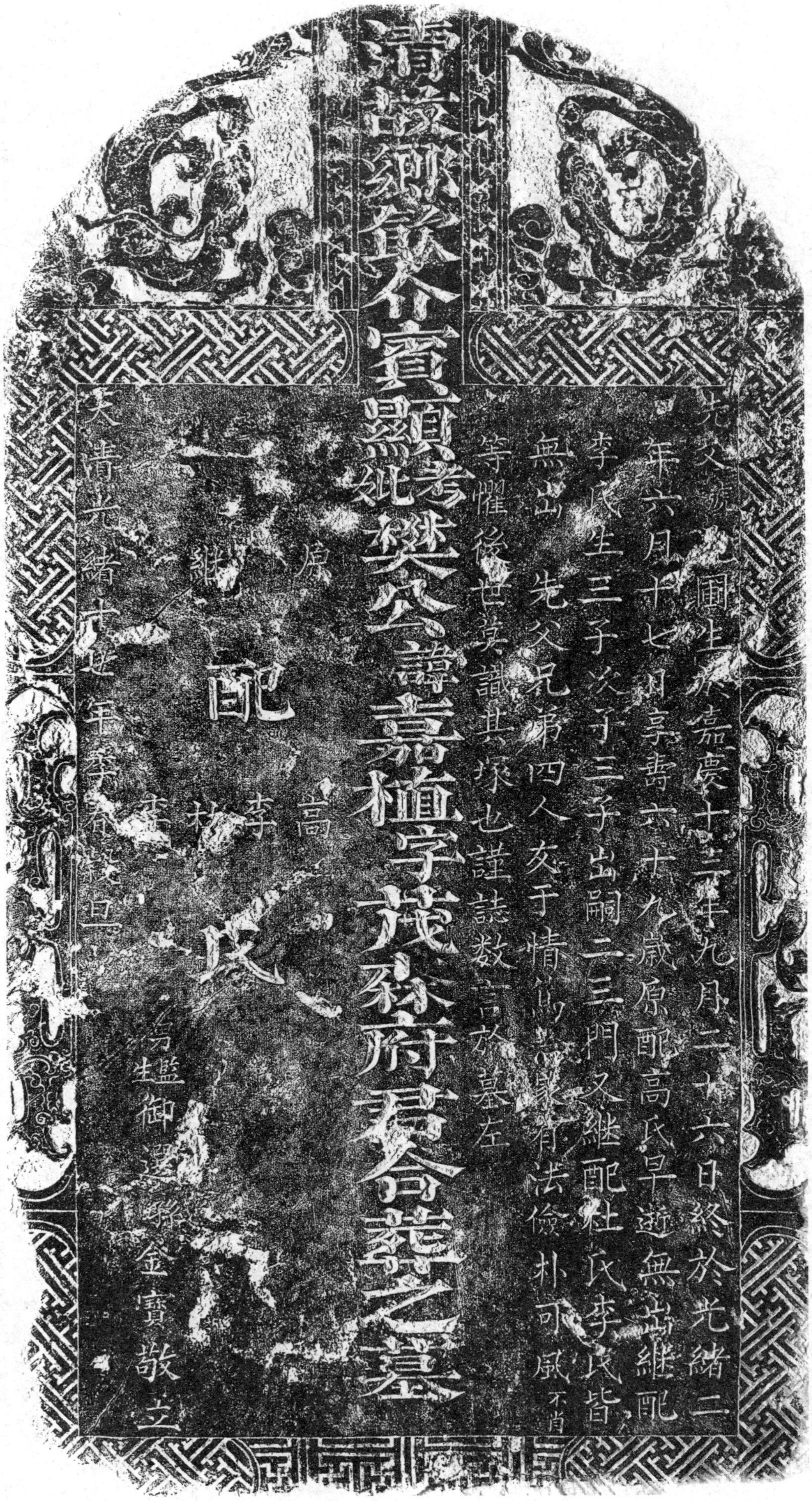

清故鄉飲介賓顯考樊公諱嘉植字茂森府君原配高氏继配李氏杜氏李氏合葬之墓

先父號光輔，生於嘉慶十三年九月二十六日，終於光緒二年六月十七日，享壽六十九歲。原配高氏早逝無出，継配李氏生三子。次子三子出嗣二三門，又継配杜氏、李氏皆無出。先父兄弟四人，友于情篤，治家有法，儉朴可風。選等懼後世莫識其塜也，謹志数言於墓左。

男監生御選　孫鑫賨敬立

大清光緒十七年季春穀旦

重修义居寺碑记

【简介】

清光绪十八年（1892）六月勒石。现存于临县三交镇义居寺。碑砂石质，圆首，高221、宽90、厚18厘米。碑阳额题“昭示来兹”4字。碑文楷书，正文12行，满行46字。记叙重修义居寺之事。碑阴刊载在城在镇施钱铺名。郭佐城撰文并篆额，吕克谐书丹。碑文保存完好，字迹清晰。

【碑文】

（碑阳）

重修義居寺碑記

粵稽中國有佛，始於漢明帝，歷唐宋以來，莫不敬重。延及本朝，不特天子崇奉，雖士庶婦孺，咸知欽承。夫佛氏之爲，道也。以慈悲爲懷，以好生爲心，以扶危濟困爲念，藹藹乎其亦有仁者之風，而爲三教之一耳。臨之南川舊有義居寺一所，歷代修理，前人之遺跡，碑碣現存可考而知也。曩者，余在此寺從師讀書，見夫龍盤虎踞，宛若天台之奇形，鳥語花香恍如桃源之佳境。而且前臨湫水，後枕柏山，左接金堆，右連筆架，高樓幽洞，學士來遊而忘歸；芳草甘泉，騷人賞玩而得趣。翠柏森森而可蔭，古槐欝欝而增榮。固西河之名區，寔北和之勝地也。至光緒年間傾頽實甚，入寺謁拜者不禁慨歎而悲傷，幸有僧人法昌，忽起善意，原向吕振綱先生商議，伊謂此寺欲修，工程浩大，非有實心好善者，不克勝任。因薦樊薛二公堪爲經理。樊公名秉誠，屢世簪纓，急公好義。薛公名萬明，臨泉望族，德重品高，當世君子，有古仁人之風也。迨會茶時，仍公舉樊薛爲領袖，乃二公邀出王生輝、段榮廷同欣然承應。於是糾辦材料，督匠興工，前後規模，依次修整，時則運用花費，佃過錢項，披星带月。總率經理者樊秉誠、薛萬明、王生輝也，奔走拮据監工助力者吕歧清、薛萬有、任壽康、任文載、薛汝霖也，仗義疏財、有始有終而克濟齊美者薛居安、薛運行也。是役也，衆經理豈爲報應獲福而爲此善舉耶，蓋出於天性之不自已，善心之不可遏也。然作善降祥，積善於慶，所謂事必有至、理有固然者耳。至今工程告竣，謹將事之始末緣由，勒石永垂，俾後之人継承乎往昔，補葺於來兹，而斯寺庶可千古常新矣。

住持僧　通注　徒善淳　孫開選　重孫文清　文淨　施錢三千文

邑廩膳生員郭佐城敬撰並篆額　吕克諧敬書

總經理人　從九樊秉誠　軍功六品薛萬明　千総王生輝　貢生段榮廷　奉旨批准保舉陝西即用巡檢薛居安　武生薛運嘉和薛運行　從九吕歧清　介賓薛萬有　監生任壽康　任文載　薛汝霖　軍功五品吕振綱　戊子歲貢張継先　李維新

在城在鎮協辦人　舉人賈鳳書　歲貢延華國　武生李茂英　薛清選　張佩琳　廩生武之彦　生員劉世昌　都司李福普　增生陳如龍　生員成國英　五品張丕治　監生孫紹業　武舉張子華　八品張尚□　歲貢樊樹屏　監生秦慶□　監生薛位堂　秦衍慶　生員趙獻　武生薛生光

都内都外協辦人　恩貢李瑞直　介賓薛恒盛　從九趙椿　監生薛樹堂

住持僧人：

開静　徒正皇　侄正光　孫聖增

法昌　徒海悟　孫通文　法晟　海珠

石匠　薛學法　鐫字

光緒十八年夏六月上浣吉旦

（碑阴）

在城在鎮施錢鋪名

協成當　吉成興　積盛公　萬源興　源茂和　恒泰長　和盛長　益順永　永盛義　三義恒　萬裕永　光裕恒　恒裕長　隆盛泉　永泰和　自盛長　聚和公　自興長　和盛永　復順發　三和德萬全堂　三盛義　源盛興　永義合　源義永　永順合　白慶書　東盛館　正興泉　樊萬春　永生和廣育堂　孟盛爐　廣太和　三義號　魁成永　福盛館　發生館　四合永　益順成　積盛長　萬源廠自成號　義恒號　復盛魁　興盛長　積中昌　懋勝店　聚和長　萬源染　源盛和　吉成染　德生泉德生成　三合廠　自盛染　茂盛廠　裕順染　大順店　義源昌　復和魁　和合成　同和義　慶和樊協力染　裕順成　德生永　永生成　萬盛館　中和店　稅盛元　和合泉　廣興永　德盛染　雙成染聚盛永　德盛恒　義盛和　匱義公　義和厚　兩盛染　四義和　積合成　共順館　聚興店　永合成自義和　萬盛店　自義廠　慶和永　三盛成　長盛永　源盛長　萬盛染　自生李　太和李　同盛長德義和　四瑞當　昌慶當　洪盛新　德盛公　中興永　巨盛長　昌盛義　巨盛成　三和堂　源升高永順義　復盛成　聚盛公　恒聚店　長盛德　聚源永　泰和隆　全盛永　復興鋪　慶源長　永盛長同盛成　常發成　源泰和　恒聚長　復盛徐　興盛永　慶和昌　中和億　增盛爐　巨和盛　聚和永長興園　三盛高　恒興宋　益順成　合盛成　長盛染　同心義　慶和永　長慶德　保和隆　增盛慶同和盛　慶源爐　世興號　中和信　自興長　慶和公　四盛長　合盛園　恒泰安　五福店　復和盛中和興　復成染　永盛成　德元魁　長盛慶　元盛慶　積裕成　慶一號　永盛爐　保和盛　德聚成天源成　四合永　復和泉　恒升號　吉成染　增盛興　義盛永　捷升長　茂生長　永生長　永源廠德盛毋　集成館　長盛永　巨盛義　晉昌盛　自盛永　義順永　三順德　同興盛　天裕永　復順公合順公　三順永　自興成　復泰長　萬育亨　恒泰興　中孚合　拐溝老窰　福呈窰　興順窰　和合窰　同順窰　郭家窪監生郭成中　舉人賈鳳書　巡檢張善道

“克昌后”匾额

【简介】

清光绪十八年（1892）孟秋勒石。现存于临县碛口镇西湾村，嵌于门洞上方。匾砂石质，长方形，高 48、长 78 厘米。匾文楷书，正文 1 行，满行 3 字。保存完好。

【匾文】

壬辰孟秋

克昌後

辛巳舉人劉鰲恩題

诰授昭信校尉孔昭李公讳潜德暨元配郝安人合葬之墓表

【简介】

清光绪十八年（1892）九月勒石。现存于临县城庄镇城庄村。碑砂石质，圆首，高118、宽50、厚13厘米。额题“皇清”2字。碑文楷书，正文12行，满行38字。碑体下部剥蚀严重，碑文残缺。

撰文书丹者吴命新（1856—1928），字敬夫，中年后号敬命，临县上西坡村人。7岁就读，其师善书法，入学即教以书法入门法则，规定每日写字一百。从此即苦练书法，终生不辍。后从师于凤山书院主讲贾凤书，为邑庠生。光绪十一年（1885）拔贡。十五年（1889）中举。光绪二十一年（1895），赴北京会试。参加了“公车上书”，与康有为、梁启超过往较多。中进士后，康有为即荐他到北京图书馆任职。光绪二十四年（1898）发动“戊戌变法”时，康有为曾偕吴命新参见光绪，专折奏事。变法失败，吴命新感到政治风云突变，怵目惊心，对变法虽表同情，但对康组织的“保皇会”，宣扬“助外人围攻匪以救上”，则深为反感，康梁数次邀他随行，均婉言谢绝，专心于博览群书，苦练书法。光绪三十二年（1906），吴命新任陕西定边县知县，适京师学务处催修县志，即选拔文士，组织采集考订，辑成《定边县乡土志》。在定边“政声尚好，墨迹不少”，定边档案中有“定边东滩，教会与民争八里河水利，讼于县堂，吴公手制水章八条，弥患息讼”的记载。宣统元年（1909），调任陕西岐山县知县，访察民情，清理积案，兴修水利，开垦荒田，举办蚕桑讲习所，成立农业学堂。在职数年，颇得民心，离职返乡，岐山人赠“万民伞”三把，以表敬意。吴命新以书法负有盛名，并兼通篆刻，其书功力遒劲，笔势神逸，造诣精深。太原孔庙、大同云冈、介休绵山、方山武当、交城卦山，陕西岐山、绥德、榆林以及北京博物馆等处，都有他的手迹。境内墨迹颇多，原城内四座大牌坊的匾额、挂对，大部出于其手。其墨迹存世的有篆书《石鼓文》《千字文》；篆刻《雪窗偶录》《般若波罗密多心经》；隶书《临县志序》。不少挂联、条幅落于民间。

【碑文】

誥授昭信校尉孔昭李公諱潛德暨元配郝安人合葬之墓表

吏部揀選知縣乙酉科拔貢乙丑恩科舉人愚外孫吴命新頓首謹述併書□

古所謂豪杰之士不必登顯位、建奇功，始克垂不朽也。即僻處草莽托迹市井，亦何嘗不……濟哉！孔昭李公者，乃愚之外祖父也。其嘉言懿行膾炙人口，誠不待愚表也。特跪代……無有，因即其見聞者，而略述之。公明敏果斷，迥超流俗，童年失怙，既無伯叔，終……素乃捐詩書而事魚鹽，艱苦備嘗，享壽六十有九終其身，無日非鷄鳴而星起，雖……家中大小皆示以禮法，使各勤其業；待伙友如家人，視奴僕如子弟，所以數十年……親朋故舊，事關倫常者，任怨任勞，捐資成美，其在鄰里鄉黨中興利除弊，排……者，能以片言分析而情通禮順。同治年間，陝省起兵，上憲有團練之議公等……品頂戴。只此數端，雖不足以盡公，已非尋常所能及，使公稍蒙庇蔭，儒修不報……哉！元配郝安人，淑慎温恭，克勤内治，故得中外協和，上下雍穆，嘻嚅之聲……舉。丈夫子二，長從九品子貞公諱正春，次守御所千總竹君公諱長春，女子…九品國楨、廷築、廷棟榜名文華，廷柱、廷梅孫女五。曾孫十二：維屏、維翰、維城....維規、維矩、維祺、維祉、維鼎、維誠、維垣，曾孫女十二，婚嫁皆名族，不及備載。謹表其□。

光緒十八年歲次壬辰重陽月穀旦刻石

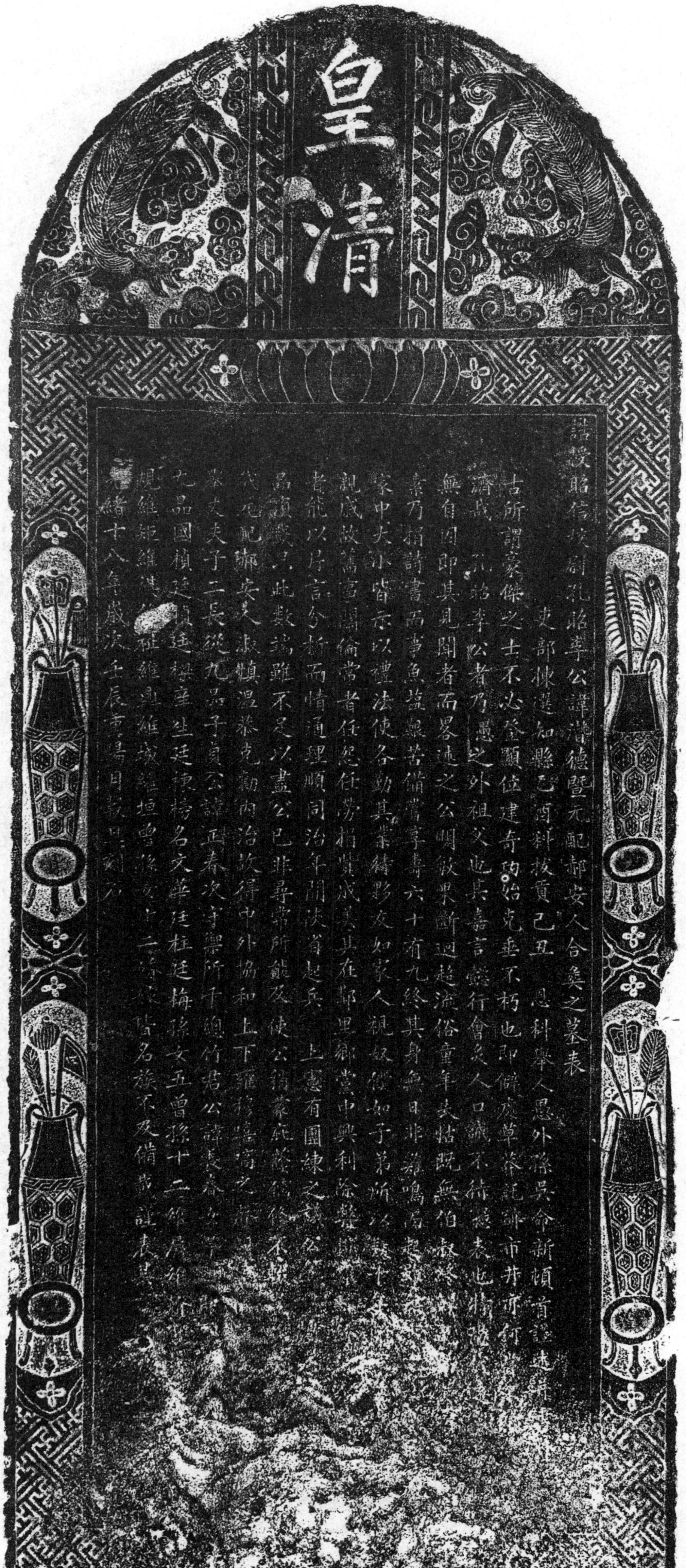
皇清

誥授貽信校尉孔昭孚公諱濬德暨元配郝安人合葬之墓表
吏部揀選知縣己酉科拔貢己丑恩科舉人愚外孫吳命新頓首謹譔并[illegible]
古所謂豪傑之士不必登顯位建奇功始克垂不朽也即僻處草莽託跡市井亦何
濟哉　孔昭孚公者乃愚之外祖父也其嘉言懿行會久人口誠不待譔表也惟[illegible]
無自因即其見聞者而畧述之公明敏果斷迥超流俗童年失怙既無伯叔[illegible]
素乃捐詩書而事魚鹽艱苦備嘗享壽六十有九終其身無日非雞鳴而起[illegible]
家中大小皆示以禮法使各勤其業績彰交如家人視奴僕如子弟所以[illegible]
親戚故舊雖倫常者任怨任勞捐貲成美其在鄉里鄉黨中興利除弊[illegible]
者能以片言分析而情通理順同治年間於首起兵　上憲有團練之議公[illegible]
品頂戴　以此數端雖不足以盡公已非尋常所能及使公得蒙旌獎[illegible]
氏　元配郝安人淑慎溫恭克勤內治故得中外協和上下雍穆皆[illegible]
奉丈夫子二長從九品子貞公諱正春次子樂所子卿竹塢公諱長春[illegible]
九品國楨廷楨廷樑廷進廷棟樑名文華廷柱廷梅孫女五曾孫十二外[illegible]
規維綱維模維祉維鼎維城維垣曾孫女十二[illegible]皆名族不及備載謹表其[illegible]
光緒十八年歲次壬辰季春月穀旦刻石

诰授武德将军守御所千总衔显考李公讳长春字竹君府君显妣秦宜人继妣赵宜人樊宜人赵宜人继妣张宜人张宜人李太君合葬之墓

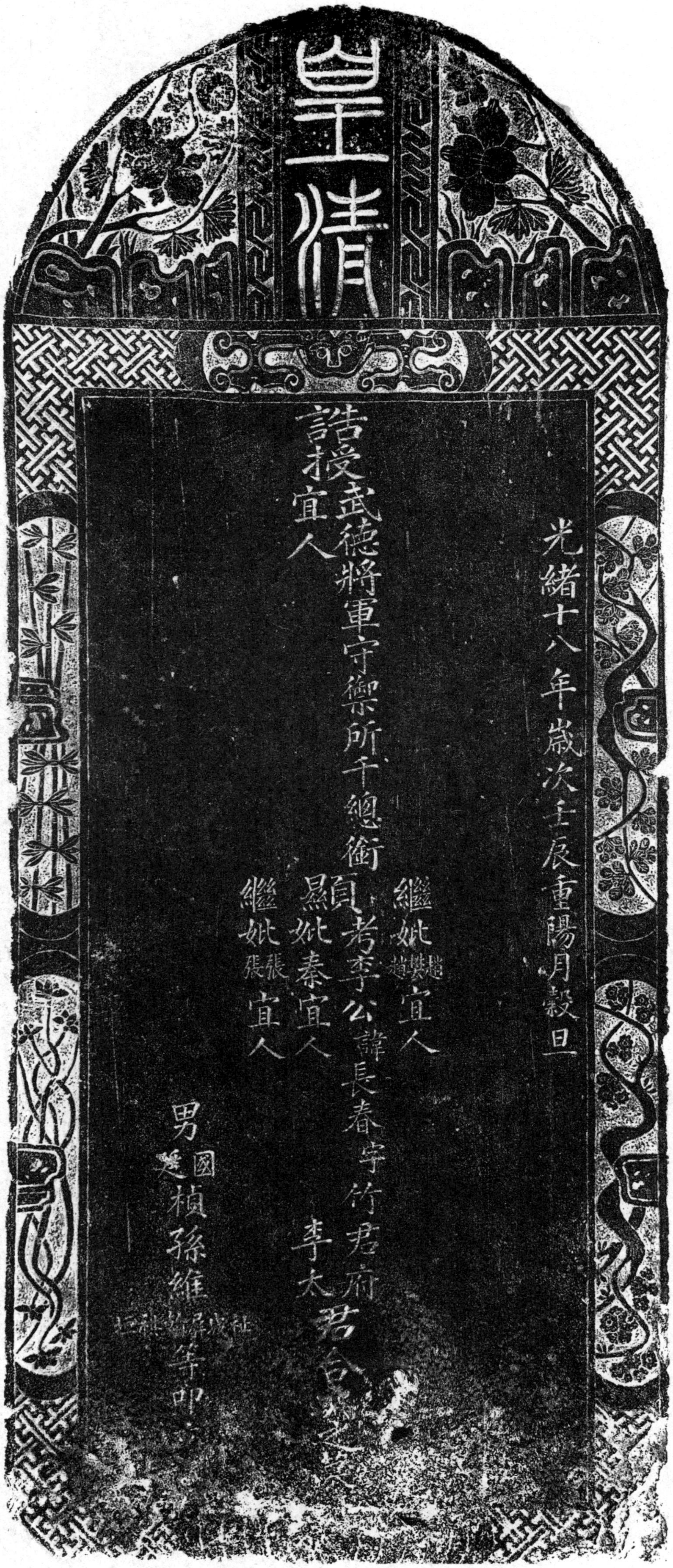

【简介】

清光绪十八年（1892）九月勒石。现存于临县城庄镇城庄村。碑砂石质，圆首，高 107、宽 50、厚 13 厘米。额篆“皇清”2 字。碑文楷书，正文 4 行，满行 28 字。碑体下部略有剥蚀，少数字迹漫漶。

【碑文】

光緒十八年歲次壬辰重陽月穀旦

誥授武德將軍守禦所千總銜顯考李公諱長春字竹君府君顯妣秦宜人繼妣趙宜人樊宜人趙宜人繼妣張宜人張宜人李太君合葬之墓

男國楨　廷楨　孫維屏　維翰　維城　維祺　維祉　維垣　等叩

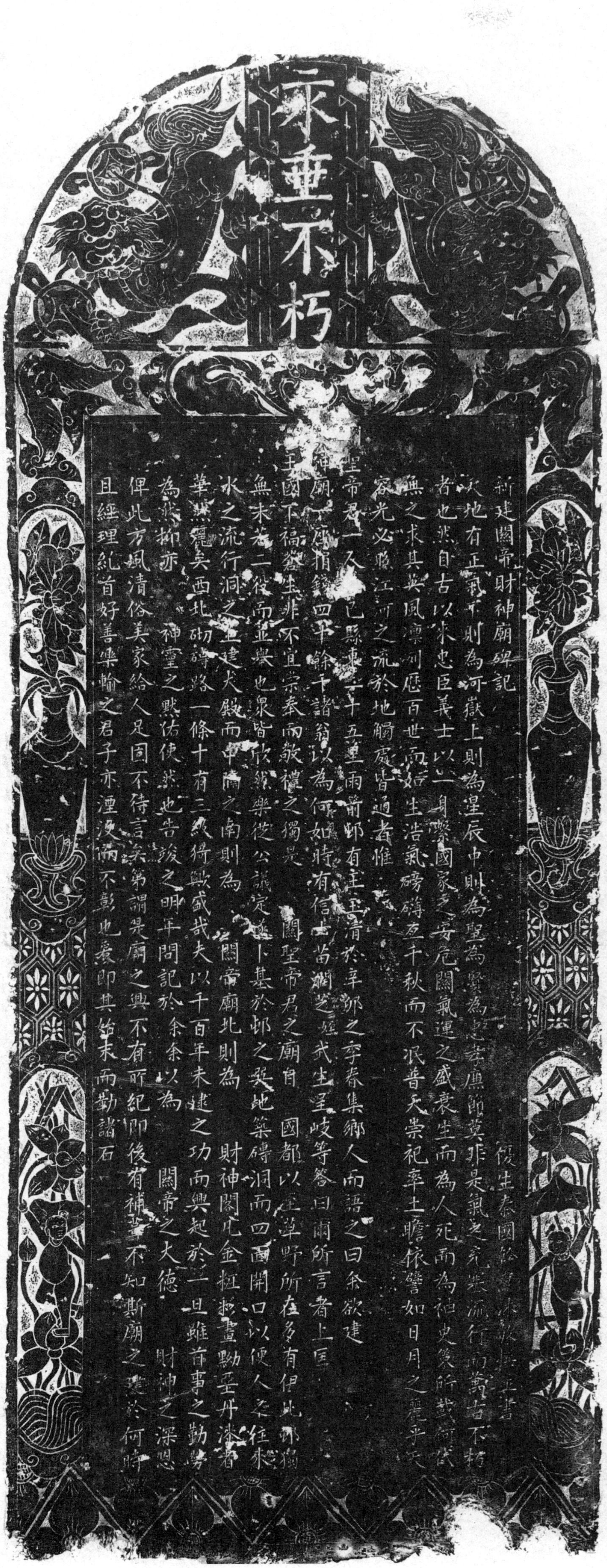

新建关帝财神庙碑记

【简介】

清光绪十八年（1892）勒石。现存于临县玉坪乡玉荐村。碑青石质，圆首，高125、宽50、厚13厘米。额题“永垂不朽”4字。碑文楷书，正文13行，满行42字。记述新建关帝财神庙之事。秦国干撰文并书丹。保存完好，字迹清晰。

【碑文】

新建關帝財神廟碑記

優生秦國幹薰沐敬撰並書

天地有正氣，下則爲河嶽，上則爲星辰，中則爲聖爲賢爲忠孝，廉節莫非是氣之充塞流行，而萬古不朽者也。然自古以來忠臣義士以一身繫國家之安危，關氣運之盛衰，生而爲人，死而爲秀，史策所載，何代無之。求其英風凜冽，歷百世而如生，浩氣磅礴亙千秋而不泯。普天崇祀，率土瞻依，譬如日月之麗乎天。容光必照江河之流於地，觸處皆通者惟關聖帝君一人而已。縣東二十五里雨箭邨有王玉清於辛卯之季春，集鄉人而語之曰：余欲建財神廟一座，捐錢四千餘千，諸翁以爲何如？時有信士苗潤芝，姪武生呈歧等答曰：爾所言者，上匡王國，下福蒼生，非不宜崇奉而敬禮之，獨是關聖帝君之廟，自國都以至草野所在多有伊，此邨獨無，未若二役而並舉也。衆皆欣然樂從，公議定。遂卜基於邨之巽地，築磚洞而四面開口，以便人之往來，水之流行。洞之上建大殿，而中隔之，南則爲關帝廟，北則爲財神閣。凡金粧彩畫，黝堊丹漆者，華然麗矣。西北砌磚路一條，十有三級，猗歟盛哉！夫以千百年未逮之功，而興起於一旦，雖首事之勤勞爲然，抑亦神靈之默佑全然也。告竣之明年，問記於余，余以爲，俾此方風清俗美，家給人足，固不待言矣，第謂是廟之興，不有所紀即後有補葺，不知斯廟之建於何時。且經理糾首，好善樂施之君子亦湮没而不彰也。爰即其始末而勒諸石。

重修财神祠记

【简介】

清光绪十八年（1892）勒石。现存于临县安业乡前青塘村。碑砂石质，圆首，身高135、残宽60、厚13厘米。额题“流芳百世”4字。碑文楷书，正文10行，满行32字。记叙青塘村重修财神祠之事。碑体剥蚀严重，碑文缺失严重。

【碑文】

歲在玄黓執徐，予甫設帳於青塘村光裕第，嘗隨喜玆寺，考貞珉惟東北隅有財神祠，創建者王老東君餘軒，敘事者劉老夫子，雨□□□之餘，未嘗不異，夫斯祠之建立，夫何弗□僉謀也，訖歲終將解館而□□□□書碑□□始□王氏則創修於□合□□補葺，於後肇興工於光緒□□之□，約費錢□□餘千，惟時聚衆□□有……明……任有鳩工而□成者乎則正……君……敘則……列諸太……舉則……也，……知銜……也，其功……有……之初……有財神……

……賈世……撰

……四十……王恩□施錢四百文　趙立□　趙□

大清光緒……

高家沟重修关帝庙碑记

【简介】

清光绪二十年（1894）八月勒石。现存于临县城庄镇高家沟村。圆首，砂石质。碑身高142、宽59、厚15厘米。内容是重修关帝庙事宜。额题“流芳百世”4字。碑文楷书，正文5行，满行53字。曹加玉书丹。碑文完整，字迹清晰，碑体略有剥落。

【碑文】

從來秉燭春秋存心忠義者，関帝；隨處現身，尋聲赴者，觀音。玆二神大能福人，凡城市鄉村均宜建立□祠，以承祀事者。高家溝人先欲創修二神而力多不逮，故有志未成，延及光緒十七年告素志不泯，復談及修補廟一事，村人□皆努力施捨，即四方善士亦皆慷慨樂輸，於是謀諸堪輿，擇吉日補修関帝觀音二神祠。功起於十八，二神像俱新□□□□□垣亦俱完固。此固村人之力，即四方善士亦不爲無功，將見聖德蔭庇，合村人與四方善士俱享無疆之福，而廟貌之□□□□□□□，庶幾亦永年代，千載不朽云。是爲序。

曹加玉敬書

經理人　魏有德　李繼珍　高映全　李思炳　賀慶德　劉永厚　監生劉永泰　賀慶芝　高廷山　王進富　曹士信　李思世　楊全美　李心義　武生李心鈞　佾生李心鎬　從九李心裕　劉映財　曹炳恩

李繼珍施錢十七千八百　問步蘭四千　高廷山拾三千　李思世三千　高映全二千　高映喜二千　劉繼厚二千　李繼寧二千　李思焕二千　李思炳二千　劉永珍二千　高廣先二千　賀慶德十六千　賀慶芝二千　賀玉光六百　王三寬六百　李思秀二千六百　魏有德一千六百　趙萬壽一千六百　曹大信一千六百　李思世三千文　王進富乙千二百　劉成厚乙千二百　曹秉恩乙千二百　曹大智乙千二百　李芝映乙千文　劉步法八百　賀飛元　高映□　武□□　劉昌□　高□□

木工　□□□

泥匠　□□□

丹青　高兆□　曹加□

光緒貳拾年捌月吉立

河津縣師全珠各字

流芳百世

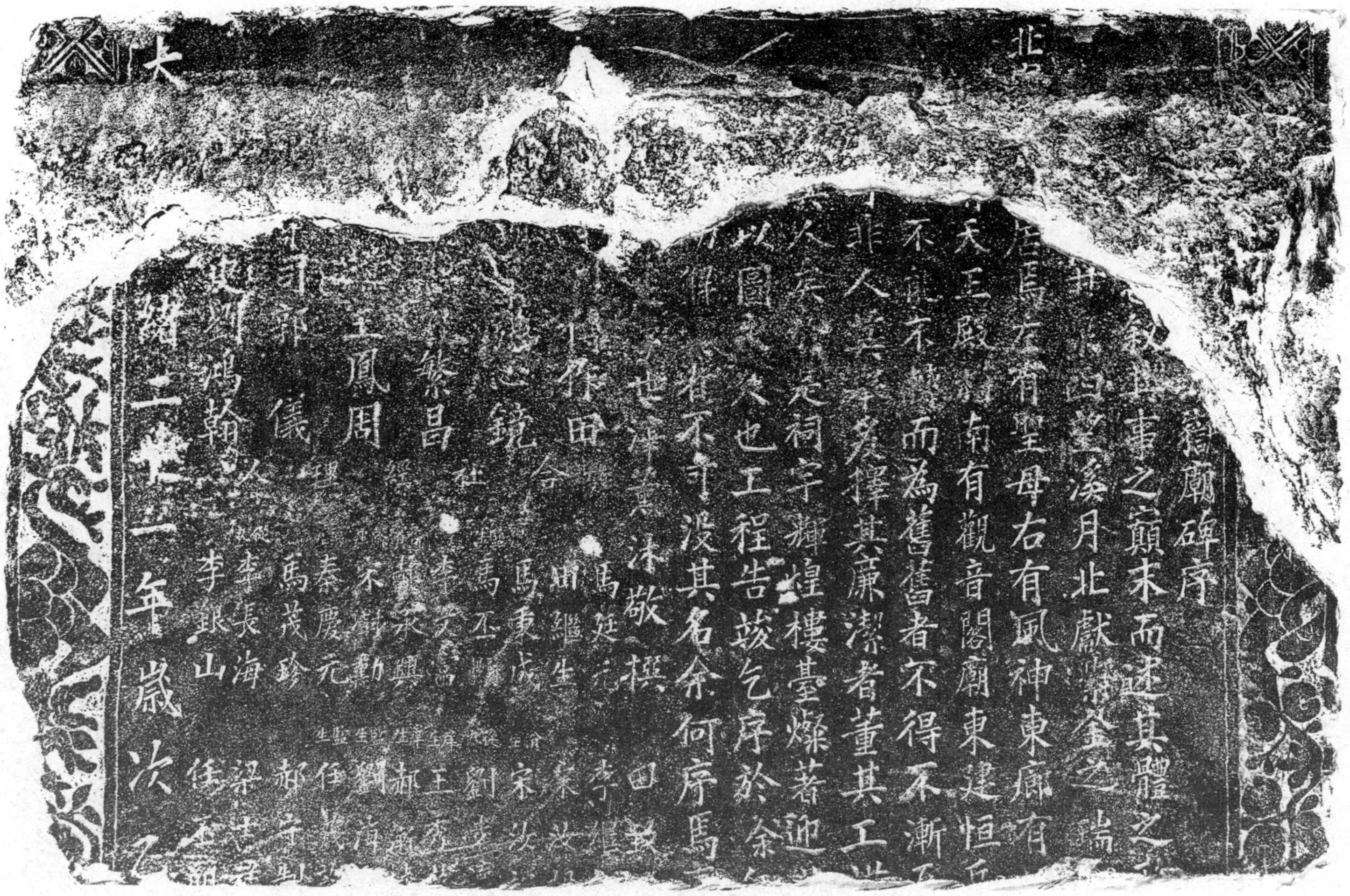

重修黄龙山北岳庙碑序

【简介】

清光绪二十一年（1895）勒石。现存于临县临泉镇黄龙山北岳庙。碑砂石质，已残，残高 57、宽 86、厚 13 厘米。碑文楷书，正文 9 行，满行残存 13 字。内容是重修北岳庙事宜。□世泽撰文。碑体残存三分之一，碑文缺失大半。

【碑文】

……嶽廟碑序

……敘其事之巔末，而述其體之……甘泉，西望溪月，北獻紫金之瑞雲……居焉，左有聖母，右有風神，東廊有……天王殿，廟南有觀音閣，廟東建恒丘……不能不轉而爲舊，舊者不得不漸……非人莫舉，爰擇其廉潔者，董其工……人矣。於是祠宇輝煌，樓臺燦著，迎……以圖永久也。工程告峻，乞序於余……解□者不可没其名，余何序焉……

……世澤薰沐敬撰

□□□□□作田　訓導張心鏡　知縣孔繁昌　□□□王鳳周　□□□司郭儀　典史劉鴻翰

合社經理人　馬廷元　田繼生　馬秉成　馬丕□　李文富　郝永興　宋□勳　秦慶元　馬茂珍　李長海　李銀山　田□□　李繼□　宋汝□　佾生宋汝□　從九劉步□　庠生王秀□　庠生郝□□　監生劉海□　監生任茂□　郝守制　梁士□　任丕明……

大清光緒二十一年歲次乙……

阳宇会高中元墓碑

【简介】

清光绪二十二年（1896）勒石。现存于临县城庄镇阳宇会村。圆首，砂石质，有碑套。碑高106、宽48厘米。内容是高中元墓碑文。额题“永言孝思”4字。碑文楷书，正文4行，满行残存28字。碑文缺失少半，字迹模糊，碑体大部分剥落。

【碑文】

蓋聞剏業难守成尤难，亦視後人之継述何如耳。同治九年春，卜新塋□□□峁之側，坐庚向申，字望之公遂葬兹山而礼焉，公以勤儉持家、忠厚處世，□□□人，貽業積久彌光，而於課耕之暇，尤嚴課讀，遂永垂爲家法，以爲守成者券人，継継承承，永守勿替，斯爲孝思不匱云尔。

皇清例授耆賓顯考高公諱中元字望之府君妣馬氏之墓

男耆賓丕承　耆賓敬承　耆賓継承　孫□秀　□月　□□　附生□□　武生□□　□□　□□　曾孫□□　□□

光緒二十二年吉月吉日立

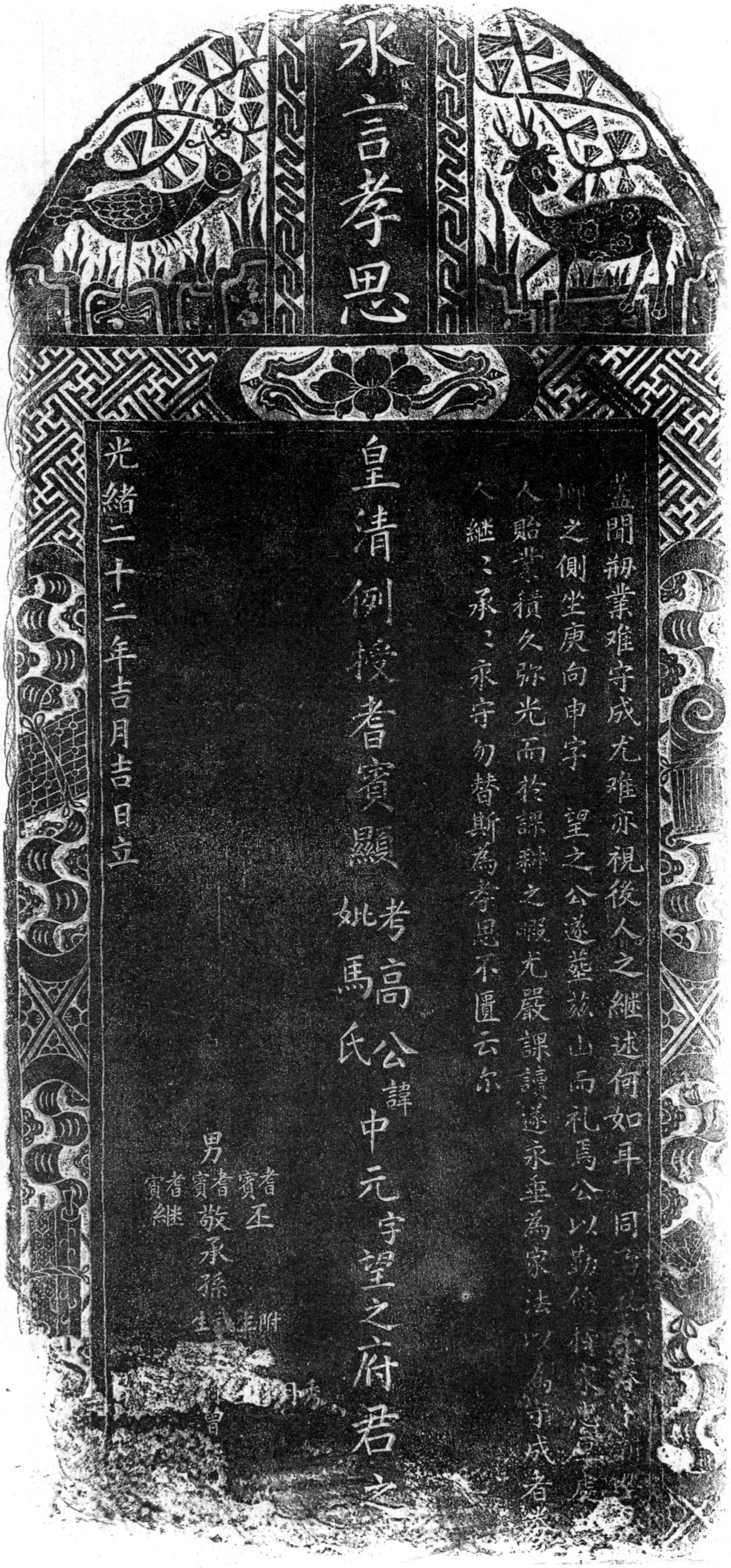

重修五龙圣母祠碑记

【简介】

清光绪二十二年（1896）八月勒石。现存于临县乔家沟村。圆首，砂石质。碑身高121、宽57、厚12厘米。碑阳额题"昭兹来许"4字。碑文楷书，正文6行，满行23字。记载乔家沟村重修圣母、五龙等神庙一事。碑阴额题"百代常新"4字。碑文为布施人花名。贺先进撰文并书丹。保存完好。

【碑文】

（碑阳）

從來創修廟宇、敬恭明神，原於始者，尤賴述於後，舉世皆然，豈止一鄉一邑哉。我喬家溝村舊有聖母、五龍、山神土地、風伯諸神廟，歷年久遠，風雨剥落。村人公議，同願維修，各捐己資，連村外緣募錢六十千有餘，及今廟貌煥新告厥成功，爰欲勒石刻名，垂訓常昭，庶幾哉，佑啓後人以更述於後也，此余實所深幸歟！

邑庠生賀先進薰沐敬撰並書

功德主　杜存貴

經理人　王金中　杜子英　王海山　王生華　王行信　王玉山　杜長樂　劉長茂　杜長春　王繼有

杜存賢　杜子英各施錢乙千三百　王海山　杜長樂　杜長春各施錢乙千文　劉長茂　王繼有各施錢六百　王金山　王玉山各施錢五百　王行信施錢五百　王貞山施錢三百　王慶裕施錢二百四　辛守福　辛福大　杜永福各施錢二百　王秉海　王秉忠　王行恭　王行寬　王行敏　杜存孝　曹映兆各施錢乙百廿。

木匠　胡學順

丹青　秦侯保

化林村鐫字人　賀慶昌

大清光緒二十二年八月吉日敬立

（碑阴）

武生任映魁六百文　議敍胡萬隆五百文　庠生□進賢四百文　庠生賀生進　千總賀風儀　各施二百　鄧殿忠　郭玉江　郭清光　郭士海　吴積厚　喬映碩　喬如□　吴積禄　吴積福　胡萬年　……

合社公立

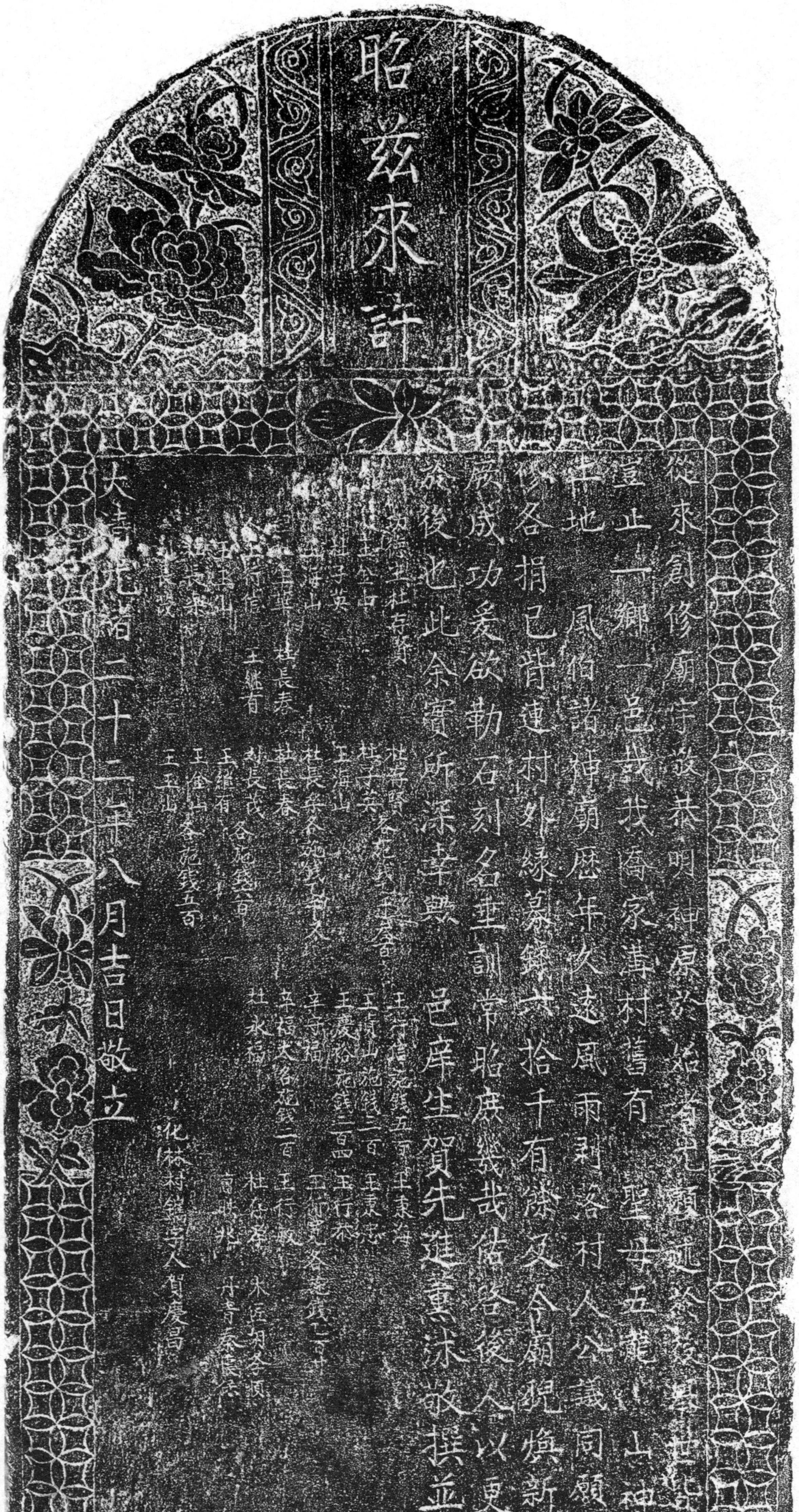
昭兹來許
豈止一鄉一邑哉我喬家溝村舊有聖母五龍山神
土地風伯諸神廟歷年久遠風雨剥落村人公議同願補
修各捐己背連村外緣募錢六拾千有餘爰令廟貌煥新告
厥成功爰欲勒石刻名垂訓常昭庶幾哉俗後人以更述
於後也此余實所深幸與邑庠生賀先璉熏沐敬撰並書
大清光緒二十二年八月吉日敬立
化林村鐫字人賀慶昌

例授昭武都尉兵部候推都阃□杜开英募化施钱题名碑

【简介】

清光绪二十二年（1896）勒石。现存于临县三交镇杜家圪垛村。碑青石质，圭首，高123、宽56、厚12厘米。额篆“大清光绪丙申重修佛殿神祠大路施钱碑记”18字。为重修佛殿大路募化施钱题名记。碑文楷书，正文20行，满行44字。碑体表面略有剥蚀，碑文略有缺失。

【碑文】

例授昭武都尉兵部候推都閫□杜開英募化施錢題名碑

□代鎮源長湧　德成湧　汾府源發長　大邑九品米九和　庠生米在明　監生王冲　九品王思　永郡德和當　德□□　□泰當　各施錢□千文　王於趙　張翔　九品趙昱　趙春　各施錢四千文　汾府三義成　源順恒　源成湧　永郡高占恭　王存仁　高守斌　以上各施錢三千文　三交源茂和　吳城鎮源盛店　王天貴　源泰湧　各施錢四百文　誥封中憲大夫吳積德　廪生張永富　新盛當　永郡庠生□元□　常興玉　三聯村至誠堂　汾邑日升隆　候補巡政廳張善道　各施錢二千文　長順岳　吳城鎮義和隆　天順成　德瑞生　各施錢壹千伍百文　祁邑復泰謙　永郡洪興公　□蘭乾盛晉　大邑文康元　平邑日升慶　賀泰昌　協慶義　德和慶　各施錢一千二百文　雷啟泰　九品安兆祥　苗天受　監生樊□如　舉人劉振翼　五品雷鳳歧　拔貢李在鎬　耆賓薛懷仁　五品張治進　武舉張澄遠　庠生張□遠　庠生張鴻遠　庠生張銘勳　監生張壽昌　監生閆學禮　九品康邦俊　永郡公義當　義有當　興升當　峪口恒峪當　吳城治興當　萬興當　柳林鎮寶亨當　豐盛當　天錫當　玉門永興當　吳城永和隆　都司李福普　峪道河四豫和　源順久　德興湧　長盛茂　汾邑德潤生　汾府城内三盛公　永興長　天裕成　四盛和　太和橋德裕公　公□成　裕盛泰　六品李維新　九品劉步成　五品高尚善　武生□恩深　庠生高尚志　吕守廉　庠生劉斯盛　監生李樹芳　高樹□　以上各施錢壹千文。平邑天興魁　監生杜長林　李祥後　劉步登　以上各施錢六百　張守義　監生趙輝　張天義　九品閆廷輔　武鏞　張守智　庠生李從祿　劉正興　各施錢四百文　六品張振基　六品常芝颺　各施錢三百文

杜應尊募化施錢題名

太谷廣升蔚施銀四兩　廣茂興　廣慶和　廣恒茂　蔚成恒　大生王　祁邑復□協　永春元　恒泰協　以上各施銀二兩　汾府萬和協施銀壹兩　汾府三義　合施銀壹兩　□萬明　劉居正　各施錢□□文

杜樹魁募化施錢題名

寺溝　青條山施錢三千二百　梁家會施錢二千二百　下白塔施錢壹千文　永裕成施錢八百文　郭應盛　白士文　合義恒　各施錢五百文　監生高樹嘉　高維山　白維印　青凉寺村　白士裕　各施錢五百文。白應奎　監生高樹穀　自盛長　各施錢四百文　白□□施錢□□文　白□□　白□□　庠生白秉虔　九品王恩浩　各施錢二百一十文　白光烈　劉步光　李步旺　李可時　張治官　張守祥　張元升　德盛永　□□泉　義和成　監生白玉芳　白受蘭　白建中　以上各施錢二百文　白玉福　白時江　白士顯　白學江　李萬祥　曹發義　張光信　張金元　白樹成　張奎元　各施錢壹百二十文　李爾中　曹法治　高學治　□應喜　各施錢壹百文

怀少堂义学碑序

【简介】

清光绪二十五年（1899）七月勒石。现存于临县玉坪乡玉荐村。碑青石质，圆首，高146、宽65、厚15厘米。额篆“昭兹来许”4字。碑文楷书，正文8行，满行27字。为怀少堂义学碑记。碑体右半部磨损严重，碑文字迹模糊。

【碑文】

懷少堂義學碑記

嘗思天下之事惟善爲最，非宏□取之量，實賴善始善終，以昭兹於來許也。蓋人性皆善而明，善復初端賴於學。此義學之事，余宿有志而未逮焉。幸際村運興隆，人皆慕義，此義學之舉，余因發念，而不能已耳。况咱邑書院丕振，文教昌明，余愧才疏學淺，獨力難成，爰合村中長者，同心共濟，有族兄映昌熾卿公内外倡率，暨薛公繩祖、王公丕謨，同財鼎舉，及諸公協力經營遂得廣開講席，蒙養交修，於是寸志堪舒，愚謀可展。然規模粗具，曷克永臧，所望後人，善繼善述，以嗣續於不朽也。余誠樂之不盡云。謹弁賑務。

議敘從九王殿臣譔

增生王藎臣書

經理人　耆賓王丕謨　耆賓王世英　王治邦　王映月　王國山　廩生王映昌　王兆成　庠生王映周　高懷恕　王殿臣　苗澍田　王象乾　薛繩祖　薛光祖　苗寶華

大清光緒二十五年歲在屠維大淵獻之終相月立

河津陳金萬刻石

五甲秦户议立户首碑记

【简介】

清光绪二十五年（1899）七月勒石。现存于临县安业乡安业村。碑砂石质，圆首，高153、宽70、厚13厘米。额篆“流芳百世”4字。碑文行楷，正文10行，满行39字。刊刻五甲秦户议立户首之事。碑体完好，字迹清晰。

【碑文】

五甲秦户議立户首碑記

户内生員秦逢甲謹撰

從來家事難齊，户事更難齊。然户之小而有緒者犹易治，惟户之大而無序者尤難治。如我安業五甲秦户，其户繁大而貧，共官粮三百四十餘両，花冊六百數十餘名，自先祖始居於安業村，户首整而易理，及後代遠年湮，索居離處，分寓數十村，而且宗譜失傳，支派未别，所以近年膺户首者賠累甚多，概無應輪定規，以致屢經涉訟。時值二十四年春，户首推與秦緒，伊勤儉農民，不克書算，無奈將户首出攬人，歷三年出錢一百卅千文。秦俊深慨不成事體，秖圖目前一己之事，而不治後世永遠之策。邀集經理數人，共同商議，將出攬錢如數舍在户内，衆經理不憚勞瘁，即於遠近村中遍訪户人，擇酌募化，又捐錢二百餘千。新買地畝，與舊存地畝併獲租若干。花開於後，常年所獲地租均給户首留使，以抵賠累奔走之費。至於充當户首，五年一任，必擇□殷實老成、書算諳練、官私均信者始能充耳。今事成之日，囑余爲文，余愧才疎學淺，不能踵事增華，謹將户事之始末併經理之辛苦，勒諸碑記，以誌永垂不朽云爾。是爲序。

舊存上樹則山共山地二十四垧（坰），場二面，□街圐圙一塊，租谷六石四斗，清明做主應取二石七斗，餘者户首留使。前大禹村山地二十垻，租谷一石九斗；馮家山村，山地五垧（坰），租谷一石二斗，以上共官粮七斗二升。

新買後大禹村山地九垧（坰），租谷二石二斗；安業村水地三畝，租錢七千，二宗共官粮二斗四升。因費用不足，將樹則山圐圙出售，足錢廿八千文，以補費□□租子一斗，官粮二升。

經理人　秦祿望　秦佩恩　秦德敬　監生秦希佐　從九秦丕搨　秦步成　監生丕顯　生員秦逢甲　□□秦汝恭　秦逢光　監生秦廷佐　軍功秦俊　生員秦鴻升

大清光緒二十五年清明月吉立

石匠　高士明　秦世芳

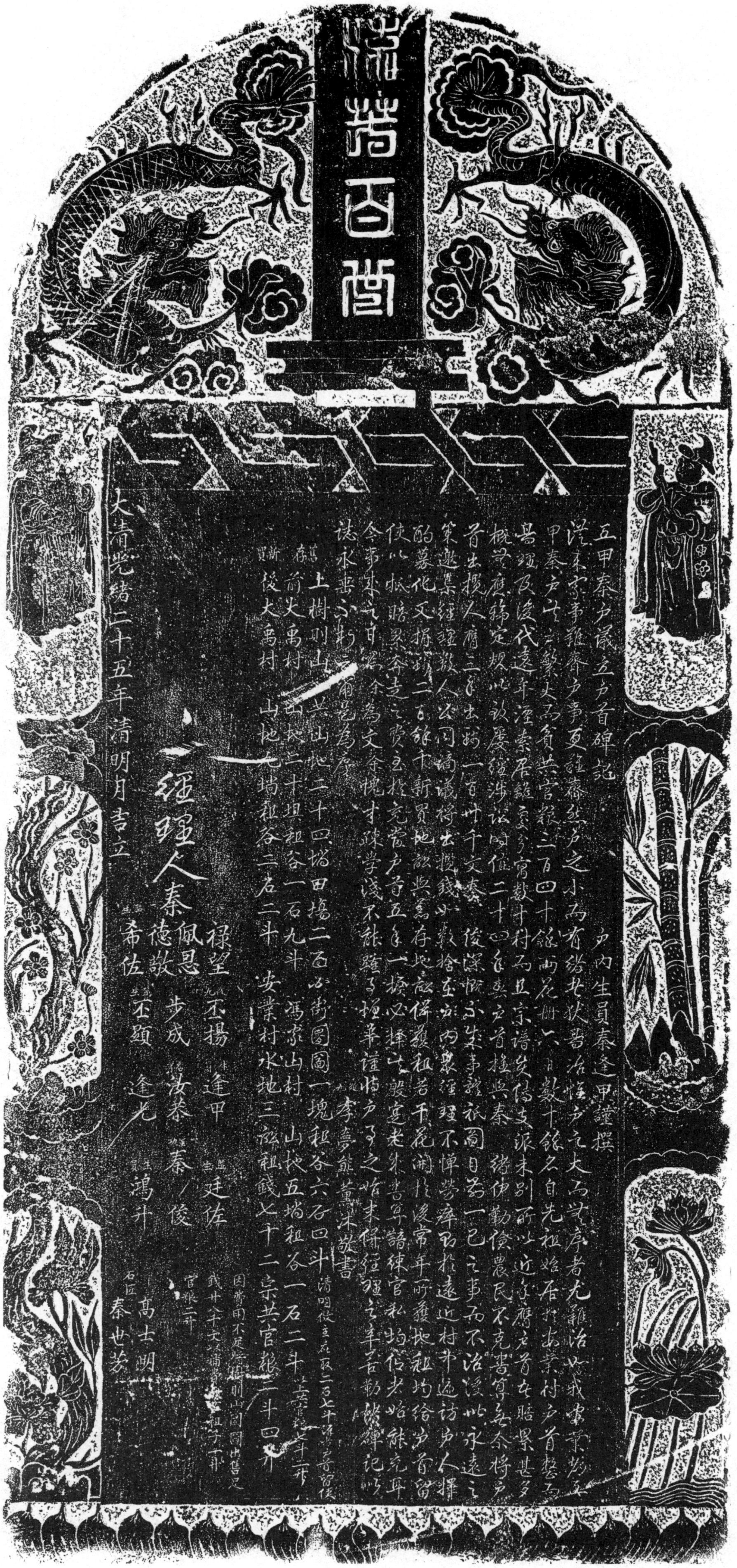
流芳百世
大清光绪二十五年清明月吉立

新建龙王庙碑记

【简介】

清光绪二十五年（1899）八月勒石。现存于临县大禹乡石匣里村。碑砂石质，圆首，高157、宽65、厚13厘米。额题“流芳百世”4字。碑文楷书，正文8行，满行40字。讲述石匣村新建龙王庙之事。刘继汉撰文并书丹。碑体完好，字迹清晰。

【碑文】

新建龍王廟碑記

蓋聞無感不通，知神靈之赫赫，有祈必應，識聖德之洋洋。況乎雲行雨施，到處甘霖澤潤生民，顯開靈應，是宜崇廟貌於千秋，隆禋祀於百世者也。故臨邑東南石匣村，距城三十五里，舊無龍宫殿宇，里人閑敘，龍王最靈，普施甘雨，欲新建閣者，久之而未逮焉。及光緒二十一年，有馮公立敬、孝中學政張公文常、劉公恒孝聞説之餘，糾合衆人倡議盛事，遍行叩募，好義者亦胥樂爲之助，共醵金一百餘緡。復與同志者監督工匠，擇日興工。數月而工告竣，雕楹畫棟，碧瓦丹題，遠而望之，輝煌獨耀於一村；近而即之，彩色縛照於衆目，其不與奇岩秀石共輝映於閭閻樸地者幾何哉！然諸公之功大矣，是烏可没其勞而不壽諸石也，爰爲之記以示未來，而諸襄公樂施姓名亦得列於碑陰，以不朽云。

府學增生劉繼漢薰沐敬撰並書

功德主　馮立敬施錢二十千文

捨地人　武生馮立元　耆賓馮居讓　馮立言　武生馮奪魁　施神地一畝

經理人　馮孝中施錢二千文　劉恒孝施錢五千文　張文常施錢四千文　馮學政施錢五千文

堪輿　劉炳文

石工　嚴富榮

木工　李慶之施錢二百四十文

泥工　高楙則施錢二百文

画工　李登高

刻字　高士寬

工人　高士明

大清光緒二十五年八月中旬吉日敬立

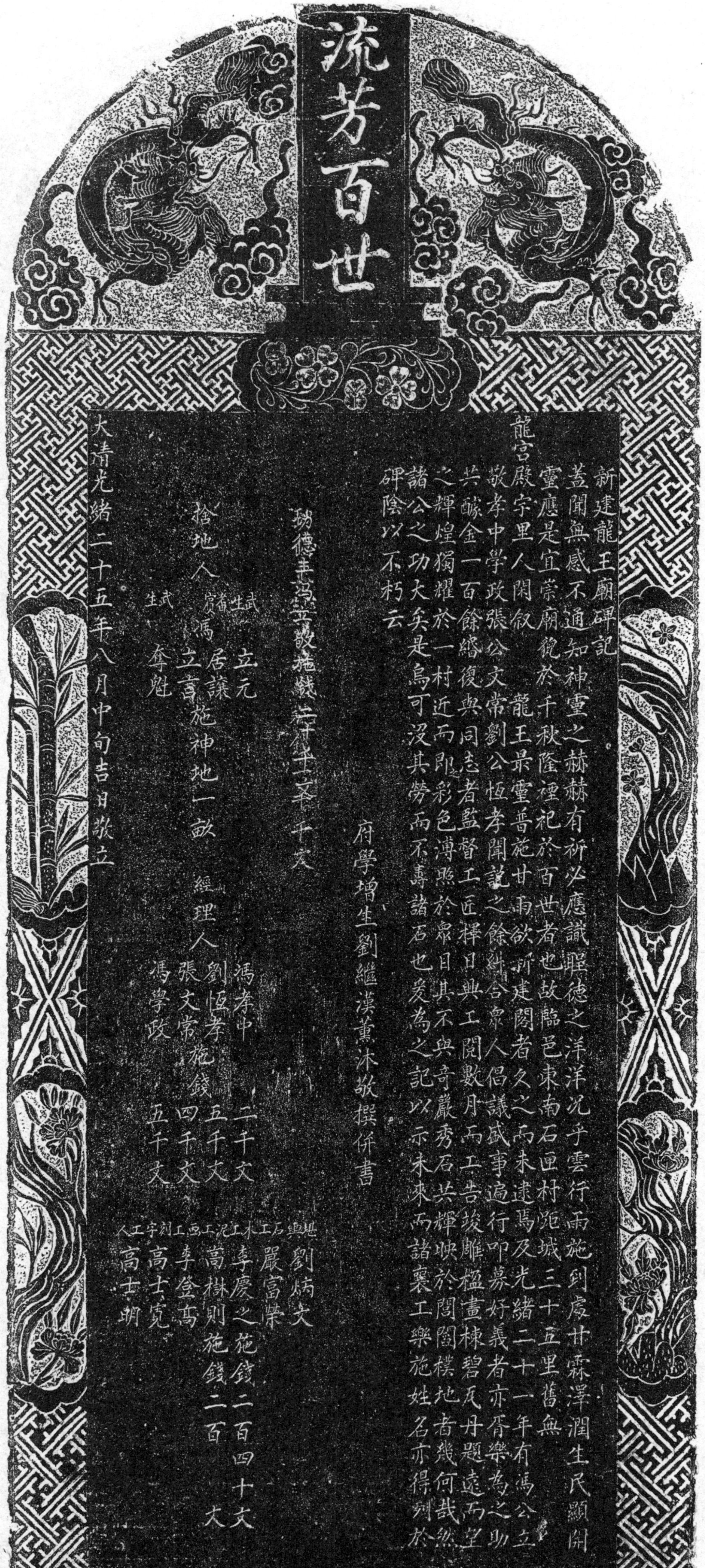
流芳百世

新建龍王廟碑記

蓋聞無感不通知神靈之赫赫有祈必應識聖德之洋洋况乎雲行雨施到處甘霖澤潤生民顯開

靈應是宜崇廟貌於千秋隆禋祀於百世者也故臨邑東南石匣村距城三十五里舊無

龍宮殿宇里人閑叙　龍王景靈普施甘雨欲祈建閣者久之而未逮焉及光緒二十一年有馮公立

敬孝中學政張公文常劉公恆孝聞說之餘糾合衆人倡議盛事遍行叩募好義者亦胥樂為之助

共醵金一百餘緡復與同志者監督工匠擇日興工閱數月而工告竣雕楹畫棟碧瓦丹題遠而望

之輝煌獨耀於一村近而即之彩色溥照於衆目其不與奇巖秀石共輝映於閭閻樸地者幾何哉然

諸公之功大矣是烏可沒其勞而不壽諸石也爰為之記以示未來而諸襄工樂施姓名亦得刻於

碑陰以不朽云

府學增生劉繼漢薰沐敬撰併書

功德主馮立□敬施錢□□□□千文

捨地人　武生　立元

耆賓　馮　居讓

立章施神地一畝

武生　奪魁

經理人　馮孝中　二千文

劉恆孝施錢五千文

張文常　四千文

馮學政　五千文

堪輿　劉炳文

石工　嚴富榮

木工　李慶之施錢二百四十文

泥工　高構則施錢二百文

畫工　李登高

刻字　高士寬

工人　高士明

大清光緒二十五年八月中旬吉日敬立

重移庙碑记

【简介】

清光绪二十八年（1902）五月勒石。现存于临县大禹乡前小峪村。共两通，均为青石质，圆首，高148、宽58、厚12.5厘米。第一通碑阳额题“石镜永传”4字。碑文楷书，正文10行，满行52字。郝射魁撰文并书丹。记载重移关帝、龙王二祠之事。碑体完好，字迹清晰。

【碑文】

（第一通）

（碑阳）

重移廟碑記

從來事莫難於創始，尤莫難於守成，蓋前人爲之，尤貴後人述之。余村舊有關帝、龍王二祠界河畔，雖則地險，有桐樹數株，樹伐築石堺一道，以捍衛之，已經數十年矣。奈邇年來，河水洶湧倒南而流，如金如錫之形，盡皆傾圮，連二連三之石，莫不淪亡。村人目擊心傷，無所措手，欲徙之不識地理如何，欲仍舊恐神失所依，光緒戊戌冬，鳴鑼聚衆，欲決妙策，僉曰：“不若請相地理者。”予應之曰：“唯相者至。”占甫畢，即與衆議，移其上愈吉。予即曰：“惟吉之存”。遂定於廟坪之上，己亥春經之營之，衆社攻之，鳩工者勞神，庀財者費力，間則虛三實二，孺柱以拖架，惟四檁三椽，排山而汪且也。華杕升斗安於上，鵝眉演俊插其中，聖像金光，簷牙彩畫，巍然煥然，迥非昔日之規模矣。不特此也，前有奎星，後有文

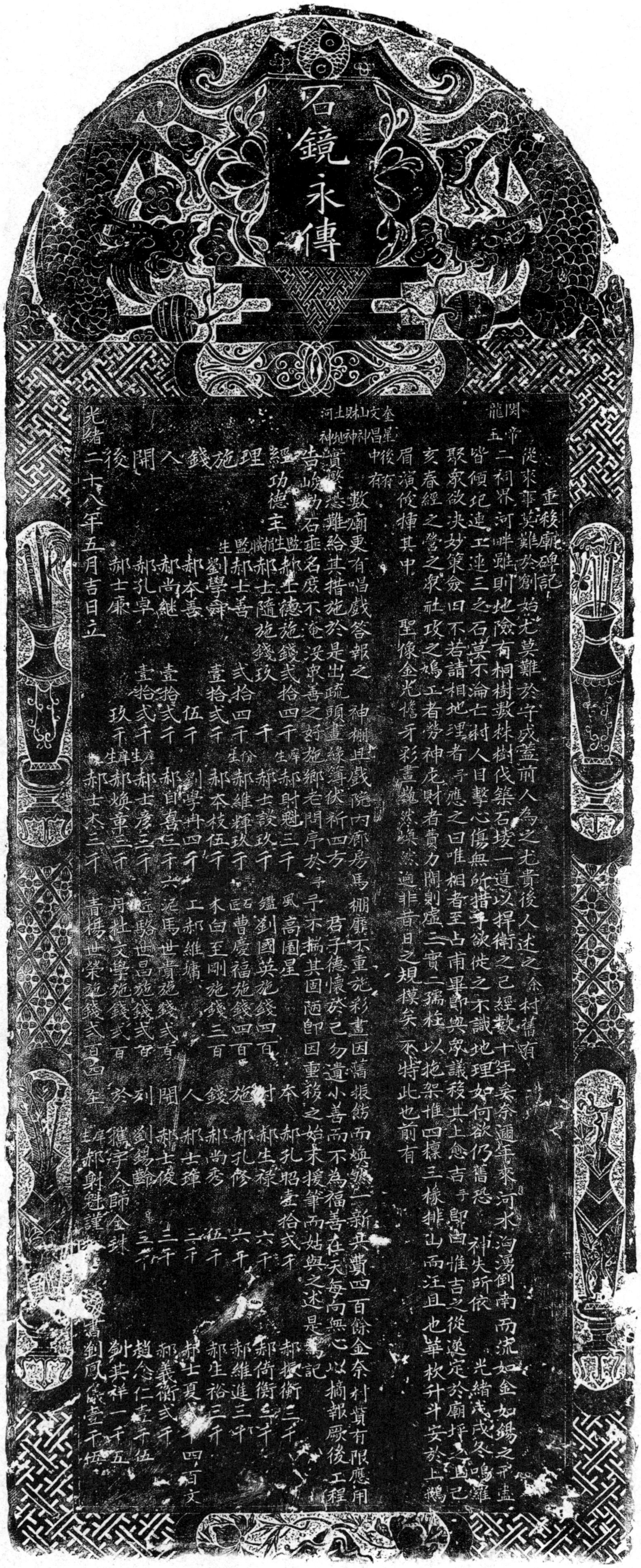

昌，中有山神、財神、土地、河神數廟，更有唱戲答報之神棚，且戲院内廊坊、馬棚，靡不重施彩畫，因舊振飭而煥然一新。其費四百餘金，奈村資有限，應用實繁，恐難給其措施，於是出疏頭，畫緣簿，伏乞四方君子，德懷於己，勿遺小善而不爲，福善在天，每問無心，以摘報厥後。工程告竣，勒石垂名，庶不淹没衆善之好施。鄉老問序於予，予不揣固陋，即因重移之始末，援筆而姑與之述。是爲記。

經理施錢人開後

功德主　監生郝士德施錢貳拾四千　捐職郝士隋　監生郝士善　庠生郝射魁三千　郝士設玖千　佾生郝維輝玖千　郝本芝伍千　劉學冉四千　郝自喜三千六　庠生郝士彦三千　庠生郝煥章三千　郝士傑三千

風鑑　高圖新　劉國英施錢四百

石匠　曹慶福施錢四百

木匠　白至剛施錢三百　郝維墉

泥匠　馬世貴施錢二百　駱世昌施錢二百

丹青　杜文學施錢二百　楊世榮施錢二百四

庠生郝射魁謹撰沐手並書

光緒二十八年五月吉日立

（碑阴）

本村施錢人開列於左：

郝孔昭一十二千　郝生祿六千　郝孔修六千　郝尚秀五千　郝士璋三千　郝士俊三千　劉錫齡三千　鐫字人師全珠　郝振衡三千　郝倚衡三千　郝生裕三千　郝士復貳千四百文　郝義衡二千　趙念仁壹千五　劉其祥一千五　劉鳳義一千五

（第二通）

（碑阳）

本村施钱人　監生郝士琦　皇恩郝立孝　……

（碑阴）

四鄉施錢人　下庄　久盛窰　積成染　監生馮立愛　庠生周景濂　監生劉賡楊　佾生劉國英　恒和成　武生劉升榮　生員張廷選　武生曹中奎　武生馮立元　武生馮奪奎　監生李維新　佾生劉爍文　增生劉煥文　郭士珍　耆賓張忠臣　監生賈可欽　皇恩曹元讓　監生張繼斌　武生劉四維　生員張敬一　生員曹占鰲　郭映川　郭茂成　武生李積德　武生王肄三　貢生趙映池　捐職郝文丕　武生郝振緒　復盛恒　郭家修　……

新修奎星楼并补葺前后村各庙碑记

【简介】

清光绪二十八年（1902）十一月勒石。现存于临县大禹乡后小峪村。碑青石质，圆首，高134、宽60、厚14厘米。碑阳额题“重修碑记”4字。碑文楷书，正文10行，满行35字。记述新修奎星楼并补葺前后村各庙之事。碑阴为布施人花名。贾凤书撰。碑体完好，字迹清晰。

【碑文】

（碑阳）

新修奎星樓并補葺前後村各廟碑記

郝君尊賢翁，潔修自好，素協衆望。丁酉夏，謂吾村舊建各神廟俱稱完備，而獨於奎星一祠，享祀闕如。彼後之小子瞻拜無從，將何以觀感而興起也。且各廟失修者已數十年，及今補葺，尚屬易舉。於是邀村内經理諸先生，集神壇而共議之，衆意歡然。遂各慨解己囊，以爲之倡。又四鄉廣題善緣，共募錢四百千有餘。乃於村之巽方，卜地剏立奎星祠，又補修舊建關帝、二郎廟及南海大士、天龍廟、觀音殿、佛殿、文昌廟並南坡上樂樓木洞易以石丁，廊房改屋三眼，馬棚草房俱新。及己亥秋七月而功告成，共費錢五百千有零。請予文以記其歲月，予按天官書斗魁戴匡六星曰：文昌官，説者以爲天之六府，實司科目之柄，令立廟以興文化，不徒其名求其實，誠使父詔其子，兄勉其弟，延師課讀，察物明倫，異日由小學以階大學，練達其總明，增長其學問，蔚爲當世有用之人才，豈僅區區科目之榮而已哉！是所望於首事者。是爲記。

敕授文林郎吏部揀選知縣乙酉科舉人賈鳳書撰

邑庠生郭秀書淨手謹書大清光緒二十八年孟冬月敬立

（碑阴）

監生郝尊賢　郭秀華　郝文烈　郝任賢　郝象賢　郝鵬翔　耆賓郝漢忠　從九郝元堅　郭述堯　郝希賢　郝生貴　郝漢節　郝位賢　……

重修碑記

新修　奎星樓并補葺前後村各廟碑記

赫若尊賢翁潔修自好素協衆望丁酉夏謂吾村舊建各　神廟俱稱完備而獨缺

奎星一祠享祀闕如彼後之小子瞻拜無從將何以觀感而興起也且各廟失修者已數十

年及今補葺尚屬易舉於是邀村内經理諸先生集　神壇而共議之衆意欣然遂各慨解

己囊以爲之倡又四鄉廣題善緣共募錢四百千有餘乃於村之巽方卜地創立

奎星祠又補修舊建　關帝　二郎廟及　南海大士　天龍廟　觀音

佛殿　文昌廟並南城上樂樓木洞易以石丁廊房改屋三眼馬棚草房俱新及己亥秋

七月而工告成共費錢伍百千有零請予文以紀其歲月予按天官書斗魁戴匡六星曰

文昌宫説者以爲天之六府實司科目之柄今立廟以興文化不徒其名求其實誠使父詔

其子兄勉其弟延師課讀察物明倫異日由小学以階大學練達其總明增長其學問蔚爲

當世有用之人才豈僅區區科目之榮而已哉是所望於□□者是爲記

勅授文林郎吏部揀選知縣乙酉科舉人賈鳳書撰　陰陽劉榮業

邑庠生郭秀書淨手謹書　鐫人侯廷楷　二百四

大清光緒二十八年孟冬月敬立

修补诸庙碑记

【简介】

清光绪二十九年（1903）七月勒石。现存于临县城庄镇太平村。碑砂石质，圜首，高122、宽50、厚10厘米。碑阳额题“流芳百世”4字。碑文楷书，正文7行，满行42字。刊载重修大王庙之事与施钱人花名，碑阴为外村及本村施钱人花名。高树勋撰文并书丹。碑体完好，字迹清晰。

【碑文】

（碑阳）

嘗思廟者棲神之所也，貴有前人以創作于前，尤貴有後人以補修于後，夫是以廟常新神常靈，而村人之獲福無盡矣。我太平村南塌上建大王廟居爲正殿，以石捐窑，堅久常新，惟北面山神土地，廟南面田公田母，廟西面另建文昌、魁星，廟皆椽檁所作，名爲□間，奈歷年久遠，破壞弗新，村人欲爲補葺之舉，每嗟每嘆董事之無人。延及今年正月初二日，素有劉玉勲、李樹□、郭懷芝、張應士等上廟行香，目睹大王廟常新，惟山神土地廟田公田母廟下面，文昌、魁星廟剥落將頹，遂回村向諸經理人公議，欲將北面、南面廟皆以石捐窑，復加水檐彩畫像壁，下面文昌魁星廟，亦補修維新，衆人亦皆欣然樂從，各輸己囊，以成美事。四月興工，六月告成，庶神得其安而錫，社無穹人近其休而受福不盡也哉。是爲記。

臨邑儒學生員高樹勲敬撰並書

經理施錢人姓名　李□□十千　劉存祥五千　郭懷居八千　劉生勲五千　郭應元十千　郭應謙五千　郭應□五千　張應福五千　郭懷永三千　樊慎貴二千　周継勲二千　郭應亮二千　張萬桂千六　李□福千六　劉應□一千　楊步福一千　郭懷珍一千

本村施錢人姓名　劉存禄五千　郭應千五千　郭應兆二千五　劉茂成二千一　劉茂海二千　劉茂雲二千　高懷斌二千　□□□二千　李福應二千　李長後千六　高立祥二千　樊修長千六　周温千六　周良千六　郭継先千二　李存厚千二　馬進章千二　劉廣勲一千　劉珍勲□千　李百年一千　郭應金千二　郭懷孝一千　李中勲一千　樊光吉一千　周儉一千　郭應東一千　劉富勲一千　劉茂起一千　李士榮□□　劉永勲一千　甄德儉一千　李含登八百　郭懷敬八百　李富春六百　李士禄六百　郭守先六百　張水山六百　郭應堂六百　高寿福一千　郭懷恩六百　劉孝勲六百　劉茂富六百　樊有法五百　李長富四百　張開榮四百　郭閏月四百　高鉄錘二百四　劉立珍四百　張萬宇六百　房師三百　王文相三百　郭懷正三百　德義昌三百　郭應海二百　甄德本四百

木匠　郭萬忠二百

泥匠　高進忠二百

丹青　高德元

刻石鐫字　師全珠

大清光緒二十九年歲次癸卯七月穀旦敬立

（碑阴）

外村施錢人

青唐村都閫府　王裕後　典籍王士昣

臨邑城　昌裕當　昌慶當　永順義　四端當　中興永　中和義　復順恒　德盛公　恒昇號　同心協　介賓張承緒　貢生樊運昌曹峪底村李世光　恒興永　恒和盛　昌盛義　昌盛恒　三和堂　中和號　同和長　訓導趙鳴玉　軍功劉秉東　軍功馮継文　從九張曜龍；莊則上村軍功高士俊　固賢村監生劉蔚文　卜家岩村武生劉仲元　鐵鏤溝村武舉張子華　從九張九齡

白文鎮　白盛當　昌盛當　介賓李桂叢　從九李純全　監生李光國　保和堂　四班集頭　千總柔登元　白文鎮仁和當　王隆公　昌盛協　德盛興　税盛李　昌順義　監生秦叔佐　廣秦恒　昌盛益　恒德義　監生柔懷玉　監生柔懷群　恒昇長　義盛興　天盛成　富慶長　長興和　復興基　日新昌　天盛和　崇和盛　益泰昌　四盛長　福興隆　隆和公　裕盛昌　監生李純德　監生秦鵬翼　永興店　豐泰店　恒和義　復順東　信成永　中義合　三盛肉　永和成　恒聚永　永興長　興泰玉　耆賓楊茂林　從九穆廷桂　鄉約張應昇　街牌張殿清　中和合　自順成　天和公　合盛李　義成公　同心永　天誠號　興和公　廣盛園　合盛公　資深永　溥復長　廣和德　慶和館　和順義　從九杜士仁　耆賓秦佩璜　興泰號　大盛園　義盛園　新盛長　永義合　源盛興　復和堂　興盛和　萬和昌　復興成　同盛昌　自興成　源和義　自順園　復合榮　耆賓劉世曜　……

本村施錢信士

監生李德俊　耆賓宋映喜　監生成立後　郭玉隆　袁縣修　張後謙　高如治　樑映秀　郝秀章　李如吉　霍樹成　興盛店　任映桂　閆秉正　劉光瑞　薛世勛　周仲來　逮有福　嚴光定　武玉魁　樊玉堂　侯殿珍　杜興富　郭世光　王萬光　郭秀春　趙清貴　郝玉磬　曹茂福　劉杰　白登財　……

观音古刹诸祠重修碑记

【简介】

清光绪二十九年（1903）勒石。现存于临县碛口镇寨子山村。碑砂石质，圆首，首已残缺，残高158、宽86、厚14厘米。碑文楷书，正文10行，满行45字。记载寨子山村重修观音古刹诸祠之事。赵无玷撰文，杨茂林书丹。碑首残缺，右角断裂。

撰文者赵无玷（1877—1909），字仲磨，临县城内人。18岁府试，中第一名秀才。光绪二十五年（1899）清廷开科取士，他却以五百两银卖掉自己的答卷，使买者中举。光绪二十九年（1903），再度应试中举。后被任京官，授度支部（户部）主事，兼管河南田赋司，在河南目睹“政繁赋重，徭多税杂，民生凋敝”。经明察暗访，查明地方官横加于农民的苛捐杂税二十一宗，折银六万三千五百四十三两，遂直言不讳上奏，却因此得罪了不少官吏。宣统元年（1909），他正在书写财赋丁徭方面的变革论文，忽觉胸闷胃逆，延医诊断，医言“似中毒”，医治无效，逝世于北京，终年33岁。旨令“护柩回乡，官仪办丧”。

【碑文】

觀音古刹諸祠重修碑記

山不必岣嶁而始銘，水不必湘湖而入詠，雖一丘一壑，亦分乾坤之餘秀，昔人必立廟厭之，勒石紀之，謂是可以壯觀瞻、乘扼要、聚屯落、隆報祈也。距城百里有寨子山村者，相傳外藩偵邏之所，上依古寨，下瞰湫水河，爲磧鎮一隅之保障，誠巨觀也。舊有觀音、三官神祠，不知剏自何年，考殘石斷碣，多宋元時語，知其由來遠矣。逮我朝乾嘉定鼎以來，歷在久遠，廟阯傾頹，始則陳汝信等倡之於前，繼之陳繼湯等附之於後，倚梁山之麓，横亘峪口，增設關帝廟及河神、土地、五道諸祠，與觀音古刹列座左右，先後越三十年，圮而復修者數次，而斯廟遂巋然存焉。洎乎道光二年之河漲，光緒元年之水灾，淤泥壅塞，變爲澤國，不能香火，村人傷之。己卯夏陳公崑山等復倡是議，一時皆踴躍樂從，奈連年灾祲，社内空虚，多賴仁人君子樂善好施，共厎於成。是役也，冗者葺，傾者起，富者輸財，窮者效力，凡三易寒暑而落成。始末庀材飭匠，課日督工，皆陳公一人董之，而公復不任受德，願諸芳篆，悉勒貞珉，以爲從之舉事者鑒。癸卯春，余將赴試南闈，求記於余，夫余何足重，余之重以陳公而重，並於諸仁人君子而重也。爰掇數語，詳述顛末，俾揖斯祠者，覩廟貌之嵯峨，志神功之浩盪，垂庥蔭於靡既，式靈爽於無疆，是則至禱焉耳。是爲序。

壬寅恩科舉人揀選知縣趙無玷敬撰

邑庠生楊茂林薰沐敬書

總理領袖　司事加六品銜優增生陳如崙　男典籍懋勇　懋嘉　業儒懋勉　懋力　孫企孝　施錢陸拾千文

督工　庠生陳道昌　男其寶　其善　其教　孫五斤　侄其富　其貴　各錢施六千六百文　耆賓陳昌業　男生輝　各錢施四千文

司事　耆賓陳鳴聲　男瑞琠　孫舜邦　義邦　德邦　各錢施三千六百　監生陳玥昌　男懋勛　各錢施一十六千

經理　監生陳開昌　男吏目懋功　懋勳　庠生□□　孫金剛　金强　金健　金毅　曾孫祖植　祖培　各錢施五十四千　監生陳樹昌　男懋勝　跟保　各錢施六十千　監生陳懋勤　男庠生進藻　各錢施五十四千　武生陳國元　男武生寶華　武生寶珍　庠生寶瑛　孫海齡　捻齡　各錢施三十五千

司事　佾生陳燕榮　陳燕堂　男文章　寶親　寶秀　寶國　各錢施二十一千　陳中選　堂弟庠生道濟　中倫　男義來　富來　各錢施二十一千　佾生陳毓檀　男宗稷　佾生宗憲　孫文身　定身　助身　撫身　發身　各錢施一十五千　耆賓陳燕魁　男寶儒　庠生賡颺　孫其琛　其瑜　其琮　曾孫齊捻　齊□　各錢施一十六千

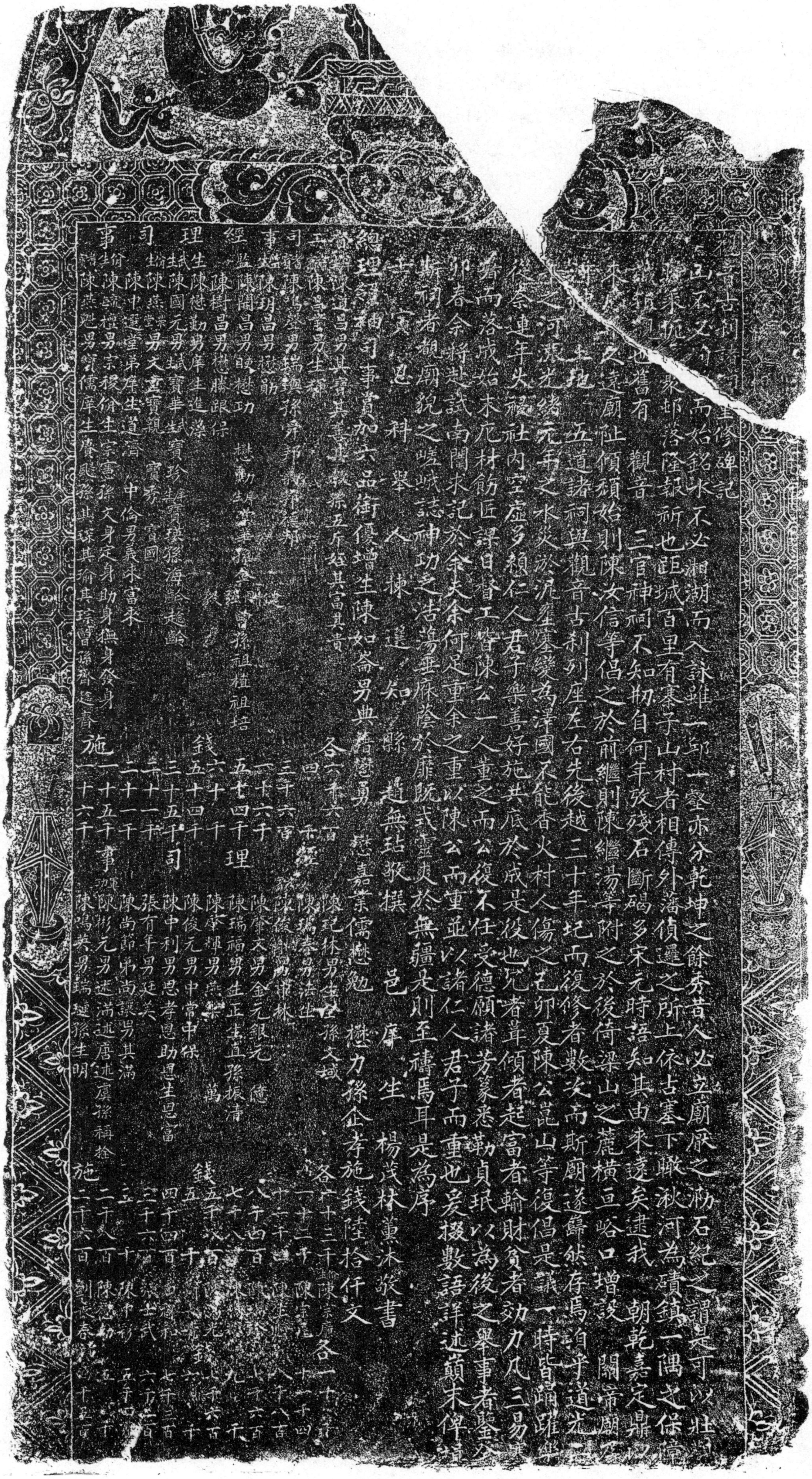

經理司事　陳玘林　男生全　孫久域　各錢施一十三千　陳瑞春　男法生　各錢施一十二千　陳俊謝　男中林　各錢施十二千四百　陳肇文　男金元　銀元　各錢施八千四百　陳瑞福　男生正　生直　孫振清　億清　萬清　各錢施七千八百　陳肇輝　男燕樂　各錢施五千八百　陳俊元　男中常　中保　各錢施五千　陳中利　男恩孝　恩助　恩生　恩富　各錢施四千四百　張有年　男廷美　各錢施三千六百　陳尚節　弟尚讓　男其滿　各錢施三千　軍功陳彬元　男述滿　述唐　述虞　孫稱栓　各錢施二千八百　陳鳴英　男瑞璉　孫生明　各錢施二千六百　佾生陳宗廉各錢施一十千　陳宗□各錢施十一千四　陳生恒各錢施八千八百　陳瑀珍各錢施七千六百　陳鳴輝各錢施九千　陳鳴光各錢施七千六百　劉長青各錢施六千　白□和各錢施七千三百　張士武各錢施六千二百　陳中彩各錢施五千四百　陳懋勳五千　劉長春各錢施四千五百

补修关帝火帝庙碑记

【简介】

清光绪三十年（1904）正月勒石。现存于临县大禹乡吕家岭村。碑砂石质，圆首，高158、宽67、厚14厘米。额题“补修碑记”4字。碑文楷书，正文4行，满行30字。记补修关帝火帝庙之事。吕祚余撰文，吕自康书丹。保存完好。

【碑文】

從來莫爲之前，雖美弗彰；莫爲之後，雖盛弗傳。此廟移修於道光初年，迄今數十年，風雨飄摇，簷頹瓦壞，合村公議補修，各捐己資，共得百餘金。爰於光緒二十五年四月動工，九月告竣。庶樂樓廟卡，因前人之剏而煥然一新，謹將經理施錢人名勒石誌之，以垂不朽云爾。

邑庠生公舉介賓吕祚餘撰施錢陸千文

府庠生吕自康敬書

經理人　吕秉靈施錢拾千文　吕秉東施錢拾千文　吕祚勳施錢肆千文　吕尚友施錢肆千文　吕順施錢肆千文　吕樹章施錢陸千文　吕生明施錢肆千文　吕玉魁施錢伍千文　吕自明施錢肆千文　守廉施錢拾千

施錢人　吕桂友施錢六千文　吕鐘賢施錢六千文　吕振魁施錢三千文　吕成魁施錢三千文　吕自長施錢十千文　吕生春施錢二千五百文　吕生輝施錢二千五百文　吕生章施錢二千五百文　吕祚綏施錢二千四百文　吕凝章施錢二千四百文　吕自海施錢二千四百文　吕生柏施錢二千文　吕德先施錢二千文　吕夢麟施錢二千文　吕自芳施錢二千文　吕祚裕施錢一千六百文　吕夢順施錢一千六百文　吕德元施錢一千六百文　吕全章施錢一千六百文　吕玉珩施錢一千二百文　吕廷傑施錢一千文　吕守光施錢一千文　吕守章施錢一千文　吕守維施錢一千文　吕尚志施錢八百文　吕夢芝施錢八百文　吕典章施錢五百文　吕尚福施錢五百文　吕陶賓施錢五百文　吕家均施錢四百四十文　吕自温施錢四百四十文　吕自新施錢二百四十文　吕海海施錢一百二十文　吕守恩施錢二百四十文　吕招大施錢二百四十文　吕儒章施錢二百四十文　吕自光施錢一百二十文　吕生富施錢一百二十文　吕祚英施錢一百二十文　吕根慶施錢一百二十文　吕倿倿施錢一百二十文

刻字人　河津王元升

泥匠　張能儉　張效明

大清光緒三十年正月吉日立

補修碑記

從來莫爲之前雖美弗彰莫爲之後雖盛弗傳此廟移修於道光初年迄今
數十年風雨漂搖簷額瓦壞合村公議補修各捐己貲共得百餘金爰於
光緒二十五年四月動工九月告竣庶樂樓廟卡因前人之規而煥然一新謹
將經理施錢人名勒石誌之以垂不朽云爾 邑庠生公介賓呂祚餘撰施錢陸千文 府庠生呂自康敬書

經 秉靈 拾千 桂友 六千 自海 二千四百 守魁 一千 海海 一百二十
秉東 拾千 施 鍾賢 六千 生柏 二千 守章 一千 守恩 五百四十
祚勳 捌千 振魁 三千 德先 二千 守維 一千 招大 二百四十
尚友 捌千 成魁 三千 夢麟 二千 尚志 八百 儒章 二百四十
順施錢 捌千 自長施錢 十千 自芳施錢 二千 夢芝施錢 八百 自光施錢 一百二十
理呂 樹章 陸千文 錢呂 生春 二千五百文 祚裕 一千六百文 典章 五百 生富 一百二十文
生明 捌千 生輝 二千五百 夢順 一千六百 尚福 五百 祚英 一百二十
玉魁 伍千 生章 二千五百 德元 一千六百 陶寶 五百 根慶 一百二十
人 自明 捌千 人 祚綬 二千四百 全章 一千六百 家均 四百四十 俊俊 一百二十
守廉 拾千 凝章 二千四百 玉珩 一千二百 自溫 二百四十 刻字人 王元昇
廷儀 一千 自新 二百四十 [illegible]匠 張能綸 [illegible]匠 張效明

大清光緒三十年正月吉日立

重修山神土地庙碑记

【简介】

清光绪三十年（1904）九月勒石。现存于临县大禹乡张家圪埝村。圆首，砂石质。碑身高141、宽59、厚13厘米。额题“昭兹来许”“日”“月”，碑文楷书，正文6行，满行44字。为重修山神土地庙碑记。崔作楫撰文并书丹。保存完好。

【碑文】

重修山神土地廟碑記

天地神靈之氣，恒寄於山野幽静之所；閭閻安堵之象，恒籍乎天地神靈之氣。然而神之靈實因乎人之誠，而人之誠益感乎神之靈。張家圪埝村之東南，山峰雅秀，下踞鳳凰之形，地勢幽平，上接雲霄之氣，誠棲神之勝境也。而山神土地廟在焉，於是山野雖僻，伏神靈而四季安康；地氣最靈，憑盛德而一方清泰。人仰二神之威靈，神享千秋之俎豆，廟貌巍峨，洵一方之保障也。然而歷年久遠，風雨飄摇。簷壁頹毁，重經梓匠之工；神像摧殘，再點丹青之筆。經之營之，焕然一新。合前補葺，已經三次，舊碑殘碣，斑斑可考。今則孟夏初旬經始，下旬告竣，同心輸將，計費錢四十餘千。欲序其事，因謀於余，不揣固陋，聊記其略，庶幾承先啟後，以勸他日之紹德云。

庠生崔作楫撰並書

施錢人　從九張守義二千二百　張師孔二千四百　張師曾　張克明　各二千二百　耆賓張克敬　張述元　張師顔　張開讓　張廷英　張廷鑑　張俊德　張師孟　張俊德　張各二千　張逢元一千　張孝祥　張守信　張能儉　各二千　張述侯　張本業　富業　孝富　廷鐘　繼貴　師仲　克順　克寬　開成　開寿　述禎　各一千　（以下56人，二百至一千，略）

經理人　張茂修　張積德　張佩璉　張本業　張孝祥　張逢甲　張富業　張繼元　張師孔　張師顔　張廷英　張師曾　張俊礼　張開讓　張克明　張述元　張俊德　張守信　張克敬

管齋人　張茂修　積德　佩璉　守義　克敬

泥木匠丹青　張繼元

刻字人　嚴積荣

大清光緒三十年歲次甲辰九月上浣吉日立

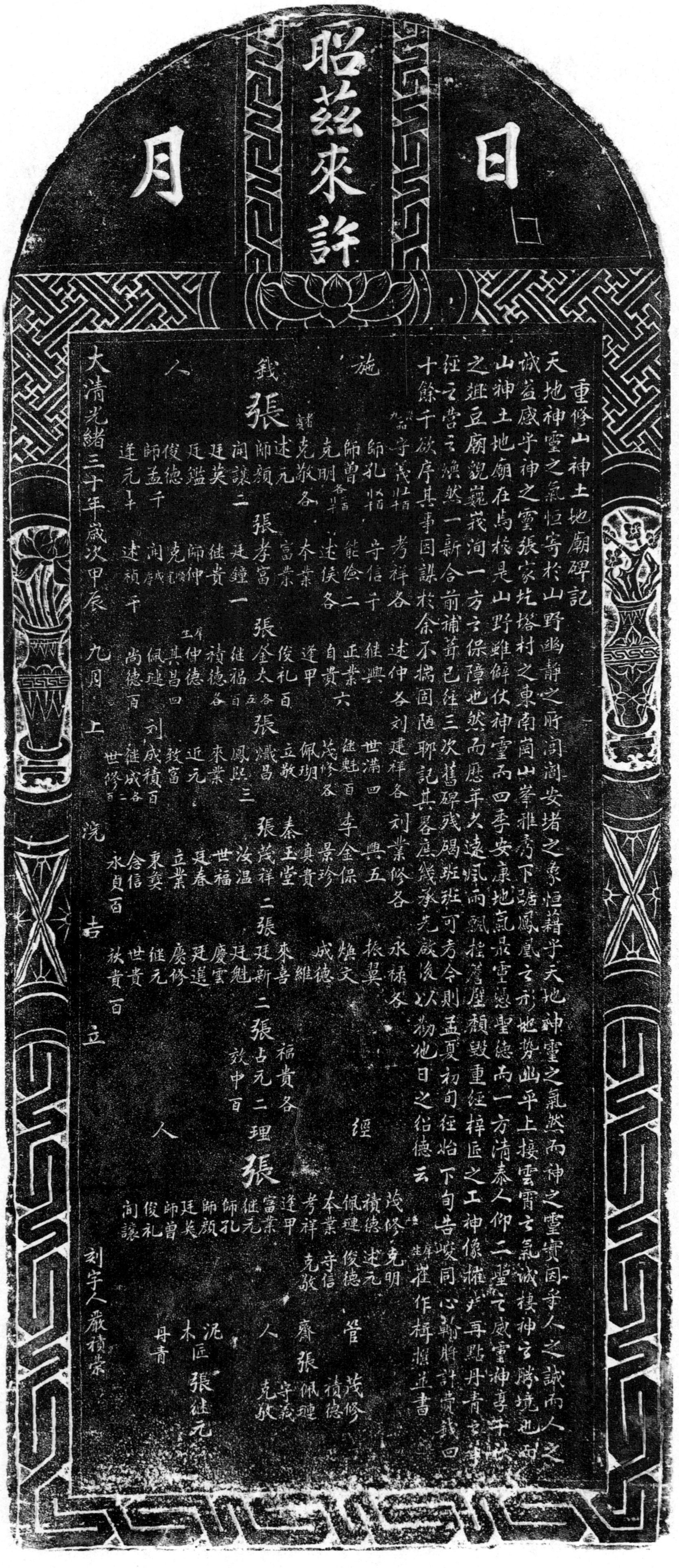
日
昭茲來許
月
重修山神土地廟碑記

皇清待赠显考讳昌隆妣任氏穆公之墓

【简介】

清光绪三十一年（1905）二月勒石。现存于临县白文镇曜头村。碑青石质，圆首，有碑楼，碑身高125、宽48、厚8厘米。额题“永垂不朽”“碑记”。碑文楷书，正文6行，满行35字。秦殿杰撰文，秦殿士书丹。保存完好。碑楼楹联为“基业远遗恩泽普，静修忠厚无双士”。

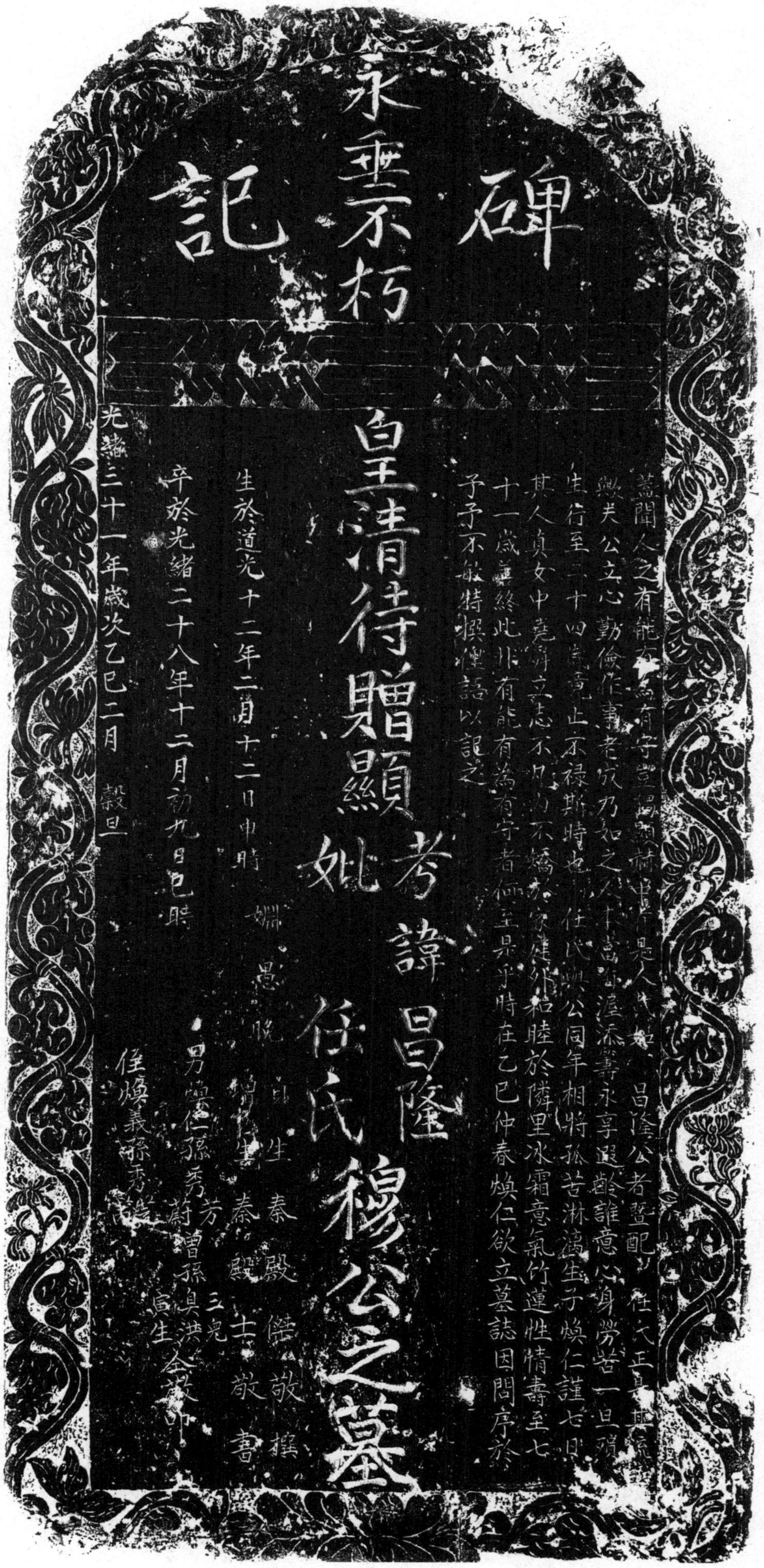

【碑文】

皇清待贈顯考諱昌隆妣任氏穆公之墓

蓋聞人之有能有爲有守，豈獨顯赫中有是人哉！如昌隆公者暨配任氏，正是其流歟。夫公立心勤儉，作事老成，乃如之人，本當海渥添籌，永享遐齡，誰意心身勞苦，一旦殞生。行至二十四歲，竟止不祿。斯時也，任氏與公同生，相將孤苦淋漓，生子煥仁，謹七日。其人真女中堯舜，立志不凡，内不矯於家庭，外和睦於鄰里，冰霜意氣，竹蓮性情，壽至七十一歲善終。此非有能有爲有守者，何至是乎？時在乙巳仲春，煥仁欲立墓誌，因問序於予，予不敏，特撰俚語以記之。

生於道光十二年二月十二日申時，卒於光緒二十八年十二月九日巳時。

姻愚晚貢生秦殿傑敬撰

增生秦殿士敬書

男煥仁　孫秀芳　秀蔚　曾孫寅生　臭哄　三兒　侄煥義　孫秀芝　秀芮　仝敬叩

光緒三十一年歲次乙巳二月穀旦

旌表节孝邑处士张禔妻李孺人墓志

【简介】

清光绪三十二年（1906）九月勒石。现存于临县三交镇正坡村。墓志青石质，圆首，身高118、宽50、厚8厘米。额题“皇恩钦赐”4字。志文楷书，正文14行，满行38字。记述张禔妻李孺人之生平，曹文炳撰文。保存完好。

【志文】

旌表節孝邑處士張禔妻李孺人墓誌

侄曾孫女夫邑廩生曹文炳謹識

巾幗之所難而珍之者，惟守節一事，故有以家貲豐盈而守者，以遺孤助弱而守者，有以舅姑衰老而守者，三者之外能以節終者鮮矣。孺人生有美質，淑慎端静，雅異凡女，其父母擇所宜配得處士之賢，還以歸之處士。父永兆公凡三子，伯祐季禑，處士其仲也，天資孝友，足備刑□，孺人年十七從處士，恪修婦道，逮事舅姑如其父母，相處士勉求有亡。僅十年而舅姑先後繼逝，處士出口經營，亦遂不禄，時孺人年方二十六歲，收葬如儀。至是家業雖漸衰薄，而綜理維密，大家聞其賢，每欲奪志，孺人輒以惡聲拒之。嘗語人曰：婦人失節，生不如死，寧餒死張門，萬不再醮貴族，况張氏一門，僅伯兄遺有二子，長應潭，次應順，孤苦二侄，非爲之維持調護，將何以成立乎？後潭生桂順，生儒生樹生樞，撫愛備至，視如己出。其愛植尤甚，張氏之克至今者，皆孺人之力也。嗚呼！孺人之節孝雙美，千古罕有，以視世之守其家資，守其遺孤，守其舅姑者，相去倍蓰矣。辛值國家隆推恩之典，延訪節孝，以“清白流芳”四字，旌表門閭。享壽八十七歲而終，配享賢祠，得祔葬於處士之兆植，因其愛已特甚，欲建牌坊，輝泉壤以報鴻恩，有志未逮，不果而卒。其子恒讓欲成父志，又爲時所阻，未敢輕舉。爰勒貞珉，以誌其美，因托余爲序，余思史館之徵實者，三其一曰，墓誌不敢小有溢詞，謹詢厥由來，略述所聞，使後之子若孫，一覽而知孺人之能人所難克，流芳百世云爾。

旹大清光緒三十二年歲次丙午九月吉立

侄男應潭　應順　孫植　儒　樹　樞　曾孫惟讓　思讓　怡讓　從讓　敦讓　元孫春喜　侯奴奉祀

皇恩欽賜

重修关王庙碑记

【简介】

清光绪三十二年（1906）勒石。现存于临县安业乡关王庙村。共三通碑，砂石质，圆首，尺寸一致，高160、宽66、厚15厘米。第一通额题“广种福田”，碑文楷书，正文15行，满行37字。记述李家庄村重修关王庙之事，碑阴为布施人花名。李应禄撰文并书丹。第二通碑阳额题“善结良缘”4字，碑阴额题“万古长青”4字。碑阳、碑阴均为布施人花名，李英贤书丹。第三通额题“片石留青”4字，碑文亦为布施人花名。保存完好。

【碑文】

（第一通碑阳）

竊維善成之舉，亘古爲昭；不朽之名，有生同慕。伊古來立廟奉神，以崇祀典，甚盛舉也。特恐世不及人，則世待人；人不及世，則人待世。雖云道在人爲，而實事由數定。我李家庄村地居臨泉之南隅，沃野平衍，湫川左抱，溪橋踞前，爲南北通衢。昔建古刹，樹一方之屏翳；爰居是都，賴群神之保障。是廟之有，由來久矣，摩挲簷下殘碣，略知顛末。自前明成化間，尚莫溯其權輿，及我朝定鼎，仍舊而已。至乾隆六十年，偶遭回祿，遂成灰燼，樓臺一炬，可憐焦土，惟正殿三楹與關帝像屹然無恙。人以是崇拜益虔，過往祭禱者，遂將村名爲關王廟。維時基礎麄具，規模頓窄，雖亦屢加修葺，奈代遠年湮，不無瓦礫剥蝕之虞，以故因陋就樸。日即傾圮，數十年風雨飄摇，棟宇摧崩。聚父老而籌畫更新，屢議屢作爲罷論，雖有愚公移山之志，奈無祖龍鞭石之能，統南漆西油之需用，計竹頭木屑，以程工事，在經始難乎不難。丁酉後予值公暇，覩廟貌之剥落，集里人以婉商談，言微中歡聲徧户，於是鋭意振興，竭誠募化，一時輸金納票，童叟咸來獻貺，鳩工庀材，土木亦覺効靈，不數月集資千餘，綿其殆神，顯其靈默爲呵護歟。自乙巳春初開工，及丙午秋告竣，其間廢者興，缺者補，群神得所憑依。合社慶其休嘉，從兹雲甍構就，刻翠流丹，霞閣垂成，鑠金映碧。天人路上，信植福之有基；功德林中，知爲善者最樂。藉此義漿仁粟，廣種一片心田；行見積簣成山，都分八功德水。今於落成之後，操觚以敘其大略，雖潛德必彰，無俟鑄吉金而作字；而人善不没，永當勒貞石以垂箴云。

丁酉科拔貢聯捷舉人李應禄叙并書

（第一通碑陰）

城内合行二十四千　訓導周秉文一千六　庶政張永貴　侯慶麟　李振陽　各七百六　庠生趙榮綬　李懷德　庠生曹家儒　貢生李瑞章　庠生李世澤　張玉温　劉善正　仝四千　武生馮效寬八百　武生李書升三百二　秦立憲四百　同盛恒三百二

西坡村合社十二千　李應花八百　張家塢李鳳陽　李鳳崗各四千　李淵生三千　曹彦森　曹彦桂各千六　李汾生　李溵生　郝生慶　陳萬宇　各一千八百　李賀鎖七百二　李海旺　李效周　李效憲各四百　陳萬榮　郝萬福　郝萬祥　任象德　各三百

城庄村合社六千四百　薛慶福　薛向庚　郭子恒　李朝順　侯興盛　薛生福　薛向青　閆立茂各三百　趙錫祿二百四

高家庄合社二千四　李達三四百　薛興柏六百

青家塢合社一千二　大禹村合社四千　李生榮三百

秦家圪塄五村合社六千　後劉家庄合社十千　善慶峪合社十千　青塘溝合社十千　趙家岔合社八千　丁家溝合社八千　後西南溝合社八千　東嶺上合社六千　劉趙家圪臺合社四千　李家圪臺合社一千五　賀家溝合社四千　陳家庄合社一千五　萬安村合社一千五　石塘會合社一千　李家圪塄李有明一千　李文鬱一千　李煥文六百　李尚賢四百　馮家山合社二千　寺塢村合社三千　瓦舍坪合社

六千　永郡圪洞鎮合社十千　井良庄四千　都督村合社六千　孝邑長盛湧恒盛永　崇德厚　恒義永興隆張　忠義興　劉封燦元發久　復泰盛　監生劉光锐　榮盛魁　景生瑞介休永隆久　各施銀四百永郡天和德六千　王恩林一千三　韓永安三百　薛福顔一千

（第二通碑阳）

重修關帝廟碑記

經理人　李長宜施錢十千文　李建南十千　李繼曾六千　李文華十四千　舉人李應祿十五千　佾生李英賢十六千　千總李應福十五千　李迎膏八千　庠生李斗成二十八千　耆賓李永貞二十千　李能富二十千　李文斌八千　李忠貞五千　李增光十六千　李得珍八千　李玉儉十六千

本村施錢人名

佾生李晉泉二十千

（余 55 人略）

佾生李英賢書丹

嚴成義三千並鐫字

木匠　高士恭四千　文榮華一千八百　侯鵬章五百

泥匠　王裕善三百

丹青　王成郭四百　李登高　秦國治各一千　秦國開一千

堪輿　劉晉章一千

住持僧　教法偕門徒佛貴等和南

大清光緒三十二年歲在柔兆敦牂小春月吉日立

（第二通碑阴）

岩頭村　李英華　李福貴　李福珩　武舉李光華　武生李含華　武舉李榮華　佾生李文華　各六百　誥封李福珍（20人略）　武生李夢華　從九李春華　陽坡村合社四千六　訓導李鴻業六千　李鳳瀛四千　李鳳寨　劉效奎　各二千　李因福　李文光　各一千　暖泉匯村（9人略）　華林村（10人略）　張家塔村合社二千　從九趙春二千　庠生趙昱　從九趙昌　舉人趙暐　從九趙新桂　各二千　積厚堂千二　從九趙晏一千　三交鎮□生李隆英一千　懷成當　三和德　德和魁　恒盛德　各一千六　永盛義　永順□　復興魁　復興泉　萬全恒　廣太永　德盛公　慶和樊　萬源興　三義永　各一千　大生魁　和成永千二　世興長　永合成　自合成　樊居中　各千二　集義長　振興義　積成義　積成永　豫□厚　永太和　慶和成　積和成　興盛隆　天順永　和順昌　萬盛店　崇復興　和順德　永順成　廣和德　孟成□　豐益厚　大順居　各一千　巨成號　義成染　德生長　義興泉　全盛德　興盛長　裕盛隆　永盛染　翕和慶　巨隆世　三和永　義和祥　仁義館　德巨隆　王成信　仁義樊　萬源玉　合盛長　三和益　積源湧　積成染　隆盛泉　復泰長　各八百　六百　德盛興　資新厚　茂盛廠　昌盛染　高登第　復和魁　宏盛義　義盛魁　興盛樊　如意廠　積發源　興盛慶　廣育堂　永生和　廣順成　積合興　公盛德　德成源　豐盛德　玉生成　和合成　德順園　吉興公　潤興館　積義興　樊佩龍　積順店　東盛恒　三義興　德盛園　恒順魁　復興魁　復盛茂　磧口興盛德　積盛成　李光雲　乾盛奠　三義長　永盛魁　慶和隆　積義源　同盛李　同盛樊　張和永　積盛樊　恒盛魁　萬順張　長盛永　復茂張　天德昌　天泰永　天順恒　各二百一三百　青塘前庄王憲斌六千　郭進義五百　黨鳳鳴三百　庠生王志善　王尚善　王得善千二　郭宗元六百　（53人略）　青塘後庄　庠生趙立行千三　武生趙時謙千二　（20人略）　雒家庄合社二千　公盛□一千六　張寺村　（4人略）

（第三通）

外村施錢人　大峪溝村　（29人略）　前劉家庄監生劉永平一千六百　武生劉奪奎一千五（64人略）　府底村　（19人略）　劉家圪垯　（14人略）　監生劉滿池六百　郭家墕村　（16人略）　安業村合社六千　巨盛爐六百　（20人略）　東溝村監生王長厚一千　（22人略）　後寨則村　（6人略）　玉薦村合社一千六百　鹽□大使王藎臣二千四　恩貢王映昌　庠生王映周　（11人略）　岐道村義和永二千　監生劉維良四百　貢生劉增光二千　庠生劉崇孝　三盛店　（33人略）　李家坡底合社三千一百　李光清四百

皇清例授国子监显考樊公讳□□妣□氏之墓碑

【简介】

清宣统元年（1909）勒石。现存于临县三交镇正坡村。碑青石质，圆首，高93、宽43厘米。碑文楷书，正文44行，满行20字。碑文下部残缺，字迹大部漶漫，碑体下部残损。

【碑文】

皇清例授國子監顯考樊公諱□□妣□氏之墓碑

公生天地，□禀超軼，祖傳稼□，心在□□。□傚軒歧，堂開廣育，同□鼎峙，家道頗裕。□□□□，腹有兒息，俎豆馨香，孤子承接，墳墓□□，□□□□，□勒貞珉，永誌盛德。

大清宣統元年□月穀旦

清故显考樊公讳嘉树字立德元配郭氏继配雷氏之墓

【简介】

清宣统元年（1909）三月勒石。现存于临县三交镇正坡村。碑青石质，圆首，高89、宽42厘米。碑文楷书，正文4行，满行19字。碑文有残缺，字迹上部清晰，下部漶漫，碑体下部残损。

【碑文】

清故顯考樊公諱嘉樹字立德元配郭氏繼配雷氏之墓

公秉性剛直，孝友特聞，不事耕讀，專鑽歧黄，□□廣聚，濟世活人，衣食頗足，家道稍康，前嗣侄子，晚生兩男，治家勤儉，訓子有方，福善禍淫，天道之常，生前獲福，没後安甯。

男殿選　萬選　俊選

孫修慎　修敬　修德　修己　修道　曾孫冬□　□□　□□　□□

大清宣統元年三月穀旦立

皇清例授明经进士显考讳松龄字星南号鹤亭例赠孺人显妣张氏王氏合厝墓志

【简介】

清宣统元年（1909）八月勒石。现存于临县安业乡赵家岔村，置于碑楼中，外有护石。碑青石质，圆首，高115、宽40厘米。额题“春露秋霜”4字。碑文楷书，正文8行，满行44字。李应禄撰文并书丹。保存完好。

【碑文】

皇清例授明經進士顯考諱松齡字星南號鶴亭例贈孺人顯妣張氏王氏合厝墓誌

丁酉科舉人揀選知縣李應祿謹撰序並書

信矣哉，潛德幽光，世無久而不發之理。斯意也，竊於星南公見之矣。公號鶴亭，臨之保安人也，自高曾以來，家已□□封，至厥考克家承先緒而丕振基業。公以髫齡就塾，即嗜於學，當弱冠時，肫肫然有老成風。然已單傳兩世，終鮮兄弟，内無將伯之助，孰父喪哀毁盡節，出自性天。既而廢學操家政，事無巨細，純以禮義爲宗，以故遠邇譽揚有善□之。目及後連舉七丈夫子，人以爲公之運嘉，而不知天之報施。善人者，固至厚也，跡其一生，大節輕財好義，重道尊師，排難解紛，扶危濟困，鄉黨、族宗、族分餘潤者，指不勝屈，蓋嘖嘖口碑載道矣。□惜年不永壽，止三十有九歲而卒。公配先儒人張氏早没，又配孺人王氏，賢淑有聲，訓迪諸子，極有規矩，撫孤成立，居然爲名大家，是誠閨閫名媛，巾幗男子哉。旋見麟振嗣續，丹桂聯芳，善德之發祥於後昆者，俾爾熾昌，亦孔之厚矣。古云天道無常，唯德是與！又曰：作善之家，必有餘慶！其信然歟！其信然歟！

男甲成　壬成　丁成　丙成　戊成　申成　庚成

孫書銘　書芸　書圃　書鳳　書田　書樓　書藝　書昌　書箴

大清宣統元年歲次己酉仲秋中浣吉日立

“望隆山斗”匾额

【简介】

清宣统元年（1909）勒石。现存于临县碛口镇寨子山村。匾砂石质，长方形，高50、长140厘米。匾文楷书，正文1行，满行4字。保存完好，字迹清晰。

【匾文】

欽加同知銜特授臨縣知縣加五級記録十次李兆麟爲崑山陳老先生最好義務，不邀權利，尤可述者南鄉諸子輩，既乏師承，先生乃慨然仿今之學堂，循循善誘。沐其恩者無從報答，因憶昔昌黎伯绛帳高懸，學者尊之，以“望隆山斗”垂爲美傳云，謹序。

望隆山斗

宣統元年敬立　楚北李兆麟書

新修圣母庙碑

【简介】

清宣统二年（1910）十月勒石。现存于临县城庄镇高家沟村。碑砂石质，圆首，身高 112、宽 52、厚 9 厘米。额题“流芳百世”4 字。碑文楷书，正文 8 行，满行 32 字。记述高家沟村新修圣母庙之事。保存完好。

【碑文】

蓋聞廟也者，所以妥神靈而爲獲福之所也，何以言之？蓋我輩生子生孫，實賴聖母眷佑之恩。因建竣宇以報之。今者問步兰言念及此，其心有勃然不容己者，乃集黄重自……曰：此方造福，惟聖母是賴，現有磟碡坪霞光回繞，瑞氣常生，誠我高家溝一村之勝境，爰即此處而建殿宇也。凡一切宜建舉興作者，無不煥然成立矣。是業也始於暮春，告竣於流火，越四月而大功成。至衆心之合一，諸事之相宜，冥冥中不又有神靈訶護也哉。謹將事之兹起以及各經理姓名勒諸貞珉，昭兹來許。

生員高命三題　高其品森

經理　高應金　任茂貴　問步蘭　高廷三　曹大信　李恩煥　賀守魁　魏丕顯　高有先　劉從后　李惟盛

問步蘭施錢五千二百地基一塊　高廷山施錢四千二百　曹大信施錢二千一百　高有先施錢二千一百　賀守魁施錢一千八百六　任嘉職施錢一千四百　李繼銀施錢一千三百五　李惟盛施錢一千二百六　任嘉熙施錢一千二百　高應金施錢九百　劉存厚施錢七百五　魏丕顯施錢七百五　賀學文施錢七百　曹士智施錢五百七　李芝福施錢五百一　王志元施錢六百　趙萬壽施錢四百八　曹海全施錢四百　李世貴施錢二百七　劉樹明施錢二百四　劉海賢施錢二百四　李惟昌施錢二百　李思煥施錢二百

木匠　劉継榮

丹青　秦有萬

河津縣師當珠刻字

大清宣統二年十月穀旦

流芳百世

蓋聞廟也者所以妥

神靈而為獲福之所也何以言之蓋我輩生子生孫實賴　聖母眷佑之恩因建

峻宇以報之令者問步蘭言念及此其心有勃然不容已者乃集黃童白叟而相告

曰此方造福惟　聖母是賴現有碶礡坪霞光迴繞瑞枕常生誠哉萬家溝一村

之勝境爰即此處而建殿宇也凡一切宜建舉興作者無不煥然成並矣是業也經

始於暮春告竣於流火越四月而大功成至衆心之合一諸事之適宜冥冥中不又

有　神靈呵護也哉謹將事之緣起以及各經理施姓名泐諸貞珉以昭來許是

為序　　生員高命三題　高其品森

經理人：

高應金　賀守魁　問步蘭五千二百施地一塊　李繼銀一千三百五　賀學文七百五　李世貴三百七

任茂貴　魏丕顯　高廷山四千二百　李惟盛一千三百六　曹大智五百七　劉樹開三百四

問步蘭　高有先　曹大信施二千一百　任嘉縣一千二百　李芝福五百一　劉海賢三百四

高廷山　劉從后　高有先錢二千一百　高應金九百一十　[illegible]九六百　李樵昌三百

曹大信　李惟盛　賀守魁一千八百六　劉存厚八百五　趙萬壽四百八　李思煥二百

李思煥　任嘉職一千四百　魏丕顯七百五　曹海全四百　木匠劉繼一百

大清宣統二年十月穀旦河津縣師當珠刻字　丹青李有萬

吕杜家岭刘王沟争水判讼碑记

【简介】

清宣统三年（1911）五月勒石。现存于临县大禹乡杜家岭村。碑砂石质，圆首，高140、宽63、厚15厘米。碑阳额题“流芳百世”4字。碑文楷书，正文15行，满行35字。内容是吕杜家岭刘王沟争水判讼之事。碑阴额题“永垂千古”4字，碑文刊载杜家岭争水判词及禁约。保存完好。

赵公，即光绪三十三年知县赵尔颐。

李老父台，指当时知县李兆麟。

【碑文】

（碑阳）

距城南四十里，吕、杜家嶺修引大水灌田，是古先人所創也。其水之源，一出大峁溝，一出胡家圪凹，溝合流至劉王溝之洞前，築堤架構，扶水而上，經佛殿之廟旁，外澆丹曲，過塋灣之古墳，内嵌石槽，流至石圪垛，遞及我川，其環繞曲折，盤旋上下，稱妙創焉。然水源壩址、水道地基原非一家，夫何得而修築也。蓋以地莫非國家之所屬，水乃是天一之所生，非彼所得私，亦非己所能專也。故我村與劉王溝自昔輪流灌溉。六日之中，劉王溝一日，吕家灣澆五日，此前人之遺規，而後人仍之。及光緒末年，伊村下灘務地者，不遵舊規，毁堎搶奪，余等目視心傷，恐支大禍，因與劉喜林等口角，經村衆照舊規説合，伊等視爲己水，堅持不從，無奈與伊等涉訟於趙公案下，不意趙公捐館。延及宣統元年春，蒙邑賢侯李老父台断，結讓伊村一日，六日之中劉王溝澆二日，吕家灣澆四日，永遠不得爭較多少。臨劉王溝澆灌之日，准在塋灣一處尋水，不得前後亂尋。臨吕家灣澆灌之日，劉王溝不得偷毁壩址，暗損水道。因口説無憑，當堂具結，外復立澆水合同，各執一紙，爲澆水之據。於芒種献戲之日，即臨劉王溝澆之日，仍照舊規兑流，吕家灣爲三天吃水。及夏劉潤光等又控於府憲案下，蒙批邑賢侯李老父台復勘細究，復委永甯州楊大老爺復審，断與縣同。及宣統二年，伊等復控於撫憲案下，批飭邑賢侯李公復查詣勘，兩造勒石。故遵批勒石，以絶爭端，以垂永遠遵守焉耳。

河津石匠　王元升

臨邑刻字　侯廷楷

大清宣統三年五月穀日立

（碑阴）

□永甯州□楊大老爺断結，王士茂下坡挨渠地在二日内情讓，隨後澆灌，餘與縣同。因叙内遺刻，故列於此。

生員世賢題

經理人　吕茂興　生福　王臣　樹章　祚勳　佩祥　秉靈　學魁　生明　玉魁　夢麟　守賢　生員自康

起錢之五村議定，按水地均攤。如不出錢者言明下地，永遠不許再添。

情願下過水地：劉照前川地一畝，全臣吕家溝地二畝，維章武家壕地三畝，祚綏武家壕二畝半，自長石邊梁五畝，外有李長秀吕家溝畔地不遵均攤，□澆半畝。

水頭　榮魁　慶章

光緒十三吕佩玲、進選、進潔施小井上地一塊，長七步、寬三步，水桐樹二枝，因背碑遺刻，故刻於此。

留芳百世

距城南四十里吕杜家嶺修𤨏大水灌田是古先人所創也其水之源一出大峁溝一出胡家圪塔青谷流至劉王溝之澗前築堤架橧扶水而上經佛殿之廟穿外繞月曲過塋灣之古墳內嵌石礶流至石圪梁遞及我村其環繞曲直盤旋上下稱妙創焉然水源壩址水道地基原非一家夫何得而修築也蓋以地莫非國家之所屬水乃是天一之所生非彼所得私亦非己所能專也故我村與劉王溝自昔輪流灌溉六日之中劉王溝一日吕家灣澆五日此前人之遺規而後人仍之矣　光緒末年伊村下灘務地者不遵舊規毀渡搶奪余等目覩心傷恐變夫禍因與劉善林等口角經村眾照舊規說合伊等視為己水堅執不從無奈與伊等涉訟於　趙公案下不意　趙公捐館延及　宣統元年春蒙邑賢侯李老父台斷結讓伊村一日六日之中劉王溝澆二日吕家灣澆四日永遠不得爭較多少臨劉王溝澆灌之日准在塋灣一處尋水不得前後亂尋臨吕家灣澆灌之日劉王溝不得偷壞壩址暗損水道因此說無憑當堂具結外復立澆水合同各執一紙以為澆水之據於芒種畝歲之日即臨劉王溝澆之日仍照舊規先流吕家灣為三天吃水及須劉潤堯等又控於府憲案下蒙批邑賢侯李老父台復斷細究復委永甯州楊大老爺提審斷與縣同及　宣統二年伊等復控於　撫憲案下批飭邑　賢侯李公復查詣勘兩造勒石故遵批勒石以絕爭端以垂永遠遵守焉耳

大清宣統三年五月穀旦立

河津石匠王元升

臨邑刻字侯廷楷

永埀千古

經理人呂

[illegible]楊大老爺斷結王士茂下坡挨渠之地在一日內情讓渠道後澆灌餘與衆同

因叙內遺刻故刻於此貟世賢題

茂興　趙欽之村議定按水地均攤　劉鼎荊川地一畝

生福　如不出錢者言明下地永遠　全臣呂家渭地二畝

王臣　不許再添　維章武家壕地三畝

樹章　情願下過水地　祚綏武家壕二畝半

祚勳　自長石過渠五畝

佩祥

秉璽　外有李長秀呂家澢畔地不遵均攤澆半畝

學魁

生明

玉魁　榮魁

夢麟　水頭慶章

守賢

自康

進潔

進選

光緒十王呂佩玲施小井上地一塊長七步寬三步水桐樹二枝因舊碑遺刻故刻於此

重修龙天庙碑记

【简介】

清宣统三年（1911）八月勒石。现存于临县城庄镇小马坊村。碑砂石质，圆首，高132、宽52、厚14厘米。碑阳额题“昭兹来许”4字。碑文楷书，正文8行，满行30字。记载小马坊村重修龙天庙之事，碑阴刊布施人花名。蔡际荣撰文并书。保存完好。

【碑文】

（碑阳）

自古建廟立祀所以報神恩而昭神德也，□□以來，凡有功德於人者均建廟祀之。獨是廟也者，前人刱之，尤宜後人葺之，前人不刱則神德無以彰，後人不葺則神恩何以報，是刱與葺有兼重之勢也。我小馬坊村南梁之巔有龍天廟一座，東廊蚆蚄、虮蜡，西廡山神、土地。廟刱自大明天啟年間，有碑可考，至今事遠年湮，風雨剥落，廟貌傾圮，村人目擊心傷。咸欲重葺，各傾己囊，踴躍捐輸，施錢一百二十餘千，於是鳩工庀材以葺之，雖仍舊貫，廟貌煥然一新。工程告竣，請序於余，余不揣固陋，聊述始末。是役也庶幾神德常昭，而神恩可報，繼今而後，修葺不乏其人歟。

邑庠生薛際榮敬撰并書

經理人　張俊先施錢五千文　張士啟施錢五千文　張耀明施錢五千文　張延福施錢五千文　張朝生施錢三千文　張士傑施錢五千文　李光英施錢三千文　張善居施錢四千文　張崇元施錢四千文　張士道施錢三千六　霍慶樂施錢三千二　張成烈施錢二千文　李新花施錢三千文

木匠　張應林

泥匠　霍慶樂

丹青　王成國

河津縣師其友偕姪開忠刻字

大清宣統三年八月吉日

（碑阴）

霍慶千　霍善榮　李新生　賈錫成　李光有　任茂德　霍慶有　霍慶山　沈滿福　霍慶隆　李桂春　李新樹　霍慶才　霍維榮　李耀大　李耀祖　薛啟福　李光俊　高永富　監生張耀宇　李新隆　李新江　薛啟業　霍慶福　霍慶德　高應生　李新寬　高士萬　白珍山　劉增新　李長泰　高士旺　霍士應　李慶春　霍慶萬　楊世法　李樹亮　高士光　任清應　田茂清　王興茂　霍慶法　李新田　……

昭茲來許
日
月
自古建廟立祀所以報神恩而昭神德也周禮以[illegible]凡有功德於
祀之獨是廟也者前人剏之尤宜後人葺之前人不剏則神德無以[illegible]
葺則神恩何以報是剏與葺有兼重之勢也我小馬坊村南渠之嶺[illegible]
龍天廟一座東廊虸蚄蚂蜡西廡山神土地此廟剏自大明天啟年間有[illegible]
今事遠年湮風雨剝落廟貌傾圮村人目擊心傷咸欲重葺各保已囊踴躍
輸施錢壹百貳拾餘千於是鳩工庀材以葺之雖仍舊貫廟貌煥然一新工[illegible]
告竣請序於余余不揣固陋聊述始末是役也庶幾神德常昭而神恩可報矣
今而後修葺不乏其人歟
邑庠生薛際榮敬撰并書
經理人
張俊先 施錢五千文
張大啟 施錢五千文
張耀明 施錢五千文
張廷福 施錢五千文
嚴朝生 施錢三千二
張士傑 施錢五千文
李光英 施錢三千文
張善居 施錢四千文
張崇元 施錢四千文
張士道 施錢三千六
霍慶樂 施錢三千二
張成烈 施錢二千文
李新花 施錢二千文
木匠 張應林
泥匠 霍慶樂
丹青 王成國
大清宣統三年八月吉日
河津縣師其友偕姪開忠刻字

紫金山无量佛庙碑铭

【简介】

清代勒石。现存于临县大度山院内。碑砂石质，圆首，高155、宽67、厚12厘米。额题“太子千秋”4字。碑文楷书，正文8行，行30字。为紫金山无量佛庙碑。碑断为两截，下部剥蚀，碑文残缺少半。

【碑文】

紫金山無量佛廟碑銘

自古神無弗靈，而靈有其地故靈矣，不使人常懷其靈非神也靈矣，使近者□□□□者不堯，懷其德澤非神也，如北極玄天武帝真君可感焉。其始之修道也異，繼之得道，□□□□神也，更異位居獨尊百神受其範，職居最要四時□其統，氣機常萌，動以示人，吉凶嘗絲毫其不□□□□石於□□紫金山者，爲尤甚美哉。古名珍來看高山也，石層巒而嶗授氣，欝然而森秀□□□□興他山通別體，勢岡巒隔離天日矣。以真人真主修山執主，山王照主紫王執口，宝王執翠王山王苦，因爲一世荒亂，□□□神靈設教，不獨一方之保障，實萬方之依護也，三月三香烟大會，男人上清連山不用銀錢多□□□□真香幣，近來不用女人上山，女人上山之日恐怕混乱山也，明主執世，風調雨順，國泰民安也已□□□□或福□□。

關聖帝君之神位

山王山行王樂山……　妻苗氏

石匠人　高□明　……　薛應光

木匠人　李廷槐

功德主　薛永

丹青人　南春明

□□祖師老爺之神位

青龍執山

薛家窪村北都六甲永豐泰里中舍所……萬民人等系交錢兩六十千有零……兆

李兆麟长生之位碑

【简介】

清代勒石。现存于临县兔坂镇曹家畔村。碑砂石质，圆首，高 83、宽 41、厚 6 厘米。额题“流芳百世”4 字。碑文楷书，正文 1 行，满行 15 字。保存完好。

【碑文】

邑賢侯李公兆麟假宣禄寿長生之位

张家庄施钱碑序

【简介】

清代勒石。现存于临县湍水头镇张家庄村。碑青石质，圆首，高154、宽64、厚17厘米。额题“普照四方”4字。碑文楷书，正文4行，满行66字。为施钱人花名。保存完好。

【碑文】

募化人　侯家溝底侯元祿　觀音堂韓鳴桐　南里上李宗武　柏塔子曹運　三交鎮郭安卿　鐘底王有義　鐘底霍光　三交鎮劉玉　王家山趙文周　堨口薛如秀　洞上田志仁　神峪溝張世道　李家山武華　霍家嶺霍士選　班家窪雒正興　陡泉溝王泌　東坡村李貴榮　府底曹錫　閆家峁王輔光　蒿子堨嚴增讓　韓家山韓鶴　新舍窠高景春　青家堨楊興　雁兒窪李有太　高家莊李逢惠　牛家嶺劉振春　霍家堨霍聖德　曹家圪垯宋漢　任家山劉信　曹家山牛錕　樹則山馮福興　安則山孫進廉　車道翻李楷　羅窩山李世舜　楊家會樊□亟　尚家圪垛馮漢珩

施錢人　桃塌村胡清元　張家塔生員趙實之　趙純之　監生趙膚之　沐浴村薛子軾　薛子興　郭家塔王嶷　胡懷珍　王時敬　王嶠　王寓　王仲德　王澍　王士楷　王濯　雒萬寶　崔浜　楊釣　崔澄　王家卿　李世武　王永鵬　孫全仁　孫有楨　霍宗仙　王池　王惠德　薛子明　高興　楊啟信

周家山　楊之福　王明元　王永楨　王永祚　孫餘德　楊天應　任福有　閆有還　閆發財　趙九□　馬天明　馬良　馬就　馬軻　馬進　馬玉　李忠啟　張檀　劉漢浪　劉秉發　高建仁　高建智　韓興祿　李啟堂　王有福　劉漢旺　崔國鴻　王有柱　賈有秀　劉漢相　劉漢章　劉譚　曹覺

先　杜永昌　馬志周　張子璞　李瑾　郭發財　郭發銀　馬章　李忠財　段振祿　霍士魁

安則山　孫進楨　孫進祥

黄家溝　張成林　馮國定　郝宗楷　張文澤　張文業　張文濟　張文亟　郝宗魁　郝宗虞　郝宗賢　王元祿　張述思　張述禹　張述唐　李榮凡　王璉　王光先　王光銘　王光祿　張清信　楊植　王有楨　王天務

新舍窠　高融春　男慶孫性善　高恩　高情　高逢春　高愷　高克讓　高憲　高蘂　高慊

琵琶耳　李元章　李元亮　郭玉琦　郭元文　王宏興　李元明　李元朝　李元文　李元照　李世相　郭玉璋

楊家嶺　張縉　張盛鐸　吕可裔　張昌升　高廷璽

蘆家莊　薛月浪　任思忠　李玉善　蘇仁來　李□凡　李金　薛天祥　薛月亮　薛士興　薛士盛　薛照普

楊家圪塎　楊文豐　楊權　楊楷　楊文偉　楊香　楊文進　楊榮　楊茂　楊順　吕勤

蘇龍咀　高應升

草則元　李宗周　李宗孔　李宗閔　李宗曾

湍水頭　李宗普　李恭　李盈豐

泮國咀　閆天成　薛維清　武繼先

黄家坡　馮宗典　薛德栢　李作室　薛皇忠　高文喜　侯福　劉義順　王光興　薛美方　閆成功　馮宗發　王周　郭存福　薛明讓　閆忠言　王永玨　李如祚　閆有亮　閆有明　薛念君　閆寧春

店坪村　任義德

郝家堳　牛進齊　牛近鄰

觀音堂　張世偉　男璉　珽　延盛才　張環　高鐸　王専　王居德　韓鳴桐　延存智　韓桂鑒　高祿　延存森　王鶞　延祥才　王存有　劉元仁　延發才　崔渭　張世龍　張世旺　世昌　張淳　崔道祿　韓鳴梧　韓寶　張玉吉　閆有仁　張世顯

尚家圪垛　馮懷義　馮漢明　趙有　馮□玉　馮振　馮漢弼　馮漢信

沙家堳　劉朝相　劉曰壽　劉昌元　劉通儒　劉昌慶　張寧　劉述開　牛儹之　劉述周　馮容寬　郝兆寬　劉永□　劉曰明　閆兆興　馮天佑

趙家坡　高然富　貴　盛　高三榮　高良　高永寧　高孝　高三盛

中脚山　嚴寬　嚴鈍　嚴錞　嚴銘　嚴鐗　嚴鑒　嚴可發　嚴亟　嚴奇蘭　嚴鈃　嚴琳　段成宗　段成棟　段成貴　段成煜

青塘溝　王光裕　王光世

高家莊　李逢全

大堳村　侯法堯

城裡　高音

馬家圪垛　張守廉　馮起户　□學明　□□璠　□□峨　□□式　韓有儉　劉祚　杜茂通　韓有恭　任志温

小峪里　劉鑑　薛德福　郝天樞　郝先耀　郝先豐　郝長德　郝先榮　郝天佑　郝天祿　郝天保　張忠　郝殿才　馮耀

凡超事赴功者，民也。然民爲之而未必其皆樂於爲之也，幾見有分當致力者，或官長輸之或父兄督之，卒之事舉工就而究不樂于心者，可知趨事赴功與急公分義，名雖同而實則異也。此之廟其所費固若干矣，至於輸工焉。始而分營、繼而合辦終則祥成，莫不踴躍於前歡欣於後，其必永錫福禄於無盡也哉。是不可以不美，雖然是我村齊心協力，大有賴於四方之君子以幫助，雖然敬神於我村之人心有所不安，但無酬謝之法，所以刊名于上，使之萬古常昭，永世不朽。惟神有靈，必然增福增壽，余今長於斯世，愧不善於文，而僅爲之敘，以謝四方之君子云。

重修三官龙天龙王庙碑记

【简介】

清代勒石。现存于临县安业乡前青塘村。碑砂石质，方形，高195、残宽35、厚20厘米。碑文楷书，正文6行，满行48字。为重修三官龙天龙王庙碑记。碑文缺失严重，字迹漶漫，碑体右半部有字，左半部磨损无字。

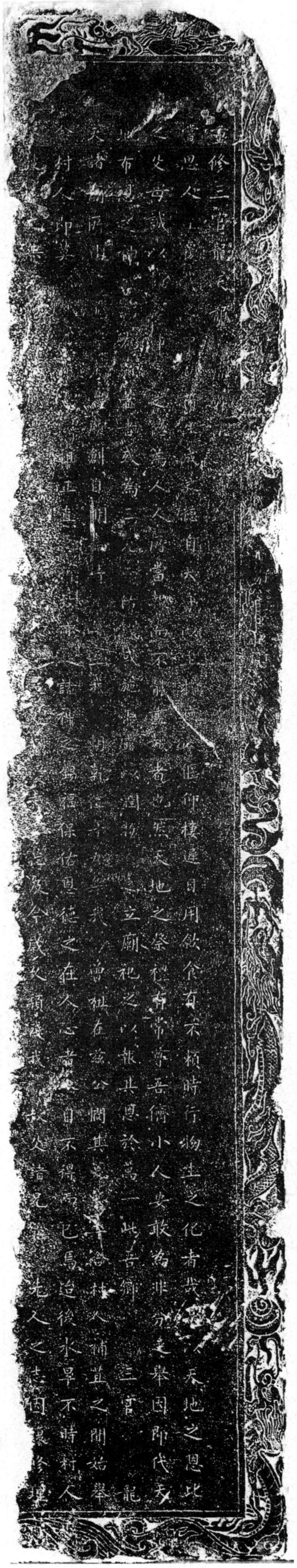

【碑文】

重修三官龍天龍王廟碑記

嘗思人工王覆載之中，□□生成之德，自天子至於庶人，偃仰棲遲，日用飲食，有不賴時行物生之化哉，□以天地之恩比之父母，誠以乾□神□之德，爲人人所當報而不能重振者也。然天地之祭禮有常，尊吾儕小人，安敢爲非分之舉，因即代天地布恩之神。然而，□□著者或爲己兄而佑，□或施雨露以潤粉之，立廟祀之，以報其恩於萬一。此吾鄉三官、龍天諸廟所由也。嘗□□廟創自明嘉靖□年五月，我朝乾隆十九年我曾祖在茲公憫其□□乎，合村人補葺之，聞始舉合村人即莫一□□□□□□正直之所，巍亦諸神之錫福保佑恩德之在人心者□自不得而已焉。迨後水旱不時，村人……忘及今歲久頹殘，我叔父諸兄繼先人之志，因復修理……

重修观音庙记

【简介】

清代勒石。现存于临县白文镇大庄村。碑砂石质，圆首，已残，残高80、宽70、厚15厘米。碑文楷书，正文4行，残存12至16字。记述重修观音庙之事。碑体残缺，仅剩半块，且中有大方孔。

【碑文】

……之則神無不靈，況慈航普渡，聞聲救苦……善心誠求之，凡祈福祈子，莫不靈應□□□年□□合村□□修二廟……或鳩工動土，或捐資覓村，不數月……至誠可以感之之功而爲之序云。

本村……李世温、□如祿……八百文……六百文

冉子庙大门楹联

【简介】

清代勒石。现存于临县兔坂镇冉子关帝庙大门两侧。砂石质，长条形，高111、宽25厘米。联文楷书，正文2行，满行7字。下部严重风化，联文残缺二字。

【联文】

千年萬載沐神露；

往古來今沾聖德。

曹家畔斜山庙楹联

【简介】

清代勒石。现存于临县兔坂镇曹家畔斜山庙大门两侧。长条形，砂石质。高 102、宽 38、厚 16 厘米。联文楷书，正文 2 行，满行 7 字。保存完好。

【联文】

佛國三千金世界；

天空百萬玉楼台。

重修北岳庙碑记

【简介】

清代勒石。现存于临县临泉镇黄龙山北岳庙。碑砂石质，已残，残高 56、宽 45、厚 14 厘米。碑文楷书，正文残存 10 行，行残存 10 字。内容是重修北岳庙碑序。碑体残存约六分之一，碑文残缺大半。

【碑文】

重修北嶽廟碑記

從來前人之剏建非以冀……山名曰黃龍，距城十里，東……北嶽大帝廟，其神靈之顯應……張揚厲踵事增華矣，但閱時……國朝康熙二十二年至乾隆二十……議修葺於道光三年請於……之，而又於廟之東南新建……臺，俱各雕甍畫棟，碧瓦丹……意欲勒石，垂名以表其功……神安而人心亦安，祇冀夫……

重修北岳庙碑序

【简介】

清代勒石。现存于临县临泉镇黄龙山北岳庙。碑砂石质，已残，残高58、宽26、厚14厘米。碑文楷书，正文残存4行，行残存15字。记载重修北岳庙之事。碑体残存约八分之一。

【碑文】

……眺，豁然妥神奉祀，形勢最佳，舊建……安夜夢神靈示方因即獲得舊址，重新……萬民祈福禱請如響，及至……傾覆，繼師志重爲……

中舍永兴寺楹联

【简介】

清代勒石。现存于临县兔坂镇中舍村内。楹联砂石质，长方形，高128、宽28、厚24厘米。联文草书，正文2行，满行7字。保存完好，下部插入土中。

【联文】

法雨灑來成樂國；
慈雲覆處見婆心。

前甘泉郭氏世系碑

【简介】

清代勒石。现存于临县临泉镇前甘泉村。碑砂石质，已残，残高76、宽50、厚10厘米。碑文楷书，正文共22行，行存4至15字不等。碑首缺失，仅存下半部。

【碑文】

……墓

長門姪孫成基　丕基　洪基　建基　姪曾孫文林　文柄　姪元孫肯堂　肯構

三門姪孫武生萬隆　武舉萬代　武舉萬盛　武生萬祥　武生萬□　武生萬昌　武生萬□　武生萬齡　姪曾孫其治　其新　其峻　其□　其永　愛斌　其貞　其□　世斌　其寬

四門姪孫成章　成功　楝梁　成縣　姪曾孫昭明　文明　世恩　靖臣　治明　貞明　佐臣　待聘　鼎臣　升明　待問

武举郭万清祖父郭廷槐敕命碑

【简介】

清代勒石。现存于临县临泉镇前甘泉村。碑青石质，已残，残高72、宽71、厚10厘米。碑文楷书，有对应之满文，正文共6行，行残存22字。为朝廷给本村郭廷槐的敕命碑。碑体仅存下部，碑文残缺一半。

【碑文】

……繼郭萬清之祖父敬以持躬，忠能啟後，威宣閫外，家傳韜……孫枝之秀堂延於世聿昭祖德之垂……之祖母壼儀足式，令闉攸昭表劍佩之家聲輝流□世……修大惠於重泉……之繼祖母範著宜家，仁能裕後，佑啓折衝之略慶溢門，濊澤泉壤遺徽。

（满文略）

正坡村施钱人名碑

【简介】

清代勒石。现存于临县三交镇正坡村。碑砂石质，圆首，高154、宽60、厚14厘米，内容为施钱人名。额题“□□百世”4字。碑文楷书，正文共22行，满行48字。碑残缺剥蚀严重，碑文缺损约四分之一。

【碑文】

□錢人

□□□　□□□　□順厰　萬源永　復盛長　德和成　三義恒　德盛和　義順恒　集義樓　萬順成　天興永　復興染　同興公　同義公　復和長　張玉堂　劉澤昭　武學亮　劉澤新　以上各一千　□□□　□□□　武信昌　李萬花　武應德　郭尚寧　王順三　張鵬雲　以上各一千　樊晉發　生員李如升　劉擇善　武生樊汪　馬士孝　樊希堯　以上各八百　樊佩珍　樊佩興　李朝明　劉增位　劉效寧　李朝亮　樊希武　以上各六百　□□□　□□□　益順永　德義成　同興合　晉發樊　合盛館　永益染　吉盛樓　豐隆昌　吉盛永　樊學宰　李維要　賀桂林　樊樹桐　楊丕公　武光慶　劉富仁　張積榮　高德仁　張栩　以上各六百　□□□　□□□　李培琪　四合館　樊建祚　李鳴鳳　樊應祥　佾生李光龍　振興合　謙豫恒　以上各五百　自興公　正成號　義盛公　復泰和　德盛魁　信義成　興盛長　同興皮　主和公　源隆永　同盛樓　以上各四百　□□□　□□□　王德珍　武生樊後敬　李榮枝　劉濟泰　樊有善　樊周　張永海　樊佩琪　以上各四百　樊岐山　胡玉明　樊慎福　高景元　曹克敬　李兆福　李桂清　魏增善　郭元俊　宋應魁　李仲賢　以上各三百六　□□□　樊益　樊希禹　張騰　聚源成　李榮泰　樊智義　劉世玉　馬學德　杜維善　劉澤普　秦喜泉　李朝泰　侯在周　樊希明　康應新　孫應明　各三百六　順成館　永和興　樊有德　義成館　各三百　□□□　康□□　同義合　各三百　樊鴻逵　三義長　泰和樓　同盛樓　張明月　樊希全　樊賡清　康增福　鄉耆樊文光　吕萬全　興順館　昌盛楊　永盛館　合成館　自成樓　自成館　武□□　□□□　以上各二百　□□□　□□□　□□□　立□□　捷興□　張鵬川　復盛館　……一百二

施彩錢人

孫歧凰　生員劉秉庸　各二千四　劉應成　監生張儒林　武生樊仲元　九品樊捷昌　榮和合　監生王自全　樊希福　武生樊□五　□□□　□□□　以上各一千……　□□□　□□□　□□□　□□□　□□山　張通　武生樊居敬　……千二百　高恩榮　樊希武　監生劉擇虞　監生劉灝　樊世泰　平邑天寧長　以上各一千　鄉耆樊中和　馬步江　恒盛公　九品樊壽昌　樊宗信　李新彩　姚福張璞　□□□　□□□　以上各六……　□□□　□□□　□□□　□□□　□萬號　薛茂枝　崔思九　自成合　李朝珍　孫應麟　孫學信　張慶寧　李成德　樊景昌　樊景德　監生李如玉　郝鶴齡　劉增世　王賓　樊萬秀　樊福榮　郭秀芝　□汝榮　以上各六百　□□□　□□□　□□□　□□□　□□□　李錦繡　武時泰　生員崔鳳山　趙永海　……各六百　萬順永　張世珍　劉鉞　曹克俊　郭琢　生員劉興魁　劉玉成　九品薛萬聰　霍應祿　樊湧　平邑蔚寧合　趙明寬　林樹棠　鄉耆趙維普　生員崔玉輝　崔士林　以上各五百　□□□　□□□　□□□　□□□　劉體仁　李延鈺　樊全文　復盛魁　武璜　崔全五　……上各五百　任進財　李福長　樊繼先　李靈鳳　樊全興　劉步雲　武光慶　永遠德　李茂林　武生吕應德　張巳榮　姚義　雒萬昭　樊濟世　以上各四百　李祥光　歲貢樊映月　王代　薛世枝　各三百

百世

正坡村领疏人名碑记

【简介】

清代勒石。现存于临县三交镇正坡村。碑砂石质，圆首，高154、宽60、厚14厘米。额题“积善余庆”4字。碑文楷书，正文共22行，满行44字。记载领疏人题名。碑剥蚀严重，碑文有缺失。

【碑文】

領疏人　生員武騰蛟　樊秀　各十五个　劉□世　李□珍　各十个　劉□□　劉玉成　樊希福　李新彩　各五个　劉耿光　姚義　武登三　□慶昌　樊居安　曹萬福　曹萬山　樊宗信　張世珍　各三个　樊鰲　樊元龍　張掄升　郭居仁　樊□有　各二个　姚厚　劉孝賢　樊鳴五　張學孔　恒順舘　張玉堂　各二个　張世顯　張鏷　姚福　李成祿　樊中元　源泰舘　源興舘　三合舘　仁義舘　發興舘　合盛舘　長盛舘　德成舘　三義染　晉發樊　慶源舘　各一个　源隆森　三義恒　□□成　隆泰永　合義恒　世興店　合義成　吉慶爐　泰和爐　慶源義　義順恒　復元隆　同昌號　天興永　萬順永　公義樊　四盛舘　德盛舘　兩盛舘　四合舘　興盛舘　仁義興　三合公　興盛樓　永盛義　仁義堂　廣成高　恒盛公　聚源成　義盛公　義盛李義盛閆　廣和成　廣慶長　孟盛樓　久盛萬　萬盛齊　三合廠　同義合　恒美泉　三義和　同盛昌　復興染　文盛堂　興義樓　同義染　天義永　一元當　協恒當　德盛當　益恒當　源成永　協成公　和盛公　協和魁　集義興　集義樓　同盛樓　同盛合　同長公　謙豫恒　吉盛興　吉生長　錫和染　同升號　李進孝　張立亨　薛茂芝　高含富　樊秀山　李鳴鳳　復盛染　義生店　同義廠　廣盛廠　成義錫　和合成　同泰和　廣生堂　廣順永　自成合　榮和合　凝和合　協力染　德義成　泰和長　益源湧　樊□　張明富　馬步江　馬學閔　郝丕宗　高旭元　雒中和　張鵬榮　監生薛萬明　劉敷五　胡璉　王德有　樊全興　李麟鳳　吕玉吉　樊建祚　張鵬川　孫□明　□□□　曹萬山　樊際前　張居智　曹克正　張全孝　秦永齡　張在社　張景逢　張正榮　李廷鈺　監生劉澤虞　吕萬龍　武生樊佩文　樊凰　監生馮祥蛟　李培智　監生李錦成　王德貞　張景異　鄉耆樊文□　武法□　楊丕公　武□彪　國子監典籍樊濟清　張□鋒　樊□升　李步星　李玉昆　樊德修　張成業　樊海明　杜維積　監生李如玉　姚有德　李如升　姚福　武時泰　張昌言　李朝泰　張如楝　吕德榮　馬□奇　趙明禮　李全烈　監生楊永升　劉增位　武學□　劉濱盈　李朝明　李朝亮　劉澤昭　劉澤久　張履道　劉振財　薛萬道　武榮安　劉輔仁　薛懋修　張恒升　張永和　張世美　張世明　張世欽　張全榮　樊天元　樊天寶　樊天進　張永海　劉澤丕　鄉耆樊中和　樊中選　樊希武　樊有世　劉擇善　劉作德　劉擇福　李應德　曹三畏　劉際泰　佾生李光龍　薛丕俊　武應德　樊凌雲　鄉耆李兆鴻　杜心可　劉永修　以上各一个

善餘慶

中华民国

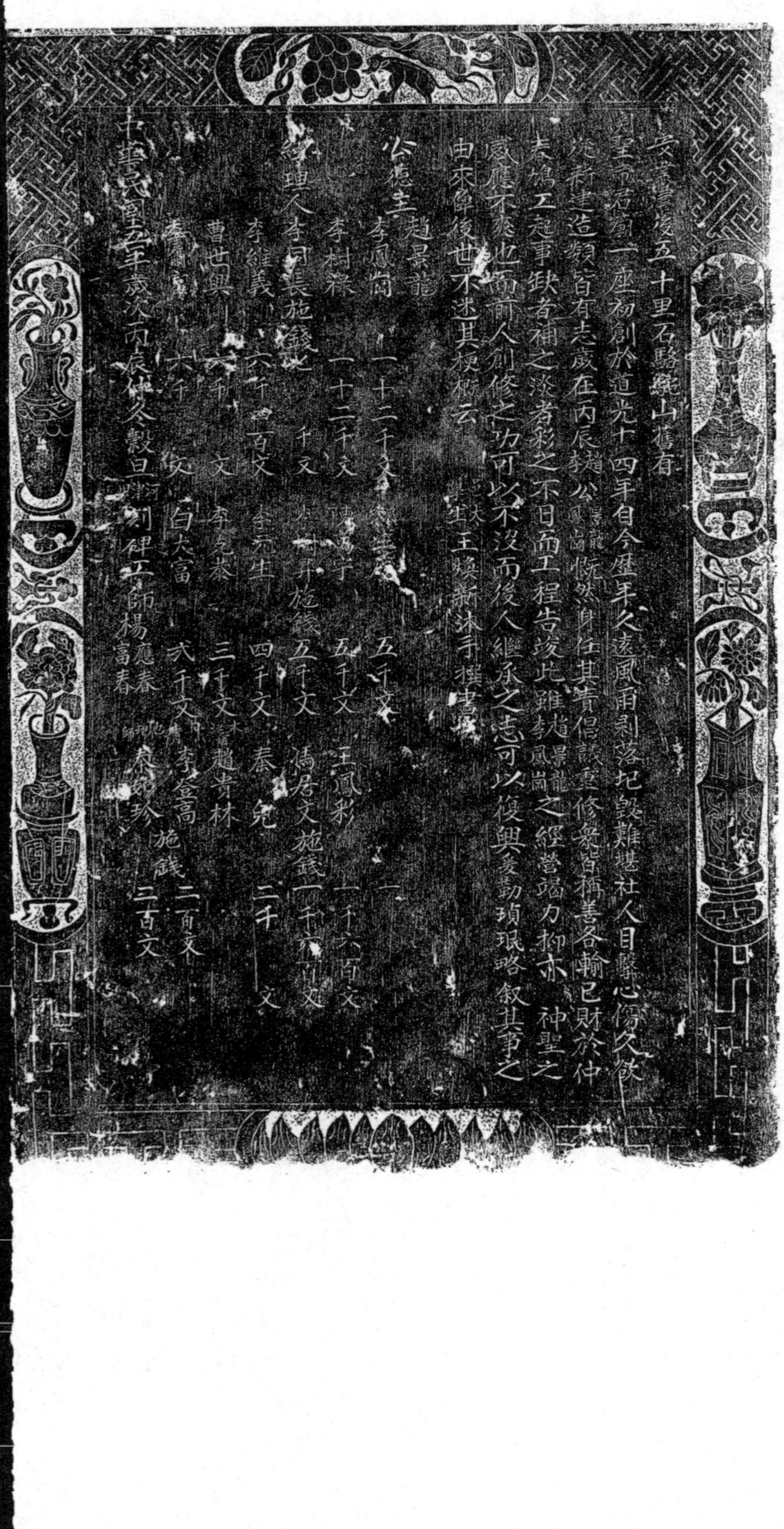
神聖帝君廟一座初創於道光十四年自今歷年久遠風雨剝落圮毀難堪社人目擊心傷久欲
春鳩工起事缺者補之淡者彩之不日而工程告竣此雖
感應不爽也而前人創修之功可以不沒而後人繼承之志可以復興爰勒頊珉略叙其事之
由來俾後世不迷其梗概云
公德主
經理人李同長施錢

重修关帝观音庙碑记

【简介】

中华民国2年（1913）冬勒石。现存于临县城庄镇问家沟村关帝观音庙内。碑砂石质，圆首方座，高140、宽63、厚15厘米。额题“问里留香”4字。碑文楷书，正文计4行，满行40字。记载问家沟村关帝观音庙的重修过程。陈际荣撰文并书丹。现保存完好。

【碑文】

自古人物安寧，全賴神靈保護；神靈感應，尤在人心虔誠。則此修葺神廟者，亦人心盡虔誠之端歟。我問家溝村之前坪，並建關帝觀音二祠，不知刱自何時，風雨剥落勢將傾頽。村人咸欲修葺，詢謀僉同，各輸己貲，復四鄉募化，共積施錢四十餘千。於是，鳩工庀材，拆去敗棟摧墻，重修而彩画之，廟貌焕然一新。工程告竣，聊述始末，勒諸石碑。是銘也，非敢自詡虔誠也，深望後葺有人，庶幾人物咸寧，常護神靈之庇蔭於無窮乎。是爲序。

前清生員薛際榮敬撰并書

經理人　劉汝萬施錢四千　高旺榮六千　段廷珍十三千　白玉峰十五千　張隆升十二千　任致恩六千　段廷瑜三千　薛崇山二千　趙居明二千　張雲星　張孟祥　張尚林　薛崇儒　段守生　段世和李國藩　李生福　各施錢一千　張樹林一百二十　劉光魁二百　白玉温二百　白玉珩一千

松峪村八千　城庄村三千　足扒山二千六百　劉家山二千四百　西溝村二千四百　陽爾會二千四百　侯家岩　高家塔一千六百　東百村一千四百　白家溝一千四百　太平村一千　靳家溝一千高家溝八百　李家墕八百　曹家塬六百　武家坪六百　陳家庄五百　南嶺村四百　吴順慶六百　劉生花八百　王自正六百　劉應槐三百六十　郭全基三百　劉汝茂二百　陳有祥二百　任文耀二百　西會村李永富三百二十　高生長二百四十　高宗富一百六十　高增榮一百六十　高壽海一百二十　陳自花一百六十　李光發一百六十　高建德一百

木匠　陳三則五百

泥匠　高辰星二百四十

石匠　嚴富榮

丹青　秦國開二百

陰陽　高中元二百

中華民國二年冬月吉日

河津縣師其友刻字

闔里留香
中華民國二年冬月吉日
河津縣師其友刻字

“惠迪吉”匾额

【简介】

中华民国 3 年（1914）九月勒石。现存于临县碛口镇李家山村，嵌于大门上方。匾砂石质，长方形，高 48、长 115 厘米。匾文楷书，正文 1 行，满行 3 字。保存完好。

【匾文】

中華民國三年
惠迪吉
菊月穀旦吉立

前清故逝显考大人张翁子仁府君正妣穆氏继妣陈氏之墓

【简介】

中华民国4年（1915）清明勒石。现存于临县白文镇吴家湾村。碑砂石质，圆首，高121、宽52、厚12厘米。额题“百世可知”4字。碑文楷书，正文5行，满行32字。碑体多处裂缝，下部有剥蚀，碑文缺失2字。

【碑文】

前清故逝顯考大人張翁子仁府君正妣穆氏继妣陳氏之墓

修理墳墓，振興祖宗，非爲悦人耳目，實以著先名節也。今我翁娶二妻，正妻穆氏、□妻陳氏，正以先翁而歿，継以後翁而亡。惟翁生於道光年間，卒於光緒年間，享年□六十有七。窃想我翁程度極高，見乎利而必思夫義，素行公正，非所有而無介於懷，故及寿終之年，産業制度却無数，貨財聚集實有餘。於此，而不制造營爲，恐終遺憾於先君耳。因此建立碑石，使祖宗之德澤永垂焉，而不朽云爾。

男尚勇　尚達　尚賢　孫建修　建烈　建功　建勲　建基　建邦　建都　建昌　建英　曾孫保全　保來　保勤　保玉　保貴　叩立

中華民國四年清明之辰穀旦

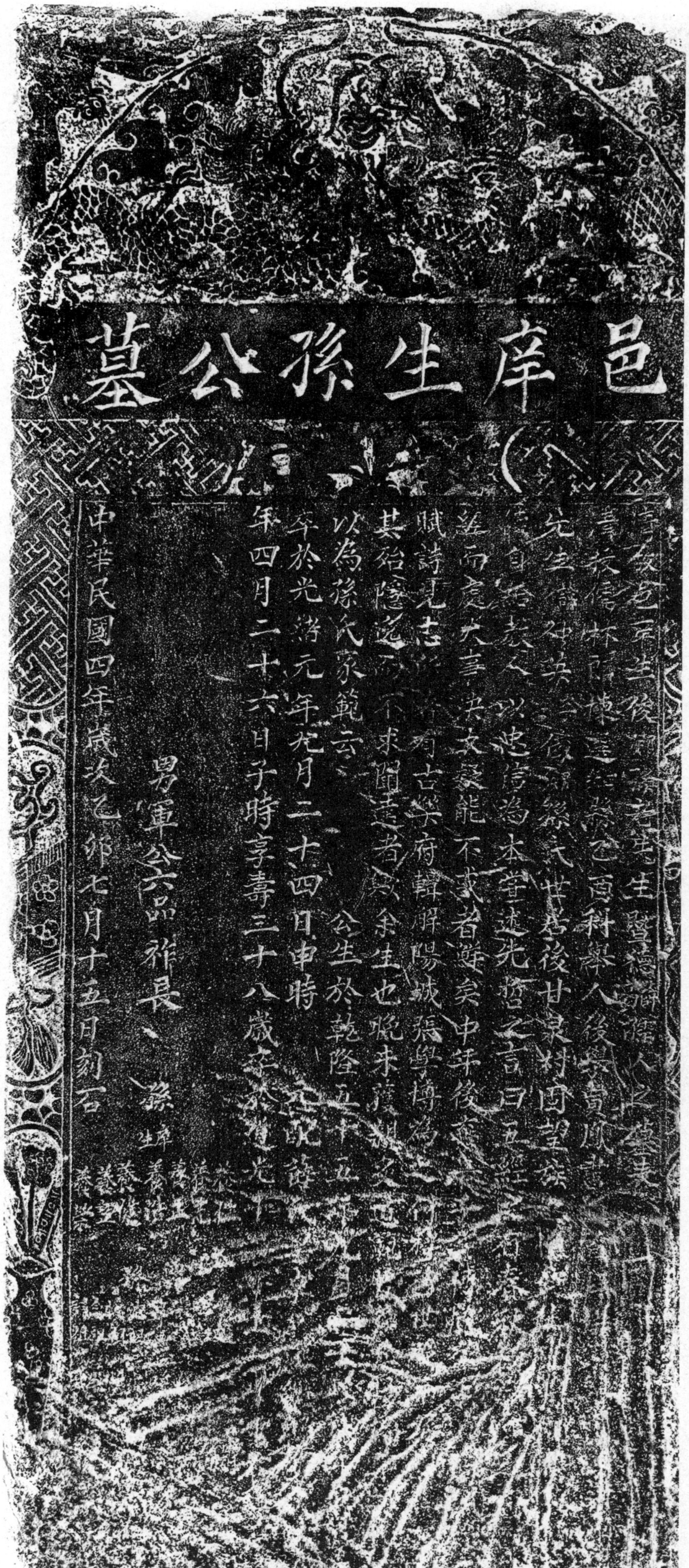

清故邑庠生俊卿孙老先生暨德配孺人之墓表

【简介】

中华民国4年（1915）七月勒石。现存于临县临泉镇后甘泉村。碑砂石质，方首，高116、宽48、厚10厘米。额题“邑庠生孙公墓”6字。碑文楷书，正文6行，满行21字。碑下部剥蚀严重，碑文缺失较多。碑联为：“春秋严率履，诗书启后昆。”

【碑文】

清故邑庠生俊卿孫老先生暨德配孺人之墓表

清授儒林郎揀選知縣乙酉科舉人後學賈鳳書頓首拜撰

先生諱仲英字俊卿，孫氏世居後甘泉村，固望族也。先生秉性剛健，□□□家，家讀自給，教人以忠信爲本，嘗述先哲之言曰：五經之有春秋，猶法型之有□例也。□經而處大事、決大疑，能不惑者鮮矣。中年後，□教子弟，博覽群書，端尚風節，每有所賦詩見志，所著有《古樂府輯解》，陽城張學博爲之付梓行世。晚年尤□精岐黄，以將□其殆隱逸而不求聞達者歟。余生也晚，未獲親炙道範，曾館其村得耳，其名因□□□，以爲孫氏家範云。公生於乾隆五十五年九月二十八日午時，享壽八十六歲，卒於光緒元年九月二十四日申時。元配薛氏早卒，繼配□氏生於乾隆六十年四月二十六日子時，享壽三十八歲，卒於道光十二年十一月十六日子時。

男軍功六品衔長　孫庠生養浩　養正　養健　養志　養望　養性　養榮　曾孫法祖　敬祖　尊祖　□祖　懷祖　承祖　念祖　誦祖　式祖　思祖　耀祖　光祖　榮祖　儀祖　繼祖　元孫詒謀　詒烈　詒訓　詒型　詒典　仝敬

中華民國四年歲次乙卯七月十五日刻石

“进善堂”匾额

【简介】

中华民国5年（1916）八月勒石。现存于临县碛口镇李家山村，嵌于门洞上方。匾砂石质，长方形，高48、宽98厘米。匾文草书，正文1行，满行3字。保存完好。

【匾文】

民國五年仲秋穀……

進善堂

修五書

重修三教圣人观音庙碑记

【简介】

中华民国5年（1916）八月勒石。现存于临县城庄镇前南峪村。碑青石质，圆首，高116、宽52、厚13厘米。额题“闾里流芳”4字。碑文楷书，正文10行，满行32字。碑文完整，记述南峪村重修三教圣人观音庙之事。碑体有裂缝，左侧布施人字迹模糊。

【碑文】

從來創造於前者宜因之於後，不有所創雖盛弗傳，不有所因雖美亦没。是創與因之樂，相得而益彰也。我先南峪村羅漢塌舊有三教聖人、觀音大士同座一院，塔西山神獨居一祠，是廟修時並無碑記可考，創修之人亦不知其誰何。聞之父老傳言，咸豐五年補修，一舉至今六十餘年，風雨飄摇，遂致廟貌傾圮，神像凋殘。村人目擊心傷，不忍坐視，爰于本年三月，一倡衆和，詢謀僉同，募化錢糧，合村共捐錢三百餘千文，立長、玉榮等竭力經營，夙興夜寐，不殫勞力。若楹若角，憑匠士之智巧，一椽一瓦，竭既貯之囊金，未及數月工程告竣，神像偉然而可觀，廟貌燦然而一新已，昭功報德，在此舉矣。倘異日獲邀神惠，時和年豐，民康物阜，又何莫非享祀虔誠，振興祠宇之力歟。工成問序於余，余不能文，特詳其始末，以垂後焉，使後之人同志於今，嗣而葺之，庶斯廟之不朽也，是爲序。

中華民國五年歲次丙辰八月榖旦

前清邑府庠生苗含華敬撰并書

石工　嚴耀榮　王恩啟

泥工　王招選

木工　王有福

画工　秦有榮

經理人　郭立長施錢三拾弍千文　郭立發施錢壹拾捌千文　張玉清施錢壹拾捌千文　常枝德施錢壹拾捌千文　郭鳳華施錢壹拾捌千文　郭鳳斌壹拾捌千文　張永新拾三千弍百文　高鳳福拾三千弍百文　張玉英玖千文　張德榮玖千文　常枝耀玖千文　張永清玖千文　張玉宇六千六百文　曹世俊六千文　張永興四千四百文　温志恩叁千文

閭里流芳

從來創之於前者宜因之於後不有所創雖盛弗傳不有所因雖美亦沒是創與因之樂相得而益彰也我先南峪村羅漢塌舊有三教聖人觀音大士同壓一院塌西山神獨居一祠是廟修時並無碑記可考其創修之人亦不知其誰何聞之父老傳言咸豐五年補修一舉至今六十餘年風雨飄搖遂致廟貌傾圮神像凋殘村人目擊心傷不忍坐視爰于本年三月一倡眾和詢謀僉同募化錢糧合村共捐錢叁百餘千文 郭立長 張玉英 等竭力經營夙興夜寐不殫勞力若楹若角悉遵匠士之指巧一椽一瓦端既貯[illegible]囊金未及數月工程告竣神像偉然而可觀廟貌煥然而一新已昭功報德在此舉矣倘異日獲邀神貺時和年豐民康物阜又何莫非享祀虔誠振新祠宇之力歟工成問序於余余不能文特詳其始末以垂後焉俾後之人同志於今踵而葺之庶斯廟之不朽也是為序 石工 嚴耀榮 泥工 王招從 畫工 秦有維

中華民國伍年歲次丙辰八月穀旦 前清邑府庠生苗含華敬撰并書 石工 王思啟 木工 王有福

經理人 郭立長施錢叁拾弍千文 郭鳳華 陪捐三千文 張玉英 玖千文 張玉[illegible] 共二千六百文

郭立發施錢壹拾八千文 郭鳳毓 [illegible]二文 張德榮 [illegible]文 呂世俊 [illegible]共千[illegible]

張玉清施錢壹拾八千文 張永新 [illegible] 李啟耀 [illegible]文 張永興 [illegible]四百文

常枝德施錢壹拾八千文 喬鳳福 [illegible] 張永[illegible] [illegible]文 [illegible]恩 叁千[illegible]

重修关圣帝君庙碑记

【简介】

中华民国5年（1916）十一月勒石。现存于临县玉坪乡石骆驼山。碑青石质，圆首，高110、宽58、厚10厘米。为重修关圣帝君碑记。碑阳额题“碑记”2字，碑文楷书，正文6行，满行37字。记载石骆驼山重修关圣帝君庙之事。碑阴记载布施人花名。王焕新撰书。现保存完好。

撰文者王焕新（1864—1968），临县阳泉乡枣林村人，小名二宝。5岁即随父切脉问病，帮母抓药。13岁便开始独自行医。王焕新坚持练武8年，他站成马势，能将320斤巨石轻轻放于大腿面上，同时，还能拉180斤的硬弓。光绪八年（1882），王焕新在汾州府应试，得中头名武秀才。光绪二十六年（1900），春夏大旱，村民缺粮断炊，王焕新将家里积存的200石粮食倾仓拿出，赈济饥民。王焕新不仅医术精湛，有独到之处，且医德高尚，受人敬佩，县民尊称其王二先生。凡来就医者，总是开几味经济实惠的药品，绝不让病人多花一文钱。民国3年（1914），王焕新担任枣林村村长，在10多年任职期间，他主持公道，设法减除各种苛捐杂税，深受村民爱戴。民国10年（1921），被选为省参议员。土地改革刚刚开始，他就将家产全部献给农会，自己到县城继续行医。新中国建立后，虽年逾古稀，但坚持为民治病，多次被选为县人民代表。1955年，他出席全省名老中医座谈会，毫无保留地将自己多年的临床经验和验方献出。享年104岁。

【碑文】

（碑阳）

安業溝後五十里石駱駝山舊有関聖帝君廟一座，初創於道光十四年，自今歷年久遠，風雨剥落，圮毁難堪，社人目擊心傷，久欲從新建造，類皆有志。歲在丙辰，趙公景龍、李公鳳崗慨然身任其責，倡議重修，衆皆稱善，各輸己財，於仲春鳩工起事，缺者補之，淡者彩之，不日而工程告竣。此雖趙李二公經營竭力，抑亦神聖之感應不爽也。而前人創修之功可以不没，而後人繼承之志可以復興。爰勒貞珉，略敘其事之由來，俾後世不迷其梗概云。

邑太學生王煥新沐手撰書

功德主　趙景龍　李鳳崗施錢一十二千文　李樹祿施錢一十二千文

經理人　李同長施錢七千文　李惟義施錢六千四百文　曹世興施錢六千文　李爾富施錢六千文　郝生慶施錢五千文　陳萬宇施錢五千文　李樹升施錢五千文　李元生施錢四千文　李克恭施錢三千文　白大富施錢弍千文　王鳳彩施錢一千六百文　馮居文施錢一千六百文　秦兒施錢二千文

木泥匠　趙貴林

丹青　李登高施錢二百文

地理師　秦如珍施錢二百文

中華民國五年歲次丙辰仲冬穀旦立

河津縣刻碑工師　楊應春　楊富春

（碑阴）

施錢人　……孫家圪塄施錢五千八百分　李家圪塄施錢五千□□　陽泉峪□□□同順窰施錢二千六百文　天順窰施錢二千文　萬順窰施錢一千六百文　恒順窰施錢一千文　郭成施錢一千文　神木縣大舍窠施錢一千文　……　葭州復和德施錢一千文　興隆厚施錢一千文　……　襄垣縣義順慶施錢一千文　平遥劉根福施錢一千文　羅峪口恒久成施錢一千四百文　三合源施錢一千文　城内復盛染施錢一千文　萬源染施錢一千文　新升慶施錢一千文　源成堂施錢一千文　恒茂永施錢一千文　……三交雙盛永施錢五百文　益壽堂施錢三百文　……　郭立厚施錢六百文　郭有祿施錢八百文　郭煥福施錢六百文　郭馬駒施錢六百文　走馬梁郭全福施錢六百文　（余略）

碑記

安□□後五十里石駱駝山舊有
關聖帝君廟一座初創於道光十四年自今歷年久遠風雨剝落圮毀難堪社人目擊心傷久欲
從新建造類皆有志歲在丙辰趙公景龍李公鳳岡慨然身任其責倡議重修衆皆樂善各輸己財於仲
春鳩工起事缺者補之淡者彩之不日而工程告竣此雖趙景龍李鳳岡之經營竭力抑亦 神聖之
感應不爽也而前人創修之功可以不沒而後人繼承之志可以復興爰勒瑱珉略叙其事之
由來俾後世不迷其梗概云
邑大學生王煥新沐手撰書

公德主趙景龍
李鳳岡 一十二千文 □□□ 五千文 一
李樹祿 一十二千文 陳□宇 五千文 王鳳彩 一千六百文
經理人李同長施錢 一千文 李樹昇施錢五千文 馮居文施錢一千六百文
李維義 六千四百文 李元生 四千文 秦晃 二千 文
曹世興 六千 文 李堯恭 三千文 趙貴林
李□□ 六千 文 白大富 弍千文 李登高施錢二百文
中華民國五年歲次丙辰仲冬穀旦 河津縣刻碑工師楊應春 楊富春 地理師秦□珍 三百文

重修圣母关帝等庙新修蚟蚄虮蜡庙记

【简介】

中华民国6年（1917）四月勒石。现存于临县城庄镇城庄村。碑青石质，圆首，已残，高196、宽82、厚13厘米。额题“重修碑记”4字。正文楷书，共16行，满行51字。记述大居等村重修五龙圣母关帝等庙、新修蚟蚄虮蜡庙之事。刘衍祚撰文并书丹。碑体断为二截，残损严重。碑文系2006年所抄，碑于近年被打碎。

【碑文】

重修聖母關帝等廟新修蚟蚄虮蜡廟記

吾大居等村舊有五龍聖母廟，倚村南建於山上也。址不大而神龍甚多，廟之内外，叢植古柏古松，挺秀參天，崢嶸蔽日，真鄉野報答神功祈福禳災之所□者也。斯廟也，始建於宋時，以及元明清屢經修理，近數十年經□□人採石，磚瓦神像俱被風雨損壞，一無所有，祗有石碑五記、神鐘四口、寶瓶一付，餘無别物。斯村人視之者，莫不至於滴淚心悲。適有村中善士几人，與僧人法湧議定，合廟重新修理。僧曰：“吾久存此念，迺不得其人；既得其人，廟之重新威赫不難矣！”遂協力重修，煥然一新，或遠或近視之者，莫不謂此爲第一善事也。功既竣之，是年住持僧法湧尋告之余曰：“余不能文，其可記乎？”記重修之事乎？記重修之功乎？抑不拘拘於記事與記功，□事功可緣記而益彰者乎？僧曰：“□□而記之可也。”余曰：“聖王以神道設教勸人，朝聖瞻禮，□目自警，與其好善之心□□□□□□之念，謹其獨於不睹不聞，□豈必謂某方設某廟，即可以福其某方乎？且聰明正直之謂，和神斷不福人以□□□□以私，則今之跪拜禱祝非□□。昔□之富者貴者延及子孫，而今境不然也哉。□是則修廟，修廟之義可識矣。而□□□以拘拘於事與功乎。”僧曰：“古人碑記多侈談起意者某，經理者某，以爲可昭外來許，垂名不朽。今聞君言如□□□卑不足道矣。”余曰：“又不然，□□必求其有所，自古人於名品勝地，往往撫斷碣碑，不勝感慨，以至墜淚者□□□。今既然修□，使後人年年月月□乎。子言之，吾爲子記。其起意者誰？”僧曰：“三舍有僧，素擇善士五十三□僧也。”余問：“經理者誰？”僧曰：“經理固多，□然 □□□□此數十人也。”余曰：“工興於何時？”僧曰：“興於民國五年二月吉，竣於四月，開□□□□□□闊於前，惟聖母、龍天、浮濟、關帝二即眼藏王方向仍舊。前□□同來僧起建□□於□□，建蚟蚄虮蜡廟一座，正西修樂樓，鐘樓底建混石窰三眼，一概重新修造，於□□彩畫之耳。”余曰：“記□□□事，□□彰矣，使後之覽者，感天斯記而興起其好善惡惡之心，則事輿不緣此記。”至於施錢者某某，四路施財者某某，隨其芳名，分列而記，不掩人善惡也，此記尤不必贅。

（经理人等略）

國子監太學生劉衍祚沐浴敬撰並書

時中華民國六年歲次丁巳四月穀旦

重修碑記

关帝庙复建碑记

【简介】

中华民国6年（1917）十二月勒石。现存于临县玉坪乡石塘会村关帝庙内。碑青石质，圆首方座，通高183厘米，其中碑身高143、宽62、厚10厘米；座高40、宽78、厚32厘米。额题“万古流芳”“日”“月”。碑文楷书，正文5行，满行46字。记载石塘会南海观音寺庙的历史和重修过程。李茂林书丹。碑石风化，字迹模糊，布施人名尤甚。

【碑文】

從來廟貌之興，非有刱始之人則不興，亦非有継起之人則必廢。我石塘會村舊有南海觀音寺廟，刱自何人，始於何年，無碑継考。姑不其論，惟是数十年一修，或十数年一修，豈非継起之有人耶。今者関帝庙貌不振，墻壁傾頽，村人目覩心傷，僉曰：乘此工程不大之時，用錢省而力爲較易也。于是在本村由大及小起錢□拾餘吊，外又向鄰村募集一百吊有餘，擇吉興工，於光緒三十年本年告竣。第見入庙者巍乎焕乎，頓覺一新，其耳目至若，承承継継，綿綿延延勿容通瀆也。爰陳始末，以記其事。

功德主　李升高施三十一千文

鐫字　白文耀施弍百文

經理人　李根花施錢……五百文　李居榮施錢五百文　李升鍇施錢八百文　李鳳山施錢八百文　李振□施錢五百文　李□泰施錢□百文　李居礼施錢□千四百文　李萬昇施錢一□文　李文秉施錢三千文

施錢人　李繩元　李子元（等35人，施钱数目略，下同）

李家坡底村施錢人　張居元（等67人）

周家溝村　李鳳彩（等9人）

白家庄村　文生白守升　武生白作容（等66人）

石匠　嚴成義　嚴福盧

木匠　白亮彩

泥匠　任□尚

瓦匠　許柱女

丹青　秦□開

瓦匠　李正桐

中華民國六年十二月吉立

本村李茂林敬書

萬古留芳
日
月
本村李茂林沐手敬書

修建闔村庙阁碑记

【简介】

中华民国7年（1918）五月勒石。现存临县邓家塔村，横卧于戏台背后。碑青石质，圆首，高178、宽70、厚14厘米。碑阳额题“永垂不朽”4字。正文楷书，满行41字，共9行。记载邓家塌村修建阖村庙阁之事。张秉铎撰文并书丹。碑保存完好。

撰书者张秉铎，贡生，离石县人，为邓家塔村王氏姻亲，离石安国寺中存有其所撰碑石两通。

【碑文】

（碑阳）

修建闔村廟閣碑記

夫廟者棲神之所，有是神必有是廟，方足以崇祀典而沐英靈。演戲酬神，報賽必需，故舞臺之設亦頗重焉。鄧家塌村北高埠，舊有關聖帝君廟；村之中央，又有神樓舞臺以憑報賽。因年遠失修，坍塌不堪，村人觸目疚心，重修之舉，群樂相與有成。首事王君于趙，慨任倡首經理。僉以風氣關切，於村後西山之墕，新建樓閣一所，供財神於其上；村東山脈蜂腰束氣之處，朔風當避，增建樓閣，上塑文昌、魁星、聖母。諸廟工程同時並舉，經始於光緒九年四月，於十一年十月落成，計費制錢壹千陸百七十餘千，除募之四鄉，慈善施助錢壹千零一十三千文，尚不敷陸百陸十餘緡，仍由王君于趙如數施助，不致虧累公社。其好善之誠，可謂篤矣。工既竣，未及勒石而首事諸翁已有物化者。今民國戊午春，其令姪王君祚昌，念當時各施主捐助之德，恐將湮没而不彰，因即商同衆經理捐資舉辦補建碑碣，籍以垂久遠而志盛德。求記於余，余以葭莩攸關，情節素稔，不便以不文辭。爰掇數言，以誌始末。是爲記。

清授藍翎五品銜河南知縣用候補縣丞廩貢生張秉鐸謹撰

清儒學生員張振鵬薰沐敬書

本村施錢人姓名　王於趙施錢一百八十千文　王孚施錢卄四千　王喜施錢十二千　王明施錢十千文　王咸施錢九千文　王全施錢七千文　郭玉升施錢七千文　王履施錢六千文　王世賢施錢六千文　王勸賢施錢五千文　楊慰遠施錢五千文　王睿施錢四千文　王升施錢四千文　王於燕施錢三千三　王聰施錢三千二　王於周施錢三千文　孫世昌施錢二千七　王世成施錢二千六　孫克昌施錢二千四　楊文有施錢二千四　王恒　馬起秀　高鳳英　曹萬榮　楊文春　各施錢二千　張芝山一千九　王者師一千五　曹萬富一千五　孫永昌一千三　馬起蛟一千三　王於鎬一千三　王裕　閆應元　楊文華　楊□□　楊文榮　各一千九百文　楊文福九百文　孫應芝　王於梁　各八百　王謙　王益　王照應　楊文茂　各五百　韓來保四百文　楊文炎四百文　王景賢　孫福昌　各三百　孫應元二百七

功德主　監生王景賢　監生王世賢　從九王於趙

經理人　從九王咸　監生王者師　歲貢王孚

經理人　楊應遠　孫克昌　楊文有

鐵筆　杜錦鐘施錢五百文

木匠　張義施錢三千文

泥匠　張治玉施錢二千文

鉄匠　賈萬祥施錢五百文

瓦匠　郭沛然　吉兆元施錢二千四

丹青　劉大卿施錢一千二

住持　武進成

中華民國七年歲次戊午五月穀旦立

永垂不朽
修建閻村廟閣碑記
夫廟者棲神之所有是神必有是廟方足以崇祀典而沐英靈演劇酬神報賽必需故舞臺之設亦頗重焉
鄧家塌村北高埠舊有　關聖帝君廟村之中央又有神樓舞臺以憑報賽因年遠失修坍塌不堪材人觸
目疚心重修之舉羣樂相與有成首事王君子趙慨任倡首經理僉以風氣關切於村後西山之塢新建樓
閣一所供　財神於其上村東山脈蜂腰束氣之處刱風當避增建樓閣上塑　文昌魁星聖母諸廟
工程同時並舉經始於光緒九年四月於十一年十月落成計費制錢壹千陸百七十餘千除募之四鄉慈
善施助錢壹千零一十三千文尚不敷陸百陸十餘緡仍由王君子趙如數施助不致虧累公社其好善之
誠可謂篤矣工既竣未及勒石而首事諸翁已有物化者今民國戊午春其令姪王君祚昌念當時各施主
捐助之德恐將湮沒而不彰因邀商同衆經理捐資舉辦補建碑碣藉以垂久遠而誌盛德求記於余余
雖學假閑情節素稔未便以不文辭爰擬數言以誌始末是為記
清授藍翎五品銜河南知縣用候補縣丞廩貢生張東鐸謹撰
清儒學生員張振鵬熏沐敬書
中華民國七年歲次戊午五月穀旦立

（碑阴）

大武鎮施錢姓名　張汝屏廿四千　新成當　聚盛公　各八千文　常興玉　張熙　監生張汝坤　各六千　聚興當　孚益當　廣聚永　常泰成　監生李居椴　各四千　天佑堂　回春堂　各三千文　源盛茂　李榮恩　各二千四　自盛園　資深李　德泉湧　大德生　各二千文　德盛湧　集成義　劉懷珏　各一千五　益順永　恒益成　三合公　豐泰厚　三成義　廣聚長　郭守扶　任錦義　各一千二　同升德　全盛公　復興厚　長順園　源盛館　喬振林　張世燮　任逢吉　各一千文　喬元文　侯玉滿　各一千　張世升八百　李繼泰六百　張秉锐三百　李泰興二百四

峪口鎮　峪口社一千文　張九如六千　道生成三千　道生恒三千　恒蔚當　恒蔚公　裕盛茂　聚興公　德源公　源盛恒　□盛永　薛□久　各二千文　合義成一千五　同益茂一千五　復隆成一千五　張汝賢二千七　永順和　增盛泉　源成店　光聚成　協盛永　各一千文　德成店五百　永盛店五百　永興合五百

三交鎮　永盛義四千　源茂和　三義和　萬全恒　恒裕長　恒泰長　永泰和　吉成興　源泉湧　德新永　聚和公　德懋永　自盛長　萬裕永　自興長　廣和成　源盛恒　和盛長　各二千　三盛義　和盛永　孟盛樓　各一千四　萬源興　通順合　各一千二　隆盛泉　裕順公　協恒當　益順永　源順和　福盛永　積盛長　復順張　三和德　正興泉　各一千　廣育堂　永生和　吉成染　義成號　各六百　復盛魁　□□染　自成號　恒盛興　萬盛高　萬源染　廣太和　廣源義　光裕恒　各四百　義成號　自盛染　義盛魁　東盛館　永順恒　永順合　各三百

墕頭　嚴富一千　王恒升　王應貴　王作潤　王進表　王作河　王作海　各五百　嚴時應　王應月　王維福　各四百　王作興　王步成　王維炳　各三百　嚴生成　嚴長　王長林　嚴文　嚴應　嚴國　嚴□　嚴明　嚴收　嚴□德　王建宇　王建全　王建恒　王作元　王進福　各二百

堡上村　趙承宗　趙開宗　趙榮宗　各一千　趙允中八百　趙濟清五百　趙景清四百　趙源遠四百　趙成新三百　趙有新三百　趙步長三百　陳來風二百七　趙宗清二百　趙敦遠二百

沐裕村　薛方桂百七　薛方慶五百　韓創業五百　薛應章四百　薛懷發四百　薛懷清四百　崔仁和　韓立□　趙輝宗　薛光前　各三百　薛長正　王玉斗　韓敬業　王樹茂　劉致和　各二百四

曹家山　牛德善五百　牛致貴　牛懷德　高三樂　牛茂昭　牛建元　各四百　牛振辰　牛近辰　牛全忠　牛致富　楊三戒　楊承義　曹錫林　牛致久　牛振鐸　各三百　李建信　楊俊德　牛昭德　牛相辰　楊修德　楊濟川　楊三有　牛茂才　牛自福　楊貴雲　王貴英　各二百四　王富英二百七　牛致恭　牛□祥　趙□　牛致中　張裕大　楊福德　李建各　各二百

湍水頭　李敬修　李定清　李□　李康祥　李新仁　各四百　李秉義二百四　李恩　李學忠　李廣璜　李仲智　李自喜　李世育　李秉智　李汝則　李有文　李□時　各二百

小寨上　孫茂槐　曹章　各一千二　曹文　孫家祥　孫家喜　孫家泰　曹憲　各五百　曹在倫　曹在茂　孫家在　各四百

楊家圪垛村一千七　車趄村一千　楊家會五千七　□家村二千　牛家嶺二千五　趙家塌三千　杜家溝二千　南嶺上一千五　新舍窠二千　楊家嶺二千四　堯子坡四千　桃塌上一千五　西楊家圪垛一千五　杜家會一千七　吉家庄一千七　興隆灣一千七　花家坡二千　河庄村二千四　暖泉會二千　廟底村一千七　南坡村一千七　樓家庄二千　班家窪二千　安子山一千七　菜地墕一千七　保安村三千　東相王三千　東坡村三千　新庄上村三千　孫家山村一千七　麻塔上村一千七　閻家山村一千　塌崖村一千七　土岔則三千　碌礎梁村五百　李家土則一千　横泉村二千八　南溝村五千　後南溝村四千

下昔村　薛明倫

圪針灣村　趙廷秀

大西山　李應長　王恩清

北拐上　李樹河　李昭　李林山　劉恩茂　張成文

黃家溝　郝汝□　薛□泰　張萬珠　劉永元　□恩恒　□□德

琵琶耳　李□桐　李尚玉　李尚質　李尚正　郭厚興　李尚清　李嘉斌　李嘉敏　李尚恒　李尚志　王世福

上昭村　趙錦春　趙安益　王濟民　趙□□

□村社　杜長貴　安寬　李文德　張廷□　趙居俊

鶴雞窩　薛選珩　嶽萬華　閆立忠

于家梁　李鳳鳴　渠永亮

半里村　薛天十

碾墕村　張士原　天義樓　趙中仁

南庄村　李賓　李積榮

下庄村　雒秉旺　薛萬法　張秀珍

成家院　崔喜照　王清選　王萬秀　王清福　王清光　楊進福　薛九吉　王全　王相　高□　王琛　四順□　亨通□

周家山　王多財　王永文　王道亨　王道隆　馬飛蛟　馬敦孝　趙茂梧　曹萬成　韓開選　馬敦樹　各三百　馬敦友　馬敦友　馬啟明　馬啟家　趙廷榮　王道周　馬啟國　王應金　王啟元　王慶有　馬呈章　馬呈祥　王慶榮　趙茂桂　趙茂新　高來元　各三百

宗家山　段逢清　嚴椿　嚴孔清　嚴杆　韓平和　嚴浦章　段逢槐　嚴□□　嚴用中　嚴增清　韓平順　韓存修　張世同　趙振榮　各三百　嚴令明　嚴立德　嚴令富　嚴明　嚴森　嚴柏　韓士修　韓平中　張修仲　張世唐　各二百

常家山　王師張　王用賓　王師必　王清□　王祥榮　王光清　王正邦　王省身　王長喜　韓立佑　王榮　王世茂　王正都　王相永　王瑞雲　王清德　韓自勤　王生榮　高賢良　王□□　王□□　薛生□　王清鳳

韓家山　韓晉桓　韓增壽　韓晉身　韓邦傑　韓自立　杜應秀　韓自成　韓孟柏　趙恩□　韓月昌　劉萬和　韓行修　韓錦榮　韓慶□　韓慶□　韓□□　韓銀玉　趙恩桂　韓存德　韓作□　韓寧桂　韓修身　趙永輝　趙福柱　韓承厚　韓輝先　韓鳳山　韓恒玉　韓錦花　韓進中　高修見　各三百　韓修元　王□□　王□□　王榮　王□　王榮文　王榮珍　韓希旺　霍自喜　延守文　王修先　張富成　張正旺　張其元　張維柄　王九思　張秀其　薛樹林　各二百

閆家峁　曹進餘　曹慶輅　閆映芝　閆海芝　高樹愷　張繼元　高樹檀　高□□

壕則墕　李茂樹　李耀山　張應孔　武步祥　孫茂蘭　李樹義　張永恩　薛永生　劉步□　各四百　□□□　□尚儉　□□　劉廣柱　嚴茂樹　雒正都　各二百四

外羅溝　張永成　張永源　張永淮　張世鏞　張秀英　張恩元

畔官局　閆其孝　王維芝　薛九達　任和中　薛榮周　薛元章　各□百　趙起方　徐秀□　胡榮椽　薛榮存　賀萬福

張家庄　曹慶章　張世茂　胡永元　胡永恩　高立孝　胡永亨　曹居□　曹秀□　胡永久　各二百四　曹居全　閆□□　高立義　曹居安　高立言　各二百

黃家坡　閆海信　薛□光　高景冉　王喜智　曹萬財　閆建月　王喜仁　王喜義　王喜全　薛玉功　嚴富　雒生福　各六百　閆建業　閆應發　閆應桂　杜永福　李長盛　閆建功　各四百　吳家順　三百六　高貴祿　趙晟　聰雲寺　高仲義　高全清　閆□□　王雲厚　馬世德　各六百　孫□喜　張通　全盛班

新盛當大疏頭一道共募錢十七千文　永盛義大疏頭一道共募錢十六千四百文　聚盛公領大疏頭一道共募錢十三千文　高景冉小疏頭施錢人二百四十名共錢九十二千文

清故武略佐骑尉国学生孙公暨德配赵安人秦安人刘安人李安人之墓志

【简介】

中华民国8年（1919）七月勒石。现存于临县临泉镇后甘泉村。碑砂石质，方首，高116、宽46、厚11厘米。额题“军功六品孙公墓”7字。碑文楷书，正文9行，满行39字。吴命新撰文。碑体表面轻微剥蚀，碑文略有少量缺字。碑联为：“继志永怀先德训，饬躬如见古人风。”

【碑文】

清故武略佐騎尉國學生孫公暨德配趙安人秦安人劉安人李安人之墓誌

清賜進士出身誥授奉政大夫歷任工部主事陝西岐山定邊等縣知縣邑人世愚晚吳命新頓首謹撰

公諱祚長字長齡，孫俊卿先生之肖子也，聰穎能讀父書，過目不忘，事親曲盡孝養。德配劉安人尤□，夫志俊卿先生臥病數年，晨昏問侍，未嘗偶踰，一生行端表正，不敢稍玷先業而又善與人同，對鄉鄰談輒引勸善，要言諄諄。然樂道不倦，且傳父岐黄術，視病不問貧富，市藥不索欠，故得享壽七十九歲。生於道光元年三月初三日子時，卒於光緒二十五年六月十三日卯時。丈夫子七，長養浩，邑庠；養正、養健、養志皆劉安人出，養望、養性、養榮皆李安人出。女子二，一適周，一適李。孫承祖、□祖、敬祖、尊祖、法祖、懷祖、念祖、誦祖、式祖、思祖、耀祖、效祖、奉祖、顯祖、光祖、榮祖、儀祖、繼祖，曾孫詒謀、詒烈、詒訓、詒型、詒典、詒基、詒業、詒經、詒書、詒德、詒裕、詒穀、詒規、詒禮、詒道、詒誥，森森玉立，篤守耕讀家風，所謂積善福報，理有固然。余少時曾讀書其鄉，蒙公青眼相看，每以古先達相期許。今先生往矣，長君養浩，乞爲表墓之文，□成公之知而爲□表，惜未能傳其真耳。

中華民國八年歲次己未七月十五日

补修经堂宗祠碑记

【简介】

中华民国8年（1919）十月勒石。现存于临县临泉镇前甘泉村。碑砂石质，圆首，高120、宽50、厚12厘米。额题“永垂不朽”“日”“月”。碑文楷书，正文计2行，残存3至9字。记述补修经堂宗祠之事，碑体表面剥蚀严重，仅存不足30字。

【碑文】

補修經堂宗祠碑記

祖宗創立於先者功也，……有宗祠一……

中華民國八年十月……

故显考李公讳振勋府君妣李母高太君墓

【简介】

中华民国8年（1919）十月勒石，现存于临县玉坪乡阳泉村。方形碑，被护入碑窑内，青石质。碑高105、宽48厘米，厚不详。内容为李振勋墓碑记，刻文楷书，正文计7行，满行43字。额题无。碑文完整，字迹清晰，碑体完好。

【碑文】

故顯考李公諱振勳府君妣李母高太君墓

公諱振勳，字鼎臣，世居陽泉里，幼承庭訓，苦志力學，受業於邑進士劉怡亭，先生嘗語人曰：李某貌古心純，吾門之曾參也。入學後博覽群書，見先正言行有切於身心者，即書之座右以爲法，生平持己以敬，待人以誠，處鄉黨以和。屢試未售，乃習醫以救世活人爲宗旨，治人疾不受酬報，貧者皆施以藥，至今過城東之野，大有人称道弗衰者。義方之教嚴哲，嗣增瑞亦蜚聲黌序，植品敦行，繼志有人，人益欽公之有隱德也。公生於咸豐八年十月二十九日亥時，卒於民國五年九月十五日未時。德配高，善相夫志，亦多淑德，生於咸豐九年七月二十七日午時，卒於民國六年十二月十五日巳時，兹合葬於禹山之陽，爰爲之銘曰：

漢高山側，清泉之陽。中有高士，學正品良。活人濟世，旁精歧術。幽光潛德，厥後克昌。片石表墓，奕世流芳。

黔南胡宗虞撰並題

孝男增瑞　孫錫麟祀

中華民國八年十月穀旦

“型绍太邱”匾额

【简介】

中华民国8年（1919）勒石。现存于临县碛口镇寨子山村，嵌于门洞之上。匾砂石质，长方形，高50、宽130厘米。匾文楷书，计1行，满行4字。现保存完好。

【匾文】

民國己未年立

型紹太邱

汾陽秦龍光書

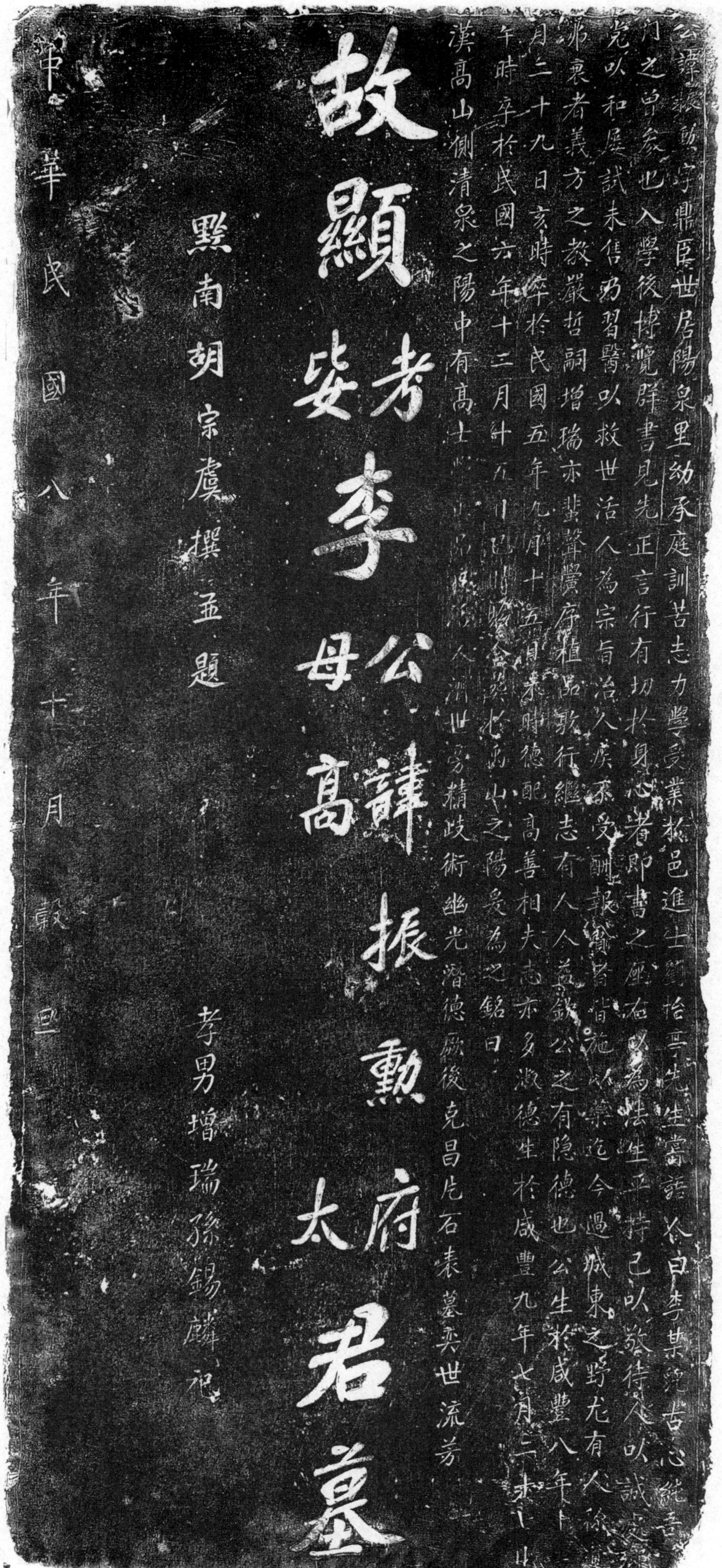

故显考李公讳振勋府君妣李母高太君墓

【简介】

中华民国8年（1919）十月勒石，现存于临县玉坪乡阳泉村。方形碑，被护入碑窑内，青石质。碑高105、宽48厘米，厚不详。内容为李振勋墓碑记，刻文楷书，正文计7行，满行43字。额题无。碑文完整，字迹清晰，碑体完好。

【碑文】

故顯考李公諱振勲府君妣李母高太君墓

公諱振勲，字鼎臣，世居陽泉里，幼承庭訓，苦志力學，受業於邑進士劉怡亭，先生嘗語人曰：李某貌古心純，吾門之曾參也。入學後博覽群書，見先正言行有切於身心者，即書之座右以爲法，生平持己以敬，待人以誠，處鄉黨以和。屢試未售，乃習醫以救世活人爲宗旨，治人疾不受酬報，貧者皆施以藥，至今過城東之野，大有人称道弗衰者。義方之教嚴哲，嗣增瑞亦蜚聲黌序，植品敦行，繼志有人，人益欽公之有隱德也。公生於咸豐八年十月二十九日亥時，卒於民國五年九月十五日未時。德配高，善相夫志，亦多淑德，生於咸豐九年七月二十七日午時，卒於民國六年十二月十五日巳時，兹合葬於禹山之陽，爰爲之銘曰：

漢高山側，清泉之陽。中有高士，學正品良。活人濟世，旁精歧術。幽光潛德，厥後克昌。片石表墓，奕世流芳。

黔南胡宗虞撰並題

孝男增瑞　孫錫麟祀

中華民國八年十月穀旦

“型绍太邱”匾额

【简介】

中华民国8年（1919）勒石。现存于临县碛口镇寨子山村，嵌于门洞之上。匾砂石质，长方形，高50、宽130厘米。匾文楷书，计1行，满行4字。现保存完好。

【匾文】

民國己未年立

型紹太邱

汾陽秦龍光書

重修庙宇新建戏楼碑记

【简介】

中华民国9年（1920）二月勒石。现存于临县城庄镇刘家村。碑砂石质，圆首，高143、宽63、厚12厘米。额题“福缘善庆”4字。碑文楷书，正文5行，满行43字。记叙新舍窠、刘家村重修庙宇新建戏楼之事。薛际荣撰文并书丹。碑保存完好。

【碑文】

（碑阳）

重修廟宇新建戲樓碑記

自古建廟立祠勒碑刻石，所以彰前人之善舉，啟後人之善心，继往開來，俾人有所觀感，常行善事於無窮也。我新舍窠、劉家村舊有龍王、山神等廟，代遠年湮，不知剏自何時，考諸碑文，重修補葺已經數次矣，迄今風雨剥落，廟貌傾圮，村人杜含章等目覩心傷，意欲重修，與衆商議，咸踴躍樂從，各輸己貲，復四鄉募化。補修舊廟而外，隨即新建五道、戲楼、神棚，工程告竣，廟貌楼棚煥然一新，從此獲列神之庇護，亦是舉行善事所致歟。爰誌数語，非敢以自善誇示後人，聊以冀後世行善事者之継起云。

前清儒學生員薛際榮敬撰并書　施錢四百文

經理人　耆賓杜子英施錢三十四文　杜含章施錢二十六千文　白桂棠施錢三十六千文　白文俊施錢一十六千文　白萬棠施錢三十六千文　白文福施錢一十二千文　王成福施錢二十四千文　趙世榮施錢九千六百文　高積祿施錢三十六千文　高樹銀施錢七千二百文　李兆富施錢二十四千文　王進忠施錢七千二百文　李東施錢二十四千文　杜生廷施錢二千四百文　辛守德施錢二十四千文　石東生施錢一千二百文　王成有施錢一十八千八百文　白俊成施錢一十四千文　高承德施錢一十六千八百文　白銀生施錢一十二千文　賀永德施錢一十四千四百文　郭再如……　劉生歧施錢……　白富堂施錢……高樹花施錢……

合社施錢人（略）

木匠　李孝光　李樹桂

泥匠　張榮德

鉄匠　范春河

瓦匠　許克明　趙佩璋

丹青　高文幹　秦有福　秦招遠

勘輿　劉務熙施錢弍千文

石匠　郝士仁

民國九年歲次庚申二月穀旦立

前清從九品郝萬成鐫字

（碑阴）

捐助村人　化林　喬家溝　明王塔　苗家庄　大坡　宋家溝　張家灣　土門溝　方山合村　鄭家灣　胡家峪　牛欄溝　城庄　貝舍窠　王家庄　陳家庄　曹家林　郭家溝　大馬坊　後南峪　陽灣村　李家塔　顯岩上　康家灣　東百村　吳家灣　後長樂　庄子上　興縣寨上　馮家溝　孫家坪　木遷塔　吉家庄　方山溝門　楊家岩　青陽溝　石窰溝　前李家溝　宋家山　羊齒齒塔　南溝　楊家溝圪垛　沙□村　東寨村　王家焉　郝家岔　劉家山　足扒山　大黄　沙溝村　魚兒灣　馬家溝　木瓜坪　前長樂　西川溝　半溝　小馬坊　山東池安恩　郭成秀　水泉溝　紅沙焉　郭成祿　郭進福　郭進喜　鐘裕後　……

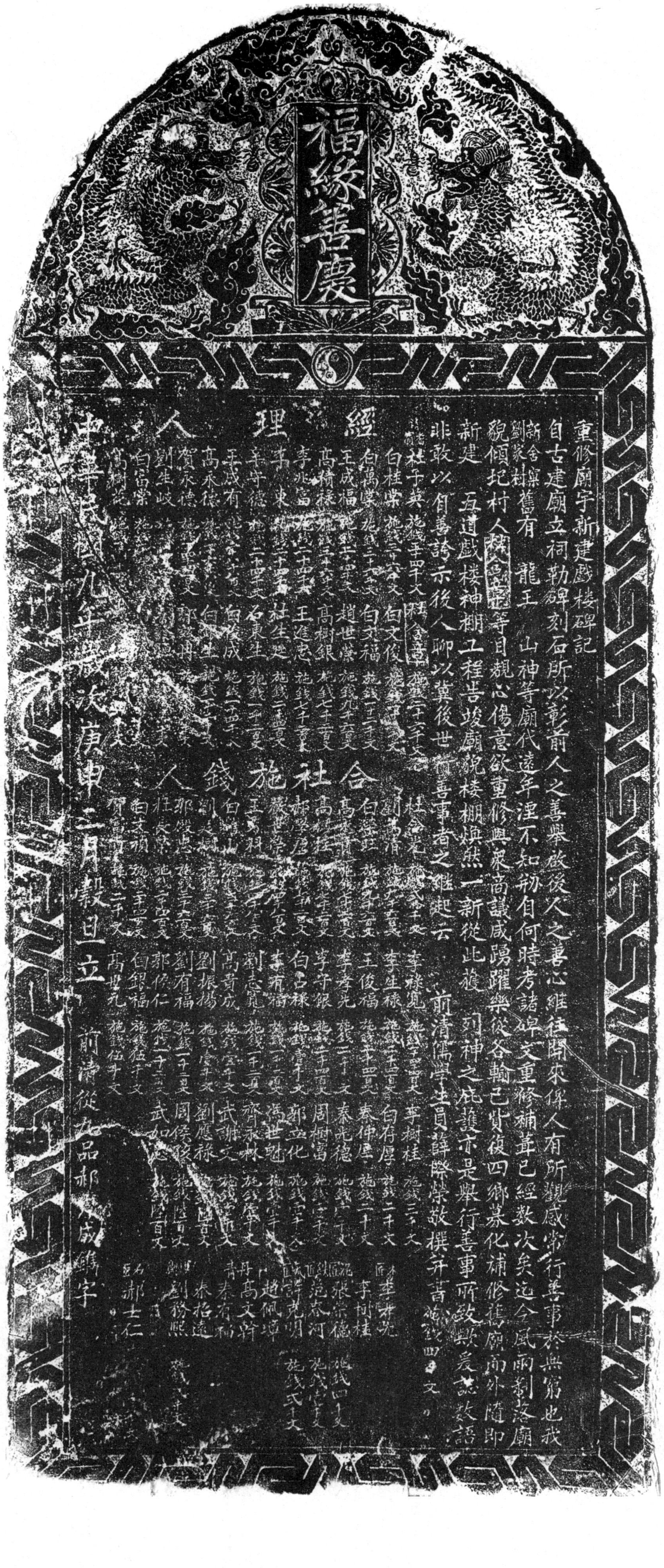
福緣善慶
重修廟宇新建戲楼碑記
自古建廟立祠勒碑刻石所以彰前人之善舉啟後人之善心繼往開來俾人有所觀感常行善事於無窮也哉
新舍窠劉家村舊有龍王、山神等廟代遠年湮不知創自何時考諸碑文重修補葺已經數次矣迄今風雨剝落廟
貌傾圮村人等目覩心傷意欲重修興衆商議咸踴躍樂從各輸己貲復四鄉募化補修諸廟
新建五道戲楼神棚工程告竣廟貌楼棚煥然一新從此獲列神之庇護亦是舉行善事所致
非敢以自善誇示後人聊以冀後世有善事者之繼起云 前清儒學生員薛際榮敬撰并書
經理人
合社施錢人
中華民國九年歲次庚申三月穀旦立 前清從九品郝成錦字

皇清例授贡元候补儒学副堂高公讳树柏字养鳞号心斋元配刘孺人继配郭孺人之墓

【简介】

中华民国9年（1920）九月勒石。现存于临县安家庄乡高家墕村。碑青石质，圆首，高100、宽50、厚10厘米。额题“流芳百世”4字。碑文楷书，正文8行，满行39字。吴命新撰。碑首有缺损。

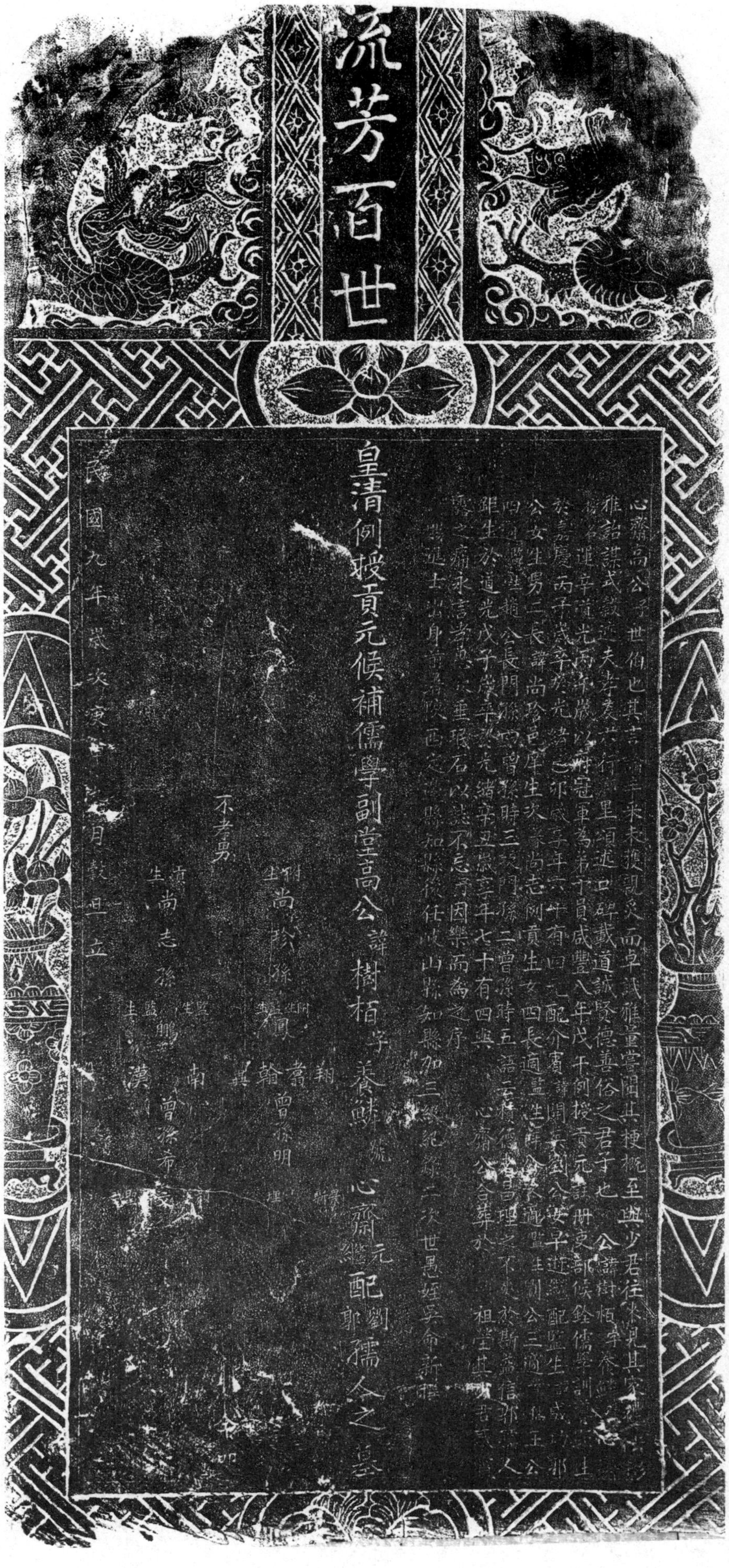

【碑文】

皇清例授貢元候補儒學副堂高公諱樹柏字養鱗號心齋元配劉孺人繼配郭孺人之墓

心齋高公，予世伯也，其言論丰采，未獲親炙，而卓識雅量嘗聞其梗概。至與少君往來見其家禮，禮法彬雅，詒謀式穀，跡夫孝友六行，鄉里頌述，口碑載道，誠賢德善俗之君子也。公諱樹柏，字養鱗，號心齋，榜名運辛。道光丙午歲，以府冠軍爲弟子員，咸豐八年戊午例授貢元，註冊吏部，候銓儒學訓導。距生於嘉慶丙子歲，卒於光緒己卯歲，享年六十有四。元配介賓諱開英劉公女，早逝。繼配監生諱成功郭公女，生男二，長諱尚珍，邑庠生；次篆尚志，例貢生。女四，長適監生薛公，次適監生劉公，三適業儒王公，四適監生趙公。長門孫四，曾孫時三。次門孫二，曾孫時五。語云：積德者昌，理之不爽，於斯益信耶。孺人距生於道光戊子歲，卒於光緒辛丑歲，享年七十有四與。心齋公合葬於祖塋，其少君感霜露之痛，永言孝思，欲垂珉石，以誌不忘，予因樂而爲之序。

賜進士出身前署陝西定邊縣知縣後任岐山縣知縣加三級紀録二次世愚侄吴命新撰

不孝男附生尚珍　孫鳳翊　附生鳳翥　監生鳳翰　曾孫明景　明新　明理

不孝男貢生尚志　孫監生鵬雨　監生鵬漢　曾孫希顏　希文　希聖　希武

民國九年歲次庚申九月穀旦立

重修阖村各庙碑记

【简介】

中华民国9年（1920）九月勒石。现存于临县邓家塔村，横卧于戏台背后。碑青石质，圆首，高186.5、宽73.6、厚18厘米。碑阳额题“流芳百世”4字。正文楷书，满行41字，共8行。记载邓家塔村重修阖村各庙之事。碑阴刊载布施人阿花名。张秉铎撰文，赵增禄书丹。现保存完好。

撰书人张秉铎，贡生，离石县人，为邓家塔村王氏姻亲，离石安国寺中存有其所撰碑石两通。

书丹人赵增禄，县师范生，临县张家塔村（今方山县峪口镇张家塔村）人。

【碑文】

（碑阳）

重修闔村各廟碑記

鄧家塌，晉臨之屬村也。萬山重疊，千峰擁護，卜居於斯，地既靈，人必傑矣。風淳俗古，比户可封，雖曰：天地鍾毓之靈秀，而實神聖靈感之效果也。村中舊建關聖帝君廟、觀音菩薩閣、行雨龍王廟、文昌帝君樓、財神殿、香山廟，特又建有神殿樂樓，爲春祈秋報之所。奈以年久失修，風雨剥落，各有坍塌之處，村人觸目驚心，補修有願，點金無術。首事王君祚昌，本好善之誠，抒樂輸之願，慨以功德主自任，首先施錢三百緡，以爲之倡，並復盡力募化，不稍疏懈。其各首事之樂善者，亦復次第施助，樂與觀成。於是，鳩工庀材，經始於戊午三月，六越月而工始竣，慶落成焉。是役也，計新建戲院磚窰五孔，東墕土堎一段，餘皆缺者補之，廢者興之，美其輪奐，繪以丹青，闔村廟貌煥然一新，統計需錢弍仟弍百餘緡。施主芳名，應勒石以垂不朽。索余爲文以記之，余以戚誼所關知頗悉。因略述巔末，以爲之記。

清授藍翎五品銜河南升補知縣優廩貢生離石張秉鐸沐手撰文

縣立師範講習所畢業趙增祿沐手書丹

經理人　孫秉良　王於青　楊長智　王於荊　王於燕　王於朝　王在辰　王於楊　王喜　王於有　郭維忠　王祚榮　王祚長　王祚新　楊文明　王在國　楊文花

河津縣鐵筆　杜錦鐘施錢壹千文

木匠　牛萬元施錢壹千文。

泥匠　張在榮　張應行　樊開福　各施壹千弍

丹青　李修仁施錢弍千文　白振棟施錢弍肆百

住持　李寶劍

民國九年歲次庚申九月十五日穀旦立

（碑阴）

大武鎮　合行施錢　聚盛公　新盛公　新盛當　各三千　張□□　謙益慶　垣和店　天佑堂　天一元　源新館　永盛店　德順園　復盛長　德和堂　信成隆　徵收局　劉延俊　王於榮　張秉鏡　高益當　張成玉　區長張炳　忠和成　濟生泰　義合隆　祥泰永　任錫明　中興號　錦生染　德盛染　三成染　復盛園　天和公　兩益成　德興隆　德源成　天德生　永隆館　張鳳河　善述泰　張汝治　張茂明　張錦瑞　張□□　劉尚均　侯來章　牛□良　安建□　雒居□　福全店　德聚公　興義和　申啟元　興盛隆　永長染　興隆厚　德生泰　積義館　永錫染　公義居　永順染　劉尚文　崔晉昌　劉懷璽　任運隆　張家良　李克清　高升店

離石縣　天成德　永裕銀　秦嘉瑞　李國瑞　染鴻賓　中和藥　中興號　儉德盛　天順長　和順源　長盛德　協同蔚　廣和長　協盛泰　永義公　常益永　大盛永　協和昌　德盛永　義聚源

圪洞鎮　五福隆　謙益恒　光裕成　徵收局　德順興　茂盛誠　同盛永　義順長　慶合隆　義盛

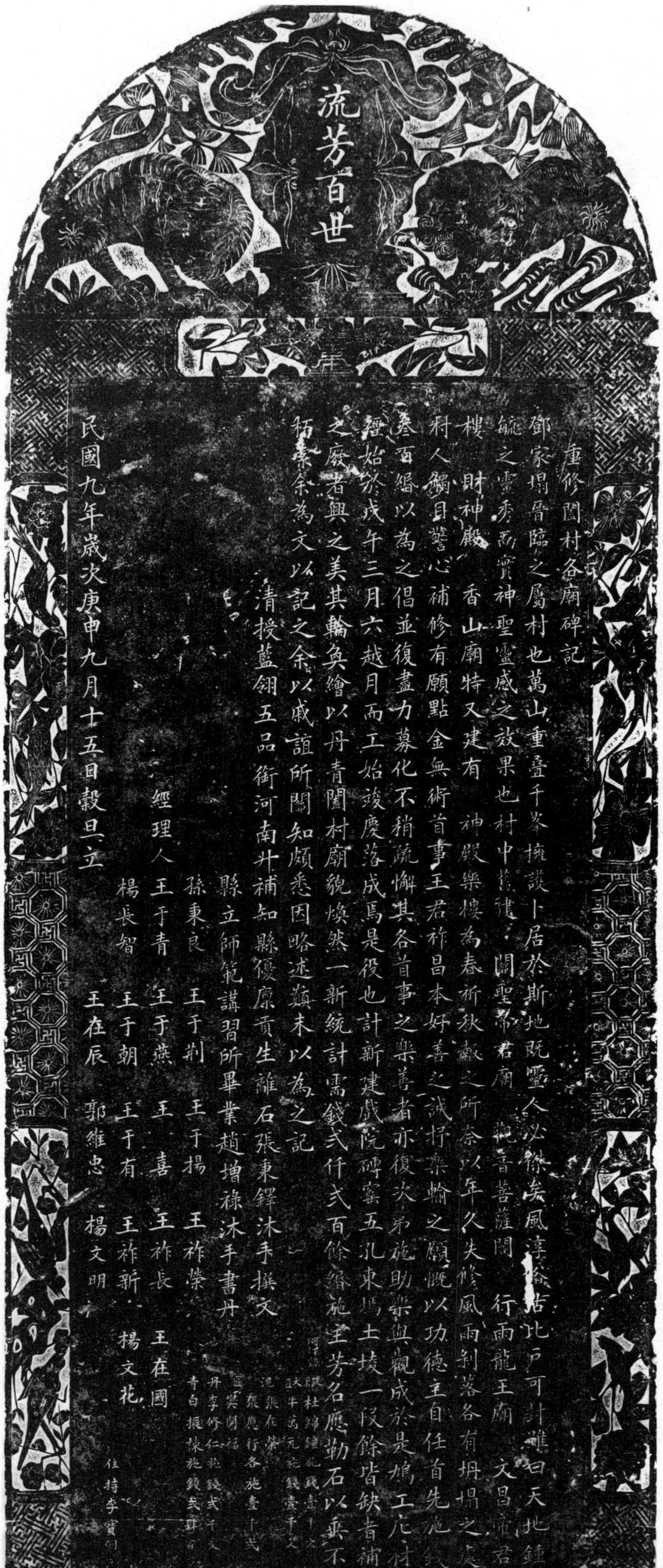

流芳百世

重修閻村各廟碑記

鄧家堝晉臨之屬村也萬山重疊千峯擁護卜居於斯地既靈人必傑矣風淳俗古比戶可封雖曰天地鍾毓之靈秀而實神聖靈感之效果也村中舊建有 關聖帝君廟 觀音菩薩閣 行雨龍王廟 文昌帝君樓 財神殿 香山廟特又建有 神殿樂樓為春祈秋報之所奈以年久失修風雨剝落各有坍塌之處村人觸目驚心補修有願點金無術首事王君祚昌本好善之誠抒樂輸之願慨以功德主自任首先施錢叁百緡以為之倡並復盡力募化不稍疏懈其各首事之樂善者亦復次第施助樂與觀成於是鳩工庀材經始於戊午三月六越月而工始竣慶落成焉是役也計新建戲院磚窰五孔東堝土坡一段餘皆缺者補之廢者興之美其輪奐繪以丹青閻村廟貌煥然一新統計需錢弍仟弍百餘緡施主芳名應勒石以垂不朽索余為文以記之余以戚誼所關知頗悉因略述顛末以為之記

清授藍翎五品銜河南升補知縣優廩貢生離石張秉鐸沐手撰文

縣立師範講習所畢業趙增祿沐手書丹

河津縣鐵杜錦鐘施錢壹千文

鉄大牛萬元施錢壹千文

泥張在榮 張應行各施壹千弍

匠樊閏福 丹李修仁施錢弍千文

青白振棣施錢弍千百

經理人

孫秉良 王于荊 王于揚 王祚榮

王于青 王于燕 王喜 王祚長 王在國

楊長智 王于朝 王于有 王祚新 楊文花

王在辰 郭維忠 楊文明

住持李寶□

民國九年歲次庚申九月十五日穀旦立

長　義成隆　積源成　恒益茂　儉德永　復盛永　雙升恒

馬方鎮　永盛□　義成全　恒豐元　魁隆永　恒益茂　義成德　三盛德　光裕恒　裕豐祥　廣盛昌

峪口鎮　合村行施　協和當　王□□　薛元□　德茂永　恒盛德　永順和　裕隆麻棧　任廷元　張天棠

臨縣城　合行施　□□□　恒義隆　源順成　復孚恒　宣講原在珠　裕隆源　晉源昌　洪盛新　復盛長　□源爐　興盛隆　□源達　復孚泉　永順義　高白□　李成□　慶謦園　聚□成

三交鎮　永盛□　長盛仁　義和厚　□濟當　□□行　永順合　隆茂成　永成義　慶和成　茂盛隆　復和恒　保和館　果全堂　永合成　天生魁　□和德　茂盛源　萬盛店　永太和　王興魁　劉長□　長順和　天興魁　永盛泉　□興恒　廣茂永　永隆厚　□盛爐　復和堂　義成魁　東順意　廣德隆　天順恒　永成染　□盛魁　興盛久　□福和　復順隆　協盛隆　廣德成　隆泰昌　集盛公　積成染　福興成　慶和樊　聚成義　仁義成　日新昌　昌盛染　聚順□　長□園　□盛茂

神木縣　永順隆　恒義合　聚盛永

吳城鎮　聚盛永　三美和　彭生東　德益聚　月盛庄　三晉源　廣魁□　興盛□　德泰□　□盛誠　中成□　恒盛□　□□□　□萬盛　□寶□　□□□　□德□　□村和盛德

汾府　聚益永　慶和厚　公合張　四議誠　德生太　晉益恒　協成公

峪□河　義興隆　□□裕　三慶昌　世興昌　德興染　□生長　義成厚

平邑　□長泰　恒□□　通□□

交邑　貴元公

祁邑　同豫長

鄭家　德誠號　張□□　王桂□　東關□□□

車□灣　新義長　王積寬　同義園　德元公　永長盛　□盛慶　□□□　□□□

汾府　四義誠　永全誠　同和成　德生長　永泰興　日生永　□平昌　大協□　通聚□　恒興□　天興魁　慶□恒　張敦□　□裕□　天和德　儉德盛　□和永　□順長　□和長　中興厚　德成和　□順□　天和祥　長順□　大德厚　天德慶　中正達　□□長　□□東　德□慶　三晉元　恒順銀　□茂□　□蔚公　聚興□　裕隆號　恒裕豐

新盛公募化姓名　天成德，平邑日旺魁　魁泰和　恒和當　元興通　四盛慶　□和魁　慶□□　王善□　新隆信　新隆魁　新升義　四義成　永□□　萬勝□　義□公　李□□

吳□鎮募化姓名　長盛公　平邑晉泰昌　□昌德　□源恒　□和□　天興魁　義興通　元興通　順□□　□□□　□□□　四義成　永全□　義聚□　太谷同泉利

永□義募化姓名　白文慶和□　□義□　協□義　臨邑慶□長　磧口天和□　平邑□□潤　聚源恒　祁邑天和□　汾府祥□公　太谷同泉利

新盛當募化姓名　離石□成德　長泰永　□有當　□泰當　興升當　慶錫當　峪口□蔚公　聚興公　□□□裕成　柳林義泉成　□邑□興盛　大武太德生　□和公

兩益成募化姓名　協□當　□義當　義□當　興升當　□德成　臨邑裕盛茂　恒盛德　恒興潤　聚□公　大益茂　徵收局　恒蔚公　韓庄社募化錢

恒義隆募化姓名　□□鄭間生洋　郭佐□　李□□　張家□　孫立本　李殿璽　李萬芬　高行三　劉□□

義□厚募化姓名　平邑恒興魁　天成魁　汾府萬勝順　祁邑益晉公　太谷同泉和　高家堡　義盛永

秦嘉瑞募化姓名　平邑四盛慶　新升義　魁泰和　□成魁　意昌元　□府□義誠　□□順　義聚□　祁邑益晉公司　太谷同泉利　磧口天□□

高□□募化姓名　黍局凝景堂施洋　平邑其昌德　恒積昌　日恒魁　祁邑同豫慶　孟盛爐

□□□□善　□邑復源湧各　另募化錢□□

郝光厚募化姓名　□世喜施洋　源盛長　元盛昌　公義店各□□　另募化錢□□

趙□□募化姓名　趙振□　趙修□　恒□魁　薛道溥　張汝騏　劉榮墀各□□　另募化錢□□

張秀榮募化姓名　薛鎮東□元成各□□　另募化錢□□

王於並募化姓名　楊全□　白秉玉　王開□　任生春　劉三□施□□　另募化錢□□

趙祥桂募化姓名　峪口大益茂　王德茂　王生茂各□□　零募化錢□□　任經魁　白文世義泉慶源盛各□□　零募化錢□□

薛秀榮募化姓名　王嘉賓施□□　零募化錢

杜訢募化姓名　杜吕社施□□　杜誠施□□　嶺西社施□□　零募化錢□□

秦啟照緣布募化□□　□募化緣布募化　新盛德緣布募化　□□彩緣布募化　源順成□□□　裕隆麻棧□□□　張福□緣布募化　王元振緣布募化　謙益慶緣布募化　聚和德緣布募化　勝利園緣布募化

高錦仁疏頭募化　劉元福疏頭募化　王天祥疏頭募化　郭維忠疏頭募化　秦樹旗疏頭募化　馬選吉疏頭募化　李□道　高星照　秦啟照　雒正會各疏頭募化

王生福疏頭募化　劉耀先

薛生裕各疏募化　高俊儒　蘇長寬　王樹明　趙□□　趙方□疏二道　□□□　□□修　郭維忠趙□書　趙□　王玉善　薛□儒各疏募化

郭達□　李朝花　劉懷學　和順窰　曹占元　薛炳仁　劉銀貴　牛魁元　韓玉善　王天祥　趙洽明　王正樹　李枝清　段生□　武全富　各疏募化　薛樹海　郝來全　安世仁各疏募化　楊學文　王作善　李月□　李耀福　孫玉禮　薛炎興各疏募化。薛正邦　和順久（等 48 人）　裕隆號　德興店（等 32 人）　聚興公肖澤福（等 19 人）　楊崖上薛樹林　南嶺上岳世泰

“福海寿山”匾额

【简介】

中华民国 9 年（1920）勒石。现存于临县碛口镇白家墕村，嵌于门洞之上。匾砂石质，长方形，高 45、宽 120 厘米。匾文楷书，正文 1 行，满行 4 字。现保存完好。

【匾文】

民國九年歲在庚申

福海壽山

清和辛巳丙申日書

白家山白氏族产售卖碑记

【简介】

中华民国16年（1927）夏勒石，现存于临县碛口镇白家山村。碑砂石质，圆首，碑身高127、宽63、厚13厘米。内容是白氏族产售卖碑记。额题“足徵”2字。碑文楷书，正文共9行，满行26字。碑文残缺少许，字迹清晰，碑体下部剥落严重。

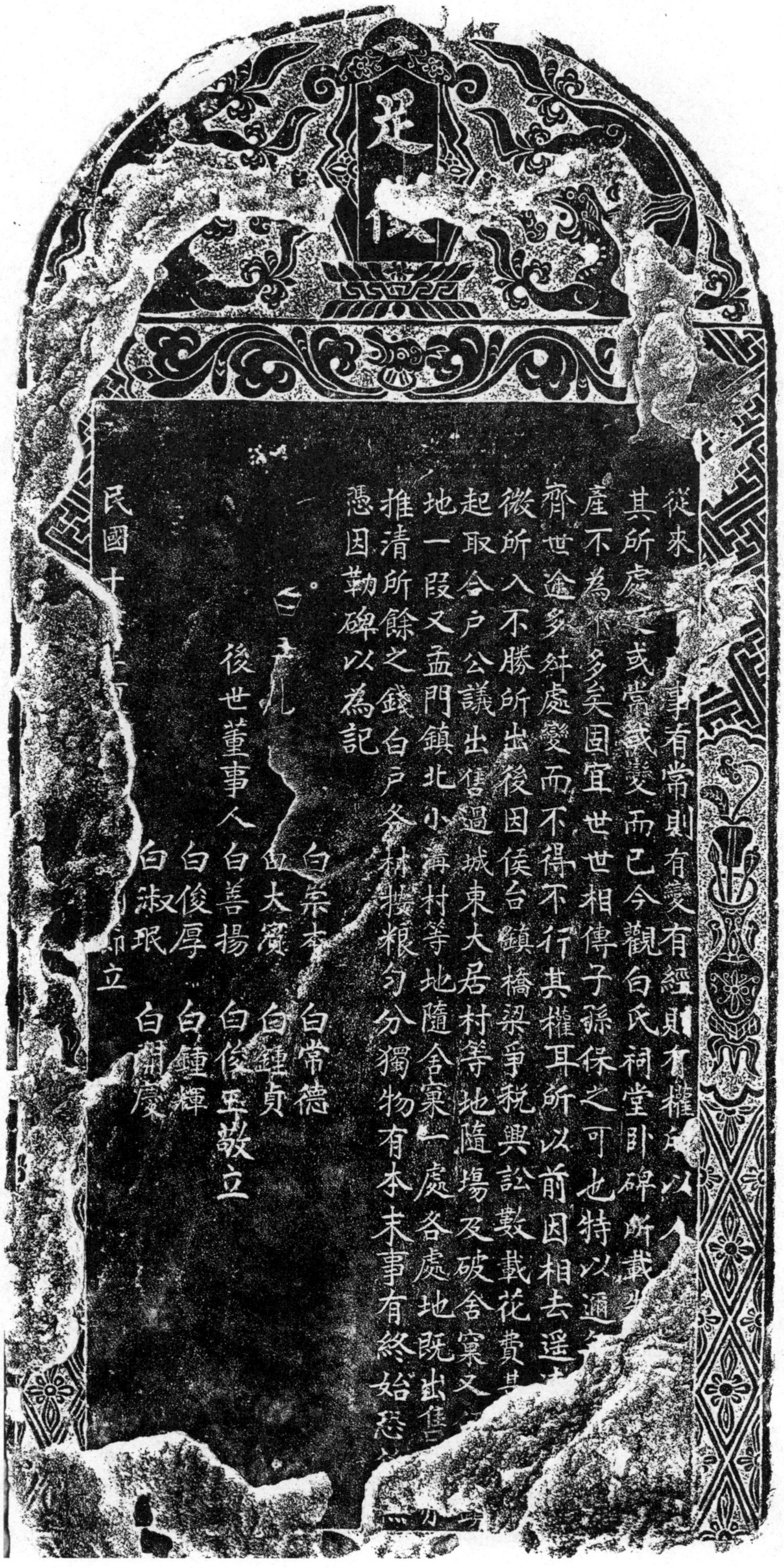

【碑文】

從來□□之事，有常則有變，有經則有權。所以人……其所處之或常或變而已。今觀白氏祠堂卧碑所載……族産不爲不多矣，固宜世世相傳，子孫保之可也。特以邇年……齊，世途多舛，處變而不得不行其權耳。所以前因相去遥遠……微，所入不勝所出。後因侯臺鎮橋梁争税興訟數載花費甚……起取，合户公議，出售過城東大居村等地隨場及破舍窠，又……地一段，又孟門鎮北小溝村等地隨舍窠一處。各處地既出售，□□推清，所餘之錢，白户各村按粮匀分。獨物有本末終始，恐後無憑，因勒碑以爲記。

後世董事人　白善楊　白大賓　白俊厚　白崇本　白淑珉　白俊玉　白鍾貞　白鍾輝　白常德　白開慶　敬立

民國十六年夏□□□□□□節立

清赠登仕郎显考讳恩波妣曹太君合葬之墓

【简介】

中华民国16年（1927）九月勒石。现存于临县安业乡前青塘村。碑砂石质，方首，身高110、宽50、厚9厘米。碑文楷书，正文共6行，满行37字。碑左上角残缺，碑文缺2字。

【碑文】

清贈登仕郎顯考諱恩波妣曹太君合葬之墓

先考□如公號無爲，主人生清同治十三年十一月廿五日，卒於民國七年夏正九月廿三日，享壽四十有五歲，性謙恭、寡言笑，讀書務明其理，處世以忍讓自居，終其身未嘗與人驕一言，争一物，同先妣侍祖母備極盡孝。先妣曹氏，外祖家儒公次女，公□一冠合邑，妣助承庭訓，深習母儀，年十六入門，閲四年生佐，更十年生衮，常教兒等勿欺人、勿自欺，其相夫教子二十年未嘗稍懈，壽五十歲少先考一歲，以清光緒元年十月十七日生，後先考六年，以民國十三年九月八日卒。嗚呼！辭短情深，又豈數語所可道明哉！

降服男王之佐　王之衮
孫男甲寅　福寅敬立

中華民國十六年九月八日

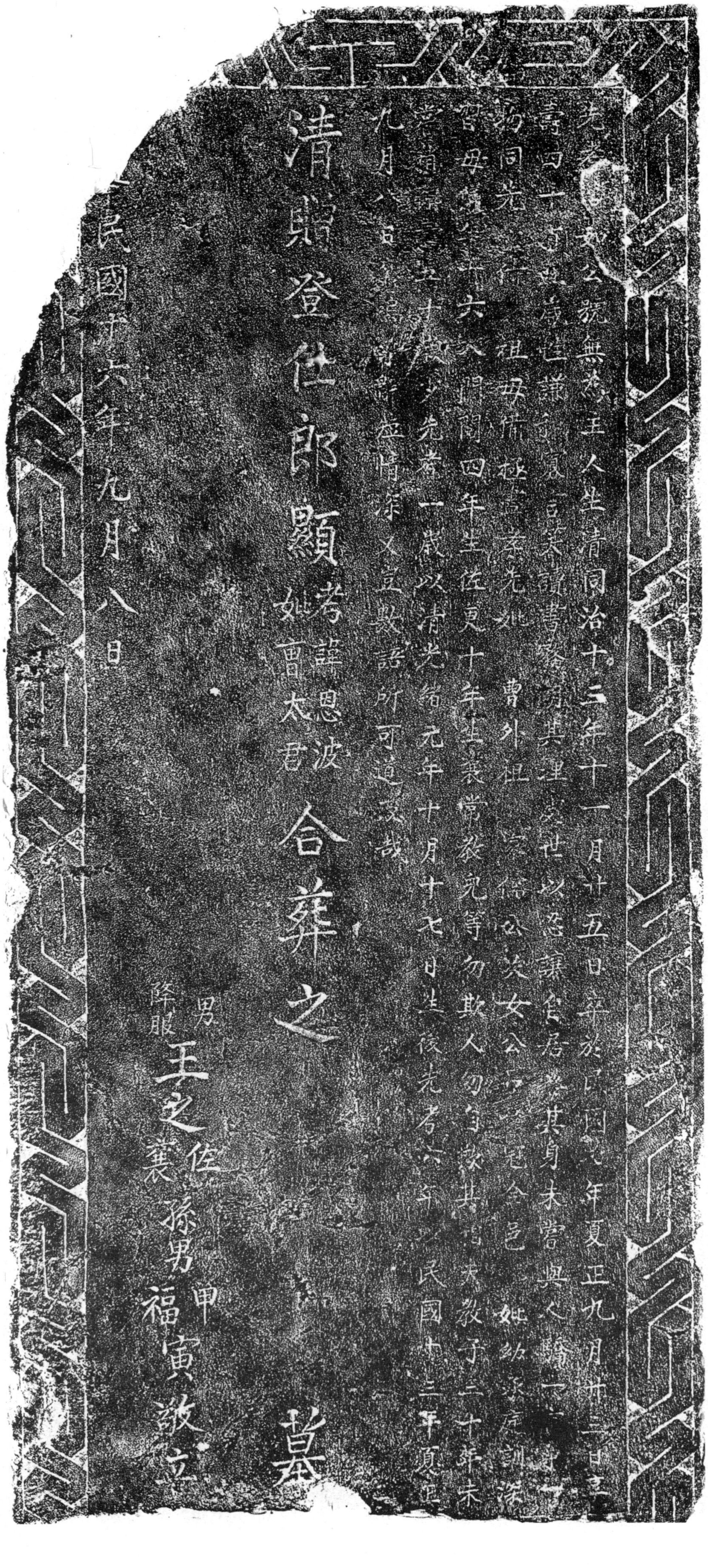

重修观音庙碑记

【简介】

中华民国17年（1928）二月勒石。现存于临县安业乡任家沟村。碑砂石质，圜首，身高172、宽70、厚15厘米。额题“流芳百代”4字。碑文楷书，正文共8行，满行40字。记载重修观音庙之事。碑表面剥落严重，碑文漫漶不清。

【碑文】

嘗聞好善憎惡者人之恒情也，修廟捐資者盛德美談。吾任家溝村故有觀音大士、關聖帝君同一祠宇，文昌帝君，另一祠宇。……落狀……戚戚者久矣，惟恐資力不足，不敢冒昧從事，惜無一人倡其先也，□□□兹民國十□年……爰集社衆同仁公議，更有劉澤潤、李茂貴贊成其事，協力襄助，不辭勞苦，余□感□，慷慨樂輸，□然□謂。於是興工舉事，合力督作，費資不足千緡，需時未越兩月，迄今工程告竣。舊垣壁新砌之，漏者蓋之，缺者補之，逾斯地者謬加稱贊。然而餘衆之心，豈求乎名□□感吾□冀子□維斯□□文□不□也。衆咸責序於餘，然餘才疏學淺，未敢遽久，嗣以責無旁貸，辭□□□，聊陳俚語，略志顛末，非敢言文也，特志此事於永久云爾。

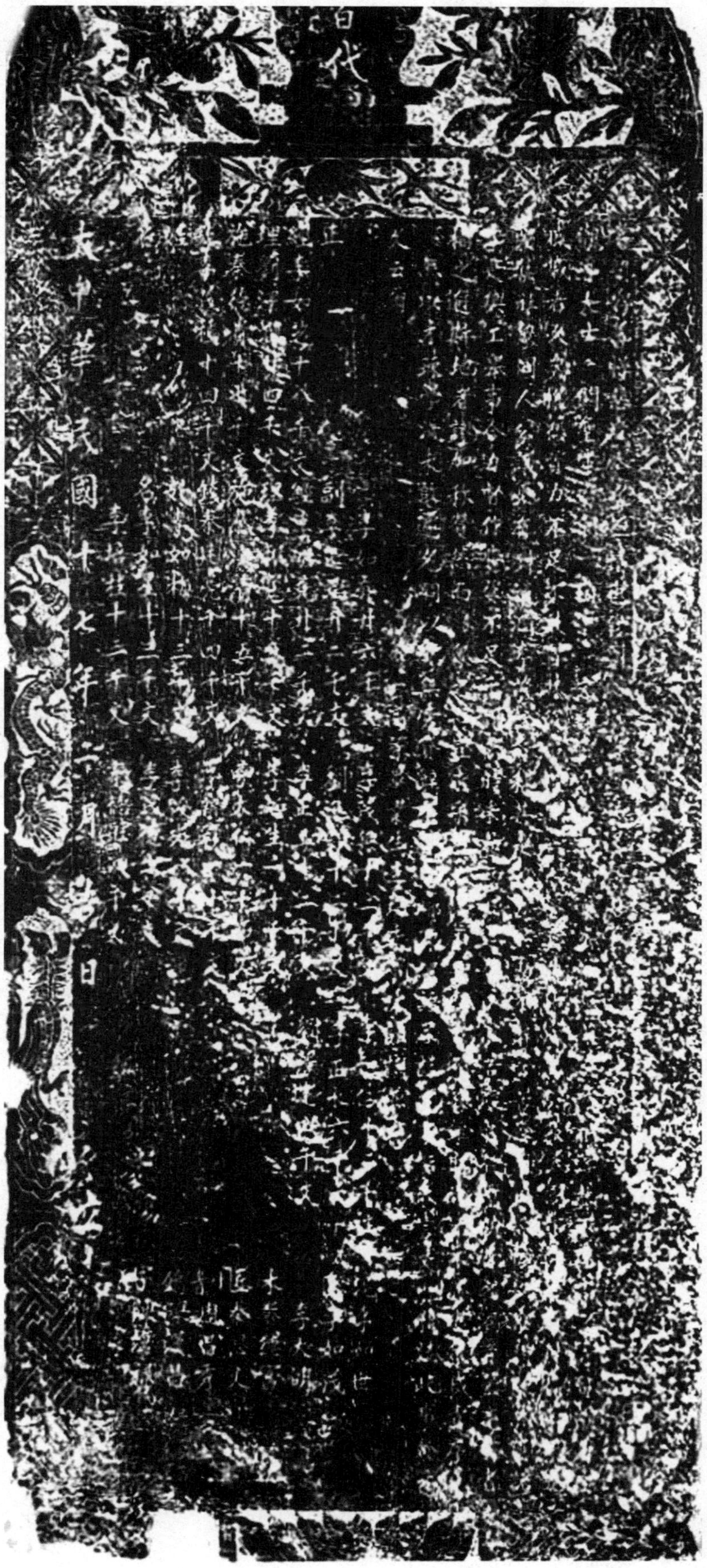

第一高等畢業生李□先薰沐謹撰並書

正經理施錢姓名　李如芝十八千文　劉澤潤廿四千文　秦德貴十七千文　李茂桂十七千文

副經理施錢姓名　李如有廿六千文　李進瑞廿四千文　李明堯廿二千文　李振□十五千文　秦海清十五千文　秦廷亮十四千文　李如梅十三千文　李如星十三千文　李培桂十三千文　李茂興十二千文　李進□十二千文　李正□十二千文　李如生一十千文　李大仁一十千文　李新彩一十千文　李茂光八千文　李茂德六千文　秦德旺四千文　李如仁十二千文　李正永六千文　劉澤遠六千文

泥匠　李如世　李如茂　李大明

木匠　秦德富　秦恩文

丹青　周昌秀

鐫字　陳漢昌　陳漢禄

大中華民國十七年二月吉日立

吕家岭重修关帝火帝庙碑记

【简介】

中华民国17年（1928）三月勒石。现存于临县大禹乡吕家岭村。碑砂石质，圆首，高158、宽67、厚14厘米。额题“流芳百世”4字。碑文楷书，正文共8行，满行40字。记载吕家岭村重修关帝、火帝庙之事，吕自康撰并书。保存完好。

【碑文】

且廟宇之建也，有創始者開其先，尤貴有補葺者繼其後。苟無人補葺，則歷久傾頹，不將前人剏建之功湮没乎？我村關帝、火帝廟於光緒二十五年已經補修，及邇年來水路又充塞，院内復荒蕪，臺殿之丹青剥落，檐牙之花草凋零，誠難爲棲神之地，何以縱耳目之觀。不但此也，耳窑窗櫺摧折，樂樓背檐脱離，倘不急爲之補葺，必至傾倒而難成，村人因議補修，各捐己貲二百九十餘千。爰舉經理人十餘名，於十五年七月動工，不逾月而工告竣，復於次年春，社地所栽之樹賣錢一百一十餘千，樓臺上下彩画從新，庶不負前人剏建之雅意，而復巍然焕然矣。共費錢四百一十餘緡，故勒石誌之。後有同心接踵者，則斯廟庶可歷上而弥新焉耳。又有同治末年間，吕廷春前川里施平地一塊，長七步，寬四步，坡底一條長一百一十二步，上寬七步，下寬十二步，因前遺刻，今刻於此。

前清府學生員吕自康撰并書

經理人　吕郁章施錢四千四百　吕德堅七千　吕生春六千　吕玉魁十三千　吕維章三千　吕振魁三千　吕慶章四千　吕生章十千　吕守福五千　吕振福五千　吕自康七千　吕保後五千二百　吕晏章三千　吕鍾英四千四百　吕正君五十四千　吕守賢六千

施錢人　吕陳壹十千　吕鍾貴九千二百　吕聯章八千　吕生輝七千　吕德興六千　吕祚裕五千　吕振旺五千　吕自應五千　吕生成四千　吕德明四千　吕嚴章四千　吕鍾楊四千　吕葉本四千　吕生應三千　吕夢花三千　吕鍾靈三千　吕繼禄三千　吕正身三千　吕正才三千　吕鍾道三千　吕守正三千　吕葉成三千　吕葉鍾三千　吕尚清二千六百　吕鍾齊二千六百　吕自斌二千六百　吕遵道二千六百　吕守謙二千二百　吕藴章二千　吕運章二千　吕正國二千　吕繼讓二千　吕守節二千　吕振齊一千六百　吕德友一千四百　吕德恩一千四百　吕根魁一千四百　吕安章一千二百　吕自長一千二百　吕守華一千二百　吕葉章一千二百　吕葉元一千二百　吕吕恒一千一百　吕成魁一千一百　吕還祥一千一百　吕鍾山一千一百　吕鍾厚一千一百　吕鍾魁一千一百　吕繼成二千一百　吕奴則一千一百　吕守智一千一百　吕長興一千一百　吕葉秀一千一百　吕正心一千　吕德貴八百

石匠　曹鑾鑾

泥匠　薛秀蘭

丹青　杜繼良

刻字　樊志康施金一百張　陳漢雲

中華民國十七年三月穀旦立

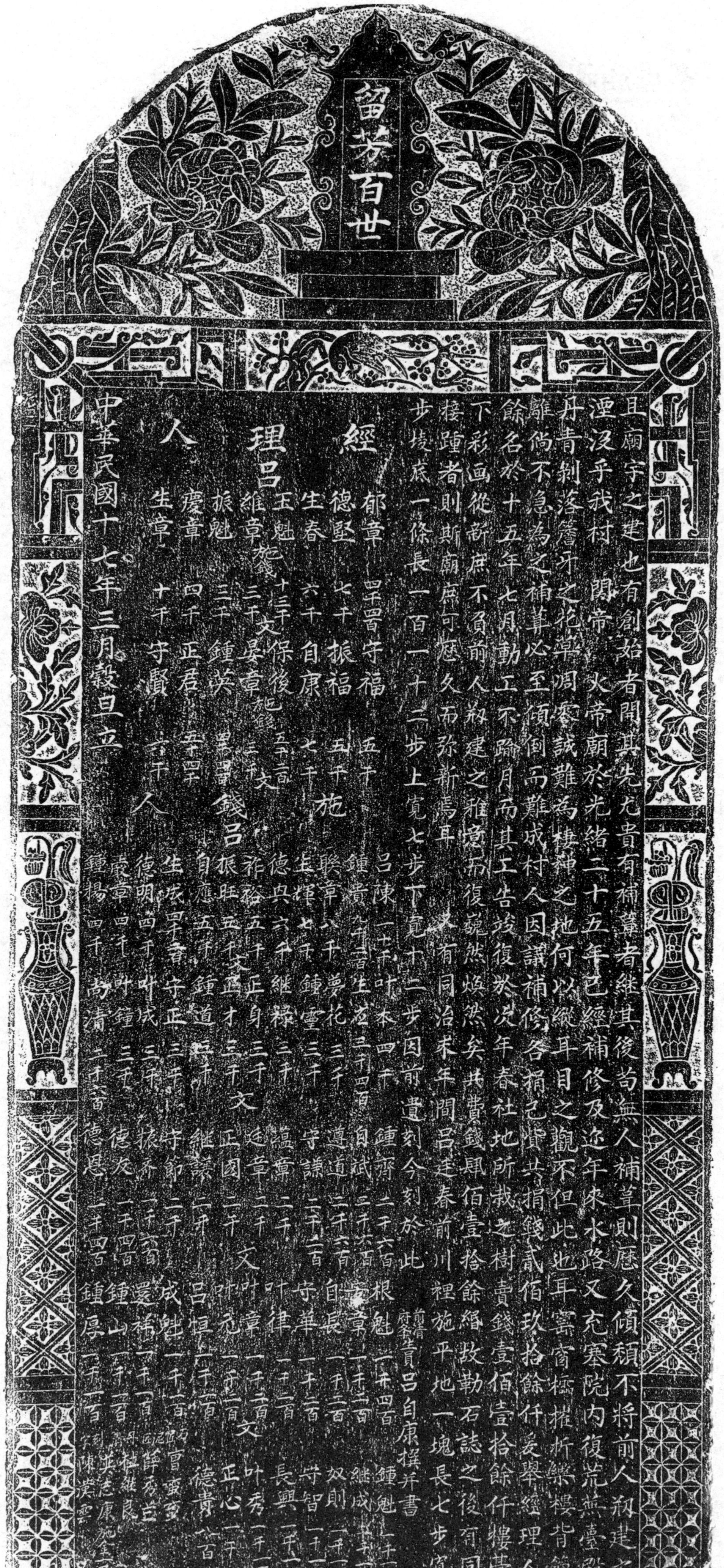

留芳百世

且廟宇之建也有創始者開其先尤貴有補葺者繼其後苟無人補葺則歷久傾頽不將前人創建之功湮沒乎我村關帝、火帝廟於光緒二十五年已經補修及迩年來水路又充塞院内復荒蕪壹殿之丹青剝落簷牙之花草凋零誠難爲棲神之地何以繼耳目之觀不但此也耳窰窗櫺摧折樂樓背簷脫離倘不急爲之補葺必至傾倒而難成村人因議補修各捐己貲共捐錢貳佰玖拾餘仟爰舉經理人十餘名於十五年七月動工不踰月而其工告竣復於次年春社地所栽之樹賣錢壹佰壹拾餘仟樓臺上下彩畫從新庶不負前人創建之雅意而復巍然煥然矣共費錢肆佰壹拾餘緡敬勒石誌之後有同心接踵者則斯廟庶可懋久而弥新焉耳又有同治末年間呂廷春前川裡施平地一塊長七步寬四步棱底一條長一百一十二步上寬七步下寬十二步因前遺刻今刻於此

前清府參生員呂自康撰并書

經理人 呂

郁章 四千四百　守福 五千

德堅 七千　振福 五千

生春 六千　自康 七千

玉魁 十三千　文保 後施錢五千二百

維章 施錢三千　文晏章 施錢三千　文

振魁 三千　鍾英 四千四百

慶章 四千　正君 五千四百

生章 十千　守賢 五千

施錢 呂

陳 一十千　吋本 四千　鍾齊 二千六百　根魁 一千四百　鍾魁 二千一百

鍾貴 九千二百　生茂 三千四百　自斌 二千六百　[illegible]章 一千三百　繼成 [illegible]

聯章 八千　夢花 三千　遵道 二千六百　自長 一千三百　奴則 一千一百

生輝 七千　鍾靈 三千　守謙 二千二百　守華 一千二百　守智 一千一百

德興 六千　繼祿 三千　蘊章 二千　叶律 一千二百　長興 一千一百

祚裕 五千　正身 三千　廷章 二千　文叶章 一千二百　文叶秀 一千一百　文

振旺 五千　文丕才 三千　文正國 二千　文叶元 一千二百　正心 一千

自應 五千　鍾道 二千[illegible]　繼謨 二千　呂恒 一千二百　德貴 [illegible]百

生茂 四千五百　守正 三千　守節 二千　成魁 一千二百　曹[illegible]

德明 四千　叶成 三千　振齊 一千六百　還福 一千一百　許秀芝

慶章 四千　叶鍾 三千　德友 一千四百　鍾山 一千二百　杜繼良

鍾揚 四千　尚清 二千六百　德恩 一千四百　鍾厚 一千一百　陳[illegible]雲

英德康 [illegible]

中華民國十七年三月穀旦立

重修观音三圣母庙碑记

【简介】

中华民国17年（1928）四月勒石。现存于临县三交镇义圪垛村。碑砂石质，圆首，高156、宽63、厚13厘米。额题“永垂不朽”4字。碑文楷书，正文共6行，满行33字。记载义圪垛村重修观音三圣母庙之事。薛汝霖撰文，刘毓儁书丹。保存完好。

【碑文】

重修觀音三聖母廟碑記

薛汝霖撰

劉毓儁書

義圪垛，邑南之小鄉也。地臨湫左，村中舊有觀音三聖母廟，由來久矣，屢經修補，碑誌俱存，迩年來風雨剥落，廟貌無光，不修補之神像難安矣。鄉人觸目傷心。丙寅夏，有劉公克忠商議重修，詢謀僉同。遂興工於六月上浣，閱日無多，焕然一新，而工已告竣，費錢二百八十餘千，未嘗外捐。余則謂是舉也，雖工程不大，而修廢舉墜，誠善事也。因略叙其事之始末，以俟後之人考其舊迹而相繼，庶斯廟至於不朽矣！

總經理　□□劉克名　胞弟劉克恕　克紳　男啟明　啟幸　啟清　啟京　施錢叁拾陸千文整　劉德厚施錢十六千八　劉芝桂施錢十二千　劉新富施錢十一千　劉新啟施錢十一千　劉起鳳施錢十一千　劉芝雲施錢九千文　劉興旺施錢九千文　劉克昌施錢八千二　劉啟富施錢八千二　劉啟元施錢七千文　劉□貴施錢六千二　劉昇厚施錢五千文　劉繼昇施錢四千三　劉啟德施錢四千文　劉啟江施錢四千文　劉新厚施錢四千文　劉氏施錢四千文　劉繼有施錢三千五　曹承德施錢三千四　劉繼章施錢三千三　劉管生施錢三千文　劉繼元施錢二千三　秦世三施錢二千三　劉裕後施錢二千文　劉永厚施錢二千文　劉篤恭施錢二千文　吕忠義施錢二千文　楊來生施錢二千文　李氏施錢二千文　劉繼雲施錢一千五　曹興堂施錢一千二　劉步珍施錢四百文　秦國恩施錢二百文　劉步有施錢二百文　張錦讓施錢四百文　樊迎禧施錢六百

木泥匠　樊仁烈

丹青　樊迎禧　樊輂柱　樊位施錢二百文

中華民國十七年四月上浣日

石匠　河津縣寧金魁刻

永垂不朽

重修觀音三聖母廟碑記　薛汝霖撰　劉毓儁書

義圪塔邑南之小鄉也地臨湫左村中舊有觀音三聖母廟由來久矣屢經修補碑誌俱存邇年來風雨剝落廟貌無光不修補之神像難安矣鄉人觸目傷心丙寅夏有劉公克忠商議重修詢謀僉同遂興工於六月上浣閱日無多煥然一新而工已告竣費錢二百八十餘千未嘗外捐余則謂是舉也雖工程不大而修廢舉墜誠善事也因略叙其事之始末以俟後之人考其舊迹而相繼庶斯廟至於不朽矣

總□□劉克□能弟克恕克紳男啟明啟幸啟清啟泉施錢叁拾六千文整　樊迎禧施錢六百

劉德厚十六千八　劉芝雲五千文　劉啟貴六千二　劉新厚四千文　劉營生三千文　劉永厚二千文　曹興堂一千二　木泥匠樊仁義

經劉芝桂施十二千　劉興旺施九千文　劉昇厚施五千文　劉氏施四千文　劉繼元施二千三　呂忠義施二千文　劉步珍施四百文

劉新富錢十一千　劉克昌錢八千一　劉繼昇錢四千三　劉繼有錢三千五　劉裕後錢二千文　楊來生錢二千文　秦國恩錢一百文　丹青樊迎禧

理劉新啟十千　劉啟富八千二　劉啟德四千文　曹承德三千四　秦世三二千三　劉繼雲一千五　劉步有二百文　樊芝桂

劉趙鳳十一千　劉啟元七千文　劉啟江四千文　劉繼章三千三　劉萬恭二千文　李氏二千文　張錦穰四百文　樊位施錢二百文

中華民國十七年四月上浣日　石匠河津縣甯金彝刻

清耆宾兴盛刘老先生暨德配辛太孺人碑铭

【简介】

中华民国17年（1928）勒石。现存于临县白文镇郝家坡村。碑青石质，圆首，高144、宽56、厚13厘米。额题“清耆宾兴盛刘老先生暨德配辛太孺人碑铭”，碑文楷书，正文共15行，满行35字。碑体完整，下部磨平，字迹不清。

【碑文】

清耆賓興盛劉老先生暨德配辛太孺人碑銘

自来能自忍者德不失，能受苦者……先生秉性善良，能受辛苦，幼而常隨父耕，□□自讀，長而……件精通，身體力行，當時戚族鄰友，戲稱先生多才多藝……白績麻，苦勞不辭，下撫子女俱已成立，清光緒十七年……院，其中所經艱苦非紙筆可宣。先生生前對人……生于道光二十年正月二十八日巳時，卒于……八十歲，適民國八年合葬于此。有子二，長澎生……山西督軍兼省長閻奬給金色雙穗章。次浩生……次適曹，皆早逝。孫榮黼，臨縣高等小學校畢業……皆係澍生生，但榮錦出嗣。其叔榮昌臨縣高等小學……祖榮先在本村國民學校肄業，係浩生生，曾孫光明，臨……小學校教員，永明、俊明、聰明幼讀，玄孫國楨幼。玆待人曰……先生興孺人之功德曷克至此。今公子等飲水思源，不□有……銘曰：

有容德乃大，苦盡甘自來。人財兩興旺，馨香億萬載。

山西商業專門學校專本科畢業前任臨縣教育會及商會會……

中華民國十七年夏曆□月

刘兴魁墓表

【简介】

中华民国17年（1928）十月勒石。现存于临县白文镇郝家坡村。碑青石质，圆首，高123、宽52、厚13厘米。额题“表善”2字。碑文楷书，正文共10行，满行28字。碑体断为两截，文字略有残缺。

【碑文】

劉公興魁德配喬氏，繼配嚴氏，其原籍已詳載，有上先生之墓表，故不贅述。公性善好耕，愛親敬長，德配喬、嚴二氏，中饋親操喜□不然。于光緒十七年與長門分析，公等正直苦心耕作，以期生産，加公有子二，長得生，次武生長生，孫榮身、榮光爲得生所生，榮旺、榮慶爲長生所生，曾孫登明、佑明，爲榮身所生。□思疾勞成病，德配喬氏，竟于光緒十九年九月十七日申時逝，享年四十有七。後待六年，公于六月十六日午時亦逝，享年五十有四。繼配嚴氏於民國七年十二月十九日酉時又逝，享年五十有七，嗚呼！痛哉，是年擇吉合厝於此，自公謝世，其子各體親心，慘淡經營，遂致人財俱增，門户漸昌，故願勒石以報深恩，因囑爲序，奈予不才，何以當，忝在姻親，聊述顛末。

山西商業專門學校專本科畢業姻晚秦懋益薰沐撰

縣立第一高等學校第八班畢業鄉晚劉福齡沐浴書

中華民國十七年舊曆十月下浣吉立

前清例授国子监太学生显考讳继林府君嫡妣张太君庶妣刘太君合葬之墓

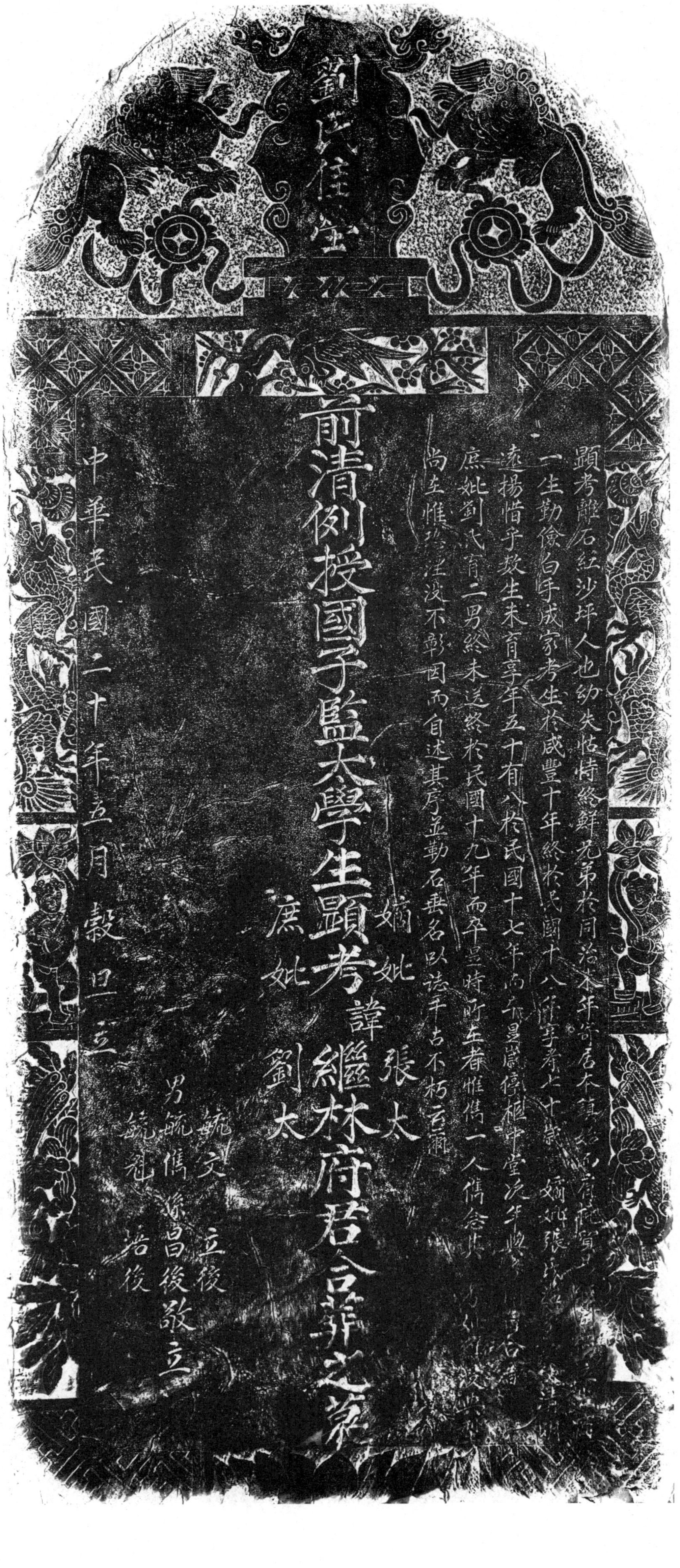

【简介】

中华民国20年（1931）五月勒石，现存于临县三交镇正街村。碑青石质，圆首，高106、宽47厘米。额题“刘氏佳茔”4字。碑文楷书，正文共5行，满行38字。保存完好。

【碑文】

前清例授國子監太學生顯考諱繼林府君嫡妣張太君庶妣劉太君合葬之墓

顯考離石紅沙坪人也，幼失怙恃，終鮮兄弟，扵同治末年寄居本鎮，始而肩托貿易，繼而獨立經商，一生勤儉，白手成家。考生扵咸豐十年，終扵民國十八年，享寿七十歲。嫡妣張氏，治家勤儉，清明遠揚，惜乎数生未育，享年五十有八，扵民國十七年而卒。是歲停柩中堂，次年與考同得合厝□□。庶妣劉氏，育二男，終未送終，扵民國十九年而卒。是時，所在者惟儁一人。儁念其考妣雖没，典型尚存，惟恐湮没不彰，因而自述其序並勒石垂名，以誌千古不朽云爾。

男毓儁　毓文　毓魁

孫昌後　立後　培後　敬立

中華民國二十年五月穀旦立

吴命新墓碑

【简介】

中华民国21年（1932）五月勒石，现存于临县临泉镇上西坡村，嵌于碑套中。碑青石质，方首，身高164、宽72厘米。碑文楷书，正文共4行，满行23字。碑断为二截，碑文有缺失。

【碑文】

清授奉政大夫、晉封中憲大夫、光緒乙未科貢士、殿試二甲賜進士出身、欽點工部主事、營繕司行走、己丑恩科舉人、乙酉科拔貢、朝考一等第一名、分省補用知縣五品銜、歷任工部主事、陝西定邊岐山二縣知縣、癸卯科山陝合闈同考官

顯考吴府君諱命新字敬夫號敬命行一暨妣清封宜人晋封恭人徐恭人元配妣晋封劉恭人繼配合葬之墓

清授□史□中□□業歲貢生長男順慶　國子監次男餘慶　從九□□□男增慶　四男延慶　中學畢業歲貢生五男□□　孫祥梁　祥鼎　祥武　曾孫覲光　仝敬建

民國二十一年□□五月穀旦之吉立

前清处士胡府君讳尚道字得中妻刘氏一位之墓

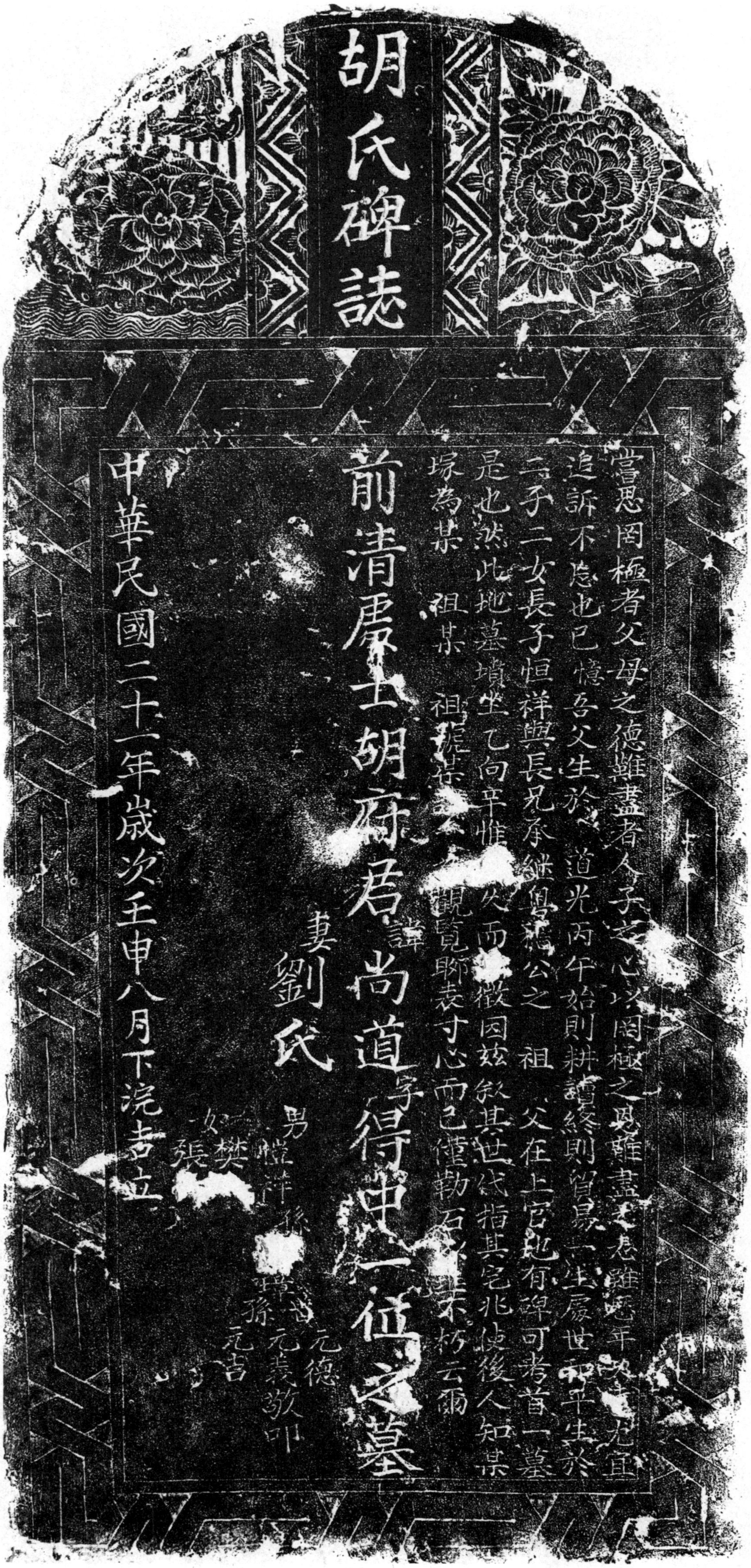

【简介】

中华民国 21 年（1932）八月勒石。现存于临县车赶乡桃塔村。碑青石质，圆首，高 89、宽 41 厘米。额题“胡氏墓志”4 字。碑文楷书，正文共 5 行，满行 32 字。保存完好。

【碑文】

前清處士胡府君諱尚道字得中妻劉氏一位之墓

嘗思罔極者父母之德，難盡者人子之心，以罔極之恩難盡之心，雖歷年久遠，尤宜追訴不忘也已。憶吾父生於道光丙午，始則耕讀，終則貿易，一生處世和平，生於二子二女，長子恒祥，與長兄承繼，粤稽公之祖父在上官地有碑可考，首一墓是也。然此地墓墳坐乙向辛，惟年久而無徵，因兹叙其世代，指其宅兆，使後人知某塚爲某祖，某祖號某諱，人□觀覽，聊表寸心而已。僅勒石以垂不朽云爾。

男愷祥　女樊□　張□　孫□璋　曾孫元德　元義　元吉　敬叩

中華民國二十一年歲次壬申八月下浣吉立

五甲秦户议立分粮碑记

【简介】

中华民国24年（1935）三月勒石。现存于临县安业乡安业村。碑砂石质，圆首，高157、宽70、厚16厘米。碑阳额题“流芳千古”4字。碑文楷书，正文共9行，满行49字。记载安业村五甲秦户议立分粮之事。碑阴额题“片石留青”4字。碑文为公捐名单。秦启诏撰文。碑有风化剥落，碑文有缺失，字迹模糊。

【碑文】

（碑阳）

五甲秦户議立分粮碑記

秦啟詔謹撰

嘗聞錢粮大事，國家重典，早完國課，免受縲紲之災。我五甲秦户，於民國二十三年歲在甲戌暮春之初，因□□□□□□□□□對于官粮一事，上憲緊迫，户首每逢期滿，未嘗不臨時嗟嘆，難以推换，故起涉訟之端。年□□情，屢經堂議，無可奈何，蒙縣長□勸諭，分拆新舊户首秦殿傑、秦玉泉邀同族内優譽辦事人十数名開會于臨城，公和長、完少長咸集，□□同議一月之久，支資澤三十餘元，□定城、鎮、安、大、秦五字，分爲五户，每字每官粮七十餘兩。□□□□□□□□□分單張，隨字各執一張，以備輪流更换之據。合而爲一合同請印備案，和息嗣□□□□典如□□□□五字互相幫助，永不能退前縮後，坐視□祖，以同宗之遺風。事雖如此，年湮代遠，□愈□而愈疏，今□□□□□《語》云：祖宗雖遠，祭祀不可不誠，我秦姓始祖，遺風舊典，歲逢佳節，設席晏筵，祭畢齊集，以圖綿綿瓜瓞，□□□□□立碑記念分粮之事，後世子孫，亦將有稽考於此云爾。

城字户首秦繼泉應分到租籽後小馬坊、前大禹村、樹則山應分六斗，池家塌村一分；

鎮字户首秦德祥應分到租籽後大月、土門口、永豐村一分；

安字户首秦玉壐應分到本村租籽一分；

大字户首秦永明應分到租籽纏佛溝、□家山村一分；

秦字户首秦近寬應分到租字樹則山村一分。

樹則山租籽内餘清明節祭租籽一石九斗，如有收成不佳之年，能欠户首之租籽，清明節之租籽决不能欠少。

經理人　生員秦殿傑　秦相乾　秦尚孝　秦運章　秦有林　秦鏡花　秦玉泉　秦秀成　秦鴻逵　秦世昌　商事秦懋益　秦汝花　秦啟詔　秦永明　秦俊花　秦珠

臨縣二年制師範科畢業劉生貴謹書

石工　白長興　白念興

中華民國二十四年三月清明節五甲秦户合族人等立

（碑阴）

安業村公捐

秦希曾十千　秦丕顯三千　秦承烈三千　秦承緒一千五　秦繼玉　秦繼魁三千　秦道明一千五　秦福德一千五　秦有繩一千　秦□□一千　秦□□八百　秦□□一千　秦昌禮一千二　秦廷佐一千三　秦禁善一千五　秦錫英一千　秦國恩一千　秦國治一千二　秦國開一千　秦世增一千　秦世昇一千　秦佩恩一千　秦丕揚一千　秦佩潤八百　秦丕調六百　秦能德六百　秦廷茂六百　秦希敦六百　秦道元六百　秦裕貴六百　秦道純四百　秦道泰六百　秦道昌六百　秦道厚四百　秦繼先二百

城内　秦慶元二千　秦桂修二千　秦彦修一千　秦秀珍八百　秦啟照五百

王家坡　秦汝恭二千　秦鳳林二千　秦遷仁千五　秦朝應千二

白文　秦淑佐八千　秦福□四千　秦秀榮□千　秦道中一千五　秦安員三千　秦汝賢二千四　秦扶青二千　秦步會千五　秦仲倫一千　秦用中一千　秦開和八百　秦勤珍一千　秦義一千二　秦治蘭一千　秦顯富九百　秦道仁一千　秦治興二千四　秦興禄一千　秦士智二千八　秦士義千五

白草圪墶　秦相玉五千　秦相餘五千

大禹村　秦雨亭四千　秦知道四千　秦永昌四千　秦步成四千　秦寨利三千五　秦世榮二千四　秦國昌千五　秦祚昌一千　秦富昌一千

磚羅門　秦寶揚三千　秦富揚三千　秦榮揚三千二　秦申揚二千　秦道揚千二　秦專揚一千　秦賢揚一千　秦仲揚千五　秦明揚千二　秦楊烈二千

馮家山　秦芝薛二千　秦芝歧千三

秦家圪埮　秦運興十千　秦運洪二千　秦運斌千六　秦象干三千　秦禄望四百

瓦舍坪　秦思玉千五　秦思昭一千　秦俊昇一千　秦世福二千

石窑村　秦步緒八百　秦積恒五百　秦自義五百　秦昇厚五百　秦尚賢五百

乜家墕　秦載雍二千

畔畔山　秦秀福一千

成家樑　秦顯仁一千五　秦□□□　秦萬祥　秦萬成一千　秦福善　秦德貴千五　秦福禎　秦福祥八百

大和村　秦居福千五　秦居禄一千　秦居厚一千　秦居利一千　秦德敬一千　秦萬棟一千　秦新蘭八百

孫家圪埮　秦吉仁　秦吉孝三千

秦家莊　秦孝義千五

康家墕　秦恩深千五

郭家墕　秦義位兩千四

火燒山　秦□山□□

池家塔　秦慶章三千二　秦士寬　秦士讓四百八

土門口　秦姓四百

先考胡公长讳尚嘉字子美次讳尚善字子良室人曹氏吕氏高氏之墓

【简介】

中华民国 33 年（1944）三月勒石。现存于临县车赶乡桃塔村。碑青石质，圆首，高 94、宽 50、厚 10 厘米。额题“昭示来兹”4 字。碑文楷书，正文共 6 行，满行 24 字。保存完好。

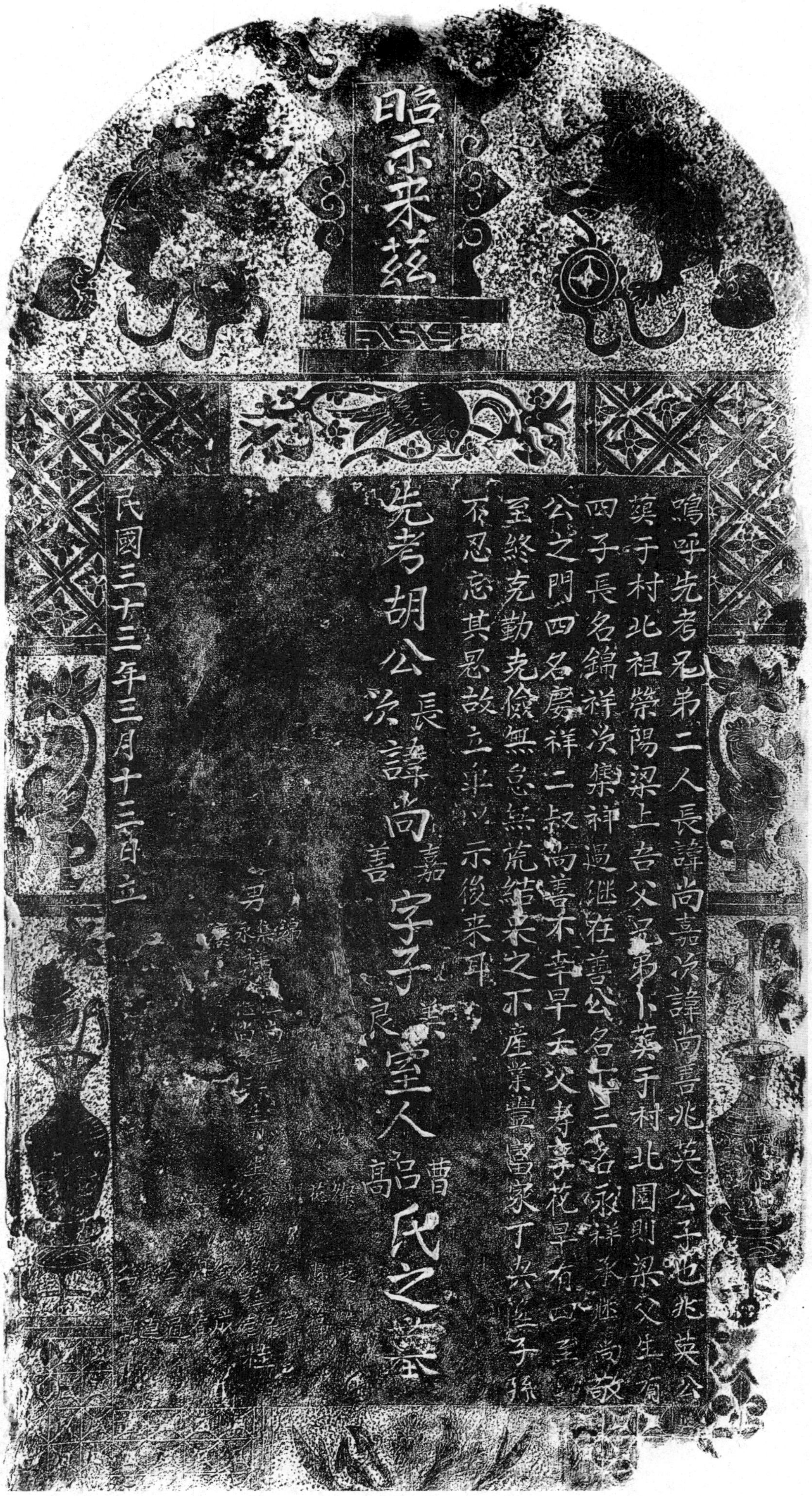

【碑文】

先考胡公長諱尚嘉字子美次諱尚善字子良室人曹氏吕氏高氏之墓

嗚呼！先考兄弟二人，長諱尚嘉，次諱尚善，兆英公子也。兆英公葬於村北祖塋陽梁上，吾父兄弟卜葬于村北園則梁。父生有四子，長名錦祥，次集祥，過繼在善公名下。三名永祥，承繼尚敬公之門。四名慶祥。二叔尚善不幸早殀，父壽享花早有四，至初至終，克勤克儉，無怠無荒，結果之下，產業豐富，家丁興隆，子孫不忍忘其恩，故立碑以示後來耳。

男錦祥　集祥　永祥　慶祥　過繼尚善　過繼尚敬　孫生茂　生盛　生發　生則　生蘇　生□　生蒸　生燦　生花　生耀　生芳　生禄　生義　生直　生瑀　曾孫芝桂　忠桂　長桂　興桂　銘桂　銀桂　丹桂　全桂　懸桂　培桂　榮桂　福桂　召桂　保桂　德桂　成桂　春桂　通桂　連桂　朝桂

民國三十三年三月十三日立

黄龙山残碑

【简介】

中华民国年间勒石。现存于临县临泉乡黄龙山。碑砂石质，已残，残高 27、宽 24、厚 16 厘米。碑文楷书，残存 3 行，残存 17 字。

【碑文】

……年夏……雖自慚不文，甚願……前榆林村長馮邁千……

馮廷花　□繼昌……劉懷智　郝秉仁　任清新　馬慶金　任清河　宋茂智　高顕裕　馬崇德……

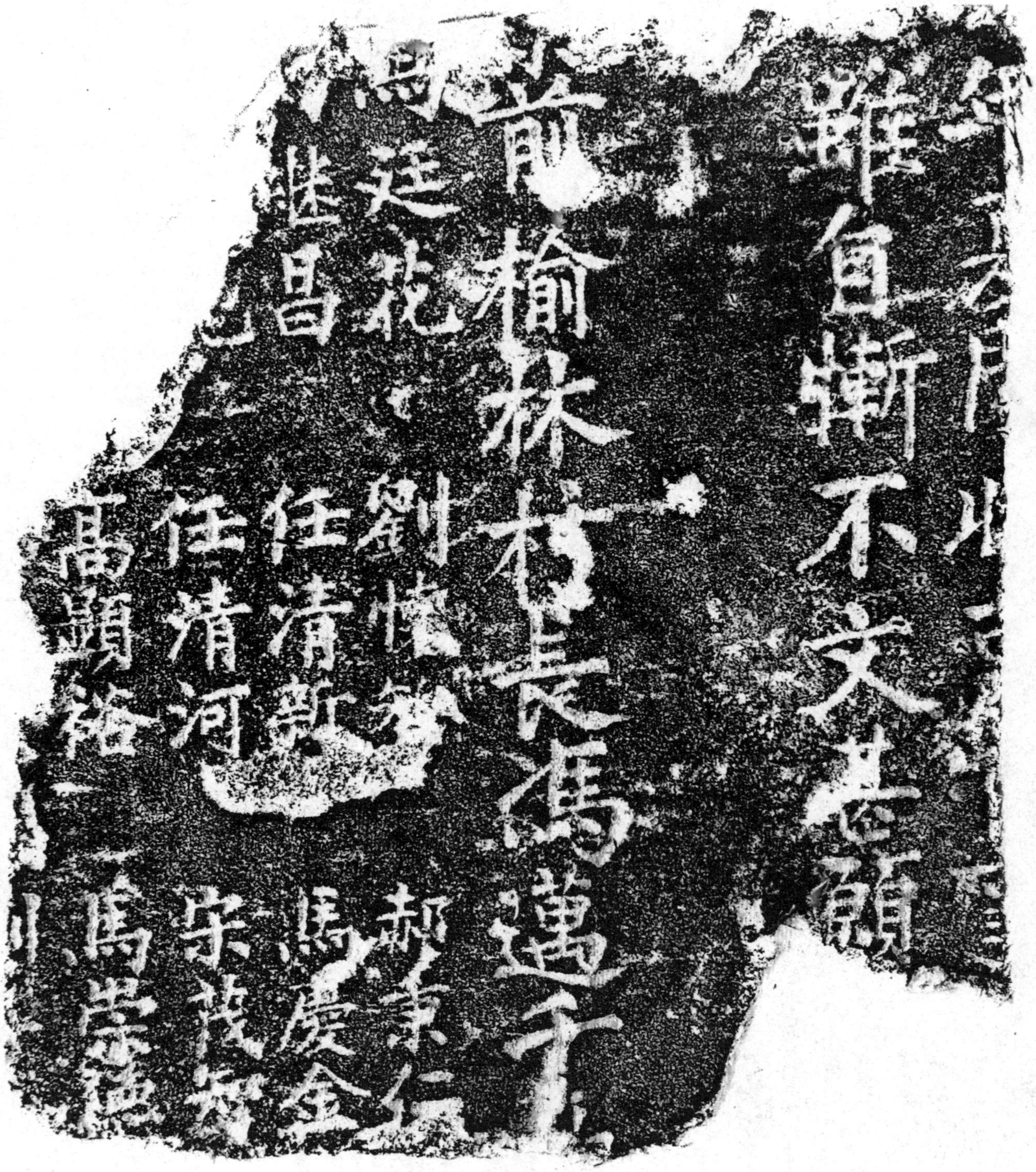

封扉题签：姚奠中

国家十二五规划项目

三晋石刻大全

吕梁市临县卷（下）

主编 郭时键

山西省三晋文化研究会
1988·08
Shanxi Sanjin Culture Research Association
三晋石刻大全

总主编 李玉明 李俊明

山西出版传媒集团
三晋出版社

《三晋石刻大全》编纂委员会

《三晋石刻大全》吕梁市编纂指导委员会

《三晋石刻大全·吕梁市临县卷》编纂委员会

中华人民共和国

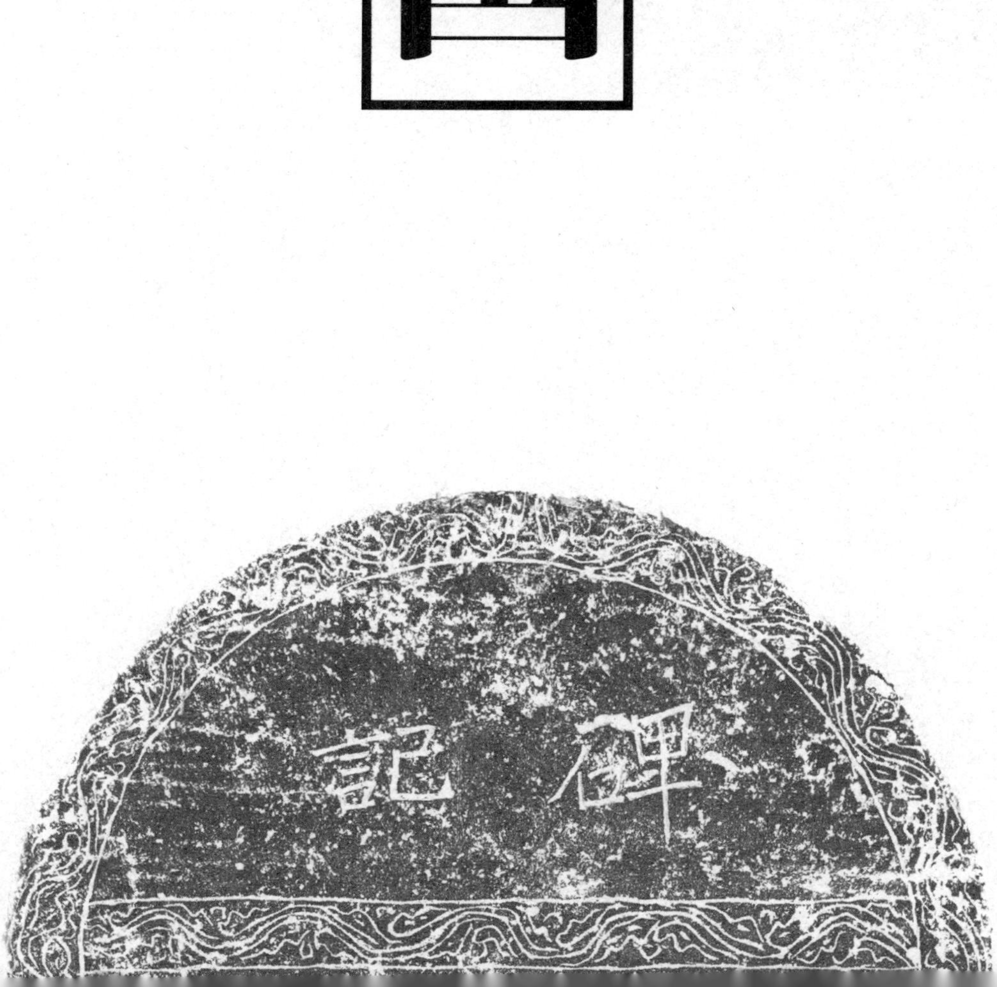

艰苦奋斗
振兴吕梁
江泽民
一九九四年元月廿九日于吕梁地区

“发家致富”匾额

【简介】

1950年勒石。现存于临县碛口镇李家山村，墙内镶嵌。匾砂石质，长方形，高50、宽100厘米。匾文楷书，正文1行，满行4字。保存完好。

【匾文】

公元一九五零年
發家致富
李止銘敬書

临县白文修建防洪堤碑记

【简介】

1952年6月勒石。现于临县白文街，镶嵌于孙姓村民的房屋后墙上，有木栅护栏保护。碑砂石质，圆首，高137、宽60厘米。额题“万众努力，建堤防洪”。碑文楷书，正文19行，满行50字。记述修建防洪工程石堤之事。碑体下部剥落严重，碑文不完整，字迹一半风化掉。

【碑文】

臨縣白文新建防洪石堤碑記

臨縣白文農業出産向來很豐，尤産工業原料……北興南方西嵐，南境周圍三百多個村莊的農民……由於屢被洪水之侵蝕，市區漸形縮小，致使古爲……計量之損失。僅去年一次即被大水冲走土地房屋及……種生活資料一洗而空，因灾成爲少衣無食的商民……然發出了防治水患的激烈呼聲，積極要求政府幫助……期建設之方針，爲民老實服務之精神，拿出了巨大的……防洪爲主，並組織灾民以工代賑之方針，領導行動一……努力勞動下，開通長達一百四十八丈的流水河漕……的十二萬六千斤，政府六十三萬二千九百餘斤，完成了有……一防洪工程之完成，將直接保護市區三條街商民的財産……白文村附近村莊的靠河土地二百多畝不被洪水冲刷，在工程……四百八十八個灾民兩個月的口糧問題（每人每天以一斤米計）因而民工□□不□□的説“不是政府□□□□實難□□□□□此關懷人民的無尚的好意”莫不深受感動，在他們認識了……的思想基礎上□□□□□，克服了過去的打忙工思想，勞動情緒逐漸高漲，迎來作工……愛國主義的勞動競賽運動，從而涌現出□□組和高長榮等三十二個個人勞動模範（内有婦女賀玉蘭等四人），受到了政府的物質獎勵，赢得了光榮的模範稱號，防治水患的任務而奮鬥不懈，張春成等三百餘民工在開堤壕作業中，忍受着寒冰透骨的痛□□□□□堤壕□□度熱愛祖國的積極行動，因而按期完成了這一艱鉅工程，達到了防洪救灾兩全其美之目的……人民特立此碑，以資永念。

臨縣白文改河防洪工程委員會兼主任李汝林

副主任　孫玉才　劉永治

委　員　李喚英　郝汝祥　張福保　趙明福

委員兼組宣股長　馮守振

委員兼組務股長　張文質

委員兼工務股長　渠釗

委員兼材料股長　魏福順

工程師　温保源

工程師　嚴希直　田旭清

技術　張志明

指導　高錦鋭　李繼發

行導　陳照富

各股服務員　薛世亮　曹廷亮　段治　高樹榮　劉志良　劉永起　郭守昌　王□□　賀□□　……

公元一九五二年六月二十一日

刘文纪念碑

【简介】

1958年6月勒石。现存于临县安业乡前青塘村。碑砂石质，圆首，高95、宽49、厚13厘米。额题“烈士纪念”4字。碑文楷书，正文4行，满行10字。碑体下部剥蚀，碑文有缺失。近年有新立相同碑文的碑，立于一起。

【碑文】

刘文仝志：

曾任湖南省委書記等職，逝世於四六年，謹以此碑留念。

公元一九五八年六月一日

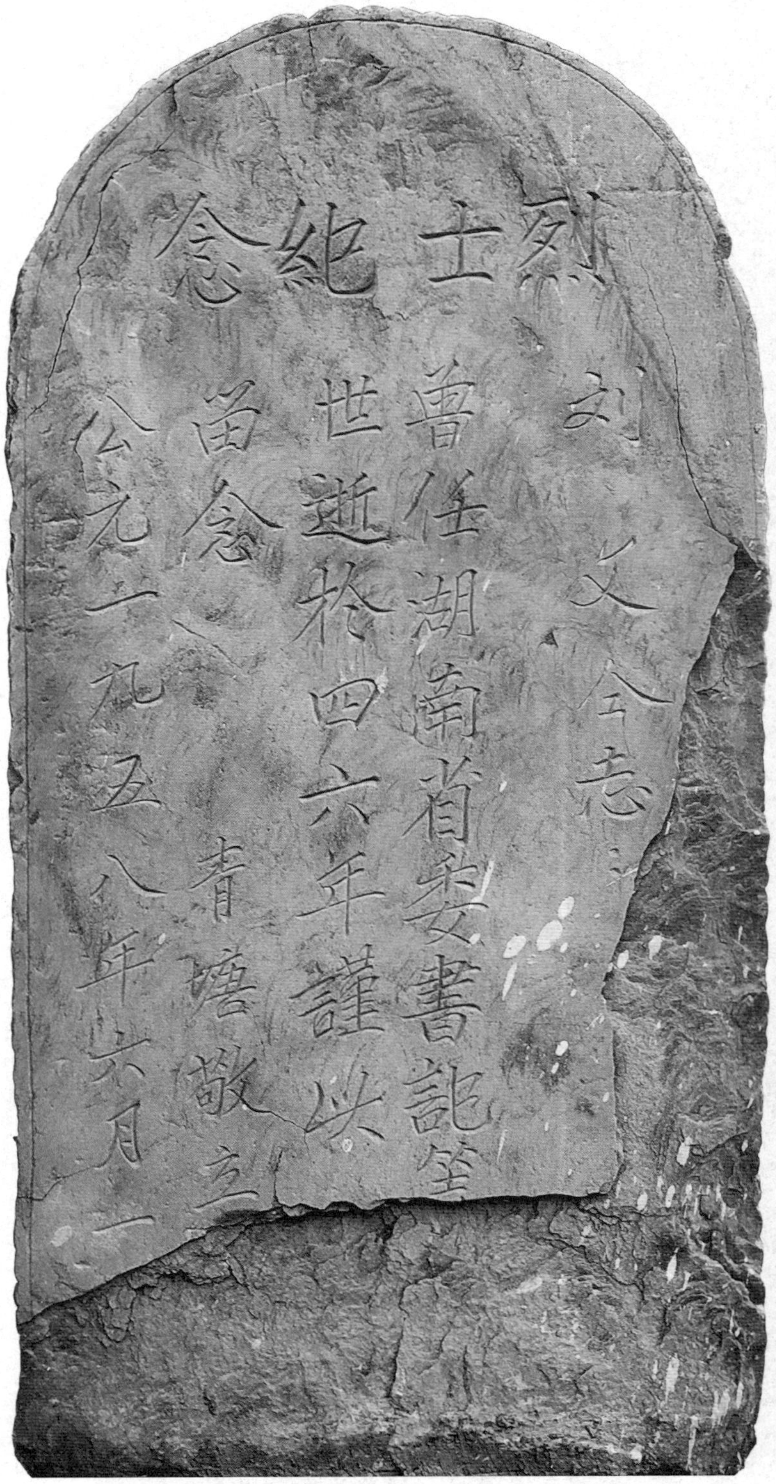

“月镜新石器时代文化遗址”保护标志碑

【简介】

1959年6月勒石。现存于临县临泉镇月镜村。碑砂石质，圆首，高84、宽40、厚12厘米。额题“文物古迹保护标志”8字。碑文楷书，正文6行，满行15字。现保存完好。

【碑文】

月鏡新石器時代文化遺址

灰陶文化遺址在月鏡村北賀家塌，此遺址範圍長二〇〇米，寬二〇〇米，內有當時人類使用過的東西，這是研究歷史的珍貴資料，全體人民對此遺址應認真保護，嚴禁破壞。

臨縣人民委員會

一九五九年六月一日立

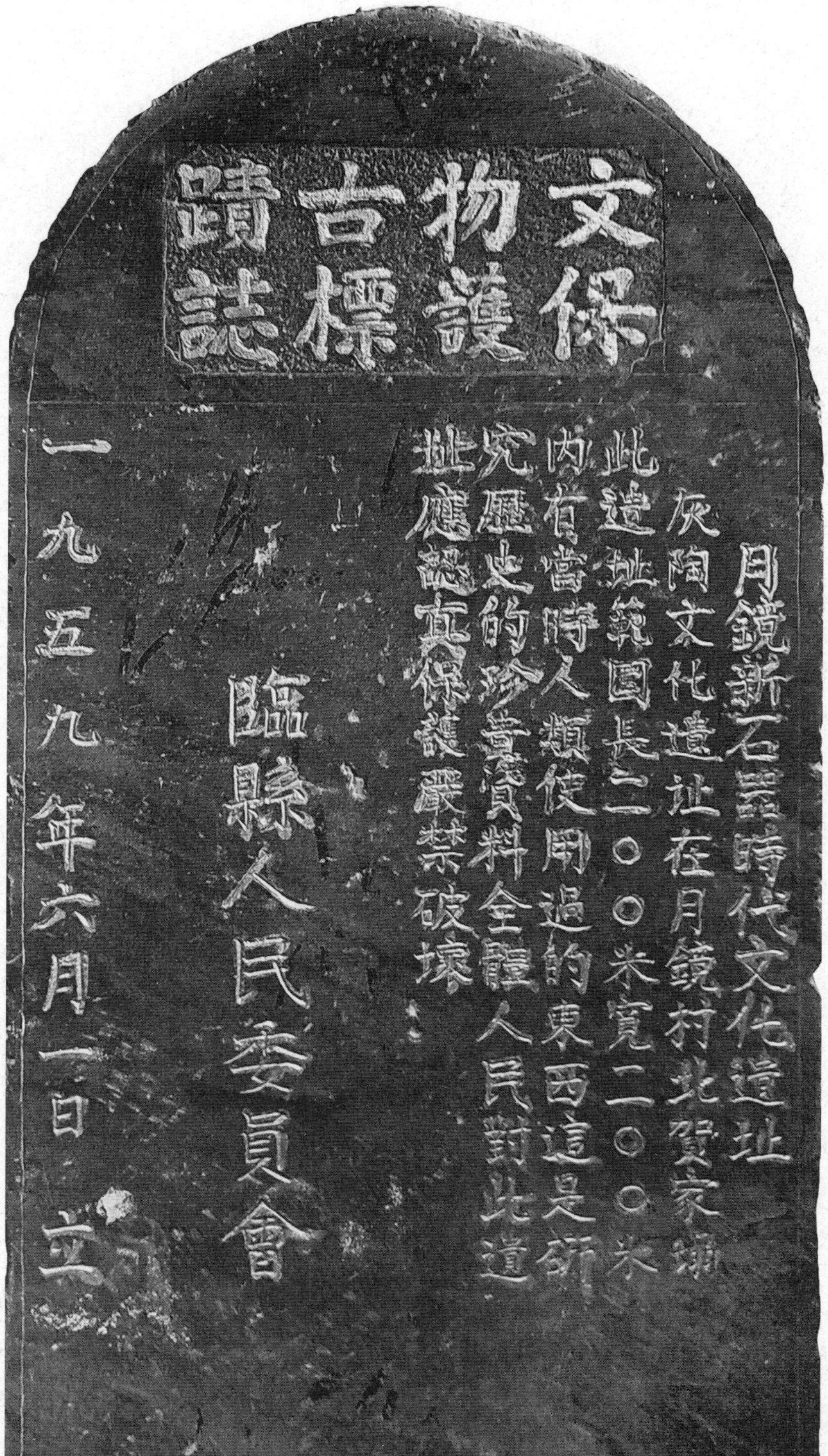

阳坡水库简介碑

【简介】

1959年7月勒石。现存于临县阳坡水库大坝上。碑青石质，圆首，有护套。额题“为民造福”4字。碑高168、宽68、厚17厘米。碑文楷书，正文53行，满行27字。刊刻阳坡水库简介。保存完好。

【碑文】

陽坡水庫簡要介紹

阳坡水庫從一九五八年四月一日動工，翌年七月八日竣工。

一、位置。水庫建於湫河上游、距阳坡村1公里的兴臨二县接壤之地。河源於兴县黑茶山麓，亘綿二五〇华里，横貫臨境二百华里，从磧口注入黄河。沿岸坡度較大，秋季山洪暴發，水势汹涌，兩岸人民生命財産常受侵袭；夏季天旱河干，旱涝成灾。舊社會官貪吏酷，一味盘剥人民，从未治理水患，任其貽害人民。解放後，在共産党和毛主席英明領導下，年年治水，化害爲利，特别在一九五八年大跃进形勢下，中共臨县县委和县人民委員會根据人民的渴望，發出“移山造海，征服湫水”的号召，全县人民立即响应，陽坡水庫从此兴工。

二、建設经过。首由煤炭工业部華北煤田地質勘察局水源队和省专水利部门協同县主管单位作了周密的勘察設計，動工後，全县人民提出“全民动員，苦干巧干，根治湫水，造福万年”的戰斗口号，全力以赴。爲加强工程領導，工地建立了党委會、工程建設委員会，先後由县長李原、县委书記处书記成恒、副县長樊达明、張光明親自領導，下設办公室和組織、宣教、工務、財粮、材供、医卫六科，及团委、妇联、工會等群众組织。技術上由省水利局安孝廉等同志負責指導，并从县級机关中抽來一七〇名干部，其中有县委副部長、正副科局長、团县委副书記、工会副主席、妇联等負責干部十七名分别擔任了部门領導，其余同志領導具体施工。参加兴建的民工來自全县各地，其建制爲班、排、連、營，实行了組织軍事化、劳动战斗化、生活集体化、管理民主化，從始至終，参加过两万五千余民工，其中有中学生、妇女、劳动锻炼干部和汾陽、离石兄弟县六百餘民工，協作支援，晝夜鏖戰，省专在物力、財力上积極帮助，晋中运輸分局支援汽車进行运輸，都爲水庫建設立下汗馬功劳。

三、工程概述。水庫分爲拦洪大坝和輸溢工程兩個部分，其壩爲均匀土質，長六八〇公尺，壩基最寬处一七〇公尺，平均一五〇公尺左右，高二六点八公尺，頂寬4公尺。主河槽地基沙礫層，滲漏严重，故纵横挖截水槽两條，用粘土填築截水，减少滲漏，上游全部石方护坡，下游十六公尺以下亦石方护坡，并設有貼坡反濾層和壩体的沙井沙溝排水。筑壩方法，初爲碾压式，不久改爲水中倒土法，效果良好。其土方量九一万余方。

輸溢工程分爲：

（一）卧管建於右岸石山，末端有消力池，高程一〇二八公尺，表面設有梯級闸门两排三〇孔，用於泄水，爲漿砌塊石、鋼筋混凝土建成，啟閉用捲揚机；（二）輸水涵洞，爲无压拱形，用漿砌塊石、砼、油毡、瀝青建成，全長一三〇公尺，泄水量爲五立方米每秒；（三）溢洪道建於右岸山腰部，進口高程一〇二三公尺，寬十五公尺，深五点九公尺，溢洪量三〇秒公方。全部工程計土方一二〇万立公方，石方十万余立公方。國家投資一二三点五万元，本县投資三〇万元，共投資一五三点五万元，群众投義務劳动日一六五点三万個。

四、效益。水庫面积一点三一平方公里，蓄水量一三四二万公方，預計可澆地七万公，湫河两岸由旱涝成灾变爲旱涝豐收，同時可大量飼養魚鴨，進行水力發電，从而爲沢底改变臨县面貌实現社会主義工業化、電氣化，奠定了基础，成爲人民幸福的源泉。因此，它具有伟大的政治意义和经济意义。

臨縣陽坡水庫党委會、工委會

一九五九年七月八日立

書人王暢風　刻字人陳漢禄　李慶義　秦恒奎

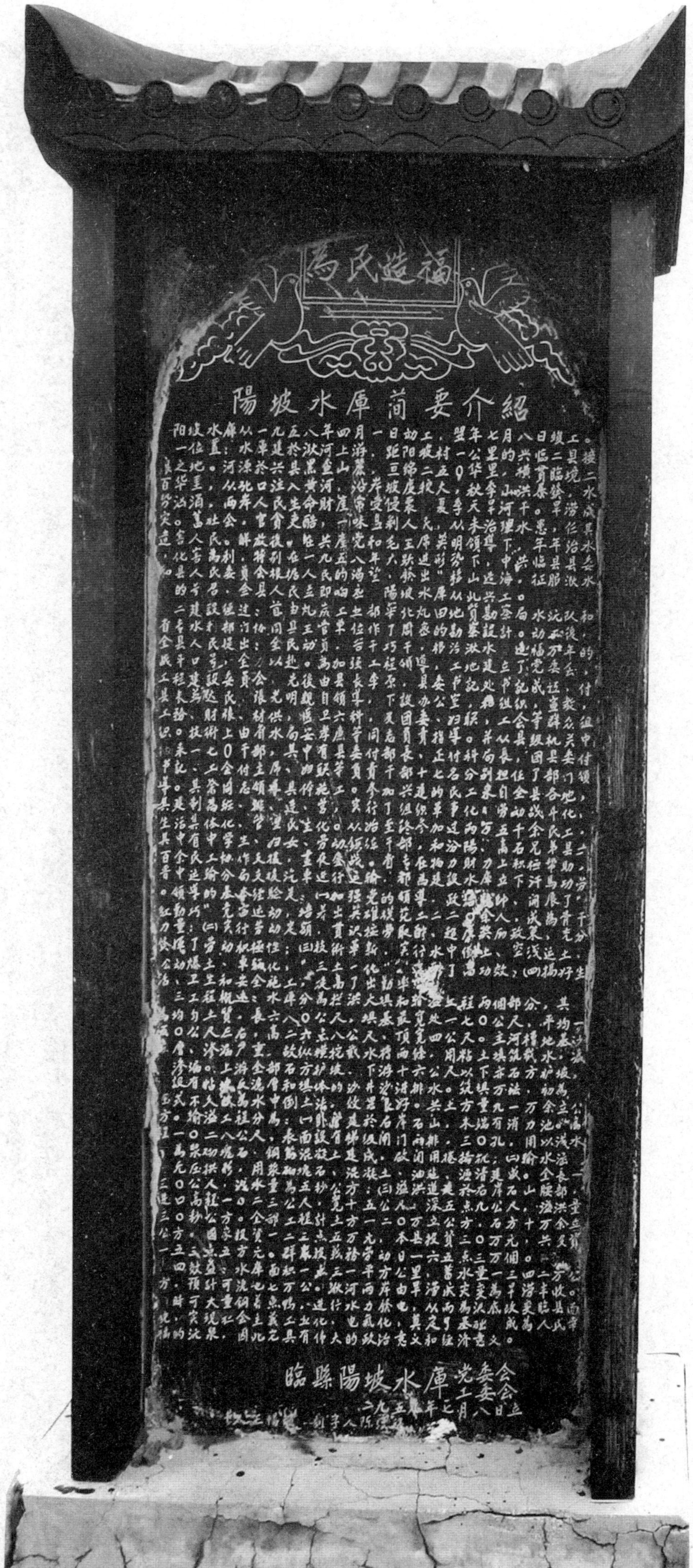
為民造福
陽坡水庫简要介紹
臨縣陽坡水庫党委会
工委会

建设水库甲等模范

【简介】

1959年勒石。现存于临县阳坡水库大坝上，有护套保护。碑青石质，圆首，高135、宽61、厚16厘米。额题“流芳万世”4字。碑文楷书，正文51行，满行21字。刊载阳坡水库建设过程中涌现出来的模范名单。碑体有裂纹，碑文完整。

【碑文】

建设水库甲等模范（354名）

（人名略）

公元一九五九年七月八日

书人　贺启超

刻字人　陈汗禄　李庆义　秦恒奎

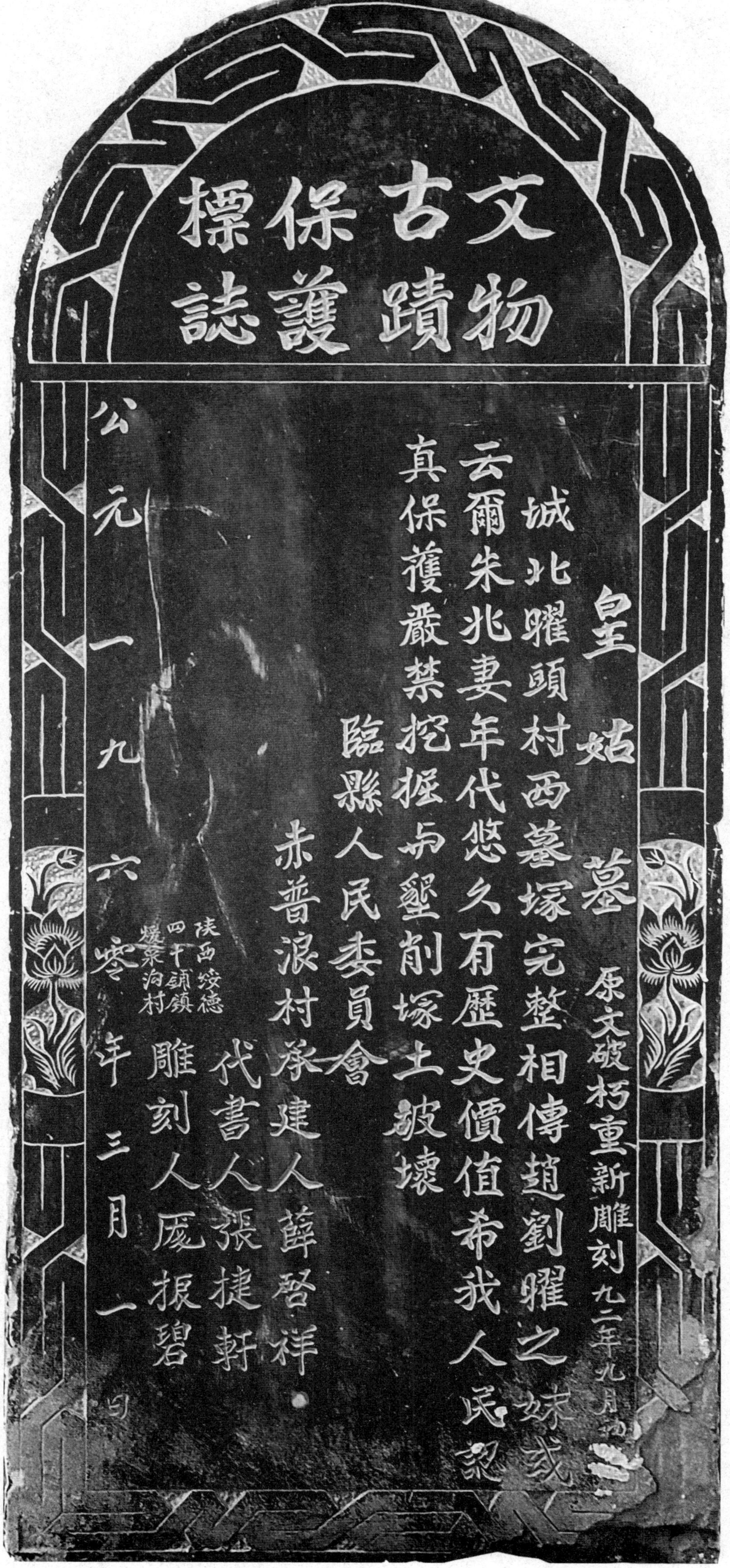

皇姑墓文物古迹保护标志

【简介】

1960年3月勒石。现存于临县宋家圪台皇姑庙内。碑砂石质，圆首，高115、宽51、厚15厘米。额题“文物古迹保护标志”8字。碑文楷书，正文3行，满行19字。现保存完好。

【碑文】

皇姑墓

原文破朽，重新雕刻。九二年九月初。

城北曜頭村西，墓塚完整，相傳趙劉曜之妹，或云爾朱兆妻，年代悠久，有歷史價值，希我人民認真保獲，严禁挖掘与墾削塚土破壞。

臨縣人民委員會

赤普浪村承建人薛啓祥

代書人　張捷軒

陝西綏德四十鋪鎮煖泉沟村雕刻人　龐振碧

公元一九六零年三月一日

“全面发展”匾额

【简介】

1962年6月勒石。现存于临县严家塔村，嵌于窑面。匾砂石质，长方形，高30、宽60厘米。刻文楷书，正文1行，满行4字。匾文完整，字迹清晰，石体完好。

【匾文】

全面发展

公元一九六二年六月一日立

寨子山烈士纪念碑

【简介】

1969年5月勒石。现存于临县碛口镇寨子山村。碑青石质，长方形，高201、宽80、厚8厘米。碑文楷书，正文10行，满行32字。为纪念在修建水渠中牺牲的烈士所立。碑文完整，字迹清晰，碑体完好。原碑竖在村前面，砂石刻成，因年久风化，2012年重刻，将碑阳、碑阴文字刻于一块碑上。

【碑文】

（碑阳）

寨子山烈士纪念碑

壬辰年夏月晋西老河書丹

（碑阴）

最高指示：爲有牺牲多壮志，敢教日月换新天

古之相傳，尧禹治水，乃为其害引水注入大海，而不能用於农田灌溉，今则毛主席英明領导，興修水利，引洪上山浇地，大助农业发展。陳陽生、陈其甫、李年保三同志挺身而出，爲将发展农业增分力量，不幸坍石牺牲，我全体社員含悲默念。

盖追革命先烈，历史記載，莫著於銘碑流芳。陈守亮一九四四年一月入伍，同年九月间参加中國共産党正式党員，历任通訊排排長，斯时日寇侵略历尽艰险，誓将鬼子蒋匪赶出國境，始得退伍。相継阳坡水库修建，大搞钢鉄运动，均系单位領导，皆評爲先进模范，还乡后曾任支部委員，建渠干部以身作則，矢勤矢勇矢志发展农业，改变山区貧困面貌。他说："毛主席教导得是我们想到人民的利益，想到大多数人民的疾苦，我们爲人民而死，就是死得其所。"毛主席的教导鼓舞着他开渠筑道，引水灌溉不幸坍石辞年。我社全体社員无不鳴哀永念。

公元一九六九年五月廿三日寨子山生産大隊

寨子山烈士纪念碑

最高指示

為有犧牲多壯志
敢教日月換新天

古之相傳尧禹治水乃為其害引水注入大海而不能用於農田灌溉今則毛主席英明領导興脩水利引洪上山淤地大助农业发展陳陽生陳其甫李年保三同志挺身而出為发展农业增分力量不幸坍后牺牲我全体社員含悲默念蓋追革命先烈历史記載莫著於銘碑流芳陳守亮一九四四年一月入伍同年九月間参加中國共産党正式党員历任通訊排排長斯時日寇侵略历尽艰险誓將鬼子蒋匪赶出國境始得退伍相継陽坡水庫脩建大搞鋼鉄运动均系单位領导皆評為先进模范还乡后曾任支部委員建渠干部以身作則齐勤齐勇齐志发展农业改变山区貧困面貌他說毛主席教导得是我们想到人民的利益想到大多数人民的痛苦我们為人民而死就是死得其所教导鼓午着他开渠造道引水灌溉不幸坍后辞年我社全体社員无不鳴哀永念

公元一九六九年五月廿三日寨子山生産大隊

李探保烈士碑

【简介】

1974 年 9 月勒石。现存于临县碛口镇西头村，有碑楼保护，外设铁栅。碑青石质，高 120 、宽 50 厘米。额题“永垂不朽”4 字。碑文楷书，正文 5 行，满行 15 字。碑文刊载李探保因公殉职的事迹。保存完好。

【碑文】

碑记

李探保，男，二十三岁，中国共产党员，一九七三年十月三日，因公触电殉身，时任民兵连长，党支部副书记。朝气蓬勃，立党为公，群众称其是贫农的好后代。

一九七四年九月西头群众立

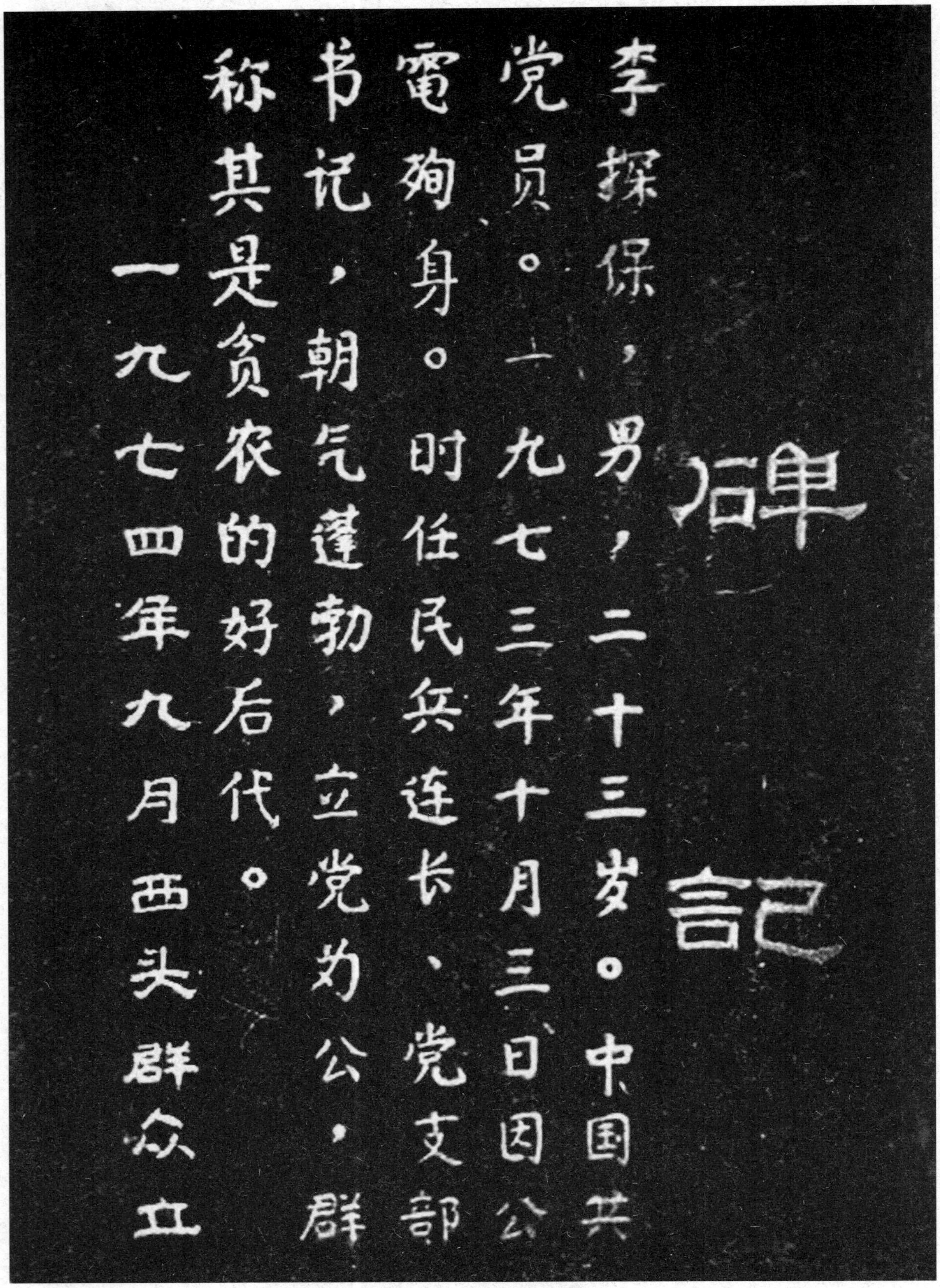

伟大领袖和导师毛主席东渡黄河登岸处

【简介】

1978年3月勒石。现存于临县碛口镇高家塔村。碑大理石质，长方形，高120、宽240、厚20厘米。。碑文楷书，正文2行，满行10字。为毛主席东渡黄河登岸处纪念碑。保存完好。

【碑文】

（碑阳）

伟大领袖和导师毛主席东渡黄河登岸处

（碑阴）

一九四八年三月二十三日伟大领袖和导师毛主席率领党中央机关东渡黄河在此处登岸。毛主席伟大革命功勋，将与日月同光，河山同寿，千秋万岁，永垂不朽。

山西省革命委员会

一九七八年三月二十三日

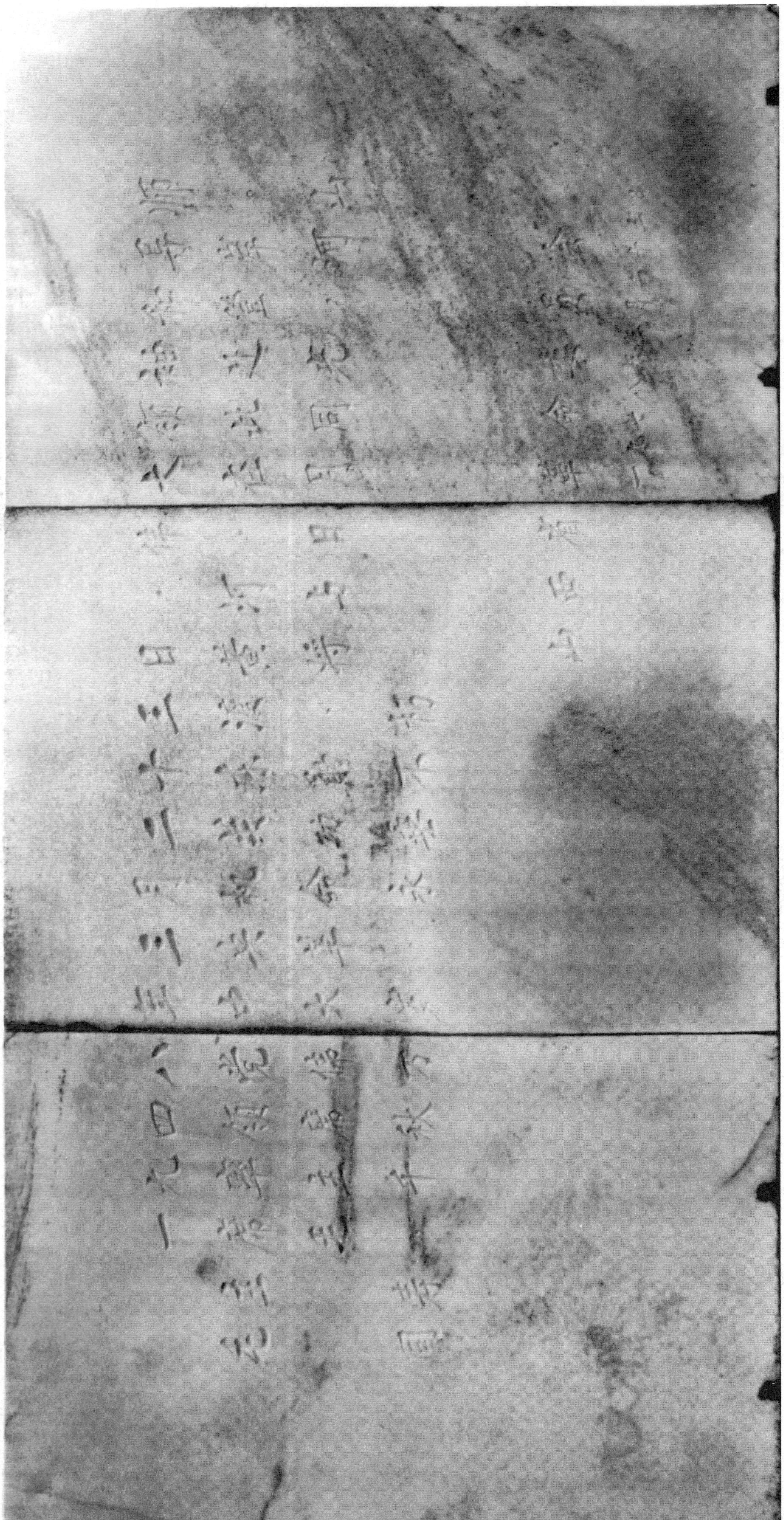

“为人民服务”石刻

【简介】

1978年7月勒石。现存于临县枣圪垯旧桥栏板上。原为砂石质，近年改换为大理石质，长方形，石高70、宽302、厚20厘米。刻文为毛体草书，正文1行，满行5字。保存完好。

【刻文】

为人民服务

一九七八年七月

“创业桥”石刻

【简介】

1978年7月勒石。现存于临县枣圪垯旧桥东端。砂石质，长方形，由三块石头拼接而成，高88、宽342、厚14厘米。刻文草书，正文1行，满行3字。保存尚好，略有风化。

【刻文】

创业桥

一九七八年七月

郭户纪念堂碑记

【简介】

1982年勒石。现存于临县丛罗峪镇郭家塔祠堂内。碑青石质，长方形，身高80、宽130、厚8厘米。碑文隶书，横排15行，满行30字。碑阳记述郭家塔本村祠堂的始建过程，碑阴刊载功德名及郭氏经领人花名。现保存完好。（原碑于2008年重新建祠时被毁，2018年重刻。）

【碑文】

（碑阳）

郭户纪念堂碑記

据传我户系唐代郭子仪之后，先祖原居洪洞县，元世祖时迁来临县，定居黄河滩后，称为郭家滩村。先祖生二子，三世兄弟五人（此处记载有误），乃分为仁义礼智信五户。有“五户之中，老幼大小各有常业，或泛舟而歌桂棹兰桨之句，或业农而咏大田良耜之章。明朝中叶，人慕诗书，有生员贡监四十八名，其时高楼大厦，水秀山明，人文蔚起，户诵家弦，诚河干之望族，为钟英之名薮”云云之记载。

自雍正元年六月十九日，黄河大洪，满川而下，郭家滩被洪水一扫皆空。家谱一书既失，斯文之脉遂颓。祖宗名讳，子孙不知，逃出的人都迁往异乡谋生。部分人移居塔上，称为郭家塔村，至清光绪年间，郭家塔增到七百多人，因连续三年大旱，籽种无回，我户又有不少人含泪离乡，因此我户人口遍及山西、陕西、宁夏、河南等省。现已传至三十二世，有七百二十年历史。历代先祖主要以船为业，北至包头，南到河南，黄河沿岸无不到之地。因此我户先祖不但对开发黄河流域，而且对沟通南北的物资交流、文化交流和对耕作技术的传播等方面建有不朽业绩。为使我先祖艰苦创业、勤俭持家为社会造福的传统代代相传，幸福之花遍开我全部郭户之地，户内老小筹资建堂，以资纪念。

（碑阴）

功德主

郭友海　郭九义　郭九林　郭成勇

经领人

郭九义　郭友海　郭锡权　郭明宽　郭宽定　郭锡范　郭锡九　郭炳孝　郭康勤

郭四书　郭成乾　郭九林　郭云贵　郭生如　郭启周　郭兆选　郭兆茂　郭友宽

郭友金　郭兆恒　郭国平　郭丕福　郭招连　郭全喜　郭丕俊

书文　郭九林　郭长顺

公元一九八二年闰四月初八立

郭氏各村经领人

郭家塔　郭九义　郭成勇　郭九林　郭成乾　郭宽定　郭康勤

杨家山　郭友海　郭锡金等

枣　洼　郭贞选　郭文选　郭树仁　郭树津等

大王家庄　郭如富　郭洪仁

李家圪台　郭德生　郭友光

后李家沟　郭丕胜等

石盘头　郭丕元　郭生福　郭根福

郭家沟　郭守亮　郭时亮等

艾家峁底　郭加春　郭家业等

芦子沟　郭德林　郭来贵

黑圪垯　郭鸿发　郭鸿清等

李家甲　郭狗儿等

郭户紀念堂碑記

据传我户系唐代郭子仪之后先祖原居洪洞县元世祖时迁来临县定居黄河滩后称为郭家滩村先祖生二子长为上支次为下支长后分三户次又分五户全族中老幼大小各有常业或泛舟而歌桂棹兰桨之句或业农而咏大田良耜之章明朝中叶人慕诗书有生员贡监四十八名其时高楼大厦水秀山明人文蔚起户诵家弦诚河干之望族为钟英之名薮云云之记载

自雍正元年六月十九日黄河大洪满川而下郭家滩被洪水一扫皆空家谱一书既失斯文之脉遂颓祖宗名讳子孙不知逃出的人都迁往异乡谋生部分人移居塔上称为郭家塔村至清光绪年间郭家塔增到七百多人因连续三年大旱籽种无回我户又有不少人含泪离乡因此我户人口遍及山西陕西宁夏河南等省现已传至三十二世有七百二十年的历史历代先祖主要以船为业北至包头南到河南黄河沿岸无不到之地因此我户先祖不但对开发黄河流域而且对沟通南北的物资交流文化交流和对耕作技术的传播等方面建有不朽业绩为使我先祖艰苦创业勤俭持家为社会造福的光荣传统代代相传幸福之花开遍我全部郭户之地户内老小筹资建堂以资纪念

先父樊希骞未婚母赵氏先母高玉廉暨胞妹长沂合葬之墓

【简介】

1984年清明勒石。现存于临县三交镇正街。碑青石质，圆首，高130、宽64、厚14厘米。额题“永志不忘”4字。碑文楷书，正文9行，满行40字。为山西省博物馆原副馆长樊希骞暨胞妹长沂合葬墓碑。碑体风化，字迹漫漶不清。

【碑文】

先父樊希骞未婚母赵氏先母高玉廉暨胞妹长沂合葬之墓

先父樊希骞一九一二、十、二十七—一九八〇、一、廿五。系本三交镇人，早年毕业于太原国民师范，“九一八”事变后，激于民族义愤，在校曾与同学组织九一八读书会，创办过进步刊物《亚风野》《野草》《新钟》，宣传救国道理。一九三六年冬，加入牺盟会抗先等组织，后走上了革命道路。并于一九三七年一月加入中国共产党，先后服务于山西国民兵军官教导团、临县动委会、八路军一二〇师三五八旅、独立二旅、晋绥边区、抗战日报、晋绥日报前身社、中共中央晋绥分局、山西省博物馆、山西省政府等单位，把全部精力献给了中国人民的革命事业。一九四六年后，他虽身患各种疾病，但在稍有可能的情况下，仍坚持工作，顽强战斗，即便在休养过程中，也从未忘记学习、忘记工作、忘记人民。他一生最讨厌衣冠楚楚、蝇营狗苟之辈，最蔑视舐痔结驷、抚拍豪强之徒，他最喜欢的格言是：淡泊以明志，宁静以致远。在他离开我们时，群众给他的赞誉是：“襟怀坦白，实事求是，作风正派，助人为乐。”

长子长泗　次子长江　男小毅　女小力　孙男小宏　小城

公元一九八四年清明节立

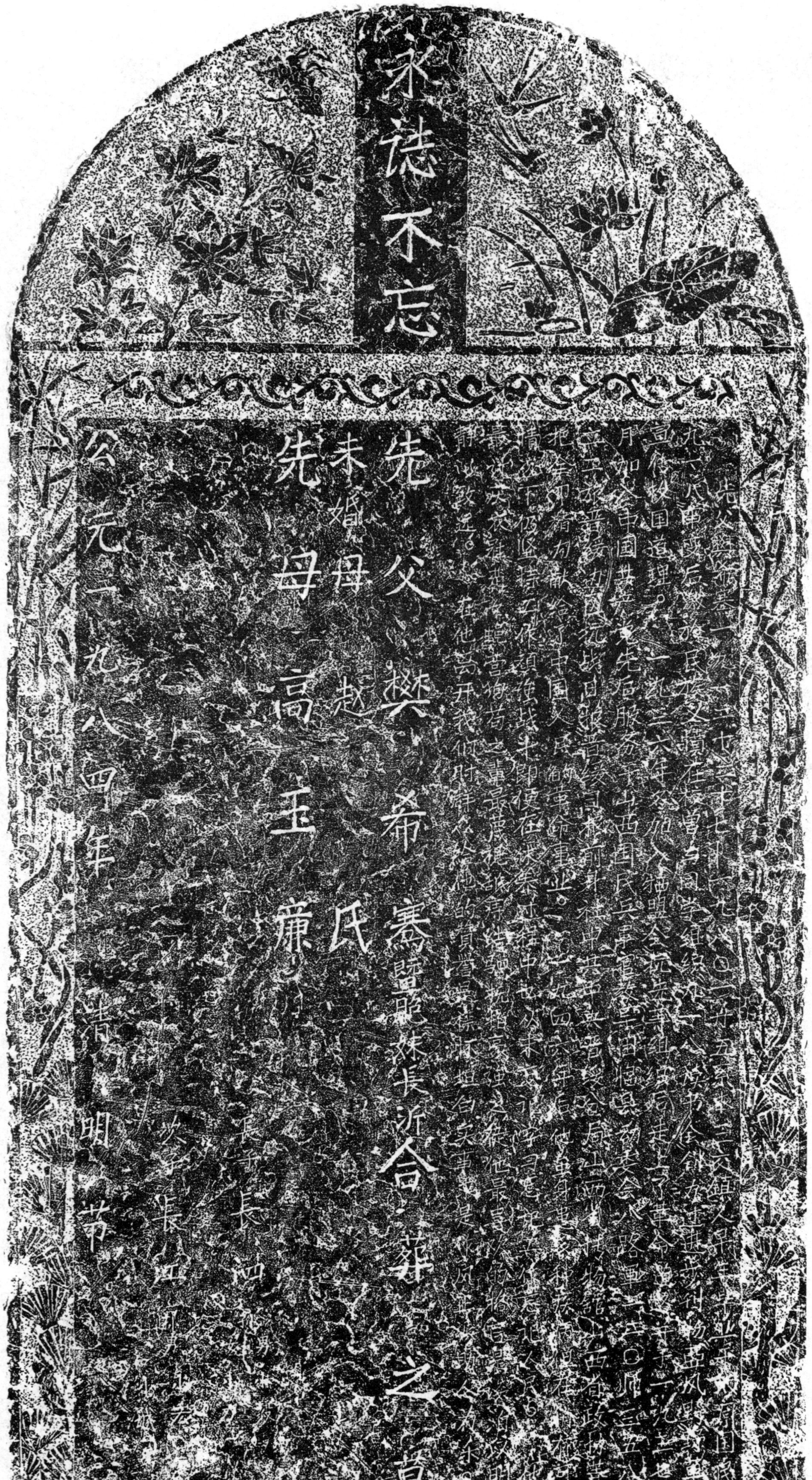
永誌不忘
先父樊希騫暨胞妹長沂合葬之墓
未婚母趙氏
先母高玉簾
公元一九八四年清明节立

重修宝珠山碑记

【简介】

1986年7月勒石。现存于临县宝珠山庙内，立于碑套内。碑青石质，圆首方座，碑身高104、宽56、厚4厘米。碑阳额篆“百世流芳”4字。碑文楷书，计22行，满行36字，约670字。记述宝珠山庙的建设意义和修建过程。碑阴额题“万善同芳”4字。为题名记。现保存完好。

【碑文】

（碑阳）

重修宝珠山碑記

盖闻名山非但人工塑造，实乃自然形胜。纵观宝珠圣山，北从黑茶发脉，开崻伸变而来，南下黄河之滨，合伏饮泉而聚。东屏紫金峻岳，拔地而起，象若玉柱擎天；西倚白云雄岭，叠拱而回，形似众星朝斗。气吞河汉，势压群峰，三山交映，珠戏双龙，四水归元，唯此独尊，是谓山不在高，形胜则名。名胜者，高贵也。非高无以察远，非实无以正名，是山虽不华异，却具北国风光。溯源求本，与道齐年。积日月精华，聚天地灵秀，仰观势冲霄汉，俯视深怀幽谷。骊珠深藏，景致内蕴，位当而不显，形异而不名。座镇元武，阅历千古，是谓气充形备，形备神全。神化则尊贵，尊贵则名胜，山既名而贤者，建宗教始也。是山从明至今，道教传统。道教者，吾之国教世教，万殊其实理一，无外尊天地礼神明，孝父母睦六亲，顺事理修身心，达时务养天真。吾生为炎黄子孙，世居中华文明古国，当应开宗明义，宣正济世。故崇教者以国为重，孝亲者父母为本，修养者无私为先。诚然，崇异端而轻国圣，犹似疏至亲而济路人，舍近求远，忘本缘末，其遒何存。夫知道者理也，理据物而实存，事尚假而虚在，不明虚求实，故不能济人利物，与世有益，虽曰张旗好善，实为欺世盗名。昧心丧良，误己惑众，逆取人利，居然自享，罪衍累积，幻想天堂，此所谓生亦不善，死后何容？是以圣贤修化，先己后人，先内后外，天和人合，得受世尊。

癸亥孟夏，政通人和，百废俱兴，合社乘时山会，查时人怀文物失缀之心，善士存祀典无序之念，每吝前人造物维艰，惜遗迹残存再废，于是商计决定复修庙观。经多方集资筹款，越历四年，初步告竣。是时焉，天光悦性，化日生荣，山高水长，万物翻新，庙貌改观，游人荟萃，信步登临，若置身玄府，似羽化凌天，迎霞光散彩，尝飞燕穿云，几见江山胜迹，难会后者古人，缘逢乐而忘归。权且骋目抒怀，陶情勉志，欣然命笔，勒石表彰，诸方信士，功德昭后，流芳百世。

宝珠山十八村社全体信士叩立

公元一九八六年岁在丙寅申月中浣既望

（碑阴）

山主　崔家梁赵玉隆　薛家窊薛永

历时住山道人　吕玉昭　赵法旺　侯招兵　杜支义　郭长江　薛生元　刘秀英　高兴中。

总经领人：苗正礼　李海付　高文秀　薛贵旺　薛凤林　薛宗桂　高芝俊　苗志奎　高生发　薛安林　苗芝元　薛秀云　薛凤英　薛忠义　郝生秀　赵□文

各村主事　赵治启　高云秀　苗升德　薛金政　杜支光　苗士英　高汉华　高金宝　薛支兵　薛凤忠　薛成禄　高再生　高玉银　苗士忠　郭芝兰　郭长厚　高本山　王志清　苗□□　高□□

资助人　（12人略）

雕塑　□□□　　阴阳　郭跃华

撰文　郭海林　　雕刻　郭守龙

石工　申继明　　木工　□□□

重修宝珠山碑記

盖闻名山非但人工塑造实乃自然形胜纵观宝珠圣山北从黑茶发脉开帐伸变而来南下黄河之滨合伏饮泉而聚东屏紫金峻峦拔地而起象若玉柱擎天西倚白云雄峦叠拱而迴形似众星朝斗氣吞河汉势压群峰三山交映珠戏双龙四水归元唯此独尊是谓山不在高形胜则名名胜者高贵也非高无以察远非实无以正名是山虽不华异却具北国风光溯源求本与道齐年积日月精华聚天地灵秀仰观势冲霄汉俯视深怀幽谷骊珠深藏景致内蕴位当而不显形異而不名座镇元武阅历千古是谓氣充形具形备神全神化则尊贵尊贵则名胜山既名而贤者建宗教始也是山从明自今道教传统道教者吾之国教世教万殊其实理一无外尊天地礼神明孝父母睦六亲顺事理修身心达时务养天真吾生为炎黄子孙世居中华文明古国当应开宗明义宣正济世故崇教者以国为重孝亲者父母为本修养者无私為先誠然崇異端而轻国圣扰似疎至亲而济路人舍近求远舍本缘末具道何存夫知道者理也理据物而实存事尚假而虚在不明虚求实故不能济人利物与世有益是曰张旗好善实為欺世盗名昧心丧良諉己惑众逆取人利居然自享罪衍累积幻想天堂此所谓生亦不善死后何容是以圣贤修化先己后人先内后外天私人合得受世尊

癸亥孟夏政通人和百废俱新園社兼時山前会查時人怀文物庚缀之心善士存祀典无序之念每各前人造物维艰惜見遺迹残存再废予是商討决定复修庙观经多方积資筹妆越历四年初步告竣是時耶天光悦性化日生荣山高水长万物蕃新庙貌改观游人荟萃信步登臨若置身玄府似羽化凌天迎霞光散彩尝飞燕穿云几見江山胜迹难会后者古人缘逢乐而忘归权且骋目抒怀陶情勉志欣然命笔勅石表彰诸方信士功德昭后流芳百世是為記

宝珠山十八村社 花峁上 杏林庄 后山 村 全体信士 叩立

公元一九八六年岁在丙寅申月中浣暨望

共和故显考高公讳增荣字伯仁妣武氏修文合葬之墓

【简介】

1986年10月勒石。现存于临县三交镇西坡村。碑青石质，圆首，高110、宽56、厚12厘米。额篆“浩然正气”4字，碑文隶书，正文5行，满行24字。碑文完整，字迹清晰，碑体完好。

【碑文】

共和故顯考高公諱增荣字伯仁妣武氏修文合葬之墓

君少慧年，聰敏好學，毕業於山西河汾中學，向肆業商務，爲義茂園經理。君因處世開明，名播鄉里，被舉爲地方紳士。解放後應教，任臨縣一高小、二中教師，總務主任職。一九六五年六月八日歿，享壽六十有三。先慈武氏生於臨縣下墕村，歿于一九八六年四月廾八日，享寿八十有一。是爲誌。

男阳山　有山　孙志远　俊明　志永　志明　俊祥　志林　曾孙海光　永宏　小宏　星宏　再叩

公元一九八六年古十月九日敬立

庵庙社补修戏台山门碑记

【简介】

1987年正月勒石。现存于临县兔坂镇陆家沟村。碑青石质，圆首，碑高156、宽56、厚7厘米。额题“丰功千古”。碑文楷书，正文2行，满行22字。记载复兴庵补修戏台山门之事及经领人、布施人花名。保存完好。

【碑文】

一九八七年一月廿五日立

盖闻天地之道，庵庙社补修戏台山门工程，本社无力支持，望四方君子帮助修盖，谢乡之恩。

总经领人　吕建复　吕□□　□□□　□□□　吕侯俊　贺升付　贺生茂　杜志田

匠工　武占洲　高改小　高眼小　杜丙支　高能小　吕谈平

写碑人　贺生茂　贺光明

常家里村　廿五户施洋壹拾玖元柒　王家沟村三十户施洋壹元　谷壹百伍拾伍斤　冉元则村十八户施洋壹拾叁元叁角　陆家沟村陆拾捌户洋壹百贰拾元伍角　张家沟村十九户施洋四十元整　张山坪村十四户玖元柒角整　桑树峁村四十二户洋叁拾柒元整　冉沟村廿五户施洋壹拾陆元贰角　雷家沟村廿二户施壹拾陆元贰角　麦塔上村十九户施洋一十四元　地灵山村廿六户施洋壹拾伍元贰　梨山村十六户洋壹拾肆元柒　曹家畔村四十一户洋叁拾贰元壹角　谷子七升　张家山村五拾户洋肆拾柒元壹角　石窑坪村廿四户施洋贰拾元贰角　禹家甲村六十七户施洋叁拾玖元伍角　小米贰拾斤　南局则村十四户施洋壹拾肆元　庞村七户施洋捌 元正　岔沟村三十八户施洋柒拾陆元整　高家圪埁村三十三户施洋贰拾叁元全角　柴家沟村三十八户施洋肆拾元捌　兔坂十九户洋贰拾捌元　新庄则村三十二户施洋壹拾伍元壹角　谷子贰拾壹斤　解家沟村十六户施洋壹拾捌元壹　子方头村三十户施洋贰拾叁元叁　马鞍梁村十五户洋壹拾壹元伍

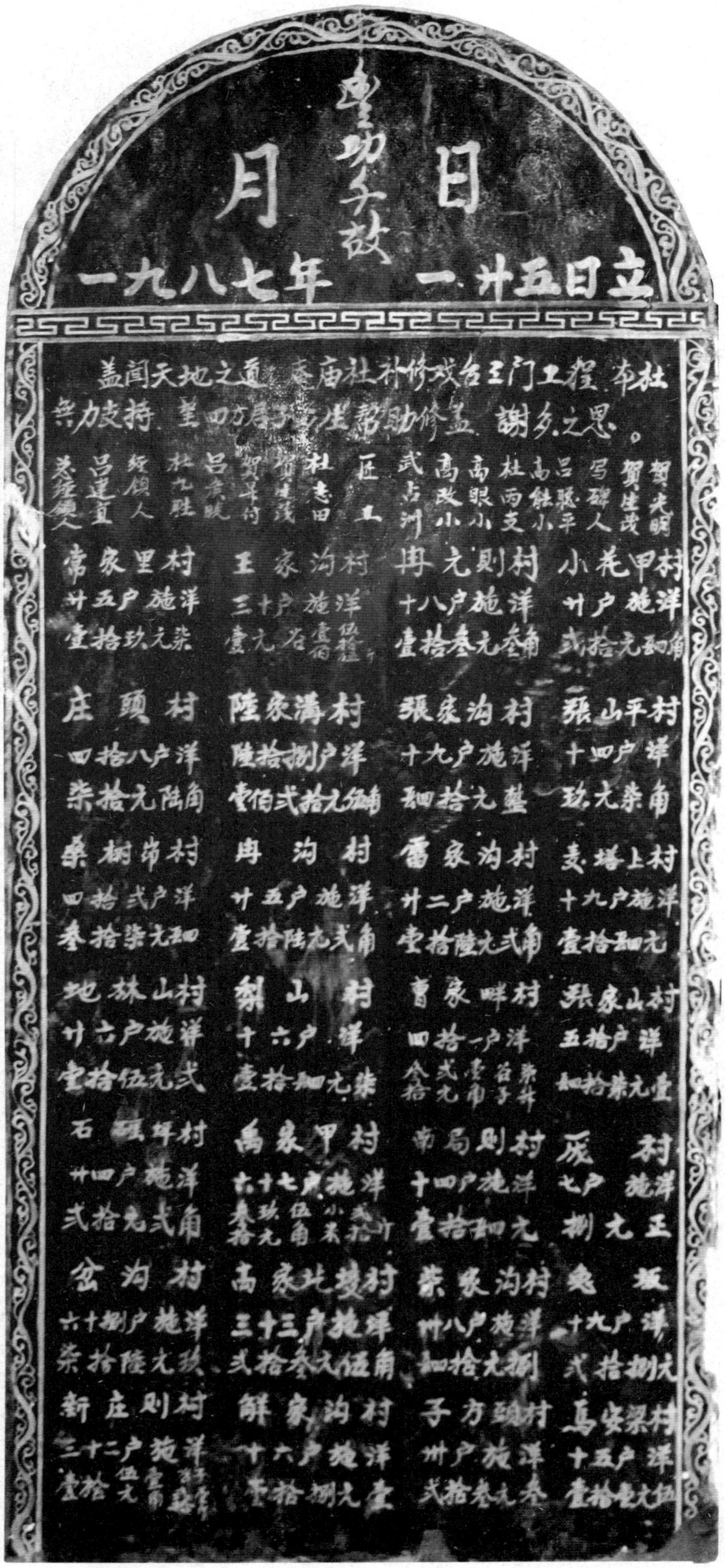

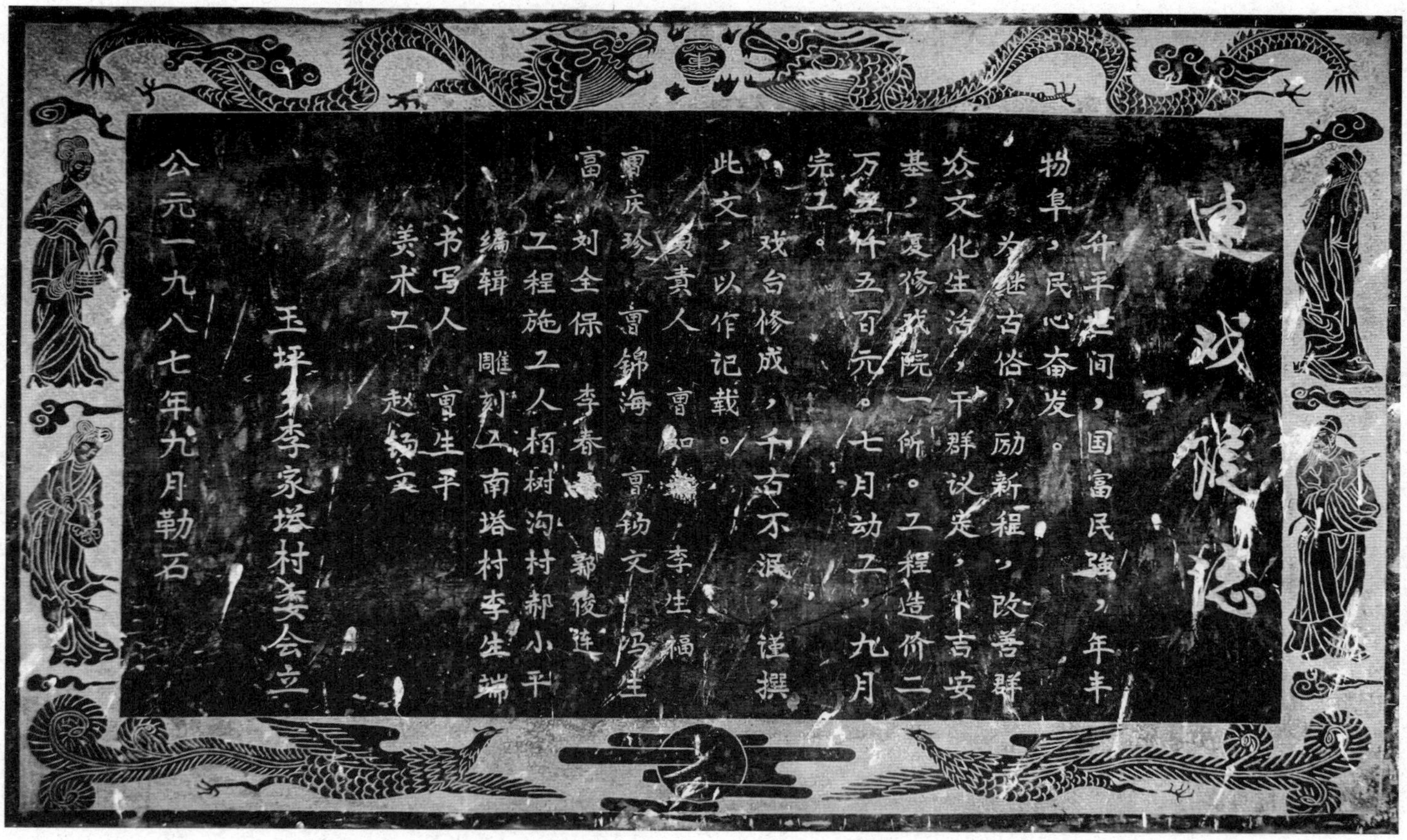

建戏院志

【简介】

1987年9月勒石。现存于临县玉坪乡李家塔村，嵌于墙内。碑砂石质，长方形，高87、宽130厘米。碑文楷书，正文9行，满行14字。记载李家塔村修戏院之事。保存完好。

【碑文】

建戏院志

升平世间，国富民强，年丰物阜，民心奋发。为继古俗励新程，改善群众文化生活，干群议定，卜吉安基，复修戏院一所。工程造价二万五千五百元。七月动工，九月完工。戏台修成，千古不泯。谨撰此文，以作记载。

负责人　曹如光　李生福　曹庆珍　曹金海　曹锡文　冯生富　刘全保　李春平　郭俊连

工程施工人　柏树沟村郝小平

编辑雕刻工　南塔李生端

书写人　曹生平

美术工　赵锡文

玉坪乡李家塔村委会立

公元一九八七年九月勒石

复修真武观碑记

【简介】

1988年2月勒石。现存于临县丛罗峪镇真武山上。碑砂石质，圆首，高210、宽95、厚厘米。碑阳额题“万古流芳”4字。碑文楷书，正文8行，满行31字。记载丛罗峪复修真武观之事。碑阴为施舍人及协助人花名。现保存完好。

【碑文】

（碑阳）

碑记

稽此真武之观，乃明代永乐年间始建也，系本县古迹之一。斯时楼阁亭殿俱新辉煌，出檐挑角，古雅灵奇，彤砖碧瓦，耀眼夺目，浮雕石刻，引人入胜，全貌别具风采，气势宏伟壮观。数百年来，瞻仰者川流不息，季春尤盛，临其境颇感心旷神怡，无不嘉奖也。随之光阴流逝，风云变幻，所憾者外寇入侵，此观被毁，实令人惋惜矣。欣逢盛世，倡导文明新风，装点名山胜迹，亦属利国益民之事也，且国法有章，策遂人愿，安能不复哉。丁卯仲夏复修兴工，晋秦仁者见义勇为，或捐资、或献物、或运筹、或效力，致首期工程仅数旬而告竣。今铭著于石，以彰功德，且励后人，更期此观建筑日趋完善，翠柏相映，景胜于前。

文管组　贺汝廉　王思德　李玉山　王裕世　王瑞生　王银后　王春富　賀乃平

经领组　王进世　王玉生　王立后　賀哲熙　王进熙　王建安　王貴昇　高克普

信士　王治才　王绳宝　賀承烈　王玉祥

雕刻　李守武　李平喜

撰书　王引魁　刘万省　王汉书

公元一九八八年岁次戊辰仲春立

（碑阴）

各村施舍30元以上者及协助人花名

丛罗峪2394元　王治财150　王秉义100　王爱生100　贺德熙100　贺承继60　王五汝60　高克普50　王继平50　王德祥50　李玉山50　贺建熙50　王云奎50　王恩德50　王素喜50　李时义50　王玉奎40　王顺义35　王裕世30　贺林益30　王唤德30　王保生30　王世龙30　王德禄30　王凤林30　贺汝廉30　王成奎30　李丕世30　王玉源30　王建荣30　贺承魁30　贺启栓30　李称福30　王晋山30　贺承烈30　王玉宝30　王全世30

小腿沟1551　贺运熙1000　王进旭100　王树艳60　王春富30　王乃保30　王进禄30　王海龙30　王改成30

葫芦旦252　贺乃平50　王玉祥35　王牛驹30

页岭上248　高二有协助　高喜顺32　高杜秀30　高平则30　高三有30　高绳恩30

陕西南山206　李守武68　李守通40　李平喜32

天洪244　白耐喜80　白侯世30

杨家坡222　王占珠协助　王�喜协助　刘喜富30　王继平30　王廷荣30

郭家塔200　郭炳连100　郭贾儿协助　郭德斌30　郭九林30

郭家山204　李文徐32

刘家山238　刘改喜协助

洪崖窳153　马玉厚协助　王玉奇30　王玉斌30

芦子沟751　郭德夫协助　郭德林30　郭德夫30

萬古流芳

碑記

稽此真武之观迺明代永乐年间始建也系本县古迹之一斯時楼阁亭殿俱新輝煌出檐挑角古雅灵奇彤磚碧瓦耀眼夺目浮雕石刻引人入胜全貌别具風彩气势宏伟壮观数百年来瞻仰者川流不息李春尤盛临其境頓感心旷神怡无不嘉奖也随之光阴流逝風云变幻所憾者外寇入侵此观被毁实令人惋惜矣欣逢盛世倡导文明新風装点名山勝迹亦属利國益民之事也且國法有章策遂人愿安能不复哉丁卯仲夏复修兴工晋秦仁者見义勇为或捐資或献物或运筹或效力致首期工星汉数旬而告竣今铭著于石以彰功德且励後人更期此观建筑日趋完善翠柏映景胜於前

文 賀汝康 王瑞生 经 王进世 王进熙 王治才 李守武 撰 王引魁

管 王思德 王银后 王玉生 建安 信 王绳宗 雕 刘万省

李玉山 王春富 領 王立后 王贵昇 賀承烈 刻 李平喜 书

组 王裕世 賀乃平 组 賀哲熙 高克普 士 王玉祥 王汉书

公元一九八八年岁次戊辰仲春立

陕西王家塔 146　冯永茂协助　冯秉升 30
柏岭集 145　李文彪 50
堡子峪 144
王家庄 142　贺绳旺协助　郭继生协助　郭保启 30
下冯家山 139
大王家塔 159　王锡林协助　王益民 30
杨家山 188　郭锡权协助
瓦窑塔 89
麻塔 77
上冯家山 66
小王家塔 60　王春喜协助
陕西龙王庙 58　冯永彰协助
陕西新窑 50　杨志林协助
陕西碛头 47　杨来喜协助
陕西水井畔 46　任进贤协助
陕西石畔上 45　任贵文协助
兴仁里 42　贺承嘉协助　杨生贵协助
刘家塔 40　刘兴照协助
陕西麻坪 37　冯守全协助
庄头 34
王家岭 34　王文明协助
马家山 34　页岭窳 34　寨沟 33
陕西张家塔 31　任进东协助
下峁 26　西山峁 25
陕西马乃畔 22　杨治元协助
寨上 20　店墕 19
陕西李家山 19　任尚厚协助
陕西庙墕 18　冯永安协助
陕西和山 15
寨子沟 90　王恩庆协助
丛罗峪王趍奎 30　王世珍 30
义务施工　郭海定　王春林　王书财　王爱庆　王玉照　王玉平　王奴全　王时旭
刘家山刘裕忠 90　郭家山李成荣 30　陕西李守武协助
陕西新窑贺承志 30　陕西龙王庙冯明纯 30　贺启玉 30

补修寨则凤凰山共天寺记

【简介】

1988年2月勒石。现存于临县大禹乡张家圪垯村。碑砂石质，圆首，高142、宽63、厚14厘米。额题“千古不朽”4字。碑文楷书，正文3行，满行45字。记载补修凤凰山共天寺之事。保存完好。

【碑文】

補修寨则凤凰山共天寺記

此山在村东南，山四周险，顶平，曰凤凰形。上有窑，下有洞门，四周八百米長，供奉神君观音、关圣、龙王、青龙、风神、蚆蛾、瘟神，外供天地、真武、土地之神。公元一九八二年造林，担水育苗，栽培松柏、榆槐等树，山下村对面栽培松柏林等树。庙上所属，全村保护，不能砍伐，山景之林，万古长青，流芳后世。

石匠　慕汝光　慕秀德　慕明元　慕根勤　慕玉勤　慕有照　張福顺　張岀顺　張应务　張照明　張談有　張栢顺　張乃保　胡富桂胡俊桂

木匠　刘甫勤　刘应万　刘旭亮　刘旭昇　張永生　張永林　張永杰　張润德　張永德　張深德　張明宇　張明俊　張明杰　張福生　赵平則　赵存美　赵晋美　赵文治　赵维东　赵新照　赵談狗　張尤照　張尤平　張元平　張計順　張全照　張旭先　張矦談　張国平　張平顺

泥匠　張茂槐　張茂彬　張生寿　張应禄　張談勤　張旭珍　張尤敞　張积美　張談亮

水刷匠　汾阳县张栓保　孝义县温落成　张談平

小工　中都寨張如义　張二小　张改何　張宗美　張喜貴　圪台上刘兴润　刘有全　佛堂峪刘新平

鉄匠　合村男女老少等　张談照舍铁圈二年

金洗工　张恩来修钟二个

舍物　胡富贵水泥廿带　胡来德门窗料一架　胡明贤漆二斤半　胡才美树一枝　胡平则漆二斤　胡旭明铁□　張应昌油二斤　張生满旗杆廿六　張树敞石碑二块　張岀順石方□百　張应高寿（兽）二个　張万敞自留地二分　張勤元钟料二个　胡俊桂碑礅　胡佰桂砖二百　胡明恩窗镜二块　胡明照脊四个　張茂□　張茂德　張茂桂脊寿（兽）　慕汝光香纸盆一个　慕凤翅甲十米水管一条　張世泽拉碑墩一块　張明元修碑墩一块　安业村秦生荣石条四根　大后沟张全勤水泥柱二根　后小峪郝金顺核桃二百　佛堂峪刘恩河香炉一个　刘建平灯笼一对

经理人　張茂美　張孟祥　張茂代　張富美　張德美　張文义　張臣美　張润祥

丹青　張明贤　張恩玉　張士务　張耀荣　張如義

刻字人　張润德

公元一九八八年戊辰二月中十三甲申日谷旦

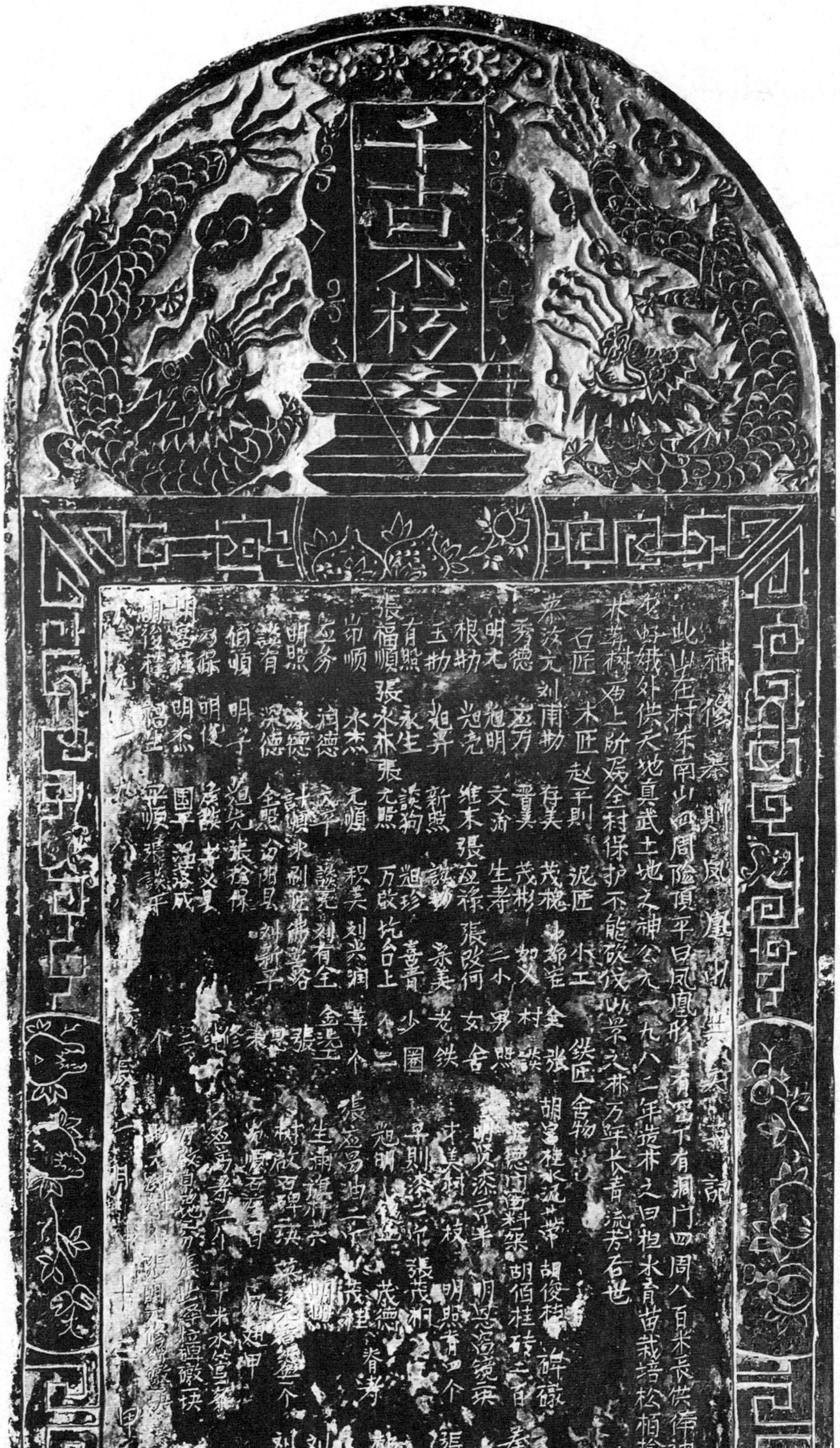

重补建凤凰山共天寺碑记

【简介】

1988年2月勒石。现存于临县大禹乡张家圪埪村。碑砂石质，圆首，高143、宽63、厚13厘米。额题“流芳千古”4字。碑文楷书，正文9行，满行41字。记载张家圪埪村补修共天寺之事。保存完好。

【碑文】

重补建凤凰山共天寺碑記

从来剏庙設詞（祠），首重往者以开来，犹赖来者以继往。不有往者以开来者，无所用其谋；不有来者以继往，则往者无所显其功。故莫为之前，虽美弗彰；莫为之后，虽盛弗传。即为我张家圪埪旧建共天寺创自战国时期，由来古矣，巍巍乎诚期民之保障，亦一乡之巨观也。但历来久远，风雨剥落，寺容摧残，圣像倾圮，里人每欲重建，奈力薄身忙，总理乏人。延及民国十八年，寺容尽颓。于是众议佥曰：致入增其旧，致遂来者有张仲祥、张茂忠等人，因众举，欣然就是，指募微修。既后村人张义美、张孟祥、张茂义等人，奉前人之成规，夙夜匪懈，惮一己精神，带村民朝不计夕，于一九八零年间起架兴工，十一月工程竣工。计其本村外村泥木石铁水刷以建成。又于八五年四、五月间，丹青美化，会寺容更新，乡里敬慕其功德，不在前人之下，里人不欲掩没其功，而勒石以志之，以垂不朽。幸后日之好善乐施者，同解金囊助之，法前人之法，启将来之绪，树继往开来之志云尔。

杜家岭吕增珍敬书

舍钱花名　大后沟20元　圪台上4元　張談兒31元　張树敞25元　張恩玉24元　張凤祥27元　張茂义20元　張明贤18元　胡富桂17元　胡栢桂17元　（8人略，各10元）（45人略，4至15元）

杜家圪垛杜勤宋30元　方山圪洞薛忠良20元　王家山王恩润16元　三交王斌其6元　前大禹秦有桂10元　侯家沟刘耀位　秦家圪埈秦秋旺6元　安业秦生荣6元　沙家墕刘汝福5元

公元一九八八年戊辰二月仲十三甲申日谷旦

刻字人　张润德

临县善庆寺碑序

【简介】

1988年3月勒石。现存于临县大禹乡善庆寺内。碑砂石质，圆首，高169、宽67、厚13厘米。额题“法轮常转”4字。碑文楷书，正文6行，满行43字。记载府底村重修善庆寺之事。保存完好。

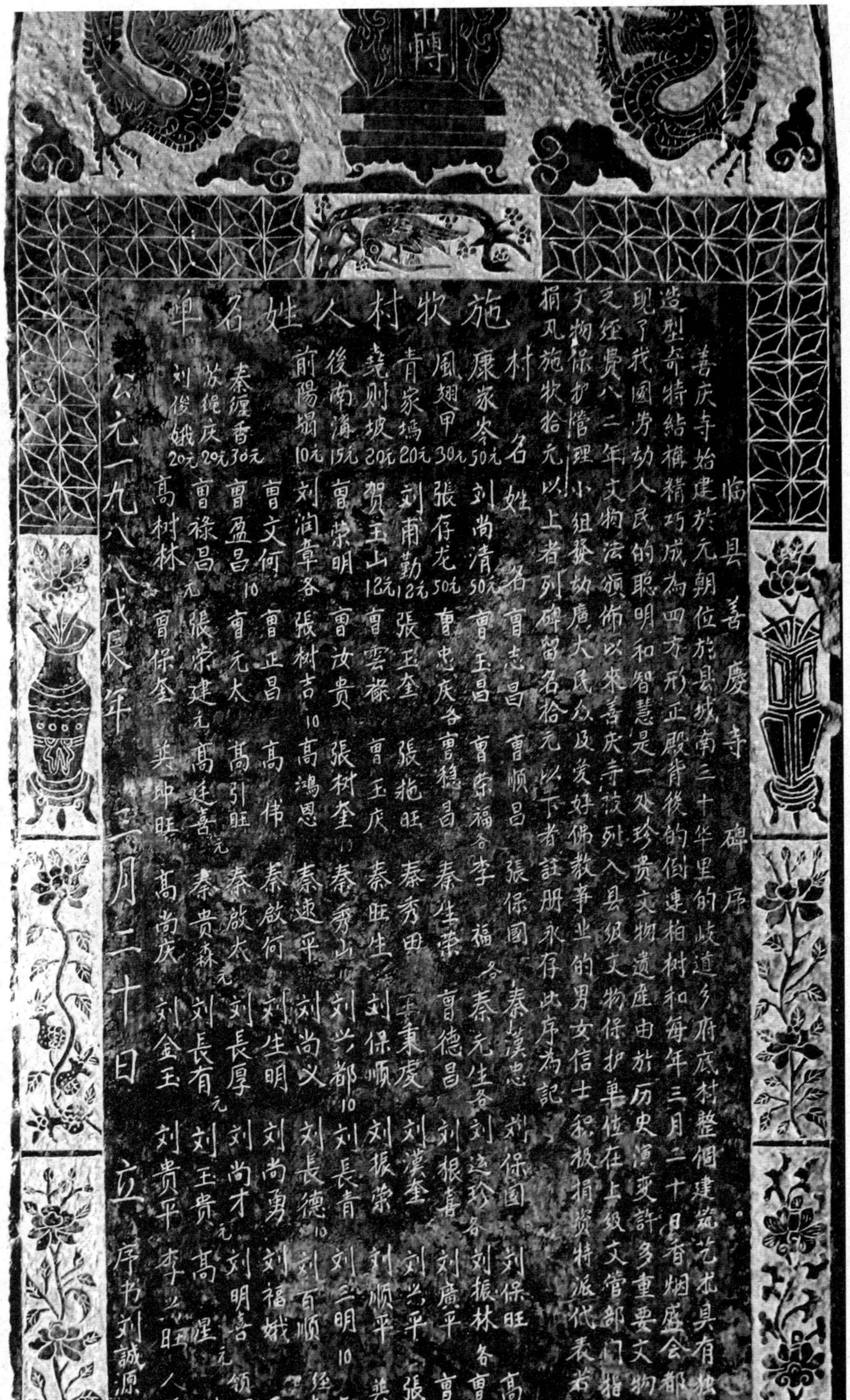

【碑文】

临县善庆寺碑序

善庆寺始建于元朝，位于县城南三十华里的岐道乡府底村，整个建筑艺术具有独特风格，主要建筑物的造型奇特，结构精巧，成为四方形。正殿背后的倒连柏树和每年三月二十日香烟盛会，都闻名于全县，充分体现了我国劳动人民的聪明和智慧，是一处珍贵的文物遗产。由于历史演变，许多重要文物全部破坏，欲想修复，缺乏经费。一九八二年文物法颁布以来，善庆寺被列入县级文物保护单位，在上级文管部门指导下，组成临县善庆寺文物保护管理小组，发动广大民众及爱好佛教事业的男女信士积极捐资，特派代表若干人前往本县境内募捐，凡施款拾元以上者列碑留名，拾元以下者注册，永存此序为记。

施款村人姓名名单　（略）

经领人　岐道刘尚义　府底曹玉庆　西沟贺芝明　胡公张崇龙　刘家圪垯刘志发　张家圪垯张茂义

序书　刘成源

石刻　秦修竹

公元一九八八戊辰年三月二十日立

卜家岩村重修神庙碑记

【简介】

1988年4月勒石。现存于临县白文镇卜家岩村。碑砂石质，圆首，高150、宽63、厚8厘米。额题“万世流芳”4字。碑文隶书，正文5行，满行52字。记述卜家岩村重修神庙之事。郭有明、刘生喜撰文。保存完好。

【碑文】

卜家岩村重修神庙碑记

盖闻前人所曰：造物生人，又赖群神。近年来，吾村人财两旺，安居乐业，乃重修上下神庙两座，增其旧制，从道光二十五年新建观音、龙王、龙天、山神、土地圣祠，又于同治五年、民国二十四年、公元1979年，神庙循旧捐资补葺，伏念惟神，自之后，祈祷有应，或寻声而救苦，或恤系民生，或施泽而润生，或驱豺狼潜踪，仰诸神庇荫，村运昌泰也。故本村合社民等捐资献力，陶瓷观音圣德一尊，其庙结构为钢筋水泥盖顶，沙灰砼铺地，青砖白灰筑墙，瓷砖色石镶面，样式新颖，遂得其观，则保佑四时太平、八方安宁，连日造筑完工，共成大事并施洋姓名新立神碑序耳。

郭有明　刘生喜谨撰

经理人　刘旺庆　刘明生　刘香富

功德施主　社家三百元　刘全海二百元　薛云昇二百元　薛俊启二百元　薛聪明二百元　刘明生二百元　薛光明二百元　刘旺庆二百元

捐资姓名　薛百武五十元　刘生喜三十元　刘应生五十元　刘国珍三十元　刘建军廿二元　刘香富廿元　刘长顺廿元　薛来唤廿元　刘怀有廿元　薛三旺廿元　刘光明廿元　刘凡喜廿元　刘有生廿元　刘文祥十八元　刘月平十六元　薛树林十五元　刘清喜十二元　薛贵平十二元　刘喜益十元　（37人略，各十元）　薛文福八元　張定中六元　刘怀文六元　薛芝有五元　（61人略，各五元）　祁闰生四元　（2人略，各四元）　薛喜旺三元　（5人略，各三元）　刘有旺二元　（8人略，各二元）　刘万元一元

泥匠　刘冬生　刘爱生　刘海顺　李俊生　刘喜益　刘老虎　刘庆昇　薛三旺　刘月富　刘乃全　郝正生

木匠　刘福　刘侯外　刘应　刘永珍　刘文祥　刘乃狗　刘拖元　刘秀全　刘乃平　张海涛

丹青　刘清元

电工　刘侯谈　临县赵金顺　绥德崔智来　敬刊

公元一九八八年四月十五日吉立

萬古流芳
下家岩村重修神庙碑记
盖闻前人所曰造物生人又赖群神近年来吾村人财兩旺安居乐业乃重修上下神庙兩座增其旧制从古道光二十五年新建
观音 龙天 龍王 山神 土地聖祠又於同治五年民国二十四年公元一九七九年神庙循旧捐資补葺伏念惟神自之
居祈祷有应或寻声而救苦或恤灾民生或施泽沃润生或驱豺狼潜踪仰诸神庇廨村迺昌泰也故本村合社民等捐資献力陶磃覌
音聖像一尊其庙結构為钢筋水泥盖顶沙灰泥凝铺地青砖白灰筑墙磁砖色石镶面拌式新颖遂得其覌則保佑四时太平八方安
宁速日造筑完工共成大事並施洋姓名新立神碑序耳 郭有明 刘生喜 撰
經理人
捐资姓名

人民舞台落成纪念

【简介】

1988年9月勒石。现存于临县刘家会镇许家峪村。碑砂石质，长方形，高80、长100厘米。碑文楷书，正文7行，满行12字。记载许家峪村人民舞台落成之事。保存完好。

【碑文】

人民舞台落成纪念

中华崛起，经济腾飞，许乡民庶，酷爱文艺，每逢娱乐，苦无场地。

全乡集资，政府料理，戊辰春始，重阳告捷，环山抱水，壮丽雄伟，

风高气旺，地灵人杰。活跃生活，皆大欢喜。谨撰斯文，以资铭记。

书记　马尚清

乡长　孙善文

经办人　文照

承建　许建平

匠工　张四四

撰文　王金明

书人　冯文孝

刻石人　南塔村李生端

许家峪乡人民政府

公元一九八八年九月九日立

重修碑记

【简介】

1988年12月勒石。现存于临县临泉镇东峪沟村东峪寺内。共二通，碑砂石质，圆首，高155、宽61、厚8厘米。第一通额题“重修碑记”4字，碑底题“纪念”2字。碑文楷书，正文3行，满行23字。记载重修东峪寺之事。第二通额题“纪念碑”3字。碑文刊刻全村施钱人花名。保存完好。

【碑文】

（第一通）

重修碑記

前人为之美弗彰，后人为其盛弗傳，故把年久风雨剥落尽坏的古庙重新修复，使神佛归宿，保合村安宁，将经手人出钱人姓名开列於左，铭留永存。

经理人　周眼元二百二十元　宋子明四元　刘爱德六十元　赵喜成五十元　刘生明五十元　宋光有二十二元　李满喜一百元　秦成锁五十五元　辛润生五十元　宋喜庆

合村施钱人　刘清泉一百五十元　宋生福一百五十元　宋文启一百五十元　李天命一百五十元　高宝民一百元　刘生财一百元　宋光喜九十元　任来顺八十元　任林庆七十二元　党清照七十 元　王成大八十五元　宋生贵八十七元　刘顺连六十三元　刘清正六十五元　任长海八十一元　刘珠峰六十元　高喜全五十五元　刘谈学七十二元　刘建文一百元　（32人略，20—50元）

石匠　燕勤发

木匠　刘秀瑜　宋学同

泥匠　宋生全　刘有荣　宋勤勤

泥塑　刘运真　张玉奇

公元一九八八年十二月吉日立

（第二通）

全村施钱人

刘清兰一百元　周眼元树一棵　宋子明绳二十条　刘乃贵树一株　宋三旺瓦三百　刘建宗敷衍根陆拾斤　宋光喜麦秸玖拾斤　刘兰云八十元　刘希贤七十元　王成大五十元　刘双喜麦根伍拾斤　（46人略，分别施10至40元）

公元一九八八年十二月吉日立

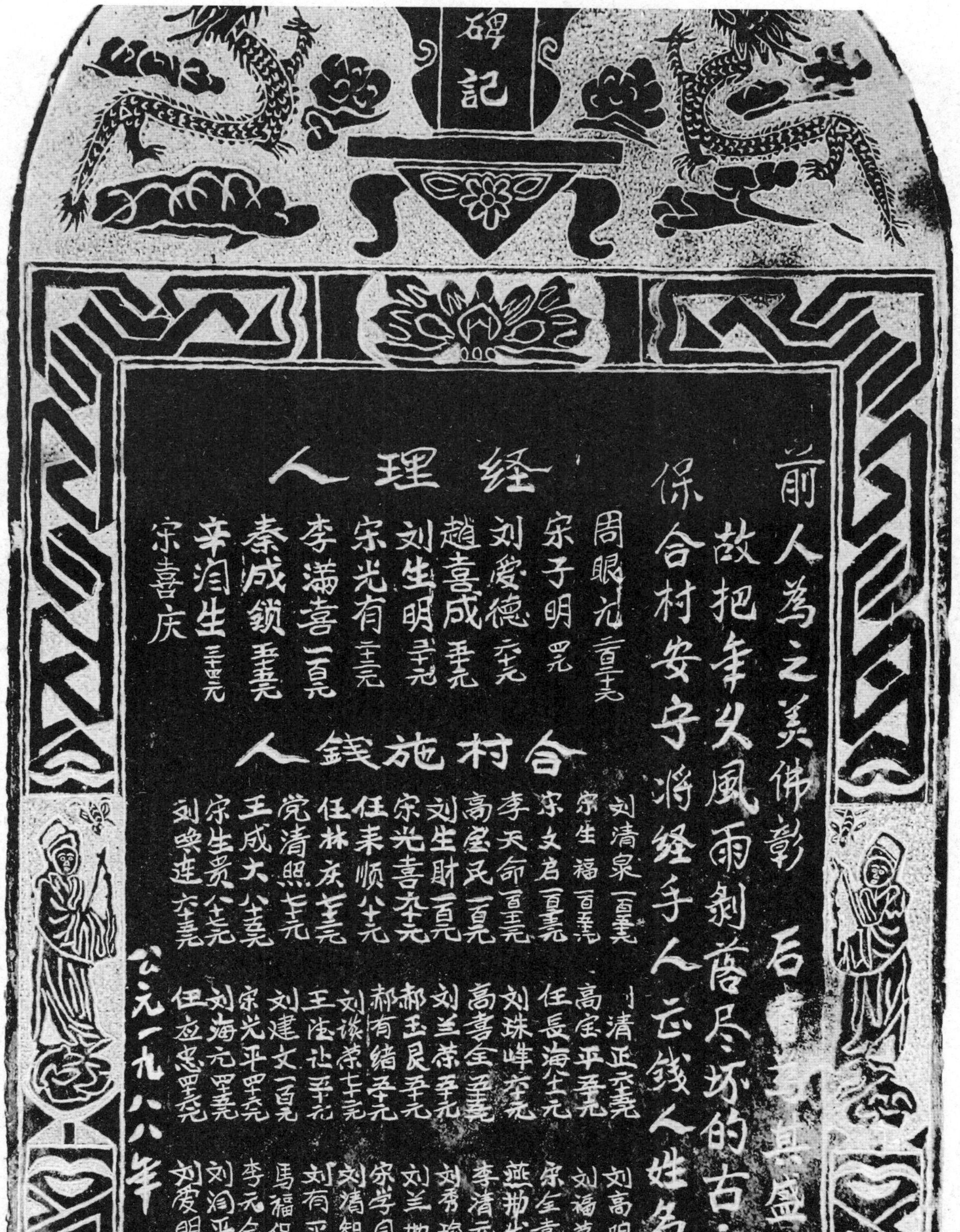
碑記
前人為之美佛彰 其盛佛傳
故把年久風雨剝落尽坏的古廟重新修复使神佛归宿
保合村安守将经手人云钱人姓名开列於左銘留永存
经理人
周眼光
宗子明
刘愛德
趙喜成
刘生明
宗光有
李滿喜
秦成鎖
辛润生
宗喜庆
合村施錢人
刘清泉
宗生福
宗文君
李天命
高星民
刘生財
宗光喜
任来顺
任林庆
党清照
王成大
宗生贵
刘唤连
清正
高星平
任長海
刘珠峰
高喜全
刘兰荣
郝玉良
郝有绪
刘谈荣
王注让
刘建文
宗光平
刘海元
任应忠
刘高明
刘福荣
宗全喜
燕勤发
李清元
刘秀瑜
刘兰勤
宗学同
刘清智
刘有平
馬福保
李元金
刘润平
刘爱明
李三元
杜元
王积树
秦克明
刘後生
刘四元
刘金驟
李四宝
刘还顺
宗福喜
宗喜庆
刘东元
刘希胜
石匠 燕勤发 刘秀瑜
木匠 宗学同 宗生全
泥匠 刘有荣 宗勤勤
泥塑 刘这真 張玉奇
公元一九八八年十二月吉日立
紀念

修献殿芳名碑

【简介】

1989年2月勒石。现存于临县临泉镇南塔村献殿，嵌于墙上。碑砂石质，长方形，高50、宽96厘米。碑文楷书，14行，满行7字。刊刻修献殿的有关人员。现保存完好。

【碑文】

修献殿芳名

经办人　李含有　李成美　李含才　李忠兴　李龙兴　李尚智　张建平　李当兴

工程设计　李生民

匠工　李庚勤　李三三

木工　李有仁

书刻　李生端

公元一九八九年二月十九日立

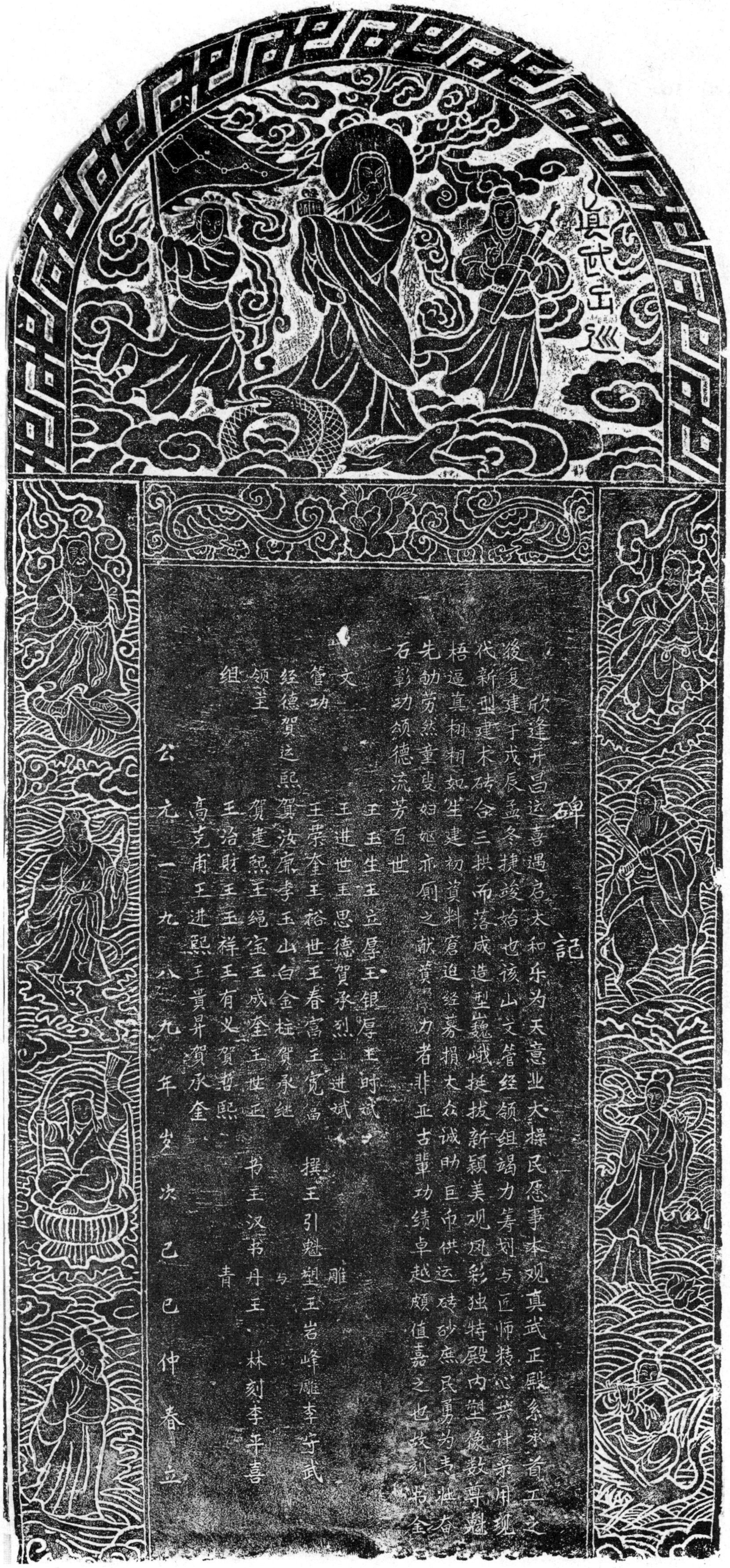

复建真武正殿碑记

【简介】

1989年2月勒石。现存于临县丛罗峪镇真武山上。碑砂石质，圆首，高210、宽93、厚12厘米。碑阳额篆“真武出巡”。碑文楷书，正文6行，满行28字。记载罗峪镇真武山复建真武正殿之事。碑阴刊刻各村施舍10元以上者花名。保存完好。

【碑文】

（碑阳）

碑記

欣逢开昌运，喜遇启太和，乐为天意业，大操民愿事。

本观真武正殿系承首功之后，复建于戊辰孟冬，捷竣始也，该山文管经领组竭力筹划，与匠师精心共计，采用现代新型建术，砖合三拱而落成，造型巍峨而挺拔，新颖美观，风彩独特。殿内塑像数尊，魁梧逼真，栩栩如生，建初资料窘迫，经募捐大众诚助巨币，供运砖砂，庶民勇为，青壮奋先劬劳，然童叟妇妪亦厕之献资黌力者，非亚古辈，功绩卓越，颇值嘉之也。故刻诸金石，彰功颂德，流芳百世。

文管经领组功德主　贺运熙

撰　王引魁

书　王汉书

雕塑与丹青

雕　王岩峰　李守武

刻　王林　李平喜

公元一九八九年岁次己巳仲春立

（碑阴）

各村施舍十元以上者及协助人花名

丛罗峪　贺启富 118　贺启福 116　贺启发 116　贺承奎 100　王爱生 50　李丕世 30　王顺义 30　王五汝 30　王有义　李玉山　王治才　王世龙　王增智　王国胜　贺汝廉　王思德　贺承继　王好贤　贺启玉　王德恭　贺哲熙　王忠永　李称福　王玉平　韩金贵　王金平　王进山　贺福熙　高振平　王田山　贺启栓　贺忠熙　王喜贵　贺承烈　贺启忠　贺承端　李玉喜　王建云　白能后　王贵升　王平世　以上各 20　王滋奎　王德录　王德祥　李玉生　贺凤林　王记明　贺奴儿　白乃生　高克晋　王玉中　王兴顺　贺建熙　王凤奎　高克明　白芝宽　冯世昌　王荣奎　王承奎　贺启斌　王趍奎　以上各 10 元

葫芦旦　刘水清 100　王秉连 12　王玉祥　贺乃平　王建平　王来据　王锦兰　王侯信　以上各 10 元

小腿沟　王进旭 20　王春富　王绳恩　王进世　王乃宝　王进禄　王清奎　以上各 10 元

杨家山　郭锡兴　郭锡久　郭友全　郭锡寿　郭锡勤　郭锡俭　郭锡全　郭宏芳　郭友文　郭友宽　郭友江　郭友应　郭乃平　郭兆元　郭兆荣　郭锡永　郭友桂　郭友谦　郭友泽　以上各 10 元

芦子沟　郭德林　白海兆　郭孝义　郭孝贤　郭富生　郭法锁　以上各 10 元

堡子峪　王明山　王廷祥　王乃宝　王朋义　各 10 元

下峁　张丙武 12　张平　张捧贵　张丙联　各 10 元

西山峁　李庆玉　李宏士　李庆亮　李玉平　各 10 元

天洪　白明智 22　白振杨 10 元

刘家山　刘治熙　刘嘉喜　各 10 元

郭家塔　郭乃贵 11　郭海宝 10 元　页岭上高绳恩　高三友　各 10 元　麻塔李思义 90　李进宝 10 元　马家山白玉云 10 元　柏岭集李久彪 10 元　红岩洼王成富 10 元　庄头李银爱 10 元　大王家塔王益民 20 元　刘家塔刘平生 10 元　碛口王继平 20 元　柏湾里康根庆 10 元　南山村李守武 40 元　麻坪村冯守府 10 元

协助人　麻坪村冯守府　南山李守武　郭家塔郭海定　葫芦旦王建平　杨家山郭锡久　郭友金　刘家山刘侯喜　刘学昌　刘家塔刘珍喜　刘贵熙　寨上王爱宝　小王家塔王玉生　大王家塔王思亮　王耀奎　堡子峪王廷祥　王家岭王文明　兴仁里贺承嘉　柏岭集李大富　寨 沟郭时亮　芦子沟郭孝贤　下峁张云贵　马家山白玉云　瓦窑塔李普一　李彪　麻塔李跟□　中庄李长富

重修观音寺序言

【简介】

1989年4月勒石。现存于临县兔坂镇庞村观音寺。碑砂石质，圆首，高146、宽60、厚8厘米。碑文隶书，计3行，满行15字。记载重修观音寺的过程。现保存完好。

【碑文】

序言

盖文天道之，今有观音寺修建工程浩荡，万人皆欢，四方君子齐应，敬神奉心，特于上碑，谢众之恩。

一百元　王福岐　王有桂　张志厚　高芝武　王生明　王立峰　王立元　王立明　王立平　王怀兵　高久堂　苗有喜　常支桂　张治全　王守岐　王守喜　贺生明　柴旺桂　柴生录　张加堂　张加成　王生堂　王生富　王玉小　王东平　王高平　王生锋　王生荣　王临艮

五十元　（23人略）

四十元　（21人略）

总经理人　王立平

经理人　张治全　王福岐　苗有喜　张保录　吕桂地　高继平　张志后　王有桂　吕立生　高李明　高材则　王怀兵

外经理人　王守岐　高继平　王立桂　王向支　张保胜　张买生　王生金

丹青人　张芝杰　高继平　王生峰

公元一九八九年四月八日

三交复修南山寺碑记

【简介】

1989 年 4 月勒石。现存于临县三交镇南山寺。碑砂石质，圆首，高 146、宽 61、厚 8 厘米。额题“流芳千古”4 字。碑文楷书，正文 6 行，满行 48 字。记载三交镇复建南山寺之事。保存完好。

【碑文】

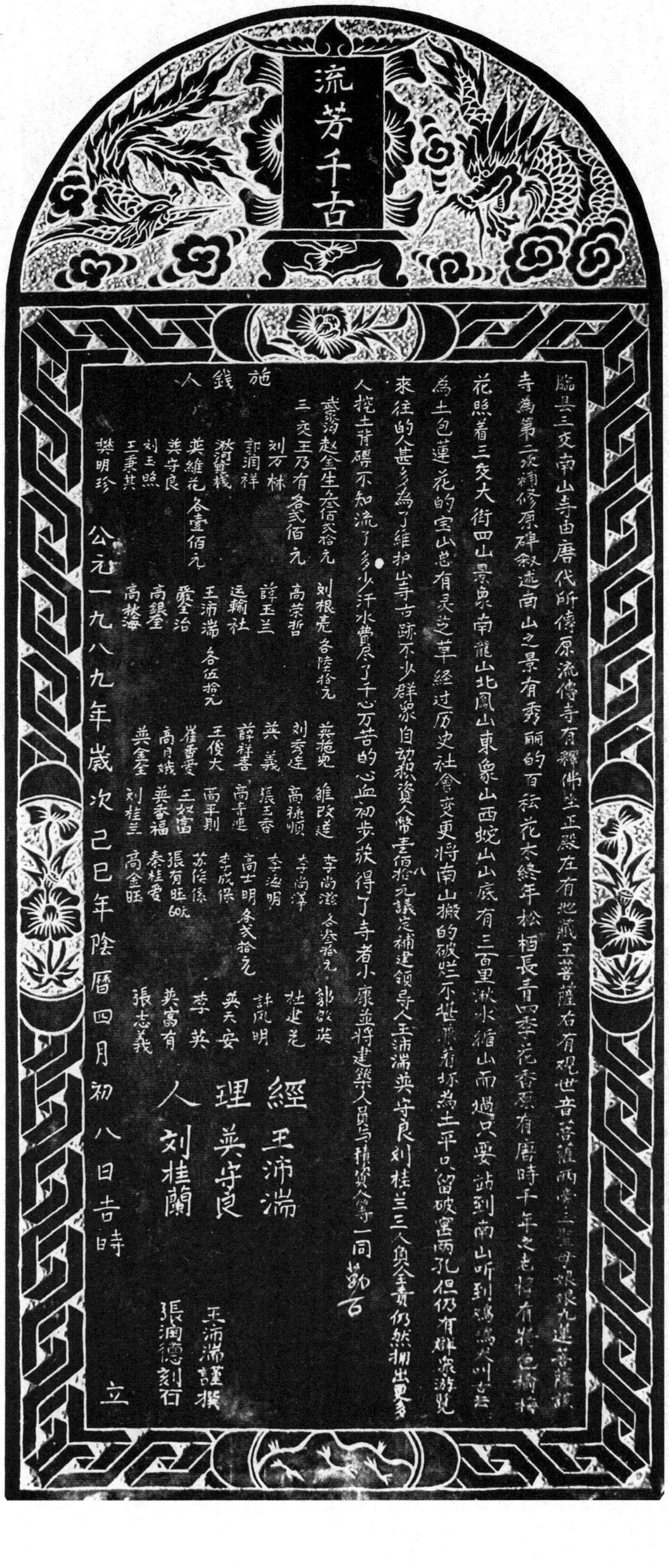

临县三交南山寺由唐代所传，原流传寺有释佛坐正殿，左有地藏王菩萨，右有观世音菩萨，两旁山圣母娘娘、九莲菩萨。该寺为第二次补修，原碑叙述，南山之景有秀丽的百种花木，终年松柏长青，四季花香。原有唐时千年之老椁，有特色榆梅花，照着三交大街，四山景象，南龙山、北凤山、东象山、西蛇山，山底有三百里湫水循山而过，只要站到南山听到鸡鸣犬叫，古云为土包莲花的宝山，总有灵芝草。经过历史社会变更，将南山搬的破烂不堪，简直坏为土平，只留破窑两孔，但仍有群众游览。来往的人甚多，为了维护山寺古迹，不少群众自动集资人民币壹百捌拾元，议定补建。领导人王沛湍、樊守良、刘桂兰三人负全责，仍然涌出更多人挖土背砖，不知流了多少汗水，费尽了千辛万苦的心血，初步获得了寺者小康，并将建筑人员与集资人等一同勒石。

施钱人　武家沟赵金生叁百贰拾元　三交王乃有二百元　刘万林　郭润祥　湫河货栈　樊维花　樊守良　刘玉照　王秉其　樊明珍　各壹百元　刘根亮陆拾元　（7 人略，各 50 元；17 人略，各 30 元；15 人略，各 20 元）

经理人　王沛湍　樊守良　刘桂兰

王沛湍谨撰

张润德刻石

公元一九八九年岁次己巳阴历四月初八吉时立

神峪塔补修关帝庙碑记

【简介】

1989 年 7 月勒石。现存于临县大禹乡神峪塔村。碑青石质，圆首，高 172、宽 63、厚 8.5 厘米。额题“流芳千古”4 字。碑文楷书，正文 2 行，满行 27 字。记载神峪塔村补修关帝庙之事。保存完好。碑阴刻 1996 年碑文。

【碑文】

吾村原有山神、五道之庙，十年动乱之中被毁，八九年全村商议，愿投工献料，重新修复，并补修关帝一庙，现已竣工，有关事宜碑记于后。

经领人　刘荣耀　刘德旺　刘兴昌　刘荣成　刘启平　刘有成　刘富生　刘奴照　刘旺生　刘之顺

施钱人　（89 人略，1—5 元）马伟明六元　刘应有六元　南沟薛成练二元　王宝宝六元　刘守林十元

雕刻　刘永忠　刘永明

撰字　刘全禄

匠人　刘继有　刘应平　刘芝清　刘学耀

公元一九八九年七月谷旦日立

重修扶济大王庙碑志

【简介】

1989年9月勒石。现存于临县临泉镇柏火墕村。碑砂石质，圆首，高132、宽55、厚9厘米。额题“千古碑记”4字。碑文楷书，正文4行，满行30字。记载复修大王庙之事。保存完好。

【碑文】

重修扶济大王庙碑志

本庙系郭家岔、泥沟、白虎墕、王家畔、任家墕、王家塔六村合建，因年久失修，破旧不堪，而今政通人和，百废俱兴，民庶勇跃，投资献工，复修庙宇，谨将芳名列后。

功德主　高殿武　任志贵

经领人　高银全　高殿文　高缊唤　高殿汉　贺启峰　赵学义　王全林　王香奴　高国喜　李泽安　李宝生　高清峰　任绳庆　张占爱　季生荣

施钱人　高百其一百元　王胜材一百元　高補材五十元　高清义五十元　刘志荣四十元　李三平四十元　高建平四十元　王唤旺四十元　赵引儿三十元　高润生三十元　尤俊花三十元　高建峰三十元　高学武三十元　赵学记三十元

爵禹　李应河

匠工　刘侯圪旦　刘全民

泥塑丹青　王振亮　王建林

木工　李有旺

刻石　李生端

公元一九八九年九月开光吉立

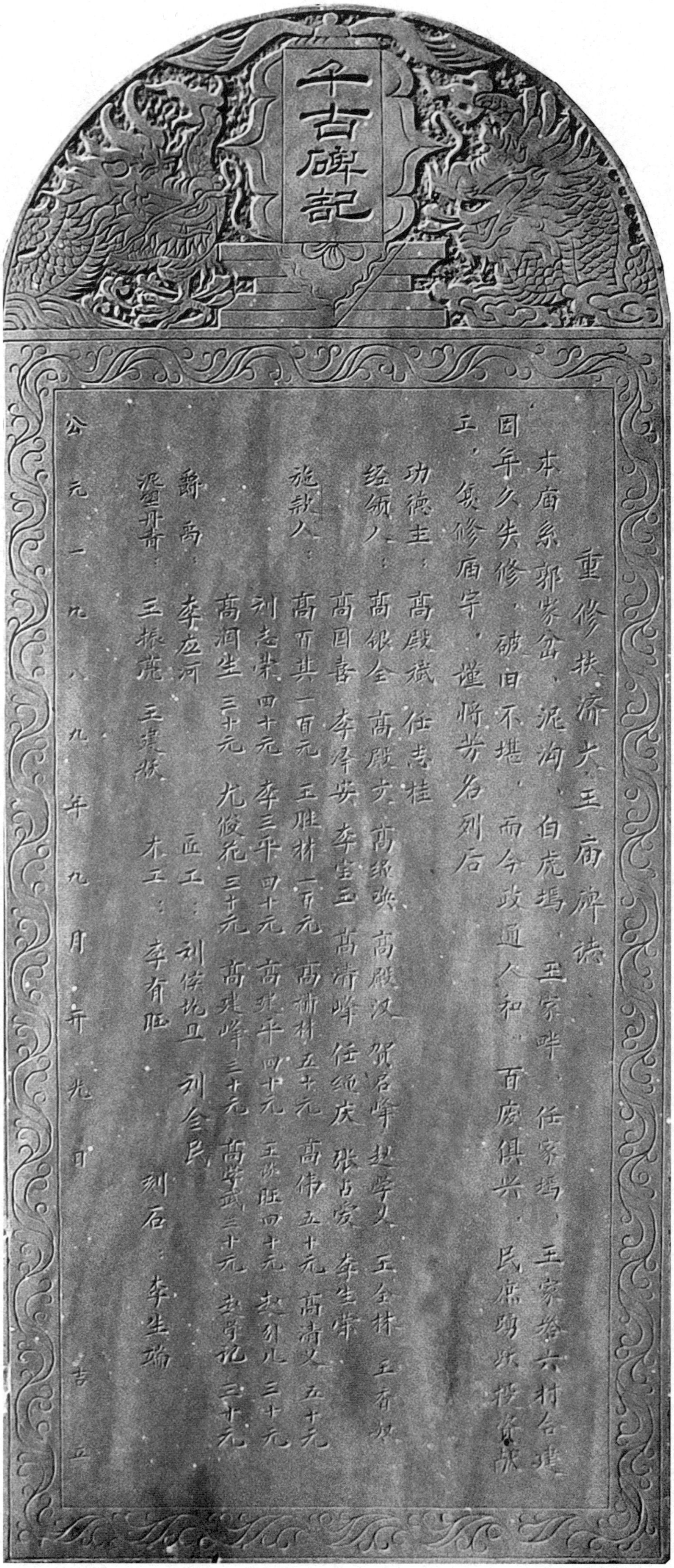

刘万山墓碑

【简介】

1990年清明节勒石。现存于临县丛罗峪镇刘家山村西。碑青石质，圆首方座，外砌护窑，碑身高130、宽56厘米。额题“流芳千古”4字。碑文楷书，计12行，满行21字。现保存完好。

刘万山（1908—1986），山西临县丛罗峪镇刘家山村人。1940年3月加入中国共产党。1940年秋，任丛罗峪区瓦窑塔行政村秘书，1941年，任瓦窑塔行政村村长，1942年冬任临南县建设科科员，1943年秋，参加临南县举办的“减租减息”训练班，1945年4月，任临南二区区长，1946年，任临县八区区长，1947年，任十一区区委书记，1948年，任临县建设科科长，1949年任副县长。1956年任中共临县监委书记，直到1962年退休（后改离休）。1943年，出席了晋绥边区劳模会，受到毛泽东、周恩来等中央领导的接见，并荣获奖金（25元银洋）、奖状、劳模证章等。

【碑文】

祖考幼年扛长工，当牛做马熬冬春。39年秘密搞活动，40年入党为百姓。

晋绥劳模人尊敬，区长科长美名声。四八年任副县长，晚年病休返乡村。

显妣持家育子孙，茹苦含辛整一生。父德母爱胜春晖，碑志荣名千古存。

显考刘公讳万山（一九〇八—一九八六）显妣刘门贺氏（一九一九—一九八六）之墓

男开喜　守珍　定喜　维东　五喜　女润香　谈香　侯香　孙男亚军　利生　利平　利恒　利勤　小博　鹏飞　利军　孙女亚勤　亚群　亚荣　鹏云　鹏英　丽云

公元一九九〇年清明节立

张应官之墓位

【简介】

1990年3月勒石。现存于临县刘家会镇白家坂村，外砌护窑。碑青石质，圆首，碑身高135、宽61厘米。碑阳额题“流芳千古”4字。碑文楷书，正文计6行，满行27字。碑文记载了白家坂张氏先祖的来源。现保存完好。碑阴刊刻张氏世系。护窑楹联“祖功绵绵垂福泽，宗德恢恢布春光”，横批“承祀典”。

【碑文】

（碑阳）

张氏者，长盛里孝才都七甲人也，始祖讳张清，于元大德四年间由陕西西川征行百户来碾子墕居住，五世分利支祖张仲谦，移居碾子沟村，其下无考，又至世祖讳应官，于康熙中叶从任家山迁来白家坂定居，殁后卜葬于此，序谱十五世，相承为志，世亲宗系，伐石篆辞为碑，俾后世子孙溯本寻源。

张氏讳应官之墓位

公元一九九零年庚午三月初十日立

（碑阴）

（张氏世系略）

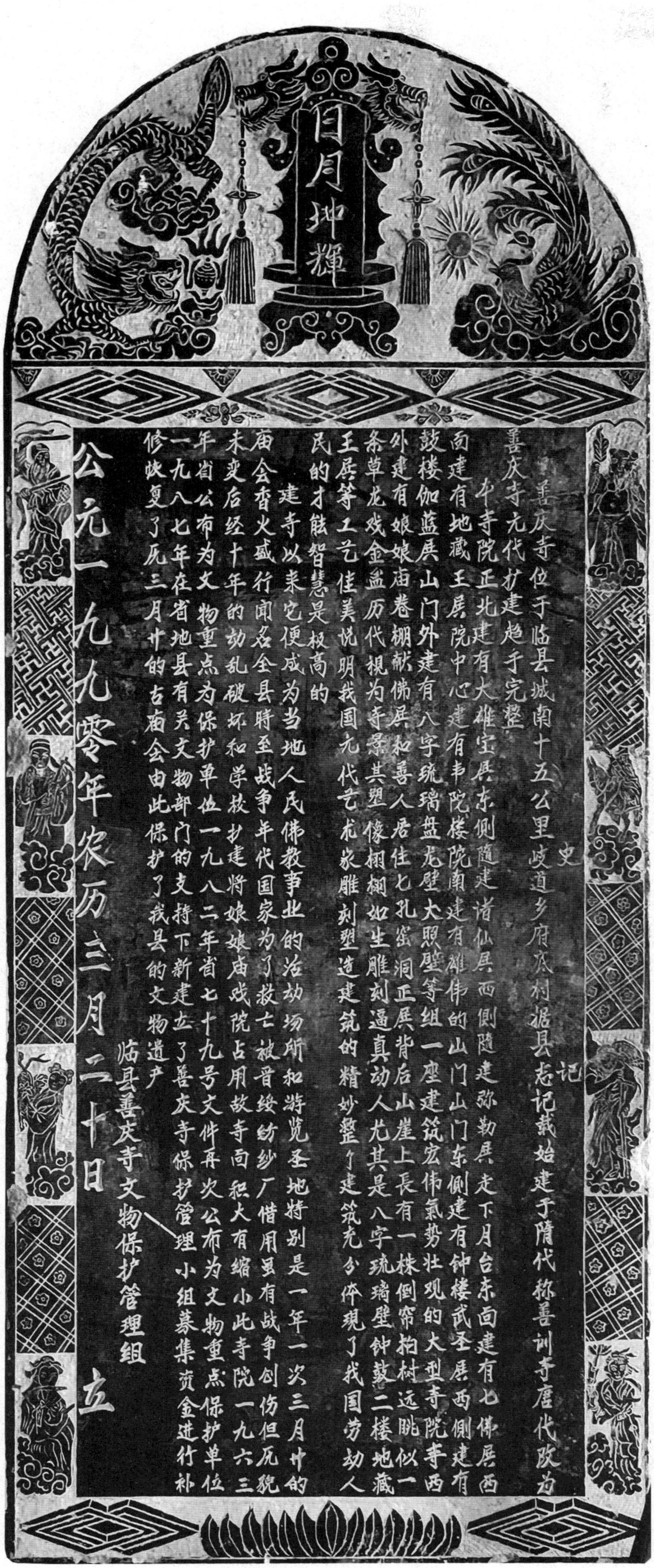

善庆寺史记

【简介】

1990 年 3 月勒石。现存于临县大禹乡善庆寺内。碑砂石质，共二通，均为圆首，高 167、宽 71、厚 12 厘米。第一通碑阳额题“日月增辉”4 字。碑文楷书，正文 15 行，满行 39 字。叙述善庆寺历史及修复情况。碑阴额题“万古留传”4 字，正文为献工花名。第二通碑阳额题“石镜永悬”4 字，碑文为布施花名。保存完好。

【碑文】

（第一通）

（碑阳）

史记

善庆寺位于临县城南十五公里歧道乡府底村，据县志记载，始建于隋代，称善训寺，唐代改为善庆寺，元代扩建趋于完整。

本寺院正北建有大雄宝殿，东侧随建诸仙殿，西侧随建弥勒殿。走下月台，东面建有七佛殿，西面建有地藏王殿，院中心建有韦陀楼，院南建有雄伟的山门，山门东侧建有钟楼、武圣殿，西侧建有鼓楼伽蓝殿，山门外建有八字琉璃盘龙壁、大照壁等，组成一座建筑宏伟气势壮观的大型寺院。寺院西外建有娘娘庙、卷棚献佛殿和善人居住七孔窑洞。正殿背后山崖上，长有一株倒帘柏树，远眺似一条草龙戏金盆，历代视为寺景。其塑像栩栩如生，雕刻逼真动人，尤其是八字琉璃壁、钟鼓二楼、地藏王殿等，工艺佳美，说明我国元代艺术家雕刻、塑造、建筑的精妙。

整个建筑充分体现了我国劳动人民的才能智慧是极高的。

建寺以来，它便成为当地人民佛教事业的活动场所和游览圣地。特别是一年一度三月二十的庙会，香火盛行，闻名全县。时至战争年代国家为了救亡，被晋绥纺纱厂借用，虽有战争创伤，但原貌未变。后经十年动乱破坏和学校扩建，将娘娘庙戏院占用，故寺面积大有缩小。此寺院一九六三年省公布为文物重点保护单位，一九八二年省七十九号文件再次公布为文物重点保护单位，一九八七年在省地县有关文物部门的支持下，新建立了善庆寺保护管理小组，募集资金进行补修，恢复了原三月二十的古庙会，由此保护了我县的文物遗产。

临县善庆寺文物保护管理组

公元一九九零年农历三月二十日立

（碑阴）

献工花名

城关　（3人略）

贺家沟　（3人略）

岐道村　（7人略）

圪台上　（1人略）

施钱人　府底村　西沟村　各壹百元　石匣村贰百元　刘振福（30人略，各10元）　临县纸板厂五十元　李俊成三十元　刘俊奴十二元　方山南庄郝贵斌十元　方山后庄赵有仁二十元

丹青　秦清平　李建昌　冯殿芳　李银顺献塑六尊佛像

撰写　刘全禄

雕刻　刘永明　刘永忠

经领人　曹玉庆　张存龙　贺芝明　刘尚义　张茂义　张树堂　刘志发

公元一九九〇年农历三月二十日立

（第二通）

维护善庆寺八七年至八九年捐款花名（略）

安家圪台修戏台碑记

【简介】

1990年7月勒石。现存于临县三交镇安家圪台。碑砂石质，圆首，高156、宽64、厚10厘米。碑阳额题“留芳百世”4字。碑文楷书，正文11行，满行39字。记述三合社修建戏台之事。碑阴为施钱人名单。保存完好。

【碑文】

（碑阳）

为碑记事。查杜家圪垛、安家圪台、泉王三合社，历年来搭台唱戏，既不方便群众，又有危险性，更重要的是花钱甚大，为此群众迫切要求，愿在困难的情况下，集资筹建一座完整的歌舞台。故于八九年三月选出高星、杜忠让、刘继明、杜汝斌、杜光明、刘荣奎、杜荣哲、杜乃清等八人负责筹建。为加强领导，顺利进行，增加助理八人，协理十一人开始筹建。会议决定，三社群众每人筹洋十元，杜家圪垛为一万二千元，安家圪台为四千元，泉王八千元，共筹洋二万四千元。群众自动捐助款一万三千九百六十六元一角九分，共筹资三万七千九百六十六元一角九分。捐款在二十元以上者刻碑留念，二十元以下注册永存。当即议定，杜百成情愿接资三万三千元、群众投人工七百二十个承包修建，高星负责监督，五月开始动工，九零年三月正式竣工。另因修建中下雨，道路损坏，又差小工二十六个，台上加修瓷砖，另补助承包人八百五十二元。另高星等六领导人花工太多，特补款九百八十元，支高承兰看地形洋六十元，支刻碑工资五百元，修台总造价为三万五千三百九十二元，净余二千五百七十四元一角九分，移交下任，以作后用。

特此碑记

总经领人名　高星

副经领人名　杜忠让　刘继明

经领人名　杜汝斌　杜光明　刘荣奎　杜荣哲　杜乃清

助理人名　张乃旺　杜玉清　张奇　杜候猯　杜贵生　杜士海　刘香则　杜有明

协理人名　杜金　高东旺　张东旺　白玉泉　赵来喜　高有顺　武全保　杜富生　杜凤长　刘来兆　康香媚

领工人　杜百成

碑文书人　张建生

刻工　薛进才

公元一九九零年七月一日

（碑阴）

（布施人名单略）

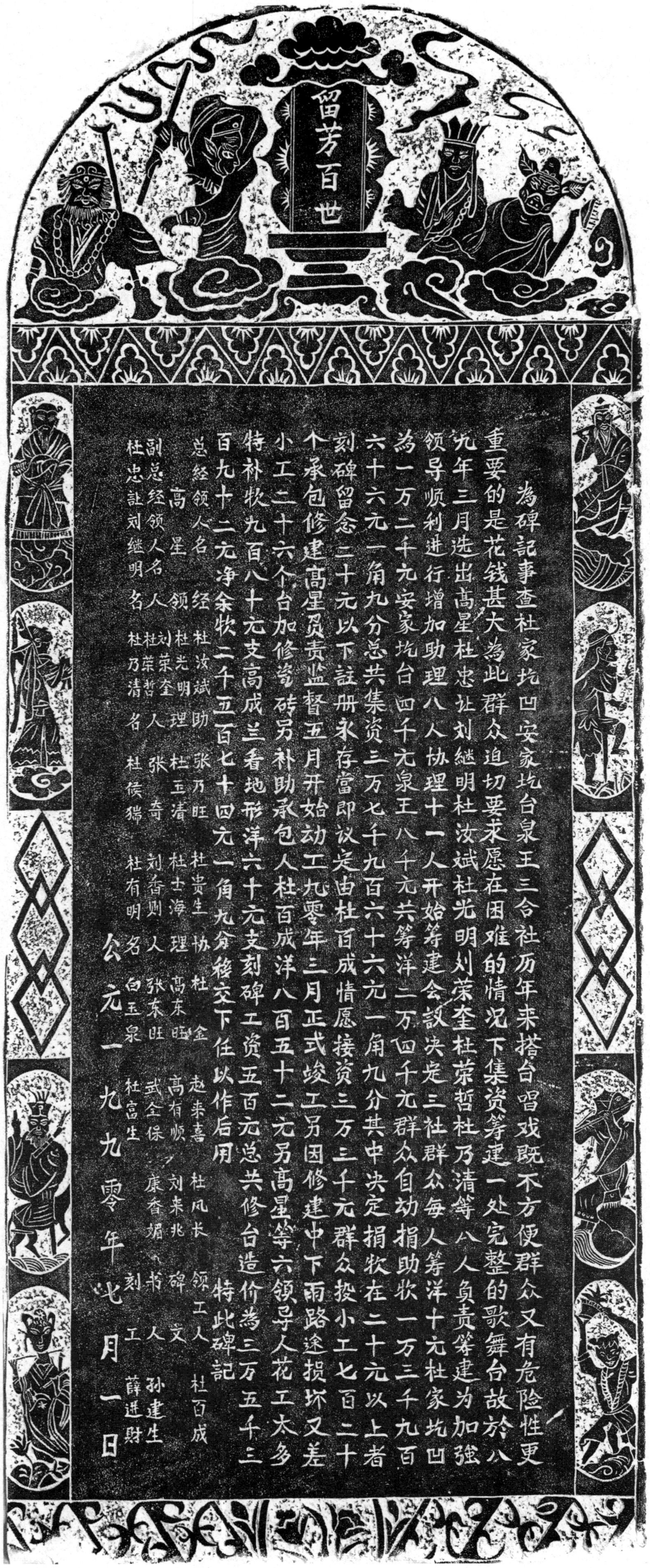

留芳百世

為碑記事查杜家圪凹安家圪台泉王三合社历年来搭台唱戏既不方便群众又有危险性更
重要的是花钱甚大為此群众迫切要求愿在困难的情况下集资筹建一处完整的歌舞台故於八
九年三月选出高星杜忠让刘继明杜汝斌杜光明刘荣奎杜荣哲杜乃清等八人負责筹建为加強
领导顺利进行增加助理八人协理十一人开始筹建会議决定三社群众每人筹洋十元杜家圪凹
為一万二千元安家圪台四千元泉王八千元共筹洋二万四千元群众自动捐助款一万三千九百
六十六元一角九分总共集资三万七千九百六十六元一角九分其中决定捐款在二十元以上者
刻碑留念二十元以下註册永存當即议定由杜百成情愿接资三万三千元群众投小工七百二十
个承包修建高星負责监督五月开始动工九零年三月正式竣工另因修建中下雨路途损坏又差
小工二十六个台加修瓷砖另补助承包人杜百成洋八百五十二元另高星等六领导人花工太多
特补款九百八十元支高成兰看地形洋六十元支刻碑工资五百元总共修台造价為三万五千三
百九十二元净余款二千五百七十四元一角九分移交下任以作后用 特此碑記

总经领人名 经 杜汝斌 助 张乃旺 杜贵生 协 杜金 赵来喜 杜凤长 领工人 杜百成
高星 领 杜光明 理 杜玉清 杜士海 理 高东旺 高有顺 刘来兆 碑文
副总经领人名 人 刘荣奎 杜荣哲 人 张奇 刘香则 人 张东旺 武全保 康香媚 书人 孙建生
杜忠让刘继明 名 杜乃清 名 杜侯猎 杜有明 名 白玉泉 杜富生 刻工 薛进財

公元一九九零年七月一日

西二干取水枢纽碑文

【简介】

1990年12月勒石。现存于临县白文镇故县河滩西二干渠首闸墩上。碑砂石质，方形碑，高150、宽54厘米。内容是西二干渠首工程建设碑记。碑文隶书，正文6行，满行28字。碑文完整，字迹清晰，碑体完好。

【碑文】

碑记

水，生命之源，不治害无穷，治则利倍增。

湫河干渠修建，几易指挥，渐扩大，效益高，而今再上马，三年基建二年完。西二干取水枢纽工程为本次项目之最，坝长108米，总工程量一万四千方，总投资五十五万元，总投工日一万八千个，设计标准三十年一遇，设计洪峰九百七三立方米/秒，设计效益四千六百五十六亩，于一九九〇年八月二十日开工，同年十一月十九日竣工。

设计单位　吕梁地区水利水保局勘测设计室

建设单位　临县湫水河灌区工程建设指挥部

施工单位　吕梁地区水利工程队

一九九零年十二月立

观音圣母庙重修碑记

【简介】

1991 年 1 月勒石。现存于临县安业乡后青塘村。共 2 通，均为砂石质，平首，高 126、宽 62、厚 6 厘米。第一通碑文楷书，正文 8 行，满行 40 字。记载重修观音庙之事。第二通碑文续记施钱人名单。保存完好。

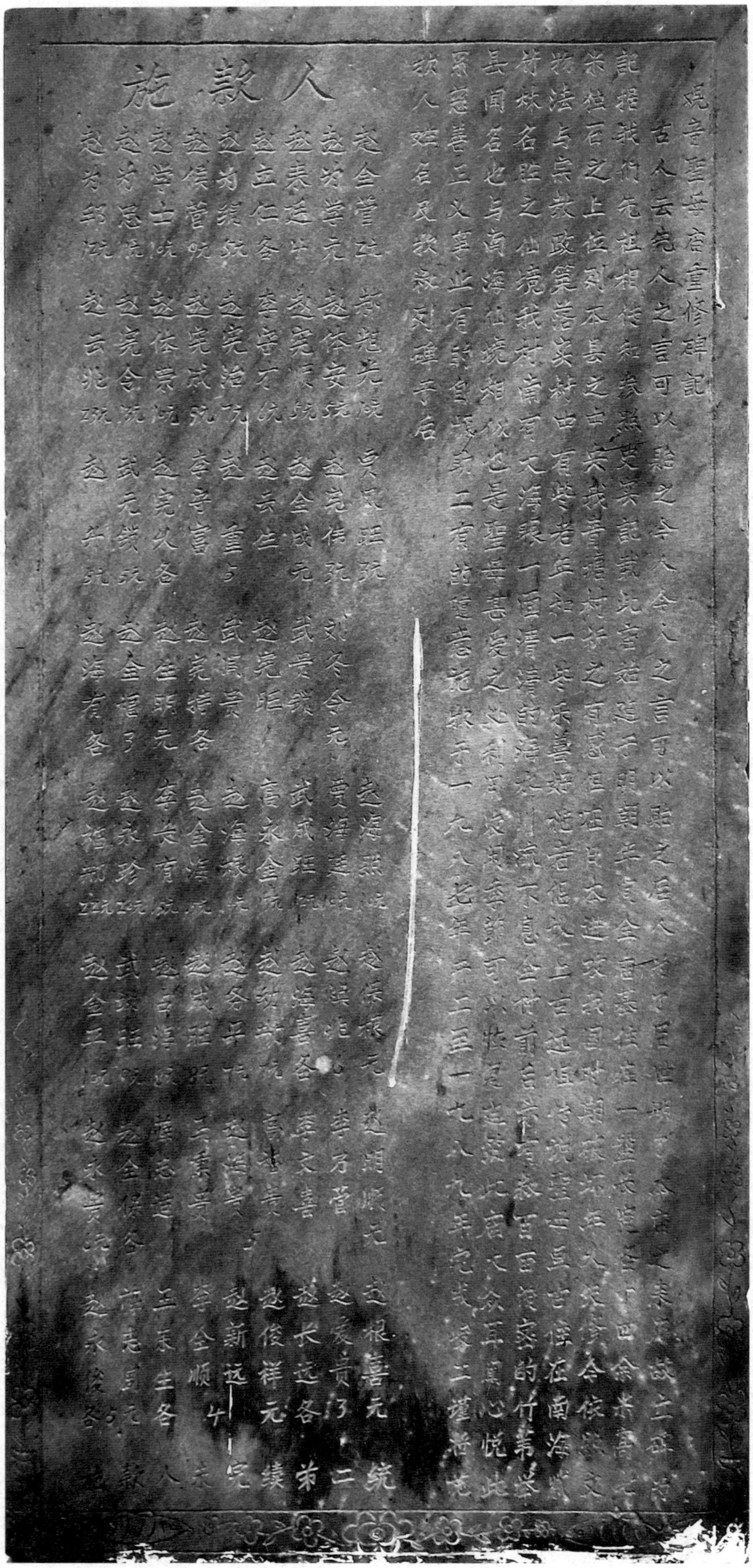

【碑文】

（第一通）

观音圣母庙重修碑记

古人云，先人之言可以贻之今人，今人之言可以贻之后人，为了后世明了本庙之来历，故立碑为记。据我们先祖相传和参照史实记载，此庙始建于明朝年间，全庙基座在一盘长宽各十四余米、高七米独石之上，位立本县之中央。我青唐村祈之有感，但在日本进攻我国时期破坏，年久失修，今依照文物法与宗教政策落实，村中有此老年和一些乐善好施者倡议，上古远祖传说圣母亘古住在南海紫竹林名胜之仙境，我村南有大海眼一面，清清的海水川流不息，全村前后也有数百亩茂密的竹苇，举县闻名也，与南海仙境相似，也是圣母甚爱之处。利用农闲季节，可以恢复，建筑此庙，大众耳闻心悦，此系慈善正义事业，有的自愿助工，有的随意施款，于一九八七年开工，一九八九年完成竣工，谨将施款人姓名及款数列于碑后。

（施钱人名略）

公元一九九一年农历正月初一日元旦敬立

（第二通）

（施钱人名略）

碛口张一题词碑

【简介】

1991年勒石。现存于临县碛口镇黑龙庙。碑青石质，平首抹角，高152、宽80、厚11厘米。碑文草书，正文2行，满行5字。为张一先生的题词。保存完好。

【碑文】

黄河流白雲，青龍卧古鎮。

辛未歲春　张一题

孙庆谦墓碑

【简介】

1991 年勒石。现存于临县白文镇白文村，立于护窑中。碑砂石质，圆首，高 112、宽 50 厘米。额题“千古”2 字。碑文楷书，正文 5 行，满行 34 字。保存完好。

【碑文】

显乾孙公讳庆谦坤刘子英合葬之墓

父生于一九〇六年十一月二十日，卒于一九九〇年六月初六日，享年八十五岁；母生于一九一一年六月一十九日，卒于一九八六年正月廿三日，享年七十六岁，二老是一九三八年参加革命工作，父任四川新都县县委书记，母任县妇联主任。二十余年后，离休于临县。

女儿孙巧燕叩首

公元一九九一年四月一日立

重修关帝庙正殿碑记

【简介】

1991年5月勒石。现存于临县三交镇正坡村。碑砂石质，圆首，身高131、宽59、厚10厘米。碑阳额题“石镜永悬”4字。碑文楷书，正文计12行，满行28字。记载重修关帝庙正殿之事。碑阴额题“流芳千古”4字，刊刻经领人、施钱人花名。现保存完好。

【碑文】

（碑阳）

重修关帝庙正殿碑记

关公名羽字云长，山西解县人，三国时蜀之名将，与刘备、张飞桃园结义，誓同生死。早年扫平黄巾有功，封汉寿亭侯。徐州战争失陷曹营，一十二年后来千里走单骑，终于回到了刘备身边。晚年坐镇荆州，城破被吕蒙部将马忠所获，坚贞不屈，与其子关平同时遇难。

公一生忠义，各地建庙奉祀，历代皇帝对其都有谥封。满清光绪封关帝为协天大帝，与孔夫子配庙并列，远至南洋和港台，凡有华侨聚居的地方，都有关羽的塑像。

三交正坡旧有关帝庙一处，传为明代所建，因年久失修，昔日壮观之貌早已不见，所留下的是断壁残垣，破砖碎瓦，杂草丛生，一片荒凉景象。为了不使古迹泯灭，经刘才兴、雒法旺等人积极筹建，于今年正月开工，修筑正殿，历时一月竣工。兹将资助二十元以上的姓名，刻石留念，以昭后人。

补叙：此正殿从开工至竣工，一切开支在内，总计约算五千多元。

公元一九九一年农历五月初八立

（碑阴）

经领人　刘才兴　雒法旺　高全旺　张德生　武锦山　姚清有　王乃虎　杜福旺　田林珍　刘汝安　刘福汉　白新启　刘三稳

施钱人　高王旭　高继元献钟一口　李喜平　雒荣明　王爱国　各80元　李候平　杨海卫　各70元　杜福旺60元　樊振平　刘玉广　各50元　薛峰　刘柱兰　樊天安　雒荣海　王乃虎　张继全　樊长荣　各40元　（7人略，各30元；43人略，各20元）　王珠保40元

严三平　刘保平　杜海生　献木工

张学民　张海平　献技工

三交撰文　樊启兆

佛堂峪村书写雕刻　刘永明　刘永忠　刘全栋

公元一九九一年农历五月初八立

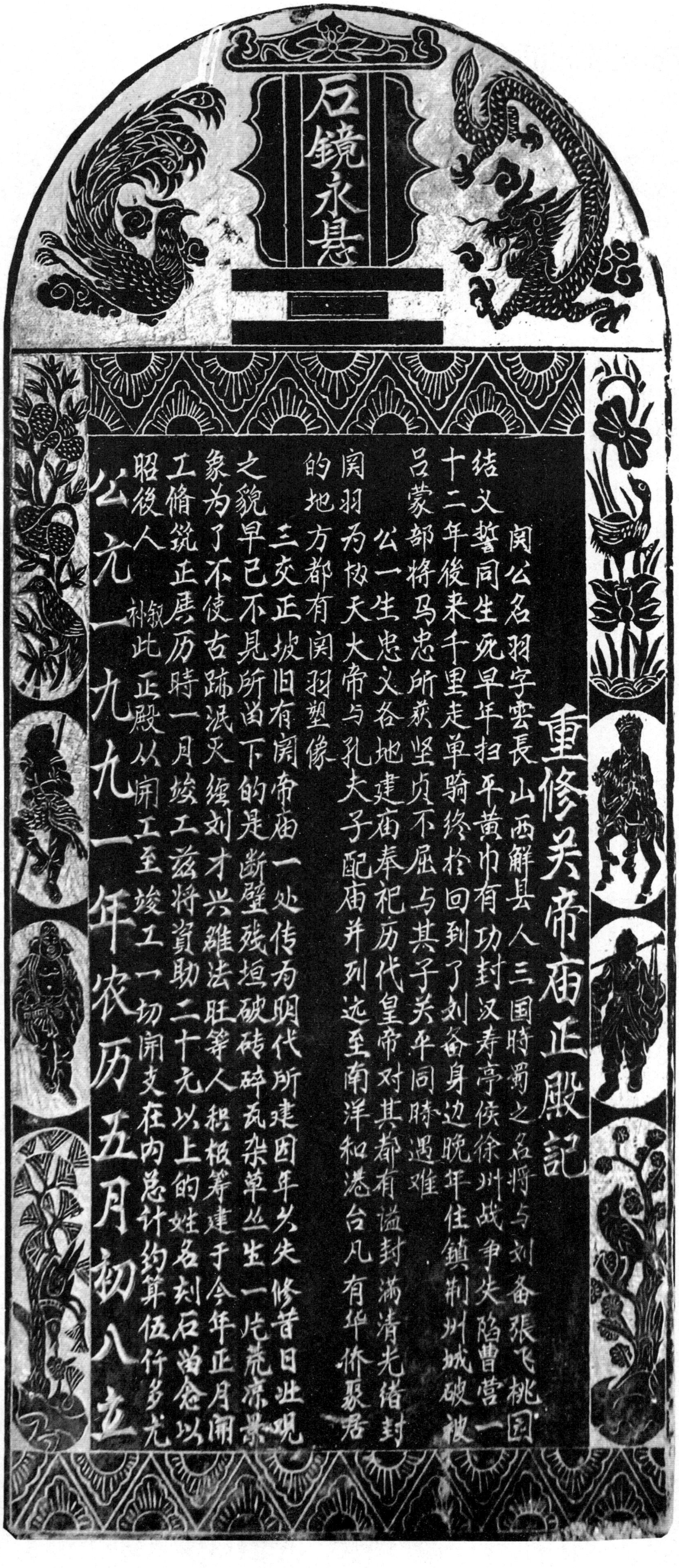

石镜永悬

重修关帝庙正殿記

関公名羽字雲長山西解县人三国時蜀之名将与刘备張飞桃园结义誓同生死早年扫平黄巾有功封汉寿亭侯徐州战争失陷曹营一十二年後来千里走单骑終於回到了刘备身边晚年住镇荆州城破被吕蒙部将马忠所获坚贞不屈与其子关平同時遇难

公一生忠义各地建庙奉祀历代皇帝对其都有谥封满清光绪封関羽为协天大帝与孔夫子配庙并列远至南洋和港台凡有华侨聚居的地方都有関羽塑像

三交正坡旧有関帝庙一处传为明代所建因年久失修昔日壮观之貌早已不見所留下的是断壁残垣破砖碎瓦杂草丛生一片荒凉景象为了不使古跡泯灭经刘才兴雒法旺等人积极筹建于今年正月開工脩葺正房历時一月竣工兹将資助二十元以上的姓名刻石留念以昭後人

补叙此正殿从開工至竣工一切開支在内总计约算伍仟多元

公元一九九一年农历五月初八立

维修黑龙王庙碑记

【简介】

1991年8月勒石。现存于临县碛口镇黑龙庙内。碑砂石质，圆首，高165、宽87、厚14厘米，额题“龙”。碑文楷书，正文计10行，满行44字。记载黑龙庙历史与维修之事。郭丕汉撰文，侯宁书丹。现保存完好。

【碑文】

維修黑龍王廟碑記

碛口乃黄河古渡码头，明清时商埠重镇，故前人有“小都会”之美称，而黑龙庙雄踞卧虎山巅，俯瞰黄河湫川，其地形险要，建筑雄伟，布局严谨，风格奇特。登山入庙，令人赏心悦目，陶醉于古色古香之中。俯视黄河古镇，又使人百感交集，顿生怀古之情，真可谓河声岳色，交晖相映。物阜民熙，人文会聚，故此不仅为本县重点文物保护单位，且为八方宾客游览胜境。

黑龙庙始建年代尚不可考，据庙内碑文记载，曾为清代雍正年间及乾隆二十一年、道光二十七年、民国五年先后四次增补修葺，遂具今之规模。然而年久失修，破烂不堪，个别建筑几近坍毁。为抢救这一珍贵文物古迹，县镇两级人民政府极为关怀重视并成立黑龙庙维修领导组，四出奔走筹集资金。一九八六年以来，山西省文物局先后两次拨款五万元，将庙内主要建筑分别进行维修重修，使之基本恢复原貌。一九九一年本镇市民陈乃虎等人又慷慨解囊，并四处募集资金两万余元，将庙内遗留工程及原设施补充维修。至此，庙宇焕然一新，更加臻于完善，成为进行民族传统文化教育和爱国主义教育之有效阵地。值此竣工之际，立此碑刻以记之。

临县碛口镇人民政府

郭丕汉撰文　侯宁书

公元一九九一年桂月立

陈乃虎一万二千元　碛口镇政府一千元　王玉林四百元　陈文成　陈金泺　各二百四十　陈爱英　薛建英　各四百一十元　陈铁虎　陈二奴　白连生　张文文　林家坪乡政府　各二百元　王宝贵一百五十元　马虎一百四十九元　刘培忠一百四十五元　马守益　陈顺虎　马俊英　各一百二十五元　陈家圪垛村一百二十元　林家坪加工厂　黄家峪村　各一百元　林家坪铸造厂　焦开七　各五十元　单海保四十二元　（下略）

经领　李秀峰　郭丕汉　高昌山　成润山　刘云珍　任春晨　高树乾　李玉常　周志奋

公元一九九一年九月十九日立

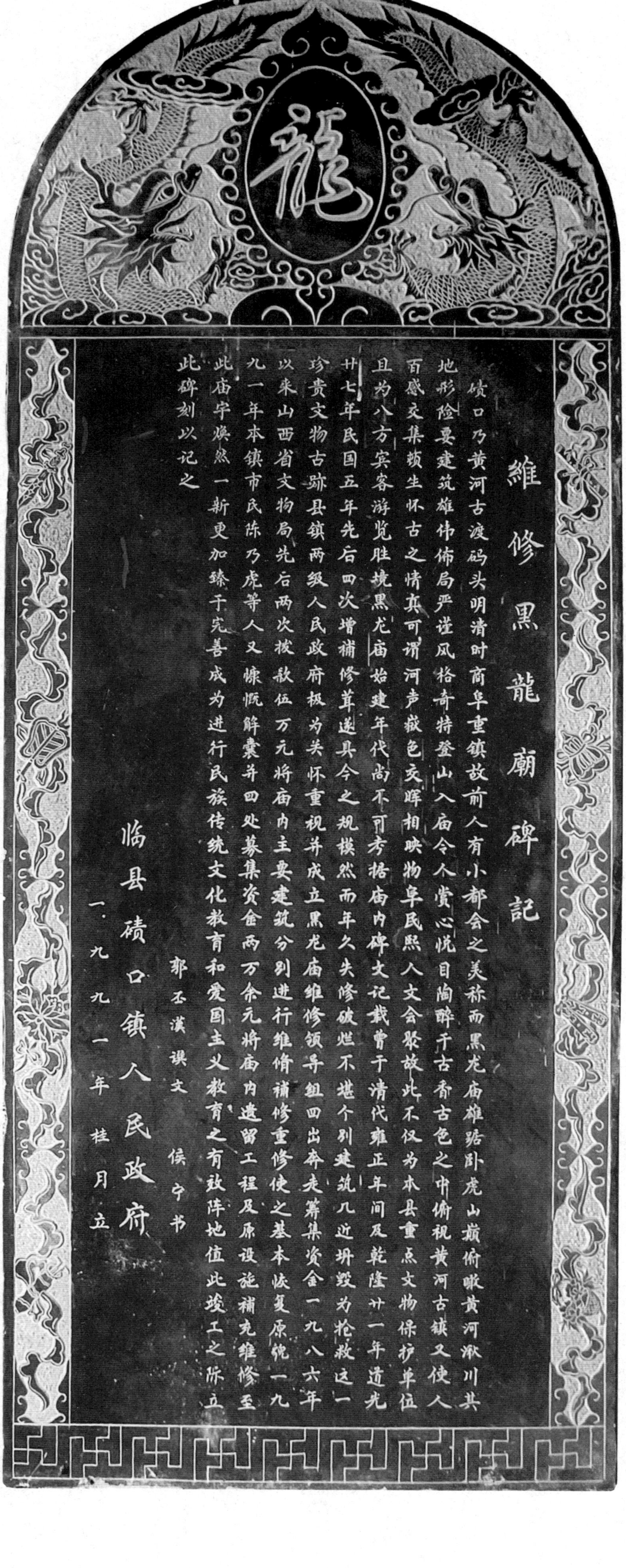

龍
維修黑龍廟碑記
碛口乃黄河古渡码头明清时商阜重镇故前人有小都会之美称而黑龙庙雄踞卧虎山巅俯瞰黄河湫川其地形险要建筑雄伟布局严谨风格奇特登山入庙令人赏心悦目陶醉于古香古色之中俯视黄河古镇又使人百感交集顿生怀古之情真可谓河声岳色交辉相映物阜民熙人文会聚故此不仅为本县重点文物保护单位且为八方宾客游览胜境黑龙庙始建年代尚不可考据庙内碑文记载曾于清代雍正年间及乾隆廿一年道光廿七年民国五年先后四次增补修葺遂具今之规模然而年久失修破烂不堪个别建筑几近坍毁为抢救这一珍贵文物古迹县镇两级人民政府极为关怀重视并成立黑龙庙维修领导组四出奔走筹集资金一九八六年以来山西省文物局先后两次拨款伍万元将庙内主要建筑分别进行维修补修重修使之基本恢复原貌一九九一年本镇市民陈乃虎等人又慷慨解囊并四处募集资金两万余元将庙内遗留工程及原设施补充维修至此庙宇焕然一新更加臻于完善成为进行民族传统文化教育和爱国主义教育之有效阵地值此竣工之际立此碑刻以记之
郝丕汉撰文　侯宁书
临县碛口镇人民政府
一九九一年桂月立

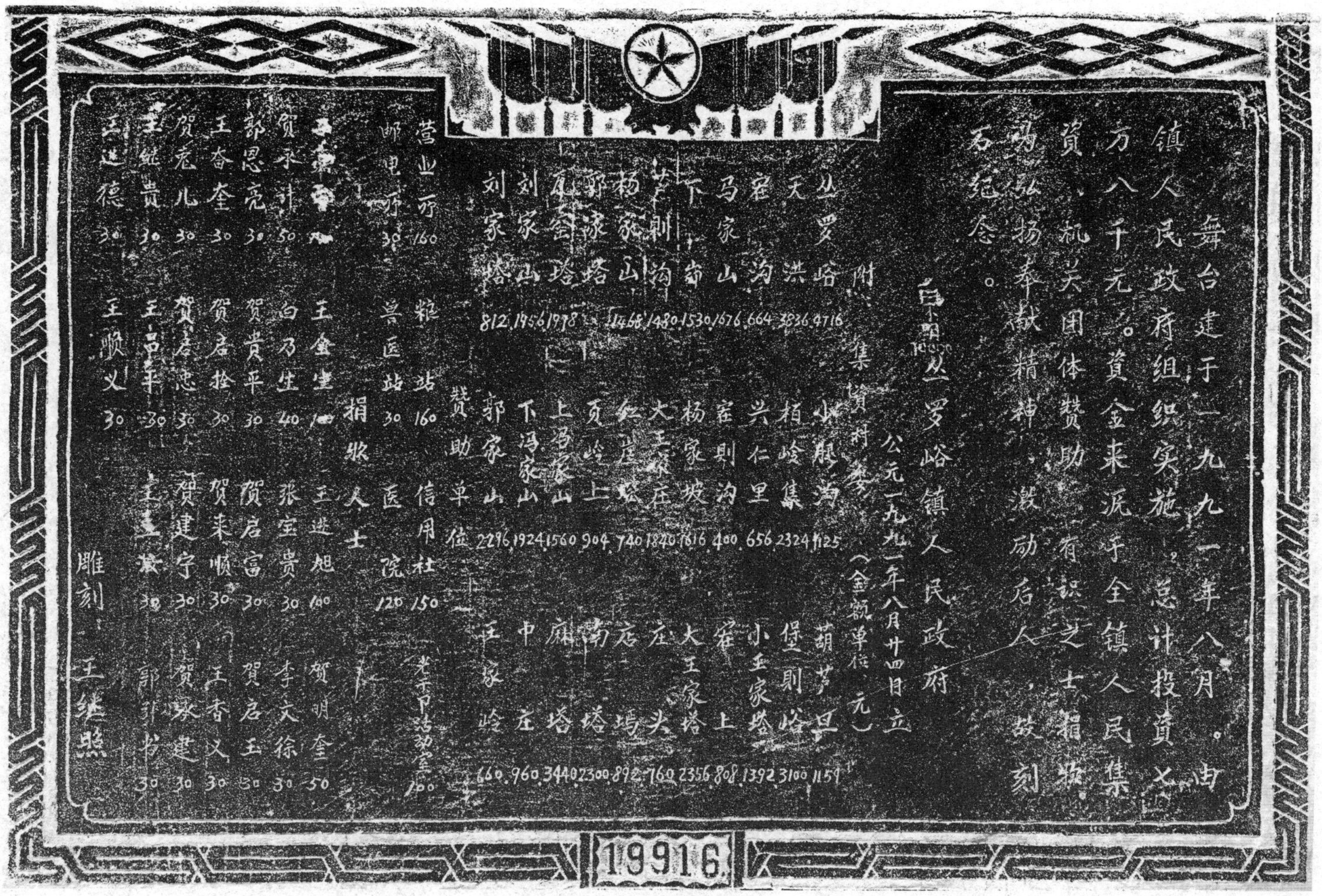

丛罗峪戏台碑记

【简介】

1991年8月勒石。现存于临县丛罗峪镇丛罗峪村，嵌入墙内。碑砂石质，长方形。碑身高77、宽114厘米。碑文楷书，正文计6行，满行15字。记载丛罗峪镇重修戏台之事。现保存完好。

【碑文】

舞台建于一九九一年八月，由镇人民政府组织实施，总计投资七万八千元。资金来源于全镇人民集资、机关团体赞助、有识之士捐献。为弘扬奉献精神，激励后人，故刻石纪念。

丛罗峪镇人民政府

公元一九九一年八月廿四日立

附：集资村委（金额单位：元）

丛罗峪 4716　天洪 3836　寨沟 664　马家山 1676　下峁 1530　芦子沟 1480　杨家山 1468　郭家塔　瓦窑塔 1918　刘家山 1956　刘家塔 812　小腿沟 1125　柏岭集 2324　兴仁里 656　寨则沟 400　杨家坡 1616　大王家庄 1840　红崖洼 740　页岭上 904　上冯家山 1560　下冯家山 1924　郭家山 2296　葫芦旦 1159　堡子峪 3100　小王家塔 1392　寨上 808　大王家塔 2356　庄头 760　店墕 892　南塔 2300　麻塔 3440　中庄 960　王家岭 660

赞助单位：

营业所 160　邮电所 30　粮站 160　兽医站 30　信用社 150　医院 120　老干部活动室 100

捐款人士：

王嘉喜 100　王全生 100　王进旭 100　贺明奎 50　贺永计 50　白乃生 40　张宝贵 30　李文徐 30　郭恩亮 30　贺贵平 30　贺启富 30　贺启玉 30　王奋奎 30　贺启栓 30　贺来顺 30　王香义 30　贺兔儿 30　贺启忠 30　贺建宁 30　贺承建 30　王继贵 30　王吕平 30　王二汝 30　郭引书 30　王进德 30　王顺义 30

雕刻　王继照

关圣帝君碑文

【简介】

1991 年 9 月勒石。现存于临县三交镇武家沟村。碑青石质，圆首，高 162、宽 58、厚 8 厘米，额题“忠义勇”3 字。碑文楷书，正文计 10 行，满行 33 字。叙述关云长事迹及武家沟村每年九月十三集资唱戏之事。武德勤撰书。现保存完好。

【碑文】

关圣帝君碑文

关公名羽字云长，为美髯公也。系河东解良人。从小极公重义，人称关圣帝，自桃园结义之后，义气为重，同心协力，共创汉室。为复汉室，东倒西杀，南征北战，所向无不披靡，斩颜良、殊文丑，名扬千古，过五关、斩六将，英勇盖世，临江会、单刀会，威震东吴，长安战、赤壁攻，释黄操，总其一生，义不负心，忠不顾身，披肝沥胆，杀身成仁，世人赞曰：义气常存重日月，忠心耿直扶乾坤。后人受其佑护无数，为谢其灵，纷建公庙，四时香火不断，八节祭祀常存。

我武家沟村民，也曾于光绪年间，在小沟石拱桥上建庙，虔诚祭祀，恳求吉祥。故虽经漫长岁月及日寇侵略，村人无一损伤。继后也有人在神桥遇险，却逢凶化吉，安然无恙。至今朝，我村更是欣欣向荣，日胜一日，人财两旺，年胜一年，因此我村民为谢神明，在癸亥年，始复旧制，于每年九月十三日集资唱戏，以敬其神。

饰碑人　李务德　赵廷在

造型人　武林洞

撰书人　武德勤

农历岁次辛未年九月十三日立

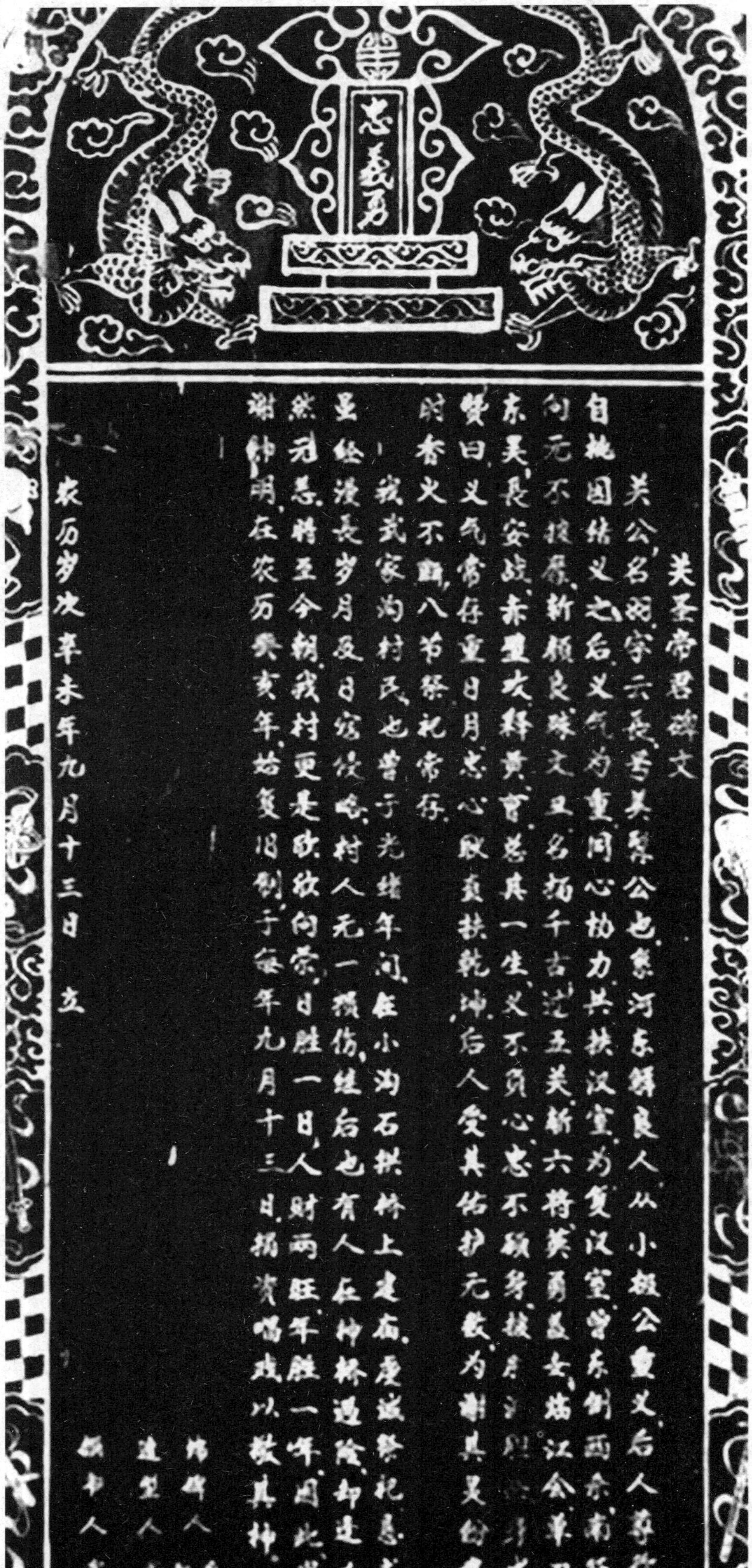

修葺东岳庙碑记

【简介】

1991年11月勒石。现存于临县临泉镇东峁村。碑砂石质，圆首，高191、宽79、厚11厘米。碑阳额题“千古永垂”4字。碑文楷书，正文计13行，满行35字。记载维修东岳庙之事。碑阴额题“流芳千古”4字。现碑文清晰，保存完好。

【碑文】

修葺东岳庙碑记

东岳者，泰山也，亦称岱宗或岱山，因其位居五岳之尊，历代帝王修庙建观，供奉天齐，故东岳庙遍及全国各地。而此地之东岳庙，位于县城之东，坐北向南，北倚龟峁，南临甘泉，东通深壑，西濒湫水，人杰地灵，山清水秀，为吾县之一大景观也。斯庙创建于明代，重修于民国二十六年，三四年春泥塑被毁，尔后多年失修，庙宇残损。为弘扬民族文化，保存古迹，东峁村民从公元一九九八年至一九九一年，先后自发集资一万三千余元，义务投工五百多个，并筹集木料粮食，对东岳道观屡加修葺，俾昔日旧貌，焕然更观。

今之大殿，雕梁画栋，檐飞牖舞，琉璃脊兽，金碧辉煌。殿中天齐仁圣大帝，衣饰形貌，生动逼真，气韵苍古，色彩浑厚，塑工精湛，设计洗练，旧制犹存，堪称泥塑之佳作也。檐下东侧，巨钟高悬，以木击之，铿然作响，声震数里，余韵徐歇。殿南乐楼，形体壮丽，传音清晰，视线开朗，足以资畹华用武矣。

纵观东岳庙，结构完整，浑然一体，古朴精美，今非昔比。为溯源流，遂立此碑。

侯元照经理

高志刚撰

侯宁书　张玉琪塑

崔智来刻

公元一九九一年十一月二十六日立

（碑阴）

复兴碑

东岳正殿，历代流传，时代变化，年久失修。于一九八六年三月，由刘贵明高祥庆等二十三人经领，丹青张玉琪，塑主像泥刷内殿，有多人资助，总支约人民币七千余元。继于一九九零年四月至八月由侯元照、刘富照等十六人经领，泥工刘福明、刘春明，木工高卫成、侯林珍，新瓦正殿厦顶，亦有多人资助。又于一九九一年三月，由侯元照、刘富照等十四人经领，丹青秦青平、泥工刘福明，彩饰正殿前檐，补修圣庙正门，新修圣庙傍门，仍有多人资助，两次合支约七千余元。苦奈资助花名资料失传，无法考记。又于一九九四年二月至八月由侯元照等十八人经领，丹青郑进旺塑四尊站像，彩饰殿内壁画多人资助，总支约六千余元，此次资助留名于左。

经领人　侯元照　侯文生　高银虎

承办人　王长明　刘忠财　陈青元　侯青顺　田东明　高在明

会计　秦全喜

出纳　刘荣生。

壹佰伍　刘忠财　侯元平

壹佰　田东明　李国兵　刘长顺　李林爱

伍拾　（15人略）

公元一九九五年三月二十八日立

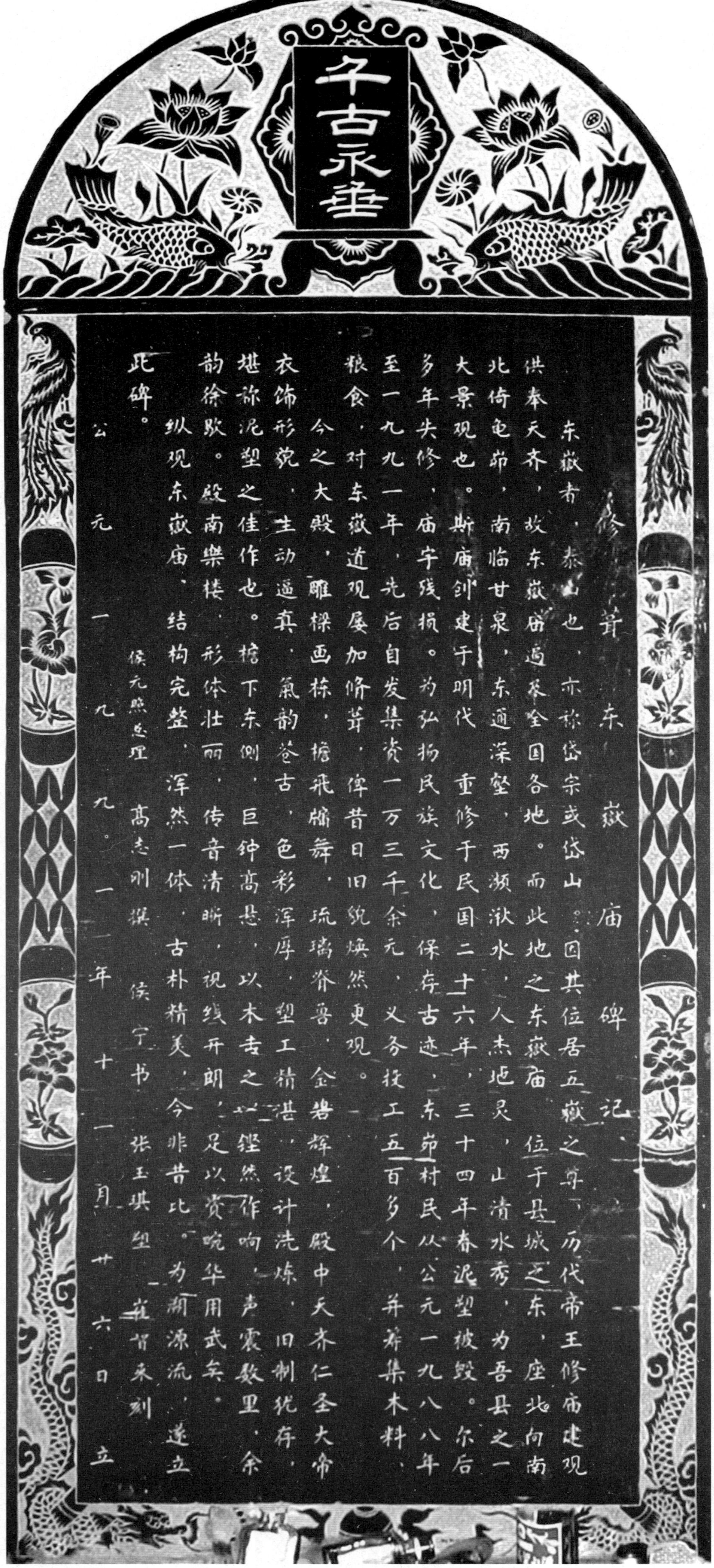
千古永垂
修葺东嶽庙碑记
东嶽者，泰山也，亦称岱宗或岱山。因其位居五嶽之尊，历代帝王修庙建观
供奉天齐，故东嶽庙遍及全国各地。而此地之东嶽庙位于县城之东，座北向南
北倚龟峁，南临甘泉，东通深壑，西濒湫水，人杰地灵，山清水秀，为吾县之一
大景观也。斯庙创建于明代，重修于民国二十六年，三十四年春泥塑被毁。尔后
多年失修，庙宇残损。为弘扬民族文化，保存古迹，东峁村民从公元一九八八年
至一九九一年，先后自发集资一万三千余元，义务投工五百多个，并筹集木料、
粮食，对东嶽道观屡加脩葺，俾昔日旧貌焕然更观。
今之大殿，雕梁画栋，檐飞脩舞，琉璃脊兽，金碧辉煌，殿中天齐仁圣大帝
衣饰形貌，生动逼真，氣韵苍古，色彩浑厚，塑工精湛，设计洗炼，旧制犹存，
堪称泥塑之佳作也。檐下东侧，巨钟高悬，以木击之，铿然作响，声震数里，余
韵徐歇。殿南樂楼，形体壮丽，传音清晰，视线开朗，足以资晚华用武矣。
纵观东嶽庙，结构完整，浑然一体，古朴精美，今非昔比。为溯源流，遂立
此碑。
侯元照总理 高志刚撰 侯宁书 张玉琪塑 崔智永刻
公元一九九一年十一月廿六日立

玄天上帝真武祖师碑序

【简介】

1992年2月勒石。现存于临县大禹乡张家圪垯村。碑砂石质，圆首，高135、宽64、厚14厘米。额题“玄天上帝真武祖师”8字。碑文楷书，正文计7行，满行43字。记载重建真武庙之事。现保存完好。

【碑文】

岳飞　赵公明　庞弘　康席　刘俊　周公　桃花女　邓忠　孟新　荀灵宇　马华光　温琼

碑序

玄天祖师一庙，在张义美等经理建成，五行俱全，山底黄沙庚辛金，南北清泉长流壬癸水，满山松柏甲乙木，山南红岩丙丁火，山顶黄土戊己土。位于五凤朝阳，排头一凤之脊，北靠大小全岭二条，岭顶达白云峁，长年水流不息，云雾腾腾，直至岭顶。南面刘家山海拔甚高，登上峰看到晋地太行，秦地华山。东依第二凤山原名老长，十分雄伟。西岭红厓山，山十分险峻，曾深受国家重视，坐山取宝，左有钟堂山，好似金钟一口；右有鼓圆山，活像革鼓一面，庙西凤凰岭一条马道，券有洞门，直达此庙大殿，凤嘴活象山底吸水，正遇两河清流交叉点，四季川流不息，南北两翅双展，显得凤山十分雄伟，庙周松柏满山，椰槐遍地，乃松柏青翠，桃李芳香，香客游人接连不断，环境十分幽雅，看后令人心旷神怡，万分舒畅。修庙后神灵保佑全村人财两旺，真乃神喜人欢。

石匠　慕汝光　张秀德　（等22人略）

铁匠　张秋旺　侯旦

木匠　圪台上村刘甫勤　（等28人略）

泥匠　张明照　（等4人略）

油匠　张万照

水刷匠　张谈勤　（等5人略）

丹青　张恩玉　（等5人略）

送料人　张月勤　（等12人略）

舍物　圪台上刘福旺筒瓦290　猫头35　刘甫勤铁丁1斤　张明魁灯泡2个　张改河黑煤10斤　张世泽离石拉水刷　张月勤洋灰杆1根　张全勤洋灰杆1根　张生洞门窗料1架　三交樊元火药常供　张明世　张明宇竹笼　张有富砖200　张谈柱瓦300　张耀启桶瓦90　张明启滴水42　张全照瓦60　张世泽麦糠38斤　滴水3个　张继林碑一套　张茂桐方砖2个　黑煤2斤　张奴勤脊9个　张有质铁钉1斤　张万启黑煤1斤　张奴旺脊5个　张义美猫头5个　张孟祥脊2个　张玉脾脊3个　张应万铁钉1斤　黑煤4斤　张应高　张谈有脊兽2个

经领人　张义美　慕汝元　（等30人略）

公元一九九二岁次壬申年仲春二月十五日孟春榖旦

刻石人　张润德

玄天上帝真武祖师
碑序

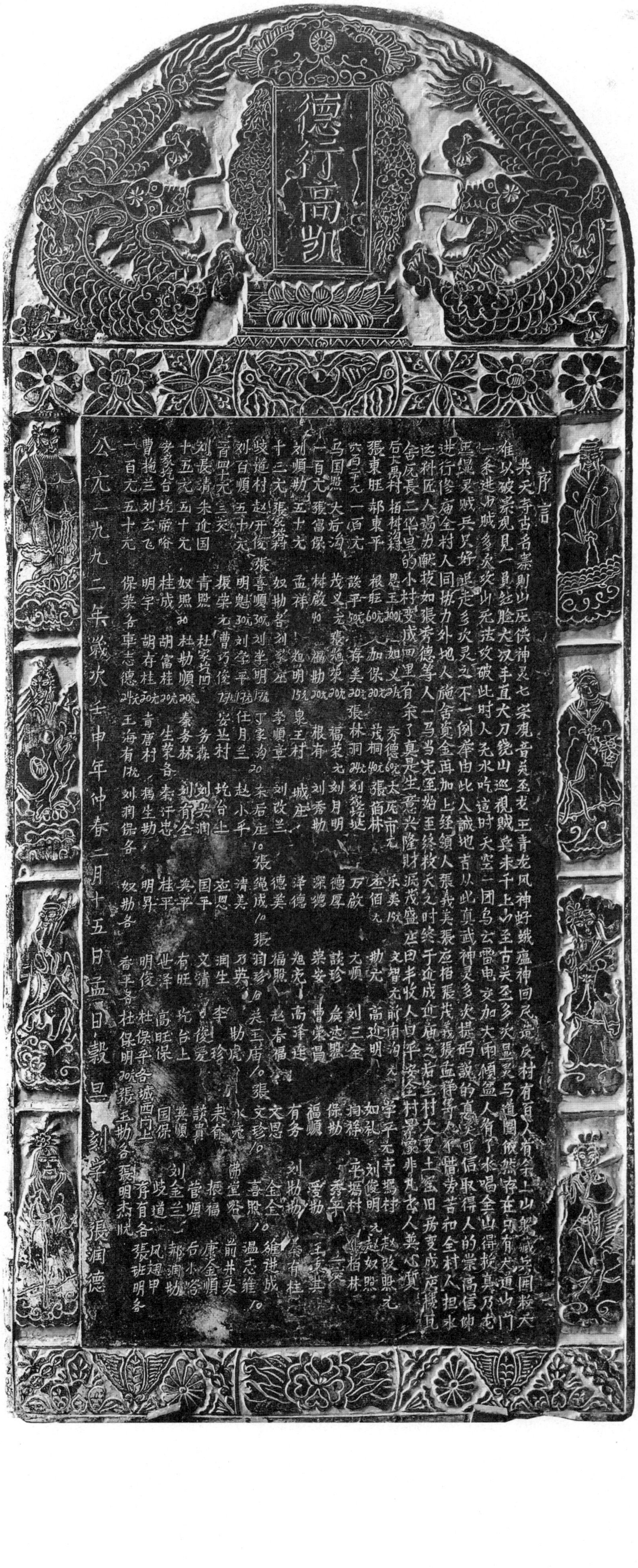

重建共天寺序言

【简介】

1992年2月勒石。现存于临县大禹乡张家圪垯村。碑砂石质，圆首，高150、宽66、厚15厘米。额题“德行高凯”4字。碑文楷书，正文计7行，满行47字。记载重建共天寺的经过。现保存完好。

【碑文】

序言

共天寺古名寨子山，原供神灵七宗，回人造反，村有百人有余上山躲藏，兵围数天，难以破寨，观见一员红脸大汉手执大刀绕山巡视，贼兵未敢上山。自古关圣多次显灵，马道圈依然存在，只有大道山门一条。进山贼多次攻山，无法攻破。此时人无水吃，这时天空一团乌云雷电交加，大雨倾盆。人有了水喝，全山得救，真乃龙王显灵，贼兵只好退走。多次显灵，不一列举。由此人诚地吉，从此真武神灵多次提码，说得真实可信，取得人的崇高信仰进行修庙。全村人同心协力，外地人施舍资金，再加上经领人张义美、张应柏、张茂义、张孟祥等人不惜劳苦，和全村人担水运料，匠人竭力献技，如张秀德等人一马当先，自始至终，数天之时，终于建成。庙建成后，全村大变，土窑旧房变成灰楼瓦舍，原长二华里的小村，变成四里有余了，真是生意兴隆，财源茂盛，庄田丰收，人口平安，全村景象非凡。

（施钱人略）

书人　樊心质

公元一九九二年岁次壬申二月十五日榖旦

刻字人　张润德

宝珠山维修观音殿碑记

【简介】

1992年3月勒石。现存于临县克虎镇宝珠山。碑青石质，龙首，高144、宽65、厚10厘米。额题“流芳千古”4字，碑文楷书，正文计4行，满行27字。记载宝珠山维修观音殿之事。碑阴为布施人花名。现保存完好。

【碑文】

（碑阳）

碑记

盖闻宝珠山建庙，远古闻名于世，神灵显赫，世人所仰，历代庶民修缮补旧，庙宇宏观，属县级文物。山上建有真武殿、玉皇殿、东岳殿、元霄殿、观音殿、三皇庙、黑龙庙、药王庙等十八座殿庙，屡屡补修更新，唯观音殿维修一新，神灵显应。为报神恩，筹集资金，立碑略表心愿记载。

道人　杜理宝　张理仙

经领人　郭继林　苗正礼　李海富　薛生亮　高在有

捐款人　李海富三百元　十元以上者　杜志光　薛桂旺　薛祥禄　苗正礼　张芝贵　高汉富　郭称玉　申继明　郝翠平　高本山　薛生元　薛如明　薛振宽　薛领忠　薛正云　薛凤林　薛生亮　郭贤生　高在有　赵继银　薛秀荣　韩福兴　陈玉栓　张玉生　赵桂元　蔚仲元　蔚仲旭　周云停　张玉奎　杜忠义　薛玉付　赵继全　白光照　武凤刚　樊桂梅　张树元　梁东昌　高继平　苗士忠　郭跃进　高山明　李先昌　高学高　苗士英　薛英小　郭继林　高增云　高桂梅　李兴平　王照平　苗万斌　郑月儿　秦玉亮　郭爱国

（碑阴）

郑乃儿　徐长文　车长俊　龚珍文（等67人略）

献碑墩人　李先文

献碑石人　赵继明

拉碑石人　薛保全

书撰人　郭贤生

雕刻人　郭继旭

公元一九九二年三月三日叩立

复修碑记

【简介】

1992 年 3 月勒石。现存于临县曲峪镇开阳沟打儿窝。碑砂石质，圆首方座，高 132、宽 65、厚 12 厘米。额题“千古流芳”4 字。碑文楷书，正文计 8 行，满行 29 字。记载打儿窝庙的起源与重建情况。现保存完好。

【碑文】

复修碑记

临县曲峪乡卧龙山俗称打儿窝，始建于同治年间，传说是有郭利民和高玉珍的人，他俩路过此地，第一次求神，抓石打儿。事后灵神显应，从此相传，焚香不息。有道是天以圣道德雨，地以万物生成，人以心生善，神有灵应感动四方。故郭利民主办，在同治年起，光绪十七年止，建成子孙娘娘、观音菩萨、财神、关圣帝君、药王五殿，以及社窑和戏台等项工程。待年长日久，风消雨蚀，殿宇剥落，墙垣倾毁，合社人等，目击心伤，公议重修。经过五年的时间，使五殿神像重新精工雕塑，彩墨壁画，现已竣工，刻石以示。

佛教会　薛保善　郭荣

功德主　高进元　白光应

总经领　高秀贵　贺兴旺　郭占耀　薛顺昌　高养勤　苗德有　刘玉龙

经领人　高庭长　郭宗龙　郭宗汉　郭宗英　白光锋　薛顺旭　高养利　高贵勤　贺学顺　武长生　高根平　贺三省　苗忠锋　刘生文　刘清福

抬碑人　白光仁　白玉平　白玉珠　郭云凯　郭荣德　郭云贵　武德禄

拉碑人　苗忠歧

木石工　苗德明　苗忠文　苗忠武

雕塑　吕宏正

漆工　张全忠

郭宗龙撰　苗忠锋书

苗忠文刻

卧龙山合社立

公元一九九二年三月二十日

千古流芳

復修碑記

臨縣曲峪鄉臥龍山俗稱打兔窩，始建于清朝大同治年間，傳說是有叫郭利民和高玉珍的人，他倆路過此地，第一次求神抓石打兔、事後靈神显應、從此相傳、焚香不息、有道是：天以聖道德雨、地以萬物生成、人以心生善、神有靈應感動四方。故郭利民主辦在同治年起光緒十七年止、建成子孫娘娘、觀音菩薩、財神、關聖帝君、藥王五殿、以及社礎和戲台等項之程、待年長久、日經風消雨蝕，殿於剝落墻垣傾毀、合社人等莫急心傷、公儀重修、經過五年的時間使五殿神像重新精之雕塑、彩墨壁画現以後之、刻石以示。

總經領　經領人　高貴勤　抬碑人　白光益　雕塑：呂宏正

佛教會　高秀貴　高庭長　賀学順　白光仁　漆工：張全忠

薛保善　賀兴旺　郭宗龍　武长生　白三平　拉碑人

郭　榮　郭占旭　郭宗漢　高根平　白玉珠　苗忠歧　郭宗龍　撰

薛順昌　郭宗英　[illegible]三省　郭云凱　木石工

功德主　高養勤　白光鋒　苗忠峰　郭榮德　苗德明　苗忠鋒　書

高進元　苗德有　薛順旭　劉生文　郭云貴　苗忠文

白光應　劉玉龍　高養利　劉清福　武德祿　苗忠武　苗[illegible]文　刻

臥龍山合社立　公元一九九二年三月廿日

三交南山寺重建碑记

【简介】

1992年4月勒石。现存于临县三交镇正街。碑砂石质，圆首，高140、宽67、厚9厘米。碑阳额题“重建碑记”4字。碑文楷书，正文11行，满行29字。记载南山寺重建之事。碑阴额题“流芳百世”4字。碑文刊刻布施人花名。现保存完好。

【碑文】

（碑阳）

相传南山有魏文帝曾来朝拜之说，无史料可查。根据原庙院老国树，有四人环抱之粗，树龄约在千年以外，少说也在唐初神权盛行之期，按龄推则应为先庙而后树，建庙之始则明，又经历代补修改建。古稀老人回忆，三孔窑洞顶上正殿，内塑有观音菩萨及十八罗汉，院内东殿三位娘娘，西为十王大殿、地藏菩萨、阎君、判官，以及地狱酷刑，生出死归，各种形象泥塑及所有亭台楼阁，雕刻精致逼真，建筑结构古型古式，是我国古代民族艺术之典。山庙四周松柏成林，草中奇花以串条红著名，省鸟褐马鸡常来栖息，黄鹂等鸟歌鸣遍山。眺望古镇即在眼底，山脚湫水环绕，山顶奎星楼阁，山明水秀，风景如画。可惜日寇侵占之时，拆庙毁树，践踏一空，谁不叹息！十年来，恢复四月八古庙会，各界人士四方群众，解囊布施，着手逐年复修，年来相继复塑神像等，开光之后，布施花名按先后次序，铭刻于后。

经领人　高玉庆　□□□　贾尔云　王佩湍　樊林春　张发旺　高三勤　李世福　樊八汝　杜元平

樊树德撰　樊启兆书　高星照刻

一九九二年孟夏中浣立

（碑阴）

正街村委三百元　三交运输社二百元　三交经理部二百元　贸易大楼七十元　三交医院五十元　三交教委五十元　红旗厂五十元　樊元五十元　李海旺五十元　樊百保五十元　樊维花四十元　樊爰虎三十五元　樊有玉三十元　樊金玉三十元　高重其三十元　（63人略）　以上各施二十元

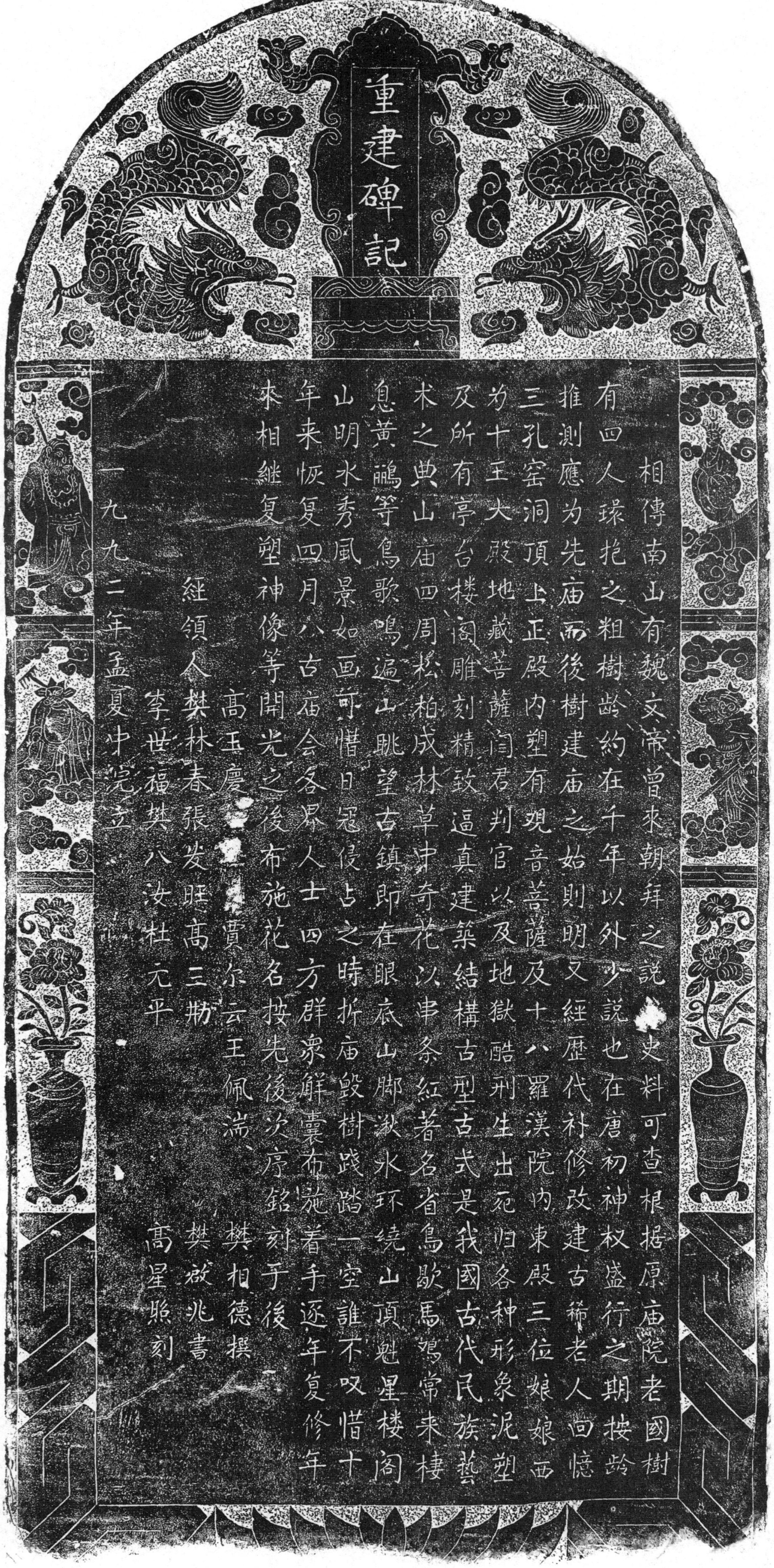

重建碑記

相傳南山有魏文帝曾來朝拜之説史料可查根据原庙院老國樹有四人環抱之粗樹齡約在千年以外少説也在唐初神权盛行之期按齡推測應为先庙而後樹建庙之始則明又經歷代补修改建古稀老人回憶三孔窑洞頂上正殿内塑有觀音菩薩及十八羅漢院内東殿三位娘娘西为十王大殿地藏菩薩閻君判官以及地獄酷刑生出死归各种形象泥塑及所有亭台楼阁雕刻精致逼真建築結構古型古式是我國古代民族藝术之典山庙四周松柏成林草中奇花以串条紅著名省鳥歇馬鴉常来棲息黄鸝等鳥歌鳴遍山眺望古鎮即在眼底山脚湫水环绕山頂魁星楼阁山明水秀風景如画可惜日冦侵占之時拆庙毁樹践踏一空誰不叹惜十年来恢复四月八古庙会各界人士四方群衆解囊布施着手逐年复修年來相繼复塑神像等開光之後布施花名按先後次序銘刻于後

經領人 高玉慶 [illegible] 賈尔云 王佩端、 樊林春 張发旺 高三勋 李世福 樊八汝 杜元平

樊相德撰 樊斌兆書 高星照刻

一九九二年孟夏中浣立

佛兴寺碑记

【简介】

1992年4月勒石。现存于临县兔坂镇山元村。碑砂石质，圆首，高138、宽70、厚9厘米。额题“碑记”2字。碑文楷书，正文4行，满行26字。记载山元村佛兴寺重建之事。保存完好。

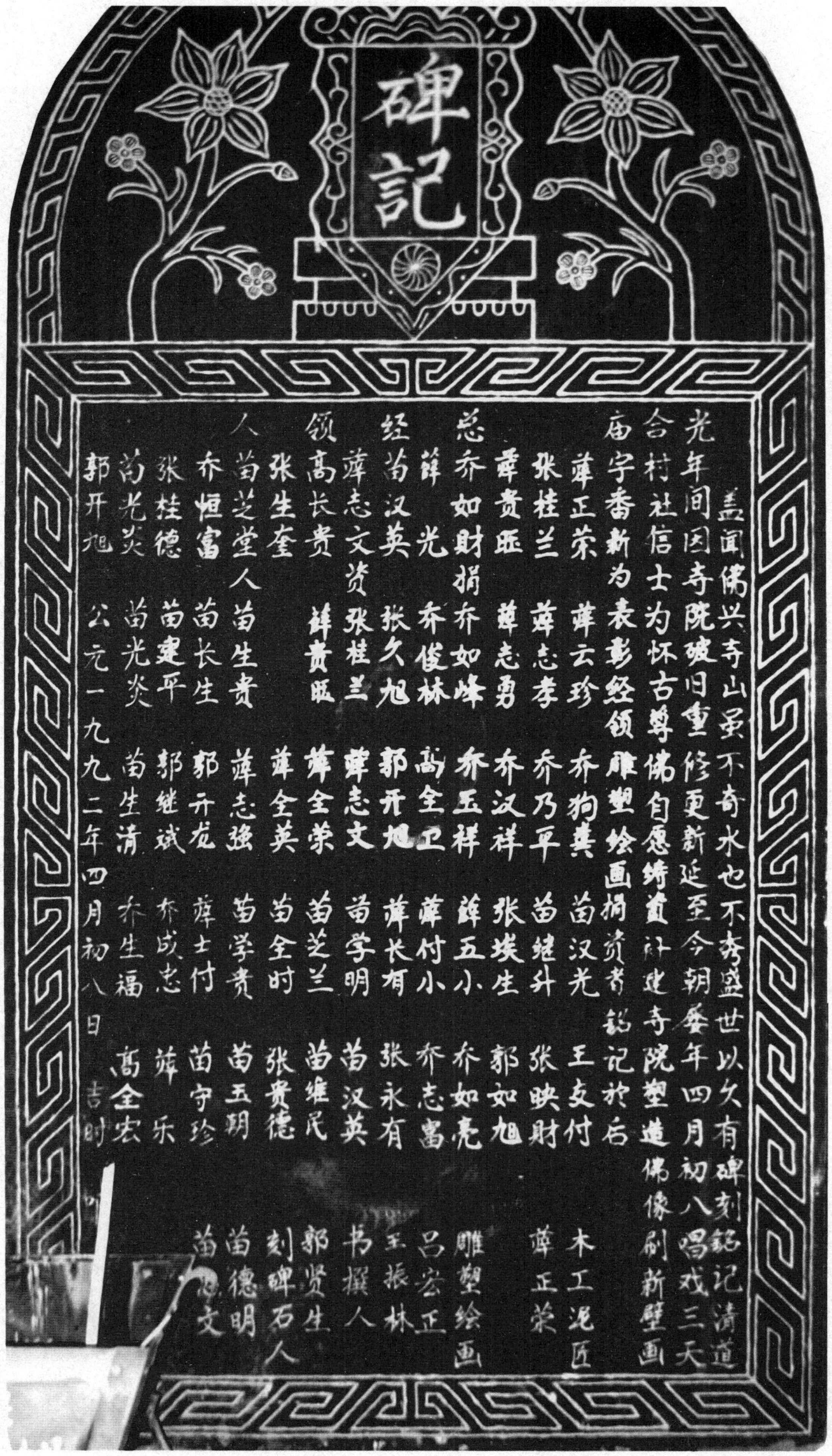

【碑文】

盖闻佛兴寺山虽不奇，水也不秀，盛世已久，有碑刻铭记清。道光年间，因寺院破旧，重修更新。延至今朝，屡年四月初八唱戏三天，合村社信士，为怀古尊佛，自愿筹资补建，寺院塑造佛像，刷新壁画，庙宇翻新。为表彰经领雕塑绘画捐资者，铭记于后。

总经领人　薛正荣　张桂兰　薛贵旺　乔如财　薛光　苗汉英　薛志文　高长贵　张生奎　苗芝堂　乔恒富　张桂德　苗光炎　郭开旭

捐资人　薛云珍　薛志孝　薛志勇　乔如峰　乔俊林　张文旭　张桂兰　薛贵旺　苗生贵　苗长生　苗建平　苗光炎　（以下39人略）

木工泥匠　薛正荣

雕塑绘画　吕宏正　王振林

书撰人　郭贤生

刻碑石人　苗德明　苗忠文

公元一九九二年四月初八吉时叩立

维修龙王庙碑记

【简介】

1992年6月勒石。现存于临县大禹乡石匣村。碑砂石质，圆首，高120、宽60、厚13厘米。为维修龙王庙碑记。额题“石镜永悬”4字。碑文楷书，正文7行，满行34字。保存完好。

【碑文】

维修龙王庙碑记

本村龙王庙始建于公元一八九五年，由于历史的变迁，一九六六年至一九六七年龙王庙遭到严重破坏，重新恢复庙宇、塑造圣像是我广大村民梦寐以求的愿望。于是在各位经领人的倡导下，全体村民密切配合、积极支持，分别于一九八六年进行了补修，一九九一年塑造了圣像。其间村民们吃苦而耐劳，施钱舍力，使这系列工程圆满竣工。

为使村民的功德流芳百世，永存千古，特决定树碑记载。兹将诸位经领人施舍布施人等芳名分别列于碑后。

经领人　张振荣　冯泽宇　刘富让　杜俊元　張茂元　刘富财　冯羊喜　刘高联　冯士技　張泽平　冯士林　冯谈虎　刘志发

瓦工　冯士林　張俊成　刘中尚

木工　刘高顺

塑像　李银顺

撰文　张秀明

雕刻　刘永明　刘□□

书写　刘全禄

公元一九九二年农历六月十八日立

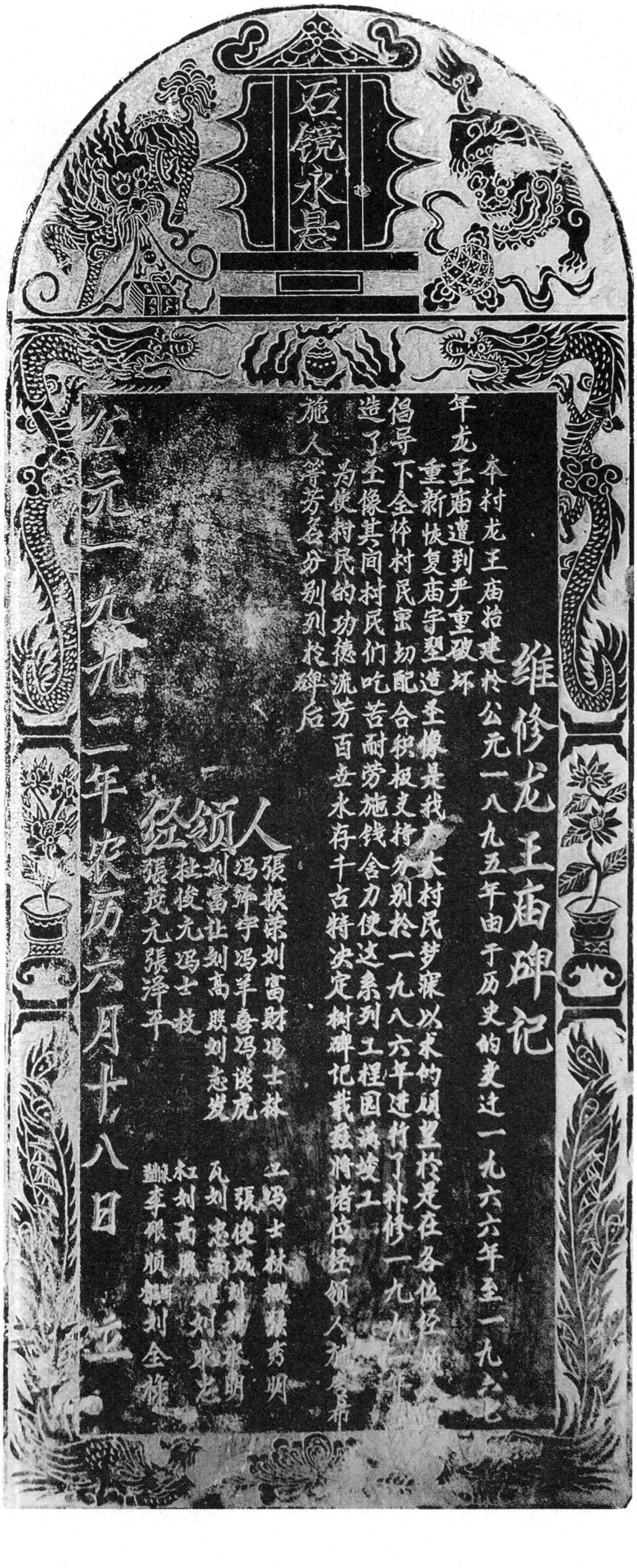

重修广化寺碑记

【简介】

1992年6月勒石。现存于临县城庄镇城庄村。碑青石质，圆首，高258、宽62、厚13厘米。为重修广化寺碑记。碑阳额题“芳名千秋”4字，碑文楷书，正文8行，满行37字。碑阴额题“永昭后世”4字。刊刻开光施钱人花名。保存完好。

【碑文】

（碑阳）

重建广化寺碑记

广化寺原址在城庄庙坪上（今大桥东），占地五亩，建于明代，砖木构筑，古朴典雅，雄伟壮观，松柏参天，树围之阔，数人方得合抱，钟鸣数十里，余韵徐歇。田园近百亩，僧侣用有余。香烟萦绕无断，香客络绎不绝，为临县五大古寺之一。然则人事沧桑，世态变幻，年久失修，山洪吞没，已成残垣断壁，一九四五年后广化寺断然无存矣。民族文化乃华夏文明也，象征城庄乡民为弘扬民族文化，保存古迹，自发集资，择吉一九八八年九月十一日选址动土，重建广化寺，历时四年，于一九九二年六月二十日首竣开光。今之寺殿雕梁画栋，檐飞牖舞，结构完整，浑然一体。殿中佛像衣饰形貌，生动逼真，色彩绚丽，塑工精致，规模虽小，旧制犹存，足见信民之虔诚也。故刻碑记事，永昭后世。

建期施款百元者　王俊昌四百元　张乃贵二百元　张生祥二百元　李福贵一百元　薛文斌一百元　刘改兰一百元　郝宗有一百元　杨玉文一百元　贾秀英一百元

修建主持人　张成明　郝长升　张继全　郝文喜　张料申　张喜生　李建平　张谈庆

筹款人　张继光　李继生　秦务兰　张玉珩　张料申　张百春　张侯叭　薛光有　张继全　薛侯丑

开光主持人　王俊昌　赵丕明　张乃贵　薛向荣　张乃明

经手人　张成明　郝长升　张料申　秦秀兰

堪舆　郝文喜

砖石工　张保同等

木工　张光业等

泥塑丹青　刘建明

撰书　侯宁

刻碑　李生端

公元一九九二年六月廿日立

（碑阴）

开光施钱人

王俊昌　赵玉明　张乃贵　张乃明　各一百二十元　张建华　高清　郝宗有　各一百元　贺生正六十元　郝顺平　陈海全　薛元照　薛文全　薛春明　赵胜旺　李振明　张俊明　各五十元　（四十元以下127人略）　郝峪塔郝寅虎　杨寨□东旺　甘川沟张成旺　大有头贺全喜　土门口任世忠　武家坪吴全成　西会李全照　明务塔李志玉　圪地峪刘世林　小马坊霍泉荣　郝峪塔任有芝　太平李海银　桐村郝俊青　阳宇会王绳桃　阳寨赵春生　西坡高保生　松峪刘喜成　赤崖会张香平　曹家岭刘生桂　白文宋永平　龟峁刘俊成

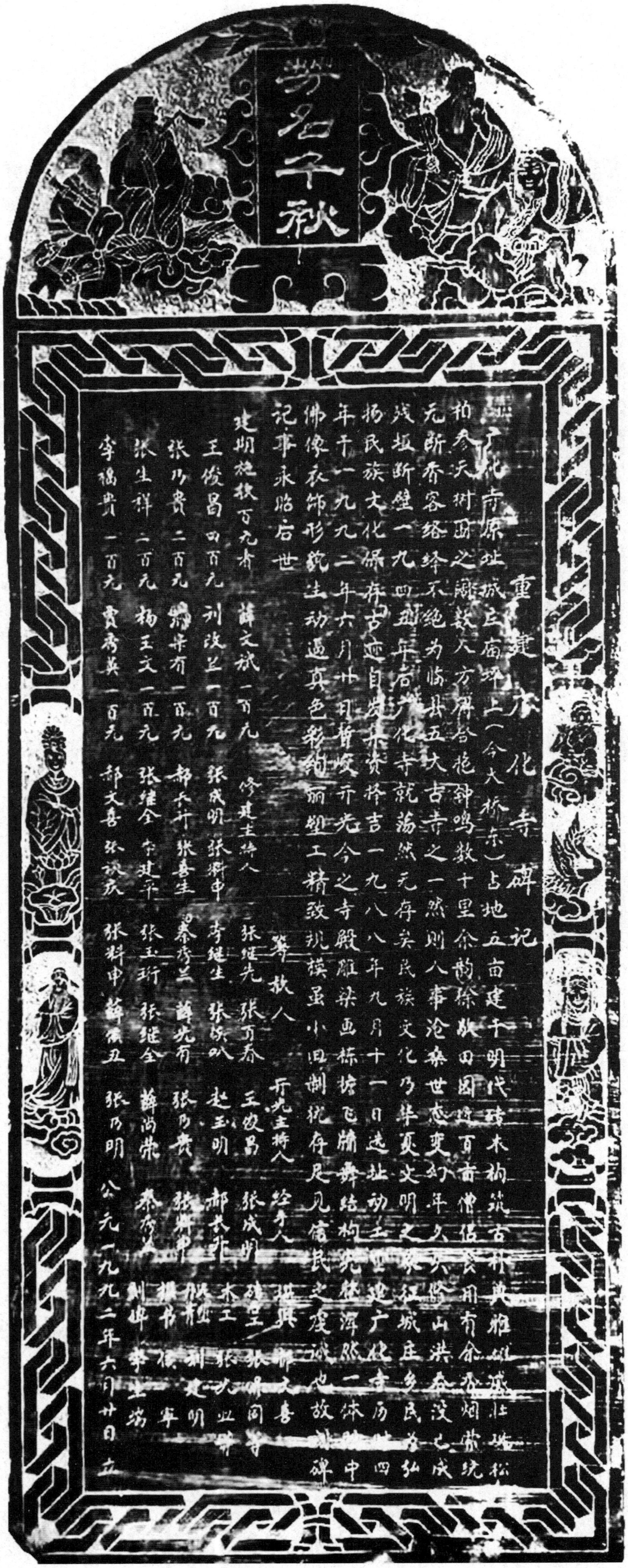

流芳千秋

重建广化寺碑记

广化寺原址城庄庙坪上（今大桥东），占地五亩，建于明代，砖木构筑，古朴典雅，巍峨壮观。松柏参天，树围之粗数人方能合抱；钟鸣数十里余，韵悠；敬田园近百亩，僧侣食用有余，香烟常绕无断，香客络绎不绝，为临县五大古寺之一。然则人事沧桑，世态变幻，年久失修，山洪吞没，已成残垣断壁。一九四五年后，广化寺就荡然无存矣。民族文化乃华夏文明之瑰，红城庄乡民为弘扬民族文化，保存古迹，自发集资，择吉一九八八年九月十一日选址动土，重建广化寺，历时四年，于一九九二年六月廿日竣工开光。今之寺殿雕梁画栋，檐飞脊舞，结构紧凑，浑然一体，殿中佛像衣饰形貌生动，逼真，色彩绚丽，塑工精致，规模虽小，旧制犹存，足见信民之虔诚也。故立碑记事，永昭后世。

建期施款百元者
王俊昌四百元　张乃贵二百元　张生祥二百元　李福贵一百元
薛文斌一百元　刘改兰一百元　郝吕有一百元　杨玉文一百元　贾秀英一百元

修建主持人
张成明　郝长升　张继全　郝文喜
张树中　张喜生　李建平　张成庆

筹款人
张继先　李继生　秦秀兰　张玉珩　张树中
张百春　张焕　薛先有　张继全　薛丑

开光主持人
王俊昌　赵玉明　张乃贵　薛尚荣　张乃明

经手人
张成明　郝长升　张树中　秦秀

塑神　郝文喜
瓦工　张满同
木工　张云业
油漆　刘建明
撰书　侯宁
刻碑　李生荣

公元一九九二年六月廿日立

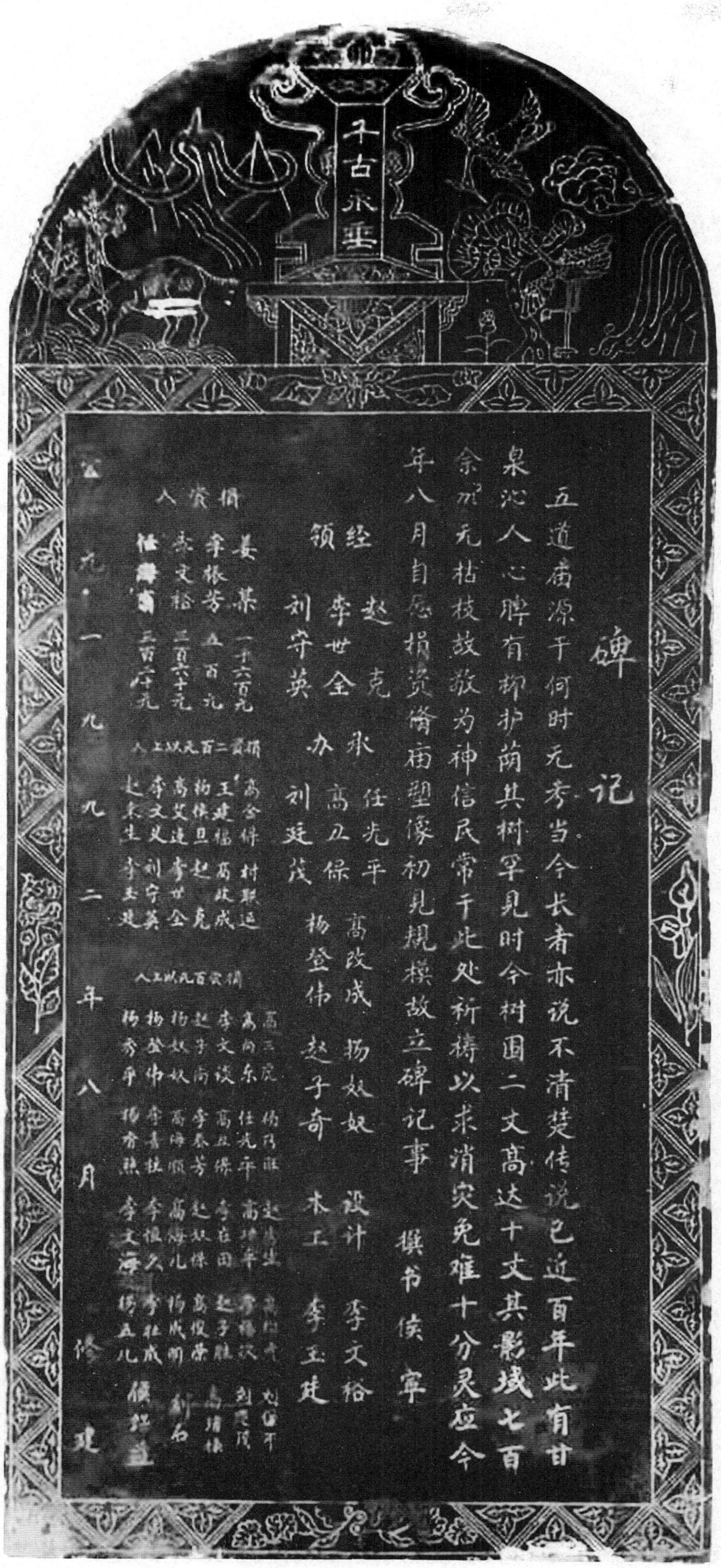

重修五道庙碑记

【简介】

1992年8月勒石。现存于临县临泉镇寺家塔村。碑砂石质，圆首，高168、宽75、厚11厘米。额题“千古永垂”4字。碑文楷书，正文8行，满行37字。记载寺家塔村重修五道庙之事。保存完好。

【碑文】

碑记

五道庙源于何时无考，当今长者也说不清楚，传说已近百年。此有甘泉沁人心脾，有柳护荫，其树罕见，时今树围二丈，高达十丈，其影域七百余 m^2，无枯枝，故敬为神，信民常于此树祈祷，以求消灾免难，十分灵应，今年八月自愿捐资修庙塑像，初见规模，故立碑记事。

撰书　侯宁

经领　赵克　李世全　刘守英

承办　任光平　高丑保　刘建茂　高改成　杨登伟　杨奴奴　赵子奇

设计　李文裕

木工　李玉廷

捐资人　姜某一千六百元　李振芳五百元　李文裕三百六十元　任光平三百三十元

捐款二百元以上人　高全保　王建福　杨侯旦　高艾连　李文义　赵来生　村联运　高改成　赵克　李世全　刘守英　李玉廷

捐款一百以上人　（31人略）

刻石　侯□益

公元一九九二年八月修建

修复皇姑墓碑记

【简介】

1992年9月勒石。现存于临县宋家圪台皇姑庙。碑砂石质，圆首，高145、宽55、厚15厘米。额题“于斯万年”4字。碑文楷书，正文3行，满行36字。记载宋家圪台修复皇姑墓之事。碑体下部风化，碑文缺下面一小部。

【碑文】

曜头村西宋家圪台村，有皇姑墓一座，年代悠久，有历史价值□□□□□□□处四方者前来观望，恭敬捐献资金，积累若干，吾有志修补，资金一次不□□□□□□□□洋若干，兹将献款列于后。

八七年至八九年收236元　宋家圪台张万全一百元　中庄张宇奇一百元　方山县峪口村薛新民一百元　唐家沟刘兴仁五十元　赤卜浪薛兴顺二十元　中庄张宇峰二十元　曜头穆俊明二十元　白文高有顺二十元　中庄张宇坚二十元　赤卜浪薛兴光十元　曜头刘玉兆十元　方山县峪口村张元生十元　阳坡李振旺十元　白文成艮十元　南庄李谈则七元　王家庄樊乃则五元　……

公元一九九二年九月初八日立

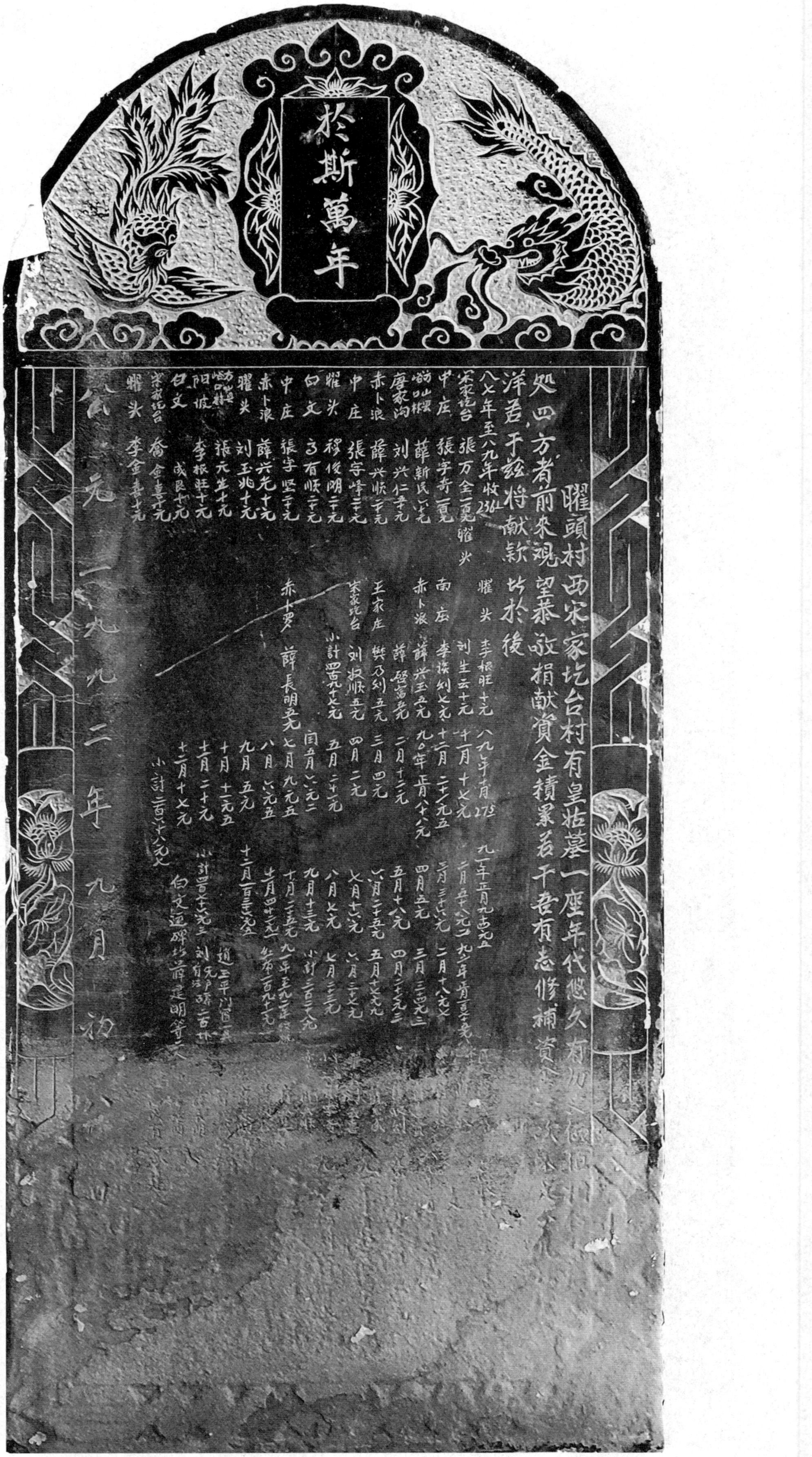

北寨山关帝庙碑记

【简介】

1992 年 9 月勒石。现存于临县三交镇正坡北寨山。碑青石质，圆首，高 136、宽 64、厚 10 厘米。额题“光照千秋”4 字。碑文楷书，正文 8 行，满行 28 字。记载北寨山关帝庙复修之事。保存完好。

【碑文】

北寨山关帝庙碑记

北寨山关帝庙，查无详细记载，大约在明代前修建，到大清嘉庆十九年补修过一次，同时增修门洞，此庙才比较完善。民国三十二年，此庙被日寇破坏，正坡群众筹资补修，恢复了原貌，至此以后，因年久失修，昔日壮观早已不见，所留下的是一片破砖烂瓦，草木丛生，一片荒凉残景。正坡群众为了不使祖国文化遗产泯灭，保护祖国文物古迹，自愿集资献工，于九一年春初次动工修建正殿，至九二年四月进一步塑像壁画，复修戏台补修完整，先后两次共计献土工三千余个，匠工九十个，群众筹资三万元，兹将资助五十元以上者姓名，刻石留念，以昭后人。

经领人　刘保富　高林照　刘才兴　王乃火　张德生　武锦山　姚青有　雒发旺　高金旺　刘福汉　刘汝安　杜福旺　田林珍　白星启　刘三稳　刘玉光　张三勤　刘俊火　杨海卫　高月明

武锦三撰　樊启兆书　高星照刻

公元一九九二年九月十三日立

重塑圣像整修庙宇碑记

【简介】

1992年9月勒石。现存于临县大禹乡前刘家庄村。碑砂石质，圆首，高167、宽70、厚11厘米。额题“流芳百世”4字。碑文楷书，正文7行，满行46字。记载刘家庄村重塑圣像之事。保存完好。

【碑文】

重塑聖像整修廟宇碑記

本村大廟始建於明朝中期，後經數次擴建續修，結構日趨完整，廟内供奉觀世音菩薩、關帝及二郎聖君，雕塑精湛，栩栩如生，先賢楷模，觸目沁心，實爲寶貴的文物遺產。但因歷史變遷，萬事無常，大廟建築在時代流逝中也不可避免地遭受毁壞。爲保護祖先遺産，弘揚聖賢精神，經多方商議，於一九九一年四月作成決定，重塑聖像，再修古刹，村民廣泛响應，自願捐款，獻料投工，在保留的古廟中，壘砌神臺，雕塑聖像，整修門窗，净化環境，至是年十一月，三尊聖像首先塑成，於本月十七日，恭請僧人蓮友，舉行了開光典儀，終于一九九二年九月塑像整修工程全告竣工。爲昭著功德，啓迪後代，將百世業績，樹碑刻記，凡捐款十元以上的人員花名銘記於后。

本村施钱人（略）

一九九二年九月十九日

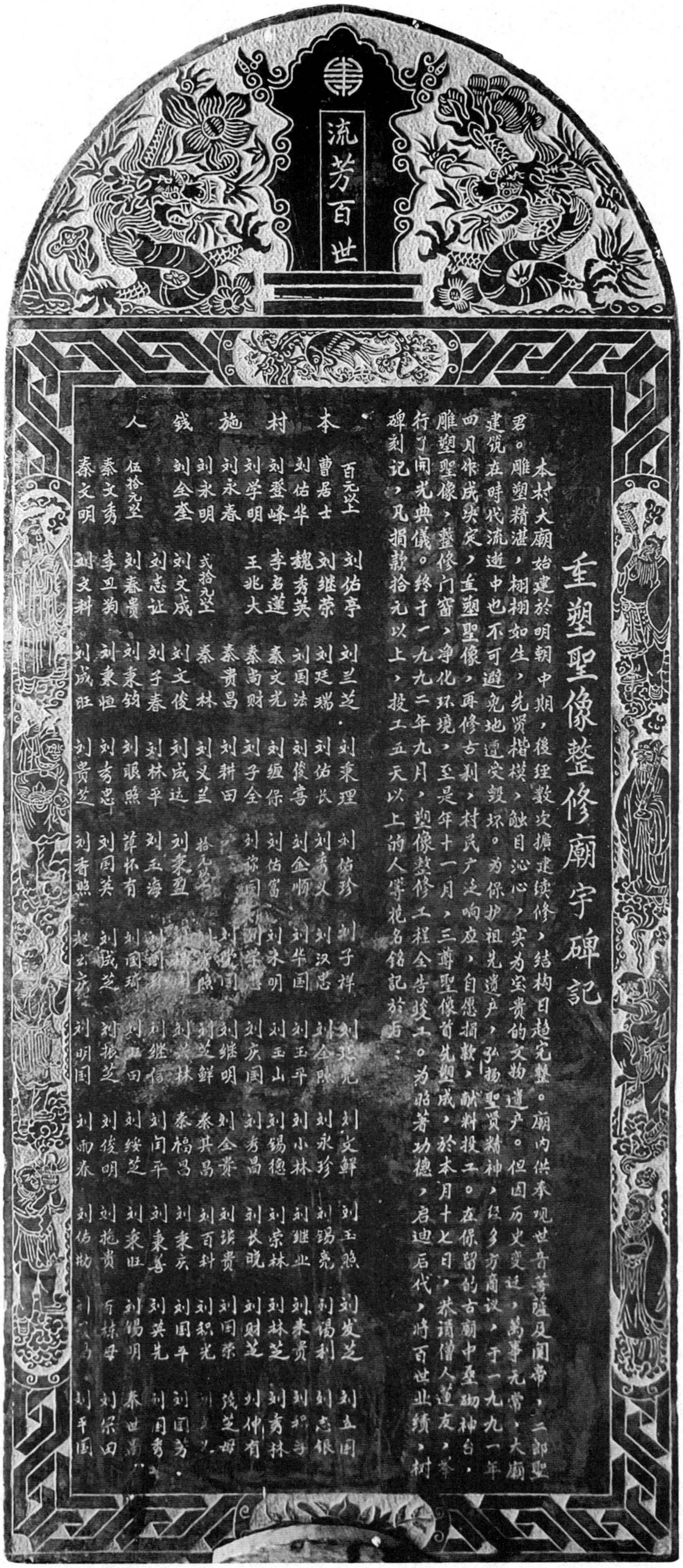

重修关帝财神庙碑记

【简介】

1992年11月勒石。现存于临县三交镇武家沟村。碑砂石质，圆首，高167、宽69、厚11厘米。额篆“神威千秋”4字。碑文楷书，正文15行，满行39字。记载武家沟村重修关帝、财神庙之事。保存完好。

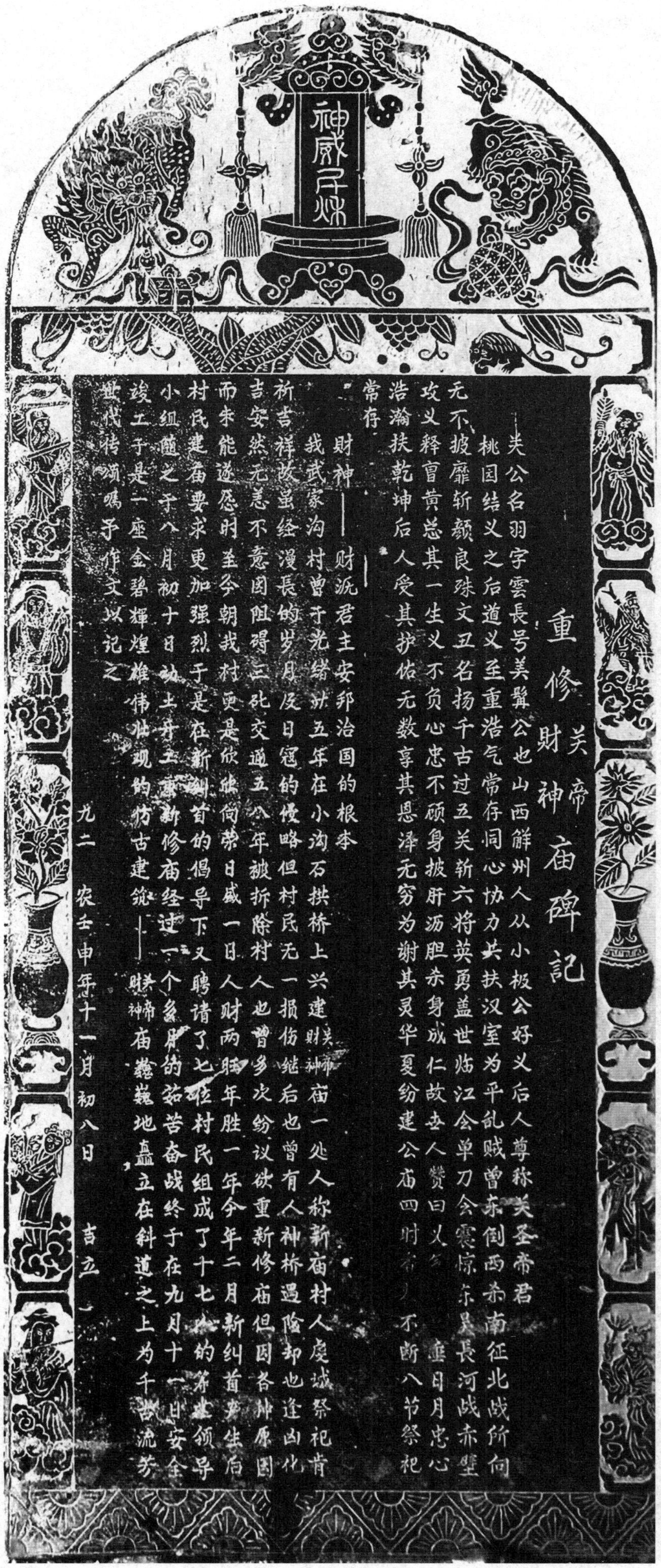

【碑文】

重修关帝财神庙碑记

关公名羽字云长，号美髯公也，山西解州人，从小急公好义，后人尊称关圣帝君。桃园结义之后，道义至重，浩气长存，同心协力，共扶汉室。为平乱贼，曾东倒西杀，南征北战，所向无不披靡，斩颜良、殊文丑，名扬千古，过五关、斩六将英勇盖世，临江会、单刀会震惊东吴，长河战、赤壁攻义释曹黄。总其一生，义不负心，忠不顾身，披肝沥胆，杀身成仁，被世人赞曰：义气□□垂日月，中心浩瀚扶乾坤。后人受其护佑无数，享其恩泽无穷，为谢其灵，华夏纷建公庙，四时香火不断，八节祭祀常存。

财神——财源君主，安邦治国的根本。 我武家沟村曾于光绪十五年在小沟石拱桥上兴建关帝财神庙一处，人称新庙。村人虔诚祭祀，肯祈吉祥。故虽经漫长的岁月，及日寇的侵略，但村民无一损伤。继后也曾有人神桥遇险，却也逢凶化吉，安然无恙。不意因阻碍三碛交通，五八年被拆除。村人也曾多次纷议，欲重新修庙，但因各种原因，而未能遂愿。时至今朝，我村更是欣欣向荣，日盛一日，人财两旺，年胜一年。今年二月，新纠首产生后，村民建庙要求更加强烈，于是在新纠首的倡导下，又聘请了七位村民，组成了十七人的筹建领导小组，随之于八月初十日，动土开工，重新修庙。经过一个多月的茹苦奋战，终于在九月十一日安全竣工。于是一座金碧辉煌、雄伟壮观的仿古建筑——关帝财神庙巍巍地矗立在斜道之上，为千古流芳，世代传颂，嘱予作文以记之。

九二农壬申年十一月初八日吉立

重修关帝财神庙捐款芳名碑记

【简介】

1992 年 11 月勒石。现存于临县三交镇武家沟村。碑共三通，均砂石质，圆首，高 167、宽 69、厚 11 厘米。内容是重修关帝、财神庙捐款芳名碑记。第一通额题“流芳千古”4 字，第二通额题“捐款光荣”4 字，第三通额题“功德无量”4 字，碑文楷书，正文 4 行，满行 39 字。为武家沟村重修关帝财神庙捐款花名碑。碑文完整，字迹清晰，碑体完好。

【碑文】

（第一通）

重修关帝财神庙捐款芳名碑记

我武家沟村修庙工程已结束，全工程以自我设计、自我施工、自愿捐款为主。本次共收捐款壹万壹千柒百拾元整，共投义务工壹千贰百叁拾肆个。全工程共支款壹万零千贰百伍拾五元。根据事前规定，捐款在三十元以上者刻碑留名，这次共应上石碑的有二百二十八名，现将芳名款额刻碑于后，以记之。

武保树六百六十元　武福全二百二十元　赵全生二百元　武顺喜二百元　武文祯一百二十元　武文禄一百二十元　武振瑞一百一十元　武芝清一百元　武祥林一百元　武芝俊一百元　赵新明一百元　张玉平一百元　高宝旺一百元　武还生一百元　武丕斌一百元　赵忠明一百元　武丕显一百元　武振科一百元　武奴富一百元　武振瑞一百元　武兴国一百元　武米生一百元　武光明一百元　（7 人略，各 60 元；24 人略，各 50 元；17 人略，各 40 元）

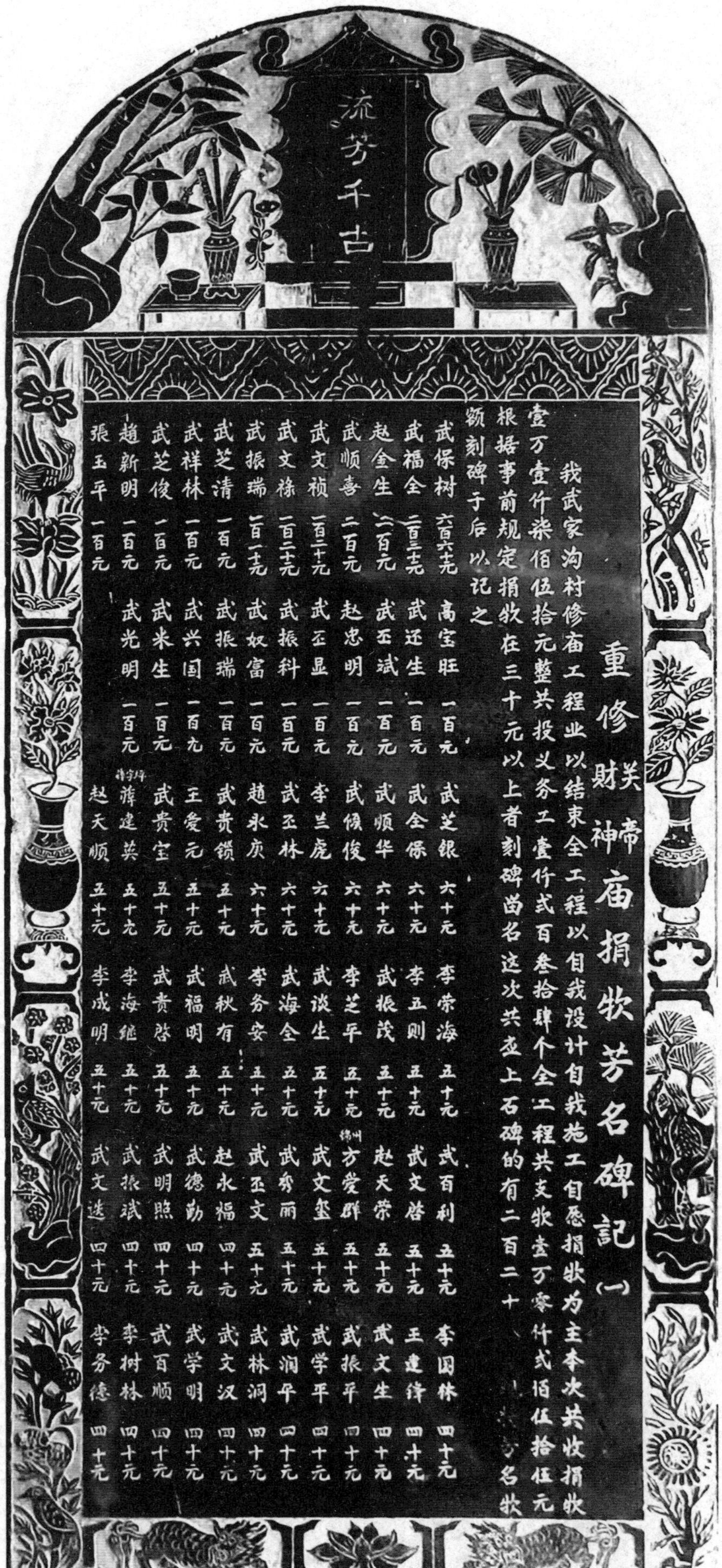

（第二通）

（共 107 人，捐款 30—40 元，略）

（第三通）

（捐款人 51 人，各 30 元，略）

经领人　武福全（10 人略）

聘请人　武文忠（7 人略）

九二农壬申年十一月初八日吉立

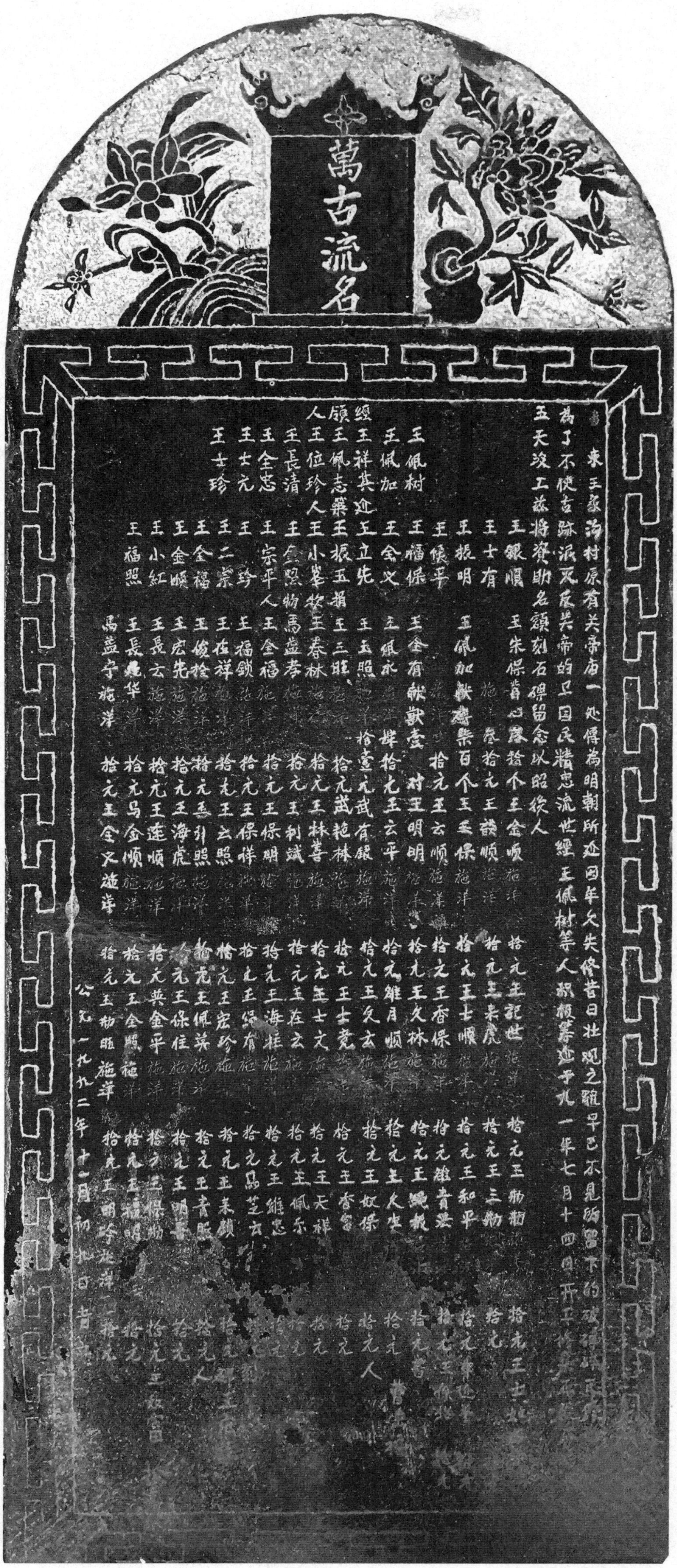

王家沟重修关帝庙碑记

【简介】

1992年11月勒石。现存于临县三交镇东王家沟村。碑砂石质，圆首，高133、宽57、厚17厘米。额题“万古流名”4字。碑文楷书，正文3行，满行48字。记载东王家沟村重修关帝庙之事。现保存完好。

【碑文】

东王家沟村原有关帝庙一处，传为明朝所建，因年久失修，昔日壮观之貌早已不见，所留下的破砖碎瓦，□□□□□为了不使古迹泯灭，反关帝的为国民精忠留世，经王佩树等人积极筹建，于九一年四月十四开工，修筑正殿，分□□□五天竣工，兹将资助名额，刻石碑留念，以昭后人。

经领人　王佩树　王佩加　王祥其　王佩志　王位珍　王长清　王全忠　王士珍

建筑人　王银顺　王士有　王振明　王侯平　王福保　王全义　王立先　王振玉　王小锋　王金照　王宗平　王珍　王二宗　王全福　王金顺　王小红　王福照

捐款物人　王朱保背心叁拾个施洋叁拾元　王佩加献砖柒佰个施洋拾元　王全有献兽壹对　王佩永施洋肆拾元　王玉照施洋拾壹元（50人略，各施洋10元）

书人　曹玉福

刻碑人　王□□

公元一九九二年十一月初九日吉立

大庙考绪

【简介】

1992年12月勒石。现存于临县三交镇安家圪台村。碑青石质，圆首，高151、宽66、厚10厘米。额题“大庙考绪”4字。碑文楷书，正文25行，满行50字。记述安家圪台村大王庙的由来。现保存完好。

【碑文】

大庙考绪

大王庙系我国十六国时期，由奴隶而奋起的皇帝，后赵高祖石勒之庙也。据临县县志轶闻一说，前赵末年，石勒领导追杀刘曜于离石西北临县境内，扎营紫金山间。石勒整军纪，恤民情，并下令部属给当地山庄窝铺居民赈灾救贫，时后，勒破刘曜城池走后，四乡百姓在山间为其修庙祭祀，纪念其庙为崇应侯，亦名石勒祠。事因石勒不涉河水，翻山越岭常足迹于我三合社杜家圪垛一带访贫问寒，此后我社先祖为其缅怀，在此修庙一座，即大王庙。逢时过节，尚有村民烧香化纸以作纪念，且因一尊两庙上下有缘，故紫金山石勒君像亦属我社主管，但除遇殊事，一般禁忌随便请回。

石勒姓石名勒字世龙，初名鄐，公元二七四年生于北方羯族一个部落小师家中，东汉末年，进入汉人住区，定居今山西长治一带。后因晋惠帝末年，山西大饥荒，石勒外出逃荒，恰遇并州刺史司马腾在山西掳掠山西少数民族劳力，出卖外地换购军粮，将石勒卖到山东茌平人师欢家作耕田奴隶，不久主人免奴隶做了佃客。此间因他爱兵好武，联合八骑，逐增十八骑，进行反西晋斗争，率部众起兵，杀掉司马腾。公元三〇四年投靠了在离石建都的匈奴大单于刘渊。公元三〇八年，刘渊灭晋建汉，正式登基称帝，封石勒为辅汉将军，后刘渊病逝，刘曜夺位，改国号为赵，史称前赵，封石勒为大将军。后因刘与石发生矛盾，挑起战争，公元三二八年，石勒灭前赵，刘曜进驻长安。公元三三〇年，石勒称赵天王，以襄国（今邢台）为都，同年称帝，以洛阳为南都，史称后赵。

石勒在建立后赵的几年中，国泰民安，相当殷实，特别是统一北方，对社会安定起了很大作用，其辖境南过淮汉，东滨于海，西至于河，北尽燕代，均属后赵，并在打富济贫，轻徭薄赋，重视文化，创办学校，发展生产，种田积粮等方面深受百姓欢迎和拥戴，史评其是中国历史上一个杰出的君主。公元三三三年病逝，享年六十岁。后被神化，时人敬称浮济大王。我社原所建之大王庙，已是乾隆六十年，三合社复建之庙，建筑古朴宏伟，前檐拱斗成形，双凤开屏展翅，门面彩绘艳丽，装璜精制，庙内肖像逼真，其态各异，顶内双龙悬空，雄健威武，实属罕见珍贵文物，可惜这座古庙于一九四八年七月全部被拆毁。

为了恢复历史传统古迹，彰大古代文明，于一九九二年农历四月二日，由本社杜有生、李荣生自荐，张福虎共推为修庙经领，推白玉宝任会计，张乃旺任出纳，组成筹建委，并联三村主要领导和部分主要纠首，杜茂林、康香媚等十人为助理，共商修庙事宜，规划蓝图，制定方案，筹集资金，于四月九日由中社高奴奴以一万五千二百元承包了修建任务，并于五月二日开工。为确保修建质量，推杜修猫等三人为施工总监管，同时又吸收了部分村委和新旧纠首为协理。六月二十五日竣工，二十九日大王像移入新庙，七月四日专程将紫荆山大王像请回。为观光助兴，唱戏七场，适逢霖雨五寸有余。面对久旱得雨，万民满心欢喜。戏完后，于七月八日一早，待火炮齐鸣后，全社人等旗锣伞扇，将山上大王出像，以轿行至泉王大桥，后乘车送往紫金山住所。这次大庙重建，将是我社继修戏台之后第二个丰碑，业绩载入史册。

三合社白玉宝撰文

三交镇樊启兆书

高星兆刻石

一九九二年十二月十五日

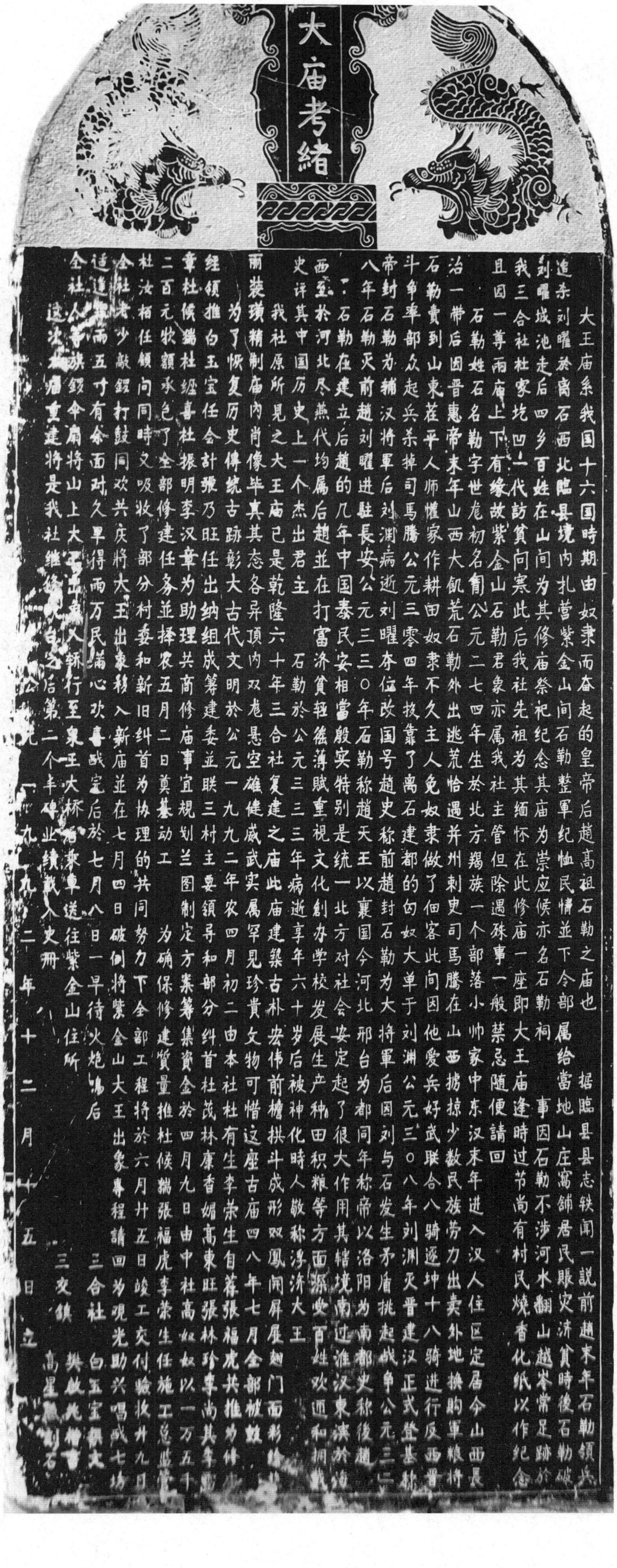

大庙考绪

大王庙系我国十六国時期由奴隶而奋起的皇帝后趙高祖石勒之庙也　据臨县县志轶闻一説前趙末年石勒領兵
追杀刘曜於离石西北臨县境内扎营紫金山间石勒整軍纪恤民情並下令部属给當地山庄富鋪居民賑灾济貧時後石勒破
刘曜城池走后四乡百姓在山间为其修庙祭祀纪念其庙为崇应候亦名石勒祠　事因石勒不涉河水翻山越岺常足跡於
我三合社杜家圪凹一代訪貧向寒此后我社先祖为其缅怀在此修庙一座即大王庙逢時过节尚有村民燒香化纸以作纪念
且因一尊雨庙上下有缘故紫金山石勒君象亦属我社主管但除遇殊事一般禁忌随便請回
石勒姓石名勒字世龙初名訇公元二七四年生於北方羯族一个部落小帅家中东汉末年进入汉人住区定居今山西長
治一带后因晋惠帝末年山西大飢荒石勒外出逃荒恰遇并州刺史司馬騰在山西掳掠少数民族劳力出卖外地换购軍粮將
石勒賣到山東茌平人师懽家作耕田奴隶不久主人免奴隶做了佃客此间因他爱兵好武联合八騎逐坤十八騎进行反西晋
斗争率部众起兵杀掉司馬騰公元三零四年投靠了离石建都的匈奴大单于刘渊公元三〇八年刘渊灭晋建汉正式登基称
帝封石勒为辅汉將軍后刘渊病逝刘曜夺位改国号趙史称前趙封石勒为大將軍后因刘与石发生矛盾挑起战争公元三二
八年石勒灭前趙刘曜进駐長安公元三三〇年石勒称趙天王以襄国今河北邢台为都同年称帝以洛阳为南都史称後趙
石勒在建立后趙的几年中国泰民安相當般实特别是统一北方对社会安定起了很大作用其辖境南过淮汉東濱於海
西至於河北尽燕代均属后趙並在打富济貧轻徭薄賦重視文化創办学校发展生产种田积粮等方面深受百姓欢迎和拥戴
史评其中国历史上一个杰出君主　石勒於公元三三三年病逝享年六十岁后被神化時人敬称浮济大王
我社原所見之大王庙已是乾隆六十年三合社复建之庙此庙建築古朴宏伟前檐拱斗成形双鳳闹屏屋翅门面彩绘
雨裝璜精制庙内肖像毕真其态各异顶内双龙悬空雄健威武实属罕見珍貴文物可惜这座古庙四八年七月全部被毁
为了恢复历史傳统古跡彰大古代文明於公元一九九二年农四月初二由本社杜有生李荣生自荐張福虎共推为[illegible]
经領推白玉宝任会計張乃旺任出纳组成筹建委並联三村主要領导和部分纠首杜茂林康香娟高東旺張林珍李尚其等
章杜候端杜經喜杜振明李汉章为助理共商修庙事宜規划兰图制定方案筹集資金於四月九日由中社高奴奴以一万五千
二百元牧額承包了全部修建任务並擇农五月二日奠基动工　为确保修建質量推杜候端張福虎李荣生任施工总监管
杜汝栢任顧问同時又吸收了部分村委和新旧纠首为协理的共同努力下全部工程將於六月廿五日竣工交付驗收廿九日
全社老少敲鑼打鼓同欢共庆將大王出象移入新庙並在七月四日破例將紫金山大王出象專程請回为观光助兴唱戏七场
适逢[illegible]雨五寸有余面对久旱得雨万民攝心欢喜戏完后於七月八日一早待火炮鳴后　三合社　白玉宝撰文
全社众善旗鑼伞扇將山上大王出象入轿行至泉王大桥[illegible]乘車送往紫金山住所　三交镇　樊啟光楷书
这次[illegible]重建將是我社继修[illegible]之后第二个丰碑业绩載入史册　高星[illegible]刻石
公元一九九二年十二月廿五日立

安家圪台重修大王庙碑记

【简介】

1992年12月勒石。现存于临县三交镇安家圪台村。碑青石质，圆首，高121、宽56、厚11厘米。额题“芳名并志”4字。碑文楷书，正文6行，满行46字。记载重修大王庙之事。现保存完好。

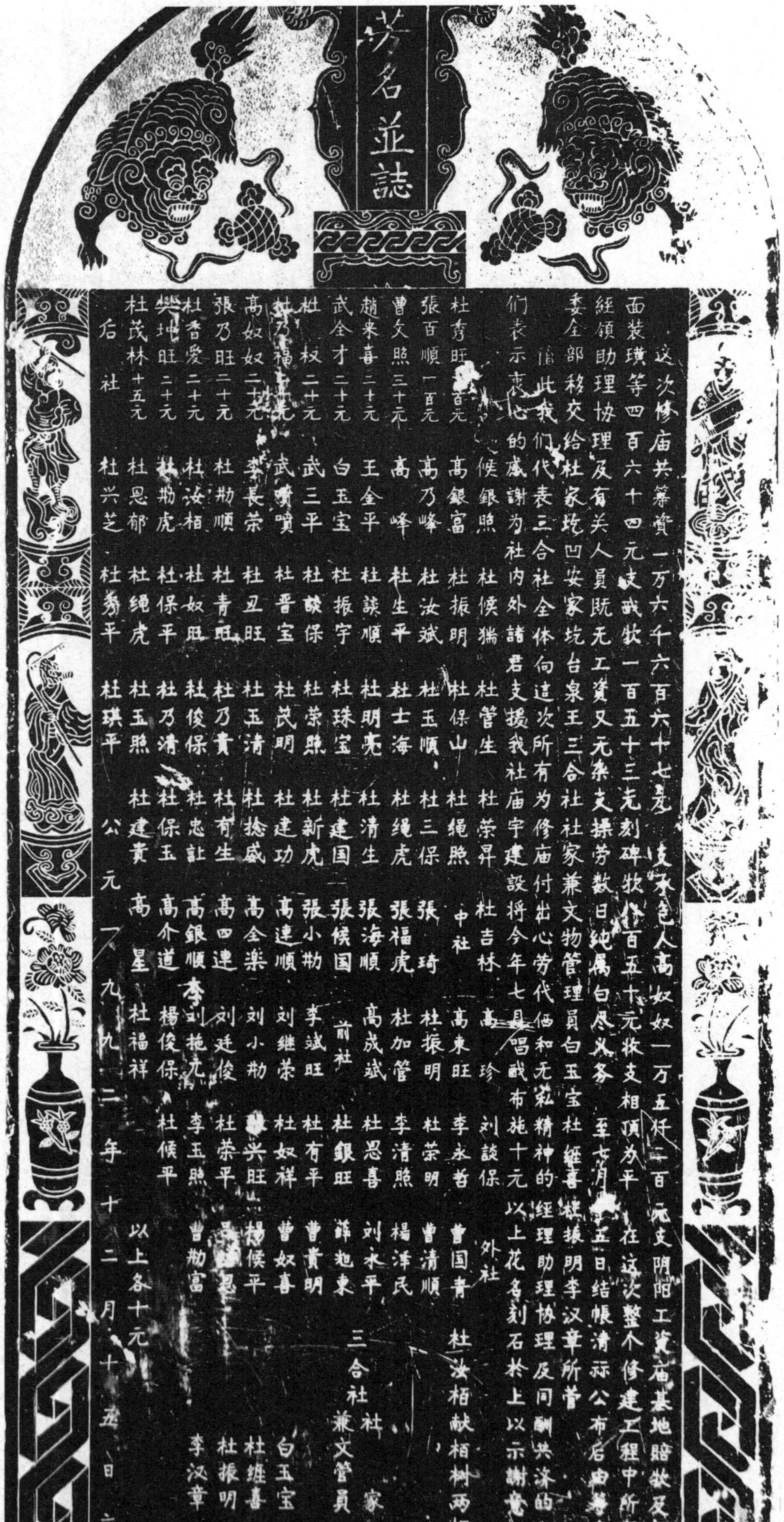

【碑文】

这次修庙共筹款一万六千六百六十七元，支承包人高奴奴一万五千二百元，支阴阳工资、庙基地赔款及门面装璜等四百六十四元，支戏款一百五十三元，刻碑款八百五十元，收支相顶为平。在这次整个修建工程中，所有经领、助理、协理及有关人员，既无工资又无杂支，操劳数日，纯属白尽义务。至七月十五日结账清算公布后，由筹建委全部移交给杜家圪凹、安家圪台、泉王三合社社家兼文物管理员白玉宝、杜维喜、杜振明、李汉章所管。

值此，我们代表三合社全社向这次所有为修庙付出辛劳代价和无私精神的经理助理及同酬共济的人们表示衷心的感谢！为社内外诸君支援我社庙宇建设，将今年七月唱戏布施十元以上花名刻石于上，以示谢意。

杜秀明二百元　张百顺一百元　曹文照三十元　赵来喜二十元　武全才二十元　杜权二十元　杜乃福二十元　高奴奴二十元　张乃旺二十元　杜香爱二十元　樊增旺二十元　杜茂林十五元　后社（56人略）　中社（16人略）　前社（19人略）　外社（10人略）　以上各十元

杜汝柏献柏树两棵

三合社杜家兼文管员　白玉宝　杜维喜　杜振明　李汉章

公元一九九二年十二月十五日立

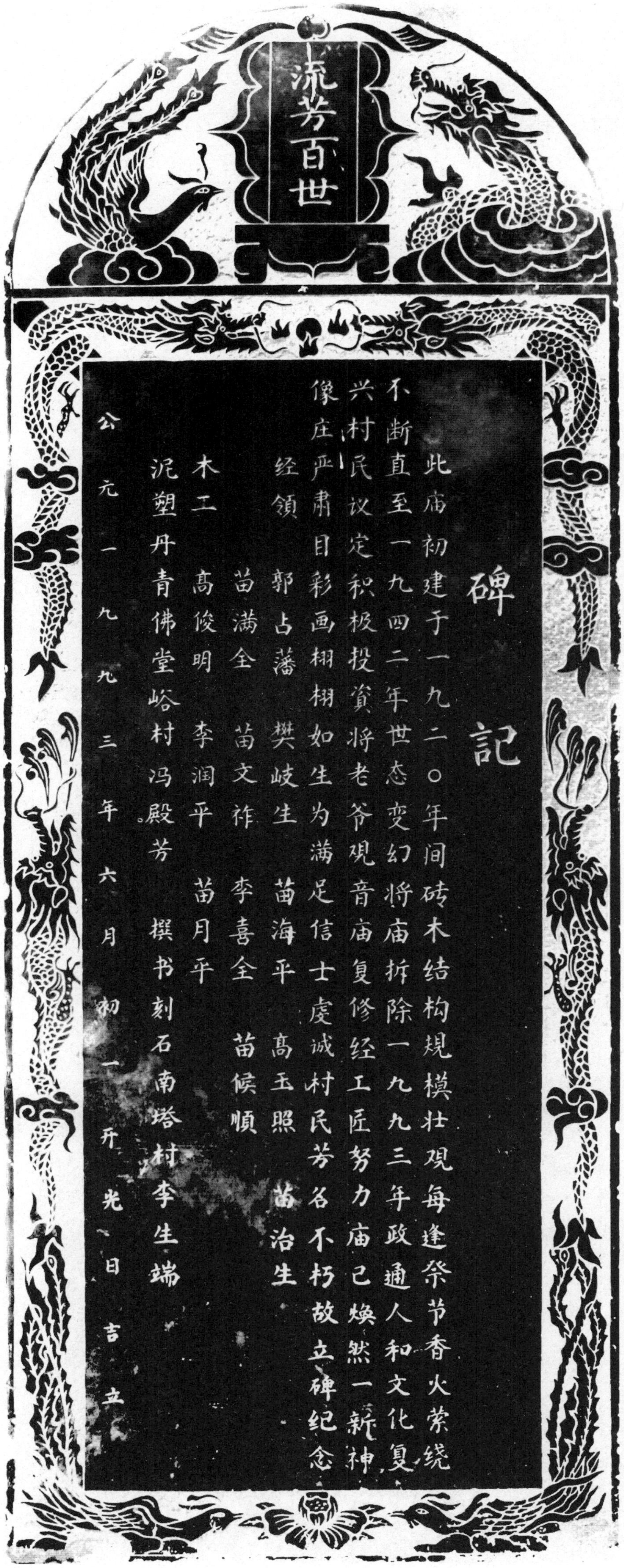

黄白塔重修庙碑记

【简介】

1993 年 6 月勒石。现存于临县临泉镇黄白塔村。碑砂石质，圆首，高 150、宽 60、厚 12 厘米。碑阳额题“流芳百世”4 字。碑文楷书，正文 4 行，满行 29 字。记载黄白塔村关帝观音庙重建之事。碑阴为施钱人花名。保存完好。

【碑文】

（碑阳）

碑记

此庙初建于一九二〇年间，砖木结构，规模壮观，每逢祭节，香火缭绕不断，直至一九四二年，世态变幻，将庙拆除。一九九三年政通人和，文化复兴。全体村民议定，积极投资捐款，将老爷观音庙复修。经工匠努力，庙已焕然一新，神像庄严肃穆，彩画栩栩如生，为满足信士虔诚，村民芳名不朽，故立碑纪念。

经领：郭占藩、樊歧生、苗海平、高玉照、苗治生、苗满全、苗文祚、李喜全、苗候顺。木工：高俊明、李润平、苗月平，泥塑丹青：佛堂峪村冯殿芳， 撰书刻石南塔村李生端。

公元一九九三年六月初一开光日吉立

（碑阴）

樊金平五百元　苗海平四百元　樊歧生二百元　苗秋平二百元　苗来贵二百元　郭占藩一百元　高俊平一百元　高宇峰一百元　高贵堂钟一口　高来顺六十元　苗福平五十元　苗华平四十二元　五十元者（6 人）　四十元者（3 人）　三十元者（2 人）　二十元者（17 人）　十五元者（1 人）　十四元者（2 人）　十元者（45 人）

重修五庙之碑记

【简介】

1993年6月勒石。现存于临县兔坂镇后畔村。碑砂石质，圆首，高135、宽52、厚10厘米。碑阳额题“流芳千古”4字。碑文楷书，正文8行，满行28字。记载重修五庙之事。保存完好。

【碑文】

（碑阳）

重修五庙之碑记

我社五座庙宇，大约建于清朝末年，文革期间破四旧，房顶拆掉，神像打碎，其貌破烂不堪。但尽管如此，善男信女者许愿焚香，一如既往。

为实现我社全体信士之夙愿，使我社古迹得到应有的保护，我们广开门路，集资补修。于农历壬申五月上旬施工，到次年六月中旬竣工，使龙天、观音、老爷、大王、财神等五座庙堂重放光明，辉煌如初。为将届时出资献物劳心费力者，千古流芳而铭刻镌雕。

郭家里、安家里、前畔上、后畔上四村全体信士

公元一九九三年六月十五日叩立

（碑阴）

功德主高振横

经领人　王山贵

各村主持人　王山木　高锋财　□宇斌　□山点　□文胜　苗顺禄　苗乃喜　苗建平　刘宝中　郭文金　郭文明　高文玉　高永明　高长富　□□平　□□平

雕塑　吕宏正

丹青　□□□

□□　□长□

雕刻　高□玉

重修佛殿庙碑记

【简介】

1993年7月勒石。现存于临县克虎镇蔡家洼村。碑青石质，圆首，高150、宽60、厚7.5厘米。额题“福缘”2字。碑文楷书，正文9行，满行33字。记载重修佛殿庙之事。保存完好。

【碑文】

重修佛殿庙碑记

尝闻三教遗训，各有千秋，典文不同，义理固殊，立庙配祀，各有其制，是以祀礼不湮，昭显如响，道法自然，动若神灵，此千古不易之理。然世传隋唐，宗教鼎，教徒各尚其门派，争辩风起，莫衷一是。延至晚宋金初，天意回势，圣人倍出，因势利导，体而则之。时有道教首当其冲，重阳七祖相继问世，代天宣命，三教合一，奠成后世圣业。宗教之道，因国而异，学俗不一，立名自歧，尊天礼地，义殊本同，天运之道，应于岁纪神运之道，本于无方。道有天地之分，神有上下之序，人有尊卑之别，物有贵贱之论，是以圣人体天地、尊造化、顺时序、合阴阳，观物取象以通神明之德，撰文警世以类万物之情。是故前朝因土地广大，立国为疆，民族并居，分土为社，流传礼教，各行祭祀，三教神名佛圣仙真，有居无极之上，安享五云之福，有居太极之中，行理万岁之命，虽名序不同，然功化一致。

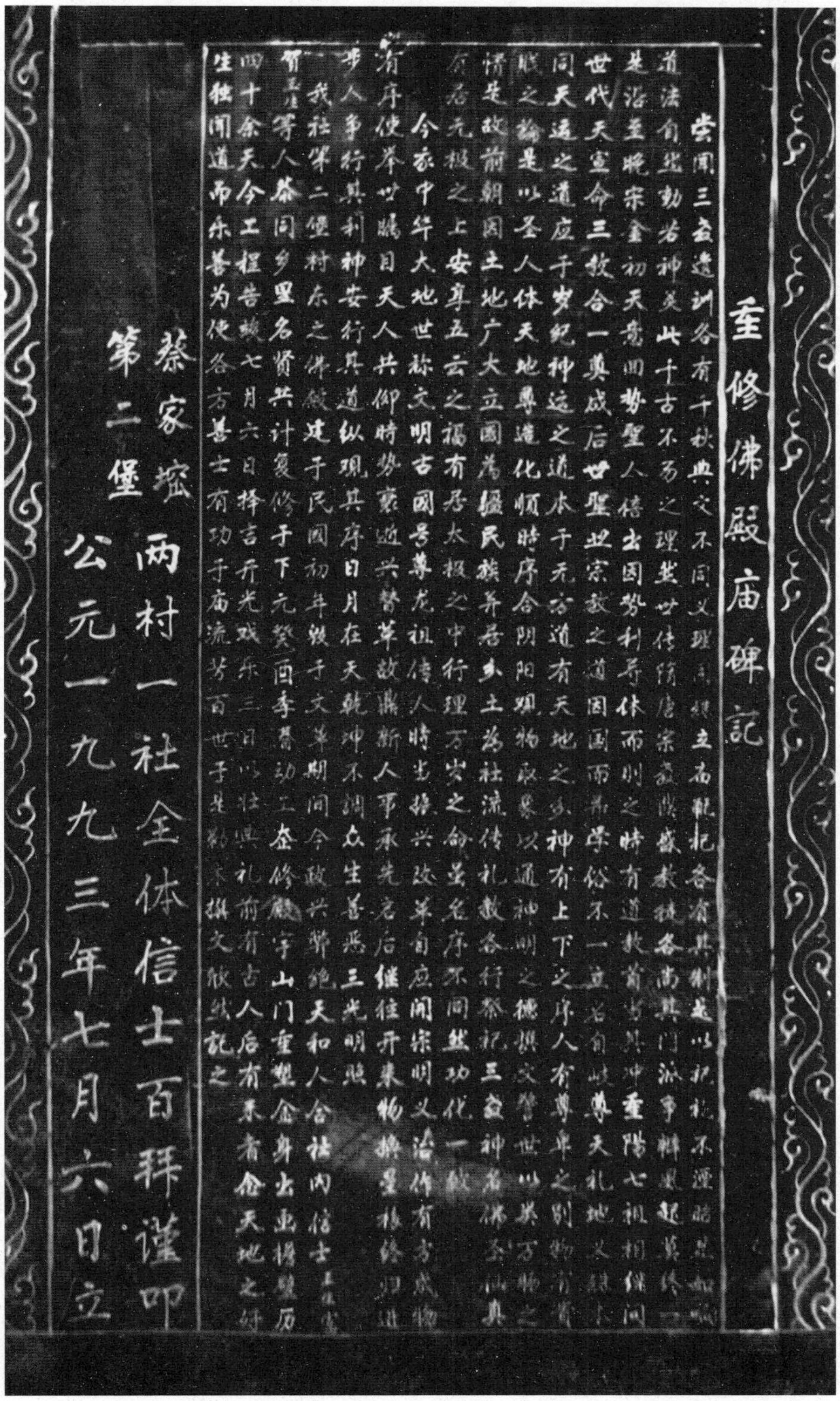

今我中华大地，世称文明古国，号尊龙祖传人。时当振兴改革，自应开宗明义，治作有方，成物有序，使举世瞩目，天人共仰。时势衰逝，兴替革故鼎新，人事承先启后，继往开来，物换星移，终归进步，人争行其利，神安行其道，纵观其序，日月在天，乾坤不调，众生善恶，三光明照。

我社第二堡村东之佛殿，建于民国初年，毁于文革期间，今政兴弊绝，天和人合，社内信士王生富、贺玉生等人恭同乡里名贤，共同复修于下元癸酉季春动工，整修殿宇山门，重塑金身，出画檐壁，历四十余天。今工程告竣，七月六日择吉开光，戏乐三日，以壮典礼，前有古人，后有来者，念天地之好生，独闻道而乐善为，使各方善士有功于庙，流芳百世，于是勒木撰文，欣然记之。

蔡家洼、第二堡两村一社全体信士百拜谨叩

公元一九九三年七月六日立

张家圪垯舞台竣工碑记

【简介】

1993年7月勒石。现存于临县大禹乡张家圪垯村。碑砂石质，圆首，高155、宽67、厚13厘米。额题“亘古留名”4字。碑文楷书，正文15行，满行41字。记叙张家圪垯村修建戏台之事，兼记村史。保存完好。

【碑文】

张家圪塔村舞台竣工碑记

吾张氏立村，系始祖张康于明朝正德年间，徙至辟居，迄今略考近五百年之久，二十五代之远，繁衍人口略达万余之众，迁本县及方山等处居住者遍及七十二村之广。吾张氏者，清朝政划善训都七甲、八甲，祖居村为九甲，民国和现代历划三交二区、车赶七区，现为歧道乡。其受姓之始，世远谱遗莫稽，其详考诸晚，近于一支一本滋生者，尚分前、中、后三院。先祖仁德，启后贤良，历代勤耕事农，励精治村，故经济文化等诸方面，誉为远近方里之文明大氏矣。后迁秦、樊、刘、胡、慕、杜等氏数户，亦随和相处，皆共图文明之治，现代文化和传统文化共溶育人。近年来，村民事农兼商者五十余人，工匠者六十余人，大中专毕业者四十五人，外事公干者一百二十余人，道教信仰者十五人。于一九八一年修复村南共天寺，为维护古寺文物，组织了十人寺委并营造护寺果园二十六亩，协办村民公益诸事。八甲玉坪村人张崇龙，于清同治年中武状元，镇守碛口。八六年以来任职的村领导张明恩、张加保等人承先祖之志，精诚图治，念村居住之苦，规划新建成民宅八十余户，二百余间；念兴学育人之要，投资六万元修学校十间；念文艺集会之需，在寺委建议资助下，村委领导发动村民设法投资四万三千元，其中村委三万七千元，村民集资二千五百元，寺委集资五千元，落成一百五十六平方米舞台一处，献殿一处。又新修村委公宅十七间，维修五间，新打水井一口。一九九二年整撰了万言家谱，以资列祖昭信纪实，重本笃亲。尔近三年来，累计投资一十四万四千元，搞了公共建设，是时村貌焕然一新，村民易容欢颜，诚谓天泰地宁，政通人和之吉地焉，为昭信纪实，将修舞台经领人捐资者，位列于后，勒石留名尔。

经领　张树启

施工　张义美

技工　胡富贵

撰书　张明焕

镌刻　张润德

公元一九九三年农历七月初六日立

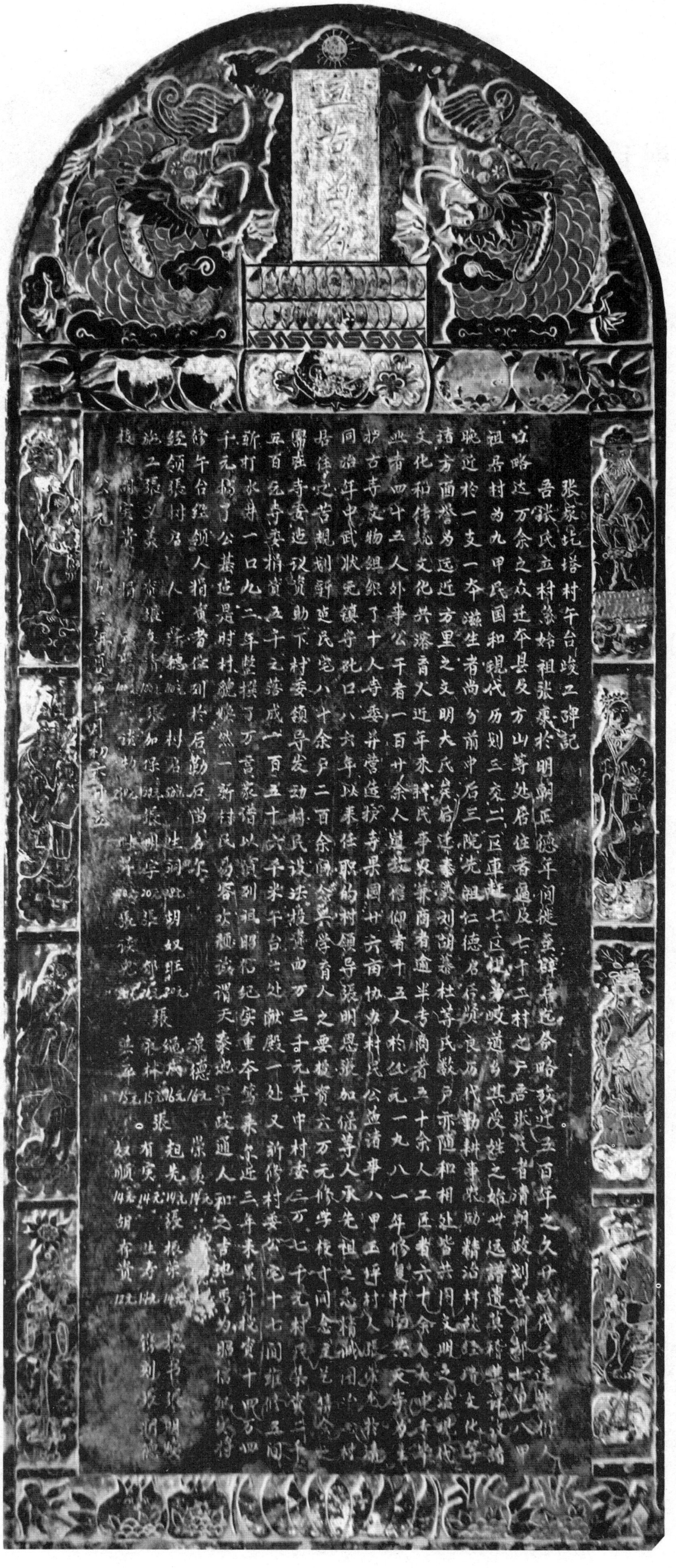
张家圪塔村午台岐工碑记

火燎坡河坝工程碑

【简介】

1993年9月勒石。现存于临县大禹乡火燎坡村，外有碑亭保护。碑青石质，圆首，高141、宽59、厚14厘米。碑文楷书，正文1行，满行7字。介绍火燎坡河坝工程情况。保存完好。

【碑文】

（碑阳）

世界粮食计划署/中国3923项目

火燎坡河坝工程

临县3923项目办公室

一九九三年九月

（碑阴）

工程简介

火燎坡村位于湫水河畔，共有140户，575口人，84公顷耕地，人均0.146公顷，多年平均粮食总产6万公斤，人均104公斤，群众生活十分贫困。为了改变该村贫困落后面貌，3923安排该村淤滩造地工程一处。该工程于1993年5月开工，同年9月竣工，共建河坝长1263米，河段20年一遇设计，防洪标准为2338立方米每秒，河宽135米，主坝高3.5米，基深3.5米，可淤滩造地23公顷，人均0.04公顷，年可增产粮食10万公斤，人均增加174公斤，使该村彻底摆脱贫困，走上富裕之路。

书碑刻石　李生端

工程简介

复修观音殿碑记

【简介】

1993 年 10 月勒石。现存于临县临泉镇前甘泉村。碑青石质，圆首，高 126 、宽 56、厚 11 厘米。额题“流芳千古”4 字。碑文楷书，正文 6 行，满行 29 字。记述前甘泉村复修观音殿之事。保存完好。

【碑文】

（碑阳）

复修观音殿碑记

观音殿创建于明代万历七年，历经风雨消磨，年久失修，碑残壁断，人久悬念，无叩拜之地，直至一九四三年被拆除。一九八〇年间又修正殿一间，后被毁。本年 7 月由郭乃明等主持，工匠努力，村民捐资献工，卜吉安基，大兴土木，一殿两厢，九月告竣。楼殿壮丽可观，佛殿壁画生动逼真，香火萦绕不断，四境香客络绎不绝。此宗教活动场所，是本村工匠文化艺术之精萃。为满足信士虔诚，村民芳名不朽，故刻石纪念。

经办人　郭乃明　李俊宁　李有成　郭文明　彭兰成

设计施工　郭成林　郭生润

木工　张生平

匠工　郭长勤　刘百祥　郭元明　郭有全等

泥塑丹青　后大禹秦清平　李忠孝

地基工　龟峁村延福全

书碑刻石　南塔村李生端

公元一九九三年十月二十九日吉立

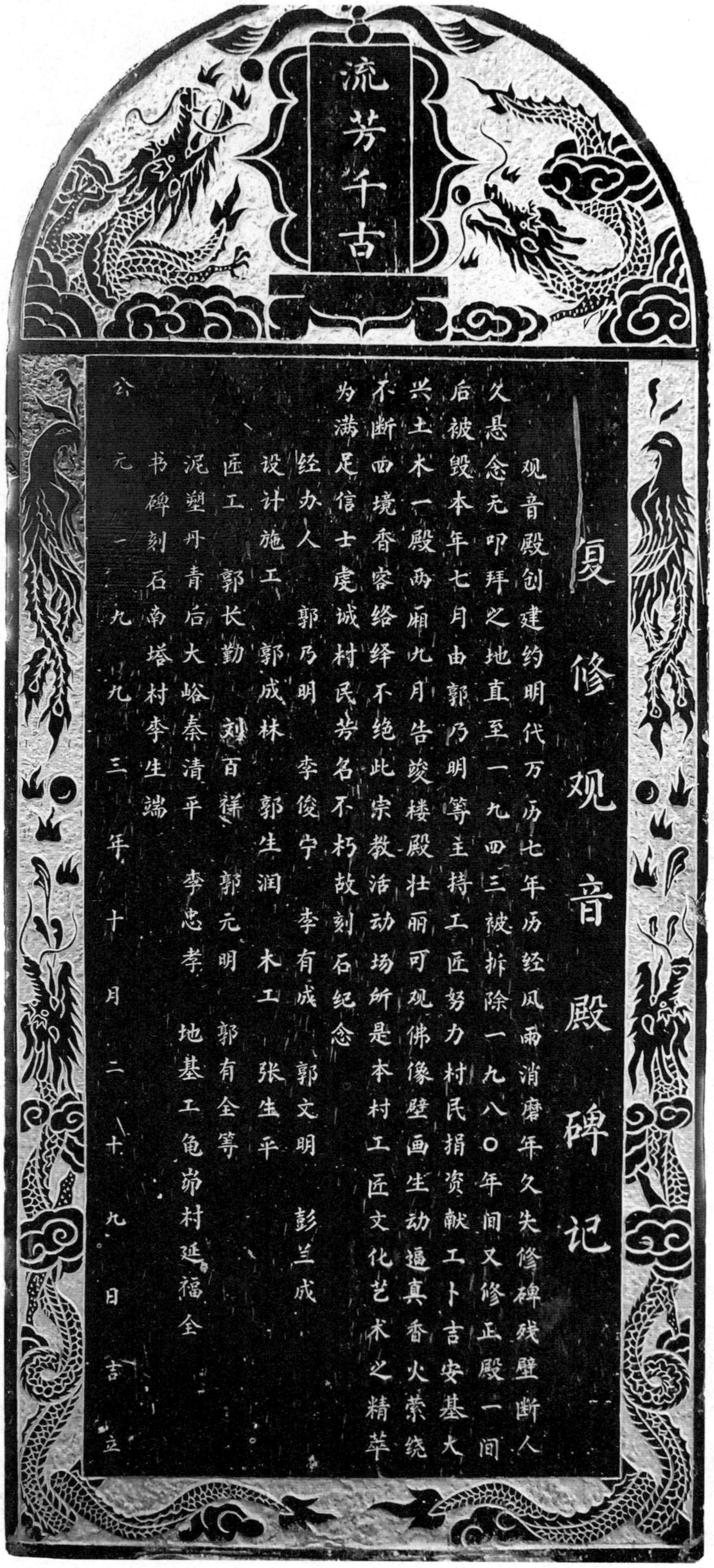

（碑阴）

郭环保一千元　闫桂兰四百五十元　郭成林三百元　郭平平二百元　高生平五百零五元　一百元者（30 人略）　五十元者（29 人略）　四十元者（4 人略）　三十元者（28 人略）

西坡重修弥勒佛庙碑记（一）

【简介】

1993年11月勒石。现存于临县三交镇西坡村。碑青石质，圆首，高139、宽65、厚10厘米。额题“佛民常昭”4字。碑文楷书，正文3行，满行31字。记述维修弥勒佛庙之事。保存完好。

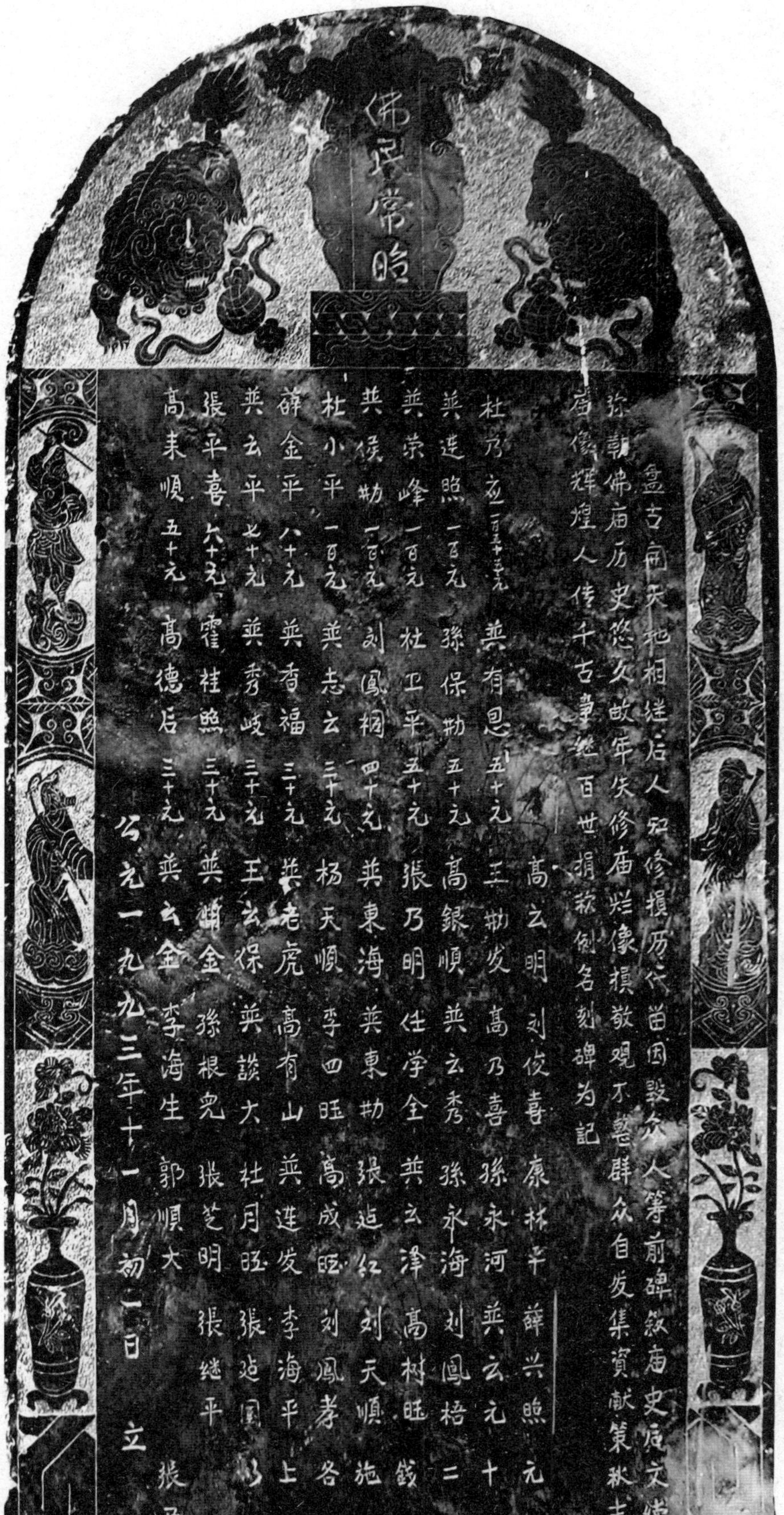

【碑文】

盘古开天地，相继后人知，修损历代留，因毁众人筹，前碑叙庙史，后文续古今。弥勒佛庙，历史悠久，数年失修，庙烂像损，敬观不整，群众自发集资献策，秋末开光，庙像辉煌，人传千古，事继百世。捐款列名，刻碑为记。

杜乃应一百五十五元　樊连顺一百元　樊荣峰一百元　樊侯勤一百元　杜小平一百元　薛金平八十元　樊云平七十元　张平喜六十元　高来顺五十元　樊有恩五十元　孙保勤五十元　杜卫平五十元　刘凤桐四十元　樊志云　樊香福　樊秀岐　霍桂照　高德后　各三十元　（下略）

张乃应书

公元一九九三年十一月初一日立

西坡重修弥勒佛庙碑记（二）

【简介】

1993年11月勒石。现存于临县三交镇西坡村。碑青石质，圆首，高139、宽65、厚10厘米。为维修弥勒佛庙碑记。额题“流芳百世”4字。碑文楷书，正文4行，满行29字。碑文完整，字迹清晰，碑体完好。

【碑文】

重修弥勒佛庙碑记。自古有三教，各有其长，儒释至今。扩建西坡弥勒佛庙，至近也在明代建设。据旧碑记载，康熙年间补修，道光甲申年重修，因久损坏。铸铁佛像及其它物破烂，经群众组织重新塑像，已保护文物古迹。为留后世，兹将出力之人，刻碑记矣。

经领人　高有山　樊恩亮　樊来喜　樊有恩　薛奴富　李海生　樊金旺　樊泽　樊相奎　郭顺庆　马建平

庙会负责人　刘俊喜　秦昆　刘紫名　張乃应　樊連应　樊連发

外交负责人　樊連兆　樊榮峯　樊老虎　高来順　霍貴兆　李榮生　刘鳳桐　張芝明

剧场负责人　刘鳳梧　孫保兒　孫保勤　李奴富　樊来旺　樊榮泽

后勤负责人　郭保珍　高榮明　秦華談　孫保順　樊榮順　張平喜

音乐负责人　樊芝应　樊来应　張貴明　郝还元　樊和平　樊世平　樊建榮　樊建林

油漆负责人　刘小峰　杜小平

刘树桂书　高星兆刻

公元一九九三年十一月初一日敬立

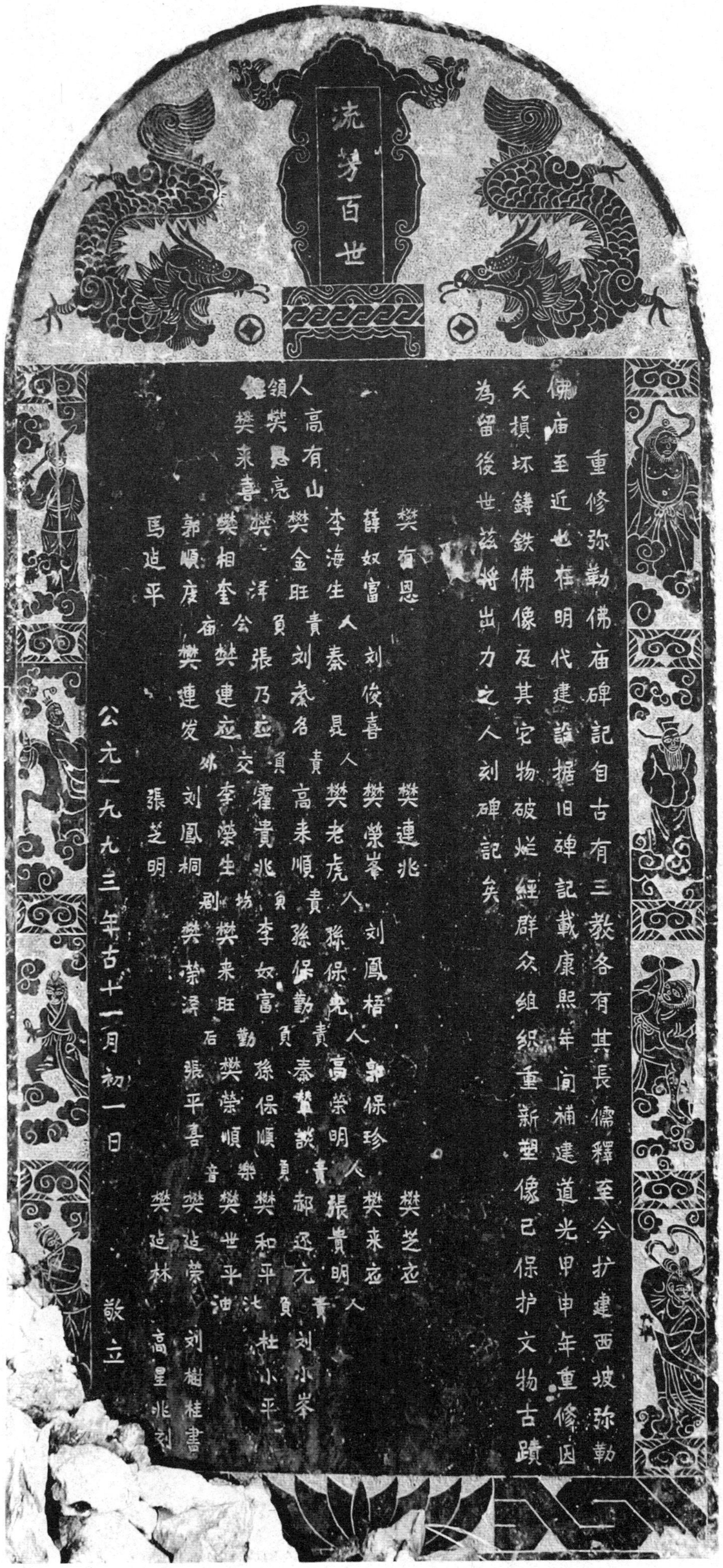

再建天龙庙碑记

【简介】

1993 年 12 月勒石。现存于临县车赶乡东张家山天龙庙内。碑砂石质，圆首方座，通高 192 厘米，碑身高 172、宽 66、厚 12 厘米；碑座高 20、宽 70、厚 52 厘米。额题“千古流芳”4 字。碑文楷书，计 18 行，满行 41 字，约 600 字。记载张家山天龙庙的历史与重建经过。现保存完好。

【碑文】

再建天龙庙碑记

我村原有天龙庙一座，村人求祈无不显灵，古往迄今，保佑全村，风调雨顺，五谷丰登，农林牧副，节节上升，人才辈出，后继有人，故村民称颂曰，天龙爷显灵，全村人等永享幸福。然因十年动乱，古庙被毁，变成废墟。当时，民心有怨，家家不乐，但敢怒而不敢言。十一届三中全会后，人心齐了，全村人等经济状况年年上升，经多次研究，一致同意再建天龙庙一座，以达全村人的诚心。此次再建天龙庙，是从一九九三年二月廿一日动工兴建，期间在安尚芝等人的带头下，全村所有能劳动者一齐拥上，披星戴月，苦干了十多天，于三月三日竣工。该工程用土石工匠砖等，共造价三仟捌佰捌拾元左右，捐款两仟二佰捌拾元，投工三佰多个，工值一仟四佰多元，由于碑面有限，不能将一切详情用碑文表明，故此经负责人和村民代表多次商议，决定将献款在三十元以上者在碑文上留名，记数不足者出榜公布，片石留志，以传后人。

经领人　安崇德　安丑汝　安尚芝　安勤顺　安高保

设计　安尚芝　安芝元

施钱人　安芝元　安永清　各六十八元　安崇禄　安崇玉　各六十元　安亮先五一元　安尚泽　安芝荣　各五十元　安崇德　安宗先　侯怀珠　安丑汝　安尚华　安尚元　安芝斌　各四十元　安尚芝　安元保　各三十二元　安勤顺　安树旺　安永福　安荣奎　安玉先　安新先　安文先　安来保　安文明　安崇斌　安春栓　安谈保　安恩谈　安谈奴　安计平　安全先　安缠玉　安玉清　安奴保　安元保　安秀照　安恩长　安崇先　安元顺　张德全　张全照　安梓先　安全顺　安常保　安文全　各三十元

堪舆　侯怀珠

瓦工　安尚芝　安全明　安平则

撰文　安尚元　安振贵

书写　刘全禄

雕刻　刘永明　刘永忠

拉碑　安常保

公元一九九三年农历十二月二日立

千古流芳
再建天龙庙碑记
我村原有天龙庙一座村人求祈无不显灵古往迄今保佑全村风调雨顺五谷丰登农林牧副节节
上升人才倍出后继有人故村民称颂曰天龙爷显灵全村人等永享幸福然因十年动乱古庙被毁变成
废墟当時民心有怨家家不乐但敢怒而不敢言十一届三中全会后人心齐了全村人等经济状况年年
上升经多次研究一致同意再建天龙庙一座以达全村人的诚心要求此次再建天龙庙是从一九九三
年二月廿一动工修建期间在安尚芝等人的带头下全村所有能劳动者一齐捆上披星戴月苦干了十
多天于三月三日竣工该工程用土石工匠砖等共造价三仟捌佰捌拾九左右捐款两仟二佰捌拾九拔
工三佰多个工值一仟四佰多元由于碑面有限不能将一切详情用碑文表明敬此经员责人和村民代
表多次商议决定献款在三十元以上者在碑文上留名记数不足者出榜公佈地石留德以传后人
经领人
安崇德 安丑汝 安尚芝 安勘顺 安高保
设计 安尚芝 安芝九
施钱人
安芝九 安永清 安崇禄 安崇玉 安亮先 安尚泽 安芝荣 安崇德
安宗先 庞怀珠 安丑汝 安尚华 安尚元 安芝斌 安尚芝 安九保
安勘顺 安树旺 安永福 安崇奎 安玉先 安新先 安文先 安来保
安文明 安崇斌 安春拴 安谈保 安恩谈 安谈奴 安计平 安全先
安缠玉 安玉清 安奴保 安三保 安秀照 安恩长 安崇先 安九怀
张德全 张全照 安祥先 安全顺 安常保 安文全
庞怀珠 安尚芝 安全明 安平则 安根贵 安尚元
刘全禄 刘永明 刘永忠 安常保
公元一九九三年农历十二月二日立

重建观音庙碑记

【简介】

1994年勒石。现存于临县临泉镇后白家沟。碑砂石质，圆首，高145、宽67、厚8厘米。碑文楷书，正文11行，满行30字。记载后白家沟重建观音庙之事。渠文明撰文。保存完好。

【碑文】

重建观音庙碑记

公元一九九四年，岁次甲戌夏，白家沟村民，重建观音菩萨古庙，□其旧制，嘱予作文以记之。

湫水之西，黄河之东，南临县邑，北壤古郡，白家沟村，西山聚宝，一沟通灵，观音古庙，德侔天地，道贯古今，菩萨座下莲花，饶有西湖三月景，大士瓶中杨柳，分采南海一枝春，诚为慈航普渡，庇佑万民。然历经数代，古庙废倾，菩萨仍大慈大悲，救苦救难，泽惠至今。合村老小，均思圣德如天，荡荡难名，与神禹疏凿之功，同一罔极，奉奠之心，其有不油然而兴耶！逢政通人和，百废俱兴，遂重建大庙，再塑金身，善男信女，献上一腔赤诚，捐资出力，再造大士行宫，后之人与吾同志，嗣而葺之，庶斯庙不朽也。乞愿：杨柳枝头甘露洒，莲花座上慧风生。又从而歌曰：云山苍苍，河水泱泱，菩萨大德，山高水长！

复修庙宇碑记

【简介】

1994年2月勒石。现存于临县大禹乡后刘家庄村。共2通，均砂石质，圆首，高136、宽60、厚12厘米。第一通碑阳额题“源远流长”4字。碑文楷书，正文24行，满行16字。记载后刘家庄村复修庙宇之事。碑阴额题“留久千古”4字。碑文为捐资花名。第二通碑阳额题“片石铭记”4字，碑阴额题“代代相传”4字。碑阳、碑阴为捐资花名。保存完好。

【碑文】

（第一通）

（碑阳）

复修庙宇碑记

本村兴建庙宇历史悠久，观音庙修于明末，清末建成魁星、文昌庙，民国二十年又修关帝庙，后因年久失修，于本世纪中叶塌毁。

复修庙宇是村民梦寐以求之事，故从九三年农历六月初九日奠基开工后，人心所向，群情激动。修建始终，经领人精心组织领导，群众踊跃投工集资，历经三月光阴，庙堂圆满落成，建筑完美，总计用款3万8千元。

此次复修是将原文昌庙维修、魁星庙旧址简修外，特意将关帝、观音、真武和其他诸神新择庙址，聚集一堂，以便维护管理，综合占地面积达六百六十平方米。

庙堂竣工后，是年九月十一日，全体村民并邀僧人和异乡宾朋，隆重举行了开光典仪，民众殷切希望世代呈现人寿年丰、安居乐业、正气弘扬及万事如意的新局面。为流芳百世，将千古业绩树碑刻记，凡有关人士和五十元以上捐款者等花名铭记于后。

负责人　刘学文　刘殿甫　刘喜兰　刘光清　刘秀清

经领人　刘小平　刘芝荣　刘玉勤　刘保林　李金全　刘建义　刘冬喜　刘谈则　贾生保　刘德寿　秦乃则

施工　刘学旺　　堪舆　高治平　　瓦工　刘冬平　　木工　刘荣林　　石工　刘殿忍

撰文　刘贤方　　雕塑　冯缠庆　　对联书刻　刘学富　刘久长　刘青玉　刘卫平

写碑　刘学富　刘久长　　刻碑　李长有　　献钟人　刘保平　刘泽平

（碑阴）

捐资花名（元为单位）

刘富有600　刘秀清560　刘开芳500　刘学文400　刘佃甫400　刘光清368　刘喜兰360　刘小平320　刘芝荣320　刘二保312　刘学旺258　刘久长256　刘生顺240　刘百桂240　刘玉勤233　刘乃保206　刘保林206　李金全204　刘学仲202　刘玉生200　刘万清200　秀清母200　刘枝林200　刘芝林200　刘堂林200　刘富林200　刘新荣200　刘学钱200　刘顺清200　刘保保174　刘廷玉172　刘冬利170　（下略）

（第二通）

（碑阳、碑阴均为捐款花名，略）

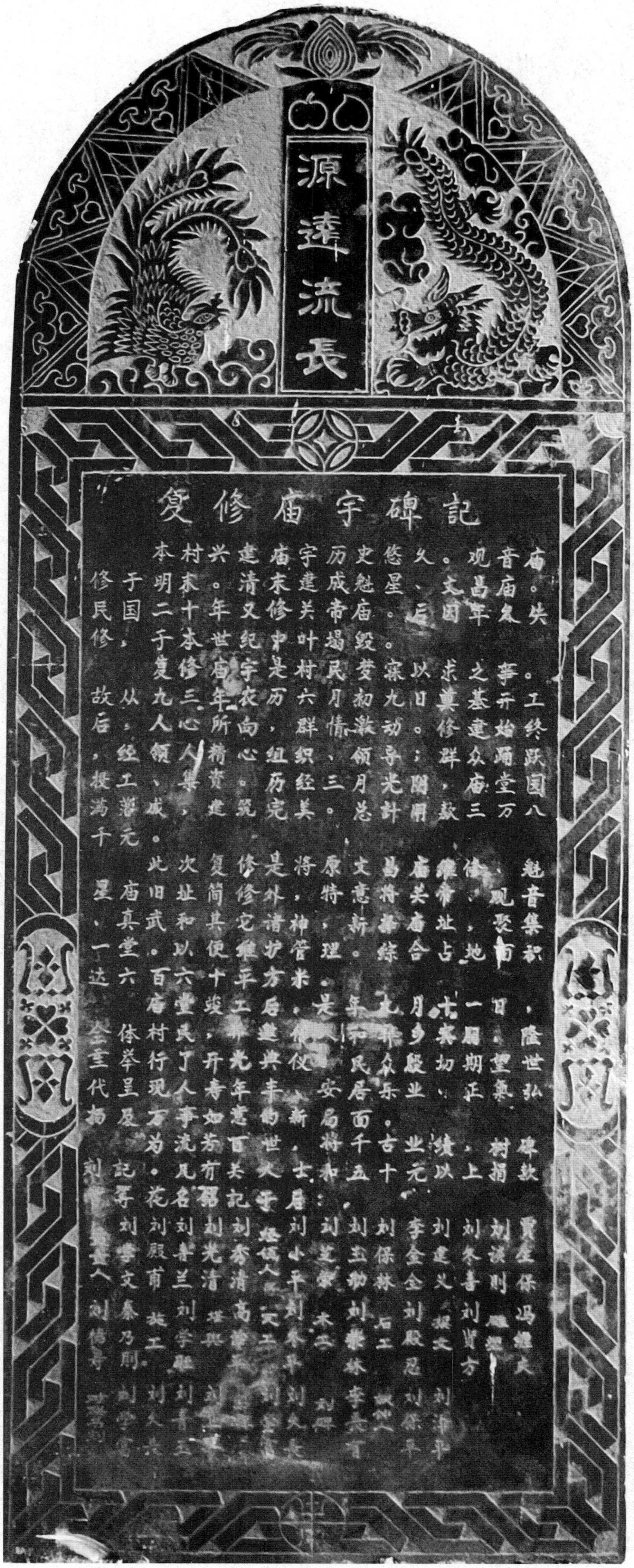
源達流長
复修庙宇碑記

江泽民总书记视察临县纪实碑文

【简介】

1994年4月勒石。现存于临县城庄镇明旺塔村。碑汉白玉石质，平首方座。通高520厘米，其中碑身高400、宽200、厚50厘米；碑座高120、宽260、厚62厘米。碑阳为江泽民来吕梁的题词，计4行，满行10字，共26字。碑阴记述江泽民同志视察吕梁来到临县的经过。现保存完好。

【碑文】

（碑阳）

艰苦奋斗，振兴吕梁

江泽民 一九九四年元月二十九日于吕梁地区

（碑阴）

一九九四年元月二十九日（农历腊月十八），中共中央总书记、国家主席江泽民，在总后勤部部长傅全有，北京军区司令员李来柱，中央办公厅主任曾庆红，农业部部长刘江，省委书记胡富国，代省长孙文盛，吕梁地委书记姚新章，行署专员冯其福等同志陪同下，乘坐面包车，从兴县蔡家崖来到临县。陪同总书记视察的中央有关部门和省委负责人还有叶青、韩杼滨、滕文生、杨雍哲、万良适、郭裕怀。

是日上午，中共临县县委书记郭海亮，县长薛万民到兴县城迎接。途中，郭海亮同志向总书记汇报工作时，总书记满面笑容，时而点头，时而插话，处处体现了对老区人民的极大关怀和深情厚爱。

下午四时，总书记沿着明旺塔陡峭狭窄的山路盘旋而上，来到明旺塔3923项目万亩农建工程区。总书记身着军大衣，冒着寒风，参观了层层梯田，询问了农田基本建设情况，指出“群众治理小流域的积极性起来后，要特别注意引导科技兴农，农业科学技术对农业的发展至关重要”，“我想，我们贫困山区的党员，我们贫困山区的干部，必须引导贫困山区的人民通过自身开发，从根本上把贫困的帽子摘下来”。之后，总书记与省、地、县、乡各级领导分别合影留念。

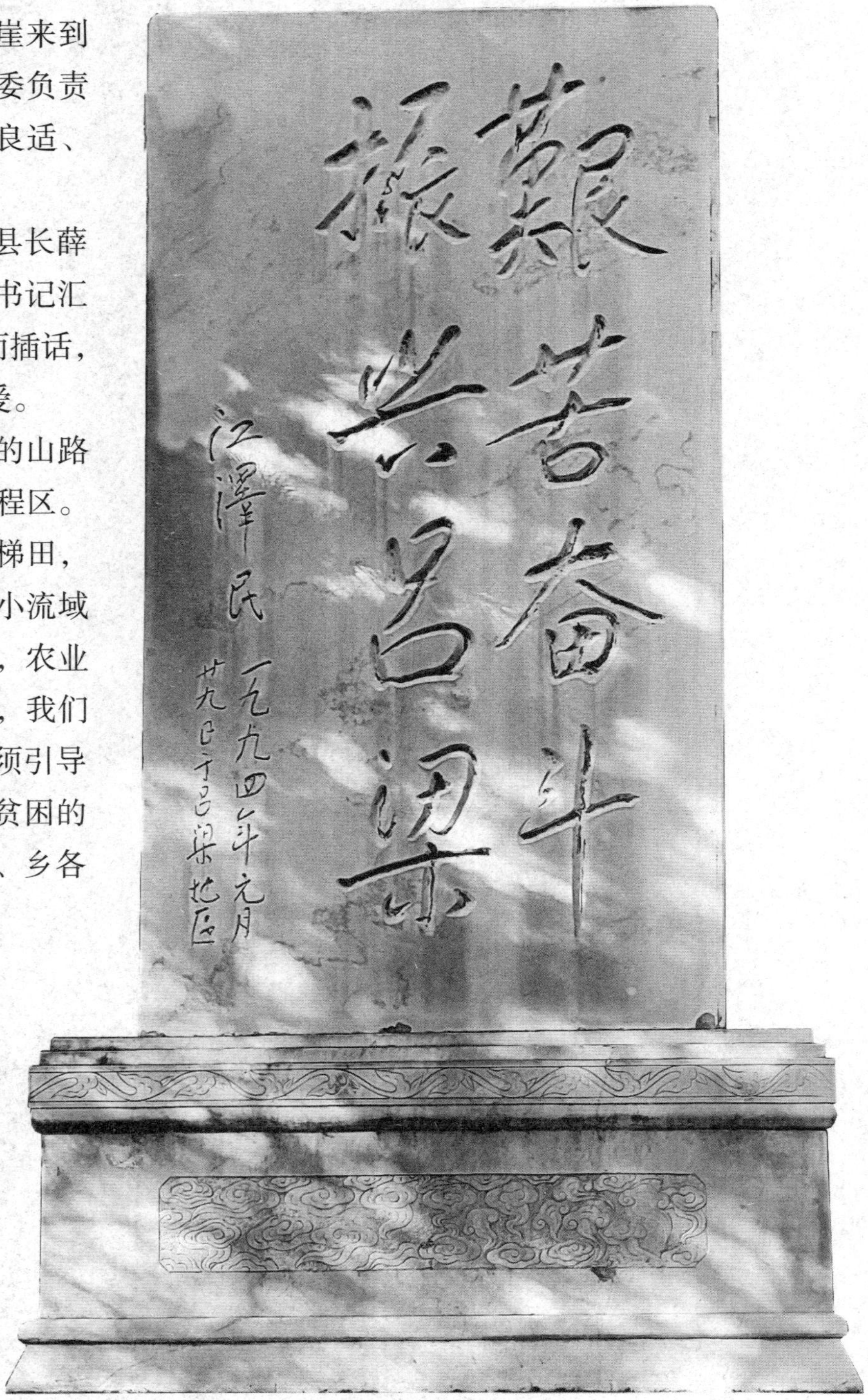

在明旺塔村，总书记登门访问了农民李四儿和刘正阳家，他慈祥的面容、和蔼的问话，使刘、李两家无不热泪盈眶。当总书记走到院里时，挤在垴畔上的村民向他热烈鼓掌。他向大家拱拱手高声说：“给乡亲们拜个早年！”在场群众感动万分，充满了对总书记的敬仰之情。

当天下午，总书记还视察了胜利坪小学，当孩子们给总书记献上鲜艳的红领巾

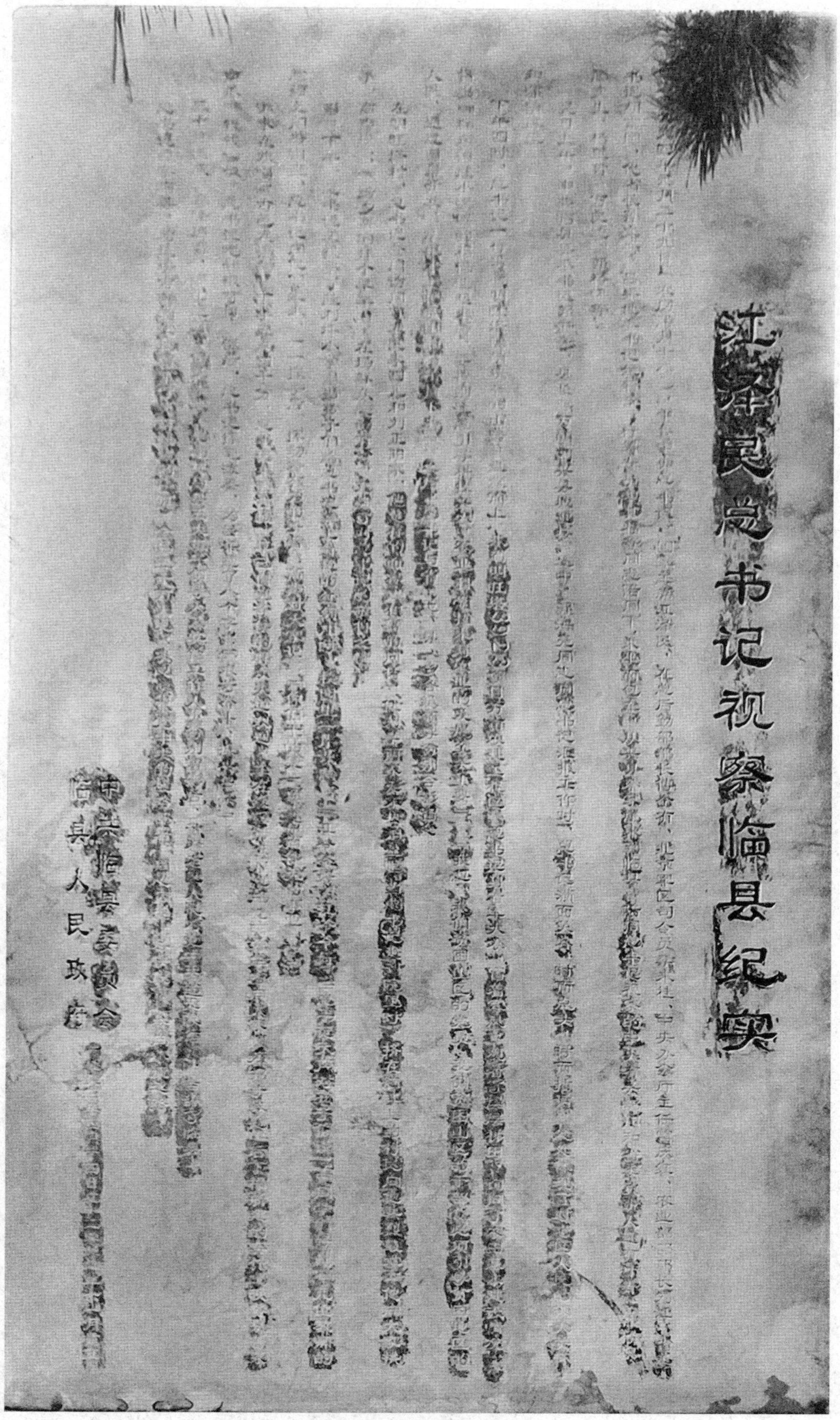

时，校园里一片欢腾，“江爷爷好！”“江爷爷好！”总书记大声对孩子们说：“同学们好！”几位教师的脸颊上闪着泪光，总书记向他们走来，一一握手后，挥动着有力的手臂，高声对大家说：“你们干的是一项崇高而伟大的事业！”

湫水在欢唱，古邑在沸腾。下午五点四十分，总书记来到县城，早已自觉等候的群众，夹道欢迎。车在缓缓前进，总书记隔着车窗向大家频频招手致意，后下榻在新建的宾馆，晚餐是苦菜、南瓜、钱钱饭，总书记吃得很可口。饭后，总书记挥毫泼墨，为吕梁题了八个大字：“艰苦奋斗，振兴吕梁。”

三十日凌晨，喜降瑞雪，漫山遍野，银装素裹，总书记与县五套班子领导以及宾馆工作人员，分别合影留念，带着老区人民对党中央的无限信赖，告辞了临县。总书记视察临县，为这块古老的土地留下了光辉灿烂的一页，全县五十万人民，决心紧跟党中央的战略部署，同心同德，艰苦奋斗，尽快脱贫，奔向小康之路。

为鞭策当今，激励后人，撰文于此，以资铭佩！

中共临县委员会　临县人民政府

一九九四年四月十四日立（二零零一年十一月重立）

武家沟关帝财神庙塑像壁画碑记

【简介】

1994年5月勒石。现存于临县三交镇武家沟村，碑砂石质，圆首，高166、宽68、厚12厘米。碑阳额题“佛光普照”4字，碑文楷书，正文6行，满行27字。记载关帝财神庙塑像、壁画之事。碑阴额题“功德千秋”4字，碑文为施钱人花名。保存完好。

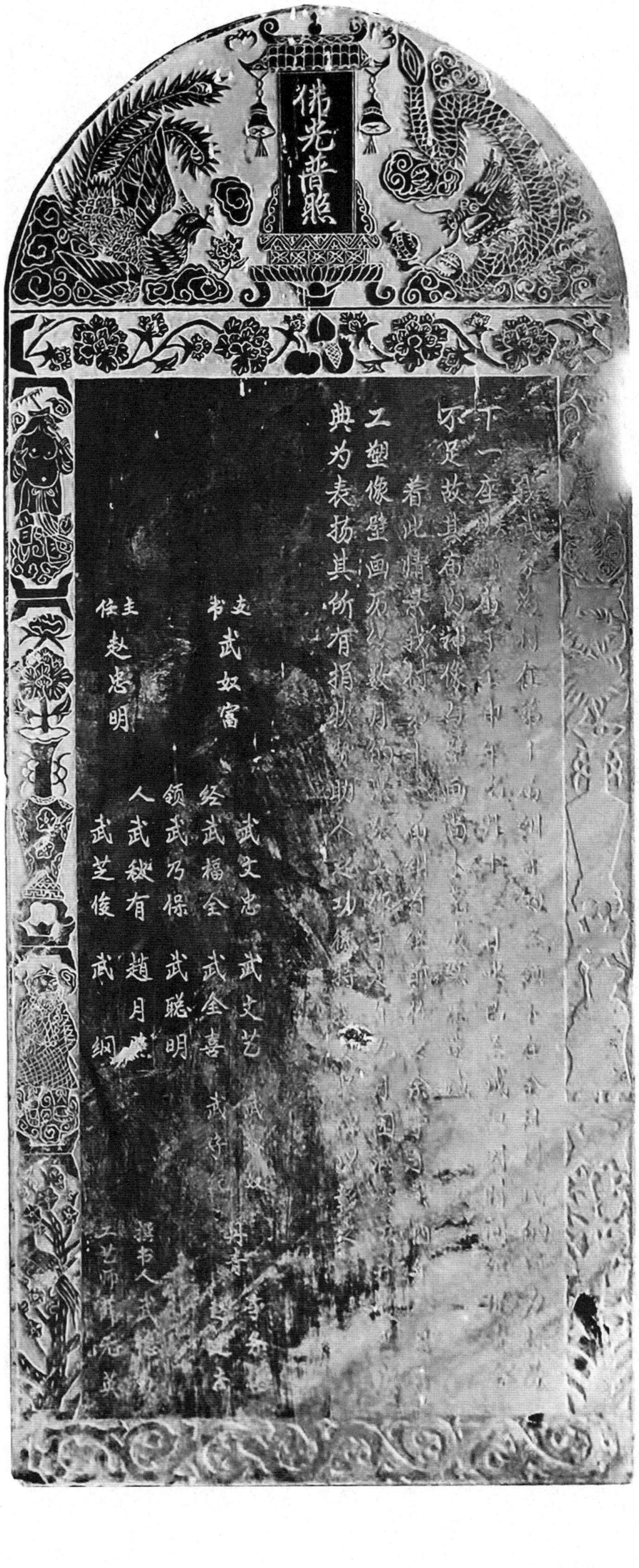

【碑文】

（碑阳）

我武家沟村在第十届纠首的经领下，在全村村民的通力操劳下，一座关帝财神庙于壬申年九月十三日业已落成，但因时间短促，资金不足，故其庙内神像与壁画尚未完成，实属遗憾。

值此情景，我村第十一届纠首继前任之余事，于癸酉年八月开工，塑像壁画历经数月的紧张工作，于是年九月圆满竣工，并开光庆典，为表彰其所有捐款赞助人之功德，特撰文竖碑以彰之。

支书武奴富　主任赵忠明

经领人　武文忠　武福全　武乃保　武秋有　武芝俊　武文艺　武全喜　武聪明　赵月照　武纲　武奴奴　武守纪

丹青　李务德　赵廷杰

撰书人　武德勤

工艺师　薛元英

（碑阴）

今将捐款在二十元以上者，刻碑于左，以彰之。

任家坪李建宾一百元　武福全六十四元　三交樊国清五十元　薛家坪李兴富五十元　（下略）

公元一九九四年农历岁次甲戌年五月二十七日吉立

重修庙碑序

【简介】

1994年5月勒石。现存于临县大禹乡吕家岭村。碑砂石质，圆首，高152、宽60、厚10.5厘米。碑阳额题“日”“月”。碑文楷书，正文11行，满行38字。记载吕家湾重修庙宇之事。碑阴额题“流芳永存碑记”6字，碑文为施钱人花名。碑文完整，字迹清晰，碑体完好。

【碑文】

（碑阳）

碑序

吕家湾庙宇始建于唐，巍之乎，亦一乡之巨观也。这里芒种庙会，享有盛名，引无数好善者云集于此降香观光，乃因历年久远，风雨剥落，庙貌倾颓。延及一九四八年因政事尽毁，既后多年来，村民欲重修，奈力薄身忙，总理乏人，不得遂愿。当今在党的改革开放政策的感召下，政通人和，物阜民丰，支书吕廷海、主任吕管顺应村民意愿，奉举吕汝富、吕四保、吕向凯等七人组成筹建领导组，在村支委的大力协助下，以夙夜匪懈之精神，从九二年六月始，朝不计夕，四处奔走，发动村民捐款备料、起架兴工。期间诸执事者苦心思治，巨细无遗，杜家岭村民捐款一万玖仟伍佰柒拾壹元，投工一仟捌佰个，吕家岭村民捐款伍仟陆佰玖拾伍元，投工三佰个，外乡人捐款玖佰余元，两村共捐款贰万零一佰叁拾捌元，投工俩（两）仟一佰个，九三年四月工程告竣，计用款近七万余元，其不足部分吕家岭村委支款一万元，杜家岭村委支款三万元。值此庙貌焕然一新，为表彰诸执事者并出钱出力凡贰拾元以上者，村委责成刻碑记之，以昭后人绪树也。

执事者　支部村委吕廷海　吕管顺　吕喜兆　吕喜生

经领人　吕汝富　吕四保　吕向凯　吕逢万　吕保旦

施工　吕长秀　吕兰勤

会计　吕汝成　吕还保

统计　吕长有

三交镇匠人　樊泽明

刘家庄捧梁　刘新田

后大禹塑像　秦清平

前青塘李根保敬刊

撰书、丹青　杜家岭吕增珍　吕拖虹

公元一九九四年甲戌芒种节吉立

（碑阴）

吕海义一千一百元　吕秉元六百元　造纸厂六百元　吕向凯五百二十元　□□□五百元　秦清平五百元　吕继顺四百六十元　吕汝富　曹百顺　李茂荣三百二十元　吕兰勤三百元　李谈儿二百四十元　吕四保　吕廷海　吕管顺　吕管兆　吕勤勤二百二十元　吕保旦　吕喜　吕丑孩　吕长秀　吕廷新一百五十元　吕顺保一百四十元　吕乃顺　吕兰顺　吕志明　吕秀玉　吕金平　吕粉旺　吕尚武一百二十元　吕廷仁　吕保顺　吕还旺　吕俊兆　吕荣海　吕金兆　吕尚勤　吕德喜　吕高锁　吕管弟　吕汝先　吕俊儿　吕向全　吕振亮　吕开孝　吕成有　吕乃顺　吕继生　吕增珍　吕侯芳　吕金元　吕泽明　吕如金　吕学斌　吕乃勤　吕长海　吕尚有　吕尚宗　吕泽林　吕振良　吕希胜　吕百顺　吕秀良一百元　（下略）

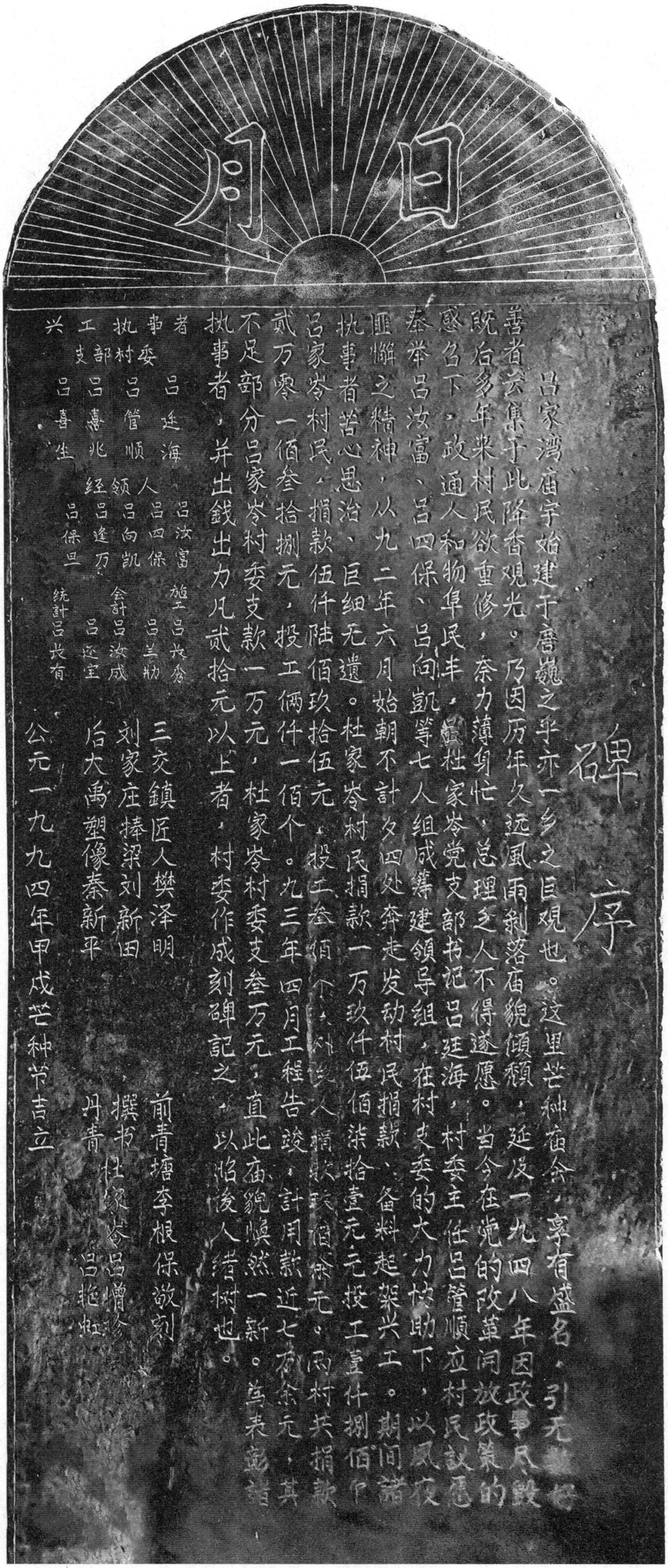
日月
碑序
吕家湾庙宇始建于唐巍之平亦一乡之巨观也。这里芒种庙会，享有盛名，引无数
善者云集于此降香观光。乃因历年久远風雨剥落庙貌倾颓，延及一九四八年因政事凡毁
既后多年来村民欲重修，奈力薄身忙，总理乏人不得遂愿。当今在党的改革开放政策的
感召下，政通人和物阜民丰，由杜家岑党支部书记吕廷海，村委主任吕管顺应村民议愿
奉举吕汝富、吕四保、吕向凯等七人组成筹建领导组，在村支委的大力协助下，以夙夜
匪懈之精神，从九二年六月始朝不計夕四处奔走发动村民捐款、备料起架兴工。期间诸
执事者苦心思治、巨细无遗。杜家岑村民捐款一万玖仟伍佰柒拾壹元，元投工壹仟捌佰个
吕家岑村民，捐款伍仟陆佰玖拾伍元，投工叁佰个，外乡人捐款玖佰余元，两村共捐款
贰万零一佰叁拾捌元，投工俩仟一佰个。九三年四月工程告竣，計用款近七万余元，其
不足部分吕家岑村委支款一万元，杜家岑村委支叁万元，直此庙貌焕然一新。為表彰诸
执事者，并出钱出力凡贰拾元以上者，村委作成刻碑記之，以昭後人绪树也。
执事者
村委 吕廷海 吕管顺
支部 吕憙兆
工兴 吕喜生
经领人 吕汝富 吕四保 吕向凯 吕逢万 吕保旦
塑工 吕长秀 吕兰畅
会計 吕汝成 吕廷宝
统計 吕长有
三交镇匠人樊泽明 前青塘李根保敬刻
刘家庄捧梁刘新田 撰书 杜家岑吕增珍
后大禹塑像秦新平 丹青 吕艳虹
公元一九九四年甲戌芒种节吉立

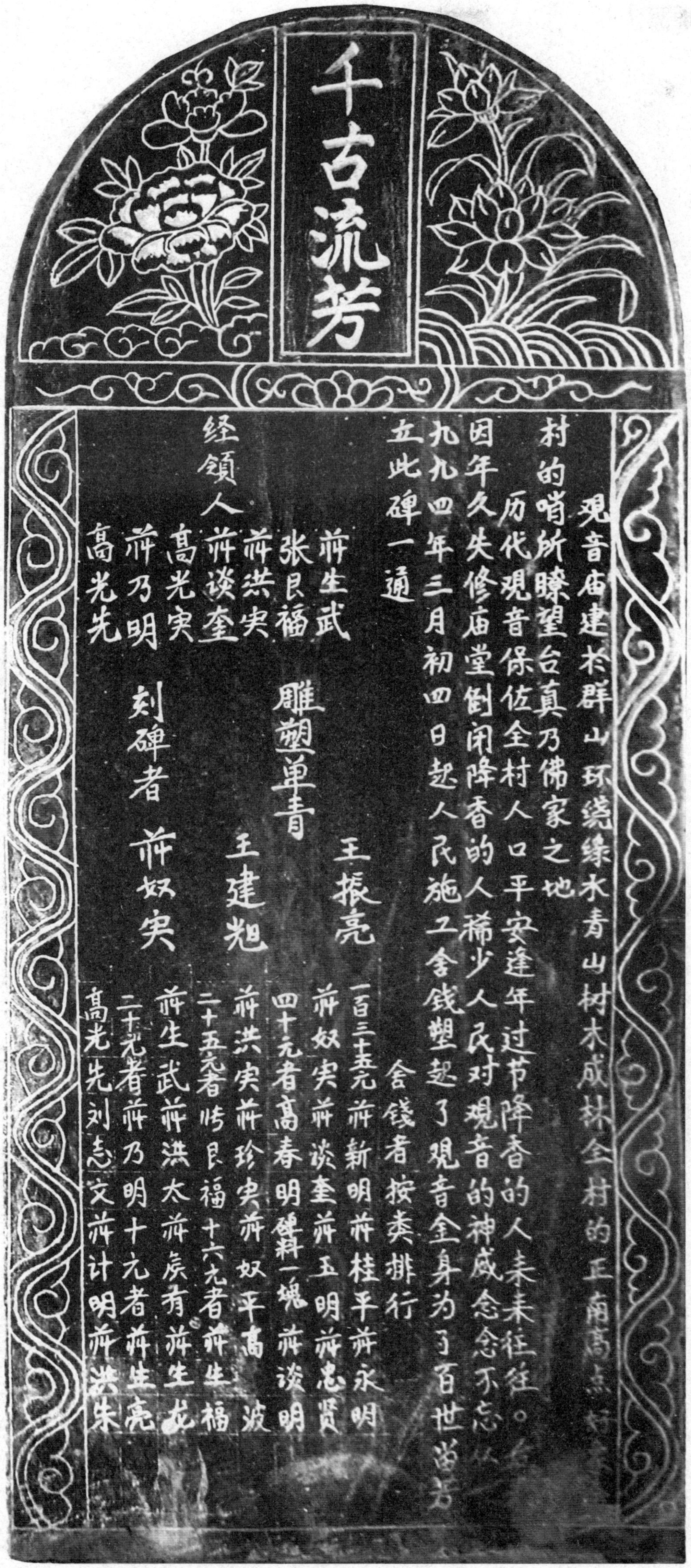

王家沟重修观音庙碑记

【简介】

1994年6月勒石。现存于临县安家庄乡王家沟村。碑砂石质，圆首，高139、宽59、厚7厘米。额题“千古流芳”4字。碑文楷书，计6行，满行29字。记载王家沟村观音庙重修过程。现保存完好。

【碑文】

观音庙建于群山环绕、绿水青山、树木成林全村的正南高点，好像全村的哨所瞭望台，真乃佛家之地。历代观音保佑全村人口平安，逢年过节降香的人来来往往，后来因年久失修，庙堂倒闭，降香的人稀少，人民对观音的神威念念不忘，从一九九四年三月四日起，人民施工舍钱，塑起了观音金身，为了百世流芳，立此碑一通。

经领人　薛生武　张艮福　薛洪富　薛谈奎　高光富　薛乃明　高光先

雕塑丹青　王振亮　王建耀

刻碑者　薛奴富

舍钱者　按类排行（略）

三清殿普救殿药王殿补修碑记

【简介】

1994年6月勒石。现存于临县大禹乡张家圪垯村。碑砂石质，圆首，高154、宽54、厚13厘米。额题“流芳千古”4字，碑文楷书，计16行，满行44字。记述张家圪垯村三清殿、普救殿、药王殿的补修过程。现保存完好。

【碑文】

三清殿普救殿药王殿補修碑記

鳳凰山乃真其杨山海侨，特优势萃，古今中外精华，考古証今，致华夏解忧兴意乐人心。寺内神灵显灵，万民之应，则保万民安康，五谷丰登。全村意感一致，兴因全民捐款出力，担水担灰，担沙运砖舍物等。大工小工，外村本村，人山人海，几天时间，育得庙成功。为其捐款舍物之人，花名列入碑文以昭。

张深德门料三架　牌位一个　签筒一个　张明升兽一个　张谈儿木匾二个　张谈柱猫头廿个　滴水廿个　张奴照神架六个　牌位四个　椽子三条　坪墕刘元平桶瓦一百　张谈平盖板二块　张德荣灯泡七个　张文清麻一斤　棉花一斤　签纸二百　张尚务坚草六十斤　张应万神架一个　签筒一个　张谈勤用板八块　张耀启猫头二个　张义美　才美　文珍猫头八个　张士务树一枝　张明恩平扣三付　张耀升椽则三条　张□元水缸一个　张树启水泥四代　汽油一斤　张崇美神架一个　张明杰石灰五百　张明宇管祭一□　张义美　相美管祭一□　明贤管祭七□　张元千沙　张文清　文治管祭四□　张生美沙

匠工　张秀德（等10人略）

月镜村张积明300元　圪台上刘甫勤220元　王青连100元　胡秀旺220元　太原王亚军100元　吕梁地区王恩润70元　王缠顺50元　张谈儿60元　后小峪刘林海50元　本村40元　佛堂峪24元　大后沟20元　坝上50元　庙山20元　凤翅甲24元。青家墕24元　圪台上20元　中都宰20元　郭家岭14元。（下略）

丹青　王亚军　王武斌　张应斌　张润德

经领人　張义美　張茂义　張孟祥　張应百　張文清　張德美　張润德　張应万　張秀德　張明照　張文治　慕汝元　耀升　士务　茂元　文义　成美　明员　清生　□荣　如义　明□　□□

匠工　马文明

刻石　张润德

公元一九九四年六月十六辛亥日午时立

重修碑记

【简介】

1994年7月勒石。现存于临县雷家碛乡禹家甲村。碑砂石质，圆首方座，碑身高138、宽68、厚10厘米。碑文楷书，计5行，满行48字。记叙禹家甲村重修诸庙的经过。高如福撰文。现保存完好。

【碑文】

重修碑記

盖闻佛生西域无始以来为天地之最尊，自汉历唐化流传中国。其所以山西省临县禹家甲村旧有历史古迹，大明嘉靖贰拾伍年重建，龙王、蚮蛾，大清嘉庆十一年新修观音、关帝庙，民国拾年新建财神庙，至今四百六十余年，屡年风雨飘摇，栋折榱崩，各种破坏无法管理，谁人岂忍坐视伤心，万众同心，复建保持龙王蚮蛾庙、观音关帝财神庙共三座，新装神像二十一尊，庙厦墙院，重新修补，于公元一九九四年四月动土，但工程浩大，有所不足，募缘四方，善人君子，一举而聿，七月工程告竣，辉光发越，金碧灿烂。恐世远久，甲方之姓，经理之功德，故勒碑石。

主持人　苗文秀

经理人　苗玉珍　高如福　苗長国　薛成有　苗文万　高建林　苗长德　苗文玉　张裕海　武作孝　苗有富　苗文光　苗文亿　高建京　刘生明　李芝元　苗虎

弟子高如福撰文

阴阳人　曹生旺

木匠人　苗長貴

刻碑人　苗長征　苗金玉

丹青人　王风选

公元一九九四年七月二十八日立

重建广严寺碑记

【简介】

1994年7月勒石。现存于临县刘家会镇刘家会村广严寺。碑砂石质，圆首方座，碑身高174、宽63、厚11厘米。碑阳碑文行书，计16行，满行48字，约650字。记述刘家会村重建广严寺的过程。碑阴为经领人、工匠花名。现保存完好。

【碑文】

（碑阳）

重建广严寺碑记

消天灾莫及佛祖　免百难无胜如来，曰：广严古刹始建唐，日寇侵华遭灾殃，佛门有幸逢盛世，华夏文化得弘扬。

广严古刹，始建初唐，年所多历，一三六七，历代营建，形成群体，占地庞大，四十余亩。殿宇楼阁，宏伟壮观，塑像逼真，百态千姿，造型典雅，工艺精制，超凡入圣，无与伦比。焰光之火，天下奇观，横广七尺，竖高丈四。夜幕将至，火团通宵，登高远眺，光芒四射。九龙宝壁，古今绝艺，木质雕刻，匠心独具，上下起舞，雌雄戏斗，姿态多变，活灵活现。殿前景观，流连忘返，梅花点缀，国色天香，疏影横斜，四梅吐艳；暗香浮动，八方漂馥。戏台东西，钟鼓楼阁，格局雄奇，威严肃穆，晨钟悠韵，震撼天外，暮鼓声寂，惊醒四方。殿前殿外，古柏参天，历经沧桑，满目苍翠，巍然肃立，虔诚护佑，天设地造，颇具灵气。沙陀故国，古色古香，依山临水，旖旎风光，山山相接，影月引流，历此仙境，罕与世俦。经声佛号，救难救苦，法轮常转，净化人心，善男信女，拜佛求神，香火缭云，川流不息。二战末期，日寇进犯，梵遭浩劫，饱受其患，殿宇颓废，僧侣逃散，民族遗产，毁于一旦。千年古刹，剩留残迹，佛地香火，自然消失，砖瓦木料，支援军工，抗日救国，显示威力。中华盛世，国力生辉，乾旋坤转，佛门畅开，弘扬正法，其意久远，三阳交泰，日新惟良。复兴寺院，人心所向，各界人士，坚似磐石，同心戮力，组建机构，心神专注，筹划设计。原址无望，校址占位，迁址在睫，毅然定决，邀来风鉴，勘察定点。影月河畔，狮子坪上，大雄宝殿，始具规模，择吉奠基，拉开序幕，能工巧匠，纷至沓来，进展神速，巧夺天工。施工期间，困难重重，资金不足，材料短缺，施舍化缘，无私赞助，依靠广众，力量无穷。经领成员，心诚志坚，不负众望，身体力行，各执其事，尽己所能，圆满结束，功垂竹帛。九三兴工，九四告竣，古佛再现，开光庆典。广严从此，香火绵延，太平盛世，国泰民安。

撰文　刘裕祺

书写　侯宁

刻石　绥德崔智来

公元一九九四年岁次甲戌七月三十日立

（碑阴）

经领人　刘文焕　刘奠礼　刘文翰　刘裕鹏　刘长浩　刘裕祺　刘殿富　刘海宝　问子武　马凤鸣　刘云海　刘裕亨　刘莹琦　刘甫奎　刘建国　刘贤真　刘莹梁　刘建云　刘莹才

泥匠　王生平　王金照

木匠　郝文顺　刘艳文　刘福有　刘乃贵

雕刻　马安平　张荣平

彩画　刘建平　刘智平　刘七则

塑像　王岩峰　王林

风鉴　高治平

重建广严寺碑记

曰 广严古刹始建唐 日寇侵华寺遗殃 佛门有幸逢盛世 华夏文化得弘扬

广严古刹 始建初唐 年所多历 一三六七 历代营建 形成群体 占地庞大 四十余亩 殿宇楼阁 宏伟壮观 塑像逼真 百态千姿
造型典雅 工艺精致 超凡入圣 无与伦比 焰光之火 天下奇观 横广七尺 竖垚丈四 皮幕将至 火团通霄 登高远眺 光芒四射
九龙宝壁 古今绝艺 木质雕刻 匠心独具 上下起舞 雌雄戏斗 姿态多变 活灵活现 殿前景观 流连忘返 梅花点缀 国色天香
疏影横斜 四梅吐艳 暗香浮动 八方飘馥 戏台东西 钟鼓楼阁 格局雄奇 威严肃穆 晨钟悠韵 震撼天外 暮鼓声寂 惊醒四方
殿前殿外 古柏参天 历经沧桑 满目苍翠 巍然肃立 虔诚护佑 天设地造 颇具灵气 沙陀故国 古色古香 依山临水 旖旎风光
山山相接 影月引流 历此仙境 罕与世俦 经声佛号 救难救苦 法轮常转 净化人心 善男信女 拜佛求神 香火缭云 川流不息
二战末期 日寇进犯 梵遗浩劫 绝受其患 殿宇颓废 僧侣逃散 民族遗产 毁于一旦 千年古刹 剩留残迹 佛地香火 自然消失
砖瓦木料 支援军工 抗日救国 显示威力 中华盛世 国力生辉 乾旋坤转 佛门敞开 弘扬正法 其意久远 三阳交泰 日新惟良
复兴寺院 人心所向 各界人士 坚似盘石 同心戮力 组建机构 心神专注 筹划设计 原址无望 校址占位 迁址在睫 毅然定决
邀来风鉴 勘察定点 影月河畔 狮子坪上 大雄宝殿 首具规模 择吉奠基 拉开序幕 能工巧匠 纷至沓来 进展神速 巧夺天工
施工期间 困难重重 资金不足 材料短缺 施舍化缘 无私赞助 依靠广众 力量无穷 经领成员 心诚志坚 不负众望 身体力行
各执其事 尽己所能 圆满结束 功垂竹帛 九三兴工 九四告竣 古佛再现 开光庆典 广严从此 香火延绵 太平盛世 国泰民安

撰文 刘裕祺 书写 侯宁 刻石 绥德崔智来

公元一九九四年岁次甲戌七月三十日 立

刘家会广严寺布施碑

【简介】

1994年7月勒石。现存于临县刘家会镇刘家会村广严寺。碑砂石质，圆首方座，碑身高162、宽58、厚7厘米。碑阳额题“功德千秋”4字。碑文行书，计2行，满行24字。内容记载重修广严寺的施钱单位和人名。碑阴记载施钱人名单。现保存完好。

【碑文】

（碑阳）

佛寺重建，应人顺天，事体甚大，独立难成，各界人士，慷慨解囊，鼎力资助，施舍化缘，芳名典范，旌表于兹，功成名遂，以垂永久。

白家坂村　蔚家山村　麻塔村　中圪地峪村　庞庞塔煤矿　黄家沟煤矿　杜家沟煤矿　白有墕村　后圪地峪村　碾则沟村　200—700元

枣洼村　裕民煤矿　新民煤矿　薛家山村　李家山村　前圪地峪村　双柏树村　西刘家沟村　前柏塔村　一步墕村　120—220元

麦洼村　红旗山村　中庄村　先锋村　高家山村　新仁里村　李家沟村　杏林局村　环则局　侯洼村　100—120元

孙家岔村　嵩山村　芦家圪台村　下洼村　徐家墕村　王家岭村　张家寨村　孙家沟村　石坌则村　郭家崖村　30—100元

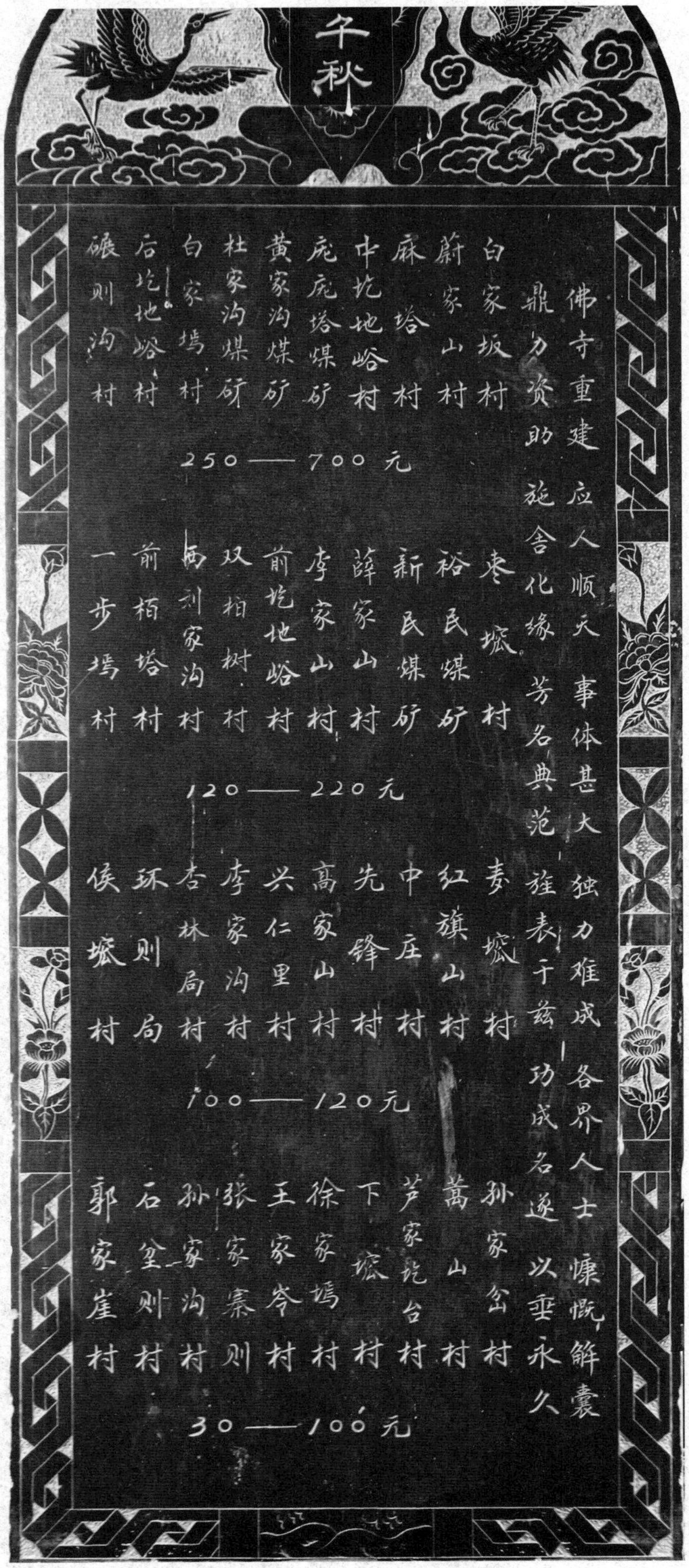

（碑阴）

王明生400元　刘绳宝　刘守盈　高廷峰各300元　刘建国　高庆祚　李兰香　200—240元　乔如龚　刘文照　刘振林　刘万年　110—150元　刘莫富　刘永明　刘永才　刘莹才　刘国安　刘贤真　刘终山　刘国要　李廷江　李香汝　李勤昌　100元　李建平　李桂连　李道奎　蔚兰栓　高斌旺　高引进　张金润　张尼素　蔚义长　候明青　吕纯弟　乔开示　马来飞　云终贤　守天道　100元　刘爱民　王全生　刘积荣　刘贵生　刘裕昌　刘乃奴　马凤鸣　问恩考　李有恩　60—80元

（下略）

一九九四年七月廿四日立

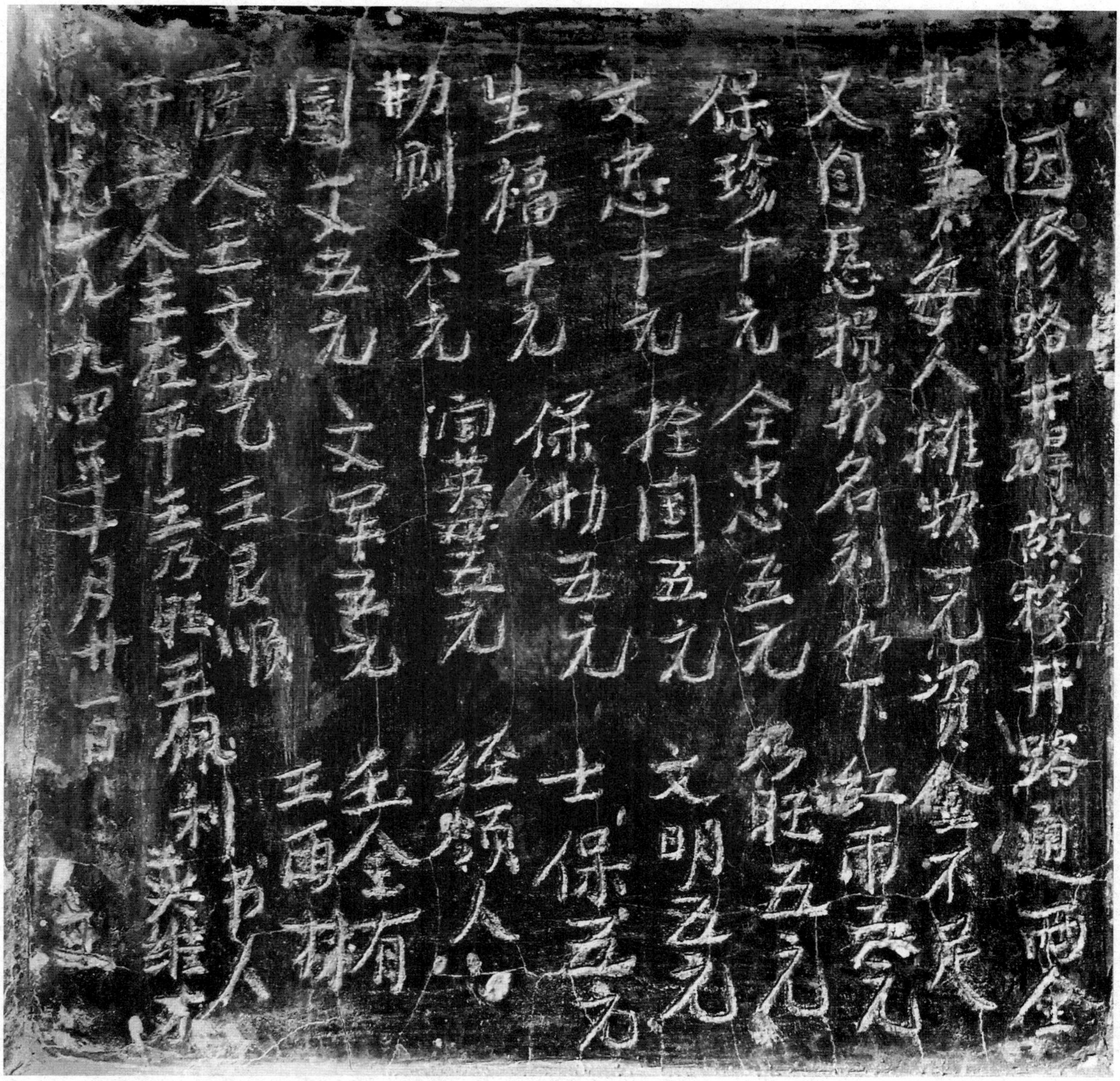

东王家沟修路移井碑记

【简介】

1994 年 10 月勒石。现存于临县三交镇东王家沟村，嵌于墙内。碑青石质，方形，高 80、宽 80 厘米。碑文行书，计 3 行，满行 11 字。记叙东王家沟村修路移井之事。现保存完好。

【碑文】

因修路井碍，故移井路通，两全其美。每人摊款一元，资金不足，又自愿捐款，名列如下。

红雨六元　保珍十元　全忠五元　乃旺五元　文忠十元　拴国五元　文明五元　生福十元　保勤五元　士保五元　勤则六元　润英母五元　国文五元　文军五元

匠人　王文艺　王艮顺

开井人　王在平　王乃旺　王佩利

经领人　王全有　王雨材

书人　樊维才

公元一九九四年十月廿一日立

郭家沟重修庙宇碑记

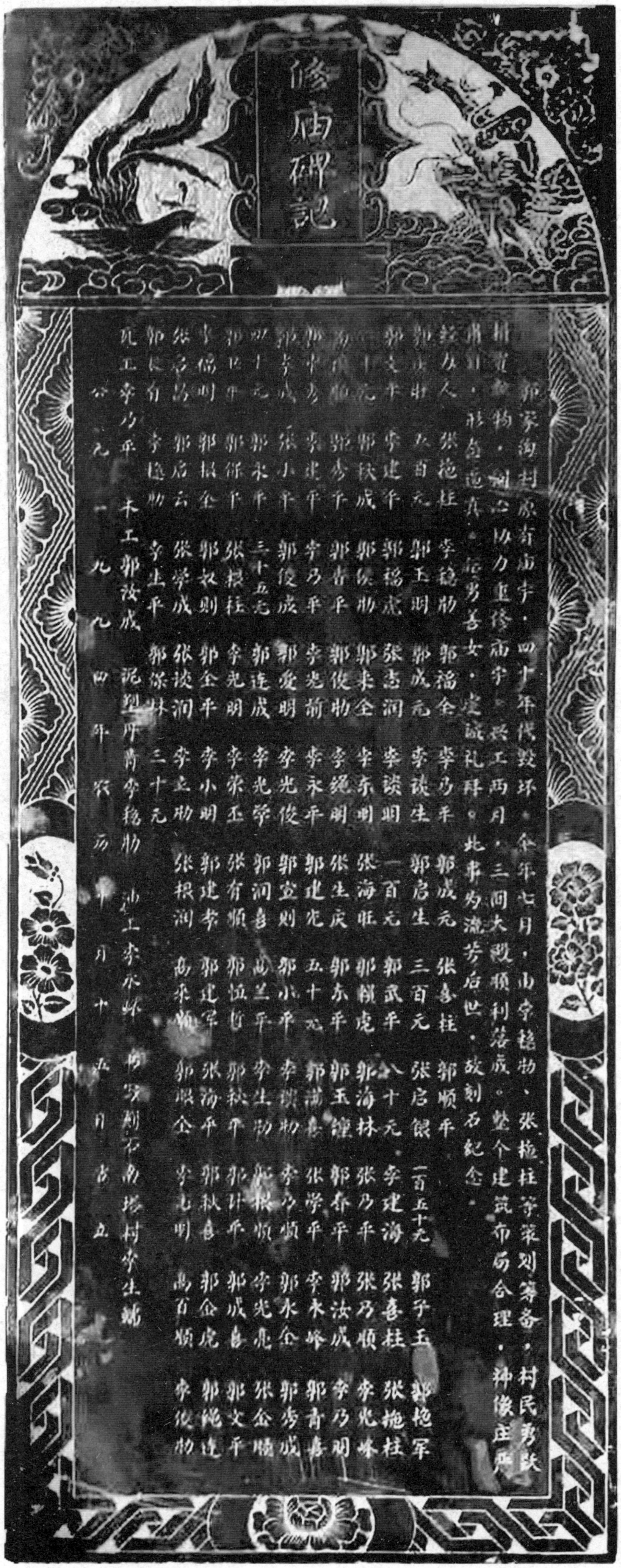

【简介】

1994 年 10 月勒石。现存于临县临泉镇下郭家沟村。碑青石质，方首，高 156 、宽 60、厚 6 厘米。额题“修庙碑记” 4 字。碑文楷书，正文 3 行，满行 41 字。记载郭家沟村重修庙宇之事。保存完好。

【碑文】

郭家沟村原有庙宇，四十年代毁坏，今年七月，由李稳勤、张拖柱等策划筹备，村民勇跃捐资献物，同心协力，重修庙宇。兴工两月，三间大殿顺利落成。整个建筑布局合理，神像庄严肃穆，形态逼真，信男善女，虔诚礼拜。此事为流芳后世，故刻石纪念。

经办人　张拖柱　李稳勤　郭福全　李乃平　郭成元　张喜柱　郭顺平

郭小旺五百元　郭玉明　郭成元　李谈生　郭启生　三百元　张启银　一百五十元　郭子玉　郭艳军　郭久平　李建平　郭福虎　张志润　李谈明　一百元　郭武平　八十元　（六十元 3 人略，五十元 27 人略，四十元 15 人略，三十五元 1 人略，三十元 45 人略）

瓦工　李乃平

木工　郭汝成

泥塑丹青　李稳勤

油工　李永锋

书写刻石　南塔李生端

公元一九九四年农历十月十五日吉立

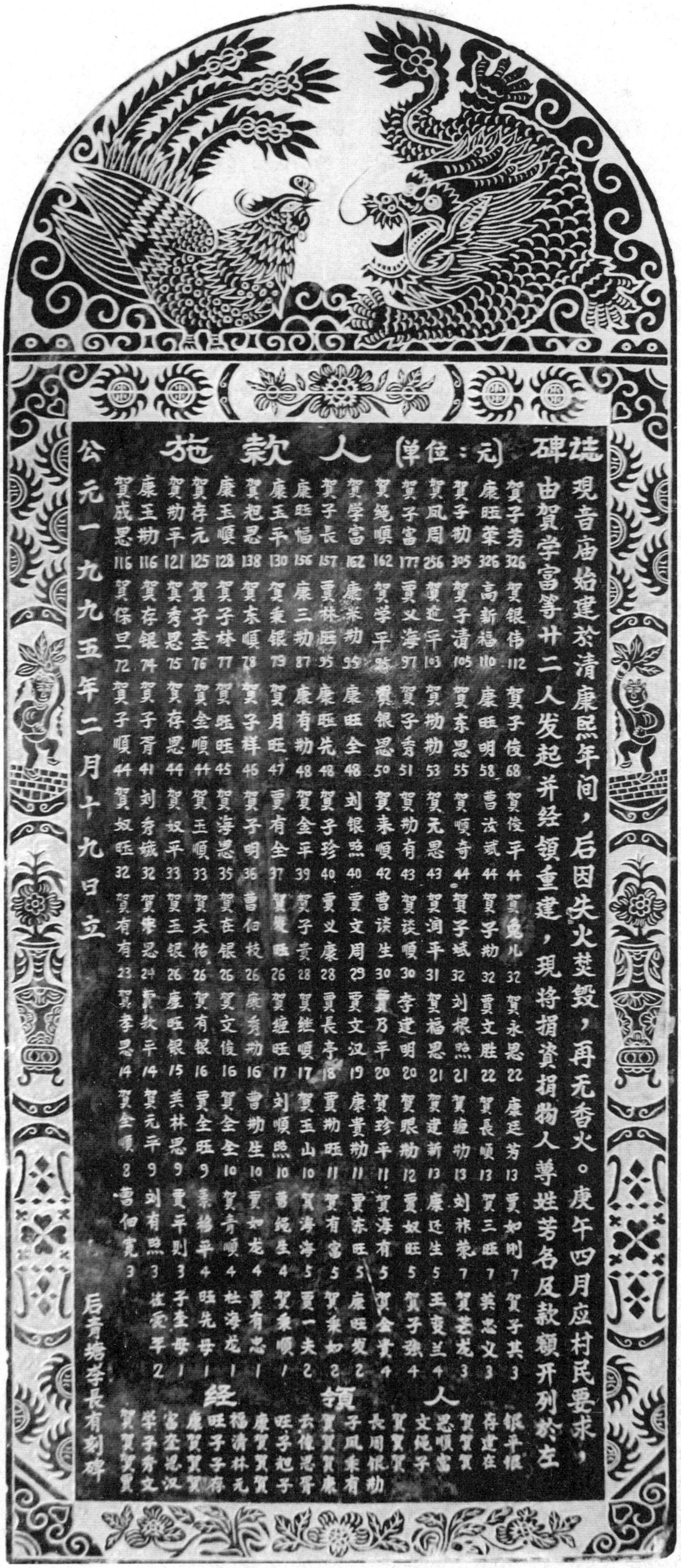

贺家圪台观音庙碑志

【简介】

1995年2月勒石。现存于临县大禹乡贺家圪台村。碑青石质，圆首，高170、宽65、厚7厘米。碑文楷书，正文2行，满行34字。记述贺家圪台村重建观音庙之事。保存完好。

【碑文】

碑志

观音庙始建于清康熙年间，后因失火焚毁，再无香火。庚午四月，应村民要求，由贺学富等廿二人发起并经领重建，现将捐款物人尊姓芳名及款额开列于左。

施款人（单位：元）

（人名略）

经领人（略）

公元一九九五年二月十九日立

后青塘李长有刻碑

冯门祠堂碑记

【简介】

1995年2月勒石。现存于临县丛罗峪镇上冯家山村。碑砂石质，圆首，高108、宽56、厚10厘米。额题“流芳千古”4字。碑文楷书，正文5行，满行16字。记述上冯家山村冯氏修建祠堂之事。保存完好。

【碑文】

冯门祠堂碑记

国之有史，家之有谱，政教可稽，世系可数。幸逢盛世，民熙物阜。冯门大户，树碑立祠。家家投工，人人捐资。柳絮将绵，兴工破土。昭兹来许，绳其祖武，追念先德，苗裔仰慕。报本情殷，旧章无误。列祖列宗，名垂千古。

於公元一九九五年（乙亥）仲春敬立

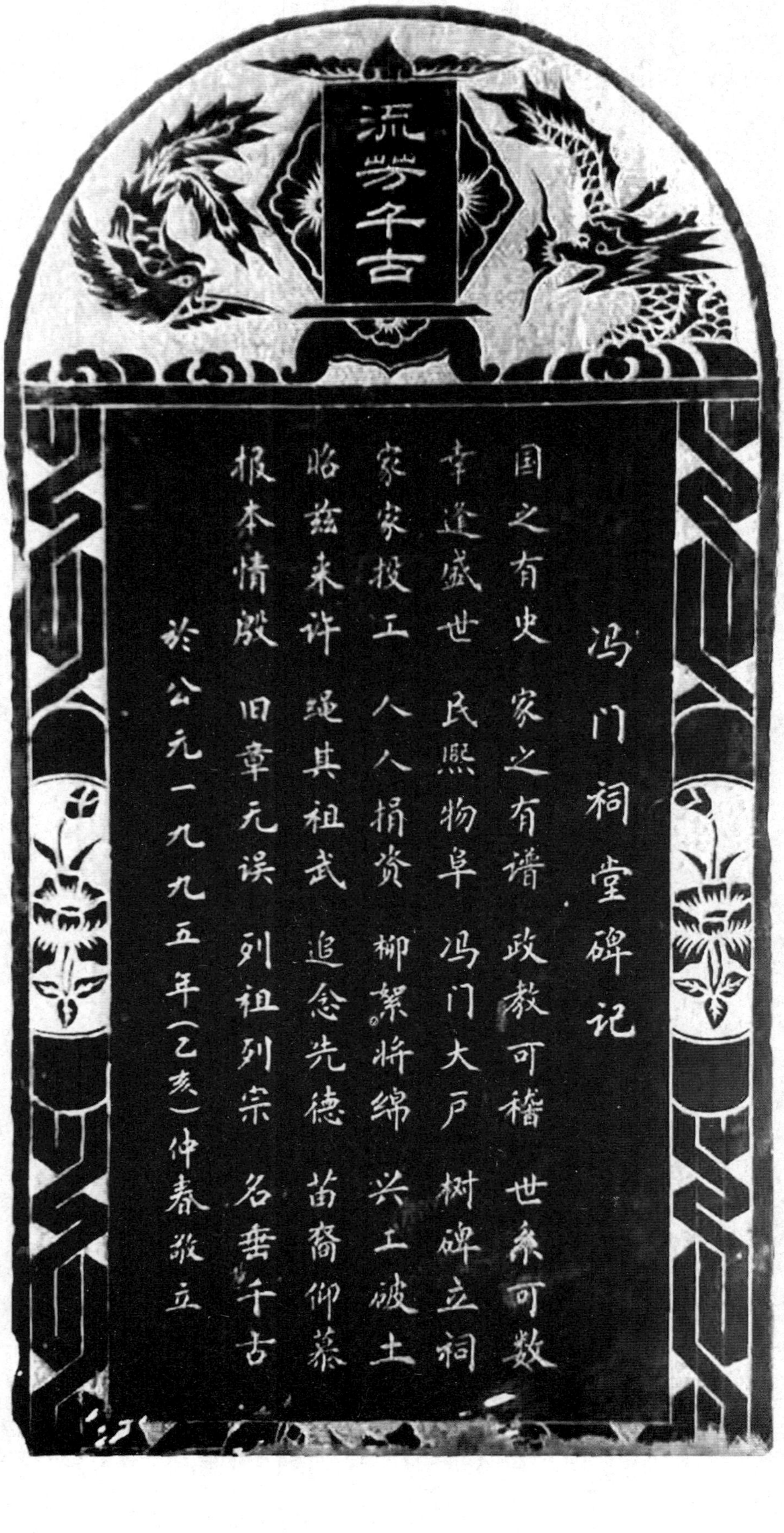

浮济大王庙碑记

【简介】

1995 年 3 月勒石。现存于临县三交镇安家圪台大王庙。碑青石质，圆首方座，碑身高 123、宽 56、厚 12 厘米，座高 30、宽 84、厚 50 厘米。碑阳额题“名留千古”4 字。碑文计 19 行，满行 36 字，约 660 字。记载三合社重修大王庙的过程。碑阴额题“碑记”2 字。碑文刻三社负责人、施钱人花名及款项收支情况。白玉泉撰文，赵子富书丹。碑中下部断裂。

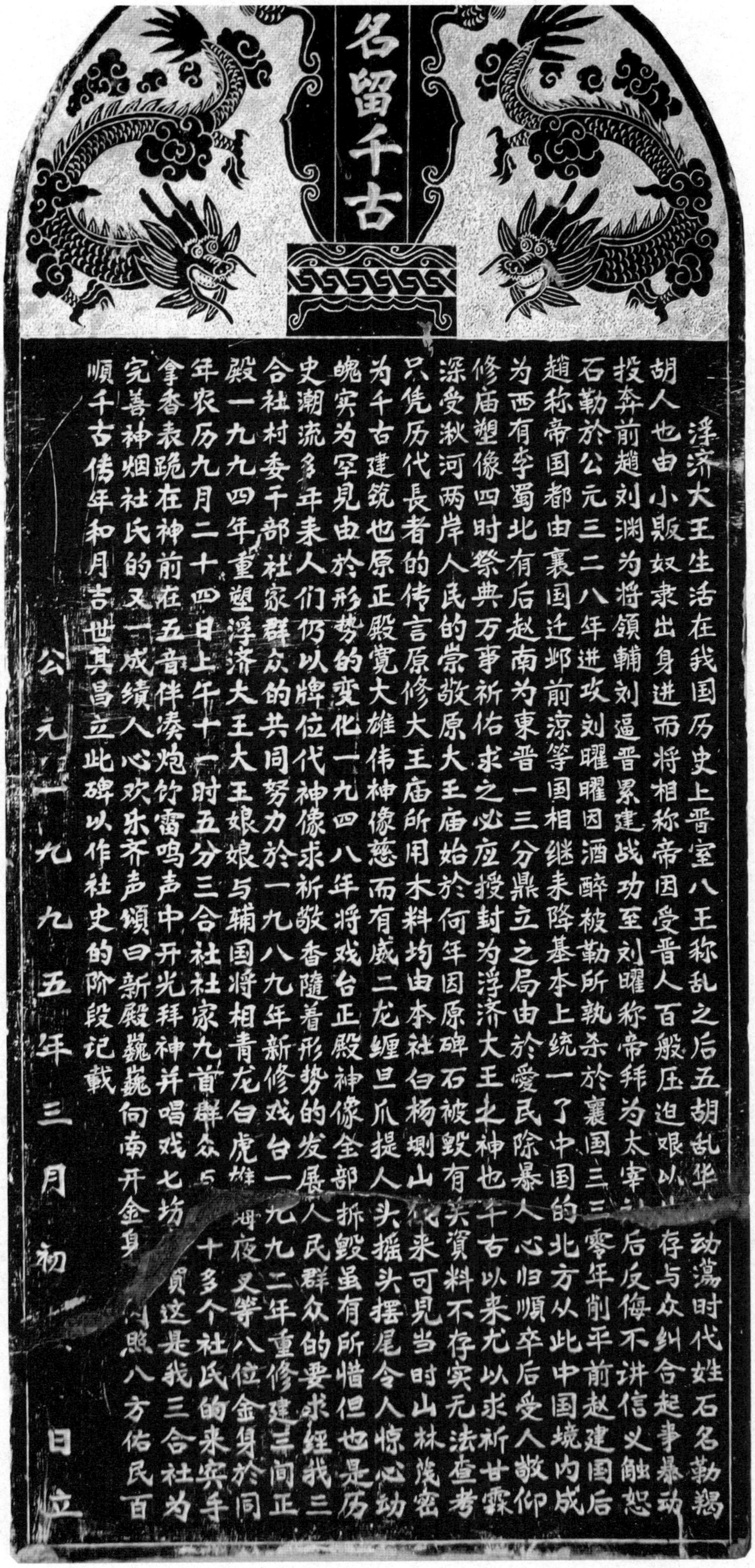

【碑文】

（碑阳）

浮济大王生活在我国历史上晋室八王称乱之后，五胡乱华动荡时代，姓石名勒，羯胡人也，由小贩奴隶出身进而将相称帝，因受晋人百般压迫，艰以生存，与众纠合起事暴动，投奔前赵刘渊为将领，辅刘逼晋，屡建战功。至刘曜称帝，拜为太宰，刘后反悔，不讲信义，触怒石勒，于公元三二八年，进攻刘曜，曜因酒醉，被勒所执杀于襄国。三三〇年，削平前赵，建国后赵称帝，国都由襄国迁邺，前凉等国相继来降，基本上统一了中国的北方，从此中国境内成为西有李蜀，北有后赵，南为东晋，三分鼎立之局。由于爱民除暴，人心归顺，卒后受人敬仰，修庙塑像，四时祭奠，万事求佑，求之必应，授封为浮济大王之神也。千古以来，尤以求祈甘霖，深受湫河两岸人民的崇敬。原大王庙始于何年，因原碑石被毁，有关资料不存，实无法查考，只凭历代长者的传言，原修大王所用的木料，均由本社白杨鹧山伐来，可见当时山林茂密，为千古建筑也，原正殿宽大雄伟，神像慈而有威，二龙缠蛋，爪提人头，摇头摆尾，令人惊心动魄，实为罕见。由于形势的变化，一九四八年将戏台正殿神像全部拆毁，虽有所惜，但也是历史潮流。多年来，人们仍以牌位代神像，求祈敬香。随着形势的发展，人民群众的要求，经我三合社村委干部、社家群众的共同努力，于一九八九年新修戏台，一九九二年重修三间正殿，一九九四年重塑浮济大王、大王娘娘与辅国将相、青龙白虎、巡海夜叉等八位金身，于同年农历九月二十四日上午十一时五分，三合社社家纠首群众与几十个社氏的来宾，手拿香表，跪在神前，在五音伴奏、爆竹雷鸣声中，开光拜神，并唱戏七场。这是我三合社为完善神烟社氏的又一成绩，人声欢乐，齐声颂曰：新殿巍巍向南开，金身闪闪照八方，佑民百顺千古传，年和月吉世其昌。此碑以作社史的阶段记载。

公元一九九五年三月初　日立

（碑阴）

三合社负责人　后社支书杜玉清　主任杜荣斌　杜家杜红中　杜维喜　中社支书高东旺　主任张林珍　社家杜振明　前社支书李尚启　主任李雷章　社家李汉章

兹将塑神像开支与社氏施布施和本社施款五十元以上公布于后

本社与外社个人施布施者

高家墕一百五十七元　圪努墕一百二十元　赵家石岩一百二十元　姚家山一百二十元　神峪塌一百〇八元三　前岭西一百〇五元　甘川沟杜氏一百元　杜家塌七十七元三　西王家沟六十元　石梯沟五十七元二　东峁五十元　上樊家山五十元　下樊家山五十元　三交刘谈儿五十元　前阳塌四十元　火燎坡四十元　杜家岭四十元　曹家峁四十元　甘川沟刘富昌三十元　后阳塌二十元　赵家沟二十元　三交正街二十元　三交南山二十元　柏塌则二十元　长旺山李兰贵二十元　张家岭一百元

本社施款五十元以上　张百顺一百元　杜汝才五十元　杜生平五十元　杜吉林五十元　高海玉五十元　高新五十元　高谈贵献桌则一个　高新垂运料

塑神像与开光共支款肆千肆百柒拾□元伍角柒　共支塑像工资贰千陆百元　塑像开光杂支壹千壹百玖拾壹元伍角柒　大小工八十三个　支款陆百捌拾肆元

侍神老翁　高长大

塑像工　李兰贵

撰碑文　白玉泉

楷书　赵子富

刻石高星照

公元一九九五年三月初□日立

重修观音庙碑记

【简介】

1995年3月勒石。现存于临县临泉镇后甘泉村。碑砂石质，圆首方座，碑身高136、宽55、厚7厘米。额题“流芳千古”4字。碑文计6行，满行33字。记述后甘泉村重修观音庙的过程。现保存完好。

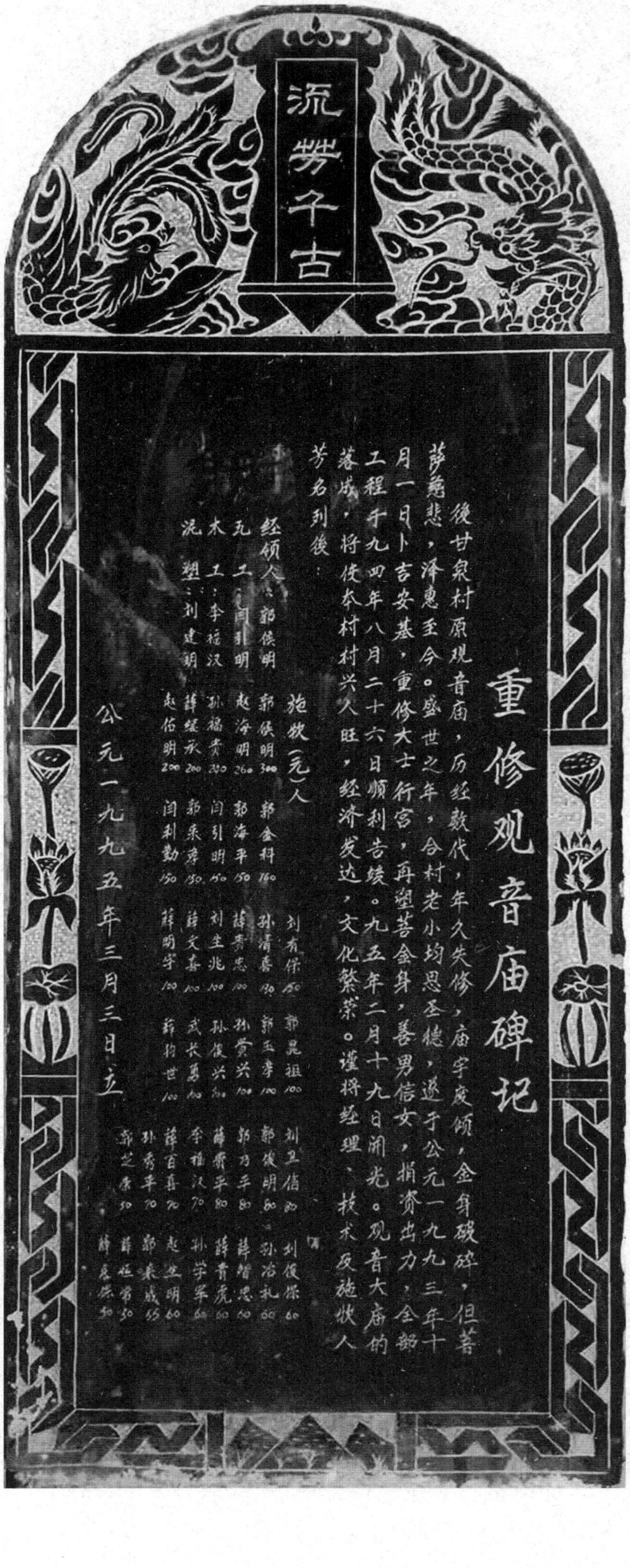

【碑文】

重修观音庙碑记

後甘泉村原观音庙，历经数代，年久失修，庙宇废倾，金身破碎，但菩萨慈悲，泽惠至今，盛世之年，合村老小，均思圣德。遂于公元一九九三年十月十五日卜吉安基，重修大士行宫，再塑菩萨金身，善男信女，捐资出力。全部工程于九四年八月二十六日顺利告竣，九五年二月十一日开光。观音大庙的落成，将使本村村兴人旺，经济发达，文化繁荣，谨将经理技术及施款人芳名列後。

经领人　郭候明

瓦工　闫引明

木工　李福汉

泥塑　刘建明

施款人（元）　郭侯明300　赵海明260　孙福贵260　薛继永200　赵佑明200　郭金科160　郭保平150　郭来孝150　闫利勤150　刘有保150　孙清喜130　薛贵忠100　刘生兆100　薛文喜100　薛明宇100　郭晁祖100　郭玉孝100　孙觉兴100　武长勇100　薛狗世100　刘卫信80　郭俊明80　郭乃平80　薛贵平80　李福汉70　薛百喜70　孙秀平70　郭芝荣50　刘俊保60　孙冶礼60　薛智忠60　薛贵虎60　孙学军60　赵生明60　郭来成55　薛恒常50　薛东保50

公元 一九九五年三月三日立

重修济渎庙碑记

【简介】

1995年3月勒石。现存于临县临泉镇后甘泉村济渎庙。碑砂石质，圆首方座，碑身高138、宽54、厚7厘米；座高20、宽70、厚40厘米。额题“芳名不朽”4字。碑文楷书，计14行，满行35字，约180字。记述后甘泉村重修济渎庙的过程。现保存基本完好，下部有风化现象。

【碑文】

重修济渎庙碑记

为使後甘泉村村兴人旺，风调雨顺，五谷丰登，文化繁荣，贤才辈出，村民议定重修济渎大庙，一九九三年十一月十一日卜吉安基，大兴土木，家家施款，人人出力。全部工程于一九九四年八月二十六日圆满竣工，一九九五年二月十九日开光。大庙落成，宏伟壮观，每逢祭祀节，善男信女接踵而至，虔诚礼拜，成为群众宗教文化活动的场所，谨将经理、技术及施款人芳名列后。

经领人　郭侯明　薛長青　刘有保　薛继承

瓦工　闫引明

泥塑　刘建明

施款人　（略）

公元一九九五年农历三月三日立

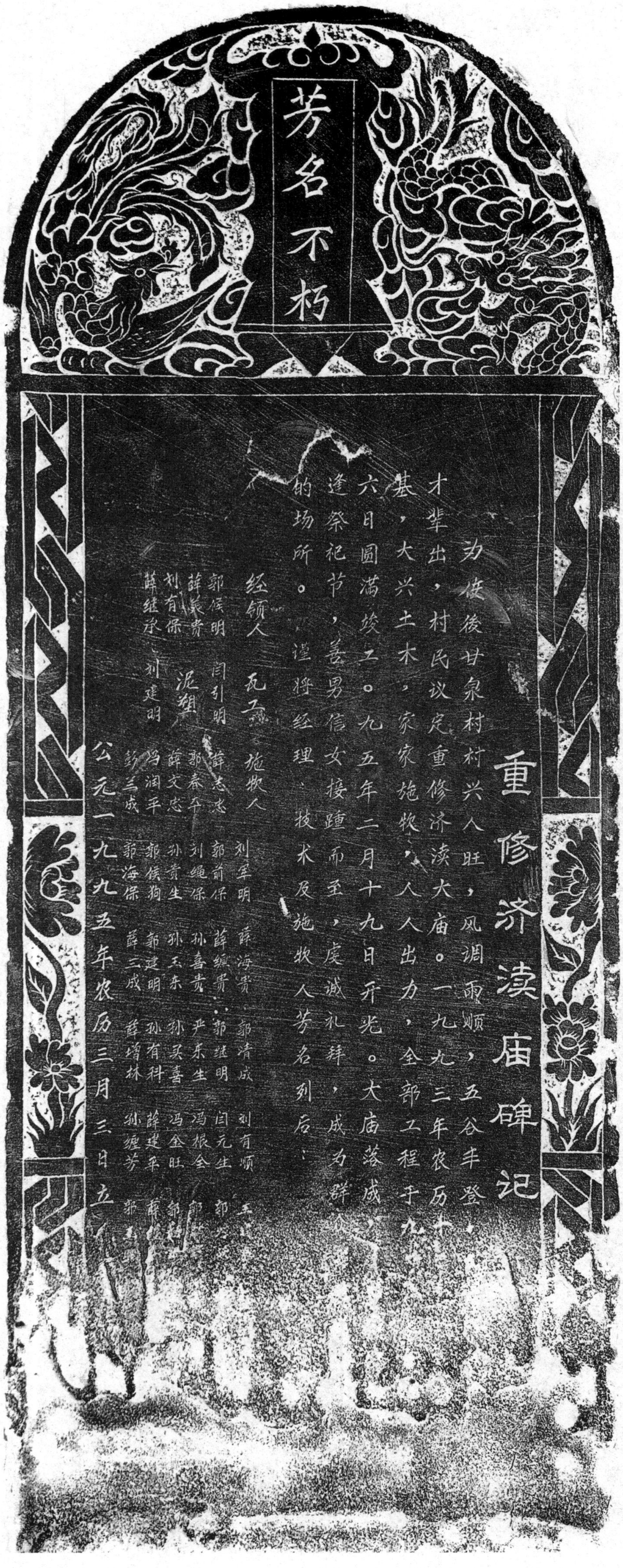

建学校舞台纪念碑

【简介】

1995年4月勒石。现存于临县白文镇郝家坡村，嵌于墙内。碑青石质，圆首，高136、宽56厘米。额题“建学校舞台纪念碑”8字。碑文楷书，计6行，满行35字。记载郝家坡村新修学校、舞台的过程。薛海琦撰文。现保存完好。

【碑文】

建学校舞台纪念碑

郝家坡党支部、村委会为了彻底改变本村的贫穷落后面貌，治穷先治愚，百年大计，教育为本，在镇党委、政府的正确领导下，由党支部书记张广祥、村委主任王贵明二人带头组成建校建舞台领导小组，坚持勤俭办一切事业的精神，组织发动群众多方筹资，从九四年五月动工，九月竣工，新建教学楼一座，占地五百一十平方米。新建舞台一处，占地一百八十二平方米。两项建设总投资贰拾捌万余元，均由南庄建筑工程队承揽修建。为了教育后代，造福全村群众，永久幸福，特此立碑纪念。

筹建领导组　白文镇党委书记李秉德　镇长高乃元　王明清　刘旦火　教委郝汝清　张继全　郝家坡村党支部书记张广祥　村委主任王贵明兼技术施工　严玉生　马通顺　薛秀山　王玉明　王乃玉　严爱生　王金祥

南庄建筑队　贺荣福

技术施工　刘来荣　贺春旺

雕刻　陕西绥德县四十里铺镇暖泉沟村庞振碧

撰文书写　白文镇薛海琦

公元一九九五年农历四月廿六日立

修庙碑记

【简介】

1995年5月勒石。现存于临县安家庄乡安家庄村。方形碑，有碑套，碑砂石质，高159、宽61厘米。碑阳额题“流芳百世”4字。碑文楷书，正文8行，满行40字。记载安家庄村修建观音庙之事。碑阴为施钱人花名。问清富撰文，李生端书刻。保存完好。

【碑文】

（碑阳）

修庙碑记

本村观音庙创建于明代万历年间，基石高筑，宽大壮观，四十年代被毁。关圣庙建于清代乾隆年间，占地一亩余，修筑精致，神像俱全，五十年代毁坏。龙王庙修建于清代时期，砖木结构，设置完整，院内方砖铺地，四平八稳，六十年代中期被毁。

而今政通人和，百废俱兴，重修三庙，九四之春，卜吉安基，大兴土木，村民捐资献物，共用人民币一万七千余元，投工五百多个，将三座大庙合修一处，经工匠努力劳动，三间大殿顺利建成。殿前眺望，令人心旷神怡，如入仙境，九尊金身庄严肃穆，栩栩如生。彩画形象逼真，殿下神楼傲然屹立，钟声百里可闻，每逢祭祀之节，善男信女络绎不绝，香火缭绕不断。为满足信士虔诚，故设宗教场所，立碑记述，千古流芳。

经领人　李俊　问明科　问改平　刘大赖　郭安邦　高宝□　马继生　王勤勤　刘绳旺　曹春贵　郭兴旺　刘侯仁　刘俊　刘安孝

设计人　刘有祥

石工　刘缠平

木工　张奴则

泥塑丹青　郑进旺　郑龙

撰文　问清富

书碑刻石　南塔李生端

公元一九九五年农历五月十三日开光□□

（碑阴）

一百元　问继高　郭成义　李俊儿　刘春平　郭安峰　李廷旺　八十元　问增光　刘子明　问选科　问继新　问奴平　七十元　刘安太　郭安廷　刘贵润　高平英　高保林　马玉林　六十元　问化勤　问月平　郭龙　高宝有　高宝昌　雒安平　刘平则　刘贵平　问谈旺　刘乃祥　刘米全　问玉平　刘玉珍　郝谈平　刘有喜　张新奎　问奴则　刘子兴　马贵宝　问秀平　刘乃奎　郭奴则　郭东旺　刘管顺　（下略）

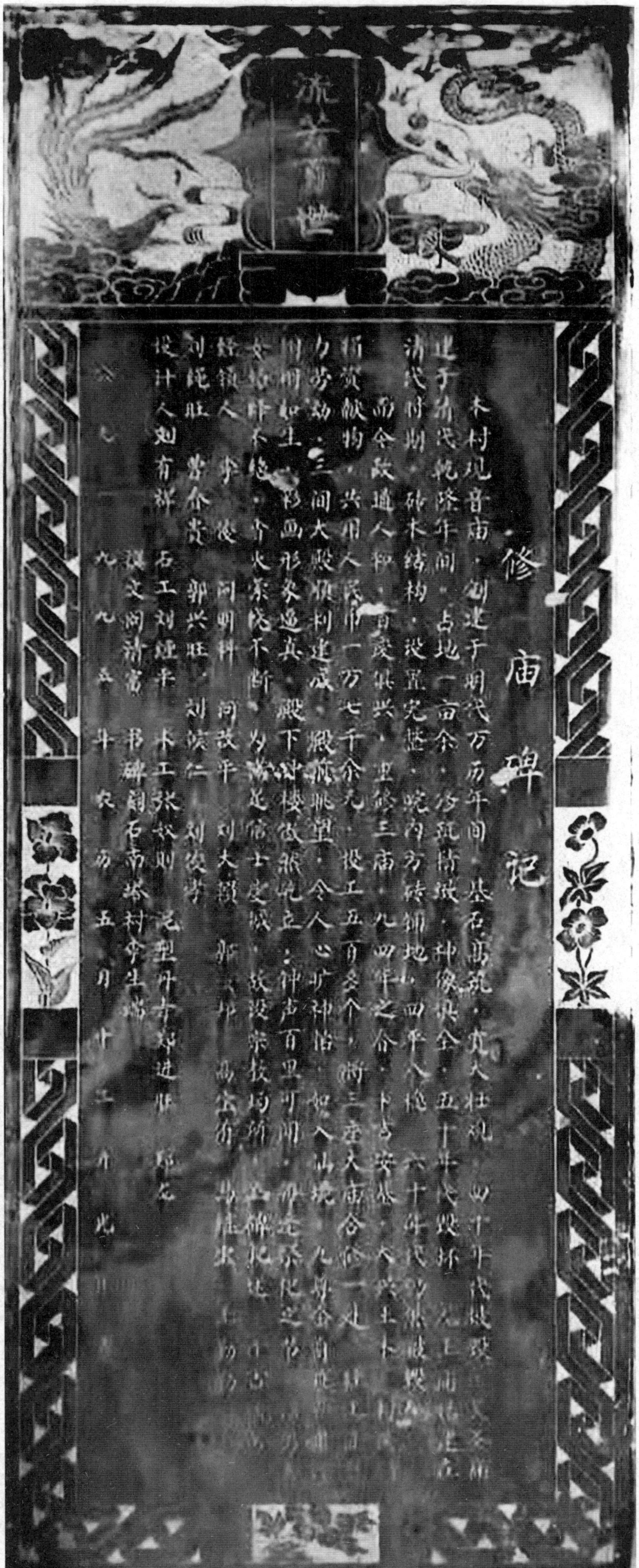
修庙碑记

明旺塔综合治理区碑记

【简介】

1995 年 8 月勒石。现存于临县城庄镇明旺塔村。方形，外护碑亭，青石质。碑身高 151、宽 60、厚 6 厘米。碑文楷书，正文 12 行，满行 34 字。介绍 WFP/ 中国 3923 项目——明旺塔综合治理区的情况。现保存完好。此碑立于明旺塔村江泽民总书记考察过的地方。

【碑文】

（碑阳）

WFP/ 中国 3923 项目

明旺塔综合治理区

临县 3923 项目办公室

公元一九九五年八月十日

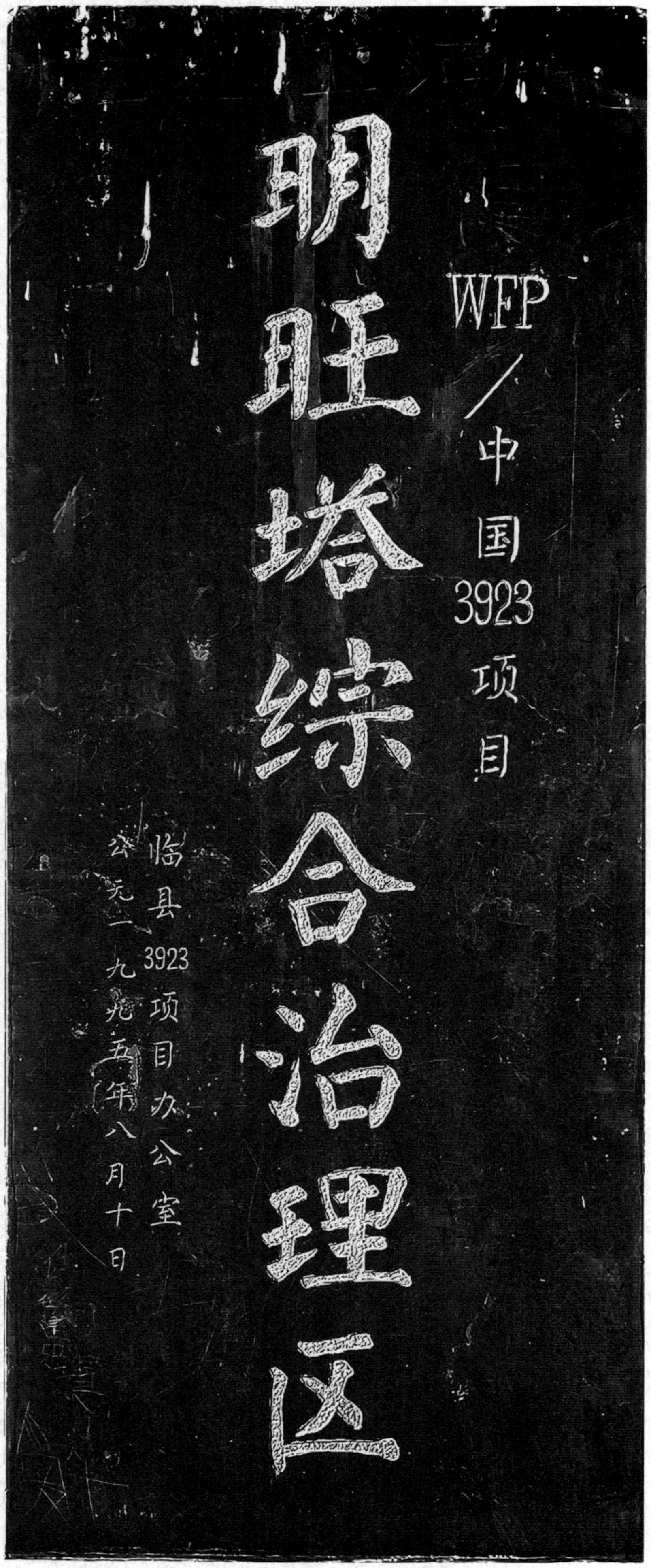

（碑阴）

明旺塔综合治理区是 3923 项目万亩综合治理片之一，该区总面积 2400 公顷，涉及城庄、万安里、木瓜坪三个乡的东柏村、明旺塔、刘家山、前李家沟、后李家沟、足爬山、大和、康家湾、木瓜坪、前长乐、后长乐、木杆塔等十二个行政村，共有 2906 户，8119 人，总劳动力 2036 个。该区从总体规划上坚持了沟、坡、梁、峁兼治，林、果、梯、坝、路齐上的原则，发扬艰苦奋斗精神，采用统一组织，统一安排，统一标准，统一时间的四统一办法，从 1992 年开始治理，共新修高标准梯田 810 公顷，挖水平沟 659 公顷，鱼鳞坑 115 公顷，栽植木材林 250 公顷，营造梨、果、杏、核桃等干水果林 524 公顷，新建淤地坝 6 座，可淤优质坝地 15 公顷。新修村级公路和田间道路 12 条 32 公里，受益村庄 12 个，新修人畜饮水工程五处，解决了 4340 口人、85 头大畜的吃水困难，累计完成治理面积 1584 公顷，基本实现了人均 1.5 亩基本农田，1 亩经济林，半亩木材林。项目的实施，初步改变了当地的生产条件，人民生活得到了较大改善。

明旺塔综合治理区是3923项目万亩综合治理片之一。该区总面积2400公顷。涉及城庄、万安里、木瓜坪这三个乡的东柏树、明旺塔、刘家山、前李家沟、后李家沟、角圪山、大和、康家湾、木瓜坪、前长乐、后长乐、木坎塔等十二个行政村，共有2096户，8119人，总劳力2036个。该区从总体规划上坚持了沟坡梁峁兼治、林果梯坝路同上的原则，发扬艰苦奋斗精神，采用统一组织、统一安排、统一标准、统一时间的四统办法。从一九九二年开始治理，共新修高标准梯田810公顷，挖水平沟659公顷，鱼鳞坑115公顷，栽植木材林250公顷，营造梨、果、仁用杏、核桃等干水果林524公顷，新建淤地坝6座，可淤优质坝地15公顷，新修村级公路和田间道路12条32公里，受益村庄12个，新修人畜饮水工程5处，解决了4340口人，85头大畜的吃水困难。累计完成治理面积1584公顷。基本实现了人均1.5亩基本农田，1亩经济林，半亩木材林。项目的实施初步改变了当地的生产条件，人民生活得到了较大的改善。

白文职中江泽民复信碑和兴建职业技校纪念碑

【简介】

1995年6月勒石。现存白文职中校园。碑青石质，长方形方座，方座下有亭墩，上建六角碑亭，木板镶边。通高175厘米，其中碑身高155、宽73、厚10厘米，座高20、宽95、厚50厘米。碑文为江泽民手书，正文计10行，满行16字。碑阴是兴建白文职业技校纪念碑文，计12行，满行32字，约310字。记述白文职业技校的修建过程。现保存完好。

【碑文】

（碑阳）

中共中央办公厅

临县白文镇、城庄乡的同志们：

看到你们热情洋溢的来信，甚为高兴。你们在省地县和有关部门的关心和支持下，一座医院、一所职业技校、一处脱毒种薯基地，几件关系当地群众切身利益的事办成了，这确实是个好消息。诚心诚意、坚持不懈地为群众谋利益，是我们各级领导机关的应尽职责，我衷心希望你们继续艰苦奋斗，在发展本地区经济和社会事业中不断取得新的成绩。

此致

敬礼

江泽民

一九九五年三月十八日

设计书法　侯宁

刻石　绥德庞振碧

（碑阴）

兴建职业技校纪念碑文

于公元1994年1月29日，中共中央总书记、中华人民共和国国家主席江泽民同志巡视山西，察访吕梁临县期间，亲笔题词“艰苦奋斗，振兴吕梁”，为贫困老区发展经济，支持在临县白文镇兴建职业技校。时隔未久，拨专款300万元，各级政府高度重视，临县教委竭力承办，于是年6月1日破土动工，历时5个月，至11月5日即告建成。

本职业技校占地37亩，开设师范、农林、保安、煤炭、建筑、机电、民艺、医卫、商贸、计算机十大专业，将培养大批专用人才，为临县经济腾飞发挥不可估量的作用。翌年元月18日，江总书记复信，对学校建成表示欣慰。兴学育人，千古大事，领袖关怀，世代永志。

中共临县委员会、临县人民政府

一九九五年六月一日立

中共中央办公厅

临县白文镇城庄乡的同志们：

看到你们热情洋溢的来信甚感高兴。你们在当地县和有关部门的关心和支持下，一座医院、一所职业技校、一处脱毒种薯基地，几件关系当地群众切身利益的事办成了，这确实是个好消息。诚心诚意、坚持不懈地为群众谋利益，是我们党组织和各级干部的应尽职责。我衷心希望你们继续艰苦奋斗，在发展本地区经济和社会事业中不断取得新的成绩。

此致

敬礼

江泽民

一九九五年三月十八日

設計書法 侯寧　刻石 侯德 庞振碧

兴建职业技校纪念碑
於公元一九九四年一月廿九日至卅日，中共中央总书记、中华人民共
和国主席江泽民同志视察山西，察访吕梁临县期间，亲笔题词"艰苦奋斗、
振兴吕梁"，为贫困老区发展经济，支持在临县白文镇兴建职业技校。
时隔未久，拨专款三百万元。各级政府高度重视，临县教委竭力承办
于是年六月一日破土动工，历时五个月，至十一月五日即告建成。
本职业技校占地卅七亩，开设师范、农林、保安、煤炭、建筑、机电
民艺、医卫、商贸、计算机十大专业，将培养大批专业人才，为临县经济
腾飞，发挥不可估量的作用。翌年三月十八日江总书记复信，对学校建
成表示欣慰。兴学育人，千古大事，领袖关怀，世代永志
中共临县委员会
临县人民政府
公元一九九五年 六月一日立

郝家梁大王庙碑

【简介】

1995年6月勒石。现存于临县青凉寺郝家梁村。碑青石质，圆首，身高146、宽54、厚11厘米。碑阳额题“重建庙志”4字。正文6行，满行30字。记述大王庙的重建过程。李生端书刻。碑阴额题“流芳百世”4字。刻施款芳名。现保存完好。

【碑文】

（碑阳）

我社大王、龙王、蚄蛾、山神、田公田母、风神庙历来系月家沟、郝家梁、青蒿沟、青蒿塄、前塄五村合修，但历经风雨消磨破旧不堪，信男善女无叩拜之处，而今为村兴人旺，村民相议，由月家沟任七生主持设计，九四年五月大兴土木，在旧址复修古庙，其间人们捐资献物投工，月家沟任建灵施铁钟一口，九五年六月大功告竣，共用一万二千多元人民币，历时一年，正殿一间，东西两厢六间，壮丽可观，诸神各居其位，谨将经领施款及工匠者芳名列左。

经领人　月家沟任七生　刘喜喜　郝家梁王买照　刘喜平　青蒿沟刘定法　刘奴全　青蒿塄刘正才　李朽云　张青照

瓦工　杜秀勤　杜云勤　陈三旦

泥塑丹青　王振亮　王建曜

书碑刻石　南塔村李生端

公元一九九五年六月初一开光日立石

（碑阴）

施款芳名　单位：元

月家沟　刘玉才300　刘喜喜100　薛乃顺80　任秋明75　任新旺65　任顺庆58　薛新平52　任七生50　任谈庆50　薛乃林50　任四儿50　任俊生50　刘改顺50　刘玉平50　刘贵平50　王绳柱50

郝家梁　郝其荣300　刘乃全200　刘喜平100　刘顺生100　生明50　王成银50　王成富50　高清平50　刘全全50　刘绳全50

青蒿塄　贺元治50　张照清50

青蒿沟　杜荣勤144　杜秀勤72　任贵全66　刘奴平60

前塄　王绪特200　乔和锡200

窑坪塄　保平100

介休　高青龙60

重建庙誌

我社大王龙王子娥山神田公田母风神庙历来系月家沟郝家梁青蒿沟青蒿坞前坞五村合修但历经风雨消磨破旧不堪信男善女无叩拜之处而今为村兴人旺村民相议由月家沟任七生主持设计九四年五月大兴土木在旧址复修古庙其间人们捐资献物投工月家沟任建灵施铁钟一口九五年六月大工告竣共用一万二千多元人民币历时一年正殿一间东西两厢六间社庙可观诸神各居其位谨将经领施款及工匠者芳名列左

经领人月家沟任七生 刘喜春 郝家梁王买然 刘春平

青蒿沟刘定淡 刘奴全 青蒿坞刘正才 李虎云 张青然

瓦工杜秀勤 杜云勤 陈三旦 泥塑丹青王振亮 王建耀

书碑刻石南塔村李生瑞 公元一九九五年六月初一[illegible]立

张家湾村重修罗汉寺庙记

【简介】

1995年6月勒石。现存于临县雷家碛乡张家湾村。碑青石质，圆首，高142、宽70、厚13厘米。额题“流芳千古”4字。碑文楷书，正文9行，满行36字。记述张家湾村重修罗汉寺的经过。碑阴刊刻布施人花名。现保存完好。

【碑文】

（碑阳）

千古之象，著称于世，万物之迹，流传于今。坐落临县开化乡张家湾村的罗汉寺庙，自古由乔芳沟、赵家沟、张家湾、郝家庄、窨焉、田家岭六村合社组织，修建于东临紫荆山、南接宝珠山、西连黄河沿线、北近兴县。庙内观音菩萨、佛像诸神位之多，故就此得名，素以风景秀丽、雕塑艺术精湛闻名。历史悠久，已复修三次，因屡遭破坏，无法查找准确记载。为了保护文物古迹，继承发扬我国劳动人民传统工艺，经县政府文化局批准，由郭玉文、张士昌等二人组织复修罗汉寺庙，阴历二月初九破土动工，工程一开，得到各方群众的大力支持，仅三个月第一期维修雕塑刷新工艺全部竣工。兹定于六月六日开光，值此机会，我们向支持维修罗汉寺庙的政府职员、各界群众表示衷心的感谢，并立碑石标入复修记载，流芳千古，永垂史册，开光大吉，万事如意。

总经领人　郭玉文　张士昌

经领人　薛有法　李湜祥　苗成贵　苗成启　任生法　李海贵　张步海　吕步章　张保明　张保义　张保财　张士富

赞助人　李治玉　李治斌　李治祥　张保胜　张士祥　武学峰　张玉平　郝忠孝　胡乾财　郭玉生　张士学　张学富　张平锁

雕塑　吕洪正　张士明　吕永章

阴阳　曹生旺（曹家畔）

写碑　张士海

木工　张永建　王金平

石匠　张连生　张海荣

经领人捐款　郭玉文壹佰元　张士昌壹佰元　苗长启柒拾元　张保明伍拾元

赞助人捐款张保胜伍拾元

公元一九九五年六月六日

（碑阴）

罗汉寺社布施花名

窨焉村　张保荣3人50元　（58人略）　田家岭村张守银3人20元　（16人略）　乔坊沟40户182人款柒佰陆拾伍元　赵家沟41户168人款捌佰肆拾元　张家湾31户136人款捌佰捌拾伍元　郝家庄31户125人款捌佰捌拾柒元　窨焉59户238人款壹仟贰佰壹拾壹元　田家岭11户61人款叁佰壹拾元　本社弟子每户人均伍元以上者碑上有名

公元一九九五年六月六日

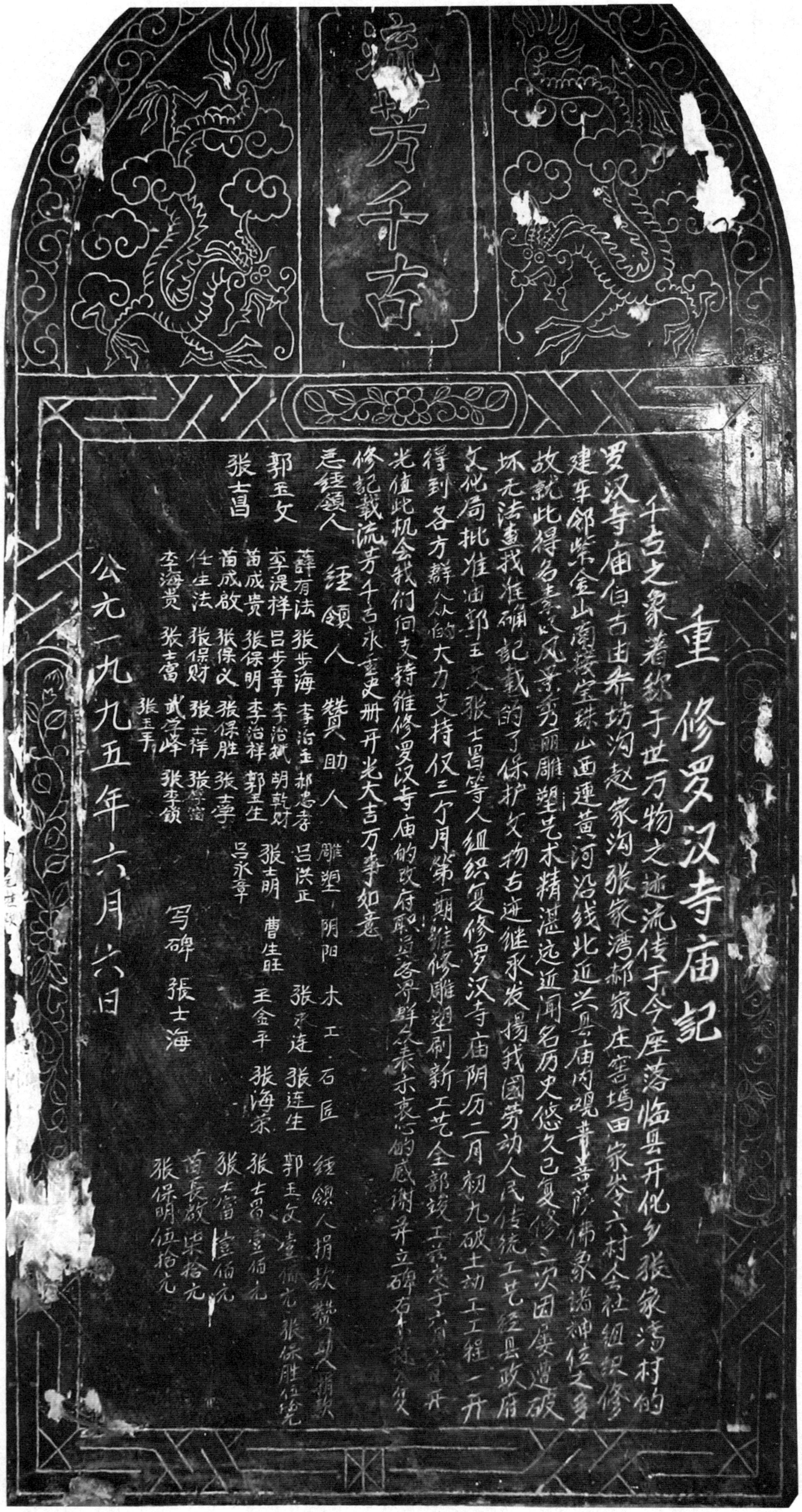
流芳千古
重修罗汉寺庙記
公元一九九五年六月六日
写碑 張士海

扩建关帝庙碑记

【简介】

1995年6月勒石。现存于临县大禹乡石匣村。碑砂石质，圆首，高140、宽60、厚9厘米。碑阳额题“流芳千古”4字。正文计8行，满行34字。记载石匣村扩建关帝庙的过程。碑阴额题“石镜永悬”4字，碑文为施钱人花名。现保存完好。

【碑文】

（碑阳）

扩建关帝庙碑记

关帝庙始于本庙院内树上挂一牌位为之，一九三五年方将关帝庙正式修建村观音庙背阴。其建筑工艺极为简陋，占地面积仅为四平方米。一九六一年村民们又将该庙由观音庙移建于此，然建筑规模亦甚微。建筑面积只五平方米。由于时势的变迁，一九九四年村民在经领人的倡导下，对该庙进行了较大规模的扩建，扩建后的关帝庙式样新颖，工艺精湛，占地面积为四十六平方米。次年又塑造了观世音和关圣帝金身，期间村民们广施钱物，积极投工，圆满地达到了预期目的。

为了昭示后人，使村民功德永垂千古，特定树碑记载，兹将经领人施舍布施人等大名列于碑内。

经领人　冯泽宇　张根荣　张茂元　刘富财　冯士枝　刘富让　杜俊元　刘高照　张秀明

师傅　宣一

木工　刘高照等

瓦工　张俊成　冯士林等

油工　刘高明

塑像　郑龙　郑怀杰

丹青　郑进旺　郑进弟　侯杰

撰文　张秀明

书写　刘全禄

雕刻　刘永明　刘永忠。

施钱人　冯澄宇贰仟元　张振荣壹仟捌佰元　刘富让肆佰元　冯泽宇叁佰元　刘富山　张秀国刘高照各贰佰元

公元一九九五年农历六月十九日立

（碑阴）

施钱人　刘靖明　刘凡成　张乃荣　刘高明　郭建林　冯剑　冯利　刘旭荣各壹佰元　刘有林八十元　冯士林六十元　冯羊喜五十元　刘生财四十元　刘忠红　冯润宇　冯银照各三十元　（18人略，各20元；3人略，各15元；102人略，各10元）　张家圪垯张茂义　张兰照　兑家洼秦有意　杜家岭吕子汝　神峪沟张金宝　刘家圪垯刘三平　离石周玉明

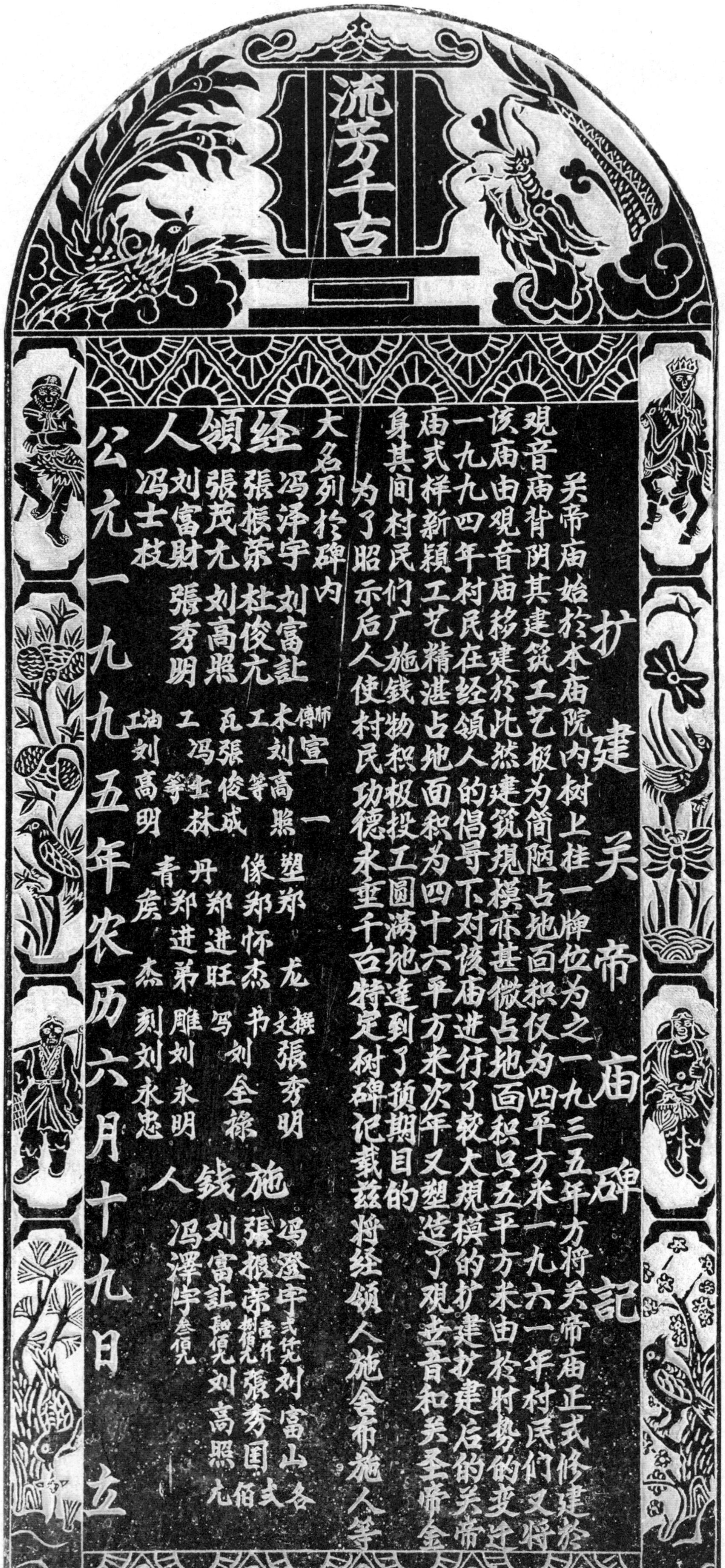

流芳千古

扩建关帝庙碑記

关帝庙始於本庙院内树上挂一牌位为之一九三五年方将关帝庙正式修建於观音庙背阴其建筑工艺极为简陋占地面积仅为四平方米一九六一年村民们又将该庙由观音庙移建於此然建筑规模亦甚微占地面积只五平方米由於时势的变迁一九九四年村民在经领人的倡导下对该庙进行了较大规模的扩建扩建后的关帝庙式样新颖工艺精湛占地面积为四十六平方米次年又塑造了观世音和关圣帝金身其间村民们广施钱物积极投工圆满地達到了预期目的

为了昭示后人使村民功德永垂千古特定树碑记载兹将经领人施舍布施人等大名列於碑内

经领人

冯泽宇　刘富訨　張振荣　杜俊元　張茂九　刘高照　刘富財　張秀明　冯士枝

傳師　宣一　木工　刘高照等　瓦工　張俊成　冯士林等　油工　刘高明

塑像　郑龙　郑怀杰　丹青　郑进旺　郑进弟　房杰

撰文　張秀明　书写　刘全禄　雕刻　刘永明　刘永忠

施钱人

冯澄宇弍仟元　張振荣壹仟捌佰元　刘富訨貳佰元　冯澤宇叁佰元　刘富山　張秀国　刘高照各弍佰元

公元一九九五年农历六月十九日立

禹家梁修关帝庙碑记

【简介】

1995年7月勒石。现存于临县玉坪乡禹家梁村。碑青石质，方首，高152、宽60、厚10厘米。额题“修庙碑记”4字。碑文楷书，正文计3行，满行38字。记述禹家梁村重建关帝庙的过程。现保存完好。

【碑文】

此关帝庙建于明代，历经风雨消磨，破旧不堪，民国年间复建，仍被毁坏，九三年补修，赵锡文精塑神像，九五年郝国恩等九人主持，村民协助，陈顺庆、李明德、李金怀、杨文和、李清顺、曹秋林等捐工献料，大庙焕然一新，逢祭祀节，信男善女虔诚礼拜，为使村民芳名不朽，故立丰碑，以志千古。

经领人　郝国恩　李仲明　李茂明　郝秀恩　辛全贵　郝连生　李廷清　李仲喜　郝全生

技工　李明德　李金怀　陈顺庆　李青顺

书碑刻石　南塔李生端

谨将施款芳名刻上　单位（元）

李明德112　郝广恩108　郝秀恩108　李明顺100　李金怀300　李廷青70　李茂兴70（下略）

公元一九九五年七月初一日吉立

重修五龙圣母庙碑记

【简介】

1995年7月勒石。现存于临县临泉镇后李家沟五龙圣母庙内。碑砂石质，龙首方座，通高220厘米，其中碑首高50、宽75、厚18厘米；碑身高150、宽75、厚18厘米；座高20、宽90、厚58厘米。额篆“龙圣”2字。碑文楷书，正文计12行，满行43字，约600字。记载后李家沟重修五龙圣母庙的过程。现保存基本完好，碑文风化不全，部分字迹模糊莫辨。

【碑文】

重修五龙圣母庙碑记

惟我华夏民族，习称龙之传人，崇龙祠龙由来久矣，商代敬龙王为兴云布雨、滋生万物之正神，唐时则有祭五龙之制，宋徽宗大观二年□月诏天下，五龙□封爵 □青龙、白龙、黄龙、赤龙、黑龙皆称龙王。该庙所祠五龙及圣母而□□□尚龙文化传统之延续。

五龙圣母庙位于黄土高山之顶，其地形正安风□□□有则霞光映照，金碧辉煌，珠光宝气，凝集于此，仰□□□□□□□□□雾绕，仙风飘逸，□□中荡出千般灵气，登顶峰则有一览众山小之感，令人心旷神怡，□□□□□□□□尚不可考，唯清道光六年 所镌碑记，现仍藏于庙内可为佐证。然因历史变迁几经沧桑，□□□则毁庙□□临州大地这一人文景观毁坏殆尽。直至一九九二年春，临县人民政府文化主管部门□正□□□□□后李家沟村东五龙圣母庙为县级文物保护单位。时值太平盛世，农村经济发展，村民纷纷解囊资助，是年即将正殿维修一新，之后又逐年增补围墙山门，钟楼鼓楼等一应建筑设施，并于一九九四年重塑金身，彩绘殿堂，栽松柏花果树木，修通登山车道，一九九五年又新建戏台一座。至此整个庙宇不仅已全部恢复原貌，且较前更为气势磅礴，前来旅游观光敬香拜谒者，络绎不绝，为将此庙重修事宜以及尽心竭力者扬传于后世，特撰此文，刻石永存。

总经理　高继明　郭永福

经理　郭光福……

撰文　郭丕汉

书写　侯宁

刻石　崔智来　崔亚军

一九九五年七月二十七日立

重建胜利坪学校记

【简介】

1995年10月勒石。现存临县临泉镇寺家塔校园。碑青石质，长方形，碑下有墩，碑身高70、宽120、厚9厘米。碑阳是时任山西省委书记胡富国所题“胜利坪学校”。碑阴碑文隶书，正文计10行，满行30字。记述重修胜利坪学校之事。碑保存完好。

题写人胡富国，男，汉族，1937年10月生，山西长子人，1964年9月参加工作，1959年12月加入中国共产党，大学学历。曾任山西省省长、山西省委书记、国务院扶贫开发领导小组副组长、中国扶贫开发协会会长等职。

【碑文】

（碑阳）

胜利坪学校

胡富国题

（碑阴）

重建胜利坪学校记

我等民众虽蜇居穷乡僻壤，亦明教学大道，乃人才之源，国兴之基，民富之本。旧校建于六十年代初叶，座于村中央，沟冲北坡，因陋就简，掘山而涧，地质疏松，年久失修，坍塌渗漏，十有八九早存岌危之处。近年更因生员剧增，安全无缘，复添燃眉之忧。然窘于贫困，修学兴教夙愿难酬，奈何？去年十月省扶贫工作，张不代、郭健、李灵利、强继燕、董红勤五同志进驻我村，谋划筹措学校重建事宜。此议一出，众愿归心，村民捐工献力，政府资援物助，开工奠基于阳春，竣工典庆于金秋，终成弃旧图新盛事。高楼巍峨，泛轩昂之气；旗帜飘扬，洒神采之韵。胡富国省长亲题校名，更令山庄沐浴关情温煦。新校之诞，亦即教育焕发之始也，亦即小康日月将至也，山庄取名胜利坪亦可以名副其实矣，特此勒石以记。

临县胜利坪全体村民共立

公元一九九五年十月一日于国庆节

复修唐僧庙碑序

【简介】

1995年10月勒石。现存于临县曲峪镇白马殿村。碑砂石质，圆首，高139、宽72、厚12厘米。额题“英名千秋”4字，碑文楷书，正文8行，满行14字。记载白马殿村复修唐僧庙之事。碑文完整，字迹清晰，碑体完好。

【碑文】

碑序

唐僧庙、龙王庙何时始建，无从考查，自建以来，历代先祖维修保护，一直完好，香民鼎沸，香火不绝，民众深感受益匪浅。一九四七年被毁后，村民为之惋惜不已，一九九三年由□□□发起，与全体村民协商复修，于一九九四年五月竣工。兹将执事捐款十元以上者名列于下。

功德主　□□□

经领人　高茂有　高芝富　高进山　苗玉行　高学富　高芝贵　苗玉利　贺绳平　高缠地　高绳全　高跟全

捐款人　高芝富一百　贺绳平三十　高学富二十　高进山十五　高继先十五　苗玉行十　高芝贵十　高茂有十　苗玉利十　苗发田十　贺绳顺十　贺玉奎十　贺学艮十　高学友十　高缠地十　高泼虎十　高外外十　高奴平十　高奴小十　高富全十　高绳全十　高根全十　苗贵许十　贺缠奎十　苗玉兴十　高乃平十　高绳斌十

刻碑人　高学富

书写人　张学锋

公元一九九五年十月十日立

重修观音寺碑记

【简介】

1995年勒石。现存于临县兔坂镇高家圪崚村。共2通，均为砂石质，圆首，高143、宽63、厚10厘米。第一通额题“流芳千古·碑一”。碑文楷书，正文13行，满行16字。记载高家圪崚村重修观音寺之事。第二通额题“流芳百世·碑二”。记载捐款人名单。保存完好。

【碑文】

（第一通）

碑文

盖闻世谓天道之求佛求神，今古传为大吉求生之宝，观音寺原始建筑，工艺精美，宏伟壮观，面积达九百平方丈，神佛共一百多尊。天有不测风云，佛有盛衰之时，寺内一切神像与建筑全部毁灭，变为荒滩。

天开地转，神佛显应，人心所向，保枝求根，成其真实神道也。为此，民众共助，八四年新建神窑三孔，台桩一座，达其众望。天有日月星辰，地生五谷果实，神佛保佑，天安地宁，又于乙亥年新塑神像二十二尊。继故留迁，万人同乐，竭诚敬奉，特树碑文，留芳千古。故设碑两块，以谢众恩。

经理　成生华　高芝武　苗有喜　张保胜　王立平　王福歧　王福发　张治全

外经理　王立秀　王庭龙　王庭旭　王玉清　高胜旭　张建厚　张治平　高喜平　王守全　张宝如　高李明

丹青　马永鹏　马赟　马海腾　张芝杰　高继平

平师　曹生旺　文书王生奇　匠工苗高云　苗高顺　王立树　柴玉文　王立锋　白正全　王立珍　王生堂

布施　一百元高芝武　张治全　苗有喜　张保胜　王立平　张治平　王立秀　王福歧　成生华　王福法　高永贵　高九峰　吕买平（下略）

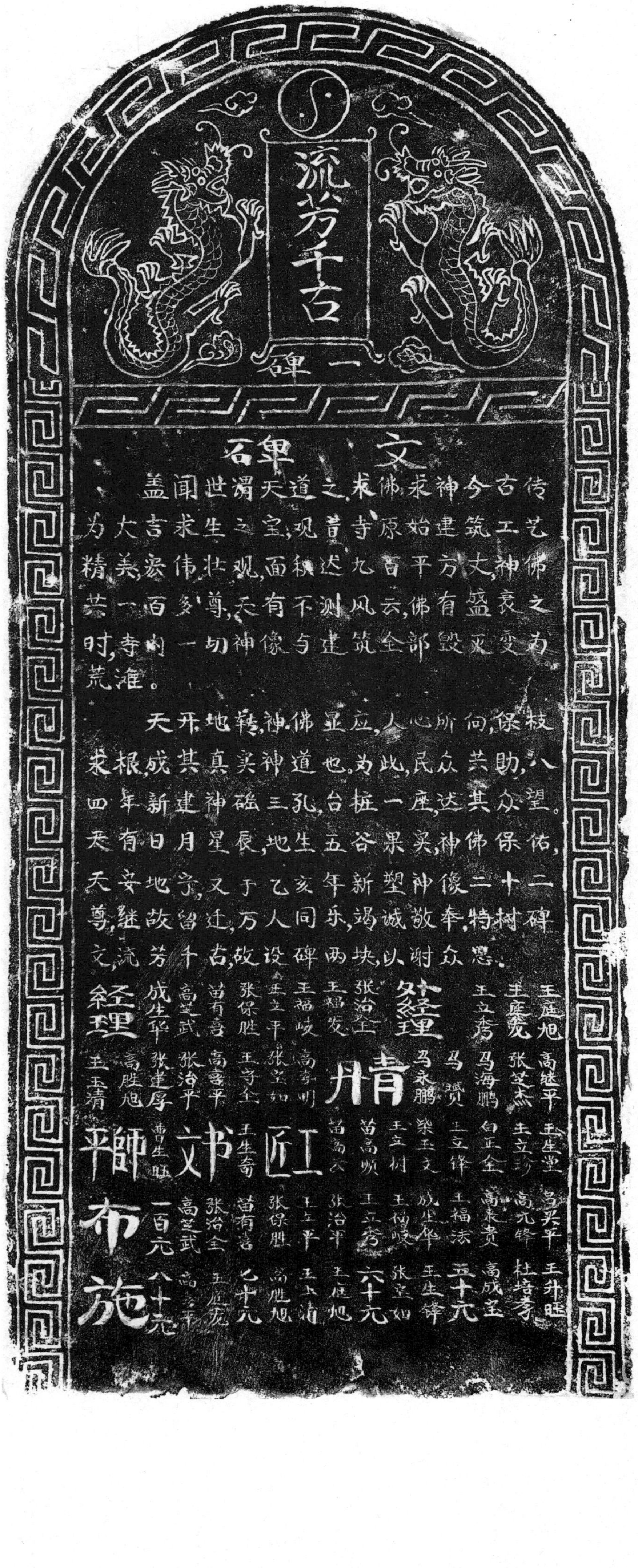

（第二通）

（捐款名单略）

水源关帝庙碑记

【简介】

1996年2月勒石。现存于临县招贤镇水源村。碑青石质，圆首，高136、宽50、厚7厘米。额题“万古流芳”4字。碑文楷书，正文4行，满行14字。碑记水源村整修关帝庙之事。保存完好。

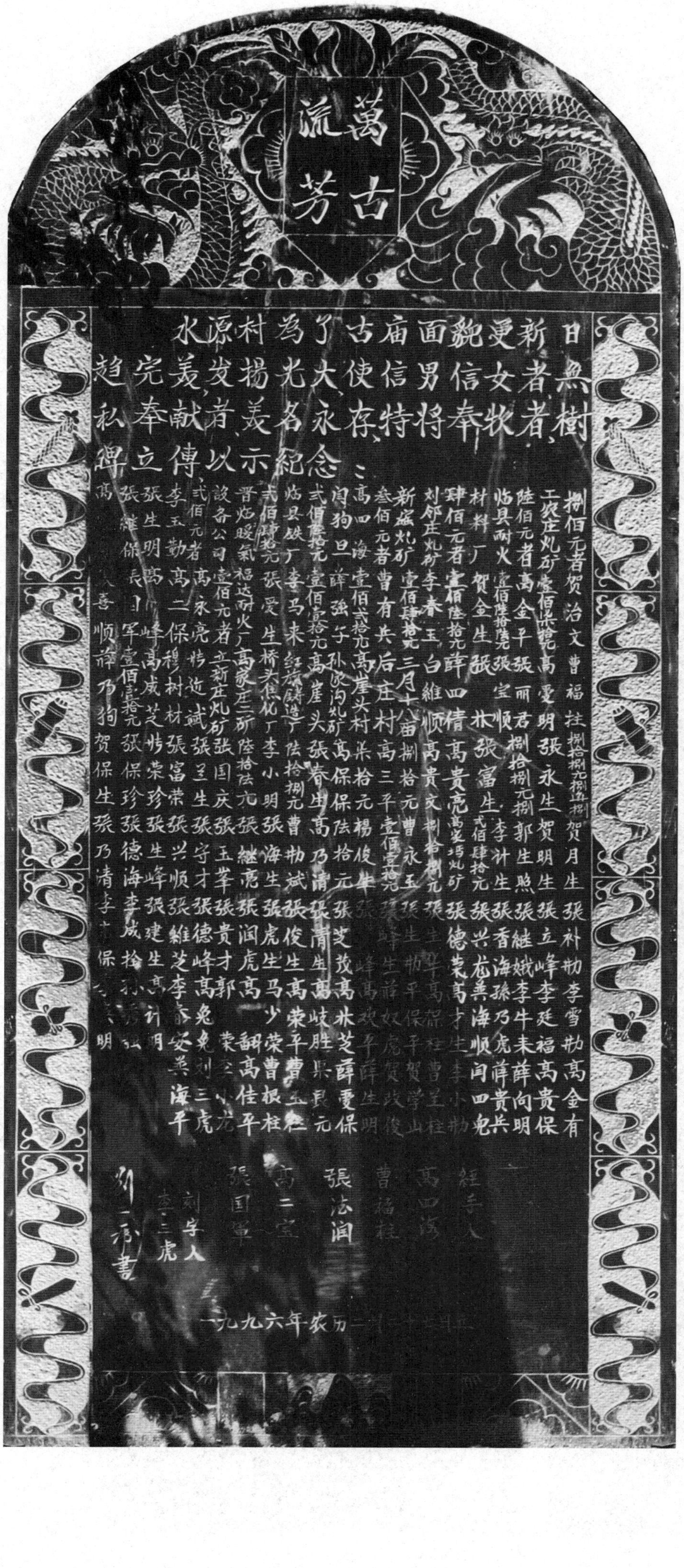

【碑文】

水源村为了古庙面貌更新，日趋完美，发扬光大，使信男信女者、无私奉献者美名永存，特将奉款者，树碑立传，以示纪念。

捌佰元者　工农庄煤矿，陆佰元者　临县耐火材料厂　肆佰元者　留邻庄煤矿　新窑煤矿　叁佰元者　高四海　闫狗旦　贰佰陆拾元者　临县铁厂　贰佰肆拾元者　晋临暖气设备公司　贰佰元者　李玉勤　张生明　张继保　高歧山　壹佰柒拾元　高金平　壹佰陆拾元　李春玉　壹佰肆拾元　曹有兵　壹佰贰拾元　李马来、张爱生　福达耐火厂　壹佰元者　高永亮　高二保　高峰　张国军　张喜顺　曹福柱　高爱明　张丽君　张宝顺　张林　薛四清　白维顺　三月十八庙会　后庄村　高崖头村　孙家沟煤矿　高崖头红旗铸造厂　高家庄二矿　桥头焦化厂　立新庄煤矿　张建斌　穆树林　高成芝　壹佰壹拾元者　薛乃狗　捌拾捌元捌角捌　张永生　（下略）

经手人　高四海　曹福柱　张德润　高二宝　张国军

刻字　李三虎

书写　刘二虎

一九九六年农历二月二十七日立

上冯家山烈士碑记

【简介】

1996 年春勒石。现存于临县丛罗峪镇上冯家山村，立于碑亭内。碑青石质，圆首，高 122、宽 46、厚 7 厘米。额题“纪念亭”，碑文楷书，正文 2 行，满行 8 字。内容是修建烈士碑记。保存完好。

【碑文】

（碑阳）

为国捐躯，无尚光荣。烈士英名，永垂不朽！

上冯家山村

一九九六年春敬立

（碑阴）

冯大福　冯大禄　冯秉计　冯秋大　冯秉耀

前四位抗日战争中牺牲，后一位解放战争中牺牲。

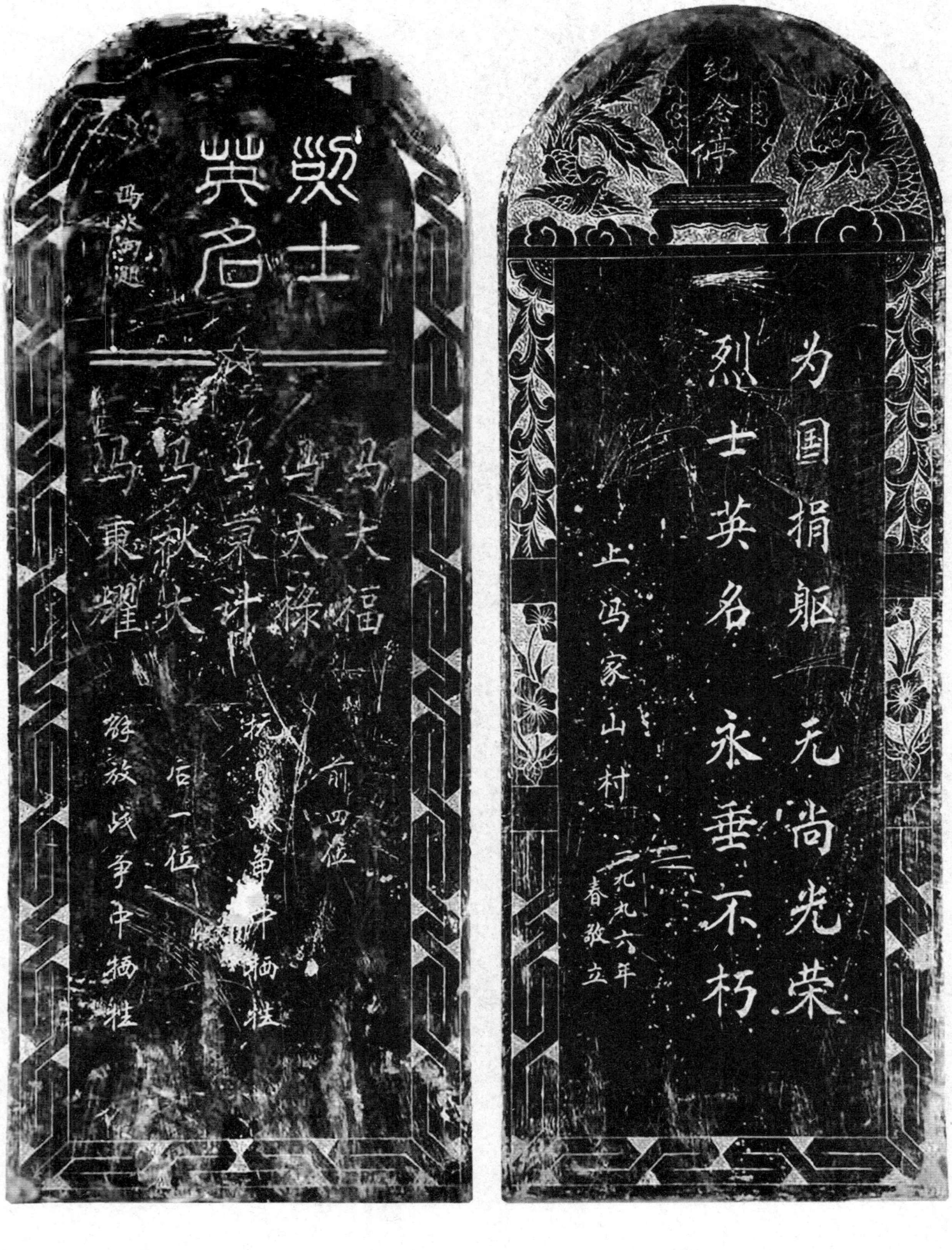

补修关帝诸庙简序

【简介】

1996年5月勒石。现存于临县大禹乡神峪塔村。碑砂石质，圆首（圆顶被除），高115、宽68、厚4厘米。额题“日月”。碑文楷书，正文4行，满行42字。记载补修神峪村关帝诸庙之事。保存完好。

【碑文】

简序

我村原有古庙几座，十年动乱被毁，三中全会以后，村民积极要求复修旧庙，兹后决定，前有余款全移交建庙使用，一年时间竣工。此次雕塑的观音送子、关帝圣君的神像十分完美，花钱三千多元，九六年四月十七开光，唱戏以作庆贺。

经领人　刘江芝　刘锦荣　刘云德　刘芝明　刘全顺　刘海斌　刘永珍　刘兴全　刘永福　刘永财

协助人　刘其平　刘继保　刘首林　刘乃保　刘顺平　刘乃福　刘玉明　刘喜儿　刘银顺

施钱人：刘云财七十元　刘兴全六十五　刘乃保六十五　刘永福六十　王宝宝六十　刘首林六十　刘江茂五十　刘永珍五十　刘全顺四十　（以下施钱人略）

地师　樊天明

匠人　刘明顺

塑像师　冯殿芳

书写　刘全禄

刻字　刘永明　刘永忠

公元一九九六年农历五月谷旦立

简序

我村原有古庙几座十年动乱被毁三中全会以后村民积极要求复修旧庙最后作了决定前有余款全部移交建庙使用一年时间竣工此次雕塑的观音送子关帝圣君的神像十分完美花钱三仟多元九六年四月十七日开光唱戏以作庆贺

刘顺平 十伍 刘建平 刘小平 刘海兵 刘保顺
刘金旺 十伍 刘福旺 刘荣华 王保林 刘荣桂 刘乃照 刘永忠
刘平顺 二十 刘海旺 九 王兵则 刘喜平 刘芝清 高全有 刘永明
马锦明 二十 刘江奇 刘勇峰 刘万有 刘荣海 刘林顺 刻字
刘永兵 二十 刘继有 刘宏平 刘余兵 刘荣成 刘其平
刘镯顺 二十 刘保勋 十 刘芝成 九 秦喜兰 九 李时亮 九 刘玄德 九 刘全禄
刘海平 二十 刘继官 刘奴幸 王学林 刘百顺 刘继汝 书写
刘建世 四十 刘九平 各 刘金平 刘奴照 刘長计 刘兴民
刘永珍 五十 張新平 二十伍 刘晓平 十 刘应有 十 刘荣亮 十 刘顺庆 十 冯殿芳
刘江茂 五十 风翅甲 刘江茂毋 刘启平 刘引顺 马保大 塑像
刘首林 六十 王宗则 十二 刘江巳 各 刘兴昌 各 刘旺生 各 刘芝兵 各
王宝宝 六十 刘乃生 十二 刘江芝 马照民 王学顺 刘民顺 刘民顺
刘永福 六十 马建峰 十伍 刘王平 秦军荣 刘乃媚 刘全则 匠人
刘乃保 六十伍 马建文 十伍 刘荣民 秦秀其 刘缠顺 刘林贵
刘兴全 六十伍 刘秀平 十伍 刘喜儿 秦立福 刘玄锦 刘富生 龚天民
刘玄财 七十伍 刘廷旺 十伍 刘丢民 刘建兵 王茂贵 刘乃儿 地师

经领人

刘江芝 刘锦玄 刘荣德 刘芝明 刘金顺 刘海兵 刘永珍 刘兴全 刘永福 刘玄财

协助人

刘其手 刘继保 刘首林 刘乃保 刘顺平 刘乃媚 刘玉明 刘喜儿 刘镯顺

施钱人

公元一九九六年农历五月吉旦 立

樊氏家谱

【简介】

1996年9月勒石。现存临县三交镇南山寺，砌于砖壁中，边有石联，上有石匾额。碑青石质，方首，碑高135、宽53厘米。碑文楷书，正文15行，满行60字。内容是樊氏家谱。保存完好。

【碑文】

樊氏家谱

三交樊氏是中华民族的一个组成部分，始祖系虞仲，别支食采于樊，后周宣王封仲山甫为樊侯，因以为氏。元明时代因战乱和自然灾害所致，北方人口稀少，田园荒芜，明洪武年间，实行屯田移民政策，樊氏由湖北樊城迁来三交。因途经山西洪洞大槐树下集结，再分迁各地，遂有“问我祖宗何处来，山西洪洞大槐树”云云。相传樊氏初来三交时弟兄五人，在今樊家沟筑室居住，后来分居自立门户，即今前街、园则、中街、后街、东街五大支。经六百余年的繁衍，人口由原来的五户发展到现在的五百多户，两千余人。樊氏早年家谱多已遗失，仅有乾隆五十六年樊帮稍的六世孙樊映写的后街家谱和樊维斌保存的东街二十一代家谱两本。一九九三年樊相德续修了中街十八代家谱，一九九六年樊来效续写了后街十四代家谱，樊启兆整理了园则十代家谱、前街五代家谱（和枣洼沟、胡公村樊氏家谱）。

樊氏最早的坟茔在阳坪上，筑有石塔，前人在倒塌的石塔中才知道元、亨、利、贞等始祖名讳，又闻北山茔焉古坟内亦有古塔，志石无存，其迹尚在。历代子孙中见诸经传者有：孔子七十二弟子之一樊迟、汉高大将樊哙官封将侯、明正德十一年樊永兴官拜京府布政司、清初樊蒿封明威将军镇守杀虎口、康熙五十三年樊冕中甲科举人出任山东郓城县正堂。新中国成立后，樊泚如任山西省监察厅副厅长，樊文兆任四川灌县人大主任，樊海兆任四川黑水县县长，又任档案局特级工程师，樊桂娥任中国电子工程设计院保卫处长，樊容宽任凉山自治州宣传部长，樊成文任北京市物资局局长，樊连珍任三交法庭庭长、为全国劳模、全国职业道德十佳标兵，樊奇任岢岚县县长，樊希骞任山西省博物馆副馆长，樊希平（女）任四川省农牧厅处长，樊长泗任广州军区三部副师长，樊达民任临县副县长，樊成春任北京市建设工程处处长，樊增效系临县首数作家，樊永亮获博士学位后赴以色列做博士后。书法方面有樊上达等十一人，绘画有樊迎喜等，唢呐吹奏有樊高升等三人，远近闻名。

家之有谱，犹国之有史。所以昭信纪实，重本笃亲，使后世子孙知道自己是哪一支，与哪些人系同辈，和其他四支人又是什么称呼。非笔立于谱，则数世以后茫然不知自己祖考名讳，长幼无序，辈分不清。余根据新编家谱摘出二百一十六户四百三十二人，每户两辈上为父亲，下为长子，因篇幅有限次子以下皆省略。欲明详细，备有家谱可询查。

樊启兆撰書　樊荣亮書名字　樊明珍樊维華赞助

陕西绥德四十里铺袁军强刻字

公元一九九六年九月立

【联文】

登山晋谒氏族誌；

回首眺望先祖村。

【匾文】

樊氏全谱

郑社奎为佳临大桥题词

【简介】

1996 年 3 月勒石。现存临县克虎镇克虎村。碑青石质，长方形，高 136、宽 70 厘米。碑文草书，正文 2 行，满行 4 字。郑社奎书。保存完好。

书者郑社奎，男，汉族，1939 年 5 月生，山西临汾人，山西农学院农学系农学专业毕业，大学学历。1963 年 9 月参加工作。1960 年 10 月加入中国共产党。曾任山西省委组织部部长、省委副书记、省政协主席等职务。

【碑文】

一路通百业兴

郑社奎

九六年三月

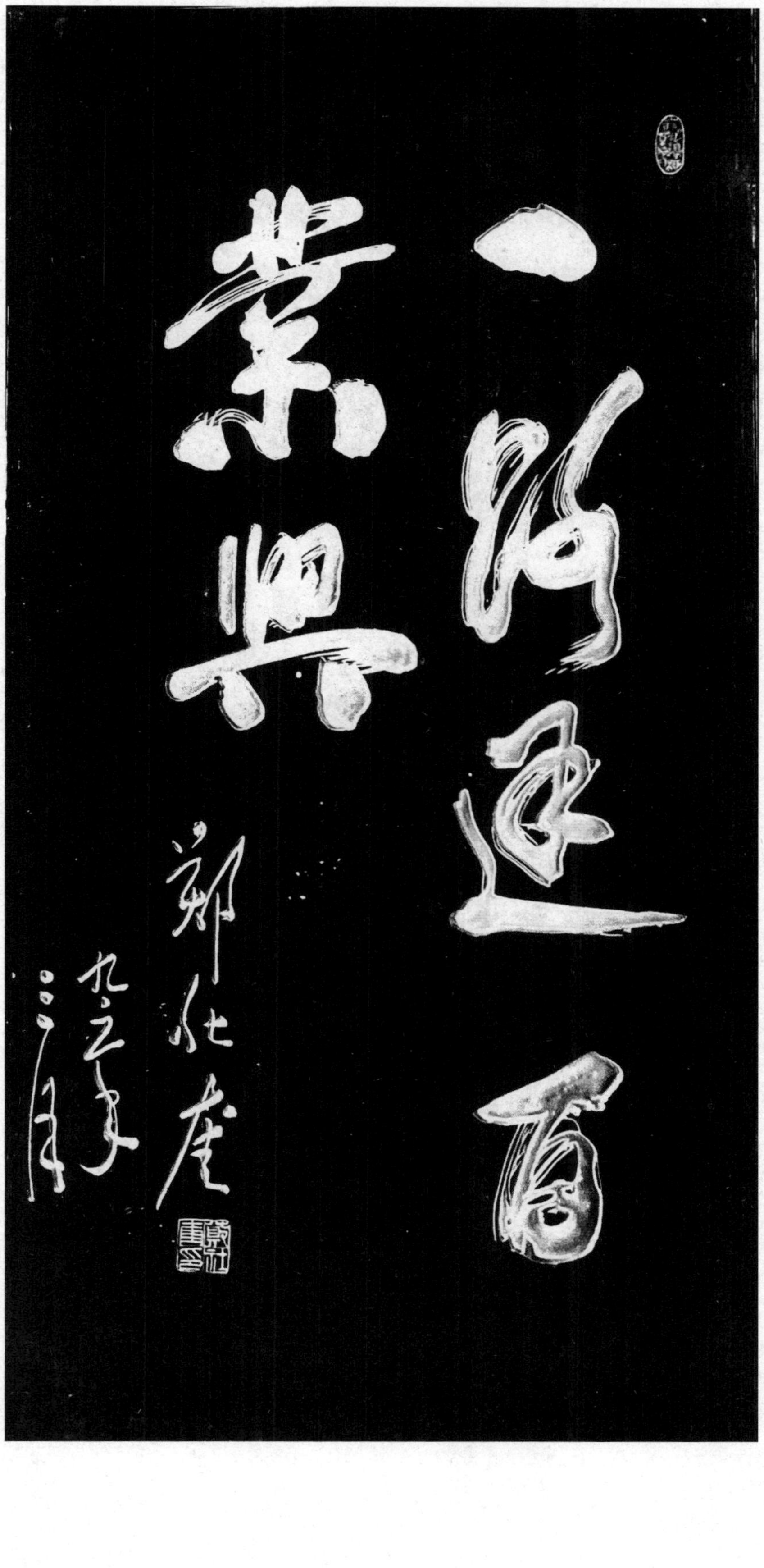

姚新章为黄河大桥题词

【简介】

1996年春勒石。现存临县克虎镇克虎村。碑青石质，长方形，高136、宽70厘米。碑文行书，正文1行，满行4字。姚新章书。保存完好。

书者姚新章，1943年2月生，临猗县三管乡新庄村人。中共党员，大学学历，研究员。曾任吕梁地委书记，中共山西省委委员、山西省人民代表大会常务委员会副主任、党组成员，兼任山西省总工会主席、党组书记。

【碑文】

天堑通途
姚新章
九六年春月

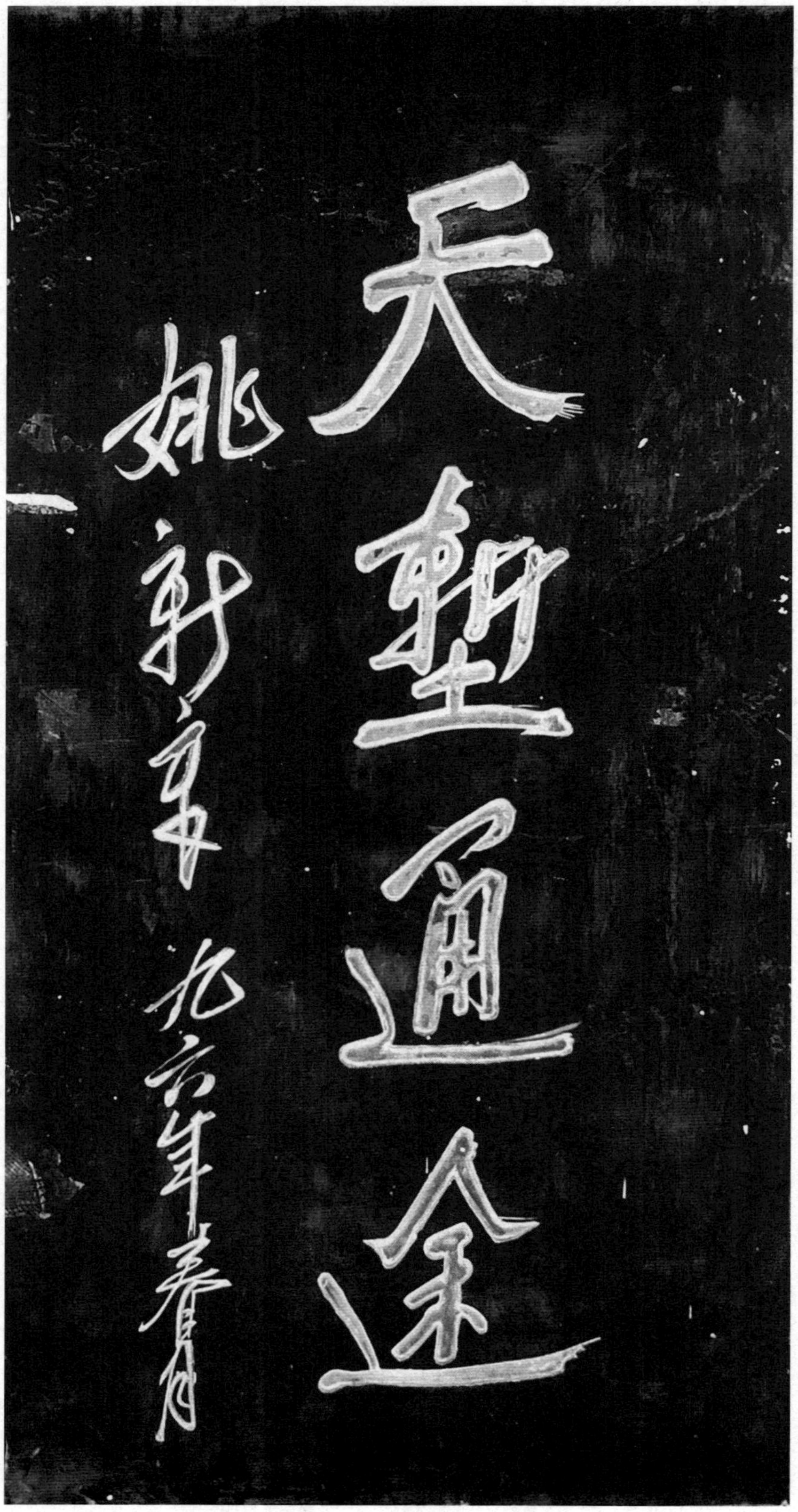

陆绪为临佳大桥题词

【简介】

1996年春勒石。现存临县克虎镇克虎村。碑青石质，长方形，高136、宽70厘米。碑文行草，正文2行，满行5字。张陆绪书。保存完好。

书者张陆绪，岚县人，时任吕梁地委副书记，后任书记。

【碑文】

佳临落銀橋，

秦晋共騰飛。

吕梁地委陆绪於一九九六年春

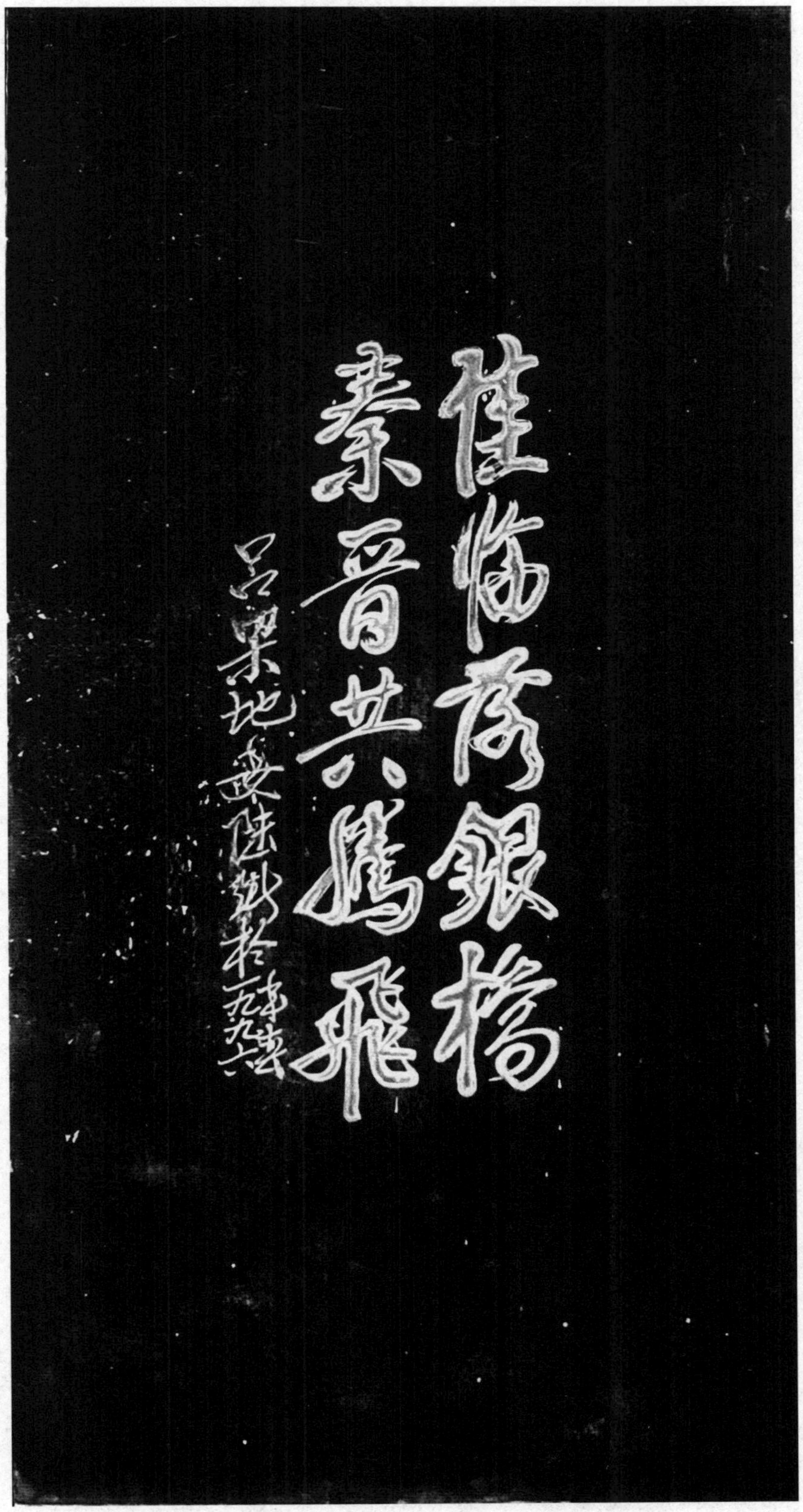

樊吉厚为临佳大桥题词

【简介】

1996年四月勒石。现存临县克虎镇克虎村。碑青石质，长方形，高136、宽70厘米。碑文行草，正文2行，满行6字。樊吉厚书。保存完好。

书者樊吉厚，河曲人，时任吕梁地委副书记。曾任临县县委副书记、书记、省史志研究院院长。

【碑文】

桥通秦晋两省，
情送佳临八方。
樊吉厚
丙子四月

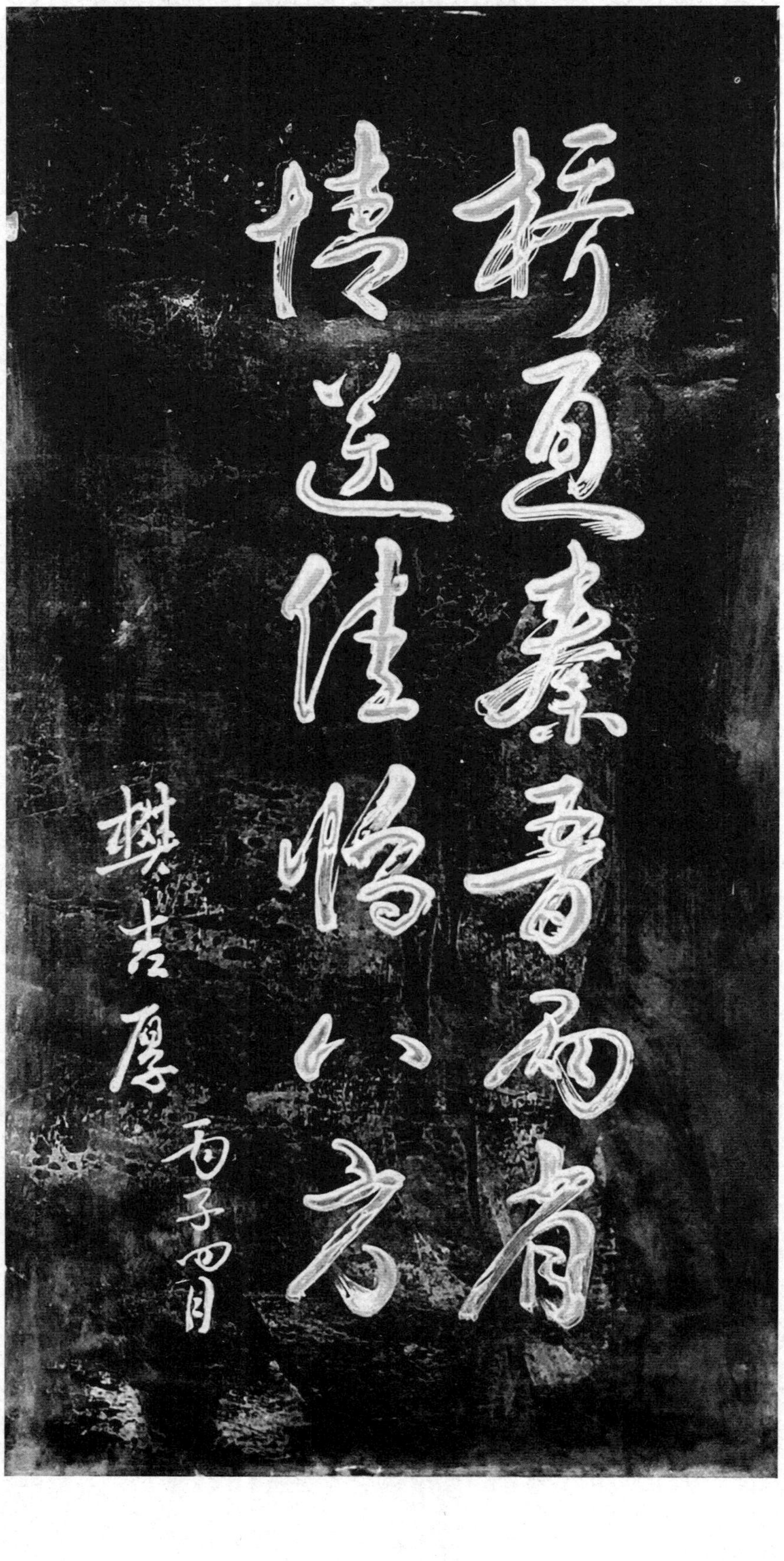

郝有亮为临佳大桥题词

【简介】

1996年四月勒石。现存临县克虎镇克虎村。碑青石质，长方形，高136、宽70厘米。碑文行书，正文1行，满行4字。郝有亮书。保存完好。

书者郝有亮，临县人，时任吕梁行署副专员。

【碑文】

秦晋丰碑

郝有亮

一九九六年四月

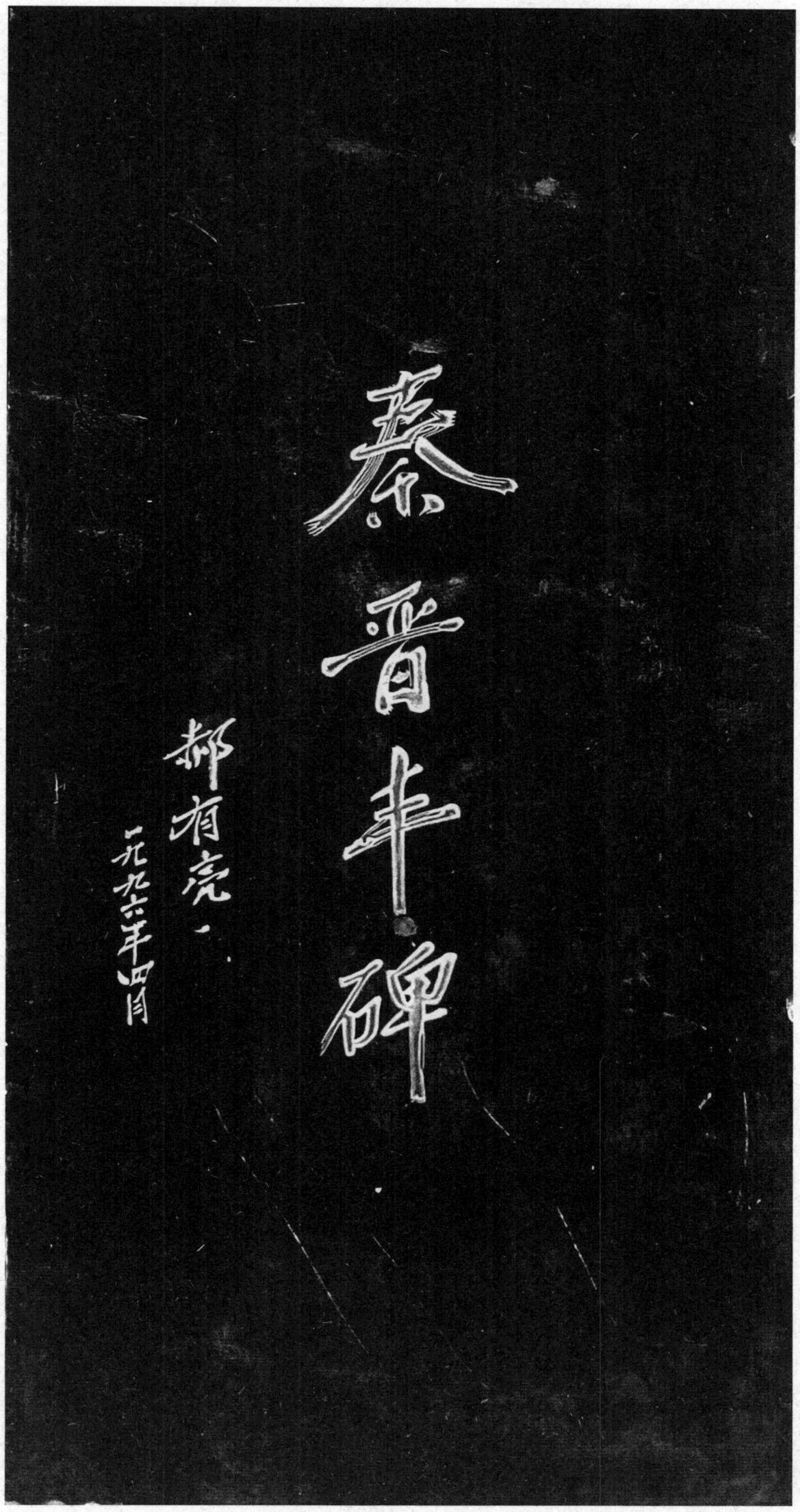

孙文盛为佳临大桥题词

【简介】

1996年五月勒石。现存临县克虎镇克虎村。碑青石质，长方形，高136、宽70厘米。碑文行草，正文4行，满行9字。孙文盛书。保存完好。

书者孙文盛，时任山西省委副书记、省长。男，汉族，1942年2月生，山东威海人，1966年2月加入中国共产党，1963年11月参加工作，山东冶金学院冶金系有色冶炼专业毕业，大学学历，工程师。曾任国土资源部部长、党组书记、国家土地总督察。

【碑文】

一桥飞起锁大河，阳关道上开快车。

佳临人民临佳地，秦晋同唱友谊歌。

孙文盛

一九九六年五月一日

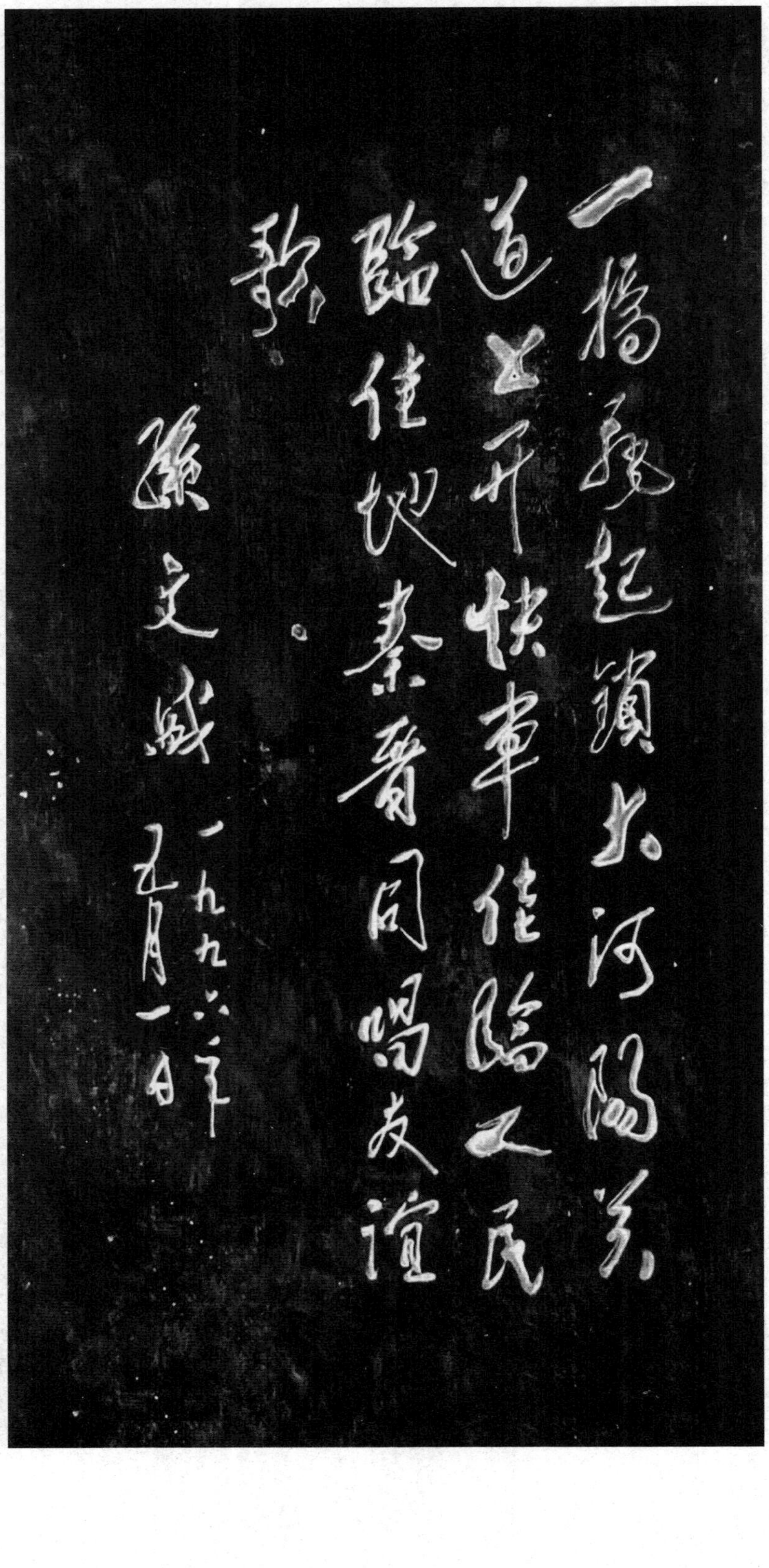

薛军为临佳黄河大桥题词

【简介】

1996 年 5 月勒石。现存临县克虎镇克虎村。碑青石质，长方形，高 136、宽 70 厘米。碑文行书，正文 2 行，满行 7 字。薛军书。保存完好。

书者薛军（1942.11—2010.02），时任山西省副省长、省政府党组成员。 山西省柳林县王家沟乡兴隆湾村人。1968 年毕业于山西大学政治系。中国共产党党员，曾任山西省第十届人民代表大会常务委员会副主任、党组副书记，中共山西省委常委、山西省人民政府常务副省长、省政府党组副书记。中国统计学会原副会长，中国生产力学会原副会长，中国国情研究会原副会长，山西省焦化行业协会原会长，山西省城镇协会原会长，世界生产力科学院院士，高级统计师，山西财经大学兼职教授、研究生导师。

【碑文】

秦晋之好自古颂，
飞桥通途百业兴。
薛军
一九九六年五月

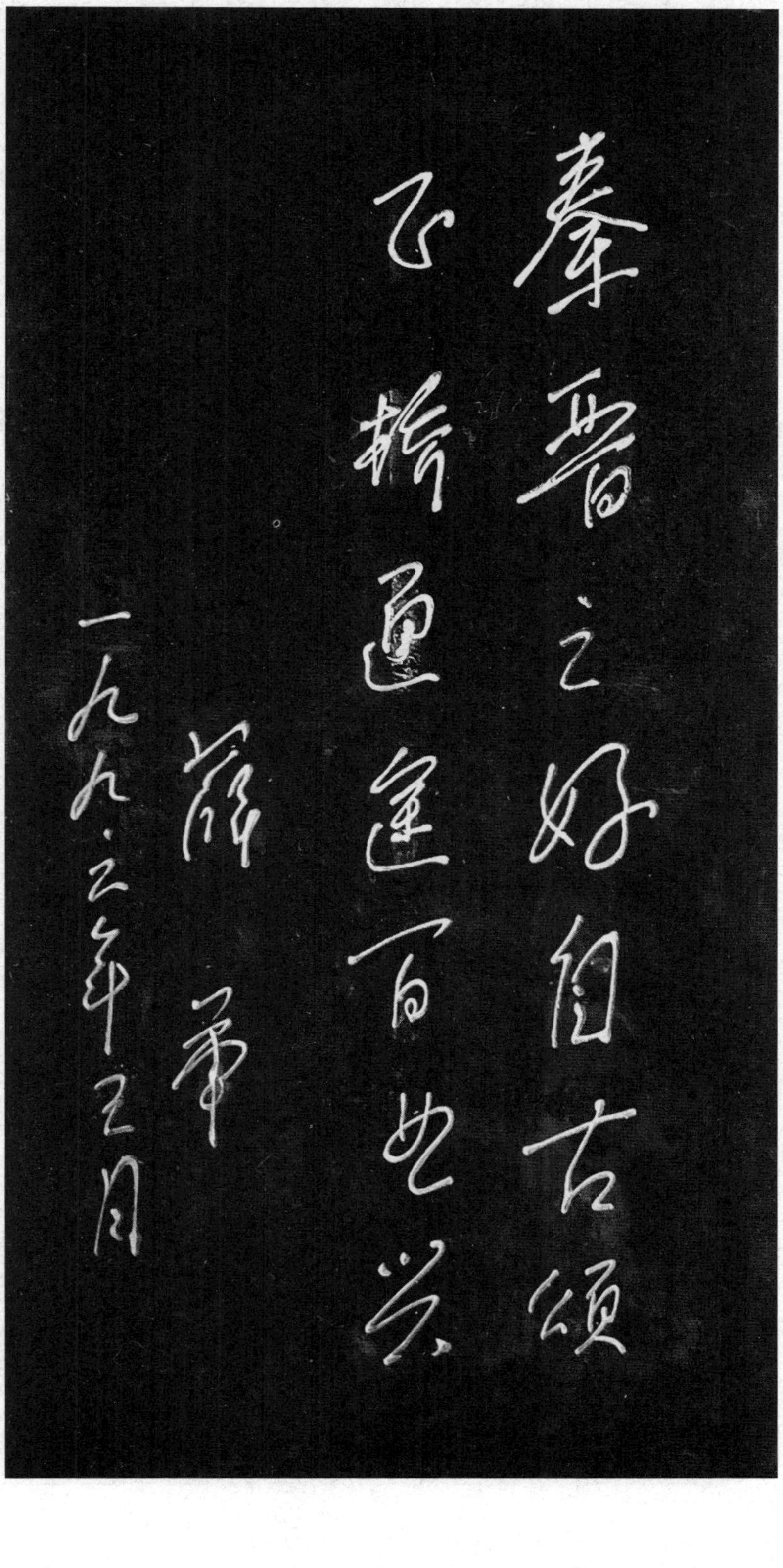

李盘盛为临佳大桥题词

【简介】

1996年夏勒石。现存临县克虎镇克虎村。碑青石质，长方形，高136、宽70厘米。碑文行书，正文2行，满行4字。碑文完整，字迹清晰，碑体完好。

书者李盘盛，1943年生，山西孝义人，1967年7月参加工作，1965年6月加入中国共产党。时任吕梁地委委员、组织部部长。历任吕梁地委委员、组织部部长，地委副书记，地区政协工委主任，吕梁市政协主席。

【碑文】

桥通秦晋，情系佳临。

丙子夏

李盘盛

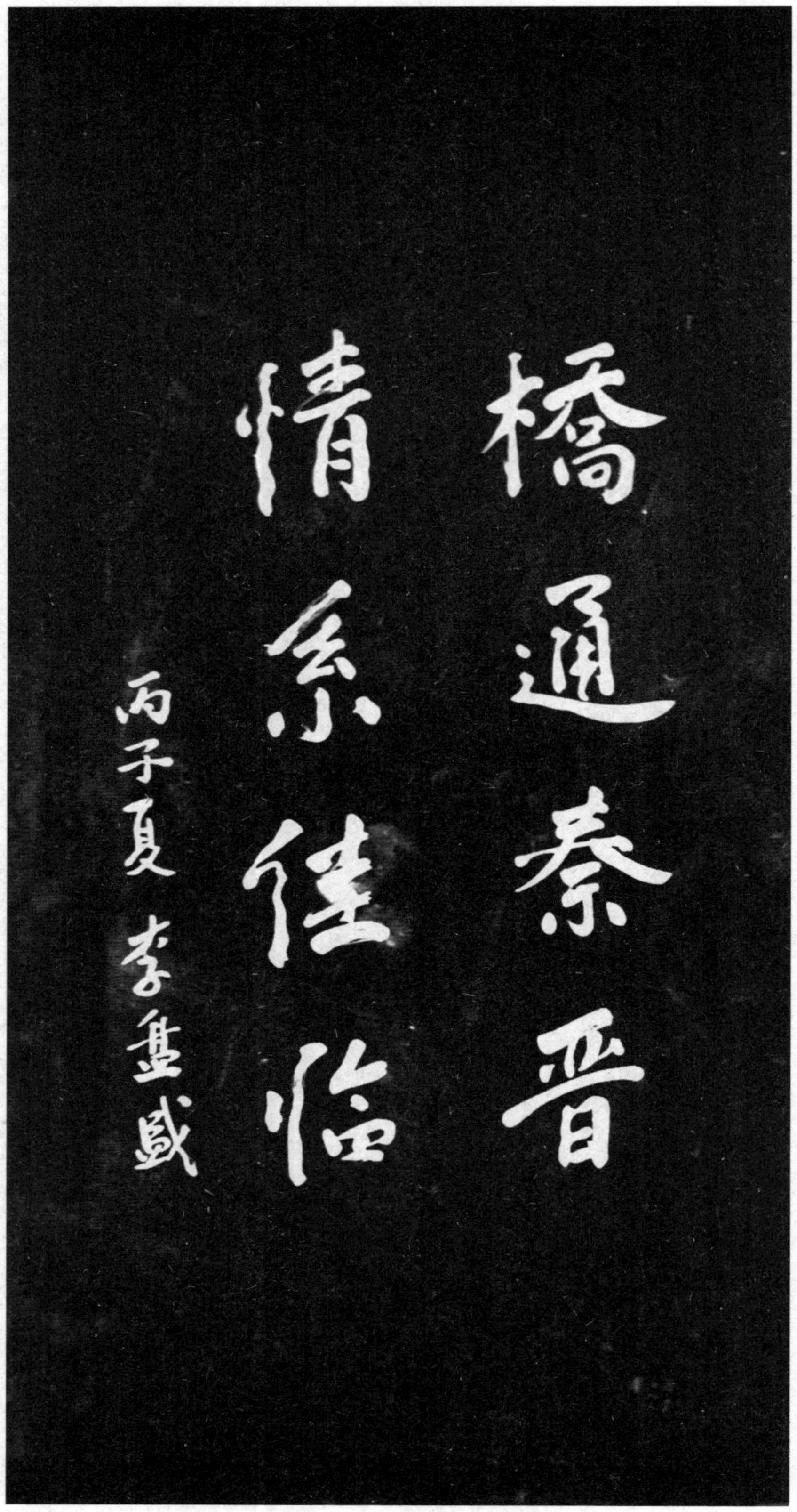

郭海亮为临佳大桥题词

【简介】

1996年5月勒石。现存临县克虎镇克虎村。碑青石质，长方形，高136、宽70厘米。碑文行草，文2行，满行5字。郭海亮，保存完好。

书者郭海亮，1951年10月生，山西岚县人，大专文化程度，1970年9月参加工作，1972年9月加入中国共产党。时任中共吕梁地委委员、行署副专员。曾任中共临县县委副书记、政府县长，中共临县县委书记；吕梁地委书记，山西省人大常委会副主任。

【碑文】

白云添秀色，吕梁添美景。

郭海亮

九六·五

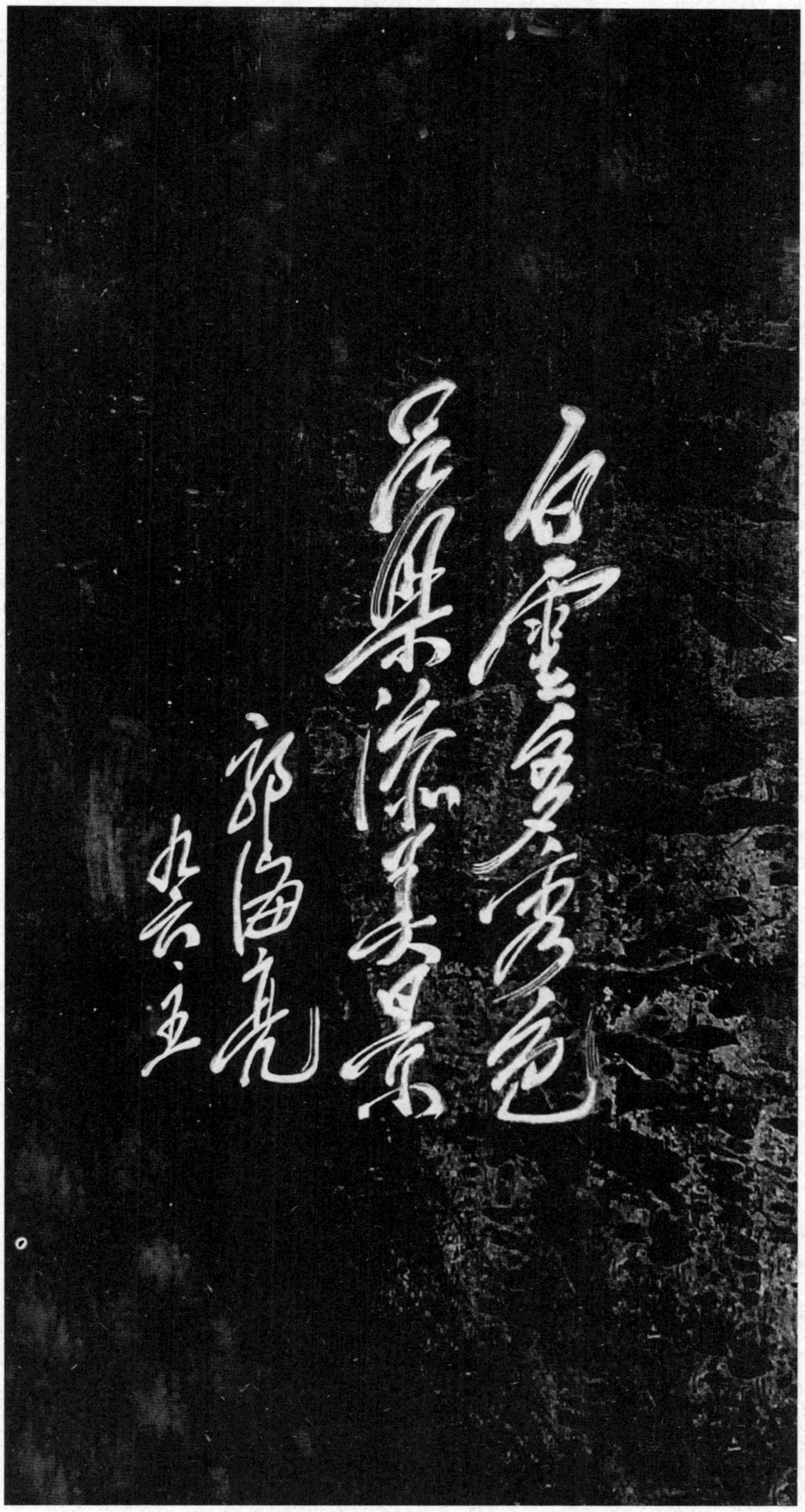

柳学耀为临佳大桥题词

【简介】

1996年5月勒石。现存临县克虎镇克虎村。碑青石质，长方形，高136、宽70厘米。碑文行草，正文2行，满行4字。柳学耀书。保存完好。

书者柳学耀，时任临县人大常委会主任。

【碑文】

虹飞天堑，福泽晋秦。

柳学耀

九六年五月

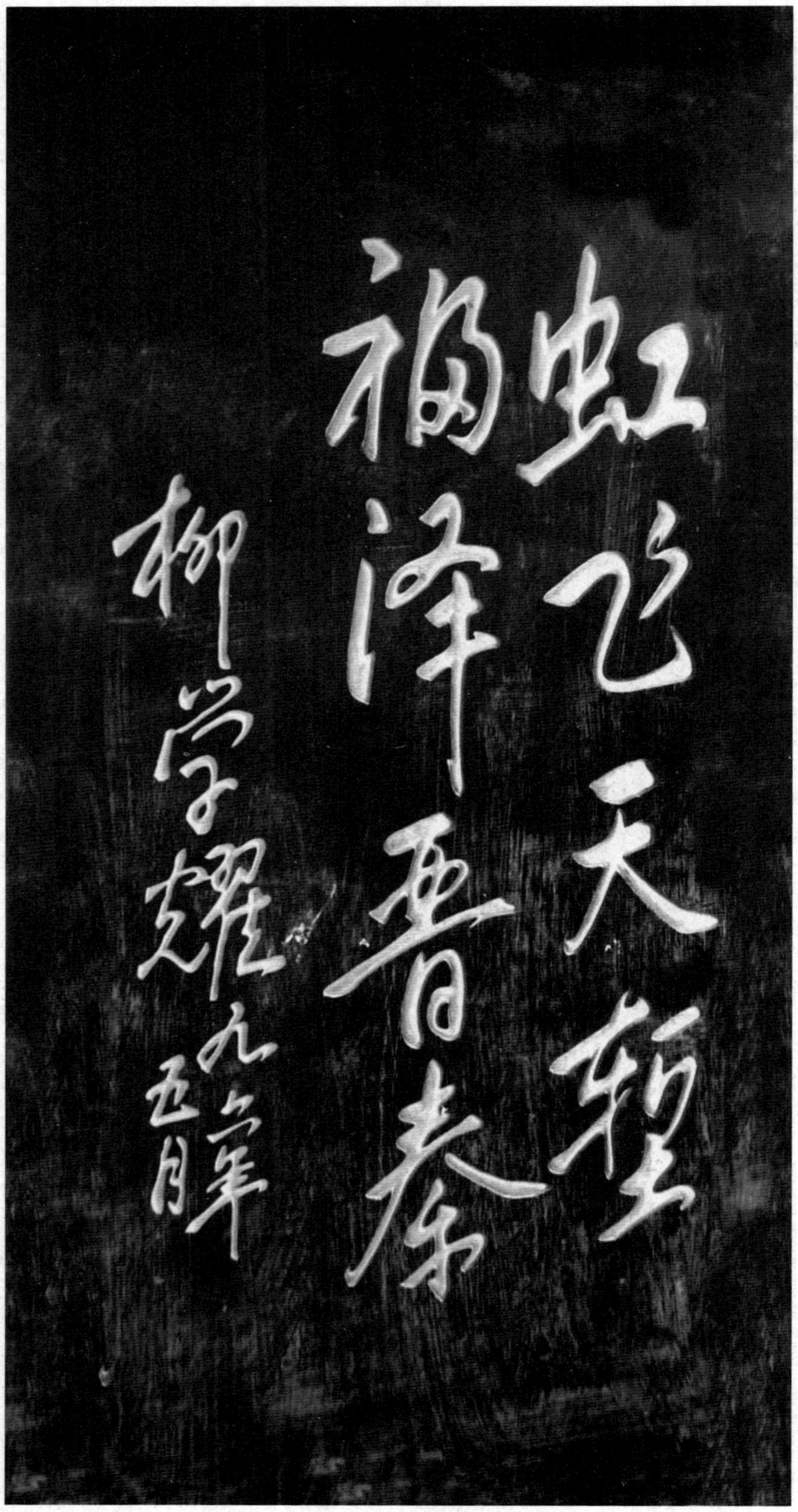

薛万明为临佳大桥题词

【简介】

1996年7月勒石。现存临县克虎镇克虎村。碑青石质，长方形，高136、宽70厘米。碑文行草，正文2行，满行4字。薛万民书。保存完好。

书者薛万明，1948年3月生，山西临县马罗塔村人。时任临县县委书记。1968年7月参加工作。1973年9月加入中国共产党，山西省委党校函授本科学历。历任玉坪公社党委书记、临县人民法院院长、临县县委副书记、临县县长、临县县委书记、吕梁地委委员、政法委书记、社会治安综合治理委员会主任、吕梁市委常委、常务副市长、吕梁市政协主席、党组书记。

【碑文】

桥跨秦晋，业兴佳临。

薛万明

一九九六年七月

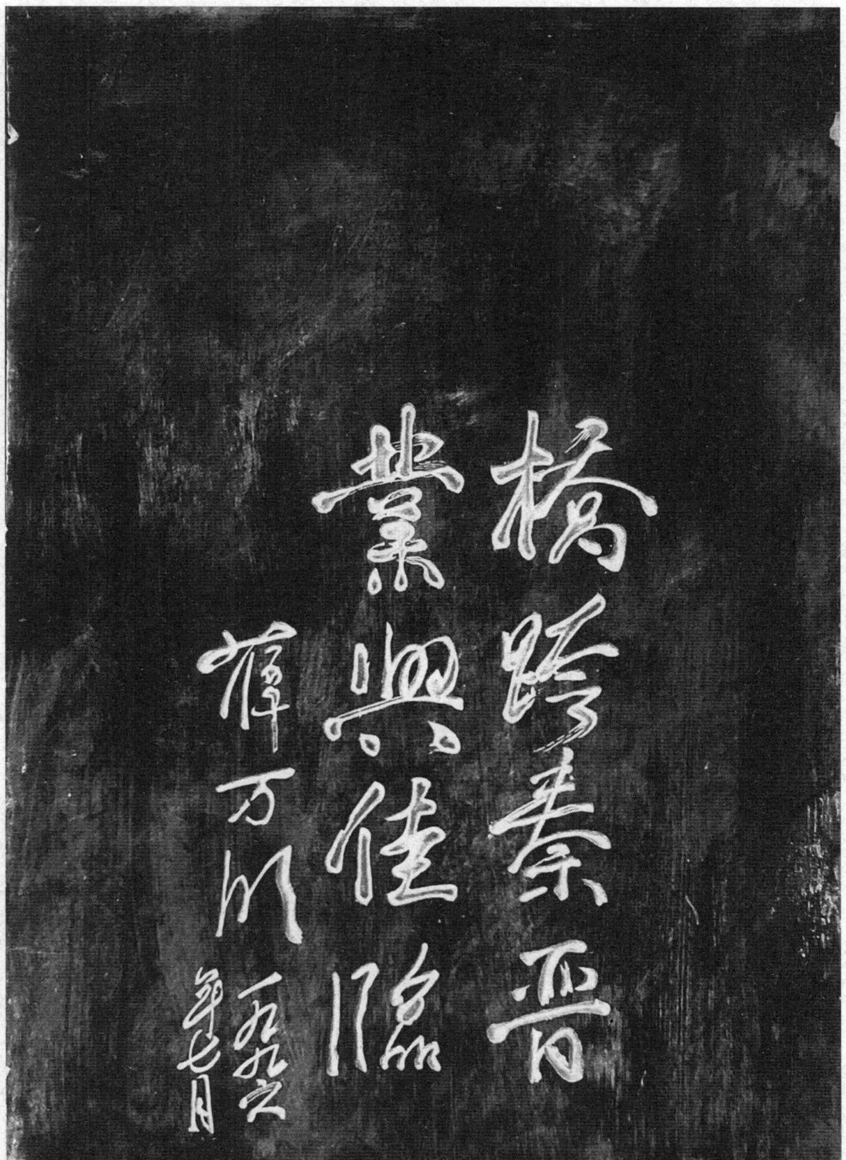

赵有珍为临佳大桥题词

【简介】

1996 年 8 月勒石。现存临县克虎镇克虎村。碑青石质，长方形，高 136、宽 70 厘米。碑文行草，正文 2 行，满行 4 字。赵有珍书。保存完好。

书者赵有珍，时任临县人民政府县长。

【碑文】

桥横千里系佳临，河贯九州连晋秦。

两岸情缘绵千古，而今携手共繁荣。

赵有珍

于一九九六年八月

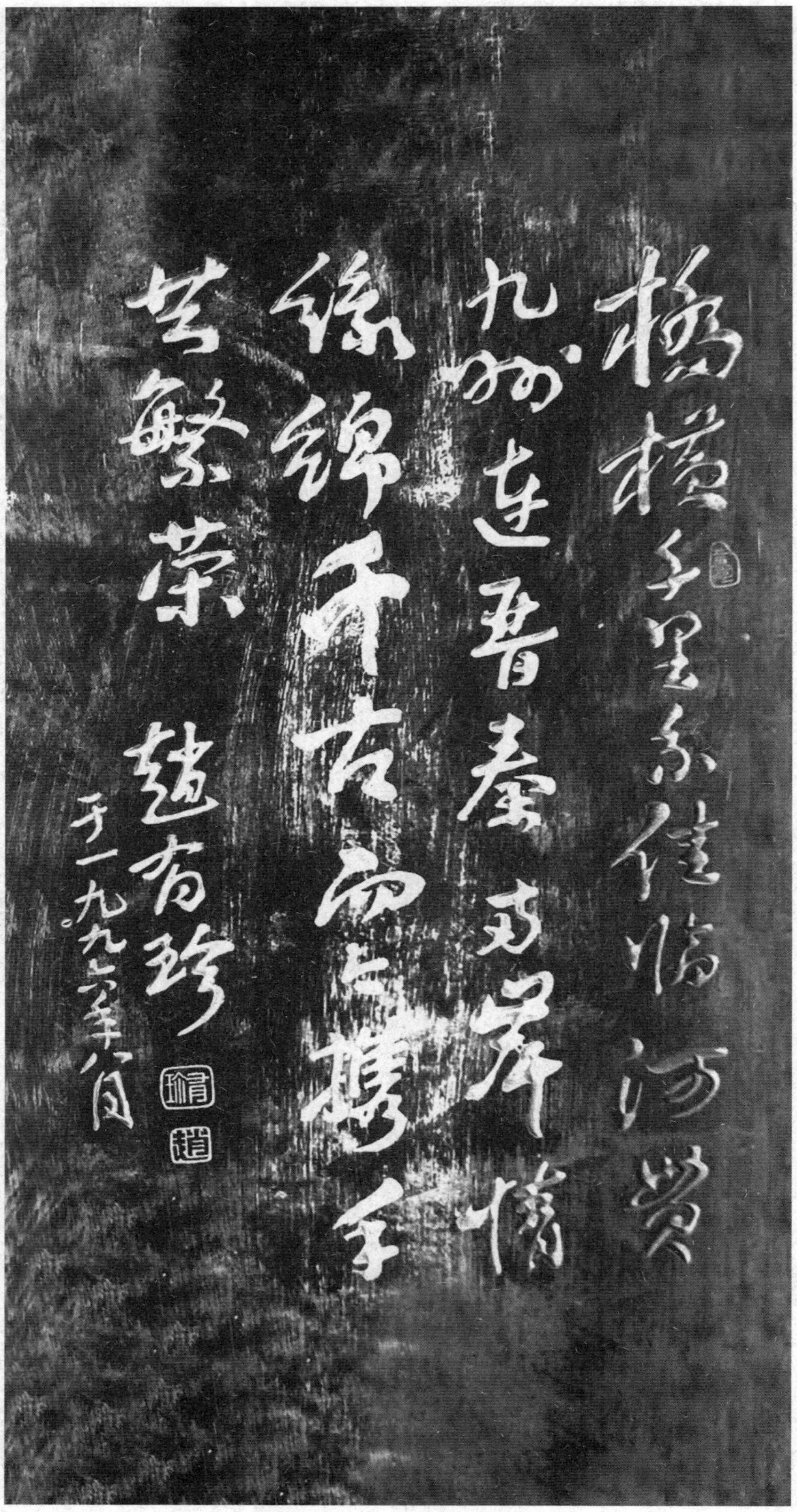

胡富国为临佳大桥题词

【简介】

1996年8月勒石。现存临县克虎镇克虎村。碑青石质，长方形，高136、宽70厘米。碑文行草，正文2行，满行5字。胡富国书。保存完好。

书者胡富国，山西长子人，1937年10月生，1964年9月参加工作，1959年12月加入中国共产党，大学学历。时任山西省委书记，后历任国务院扶贫开发领导小组副组长、中国扶贫开发协会会长等职。

【碑文】

桥跨千里路，人接古今情。

胡富国

一九九六年八月

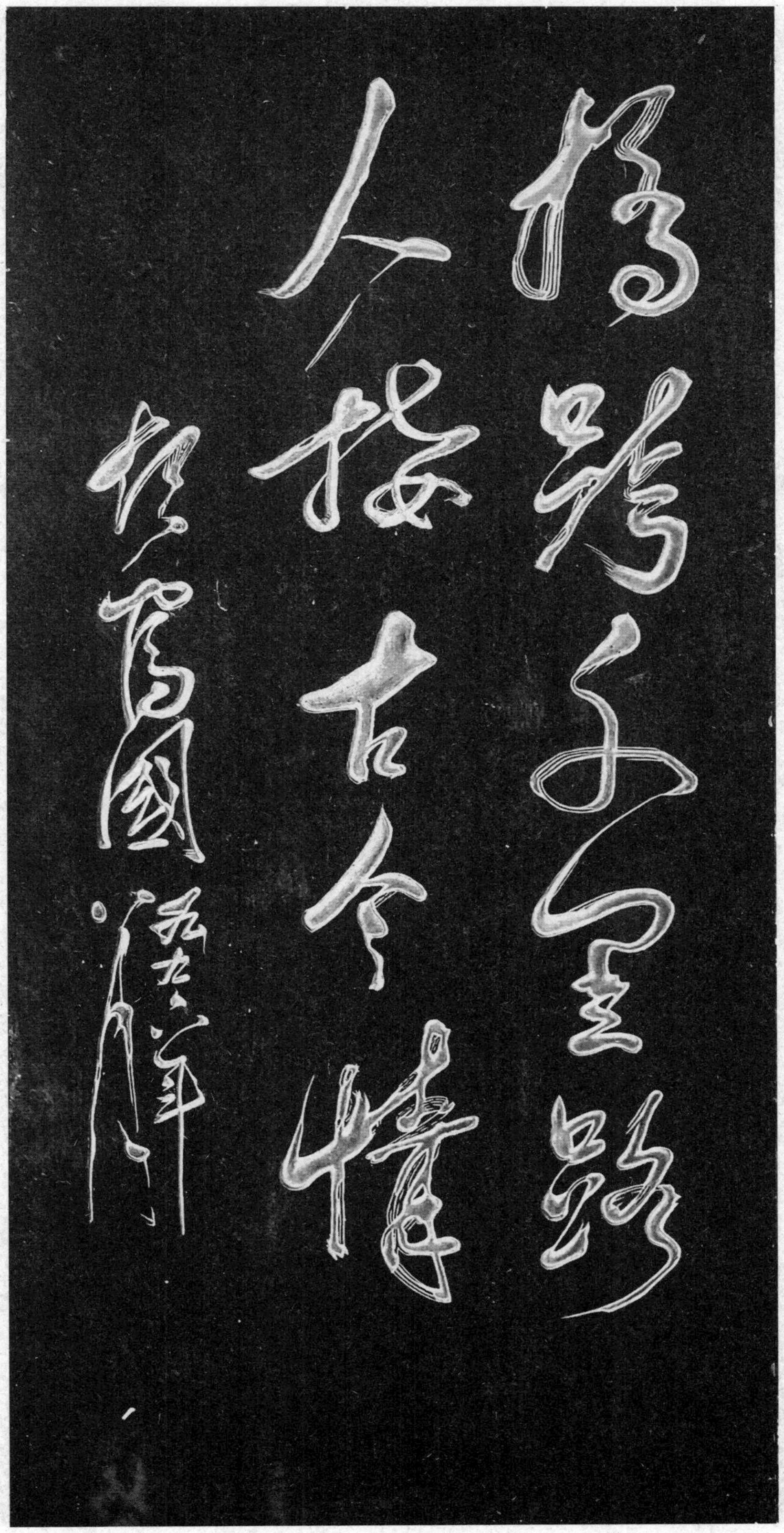

段丽卿为临佳大桥题词

【简介】

1996年9月勒石。现存临县克虎镇克虎村。碑青石质，长方形，高136、宽70厘米。碑文行书，正文2行，满行5字。段丽卿书。保存完好。

书者段丽卿，时任吕梁地区人大工委主任。

【碑文】

佳临幸福桥，秦晋万代交。

段丽卿

一九九六年九月

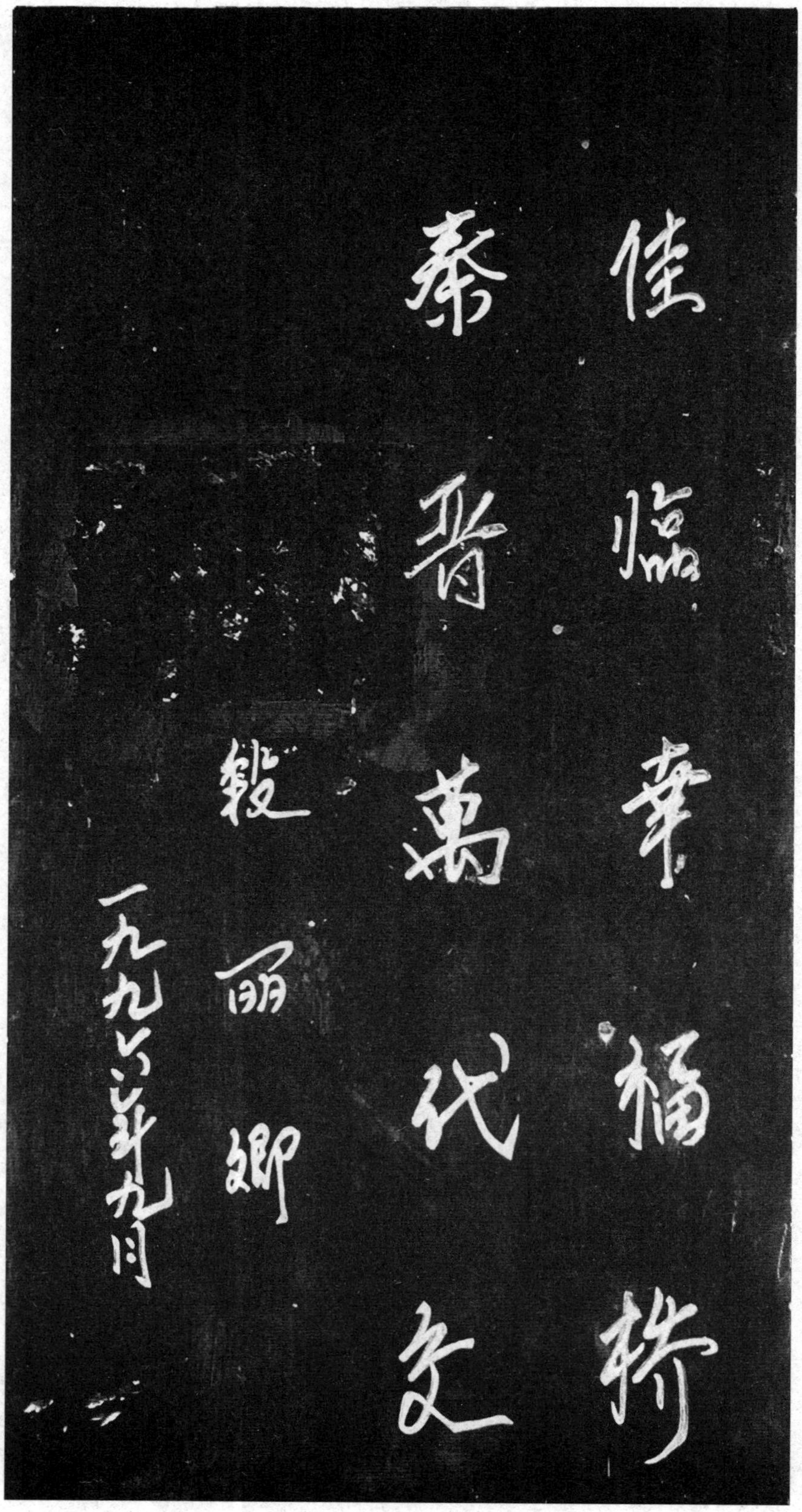

薄一波为大桥题词

【简介】

1996 年 9 月勒石。现存临县克虎镇克虎村。碑青石质，长方形，高 136、宽 70 厘米。碑文行书，正文 1 行，行 6 字。薄一波书。保存完好。

书者薄一波（1908—2007），第八届中央政治局候补委员，原中共中央顾问委员会常务副主任。原名薄书存，山西定襄县蒋村人。1925 年入党，曾在山西、天津等地从事兵运等工作，3 次入狱。1946 年起，担任军队领导工作。新中国成立后，历任华北局第一书记、军区政委，财政部部长，国务院第三办公室主任，国家建设委员会主任，国家经济委员会主任等职。

【碑文】

临佳黄河大桥

薄一波

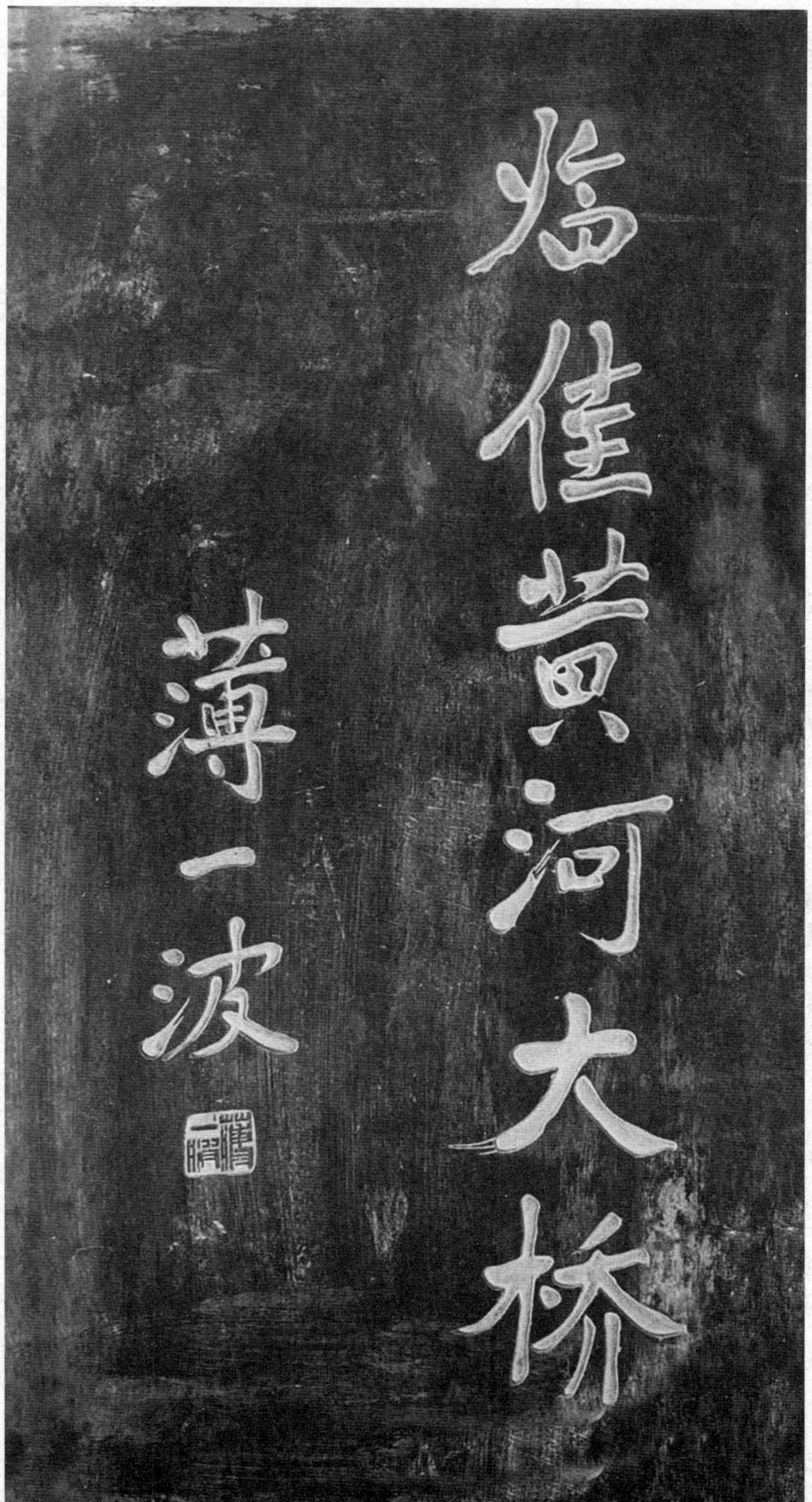

临佳黄河公路大桥碑记

【简介】

1996年10月勒石。现存于临县克虎镇克虎村。共2通，均青石质，方首，高159、宽85、厚12厘米，雕刻镶边。碑文楷书，第一通正文16行，满行46字。记载黄河公路大桥修筑经过。第二通为临佳黄河公路大路碑。均保存完好。

【碑文】

（第一通）

临佳黄河公路大桥碑记

秦晋之好，源远流长，临佳友谊，世代相沿。然因黄河阻隔，两岸交往唯靠古老木舟，于惊涛骇浪中冒险摆渡。无数生命财产，屡遭淹没吞噬，百姓望眼欲穿，渴望此处有桥相通。时逢太平盛世，改革开放，使两县经济蓬勃发展，红枣基地业已建成，河东煤田正在开发，天然气体亦将利用，交往更为频繁。人民之期盼，历史之驱动，修建临佳公路大桥，势在必行。

一九八九年春，临佳两县党政领导，顺乎民心，合乎潮流，着眼于改善投资环境，发展区域经济之长远目标，共同协商，作出修建临佳公路大桥之决策，同时迅速组织力量，搜集资料，勘探设计，科研论证。之后几经奔波，数番周旋，终获国务院及国家计委、交通部、山西、陕西省委、省政府大力支持，并正式批准立项，使大桥修建得以顺利实施。

大桥横跨秦晋黄河峡谷，连接佳县桃花渡与临县克虎镇，全长七八二．八三米，宽十二米，高二十五．五米，由陕西省公路勘测设计院勘测设计，铁道部第三工程局第五工程处建筑安装总公司承建，于一九九二年二月十日奠基开工，一九九六年五月一日竣工，历时四载之余，总投资三千三百万元。其间凡参与大桥修建之各级党政领导、专家学者、施工单位及工程技术人员，所经历之艰难曲折，所耗费之心血，付出之辛劳，均凝结于大桥之上，成为最有力之历史见证，可谓业成当代，功著千秋。

桥跨千里路，人接古今情。临佳黄河公路大桥，实乃临佳两县亲密合作之结晶，亦为秦晋之好在新时代之象征，大桥之落成，必将对两县两区乃至两省之经济发展、文化交流以及诸项事业之繁荣，产生巨大促进作用。值此大桥通车剪彩庆典之际，特撰此文，勒石永存。

临佳黄河公路大桥建设指挥部

一九九六年十月立

（第二通）

临佳黄河公路大路

投资单位：国家计委、交通部、陕西省计委、交通厅、陕北建设委员会、山西省计委、交通厅、榆林行政公署、吕梁行政公署、佳县人民政府、临县人民政府

设计单位：陕西省公路勘测设计院

建设单位：佳县人民政府、临县人民政府

施工单位：铁道部第三工程局第五工程处建筑安装总公司

监理单位：陕西省公路建设勘测设计院监理部

施工经理部经理：马守仁、王景河

监理办公室工程师：郭守仁、安天锡等6人

建设指挥部政委：许浚　　指挥：任玉德（前任）、吕洪斌（后任）、王世雄（现任）

常务指挥：马旭耀　　副指挥：李增录、曹兴旺、杜凤禄

总工程师：刘述龙　　工程师：姜继成

碑记撰文：郭丕汉　　书写：侯宁　　镌刻：韩国庆

临佳黄河公路大桥碑记
秦晋之好，源远流长，临佳友谊，世代相沿。然因黄河阻隔，两岸交往，唯靠古老木舟於惊
摇渡。无数生命财产，屡遭淹没吞噬。百姓望眼欲穿，渴望此处有桥相通。时逢太平盛世，改
两县经济蓬勃发展，红枣基地业已建成，河东煤田正在开发，天然气体亦将利用，交往更为频繁
之期盼，历史之推动，修建临佳黄河大桥，势在必行。
一九八九年春，临佳两县党政领导，顺乎民心，合乎潮流，着眼于改善投资环境，发展区域经济
共同协商，作出修建临佳黄河公路大桥之决策。同时，迅速组织力量，搜集资料，勘探设计
国务院及国家计委、交通部、山西、陕西省委、省政府大力
正式批准立项，使大桥修建得以顺利实施。
大桥横跨秦晋黄河峡谷，连接佳县桃花渡与临县克虎镇，全长七八二·八三米，宽十二米，高二五
陕西省公路勘测设计院勘测设计，铁道部第三工程局第五工程处建筑安装总公司承建。于一九九二
十日奠基开工，一九九六年五月　日竣工，历时四载之余，总投资三千五百万元。其间凡参予大桥
之各级党政领导　工程技术人员，所经历之艰难曲折，所耗费之心血，付出之
凝结于大桥之上　有力之历史见证。可谓业成当代，功著千秋。
桥跨千里路　情。临佳黄河公路大桥，实乃临佳两县亲密合作之结晶，亦为秦晋之将
代之象征。大桥之落成，必将对两县、两区乃至两省之经济发展、文化交流及诸项事业之繁荣，
大提进作用。值此大桥通车剪彩庆典之际，特撰此文，勒石永存。
临佳黄河公路大桥建设指挥部
一九九五年十月

重修关帝财神庙捐款芳名碑记

【简介】

1996年9月勒石。现存于临县三交镇胡公村。碑青石质，圆首，高163、宽63、厚12厘米。额题“忠义千秋”4字。碑文楷书，计5行，满行47字。主要记载重修关帝、财神庙及捐款之事。现保存完好。

【碑文】

（碑阳）

重修关帝、财神庙捐款芳名碑记

临县三交镇胡公村共有四百余户，二千余人，居住在湫河西岸的三曲公路旁边，东南村口上有座关帝财神庙，因时过境迁，庙宇失修。近十几年，我村人民在党的改革开放……生活美满富裕，所以重新振兴这项传统的文物古迹。全部工程自我设计、自我施工，自愿捐款，现业已竣工。根据事前约定，捐款××元、投工3个以上者刻碑留名。现将芳名款额工数，刻碑于后，以记之。

经领人 九五年布施

张应龙 张振顺50 樊茂清 樊发旺 刘丕华 张宝贵

设计张崇龙 樊全生 樊金长 张应 张奋平 各一百元 张步云 张清照 各八十元 樊乃喜60 （下略）

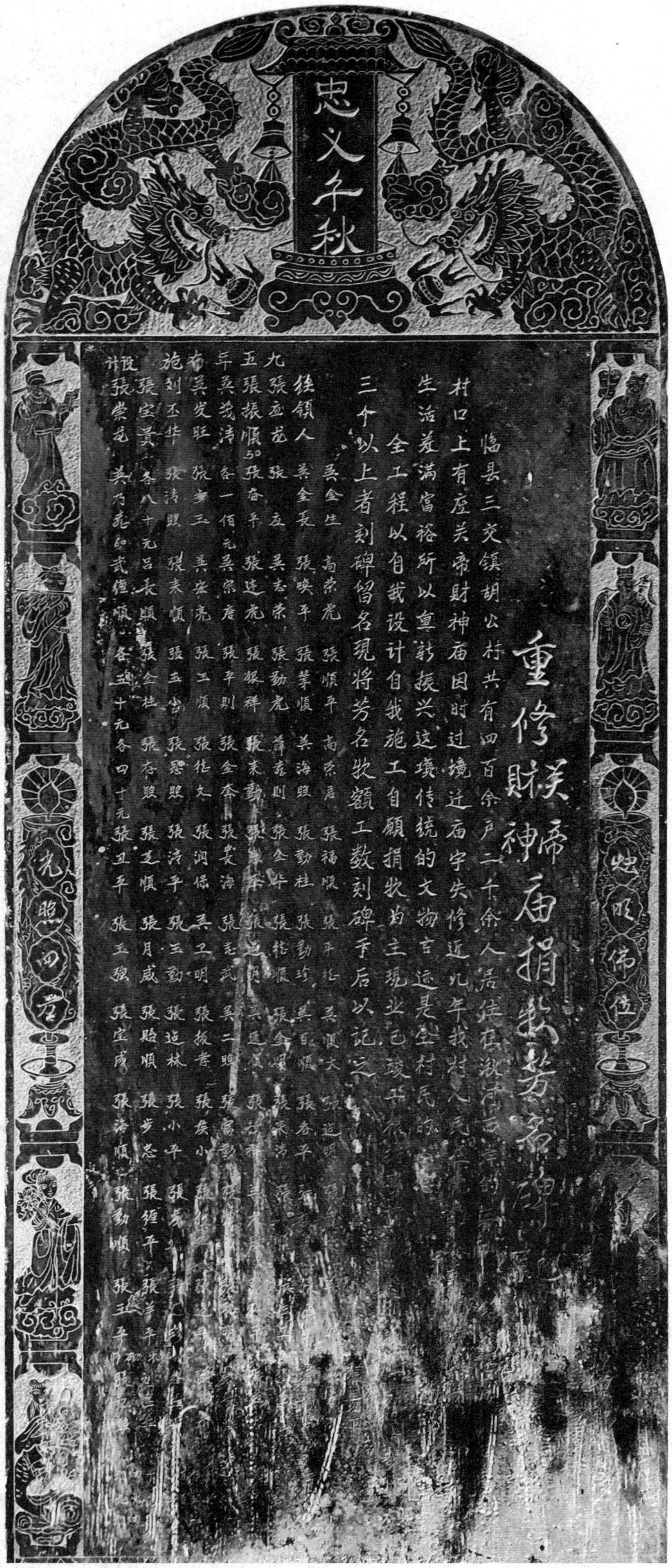

（碑阴）

九五年投工数

张管生十一 樊全照 樊育生 各十个 武建益 张振国 各九个 张谈生 樊利荣 各八个 （下略）

九六年布施

张四汝 张飞勤 张飞云 各五百 张虎印 樊金生 樊金长 各一百张存照 樊乃喜 各六十元（下略）

九六年投工数……

九六年共捐款六千七百三十四元 支出六千九百八十九元

二年总投工五百六十个

公元一九九六年岁次丙子九月十三日

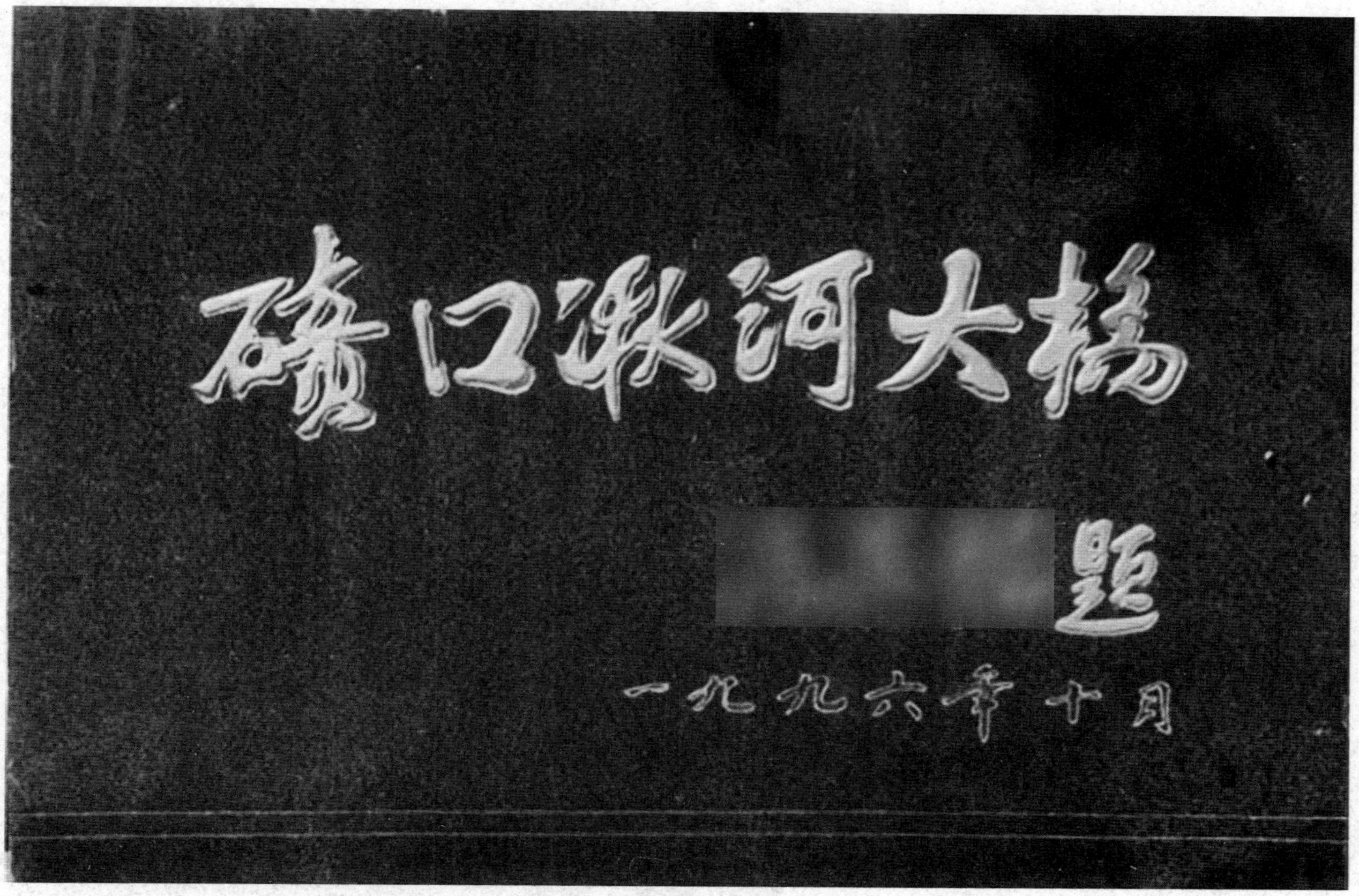

碛口湫河大桥碑

【简介】

1996年10月勒石。现存于临县碛口镇桥头。碑大理石质，长方形，高97、宽151、厚10厘米。碑阳大桥题名，碑阴碑文行书，正文1行，满行6字。记载修桥捐款单位及个人名单。保存完好。

【碑文】

（碑阳）

碛口湫河大桥

□□□题

一九九六年十月

（碑阴）

赞助名录

兴建碛口湫河大桥，民之所愿，时代所需，功在千秋。兹将赞助单位及个人捐资三百元以上者记录于后，以资纪念。

交通局一万元　电力公司六百元　索达干乡政府七百元　林家坪政府六百元　碛口镇少工委八百五十元八角　碛口镇初中团总支八十四元九角四分

陈志欣一万元　郑冬梅　郭海亮　白玉明　薛万民　闫志毅　曹兴旺　白贵保　陈卫国　张俊银　李五星　任春晨　张向荣　陈文成　陈铁虎各一千元　薛云照　马来富　李久云各五百元　（下略）

新建天官庙碑记

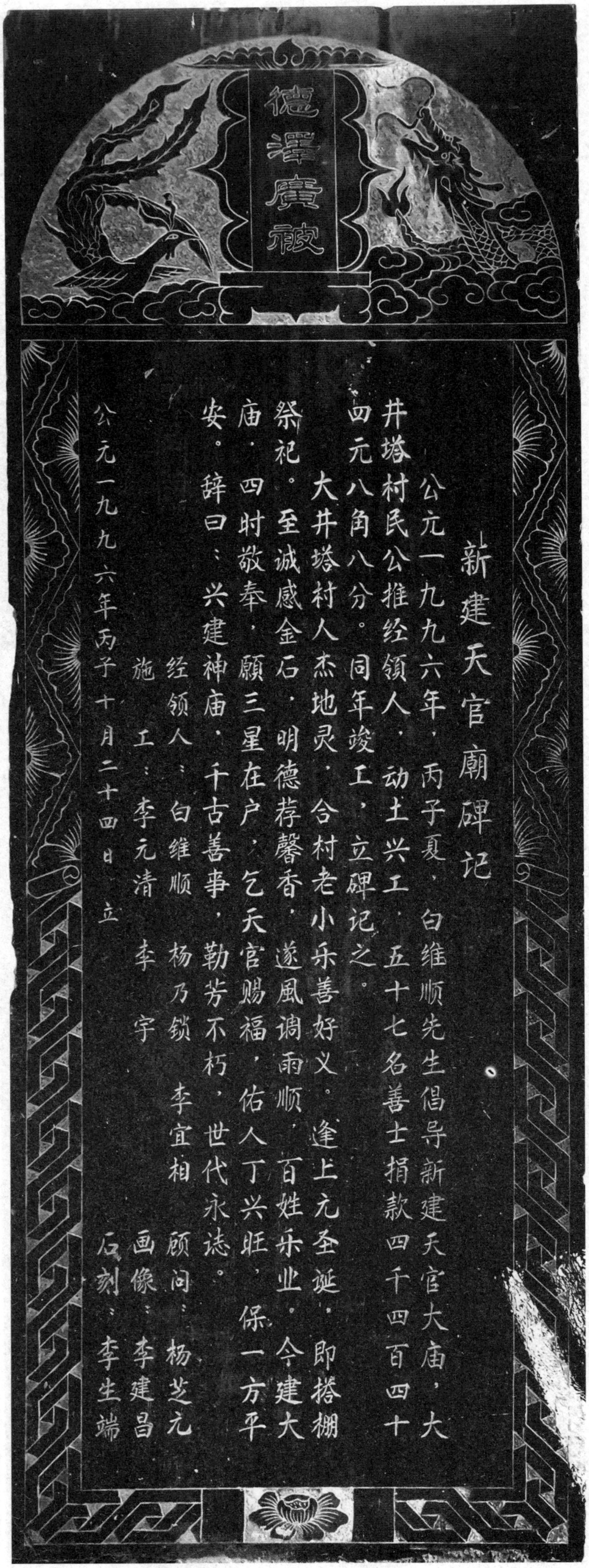

【简介】

1996年10月勒石。现存于临县招贤镇大井塔村。碑青石质，方首，高138、宽50、厚6厘米。额题“德泽广被”4字。碑文楷书，正文7行，满行29字。记载大井塔村新建天官庙之事。碑文完整，保存完好。

【碑文】

新建天官庙碑记

公元一九九六年丙子夏，白维顺先生倡导新建天官大庙，大井塔村民公推经领人，动土兴工。五十七名善士捐资四千四百四十四元八角八分，同年竣工，立碑记之。大井塔村人杰地灵，合村老小乐善好义，逢上元圣诞，即搭棚祭祀，至诚感金石，明德荐馨香，遂风调雨顺，百姓乐业。今建大庙，四时敬奉，愿三星在户，乞天官赐福，佑人丁兴旺，保一方平安，辞曰：兴建神庙，千古善事，勒芳不朽，世代永誌。

经领人：白维顺　杨乃锁　李宝相

顾问：杨芝元

施工：李元清　李宇

画像：李建昌

石刻：李生端

公元一九九六年丙子十月二十四日立

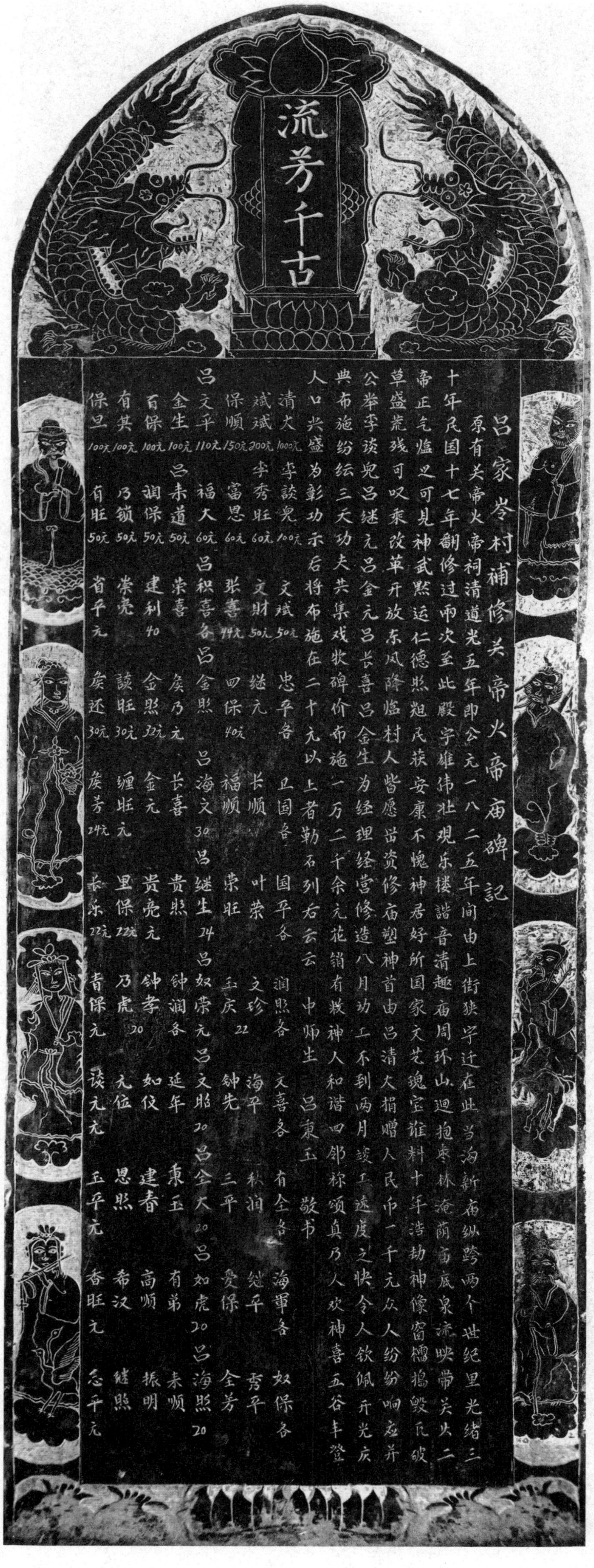

吕家岭村补修关帝、火帝庙碑记

【简介】

1997 年正月勒石。现存于临县大禹乡吕家岭村。碑砂石质，圆首，高 158、宽 55、厚 13.5 厘米。碑阳额题“流芳千古” 4 字。碑文楷书，正文 7 行，满行 46 字。记载吕家岭村补修关帝、火帝庙之事。碑阴额题“明镜永悬” 4 字。正文刻经领人等及杜家岭村捐款人名单。保存完好。

【碑文】

（碑阳）

吕家岭村补修关帝、火帝庙碑记

原有关帝、火帝祠，清道光五年，即公元一八二五年间由上街狭宇迁在此当沟，新庙纵跨两个世纪里，光绪三十年、民国十七年翻修过两次，至此殿宇雄伟壮观，乐楼谐音清趣，庙周围环山回抱，枣林淹荫，庙底泉流映带，关、火二帝正气临之，可见神武默运，仁德照耀，民获安康。不愧神居好所，国家文艺瑰宝。谁料十年浩劫，神像窗棂捣毁，瓦破草盛荒残可叹。乘改革开放东风降临，村人皆愿出资修庙塑神，首由吕清大捐赠人民币一千元，众人纷纷响应，公举李谈儿、吕继元、吕金元、吕长喜、吕金生为经理经营修造。八月动工，不到两月竣工。速度之快，令人钦佩，开光庆典，布施纷纭，三天功夫共集戏款碑价一万二千余元，花销有数，神人和谐，四邻称颂，真乃人欢神喜，五谷丰登，人口兴盛。为彰功示后，将布施在二十元以上者，勒石列后云云。中师生吕玉敬书

吕清大 1000 元　斌斌 200 元　保顺 150 元　文平 110 元　金生 100 元　百保 100 元　有其 100 元　保旦 100 元　李谈儿 100 元　李秀旺 60 元　吕福大 60 元　（下略）

（碑阴）

李绳兒　李艮旺　李继旺　吕兴国　吕照照　吕海明　吕来保　吕贵荣　吕林保　吕希青　吕峯万　吕文章　吕润明　吕元芳各20元　吕保廷　吕还廷　吕志明　吕锁　吕梁　吕福保　吕还明　吕继贤　吕卫平　吕建明　吕志道　吕荣锁　吕保锁　吕希珍各20元　吕钟毓　吕平元　吕元荣　吕永平　吕如明　吕青照　吕福安　吕福照　吕德先　吕奋先　吕俊恩　吕元海　吕绳弟　吕发旺各20元　吕建斌　吕奴大　吕润安　吕喜生　吕有恩　吕乃明　吕永贵　吕长安　吕如沴　吕建荣　吕叶佑　吕缠平　吕全照　吕利平各20元　（下略）

经领人　李谈儿　吕继元　吕长喜　吕金元　吕金生

敬书　吕秉玉

丹青　冯殿芳

撰镌　张润德

杜家岭全体村民捐款六百元　吕建国100元　吕如峰50元　吕如明20元　吕福思20元

公元一九九七年丁丑正月初六日

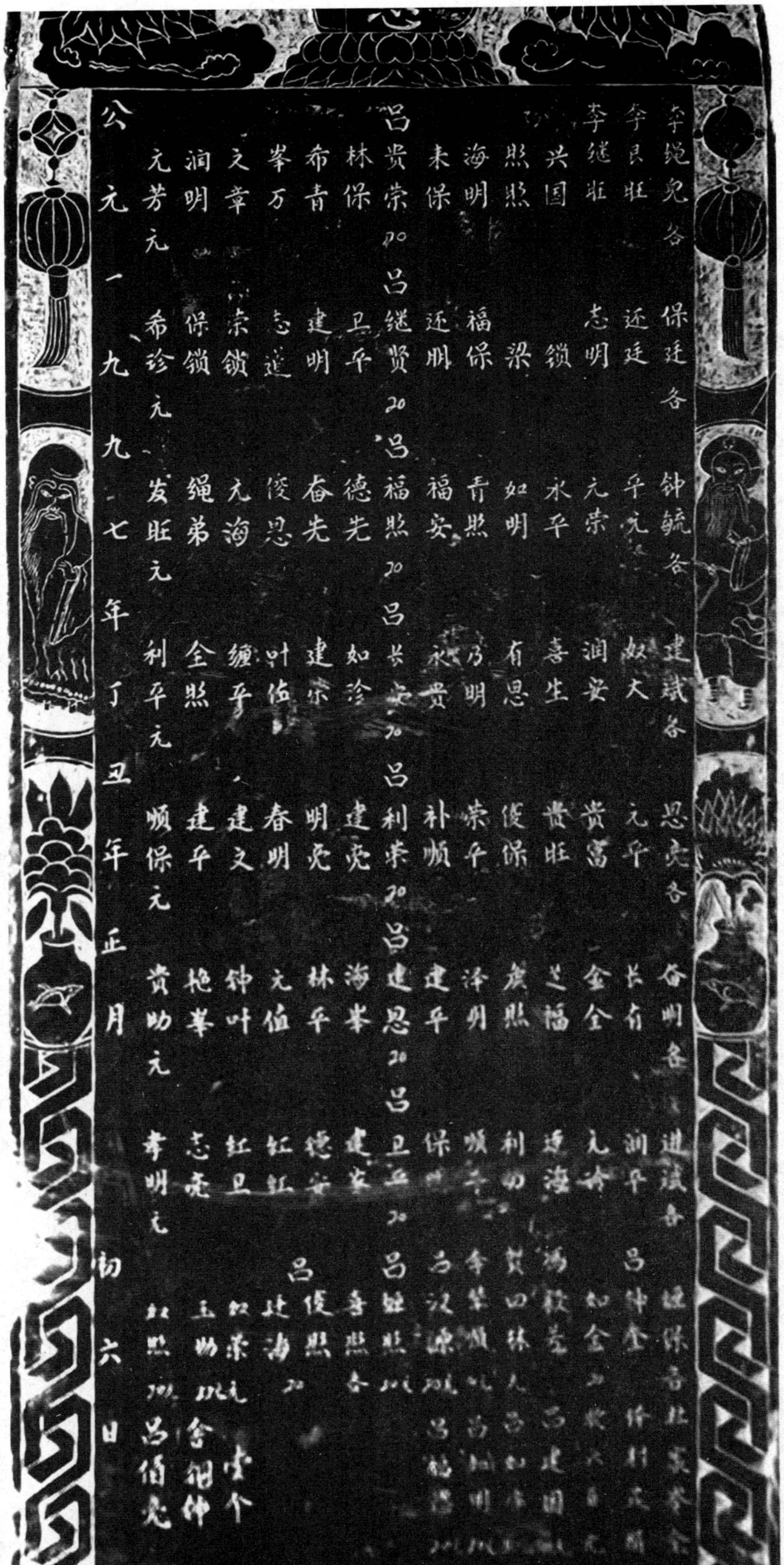

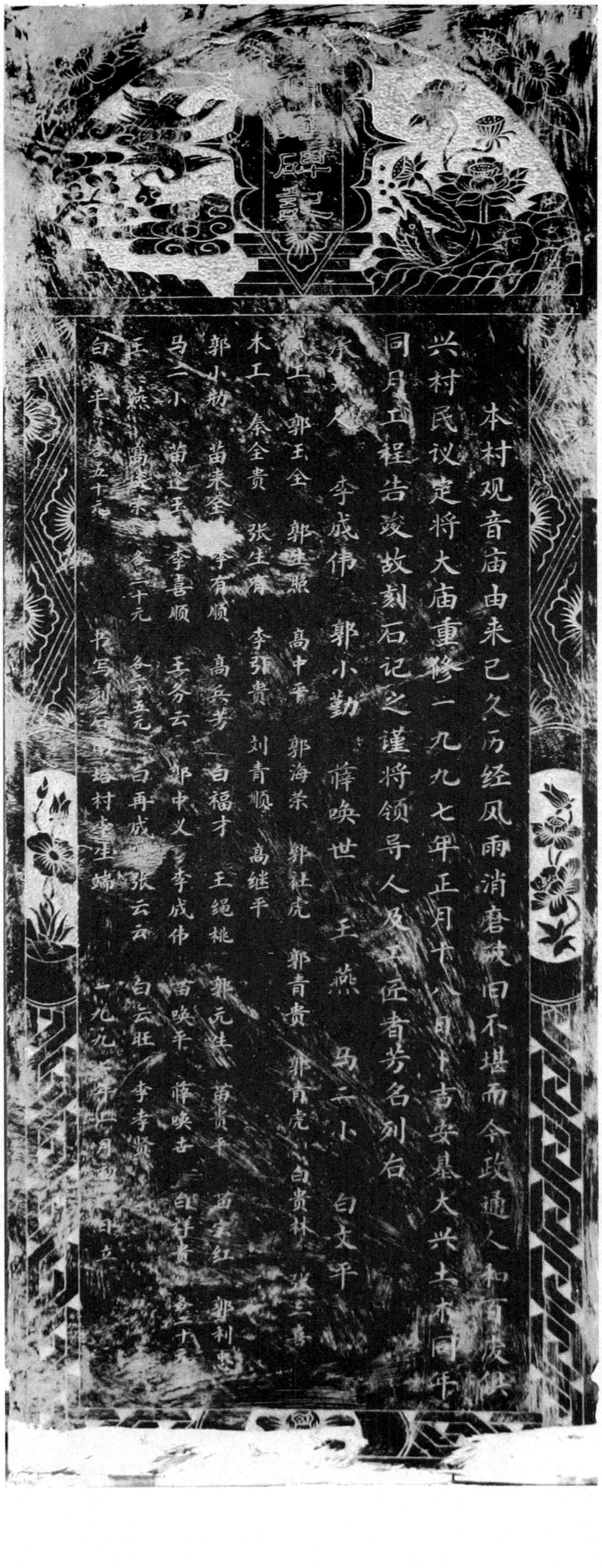

重建观音庙碑记

【简介】

1997年2月勒石。现存于临县城庄镇阳宇会村。碑青石质，方首，高167、宽67、厚10厘米。额题“修庙碑记”4字。碑文楷书，正文3行，满行30字。记载阳宇会村重建观音庙之事。保存完好。

【碑文】

本村观音庙由来已久，历经风雨消磨，破旧不堪。而今政通人和，百废俱兴，村民议定将大庙重修。一九九七年正月十八日卜吉安基，大兴土木，同年同月工程告竣，故刻石记之。谨将领导人及工匠者芳名列后。

承办人　李成伟　郭小勤　薛唤世　王燕　马二小　白文平

瓦工　郭玉全　郭杰照　高中晋　郭海荣　郭□虎　郭青贵　郭青虎　白贵林

木工　秦全贵　张生有　李□贵　刘青顺　高继平

郭小勤　苗来全　马二小　苗逢玉　□□□　各五十元

□有顺　李喜顺各三十元

高兵芳　王务云各□□元

白福才　郭中义　白再成　王绳桃　李成伟　张云云　郭元生　苗唤成　白云旺　苗贵□　郭利□　李孝贤　苗宝红　白祥贵　□□□　郭利□　各五□元

书写刻石　南塔村李生端

一九九七年二月一日立

天官敬祀道物新址碑文

【简介】

1997年4月勒石。现存于临县招贤镇高家庄村。碑青石质，圆首方座，碑身高145、宽54、厚8厘米，座高10、宽80、厚40厘米。碑文楷书，计17行，满行41字。记载高家庄村族人及修建天官敬祀道场的情况。现保存完好。

【碑文】

天官敬祀道物新址碑文

祖族根源暂无考究，只知大槐树底迁来，至今传衍十三代、六大门、二十四小门、八支衍、五百一十人。历代族人耕读传家，振兴有方，并继承和发展了传统的民族文化，每年元宵佳节敬祀，人兴财旺，绕九曲，迎福纳祥，华灯玉烛，歌舞升平，天地共乐。为了承前启后，弘扬传统，经本族长辈人倡导修建天官敬祀道场一处，新址于一九九六年十一月十二日认属定界，一九九七年一月十八日动工，同年元月二十八日竣工落成，共用大小工九十六个，总投资九千元。前人之德，后人之福，树碑立传，以示纪念，兹将自愿捐款芳名，开列如下。

总经领人　高桂平

撰书人　高永昌

书法　薛治祥

雕刻　郝振林　郝晓东

集体集资　高家庄煤矿阎狗旦先生八百八十元　高家庄5#煤生产井高树录先生八百八十元　高家庄村委五百元　高平则　高有栓　高振清

个体集资　高全生捌拾元　高建国　高全喜　高宝□　高建华　高勤　高四□　高占□　高□□　高□□　高建□　高文□　贰百肆拾元　高凤生一百元　张绳平　高宝珍　高□宝叁拾元　高根生　高爱全　高宇江　高永军　……

一九九七年四月二十六日

龙天庙碑

【简介】

1997年4月勒石。现存于临县临泉镇后麻峪村。圆首方座，青石质。碑身高140、宽70、厚7厘米。额题“龙天泽福”4字。碑文楷书，正文计3行，满行36字。主要内容是重修龙天庙的建设过程。现保存完好。

【碑文】

（碑阳）

龙天庙碑

后麻峪龙天庙一方神灵，滋润雨露，恩泽乡邻，历代相传，民众崇拜敬奉，苦于卅年前一旦拆毁，露天祈祷，万民经年念挂耿耿。今春终于好事竟成，民众自愿筹资五万余元，重建庙宇，再塑金身，千古好事，万代泽福，立碑以志。计开：

张国峰2048　樊富光1104　张和平1068　张玉忠1000　樊乃喜750　刘尔泽500　霍谈平493　张玉亭482　张勤贵440　郭继烈440　张文喜400　（下略）

（碑阴）

（更多集资人略）

经领人　樊富光　高连喜　霍谈平

会计　樊毅

工匠　高继平　高三平　刘军军

塑像人　吕红正

刻碑人　樊乃喜

公元一九九七年四月二十一日立

弘法寺由来始末碑记

【简介】

1997年6月勒石。现存于临县田家沟玉佛寺。碑砂石质，圆首方座，通高145厘米，碑身高115、宽60、厚10厘米，座高30、宽64、厚40厘米。额题“佛”字。碑文行书，正文12行，满行44字。记载弘法寺的建设过程。现保存完好。

【碑文】

弘法寺由来始末碑記

惟如来之教，清净圆明，慈悲利济，普度为心，化导善类，觉悟群迷，其徒能尊崇，其教导引一方之人，同歸於仁壽之域，咸超于净樂之地。据其城东北三里许东关田家沟村，旧有寺殿一處，内塑弥勒观音菩萨等像，供人瞻礼朝拜，始建何年已不详，原有六通碑文记载着昔日的经历。然则人事沧桑，世态变迁，年久失修，寺殿倾圮，圣像无存，只留断垣残壁，引人怀念。本世纪九十年代以来，随着国家宗教信仰自由政策落实，九二年本村善信发心提议，为使正法住世，重新恢复古寺殿貌，广种福田，普渡一方众生。因原址四周已被民宅居住，无法再建，故在本村后沟有一处藏龙卧虎之地上，选定新址，择吉于九三年二月初三日兴工动土，奠基建寺，在曷尊、室一、悟证三位戒德法师倡导下，并征得县宗教有关领导和村委的同意和支持，有十方广大善信村民及四众弟子自发集资，艰苦努力，精心设计了新的规模，增大了建筑面积，历时七月，大殿落成，并于九月十九日正式开光大典。一时海会云集，香烟萦绕，来寺进香拜佛者络绎不绝，足见众善信之虔诚之心。此后九四年，由五台山圆照寺海胜法师提议，委托妙高法师代办，从缅甸为本寺请回玉佛两尊，续建工程仍然进行。天王殿基础、院北排水洞、后殿增塑三大士圣像，于九四年七月十五日开光。事后殿北建念佛堂基础。至此庄严清净的道场已形成。今将三年中为修建寺殿发心布施、舍地舍金出工的众善信人名分列于后，流芳千古，勒石永铭。

方丈和尚　上昌下尊　监院　上宏下现　监 院　上隆下祥

经理人　李百贵　高德成　田生荣　田忠念　田生润　田新民　高德兴　田子民　田润芳

总设计　田生润

古建木工　秦春寧　瓦工　田春贵　田乃平

塑像丹青　前殿秦清平　后殿郑龙

撰文赵瑜　陕西吴堡　山石书　陈长顺刻

公元一九九七年六月十九日立

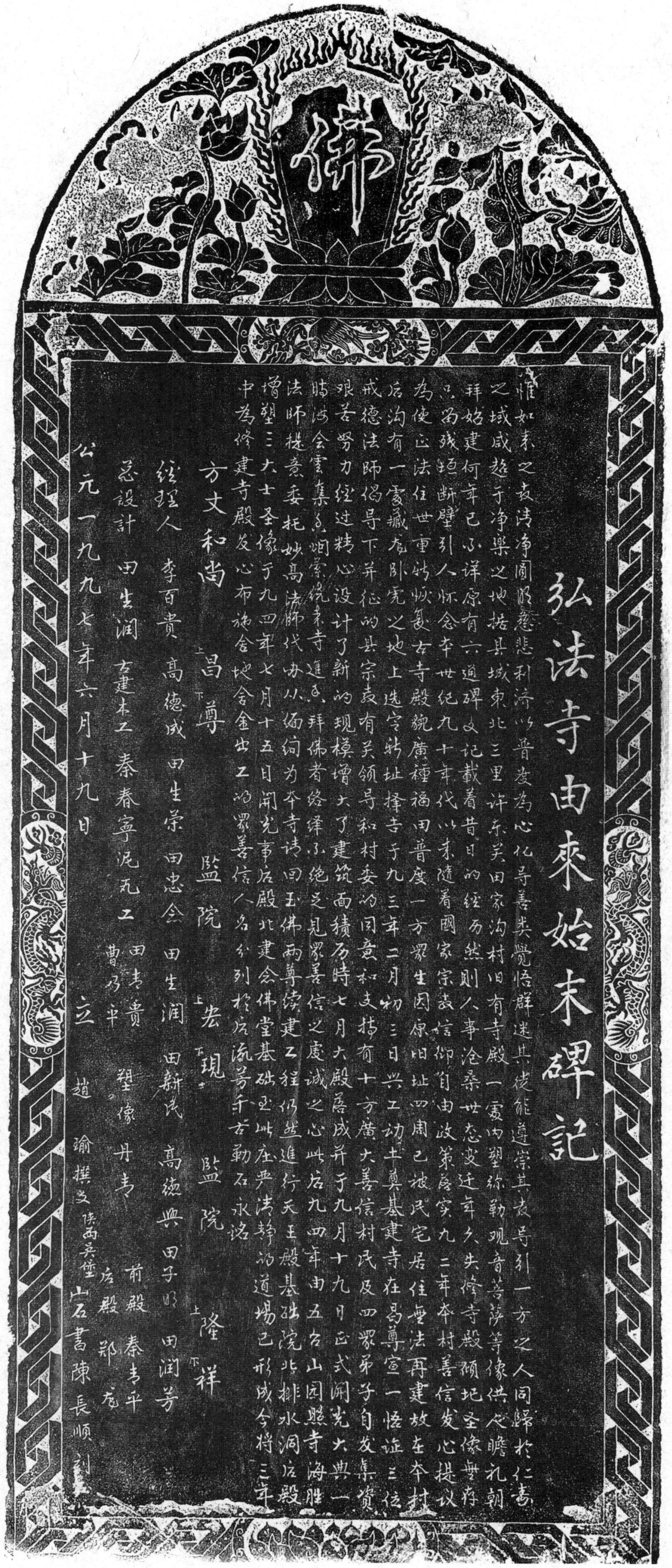

弘法寺由來始末碑記

惟如来之教法净圓明慈悲利济以普度为心化导善类觉悟群迷其徒能遵崇其教导引一方之人同歸於仁寿之域咸趋于净乐之地据县城东北三里许东吴田家沟村旧有寺殿一处内塑弥勒观音菩萨等像供众瞻礼朝拜始建何年已不详原有六通碑文记载着昔日的经历然则人事沧桑世态变迁年久失修寺殿倾圮圣像无存只留残垣断壁引人怀念本世纪九十年代以来随着国家宗教信仰自由政策落实九二年本村善信发心提议为使正法住世重新恢复古寺殿貌广种福田普度一方众生因原旧址四周已被民宅居住无法再建故在本村后沟有一处藏龙卧虎之地上选定新址择吉于九三年二月初三日兴工动土奠基建寺在昌尊宣一悟证三位戒德法师倡导下并征的县宗教有关领导和村委的同意和支持有十方广大善信村民及四众弟子自发集资艰苦努力经过精心设计了新的规模增大了建筑面积历时七月大殿落成并于九月十九日正式开光大典一时法会云集盛况空前来寺进香拜佛者络绎不绝足见众善信之虔诚之心此后九四年由五台山园照寺海胜法师提意委托妙高法师代办从缅甸为本寺请回玉佛两尊续建工程仍然进行天王殿基础院北排水洞后殿增塑三大士圣像于九四年七月十五日开光事后殿北建念佛堂基础至此庄严清静的道场已形成今将三年中为修建寺殿发心布施舍地舍金出工的众善信人名分列於后流芳千古勒石永铭

方丈和尚　上昌下尊　监院　上宏下现　监院　上隆下祥

经理人　李百贵　高德成　田生荣　田忠会　田生润　田新民　高德兴　田子明　田润芳

总设计　田生润　古建木工　秦春宁　泥瓦工　田寿贵　曹乃平　塑像　丹青　前殿　秦寿平　后殿　郑彪

公元一九九七年六月十九日　立

赵瑜撰文　陕西吴堡山石书陈长顺刻

水平山新修庙碑记

【简介】

1997 年 7 月勒石。现存于临县三交镇水平山村内。碑青石质，圆首，高 150 、宽 60、厚 12.5 厘米。额题“功德千垂” 4 字。碑文楷书，正文 11 行，满行 36 字。记载水平山村修建诸庙之事。保存完好。

【碑文】

庙是神灵之舍，祈祷之处，神者始于盘古，万代垂芳，主载宇宙，制约人类，安邦治世，统筹万物之灵，善道仁义礼智信君子，古为今用，好善者心之诚，理之同，合修大庙一座，祭祀之所。此庙创自明末，制于清初，殿宇辉煌，规模雄壮，奈多历年，基地倾斜，瓦缝剥落，风雨不治，神像暴露，庙貌不鲜，目瞻气叹，故起重振之意。纪祖先留传，庙内神位有：观音大士、关圣大帝、龙天大王、五方圣母、蚜蚄老爷、马王菩萨、文公土地、戏台一处。

因吾高户世代耕读为本，惩恶扬善为旨，皆赖神灵护佑，消灾免难，百年内增长人口三百六十有余，可谓人财喜旺，安宁吉祥，排除犯法之忧，更无体貌不振子孙。凡有功德者致酬神恩，曾一九九七农历丁丑年五月一日动土，按原庙式样向东移动，工程浩荡，财疏薄弱，民以众志成城，筹资投工，经领人等同心协力，于七月廿三日，予期竣工。千石垂铭，留芳百代。

总经理　高谈锁

经理　高永长　高耀华　高生富　高耀珍　高务芝　高继旺　高润林　高国花　高奴元　高俊明　高玉平　高喜旺　高银元　高俊旦　高平

村委会　主任高银大　副主任高卫平　会计高银元　委员高谈锁

瓦泥工　高务芝　高玉平　高国富　高德旺　高卫平　高新平　高小军

木漆工　高乃锁　高俊旦　樊来法　高振军　高永明

电焊工　高继旺　高继保

堪舆文书　高永茂

制表文书　高永忠

书人　武家沟武德勤

制碑人　枣圪垯乡薛家坪薛元英

功德施舍记

（略）

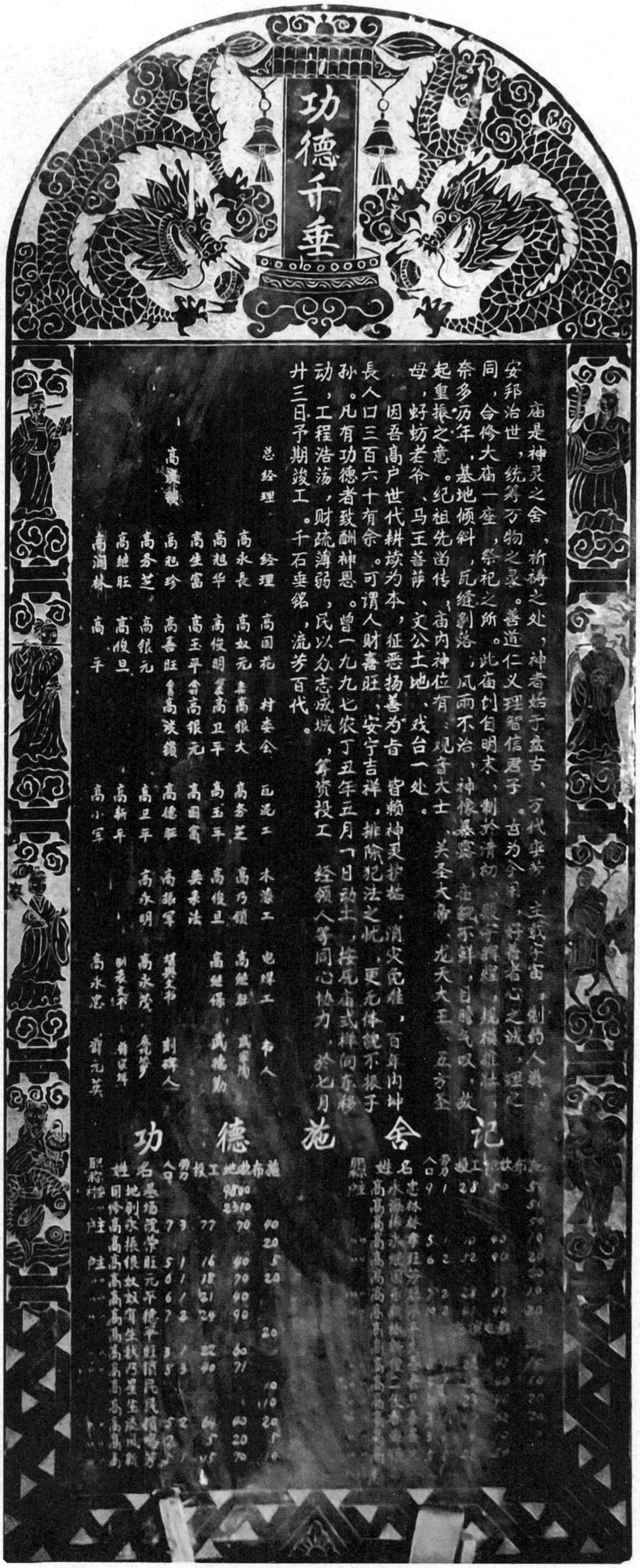
功德千垂
庙是神灵之舍，祈祷之处，神者始于盘古，万代垂芳，主载宇宙，
安邦治世，统筹万物之灵。善道仁义理智信君子，古为今用，好善者心之诚，理之
同，合修大庙一座，祭祀之所。此庙创自明末，制于清初，
奈多历年，基地倾斜，瓦缝剥落，风雨不治，神像暴露，
起重振之意。纪祖先留传，庙内神位有观音大士、关圣大帝、龙天大王、五方圣
母，虸蚄老爷、马王菩萨、文公土地，戏台一处。
因吾高户世代耕读为本，征恶扬善为旨，皆赖神灵护佑，消灾免难，百年内外
長人口三百六十有余。可谓人财喜旺，安宁吉祥，排除犯法之忧，更无体貌不振子
孙。凡有功德者致酬神恩。曾一九九七农丁丑年五月一日动土，按原庙式样向东移
动，工程浩荡，财疏薄弱，民以众志成城，筹资投工，经领人等同心协力，于七月
廿三日予期竣工。千石垂铭，流芳百代。
总经理 高谦林
经理 高国花 村委会 瓦泥工 木漆工 电焊工 书人
高永長 高奴元 高根大 高务芝 高乃锁
高旭华 高俊明 高卫平 高玉平 高俊旦 高继保 武德勋
高生富 高玉平 高银元 高国富
高旭珍 高喜旺 高谈锁 高振军 刻碑人
高务芝 高银元 高旦平 高永明 高永茂
高继旺 高俊旦 高新平
高润林 高平 高小军 高水忠
功德施舍记

重修四庙正殿碑记

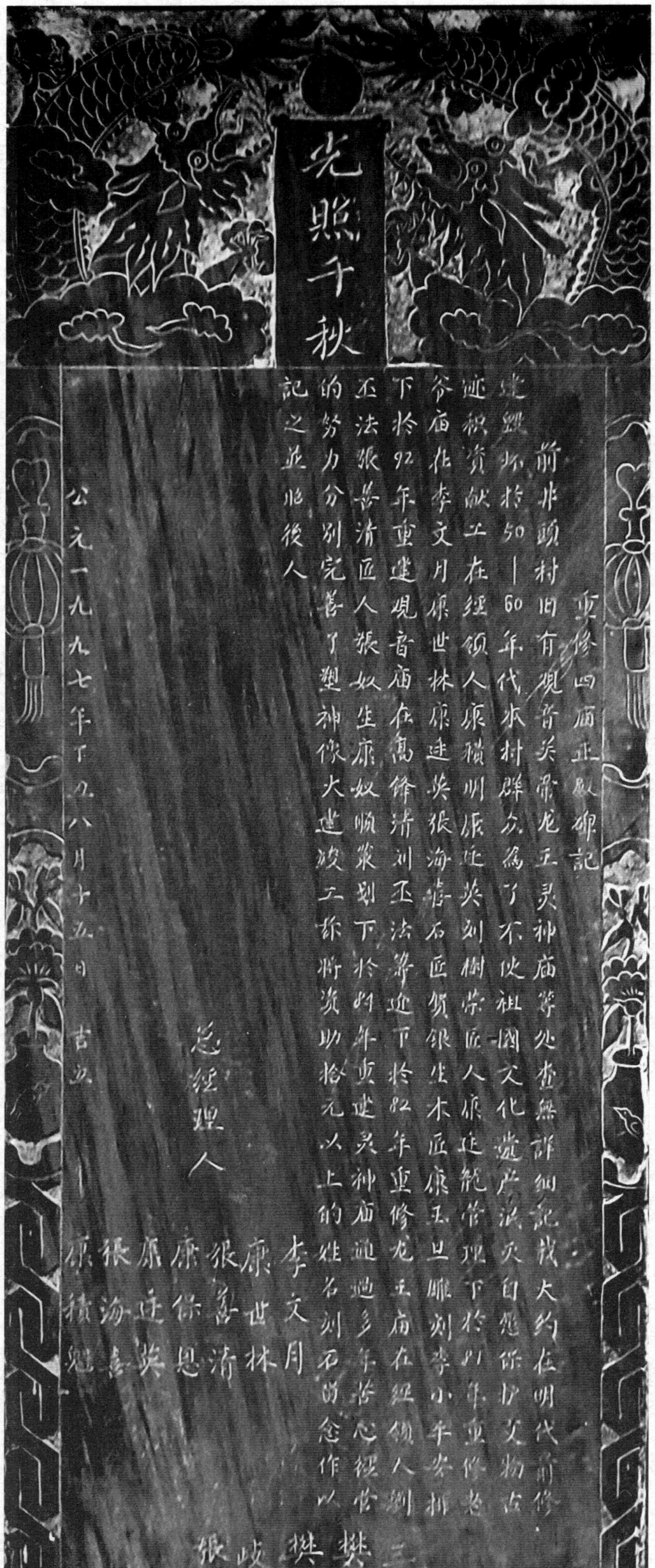

【简介】

1997 年 8 月勒石。现存于临县安家庄乡前井头村，立于护窑内。方形碑，砂石质。有护窑保护。碑高146、宽 55 厘米。额题“光照千秋” 4 字。碑文楷体，正文 8 行，满行32 字。记载前井头村重修观音、关帝、龙王、灵神庙之事。碑文完整，字迹清晰，碑体完好。护窑匾额“赤胆忠心”，楹联“莲花座上婆心在；忠义堂前赤胆存”。

【碑文】

重修四庙正殿碑记

前井头村旧有观音、关帝、龙王、灵神庙等处，查无详细记载，大约在明代前修建，毁于50—60 年代。本村群众为了不使祖国文化遗产泯灭，自愿保护文物古迹，集资献工。在经领人康积明、张廷英、刘明荣、匠人张廷龙管理下，于 81 年重修。老爷庙在李文月、康世林、康廷英、张海喜、石匠贺银生、木匠康玉旦、雕刻李小平安排下，于 92 年重建。观音庙在高逢清、刘丕法、张善清、匠人张奴生、康奴顺策划下，于 84 年重建。灵神庙经过多年苦心经营的努力，分别完善了塑神像大建设工作。将资助十元以上的姓名刻石留念，作以记之，并昭后人。

总经理人　李文月　康世林　张善清　康保恩　康廷英　张海喜　康积魁

三交樊明珍撰文　樊治法书写

歧道张润德刻石

公元一九九七年丁丑八月十五日吉立

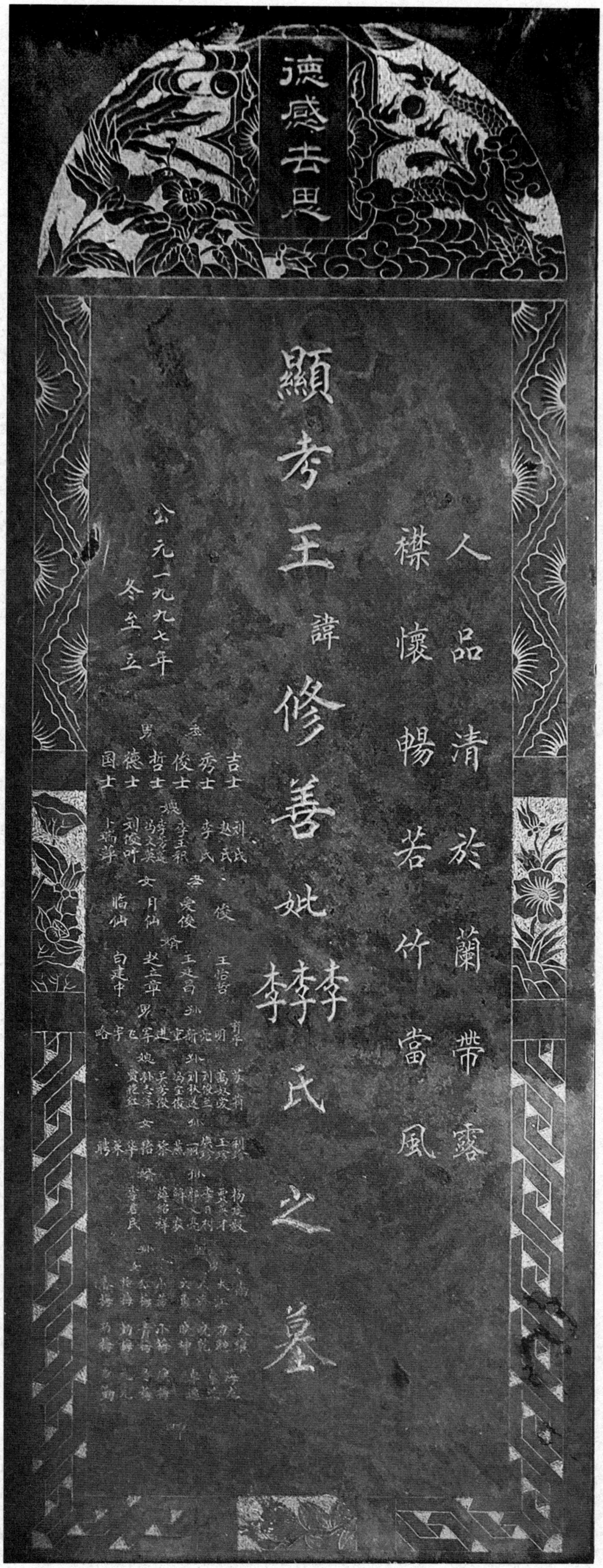

王修善墓碑

【简介】

1997 年 10 月勒石。现存于临县大禹乡王家坪村，立于护窑之中。碑青石质，方形，碑高 158、宽 60 厘米。内容是名医王修善墓志。碑阳额题“德感去思”4 字。碑阴碑文楷体，正文 3 行，满行 11 字。刊刻王修善生平。保存完好。

墓主王修善（1889—1970），字至宝，出生在临县王家坪村一个中医世家。7 岁入学就读，品学兼优。少年时代，看到清廷腐败，污吏横行，弃儒学医，立志救死扶伤。他在父亲王嘉宾的耳提面命下，精读中医经典，博览历代名医巨著，悉心综合研究临床经验。他 19 岁代父出诊，临床 10 年，名震乡里，足迹遍及临县，后及方山、岚县和离石一带，延请和求救者络绎不绝。民国 29 年（1940），日军侵入临县，家宅被放火烧毁，一气之下，携眷离乡飘泊于石楼、临汾等地，悬壶自给。1950 年定居隰县，1954 年参加工作，在隰县药材公司、县人民医院任中医师，先后被选为隰县第一、二、三届人民代表大会代表，县人民委员会委员、县政协常务委员。

【碑文】

（碑阳）

人品清於蘭帶露，襟懷暢若竹當風。

顯考王諱修善妣李氏李氏李氏之墓

公元一九九七年冬至立

男吉士　秀士　俊士　德士　哲士　国士

孙育平　育明　育亮　育新　育重　育进　育军　育飞　育宇　轿车

曾孙南　大江　大海　大勇　大维　力勉　晓乾　晓坤　海龙　卓然　卓逸　叩

（碑阴）

碑志

先考讳修善，字至宝，1889年1月31日（清光绪15年1月1日）生于临县大禹乡王家坪世医之家，1970年10月22日上午11时病逝于隰县，享年82岁，依嘱归葬故里。一生历满清、民国、新中国三代，览阅世纪风云，饱经人间沧桑。

先考少业儒术，长习方书，天性颖悟，敏行讷言。比及弱冠，疫疠流行，祖父应接不暇，始命先考代为出诊，经手患者，呻吟皆起，初试身手而一鸣惊人。

盛年风流倜傥，才华横溢，能诗善文，书法尤工，策骑弄拳，琴箫自通。须眉舒朗，气韵飘逸。布衣村服，不入时流。彼时家中屡遭病祸，骨肉见背，肝胆欲摧，卧病四载，痛念医道不逮之虞。故而流劫趣好，愤志歧黄，誓以救物之心，以负己之不幸为他人重演。兹后，匠心独运，活人日众，一时名噪杏林，乡人赠匾《三世良医》。迨日寇掠境，故园毁于一炬，避难晋南，贫病交加，幸赖悬壶以苟活。

暮年定居隰县，任职医师，躬逢盛世，知遇恨晚。为人疗疾，年无虚日，赠必固辞，求无不应，处方屡余，伏案著述，《王修善临症笔记》，风行海内，《异授眼科》，不胫而走。先考一生命途多舛，但每能抚躬自省，淡泊功名利禄，追求德艺双馨，每因尽职，多获褒奖，曾荣膺隰县人大代表、政协常委、县人民政府委员，《吕梁地区志》《临县志》《隰县志》以名人立传。

孝男哲士撰文　侯宁丹书　李生端镌刻

【联文】

（碑阳）

千亩福田祖宗种；

萬代心地子孫收。

（碑阴）

扶危济困心地善；

高风亮节世其昌。

永遠懷念

丰达桥碑记

【简介】

1997年10月勒石。现存于临县碛口镇冯家会村桥头。碑花岗岩石质，长方形，高75、宽120、厚9厘米。碑文宋体，正文10行，满行24字。记载冯家会等村村民自发集资建桥之事。保存完好。

【碑文】

丰达桥碑记

自古以来，临南湫水河以西之数十个村庄，近十万人民，常因河水阻隔，出入不便，给生产生活带来极大困难。

今岁初春，冯家会等河西村民自发集资投工，兴建大桥，得到上级党委政府的支持帮助，农历4月破土，9月建成通车，桥长130米，宽8.5米，4孔石拱桥，仅用7天合龙，创湫水河建桥史速度之最，从此两岸变通途。

兴建大桥，使碛口、索达干、林家坪、许家峪等乡镇的公路相接，将促进两岸群众更快摆脱贫困，走向富裕，实现丰衣足食，兴旺发达，故名丰达桥。

一九九七年十月十日

药王孙真人碑记

【简介】

1998 年 3 月勒石。现存于临县大禹乡张家圪垯村。圆首方座，有护窑，青石质。碑身高 126、宽 58、厚 8 厘米。碑阳额题“芳名百世” 4 字。碑文楷书，正文计 9 行，满行 37 字。内容是药王孙思邈介绍。碑阴额题“流芳千古”“献”，正文刻捐碑人与刻石人姓名。现保存完好。

【碑文】

（碑阳）

药王孫真人碑記

唐代杰出的医学家、道教学者孫思邈，生于公元五八一年，卒于公元六八三年，京兆华原（今陕西耀县）人，精通医学，博通百家之学，尤好老庄阴阳推步，兼通佛典，长期隐住终南山修炼行医，曾两入峨眉山，炼太乙神精丹，唐太宗、唐高宗数次征召他京城做官，都辞谢不就。他广搜民间验方、秘方，总结唐代以前的医学理论和医学实践，在民间行医治病，妙手回春。北宋二年宋徽宗追封他为妙应真人。他将道教养生理论与医学相结合，并加以分类记载，他的著作主要有《千金药方》《千金翼方》《保生铭》《摄生论》等，在医学和药物方面，做出很大的贡献，被后世尊为药王。

捐碑人　本村张鸿源

公元一九九八年三月九日清明节

（碑阴）

普救一方众生功德无量，弘扬传统医学千秋伟业。占有验效，心诚则灵。

捐碑人　张鸿

刻石　张润德

流芳千古
献
普救一方众生功德無量
弘揚傳統医學千秋偉業
捐碑人
刻

钟鼓山庙群碑记

【简介】

1998 年 4 月勒石。现存于临县曲峪镇钟鼓山。圆首方座，砂石质。碑身高 158、宽 70、厚 11 厘米。有龙首，高 46、宽 72、厚 15 厘米。碑文楷书。记载重建钟鼓山庙宇之事。现保存完好。

【碑文】

（碑阳）

钟鼓山庙群，据史考证始建于北宋时期，迄今千载。其山形秀丽，气势雄伟。黄河玉带围系山前，山上庙群林立，古柏参天，风景之美，宛若仙境。身置此处，尚可俯瞰古镇曲峪全景。此山尤以钟鼓奇特闻名千里，鼓声彻地通天，钟声千里可闻，故而名曰：钟鼓山，堪为当方古今胜迹，相传清代乾隆皇帝曾三次驾临，名臣孙加淦幼时亦于此山启蒙就读。

钟鼓山亘古佛道并居，教义意合，事融一体，山上诸神屡显灵应，拯救苍生，赐福万民，深受群众感戴，故香客往来，络绎不绝。本世纪四十年代，侵华日寇屡犯此山，群庙殿宇尽遭破坏，文物珍藏洗劫一空，自此人迹罕见，香烟杳杳。

时逢当今民乐盛世，政通人和，百废俱兴，钟鼓山庙欣遇修复良机，重修钟鼓山庙宇已成广大善男信女之急切所望，本社经领人贺汝顺等胸怀善德善行，应广大乡民之期盼，集诸多善士之欲为，于 1985 年始热心筹策谋划集资，拟定当即兴工，分期重修神山庙群，第一期修复正面三殿，第二期修复社窑两孔，第三期修复戏台一座，第四期修复偏殿三座。殿宇竣工后，相继塑金身 24 尊，共用款三万余元。本应将施舍之主列名以示，但因碑幅有限，未能如愿，仅以村名铭碑记之，以谕后世。

（碑阴）

捐資功德碑記

經領人　賀汝舜　功生茂　賀三順　高芝珍　賀瑞林　賀有贵　賀卫平

会员　（略）

集款村　（64 村，略）

集资人　（24 人，略）

原书碑人　贺志生

原刻碑人　高学富

原画碑人　高文顺

木工　白庆贤

画工　苗银顺

丹青　吕正宏

选材　苗生茂

书撰　郭海霖

刻石　王安平

一九九八年四月八日立

重修钟鼓山碑记

【简介】

1998年4月勒石。现存于临县曲峪镇钟鼓山。碑砂石质，圆首方座，碑身高160、宽79、厚10厘米。额题“留芳千古”4字。碑文楷书，正文计11行，满行32字。记载重修钟鼓山村药王庙之事。现保存完好。

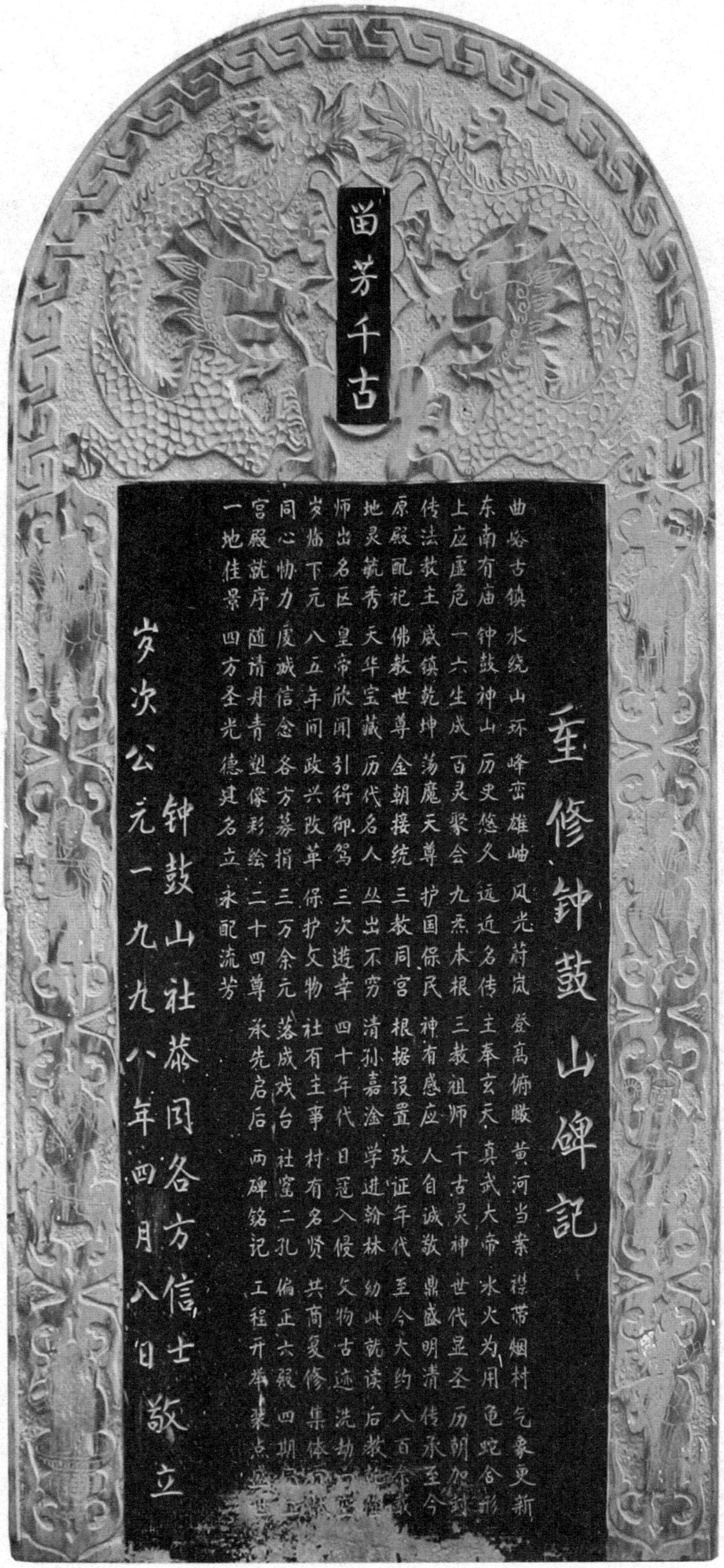

【碑文】

重修钟鼓山碑记

曲峪古镇，水绕山环，峰峦雄岫，风光蔚岚，登高俯瞰，黄河当案。襟带烟村，气象更新。东南有庙，钟鼓神山。历史悠久，远近名传。主奉玄天，真武大帝。

水火为用，龟蛇合形。上应虚危，一六生成。百灵聚会，九炁本根，三教祖师，千古灵神，世代显圣，历朝加封。传法教主，威镇乾坤。荡魔天尊，护国保民。

神有感应，人自诚敬。鼎盛明清，传承至今。原殿配祀，佛教世尊，金朝接统，三教同宫，根据设置，考证年代，至今大约，八百余载。地灵毓秀，天华宝藏，历代名人，丛出不穷，清孙嘉淦，学进翰林。幼此就读，后教乾隆。师出名区，皇帝欣闻。引得御驾，三次游幸。

四十年代，日寇入侵。文物古迹，洗劫一空，岁临下元，八五年间，政兴改革，保护文物，社有主事，村有名贤。共商复修，集体贡献。同心协力，虔诚信念，各方募捐，三万余元。落成戏台，社窑二孔，偏正六殿，四期宗□，宫殿就绪，随请丹青，塑像彩绘，二十四尊，承先启后，两碑铭记，工程开举，装点盛世。一地佳景，四方圣光。德建名立，永配流芳。

钟鼓山社恭同各方信士

岁次公元一九九八年四月八日敬立

赤卜浪修建学校碑记

【简介】

1998年4月勒石。现存于临县白文镇赤卜浪村内，立于碑套中。碑青石质，平首抹角，碑高142、宽58、厚9厘米。碑阳额题“碑记”，碑文楷书，正文12行，满行39字。记载赤卜浪兴建小学之事。碑阴额题“千古流芳”4字。碑文刊经办人及捐款名单。保存完好。

【碑文】

（碑阳）

碑记

赤普浪学校于公元一九九五年六月破土，至十月十五日落成剪彩，历时五个月，耗资二十万，建筑面积五百七十平方米，分为十间教室、两个办公室的二层楼房，过去的学校拥挤破烂，已经到了难以容纳与危险的地步。在此状况下，全村上下通过充分讨论酝酿，达成了一种共识，为下一代集资修一所标准化学校是一千多村民义不容辞的责任。一个月的义务劳动，平掉了旧的地方，采取投标承包的形式，四个月的施工，建起了新的校舍，全村的夙愿终于实现。这既是欢喜的日子，又是忧虑的时刻，资金如何到位，当年天年很坏，刚开始连续干旱，后来又接连下雨，秋后收成很坏，庄稼人赖于变钱的经济作物葵花全部霉烂，颗粒未收，一年的辛苦没有分文价值，这自然对每人二百元摊款是一种困难。但干群一致筹集，千方百计四方借贷，村委向机关、在外工作人员发函，得到捐款近一万元。又通过争取向财政厅计委跑投资六万元，在三年时间付清这笔开支。记载过去，要我们后人记住，明白这所学校是前人几年的呕心沥血、节衣缩食而建成。要记住要感谢支持帮助过我们的各级政府，更要记住感谢本籍在外工作的同胞慷慨解囊的赤子之心。告诫后居仝学在此环境下读书不忘过去，加倍努力，为国为家乡繁荣振兴好好学习，天天向上。

赤普浪村党支部、村委会

公元一九九八年四月初三日吉立

（碑阴）

经办人　支委高掩顺支书　薛乃顺　高世民

村委秦宏主任　董有明会计　秦海牛　薛侯将　李清秀

承包修建人　薛掩柱　李清秀　秦根谈

监理人　薛成益　薛乃顺　秦海牛

机关集体捐款　曜头乡党委政府一千元　教委五百元　初中三百元　医院　兽医站　供销社　信用社　曜头小学　曜头村　庙坪　桐村　宋家圪台　大庄　中庄　如虎　各二百元　本村每人集资一百五十元

在外工作者捐款

五百元者有　高成明　房绳锁　薛元明　薛改花　薛乃明

二百元者有　刘掩明　宋东平　乔云　薛兴平

一百元者有　白引旦　乔汉明　刘有明　高新民　高富荣　高绳兆　薛聪明　薛丕明

五十元以下有　高乃喜　高旺荣　高东平　秦谈明　秦掩秀　薛和平　董成旺　董成贵

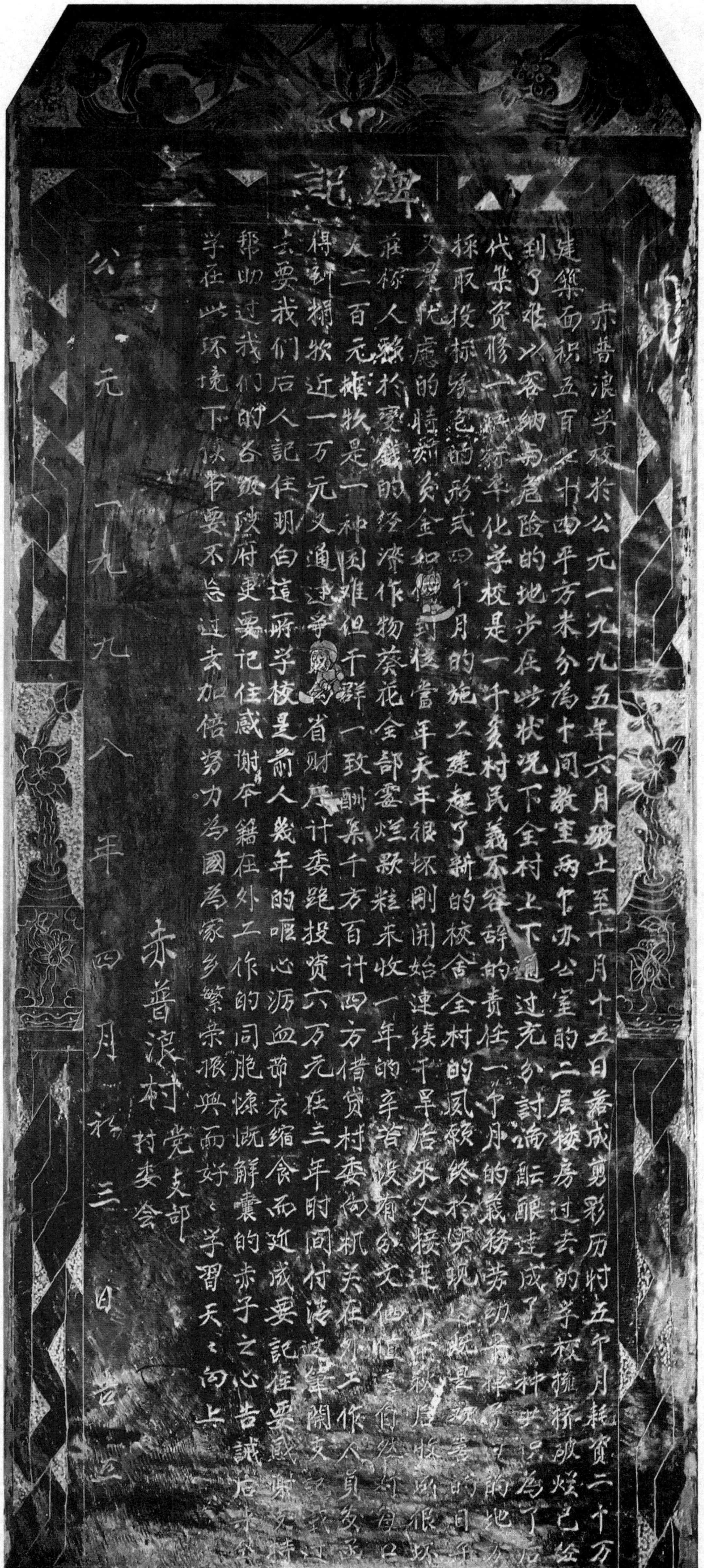

碑記

赤普浪学校於公元一九九五年六月破土至十月十五日落成剪彩历时五个月耗资二十万
建築面积五百[illegible]十四平方米分為十间教室两个办公室的二层楼房过去的学校[illegible]坏烂已经
到了难以容纳与危险的地步在此状况下全村上下通过充分討論酝酿达成了一种共识為了后
代集资修一[illegible]化学校是一千多村民義不容辞的责任一个月的義務劳动[illegible]的地方
採取投标[illegible]包的形式四个月的施工建起了新的校舍全村的夙願终於实现[illegible]是[illegible]的[illegible]
又[illegible]虑的特殊[illegible]金如[illegible]到位當年天年很坏刚開始連续干旱后来又接连[illegible]很坏
莊稼人[illegible]於變錢的经济作物葵花全部霉烂歉粒来收一年的辛苦没有分文[illegible]自然[illegible]
人二百元摊款是一种困难但千群一致酬集千方百计四方借贷村委向机关在外工作人员多方[illegible]
得[illegible]捐款近一万元又通过争[illegible]省财厅计委跑投资六万元在三年时间付清[illegible]開支[illegible]
去要我们后人記住明白這所学校是前人几年的呕心沥血节衣缩食而近成要記住要感谢[illegible]
帮助过我们的各级政府更要记住感谢本籍在外工作的同胞慷慨解囊的赤子之心告誡后[illegible]
学在此环境下读书要不忘过去加倍努力為國為家乡繁荣振兴而好好学習天天向上

赤普浪村 党支部 村委会

公元一九九八年四月初三日[illegible]立

新庙碑铭

【简介】

1998年6月勒石。现存于临县招贤镇高崖头村关帝庙内。碑青石质，圆首方座，碑身高130、宽51、厚7厘米，座高50、宽55、厚48厘米。碑阳额题“人财两旺”4字。碑文楷书，计18行，满行46字。内容为重建本村关帝、观音庙的情况。碑阴额题“千古流芳 ”4字。正文为捐款花名。现保存完好。

【碑文】

（碑阳）

新庙碑铭

大千世界，芸芸众生，养生之家，期望太平，旭日开元，万事亨通，人兴财旺，锦绣前程。

为弘扬民族文化遗产和保护珍贵文物古迹，使其恢复原貌，保存于世，合村自愿捐资献力，对破烂不堪的古迹进行了修补和重建。重修后为垂示后人，刻石千古，立碑作序。

整个建筑分前后两殿，外圆内方，期望后人有圆有方。殿内各长2.98米，代表合村长久发。殿内各宽2.95米，代表金木水火土五行俱合。在步步高升的台阶上各立四根现代化明柱，分别代表一年四季，年年风调雨顺。殿前雕刻12生肖图案，分别代表12个月，月月康泰安宁。隔墙左右月门，分别为福禄、宝贵、吉祥、如意。整个庙宇远看为仿古建筑，近观为现代结构，古今风貌，浑为一体，依山傍水，四季常青，宏伟吉祥，地灵人杰。

工程由德高望重的高照星主持，高永平、高子耀协理，高金平、高恒江为设计师，支书高海平、主任张子文给予了大力支持，泥工高振奋等，木工、画工、纠首专项承建，汽车三轮全力以赴，全村村民争先恐后，为工程的顺利竣工作出了贡献。

人皆可以为尧舜，德皆可以为孔孟。文物的修复，为村民提供了一个道德修养胜地和文化活动场所，既可以使人反省检点、忏悔自新，又可以搞文化娱乐、琴棋书画，变庙宇为理想的教育中心，同时祈福物阜年丰，盛世太平，子孙后代，兴旺发达，繁荣昌盛，弘扬社会主义的真善美，并爱护本庙文物古迹、树木花草，为创建一个双文明的大村大社而奋斗。

高崖头村全体立

一九九八年六月十五日

（碑阴）

捐款芳名

陆百元以上者　高永平　高振奋　张子山

叁百陆拾元者　高甫孝　高金平

贰百元以上者　高伯林　高金星　高唤顺　高照星　高子成　高升发　高子青　高子耀　高根齐　张子文　高向华　高金荣　高海平　高国珍　高青荣

壹百元以上者　（24人略）

陆拾元以上者　（52人略）

除以上花名外，其他 村民不同程度地为修庙积极捐款，踊跃献力，因碑文有限， 不能一一雕刻，特此予以勉励。

重建文物古迹领导组

一九九八年三月十五日

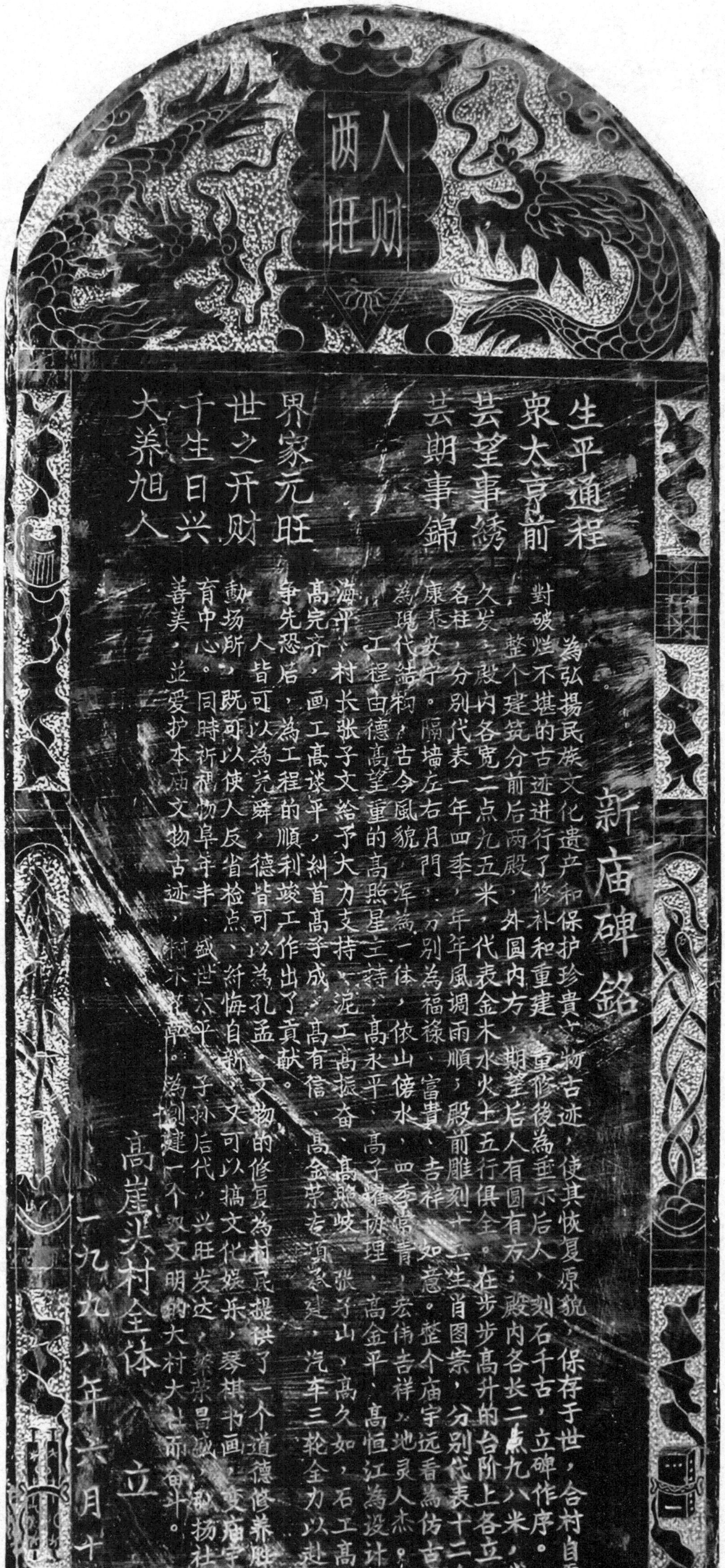
人财两旺
新庙碑銘
為弘揚民族文化遺产和保护珍貴文物古迹，使其恢复原貌，保存于世，合村自愿捐資献力
對破烂不堪的古迹进行了修补和重建，重修後為垂示后人，刻石千古，立碑作序。
整个建筑分前后两殿，外圓内方，期望后人有圓有方，殿内各长二点九八米，代表合村长
久发，殿内各宽二点九五米，代表金木水火土五行俱全。在步步高升的台阶上各立四根现代化
名柱，分别代表一年四季，年年風调雨順，殿前雕刻十二生肖图案，分别代表十二个月，月月
康泰安宁。隔墙左右月門，分别為福祿、富貴、吉祥如意。整个庙宇远看為仿古建筑，近观
為現代結构，古今風貌，浑為一体，依山傍水，四季常青，宏伟吉祥，地灵人杰。
工程由德高望重的高照星主持，高永平、高子耀协理，高金平、高恒江為设计師，支书高
海平、村长张子文給予大力支持，泥工高振奋、高照岐、张子山、高久如，石工高侯□、木工
高完齐，画工高谈平，糾首高子成、高有信、高金荣专項承建，汽车三轮全力以赴，全村村民
争先恐后，為工程的顺利竣工作出了貢献。
人皆可以為尧舜，德皆可以為孔孟。文物的修复為村民提供了一个道德修养胜地和文化活
動场所，既可以使人反省检点，忏悔自新，又可以搞文化娱乐，琴棋书画，变庙宇為理想教
育中心。同時祈禱物阜年丰，盛世太平，子孙后代，兴旺发达，繁荣昌盛，弘扬社会主义的真
善美，並爱护本庙文物古迹，树木花草。為创建一个文明的大村大庄而奋斗。
高崖头村全体 立
一九九八年六月十五日
生平通程
衆太亨前
芸望事綉
芸期事錦
界家元旺
世之开财
千生日兴
大养旭人

后青塘村护村堤、山上自来水工程碑志

【简介】

1998年6月勒石。现存于临县安业乡后青塘村，立于碑窑中。碑青石质，方首，外露碑身高130、宽54厘米，地里埋约30厘米左右。额题“思源”。碑文楷书，正文计12行，外露行31字。记载后青塘村修建护村堤和自来水工程之事。碑窑两侧刻石联一副，联石高166、宽22、厚22厘米。现保存完好。

【碑文】

后青塘村护村堤、山上自来水工程碑志

后青塘村位于县城川南七公里，溪滨而居，全村一千余人，有近百人山上而居，担水挑柴需下山来解决，费工费时，几多艰辛。邻村赵家岔、青塘沟两村发源的一条河道流经本村南，遇汛山洪暴发，淹进村庄，村民屡遭祸患，盼望治理，因经济贫乏，空想而已。一九九八年吕梁地区水利局扶贫工作队进驻我村，……帮助脱贫致富，将修建护村堤、引水、解决山上村民生活用水两项工程列为本村扶贫攻坚三年规划基础实施建设之首。在省地县水利水保部门、3923项目办的鼎力相助下，支部村委发动群众，投工出力，历经一月余，建成长三百余米，总砌体950余方，挖改河道动土石8000余方，总投资22万余元的护村堤坝。本堤坝除护村庄外，又可利用新辟滩涂修建住宅40孔，节约耕地五亩。山上自来水工程历经两个月，新开12米水井一眼，提水高度100余米，山上修20立方蓄水池一座，该工程折合近八万元，于建党七十七周年之际竣工。山上居民自来水进门。□□□□□扶贫攻坚首战告捷。伟业传千秋，福源泽后人。为表纪念，特建碑立志，以昭永存。

一九九八年六月三十日立　后青塘村党支部、村委会

撰书　赵瑜

书写　赵升

雕刻　李根保

【联文】

修堤引水谱写世代功德史；

扶贫攻坚奉献赤子爱民心。

思源
修堤引水谱写世代功
扶贫攻坚奉献

雕塑关帝财神庙碑记

【简介】

1998年7月勒石。现存于临县三交镇胡公村。碑青石质，圆首，高190、宽61、厚12厘米。额题“石镜永悬”4字。碑文楷书，计5行，满行47字。记述胡公村雕塑关帝、财神像的始末。现保存完好。

【碑文】

雕塑关帝财神庙碑記

关帝财神庙始建于清代初年，复修于清光绪十六年，一贯香火鼎盛，神灵显应。于民国三十五年□□，时逢战乱，軍需紧迫，将庙宇木料拆卸以补軍用，庙宇亦变为一堆废墟。多年來，我村一些善男信女，意欲重修，庙宇再兴香火，于一九九五年开工兴建，历时三年，现已雕塑就绪，全部竣工。施工中，执首人劳心劳身，也有人施钱相助，还有人出力投工，概括之真乃功德之举，可敬也。为了鉴启后人，今以施钱20元、投工2个以上者，刻碑流芳，故将诸位芳名开列于后。

经领人　張应龙　張存龙　張犂顺　張保贵　樊发旺　張連平　樊有照

施錢人　張文栋　張保国　崔保国　張玉平　各500元　張新明献灯二个　高云启200　張文珍钟　樊奴贵　張新荣　張存照　各100元　（下略）

公元一九九八年农历七月三日立

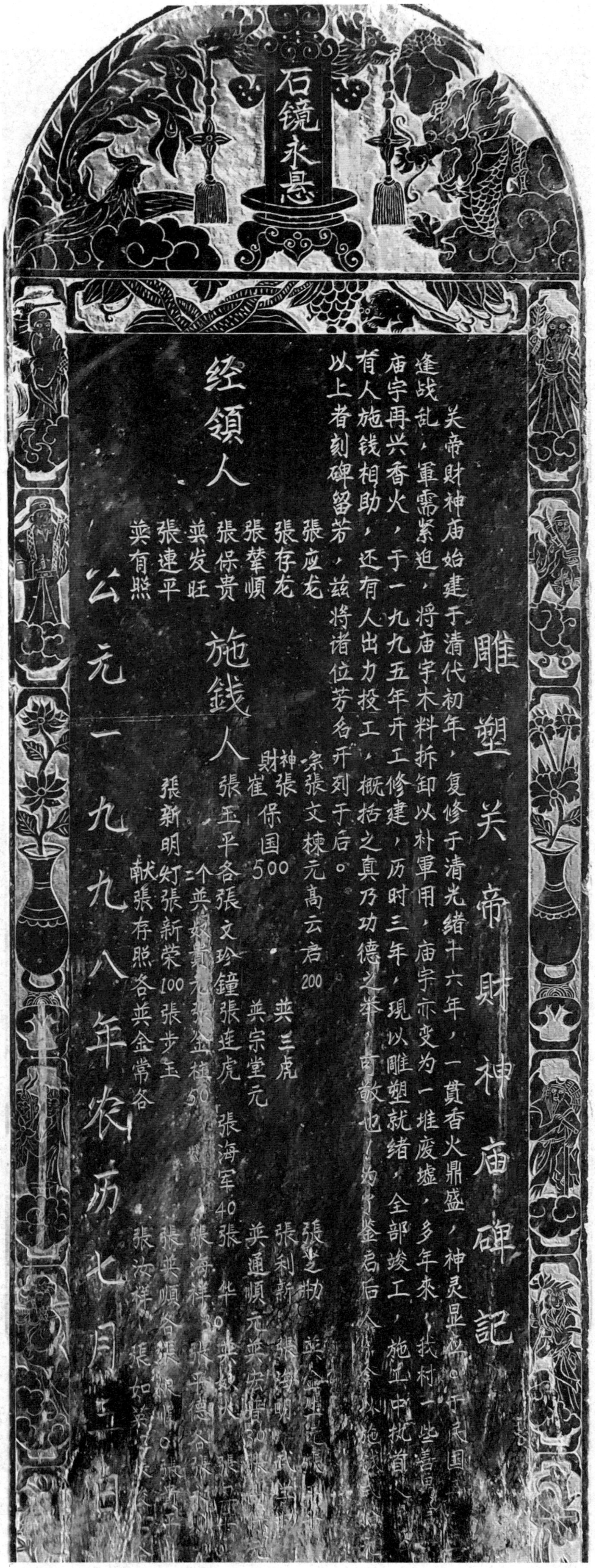

维修正殿碑记

【简介】

1998年7月勒石。现存于临县三交镇西王家沟村。碑青石质，圆首，高169、宽69、厚12.5厘米。碑阳额题“永垂不朽”4字。碑文楷书，计10行，满行39字。内容记载维修本村玉皇庙正殿之事。碑阴额题“名留千古”4字。内容为施钱人花名。现保存完好。

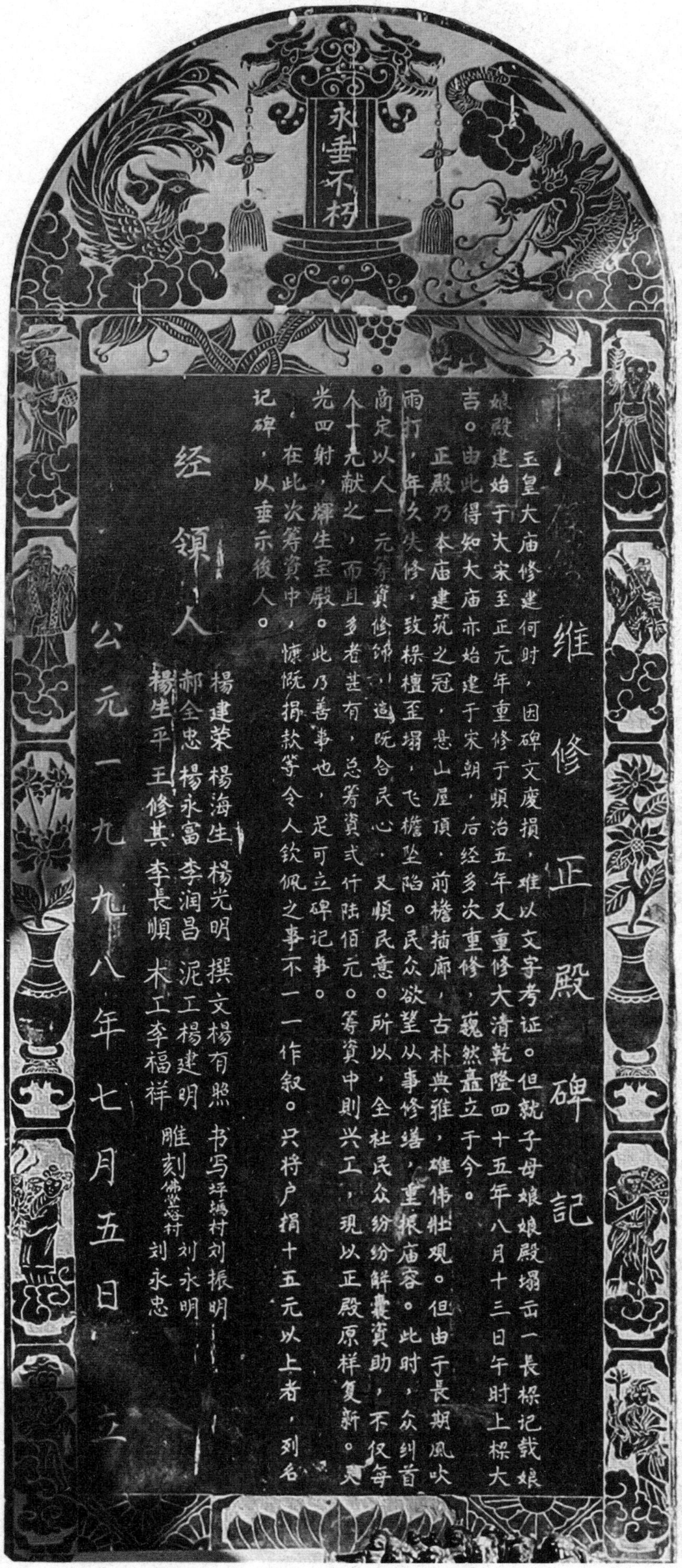

【碑文】

（碑阳）

维修正殿碑记

玉皇大庙修建何时，因碑文废损，难以文字考证。但就子母娘娘塌出一长梁记载，娘娘殿建始于大宋至正元年，重修于顺治五年，又重修乾隆四十五年八月十三日午时上梁大吉。由此得知，大庙也始建于宋朝，后经多次重修，巍然矗立于今。

正殿乃本庙建筑之冠，悬山屋顶，前檐插廊，古朴典雅，雄伟壮观。但由于长期风吹雨打，年久失修，致栋檩歪塌，飞檐坠陷。民众欲望，从事修缮，重振庙容。此时，众纠首商定，以人一元筹资修饰，这既合民心，又顺民意。所以，全社民众纷纷解囊相助，不仅每人一元献之，而且多者甚有，总筹资贰千陆百元。筹资中则兴工，现以正殿原样复新。灵光四射，辉生宝殿。此乃善事也，足可立碑记事。

在此次筹资中，慷慨捐款等令人敬佩之事不一一作叙。只将户捐十五元以上者列名记碑，以垂示后人。

经领人　楊建荣　郝全忠　楊生平　楊海生　楊永富　王修其　楊光明　李润昌　李长顺

撰文　楊有照

泥工　楊建明

木工　李福祥

书写　坪墕村刘振明

雕刻　佛堂峪村刘永明　刘永忠

公元一九九八年七月五日立

（碑阴）

施钱人（略）

重建文昌庙碑记

【简介】

1998年7月勒石。现存于临县刘家会镇刘家会村。碑青石质，圆首，高148、宽62、厚9厘米。额题“流芳百世”4字。碑文楷书，计7行，满行35字。内容记载重建本村文昌庙之事。现保存完好。

【碑文】

重建文昌庙碑记

文昌庙始建于明代嘉靖年间，位居五凤岭之脚，东西龙凤二山对峙，山下影月河映帝，别具风采。登台阶俯视沙陀全境山川秀丽，杨柳葱荫，殿宇亭阁，雄伟壮观，鸟语花香，草木萋萋，局势高耸，景色如画，游人络绎不绝，堪为古文物胜地。

时移势推，风云变幻，五十年代前，该庙屡遭兵荒灾害，加之风雨侵蚀，殿宇围墙道路残损，信民呼不绝口，积极要求重建。在各界人士的精心策划和大力协助下，今年正月十三日拉开帷幕，于五月十四日破土兴建，到七月十五日工程告竣。为记述修建之绩，表彰献资者之德，谨将捐款五十元以上者，立石以志，功德在今，得益于后，芳名垂范，高照后世。

捐资人：（43人，略）

经领人：刘奠富　刘裕鹏　刘长浩　刘昱仪　刘瑺樑　刘裕明　刘□生　刘守贵　刘美珍　刘振林

设计撰文　刘裕琪

彩画　刘建华

泥匠　刘勤荣

木匠　刘谈喜

书写　侯宁

刻石　绥德崔智来

公元一九九八年岁次戊寅七月十五日立

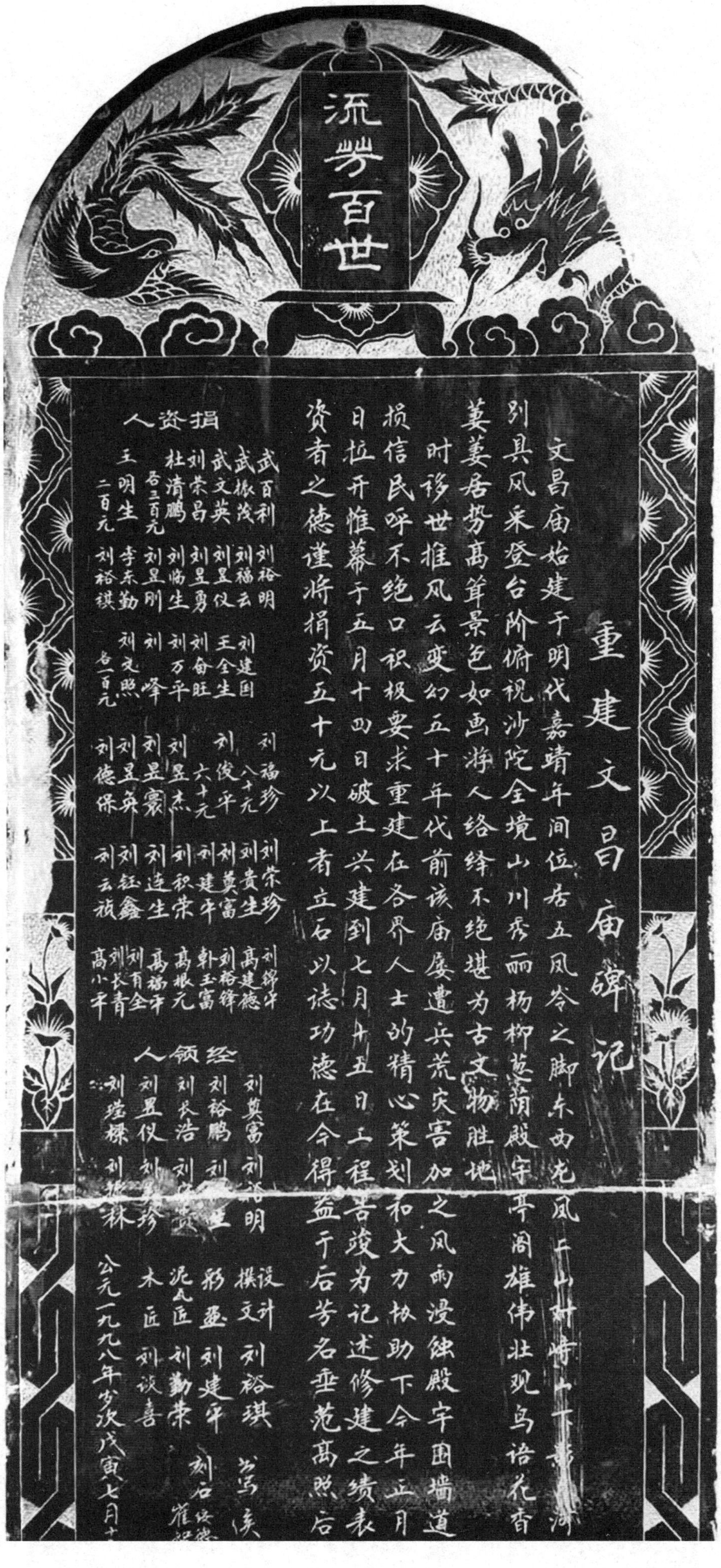

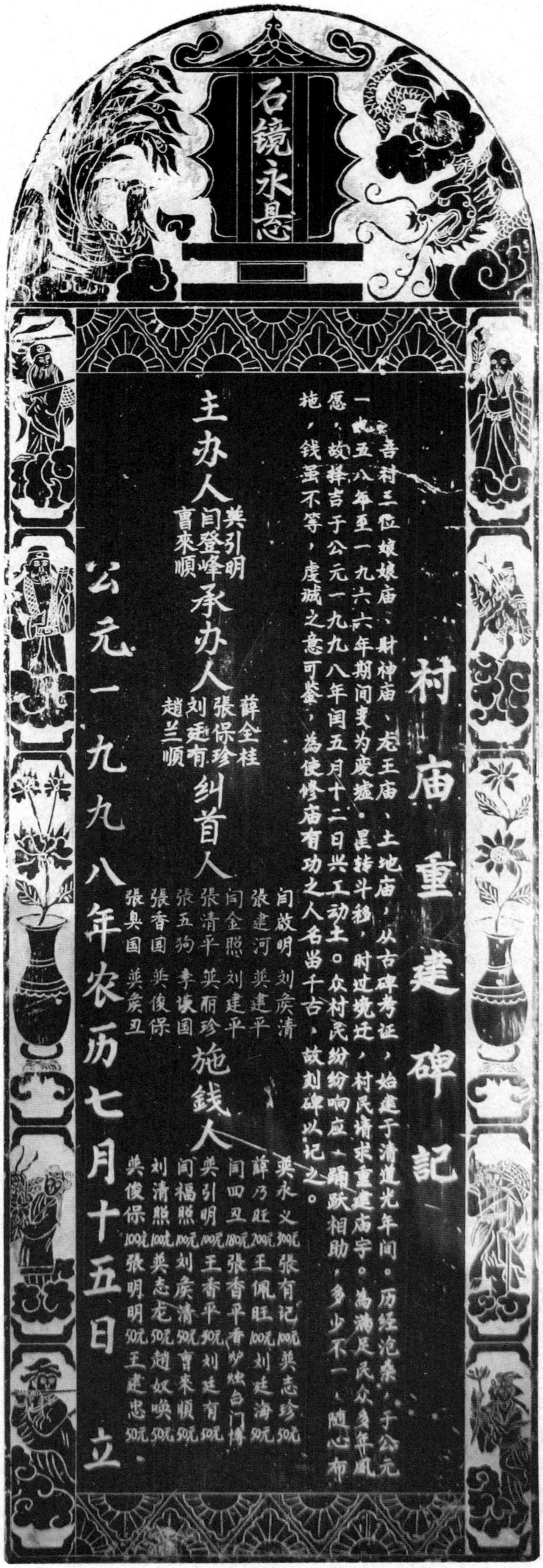

村庙重建碑记

【简介】

1998 年 7 月勒石。现存于临县湍水头镇后南沟村。碑青石质，圆首，高 169、宽 53、厚 9 厘米。碑阳额题“石镜永悬” 4 字。碑文楷书，计 4 行，满行 46 字。内容记载重建后南沟村三位娘娘等庙之事。碑阴额题“千古流芳” 4 字。内容刻施钱人名单。现保存完好。

【碑文】

（碑阳）

村庙重建碑记

吾村三位娘娘庙、财神庙、土地庙，从古碑考证，始建于清道光年间，历经沧桑，于公元一九五八年至一九六六年期间变为废墟。星转斗移，时过境迁，村民请求重建庙宇。为满足民众多年夙愿，故择吉于公元一九九八年闰五月十二日兴工动土，众村民纷纷响应，踊跃相助，多少不一，随心布施，钱虽不等，虔诚之意可鉴。为使修庙有功之人，名留千古，故刻碑以记之。

主办人　樊引明　闫登峰　曹来顺

承办人　薛全贵　張保珍　刘廷有　赵兰顺

纠首人　闫启明　張建河　闫金兆　張清平　張五狗　張香国　張臭国　刘侯清　樊建平　刘建平　樊丽珍　李谈国　樊俊保　樊侯丑

施钱人　樊永义 300 元　薛乃旺 200 元　闫四丑 180 元　樊引明 100 元　闫福照 100 元　刘清照 100 元　樊俊保 100 元　張有记 100 元　王佩旺 100 元　張香平香炉、烛台、门博　（下略）

公元 1998 年农历七月十五日立

（碑阴）

（捐施人略）

撰文书写　坪墕村刘振明

雕刻　佛堂峪村刘永忠　刘永明

新建庙宇碑记

【简介】

1998年11月勒石。现存于临县大禹乡前杨塔村。碑青石质，圆首，高155、宽56、厚8厘米。额题“功德千秋”4字。碑文楷书，计10行，满行38字。内容记载前杨塔村重修庙宇之经过。现保存基本完好。

【碑文】

碑记

原庙宇建筑在村内沟底，就是现在的坝堰地中心处。此庙建筑雄伟壮丽，神像塑造，精工完整，供人瞻仰礼拜。建时何年已不详，然则人事沧桑，世态变迁，于公元一九六六年庙宇被毁，时隔数年之久，随着社会的发展，于公元一九八七年，在村委的支持和村民的配合下，取一藏龙卧虎之地，新建庙宇一处和戏台一座，并恢复了传统的主家经领人制度，每年唱神戏一台，逐渐维修庙宇，不断完善制度，公元一九九八年由主家经领人组织上门和全村村民协商塑造神像之事。计算每个村民捐拾元钱，取得了人人同意。接着开始了塑造工程，经过数十天的努力，塑起三大士菩萨三尊，关帝圣君殿三尊，弥勒佛、韦陀、龙母、面燃大士共十尊，新刻碑两筒，烧纸盆两个，香炉三个，功德箱叁个，观音签部一套，悬挂金匾叁块，以择于当年九月七日举行开光庆典。在此一系列工程期间，主家经领人自愿义务投工管饭，不计报酬，以作后记。

公元一九九八年十一月十七日立

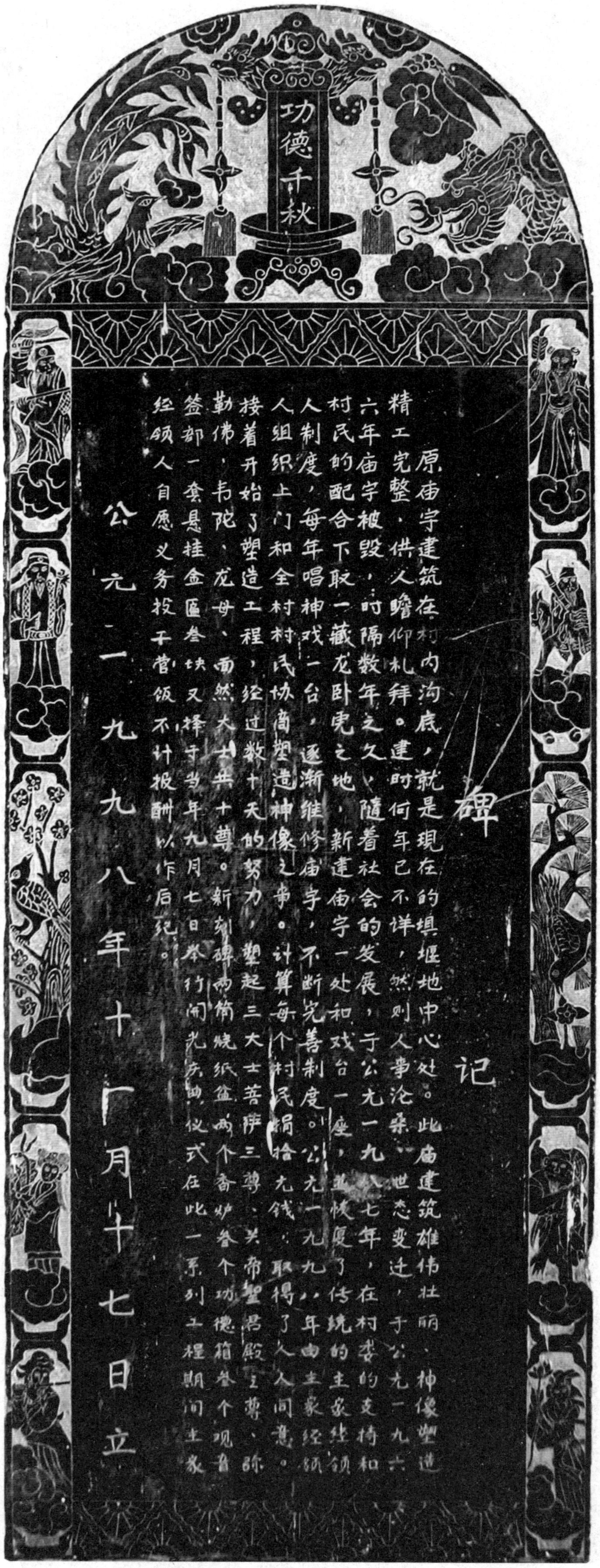

重修王氏宗祠碑序（一）

【简介】

1999年正月勒石。现存于临县刘家会镇彩树岭村祠堂内。碑砂石质，圆首方座，通高172厘米，其中碑身高142、宽45、厚10厘米，座高30、宽48、厚40厘米。额题“福寿”2字。碑文楷书，计14行，满行34字，约400字。内容记载重修王氏祠堂之事。现保存基本完好。

【碑文】

重修王氏宗祠碑序

采树成岭，物宝天华，隔三川遥望真武，带黄河北枕紫荆。圣地之秀，人杰地灵，庙堂华丽，雕梁画栋，飞龙扑起，大有腾云之势。

吾思人也，生同草木，死为腐土，夫能信服于一方，庙食百世者鲜矣！祖本布衣，东迁于此，租田而耕，赁室栖身，持家以俭，农桑以勤，亦耕亦读，贫而尤乐，道济民众之溺，养成浩然之气，超凡脱俗，不以生死而存殁，惟灵气同日月共之，晚辈恃此，心想事成。约光绪初年，户丁不满百，廪庠生员，十夫有三，周誉文风，至今犹颂。传入世，追源者倡及修祠，众诚服，兴土速竣，名曰“王氏宗祠”。灯节行奠，明礼伦次，时延十年有五，八世孙国昌，久怀报本之诚，屡念祖德宗功，遂率合家，荣归祭祖，目睹本支，俊彩星驰，追念祖德，贻泽皇皇，观庙堂仄陋，荣宗欠雅，愿投巨资重建，逞本支之昌盛，尽游子之夙愿。余孙量力，舍身就劳，夏末动土，期年落成，光前裕后，千古永存，简记复修始末，以供后世明矣。

撰文　王金民

一九九九年正月

重修王氏宗祠碑序（二）

【简介】

1999年正月勒石。现存于临县刘家会镇彩树岭村祠堂内。碑青石质，圆首方座，通高200厘米，其中碑身高170、宽62、厚8厘米，座高30、宽70、厚48厘米。额题“光前裕后”4字。碑文行书，计17行，满行36字，约550字。记载王氏渊源和重修王氏祠堂之事。现保存基本完好。（注：正文靠墙，无法拓片、拍摄，现只有碑阴照。）

【碑文】

（碑阳）

仆祖籍晋临县城西南90华里黄河东岸之丛罗峪镇，为南都一甲王姓，与四、十甲同宗。二战前，该地有祠堂及茔地数十亩，每年清明节同祭祖先，考诸谱序所载，清初本支祖东迁至上王家圪垛村，约乾隆初，六世祖讳纲复迁彩树岭村，迄今公已传十代，余户族即奉纲为始祖。晚辈赖祖宗之世泽，庇先辈之福荫，迄清朝末季，本族四世祖讳文炳、文灿皆为岁进士，并有廪生两名，游庠者十有余人，故方圆周村皆称之为文风村也。仆本布衣，舌耕乡里，抗战年月，奉调从事战地文艺工作，至今60年矣，进入耄耋之年，国家付与厅局级待遇，安养晚年，自欲笔耕不辍，已获国家艺术科研重点项目文艺集成志书编撰全国一等奖，尤助戏曲志士写成专著数部，颇见成效，并于1997年由香港出版，将仆之简历编入《世界名人录——中国》二卷书内，起步于高小毕业之俗子，幸能获此殊荣，诚非易事。

九世孙天喜在解放战争年月，奉调南下入蜀，曾先后任四川省郫县、什邡县县长、县委书记、温江地区财政局长等职，其族弟济民大学毕业后，曾任石楼县县长、县委书记，政绩卓著，奉调至省城，现为正厅级，在省教委任职，并当选为省政协常委。十世孙彤宇大毕业后，继获硕士研究生，现任方山县县长。弟彤宙，硕士生，在北京国家某一部门以副局级任职。岭村钟灵毓秀，人杰地灵，仅大专以上毕业生达二十余人，获有高级职称者数名，可谓中兴之盛世矣。旅外游子数十年来，虽矢志于祖国建设，恒念祖先辛劳创业之世德，俭朴之遗风。一九九四年春节，仆率二十余口四世同堂之家人回村祭祖，祭毕在返回途中，诸孙深感始祖祠堂庭院狭小，摩肩而立，即行四起八拜之礼，难尽常怀追远之心，咸有集资扩展修整之意。之后，旅外诸孙日积月累，将资备齐，在村孙众，舍身效力，兴此义举，勤奋数月，现已落成，扩建后之庭院长15米，宽13米，屋宇长3米，宽3.3米，新建碑亭两座，大门一座，并圈成围墙50余米，院内植有松柏数株，将祠堂经营修整焕然一新，愿族人珍惜此人力物力，共保持祖先之遗风，以报深恩于万一云耳。

八世孙易风，时年八十有五谨撰 一九九九年新正月

（碑阴）

八世孙国昌（副厅级世界名人） 媳张林（战时区劳模）

率九世孙男济民（厅级大学生） 植民（□□□大学生） 亚民（高级工程师大学生） 媳马一仙（副处级大学生） 傅桂珍（馆员大专生） 王梅兰（一级播音员大专生） 女秀民（高级工程师大学生） 凤民（馆员大专生） 女婿张新建（高级工程师大学生） 王唐成（副□□大专生） 十世孙……十一世孙□□□□□□ 仝叩

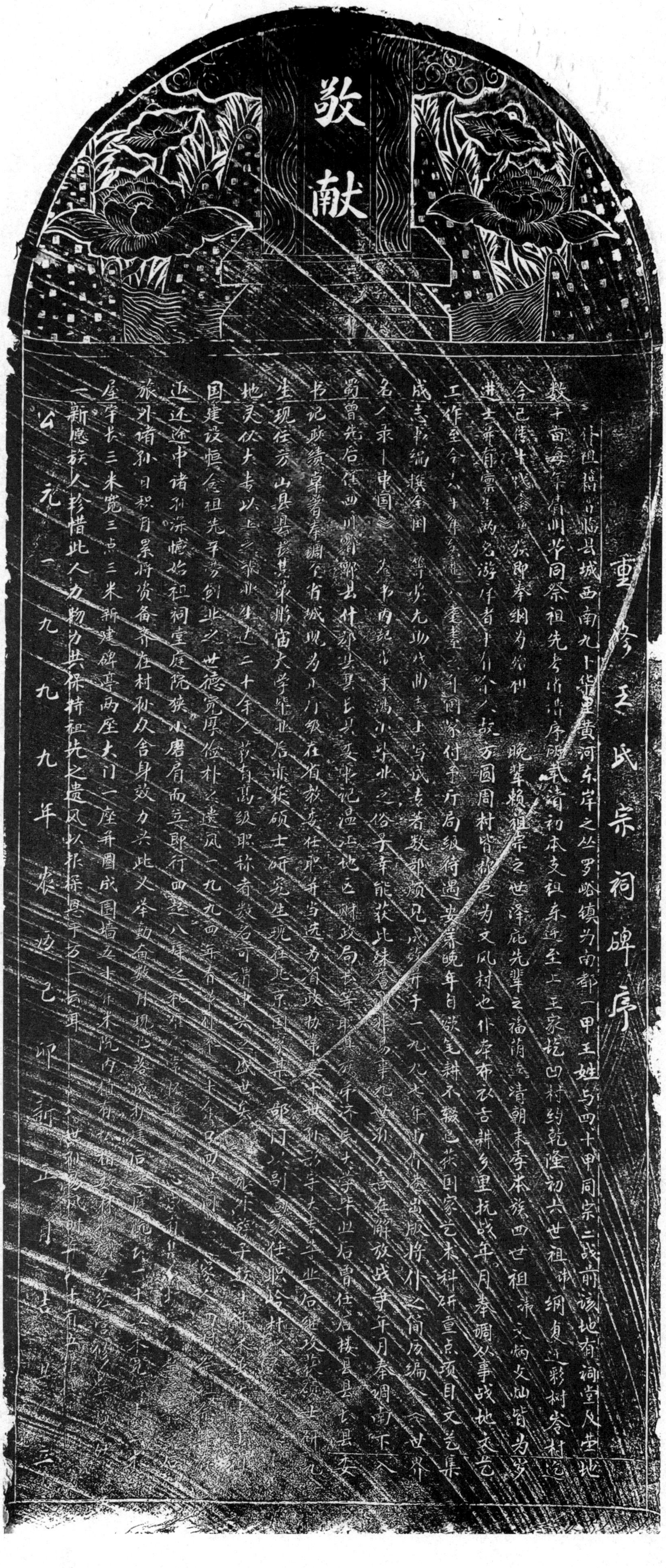

敬献
重修王氏宗祠碑序
公元一九九九年农历己卯新正月吉旦立

王家湾天官庙碑记

【简介】

1999年3月勒石。现存于临县招贤镇王家湾村。碑青石质，圆首方座，碑身高130、宽50、厚8厘米。额题“芳名千古”4字。碑文楷书，计7行，满行13字。记载王家湾村重修天官庙之过程。现保存完好。

【碑文】

传説尧帝就是天官，是一位护国佑民、施恩泽德、赐福人间、消灾免难的吉祥之神，王家湾村今年重祀天官会，略有盈余，补修建天官庙，择吉于九九年古历二月初三动工，三月十二竣工。为了以示纪念，樹碑立傳、芳名千古如下。

刘维虎弍百元　高润虎壹佰壹拾元　薛俊虎　王乃清　各壹百元　高福虎　王俊江　孙艳凤　史忠信　张宝旺　陆拾元　吕春喜伍拾捌元　孙长生肆拾捌元　（下略）

昌源公司奉献灯杆肆套　高福虎锣鼓壹套　孙有顺瓦三百三十个　王乃清砂壹吨　孙兴儿瓦三十个　孙艳凤瓦三十个　吕春喜拉砖一回　孙青顺　吕忠信瓷板贰百伍拾元

经领人　王俊江　高福虎　薛俊俊　刘二虎　高锡斌　渠德宝

撰文　高永昌　刘二虎

丹青　刘二虎

刻字　李三虎

公元一九九九年古历三月十二日立

重修龙泉庵碑记

【简介】

1999年4月勒石。现存于临县八堡乡龙泉庵。碑青石质，圆首方座，身高166、宽66、厚13厘米，座高30、宽70、厚48厘米。碑文行书，计17行，满行50字。记载龙泉庵合社重修龙泉庵之事。现保存完好。

【碑文】

（碑阳）

重修龙泉庵碑記

八堡乡沿河北行十余里，有寺俗称万佛洞，此地龙虎交关，虹桥锁霓，逶迤盘踞，层层开畴，祖山高峻，东来辞楼，下殿黄河萦回；南泻玉带，金城山岩出岫。林荫叠障，清泉注其下，庵祠建其上，故名龙泉庵。庵者，佛门比丘尼修行所居之寺，可见其光明。清时僧侣住持檀院，可见其后。始建纪年，无文稽考，断脊残垣，人文景观湮坠，建筑风貌，依稀可辨两代。下层石窟部共五孔，分两处，均系人工开凿。东窑即万佛洞，今炸毁，遗迹残留。北窟千佛洞四处，主体结构尚存。门为石拱式，内呈长方形，壁作尺许，棱状线条，顶覆圆钵，八棱状，与甘肃唐述窟类似，风格一致，同时流行，估计最早自西秦建弘年间始建。下有禅室，今已坍塌，传为尼姑早期修行之处。上层殿庑，依山转向，奠北朝南，为土木砖石结构，年久均毁，地基犹存，殿分四层递进式。一进为禅室，二进为天王祠，三进为大雄宝殿，四进为佛祖严慈净饭王和摩耶夫人圣阁，东西殿庑兼供道教神祇，堪称三教合一。之后创作估计最早为金代始建，至若浮屠南屏，更为唐宋后之佐证。

下元戊辰，人和政通，山河焕彩，百废振兴，本社乡贤杨来旺、曹守平等人，恒念古迹悠久，开创维艰，名闻遐迩，不思颓废，是以邀集社首善士，商定维修大计。后经县委专管部门考证，批示定为文物保护点，历经十余载修复，大雄宝殿东西，配原山门天王祠三处主体建筑，重塑正殿化身佛三尊，彩绘壁廊，装修禅堂，石砌戏台山墙，可谓空前善事。

呜呼！前不见古人，后不见来者，岁月辞旧迎新，历史传古鉴今，总是知易行难，唯有诚信为本，方成德自别与庸。是为记。

题龙壁庵

千里龙仪飞，下落饮玉泉，贴岸林隐岫，依山云出崖，

洞府岁月深，禅门天地宽，季春览胜迹，兴来进一言。

八堡乡龙泉庵合社信士敬叩

克虎郭海霖撰文敬书

公元一九九九年四月十二日立

（碑阴）

开山师主，列圣高贤，僧尼居士，功标于前，名湮于后，难立法讳，

先有功者，叩请居上。勒石云尔，灵踵奠安。

会长　杨来旺　（等9人）

丹青　李增和

镌刻　张汉峰　翟世勇

（下略）

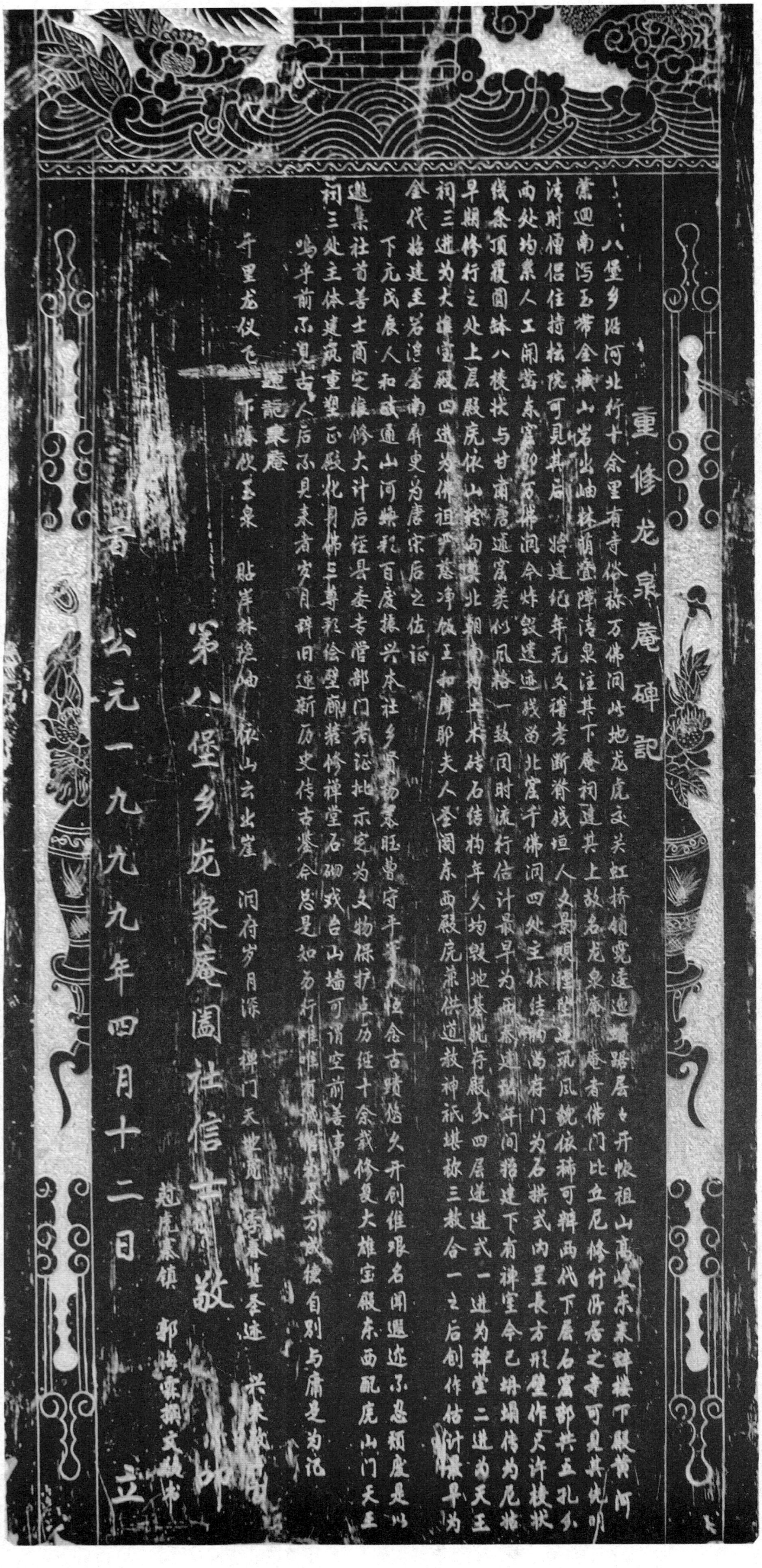

重修龙泉庵碑記

八堡乡沿河北行十余里有寺俗称万佛洞此地龙虎交关虹桥锁霓迤逦路层层开帐祖山高峻东来群楼下襟黄河萦迴南泻玉带金城山岩出岫林荫叠嶂清泉注其下庵祠建其上故名龙泉庵庵者佛门比丘尼修行所居之寺可见其光明清时僧侣住持梵院可见其届始建纪年无文稽考断脊残垣人文景观陡峰建筑风貌依稀可辨西代下层石窟部共五孔小西处均系人工开凿东窟即万佛洞今炸毁遗迹残留北窟千佛洞四处主体结构尚存门为石拱式内呈长方形壁作尺许楼状线条顶覆圆钵八棱状与甘肃唐远窟类似风格一致同时流行估计最早为西秦建弘年间始建下有禅室今已坍塌传为尼姑早期修行之处上层殿虎依山势向东北朝南为土木砖石结构年久均毁地基犹存殿分四层逆进式一进为禅堂二进为天王祠三进为大雄宝殿四进为佛祖观音慈净饭王和摩耶夫人圣阁东西殿宇兼供道教神祇堪称三教合一之后创作估计最早为金代始建至若泾番南府吏为唐宋后之佐证

下元戊辰人和政通山河焕彩百废振兴本社乡贤协众旺曾守平等人怀念古迹悠久开创维艰名闻遐迩不忍颓废是以邀集社首善士商定维修大计后经县委专署部门考证批示定为文物保护点历经十余载修复大雄宝殿东西配殿山门天王祠三处主体建筑重塑正殿化身佛三尊彩绘壁廊装修禅堂石砌戏台山墙可谓空前善事

呜乎前不见古人后不见来者岁月碎旧迹新历史传古鉴今岂是知易行难唯有诚信为本方成使自别与庸是为记

遊龍泉庵

千里龙仪飞　下落饮玉泉　贴岸林隐岫　依山云出崖　洞府岁月深　禅门天地宽　寻春览圣迹　兴味献

第八堡乡龙泉庵園社信士　敬[illegible]

赵庄寨镇　郭海霖撰文敬书

晋　公元一九九九年四月十二日　立

重修青龙庙高佛殿碑记

【简介】

1999年4月勒石。现存于临县兔坂镇水槽沟青龙庙。碑砂石质，圆首，高170、宽67、厚11厘米。额题“千古流芳”4字。碑文行书，计5行，满行35字。记载重修青龙庙高佛殿之事。现保存完好。

【碑文】

重修青龙庙高佛殿碑记

集资募捐，维修古庙是弘扬民族文化、推动经济建设的盛举。重新修复青龙庙高佛殿，是全体百姓人民的迫切心愿，在经领人高天元、高生峰等人的带领下，有水槽沟、山庄头、前沟、苗家梁、白家里、张家沟六村百姓壹仟壹佰多人进行维修，全社百姓对修复此庙信心十足，乐于施助捐款，伍拾元以上者，刻石于后，铭以记之。

高天元壹千元　高志喜陆百元　高成春叁百元　高春荣贰百元　高来拖贰百元　高成连壹百元　（下略）

乔本福献碑石

高富贵献雕刻

经领人　高天元　高生峰

经手人　高金良　郭玉光　高爱喜　高永元　高青云　高春小　张信福　高永厚　高彩平　苗元生

刻碑人　高富贵

书碑人　高仲茂

公元 一九九九年四月二十六日立

大窑沟修复观音庙碑记

【简介】

1999 年 6 月勒石。现存于临县大禹乡大窑沟村。碑青石质，圆首，高 146、宽 56、厚 6 厘米。额题“新庙碑铭”4 字。碑文楷书，正文 4 行，满行 45 字。记述大窑沟村修复观音庙的经过。保存完好。

【碑文】

爲弘扬民族文化和修建文物古迹，本村村民全力以赴，齐心协力，自发修建观音庙，于一九九九年农历六月十九日顺利竣工，整个建筑与塑像是由本村德高望重的李乃元、李思昌、李思荣、李双喜主持，村民献物献力，圪麻村秦清顺捐献佛框。文物的修建，为村民提供了一个道德修养胜地和文化活动场所，可以使人反省检点、忏悔自新，同时祈福物阜年丰，盛世太平，子孙后代兴旺发达，繁荣昌盛。并为垂示后人，刻石千古，立碑作序。

二千元　李乃元　一千元　李金明　李有富

六百元　李金平　五百元　李思昌　李继明　李金柱

四百元　李元平　三百元　李增芝　李凤平　李增池

二百元　李思成　李清平　李思智　李五喜　李凤喜　李思福　李正平　李四喜

一百元　李清喜　李奴喜　李继旺　李继平　李泽林　李增理　李有喜　李增平　李四平　李春林　李思旺　李增喜　李增艳　（賈家沟村）賈桂明

经理人：李乃元　李思荣

塑像：秦清平　秦平顺

刻石书丹：中阳县任玉平　刘乃英

山西临县后大禹大窑沟村

公元一九九九年农历六月十九日立

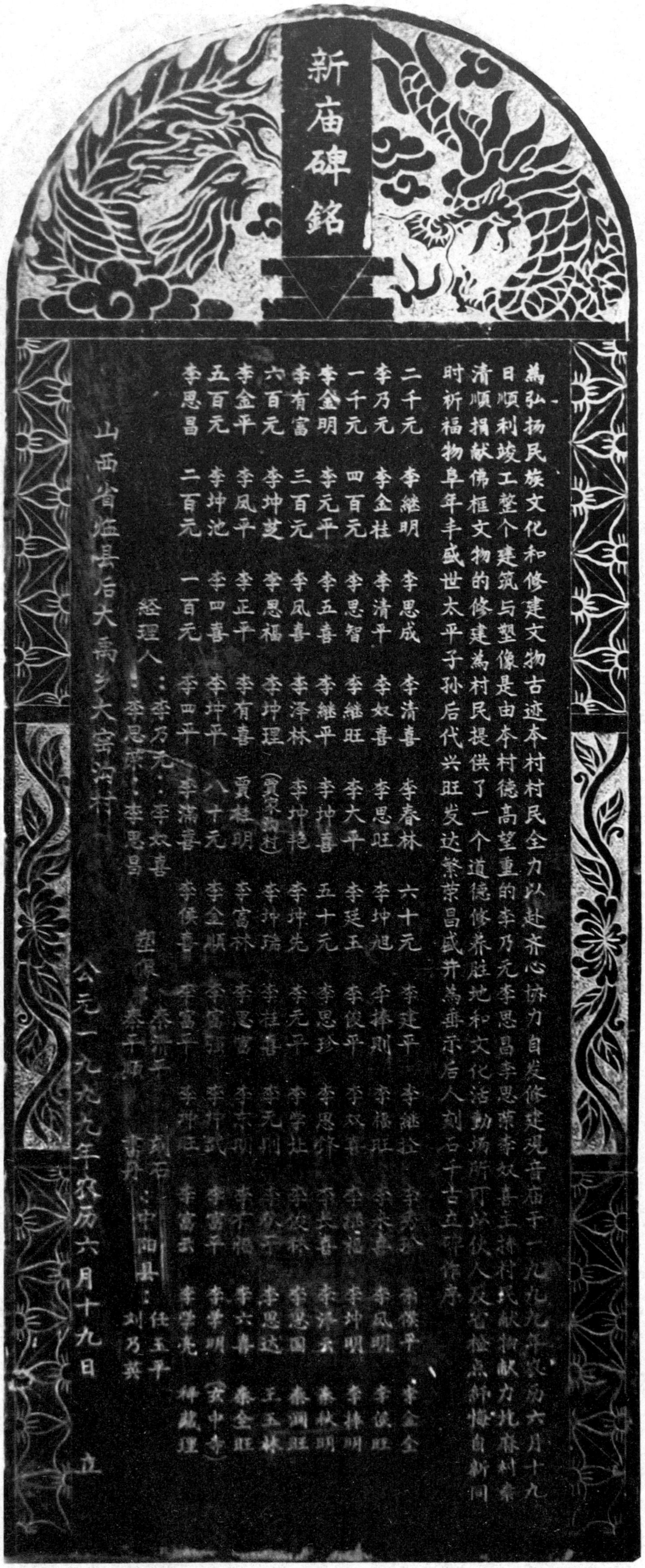

关圣帝君觉世真经碑

【简介】

1999 年 8 月勒石。现存于临县安业乡丁家沟村。碑砂石质，圆首，高 150 、宽 57、厚 6 厘米。额题“千古流芳”4 字。碑文楷书，正文 16 行，满行 32 字。刊刻规范村民道德行为训语。保存完好。

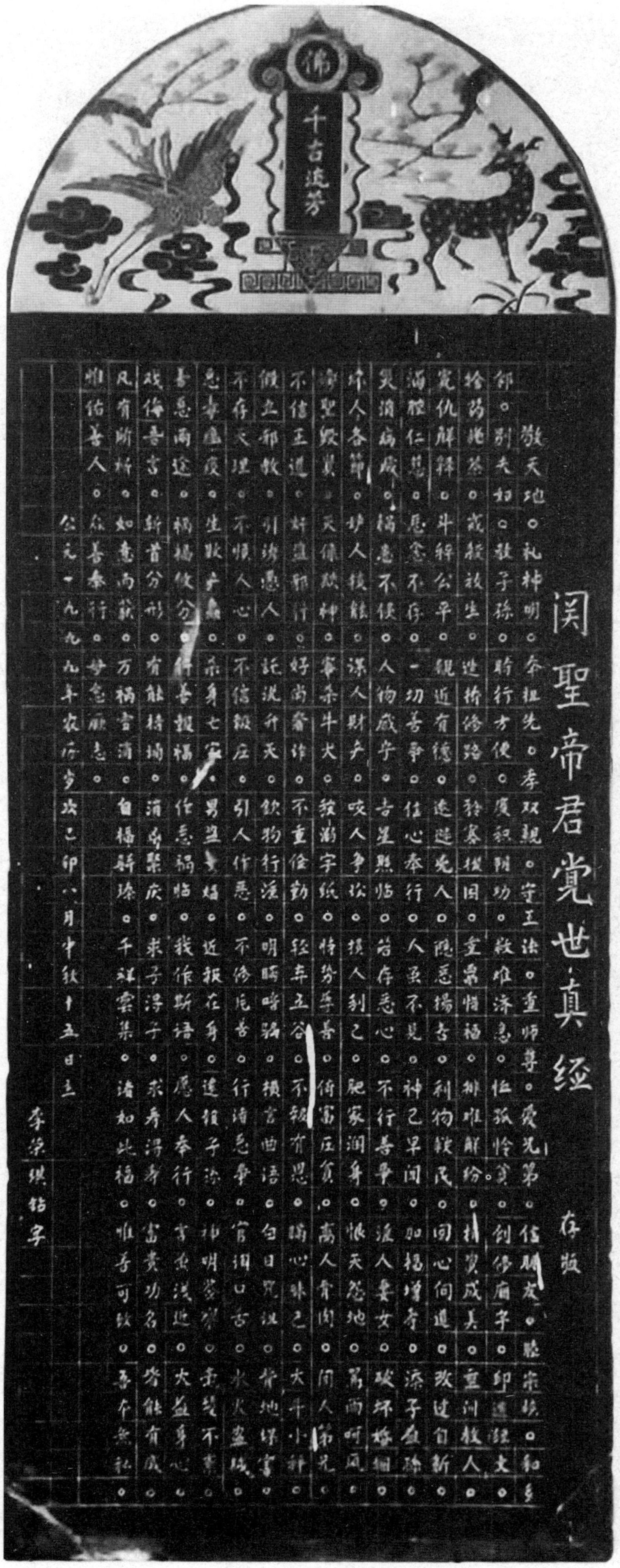

【碑文】

关圣帝君觉世真经　存版

敬天地，礼神明，本祖先，孝双亲，守王法，重师尊，爱兄弟，信友朋，睦家族，和乡邻，别夫妇，教子孙。

时行方便，广积阴功，救难济急，恤孤怜贫，创修庙宇，印造经文，舍药施茶，戒荤放生，造桥修路，矜寡拔囤。重众惜福，排难解纷，捐资成美，重训教人。冤仇解释，斗秤公平，亲近有德，远避凶人。隐恶扬善，利物救民，回心向道，改过自新，满腔仁慈，恶念不存，一切善事，信心奉行，人虽不见，神已早闻，加福添寿，添子益孙，灾消病减，祸患不侵，人物咸宁，吉星照临，若存恶心，不行善争，淫人妻女，破坏婚姻，坏人名节，妒人技能，谋人财产，咬人争讼，损人利己，肥家润身，恨天怨地，骂雨呵风，谤圣毁贤，灭像欺神。宰杀牛犬，杀溺字纸，恃势辱善，倚富压贫，离人骨肉，间人弟兄。不信王道，好盗邪行。好尚奢诈，不重俭勤。轻弃五谷，不报有恩，瞒心昧己，大斗小秤。假立邪教，引诱愚人，托谎升天，钦狗行淫，明瞒暗骗，横言曲语，白日咒诅，背地谋害，不存天理，不顺人心，不信报应，引人作恶，不修片善，行诸恶争。官司口舌，水火盗贼，急毒瘟疫，生耿□蠢。杀身亡家，男盗女娼，近报在身，远报子孙。神明鉴察，毫发不紊，善恶两途，祸福攸分，行善报福，作恶祸临。我作斯语，愿人奉行，言虽浅近，大益身心。戏侮善言，斩道分形，有能持□，消凶聚庆，求子得子，求寿得寿。富贵功名，皆能有成，凡的所祈，如意两获，万祸肆消，自福联臻，千祥云集，诸如此福，惟善可钦。吾本无私，惟佑善人。众善奉行，毋怠厥志。

公元一九九九年农历岁次己卯八月中秋十五日立

李荣琪镌字

吴荣庆墓碑

【简介】

1999 年 9 月勒石。现存于临县临泉镇上西坡村，立于碑套中。碑汉白玉石质，方首，高 116、宽 52 厘米。额题“流芳千古”4 字。碑文楷书，正文 6 行，满行 39 字。碑体完整，字迹略有模糊。

【碑文】

显祖父吴公讳荣庆（1887—1947）母吴门赵氏（1887—1937）之墓

吴氏家族由清康熙年间老祖吴发携子吴自振由离石上安村迁居临县上西坡，迄今已历十六世，世代勤俭持家，耕读为本。传自清道光年间，九世孙积德尤重子女教育，家业大振，生四子，长子、三子举进士，授知县，曾参加戊戌变法。二子维新早逝，生公荣庆。荣庆公字□□，失怙，早持家业，勤劳好学，一生务农，行走经商，一九四七年谢世，享年六十一岁。赵氏系出名门，熟读经书，擅诗能画，善持家务，教子有方，殁于一九三七年，享年五十一岁，生子祥彝。

□川湫水常呜咽，□□山岳似含悲，孝子不匮，永记□功。

子祥彝　孙大光　祖光　浩光　青春　国光　锦光　叩

公元一九九九年九月廿日立

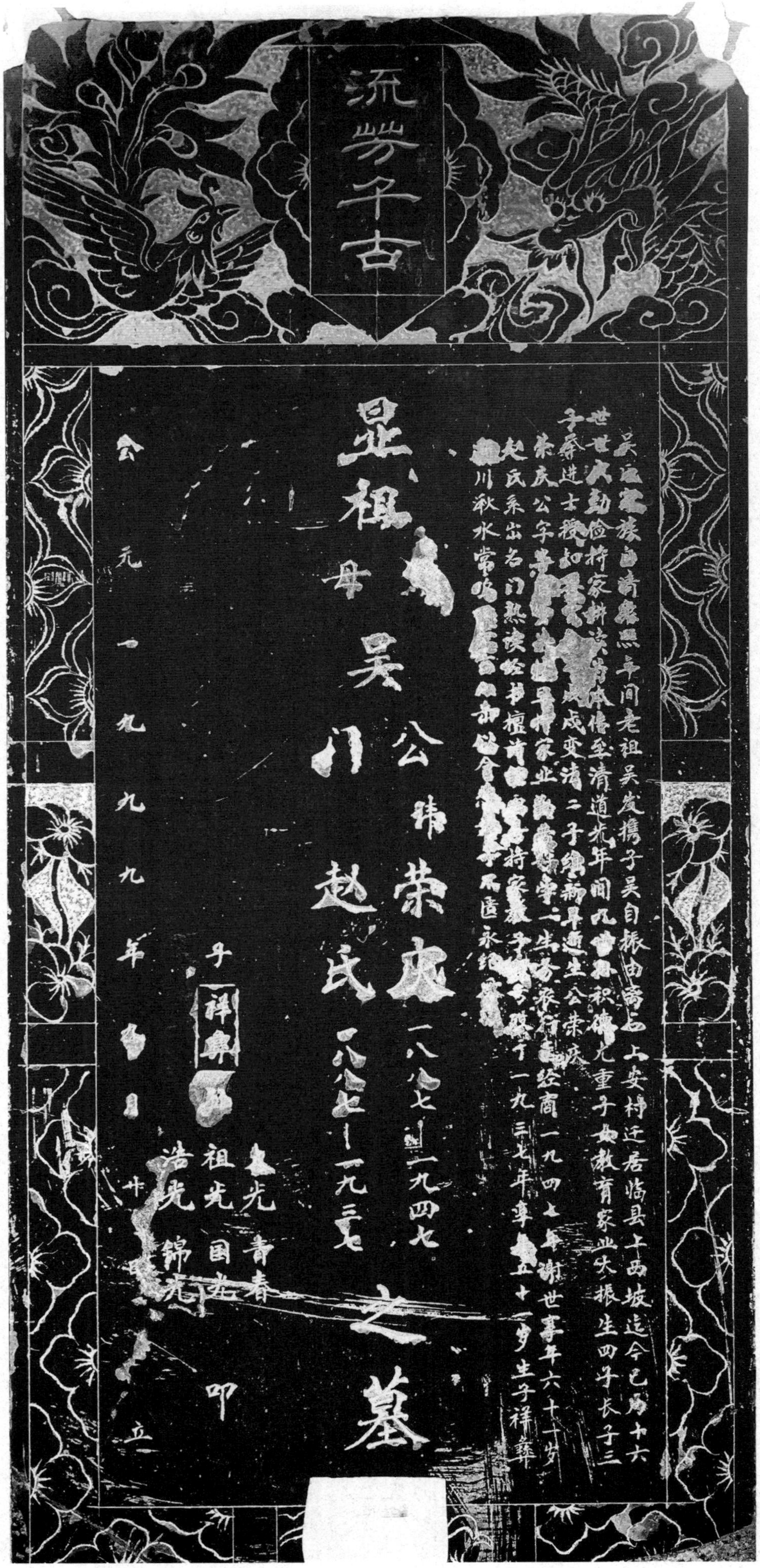

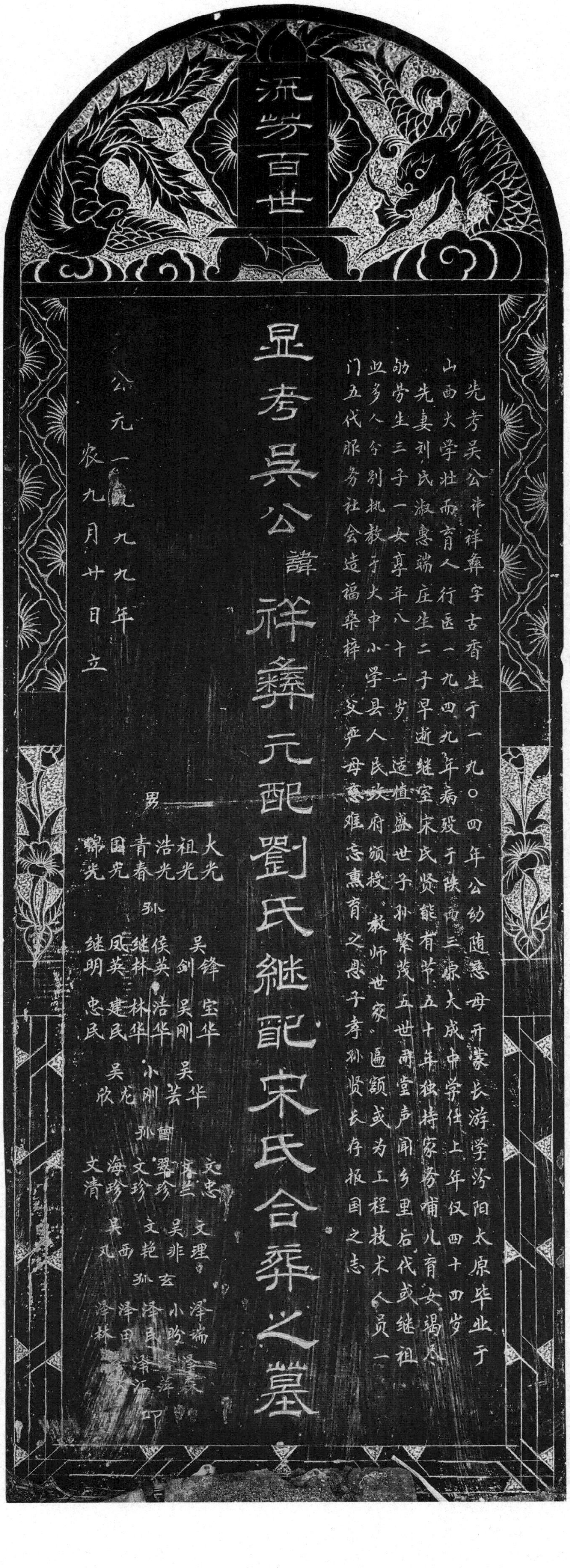

吴祥彝墓碑

【简介】

1999年9月勒石。现存于临县临泉镇上西坡村，立于护窑中。碑青石质，圆首，高152、宽57厘米。额题“流芳百世”4字。碑文楷书，正文6行，满行35字。保存完好。

【碑文】

显考吴公諱祥彝元配劉氏継配宋氏合葬之墓

先考吴公讳祥彝，字古香，生于一九〇四年，公幼随慈母开蒙，长游学汾阳、太原，毕业于山西大学。壮而育人行医，一九四九年殁于陕西三原大成中学任上，年仅四十四岁。先妻刘氏，淑惠端庄，生二子早逝。继室宋氏，贤能有节，五十年独持家务，哺儿育女，竭尽劬劳，生三子一女，享年八十二岁。适值盛世，子孙繁茂，五世同堂，声闻乡里。后代或继祖业，多人分别执教于大中小学，县人民政府颁授“教师世家”匾额。或为工程技术人员，一门五代，服务社会，造福桑梓。父严母慈难忘熏育之恩，子孝孙贤常存报国之志。

男　大光　祖光　浩光　青春　国光　锦光

孙　吴锋　吴剑　侯英　继林　风林　继明　宝华　吴刚　浩华　林华　建民　忠民　吴华　吴芸　小刚　吴龙　吴欣

曾孙　文忠　文兴　翠珍　文珍　海珍　文清

玄孙　泽瑞　小盼　泽民　泽田　泽林　泽森　泽萍　泽江　含秋叩

公元一九九九年寃九月廿日立

刘健墓碑

【简介】

1999 年 10 月勒石。现存于临县三交镇正街，立于碑窑中。碑青石质，圆首，高 121 、宽 57 厘米。额题“流芳千古”4 字。碑文楷书，正文 7 行，满行 32 字。为中共中央原华北局干部处处长刘健墓碑。保存完好。

【碑文】

故显考刘公讳健（1919—1996）妣曹氏桂英（1921—1999）合葬之墓

先父一九三七年参加革命，三八年加入中国共产党，一九八二年离休。战争年代曾任村长、区长、临县民政科长、绥远区委书记、兴和县委副书记。建国后历任中央组织部办公室主任，华北局干部处处长、山西省驻京办事处顾问等职。老人在几十年革命生涯中，经历了抗日战争、解放战争的锻炼考验，立场坚定，服从组织安排，在敌区工作，出生入死，作战勇敢，为革命曾光荣负伤，英勇事迹在绥蒙日报表彰，并被授予解放勋章。慈母贤慧，为支持先父工作，不辞劳苦抚养子女，操持家务，费尽心血。为报二老天恩，立碑纪念，以昭后人。

孝男新民　新生

孝女秀云　秀明　秀华

孙刘峥峥　刘瑞　张溦　张燕　杨柳　郭话楠　拜叩

公元一九九九年十月四日农历己卯年八月二十五日敬立

烈士碑记

【简介】

1999年10月勒石。现存于临县刘家会镇许家峪村，立于护窑中。碑青石质，圆首，高158、宽58、厚10厘米。碑阴额题“浩气长存”4字。碑文楷书，正文7行，满行35字。刊刻烈士许兴厚生平。保存完好。

【碑文】

（碑阳）

同祭祖宗恒念木本水源，

永言孝思实为天经地义。

（碑阴）

烈士碑记

烈士者，许兴厚也，生于一九二一年，一九三七年参军，同年入党，历任八路军某部排长、连长、连指导员等职务。一九四六年在解放忻州战役中牺牲，时年二十有六。戎马十年，战功显赫，人民政府追认为烈士，立石于闹区，以旌其所为。在今之碑而立焉，甲子一周期内，草野之死殁者，不足道矣。且富贵之士生而赫赫，死而默默者众矣。雅君皦皦，千古流芳，四方之士，无有不过而拜之者，何也？思之为国捐躯，死得其所，四海之下，能有几欤。由是观之国难当头，匹夫有责，精忠报国，虽死犹生，强于老死户里尽其天年者矣。旧塔因风雨侵蚀，碑字无原迹之晰，村人倡议为光君育后而改建，亦盛矣哉。

撰文　王金明

李生端书碑刻石

许家峪村委会立

公元一九九九年农历十月八日

新建学校戏台维修古庙碑记

【简介】

1999年12月勒石。现存于临县碛口镇中心社村。碑青石质，方首，高160、宽55、厚8厘米。额题“伟业”2字。碑文楷书，正文13行，满行39字。记载中心社村新建学校、戏台、维修古庙之事。保存完好。

【碑文】

新建学校戏台维修古庙碑记

我村学校，校舍殊紧，曾长期占用古庙教学。严重制约着教学质量的提高和教育事业的发展。改革开放以来，全体村民渐步脱贫致富之道，人心思治。为振兴教育事业，为恢复传统文化和活跃农村文艺生活，一致同意新建学校、戏台、维修古庙，以偿夙愿。

新建学校、戏台、维修古庙三项工程，开工于一九九四年九月，竣工于一九九八年九月，历时五年，总投资二十余万元。

学校新建二层教学楼一座，其中教室六个，窑洞八孔，是目前全村最壮观的建筑。新校舍的建成，为后代学子创造了良好舒适的学习环境。真可谓功在当代，利及子孙。

新建露天戏台一座，既解决了历年纠首唱戏搭台难的问题，又便于大型文艺活动的开展。

古庙维修工程，迄今为止，新上正殿，两个偏殿及观音庙门窗共五架，庙内全部泥补粉刷，观音庙新塑观音像、眼光娘娘像两座，侍从像四座，佛光普照，惠泽万民。

以上三项工程，完全是全体村民积极投工、捐款、协同努力的结果，出资顶工，以工折款，全村人均二百元，全部完成。为永记全村老幼共同铸就的不朽业绩和众志成城的可贵精神，兹将全村各户户主芳名勒石铭刻于后，永志纪念。

索达干乡中兴社村党支部、村委会

公元一九九九年十二月十九日

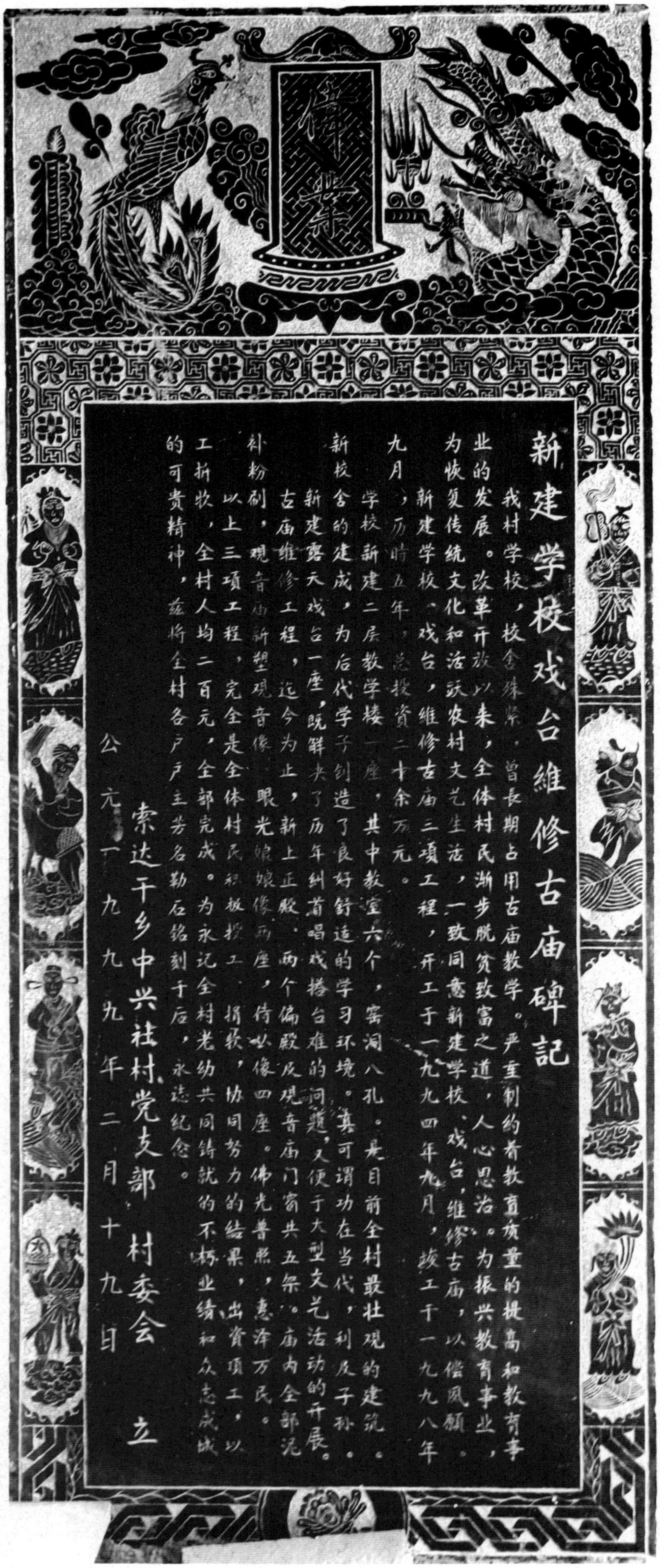

尧子坡村功德碑记

【简介】

2000年1月勒石。现存于车赶乡尧子坡村。碑青石质，方首抹角，高152、宽64、厚16厘米。碑阳额题“流芳千古”4字。碑文楷体，正文10行，满行33字。记载尧子坡村修戏台之事。碑阴刊刻工程收支情况及题名。碑从上半部断裂为两截。

【碑文】

（碑阳）

尧子坡村功德碑记

继民国二十二年第二次戏台落成开光，至一九九零年第三次戏台竣工，已五十六年，村民苦于年年唱戏，年年搭台，为此在以张其顺为首，主持组织并积极施舍，其他同志参与，动员村民以人出钱，齐心协力，众志成城。然劳而不烦，奔跋不怨，盼望已久的戏台只将主体工程建起，因届时资金难足收，未能盖顶，於一九九九年春季，他又设法四处筹资，盖顶才圆其事。

为了村人的利益，他千方百计带领村民群策群力，除修戏台外，几年来他还上找省、地、县各级政府，下帮村支委各届干部，修标准化学校一座，四山循环路两条，前村吃水井一眼，戏院洞一座，戏院塄一条，维修正殿庙院，所涉之事，他都身先士卒，苦其心志，劳其筋骨，伤其心血，舍其财力，以一身之正气，一生之精血，益于后人，村人敬重之至，以碑文记之，乃芳名永垂。

公元二零零零年农庚辰正月初八日吉立

（碑阴）

收入总计11555.5元，戏台造价65500元。

设计　张其让

工程主体　王启贤

盖顶　张国勤

文书　张其让

书法　武家沟武德勤

刻石　薛家坪薛元英

火燎坡建修庙记

【简介】

2000年2月勒石。现存于大禹乡火燎坡村。碑青石质，圆首，高158、宽60、厚9厘米。碑阳额题“承前启后”4字。碑文楷体，正文11行，满行36字。记载火燎坡村重修庙宇之事。碑阴额题“千秋流芳”4字。刊刻施钱人及撰文书刻人等。保存完好。

【碑文】

（碑阳）

千秋村史绝无载，海雨天风独往来。

聊表往怀匆此书，古今难能说明白。

相传大明年间火燎坡北山庙峁有庙一座，尊位有：玄天大帝、关圣帝君、南海大士、韦陀、龙王神圣、真武大帝和戏台，均塌废。各位神灵无处安身。大清道光二十五年，村民以投工捐款、村领人四方化缘之方式，开工重建庙宇，历时三年竣工，建起财神庙和老爷殿两处，且树碑流传。由于年久日深，两处庙殿均废，诸尊神灵再次无处立位。八十年代又起敬意，张王刘吕四姓经领，一九八三年又建起财神庙和南海大士殿，被当年即毁。1991年村委在庙址建窑洞三孔为学校，一九九二年四姓经领再次出面，窑顶上又建起四合平房为神殿，一九九六年塑神像七尊入庙殿，以此布施连绵，款额渐增，十元以上者树碑昭传。

书不尽意恕不恭，不成文理宥是幸。

人杰地灵万事通，物宝天华地流金。

经领人　张士林　刘生虎　王勤则　吕乃照

撰文　张士林　张秀照

公元二○○○年二月吉日敬立

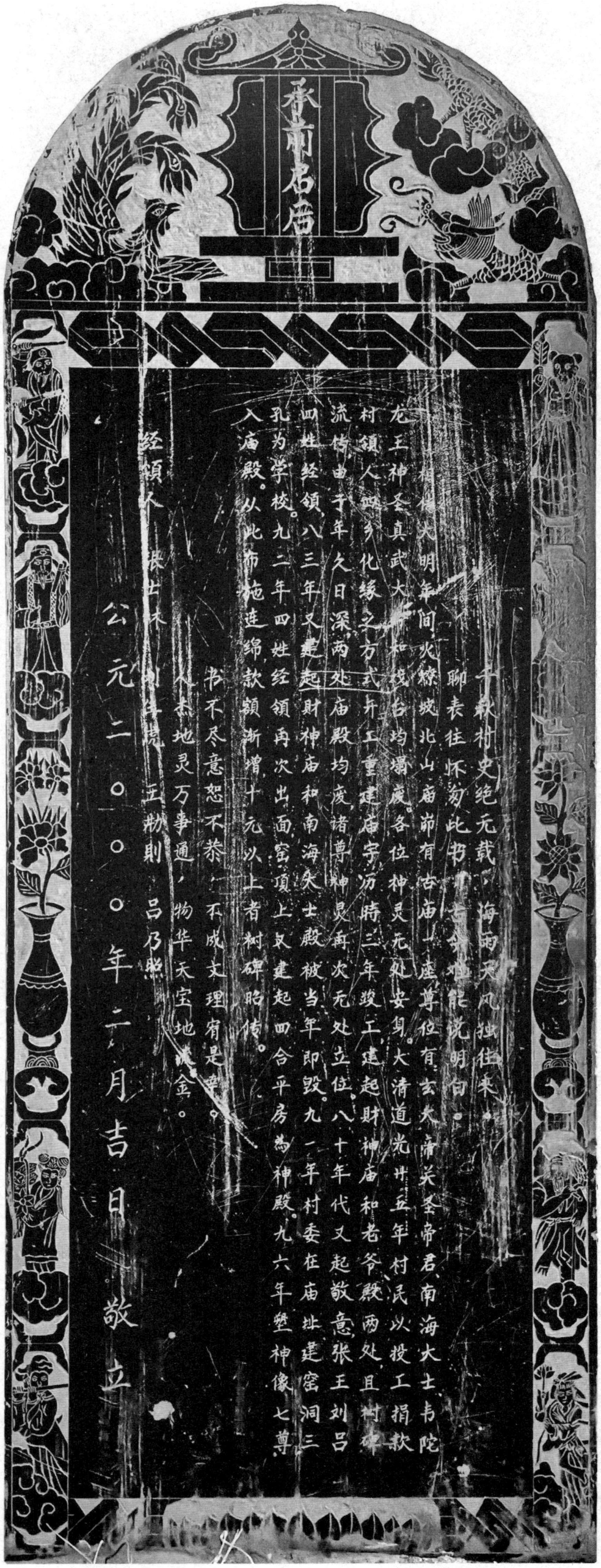

（碑阴）

（施钱人略）

撰文　张士林　张秀照

书写　刘振明

雕刻　刘永忠　刘永明

文庙学校兴学碑文

【简介】

2000年3月勒石。现存于临县县城文庙学校。碑青石质，方首，碑高99、宽150、厚10厘米。碑文楷体，正文1行，满行3字。记载文庙学校集资办学情况。保存完好。

【碑文】

（碑阳）

兴学碑

临县实验小学校

公元二〇〇〇年三月六日

（碑阴）

实验小学兴学碑记

一九九九年十二月二十八日，实验小学举行有县级领导、各界名流、本校师生共三十余人参加的“世纪之交回顾与展望”活动。同日启动兴学工程。各有识之士纷纷捐资助学，现将捐款二百元以上者铭录青石，以昭后人。

李爱君，一九九九年至二〇〇五年每年捐资二千元，共一万二千元，设立“爱君奖学金”，每年资助五名特困生，奖励十名特优生。

一千元者 贺建军 李崇荣 五百元者 樊红卫 高乃元 三百元者 王旭峰 张建军 张国平 郭崇书 高锦春 徐继宝 常顺平 王坚 郭显廷 林建强 赵三保 秦林贵 辛华平 雷俊福 郭来庆 李艳春 牛忠平 曹生平 马奇峰 薛林平 林宝全 二百元者 刘世林 白绳宽 陈小林 李晓晓 刘文良 张绳富 刘继明 李五儿 白金平 薛万忠 刘全照 高志勤 任元明 郭志斌 秦瑞峰 王向东 高新明 薛成宝 杨晋强 王少利 刘小峰 李继平 梁泽峰 薛明清 张文成 林茂康 刘小平 秦唤明 王喜祥

书碑刻石 李生端

公元二〇〇〇年三月六日

维修观音庙碑记

【简介】

2000年勒石。现存于临县城庄镇大居村。碑青石质，圆首，碑高133、宽55、厚7厘米。额题“永昭后世”4字。碑文楷体，正文11行，满行29字。记载大居村维修观音庙之过程。保存完好。

【碑文】

维修观音庙碑記

观音庙占地二亩，原建於明代，磚木构筑，三合头庙院，古朴典雅，雄伟壮观，松柏参天，树围二人之抱。逢端阳节，香烟萦绕无断，香客络绎不绝，笙鼓齐唱，八音合奏，热闹非凡。然则人事沧桑，世态变幻，年久失修，一九六六年后，雕塑就无存矣，墙壁残之断损。民族文化乃华夏文明之象征，大居村民为弘扬民族文化，保存古迹，先后在七八、八九等年，民众自发捐料投工，多次进行过维修，后于二零零零年五月九日动工，在原址翻修观音庙。历时四十五天，砖灰建筑，水泥盖板，围墙大门一并建成。今之庙院，油画显目，整洁干净，民赠神像，生动逼真，色彩绚丽，塑工精致。规模虽小，古刹犹新，足见信民之虔诚也，故立碑记事，永昭后世。

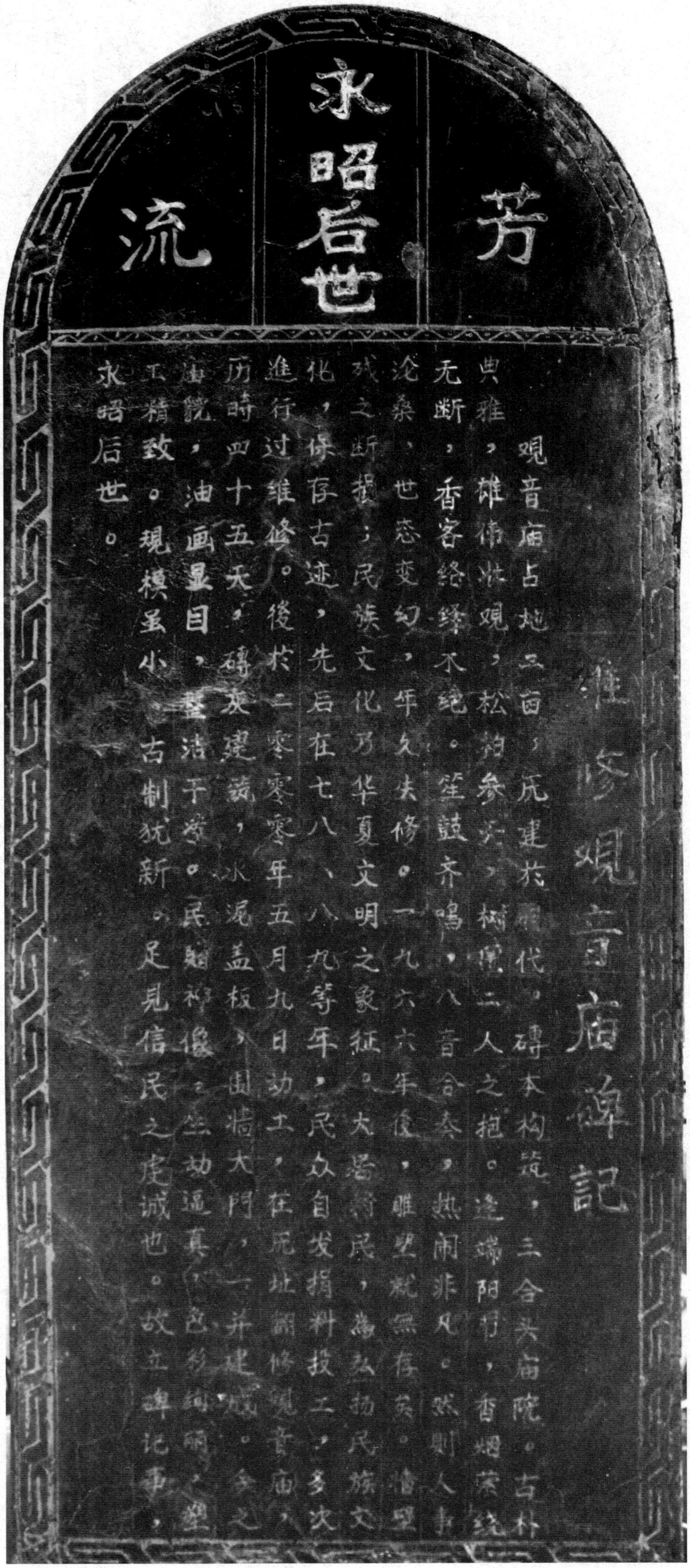

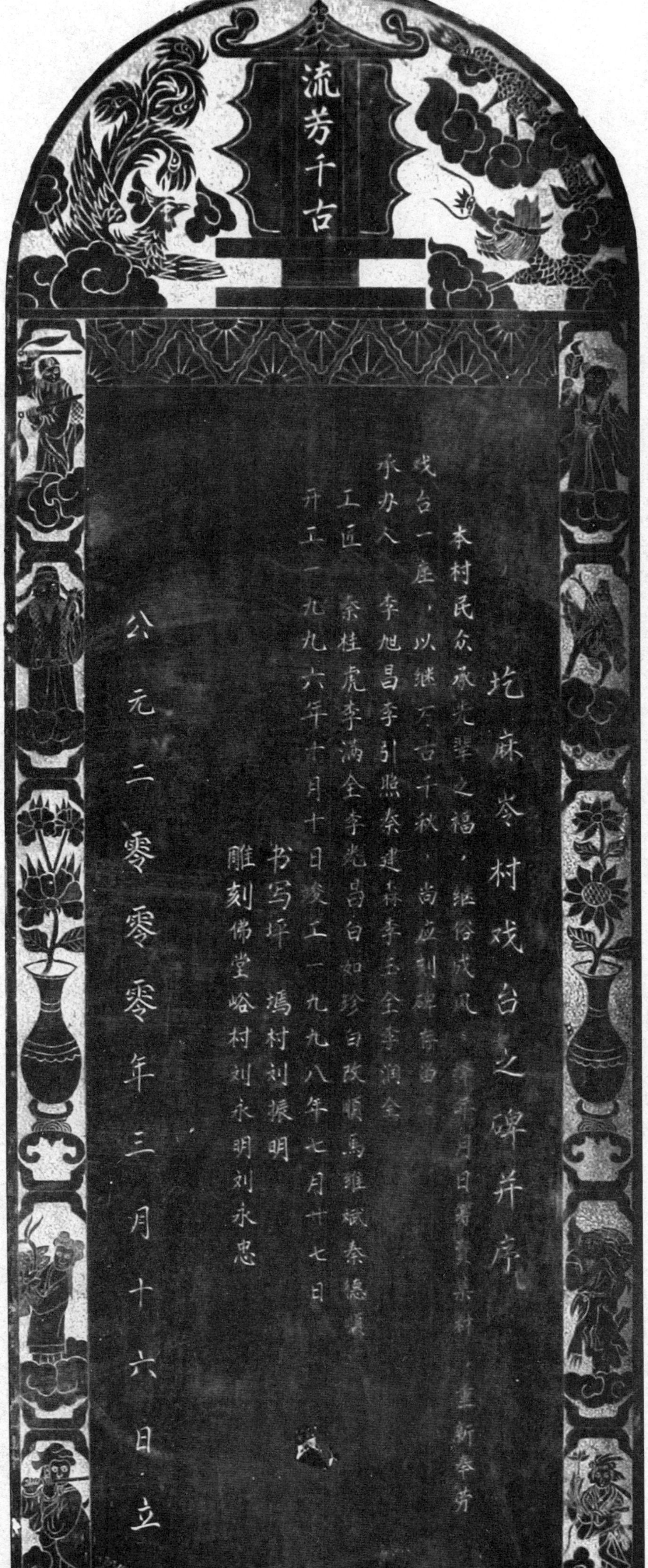

圪麻岭村戏台之碑并序

【简介】

2000年3月勒石。现存于临县大禹乡圪麻岭村。碑青石质，圆首，碑高164、宽60、厚9厘米。碑阳额题“流芳千古”4字，碑文楷体，正文2行，满行30字。记载圪麻岭村修建戏台之事。碑阴额题“石镜永悬”4字。主要刊刻施钱人名单。保存完好。

【碑文】

（碑阳）

圪麻岭村戏台之碑并序

本村民众承先辈之福，继俗成风，择年月日筹资集材，重新奉劳戏台一座，以继万古千秋，尚应刻碑存留。

承办人　李旭昌　李引照　秦建森　李玉全　李润全

工匠　秦桂虎　李满全　李光昌　白如珍　白改顺　冯维赟　秦德顺

开工一九九六年十月十日，竣工一九九八年七月廿七日。

书写　坪墕村刘振明

雕刻　佛堂峪村刘永明　刘永忠

公元二零零零年三月十六日立

（碑阴）

施钱人

李引照　秦建森　各伍百元　李民昌　李玉全　各叁百元　李旭昌　李润全　各贰百元　李乃顺　王有应　秦桂旺　李艮元　李满贵　各壹百元（余略）

总造价伍万捌仟捌百元

重修武圣宫碑记

【简介】

2000年3月勒石。现存于临县克虎镇克虎村。碑青石质，龙首，碑身高182、宽76、厚15厘米，碑头高60、宽77、厚14厘米，碑额细砂石质，碑阳、碑阴额题均为“千古”2字，碑文楷书，正文17行，满行56字。记载克虎村重建关圣宫之事。保存完好。

【碑文】

（碑阳）

重建武聖宮碑記

尅虎寨村之巽方，前人立庙，主殿配祀武圣二尊，俗称庙畔文垣。配武庙是谓揆文奋武科甲发祥之地也，今顾义定名武圣宫。武者威德遐畅、平定祸乱、保太定功、刑民克服、忠义刚强、直理以顺、辟土斥境、折冲御侮之谓也。圣者竣德垂毓、府知通明、敬宾厚礼、神化难名之谓也。二圣鸿德齐天、历朝显佑，故庙号递尚。此地群山兀立，众水环绕，林木叠嶂，云岩出岫，千里震龙，辞楼下殿，发脉万里，黄河盘曲，湫洄朝拱，魁阁对案，向纳文明瑞气，白虎挂印，更显罗城周密，水呈三合会局，地得木火通明，位奠子午，雄视晋秦，古垒对峙，寺观相映，可谓千古形胜佳境。

原庙四五年间毁坏，留存正三殿，石砌洞基，碑石两块，然年久文字颓落，无可稽考。据说村中三庙，唯此悠久，村寨始建于金大定年间，属防守西夏藩篱，宋金时道教鼎盛，兵燹频年，是以先民为祈胜求安而设武庙。循理而推，村庙似为同期而建，详其庙三层壁绘，可见年长矣。关圣帝君，汉末三国蜀之宿将，夏直臣关龙逄后裔，汉延熹三年六月廿四日，降晋南解州常平村宝池里，当世时为留守荆州牧，封汉寿亭侯，追谥壮缪侯武安王。明清时敬上帝号，帝 功盖三多，昭显历朝，华夏寺庙林立，至今香烟不衰。道行缜正，恩威济时，忠义神武，格天感人。可谓忠贯一世，气盖千秋。

清源妙道杨真君，商时四周神将，拜师太乙，精修至道，成七十二化。伏梅山七怪，开周朝八百年基业，赐赤诚昭惠杨真君，庙号世传，神通广大，法力无边，部领天兵，降妖伏怪，号称千古武圣，世食下方香火。呜呼！圣人不自矜执一曲尽其事为己任而后归之于五德，功圆果满，不自私而后归之于道，道大无极，还归太虚，与天地合德，似春秋两仪，洞微因果，高鉴察微，护国保民，助善伐恶，是谓圣用无方，神化难名焉。

祸因恶积，福由善庆，圣德荫佑，天恩永锡。忆传

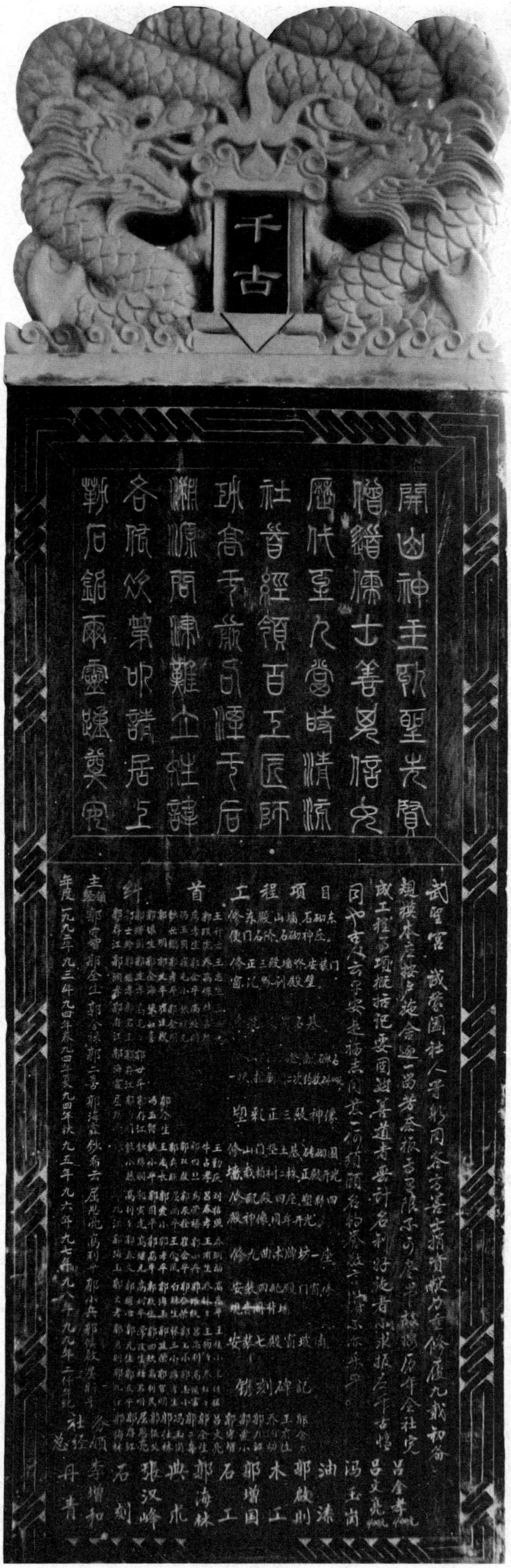

日寇乡里，家君被劫持，临危许愿，感格二圣，昭佑得以生还。深体则信，亲验若铭，于是作记，答报上苍，夫称贤达圣，自须天赋资质。然未尝不以恒志积学苦行磨炼而成，非学无以致知，非知无以正行，非正无以培德，非德无以感天矣。

壬申春，政行改革开放，世呈国泰民安，百业振兴，千废待举。村寨属文物保护区，古迹系文化遗传点，因此合社人等不忍坐视，商定复修。武圣宫岁周两千年纪履九载，大功告成，庙貌一新，夫捐献成于圣业，芳名流于后代，虽世殊事异，其致同也。幸蒙乡士献嵩山石一块，于是考功察实，勒碑刻铭，是为记。

中華人民共和国

公元二零零零年三月下浣吉辰

尅虎寨合社躬同各方信士　叩

后学郭海霖沐拜撰文　敬

（碑阴）

开山神主，□圣先贤，僧道儒士，善男信女，历代至人，当时清流，社首经领，百工匠师，功高于前，名湮于后，渊源问津，难立姓讳，各依次第，叩请居上，勒石铭尔，灵踵奠安。

年度　主经领　　　纠首　　　　　工程项目

（1992 年至 2000 年经领、纠首名单略）

席孝生郭志小高侯富乔虹虹王候孩　镌刻碑记。

社务总经领　郭海霖　郭存江　屈恩亮　郭振义　郭士林　冯玉岗　郭二喜　郭全生　吕文亮　郭守智　郭爱小　郭九江　乔洞动　王有生　郭念太

武圣宫，承蒙合社人等躬同各方善士捐资献力重修，履九载初备规模，本应按户施舍逐一留芳，奈板面有限，不可尽书。按历年合社完成工程事项，概括记要，固然善道者无计名利，好施者小求报应，千古情同也。古人云：平安是福，志同意一，何须沽名钓誉，敬言口谢，不亦乐乎。

丹青　李增和

石刻　张汉峰

典术　郭海霖

石工　郭增国

木工　郭启则

油漆　冯玉岗　吕文亮 400 元　吕个孝 400 元

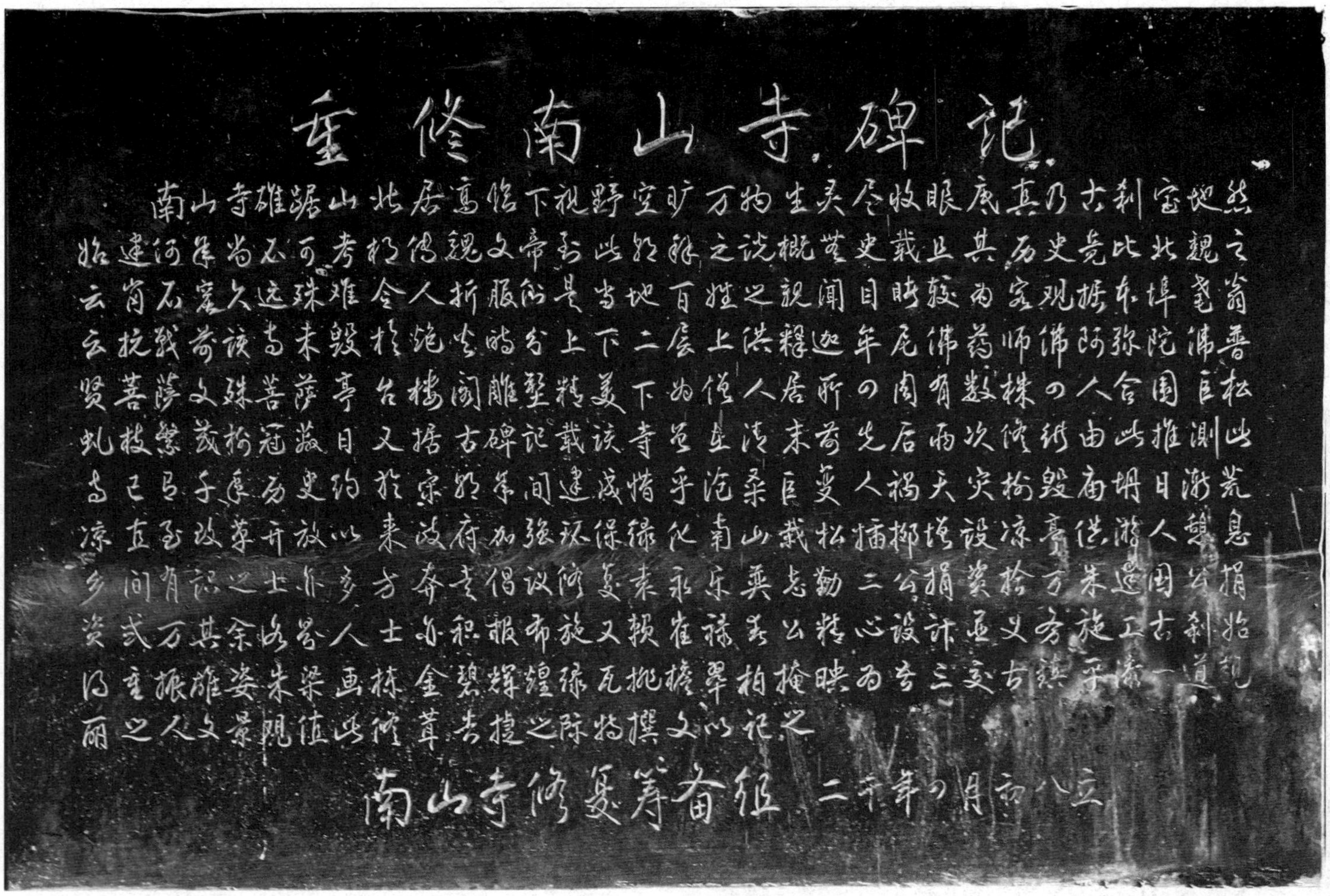

重修南山寺碑记

【简介】

2000年4月勒石。现存于临县三交镇南山寺。碑青石质，长方形，高99、宽150、厚10厘米。碑文行书，正文12行，满行32字。记载重修南山寺之事。保存完好。

【碑文】

重修南山寺碑记

南山寺雄踞山北，居高临下，视野空旷，万物生灵，尽收眼底，真乃古刹宝地，然始建何年尚不可考。相传魏文帝至此朝拜之说，概无史载，且其历史竟比北魏之云冈石窟久远，殊难令人折服。倒是当地有百姓之亲闻目睹较为客观。据本埠老耄云，抗战前该寺未毁于炮火，时分上下二层，上供释迦牟尼佛、药师佛、阿弥陀佛、文殊菩萨、普贤菩萨，亭台楼阁、雕塑精美。下为僧人居所，四周有数株四人合围巨松，虬枝繁茂，树冠蔽日。又据古碑记载，该寺虽在清末前先后两次重修，由此推测出此寺已有千年历史，约于宋朝年间建成。惜乎沧桑巨变，人祸天灾，树毁庙坍，日渐荒凉。直至改革开放以来，政府加强环保绿化，南山栽松插柳，增设凉亭，供游人憩息，乡间有识之士亦多方奔走，倡议修复，袁永乐、樊志勤二公捐资十万，朱建国捐资二万，其余各界人士亦积极布施，又赖崔录春公精心设计，并义务施工，古刹始得重现雄姿，朱梁画栋，金碧辉煌，绿瓦挑檐，翠柏掩映，为吾三交镇平添一道靓丽之人文景观，值此修葺告捷之际，特撰文以记之。

南山寺修复筹备组

二千年四月初八日立

关圣帝君庙碑记

【简介】

2000年5月勒石。现存于临县安业乡东沟则村。碑青石质，圆首，高144、宽60、厚10厘米。碑阳额题“功德永存”4字。碑文楷体，正文13行，满行30字。内容记载维修关帝庙之事。碑阴额题“流芳”2字，刊刻经领人、工匠、捐款人等。保存完好。

【碑文】

（碑阳）

关圣帝君庙碑记

关圣帝君庙位于临县城南十公里湫水河畔东沟则村，始建年代尚无考证，据称当年正殿雄伟高大，配殿楼阁辉煌，石碑、戏台等浑然一体，工艺精湛，四季钟磬声悠，香烟缭绕。惟每年五月十三日传统庙会，四乡闻名，香客云集，并由青唐村选社主纠首筹资唱戏，以谢神恩。20世纪中叶，庙宇毁于战乱，成为废墟，遗址建为民宅，逢年过节指点敬奉者尤多，时有灵应，人们对古刹的毁坏无不叹息。时逢盛世，百废俱兴，重新修复庙宇已成为乡民的一大心愿。时至1997年，由王茂荣等共商修庙事宜，乡民踊跃捐资，投工献料，择吉于寺梁山顶，于三月奠基开工，是年三间正殿竣工，翌年塑像彩绘围墙大门等配套设施一应俱全。五月十三日隆重举行开光典礼，一座古色古香圣庙落成于山顶。仰望东南群山环抱；俯首西北，湫水粼粼。庙四周翠柏环绕，风光无限，三间正殿均塑圣像。中殿关圣帝君，东殿龙天大王，西殿北岳大帝。释迦牟尼、观世音菩萨、玄天大帝、山神

（碑阴）

土地等也同庙供奉。整座庙宇历经二年完竣，非一人之力，为万人之功，投工献料者不计其数。有创于前者，必有继于后，为将该庙修建事宜及尽心竭力诸君留芳后世，特撰此文，立石永荐。

经领人　王茂德　王茂全　王茂崇　王茂生　王唤喜　王锋　高世宁　高世英　高福勤　高秀勤　李法旺　李来旺　王全喜　王新林　李根保　王贵顺　王香兰　王在戎　王义贞

石工　王和平　王茂生　王茂荣　王乃润

泥工　李继元　李小勤　高艳斌

木工　王金荣

塑像　白永勤

丹青　白顺喜

撰书　王福大　王贵顺

缮写　王中兴

雕刻　李根宝

施钱五十元以上者　王铁儿550元　白永勤150元　曹根元100元　王唤喜100元　李海峰100元　李海龙100元　李海平100元　王乃润60元　（下略）

公元二〇〇〇年五月十三日吉立

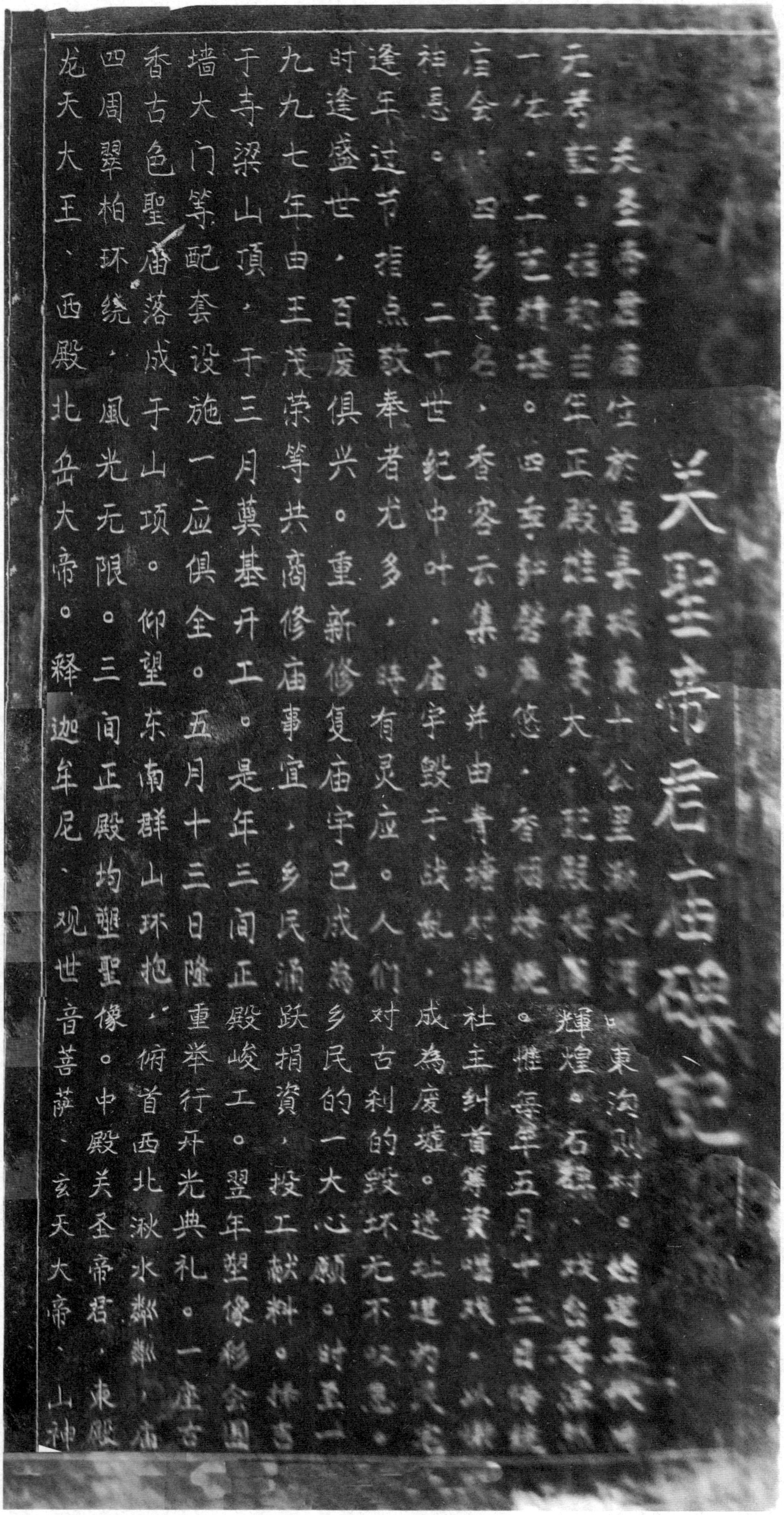

关聖帝君廟碑記

关圣帝君庙位於临县城東十公里湫水河東沟則村。始建[illegible]
天尊殿、[illegible][illegible]生正殿雄偉高大，[illegible][illegible][illegible][illegible]輝煌。石碑、戏台[illegible][illegible][illegible]
一体。二[illegible]村落。四季[illegible][illegible]声悠，香[illegible][illegible][illegible]。惟每年五月十三日[illegible][illegible]
庙会，四乡[illegible]名，香客云集。并由寺[illegible][illegible][illegible]社主纠首筹資唱戏，以[illegible]
神恩。二十世纪中叶，庙宇毁于战乱，成為废墟。选址建[illegible][illegible]
逢年过节，指点致奉者尤多，時有灵应。人们对古刹的毁坏无不叹息。
时逢盛世，百废俱兴。重新修复庙宇已成為乡民的一大心愿。时至一
九九七年由王茂荣等共商修庙事宜，乡民涌跃捐資，投工献料。[illegible][illegible]
于寺梁山頂，于三月奠基开工。是年三间正殿峻工。翌年塑像彩[illegible]
墙大门等配套设施一应俱全。五月十三日隆重举行开光典礼。一座古
香古色聖廟落成于山项。仰望东南群山环抱，俯首西北湫水粼粼，庙
四周翠柏环绕，風光无限。三间正殿均塑聖像。中殿关圣帝君，東殿
龙天大王、西殿北岳大帝。释迦牟尼、观世音菩萨、玄天大帝、山神

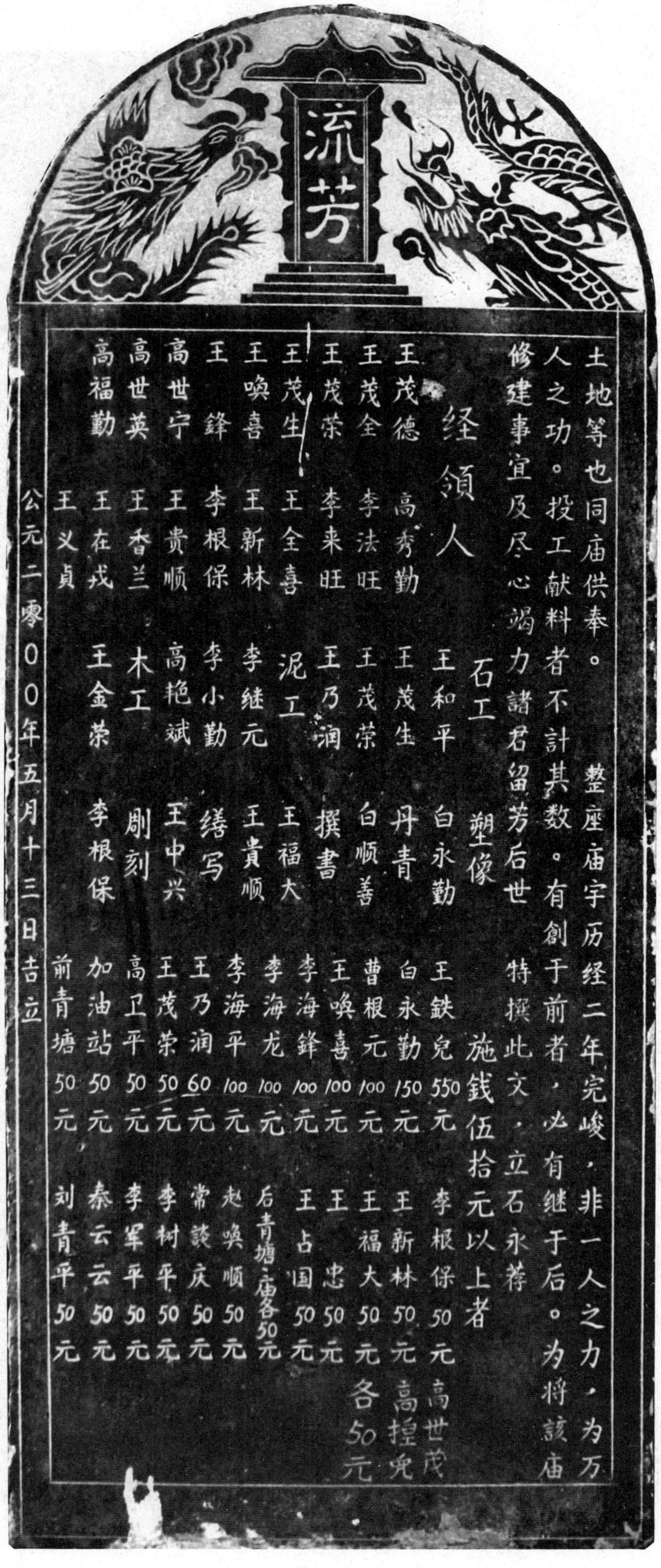
流芳
土地等也同庙供奉。　整座庙宇历经二年完峻，非一人之力，为万
人之功。投工献料者不計其数。有創于前者，必有继于后。为将該庙
修建事宜及尽心竭力諸君留芳后世　特撰此文，立石永荐
经領人　石工　塑像　施銭伍拾元以上者
王茂德　高秀勤　王和平　白永勤　王鈌兒550元　李根保50元　高世茂
王茂全　李法旺　王茂生　丹青　白永勤150元　王新林50元　高捏兒
王茂荣　李来旺　王茂荣　白顺善　曹根元100元　王福大50元　各50元
王茂生　王全喜　王乃润　撰書　王喚喜100元　王忠50元
王喚喜　王新林　泥工　王福大　李海鋒100元　王占国50元
王鋒　李根保　李継元　王貴顺　李海龙100元　后青塘庙各50元
高世宁　王貴顺　李小勤　缮写　李海平100元　赵喚顺50元
高世英　王香兰　高艳斌　王中兴　王乃润60元　常談庆50元
高福勤　王在戌　木工　剔刻　王茂荣50元　李树平50元
王义貞　王金荣　李根保　高卫平50元　李军平50元
加油站50元　泰云云50元
前青塘50元　刘青平50元
公元二零〇〇年五月十三日吉立

建校碑记

【简介】

2000年5月勒石。现存于临县碛口镇陈家山村，嵌于墙内。碑青石质，长方形，高110、长330厘米。正文13行，满行27字。记载陈家山村修建学校之过程。现保存完好。

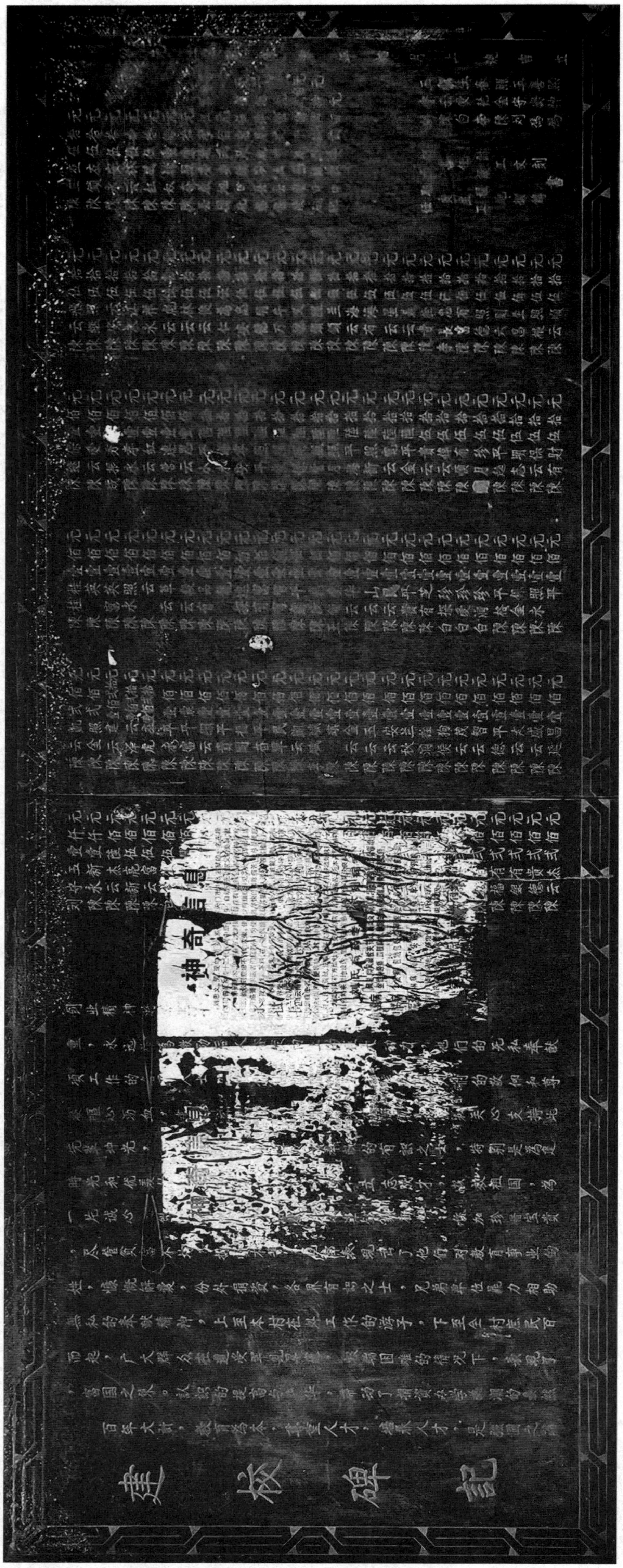

【碑文】

建校碑記

百年大计，教育为本。培养人才是强国之路，富国之举，认识的提高与升华，带动了捐资办学热潮的轰然而起，广大群众在遭受罕见旱灾极端困难的情况下，表现了无私的奉献精神。上至本村在外工作的游子，下至全村庶民百姓，慷慨解囊，份外捐资，各界有识之士，兄弟单位鼎力相助。尽管贫富不均，捐资不等，但都表现出了他们对教育事业的一片诚心，创业的艰辛，后辈应永远铭刻在心，倍加珍惜宝贵时光和优美的学习环境，刻苦攻读，立志成才，报效祖国，为先辈增光。一切为教育事业做出奉献的有识之士，特别是为建校呕心沥血、建功立业的干部以及所有建筑工匠和关心支持此项工作的各界人士，他们理所当然地应该受到人们的敬仰和尊重，永远作为激励后人、奋发向上的巨大动力，他们的无私奉献创业精神将名垂千古，永世长存。

捐款人名：刘守玉壹仟元　陳永新壹仟元　陳云杰陆佰元　陳新亮伍佰元　陳云富伍佰元　（下略）

任职干部　刘守玉

支书　陈云富

主任　白爱生

工程设计　李艳春

施工　陈金兆

撰文　刘守玉

镌刻　冯安春　　书　冯仲照

二零零零年榴月上浣吉立

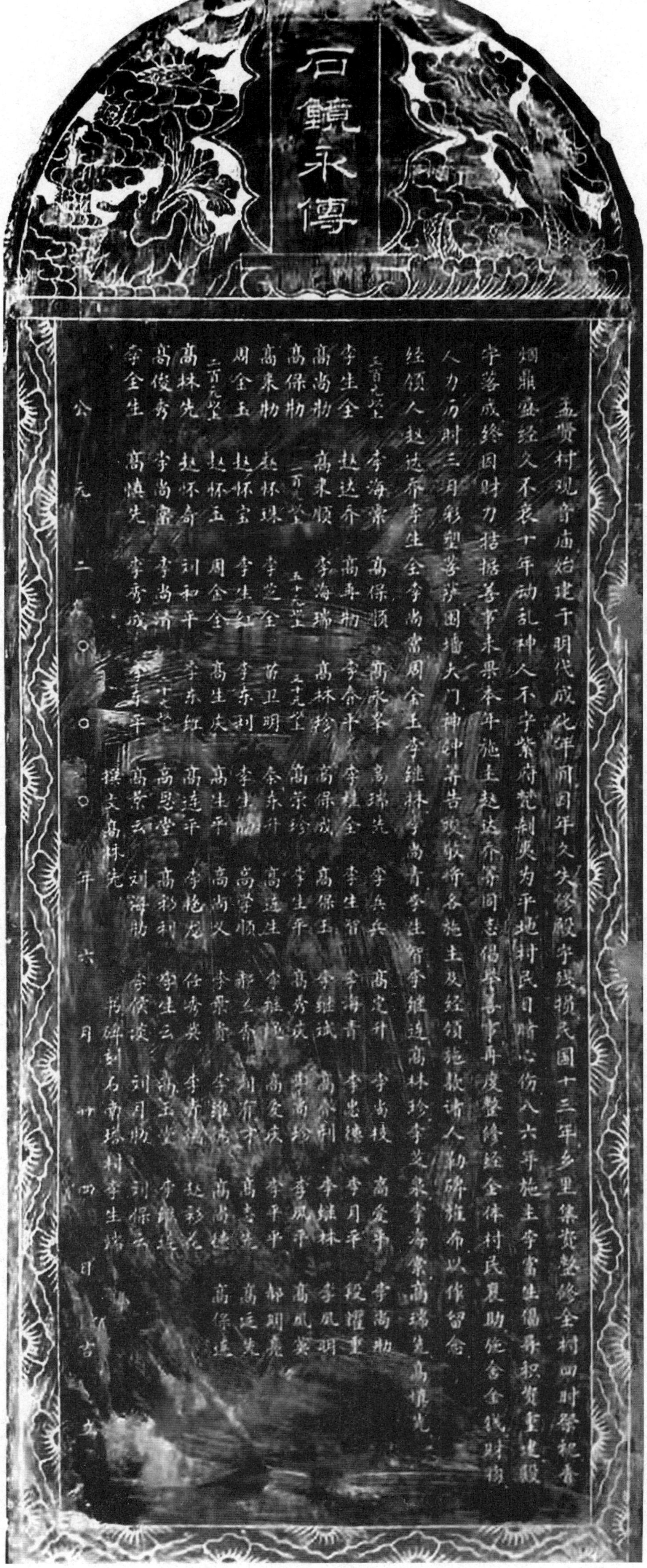

重修观音庙碑记

【简介】

2000年6月勒石。现存于临县临泉镇孟贤村。碑青石质，圆首，高156、宽60、厚8厘米。额题“石镜永传”4字，碑文楷体，正文4行，满行44字。记载孟贤村重修观音庙之事。保存完好。

【碑文】

孟贤村观音庙约建于明代成化年间，因年久失修，殿宇残损。民国十五年，村里集资整修，全村四时祭祀，香烟鼎盛，经久不衰。十年动乱，神人不宁，紫府梵刹，夷为平地，村民目睹心伤，八六年施主李富生倡导积资重建。殿宇落成，终因财力拮据，善事未果。本年施主赵达齐等同志倡举善事，再度整修，经全体村民襄助施舍金钱、财物、人力，历时三月，彩塑菩萨、围墙大门、神钟等告竣，谨将各施主及经领施款诸人，勒碑旌布，以作留念。

经领人　赵达齐　李生全　李尚富　周金玉　李继林　李尚青　李生智　李继连　高林珍　李芝泉　李海棠　高瑞先　高慎先

三百元以上　李生全　高尚勤　高保勤　高来勤　周金玉

二百元以上　高林先　高俊秀　李全生　李海棠　赵达齐　高来顺

一百元以上　赵怀珠　赵怀宝　赵怀玉　赵怀奇　李尚富　高慎先　高保顺　高再勤　李海瑞

五十元以上　李芝全　李生红　周金全　刘和平　李尚清　李秀成　高永峰　李春平　高林珍

（三十元以上、二十元以上人名略）

撰文高林先

书碑刻石　南塔李生端

公元二〇〇〇年六月廿四日吉立

重塑诸神碑记

【简介】

2000年8月勒石。现存于临县湍水头镇后南沟村。碑青石质，圆首，高149、宽63、厚10厘米。碑阳额题“流芳千古”4字。碑文楷体，正文8行，满行40字。记载后南沟村重修诸神庙之事。碑阴额题“石镜永悬”4字。碑文为施钱人名单及丹青、撰书、雕刻人名单。保存完好。

【碑文】

（碑阳）

重塑诸神碑记

三位娘娘、龙王、财神、老爷、土地五庙，始建于道光年间，星转斗移，时过境迁，世道变故，于公元一九五八年至一九六六年拆毁，后于一九九八年村民自发筹款投工，重修庙宇，有碑详记。

庙虽雄伟壮观，但有神无像，犹如画龙无睛，为使其庙更加完美无缺，又于公元二〇〇〇年，村民既为完善庙宇，又为表达虔诚之意，由村委支持，众纠首及全体经领承办人牵头，众村民自愿集资，四处寻觅能工巧匠，重塑众神金身，业已完备。各像栩栩如生，流光溢彩，使庙宇更加光彩夺目，辉煌灿烂。且择吉于二〇〇〇年七月十三开光庆典，为颂其功德，故立此碑以作纪念。

纠首　薛金贵　张亮　闫福照　刘廷海　张德佩　李永斌　樊平则　薛平则　王香平　樊春平　张俊照　薛春院　武尚泽　李華国　刘虎照　张谈照　薛利勤　张福平　赵勤顺　张有继　刘清照

大队主办　樊引明　闫四丑　樊平则　曹来顺　樊志龙　张五狗

承办人　薛全贵　张亮　张德佩　王香平　闫福照　樊平则

施钱人　刘福林400元　穆宏旦400元　樊平则300元　电石厂200元　水泥厂200元　王香平180元　王佩旺100元　霍家岭100元　新建水泥厂100元　信用社100元　薛乃旺100元　张有记100元　李成保60元　王建中　湍水头初中　教委　邮政所　医院各　50元

公元二〇〇〇年八月谷旦日立

（碑阴）

施钱人：（略）

丹青　李兰贵

撰文书写　刘振明

雕刻　刘永明　刘永忠

流芳千古
重塑諸神碑記
三位娘娘、龙王、財神、老爷、土地五庙，始建于清道光年间，星转斗移，时过境迁，
世道变故，于公元一九五八年至公元一九六六年拆毁，后于一九九八年村民自发筹款投工，
重修庙宇，有碑详记。
庙虽雄伟壮观，但有神无像，犹如画龙无睛，为使其庙更加完美无缺，又于公元二〇〇
〇年，村民既为完善庙宇，又为表达虔诚之意，由村委支持，众纠首及全体经領承办人牵头
众村民自愿集資，四处寻覓能工巧匠，重塑众神金身，业已完备，各像栩栩如生，流光溢彩
，使庙宇更加光彩夺目，辉煌灿烂，且择吉于二〇〇〇年七月十三开光庆典，為頌其功德，
故立此碑以作纪念。
纠首
薛全貴 巽平則 武尚泽 趙勒順
張亮 薛平則 李犟国 張有继
闫福照 王香平 刘虎照 刘清照
刘廷海 巽春平 張谈照
張德佩 張俊照 薛剩
李永斌 薛春院 張福平
大队主办
巽引明 闫四丑 巽平則 曹來順 巽志龙 張五狗
承办人
薛全貴 張亮 張德佩 王香平 闫福照 巽平則
施钱人
刘福林 400元 穆宏旦 400元 巽平則 300元 电石厂 200元 水泥厂 200元 王香平 180元
王佩旺 100元 霍家岭 100元 新建水泥厂 100元 信用社 100元 薛乃旺 100元 張有继 100元
李成保 60元 王建忠 滦头初中 元 教委 50 邮政所 医院 各
公元二〇〇〇年八月谷旦日立

大峪沟河坝工程碑记

【简介】

2000年10月勒石。现存于临县大禹乡大峪沟村。碑青石质，方首，高147、宽60、厚6厘米。碑文介绍大峪沟河坝工程概况。碑文隶体，正文1行，满行7字。碑文完整，字迹清晰，碑体完好。

【碑文】

（碑阳）

国家生态环境建设综合治理项目

大峪沟河坝工程

临县生态项目办公室

二〇〇〇年十月

（碑阴）

工程简介

大峪沟村位于湫水河东畔，属歧道乡管辖。共有四百一十三户，一千六百三十二口人。由于长期的掠夺性经营，导致水土流失严重，生态环境恶劣。为了建设青山绿水，实现稳定脱贫，国家生态环境建设项目安排该村淤滩造地工程两处。该工程于二000年四月二十五日开工，同年八月三十日竣工。共修河坝四百三十二米，河宽三十米，主坝高上游段二点二米，下游段三米。基础平均深二点九米，下游段三点二米，淤滩造地二公顷，保护耕地三十七公顷，配套悠长退水口一件，古式碑亭一处。该工程在施工过程中，得到了县扶贫办的大力援助，同时有村干部群众配合，积极参与义务投工，使工程预期竣工。

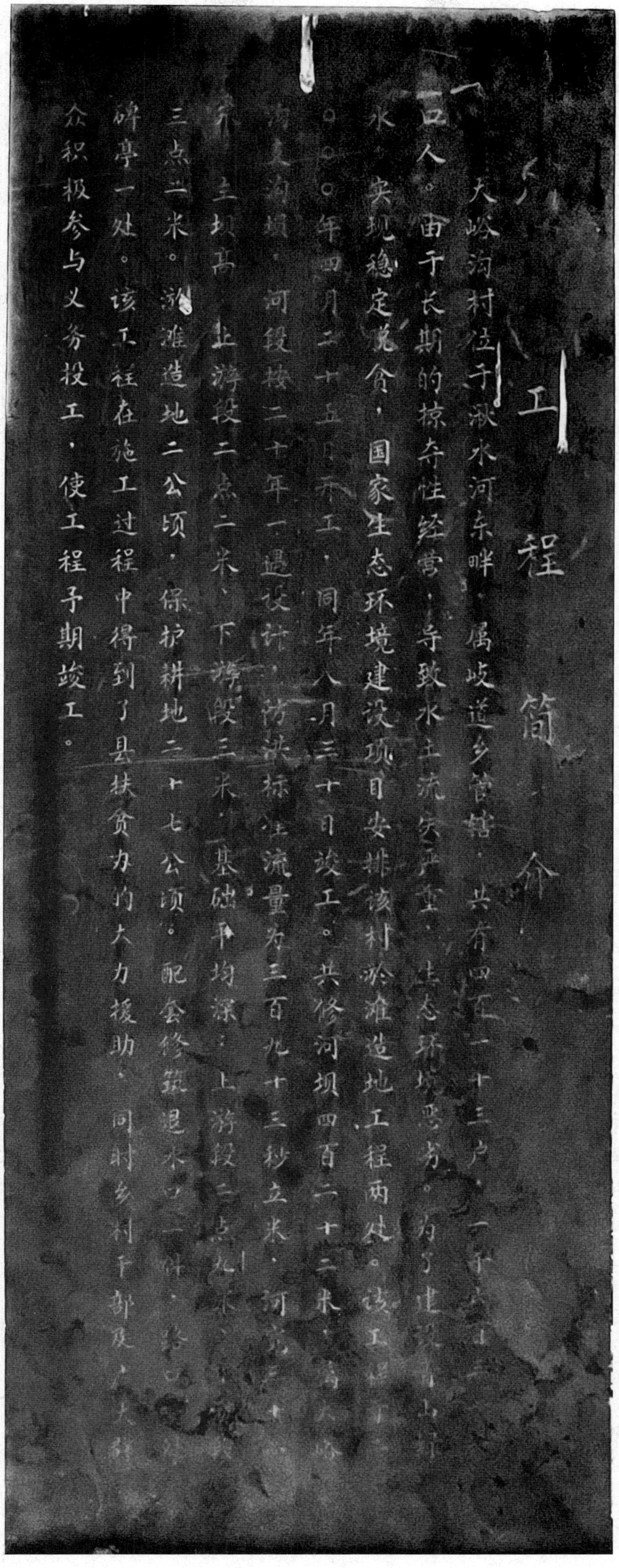
工程简介
天峪沟村位于湫水河东畔，属岐道乡管辖，共有四百一十三户，一千
一口人。由于长期的掠夺性经营，导致水土流失严重，生态环境恶劣。为了建设
水，实现稳定脱贫，国家生态环境建设项目安排该村淤滩造地工程两处。该工程
〇〇〇年四月二十五日开工，同年八月三十日竣工。共修河坝四百二十二米，高
河段按二十年一遇设计，防洪标准流量为三百九十三秒立米，河
土坝高，上游段二点二米，下游段三米，基础平均深：上游段二点九米
三点二米。淤滩造地二公顷，保护耕地二十七公顷。配套修筑退水口
碑亭一处。该工程在施工过程中得到了县扶贫办的大力援助，同时乡村干部及
众积极参与义务投工，使工程予期竣工。

曲峪大桥碑

【简介】

2000 年勒石。现存于临县曲峪镇曲峪河大桥旁。碑青石质，长方形方座，通高 100 厘米，其中碑身高 80、宽 150、厚 10 厘米，碑座高 20、宽 160、厚 30 厘米。碑文行书，计 16 行，满行 33 字。记载曲峪河大桥的建设和捐款情况。现保存完好。

【碑文】

（碑阳）

曲峪大桥

曲峪镇人民政府

公元二〇〇〇年

（碑阴）

工程简介

大桥位于本镇的曲峪河上，是连接三曲线与雷曲线的枢纽工程。系三孔石拱桥，每孔十三米，全长五十九米，宽八点五米。总投资八十七万六千八百二十元，由临县曲峪镇人民政府和临县以工代赈项目办公室共同投资建设，吕梁地区黄河工贸集团公司承建，于二千年三月十四日开工，本年六月二十九日胜利竣工。期间，各界人士踊跃捐款，谨将芳名列右。

刘玉书　白光亮　高勃　贺文新　贺慕曾　贺文熙　郭秉喜　王聚歧　贺新味　王东明　苗长顺　苗长胜　刘平泽　刘黎明　刘子奎　苗长生　贺兴国　高学荣　高生富　武肖飞　张文福　贺宝珍　霍东喜　苗拖明　闫金英　张振德　高卫平　李德先　武勇奇　高成贵　刘芝林　苗晓荣　苗青苗晓林　刘清照　刘晋军　李金峰　贺敬文　张全吉　高学宁　燕福林　张明贵　李卫平　刘建强刘芝堂　贺旭峰　李许平　苗继明　郭玉江　苗长奇　刘旭奇　高春元　燕永福　张奇　杜平亮　高乃平　贺春生　刘来大　苗琦　张晓龙　张晓麒　燕明星　贺敏　高维恩　贺生芳　高明德　高廷玉刘丕明

书刊　南塔李生端

工程简介

大桥位于本镇的曲峪河上，是连接三曲线与雷曲的枢纽工程，

石拱桥，每孔十三米，全长五十九米，宽八点五米，

建文昌庙碑记

【简介】

2001年2月勒石。现存于临县大禹乡佛堂峪村。碑青石质，圆首，碑身高163、宽60、厚10厘米。额题“石镜永悬”4字。碑文隶书，计9行，满行45字。记载村庙和文昌庙的建设情况。现保存完好。

【碑文】

（碑阳）

碑记

佛堂峪村祖居湫水河东岸，山清水秀之风水宝地，全村交通便利，世代以农为生，安居乐业，全村人口共一千八百余人，从古到今，人才辈出。历史上清代出过举人两名，秀才四十八名，荣耀临县，威震晋西，现代又有名列中国大艺术家，有作出贡献的军政工作人员，有大中学历的知识分子，人才众多，确为国家之栋梁。村民回忆过去，展望未来，为使我村更加繁荣昌盛，人丁兴旺，多年来村民迫切想望重修村庙，但由于种种原因，未能实现其目的。近年来，随着形势发展，村貌改观，时机已成熟，全村村民自发其愿，在经领人员的精心筹划和安排下，于一九九九年十月二十六日吉时动工，修建村庙和文昌庙，在此期间，出钱出力集资集物，促使众志成城，合力同德，工匠精心修建，雕梁画栋，神像栩栩如生，各归其位，终于于二〇〇〇年九月十八日竣工，并举行开光庆典，全村村民和知名人士，在外工作人员欢聚一堂，祭典神灵，仰望神恩浩荡，村安民乐，兴旺发达，步步荣耀，主事人接受民意，勒石刻碑，对此次修庙中出钱出力达五十元以上、投工五个以上上碑，永传后世。

村委　刘有明　刘宝贵　刘国平　刘峰平　刘树贵　刘春平　刘其红

经领人　刘永明　牛玉照　刘光照　刘廷喜　刘丑宝　刘樊照　刘宝贵　刘成德　刘玉祥　刘永忠　刘其贵　刘树贵　刘春平　刘廷有

刘艳峰八音队送两天　刘绳乐餐布一套　张秀明献门扣两付　刘永明香炉一个　刘永文神棚献工

撰文　刘宝贵

书写　刘文祚

雕刻　刘永明　刘永忠

丹青　冯殿芳

公元二零零一年二月十九日立

（碑阴）

功德录

施钱人　刘文俊　子全贵　勤贵　宝勤　全勤五人4400元　刘宝贵888元　刘泉平700元　刘峰平650元　刘启东　刘树江　刘永忠　冯殿芳各500元　刘玉祥312元　刘志义（阳塔）　刘学勤　刘学农各300元　刘管昌285　樊玉勤（三交）260　刘茂华220　刘廷喜210　刘爱照210　刘树芳206　牛文平　牛禄平　刘三乃　刘林珍各200元　刘贵喜175　刘奋忠160　刘鸿恩155　刘文斌150　刘顺昌130　刘春明120　刘树海120　刘忠恩（圪台上）110　刘振福105　（下略）

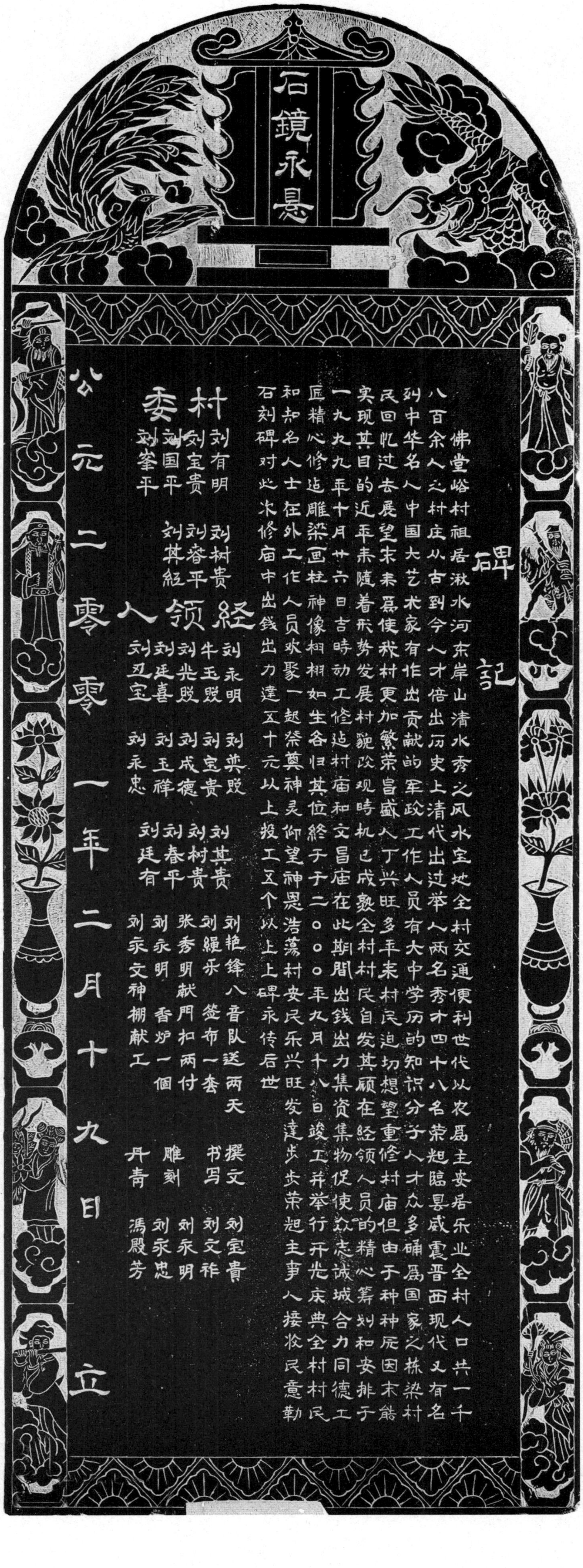

石鏡永悬

碑記

佛堂峪村祖居湫水河东岸山清水秀之风水宝地全村交通便利世代以农爲主安居乐业全村人口共一千八百余人之村庄从古到今人才倍出历史上清代出过举人两名秀才四十八名荣耀临县威震晋西现代又有名列中华名人中国大艺术家有作出贡献的军政工作人员有大中学历的知识分子人才众多确爲国家之栋梁村民回忆过去展望未来爲使我村更加繁荣昌盛人丁兴旺多年来村民迫切想望重修村庙但由于种种原因未能实现其目的近年来随着形势发展村貌改观时机已成熟全村村民自发其顾在经领人员的精心筹划和安排于一九九九年十月廿六日吉時动工修造村庙和文昌庙在此期間出钱出力集资集物促使众志诚城合力同德工匠精心修造雕梁画柱神像栩栩如生各归其位终于于二〇〇〇年九月十八日竣工并举行开光庆典全村村民和知名人士在外工作人员欢聚一起祭奠神灵仰望神恩浩荡村安民乐兴旺发達步步荣耀主事人接收民意勤石刻碑对此次修庙中出钱出力達五十元以上投工五个以上上碑永传后世

村委

刘有明　刘宝贵　刘国平　刘峯平

刘树贵　刘睿平　刘其紀

經领人

刘永明　牛玉贤　刘光贤　刘廷喜　刘丑宝

刘英贤　刘宝贵　刘成德　刘玉祥　刘永忠

刘其贵　刘树贵　刘春平　刘廷有

刘艳锋八音队送两天

刘縄乐签布一套

张秀明献門扣两付

刘永明香炉一個

刘永文神棚献工

撰文　刘宝貴

书写　刘文祚

雕刻　刘永明　刘永忠

丹青　馮殿芳

公元二零零一年二月十九日立

李西苑夫人墓碑

【简介】

2001年清明勒石。现存于临县临泉镇西门外，立于碑套中。碑青石质，方首，高123、宽52、厚8厘米。额题“流芳千古”4字。碑文楷体，正文10行，满行35字。为李西苑夫人刘子荣墓碑。保存完好。碑套联文云：“为国积诚丹心可照，为人师表有口皆碑。”横批：“永志不忘。”

【碑文】

功德碑序

母亲刘氏讳子荣，生于公元一九一〇（庚戌）年，卒于一九九五（乙亥）年，享年八十六岁，生平事迹可歌可泣，可敬可传。幼年入学，十五岁考入国民女子师范，弃八股，学革命，为三民主义之先觉者，为妇女解放之先躯者，婚后，跟随父亲参加革命，三九年参加中国共产党，为抗日救亡，竭尽全力，四五年父亲为国捐躯，母亲不畏艰难，参加新中国的解放，前仆后继。建国后，母亲从事教育工作二十多年，培养出一批批青年，投入祖国社会主义建设事业，可谓桃李满天下。父亲牺牲后，面对婆母年迈，子女幼小，母亲责无旁贷地承担起家庭重担，含辛茹苦几十年，孝敬婆母享年八十九岁，抚养子女成长立业，堪称贤妻良母，风范于世。为缅怀母亲功德，勉励子孙后代，立碑纪念之。

不孝男伯仁　新民

公元二〇〇一年清明节

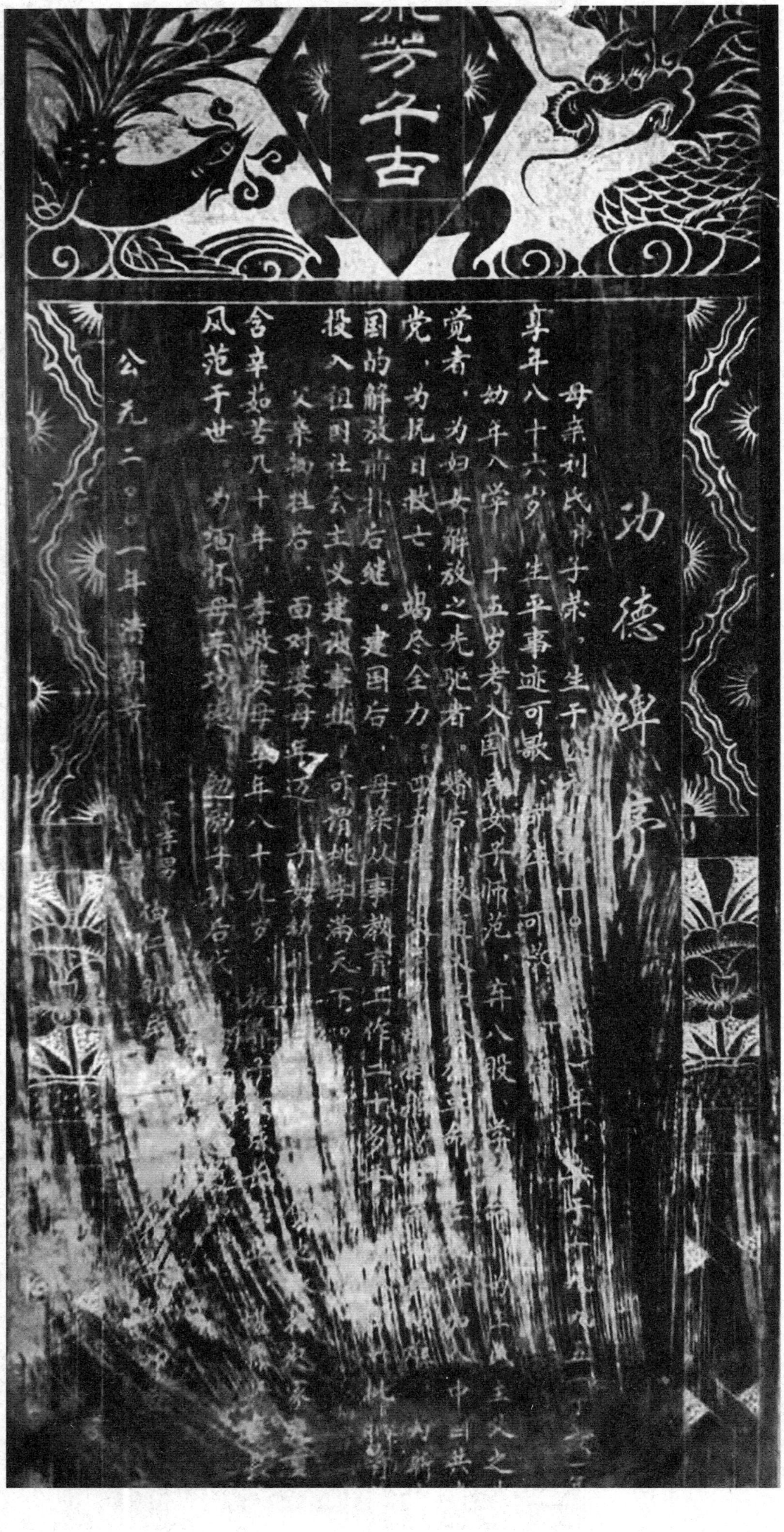

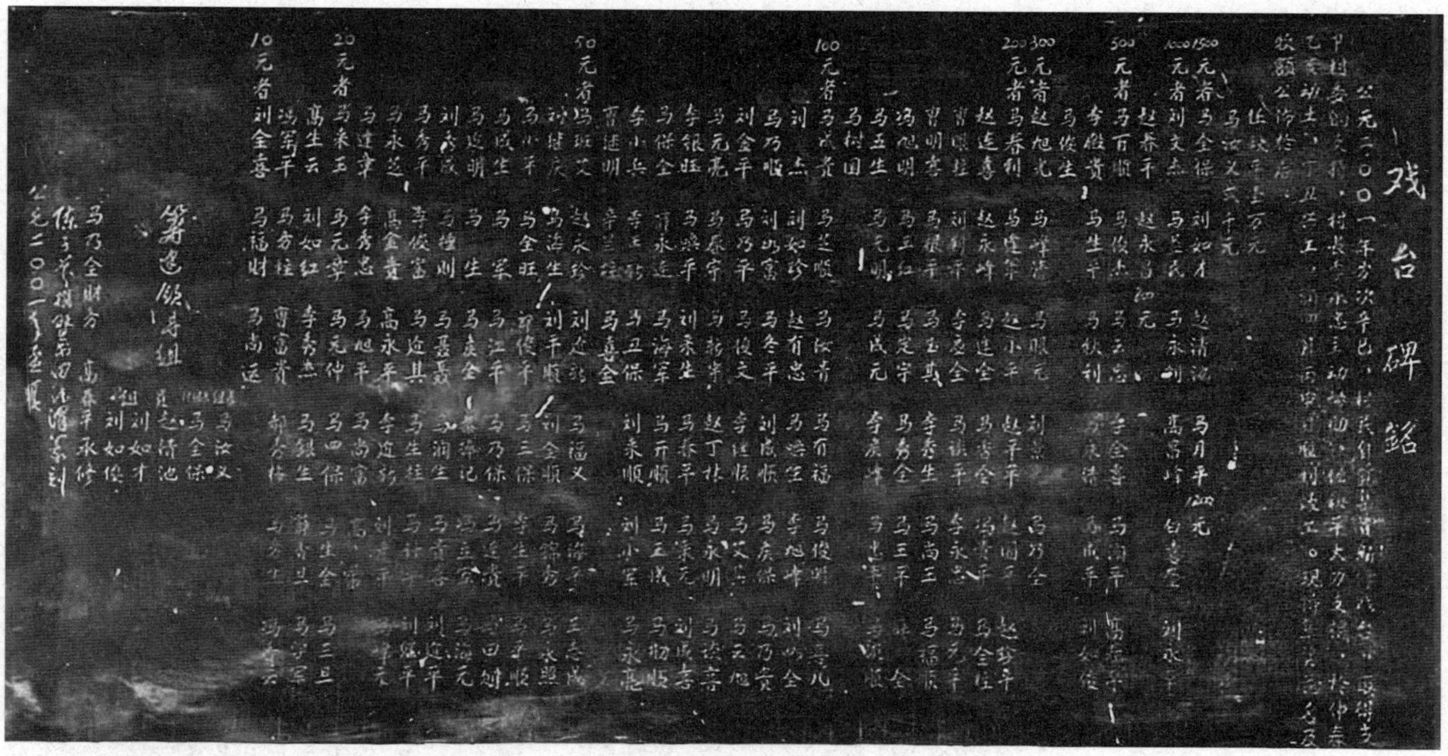

戏台碑铭

【简介】

2001 年 4 月勒石。现存于临县木瓜坪乡马家庄村，嵌于墙内。碑大理石质，长方形，高 150、宽 84、厚 4 厘米。碑文楷体，正文 6 行，满行 21 字。记载马家庄村修建戏台之事。保存完好。

【碑文】

戏台碑铭

公元二〇〇一年岁次辛巳，村民自觉集资，新修戏台，取得村委支部的支持，村长李永忠主动协助，任秋平大力支持，于仲春乙亥动土，丁丑兴工，闰四月丙申日顺利竣工。现将集资花名及款额公布于后。

任秋平壹万元　马汝义贰千元

1500 元者　马全保　刘如才　赵清池　马月平 1200 元

1000 元者　刘文杰　马益民　马永利　高昌峰　白喜奎　刘永平　赵春平　赵永昌 800 元

500 元者　马百顺　马俊杰　马云忠　李全喜　马润平　高春平　李殿贵　马生平　马秋利　马永清　马永平　刘如俊　马俊生

300 元者　赵旭光　马峰清　马眼元　刘景光　马乃全

200 元者　马春得　马建军　赵小平　赵平平　赵国平　赵珍平　赵连喜　赵永峰　马建全　马香全　冯贵平　马全柱　曹眼柱　刘利平　李应全　马谈平　李永忠　马元平　曹明喜　马根平　马玉其　李秀生　马尚玉　马福顺　冯旭明　马玉红　马定宇　马秀全　马玉平　薛全　马五生　马元明　马成元　李侯泽　马忠平　马谈顺　马树国

（下略）

筹建领导组　组长马汝义　副组长马全保　组员赵清池　刘如才　刘如俊

马乃全财务　高春平承修　陈子芬撰并书　田德泽篆刻

公元二〇〇一年孟夏

观世音菩萨庙复修碑铭

【简介】

2001年4月勒石。现存于临县木瓜坪乡榆林村。碑青石质，圆首，碑高136、宽58、厚7厘米。额题“观音庙”3字。碑文楷体，正文7行，满行21字。记述榆林村复修观音庙之事。碑文完整，字迹清晰，碑体完好。

【碑文】

观世音菩萨庙复修碑铭

公元一九九〇年岁次庚申孟月，由赵连哲等十六人经办，群众自动筹资，将战乱年间所毁的观音庙重新修复，以敬佛德，其辞曰：观音大士，大慈大悲，救苦救难，恩波无涯。

瓦工　高卫生　李玉珍　李玉祥　高满贵　冯桃廷

木工　赵连明　王世明　高明　郝东平　高挑明

油漆　郝志明

献钟　冯润连

陈子芬撰暨书

田德泽篆刻

公元二〇〇一年岁次辛巳孟夏立

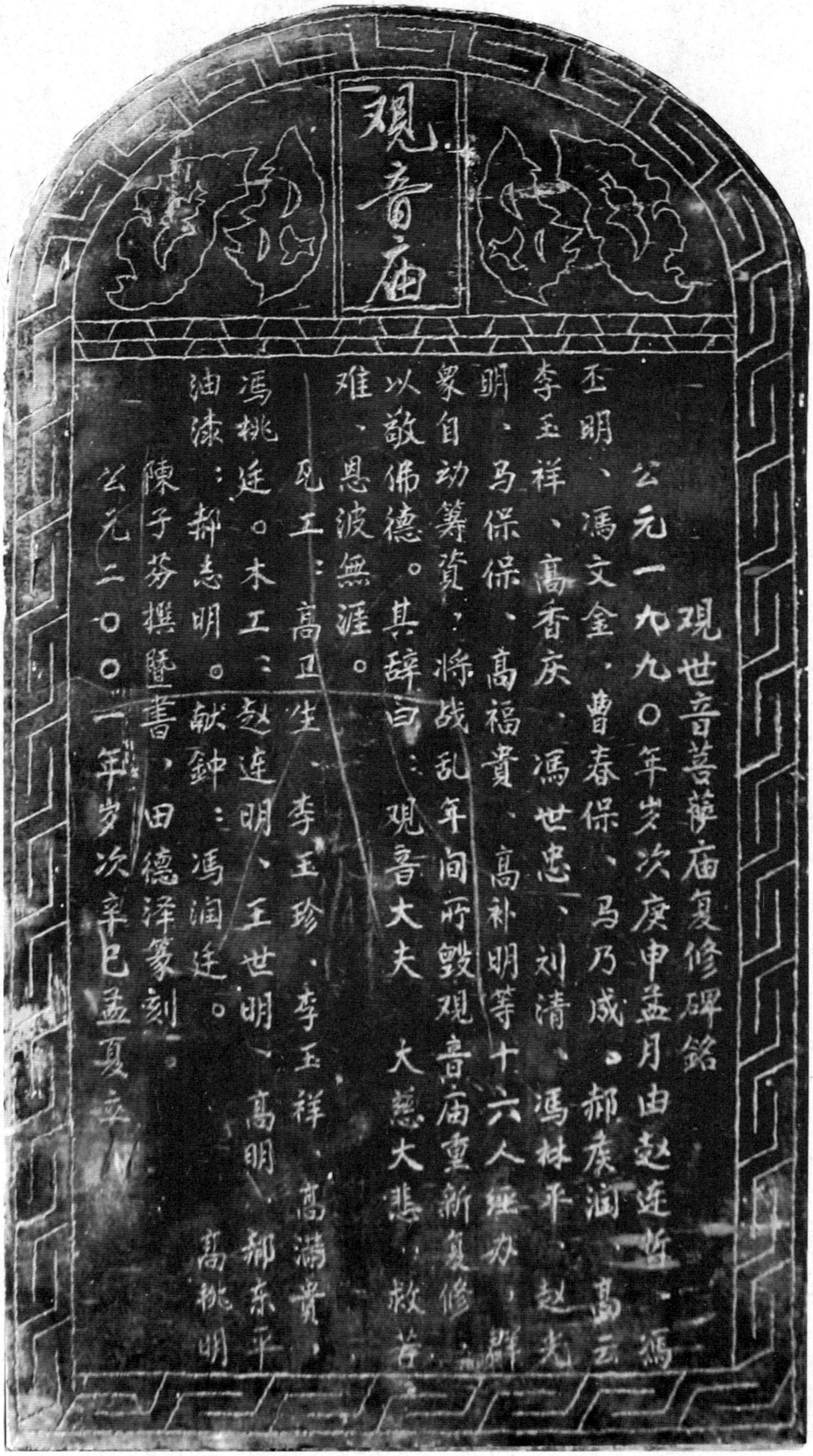

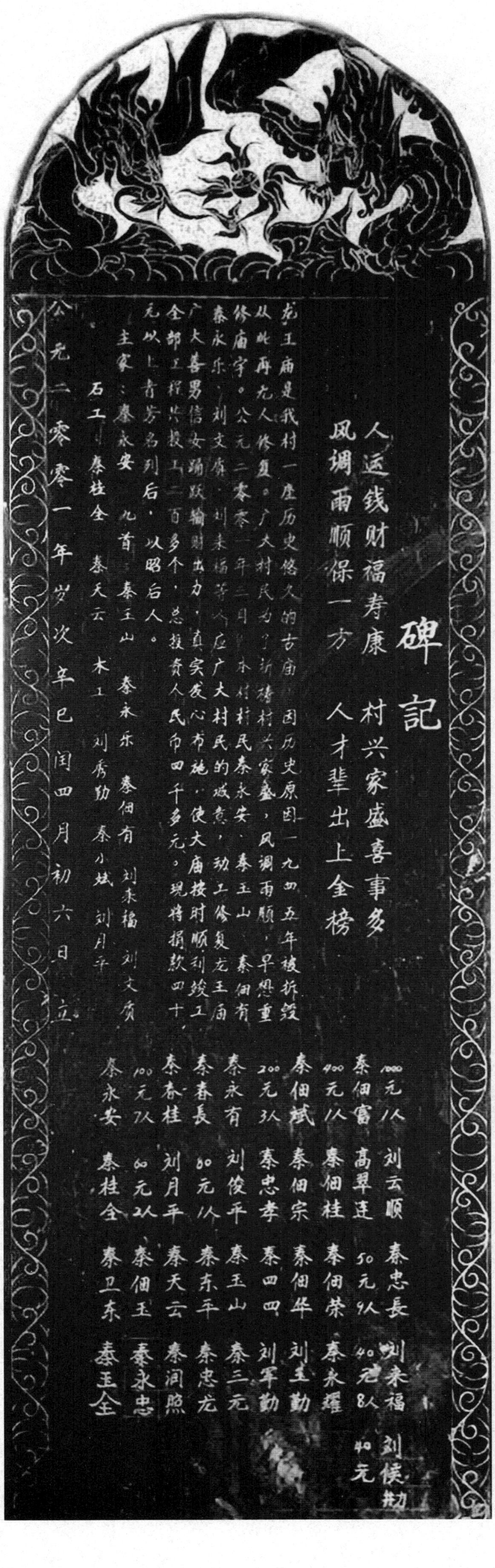

复修龙王庙碑记

【简介】

2001年闰四月勒石。现存于临县安业乡郭家塥村。碑青石质，圆首，碑高173、宽55、厚7厘米。碑文楷体，正文9行，满行28字。记述郭家塥村复修龙王庙之事。保存完好。

【碑文】

碑记

人运钱财福寿康，村兴家盛喜事多。

风调雨顺保一方，人才辈出上金榜。

龙王庙是我村一座历史悠久的古庙，因历史原因，一九四五年被八路军拆毁，从此再无人修复，广大村民为了祈祷村兴家盛，风调雨顺，早想重修庙宇。公元二零零年三月，本村村民秦永安、秦玉山、秦佃有、秦永乐、刘文质、刘来福等人，应广大村民的诚意，动工修复龙王庙，广大善男信女，勇跃输财出力，真实发心布施，使大庙按时顺利竣工。全部工程共投工二百多个，总投资人民币四千多元，现将捐款四十元以上者芳名列后，以昭后人。

主家秦永安，纠首秦玉山、秦永乐、秦佃有、刘永福、刘文质，石工秦桂全、秦天云，木工刘秀勤、秦小兵、刘月平。

公元 二零零一年岁次辛巳闰四月初六日立

1000元1人　秦佃富　400元1人　秦佃斌　200元3人　秦永有　秦春长　秦春桂　100元7人　秦永安　刘云顺　高翠连　秦佃宗　秦忠孝　刘俊平　60元2人　秦桂全　秦忠長　（下略）

万安里普善寺碑志

【简介】

2001年5月勒石。现存于临县临泉镇万安里村。碑细砂石质，圆首，高158、宽60、厚8.5厘米。额题“缮寺碑志”4字，碑文楷体，正文4行，满行32字。记载万安里村重修普善寺之事。保存完好。

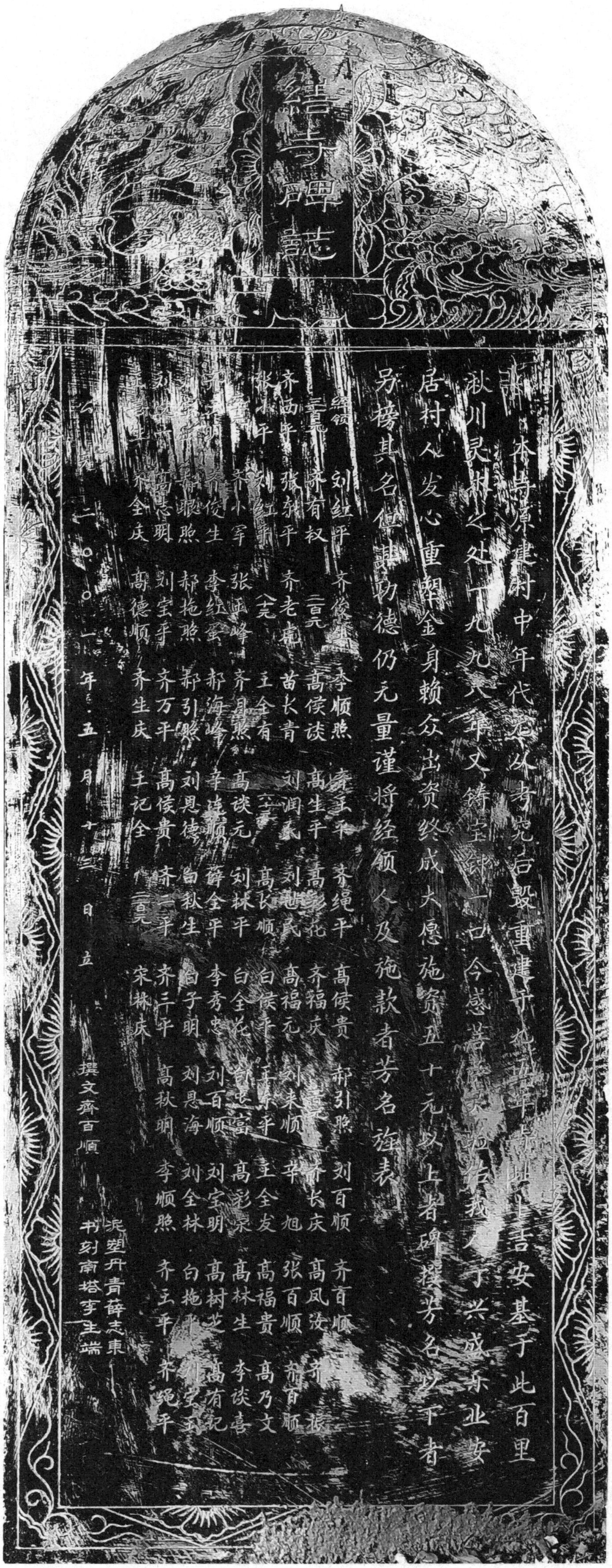

【碑文】

本寺原建村中，年代无从考究，后毁，重建于一九九五年，寺址卜吉安基于此百里湫川灵杰之处。一九九八年又铸宝钟一口，今感菩萨灵验，佑我人丁兴盛，乐业安居，村人发心，重塑金身，赖众出资，终成大愿，施资五十元以上者，碑撰芳名，以下者另榜其名，但其功德终无量，谨将经领人及施款者，芳名旌表。

经领　刘红平　齐俊生　李顺照　齐玉平　齐绳平　高候贵　郝引照　刘百顺　齐百顺

三百元　齐有权

二百元　高候谈　高生平　高彩花　齐福庆

一百元　齐长庆　高凤汝　齐振　齐西平　张东平　齐老虎　苗长青　刘润民　刘世民　高福元　刘来顺　辛旭　张百顺　齐百顺　张小平　刘红平

八十元　王全有

六十元　（6人，略）

五十元　（48人，略）

二百元　宋林庆

公元二〇〇一年五月十三日立

撰文　齐百顺

泥塑丹青　薛志东

书刻　李生端

重修关圣庙碑记

【简介】

2001 年 5 月勒石。现存临县刘家会镇一步堨村。碑青石质，圆首，碑高 147、宽 53、厚 10 厘米。额题“永垂青史”4 字，碑文楷体，正文 10 行，满行 32 字。记载一步堨村重修关圣庙之事。保存完好。

【碑文】

重修关聖廟碑記

茫茫宇宙，芸芸众生，地育而生，天佑乃存，凡者为凡，圣者成圣。

天壤之别，各有所因。业因果报，如影随形，人生于世，德为根本，

何以立德，学贤敬圣，修寺建庙，教化后人。敦伦尽分，去邪存诚，

诸恶莫作，众善奉行。上自帝王，下至庶民，朝朝相继，代代相承。

此庙初建，一杏两村，历史悠久，香烟鼎盛。正殿对面，原为戏台，

但因战乱，相继而毁，香烟中断，五十多载，唯有古槐，至今尚在，

身虽受损，茂盛不衰，复修此庙，众所夙愿。时人常议，未能实现，

今由六人，发起重建，施钱舍力，不畏艰险，筹划实施，四处参选，

以始至终，竭力不懈。广大群众，积极募捐，多者上千，少者十元。

杏林局村，户户捐钱。无偿投工，勇跃自愿，历经半年，功告满圆，

宇宙辉煌，金碧庄严，巍巍神像，尊容再现。香烟袅袅，钟震三千。

慈恩圣德，永泽常显。山河大地，胜景又添。由事成文，由文记事。

事隆文简，强名为记。

经手人　王功　王彦彪　王宏（撰文）　王玉安（经领木工）　经领王积玉（经领泥工）

书刻人　（滴水局村）成翀

公元二〇〇一年五月十三日敬立

重修关圣庙功德碑

【简介】

2001年5月勒石。现存临县刘家会镇一步墕村。碑青石质，圆首，碑高150、宽56、厚9厘米。额题“流芳千古”4字。碑文楷体，正文2行，满行54字。为重修关圣庙功德碑。保存完好。

【碑文】

重修关圣庙功德碑

人生于世，奔波劳碌，积资积财，大都只为己身，能施财舍力为众为公，确系精神高尚，难能可贵。此次复修关圣庙，乃属恢复古迹，有益村人，此举流芳千古，功德无量，特将施财舍力者（五天以上），功德芳名，刻碑铭记，排列如下。

一千二百元　王卫兵　王栋

六百三十元　王玉安 54

六百元　王彦彪 47　王文直 9　王积玉 13

四百　元王宏 51　王林　王平　王德

二百元　王功 43　王占奎 40　王植　王全奴　王占明　王子科　王智

一百七十元　王胜

一百四十元　王珍民

一百二十元　王引顺 5

（下略）

王卫全　二百元

合计一万六千一百零五元，另加一百六十元，王树英石狮子一对，王小川、王小福金字牌匾一块、沙灯二对，王江鱼吊灯一对，雕塑吕红正，书碑人　成翀

公元二〇〇一年五月十三日敬立

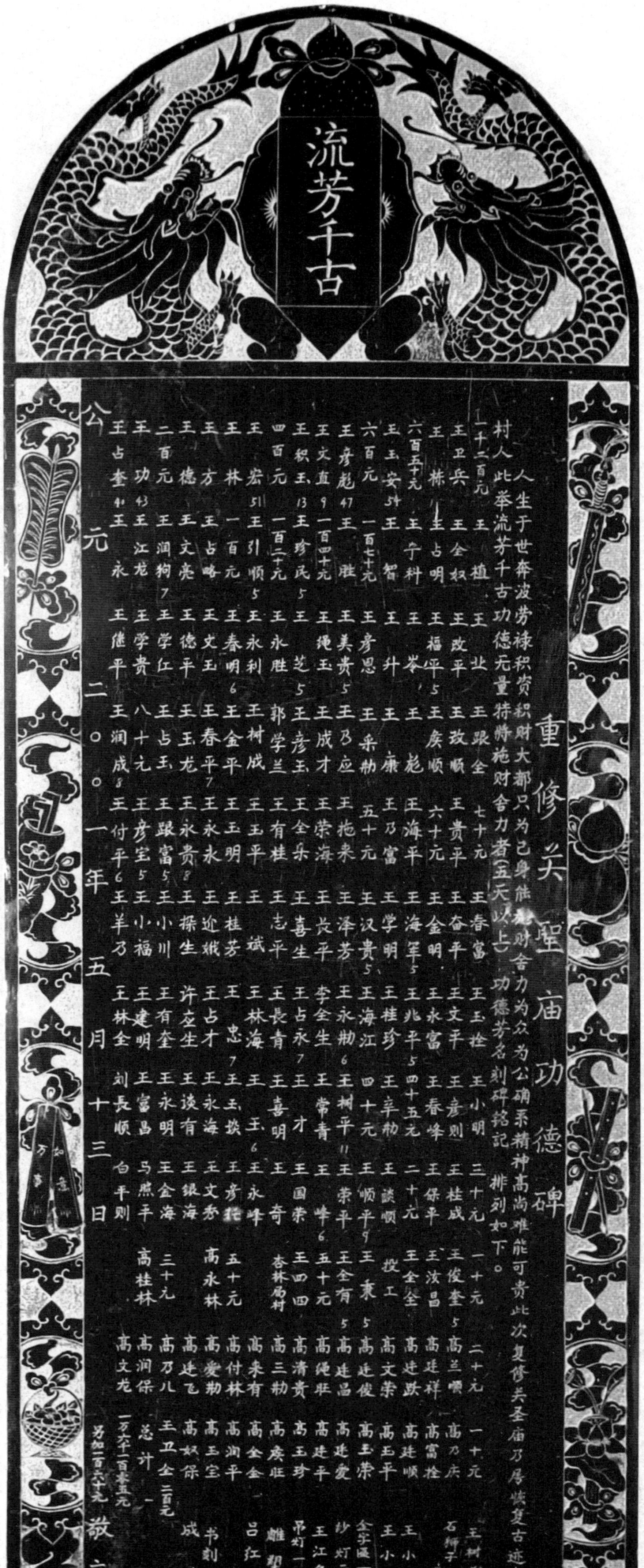

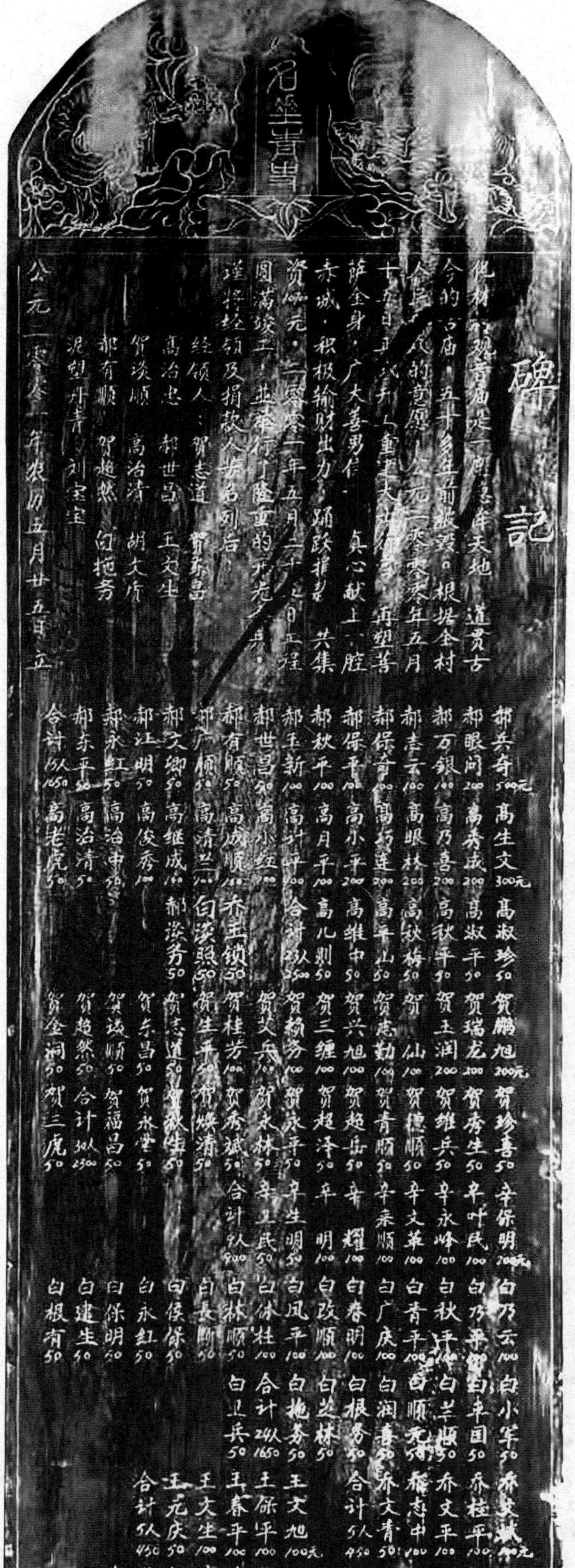

重修观音庙碑记

【简介】

2001年5月勒石。现存于临县临泉镇化林村。碑青石质，圆首，高188、宽56、厚7厘米。额篆“名垂青史”4字。碑文楷体，正文9行，满行18字。记载化林村重修观音庙之事。保存完好。

【碑文】

碑記

化林村观音庙是一座德侔大地，道贯古今的古庙，五十多年前被毁。根据全村人民群众的意愿，公元二零零零年五月十五日正式开工，重建大士行宫，再塑菩萨金身，广大善男信女，真心献上一腔赤诚，积极输财出力，踊跃捐款，共集资10500元，二零零一年五月二十五日，工程圆满竣工，并举行了隆重的开光盛典。谨将经领及捐款人芳名列后。

经领人　贺志道　贺东昌　高治忠　郝世昌　王文生　贺谈顺　高治清　胡文质　郝有顺　贺超然　白拖务

泥塑丹青　刘宝宝

公元二零零一年农历五月二十五日立

郝兵奇500元　郝眼向200　郝万银100　郝志云100　郝保奇100　郝保平100　郝秋平100　郝玉新100　郝世昌50　郝有顺50　郝广顺50　郝文卿50　郝江明50　郝永红50　郝东平50　合计15人1650　高生文300元　高秀成200　高乃喜200　高眼枝200　高巧连200　高小平200　高月平100　高计平100　高小红100　高成顺100　高清兰100　高继成100　高俊秀100　高治中50　高治清50　高老虎50　高淑珍50　高淑平50　高秋平50　高秋梅50　高平山50　高维中50　高儿则50　合计23人2500　（下略）

重修关帝庙碑记

【简介】

2001年5月勒石。现存于临县临泉镇化林村。碑青石质，圆首，碑高187、宽56、厚7厘米。额题“流芳千古”4字。碑文楷体，正文9行，满行17字。记载化林村重修关帝庙之事。保存完好。

【碑文】

碑記

化林村关帝庙是一座历史悠久的庙宇，后来由于社会和历史原因被毁坏，多年以来，广大人民群众一致要求重修庙宇，再塑金身，公元二〇〇〇年五月十五日正式破土动工，广大善男信女，自愿输财出力，真实发心布施，共捐款10500元，全部工程于二〇〇一年五月二十五日，胜利竣工，并举行了开光盛典。谨将经领及捐款人芳名列后。

经领人　贺志道　贺东昌　高治忠　郝世昌　王文生　贺谈顺　高治清　胡文质　郝有顺　贺超然　白拖务。

泥塑丹青　刘宝宝

公元二〇〇一年农历五月二十五日立

（施钱人同前文《重修观音庙碑记》，略）

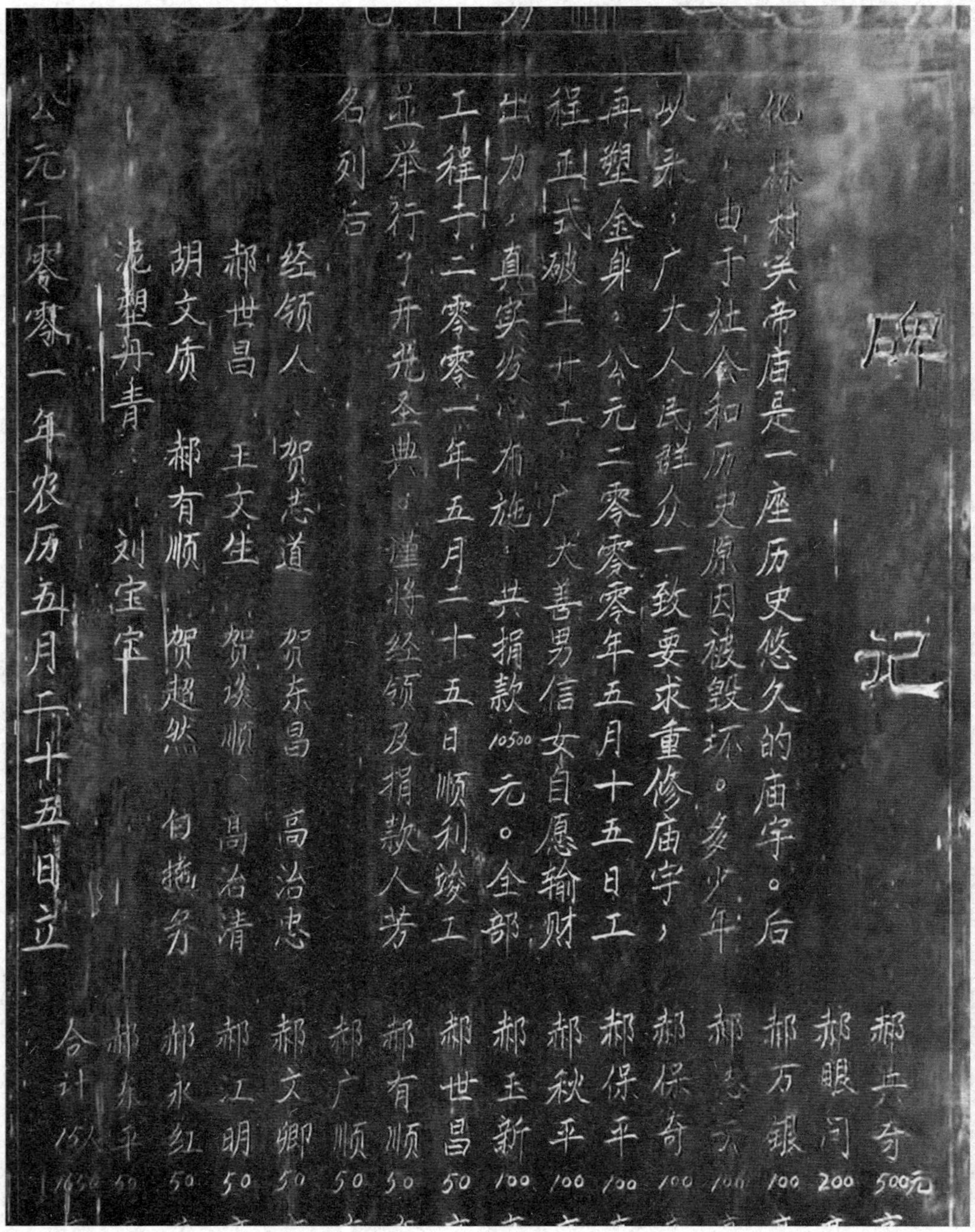

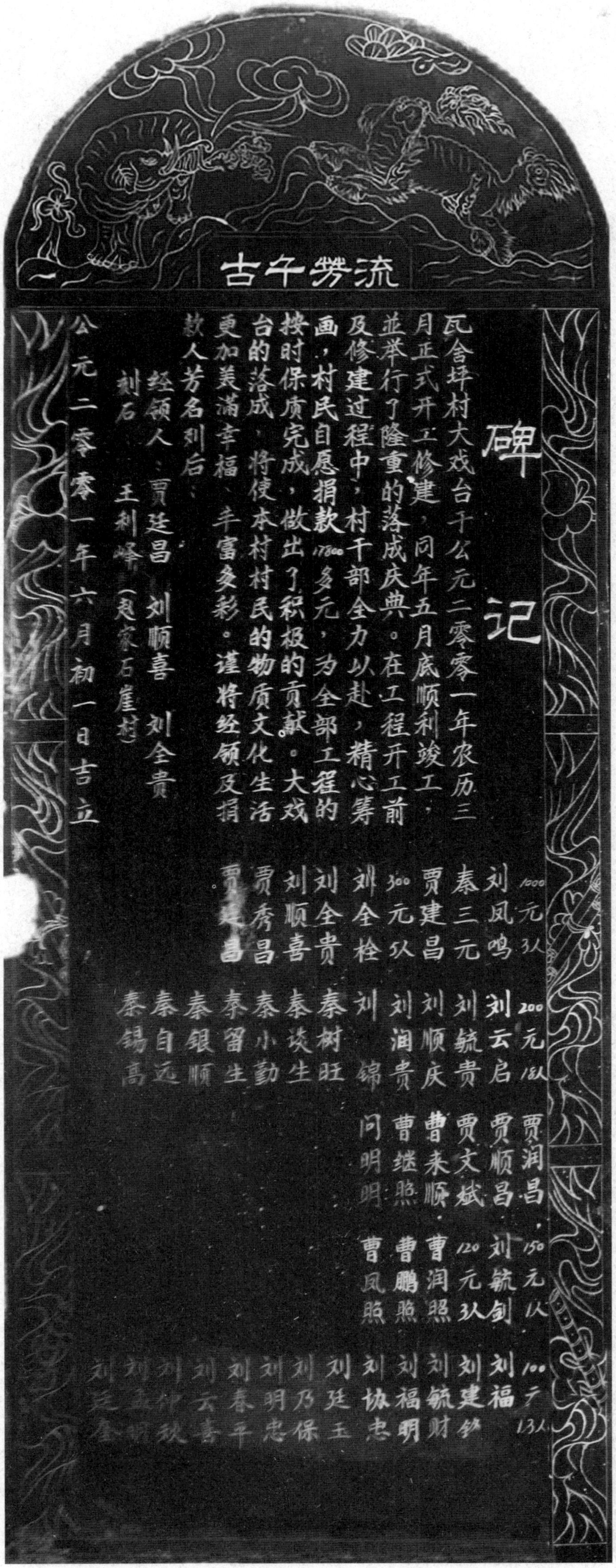

瓦舍坪修戏台碑记

【简介】

2001年6月勒石。现存于临县大禹乡瓦舍坪村。碑青石质，圆首，高142、宽58、厚6.5厘米。额题“流芳千古”4字。碑文楷体，正文9行，满行18字。记载瓦舍坪村新建戏台之事。保存完好。

【碑文】

（碑阳）

碑记

瓦舍坪村大戏台于公元二零零一年农历三月正式开工修建，同年五月底顺利竣工，并举行了隆重的落成庆典。在工程开工前及修建过程中，村干部全力以赴，精心筹划。村民自愿捐款17800多元，为全部工程的按时保质完成，做出了积极的贡献。大戏台的落成，将使本村村民的物质文化生活更加美满幸福，丰富多彩。谨将经领及捐款人芳名列后。

经领人　贾廷昌　刘顺喜　刘全贵

刻石　王刘峰（赵家石崖村）

1000元3人　刘凤鸣　秦三元　贾建昌

300元5人　刘全栓　刘全贵　刘顺喜　贾秀昌　贾廷昌

（下略）

公元二〇〇一年六月初一日吉立

（碑阴）

（施钱人略）

总投资人民币六万余元

观音庙重塑圣像碑记

【简介】

2001 年 6 月勒石。现存于临县玉坪乡魏家湾村。碑青石质，方首，碑高 167、宽 80、厚 12 厘米。额题“碑记”2 字。碑文楷体，正文 10 行，满行 17 字。记载魏家湾村重塑观音庙圣像之事。保存完好。

【碑文】

觀音廟重塑圣像碑記

观音圣母驾慈航，普渡群萌功无量。

宏愿济世洒甘露，悲心救苦降吉祥。

千处祈求千处应，万人景仰万人康。

古刹重兴情俗臻，芳名峃世洪德扬。

我村观音庙，由于历史原因，年久失修，去年二月以来，经牛百让、牛平提倡，村民响应，自愿投工、捐资，重塑圣像，至今年六月全部竣工，并举行了开光典仪。为大举善行，广树民风，兹将投工捐资者芳名，铭碑立志，以传后世。

（捐款投工名单略）

木工　魏秋平

工艺师　李忠孝

撰刻　崔闰利

书写　武世保

泥工　苏歧生　苏金金　牛缠平　赵亮

油工　菜玉旦　牛保明　李五儿　魏香平

经领人　牛百让　牛平　苏福云　魏永平　魏秀旺　魏管旺　牛积昌　牛歧林　苏志壮

公元二零零一年农历六月十九日

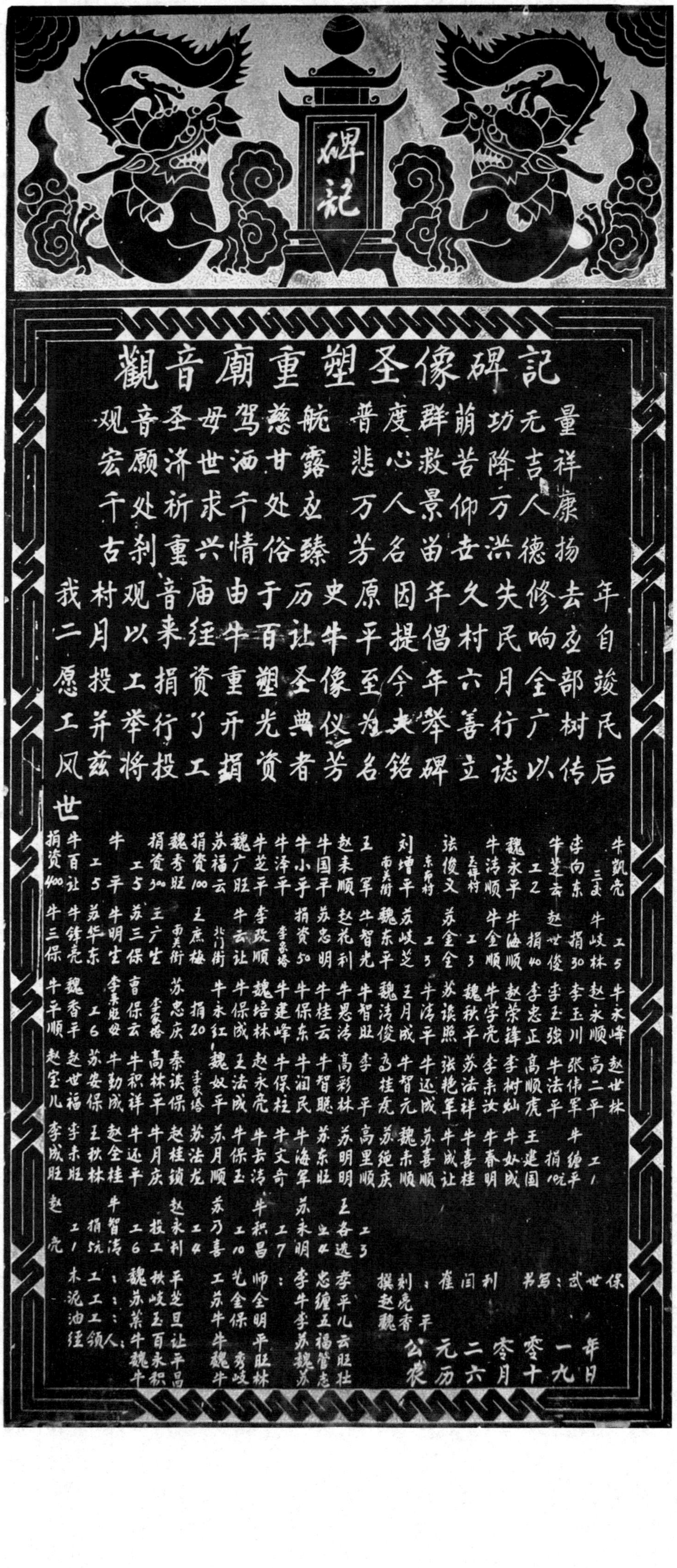

观音庙重修碑记

【简介】

2001 年 6 月勒石。现存于临县临泉镇柏树沟村。碑青石质，圆首，高 158、宽 60、厚 8 厘米。额题“缮庙碑志”4 字。碑文隶体，正文 5 行，满行 29 字。记述柏树沟村重修观音庙之事。碑文完整，字迹清晰，碑体完好。

【碑文】

本观音庙建于人杰地灵之处，历来菩萨显灵，香火盛兴。始建何年，考究不详，曾在民国二十七年间修复，后因社会变更，风雨消磨被毁。一九八七年在全村人的发心下，又重新修缮。一九九六年塑像彩画，香客络绎不绝。二〇〇一年在村民的资助下再次扩建月台、菩萨、佛像，庙宇得到完善，村民皆大欢喜。谨将施款及经领众位芳名列右，勒石永铭。

秦生来　任亮亮　秦五则　七百元　任绳旺　王光元　高永仁　三百元　任生旺　任乃顺　郝永平　高兰平　孙海贵　高永恩　郝怀玉　二百元　郝玉峰　五百五十元　郝怀珍　孙严贵　张二平　王光玉　郝玉山　郝玉林　白三山　白五五　张志平　刘福林　王国文　一百元　郝润贵　九十元　郝润庆　七十元　任成大　六十元　任应元　孙谦有　郝通顺　任逢利　任志峰　郝玉鸽　高子俭　郝怀有　张连义　高文平　张增玉　五十元　王谈庆　郝明花　郝恩庆　郝怀兵　四十元　郝润芳　三十元　郝永忠　刘秋平　郝俊平　高俊祥　张殿奎　郝志红　王洪　郝生枝　秦保则　郝三明　宋保仁　赵秀成　任来大　郝怀爱　任应贵　郭林平　郝润成　任志成　高永义　秦永明　秦宝平　苗根明　二十元　高秋平　郝怀学　郝青顺　王林旺　高全秀　郝乃全　任来会　任建山　段四喜　郝怀清　吴桂连　郝怀平　郝怀勤　李意平　郝思铭　郝月平　郝利平　孙维峰　孙生　旺一十元

经领　郝永茂　秦茂成　任建忠

撰文　李振华

书刻　南塔李生端

二〇〇一年六月十九日立

修庙碑志

【简介】

2001 年 7 月勒石。现存于临县玉坪乡成家梁村。碑青石质，圆首，高 170、宽 60、厚 10 厘米。额题“修庙碑志”4 字。碑文隶体，正文 5 行，满行 31 字。记述成家梁村重修观音庙之事。保存完好。

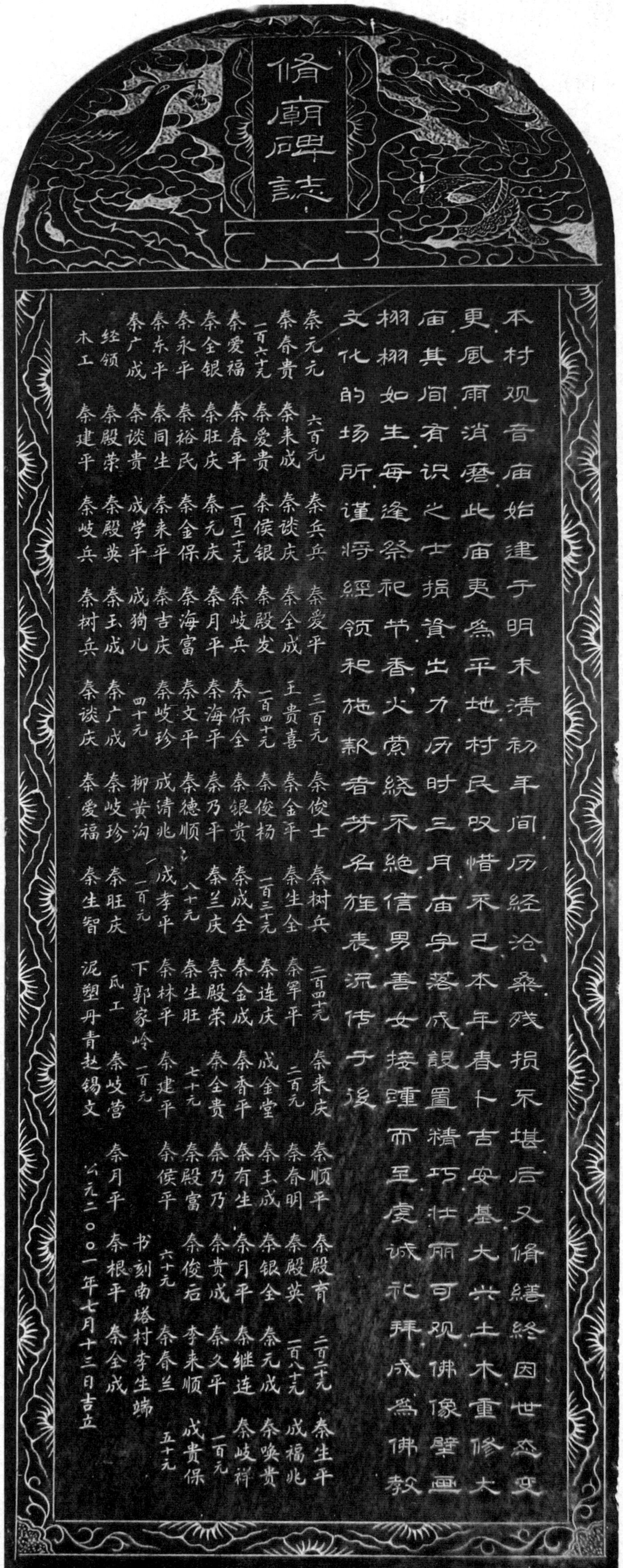

【碑文】

脩廟碑誌

本村观音庙始建于明末清初年间，历经沧桑，残损不堪，后又修缮，终因世态变更，风雨消磨，此庙夷为平地，村民叹息不已。本年春卜吉安基，大兴土木，重修大庙，其间有识之士，捐资出力，历时三月，庙宇落成，设置精巧，壮丽可观，佛像壁画栩栩如生，每逢祭祀节，香火萦绕不绝，信男善女接踵而至，虔诚礼拜，成为佛教文化的场所，谨将经领及施款者芳名旌表，流传于后。

秦元元　六百元　秦兵兵　秦爱平　三百元　秦俊士　秦树兵　二百四十元　秦来庆　秦顺平　秦殿育　二百二十元　（下略）

柳黄沟　一百元　下郭家岭　一百元

经领　秦殿荣　秦殿英　秦玉成　秦广成　秦歧珍　秦旺庆

瓦工　秦歧营　秦月平　秦根平　秦全成

木工　秦建平　秦歧兵　秦谈庆　秦爱福　秦生智

泥塑丹青　赵锡文

书刻　李生端

公元二〇〇一年七月十三日吉立

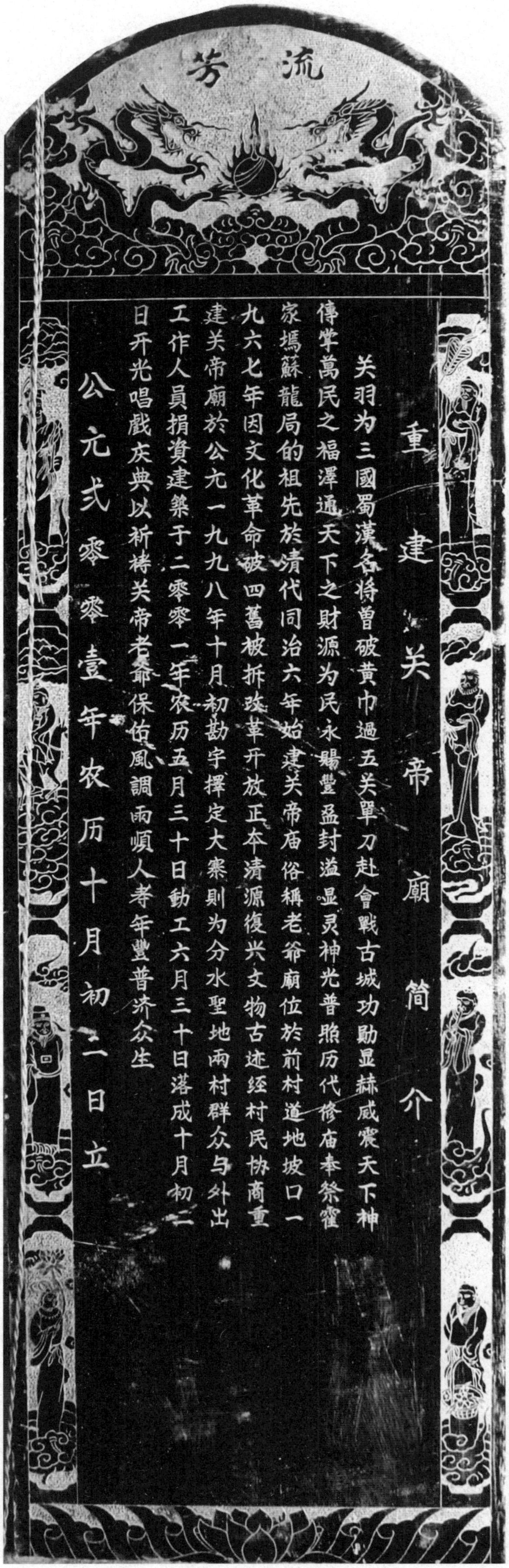

重建关帝庙简介

【简介】

2001 年 10 月勒石。现存于临县湍水头镇霍家塌村。碑青石质，圆首，高 220、宽 50、厚 8 厘米。碑阳额题“流芳”2 字。碑文楷体，正文 7 行，满行 34 字。记述霍家塌村重修关帝庙之事。碑阴额题“流芳” 2 字。碑文为捐资单位与个人名单。保存完好。

【碑文】

（碑阳）

重建关帝廟简介

关羽为三國蜀漢名将，曾破黄巾，过五关，单刀赴會戰古城，功勋显赫，威震天下，神传掌萬民之福澤，通天下之財源，爲民永賜豐盈，封溢显灵，神光普照，历代修庙奉祭。霍家塢、苏龙局的祖先，于清代同治六年始建关帝庙，俗称老爷庙，位于前村道地坡口，一九六七年因文化革命破四旧被拆，改革开放，正本清源，复兴文明古迹，经村民协商，重建关帝庙于一九九八年十月初，堪舆择定大寨则为风水圣地，两村群众与外出工作人員捐資建築于二〇〇一年农历五月三十日动工，六月三十日落成，十月二日开光唱戲，庆典以祈祷关帝老爺保佑風調雨順，人寿年丰，普济众生。

公元式零零壹年农历十月初二日立

（碑阴）

重建关帝庙捐资单位与个人

1000 元者　霍宗孝

700 元者　霍福林

伍百元者　霍富强　冯林喜　冯小林

肆百元者　高万兴

叁百元者　霍文明

上下霍家岭村贰百元　班家洼村壹百元　车道坂村陆拾元　湍水头村伍拾元

（下略）

公元式零零壹年年岁次十月二日立

筹建关帝庙概况

【简介】

2001年10月勒石。现存于临县湍水头镇霍家堝村。碑青石质，圆首，高220、宽50、厚8厘米。内容是重修关帝庙概况。额题“流芳”2字。碑文楷体，正文9行，满行26字。碑文完整，字迹清晰，碑体完好。

【碑文】

（碑阳）

筹建关帝庙概况

改革开放复兴文物古迹，重建关帝庙成为两村群众的心愿，经两村纠首与群众酝酿组建拾捌人为筹建领导小组，在尚无资金的情况下，群策群力，集思广益，多方筹集，于贰零零壹年农历五月三十日动工，历时一个月，于同年六月三十日落成。在其共用青砖贰万肆仟多块，石子六方，清砂七方，白灰三方，水泥五吨，钢筋二吨，青瓦琉璃瓦二千多个，大工六十多个，小工四百多个，门窗一架，神像三位，青石碑二块，共计投资二万多元，唱戏庆典收回布施一万八千多元，为留于后世，勒刻竖碑，永垂青史。

功德组成员

组长　霍宗孝

副组长　霍富强

成员　霍如义　李长荣　霍元照　李丕珍　霍全喜　高万兴　霍永安　霍富满　李长福　霍宗义　李改平　孙志明　霍福林　霍长安　霍安琪　霍玉祥

堪舆　张联勤

泥工　霍永安

木工　雒鸿宇

塑像　薛缠保

撰文　高万英

书丹　李丕珍

刻石岚县薛丕珍

公元贰零零壹年年岁次十月二日立

（碑阴）

贰百元者　霍元照　霍如义　霍银旺　高廷瑞　高万鹏　高万程　孙志明　霍永安　霍全喜　李丕斌　霍香院　李文安　高马平　霍兰大

壹百元者　霍二喜　高万英　霍富满　李改平　霍宗义　薛缠保　霍安昌　霍利勤　霍桂安　霍安琪　李泽平　霍锋平　霍玉祥　李长学　霍立平　霍万安　李丕琪　霍炳亮　李俊耀　李文卫　霍云明　霍建平　霍顺虎　霍月生　霍玉春　李长福　李丕珍　李尚清　李锋　霍利民　孙俊平　薛管成

柒拾伍元者　高海勤

陆拾元者　霍安虎

（下略）

筹建关帝廟概况

改革开放復兴文物古迹重建关帝廟成为兩村群众的心愿经兩村糾首与群众酝酿组建拾捌人为筹建領导小组在尚無資金的情况下群策群力集思廣益多方筹集於式零零壹年农历五月三十日動工历時一個月於同年六月三十日落成在其用青磚二萬四仟多块石子六立方青沙七立方白灰三立方水泥五吨鋼筋二吨青瓦琉璃瓦二仟多個大工六十多個小工四佰多個群众義務担料投工内塑神像三位門窗一架青石碑二块共計投資二萬多亢同年十月初二日开光唱戏庆典收回布施壹萬捌仟多亢为留于後世勒刻竪碑永垂青史

公元式零零壹年歲次十月二日

续修关帝圣君庙碑记

【简介】

2001年12月勒石。现存于临县安业乡东沟则村。碑青石质，圆首，高142、宽60、厚9厘米。碑文楷体，正文7行，满行20字。记载东沟则村续修关帝庙之事。碑阴额题“流芳百世”4字。碑文为布施花名与经领人名单。保存完好。（碑阳靠崖，无法拍摄）

【碑文】

（碑阳）

续修关帝聖君庙碑記

天地英雄气千秋，尚凛然关帝聖君灵泽萬民，恩德無量，虔誠拜谒者络绎不绝，更臻完善。庙宇設施堪为顺应民心，合乎潮流之举，时值太平盛世，辛巳仲秋，四乡黎民，慷慨解囊，共襄其事，增塑正殿坐像，启建赤兔神驹灵阁，购置青銅香炉，修葺围墙净化环境，面貌灿然一新，值此聖像開光之际，特撰此文与捐資助力芳名，刻石纪之。

公元二零零一年嵗次辛巳季冬辛卯日吉立

（碑阴）

布施花名

王铁儿1460元　曹根元666元　曹芝照100元　王根喜100元　曹宝成80元　高捏儿60元　曹兰照60元

（下略）

经领人　王继平　高世茂　王茂荣　王龙　高为荣　李法旺　高世银　王新林

工匠　曹永平　李继勤

撰文　李荣秀　王福大　王贵顺

缮写　王中兴

石刻　李根宝

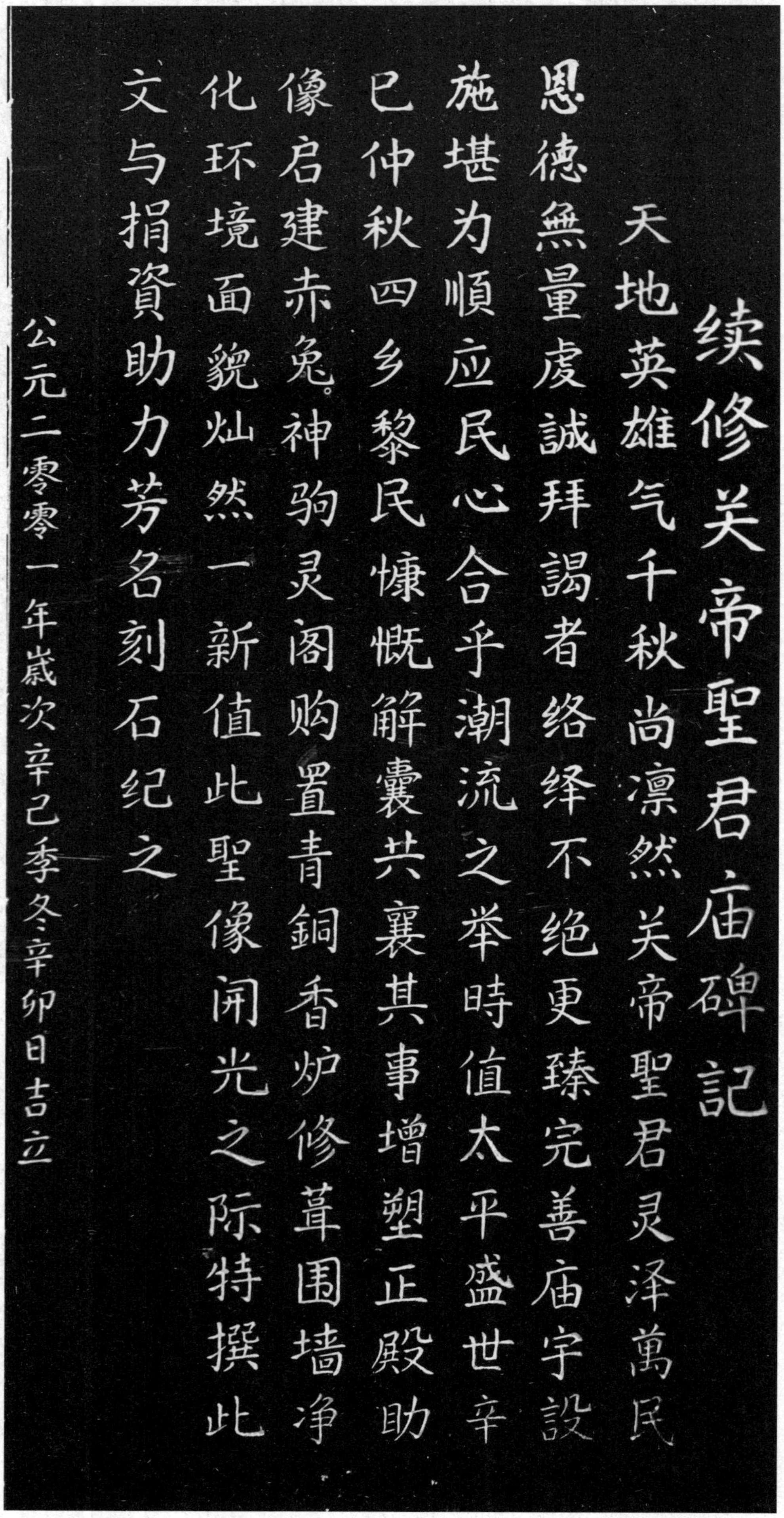

重修真武圣庙碑记

【简介】

2002年正月勒石。现存于临县县城西山真武庙内。碑青石质，圆首方座，通高200厘米，其中碑身高170、宽60、厚10厘米，碑座高30、宽60、厚40厘米。碑阳额题“流芳千古”4字。碑文行书，计13行，满行40字。记载真武庙的建设和捐款情况。碑阴额题“功德无量”4字。碑文为施钱人名单。现保存完好。

【碑文】

（碑阳）

重修真武圣庙碑记

临邑真武庙，毁于战乱数十年矣，然而真武祖师，金阙化身，时显仙迹，施舍福德祯祥，济度群迷，普为众生消除灾障。值此国安民丰，时和岁稔之升平盛世，广大善男信女、工商士农，心弘巨愿，即重修圣庙，重塑金身，圆真武灵应之宏愿。故纷纷慷慨解囊，踊跃捐资，布施五十元以下者随心，五十元以上、百元以上、千元以上分碑记载，万元以上者单独树碑，积千秋功德，累世不衰。

圣庙概貌，正殿、配殿、两边长廊、山门、戏楼、牌楼、文塔、神道等，正殿有防地震基础，顶盖琉璃瓦，四角风铃，殿柱绕龙。

仟元以上施主：刘维峰1000　张莉景1000　500　李清顺1000　高玉秀1000　王香连1000　贵人九百元　贵人1000　高艾珍1000　张月梅1000　孙治国1000　龚芳1000　李艾学1000　李保平1000　高志其1000　薛安香700　刘艾香600　刘小兰500　高继恩500　秦秀勤500　（下略）

公元二〇〇二年正月孟春立

（碑阴）

（施钱人名单略）

真武大帝的来历

【简介】

2002年正月勒石。现存于临县县城西山真武庙内。碑青石质，圆首方座，通高200厘米，其中碑身高180、宽60、厚9厘米，碑座高20、宽60、厚40厘米。额题“玄天”2字。碑文楷书，计14行，满行41字。记载真武大帝的来历。现保存完好。

【碑文】

真武大帝的来历

真武大帝是太上老君第八十二次变化之身，托生于大罗境上无欲天宫净乐国王善胜皇后之子。皇后梦而吞日，觉而怀孕，经一十四月及四百余辰，降诞于王宫，后既长成，遂舍家辞父母，入武当山修道，历四十二年功成果满。白日升天，玉皇有诏，封为太玄，镇于北方。玄武一词，原是二十八宿中北方七宿的总称。屈原楚辞之远游篇有句称：召玄武而奔，属玄武七宿之形，如龟蛇故注，称玄武谓龟蛇。位在北方故曰玄，身有鳞甲故曰武。北宋开宝年间，玄武神降于终南山，太平兴国六年，封为翊盛将军，宋真宗大中祥符七年，加封为翊圣保德真君，后为避圣祖赵玄朗之讳，改玄武为真武。宋真宗宋徽宗南宋钦宗等历有加封。元代大德七年，加封真武为元圣仁成玄天上帝。明成祖崇奉真武御用的监局司厂库等衙门中，都建有真武庙、供奉真武大帝像。永乐十年又命隆平侯张信，率军夫二十余万人，大建武当山宫观群，使武当山真武大帝的香火达到了鼎盛。七宿之中有斗宿，道教重视斗星崇拜，称南斗注生，北斗注死，凡是人从投胎之日起，就从南斗过渡到北斗，人之生命寿夭，均由北斗主其事，因此人祈求延生长寿，都要奉祀真武大帝。

佑圣咒称，真武大帝是太阴化生。水位之精虚危上，应龟蛇合形，周形六合，威慑万灵，因此真武大帝属水，当能治水降火。解除水火之患，明代宫内多建真武庙，就为祈免水火之灾。

观音庙碑记

【简介】

2002年2月勒石。现存于临县三交镇王家庄村观音庙，立于碑套中。碑青石质，方首，高133、宽52厘米。碑文楷体，正文14行，满行36字。记载王家庄村重修观音庙之事。碑文完整，字迹清晰，碑体完好。碑套阳额题："人杰地灵。"楹联："朝辉夕映金光照；龙飞凤舞祥云腾。"碑阴刊捐款名单。碑套阴额题："流芳百世。"楹联："德昭后世传万载；碑志芳名留千秋。"保存完好。

【碑文】

（碑阳）

观音庙碑記

诗云：金光熠熠两颗星，降落灵地扎根深。源远流长水长流，根深叶茂花更红。藏龙卧虎发祥地，生财聚宝出贤人。喜看今日多如意，明朝更堪赞兴荣。

王家庄观音庙始建何年，无据溯源，据村中老者传言，始建于清朝道光年间。其时天遭大旱，民不聊生，饿死者、外逃者甚多，所留不及百人。解放前夕，村中天地、观音两庙，同时被拆，遂成废墟。新中国成立初年，村民紧跟共产党，在天地庙旧址建校兴学，继而合作化、人民公社，直至改革开放，逐年走上幸福的道路。王家庄村系晋西北革命老区，曾为革命出钱出粮出干部，四八年大军南下，以薛青为首的六名健儿，随军共赴疆场，转战南北。薛青进京后曾任中华全国煤炭总工会主席，之后安家于辽、京、鲁、豫、陕、蜀。后起革命新秀散居在新疆、河北、太原、长治、离石、县城、黄家沟、方山、林家坪等地，在外新老干部及其后代在二百人以上，在村人口将近四百。薛氏前辈散居兴县、汾阳、高家庄、柏树里、坪头、呼家山、赵家山、安坡、孙家塔等地，其人口之众无以估计，此系薛氏之大喜。中华崛起，保护文物势在必行，上世纪末，在纠首薛稳勤等的倡导下，用九年布施结余之金额，依原址原样铺开复建观音庙工程，村民踊跃参加，自觉献工，终于在二〇〇二年二月竣工。即时观音复位，唱戏庆典，以壮其举。观音新庙虎踞村中，背舞奇姿，黄彩二龙，左右环山，鸟啼钟鸣，迎面群峰，紫气祥云，金碧辉煌，雄姿威风，天长地久，与世长存。王家庄村为义居都十甲，薛氏创基立业，上世纪初张氏迁入，而今村民团结奋发，共建家园，更加美好的未来就在眼前。在此立碑之际，谨将经领人施钱人姓名金额铭刻于碑，以志纪念。

经领人：薛稳勤　薛田则

撰文：薛养平

风水先生：薛国宝

刻碑：庞海州

书写：冯宽让

王家庄村民於公元二零零二年二月二十二日敬立

（碑阴）

捐款名单　积善养德　布施彰诚意　留芳见真心

薛伟荣一千　薛小宁五百　薛三丢二千　薛四丢二千　薛�玉二千　薛如明六百　薛晋平五百（下略）

田家山村李永勤二百　碗家圪台村薛凤江二百

薛三丢敬献铜钟一口　铜香炉一个

泰业煤矿赞助四万元

壹佰元者　薛如明　薛如英　薛连生　薛伟歧　薛伟峰　薛趁玉　薛跟玉　薛养平　薛如峰　薛如亮　薛林芝　薛稳昇　薛如荣　薛如滋　薛如珍　薛稳全　薛清顺　薛荣　薛治普　薛华虎　薛秋

虎

（下略）

虎山煤矿辅助井肆佰元　联树局煤矿壹佰元　张宝勤焦化厂壹百元　薛秋虎焦化厂壹百元　薛晓龙焦化厂壹百元　严建峰焦化厂 伍拾元

乔家坪龙天庙碑记

【简介】

2002年2月勒石。现存于临县雷家碛乡乔家坪村龙天庙。碑砂石质，圆首，高110、宽50、厚10厘米。额题“万古流芳”4字。碑文楷体，正文3行，满行24字。记载乔家坪村重修龙天庙之事。保存完好。

【碑文】

乔家坪社稷原有陈旧破烂龙天庙一座，一排三殿，中殿龙天大圣，东山神土地，西田公田母。为了崇敬神灵，在二〇〇二壬午年重新修古建新。

总经领人　高继国

经领人　高全华　高志生　张宝平

二〇〇二年二月二十八日立

秦谆益墓碑

【简介】

2002年2月勒石。现存于临县白文村，嵌于砖套中。碑青石质，圆首，高130、宽58厘米。为秦谆益墓碑。额题“孝思维永”4字。碑文楷体，正文5行，满行30字。碑文完整，字迹清晰，碑体完好。

【碑文】

故显考秦公讳谆益妣高銀娥年奋雲之墓

先父谆益，生于公元一九零七年，三七年加入中国共产党，在抗战、解放战争及新中国建设事业中，历任指导员、教导员、团政治部主任、土改工作团团长、旗委书记、哲盟组织部部长、矿党委书记、矿山部部长、煤炭部建筑公司副经理、中央学校讲师、内蒙党校校长、内蒙轻工厅副厅长等职。八八年因病逝世于呼市，享年八十二岁。

子派钦　派利　派湛　幼崙　建纬　剑晟　媳　張開玲　曹家定　張卫□　曾庆颖　郭珊珊　張明　女利□　孙新之　□之　航民　秦成　秦凯　秦陆　秦旋　叩

公元二〇〇二年清明节立

【联文】

革命先烈；

后代楷模。

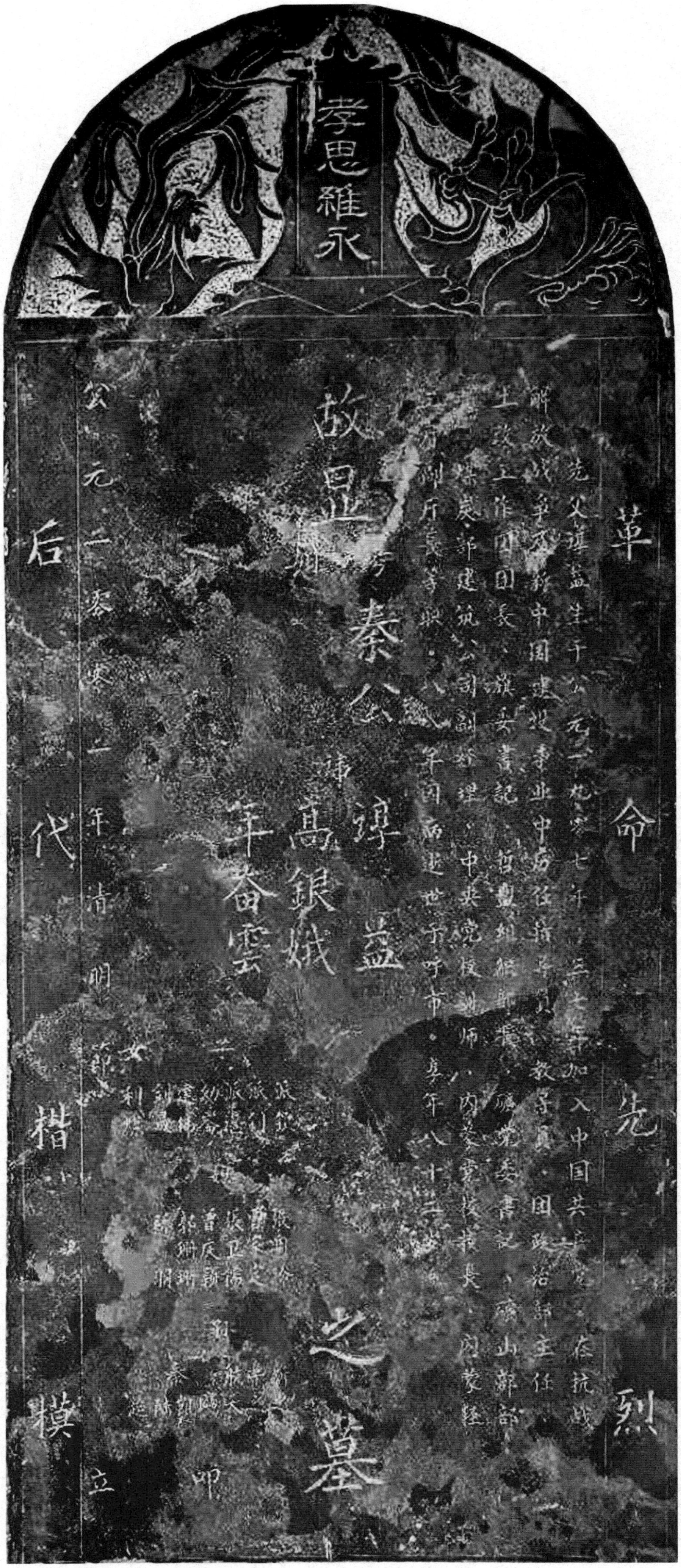

维修真武祖师庙碑序

【简介】

2002年3月勒石。现存于临县曲峪镇枣庄村真武庙。碑砂石质，圆首方座，通高140厘米，其中碑身110高、宽65、厚12厘米，碑座高30、宽65、厚42厘米。额题“英名千秋”4字。碑文楷书，正文计10行，满行19字。内容记载本村真武庙的重建过程。现保存完好。

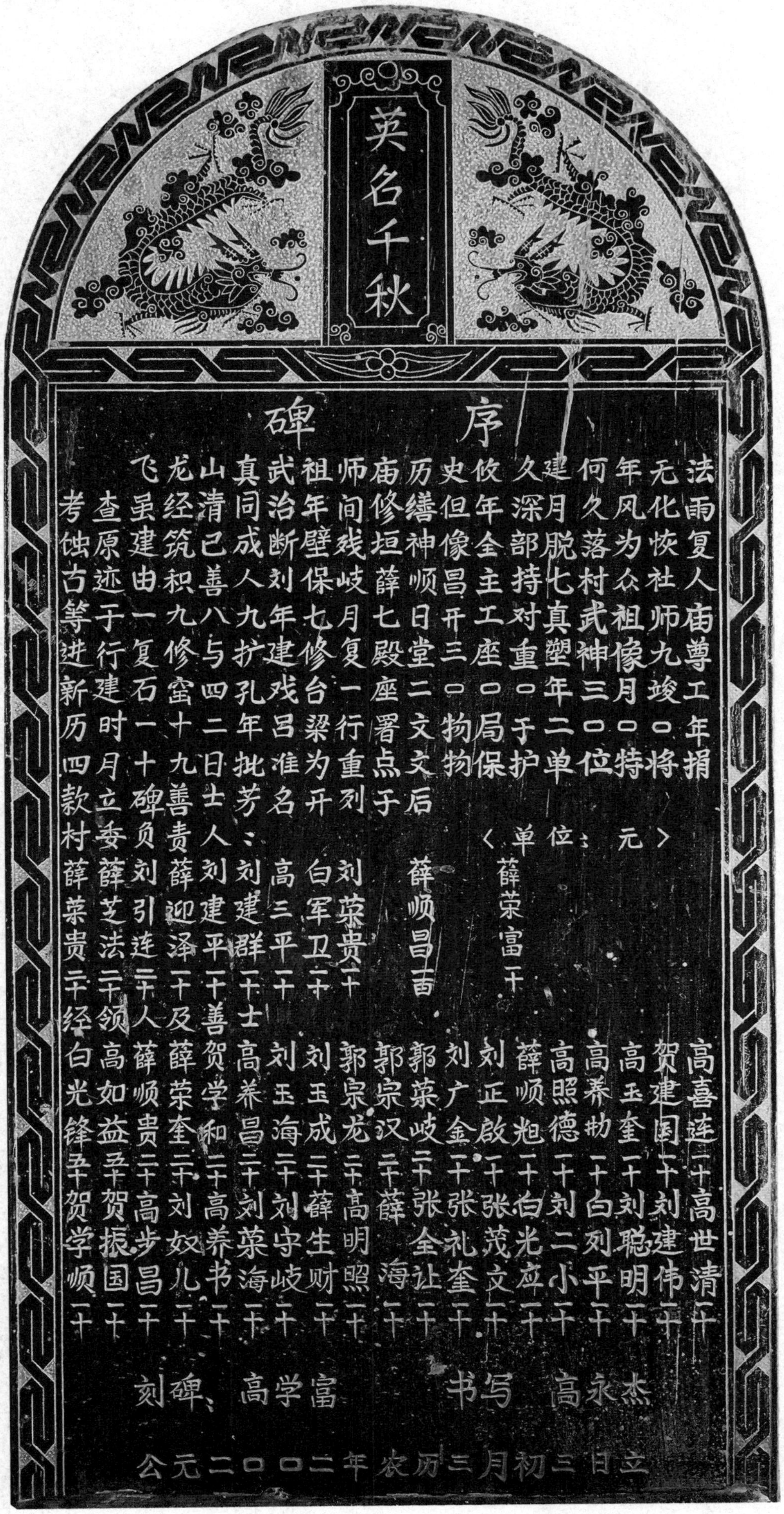

【碑文】

飞龙山真武祖师庙历史悠久，建于何年，无法考查，虽经清同治年间修缮，但年深月久，风化雨蚀，原建筑已成断壁残垣，神像全部脱落，为恢复古迹，由积善人刘保奇、薛顺昌主持七村众社人等，于一九八九年七月七日开工，对真武祖师庙进行复修与扩建，修复殿堂三座，重塑神像九尊，新建石窑四孔，戏台一座，二〇〇〇年三月竣工，历时十二年，吕梁行署文物局于二〇〇〇年四月十九日批准为重点文物保护单位，特将捐款立碑善士芳名开列于后。

村委负责人：（单位：元）

薛荣贵二十　薛芝法二十　刘引连二十　薛迎泽一十　刘建平一十　刘建群一十　高三平一十　白卫军一十　刘荣贵一十　薛顺昌一百　薛荣富一十

经领人及善士　白光锋五十　高如益五十　薛顺贵二十　薛荣奎二十　贺学和二十　高养昌二十　刘玉海二十　刘玉成二十　郭宗龙二十　郭宗汉二十　郭菜歧二十　（下略）

刻碑：高学富

书写：高永杰

公元二〇〇二年农历三月初三日立

关帝庙维修碑记

【简介】

2002 年 4 月勒石。现存于临县安业乡后寨则村。碑青石质，圆首方座，碑身高 152、宽 60、厚 8 厘米。碑文楷书，计 6 行，满行 18 字。记载后寨则村关帝庙的维修过程。现保存完好。

【碑文】

后寨则村关帝庙，由于年久失修，庙宇毁坏。金身破碎。今年农历三月，卜吉开工，补修大庙，重塑金身，广大善男信女，积极输财出力，真实发心布施，四月二十日为关帝圣庙举行了开光大典。谨将经领及施款人芳名列后。

经领人：李顺全　李保勤　李宝平　李谈儿　李祚祯　李新荣　李绍明　杨建明　李宝成　李继芝　康喜平　康丕明　李老虎　康三旺　李三全　李继忠　李耀新　李登政　康生　康志照　李兰平　李唤汝

泥塑丹青：刘宝宝

撰文书写：董业闻

刻石：王泽峰

公元二零零二年农历四月二十八日

500 元 3 人　李补顺　李勤柱　李缠顺　400 元 1 人　李军军　300 元 1 人　马玉香　200 元 8 人　王兰英　李志军　李永珍　李三勤　李引柱　李保勤　李志荣　李国防　（下略）

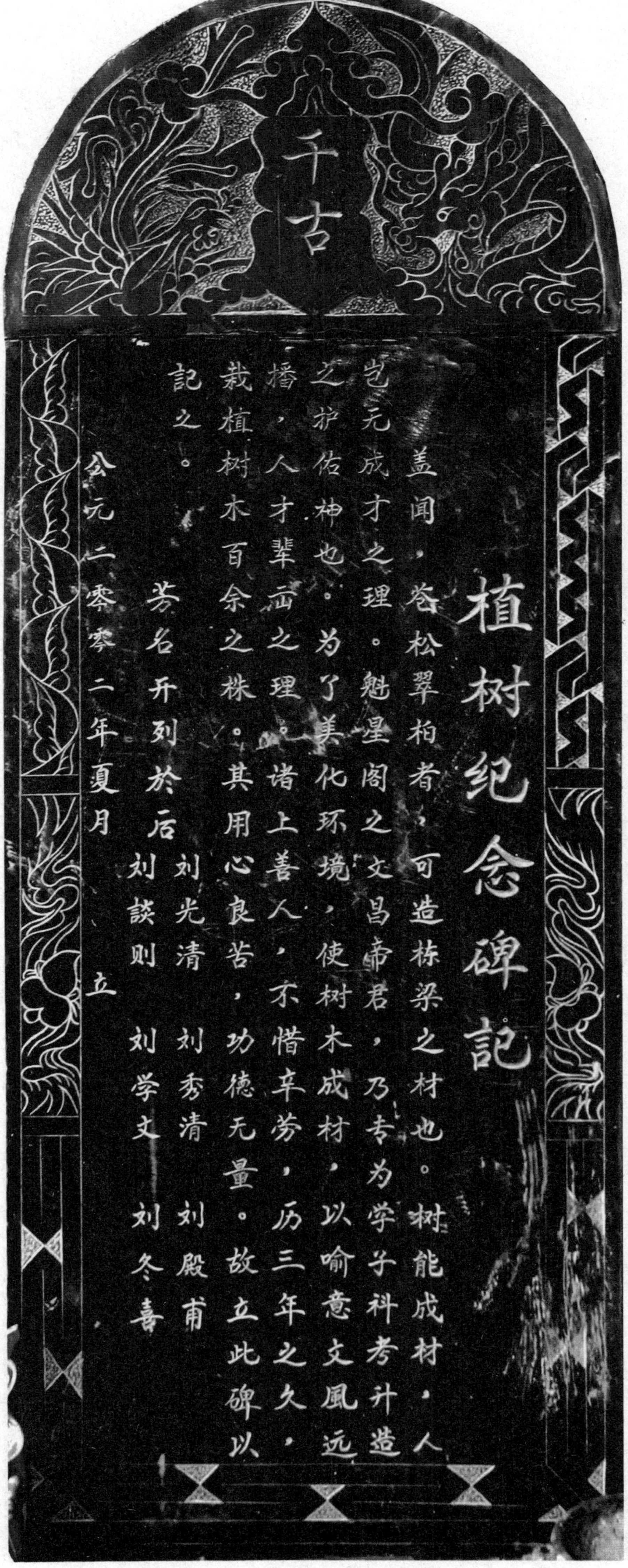

植树纪念碑记

【简介】

2002年夏月勒石。现存于临县大禹乡后刘家庄村。碑青石质，圆首方座，碑身高142、宽53、厚7厘米。碑文楷书，计6行，满行25字。额题“千古”2字。记载刘家庄村在关帝庙周围植树的事。现保存完好。

【碑文】

植树纪念碑記

盖闻，苍松翠柏者，可造栋梁之材也。树能成材，人岂无成才之理。魁星阁之文昌帝君，乃专为学子科考深造之护佑神也。为了美化环境，使树木成材，以喻意文风远播、人才辈出之理，诸上善人，不惜辛劳，历三年之久，栽植树木百余之株。其用心良苦，功德无量，故立此碑以记之。

芳名开列于后

刘光清　刘秀清　刘殿甫　刘谈则　刘学文　刘冬喜

公元二零零二年夏月立

重建大王庙碑记

【简介】

2002年5月勒石。现存于临县刘家会镇麦洼村。碑青石质，圆首方座，碑身高146、宽54、厚7厘米。碑阳额题“常昭永垂”4字。碑文楷书，计7行，满行27字。记载麦洼村大王庙的重建过程。碑阴刊刻施钱人名单。现保存完好。

【碑文】

（碑阳）

重建大王廟碑記

大王庙雄踞全村山塄，真乃天生杰地，始建何年尚不可考，据旧碑细视，约见乾隆元年字样，至于历代复修改建等亦无史载。据本埠耄翁所云，大王灵应，历传悠久，时逢谷雨旱象之年，只要请神祈雨，无不灵应，故有十八村集资献戏谢神古规流传至今。惜乎日侵之际，拆庙毁垣，群民无不叹息。迄今有识之士，多方奔走倡议修复，各界人士解囊助资，由张善奎、张善珍等筹建设计，群众义务出勤月余，顺利竣工。古庙容光焕发，精塑神像，值此告捷，铭文刻石。

经领人：張善奎　張善珍　张善仁　張□应　張□□　張□□　張玉龙　張侯連　張金□　張□□　張艳峰　張善万　張建軍　張引全

撰文　張玉芝

書写人　張保成

刻石人　王兴旺

公元二〇〇二年五月初二日立

（碑阴）

（施钱人略）

广化寺佛殿庙碑记

【简介】

2002 年 6 月勒石。现存于临县城庄镇城庄村广化寺。碑青石质，圆首，高 154、宽 60、厚 8 厘米。碑文楷体，正文 8 行，满行 43 字。记载城庄村增修广化寺佛殿之事。保存完好。

【碑文】

（碑阳）

广化寺佛殿碑記

城庄村广化寺的前身是明真观，始建于金大定四年，明洪武九年改建为广化寺。寺内正面是释迦佛，西面藏殿太平分殿，东面观音殿，南面四大天王，道教佛教俱全。殿宇石木砖瓦结构，古柏参天，诸位佛圣像，雄伟壮观，古朴典雅，像是天然佛门圣地。但是由于数百年日久天长，山洪摧毁，踪迹无存。为了恢复古迹，发扬历代文化遗产，城庄村民选地移址，于一九九二年六月二十日改建广化寺落成。寺内道殿完整，提倡佛教，利国利民。随喜助应，人民久安。城庄村又组织人员，在寺内适地，群策群力，捐款增修佛殿，设塑佛像。一九九七年六月十九日，增修佛殿竣工开光庆典。

今乃广化寺胜状，君观也：

南山当户碧增青，河流东西川作屏，北望紫烟居千户，山绣锦幽卧虎龙。

故此佛光普照，功德无量，永昭后世，刻碑记事。

经领人：張成明　張有桂　郝贵平　張料升　張成林　秦秀兰　薛尚云　李广平　郭俊杰

立碑主持人：□□□　王俊昌　郝圪乃

泥塑丹青：秦青平　薛志忠

刻石：崔智来

木工：薛侯平　薛卫平　郝儿则　刘永东　張绳平　張青顺　郝贵平　高振平　張海平

二〇〇二年农历六月十九日立

（碑阴）

（施钱人略）

观音堂重修碑记

【简介】

2002年6月勒石。现存于临县碛口镇圪垯上村，立于碑窑中。碑青石质，圆首，高131、宽52、厚9厘米。额题“碑记”2字。碑文楷体，正文10行，满行13字。记载圪垯上村重修观音庙之事。保存完好。

【碑文】

碑记

古庙观音堂始建年代未有稽考，闻古之云，原钟面铸有嘉庆三十六年，至始，百姓纷纷，香火不断，全村人畜兴旺，财源茂盛，五十年代破除迷信运动，七十年代，窗门围墙等被拆，庙院自垮，群众议论纷纷，在党支部和村委的支持下，发动广大群众，第一次于二〇〇〇年主体修补，第二次雕塑就绪。

修补捐款排列于下

薛国世　薛爱平　各施洋壹佰壹拾元　薛乃顺施洋陆拾元　薛兆亮　薛爱虎　薛艾全　薛银许　薛来大　薛三则　施洋伍拾元　薛荣虎　薛侯补　薛容茂　施洋肆拾元　薛记平　薛贵平　施洋叁拾陆元　薛建生施洋叁拾肆元　薛润平　薛成平　薛艮许　薛成许　薛茂山　施洋叁拾元　薛念喜施洋弍拾肆元　薛金平施洋拾元铜钟一口　薛荣平施洋弍拾元木匾一块　（下略）

经领人　薛荣虎　付经领　薛爱全

匠工　刘东元

石刻　冯安喜

丹青　薛玉飞

书人　高林茂

公元二零零二年古历六月十九日立

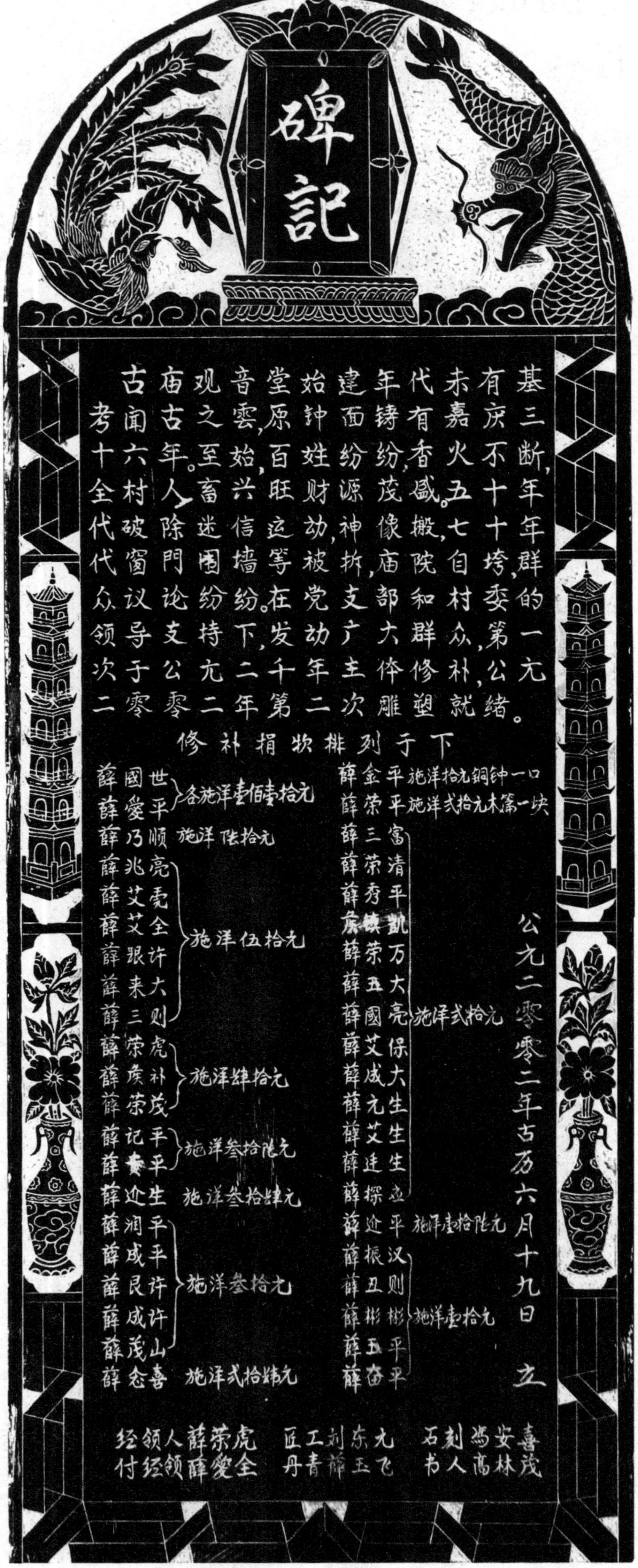

重修观音庙碑记

【简介】

2002年7月勒石。现存于临县临泉镇南塔村。碑青石质，平首，高173、宽80、厚12厘米。碑文楷体，正文4行，满行53字。记述南塔村重建观音庙之事。保存完好。

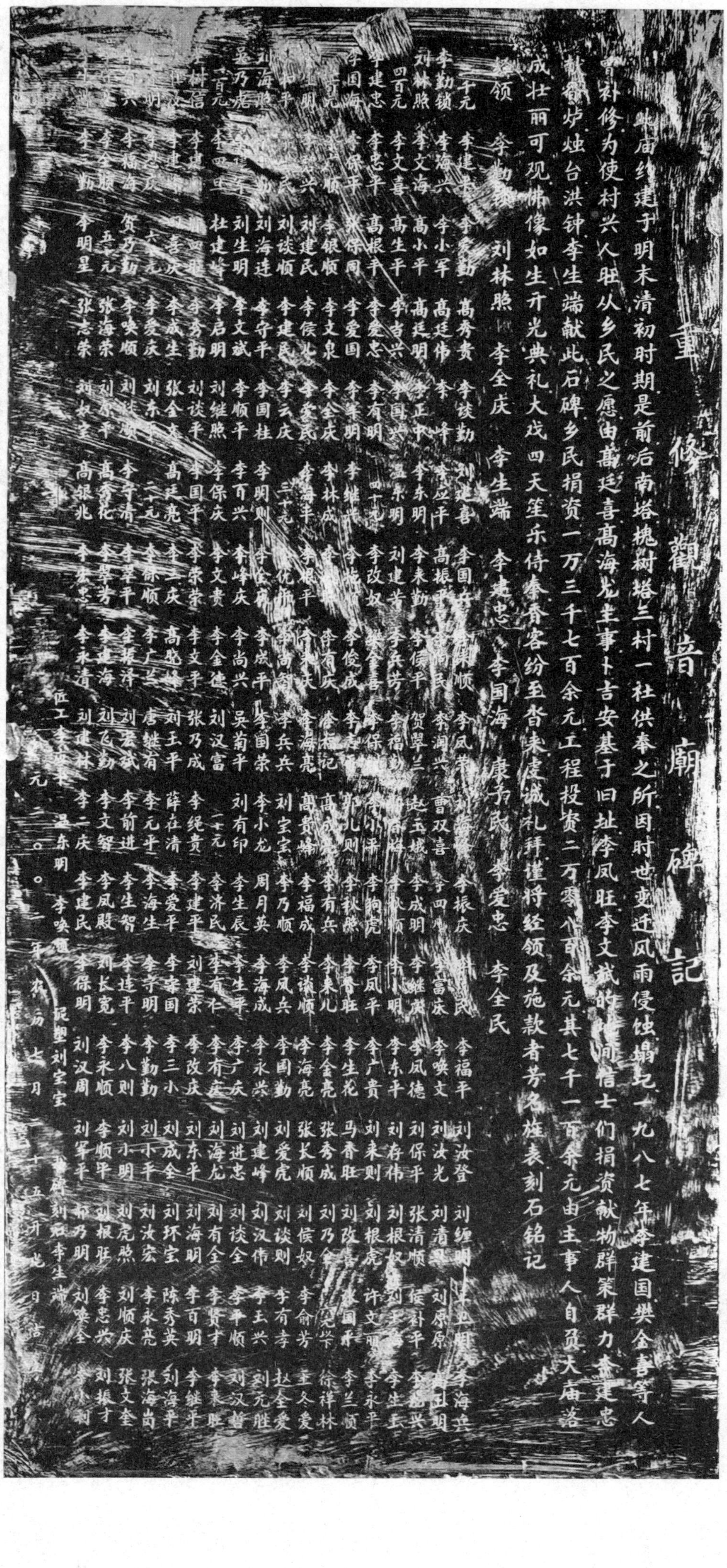

【碑文】

重修觀音廟碑記

此庙约建于明末清初时期，是前后南塔、槐树塔三村一社供奉之所。因时势变迁，风雨侵蚀塌圮。一九八七年，李建国、樊金喜等人曾补修。为使村兴人旺，从乡民之愿，由高廷喜、高海龙主事，卜吉安基于旧址，李凤舞、李文斌的地界，信士们捐资献物，群策群力，李建忠献香炉、烛台、洪钟，李生端献此石碑，乡民捐资一万三千七百余元。工程投资二万零八百余元，其七千一百余元由主事人自负。大庙落成，壮丽可观，佛像如生，开光典礼，大戏四天，笙乐侍奉，香客纷至沓来，虔诚礼拜，谨将经领及施款者芳名旌表，刻石铭记。

经领　李勤锁　刘林照　李全庆　李生端　李建忠　李国海　康子民　李爱忠　李全民

二千元　李勤锁　刘林照

四百元　李建忠　李国海

二百元　李生明　□和平　刘海照　吴乃虎

（下略）

匠工　李海平　温东明　李唤顺

泥塑　刘宝宝

书碑刻石　李生端

公元二〇〇二年农历七月二十五开光日吉立

重修石踏碑记

【简介】

2002年8月勒石。现存于临县大禹乡康家塔村。碑青石质，圆首，高145、宽58、厚9厘米。碑阳额题“重修石踏碑记”6字。碑文楷体，正文4行，满行30字。记载康家塔村玉皇庙重修石踏之事。碑阴额题“千古流传”4字。碑文续刻施钱人及经领人等。保存完好。

【碑文】

（碑阳）

重修石踏碑記

玉皇庙石踏不知建于何时，由于年长日久，水冲塌倒，面貌全毁，永無记载。后来得到本村王三宝捐大量资金，马利峰提供玉皇庙金字及油漆，有纠首经领，重修四十五步石踏，恢复面貌，为此踏捐款者，尊讳大名，开列于后，以作纪念，流传千古。

王建平一百零八元　王二宝一百元　赵贵清一百元　王孝于五十元　严永勤五十元　樊继峰五十元　樊成旭五十元　高世龙四十八元　王世元四十八元　樊云四十元　（下略）

（碑阴）

（施钱人略）

经领人：高唤勤　王国平　高云荣　高学平　高永德　高顺照　王有平　王来有　王提则

设计员：赵荣亮　王世泽　樊成旭　高唤勤

石刻：高有顺

公元二零零二年八月七日吉立

东西林家坪首届关帝庙会碑记

【简介】

2002年8月勒石。现存于临县林家坪镇林家坪村。碑青石质，圆首，碑高152、宽62、厚8厘米。碑阳额题“流芳”。碑文楷体，正文6行，满行32字。记载林家坪村首届关帝庙会盛况。碑阴刊庙会赞助者花名。保存完好。

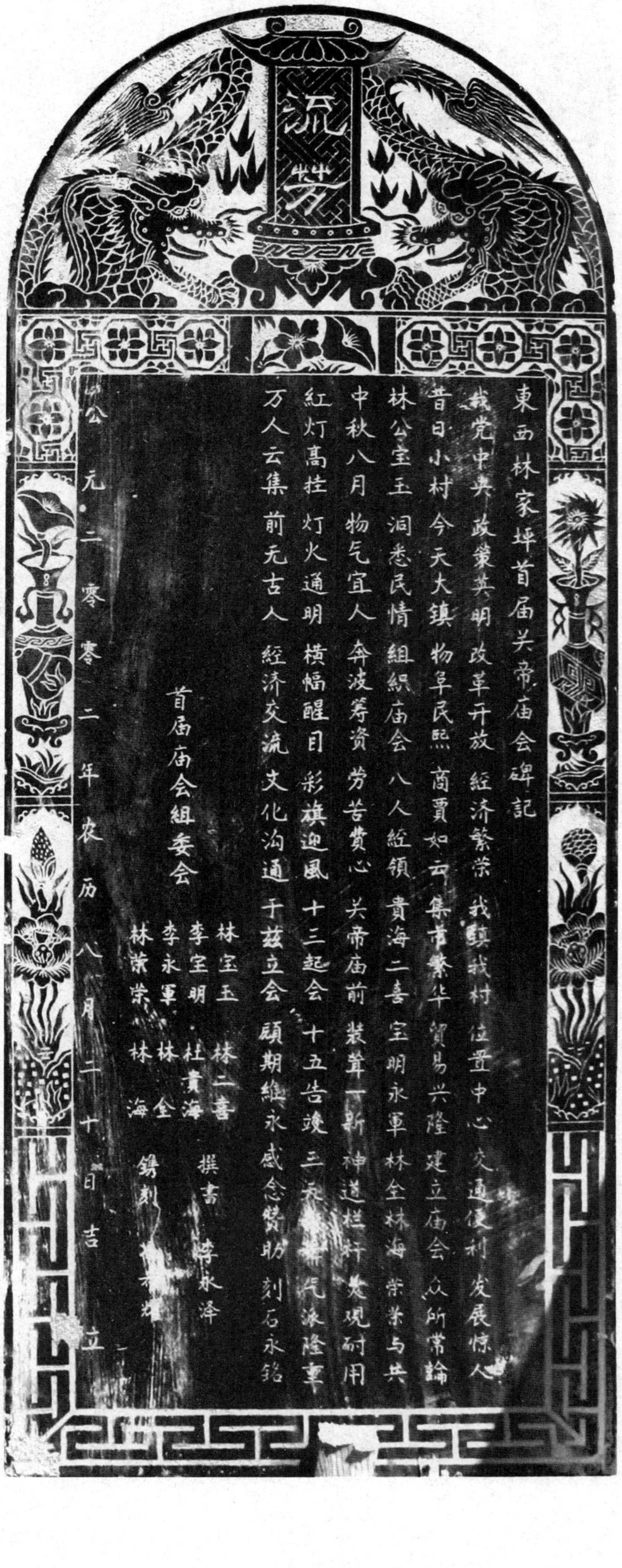

【碑文】

（碑阳）

東西林家坪首届关帝庙会碑記

我党中央，政策英明，改革开放，经济繁荣，我镇我村，位置中心。交通便利，发展惊人，昔日小村，今天大镇，物阜民熙，商贾如云。集市繁华，贸易兴隆，建立庙会，众所常论。林公宝玉，洞悉民情，组织庙会，八人经领。贵海二喜，宝明永军，林全林海，荣荣与共。中秋八月，物气宜人，奔波筹资，劳苦费心，关帝庙前，装葺一新，神道栏杆，美观耐用，红灯高挂，灯火通明，横幅醒目，彩旗迎风。十三起会，十五告竣，三天歌舞，气派隆重。万人云集，前无古人。经济交流，文化沟通，于兹立会，愿期维永，感念赞助，刻石永铭。

首届庙会组委会　林宝玉　李宝明　李永军　林荣荣　林二喜　杜贵海　林全　林海

撰书　李永泽

镌刻　冯希耀

公元二〇〇二年农历八月二十日吉立

（碑阴）

首届庙会赞助者花名

伍百元者　林宝玉　李宝明　杜贵海　林富荣　林二喜　林茂宁　林荣荣　林茂香　王玉章　薛建国　王登荣　李明山　李荣　薛峰　薛林平　张立华　李永平　高金顺　薛四宝　白绍福　牛文平

叁百元者　马智博

（下略）

三次重修庙碑记

【简介】

2002年9月勒石。现存于临县刘家会镇上王家圪垛村。碑青石质，圆首方座，碑身高155、宽60、厚8厘米。碑阳额题“昭永垂”3字。碑文楷书，计6行，满行29字。记载王家圪垛村观音庙的重建过程。碑阴额题“千古流芳”4字。碑文为施钱人等名单。现保存完好。

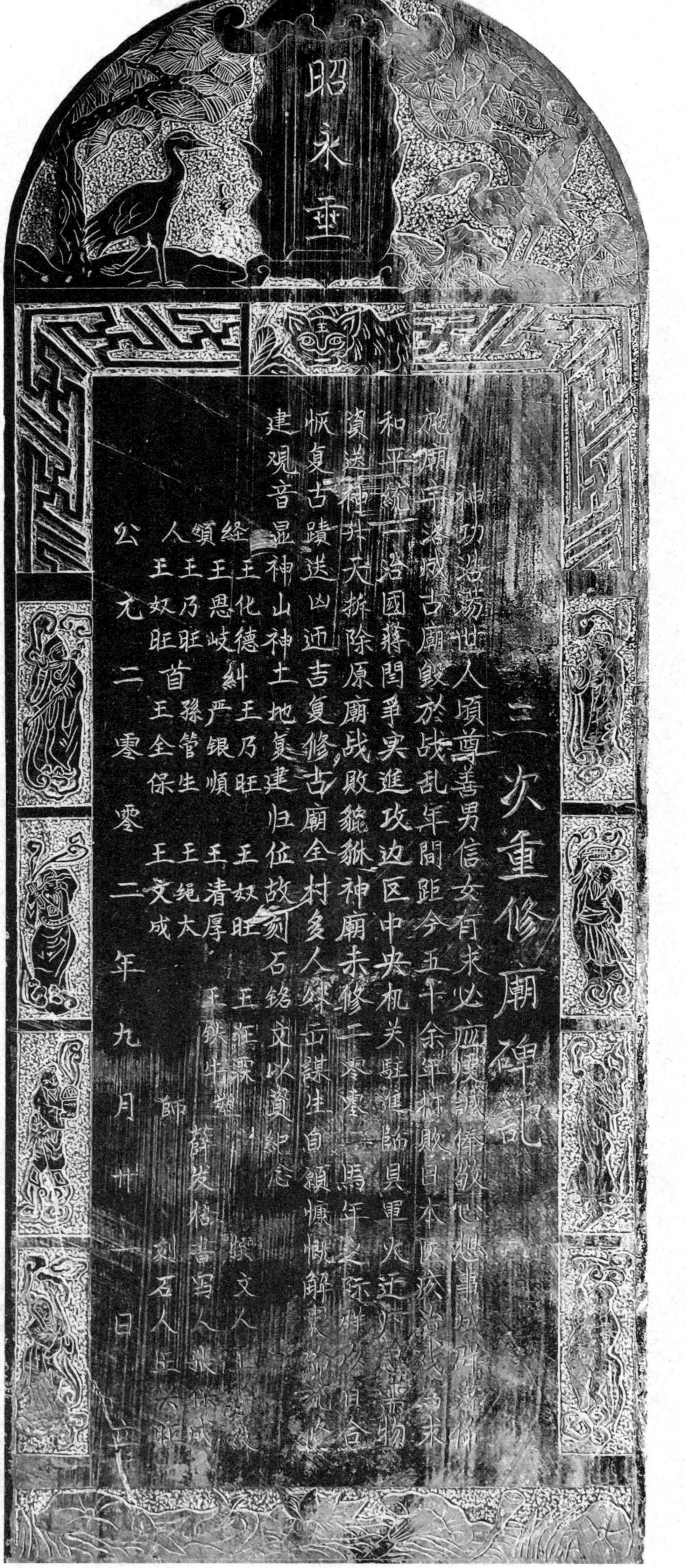

【碑文】

（碑阳）

三次重修廟碑記

神功浩荡，世人頃尊，善男信女，有求必应，虔誠奉敬，心想事成，群之筹布施，廟宇落成。古廟毁于战乱年間，距今五十余年，打敗日本，医疚治残，爲求和平統一治國，蒋閆（閻）争实，進攻边区，中央机关駐進臨县，軍火迁厂，急需物資，送神升天，拆除原廟，战敗貔貅，神廟未修。二零零二馬年之际，群众自合恢复古蹟，送凶迎吉，复修古廟，全村多人外出謀生，自願慷慨解囊，輪流修建观音显神，山神土地复建归位，故刻石铭文，以資紀念。

经領人　王化德　王恩歧　王乃旺　王奴旺

糾首　王乃旺　严銀順　孫管生　王全保　王奴旺　王清厚　王绳大　王文成　王在霖　王铁牛

塑师　薛发梧

撰文人　王毅

書写人　張保成

刻石　王兴旺

公元二零零二年九月廿一日立

（碑阴）

寨峁上铜匾一块　200　彩树岭260　麦注200　王有相1000　王利明1000　王占清1000　王福相500　王海旺280　王晓威200　王向东200　王林泽200　王荣平200　王林顺200　王永昇200

（下略）

临之东南隅黄家沟村重修庙宇扩建舞台碑记

【简介】

2002年9月勒石。现存于临县湍水头镇黄家沟村。碑青石质，圆首方座。碑阳额题“流芳千古”4字。碑文楷书，计9行，满行31字。记载黄家沟村庙宇、舞台的重建过程。碑阴额题“功德千秋”4字。碑文为施钱人名单。现保存完好。

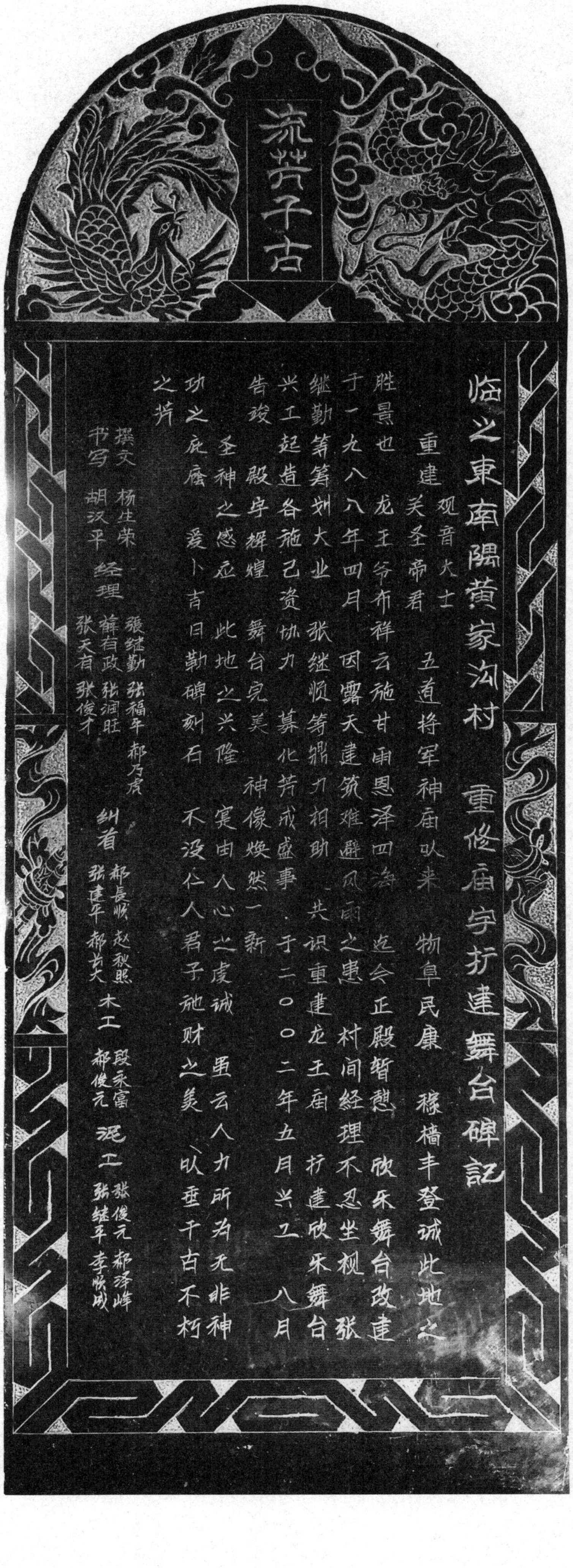

【碑文】

（碑阳）

临之东南隅黄家沟村重修庙宇扩建舞台碑记

重建观音大士、关圣帝君、五道将军神庙以来，物阜民康，稼穑丰登，诚此地之胜景也。龙王爷布祥云、施甘雨恩泽四海，迄今正殿暂憩，欣乐舞台改建于一九八八年四月，因露天建筑，难避风雨之患，村间经理不忍坐视，张继勤等筹划大业，张继顺等鼎力相助，共识重建龙王庙、扩建欣乐舞台，兴工起造，各施己资，协力募化，方成盛事。于二〇〇二年五月兴工，八月告竣，殿宇辉煌，舞台完美，神像焕然一新。

圣神之感应，此地之兴隆，实由人心之虔诚，虽云人力所为，无非神功之庇荫。爰卜吉日勒碑刻石，不没仁人君子施财之美，以垂千古不朽之芳。

撰文　杨生荣

书写　胡汉平

经理　张继勤　薛有政　张天有　张福平　张润旺　张俊才　郝乃虎

纠首　郝长顺　张建平　赵秋照　郝长大

木工　段永富　郝俊元

泥工　张俊元　张继平　郝泽峰　李顺成

（碑阴）

施钱人

新建水泥厂三万八千元　黄家沟煤矿竖井五百元　煤焦检查站五十元　小寨上村委二百元　壕则墕村委二百元　张秀盈六百元　张香儿三百元　郝景瑞五十五元　（下略）

公元二〇〇二年九月三日吉立

“虔诚”碑

【简介】

2002年10月勒石。现存临县三交镇南山寺。碑青石质，方首，碑身高142、宽53、厚7厘米，碑文草书，计1行，满行2字。碑体碎为两块，碑文遭到香烟薰烤模糊不清。

【碑文】

三皇伏羲炎黄二帝

虔诚信士□□

虔誠

四佛四菩薩

二〇〇二年孟冬十月初五日

□□书

重修关帝庙碑记

【简介】

2002年12月勒石。现存于临县安业乡关王庙村。碑青石质，圆首方座，碑身高157、宽60、厚8厘米。碑阳额题“世代流传”4字。碑文楷书，计7行，满行30字。记载关王庙村修建庙宇之事。碑阴额题“德泽永存”4字。碑文刊经领人、施钱人名单。现保存完好。

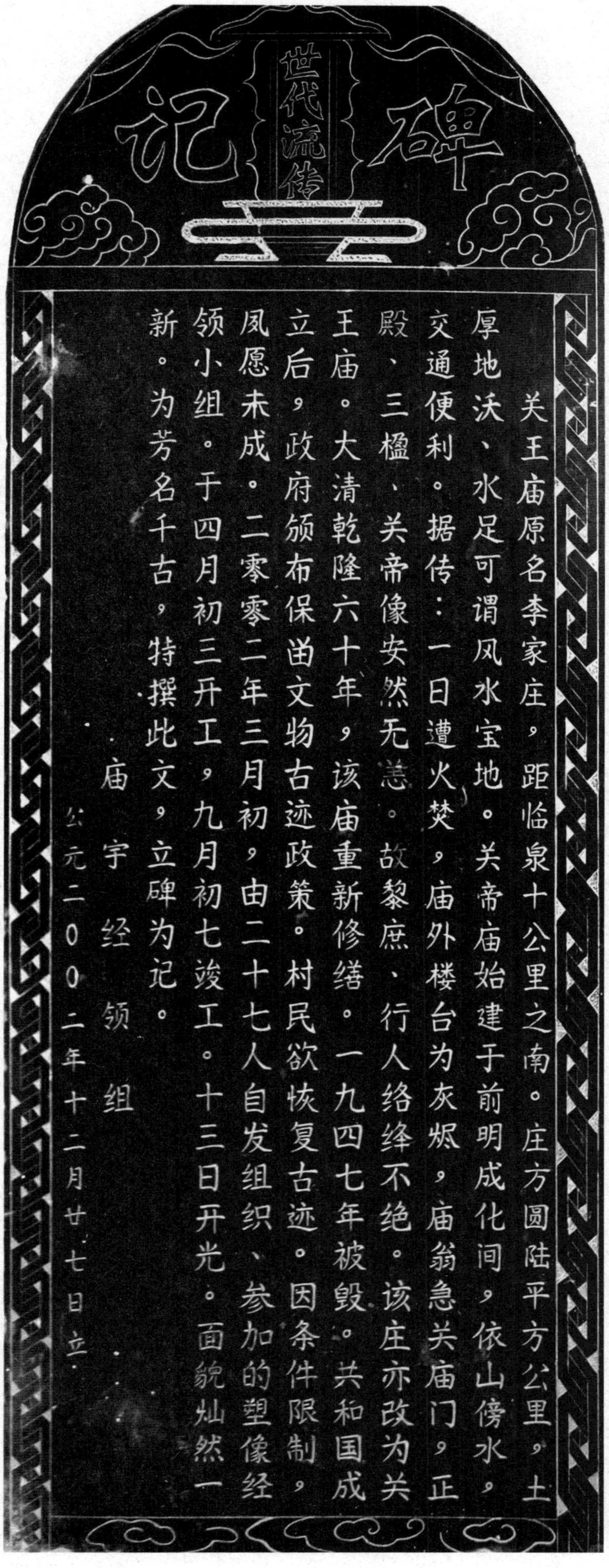

【碑文】

（碑阳）

关王庙原名李家庄村，距临泉十公里之南，庄方圆陆平方公里，土厚地沃水足，可谓风水宝地。关帝庙始建于前明成化年间，依山傍水，交通便利。据传，一日遭火焚，庙外楼台为灰烬，庙翁急关庙门，正殿三楹关帝像安然无恙，故黎庶行人络绎不绝，该庄亦改为关王庙。大清乾隆六十年，该庙重新修缮，一九四七年被毁。共和国成立后，政府颁布保留文物古迹政策，村民欲恢复古迹，因条件限制，夙愿未成。二〇〇二年三月初，由二十七人自发组织参加的塑像领导小组，于四月三日开工，九月七日竣工，十三日开光，面貌灿然一新，为芳名千古，特撰此文，立碑为记。

庙宇经理组

公元二〇〇二年十二月二十七日立

（碑阴）

经领人　李海招　玉山　子应　树亮　高银锁　荣德　香旺　勤虎　相贵　维耀　卫明　宗耀　顺平　春平　继全　振修　喜平　树平　有先　荣发　振才　来庆　秀平　保奎　香虎　振升　振华

承办人　李海招　玉山　高银锁　子应　树亮　荣德

堪舆　高智平

丹青　侯杰

木工　有贵　荣招

泥工　宗耀　树虎

石工　卫明

撰文　荣发

书写　前甘泉李锋

刻石　前青塘李根保

李林　富生　有生　李振一　平顺　各1000　子顺950　高银锁800　高宏　玉庆　立国　各500　振顺400　侯勤300

（下略）

重修庙碑序

【简介】

2002年5月勒石。现存于临县刘家会镇下王家圪垛村。碑青石质，圆首，高148、宽50、厚7.5厘米。碑文楷书，计10行，满行21字。记载下王家圪垛村庙宇的修建过程。现保存完好。

【碑文】

碑序

考源碑记，此庙始建于清末光绪年间，坐北面南，背依村舍，对应戏台相鸣互应。内祭关帝观音主神两尊，原貌气势恢宏，雕梁画栋，山深水艳，人杰地灵，四村老小群□求兮辄辄祭兮，诸神显灵，村社康宁，斗转星移，世事风云，上簿专庙，下疏祭祀。年久失修，风雨摧颓，金身化尘，香烟渺零。传统文化乃源远流长，虽有兴衰，终须否极泰来。此庙复修夙愿已久，四乡村社积极捐款，全村老少舍力施钱，贫者就劳，达者捐钱，鼎力相助，歇力不懈，历经数年，原貌重现，巍巍神尊，袅袅香烟，隆隆钟声，佛光常显，简记始末，徽耳后世。

功德榜

一九八八年开始主家纠首：王泽民，施款213元，工45个。

一九九三至九九年开建经领人姓名　施款　施工

马应甫　30　22　王祥锋　69　35　王怀义　92　30　王趁有　73　32　王升高　10　32

二零零零年纠首经领人

杜泽顺　102　27　王永瑞　395　39　王玉平　127　21　王昇太　53　22　马应亮　110　36　张永泉　40　26　张铁绳　36　28

二零零贰年纠首经领人

李来顺　110　27　王怀林　105　27　王小平　205　14　马林平　100　23　王泽亮　139　21　王怀玉　104　45　杜根顺　110　76　王奋平　100　14

本村施主：

王永祥　1045　47　王亮　412　3　王乃平　249　47　王奴海　240　王进厚　200　王源义　184　30　王小平　184　14　王华福　175　王建英　170　王泽荣　153　15　王天有　146　22　王应隆　137　53　（下略）

外村捐款（略）

王氏华儒书丹并撰刻

二〇〇二年五月十三日诚立

序
功德榜
本村施主

高家墕老爷庙碑记

【简介】

2003 年 2 月勒石。现存于临县林家坪镇高家墕村老爷庙。碑砂石质，圆首方座，碑身高 106、宽 54、厚 5 厘米。碑文楷书，计 7 行，满行 20 字。额题“碑记”2 字。记载高家墕村庙宇的修建过程。现保存完好。

【碑文】

相传一八零三年始建，□□窑洞两孔，老爷、龙王六樽神像，两厢壁画。大约一八五三年，四甲张户还愿，增建山神、土地，瘠兽、檐头、庙门之后，迎请佛祖三樽。

二零零零年二月，全村补修檐头围墙护墢。二零零三年二月，全村修复神相（像）壁画檐头，新请观音菩萨。

经办人　張清荣　張恩荣　張秀旭　張泽海

二零零三年二月二十二日立

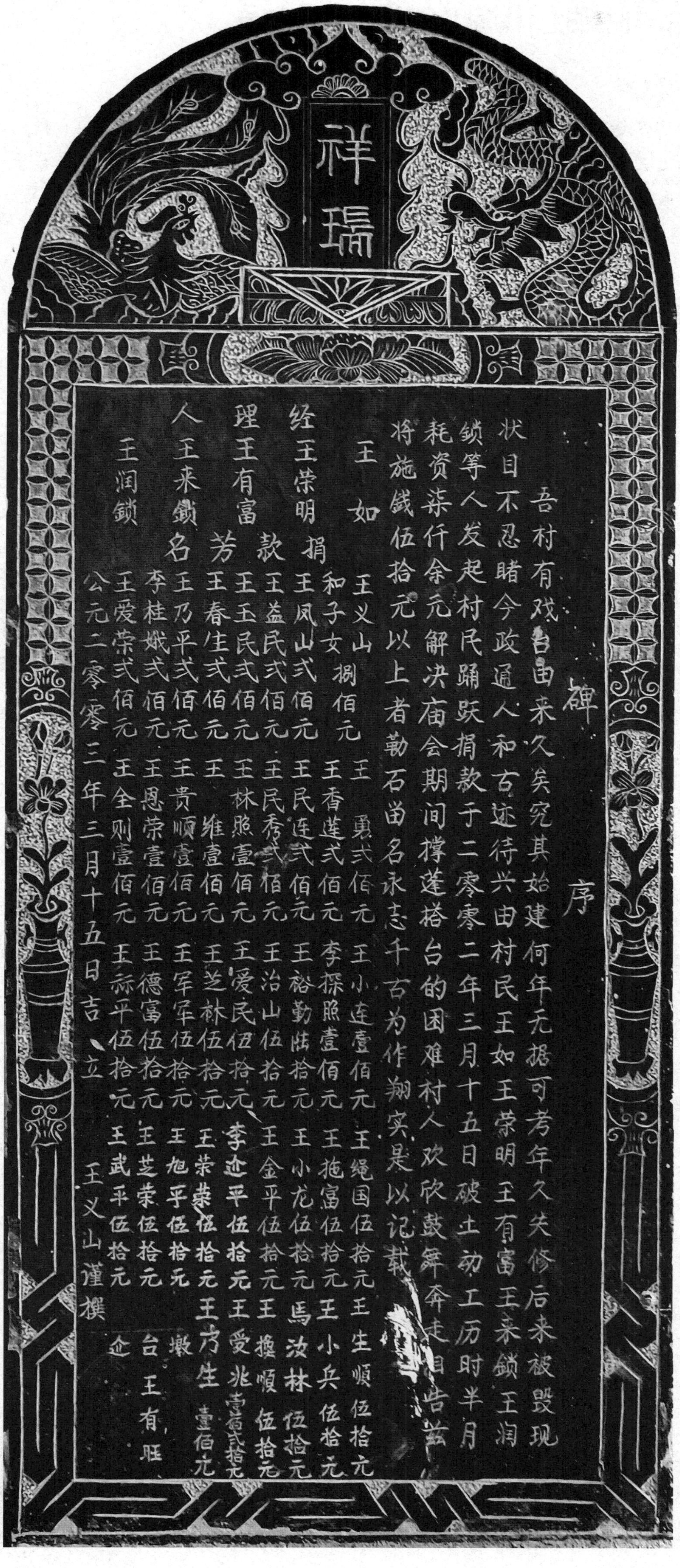

修建戏台碑序

【简介】

2003年3月勒石。现存于临县丛罗峪镇大王家塔村。碑青石质，圆首，高133、宽56、厚8厘米。额篆“祥瑞”2字。碑文楷体，正文5行，满行30字。记述大王家塔村修建戏台之事。保存完好。

【碑文】

碑序

吾村有戏台由来久矣，究其始建何年，无据可考。年久失修，后来被毁。现状目不忍睹，今政通人和，古迹待兴。由村民王如、王荣明、王有富、王来锁、王润锁等人发起，村民踊跃捐款，于二零零二年三月十五日，破土动工，历时半月，耗资柒仟余元，解决庙会期间撑篷搭台的困难。村人欢欣鼓舞，奔走相告，兹将施钱五十元以上者勒石留名，永志千古。为作翔实，是以记载。

经理人　王如　王荣明　王有富　王来锁　王润锁

捐款芳名　王义山和子女捌佰元　王凤山弍佰元　王益民弍佰元　王玉民弍佰元　王春生弍佰元　王乃平弍佰元　李桂娥弍佰元　王爱荣弍佰元　王勇弍佰元　王香连弍佰元　王民连弍佰元　王民秀弍佰元

（下略）

建台墩　王有旺

公元二零零三年三月十五日吉立

王义山谨撰

王门先祖考清代庠生讳灼中妣□杨家山郭氏合葬之墓

【简介】

2003年4月勒石。现存于临县刘家会镇彩树岭村，立于碑套中。碑青石质，方首，有碑套。碑高120、宽54厘米。碑文楷体，正文2行，满行14字。是彩树岭村王易风为祖父祖母写的碑记。保存完好。碑套额题："荫泽后世。"联文："羞贪富贵农为本；忍守清贫孝当先。"

【碑文】

（碑阳）

王门先祖考清代庠生讳灼中妣□杨家山郭氏合葬之墓

（碑阴）

世泽绵绵 慈孝遗风生时虽未行孝道 卒后仍能聚牛眠

余蒙祖宗之世泽，岁经八九十年，子孙已达四世，丰衣足食者，实庇荫于先世之恩德，而若是焉。先祖考乃清代庠生，讳灼中，字宏炯，号炎昭，生于咸丰元年，即公元一八五一年，熟读经史，知识渊博，实大曾祖父讳琴之次子，十二岁过继于二曾祖考，讳瑞为嗣。二曾祖妣张氏，乃兴仁里文锦公之祖姑母也，二十余岁丧夫孀居，祖考继嗣即呼婶为母，就熟读书。弱冠之年，府考进学，后辍教归田。祖妣郭氏，卒于民国八年，即公元一九一九年，乃杨家山锡兰公之祖姑母也。祖考妣夫唱妇随，事母至孝，以孝悌之行闻名遐迩，奉曾祖妣晨昏省定，衣食丰腴。生事之以礼，死葬之以礼，祭之以礼。祖考妣生有一女二男，女嫁于郭家山李门树蔚公为妻。长子讳贤，亦名序铨，即吾父也，少时多随其舅父清时公就学，约八九年后因废除科考而弃学归田，与吾母王氏生有五男一女。祖父之次子讳才，婚后年仅十九岁而卒。于民国十四年由祖考主持，让吾二兄长继昌过继于叔父讳才为嗣。

祖考妣之一生，勤俭为本，耕读传家，严教子孙，宽以待人，吾兄弟就学时，多由祖考识材栽培，求取前程，一生泽及昆仲，润之甥亲。祖考卒于民国十八年，今公元一九二九年，享年七十有八，寿终正寝。尔子女虽稀，孙辈尚为可观，可含笑于九泉矣。

不孝孙国昌亦名易风谨撰

二〇〇三年四月五日清明节立

王门先考清代处士讳贤妣六甲王氏讳瑞娥合葬之墓

【简介】

2003 年 4 月勒石。现存于临县刘家会镇彩树岭村，立于碑套中。碑青石质，方首，高 120、宽 54 厘米。内容是王易凤为父母写的碑记。碑文楷体，正文 2 行，满行 14 字。碑文完整，字迹清晰，碑体完好。碑阳碑套额题：“勤俭兴业。”联文：“全家艰辛过日月；终生劳作莫星期。”碑阴碑套额题：“功业千秋。”联文：“历尽艰难无闲日；含辛茹苦度春秋。”

【碑文】

（碑阳）

王门先考清代处士讳贤妣六甲王氏讳瑞娥合葬之墓

（碑阴）

先考清代处士，讳贤，亦名序铨，字德卿，生于光绪十一年，即公元一八八五年，幼年熟读诗书，弱冠掇学归田，对民间彼时之普及文化，应付自如。民初故里，开发种棉，吾父购得《种棉解说》一书，读后深解其意，即与村民讲解，吾村植棉由此而始。吾父之前半生有依有靠，家务事较少牵挂，勤事田间劳动即可。自先祖辞世，大哥通晓农林牧诸业，父亦无须操心。适后日寇侵华，战争如火如荼，吾弟兄分门另过，父母与五弟一起生活，弟在外任教，其田地与父母之养老田，统归老父耕种，不仅劳动量加重，家事亦相应增加，之后五弟患肺结核病过早去世，娣妹改嫁，遗孤一男一女，负荷复加，吾父在悲痛中劳动，艰苦度日，寿终于一九五七年农历腊月，享寿七十三岁。且是年春夏秋，在农业社跟工达七十余个，实为积劳成疾而告终。

吾母先妣，乃南都一甲王母，实孝才都六甲王氏，讳瑞娥，光绪 11 年，即公元 1885 年生，初进吾家，侍奉曾祖母与祖父母，服务于吾父与小叔，中年养育子女六人，老来对五弟之遗孤，从孩提抚养至男婚女嫁，孙亦见子，实属不易乎。服务五世而未及安养，于公元一九六九年农历四月辞世，终年八十五岁，膝下子孙亦达八十五口之众，送丧之时，一双曾孙今已成材，邻里乡人亦称颂之。呜呼！吾父母之一生，备尝艰苦，身心俱碎，迩来家声颇振，兰桂腾芳，此功此德，可世代流传矣。

不孝男国昌亦名易凤谨撰

二〇〇三年四月五日清明节谨立

重修城隍庙碑记

【简介】

2003年4月勒石。现存于临县临泉镇薛家墕村。碑青石质，方首剔角，高158、宽97、厚8厘米。额题“碑记”2字。碑文楷体，正文15行，满行16字。记载薛家墕村重修城隍庙之事。保存完好。

【碑文】

碑記

临泉镇薛家墕村城隍庙，于二零零三年农历二月三日卜吉安基，破土新建，广大善男信女慷慨输财出力，真实发心布施，共捐资人民币七千多元，投工三百多个。经过工匠和村民的共同努力，全部工程于本年三月十五日顺利告竣。

城隍庙建在本村榆树圪垯上，占地半亩，庙宇砖石结构，盖板封顶，白灰泥墙，磁板贴面，红门绿窗，严谨坚固，庄严肃穆，古朴典雅。

大庙的落成，将使本村村兴人旺，安定团结，经济发达，村民安康。故此，城隍永护，神恩浩荡。天昭后世，刻碑纪事。谨将经领及布施人芳名列后。

经领人　薛全旺　薛筛庆　薛补成　薛继虎

工匠　薛军平　薛继成　薛永林　薛俊成

刻石　王泽峰（二运院）

公元二零零三年岁次癸未四月十五日吉立

薛姓　继虎1040元　继光700　贵虎500　全贵220　树正190　树云180　树海140　万宗130　继宗130　军平160　继发100　（下略）

严姓　福贵300　朝禄130　朝亮160　廷万130　大宝100　（下略）

杂姓　（略）

碑記

临泉镇薛家塔村城隍庙于公元二零零三年农历二月三日卜吉安基破土新建。广大善男信女慷慨输财出力，真实发心布施。共捐资人民币七仟多元，投工三百多个。经过工匠和村民的共同努力，全部工程于本年三月十五日顺利告竣。

城隍庙建在本村榆树圪墶上。占地半亩。庙宇砖石结构，盖板封顶，白灰泥墙，磁板贴面，红门绿窗，严谨坚固，庄严肃穆，古朴典雅。

大庙的落成将使本村村兴人旺　安定团结，经济发达，村民安康。故此，城隍永护，神功浩荡，承昭后世，刻碑记事。谨将经领及布施人芳名列後

经领人　薛全旺　薛筛庆
　　　　薛补成　薛继虎
工　匠　薛軍平　薛继成
　　　　薛永林　薛俊成
刻　石　王泽峰（三运院）

公元二零零三年岁次癸未四月十五日吉立

薛姓
继虎1040元　继光700　贵虎500　全贵220　树正190　树云180　树海140　万明130　继宗130　军平160　继发100　文全70　改成70　保明60　侯柱40　继明90　俊奎30　铁锤50　树万80　筛成160　继成130　俊明100　建平20　海有50

生平90　乃成2[illegible]　侯平20　树旺60　贵全60　俊生120　兰贵70　润芝20　顺全90　俊成110　引成70　顺明80　来成50　勤平20　树高70　云生60　全大50　乃则90　山旺100　金贵50　全成70　旺山40　筛扣20　彩平20　永明110

薛平[illegible]　[illegible]平30　[illegible]思[illegible]　建师40　继升30　永林100　三虎50　清全70　侯贵60　和平[illegible]0　继顺9[illegible]　四虎80　树清20　引大20　阳平50　乃明120　国平50　金锋50　利锋30　秋平20　元贵20　高贵20　贵梅20　月平20　月锋20

永芝50　海云20　[illegible]明20　兰[illegible]20　金生50　继锋50　万光30　唤生20　唤廷20　继银20　乃香100　香平50　继明20

[illegible]姓
福贵300　朝禄1[illegible]0　[illegible]明160　廷万130　大保100　朝清[illegible]0　廷虎50　廷明20　二虎50　银贵110　俊才20　成虎130　乃全20　玉宾20　牛犊20　勤旺20　有旺50　俊平50　俊发20　兰平20　乃贵40　明明40　俊清20

[illegible]姓
[illegible][illegible]云50　继春平20　秦平顺30　樊保宝30　郭唤秀20　[illegible]青旺20　高文海20　王保勤40　李永明20　李二平40

重修观音庙碑记

【简介】

2003年4月勒石。现存于临县林家坪镇王家洼村。碑青石质，圆首，高153、宽54、厚7厘米。碑阳额题“流芳”2字。碑文楷体，正文7行，满行27字。记载王家洼村重修观音庙之事。碑阴刊捐款投工者花名。保存完好。

【碑文】

（碑阳）

重修观音庙碑记

据传本村观音庙约建于元末明初，清乾隆初年复修，原庙地居凤凰山，有千年之翠栢古槐分列左右，交相映衬，钟灵毓秀。老者常论，本村曾达官辈出，商贾如云，繁荣昌盛，远近闻名，皆颂神功浩荡。

庙毁迄今四十余年，近年来村贤民哲图振兴本村，思重修庙宇，全体村民积极踊跃，捐款投工，各尽其能，筹资近两万元，正月动工，二月告竣，人神共悦，特勒石永志。

经领人　高长安　高志诚　高志坚　高成烈　郭成才　高奴桂　高云桂

撰文　郭定生　高生伟　高福荣

书写　李永泽

镌刻　李振全

公元二零零三年农历四月十九日吉立

（碑阴）

捐款投工者花名

（略）

瓦工　经领人李香保

木工　经领人高荣盛

雕塑　师林照

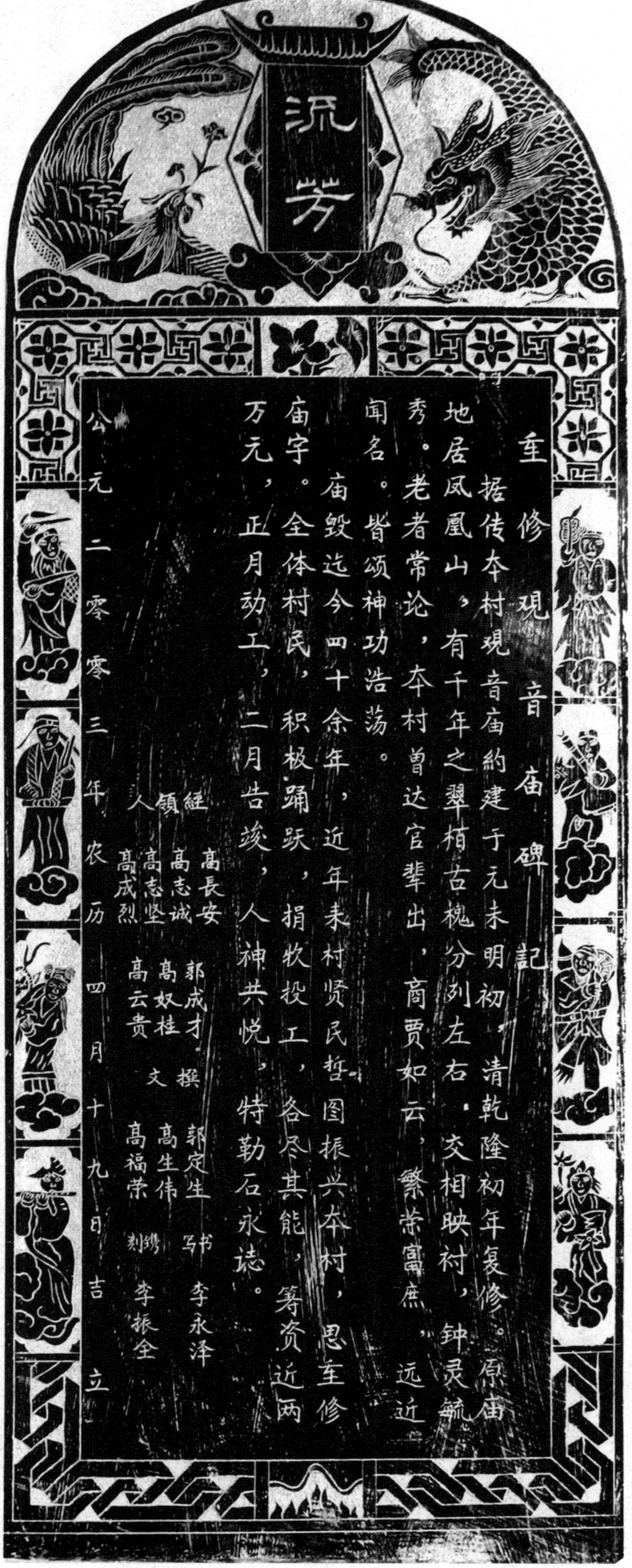

新修天官庙碑记

【简介】

2003 年 5 月勒石。现存于临县林家坪镇林家塌村天官庙。碑青石质，圆首方座，通高 170 厘米，碑身高 150、宽 60、厚 10 厘米，碑座高 20、宽 60、厚 40 厘米。碑阳额题“流芳”2 字。碑文楷书，计 11 行，满行 25 字，约 200 字。记载林家塌村天官庙的修建过程。碑阴记载捐款人名单。现保存完好。

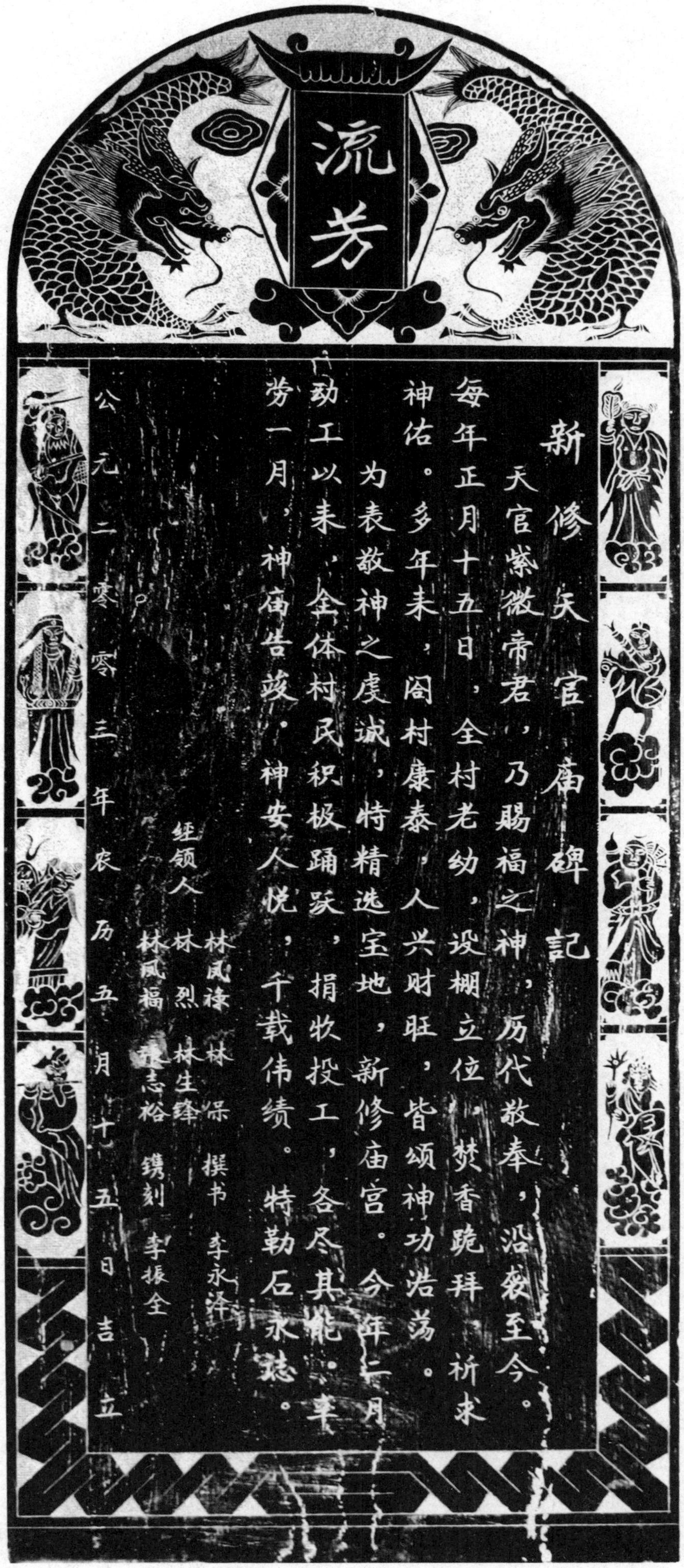

【碑文】

（碑阳）

新修天官庙碑記

天官紫微帝君，乃赐福之神。历代敬奉，沿袭至今。每年正月十五日，全村老幼，设棚立位，焚香跪拜，祈求神佑，多年来，阖村康泰，人兴财旺，皆颂神功浩荡。

为表敬神之虔诚，特精选宝地，新修庙宫，今年二月动工以来，全体村民积极踊跃，捐款投工，各尽其能，辛劳一月，神庙告竣。神安人悦，千载伟绩，特勒石永志。

经领人　林凤禄　林烈　林凤福　林保　林生峰　张志裕

撰书　李永泽

镌刻　李振全

公元二零零三年农历五月十五日吉立

（碑阴）

捐款（含工折款）者芳名（单位：元）

林瑞山 1000（筹款）　林凤禄 400　林生锋 240　林列 240　张志裕 221　林润明 174　高富昌 168　林保祥 164　张泽 161　林长荣 147　林凤福 141　林成明 140　林付祥 134　林贵平 131　林飞 130　林逢春 127　林全保 124　林杰 122　林强 119　林谈 117　林登明 117　林探芝 114　林保 113　林天柱 108　林连荣 104　（下略）

段底柱 50 中庄　林顺 40 林家湾

重修观音阁佛殿庙碑记

【简介】

2003年5月勒石。现存于临县青凉寺乡寨上村。碑青石质，圆首方座，碑身高107、宽50、厚8厘米。碑阳额题“千古流芳”4字。碑文隶书，正文计9行，满行39字。记载寨上村观音阁、佛殿庙的重建过程。碑阴额题“功德千秋”4字。碑文为施钱人名单。现保存完好。

【碑文】

（碑阳）

重修观音阁佛殿庙碑记

本村旧有观音阁佛殿庙，始建于何时无从考查，只知大清同治六年（一八六七）重修于此。历六十余载，破败衰朽，于民国二十四年（一九三五）村民集资投工修葺一新，是年神灵显应，全村出生十一个男童，此庙虽小，然香火旺盛，皆因人苟诚求，神无弗应。惜神像毁于一九六六年“文革”之初，至二○○二年边墙裂缝，大梁折断，破败不堪，神无遮护，百姓无法供奉。

有一高士邀集义士仁人，共同筹议重修本庙，一倡而百应，众皆称扬之，遂于二○○三年二月初十破土兴工，历时八十三天，投匠工八十个，小工二百余，塑像工四十个，耗资三万余元，于是年五月初三竣工。该为砖石砼结构，洋灰板盖顶，上饰琉璃瓦，下铺瓷板砖，重塑神像，精施丹青。庙南高台栽植柏树六十三株，呈八卦布局，佛道合一，至此庙貌巍然矣，圣像焕然矣，惟此可以安神灵而佑民物也。今当勒石，聊叙巅末，以志千古不朽。

总理：张爱平

司事：申金元　王來顺　張有林

堪舆：高治平

工匠：宋全庆　张奴宝

木匠：刘秋明

泥塑：刘宝宝

书丹：李荣棠

刻石：王根威

公元二○○三年五月二十三日全村叩立

（碑阴）

施钱人姓名

高维恩500元　曹氏200元　高俊峰200元　（余略）

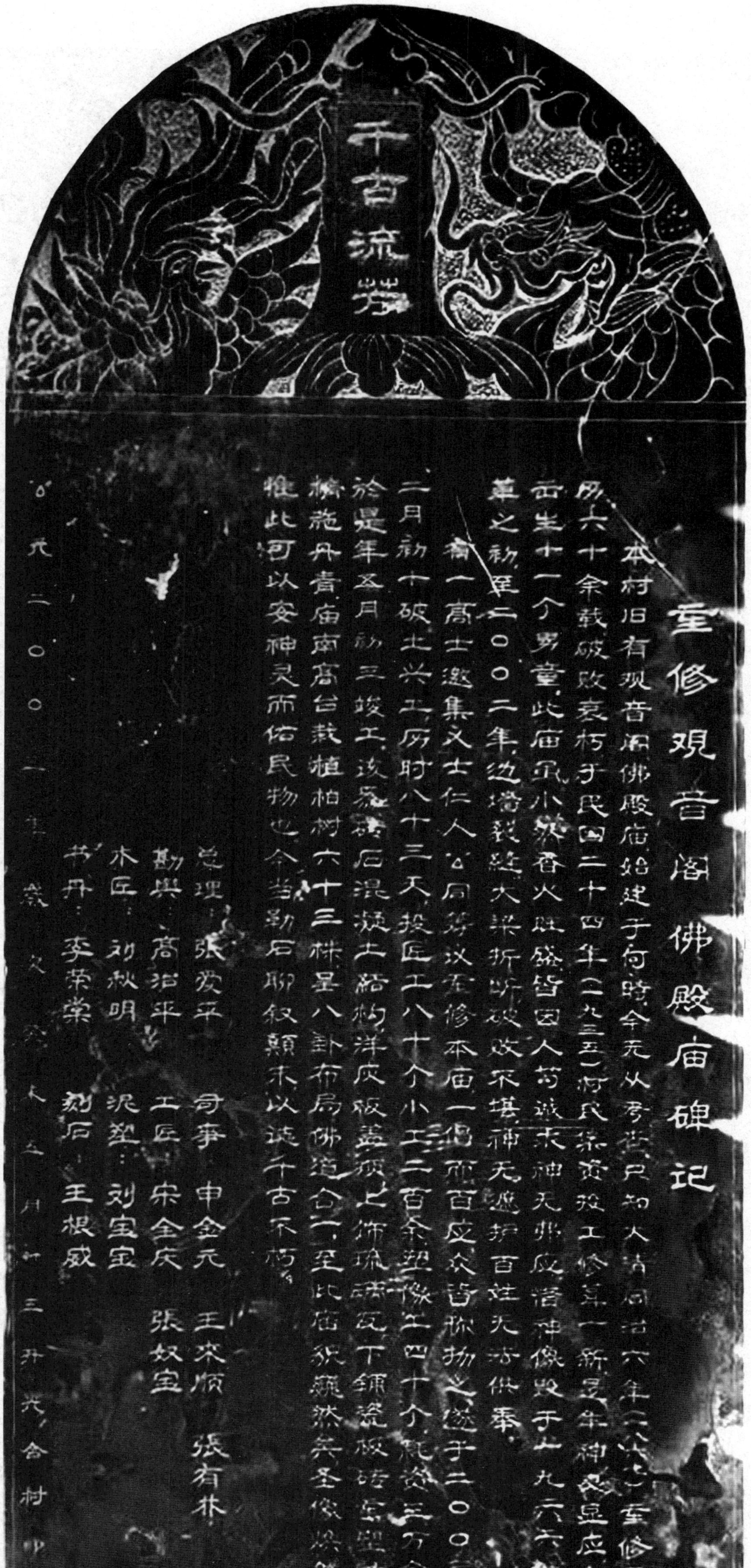

千古流芳

重修观音阁佛殿庙碑记

本村旧有观音阁佛殿庙，始建于何时，今无从考据，只知大清同治六年（一八六七）重修于此，历六十余载，破败衰朽，于民国二十四年（一九三五）村民集资投工修葺一新，是年神灵显应，全村西生十一个男童。此庙虽小，然香火旺盛，皆因人苟诚求，神无不应。诸神像毁于一九六六年文革之初，至二〇〇二年边墙裂缝，大梁折断，破败不堪，神无遮护，百姓无法供奉。有一高士邀集义士仁人，公同努议重修本庙，一倡而百应，众皆称扬之。遂于二〇〇三年二月初十破土兴工，历时八十三天，投匠工八十个，小工二百余，塑像工四十个，耗资三万余元，于是年五月初三竣工。改为砖石混凝土结构，洋灰板盖顶，上饰琉璃瓦，下铺瓷板砖，宝塑神像，彩施丹青，庙南高台栽植柏树六十三株，呈八卦布局，佛道合一。至此庙貌巍然矣，圣像焕然矣。惟此可以安神灵而佑民物也，今当勒石聊叙颠末，以志千古不朽。

总理：张爱平　司事：申金元　王来顺　张有林

劝与：高治平　工匠：宋全庆　张奴宝

木匠：刘秋明　泥塑：刘宝宝

书丹：李荣棠　刻石：王根威

公元二〇〇三年岁次癸未五月初三　合村立

修复龙天庙简介

【简介】

2003年6月勒石。现存于临县白文镇小吴家湾村。碑青石质，平首抹角方座，通高170厘米，其中碑身高150、宽70、厚8厘米，碑座高20、宽70、厚38厘米。碑文楷书，计33行，满行13字，约360字。记述龙天庙的历史和小吴家湾、秦家坪、故县、南庄四村重修龙天庙的过程。现保存完好。

【碑文】

修复龍天廟简介

龙天庙座落秦家坪村胡青梁上堳，小吴家湾、秦家坪、故县、南庄四村公有，佑四村平安无恙，人丁兴旺。一九四一年号召拆庙开坟，该庙被拆除。庙内雕像村民吕根焕收藏，携带回家后，又由王全华保管，一九四五年王全华等人又将雕像重新安放在龙天庙里。一九六六年破四旧运动中，雕像被火烧毁坏。一九八〇年郭存、穆仲泥等人自发组织重新雕刻神像，将新像安于原处。

广大村民为逢年过节烧香祈福，祈求风调雨顺。二〇〇〇年村民们又自发联络，重新修复庙宇，投工捐资者纷纷，仅用二十多天工夫，投工五百多个，将龙天庙修复一新。

各村捐资金额及捐资负责人：

小吴家湾：三千八百零四元　负责人：苗金明

秦家坪：一千零一十一元　负责人：刘奴虎　孙庆生

故县：一千五百三十五　负责人：穆振庆　张全玉

南庄：五百元　负责人：贺谈庆

经领人：穆仲池　苗毓海　王奴则　王候奴　李继祥　李润平

刻石人：王振民（二运院内）

公元二〇〇三年六月　日立

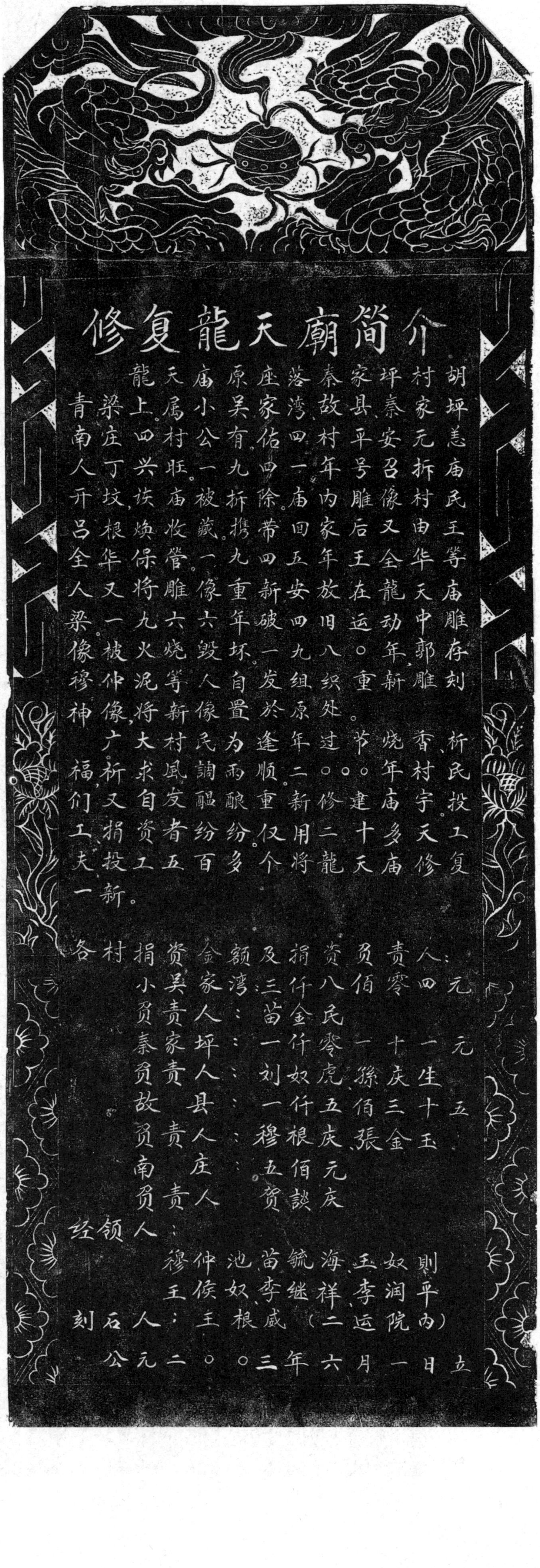

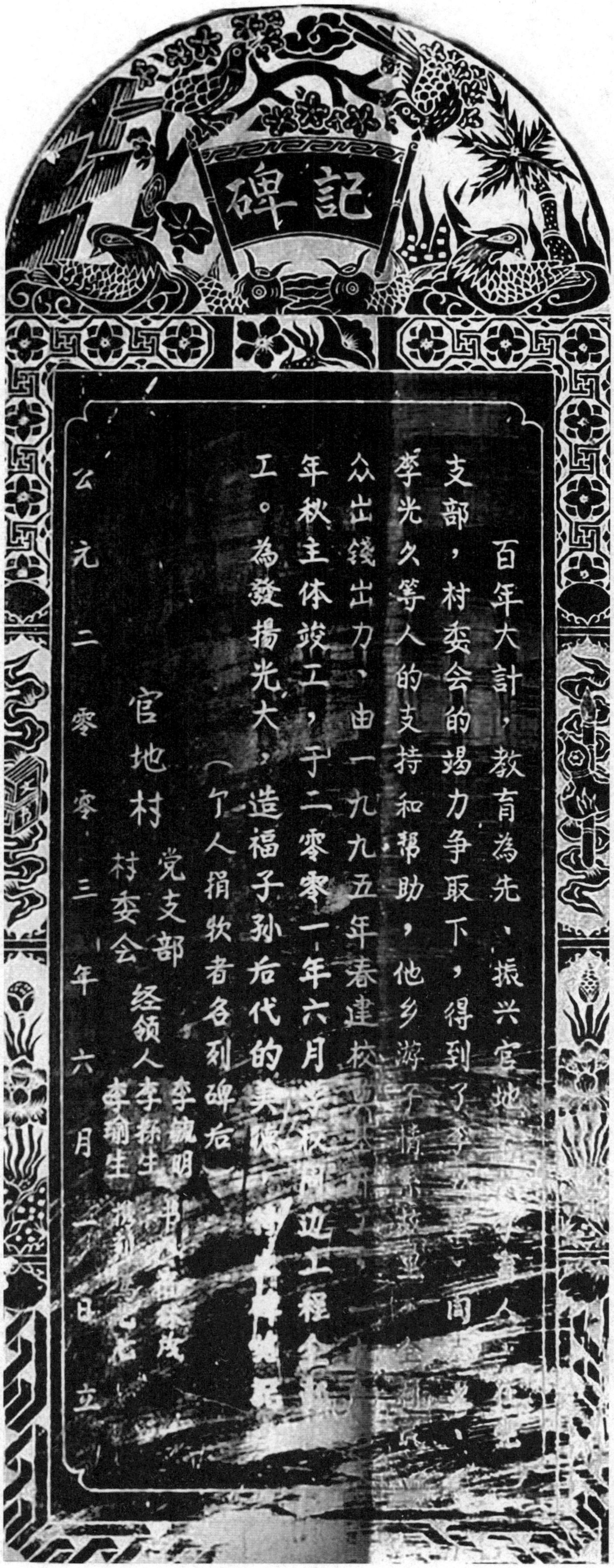

官地学校碑记

【简介】

2003年6月勒石。现存于临县碛口镇官地村。碑青石质，圆首，高150、宽48、厚7厘米。碑阳额题“碑记”2字。碑文楷体，正文7行，满行24字。记载官地村修建学校之事。碑阴为捐款人名单。保存完好。

【碑文】

（碑阳）

碑记

百年大计，教育为先，振兴官地，兴学育人，在党支部、村委会的竭力争取下，得到了李五星、阎志义、李光久等人的支持和帮助，他乡游子，情系故里，全村民众，出钱出力，由一九九五年春建校奠基开工，一九九六年秋主体竣工，于二〇〇一年六月学校周边工程全部竣工。为发扬光大造福子孙后代的美德，特立碑铭记。

（个人捐款者名列碑后）

官地村党支部、村委会

经领人　李毓明　李拓生　李瑜生

书人　高林茂

刻石　冯七七

公元 二零零三年六月一日立

（碑阴）

李奶林1500　李青如1000　光琪1000

（余略）

岩头观音庙碑记

【简介】

2003年7月勒石。现存于临县大禹乡岩头村。碑青石质，圆首，高145、宽60、厚10厘米。碑阳额题“石镜永传”4字。碑文楷书，正文计6行，满行13字。记载岩头村观音庙重塑神像的情况。碑阴刊载施钱人名单。现保存完好。

【碑文】

（碑阳）

临县大禹乡岩头村于二〇〇三年孟秋重塑观音庙神像。

慈航普渡，观音神恩，保佑我村，人旺财兴，村民布施，重塑像神。开光庆祝，永葆太平。

经理人　李瑞枝　李胜林　秦官明

镌刻人　冯殿芳

公元二〇〇三年七月十日立

（碑阴）

（施钱人名单略）

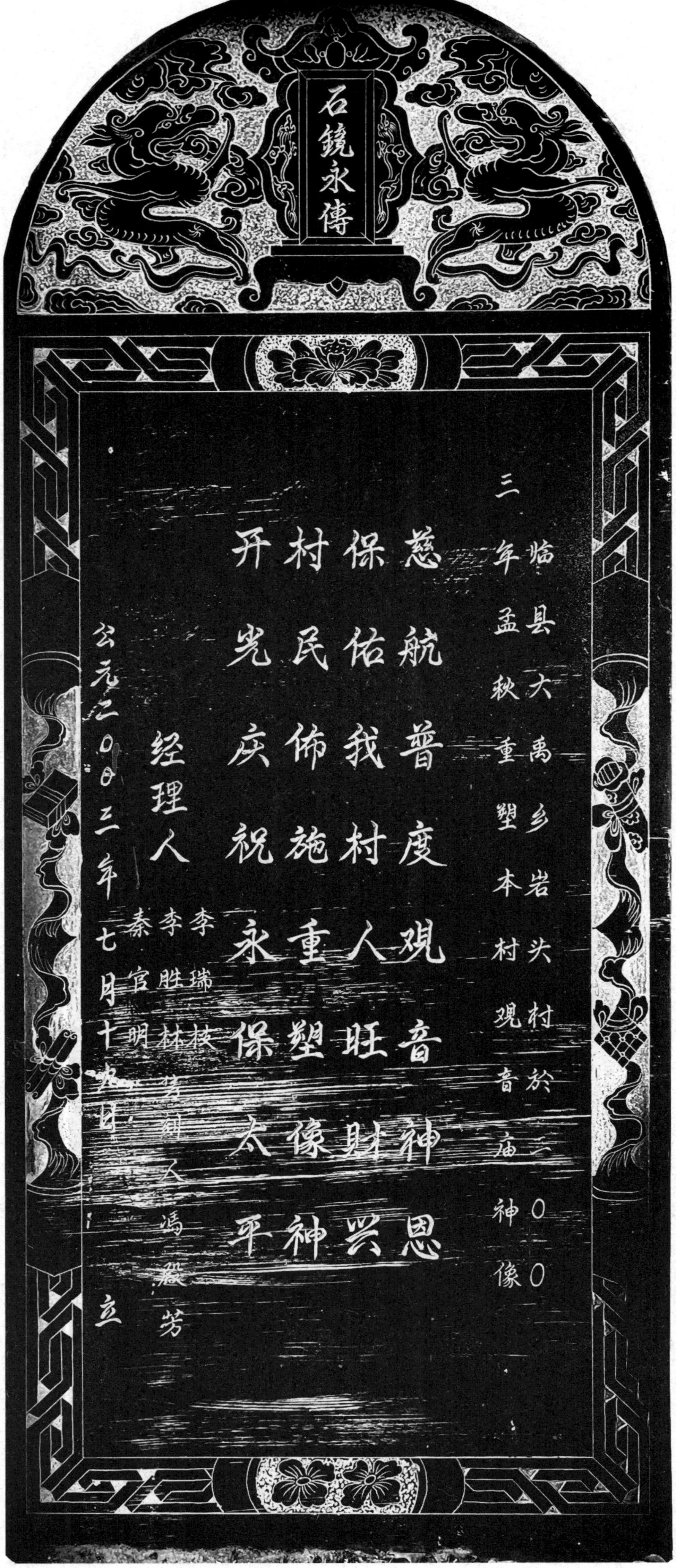

刘王庙碑记

【简介】

2003年7月勒石。现存于临县三交镇刘王沟村。碑青石质，圆首，高150、宽56、厚8厘米。额题“石镜永传”4字。碑文楷书，计8行，满行30字。记载刘王沟村维修刘王庙之事。碑阴为施钱人名单。现保存完好。

【碑文】

（碑阳）

碑记

我村刘王庙据考始建于大清年间，庙宇坐北向南，面对青山绿水环绕，实踞风水之宝地，历经百年风残雨蚀，庙貌倾颓不堪，再加十年浩劫，庙宇损拆，佛像毁损，既后虽多次修缮，但金身却无新塑。今当改革开放，政通人和，物阜民康，百业俱兴，村支部村委，顺应民意，鼎力相助，并由胡万里、胡风兵前后承办，于一九九八年七月修缮好正殿，又于二〇〇三年油漆彩画，重塑金身，历经两个多月全体村民前后施舍人民币一万余元，自愿投工五百余个，终于竣工。又逢七月古戏之吉日，举行隆重开光庆典仪式，纠合各界知名人士施舍八千五百六十七元，特将五十元以上者作成碑记，永昭后人。

经理人　刘德顺　胡万里　胡风兵　刘存江　胡万顺

工匠人　王昌　刘奴火　刘青火　刘缠海　张谈宝　任树云

雕塑人　李兰桂

撰书人　刘德顺　王乃平　刘青玉

刻碑　冯殿芳

公元二〇〇三年七月十五日立

（碑阴）

施钱人

张治平　崔凡海　胡凤兵　各1000　县造纸厂400　希望学校100　王有兆340　崔青海　侯金旺　刘兵兵　各200　王祥130　（下略）

刘全海香炉壹个　刘万禄200　吕玉锁100　王乃照50　刘奴虎50　以上四人九八年施钱

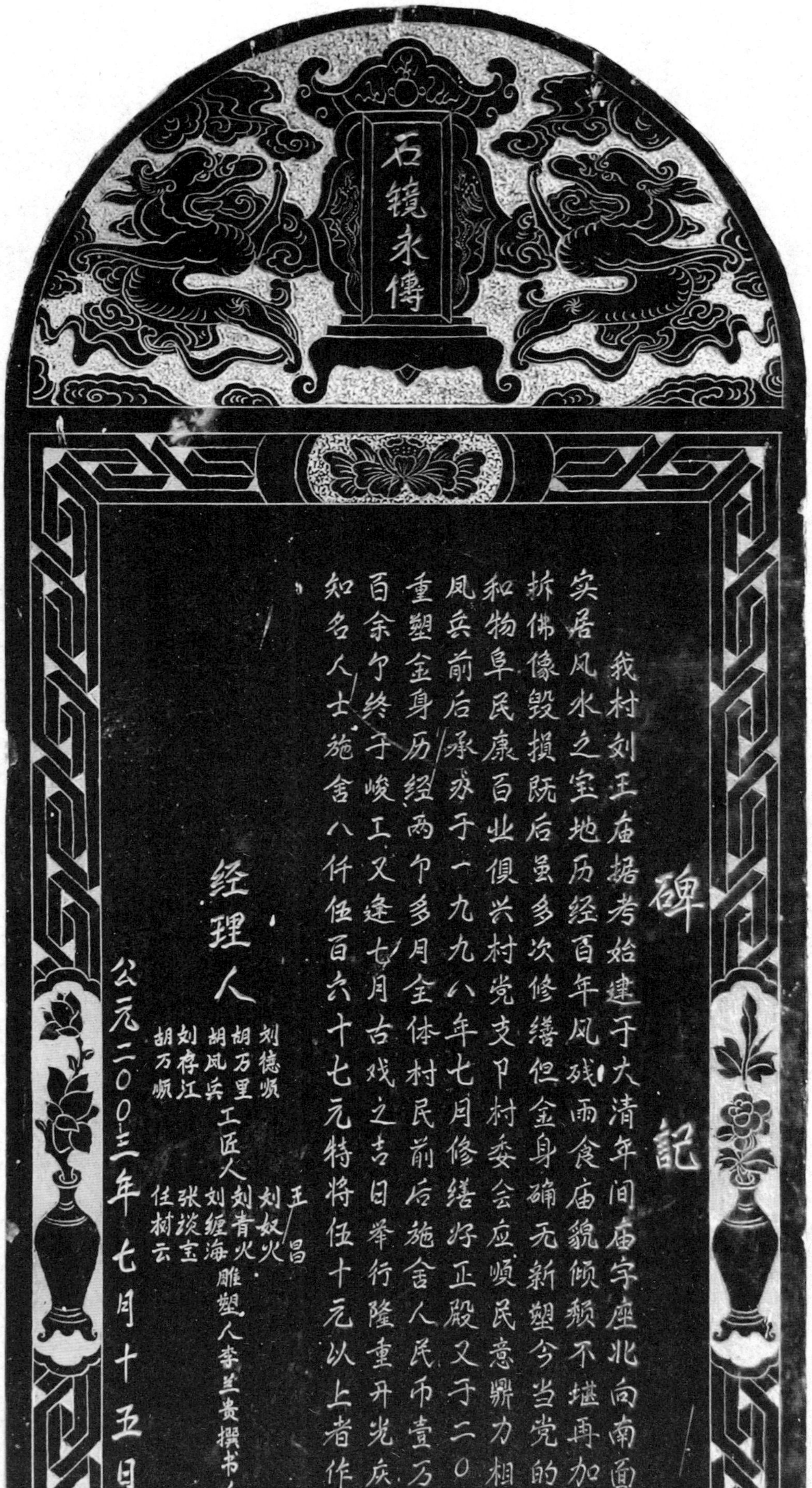

石镜永傳

碑記

我村刘王庙据考始建于大清年间庙宇座北向南面对青山绿水环绕实居风水之宝地历经百年风残雨食庙貌倾颓不堪再加十年浩劫庙宇损拆佛像毁损既后虽多次修缮但金身确无新塑今当党的开放政策政通人和物阜民康百业俱兴村党支卩村委会应顺民意鼎力相助并由胡万里胡凤兵前后承办于一九九八年七月修缮好正殿又于二〇〇三年油漆彩画重塑金身历经两个多月全体村民前后施舍人民币壹万余元自愿投工五百余个终于峻工又逢七月古戏之吉日举行隆重开光庆典仪式就合各界知名人士施舍八仟伍百六十七元特将伍十元以上者作成碑記永昭后人

经理人　刘德顺　胡万里　胡凤兵　刘存江　胡万顺　王昌　刘奴火

工匠人　刘青火　刘缠海　张谈宝　任树云

雕塑人　李兰贵

撰书人　王乃早

刘德顺　淋书

刻碑人　冯殿芳　刘青玉

公元二〇〇三年七月十五日　立

郭家塔郭昌仁墓碑文

【简介】

2003年7月勒石。现存于临县丛罗峪镇郭家塔村。形制为方形剔角，碑青石质，高134、宽59、厚10厘米。碑文楷书，正文计6行，满行24字。主要内容是记载本人及子女后代情况。现保存完好。

撰文人郭丕汉，1940年生，临县丛罗峪镇郭家塔村人。原任临县文化局副局长、文联主席，副研究员。著有散文集《故乡的黄河》《黄河古镇》、诗歌集《黄土风韵》等。编著《临县伞头秧歌》《伞头秧歌精选》，主编《临县民间歌谣集成》《临县民俗文化》等。为中国民间艺术家协会会员、山西省作家协会会员、山西省民间文艺家协会理事，山西歌谣学会副会长。1998年被评为吕梁地区第二批优秀专家。书法作品多次参加省市县书展，现为临县书法协会名誉主席。

【碑文】

（碑阳）

郭公讳昌仁儒人刘氏合葬之墓（1903年—1960年）（1903年—1968年）

奶子郭丕汉　女儿　秀兰　桂兰

孙郭小江　外孙文平　保康　保安　叩首

公元二〇〇三年农历七月十五日立

（碑阴）

维公元两千零三年农历七月十五日，郭氏二十五世孙丕汉谨以赤诚之心致祭于奶父奶母坟前曰：

呜呼！

郭公昌仁，诚实善良。身高体壮，憨厚慈祥。

读过私塾，粗通文章。农家活计，样样在行。

勤苦劳作，年久月长。积劳成疾，知命早亡。

贤妻刘氏，与之同庚。温顺慈善，勤俭著称。

生育十余，一女成人。自叹命苦，愧对郭门。

亦曾收养，有始无终。人云绝后，我谓后盈。

生女桂兰，出嫁杏林。三男二女，皆为后人。

况有众侄，养女外孙。奶子亦孝，何谓绝门。

人生在世，企盼子孙。德行更重，千古留名。

今其侄子各为父母立碑，余亦购得一石，撰成此文，以期永垂。

維公元兩千零三年農歷七月十五日郭氏二十五世孫丕漢謹以赤誠之心
致祭於奶父奶母墳前 嗚呼
郭公昌仁 誠實善良 身高體壯 聰厚慈祥 讀過私塾 粗通文章
農家活計 樣樣在行 勤苦勞作 年久月長 積勞成疾 知命早亡
賢妻劉氏 與之同庚 溫順慈善 勤儉著稱 生育十餘 一女成人
自嘆命苦 愧對郭門 亦曾收養 有始無終 人云絕後 我謂後盈
生女桂蘭 出嫁杏林 三男二女 皆為後人 況有衆姪 養女外孫
奶子亦孝 何謂絕門 人生在世 企盼子孫 德行更重 千古留名
今其姪子各為父母立碑余亦購得一石撰成文以期永垂

张阳会佛殿庙碑记

【简介】

2003年7月勒石。现存于临县雷家碛乡张阳会村。共2通，均为青石质，圆首，高156、宽50、厚7厘米。主碑额题“碑记”2字。碑文楷书，正文计10行，满行26字。记载张阳会村佛殿庙历史及重修情况。另一碑刊记捐款人名单。现保存完好。

【碑文】

（第一通）

本村佛殿庙，始建于清末年间，这里风景秀丽，得天独厚，善男信女，逢年过节，上庙烧香、祷福，祷求风调雨顺，人丁兴旺。八九十年以前，有善人郝志森老先生为美化环境，自发栽植柏树两株，不畏严寒酷暑，日复一日，年复一年，已成参天大树，耸立庙院，成为又一道风景。合作化期间，后人管护有失，致一株枯竭，一株至今尚存。文革中，庙宇遭到严重损坏，成为废墟。一九九六年六月群众自发议事，重新修复佛殿庙，自愿捐资，投工者达七八十人之多，仅用七天工夫，投工百余个，将佛殿庙修复一新。为此举事迹永存，故立碑纪念。

经领人　李应全　刘守茂

管庙人　李应江

木工　郝文贵　李春明　泥塑　李成平　瓦工　苗乃明　張继兵　杜卫平

公元二〇〇三年七月廿五立

（第二通）

张阳会佛殿庙重修捐款开光布施人名于后

经领人　白十佳锁　阴阳人　李应全

杜卫平 10000　柴生元 1000　杜成亮 400　李克峰 2400　李春明 1600　高月飞 1600　李红伟 1000　王富宝 3000　李海军 1000　白狗狗 1500　李利峰 1100　杜海艳 1400　杜利军 1600　李云云 1100　李买平 1000　苗臭红 1000　郝乃平 1500　李谈贵 1200　张继兵 1100　高艳军 1000　王全福 1500　贺旭明 1300　贺建峰 1300　李继平 1200　吕永珍 2700　李继云 1000　白继红 1100　郝民华 2000　郝兵兵 2100　郝建荣 2000　郝乃照 1600　郝乃乃 2000　郝豆豆 2000　郝四四 2000　郭小明 2000　王艳兵 1000　李文贵 1100　郝奴小 1200　高月周立波 1100　牛狗狗 1000　（共331人捐款，余略）

乔刘虎 1100 元大门一副

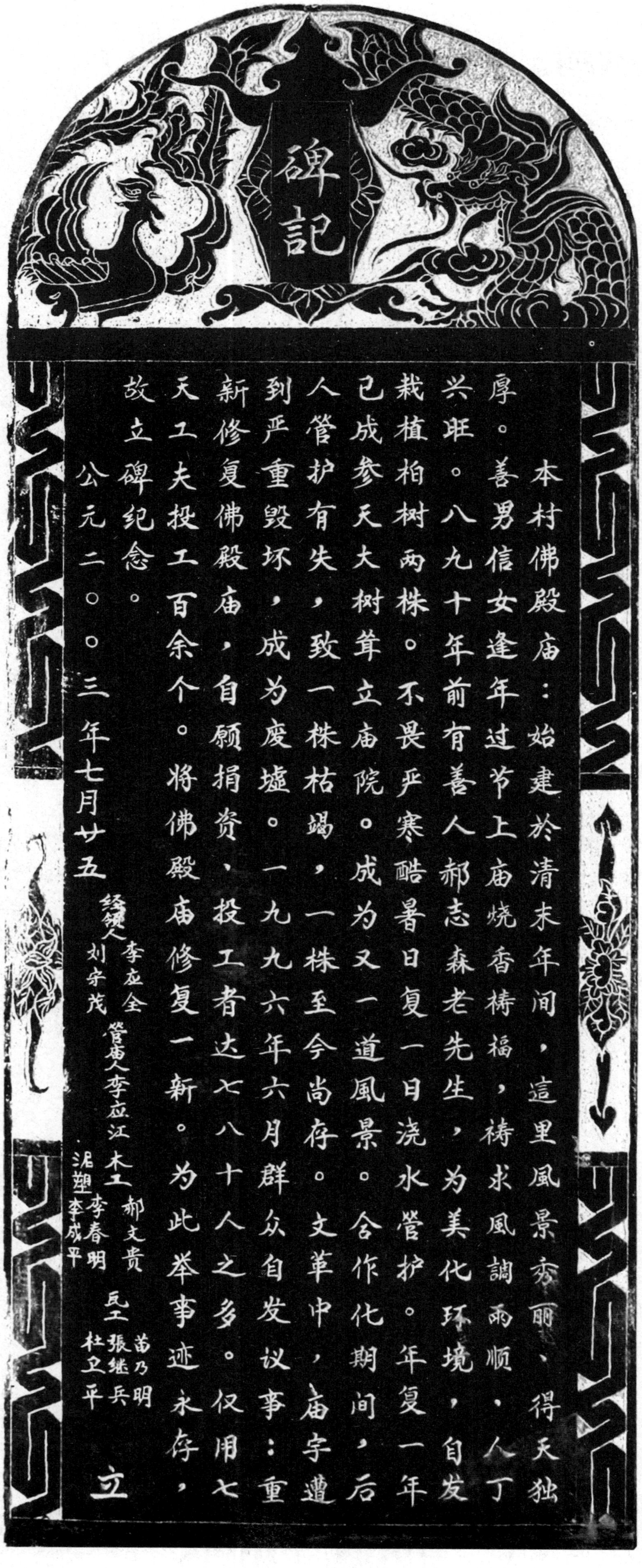

碑記

本村佛殿庙：始建於清末年间，這里風景秀丽、得天独厚。善男信女逢年过节上庙烧香祷福，祷求風調雨顺，人丁兴旺。八九十年前有善人郝志森老先生，为美化环境，自发栽植柏树两株。不畏严寒酷暑日复一日浇水管护。年复一年已成参天大树并立庙院。成为又一道風景。合作化期间，后人管护有失，致一株枯竭，一株至今尚存。文革中，庙宇遭到严重毁坏，成为废墟。一九九六年六月群众自发议事：重新修复佛殿庙，自愿捐资，投工者达七八十人之多。仅用七天工夫投工百余个。将佛殿庙修复一新。为此举事迹永存，故立碑纪念。

经领人 李应全 刘守茂

管庙人李应江

木工 郝文贵 李春明

泥塑 李成平

瓦工 苗乃明 張继兵 杜卫平

公元二〇〇三年七月廿五　立

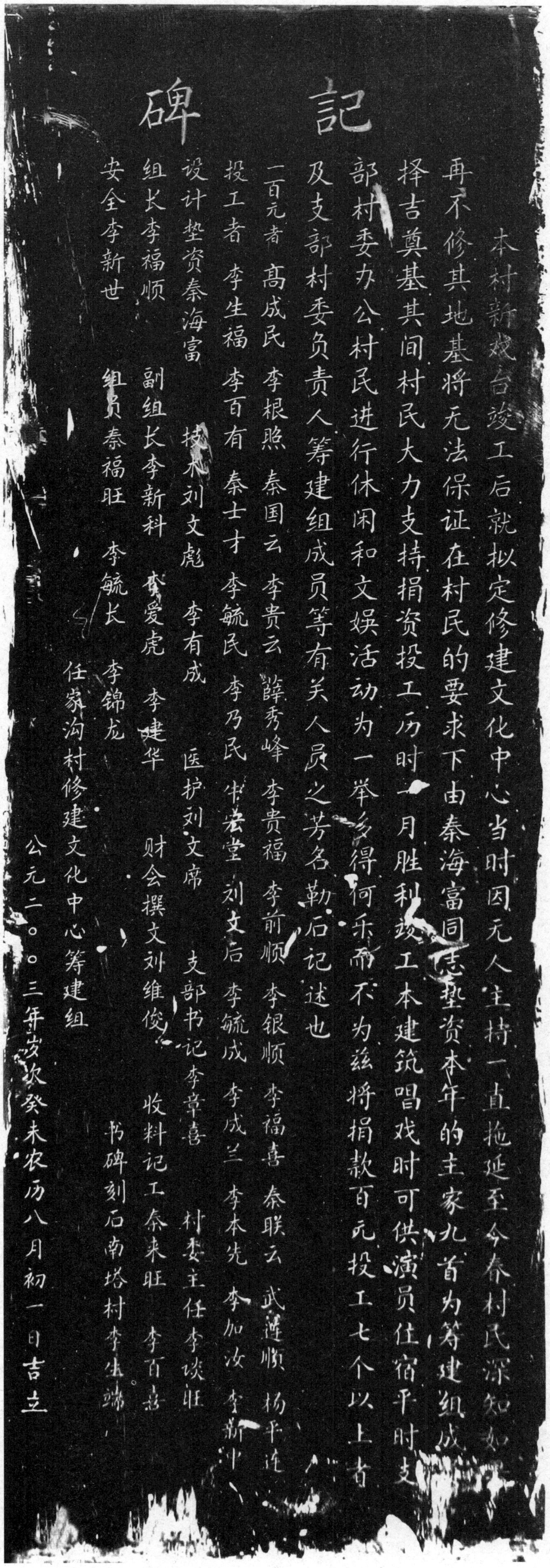

碑記

本村新戏台竣工后就拟定修建文化中心当时因无人主持一直拖延至今春村民深知如
再不修其地基将无法保证在村民的要求下由秦海富同志垫资本年的主家九首为筹建组成
择吉奠基其间村民大力支持捐资投工历时一月胜利竣工本建筑唱戏时可供演员住宿平时支
部村委办公村民进行休闲和文娱活动为一举多得何乐而不为兹将捐款百元投工七个以上者
及支部村委负责人筹建组成员等有关人员之芳名勒石记述也
一百元者 高成民 李根照 秦国云 李贵云 薛秀峰 李贵福 李前顺 李银顺 李福喜 秦联云 武莲顺 杨平连
投工者 李生福 李百有 秦士才 李毓民 李乃民 牛光堂 刘文后 李毓成 李成兰 李本先 李加汝 李新中
设计垫资秦海富 技术刘文彪 李有成 医护刘文席 支部书记李章喜 村委主任李谈旺
组长李福顺 副组长李新科 李爱虎 李建华 财会撰文刘维俊 收料记工秦来旺 李百喜
安全李新世 组员秦福旺 李毓长 李锦龙 书碑刻石南塔村李生端
任家沟村修建文化中心筹建组
公元二〇〇三年岁次癸未农历八月初一日吉立

修建文化中心碑记

【简介】

2003 年 8 月勒石。现存于临县安业乡任家沟村，嵌于墙内。碑青石质，方首，高 160、宽 55 厘米。碑文楷书，计 5 行，满行 39 字。记载任家沟村文化中心的修建过程。现保存完好。

【碑文】

碑记

本村新戏台竣工后，就拟定修建文化中心，当时因无人主持，一直拖延至今春。村民深知，如果再不修，其地基将无法保证。在村民的要求下，由秦海富同志垫资，本年的主家纠首为修建组成员，择吉奠基。其间村民大力支持捐资投工，历时一月胜利竣工。本建筑唱戏时可供演员住宿，平时支部村委办公，村民进行休闲和文娱活动。为一举多得，何乐而不为。兹将捐款百元、投工七个以上者及支部村委负责人、筹建组成员等有关人员之芳名，勒石记述也。

一百元者　高成民　李根照　秦国云　李贵云　薛秀峰　李贵福　李前顺　李银顺　李福喜　秦联云　武连顺　杨平连

投工者　李生福　李百有　秦士才　李毓民　李乃民　牛光堂　李文后　李毓成　李成兰　李本先　李加汝　李新中

设计垫资　秦海富

技术　刘文彪　李有成

医护　刘文席

支部书记　李章喜

村委主任　李谈旺

组长　李福顺

副组长　李新科　李爱虎　李建华

财会撰文　刘维俊

收料记工　秦来旺　李百喜

安全　李新世

组员　秦福旺　李毓长　李锦龙

任家沟村筹建文化中心筹建组

公元二〇〇三年岁次癸未农历八月初一日吉立

观音神像开光碑记

【简介】

2003年8月勒石。现存于临县湍水头镇黄家沟村。碑青石质，圆首，高140、宽57、厚8.5厘米。碑文楷书，计10行，满行36字。记载黄家沟、小寨上村重修观音庙的过程。碑阴额题“功德无量”4字。碑文刻捐款人名单。现保存完好。

【碑文】

（碑阳）

观音神像開光碑記

临之東南隅黄家沟村也。观音圣殿乃黄家沟、小寨上村村民合力重建于清道光二十五年十月，殿宇山势秀丽，院内古松参天，四周草木繁茂，红日初升，祥光瑞气缭绕，乃一方风水宝地。正殿建筑辉煌，壁画精致，绘制十八罗汉拜请观音，唐僧取经八十一劫难，尽有人物绣像，栩栩如生，神功浩大，福荫后代，物阜民康，有口皆碑。一九四八年古松被伐，祠宇坍塌。一九六六年秋，庙宇毁坏，面目全非。一九九五年七月張继勤、郝长顺主持重修，观音圣殿于八月竣工。瓷贴門面，門窗崭新。二〇〇三年正月由纠首張润旺、張恩顺、張三平、郝三小请方山塑像师李月财新塑观音菩萨、红孩儿、献斋童子、韦陀神像四尊。纠首郝长顺、郝乃生主持全年纠首，相助于八月十日请回圣像，择吉日举行开光大典，至时特邀临县蓝天秧歌队、北方歌舞团演出庆贺。其时村民来宾纷纷施财，盛况空前。

不没仁人君子施财之美，勒石留名，以垂千古之芳。

撰文：楊生荣　張秀楹

经理　郝长顺　郝乃生

黄家沟村纠首　張润旺　張恩顺　郝三小　張三平　郝乃生　郝乃虎　郝金润　張荣安　郝长顺　張平照　李德明　張清照　郝泽峰　薛余平　郝海平　張宝珍

小寨子村纠首　孙锦荣　孙继照　孙荣生　曹玉宝

公元二〇〇三年农历八月初十日立

（碑阴）

村民布施

新建水泥厂张继顺六百元　黄家沟矿王永强四百元　黄家沟竖井李怀州六百元　王旭勤二百元

（另有184人捐款，捐款额50至100元不等，名单略）

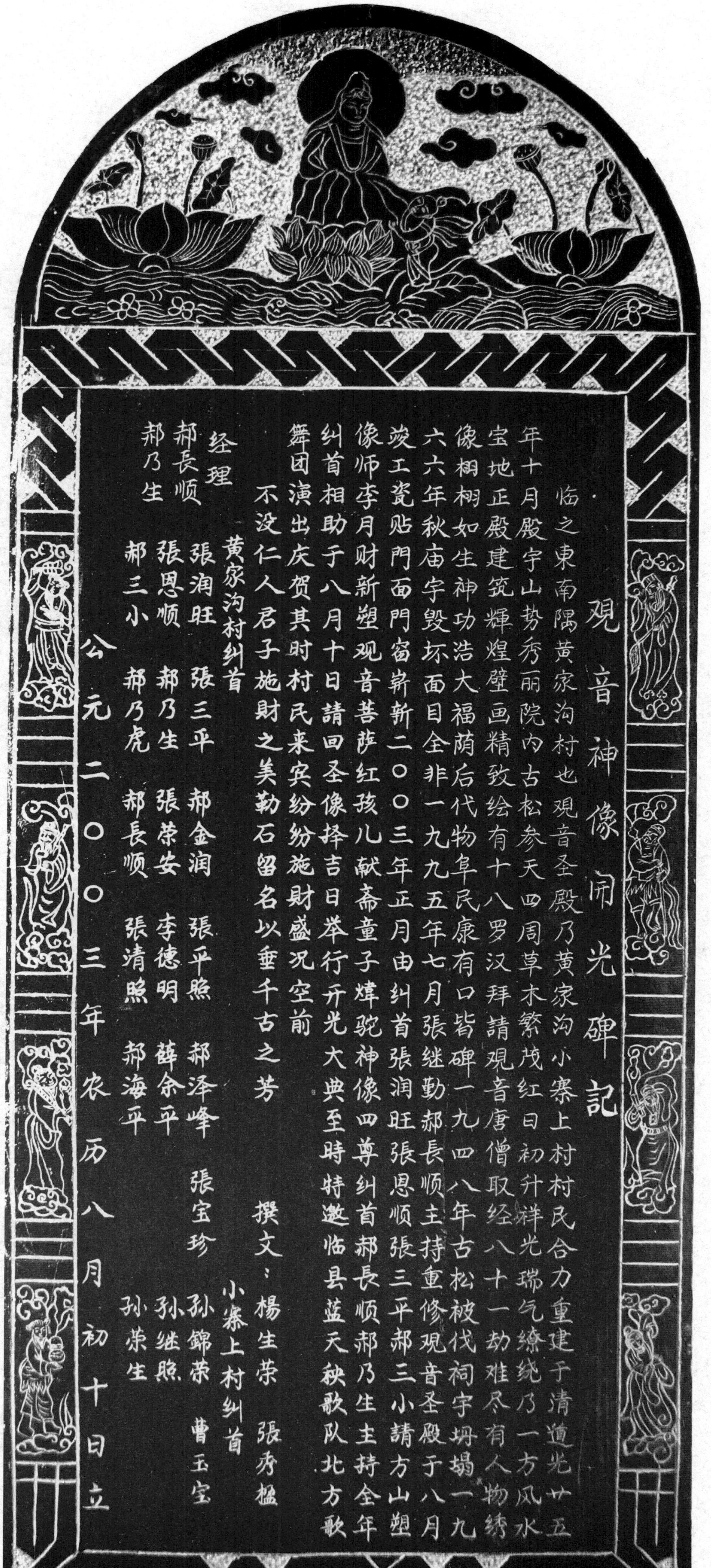

观音神像開光碑記

臨之東南隅黄家沟村也观音圣殿乃黄家沟小寨上村村民合力重建于清道光廿五年十月殿宇山势秀丽院内古松参天四周草木繁茂红日初升祥光瑞气缭绕乃一方风水宝地正殿建筑輝煌壁画精致绘有十八罗汉拜請观音唐僧取经八十一劫难尽有人物绣像栩栩如生神功浩大福荫后代物阜民康有口皆碑一九四八年古松被伐祠宇坍塌一九六六年秋庙宇毁坏面目全非一九九五年七月張继勤郝長顺主持重修观音圣殿于八月竣工瓷贴門面門窗鼎新二〇〇三年正月由纠首張润旺張恩顺張三平郝三小請方山塑像师李月财新塑观音菩萨红孩儿献斋童子煒驼神像四尊纠首郝長顺郝乃生主持全年纠首相助于八月十日請回圣像择吉日举行开光大典至時特邀临县蓝天秧歌队北方歌舞团演出庆贺其时村民来宾纷纷施财盛况空前

不没仁人君子施财之美勒石留名以垂千古之芳

撰文：楊生荣 張秀榅

黄家沟村纠首

经理 張润旺 張三平 郝金润 張平照 郝泽峰 張宝珍

郝長顺 張恩顺 郝乃生 張荣安 李德明 薛余平

郝乃生 郝三小 郝乃虎 郝長顺 張清照 郝海平

小寨上村纠首

孙錦荣 曹玉宝

孙继照

孙荣生

公元二〇〇三年农历八月初十日立

兴建操场石记

【简介】

2003 年 8 月勒石。现存于临县刘家会镇彩树岭村学校，嵌于墙内。碑青石质，长方形，高 140、宽 58 厘米。碑文楷书，计 25 行，满行 14 字。记载彩树岭村学校操场的修建过程。碑阴为学校建设项目碑。现保存完好。

【碑文】

（碑阳）

兴建操場石记

学校者，启发我智能之所，亦文明之象征。悲乎！百尺深窟，面校而开，蛇鼠潜于穴，污秽集于表，垃圾与恶草彰日，沼气伴灰尘袭衣，世代相袭，其害非浅。临渊兴叹，莫之奈何。本支九世孙济民，官至省厅，公人则孝，出则悌，仕则兼善天下，交则成人之美。清明佳节，荣归祭祖，睹窟而叹矣！聚众而谋曰：疫传百业冷，民困就业难。填窟者兴利除弊，投资可以工代赈，可乎？佥曰佳哉。遂托村委，率村民拉土三万余方，砌石两千余立米，平坡植树，疏水通道，公慷慨解囊十万有余，尽毕力造福家乡，干群一心，百日告竣，天人遂愿，非典乃止。至此，驰道畅通，村容大改，童叟过往，无不感公之德。公居高而望远，修德以成教化，民观行而知其志。公植木者意欲树人；除恶者意在扬善，岂独土石之适欤，特使继文风源远流长，故刻石于校壁，勉之于学者，旌公之所为。

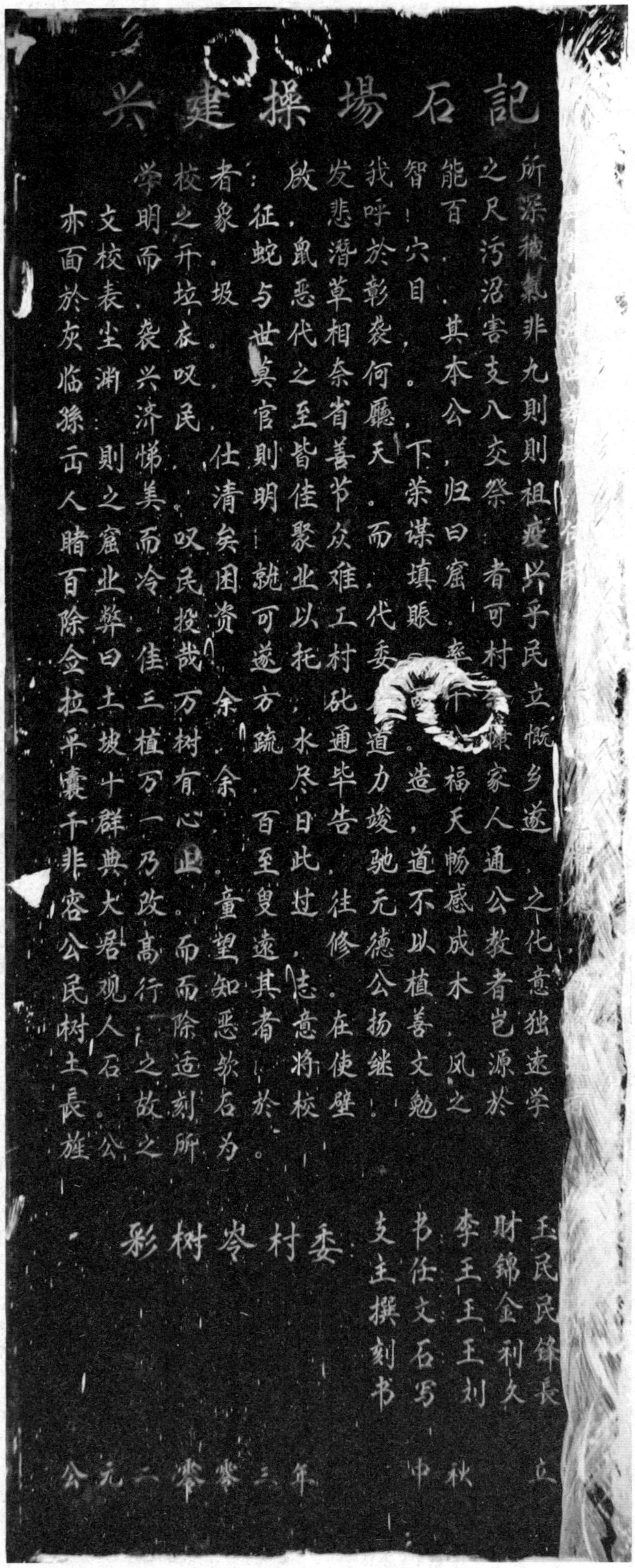

彩树岭村委

支书　李财玉

主任　王锦民

撰文　王金民

刻石　王利峰

书写　刘久长

公元二零零三年中秋立

（碑阴）

国家农村寄宿制学校建设工程项目

二〇〇五年八月竣工

设计单位：吕梁经天建筑设计有限公司

施工单位：祥宏建筑公司

中央专款：38.7 万元

建筑面积：900 平方米

修建文昌庙魁星楼碑记

【简介】

2003年8月勒石。现存于临县安家庄乡安家庄村，立于砖砌小亭中。碑青石质，方首，高156、宽57、厚7厘米。碑阳碑文楷书，计13行，满行38字。记载安家庄村文昌庙和魁星楼修建过程。碑阴刻修建文昌庙、魁星楼集资花名。现保存完好。

【碑文】

（碑阳）

修建文昌廟魁星楼碑記

安家庄村坐落于临邑小川月镜河畔，这里山环水绕，风景秀丽，得天独厚，人杰地灵，一方水土养育着勤劳善良的人们。早在明朝嘉靖年间，就立集聚会，成为周边村邻政治、经济、文化的中心，这里的人们一贯崇尚文化，传承文明，继承和发扬了祖国的文化遗产，哺育了一代又一代的栋梁人才。改革开放以来，国家把国力的提高，致力于科技人才的培养，有识之士不惜智力投资，望子成龙，为人才辈出祈求神灵保佑。二〇〇〇年春，村民自发组织、自愿集资修建文昌庙魁星楼，有刘子斌等八户村民捐资九百余元，高保有、问明科组织工匠破土动工，此举赢得广大善男信女的鼎力支持，把建庙工程顺利地展开。施工途中因财力所限，未能按期竣工。但在经领人的苦心经营和工匠的奋力劳作下，克服困难，终于二〇〇一年七月将别具一格的文昌庙魁星楼全部竣工，九月十八日举行了开光庆典。

文昌庙建於南山半腰，怀抱卧龙山与村相望，与魁星楼对峙，形成村、庙、楼相互呼应。微风吹动风铃，清脆的铃声伴随着初中学子的朗朗书声，形成悦耳动听的乐章，笔直的塔尖在阳光的照射下映入河中，形成独特的风景，即将映衬出光辉灿烂的前景。文昌庙总投资二万三千余元，全部来自个人捐资。广大善男信女是这项公益事业的动力和支柱，应予以称颂，苦心经营的经领人和精心设计施工的工匠们，实属劳苦功高。为将德范永存，谨将十元以上捐资者和劳神出力者开列于后，刻石永芳。

（碑阴）

修建文昌魁星庙集资花名

三百元　刘大赖　问继高　初中　砖厂　二百元　问化高　问继新　李明忠　郭保旺　刘引旺　刘根旺　曹茂林　曹茂新　许凤平　李绳勤　问成生　刘新珍　高如明　刘乃娥　郭安耀　问兴昌　问奴生　刘新荣　财政所　刘春平　卫生院　侯玉珍　一百元　刘百珍　康三有　李继贵　郭子凡　刘荣奎　刘艳龙　教委　摩托公司　刘奴洪　刘建明　刘卫平　刘绳保　刘员平　（下略）

经领人　高保有　刘子斌　问明科　马继保　郭兴旺　王勤勤　曹春贵　刘绳旺　郭安邦　李俊　问改平

设计人　刘有祥

石工　李狗狗

木工　张奴则

瓦工　问平玉　曹军军

焊工　问继生

泥塑　刘保保

献香盒　马乃富

撰文　刘子明

书写　刘久长

石刻　王根威

公元 二〇〇三年八月十五日 吉立

修建文昌廟魁星楼碑記

安家庄村座落於临邑小川月镜河畔。这里山环水绕，风景秀丽，得天独厚，人杰地灵。一方水土养育着勤劳善良的人们。早在明朝嘉靖年间就立集聚会，成为周边村邻政治经济文化的中心。这里的人们一贯崇尚文化，传承文明，继承和发扬了祖国的文化遗产，哺育了一代又一代的栋樑人才。改革开放以来，国家把国力的提高致力於科技人才的培养。有识之士不惜智力投资，望子成龙，为人才辈出祈求神灵保佑。二〇〇〇年春，村民自发组织自愿集资修建文昌庙魁星楼。有刘子斌等八户村民捐资九百余元，高保有、问明科组织工匠破土动工。此举赢得广大善男信女的鼎力支持。把建庙工程顺利地展开施工，途中因财力所限未能按期竣工。但在经领人的苦心经营和工匠的奋力劳作下，克服困难，终於二〇〇一年七月将别具一格的文昌庙、魁星楼全部竣工。九月十八日举行了开光庆典。

文昌庙建於南山半腰，怀抱卧龙山，与村相望，与魁星楼对峙，形成村庙楼相互呼应。微风吹动风铃，清脆的铃声伴随着初中学子的朗朗书声，形成悦耳动听的乐章。笔直的塔尖在阳光的照射下映入河中，形成独特的风景，即将映村出光辉灿烂的前景。文昌庙的总投资两万三仟余元，全部来自个人捐资。广大善男是这项公德事业的动力和支柱，应予以称颂。苦心经营的经领人和精心设计施工的工匠们实属劳苦功高。为将德范永存，谨将十元以上捐资者和劳神出力者开列於后，刻石永芳。

“南山寺”碑

【简介】

2003 年勒石。现存于临县三交镇南山寺。碑青石质，圆首，碑身高 135、宽 48、厚 10 厘米。额题“慈光长昭”4 字。碑文楷书，计 1 行，满行 3 字。为南山寺寺名碑。现保存完好。

【碑文】

大唐太宗

南山寺

貞觀元年

“验”字碑

【简介】

2003年9月勒石。现存于临县三交镇南山寺。碑青石质，圆首，碑身高133、宽54、厚8厘米。额绘阴阳八卦图，碑文草书，计1行，满行1字。现保存完好。

【碑文】

（碑阳）

三皇（伏羲、炎帝、轩辕）

武福祥刻石

驗

二〇〇三年季秋九月九日樊旻臻拜

（碑阴）

寒山（680—793）

戊辰孟夏录拾得问寒山语

拾得問寒山：“世间有謗我、欺我、辱我、笑我、輕我、賤我、騙我，如何处治乎？”

寒山曰：“只要忍他、让他、避他、由他、耐他、敬他、不要理他，再過幾年，你且看他。”

馮夢龍（1574—1648）

道德三皇五帝，功名夏后商周，英雄五霸鬧春秋，頃刻興亡過手，青史几行名姓，北邙無数荒丘，前人田地後人收，説甚龍爭虎鬪。

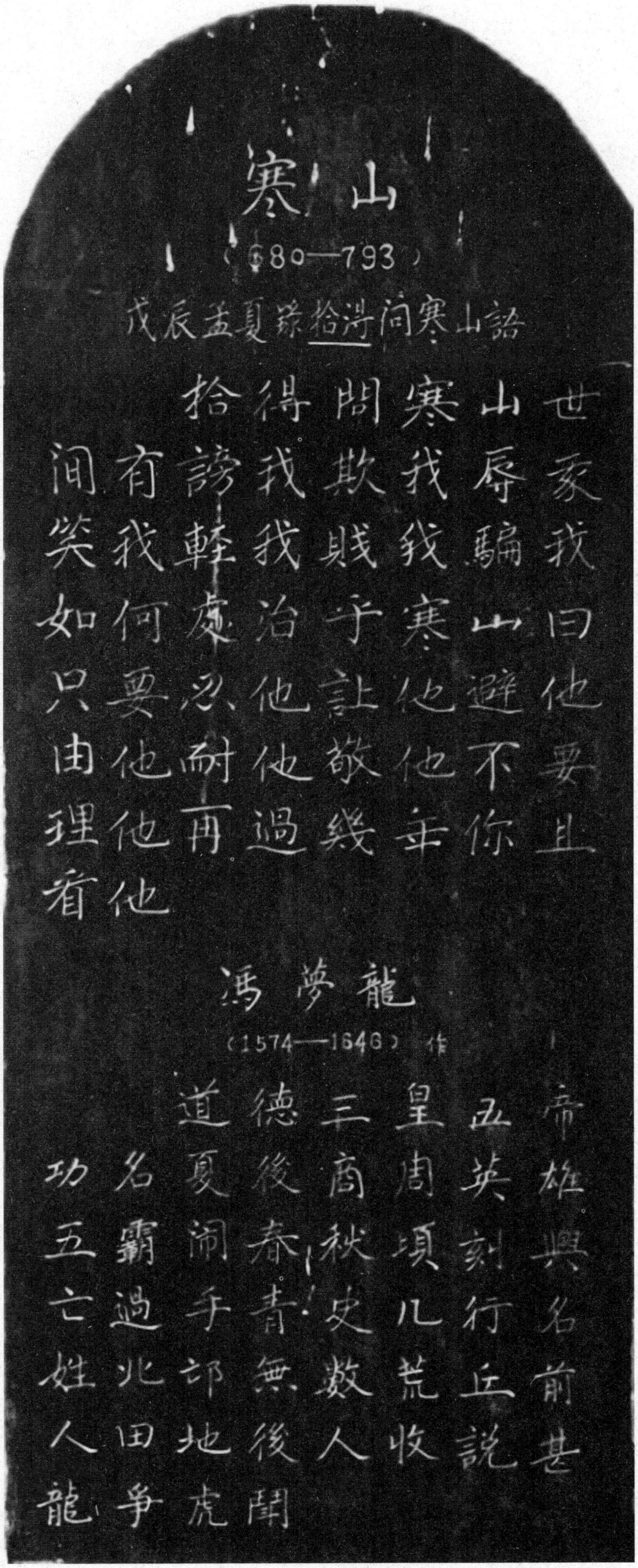

寒山
(680—793)
戊辰孟夏錄拾得問寒山語
世家我曰他要且
山辱騙山避不你
寒我我寒他他年
問欺賤乎訨敬幾
得我我治他他過
拾謗轢處忍耐再
有我何要他他他
间笑如只由理看
馮夢龍
(1574—1646) 作
帝雄興名前甚
五英刻行丘說
皇周墳几荒收
三商秋史數人
德後春青無後鬧
道夏闹手部地虎
名霸過北田爭
功五亡姓人龍

重修观音老爷龙王三庙碑记

【简介】

2003年9月勒石。现存于临县车赶乡杜家沟村。碑青石质，圆首，碑身高157、宽59、厚8.5厘米。碑阳额题“千古”2字。碑文楷书，计6行，满行17字。记载杜家沟村修观音、老爷、龙王三庙的经过。碑阴额题“石镜永悬”4字。现保存完好。

【碑文】

（碑阳）

碑记

杜家沟观音、老爷、龙王三庙初建无人考证，星转斗移，历经沧桑，庙宇破坏，后因文革浩劫，三庙毁如平地，但村民照敬不误。诸神明鉴，佑吾村人丁兴旺，财源广进，为报浩荡神恩，由张连清、张文恩经领，众村民勇跃捐款，择吉于二〇〇二年三月十五日兴工动土，修庙宇，塑金身，三庙归一，能工巧匠装修，雕梁画栋，流金溢彩，历时数月竣工，众心所望，人神欢欣，为使此举有关之人，流芳百世，故以碑记之。

经领人　张连清　张全平　张文恩

施钱人　百咀上张永泉5000元　孝义邵奴贵1000元　黄家沟煤矿400元　百局上张永昌　堡上赵虎照　霍家墕霍福林　黄家沟王月贵　张奋平　神峪沟孙伟明　孝义秦如亮　各200元　尚赵赵俊福100元　张全平1000元　张连清500元　杜有元500元　张润庆　张九旺　张乃平　各200元　（下略）

公元二〇〇三年九月十八日立

（碑阴）

施钱人

（略）

撰文书写　坪墕村刘振明

丹青　沙家墕闫荣昌

刻石　佛堂峪刘永明

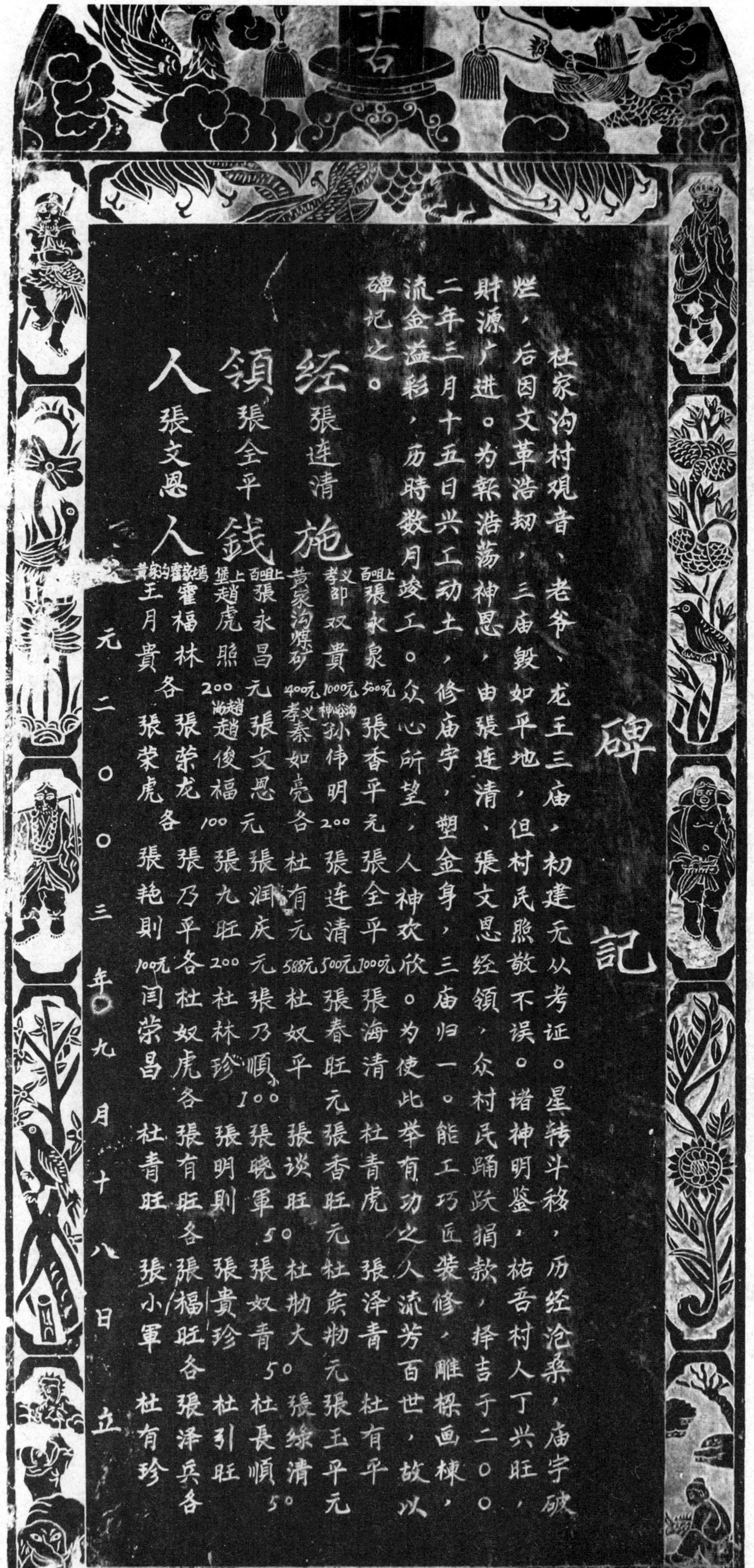
碑記
杜家沟村観音、老爷、龙王三庙，初建无从考证。星转斗移，历经沧桑，庙宇破烂，后因文革浩劫，三庙毁如平地，但村民照敬不误。増神明鉴，祐吾村人丁兴旺，财源广进。为報浩荡神恩，由張连清、張文恩经领，众村民踊跃捐款，择吉于二〇〇二年三月十五日兴工动土，修庙宇，塑金身，三庙归一。能工巧匠装修，雕梁画栋，流金溢彩，历時数月竣工。众心所望，人神欢欣。为使此举有功之人流芳百世，故以碑记之。
经领人 張连清 張全平 張文恩
施钱人
張永泉500元 張香平元 張全平100元 張海清 杜青虎 張泽青 杜有平
郘双貴1000元 孙伟明200 張连清500元 張春旺元 張香旺元 杜宾勃元 張玉平元
黄家沟煤矿400元 秦如亮各 杜有元588元 杜奴平 張谈旺 杜勃大 張绿清50
張永昌元 張文恩元 張润庆元 張乃順100 張晓軍50 張奴青50 杜長順50
趙虎照200 趙俊福100 張九旺200 杜林珍 張明则 張貴珍 杜引旺
霍福林各 張荣龙 張乃平各 杜奴虎各 張有旺各 張福旺各 張泽兵各
王月貴 張荣虎 張艳则100元 闫荣昌 杜青旺 張小軍 杜有珍
元二〇〇三年九月十八日立

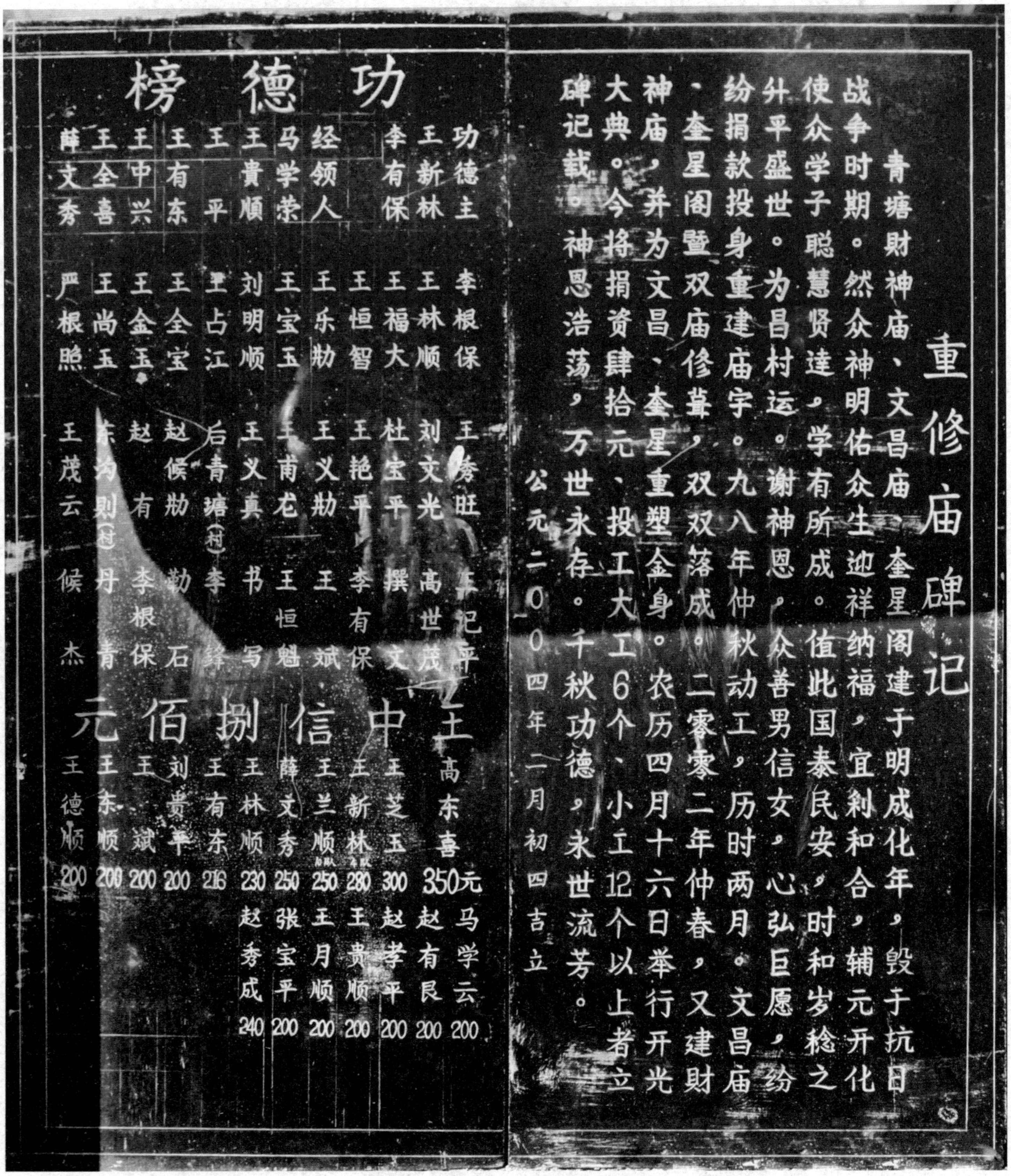

重修庙碑记

【简介】

2004年2月勒石。现存于临县安业乡前青塘村。碑砂石质，二碑并列。方首，高134、宽57、厚8厘米。碑文楷体，正文9行，满行26字。记载前青塘村重修诸庙之事。保存完好。

【碑文】

重修庙碑记

青塘财神庙、文昌庙、奎星阁建于明成化年，毁于抗日战争时期。然众神明佑众生，迎祥纳福，宜利和合，辅元开化，使众学子聪慧贤达，学有所成。值此国泰民安、时和岁稔之升平盛世，为昌村运、谢神恩，众善男信女，心弘巨愿，纷纷捐款，投身重建庙宇，九八年仲秋动工，历时两月，文昌庙、奎星阁暨双庙补葺双双落成。二零零二年仲春，又建财神庙，并为文昌、奎星重塑金身，农历四月二十六日举行开光大典。今将捐资肆拾元，投工大工 6 个、小工 12 个以上者立碑记载，神恩浩荡，万世永存，千秋功德，永世流芳。

公元二〇〇四年二月四日吉立

功德榜

功德主　王新林　李有保

经领人　马学荣　王贵顺　王平　王有东　王中兴　王全喜　薛文秀　李根保　王林顺　王福大　王恒留　王乐勤　王宝玉　刘明顺　王占江　王全宝　王全玉　王尚玉　严根照　王秀旺　刘文光　杜宝平　王艳平　王义勤　王甫龙　王义真，后青塘赵侯勤　赵有。东沟则王茂云　王纪平　高世茂

撰文　李有保　王斌　王恒魁

书写　李锋

勒石　李根保

丹青　侯杰

王中信捌佰元

高东喜 350　王芝玉 300　王乃林 280　王兰顺 250　薛文秀 250　王林顺 230　王有东 216　（下略）

麻塔村功名碑文

【简介】

2004 年清明节勒石。现存于临县丛罗峪镇麻塔村李氏祠堂内。碑砂石质，圆首，高 106、宽 51、厚 6 厘米。额题“功名碑”3 字。碑文楷、隶两体，正文 8 行，满行 7 字。为个人捐资功名碑。保存完好。

【碑文】

麻塔李户裔孙侯家岭籍

殷贾巨商李生平先生捐资捌仟壹百元人民币

立志创业展才能，发迹商海任驰骋。

游历五湖四海水，踏遍大江南北程。

仰仗恩祖庇佑功，大显身手扬威名。

捐资叩谢始祖恩，功名永驻照汗青。

公元二〇〇四年清明

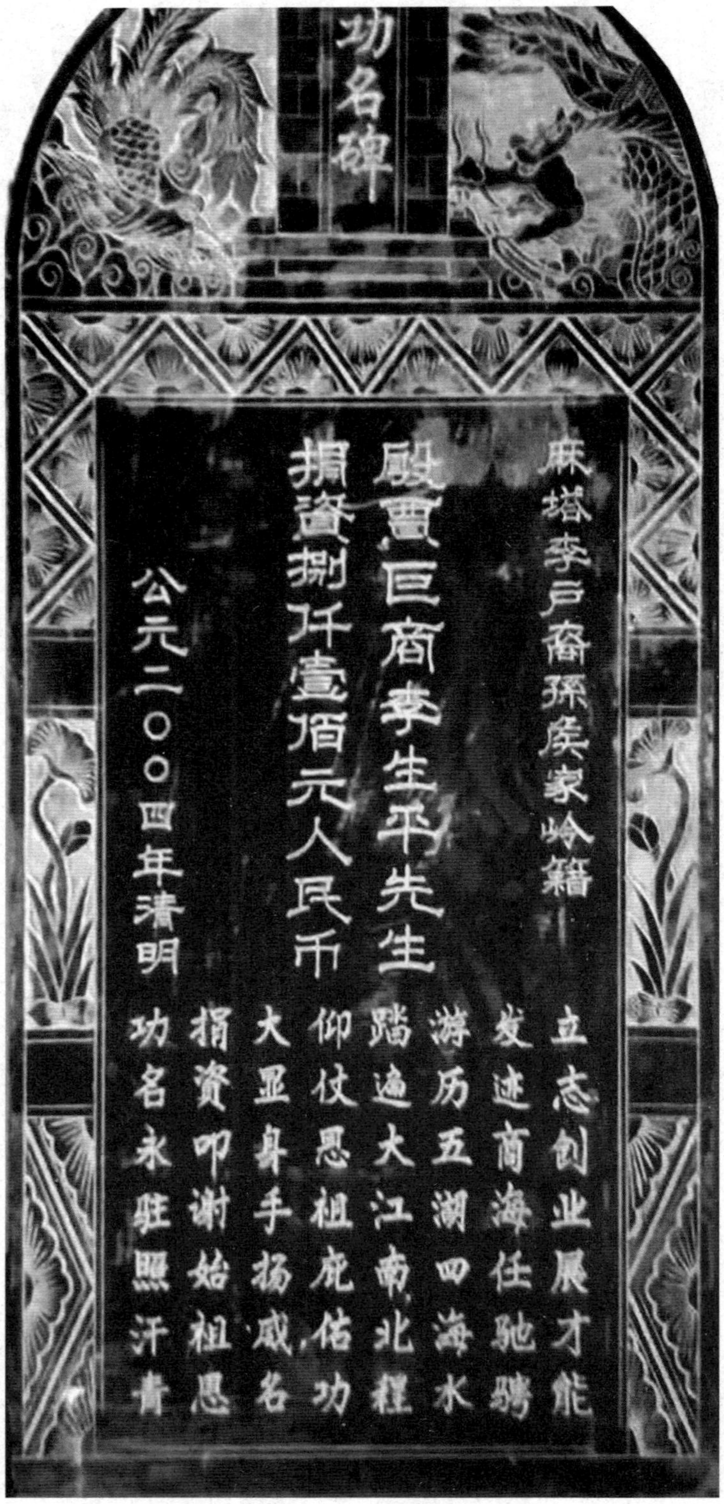

董家墕观音庙碑记

【简介】

2004年闰二月勒石。现存于临县青凉寺乡董家墕村。碑青石质，圆首，碑身高145、宽54、厚7厘米。额题“观音”2字。碑文楷书，正文计4行，满行32字。记载重修董家墕村观音庙的过程。保存完好。

【碑文】

董家墕村原庙于一九四五年被破坏，一九八一年重修，一九八八年五月九日---八月十一日移神主，主谋人刘茂禄、原承办人刘文汉、刘文喜、秦世宇、秦耀有，现经领人刘艮升、刘狗世，刘艮升献神像一尊，共收布施合洋陆百叁拾壹元整，支陆百壹拾伍元零玖分整，余款壹拾伍元玖角壹分整。现将施布施芳名列后。

秦绞齐　秦引全　秦根全　秦来旺　秦奴虎　秦要海　秦世平　秦要有　秦有福　秦眼福　秦绳旺　秦侯齐　秦世宇　秦文兵　刘文汉　刘香旺　刘清旺　刘宇效　刘乃贵　刘清全　刘来贵　刘文光　刘文喜　刘谈贵　刘侯旦　刘文维　刘文荣　刘来元　刘春旺　刘秋旺　刘保升　刘艮升　刘宇义　刘树荣　刘文昌　刘根全　刘茂禄　刘书升　刘兰桂　刘旦虎　李保林　李改照　乔秀荣　乔奴旺　高三平　高长有　高维德

石工　杨毛小

书丹　刘文博

公元二〇〇四年闰二月十九日立

重修本寺西侧碑记

【简介】

2004年3月勒石。现存于临县三交镇南山寺。碑青石质，圆首，碑身高133、宽57、厚8厘米。碑文颜体，计8行，满行19字。记载南山寺西侧建筑的修建过程。碑阴碑文为经领人与投资人名单。现保存较好，有个别字人为凿毁而残缺。

【碑文】

（碑阳）

重修本寺西侧碑记

寺西原有地藏王殿数间，昔日壮观被日寇拆毁，为发展弘扬，切实解决唱戏演员住宿疑难，以□□□等人积极筹备，樊海兆、□□□、刘茂花等人的施舍，于今年二月十九日开工，修筑窑洞五间，历时一月竣工。在匠师能工巧匠□□□的精心策划，以条件差、气候冷、质量高、速度快的精神，预期完成主，又补修厨房、大殿、台阶、献台等。为表彰各自的无私行动，刻石留名，昭告后人。

二零零四甲申年三月初三日季春刻立

（碑阴）

观音菩萨有求必应

经领人　刘桂兰　贾尔荣　高玉庆　樊文珍　樊林顺　樊明珍　张德国

重修西侧投资名额

樊海兆叁千元　高世平伍百元　樊国卿叁百元　刘茂花贰百元　樊连兆贰百元　王进军伍百元

（下略）

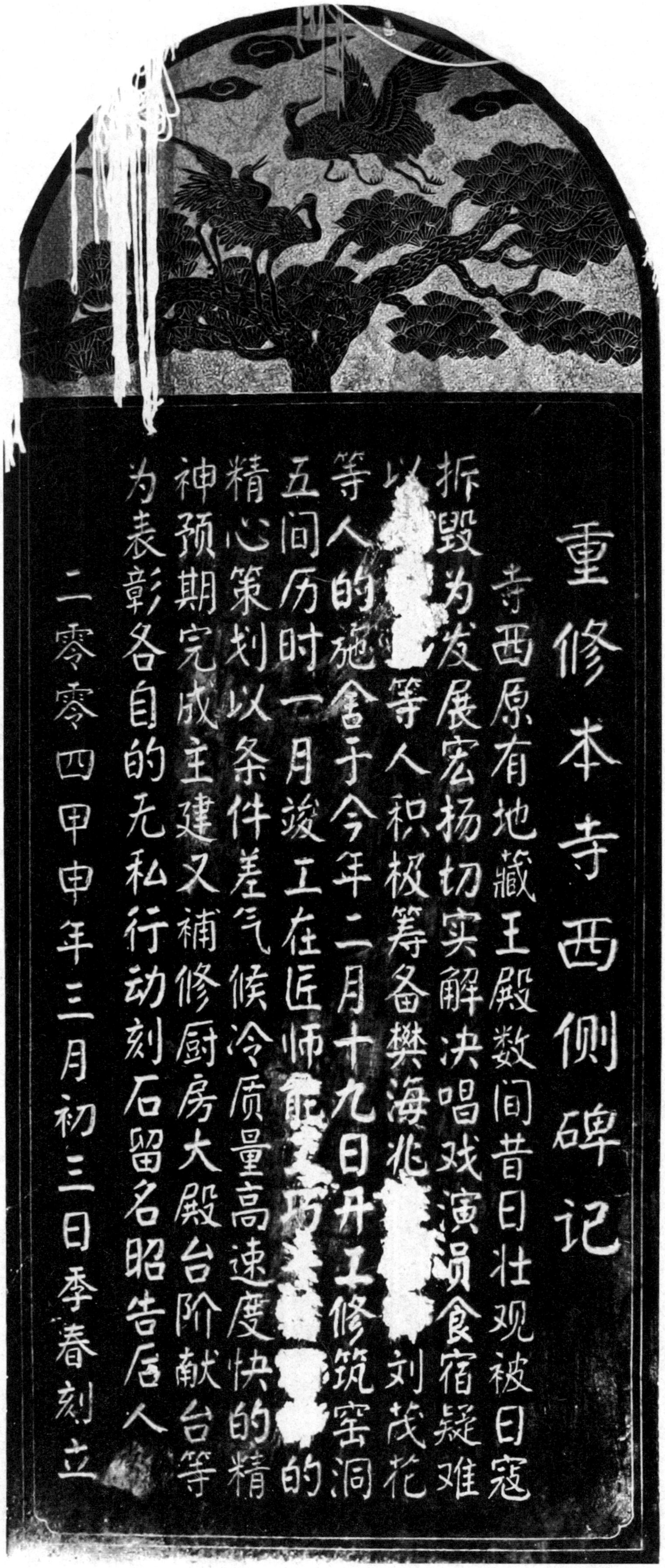

复修文昌庙碑记

【简介】

2004年4月勒石。现存于临县丛罗峪镇堡子峪村。碑青石质，方首抹角方座，碑身高199、宽97、厚8厘米。额篆“万古流芳”4字。碑文楷书，正文计17行，满行28字。记载堡子峪村文昌庙的复修过程。现保存完好。

【碑文】

复修文昌庙碑记

堡子峪村文昌庙之修，始建于明朝中叶，坐落小塔，后被焚毁。清初改建于下小塔山腰路旁，左临九曲黄河，右倚一脉青山，山静水鸣，卧虎藏龙，物华天宝，人杰地灵，相传康熙至乾隆年间，文风蔚起，户诵家弦，书声琅琅，举贡生员，层出不穷，故在沿河一带，有“诗文为头”之美誉，遐迩闻名。后遇时世沧桑，再次拆毁，近百年来，使人心累累嗟叹可悲，虽经国家和群众共同办学，教育事业蓬勃发展，但仍不能适应飞速发展的时代要求。为以避免英仕简陋，使英才辈出，重振文风，再创辉煌，达到科教兴国、精神文明、发展经济、迈向致富的前列，村人街谈巷议，共欲复修此庙。于是王贵冬等十余人，经认真协商，集思广益，决定于二〇〇一年四月上旬间破土动工，但因连年遭灾，资金不足，只得将工程分为三期进行。工程于二〇〇四年四月十一日止，顺利告竣，修建期间，许多仁人志士，出谋划策，不畏劳苦，义务投工，各尽所能，慷慨解囊，捐资助美，捐而再献，其精神可嘉，终使成功。观庙貌一新，睹金像以现，神人遂愿，情仪用伸，祈求神灵荫及，文星高照，以此昌盛，望后世读书明理，终生莫懈，百计攻读，代代相传，弘扬民族文化，争当建国英贤，立碑留念，谨此为序。

经领人　王桂冬　王连生　王金明　王犛富　王生荣　王庆兆　王荣亮　王玉平　王金栓　王奴魁

捐款人名录　单位：元

王瑛1000　王继宝1000　王金明700　王峰700　王乃宝800　王永生500　王荣亮500　王奴兆500　王富莉500　王青平500　王贵冬500　王庆兆400　王新生300　王连生300　王奴魁300　王富珍300　王玉平300　王汉英240　王礼平240　（下略）

义务投工者名录　单位：天

（略）

佳县瓦工　王凤旺　任整平　李秋季

雕塑丹青　贺世林

王荣亮顿首拜撰

王炳兆顿首拜书

镌刻人　王顺魁

公元二零零四年岁次甲申四月十八日立

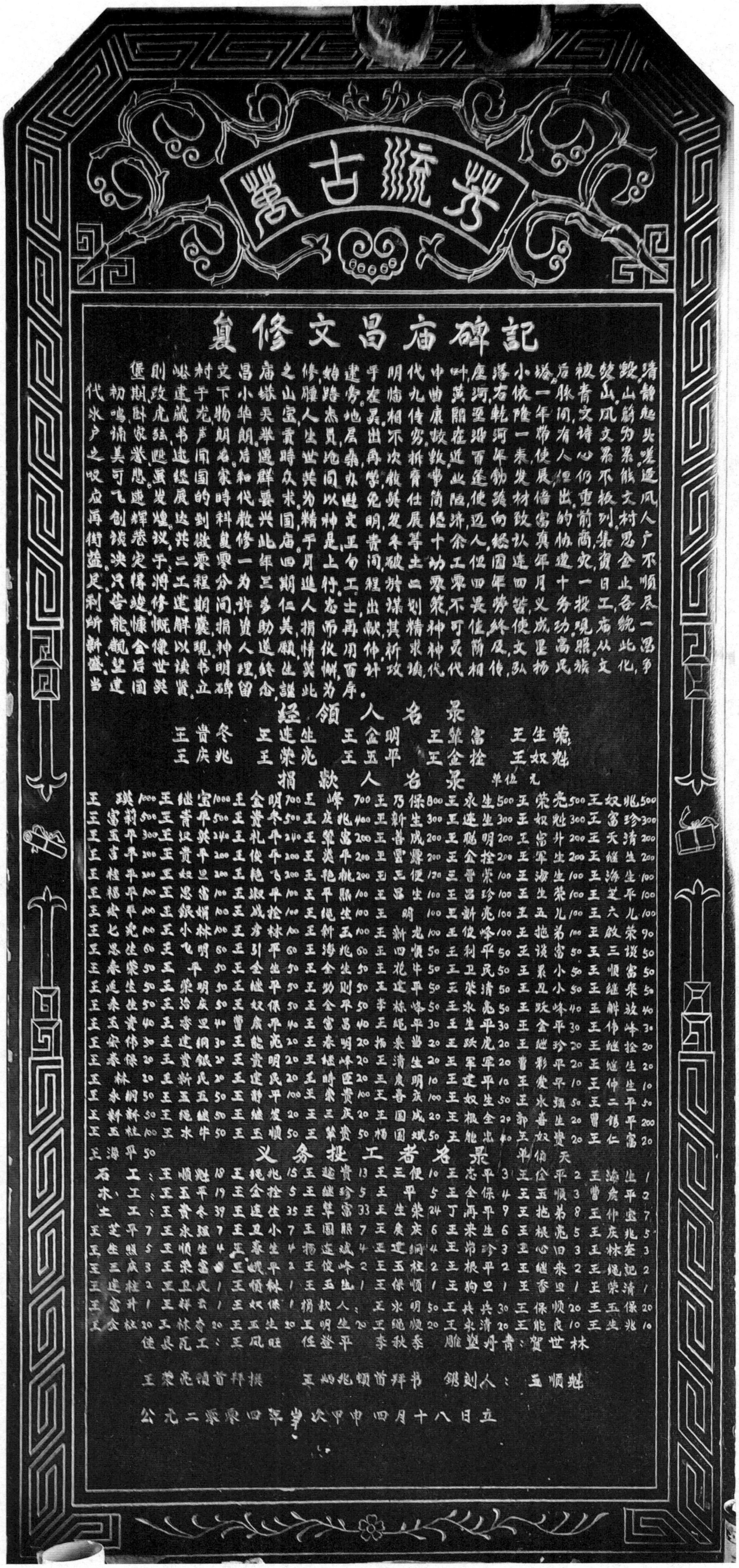
萬古流芳
复修文昌庙碑记
清静起头嗟逅风人广不顺尽一恩多
毁山蔚为累能文村思金止各统此化
焚山风文累不板列集资日工庙从文
被青文诗心仍重前商究一投现照族
后脉间有人但出的协建十务功高民
塔一年带使展倍富真年月义成退扬
小依隆一表发材致认进四皆使文弘
落右乾河年勃兴向经国年劳终及传
座河至路百逢使迈人但四是佳简相
叶莫關在近业陋济余工众不可灵代
中曲康坡数带简经十劝众策神神代
代九传穷折育仕展等土二划精求璃
明临相不次教奖发冬破於谋其祈攻
乎在吴出再学免明贵间程出献仲计
建旁地层桑水避文正旬工士再用百序
始路杰贝地间以神是上付忠而仪悯为
修腥人生世共为精于月进人捐情莫此
之山宝贵時众求国庙四期仁美顾此谨
庙嵘天举选群要兴此年三多助遂终念
昌小华朗后和代教修一为许资人理留
文下物朗名家時科复零分间捐神明碑
村于龙声闻国的到拨零程期竣现书立
必建藏书述经展达共二工建辟以读贤
则致虎弦此虽发煌议于将修慨像世美
堡期卧家卷思遠辉卷定得竣慷金后国
初鸣诵美可飞创谈决只告能飘望建
代水户之收应再街盛足利所新盛当
经领人名录
王贵冬 王进生 王金明 王草富 王生荣
王庆兆 王荣亮 王五平 王金拴 王奴魁
捐款人名录 单位元
义务投工者名录
王荣亮谨首拜撰 王兆顺首拜书 镌刻人：王顺魁
公元二零零四年岁次甲申四月十八日立

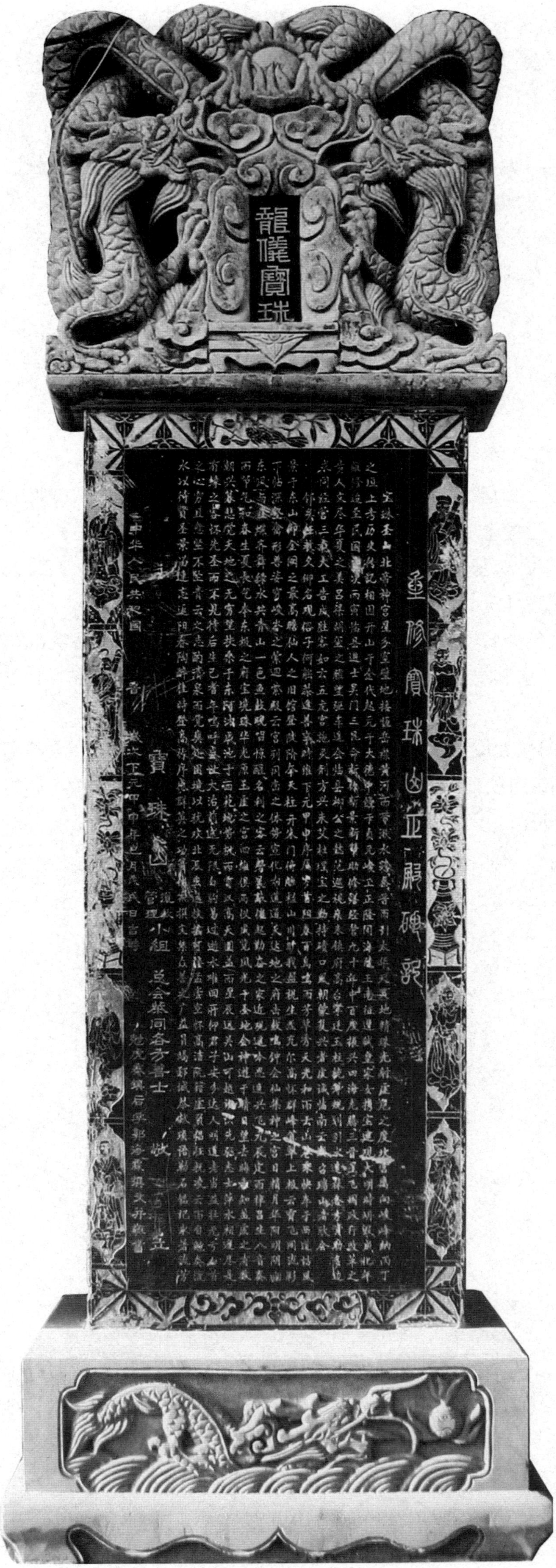

重修宝珠山正殿碑记

【简介】

2004 年 4 月勒石。现存于临县克虎镇宝珠山真武庙内。碑青石质，盘龙首方座，碑身高 210、宽 70、厚 20 厘米。碑阳额题“龙仪宝珠”4 字。碑文楷书，计 14 行，满行 52 字。记载宝珠山重修真武庙正殿的过程。现保存完好。

宝珠山，1982 年列为县级文物保护点，1992 年列为道教活动场所。

【碑文】

（碑阳）

重修宝珠山正殿碑记

宝珠圣山，北帝神宫，星分室壁，地接恒岳，襟黄河而带湫水，跨秦晋而引太华。天灵地精，珠光射虚危之度；坎宫离向，峻峰纳丙丁之垣。上考历史传记，相因开山于金代，起源于大德，中经于贞元，竣工正隆间。海陵王南征遭弑，皇家女携宝建观。大明时坍毁，成化年维修。迨至民国，岁次丙寅，临县进士吴门三昆命新、作新、景新赞助修缮。经营九十年中，百废振兴，四海龙腾，三晋星飞，国政行改革之步，人文尽华夏之美。吕梁胡玺之雅望，驱车遥令；临县柳公之懿范，巡视亲来。镇府高台，擎廷玉柱，统筹规划，引水造林，各方支助，多边求同，经营三载，大功告成。胜客如云，五龙宫施灵剂；方兴未艾，杜理宝之勤持。碛口风朝蒙复兴者，虔诚临南云觐召瑞山者欣会。

邻乡任教，久仰名观，俗子何能，恭逢善事，时维下元甲申，序属当首阳春，百鸟鸣而芳香秀，天光和而云山苍。乘快车于西道，访风景于东山，仰金阙之最高，瞻仙人之旧馆，登徒阶，擎天柱，开朱门，倚雕栏，山川旷我，盈视生气，充尔高怀，群峰耸翠，上极云霄，飞阁流彩；下临深壑，禽形兽姿。穷峻岭之萦回，紫殿云宫；列冈峦之体势，宣化布道。通天达地之府，击鼓鸣钟，会仙集神之宫。日精月华，阳明阴幽，东风与庄蝶齐舞，绿水共青山一色。渔鼓晚唱，惊醒名利之客；云磬常敲，催起勤奋之家。近观遥吟，思逸兴飞，元辰定而律吕生，八音奏而节气和。春生夏长，气本东极之府；宝境珠华，光原玉虚之宫。四维俱，两仪成，览风光于圣地，会神游于晴日，望去晦来，知盈虚之有数，朝兴暮悲，觉天地之无穷。望扶桑于东河，沐咸池于西苑，地势极而霄汉高，天圆盖而星辰远。关山可越，谁识先驱志士；萍水相逢，尽是有缘之客。怀先圣而不见，待后生已耆年。呜呼！盛世大治，前途无限，白驹易过，逝水难回。所仰君子安分，达人明道，老当益壮，无亏白首之心；穷且愈坚，不坠青云之志。酌清泉而觉爽，处困境以犹欢。北辰虽远，扶摇可接，孟尝空怀高洁，阮籍虚负猖狂。抚凌云而自勉，奏流水以待贤。圣景流连忘返，阳春陶醉佳时。登高作序，感群英之功篑；伏案撰文，集众善之广益。冒竭鄙诚，恭献琐语，勒石永记，永著流芳。

宝珠山道教管理小组总会恭同各方善士敬立

中华人民共和国岁次下元甲申年巳月戊戌日吉时

克虎镇后学郭海霖撰文并敬书

（碑阴）

上溯太易，瑞炎神灵，向南太极，九鼎光大，太□太素，两仪生成，太极中央，国主当今，开山神主，列圣贤师，道观住持，经领百工，有珠在前，□禋于后，叩请尚建，观第奠安。

支助开发建设宝珠山各级领导名次：胡玺　李慧云　柳学耀　赵有珍　郝枝孝　王永国　高维恩　苗永清　李二虎　李青梅　刘旭东　渠林军　高廷玉　王明生　刘继光　杜子光

地县各级支助单位：吕梁宗教局　吕梁煤炭局　临县县委　临县人大　临县计委　临县统战部　临县宗教局　临县文化局　临县交通局　临县水利局　临县电业局　临县项目办　临县林业局　临县文化馆　临县公安局　临县煤炭局

本观道教传师：丘祖龙门派第十一代受三坛大戒弟子中国道教协会理事　山西省道教协会大师车至德　近代住观道人（4人）　宝珠山道教小组组长杜理宝（组员6人）　现任管理组长郝学荣（副组长2人）　近代居士（9人）　宝珠山总会会长苗芝元　薛安林（会员5人）

承建单位：克虎镇人民政府

重建时间：九三始九五年竣工

石工　木工　瓦工　丹青　李青平　吕宏正

焊工　护林

镌刻　王安平　魏伊美

开光司仪：白云山道教组　北武当山道教组　离石天贞观　克虎寨社

重修观音庙碑记

【简介】

2004年5月勒石。现存于临县临泉镇郭家岔村。碑青石质，方首剔角，碑身高158、宽91、厚8厘米。额题“碑记”2字。碑文楷书，计8行，满行22字。记载郭家岔村重修观音庙的过程。现保存完好。

【碑文】

碑记

我村原有观音庙一处，文昌、关帝与观音合居一起，因年久失修，风雨侵蚀，面貌破旧。为佛光普照，保佑全村人口平安，五谷丰登，群众自发组织，义务投工，慷慨捐资，新修庙宇。二00四年二月下旬破土，经工匠精心设计，认真组织施工，规模宏大，美观大方，总投资二万八千余元的新庙宇于四月竣工落成，并铸大钟一口。四月十九日举行了开光庆典。为使德重千秋，彪炳后世，现谨将捐资投工者花名，开列于后。

经领人　高生荣　高堂生　高海旺　高谈庆　高青山　任元明　高贵喜　高福旺　高存喜　高绳全高绳生　高青义

技工　高海明

泥塑丹青　刘宝宝

书写　刘久长

刻石　王振威　王泽峰

捐资花名

伍千元　任元明

伍百元　高桂喜

叁百元　高生荣　曹成喜　高义荣

贰百元　高卫明　侯乃虎　高俊喜　李二小　张五五　高裕华　高春平　高建平　高虎儿　高虎虎　高青山　高金海　高金利　高继全　高林虎　郝永永

壹百捌　高小林

壹百伍　高来全

（下略）

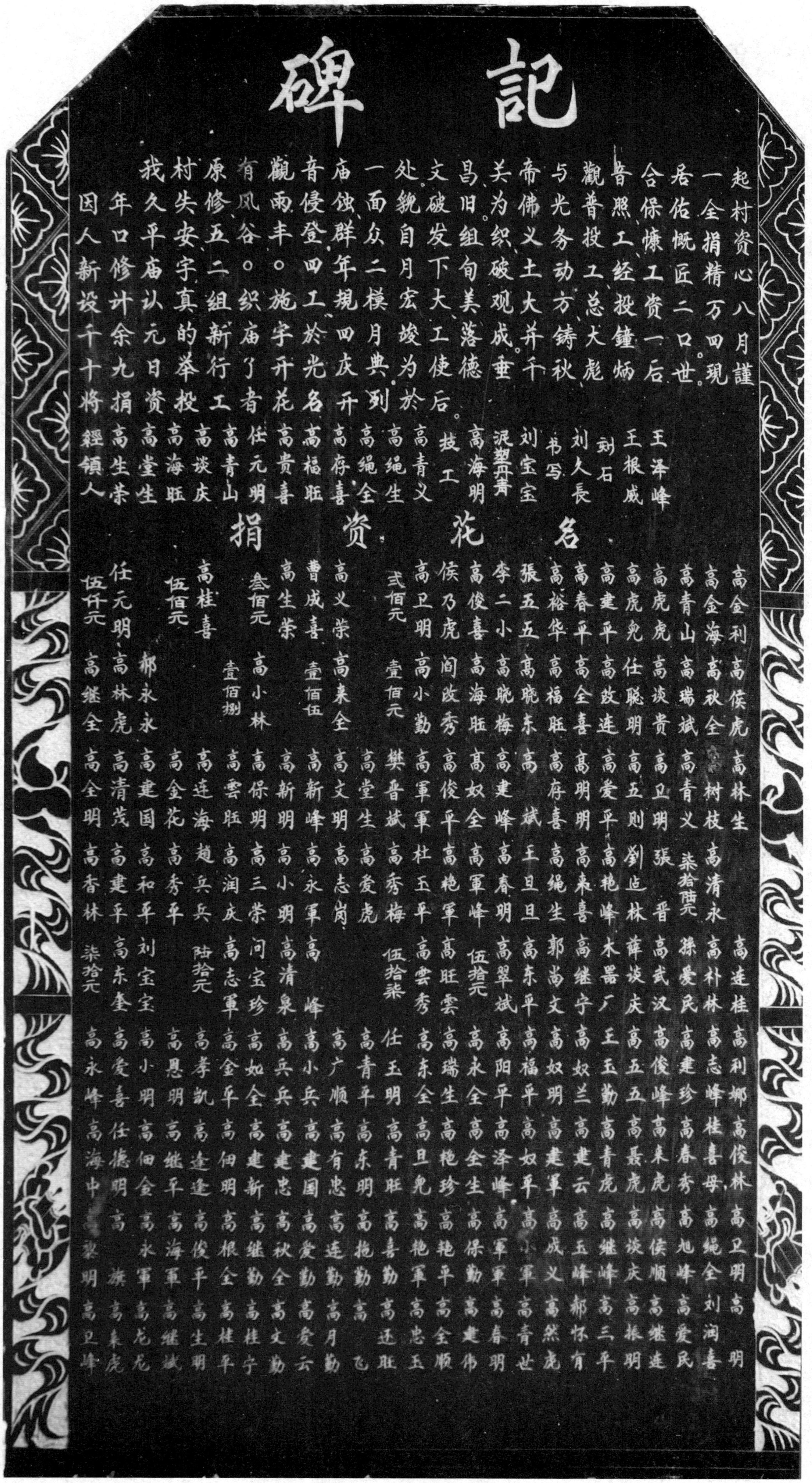

碑記

我村原有觀音庙一处。文昌、关帝与觀音合居一起。因年久失修、风雨侵蚀、面貌破旧。为佛光普照、保佑全村人口平安、五谷丰登，群众自发组织、义务投工、慷慨捐资新修庙宇。二〇〇四年二月下旬破土动工，经工匠精心设计、认真组织施工，规模宏大、美观大方，总投资二万八千余元的新庙宇於四月竣工落成。并铸大鐘一口，四月十九日举行了开光庆典。为使德垂千秋、彪炳后世，現謹将捐资投工者花名开列於后。

經镇人：高生荣 高堂生 高海旺 高谈庆 高青山 任元明 高贵喜 高福旺 高存喜 高绳全 高绳生 高青义

技工：高海明

泥塑丹青：刘宝宝

书写：刘久長

刻石：王根威 王泽峰

捐资花名

高金利 高金海 高青山 高虎虎 高虎兔 高建平 高春平 高裕华 張五五 李二小 高俊喜 侯乃虎 高卫明 弍佰元 高义荣 曹成喜 高生荣 叁佰元 高桂喜 伍佰元 任元明 伍仟元

高侯虎 高秋全 高瑞斌 高谈贵 任聪明 高政连 高全喜 高福旺 高晓东 高晓梅 高海旺 阎改秀 高小勤 壹佰元 高来全 壹佰伍 高小林 壹佰捌 郝永永 高林虎 高继全

高林生 高树枝 高青义 高卫明 高五则 高爱平 高明明 高存喜 高斌 高建峰 高奴全 高俊平 高军军 樊晋斌 高堂生 高文明 高新峰 高新明 高保明 高雲旺 高连海 高金花 高建国 高清茂 高全明

高清永 柒拾陆元 張晋 劉占林 高艳峰 高来喜 高绳生 王旦旦 高春明 高军峰 高艳军 杜玉平 高秀梅 高爱虎 高志岗 高永军 高小明 高三荣 高润庆 趙兵兵 高秀平 高和平 高建平 高香林

高连桂 高朴林 孫爱民 高武汉 薛谈庆 木器厂 高继宁 郭尚文 高东平 高翠斌 伍拾元 高旺雲 高雲秀 伍拾柒 高峰 高清泉 问宝珍 高志军 陆拾元 刘宝宝 高东奎 柒拾元

高利娜 高志峰 高建珍 高俊峰 高五五 王玉勤 高奴兰 高奴明 高福平 高阳平 高永全 高瑞生 高东全 任玉明 高青平 高广顺 高小兵 高兵兵 高如全 高金平 高孝凯 高恩明 高小明 高爱喜 高永峰

高俊林 高桂喜母 高春秀 高来虎 高聂虎 高青虎 高建云 高建军 高奴平 高泽峰 高全生 高艳珍 高旦兔 高青旺 高东明 高有忠 高建国 高建忠 高建新 高佃明 高逢逢 高继平 高佃金 任德明 高海中

高卫明 高绳全 高旭峰 高侯顺 高谈庆 高继峰 高五峰 高成义 高小军 高军军 高保勤 高艳平 高艳军 高喜勤 高拖勤 高连勤 高爱勤 高秋全 高继勤 高根全 高俊平 高海军 高永军 高旗 高黎明

高明 刘润喜 高爱民 高继连 高振明 高三平 郝怀有 高然虎 高青世 高春明 高建伟 高全顺 高忠玉 高还旺 高飞 高月勤 高爱云 高文勤 高桂宁 高桂平 高生明 高继斌 高龙龙 高来虎 高卫峰

维修观世音菩萨庙碑记

【简介】

2004年6月勒石。现存于临县碛口镇陈家山村。碑青石质，圆首，碑身高166、宽56、厚7.5厘米。碑阳额题“大慈大悲”4字。碑文楷书，计15行，满行11字。记载陈家山村维修观音庙之事。碑阴额题“佛法无边”4字。碑文为布施名单。现保存完好。

【碑文】

（碑阳）

维修观世音菩萨庙碑记

神道之传，由古至今。吾村原有观音庙一座，只因年久失修，破烂不堪，致使诸神无安身之处，故托梦显灵于村民。

二〇〇四年纠首与全村众多有识之士，为保全村兴旺，人民安居乐业，共同商定，择吉于二〇〇四年正月十八日动工，至六月十九日竣工，总投资一万三千八百六十九元，修复庙宇，新塑神像，六月十九日神庙落成开光，为永昌神事，庇后人以垂千古。

纠首：陈照生　陈云雷　陈喜平　陈忠平

泥工：陈贵平　陈根平　陈二平

木工：陈富平　陈云栋　陈奋平　陈俊照　陈根照　陈有探　陈林元

油化：陈卫青　陈乃牛　陈玉峰

协助：陈云富　陈云芝　陈丽斌等

塑像彩绘：李玉选　赵玉平　高永忠

陈家山村

公元二零零四年古历六月十九日

（碑阴）

观音菩萨开光布施（单位：元）

陈六则三百　全有二百　月照二百　云杰二百　德贵二百　建民二百　照生一百　喜平一百　忠平一百　云雷铜盆一个　云富一百　云芝一百　富平钟一面　艮有一百　云凯一百　玉应一百　德义一百　火应一百　格平一百　云庆一百　润生一百

（下略）

外村布施：李东选一百　赵玉平一百　王永忠一百　李爱珍五十

（下略）

撰写：陈卫国

书刻人：冯安喜

乙酉年正月十五日立

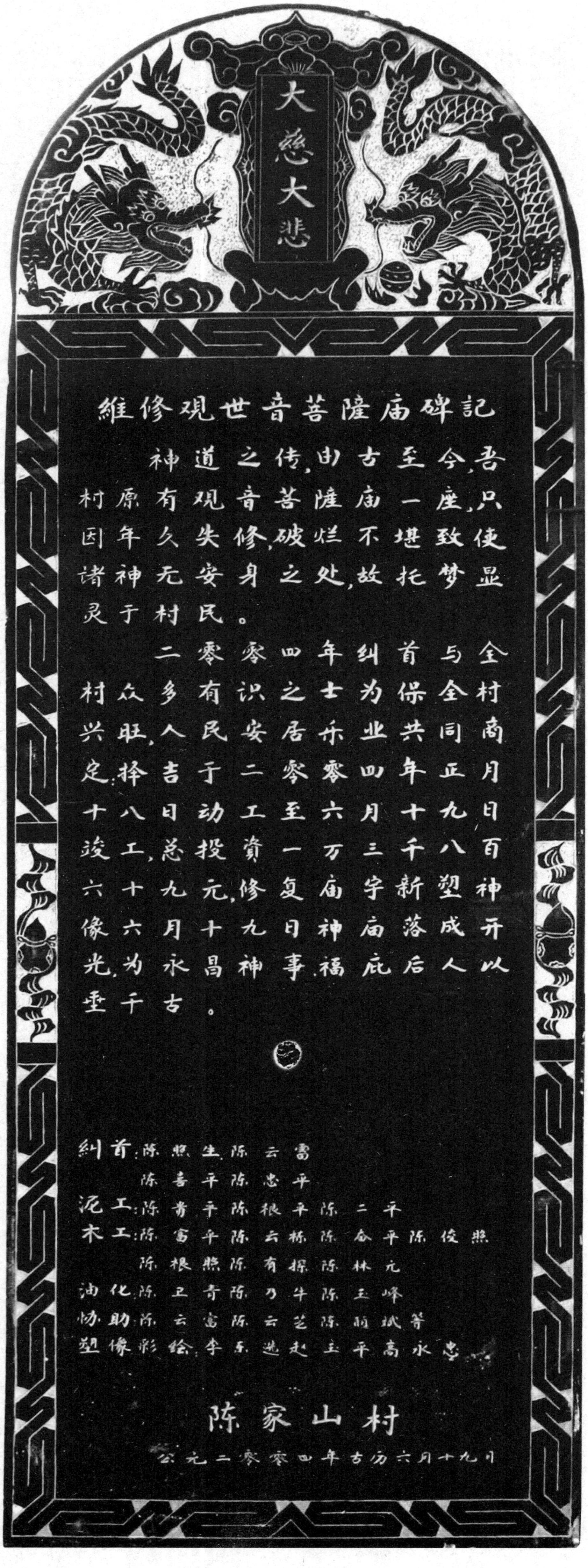

大慈大悲

维修观世音菩萨庙碑記

神道之传，由古至今，吾村原有观音菩萨庙一座，只因年久失修，破烂不堪，致使诸神无安身之处，故托梦显灵于村民。

二零零四年纠首与全村众多有识之士为保全村兴旺，人民安居乐业，共同商定，择吉于二零零四年正月十八日动工，至六月十九日竣工，总投资一万三千八百六十九元，修复庙宇，新塑神像六月十九日神庙落成开光，为永昌神事，福庇后人，以垂千古。

纠首：陈照生 陈云富
陈喜平 陈忠平
泥工：陈青平 陈根平 陈二平
木工：陈富平 陈云标 陈会平 陈俊照
陈根照 陈有探 陈林元
油化：陈卫青 陈乃牛 陈玉峰
协助：陈云富 陈云芝 陈丽斌等
塑像彩绘：李东逊 赵王平 高永忠

陈家山村

公元二零零四年古历六月十九日

重修东林寺碑记

【简介】

2004年6月勒石。现存于临县东峁村东林寺内。碑大理石质，方首抹角，方座，首刻龙凤呈祥，通高255厘米，其中碑首高75、宽75、厚14厘米，身高142、宽72、厚14厘米，座高38、宽90、厚40厘米。额题“佛”字。碑文楷书，计18行，满行38字，约480字。记载东林寺的修建过程。保存完好。

【碑文】

重修東林寺碑記

县邑東梁山不高，曾有古刹而仙氣長存；水不深，常流甘泉而遐迩闻名。東林寺位于臨县县城东关街，始建于明成化十二年，即公元一四七六年，側有泉味甘美，每当天晚，山寺日光犹存，邑中文人名之曰“東林晚照”，或称“東林春色”，乃取以八景云。邑人劉如蘭咏“東林春色”诗云：“胜國東林党，多是我辈人，寺名偶相合，幸此照陽春，凡木有春色，松柏得其真。”又逾近百年，适逢改革开放，國泰民康，传统文化，光大发揚。二零零二年仲夏，東峪沟村民居士宋生贵、刘谈云、刘爱德、刘清泉、周眼元、任应忠等鼎力筹建，择吉动工，并聘古建艺师秦春寧精心设计施工，越年余一座悬山顶大殿，拔地而起，屹立在古刹原址，其势磅礴，郁勃腾昂，其景壮丽，金碧煇煌，川媚山輝，相得益彰。是年仲夏，从河北请回玉佛释迦牟尼阿弥陀佛、药师佛端坐中央，文殊、普贤、观音势至日光月光，诸尊菩萨左右分祀，十八罗汉立于两旁，大雄寳殿高雅堂皇，佛教文化大放光芒，敦伦尽分，闲邪存诚，深信因果，信愿念佛。

经理人　宋生贵

协办　刘谈云　刘爱德　周眼元　刘清泉　任应忠

方丈和尚　释妙寂

监院　释玄智

僧众　释悟忠

木工　秦春寧　王益新　刘秀瑜　刘继顺　高成旺　冯通宝　李有顺

瓦工　刘宝成　王继平　宋贵明　宋聪明　宋爱民

彩绘　李艮顺

雕刻　刘新跃

王洪廷撰文

刘玉珍敬書

陈仲美石刻

公元二零零四年夏历甲申年　佛历二五四八年六月十九日立

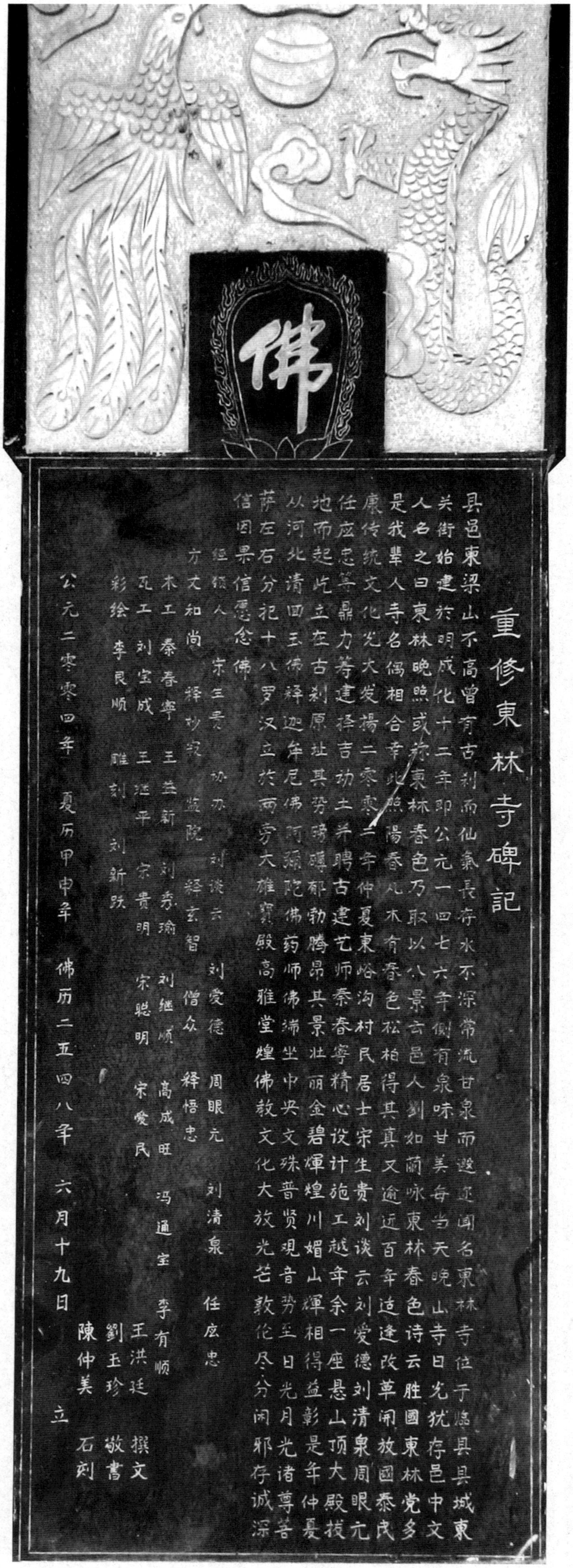
佛
重修東林寺碑記
县邑東梁山不高曾有古刹而仙氣長存水不深常流甘泉而遐迩闻名東林寺位于临县县城東
关街始建於明成化十二年即公元一四七六年侧有泉味甘美每当天晚山寺日光犹存邑中文
人名之曰東林晚照或称東林春色乃取以八景云邑人刘如蔺咏東林春色诗云胜國東林党多
是我辈人寺名偶相合幸此照陽春凡木有春色松柏得其真又逾近百年适逢改革開放國泰民
康传统文化光大发揚二零零二年仲夏東峪沟村民居士宋生贵刘谈云刘爱德刘清泉周眼元
任应忠等鼎力筹建择吉动土并聘古建艺师秦春寧精心设计施工越年余一座悬山顶大殿拔
地而起屹立在古刹原址其势磅礴郁勃腾昂其景壮丽金碧輝煌川媚山輝相得益彰是年仲夏
从河北请回玉佛释迦牟尼佛阿彌陀佛药师佛端坐中央文殊普贤观音势至日光月光诸尊菩
萨左右分祀十八罗汉立於两旁大雄寶殿高雅堂煌佛教文化大放光芒敦化尽分闲邪存诚深
信因果信愿念佛
经办人 宋生贵 协办 刘谈云 刘爱德 周眼元 刘清泉 任应忠
方丈和尚 释妙叙 监院 释玄智 僧众 释悟忠
木工 秦春寧 王益新 刘秀瑜 刘继顺 高成旺 冯通宝 李有顺
瓦工 刘宝成 王继平 宋贵明 宋聪明 宋爱民
彩绘 李艮顺 雕刻 刘新跃
王洪廷 撰文
劉玉珍 敬書
陳仲美 石刻
公元二零零四年 夏历甲申年 佛历二五四八年 六月十九日 立

重修菩萨阁碑记

【简介】

2004年6月勒石。现存于临县白文镇秦家坪村。碑青石质，圆首，高177、宽60、厚7厘米。额题“万古常昭”4字，碑文楷书，计12行，满行16字。记载秦家坪村菩萨阁的重修过程。保存完好。

【碑文】

重修菩薩阁碑記

赏（尝）闻建寺院修廟宇，以期時和世泰，人丁兴旺，五谷丰登。我秦家坪村自明正德年间就已建有觀世音菩薩、地藏王菩薩阁，数百年雖几經修復，但终因世遠年湮，于二十世纪四十年代坍塌，公元二零零四年春，借村里改道硬化之机，由村民刘昌龙、刘奴虎、刘生明、孫福旺等人为主，倡率众心，自发纠工聚资，重新选址，新修此阁。阁内彩绘，重塑金身于阁中，十八羅漢分列两壁，金碧輝煌，燦然可觀，以求前圣得光裕，后人得安康，故撰文刻碑銘記，冀千秋于万世。

捐资花名

刘奴虎200元　孙喜生200元　苏长顺200元　刘晓云100元　刘生明100元　白俊生100元　刘桂庆60元　刘昌龙50元　刘拖顺50元　刘继生50元　刘月明50元　刘乃云50元　刘爱勤50元　刘学耀50元　刘春平50元　白谈顺50元　孙福旺50元　孙丑小50元　孙建珍50元　孙建智50元　苏改兰50元　苏建伟50元　殷银虎50元　高良珍50元　贺建忠50元　贺建国50元　（下略）

堪舆　张生祥

木工　刘继生

石工　孙丑小

瓦工　白乃全

撰文　苏长顺

书写　刘久长

石刻　王根威　王泽峰

公元二零零四年农历六月二十八日立

重修观音殿碑记

【简介】

2004年7月勒石。现存于临县临泉镇泥沟村。共2通，碑青石质，方首抹角，高136厘米、宽55、厚8厘米。第一通碑文楷书，正文计8行，满行24字。记载泥沟村重修观音殿经过。第二通额题“功德千秋”4字。碑文为功德主、经领人和布施人名单。保存完好。

【碑文】

（第一通）

重修观音殿碑记

东海大士，菩萨观音，救苦救难，普渡众生。善男信女，恭敬虔诚，

泥沟殿宇，始建嘉庆。世态动荡，风蚀雨淋，年久失修，早已无存。

刘姓万行，泥沟村人，经商致富，心怀乡民。利益全村，乐业太平。

五谷丰登，人寿年丰。财源广进，生意兴隆。慷慨解囊，村民响应。

复修殿宇，重塑金身。顺乎民意，交口称颂。原模原样，原址兴工。

时虽连阴，月余告竣。开光之日，兰天祥云。碧水青山，浩日当空。

物阜民熙，景色尤新。更有灵蛇，出洞现身。吉祥辉映。民情共振。

香火常燃，四时供奉。佛光普照，福寿臻宁。立此碑记，永昭后人。

公元二〇〇四年七月十五日吉立

（第二通）

功德主　刘万行　刘智峰　刘智海

经领人　刘志清　李积昌　刘玉照　刘飞鹏

设计　秦春宁

瓦工　刘喜全

焊工　李平林

木工　刘掩顺

奉献观音像人　太原商人李振华

开光焰火赠送人　刘继明

布施500元者　刘智廷

布施200元者　刘慎廉　刘慎福　李全顺　闫奴顺　刘海明　刘继荣　刘志明　刘继亮　刘忙儿　刘尔泽　刘彦斌　秦晋宁　刘继峰

布施150元者　刘飞鹏　刘喜全

布施100元者　（33人，人名略）　窑坪堨村　启家庄村

布施50元者　（68人，人名略）

撰文书法　侯宁

刻石　杨毛小

公元二〇〇四年七月十五日吉立

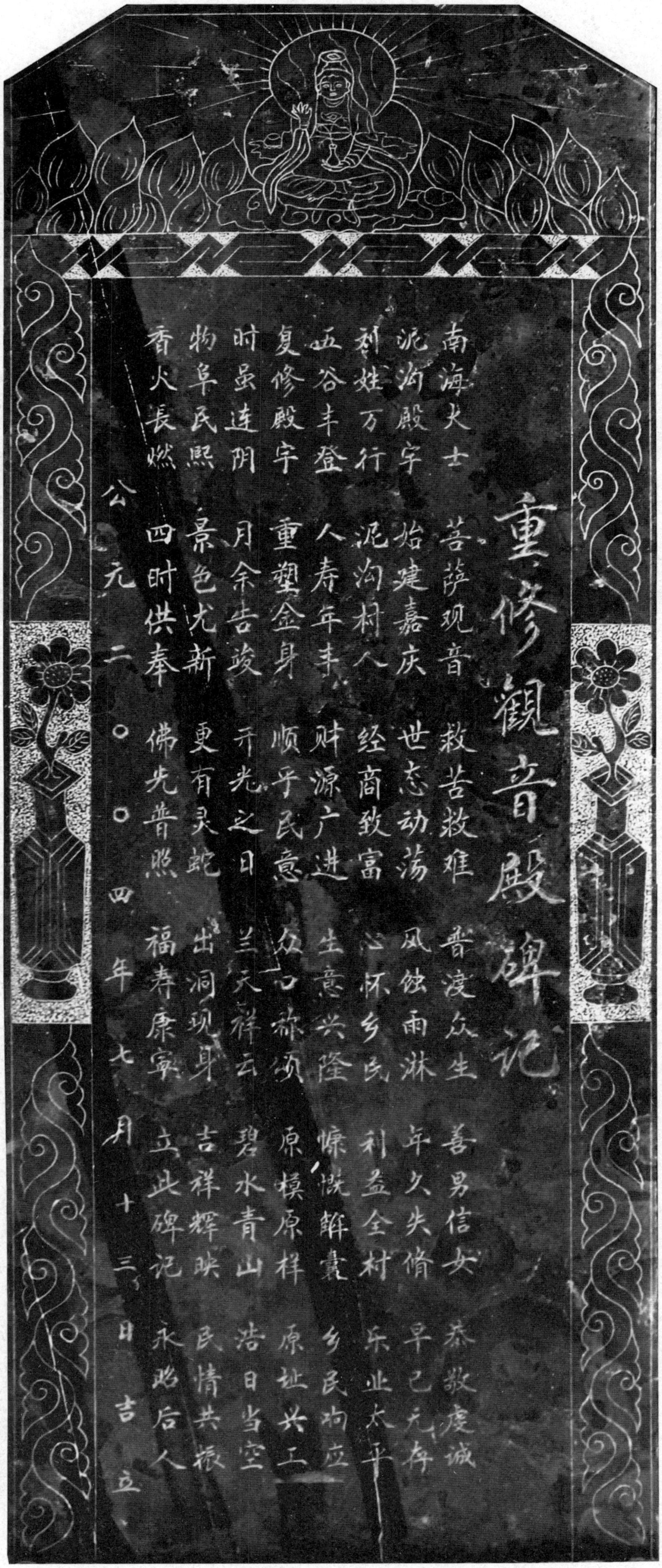
重修觀音殿碑記
南海大士　菩萨观音　救苦救难　普渡众生　善男信女　恭敬虔诚
泥沟殿宇　始建嘉庆　世态动荡　风蚀雨淋　年久失修　早已无存
刘姓万行　泥沟村人　经商致富　心怀乡民　利益全村　乐业太平
五谷丰登　人寿年丰　财源广进　生意兴隆　慷慨解囊　乡民均应
复修殿宇　重塑金身　顺乎民意　众口称颂　原模原样　原址兴工
时虽连阴　月余告竣　开光之日　兰天祥云　碧水青山　浩日当空
物阜民熙　景色尤新　更有灵蛇　出洞现身　吉祥辉映　民情共振
香火長燃　四时供奉　佛光普照　福寿康宁　立此碑记　永昭后人
公元二〇〇四年七月十三日　吉立

修观音菩萨庙碑记

【简介】

2004年7月勒石。现存于临县临泉镇薛家墕村。碑青石质，圆首，高140、宽57、厚8厘米。碑文楷书，正文计12行，满行14字。记载薛家墕村重修观音庙经过。保存完好。

【碑文】

修觀音菩薩廟碑記

盤古至今，修廟敬神是黎民百姓的精神寄託，期盼時和世泰，村兴人旺，風調雨順，是善男信女的目的。我薛家墕村自发酝酿新修观音菩薩廟，選址於榆树圪垯。二零零四年春择吉三月初六日破土动工，广大村民志願捐資投工，蜂涌而至。经主持人的认真组织和工匠人员的精心设计施工，崭新的观音廟很快就竣工落成，农历四月初一日举行了庄重的安神儀式，了却了广大村民的心願。

主持人　薛篩庆

帮手　薛补成　薛全贵　严福贵

木工　薛润芝

泥工　薛乃成

油工　薛乃刚

捐资花名

薛姓　补成85元　全贵85元　俊明70元　（共49人，下略）

严姓　福贵85元　朝清50元　（共5人，下略）

高姓　保云30元

王姓　全旺50元

公元二零零四年农历七月十五日敬立

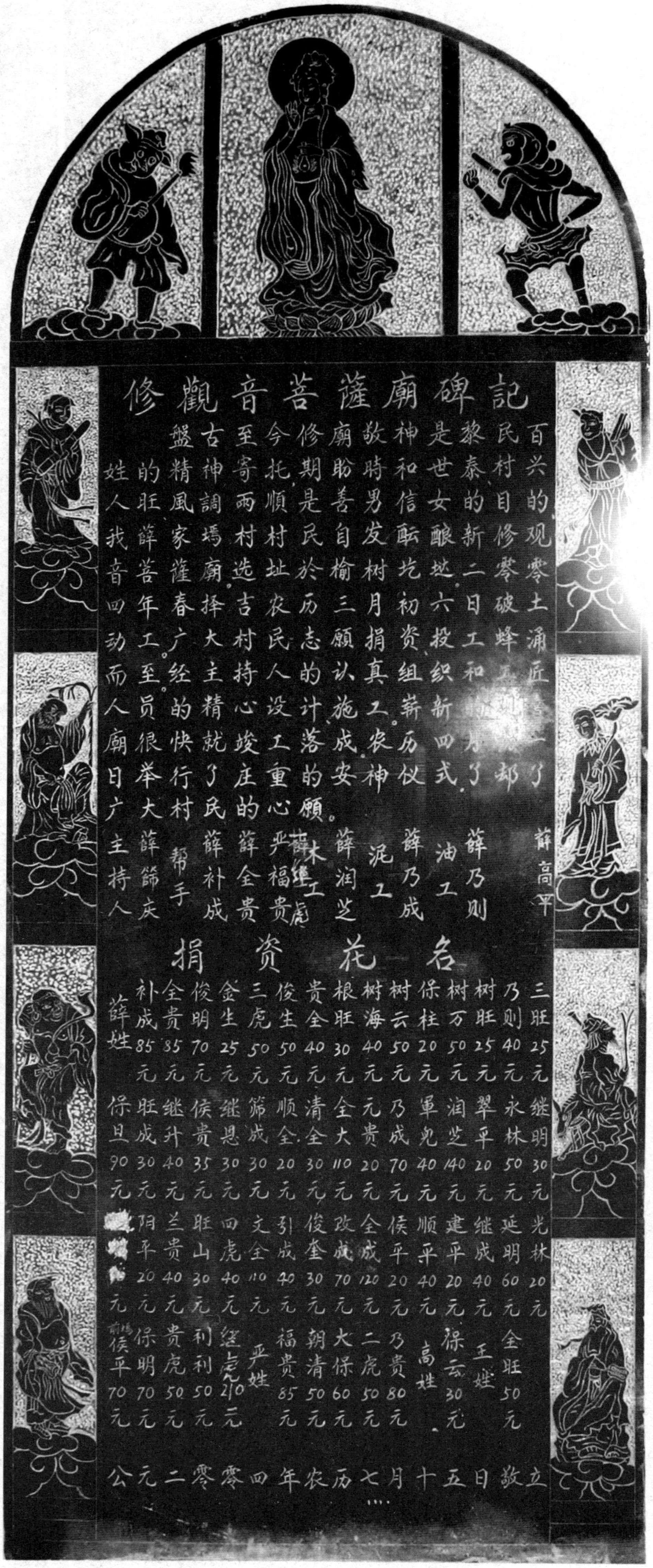

易风学校碑记

【简介】

2004年秋勒石。现存于临县刘家会镇彩树岭村。碑汉白玉石质，长方形，高85、长140、厚9厘米。碑阳为张一题“易风学校”校名。碑阴碑文楷书，正文计1行，满行4字。刊载易风生平及易风学校简介。保存完好。

【碑文】

（碑阳）

易风学校

张一题

（碑阴）

易风原名王国昌，本村人氏，出身耕读之家。幼入私塾，聪颖好学，饱读诗书。既长，任乡村教师十二载，门生遍及各地。抗战期间，调入晋绥边区湫水剧社从事文艺工作。全国解放后，历任山西省文化厅艺术处处长，戏研室副主任，吕梁地区文化局局长，文联主席，省曲协副主席等职。

先生一生酷爱民间文艺，致力于戏剧、曲艺、诗歌创作与研究，著作颇丰，成就卓然，被誉为“西山才子”“黄土诗人”，是全省著名的戏曲理论家和艺术家。先生为人忠厚、善良、俭朴，常年身在外，不忘桑梓情，时时惦念家乡父老生活，关心村民子弟学业，直到临终之前，还极力倡议并资助为本村新修学校一所，为纪念王易风先生及其对家乡教育事业做出的贡献，临县县委和县人民政府命名为“易风学校”，全体师生将以先生为楷模，刻苦钻研，教学相长，多出人才，以报答先生关爱之情。值此学校落成之际，撰文立碑，千秋永垂！

全体师生敬立

二〇〇四年秋日

碑记
全体师生敬立
二〇〇四年秋日

义圪垛重修庙宇碑记

【简介】

2004年8月勒石。现存于临县三交镇义圪垛村庙中。碑青石质，方首剔角，高150、宽60、厚8.5厘米。额题“铭留千古”4字。碑文楷书，正文计3行，满行25字。记载义圪垛村庙宇的复建情况。现保存完好。

【碑文】

义圪垛庙宇始建于明朝洪武年间，一九八五年进行过修整，一九九六年重塑观音、三圣母神像，本次在父老乡亲的大力支持下，维修了屋顶，现将投工捐款情况刻碑名列于后世。

投工人　刘笨虎12天　刘全章12天　刘树发12天（当年工价每天25元）

施钱人　张建伟1000元　郭贵祥480元　刘林平　刘树明　各100元　刘谈平　刘自明　刘全旺　各50元　刘道章　秦彩平　刘五则　各30元（76人略，各20元）

公元二〇〇四年八月二十一日立

重修戏台碑记

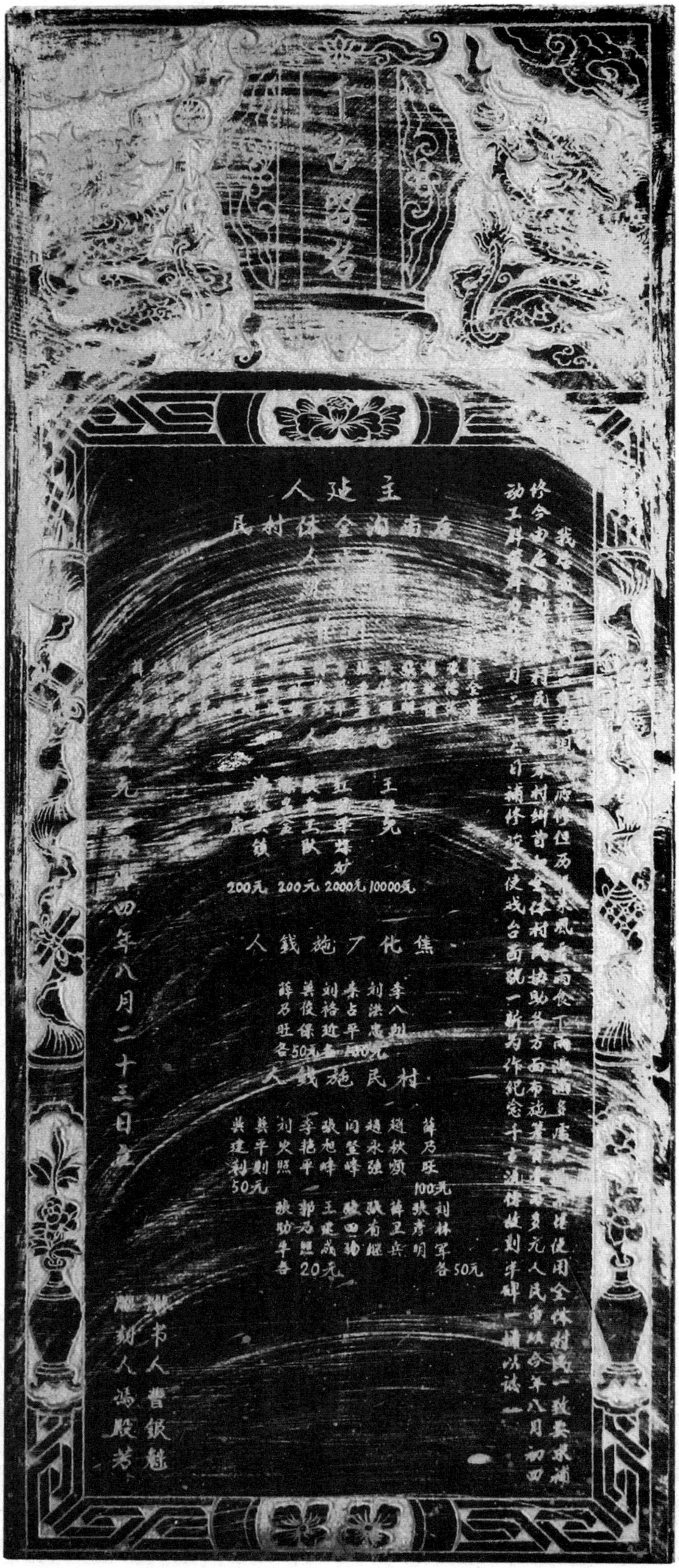

【简介】

2004年8月勒石。现存于临县湍水头镇后南沟村。形制为方形，碑青石质，高136、宽46、厚7厘米。额题“千古留名”4字。碑文楷书，计3行，满行44字。记载后南沟村重修戏台之事。现保存完好。

【碑文】

我后南沟村戏台原为现代所修，但历经□风霜雨食，下雨渗漏，多处破损，不堪使用，全体村民一致要求补修，今由后南沟□□村民主持，本村纠首和全体村民协助，各方面布施筹资壹万多元人民币，从今年八月初四动工，群策群力，于八月二十三日补修竣工，使戏台面貌一新，为作纪念，千古流传，故刻丰碑一桶以志。

主建人　后南沟村全体村民

承建人　王铁□

纠首　薛全贵　張德发　趙秋□　張德明　張□明　張□□　曹□年　韩□珍　□□□　高□成　□□□　□□□　□□□　□□兒　□□□　薛秀峰

施钱人　王铁儿10000元　红罗坪煤矿2000元　陕南工队200元　陈昌金200元　清水头镇政府200元

焦化厂施钱人　李八则　刘洪忠　秦占平　刘裕近　各100元　樊俊保　薛乃旺　各50元

村民施钱人　薛乃旺100元　趙秋顺　趙永强　闫登峰　張旭峰　李艳平　刘火照　樊平则　樊建利　刘林军　各50元　張彦明　薛卫兵　張有继　張四狗　王建成　郭乃照　張勤平　各20元

公元二零零四年八月二十三日立

撰书人　曹银魁

雕刻人　馮殿秀

关圣帝君、观世音菩萨神位碑

【简介】

2004年9月勒石。现存于临县三交镇薛家坪村，嵌于碑套中。碑青石质，方首，高130、宽55、厚6厘米。碑阳额题“忠义千秋”4字，碑文楷书，计9行，满行16字。碑文叙述了复建关圣庙的意义。碑套边联“一生肝胆生无敌，百战灵威殁有神”，横批“关圣亭”。碑阴额题“慈悲为怀”4字。为观世音菩萨神位碑。碑套边联“觉海慈航渡众生，救苦救难观世音”，横批“观音亭”。现保存完好。

【碑文】

（碑阳）

关圣帝君之神位

关圣帝君，玉帝亲封。忠义美名，盖世英雄，誉满天下，功贯古今。

桃园三义，生死与共。小沛一战，兄弟失散，屈身曹营，智取华雄。

封侯赐金，毫不动心。三辞曹操，封金挂印。千里单骑，护嫂寻兄。

过关斩将，刀劈蔡阳。单刀赴会，鲁肃惊呆。天生巨人，大智大勇。

千里丰碑，忠义勇为。塑尊立庙，源远流长。吉地古迹，毁于文革。

本当修复，人单力薄。不拘一格，聊表寸心。人神共仰，求之必得。

公元二〇〇四年农历九月十三日

主办　李兴富

撰写　刘志明

捐款　任□□

刻制　薛元英

（碑阴）

供奉南海大士观世音菩萨之位

薛家坪诸神位碑

【简介】

2004年9月勒石。现存于临县三交镇薛家坪村，嵌于碑套中。碑青石质，方首，高130、宽55、厚8厘米。额题“佛光普照”4字。碑文楷书，计3行，满行9字。为神位碑。碑套边联：“佛德保生如意至；神功佑养吉祥云。”横批“佛亭”。现保存完好。

【碑文】

供奉龙天爷之神位

供奉弥陀、释迦牟尼、药师之位　供奉蚜蛾爷之神位

主办　李兴富

撰写　刘志明

刻制　薛元英

公元二〇〇四年农历九月十三日

新建观音关帝庙碑记

【简介】

2004年10月勒石。现存于临县招贤镇回龙塔村观音关帝庙。碑青石质，圆首方座，通高170厘米，其中碑身高155、宽60、厚8厘米，座高15、宽60、厚48厘米。额题“流芳千古”4字。碑文隶书，计10行，满行24字，约200字。记载回龙塔村观音关帝庙的复建情况。现保存完好。

【碑文】

新建观音关帝庙碑记

该庙建于清嘉庆十年，历年来神灵护佑、人口兴旺，财源茂盛。到二十世纪六十年代，由于时局变迁，形势动荡，使之遭到严重破坏，庙倒神塌。为弘扬民族文化和民间艺术的源远流长，随着艺术的不断发展，在全村人同心协力和广大善男信女筹资捐款的大力资助下，于公元二〇〇三年七月动工修复，二〇〇四年三月塑神，十月初一开光立碑。为使有功之人芳名永留，特立此碑，名待千秋。

公元二〇〇四年十月初一日红胜塔村立

警民大桥修建碑记

【简介】

2004 年 10 月勒石。现存于临县碛口镇侯台镇村，嵌于碑套中。碑青石质，方首，碑身高 135、宽 62、厚 7 厘米。碑阳碑文楷书，计 9 行，满行 29 字。记载吕梁市公安局扶贫工作队与侯台镇村共建湫水河大桥之事。碑阴刊刻建桥捐款人名单。现保存完好。

【碑文】

（碑阳）

警民大桥修建碑记

侯台镇自清乾隆年间风吹双猴子、水打卧龙岗后，碛口的兴起而日渐萧条衰落。近年来，河东开公路，村庄甩河西，隔河千里远，严重地影响了经济的发展，使古镇成为贫穷落后村。庆幸的是，今年初吕梁市公安局扶贫工作队进驻我村，目睹现状，找到根源，顺乎民意，积极倡导，多方设法筹资修建大桥。本村村民每人出资壹佰元，在外工作者自愿捐资，工作队负责国家资助，共投资壹佰肆拾万元，正月兴工，八月告竣，建成长 116 米，宽 6.5 米，三孔双曲石拱跨湫河警民大桥。正是：政策宜古镇改旧貌，机遇巧湫河起新桥。使古镇同国家共脉，创大业与时代俱进，奔小康，利当今，福万代，故立碑记事，永昭后人。

侯台镇村民委员会

二〇〇四年十月立

（碑阴）

功德主：吕梁市公安局驻村扶贫工作队

经领人：侯克耀　陈探有

承建施工人：陈文承

捐资名单：侯明林二万元　白发保二千元

一千元者　侯克耀　侯拴应　陈正崇　侯小荣　刘犬大　陈义德　侯奋其　侯万河　刘奋生　侯五奴　侯许应　闫小勤　陈探有　吕乃顺　刘卫平　高金良　陈勇　陈许　侯明有　侯玉照　刘有福　陈春有　陈生　侯换成　侯乃应　侯绳照　刘军　侯来林　杨生俊　吕生　侯克峰　刘照许　侯春生　刘保山　侯宁　侯克捷　刘文生　白奴保　侯根应　妙音　侯克思　侯克富　白富保　侯振华　吕乃虎　陈正峰　陈三俊　白绳保

书法：侯宁

刻石：冯七七

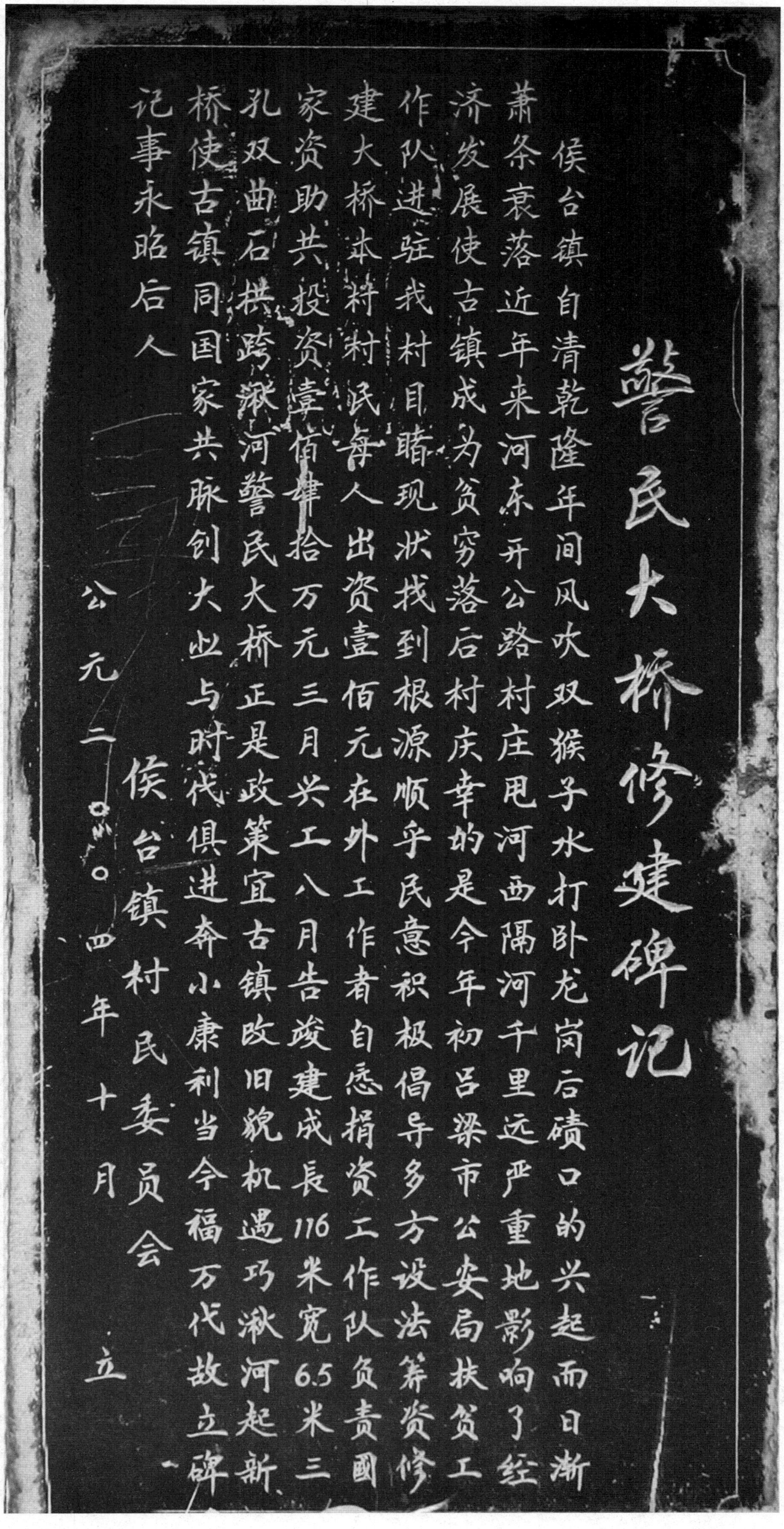

警民大桥修建碑记

侯台镇自清乾隆年间风吹双猴子水打卧龙岗后碛口的兴起而日渐萧条衰落近年来河东开公路村庄甩河西隔河千里远严重地影响了经济发展使古镇成为贫穷落后村庆幸的是今年初吕梁市公安局扶贫工作队进驻我村目睹现状找到根源顺乎民意积极倡导多方设法筹资修建大桥本村村民每人出资壹佰元在外工作者自愿捐资工作队负责國家资助共投资壹佰肆拾万元三月兴工八月告竣建成長116米宽6.5米三孔双曲石拱跨湫河警民大桥正是政策宜古镇改旧貌机遇巧湫河起新桥使古镇同国家共脉创大业与时代俱进奔小康利当今福万代故立碑记事永昭后人

侯台镇村民委员会

公元二〇〇四年十月立

维修茶亭碑记

【简介】

2004年10月勒石。现存于临县临泉镇寺家塔村关帝庙内。碑青石质，圆首，高152、宽58、厚7厘米。碑阳额题“流芳百世”4字。碑文楷体，正文11行，满行48字。记载寺家塔村维修茶亭之事。碑阴碑文楷体，正文11行，满行40字。为民俗“转九曲”活动介绍。保存完好。

【碑文】

（碑阳）

维修茶亭碑记

夏历甲申，百业俱兴，风调雨顺。五谷丰登，寺家塔村民自愿募捐维修五里茶亭，以保护文物古迹矣。临县这方土地，历史悠久，源远流长。元朝初年县治在今故县村，至元五年（一三三九）由故县南迁至今治，愈历各代，县城均有营建，然今多已毁坏，唯茶亭、魁星楼、文塔等为幸存者，是我县珍贵的文物，历史的见证。据民国六年《临县志·古迹》载：“茶亭在城南五里，知县霍作明建。”霍作明何许人也？县志记载：其任知临县事于清雍正十一年，至乾隆二年（一七三三—一七三七）。在任期间，为官清正，以己俸禄在城南五里的官道上修建茶亭（与文塔同时），以供行人解烦渴，避风雨。民间传说茶亭也是县老爷接送贵宾的地方，故有五里相送之说。县志《名宦》中对修茶亭也略有记述：“霍作明，字垣梧，广东三水人，雍正癸丑以进士知临县事，慈惠廉明，恩威并用，生聚教诲，常愧不及，谊同父子家人，适岁饥，遍历山岖，籍其贫者赈恤之，时方亢旱，蓬首跣足，跪烈日中祷雨，甘霖随注。城南五里茶亭，公捐俸所建也，旅人往来解烦渴，庇风雨，去任后，民即于其亭祀之，因名曰霍茶亭。迄今过斯地者，犹颂甘棠遗爱”云。县志尚未记载茶亭上供奉何神，据老者口碑，亭楼南祀关帝圣君，北祀观音菩萨。古神像毁于战乱，一九九〇年村民赵俊虎、严玉顺重修庙塑像，今又维修女儿墙等，

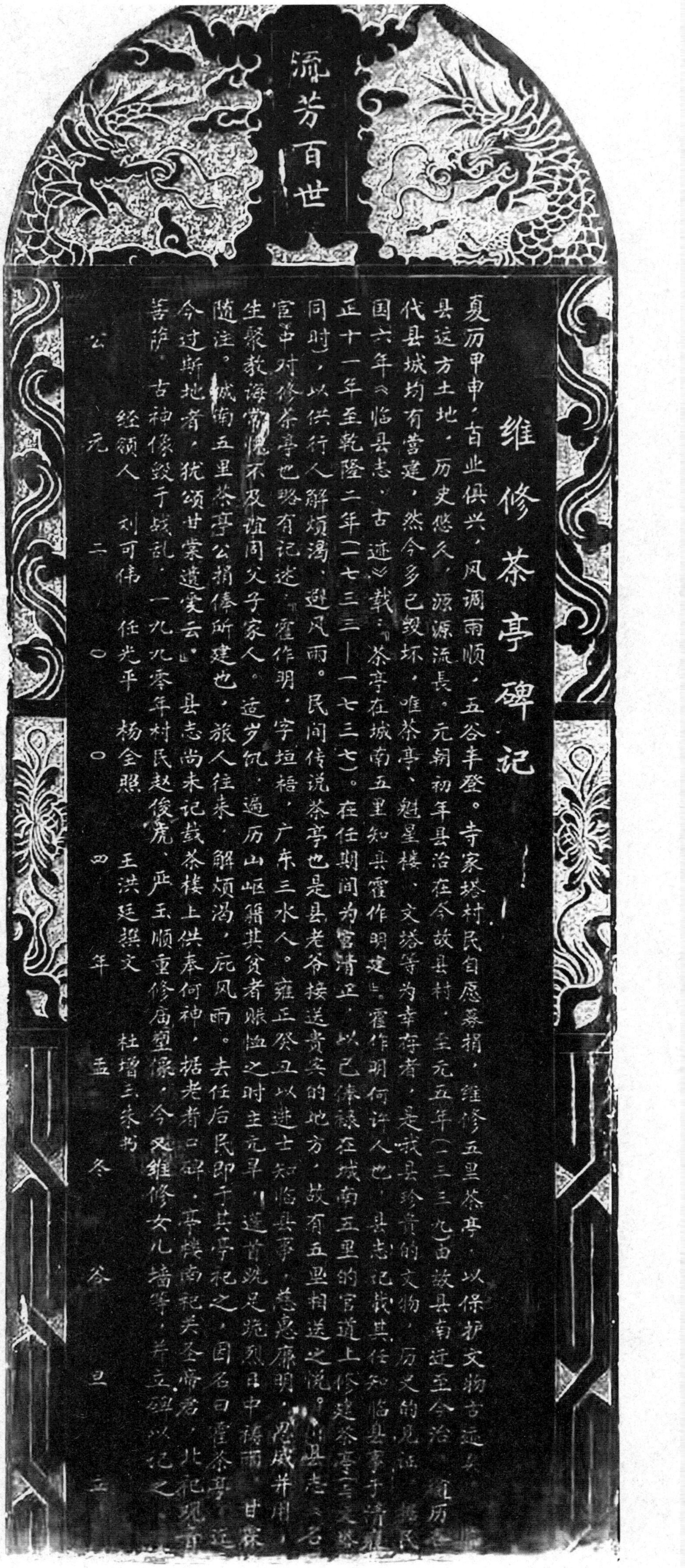

并立碑以记之。

经领人　刘可伟　任光平　杨全照

王洪廷撰文

杜增玉朱书

公元二〇〇四年孟冬谷旦立

（碑阴）

民俗“转九曲”碑记

每年农历正月十三日，寺家塔村民在纠首们的统一领导下，家家做莲花灯，并在寺家滩布置“九曲黄河阵”，其阵先栽等距离的木柱十九根，如此再栽同行距的十九排，共栽三百六十一根，然后拦成“九曲黄河阵”如图。每曲中供奉着一个天星，即一至九曲分别为：罗睺星、土德星、水德星、金德星、太阳星、火德星、计都星、太阴星、木德星。四角分别供奉：东方持国天王、南方增长天王、西方广月天王、北方多闻天王。在阵门入口处供奉宝安花菩萨，出口供奉灯光藏菩萨，阵的中央还供着大梵天王。正月十四开始活动，村人白天自觉将做好的莲花灯绑在木柱上，晚上鼓乐齐鸣，香火缭绕，周村老幼也来参加，上布施也叫串金钱，来人都要自觉施钱。转九曲活动开始后，将全部灯点燃，先在幡场踩“三环套”，后进阵旋转。据说，九曲中不同星每年保佑着不同年龄的人，计算方法是：男女都从十岁算起，男子十岁为一曲罗睺星，十一岁为二曲土德星，依次推算，周而复始。女子从七曲计都星算起，九年一轮，依此类推。因而善男信女每年都要在各自的保佑星前，磕头烧表，祈求一年时运通顺，做甚甚应，消灾免难，财源茂盛，逢凶化吉。类似活动三日，将各自祭星外，也有偷儿女的，也有求财的，以求事事如意，合家安乐。

修庙碑记

【简介】

2004年11月勒石。现存于临县玉坪乡李家峁村。碑青石质，平首，高162、宽60、厚8厘米。额题“修庙碑记”4字。碑文楷体，正文8行，满行39字。记载李家峁村重修观音庙之事。保存完好。

【碑文】

修廟碑記

据考察，李家峁观音庙始建于明末，在大清雍正九年即一七三一年重建。庙宇精雕细刻，壮丽可观，一九六六年将庙拆除，一九八四年王保香为复兴观音庙出资备料，并且由李茂棠等人搭盖简易神棚。一九八七年又由李茂棠、李九义等人经领，复建关帝、观音庙堂，此次村民捐款八百五十七元。次年李茂棠出资安门窗。一九九五年由李润谱等人出资挂钟，同年九月又由李秋生出资塑观音像。二〇〇四年四月由李爱民发起修庙，托李茂棠、李九义择吉开工，翻修观音庙，庙址由原来的十一平方米扩到五十一平方米，是年十月竣工开光庆典。共用人民币一万九千七百一十元，其中村民布施一万零八百二十元，其余由李爱民大包干支付，润普献照明设备。

正是：顺应天时，心想事成，行好积德，千古流传。

兹将执事芳名开列于后。

发起人　李爱民

经领　李九义　李茂棠

勘舆　问宝珍

设计　李茂棠

瓦工　李成有　李丕富

木工　阎军军

泥塑丹青　秦清平

撰文　李桂昌

书刻　李生端

公元二〇〇四年十一月吉立

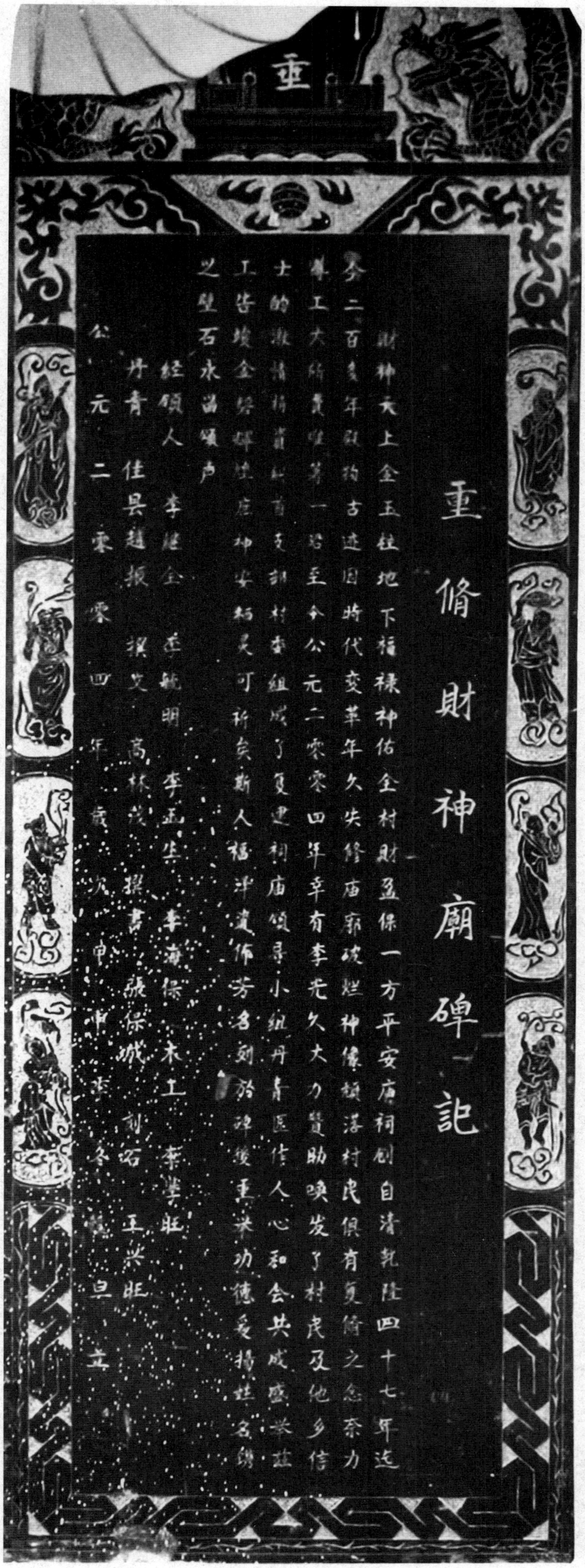

重修财神庙碑记

【简介】

2004年12月勒石。现存于临县碛口镇官地村。碑砂石质，圆首，高182、宽56、厚8厘米。碑阳额题“昭永垂”3字。碑文楷书，计6行，满行36字。记载官地村重修财神庙的情况。碑阴刊捐款人名单。现保存完好。

【碑文】

（碑阳）

重脩財神廟碑記

財神天上金玉柱，地下福禄神，佑全村財盈，保一方平安。廟祠创自清乾隆四十七年，迄今二百多年，殿物古迹因时代变革，年久失修，庙廓破烂，神像颓落，村民俱有复修之念，奈力薄工大，所费难筹，一沿至今。公元二零零四年幸有李光久大力赞助，焕发了村民及他乡信士的激情捐资，纠首支部村委组成了复建祠庙领导小组，丹青匠作，人心和会，共成盛举。兹工告竣，金碧辉煌，庶神安栖、灵可祈矣。斯人福泽，资布芳名，列于碑后。重举功德，爰所姓名，镌之壁石，永留颂声。

经领人　李继全　李毓明　李玉生　李海保

木工　李学旺

丹青　佳县赵振

撰文　高林茂

撰书　张保成

刻石　王兴旺

公元二〇〇四年岁次甲申季冬穀旦立

（碑阴）

捐款人　李光久 12000　李五星 1000　李贵平 600　（下略）

心桥碑记

【简介】

2004 年 12 月勒石。现存于临县林家坪镇张家沟村小桥边。碑青石质，圆首方座，通高 170 厘米，其中碑身高 150、宽 68、厚 8 厘米，座高 20、宽 88、厚 38 厘米。额题“功德千秋”4 字。碑文魏碑体，计 15 行，满行 31 字，约 340 字。记载张家沟与光明村交界桥的兴建情况。现保存完好。

【碑文】

心桥碑记

道路乃国计民生之大业也，人皆知之。张家沟、光明两村，近如咫尺，来往甚密，但有相隔之沟，人们仅以数根木料搭为便桥，夏雨冬肆，泥泞难行，虽有公路可走，谁肯舍近求远。故而堕桥伤身者数人，令人惨痛不已。

我乃一介草民，素怀修桥之念，惜时势单力薄难以如愿，为此千思百虑，夜不能眠，时至今时，吾有一子五女皆长大成人，共商此事，得儿女同赞。

村人得知此事，纷纷也或以出力，或以捐款，助者其众。遂于二零零一年农历正月十二日动工修建，二月四日大功告成，虽不比天堑通途，但车马行人，大可放心通过。因桥之出于心，故名曰：“心桥”。立碑之意，绝非沽名钓誉，实为村民舍力舍钱者作为纪念。

公元二零零四年十二月吉立　郭顺有

经领人　郭顺有　薛三虎　王建平

工程师　高卫祥

石刻师　冯七七

撰碑文　薛兰泽　刘杨

书写　文友

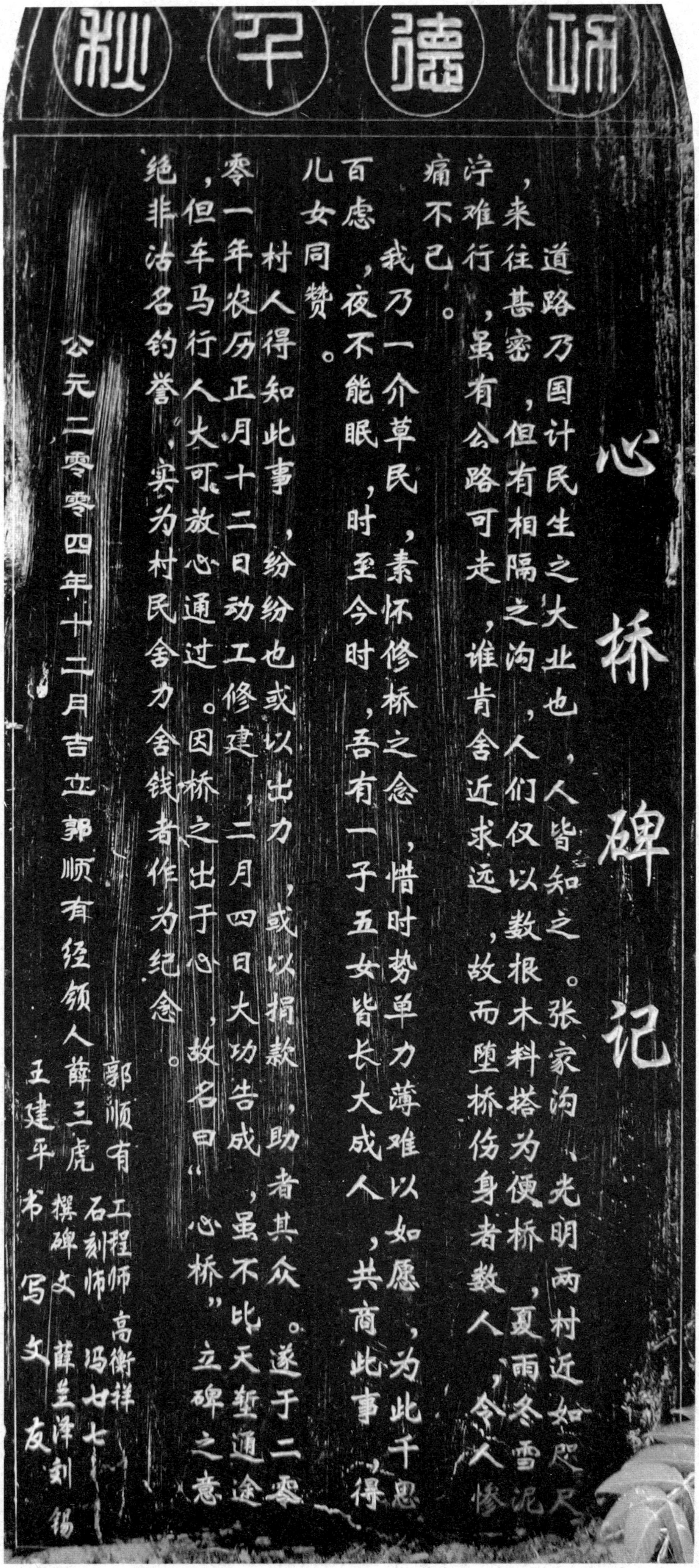

玉荐村王氏坟碑

【简介】

2004年勒石。现存于临县玉坪乡玉荐村，嵌于碑套中。碑青石质，方首，高130、宽54、厚6厘米。额题“劭德永志”4字。碑文楷书，正文计8行，满行12字。刊载玉荐村王氏传承的情况。碑套边联“承孝悌克勤克俭传家业，习礼仪重德重教至大成”。现保存完好。

【碑文】

明代万历，始祖建村，子承孙继，积功累仁，九世高祖，名讳锡龄，艰苦创业，席后履丰。曾祖国祯，皇封贡生，兴家重教，三贡荣庭。登仕佐郎，祖父殿臣，创建义学，志载碑铭。盐运司库，二祖荩臣，凿通隧道，官奖民颂。至父伦诰，坟址南坪，阴阳互补，松冠陵荫。改革开放，仁政惠民，公益移河，坟迁本堙。云山翠松，抚膺盘峰，凤翥鸾翔，祥兆福临。

考妣息安

子在镐　女凤仙　孙重庆　元庆　檀俊　香梅　叩首

甲申迁立

修庙碑记

【简介】

2005年2月勒石，现存于临县玉坪乡周家沟村。碑青石质，方首剔角，高130、宽54、厚6厘米。碑阳额题“修庙碑记”4字。碑文楷书，计12行，满行34字。记载周家沟村重修五龙庙的情况。碑阴额题“奉献留念”4字。碑文刻施钱人名单。现保存完好。

【碑文】

（碑阳）

修庙碑记

据考察，周家沟五龙圣母庙始建于清初顺治元年，光绪十八年进行过维修，雕刻精制，壮丽可观。一九六六年拆除，一九八九年复修简易庙堂，一九九三雕塑圣母像一尊，二00四年四月破旧立新，重建庙宇，此次新修砖窑一孔，厦卡三间，围墙大门，及十六台阶翻踏神路，庙址面积为一百六十八平方米，正殿里雕塑了五龙圣母、五方龙王 、雨师、值官、巡海夜叉及金童玉女，共十一尊神像，院内靠东墙修山神土地庙一所，并塑了山神土地两尊神像。全部工程于二〇〇五年二月竣工，此次修庙共上布施壹万肆仟伍佰陆拾贰元，村民义务投技工壹佰柒拾壹个，投土杂工肆佰肆拾贰个。捐献木料、沙子等物资价值捌百肆拾玖元。此次修庙动用现金壹万肆仟肆佰陆拾捌元，上布施在百元以上（外村的伍拾元以上），投技工三个以上（每工按肆拾元计价），土杂工五个以上（每工按贰拾元计价），献材料价值百元以上者撰刻石碑，千古留名。低于上述者木牌公布，悬挂堂前。

正是：顺应天意，心想事成，行好积德，永葆芳名。

经领人：李芳、李福汉

经办人：闫锦新、李林平、李改庆、闫喜平、李春明、闫生照、李福。

设计师：李福汉

泥塑丹青：李宁顺

撰文：李桂昌

石刻：崔成对

公元二〇〇五年岁次乙酉古历二月十九日吉立

（碑阴）

李福汉 2750　李芳 1320　闫锦新 1135　李富平 965　李改庆 890　李福 872　闫爱大 720　闫喜平 670　李林平 660　闫军军 650　李永平 640　李继平 550　李永平 520　李建东 520　李润汉 500　李军 490　（以下56人，50—476元不等略）

公元二〇〇五年二月十九日吉立

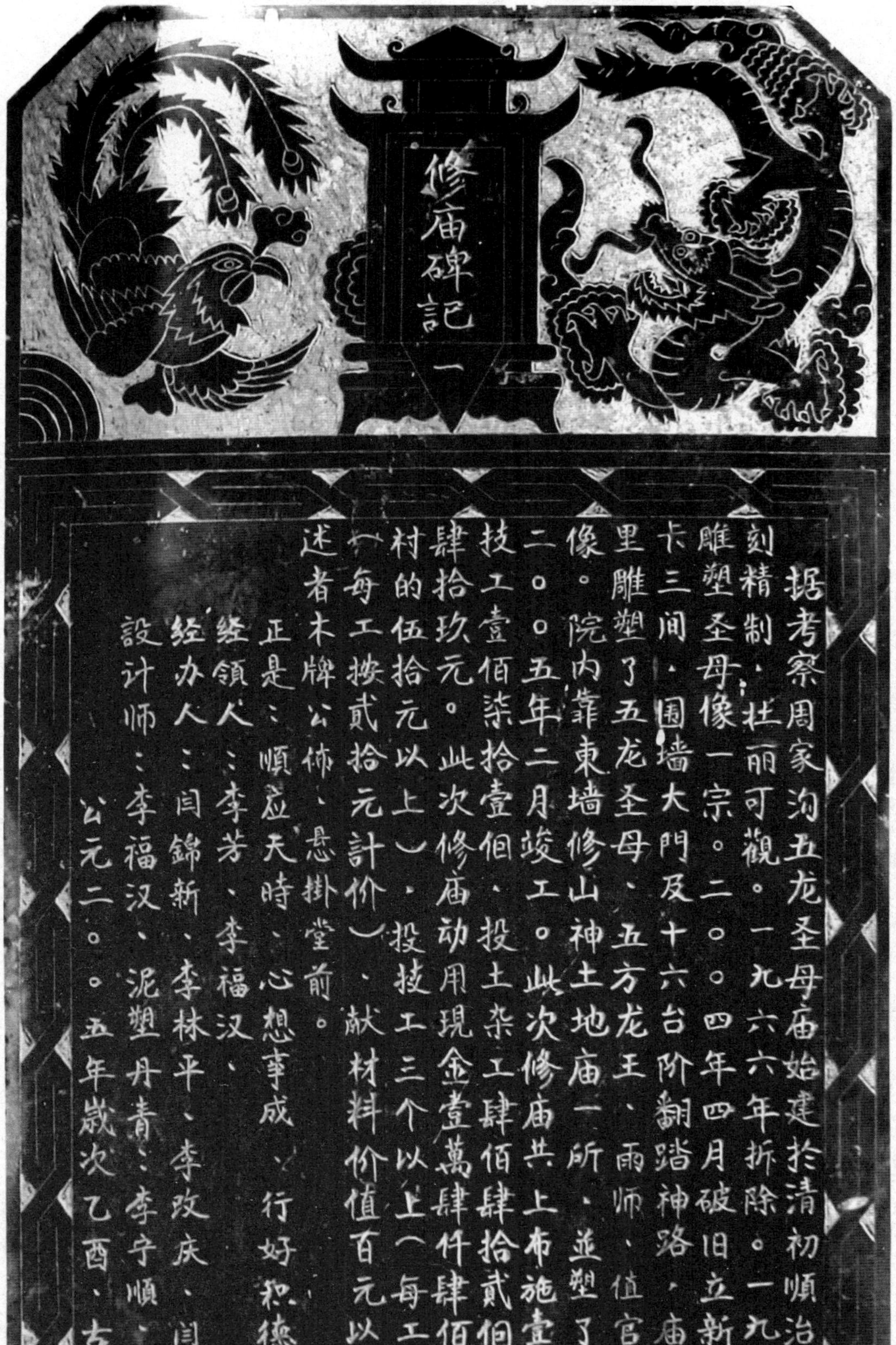
修庙碑記一

据考察周家沟五龙圣母庙始建於清初順治元年。光緒十八年进行过維修，雕刻精制，壮丽可觀。一九六六年拆除。一九八九年复修简易庙堂，一九九三年雕塑圣母像一宗。二〇〇四年四月破旧立新重建庙宇。此次新修砖窑一孔，厦卡三间，围墙大門及十六台阶翻踏神路，庙址面积為一百六十八平方米。正殿里雕塑了五龙圣母、五方龙王、雨师、值官、巡海夜叉及金童玉女廿十一宗神像。院内靠東墙修山神土地庙一所，並塑了山神、土地两宗神像，全部工程於二〇〇五年二月竣工。此次修庙共上布施壹萬肆千伍佰陆拾贰元，村民义务投技工壹佰柒拾壹個，投土杂工肆佰肆拾贰個，捐献木料、沙子等物资价值捌佰肆拾玖元。此次修庙动用現金壹萬肆仟肆佰陆拾捌元。上布施在百元以上（外村的伍拾元以上），投技工三个以上（每工按肆拾元計价），土杂工五个以上（每工按贰拾元計价），献材料价值百元以上者撰刻石碑，千古留名。低於上述者木牌公佈，悬掛堂前。

正是：順应天時、心想事成、行好积德、永葆芳名。

经领人：李芳、李福汉、

经办人：闫錦新、李林平、李玫庆、闫喜平、李春明、闫生照、李福、

設计师：李福汉、泥塑丹青：李守順、撰文：李桂昌、石刻：崔成对、

公元二〇〇五年歲次乙酉、古历二月十九日吉立

殿宇落成碑记

【简介】

2005年2月勒石，现存于临县湍水头镇霍家岭村。碑青石质，圆首，高148、宽57、厚8.5厘米。碑阳额题“名垂千古”4字。碑文楷书，计13行，满行16字。记载霍家岭村观音庙修缮殿堂之事。碑阴额题“千古流芳”4字。碑文刊施钱人名单。现保存完好。

【碑文】

（碑阳）

殿宇落成碑記

本村观音庙自一九九五年以来，历经修缮殿堂，重塑佛像，建造自在剧场等数次翻修扩建，规模设施日见宏大齐全。二〇〇四年严玉明不顾年老体弱，再次精心组织，将殿堂顶部用彩色琉璃瓦装饰，终使殿宇富丽堂皇，臻于完善，成为周边社庙的佼佼者。佛院吉祥神显灵，信士香客心虔诚，社戏红火人如云，争相布施献真情。为弘扬佛教文化，教化众生慈悲为怀，积善修德，构建和谐社会起到了一定的积极作用。为昭彰在本庙布施贡献甚多甚众的信士香客，特立此碑，永铭记载。

公元二〇〇五年二月十九日立

五十元以上布施

伍百元者　贾海平　阎谈顺　霍荣平

贰百元者　李晓峰　张立明　霍军军　孙全喜　樊金平　李谈平　王军民　王月照　闫建云

（下略）

经理　严玉明

纠首　薛□□、李润□　李□元　李□□　霍□□　霍□□　霍□根　霍修德　霍月照　王勤旺　王邦国　王永志　霍廷□　李润明

监工　王奴旺

工匠师　高万兴

撰文　王汉云

书碑　王三旺

刻石　武福祥

（碑阴）

施款人（略）

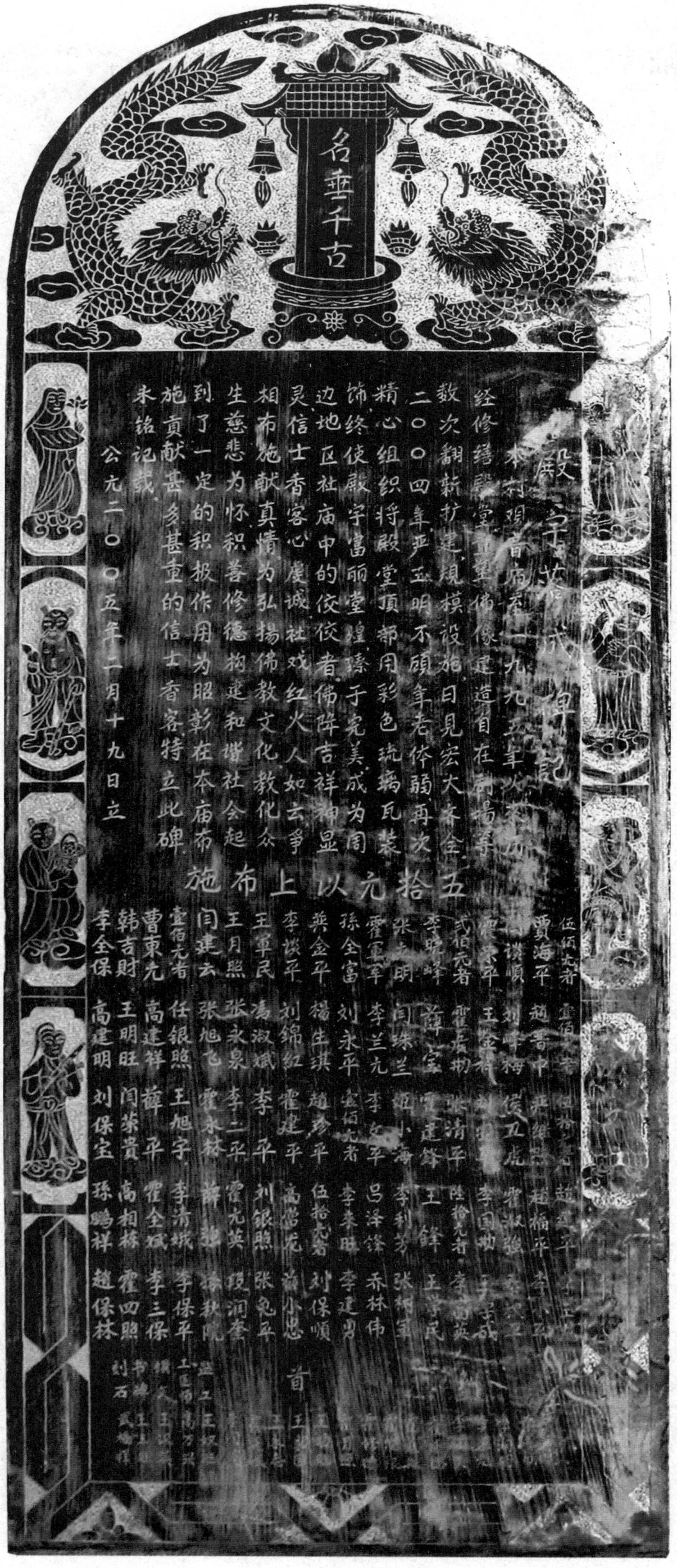
名垂千古
数次翻新扩建规模设施日见宏大齐全
二〇〇四年严玉明不顾年老体弱再次
精心组织将殿堂顶部用彩色琉璃瓦装
饰终使殿宇富丽堂煌臻于完美成为周
边地区社庙中的佼佼者佛降吉祥神显
灵信士香客心虔诚社戏红火人如云争
相布施献真情为弘扬佛教文化教化众
生慈悲为怀积善修德构建和谐社会起
到了一定的积极作用为昭彰在本庙布
施贡献甚多甚重的信士香客特立此碑
永铭记载
公元二〇〇五年二月十九日立
五拾元以上布施
孙全富　刘永平
樊金平　杨生琪　赵珍平　伍拾元者　刘保顺
王军民　冯淑斌　李平　刘银照　张兔平
王月照　张永泉　李二平　霍九英
闫建云　张旭飞　霍永林
壹佰元者　任银照　王旭宇　李清娥　李保平
曹东元　高建祥　薛平　霍全斌　李三保
韩吉财　王明旺　闫荣贵　高相林　霍四照
李全保　高建明　刘保宝　孙鹏祥　赵保林

新修佛殿庙碑记

【简介】

2005年3月勒石。现存于临县湍水头镇霍家岭村。碑大理石质，圆首，高172、宽58、厚7厘米。额题“重修碑记”4字。碑文楷书，正文10行，满行18字。记载霍家岭村佛殿庙修建情况。现保存完好。

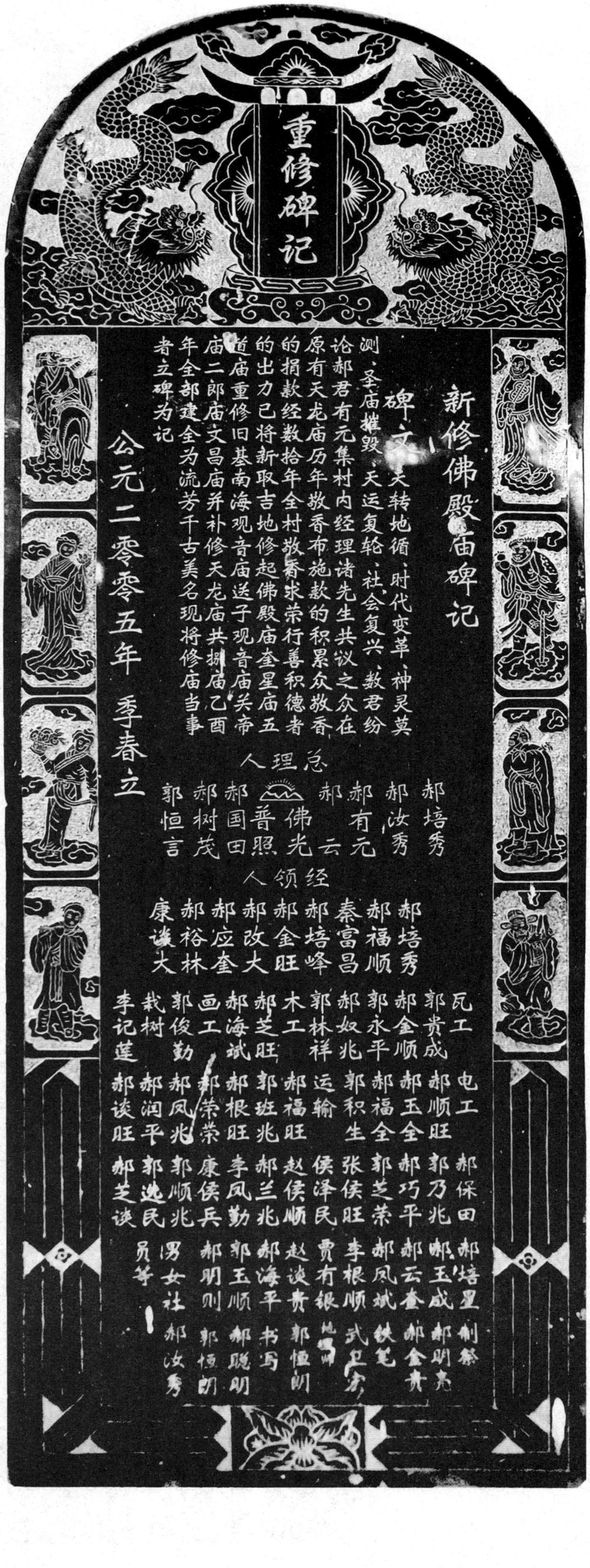

【碑文】

新修佛殿庙碑记

天转地循，时代变革，神灵莫测，圣庙摧毁，天运复轮，社会复兴。数君纷论，郝君有元集村内经理诸先生共议，在原有天龙庙历年敬香处，修建佛殿庙。经村民历年敬香布施积累，再加行善积德之人的协力，分别修成了佛殿庙、奎星庙、五道庙，重修旧基南海观音庙、送子观音庙、关帝庙、二郎庙、文昌庙，并补修天龙庙共八庙。已酉年全部建全，为流芳千古美名，现将修庙当事者立碑为记。

公元二零零五年季春立

总理人　郝培秀　郝汝秀　郝有元　郝云　郝国田　郝树茂　郭恒言

经领人　郝培秀　郝福顺　秦富昌　郝培峰　郝金旺　郝改大　郝应奎　郝裕林　康谈大

瓦工　郭贵成　郝金顺　郭永平　郝奴兆　郭林祥

木工　郝芝旺　郝海斌

画工　郭俊勤

栽树　李计莲

电工　郝顺旺　郝玉全　郝福全　郭积生

运输　郝福旺　郭斑兆　郝根旺　郝荣荣　郝凤兆　郝润平　郝谈旺　郝保田　郭乃兆　郝巧平　郭芝荣　张侯旺　侯泽民　赵侯顺　郝兰兆　李凤勤　康侯兵　郭顺兆　郭选民　郝芝谈　郝培星　郝玉成　郝云奎　郝凤斌　李根顺　贾有银　赵谈贵　郝海平　郭玉顺　郝明则　男女社员等

制祭　郝明亮　郝钱贵

铁笔　武卫宏

地理师　郭恒朗

书写　郝聪明　郭恒朗　郝汝秀

忠孝剧场碑记

【简介】

2005年清明勒石。现存于临县丛罗峪镇麻塔村李氏祠堂内。碑青石质，方首，高140、宽68、厚8厘米。记载麻塔村修建忠孝剧场之事。碑文楷体，正文17行，满行15字。碑文中部分字迹被人为凿去。碑阴刊捐款人及李户原有主家等。

【碑文】

（碑阳）

忠孝剧場碑記

贤者举孝，尚之久矣，稽所轶闻，大清宣统三年孝裔孙李仁全等齐心公议立祠，以祭祖之礼，复振祠堂，香火益盛，相续七十余年，得以人丁兴旺，事业昌盛。公元一九八六年始遂为祖敬戏，聊表谢意。固效其贤者，图其治也，今之修砌戏台社窑者，盖追祖之功、溯祖之德、报祖之恩也。

甲申孟春，欣逢盛世，此敬祖之盛举，合族儿孙，潜谋已久，其需资颇巨，前所未有，困难尤多，古今亦无初。总经理李建明勇摄要务，亟力部署，组建机构，集群之明见，纳众之良策，择吉于元月十六日奠基开工，然掘土备料，砌砖垒石，岂是一人之力可为，而筹集资金、规划设计亦非匹夫之能可成，惟合户长幼齐心协力，庶可为之。故户内人等均献人民币五元，而一万七千元启动基金，概由数人筹措之，其功莫大矣。中庄村占用李斌武承包地十八平方米，其绩亦非小焉。而超捐赞助者，或投工授力者，或供材奉料者，则各展其才，各尽所能，戮力同心，众志成城。凡集资四万七千二百八十六元，义务投工一千三百二十八个，诚功垂竹帛，成就永远耳。

骄乎哉，功既成而名遂，事应人亦顺祖，盖儿孙合力之壮举也。胜乎哉，规模已具，台矗窑立，稳如磐石，实蒙祖荫之庇佑也，捐资者名重，劳苦者功高，今为旌其功果，彰其业绩，凡超捐五十元以上、投工五个以上者，特镌刻于石，以播名户内，谨启后辈，抑或有尽孝者习而效之，则始祖德泽永存矣。是为记！

总经理　□□

副经理　□□　□□

账务员　□□　□□

筹建组　国正　增平　锦庆　成亮　玉全　谈儿　志龙　林平　文喜　列平　仁发　宝平　斌旺　旺宝　银宝　长富　鹏魁　太生

撰文　太生　晋民

书写　清照

刻工　晋民

公元二零零五年清明立

（碑阴）

捐款人　保平 2600　永平 2000　建平 1200　和平 1000

李户原有主家

麻塔　建明　荣林　志龙　应才　绳旺　旺宝　斌旺　清照　银喜　国正　林平　谈宝　晋亮　增平

中庄　锦庆　增成

郭家山　文徐　文喜

白家塬　成祥　银宝

李家山　玉全

侯家岭　成亮

刘家沟　仁发

张家岭　列平

王家山　长富

二零零四年纠首

摔旺　国华　国照　法贵　应芳　应拱　狗狗　福强　凤玉　福庆　春平　东平　国平　继平　志顺　文勤　奴法　全旺　满庆　二喜

郭宝华墓碑

【简介】

2005年3月勒石。现存于临县临泉镇下郭家沟村，嵌于碑套中。碑青石质，方首，高128、宽50厘米。额题“德高望重”。碑文楷体，正文6行，满行30字。为郭宝华与马春香墓碑。碑套联云：“敬宗睦族福荫子孙，积德好善泽被乡里。”保存完好。

【碑文】

显考及不惑之年，从业高家山煤矿，力解彼地薪炭之难，行扶贫济世之道，誉载梓里，一九二三年始慷慨解囊，苦心经营。建国后公私合营，仍肝胆相照，为煤矿兴旺发达努力不断。显妣一生勤俭持家，教子有方，贤慧善良。

祖德泰山重，亲恩渊海深，碑志永纪念，芳名万年青。

显考郭公讳宝华（一八九二年五月七日生，一九七二年七月卅日卒）妣马氏春香（一八九二年正月生，一九四九年正月廿五日卒）之墓

公元二〇〇五年乙酉三月十五日

（子孙略）

郭庆增墓碑

【简介】

2005年3月勒石。现存于临县临泉镇下郭家沟村，嵌于碑套中。碑青石质，方首，碑高130、宽55厘米。额题“永芳”2字。碑文楷体，正文6行，满行25字。为郭庆增与李氏之墓碑。碑套联云：“先父母传家勤持身俭忠厚善良誉乡里；我子女思父恩怀母爱立碑铭绩尽寸心。”横批：“音容宛在。”保存完好。

【碑文】

显考赶牲口支前搞运输，首长允许他随军带家属，只因父母病，二叔参了军，三叔尚年幼，子侄一大伙，为尽长子责，孝母回家乡，务农喂牲畜，持扯一大家。显妣贤内助，勤俭持家务，婆叔妯娌媳，相处很和睦，生育五子女，家兴寿耄耋，树碑作纪念，代代传美德。

显考郭公讳庆增（一九一四年十月十日生，一九九九年十一月廿一日卒）妣郭门李氏（一九一五年一月六日生，二〇〇一年九月十日卒）之墓

公元二〇〇五年乙酉三月十三日

男满照　贵照　女改林　乃娥　俊林

孙男建国　建喜　孙女芳芳　小芳　建玉

曾孙娟娟　小娟　标标　通通　花花　叩

供奉本山后土皇帝之神位碑

【简介】

2005年3月勒石。现存于临县临泉镇下郭家沟村。碑青石质，圆首，高112、宽48、厚8厘米。额题“山明水秀”4字。碑文楷体，正文3行，满行11字。保存完好。

【碑文】

元亨

巽山乾向辛巳辛亥分金

供奉本山后土皇帝之神位

郭氏祖茔佳城佳穴兴旺

利贞

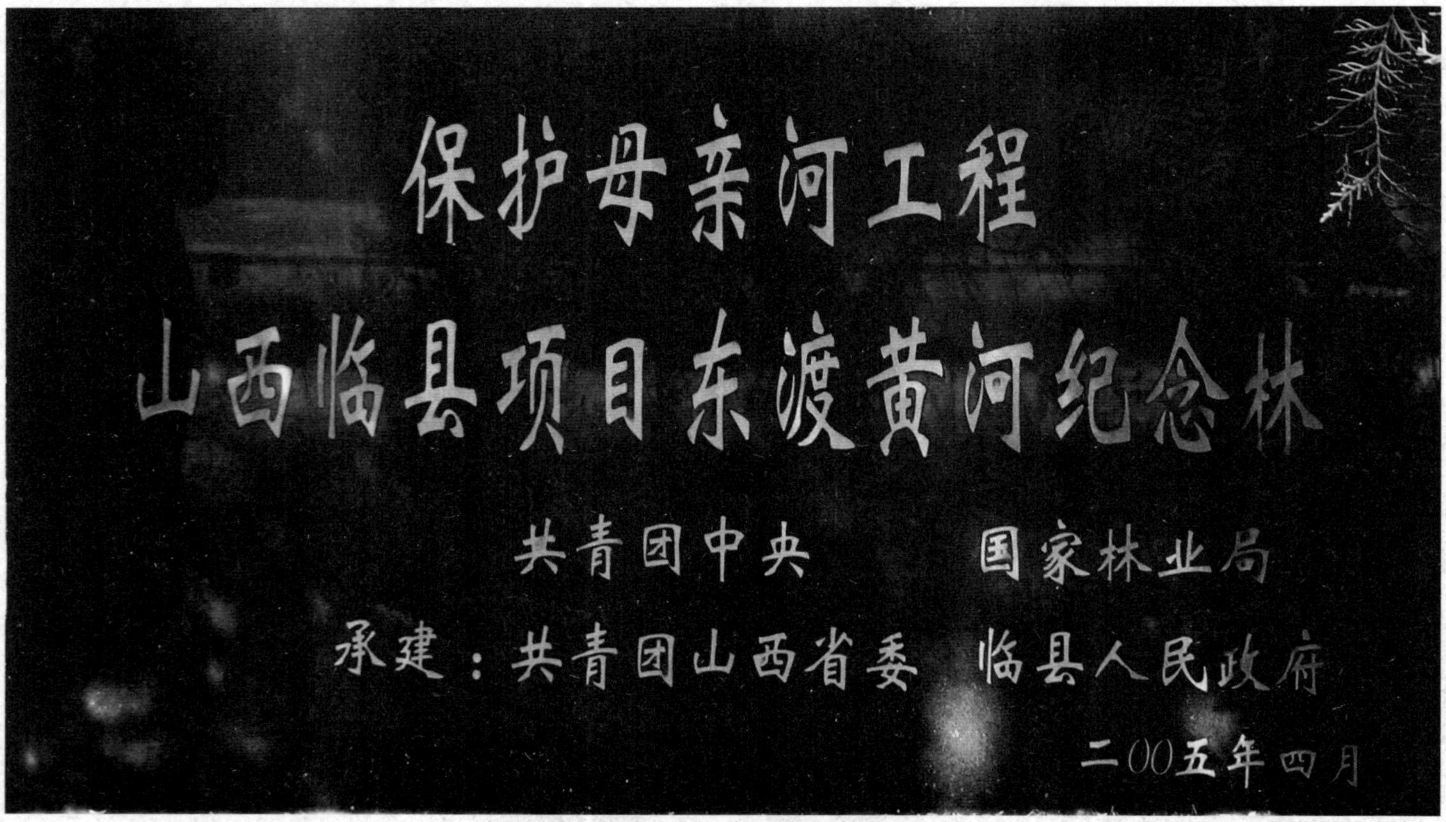

保护母亲河工程山西临县项目东渡黄河纪念林碑

【简介】

2005年4月勒石。现存于临县碛口镇高家塔村。碑青石质，长方形，高96、宽160、厚10厘米，碑文楷体，正文2行，满行13字。为毛泽东等老一辈无产阶级革命家东渡黄河纪念林碑。保存完好。

【碑文】

（碑阳）

保护母亲河工程山西临县项目东渡黄河纪念林

共青团中央　国家林业局

承建：共青团山西省委　临县人民政府

二〇〇五年四月

（碑阴）

一九四八年三月，毛泽东等老一辈无产阶级革命家率领党中央机关由陕西吴堡县川口东渡黄河到达山西临县，四月底到达西柏坡，标志着党中央机关胜利完成了战略性的伟大转移。为纪念这一伟大历史事件，继承和发扬老一辈无产阶级革命家的奋斗精神，由共青团中央、国家林业局提议建设“保护母亲河工程山西临县项目东渡黄河纪念林”，该林属于全国保护母亲河示范工程之一，总面积一千五百亩。

临县青少年爱国主义教育基地碑

【简介】

2005 年 4 月勒石。现存于临县碛口镇高家塔村。碑青石质，长方形，高 90、宽 160、厚 10 厘米。碑文楷体，正文 1 行，满行 13 字。为临县青少年爱国主义教育基地碑。保存完好。

【碑文】

临县青少年爱国主义教育基地
共青团临县委员会
二〇〇五年四月

重修观音庙碑记

【简介】

2005年4月勒石。现存于临县丛罗峪镇大王家塔村。碑青石质，圆首，高134、宽58、厚8厘米。额题“普渡众生”4字。碑文楷体，正文4行，满行48字。记述大王家塔村重修观音庙之事。保存完好。

【碑文】

古人云：业有创于始，而成于终；事有胜于前，而显于后。大王家塔社观音庙，因年久失修，致使古庙破烂不堪，蒿草遍地，狐兔其间，乱石滚滚。村运欠佳，人神不安。近年来，古社之民提议筹建，于二〇〇四年动工建成。起后，古社之民，敬香方便，送匾自由，神灵降祥，有求必应，真一派村泰民安。建庙期间，全体社民有钱出钱，有力出力，可谓万众一心，旌表志士功名，刻石以志。

经领人　王如　王荣明　张金旺　王来奎　王来锁　王春生　王有富　王润锁　王艳文　王根全　王军军

二月唱戏上布施者　王益民三百元　王爱荣三百元　王明秀二百元　王春生二百元　王军军一百四十元

（下略）

王候小香炉二个

撰书刻　柳晓明

公元二〇〇五年农历四月二十日吉立

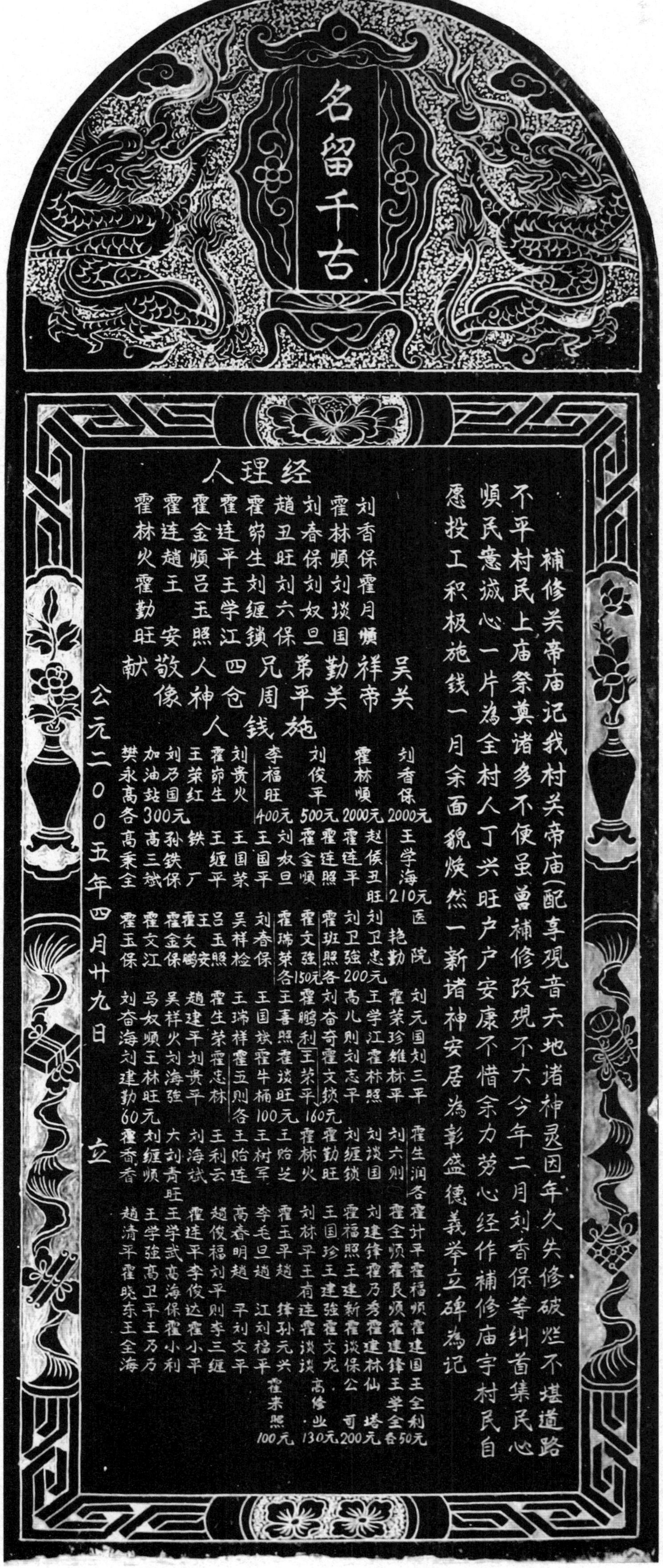

补修关帝庙记

【简介】

2005年4月勒石。现存于临县车赶乡钟底村。碑青石质，圆首，高161、宽60、厚8厘米。额题“名留千古”4字。碑文仿宋体，正文4行，满行33字。记载钟底村补修关帝庙之事。保存完好。

【碑文】

补修关帝庙记

我村关帝庙（配享观音、天地诸神灵），因年久失修，破烂不堪，道路不平，村民上庙祭奠，诸多不便，虽曾补修，改观不大。今年二月，刘香保等纠首，集民心顺民意诚心一片。为全村人丁兴旺、户户安康，不惜余力，劳心经作。补修庙宇，村民自愿投工，积极施钱。一月余面貌焕然一新，诸神安居。为彰盛德义举，立碑为记。

经理人　刘香保　霍林顺　刘春保　赵丑旺　霍峁生　霍连平　霍金顺　霍连赵　霍林火　霍月顺　刘谈国　刘奴旦　刘六保　刘缠锁　王学红　吕玉照　王安　霍勤旺

吴祥勤弟兄四人敬献关帝、关平、周仓神像

施钱人　刘香保2000元　霍林顺2000元　刘俊平500元　李福旺400元　刘贵火　霍峁生　王荣红　刘乃国　加油站　樊永高各300元　王学海210元　（下略）

公元二〇〇五年四月廿九日立

新修乡音舞台碑记

【简介】

2005年5月勒石。现存于临县丛罗峪镇郭家塔村。碑青石质，方首。碑高173、宽70、厚7厘米。碑文楷体，正文9行，满行38字。记述郭家塔村修建乡音舞台的经过。碑阴为捐钱人名单。保存完好。

【碑文】

（碑阳）

新修乡音舞台碑记

戏曲乃中国传统文化艺术，民间唱戏缘由甚杂，祭祀庆典娱神娱人皆而有之。乡人爱看戏，唱戏当有台。本村旧有戏楼一处，在今黄米沟口，惜毁于民国年间。此后数十余载，村上绝少唱戏。今郭氏家族人丁兴旺，生活改善，自建祠以来，岁岁清明祭祖均请戏班演出。然年年搭建舞台，费时费力而效果不佳。甲申清明会纠首郭宝贵等人，顺应族人心愿，征得村委同意，确定新修戏台。村民闻之，纷纷自愿投工，除每人捐款十二元外，更有慷慨解囊者，资助百八十至上千元不等。于二〇〇三年农历十月初九动工，二〇〇四年三月初九全部竣工。戏台高五米，宽十米，深十米，为红砖砌墙，混凝土盖顶，总投资三万余元。因系乡民意愿，又属乡土音韵，故名“乡音舞台”。是年落成庆典唱戏，村民皆欢。兹将捐款五十元以上名单开列于后，镌石永记。

总经领：郭宝贵

经领　四书　秉宏　丕龙　郭强　潜涛　耐仲　有仲　德斌　引平　金兆　全兆

山西省作家协会会员郭丕汉撰文

山西省书法家协会会员杜增玉书写

王梨峰刻石

郭家塔村郭氏清明会

二零零五年岁次乙酉五月初三日立

（碑阴）

郭岗仲4000元　郭建国2000元　郭云书　郭宏伟　各1000元　郭三海452元　郭成祥　郭兴郭宝　郭丕汉　郭书林　郭耐仲　郭强　郭时键　各300元　郭金林　郭全海　郭绳才　郭占锋　郭建军　郭富平　各200元　郭四艾　郭云仲　郭珍仲　郭利仲　郭秋海　郭成海　郭丙元　各150元　郭成治　郭卫平　郭奴贵　郭平仲　郭福贵　郭德兰　郭卫国　郭晓玉　郭晓江　郭候平　郭勤书　郭继生　郭奴贵　为100元以上者　郭宝贵　郭富海　郭军勤　郭丕廉　郭丕珍　郭秀平　郭东海　白云生　为800元以上者　郭勤贵　郭潜涛　郭云涛　郭利平　郭全兆　郭卫亮　郭乃平　郭军平　为70元以上者

（50—60元者25人，名单略）

郭海运200元　郭计平100元

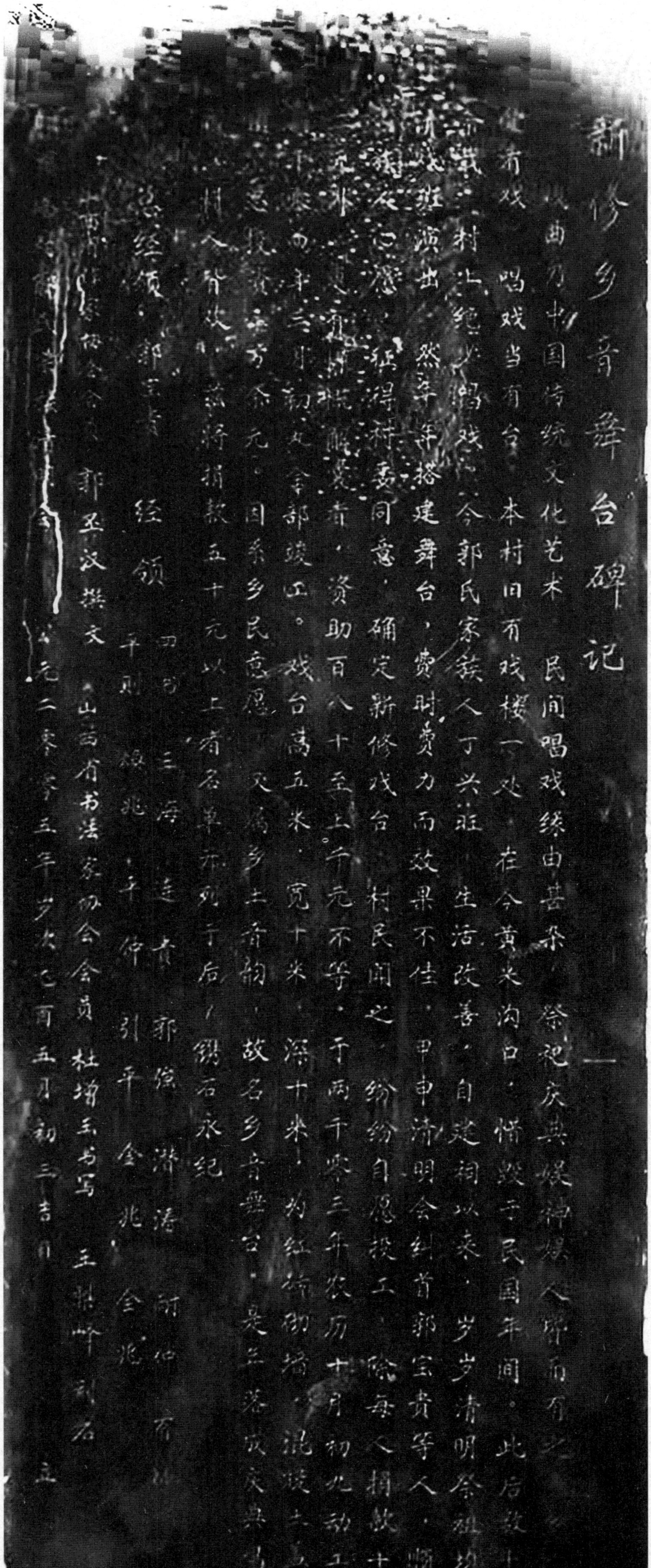

新修乡音舞台碑记

戏曲乃中国传统文化艺术，民间唱戏缘由甚杂，祭祀庆典娱神娱人皆而有之。从前有戏，唱戏当有台。本村旧有戏楼一处，在今黄米沟口，惜毁于民国年间。此后数十余载，村[illegible]绝[illegible]唱戏。今郭氏家族人丁兴旺，生活改善，自建祠以来，岁岁清明祭祖均请戏班演出，然年年搭建舞台，费时费力而效果不佳。甲申清明会纠首郭宝贵等人，慨[illegible]之愿，征得村委同意，确定新修戏台。村民闻之，纷纷自愿投工，除每人捐款十元外，[illegible]更有[illegible]慨解囊者，资助百八十至上千元不等。于两千零三年农历十月初九动工，[illegible]年[illegible]月[illegible]初[illegible]全部竣工。戏台高五米，宽十米，深十米，为红砖砌墙，混凝土[illegible]，[illegible]意投资[illegible]万余元。因系乡民意愿，又为乡土音韵，故名乡音舞台。是日落成庆典[illegible]。[illegible]村今[illegible]将捐款五十元以上者名单亦列于后，镌石永纪。

总经领：郭宝贵　经领：[illegible]　三海　连贵　郭德　滑海　耐仲　有山　千则　绿兆　千仲　引平　全兆　全兆

山西省[illegible]协会会员　郭丕汉撰文　山西省书法家协会会员　杜增玉书写　王树吟刻石

[illegible]公元二零零五年岁次乙酉五月初三吉日　立

北寨山关帝庙碑记

【简介】

2005年5月勒石。现存于临县三交镇正坡北寨山。碑青石质，圆首，碑高150、宽57、厚10厘米。碑阳额题“大义参天”4字。碑文楷体，正文12行，满行41字。记述北寨山重修关帝庙之事。碑阴刻出资人、经领人等名单。保存完好。

【碑文】

（碑阳）

北寨山关帝庙碑记

临县三交镇北寨山关帝庙，大约在明代前修建，到大清嘉庆十九年补修过一次，同时增建门洞，此庙才比较完善。民国三十二年，此庙被日寇侵略破坏。多少年来，破烂不堪，正坡村民为使祖国文化遗产进一步发扬光大，加强保护祖国文物古迹，诚心奉献关帝老爷，保佑人民群众安居乐业，国泰民安。在村民刘才兴等人的带领下，不辞劳苦，不知流了多少汗水，费尽了千辛万苦心血，精心设计，统筹安排，积极组织村民自愿投工，于一九九一年春，初次动工，修建正殿，至一九九二年四月进一步塑像壁画，初步展现了关帝庙的光辉形象。险峰挺拔屹立，松柏环抱翠绿，雾气环绕，每逢过年过节，灯火通明，香烟缭绕，求神奉敬者络绎不绝。一九九二年四月修起戏台墙围框架，因当时资金短缺，暂时停工修建，直至二OO五年四月初三日，刘保富本人出资三万元人民币，装修盖顶，慷慨解囊，功德千秋，至五月十日竣工，历时一月之余，将戏台修复，焕然一新，与正殿遥遥相对，庄严肃穆。

关帝老爷关云长乃为三国时期一员名将，赤胆忠心，夜观春秋文夫子，单刀赴会武圣人，三人三姓三结义，一君一臣一圣贤。儒称圣释称佛道称天尊，汉封侯明封王清封大帝。志在春秋功在汉，心同日月义同天。威名四海，四处修庙，雕塑他的光辉形象，诗情画意。每逢五月十三日为磨刀雨日，九月十三日为关老爷诞辰日，昭告后人敬奉。

公元二零零五乙酉年五月十三日立

（碑阴）

石刻功德传百世，昭告流芳仰千秋。

国宝灿烂映先古，文物汇粹启后人。

千古英雄映青史，一池翰墨传精神。

出资人　正坡籍墕头煤矿矿长刘保富三万元

经领人　刘才兴　高林照　姚青有　张三勤　薛引顺　刘汝安　王桂保　武锦山　王乃虎　刘俊虎　张继亮　张德生

撰文　张永昌

雕刻　武卫宏

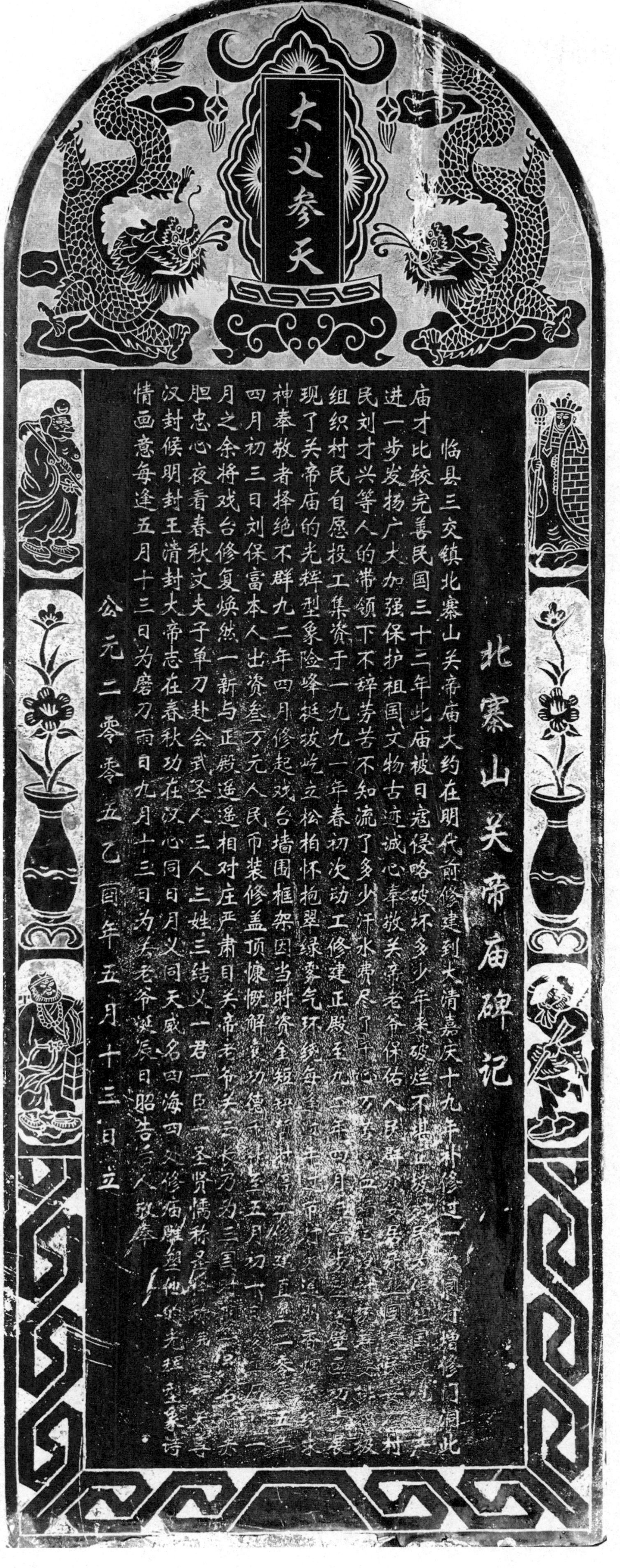

大义参天

北寨山关帝庙碑记

临县三交镇北寨山关帝庙大约在明代前修建到大清嘉庆十九年补修过一[illegible]增修门洞此
庙才比较完善民国三十二年此庙被日寇侵略破坏多少年来破烂不堪[illegible]产
进一步发扬广大加强保护祖国文物古迹诚心奉敬关帝老爷保佑[illegible]村
民刘才兴等人的带领下不辞劳苦不知流了多少汗水费尽了[illegible]
组织村民自愿投工集资于一九九一年春初次动工修建正殿至九[illegible]
现了关帝庙的光辉型象险峰挺拔屹立松柏怀抱翠绿雾气环绕每[illegible]
神奉敬者择绝不群九二年四月修起戏台墙围框架因当时资金短[illegible]
四月初三日刘保富本人出资叁万元人民币装修盖顶慷慨解囊功德[illegible]五月初一[illegible]
月之余将戏台修复焕然一新与正殿遥遥相对庄严肃目关帝老爷关[illegible]
胆忠心夜看春秋文夫子单刀赴会武圣人三人三姓三结义一君一臣一圣贤[illegible]
汉封侯明封王清封大帝志在春秋功在汉心同日月义同天威名四海四处修庙雕塑他的光辉型象诗
情画意每逢五月十三日为磨刀雨日九月十三日为关老爷诞辰日昭告后人敬奉

公元二零零五乙酉年五月十三日立

北寨山关帝庙碑序

【简介】

2005年5月勒石。现存于临县三交镇正坡北寨山。碑青石质，圆首，高148、宽56、厚10厘米，碑阳额题“明镜高悬”4字。碑文楷体，正文11行，满行34字。记述北寨山修复关帝庙之事。碑阴刊经领人、捐款人名单。保存完好。

【碑文】

（碑阳）

碑序

关帝庙修复，刘公出资三万元，无私奉献，功德千秋，真为乃歌功颂德，树碑立状。继之正坡村民踊跃集资。樊天安、刘平国、吕福生、姚二海、薛俊成、樊海平、樊荣泽、樊利军、张俊旺、武明文、武明安、武明彦、薛有有、崔录春、孙勤顺、刘建军、刘全平、武振义、吕全大、李继田、张建国、姚金平等人纷纷捐款，共计五千六百元整，奉献石香炉一台。这种慷慨解囊、功德无量的精神，难能可贵，可歌可颂，以之刻石纪念。更为动人的是，有主要经领人刘才兴、高林照、姚青有、张三勤、薛引顺等人不辞劳苦，不畏酷暑炎热，夜以继日地奋战，积极组织，齐心协力，为保护关帝庙祖国文化遗产，为有一个完整豪华的娱乐舞台，与村民一道在历时一月之余的时间内，用心血浇灌出一派雄伟壮观的舞台。远观关帝庙庄严肃穆，近看关帝庙仙境一般。高山险峰，屹立在北寨山，紫气缭绕，灯火通明。能工巧匠樊候兔等人，精心设计，不怕苦，不怕累，在预计工期内，圆满完成各项任务。群众的智慧力量无穷无尽，群众是真正的英雄。为昭告后人，千秋永传，特勒石铭文，以资纪念。

公元二零零五乙酉年五月十三日立

（碑阴）

忠义为师德为友，金玉其心芝兰首。

立志不随流俗转，留心学到古人难。

心头有德前程远，眼底无私后路宽。

功德无量颂万代，无私奉献载千秋。

捐款花名：樊天安600　刘平国600　吕福生600　姚二海600　薛俊成600　樊海平600　樊荣泽300　（下略）

献物花名　李继田　张建国　姚金平三人献石香炉壹台

经领人　刘才兴　高林照　姚清有　张三勤　薛引顺　刘汝安　王桂保　武锦山　王乃虎　刘俊虎　张继亮　张德生　张记昌　张兰照

撰文　张永昌

美工设计　高志翔　刘班君

雕刻　武卫宏

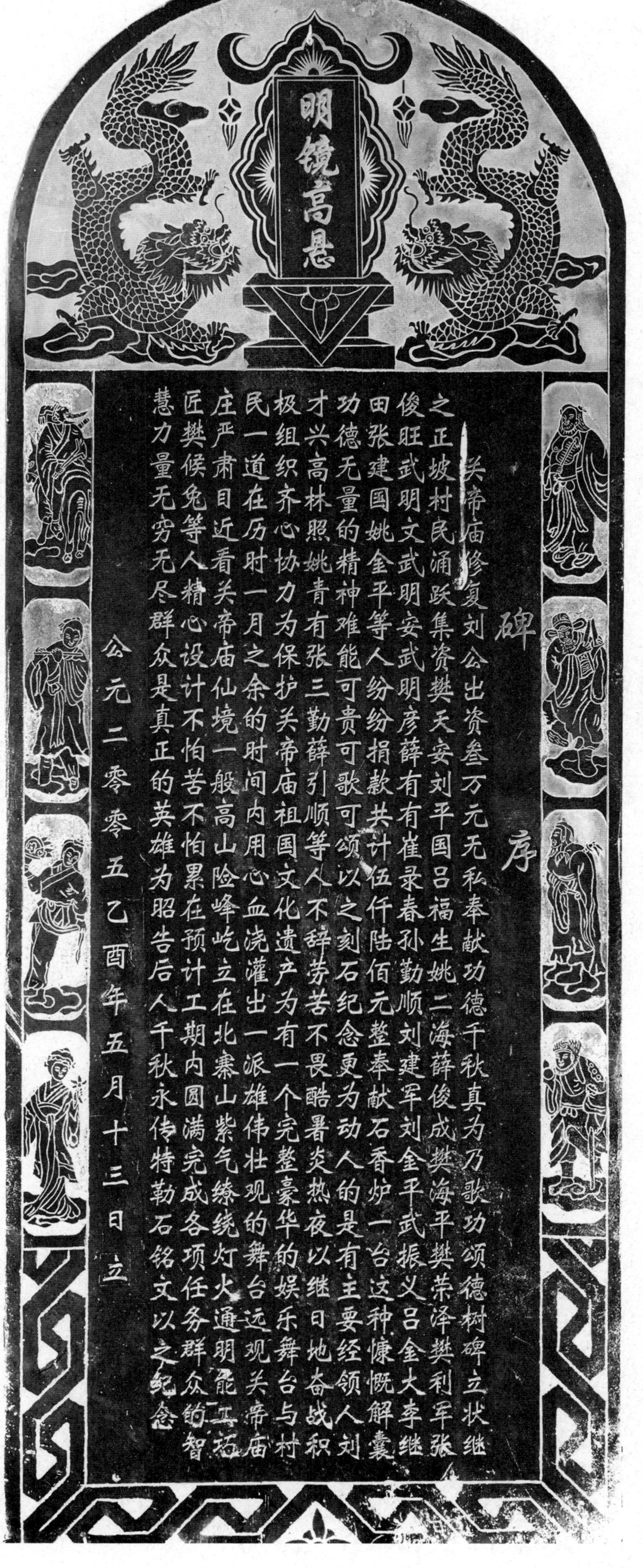

明镜高悬

碑序

关帝庙修复刘公出资叁万元无私奉献功德千秋真为乃歌功颂德树碑立状继
之正坡村民涌跃集资樊天安刘平国吕福生姚二海薛俊成樊海平樊荣泽樊利军张
俊旺武明文武明安武明彦薛有有崔录春孙勤顺刘建军刘全平武振义吕全大李继
田张建国姚全平等人纷纷捐款共计伍仟陆佰元整奉献石香炉一台这种慷慨解囊
功德无量的精神难能可贵可歌可颂以之刻石纪念更为动人的是有主要经领人刘
才兴高林照姚青有张三勤薛引顺等人不辞劳苦不畏酷暑炎热夜以继日地奋战积
极组织齐心协力为保护关帝庙祖国文化遗产为有一个完整豪华的娱乐舞台与村
民一道在历时一月之余的时间内用心血浇灌出一派雄伟壮观的舞台远观关帝庙
庄严肃目近看关帝庙仙境一般高山险峰屹立在北寨山紫气缭绕灯火通明能工巧
匠樊侯兔等人精心设计不怕苦不怕累在预计工期内圆满完成各项任务群众的智
慧力量无穷无尽群众是真正的英雄为昭告后人千秋永传特勒石铭文以之纪念

公元二零零五乙酉年五月十三日立

府底村重建关帝庙碑记

【简介】

2005年5月勒石。现存于临县大禹乡府底村。碑青石质，方首，高164、宽60、厚7.5厘米。额题“石镜永传”4字。碑文楷体，正文10行，满行43字。记述府底村关帝庙的历史与重修之事。保存完好。

【碑文】

府底村关帝庙原建始于咸丰二年，原貌完整，有墙有院有大门，崖像精彩，内供关帝老爷、关平、周仓三尊神像，建筑艺术具有独特风格，主要建筑物的造型奇特，结构精巧，这充分体现了我劳动人民的聪明和才能，文物珍贵，很有保护价值。在当时拥有四方信男善女，每逢圣诞有人进前，各样供品摆在神前，有求必应，人目俱全，四方来观，诚心依然，灵应非常，名不虚传，香烟不断，人喜神欢。据碑文记载，嘉庆年间，移修过一次，后来因环境有关，无人专管，风吹雨打，年久失修。再加上其它原因，关帝庙损失严重。至八二年国务院文物法颁布以来，各地都在复建古代建筑的寺庙，府底村民一致同意。为了保存先人们遗修，建关帝庙以使后人考古，全村人等自愿投工施钱舍物，有专管人员负责打建神像全身，补修内外。自此以后有专人管理，每逢节日圣诞，有上供施钱舍物，经领人代收登记，账面积累资金，逐渐修补，出榜公布。二〇〇五年因关帝庙整体有损，经领人发心准备大规模的复建，并动员全村人等发心，自愿投工施钱舍物，定于农历四月初十动工，三十日竣工，半个月时间，复建完美，共支付款额四千二百五十四元，现将个人施钱投工花名，一并立碑记载，事迹以传后人。

经理人　曹志昌

書序人　張樹魁

施钱人　曹锋一千元　冯胜喜　曹荣福　各200元　曹荣明　曹稳平　各100元　张树魁　曹汝敬　曹荣亮　曹四庆　各50元　曹荣勤　曹志昌　曹德珍　曹录昌　曹俊火　各30元　（下略）

投工花名

匠人：木工：曹云旺1天　曹绳旺3天　瓦工：曹德珍2天　立木顶梁曹勤勤2天　王元勤3天　张爱勤2天　曹侯喜　曹艳云　张玉保　曹来虎　各2天　土工：（35人各2–3天，名单略）

献瓦：曹继旺90个　曹云庆345个　刘尚校125个

公元二〇〇五年五月十三日立

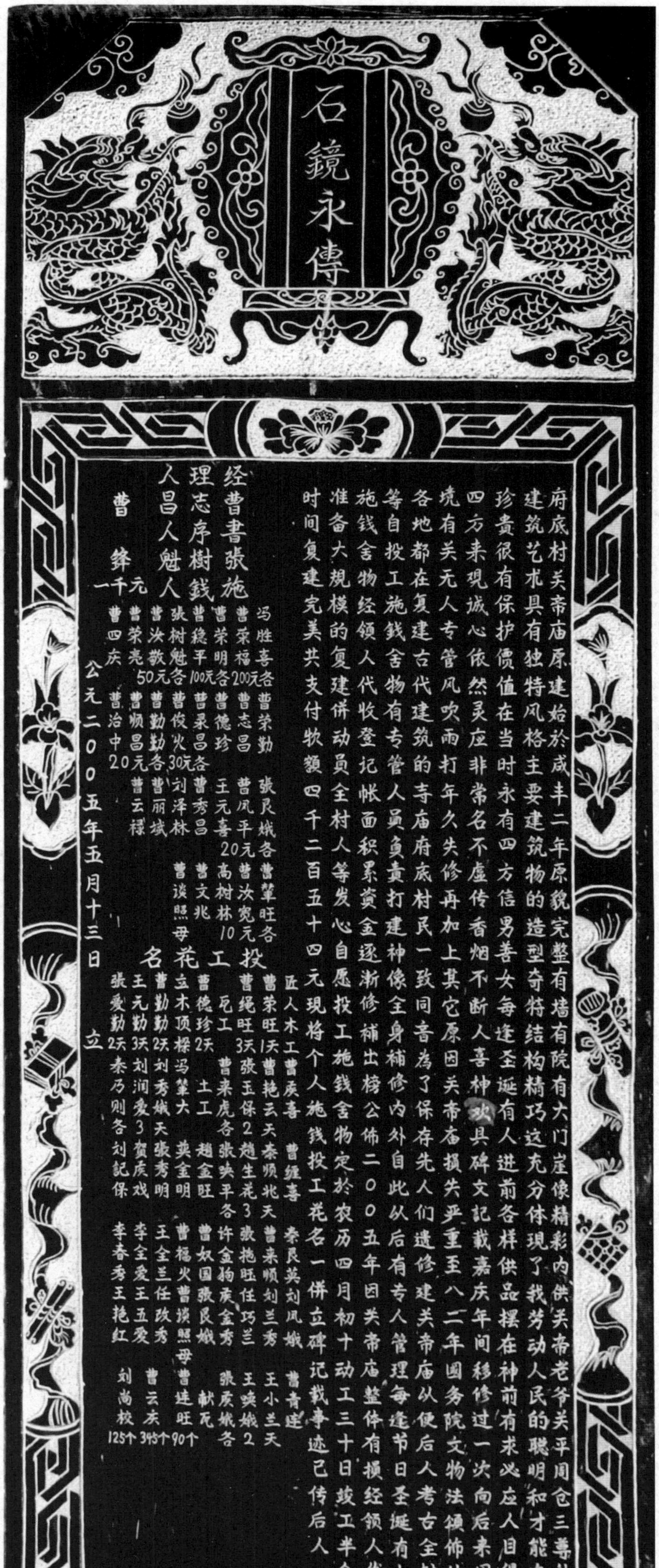

石鏡永傳

府底村关帝庙原建始於咸丰二年原貌完整有墙有院有大门崖像精彩内供关帝老爷关平周仓三尊神像建筑艺术具有独特风格主要建筑物的造型奇特结构精巧这充分体現了我劳动人民的聪明和才能文物珍贵很有保护價值在当时永有四方信男善女每逢圣诞有人进前各样供品摆在神前有求必应人自俱全四方来現诚心依然灵应非常名不虚传香烟不断人喜神欢具碑文記载嘉庆年间移修过一次向后来因环境有关无人专管风吹雨打年久失修再加上其它原因关帝庙损失严重至八二年國务院文物法颁佈从来各地都在复建古代建筑的寺庙府底村民一致同音為了保存先人们遗修建关帝庙从便后人考古全村人等自投工施钱舍物有专管人員負責打建神像全身補修内外自此从后有专人管理每逢节日圣诞有上供施钱舍物经领人代收登记帐面积累資金逐渐修補出榜公佈二〇〇五年因关帝庙整体有损经领人发心准备大规模的复建併动员全村人等发心自愿投工施钱舍物定於农历四月初十动工三十日竣工半个月时间复建完美共支付欵額四千二百五十四元現将个人施钱投工花名一併立碑记载事迹已传后人

施錢

張樹魁 曹書序 曹志昌

经理人

曹鋒 一千元

冯胜喜 曹荣福各200元

曹荣明 曹稳平各100元

張樹魁 曹汝敬各50元

曹荣亮 曹四庆

曹荣勤 曹志昌 曹德珍 曹录昌各 曹俊火30元

曹勤勤各 曹顺昌元 曹治中20

張良娥各 曹凤平20元 王元喜 曹秀昌 刘泽林 曹丽斌 曹云禄

曹革旺各 曹汝宽元 高树林10 曹文兆 曹谈照母

投工花名

匠人木工 曹庚喜 曹缠喜 秦良英 刘凤娥 曹青莲

曹荣旺1天 曹艳云天 秦顺兆天 曹来顺 刘兰秀 王小兰天

曹绳旺3天 張玉保2 赵生花3 張艳旺 任巧兰 王英娥2

瓦工 曹来虎各 張英平各 许金狗 庚金秀 張庚娥各

曹德珍2天 土工 赵金旺 曹奴国 張良娥 献瓦

立木顶樑 冯革大 英金明 曹福火 曹谈照母 曹莲旺90个

曹勤勤2天 刘秀娥天 張秀明 王全兰 任政秀 曹云庆345个

王元勤3天 刘润爱3 贺庚戏 李全爱 王五爱

張爱勤2天 秦乃则各 刘記保 李春秀 王艳红 刘尚校125个

公元二〇〇五年五月十三日立

南庄村五路一街工程简介碑

【简介】

2005年6月勒石。现存于临县白文镇南庄村，嵌于墙内。碑青石质，方首抹角，高99、宽152厘米。碑文楷体，正文13行，满行22字。碑文介绍五路一街工程概况、有关人员和捐款人名单。保存完好。

【碑文】

南庄村五路一街工程简介

二零零四年，是公路建设年，在全县实施了“村村通”公路建设工程，这是进一步改善投资环境，建设文明村镇，构建和谐社会，加速经济发展的重要举措。二零零四年仲夏，我村支部村委本着美化环境，改变村容村貌，造福于民的宗旨，铺开了“五路一街”水泥路硬化工程，总投资贰拾叁万柒千多元，这一功在当代、利在千秋的工程。在我村发展的历史进程中具有里程碑意义。全村党员干部热心社会公益事业的广大村民和南庄籍在外地各条战线上工作的工作人员，为这一工程捐款壹万玖千多元，同时为了把好事办好，实事办实，村里专门成立了“五路一街”建设工程领导小组和筹资委员会，对这一工程进行全程服务和统一领导。

一　工程领导组

总指挥：張建平

副总指挥：郝东明

施工组：刘庆旺　孙海生　郝成成

设计预算组：郝建龙

材料组：薛宝平　周光银

二　筹资委员会

主任：孙定义

成员：苗恩庆　郭永富　薛云胜　李花狗

施工隊長：郝赖虎　張光明　郝军泽

捐款人员花名

1捐款1000元者：李根成　乔永兴　秦谈平　刘吉祥　李富民　刘全祥　乔海平　乔海祥　郝俊虎

2捐款600元者：郝绳虎

3捐款500元者：孙春贵　李建国　張云平　張建平　学校全体师生

4捐款300元者：張全明　李掩贵

5捐款240元者：李生虎

6捐款200元者：乔海兵　乔奋生　李改生　郝秀生　秦谈明　郝军军　贺谈庆　李广世　刘长春

7捐款150元者：郝军歧

8捐款100元者：（28人，姓名略）

9捐款50元者：（25人，姓名略）

10捐款40元者：（1人，姓名略）

11捐款30元者：（2人，姓名略）

12捐款20元者：（3人，姓名略）

13捐款10元者：（4人，姓名略）

立碑以记

南庄村委

公元二零零五年六月

南庄村五路一街工程简介

二零零四年是我县公路建设年，在全县实施了“村村通”公路建设工程，这是进一步改善投资环境，建设文明村镇，构建和谐社会，加速经济发展的重要举措、二零零四年仲夏，我村支部村委本着美化环境、改变村容村貌，造福于民的宗旨：铺开了“五路一街”水泥路硬化工程，总投资贰拾叁万柒仟多元。这一功在当代、利在千秋的工程，在我村发展历史进程中具有里程碑意义。全村党员干部热心社会公益事业的广大村民和南庄籍在外地各条战线上工作的工作人员为这一工程捐款壹万玖仟多元。同时、为了把好事办好，实事办实，村里专门成立了“五路一街”建设工程领导小组和筹资委员会。对这一工程进行全程服务和统一领导。

一 工程领导组：

总指挥：張建平

副总指挥：郝东明

施工组：刘成旺 孙海生 郝成成

设计预算组：郝建龙

材料组：薛宝平 周光银

二 筹资委员会：

主任：孙定义

成员：苗恩庆 郭永富 薛云胜 李花狗

施工隊長：郝赖虎 張光明 郝军泽

捐款人员花名

1 捐款1000元者：李根成 乔永兴 秦谈平 刘吉祥 李富民 刘全祥 乔海平 乔海祥 郝俊虎

2 捐款600元者：郝绳虎

3 捐款500元者：孙春贵 李建国 張武平 張建平 学校全体师生

4 捐款300元者：張全明 秦拖贵

5 捐款240元者：李生虎

6 捐款200元者：乔海兵 乔奋生 李改生 郝秀生 秦谈明 郝军军 贺谈庆 李广世 刘長春

7 捐款150元者：郝军歧

8 捐款100元者：郝建龙 刘成旺 郝东明 孙海生 苗恩庆 郭永富 郝赖虎 薛宝平 周光银 吕谈喜 張珍平 刘小东 李旭峰 秦光辉 郝来庆 刘裕民 刘买祥 李双成 李云虎 李有平 郝成成 李乃狗 郝广平 李满生 張茂云 郭俊杰 陈谈贵 乔泽平

9 捐款50元者：秦文生 郝海平 郝军泽 張光明 李永前 孙定义 郝双小 苗有庆 孙定禄 秦歧祥 秦昌元 苗二平 薛云胜 贺云福 郝光汉 郭奥虎 李树福 郝乃虎 李清喜 郝唤喜 郝吞旺 吕中锋 孙玉生 吕乃虎 乔丕光

10 捐款40元者：郝全新

11 捐款30元者：郝发旺 刘广旺

12 捐款20元者：李花狗 李永则 張全贵

13 捐款10元者：郝东生 郝毛问 張旺云 張文举

立碑以記

南庄村委

公元二零零五年六月

重修观音关帝庙碑记

【简介】

2005年6月勒石。现存于临县招贤镇渠家坡村。碑青石质，圆首，高142、宽55、厚7厘米。碑阳碑文楷体，正文7行，满行41字。记述渠家坡村重修观音、关帝庙之事。碑阴刻捐款单位名单。碑体断为两截，碑文完整。

【碑文】

（碑阳）

碑记

修复庙宇，重塑金身，非为神道，实亦寄托。昔村民出入往来，唯瞻唯仰，社交迎送吊庆，敬告敬祝。今父老安居一室之中，难免万代之思，儿孙奔波千里之外，常怀双亲之念，虽康乐融融，然精神悬悬。为此合村老幼，一致同心，意图恢复，故择于二〇〇二年二月七日破土兴工，于二〇〇四年五月二十七日竣工。

宇舍落成，金身辉煌。倒座观音，静穆庄严，净瓶水，杨柳枝，常护百姓康乐，子孙发达；雄踞关圣，威武刚强，青龙刀，赤兔马，永保一方平安，财源茂盛。庙复之日，父老额手，妇孺雀跃，故嘱予记之。

经手人　渠乃明　渠秀明　渠拖旺　渠俊兵　渠锁柱　渠志荣　渠爱贵　渠成平　渠贵荣　渠福顺　渠海荣　渠绪元　渠元顺　渠升歧　渠�虎　渠候平　渠瑞明　渠福顺　渠德顺　渠元岳　渠拖柱　渠建国　渠哲

善士同仁捐资名录（本村）　渠文明一千元　渠珍宝一千元　渠乃明八百八十元　渠全明八百元　渠秀明六百六十元　孙派权五百元　孙利明三百元　渠连斌二百六十八元　渠升国二百四十元　渠建新二百四十元　二百元者　渠志勤　渠升绩　渠元利　渠元峰　渠玉玲　渠秀荣　渠軍軍　渠新斌　渠文跃　（共30人，余略）　渠四連一百二十八元　渠升先一百二十六元　渠青龙一百一十元　渠青利一百一十元　渠海明一百一十元

公元二〇〇五年六月十二日立

（碑阴）

新窑煤矿八百元　胜利煤矿三百元　工农庄煤矿二百元　耐火材料厂一百元　留邻庄煤矿一百元　老君庙一百元　四月十八庙会一百元　（余略）

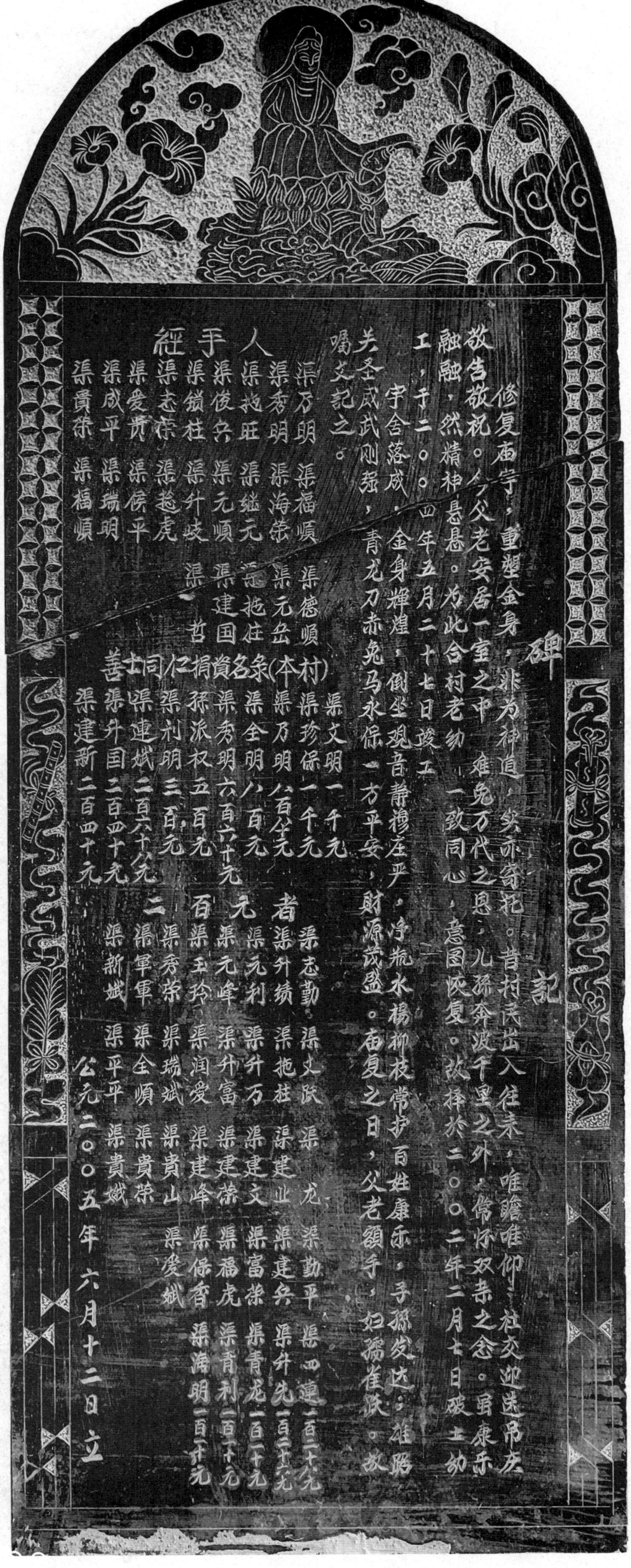

碑記

修复庙宇，重塑金身，非为神道，实亦寄托。昔村民出入往来，唯瞻唯仰，社交迎送吊庆，敬告敬祝。今父老安居一室之中，难免万代之息，儿孙奔波千里之外，常怀双亲之念。图康乐融融，然精神悬悬。为此合村老幼一致同心，意图恢复。故择於二〇〇二年二月七日破土动工，于二〇〇四年五月二十七日竣工。

宇舍落成，金身辉煌，倒坐观音静穆庄严，净瓶水杨柳枝常护百姓康乐，子孙发达，雄路关圣威武刚强，青龙刀赤兔马永保一方平安，财源茂盛。庙复之日，父老额手，妇孺雀跃。故嘱文記之。

經手人

渠乃明 渠福順 渠德順
渠秀明 渠海荣 渠元岳
渠拖旺 渠继元 渠拖庄
渠俊兵 渠元順 渠建国
渠鎖柱 渠升岐 渠哲
渠志荣 渠懋虎
渠爱贵 渠保平
渠成平 渠瑞明
渠貴荣 渠福順

善士同仁捐資名录(本村)

渠文明一千元
渠珍保一千元
渠乃明八百八十元
渠全明八百元
渠秀明六百六十元
孫派权五百元
渠利明三百元
渠連娥二百六十八元
渠升国二百四十元
渠建新二百四十元

二百元者

渠志勤 渠文跃 渠龙 渠勤平 渠四連一百二十元
渠升绩 渠拖柱 渠建业 渠建兵 渠升先一百二十元
渠元利 渠升万 渠建文 渠富荣 渠青龙一百一十元
渠元峰 渠升富 渠建荣 渠福虎 渠青利一百一十元
渠玉玲 渠润爱 渠建峰 渠保香 渠海明一百一十元
渠秀荣 渠瑞娥 渠貴山 渠爱娥
渠軍軍 渠全順 渠貴荣
渠新娥 渠平平 渠貴娥

公元二〇〇五年六月十二日立

观音庙志

【简介】

2005 年 6 月勒石。现存于临县三交镇东坡村。碑青石质，圆首，高 135、宽 52、厚 7 厘米，内容是重修观音庙情况。额题“慈光普照”4 字。碑文仿宋体，正文 13 行，满行 39 字。碑文完整，字迹清晰，碑体完好。

【碑文】

观音庙志

观音者，圆通也，又叫观自在、观音大士，简称观音菩萨，是一古印度一马头神童，《佛教弥宗》称为马头明王，《悲化经》说她是阿弥陀佛的大太子不殉即观音，二太子尼摩即大势。自佛教传入中国后，又被汉化为妙庄王的三女儿妙善，因拒绝父亲出嫁要求，被赶出宫，入释迦佛修成菩萨果位。后用自己的双手双眼救治了父亲的危疾，感动如来佛祖让她长出了千手千眼，千手能遍护人生，千眼能遍观世音，可以息灾增益，受敬降伏。芸芸众生，受苦难时只要念诵南无阿弥陀佛，她就会观到你的声音，立即去解放，显示了她大慈大悲，佛法无边。观音修炼地址原在印度南海岛上，后中国佛教在浙江舟山群岛的梅岭岛上建起普济寺、圆通殿、改梅岭岛为普陀山。据佛经传，观音修成三十三身，显示了十方世界以不同身份出现，其中有神、佛、官、将、僧、俗、男、女、龙、鹏等身像，给人以消灾保命施财送子等恩赐。我东坡观音庙初建于清同治六年，为三交镇观音庙，后毁于一九六六年动乱年代。动乱过后，文物开始受保护，我村民于八十年代初，自发建一简易庙堂，但因设施简陋狭隘，又年久失修，破旧不堪，于是部分村民又于二〇〇四年自发布施筹资献料，重新扩建成现在这一初具规模的新式庙宇。《佛经传》二月十九日为观音诞辰日，六月十九日为成道日，九月十九日为出家日，统称观音香会，希后人按时敬奉。

公元二零零五乙酉年六月十九日立

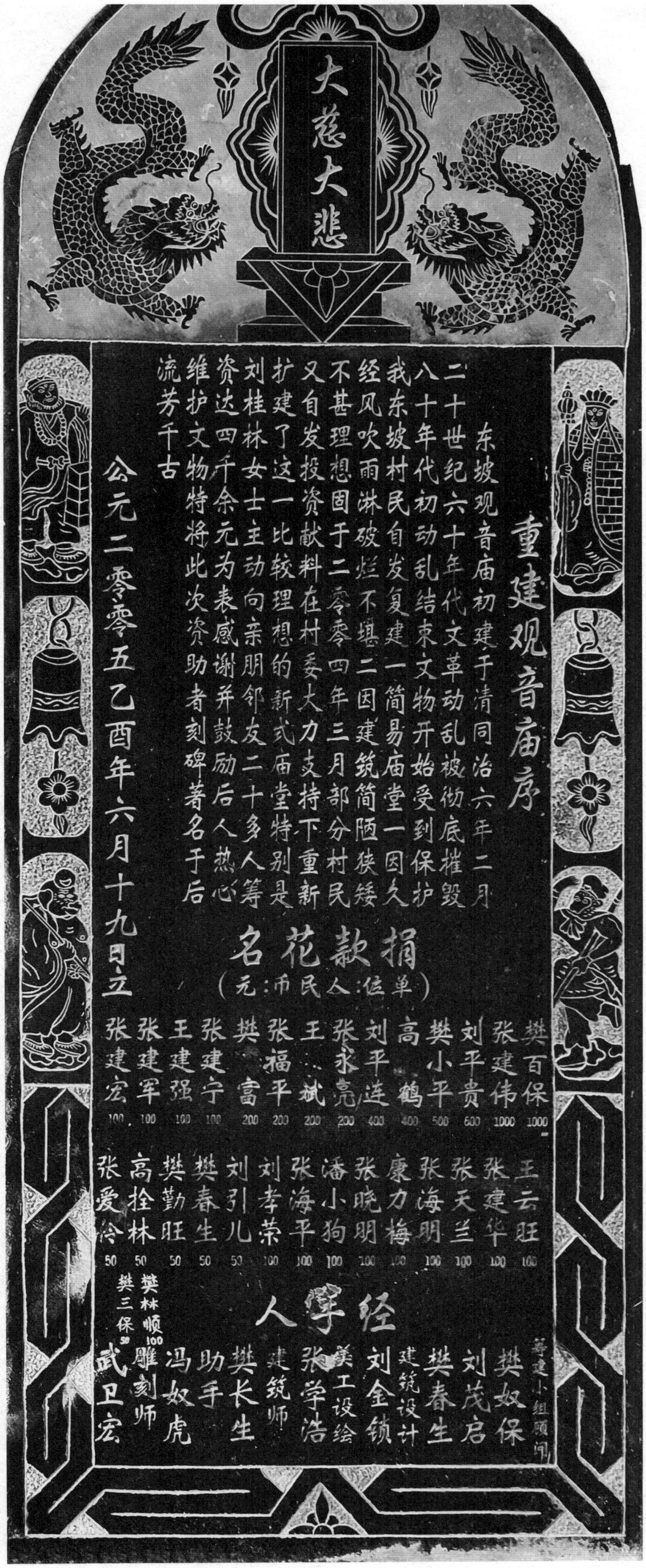

重建观音庙序

【简介】

2005年6月勒石。现存于临县三交镇东坡村。碑青石质，方首，高133、宽52、厚7厘米。额题“大慈大悲”4字。碑文仿宋体，正文12行，满行17字。记述东坡村重修观音庙之事。保存完好。

【碑文】

重建观音庙序

东坡观音庙初建于清同治六年二月，二十世纪六十年代文革动乱被彻底摧毁，我东坡村民自发复建一简易庙堂，一因久经风吹雨淋破烂不堪，二因建筑简陋狭矮 不甚理想，故于二零零四年三月部分村民自发投资献料，在村委大力支持下重新扩建了这一比较理想的新式庙堂，特别是刘桂林女士主动向亲朋邻友二十多人筹资达四千余元。为表感谢，并鼓励后人，热心维护文物，特将此次资助者刻碑著名于后，流芳千古。

公元二零零五乙酉年六月十九日立

捐款花名（单位：人民币元）

樊百保1000　张建伟1000　刘平贵600　樊小平500　高鹤400　刘平连400　张永亮200　王斌200　张福平200　樊富200（下略）

经手人　筹建小组顾问樊奴保　刘茂启　樊春生

建筑设计　刘金锁

美工设绘　张学浩

建筑师　樊长生

助手　冯奴虎

雕刻师　武卫宏

父母合厝碑记

【简介】

2005年6月勒石。现存于临县丛罗峪镇郭家塔村。碑青石质，方形带帽前立柱，高130、宽55、厚10厘米。额题“父母合厝碑记”。碑文楷体，正文14行，满行30字。保存完好。

【志文】

父母合厝碑记

西首黄河畔，郭氏聚居村。名曰郭家塔，人杰地亦灵，先父讳成吉，二十四世孙。

幼年丧父母，孤苦一伶仃。年方十三岁，进城当劳工。历尽千般苦，终久长成人。

禀性纯厚道，无与世相争。外翁感其善，许女配婚姻。两孔破窑洞，组建新家庭。

薄田三五亩，劳作苦经营。母亲王秉琴，丛镇生名门。知书善刺绣，教子严以亲。

夫妇相恩爱，家贫亦温馨。可叹旧时代，生育不由人。五男并二女，命好家贫穷。

收入难糊口，冻饿度光阴，农业合作化，种地赚工分。人多劳力少，家道更艰辛。

我辈上学校，时断亦时停。多亏舅父母，感念发善心。慷慨相接济，营救全家人。

可怜老父亲，积劳病染身。一九六八年，中秋月不明，八月十九日，卒然命归阴。

晴天响霹雳，大地现哀声。苍山石垂泪，黄河浪无音。云浓雨哭泣，风冷花凋零。

儿女肝肠断，乡邻泪沾襟。母亲正中年，痛绝不欲生。挑起千斤担，操碎万般心。

苦尽甘将至，已是白发人。儿孙满庭院，四世享天伦。谁料恩未报，一病永离分。

终年八十六，开吊择良辰，父信天主教，母从儒家风。开穴两座墓，合厝一宗坟。

呜呼父母亲，何去太匆匆。一生苦挣扎，去时两手空。抚今追忆昔，悲痛更伤心。

撰文为纪念，镌石留芳名。

乙酉季夏长子丕汉谨撰

廷峰书　梨峰刻石

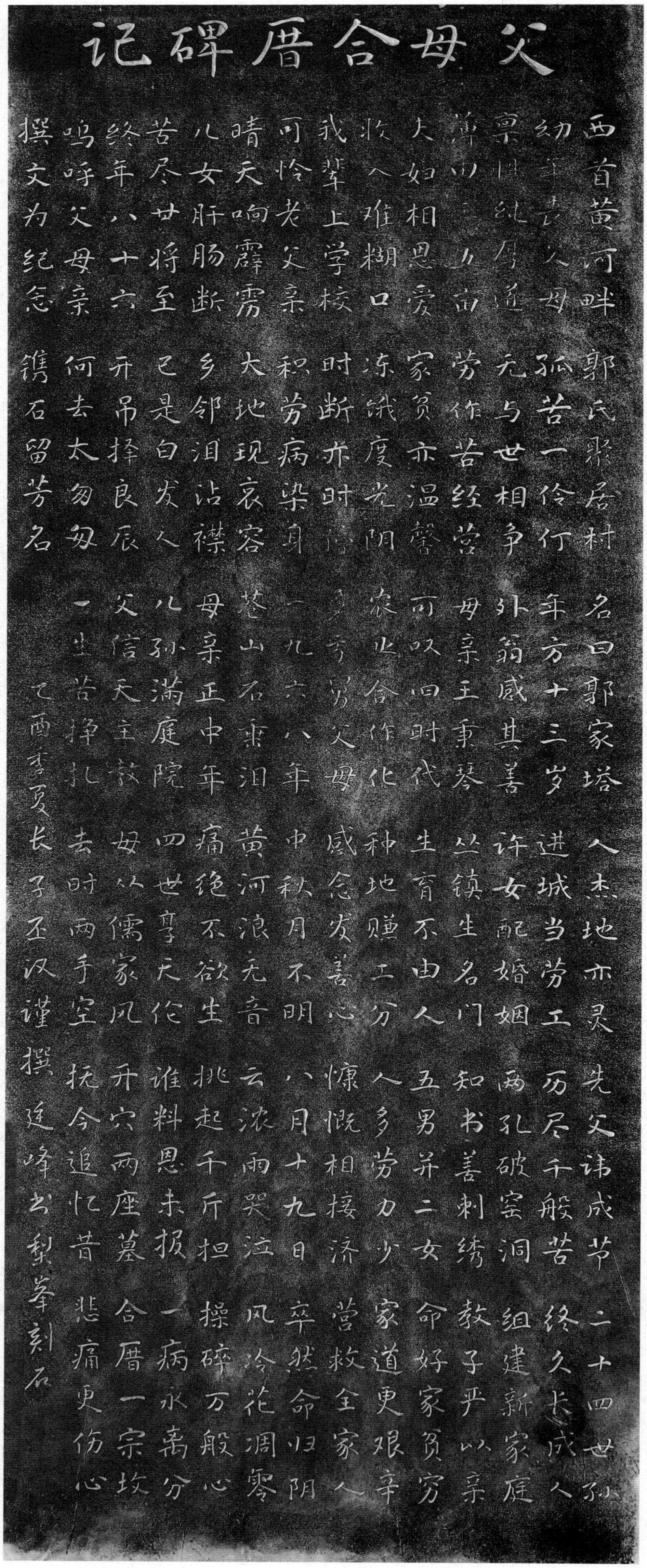

重修观音庙龙王庙碑记

【简介】

2005年6月勒石。现存于临县碛口镇陈家圪垛村。碑青石质，圆首，高156、宽55、厚7厘米。碑阳额题“昭永垂”3字。碑文楷体，正文9行，满行30字。记载陈家圪垛村重修观音、龙王庙之事。碑阴刻布施花名。保存完好。

【碑文】

（碑阳）

重修观音庙、龙王庙碑记

观音乃南海大士，救苦救难普度众生，帮为世人仰尊之。庙祠始建于清同治年间，距今一百四十余年，殿物古迹因社会变革，于文革期间遭致破坏，庙廓神像俱已颓落，父老为之慨叹，烟消其何以栖神祈灵，皆有复修之念，奈力薄工大所费难筹，空想虚望一场。后村中德高望重之人倡导，村民纷纷响应捐资投工，共筹款壹万捌千陆百伍拾元。择于本年六月初三动工，人心和会投工二百二十个，十八日竣工告竣。因筹款有余，又在庙对面新修一座龙王庙，金碧辉煌，庶神安捷，灵可祈矣，斯人福泽，资布芳名列于碑后。重举功德爰扬姓名镌之壁石，永留颂声。

经领人　陈殿国　陈根虎　陈殿龙　陈彦斌　陈银顺

村领导　陈文伟

雕刻师　冯七七

撰文　徐海连

公元二〇〇五年六月十九日

（碑阴）

布施芳名

壹仟元者　陈爱保　陈文武　陈文斌

陆百元者　天官会

伍佰元者　陈殿玉　陈乃虎　陈国庆　孙建国　村小组

叁佰元者　陈殿生　陈林全　陈金平

贰佰肆拾元者　孙建强　孙建军

贰佰壹拾元者　李贵平

贰佰元者　陈兆波　陈有照　陈国斌

壹佰陆拾元者　陈彦斌

壹佰伍拾元者　陈志明

壹佰肆拾元者　陈毛应5工　陈金贵5工　陈计平1工

壹佰贰拾肆元者　陈义全　陈殿伟2工

壹佰贰拾元者　陈银顺　陈唤平　陈殿国　陈子勤　李海峰9工　李长明2工　陈文廷5工

壹佰壹拾元者　李云平　李小平6工　陈长富　陈乃富　陈义生5工　陈殿龙　陈殿卫

（下略）

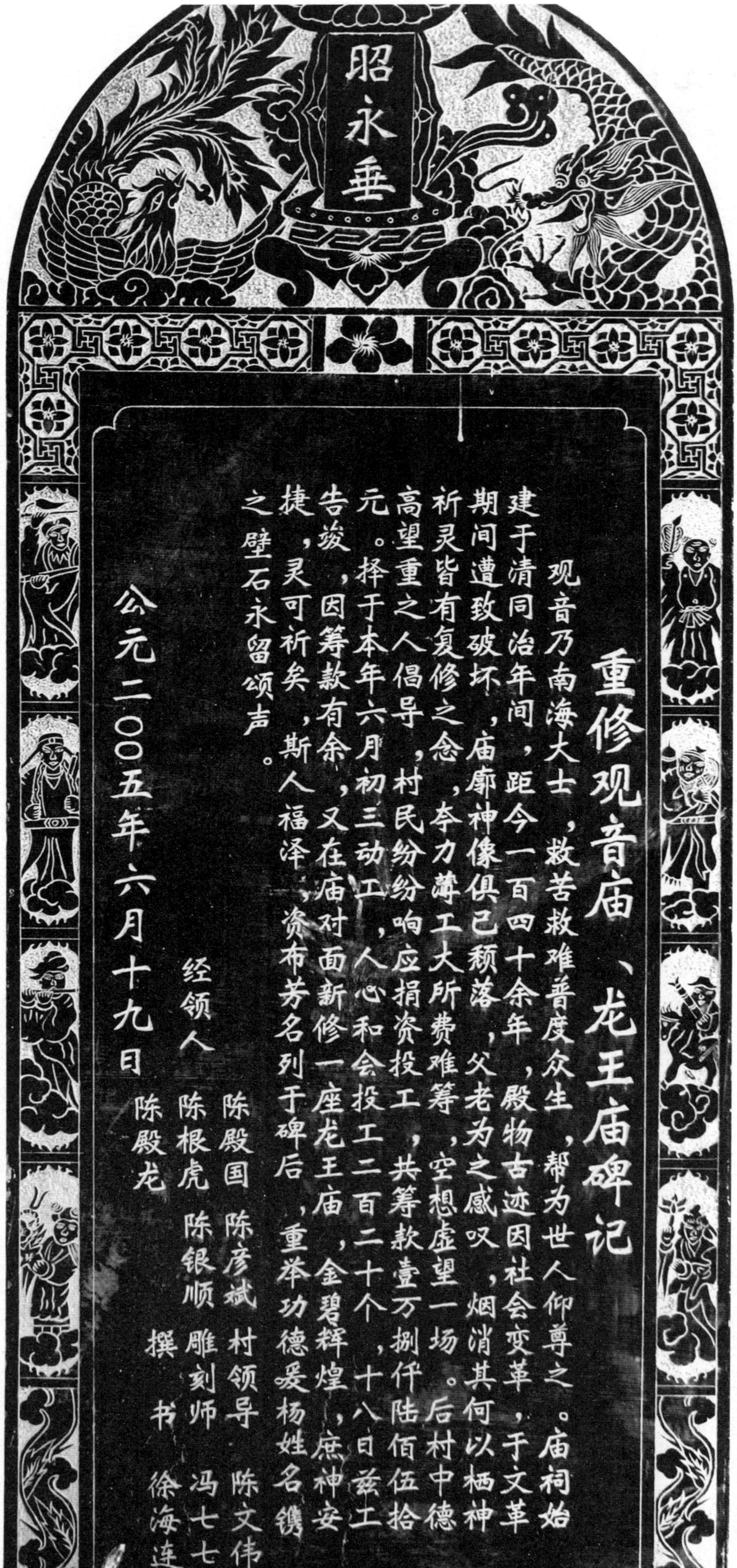

昭永垂

重修观音庙、龙王庙碑记

观音乃南海大士，救苦救难普度众生，帮为世人仰尊之。庙祠始建于清同治年间，距今一百四十余年，殿物古迹因社会变革，于文革期间遭致破坏，庙廓神像俱已颓落，父老为之感叹，烟消其何以栖神祈灵皆有复修之念，奈力薄工大所费难筹，空想虚望一场。后村中德高望重之人倡导，村民纷纷响应捐资投工，共筹款壹万捌仟陆佰伍拾元。择于本年六月初三动工，人心和会投工二百二十个，十八日兹工告竣，因筹款有余，又在庙对面新修一座龙王庙，金碧辉煌，庶神安捷，灵可祈矣，斯人福泽，资布芳名列于碑后，重举功德爰杨姓名镌之壁石永留颂声。

经领人 陈殿国 陈彦斌 村领导 陈文伟

陈根虎 陈银顺 雕刻师 冯七七

陈殿龙 撰书 徐海连

公元二〇〇五年六月十九日

修路碑记

【简介】

2005 年 6 月勒石。现存于临县城庄镇阳宇会村。碑青石质，方首，高 140、宽 53、厚 7 厘米。碑文楷体，正文 4 行，满行 40 字。记载阳宇会村修路之事。保存完好。

【碑文】

修路碑记

阳宇会村有三百八十户，一千三百六十多人，自然条件优越，但村内路况欠佳，有碍于村民生活与经济发展。于是党支部、村委会决定修整村内道路，村民纷纷捐资出力，在外工作的省、地、县各级干部也慷慨资助，使村内的两千米水泥路得以顺利修成，极大地方便了村民生活与经济发展，真可谓功在当代，利在后人。为铭记功德，昭示后人，现将捐资人芳名刻于碑上，作为永久纪念。

郭玉升伍千元　张东祥肆千元　张继祥贰千元　薛余有　高胜元　高建山　高建武　白平贵　白作明　苗来全　李小明　王雁　郭培海　马占奎　郭泰永　郭宇牛　郭林书　各伍百元　高建忠　郭春明　郭改升　王买顺　张爱祥　郭俊明　高建国　郭扭扭　苗项成　郭利兵　任小军　各贰百元，马二小（等 16 人略）　各一百元

公元 二〇〇五年六月二十日立

大后沟村新建剧场碑记

【简介】

2005年7月勒石。现存于临县大禹乡大后沟村，嵌于墙内。共2通，碑大理石质，长方形，高80、宽146厘米。第一通碑文楷体，正文6行，满行22字。记大后沟村新建剧场之事。第二通刊集资花名。保存完好。

【碑文】

（第一通）

碑記

为搞好群众的精神文明和物质文明建设，活跃村民的文化生活，在党支部、村委会的领导下，应广大群众的迫切愿望，想尽千方百计筹集资金，村委投资捌万元，个人集资叁万零壹百元（另立碑记载），共投资拾壹万零壹百元，从二零零五年四月十日破土动工，于六月二十九日竣工，建筑面积一百七十平方米，落成大后沟剧场。为流芳百世，特刻石立碑。

支书　刘福平

主任　张眼旺

经领人　张荣富

技术员　张全勤

助理员　张世富　张存德　张荣增　张福虎　张保玉　张存缘

承建人　张文长　张文勤

匠师　张明元　张永利　刘继照

公元二〇〇五年七月初三日立

（第二通）

个人集资花名

张全顺肆千元　张继顺叁千元　张全顺叁千元　张文全贰千元　张文成贰千元　张建五百元　张顺义五百元　刘福平伍百元　刘三平伍百元　李永增伍百元　张尚明伍百元　张勤安伍百元　张小旭肆百元　张存厚肆百元　（下略）

共计叁万零壹百元加贰千肆百元

公元二〇〇五年七月初三日立

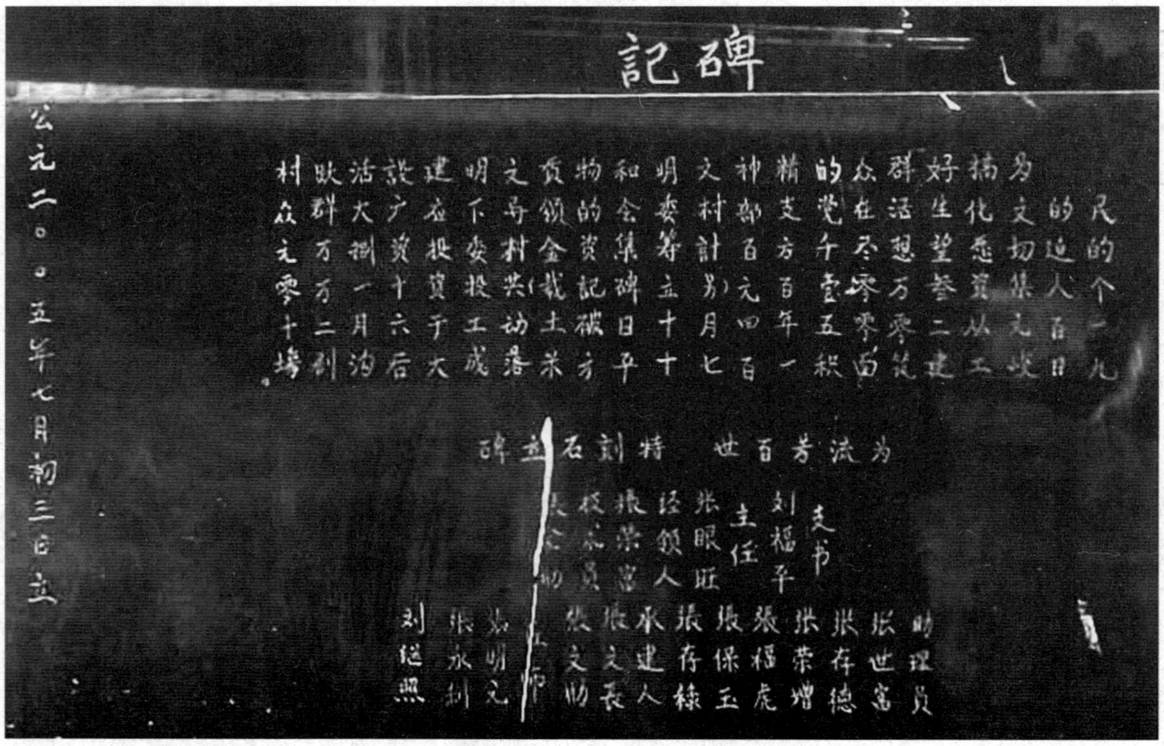

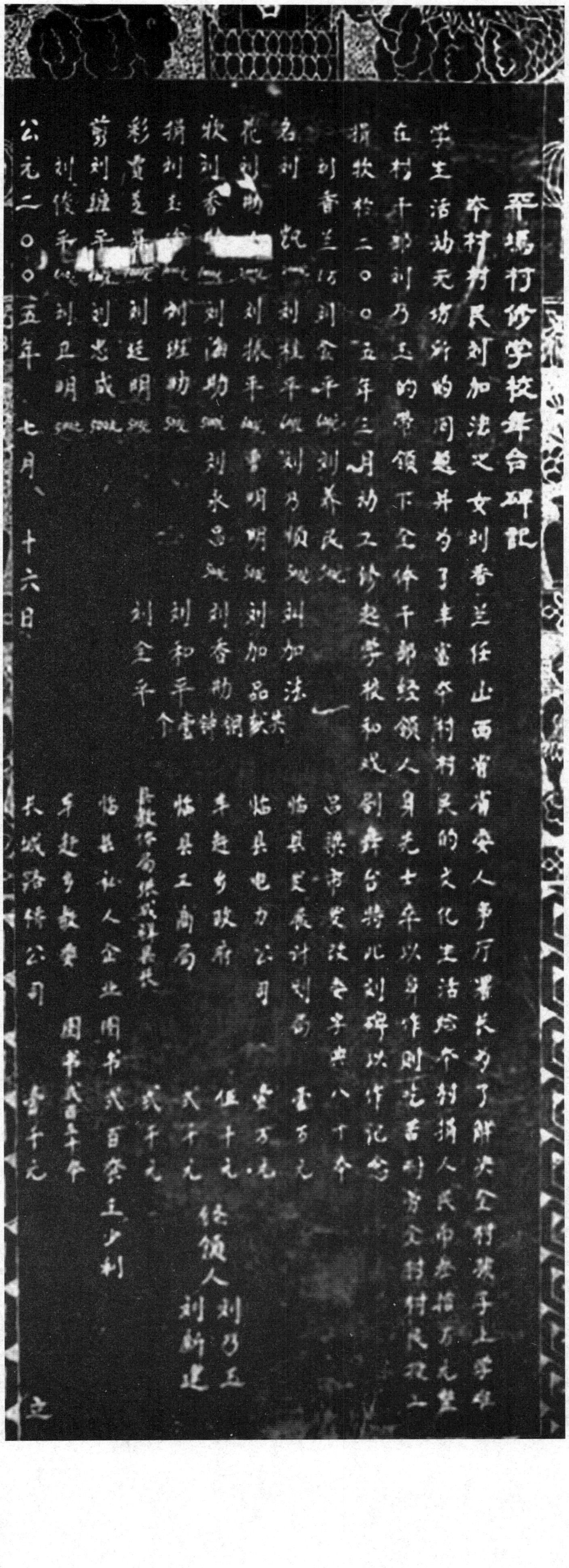

坪墕村修学校舞台碑记

【简介】

2005年7月勒石。现存于临县车赶乡坪墕村。碑青石质，圆首，高148、宽48、厚7厘米。额题“流芳千古”4字，碑文楷体，正文4行，满行36字。记载坪墕村修建学校、戏台之事。保存完好。

【碑文】

坪墕村修学校舞台碑記

本村村民刘加法之女刘香兰任山西省委人事厅处长，为了解决全村孩子上学难，学生活动无场所的问题，并为了丰富本村村民的文化生活，给本村捐人民币叁拾万元整，在村干部刘乃玉的带领下，全体干部经领人身先士卒、以身作则、吃苦耐劳，全村村民投工捐款，于二〇〇五年三月动工，修起学校和戏剧舞台，特此刻碑，以作纪念。

剪彩捐款花名

刘香兰壹万元　刘凯2000元　刘勤儿2000元　刘香勤1000元　刘玉珍1000元　贾芝升1000元　刘缠平800元　刘俊平600元　刘金平600元　刘桂平600元　刘海勤500元　刘班勤500元　刘廷明500元　刘忠成500元　刘卫明500元　刘养民500元　刘乃顺500元　曹明明500元　刘永昌500元　刘加法　刘加品　刘香勤　刘和平　刘全平　共献铜钟壹个

吕梁市发改委字典八十本　临县发展改革计划局壹万元　临县电力公司壹万元　车赶乡政府伍千元　临县工商局贰千元　县教体局张成祥县长贰千元　临县私人企业图书贰百套王少利　车赶乡教委图书二百三十本　长城路桥公司壹千元

公元二〇〇五年七月十六日

敬铸地藏王菩萨铜像功德碑记

【简介】

2005年7月勒石。现存于临县临泉镇田家沟村玉佛寺。碑青石质，龙首，碑高202、宽101、厚24厘米，碑阳额题“无量寿佛”4字。碑文隶体，正文17行，满行68字。记述铸地藏王菩萨铜像之事。碑阴刻布施名单。保存完好。

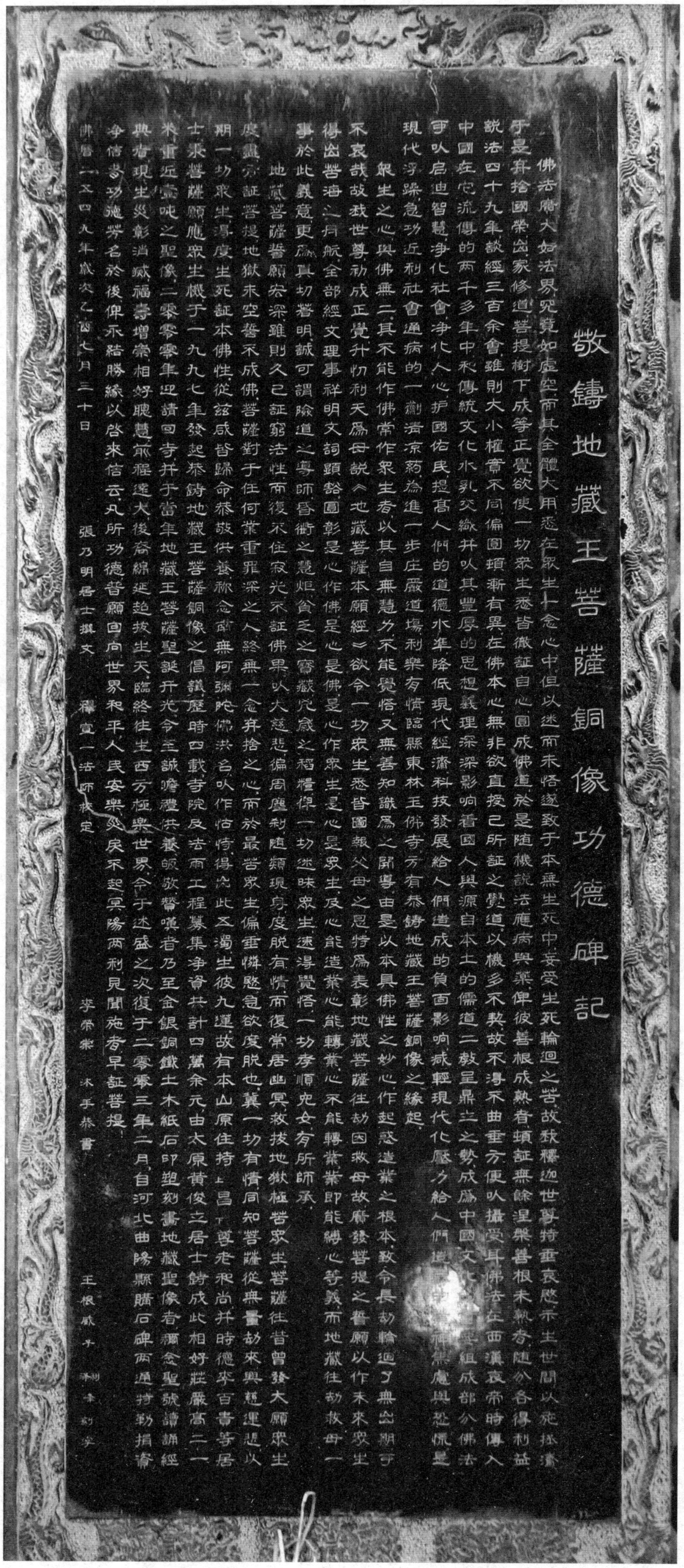

【碑文】

（碑阳）

敬鑄地藏王菩薩銅像功德碑記

佛法廣大如法界，究竟如虛空而其全體大用，悉在衆生一念心中。但以迷而未悟，遂致於本無生死中，妄受生死輪迴之苦。故我釋迦世尊特垂食哀愍，示生世間，以施拯濟，於是棄舍國榮，出家、修道，菩提樹下成等正覺。欲使一切衆生悉皆徹证自心，圓成佛道，於是隨機說法，應病與藥，俾彼善根成熟者，頓证無餘涅槃，善根未熟者，隨分各得利益。說法四十九年，談經三百余會，雖則大小權實不同，偏圓頓漸有異，在佛本心，無非欲直授已所证之覺道；以機多不契，故不得不曲垂方便以攝受耳。佛法在西漢哀帝時傳入中國，在它流傳的兩千多年中，和傳統文化水乳交織，並以其豐厚的思想義理深深影響着國人，與源自本土的儒道二教呈鼎立之勢，成爲中國文化的重要組成部分，佛法可以啓迪智慧，净化社會，净化人心，護國佑民，提高人們的道德水準，降低現代經濟、科技發展給人們造成的負面影響，減輕現代化壓力給人們造成的精神焦慮與恐慌。是現代浮躁、急功近利社會通病的一劑清泉凉藥，爲進一步莊嚴道場，利樂有情，臨縣東林玉佛寺，方有恭鑄地藏王菩薩銅像之緣起。

衆生之心，與佛無二，其不能作佛，常作衆生者，以其自無慧力，不能覺悟，又無善知識爲之開導，由是以本具佛性之心作起惑造業之根本，致令長劫輪迴，了無出期，可不哀哉。故我世尊初成正覺，升忉利天爲母説《地藏菩薩本願經》，欲令一切衆生悉皆圖報。父母之恩，特爲表彰地藏菩薩往劫因救母，故廣發菩提之誓願，以作未來衆生得出苦海之舟航。全部經文理事祥明文詞顯豁，圓彰是心作佛，是心是佛，是心作衆生，是心是衆生，及心能造業，心能轉業，心不能轉業，業即能縛心等義，而地藏往劫救母一事於此義意，更爲真切著明，誠可謂險道之導師，昏衢之慧矩，貧乏之寶藏，凶歲之稻糧。俾一切迷昧衆生，速得覺悟，一切孝順兒女有所師承。

地藏菩薩誓願宏深，雖則久已证窮法性，而復不住寂光不讓佛果以大慈悲偏周塵刹，隨類現身，度脱有情，而復常居幽冥，救拔地獄極苦衆生，菩薩往昔曾發大願，衆生度盡，方证菩提，地獄未空誓不成佛。菩提對於任何業重罪深之人，終無一念弃捨之心，而於最苦衆生，偏垂憐愍，急欲度脱也，冀一切有情同知，菩薩從無量劫來，興慈運悲，以期一切衆生得度生死證本佛性，從玆咸皆歸命恭敬供養，殊念南無阿彌陀佛洪名，以作怙恃，得出此之謂，生彼九蓮，故有本山原住持上昌下尊老和尚，並時德李百貴等居士秉菩薩願，應衆生機，於一九九七年發起恭鑄地藏王菩薩銅像之倡議，歷時四載，寺院及法雨工程，募集净資共計四萬余元，由太原黄俊立居士鑄成此相好莊嚴，高二點一米，重近一吨之聖像。二零零零年迎請回寺，并于當年地藏王菩薩聖誕開光，令至誠瞻禮供養，皈敬、贊嘆者乃至金銀銅鐵、土木紙石，印塑刻畫地藏聖像者，稱念聖號，讀誦經典者現生，災彰消滅，福壽增崇，相好聰慧，前程遠大，後裔綿延，超拔生天。臨終往生西方極樂世界。今於述盛之況，復於二零零三年二月，自河北曲陽縣購石碑兩通，特勒捐資净信者功德芳名於後，俾永結勝緣，以啓來信云。凡所功德普願回向世界和平，人民安樂，灾戾不起，冥陽兩利，見聞施者早証菩提！

佛曆二五四九年歲次乙酉七月三十日

張乃明居士撰文

釋宣一法師校定

李榮棠沐手恭書

王根威　子利峰　澤峰　刻字

（碑阴）

助铸地藏王菩萨铜像功德芳名

（捐款者来自全国各地300余人，名单略）

公元二〇〇五年四月十五日立

监院　释弃养光法师

承办　李百贵　田生润　秦春宁

李荣棠敬书

王根威　子利峰　泽峰　刻字

维修庙宇碑记

【简介】

2005年8月勒石。现存于临县湍水头镇黄家沟村。碑青石质，圆首，碑高154、宽58、厚7厘米。碑阳额题“流芳千古”4字。碑文楷体，正文6行，满行36字。记载黄家沟村维修庙宇之事。碑阴记载施钱单位与个人名单。保存完好。

【碑文】

（碑阳）

维修庙宇碑记

临县东南方黄家沟村，添人进口，合家欢乐。乃人之重望。关圣帝君，福佑子孙，有口皆碑。然而其庙宇修葺已久，壁画剥落，围墙坍塌，为颂关老爷恩泽，于一九九四年春，村委纠首合力相助，重修庙宇围墙，新塑圣像，其时唱戏歌舞助兴，村民来宾，纷纷施财，盛况空前。今年金秋，巧遇唱戏，纠首薛兰平、张四奴、郝丑小、王愣虎主持为关老爷庙新立碑一通，以其今昔施财者、有识之士芳名永存！

纠首　曹金宝　薛兰平　张四奴　孙奴则　王谈照　郝丑小　王愣虎　孙继生

撰文　杨生荣

书写　胡汉平

刻石　曹茂江

公元二〇〇五年八月二十一日立

（碑阴）

施钱单位与个人

新建水泥厂六百元　黄家沟煤矿四百元　煤检站二百元　宏运加油站一百元　焦煤营业站五十元　黄矿酒店五十元　壕则墕村五十元　靳保才二百元

（下略）

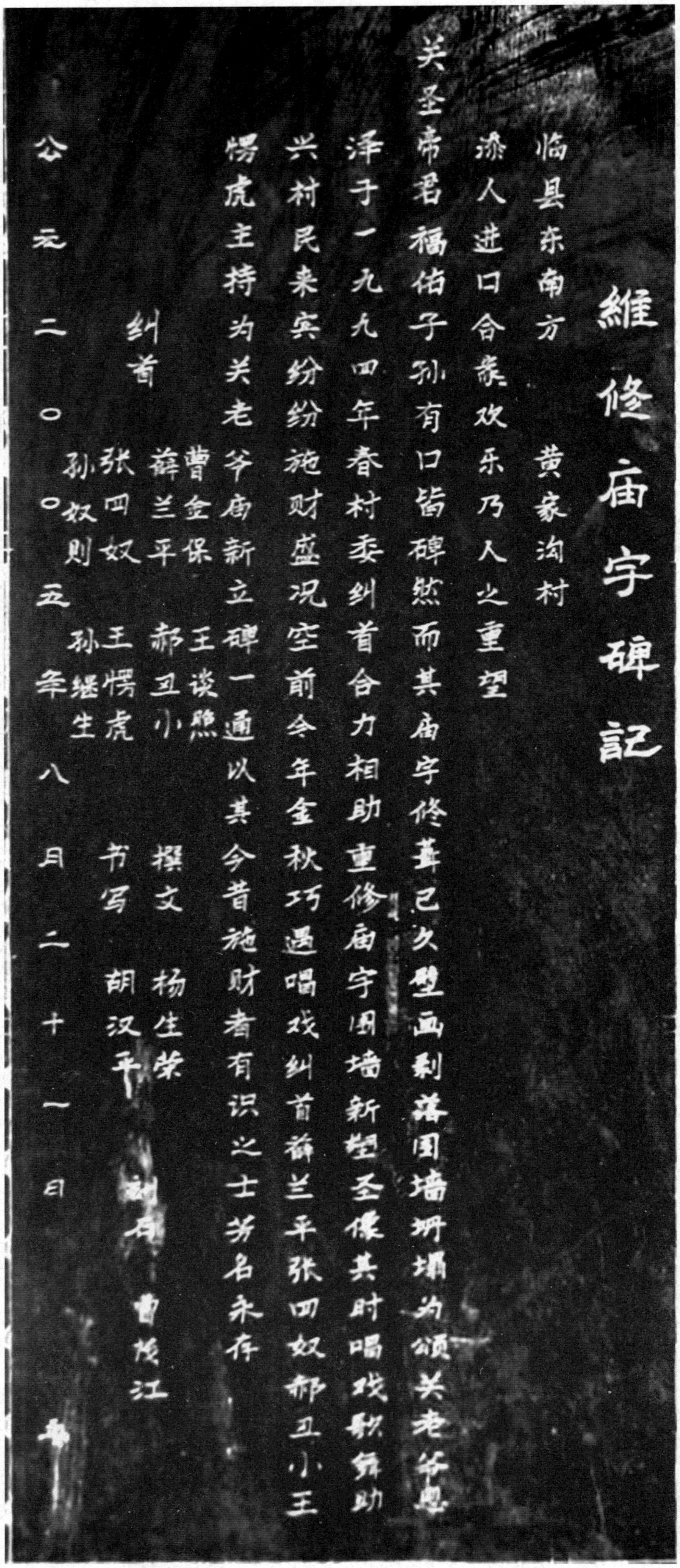

重修龙王庙碑记

【简介】

2005年8月勒石。现存于临县青凉寺乡窑坪墕村龙王庙。碑青石质，圆首，碑高149、宽58、厚7厘米。碑阳额题“流芳百世”4字。碑文楷体，正文8行，满行37字。记载窑坪墕村重修龙王庙之事。碑阴刊载施钱人名单。保存完好。

【碑文】

（碑阳）

重修龙王庙碑记

窑坪墕村龙王庙是一座历史悠久的古庙，因社会历史原因，上世纪四十年代拆毁。六十多年来，虽然庙宇毁坏，金身破碎，但老龙王和五龙圣母广布福禄，护村佑民，风调雨顺，五谷丰登，深恩厚泽，从未间断。而今欣逢盛世，国泰民安，重修龙王大庙，再塑龙王金身，既符圣意，又合民心，故于公元二零零五年六月二十四日顺利竣工，总投资八千八百多元。龙王庙砖木结构，雄伟壮观，大殿金碧辉煌，金身肃穆威严，同年八月九日为龙王大庙举行了隆重的开光圣典，谨将经领人及布施人芳名列后。

经领人：高全旺　王绪发　刘全昌　刘志明　刘思勤

工匠：刘明明　刘还全　贺青旦　刘六汝　贺旦旦　刘利明

刀工：王月新

泥塑：吕红正

书丹：董业闻

刻石：王根威　王泽峰

公元二零零五年农历八月九日立

（碑阴）

500元3人：贺小平　刘谈虎　刘世昌

400元2人：高泽奇　刘青照

300元1人：刘继全

200元8人：刘志明　王建平　高保明　刘顺平　刘金昌　刘德贵　秦汝德

110元1人：刘恩照

100元25人：高全旺　王绪发　刘恩勤　刘勤明　张顺平　刘勤勤　刘兰旺　刘里顺　贺庆旺刘东勤　刘全照　刘有星　贺小平　高梅梅　刘仁昌　刘太生　刘五赖　王秀峰　刘效明　刘志勤秦生勤　粮站　乔和平　北京　郭圳江　陈颖　赵原

（50元至80元共38人，姓名略）

文水　青蒿墕　后月镜　月家沟　郝家梁　泥沟　段家沟　窑坪墕　走马墕

刘平100元　王金旺100元　王恩旺100元

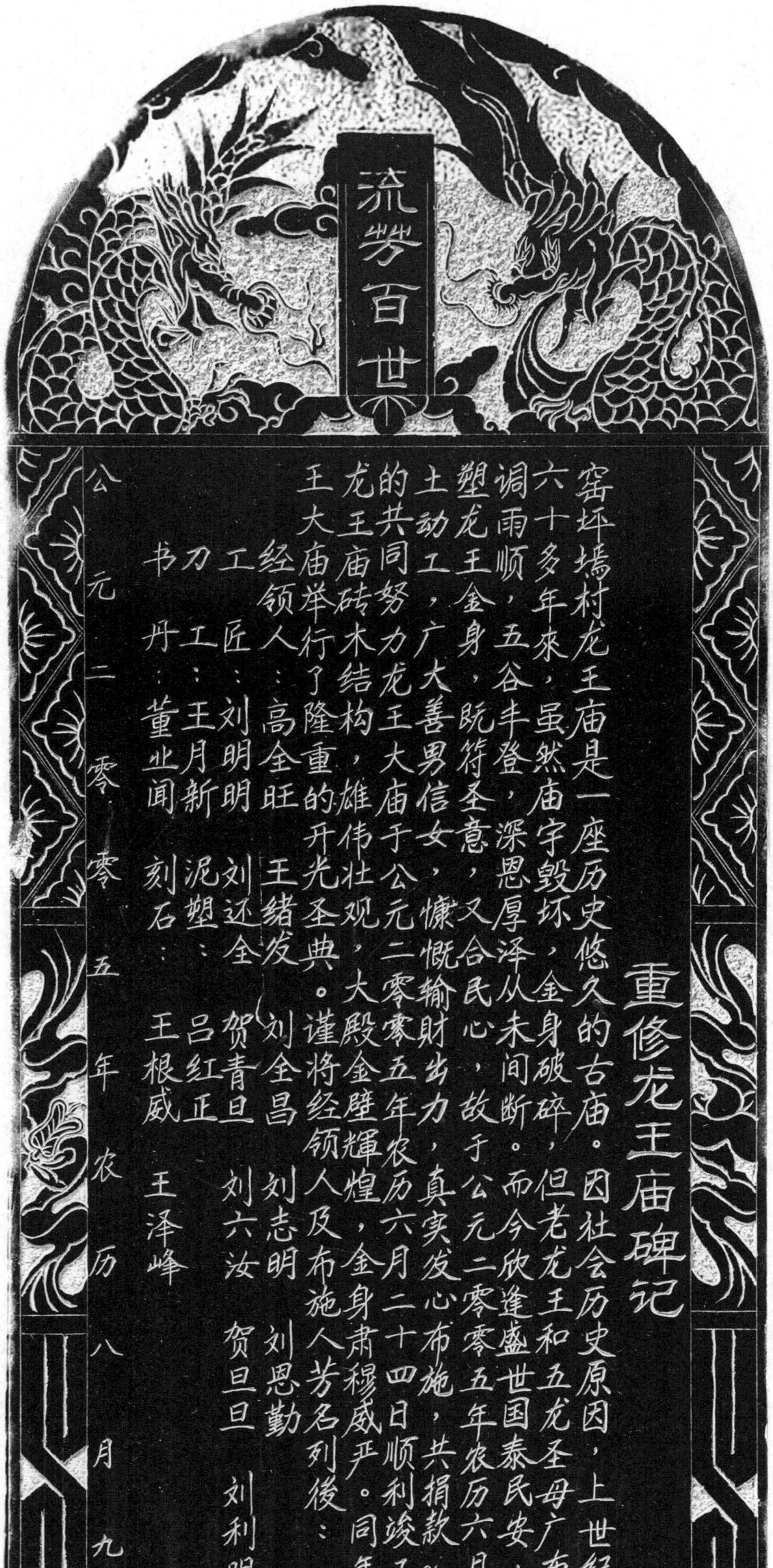

流芳百世

重修龙王庙碑记

窑坪墕村龙王庙是一座历史悠久的古庙。因社会历史原因，上世纪四十年代被折毁。六十多年来，虽然庙宇毁坏，金身破碎，但老龙王和五龙圣母广布福禄，护村佑民，风调雨顺，五谷丰登，深恩厚泽从未间断。而今欣逢盛世国泰民安，重修龙王大庙，再塑龙王金身，既符圣意，又合民心，故于公元二零零五年农历六月六日卜吉安基，破土动工，广大善男信女慷慨输财出力，真实发心布施，共捐款9600多元，经全体工匠的共同努力，龙王大庙于公元二零零五年农历六月二十四日顺利竣工。总投资8800多元。龙王庙砖木结构，雄伟壮观，大殿金壁辉煌，金身肃穆威严。同年农历八月九日为龙王大庙举行了隆重的开光圣典。谨将经领人及布施人芳名列後：

经领人：高全旺　王绪发　刘全昌　刘志明　刘思勤

工匠：刘明明　刘还全　贺青旦　刘六汝　贺旦旦　刘利明

刀工：王月新　泥塑：吕红正

书丹：董业闻　刻石：王根威　王泽峰

公元二零零五年农历八月九日立

重修东林玉佛寺缘起碑记

【简介】

2005年9月勒石。现存于临县临泉镇田家沟村东林玉佛寺。碑青石质，龙首龟趺，总高度404厘米。其中龙头高125、宽121、厚28厘米，碑身高212、宽101、厚24厘米，龟身高67、宽120、厚160厘米。碑阳额篆“阿弥陀佛”4字。碑文隶体，正文13行，满行68字。记东林玉佛寺之缘起。碑阴为捐款人名单。保存完好。

【碑文】

重修東林玉佛寺緣起碑記

如來爲一大事因緣，故出現於世。所謂大事者，欲令一切衆生，悉皆開示悟入佛之知見各得成佛而已。以衆生根性大小不一致，如來法門權實不同，由此如來普度衆生之心不能特大暢。故特開一信願，念佛求生西方一法，俾若凡若聖，同於現生出此苦域，生彼樂邦，上根則頓証法身，中下亦同登不退，令衆生同出生死，暢如來之本懷，其爲利益莫能名焉。故得九界同歸，十方共贊，千經俱闡，萬論均宣。以其爲十方三世一切諸佛，上成佛道，下化衆生，成始成終之總持法門故也。爲暢佛之本懷，縣城北田家溝村原佛殿内塑彌勒、觀音菩薩和十八羅漢。然則人事滄桑，一九四二年前已傾圮毁壞，只留殘垣斷壁而已。法不孤起，仗緣方生。一九九二年縣佛教聯絡組和本村善信發心，擬在本村九龍山前建寺安僧，以弘法利生。

九三年二月動工，同時從柳林請回昌尊法師坐錫。經七月餘，大殿塑像完工，六月十九日開光，一時善信雲集，佛法廣傳，故昌尊法師稱名爲弘法寺。九四年，由五臺山圓照寺海勝法師，委托該寺妙高法師，緬甸代請玉佛兩尊，當年後殿塑三大士聖像，七月十五日開光。九五年建念佛堂，夏請玉佛回寺。九六年建天王殿，塑像，九月十九日開光。九七年請五臺山宏現法師，不日隆祥師傅也來寺常住。同年正式批爲佛教活動場所。由此李百貴居士更名爲東林玉佛寺。秋齋堂厨房建成，冬季，百貴居士等發起集鑄地藏聖像。九八年建觀音殿，三層僧舍，鋪月臺，安欄杆，八月昌尊法師坐西，九月十九日，玉佛觀音聖像開光，年前請藏理法師住寺。九九年妙華法師住錫，秋妙演法師管理寺務，兩千年春，請地藏聖像回寺，地藏聖誕開光。八月萬林師傅請爲寺監院。零一年建客堂三間，七月悟龍師傅聘爲監院。零二年有薛善信修寺前路，冬匯明師傅接管寺務。零三年連續打念佛七七，二月請石碑兩通，建伽藍殿、流通處，僧會院墻大門。零四年正月初匯明師傅西逝。聘玄光師傅爲監院，春建天王殿南偏門。零五年春，修念佛堂、齋堂、水檐，改修觀音殿頂，六月請韋陀彌勒聖像，塑伽藍像，建文昌殿並塑像，且刻碑兩通，一通爲彰鑄地藏聖像緣起，一通爲十四年建寺經歷，布施捨地等功德芳名。以俾後之來哲咸委悉焉。伏願國泰民安，治道遐昌，佛日增輝，正法久住，檀越蒙福，僧衆安和，兵革永息，同生蓮邦。

開山住持　昌尊和尚

監院　玄光法師

經理人　李百貴　高德成　田生榮　田生潤　田新民　高德興　田忠念　田子民　李振華

總設計　田生潤

古建木工　秦春寧　李有順

泥瓦工　劉愛慶

吊裝工　任愛虎

塑像　秦青平　鄭龍

佛歷二五四九年歲次乙酉九月十九日

李百貴撰文

李榮棠書丹

阿彌陀佛
重修東林五佛寺緣起碑記

王根威　子利峰　澤峰　刻字

（碑阴）

东林玉佛寺一九九二—二〇〇五年五月布施功德芳名

一万二千元　释昌尊　高保明

一万元　王计金　同隆建材总汇

九千元　康改清

6008 元　释隆源

五千六百元　田新明

四千元　张巧珍四人　无名氏　刘生京

三千一百元　善信弟子

二千四百元　任玉明　高保明

二千一百五十元　妙音居士　无名士

二千元　李栓栓　田能智

一千九百元　释隆晋

一千八百元　常秀爱　秦祥庭　田子明

一千六百元　秦玉亮　刘泽仁

一千三百元　武小平　任继平　任亮亮

一千一百五十元　任志荣

一千元　释圣明　释悟証　释隆昌　李玉平　田润身　刘志碧　郭清秀　陈继平　高德成　樊清旦　无名氏　田生荣　周秀兰

九百元　四川江邮市刘志碧

八百元　辛恩堂　田绳旺

七百元　陈九法　预制厂　田润东　曹善宗

六百元　王香连　田泽奇　薛秀平　薛志明　无名氏　无名氏

五百元　张建珍　李百贵　赵侯平　严林生　孙年贵　孙海贵　张海生　樊功玉　田乃喜　李改秀　无名氏　闫唤爱　武建利　严清平　妙音　玄中寺　李振华　李星星

（下略）

上马家山重修关帝观音庙碑记

【简介】

2005年9月勒石。现存于临县三交镇上马家山村。碑青石质，圆首，高147、宽56、厚7.5厘米。碑阳额题“神恩浩大”4字。碑文楷体，正文6行，满行33字。内容记载马家山村重修关帝、观音庙之事。碑阴为捐款名单。保存完好。

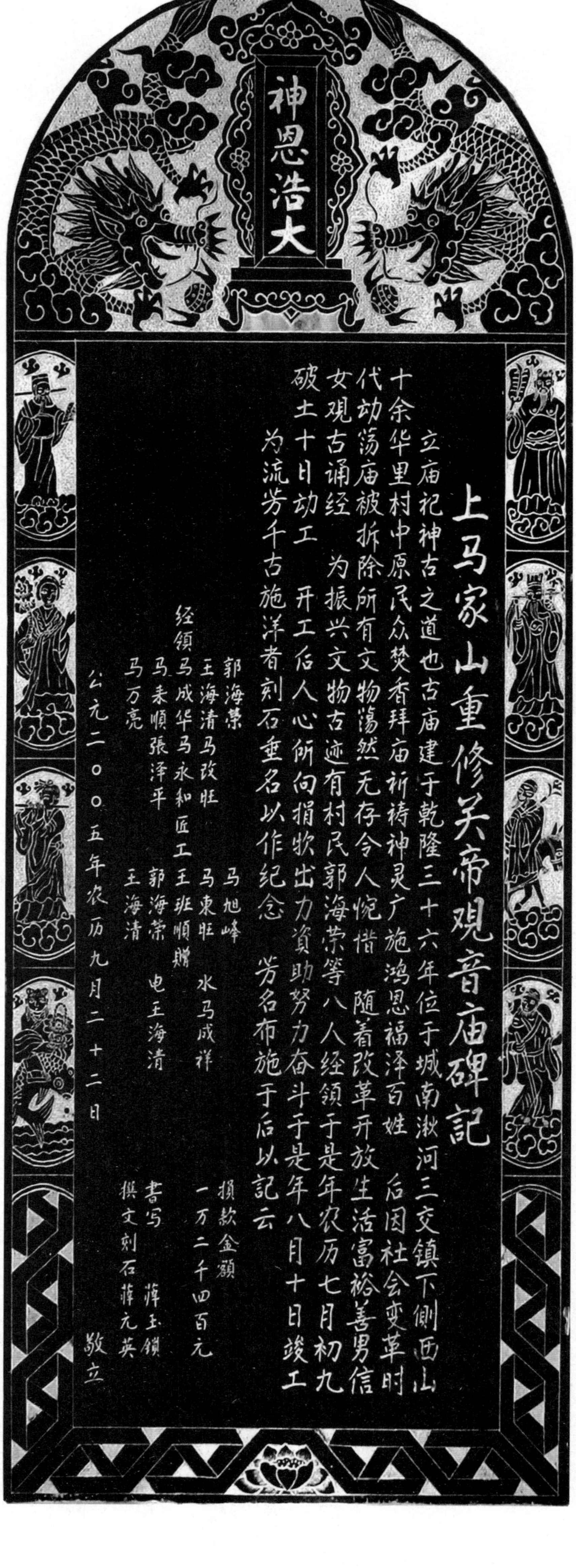

【碑文】

（碑阳）

上马家山重修关帝观音庙碑记

立庙祀神古之道也，古庙建于乾隆三十六年，位于城南三交镇下侧西山十余华里村中，原民众焚香拜庙，祈祷神灵，广施鸿恩，福泽百姓。后因社会变革，时代动荡，庙被拆除，所有文物荡然无存，令人惋惜。随着改革开放，生活富裕，善男信女观古诵经，为振兴文物古迹，有村民郭海荣等八人经领，于是年农历七月初九破土，十日动工。开工后，人心所向，捐款出力资助，努力奋斗，八月十日竣工。为流芳千古，施洋者刻石垂名，以作纪念。芳名布施于后以记云。

经领　郭海荣　王海清　马成华　马来顺　马万亮　马改旺　马永和　张泽平

匠工　马旭峰　马东旺　王班顺　郭海荣　王海清

赠水　马成祥

赠电　王海清

捐款金额一万二千四百元

书写　薛玉锁

撰文刻石　薛元英

公元二〇〇五年农历九月二十二日敬立

（碑阴）

捐款人芳名

郭占斌1000元　郭海荣500　郭海丽500　张玉文500　李侯勤500　李国勤500　李新勤500　张玉平200　马成英200　马尚文200

（下略）

九凤庵道教三清殿碑记

【简介】

2005年9月勒石。现存于临县大禹乡张家圪垯村。碑砂石质，圆首，高158、宽67、厚15厘米。碑阳额题“德传千古”4字。碑文草书，正文8行，满行41字。记载张家圪垯村九凤庵修建道教三清殿之事。碑阴额题“功德无量”4字。刊修建道教三清殿捐款名单。保存完好。

【碑文】

（碑阳）

九鳳庵道教三清殿碑記

三清大殿位於村南鳳凰山顶（原名寨則山），其山形如鳳凰頭，西沟上瞰小溪，意欲飲水，兩翅騰飞，彩瓦飘逸，心曠神怡。北有大泉岭、小泉岭，南靠上山坡、小樹坡、松樹坡，东有老坊圪墶，西有鼓园圪墶，犹有百鸟朝鳳，歡欣鼓舞。山底上通公路，直達方山乾沟，一条長達二十華里沟中，清泉無数，長年流水潺潺，本山松樹、梨枣不计其数，真乃杰地仙境。原有小殿一處，後修成大殿，三清是三尊大神，不能低於觀音殿。修本庙经领人张应柏、张润德率领全體村民於九九年六月動工，他们以身作则，吃苦耐劳，村中匠人出谋划策，村民無酬出工，自始至终。庙建成後，经领人与村民都想塑造神像，但经济拮据，灵应足成了一位弟子，李秀连等以筹办想塑三尊神像，好事感動天地，消息传给全民，真是神喜人歡，至此好事枚不举，壞事销声匿迹，村泰人安，萬事和谐（文中露如勝二字）。

公元二零零五年秋月

撰书　樊心质　张应斌

刻石　张润德

（碑阴）

乡政府1000元　北武当100元　圪台上　大后沟　火燎坡　歧道村　张保勤　张旭勤　各二百元　中都宰　真武山　东林寺　玉佛寺　善庆寺　各一百元　（26人略　各一百元）

张应柏槐树150元　瓦1234个　松椽42条700元　武家沟武勤国道教乐器　日用灶具　张应斌柳树一棵200元　石鼓一对　张明照石礅一对　张奴照三清殿门窗一架　瓦481个　张才美杨树200元　张加保木料一根60元　张永杰木料30元　张谈柱石瓮　四斗瓮　张根勤木料一根60元　张顺保瓦51个　张文智瓦65个　张世务瓦256个　张谈珍瓦621个　张恩俊瓦280个　张世禄软米100斤

石工　玉勤　有照　谈则　乃保　旭峰　明顺

砖瓦工　秀德　明顺　（11人略）

泥工　森荣　（5人略）

木工　张应万

施工　应柏　（6人略）

大队干部　张树启　（4人略）

丹青　秦清平

撰镌　张润德

经领人　士务　应柏　泽德　清生　润德　世泽　根勤　应万

公元二〇〇五年九月十三日立

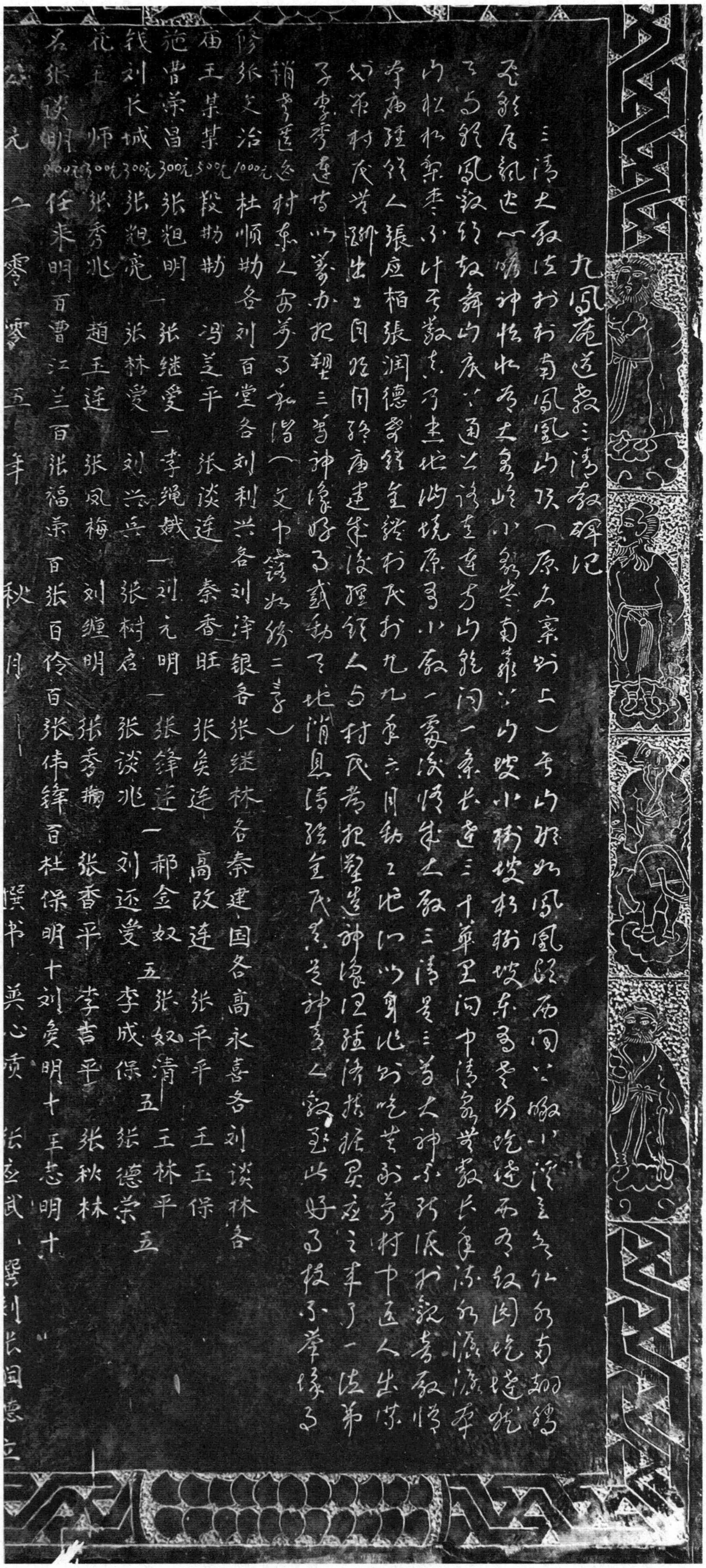

九凤庵道教三清教碑记

三清大殿位於村南凤凰山顶（原名案坪上）其山形如凤凰头西向山嘴下深至无仙所南翱翔飞翔展翅也一览神怡心旷大自然峰小貌崇南靠小山坡小树坡杉树坡东面是坊峗墕西面是郭阳峗墕就是凤凰翅舞山底下通道之路道旁山能间一条长道三十华里间中清泉常年流水潺潺源山松柏枣杏不计其数来了这此时景原有小殿一处後修建大殿三清是三尊大神不但依於信者敬修本庙经领人張应栢張润德带领全体村民於九九年六月动工他们以身作则吃苦耐劳村中远人出资出力本村民众踊跃出工同领导庙建紧接後经领人与村民募捐塑造神像但经济拮据最难之事了一位弟子李秀莲皆以募办捐塑三尊神像好了感动了他消息传播全民崇尚神像人数至此好了接不举缘了捐资莲念村东人安茂了和尚（文中錯誤如修二字）

修 张文治1000元 杜顺勤各 刘百堂各 刘利兴各 刘泽银各 张继林各 秦建国各 高永喜各 刘谈林各
庙 王某某500元 段勤勤 冯芝平 张淡莲 秦香旺 张奂莲 高改莲 张平平 王玉保
施 曹荣昌300元 张粗明一 张继爱一 李绳娥一 刘元明一 张锋莲一 郝金奴五 张奴清五 王林平五
钱 刘长城300元 张粗亮 张林爱 刘兴兵 张树启 张谈兆 刘还爱五 李成保五 张德荣五
花 王师300元 张秀兆 赵玉莲 张凤梅 刘缠明 张秀梅 张香平 李吉平 张秋林
名 张谈明200元 任来明百 曹江三百 张福荣百 张百伶百 张伟锋百 杜保明十 刘奂明十 王志明十

公元二零零五年秋月 撰书 吴心贤 张盛武 撰刻 张国德 立

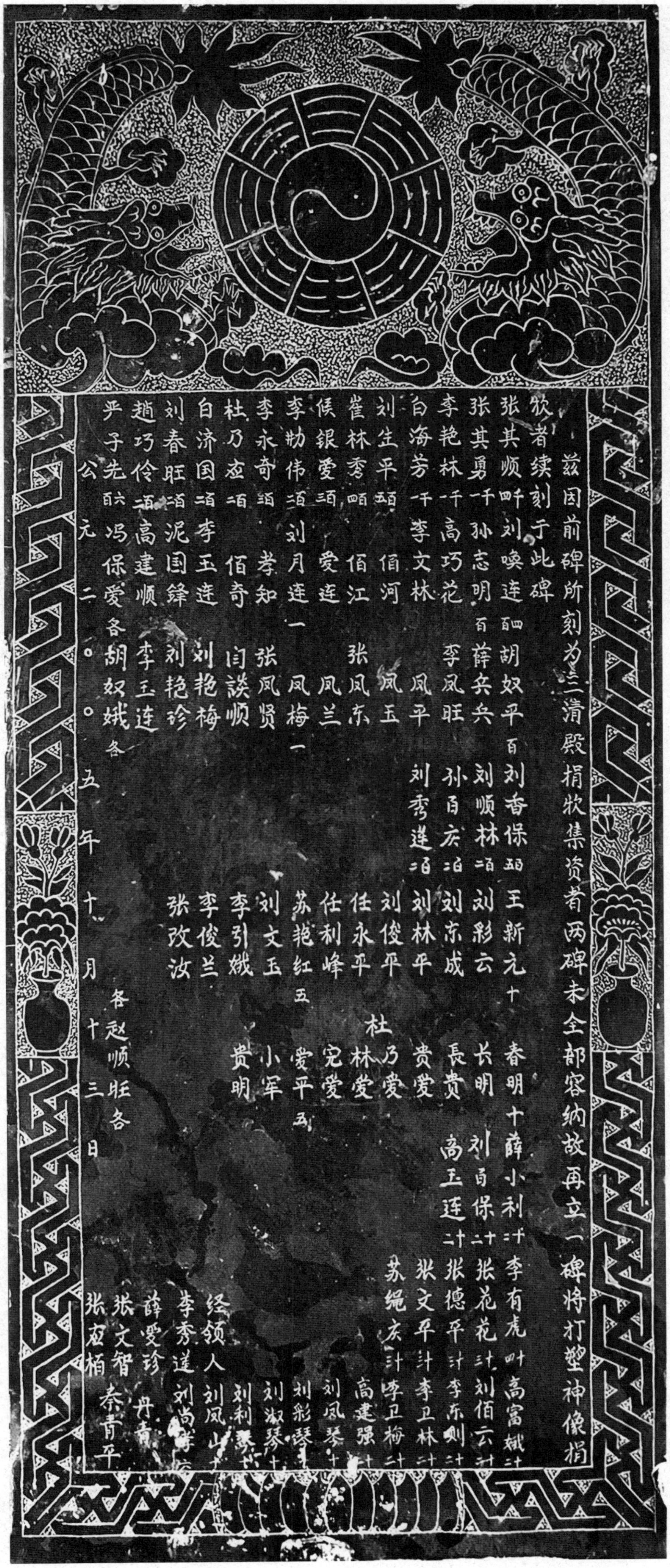

九凤庵道教三清殿补充碑记

【简介】

2005年10月勒石。现存于临县大禹乡张家圪垯村。碑青石质，圆首，高150、宽60、厚11厘米。碑文楷体，正文2行，满行35字。为九凤庵道教三清殿修建补充碑记。保存完好。

【碑文】

兹因前碑所刻为三清殿捐款集资者两碑未全部容纳，故再立一碑，将打塑神像捐款者，续刻于此碑。

张其顺四千　张其勇一千　李艳林一千　白海芳一千　刘生平五百　崔林秀四百　侯银爱三百　李勤伟二百　李永奇三百　杜乃应二百　白济国二百　刘春让二百　赵巧伶二百　严子先百六　刘唤连百四

（下略）

经领人　李秀莲　薛爱珍　张文智　张应柏

丹青　秦清平

公元二〇〇五年十月十三日

日元贷款植树造林项目工程区标志碑

【简介】

2005年10月勒石。现存于临县城庄镇周家沟村。碑青石质，长方形，高80、宽120、厚8厘米。碑文楷体，正文1行，满行3字。为日元贷款造林项目工程区标志碑。保存完好。

【碑文】

日元贷款植树造林项目

工程区

临县林业局

二〇〇五年十月

惠民桥碑

【简介】

2005年11月勒石。现存于临县大禹乡砖罗门村。碑砂石质，长方形，高70、宽90、厚8厘米。碑文草书，正文1行，满行3字。保存完好。

【碑文】

惠民桥

山西离石师范援建

二〇〇五年十一月

李家峁关帝庙碑记

【简介】

2005 年 11 月勒石。现存于临县玉坪乡李家峁村。碑青石质，平首，高 164、宽 60、厚 9 厘米。额题“碑记”2 字。碑文楷体，正文 11 行，满行 38 字。记载李家峁村重建关帝庙之事。保存完好。

【碑文】

碑记

据考察，李家峁关帝庙始建于民国八年，一九六六年拆除。一九八七年村民捐资投工，由李茂棠、李九义等人经领复建。一九九五年村民捐资由李保问、王治元等人经领，泥塑关帝像。同年由李润普等人出资挂钟。今年李爱民发起，重修庙宇，托李茂棠、李九义执手，四月初三日动工，于十月底竣工。庙址庙向与原来相同，泥塑关公、关平、周仓等五尊大像。

李家峁龙天庙宇不知何年始建，只知旧庙由高庙梁迁建于庙圪垯，雍正元年正月十五日，失火烧毁。乾隆十年由白家庄、石塘会、李家坡底、小神墕、周家沟、周家墕、李家峁、郭家沟八村联建，次年在院内又新修戏台、廊坊、钟楼、马棚、山神庙，八村敬奉。从光绪年起，李家峁、郭家沟、周家墕三村敬奉，其它五村退出。一九四八年将庙拆除。一九九五年，李家峁村民捐资，由李保问、王治元等人经手，将龙天庙迁来关帝庙之旁，并搭盖简易神棚。此次修庙共支出两万零七百二十元，收布施一万七千八百四十元，亏两千八百八十元由李绳平支付，灯光设备由李润普出资。

正是：顺天意，合民心，修庙宇，敬神灵。

发起人　李爱民

经领人　李九义　李茂棠

撰文　李桂昌

书刻　李生端

丹青　秦清平

公元二〇〇五年十一月十一日吉立

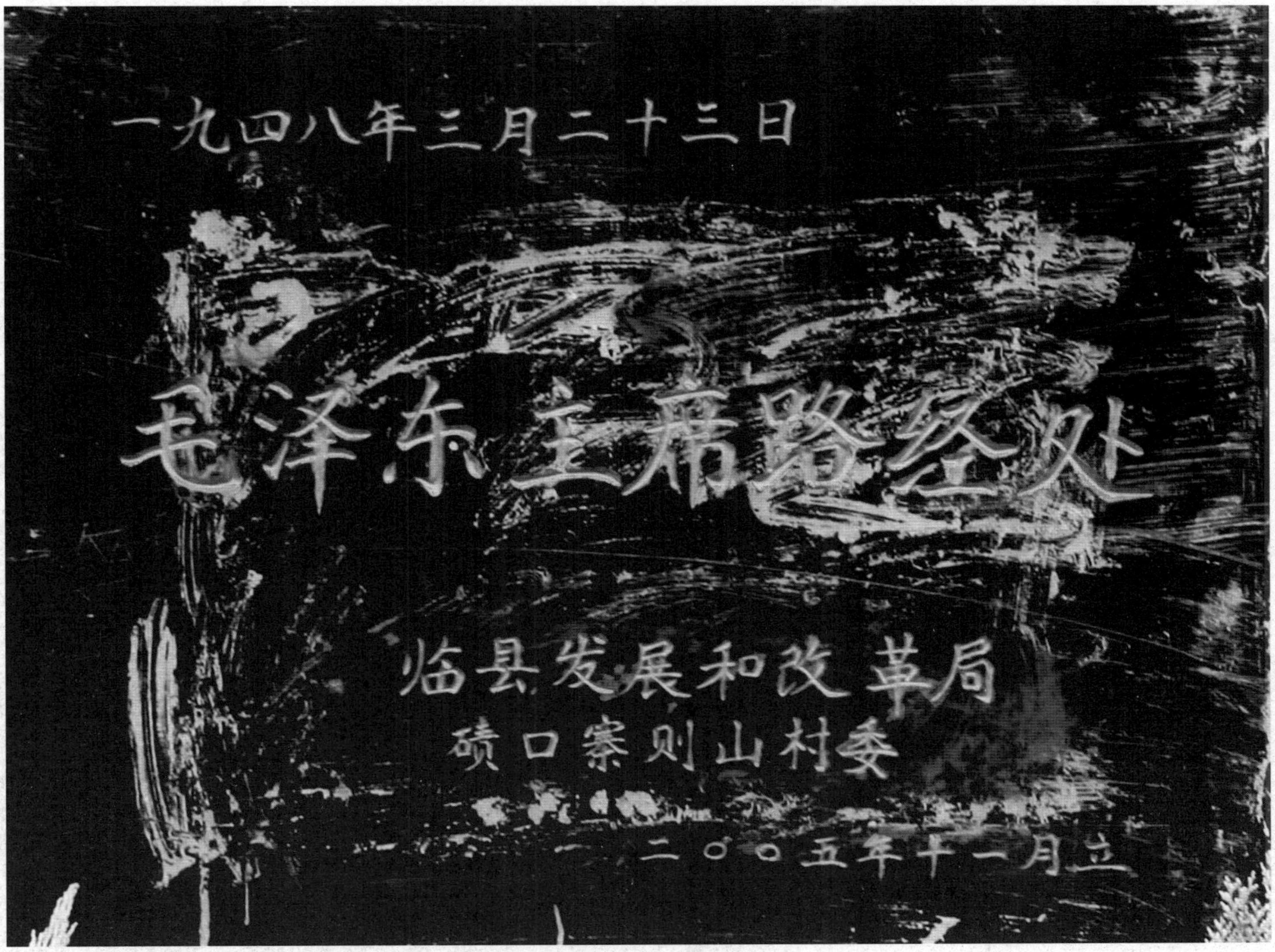

毛泽东主席路经处碑

【简介】

2005 年 11 月勒石。现存于临县碛口镇寨子山村。碑青石质，长方形，高 90、宽 140、厚 10 厘米。碑文楷体，正文 1 行，满行 8 字。为纪念毛泽东主席东渡黄河路经寨子山村所立之碑。保存完好。

【碑文】

一九四八年三月二十三日
毛泽东主席路经处
临县发展和改革局
碛口寨则山村委
二〇〇五年十一月立

复修五龙圣母古庙碑记

【简介】

2005年勒石。现存于临县城庄镇大居村五龙圣母庙内。碑青石质，圆首，高132、宽55、厚7厘米。额题“百世流芳”4字。碑文楷书，正文9行，满行29字。记载大居村复修五龙圣母庙的情况。现保存完好。

【碑文】

復修五龍聖母古廟碑記

圣母古庙属大居、赤崖会、土门沟三村管辖，占地四亩，维修于民国六年，砖木结构，古朴典雅，雄伟壮观，钟鸣十里余韵，庙会戏剧助兴，全员食宿有余，香烟萦绕无断，香客络绎不绝，为临县盛大古庙之一。然则人事沧桑，世态变幻，年久失修，残痕断壁。一九六六年后，古庙荡然无存矣。民族文化乃华厦文明之象征。三村村民为弘扬民族文化，保存古迹，自发集资，择吉一九九五年二月二十七日，原址动土，重建古庙，历时三月，暂时竣工安神。直至二〇〇五年二月二十日，又修围墙大门，今之古庙，砖灰构筑，就原位浑然一体。规模虽小，旧制犹存，足见信民之虔诚也。故刻石记事，永昭后世。谨将经领、工匠、施款人芳名列后。

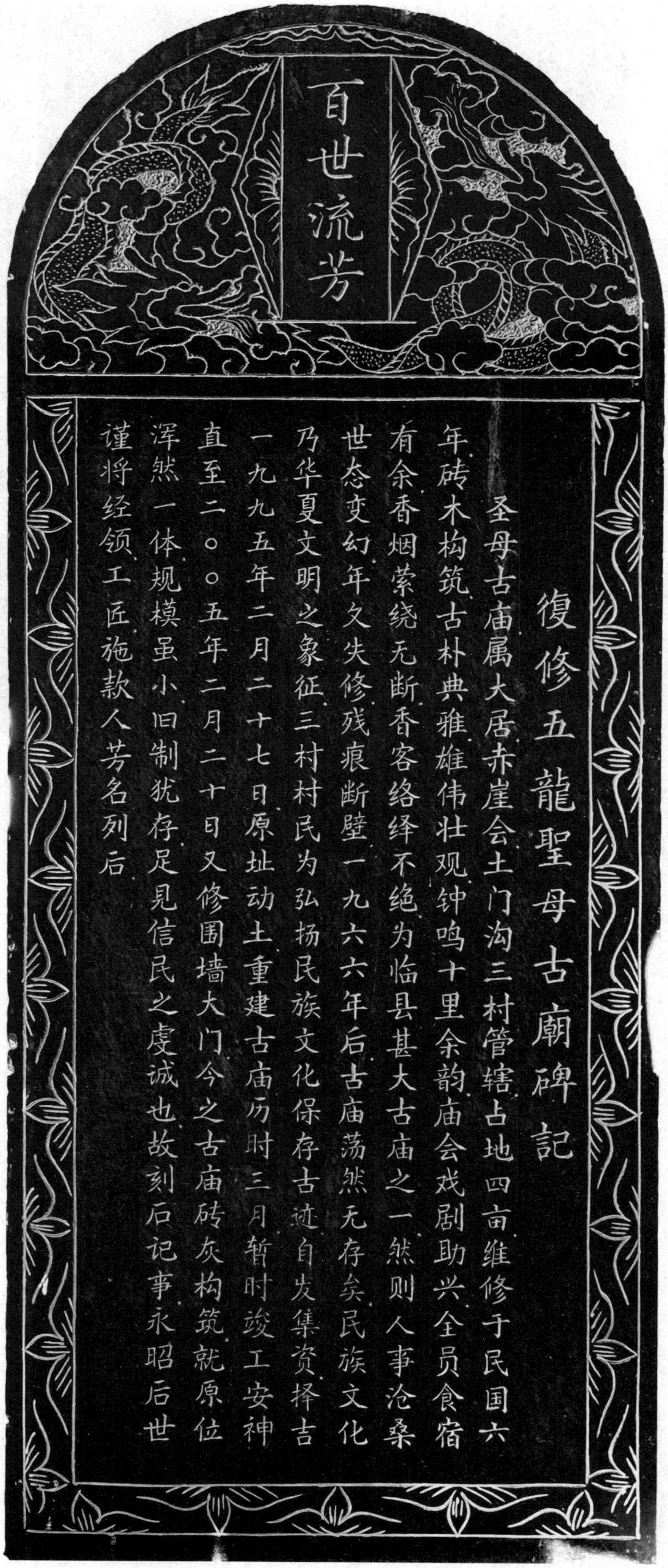

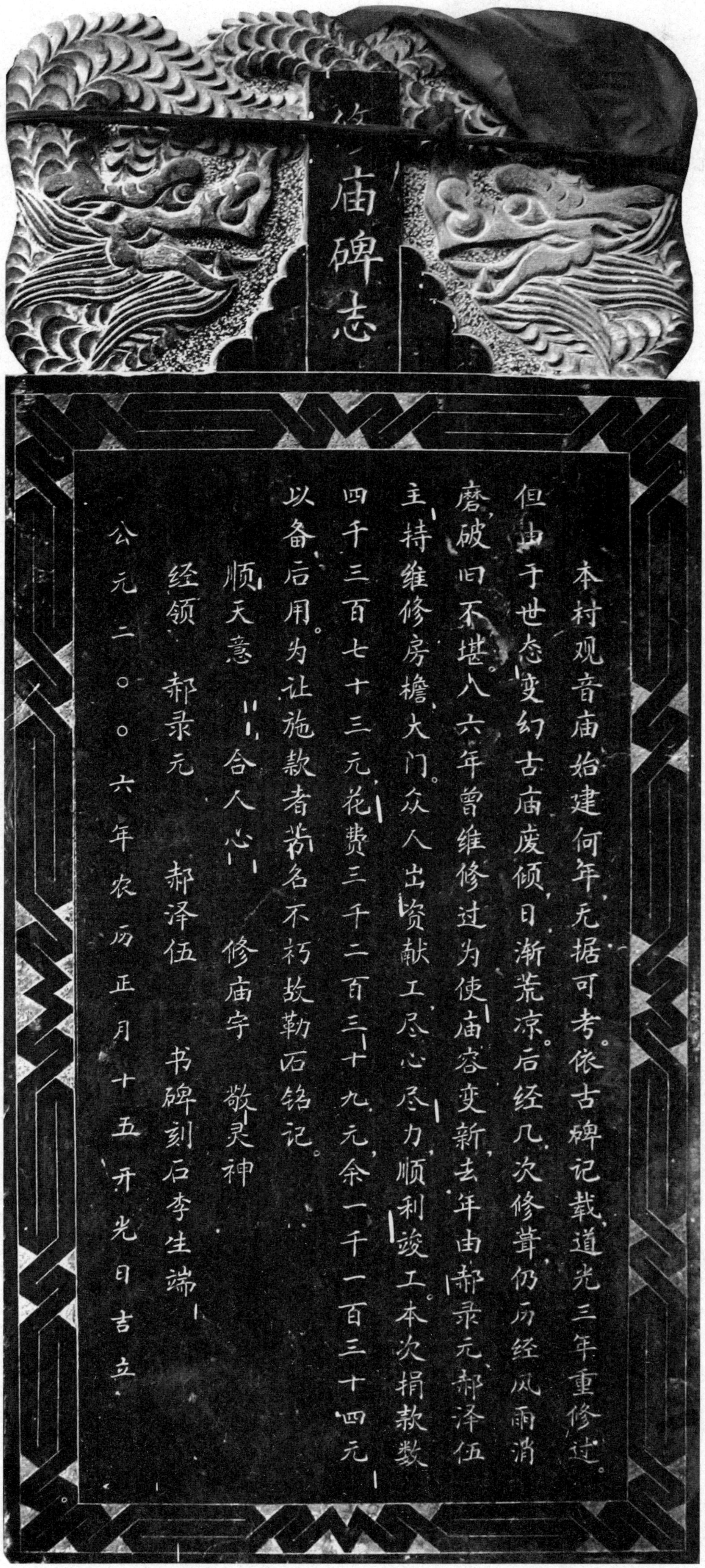

修庙碑志

【简介】

2006 年正月勒石。现存于临县玉坪乡郝刘家沟村。碑青石质，盘龙首，高 130、宽 55、厚 6 厘米。碑阳额题“修庙碑志”4 字。碑文楷体，正文 6 行，满行 27 字。记载郝刘家沟村维修观音庙之事。碑阴额题“布施纪念”4 字。碑文为布施名单。保存完好。

【碑文】

（碑阳）

修庙碑志

本村观音庙始建于何年，无据可考，依古碑记载，道光三年重修过。但由于世态变幻，古庙废倾，日渐荒凉。后经几次修葺，仍历经风雨消磨，破旧不堪，八六年曾维修过。为使庙容变新，去年由郝录元、郝泽伍主持，维修房檐大门，众人出资献工，尽心尽力，顺利竣工。本次捐款数四千三百七十三元，花费三千二百三十九元，余一千一百三十四元，以备后用。为让施钱者芳名不朽，故勒石铭记。

顺天意，合人心，修庙宇，敬灵神。

经领　郝录元　郝泽伍

书碑刻石　李生端

公元二〇〇六年农历正月十五开光日吉立

（碑阴）

一千元　郝百顺　二百元　郝青云　郝艳云　郝孝林　郝宗平　一百元　郝根全　郝云云　郝四庆　九十五元　郝光云　八十元　郝生才　郝生富　（下略）

刘家沟塑像志

【简介】

2006年正月勒石。现存于临县玉坪乡郝刘家沟村。碑青石质，盘龙首，高130、宽55、厚6厘米。额题“塑像志”3字。碑文楷体，正文6行，满行27字。记载郝刘家沟村重塑山神土地像之事。碑阴刻施款名单。保存完好。

【碑文】

（碑阳）

塑像志

当今政通人和，百废俱兴，为复活佛教文化生活，让本村村兴人旺，由郝士兴、郝云云、郝全顺将观音庙内山神土地像重塑，而今神像形态逼真，彩画如生。开光之日，笙乐侍奉，人心欢跃，纷纷捐款，周村信男善女纷至沓来，虔诚礼拜，香火萦绕不断，香客络绎不绝。本次捐款为众人自发，受到周村各界有识之士的好评。谨将执事者与施款者尊名，作文以记之。

顺应天时，灵神保佑，心诚则灵，凡事遂心。

经领　郝士光　郝云云　郝全顺

泥塑丹青　郝全顺

书碑刻石　李生端

公元二〇〇六年农历正月十五开光日吉立

（碑阴）

施款芳名

二〇〇五年余款一千一百三十四元

二百二十五元　郝许平　一百元　郝云云　郝丙旺　贾春旺　郝月顺　白海军　六十元　郝清云　五十元　郝士应　郝光锋　郝小兵　郝玉珍　郝军平　郝生富　郝谈旺　郝珍珍　郝其珍　郝士光　郝班旺　（三十至四十元，共65人，名单略）　一百元郝全娥　五十元郝香旺

绣像施钱碑

总经理　郝光顺五十

经理人　郝久才五十　郝全照五十

郝务□一百　郝谈旺二百　郝生才三百　郝全成五十　郝贵云三百　郝二庆一百　郝乃全六十

旋钱人　贾冬旺三百　郝汝富一百　郝光华一百　郝丙玉一百　郝秀平一百　郝丙富一百　郝管旺七十　郝青云六十　（下略）

雕刻者　郝海喜

一九九五年九月廿五日刻

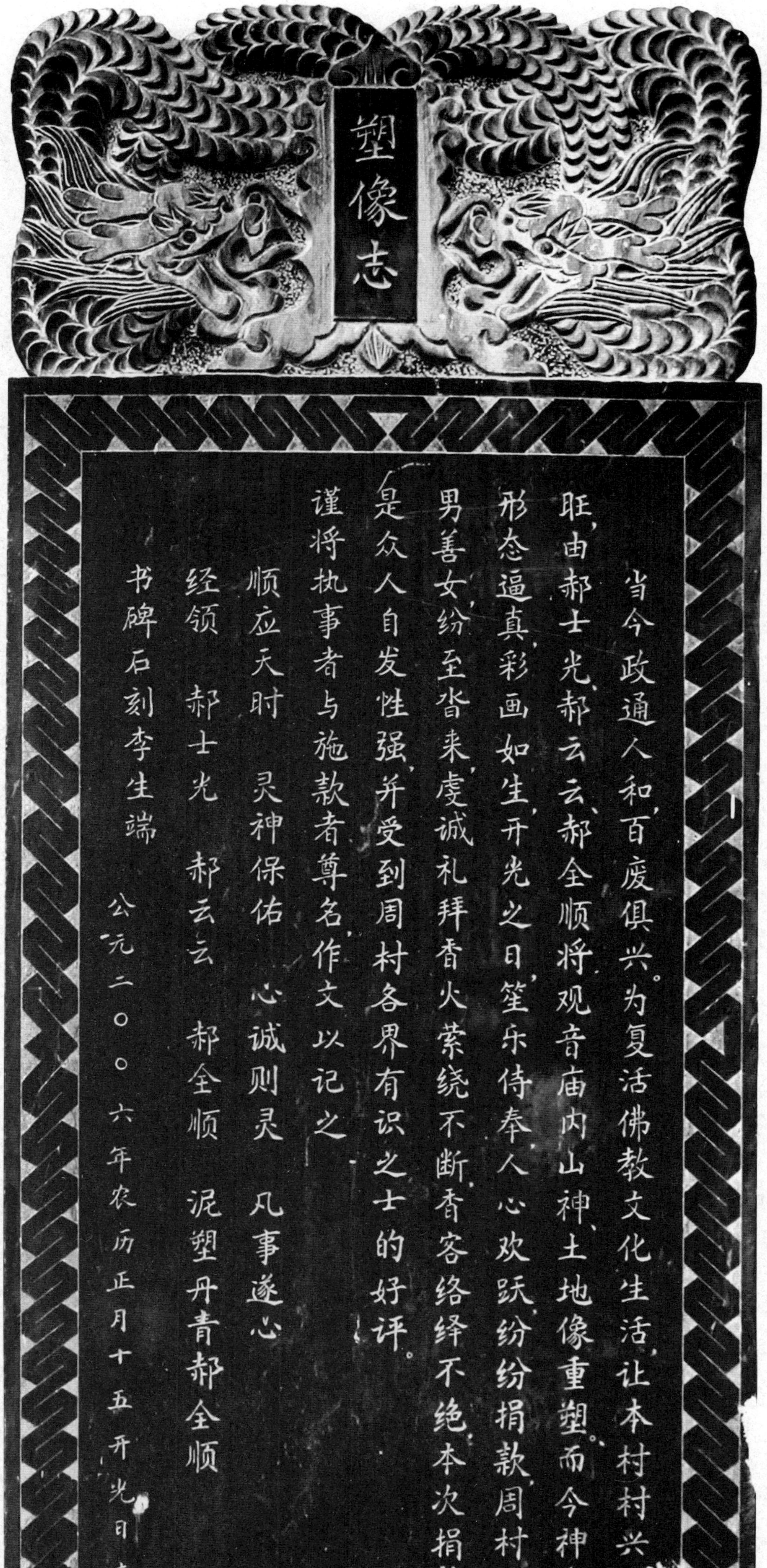
塑像志
当今政通人和，百废俱兴。为复活佛教文化生活，让本村村兴人
旺，由郝士光、郝云云、郝全顺将观音庙内山神、土地像重塑。而今神像
形态逼真，彩画如生，开光之日，笙乐侍奉，人心欢跃，纷纷捐款，周村信
男善女纷至沓来，虔诚礼拜，香火萦绕不断，香客络绎不绝，本次捐款
是众人自发性强，并受到周村各界有识之士的好评。
谨将执事者与施款者尊名，作文以记之
顺应天时 灵神保佑 心诚则灵 凡事遂心
经领 郝士光 郝云云 郝全顺 泥塑丹青郝全顺
书碑石刻李生端
公元二〇〇六年农历正月十五开光日立

扩建祠堂施款碑记

【简介】

2006年2月勒石。现存于临县丛罗峪镇堡则峪村。碑青石质，圆首，高170、宽65、厚12厘米。额题“流芳百世”4字。碑文楷体，正文6行，满行65字。记载堡子峪村王氏修祠堂及施款情况。保存完好。

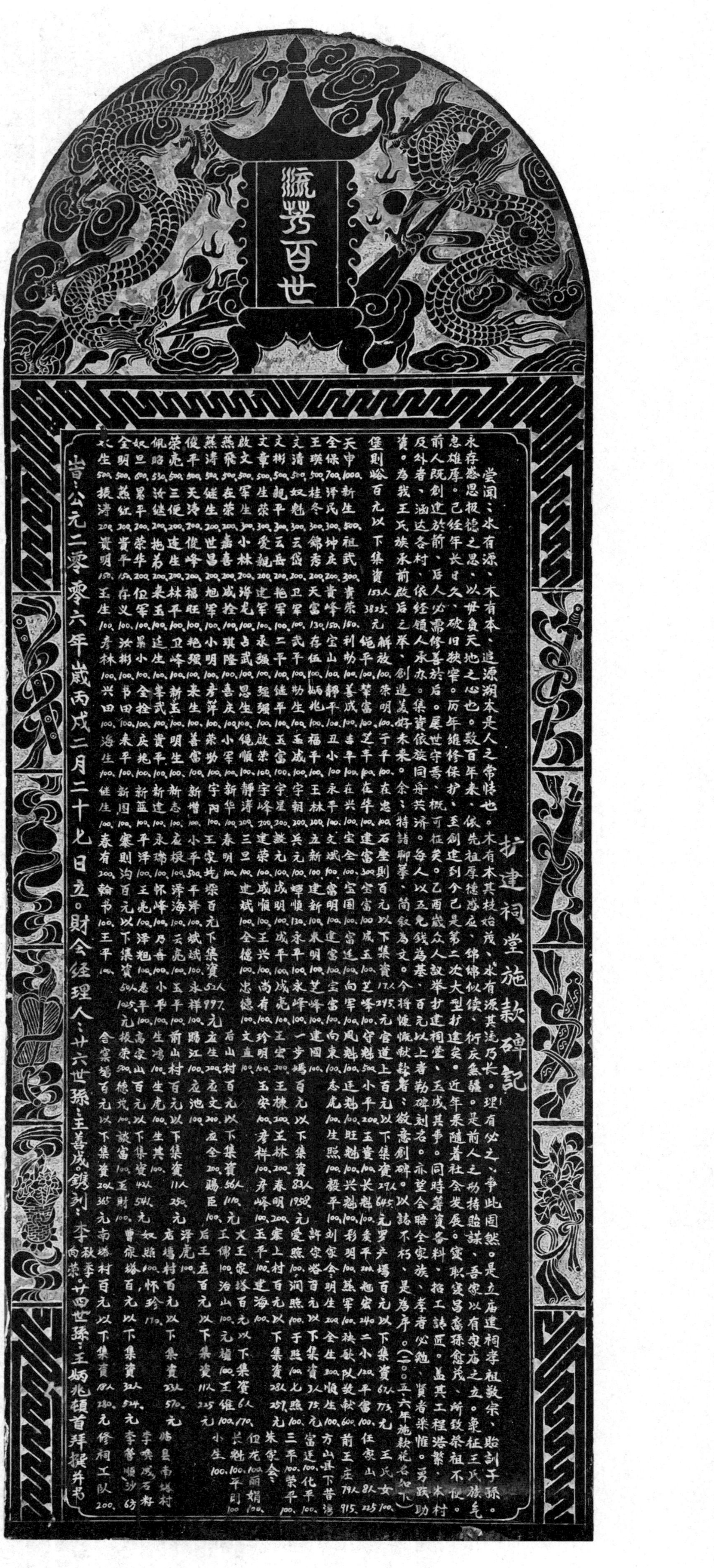

【碑文】

扩建祠堂施款碑记

尝闻水有源木有本，追源溯本是人之常情也，木有本其枝始茂，水有源其流乃长。理有必之，事此固然。是立庙建祠，孝祖敬宗，贻训子孙永存感恩报德之思，以毋负天地之心也。数百年来，依先祖厚德感应，绵绵似续，衍庆无疆，是前人之勤持贻谋，吾家以有家庙之立，象征王氏家族气息雄厚。已经年长日久，破旧狭窄，历年维修保护，至创建到今，已是第二次大型扩建矣。近年来，随着社会发展，浸积浸昌，裔孙愈茂，所致祭祖不便，前人既创建于前，后人必须修缮于后，屡世守焉，概可征矣。乙酉岁众人议举扩建祠堂，玉成其事，同时筹资备料，招工请匠，盖其工程浩繁，本村及外者，函达各村，依经领人承办集资，依族同舟共济，每人以五元钱为基，百元以上者勒碑刻名，亦望会晤全家族，孝者必勉，贤者乐惟，踊跃助资，为我王氏族承前启后之举，创造美好未来，余特以聊摹，简叙为文，今将慷慨献款者，欲意创碑，以志不朽！是为序。

二〇〇五、六年施款花名如下

堡子峪百元以下者集资153人3825元　天中1000　全保700　王瑛500　文清500　文彬500

文章 500　启文 500　燕飞 500　燕涛 500　俊平 500　荣亮 500　佩昭 500　奴旦 500　全明 500　永生 50　新生 500　泽民 300　桂冬 300　奴魁 300　亲平 300　生荣 300　军生 300　祖武 300　（100 至 200 元，共 96 人，名单略）

石鏊则百元以下者集资 17 人 395 元　建富 300　（100 元，33 人，姓名略）

王家圪垛百元以下者集资 52 人 997 元　小平 500　（100 元，16 人，姓名略）

寨则沟百元以下者集资 50 人 1025 元　春有 300　（100 元，2 人，姓名略）

官道上百元以下者集资 29 人 645 元　守魁 500　小平 200　（100 元，11 人，姓名略）

一步墕百元以下者集资 82 人 1958 元　王宏 200　王栋 200　王林 200　春明 200　（100 元，5 人，姓名略）

后山村百元以下者集资 56 人 1110 元　应生 200　应文 200　应全 200　（100 元，3 人，姓名略）

高家山百元以下者集资 42 人 541 元　振荣 500　（100 元，3 人，姓名略）

舍窠墕百元以下者集资 20 人 365 元

罗产墕百元以下者集资 67 人 773 元　爱平 200　耀宏 240　二小　平富　彩明　燕军各 100　秧歌队敬献 600 元　刘家会明生 200　全生 200　顺生 100

许家峪百元以下者集资 3 人 75 元　（100 元，4 人，姓名略）

寨上百元以下者集资 28 人 257 元　（100 元，2 人，姓名略）

大王家塔百元以下者集资 6 人 110 元　（100 元，4 人，姓名略）

后王家庄百元以下者集资 11 人 225 元　（100 元，1 人，姓名略）

店墕村百元以下者集资 23 人 570 元　（100 元，2 人，姓名略）

曹家塔百元以下者集资 32 人 524 元

南塔村百元以下者集资 11 人 230 元

王氏女 100　任家山 8 人 225 元　前王庄 71 人 915 元

方山县下昔镇富廷 100　化平 100　三平 100　荣平 100

朱家会（100 元，5 人，姓名略）

临县南塔李唤成石子　李管顺砂 6 方　修祠工队 200

时公元 二零零六年岁次丙戌二月二十七日立

财会经理人　廿六世孙王善成

镌刻　李向荣　李秋季

廿四世孙王炳兆顿首拜撰并书

观音殿宇落成序言

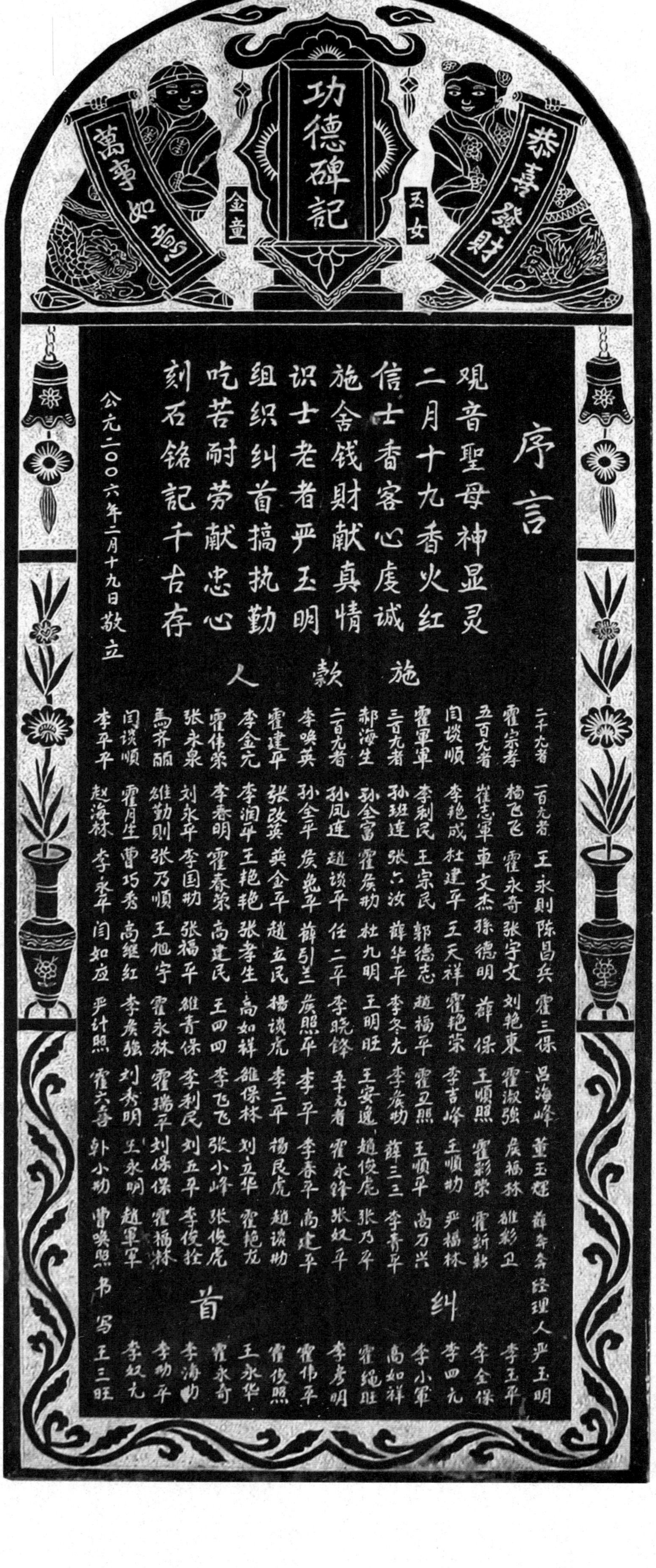

【简介】

2006年2月勒石。现存于临县湍水头镇霍家岭村。碑青石质，圆首，碑身高150、宽57、厚8.5厘米。额题“功德碑记”“恭喜发财”“万事如意”。碑文楷书，正文计8行，满行7字。记载霍家岭村观音庙落成纪念之事。碑阴额题“佛光普照”4字。碑文刻施款人名单。现保存完好。

【碑文】

（碑阳）

序言

观音圣母神显灵，二月十九香火红。

信士香客心虔诚，施舍钱财献真情。

识士老者严玉明，组织纠首搞执勤。

吃苦耐劳献忠心，刻石铭记千古存。

公元二〇〇六年二月十九日敬立

施钱人　二千元者　霍宗孝　五百元者　闫谈顺　霍军军　三百元者　郝海生　二百元者　李唤英　霍建平　李金元　霍伟荣　张永泉　马齐丽　闫谈顺　李平平　一百元者（111人，姓名略）

经理人　严玉明。

纠首　李玉平　李全保　李四元　李小军　高如祥　霍绳旺　李彦明　霍伟平　霍俊照　王永华　霍永奇　李海勤　李勤平　李奴元

书写　王三旺

（碑阴）

施款人　（略）

重建观音庙碑记

【简介】

2006年3月勒石。现存于临县林家坪镇薛家墕村。碑青石质，方首剔角，高144、宽61、厚8厘米。额题“功德无量”4字。碑文楷书，正文计6行，满行27字。记载薛家墕村重修观音庙之事。现保存完好。

【碑文】

重建观音庙碑记

我村原有观音庙，文化大革命时拆除，为恢复文物古迹，众村民提议重建观音庙，故择日于二〇〇五年二月十八日动工，历时两个月，村民踊跃捐资出工，有关单位大力资助，工匠精心设计，施工领事人等严密组织，新修大殿，重塑观音金身，院墙大门初具规模，工程于当年三月十八日胜利竣工。为铭记有功人士颂扬众多积善者美德，特立石记之，流芳千古。

捐款单位　新民联矿三千元　新民二矿三千元　刘奶清二千元

姓名、布施、投工

李晋芝600、22　俊明300　俊生300　俊海300、6　晋生300　晋芳218、93　晋玉288　晋峰288　晋耀288　玉亮288　保全200、26　小芳200（以下74人略）

总领事　李晋芳　恒岐　保全　全顺

总设计　全顺

地师　高晓曾

丹青　薛学东

……

供水　薛润增

供料人（4人略）供料折款一万陆千元

公元二零零六年农历三月初六日立

小王家塔王氏先祖碑记

【简介】

2006年3月勒石。现存于临县丛罗峪镇小王家塔村前墕口，外包青石碑套。碑青石质，圆首方座，高130、宽50厘米。碑文楷书，正文6行，满行29字，共172字。记载小王家塔王氏的来源与发展情况。碑阴为全村王氏七辈谱名。现保存完好。

【碑文】

碑记

吾王氏祖籍堡则峪村，老祖王公讳玠，第六世分为元、亨、利、贞四支，我门为利支。雍正元年癸卯岁，因黄河大水漫川而下，居室冲毁，迁居小王家塔村，繁衍生息二百八十余年，太祖讳遇庆（二十一世），高祖讳志卿，曾祖讳爱贤、徵贤、齐贤三世五位葬于此坟茔。因年久失修多处毁坏于二〇〇六年重新修葺，二十六世孙启进、启明、启德、启兴、启云、启英刻石以志，族谱列后，流传后世。

公元二〇〇六年农历三月十六日立

“姜太公在此”碑

【简介】

2006年勒石。现存于临县三交镇薛家坪村。碑青石质，长方形，高136、宽52、厚8厘米。碑文隶书，计1行，满行5字。现保存完好。

【碑文】

姜太公在此

丙戌年辛卯月丙午日立

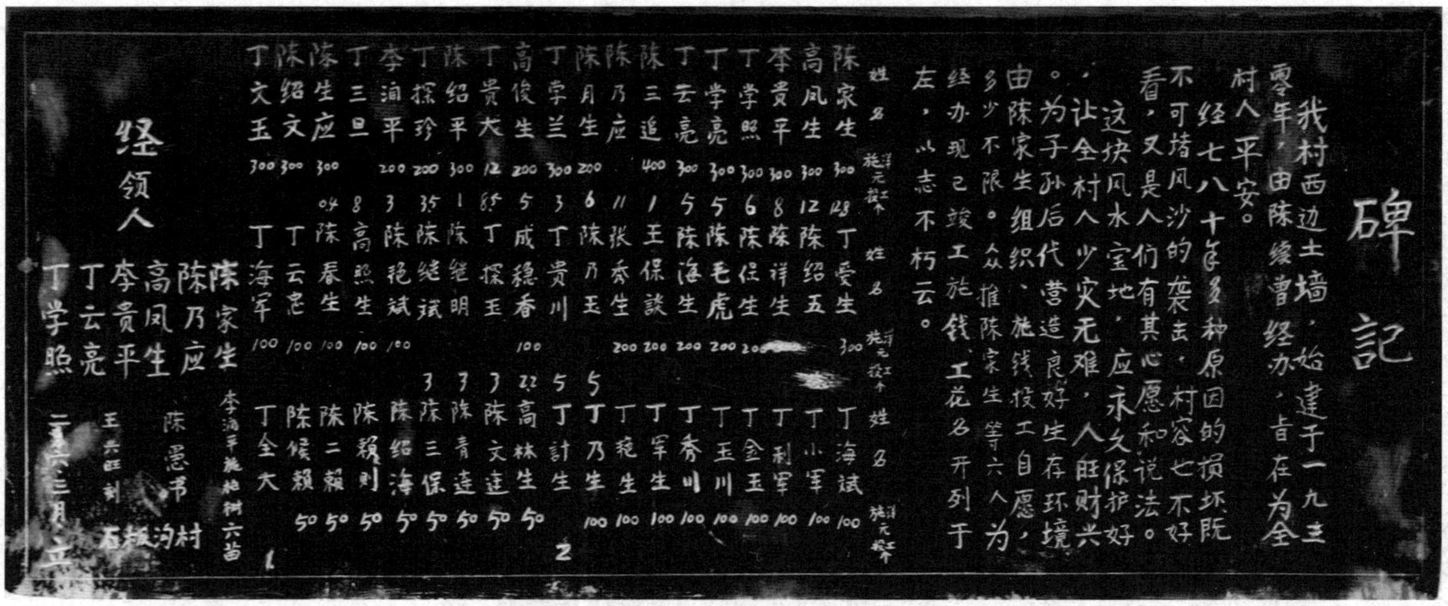

石板沟修墙碑记

【简介】

2006年3月勒石。现存于临县碛口镇石板沟村，嵌于墙内。碑青石质，长方形，高54、长135厘米。碑文楷书，计13行，满行14字。记载村人集资修建村墙之事。现保存完好。

【碑文】

碑记

我村西边土墙，始建于一九三零年，由陈绪曾经办，旨在为全村人平安。

经七八十年多种原因的损坏，既然不可堵风沙的袭击，村容也不好看，又是人们有其心愿和说法。

这块风水宝地，应永久保护好，让全村人少灾无难，人旺财兴。为子孙后代营造良好生存环境，由陈家生组织，施钱投工自愿，多少不限。众推陈家生等六人为经办，现已竣工。施钱工花名开列于左，以志不朽云。

姓名、施洋元、投工个

陈家生 300、128　高凤生 300、12　李贵平 300、8　丁学照 300、6　丁学亮 300、5　丁云亮 300、5　陈三追 400、1　陈乃应 0、11　陈月生 200、6　丁学兰 300、3　高俊兰 200、5　丁贵大 12、85　陈绍平 300、1　丁探珍 200、35　李海平 200、3　丁三旦 0、8　陈生应 300、0.4　陈绍文 300　丁文玉 300　丁爱生 300　陈绍五 0、5　陈保生 200　陈毛虎 200　陈海生 200　王保谈 200　张秀生 200　陈乃玉 0、5　丁贵川 0、5　成稳香 100　2.2　丁探玉 0、3　陈继明 0、3　陈继斌 0、3　陈艳斌 100　高照生 100　陈晋生 100　丁云忠 100　丁海军 100　丁海斌 100　丁小军 100　丁利军 100　丁金玉 100　丁玉川 100　丁秀川 100　丁军生 100　丁艳生 100　丁乃生 100　丁计生 0、2　高林生 50　陈士连 50　陈青连 50　陈三保 50　陈绍海 50　陈赖则 50　陈二赖 50　陈侯赖 50　丁全大 0、1　李海平施柏树六苗

经领人　陈家生　陈乃应　高凤生　李贵平　丁云亮　丁学照

陈愚书

王兴旺刻

石板沟村

二〇〇六年三月立

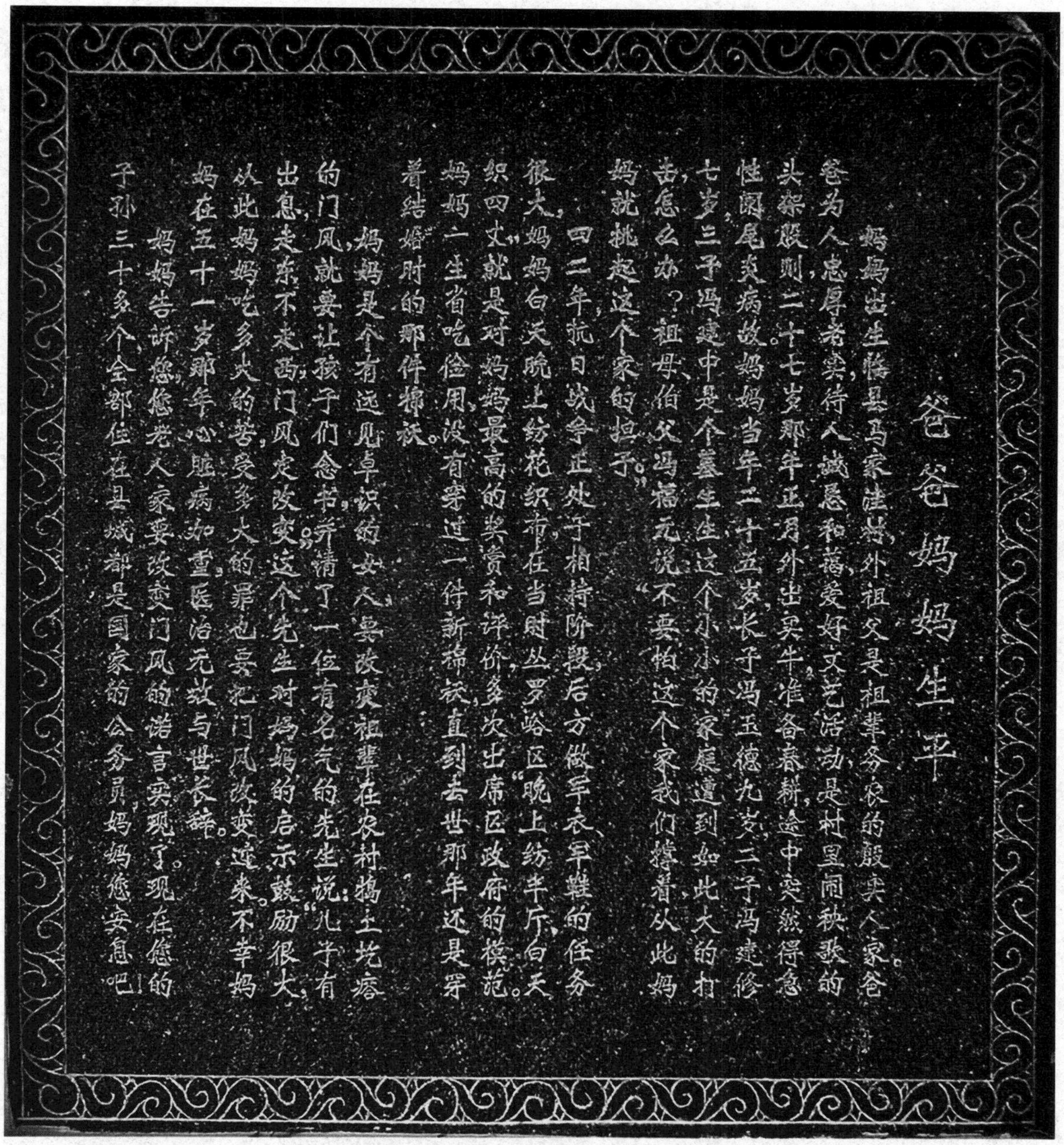

“爸爸妈妈生平”碑

【简介】

2006年清明节勒石。现存于临县丛罗峪镇下冯家山冯氏陵园内。碑青石质，方形戴雕石帽，共两块，嵌于陵园大门两侧的墙内。通高150厘米，其中碑身高104、宽99厘米。碑文楷书，计21行，满行26字，约980字。记载冯福茂夫妇的生平及子女简介。现保存完好。大门两侧刻有石联：一生简朴正大光明真善美，含辛茹苦隆恩重德宽厚广。

【碑文】

爸爸妈妈生平

妈妈出生在临县马家洼村，外祖父是祖辈务农的殷实人家，爸爸为人忠厚老实，待人诚实和蔼，爱好文艺活动，是村里闹秧歌的头架股则，二十七岁那年正月外出买牛，准备春耕，途中突然得急性阑尾炎病故。妈妈当年二十五岁，长子冯玉德九岁，二子冯建修七岁，三子冯建忠是个墓生生，这个小小的家庭遭到如此大的打击，怎么办？祖母、伯父冯福元说：不要怕“这个家我们撑着，从此妈妈就挑起这个家的担子。”四二年抗日战争正处于相持的阶段，后方做军衣，军鞋的任务很大，妈妈白天晚上纺花织布，在当时丛罗峪区“晚上访半斤、白天织四丈”就是对妈妈最高的奖赏和评价，多次出席区政府的模范。妈妈一生省吃俭用没有穿过一件新棉袄，直到去世那年还穿着结婚时的那件棉袄。

妈妈是个有远见卓识的女人，要改变祖辈在农村捣土圪瘩的门风，就要让孩子们念书，并请了一位有名气的先生说：“儿子有出息，走东不走西，门风定改变。”这个先生对妈妈的启示鼓励很大，从此妈妈吃多大苦，受多大的罪也要把门风改变过来。不幸妈妈在五十一岁那年心脏病加重，医治无效与世长辞。

妈妈告诉您，您老人家要改变门风的诺言实现了。现在您的子孙三十多个，全部在县城，都是国家的公务员，妈妈您安息吧！

大儿冯玉德三三年八月生，大学毕业，中共党员，四八年五月参军到贺龙中学当勤务兵，四九年转贺昌中学上初、高中继续享受解放军待遇。五三年考入山西大学后，又在省委党校、北京中央行政学院上学，先后在太谷、长治、榆次、贺昌中学、吕梁电大、吕梁教育学院任教，当校长书记，院长等职，省厅级待遇，从教四十多年出席省、地县模范教师会多次。在山西、天津、黑龙江、陕西、南京、大学、中央党校学报等报刊杂志发表过关于教育方面的论文二十多篇。《关于成人课堂教学规律》一文荣获中国成都《西部理论与发展》学术成果特等奖。离休后又创办育德永宁初、高中学校并聘为吕梁老区建设促进会教育委员会主任，山西成人普高教育会理事，吕梁教育学会副会长兼秘书长，在中国专家名人词典均有记载。

大儿媳李桂秀，三四年出生于柳林县，中共党员，大专毕业，副教授，先后在榆次一中、贺昌中学、吕梁教育学院任教。八六、八七两年被评省教育厅评为高师函授双优秀，双先进工作者。同年撰写的论文一《提高函授教育质量尝试》被省教育学院评为优秀论文。从教一生做出了应有的贡献。

二儿冯建修出生于三五年，卒于七六年。因家贫寒无力上学，故在家学做种地，二十岁左右就成为全村做农活的行家里手，品行端正在村里很受乡亲们的尊重。七六年因脑病驾鹤西游。

二儿媳王兰珍是南塔王守银的女儿，在家种地务农，持家度日，是一个饱经坎坷的家庭妇女。

三儿冯建忠过继给本家二伯父冯福花

公元二零零六年清明节立

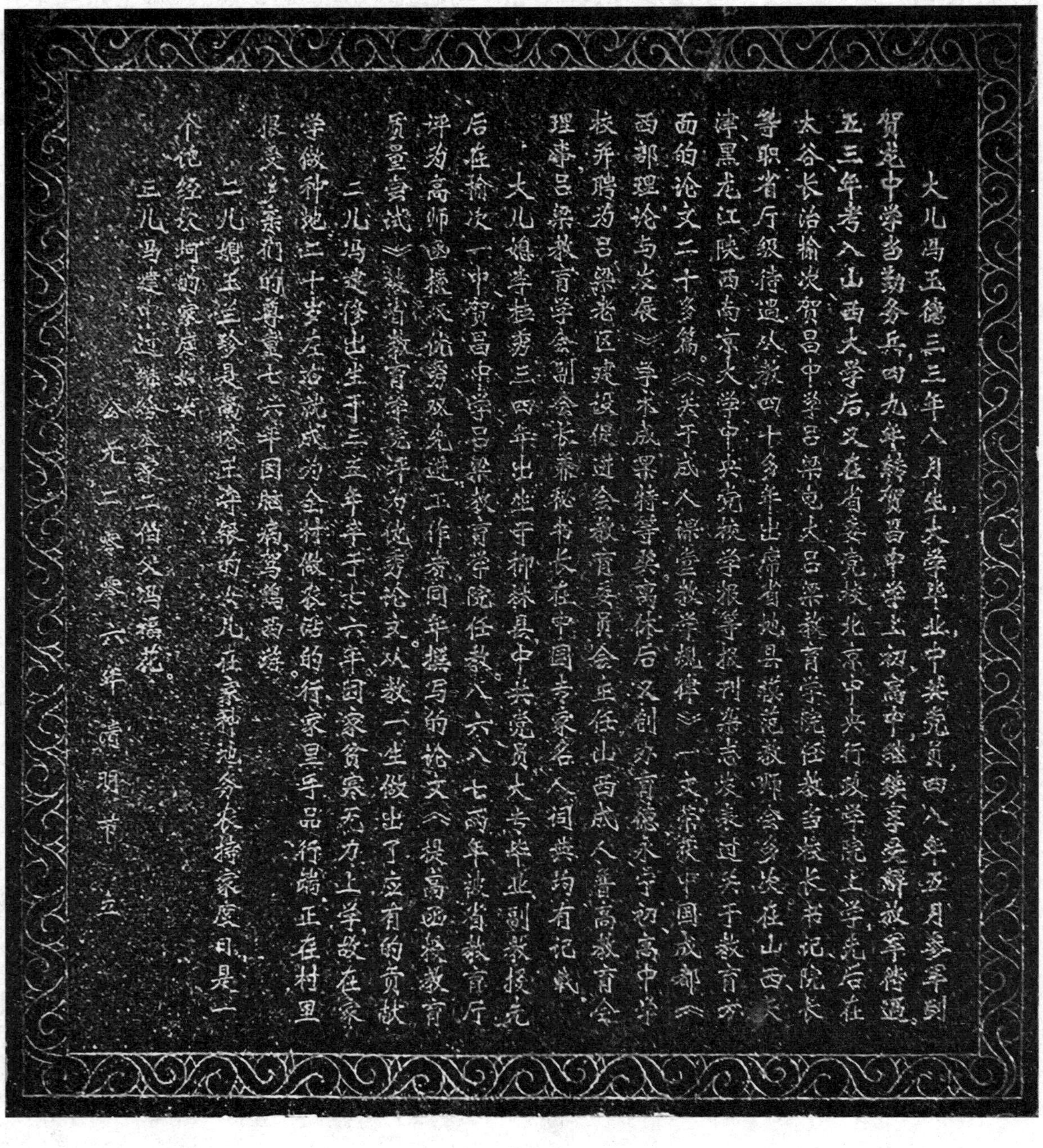

重修青龙庙碑记

【简介】

2006年4月勒石。现存于临县兔坂镇青龙庙内。碑青石质，方首剔角，高146、宽50、厚7.5厘米。额题“有求必应”4字。碑文楷体，正文7行，满行26字。记载水槽沟、山庄头、前沟、苗家梁、白家里五村一社重修青龙庙之事。保存完好。

【碑文】

重修青龙庙碑记

青龙庙位于临县城以西五十八公里的山庄头、苗家梁、前沟之中间，始建年代无考，由于年久失修，原庙坍塌，瓦砾遍地。虽神灵常显，亦无人经管修复。一九九九年时逢改革开放之盛世，青龙保佑风调雨顺，五谷丰登，人民食足而安康，于是重修青龙神庙，求青龙神威常显，保佑周边人口年年兴旺，岁岁平安。值此庙会之际，今有山庄头村民高富贵，立碑一通，以示纪念。

山庄头村　高富贵

公元二〇〇六年四月六日立

重修真武庙碑记

【简介】

2006年4月勒石。现存于临县白文镇南庄村真武庙内。碑青石质，圆首，碑高172、宽70、厚11厘米。额题“流芳”，碑文楷体，正文25行，满行17字。记载南庄村重修真武庙之事。边联“八仙过海，各显神通”。碑阴为修庙捐款用车花名。保存完好。

【碑文】

（碑阳）

垂于后

碑记初建于何年何代没有记载，无法考注。上次重修，神梦于郝万聪，为此郝万聪等人承办，于大清同治五年竣工，用时八九载后，因社会变故于公元一九四三年被拆除。时过六十多年，一直无人修缮，数块碑石失踪，仅存一块半石碑，大量史实无法查证，详情难以告知后人。经过一个多世纪后，神梦于郝全兴，村议与神梦相符，经他人商讨，会同高海全、乔金林等率先作与事设施募化，先修于二00四年春破土，于当年四月八日开光，两次相距一百三十七年，用金一万四千多元，自筹与功德圆此梦，真武正殿落成。

南天门、财神、三位娘娘庙、院内两边各修庙宇数间，内有天地牌位、广应大王、风伯雨师、白龙、蚍蜡、五道将军、本山土神、围墙大门。于2006年由郝全兴、高海全、乔金林承办，续郝喜大、孙定义、苗恩庆、郝全有、郝海清等人经手，历时两个月，墙体用混合砂浆、红色机砖垒砌，钢筋水泥封顶，用工一千多个，用车八十多台次，用金二万多元。内塑神像两尊，于丙戌年四月六日重修竣工，前后经营四五年，神像庙貌，钟楼墙垣，焕然称盛，郝全兴之行从善，可谓加人一等。

功德主　郝全兴　高海全　乔金林　郝喜火　杨丑赖

木工　郭丑小

泥瓦工　高永全　李俊火　乔福林　李奴火

丹青　秦清平　郝全顺

撰文　苗恩庆

公元二〇〇六年（岁次丙戌四月八日）丁亥年夏日吉立

（碑阴）

南庄村莲花山修庙捐款用车花名

捐款300元者　郝秀生　李兴盛　捐款200元者　郝来庆　郝海清　捐款100元者　（12人，姓名略）捐款50元者　（18人，姓名略）　卜家岩刘小峰　捐款40元者　（1人，姓名略）　捐款30元者　（1人，姓名略）　捐款20元者　（4人，姓名略）　捐款10元者　（4人，姓名略）

用车人员　乔海亮　（等12人，姓名略）　庙坪郝垂垂　曜头刘建成

公元二〇〇六年四月八日立

流芳
垂於後
八仙过海
各显神通

修建观音庙碑记

【简介】

2006年5月勒石。现存于临县城庄镇大居村观音庙内。碑青石质，方首，高134、宽58、厚7厘米，碑文楷体，正文6行，满行39字。记载大居村重修观音庙之事。保存完好。

【碑文】

修建观音庙碑记

本村观音庙约建于明代，砖木结构，三合庙院，松柏树二人合抱，壮丽可观。但历经风雨消磨，世态变幻，人事沧桑，几次修葺，仍破旧不堪。一九六六年后，连雕塑也荡然无存，残痕断壁，夷为平地。七八年、七九年大居村民自发捐资投工维修，二〇〇〇年在原址修缮，四十余天工期，正殿围墙大门竣工。而今庙貌变新，神像彩画，栩栩如生，形态逼真，规模虽小，旧制犹存。每逢祭祀节日，周村信男善女纷至沓来，香火鼎盛，笙乐侍奉，热闹非凡，足见信士虔诚礼拜，故刻石为记，永昭后世。

顺应天时，大庙新成，人心怡悦，凡事遂心。

经领　杨汝其　杨海林　刘荣务　王海峰　任启勇　郭海录　王海青　王俊喜

堪舆　吴乃虎

工匠　李保平　李海务　刘爱清

泥塑丹青　杨建明

撰文　杨鹏飞

书碑刻石　南塔李生端

公元二〇〇六年农历五月初五日吉立

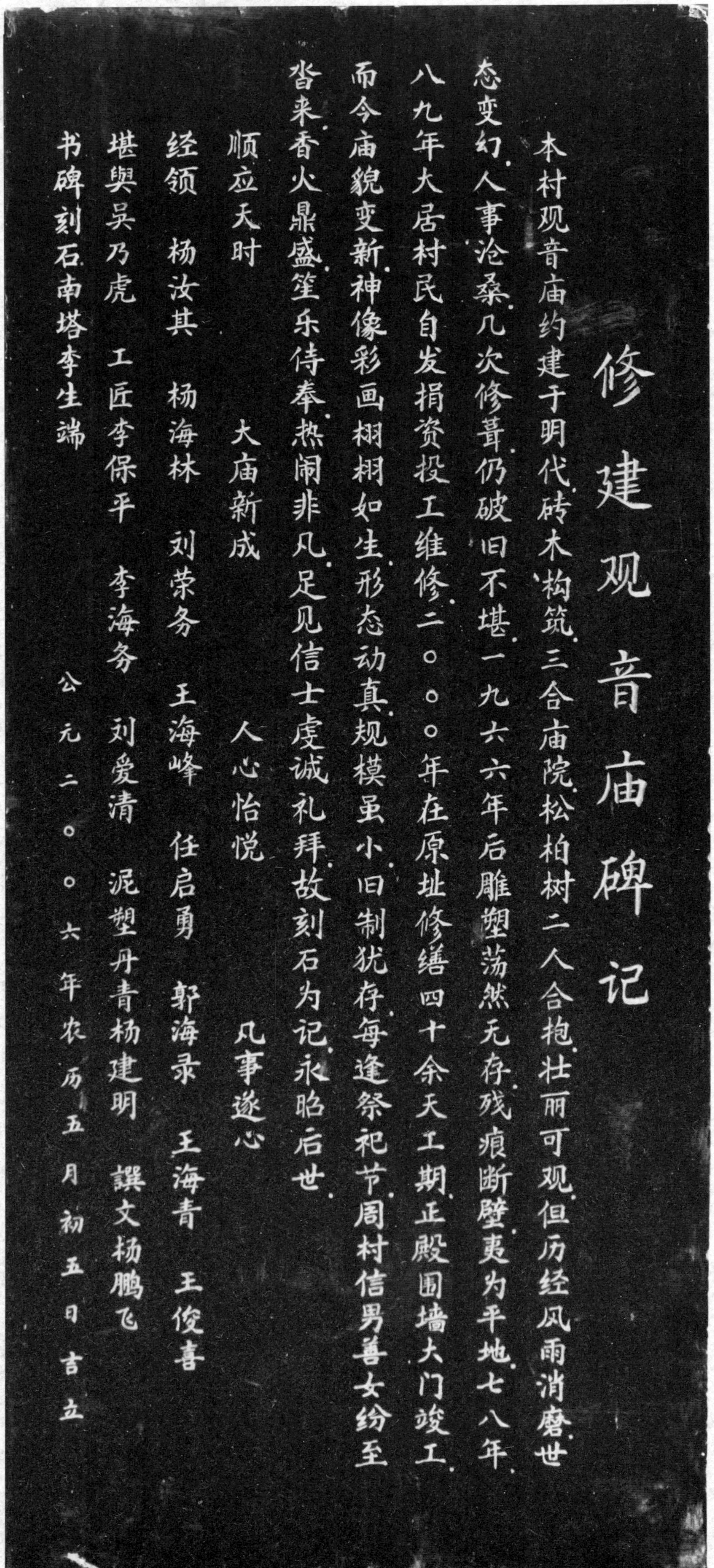

重修天官庙碑记

【简介】

2006年5月勒石。现存于临县林家坪镇杨家山村天官庙。碑青石质，圆首方座，碑身高148、宽60、厚8厘米。碑阳额题“流芳”2字。碑文楷书，计7行，满行29字，约240字。记载杨家山村天官庙的历史和重建情况。碑阴为捐款投工人名单。现保存完好。

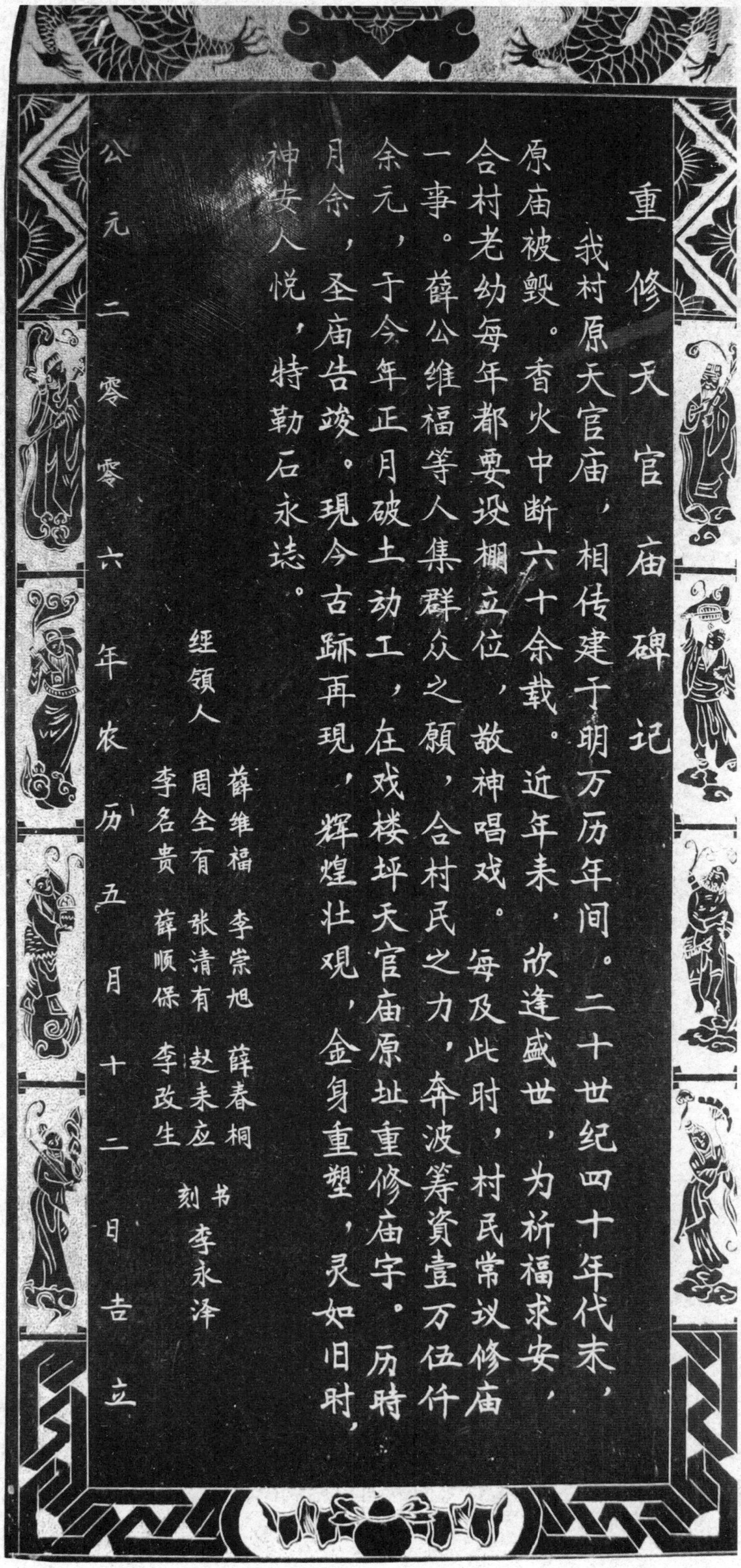

【碑文】

（碑阳）

重修天官庙碑记

我村原天官庙，相传建于明万历年间，二十世纪四十年代末，原庙被毁，香火中断六十余载。近年来，欣逢盛世，为祈福求安，合村老幼每年都要设棚立位，献神唱戏，每及此时，村民常议修庙一事。薛公维福等人集群众之愿，合村民之力，奔波筹资一万五千余元，于今年正月破土动工，在戏楼坪天官庙原址重修庙宇，历时月余，圣庙告竣。现今古迹再现，辉煌壮观，金身重塑，灵如旧时，神安人悦，特勒石永志。

经领人　薛维福　周全有　李名贵　李崇旭　张清有　薛顺保　薛春桐　赵来应　李改生

书刻　李永泽

公元二零零六年农历五月十二日吉立

（碑阴）

捐款投工者芳名

李崇荣2000元　薛维俊500元　周全有拉料26回　薛贵柱400元　300元者　王银柱　李富生　李新生　200元者　（15人，姓名略）　100元以上者　（52人，姓名略）　50元以上者　（55人，姓名略）

善庆寺文物保护标志碑

【简介】

2006年5月勒石。现存于临县大禹乡府底村善庆寺。碑青石质，长方形，高95、宽150、厚15厘米。碑文隶书，计1行，满行3字。为全国重点文物保护标志碑。保存完好。

【碑文】

（碑阳）

全国重点文物保护单位

善庆寺

中华人民共和国国务院

二〇〇六年五月二十五日公布

山西省人民政府立

（碑阴）

保护单位四至范围

善庆寺位于城南十五公里处，始建于元至元二十五年（1288），二〇〇六年五月二十五日，国务院公布为第六批全国重点文物保护单位。为了加强文保单位的保护管理工作，依照《中华人民共和国文物保护法》规定，划定善庆寺旧址墙体以外五十米处为重点保护范围和建设控制地带，望严格执行。

二〇〇六年九月立

碛口古建筑文物保护标志碑

【简介】

2006年5月勒石。现存于临县碛口。碑青石质，长方形，高95、宽150、厚15厘米。碑文隶书，正文1行，满行6字。为碛口古建筑群文物保护标志碑。现保存完好。

【碑文】

（碑阳）

全国重点文物保护单位
碛口古建筑群
中华人民共和国国务院
二〇〇六年五月二十五日公布
山西省人民政府立

（碑阴）

保护单位四至范围

碛口古建筑群位于临县城南五十公里，建于明清时期，二〇〇六年五月二十五日国务院公布为全国重点文物保护单位。为了加强文保单位的保护管理工作，依照《中华人民共和国文物保护法》规定，划定碛口古建筑群周边壹百米内，为保护 范围和建设控制地带，望严格执行。

二〇〇六年九月立

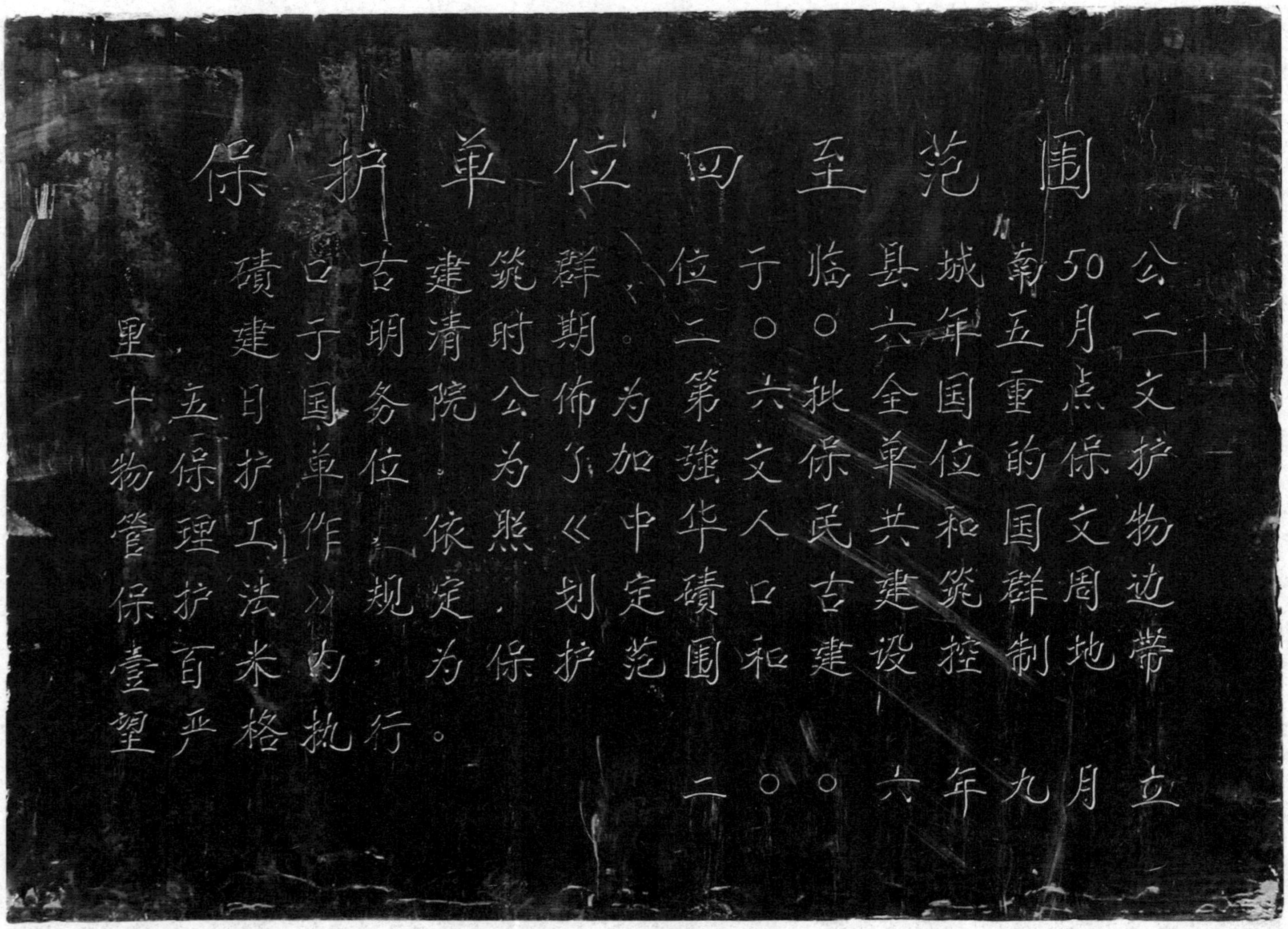

保护单位四至范围

碛口古建筑群，位于临县城南50公
里。建于明清时期。二〇〇六年五月二
十五日国务院公佈为第六批全国重点文
物保护单位。为了加强文保单位的保护
管理工作，依照《中华人民共和国文物
保护法》规定，划定碛口古建筑群周边
壹百米内，为保护范围和建设控制地带
望严格执行。

二〇〇六年九月立

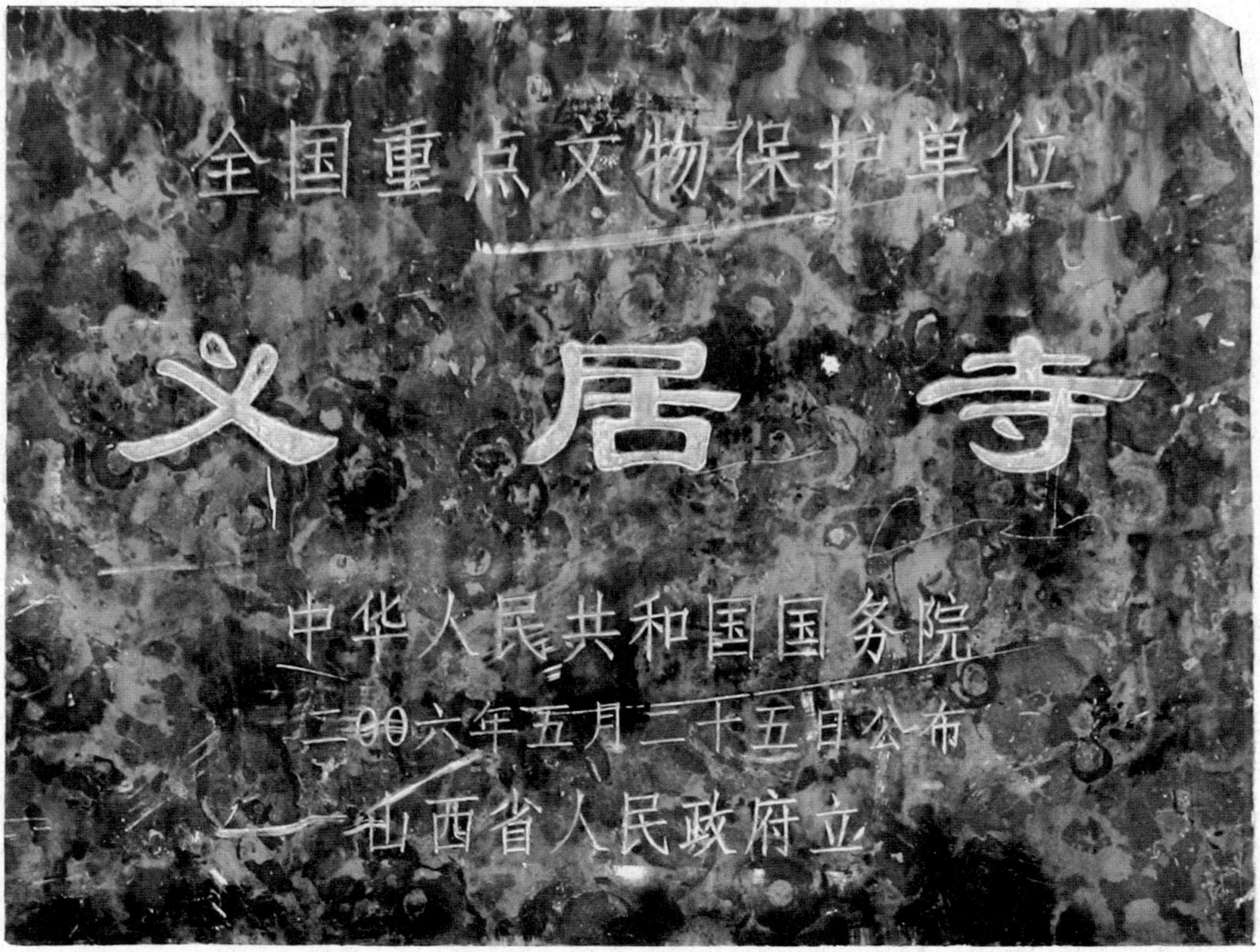

义居寺文物保护标志碑

【简介】

2006年5月勒石。现存于临县义居寺内。碑青石质，长方形，高95、宽150、厚15厘米。碑文隶书，正文计1行，满行3字。为全国重点文物保护标志碑。保存完好。后来旧碑换为新碑，方形剔角。高105厘米。

【碑文】

（碑阳）

全国重点文物保护单位

义居寺

中华人民共和国国务院

二〇〇六年五月二十五日公布

山西省人民政府立

（碑阴）

保护单位四至范围

善庆寺位于城南五公里处，始建于元至元二十五年（1288）。二〇〇六年五月二十五日国务院公布为第六批全国重点文物保护单位。为了加强文保单位的保护管理工作，依照《中华人民共和国文物保护法》规定，划定义居寺旧址墙体以外五十米处为重点保护范围和建设管制地带，望严格执行。

二〇〇六年九月立

娘娘庙缮记

【简介】

2006年5月勒石。现存于临县刘家会镇彩树岭村。碑青石质，圆首，碑身高134、宽55、厚8厘米。额题“有求必应”4字。碑文仿宋体，计9行，满行33字。记载彩树岭村修缮娘娘庙之事。现保存完好。

【碑文】

娘娘庙缮记

娘娘庙主神乃云霄、琼霄、碧霄三姐妹也，故曰三位娘娘庙，建庙伊始，据原庙横木记载，乾隆十八年八月二十五日开光，名鼎古迹，钟灵毓秀，夫逢四月八日，香烟袅袅，祭祀者簇拥，以饮茶成习俗，不亦乐乎？

然星移物换，世态炎凉，生灵涂炭，庙宇满目疮痍，使神明惨遭劫难，风雨侵蚀，颓垣断壁，年久失修，则香火渐断。村人早怀复归之心，却未曾如愿，时逢盛世，增其归制，重振庙堂，民心所向，再塑金身，显赫灵明，士、工、农、商者咸乐庇荫之福，慷慨捐助，于去岁仲春兴工，今春业已告竣。仁自有春秋，德无愧于天地，愿娘娘庙常佑全村，世代丁旺，为传承古老文明，特勒石碑志，且后世追溯可考矣。

经领人　王兰奎（兼选文）　王进民（兼技术）　王金民　王德民　李才玉　王德民　王旭民　王玉照　王喜全　文永顺

塑像　贺世林

刻石　柳小明

农历二零零六年五月十六日开光谨立

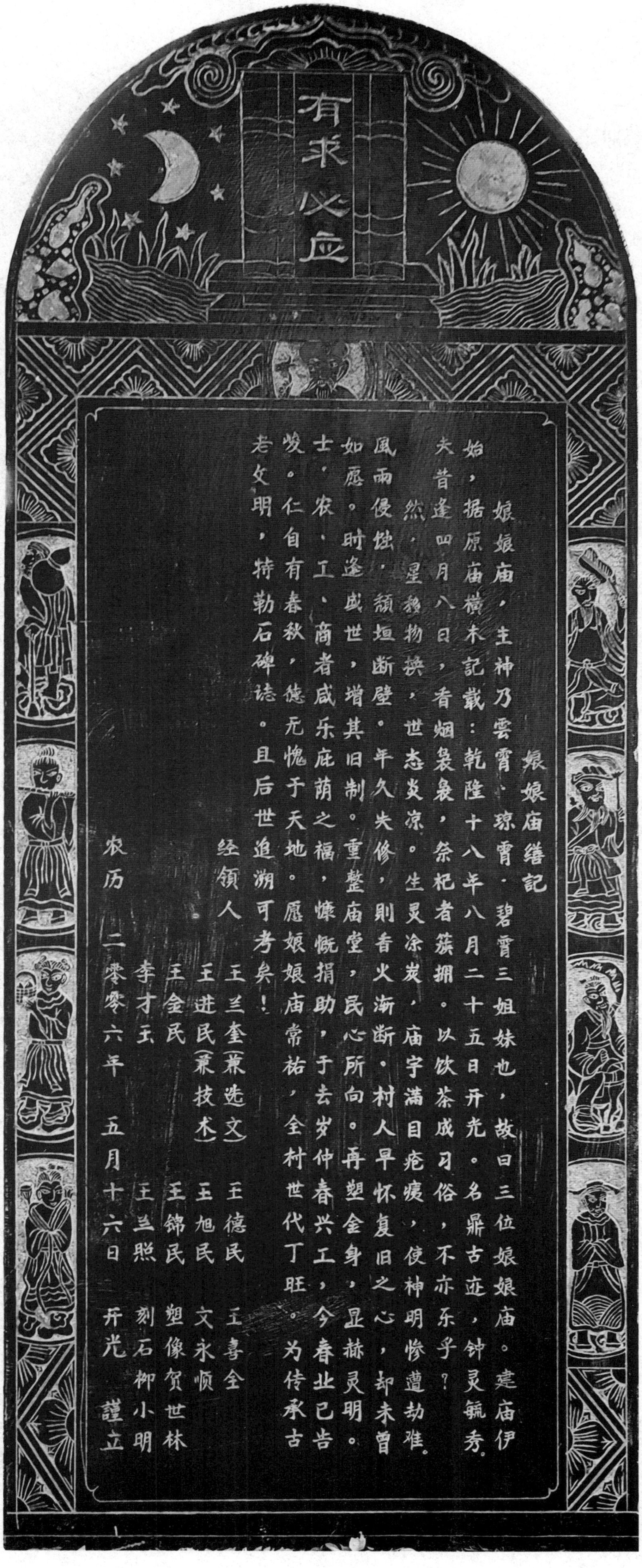
有求必应
娘娘庙缮記
娘娘庙，主神乃雲霄、琼霄、碧霄三姐妹也，故曰三位娘娘庙。建庙伊
始，据原庙横木記載：乾隆十八年八月二十五日开光。名鼎古迹，钟灵毓秀。
夫昔逢四月八日，香烟袅袅，祭杞者簇拥。以饮茶成习俗，不亦乐乎？
然，星移物换，世态炎凉。生灵涂炭，庙宇满目疮痍，使神明惨遭劫难。
風雨侵蚀，颓垣断壁。年久失修，则香火渐断。村人早怀复旧之心，却未曾
如愿。时逢盛世，增其旧制。重整庙堂，民心所向。再塑金身，显赫灵明。
士、农、工、商者咸乐庇荫之福，慷慨捐助，于去岁仲春兴工，今春业已告
竣。仁自有春秋，德无愧于天地。愿娘娘庙常佑，全村世代丁旺。为传承古
老文明，特勒石碑誌。且后世追溯可考矣！
经领人 王兰奎(兼选文) 王德民 王喜全
王进民(兼技术) 王旭民 文永顺
王金民 王锦民 塑像贺世林
李才玉 王兰照 刻石柳小明
农历二零零六年五月十六日开光 谨立

娘娘庙修缮碑记

【简介】

2006年5月勒石。现存于临县刘家会镇彩树岭村。碑青石质，圆首，碑身高134、宽55、厚8厘米。额题“芳名千秋”4字。碑文仿宋，计6行，满行15字。记载彩树岭村修缮娘娘庙捐款情况。现保存完好。

【碑文】

碑示

娘娘庙从修缮至开光，村民先后每人捐款伍元，以示支助。另有自愿超捐者诸多，为勉励后世诚心祭祀，永传香火，本应一并展示于众，因碑面有限，故将伍拾元以上者谨列于后。

100元以上者名列如下

王济民1000元　王金民850元　王树民400　王芝玉400　王建玉300　王奋玉230　王理200　王平则200　王兰奎175　王根有175　王福民170　王智民165　王进民155　王耀民150　王旭民145　王海民130　王荣贵130　王裕民125　王顺平115　王军保110　王兵玉110　文唤平110　王新旭105　王芝旺105　文福顺105　王继珍105

100元者列名如下　（47人，姓名略）

50元以上名列如下　王谈照90　王林生75　李慧奴65

农历二零零六年五月十六日谨立

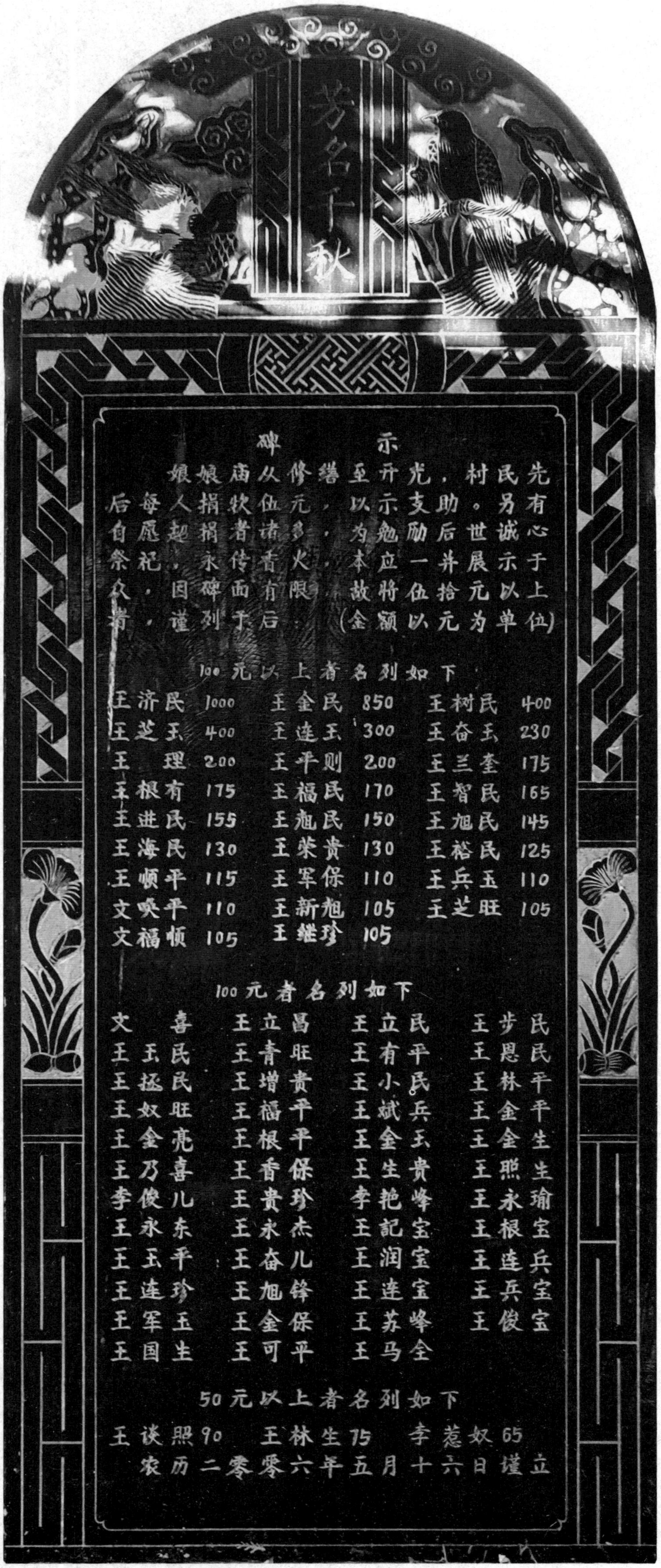

沿黄扶贫旅游公路碑文

【简介】

2006年6月勒石。现存于临县碛口镇马家塔。碑花岗岩石质，方形方座，基础由四块石头砌成，长620、高94、厚88厘米。碑身由9块石头组成，高196、长450、厚40厘米。碑文行书，正文1行，满行6字。现保存完好。

【碑文】

（碑阳）

沿黄扶贫旅游公路

山西省交通厅　吕梁市人民政府

公元 二〇〇六年六月十六日立

（碑阴）

沿黄公路纵贯山西西部，北起偏关县老牛湾，南至垣曲县寨里，全长1295公里，建设里程1052公里，沿黄河岸边穿越偏关、河曲、保德、兴县、临县、柳林、石楼、永和、大宁、吉县、乡宁、河津、万荣、临猗、永济、芮城、夏县、平陆、垣曲19个贫困县，66个乡镇，254个建制村及30多个景点，区域人口515万人。沿黄公路全线建设标准为二级公路107公里，三级公路650公里，四级公路295公里。沿黄公路的建设将大大改善我省西部交通状况，对促进黄河沿线扶贫开发、对开放和旅游、培育产业优势、繁荣区域经济、加快社会主义新农村建设步伐，具有十分重要的意义。

重修佛殿庙碑记

【简介】

2006年7月勒石。现存于临县青凉寺乡坪寺沟村。碑青石质，圆首，碑身高141、宽60、厚7厘米。碑文楷体，正文计4行，满行28字。记载坪寺沟村重修佛殿庙之事。保存完好。

【碑文】

重修佛殿庙碑記

佛殿庙建于清乾隆十四年，毁于四十年代末。欣逢盛世，百废俱兴，国家提倡宗教信仰自由，故施主李润平主持将该庙在原址上重建，于二〇〇六年五月动土，七月竣工，七月二十六日邀请剧团唱戏，举行开光庆典仪式，盛况空前，现将功德芳名勒石开列，以作纪念。

刘振茂200　郭玉平200　高玉斌200　薛志勤150　白继平100　刘喜平100　刘金平100　刘卫平100　刘子峰100　薛永永100　李庆银100　张立清100　高永峰100　高继奴100　高小勤100　高月勤100　高荣勤100　高俊旺100　高学勤100　张永祥100　（下略）

公元二〇〇六歲次丙戌七月二十六日立

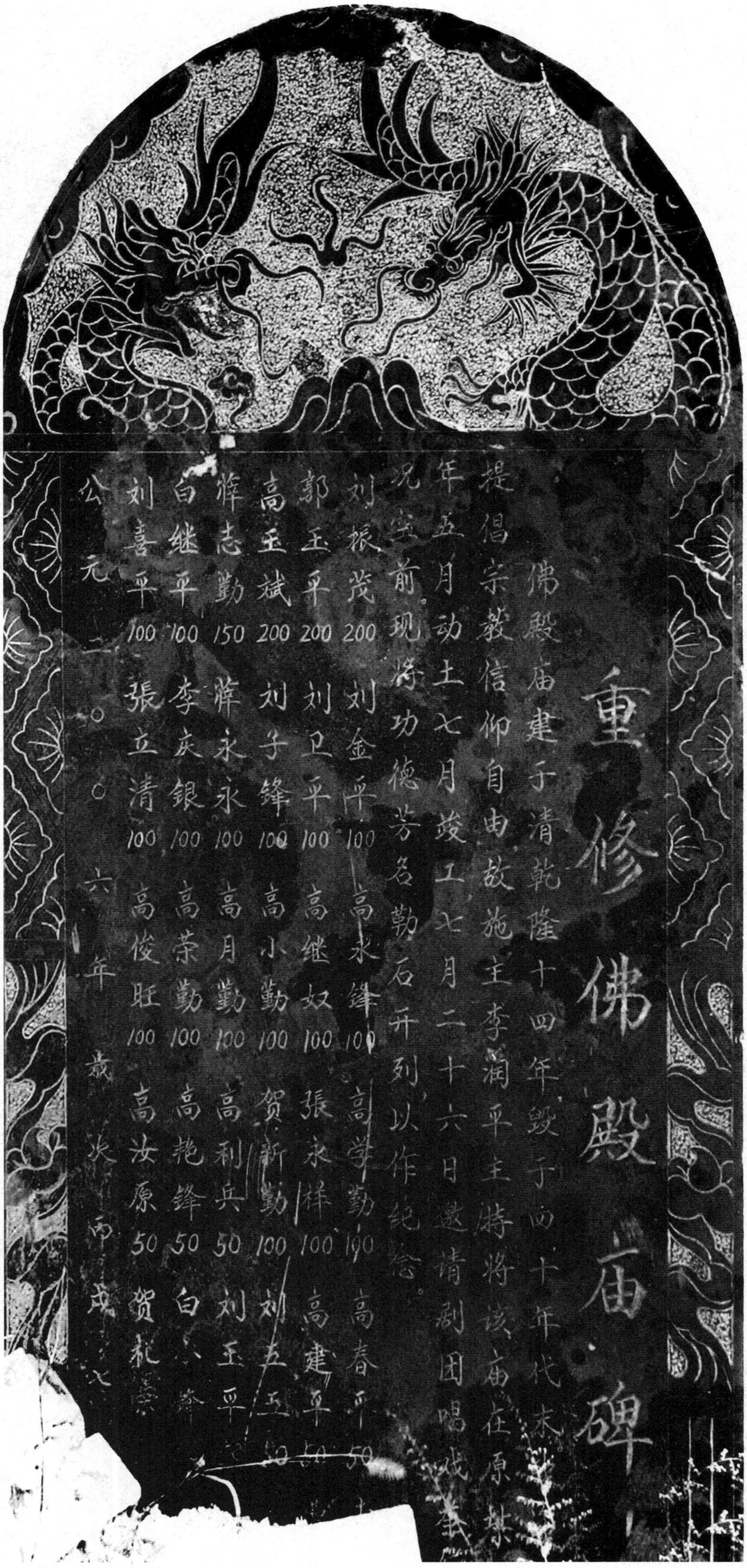

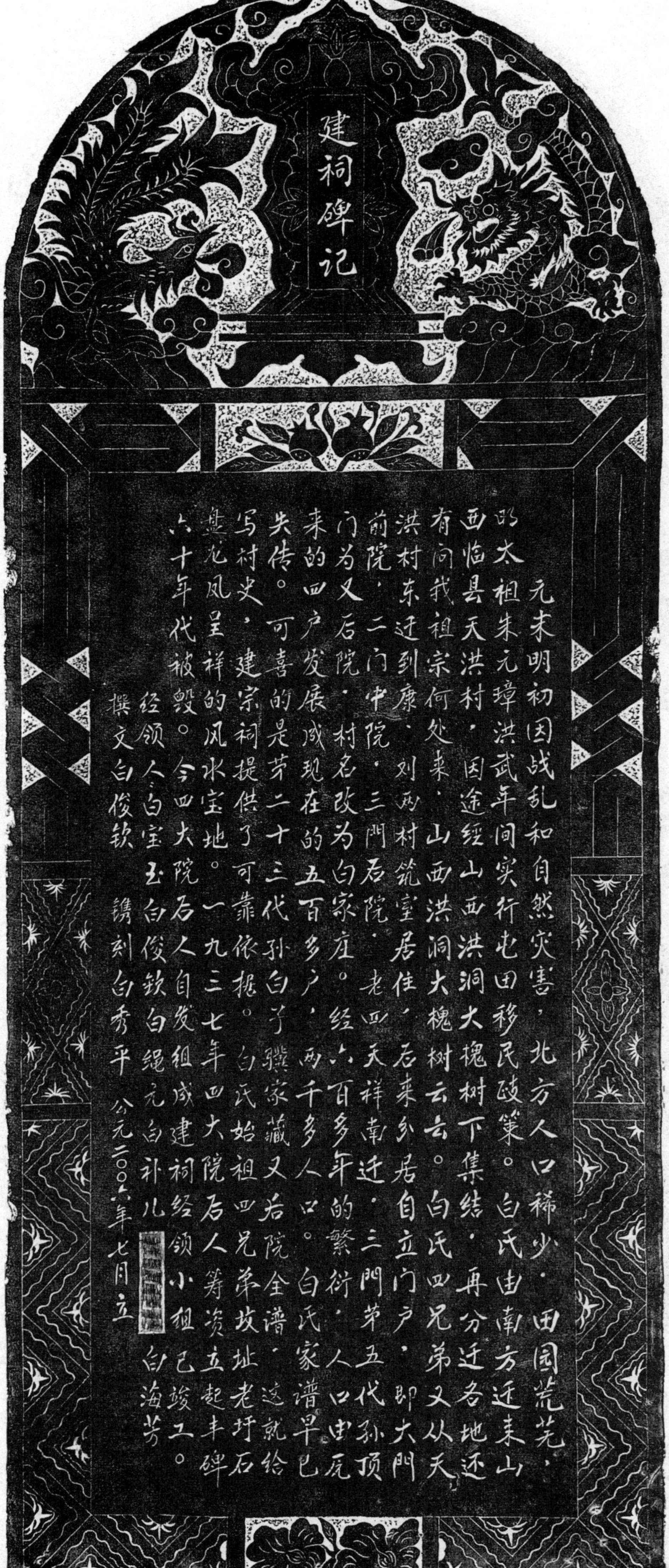

白家庄建祠碑记

【简介】

2006年7月勒石。现存于临县安业乡白家庄村祠堂内。碑青石质，圆首，高140、宽53、厚7厘米。记载白家庄村修建白氏祠堂之事。额题“建祠堂记”4字。碑文楷书，正文12行，满行27字。保存完好。

【碑文】

元末明初，因战乱和自然灾害，北方人口稀少，田园荒芜，明太祖朱元璋洪武年间，实行屯田移民政策，白氏由南方迁来山西临县天洪村。因途经山西洪洞大槐树下集结，再分迁各地，还有“问我祖宗何处来，山西洪洞大槐树”云云。白氏四兄弟又从天洪村，东迁到康、刘两村，筑室居住，后来分居，自立门户，即大门前院、二门中院、三门后院，老四天祥南迁，三门第五代孙顶门，为又后院，村名改为白家庄。以六百多年的繁衍，人口由原来的四户，发展成现在的五百多户，两千多人口，白氏家谱早已失传。可喜的是第二十三代孙白子骥家藏又后院全谱，为就给写村史、建宗祠提供了可靠依据。白氏始祖四兄弟坟址老圩石盘龙凤呈祥的风水宝地，一九三七年四大院后人筹资立起丰碑，六十年代被毁。今四大院后人自发组成建祠经领小组，已竣工。

经领人　白宝玉　白俊钦　白绳元　白补儿　白海芳

撰文　白俊钦

镌刻　白秀平

公元二〇〇六年七月立

柏局上修庙碑记

【简介】

2006年7月勒石。现存于临县湍水头镇柏局上村。共2通，碑青石质，圆首，高168、宽62、厚8厘米。第一通碑阳额题“观音”2字。两侧刻“八仙过海”“各显神通”。碑文楷体，正文37行，满行17字。记载柏局上村重修观音庙之事。碑阴为领导组及承继人等名单。第二通碑双面均为捐款人名单。保存完好。

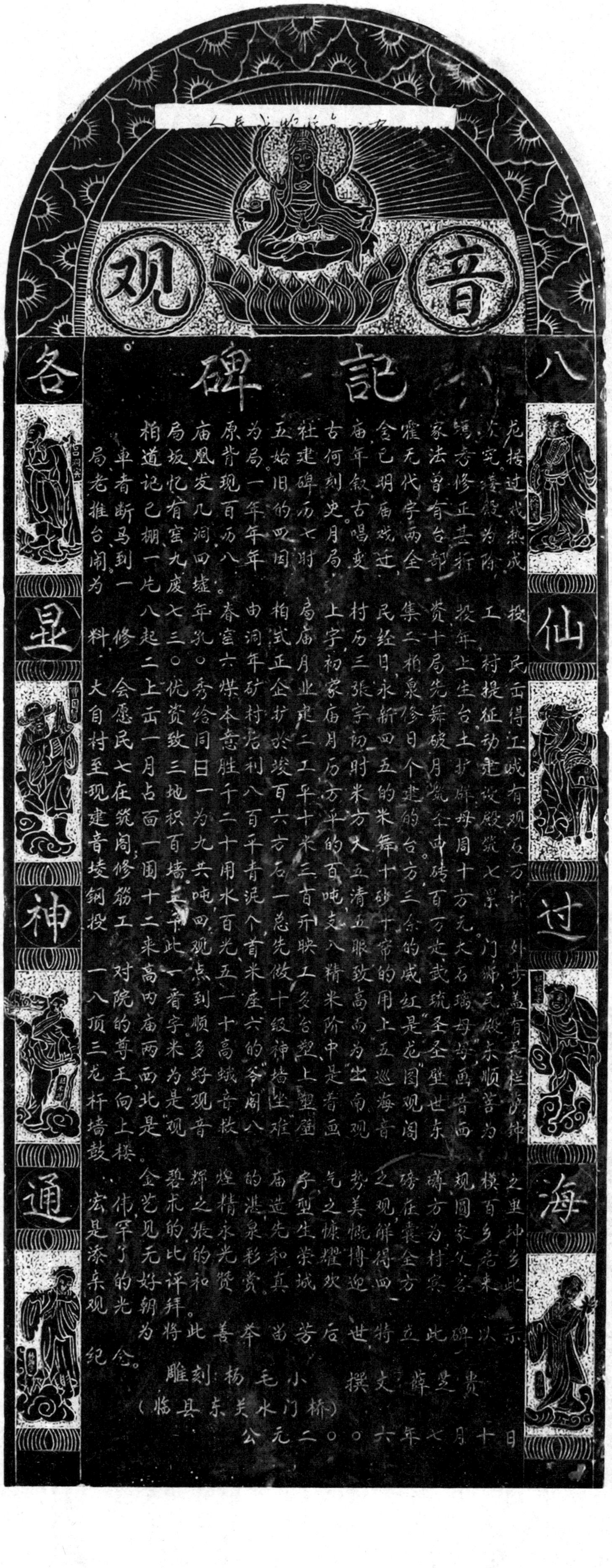

【碑文】

（第一通碑阳）

碑记

柏局庙原为五社古庙，含霍家墕、苏龙局、车道坂、凰背局。始建何年已无法考究，据老者记忆，发现一旧碑刻，叙明代曾修缮过，推断已有几百年的历史，古庙宇有正殿、戏台、马棚、窑洞，历年四、七月唱戏两台，甚为热闹。一九四八年因时局变迁，全部拆除，成为一片废墟。

一九八七年春，由柏局上村民集资投工投料，修起三孔窑洞式庙宇，历经二十年，二〇〇六年一月三日，柏局上村民大会上优秀煤矿企业家张永泉先生提出自愿出资，给本村扩建庙宇、新修舞台，征得村民一致同意，后于二月四日动工，至七月三日竣工。历时五个月扩建成现在占地一千八百平方米的建筑群，设有建筑面积为二百六十平方米的圣母殿、观音阁，一百九十平方米的大舞台，四周筑石塄，修围墙，共用青石三百五十方，砖十七万块，钢筋十三吨，水泥一百吨，清砂三百方，累计投工二千四百个，总开支五十余万元。

来此观光，首先映入眼帘的是大门外一对高一点五米做工精细的威武石狮，步入殿内看到一座十多米高、用红琉璃瓦盖顶的庙宇，顺十六级台阶而上是"圣母殿"，有三尊二米多高的神塑。中为"五龙圣母"，东是龙王，西是虸蛾爷，墙上是出巡图、壁画，顺栏杆向北是观音阁，坐塑着南海观世音菩萨，墙上是"观音救八难"壁画，观音阁东西为钟鼓楼。金碧辉煌的庙宇，气势之磅礴，规模之宏伟，艺术之精湛，造型之美观，在方圆百里是罕见的。张永泉先生慷慨解囊，为家乡增添了无限的光彩和荣耀，博得全村父老乡亲的好评和赞赏。真诚欢迎四海宾客来此观光朝拜，为将此善举留芳后世，特立此碑，以示纪念。

雕刻　杨毛小（临县东关桥旁）

撰文　薛芝贵

公元二〇〇六年七月十日

（第一通碑阴）

筹建领导组　薛成义　张永照　李全旺　张乃清　薛启林　张永泉

组员　张荣贵　李泽民　薛永贵　闫永春　薛芝贵　马记旺　张永昌　张永奎　李东旺　张玉卿　严宝贵　武乃生　李继顺

承建人　张秀峰　张寅平

塑神师　秦清平（后大禹）

公元二〇〇六年七月初十日立

（第二通碑阳）

柏局庙开光庆典布施花名

薛建亮一千五百元，张永记一千元，张奋强　张秀峰　张永照　张有照　薛成文　马继旺五百元，薛芝贵　薛春光　薛春明　薛永贵　薛成娥　薛卫东　李有恩　张寅平　张凤连　李飞飞三百元，严宝勤（等50人，姓名略）二百元　张四四一百二十元　张四教　（一百元123人，姓名略）

公元二〇〇六年七月初十日立

（第二通碑阴）

柏局庙开光庆典布施花名

王铁儿五千元　黄家沟煤矿　裕民煤矿　二千元　郭亚飞　李一峰　阎志勇　李炳德　曹明明　杜家沟煤矿　方山铁厂　一千元　霍家塌七百元　闫小红六百元　凰背局　霍家塌煤矿　新建水泥厂　湍水头供电所　薛管成　薛云照　薛平　薛侯犇　薛贵珍　张涛　张劲　张文玉　高永胜　高山　高翔　高青云　崔永红　崔旦儿　霍福林　邵成贵　闫志大　问继照　任海英　任荣荣　李奴平　李清元　杜长明　郭三儿　李晓明　刘乃平　秦在峰　王孝华　郝振杰　周宏　张三平　王吉龙　严继照三百元　张德法　张文泉　张宝歧　张林顺　张其顺　张锋瑞　张晓峰　张全平　张卫峰　闫全国　闫全民　闫兴照　闫建祥　闫小龙　闫国富　闫发春　闫焕春　霍新勤　霍银生　霍还旺　二百元

建文昌庙碑记

【简介】

2006年7月勒石。现存于临县安业乡白家庄村。碑青石质，圆首，碑高146、宽58、厚7厘米。碑阳额题“建庙碑记”4字。碑文楷体，正文11行，满行37字。记载白家庄村重修文昌庙之事。碑阴额题“文腾财聚”4字。下刻文昌庙赞诗。保存完好。

【碑文】

（碑阳）

碑记

据传我村文昌庙建于明朝嘉靖年间，大约有四百多年的历史，原庙址在安业石沟门西崖石畔上，不知为什么，此庙多次修葺，多次坍塌，所以此古迹未能保存下来。然文星高照，众生迎祥纳福，学子聪慧贤达，品学兼优，英才辈出。值此国泰民安、时和岁稔之升平盛世，为昌财运、谢神恩，众虔诚者心立宏愿，纷纷捐资出力，积极参加建庙工程，二〇〇六年三月下旬动工，五月下旬竣工，历时六十多天。大门顶上坐北向南设财神殿堂，跟文昌大殿南北相望呼应，这象征着家家文昌盛，户户财源广。又坡高路陡，设石踏一百七十九级，这又标志着只要肯攀登，文腾财聚步步高。半山腰又设小亭一处，站在亭内四下眺望，山河村庄尽收眼底，这意味着高瞻远瞩，前途无限。

庙宇彩画，金身重塑，择吉日于二〇〇六年农历七月十四日，举行开光大典，凡投资者、捐款者、布施者，庙内立碑记载，名留千古，永存万世。

经领人：白宝玉　白俊钦　白秀平　白补儿　白绳元　白海芳

镌刻：白秀平 塑像：白旭勤

公元二零零六年农历七月十四日立

（碑阴）

巍巍郎达章，文财庙落成，天梯横空立，殿堂映彩虹。
东距汉高山，西连湫水川，面临安阳路，村貌尽目观。
山河添异彩，日月同增辉，家家文昌盛，户户来财源。
仕农工商学，朝山拜圣尊，心诚神常在，意虔圣显灵。
学子须努力，门门下苦功，文曲点灵犀，及第跃龙门。
仕者要升迁，刻苦加奋发。无私感天地，飞黄定腾达。
求财莫心切，广开财源路，依行观市场，信息握在手。
创业正为本，驱除奸邪心，时利相和合，财星注尔身。
村村重古迹，护村保社稷，国泰民安乐，人寿衣食足。
人人护古迹，地灵出人杰。代代多英才，世世创伟业。
公元二零零六年七月十四日立

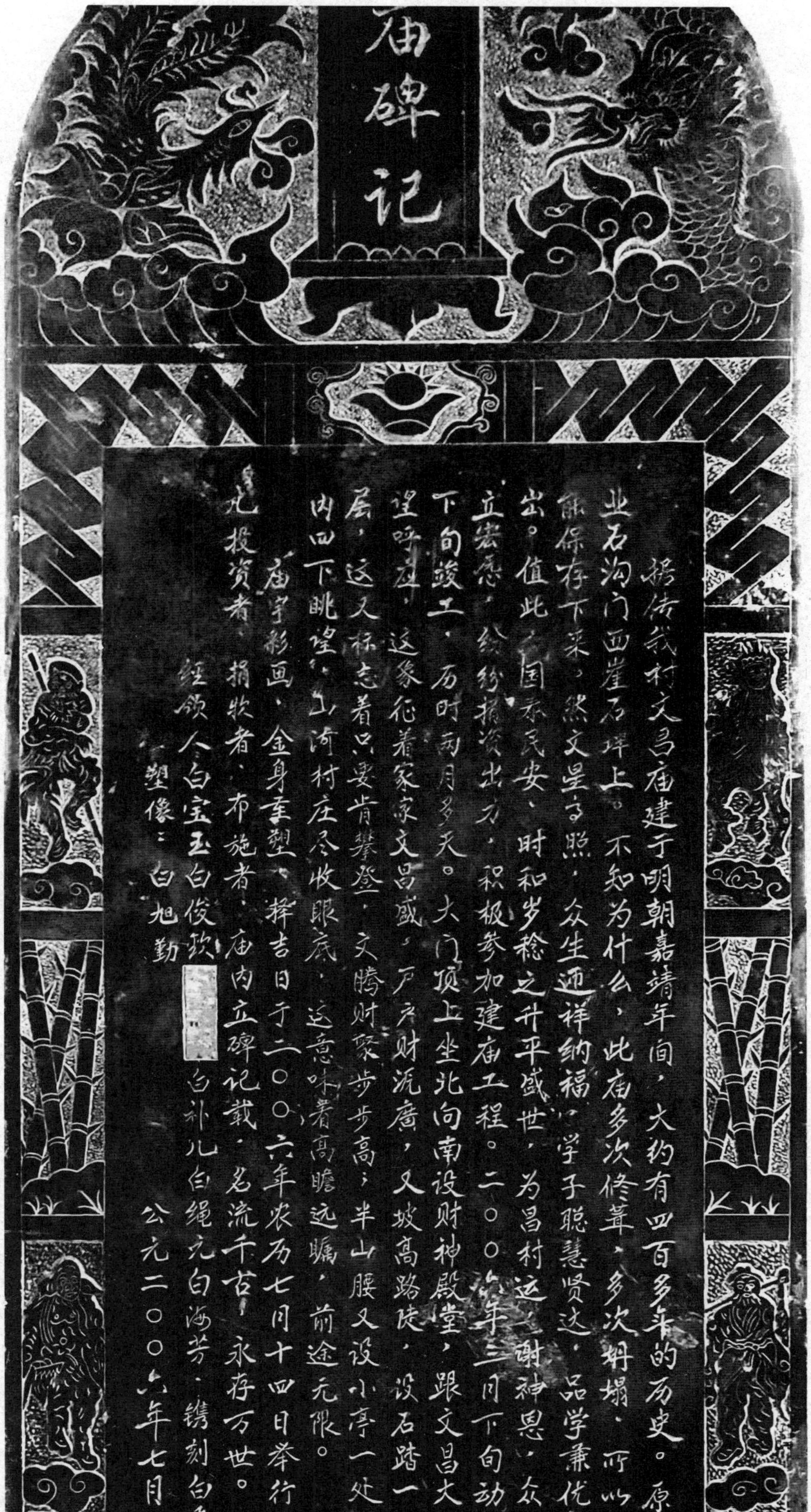
庙碑记
据传我村文昌庙建于明朝嘉靖年间，大约有四百多年的历史。原庙址在安
业石沟门西崖石坪上。不知为什么，此庙多次修葺，多次坍塌，所以此古迹未
能保存下来。然文星高照，众生迎祥纳福，学子聪慧贤达，品学兼优，英才辈
出。值此，国泰民安，时和岁稔之升平盛世，为昌村运，谢神恩，众虔诚者心
立宏愿，纷纷捐资出力，积极参加建庙工程。二〇〇六年三月下旬动土，五月
下旬竣工，历时两月多天。大门顶上坐北向南设财神殿堂，跟文昌大殿南北相
望呼应，这象征着家家文昌盛，户户财源广，又坡高路陡，设石踏一百七十九
层，这又标志着只要肯攀登，文腾财聚步步高；半山腰又设小亭一处，站在亭
内四下眺望，山湾村庄尽收眼底，这意味着高瞻远瞩，前途无限。
庙宇彩画、金身重塑，择吉日于二〇〇六年农历七月十四日举行开光大典
凡投资者、捐收者、布施者，庙内立碑记载，名流千古，永存万世。
经领人白宝玉白俊致
白补儿白绳元白海芳，镌刻白秀平
塑像：白旭勤
公元二〇〇六年七月十四日立

文腾财聚
巍巍郎迭章 文财庙落成 天梯横空立 殿堂映彩虹

观音寺修建碑记

【简介】

2006年7月勒石。现存于临县白文镇石家塔村观音寺内。碑青石质，圆首，碑高122、宽55、厚7厘米。碑阳额题“流芳”2字。碑文楷体，正文7行，满行29字。记载石家塔村修建观音寺之事。碑阴额题“功德”2字。内容为捐款投工人花名。保存完好。

【碑文】

（碑阳）

碑记

石家塔村张氏家族于公元一九九六年二月商议，在村边修建庙宇，内建财神、观音、真武三殿，经纪人张茂盛。今年二月又重新扩建六角亭一座，重塑神像五尊，护法堂一处，门面重新彩画，此次经纪人张喜喜，三次修建，族人积极献工献物献钱，经共同努力，于七月初竣工，并拟十三日开光唱戏三天以庆贺，三次修建总计花费廿二万元。为了纪念，趁开光良机，特立此碑以记之。

神灵保佑，恩泽众生。

瓦工　王继平

画工　秦小强　李银顺

木工　秦春宁

泥工　张谈勤　张贵庆

刻石　杨毛小

公元二〇〇六年农历七月十三日立

（碑阴）

捐款投工花名

张茂全17个　张茂盛100元41个　张茂元20个　张茂平1000元90个　张永光102个　张永明7800元130个　闫玉山200元　张继宁290元19个　张秀全800元30个　秦继明（女婿南庄）1400元　张香味9100元　张侯谈15个　张根宁2500元32个　刘掩贵（女婿）18500元　牛海生6000元　刘奴旦530元50个　张香亭8000元　张喜宁3050元38个　张喜喜7800元　高乃狗1000元　张根明1700元40个　张成宁3050元34个　张金狗1510元　张三狗4630元　张来平5600元　张清峰100元10个　张新明2200元　张兰顺2550元　张虎虎2200元　高清顺3700元　张文清9600元　张文珍3300元　张春旺1100元　张东旺5100元　张海清7550元　刘奇峰500元　张狗儿200元　刘香廷100元　田玉升100元　张贵庆30元　张春明20元　张银仁20元　宋补贵60元　高喜荣20元10个　高根明10个　张海旺20元　张平祥30元10个　张福祥50元20个　张文祥100元40个　田俊旦20个　闫永昌20元　刘伟峰100元　张继荣50元　张茂隆100元　辛谈儿100元　牛兵兵100元

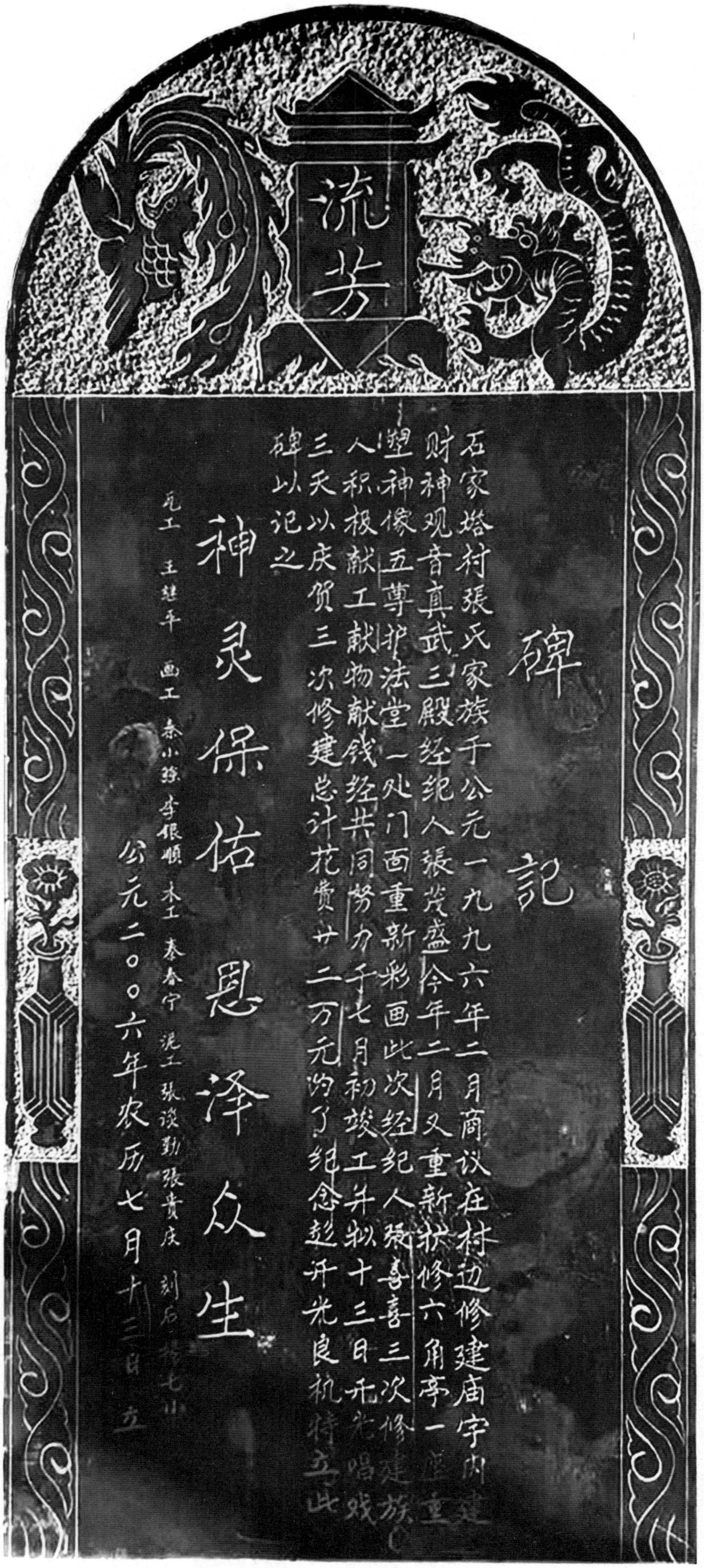
流芳
碑記
石家塔村張氏家族于公元一九九六年二月商议在村边修建庙宇内建
财神观音真武三殿经纪人張茂盛今年二月又重新扩修六角亭一座重
塑神像五尊护法堂一处门面重新彩画此次经纪人張喜喜三次修建族
人积极献工献物献钱经共同努力于七月初竣工并拟十三日开光唱戏
三天以庆贺三次修建总计花费廿二万元为了纪念超开光良机特立此
碑以记之
神灵保佑恩泽众生
瓦工 王继平 画工 秦小孩 李银顺 木工 秦春宁 泥工 张谈勤 张贵庆 刻石 杨七小
公元二〇〇六年农历七月十三日立

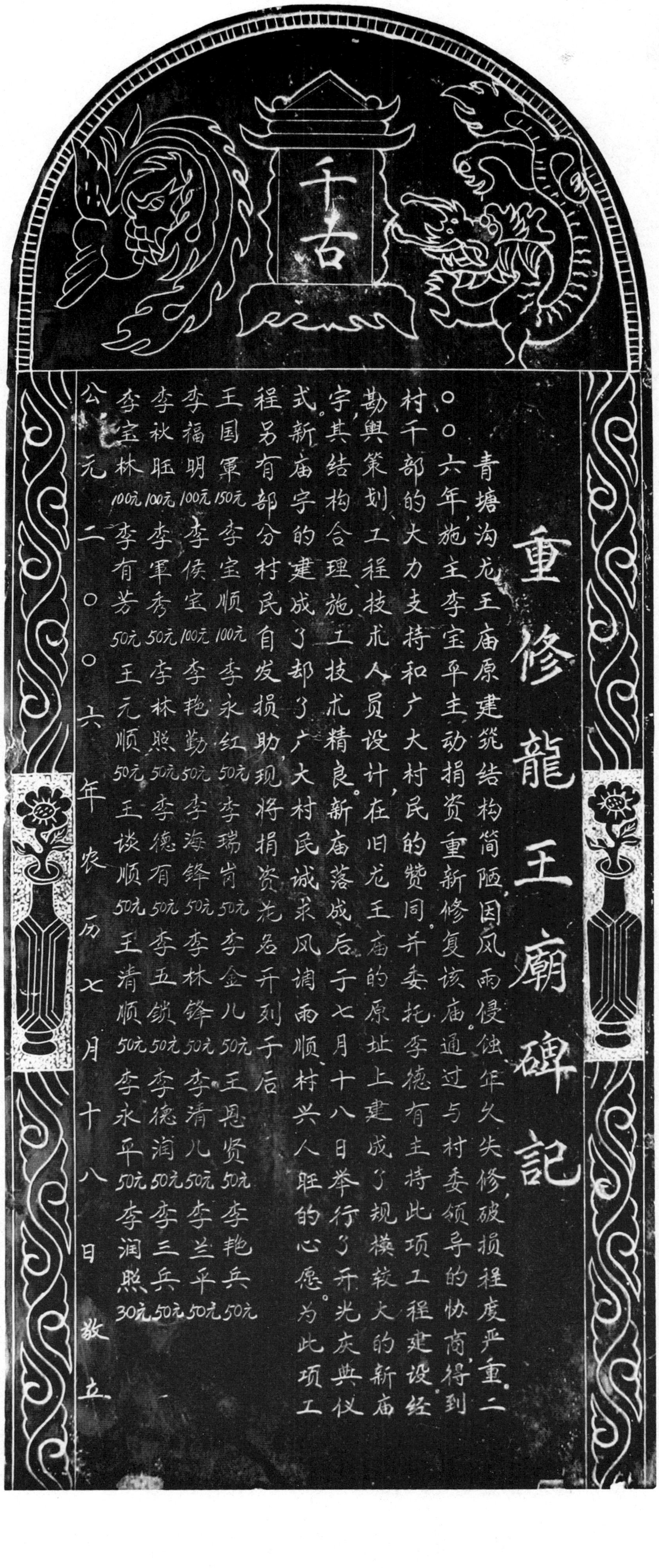

重修龙王庙碑记

【简介】

2006年7月勒石。现存于临县安业乡青塘沟村。碑青石质，圆首，高133、宽55、厚7厘米。额题“千古”2字。碑文楷书，正文计7行，满行31字。记载青塘沟村重修龙王庙之事。现保存完好。

【碑文】

重修龙王庙碑记

青唐沟龙王庙原建筑结构简陋，因风雨侵蚀，年久失修，破损程度严重，二〇〇六年施主李宝平，主动捐资重新修复该庙，通过与村委领导协商，得到村干部的大力支持和广大村民的赞同，并委托李德有主持此项工程建设。经堪舆策划，工程技术人员设计，在旧龙王庙的原址上，建成了规模较大的新庙宇。其结构合理，施工技术精良，新庙落成后，于七月十八日举行了开光庆典仪式。新庙宇的建成，了却了广大村民诚求风调雨顺、村兴人旺的心愿，为此项工程另有部分村民自发捐助，现将捐资花名开列于后。

王国军150元　李福明100元　李秋旺100元　李宝林100元　李宝顺100元　李侯宝100元（下略）

公元 二〇〇六年农历七月十八日敬立

重塑东岳关帝庙神像记

【简介】

2006年7月勒石。现存于临县大禹乡刘家圪垯村东岳庙内。盘龙首方座，碑青石质。身高234、宽75、厚18厘米。碑阳额题“东岳庙记”4字。碑文楷书，正文计9行，满行40字。记载刘家圪垯村重塑东岳关帝圣像的情况。碑阴额题“天道于善”4字，记捐施人名单。现保存完好。

【碑文】

（碑阳）

重塑東嶽关帝廟神像記

臨邑南距三十里，官道之东，旧有府云善訓，隋开皇三年肇之，并同修嶽廟，東曰岱嶽、南曰宰都、西曰玉溪、北曰古壇、中曰善庆。東嶽世謂五嶽之長，有曰天門，有曰日观，所以生民历来崇奉之，厥来可存者惟善庆有寺，東嶽有廟，岱岳乃实属府之廟矣。唐并小就大重建，自元至大二年又加缮理，至正八年方增关王祠，院中增修天地庙。大清順治加封关王为关聖帝君，道光三年修舞雲楼，同治十年由官方主修，乡民协办，修缮完整。一九四六年因兵災将庙内神像大都拆毁，只留关帝一尊。一九六六年“文革”期间，又将关帝金身毁彻。一九八六年由乡民重塑小像六尊，庙大像小庸也。二零零六年志士者惜乎，为保护文物古迹，弘扬民族文化，循古英杰本貌复新，佥怜唯唯，善始善终，不惜代价，乡民襄助，並诚聘高师，重振庙宇，新塑神像，装潢一新，历时六月余。像也气度非凡，艺值壮观，尝云兴衰辄返，古来如此，返而更进同仁靳之云云。

经理人　村长刘青则　宗教顾问刘林达　刘生平　刘尚有　刘德芳

丹青　秦清平（后大禹）

撰文书　刘澍滋

石刻师　刘管留（佛堂峪）　李小平（李家峁）

公元二零零六年七月二十一日吉立

（碑阴）

献碑人　刘汝耀　刘林达

施钱人　刘生平2万　刘继照1万　刘靖奇2千　刘靖卫2千　刘运德1千元

五百元者　刘成平　刘林富　刘绳平　刘林平　三交杜乃应

三百元者　刘孝知　刘青则　刘澍昌

二百八十　刘靖贵

二百二十　刘平昌　刘德芳　刘靖全　刘喜元

二百元者　（14人，姓名略）　大峪沟任永平　太原市刘琦平　县城刘琦荣　府底刘利荣　离石孙连连

百元以上者　（10人，姓名略）

一百元者　（107人，姓名略）　东峁侯金顺　歧道刘百林　刘志强　大峪沟任奇顺　山东省刘彩霞　张家沟刘继兰　吕家岭刘月兰　魏家湾高建明　石匣刘小平　郭家岭刘润虎　方山县刘长顺　树家山冯玉平　后小峪郭玉明　太原刘凤梅　神峪沟侯吉平

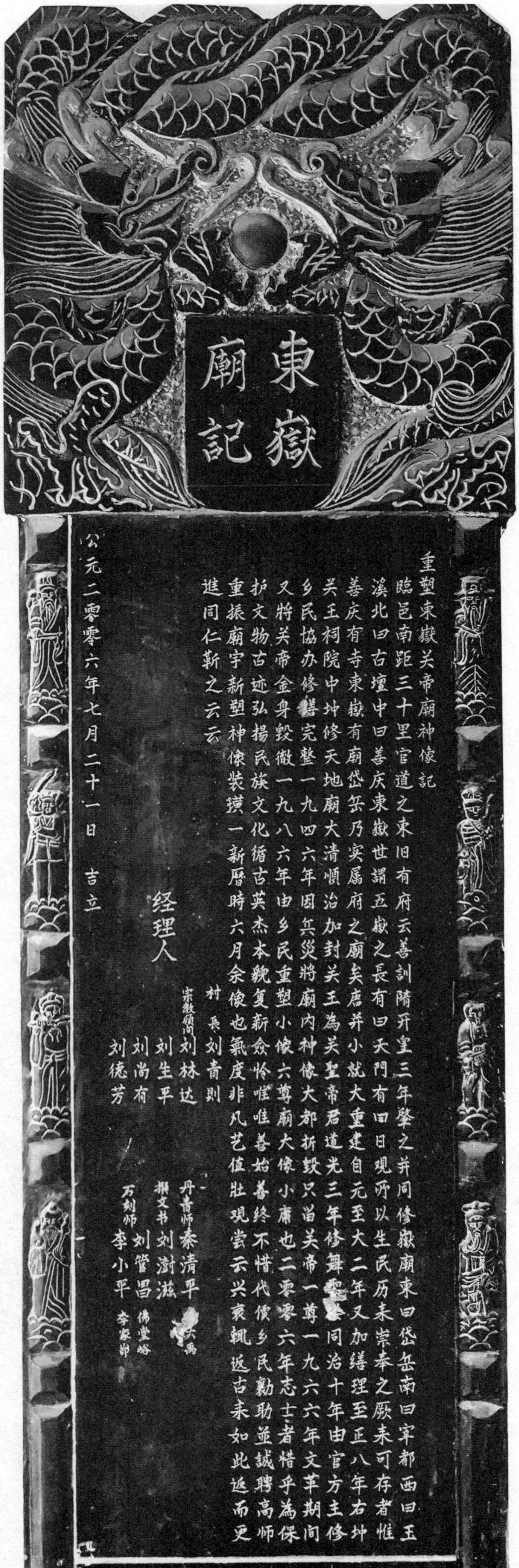

東嶽廟記

重塑東嶽关帝廟神像記

臨邑南距三十里官道之東旧有府云善訓隋开皇三年肇之并同修嶽廟東曰岱岳南曰宰都西曰玉溪北曰古壇中曰善庆東嶽世謂五嶽之長有曰天門有回日观所以生民历来崇奉之厥来可存者惟善庆有寺東嶽有廟岱岳乃实属府之廟矣唐并小就大重建自元至大二年又加缮理至正八年右坤关王祠院中坤修天地廟大清順治加封关王為关聖帝君道光三年修舞雩[illegible]同治十年由官方主修乡民協办修缮完整一九四六年因兵災將廟内神像大都折毁只留关帝一尊一九六六年文革期间又將关帝金身毁撤一九八六年由乡民重塑小像六尊廟大像小庸也二零零六年志士者惜乎為保护文物古迹弘揚民族文化循古英杰本貌复新僉怜唯唯善始善終不惜代價乡民勤助並誠聘高师重振廟宇新塑神像装潢一新曆時六月余像也氣度非凡艺值壮观尝云兴衰輒返古来如此返而更進同仁靳之云云

经理人
村長 刘青則
宗教顾问 刘林达
刘生平
刘尚有
刘徳芳

丹青师 秦清平 大禹
撰文书 刘澍滋
刘管昌 佛堂峪
石刻师 李小平 李家峪

公元二零零六年七月二十一日　吉立

兴修五道庙碑记

【简介】

2006年8月勒石。现存于临县青凉寺乡桥沟村。碑青石质，圆首，高152、宽60、厚7厘米。额题“心诚则灵”4字。碑文楷书，计9行，满行33字。记载桥沟村兴修五道庙的经过。保存完好。

【碑文】

興修五道廟碑記

山不在高有僊則名，昔此地盖有二尺高片石小龕，供奉神灵。村人烧香挂匾，时顯靈應，名曰五道廟。五道廟供奉東西南北中五位天神，即東方青帝靈威仰，南方赤帝赤熛怒，中央黃帝含樞紐，西方白帝耀魄寶，北方黑帝隐侯居。五帝者，萬神之宗也，統領神兵，遏除群凶，玉帝誥命五帝統御五方天地。

喬溝村信士王海成，为了發揚道教文化傳統，虔起善念，慷慨解囊，急起而修之。教師劉國權，鼎力相助，劉談虎、高金榮、高峻峰、苗永红等人，同心協力于公元二〇〇六年七月十九日動工，閏七月竣工，八月十一日良辰開光，午時秋高氣爽，彩旗飄動，鼓樂喧天，禮砲齊發，空中五彩繽紛，院内香火繚繞，村人跪拜祈曰：神靈赫濯，五老庇佑，五谷豐登，灾疫不作。

经領人　王海成

書碑　高廷峰

丹青　劉寶寶

撰文　高維恩

刻石　王根成

堪輿　高治平

公元二零零六年八月十一日立

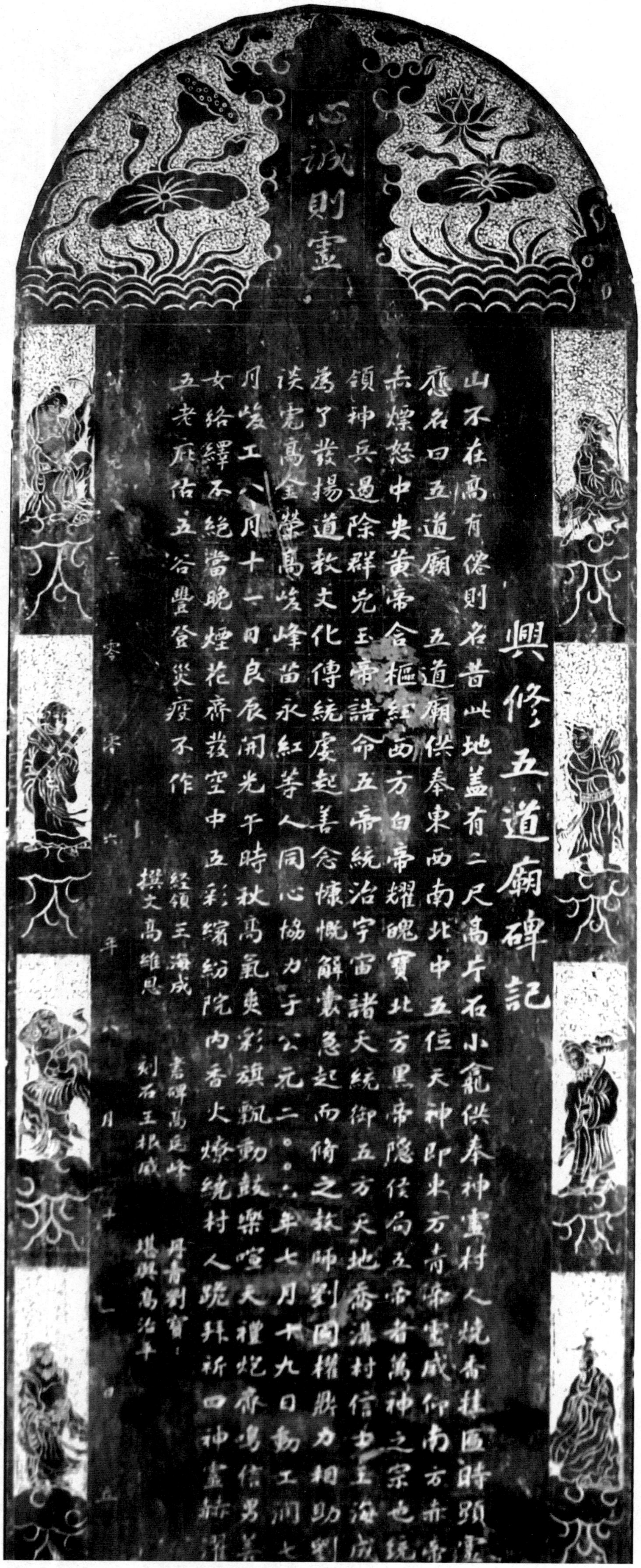

筑道铭

【简介】

2006年9月勒石。现存于临县丛罗峪镇丛罗峪村，嵌于碑楼中。共2通，碑青石质，长方形，石雕精美。碑高68、宽170厘米。第一通碑文楷书，正文计8行，满行35字。记述真武山筑道经过。第二通为捐款单位及个人名单。保存完好。

【碑文】

（第一通）

筑道铭

众愿付施阶台平，石栏因边道捷竣。功建神山立懿德，永镌路碑伟绩存。

真武山风景秀丽，庙观辉煌，游人香客络绎不绝。然而古老之石踏年久失修，残台断阶，有碍通行。鉴于此况，我文管组商议决定，保留古迹，缮旧建新，决之即行。乙酉仲夏开工，有识之士共襄盛举。大家群策群力，千方百计克服困难，修桥铺路，葺旧建新，精雕石栏，稳固两旁。丙戌孟秋，胜利竣工。全长一百二十九米，厥象斯伟，其势腾昂，龙骧凤举，直贯天门。同时观音灵官两殿，塑像二十七尊，活灵活现，形象逼真。神楼碑亭等多项工程，造价总额八十四万余元。开工庆典之日，各界来宾，志士仁人，慷慨解囊，踊跃赞助，信男善女，竭情崇奉，纷纷捐资。诸君功高德劭，不可无记，故铭碣石，流芳百世。

真武山文管组

公元二〇〇六年岁次丙戌季秋立

（第二通）

捐款单位及个人花名　金额单位：元

县政府 50000　李唤成 4000　李勤锁 3000　林建宇 3000　白玉平 3000　王玉保 3000　高宏平 2300　张捧贵 2000　张润祥 2000　郭建国 2000　贺来应 1400　王成玉 1300　王金明 1300　苗顺贵 1000　王金明 1000　郭乃平 1000　王振荣 500　郭强 500　赵月发 500　刘勤旺 500　张有明 500　郝谈顺 500　郝云云 500　郝建平 500　李光常 500　苗金平 500　张继照 500　贾文明 500　张建锋 500　贺启明 500　王明秀 500　王小平 500　王庆兆 500　王玉成 400　王奋奎 300　王文斌 300　王艮厚 200　白青宽 200　路监部 200　孙奋旺 200　王桂清 200　王明扣 200　张生明 200　张志兴 200　刘林奎 200　郭卫平 200　赵飞 200　高国生 200　李继平 200　苗乔军 200　冯长顺 200　白哪吒 200　郭继生 200　贺贵平 200　郭维锋 200　冯文枝 200　贺奋奎 200　侯玉珍 200　王捧明 200　贺大栋 200　郭平仲 200　李江平 200　李富平 200　张玉生 200　李斌斌 150　王建民 700　（下略）

魁星楼文物保护标志碑

【简介】

2006年9月勒石。现存于临县县城文庙学校内。碑花岗岩石质，长方形，高80、宽120、厚12厘米。碑文隶书，正文计1行，满行3字。为文物保护标志碑。保存完好。

【碑文】

（碑阳）

吕梁市级文物保护单位

魁星楼

吕梁市人民政府

二〇〇六年九月二十六日公布

临县人民政府立

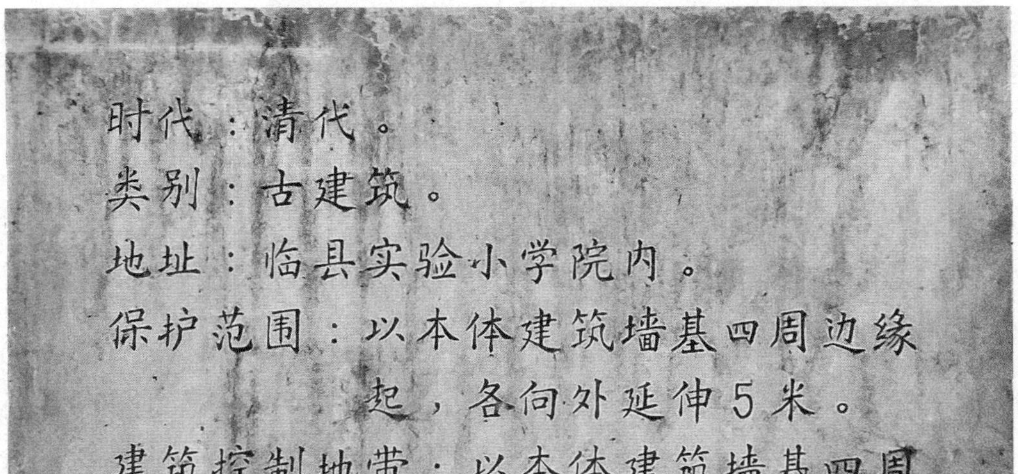

（碑阴）

时代：清代。

类别：古建筑

地址：临县实验小学院内。

保护范围：以本体建筑墙基四周边缘起，各向外延伸5米。

建筑控制地带：以本体建筑墙基四周边缘起，各向外延伸10米。

乌突戍古城遗址文物保护标志碑

【简介】

2006 年 9 月勒石。现存于临县郝峪塔村北岢大线东侧。碑青石质，长方形，高 95、宽 150、厚 15 厘米。碑文隶书，计 1 行，满行 7 字。为文物保护标志碑。保存完好。

【碑文】

（碑阳）

省级文物保护单位

乌突戍古城遗址

山西省人民政府

二〇〇四年六月十日公布

临县人民政府立

（碑阴）

乌突戍古城遗址位于临县城北 18 公里处，据民国六年县志载：“北齐天保三年立乌突戍”，系古代重要军事设施，用于屯集兵马。二〇〇四年六月十日，山西省人民政府公布为第四批省级文物保护单位，为了加强文保单位的保护管理，依照《中华人民共和国文物保护法》规定，划定该遗址，以古城方圆为基点，向北、东以为壑崖壁为基线，向南 400 米，西至临白公路内为重点保护范围和建设控制地带。

二〇〇六年九月立

天地坛释文

【简介】

2006年9月勒石。现存于临县湍水头镇霍家塌村。共2通，碑青石质，圆首，高130、宽60、厚5厘米。第一通碑阳额题“流芳千古”4字。碑文楷书，计19行，满行12字。记载霍家塌村修建天地坛和戏台的情况。碑阴额题“功德碑”3字。刊施钱人名单。第二通碑阳刊总监、撰文等名单，碑阴亦为施钱人名单。保存完好。

【碑文】

（第一通碑阳）

天地坛释文

我村自古设有天地坛和戏台，每逢正月初五日，全村人敬奉天地，礼拜神灵，乃是祖先们流传的传统圣节。一九六六年“文化大革命”破坏文物古迹和文化遗产，于二〇〇六年七月民众自愿捐款，重建天地坛和戏台，故立此碑纪念。

敬天地，求神灵，行好事，积功德，救急难，敬老人，尊师长，恤孤寡，祭祖先，孝父母。睦家族，和乡邻，教子孙，善积德，苦读书，勤持家，神灵应，分善恶，降祸福，毫不紊。善福报，神光照，灭灾难，保平安，行恶事，必遭殃，伤天理，严惩罚，奉天地，务诚信。若骗神，定报应。

公元二零零六年九月十三日敬立

（第一通碑阴）

施钱人

霍清喜88元　霍保平66元　霍海平66元　霍学平60元　（68人略，各50元）

（第二通碑阳）

总监　高万兴

副总监　霍勤照　霍云勤

修建　霍还旺　霍新勤

撰文　高万英

书写　刘振明

雕刻　刘五元

施钱人　卧牛沟矿2000　湍水头镇600　张永全600　杨小平500　霍宗孝300　湍教委200　派出所200　高万英200　高万兴200　霍勤照200　张谈有150　霍小明115　孙凤选110　（17人略，各100）

（第二通碑阴）

（56人略，各50元）

霍艮旺　霍万安　霍月生　烧纸盆一个　霍崔宝　霍福林　钟一口

公元二零零六年九月十三日敬立

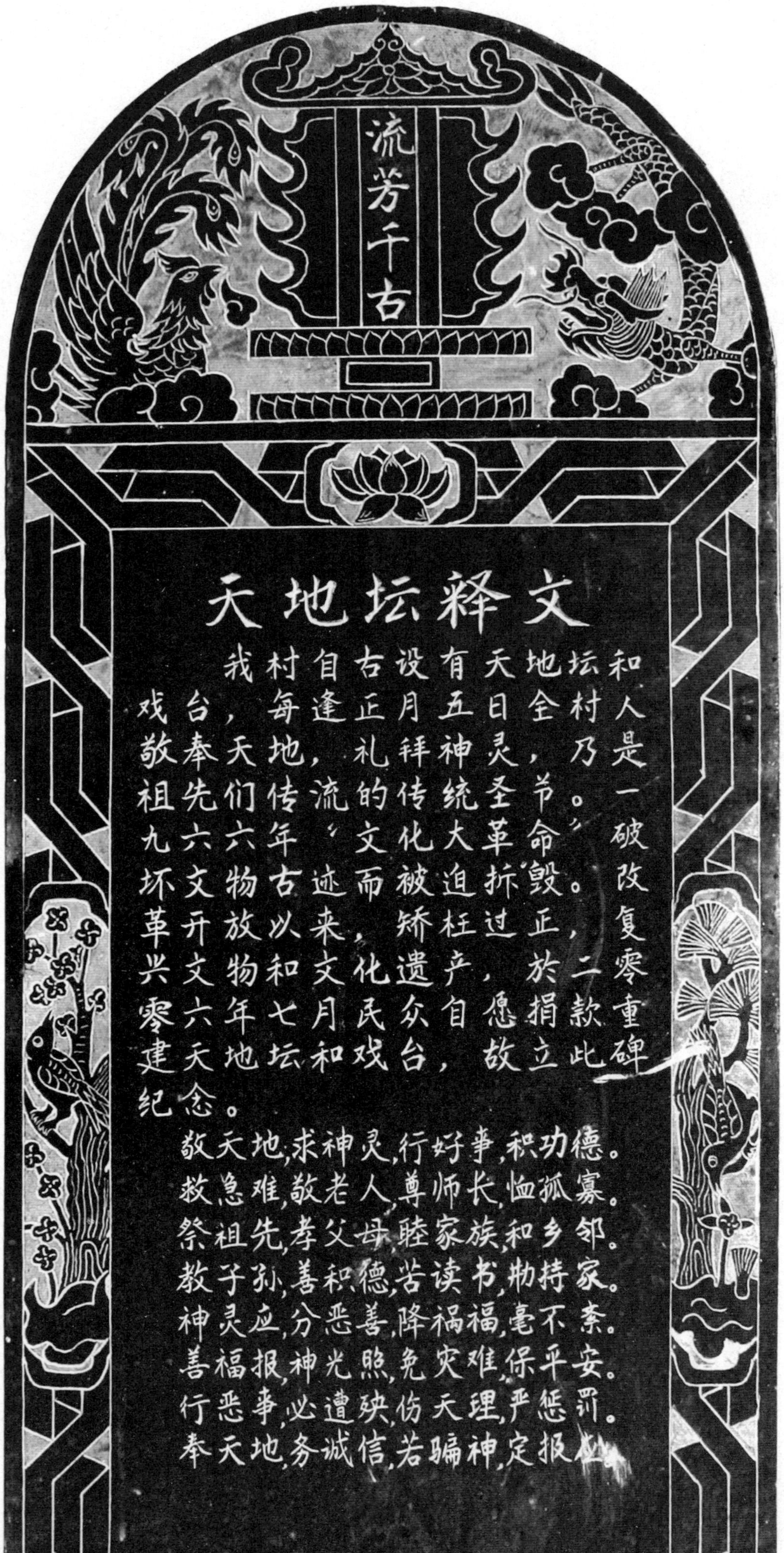

流芳千古

天地坛释文

我村自古设有天地坛和戏台，每逢正月五日全村人敬奉天地，礼拜神灵，乃是祖先们传流的传统圣节。一九六六年“文化大革命”破坏文物古迹而被迫拆毁。改革开放以来，矫枉过正，复兴文物和文化遗产，於二零零六年七月民众自愿捐款重建天地坛和戏台，故立此碑纪念。

敬天地，求神灵，行好事，积功德。
救急难，敬老人，尊师长，恤孤寡。
祭祖先，孝父母，睦家族，和乡邻。
教子孙，善积德，苦读书，勤持家。
神灵应，分恶善，降祸福，毫不紊。
善福报，神光照，免灾难，保平安。
行恶事，必遭殃，伤天理，严惩罚。
奉天地，务诚信，若骗神，定报应。

公元二零零六年九月十三日敬立

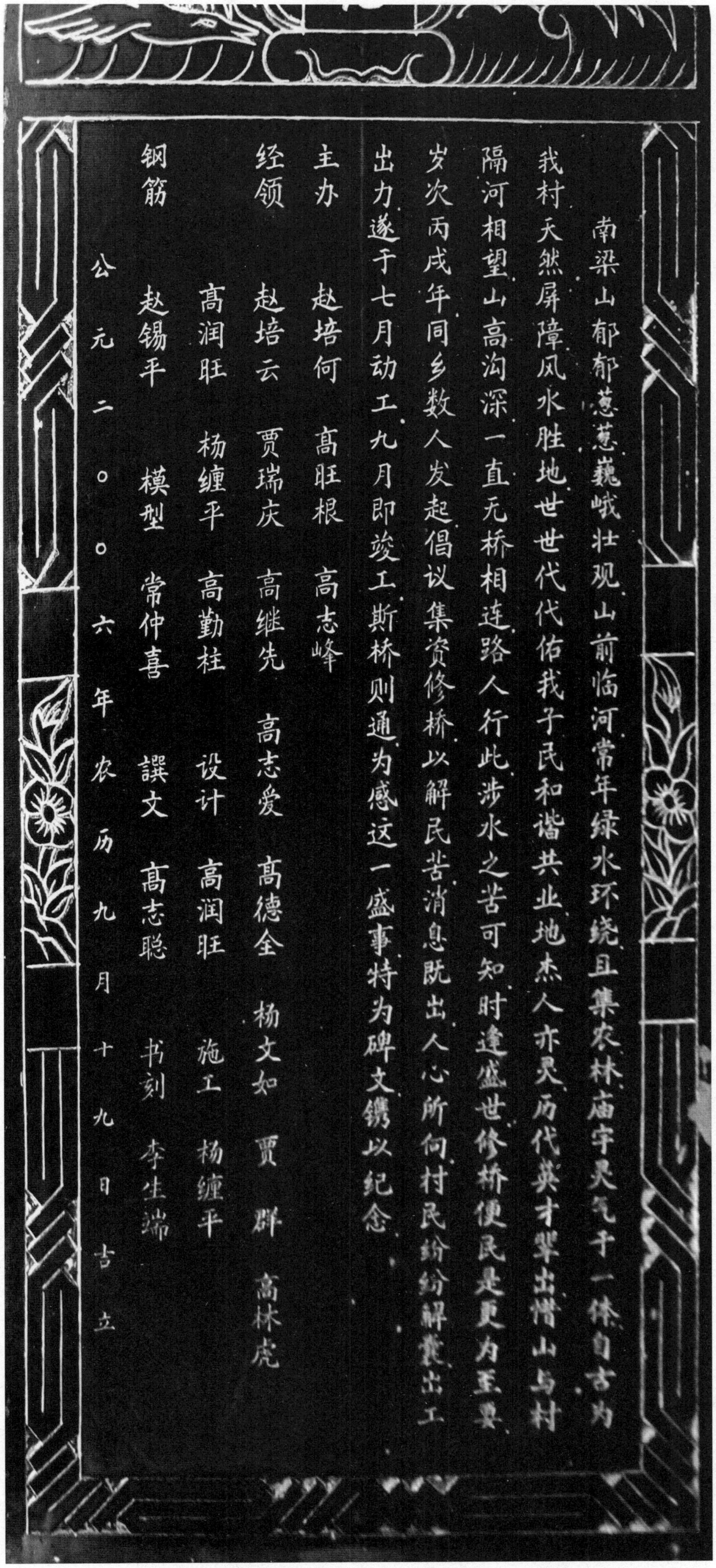
南梁山郁郁葱葱巍峨壮观山前临河常年绿水环绕且集农林庙宇灵气于一体自古为
我村天然屏障风水胜地世世代代佑我子民和谐共业地杰人亦灵历代英才辈出惜山与村
隔河相望山高沟深一直无桥相连路人行此涉水之苦可知时逢盛世修桥便民是更为至要
岁次丙戌年同乡数人发起倡议集资修桥以解民苦消息既出人心所向村民纷纷解囊出工
出力遂于七月动工九月即竣工斯桥则通为感这一盛事特为碑文镌以纪念
主办 赵培何 高旺根 高志峰
经领 赵培云 贾瑞庆 高继先 高志爱 高德全 杨文如 贾群 高林虎
高润旺 杨缠平 高勤柱 设计 高润旺 施工 杨缠平
钢筋 赵锡平 模型 常仲喜 譔文 高志聪 书刻 李生端
公元二〇〇六年农历九月十九日吉立

南河桥碑记

【简介】

2006年9月勒石。现存于临县玉坪乡永丰村。碑青石质，圆首，碑高149、宽60、厚9厘米。额题“南河桥碑记”5字。碑文楷书，计5行，满行37字。记载永丰村修建南河桥的情况。保存完好。

【碑文】

南河桥碑记

南梁山郁郁葱葱，巍峨壮观，山前临河，常年绿水环绕，且集农林庙宇灵气于一体，自古为我村天然屏障，风水胜地，世世代代，佑我子民和谐共业，地杰人亦灵，历代英才辈出，惜山与村隔河相望，山高沟深，一直无桥相连，路人行此，涉水之苦可知。时逢盛世，修桥便民是更为至要。岁次丙戌年，同乡数人发起倡议，集资修桥，以解民苦。消息既出，人心所向，村民纷纷解囊，出工出力。遂于七月动工，九月即竣工。斯桥则通，为感这一盛事，特为碑文，镌以记事。

主办　赵培何　高旺根　高志峰

经领　赵培云　贾瑞庆　高继先　高志爱　高德全　杨文如　贾群　高林虎　高润旺　杨缠平　高勤柱

设计　高润旺

施工　杨缠平

钢筋　赵锡平

模型　常仲喜

譔文　高志聪

书刻　李生端

公元二〇〇六年农历九月十九日吉立

财神庙重建碑记

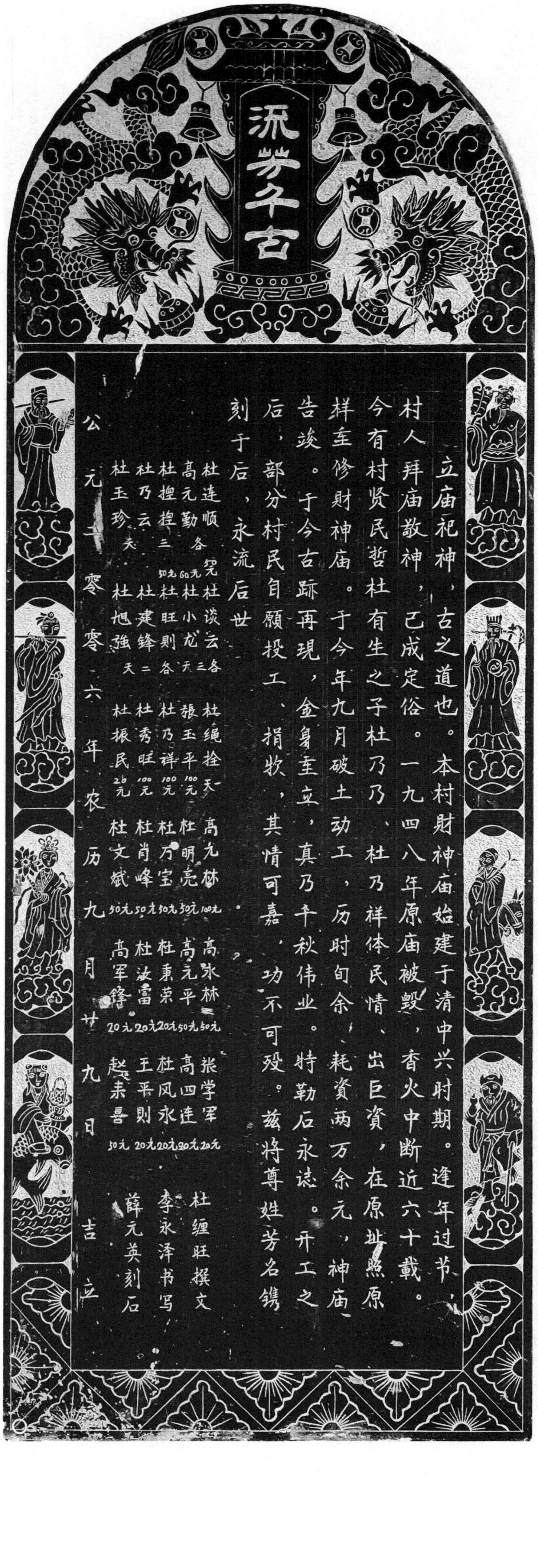

【简介】

2006年9月勒石。现存于临县三交镇安家圪台村。碑青石质，圆首，高145、宽54、厚8厘米。碑阳额题“流芳千古”4字。碑文楷书，计7行，满行33字。记载建修安家圪台村财神庙的情况。碑阴为捐资人名单。保存完好。

【碑文】

（碑阳）

立庙祀神，古之道也，本村财神庙始建于清中兴时期，过年过节村人拜庙敬神，已成定俗，一九四八年原庙被毁，香火中断近六十载。今有村贤民哲杜有生之子杜乃乃、杜乃祥，体民情出巨资，在原址照原样重修财神庙，于今年九月破土动工，历时旬余，耗资两万余元，神庙告竣，于今古迹再现，金身重立，真乃千秋伟业，特勒石永志。开工之后，部分村民自愿投工捐款，其情可嘉，功不可没。兹将尊姓芳名镌刻于后，永流后世。

杜连顺50元　高元勤60元　杜捏捏50元　杜乃云　杜玉珍　杜谈云　杜小龙　各三天　杜旺则　杜建峰　杜旭强　各二天　杜绳栓一天　张玉平100元　杜乃祥100元　杜秀旺100元　高九林100元　（15人略，20至50元）

杜缠旺撰文

李永泽书写

薛元英刻石

公元二〇〇六年农历九月二十九日吉立

（碑阴）

杜玉清100　李荣保100　（5人略，各50；2人略，各40；6人略，各30；45人略，各20）

高永林音乐队开光助兴

补修碑记

【简介】

2006年10月勒石。现存于临县湍水头镇琵琶尔村。碑青石质，圆首，高160、宽66、厚10厘米。碑文楷书，计6行，满行43字。记载琵琶尔村补修关帝庙之事。保存完好。

【碑文】

（碑阳）

补修碑记

丙戌之秋，九月既望。载阳载芳，风光旖旎。夫吾琵琶尔有关帝圣君庙由来久矣，迩来一百五十余载，碑石可证，斯庙始建于大清同治三年，位于村中，合村康宁，人丁兴旺。多少年来，以香火不断为灵应。求名者仕途通达，求财者财如春潮，有凶者求之化凶为吉，终因岁久日长，庙貌全非，金身全无，不堪入目。今政通人和，古迹待兴，村人崔文爱、李清保、郭宗礼、李根照、李凡照、李秉文、郭宗玉七者主持修建，于二〇〇六年闰七月十六日开工，塑金身关帝、龙王、风神、蚜蛾、山神、土地等十六尊各具神态，皆栩栩如生，于是年九月二十二日开光庆典唱社戏八场助兴，善男信女及游子香客上布施两万余元，为作历史翔实启迪后昆，是以为记。

人口集资芳名

二百一十元者　李奴虎七人　李奴顺七人　二百元者　王绳虎六人　一百八十元者　李春保六人　李谈顺六人　王谈平六人　郭乃虎六人　一百六十元者　李青保五人　一百五十元者　（22人，名单略）一百二十元者　（25人，名单略）

（碑阴）

人口集资芳名

一百元者　（8人，名单略）　九十元者　（17人，名单略）　六十元者　（17人，名单略）五十元者　（1人，名单略）　三十元者　（1人略，名单）

捐资芳名

五百元者　李平　二百二十元者　崔文爱　二百元者　李三保　李兰贵　李锁弟　一百五十元者　李林旺　一百一十元者　李林顺　一百元者　李四保　李保平　李小东　李建红　高军军　郭锋八十元者　李五则　六十元者　李艳鹏　李兵兵　李润平　五十元者　（100人，名单略）

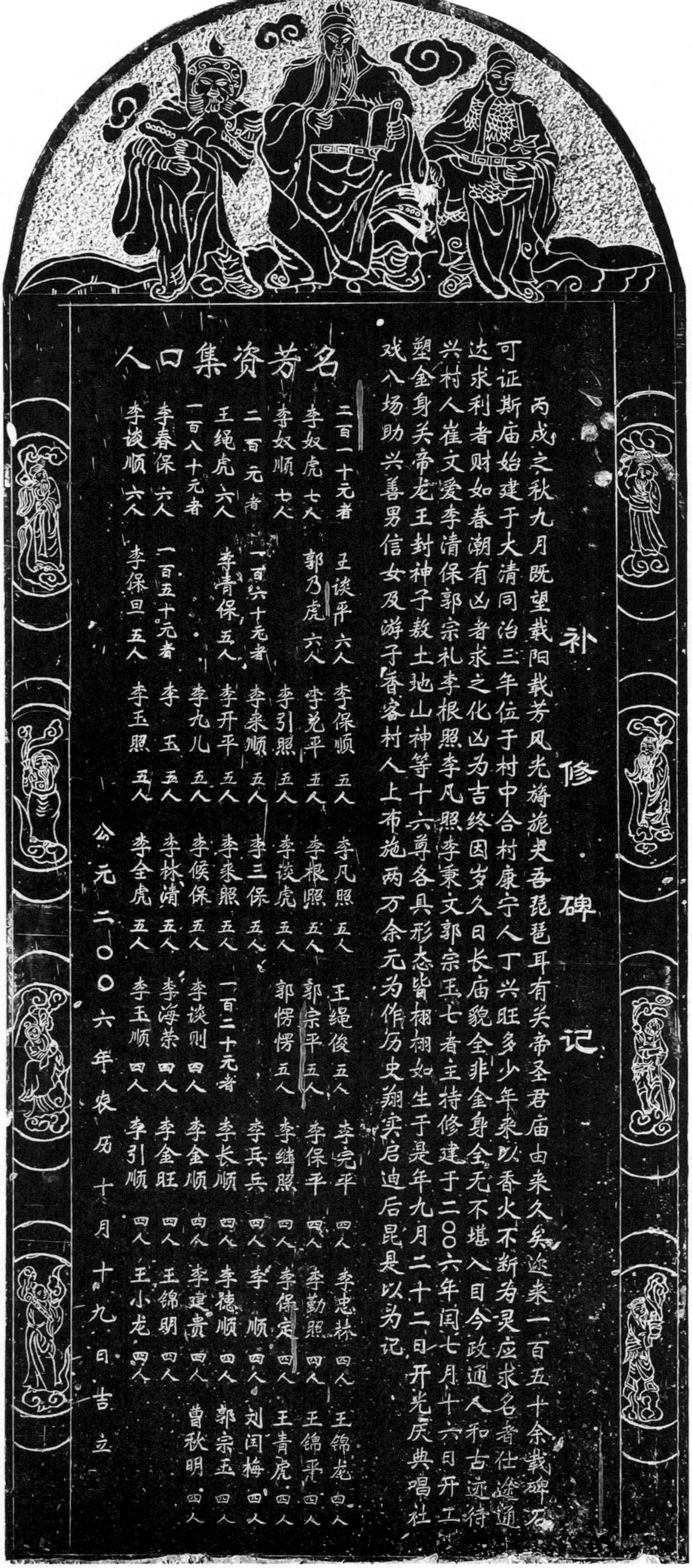

补修碑记

丙戌之秋九月既望载阳载芳风光旖旎夫吾琵琶耳有关帝圣君庙由来久矣迩来一百五十余载碑石可证斯庙始建于大清同治三年位于村中合村康宁人丁兴旺多少年来以香火不断为灵应求名者仕途通达求利者财如春潮有凶者求之化凶为吉终因岁久日长庙貌全非金身全无不堪入目今政通人和古迹待兴村人崔文爱李清保郭宗礼李根照李凡照李秉文郭宗玉七者主持修建于二〇〇六年闰七月十六日开工塑金身关帝龙王封神子救土地山神等十六尊各具形态皆栩栩如生于是年九月二十二日开光庆典唱社戏八场助兴善男信女及游子香客村人上布施两万余元为作历史翔实启迪后昆是以为记

名芳资集口人

二百一十元者 王谈平 六人 李保顺 五人 李凡照 五人 王绳俊 五人 李完平 四人 李忠林 四人 王锦龙 四人

李奴虎 七人 郭乃虎 六人 李兑平 五人 李根照 五人 郭宗平 五人 李保平 四人 李勤照 四人 王锦平 四人

李奴顺 七人 李引照 五人 李谈虎 五人 郭愣愣 五人 李继照 四人 李保定 四人 王青虎 四人

二百元者 一百六十元者 李来顺 五人 李三保 五人 李兵兵 四人 李顺 四人 刘闰梅 四人

王绳虎 六人 李青保 五人 李开平 五人 李来照 五人 一百二十元者 李长顺 四人 李德顺 四人 郭宗玉 四人

一百八十元者 李九儿 五人 李候保 五人 李谈则 四人 李金顺 四人 李建贵 四人 曹秋明 四人

李春保 六人 一百五十元者 李玉 五人 李林清 五人 李海荣 四人 李金旺 四人 王锦明 四人

李谈顺 六人 李保旦 五人 李玉照 五人 李全虎 五人 李玉顺 四人 李引顺 四人 王小龙 四人

公元二〇〇六年农历十月十九日吉立

迁茶亭庙铭记

【简介】

2006年10月勒石。现存于临县临泉镇寺家塔村。碑青石质，圆首，高163、宽60、厚9厘米。碑阳额题“流芳千古”4字。碑文楷体，正文13行，满行40字。记载寺家塔村迁建茶亭庙之事。碑阴刻施款花名。保存完好。

【碑文】

（碑阳）

迁茶亭庙铭记

故城向南，五里有零，雍正年间，修筑茶亭，四孔石窑，三孔宿人。

一孔通洞，人走车行。另有水井，数间马棚，行人借宿，避雨挡风。

官有贵客，出郭相迎，备马备轿，备茶候等。后人洞顶，修庙供神，

祈求平安，五谷丰登。三百余载，历尽苍桑，墙倒椙摧，丛草满廊。

文革期间，满目凋凉，庙宇拆除，仅留洞框，一九九〇，国泰民康。

村民集资，重修庙堂。雕梁画栋，再塑神像，北祀观音，南祀关圣。

善男信女，供奉降香，华夏文化，广为发扬。二〇〇六，城建有妨，

要求迁移，搬建山冈，村民择地，天窳山梁，地灵之聚，秀毓宝藏，

山山水水，葱葱泱泱，山辉川媚，相得益彰，良辰动工，吉日上梁。

飞檐斗拱，高雅轩昂，五脊六兽，琉璃装璜。硬山大殿，金碧辉煌。

朝南大殿，关圣正堂，王浦赵累，关平周仓，童子二仙，伺奉两旁。

宗教文化，大放异光，劝世行善，扶正驱魔，善有善报，作恶遭殃。

传承关公，一世忠良，忠孝节义，刚直不阿。朝北大殿，工致气刚，

观音菩萨，端坐中央，善财龙女，分祀两旁，丹青雕绘，璀璨堂皇，

观音救世，教化四方，心中有佛，言行端刚，庙宇落成，八方恭贺。

九月十七，隆重开光，八方信徒，纷至庙堂，捐资赠物，叩拜降香。

男女老幼，喜出在望，精神有寄，行为有刚，忍字当头，和睦高尚，

积德家兴，诚信财旺。中华美德，发扬光大，利国利民，万世流芳。

（茶亭旧址，桥东百米，往北三十，老者口传，南塔人氏，李棠荫者，

康熙年间，仕官直隶，入阁进士，碑楼三重，乾隆御赐，后人至此，

文官下轿，武官下马。龙行三步，世事变幻，毁于战乱，碑碣无存。）

总管：李文艺　技师：李文昌　经领：任光平、杨全儿、刘守英、刘可伟。

山西省民研家协会会员王洪廷撰文

山西省书法家协会会员杜增玉敬书

李生端刻石

公元二〇〇六年孟冬穀旦立

（碑阴）

施款芳名

李文昌义务修庙七十余日　东岳大桥项目部五百元　胜利坪学校二百元　农资加油站一百元　新华书店五百元　生产公司二百元　公路段二百元　赵世平五千元　赵来生二千元　秦生财（儿）　秦生财（女）　各六百零五元　赵世杰　高小红　王光玉　各六百余元　李贵顺　秦春明　李振芳　各五百元　任逢生　杨秀奇　李效明　杨海勤　高旭东　李文谈　李文海　薛荣峰　各二百元　秦全照一百五十元　（高来顺等72人，各一百元；2人略，各六十元；112人略，各五十元）

流芳千古
迁茶亭庙铭记
故城向南 五里有寨 雍正年间 修筑茶亭 四孔石窑 三孔宿人 一孔通洞 人来车行 易有水井
行人借宿 庇雨措风 官有贵客 出郭相迎 备马备轿 备茶备箸 后人洞前 修庙供神
三百余载 历经沧桑 墙倒棚塌 丝草满席 文革期间 满目凋凉 庙宇拆除 仅留洞框 一九八〇
村民集资 重修庙堂 明确为修 再塑神像 北祀观音 南祀关圣 善男信女 供奉香客 华夏文化 广为弘扬
二〇〇六 城建有好 要求迁移 振建山岗 村民择地 天寨山梁 地灵之祭 秀毓宝藏 山山水水
山辉川媚 相得益彰 良辰动土 吉日上梁 飞檐斗拱 高阁轩昂 五脊六兽 瑰璃最璜 硬山大殿 金壁辉煌
朝南大殿 关圣正堂 上浦赵累 关平周仓 童子二仙 何来两旁 宗教文化 大放异光 功世行善
善有善报 作恶遭殃 传承关公 一生忠良 忠孝节义 刚正不阿 铜北大殿 工致气刚 观音菩萨 端坐中央
善财龙女 分祀两旁 丹青雕绘 堂煤堂煌 观音救世 教化四方 心中有佛 言行端刚 庙宇巍戒
九月十七 隆重开光 善男信女 婚丈庙堂 捐资赠物 叩拜降香 男女老幼 喜出在望 精神有寄 行为有则
忽字当头 和睦高尚 积德家兴 诚信财旺 中华美德 发扬广大 利国利民 万古流芳
（茶亭旧址 侨东百米 往北三十 老者口传 南塔人氏 李常荫者 康熙年间 仕官直隶 入闱进士
乾隆御赐 后人至此 文官下轿 武官下马 元行三步 世事变幻 战乱 碑碣无存）
总管 李文艺 技师 李文昌 经领 任先平 杨金化 刘守兵 刘可仲
山西省民研家协会会员 王兴延撰文
山西省书法家协会会员 杜增玉撰书 公元二〇〇六年五月谷旦立

西关新区门楼落成碑记

【简介】

2006年11月勒石。现存于临县临泉镇西门旧址墙上，嵌于墙内。碑青石质，长方形，高100、宽302厘米。碑文楷书，正文34行，满行28字。记载临泉镇西门的历史和修建门楼的经过。保存完好。门楼对联如下。

葆和门：吉门纳五福物华天宝溢西苑，葆第昭三阳人杰地灵奔小康。

西苑新区：系龟山依凤山天赐卧虎地，迎紫气聚人气众建和谐区。

【碑文】

西关新区门楼落成碑记

太平盛世，歌舞升平，构建和谐已成为新世纪的最强音。西关有识之士顺应时代潮流，应居民心声，在城关村委、新民街居委会的支持下，以修复西关门楼为切入点，组建领导小组，群策群力，靠自己之力，在“葆和门”旧址建起一座西关社区仿古门楼，是为盛举。

“葆和门”始建于明代正德八年（一五一三年），南搂龟山，北连凤山，位于两岸对峙众壑奔注之塞，为明代城墙五门之一，俗称“西门”，西关即处在四面环山、松柏蔽野、庙宇皆是、香火缭绕的“座宝盆”里，东山真武庙，西山黑龙庙，南山玄天阁，北山有文塔，东西相映，南北交辉，尤西北有泉，悬若瀑布，唯正东有门，纳福凝瑞。更是门楼让两端相连，门洞使水复不淤，所及一切正应验了“葆和门”其名。葆者，草木茂盛，喻丰年之意；和者，和衷共济，喻和谐之意，以地望准之，实乃风水宝地。然几经战乱兵焚，到清代后期，城楼、庙宇、塔阁均荡然无存，只门洞幸免。而随岁月流逝，洞体任风雨剥蚀，洞内任淤泥厚积，昔日安全之门却给居民出行造成诸多不便。县政府于一九八六年予以拆除，具有近五百年的历史就此终结，这是西关居民无奈的选择，也给西关居民感情上带来了无情的缺憾，心灵上留下了无尽的牵挂。二十年后的今天，安居乐业的西关人，在全县上下唱响“构建和谐”主旋律之时，涓涓心声，汇成一条涌动的潮流，他们奔走相告，主动捐资，是团结的力量让他们心中的“希望之门”、“长泰之门”在同奔小康的道路上注入新意，重见天日。

西关新区门楼的兴建，工程于二〇〇六年九月一日奠基，十一月一日竣工，用时两月，耗资三万余元。该工程由本镇前甘泉村设计师郭成林设计，其工程队负责施工，彩绘由山西园林古建公司分队侯杰领衔实施。门楼采用两柱式仿古框架结构，楼顶用庑殿顶造型，琉璃瓦合顶。工程用料未用一木一石，尽由钢筋砼取代，整体建筑美观华丽而不失古朴，庄重大方又不失典雅，堪称“西关一景”。

西关新区门楼的落成，无疑是西关人民团结的象征，也是体现西关人与时俱进决心的标志，有理由相信，有县、镇党委的领导，西关人一定会以此为契机，不忘“葆和”，励精图治，百尺竿头更进一步，使西关新区成为两个文明建设的模范，创建和谐小区的样板。愿西关新区的明天更加灿烂！

筹建领导组：林宝全　樊老虎　張青顺　高成明　張東平　高云平　郝尚明　高玉文　曹王平　武寅生　李金喜　杨建平　李全生　孙玉龙

经理人　李全生　樊老虎　張東平　高玉文

工程设计：临泉镇前甘泉村郭成林

施工单位：临泉镇成林工程队　郭新林　郭儿则

彩绘工艺：山西省园林古建公司分队　侯杰

高伍平撰文

临泉镇城关村委、新民街居委会

公元二〇〇六年十一月六日

西关新区门楼落成碑记

太平盛世，歌舞升平。构建和谐已是新世纪的最强音。西关有识之士顺应时代潮流，应居民心声，在城关村委、新民街居委支持下，以修复西关门楼为切入点，组建领导小组，群策群力，靠自己之力，在『葆和门』旧址建起一座西关社区仿古门楼，为盛举。

『葆和门』始建于明代正德八年（一五一三年），南楼龟山，北迁凤山，位于两岸对峙，众壑奔注之塞，为明代城墙五门之一，称『西门』。西关则处在四面环山，松柏葳野，庙宇皆是，香火绕的『聚宝盆』里。东山真武庙、西山黑龙庙、南山玄天阁、北山有文塔，东西相映，南北交辉。尤西北有泉，悬岩瀑布；唯县东有门，纳福凝瑞；更是门楼让西山相联，门洞使水复不涝，所及一切，正应验了『葆和门』其名：葆者，草木茂盛，喻丰年之意；和者，和衷共济，喻和谐之意。以地望准之，实乃风水宝地。然几经战乱兵焚，到清代后期，城楼、庙宇、塔阁均荡然无存，只门洞幸免。而随岁月流逝，洞体任风雨剥蚀，洞内任淤泥厚积，昔日安全之门，却给居民出行造成诸多不便。县政府于一九八六年予以拆除。具有近五百年的历史也就此终结。这是西关居民无奈的选择，也给西关居民感情上带来了无情的缺憾，心灵上留下了无尽的牵挂。二十年后的今天，安居乐业的西关人，在全县上下唱响构建和谐主旋律之时，涓涓心声，汇成一条涌动的潮流：他们奔走相告，主动捐资，是团结的力量让他们心中的希望之门『长泰之门』在同奔小康的道路上注入新意，重见天日。

西关新区门楼的兴建工程于二〇〇六年九月一日奠基，十一月一日竣工。用时两月，耗资三万余元。该工程由本镇前甘泉村设计师郭成林设计，其工程队负责施工；彩绘由山西园林古建公司分队侯杰领衔实施。门楼采用西柱式仿古框架结构，楼顶用庑殿顶造型，琉璃瓦合顶。工程用料未动一木一石，尽由钢筋混凝土取代，整体建筑美观华丽而不失古朴，庄重大方又不失典雅，堪谓『西关一景』。

西关新区门楼的落成，无疑是西关人团结的象征，也是体现西关人与时俱进决心的标志，有理由相信，有县、镇党委的正确领导，西关人一定会以此为契机，不忘『葆和』，励精图治，百尺竿头，更进一步，使西关新区成为个文明建设的模范，创建和谐小区的样板。愿西关新区的明天更加灿烂！

筹建领导小组：林宝全 高成明 郝尚明 武寅生 李全生
樊老虎 張东平 高玉文 李金喜 孙玉龙
張青顺 高云平 曹五平 杨建平

经理人：李全生 樊老虎 張东平 高玉文

工程设计：临泉镇前甘泉村 郭成林

施工单位：临泉镇成林工程队 郭新林 郭儿则

彩绘工艺：山西省园林古建公司分队 侯杰

高伍平 撰文

临泉镇城关村村民委员会
新民街居民委员会 立

公元二〇〇六年十一月六日

重修观音庙碑记

【简介】

2007年2月勒石。现存于临县大禹乡大后沟村观音庙。碑青石质，圆首，碑身高170、宽60、厚10厘米。额题“千古流芳”4字。碑文楷书，计5行，满行48字。记载大后沟村重修观音庙的情况。现保存完好。

【碑文】

重建觀音廟碑記

大後溝、中都寨兩村觀音廟始建年代不詳，只知其在公元一九五五年修中都寨學校缺少材料被拆除，三十年後兩村村民爲使觀音菩薩重新有安身之處，由張繼保等17人經領，誠聘能工巧匠，衆村民捐款投工，擇吉於公元一九八六年八月二日動工，重建廟宇，竣工一年後，因特大暴雨衝擊廟宇倒塌。一九八八年又二次重建，後又陸續在張問信等人的經領下，完成了修圍墻、磚砌廟院，石壘圪塄等完善工程。今一爲報浩盪神恩，二爲使有功之人名流百世，故以碑記之。

脩廟經領人　張繼保　劉支營　張問祥　張問信　張問美　張雲昌　張雲增　張世脩　張廼昌　張康虎　張存德　中都寨張如義　張存德　張勤虎　張有旺　張廼保

立碑經領人　張問信　劉支營　張奴旺

（施钱人11人略）

石工　張全旺

瓦工　劉支貴　劉長青　劉玉顯

丹青　張海明　張杰平

撰文書丹　坪墕村劉振明

雕刻　佛堂峪劉管昌　劉蘭順　秦家圪塄村秦尚全　李家峁李小平

施錢人　（11人略）

公元二〇〇七年二月十九日

重塑观音圣像碑文

【简介】

2007年2月勒石。现存于临县丛罗峪镇下冯家山观音庙。碑青石质，平首抹角方座，碑身高133、宽50、厚8厘米。碑文楷书，正文计9行，满行12字。记载重塑观音圣像的情况。现保存完好。

【碑文】

重塑观音圣像碑文

冯户家族，积德行善，观音护佑，源远流长，村兴民旺，修庙塑像，

文化革命，拆捣毁损，改革开放，百废具兴，八八年间，维修重建。

苏亭学民，玉治等人，经手筹划，庙宇兴宏，人财两旺，年将廿冬，

泥塑雨淋，乡民痛心，筹集资金，重塑金身，丁亥卯月，开光欢庆，

弘扬善德，勒石留名。

村长：冯志刚

经手人：冯迎富　冯林生　冯谈宝

组长：冯迎富　冯志刚　冯志忠　冯更新　冯玉治　冯进珍　冯林生　冯全忠　冯玉奎　冯绳顺

冯振如　冯贵宝

公元二〇〇七年岁次丁亥二月十九日吉立

山西中石雕塑有限公司刻石

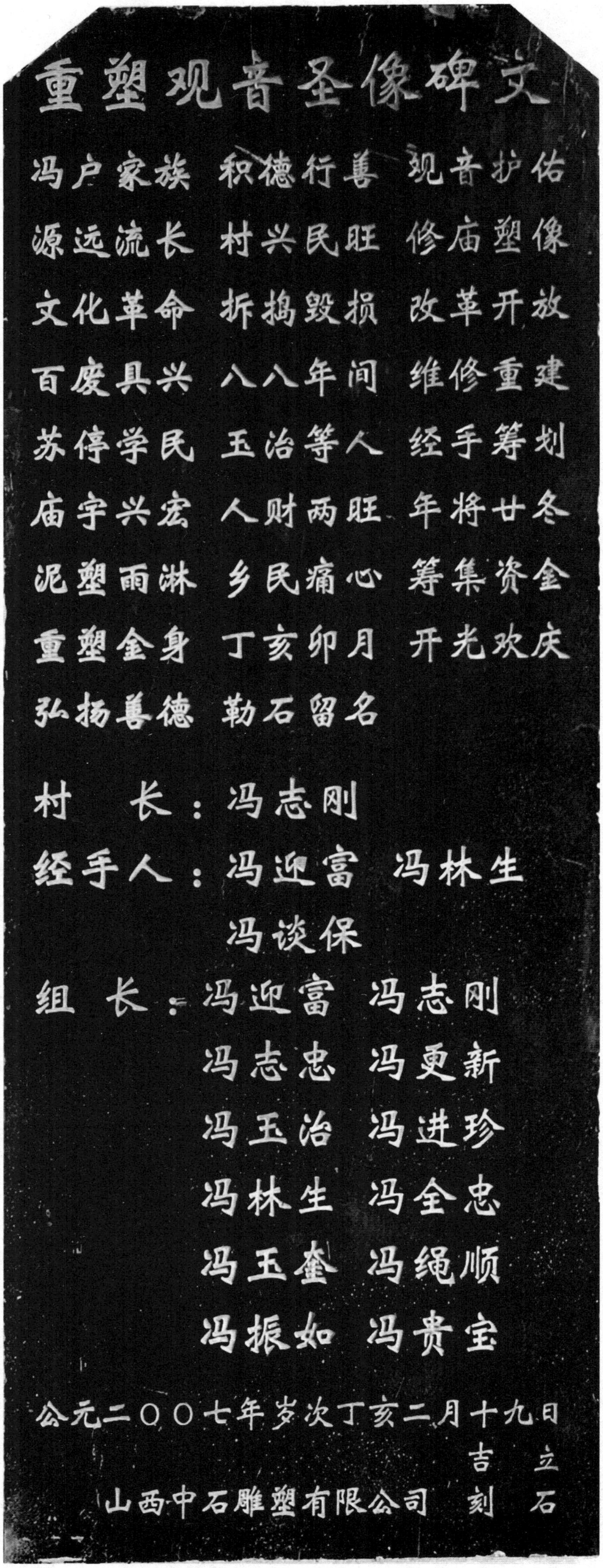

修缮庙宇戏台碑记

【简介】

2007年2月勒石。现存于临县玉坪乡李家塔村。共2通，碑青石质，平首，高172、宽70、厚9厘米。第一通碑阳额题“千秋鉴”3字。碑文楷书，计8行，满行40字。记载李家塔村修缮庙宇、戏台的情况。碑阴额题“名耿千秋”4字。碑文为捐款名单。第二通碑额题“流芳万代”4字。碑文记载捐款名单。现保存完好。

【碑文】

（第一通碑阳）

修缮庙宇戏台碑记

本村二郎庙由来久远，壮丽可观，上下两层，上层正殿、三官殿、东厢社窑三孔及小门，西厢山神土地庙、碑房、马棚，南有戏台大门，中有石阶相通，观音庙在墙外北方，四周松柏榆树衬映，风景尚良。该庙相传约明代万历年间修建，但历经风雨侵蚀，清代同治年曾修缮，将观音、山神、土地庙乔迁至此。由于世态变幻，五、六十年代又将戏台庙宇全部毁坏，碑碣无存。一九九七年，政通人和，百废俱兴，在原址重修戏台。增添文昌庙。二○○六年七月，村委支持，群众自发集资，维修戏台，重修二郎、三官、龙母、观音、文昌、山神、土地庙，砖石砌基，琉璃盖顶，彩画如生，泥塑诸神，再现金身，门额悬匾，廊挂灯笼，庙区硬化，四周绿树成荫，为将此事旌表，留于后世。谨将村领导、经领、工匠及捐款者等刻记于后，永为记述。

村干部　曹晓斌　曹卫东　李绳保　陈汉民　李春平　赵有柱　曹锦海　曹清海

经领人　曹锡全　陈清旺　曹远清　李昕顺　薛富荣　曹来平　薛眼荣

工匠　冯勤保

泥塑丹青　赵锡文

敬撰　曹廷相

书刻　李生端

公元二○○七年农历二月二十二日开光日立

（第一通碑阴）

各10500元　李青顺　曹秋保　各5500元　曹云云　李生烨　5200元　曹永昕　5100元　武永峰　3200元　曹学斌　2000元　李绳旺　1500元曹小斌　各1400元　曹锡全　曹廷相　1300元　曹卫东　各1200元　李根旺　李昕顺　陈汉明　李绳保　陈国民　赵利春　李小刚　陈学峰　李宝平　陈小林　曹涛保　曹清保　曹东连　1100元　曹廷光　各900元　李春平　赵有旺　各800元　赵五柱　秦谈保　（150元至700元，190余人，姓名略）

（第二通）

（捐款人名单略）

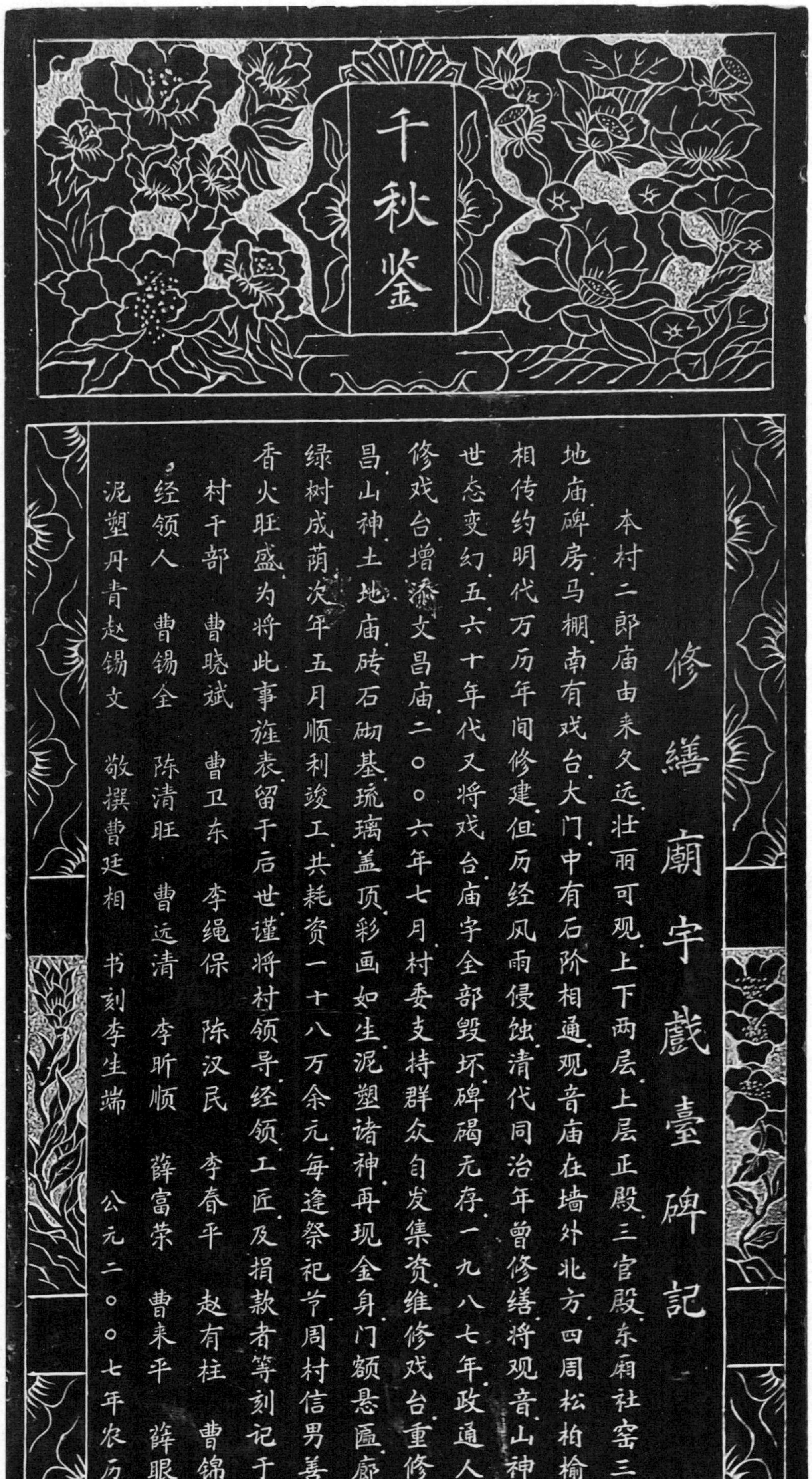

千秋鉴

修缮廟宇戲臺碑記

本村二郎庙由来久远壮丽可观上下两层上层正殿三官殿东厢社窑三孔及小门西厢山神土地庙碑房马棚南有戏台大门中有石阶相通观音庙在墙外北方四周松柏榆树衬映风景尚良该庙相传约明代万历年间修建但历经风雨侵蚀清代同治年曾修缮将观音山神土地庙乔迁至此由于世态变幻五六十年代又将戏台庙宇全部毁坏碑碣无存一九八七年政通人和百废俱兴在原址重修戏台增添文昌庙二〇〇六年七月村委支持群众自发集资维修戏台重修二郎三官龙母观音文昌山神土地庙砖石砌基琉璃盖顶彩画如生泥塑诸神再现金身门额悬匾廊挂灯笼庙区硬化四周绿树成荫次年五月顺利竣工共耗资一十八万余元每逢祭祀节周村信男善女络绎不绝虔诚礼拜香火旺盛为将此事旌表留于后世谨将村领导经领工匠及捐款者等刻记于后永为纪述

村干部　曹晓斌　曹卫东　李绳保　陈汉民　李春平　赵有柱　曹锦海　曹清梅

经领人　曹锡全　陈清旺　曹远清　李昕顺　薛富荣　曹来平　薛眼荣　工匠冯勤保

泥塑丹青赵锡文　敬撰曹廷相　书刻李生端　公元二〇〇七年农历二月二十二开光日立

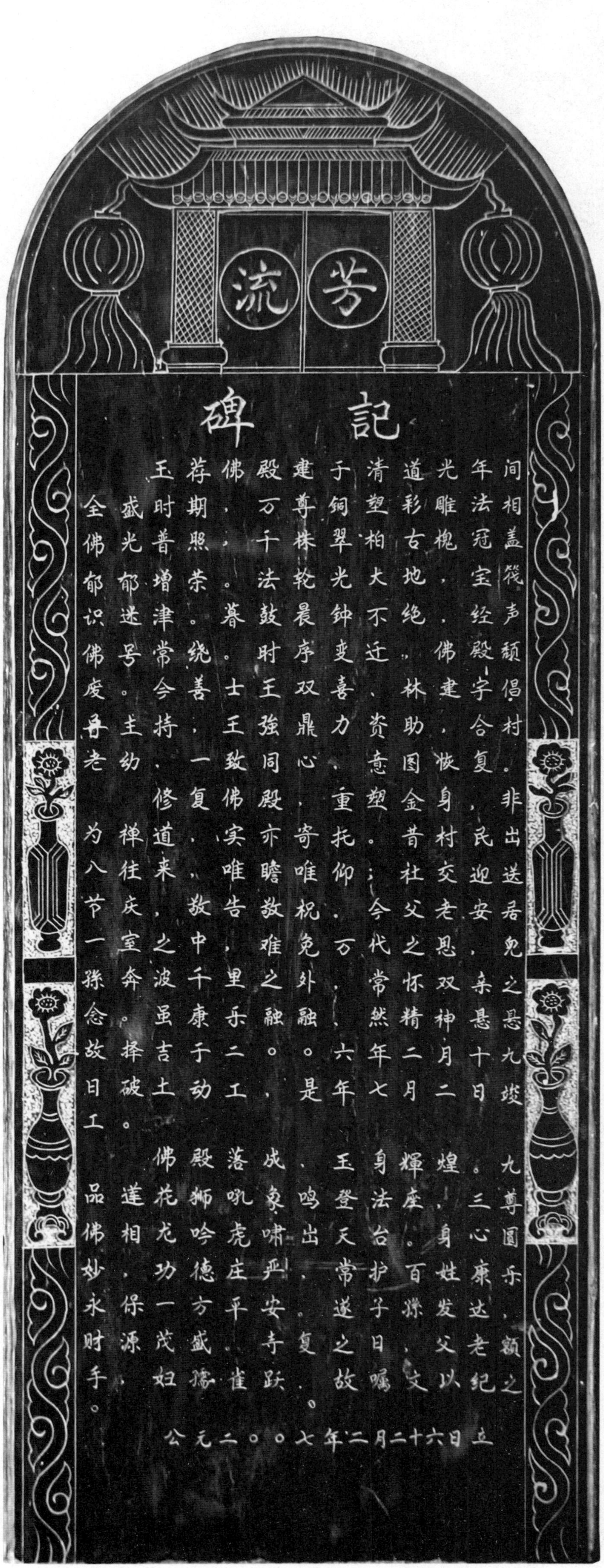

玉荐佛殿修复碑记

【简介】

2007年2月勒石。现存于临县玉坪乡玉荐村。碑青石质，圆首，碑高180、宽70、厚9厘米。碑阳额题“流芳”2字。碑文楷体，正文9行，满行40字。记载玉荐村修复佛殿之事。碑阴刊捐款花名。保存完好。

【碑文】

（碑阳）

碑記

玉荐佛殿建于清道光年间，全盛时期万尊铜塑，彩雕法相，佛光普照，千株翠柏，古槐冠盖，郁郁增荣，法轮光大地，宝筏识迷津。暮鼓晨钟不绝，经声佛号常绕，时序变迁，佛殿颓废。今善士王双喜、林建宇倡导主持，王强鼎力資助，合村老幼，一致同心，意图恢复。

修复佛殿，重塑金身，非为禅道，实亦寄托，昔村民出入往来，唯瞻唯仰，社交迎送吉庆，敬告敬祝。今父老安居一室之中，难免万代之思。儿孙奔波千里之外，常怀双亲之念。虽康乐融融，然精神悬悬，故择吉于二〇〇六年二月十九日破土动工，是年七月二日竣工。佛殿落成，玉身辉煌。九品莲花，狮吼象鸣登法座；三尊佛像，龙吟虎啸出天台。身心圆妙，功德庄严，常护百姓康乐，永保一方平安。遂子孙发达，财源茂盛。寺复之日，父老额手，妇孺雀跃，故嘱文以记之。

公元二〇〇七年二月二十六日立

（碑阴）

捐款芳名

七万九千元捐款者　王强　六千元捐款者　林建强　林建宇　五千五百元捐款者　林建峰　林荣方　二千元捐款者　王秀爱　王贻兰　张四四　一千元捐款者　张宝贵　李勤锁　王双喜　李谈平　七百元捐款者　问杰　（一百元至五百元捐款者50人，姓名略）

李氏家族文化纪念碑

【简介】

2007年2月勒石。现存于临县木瓜坪乡张家沟李氏家族纪念园，嵌于碑套中。碑青石质，方首，碑高180、宽70、厚10厘米。碑文楷体，正文1行，满行9字。为该村李氏家族文化纪念碑记。碑套两旁有对联一副，联宽16、高120厘米。联文云："传承祖训崇诚信；构建和谐振家声。"保存完好。

【碑文】

（碑阳）

枣洼迁张家沟村

李氏家族文化纪念碑

二零零七年仲春李氏后裔敬立

（碑阴）

李氏精英榜

一世高祖佚名，生卒无考，相传一生饱学负远，仗义执言，崇尚道德，治家有方，明天启年间在朝廷为官。期间因忠谏受诬陷，举家私离，隐居临县。

十五世孙文伟（字焕章），自幼习武，清咸丰年间考中武秀才，一生助弱济贫，横眉邪恶，和善乡邻，深得方圆百姓口碑。

十六世孙光冕（字服周），清光绪年秀才，文章、书法享誉乡间，后经商于县城，开设“和致祥”商号，叟幼无欺，赢得群众信赖，曾任临县商会会长。

光增，一九一〇年生，抗战中参加革命，专职民兵工作，恪尽职守，解放后转业在临县公安局，曾任看守所所长。

光银，革命烈士。生于一九一八年，三八年参加革命，曾任榆林村公所民兵中队长，四三年为掩护群众转移，与日寇搏斗中壮烈牺牲。

十七世孙，永林，一八七七年生，一生慈善为怀，担任村长多年，助人为乐，德昭四邻，开设“源盛永”票号，诚信当先，誉盈商界。

原林，生于一八九八年，就读于南京政法大学，曾任国民政府行政部秘书，解放后就职于北京文史馆。

昌林，一九〇一年生，早年留学日本，回国后在上海东业编织厂任厂长兼总工程师，公私合营后仍任原职。

廷林，生于一九〇 二年，毕业于黄埔军校，参加过北伐战争，曾任国民军浙赣护路军少将司令。解放前夕，随军迁居台湾。

焕林，一九〇四年生，山西省立师范学校毕业，曾任绥远省银行金库负责人，任职期间，尽职尽责，任劳任怨，终因积劳成疾，英年早逝。

旺林，革命烈士，生于一九〇六年，抗战爆发后，参加革命，曾任抗日决死一纵队后勤部长，后在对日作战中英勇牺牲。

修林，一九一六年生，自幼学医，三七年参加革命，曾任县抗联主任，农工会长。在晋西事变中，以医生为掩护，坚持地下工作，做出不灭的贡献。

俊林，革命烈士，生于一九二一年，抗战中参加抗日决死四纵队，曾任特工队长，后在抗击日寇中，为掩护战友英勇献身。

芝林，一九二二年生，四二年参加抗日游击队，在大武战役中，不幸负伤，后复员回乡，享受革命残废军人待遇。

殷林，一九二六年生，四三年参军，入伍于八路军一二０师，后转职于晋绥日报社。支援大西南时赴四川，先后在川西报社、省建设厅就职。

满林，一九二八年生，四四年参军，在吕梁军分区担任连长，解放太原后，转业于太钢，后就职于太原市化工局，担任科长等职。

李琳，一九四三年生，毕业于太原工学院，参加工作后，一直在公安系统工作。曾任国家公安部办公厅保密室主任。

立林，一九五二年生，一九七〇年参军，在自卫反击战中立功，后保送到军事学院深造，转业后在国家烟草总公司工业司任司长。

十八世孙世堂，一九二二年生，一九四四年入伍，在八路军三五八旅，转战于内蒙、绥远，后在陕西清涧战斗中不幸负伤。复员后，享受国家伤残补助。

李力，一九五六年生，曾任山西省艺术职业学院院长，教授，享受国务院特殊津贴，曾获教育战线全国“十佳”称号。

小明，一九七四年生，南京大学毕业后，又在北京邮电学院、北京大学获得电信、商贸双硕士学位，现任北京禾信科技有限公司总经理。

十九世孙李娜，女，生于一九八三年，留学于英国雷丁大学邓迪学院，荣获硕士学位，现就职于中国质检局驻外办事处。

公元二〇〇七年仲春立于李氏文化纪念园

柏局上维修庙功德碑

【简介】

2007年3月勒石。现存于临县湍水头镇柏局上村。碑青石质，圆首，碑高120、宽46、厚6厘米，碑阳额题“名留千古”4字。碑文楷体，正文2行，满行6字。碑阴额题“芳名永存”4字。为柏局上村维修庙宇功德碑。保存完好。

【碑文】

（碑阳）

保护历史文物，奉献一片爱心。

（碑阴）

柏局庙布施花名

公元二〇〇七年农历三月初一

张永泉贰万捌仟捌佰捌拾元

裕民煤矿壹仟元

伍百元者　薛建亮　薛成义

叁佰元者　李百恩　张永照

贰百元者　薛芝贵　薛成宝　薛卫东　薛秀勤　薛永贵　张永昌　张玉勤　张林平　张四清　张奋勇　严宝勤　马继旺

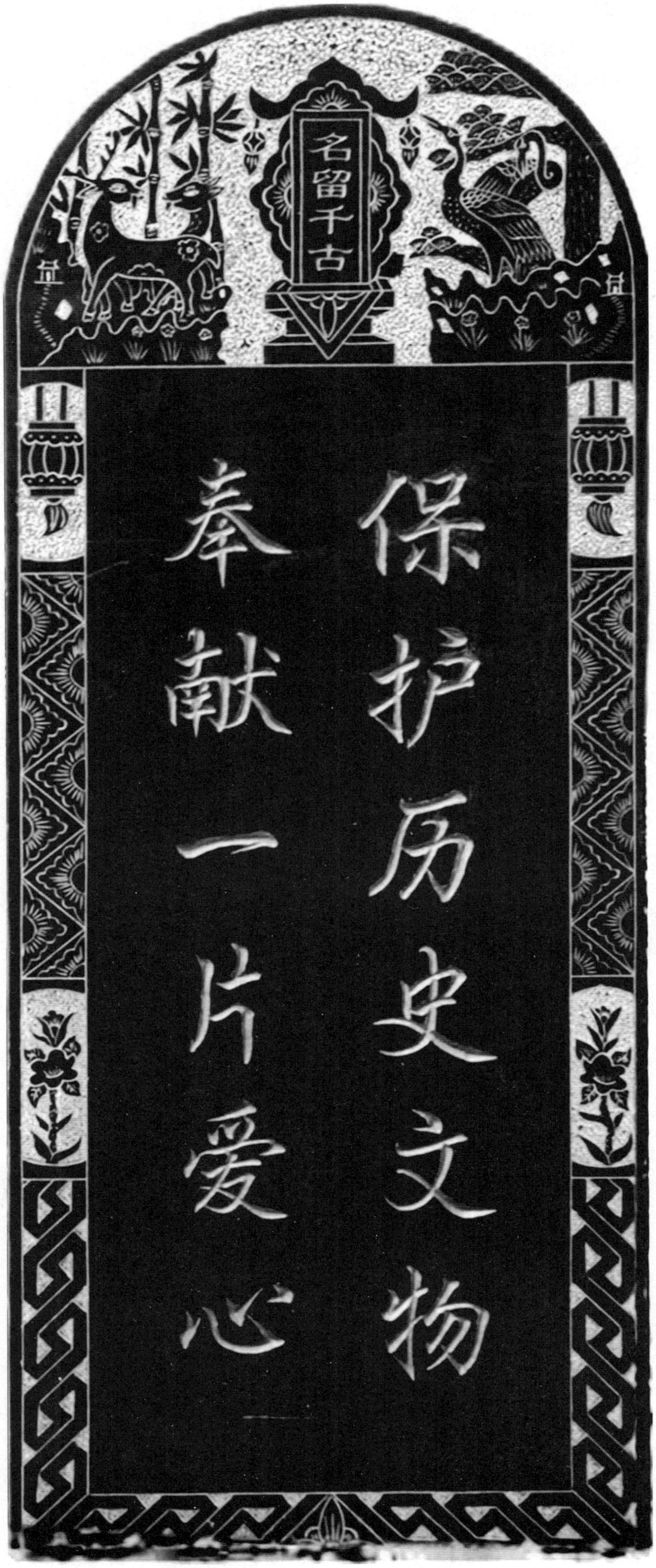

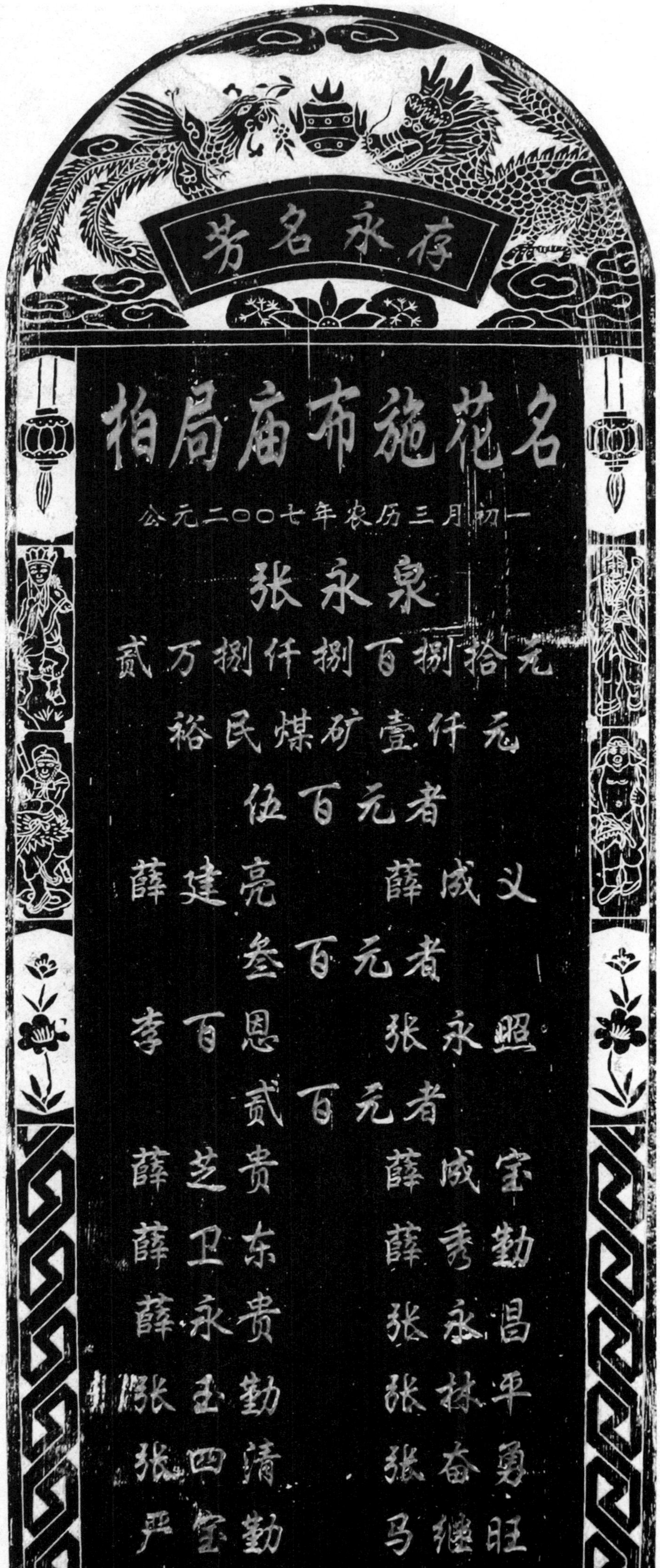
芳名永存

柏局庙布施花名

公元二〇〇七年农历三月初一

张永泉

贰万捌仟捌百捌拾元

裕民煤矿壹仟元

伍百元者

薛建亮　薛成义

叁百元者

李百恩　张永昭

贰百元者

薛芝贵　薛成宝

薛卫东　薛秀勤

薛永贵　张永昌

张玉勤　张林平

张四清　张奋勇

严宝勤　马继旺

栢树林园修复记事

【简介】

2007年3月勒石。现存于临县湍水头镇沐浴村，立于碑窑之中。碑青石质，方首，碑高122、宽50厘米。额题“乐于奉献”4字。碑文楷体，正文5行，满行21字。记述沐浴村修复栢树林园之事。保存完好。

【碑文】

栢树林园修复記事

栢树林园建于一九六四年，因年久失修，设施破损，林木干枯。为美化环境，且供村民休闲娱乐，本村五位有识之士，出资四千元，重修维护之。奉献精神，可歌可敬，树碑立传，以昭后人。芳名于后。

薛荣照　薛万世　薛勤勤　薛永勤　薛卫荣

沐浴村村民委员会

二〇〇七年三月六日立

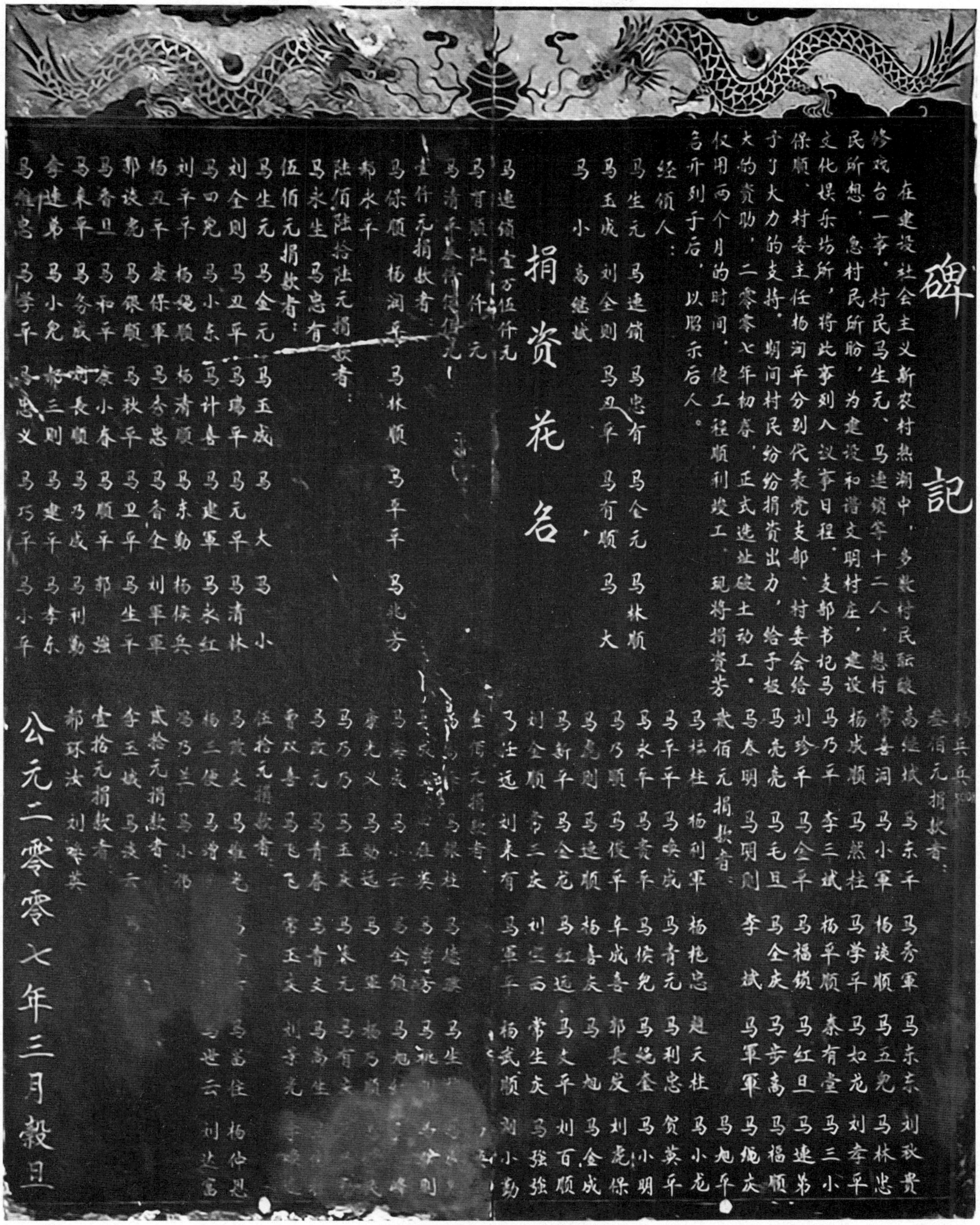

王家坪新建戏台碑记

【简介】

2007年3月勒石。现存于临县木瓜坪乡王家坪剧场，嵌于后墙之上。碑青石质，长方形，由二石拼成，高150、总宽125厘米。碑文楷体，正文9行，满行40字。记叙该村修建戏台之事。保存完好。

【碑文】

碑記

在建设社会主义新农村热潮中，多数村民酝酿修戏台一事，村民马生云、马连锁等十二人想村民所想，急村民所盼，为建设和谐文明村庄，建设文化娱乐场所，将此事列入议事日程。支书马保顺，村委主任杨润平，分别代表党支部、村委会给予了大力的支持，期间村民纷纷捐资出力，给予极大的支助。二零零七年初春，正式选址破土动工，仅用两个月的时间，使工程顺利竣工。现将捐资芳名开列于后，以昭示后人。

经领人：马生元　马连锁　马忠有　马金元　马林顺　马玉成　刘金刚　马丑平　马有顺　马大马小　高继斌

捐款花名：马连锁一万五千元　马有顺六千元　马有平三千五百元

壹仟元捐款者：马保顺　杨润平　马林顺　马平平　马兆芳　郝永平

陆百陆拾陆元捐款者：马永生　马思有

伍百元捐款者：（50人，姓名略）　叁百元捐款者：（36人，姓名略）　贰百元捐款者：（40人，姓名略）　壹百元捐款者：（36人，姓名略）　伍拾元捐款者：（12人，姓名略）　贰拾元捐款者：（3人，姓名略）　壹拾元捐款者：（2人略，姓名）

公元二零零七年三月穀旦

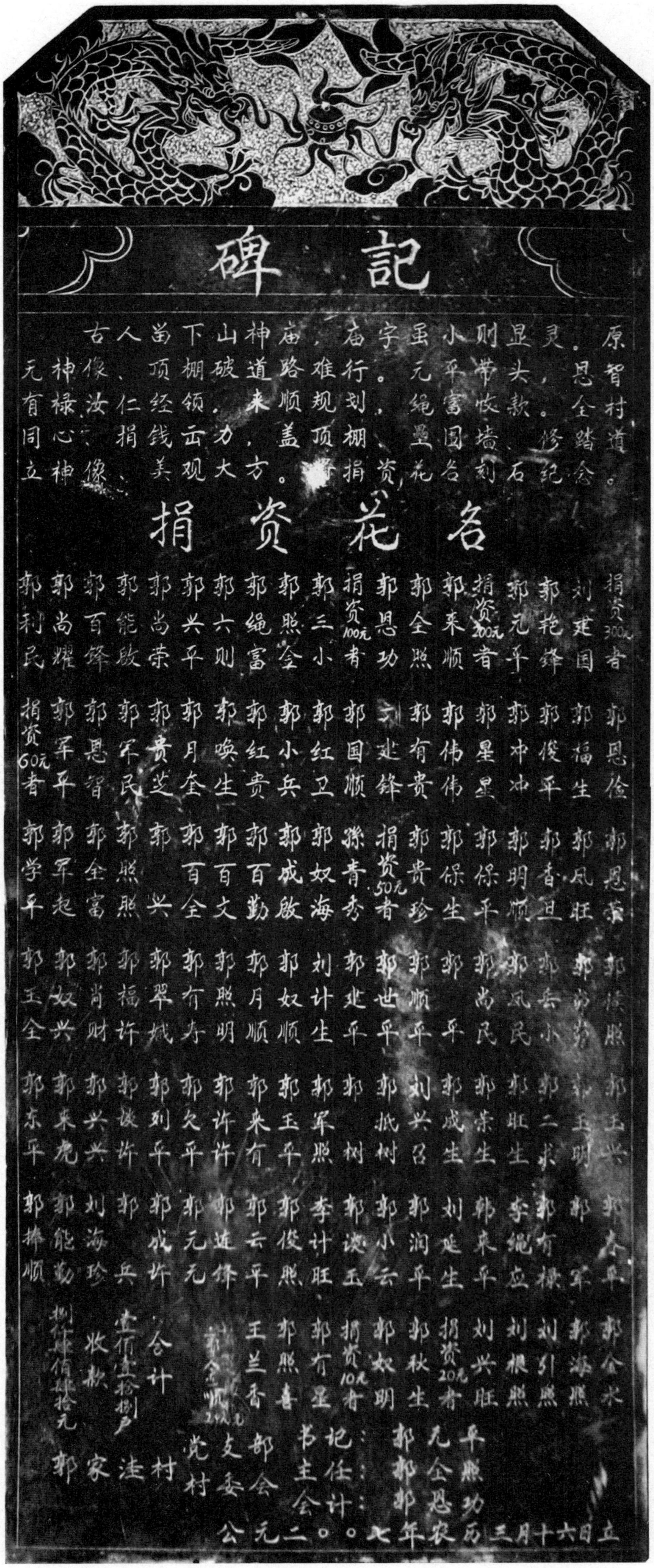

维修山神庙碑记

【简介】

2007年3月勒石。现存于临县刘家会镇郭家洼村山神庙。碑青石质，方形剔角，高140、宽50、厚8厘米，碑文楷体，正文5行，满行19字。记述郭家洼村维修山神庙之事。保存完好。

【碑文】

碑記

古人留下山神庙，庙宇虽小则显灵。原无神像，顶棚破道路难行，元平带头，恩智、有禄、汝仁经领，来顺规划，绳富收款，全村同心捐钱出力，盖顶棚，垒围墙，修踏道，立神像，美观大方，将捐资花名，刻石纪念。

捐资花名

捐资300元者　刘建国　郭艳峰　郭元平　捐资200元者　郭来顺　郭全照　郭恩功　捐资100元者　郭三小　郭照金　郭绳富　郭六则　郭兴平　郭尚荣　郭能启　郭百锋　郭尚耀　郭利民　郭恩俭　郭福生　郭俊平　郭冲冲　郭星星　郭伟伟　郭有贵　刘建锋　郭国顺　郭红卫　郭小兵　郭红贵　郭唤生　郭月奎　郭贵芝　郭军民　郭恩智　郭军民　捐资60元者　郭恩荣　郭凤旺　郭香旦　郭明顺　郭保平　郭保生　郭贵珍　捐资50元者　（73人，姓名略）　捐资20元者　（3人，姓名略）　捐资10元者　（3人，姓名略）

合计壹佰壹拾捌户，收款捌仟肆佰肆拾元。

郭家洼村　党支部书记　郭元平　村委会主任　郭全照　会计郭恩功

公元二〇〇七年农历三月十六日立

李树莲墓碑

【简介】

2007 年 3 月勒石。现存于临县临泉镇南塔村李家墓地，嵌于碑套之中。碑高 138、宽 50 厘米。碑青石质，额题“□耿千古”4 字。碑文隶体，正文 4 行，满行 44 字。为李树莲之墓碑。碑套边联：“山川常郁秀，裔胄永荣昌。”匾文：“福景介。”保存完好。

【碑文】

先父一八九六年生，青壮期祖业丰盛，就读北京平民大学商学士，民国中期任署交城县、古交县佐，岚县普民、祁县城关区长，抗战期给八路军捐粮数百石，后因世态变幻，暮年坎坷，于一九六八年逝世，终年七十三岁。

先母周氏早逝，武氏生由荣，申氏生祁女、拖弟，陈氏早逝，马氏生桂兰、为民、友兰，与父相伴二十余年，寿至八旬，但未能伴终，礼义尽明，为哺育子女成人，饱受艰辛，可誉芳名永存。

顯攷諱李樹蓮妣周氏武氏申氏陳氏馬氏之墓

子为民　媳刘清秀　女由荣　祁女　拖弟　桂兰　友兰　孙男国海　国瑞　孙媳任爱华　赵洁　孙女海燕　曾孙李月　李轶　叩首

公元二〇〇年清明节吉立

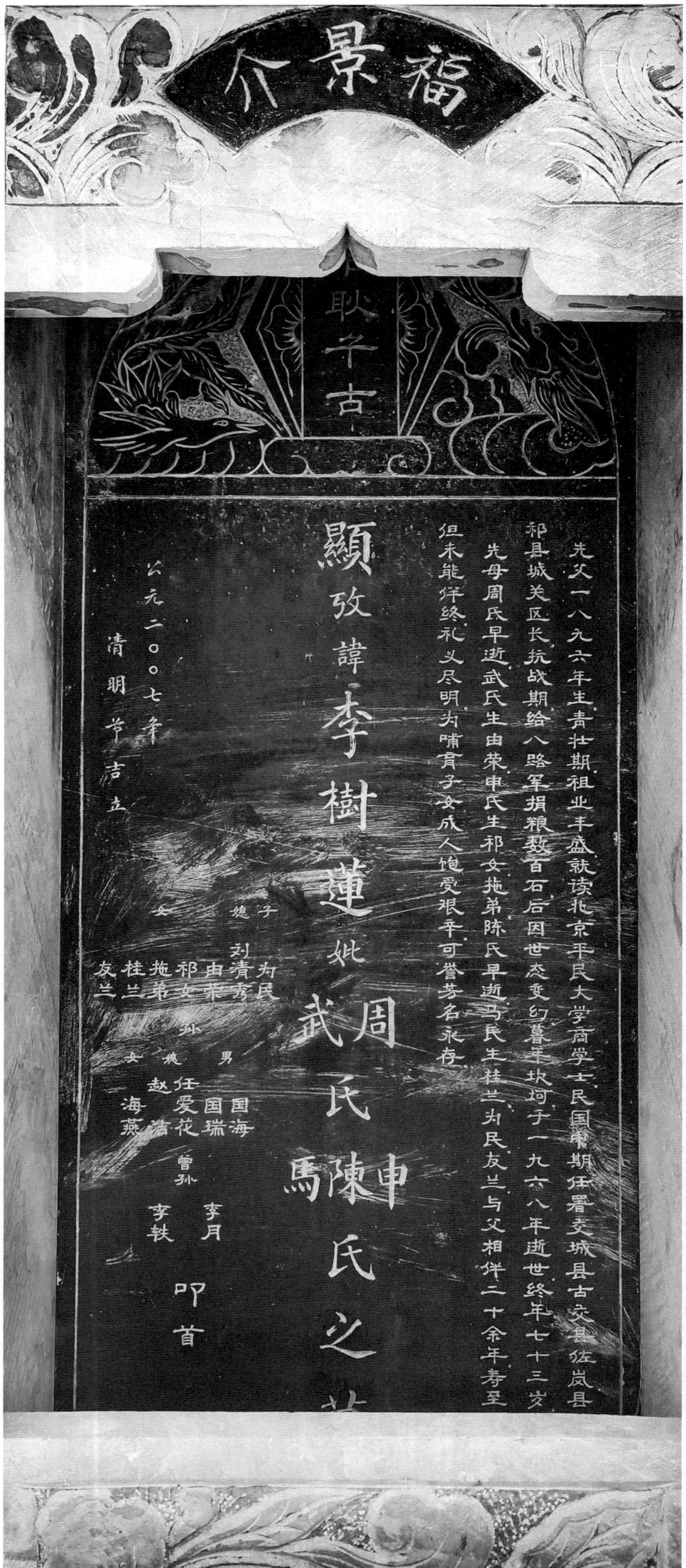

郭元善坟墓碑文

【简介】

2007年4月勒石。现存于临县丛罗峪镇郭家塔村。碑青石质，方形带套碑，碑高126、宽52、厚10厘米。首题“墓志”，刻于碑阴，志文隶体，正文23行，满行16字。保存完好。

【志文】

（碑阳）

……

不孝男秉孝　秉廉

孙男时键　时源　时琗　时纲

孙女唤林　唤梅　引唤　向梅

敬叩

公元二〇〇七年四月五日　吉立

（碑阴）

先考郭公讳元善、先妣刘氏双泉墓志

洋洋黄河，九曲流长，哺育生灵，万世无疆。

吾父元善，世居河旁，一九〇一，生于故乡。

八月十五，生日吉祥，自幼家寒，生活恓惶。

无力读书，偏爱文章，不耻下问，偷学暗磨；

粗通文字，联短信长。秉性忠厚，古道心肠。

急公好义，曾任闾长；痴心事业，不馁不伤。

一九五一，引种花椒，韩城购籽，屡试苗床；

育苗成功，全村推广，零星移栽，全县撒播。

从无到有，造福一方，功德无量，林业队长。

十年心血，结果飘香，出县劳模，上省表彰。

晚年照田，看枣护粮，早出晚归，饭饿衣僵。

一九四八，母亲病亡，三十一年，孤苦凄凉。

抚女教子，既爹又娘；亲孙护甥，心操十方。

七九腊月，初三无光，寿终正寝，撒手离阳。

哀哀吾母，娘家东坡，持家过日，心底善良。

积劳成疾，气喘内伤，四十二岁，早驾西方。

生子两人，育女二双。奶儿两个，操劳异常。

大女秉林，嫁大圪垯；二女秉爱，许瓦窑塔；

三女秉兰，适枣峁上，四女秉玉，引一步墕。

二女三女，原平迁居，皆庄户人，勤俭善良。

孙子八个，外甥九双，各有千秋，各有所长。

缅怀先德，春露秋霜，常思深恩，总念情长。

本固枝荣，源远流长，勒诸贞珉，代代留芳。

不孝孙时键撰文

墓志

洋洋黄河九曲流长哺育生灵万世无疆
祖父元善世居河旁一九〇一生于故乡
八月十五生日吉祥自幼家寒生活恓惶
无力读书偏爱文章不耻下问偷学暗磨
粗通文字联短信长秉性忠厚古道心肠
急公好义曾任闾长痴心事业不馁不伤
一九五一引种花椒韩城购籽屡试苗床
育苗成功全村推广零星移栽全县撒播
从无到有造福一方功德无量林业队长
十年心血结果飘香出县劳模上省表彰
晚年照田看枣护粮早出晚归饭俄衣僵
一九四八母亲病亡三十一年孤苦凄凉
抚女教子既爹又娘亲孙护甥心操十方
七九腊月初三无光寿终正寝撒手离阳
哀哀吾母娘家东坡持家过日心底善良
积劳成疾气喘内伤四十二岁早驾西方
生子两人育女二双奶儿两个操劳异常
大女樱花嫁大坑垯二女改花许瓦窑塔
三女候花适枣茆上四女秉王引一步墕
二女三女原平迁居皆庄户人勤俭善良
孙子八个外甥九双各有千秋各有所长
缅怀先德春露秋霜常思深恩总会情长
本同枝荣源远流长勒诸贞珉代代留芳

不孝孙时健撰文

重修钟鼓楼碑记

【简介】

2007年4月勒石。现存于临县曲峪镇钟鼓山，嵌于砖墙内。碑青石质，平首抹角，身高170、宽63厘米。第一通碑额题“日”“月”。碑文篆书、楷书、隶书三种字体，计13行，满行34字，约330字。记载钟鼓山的历史与重建情况。第二通碑额题“星符”，碑文为捐款人名单。现保存完好。

【碑文】

（第一通）

开山神主，历代先贤。僧道善信，经领百工。有功在前，名湮于后。谨请尚位，次第奠安。

重修钟鼓楼碑記

曲峪东南，云岭高峻，巽宫抒炁，荐元拔秀，故各时名士，多出其区。明洪武年间，山上建有庙观，主体真武大帝。殿庑两厢，原设钟鼓楼，震若龙吟虎啸，以壮神宫威仪，堪增宝镜珠华，庙观因名钟鼓山，延称至今。钟鼓之声，隶属卦象，各纳八音，宣通时气，以正贼风，前人取用，法则阴阳，和于术数，故打击因时，轻重有节，多少有数。是以阴吕阳律，调整节气时令；暮鼓晨钟，惊醒名利之客，谓之“律吕调阳”。清末民初，兵燹连年，庙宇变为废墟，二楼随遭浩劫。今时幸逢盛世，政通人和，保护文物，国民所向，承蒙各方善士捐助，历时五月，落成二楼，四月初八会期，举行剪彩庆典，为表功著德，于是勒石铭山，永志流芳。

前曲峪、后曲峪、白马店三村一社恭同各方善士敬立

总经领：賀汝順

木工：白庆贤

撰文：賀庆忠

代书：郭海霖

刻石：王安平

公元二零零七年四月八日

（第二通）

贺石叶母1000元　燕宏军1000元　郭振明600元　高廷裕　高永平　贺荣厚　贺永峰　苗继明　苗鹏荣　贺明魁　高月顺　500元　苗杰400元　苗生杰350元　王文连300　贺石叶（等12人，余姓名略）200元　（下略）

公元二零零七年四月八日敬立

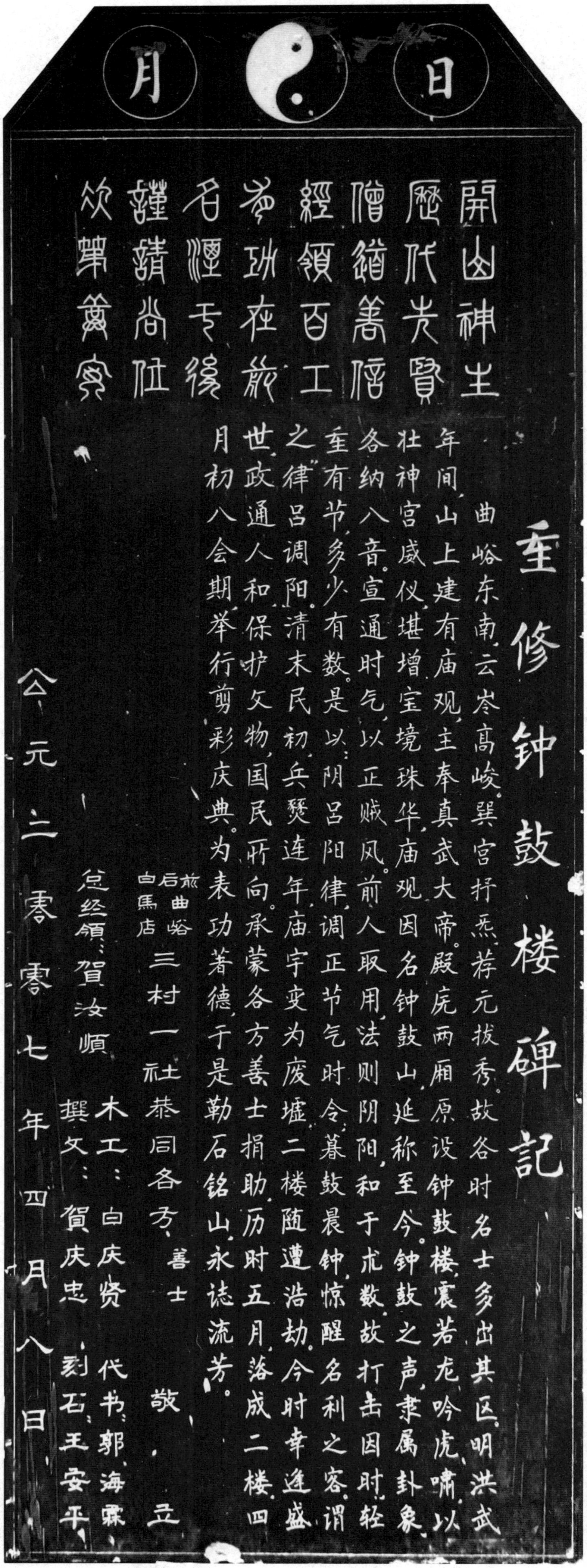

月　日

開山神主　歷代先賢　僧緇善信　經領百工　有功在前　名湮于後　謹請尚位　欽崇饗享

重修钟鼓楼碑記

曲峪东南，云岑高峻。巽宫抒炁，荐元拔秀。故各时名士多出其区。明洪武年间，山上建有庙观，主奉真武大帝。殿庑两厢原设钟鼓楼，震若龙吟虎啸，以壮神宫威仪，堪增宝境珠华。庙观因名钟鼓山，延称至今。钟鼓之声，隶属卦象，各纳八音。宣通时气，以正贼风。前人取用法则阴阳，和于术数。故打击因时，轻重有节，多少有数。是以：阴吕阳律，调正节气时令；暮鼓晨钟，惊醒名利之客。谓之“律吕调阳”。清末民初，兵燹连年，庙宇变为废墟，二楼随遭浩劫。今时幸逢盛世，政通人和，保护文物，国民所向。承蒙各方善士捐助，历时五月，落成二楼。四月初八会期，举行剪彩庆典。为表功著德，于是勒石铭山，永志流芳。

前后曲峪、白馬店三村一社恭同各方善士　敬立

木工：白庆贤　代书：郭海霖

总经領：賀汝順　撰文：賀庆忠　刻石：王安平

公元二零零七年四月八日

李氏纪念园大门楹联

【简介】

2007年5月勒石。现存于临县木瓜坪乡张家沟李氏家族纪念园，嵌于大门两侧。楹联青石质，联石高120、宽16厘米。门额为5石拼成，题“李氏纪念园”。联文楷体，正文2行，满行9字。保存完好。

【联文】

李氏纪念园

祖居扬祖德福荫吉地；

盛世举盛事和著春秋。

临县张家沟村李氏宗族文化纪念园落成碑记

【简介】

2007 年 5 月勒石。现存于临县木瓜坪乡张家沟李氏家族纪念园内。碑青石质，长方形，高 90、宽 176、厚 8 厘米，顶有碑檐。碑阳碑文楷体，正文 37 行，满行 29 字。记述张家沟村李氏渊源及李氏家族文化纪念园修建之事。碑阴为李氏家训。碑两旁有楹联一副，联宽 16、高 120 厘米。保存完好。

【碑文】

（碑阳）

临县张家沟村李氏宗族文化纪念园落成碑记

太平盛世，国泰民安，尤我李氏一支，更是春华秋实，家和族兴。追本溯源，实乃世代秉承族风，恪守祖训之积。而族风唯循礼义，祖训唯严诚信，功当先祖，躬力教化。

相传我支李氏高祖，在明末朝廷为官，天启年间，因宦官专权，受诬陷，遭追杀，举家逃离东城，隐栖临县汉高山下枣洼村。清康熙初年，社会日臻稳定，我三世先祖择地迁居城郊张家沟村先得地利，时逢康乾盛世又得天时，加之祖训铭刻莫忘更得人和。在村中，宽善于邻，诚信于事；在族里求事于道，严教于嗣，几经沧桑，代代传承。或精诚所至，或仰仗荫德，四百年的厚积薄发，让我李族日渐人丁兴旺，根深叶茂，遂成为全村第一大姓，更撒及县城、乡村乃至吕梁、晋中、太原、四川、北京、上海甚至台湾。

正是先辈执事有道，治家有方，后人立志不敢颓废。早在晚清十五世孙文炜、十六世孙光昌、光冕先后考中秀才。之后我李氏子孙，更在各行各业人才辈出，从学者十八世孙李力，任山西省艺术学院院长、教授；小明先后在南京大学、北京大学获双硕士；十九世孙李娜，留学英国雷丁大学，后又在邓迪学院获硕士。从政者十七世孙原林，曾任国民政府内政秘书；唤林民国年间曾在灵石担任县长；立林部队转业后中国烟草公司任工业司司长。从戎者十七世孙廷林，参加过北伐，曾在国民政府军界担任护路军少将司令；旺林曾在抗日决死一纵队任后勤部长。从工者：十七世孙昌林，曾任上海纺织厂总工程师；十八世孙世宁，就任太原化工厂经济师。从商者：十七世孙永林，早年开办“源盛永”票号，誉享四方；成林曾任绥远省银行金库负责人，恪尽职守。从农者：十八世孙世斌，办砖场、跑运输，以副补农，带头致富；又有十六世孙光增、十七世孙修林、俊林、殿林、兆林、星林、满林、壮林、芝林，十八世孙世珍、世荣、世堂、世增等，都为中华民族的解放事业做出莫大贡献。更有十六世孙民兵中队长光银，十七世孙润文、孝林等为掩护乡亲转移，在阻击日寇战斗中壮烈牺牲。

饮水思源，这无不是李氏宗族文化厚重积淀的体现与升华，也让我等倍感缅怀先祖的责任和使命。无奈时过境迁，先祖坟冢积毁，铭骨未存，加之几经战乱，家谱尽失，十四代前辈的英名无考，苦于祭祖无门，是故族人共议修建一座“李氏宗族文化纪念园”，树碑同祭。在筹建中，族人积极响应，村委鼎力支持，更是十八世孙李力竭力资助，用时半月便顺利竣工。

李氏宗族文化纪念园的落成，无疑为我族人寻根祭祖，传承祖德，搭建了平台，更为族人继往开来，共谋发展，营造了氛围。我李氏后裔将不辱祖训，以诚信为径，和谐为舟，与全村村民一道，为家乡的繁荣、祖国的昌盛，共创辉煌！

撰文　高伍平

书写　李久长

镌刻　杨毛小

二〇〇七年五月一日

李氏宗族文化纪念园筹建小组立

临县張家沟村
李氏宗族文化纪念園落成碑記

太平盛世，国泰民安。尤我李氏一支，更是春华秋实，家和族兴。追本溯源，实乃世代秉承族风，恪守祖训之积。而族风唯循礼义，祖训务乎诚信，功当先祖躬力教化。

相传，我支李氏高祖，在明末朝廷为官，天启年间，因宦官专权，受诬陷遭追杀，举家逃离京城，隐栖临县汉高山下枣洼村。清康熙初年，社会日臻稳定，我三世先祖择地迁居城郊張家沟村，先得地利；时逢康熙盛世，又得天时；加之祖训铭刻莫忘，更得人和。在村中，[illegible]诚信于事，在族里，求事于道，严教子嗣。几经沧桑，代代传[illegible]精诚所至，或仰枝荫德，四百年的厚积薄发，让我李氏日渐人丁兴旺，根深叶茂，遂成为全村第一大姓。更撒及县城、乡村，乃至吕梁、[illegible]太原、四川、北京、上海，甚至台湾。

正是先人执事有道，治家有方，后人立志不敢懈废。早在晚清，十五世孙文炜，十六世孙光昌、光晃先后考中秀才。之后，我李氏子孙更在各行各业人才辈出。从学者：十八世孙李力，任山西省艺术学院院長，教授；小明，先后在南京大学、北京大学获双硕士，十九世孙李娜，留学英国雷丁大学，后又在邓迪学院获硕士。从政者：十七世孙席林，曾任国民政府内政部秘书；唤林，民国年间曾在[illegible]任县長；立林，部队转业后，就职于中国烟草公司任工业司司長。从戎者：十七世孙延林，参加过北伐，曾在国民政府军界担任护路军少将司令；旺林，曾任抗日决死一纵队后勤部長。从工者：十七世孙昌林，曾任上海纺织厂总工程师，十八世孙世宁，就任太原化工厂经济师。从商者：十七世孙永林，早年开办“源盛永”票号，誉享四方；成林，曾[illegible]银行金库负责人，恪职尽守。从农者：十八世孙世全、世斌，办砖厂、跑运输，以副补农，带头致富。还有十六世孙光坤，十七世孙修林、俊林、义林、兆林、星林、满林、壮林、芝林，十八世孙世珍、世荣、世堂、世坤等都为中华民族的解放事业做出莫大贡献。更有十六世孙民兵中队長光银，十七世孙润义、李林等为掩护乡亲转移，在抗击日寇战斗中壮烈牺牲，饮水思源，这无不是李氏宗族文化厚重积淀的体现与升华，也让我等倍感缅怀先祖的责任和使命。无奈时过境迁，先祖坟冢积毁，终有未存。加之，几经战乱，家谱尽失，十四代前先辈的英名无考，苦于祭祖无门。是故，族人共议，修建一座“李氏宗族文化纪念園”，树碑同祭。在筹建中，族人积极响应，村委鼎力支持，更是十八世孙李力竭力资助，用时半月，便顺利竣工。

李氏宗族文化纪念園的落成，无疑为我族人寻根祭祖，传承祖德，搭建了平台，更为族人继往开来，共谋发展营造了氛围。我李氏后裔将不忝祖训，以诚信为径，和谐为舟，与全村村民一道，为家乡的繁荣、祖国的昌盛共创辉煌！

总经理人：李席林（乃庆）

经理人：李世斌 李世积 李正陆 李二宝 李正宇（月桂）

筹建组成员：李山林 李应林 李珍林 李世荣 李世军 李平生 李乃平 李正安 李连贵 李正东 李百勤 李正江

撰文：高佐平 书写：刘久長 镌刻：杨志小

李氏宗族文化纪念園筹建小组 立

公元二〇〇七年五月一日

（碑阴）

李氏家训

大千世界，芸芸众生；天道无亲，恒与善人。吾支李族，秉承鼻祖。唯道之尊，唯德之贵。迁居善地，心善渊、予善天、言善信、正善治。世代传承，方圆遂成。路漫漫兮修其远，吾将上下求共勉。

△治家莫难，和气生财。一曰礼教：尊老有“乌鸦反哺心，羊羔跪母恩”。教子要“爱子勿疼溺，训子莫粗暴”。二曰勤俭：穷不丧志，富不淫奢，勤奋为本，细水长流。

△启理以言，显理以行，他人之情即是自己之理。故人之一言一行，只要合情合理，言即能为天下法，行亦可为万世则。

△自处贵笃，实须自责、自勉、自强、自计。非自责无以改过，非自勉无以上进，非自强无以立身，非自计无以裕财。

△处人莫好于久敬，能久敬人者，人亦久敬自己。互敬之下无恶因，无恶因则无恶事。

△智不难于知人，是难于自知；仁不难于爱人，是难于自爱；严不难于管人，是难于自管。培养智、仁、勇者，要先从自知、自爱、自管上做起。

△功业是身外事，德性是身内物。功业要从德性上发展，不可离开德性图功业，德性要在功业上表现，不可离开功业修德性。

二〇〇七年五月一日

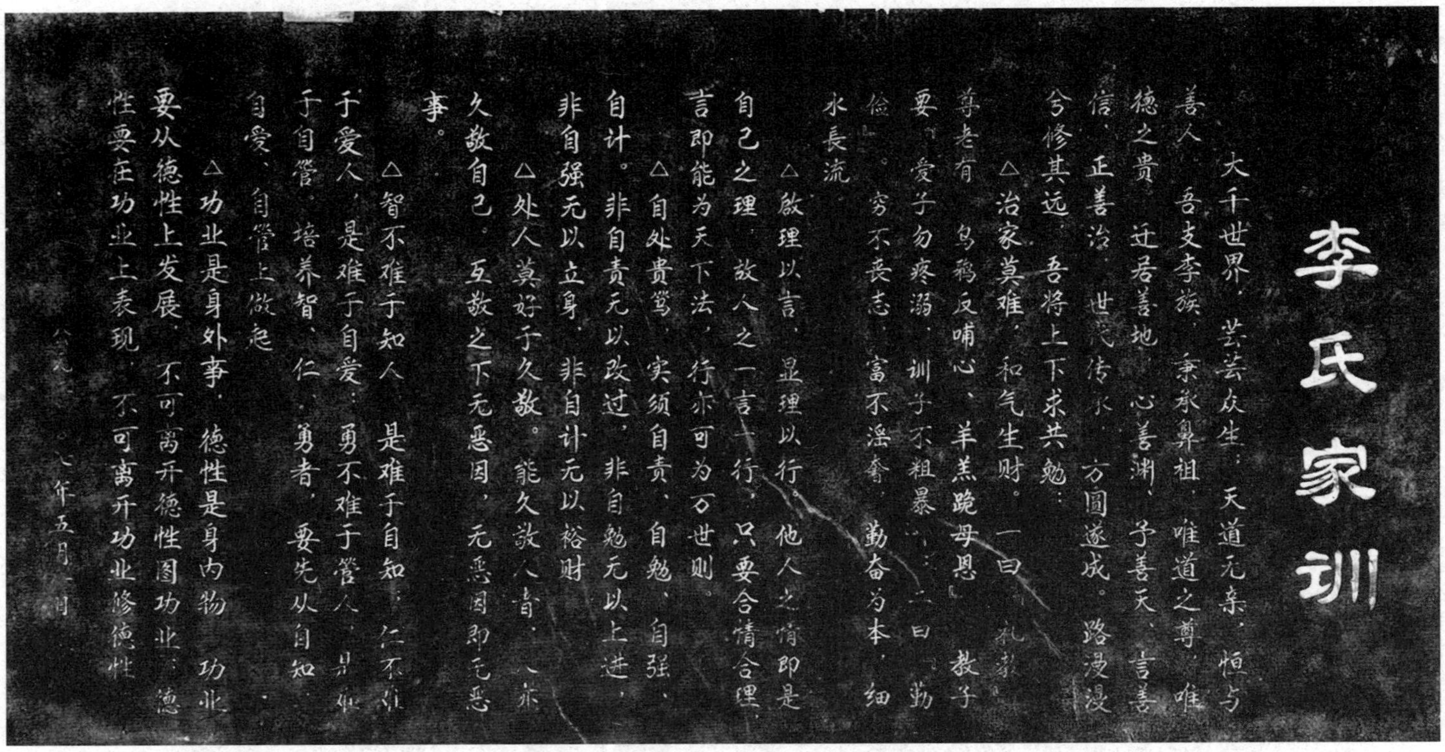

重修文昌魁星山神土地庙暨补修诸神祠碑记

【简介】

2007年5月勒石。现存于临县车赶乡赵家塔村。碑青石质，圆首，高151、宽61、厚10厘米。碑阳额题"芳名千秋"4字。碑文楷体，正文10行，满行50字。记载赵家塔村重修文昌魁星山神土地庙补修诸神庙之事。碑阴刊布施花名。保存完好。

【碑文】

（碑阳）

重修文昌魁星山神土地廟暨補修諸神祠碑記

昔日先王以神道设教，以启斯民为善之心，使人皆君子，行地属礼仪邦。我赵家塔村是赵氏先代创居之地，旧时村东创文昌庙，村西魁星楼，村北有山神土地庙，村中建龙王庙，村南大庙内列关帝、观音、社稷、二郎，真是蕞尔微区，诸祠林立。吾思之神即人也，人之有功德于民者，殁后便为神，人受神之惠，宜报神之恩，但也须体神之道。如龙王职司降雨，关圣大义参天，观音慈悲好生，社稷资生百谷，二郎奋先克敌，文昌魁星阐述仁义，至于山神做仗义除四境之害，土地成仁造一方之福。主有专司，但变化无常，非笔墨所能尽述。总建 庙立祠，是颂神恩之浩荡，示斯民之虔诚。上述之庙，从建至今，重修数次，俱有碑碣可考。日下又年久失修，特别是文昌魁星庙荡然无存，山神土地视濒临倒塌，其它圣地，祠龛剥落，满目狼藉，如不及时，何以善后。丁亥春有村人赵利勤等启动善念，倡议重修，于是有呼必应，施舍者不断，共施款近四万元，择吉地对面山腰新建文昌魁星庙，在原址旁新修山神土地庙，神像新买，牌位新制，择吉丁亥五月七晶开光，庆典之日，白天唱戏，晚上秧歌，锣鼓不停、礼炮不断，车水马龙，热闹非凡，欢呼雀跃的村民默默祈祷，汇成一联云：新庙宇前绕玉带后靠青山愿合村人才辈出，旧神祠下临福地上承日月望子孙平步青云。仁义之心示真诚，仁义之行正风俗。以一善求万善，以仁道合神道，以不负先生以设教之义，特勒石为记。

村人赵干德撰 文

赵五明手书

经理　赵正栓　赵拴柱　赵利勤　赵勤玉　赵永林　赵保国　赵继明　赵保同　杨平　赵奴保　赵廷玉　赵干德　赵瑞锋　赵利伟　赵利文　赵秉华　赵永平　赵忠艳　赵泽林

瓦工　杨长有　赵福平

木工　赵荣平

铁笔　柳小明

公元二〇〇七年五月七日敬立

（碑阴）

重修文昌魁星山神土地庙暨补修诸神祠布施花名

三千元者　赵和平　二千元者　赵根顺　赵永林　一千元者　赵瑞平　杨平　赵继明　赵永平　赵凤珍　杨文才　五百元者　杨文明　赵来旺　赵利文　赵利勤　赵福勤　赵新锋　赵保勤　赵侯勤　杨继平　赵玉楼　赵根玉　赵家如　三百元者　杨锋　杨锐　赵艳勤　二百元者　（35人，姓名略）　一百元者　（59人，姓名略）　五十元者　（106人，姓名略）　壹拾元者　（6人，姓名略）

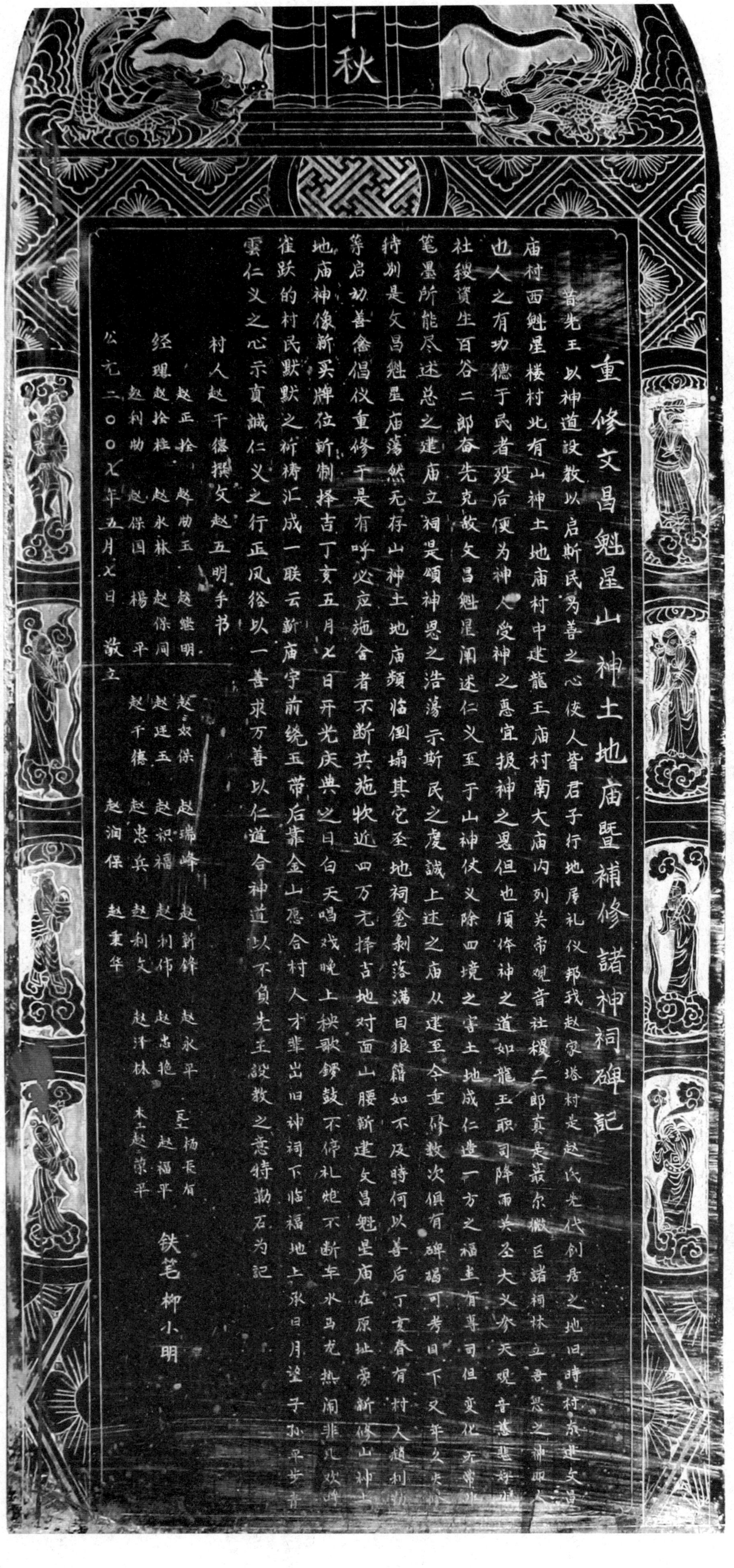

千秋

重修文昌魁星山神土地庙暨補修諸神祠碑記

昔先王以神道設教以启斯民为善之心使人皆君子行地居礼仪邦我赵家塔村是赵氏先代創居之地旧時村东建文昌庙村西魁星楼村北有山神土地庙村中建龍王庙村南大庙内列关帝观音社稷二郎真是巖尔微区諸祠林立吾思之神即人也人之有功德于民者殁后便为神人受神之惠宜报神之恩但也須体神之道如龍王職司降雨关圣大义参天观音慈悲好施社稷資生百谷二郎奋先克敌文昌魁星阐述仁义至于山神仗义除四境之害土地成仁造一方之福圭有専司但变化无常非笔墨所能尽述总之建庙立祠是領神恩之浩蕩示斯民之虔誠上述之庙从建至今重修数次俱有碑碣可考目下又年久失修特别是文昌魁星庙蕩然无存山神土地庙频临倒塌其它圣地祠龛剥落满目狼藉如不及時何以善后丁亥春有村人赵利协等启动善念倡仪重修于是有呼必应施舍者不断共施牧近四万元择吉地对面山腰新建文昌魁星庙在原址旁新修山神土地庙神像新买牌位新制择吉丁亥五月七日开光庆典之日白天唱戏晚上秧歌锣鼓不停礼炮不断车水马龙热闹非凡欢呼雀跃的村民默默之祈祷汇成一联云新庙宇前绕玉带后靠金山愿合村人才辈出旧神祠下临福地上承日月望子孙平步青雲仁义之心示真誠仁义之行正风俗以一善求万善以仁道合神道以不負先王設教之意特勒石为記

村人赵千德撰文　赵五明手书

赵正拴　赵峢玉　赵继明　赵双保　赵瑞峰　赵新锋　赵永平　瓦工杨长有

经理　赵拴柱　赵永林　赵保同　赵廷玉　赵积福　赵利伟　赵忠艳　赵福平

赵利协　赵保国　杨平　赵千德　赵忠兵　赵利文　赵汴林　木工赵荣平

赵润保　赵秉华

铁笔柳小明

公元二〇〇七年五月七日敬立

重修庙宇碑文

【简介】

2007年7月勒石。现存于临县招贤镇双坪上村。碑青石质，圆首，碑高158、宽58、厚8厘米。碑文楷体，正文21行，满行15字。记载双坪上村重修庙宇之事。碑阴刻捐款人名单。保存完好。

【碑文】

（碑阳）

碑文

招贤双坪村，人杰地亦灵，一方为太平，庙建柏发岭。

当年初建庙，兴盛暨火红。一九三七年，日寇破国门。

华夏遭劫难，庙宇至此终。一九四五年，日寇侵晋中，

为了抵抗日，拆庙支工兵。前年逢盛世，村民一条心，

弘扬祖传统，庙会重复兴。重塑金身像，栩栩如真身，

今年歌盛世，海生主持人。群众捐资款，千古传盛名。

装修神奎洞，围墙及大门。护塄七十米，地面硬化平，

诸神立牌位，位立十九尊。显圣贯日月，护民保太增。

三圣共贞忠，除暴安良民，匡扶正义事，千古传英名。

魁星文昌爷，助尔上青云，墨掌灵台案，文人金榜登，

十载寒窗苦，子孙占鳌头。南海观世音，法水洒乾坤，

老君立道义，八卦炼丹青。胡神老龙王，雨顺五谷丰，

风神助万物，和风及时行。天官赐福禄，国泰民安宁。

华佗称医圣，起死能回生。财神聚宝玉，土府保太平。

诸神昭日月，施法降深恩，人敬神心诚，神应人之灵。

二百多余人，捐款列芳名。

古庙修缮小组成员　高长明　李来虎　孙凤海　高林旺　孙海生　高荣峰　孙燕凤　孙秀强　孙保平　孙保荣　樊清莲

撰文　高长明

木工　李建文

泥工　王林顺　李金虎

石工　贾玉龙

丹青　薛学东

捐款芳名　新窑煤矿一万元　高林旺两千元　孙海生一千元　高侯平一千元　马公鸡九百九十元　王林顺五百元　杨云峰五百元　贾玉龙四百元　李来虎二百元　孙绳虎二百元　孙保荣二百元　孙银有一百二十元　孙保贵一百一十元　刘维虎一百一十元

公元二〇〇七年农历七月初三日

（碑阴）

（捐款人名单略）

公元二〇〇七年农历七月初三日立

碑文

一方为太平
兴盛豊火红
华夏遭劫难
日寇侵晋中
前年逢盛世
庙会重复兴
今年歌盛世
千古传盛名
护坡七十米
位立十九尊
三圣共贞忠
千古传英名
墨掌灵台案
子孙占鳌头
老君立道义
雨顺五谷丰
天宫赐福禄
起死能回生
诸神昭日月
神应人之灵

人杰地亦灵
当年初建庙
日寇破国门
一九四五年
折庙支工兵
弘扬祖传统
栩栩如真身
群众捐资款
团墙及大门
诸神立碑位
护民保太平
匡扶正义事
助尔上青云
十栽寒窗苦
法水涵乾坤
胡神老龙王
和风及时行
华佗称医圣
土府保太平
人敬神心诚
捐款列芳名

招贤双坪村
庙建柏发嶺
一九三七年
庙会至此终
为了抵抗日
村民一条心
重塑金身像
海生主持人
装修神堂洞
地面硬化平
显圣贯日月
除暴安良民
魁星文昌爷
文人金榜登
南海观世音
八卦炼丹青
风神助万物
国泰民安宁
财神聚金玉
施法降深恩
二百多余人

丹青 薛学东
石工 贾玉龙
泥工 李金虎 王林顺
木工 李建文
撰文 高長明

古庙修缮小组成员

樊清廷 孙保荣 孙保平 孙秀强 孙燕凤 李荣峰 孙海生 高林旺 孙凤清 李来虎 高长明

捐款芳名

刘继虎	一百一十元
孙保贵	一百一十元
孙银有	一百二十元
孙保荣	二百元
孙秀强	二百元
孙绳虎	二百元
李来虎	二百元
贾玉龙	四百元
李云峰	五百元
王林顺	五百元
马公鸡	九百九十元
高候平	一千元
孙海生	一千元
高林旺	二千元
新窑煤矿	一万元

公元二〇〇七年农历七月初三日

重建普善寺缘起

【简介】

2007年8月勒石。现存于临县临泉镇万安里村。碑青石质，圆首，碑高155、宽58、厚7厘米。碑阳额题“阿弥陀佛”4字。碑文楷体，正文11行，满行59字。记载万安里村重修普善寺之事。碑阴额题“功德榜”3字。碑文为施钱名单。保存完好。

【碑文】

（碑阳）

重建普善寺缘起

一切众生真如本性，与佛全同；而居心做事，又与佛合全异。佛觉也众生贫嗔痴，逐合尘缘，迷失本性，轮回六道，受诸极苦，长劫难出，大觉世尊愍之兴无缘大悲，慈观裟婆说法，四九年随机根性，大小偏圆，权实顿渐，八万四千法门，直指彼岸大法。自汉传来东土，与我儒道文化结合，繁荣昌盛，普渡众生，离苦得乐。我村善知识，与佛有缘，在村中建有三合一之寺庙，原庙年久失修，毁坏年代无从查考。

一九九五年村人缮修，阴差阳错，如来塑成观音，好在佛教主伴圆融，白衣大士寻声救苦，也是一方之福也。时隔十年，高善人发心供养释迦如来，奈何独力难成大愿，唯有挖土穴、请师像，陋室供宝，但难挡风雨。故我等重修，卜吉安基于五指山之中指灵宝地，历时半年修起一座金碧辉煌的佛祖宝殿。院中地藏王菩萨慈祥端坐说法，外有威武庄严的韦陀菩萨守护。观音庙下部建起一座气势昂扬的魁星楼，与东岳山的宝塔遥相呼应，聚日月之灵气一楼。成此大事，全赖合村老小鼎力支助，背砖送瓦，养车户、砖瓦工、电信、有线、永建厂，无不踊跃，施钱捐物请佛像，铸金钟、捐水泥各尽诚心，上太原，去永宁，筹集资金两万七千余元，新修佛殿入深七点八尺，高八点八尺，宽九点八尺，意喻“起发久”。魁星楼一体三层，六角六面，总高一点八九丈，取意天、地、人三才兼备，六六大顺，独占鳌头，一鸣惊人，愿我村人才辈出，上报国家，下光宗耀祖。

佛说修寺造像，能得十种好果报，大集经云，末法时期，亿亿人修行，罕一得道，唯有念佛才可当生成就，施主日后，自然感应。为彰显乡风，凡施钱百元以上者，青石彪名，千古留芳，以下者，另红榜宣示，随喜功德亦无量无边，同沐佛光普照，共享千秋福泽之胜果。

南无阿弥陀佛

南无本师释迦牟尼

普善寺筹建组

公元二〇〇七年农历八月八日立

（碑阴）

施千元者　齐俊杰居士　高利　高军　高艳　张小军　白海娥居士　刘百爱　伍百元者　永健　薛太生　辛旭　高三祥　白侯平　齐百顺　三百元者　齐有权　齐全庆　苗长青　二百元者　（29人，姓名略）　一百元者　（79人，姓名略）

经领人　白侯平

撰文　齐百顺

泥塑丹青　薛志东

雕刻　王根威　王泽峰

书写　刘文博

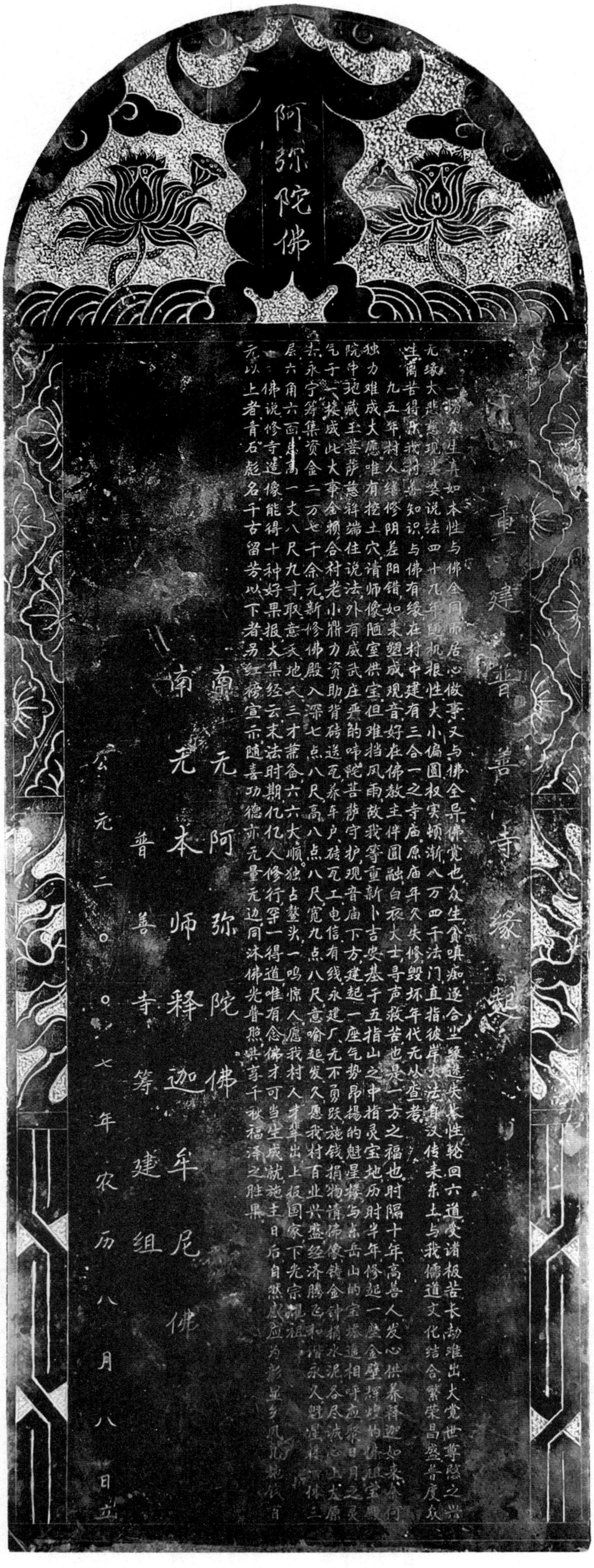
阿弥陀佛
重建普善寺缘起
一切众生真如本性与佛全同，而居心做事又与佛全异。佛觉也，众生贪嗔痴，逐合尘缘，迷失本性，轮回六道，受诸板苦，长劫难出。大觉世尊悯之
无缘大悲，慈现娑婆，说法四十九年，随机根性，大小偏圆，权实顿渐，八万四千法门，直指彼岸。大法自汉传来东土，与我儒道文化结合，繁荣昌盛，普度众
生。蔼若得我村善知识与佛有缘，在村中建有三合一之寺庙。原庙年久失修，毁坏年代无从查考。
九五年村人续修，阴差阳错，如来塑成观音。好在佛教主伴圆融，白衣大士寻声救苦，也是一方之福也。时隔十年，高善人发心供养释迦如来
独力难成大愿，唯有挖土穴请师像，陋室供宝，但难挡风雨，故我等重新卜吉安基于五指山之中指灵宝地，历时半年修起一座金壁辉煌的
院中地藏王菩萨慈祥端住说法，外有威武庄严的韦陀菩萨守护。观音庙下方建起一座气势昂扬的魁星楼，与东岳山的宝塔遥相呼应，日月之灵
气于一揽，成此大事。全赖合村老小，力资助，背砖送瓦，家家户户，砖瓦工、电信、有线、永建厂，无不勇跃施钱捐物，请佛像铸金钟，捐水泥，各尽诚心，太原
去永宁筹集资金二万七千余元。新修佛殿入深七点八尺，高八点八尺，宽九点八尺，意喻起发久愿，我村百业兴盛，经济腾飞，和谐永久
层六角六面，高一丈八尺九寸，取意天地人三才兼备，六六大顺，独占鳌头，一鸣惊人，愿我村人才辈出，上报国家，下光宗耀祖
佛说修寺造像能得十种好果报。大集经云：末法时期亿亿人修行，罕一得道，唯有念佛才可当生成就。施主日后自然感应，为彰显乡风
元以上者青石彪名，千古留芳，以下者另红榜宣示。随喜功德亦无量无边，同沐佛光普照，共享千秋福泽之胜果。
南无阿弥陀佛
南无本师释迦牟尼佛
普善寺筹建组
公元二〇〇七年农历八月八日立

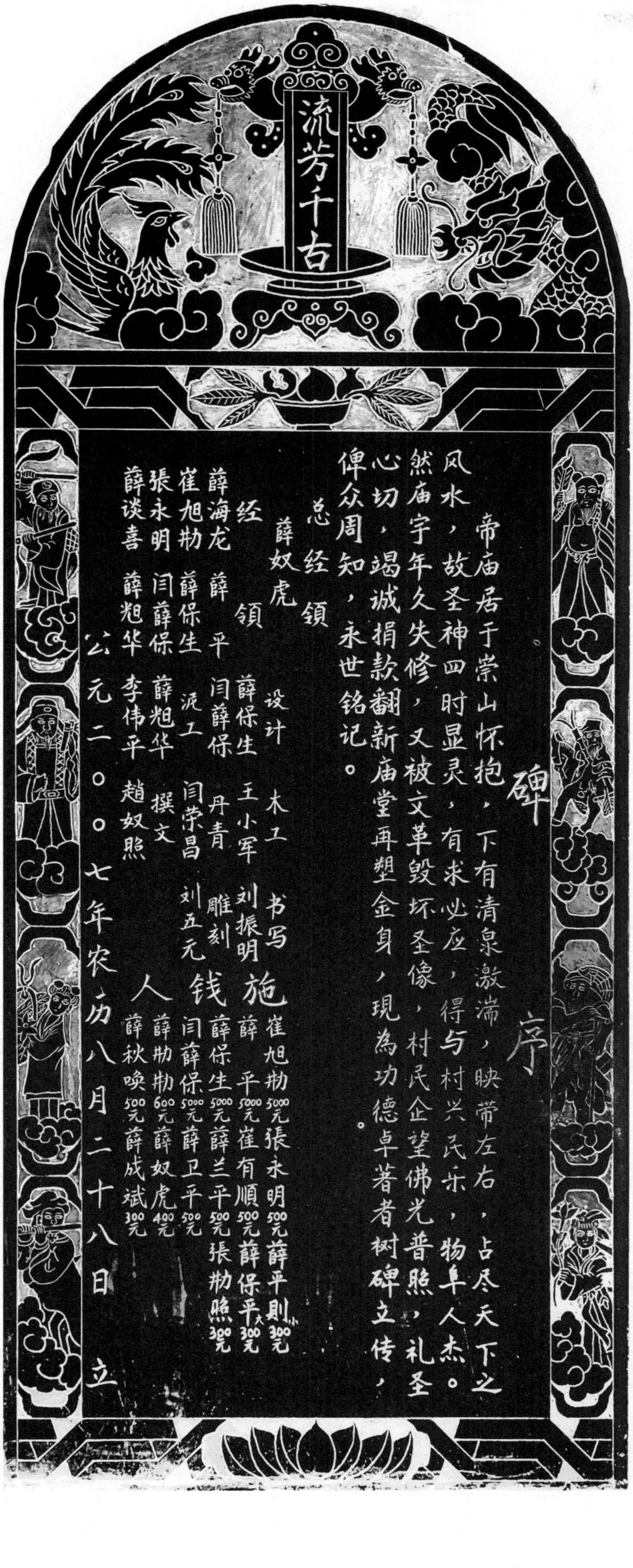

重修庙碑序

【简介】

2007年8月勒石。现存于临县湍水头镇中南沟村。碑青石质，圆首，高130、宽55、厚6厘米。额题“流芳千古”4字。碑文楷书，正文计5行，满行28字。记载中南沟村修复庙宇的过程。现保存完好。

【碑文】

碑序

帝庙居于崇山怀抱，下有清泉激湍，映带左右，占尽天下之风水。故圣神四时显灵，有求必应，得与村兴民乐，物阜人杰，然庙宇年久失修，又被文革毁坏圣像，村民期望佛光普照，礼圣心切，竭诚捐款翻新，庙堂再塑金身，现为功德卓著者树碑立传，俾众周知，永世铭记。

总经领　薛奴虎　经领薛海龙　崔旭勤　张永明　薛张喜　薛平　薛保生　闫薛保　薛耀华

设计　薛保生　闫薛保

泥工　薛耀华　李伟平

木工　王小军

丹青　闫荣昌

撰文　赵奴照

书写　刘振明

雕刻　刘五元

施钱人　崔旭勤5000元　薛平5000元　薛保生5000元　闫薛保5000元　薛勤勤600元　薛秋唤500元　张永明500元　崔有顺500元　薛兰平500元　薛卫平500元　薛奴虎400元　薛成斌300元　薛平则300元　薛保平300元　攻勤照300元

公元二〇〇七年农历八月二十八日立

补修庙碑记

【简介】

2007年8月勒石。现存于临县大禹乡杜家岭村。碑青石质，圆首，高153、宽60、厚8.5厘米。碑阳额题“流芳千古”4字。碑文楷书，正文计16行，满行17字。记载杜家岭村补修庙宇的过程。碑阴刊捐款人名单。现保存完好。

【碑文】

（碑阳）

补修庙碑记

为了保护我村的文物古迹，继九二年补修后虽历时不远，乃因上次补修开支甚大，没顾及修置门窗，在年深日久的日晒风吹雨打下，其神像壁画色彩剥落，有的四肢被毁。今有吕兰勤、吕长顺等人，应村民意愿，继往者成规，独捐成美，发起再次补修庙貌。择吉于二00七年三月二十六日工程动工，四月十八日竣工。先后新打塑了山上魁星、文昌庙、观音庙的五尊神像，泥补了十一尊，彩绘了全部神像与壁画，新购置了三架门窗，共支款贰万零叁佰柒拾捌元，补修戏台顶又投资了玖仟元，直此庙貌更加完美，更加景观。

施工期间，有不少积德好善者，同解金囊，共助盛事，为了启将来之绪树，今将捐款者芳名刻石永志，以垂千古。

经领人　吕汝富　吕云海　吕顺保　吕兰勤　吕长顺

塑像彩绘　任林巷

木工　吕保顺

撰书　吕增珍

铁笔　武卫卫

捐款花名　伍千元者　吕国平　壹仟元者　吕马乃　吕泽林　吕海平　吕〇〇　吕荣海　吕顺保　吕岗平　吕根平　吕兰勤　陆百元者　吕连□　伍百元　者吕兔儿　肆百元者　吕林兆　叁百元者　吕斌　吕斌则　吕汝富　吕继宏　贰百元者　（16人，姓名略）

（碑阴）

壹百元者　（86人，姓名略）　柒拾元者　（4人，姓名略）　陆拾元者（5人，姓名略）　伍拾元者（75人，姓名略）　贰拾元者（4人，姓名略）　拾元者（1人，姓名略）

公元二〇〇七年八月廿四日敬立

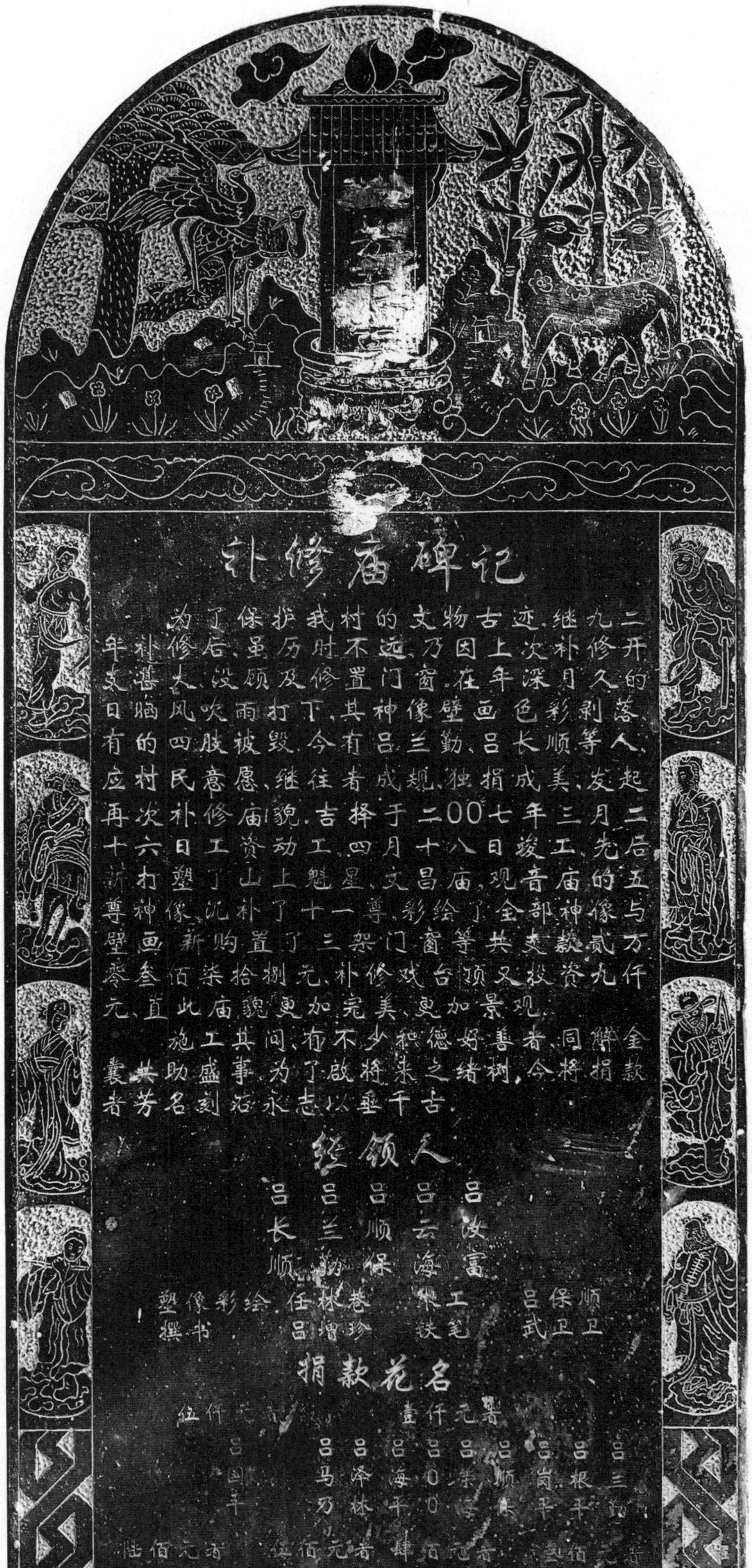
补修庙碑记
为了保护我村的文物古迹，继九二
年补修后，虽历时不远，乃因上次补修开
支甚大，没顾及修置门窗，在年深月久的
日晒风吹雨打下，其神像壁画色彩剥落、
有的四肢被毁，今有吕兰勤、吕长顺等人、
应村民意愿、继往者成规、独捐成美、发起
再次补修庙貌，吉择于二00七年三月二
十六日工资动工，四月十八日竣工、先后
新打塑了山上魁星、文昌庙、观音庙的五
尊神像，沉补了十一尊，彩绘了全部神像与
壁画，新购置了三架门窗等共支款贰万
零叁佰柒拾捌元、补修戏台顶又投资九仟
元、直此庙貌更加完美、更加景观。
施工其间，有不少积德好善者，同解金
囊共助盛事，为了启将来之绪树，今将捐款
者芳名刻石永志以垂千古。
经领人
吕长顺 吕兰勤 吕顺保 吕云海 吕汝富
捐款花名

重修黑龙大王庙碑记

【简介】

2007年8月勒石。现存于临县城庄镇东新舍窠村黑龙大王庙。碑青石质，圆首方座，通高225厘米，其中碑身高200、宽60、厚15厘米，座高25、宽65、厚55厘米。碑阳额题"千古"2字。碑文楷书，计34行，满行19字，约570字。主要内容是记载黑龙大王庙的修建过程。碑阴额题"流芳"2字。现保存完好。

【碑文】

（碑阳）

重修黑龍大王廟碑記

黑龙大王庙始建于何年，无史据考证，原庙建在方山县代坡村，属刘家村、新舍窠、沙坡底、郝家湾、务周会、曹家岭、石盘头七个自然村共有。长期以来，承蒙浩大神恩护佑，所属村民人丁兴旺，福泰安康，故七个自然村成立了虔诚敬奉神灵的专门组织——复兴所。在复兴所的主持下，每年四月十五黑龙大王诞辰之日，举行香火盛会，并请剧团唱戏四天助兴。

进入新世纪后，因移民搬迁，原庙所在村庄人烟渐少，给管护带来不便。二〇〇七年五月，经复兴所共同议事，确定将庙宇迁回复兴所所属村内，新修殿堂，重塑金身。经神灵显应，新庙址选择到新舍窠村，由该村牵头兴建。村民推举乔秋生经领，武全明、李晋生、刘生贵协助，李新荣、赵根大、乔秋生、李乃平、吕小平、李晋生、刘生贵、张玉保等人分别负责各村的集资工作。在农历六月十三日，正式选址定点。为使修建公开公正合理，实行了招标承揽。郝继顺中标后，农历六月二十九日破土动工。经过一个月的紧张施工，农历七月底工程顺利竣工。三间砖木结构的平房式殿堂拔地而起，并用琉璃瓦盖顶，围墙大门等附属工程一应俱全。室内外进行了油漆彩绘，整个建筑金碧辉煌，庄严肃穆。殿堂内设供桌、神台，正间雕塑着黑龙大王的塑像。农历八月二十八日，为新庙宇的落成举行了隆重的开光庆典，请剧团唱戏四天，期间香火缭绕，盛况空前。

新庙宇的建成，总投资四万三千伍百余元，所需款项全部来源于村民及有关单位的自发捐款。为彪炳后世，谨将二百元以上捐资者芳名，刻石记载，千古流芳。

公元二〇〇七年八月二十八日立

（碑阴）

捐资花名

新舍窠村　二千元者　高世富　一千元者　闫青峰　杜乃喜　杜小平　杜春明　六百元者　高务平　五百元者　（3人，姓名略）　二百一十元者　（1人，姓名略）　二百元者　（33人，姓名略）　二百二十元　（1人，姓名略）

沙坡底村　伍百元者　薛乃荣　二百元者　（12人，姓名略）

郝家湾村　一千元者　张建国　张建峰　伍百元者　（2人，姓名略）　二百元者　（3人，姓名略）

务周会村　二百元者　（4人，姓名略）

曹家岭村　一千元者　李强　伍百元　李乃喜　李喜荣　二百元者　（20人，姓名略）

石盘头村　二百元者　（2人，姓名略）

程家塔村　三百元　（1人，姓名略）　二百元者　（2人，姓名略）

城庄村　二百元者　（1人，姓名略）

村委捐资　吴家湾村委五百元　程家塔村委　后南峪村委　前南峪村委　杨寨村委　上城庄村委　大居村委　赤岩会村委　二百元

单位捐资　沙坡底石子厂五百元　城庄沟林场二百元　林场派出所二百元　程家塔学校二百元

重修黑龍大王廟

碑記

黑龙大王庙始建于何年，无史据考证。原庙建在方山县代坡村，属刘家村、新舍窠、沙坡底、郝家湾、务周会、曹家岭、石盘头七个自然村共有。长期以来承蒙浩大神恩护佑，所属村民人丁兴旺，福泰安康。故七个自然村联合成立了虔诚敬奉神灵的专门组织——复兴所。在复兴所的主持下，每年四月十五黑龙大王诞辰之日举行香火盛会，并请剧团唱戏四天助兴。

进入新世纪后，因移民搬迁，原庙所在村庄人烟渐少，给管护带来不便。二〇〇七年五月，经复兴所共同议事，确定将庙宇迁回复兴所所属村内，新修殿堂，重塑金身。经神灵显应，新庙址选择到新舍窠村，由该村牵头兴建。村民推选乔秋生经领，武全明、李晋生、刘生贵协助，李新余、赵根大、乔秋生、李乃平、吕小平、李晋生、刘生贵、张玉保等人分别负责各村的集资工作。

农历六月十三日正式选址定点，为使修建公开、公正、合理，实行了招标承揽。郝继顺雀标后，农历六月二十九日破土动工，经过一个月的紧张施工，农历七月底工程顺利竣工。三间砖木结构的平房式殿堂拔地而起，并用琉璃瓦盖顶，围墙、大门等副属工程一应俱全。室内外进行了油饰彩绘，整个建筑金碧辉煌，庄严肃穆。殿堂内设供桌、神台，正面雕塑着黑龙大王的塑像。农历八月二十八日，为新庙宇的落成举行了隆重的开光庆典，请剧团唱戏四天，期间香火缭绕，盛况空前。

新庙宇的建成总投资四万三仟伍佰余元，所需款项全部来源于村民及有关单位的自发捐款。为彰炳后世，谨将二百元以上捐资者芳名刻石记载，千古流芳。

公元二〇〇七年八月二十八日立

修庙碑记

【简介】

2007年9月勒石。现存于临县大禹乡红树墕村。碑青石质，圆首，碑身高154、宽60、厚8厘米。碑阳额题“修庙碑记”4字。碑文楷书，正文计6行，满行33字。记载红树墕村维修观音庙的过程。碑阴额题“芳名永在”4字。碑文为捐款人名单。现保存完好。

【碑文】

（碑阳）

修庙碑记

本村观音庙约修葺于清代，但历经风雨侵蚀，坍塌后几次修缮，仍经不住岁月沧桑，五、六十年代曾被拆除，八十年代后政通人和，百废俱兴，也被村民修过，本年夏季，由张生保主持，再次维修观音庙。其间，村民捐款献物出力，刘勤保献椽三十余条，经过工匠努力，佛像彩画墙壁，新生肃目，人们无不赞颂。逢祭祀节，周村信男善女，纷至沓来，香火萦绕，场所非凡，为将此事旌表，流芳于后，谨将尊名列后，永作记述。

为修庙捐款芳名永在，众神灵默佑事业有成。

经领人　张生保　刘勤保　张勇

工匠　李谈照　李宝旦

丹青　秦小红

书碑刻石　李生端

公元二〇〇七年农历九月初一日吉立

（碑阴）

红树墕　刘乃保一千元　张生保五百元　刘勤保四百元　刘元平二百元　李建平二百元　（10人，姓名略）　一百元　（4人，姓名略）　五十元　（1人，姓名略）　二十元

圪麻岭　秦贵旺三千元　王有应二百元　张建林二百元　（22人，姓名略）　一百元　（2人，姓名略）　五十元　（1人，姓名略）　二十元

柳树墕　李学峰五百元

白家庄　白忠平一百元

石匣里　张建平五十元

石塘会　刘晓林五十元

圪麻岭　（2人，姓名略）　一百元　（1人，姓名略）　二十元

真武山修复功德碑记

【简介】

2007年9月勒石。现存于临县丛罗峪镇丛罗峪村。碑青石质，盘龙首，通高318厘米，其中碑头高78、宽110、厚21厘米，碑身高180、宽99、厚15厘米，乌龟座高60、宽110、厚190厘米。碑阳额题“功德昭彰”4字。碑文楷书，正文计7行，满行33字。记载丛罗峪村修复真武庙的过程。碑阴额题“流芳百世”4字。碑文刻个人捐款名单。现保存完好。

【碑文】

（碑阳）

功德碑记

真武道观，历史悠久，风物宜人，闻名遐迩。为了保护文物古迹，开发旅游产业，由临县文物旅游局并丛罗峪镇政府牵头，于二○○七年四月十九日，传统古庙会三月三，举办真武山旅游景点启动仪式，参加人员广泛，有县乡两级政府机关代表，村委代表，企事业单位代表，本镇籍在外工作人员、社会各界来宾、仁人志士，三百多人，参加了各项活动，观看了文艺演出，游览真武山景点，规模隆重，盛况空前，各单位和个人均为景点慷慨解囊，热情赞助，共计捐款十三点七八万元，嘉曰莅观善施者，金石镌芳名，美誉传千里，功德永长存。

真武山文管组

公元二○○七年九月九日

单位捐款

壹万元临县交通局　伍仟元临县财政局　临县代赈办公路指挥部　贰仟元湍水头政府　临县扶贫办　雷家碛政府　克虎镇政府　安家庄政府　碛口镇政府　刘家会政府　石白头政府　壹仟元县委宣传部　丛镇信用社　丛罗峪教委　丛罗峪中学　丛罗峪医院　青凉寺政府　丛罗峪政府　伍百元临县司法局　临县团委会　临县编委会　临县人大　白文艺校　县政府办　临县县委　县教育局　县水利局　县城建局　县文化局　肆百元天洪村委　马家山村委　贰百元下山村委　麻塔村委　南塔村委　店塥 村委　上山村委　瓦窑塔村委　杨家坡村委　杨家山村委　郭家山村委　郭家塔村委　刘家山村委　柏岭集村委　大王庄村委　小王塔村委　大王塔村委

（碑阴）

壹万元者　王永强　贰千元者　冯树德　闫福平　壹仟元　王欣勤　王荣贤　王思明　李勤锁　林建宇　赵如宁　赵成杰　冯善林　刘继明　孙三平　张皓宇　张润祥　薛兰全　郭三儿　安文伟　高宏平　王虎平　张兴　王俊平　刘成锋　刘树平　刘学　王建福　王本本　王继栓　王珍平　王狗旦　高杰龙　李里　白利兵　捌佰元　王德善　陆百元　贺乃平　白贺平　白二赖　白永永　李永泽　高喜顺　伍百元　刘利恒　李进敏　王明连　王明秀　李晓春　薛万忠　贺东应　李顺平　曹继生　王锋　贺向亮　王振淼　王文彬　白琦瑞　郭刚仲　郭奴贵　冯照虎　张瑞荣　郭荣书　郭强　李探照　李文徐　马永平　陈绍文　王荣平　王安世　王德让　冯国栋　王文革　李顺珍　贺芝元　贺润照　王玉海　王肖兰　王爱国　刘军　刘继生　刘锋　王建荣　王建国　王继承　王金宝　王来龙　高武才　高如峰　王书斌　郭雨书　白学军　李侯明　薛红　肆佰元　白建荣　叁佰元　贺承斌　李照 平　郭小江　刘和平　郭利仲　王凤歧　贰佰元　郭士爱　郭耐仲　郭平则　郭富平　王富珍　高进忠　杜学明　王小平　王尚宁　薛继军　赵顺照　成侯平　郭德兰　贺计平　张建民　张建平　郭勤利　王建卫　刘勤勤　张学翊　王乃清　李玉山　刘泽峰　张瑞卿　王连平　陈继顺　冯黑女　冯年生　王永生　张生明　王进山　王新宝　郭小平　刘永永　壹佰元　贺东文　郭利军

功德昭彰
功德碑记
真武道观历史悠久风物宜人闻名遐迩为了保护文物古迹开发旅游产业由
临县文物旅游局并丛罗峪镇政府牵头于二〇〇七年四月十九日传统古庙会三
月三举办真武山旅游景点启动仪式参加人员广泛有县乡两级政府机关代表村
委代表企事业单位代表本镇籍在外工作人员社会各界来宾仁人志士三百多人
参加了各项活动观看了文艺演出游览真武山景点规模隆重盛况空前各单位和
个人均为景点慷慨解囊热情赞助共计捐款十三点七八万元嘉曰莅观善施者金
石镌芳名美誉传千里功德永长存
真武山文管组
公元二〇〇七年九月九日
单位捐款
壹万元
临县交通局
伍仟元
临县财政局
临县代账办
公路指挥部
贰仟元
湍水头政府
临县扶贫办
雷家碛政府
克虎镇政府
安家庄政府
碛口镇政府
刘家会政府
石白头政府
壹仟元
县委宣传部
丛镇信用社
丛罗峪教委
丛罗峪中学
丛罗峪医院
青凉寺政府
丛罗峪政府
伍佰元
临县司法局
临县团委会
临县编委会
临县人大
白文艺校
县政府办
临县县委
县教育局
县水利局
县城建局
县文化局
肆佰元
天洪村委
马家山村
贰佰元
下山村委
麻塔村委
南塔村委
店墕村委
上山村委
瓦窑塔村
杨家坡村委
杨家山村委
郭家山村委
郭家塔村委
刘家山村委
柏岭集村委
大王庄村委
小王塔村委
大王塔村委

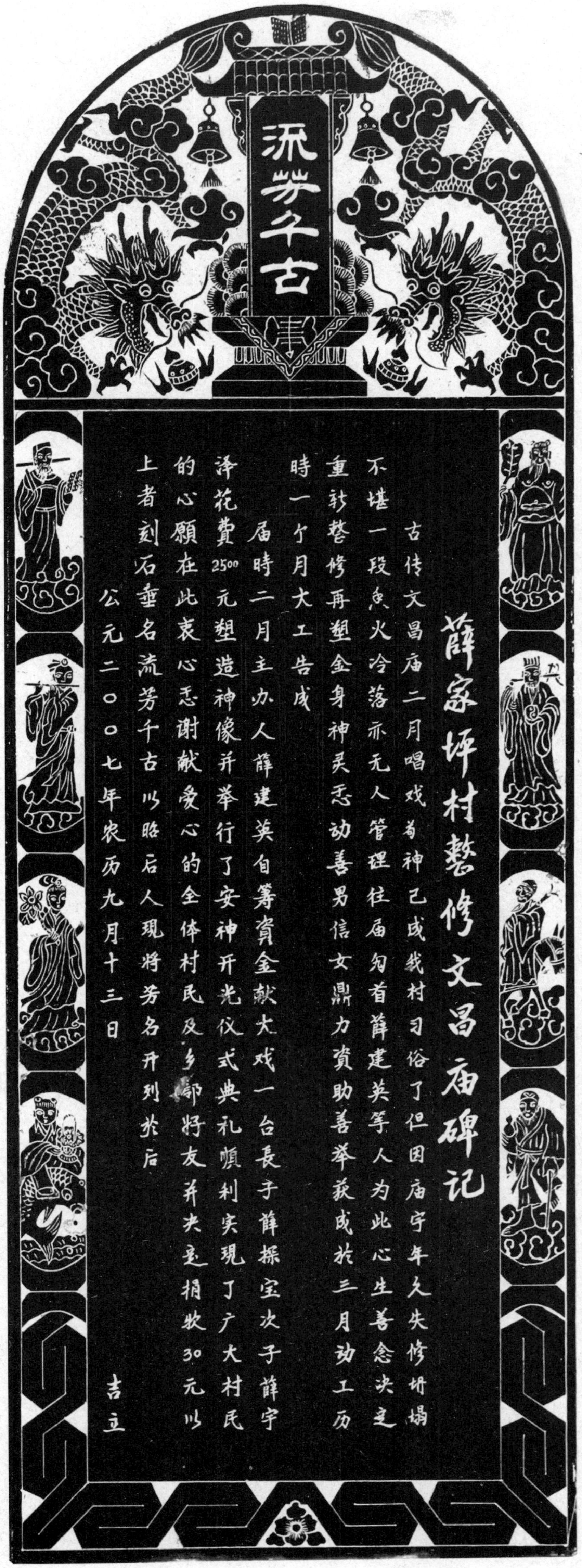

薛家坪村整修文昌庙碑记

【简介】

2007年9月勒石。现存于临县三交镇薛家坪村。碑青石质，圆首。碑文楷书，碑阳额题“流芳千古”4字。正文计8行，满行30字。记载薛家坪村整修文昌庙的过程。碑阴额题“千秋”2字。下刻捐款人名单。现保存完好。

【碑文】

（碑阳）

薛家坪村整修文昌庙碑记

古传文昌庙二月唱戏敬神，已成我村习俗了。但因庙宇年久失修，坍塌不堪，一段香火冷落，亦无人管理。往届纠首薛建英等人为此心生善念，决定重新整修，再塑金身，神灵感动，善男信女，鼎力支助，善举获成于三月动工，历时一个月大功告成。

届时二月主办人薛建英自筹资金，献大戏一台，长子薛探宝、次子薛宇泽花费二千五百元塑造神像，并举行了安神开光仪式典礼，顺利实现了广大村民的心愿，在此衷心感谢献爱心的全体村民及乡邻好友，并决定捐款三十元以上者刻石垂名，流芳千古，以昭后人。现将芳名开列于后。

公元二〇〇七年农历九月十三日吉立

（碑阴）

薛宇泽3000元　薛探宝、薛二宝（马家山）　薛三香　薛四香　薛侯兔　各1100元　郭二宝1000元　郭三宝600元　李旭芹400元　郭宝军　郭宝兵　薛勤松　薛勤岩（太原）　薛勤芳（史家塬）　各300元　薛永明　薛海茂　薛海照　任永红　各200元　任永永160　薛海平160　马红珍150　李润生140　薛亮英130　任艳芳110　（下略）

郭军军献碑料一桶　郭有照献匾料一块

主办　薛建英

撰写　刘志明

刻石　薛元英

重修庙碑记

【简介】

2007年9月勒石。现存于临县三交镇墕头村。共2通，碑青石质，圆首，高155、宽60、厚8厘米。第一通碑阳额题“永载史册”4字。碑文楷书，计24行，满行16字。记载墕头村重修庙宇的过程。碑阴额题“万事如意、留芳千古、吉星高照”。碑文为百元以上捐款芳名。第二通碑额题“万代弘扬”，碑文亦为百元以上捐款芳名。现均保存完好。

【碑文】

（第一通碑阳）

重修庙碑记

盘古至今，天地三界。造化万物，神赐恩怨。

我村庙宇，元明始建，神宗十三，五处完善。

人杰地灵，贤才无限。仁义礼智，温良恭俭。

昔日拆庙，为了抗战，重新修建，早有心愿。

丁亥春首，闲下欢聚，无中点化，发出倡议。

干部支持，群众一致，豪情满怀，尽心力计。

自行组合，自筹经费。自觉投工，不惜一切。

吉日选址，良辰施工。四十六天，圆满落成。

砖混结构，琉璃盖顶，红门绿窗，金匾高悬。

涂墙画壁，五光十色，银光闪烁，金碧辉煌。

龙腾兽啸，明灯高照。金钟长鸣，喜气盈门。

瓷雕神像，威风凛凛，高居二层，气势雄宏。

大小九间，高低不等，一点安置，十三神宗。

依次落座，各执其事，灵光普照，秘佑全村。

团结和谐，村风振兴，风调雨顺，人寿年丰。

招财进宝，繁荣昌盛，世代其昌，兰桂腾芳。

求神敬神，心诚则灵。且行好事，福禄祯祥。

修庙安神，吉祥如意，所有村民，皆大欢喜。

春耕大忙，先庙后己。青壮出门，妇老担起。

“三自”精神，永放光芒。十里八村，羡慕赞扬。

工匠巧技，实心施艺。竭尽全力，人民满意。

领导无私，不辞辛苦，任劳任怨，心甘情愿。

执事君衔，参与芳名，依次排列，世代弘扬。

人留美名，家传高风。树碑铭记，千古永存。

计开：共集资三万六千二百三十八元四角（其中百元以上三万四千九百九十一元四角），后将百元以上捐款者名列于后。

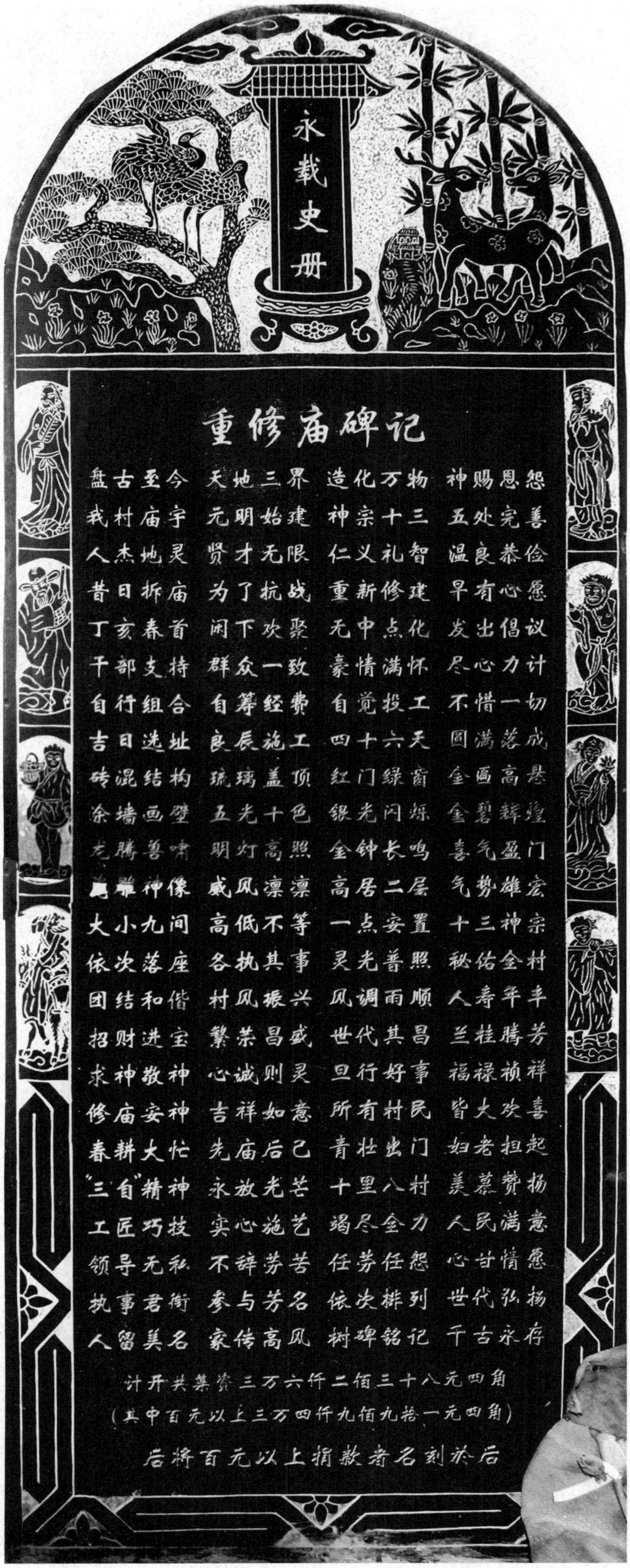

（第一通碑阴）

百元以上捐款芳名

王乃虎 1200 严德宝 1000 王生照 1000 王丕元 600 高恩旺 500 王锋 158.88 王引照 120 王香院 106.6 王向永 105.8

贰佰元者捐款芳名（13 户）

王卫国 王永峰 王侯财 王茂财 王海燕 王海宝 王宝珍 樊乃乃 王清有 王吉平 王志明 王缠院

（第二通碑阳）

壹佰元者捐款芳名 （276 户）（姓名略）

（第二通碑阴）

壹佰元者捐款芳名（王玉普等 94 人，姓名略）

经领人 王元位 王天福 王丕清 王卫国 王保连 王丕元 樊全有 王荣 严瑾钟 高缠旺 王奴院 王月平 王丕仁 王树桂 严永强 王秉毓 严引顺

建筑师 严旺根

二〇〇七年九月二十六日敬立

真武圣庙塑像碑记

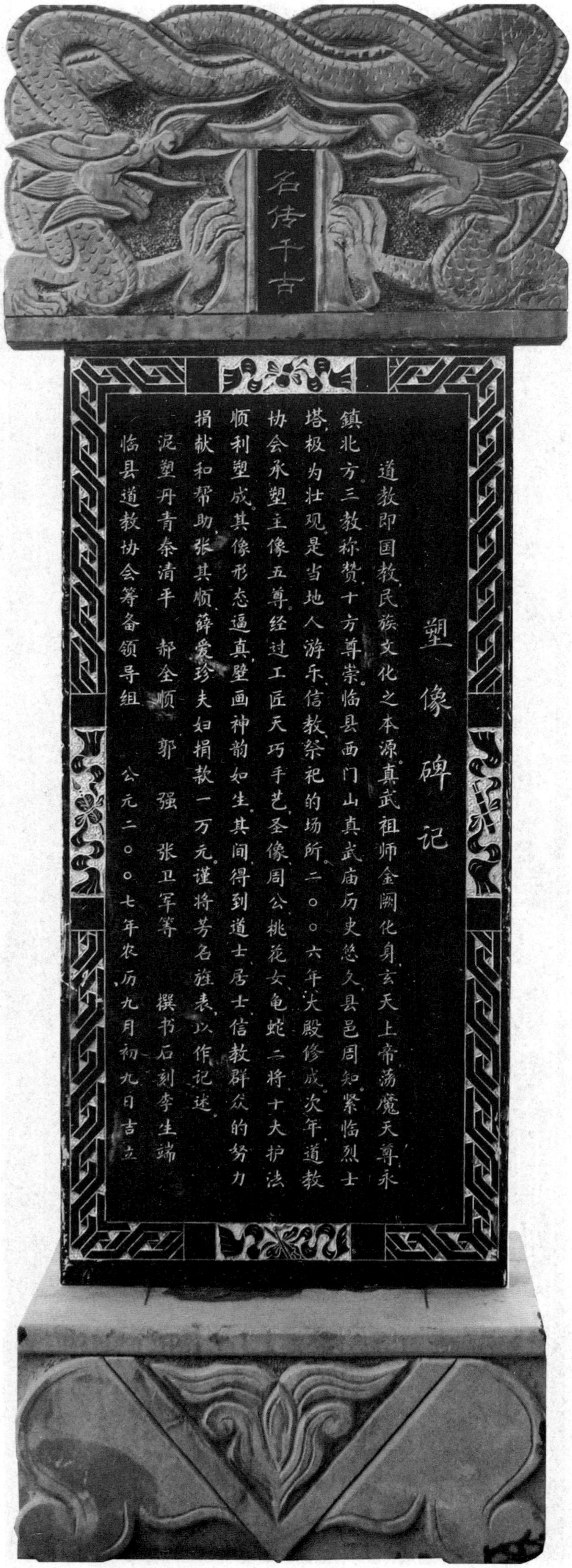

【简介】

2007年9月勒石。现存于临县县城西山真武庙内。碑青石质，龙首方座，通高272厘米，其中碑首高60、宽100、厚14厘米，碑身高172、宽80、厚12厘米，碑座高40、宽100、厚60厘米。碑阳额题“名传千古”4字。碑文楷书，计9行，满行31字，约240字。记载西山真武庙塑像之事。碑阴为施款芳名。现保存完好。

【碑文】

（碑阳）

塑像碑记

道教即国教，民族文化之本源，真武祖师金阙化身，玄天上帝，荡魔天尊，永镇北方，三教称赞，十方尊崇。临县西门山真武庙历史悠久，县邑周知，紧临烈士塔，极为壮观，是当地人游乐、信教、祭祀的场所。二〇〇六年大殿修成，次年道教协会承塑，主像五尊，经过工匠天巧手艺，圣像周公、桃花女、龟蛇二将、十大护法顺利塑成。其像形态逼真，壁画神韵如生，其间得到道士、居士、信教群众的努力捐献和帮助，张其顺、薛爱珍夫妇捐款一万元，谨将芳名谨表，以作记述。

泥塑丹青：秦清平、郝全顺、郭强、张卫军等

撰书石刻：李生端　临县道教协会筹备领导组

公元二〇〇七年农历九月九日吉立

（碑阴）

施款芳名（略）

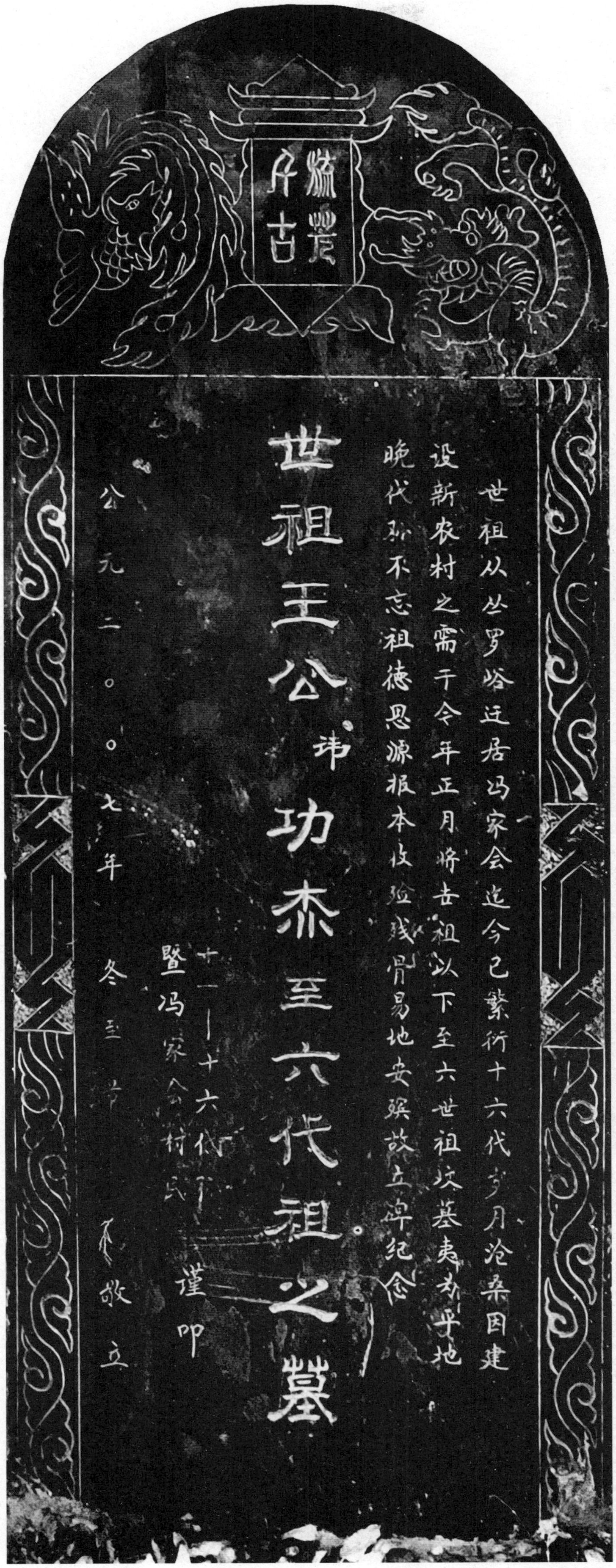

世祖王公讳功杰至六代祖之墓碑

【简介】

2007年11月勒石。现存于临县安家庄乡冯家会王氏坟茔，立于护窑中。碑青石质，圆首，身高128、宽50厘米。额篆“流芳千古”4字。碑文楷书，计4行，满行26字。记载王氏迁来的整体情况。现保存完好。

【碑文】

世祖王公讳功杰至六代祖之墓

世祖从丛罗峪迁居冯家会，迄今已繁衍十六代，岁月沧桑，因建设新农村之需，于今年正月将世祖以下至六世祖坟墓夷为平址，晚代孙不忘祖德，思源报本，收殓残骨，易地安殡，故立碑纪念。

十一—十六代孙暨冯家会村民谨叩

公元二〇〇七年冬至节敬立

修复三皇庙碑记

【简介】

2007 年 11 月勒石。现存于临县车赶乡尚赵村。碑青石质，圆首，碑高 120、宽 54、厚 7.5 厘米，额篆“流芳”2 字。碑文楷体，正文 5 行，满行 23 字。记载尚赵村修复三皇庙之事。保存完好。

【碑文】

修复三皇庙碑记

三皇庙年久失修，神像缺失，庙宇损坏，为保佑全村平安，恢复古迹，二〇〇七年九月，由赵子峰、王元栓、赵兰大、赵奴虎四人承办，赵秀勤、赵海勤出资，村民捐款建设，于二〇另类七年农历十一月十八日竣工开光。为纪念之，特立此碑。

捐资名单

柒千元　秀勤　海勤　壹千元　子峰　伍百元　俊福　春平　子斌　贰百元　平虎　奴勤　生峰　虎虎　月勤　有顺　平贵　奴平　壹佰捌拾元　全虎　壹佰伍拾元　长德　勤平　青平　壹佰元　（103 人，姓名略）　黄家沟张金亮　张家庄曹三旺　沐浴村赵秀珍　赵秀勤　韩家山韩小平　韩谈顺　呼家湾王贵明　陆拾元　（8 人，姓名略）　伍拾元　（7 人，姓名略）　呼家湾王跃跃　（10 人，姓名略）　薛家山曹三变　（4 人，姓名略）　贰拾元　（2 人，姓名略）　壹拾元　（2 人，姓名略）

祝年主　勤保　三儿　保拴　月平　兰太

塑像计工　刘荣平　赵玉平

以上不冠姓者均为赵氏

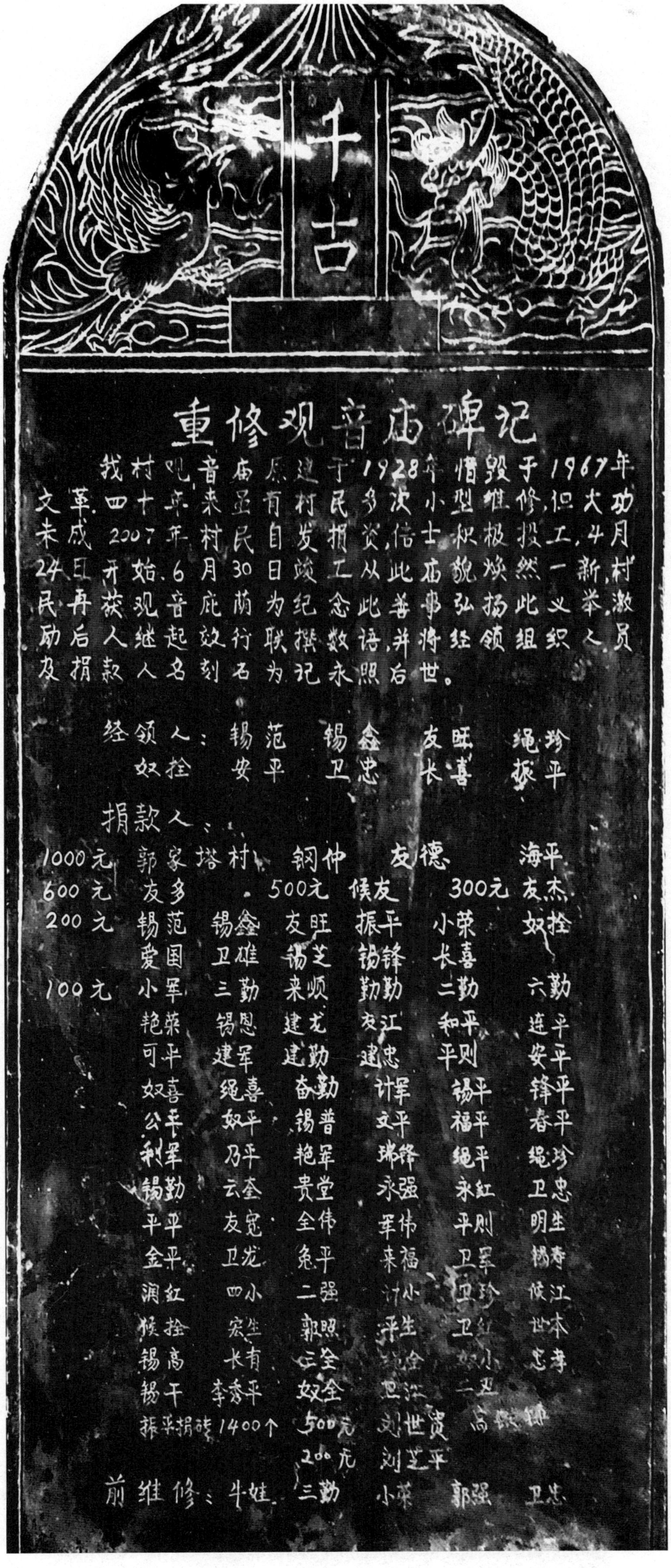

重修观音庙碑记

【简介】

2008 年正月勒石。现存于临县丛罗峪镇前杨家山村。碑青石质，圆首，碑高 149、宽 55、厚 7 厘米。额题“千古”2 字。碑文楷体，正文 7 行，满行 19 字。记载前杨家山村重修观音庙之事。保存完好。

【碑文】

重修观音庙碑记

我村观音庙始建于 1928 年，惜毁于 1967 年文革，四十年来虽有村民多次小型维修，但大功未成。2007 年村民自发捐资，信士积极投工，4 月 24 日开始，6 月 30 日竣工，从此庙貌焕然一新，村民再获观音庇荫。为纪念此善事，弘扬此义举，激励后人继起效行，聊撰数语，并将经领组织人员及捐资人名刻石为记，永昭后世。

经领人：锡范　锡鑫　友旺　绳珍　奴拴　安平　卫忠　长喜　振平

捐款人：1000 元　郭家塔村　钢仲　友德　海平

600 元　友多　500 元　侯友　300 元　友杰　200 元　锡范　锡鑫　友旺　振平　小荣　奴栓　爱国　卫雄　锡芝　锡锋　长喜　100 元　（76 人，人名略）

前维修：牛娃　三勤　小荣　郭强　卫忠

2008 年 1 月 1 日立

关帝庙重修碑记

【简介】

2008年正月勒石。现存于临县临泉镇前白家沟关帝庙。碑青石质，方首，高156、宽60、厚8厘米。额题“万古流芳”4字。碑文隶体，正文9行，满行29字。记述前、后白家沟两村重修关帝庙之事。碑阴刻施款芳名。保存完好。

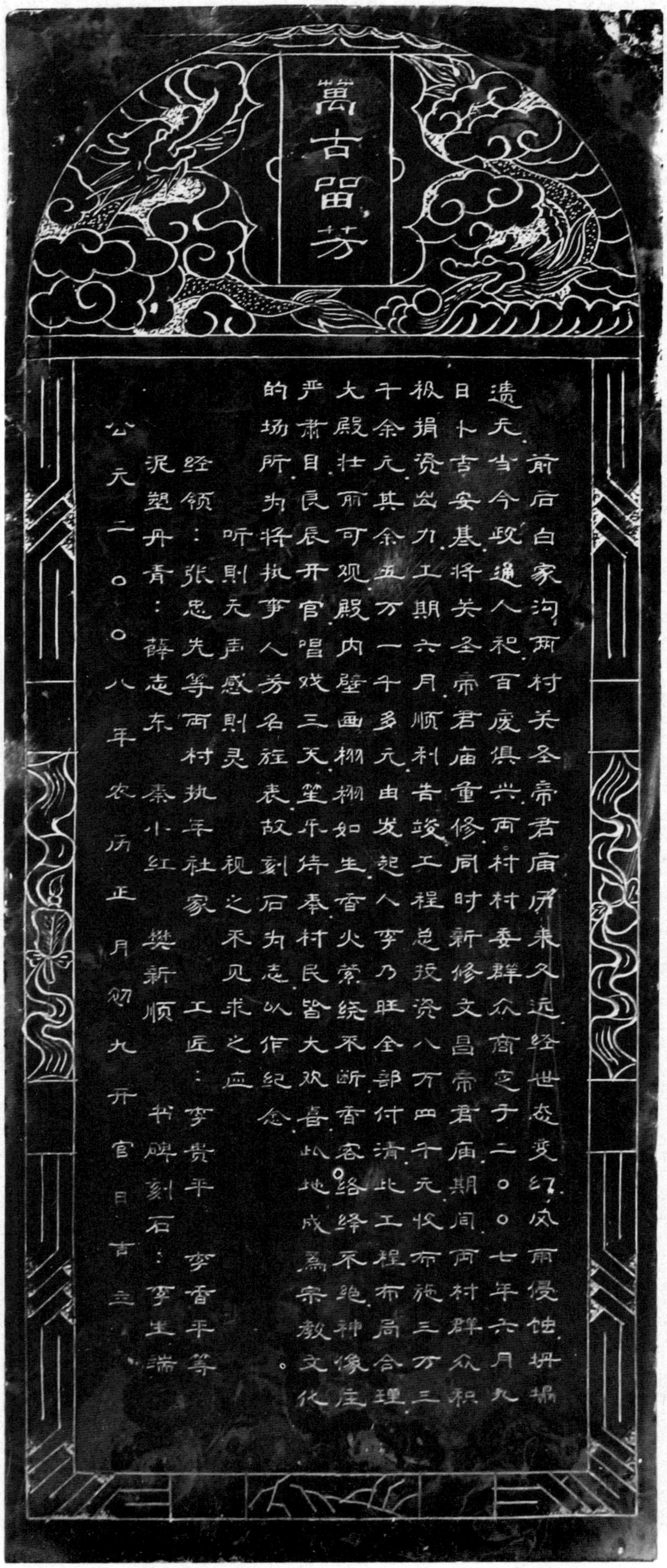

【碑文】

（碑阳）

前后白家沟两村关圣帝君庙历来久远，经世态变幻，风雨侵蚀，坍塌遗无。当今政通人和，百废俱兴，两村村委群众商定于二〇〇七年六月九日卜吉安基，将关圣帝君庙重修，同时新修文昌帝君庙。期间两村群众积极捐资出力，工期六月，顺利告竣。工程总投资八万四千元，收布施三万三千余元，其余五万一千多元由发起人李乃旺全部付清。此工程布局合理，大殿壮丽可观，殿内壁画栩栩如生，香火萦绕不断，香客络绎不绝，神像庄严肃穆，良辰开官唱戏三天，笙乐侍奉，村民皆大欢喜，此地成为宗教文化的场所。为将执事人芳名旌表，故刻石为志，以作纪念。听则无声感则灵，视之不见求之应。

经领：张忠先等两村执年社家

工匠：李贵平　李香平等

泥塑丹青：薛志东　秦小红　樊新顺

书碑刻石：李生端

公元二〇〇八年农历正月初九开官日吉立

（碑阴）

施款芳名

李兰义三千元　李海荣二千元　李强　李旭峰　杨贵海　赵侯元　赵世杰　秦玉明　各一千元　李满顺八百元　陈来应　李全顺　李谈顺　李林顺　李荣生　李锋　刘泽仁　刘贵平　各五百元　张宏　高绳弟　各四百元　张建华　李旦虎　各三百元　李侯达二百四十元　（下略）

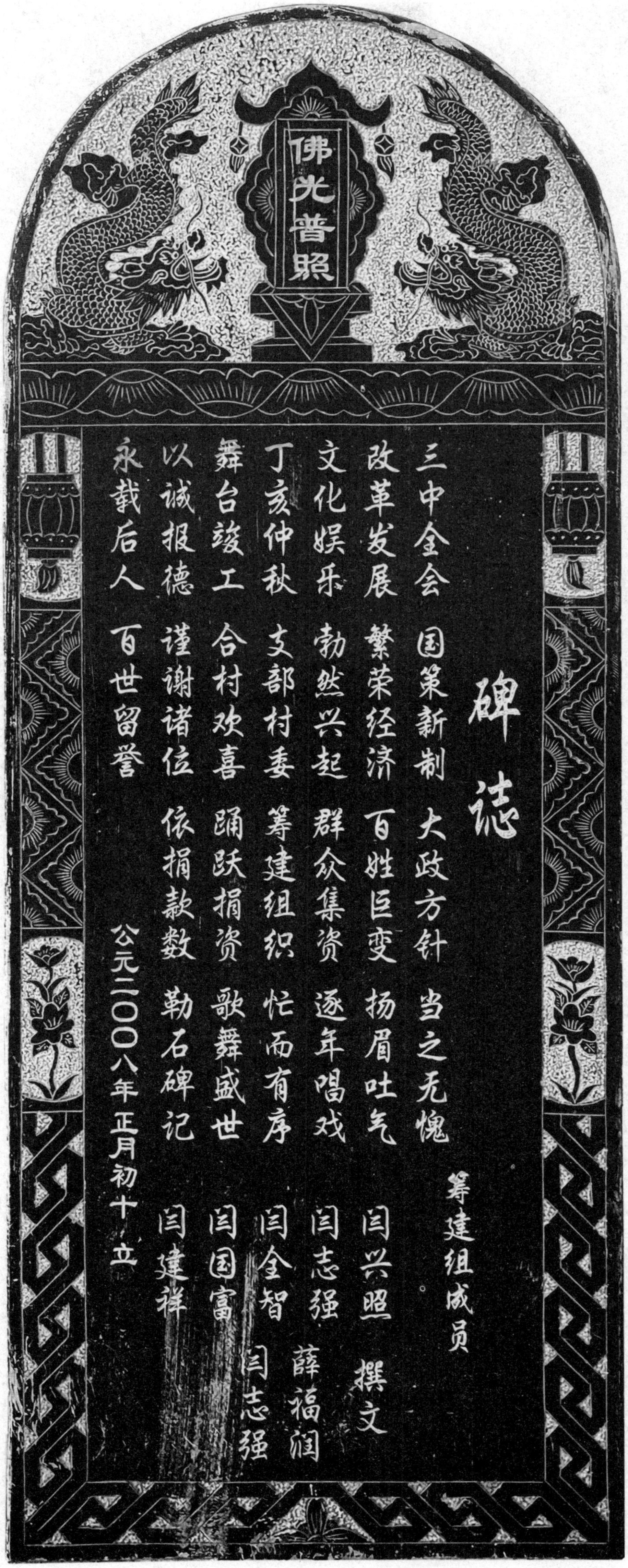

凰背局戏台碑志

【简介】

2008年正月勒石。现存于临县三交镇凰背局村。碑青石质，圆首，碑高154、宽60、厚8厘米。碑阳额题“佛光普照”4字。正文7行，满行16字。记载背局村修建戏台之事。碑阴额题“芳名永存”4字。碑文隶书，刻捐款花名。保存完好。

【碑文】

（碑阳）

碑誌

三中全会，国策新制，大政方针，当之无愧。改革发展，繁荣经济，百姓巨变，扬眉吐气。文化娱乐，勃然兴起，群众集资，逐年唱戏。丁亥仲秋，支部村委，筹建组织，忙而有序。舞台竣工，合村欢喜，踊跃捐资，歌舞盛世。以诚报德，谨谢诸位，依捐款数，勒石碑记。永载后人，百世留誉。

筹建组成员　闫兴照　闫志强　闫全智　闫国富　闫建祥

撰文　薛福润　闫志强

公元二〇〇八年正月初十立

（碑阴）

捐款花名

裕民煤矿2000　墕头煤矿1000　闫建祥1000　闫建勤200　闫国富300　闫志强300　闫全智300　闫兴照300　闫遵进300（下略）

观音庙简介

【简介】

2008年正月勒石。现存于临县雷家碛村土豁村。碑青石质，平首，高130、宽55、厚5厘米。额题“寺庙”2字。正文5行，满行48字。简要介绍土豁村盖真武观音庙之事。保存完好。

【碑文】

简介

为了先位的记载，刘光明先生和全村老少共同协商，盖起真武观音庙一座。二〇〇二年一月十日开工，二〇〇三年一月六日开光竣工。

砖匠　刘拖有　刘红狗

木工　刘生财　刘卫明　苗红卫

土工　苗华则　苗应玉　刘毛旦　（32人，姓名略）

捐款人　苗艳平　刘苍连　范继连　刘全贵　苗还才　苗文林　刘毛旦　范侯留　刘天恒　刘玉东　刘玉才　苗应玉

公元二〇〇八年正月十六日午时

补修观音庙碑

【简介】

2008年2月勒石。现存于临县刘家会镇东刘家沟村。碑青石质，圆首，碑高135、宽60、厚7.5厘米。碑阳额篆“流芳”2字。碑文隶体，正文7行，满行30字。记载刘家沟村补修观音庙之事。碑阴刊捐款者名单。现保存完好。

【碑文】

（碑阳）

补修观音庙碑记

本村观音庙，据传始建于清乾隆年间，由于年久失修，上世纪六十年代后，原庙损坏严重，村民每感神之灵应，常存修庙之心，二〇〇四年，赵来平立神像、挂钟、上门窗。二00五年赵来平、赵绳顺、赵连富等人筑围墙。二〇〇七年郭照顺等人打挑檐，今年正月，郭学廷等人集群众之愿，合村民之力，筹资捌千余元，从正月二十三日起，对本庙进行全面补修，重筑边墙、后墙，重合顶、水泥抹面，内墙抹灰，至二月初十日工程全部告竣。现今，庙貌一新，神安人悦，特勒石永志。

经领人：郭学廷　赵来平　赵连富　侯继顺　赵来清

李永泽书刻

公元二〇〇八年农历二月初十日吉立

（碑阴）

捐款者芳名（金额单位：元）

赵来顺400　王玉生400　赵连富300　赵来平200　郭学廷200　侯继顺200　赵建平200　赵绳顺200　赵海富200　郭贵顺200　赵荣富200　郭宝100　记勤100　郭金顺100　郭秀顺100　郭连顺100　郭勤照100　赵引顺100　赵�富100　郭成生100　郭有生100　冯爱生100　赵秋芳100　郭保旺100　郭建 峰100　赵清富100　赵勤勤100　赵建旺100　王玉成100　王金平100　王旭峰100　赵海生100　吕清顺100　郭晓红100　郭秀勤100　张志强100　赵建顺100　郭学贵100　郭建平100　赵谈顺100　赵百顺100　赵林生66.6　赵永生66.6　（下略）

流芳

补修观音庙碑記

本村观音庙，据传始建于清乾隆年间。由于年久失修，上世紀六十年代后，原庙损坏严重。村民每感神之灵应，常存修庙之心。二○○四年，赵来平立神像、挂钟、上门窗。二○○五年赵来平赵绳顺、赵连富等人筑围墙。二○○七年，郭照顺等人打挑檐。今年正月，郭学廷等人集群众之愿，合村民之力，筹资捌仟余元，从正月二十三日起，对本庙进行全面补修，重做垴墙、后墙，重合顶，水泥抹面，内墙抹灰，至二月初十日工程全部告竣。现今庙貌一新，神安人悦，特勒石永誌。

經领人 郭学廷 赵连富 赵来清

赵来平 侯継顺

李永泽書刻

公元二○○八年农历二月初十日吉立

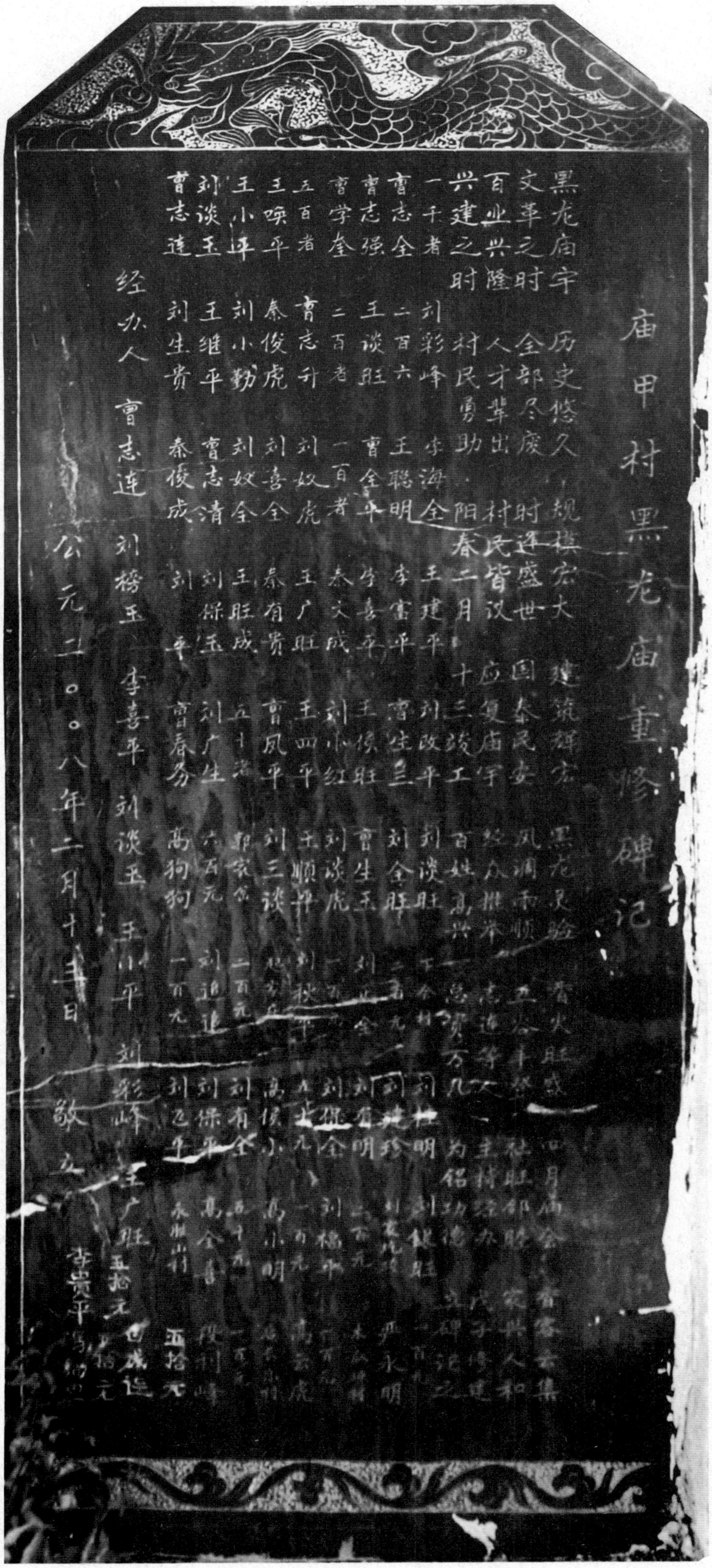

庙甲村黑龙庙重修碑记

【简介】

2008年2月勒石。现存于临县青凉寺乡庙甲村。碑青石质，方首剔角，高154、宽58、厚8厘米。碑文楷书，正文4行，满行32字。记载庙甲村重修黑龙庙之事。保存完好。

【碑文】

庙甲村黑龙庙重修碑记

黑龙庙宇，历史悠久，规模宏大，建筑恢宏，黑龙灵验，香火旺盛。

四月庙会，香客云集。文革之时，全部尽废，时逢盛世，国泰民安。

风调雨顺，五谷丰登。社旺邻睦，家兴人和。百业兴隆，人才辈出。

村民皆欢，应复庙宇。经众推举，志连等人，主持经办，戊子兴建。

兴建之时，村民勇助。阳春二月，十三竣工。百姓高兴，总支万几。

为铭功德，立碑记之。

一千者　曹志全　曹志强　曹学奎　五百者　王唤平　王小平　刘谈玉　曹志连　刘彩峰　二百六　王谈旺　二百者　曹志升　秦俊虎　刘小勤　王继平　刘生桂　李海全　王生平　曹全平　一百者　（20人，姓名略）　五十者　（8人，姓名略）　郭家岔六百元　高狗狗　下会村二百元刘正全　一百元刘秋平　启家庄二百元　刘追追　一百元　（4人，姓名略）　五十元　（5人，姓名略）　二百元　刘福平　一百元　高小明　五十元　高全喜永胜山村　一百元　严永明　木瓜坪村　一百元　高云虎　后长乐村　一百元　段利峰

经办人　曹志连　刘榜玉　李喜平　刘谈玉　王小平　刘彩峰　王广旺

公元二〇〇八年二月十三日敬立

曹步清先生碑记

【简介】

2008年2月勒石。现存于临县大禹乡府底村。碑青石质，圆首，碑高134、宽60、厚7厘米。额联“天高自古悬日月星辰；地厚至今载山河水秀”，横批“天高地厚”。碑文楷体，正文16行，满行22字。介绍曹步清先生生平。碑边联“书香门第传万代，慈善积德垂千古”。保存完好。

【碑文】

祖先曹步清先生是清朝道光年间的一名秀才，他出身于书香门第，热爱读书。二十多岁考取秀才职务，先生精通五经四书，博古通今。在家乡的几十年时间发展教育，多次组织开办学校，为家乡子孙后代的文化事业作出了不懈的努力。先生生前热爱本村的善庆寺，他对寺庙关心关爱，曾经多次捐款捐物，修缮庙宇，使善庆寺庙宇，长期保持金碧辉煌。他几次捐款修缮娘娘庙的卷棚，他首先提出和发起了善庆寺每年三月二十唱大戏赶庙会的辉煌节日，一直流传至今不衰。先生对善庆寺留下了不朽的功勋，当地民众称之为善庆寺的功臣。民众将他家人称之为书香门第的先生人家，先生生前一贯主持公道，正气秉然，济贫解困，维持秩序，真是一位功德无量、光明磊落的神人。民众常常惦记先生的丰功伟绩。人活尘世有何长，助人为乐美名扬，先生的业绩照千秋。

先生生前留诗几首请你欣赏

八月中秋

八月中秋会佳期，月下弹琴咏古诗。寺中不闻钟鼓便，更深方知星斗移。

多少神仙归古庙，朝中宰相用心机。几时到得桃园洞，同与神仙下盘棋。

谁能解开诗中妙，诗中奥妙你知道。

古代有一言，万般皆下品，唯有读书高。

春蚕到死丝方尽，蜡烛成灰泪始干。人生自古谁无死，留取丹心照后人。

秦时明月汉时关，万里长征人未还。但使龙城飞将在，不叫胡马度阴山。

三更灯火五更鸡，正是男儿立志期。黑发不知勤学苦，白首方悔读书迟。

一寸光阴一寸金，寸金难买寸光阴。书中自有颜如玉，书中自有黄金屋。

早知书中有黄金，早点明灯下苦功。劝君莫要失良机，耽误青春悔不及。

清明时节雨纷纷，路上行人欲断魂。借用酒家何处有，牧童遥指杏花村。

举头飞燕云剪柳，低头耕牛遍地走。花开花落几日红，速食紧衣蹬春程。

布谷鸣飞劝早耕，春耕湿润趁初晴。千层树阴路两行，一带田野放水声。

杏黄麦熟瓜开园，秋天风起落叶前。红粮黄谷算在田，深冬难熬雪花来。

腊月冬去迎春来。

公元二〇〇八年清明节

立碑人　孙曹义昌

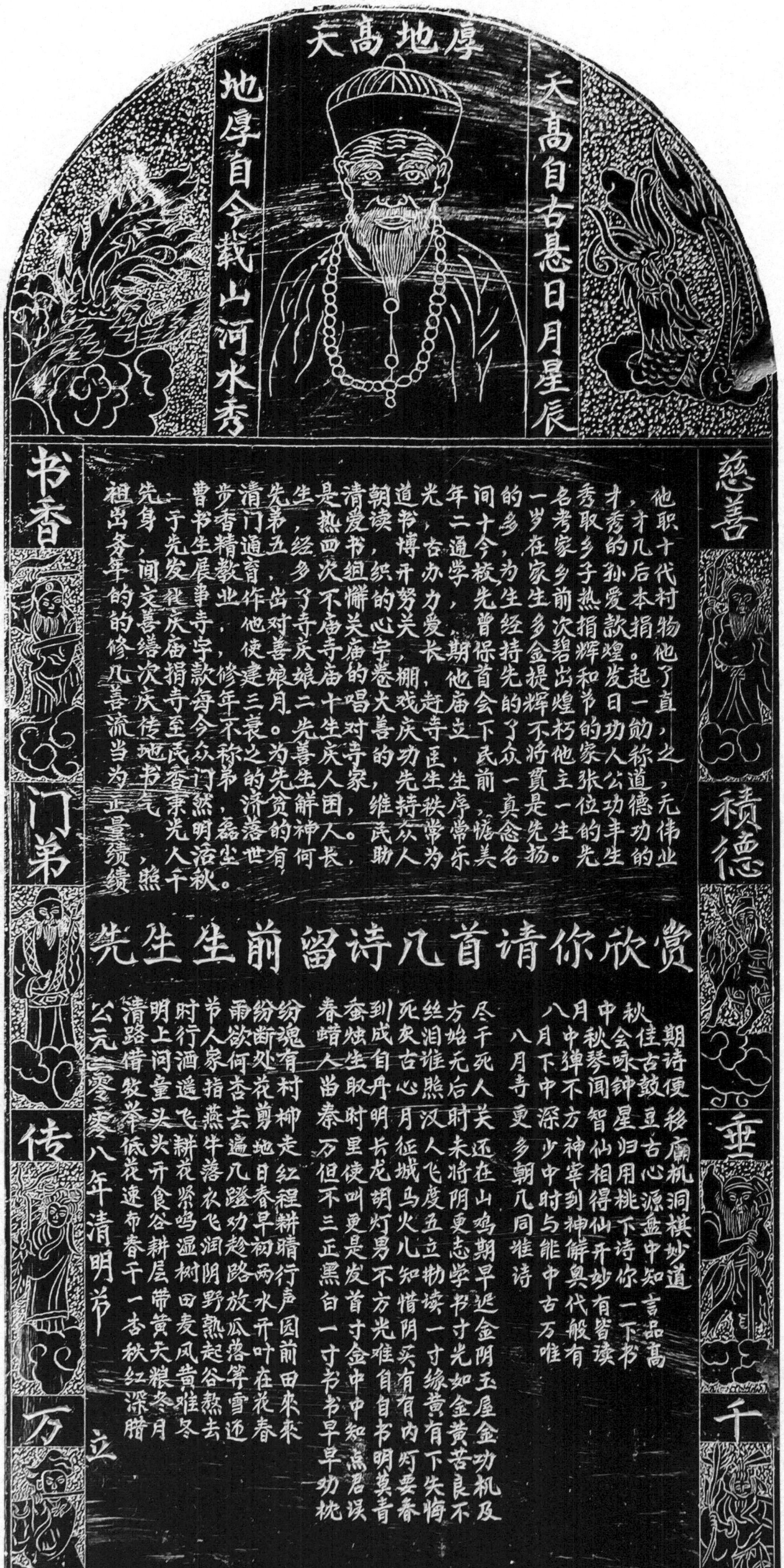
天高地厚
天高自古悬日月星辰
地厚自今载山河水秀
慈善积德垂千古
书香门第传万代
祖先：曹步清先生是清朝道光年间的一名秀才，他出身于书香门第，热爱读书，二十多岁考取秀才职务，先生精通五经四书，博古通今，在家乡的几十年间发展教育，多次组织开办学校，为家乡子孙后代的文教事业作出了不懈的努力，先生生前热爱本村的善庆寺，他对寺庙关心关爱，曾经多次捐款捐物修缮庙宇，使善庆寺庙宇，长期保持金碧辉煌。他几次捐款修建娘娘庙的卷棚，他首先提出和发起了善庆寺每年三月二十唱大戏赶庙会的辉煌节日一直流传至今不衰。先生对善庆寺立下了不朽的功勋，当地民众称之为善庆寺的功臣，民众将他家人称之为书香门第的先生人家，先生生前一贯主张公道，正气秉然，济贫解困，维持秩序，真是一位功德无量光明磊落的神人。民众常常怀念先生的丰功伟绩，人活尘世有何长，助人为乐美名扬。先生的业绩照千秋。
先生生前留诗几首请你欣赏
八月中秋
八月中秋会佳期
月下弹琴咏古诗
寺中不闻钟鼓便
更深方智星豆移
多少神仙归古庙
朝中宰相用心机
几时到得桃源洞
同与神仙下盘棋
谁能解开诗中妙
诗中奥妙你知道
古代有一言
万般皆下品
唯有读书高
春蚕到死丝方尽
蜡烛成灰泪始干
人生自古谁无死
当取丹心照后人
秦时明月汉时关
万里长征人未还
但使龙城飞将在
不叫胡马度阴山
三更灯火五更鸡
正是男儿立志期
黑发不知勤学早
白首方惜读书迟
一寸光阴一寸金
寸金难买寸光阴
书中自有缘如玉
书中自有黄金屋
早知书内有黄金
早点明灯下苦功
劝君莫要失良机
耽误青春悔不及
清明时节雨纷纷
路上行人欲断魂
借问酒家何处有
牧童遥指杏花村
举头飞燕去剪柳
低头耕牛遍地走
花开花落几日红
速食紧衣蹬春程
布谷鸣飞劝早耕
春耕湿润趁初晴
千层树阴路两行
一带田野放水声
杏黄麦熟瓜开园
秋天风起落叶前
红粮黄谷等在田
深冬难熬雪花来
腊月冬去还春来
公元二零零八年清明节
立
立碑人 孙曹義昌

秦英泰背石碑记

【简介】

2008年清明节勒石。现存于临县安业乡任家沟村。碑青石质，方首，高93、宽60、厚15厘米。碑文楷体，正文8行，满行23字。记任家沟村村民秦英泰背大石之事。保存完好。

【碑文】

碑记

约一百六十多年前，祖父秦公讳英泰，相传在其三十三岁（清光绪二年），从大河滩背夹回此约千余斤的青骨石。

当时有位乡人同他打赌说，人们都知你力气超人，如今咱河滩里有一块巨石，如果你能把它背夹到绳家沟门口时，你就赢上我的三斗小米。祖父说咱试试看。二人相约来到河滩，他竟然把石头背夹到约定地点，乡人履行诺言，如数给了他三斗小米。之后，祖父有了“大力士”之名，此佳话一直流传至今，故作文以记之。

孙秦海富

公元二〇〇八年清明节吉立

（注：碑前放青石，青石长约170厘米，粗约40厘米，上刻“光绪二年秦英泰背来至此”）

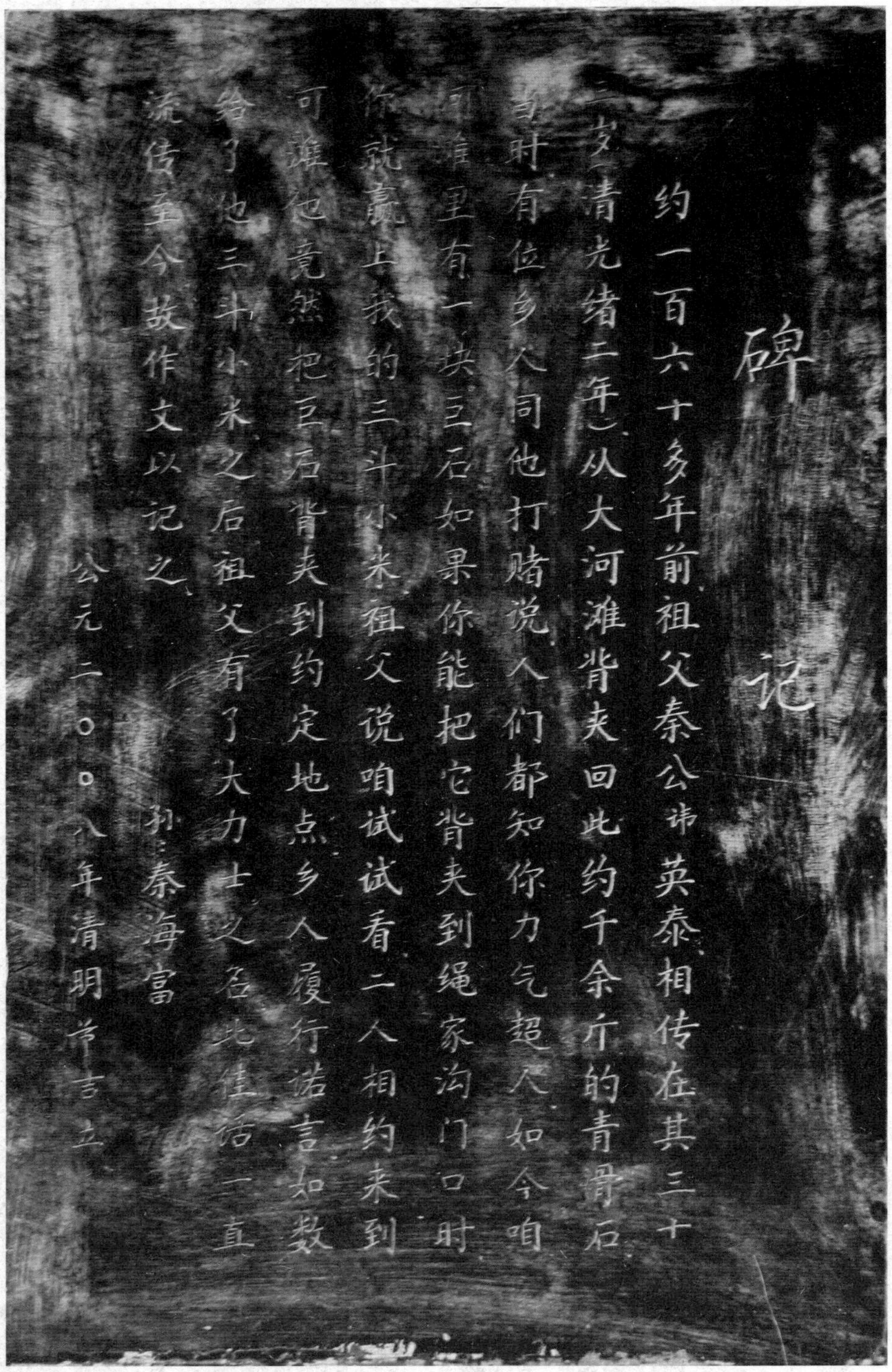

重建冯家会王氏祖坟晚孙献资纪念碑

【简介】

2008年清明节勒石。现存于临县安家庄乡冯家会村。碑青石质，长方形，高100、宽80、厚7.5厘米。记载冯家会村王氏迁移祖坟事宜。碑文楷体，正文2行，满行20字。保存完好。

【碑文】

重建馮家會王氏祖坟晚孫献資紀念碑

祖德泰山重，亲恩渊海深，建设新农村，无奈迁祖坟。

献资重安殡，晚孙尽孝心。勒石为纪念，功名与世存。

（献资人名略）

公元二〇〇八年清明节吉立

冉子庙重修碑记

【简介】

2008年3月勒石。现存于临县兔坂镇冉元则村。碑青石质，圆首，碑高176、宽70、厚10厘米。额题“功德无量”4字。碑文楷体，正文4行，满行18字。记载冉元则村维修冉子庙之事。保存完好。

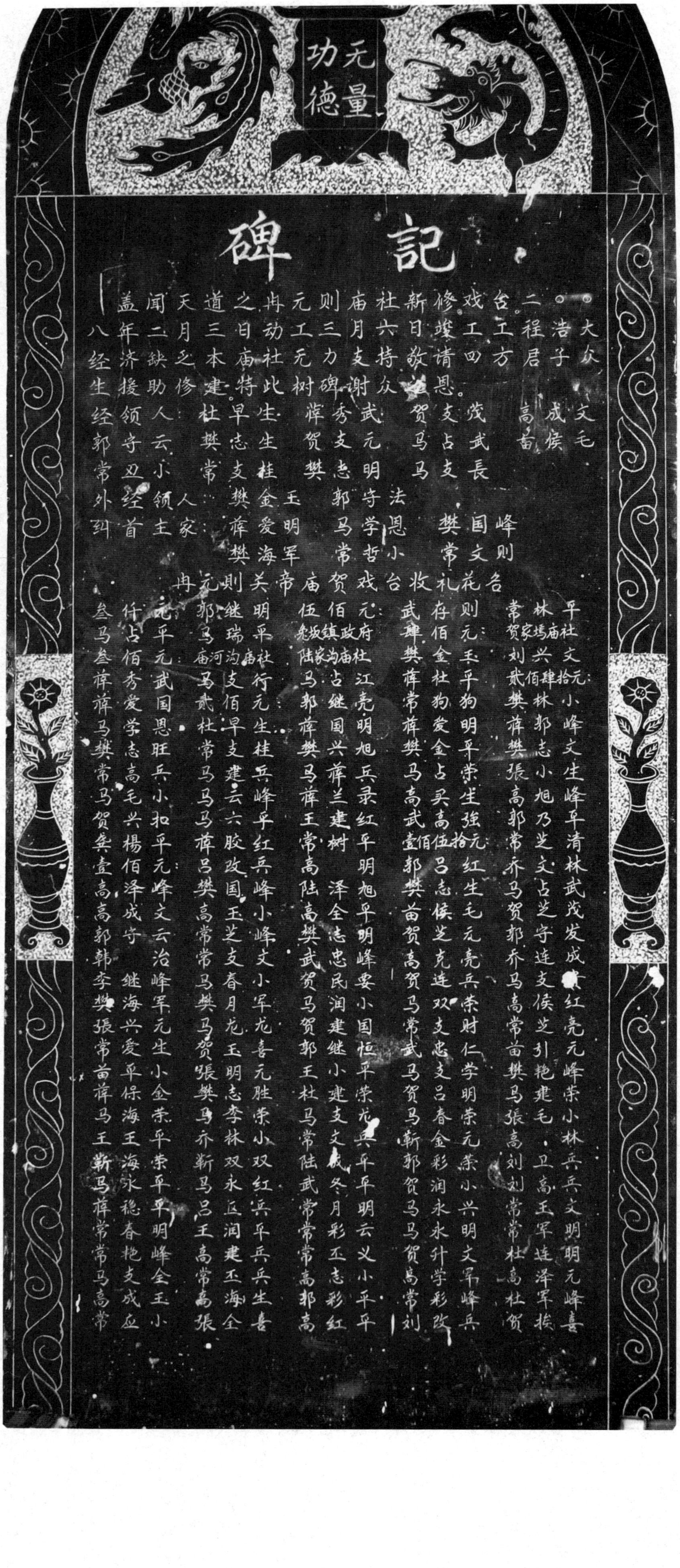

【碑文】

碑記

盖闻天道之冉元则庙社新修戏台，二〇〇八年二月三日动工，三月六日竣工。工程浩大，经济缺乏，本庙社无力支持，敬请四方君子众生援助修建，特此树碑谢众宏恩。

经领人：杜早生　薛秀武　贺支茂　高成文　郭守云　樊志生　贺支元　马占武　苗侯毛　常丑小　常支桂　樊志明　马支长

外经领人：樊金玉　郭守法

纠首主家：薛爱明　马学恩　樊国锋　樊海军　常哲小　常文则

冉元则关帝庙贺戏台收礼花名

叁千元　郭继明　伍百元　武存则　常林平　马占平　马瑞禹　兔坂镇政府　肆百元　贺家墕庙社　壹佰元　庙河沟庙社　陆家沟庙社　樊金玉　刘学文　薛秀武　马支行　马占江　薛杜平　贰百肆拾元　薛爱国　贰百元　（31人，姓名略）　壹佰伍拾元　（1人，姓名略）　壹佰元　（104人，姓名略）

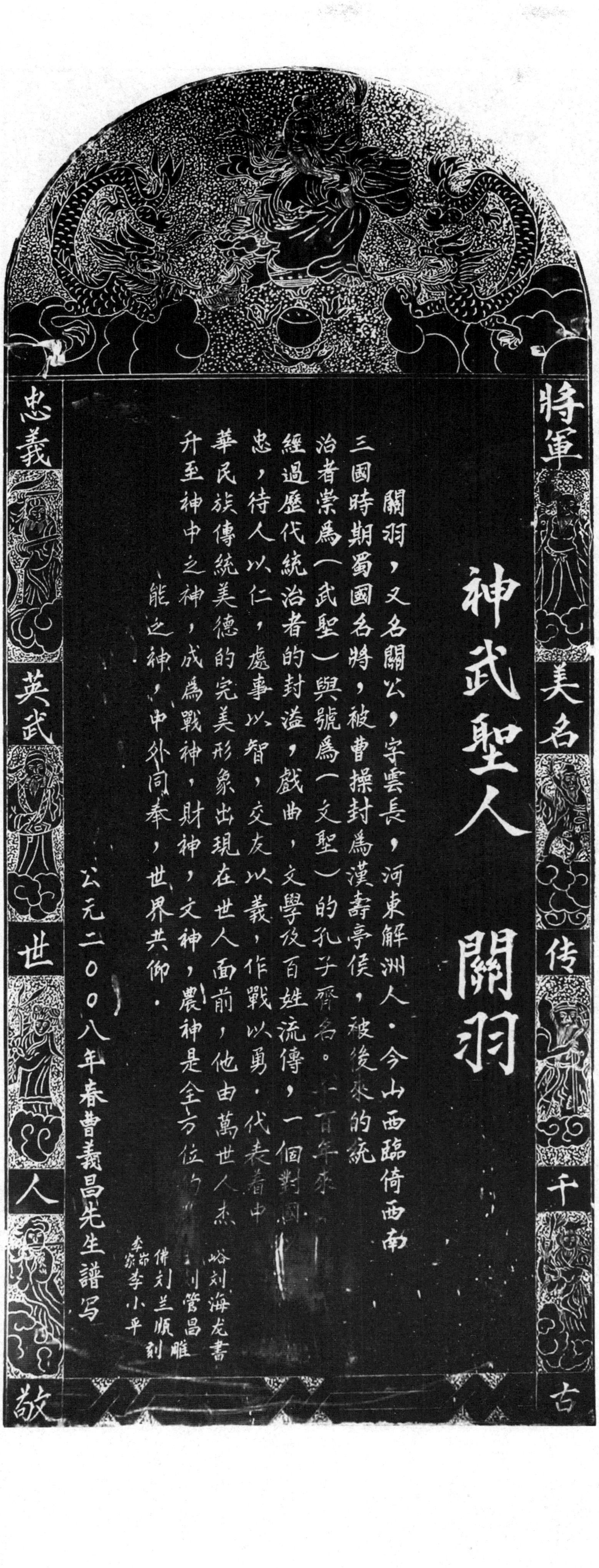

神武圣人关羽碑

【简介】

2008年春勒石。现存于临县大禹乡府底村。碑青石质，圆首，碑高150、宽60、厚7.5厘米。碑文楷体，正文8行，满行27字。系介绍关羽的碑记。保存完好。

【碑文】

神武聖人關羽

關羽，又名關公，字雲長，河東解州人。今山西臨猗西南，三國時期蜀國名將，被曹操封爲漢壽亭侯，被後來的統治者崇爲“武聖”，與號爲“文聖”的孔子齊名。千百年來，經過歷代統治者的封溢（謚），戲曲、文學及百姓流傳，一個對國以忠、待人以仁、處事以智、交友以義、作戰以勇，代表着中華民族傳統美德的完美形象出現在世人面前，他由萬世人杰升至神中之神，成爲戰神、財神、文神、農神，是全方位的萬能之神，中外同奉，世界共仰。

佛堂峪劉海龙書

佛堂峪劉管昌　佛堂峪劉蘭順　李家峁李小平　雕刻

公元二〇〇八年春曹義昌先生譜写

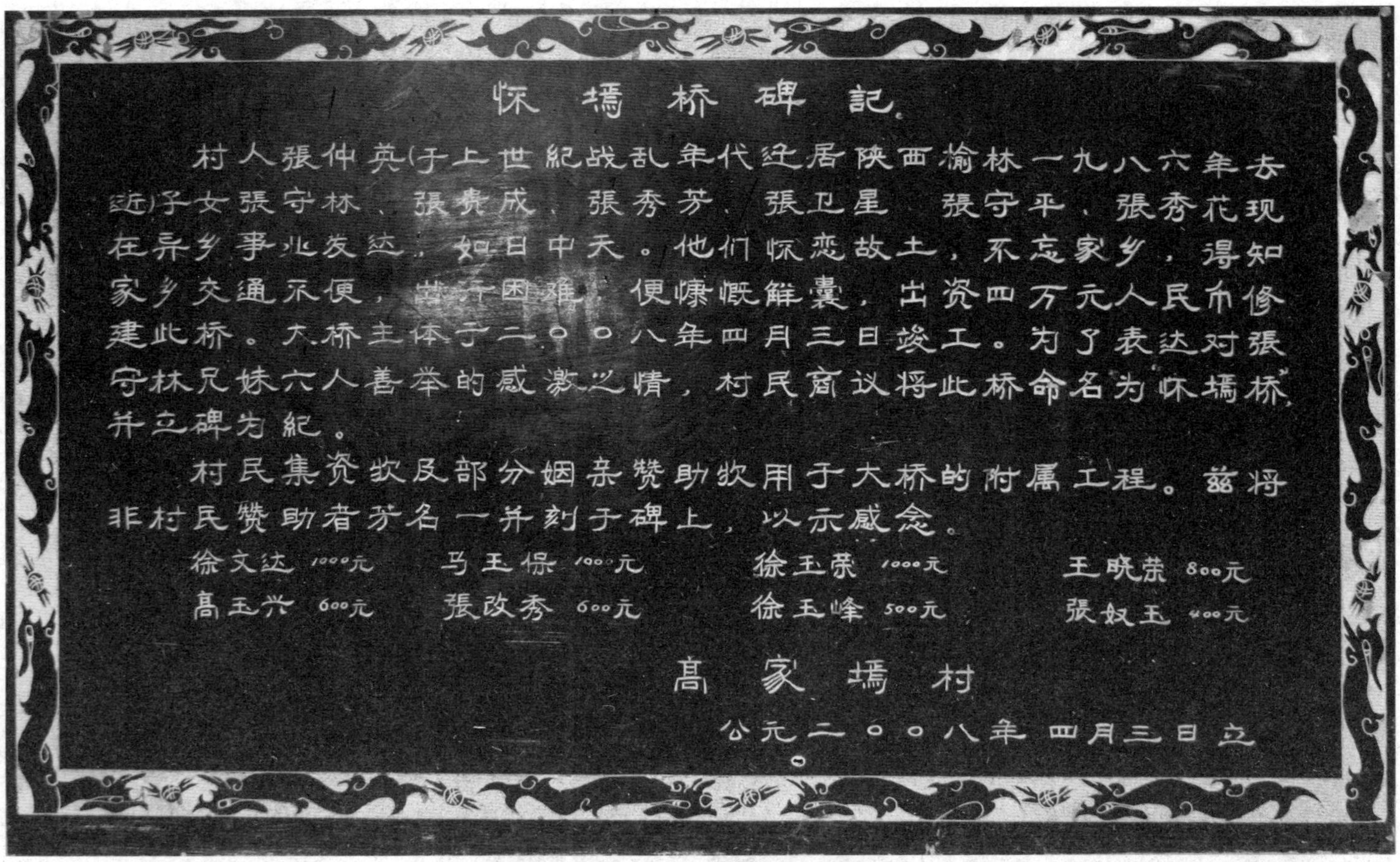

怀墕桥碑记

【简介】

2008 年 4 月勒石。现存于临县林家坪镇高家墕村墕口。方首方座，青石质。通高 180 厘米，其中碑身高 80、宽 150、厚 8 厘米，座高 100、宽 84、厚 68 厘米。碑文隶书，计 14 行，满行 27 字，约 290 字。记载高家墕村兴建怀墕桥的经过。现保存完好。

【碑文】

怀墕桥碑記

村人張仲英（于上世紀战乱年代迁居陕西榆林，一九八六年去世），子女張守林、張贵成、張秀芳、張卫星、張守平、張秀花，现在异乡事业发达，如日中天。他们怀恋故土，不忘家乡，得知家乡交通不便，出行困难，便慷慨解囊，出资四万元人民币修建此桥。大桥主体于二 00 八年四月三日竣工。为了表达对张守林兄妹六人善举的感激之情。村民商议将此桥命名为“怀墕桥”，并立碑为紀。

村民集资款及部分姻亲赞助款用于大桥的附属工程，兹将非村民赞助者芳名一并刻于碑上，以示成念。

徐文达 1000 元　马玉保 1000 元　徐玉荣 1000 元　王晓荣 800 元　高玉兴 600 元　張改秀 600 元　徐玉峰 500 元　張奴玉 400 元

高家墕村

公元二〇〇八年四月三日立

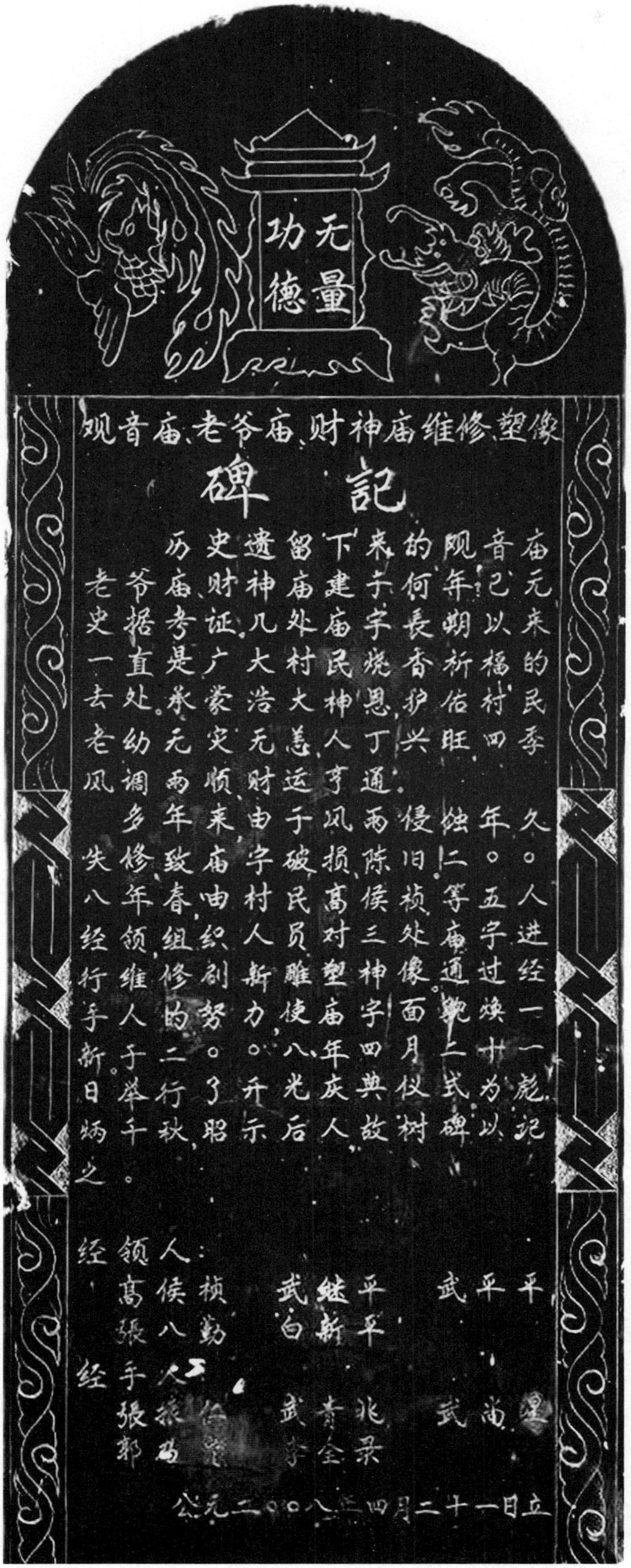

观音庙老爷庙财神庙维修塑像碑记

【简介】

2008年4月勒石。现存于临县青凉寺乡青凉寺村。碑青石质，圆首，碑身高144、宽55、厚7厘米。额题“功德无量”4字。碑文楷书，正文计17行，满行12字。记载青凉寺村诸庙宇复修过程。现保存完好。

【碑文】

观音庙老爷庙财神庙维修塑像碑记

历史遗留下来的观音庙、老爷庙、财神庙建于何年，已无史据考证，几座庙宇长期以来一直是广大村民烧香祈福的去处。承蒙浩大神恩，护佑村民老幼无灾无恙，人丁兴旺，四季风调雨顺，财运亨通。

多年来，由于风雨侵蚀年久失修，致庙宇破损陈旧，二〇〇八年春，由村民高候祯等五人经领，组织人员对三处庙宇进行维修，刷新雕塑神像。通过经手人的努力，使庙宇面貌焕然一新，于二〇〇八年四月二十一日举行了开光庆典仪式，为彪炳千秋，昭示后人，故树碑以记之。

经领人：高候祯　武继平　武平平　张八勤　白新平

经手人：张振仁　武青兆　武尚星　郭乃贵　李全录

公元二〇〇八年四月二十一日立

重建观音龙王庙碑记

【简介】

2008年4月勒石。现存于临县刘家会镇石坌子村。碑青石质，圆首，碑身高142、宽55、厚7.5厘米。碑阳额题“保佑平安”4字。碑文楷书，正文计23行，满行16字。记载石坌子村观音龙王庙复修过程。边联“神通千条路，灵佑万人安”。碑阴额题“心想事成”4字。碑文为集资名单。边联“布施随心愿，灵神绕身佑”。现保存完好。

【碑文】

（碑阳）

重建观音龙王庙碑记

秋雨普天地，庙宇遍灾域。二零零柒年八月，秋雨半月淅沥沥，二十六日夜间黑，龙王庙塌大损失，各地人员闻消息，嘴里念叨心着急。年前回家过春节，商讨修庙搞建筑。为了庙宇蓄风水，移在村口更有利，挡住邪风迎瑞气，卷起石洞好地势。新修观音龙王庙，群众会上选领导。经领人们得选票，十一人员把心操。工作人员智能高，正月十七发号召，太原两次把人邀，高干老板来研讨，宾馆召开筹备会，人人赞成都抬爱，高级干部把头带，两人捐献二万块。 六百多口人心快，一百四十公职在。地师六人发函来，县团十个能表态，装璜生意老板在，当场捐献一千块。情绪高涨信心倍，人人交款把现兑。村民集资随心意，十万多元人民币。匠人师傅露高艺，建筑秀丽人满意。二月十日建筑奠基，四月二十庙宇落成。愿观音老母、龙公龙母大显灵验，保佑平安，让石坌则人财两旺、文武辈出，再出高官，更加兴旺发达。

经领人：王贵峰　王建荣　王三旦　王尚有　王富财　王贤德　王建斌　王尚文　王保元　郭福河　王奋珍

风鉴：王德富

建筑：高廷飞　王绳昌

画师：王侯贵

撰文：王贵恒

刻石：柳二飞

公元二零零八年农历四月二十一日立

（碑阴）

集资名单

壹万元者　王成明　王保国　伍千元者　王成玉　肆仟元者　王玉海　叁仟元者　王志鸿　王富东　贰仟元者　王明生　王富裕　王建富　王桂生　王忠德　壹仟元者　王桂芝　王成顺　王向军　王珍平　王谈文　王谈武　王新　王学明　王宝平　王国斌　王来斌　康文平　薛建明　薛向明　王艳军　王向智　薛文煜　捌佰捌拾捌元者　王春明　捌百元者　王建华　陆百元者　王贵恒　王立新　伍百元者　王玉明　王卫明　王福明　薛生平　王文生　王芝明　王富先　王富元　王尚斌　王福元　王旭　王利峰　刘平生　刘林生　王继荣　王军军　王彦勇　王彦珍　王生有　王富明　郭继贵　王兰元　王富春　肆佰元者　郭福平　叁百元者　王富春　王林平　贰百元者　（39人，姓名略）　壹百贰拾元者　（2人，姓名略）　壹佰元者　（123人，姓名略）　王国政（圪地峪）　高廷飞（杏林局）　捌拾元者　（3人，姓名略）　陆拾元者　（3人，姓名略）　伍拾元者　（26人，姓名略）　叁拾元者　（3人，姓名略）　贰拾元者　（53人，姓名略）　李英（白家焉）　张全柱（任家山）　王永亮（彩树岭）　拾伍元者　（2人，姓名略）　拾元者　（6人，姓名略）

公元二零零八年农历四月二十一日立

保佑平安

神通千条路

灵佑万人安

重建观音、龙王庙碑记

　　秋雨普天地　庙宇遍灾域．二零
零七年八月，秋雨半月淅沥沥，二十
六日夜间黑，龙王庙塌大损失．各地
人员闻消息，嘴里念叨心着急，年前
回家过春节，商讨修庙搞建筑．为了
庙宇蓄风水，移在村口更有利，挡住
邪风迎瑞气，卷起石洞好地势．新修
观音龙王庙，群众会上选领导，经领
人们得选票，十一人员把心操．工作
人员智能高，正月十七发号召，太原
两次把人邀，高干老板来研讨．宾馆
召开筹备会，人人赞称都抬爱，高级
干部把头带，两人捐献二万块．六百
多口人心快，一百四十公职在，地师
六人发函来，县团十个能表态．装璜
生意老板在，当场捐献一千块，情绪
高涨信心倍，人人交款把现兑．村民
集资随心意，十万多元人民币，匠人
师傅露高艺，建筑秀丽神满意．二月
十日建筑奠基，四月二十庙宇落成．
愿观音老母、龙公龙母大显灵验，保
佑平安。让石垒则人财两旺文武辈出
、再出高官、更加兴旺发达。

经领人：王贵峰　王建荣　王三旦　王尚有　王富财
王贤德　王建斌　王尚文　王保元　郭福河
王杏珍

风鉴：王德富　建筑：高廷飞　王绳昌

画师：王候贵　撰文：王贵恒

刻石：柳二飞

公元二零零八年农历四月二十一日立

修补路碑记

【简介】

2008年5月勒石。现存于临县大禹乡杜家岭村。碑青石质，圆首，碑高145、宽60、厚8厘米，额题“流芳百世”4字。碑文楷体，正文9行，满行30字。为杜家岭村修补路功德碑记。保存完好。

【碑文】

修补路碑记

兹为诚敬庙内关帝火德神灵，继承和发扬社祠文化文艺活动，让全村和四邻观光方便，改变以往羊肠拐弯山道难以上山，克服剧团文艺箱柜靠人抬送之苦。当年究首吕志亮出面出钱与其它究首商议，新开神路，发动群众投工献款，定为二零零七年六月初六日动工开工，不到个月修成一条长二百米、宽三米并装有路灯的山石直路。从此，汽车能平安抵达庙院，实现了人们多年的意愿，游人赞口不绝，修路参加人员二百六十九人，总投工一千零六十个，用款二万三千余元，献款人数三百五十人，总布施九千三百零五元，男女投工在七个以上者四十三人，按队按多少分别列名。布施在二百元以上者三十五人，以款多少勒石题名，永做纪念。

公元二零零八年芒种吉日敬立

修建献殿功德碑记

【简介】

2008 年 6 月勒石。现存于临县刘家会镇白家坂村。共 2 通，碑青石质，圆首，碑高 127、宽 55、厚 8 厘米。第一通额题“永存”2 字。碑文楷体，正文 11 行，满行 12 字。记载白家坂村修建献殿功德之事。第二通刊刻修建献殿捐款名单。保存完好。

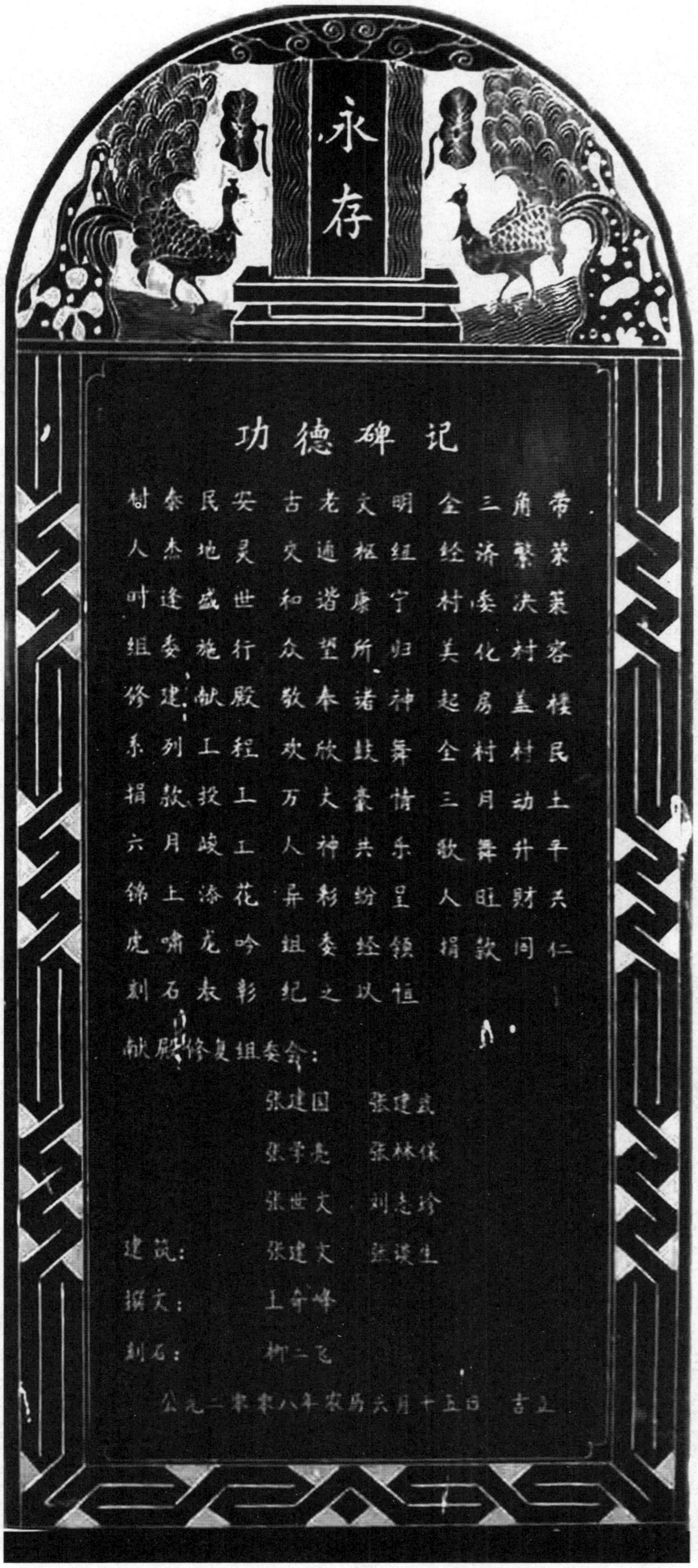

【碑文】

（第一通）

功德碑记

村泰民安，古老文明，金三角带，人杰地灵，交通枢纽，经济繁荣。

时逢盛世，和谐康宁，村委决策，组委施行。众望所归，美化村容。

修建献殿，敬奉诸神。起房盖楼，系列工程。欢欣鼓舞，全村村民，

捐款投工，万丈豪情，三月动土，六月竣工。人神共乐，歌舞升平。

锦上添花，异彩纷呈。人旺财兴，虎啸龙吟，组委经领，捐款同仁。

刻石表彰，纪之以恒。

献殿组委会：张建国　张建武　张学亮　张林保　张世文　刘志珍

建筑：张建文　张谈生

撰文：王奇峰

刻石：柳二飞

公元二零零八年农历六月十五日吉立

（第二通）

捐款名单

贰千贰百元者：张春明

贰千元者：张金润　张玉堂　张定安

陆百元者：张林保　张海民

伍百元者：张平顺　赵侯平　张新富

叁百元者：张乃成　张云全　高福平　张建科　李玉生　张建宇

（下略）

公元二零零八年农历六月十五日吉立

观音庙碑记

【简介】

2008年6月勒石。现存于临县大禹乡石匣村。碑青石质，龙首，碑高170、宽70、厚10厘米，额题“佛光普照”4字。碑文楷体，正文7行，满行35字。记载石匣村维修观音庙的经过。保存完好。

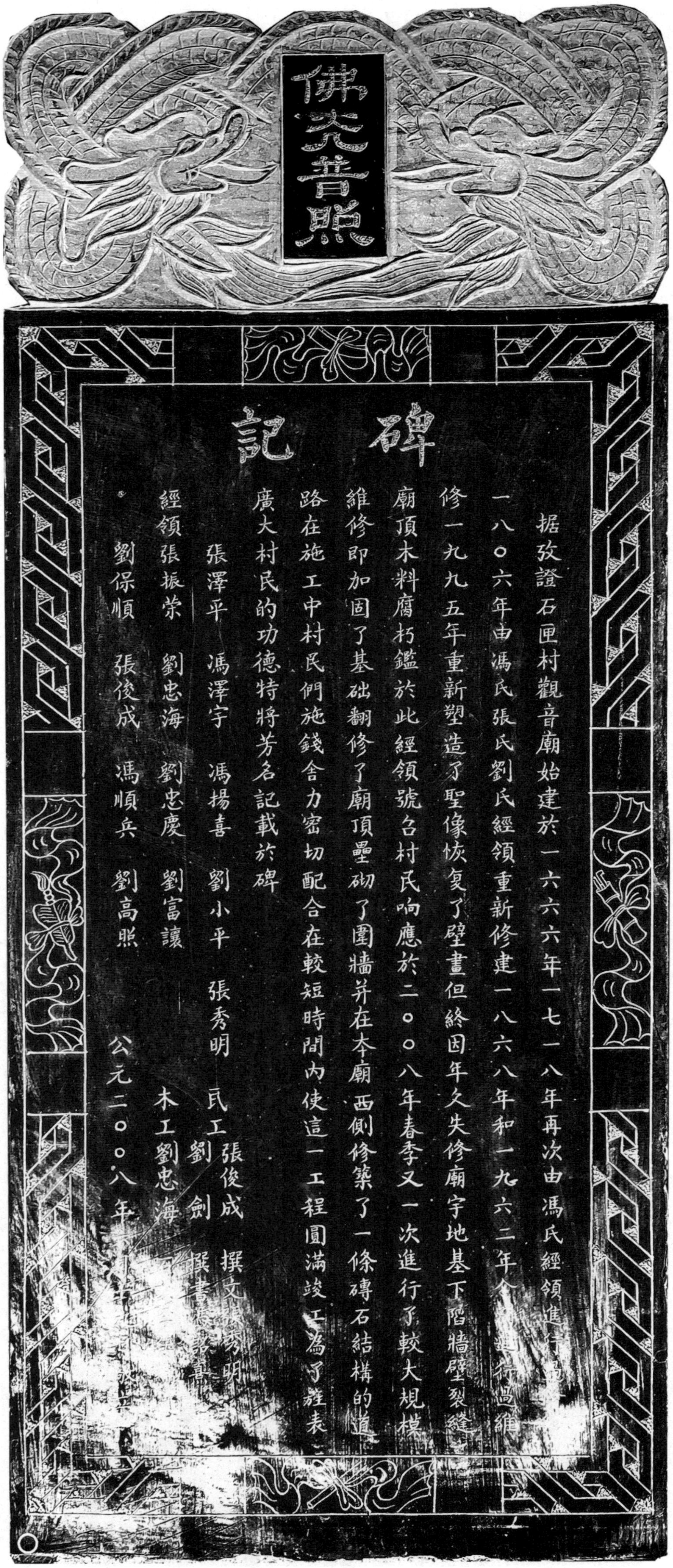

【碑文】

碑记

据攷證，石匣村觀音廟始建於一六六六年，一七一八年再次由馮氏經領，進行過修繕。一八〇六年由馮氏、張氏、劉氏經領重新修建，一八六八年和一九六二年分别進行過維修，一九九五年重新塑造了聖像，恢复了壁畫，但終因年久失修，廟宇地基下陷，牆壁裂縫，廟顶木料腐朽，鑑於此，經領號召，村民响應，于二〇〇八年春季，又一次進行了較大規模維修，加固了基础，翻修了廟頂，垒砌了圍牆，并在本廟西側修築了一條磚石結構的道路，在施工中村民們施錢舍力，密切配合，在較短時間内，使這一工程圓滿竣工。爲了旌表廣大村民的功德，特將芳名記載於碑。

經領 張澤平 張振荣 劉保顺 馮澤宇 劉忠海 張俊成 馮楊喜 劉忠慶 馮順兵 劉小平 劉富讓 劉高照 張秀明

瓦工 張俊成 劉劍

木工 劉忠海

撰文 張秀明

書寫 馮記意

石刻 李生端

公元二〇〇八年六月十九日敬立

马王庙修缮碑记

【简介】

2008年6月勒石。现存于临县石白头乡李家洼马王庙内。碑青石质，圆首，碑身高164、宽60、厚9.5厘米。额题“功德碑”3字。碑文电脑魏碑体，计6行，满行20字。记载李家洼马王庙修缮过程。现保存完好。

【碑文】

馬王廟修繕碑記

歲月駒馳隙，年年復年年。相傳馬王廟，初建清朝間。廟社和糾首，周圓六村畢。直到晚清時，屢次搞修建。前塔武承實，高君清修者，經領新修建，財神藥王殿。年久缺修繕，戊子再興建。新修龍王廟，全憑衆志堅。木石泥塑匠，手藝人稱羡。善男和信女，薌獻工物錢，約經四個月，竣工達心願，碑石置廟間，示之作紀念。

總經領　高恩貴

經領人　高志頡　高建陽　高崇繕　高汝蘭　高貴生　高時花

技領人　高峰秀

公元二〇〇八年六月十三日刻石

李氏家族庙碑记

【简介】

2008年6月勒石。现存于临县白文镇石家塔村李氏家族庙。碑青石质，龙首，碑身高152、宽46、厚7厘米。额题“流芳千古”4字。碑文楷书，计4行，满行10字。记载李氏家族庙修建过程。现保存完好。

【碑文】

碑記

李氏家族庙于公元二〇〇八年农历四月初十日动工，公元二〇〇年农历六月二六日竣工。

承建人：李谈平

技术设计：秦春银　田乃铭

工程主管：田乃铭

木工：秦春银等人

匠人：张春明　张桂庆　田有明

土工人员：郝根林　张来云　牛香明　李圪旦　张兰梅　张春连　孙俊兰

公元二〇〇八年六月十九日立

官地村重修戏台碑记

【简介】

2008年7月勒石。现存于临县碛口镇官地村。碑青石质，圆首，碑身高156、宽60、厚7厘米。碑阳额题“流芳千古”4字。碑文电脑隶书，计11行，满行40字。记载官地村戏台修建过程。碑阴刻捐钱人名单。现保存完好。

【碑文】

（碑阳）

官地村重修戏台碑记

官地是临邑南乡的一块风水宝地，戏台始建于村中（庙焉），和原庙建筑在一院，座北向南，威震全村及周边村庄的唯一建筑物，因原庙已拆除，难现原状。内墙壁有诗一首：

观音老母坐高台，关帝二郎左右排。

天官面对三圣母，两株柏树作旗杆。

戏台始建于大清乾隆元年，由功德主李自应经领建成。二次复修在道光年间，由成贤孙隆曾孙李文著、文苑经领修复。三次复修在宣统年间，协力募化布施人李文著、文在等人经领修复。碑文后记诗曰：

一切光辉，五谷丰登，国泰民安，天子万年，民德其昌，留于后世。

又于公元二〇〇七年七月十九日第四次修复，发起人功德主李光久、李五星启发牵头，由村干部李守信、李三照经领进行重修，收集布施人李学旺，全村男女老幼，积极捐款，有力的出力，有钱的出钱，共花销人民币九万多元，修复竣工。因碑有限，故捐款人花名于碑后，留于后世，立碑为记。

文物古迹需保护，传统文化应发扬，维修戏台功千秋，后继有人代代传。

功德主　李光久　李五星

集资会计　李学旺

修建工匠　陈家垣村陈香保

经领人　李守信　李五照

碑文投稿　高林茂

雕刻人　冯家塔村冯柒柒

公元二零零八年古历七月十五日立

（碑阴）

李光久12700元　光远　光常　五星　各1000元　（下略）

官地村重修戏台碑记
官地是临邑南乡的一块风水宝地，戏台始建于村中(庙焉)和原庙建筑在一院，座北向南
威震全村及周边村庄的唯一建筑物。因原庙已拆除，难观原状，内墙壁有诗一首：
观音老母坐正台 关帝二郎左右排 天官面对三圣母 两株柏树作旗杆
戏台始建于大清乾隆元年，由功德主李自应经领建成。二次复修在道光年间，由成贤孙
隆曾孙、李文著、李文苑经领修复。三次复修在宣统年间，协力募化布施人李文著、李文在
等人经领修复，碑文后记诗曰："一切光辉，五谷丰登，国泰民安，天子万年，民德其昌，
留于后世"。又于公元二〇〇七年农历七月十九日第四次修复，发启人功德主李光久、李五星启
发牵头，由村干部李守信、李三照经领进行重修，收集布施人李学旺，全村男女老幼积极捐
款，有力的出力，有钱的出钱，共花销人民币玖万多元，修复竣工。因碑有限故捐款人花名
列碑后，留于后世，立碑为记。
文物古迹需保护 传统文化应发扬 维修戏台功千秋 后继有人代代传
功德主：李光久 李五星 集资会计：李学旺 修建工匠：陈家垣村陈香保
经领人：李守信 李三照 碑文投稿：高林茂 雕刻人：冯家塔村冯柒柒
公元二零零八年古历七月十五日立

重修青龍廟劇塲碑記

顺水槽沟大道近村分途左行峰回路转铁塔凌云戏台对面平房夹道此青龙庙焉昔日荒墕废墟今朝人烟会聚可谓前无古人后有来者 青龙庙来历已久无记可考但据明清时期先民普行大献的祷雨方式其属社坛郊祀圣地确是毫无疑义上古土地广大封土为社社坛舍概对山林川泽丘陵坟衍原隰五土祭祀的总括国祀社稷民祭社坛其名异而本同早在五帝前共工氏名句龙佐颛顼有功封土官号丘公因其能平九土故设坛配祀可见社坛祭天报地之功由来已久 稽考神学本庙主奉青龙其系东方龙神五行属木其性仁和司喜庆财源吉事会兴云布雨之功河图现于三八之数八卦应在雷门之方氐房下临天根座星总名衡阳驷马从于将星尊座名号天冲万物剖甲而萌帝德生成一阳恭叙神符左宫与帝合德司春龙恩布道于丁壬之岁五六交会于甲寅之方道门号四御天王卜筮称吉神之首乾坤长子天地正气甲辰统龙雷房风行大禹勅定五龙治水宋熙宁封王爵广仁赐额会应天下颁行唐宋旧制春秋配祀本社陈规仲秋致祭今改初夏集会报功诸如内隐神讳不可轻泄尽铭

当今国运昌盛社会和谐祯祥丕著品物繁荣辰曜交辉山川效灵人民乐业四生沾恩本社时有乡贤高成平等人素怀成物之志每抱乐善之心恪念前人创业维艰不忍古迹残存陈现于是图社协同发起重修历经数月三殿落成随之重塑金身择吉开光从下元戊寅仲春始到戊子岁时隔十年间社内个人不断有所建树致使香火鼎盛社务兴旺今春众望所盼新修剧场如是老将出山欣然担此重任于本年仲春动工四月下旬告竣总支二十余万元会间唱戏剪彩表敬贺台商贾云集人文荟萃可谓一方佳景空前盛事由是恭祝各方善士出资献力致使剧场落成本社铭石篤诚致谢 凡善举事虽小阴骘自得功不務有口皆碑而后本社将继续扩大影响形成一方市场活跃农村文化促进齐奔小康笔者目睹始终有感信手欠章总觉事在人为莫过自求多福 呜呼念天行健君子当自强不息思地道顺为人应厚德载物勤操公行健顺不悖无愧于世中道永亨于是铭山引记以著流芳

临县兔坂镇青龙庙社 敬立

岁次 公元二零零八年七月廿六日吉时

重修青龙庙剧场碑记

【简介】

2008 年 7 月勒石。现存于临县兔坂镇水槽沟村。碑青石质，龙头首，碑高 210、宽 96、厚 14 厘米。记载水槽沟村重修青龙庙之事。额题“龙恩”2 字。碑文楷体，正文 15 行，满行 55 字。保存完好。

【碑文】

（碑阳）

重修青龙庙剧场碑记

顺水槽沟大道，近村分途左行，峰回路转，铁塔凌云，戏台对面，平房夹道，此青龙庙焉。昔日荒墕废墟，今朝人烟会聚，可谓前无古人，后有来者。青龙庙来历已久，无记可考。但据明清时期，先民普行大献的祷雨方式，其属社坛郊祀圣地，确是毫无疑义。上古土地广大，封土为社，社坛舍概对山林川泽，丘陵坟衍原隰五土祭祀的总括。国祀社稷，民祭社坛，其名异而本同。早在五帝前，共工氏名句龙，佐颛顼有功，封土官号丘公，因其能平九土，故设坛配祀，可见社坛祭天报地之功，由来已久，稽考神学，本庙主奉青龙，其系东方龙神，五行属木，其性仁和，司喜庆财源吉事，会兴云布雨之功，河图现于三八之数，八卦应在雷门之方，氐房下临天根座星，总名衡阳驷马，从于将星尊座，名号天冲，万物剖甲而萌帝德，生成一阳，恭叙神符，左宫与帝合德，司春龙恩，布道于丁壬之岁五六，交会于甲寅之方，道门号四御天王，卜筮称吉神之首。

乾坤长子，天地正气，甲辰统龙，雷厉风行，大禹敕定，五龙治水。宋熙宁封王爵，广仁赐额，会应天下，颁行唐宋旧制，春秋配祀，本社陈规，仲秋致祭。今改初夏集会，报功诸如内隐神讳，不可轻泄尽铭。

当今国运昌盛，社会和谐，祯祥丕著，品物繁荣，辰耀交辉，山川效灵，人民乐业，四生沾恩。本社时有乡贤高成平等人，素怀成物之志，每抱乐善之心，恒念前人创业维艰，不忍古迹残存陈现。于是合社协同发起重修，历经数月，三殿落成。随之重塑金身，择吉开光，从下元戊寅仲春始，到戊子岁，时隔十年间，社内不断有所建树，致使香火鼎盛，社务兴旺。今春众望所盼新修剧场，如是老将出山，欣然担此重任，于本年仲春开工，四月下旬告竣，总支20余万元。会间唱戏剪彩，表彰贺台，商贾云集，人文荟萃，可谓一方佳景，空前盛事，由是恭祝各方善士，出资献力，致使剧场落成。本社铭石，笃诚致谢。凡善举，事虽小阴骘自得，功不矜有口皆碑。而后本社将继续扩大影响，形成一方市场，活跃农村文化，促进齐奔小康，笔者目睹，始终有感，信手文章，总觉事在人为，莫过自求多福。

呜呼！念天行健，君子当自强不息；思地道顺，为人应厚德载物。勤操公行，健顺不悖，无愧于世，中道永亨。于是铭山引记，以著流芳。

临县兔坂镇青龙庙社敬立

岁次公元二〇〇八年七月二十六日吉时

（碑阴）

开山圣主，列圣先贤，僧犹善士，经领百工，功垂在前，名烟后世，叩请居上，□笔奠安。

水槽沟村　户主　施款

高彦斌 1100　高金良 1000　高建荣 1000　高改兰 1000　高云岗 1000　高文文 550　高志平 500　郭文小 500　高天云 500

前沟村　高志善 600　高玉旺 500　高利峰 500　高来拖 500　高玉峰 500

窑沟村　高建喜 5500　高永明 1000　高永红 1000

香草墕村　高苏平 1000　高春海 500

槐窊村　高乃小 500　霍来发 500

山庄头村　李万生 3000　高永元 500　高虎虎 500

西洼村　苗连小 1369　郭宝平 500

王家峪村　杜连明 1600

白家里村　郭兴峰 1000

高家沟村　高乔生 500

高家沟村　高乔生 500

张家沟村　张润明 500　张春生 500

郭家里村　郭润明 500

中舍村　高荣福 500　高乃元 10200

兔坂镇政府 10000　兔坂派出所 500　李琦 200　郝枝峰 500　贺建平 500　严福平 500　李卫平 500　克虎寨社 400　张卫小 400　高各锥 335　苗贵富 330　宝珠山 300　兔坂教委 300　（下略）

总经领　高天元

会长　高金良　副会长　张幸福　郭玉光　会计　高永元

庙祝　高眼栓　建筑师　杜连明

石刻　王安平

典术撰书　郭海霖

宝珠山张明贵题联碑

【简介】

2008 年 7 月勒石。现存于临县克虎镇苗家洼宝珠山戏台一侧的墙内。碑青石质，长方形，高 104、宽 50 厘米。碑文隶体，正文计 2 行，满行 7 字。内容是一副对联。现保存完好。

【联文】

干寶搜神稱玄帝，

隋珠光氣鎖靈山。

戊子年瓜月张明貴撰書

（张明贵：佳县白云观道长）

宝珠山郝枝锋题词碑

【简介】

2008年7月勒石。现存于临县克虎镇苗家洼宝珠山，嵌于戏台一侧的墙内。长方形，青石质。高104、宽50厘米。碑文行书，正文计2行，满行7字。现保存完好。

【碑文】

新戲台雄奇壮麗，

老道觀源远流长。

戊子中秋王焕立撰　郝枝锋题

（郝枝锋：尅虎镇原党委书记）

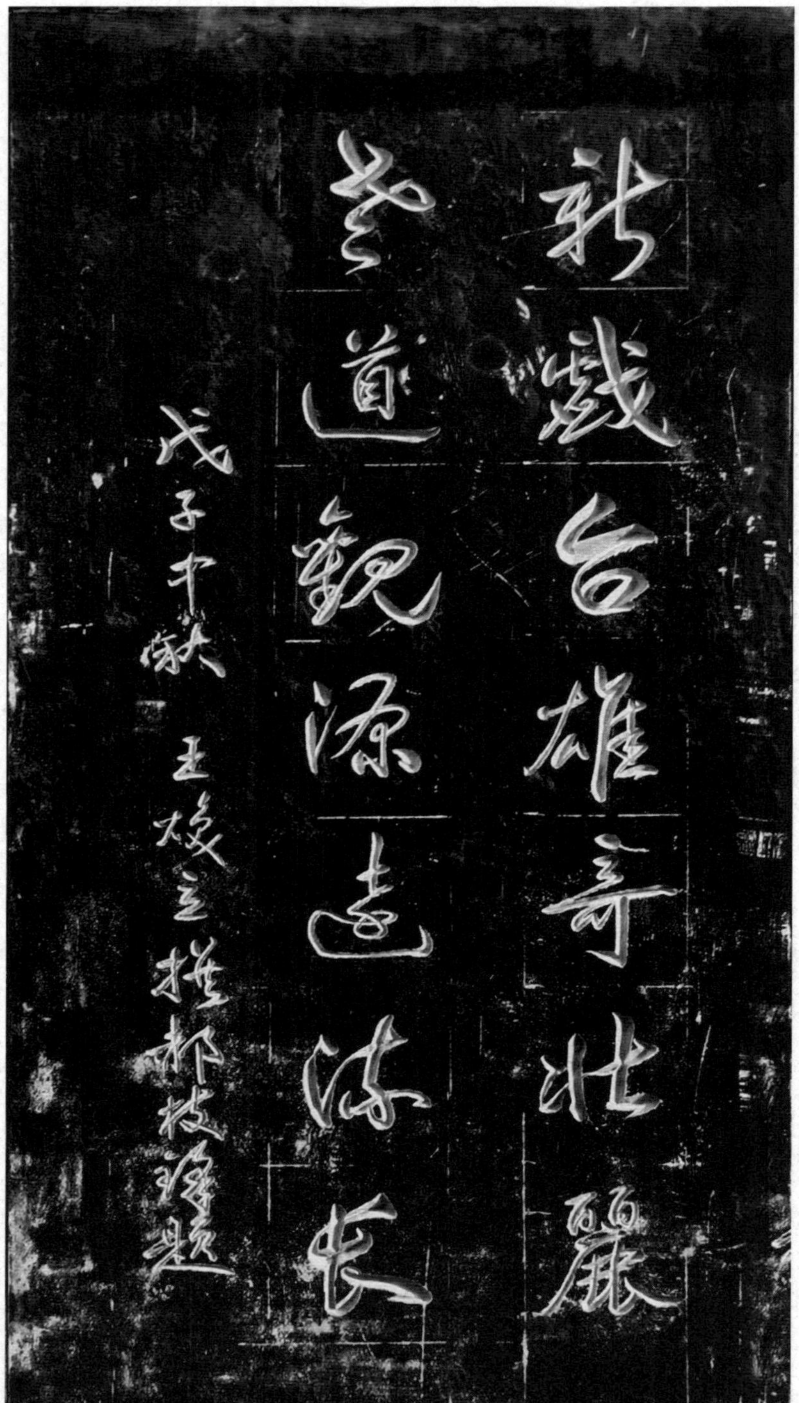

宝珠山王犁青题词碑

【简介】

2008 年 8 月勒石。现存于临县克虎镇苗家洼宝珠山，嵌于戏台一侧的墙内。碑青石质，长方形，高 104、宽 50 厘米。碑文行书，正文计 3 行，满行 7 字。内容是三句祝语。现保存完好。

【碑文】

道教文化的瑰宝，
黄河峡谷的明珠，
百姓心中的圣山。
王犁青　二〇〇八年八月
（王梨青：尅虎镇原党委书记）

宝珠山贺建平题词碑

【简介】

2008 年 8 月勒石。现存于临县克虎镇苗家洼宝珠山，嵌于戏台一侧的墙内。碑青石质，长方形，高 104、宽 50 厘米。碑文行书，正文计 1 行，满行 6 字。内容是一句祝语。现保存完好。

【碑文】

弘扬道教文化

贺建平

二〇〇八年八月

（贺建平：尅虎镇原镇长）

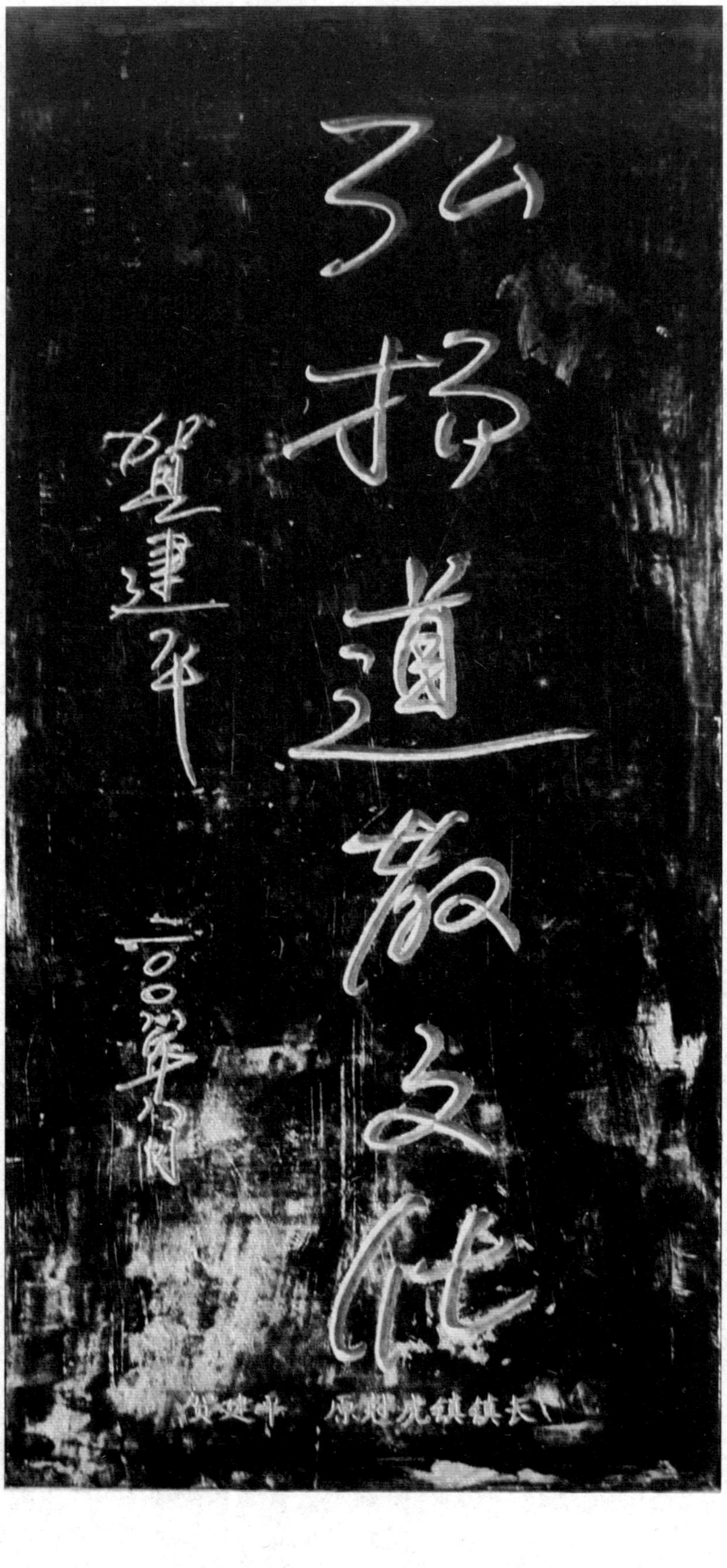

修建三官庙碑记

【简介】

2008年8月勒石。现存于临县白文镇石家塔村。共2通，碑大理石质，方首，高145、宽65、厚6厘米。第一通碑阳额题“碑志”2字。碑文楷体，正文9行，满行28字。记载石家塔村修建三官庙之事。碑阴为捐款、做工名单。第二通额题“德善碑”3字，碑文为邻村捐款人名单。均保存完好。

【碑文】

（第一通碑阳）

修建三官庙碑记

吾村石家塔位于临县制北三十里许，村境东依南梁山，西傍湫水河，人杰地灵，立村繁衍康殷。时值公元二〇〇八年，适逢国运昌盛，村民以为，民生既有国威泽被，偕有请昧庇佑赐之，故欲立庙祀之，以输诚祷祝之，所禳祈庇庥之地。在经理田乃铭等倡集众意后，实实乃天和人喜，遂戮力同心，旋筹资人民币七十万许，施物献工者甚。至于二月六日动工，是年八月落成。

庙宇主建为同基三层木结构楼。一楼黑虎灵官三间，二楼三官老爷三官，三楼观音殿一间，院中心凉亭一座，庙体拱斗雕梁，古朴典雅，彩绘塑像，金碧辉煌，观者莫不窃叹其尽善矣，遂众意镌碑以志之。

经领人　田乃铭　张旦虎　田乃连　田元锁

设计师　秦聪宁　田乃铭

木工　秦聪宁　许儿子等人

瓦工　张贵庆　张聪明　田有明

塑彩画　李根顺

石刻　杨毛小

二〇〇八年农历八月二日立

（第一通碑阴）

捐款名单

田乃铭　张旦虎　张海军　张海兵　张海刚　张井明　田勇　各15000元　贺永伟11300元　张狗世　冯伟伟10000元　刘爱云2000元　李谈平1788　信义石料厂1000　田计明　牛成连　各1000　张润明车650　苗建海500　王满刚500　张丕光500　牛秀全400　张俊香300　（下略）

做工名单

田元锁49个　李谈平26个　张成云13个　田秋平10个　田有明10个　田英则9个　田开锁6个　田计明4个　宋补贵4个　刘平顺4个　（下略）

（第二通）

吴家湾村张谈庆1000　杨家庄村张景明1000　赤岩会村冯伟伟999　贺家畔村贺永伟800　吴家湾村张勤勤700　白文村田生梅600　马家庄村刘维俊600　吴家湾村秦园园600　小马坊村张爱照600　杨家庄村张丕光600　田有明300　李平儿300　田平顺300　辛谈儿300　牛赖平300　牛平300　张来平300　田明则300　张秋平300　宋飞平300　赵秋平300　（下略）

二〇〇八年农历八月二日立

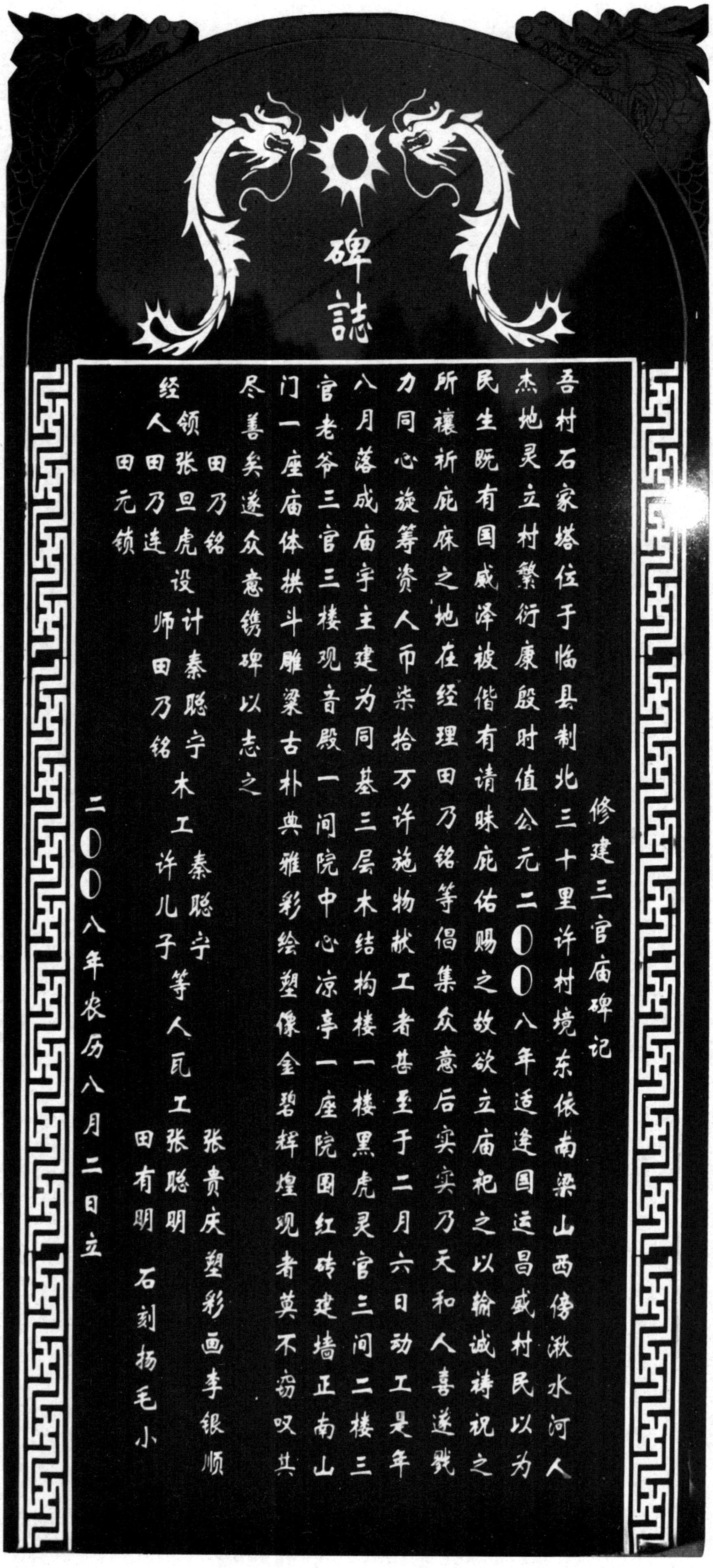

碑誌

修建三官庙碑记

吾村石家塔位于临县制北三十里许村境东依南梁山西傍湫水河人杰地灵立村繁衍康殷时值公元二〇〇八年适逢国运昌盛村民以为民生既有国威泽被偕有请昧庇佑赐之故欲立庙祀之以输诚祷祝之所禳祈庇庥之地在经理田乃铭等倡集众意后实实乃天和人喜遂戮力同心旋筹资人币柒拾万许施物献工者甚至于二月六日动工是年八月落成庙宇主建为同基三层木结构楼一楼黑虎灵官三间二楼三官老爷三官三楼观音殿一间院中心凉亭一座院围红砖建墙正南山门一座庙体拱斗雕梁古朴典雅彩绘塑像金碧辉煌观者莫不称叹其尽善矣遂众意镌碑以志之

经领人 田乃铭 张旦虎 田乃连 田元锁

设计师 田乃铭

木工 秦聪宁 秦聪宁 许儿子等人

瓦工 张聪明

塑彩画 张贵庆 李银顺

石刻 田有明 扬毛小

二〇〇八年农历八月二日立

葛政峰纪念碑

【简介】

2008 年 8 月勒石。现存于临县三交镇西坡村。碑青石质，方首抹角，高 141、宽 60、厚 9 厘米，碑文隶体，正文 37 行，满行 19 字。为葛政峰纪念碑记。保存完好。

【碑文】

葛政峰纪念碑

中国共产党的优秀党员，人民的好干部葛政峰。葛政峰本姓高，名增芳，一九二零年五月三日生于山西省临县三交镇西坡杏花崖，一九八八年四月二十五日在内蒙古集宁市病逝，享年六十九岁。

一九三八年四月离校（河汾中学），十八岁的高增芳，上山参加了山西牺盟会抗日游击决死队。因革命需要，改名为葛政峰。一九三九年六月加入中国共产党，先后任晋绥兴县一、四区区委书记，岚县公安局长，县委副书记、绥南地委委员，凉城县县委书记兼县长、武装大队政委，绥远省乌盟盟委组织部长，盟委副书记，内蒙古乌兰察布盟盟委副书记、行署副盟长等职。

葛政峰自幼聪颖好学，年少就萌发救国之志，在抗日战争的艰苦岁月里，临危不惧，英勇作战，出生入死。抗日战争胜利后，由山西转战到内蒙古，他沉着果断，勇挑重担，不怕牺牲，积极领导和组织了凉城县及绥南地区的减租减息、剿匪反霸斗争及政权建设，为人民的解放事业做出了重要贡献。

新中国成立后，他在乌兰察布这块古老而神奇的土地上工作，奋战了四十余年。他一心扑在了党和人民的事业上，以全心全意为人民服务的献身精神，关心人民群众的生产和生活，培养干部，联系群众，实事求是，夜以继日，勤勤恳恳，兢兢业业，殚精竭虑到生命的最后一息，赢得了乌盟各族干部、群众的尊敬与爱戴。

葛政峰一生忠诚于党和人民的事业，作风民主，平易近人，严于律己。宽以待人，廉洁奉公，光明磊落，他从不居功自傲，从不争名夺利，对不正之风深恶痛绝，不仅身体力行，而且影响同志，教育后代，表现出共产党人的高尚品德和情操。

葛政峰崇高品德和人格力量将永远激励我们为祖国更加美好的未来而努力奋斗！

长子：高雪山　长媳：薛管华　携

长孙：高（葛）伟　媳：牟富蒙

次孙：高（葛）勇　媳：王红

三孙：高（葛）强　媳：梁菊

孙女：高（葛）虹　婿：张宏

公元二〇〇八年八月十五日叩立

葛政峰纪念碑

中国共产党的优秀党员、人民的好干部葛政峰。葛政峰本姓高，名增芳。一九二零年五月三日生于山西省临县三交镇西坡杏花崖。一九八八年四月二十五日在内蒙古集宁市病逝，享年六十九岁。

一九三八年四月离校（河汾中学），十八岁的高增芳，上山参加了山西牺盟会抗日游击决死队。因革命需要，改名为葛政峰。一九三九年六月加入中国共产党。先后担任晋绥兴县一、四区区委书记，岚县公安局长、县委副书记，绥南地委委员、凉城县委书兼县长、武装大队政委，绥远省乌盟盟委组织部长，盟委副书记，内蒙古乌兰察布盟盟委副书记、行署副盟长等职。

葛政峰自幼聪颖好学，年少既萌发救国之志，在抗日战争的艰苦岁月里，临危不惧英勇作战，出生入死。抗日战争胜利后，由山西转战到内蒙古，他沉着果断、勇挑重担、不怕牺牲积极领导和组织了凉城县及绥南地区的减租减息、剿匪反霸斗争及政权建设，为人民的解放事业做出了重要贡献。

新中国成立后，他在乌兰察布这块古老而神奇的土地上工作、奋战了四十余年。他一心扑在党和人民的事业上，以全心全意为人民服务的献身精神，关心人民群众生产与生活，培养干部、联系群众、实事求是、夜以继日、勤勤恳恳、兢兢业业、殚精竭虑到生命最后一息，赢得了乌盟各族干部、群众的尊重与爱戴。

葛政峰一生忠诚于党和人民的事业，作风民主、平易近人、严于律己、宽以待人、廉洁奉公、光明磊落，他从不居功自傲，从不争名夺利，对不正之风深恶痛绝，不仅身体力行，而且影响同志、教育后代，表现出共产党人的高尚品德和情操。

葛政峰崇高品德和人格力量将永远激励我们为祖国更加美好的未来而努力奋斗！

长子：高雪山
长媳：薛营华
携

长孙：高(葛)伟　媳：牟富蒙
次孙：高(葛)勇　媳：王　红
三孙：高(葛)强　媳：梁　菊
孙女：高(葛)虹　婿：张　宏

公元二〇〇八年八月十五日叩立

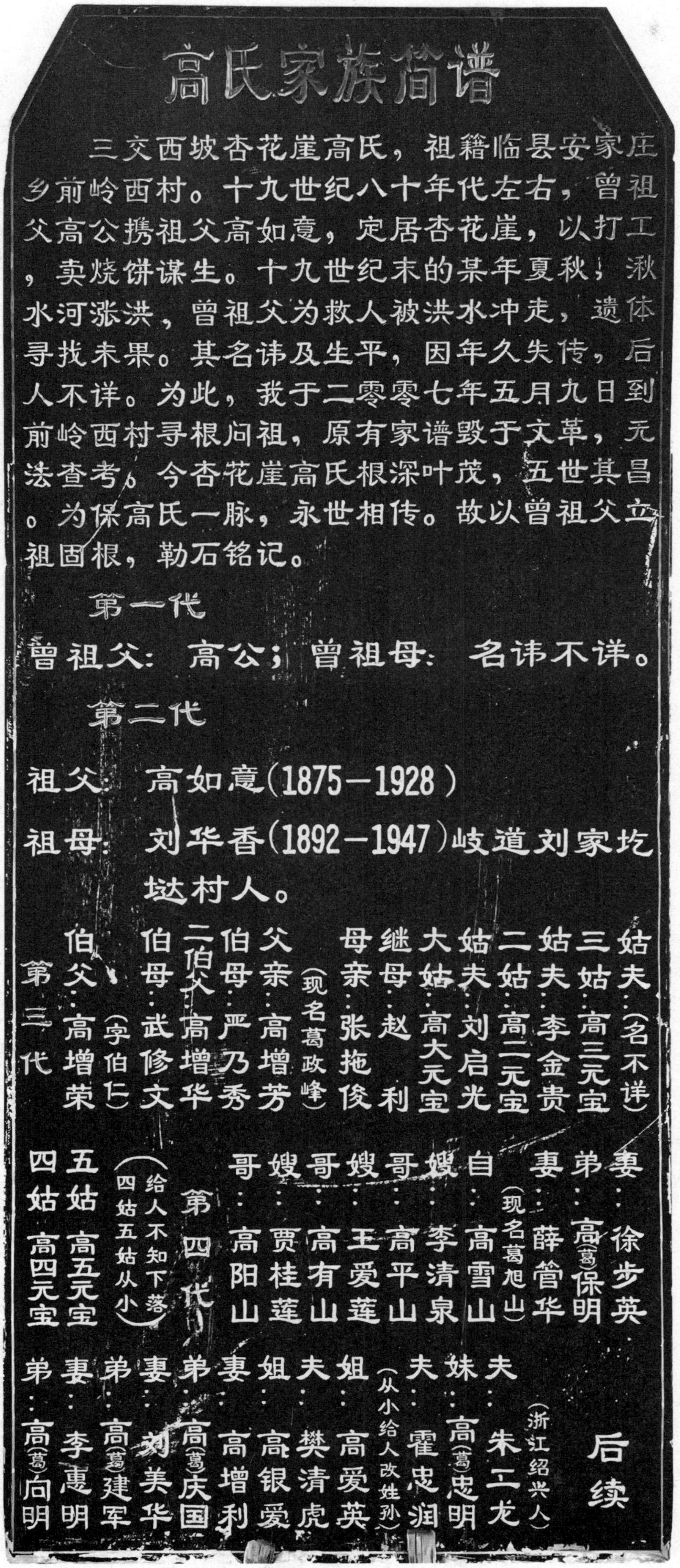

高氏家族简谱

【简介】

2008年8月勒石。现存于临县三交镇西坡村。碑青石质，方首剔角，高141、宽59、厚9厘米，碑文隶体，正文11行，满行19字。为西坡村高氏家族简谱碑。保存完好。

【碑文】

（碑阳）

高氏家族简谱

三交西坡杏花崖高氏，祖籍临县安家庄乡前岭西村。十九世纪八十年代左右，曾祖父高公携祖父高如意，定居杏花崖，以打工卖烧饼谋生，十九世纪末的某年夏秋，湫水河涨洪，曾祖父为救人被洪水冲走，遗体寻找未果。其名讳及生平，因年久失传，后人不详。为此，我于二零零七年五月九日到前岭西村寻根问祖，原有家谱毁于文革，无法查考。今杏花崖高氏根深叶茂，五世其昌。为保高氏一脉，永世相传，故以曾祖父立祖固根，勒石铭记。

第一代

曾祖父：高公；曾祖母：名讳不详。

第二代

祖父：高如意（1875—1928）

祖母：刘华香（1892—1947）岐道刘家圪垯村人。

第三代

伯父：高增荣（李伯仁）　伯母：武修文

二伯父：高增华　伯母：严乃秀

父亲：高增芳（现名葛政峰）母亲：张艳俊　继母：赵利

大姑：高大元宝　姑夫：刘启光

二姑：高二元宝　姑夫：李金贵

三姑：高三元宝　姑夫（名不详）

四姑：高四元宝　五姑：高五元宝（四姑、五姑从小给人不知下落）

第四代

哥：高阳山　嫂：贾桂连

哥：高有山　嫂：王爱连

哥：高平山　嫂：李清泉

自：高雪山（现名葛旭山）　妻：薛管华

弟：高（葛）保明　妻：徐少英

弟：高（葛）向明　妻：李惠明

弟：高（葛）建军　妻：刘美华

弟：高（葛）庆国　妻：高增利

姐：高银爱　夫：樊清虎

姐：高爱英（从小给人改姓孙）夫：霍忠润

妹：高（葛）忠明　夫：朱二龙（浙江绍兴人）

后续

（碑阴）

第五代

侄子：（12 人略）

子：　（3 人略）

侄女：（7 人略）

女：　（1 人略）

第六代

孙子：（15 人略）

孙女：（16 人略）

第七代

曾孙：（2 人略）

主办人：高雪山

（住内蒙古包头市现名葛旭山）

高平山（住陕西绥德县）

侄媳樊明莲（高志明爱人住杏花崖老宅）

叩于公元二〇〇八年八月十五日临县三交镇

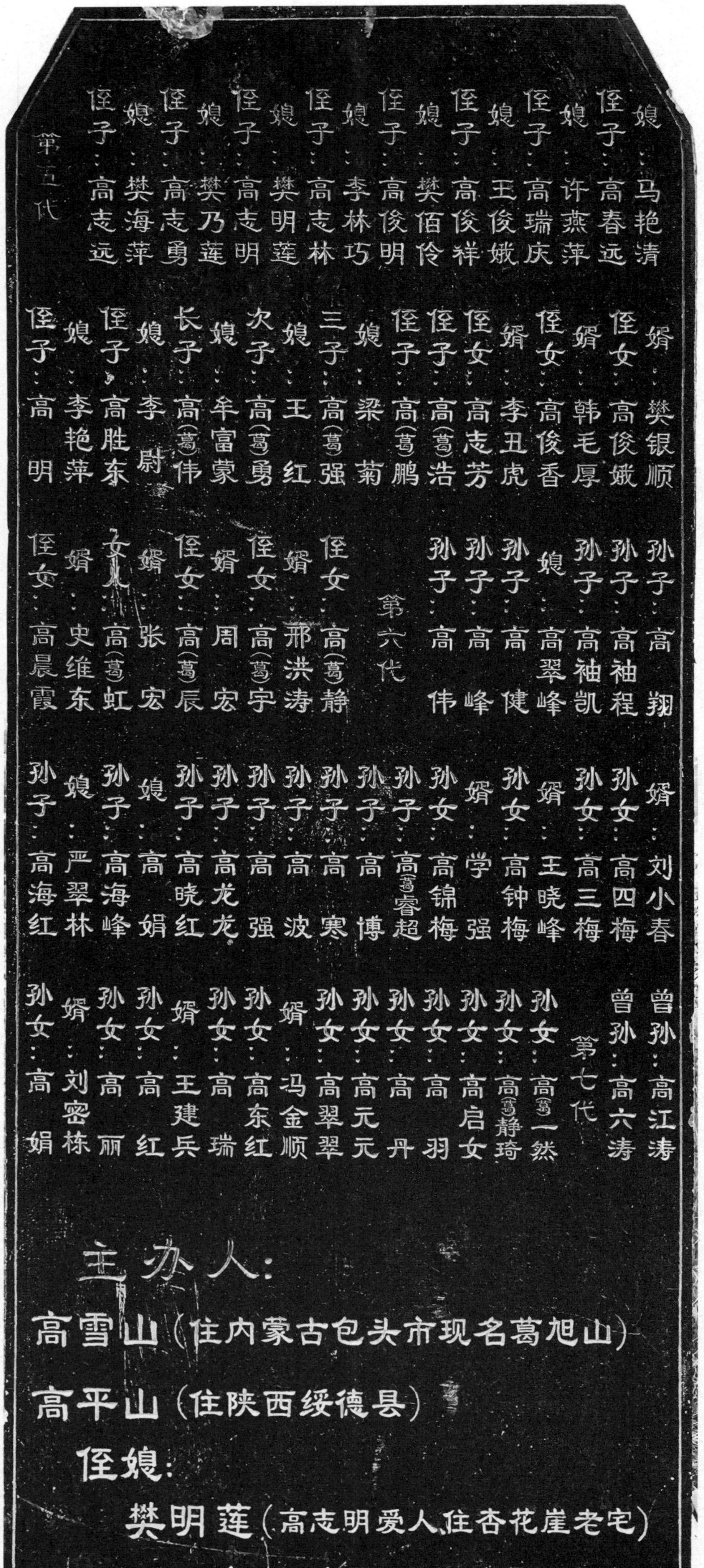

媳：马艳清　侄子：高春远　媳：许燕萍　侄子：高瑞庆　媳：王俊娥　侄子：高俊祥　媳：樊佰伶　侄子：高俊明　媳：李林巧　侄子：高志林　媳：樊明莲　侄子：高志明　媳：樊乃莲　侄子：高志勇　媳：樊海萍　侄子：高志远　第五代

婿：樊银顺　侄女：高俊娥　婿：韩毛厚　侄女：高俊香　婿：李丑虎　侄女：高志芳　侄子：高（葛）浩　侄子：高（葛）鹏　媳：梁菊　三子：高（葛）强　媳：王红　次子：高（葛）勇　媳：牟富蒙　长子：高（葛）伟　媳：李蔚　侄子：高胜东　媳：李艳萍　侄子：高明

孙子：高翔　孙子：高袖程　孙子：高袖凯　媳：高翠峰　孙子：高健　孙子：高峰　孙子：高伟　第六代　侄女：高（葛）静　婿：邢洪涛　侄女：高（葛）宇　婿：周宏　侄女：高（葛）辰　婿：张宏　女：高（葛）虹　婿：史维东　侄女：高晨霞

婿：刘小春　孙女：高四梅　孙女：高三梅　婿：王晓峰　孙女：高钟梅　婿：学强　孙女：高锦梅　孙子：高（葛）睿超　孙子：高博　孙子：高寒　孙子：高波　孙子：高强　孙子：高龙龙　孙子：高晓红　媳：高娟　孙子：高海峰　媳：严翠林　孙子：高海红

曾孙：高江涛　曾孙：高六涛　第七代　孙女：高（葛）一然　孙女：高（葛）静琦　孙女：高启女　孙女：高羽　孙女：高丹　孙女：高元元　孙女：高翠翠　婿：冯金顺　孙女：高东红　孙女：高瑞　婿：王建兵　孙女：高红　孙女：高丽　婿：刘密栋　孙女：高娟

主办人：

高雪山（住内蒙古包头市现名葛旭山）

高平山（住陕西绥德县）

侄媳：

樊明莲（高志明爱人住杏花崖老宅）

叩于二〇〇八年八月十五日山西临县三交镇。

重塑神像碑记

【简介】

2008年8月勒石。现存于临县大禹乡后小峪村。碑青石质，圆首，碑高155、宽59、厚8厘米。额题“佛光普照”4字。碑文隶体，正文7行，满行33字。记载后小峪村重塑神像之事。保存完好。

【碑文】

（碑阳）

重塑神像碑记

为顺和天地人心，适应时代发展变化需求，对已过年久神佛搬迁损害，急需重新修缮，为神佛荣容，组织众民诚心叩拜，塑八座庙神像，于二零零八年古历七月二十日，喜逢良辰吉日，开光典礼。晋剧乐队凯奏，求得神佛显灵，多出圣贤之人，村运复兴，人财两旺，消灾免难，合村主宾外客，前来赞助，踊上布施，行善积德，流芳千古。现将经领捐款上布施参与者，立碑为记。

公元二〇〇八年八月二十三日吉立

经领人　郝爱锁　郝有元　郝裕怀　郭恒亮　郭恒言　郝汝秀　郝建峰　郝玉田　郝国田　郝培峰

执笔　郝裕怀　郝玉田

文书　郭恒亮

地理师　郭恒朗

（碑阴）

捐款花名

郝奴全1000　刘顺民1000　郝缠旺600　（下略）

松峪村庙维修装饰碑记

【简介】

2008年9月勒石。现存于临县城庄镇松峪村。碑青石质，圆首，碑高160、宽60、厚7厘米。碑阳额题“慈善碑”3字。碑文楷体，正文2行，满行33字。记述松峪村维修村庙之事。碑阴额题“流芳千古”4字，碑文刊捐款名单。保存完好。

【碑文】

（碑阳）

松峪村庙维修装饰碑记

村庙维修年久，多有损坏，经村民多次商议，于今年农历七月十五日开工维修装饰，于今年八月十五日竣工。为了纪念，特立此碑以记之。

经领人：高建峰　高百顺　高建红　王丕禄　高顺平　高宝贵

承办人：王丕福

公元二〇〇八年九月十五日吉立

（碑阴）

捐款芳名

一千五百者　高建峰　一千元者　王丕禄　高建红　高百顺　高顺平

五百元者　王丕福　高建云　高伟祥　郝保大（下略）

公元二〇〇八年九月十五日吉立

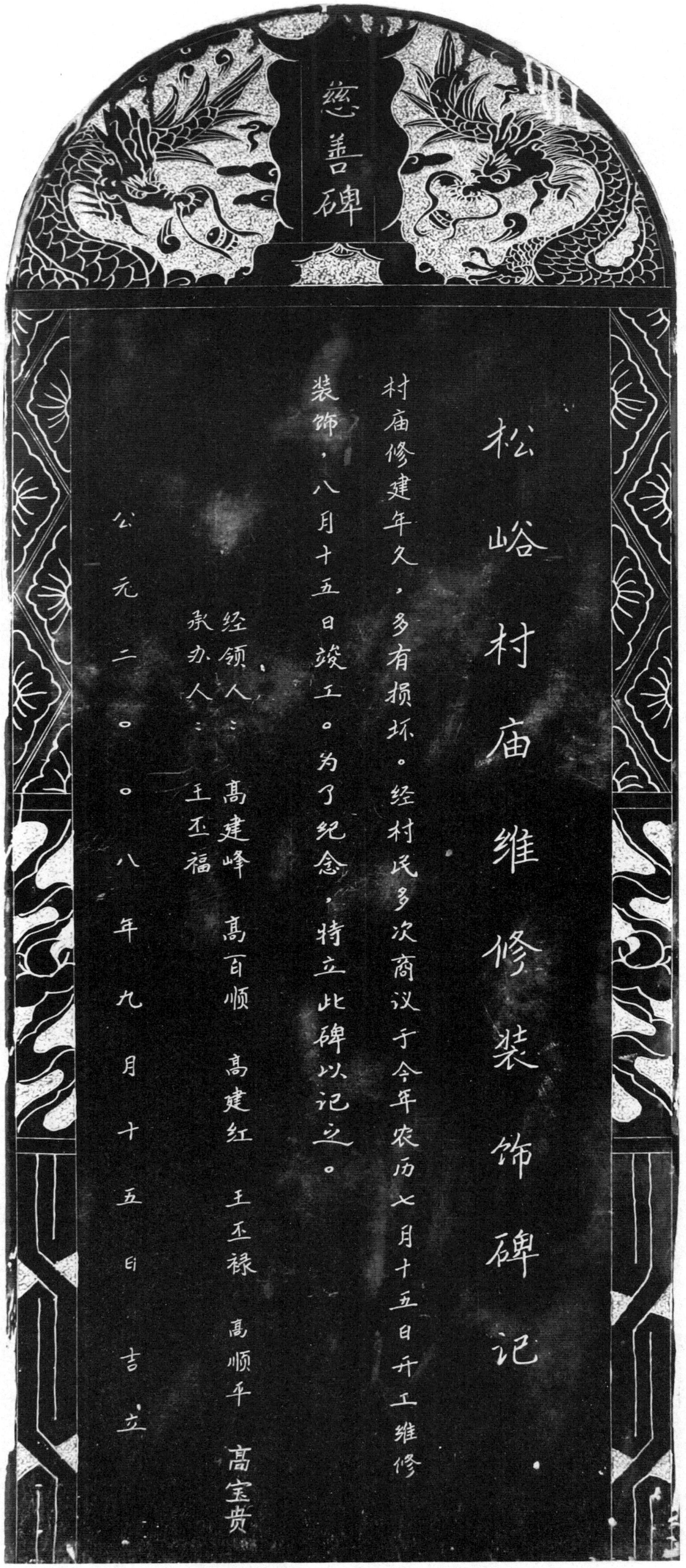

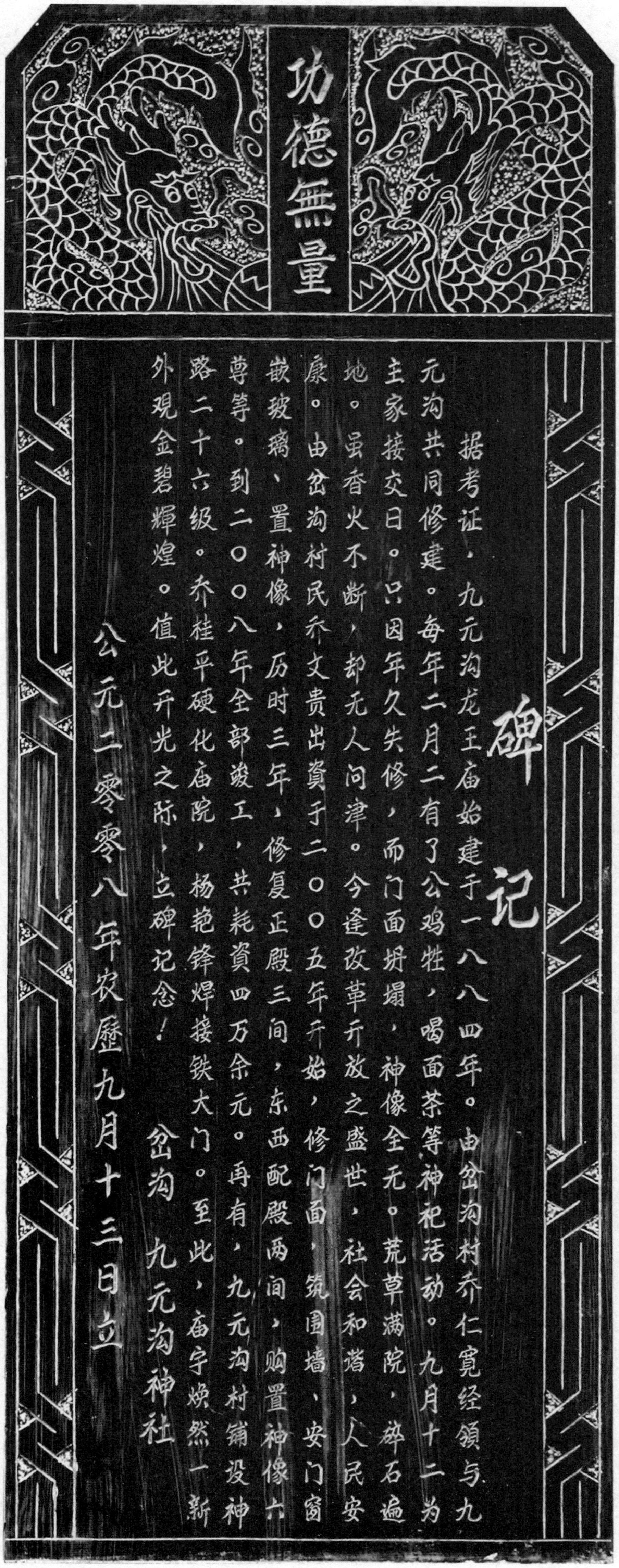

重修龙王庙碑记

【简介】

2008 年 9 月勒石。现存于临县兔坂镇九元沟村。碑青石质，方首剔角，高 129、宽 54、厚 7 厘米。额题“功德无量”4 字。碑文楷体，正文 9 行，满行 32 字。记载九元沟村重修龙王庙之事。保存完好。

【碑文】

（碑阳）

碑记

据考证，九元沟龙王庙始建于一八八四年。由岔沟村乔仁宽经领，与九元沟共同兴建，每年二月二有了公鸡牲、喝面条等神祀活动，九月十二日为主家接交日。只因年久失修而门面坍塌，神像全无，荒草满院，碎石遍地，虽香火不断，却无人问津。今逢改革开放之盛世，社会和谐，人民安康，由岔沟村民乔文贵出资，于二〇〇五年开始，修门面，筑围墙，安门窗，嵌玻璃，置神像，历时三年，修复正殿三间，东西配殿两间，购置神像六尊等，到二〇〇八年全部竣工，共耗资四万余元。再有九元沟村铺设神路二十六级，乔桂平硬化庙院，杨艳峰焊接铁大门。至此，庙宇焕然一新，外观金碧辉煌。值此开光之际，立碑纪念。

岔沟、九元沟神社

公元二零零八年农历九月十三日立

（碑阴）

碑记

修复庙宇，顺应天地。开光庆典，随心所欲。功照日月，神像安置，

香客云集，刻碑记载，香火延续，一应齐全，施舍布施，芳名永存。

布施名单

柒百叁拾元　乔桂平　陆百元　杨海云　叁百元　杨三小　贰百元　杨军军　成生武　成林春　张红兵　壹百伍拾伍元　成小　九元沟村社　壹百零捌元　（下略）

主家　杨小红　成永珍

九元沟神社

公元二〇〇八年农历九月十三日立

修缮观音庙碑记

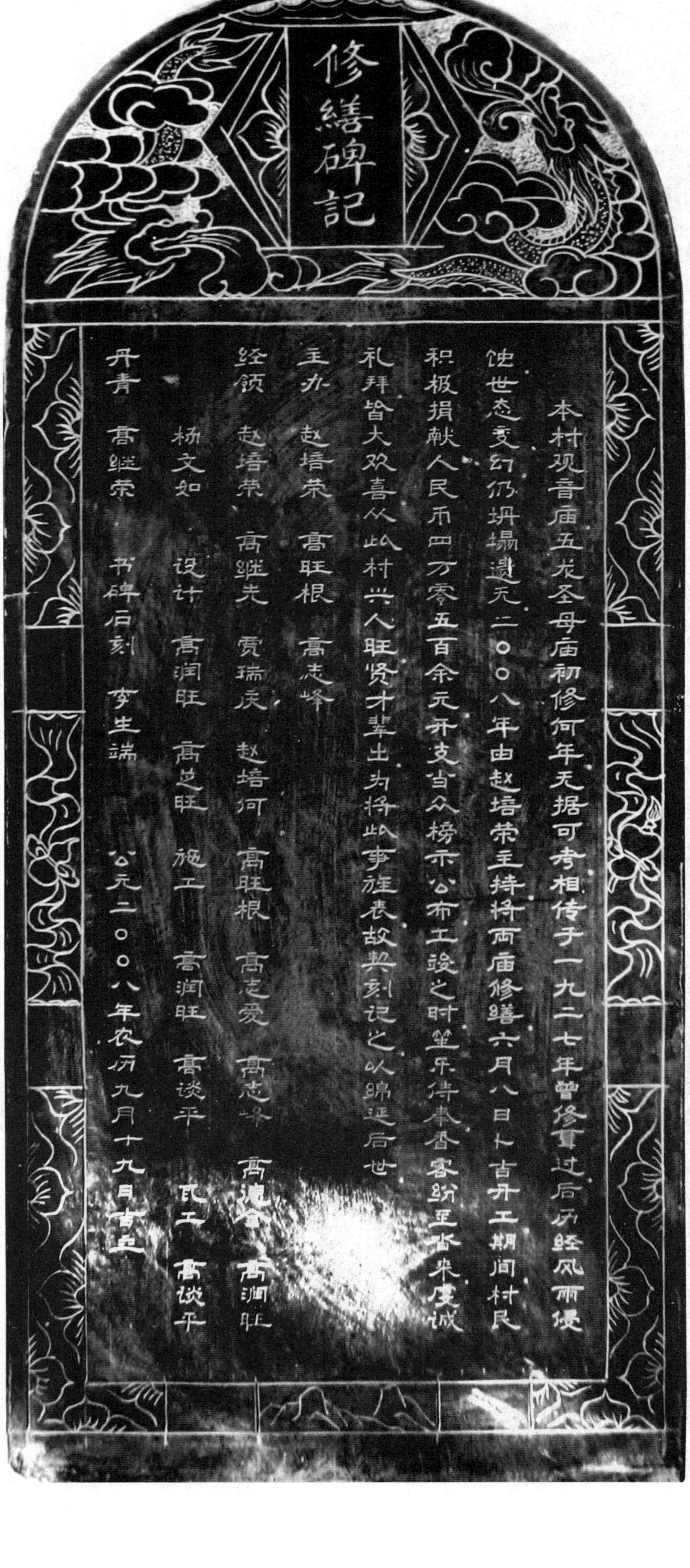

【简介】

2008年9月勒石。现存于临县玉坪乡永丰村。碑青石质，圆首，碑高152、宽58、厚14厘米。碑阳额题“修缮碑记”4字。碑文楷体，正文4行，满行37字。记载永丰村修缮观音庙、五龙圣母庙之事。碑阴为捐款人名单。保存完好。

【碑文】

（碑阳）

本村观音庙、五龙圣母庙初修何年，无据可考，相传于一九二七年曾修葺过，后历经风雨侵蚀，世态变幻，仍坍塌遗无。二〇〇八年由赵培荣主持，将两庙修缮，六月八日，卜吉开工，期间村民积极捐款人民币四万零五百余元，开支当众榜示公布。工竣之时，笙乐侍奉，香客纷至沓来，虔诚礼拜，皆大欢喜。从此村兴人旺，贤才辈出。为将此事旌表，故契刻记之，以绵延后世。

主办　赵培荣　高旺根　高志峰

经领　赵培荣　高继先　贾瑞庆　赵培何　高旺根　高志爱　高志峰　高德全　高润旺　杨文如

设计　高润旺　高芝旺

施工　高润旺　高谈平

瓦工　高谈平

丹青　高继荣

书碑石刻　李生端

公元二〇〇八年农历九月十九日吉立

（碑阴）

（捐款人略）

重修诸庙碑记

【简介】

2008 年 9 月勒石。现存于临县玉坪乡永丰村。碑青石质，方首，高 152、宽 58、厚 14 厘米。额题“修庙碑记”4 字。碑文仿宋体，正文 4 行，满行 37 字。记载永丰村重修诸庙之事。保存完好。

【碑文】

为使永丰村村兴人旺，文化复兴，贤才辈出，村民议定，重修观音、龙王、奎星三座大庙。九三年之春卜吉安基，土木大兴，群众献一万三千余元人民币，同心协力，将工程在九四年夏终于告竣。大庙建成，壮丽可观，每逢祭祀之节，信男善女，络绎不绝，虔诚礼拜，成为乡里宗教文化活动的场所。谨将管理及技术者芳名列后。

高保有　赵培荣　贾瑞庆　高余庆　高志爱　高旺根　高志峰　高德全　杨文如　高东桂　王全桂　赵福大　高育茂　赵生平　张海玉　李桂庆　高谈生　高谈仁　高云成　高润旺

工程设计　高润旺　赵生平　张海玉　李桂庆　高谈生　高谈仁

木工　高润旺　高芝旺

泥塑丹青　赵锡文　高继荣

书碑刻石　南塔李生端

谨将施款者芳名及款数（单位：元）列后

（略）

冯家塔村观音庙碑记

【简介】

2008年9月勒石。现存于临县碛口镇冯家塔村。碑青石质，圆首，碑高162、宽60、厚8厘米。碑阳额篆“名流千古”4字。碑文隶体，正文6行，满行30字。记载冯家塔村修建观音庙之事。碑阴刻捐款名单。保存完好。

【碑文】

（碑阳）

馮家塔村觀音廟碑記

山不在高，有仙则名；水不在深，有龙则灵。我村观音庙年久失修，几经浩劫毁坏，今逢盛世，万民乐业，人心同谋，保护文物，童叟有责，吉于仲春日动工起至，并邀高艺塑像落成。择吉六月十九日开光展示，安神感祈神灵，佑诚全村内外，人兴财旺，万事遂心，少灾无难，四季畅通，行业兴隆，五谷丰登，岁岁康宁，男才女貌，有子成龙，贤孝双全，代代继承，神灵有感，民皆乐极无穷矣！

送碑雕刻：冯柒柒

功德主：冯根有　冯侯明　白永生　冯三旦

经领人：冯探照

纠首：冯平生　冯安喜　冯靖云　冯金旦　冯建明　冯凤龙

公元二零零八年古历九月十九日敬立

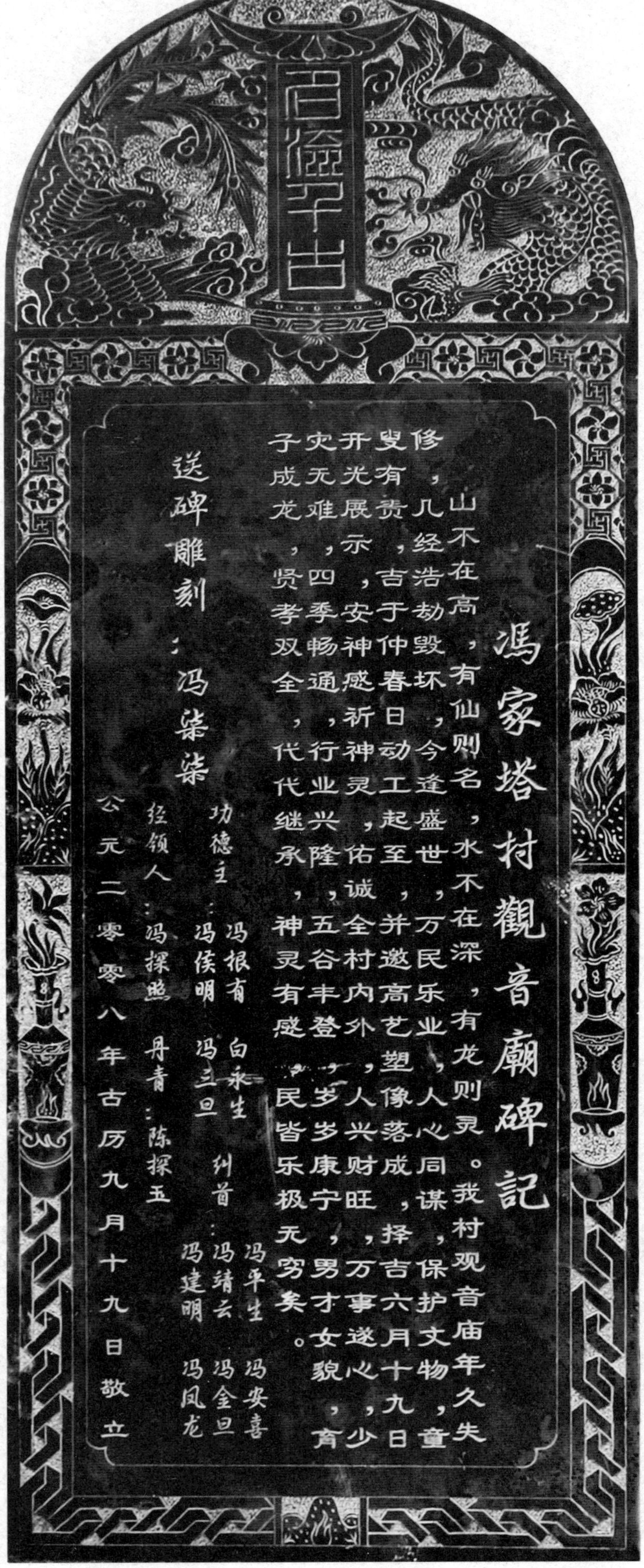

（碑阴）

冯家塔村观音庙捐款人员

叁千贰百元冯根有　石碑一块　寿角一对　冯柒柒　冯有生全家送钟一个　壹千二百元冯侯明　壹千壹百元白永生　陆百元冯生应　伍百元冯虎明　肆百元冯海明　叁百元冯宝珍　贰百陆拾元李还奴　贰百贰拾元冯勤勤　贰百元白四利　白五奴　冯小海　冯海军　冯建明　冯平生　冯建安　冯靖云　冯安喜　壹百陆拾元冯宝元　壹百伍拾元冯海峰　冯军明　壹百叁拾元葛凤生　壹百贰拾元冯玉荣　冯香荣　冯俊平　马云生　（下略）

“观音庙”“关帝庙”匾额

【简介】

2008年秋勒石。现存于临县安家庄乡武家濠村，嵌于庙门楣上。匾青石质，共两块，长方形，高40、长130厘米。匾文楷体，正文1行，满行3字。保存完好。

【匾文】

（一）

戊子年秋

观音庙

精彩刻

（二）

戊子年秋

关帝庙

精彩刻

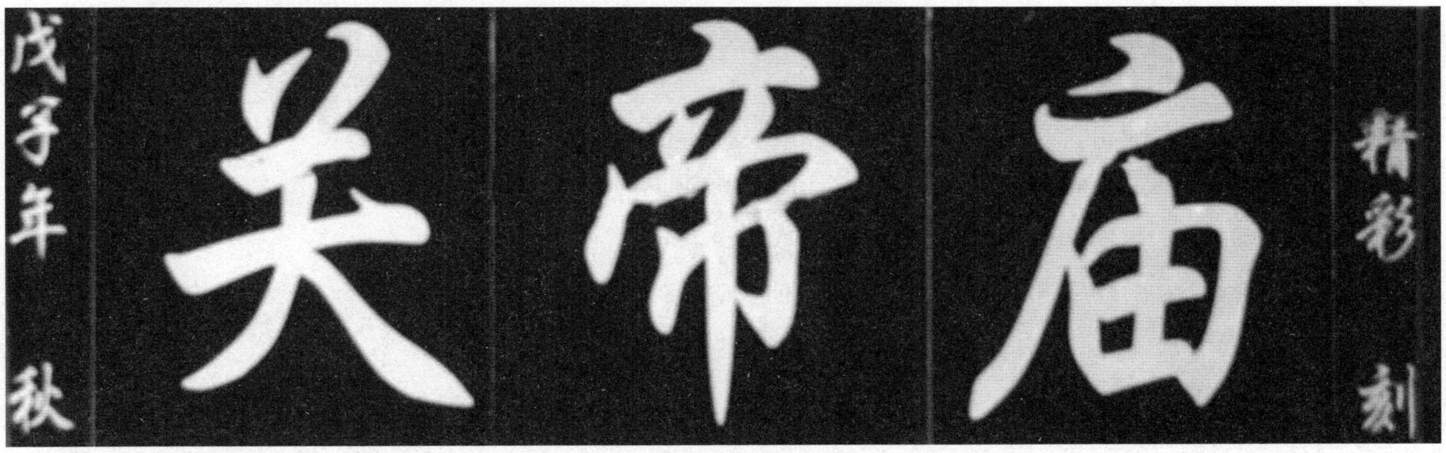

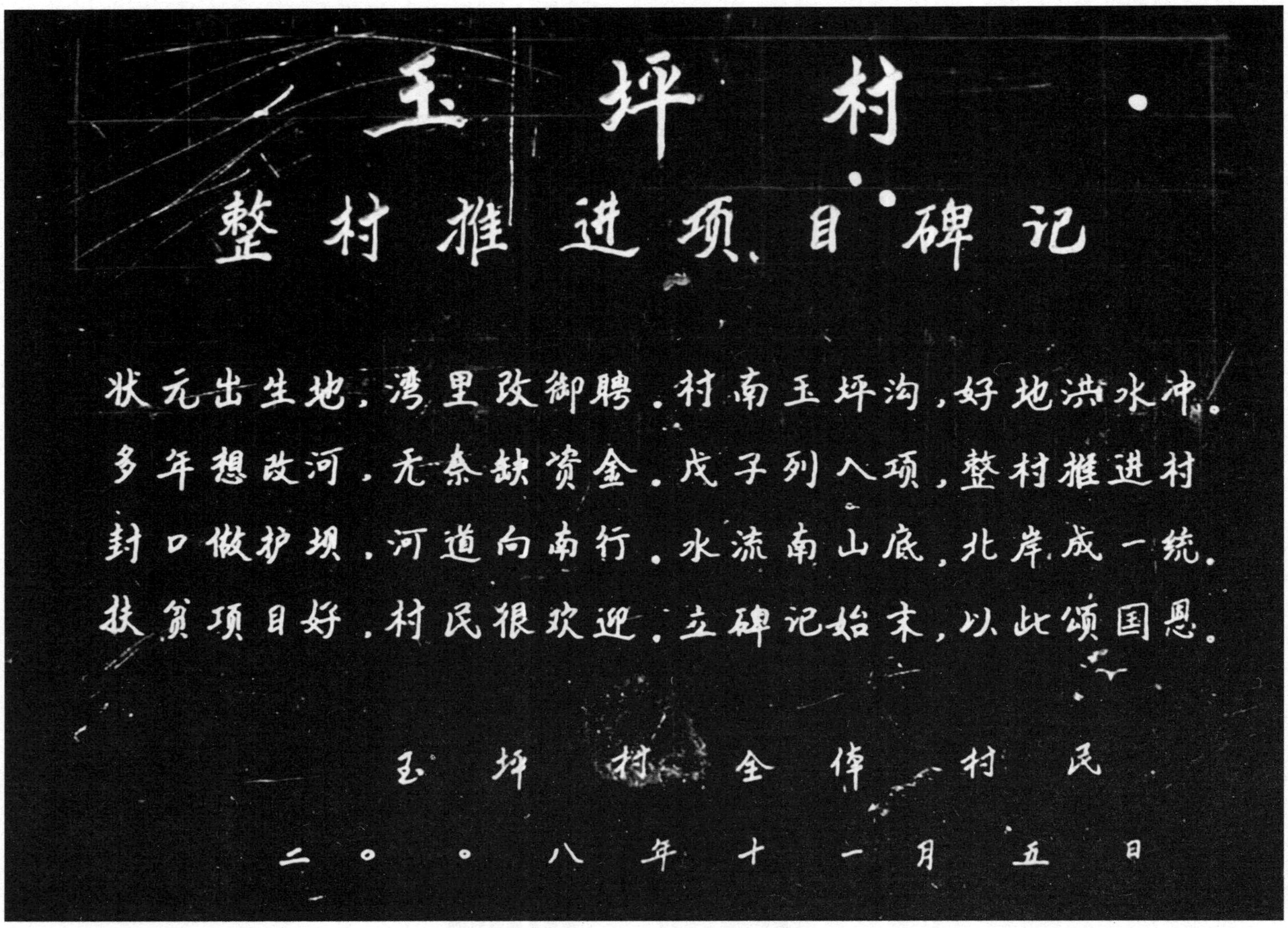

玉坪村整村推进项目碑记

【简介】

2008年11月勒石。现存于临县玉坪乡玉坪村。碑青石质，长方形，高50、宽100、厚5厘米。碑文楷体，正文4行，满行20字。为玉坪村整村推进改河工程碑记。保存完好。

【碑文】

玉坪村整村推进项目碑记

状元出生地，湾里改御聘。村南玉坪沟，好地洪水冲。

多年想改河，无奈缺资金。戊子列入项，整村推进村。

封口做护坝，河道向南行。水流南山底，北岸成一统。

扶贫项目好，村民很欢迎。立碑记始末，以此颂国恩。

玉坪村全体村民

二〇〇八年十一月五日

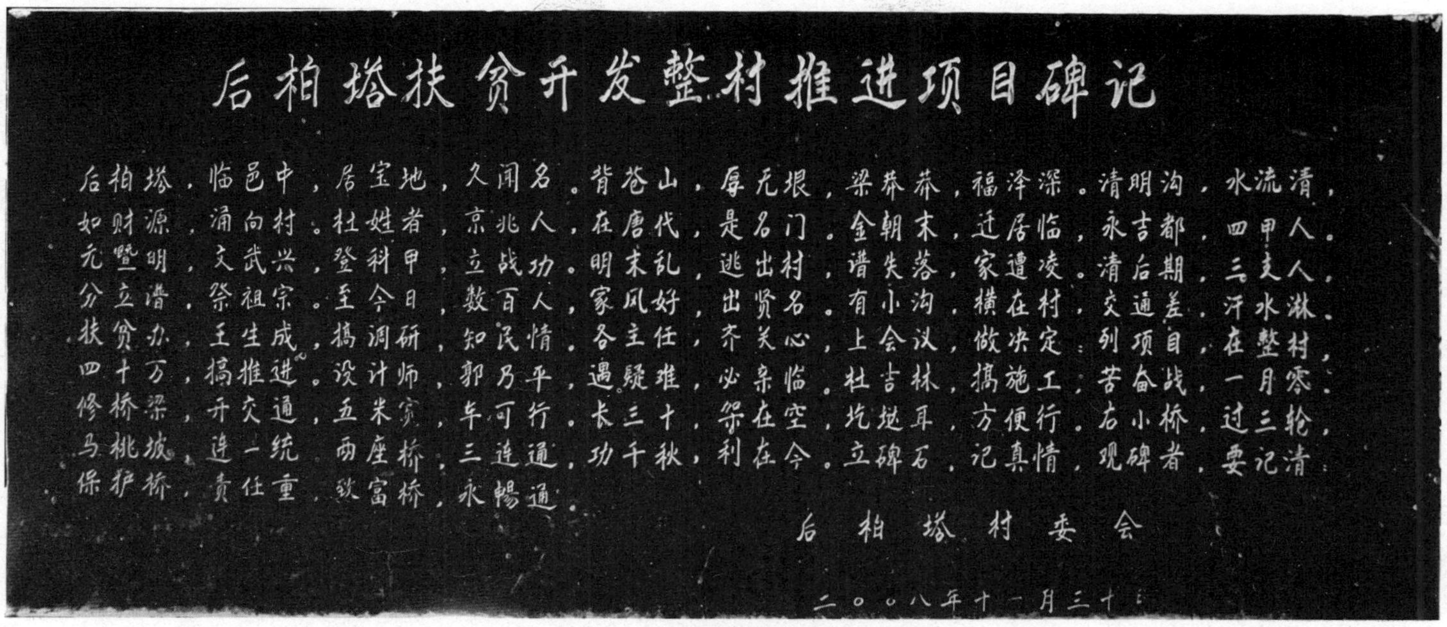

后柏塔扶贫开发整村推进项目碑记

【简介】

2008年11月勒石。现存于临县刘家会镇后柏塔村。碑青石质，长方形，高65、宽180、厚10厘米。内容是该村扶贫开发整村推进项目情况。碑文楷体，正文9行，满行30字。保存完好。

【碑文】

后柏塔扶贫开发整村推进项目碑记

后柏塔，临邑中，居宝地，久闻名。背苍山，厚无垠，梁莽莽，福泽深。

清明沟，水流清，如财源，涌向村。杜姓者，京兆人，在唐代，是名门。

金朝末，迁居临，永吉都，四甲人。元暨明，文武兴，登科甲，立战功。

明末乱，逃出村，谱失落，家遭凌。清后期，三支人，分立谱，祭祖宗。

至今日，数百人，家风好，出贤名。有小沟，横在村，交通差，汗水淋。

扶贫办，王生成，搞调研，知民情。各主任，齐关心，上会议，做决定：

列项目，在整村，四十万，搞推进。设计师，郭乃平，遇疑难，必亲临。

杜吉林，搞施工，苦奋战，一月零。修桥梁，开交通，五米宽，车可行。

长三十，架在空，圪埮耳，方便行。右小桥，过三轮，马桃坡，连一统。

两座桥，三连通，功千秋，利在今。立碑石，记真情，观碑者，要记清：

保护桥，责任重，致富桥，永畅通。

后柏塔村委会

二〇〇八年十一月三十日

修庙碑记

【简介】

2008年12月勒石。现存于临县安家庄乡安家庄村。碑青石质，圆首，碑高156、宽58、厚7厘米。额题“道”，碑文楷体，正文6行，满行36字。记述安家庄村重建东岳庙、财神庙之事。保存完好。

【碑文】

（碑阳）

修庙碑记

安家庄村东岳庙、财神庙创建于清朝乾隆时期，砖瓦结构，建筑精工，宏伟壮观。五十年代毁坏，如今政通人和，物阜民丰，重修两庙，于二〇〇八年春，择吉安基，大兴土木，村民捐资献物，投工出力，共用人民币九万余元，劳力三百多个。将两庙修合一处，经工匠精心修复，两间大殿圆满完成，立于殿前，如入仙境。九尊金身，庄严肃穆，而又栩栩如生。精雕细刻，神像逼真。祭祀之节，信男善女，虔诚敬奉。香火缭绕不断，于此立碑记述，流芳千古。

经领人：刘子斌　问明科　高保有　郭兴旺　李俊　问改平　王勤勤　李马驹　刘玉顺　曹春贵　刘侯仁　问奴则

设计人：刘有祥　刘有润

石工：刘缠平

木工：张奴则

瓦工：曹国平　曹利民

泥塑：郑边升　郑光荣

撰文：李有珍

书写：刘文博

石刻：王泽峰

公元二〇〇八年十二月初一立

（碑阴）

集资花名

壹万元　砖厂　贰仟元　刘子斌　刘建明　刘有喜　刘新荣　刘新明　刘小军　刘春平　刘卫平　刘奴荣　刘卫明　刘东明　刘真平　高引平　高忠平　问侯兵　杨建勤　壹仟贰百元　刘春明　壹仟元　问继高　问志钢　问兵兵　问忠生　问贺婷　问丁　问化高　问继新　李卫刚　马荣　马宝贵　郭成义　陆百元　郭安锋　郭唤儿　李寅旺　郭谈平　（下略）

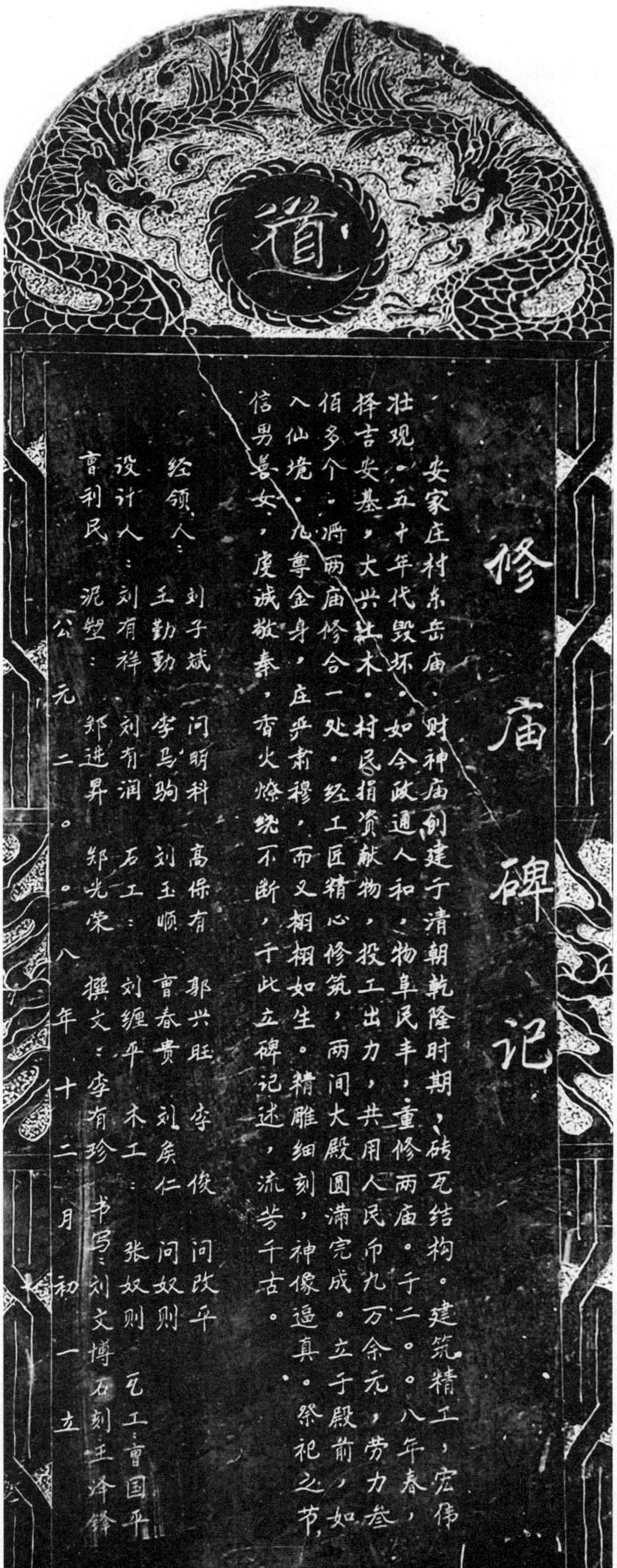

道

修庙碑记

安家庄村东岳庙、财神庙创建于清朝乾隆时期，砖瓦结构。建筑精工，宏伟壮观。五十年代毁坏。如今政通人和，物阜民丰，重修两庙。于二○○八年春，择吉安基，大兴土木。村民捐资献物，投工出力，共用人民币九万余元，劳力叁佰多个。将两庙修合一处。经工匠精心修筑，两间大殿圆满完成。立于殿前，如入仙境。九尊金身，庄严肃穆，而又栩栩如生。精雕细刻，神像逼真。祭祀之节，信男善女，虔诚敬奉，香火燎绕不断，于此立碑记述，流芳千古。

经领人：刘子斌 闫明科 高保有 郝兴旺 李俊 闫改平
王勤勤 李马驹 刘玉顺 曹春贵 刘庆仁 闫奴则
设计人：刘有祥 刘有润 石工：刘缠平 木工：张奴则 瓦工：曹国平
曹利民 泥塑：郑进昇 郑光荣 撰文：李有珍 书写：刘文博 石刻：王泽锋
公元二○○八年十二月初一立

重修真武观音庙碑记

【简介】

2009年1月勒石。现存于临县雷家碛乡窨墕村。碑青石质，方首剔角，高124、宽54、厚7厘米。碑阳额题“功德无量”4字。碑文楷体，正文11行，满行19字。记载窨墕村重建真武、观音庙之事。碑阴为布施名单。保存完好。

【碑文】

（碑阳）

碑记

窨墕村真武观音庙始建于很早以前，没有历史记载，在清朝乾隆二十八年复修一次，至今已有三百多年的历史。因多年失修，风吹雨打，破破烂烂。在二〇〇七年正月三日，经全村人讨论，同意集资修复。三月九日破土动工，经过三个月的紧急施工，六月底大殿全部竣工。在二〇〇八年二月，雕塑神像工程开始，经过二个月的施工，四月初完工，四月八日开光典礼，由晋剧秧歌助兴。前后由本村和外社集资总计四万多元，顺利完成了这次复修的任务。

公元二〇〇九年正月初五　張海荣立

总经领人　張保明　張海荣

副总经领人　張连生　張永连　張海锋

会计　張保贵

出纳　張红兵

经领人　張海虎　張斗宝　張永明　張玉明　張卫金　張卫兵　張班提　吕秋平　張爱生

阴阳　李忠学

泥瓦匠　李金小

雕刻　吕新明　張狗猫

木工　王金平

（碑阴）

窨墕社布施名单

贰千陆百元　張海荣　贰千伍百元　張海清　張海峰　壹千元　郝忠平　郝翠娥　捌百元　張奴小　柒百元　郝树林　李金小　陆百元　張海燕　張保玉　伍百陆拾元　張保明　伍百伍拾元　張保荣　張莲生　張月明　（下略）

德無量

碑記

窨墕村真武観音庙始建于很早以前，没有历史记载，在清朝乾隆二十八年复修一次，至今已有三百多年的历史。因多年失修，风吹雨打、破破烂烂。在二〇〇七年正月三日经全村人讨论，同意集資修复。三月九日破土动工，经过三个月的紧急施工，六月底大殿全部竣工。在二〇〇八年二月雕塑神像工程开始，经过二个月的施工，四月初完工。四月八日开光典礼，由晋剧秧歌助兴。前后由本村和外社集資总计四万多元，順利完成了这次复修的任务。

公元二〇〇九年正月初五張海荣立

总经领人　張保明　張海荣
副总经领人　張连生　張永连
張海锋
会计　張保贵
出纳　張红兵
经领人　張海虎　張斗宝　張永明
張玉明　張卫金　張卫兵
張班提　吕秋平　張爱生
阴阳　李忠学
坭瓦匠　李金小
雕刻　吕新明　張狗猫
木工　王金平

宝珠山李金峰题词碑

【简介】

2009 年 2 月勒石。现存于临县克虎镇苗家洼宝珠山，嵌于戏台一侧的墙内。碑青石质，长方形，高 104、宽 50 厘米。碑文楷书，正文计 2 行，满行 4 字。内容是一副对联。现保存完好。

【联文】

黄河明珠，道教聖境。

李金峰于二〇〇九年二月

（李金锋：尅虎镇党委书记）

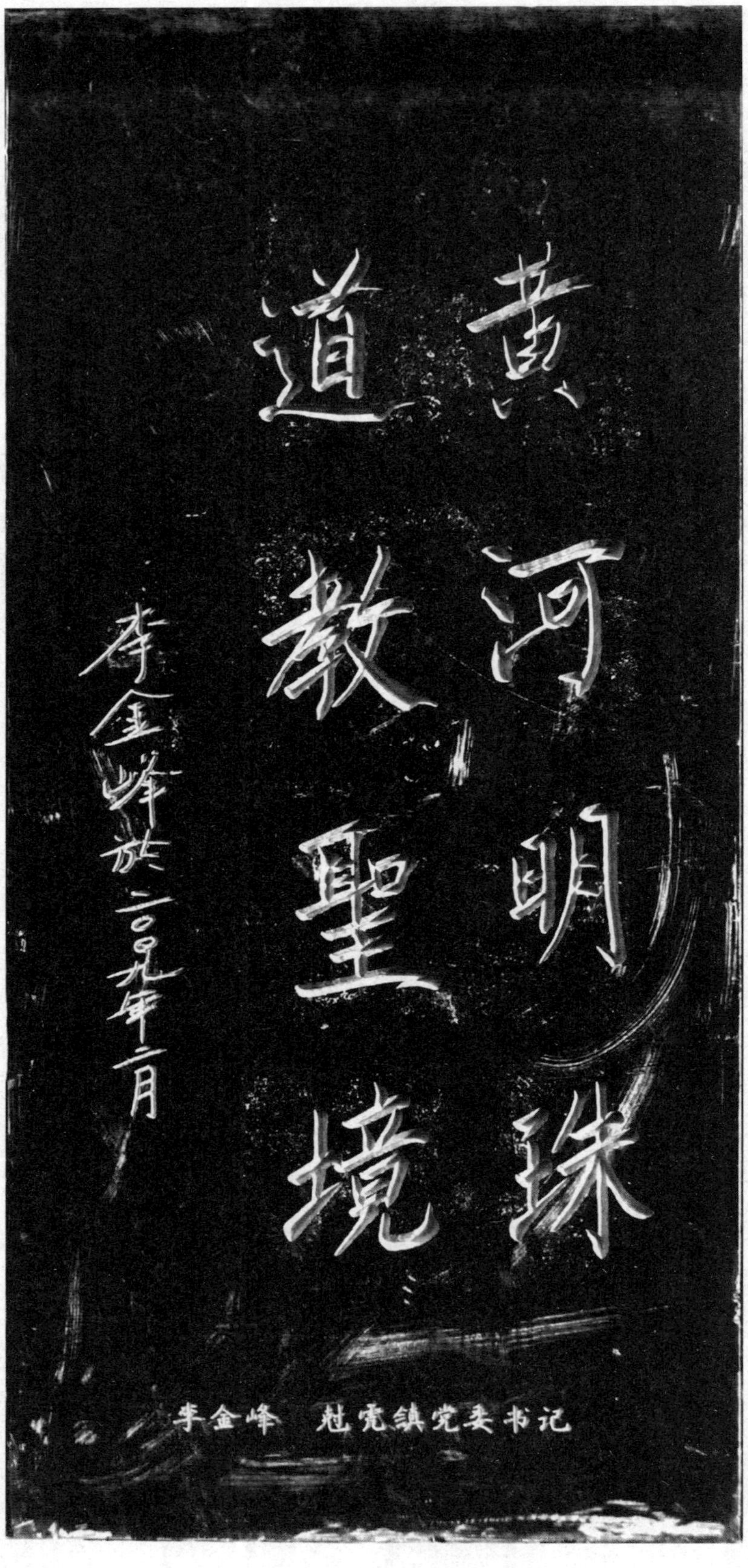

宝珠山王焕立撰李省斌书碑

【简介】

2009年3月勒石。现存于临县克虎镇苗家洼宝珠山，嵌于戏台一侧的墙内。碑青石质，长方形，高104、宽50厘米。碑文楷书，正文计2行，满行8字。内容是一副对联。现保存完好。

【联文】

雙龍戲珠光照天地，

主峰藏寶氣壯河山。

己丑桃月王煥立撰联　李省斌书

（李省斌：中共佳县县委党校校长）

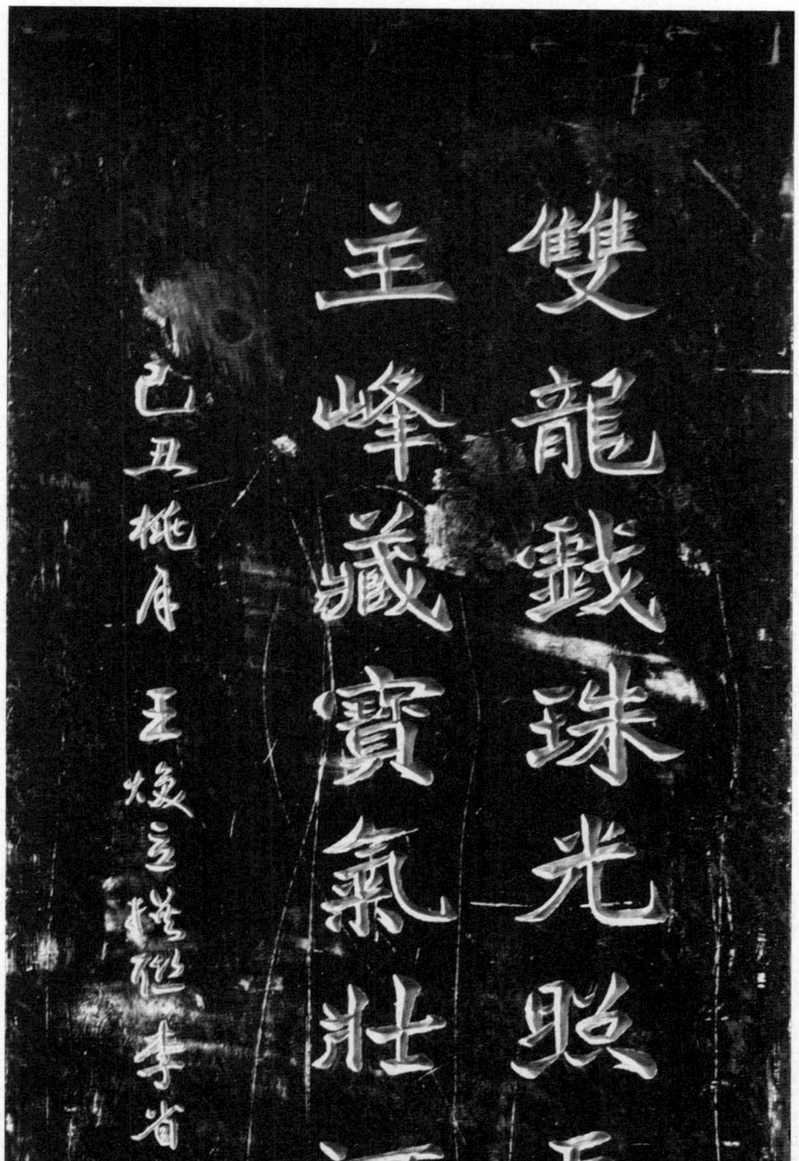

宝珠山王焕立题词碑

【简介】

2009 年 3 月勒石。现存于临县克虎镇苗家洼宝珠山，嵌于戏台一侧的墙内。碑青石质，长方形，高 104、宽 50 厘米。碑文隶书，正文计 2 行，满行 7 字。内容是一副对联。现保存完好。

【联文】

性命雙脩得大道，

天人合一成自然。

己丑桃月王焕立撰书

（王焕立：中楹会书法艺术委员）

宝珠山张莹源题词碑

【简介】

2009年春勒石。现存于临县克虎镇苗家洼宝珠山，嵌于戏台一侧的墙内。碑青石质，长方形，高104、宽50厘米。碑文行书，正文1行，满行4字。现保存完好。

【碑文】

道法自然

己丑春　莹源题

（张莹源：临县尅虎镇镇长）

新建宝珠山大戏台碑记

【简介】

2009年春勒石，现存于临县克虎镇苗家洼宝珠山，嵌于戏台一侧墙上。碑青石质，长方形，高104、宽56厘米。碑文楷体。正文计12行，满行56字。记载修建宝珠山戏台的经过。现保存完好。

【碑文】

新建寳珠山大戲台碑記

尝闻宝珠山乃秦晋驰名，主祀真武大帝诸神的全真道观，虽恢复空前齐备。可从古至今唯无适应现代戏剧演出与道教信众社民娱乐活动之场所。宗教政策之日渐昌明开放，庙观文化旅游已是众生多年的期盼。二○○五年，道观第三代领导薛忠诚、李新平等审时度势，急众之急，想众之想，广泛听取社会各界与十八村民众的建议，决定以兴建大戏台为已任。为了摆脱欠债缺资的艰难困境，他们代众服务，不畏严冬酷暑，披星戴月，奔波于秦晋城镇乡村，登门鼓励诸山会首信众、社会各界贤达大德捐赞支持，使建台工程于七月开工。历时两月，水泥钢筋和琉璃瓦构建的新型大戏台屹立于主峰之西侧，二○○六年三月举行了竣工庆典，集众财、扬众德使戏台与庙宇道观形成了一道雄奇靓丽的新景观。

殊因道缘诸山会首、社会贤达、信众社民和佳临两县友好单位及个人，在建台前后自愿施赞，综合十八村一千六百七十二户与庆典集资共计：十二万多元。其中一批大德仁士，踊跃捐款献物，可嘉可赞。建台伊始，杜家圪垛郭建小推地基两次分文未收。佳县计量局张有成，为装地基捐献水泥十吨，佳县县委党校校长李省斌，在本县多次宣传集资。工程承建者——兔坂镇王家峪村杜连明，少收工钱又捐款。特别赞助二千元以上的单位和个人有：克虎镇政府、兔坂镇政府、薛家畔薛财进、兔坂高海生等众君，精神可嘉，功炳史册。道观领导本着精打细算节俭的原则，为建台支出十一万多元。

新戏台雄浑高大，巍峨壮观，于名山增其景、益其美。为载建台始末、难易缘由与彰显诸公捐赞经领伟功盛事，道观领导邀余撰文并书碑。吾虽不善文，但却为丰功之感动而欣然命笔。遵嘱列捐赞二百元以上的功德单位与个人于序左。天地祥和，功昭日月，嘉前勉后，金石永芳。是为记。

新建戏台领导成员　薛忠诚　李新平　薛安林　苗芝元　高连全　薛连小

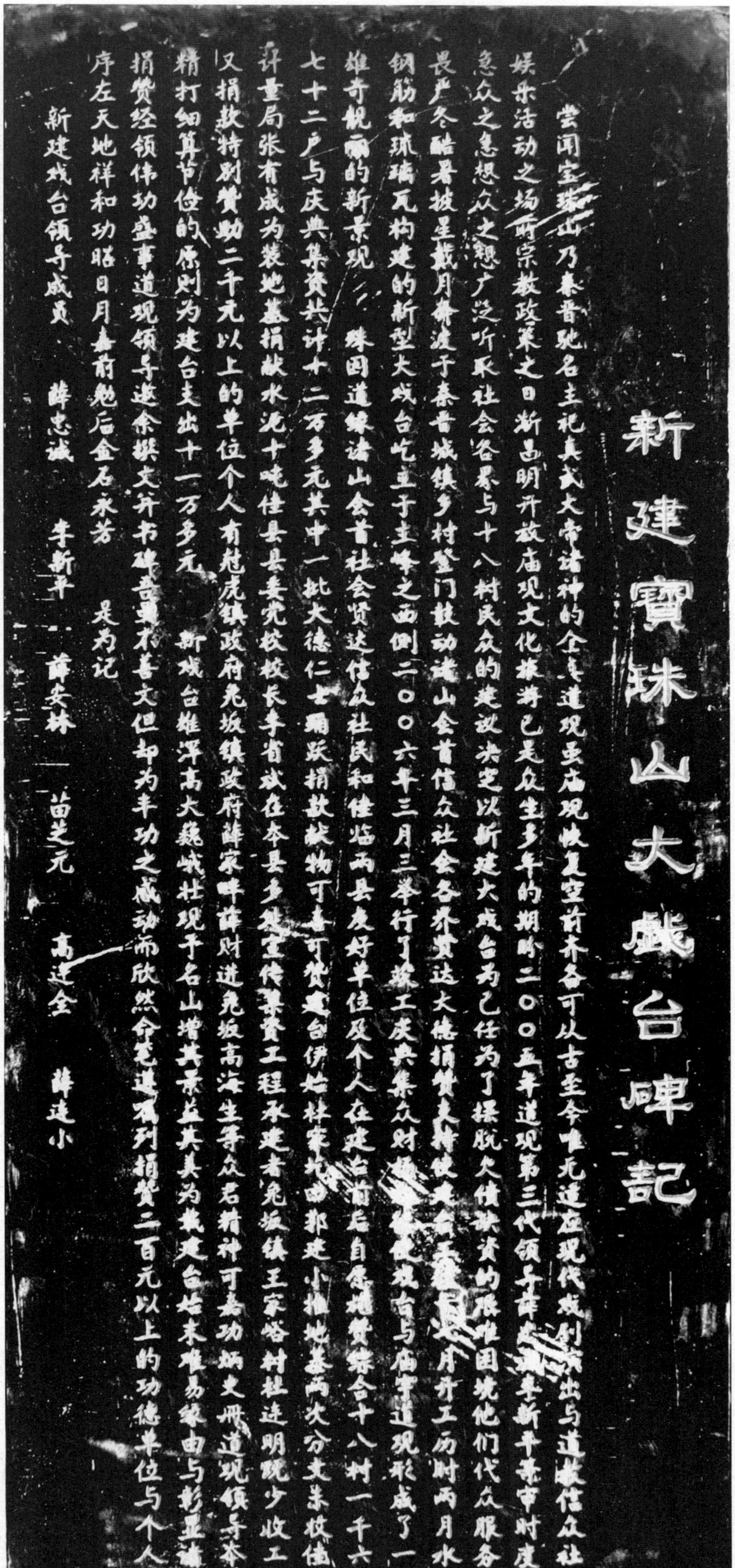

新建寶珠山大戲台碑記

尝闻宝珠山乃秦晋驰名主祀真武大帝诸神的全真道观虽庙观恢复空前齐备可从古至今唯无道座现代戏剧演出与道教信众社民娱乐活动之场所宗教政策之日渐昌明开放庙观文化旅游已是众生多年的期盼二〇〇五年道观第三代领导薛逵[illegible]李新平审时度势急众之急想众之想广泛听取社会各界与十八村民众的建议决定以新建大戏台为己任为了摆脱欠债缺资的艰难困境他们代众服务不畏严冬酷暑披星戴月奔波于秦晋城镇乡村登门鼓动诸山会首信众社会各界贤达大德捐赞支持使大会[illegible]月开工历时两月水泥钢筋和琉璃瓦构建的新型大戏台屹立于主峰之西侧二〇〇六年三月三举行了竣工庆典集众财[illegible]戏台与庙宇道观形成了一道雄奇靓丽的新景观　殊因道缘诸山会首社会贤达信众社民和佳临两县友好单位及个人在建台前后自愿捐赞结合十八村一千六百七十二户与庆典集资共计十二万多元其中一批大德仁士踊跃捐款献物可喜可赞建台伊始林家坪郭建小捐地基两次分文未收佳县评量局张有成为装地基捐献水泥十吨佳县县委党校校长李省斌在本县多处宣传募资工程承建者兔坂镇王家峪村杜连明既少收工钱又捐款特别赞助二千元以上的单位个人有想虎镇政府兔坂镇政府薛家畔薛财进兔坂高海生等众君精神可嘉功炳史册道观领导本着精打细算节俭的原则为建台支出十一万多元　新戏台雄浑高大巍峨壮观于名山增其景益其美为载建台始末难易缘由与彰显诸公捐赞经领伟功盛事道观领导邀余撰文并书碑余不善文但却为丰功之感动而欣然命笔遂将列捐赞二百元以上的功德单位与个人于序左天地祥和功昭日月嘉前勉后金石永若　是为记

新建戏台领导成员　薛忠诚　李新平　薛安林　苗芝元　高连全　薛逵小

宝珠山功德碑

【简介】

2009年春勒石。现存于临县克虎镇苗家洼宝珠山，嵌于戏台一侧的墙内。碑青石质，长方形，高104、宽50厘米，4石并列。碑文楷体。内容是修建戏台的捐款花名。现保存完好。

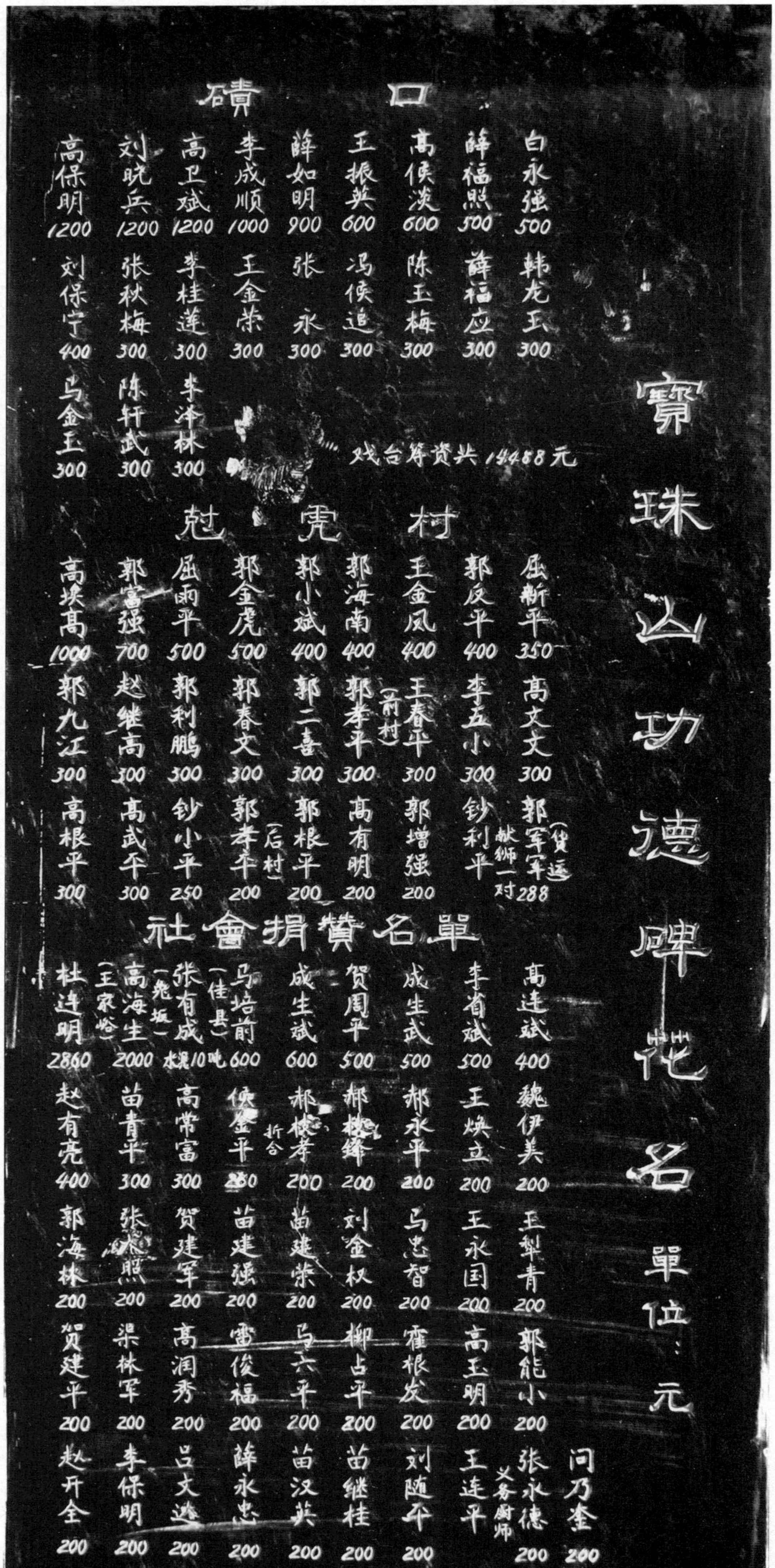

【碑文】

宝珠山功德碑花名

单位：元

碛口：高保明1200 刘晓兵1200 高卫斌1200 李成顺1000 薛如明900 王振英600 薛福照500 白永强500 刘保宁400 张秋梅300 李桂连300 王金荣300 张永300 冯侯追300 陈玉梅300 薛福应300 韩龙玉300 马金玉300 陈行武300 李泽林300 戏台筹款共14488元

尅虎村：高埃高1000 郭富强700 屈雨平500 郭金虎500 郭文斌400 郭海 王金凤400 郭反平400 屈新平350 郭九江300 赵继高300 郭利鹏300 郭春文300 郭二喜300 郭孝平（前村）300 王春平300 李五小300 高文文300 高根平300 钞小平250 郭孝平（后村）200 郭振平200 高有明200 郭增强200 钞利平献狮子一对 郭军军（运货）288

社会捐赞名单：杜连明2860 王家峪高海生2000 张有成水泥10吨 佳县李培前600 成生斌600 贺周平500 成生武500 李省斌500 高连斌400 赵有亮400 苗青平300 高常富300 侯金平260

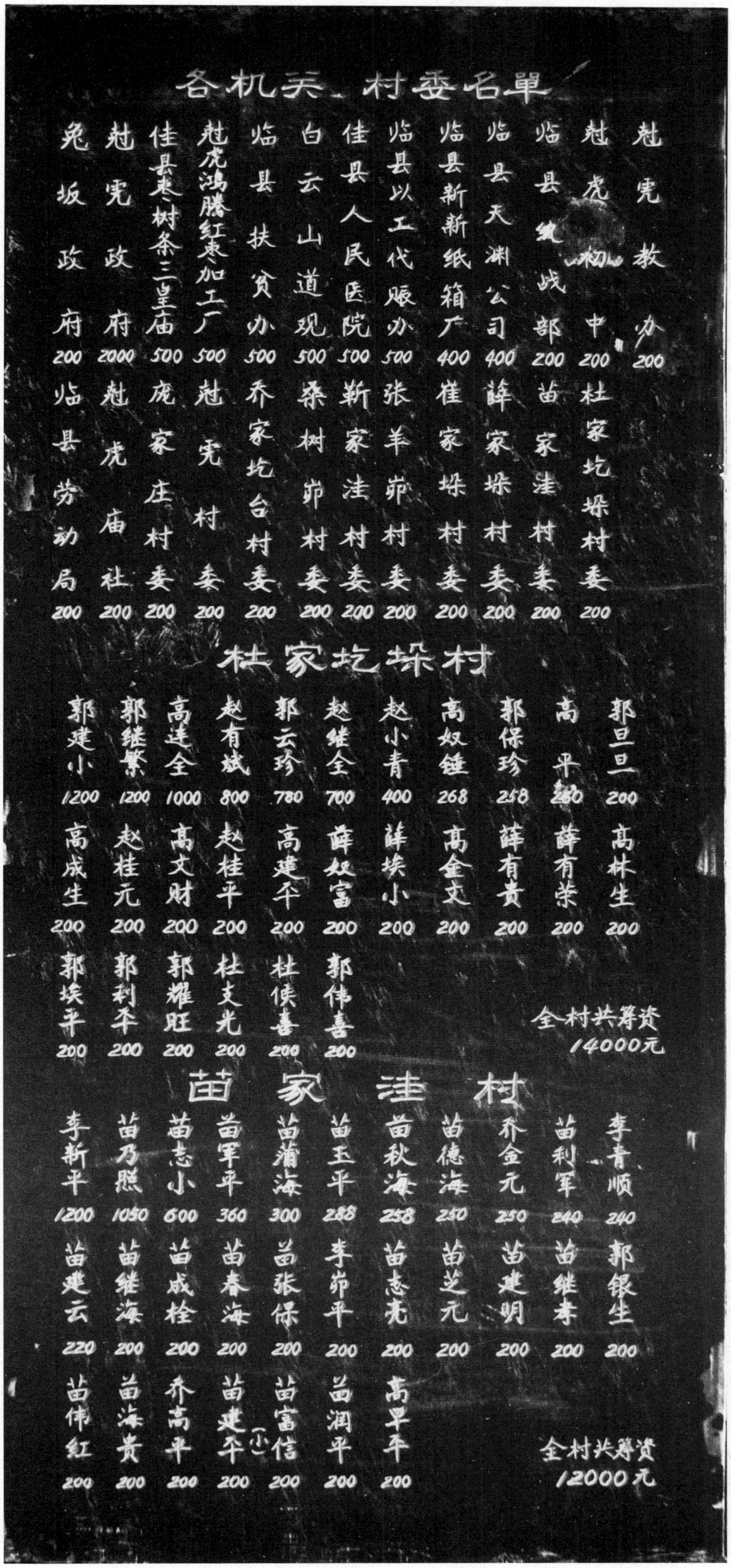

（200元33人，姓名略）

各机关、村委名单：兔坂政府200　克虎政府2000　佳县枣树条三皇庙500　克虎鸿腾红枣加工厂500　临县扶贫办500　白云山道观500　佳县人民医院500　临县以工代赈办500　临县新新纸箱厂400　临县天渊公司400　临县统战部200　克虎初中200　克虎教办200　临县劳动局200　克虎庙社200　庞家庄村委200　克虎村委200　乔家圪台村委200　桑树峁村委200　张羊峁村委200　崔家垛村委200　薛家垛村委200　苗家洼村委200　杜家圪垛村委200

杜家圪垛村：郭建小1200　郭继繁1200　高连全1000　赵有斌800　郭云珍700　赵继全700　赵小青400　高奴锤268　郭保珍258　高平260　（200元18人，姓名略）　全村共筹资14000元

苗家洼村：李新平1200　苗乃照1050　苗志小600　苗军平360　苗蒲海300　苗玉平288　苗秋海258　苗德海250　苗利军240　李青顺240　苗建云220　（200元17人，姓名略）　全村共集资12000元

薛家垛村共筹资8400元：薛忠诚1000　武忠效1000　薛忠生600　薛国生500　薛毛旦300　薛永明300　薛武池300　薛忠孝300　薛保全240　薛忠真220　（200元15人，姓名略）

薛家畔村共筹资7500元　薛财进2005　薛埃小600　薛永春520　薛根明300　薛高勤220　薛海小210　薛财厚206　（200元7人，姓名略）

莲花池村共筹资6500元

高志强 1000　苗红卫 360　苗三信 305　苗国喜 300　苗卫平 300　苗爱珍 300　薛艳荣 300　高忠生 210　（200 元 8 人，姓名略）

后山村共筹资 4500 元：王引兵 400　王永奇 300　王志斌 300　王学斌 300　（200 元 11 人，姓名略）

崔家垛村共筹资 4200 元。赵富平 700　高毛小 600　（200 元 11 人，姓名略）

东家里村共筹资 3900 元　薛生发 600　薛生全 600　苗志锋 500　苗玉珍 388　薛锦云 350　薛孝荣 288　（200 元 2 人，姓名略）

高家圪垛村共筹资 3400 元　高毛毛 320　薛奴兵 310　高成平 280　高建玉 220　高文明 360　（200 元 5 人，姓名略）

张羊峁村共筹资 3100 元　薛利军 500　郭贤生 300　高玉宁 300　（200 元 7 人，姓名略）

薛家里村 3000 元　薛建平 250　薛志明 220　（200 元 5 人，姓名略）

槐树墕村 2400 元　薛哲生 300　（200 元 5 人，姓名略）

郭家垛村 2000 元　郭长学 300　郭长忠 250　郭开生 200 元

荒峁上村 1800 元　苗锋锋 300　郭跃进 250　苗永青 250　苗青锋 300　（200 元 2 人，姓名略）

杏林庄村 1800 元　王明生 500　（200 元 6 人，姓名略）

堡则城村 1700 元　张广清 300　沈金平 250　贺继平 200

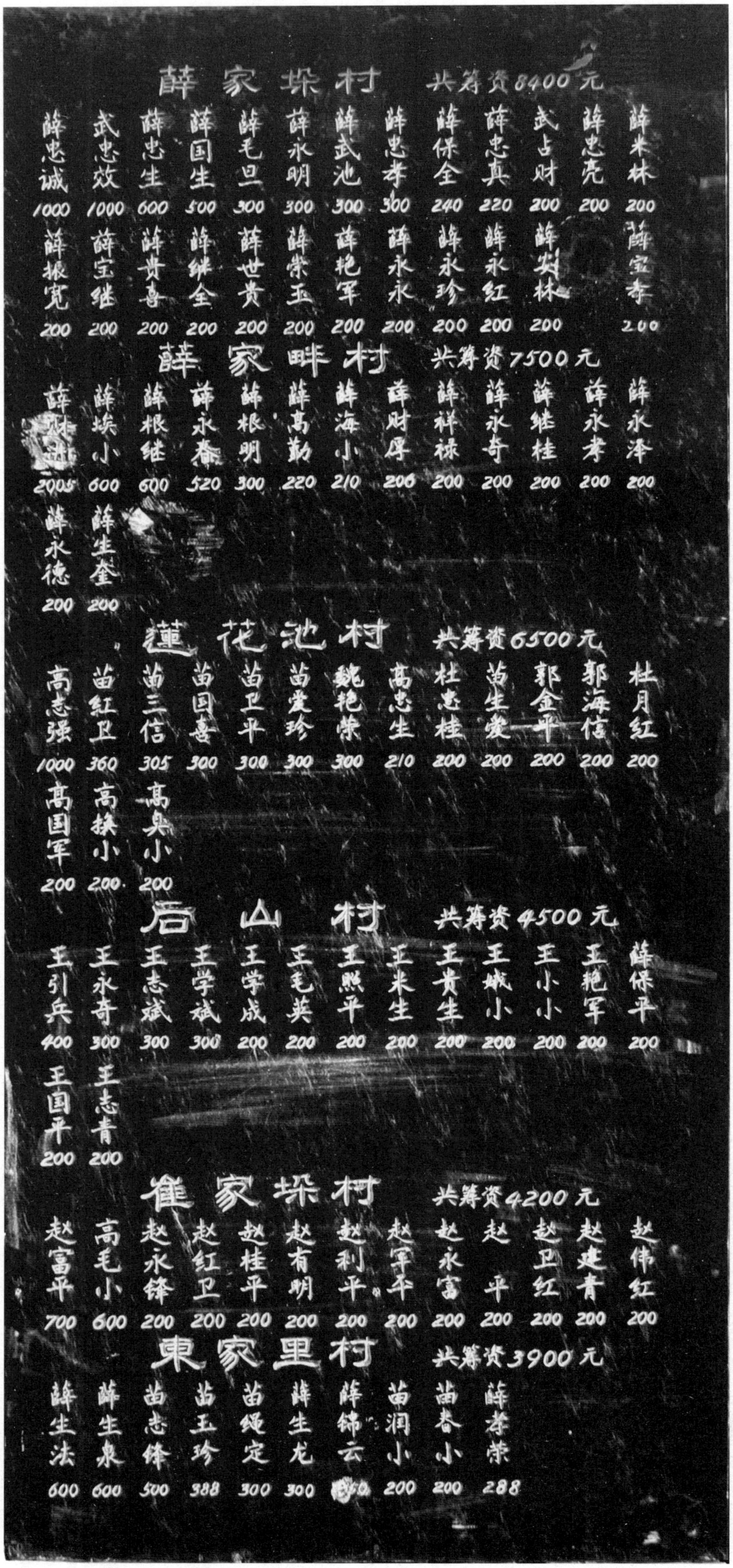

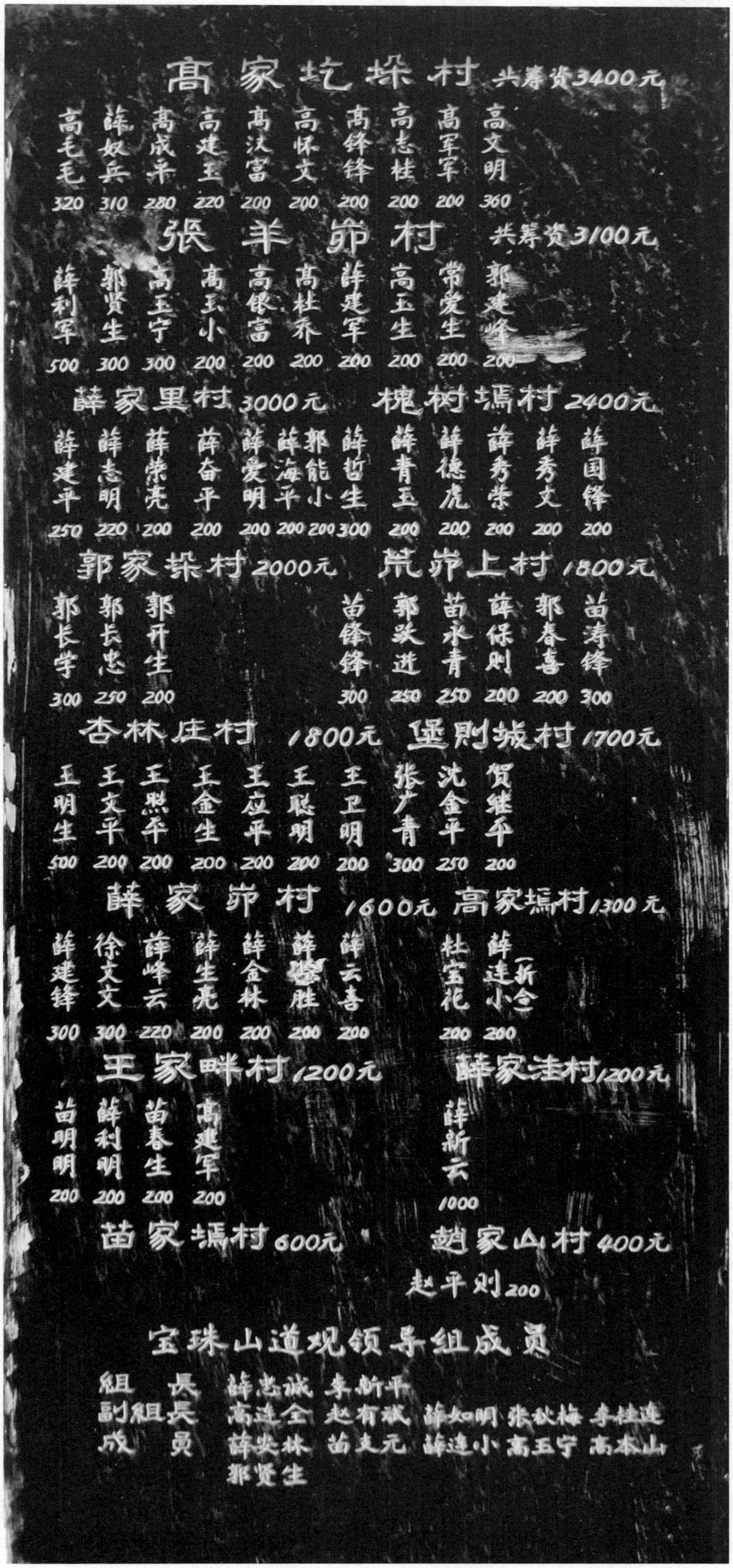

薛家峁村1600元　薛建锋300　徐文文300　薛锋云220（200元4人，姓名略）

高家墕村1300元　（200元2人，姓名略）

王家畔村1200元　（200元4人，姓名略）

薛家洼村1200元　薛新云1000。苗家墕村600元。

赵家山村400元。

宝珠山道观领导组成员

组长：薛忠诚　李新平

副组长：高连全　赵有斌　薛如明　张秋海　李桂连

成员：薛安林　苗支元　薛连小　高玉宁　高本山　郭贤生

杜家圪垛　苗家洼　薛家垛　莲花池　后山　崔家垛　东家里　高家圪垛　张羊峁　薛家里　槐树墕　郭家垛　荒峁上　杏林庄　堡子城　薛家峁　高家墕　王家畔　薛家洼　苗家墕　赵家山（克虎）

维修观音庙碑记

【简介】

2009年2月勒石。现存于临县三交镇大柏岭村。碑大理石质，方平剔角，高142、宽57、厚8厘米。碑阳额题“功德”2字。碑文楷体，正文4行，满行29字。记载大柏岭村维修观音庙之事。碑阴刊刻捐款花名。保存完好。

【碑文】

（碑阳）

维修观音庙碑记

观音庙始建于大明万历九年（公元一五八一年），清光绪三十年重修，因年久漫漶，又于一九八七年又一次维修。

近年来，村民合议自愿修耷（葺）立像，全村村民踊跃捐资，不少迁出本村多年人士也大力资助，特立石以作纪念。

总监理　薛甫荣

监理　薛廉祥　薛怀福　薛继荣　薛银瑄　薛荣喜　薛怀智　薛茂荣　薛玉国　薛国刚　张茂山　张乃有

整理　刘旺兰

撰文　薛峻瑄

书丹　薛怀发

书刻　柳小明

于公元二〇〇七年农历八月开工，九月竣工。

二〇〇九年二月十九日吉立

（碑阴）

捐款花名

八千六百元者　薛甫荣　一千五百元者　刘旺兰　一千元者　薛宗伟　薛长乐　五百元者　薛振明　四百元者　薛奴宝　薛海琦　薛峻瑄　三百元者　薛怀其（328）　薛利兴（320）　薛宗海　薛宗勤　薛长德　薛安庭　二百元者　薛民　薛亮　薛梅　薛俊爱　薛宗孝　薛廉祥　薛应文　薛怀发　一百元者　（122人，姓名略）　薛生录400

大柏岭全体村民钟一口

迁出本村者：薛道薄之女薛英俊300元现居新疆，薛生录之子薛大狗、薛乃狗各200元现居招贤，薛守先之孙薛有有、薛清海、薛满生、薛宝生各120元现居离石东关，薛建兴、利兴、国兴、建飞、建新、建伟、薛刚、薛强、薛永铜钟一口、香炉一个。

功德
维修观音庙碑记
观音庙始建于大明万历九年（公元一五八一年），清光绪三十年重修，因年久漫漶，又于一九八七年又一次进行维修。
近年来村民合议自愿修葺立像，全村村民踊跃捐资，不少迁出本村多年人士也大力资助，特立石以作纪念。
总监理　薛甫荣　监理
薛廉祥　薛荣喜　薛国则　整理　刘旺兰
薛怀福　薛怀智　张茂山　撰文　薛峻瑄
薛继荣　薛茂荣　张乃有　书丹　薛怀发
薛银瑄　薛玉国　书刻　柳小明
于公元二〇〇七年农历八月开工，九月竣工。二〇〇九年二月十九日吉立

秦懋益夫妇墓碑

【简介】

2009年2月勒石。现存于临县白文镇白文村，嵌于碑套中。碑青石质，圆头，碑高130、宽50厘米。额题“流芳百世”4字。碑文楷体，正文4行，满行28字。为秦懋益夫妇墓碑。保存完好。碑套边联“春夏秋冬思祖泽，年时岁节报亲恩”，碑套额题“敬在咫尺”。

【碑文】

父一八九六年生，一九五八年卒，寿六十三岁。山西省商业专本科毕业，历任临县高等学校教员，学务委员，兴业银行经理，商会教育会会长，财政局局长，山西陆军监狱书记官，临县人大代表，土改时开明绅士。母一八九六年生，一九六三年卒，寿六十八岁。

显父讳秦懋益字时勉号清泾母张希奇之墓

公元二〇〇九年清明节吉立

子派正　派忠　媳苗爱虎　李换珠　李清莲　孙男秦川　秦西　秦宝　秦安　孙女秦华　秦愉　率晚辈叩首

临县宝珠山道观发展简介

【简介】

2009 年 3 月勒石。现存于临县克虎镇苗家洼宝珠山，嵌于戏台一侧的墙内。碑青石质，长方形，高 104、宽 50 厘米。碑文楷书，计 23 行，满行 46 字，约 1060 字。记载宝珠山道观的历史发展及现状。现保存完好。

【碑文】

临县宝珠山道观发展简介

宝珠山位于克虎镇东南十公里，因“二龙戏珠”神奇山象，古谓双龙岭。又传说，山巅珍藏明珠三颗大如碗放光故名。东比紫金山，高为亚连，南北三面层峦迭嶂，唯西襟黄河与全国重点文保单位陕西佳县白云山（亦称对龙岭）遥相对峙，四龙腾龙吐雾，屏山临水，蔚为壮观矣。

该道观历史悠久，源远流长，溯至金正隆十五年（一一六〇），山之西峰曾建三圣殿，乃北宗全真教演变兴起的历史性标志。明嘉靖年间（一五二二—一五六八）始建庙宇，经万历二十二、二十八年两次重修，庙内主体均为明代中期建筑，可谓临县较为古老而规则的道观。清乾隆帝宣布道教为国教后，同治年间，道人薛永住观修持。解放后，住白云山山西总会长吕玉昭道人进观住持。经历代教派演变和数百年兵燹毁蚀与修葺，渐成一座主祀真武道观。惜工艺建筑被文革破坏，信士无不痛哉。

二十世纪八十年代，宗教政策开明，有李海富、苗信、薛振宽等经持，在旧址恢复十多处庙宇亭台。一九八二年八月十日，临县人民政府批准为县级文保单位。一九八六年农历三月、十月、腊月三个月内，邻村群众晚上见该山毫光四射，直冲天际，人们喜赞宝珠再现，光照盛世，是吉祥之兆，每逢三月三、四月八庙会，十八村集社固体，按时轮流经持，履行道教祀典、还愿等道规。初一、十五，周边信士敬香祈药治病已成习惯，秦晋信士游客络绎不绝。

宝珠山古庙由诸多殿宇组成，正殿建在中峰，是全观建筑群的主体，真武大帝为尊，其檐头镌刻逼真，甚得武汉文联考古学者赏识。北有三官殿、黑龙庙，南有高佛岭，建筑奇特。东有白珠山，西有三清殿，壁画小秦王行拳图、陈抟睡功图栩栩如生。东西两侧及南面有文昌阁、五龙宫、天龙庙、魁星楼等二十余处。结构严谨，布局合理。

九十年代，第二代领导杜志光等重修真武大殿，引水上山，绿化诸峰。其中有碛口盲人薛如明经领，当地信众捐款，敬献铜铁钟等约二十余万元，功德堪表。至二十一世纪初，道观唯缺信众娱乐活动之场所，二〇〇五年以薛忠诚、李新平为首的第三代领导人，广集众议，奔波秦晋，克服负债无资之困境，鼓动诸山会首信众、社会各界贤达大德捐赞。历经两月，新建成钢筋与琉璃瓦结构的大戏台，于二〇〇六年三月三日举行了新建大戏台竣工庆典。至此，戏台与道观庙宇形成空前雄奇的新景观。

目前，道观恢宏壮丽，适处黄河大峡谷、临县八碛旅游线内，锦上势将添花。为答谢诸公捐赞丰功与营造道观旅游文化氛围，薛忠诚、李新平特别提议在树功德碑时，新建领导名家题词墨宝廊，以志不朽尔。

宝珠山道观领导成员　薛忠诚　李新平　高连全　赵有斌　薛连小　薛如明　张秋梅　李桂连　苗芝元

撰文书丹　佳县王焕立

镌刻　王安平　魏伊美

公元二〇〇九年己丑三月三日立

集社团体按村轮流经持履行道教祀典还愿等道规初一十五周边信士敬香祈药治病已成习惯秦晋信士游客络

绎不绝　宝珠山古庙由诸多殿宇组成正殿建在中峰是全观建筑群的主体真武大帝塑尊其将头镌刻迎东去

得武汉文联考古学者赏识北有三官殿黑龙庙南有高佛岭建筑奇特东有白珠山西有三清殿壁画小秦王行拳图

陈抟睡功图栩栩如生东西两侧及南面有文昌阁五龙宫天龙庙魁星楼等廿余处结构严谨布局合理　九十年

代第二代领导杜志光等重修真武大殿引水上山绿化诸峰其中有碛口盲人薛如明经领当地信众捐款献钢铁

钟等约二十余万元功德堪表至廿一世纪初道观唯缺信众娱乐活动之场所二〇〇五年以薛忠诚李新平为首的

第三代领导广集众议奔波秦晋克服负债无资之困境鼓动诸山会首信众社会各界贤达大德捐资历经两期而建

成水泥钢筋与琉璃瓦结构的大戏台于二〇〇六年三月三举行了新建大戏台竣工庆典至此戏台与道观庙宇形

成空前雄奇的新景观　目前道观恢宏壮丽适处黄河大峡谷临县八碛旅游线内再上势将发展为蓄潮诸众捐

赞丰功与营造道观旅游文化氛围薛忠诚李新平特别提议在树功德碑时新辟领导名家题词壁宏廊以志不朽尔

宝珠山道观领导成员　薛忠诚　李新平　高进全　赵有成　薛连小　薛如明　张秋梅　李桂连　曹富元

撰文书丹　佳县　王焕立　镌刻　王安平　姚伊美　公元二〇〇九年己丑三月三日　立

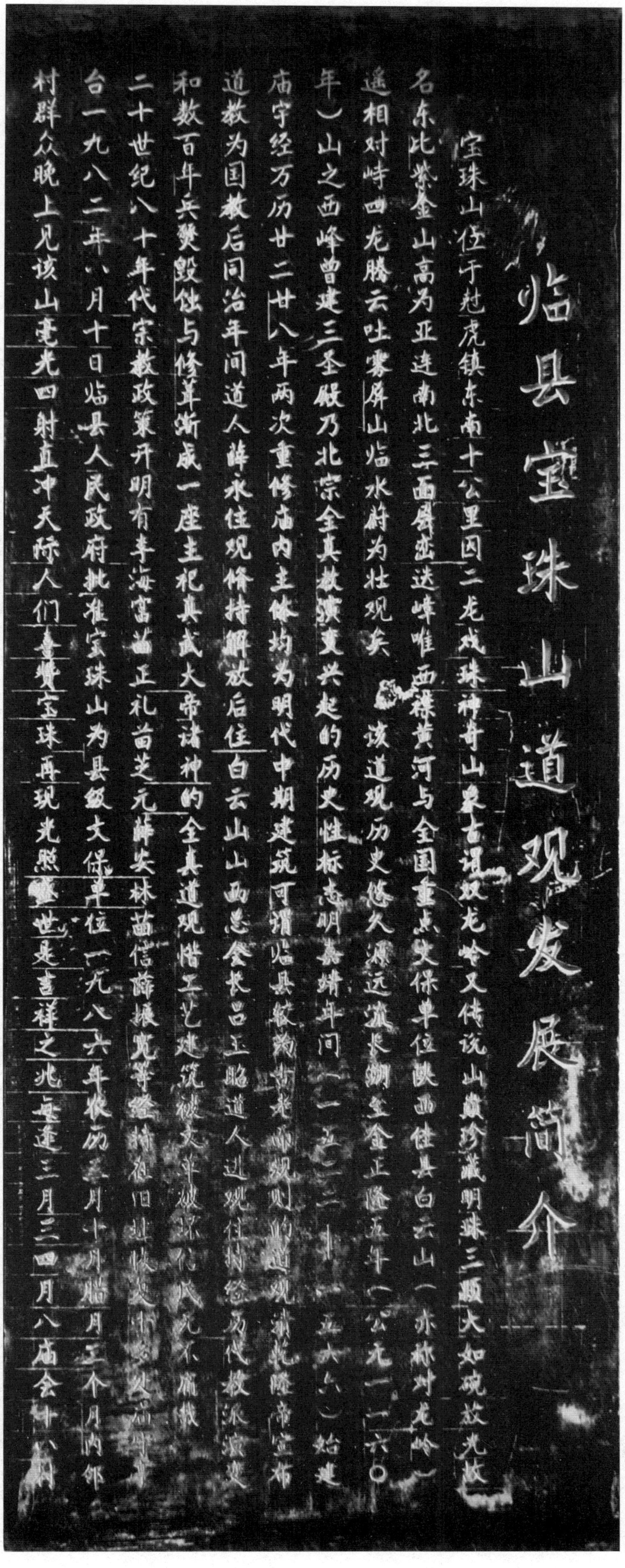
临县宝珠山道观发展简介

宝珠山位于尅虎镇东南十公里因二龙戏珠神奇山象古谓双龙岭又传说山巅珍藏明珠三颗大如碗放光故名东比紫金山高为亚连南北三千画叠峦迭峰唯西襟黄河与全国重点文保单位陕西佳县白云山（亦称对龙岭）遥相对峙四龙腾云吐雾屏山临水蔚为壮观矣　该道观历史悠久源远流长溯至金正隆五年（公元一一六〇年）山之西峰曾建三圣殿乃北宗全真教演变兴起的历史性标志明嘉靖年间（一五二二——一五六六）始建庙宇经万历廿二廿八年两次重修庙内主体均为明代中期建筑可谓临县较为古老的道观清乾隆帝宣布道教为国教后同治年间道人薛永住观脩持解放后住白云山山西总会长吕玉昭道人进观住持经历代教派演变和数百年兵燹毁蚀与修葺渐成一座主祀真武大帝诸神的全真道观楷工艺建筑被文革破坏[illegible]无不痛惜二十世纪八十年代宗教政策开明有李海富苗正礼苗芝元薛安林苗信薛振宽等经[illegible]台一九八二年八月十日临县人民政府批准宝珠山为县级文保单位一九八六年农历三月十月腊月三个月内邻村群众晚上见该山毫光四射直冲天际人们赞赏宝珠再现光照盛世是吉祥之兆每逢三月三四月八庙会[illegible]

上马家山村人联谊会碑记

【简介】

2009年3月勒石。现存于临县三交镇上马家山村，立于瓷砖贴面的砖砌护窑中。碑青石质，方首。碑高135、宽52、厚8厘米。碑文楷体，正文25行，满行13字。记述马家山村举行的一次村人联谊会之事。保存完好。

【碑文】

上马家山村人联谊会碑记

上马家山村，人杰地灵，英才辈出。历史上“孟盛楼”闻名遐迩，接骨、皮革、木业、泥瓦等工艺方圆有名。战争年代，一大批英雄儿女奋战在前线、后方。建国后，莘莘赤子走出大山，奔赴各地工作。为增进友谊，共建美好家园，二〇〇九年正月初六，在马尚文等人的积极倡导下，张芝兴等人倾力操办，游子携亲带眷乐返故里，与乡人团聚。会场设在打谷场，主台巍峨，拱门高悬，红灯高挂，彩旗招展，特邀吕梁山著名伞头贺升亮等助兴。上午，数千人开会，彰显各类功臣、典范，共商发展大计。下午，七百多人会餐，畅忆儿时欢乐，倾诉离思之情，品味当代生活，憧憬美好未来。入夜，华灯齐放，山头烟火冲天，山下鼓乐齐鸣，火树银花，载歌载舞，电波互动，深更不寐。此为记。

王廷文撰文

武卫卫书刻

公元二零零九年农历三月二十日吉立

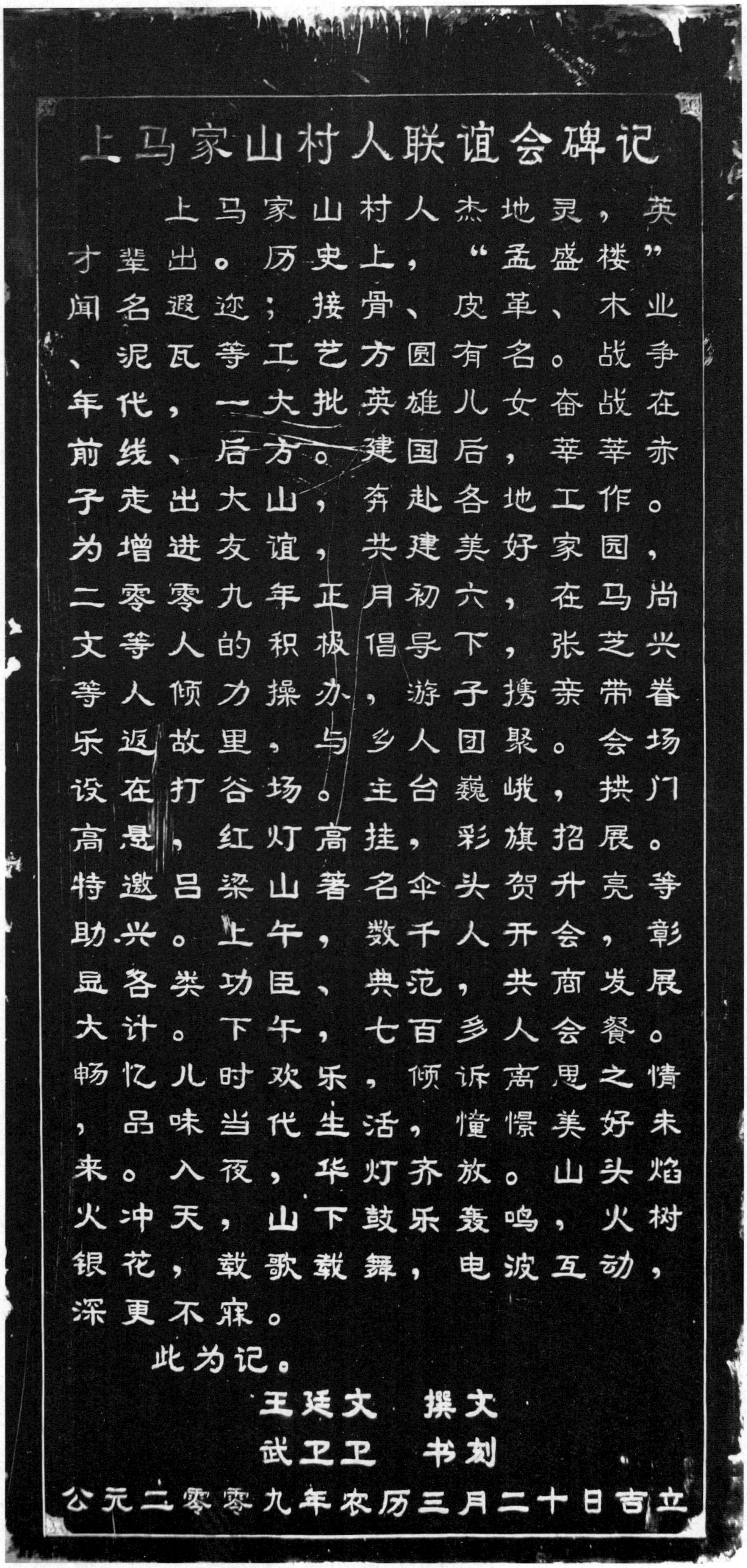
上马家山村人联谊会碑记
上马家山村人杰地灵，英
才辈出。历史上，“孟盛楼”
闻名遐迩；接骨、皮革、木业
、泥瓦等工艺方圆有名。战争
年代，一大批英雄儿女奋战在
前线、后方。建国后，莘莘赤
子走出大山，奔赴各地工作。
为增进友谊，共建美好家园，
二零零九年正月初六，在马尚
文等人的积极倡导下，张芝兴
等人倾力操办，游子携亲带眷
乐返故里，与乡人团聚。会场
设在打谷场。主台巍峨，拱门
高悬，红灯高挂，彩旗招展。
特邀吕梁山著名伞头贺升亮等
助兴。上午，数千人开会，彰
显各类功臣、典范，共商发展
大计。下午，七百多人会餐。
畅忆儿时欢乐，倾诉离思之情
，品味当代生活，憧憬美好未
来。入夜，华灯齐放。山头焰
火冲天，山下鼓乐轰鸣，火树
银花，载歌载舞，电波互动，
深更不寐。
此为记。
王廷文 撰文
武卫卫 书刻
公元二零零九年农历三月二十日吉立

小王家塔兴村碑记

【简介】

2009 年 3 月勒石。现存于临县丛罗峪镇小王家塔村沿黄路边小窑内。碑青石质，长方形，高 115、宽 150、厚 8 厘米。碑文楷体，正文 15 行，满行 30 字。内容为小王家塔兴村之过程。保存完好。

【碑文】

小王家塔兴村碑记

盖闻，风水宝地常隐于丽峰秀塔，龙虎灵穴多潜于幽静深处。不察即沉匿则已，一发可瑞气冲天。

小王家塔村位于黄河东岸五公里之巅，虽人杰地灵且山高路险，渴饮困于乏水，出入苦于盘旋，累代躬耕繁衍，迭岁举步维艰。此时也，叹有宝无径可输，哀无助有苦难言矣。

王门迪训，维当永、当强、当勉、当立身之本；乃立德、立功、立言、立施仁之道。历代传承，发扬光大，更有赤诚者，功垂报孝情。居富首皆济天下，显达贵泽被乡邦。解囊投资二百多万元，硬化排水一十余公里，动用土石料 30 万立方，水泥公路全线开通，埋地管十三处，甘泉水引进家园，光耀桑梓，恩裕后昆，气壮山河大地，名贯沧海桑田。

昔徒步趋辛，悬崖曲径，荆棘丛生；今驱车怡舒，极目远望，玉树临风。武当神山，东来紫气；黑龙圣地，南极流金；群峦峰岭，西秦溢彩；真武大殿，北斗高悬。身临其境，景象万千。出则直达沿黄壮道，归则胜似世外桃源。文明新村，欣欣向荣；和谐盛世，蒸蒸日上。此际也，沐浴俊杰甘霖，铭刻隆德广怀。

故碑记永恒，昭后人以强秀塔矣，故碑记以恒昭后人永强民族矣。

小王家塔村全体村民

2009 年 3 月敬立

王家庄村天地庙碑记

【简介】

2009年3月勒石。现存于临县三交镇王家庄村庙，立于带重檐石雕碑套中。碑青石质，方首，碑高164、宽60厘米。碑文楷体，正文13行，满行46字。记载王家庄村重修天地庙之事。碑文完整，字迹清晰，碑体完好。碑套边联“天地灵气育万代，日月光辉照千秋”。碑套额题“雅风浩气”。

【碑文】

诗云：天地庙堂踞村中，无限风光一时新，福寿彩图仙公绘，状元及第神童吟。富公搬来摇钱树，玉女送至聚宝盆，人间天堂无异处，轻歌曼舞庆清平。

王家庄村天地观音古庙，均由远祖诚心营造。而后废庙兴学，天地庙址修成学校。本世纪初，村民同心同力，修复观音庙一座。兹因当时财力有限，无奈将天地庙之修建怀愧置后。观音庙修复以来，该村村容村貌均已发生巨变，老寿星与日俱增，安度晚年，青春男女，年届成婚，壮而乐业，少而就读，集体福利日益发展，家家人丁兴旺，户户财源茂盛，富公之家如雨后春笋，无偿烧煤，免费用电，自来水进家入院，村民安定，干群同心。整个村庄呈现出一派安定团结和谐奋进的良好局面。时变境迁，美好家园将被采煤摧毁而待迁。故修复天地庙之夙愿，迫在眉梢，急在心田。连任村委主任薛艳武，顺应民情民愿，及时筹划，经领修复天地庙等一应事宜，依原址翻修天地庙堂，维修观音庙周边及院落。在上年修复的基础上，继续修建戏台，新修膳食平房，加宽通车路面，修墙筑垓，诸多建筑工程一并铺开，届时圆满竣工。总计投资一十三万余元，历年收布施九万九千四百余元，其中亏欠三万余元，由薛三丢支付。

斯庙落成，择吉安神，神有所居，告别飘零。唱戏庆典，礼炮雷鸣。神得安居，必护其民，村兴人旺，人寿年丰。喜事连天，财源茂盛。心想事成，乐享清平。天人开心，其乐融融。在此拓石立碑之际，谨向为修庙出谋划策、投资献工者一并衷心致谢。并将布施者姓名金额，列标碑后，以资纪念。

经领　薛艳武

承办设计　薛伟荣　薛宁有　薛如泽

风水师　薛国宝

工匠　薛继顺　薛谈照

撰文　薛养平

刻石书碑　南塔村李生端

公元二〇〇九年农历三月十七日开官日吉立

气浩风雅
碑記
天地庙堂踞村中无限风光一时新福寿彩图仙公绘状元及第神童吟富公搬来摇钱树玉女送至
人心天堂无异处轻歌曼舞庆清平
王家庄村天地观音古庙均由远祖诚心营造而后废庙兴学天地庙址修成学校本世纪初村民同心同力
观音一庙兹因当时财力有限无奈将天地庙之修建怀愧置后观
庙修复以来该村村运村貌均已发生巨变
星与日俱增欢度晚年青春男女年届成婚壮而乐业少而就读集
福利
益发展家家人丁兴旺户户财源
公之家如雨后春笋无偿烧煤免费用电自来水进家入院村民安定于群同心整个村庄呈现出一派安定
奋进的良好局面时变境迁美好家园将被采煤摧毁而待迁故修复天地庙之夙愿迫在眉梢急在心田
任薛艳武顺应民情民愿及时筹划经领修复天地庙等一应事宜依原址翻修天地庙堂维修观音庙周边及
上亍修建的基础上继续修建戏台新修膳食平房加宽通车路面修墙筑墁诸多建筑工程一并铺开届时园满
总计投资一十三万余元历年收布施九万九千四百余元其中亏欠三万余元由薛三丢支付
新庙落成择吉安神神有所居告别飘零唱戏庆典礼炮雷鸣神得安居必护其民村兴人旺人寿年年喜事
财源茂盛心想事成乐享清平天人开心其乐融融在此拓石立碑之际谨向为修庙出谋献策投资献工者一并
致谢并将布施者姓名金额列标碑后以志纪念
经领薛艳武 承办设计薛伟荣 薛宁有 薛如泽 风水师薛国宝 工匠薛继顺 薛谈聪 撰文薛荞平
书碑石刻南塔村李生端 公元二〇〇九年农历三月十七开官日吉立
天地灵气育万代
日月光辉照千秋

张家沟李光德高月仙夫妇墓碑

【简介】

2009年3月勒石。现存于临县木瓜坪乡张家沟村，嵌于碑套中。花岗岩石质，方形，碑高140、宽60、厚7厘米。碑文楷体，正文2行，满行11字。为李光德夫妇合葬墓碑。碑套两侧有碑联“业达功门光祖德，家旺更念月中仙”。保存完好。

【碑文】

（碑阳）

碑铭：把属于逝者在人间的那部分经历留下，教育、启迪、激励、鞭策着后代，是子孙们对逝人最好的缅怀。

显考李公讳光德妣高氏月仙合葬之墓

为纪念先父诞辰一百一十周年

子孙四代携手于二〇〇九年清明节敬立

（碑阴）

先父李公（1899—1986）虽独子，循祖训，家境贫，苦冬学，做工、经商、务农，饱尝坎坷人生，因一直热心文化教育，解放初期，曾任村初级小学学董，他严于律己，宽厚待人，靠诚信赢得村闾尊重。他识大体、顾大局，当国难当头，义无反顾，将两个儿子送上抗日前线。他助人为乐，不记得失，甘于为村民义务修约、调解，一生谱写着忠义。

慈母高氏（1904—1994），生于县城市民家庭，幼时入学学校，有幸接受新文化教育。后因变故，弃学婚嫁。她几十年如一日，含辛茹苦，勤俭持家。她心系时代发展，言传身教，鞠躬尽瘁，把无私的大爱，孜孜不倦奉献给整个大家庭。

首孝悌，次见闻，孝于亲，所守执。为了铭记祖德，传承不忘先辈大恩，在嫡孙李力的倡议下，祖孙四代，欢聚一堂，携手树碑，以示永远的缅怀！

孝子女　星林　香梅　满林　香兰　戊维　李普　李林　乃庆

孙男　世军　世雄　李力　乃照　世英　俊生　李雨　李旦　李毅　世豪　李强　吉生　世杰　世彤

孙女　香连　冬平　秋平　俊仙　晚冬　润平　美仙　利平　晓霞　春丽

曾孙男　正卫　正明　正义　永永　海峰　正伟　正杰　海涛　书瑜

曾孙女　彩丽　彩瑞　李娜　芳芳　李瑛　李臻　李河　佳仪　浩澜

玄孙　佩芝　中佩　瑞琪　晋棚　宇轩　悦悦

叩立

临县大度山大善寺源流碑序

【简介】

2009年4月勒石。现存于临县大度山大善寺。碑青石质，方首剔角，高176、宽60、厚10厘米，碑阳额题“流芳千古、诸恶莫作、众善奉行”。碑文楷体，正文15行，满行47字。内容记述大度山大善寺的源流。碑阴额题“广种福田”4字。碑文为布施村名、施户、金额。保存完好。

【碑文】

（碑阳）

临县大度山大善寺源流碑序

大度山位于县治北六十里，接壤兴县，海拔一千八百八十二米，首高面积六千六百公顷。据清咸丰八年碑记载，其原名看高山，后改珍珠山、大度山，现称大肚山。其东南紫金山，东北玉吉山，正北教朋崖山，西有鸽子崖，西南天子城，五山环抱，森林覆盖，钟灵毓秀，古之历代早为建寺修庙之风水圣地，不愧北之慎山也。大善寺始建时间不可考，然遗址发现六斤重的汉代古瓦和铜质佛像，可见寺院始建年代在汉代。已历千年史，且为先建神庙道观，再有佛寺，故后成为儒、释、道三位一体之山寺。据当地乡民信士口碑相传，大善寺兴盛时曾住着数百名僧人，应该包括鸽子崖和天子城的佛楼寺，佛事活动频繁，晨钟暮鼓，诵经朗朗，香烟袅袅，每年逢三月初三、四月初八、五月十三、九月九等庙会，涉晋、陕、蒙各地朝圣者川流不息，神佛灵应，闻名遐迩。然世事沧桑，致在更朝战乱中毁坏，在盛世文明时修复，这是第四次重修，但距极盛时之旧貌规模甚远。

大度山之西北侧是鸽子崖，其半山腰有七孔在岩石上凿出来的石窑，坚永完好，正面三孔尚有火炕，窑顶八卦图，清新逼真，正中一孔供有一尊毁残佛像。石窑两侧有石凿阶梯通道，高三丈。鸽子崖南面是天子城，此不俗名字的来历还有传奇故事。说古代皇帝梦见大肚山有天子城，想把皇宫安于此，后因村婆见山移怪状惊呼而破天机，筑皇宫未遂。然此荒野之地却命名为天子城，自古习呼，并建了寺院佛楼寺，今仍有其遗址。占地四十亩，建有大雄宝殿、观音殿、地藏殿、七佛殿、万佛阁、弥勒殿、藏经楼。据传寺院焚毁时有五百僧人遇难，山南麓犹有四季不冻、清水常溢的自然石窟饮马池，犹有鸽子崖两边的天然佛像和崖底石狮、石虎、石鱼、石龟，均线条流畅，形态逼真，天工巧成，令人叹为观止。

嗟呼！大肚山乃高山、灵山、奇山、宝山、丽山也。古今建寺，山寺相映成妙，今又重修大善寺，大肚山更显祥瑞地。寺乃神佛安所，耿耿信众，祈禳弘法之圣地也，有禳灾者痼疾康复，有求子或功名如愿者，不胜枚举。为彰山寺之圣灵绵远，是为序志。

献碑人　徐光斌

撰文　张明焕

书写　杜连璧

刻石　杨毛小

公元二零零九年夏历四月初八

佛历二五五三年榖旦敬立

（碑阴）

（布施村名、施户、金额，略）

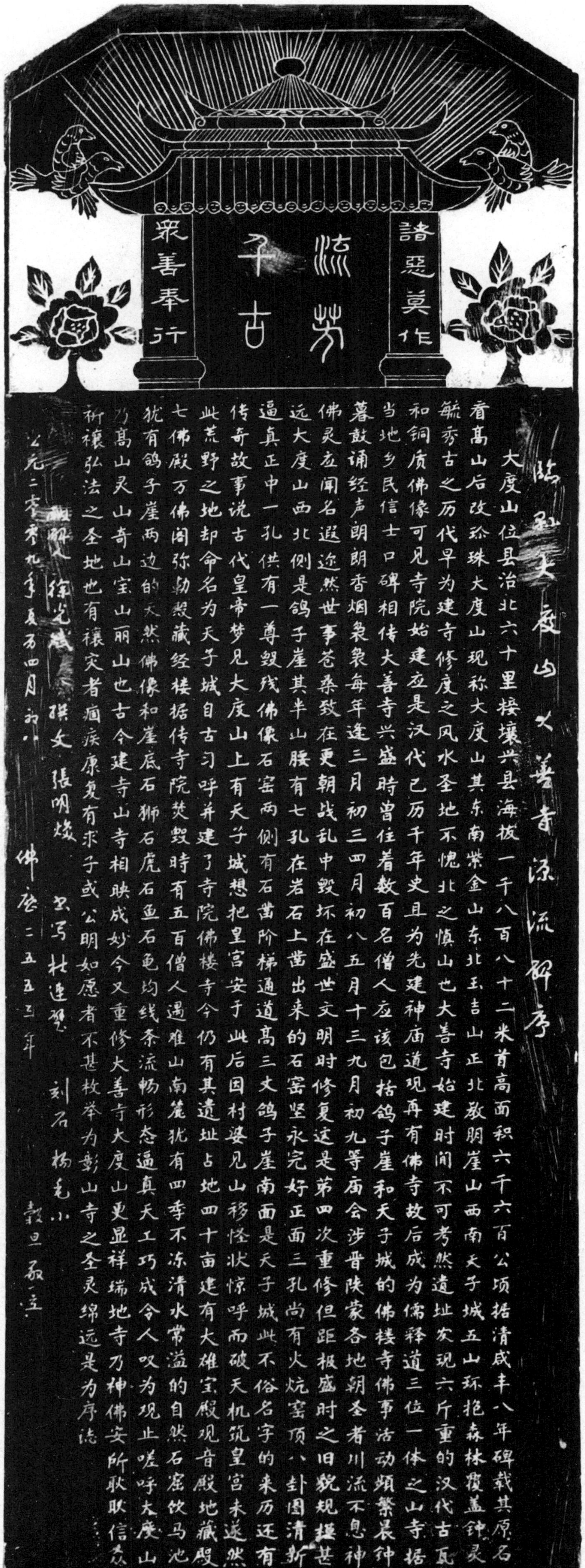

諸惡莫作

流芳千古

衆善奉行

临县大度山大善寺源流碑序

大度山位县治北六十里接壤兴县海拔一千八百八十二米首高面积六千六百公顷据清咸丰八年碑载其原名看高山后改珍珠大度山现称大度山其东南紫金山东北玉吉山正北敬朋崖山西南天子城五山环抱森林覆盖钟灵毓秀古之历代早为建寺修度之风水圣地不愧北之慎山也大善寺始建时间不可考然遗址发现六斤重的汉代古瓦和铜质佛像可见寺院始建应是汉代已历千年史且为先建神庙道观再有佛寺故后成为儒释道三位一体之山寺据当地乡民信士口碑相传大善寺兴盛時曾住着数百名僧人应该包括鸽子崖和天子城的佛楼寺佛事活动频繁晨钟暮鼓诵经声朗朗香烟袅袅每年逢三月初三四月初八五月十三九月初九等庙会涉晋陕蒙各地朝圣者川流不息神佛灵应闻名遐迩然世事苍桑致在更朝战乱中毁坏在盛世文明时修复这是第四次重修但距极盛时之旧貌规模甚远大度山西北侧是鸽子崖其半山腰有七孔在岩石上凿出来的石窑坚永完好正面三孔尚有火炕窑顶八卦图清新逼真正中一孔供有一尊毁残佛像石窑两侧有石凿阶梯通道高三丈鸽子崖南面是天子城此不俗名字的来历还有传奇故事说古代皇帝梦见大度山上有天子城想把皇宫安于此后因村婆见山移怪状惊呼而破天机筑皇宫未遂然此荒野之地却命名为天子城自古习呼并建了寺院佛楼寺今仍有其遗址占地四十亩建有大雄宝殿观音殿地藏殿七佛殿万佛阁弥勒殿藏经楼据传寺院焚毁時有五百僧人遇难山南麓犹有四季不冻清水常溢的自然石窟饮马池犹有鸽子崖两边的天然佛像和崖底石狮石虎石鱼石龟均线条流畅形态逼真天工巧成令人叹为观止嗟呼大度山乃高山灵山奇山宝山丽山也古今建寺山寺相映成妙今又重修大善寺大度山更显祥瑞地寺乃神佛安所耿耿信众祈禳弘法之圣地也有禳灾者痼疾康复有求子或公明如愿者不甚枚举为彰山寺之圣灵绵远是为序志

[illegible]人 徐光斌 撰文 張明燧 书写 杜连璧 刻石 杨毛小

公元二零零九年夏历四月初八 佛历二五五三年 穀旦敬立

重修大度山大善寺碑序

【简介】

2009年4月勒石。现存于临县大度山大善寺内。碑青石质，方形带帽，高204、宽70、厚10厘米，碑阳额题“阿弥陀佛”4字。碑文楷体，正文18行，满行46字。内容记述重修大度山大善寺的经过。碑阴额题“功德无量”4字。主要刊载布施名单。保存完好。

【碑文】

（碑阳）

重修大度山大善寺碑序

公元1993年间欣逢共和国国泰民熙之盛世，然废毁湮名之大善寺修复事，乃首肯动念者贵也。是年有蒿家沟村佛教居士豪君汝明邀高正恒、薛生元、蔡家洼村善士王生富上山对神叩拜，言明开山重修大善寺宏愿，随即启动艰难的布施动意，拜约帮办，筹集捐施。至翌年正月间，大度山既无人迹，更无灯设，然每当夜幕，山周围数十里内，村民均能瞻见山顶明灯一盏，时传神奇佳说，其由费解。

时国之政策优越，修复大善寺之念旋成，众意捐款，献工献物之善士纷至，遂择吉于一九九五年五月八日动工，豪君、王君宿居寺址，陋室住地施工，然无疾而常说，今年要走呢。临终前七天，略似精神欠佳，并复说“虎走山还在，山在虎还来”，终将至，面色如常不语，端坐待化，其子等按卧，立化圆寂，时值一九九六年二月七日亥时，享年六十一岁。旋即其子有荣虔志介入工程，继遂父之宏愿，并于一九九六年十二月皈依佛门，经领修寺，弘法甚力。王生富见之大喜心平。遂于二〇〇一年三月剃度为僧，法名汇寿，东隐五台修度。

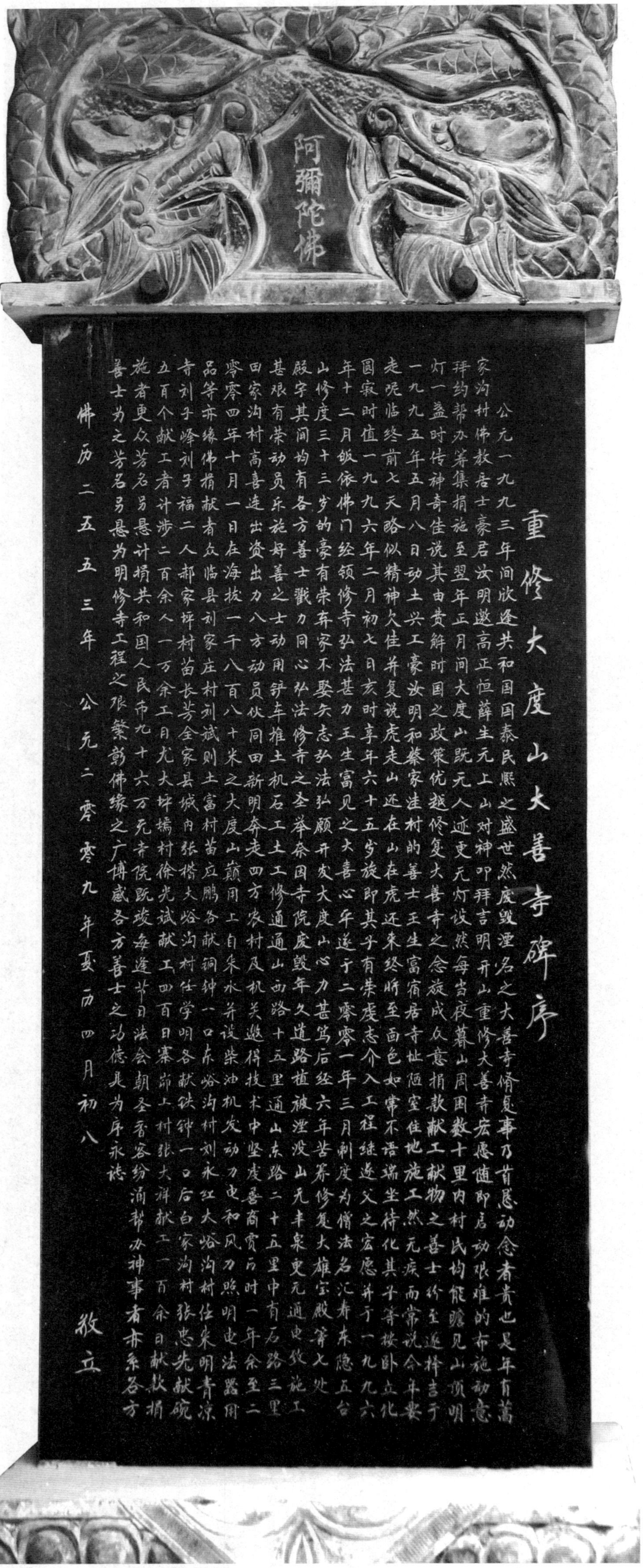

三十三岁的豪有荣，弃家不娶，矢志弘法，宏愿开发大度山，心力甚笃，后经六年苦筹，修复大雄宝殿等七处殿宇。

其间均有各方善士戮力同心，弘法修寺之圣举。奈因寺院废毁年久，道路植被湮没，山无丰泉，更无通电，致施工甚艰。有荣动员乐施好善之士，动用铲车、推土机、石工、土工，修通通山东路十五里，通山西路二十五里，中有石路三里。

田家沟村高喜连出资出力，八方动员，伙同田新民奔走四方农村及机关，邀得技术中坚，虔善商贾，历时一年余。至二〇〇四年十月一日，在海拔一千八百八十米之大肚山巅用上自来水，并设柴油机发动力电和风力照明电，法器用品等亦缘佛捐献者众。临县刘家庄村刘兵则，土豁村苗应鹏各献铜钟一口。东峪沟村刘永红、大峪沟村任来明、青凉寺刘子峰、刘子福二人、郝家坪村苗长芳全家、县城内张楷、大峪沟村任学明各献铁钟一口。后白家沟村张忠先献碗五百个，献工者计涉二百余人，一万余工日。尤大坪焉村徐光斌献工四百日，寨峁上村张火祥献工一百余日。献款捐施者更众，芳名另悬，计捐人民币九十六万元。

寺院既竣，每逢节日，法会朝圣，香客纷涌，帮办神事者，亦系各方善士为之，芳名另悬。为明修寺工程之艰繁，彰佛缘之广博，感各方善士之功德，是为序永志。

佛历二五五三年，公元二零零九年四月八日敬立

（碑阴）

佛菩萨普渡众生，殷殷功德善士，供护佑法，切切重修大善寺之圣举，既凭国家良好政策之感召，亦缘佛法之感应，虽工程浩繁艰巨，然有众善士鼎力相助，诸事尽能如法如愿，兹将功德者芳名悬后，以永念之。

一九九五至二零零六年者：

田新明　高喜连　秦春宁　秦五则　任玉旺　任顺勤　李振华　刘玉珎　李鹏旺　王继平　武维青　霍建忠　李进汉　张善华　郝树元　刘玉新　薛久珎　杜有银　杜有明　杜有武　杜有亮　杜青晓　徐光斌　雷学桂　高喜平　乔绳平　苗林林　张毛元　白照峰　豪汝贵　郭爱全　张大祥　呼学文　李荣华　乔勤明　马才生　吴金庆　豪秀玉　刘延生　白素喜　武德禄　杜忠平　李保回　白丑味　刘谈则　霍东爱　张元成　高狗留　高东平　苗长芳　徐虎奎　高有贵　张桂生　李海珎　刘青旺　孙唤梅　李建平　田宝龙　李海顺

二万元　无名氏　高海平　白德富　张海峰

一万元以上　任顺勤　任缠顺　任玉旺　同隆建材

五千元以上　孙海贵　妙香居士　赵缠林

二千元以上　郭绳旺　王润平　刘生荣　刘绳连　田新明　郭向东　王田玉　高米唤　刘谈荣　薛林

一千元以上　（14 人，姓名略）

五百元以上　（16 人，姓名略）

二百元以上　（47 人，姓名略）

一百元以上　（178 人，姓名略）

杜连璧书写

重修大度山大善寺碑记

【简介】

2009年4月勒石。现存于临县大度山大善寺内。碑青石质，龙首，高197、宽70、厚10厘米。额题“阿弥陀佛”4字。碑文楷体，正文15行，满行45字。内容记述重修大度山大善寺的经过。保存完好。

【碑文】

重修大度山大善寺碑记

据临县志考，县治西北四十二里为临县镇山，其北大度山、玉吉山、紫金山高齐，三山叠峙，苍翠参天，登山俯视，群峰罗列，其支脉分布于黄河之东，湫川之西，起伏盘踞百余里，形如指掌。既为北之镇山，则山高隐灵，灵则神佛矣。故古址有汉代砖瓦，屡经扩建修葺。据碑考于清咸丰四年，即公元一八三四年建成。城隍、弥勒佛、无量佛、关圣、圣母、文昌等，儒、释、道三位一体之庙殿，及钟鼓楼、戏楼、魁星楼、寮房、四百踏石阶神路，寺貌金碧辉煌，集时之艺术高品，朝圣者甚众，涉临兴二邑、一百二十村社。民国年间，复因战乱，夷为废址，乡民信士甚惜之。一九九三年欣逢共和国太平盛世，暨人民信仰自由，亦对古文化遗产立法至护，此址递批为县治佛教活动点及文物保护点。

时有嵩家沟村豪君汝明，邀高正恒、薛生元等拟举重修大善寺之事，奈工程浩繁，举事维艰。然则豪君继邀蔡家洼村善士王生富，励精运筹，好善乐施者闻讯纷至，凡涉秦晋两省八县二百二十七村、十二家集体及六千余信士，施捐人民币九十六万元，义工一万余日，铸钟九口。择吉于一九九五年五月八日动工，沿宕十二年，于二〇〇七年七月竣工。

寺院依原貌旧制座大度山之巅，高灵风雅，金碧辉煌，坐北向南，级分前后两院。前院为真武大殿，内供真武大帝，汉白玉圣像，玉润光晖。东西分位周公和桃花女。东为关圣帝君殿，内供关公、关平、周仓三尊神像为桃木精雕，价值雅致。

后院三合头，正面大雄宝殿，内供释迦牟尼佛，东位文殊菩萨，西位普贤菩萨，侧列十八罗汉。二层为藏经楼。院东观音殿，院西地藏王殿，二十三尊佛像均为铜铸，金箔贴面。瞻依圣像，金身灿灿，慈容栩栩。修复石砌寮房八间。

大善寺既竣，旋于是年七月三日开光庆典。而神安民熙，香客盈门，冀祈福禳灾者屡验。为承启大寺之沿衍，永志诸君之善功德，是撰刻石留念。

经领人：王生富　豪有荣　杜青晓　徐光斌　李荣华　高喜连　田新民　秦春宁　任顺勤　秦五则　任玉旺

和尚方丈：汇寿法师

瓦木工艺师：秦春宁

丹青：李宁顺

撰文：张明焕

书文：侯宁

刻石：杨毛小

佛历二五五三年公元二〇〇九年夏历四月八日敬立

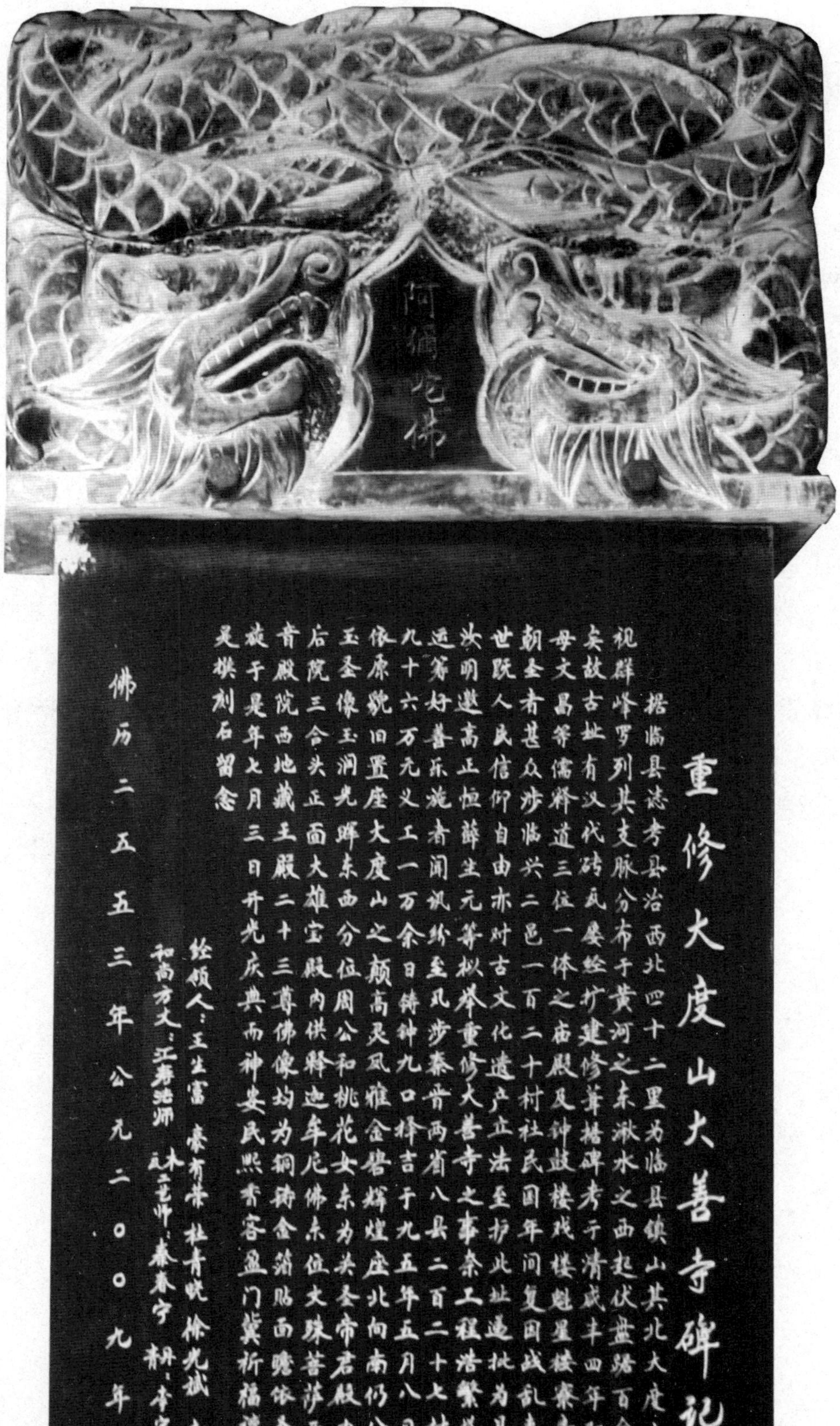
阿弥陀佛
重修大度山大善寺碑记
据临县志考县治西北四十二里为临县镇山其北大度山玉吉山紫金山高齐三山耸峙苍翠参天登山俯
视群峰罗列其支脉分布于黄河之东湫水之西起伏盘踞百余里形如指掌既为北之镇山则山高隐灵人则神佛
安故古址有汉代砖瓦屡经扩建修葺据碑考于清咸丰四年即公元一八三四年建成城隍庙勒佛无量佛关圣
母文昌等儒释道三位一体之庙殿及钟鼓楼戏楼魁星楼禅房四百间石阶神路寺院金碧辉煌集明清之艺术高品
朝圣者甚众涉临兴二邑一百二十村社民国年间复因战乱夷为废址乡民信士甚惜之凡三年欣逢共和国振盛
世既人民信仰自由亦对古文化遗产立法至护此址遂批为县治佛教活动点及文物保护点时有万家沟村蔡君
次明邀高正恒薛生元等拟举重修大善寺之事奈工程浩繁举事维艰然则蔡君唯邀蔡家洼村善士王生富励精
远筹好善乐施者闻讯纷至风涉秦晋两省八县二百二十七村之十二家集体及六千余信士施捐共和国人民币
九十六万元义工一万余日铸钟九口择吉于九五年五月八日动土兴工浴宕十二年于零七年七月竣工寺院
依原貌旧置座大度山之颠高灵风雅金碧辉煌座北向南仍分前后两院前院正为真武大殿内供真武大帝汉白
玉圣像玉润光辉东西分位周公和桃花女东为关圣帝君殿内供关公关平周仓三尊神像为桃木精雕价值难致
后院三合头正面大雄宝殿内供释迦牟尼佛东位文殊菩萨西位普贤菩萨侧列十八罗汉二层为藏经楼院东观
音殿院西地藏王殿二十三尊佛像均为铜铸金箔贴面瞻依圣像金身灿灿慈容栩栩修复后聊寨唐硐大善寺院政
旋于是年七月三日开光庆典而神安民熙香客盈门冀祈福禳灾者庶验为永启大寺之沿衍永志诸君之善功德
灵撰刻石留念
经领人：王生富 秦有荣 杜青既 徐光斌 李世华 高有道 田新明 秦春宁 仙顺勤 秦立刚 任小旺
和尚方丈：江寿池师 木工艺师：秦春宁 书丹：李中岐 撰文：张明焕 书文：侯宁 刻石：杨元小
佛历二五五三年公元二〇〇九年夏历四月初八 敬立

圪台上戏台碑记

【简介】

2009 年 4 月勒石。现存于临县大禹乡圪台上村，嵌于墙内。共 2 通，均为青石质，方形，高 119、宽 88 厘米。碑文电脑隶书，正文计 7 行，满行 34 字。记载圪台上村修建戏台的情况。现保存完好。

【碑文】

（第一通）

碑记

公元二零零八年十二月十八日，我村村委换届选举，刘赖儿同志选为主任，接任后经党支部、村委会多次会议研究认定，咱新任领导的第一件事是改建剧院。所以由多方代表组建了十人筹备小组。二〇〇九年二月十二日由支部书记刘阳平、村委主任刘赖儿筹谋策划，由刘来顺、刘林顺等人具体操办，拆除旧剧院，破土动工，二月二十四日奠基下石，四月二十四日合龙竣事，历时两月整。二〇〇九年五月二十五日我村隆重举行踩台庆典，特邀晋剧、秧歌、歌舞连台演出助兴，届时我村有识之士对修剧院进行了捐款赞助，现刻碑如下，立剧院门璈左右两侧，望后人周知。

剧院筹备小组总经理人：刘赖儿

经理成员　刘阳平　刘林顺　刘来顺　刘东旺　刘积恩　刘管元　刘五香　刘绳乐　高顺勤

以单户大额牵头父子兄弟相挨为序

刘廷明壹万元　刘旭峰壹万元　（共 123 人，余略）

（第二通）

（捐款人 238 人，姓名略）

公元二〇〇九年四月二十五日立

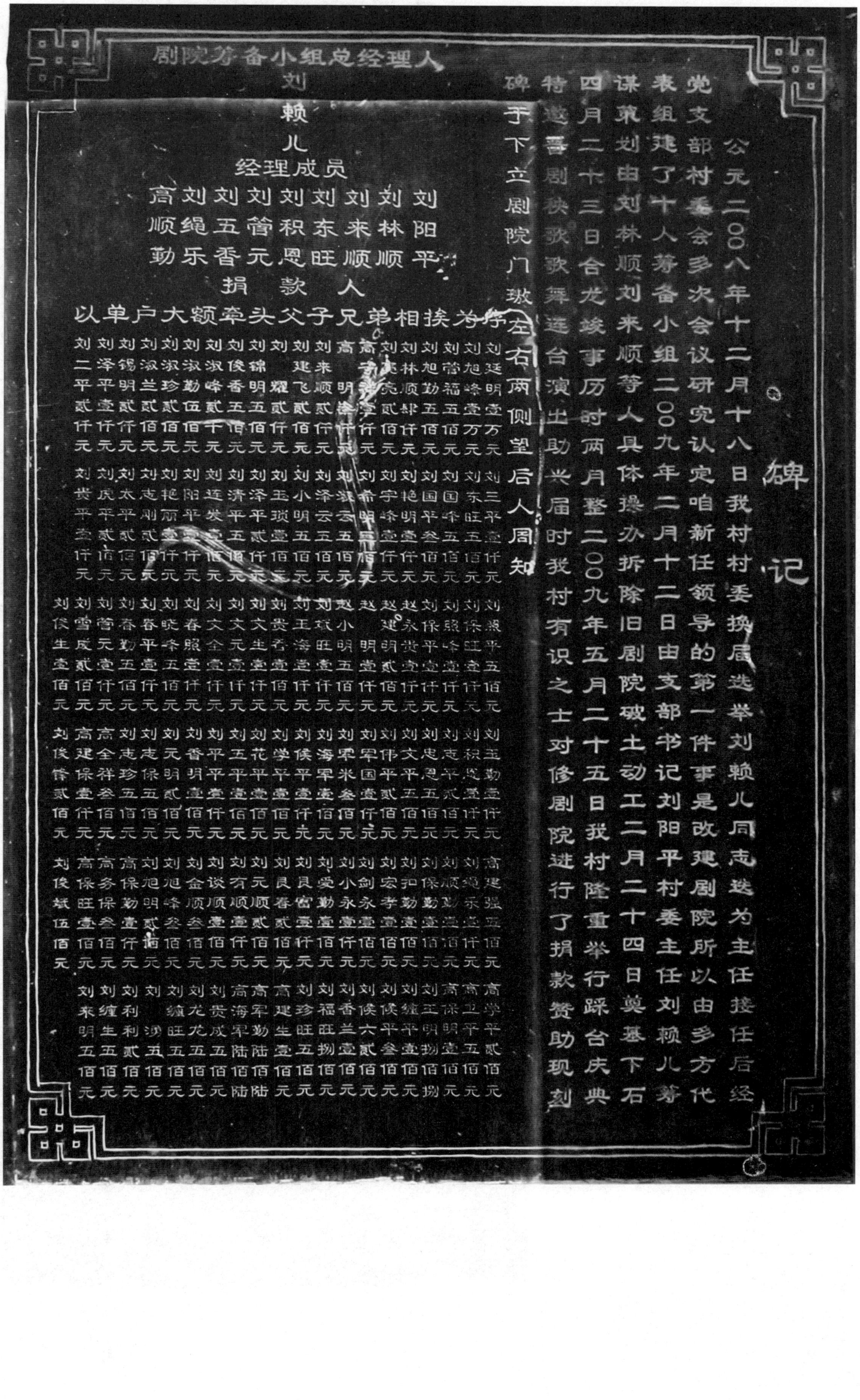

碑记

公元二〇〇八年十二月十八日我村村委换届选举刘赖儿同志选为主任接任后经党支部村委会多次会议研究认定咱新任领导的第一件事是改建剧院所以由多方代表组建了十人筹备小组二〇〇九年二月十二日由支部书记刘阳平村委主任刘赖儿筹谋策划由刘林顺刘来顺等人具体操办拆除旧剧院破土动工二月二十四日奠基下石四月二十三日合龙竣事历时两月整二〇〇九年五月二十五日我村隆重举行踩台庆典特邀晋剧快歌歌舞连台演出助兴届时我村有识之士对修剧院进行了捐款赞助现刻碑于下立剧院门玻左右两侧望后人周知

剧院筹备小组总经理人

刘赖儿

经理成员

刘阳平 刘林顺 刘来顺 刘东旺 刘积恩 刘管元 刘五香 刘绳乐 高顺勤

捐款人

以单户大额牵头父子兄弟相挨为序

刘廷明壹万元 刘旭峰壹万元 刘管福五佰元 刘旭勤五佰元 刘林顺肆仟元 刘[illegible]亮贰佰元 高[illegible]仟元 高明叁仟元 刘来顺贰仟元 刘建飞贰佰元 刘耀贰仟元 刘锦明五佰元 刘俊香五佰元 刘淑峰贰千元 刘淑勤伍佰元 刘淑珍贰佰元 刘淑兰贰佰元 刘锡明贰仟元 刘泽平壹仟元 刘二平贰仟元

刘三平壹仟元 刘东旺五佰元 刘国峰五佰元 刘国平叁佰元 刘艳明壹仟元 刘宇峰壹仟元 刘希明[illegible]佰元 刘淑云五佰元 刘泽云五佰元 刘小明五佰元 刘玉琐壹佰元 刘泽平贰仟元 刘清平五佰元 刘廷发壹佰元 刘阳平壹仟元 刘艳丽壹仟元 刘志刚贰佰元 刘太平贰佰元 刘虎平贰佰元 刘贵平壹仟元

刘照平五佰元 刘保旺壹仟元 刘照峰壹仟元 刘保平壹仟元 赵永贵壹仟元 赵建明贰佰元 赵明壹仟元 赵小明五佰元 刘斌旺壹仟元 刘王海壹仟元 刘贵春壹佰元 刘文生壹仟元 刘文元壹仟元 刘文全壹仟元 刘春照壹仟元 刘晓峰五佰元 刘春平壹仟元 刘春勤五佰元 刘管元壹仟元 刘雪成贰佰元 刘俊生壹佰元

刘玉勤壹仟元 刘积[illegible]壹仟元 刘志平贰佰元 刘忠恩五佰元 刘文平五佰元 刘伟平贰佰元 刘军国壹仟元 刘军米叁佰元 刘海军壹佰元 刘侯平壹仟元 刘学平壹佰元 刘花平壹佰元 刘五平壹佰元 刘平平壹仟元 刘香明壹佰元 刘元明贰佰元 刘志保五佰元 刘志珍五佰元 高全祥叁佰元 高建保壹仟元 刘俊峰贰佰元

高建强五佰元 刘继乐壹仟元 刘顺勤壹佰元 刘保勤壹佰元 刘和勤壹佰元 刘宏孝壹佰元 刘剑永壹佰元 刘小永壹仟元 刘爱勤壹佰元 刘良宫壹仟元 刘良春贰佰元 刘元顺贰佰元 刘有顺壹仟元 刘谈顺壹佰元 刘金顺叁佰元 刘旭峰叁佰元 刘旭明贰佰元 高保勤壹仟元 高务保叁佰元 高保旺壹佰元 刘俊斌伍佰元

高学平贰佰元 高卫平五佰元 高保明壹佰元 刘王明捌佰捌 刘继平壹佰元 刘侯平叁佰元 刘侯六贰佰元 刘香兰壹佰元 刘福旺捌佰元 刘珍旺五佰元 高建生壹佰元 高军勤陆佰陆 高海军陆佰陆 刘贵成五佰元 刘龙龙五佰元 刘缠旺五佰元 刘涝五佰元 刘利利贰佰元 刘缠生五佰元 刘来明五佰元

改建大王庙碑序

【简介】

2009年5月勒石。现存于临县白文镇曜头村。碑青石质，圆首，碑身高135、宽50、厚6厘米。碑阳额题“古凤”2字。碑文楷体。正文计15行，满行26字。记载曜头村修大王庙的情况。碑阴额题“流芳”2字。碑文为捐款名单。现保存完好。

【碑文】

（碑阳）

序

古遗村庙，耸立小丘，前后两座，咫尺毗连，规模宏大，巍峨壮观。

后面正殿，雕梁画栋，前后两院，林立青松，日寇烽火，村庄遭焚。

波及庙宇，毁坏一空。改革开放，强国富民，村貌复兴，庙堂重振。

村民集资，修整心同。助资五十（元），刻石铭心。后人见碑，永垂芳名。

自一九九七年春季动土建庙以来，村民纷纷施款资助。今日竖碑，凡款在五十元以上者只刻姓名，二百元以上者，姓名与款数皆刻于碑。

（碑阴）

改建大王庙捐款留念

刘兴平3000　刘丑小　刘芳勤1000　刘春连　刘清耀500　刘拖贵　刘双喜　刘乃成　刘润祥　樊成香400　张生明　刘荣生200（资助50至100元者44人，姓名略）

修庙主持人　刘贵秀　刘建同　刘桂荣　孙月林　高振林　穆廷耀　刘爱清

公元二〇〇九年五月吉立

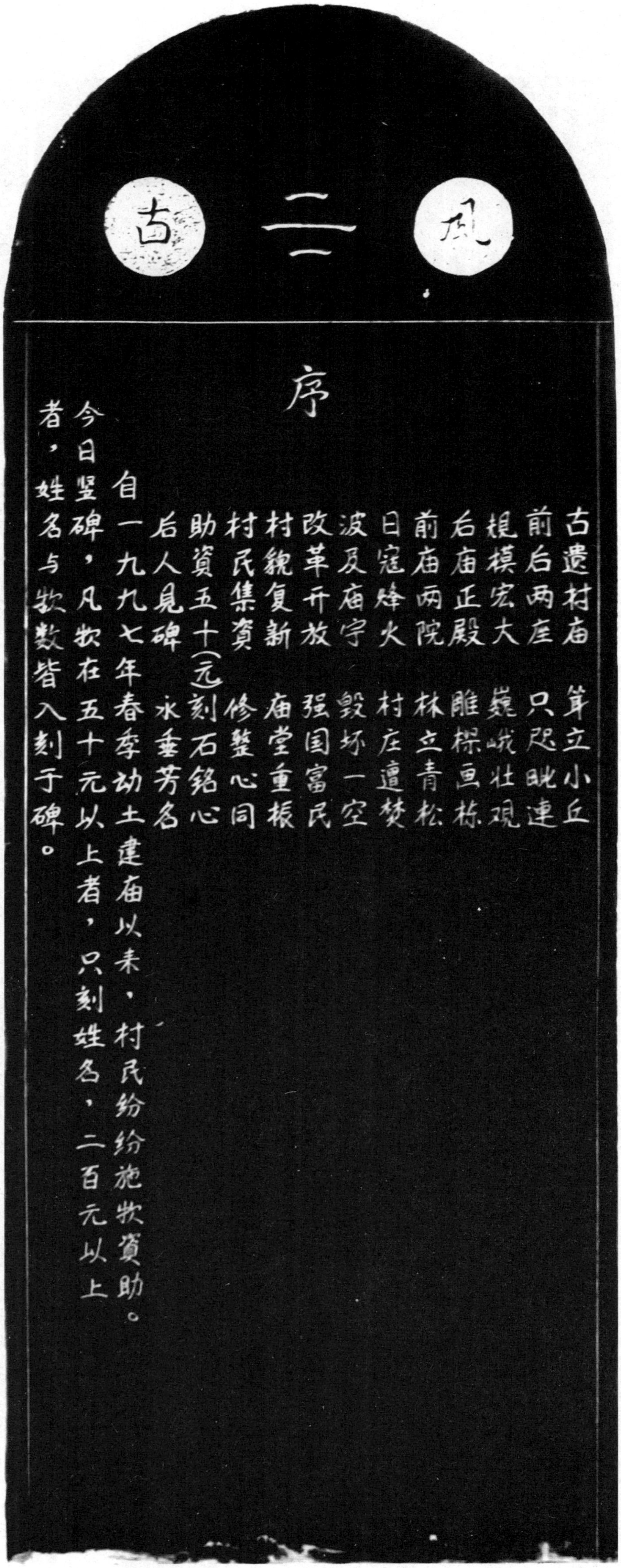

林家坪盛达大桥碣石记

【简介】

2009 年 5 月勒石。现存于临县林家坪镇林家坪湫水河大桥桥东。花岗岩石质，不规则形，石最高约 420、宽 280、厚 50 厘米。碑文楷体。正文计 1 行，满行 4 字。记载盛达大桥的修建情况。现保存完好。

【碑文】

（碑阳）

盛达大桥

薛万明

己丑仲春

（碑阴）

湫河下大川，有镇林家坪，北接三交，南临碛口，地下煤藏丰富，地上红枣成林，地处交通要道，市面商贸繁荣。然全镇近三万民众，世居东西两山，因一河之隔，交往受阻，深受涉水之苦。乡民期盼修桥，望眼欲穿。时逢盛世，民生改善，此种愿望更加迫切。本地在外人士，积极倡导修建镇北盛达大桥、镇中利民便桥与滨河西路。其地形险峻复杂，工程浩大艰巨。上下同仁，全力以赴，四处奔波，筹集资金，得到省市县大力支持。二〇〇八年五月奠基，十一月落成，总投资七百余万元。林家坪镇形成东西两路对峙，南北盛达、利民、军工三桥横跨，贯通沿黄干线公路与沿黄旅游公路的交通枢纽。此项惠民工程，乡民无不欢欣鼓舞。值此两桥一路竣工之际，特撰此文，刻石永记。

筹办：林家坪镇党委、政府

经领：林家坪村党总支、村委会

承建：山西省长城路桥公司

撰文：王德余　郭丕汉　李永明

书写：高廷峰

刻石：刘新杰

公元二〇〇九年五月四日立

寺家塔世平桥简介

【简介】

2009年闰五月勒石。现存于临县临泉镇寺家塔村。碑砂石质，方形，石身高40、宽50厘米。为一块整石上嵌刻。碑文楷书，计6行，满行7字。内容是本村建世平桥的情况。碑文完好，字迹清晰，碑体完整。

【碑文】

简介

通向龙天庙、老爷庙石桥、石路，由赵世平出资壹拾壹万元于二〇〇九年农历闰五月二十日建成。

己丑年夏

修缮关帝财神庙碑记

【简介】

2009年闰五月勒石。现存于临县三交镇武家沟村。碑青石质，圆首，碑高153、宽59、厚8.5厘米。碑阳额题“流芳千古”4字。碑文隶体，正文计6行，满行36字。记载武家沟村修缮关帝庙、财神庙之事。碑阴额题“功德千秋”4字。保存完整。

【碑文】

（碑阳）

修缮关帝财神庙碑记

我武家沟村于壬申年八月在斜道上新修关帝财神庙一座，自落成开光以来，村人四时祭祀，香火不断，祈福求财者有求必应。十几年来，护佑全村平安昌盛，人旺财兴。年前因歹人侵犯，神像、门窗均遭破坏，村人无不目击心伤。因此在已丑年四月，由武汉富、武海全等人召集在村有识之士共同商定修缮庙宇，并拓宽硬化神道，于四月十一日动工。开工以来，村人大都积极投工，全力资助，在外地工作经商的村人亦慷慨捐款，因此工程进展顺利，历时三十八天，圆满竣工，择吉日开光。为表彰捐资者功德，故撰文刻碑以记之。芳名与后。

主任　武永生

经领人　武奴富　武海全　李三奶　武振平　武林动

捐资人　贰千元者　武卫峰　壹千伍百元者　武利生　壹仟元者　武二照　武逢春　武永生　武奴富　武海勤　赵国芳　武海明　赵忠明　砖厂　武小军　赵俊平　王建峰　武全保　陆佰元者　（10人，姓名略）伍百元者　（13人，姓名略）

（碑阴）

伍佰元者　（8人，姓名略）　肆佰元者　（17人，姓名略）　贰佰元者　（88人，姓名略）

撰文　武谈顺　丹青　赵廷杰　武谈照

石刻　薛元英　武卫卫

公元二〇〇九年农历闰五月十七日吉立

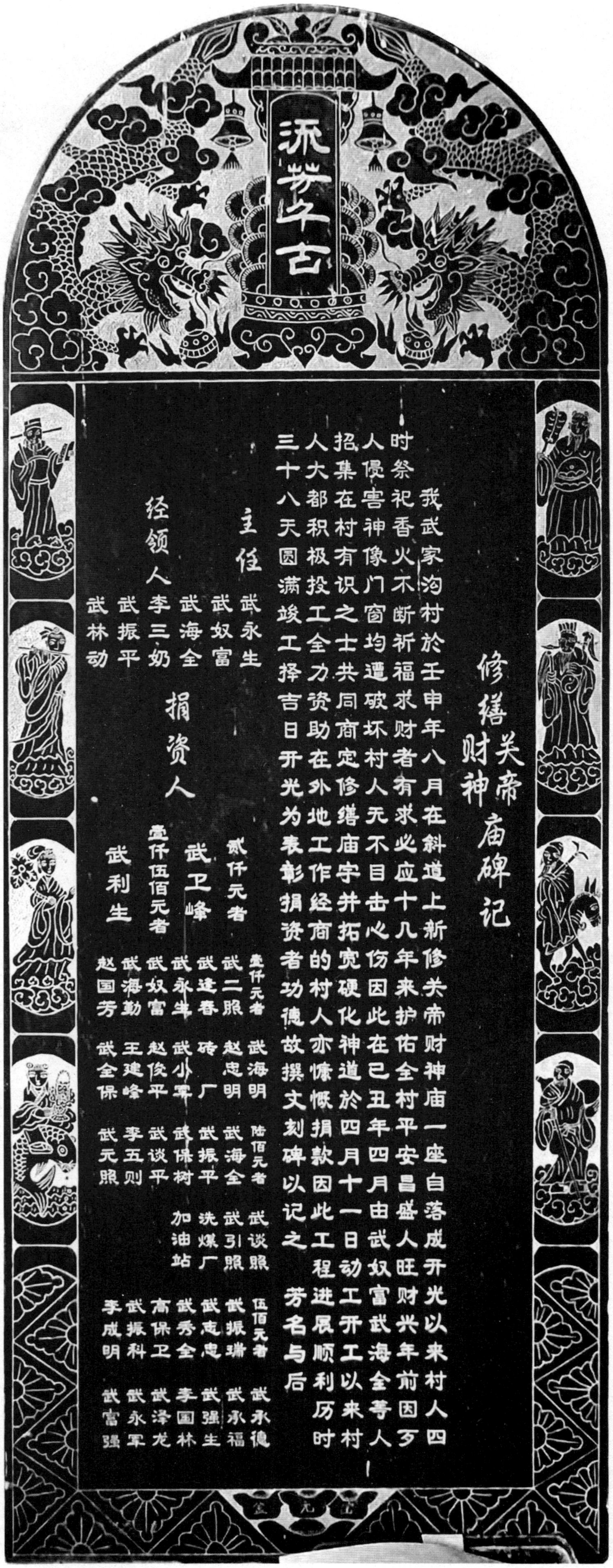

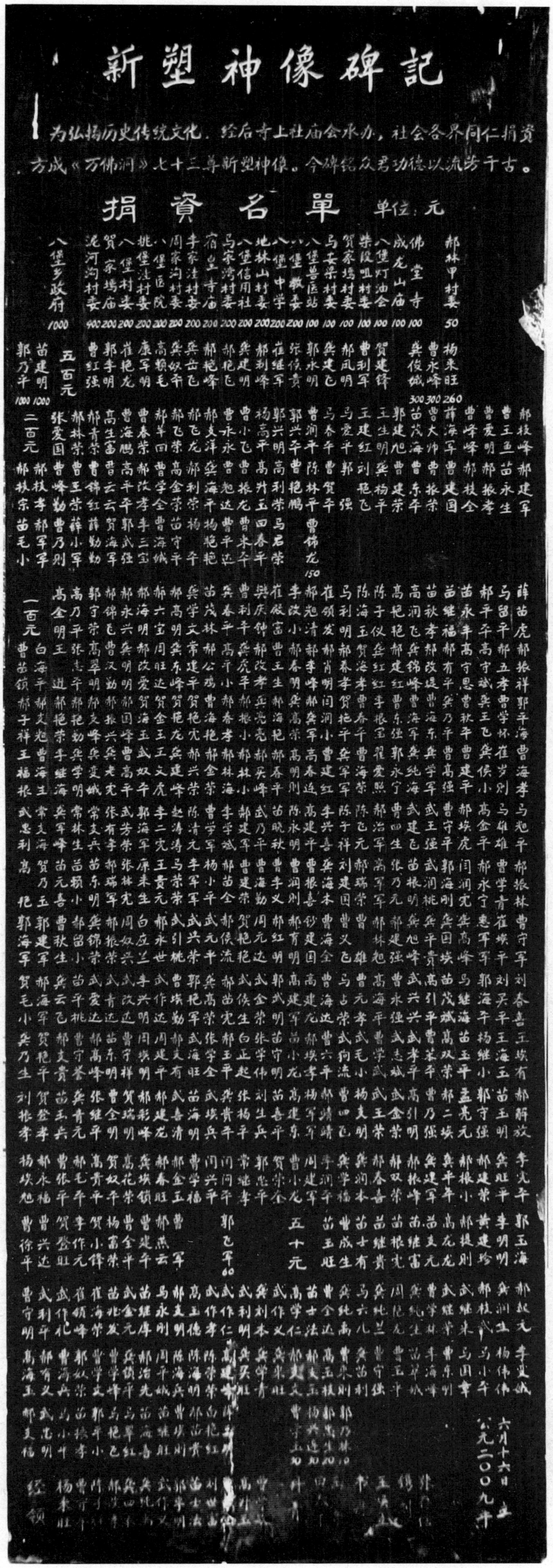

新塑神像碑记

【简介】

2009年6月勒石。现存于临县八堡乡后寺上。碑青石质，方首，身高193、宽67.5、厚9厘米。碑文楷书，正文计2行，满行29字。记载后寺上村新塑神像之事。保存完整。

【碑文】

新塑神像碑记

为弘扬历史传统文化，经后寺上社庙会承办，社会各界同仁捐资，方成《万佛洞》七十三尊新塑神像。今碑铭众君功德，以流芳千古。

捐资名单　单位：元

八堡乡政府1000　泥河沟村委400　贺家墕庙200　八堡村委200　桃堡洼村委200　八堡医院200　周家沟村委200　李家洼村委200　宿皇寺庙200　马家湾村委200　八堡信用社200　地林山村委200　八堡中学200　八堡教委200　攻堡兽医站100　成龙山庙100　佛堂寺10　郝林甲村委50

郭乃平1000　苗建明1000　五百元曹红强　郭李明　崔艳龙　康军明　高赖毛　龚奴平　龚岳飞　郝艳峰　郝艳飞　龚建明　郝利峰　张侯贵　郭永明　龚建飞　郝凤鸣　曹利军　贺建峰　龚俊娥300　曹永峰300　杨来旺260　（下略）

经领　杨来旺　曹守平　陈子峰　郝改孝　龚四三　龚纯尚　武作人　郭李明　苗士法　刘世富　曹□金　高升玉　曹学效

丹青　田春平　王奇

书丹　王焕立

镌刻　张存信

公元二〇〇九年六月十六日立

新增建娘娘庙碑记

【简介】

2009年6月勒石。现存于临县石白头乡李家洼村。碑青石质，圆首，碑身高130、宽55、厚7厘米。额题“芳名永垂”4字。碑文楷书，计6行，满行22字。记载李家洼村增修娘娘庙之事。保存完好。

【碑文】

（碑阳）

新增建娘娘庙碑记

国逢盛世，六村村民一致提议，要求在马王庙院内，再新增建娘娘庙一座，村民自愿集资，经多次商议，由高建章、高救星经领，于二〇〇九年农历三月动工，六月二十三日竣工，并即日开光庆典，村民高兴，此举乃是一件盛事，为了纪念特立此碑以记之。

书写：刘文博

雕刻：杨毛小

经领人：高建章　高救星

画工：吕宏正

公元二零零九年农历六月二十三日吉立

（碑阴）

捐款芳名

五千元　高存歧

五百元　高小荣　高小军

二百元　乔艳平　高五军

高记生　高救星　高卫兵

高向平　高建章　一百二

高富全　（下略）

临县太平沟小流域综合治理工程碑记

【简介】

2009 年 7 月勒石。现存于临县城庄镇寨上村。碑青石质，长方形，高 104、宽 150、厚 7 厘米。碑文楷体，正文 1 行，满行 14 字。记载太平沟小流域综合治理的情况。现保存完好。

【碑文】

（碑阳）

黄河水土保持生态建设项目

临县太平沟小流域综合治理工程

临县水利水保局

二〇〇九年七月

（碑阴）

工程简介

太平沟流域总面积 40km^3，项目治理面积 1250hm^2，包括乔木林 130hm^2，经济林 90hm^2，生态修复面积 1000hm^2，新建生产坝 10 座，淤地坝 5 座，可造地 26，新修灌溉渠道 540 米，可增加水地 4。治理后流域内水土保持综合治理度达到 76%，达到提高林草覆盖率、增强水土保持能力之目标。

项目工程总投资 251.2 万元，其中中央投资 150 万元，地方配套 101.2 万元。总工程量 17.48 万 m^3，其中：土方 17.41 万 m^3，石方 6581m^3，混凝土 336m^3，总投工 392 万工时。

五龙圣母庙碑记

【简介】

2009年7月勒石。现存于临县城庄镇大居村五龙圣母庙内。碑青石质，圆首方座，通高150厘米，其中碑身高130、宽60、厚10厘米，座高20、宽60、厚30厘米。额题“功德碑”3字。碑文楷书，计12行，满行30字，约200字。记载大居村五龙圣母庙维修之事。现保存完好。

【碑文】

圣母大庙于一九九五年六月重建以来，由于缺少维修，因而条件简陋，院内杂草丛生，与古建旧貌远不能比。今有主家提议，会集纠首十四人，行善事，集阴德，勤发动，广募捐，广大村民义务支工，于二〇〇九年六月维修。红砖铺院，松柏绿化，刷新大门，振兴庙宇，树碑立传，功昭后人。

经手人

主家：任顺虎　任启有　任启德　任启勇　李平平　杨汝其　杨海林

纠首：李海顺　王海峰　康全顺　王有生　冯月平　高来贵　张全生　马文祥

雕刻：杨毛小

书写：刘文博

公元二〇〇九年七月初一日立

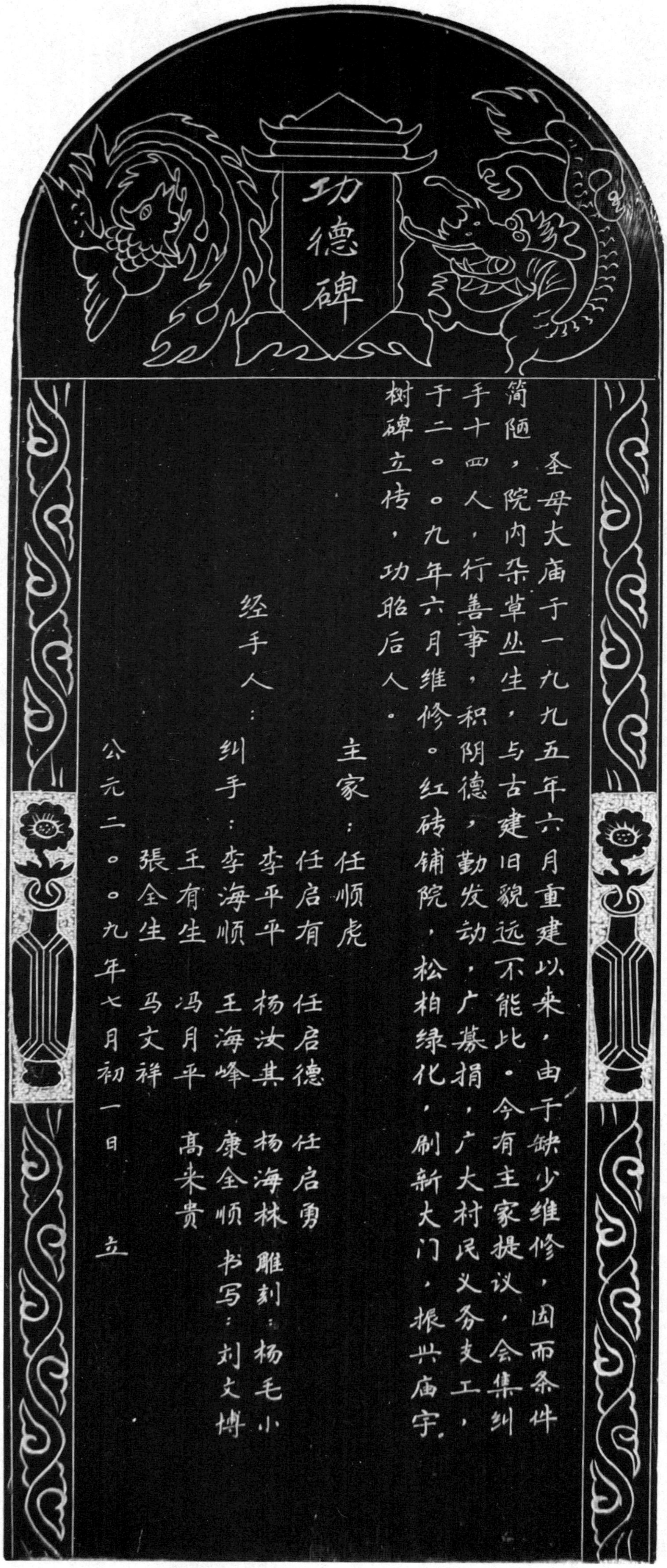

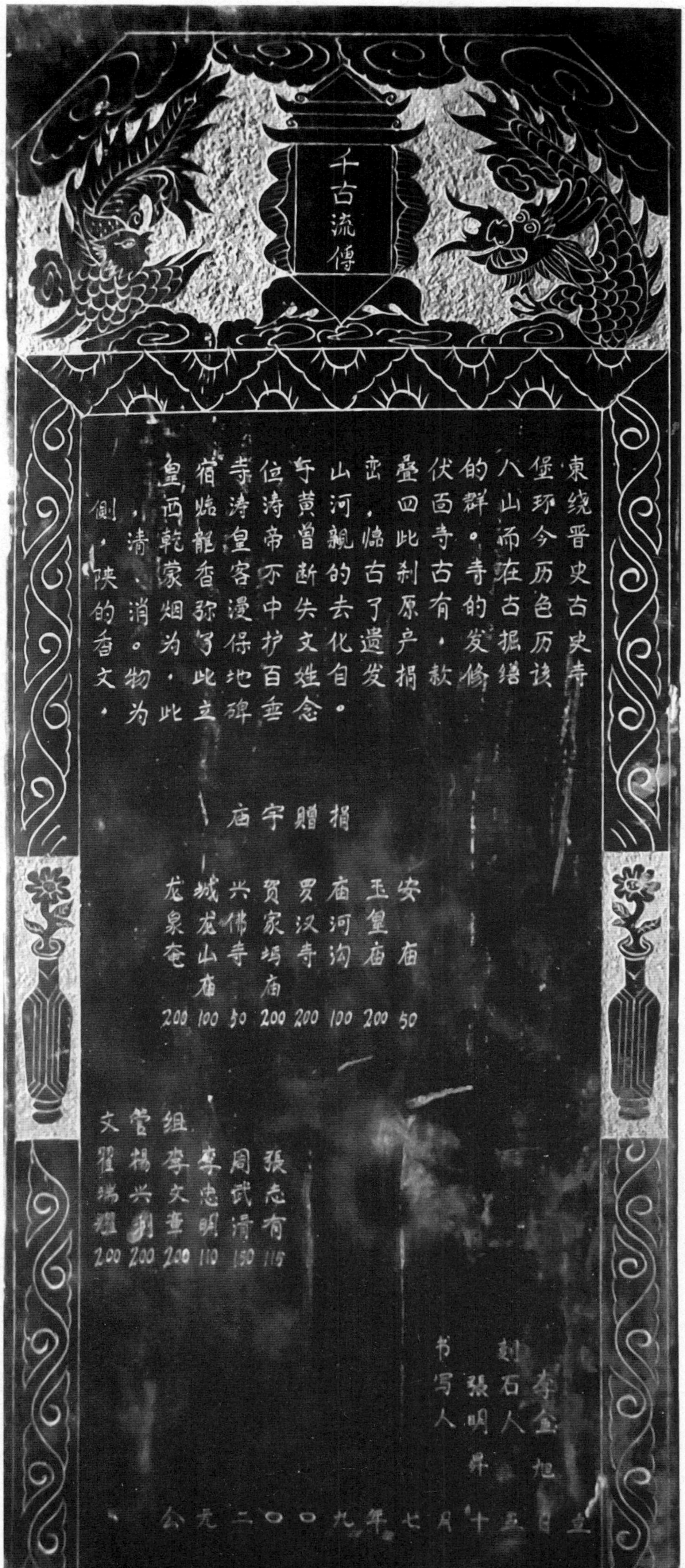

重修皇宿寺碑记

【简介】

2009 年 7 月勒石。现存于临县皇宿寺内。碑青石质，圆首方座，碑身高 154、宽 62、厚 8 厘米。额题“千古流传”4 字。碑文楷书，计 15 行，满行 8 字。记载皇宿寺的修缮情况。现保存完好。

【碑文】

皇宿寺位于山峦叠伏的八堡东侧，西临滔滔黄河，四面群山环绕，清乾隆皇帝曾亲临此寺。而今晋、陕、蒙香客不断，古刹古寺在历史的硝烟弥漫中失去了原有的古香。为了保护文化遗产，发掘历史文物，此地百姓自动捐款，修缮该寺，为此立碑垂念。

庙宇赠捐　龙泉庵 200　城龙山庙 100　兴佛寺 50　贺家塢庙 200　罗汉寺 200　庙河沟 100　玉皇庙 200　安庙 50

文管组　翟瑞耀 200　杨兴则 200　李文章 200　李忠明 110　周武清 150　张志有 115

书写人　张明升

刻石人　李金旭

公元二〇〇九年七月十五日立

大王庙维修碑记

【简介】

2009 年 7 月勒石。现存于临县临泉镇柏火墕村。碑龙首方座，大理石身、青石首，碑身高 138、宽 60、厚 7 厘米。碑首高 40、宽 67、厚 14 厘米。额题“碑记”2 字。碑文楷书，计 4 行，满行 30 字。主要内容是记载维修大王庙的情况。现保存完好。

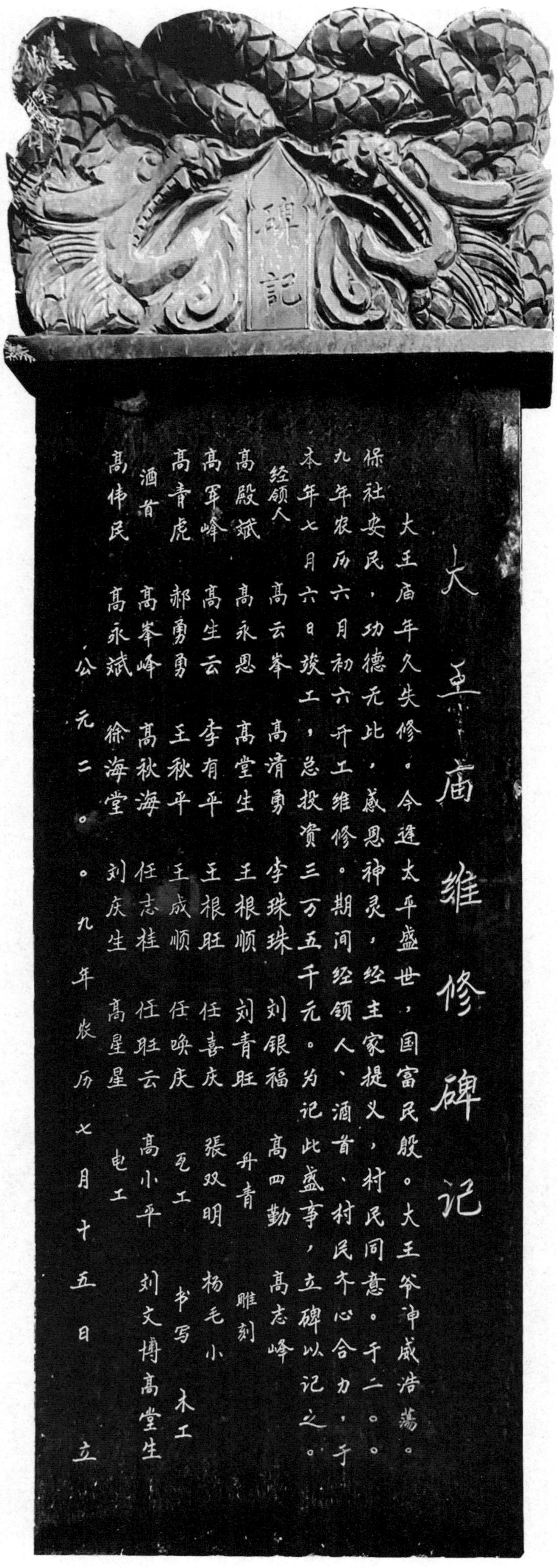

【碑文】

大王庙维修碑记

大王庙年久失修，今逢太平盛世，国富民殷，大王爷神威浩荡，保社安民，功德无比，感恩神灵，经主家提议，村民同意，于二〇〇九年农历六月初六开工维修，期间经领人、纠首、村民齐心合力，于本年七月六日竣工，总投资三万五千元。为记此盛事，立碑以记之。

经领人　高殿武　高军峰　高青虎

纠首　高伟民　高云峰　高永恩　高生云　郝勇勇　高峯峰　高永斌　高清勇　高堂生　李有平　王秋平　高秋海　徐海堂　李珠珠　王根顺　王根旺　王成顺　任志桂　刘庆生　刘银福　刘青旺　任喜庆　任唤庆　任旺云　高星星　高四勤

丹青　张双明

瓦工　高小平

电工　高志峰

雕刻　杨毛小

书写　刘文博

木工　高堂生

公元二〇〇九年农历七月十五日立

南庄村观音庙重建碑记

【简介】

2009年7月勒石。现存于临县白文镇南庄村。碑青石质，方首，高173、宽70、厚8厘米。碑阳额题“功德无量”4字。碑文楷书，正文计11行，满行39字。记载南庄村重修观音庙的情况。碑阴镌刻捐款花名。保存完好。

【碑文】

（碑阳）

南庄村观音庙重建事记

观音庙始建时间无证考查，据传说于文化大革命期间，毁像拆庙。时隔三十年，于一九九五年经贺云福筹资，在原址上重建，设计为砖混结构，内无塑像，间口不大，前后支付款肆千捌百元，其中收捐款一千零几。今年二月贺云福计划筹资在他有生之年重新扩建观音庙，再塑金身，完成他一生之愿。经多次和经建人孙定义、李兴忠、郝发旺相商，于二〇〇九年二月十七日动工。在原址上重新建观音庙，连同神棚翻新，工程全部为砖混结构，间口扩大，新塑观音老母灵像和内墙壁画，一次性完成，耗资壹万伍千壹百壹拾壹元整。共用大工二十七个，小工一百多个，车工共用七个，塑像壁画工程，历时一百六十天，于七月六日吉时竣工。置铁香炉一个，八十斤响钟一口，共耗资陆千伍百元整。观音庙、神棚、老爷庙共计支款肆万伍千多元，其中收捐款壹万多元，于己丑年十月十六日吉时，在礼炮轰鸣、香烟缭绕中开光。祈祷观世音菩萨保佑全体村民信士，村兴民富，财源广进，四季平安，五谷丰登，万事如意。

承办主管人：贺云福

经办人：孙定义　李兴忠　郝法旺

工匠：高永全　郝通旺　李俊火　郝光汉

木金工：郝英明

丹青：秦清平　郝金顺

撰文：郝发旺

书写：刘文博

雕刻：李奴兴　李金旭

公元二〇〇九年农历己丑年七月十六日立

（碑阴）

捐款花名

二百元：张建平

一百元：郝计旺　李兴旺　郝英明

（下略）

功德無量

南庄村观音庙重建事记

观音庙始建时间无证考查，据传说于文化大革命期间毁像拆庙，时隔卅年，于一九九五年经贺云福酬资，在原址上重建，设计为砖混结构，内无塑像，间口不大，前后支款四千捌百元，其中收捐款一千零几。今年二月贺云福计划筹资在他有生之年重新扩建观音庙再塑金身，完成他一生之愿，经多次和经建人孙定义、李兴忠、郝发旺相商，于二〇〇九年二月十七日动工，在原址上重新建观音庙，连同神棚翻新，工程全部为砖混结构，间口扩大，新塑观音老母灵像和内墙壁画，一次性完成，耗资壹万伍千叁壹百壹拾壹元整，共用大工二十七个，小工一百多个，车工共用七个。塑像壁画工程，历时一百六十天，于七月六日吉时竣工。置铁香炉一个，八十斤响钟一口。共耗资陆千伍百元整。观音庙、神棚、老爷庙，总计支款肆万伍千多元，其中收捐款壹万多元。于己丑年七月十六日吉时在礼炮轰鸣，香烟燎绕中开光，祈祷观世音菩萨保佑全体村民信士，村兴民富，财源广进，四季平安，五谷丰登，万事如意。

承办主管人：贺云福（经办人：孙定义、李兴忠、郝法旺、郝来庆）

工匠：高永全、郝通旺、李俊火、郝光汉，木金工：郝英明

丹青：秦清平、郝全顺　撰文：郝发旺　书写：刘文博

雕刻：李奴兴、李金旭

公元二〇〇九农历己丑年七月十六日立

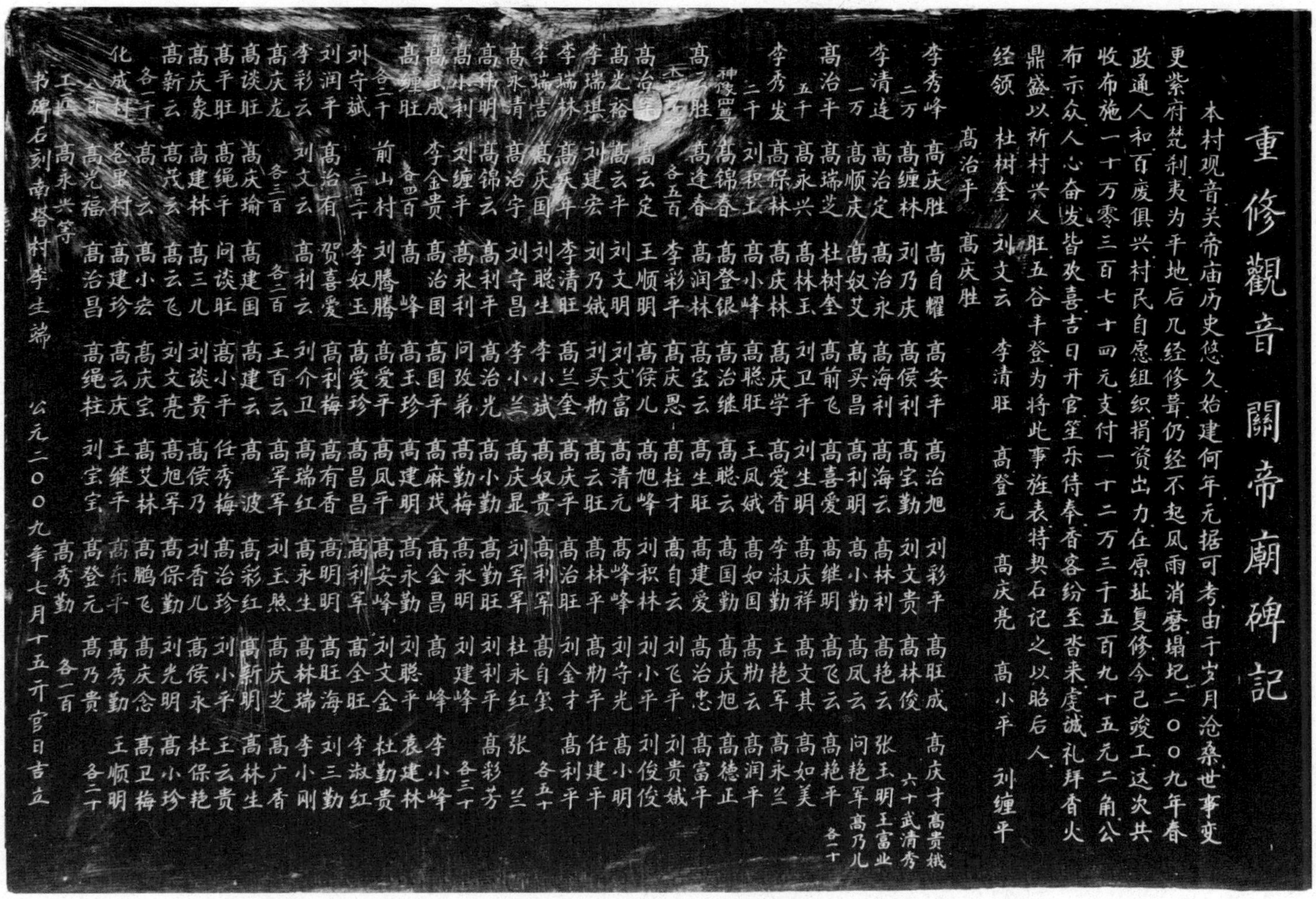

重修观音关帝庙碑记

【简介】

2009年7月勒石。现存于临县安家庄乡后山村。长方形，青石质。碑身高99、宽150、厚10厘米。碑文楷书，正文计6行，满行30字。内容是本村重修观音、关帝庙的情况。碑文完好，字迹清晰，碑体完整。

【碑文】

重修觀音關帝廟碑記

本村观音、关帝庙历史悠久，始建何年，无据可考。由于岁月沧桑，世事变更，紫府梵刹，夷为平地。后几经修葺，仍经不起风雨消磨塌圮，二〇〇九年春，政通人和，百废俱兴，村民自愿组织，捐资出力，在原址复修，今已竣工，这次共收布施十万零三百七十四元，支付十二万三千五百九十五元二角，公布示众，人心奋发皆欢喜，吉日开光，笙乐侍奉，香客纷至沓来，虔诚礼拜，香火鼎盛，以祈村兴人旺，五谷丰登，为将此事旌表，特镌石记之，以昭后人。

经领　杜树奎　刘廷云　李青旺　高登元　高庆亮　高小平　刘缠平　高治平　高庆胜

李秀峰二万　李清连一万　高治平一千　李秀发二千　神像四尊　高云胜木料二十方　高治军　高光裕　李瑞琪　李瑞林　李瑞吉　高永清　高伟明　高小利　高玉成　高缠旺　各二千　（下略）

书碑刻石　李生端

公元二〇〇九年七月十五日吉立

重修文昌庙魁星阁碑记

【简介】

2009年8月勒石。现存于临县安家庄乡化成村，立于砖砌护窑中。碑青石质，圆首。碑身高152、宽58、厚7厘米。碑文楷书，正文计18行，满行15字。记载化成村重修文昌庙、魁星阁的情况。保存完好。

【碑文】

（碑阳）

明正德年间兴建文昌庙魁星阁以来，神灵护佑我村，政通人和，村业兴旺，先后中举入仕高官多人，原两处建筑因风雨侵蚀，年久失修，成为废墟之地。但逢年过节，香火缭绕，求神者众多。二〇〇九年春，村民自发组织集资设计，重新在原址上修建文昌庙魁星阁，在经领人的精心策划下，农历二月初三破土动工，工匠和村民密切配合，奋力劳作，仅用一月时间，工程顺利竣工，总投资八万元，投工一千七百余个，四月十七日举行了隆重的开光庆典。

此项工程的落成，实属善男信女们的劳苦功德，他们自动投工，慷慨解囊，为彪炳后世，千古流芳，谨将捐资投工花名开列。

经领人：高继有、高春明、高玉勤、高继清、高根喜、高谈喜、高来锁、高乃锁。

设计人：高恩富。

石工：高银乃、高勤乃、李臭臭、高生富、高奴平。

泥瓦工：王来贵、高东勤、高振兴、高谈宝、张军勤、高建荣、高侯飞、高永永、高利平、高建峰、高峰珍、李云、高文平、高艳明、高海明。

油漆工：高百顺、王进。

泥塑王：建耀。

撰文：高恩富。

公元二〇〇九年八月初三日

（碑阴）

重修文昌庙、魁星阁集资花名

一千五百元　高小勤　一千元　高汝亮　高顺勤　高海平　高国平　王卫民　王平　高海勤　高管军　高海顺　高奋勤　高保富　高荣　高海峰　高海荣　高振全　张汝爱　高华　高小明　捌百元　高启民　高志富　高建刚　（下略）

重修文昌庙、魁星阁投工花名

（略）

公元二〇〇九年八月初三日

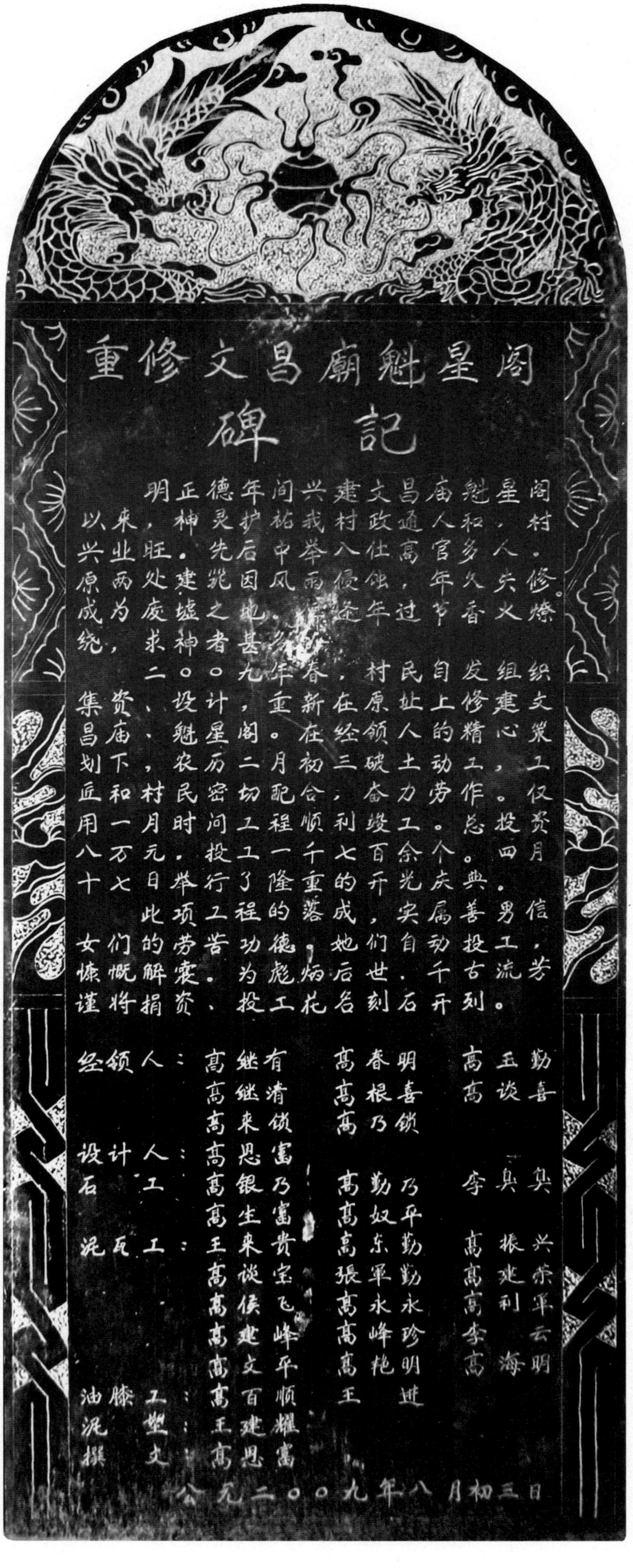

重修文昌廟魁星阁碑記

明正德年间兴建文昌庙魁星阁以来，神灵护佑我村政通人和，村兴业旺。先后中举入仕高官多人。原两处建筑因风雨侵蚀，年久失修。成为废墟之地。每逢年过节香火燎绕，求神者甚多。

二〇〇九年春，村民自发组织集资、设计，重新在原址上修建文昌庙、魁星阁。在经领人的精心策划下，农历二月初三破土动工，工匠和村民密切配合，奋力劳作。仅用一月时间工程顺利竣工。总投资八万元，投工一千七百余个。四月十七日举行了隆重的开光庆典。

此项工程的落成，实属善男信女们的劳苦功德。她们自动投工，慷慨解囊。为彪炳后世，千古流芳，谨将捐资、投工花名刻石并列。

经领人：高继有　高春明　高玉勤
高继清　高根喜　高谈喜
高来锁　高乃锁

设计人：高恩富

石　工：高银乃　高勤乃　李奂奂
高生富　高奴平

泥瓦工：王来贵　高东勤　高振兴
高谈宝　張平勤　高建宗
高侯飞　高永永　高利平
高建峰　高峰珍　李云
高文平　高艳明　高海明
王进

油漆工：高百顺

泥　塑：王建耀

撰　文：高恩富

公元二〇〇九年八月初三日

真武山修复碑记

【简介】

2009年8月勒石。现存于临县丛罗峪镇丛罗峪村。方形盘龙首，青石质。通高318厘米，其中碑头高78、宽110、厚21厘米，碑身高180、宽99、厚15厘米，乌龟座高60、宽110、厚190厘米。碑文电脑楷体，正文计13行，满行32字。碑阳额题“修缮复兴”4字。记载丛罗峪村真武庙修复的情况。碑阴额题“公德义举”4字。正文镌刻村委成员、主管服务员等。现保存完好。

【碑文】

（碑阳）

修复碑记

承前开今，与时偕行。在历届文管组的精心策划下，真武山旅游景点之修复工程，先后建起庙宇、龛阁十三处，其他实施建筑十二处。上世纪八、九十年代修建佛殿、正殿、娘娘庙、社窑、山门（即天王庙）、韦驮阁等。本世纪初修复观音殿、灵官殿、陟山桥、石踏道、眼神阁、碑亭、钟楼、鼓楼、东殿、西殿、太阳阁等，修缮前院圪塄、暗水道、后院大门、神泉房等。真武观建筑群，殿亭楼阁，雕梁画栋，神佛塑像，栩栩如生，庙观辉煌雄伟，典雅幽静，玄天神威显赫，德高道深，烛灯常明，香火旺盛，晨钟暮鼓，音荡四方。棵棵松柏挺拔，处处苍翠葱茏，信男善女，虔诚觐圣，志士仁人，立德建功。本镇政府注重旅游业的发展，曾于公元二〇〇七年三月三日，提升其知名度。历届村委对真武山的修复和发展积极支持，尤其后两届村委身肩道义，尽心竭力，施良谋，运善策，作出显著成绩，邻村义襄者，主动前来为真武山大会服务，精神诚然可嘉。开放政策，指路明灯，恺悌盛世，同心同德，在各级政府和社会各界的大力支持与捐助下，真武山景点之修复日益完善，发展前景更加广阔，将成为黄河峡谷旅游区的一颗灿烂明珠。

真武山文管组

公元二〇〇九年八月九日立

（碑阴）

村委会成员：高宏平　王玉成　王凤奎　王文斌　王银厚　王卫平

主管服务员：贺汝廉　高克甫　王思德　贺启利　王引魁　王治财　王裕进　王进喜　王奴贤　贺运熙　王进世　李玉山　贺哲熙　王绳宝　王丕祥　王义胜　王荣奎　王进山　王喜贵　王富强　王乃平　王力富　王清珍　王斌奎　王德才　王平连　王宽富　白金柱　李生连　贺丁奉　贺承玉　王正喜　王玉奎　王苏平　王年生　王恩发　王进宝　王来福　王侯四　白恩齐　冯阳爱　李建兰　贺世林　贺承烈

邻村义襄者：王建国（等26人略）

修缮复兴
修复碑记
承前开今与时偕行在历届文管组的精心筹划下真武山旅游景点之修复
工程先后建起庙宇龛阁十三处其它实施建筑十二处上世纪八九十年代修建
佛殿正殿娘娘庙社窑山门即天王庙韦陀阁等本世纪初修筑观音殿灵官殿陟
山桥石踏道眼神阁碑亭钟楼鼓楼东殿西殿太阳阁等修缮前院圪塄暗水道后
院大门神泉居等真武观建筑群殿亭楼阁雕梁画柱神佛塑像栩栩如生庙观辉
煌雄伟典雅幽静玄天神威显赫德高道深烛灯常明香火旺盛晨钟暮鼓音荡四
方棵棵松柏挺拔处处苍翠茏葱信男善女虔诚觐圣志士仁人立德建功本镇政
府注重旅游业的发展曾于二〇〇七年三月三日举办真武山旅游景点启动仪
式提升其知名度历届村委对真武山的修复和发展积极支持尤其后两届村委
身肩道义尽心竭力施良谋运善策作出显著成绩邻村义襄者主动前来为真武
山大会服务精神诚然可嘉开放政策指路明灯恺悌盛世同心同德在各级政府
和社会各界的大力支持与捐助下真武山景点之修复日益完善发展前景更加
广阔将成为黄河峡谷旅游区的一颗灿烂明珠
真武山文管组
公元二〇〇九年八月十九日 立

开化社庙第三次修缮碑记

【简介】

2009年8月勒石。现存于临县雷家碛乡开化村。碑青石质，方形，高205、宽92、厚8厘米。碑阳额篆“流芳”2字。碑文楷书，正文计9行，满行47字。主要内容是记载重修大庙的情况。碑阴刊刻布施名单。现保存完好。

【碑文】

（碑阳）

開化社廟第三次修繕碑記

尝闻祈天地之神灵，叨万物之精气，修庙敬神，拜佛之风，自古有之。实人类美好愿望之精神寄托行为。开化社庙，原称大庙，始建何年，无经考证。年长人忆及，民国二十年代左右即有人进庙敬神，在文化革命中，斯庙则毁于一旦。近年历经三次修缮。第一次在社首张和小等筹谋下于一九九四年动工，至一九九五年六月十九日开光，在原庙址上修盖三孔窑洞及院墙，乃基础也。第二次是贺玉明等人主持，在原修基础上进行了加固，本次大修在社首张贵春、曹引平、张学智等十人的经领下，于今年正月决定补修庙院，重塑神像，得到了社会各界同仁与村社广众的大力支持。从三月初一日动工，至六月中旬竣工，总支出约十五万多元，社经领人员坚守工地，各负其责，社众各尽其能，累计无偿投工四百多个，捐料金额约二千多元，各项捐资善款十八万余元。其间请陕西塑画名师对庙内神像和配套设施进行了认真严格的规划设计，以高质量、严要求之标准进行修塑，使大庙完工后焕然一新。神像壁画栩栩如生，庙宇布局层次分明，入其景使人有一种身游仙境之感，此乃经领人和所有社会出力人士之无量功德，今列其芳名于金石，将永垂青史耳。

經領　张贵春

副经领　曹引平　张学智　张鹏飞　张文清　张春则　张小小　李西林　曹青旦　李平平

木工　常根勤　张军军

塑像丹青　徐孝忠　苗平平

撰文书丹　王焕立

石刻　王安平　魏伊美

开化社庙修缮领导组

公元二〇〇九年农历八月十五日立

（碑阴）

布施名单　单位：元

开化村　常小兵10000　张候贵5000　二千元　张玉成　贺庆翔　常存伟　常利兵　张文德　张永红　常爱全　刘逢泽　一千元　李利花　张贵庆　张海荣　常卫全　高原（外宾）　常务在（外宾）　贺永明　张文高　张荣林　张志勤700　张红红600　常存仁600　张对小600　五百元　（下略）

前坪村　张旭勤2000　郝建平2000　常宏1000　张枝烈1000　张志强1000　张德仓1000　五百元　（下略）

双井沟村　张海红3000　李永成1000　李喜全1000　贺凤连1000　（下略）

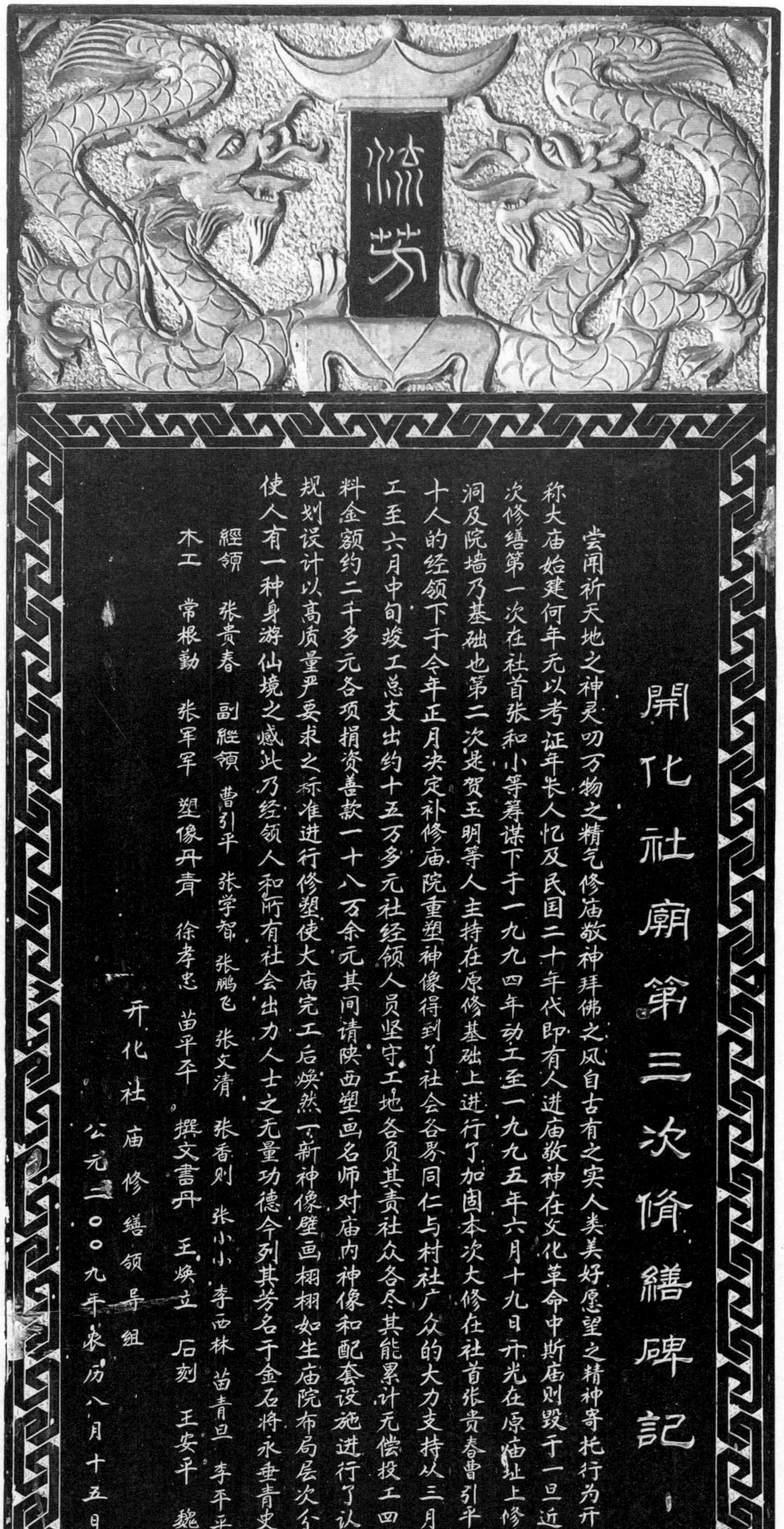

流芳

開化社廟第三次修繕碑記

尝闻祈天地之神灵叨万物之精气修庙敬神拜佛之风自古有之实人类美好愿望之精神寄托行为开化社庙原称大庙始建何年无以考证年长人忆及民国二十年代即有人进庙敬神在文化革命中斯庙则毁于一旦近年历经三次修缮第一次在社首张和小等筹谋下于一九九四年动工至一九九五年六月十九日开光在原庙址上修盖三孔窑洞及院墙乃基础也第二次是贺玉明等人主持在原修基础上进行了加固本次大修在社首张贵春曹引平张学智等十人的经领下于今年正月决定补修庙院重塑神像得到了社会各界同仁与村社广众的大力支持从三月初一日动工至六月中旬竣工总支出约十五万多元社经领人员坚守工地各负其责社众各尽其能累计无偿投工四百多个捐料金额约二千多元各项捐资善款一十八万余元其间请陕西塑画名师对庙内神像和配套设施进行了认真严格的规划设计以高质量严要求之标准进行修塑使大庙完工后焕然一新神像壁画栩栩如生庙院布局层次分明入其景使人有一种身游仙境之感此乃经领人和所有社会出力人士之无量功德今列其芳名于金石将永垂青史耳

經领 张贵春 副經领 曹引平 张学智 张鹏飞 张文清 张香则 张小小 李西林 苗青旦 李平平

木工 常根勤 张军军 塑像丹青 徐孝忠 苗平平 撰文書丹 王焕立 石刻 王安平 魏伊美

开化社庙修缮领导组

公元二〇〇九年农历八月十五日立

开化村修庙常小兵功德碑

【简介】

2009年8月勒石。现存于临县雷家碛乡开化村。碑青石质，方首，高130、宽55、厚5厘米。额篆“流芳”2字。碑文楷书，正文计6行，满行27字。记载重修社庙时常小兵乐于捐资之事。现保存完好。

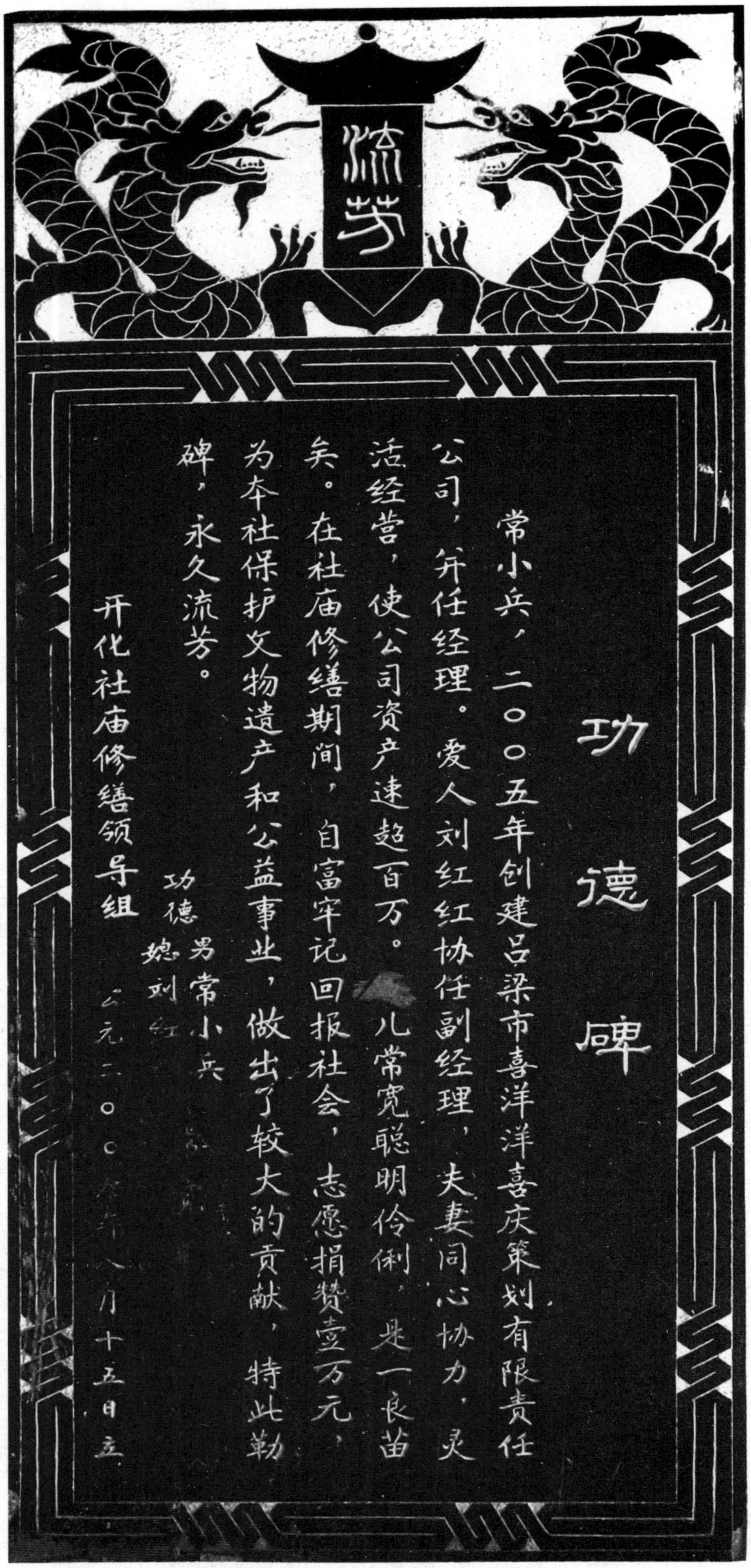

【碑文】

功德碑

常小兵，二〇〇五年创建喜洋洋喜庆策划有限责任公司，并任经理。爱人刘红红协任副经理，夫妻同心协力，灵活经营，使公司资产速超百万。女儿常宽聪明伶俐，是一良苗矣。在社庙修缮期间，自富牢记回报社会，自愿捐赞壹万元，为本社保护文物遗产和公益事业，做出了较大的贡献。特此立碑，永久流芳。

功德男常小兵　媳刘红红　女常宽

开化社庙修缮领导组

公元二〇〇九年农历八月十五日立

开化村修庙张侯贵功德碑

【简介】

2009年8月勒石。现存于临县雷家碛乡开化村。碑青石质，方首，高130、宽55、厚5厘米。碑文楷书，正文计5行，满行29字。额篆“永垂”2字。记载重修社庙时张侯贵乐于捐资之事。现保存完好。

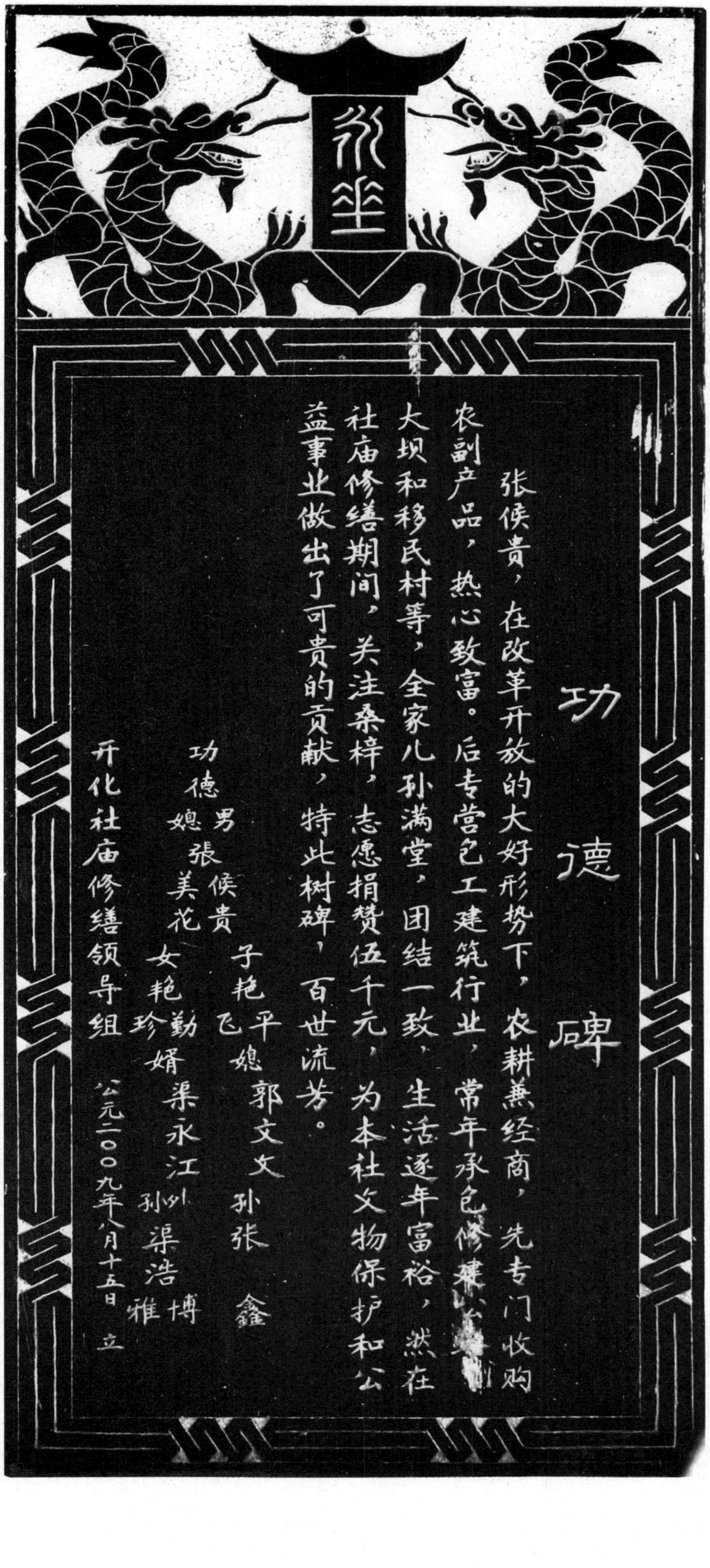

【碑文】

功德碑

张侯贵，在改革开放的大好形势下，农耕兼经商，先专门收购农副产品，热心致富，后专营包工建筑行业，常年承包修建公路、大坝和移民村等，全家儿孙满堂，团结一致，生活逐年富裕，然在社庙修缮期间，关注桑梓，志愿捐赞伍千元，为本社保护文物遗产和公益事业，做出了较大的贡献。特此树碑，百世流芳。

功德 男张侯贵、媳张美花，子艳平、艳飞，媳郭文文，孙张鑫。女艳勤、艳珍，婿渠永江，外孙渠浩博、浩雅。

开化社庙修缮领导组

公元二〇〇九年农历八月十五日立

开化村修庙张海红功德碑

【简介】

2009年8月勒石。现存于临县雷家碛乡开化村。方形，碑青石质，高130、宽55、厚5厘米。碑文楷书，正文计4行，满行26字。额篆“功德”2字。记载重修社庙时张海红乐于捐资之事。现保存完好。

【碑文】

功德碑

张海红，近三年来，专营承包修路等工程，效益大增，过止了富裕的小康生活。但心系家乡，在社庙修缮期间，志愿捐赞叁千元人民币，为本社文物保护与公益事业，做出了可喜的贡献。特刻碑铭，以志流芳。

功德男张海红　媳张虎亮　子张凯　女张夏　张璇

开化社庙修缮领导组

公元二〇〇九年农历八月十五日立

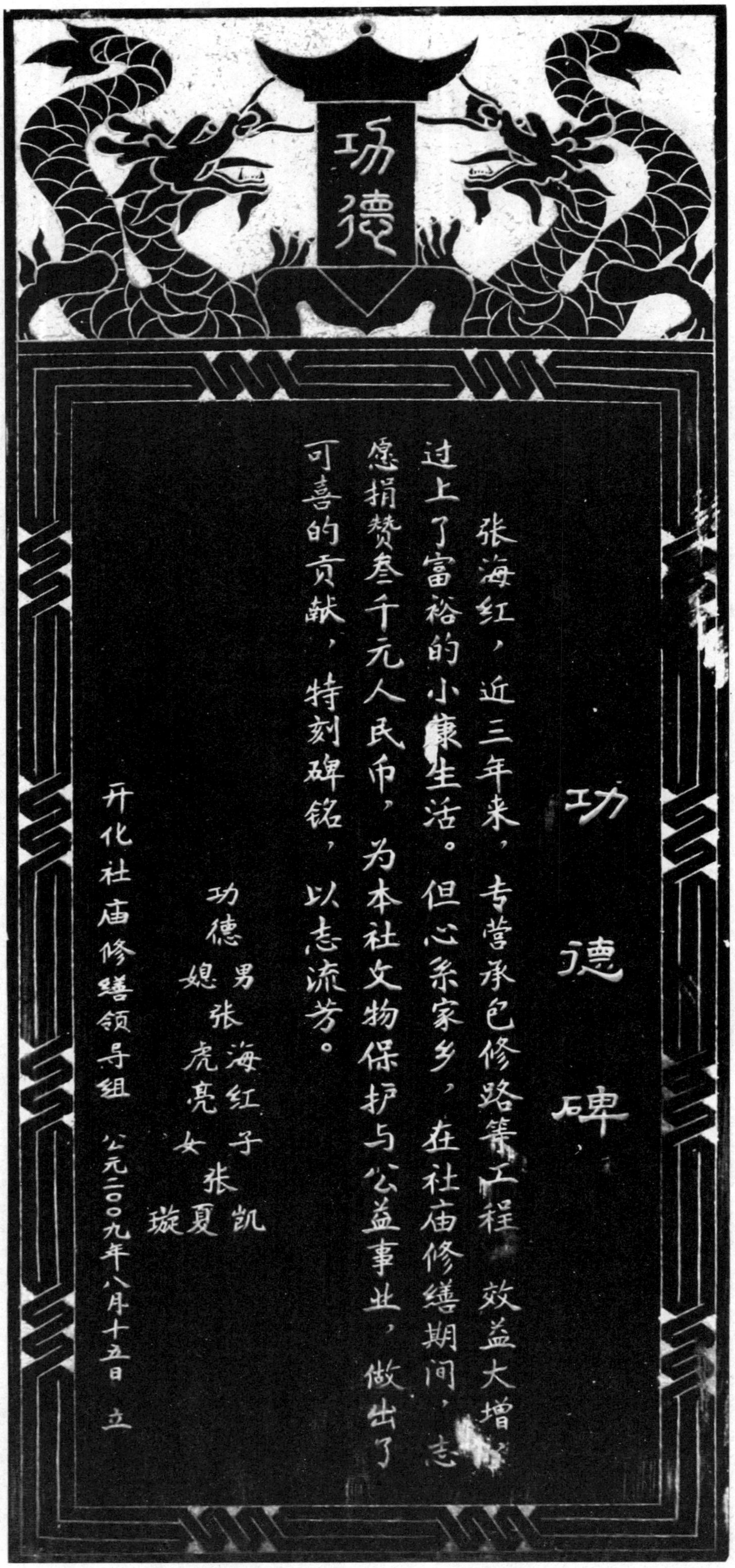

重修关帝庙碑记

【简介】

2009 年 8 月勒石。现存于临县碛口镇关帝庙内。方形龙首，青石质。碑身高 201、宽 70、厚 9 厘米。碑阳额题“功德千古”4 字。碑文楷书，正文计 10 行，满行 37 字。记载碛口镇重修关帝庙的经过。碑阴额题“芳名百世”4 字。正文刊刻捐款名单。现保存完好。

【碑文】

（碑阳）

重修关帝庙碑记

碛口形胜，天佑地生，卧虎岗峦，风物殊佳，气连云瞿，势吞大碛，远衔陕北风光，近承黄土地脉，西携奔腾黄河，东牵百里湫川，骚人见状惊怀，墨客即景动容。明清之时，赖商贾襄举，置黑龙庙、关帝庙于斯。关帝庙里称后庙，亦兼碛口会馆，曩时周方百姓，古镇商贾求财祈福，多传有验，香火旺盛，四民安康，商庙共荣，驼铃不绝，听愿戏继日夜，小镇大都会，货物连东西。清末民初，军阀动乱，日寇侵略，国难当前，帝庙舍身于抗战之兵工事业，忠勇报国，墙残垣圮，庙阙崩褫，唯有础基。欣逢盛世，古迹幸甚，誉为国宝，政府拨款，名人捐资，依耆老描绘旧制，专家与方设计，芟刈芜秽谨从故基，拓旧址于一新，帝庙举于高阜，两侧三官火神，东西廊厅，阜下为戏园，南设山门，上建戏楼，东西为钟鼓楼，侔于黑龙庙。园之东西大小窑洞十孔，顶置戏园梨房，对称分列，庙依山势而布局，参差有致，宇据道场之体式，玲珑俱全，沐朝阳，驻晚霞，实乃神阙仙界。甲申初建，越四年成，国帑 200 万元，义捐若干，施捐芳名，勒之金石，以旌善人，德昭后世，是以志之。

李崇荣五十万元　李立国二十万元　王成军二万元　李增勤二万元　罗乃保　罗有保　罗金保　罗全保　罗乃平　罗玉梅　罗乃连合捐十万

施工设计：山西省文物技术中心并临县秦春宁

经领人：王成军　张犬照　杨卫华　郝大山　高文贵

撰文：张犬照

书写：杜增玉

刻石：杨毛小

公元二〇〇九年八月十七日立

（碑阴）

芳名百世

雷国平三千元　王青云三千元　刘侯仁三千元　秦春宁三千元　李勤锁三千元　杨鑫三千元　张犬照二千元　段建国二千元　高侯平二千元　高恩奎二千元　陈顺二千元　碛口客栈二千元　郝大山一千元　杨卫华一千元　冯其福一千元　陈茂民一千元　陈茂亮一千元　陈侯平一千元　（下略）

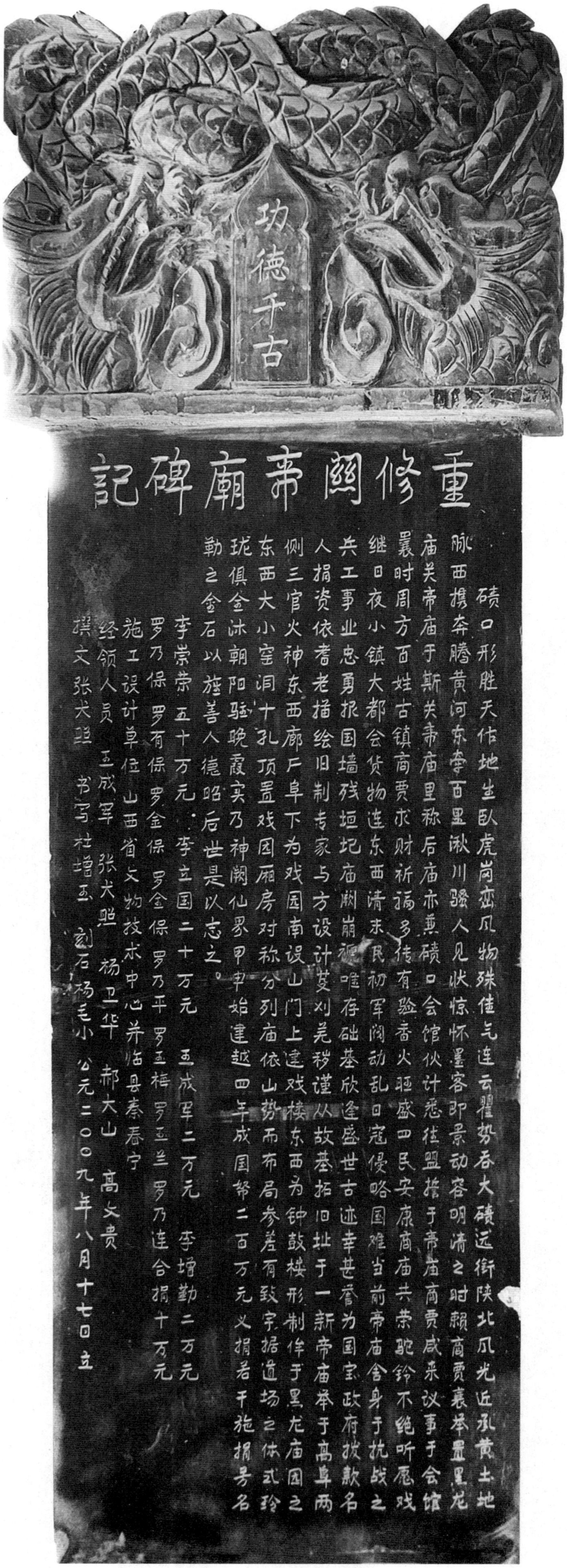
功德千古
重修关帝庙碑記
碛口形胜天佑地生卧虎岗峦凤物殊佳气连云矍势吞大碛远衔陕北风光近承黄土地
脉西携奔腾黄河东李百里湫川骚人见状惊怀墨客即景动容明清之时赖商贾襄举置黑龙
庙关帝庙于斯关帝庙里称后庙亦兼碛口会馆伙计悉往盟誓于帝庙商贾咸集议事于会馆
曩时周方百姓古镇商贾求财祈福多传有验香火旺盛四民安康商庙共崇驼铃不绝听凰戏
继日夜小镇大都会货物连东西清末民初军阀动乱日寇侵略国难当前帝庙舍身于抗战之
兵工事业忠勇报国墙残垣圮庙榭崩颓唯存础基欣逢盛世古迹幸甚誉为国宝政府拨款名
人捐资依耆老描绘旧制专家与方设计艾刘羌秽谨从故基拓旧址于一新帝庙举于高阜两
侧三官火神东西廊厂阜下为戏园南设山门上建戏楼东西为钟鼓楼形制仿于黑龙庙园之
东西大小窑洞十孔顶置戏园厢房对称分列庙依山势而布局参差有致宇据道场之体式玲
珑俱金沐朝阳骚晚霞实乃神阙仙界甲申始建越四年成园帑二百万元义捐若干施捐号名
勒之金石以旌善人德昭后世是以志之。
李崇崇五十万元．李立国二十万元　王成军二万元　李增勤二万元
罗乃保　罗有保　罗金保　罗全保　罗乃平　罗玉梅　罗玉兰　罗乃连合捐十万元
施工设计单位山西省文物技术中心并临县秦春宁
经领人员　王成军　张大照　杨卫华　郝大山　高文贵
撰文张大照　书写杜增玉　刻石杨毛小　公元二〇〇九年八月十七日立

周家沟创建大坝碑记

【简介】

2009年8月勒石。现存于临县八堡乡周家沟村。碑青石质，方形，高129、宽55、厚5厘米。碑文楷书，正文8行，满行17字。记载周家沟创建大坝的情况。现保存完好。

【碑文】

碑记

我村居于山西临县黄河东岸两省四县交界。根据历史记载，周家沟是千年文明古村，现在依然是古老的旧貌。今人周建平、周安民、周高明、曹六平为了改变旧貌，输通南北交通，坚持自力更生，发揚大禹治水的精神，不分昼夜、废寝忘食创建这座前人未想的幸福大坝。

公元二〇〇九年八月十七日立

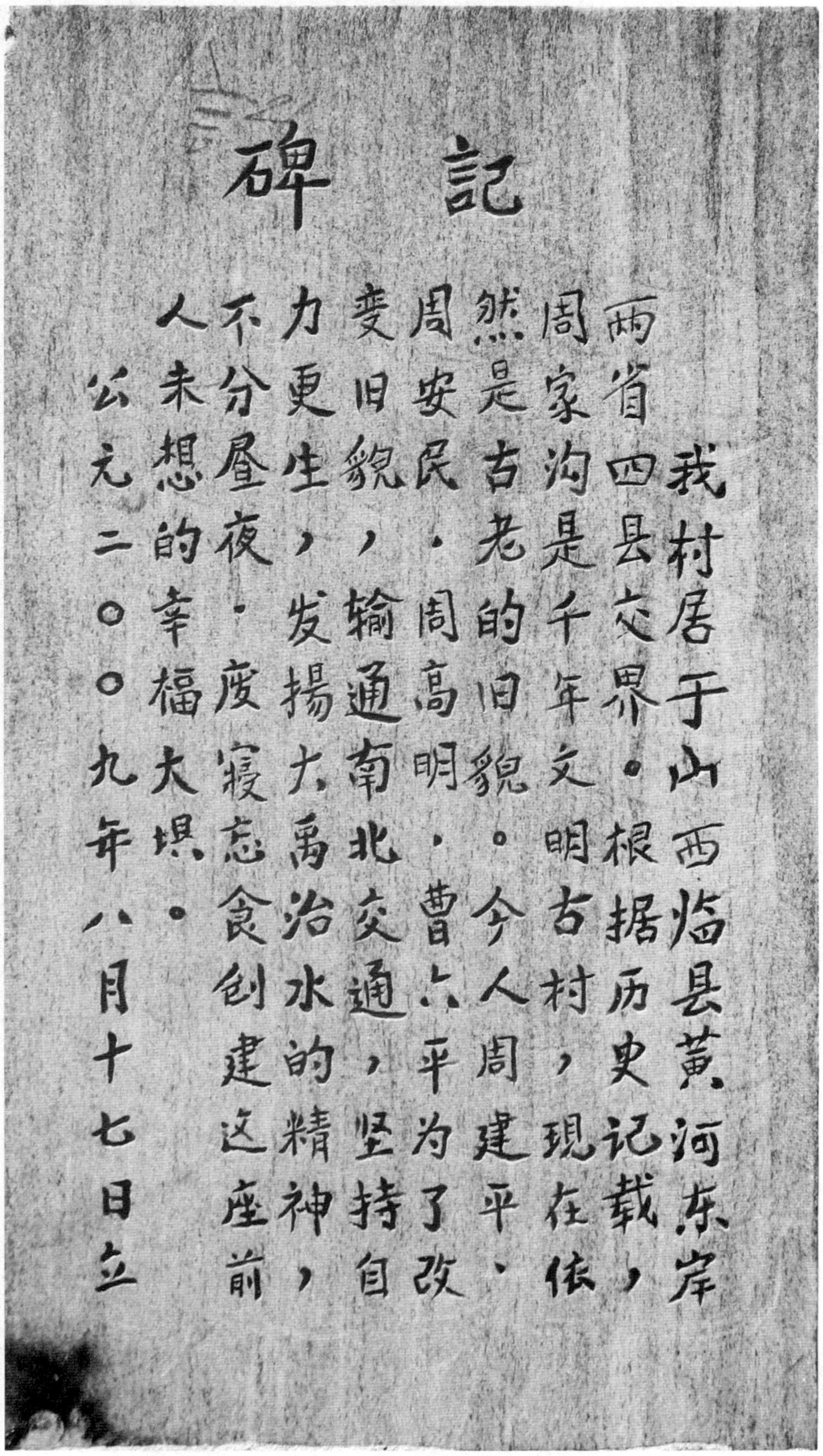

寨子山观音庙碑记

【简介】

2009年8月勒石。现存于临县碛口镇寨子山村，嵌入墙内。碑青石质，方首，高160、宽60厘米。碑文隶书，计6行，满行48字。记载寨子山村修建观音庙的情况。现保存完好。

【碑文】

碑记

本庙修建于清光绪五年，庙貌崭新，规模宏伟，得到了村邻的赞誉，口碑众多，位列众庙之首。由于年久失修，加上去秋，雨水连绵，造成庙顶塌落，道路堵塞。今年正月借闹秧歌之际，由纠首们提出倡议，（陈跟照、陈文有、张爱平、张永平、李恩应、陈保生）今年要搞集资修庙，为此得到村委、支部的积极支持，组建了临时集资筹委会，其中有白探保、张保生、张继保、陈文照、陈章，经过借清明节日，先后共收集资款56030元。为了使村民们满意、高兴，经筹委研究决定，将每个人的名和钱，刻石记载，流芳千古。

支村委　陈文承　郭来应　白探保　陈来生　陈兔宝

纠首　陈跟照　陈文有　张爱平　张永平　李恩应　陈保生

筹委　白探保　张保生　张继保　陈文照　陈章

捐款者芳名　陈文海一万元　李世亮……元　陈侯生三千元　陈志峰　陈文承二千元　陈海平二千元　陈来应八百元　陈奴永六百元　五百元者　临县五中　陈和平　（下略）

公元二〇〇九年八月二十八日吉立

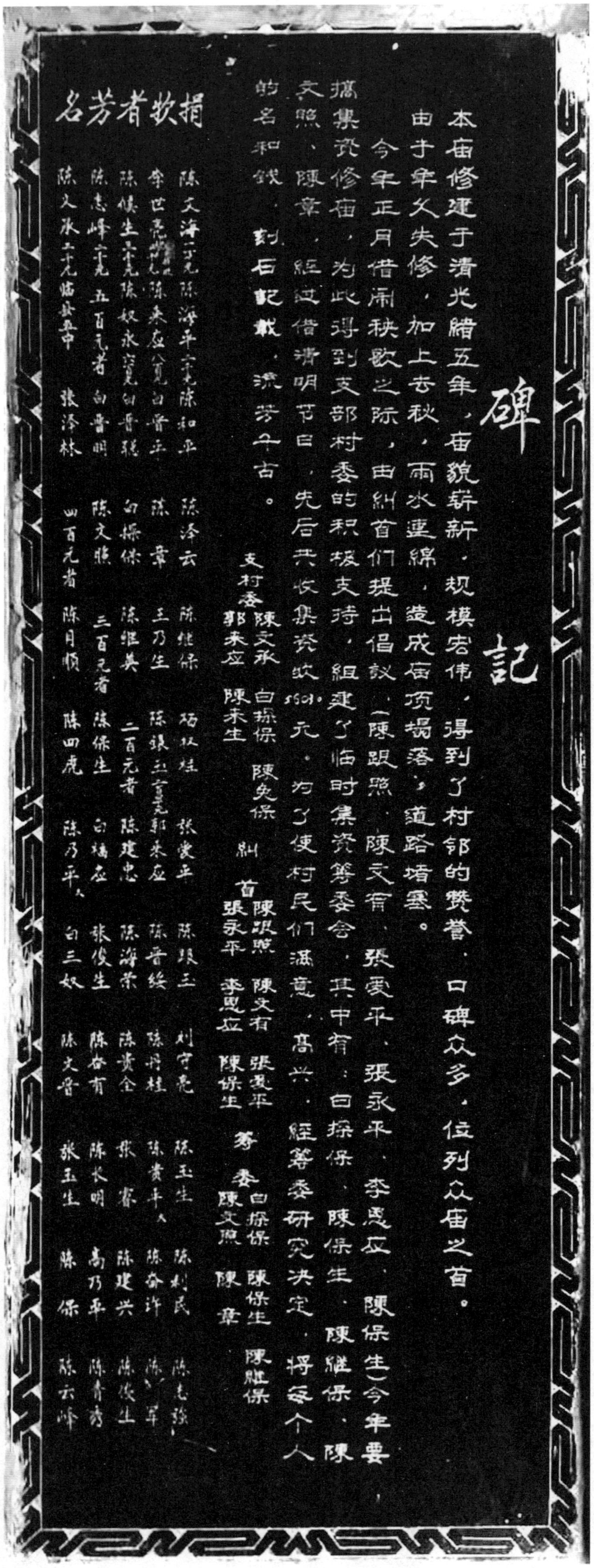

周家沟重修古庙碑记

【简介】

2009年农历八月勒石。现存于临县八堡乡周家沟村。共2通，碑青石质，方首，高124、宽55、厚5.5厘米。碑文楷书，计10行，满行20字。记载周家沟重修古庙的情况。现保存完好。

【碑文】

（第一通碑阳）

碑记

周家沟村是临县的千年文明古村，根据历史记载，这座社庙由周家沟、新庄则、山庄头三村修建于宋朝末年。

在正德元年七月二十五日重修，到公元一九六六年文化大革命运动中被毁坏，直到二〇〇九年七代后人周安民为了保护社庙的文化遗产经领重修。从三月十八日开工，共筹集资金伍万叁仟柒百肆拾壹元，共建殿宇七处，神像三十余尊，八月十五竣工，十七日开光，隆重祝贺。

杨继达刻石

（第一通碑阴）

周建平5000　周安民3000　武景雨1500　周学有1000　周高明1000　周月明1000　周文元1000　周元达1000　曹林平1000　武月收入虎1000　贺建峰1600　苗飞云1000　武元年800　周文德600　曹 六平600　武飞云600　（下略）

二〇〇九年农历八月十七日立

（第二通）

重修古庙人员投工之数名单

周文选150　周武清150　周继平120　高高明150　曹学贵50　贺玉福45　周文德35　武作达30　苗继明20　周安明20　周高平20　周学银20　苗缠茂17　周龙龙15　武元平15　苗文亮14　（其余59人投工1—12天不等，略）

周文选木料8件　武改生门窗一架　周文明门窗一架　苗春平料石500块　周二小瓦500个

新建文昌、财神二殿碑记

【简介】

2009年9月勒石。现存于临县临泉镇后李家沟村五龙圣母庙内。碑青石质，平首抹角方座，通高200厘米，其中碑身高160、宽65、厚10厘米，座高40、宽70、厚40厘米。碑阳额题“流芳千古”4字。碑文行书，正文计8行，满行33字，约390字。记载后李家沟村新建文昌、财神殿的情况。碑阴为捐款名单。边联“八仙过海，各显神通”。现保存完好。

【碑文】

（碑阳）

新建文昌、财神二殿碑记

农历己丑年秋，国泰民安，社会和谐，百业兴旺，风调雨顺，五谷丰登，后李家沟村五龙圣母庙的文昌、财神二殿，经过几年方圆百姓的自发施舍，庙主家王润兆等人的刻苦精心经营，已顺利落成竣工，于二〇〇九年九月七日起，唱戏三天，举行了开光盛典，朝山敬拜。恭贺者车来人往，川流不息，保护了文物古迹，继承了道教文化。

五龙圣母庙从一九八一年起，就不断进行修复，二〇〇四年——二〇〇九年，庙主家王润兆又经管新瓦和装饰了庙顶，新出画了庙门面和金身，新建了文昌、财神二殿，并雕塑了金身（因修路买三轮车），总计用款近三十八万元之多，为发扬光大，圣母殿更加辉煌，景观独特，闻名遐迩。铭记这些刻苦经营和开光庆典、慷慨解囊者，立碑以记之。

主家：王润兆

纠首：王花眼　张小珍　高春明

瓦工：屈爱存

画工：赵元朝

木工：秦春宁

撰文：张懋山

书写：刘文博

雕刻：杨毛小

王润兆　妻孙清连　子：王瑞君　女：郭晓芳　郭瑞芳　各捐伍佰元

亲戚岳母：李俊香100　孙清芝500　高云平500　孙清兰500　孙清丽100　孙清秀50　孙清平50

二〇〇九年农历九月九日

（碑阴）

捐款花名

捐款人：三千元　霍州煤电　八百元　刘永亮　五百元　郭小芳　王瑞君　刘庆生　赵兵生　孙清芝　郭瑞芳　吴乃虎　王金贵　张润祥　刘建兵　王利平　高荣平　孙清兰　高连兵　万安坪村委　三百元　高海明　刘建林　高肖兵　二百元　李满顺　王春平　郭永平　李四儿　刘金贵　王三丑　任元明　张浩　武小平　薛清爱　张平　王春平　薛爱勤　田东则　张小珍　张小奇　赵乃荣　张花眼　高春明　高学明　高伟明　张连停　张建兵　郭建明　张向阳　王旭兵　李文庆　张建荣　曹艳东　田志勇　高建军　高建国　高建宝　张勇　张旭　秦海军　刘爱明　高永峰　刘秋贵　霍电张海军　（下略）

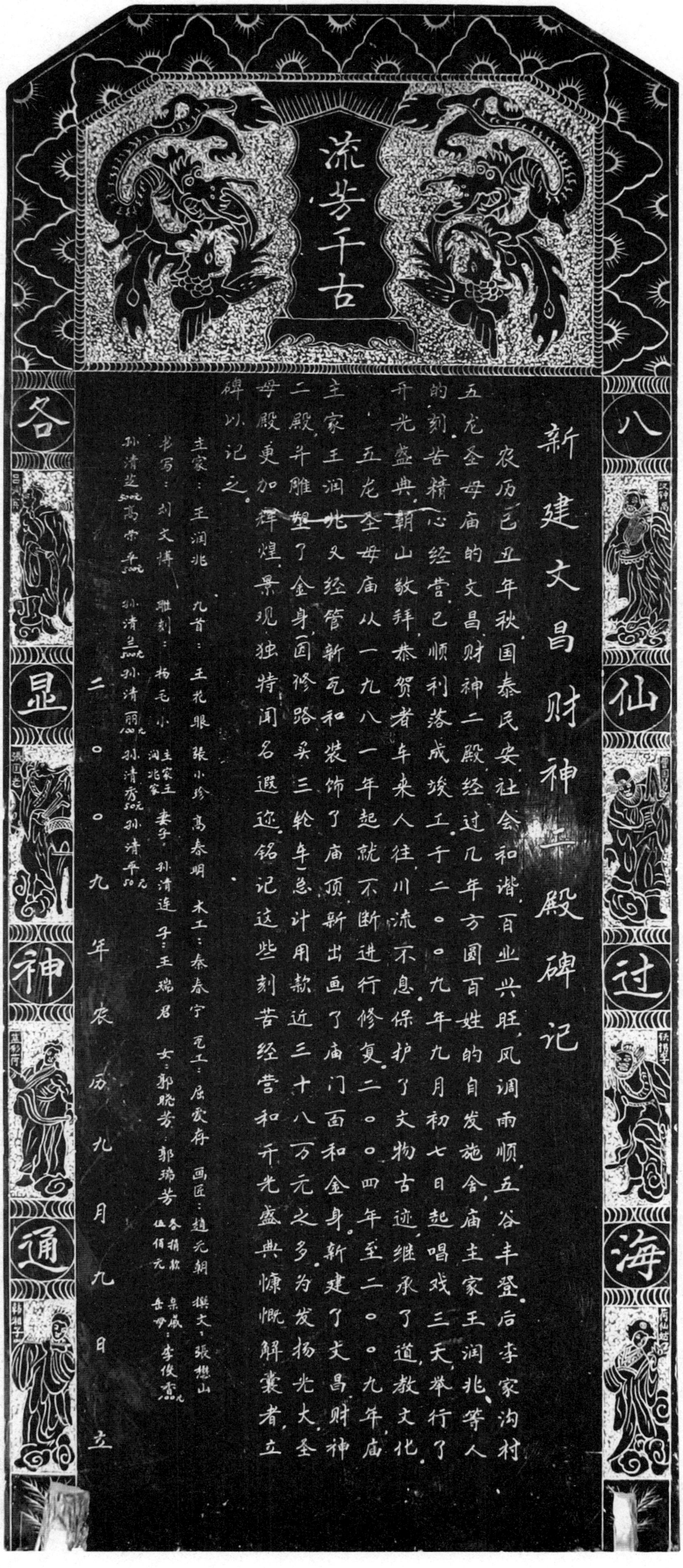
流芳千古
八仙过海
各显神通
新建文昌财神二殿碑记
农历已丑年秋国泰民安，社会和谐，百业兴旺，风调雨顺，五谷丰登。后李家沟村
五龙圣母庙的文昌财神二殿经过几年方圆百姓的自发施舍，庙主家王润兆等人
的刻苦精心经营，已顺利落成竣工。于二〇〇九年九月初七日起唱戏三天，举行了
开光盛典，朝山敬拜恭贺者车来人往，川流不息。保护了文物古迹，继承了道教文化。
五龙圣母庙从一九八一年起就不断进行修复，二〇〇四年至二〇〇九年庙
主家王润兆又经管新瓦和装饰了庙顶，新出画了庙门面和金身。新建了文昌财神
二殿，并雕塑了金身，因修路买三轮车一急，计用款近三十八万元之多，为发扬光大圣
母殿更加辉煌，景现独特，闻名遐迩，铭记这些刻苦经营和开光盛典慷慨解囊者，立
碑以记之。
主家：王润兆　九首：王花眼　张小珍　高春明　木工：秦春宁　瓦工：屈爱存　画匠：赵元朝　撰文：张懋山
书写：刘文博　雕刻：杨毛小　主家王润兆家　妻子：孙清连　子：王瑞君　女：郭晓芳、郭瑞芳　各捐款伍佰元　岳母：李俊燕九
孙清芝500元　高宗平500元　孙清兰500元　孙清丽100元　孙清秀50元　孙清平50元
二〇〇九年农历九月九日立

重建碑记

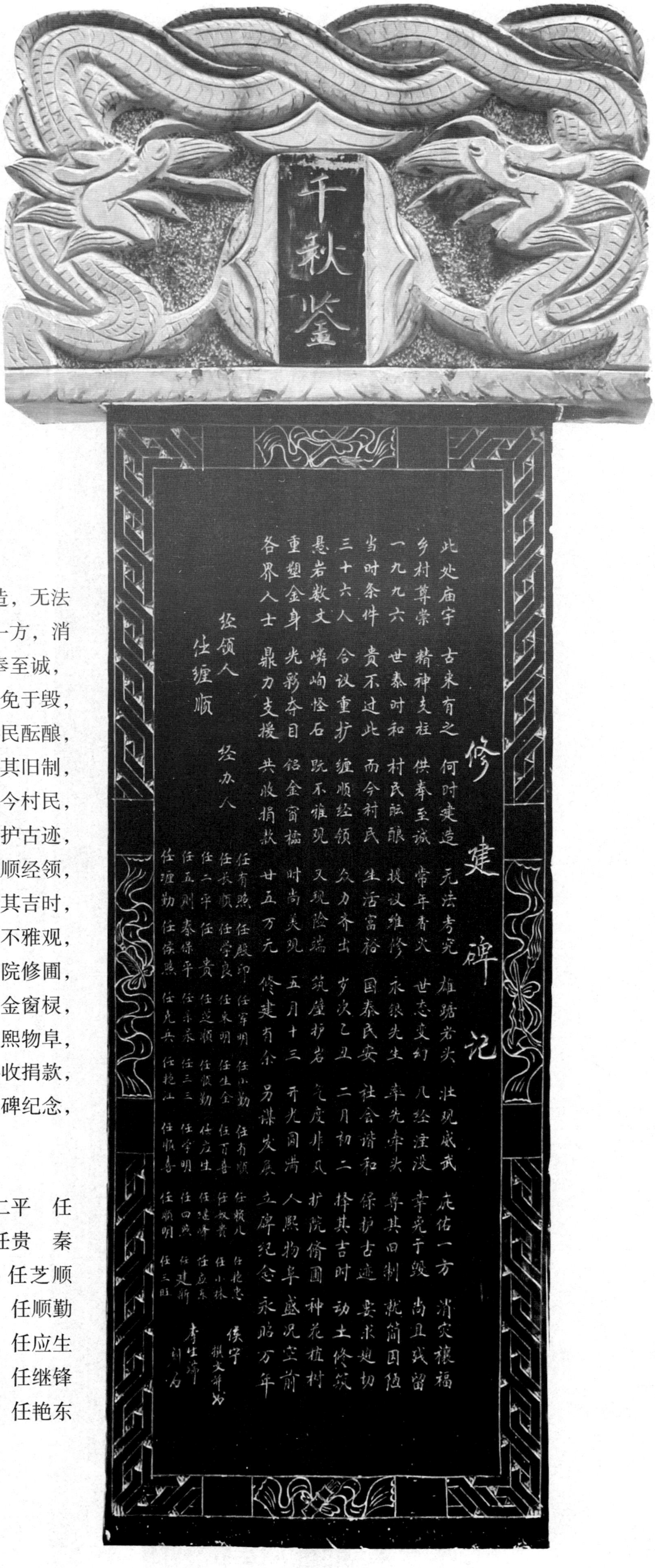

【简介】

2009年9月勒石。现存于临县大禹乡大峪沟村庙内。碑青石质，方形龙首，通高200厘米，其中碑身高160、宽65、厚10厘米，碑头高40、宽80、厚14厘米。碑阳额题“千秋鉴”3字。碑文行书，计8行，满行32字。记载大峪沟村庙重建情况。碑阴刊村民捐款名单。保存完好。

【碑文】

（碑阳）

此处庙宇，古来有之，何时建造，无法考究，雄踞崖头，壮观威武，庇佑一方，消灾禳福。乡村尊崇，精神支柱，供奉至诚，常年香火，世态变幻，几经湮没，幸免于毁，尚且残留。一九九六，世泰时和，村民酝酿，提议重修。永银先生，率先牵头，尊其旧制，就简因陋。当时条件，贵不过此。而今村民，生活富裕，国泰民安，社会谐和。保护古迹，要求迫切。三十六人，合议重扩。缠顺经领，众力齐出，岁次乙丑，二月初二，择其吉时，动土修筑。悬崖数丈，嶙峋怪石，既不雅观，又现险端，筑壁护崖，气度非凡，扩院修圃，种花植树，重塑金身，光彩夺目。铝金窗棂，时尚美观。五月十三，开光圆满，人熙物阜，盛况空前，各界人士，鼎力支援，共收捐款，廿五万元，修建有余，另谋发展，立碑纪念，永昭万年。

经领人　任缠顺

经办人　任有照　任长顺　任二平　任五则　任缠勤　任殿应　任学良　任贵　秦保平　任侯照　任军明　任东明　任芝顺　任呆呆　任克兵　任小勤　任生全　任顺勤　任三三　任艳江　任有顺　任百喜　任应生　任学明　任顺喜　任赖儿　任奴贵　任继锋　任四照　任顺明　任艳忠　任小林　任艳东　任建新　任三旺

侯宁撰文并书

李生端刻石

（碑阴）

村民捐款名单

捐款人　任缠顺 11111 元　任殿荣 9999 元　任二平 8888 元　任有照 6666 元　任五则 5555 元　任长顺 5000 元　任绳勤 5000 元　任殿印 1000 元　投工 77 个　任学良 1000 元投工 77 个　任贵 4444 元　秦保平 3333 元　任侯照 3000 元　任军明 2800 元　任来明 2222 元　任志启　任奇顺　任芝顺　任小勤　任文龙　任克兵　任小军　任志勇　任永明　任应红　任银照　任继强各 2000　依东平 1500　任金顺 1300　任三三 1111　任小林 1088　缠顺母　任焕生　任有顺　任顺勤　任百喜　任应生　任顺喜　任秦明　任奴贵　任继锋　任艳红　任赖儿　任艳忠　任顺明　任和平　任虎虎　任侯赖　任儿则　任永平　任小奇　任聪明　任生权　任勤顺　任旭锋　任殿林　任学常　任四照　任保成　任奎奎　任丽兵　各一千元　任学林　任侯狗　任玉权　任小龙　各八百元　任金顺　任晋峰　任贵林　任克己　任艳荣　任利勤　任向东　任鹏　各六百元　任继宏　任继齐　任小林　任小平　任小红　任缠平　任继林　任虎虎　任海龙　任海英　任云云　任俊照　任小娟　任凤明　任引顺　任海涛　任旭峰　任保玉　任来贵　任永明　任学光　任小瑞　任小林　任香儿　任三根　任剑锋　任百荣　任百舜　任百宇　任洪　各五百元　（下略）

女客捐款芳名

任改兰捐壹万元　任小芳捐壹千壹百元　任贵汝　任还伶　各捐壹千元　任乃娥　任艳清　任明丽　三人各捐五百元　任顺英　任秀峰　任明明　三人各捐贰百元　（下略）

单位捐款及金额

新民焦电贰千元　歧道派出所伍百元　大禹中心校伍百元　歧道医院伍百元　歧道中学伍百元　歧道信用社伍百元　大峪沟学校伍百元　大峪沟油坊贰百元　后刘家庄贰百元　吕家岭村贰百元　杜家岭村贰百元　神峪塔村贰百元

友邻人士捐款名单　单位：元

刘生旺 1111　刘侯涛 888　李小春　王荣平　王宝宝　贺尖兵　任树荣　刘赖儿各 500　刘银旺 300　刘凤山　刘奇峰　刘永恒　刘三锤　刘林顺　张喜顺　刘福平　刘儿　刘黑则　刘来贵各 200　杜缠平 150　（下略）

公元二〇〇九年九月九日立

白文村整村推进碑记

【简介】

2009年9月勒石。现存于临县白文镇白文村。碑青石质，长方形，高78、宽131、厚8厘米。碑文楷书，正文计8行，满行30字。内容是白文村基本情况和实施整村推进项目的情况。现保存完好。（注：郭时键撰文）

【碑文】

白文村整村推进碑记

自古白文镇，临州北大门。原名白燕村，有寺改白云。

云文音相谐，因故叫白文。背仰垣地高，脚蹬湫水平。

水龙回转弯，川面望无垠。方岚东大路，兴县穿乌门。

通衢三要道，往来八方人。北上毛泽东，南下江泽民。

柔袁住地户，一千五百零。集市历史久，商号更兴隆。

招徕六十姓，凝聚万余人。七月有古会，人如潮水涌。

猛士风云会，英贤古今闻。盐局惊省府，东征住红军。

货物集散地，商贸生意红。建设新农村，步伐差一程。

二零零九年，整村推进村。牵线王书记，争取刘乃平。

二百四十万，项目由村民。两千排洪渠，洪水保畅通。

硬化两万余，街巷换新容。古镇面貌变，群众都欢迎。

刻碑记盛事，以期更繁荣。

白文村项目实施小组

二〇〇九年九月二十日

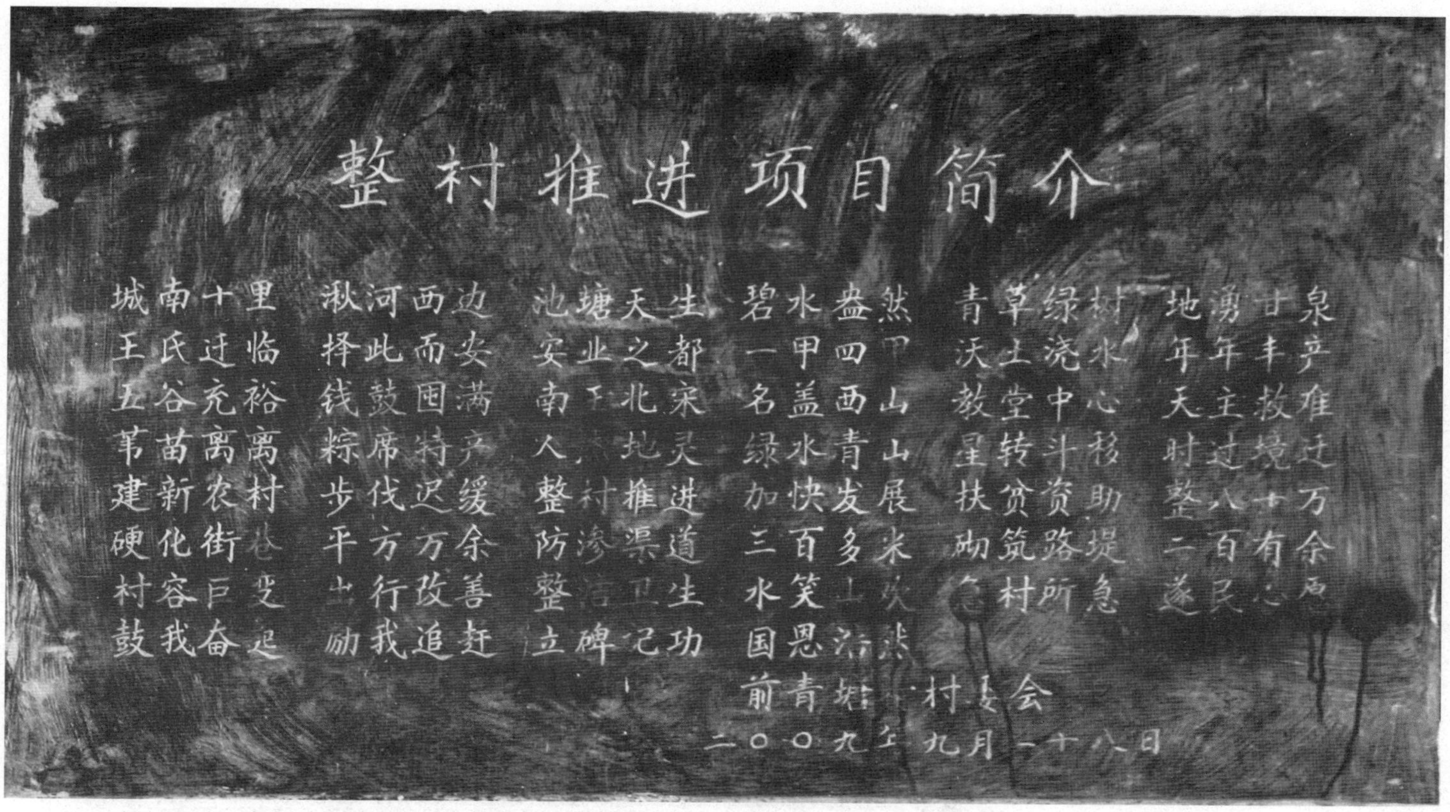

整村推进项目简介碑

【简介】

2009年9月勒石。现存于临县安业乡前青塘村。碑青石质，长方形，高80、宽120、厚8厘米。碑文楷书，计8行，满行24字。内容是前青塘村基本情况和实施整村推进项目的情况。现保存完好。（注：郭时键撰文）

【碑文】

整村推进项目简介

城南十里，湫河西边，池塘天生，碧水盎然，青草绿树，地涌甘泉。

王氏迁临，择此而安，安业之都，一甲四甲。沃土浇水，年年丰产，

五谷充裕，钱鼓囤满。南王北宋，名盖西山。教堂中心，天主救难。

苇苗离离，粽席特产。人杰地灵，绿水青山。星转斗移，时过境迁，

建新农村，步伐迟缓。整村推进，加快发展，扶贫资助，整八十万。

硬化街巷，平方万余，防渗渠道，三百多米，砌筑路堤，二百有余。

村容巨变，出行改善，整洁卫生，水笑山欢。急村所急，遂民心愿，

鼓我奋起，励我追赶。立碑记功，国恩浩然。

前青塘村村委会

二〇〇九年十月十五日

整村循环路硬化碑记

【简介】

2009 年 10 月勒石。现存于临县招贤镇高崖头村村口。碑青石质，平首抹角方座，通高 160 厘米，其中碑身高 110、宽 70、厚 10 厘米，座高 50、宽 80、厚 60 厘米。碑文隶书，计 22 行，满行 17 字，约 340 字。记载高崖头村环村硬化道路的情况。现保存完好。

【碑文】

整村循环路硬化碑记

我村位于招贤镇最前端，招林公路中段，地形山高沟深，村子人口多，居住分散，交通极不便利，大量农产品如红枣等只能靠人担肩扛到宽敞处集中，再运出去。这种状况严重制约着我村经济的发展。2006 年由镇政府组织，支、村两委领导，广大村民和本村在外工作的同志慷慨解囊，踊跃捐款，硬化了进村两条主干道。今年，本村在县工作的同志四处奔波，多方联系，争取到国家资金四十万元。在党支部、村委会的领导下，广大村民义务修路，刘生虎工队承包硬化，历时两个月，硬化了全长四公里的整村循环路。现今，全线贯通，出入坦途，功在当今，泽及后人。正是：

崖头自古高入云，山径崎岖雨泥泞。

而今硬道通四衢，更有路灯彻夜明。

国策惠农千秋业，贤士义举万世铭。

旧貌新颜多盛事，华夏文明又一村。

高崖头村

公元二零零九年十月初一日立

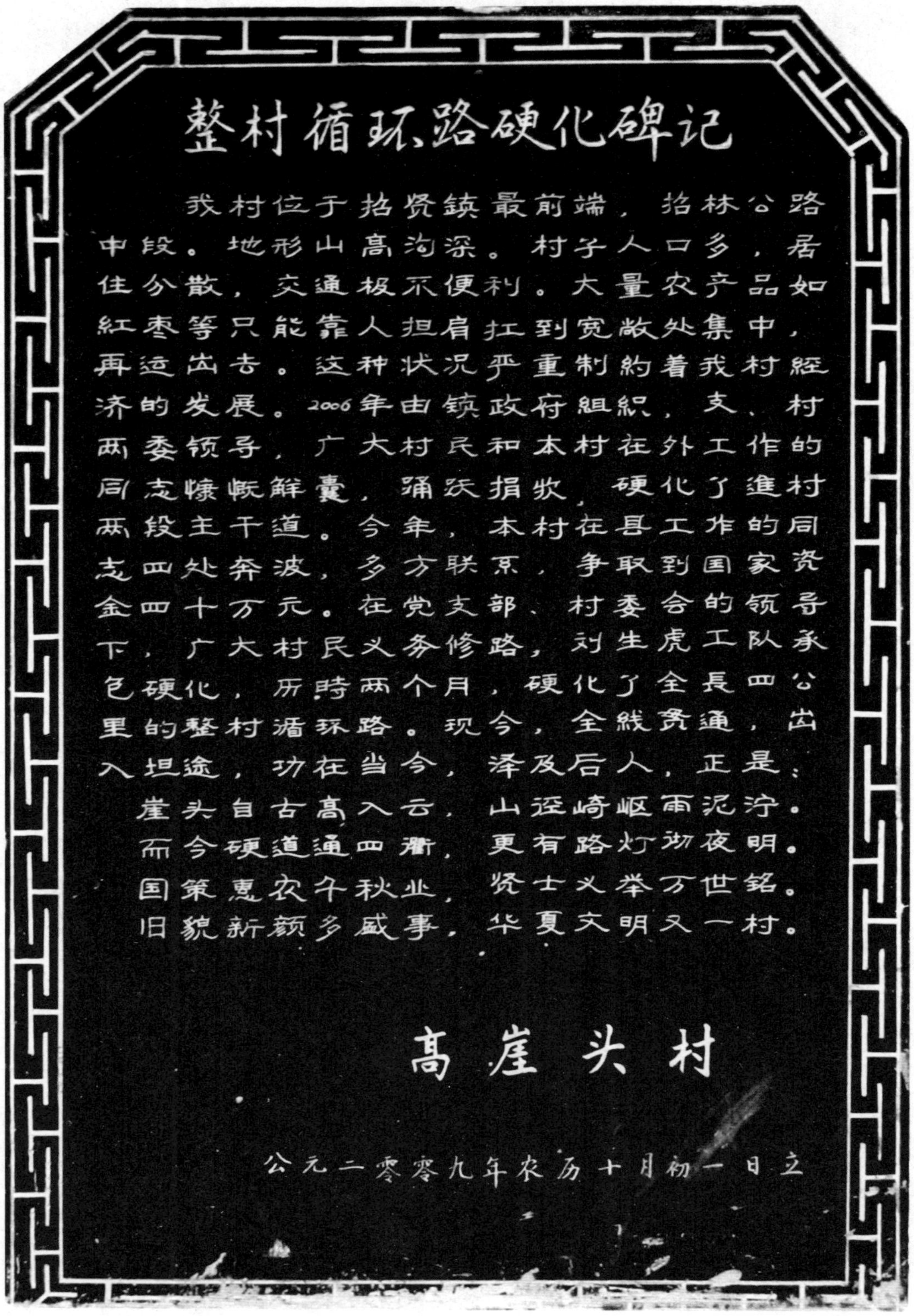

樊家岭观音庙碑记

【简介】

2009年10月勒石。现存于临县三交镇樊家岭村观音庙内。圆首方形，青石质。通高155厘米，其中碑身高135、宽56.5、厚9厘米，座高20、宽90、厚30厘米。碑阳额题“慈悲为怀”4字。碑文隶书，正文计7行，满行33字。记载樊家岭村观音庙的复修情况。碑阴额题“留芳千古”4字。碑文刊刻施款芳名。现保存完好。

【碑文】

（碑阳）

樊家岭观音庙碑记

立碑祀神古之道也，庙始建于同治壬戌年间，位于樊家岭村中，民众焚香拜庙往往灵应，神恩浩荡，庇佑百姓。后因时局变革，庙貌毁坏，神像不弃而非，所有古籍荡然无有，令人惋惜。随着社会发展，人民富裕，善男信女观古诵经。为了重整庙貌，恢复文物古迹愿神灵继施隆恩，今有村干部樊孝平经领为首，带动广大百姓，于二〇〇九年己丑岁次二月十九至八月将庙重建复新，铸造金身。途中部分施洋捐款者广盛，为让人心所向，现将施洋高名大姓刻碑留芳以作纪念。

纠首　樊元勤　樊长喜　樊俊杰　李逢青　樊利勤　樊候涛　樊玉保　刘康照

撰文　刘秉照

石刻　薛元英　武卫卫

（碑阴）

施款芳名记之

樊元勤五千元　樊长荣　王勤发　樊金富　樊候勤　樊全旺　各三千元　樊涛则　樊金顺　崔五奴（崔家岭）　各二千元　王珠宝（王家沟）一千三百元　王三国（王家沟）一千二百元　樊元明一千一百元　前陡泉村委　三交薛其珍　凰背局闫志勇　李文祥　樊利明　各一千元　（下略）

武家沟武守江　三交高峰　前陡泉樊候强　王家沟王强

公元二〇〇九年农历十月十一日吉立

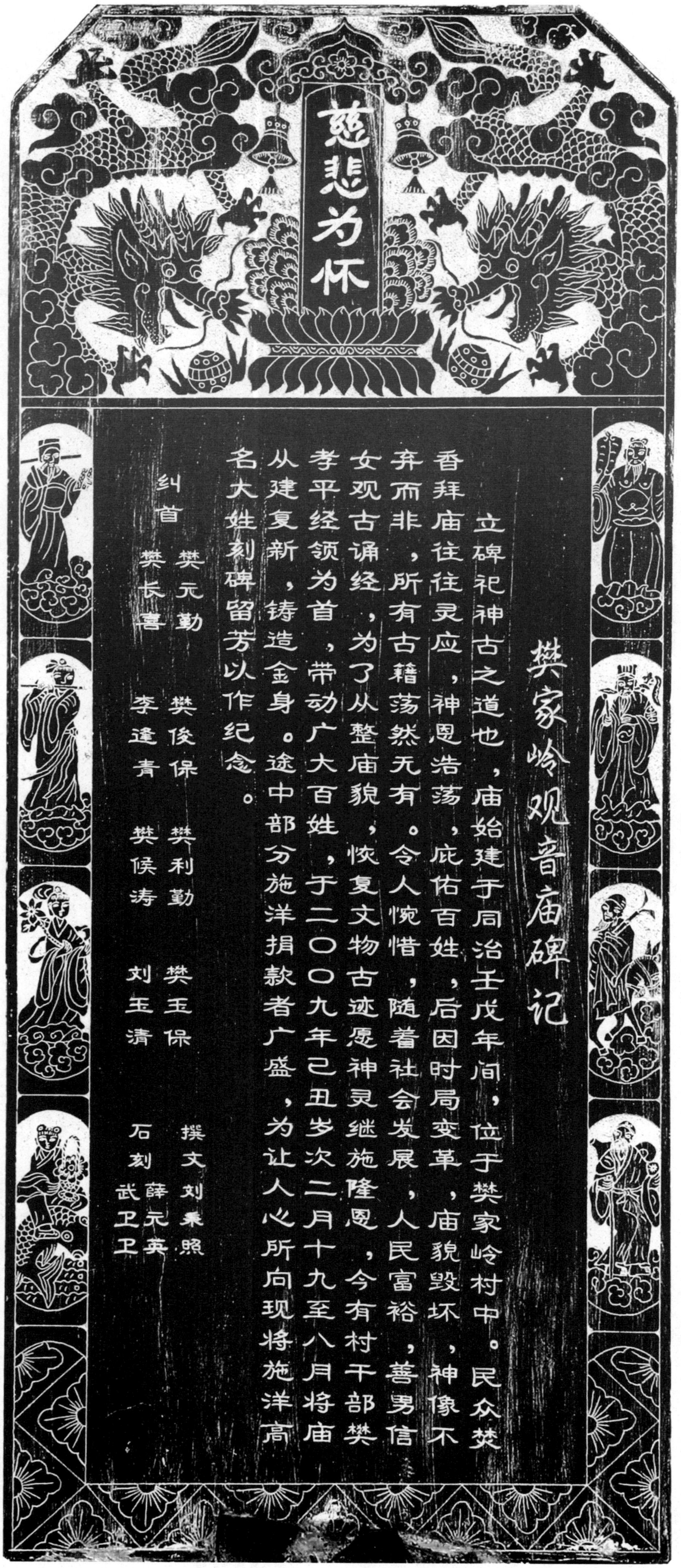

慈悲为怀

樊家岭观音庙碑记

立碑祀神古之道也，庙始建于同治壬戌年间，位于樊家岭村中。民众樊香拜庙往往灵应，神恩浩荡，庇佑百姓，后因时局变革，庙貌毁坏，神像不弃而非，所有古籍荡然无有。令人惋惜，随着社会发展，人民富裕，善男信女观古诵经，为了从整庙貌，恢复文物古迹愿神灵继施隆恩，今有村干部樊孝平经领为首，带动广大百姓，于二〇〇九年己丑岁次二月十九至八月将庙从建复新，铸造金身。途中部分施洋捐款者广盛，为让人心所向现将施洋高名大姓刻碑留芳以作纪念。

纠首 樊元勤 樊长喜 樊俊保 李逢青 樊利勤 樊侯涛 樊玉保 刘玉清

撰文 刘秉照 薛元英

石刻 武卫卫

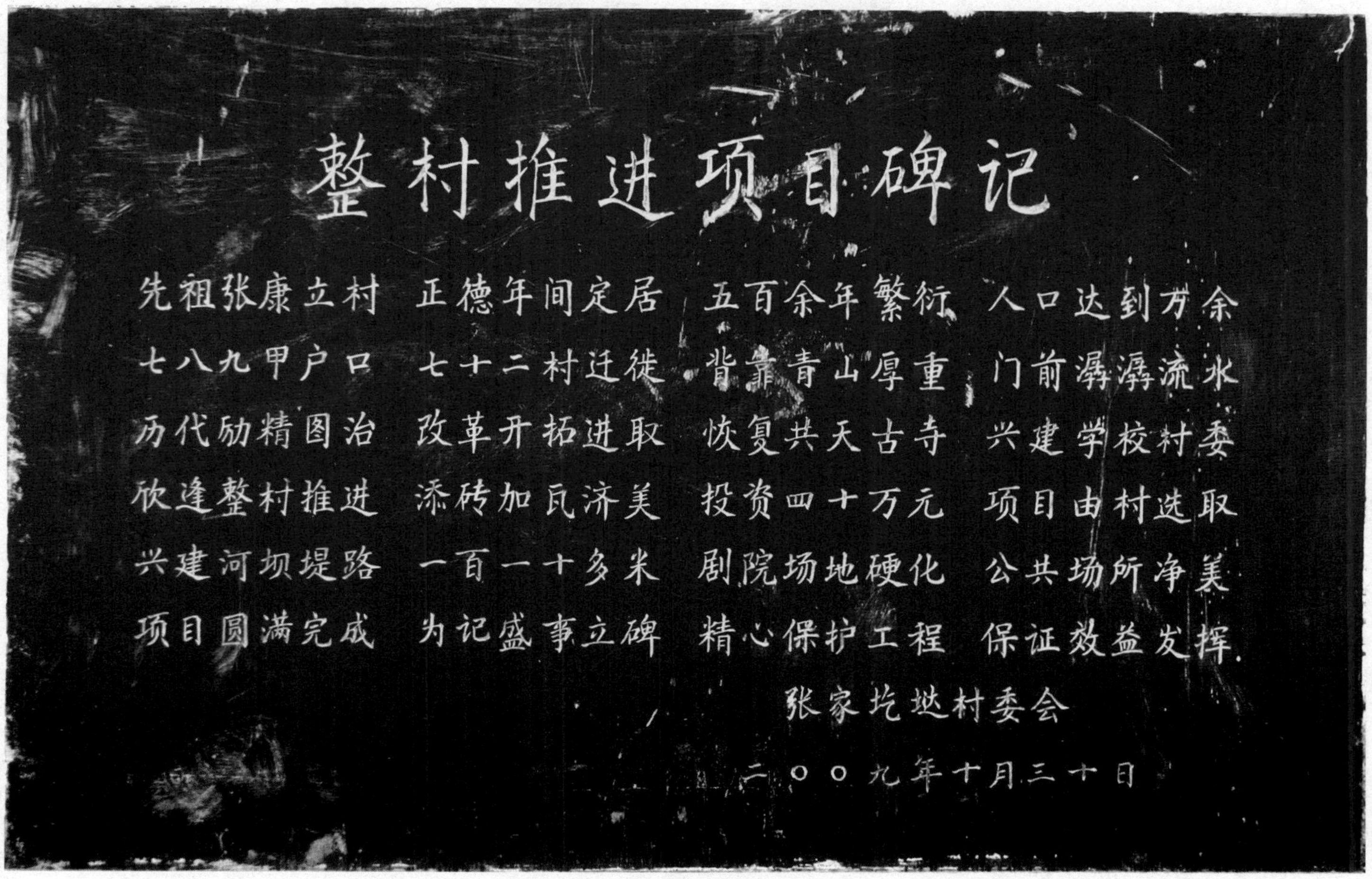

整村推进项目碑记

【简介】

2009年10月勒石。现存于临县大禹乡张家圪垯村戏场内。碑青石质，长方形，通高140厘米，其中碑身高80、宽120、厚8厘米，座高60、宽140、厚50厘米。碑文楷书，计9行，满行24字，约170字。记载张家圪垯村基本情况和实施整村推进项目的情况。现保存完好。（注：郭时键撰文）

【碑文】

整村推进项目碑记

先祖张康立村，正德年间定居。五百余年繁衍，人口达到万余。

七八九甲户口，七十二村迁徙。背靠青山厚重，门前潺潺流水。

历代励精图治，改革开拓进取。恢复共天古寺，兴建学校村委。

欣逢整村推进，添砖加瓦济美。投资四十万元，项目由村选取。

兴建河坝堤路，一百一十多米；剧院场地硬化，公共场所净美。

项目圆满完成，为记盛事立碑。精心保护工程，保证效益发挥。

张家圪垯村委会

二〇〇九年十月三十日

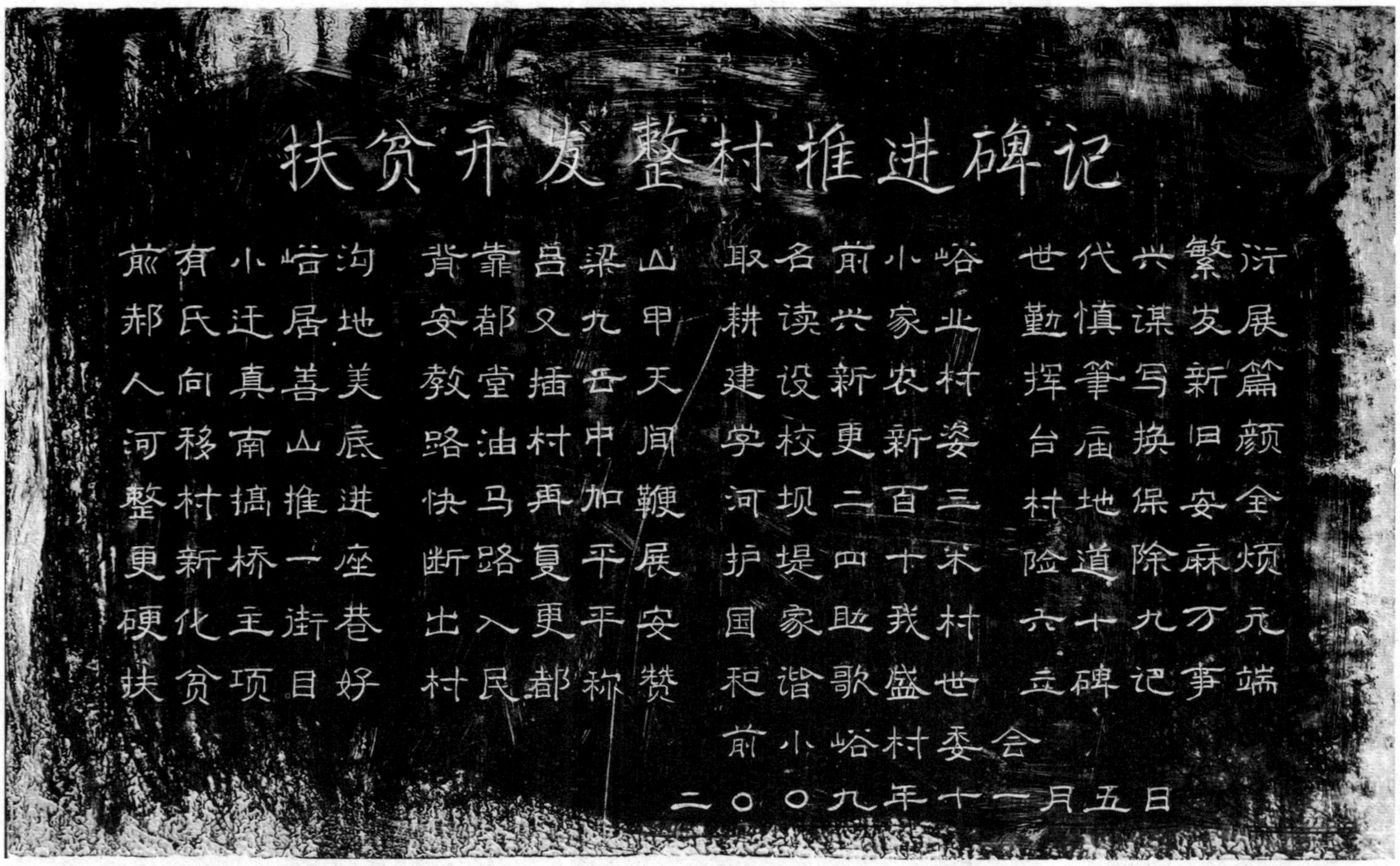

扶贫开发整村推进碑记

【简介】

2009年11月勒石。现存于临县大禹乡前小峪前村。碑青石质，长方形，通高140厘米，其中碑身高80、宽120、厚8厘米，座高60、宽140、厚50厘米。碑文隶书，计8行，满行20字。主要内容是本村基本情况和实施整村推进项目的情况。现保存完好。（注：郭时键撰文）

【碑文】

扶贫开发整村推进碑记

前有小峪沟，背靠吕梁山；取名前小峪，世代兴繁衍。

郝氏迁居地，安都又九甲。耕读兴家业，勤慎谋发展。

人向真善美，教堂插云天。建设新农村，挥笔写新篇。

河移南山底，路油村中间。学校更新姿，台庙换旧颜。

整村搞推进，快马再加鞭；河坝二百三，村地保安全；

更新桥一座，断路复平展；护堤四十米，险道除麻烦；

硬化主街巷，出入更平安。国家助我村，六十九万元。

扶贫项目好，村民都称赞。和谐歌盛世，立碑记事端。

前小峪村委会

二〇〇九年十一月五日

整村推进扶贫开发碑记

【简介】

2009 年 11 月勒石。现存于临县白文镇曜头村。长方形，碑青石质，通高 140 厘米，其中碑身高 80、宽 120、厚 8 厘米，座高 60、宽 140、厚 50 厘米。碑文隶书，计 11 行，满行 16 字。内容为曜头村基本情况和实施整村推进项目的情况。保存完整。（注：郭时键撰文）

【碑文】

整村推进扶贫开发碑记

刘曜罹难，皇姑救兄，追回头颅，曜头命名。湫河南去，小沟流东，背靠黄土，面向古城。一马平川，田陌纵横，鸟语花香，水秀山青。万户源来，刘氏扎根，太平六甲，家给民丰。二十余姓，和谐一心，三千多人，共建兴隆。街巷硬化，水渠穿村，两桥遥应，医校文明。整村推进，开发扶贫，群众参与，自定工程。八十万元，资助村民，兴建河坝，四百六零。实施小组，选举组成，监理质量，调解纠纷。开工月余，坝起长龙，自古荒滩，可垫园成。可喜可贺，民心工程，特立碑记，以期永存。

曜头村委会

二〇〇九年十一月十五日立

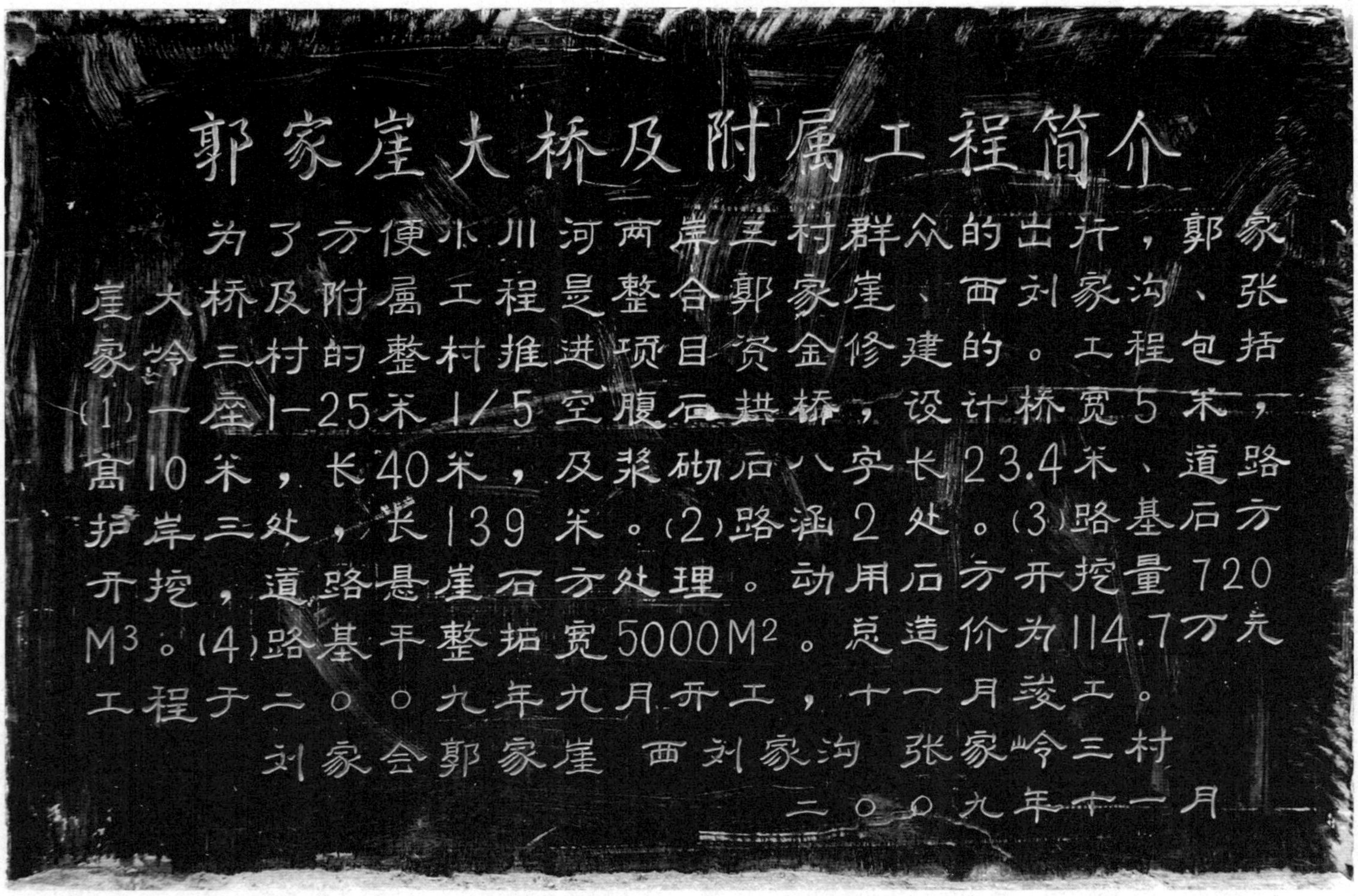

郭家崖大桥及附属工程简介

【简介】

2009年11月勒石。现存于临县刘家会镇郭家崖村。方形，青石质。碑身高80、宽120、厚8厘米。碑文隶书，正文9行，满行21字。主要内容是三村共修一座桥的情况。现保存完好。

【碑文】

郭家崖大桥及附属工程简介

为了方便小川河两岸三村的出行，郭家崖大桥及附属工程是整合郭家崖、西刘家沟、张家岭三村的整村推进项目资金修建的。工程包括（1）一座1－25米1/5空腹石拱桥，设计桥宽5米，高10米，长40米，及浆砌石八字长23.4米，道路护岸3处，长139米。（2）路涵2处。（3）路基石方开挖，道路悬崖石方处理。动用石方开挖量720m^3。（4）路基平整拓宽5000m^2。总造价为114.7万元。工程于二〇〇九年九月开工，十一月竣工。

刘家会郭家崖、西刘家沟、张家岭三村

二〇〇九年十一月

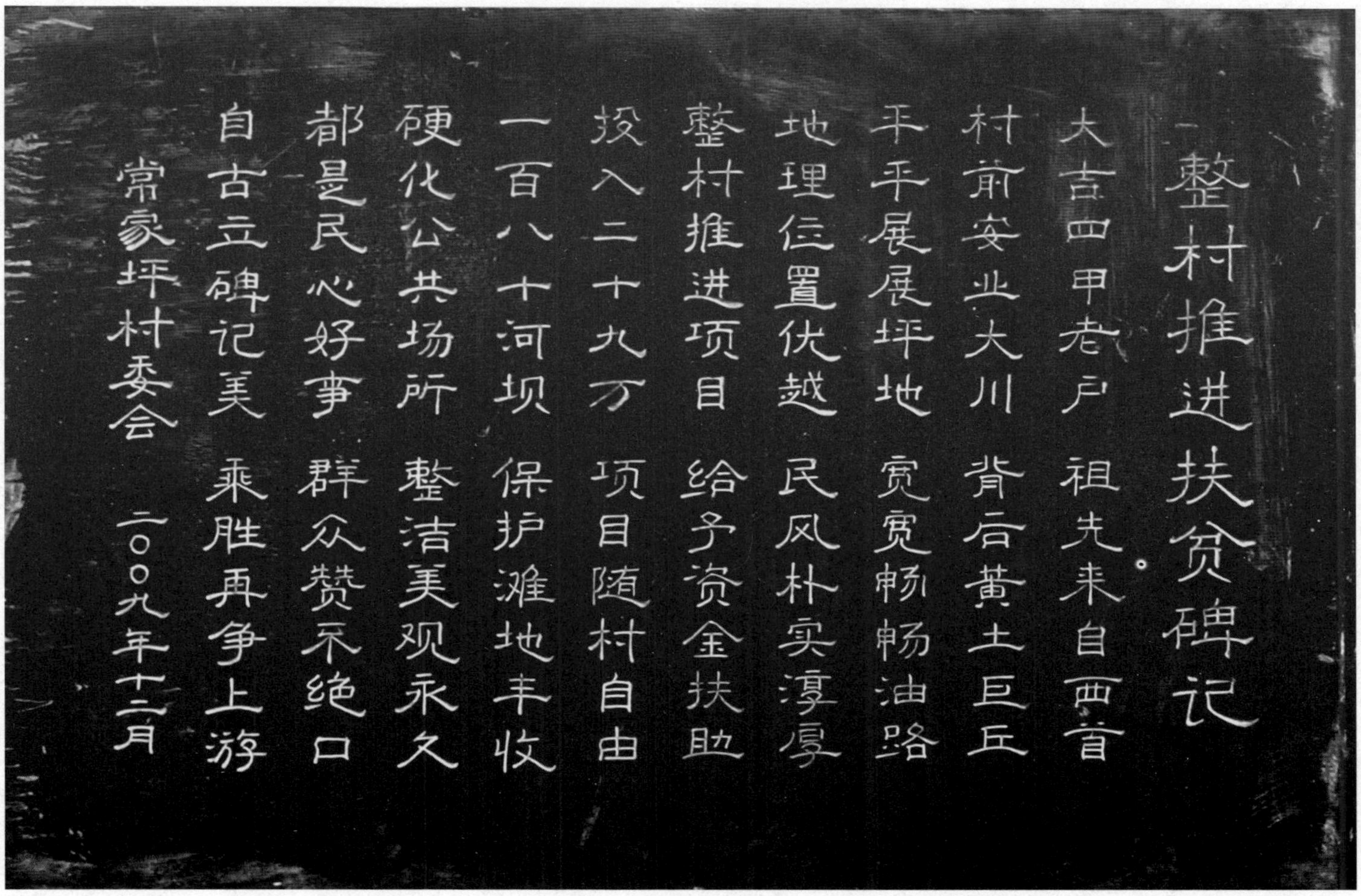

整村推进扶贫碑记

【简介】

2009年12月勒石。现存于临县玉坪乡常家坪村戏场内。碑青石质，长方形，碑身高80、宽120、厚8厘米。碑文隶书，正文计12行，满行12字。内容是常家坪村基本情况和实施整村推进项目的情况。现保存完好。（注：郭时键撰文）

【碑文】

整村推进扶贫碑记

大吉四甲老户，祖先来自西首，村前安业大川，背后黄土巨丘。

平平展展坪地，宽宽畅畅油路。地理位置优越，民风朴实淳厚。

整村推进项目，给予资金扶助，投入二十九万，项目随村自由。

一百八十河坝，保护滩地丰收；硬化公共场所，整洁美观永久。

都是民心好事，群众赞不绝口。自古立碑记美，乘胜再争上游。

常家坪村委会

二〇〇九年十二月

重修关公伽蓝庙碑记

【简介】

2009年12月勒石。现存于临县三交镇西坡村。共2通，碑青石质，方首剔角，碑身高192、宽70、厚7厘米。第一通碑阳额题“佛光普照”4字。碑文隶书，正文计7行，满行18字。记载西坡村重修关公和伽蓝庙的经过。碑阴额题“芳名永存”4字。碑文为捐款芳名。第二通碑双面额题均为“芳名永存”，碑文均为捐款芳名。保存完好。

【碑文】

（第一通碑阳）

重修关公伽蓝庙碑记

关公伽蓝庙，历史悠久，神灵有应，四十年代因时局因素，被拆除损毁。今年春季，由领导决策，群众自发，社会各界慷慨解囊，捐款出力，重新修双庙，阴历八月十二日破土动工，九月十六竣工开光庆典，庙像辉煌，人传千古，为留后世，兹将捐款出力人士，刻碑铭记。

经领人　樊荣泽　樊海保　薛晓东　高俊明　渠补金　樊有恩　张平喜　樊十平

庙会负责人　高志明　郭树平　贾元吉　樊侯卫　高德厚　霍晋良　李云生

后勤工作人员　樊荣（等35人，姓名略）

（第一通碑阴）

捐款芳名：

壹万元者　樊力峰　樊荣爱　樊润照　樊荣泽　薛晓东　樊海保　李红儿　刘峰峰　捌千元者　薛建国　贰千元者　高根顺　壹千元者　樊十平　薛琦珍　薛家珍　樊荣娥　樊东照　樊润连　郭顺大　薛奔奔　樊芝林　樊龙龙　王三国　刘晓弘　樊元勤　樊金贵　薛龙龙　许东海　樊红奎　刘狗狗　王勤发　崔五奴　袁八则　郝于勤　陆佰元者　高峰　李瑞喜　赵江　伍佰元者　樊补金　樊有恩　樊三小　樊小兰　樊小红　樊二红　樊丽红　樊花华　樊乃照　樊树林　刘小艳　刘凤孝　薛丽珍　薛继珍　张平　郭顺勤　刘侯丽　樊米祥　王军军　樊有平　樊三兔　樊谈虎　樊奴院　樊勤院　樊能院　樊谈贵　樊海贵　崔禄春　张百顺

（第二通碑阳）

捐款芳名：

肆佰元者　高德厚　樊金平　孙新儿　樊荣全　孙保勤　张国斌　雒荣明　沟门村委　西街村委　正坡村委　东坡村委　居委会

叁佰元者　（14人，姓名略）　贰佰元者　（69人，姓名略）

公元二〇〇九年农历十二月二十一日吉立

（第二通碑阴）

捐款芳名

贰佰元者　（93人，姓名略）

公元二〇〇九年农历十二月二十一日吉立

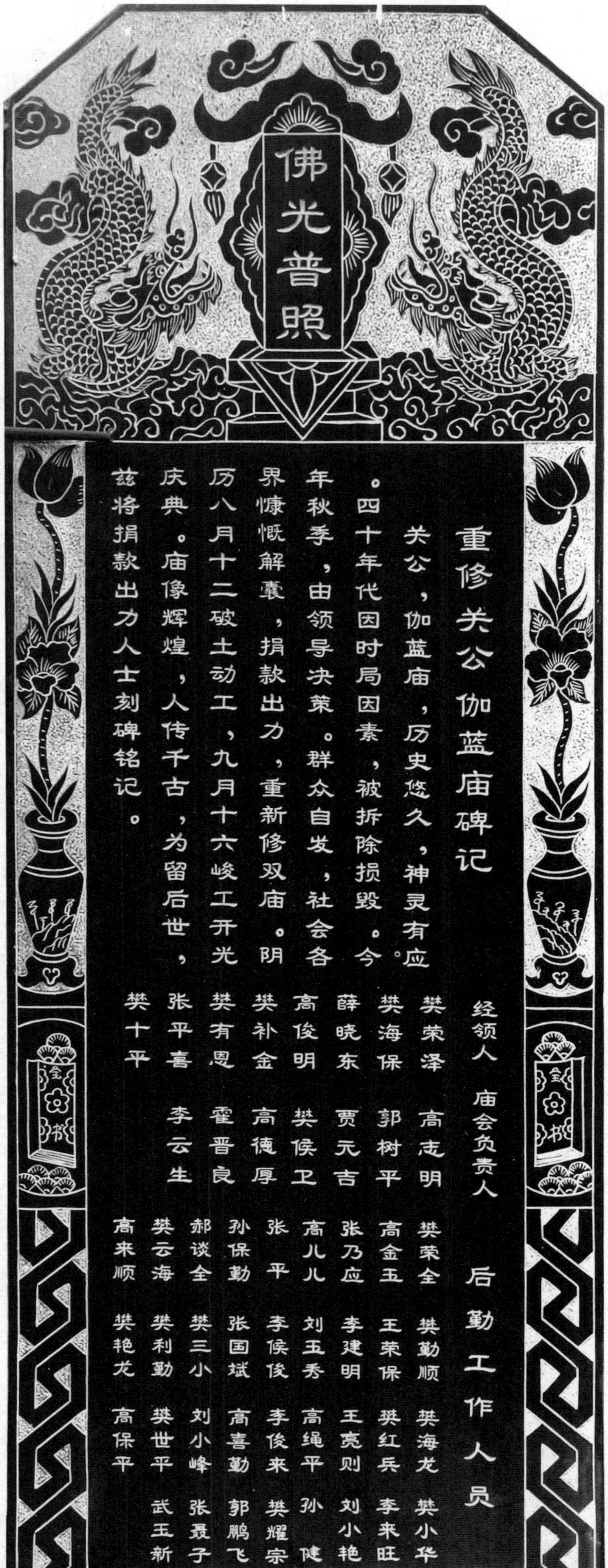

佛光普照

重修关公伽蓝庙碑记

关公，伽蓝庙，历史悠久，神灵有应。四十年代因时局因素，被拆除损毁。今年秋季，由领导决策。群众自发，社会各界慷慨解囊，捐款出力，重新修双庙。阴历八月十二破土动工，九月十六峻工开光庆典。庙像辉煌，人传千古，为留后世，兹将捐款出力人士刻碑铭记。

经领人　庙会负责人

樊荣泽　樊海保　薛晓东　高俊明　樊补金　樊有恩　张平喜　樊十平

高志明　郭树平　贾元吉　樊侯卫　高德厚　霍晋良　李云生

后勤工作人员

樊荣全　高金玉　张乃应　高儿儿　张平　孙保勤　郝谈全　樊云海　高来顺

樊勤顺　王荣保　李建明　刘玉秀　李侯俊　张国斌　樊三小　樊利勤　樊艳龙

樊海龙　樊红兵　王亮则　高绳平　李俊来　高喜勤　刘小峰　樊世平　高保平

樊小华　李来旺　刘小艳　孙健　樊耀宗　郭鹏飞　张聂子　武玉新

重修观音殿碑记

【简介】

2009年勒石。现存于临县三交镇杜家圪垛村观音庙内。碑青石质，圆首方座，碑身高148、宽55、厚7厘米。额题“功德碑”3字。碑文电脑隶书，计15行，满行37字。记载杜家圪垛村观音庙的意义和重建过程。现保存完好。

【碑文】

重修观音殿碑记

观世音菩萨，于无量劫前，久已成佛，导正法明。但以悲心无尽，慈誓莫穷，故复于十方世界，现菩萨及人天凡圣等身，以施无畏，而垂济度，普门品所谓应以何身得度者，即现何身而为说法，不但现有情身，即山河、船筏、桥梁、道路、药草、树木、楼台、殿阁，亦随机现。总以离苦得乐、转危为安为事，凡遇刀兵、水火、恶病、恶兽、冤家对头、恶鬼、毒蛇种种危险者，果能至诚称念，南无观世音菩萨，即可蒙菩萨加被，转危为安。现在杀劫弥漫，全球皆无安乐之处，亦无安乐之人。愿中外同胞，同念观音圣号，同以观音救苦救难之心为心，同以观音利人利物之事为事，则人我念空，斗争事息，自可同享太平，其乐天常。纵令定业难转，丧身失命，亦可仗善萨力，往生西方，则是因宿业而殒身命，蒙佛力而出苦海也。凡我中外同胞，祈共鉴此愿诚。

原殿建于何时，因遭“文革”破坏，无从考证，今因缘殊胜，父老及其善信合资合力，于二〇〇九年二月五日破土动工，廿六日竣工，耗资四万余元，三月六日圆满开光，恭请上玄下普上人主法，诸山长老亦临护持，祈愿菩萨垂慈救苦，同赴莲池海会。

佛历二五五三年　公元二〇〇九年

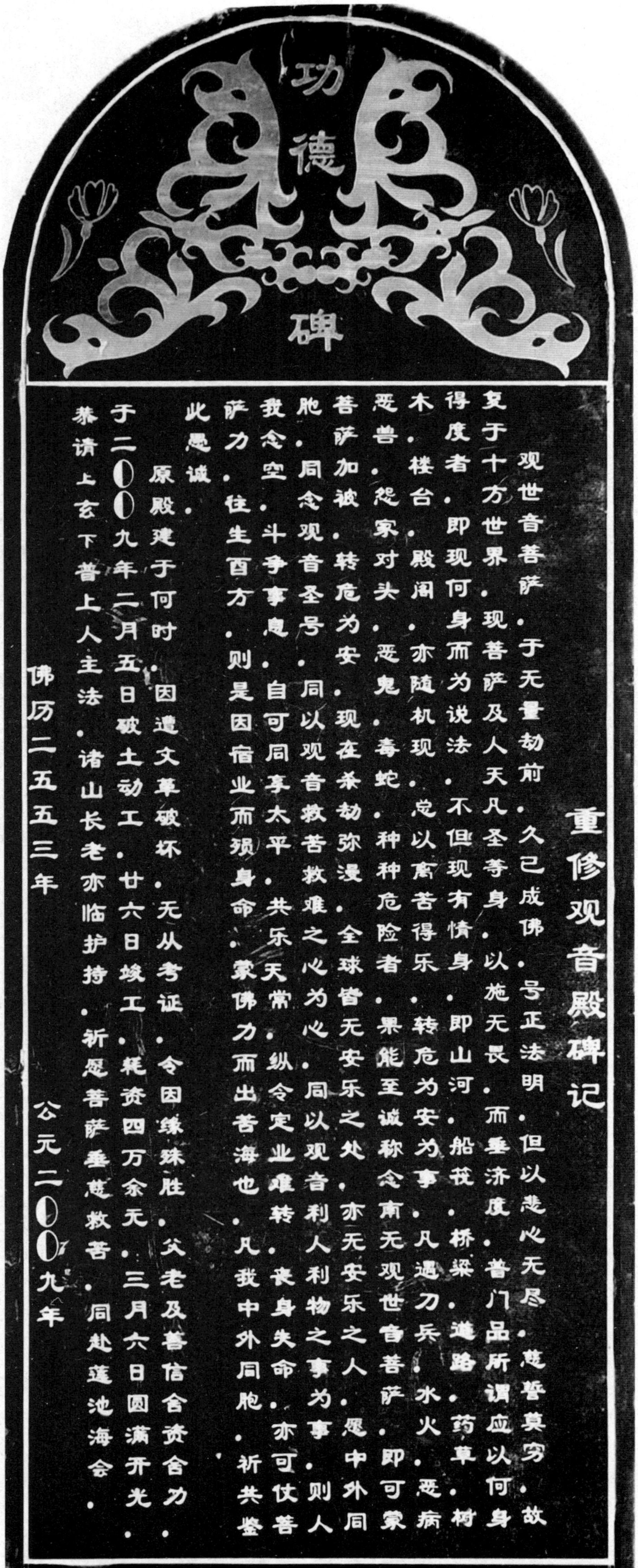

“灵光普照”石刻

【简介】

2009年勒石。现存于临县林家坪镇麻墕村。青石质，长方形，石刻高42、宽105厘米。碑文电脑楷书，正文1行，满行4字。现保存完好。

【刻文】

灵光普照

二〇〇九年刻

临县阳宇会村农田水利工程碑

【简介】

2009年勒石。现存于临县城庄镇阳宇会村。碑青石质，长方形，高120、宽70、厚8厘米。内容是本村2019年以工代赈农田水利工程情况。碑文楷体，正文1行，满行12字。保存完好。

【碑文】

（碑阳）

以工代赈　造福人民

临县阳宇会村农田水利工程

临县以工代赈办公室

项目单位：城庄镇阳宇会村委

二〇〇九年

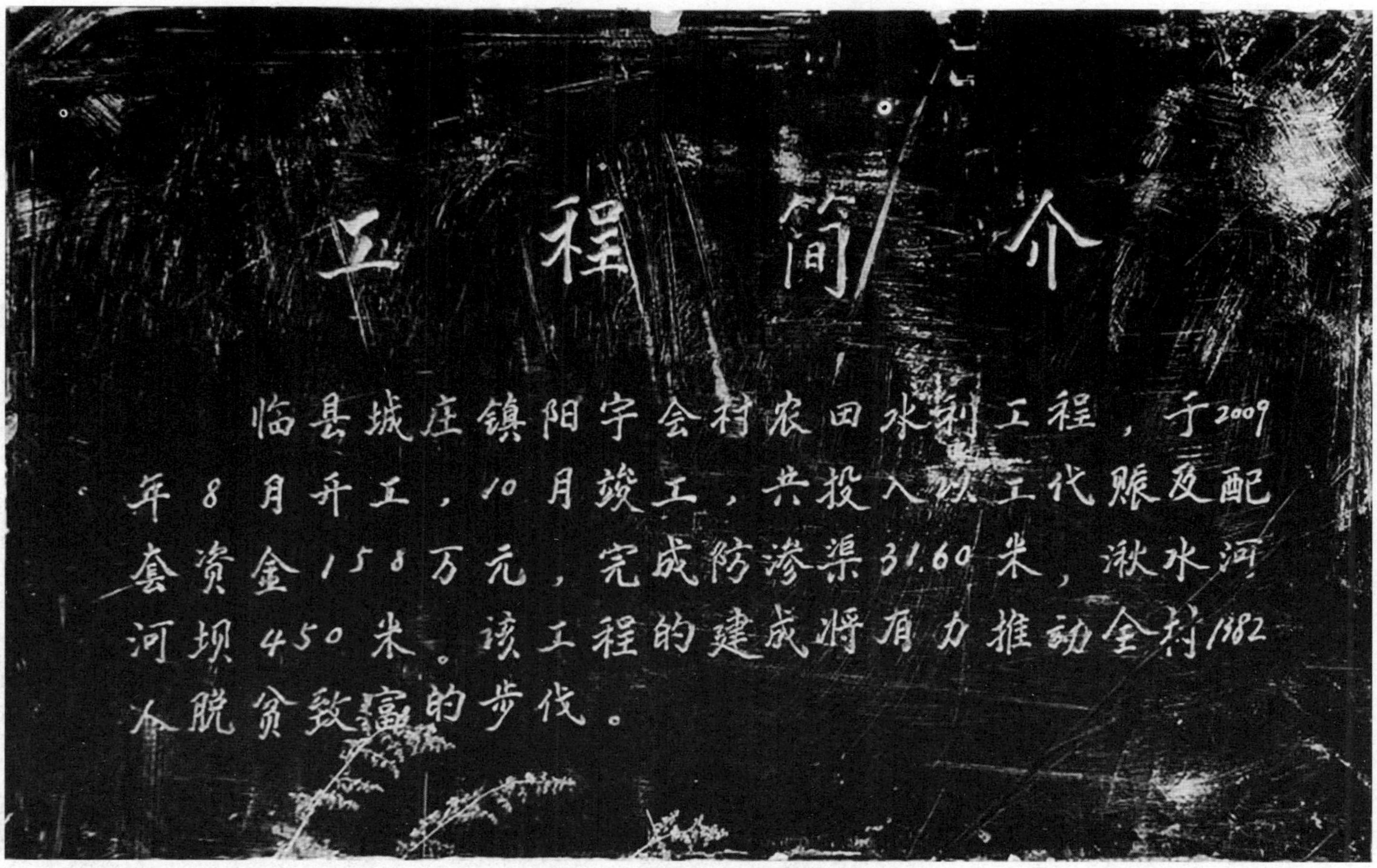

（碑阴）

工程简介

临县城庄镇阳宇会村农田水利工程，于 2009 年 8 月开工，10 月竣工，共投入以工代赈及配套资金 158 万元，完成防渗渠 3160 米，湫水河河坝 450 米。该工程的建成将有力推动全村 1382 人脱贫致富的步伐。

青家塌新建戏台碑记

【简介】

2010年1月勒石。现存于临县三交镇青家塌村。圆首方座，碑青石质，高140、宽50、厚8厘米。额题“流芳”2字。碑文宋体，正文计6行，满行13字。记载青家塌村修戏台的过程。现保存完好。

【碑文】

青家塌新建戏台碑记

去年冬季，由领导决策，群众自发，社会各界，慷慨解囊，捐款出力，新建戏台，阴历二〇〇九年九月初三破土动工，十月初六竣工贺台。兹将捐款人士，刻碑铭记。

捐款花名

三交镇政府10000　李兔明1000　李怀亮　闫志勇　王小锋　李泽勇500　李谢平　闫建祥　王润明　李荣荣　李鹤鹏　李奴平300　杨利明　李晓荣200　李晋生　李继平　李小毅　李小龙　李小江　李海斌　李向明　李小明　李建勤　李锦龙　李强　李伟　李志祥　高林平　樊红卫　郭奇伟　刘宏伟　辛文生　高银顺　王小明　王浩成　李桃林　李锋　李喜安　李永平　李新平　李艳军　李艳兵　李小军　李贵兵

公元二零一零年一月二十日立

创建碑记

【简介】

2010年正月勒石。现存于临县三交镇段家庄村。碑青石质，方首剔角，额题“碑记”2字。高176、宽60、厚8.5厘米。碑文电脑隶书，正文10行，满行33字。记载段家庄村修建戏台的过程。现保存完好。

【碑文】

创建碑记

据历史碑记载，就有南造乐楼一座。由于改朝换代，戏台已毁坏。改革开放后，农村文化的兴起，每年正月都要组织唱戏，就得搭临时舞台，遇上风雨，不是把戏台刮歪，就是戏台内被淋湿，不能正常演出。二〇〇九年金秋日动工，排除了种种困难，戏台、文昌庙竣工。戏台座南向北，在原基础上左右加宽，方向未变，建筑面积132平方米，造型新颖，雄伟壮观，给唱戏提供了一个很好的平台。文昌庙高10米，分三屈十八角，顶造笔尖，标志着文化人才的辈出，并源远流长。余撰文自愧才疏学浅，手无椽笔，不能表彰绩以传后人，姑且建戏台、文昌原由，陈述于上，布施金额，按姓氏排列于右，望能流芳百世。

伍百元者　段丽卿　慎玺　崇恩　春有　奴保　耀珍　月清　小平　智平　润平　利军　靓珍　根五　卫东　利珍　卫平　向平　栋平　艾生　薛小林　薛连武　贰百元者　段来玉　侯玉　保平　旭峰　晓刚　成文　卫斌　保国　顺勤　国勤　有保　金保　锦平　东平　恩平　奋龙　学伟　保顺　顺平　荣珍　国平　绳顺　二小　（一百元以下略）　三交派出所200元　段家塔煤矿2580元　通泰达公司2000元　亚辰煤矿2000元　三交政府2000元　泰业煤矿5000元

总负责　段卫东

经领　段德平　成文　保平　清有　保明　国平　春有

段兰顺撰文

段国平修体

曹锦忠雕刻

二〇一〇年正月立

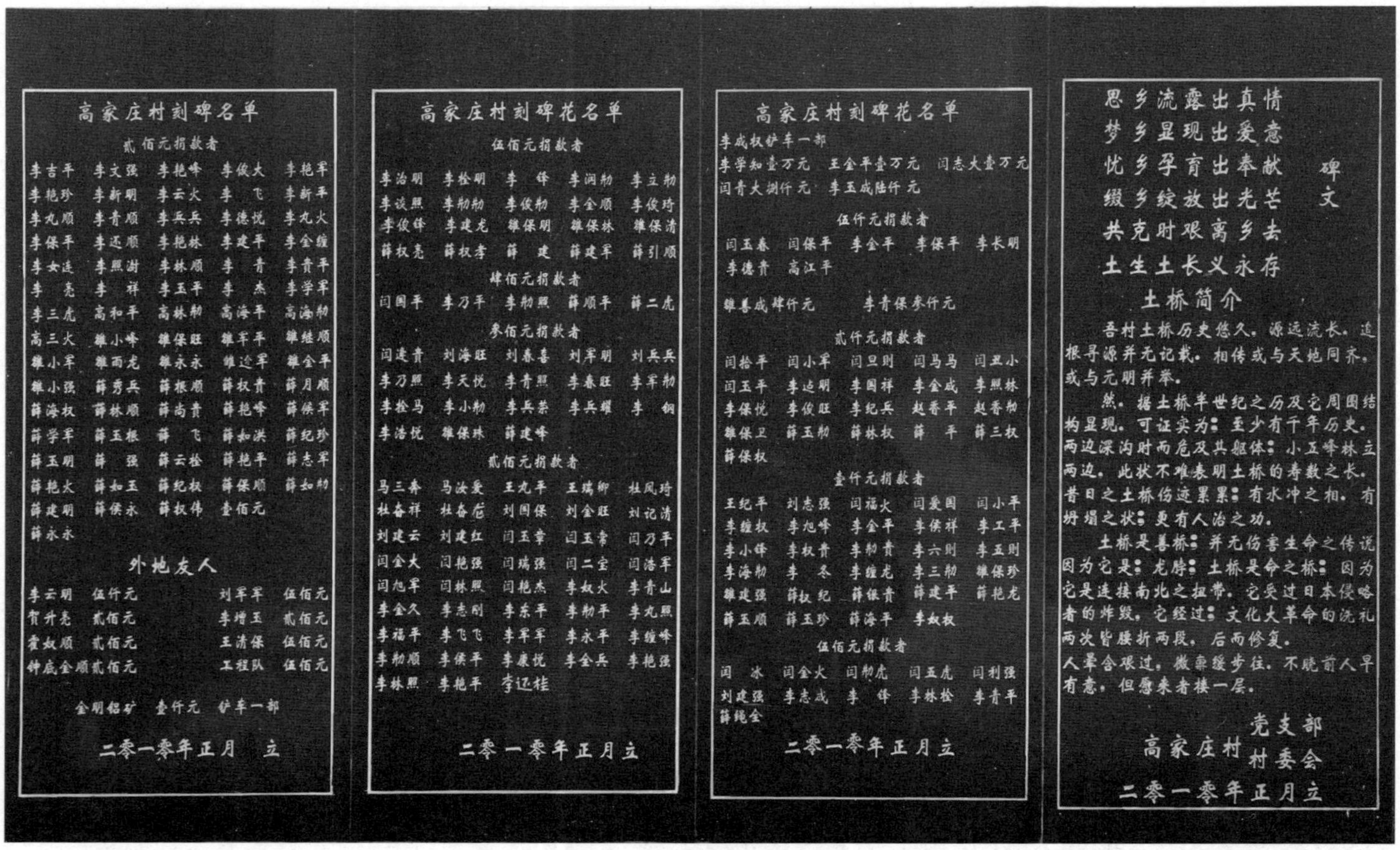

高家庄修路碑记

【简介】

2010 年正月勒石。现存于临县湍水头镇高家庄村。4 石并立，碑青石质，平首，高 130、通宽 216、厚 6.5 厘米。碑文楷书，正文 22 行，满行 17 字。记载高家庄村修土桥墕的过程与捐款、捐物花名。现保存完好。

【碑文】

（第一石）

碑文

思乡流露出真情，梦乡显现出爱意。

忧乡孕育出奉献，缀乡绽放出光芒。

共克时艰离乡去，土生土长义永存。

土桥简介

吾村土桥历史悠久，源远流长。追根寻源并无记载，相传或与天地同齐，或与元明并举。然，据土桥半世纪之历及它周围结构显现，可证实为，至少有千年历史。两边深沟时而危及其躯体，小五峰林立两边，此状不难表明土桥的寿数之长，昔日之土桥伤迹累累，有水冲之相，有坍塌之状，更有人治之功。土桥是善桥，并无伤害人命之传说，因为它是龙脖；土桥是命之桥，因为它是连接南北之纽带，它受过日本侵略者的炸毁，它经过文化大革命的洗礼。两次皆腰折两段，而后修复。

人辇含艰过，微车缓步往。不晓前人早有意，但愿来者楼一层。

高家庄村党支部、村委会

二零一零年正月立

（第二石）

高家庄村刻碑花名单

李成权铲车一部　李学知壹万元　王金平壹万元　闫志大壹万元　闫青大捌仟元　李玉成陆仟元。伍千元捐款者闫玉春　闫保平　李金平　李保平　李长明　李德贵　高江平。雒善成肆仟元　李青保叁千元。贰千元捐款者闫拾平　闫小军　闫旦则　闫马马　闫丑小　闫玉平　李建明　李国祥　李金成　李照林　李保悦　李俊旺　李红兵　赵香平　赵香勤　雒保卫　薛玉勤　薛林权　薛平　薛三奴　薛保权（捐款壹仟元、伍百元者名单略）

二零一零年正月立

（第三石）

高家庄村刻碑花名单

（名单略）

二零一零年正月立

（第四石）

高家庄村刻碑花名单

（名单略）

外地友人　李云明伍仟元　刘军军伍百元　贺升亮贰百元　李增玉贰百元　霍奴顺贰佰元　王清保伍百元　钟底金顺贰佰元　工程队伍佰元　金明铝矿壹仟元　铲车壹部

二零一零年正月立

筑桥寄语

【简介】

2010年正月勒石。现存于临县湍水头镇高家庄村。碑青石质，方首，高130、宽54、厚6.5厘米。碑文楷书，正文16行，满行18字。记载高家庄村修土桥墕的情况。现保存完好。

【碑文】

筑桥寄语

人能征服自然，改造自然。一个人的力量是有限的，但他的智慧是无穷的，遵循这一信念我们才着力开始了筑桥工程。

从农历的二零零九年七月二十九日至八月二十九日竣工剪彩，整整一个月的时间里，我们干群密切配合，得到了社会友人的大力支助，我们动用了两部装载机和一台推土机，人工配合达三百多人次，劈山移山填沟——土兴主路面百余米，路面宽六点五米；长五十米。

一个月里，我们着力抓思想发动工作，使村人的情绪日益高涨，着力走集体筹款之路，呈现出几乎整村人参加之风，着力安全施工不放松，使工程得以善始善终。

修桥易，护桥难。我们将牢记这一不辩的事实，打好护桥这一持久战。

高家庄村党支部、村委会

二零一零年正月立

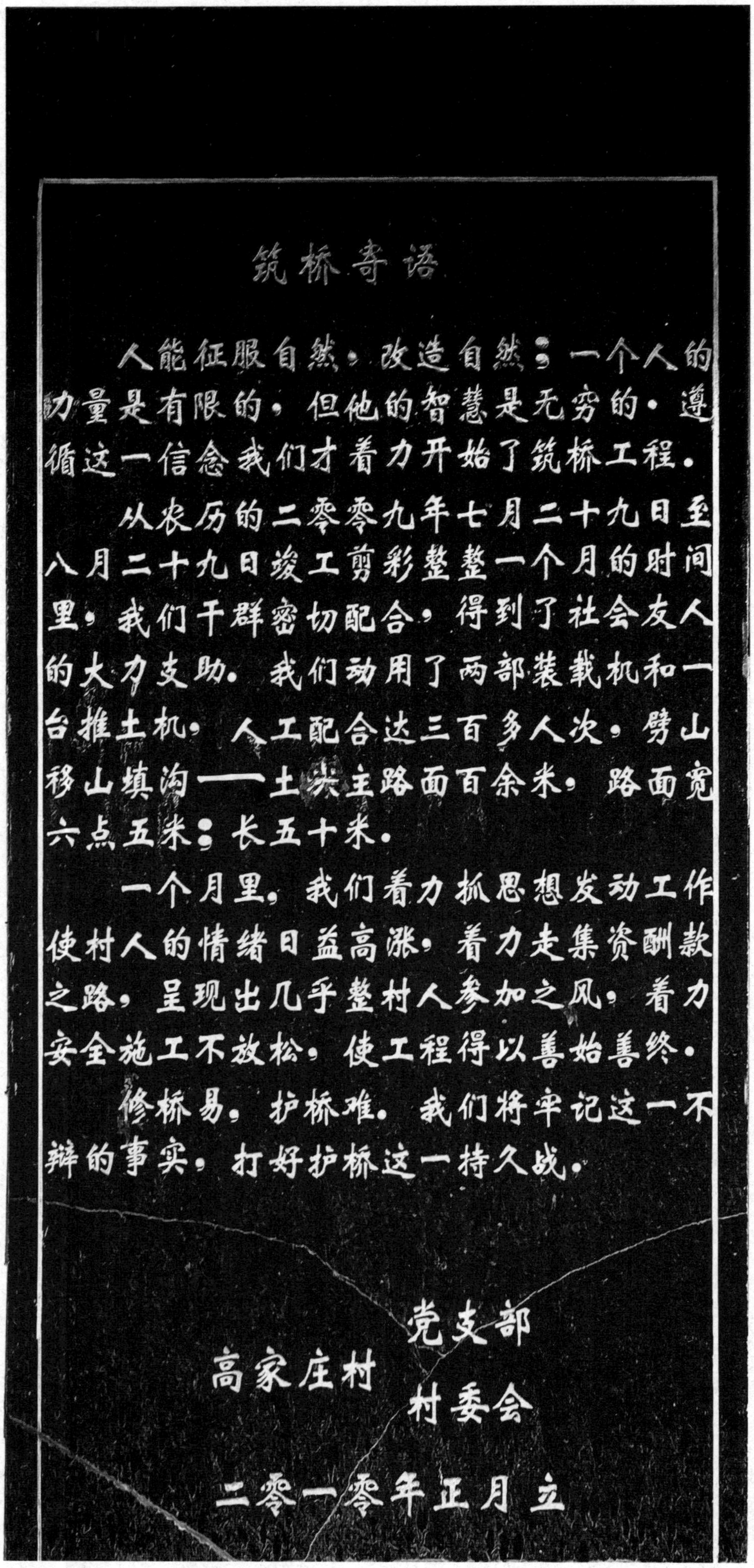

为献树木者而咏

【简介】

2010 年正月勒石。现存于临县湍水头镇高家庄村。碑青石质，方首，高 130、宽 54、厚 6.5 厘米。碑文楷书，正文 16 行，满行 18 字。记载高家庄村献树木的情况。现保存完好。

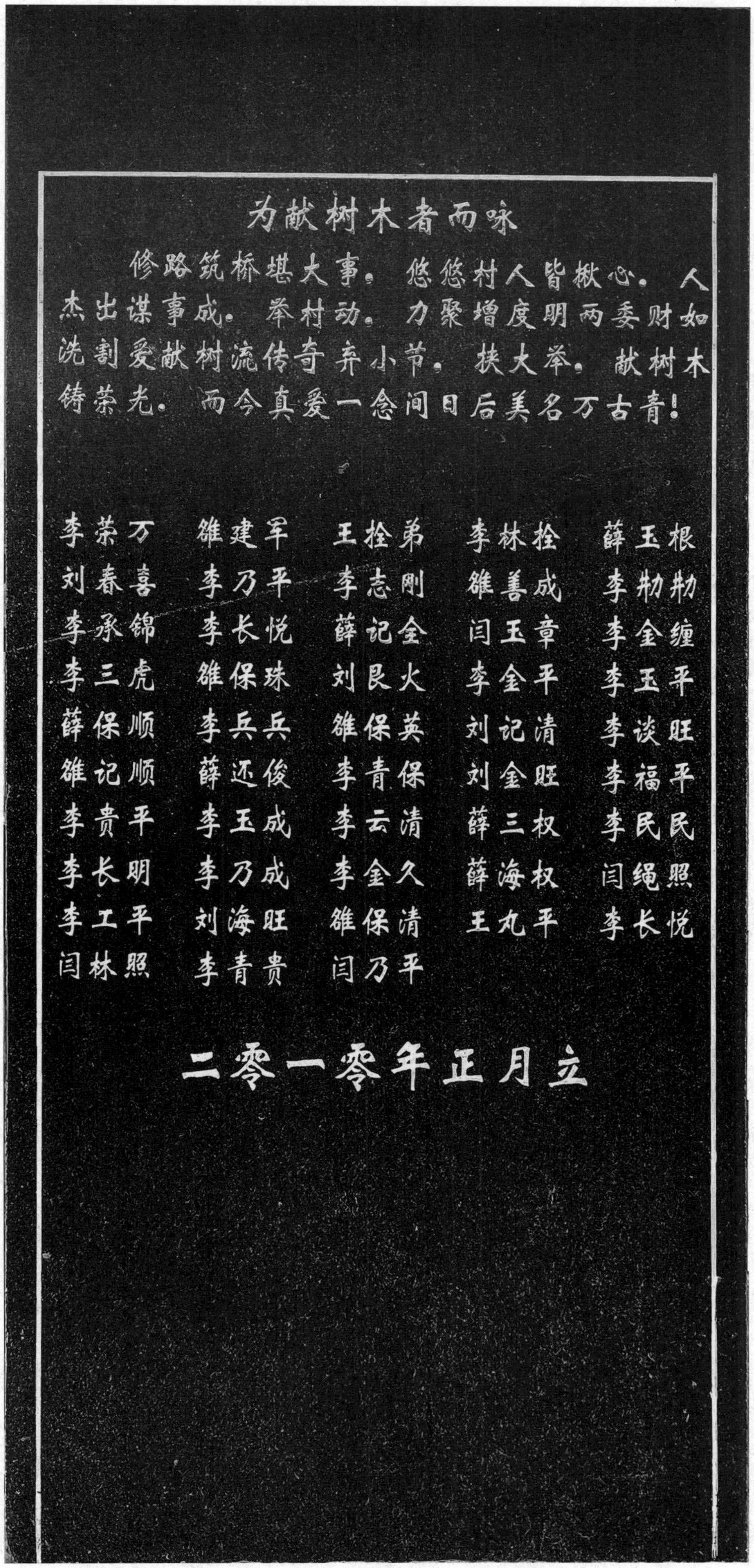

为献树木者而咏

修路筑桥堪大事。悠悠村人皆楸心。人杰出谋事成。举村动。力聚增度明两委财如洗割爱献树流传奇弃小节。挟大举。献树木铸荣光。而今真爱一念间日后美名万古青！

李荣万	雒建军	王拴弟	李林拴	薛玉根
刘春喜	李乃平	李志刚	雒善成	李勤勤
李承锦	李长悦	薛记全	闫玉章	李全缠
李三虎	雒保珠	刘艮火	李金平	李玉平
薛保顺	李兵兵	雒保英	刘记清	李谈旺
雒记顺	薛还俊	李青保	刘金旺	李福平
李贵平	李玉成	李云清	薛三权	李民民
李长明	李乃成	李金久	薛海权	闫绳照
李工平	刘海旺	雒保清	王丸平	李长悦
闫林照	李青贵	闫乃平		

二零一零年正月立

【碑文】

为献树木者而咏

修路筑桥堪大事，悠悠村人皆揪心。人杰出谋事成，举村动，力聚增度明两委财如洗，割爱献树流传奇。弃小节，挟大举，献树木，铸荣光。而今真爱一念间，日后美名万古青。

李荣万　雒建军　王栓弟　李林栓　薛玉根　刘春喜　李乃平　李志刚　雒善成　李勤勤　李承锦　李长悦　薛记全　闫玉章　李全缠　李三虎　雒保珠　刘艮火　李金平　李玉平　薛保顺　李兵兵　雒保英　刘记清　李谈旺　雒记顺　薛还俊　李青保　刘金旺　李福平　李贵平　李玉成　李云清　薛三权　李民民　李长明　李乃成　李金久　薛海权　闫绳照　李工平　刘海旺　雒保清　王丸平　李长悦　闫林照　李青贵　闫乃平

二零一零年正月立

重修观音庙碑记

【简介】

2010年正月勒石。现存于临县白文镇小吴家湾村。碑青石质，圆首，碑身高164、宽65、厚8厘米。碑文楷书，正文10行，满行34字。额题“流芳千古”。主要内容是记载本村重修观音庙的情况。现保存完好。

【碑文】

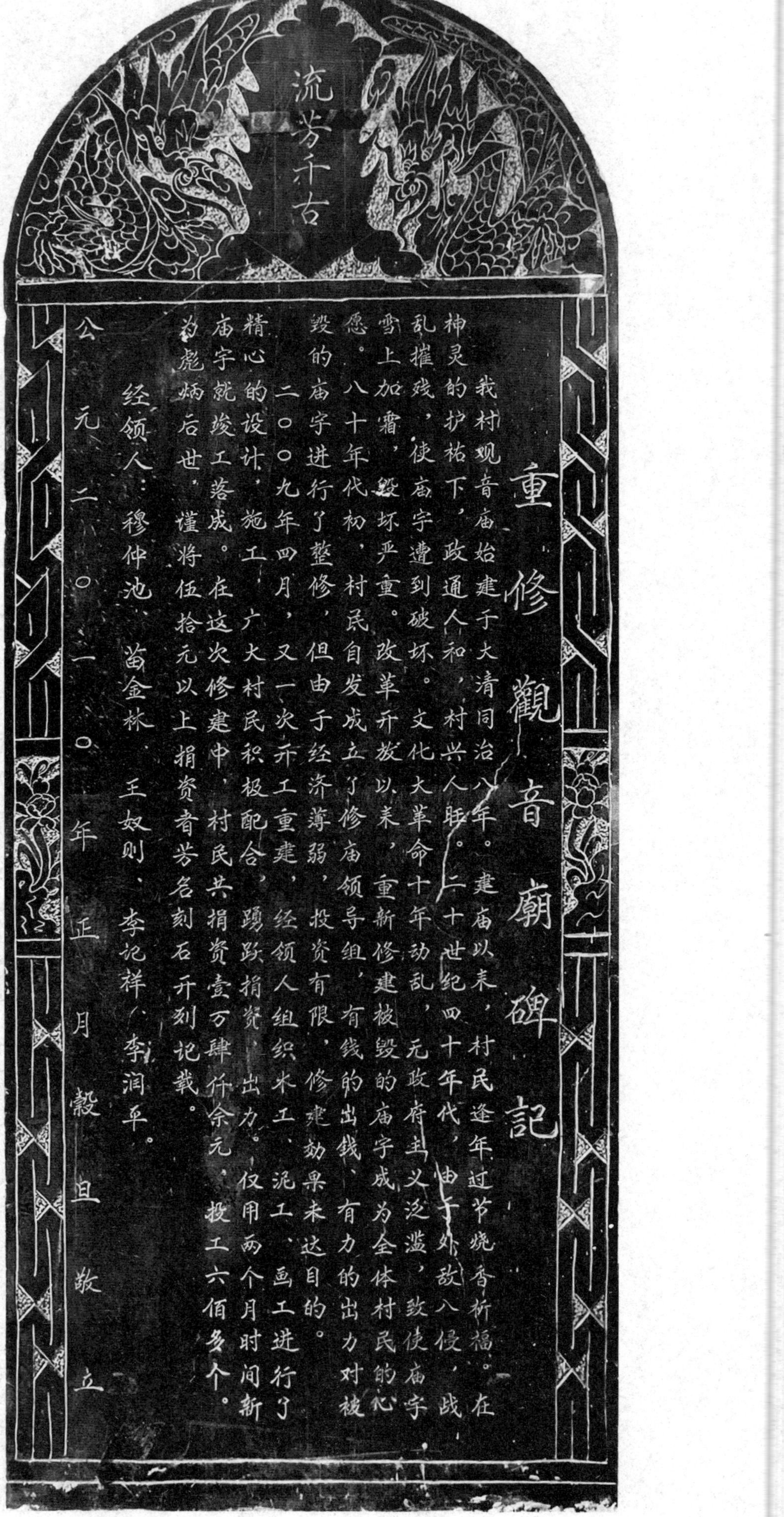

重修观音庙碑记

我村观音庙，始建于大清同治八年，建庙以来，村民逢年过节，烧香祈福。在神灵的护佑下，政通人和，村兴人旺。二十世纪四十年代，由于外敌入侵，战乱摧残，庙宇遭到破坏。文化大革命十年动乱，无政府主义泛滥，致使庙宇雪上加霜，毁坏严重。改革开放以来，重新修建被毁的庙宇，成为全体村民的心愿，八十年代初，村民自发成立了修庙领导组，有钱的出钱，有力的出力，对被毁的庙宇进行了整修。但由于经济薄弱、投资有限，修建效果未达目的。

二〇〇九年四月，又一次开工重建，经领人组织木工、泥工、画工进行了精心的设计、施工，广大村民积极配合，踊跃捐款出力，仅用两个月时间新庙就竣工落成。在这次修建中，村民共捐资壹万肆千余元，投工六百多个。为彪炳后世，谨将伍拾元以上捐资者芳名刻石，开列记载。

经领人：穆仲池　苗金林　王奴则　李记祥　李润平

公元二〇一〇年正月穀旦敬立

扩建观音殿碑记

【简介】

2010年2月勒石。现存于临县湍水头镇霍家岭村。碑青石质，圆首，碑身高167、宽65、厚12.5厘米。碑文楷书，正文8行，满行39字。碑阳额题“碑记”2字。记载霍家岭村观音庙扩建的情况。碑阴额题“流芳千古”4字。现保存完好。

【碑文】

（碑阳）

扩建观音殿碑记

霍家岭观音殿，始建于乾隆年间，历来香火鼎盛，闻名遐迩，因久经风雨，沧桑变迁，人祸天灾，致殿宇圮毁，神灵失所。欣逢盛世，百废俱兴，富丽堂皇，殿内至尊，重塑金身，十八罗汉，形象逼真，殿院拓宽，戏台新建，为使圣殿根基牢固，祭祀设施日臻完善，支部村委领导组织，经领纠首策划督工，村民信众布施投工，于二〇〇九年耗资十二万一千余元，石砌护塄，砖砌围墙，钢焊护栏，新建钟楼。此间，村民霍军军慷慨解囊，捐资一万余元，修建高达十米的灯架一座，使胜地重添异彩，殿宇更显英姿，工程告竣之际，特立碑以记之。

支部村委：严纪照　王喜照　霍爱照

经领督工：霍学平　李桂明

撰文　霍宗智　李毓飞

焊工　薛继有

刻石　郭玉明

公元二〇一〇年二月十九日谷旦立

（碑阴）

纠首及捐资：李桂明1200　霍学平600　霍永恒300　李小兵200　霍 福红200　霍绳生200　霍林斌200　霍福保200　李玉明200

村民信众捐资：霍银照1000　霍永新500　霍俊照500　霍俊照500　王建胜500　李三俊400　李玉勤300　马春利300　（下略）

公元二〇一〇年二月十九日谷旦立

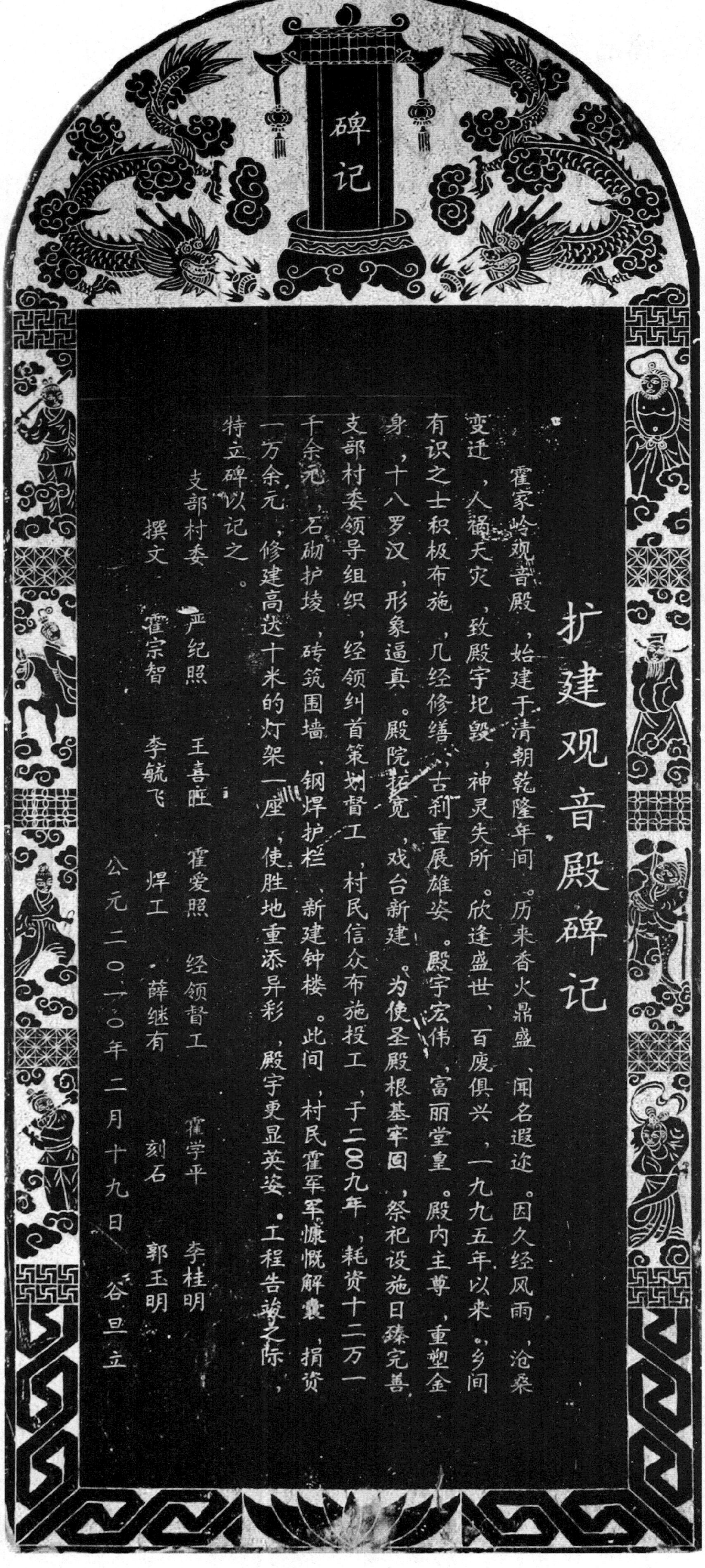

碑记

扩建观音殿碑记

霍家岭观音殿，始建于清朝乾隆年间。历来香火鼎盛，闻名遐迩。因久经风雨，沧桑变迁，人祸天灾，致殿宇圮毁，神灵失所。欣逢盛世，百废俱兴，一九九五年以来，乡间有识之士积极布施，几经修缮，古刹重展雄姿。殿宇宏伟，富丽堂皇。殿内主尊，重塑金身，十八罗汉，形象逼真。殿院拓宽，戏台新建。为使圣殿根基牢固，祭祀设施日臻完善，支部村委领导组织，经领纠首策划督工，村民信众布施投工，于二〇〇九年，耗资十二万一千余元，石砌护堎，砖筑围墙，钢焊护栏，新建钟楼。此间，村民霍军军慷慨解囊，捐资一万余元，修建高迭十米的灯架一座，使胜地重添异彩，殿宇更显英姿。工程告竣之际，特立碑以记之。

支部村委　严纪照　王喜旺　霍爱照

经领督工　霍学平　李桂明

撰文　霍宗智　李毓飞

焊工　薛继有

刻石　郭玉明

公元二〇一〇年二月十九日　谷旦立

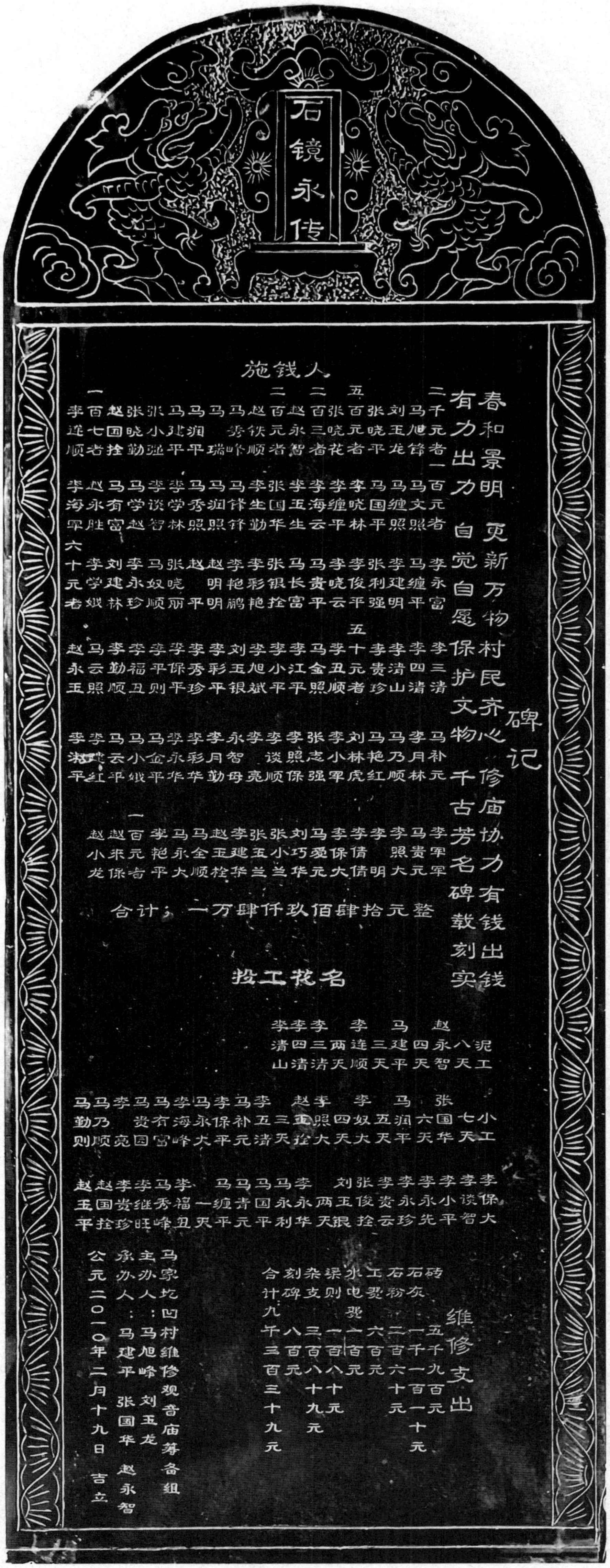

杨家圪垛维修观音庙碑记

【简介】

2010年2月勒石。现存于临县车赶乡杨家圪垛村。碑青石质，圆首，碑身高163、宽60、厚8厘米。碑文楷书，正文2行，满行20字。额题“石镜永传”4字。主要内容是记载本村观音庙维修集资情况。现保存完好。

【碑文】

碑记

春和景明，更新万物，村民齐心，修庙协力，有钱出钱，有力出力，自觉自愿，保护文物，千古芳名，碑载刻实。

施钱人

二千元者　马旭锋　刘玉龙　张晓平　五百元者　张晓华　二百三者　赵永智　二百元者　（8人，姓名略）　一百七者　（1人，姓名略）　一百元者　（36人，姓名略）　六十元者　（4人，姓名略）　五十元者　（48人，姓名略）　一百元者　（2人，姓名略）合计壹万肆千玖百肆拾元整

投工花名

泥工　赵八天　赵永智　赵四天　马建平　马三天　李连顺　李两天　李三清　李四清　李清山

小工　（34人，姓名略）

维修支出

砖五千九百元，石灰一千一百一十元，石料二百六十元，工费六百元，水电费一百元，□则一百八十元，杂支五百八十九元，刻碑八百元，合计九千五百三十九元。

马家圪凹村维修观音庙筹备组

主办人：马旭锋　刘玉龙

承办人：马建平　张国平　赵永智

公元二〇一〇年二月十九日吉立

重修财神庙碑记

【简介】

2010年2月勒石。现存于临县招贤镇后塔村财神庙。碑青石质，圆首方座，通高140厘米，其中碑身高130、宽60、厚8厘米，碑座高10、宽60、厚30厘米。碑文宋体，计11行，满行37字，约290字。额篆“百灵百应”4字。记载后塔村财神庙的修建过程。现保存完好。

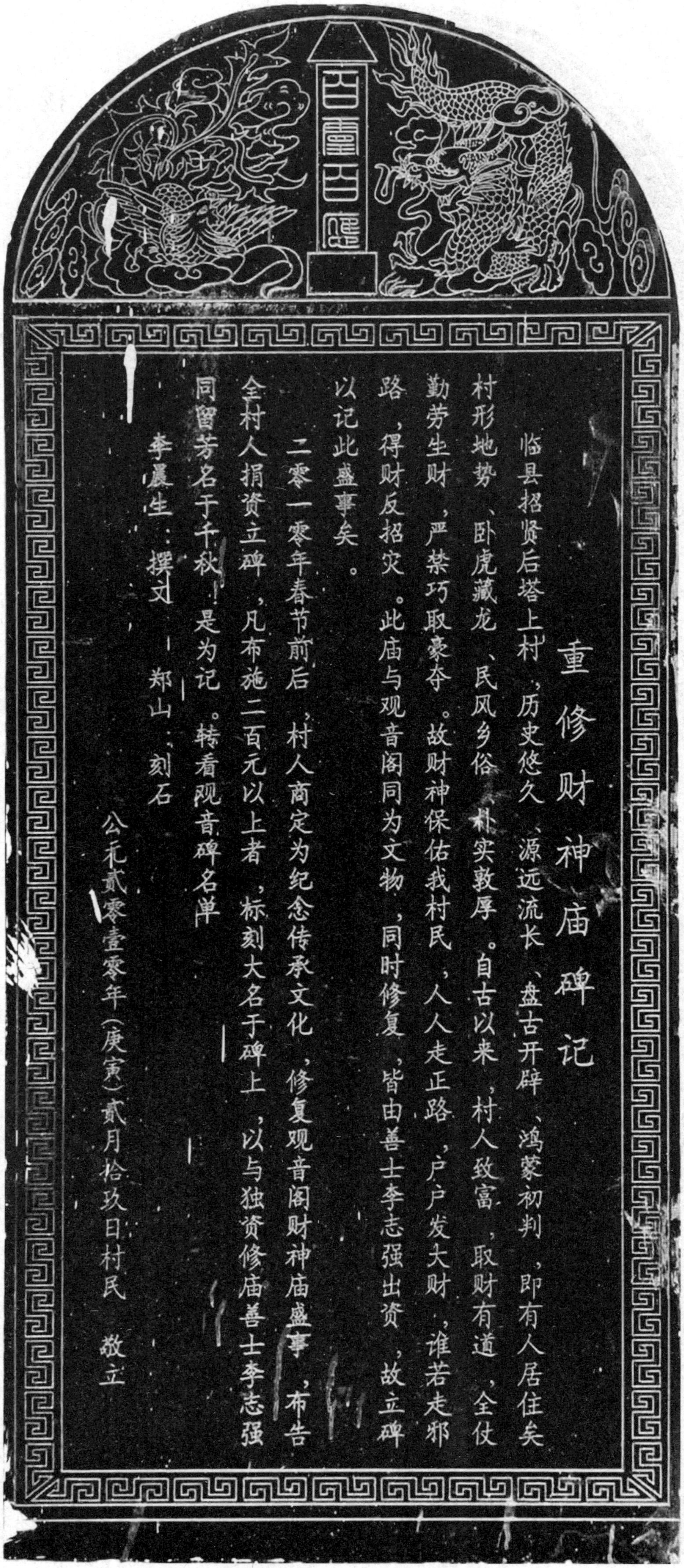

【碑文】

重修财神庙碑记

临县招贤后塔上村，历史悠久，源远流长，盘古开辟，鸿蒙初判，即有人居住矣。村形地势，卧虎藏龙，民风乡俗，朴实敦厚。自古以来，村人致富，取财有道，全仗勤劳生财，严禁巧取豪夺，故财神保佑我村民，人人走正路，户户发大财。谁若走邪路，得财反遭灾。此庙与观音阁同为文物，同时修复，皆由善士李志强出资，故立碑以记此盛事矣！

二零一零年春节前后，村民商定为纪念传承文化，修复观音庙财神庙盛事，布告全村人捐资立碑，凡布施二百元以上者，标刻大名于碑上，以与独资修庙善士李志强同留芳名于千秋！是为记。转看观音碑名单。

李晨生撰文

郑山刻石

公元贰零壹零年（庚寅）贰月拾玖日村民敬立

重修观音阁碑记

【简介】

2010年2月勒石。现存于临县招贤镇后塔村观音庙内。碑青石质，圆首方座，碑身高150、宽60、厚6厘米。额篆“功德无量”4字。碑文楷书，计21行，满行54字，约850字。记载后塔村观音庙的历史和复建过程。现保存完好。

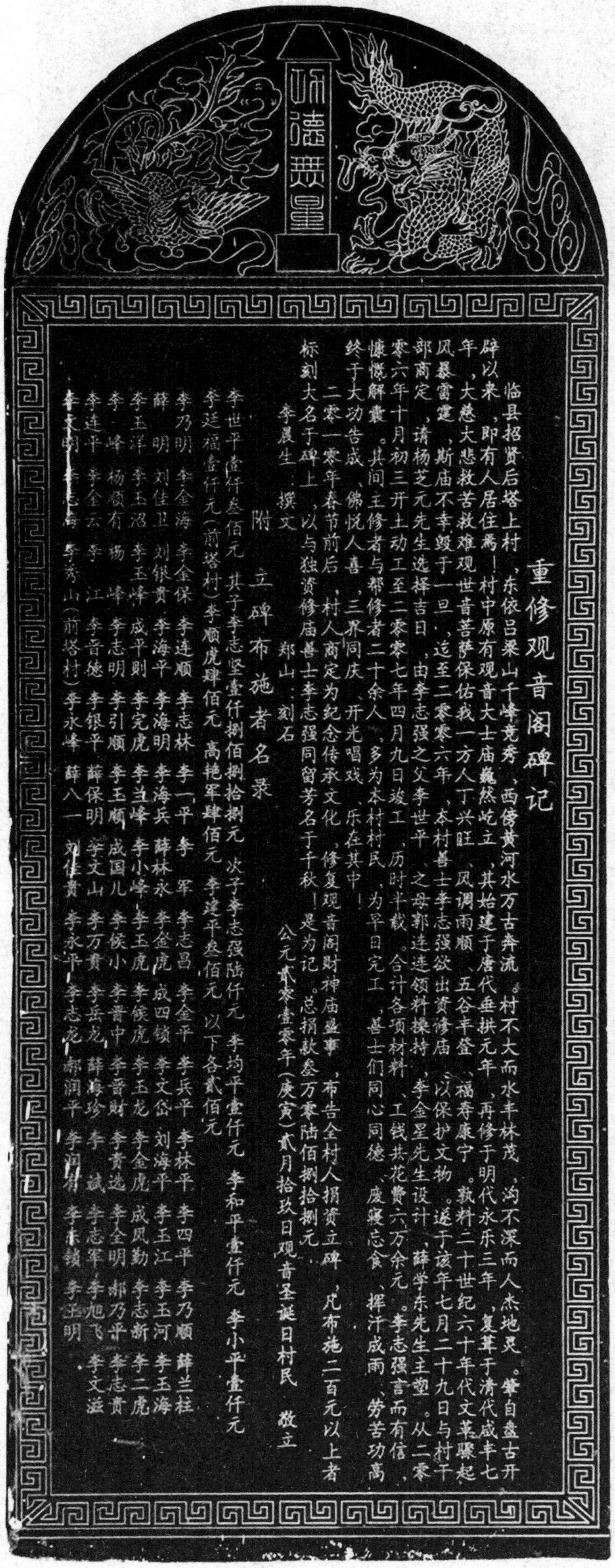

【碑文】

重修观音阁碑记

临县招贤后塔上村，东依吕梁山千峰竞秀，西傍黄河水万古奔流，村不大而水丰林茂，沟不深而人杰地灵，肇自盘古开辟以来，即有人居住焉！村中原有观音大士庙，巍然屹立，其始建于唐代垂拱元年，再修于明代永乐三年，复葺于清代咸丰七年。大慈大悲救苦救难观世音菩萨，保佑我一方人丁兴旺，风调雨顺，五谷丰登，福寿康宁，孰料二十世纪六十年代“文革”骤起，风暴雷霆，斯庙不幸毁于一旦。迄至二零零六年，本村善士李志强欲出资修庙，以保护文物，遂于该年七月二十九日与村干部商定，请杨芝元先生选择吉日，由李志强之父李世平、之母郭连连领料操持，李金星先生设计，薛学东先生主塑，从二零零六年十月初三开土动工，至二零零七年四月九日竣工，历时半载，合计各项材料工钱共费六万余元。李志强言而有信，慷慨解囊，其间主修者与帮修者二十余人，多为本村村民。为早日完工，善士们同心同德，废寝忘食，挥汗成雨，劳苦功高，终于大功告成，佛悦人喜，三界同庆，开光唱戏，乐在其中！

二零一零年春节前后，村人商定为纪念传承文化，修复观音阁、财神庙盛事，布告全村人捐资立碑，凡布施二百元以上者，标刻大名于碑上，以与独资修庙善士李志强同留芳名于千秋！是为记。

总捐款叁万零陆百捌拾捌元

公元贰零壹零年（庚寅）贰月拾玖日观音圣诞日村民敬立

李晨生撰文 郑山刻石

附　立碑布施者名录。

李世平壹仟叁佰元　其子李志坚壹仟捌佰捌拾元　次子李志强陆仟元　李均平壹仟元　李和平壹仟元　李小平壹仟元　李廷福壹仟元（前塔村）李顺虎肆佰元　高艳军肆佰元　李建平叁佰元　以下各贰佰元　李乃明　（下略）

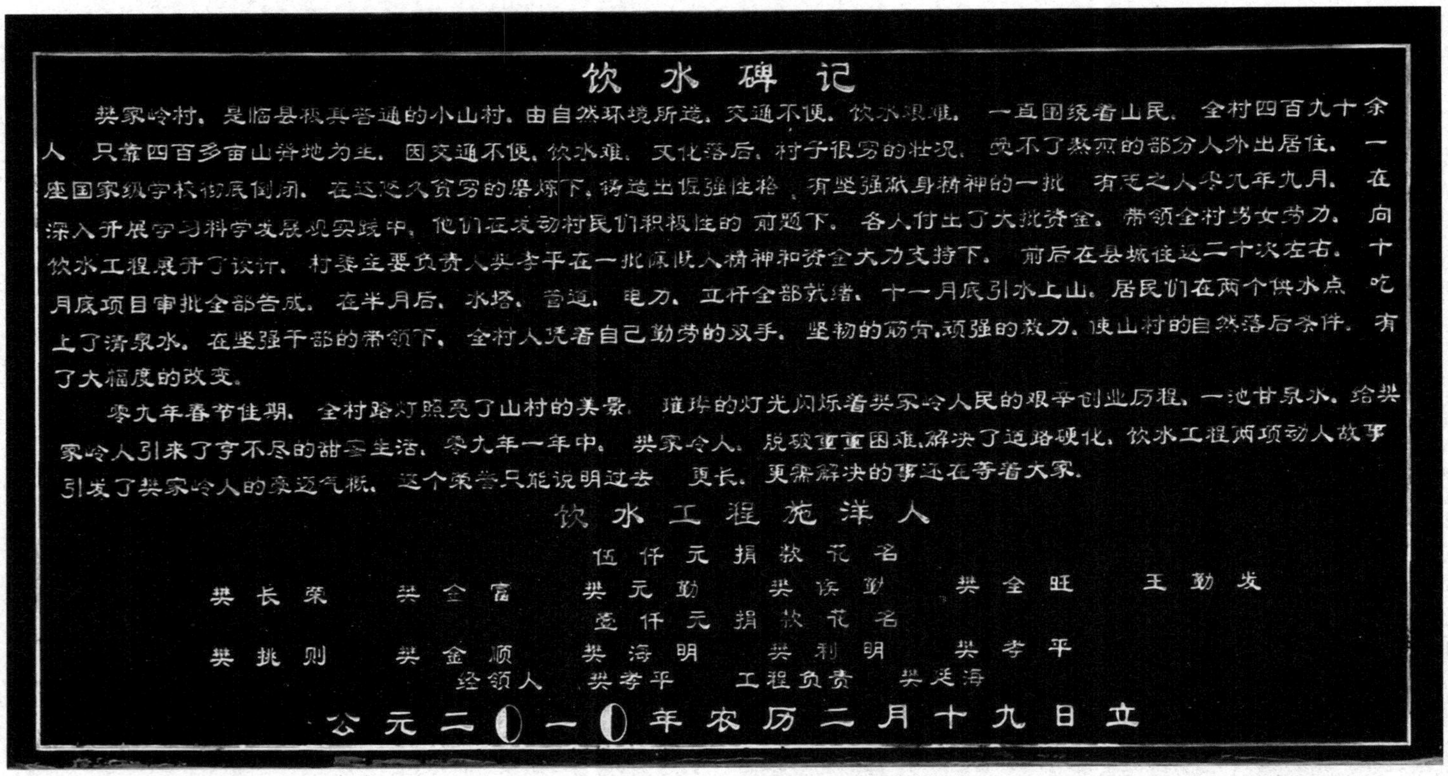

饮水碑记

【简介】

2010年2月勒石。现存于临县三交镇樊家岭村庙。碑大理石质，长方形，碑高71.5、宽140、厚5.5厘米。碑文电脑隶书，正文计11行，满行53字。记载樊家山饮水工程的修建过程。现保存完好。

【碑文】

饮水碑记

樊家岭村，是临县极其普通的小山村，由自然环境所造，交通不便，饮水艰难，一直困绕着山民。全村四百九十余人，只靠四百多亩山脊地为生。因交通不便，饮水困难，文化落后，村子很穷的状况，受不了煎熬的部分人外出居住，一座国家级学校彻底倒闭。在这悠久贫穷的磨炼下，铸造出倔强性格，有坚强献身精神的一批有志之人。零九年九月，在深入开展学习科学发展观实践中，他们在发动村民们积极性的前提下，各人付出了大批资金，带领全村男女劳力，向饮水工程展开了设计。村委主要负责人樊孝平，在一批慷慨人精神和资金大力支持下，前后在县城往返二十次左右，十月底项目审批全部告成，在半月后，水塔、管道、电力、立杆全部就绪，十一月底引水上山，居民们在两个供水点吃上了清泉水。在坚强干部的带领下，全村人凭着自己勤劳的双手、坚韧的筋骨、顽强的毅力，使山村的自然落后条件，有了大幅度的改变。零九年春节佳期，全村路灯照亮了山村美景，璀璨的灯光闪烁着樊家岭人民艰辛的创业历程，一池甘泉水，给樊家岭人引来了享不尽的甜蜜生活。零九年一年中，樊家岭人突破重重困难，解决了道路硬化、饮水工程两项动人故事，引发了樊家岭人的豪迈气概。这个荣誉只能说明过去，更长、更需解决的事还在等着大家。

饮水工程施洋人

伍仟元捐款花名　樊长荣　樊金富　樊元勤　樊侯勤　樊全旺　王勤发　壹仟元捐款花名　樊桃则　樊金顺　樊海明　樊利明　樊孝平

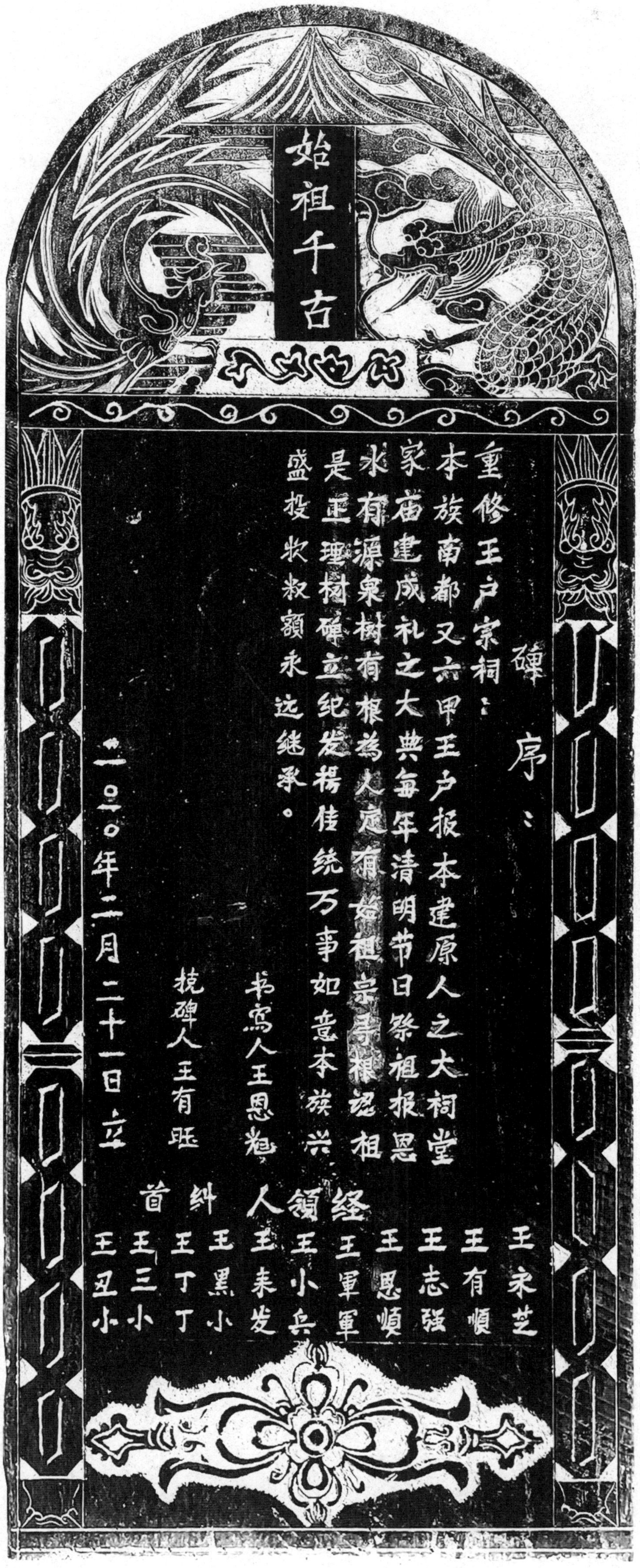

重修王户祠堂碑序

【简介】

2010 年 2 月勒石。现存于临县丛罗峪镇店墕村。碑青石质，圆首，碑高 138、宽 57、厚 6 厘米。额题“始祖千古”4 字。碑文楷书，正文计 5 行，满行 18 字。记载店墕村王户重修宗祠的过程。现保存完好。

【碑文】

碑序

本族南都又六甲王户，报本建原，人之大祠堂。家庙建成，礼之大典，每年清明节日祭祖报恩，水有源泉树有根，为人定有始祖宗，寻根认祖是正理，树碑立纪，发扬传统，万事如意，本族兴盛，投款数额，永远继承。

书写人　王恩耀

刻碑人　王有旺

公元二〇一〇 年二月二十一日立

经领人　王永芝　王有顺　王志强　王恩顺　王军军　王小兵　王来发

纠首　王黑小　王丁丁　王三小　王丑小

枣洼沟重修庙宇碑记

【简介】

2010年2月勒石。现存于临县三交镇枣洼沟庙内。碑青石质，方首抹角，高142、宽55、厚8厘米。碑阳额题“流芳千古”4字。碑文楷书，正文计10行，满行33字，约320字。记载枣洼沟村诸庙的历史和重建过程。碑阴额题“流芳千古”4字。正文为捐款名单。现保存完好。

【碑文】

（碑阳）

枣洼沟村原有龙王、关帝、真武、山神、土地、财神、观音、七佛、牛王古庙，古碑记载，始于明代，历史久远，因居地分散，年久破败。清康熙四十二年，公元一七〇三年，距今叁百零柒年，集中建于村南，飞檐滴水，青砖碧瓦，金碧辉煌，雄壮美观，诸神灵验，风调雨顺，五谷丰登，有求必应。大清光绪元年五月，一八七四年第一次补修，距今贰百叁拾陆年。民国二十六年九月，公元一九三八年，第二次补修，距今柒拾贰年。庙宇更趋完善，香火不断，后经战乱，残败不堪，风蚀雨浸，路人感叹，村人心多不安，早有重修之念。由于种种原因，未能如愿。去冬村民再议，庚寅正月十四动工，社会各界鼎力相助。全体村民出钱出力，大干一月，胜利竣工。唱戏三天，开光设席，庆典新建庙宇，焕然一新，壮丽宏伟，光彩照人，路灯亮堂，道路宽畅。碧水蓝天，更胜当年。为表彰有功之臣，刻碑纪念，千古铭记。

公元二〇一〇年二月十三日立

（碑阴）

樊海保五千元　樊荣泽五千元　薛晓荣五千元　樊润田二千元　樊香顺二千元　樊有平一千七百元　樊建军一千六百元　严雨田　樊龙龙　张建 峰　薛奇珍　樊有富　樊秦　陈乃平一千元　樊艳斌　樊飞飞六百 元　刘小红　樊谈院　樊如院　樊勤院　樊能院　樊谈贵　王长顺　樊海贵　崔 五奴　樊荣伟　杨星　樊小军　王军军　崔录春五百元　樊学平　王海龙　杜金平四百元　王米珍　王米奎　李学义　樊根有　樊管顺三百元　（下略）

领导人　樊海保　樊荣泽

经领人　樊香顺　樊宝顺　樊勤顺　樊奴虎　樊有顺　樊保珍　樊根有　樊桂平　樊继保　王米珍　李启兆

选文人　樊奴虎

书碑刻石　曹锦忠

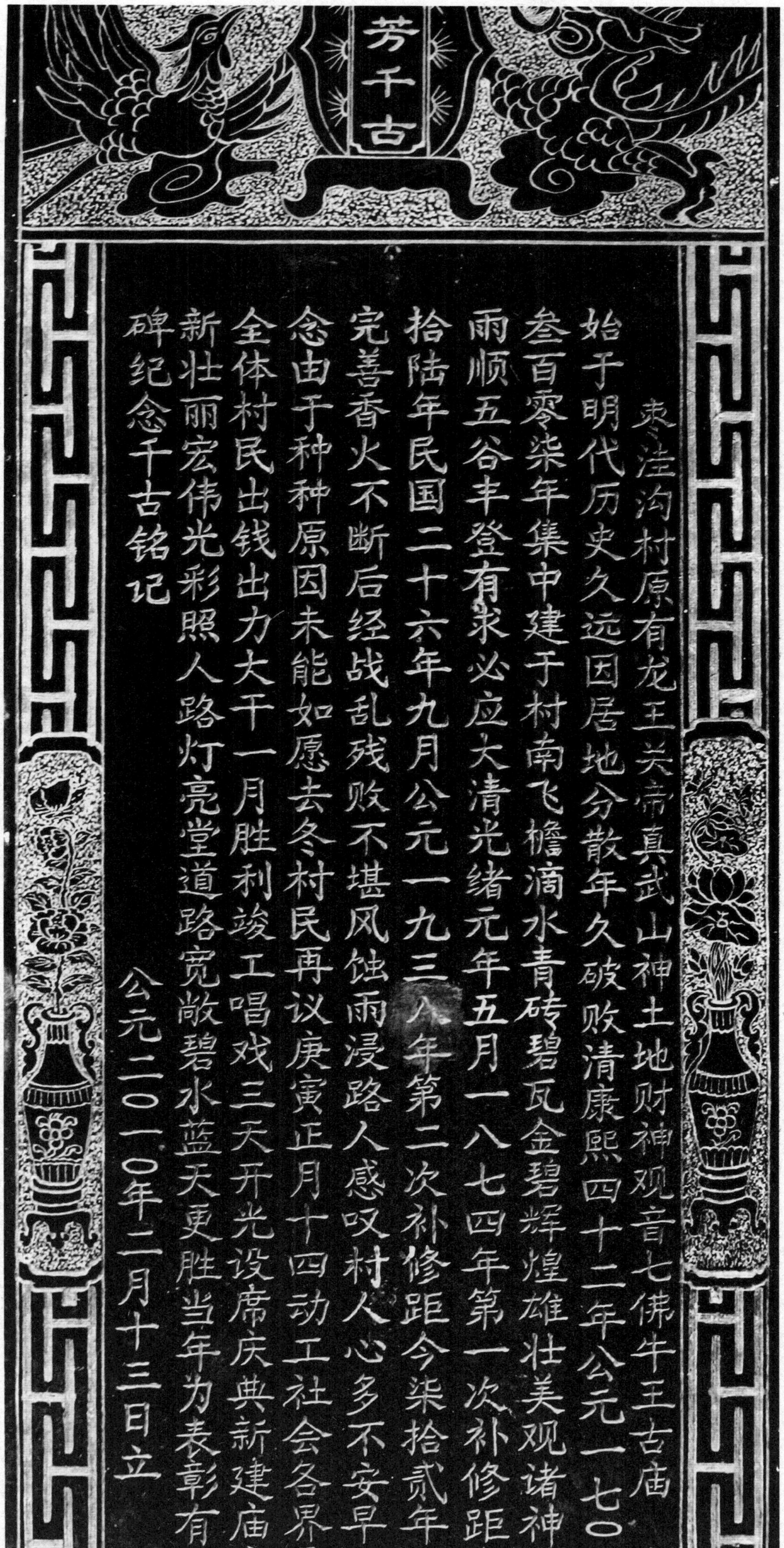
芳千古
枣洼沟村原有龙王关帝真武山神土地财神观音七佛牛王古庙　古碑记载
始于明代历史久远因居地分散年久破败清康熙四十二年公元一七〇三年距今
叁百零柒年集中建于村南飞檐滴水青砖碧瓦金碧辉煌雄壮美观诸神灵验风调
雨顺五谷丰登有求必应大清光绪元年五月一八七四年第一次补修距今贰百叁
拾陆年民国二十六年九月公元一九三八年第二次补修距今柒拾贰年庙宇更趋
完善香火不断后经战乱残败不堪风蚀雨浸路人感叹村人心多不安早有重修之
念由于种种原因未能如愿去冬村民再议庚寅正月十四动工社会各界鼎力相助
全体村民出钱出力大干一月胜利竣工唱戏三天开光设席庆典新建庙宇焕然一
新壮丽宏伟光彩照人路灯亮堂道路宽敞碧水蓝天更胜当年为表彰有功之臣刻
碑纪念千古铭记
公元二〇一〇年二月十三日立

吴大光秦应明夫妇墓碑

【简介】

2010年2月勒石。现存于临县临泉镇上西坡村，嵌于碑套中。碑大理石质，方首，高140、宽58厘米。额题“流芳”2字。碑文楷书，正文7行，满行36字。保存完好。碑套边联：“呕心沥血创家业，含辛茹苦育子女。”

【碑文】

慈父吴公讳大光母秦氏应明二老合葬之墓

家严吴公大光，生于一九二二年农历七月八日，卒于二〇〇五年农历九月十一日，享年八十四岁，少年承先祖恩泽，饱读诗书；壮而追随革命，一生献身杏坛；晚年离休归里，颐养天年。家慈秦氏应明，生于公元农历一九二二年农历十月三日，卒于公元二零零九年正月二十三日，享年八十八岁，相夫教子，勤俭持家，含辛茹苦。父母相伴相随六十余载，相濡以沫，共克时艰，上尊长老，下育子孙，和睦邻里，造福桑梓。痛心我哭亲长逝，墓前桃花亦含悲，深恩未报空有泪，欲闻教训杳无声。

子吴锋　吴剑　吴刚　媳李巧俊　刘秀连　闫凤茹　女侯英　凤英

孙男文忠　文珍　海珍　文理　吴西　孙媳高智连　高巧一　薛月珍　李月花　孙女文兰　翠兰　文清　文艳

曾孙男泽瑞　泽民　泽强　泽旭　泽鹏

曾孙女小盼　利芳　泽芳　利倩

二零一零年清明节叩立

新修戏台碑记

【简介】

2010年2月勒石。现存于临县林家坪镇张家沟村，嵌于墙上。碑青石质，长方形，高65、长192厘米。记载张家沟村新修戏台事宜。碑文隶书，正文共16行，满行13字。保存完好。

【碑文】

新修戏台碑記

我村自古交通便利，山川秀美，人杰地灵。改革开放以来，民生日益改善，在全面建设小康社会的同时，群众对文化生活的需求越来越迫切。过去村里年年唱戏，年年搭戏台，花钱费力，苦不堪言，群众切盼修一座宽敞、壮观、永久性戏台。去年四月，在县文化局的鼎力支持和带动下，村里多方筹资，村民踊跃捐款，共筹资壹拾捌万余元。四月动工，九月告竣。戏台的修建，功在当今，泽及后世。兹将捐款伍百元以上的单位和个人，勒石永志，以彰其德。

金额单位（元）

县文化局 60000　镇政府 2000　河东砖厂 4000　張宏兵 1000　張晶森 1000　李海军 1000　高志良 1000　薛金海 1000　張东平 1000　郭士海 1000　王恩平 1000　刘哲群 500　张飞飞 500　張建峰 500　薛应才 500　張小峰 500　高玉祥 500　張生明 500　苗新 500　苗锋（水利局）500　薛乃慎 500　薛成元 500　高丸国 500　王国锋（刘王沟）500　苗云贵（光明）500　薛三虎 500　郭丑马 500　刘晗东 500　高玉海 500　郭士维 500　薛润贵 500

張家沟村

公元二〇一〇年二月二十三日立

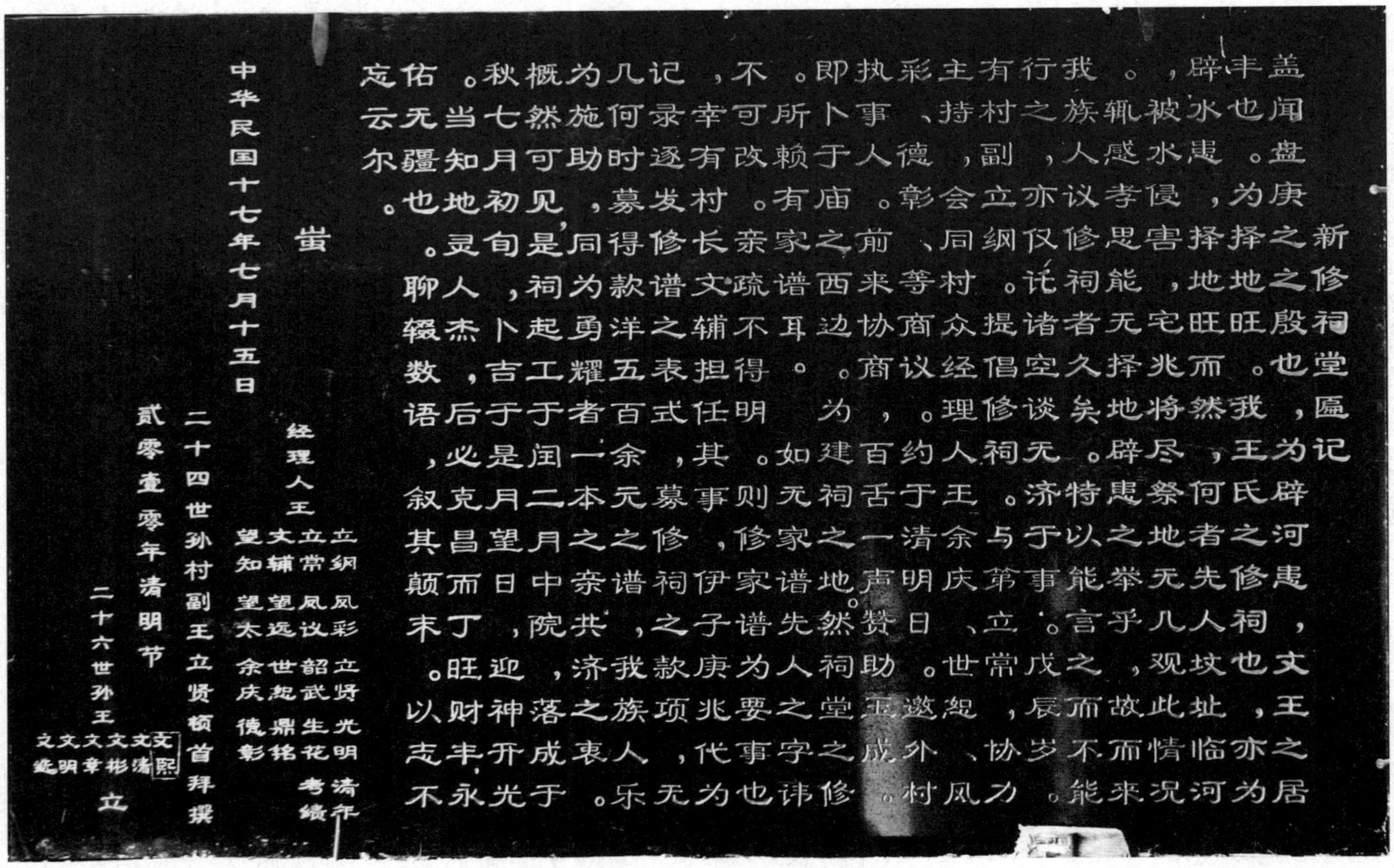

新修祠堂匾记

【简介】

2010年清明勒石。现存于临县丛罗峪镇堡子峪村。碑大理石质，长方形，高70、宽110、厚5厘米。碑文电脑隶书，正文共23行，满行18字。为堡子峪村王氏新修祠堂碑文。保存完好。本碑系将民国十七年（1928）所刻碑重新刻了一次。

【碑文】

新修祠堂匾记

盖闻盘庚之之殷也，为辟河患，文王之居丰也。为择地旺，我王氏之修祠也，亦为辟水患，择地旺而然。何者先人坟址临河，被水侵害，宅兆将尽祭地无几，观此情况，辄感孝思能无择地辟患之举乎？故而来我族人议修祠者久矣，特以能言之不能行之，亦仅讬诸空误，无济于事。戊辰岁，有村副立纲，提倡修祠，与弟立常协力主持，会同村众经理人王余庆、世恕、风彩、德彰等商议，约于清明日，邀外村执事人，前来协商，百舌一声赞助玉成，即卜于庙之西边为建祠之地。然祠堂之修所赖有家谱耳。如无家谱，先人之志不可改，亲疏不得明，则修家谱为要事也，幸有村长文辅担任其事，伊子庚兆代为记录，逐发修谱之表式，募修祠之款项。无几何时，募得款洋五百余元之多，我族人乐为施助，同为勇耀者，一本之亲，共济之衷，概然可见。是祠起工于闰二月中旬，落成于秋七月初旬，卜吉于是月望日，迎神开光。当知地灵人杰，后必克昌而丁旺财丰，永佑无疆也。聊辍数语，叙其颠末，以志不忘云尔。

蚩（旹）中华民国十七年七月十五日

经理人　王立纲　王立常　王文辅　王望知　王风彩　王风仪　王望远　王望太　王立贤　王韶武　王世恕　王余庆　王光明　王生花　王鼎铭　王德彰　王清年　王考绩

二十四世孙村副王立贤顿首拜撰

贰零壹零年清明节 二十六世孙王文熙　王文清　王文彬　王文章　王文明　王文选立

补修关帝庙记

【简介】

2010年3月勒石。现存于临县车赶乡钟底村。碑大理石质，方首，高154、宽60、厚4厘米。碑阳碑阴额均题“功德碑”3字。碑文电脑隶书，正文4行，满行34字。记载钟底村补修关帝庙之事，碑阴为捐款名单。碑裂分二层，左下角破裂。

【碑文】

（碑阳）

补修关帝庙记

我村关帝庙，配享观音、天地诸神灵，因年久失修，破烂不堪，道路不平，村民上庙祭奠，诸多不便，虽曾补修，改观不大。今年二月，霍林顺等纠首，集民心顺民意诚心一片。为全村人丁兴旺、户户安康，不惜余力，劳心经作。补修庙宇，村民自愿投工，积极施钱。一月余面貌焕然一新，诸神安居。为彰盛德义举，立碑为记。

经理人　霍林顺　霍林照　王云宏　霍生云　霍文鹏　霍云龙　霍改顺　霍文飞　李新平　李泽平　王芳　霍泽生　李革平　刘爱国　刘优国　高云平　高缠平　刘卫忠　霍润旺　霍谈元

经理人捐款花名　霍林顺贰仟元　霍林照伍佰元　王云宏伍佰元　霍生云伍佰元　霍文鹏贰仟元　霍云龙伍佰元　霍改顺伍佰元　霍文飞伍佰元　李新平伍佰元　李泽平伍佰元　王芳伍佰元　霍泽生四佰元　李革平贰佰元　刘爱国壹佰元　刘优国壹佰元　高云平壹佰元　高缠平壹佰元　刘卫忠壹佰元　霍润旺壹佰元　霍谈元伍拾元

（碑阴）

功德碑

王天祥叁仟元　王吉龙壹仟元　尧子坡张小平壹仟元　车赶刘文明壹仟元　加油站壹仟元　霍秉勤陆佰元　杜家沟张乃平壹仟元

伍佰元捐款花名　张云锋　刘乃国　王国兵　刘建平　刘福胜　刘文平　刘海勤　赵平　赵锋　赵江　吴祥勤　吴祥俭　吴祥治　吴祥龙　高艳龙　王利兵　王利荣　王铁旦　王吉虎　刘元国　霍青荣　钟底医院　高秉全

（下略）

公元二零一零年三月十六日立

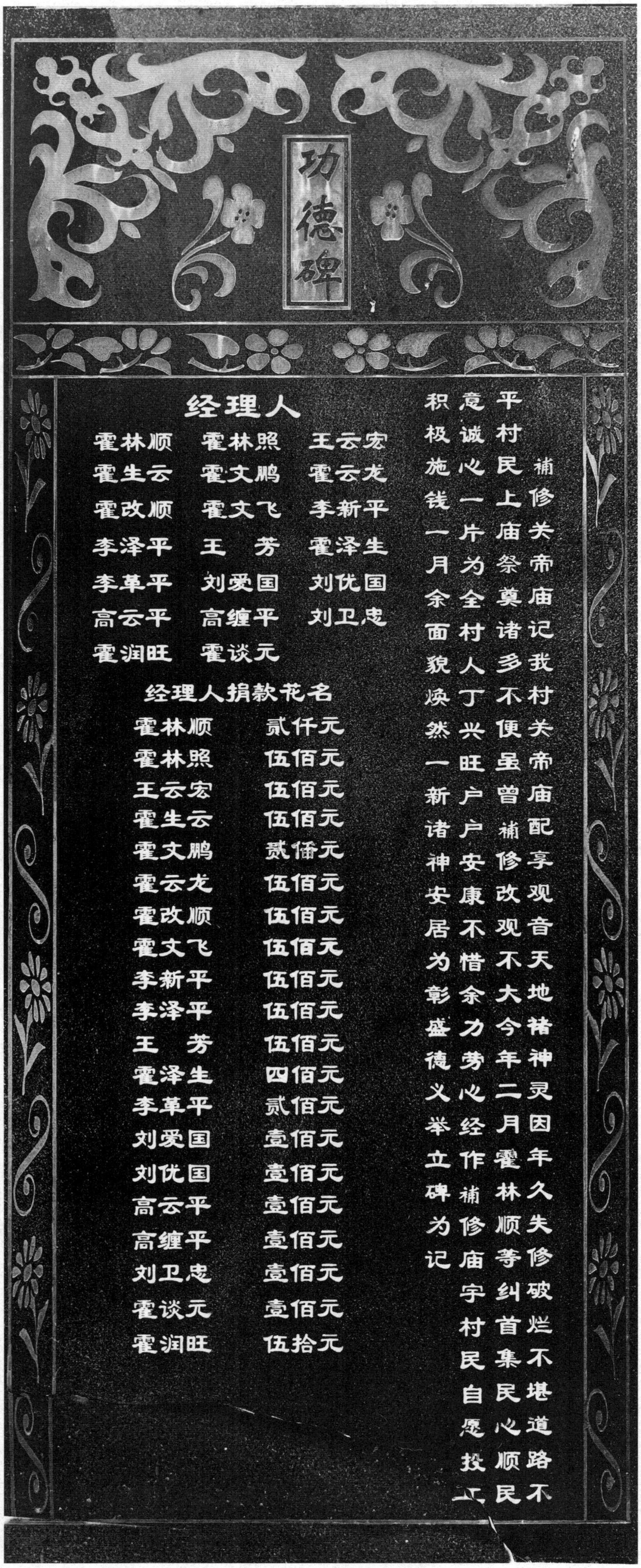
功德碑
補修关帝庙记
我村关帝庙配享观音天地諸神灵因年久失修破烂不堪道路不平村民上庙祭奠诸多不便虽曾補修改观不大今年二月霍林顺等纠首集民心顺民意诚心一片为全村人丁兴旺户户安康不惜余力劳心经作補修庙宇村民自愿投工积极施钱一月余面貌焕然一新诸神安居为彰盛德义举立碑为记
经理人
霍林顺　霍林照　王云宏
霍生云　霍文鹏　霍云龙
霍改顺　霍文飞　李新平
李泽平　王　芳　霍泽生
李革平　刘爱国　刘优国
高云平　高缠平　刘卫忠
霍润旺　霍谈元
经理人捐款花名
霍林顺　贰仟元
霍林照　伍佰元
王云宏　伍佰元
霍生云　伍佰元
霍文鹏　贰佰元
霍云龙　伍佰元
霍改顺　伍佰元
霍文飞　伍佰元
李新平　伍佰元
李泽平　伍佰元
王　芳　伍佰元
霍泽生　四佰元
李革平　贰佰元
刘爱国　壹佰元
刘优国　壹佰元
高云平　壹佰元
高缠平　壹佰元
刘卫忠　壹佰元
霍谈元　壹佰元
霍润旺　伍拾元

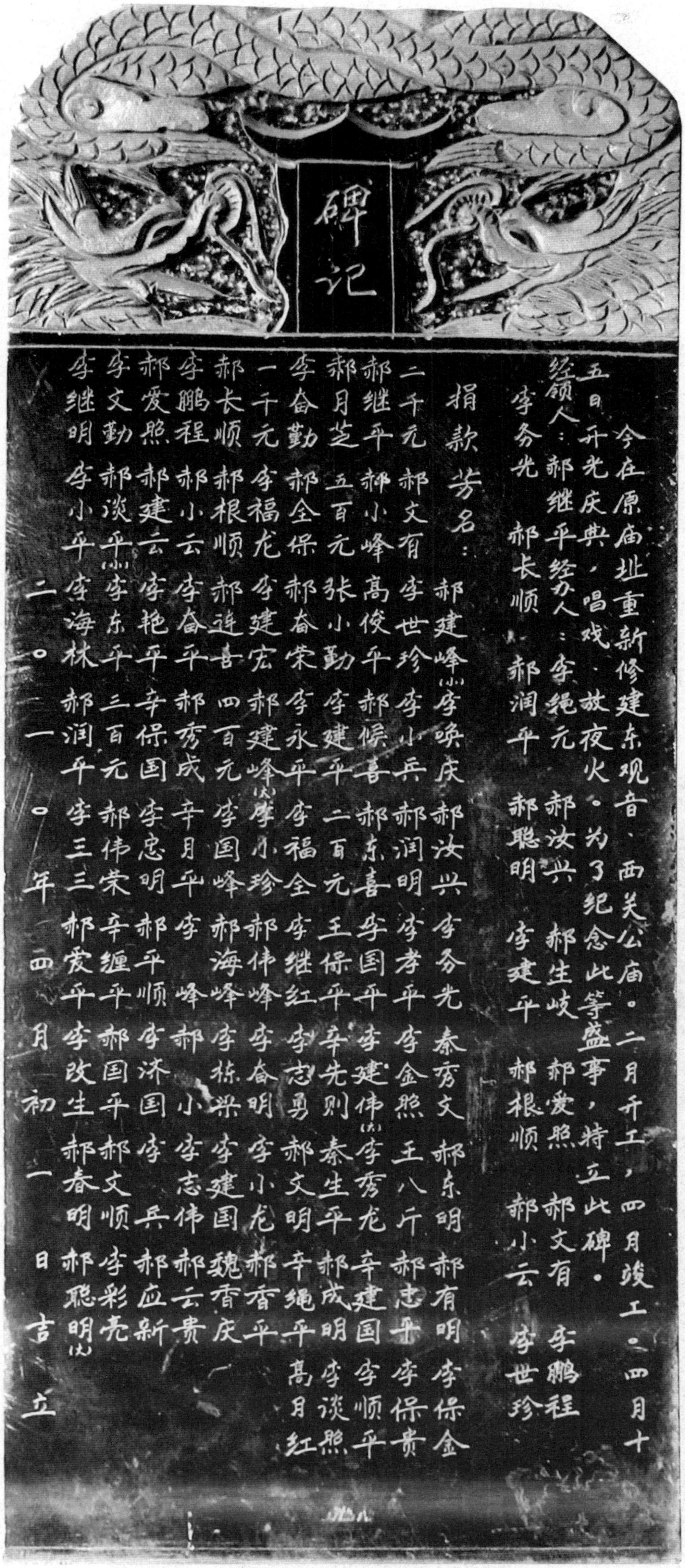

重修观音关帝庙碑记

【简介】

2010年4月勒石。现存于临县木瓜坪乡前长乐村。碑青石质，龙首，高160、宽60、厚8厘米。额题“碑记”2字。碑文楷书，正文2行，满行33字。记载前长乐村重修观音关帝庙之事。保存完好。

【碑文】

今在原庙址重新修建东观音、西关公庙。二月开工，四月竣工，四月十五日开光庆典，唱戏、放夜火，为了纪念此等盛事，特立此碑。

经领人：郝继平

经办人：李绳元　郝汝兴　郝生歧　郝爱照　郝文有　李鹏程　李务光　郝长顺　郝润平　郝聪明　李建平　郝根顺　郝小云　李世珍

捐款芳名：

二千元　郝继平　郝月芝　李奋勤　一千元　郝长顺　李鹏程　郝爱照　李文勤　李继明　郝文有　郝小锋　（下略）

二〇一〇年四月初一日吉立

白家庄建庙功德碑

【简介】

2010 年 4 月勒石。现存于临县安业乡白家庄村西南庙内。碑青石质，圆首方座，碑身高 123、宽 50、厚 6 厘米。碑阳额题“兹昭千秋”2 字。碑文楷书，计 9 行，满行 18 字，约 120 字。记载山西宏新建设工程有限公司为重建三庙的捐款情况。保存完好。

【碑文】

（碑阳）

山西宏新建设工程有限公司　总经理白利宏　职工二十九人

白利宏　张建忠　白如林　赵宏通　杨淑春　史江水　杜品品　白利平　白春林　冯志平　赵鹏　刘小兵　李拥君　白云建　白来善　王宇培　高亮　高卫龙　翟成俊　马松华　李爱军　白贵喜　史春平　吴栓柱　白利锋　书艳龙　李东旭　任翠平　乔名镜　捐钟七个　现金壹万壹千捌百元

（碑阴）

白家庄村白利宏：

为观音、关帝、娘娘三庙修建捐资伍仟元、钟三个。

美名传世昭示后人，彪炳功业惠泽众生。

经领人：白金顺　白俊钦　白利宏　白谈顺　白春平　白海芳　白旭

公元二〇一〇年四月九日立

天官庙重修简介

【简介】

2010年4月勒石。现存于临县碛口镇高家山村。共2通，碑青石质，圆首，碑高156、宽58、厚8厘米。第一通碑阳额题“碑记”2字。碑文楷体，正文11行，满行30字。介绍高家山村重建天官庙之事。碑阴额题“功德无量”4字。刊捐工捐料名单；第二通额题“功德千秋”4字。碑文刊捐款名单。均保存完好。

【碑文】

（第一通碑阳）

天官庙重修简介

天官庙原名观音庙，位于高家山村墕口，内设观音、龙王、佛家、华佗、蚜蛾、山神、土地诸尊神位。

据传很早以前，小王家塔、寨上、高家山三村庙修到高家山墕口，由于历史的原因，庙基坍塌，庙貌全非，致使神灵无地安身，村民无处祈灵，左村右邻皆为之叹息。

公元二〇一〇年正月初八日，由村人王三保组织村民在本村王家墕重新修建，热心的村民积极参与，踊跃捐资出钱出工，群策群力，经过四十天的努力，建成了三间长十一点四米，宽三点八米的庙舍，其范围以东九点三米，以西五米，以北十米，以南六十一米，计一千九百二十七平米，占地约三亩之广，其规模可观，面貌一新，可谓虔诚奉神灵，神灵佑村民，地吉人康泰，天祥五谷丰。这也正是人们纯朴的心愿。

（第一通碑阴）

捐工捐料名单

捐工　王三保二十四　刘清照一十六　王运生一十五　郭建荣一十四　王建国一十三　王卫军一十二　王玉忠一十　王生平八　王计平七　王丸生七　（以后10人略）

供料　王俊成神像一尊香炉一顶　王三宝石头一百二十块　刘清照运料十四三轮　马奴保　马金山清砂九方　王运生　王丸生义务做窗　王平则供水　郭成璋纱灯　五色旗　王林生圆木二根

（第二通）

捐资花名

叁仟元者　王三保　伍百元者　王卫国　王卫民　叁佰元者　王芝平　王芝林　王芝贵　王建峰　刘建军　贰百元者　贺宝瑜　王连平　王建国　王艳珍　王旭明　刘清照　刘振军　刘艳军　王四宝　王振荣　壹佰元者　（80人，姓名略）　共计壹万叁仟伍佰元

组织建庙人员分工：

经领人：王三宝

神前司仪：王荣祥　郭建荣

材料管理：王谈资　王建国

收支结算：王远生　王喜生

电路管理：刘清照　王俊眼

供水：王麻小　王玉忠

堪察设计：李志珍　王三宝　王建国　王喜生　王谈贵　王计平　王麻小　刘清照　王乃考　王照明

撰书人：陈卫国　　刻石人：王兴旺

公元二零一零年农历四月十四日立

天官庙重修简介

天官庙原名观音庙位于高家山村塌口内设观音龙王佛家华佗籽蛾山神土地诸尊神位

据传很早以前小王家塔寨上高家山三村庙修到高家山塌口由于历史的原因庙基坍塌庙貌全非致使神灵无地安身村民无处祈灵左村右邻皆为之叹息

公元二零一零年正月初八日由村人王三保组织村民在本村王家塌重新修建热心的村民积极参与踊跃捐资出钱出工群策群力经过四十天的努力建成了三间长十一点四米宽三点八米的庙舍其范围以东九点三米以西五米以北十米以南六十一米计一千九百二十七平米占地约三亩之广其规模可观面貌一新可谓虔诚奉神灵神灵佑村民地吉人康泰天祥五谷丰这也正是人们纯朴的心愿

庙洞改造之功德碑序

【简介】

2010年4月勒石。现存于临县八堡乡马家湾村文善庙内。碑青石质，平首抹角方座，通高190厘米，其中碑高170、宽65、厚10厘米，座高20、宽80、厚40厘米。额题“厚德载物”4字。碑文行书，计36行，满行15字，约460字。记载马家湾村文善庙的修建过程。碑边联“供观音奉魁星佛道合力扬善倡文主和谐，开新宇拓通途神人共济求安谋福还夙愿”。现保存完好。

【碑文】

庙洞改造之功德碑序

是庙当立，万众心仰。古之建于村西要道，是有为村蓄福，为民保安美好之愿景。该庙经数百年风侵雨蚀，遭近十载文革浩劫，早已满目疮痍，神像荡然无存。加之洞道狭窄，成为交通瓶颈，真乃人忧神愁，久废待新！今有大器者力主破旧立新，呼之即应，村民蜂拥投工，慷慨解囊，崭新庙宇拔地而起。上半雕梁画栋，红窗彩壁，神之所也，下半洞宽顶高，车水马龙，人之道也。此乃社稷盛事，千秋大业。择吉开光，拓台喧染，远客近邻，云集空前。因该神庙，东供观音，西奉魁星，故取名为：文善庙，有从文向善之意，供后世之称谓。为弘扬社会美德，彰显奉献者精神，把有功之士及捐善款者芳名列于碑上刻石代金，千古流芳！

组织领导：郭毛新　杨艳云

物资贡献：郭建旭　高永红

砖木建筑：乔候强　郭永明

撰文撰联：郭希志

捐善款者：千元以上　郭建旭　马林　郭毛新　杨艳云　郭海瑞　马小虎　八堡政府　马虎平　刘世平　刘世雄　张海峰　乔军强　马利利　郭鹏鹏　孟令元　王龙龙　闫问平　郭飞雪　五百元以上　郝枝孝　常永永　郭强　屈雨平　郭埃生　郭军建　刘学旺　韩三平　张学峰　王春平　郭跟平　薛海平　高小明　张平平　曹建荣　高建勤　郭永明　郭小毛　马龙龙　郭耀平　康建明　贺建峰

公元二〇一〇年农历四月二十日　立

厚德载物

庙洞改造之功德碑序

是庙岿立，万众心仰。古之建于村西要道，是有为村蓄福为民保安之美好愿景。该庙经数百年风侵雨蚀，遭近十载文革浩劫，早已满目疮痍，神像荡然无存。加之洞道狭窄，成为交通瓶颈。真乃人忧神愁，久废待兴！今有大器者力主破旧立新，呼之即应。村民蜂拥投工，慷慨解囊，崭新庙宇拔地而起。上半雕梁画栋，红窗彩壁，神之所也；下半洞宽顶高，车水马龙，人之道也。此乃社稷盛事，千秋大业。择吉开光，拓台渲染，远客近邻，云集空前。因该神庙东供观音，西奉魁星，故取名为"文善庙"。有从文向善之意，供后世之称谓。为弘扬社会美德，彰显奉献者精神，把有功之士及捐善款者芳名列于碑上刻石代金，千古流芳！

组织领导：郭毛新　杨艳云
物资贡献：郭建旭　高永红
砖木建筑：乔侯强　郭永明
撰文撰联：郭希志
捐善款者　千元以上　郭建旭　马林
郭毛兴　杨艳荣　郭海瑞　马小虎
八堡政府　马虎平　刘世平　刘世雄
张海峰　乔军强　马利利　郭鹏鹏
孟令元　王龙龙　闫问平　郭飞雪
五百元以上　郝枝孝　常永永　郭强
屈雨平　郭埃生　郭军建　刘学旺
韩三平　张李峰　王春平　郭跟平
薛海军　高小明　张平平　曹建荣
高建勤　郭永明　郭小毛　马龙龙
郭耀平　康建明　贺建峰

公元二〇一〇年农历四月二十日立

供观音奉魁星佛道合力扬善倡文主和谐

开新宇拓通途神人共济求安谋福还夙愿

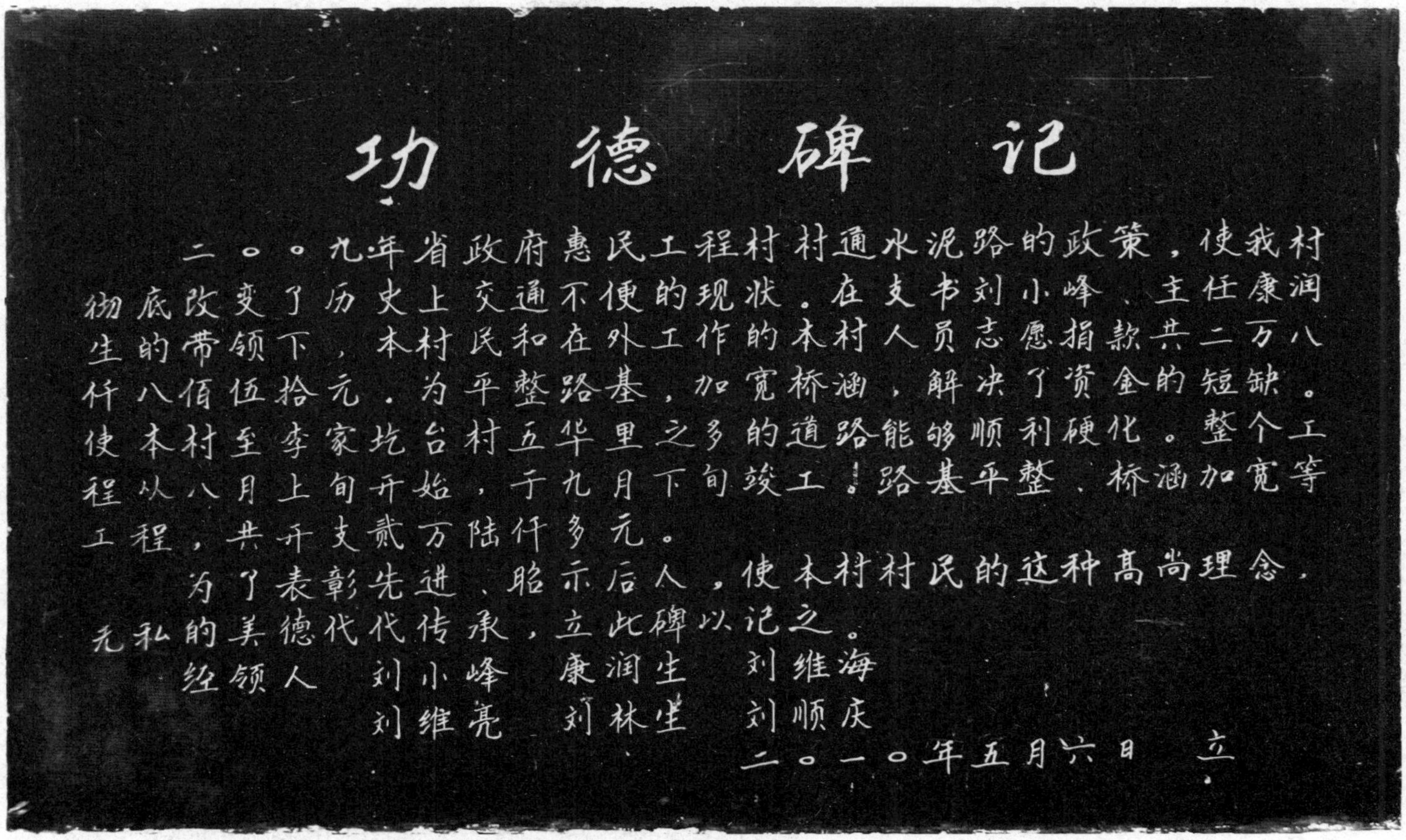

通水泥路功德碑记

【简介】

2010年5月勒石。现存于临县临泉镇都督村。碑青石质，长方形，碑高80、宽160、厚9厘米，碑文楷体，正文9行，满行27字。记载该村修通水泥路之事。碑阴为捐款名单。保存完好。

【碑文】

（碑阳）

功德碑记

二〇〇九年省政府惠民工程村村通水泥路的政策，使我村彻底改变了历史上交通不便的现状，在支书刘小锋、主任康润生的带领下，本村民和在外工作的本村人员志愿捐款共二万八千八百伍拾元。为平整路基，加宽桥涵，解决了资金的短缺，使本村至李家圪台村五华里之多的道路能够顺利硬化。整个工程从八月上旬开始，于九月下旬竣工，路基平整，桥涵加宽等工程，共开支二万六千多元。

为了表彰先进，昭示后人，使本村村民的这种高尚理念，无私的美德代代传承，立此碑以记之。

经领人 刘小锋 康润生 刘维海 刘维亮 刘林生 刘顺庆

二〇一〇年五月六日立

（碑阴）

捐款人名 以元为单位

刘□□ 3400元 刘维胜 2000元 刘维乐 2000元 刘晓峰 2000元 康润生 2000元 刘维林 1000元 刘维清 1000元 刘维喜 1000元 康月平 800元 刘小锋 600元 刘维海 600元 刘喜庆 600元 刘奇峰 500元 刘银先 900元 刘顺庆 500元 刘林生 500元 刘玉峰 500元 刘宝庆 500元 刘唤唤 500元 赵谈宝 500元 刘贵儿 400元 刘维亮 300元 康金平 300元 康七则 300元 赵小明 300元 刘旭峰 300元 安春平 300元 安小平 300元 赵利军 300元 （下略）

重修黑龙庙碑记

【简介】

2010年5月勒石。现存于临县三交镇中庄村。共2通。碑青石质，圆首，碑高132、宽55、厚6厘米。两碑额均题“芳名永存”4字。碑文电脑隶体，正文8行，满行33字。记载中庄村重修黑龙庙之事及捐款花名。均保存完好。

【碑文】

（第一通）

重修黑龙庙碑记

黑龙庙据现存碑记，疑建于明洪武年间，历史久远，距今七百余年，多次修缮，得以延存至今。民国五年重修，已历九十五载，岁月沧桑，风侵雨蚀，战乱兵荒，人祸天灾，庙宇破败，神像无存，荒凉凋零，令人扼腕。斯年村长建峰博采众议，聚村内执事诸人议定，重修斯庙，以挽此古迹消失之虞，倡议村民捐款助工，十余日即募资十五万柒千余。择吉于正月十八动工，历时百日毕此役于五月上旬。重修之庙，河堤高耸，院落宽宏，殿宇巍峨，优胜于昔。龙王威武，文圣儒雅，观音慈祥，肃穆庄严，栩栩如生，翠柏环绕，清流潺潺，钟悬鼎立，香烟缭绕，真正神仙府第。是役参与之人无不尽力，经领之人莫不尽心，众志成城，得竟全功。落成之日，勒石为铭，流传后世，承继不泯。

总领：段建峰　　主办：段伟奋

工匠：李玉照　　画师：刘继保

雕刻：薛金犬　　撰文：段福荣

公元二〇一〇年五月十三日吉立

（第二通）

捐款花名

肆佰元者　闫宝珍　段吉生　叁佰元者　（13人，姓名略）　贰佰元者　（97人，姓名略）

修庙碑记

【简介】

2010年6月勒石。现存于临县三交镇双塔村关帝庙内。碑青石质，圆首方座，通高200厘米，其中碑高180、宽60、厚15厘米，座高20、宽70、厚15厘米。额题“佛光普照”4字。碑文楷书，计14行，满行26字，约480字。记载双塔村关帝庙的修建过程。现保存完好。

【碑文】

修庙碑记

日月星辰，循环往复，华夏庚寅，天人感应。双塔村民，繁衍生息，世代传长，暑夏之节，碑立庙宇。观音庙、关帝庙，原建于本村大圪洞，历史悠久，源远流长，但经兵燹之灾，庙宇被废。再则多年风凋雨残，不复存在。多年来，村民酝酿，继承和弘扬华夏民族宗教文化。公元二〇〇八年，在村支部、村委的大力支持下，村民自发组织策划，重修庙宇，由薛海亮、薛银瑞、刘百喜、薛绳福、薛玉锁、刘玉保、刘贵乃组成筹建组，请师择地，开始四处奔波，筹措资金，历数三载，方为大成。观音庙、关帝庙高约十二米，主体宏大壮观，立木框架仿古，古香古色，彩雕油漆，雕梁画栋，神体壮威，令人神怡，堪为雅观。西石崖山腰花岗岩魁星阁与之辉映，相得益彰。该庙占地面积二百五十九平方米，建筑面积二百四十三平方米，魁星阁建筑面积二百二十五平方米，总投资伍拾捌万元，其中村民捐款贰拾捌万元，剩余部分由薛全清、薛来清和薛全清之子薛小锐筹募。修庙乃千秋大事，故立碑记载，以示后世云尔。

经领人　薛海亮　薛银瑞　刘百喜　薛绳福　薛玉锁　刘玉保　刘贵乃

建筑设计　山西省文物研究所

雕塑　冯殿芳　薛荣平

撰文　薛玉锁

镌刻　冯殿芳

庚寅年六月十九日吉立

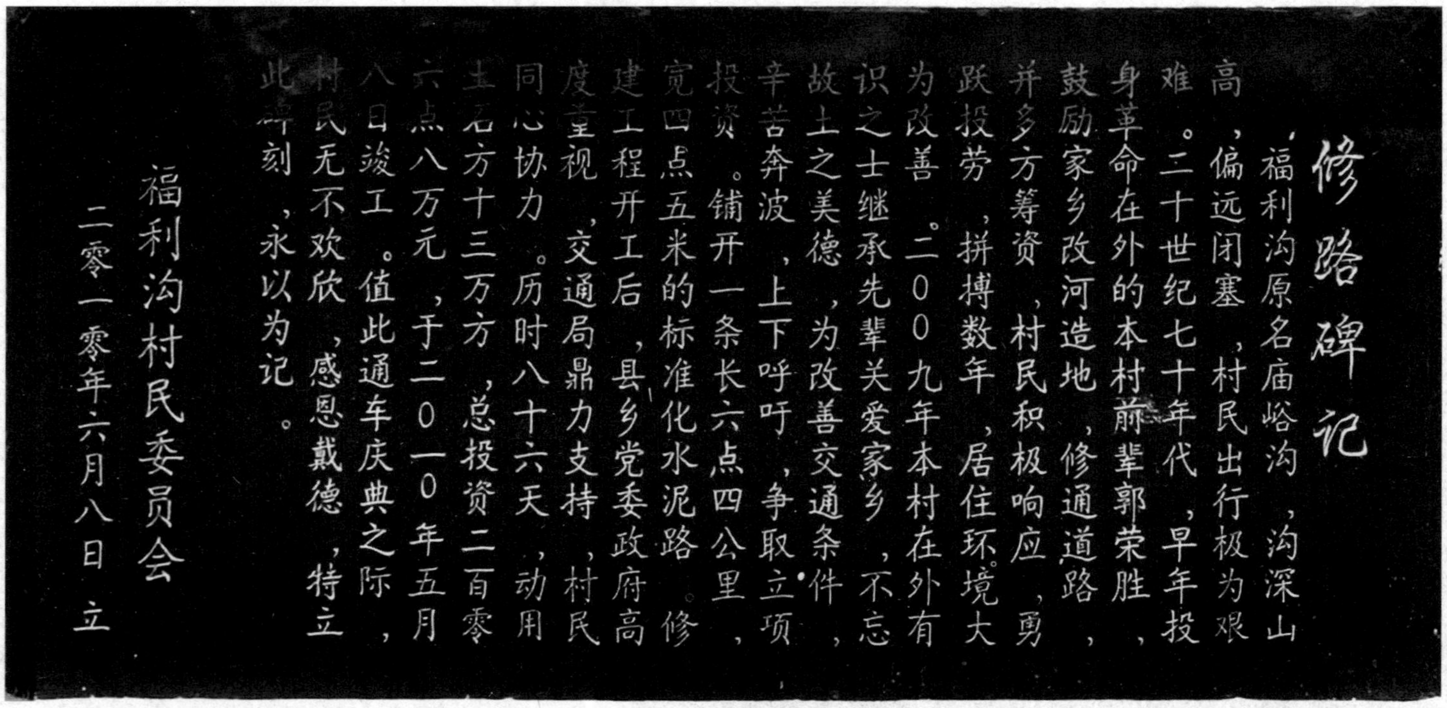
修路碑记
福利沟原名庙峪沟，沟深山高，偏远闭塞，村民出行极为艰难。二十世纪七十年代，早年投身革命在外的本村前辈郭荣胜，鼓励家乡改河造地，修通道路，并多方筹资，村民积极响应，勇跃投劳，拼搏数年，居住环境大为改善。二〇〇九年本村在外有识之士继承先辈关爱家乡，不忘故土之美德，为改善交通条件，辛苦奔波，上下呼吁，争取立项投资。铺开一条长六点四公里，宽四点五米的标准化水泥路。修建工程开工后，县乡党委政府高度重视，交通局鼎力支持，村民同心协力。历时八十六天，动用土石方十三万方，总投资二百零六点八万元，于二〇一〇年五月八日竣工。值此通车庆典之际，村民无不欢欣，感恩戴德，特立此碑刻，永以为记。
福利沟村民委员会
二零一零年六月八日 立

修路碑记

【简介】

2010 年 6 月勒石。现存于临县青凉寺乡福利沟村，嵌于墙内。碑青石质，长方形，碑身高 80、宽 150、厚 8 厘米。碑文楷书，正文计 21 行，满行 14 字。记载福利沟村修路的情况。保存完好。

【碑文】

修路碑记

福利沟原名庙宇沟，沟深山高，偏远闭塞，村民出行极为艰难，二十世纪七十年代，早年投身革命在外的本村前辈郭荣胜，鼓励家乡改河造地，修通道路，并多方筹资，村民积极响应，勇跃投劳，拼搏数年，居住情况大为改善。二〇〇九年本村在外有识之士继承先辈关爱家乡、不忘故土之美德，为改善交通条件，辛苦奔波，上下呼吁，争取立项投资，铺开一条长六点四公里，宽四点五米的标准化水泥路。修建工程开工后，县乡党委政府高度重视，交通局鼎力支持，村民同心协力，历时八十六天，动用土石方十三万方，总投资二百零六点八万元，于二〇一〇年五月八日竣工。值此通车庆典之际，村民无不欢欣，感恩戴德，特立此碑刻，永以为记。

福利沟村民委员会

二零一零年六月八日立

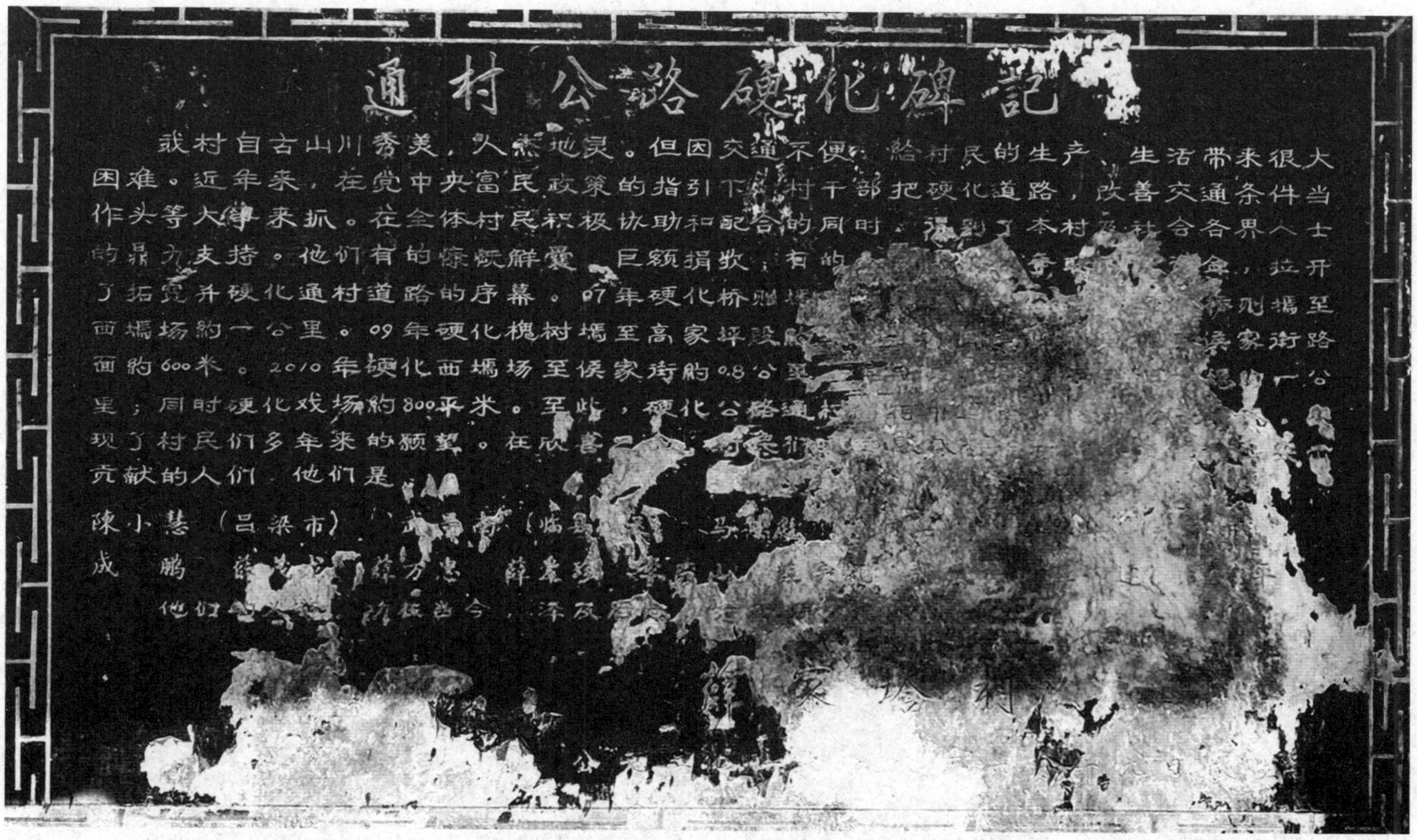

通村公路硬化碑记

【简介】

2010年6月勒石。现存于临县林家坪镇薛家塔村，嵌于墙内。碑青石质，长方形，高126、宽80厘米。碑文电脑隶体，正文10行，满行37字。记载薛家塔村通村公路硬化之事。保存完好。

【碑文】

通村公路硬化碑記

我村自古山川秀美，人杰地灵，但因交通不便，给村民的生产、生活带来很大的困难。近年来，在党中央富民政策的指引下，村干部把硬化道路，改善交通条件当作头等大事来抓，在全体村民积极协助和配合的同时，得到了本村及社会各界的大力支持。他们有的慷慨解囊、巨额捐款，有的多方奔波，争取国家资金，拉开了拓宽并硬化通村道路的序幕。2007年硬化桥则墕至槐树墕约一公里，硬化桥则墕到西墕场约一公里。2009年硬化槐树墕到高家坪段约二公里，同时有兑洼墕至侯家街路面约600米。2010年硬化西墕场至侯家街约0.8公里，重新硬化桥则墕至槐树墕约一公里，同时硬化戏场约800平方米。至此，硬化公路通村，村干道路将逐渐形成循环，实现了村民们多年来的愿望。在欣喜之余，村民们永远感戴为我村道路硬化作出突出贡献的人们，他们是：

陈小慧（吕梁市）　武景南（临县八堡）　马慧彪（五寨县）　边存华　□□□　薛茂龙　薛万忠　薛爱珍　李秀山　薛□凤　张凤栋　薛香连　薛爱平

他们的义举，功在当今，泽及后世。特勒石永志。

薛家塔村

公元二〇一〇年农历六月十九日敬立

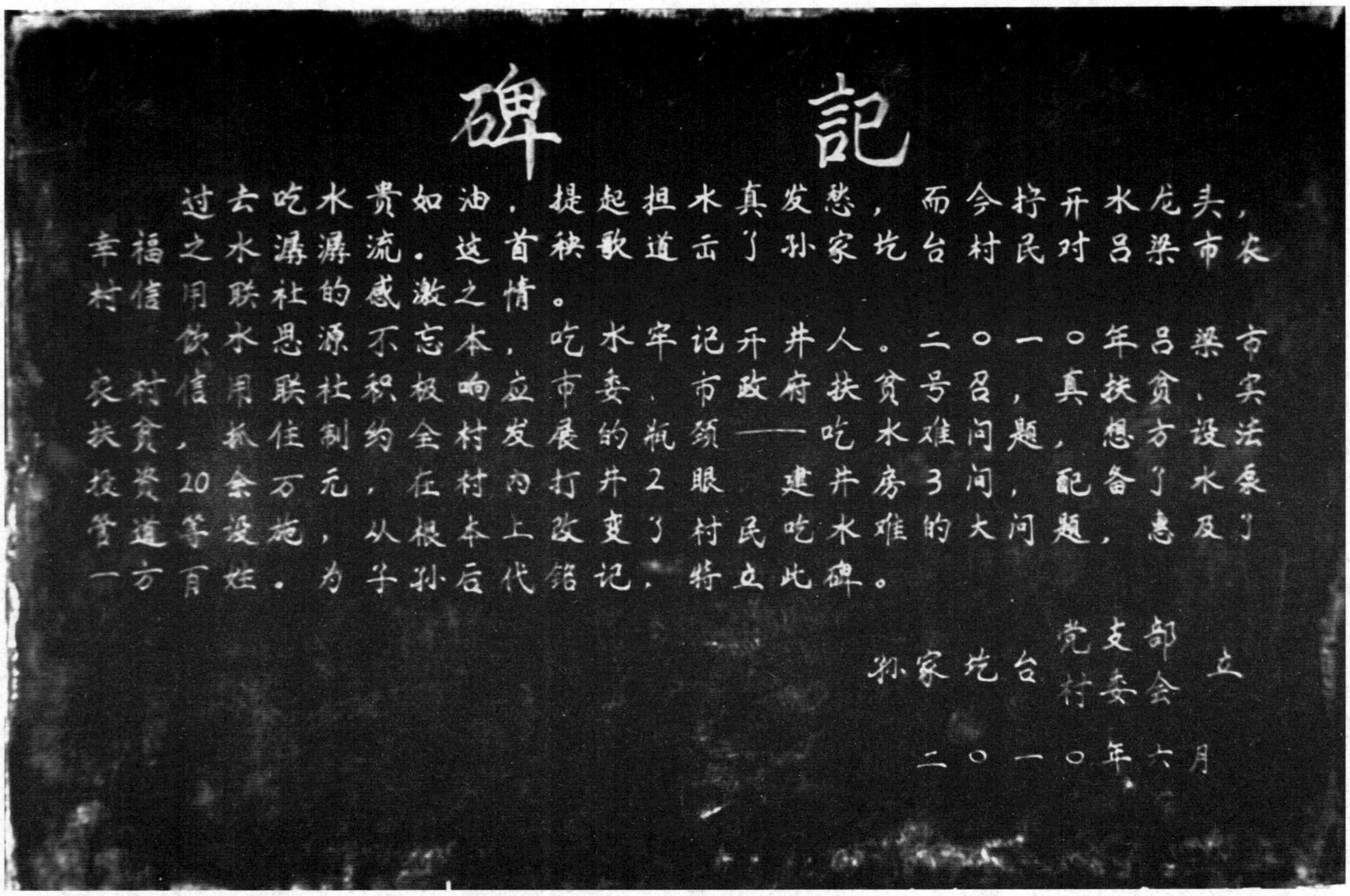

孙家圪台饮水碑记

【简介】

2010 年 6 月勒石。现存于临县安业乡孙家圪台村，嵌于井房墙内。碑青石质，长方形，高 60、长 100 厘米。碑文楷体，正文 9 行，满行 26 字。记载孙家圪台村解决村民吃水问题之事。碑文完整，字迹清晰，碑体完好。

【碑文】

碑记

过去吃水贵如油，提起吃水真发愁。而今拧开水龙头，幸福之水潺潺流。这首秧歌道出了孙家圪台村民对吕梁市农村信用联社的感激之情。

饮水思源不忘本，吃水牢记开井人。二〇一〇年吕梁市农村信用联社积极响应市委、市政府扶贫号召，真扶贫、实扶贫，抓住制约全村发展的瓶颈——吃水难问题，想方设法投资 20 余万元，在村内打井 2 眼，建井房 3 间，配备了水泵管道等实施，从根本上改变了村民吃水难的大问题，惠及了一方百姓，为子孙万代铭记，特立此碑。

孙家圪台村党支部、村委会立

二〇一〇年六月

龙天庙修建碑记

【简介】

2010年6月勒石。现存于临县临泉镇都督村。碑青石质，方首，高194、宽79、厚9厘米，碑阳额题“流芳”2字。碑文楷体，正文11行，满行35字。记载都督村修建龙天庙之事。碑阴为捐款芳名。保存完好。

【碑文】

（碑阳）

龙天庙修建碑记

龙天庙历史悠久，神灵佑我村社兴盛，百姓平安。村民敬仰，逢年过节，香火不断。土改时，庙被破坏，村民痛心，十年浩劫中，破坏殆尽，只留庙址，瓦砾堆积，丛草遍地，任人践踏，但无人问津。改革开放以来，国家兴盛，人民富裕，各项事业欣欣向荣，县修筑环城路途经我村，恰需从原庙址通过，村民纷纷要求，重选庙址修建龙天庙，经村民商议，一致推选李有义等八人为筹备组，拟建新庙，于公元二〇〇八年秋季动工，其间，村民不分老幼，踊跃参加，义务投工，共计投工三百多个。修筑中因各种原因，施工不畅，直至二〇一〇年春季才竣工，农历五月十五日开光庆典，唱戏三天，设宴三日，全体村民欢聚一堂，左村右舍，亦前来助兴，盛况空前，村民无不欢欣鼓舞，跪拜礼赞，广施布施。共计收款柒万陆千壹百零陆元，此次修建开光，前后共计开支玖万元左右，不足部分由村委支付。建庙乃村里大事，特立碑记之，以昭后人铭记。

经领人：李有义　李三旺　李德芳　常学元　李广平　李海全　李维元　李绪生

匠工：李三旺

塑像：刘宝保

雕刻：杨毛小

书写：刘文博

公元二零一零年农历六月二十三日吉立

（碑阴）

捐款芳名

一千二百元：李荣荣　一千元：李军明　李建荣　李军军　段旭东　常秀生　马小鹏　六百元：李生平　李新荣　李有林　五百元：刘臭火　李玉同　李建平　段旭武　李全生　马青照　李太东　李学军　李斌峰　段三兵　李志峰　段四豹　李广平　红枣公司　刘贵荣　四百二十元：李广庆　三百元：征费所　李志平　李顺勤　（下略）

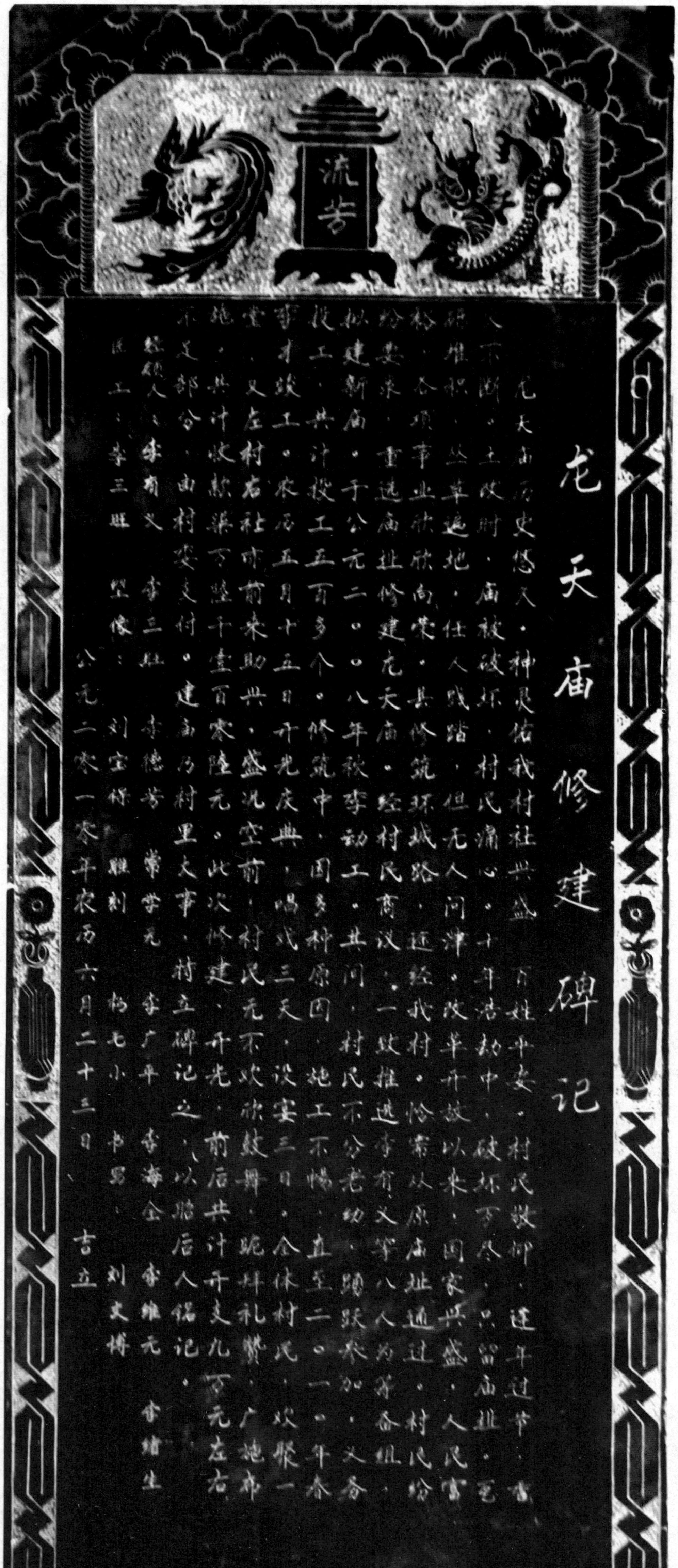

流芳

龙天庙修建碑记

龙天庙历史悠久，神灵佑我村社兴盛，百姓平安，村民敬仰，逢年过节香火不断。土改时，庙被破坏，村民痛心。十年浩劫中，破坏殆尽，只留庙址，至今堆积，丛草遍地，任人践踏，但无人问津。改革开放以来，国家兴盛，人民富裕，各项事业欣欣向荣。县修筑环城路，途经我村。恰需以原庙址通过，村民纷纷要求，重选庙址修建龙天庙。经村民商议，一致推选李有文等八人为筹备组，拟建新庙。于公元二〇〇八年秋季动工。共同：。村民不分老幼，踊跃参加，又奋投工。共计投工五百多个。修筑中，因多种原因，施工不畅，直至二〇一〇年春季才竣工。农历五月十五日开光庆典，唱戏三天，设宴三日。全体村民，欢聚一堂，又左村右社亦前来助兴，盛况空前。村民无不欢欣鼓舞，跪拜礼赞，广施布施。共计收款柒万陆千壹百零陆元。此次修建、开光，前后共计开支九万元左右，不足部分，由村委支付。建庙乃村里大事，村立碑记之，以昭后人铭记。

经领人：李有义　李三旺　李德芳　常学元　李广平　李海全　李维元　李靖生

匠工：李三旺　塑像：刘宝林　雕刻：杨七小　书写：刘文博

公元二零一零年农历六月二十三日　吉立

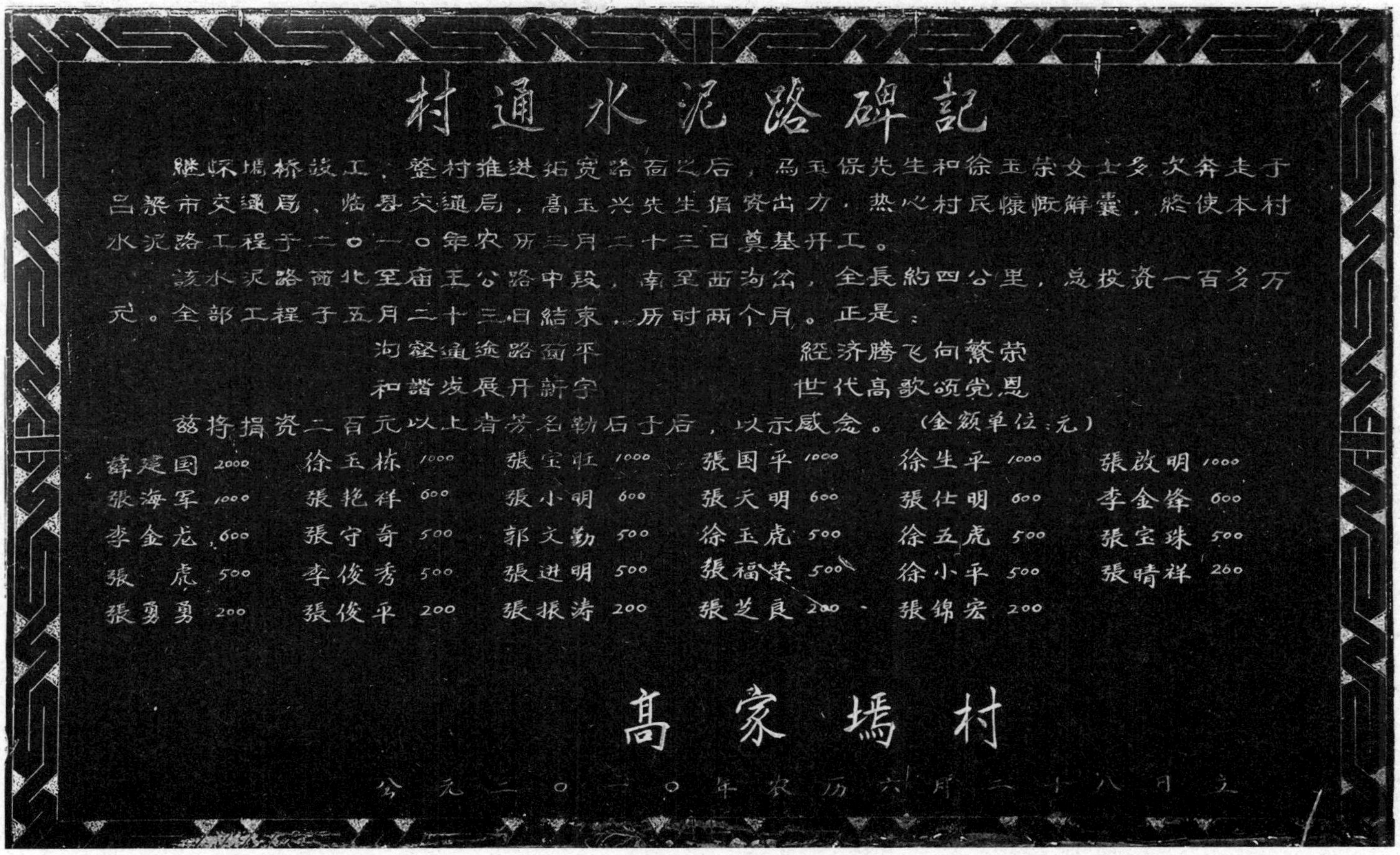

村通水泥路碑记

【简介】

2010年6月勒石。现存于临县林家坪镇高家墕村墕口。碑青石质，平首方座，通高180厘米，其中碑首高80、宽150、厚8厘米，碑座高100、宽156、厚68厘米，碑文楷书，计16行，满行36字，约350字。记载高家墕村硬化水泥路的过程。现保存完好。

【碑文】

村通水泥路碑记

继怀墕桥竣工，整村推进拓宽路面之后，马玉保先生和徐玉荣女士多次奔走于吕梁市交通局、临县交通局，高玉兴先生捐资出力，热心村民慷慨解囊，终使本村水泥路工程于二〇一〇年农历三月二十三日奠基开工。

该水泥路西北至庙王公路中段，南至西沟岔，全长约四公里，总投资一百多万元。全部工程于五月二十三日结束，历时两个月。正是：

沟壑通途路面平，经济腾飞向繁荣，

和谐发展开新宇，世代高歌颂党恩。

兹将捐资200元以上者芳名勒石于后，以示感念。（金额单位：元）

薛建国2000　徐玉栋1000　张宝旺1000　张国平1000　徐生平1000　张启明1000　张海军1000　张艳祥600　张小明600　张天明600　张仕明600　李金峰600　李金龙600　张守奇500　郭文勤500　徐玉虎500　徐五虎500　张宝珠500　张虎500　李俊秀500　张进明500　张福荣500　徐小平500　张晴祥200　张勇勇200　张俊平200　张振涛200 张芝良200　张锦宏200

高家墕村

公元二〇一〇年农历六月二十八日立

新建戏台碑记

【简介】

2010 年 7 月勒石。现存于临县碛口镇官地村，嵌于墙内。碑青石质，平首，高 79、宽 154 厘米。碑文楷书，计 27 行，满行 15 字，约 270 字。主要内容是记载新建戏台的过程。现保存完好。

【碑文】

（碑阳）

新建戏台碑记

官地村位于临邑南乡，碛口古镇东山五公里处，是一个人杰地灵的宝地，名曰凤凰双翅村。北堣口财神庙初建于乾隆三十七年，已有二百多年的历史，建庙初期人们就有修戏台的设想，因各种原因代代未成。二百多年来未能办成的事今天实现了。财神庙新建戏台是由上级政府的大力支持、本村支部村委的坚强领导、外乡游子捐物捐款的支助、全村村民的积极配合而建成。该工程始建于二零一零年五月十日，同年七月十日竣工，历时六十天。该戏台高 8.7 米，长 11.5 米，长 12.8 米，建筑总面积约 150 平方米，总投资为二十二万零五百七十元。在修建中主要使用钢筋水泥混凝土等建材，设计精美，质量坚固，它与财神庙、大槐树互为相应，显得新戏台更加美丽壮观。新戏台的建成，保护传承了财神庙文物古迹文化，同时活跃了广大群众的文化生活，更加坚固了党在农村的阵地。每年的七月十五财神庙古会，为了传承文化留于后代特立碑为记。

捐资花名排列右侧碑记，官地村新建戏台领导组组长、村支部书记兼村委主任、成员、发起人、建筑师、风水大师、选文、书人、石刻。

二零一零年农历七月十五日立

（碑阴）

官地村新建戏台捐物集资花名

李贵平钢筋三万四千元　李小强　李小羽　李小峰水　水泥二万五千九百三十元　李演平砖一万三千四百 元　李红云　李艳荣　李文平　李旭峰清沙一万一千二百元　李光常石子四千七百七十

元　捐物折款合计九万零三百元。李探平二万元　李军军一万元　曹俊旺一万元　李三平一万元　李烽峰五千元　李乃林五千元　白国平五千元　张海艳三千元　闫志毅二千元　李光久二千元　李五星二千元　李成柱二千元　李顺平一千八百元　（下略）　集资合计十一万七千七百元　捐物集资两宗合计二十万八千四百元

组长村支书支部兼村主任　李三照　顾问　李光久　李五星

副书记　李国生

副主任　李树海

久平代表　李继全

发起人　李小强　李红云　李演平　李三平

筹资人　李三照

委员　李鸡儿

建筑师　陈文成

风水大师　李连清

选文　高林茂

书人石刻　曹锦忠

朱氏家祠碑记

【简介】

2010年7月勒石。现存于临县刘家会镇朱家会村。碑青石质，圆首，高169、宽70、厚8厘米。额题“本固枝荣”4字。碑文楷体，正文14行，满行37字。记载朱家会村朱氏新建祠堂之事。保存完好。

【碑文】

朱氏家祠碑记

尝曰：水有源，木有本，况乎人矣。传闻大明洪武年间，自远方来朱姓老者，祖籍名讳历久无考，落居此地，编箩谋生，繁衍不息，香火不断，此即本村朱氏之始祖者也。朱家会亦由此得名也。

自始祖以来，朱门崇尚圣人之道，励志耕读，治家有道，旷世不渝，家道日盛。至大清中叶，文人名士辈出，遐迩闻名，皆赖先祖之功德矣。遂有贤子孝孙册立族谱，分门列枝，记载历历，序而不乱。嗟乎！惜民国乱世，继二战爆发，民不聊生，其间族谱莫名流失，经年不续，族人甚慨不已矣！

今值开放盛世，族人续谱立祠之意甚切，故推族中有为之士，历辛苦四方考查，躬访妪叟，终将族中谱系自“映”字辈始，重新续修成册，自此朱氏长幼有序，亲疏了然矣。并经族人共议，自筹巨资，兴建家祠一座，以供后世子孙缅怀祭祀，其间凡朱氏一族，老少踊跃，妇孺勠力，尤以朱门豪士建国先生斥资二十万元，贵平先生出＊万元，慷慨投之，其于数千百计者数不胜数。自选址破土，至竣工典礼，仅历数月，质优期短，实属史之罕有者。倏几，仰视朱氏祠宇，巍然村巅，依山环水，风水宜人。雕梁画栋，蔚为壮观，兹刻石咏之，永作纪念。

经领人：元录　玉奎　三全　元贵　金兆

撰文：王恩贵

书写：刘文博

勘舆：高治平

瓦工：金平　保平

木工：金兆　郝有富

彩绘：苗平平

公元二〇一〇年农历七月十五日吉立

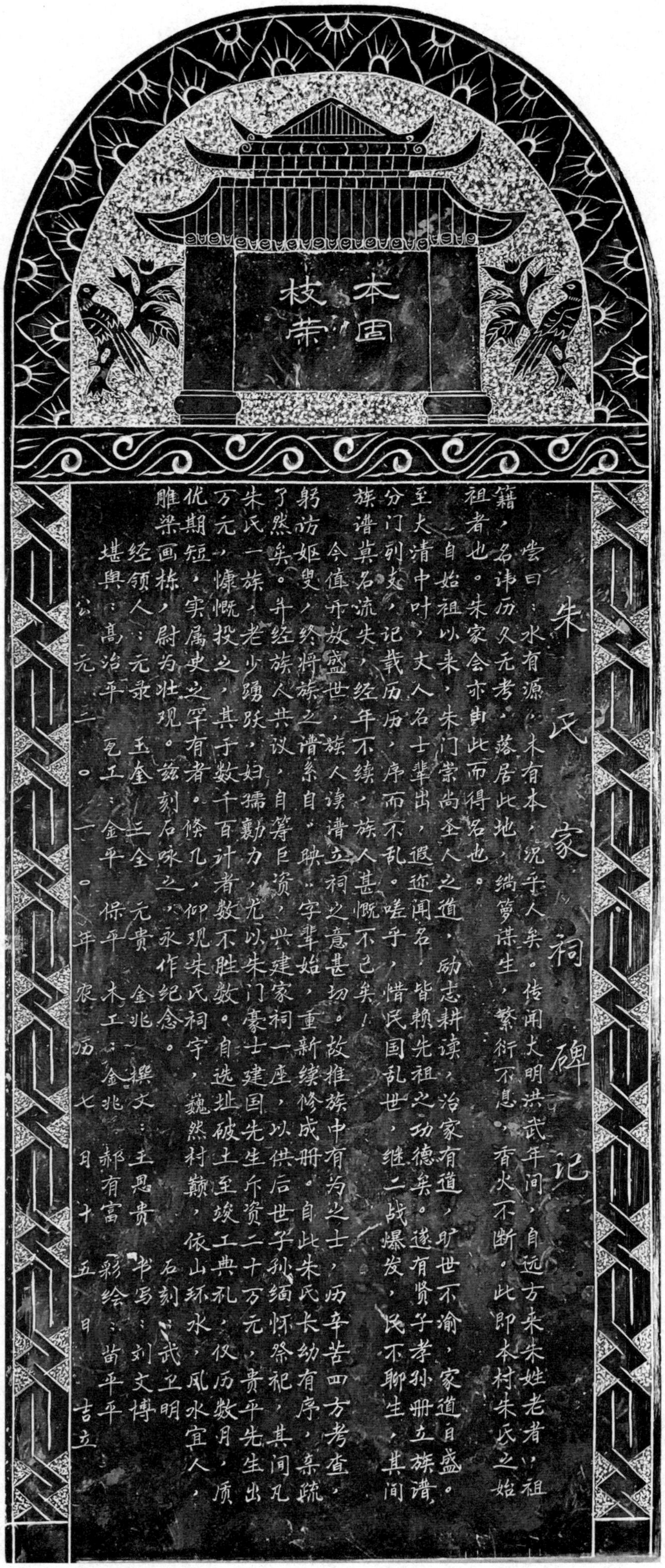

序言与捐款芳名碑

【简介】

2010年7月勒石。现存于临县刘家会镇朱家会村。碑青石质，圆首，高169、宽70、厚8厘米。额题“流芳”2字。碑文楷体，正文4行，满行38字。内容为朱家会村新建朱氏祠堂捐资碑记。保存完好。

【碑文】

序言与捐款芳名碑

为慰列祖列宗之功德，以启后世子孙之发达，经族人共议，愿自筹巨资，兴建朱氏家祠一座，以供后辈缅怀祭祀。其间，朱氏一族，老幼踊跃，妇孺襄力，尤以朱门豪士建国先生斥资二十余万元，贵平先生出资万元以投之。其余数以千百计者，数不胜数。倏儿，如期竣工，祠宇巍然。兹将捐资出力者芳名，刻石于后，以资旌表。

二十万元 建国 一万元 贵平 二千元 惹保 连文 金平 保平 一千元 玉奎 小艳（女） 继平 来顺 引富 三全 小虎 海龙 洪军 林旺 学旺 侯贵 奴旺 建珍 元贵 仲亮 香平（女） 九百元 林平 八百元 玉富 管兴 爱民 七百元 爱旺 爱堂 六百元 永平 零旺 青平 珍平 海兵 五百元 俊宝 海明 秋荣 平旺 建平 龙龙 虎虎 爱富 引顺 来富 跃峰 奴平 春顺 春富 海平 小荣 学富 朱亮 香明 小峰 引顺（侯） 九平 玉昌 荣昌 （下略）

公元二〇一〇年（农历）七月十五日立

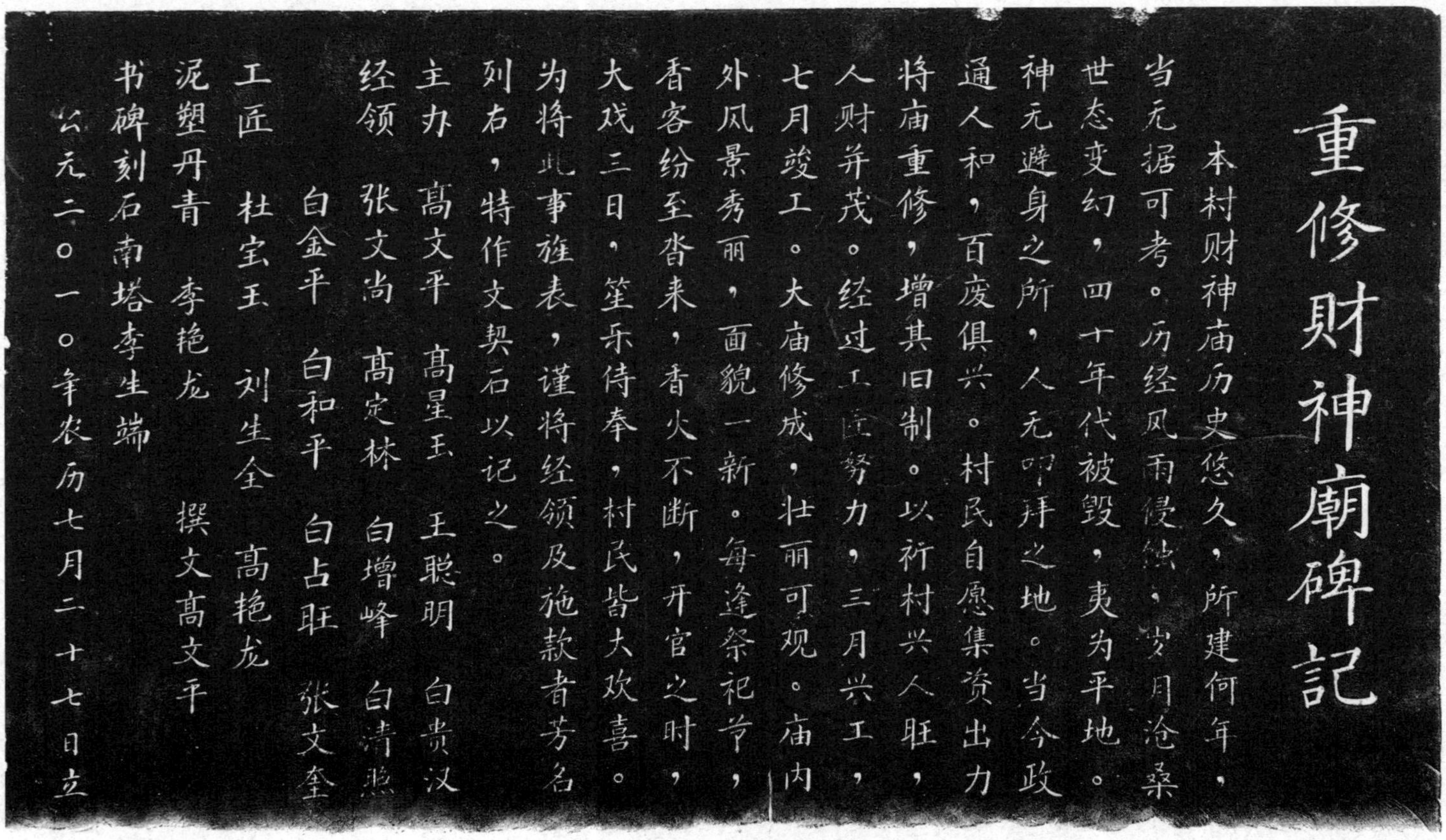

重修财神庙碑记

【简介】

2010年7月勒石。现存于临县青凉寺乡梁家会村。共2通，碑青石质，长方形，嵌于墙内。碑身高150、宽90、厚7厘米。碑文楷体，正文计13行，满行17字。记载梁家会村重修财神庙的情况。保存完好。

【碑文】

（第一通）

重修财神庙碑记

本村财神庙历史悠久，所建何年，当无据可考，历经风雨侵蚀，岁月沧桑，世态变幻，四十年代被毁，夷为平地，神无避身之所，人无叩拜之地。当今政通人和，百废俱兴，村民自愿集资出力，将庙重修，增其旧制，以祈村兴人旺，人财并茂。经过工匠努力，三月开工，七月竣工，大庙修成，壮丽可观，庙内外，风景秀丽，面貌一新，每逢祭祀节，香客纷至沓来，香火不断，开官之时，大戏三日，笙乐侍奉，村民皆大欢喜，为将此事旌表，谨将经领及施款者芳名列右，特作文契石以记之。

主办　高文平　高星玉　王聪明　白贵汉

经领　张文尚　高定林　白增峰　白清照　白金平　白和平　白占旺　张文奎

工匠　杜宝玉　刘生奎　高艳龙

泥塑丹青　李艳龙

撰文　高文平

书碑刻石　李生端

公元二〇一〇年农历七月二十七日立

（第二通）

施款芳名　单位：元

白卫平神像一尊　白贵汉地一块　高小军五千　高文平三千　白杰平二千二百　王聪明　高呈玉各二千　高定明　高艳平　各一千二百　白金涛一千一百　马广元　高春平　白金平　白继福　各一千　刘旭平　白锦山　白景琦　各八百　高三平　白海峰　各七百　刘建　白奋明　高亚飞　白利东　各六百　（下略）

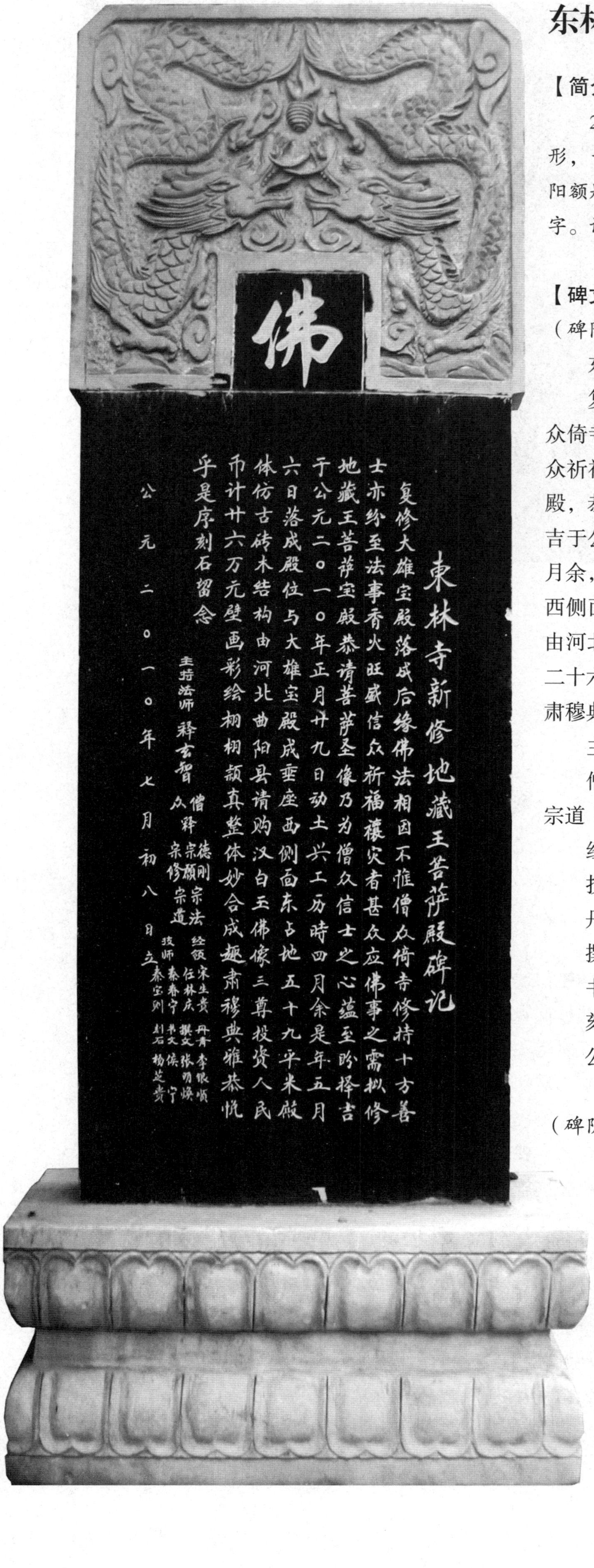

东林寺新修地藏王菩萨殿碑记

【简介】

2010年7月勒石。现存于临县东峁东林寺。方形，青石质。碑身高148、宽54、厚6.5厘米。碑阳额题“佛”字。碑文楷体，正文计8行，满行26字。记载东林寺新修地藏王殿的情况。保存完好。

【碑文】

（碑阳）

东林寺新修地藏王菩萨殿碑记

复修大雄宝殿落成后，缘佛法相因，不惟僧众倚寺修持，十方善士亦纷至法事，香火旺盛，信众祈福禳灾者甚众，应佛事之随拟修地藏王菩萨宝殿，恭请菩萨圣像，乃为僧众信士之心蕴至盼。择吉于公元二〇一〇年正月廿九日动土兴工，历时四月余，是年五月六日落成，殿位与大雄宝殿成垂座，西侧面东，占地五十九平米，殿体仿古砖木结构，由河北曲阳县请购汉白玉佛像三尊。投资人民币计二十六万元，壁画彩绘，栩栩类真，整体妙合成趣，肃穆典雅恭悦乎。是序，刻石留念。

主持法师　释玄智

僧众　释德刚　释宗颜　释宗修　释宗法　释宗道

经领　宋生贵　任林庆

技师　秦春宁　秦宝则

丹青　李银顺

撰文　张明焕

书文　侯宁

刻石　杨芝贵

公元二〇一〇年七月初八日立

（碑阴）

“虔诚”布施芳名

刘桂花　李清秀　高林萍　董广爱　卞楠各壹万元　周眼元　李雪梅各叁仟元　刘勤书　刘生财各贰仟元　王继平壹仟四百元　刘谈云　刘文海　杜巧秀　高恕　刘保珍　安司强　王昱奇　任应忠　吕爱平　闫香明　高喜财　周海云　武小梅　秦秀平　秦虎林　霍越中各壹仟元　马利喜八百元　秦香兰陆百元　（下略）

林家坪整村推进开路碑记

【简介】

2010年7月勒石。现存于临县林家坪镇林家坪村，嵌于碑墙内。碑青石质，长方形，碑身高79、宽131、厚8厘米。碑文隶书，计13行，满行20字。记载林家坪到张家塌实施整村推进项目修路的情况。保存完好。（注：郭时键撰文）

【碑文】

整村推进开路碑记

高居西山梁，来川路难行。四点二公里，蜿蜒似蜈蚣。
宽处不过丈，窄段二米零。急弯如弓角，陡坡似栽葱。
好车爬不上，大石支后轮。相向难会车，互瞅走不成。
行路一何苦，苦坏西山人。机遇终于至，解困靠扶贫。
整村搞推进，项目列路中。领导识见高，公仆知民情，
规划出凡响，胆略冲樊笼。测量攀悬壁，钉桩人拽人，
线路反复选，方案对比寻。招标选工队，机械搞施工。
上段刘生火，下段宝玉公。推走万年土，挖开千秋陵，
悬崖百丈高，举铲撂惊魂。岩石硬如铁，钻声震欲聋。
战兢三个月，大路通天行。最窄六米宽，坡度缓又匀，
一点八公里，缩短超半程。昔日兔不至，今天驰巨轮。
老翁称奇事，老妪乐不停，学子哼歌归，新娘载喜荣。
往返新路上，赛如天街行。追问成事者，答曰扶贫人。
林家坪西山各村过路群众
二〇一〇年七月十五日

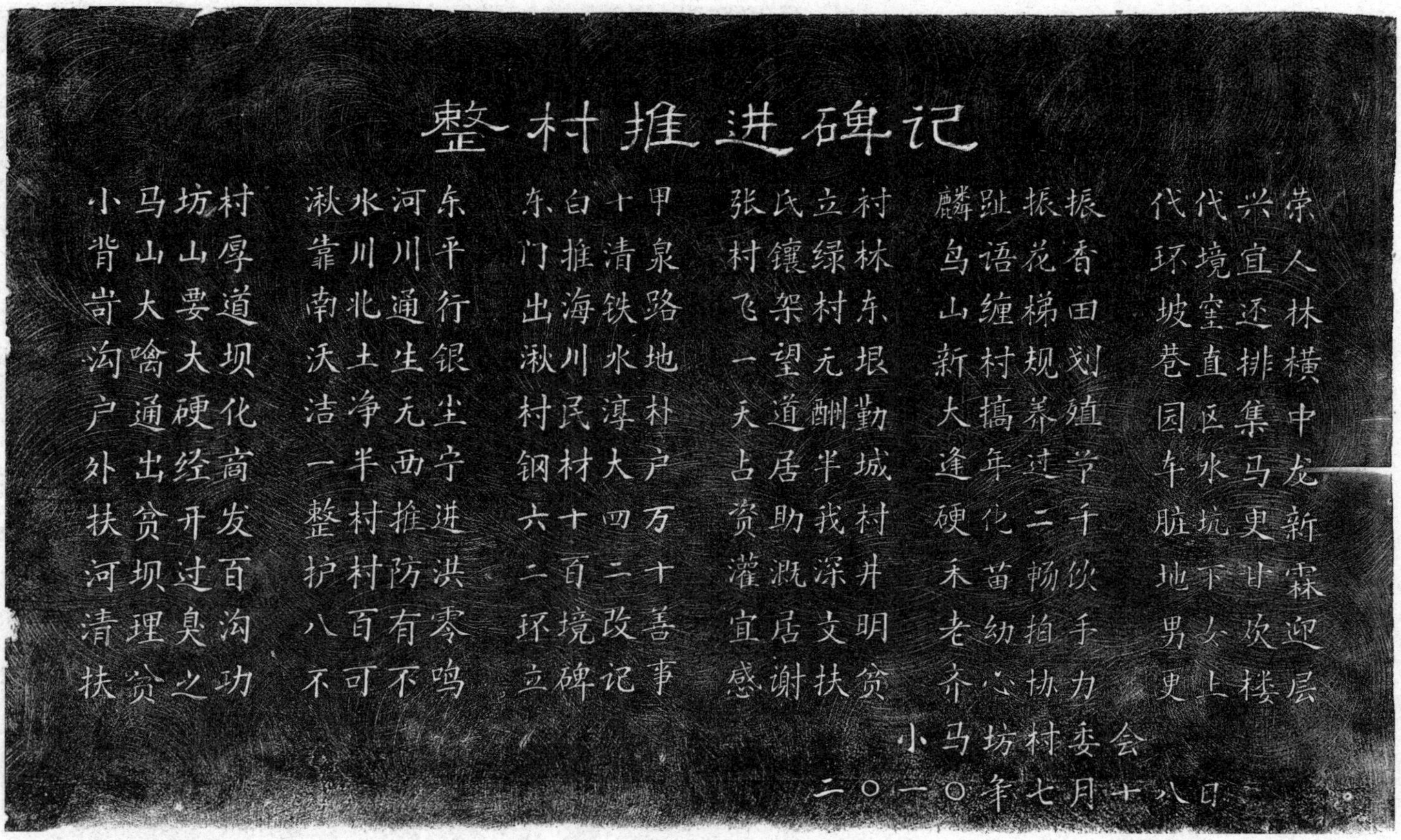

小马坊整村推进项目碑记

【简介】

2010年7月勒石，现存于城庄镇小马坊村。碑青石质，长方形，高79、宽131、厚8厘米。碑文楷书，正文计10行，满行24字。内容为小马坊村实施整村推进项目情况。保存完好。（注：郭时键撰文）

【碑文】

整村推进碑记

小马坊村，湫水河东，东白十甲，张氏立村，麟趾振振，代代兴荣。

背山山厚，靠川川平，门推清泉，村镶绿林，鸟语花香，环境宜人。

岢大要道，南北通行，出海铁路，飞架村东。山缠梯田，坡窊还林，

沟嗆大坝，沃土生银，湫川水地，一望无垠。新村规划，巷直排横，

户通硬化，洁净无尘。村民淳朴，天道酬勤，大搞养殖，园区集中。

外出经商，一半西宁，钢材大户，占据半城。逢年过节，车水马龙。

扶贫开发，整村推进，六十四万，资助我村。硬化两千，脏坑更新，

河坝过百，护村防洪，二百二十，灌溉深井，禾苗畅饮，地下甘霖。

清理臭沟，八百有零，环境改善，宜居文明，老幼拍手，男女欢迎。

扶贫之功，不可不鸣，立碑记事，感谢扶贫，齐心协力，更上楼层。

小马坊村委会

二〇一〇年七月十八日

大王庙碑记

【简介】

2010年7月勒石。现存于临县曲峪镇前塔村。碑青石质，方首，高192、宽75、厚8厘米。碑文楷书，计7行，满行34字。碑阳额题“碑志”2字。记载前塔村重修大王庙的情况。碑阴额题“流芳”2字。碑文为捐施名单。保存完好。

【碑文】

（碑阳）

大王庙碑记

据记载，大王庙建于明末清初年间，位于前塔村高山之巅，四周环山，香烟缭绕，实乃朝圣净土之地，建庙以来，全村风调雨顺，人杰地灵，民富安康。在国家战乱之年，也未遭寇劫，庶民安居乐业，人丁兴旺，众民实诚崇敬。时岁流逝，五十年代初，因历史原因，大王庙遭到破坏，多年失修。公元二〇一〇年一月二十日，众民提议重新修复大王庙，为顺应民众之意，经协商，即于翌日动工，七月二十八日竣工，并开光庆典，为感谢自愿捐助款物者树碑，且将功德榜书后，以志流芳耳。

公元二〇一〇年七月二十八日立

（碑阴）

功德榜

5000元　高晓勇　4000元　高浩贤　2000元　高逸坚　高卫平　高建忠　1000元　高生富　高四平　高兰全　六百元　（4人，姓名略）　五百元　（13人，姓名略）　四百元　（5人，姓名略）　三百元　（2人，姓名略）　二百元　（33人，姓名略）　一百元　（36人，姓名略）　五十元　（14人，姓名略）　张吉龙兽一对　高桃荣　捐和平鸽一对　高世平

石工　高乃章　　瓦工　苗建军

木工　高兴则　　泥工　武海珍

丹青　吕宏正　　撰文　高宏伟

书丹　王焕立　　雕刻　李增文

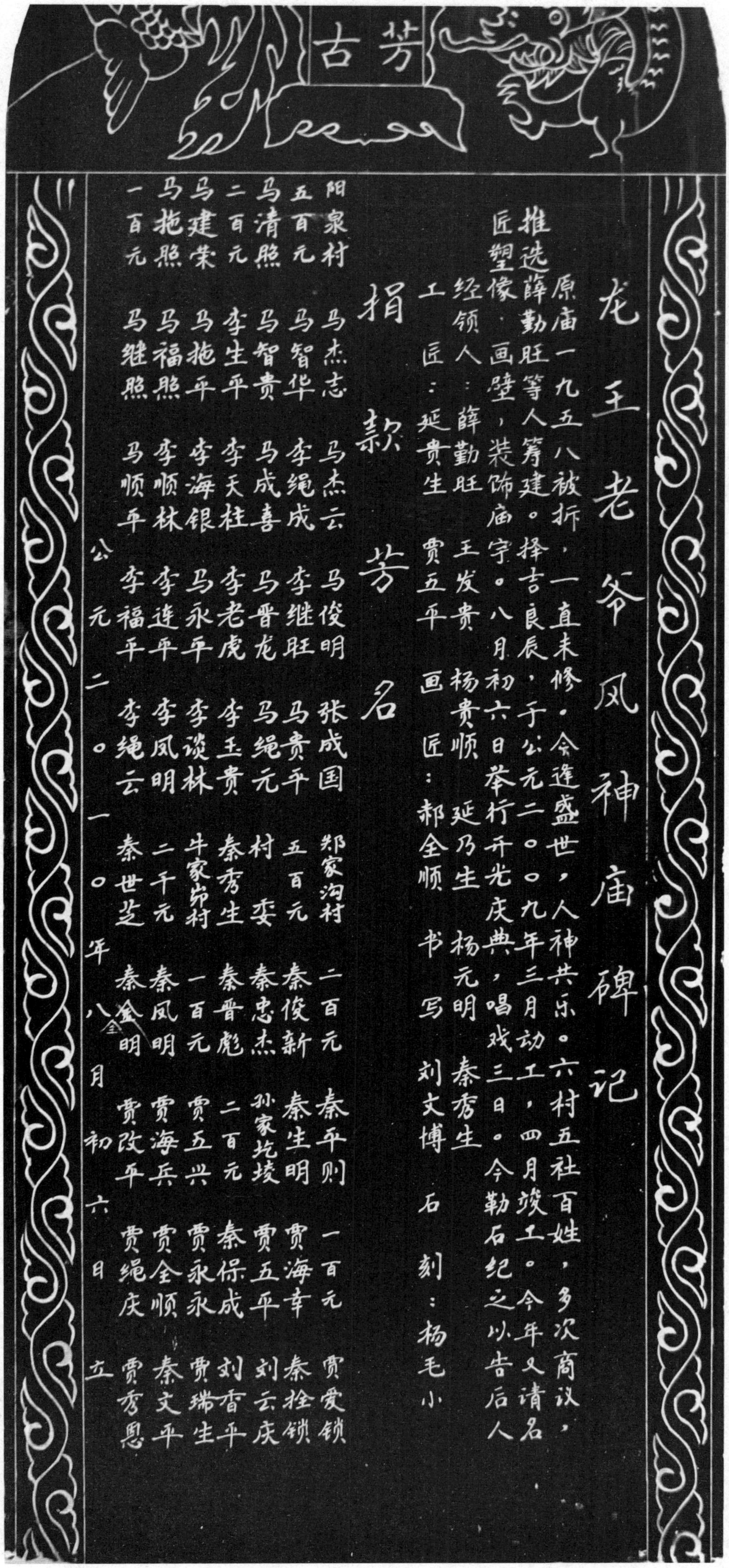
千古流芳

龙王老爷风神庙碑记

原庙一九五八被拆，一直未修。今逢盛世，人神共乐。六村五社百姓，多次商议，推选薛勤旺等人筹建。择吉良辰，于公元二〇〇九年三月动工，四月竣工。今年又请名匠塑像、画壁，装饰庙宇。八月初六日举行开光庆典，唱戏三日。今勒石纪之以告后人

经领人：薛勤旺 王发贵 杨贵顺 延乃生 杨元明 秦秀生

工匠：延贵生 贾五平 画匠：郝全顺 书写 刘文博 石刻：杨毛小

捐款芳名

阳泉村 马杰志 马杰云 马俊明 张成国 郑家沟村 二百元 秦平则 一百元 贾爱锁

五百元 马智华 李绳成 李继旺 马贵平 五百元 秦俊新 秦生明 贾海章 秦拴锁

马清照 马智贵 马成喜 马晋龙 马绳元 村委 秦忠杰 孙家圪堎 贾五平 刘云庆

二百元 李生平 李天柱 李老虎 李玉贵 秦秀生 秦晋彪 二百元 秦保成 刘杏平

马建荣 马拖平 李海银 马永平 李谈林 牛家峁村 一百元 贾五兴 贾永永 贾瑞生

马拖照 马福照 李顺林 李进平 李凤明 二千元 秦凤明 贾海兵 贾全顺 秦文平

一百元 马继照 马顺平 李福平 李绳云 秦世芝 秦全明 贾改平 贾绳庆 贾秀恩

公元二〇一〇年八月初六日立

龙王老爷风神庙碑记

【简介】

2010年8月勒石。现存于临县玉坪乡杨家圪塄村戏台对面。碑青石质，方首，高135、宽55、厚8厘米。碑文楷书，计3行，满行38字。额题“千古流芳”4字。记载杨家圪塄村等六村重修龙王老爷山神庙之事。保存完好。

【碑文】

龙王老爷风神庙碑记

原庙一九五八年被拆，一直未修，今逢盛世，人神共乐，六村五社百姓，多次商议，推选薛勤旺等人筹建。择吉良辰，于公元二〇〇九年三月动工，四月竣工。今年又请名匠塑像、画壁，装饰庙宇，八月初六日举行开光庆典，唱戏 三日。今勒石记之，以告后人。

捐款芳名

阳泉村　五百元　马清照　二百元　马建荣　马拖照　一百元　（28人，姓名略）

郑家沟村　五百元　村委秦秀生

牛家峁村　二千元　秦世芝　二百元　（3人，姓名略）　一百元　（4人，姓名略）

孙家圪堎　二百元　（3人，姓名略）　一百元　（13人，姓名略）

公元二〇一〇年八月初六日立

重修观音庙碑记

【简介】

2010年8月勒石。现存于临县城庄镇东柏村。碑青石质，圆首，高135、宽55、厚6.5厘米。碑文楷书，计15行，满行14字。为东柏村重修观音庙碑记。保存完好。

【碑文】

碑记

我东柏村原有观音庙、龙王庙各一处，长期以来，在神灵的护佑下，村兴人旺，风调雨顺，五谷丰登。二〇〇九年，国家修建高速公路，将两处庙宇拆除。二〇一〇年，村民自发重新选址，修建被拆除的两处庙宇。在经领人的组织下，由纠首配合，于农历五月初五破土动工。开工后，村民积极投工，踊跃捐款，又有铲车机械义务施工，用一月多的时间，投资九万余元将新观音庙、龙王庙竣工落成。于二〇一〇年农历七月十五日将观音、龙王迁入新庙宇，并举行了二人台文娱庆典。为彪炳后世，谨将一百元以上捐款芳名开列于后。

经领人：李增锋、孙全平

纠首：刘有明、杨增平、胡生庆、秦峰

铲车义务施工：李有柱8小时、孙锡荣2小时

一百元以上捐款花名

伍百元者：郭建生

肆百元者：李有柱

贰百元者：李小康、秦和平、李永林、苗银旺、李保宝、刘芝平、李建忠、李生杰、苗小强、刘根全、刘芝瑞、五队李建红、苗小将、秦峰

壹百元者：李铁顺、李艳勤、孙锡荣、李亮亮、李增平、李文安、李有福、郭建峰、李文兵、胡生庆、刘有明

公元二〇一〇年农历八月十五日

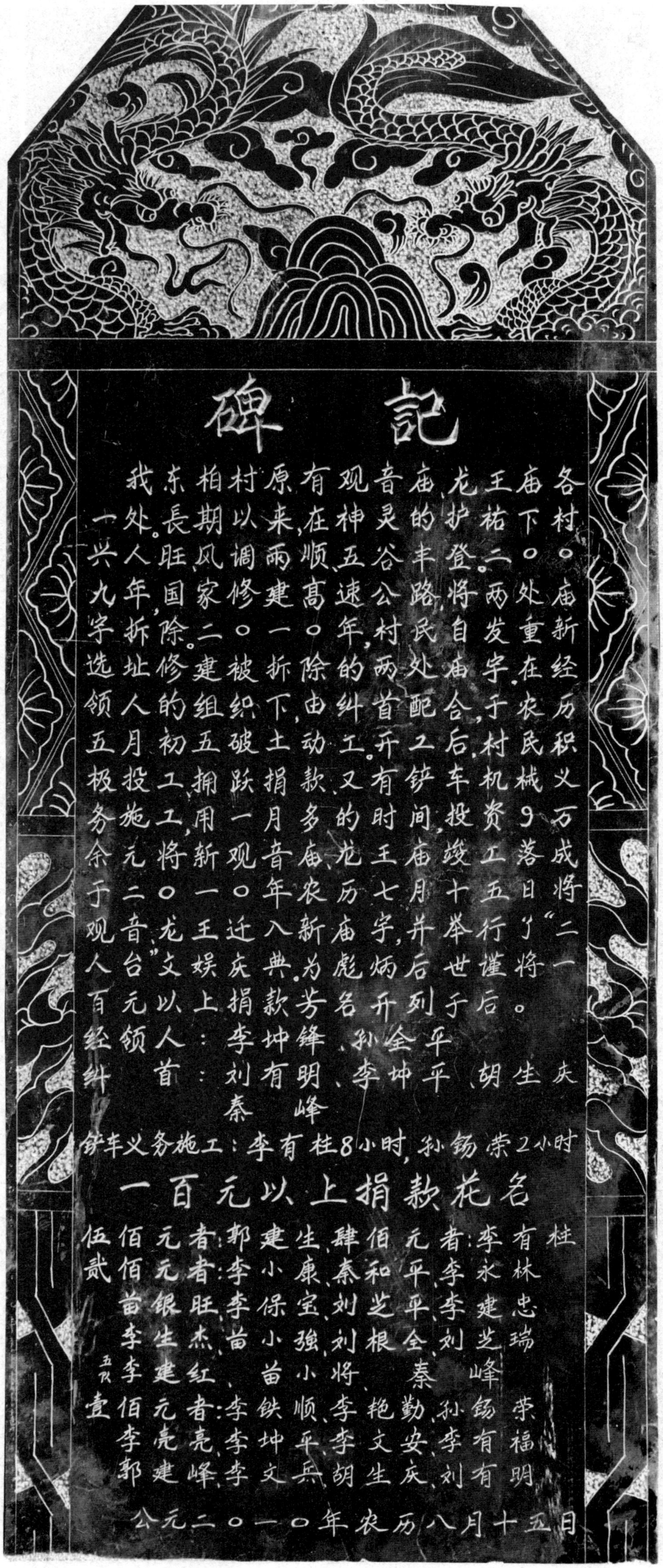

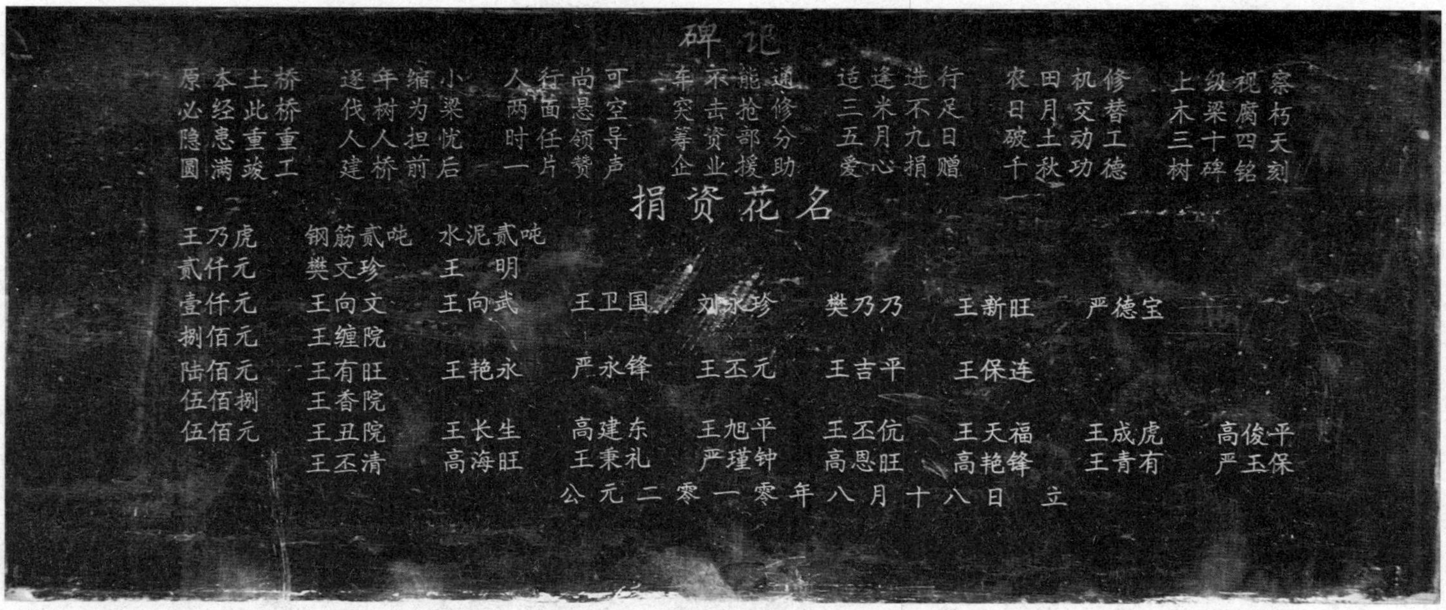

三交堨头村修桥碑记

【简介】

2010 年 8 月勒石。现存于临县三交镇堨头村，嵌于墙内，瓷板镶边。碑青石质，长方形，高 50、长 125 厘米。碑文宋书，计 15 行，满行 28 字，约 260 字。记载堨头村集资修桥的情况。现保存完好。

【碑文】

碑记

原本土桥，逐年缩小。人行尚可，车不能通。适逢进行，农田机修。

上级视察，必经此桥。伐树为梁，两面悬空。突击抢修，三米不足。

日月交替，木梁腐朽。隐患重重，人人担忧。时任领导，筹资部分，

五月九日，破土动工。三十四天，圆满竣工。建桥前后，一片赞声。

企业援助，爱心捐赠。千秋功德，树碑铭刻。

捐资花名

王乃虎：钢筋二吨　水泥二吨

二千元：樊文珍　王明

壹千元：王向文　王向武　王卫国　刘永珍　樊乃乃　王新旺　严德宝

捌百元：王缠院

陆百元：王有旺　王艳永　严永峰　王丕元　王吉平　王保连

伍百捌：王香院

伍百元：王丑院　王长生　高建东　王旭平　王丕伉　王天福　王成虎　高俊平　王丕清　高海旺　王秉礼　严谨钟　高恩旺　高艳峰　王青有　严玉保

公元二零一零年八月十八日立

修缮关帝观音庙碑记

【简介】

2010 年 8 月勒石。现存于临县碛口镇枣岭子村。碑青石质，平首剔角，高 164、宽 65、厚 9 厘米。碑阳额题“功德千秋”4 字。碑文楷书，计 5 行，满行 31 字。内容为枣岭子村修缮关帝观音庙的情况。碑阴刊捐款人员名单。现保存完好。

【碑文】

（碑阳）

修缮关帝观音庙碑记

枣岭则村位于碛口镇黄河东岸，群山环绕，景色秀美，人杰地灵，民风淳朴，村中关帝观音庙历史悠久，灵光独耀，为继承和光大历史文化遗产，再现昔日之风采，在高氏家族高玉新的组织下，村民出资出力重修缮关帝观音庙，于公元二〇一〇年农历四月动工，于八月二十四日顺利竣工，并举行开光典礼。为流芳千古，兹将捐款君名刻碑纪念。

经领人　高玉新　闫子禄　高玉发　闫子斌　高长贵　高长明　高长全　高应照　高玉才

泥工　陈乃平

丹青　白三荣

刻石　冯安喜

公元二零一零年古历八月二十四日立

（碑阴）

捐款人员名单

高玉新一万元　高雪明一万元　高雪亮一万元　闫宠燻三千元　高玉明二千元　高清秀一千二百元　闫继福一千元　闫永福一千元　高玉发一千元　高银燕一千元　高侯保一千元　王延平一千元　高恩贵一千元　闫宝生一千元　闫俊生一千元　高玉柱八百元　高银照七百元　高玉才六百二十五　闫国君六百元　闫小军六百元　高奴富六百 元　高捧照六百元　高玉孝六百元　高玉贵六百元　高应照五百七十五　闫子禄五百五十　高玉锋（16 人略）五百元　四百五十元　（下略）中兴社支部村委一千元

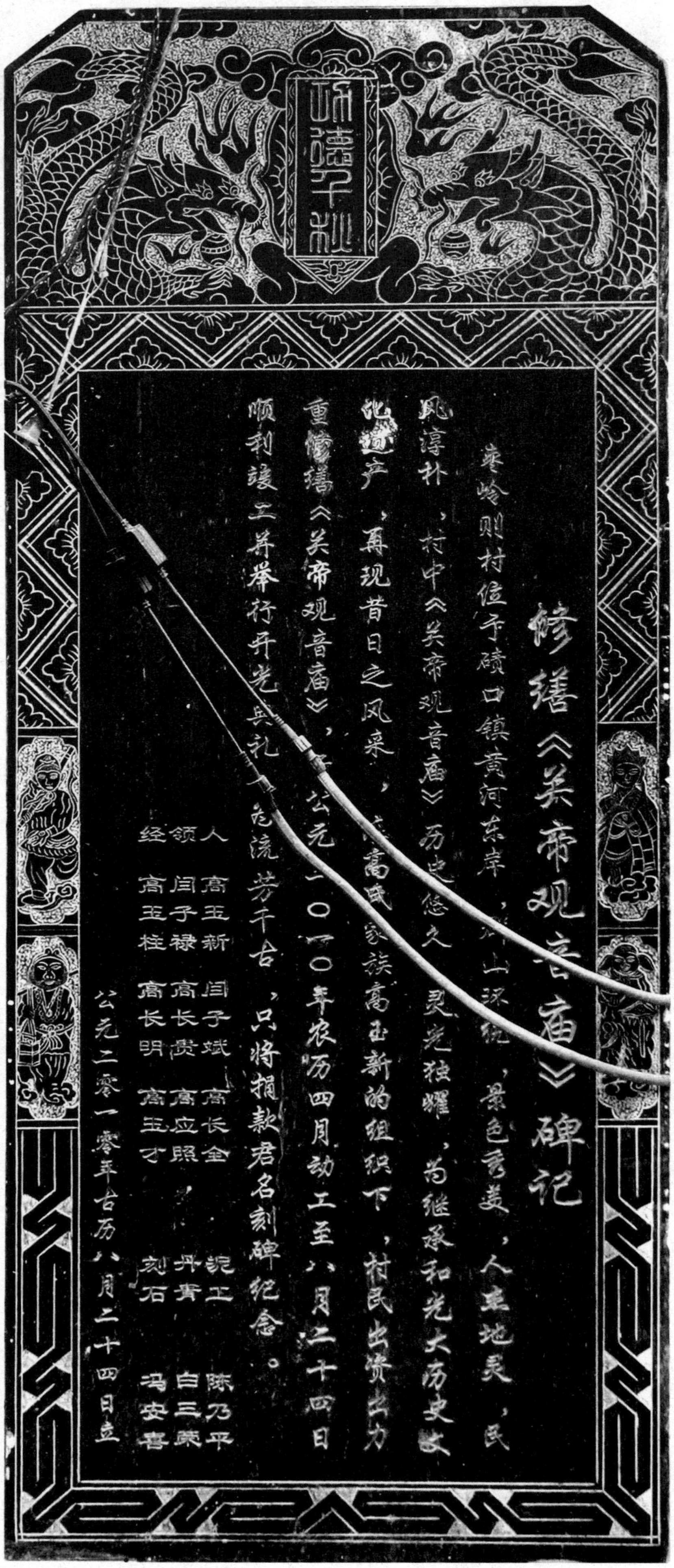

神峪沟戏台碑记

【简介】

2010 年 9 月勒石。现存于临县车赶乡神峪沟村，嵌于墙内。碑青石质，长方形，高 108、宽 75 厘米。碑文隶书，计 5 行，满行 32 字。内容为神峪沟村集资修戏台的情况。现保存完好。

【碑文】

（第一通）

碑记

公元二〇一〇年阴历六月二十六日，在筹建小组成员的提议下，支部书记吕志芳、村委主任吕小虎召开支部村委扩大会议，研究决定修戏台方案。当时二十九日破土动工奠基下石，八月二十六日合龙竣工，历时两个月整。二〇一〇年九月二日我村隆重举行踩台庆典，特邀晋剧秧歌连台演出助兴。届时我村有识之士，对修剧院进行了捐款赞助，现刻碑立于剧院门墩左右两侧，望后人周知。

剧院筹备经理　吕小虎　张耀祥

经理成员　张俊根　张秉忠　侯万利　张德贵　吕全顺　张计平　孙青旺　赵先顺

捐款人　一万捌千元者　张毓勤　张建军　张宗保　壹万元者　孙伟民　张缠保　张三虎　伍千元者　赵晋中　吕建林　孙建民　吕海珍　吕小虎　张金虎　吕二林　叁千元者　张勤虎　张四虎　贰千元者　张虎明　侯二狗　张继锁　孙秋平　赵五顺　壹千元者　吕元顺　张建红　张建斌　张有平　孙元平　矦建安　赵凤连　孙春明　矦艳　矦荣斌　张勤大　张海平　吕林兔　陆百元者　赵森矦宁　伍百元者　（22 人，姓名略）　肆百元者　（13 人，姓名略）　叁百元者　（12 人，姓名略）

（第二通）

捐款人　（共 267 人，略）

公元二〇一〇年九月初二日吉立

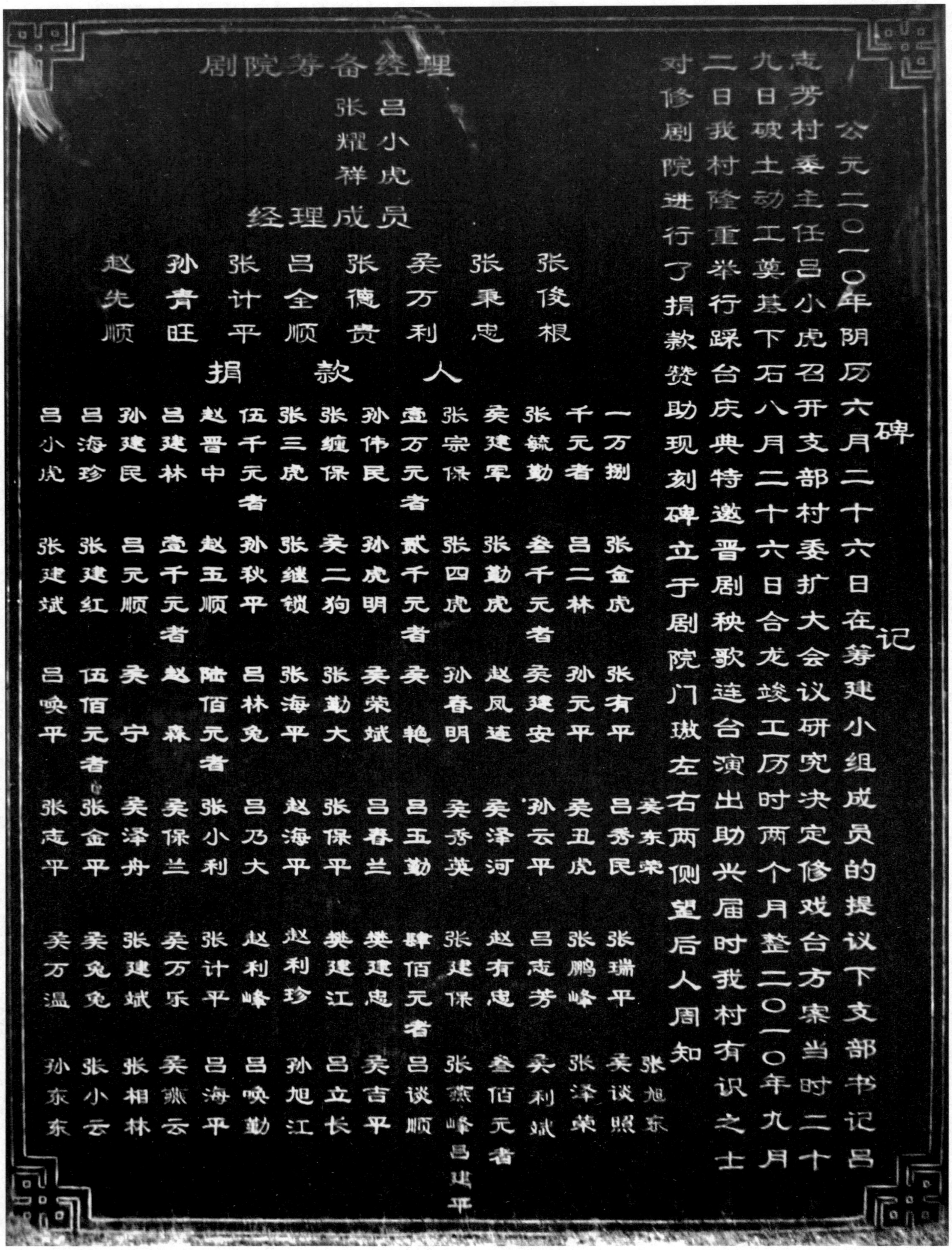
碑记

公元二〇一〇年阴历六月二十六日在筹建小组成员的提议下支部书记吕志芳村委主任吕小虎召开支部村委扩大会议研究决定修戏台方案当时二十九日破土动工奠基下石八月二十六日合龙竣工历时两个月整二〇一〇年九月二日我村隆重举行踩台庆典特邀晋剧秧歌连台演出助兴届时我村有识之士对修剧院进行了捐款赞助现刻碑立于剧院门墩左右两侧望后人周知

剧院筹备经理

吕小虎 张耀祥

经理成员

张俊根 张秉忠 吴万利 张德贵 吕全顺 张计平 孙青旺 赵先顺

捐款人

一万捌千元者 张毓勤 吴建军 张宗保

壹万元者 孙伟民 张缠保 张三虎

伍千元者 赵晋中 吕建林 孙建民 吕海珍 吕小虎

张金虎 吕二林

叁千元者 张勤虎 张四虎

贰千元者 孙虎明 吴二狗 张继锁 孙秋平 赵五顺

壹千元者 吕元顺 张建红 张建斌

张有平 孙元平 吴建安 赵凤连 孙春明 吴艳 吴荣斌 张勤大 张海平 吕林兔

陆佰元者 赵森 吴宁

伍佰元者 吕唤平

吴东荣 吕秀民 吴丑虎 孙云平 吴泽河 吴秀英 吕玉勤 吕春兰 张保平 赵海平 吕乃大 张小利 吴保兰 吴泽舟 张金平 张志平

张瑞平 张鹏峰 吕志芳 赵有忠 张建保

肆佰元者 樊建忠 樊建江 赵利珍 赵利峰 张计平 吴万乐 张建斌 吴兔兔 吴万温

张旭东 吴谈照 张泽荣 吴利斌

叁佰元者 张燕峰 吕建平 吕谈顺 吴吉平 吕立长 孙旭江 吕唤勤 吕海平 吴燕云 张相林 张小云 孙东东

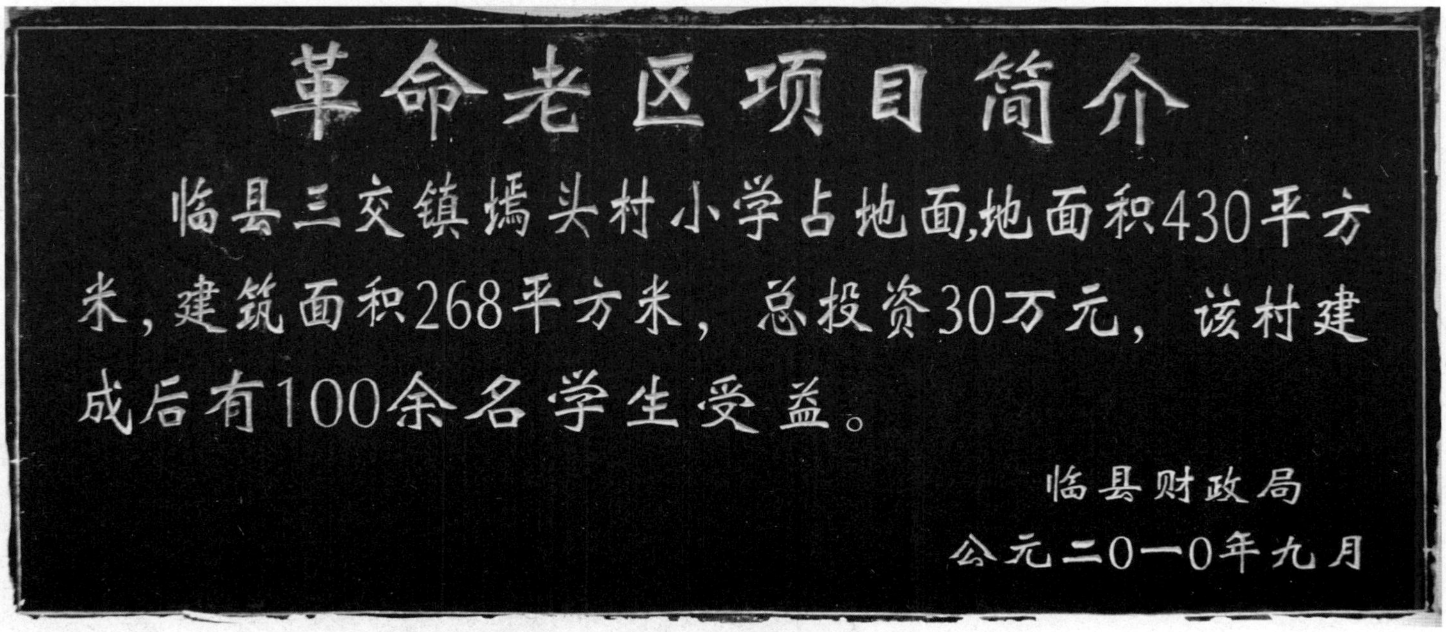

革命老区项目简介

【简介】

2010年9月勒石。现存于临县三交镇塥头村，嵌于墙内。碑青石质，长方形，高40、宽100厘米。碑文楷书，计3行，满行21字。主要记载本村实施老区项目修学校的情况。现保存完好。

【碑文】

革命老区项目简介

临县三交镇塥头村小学占地面积430平方米，建筑面积268平方米，总投资30万元，该村建成后有100余名学生受益。

临县财政局

公元二〇一〇年九月

三庙碑记

【简介】

2010年9月勒石。现存于临县安业乡白家庄村。碑青石质，圆首，高176、宽69、厚9厘米。额题“同光”2字。碑文楷书，正文9行，满行46字。记载白家庄村基本情况和修建三庙合一之事。碑联“美名传世昭示后人，彪炳功业惠泽众生”。保存完好。

【碑文】

三庙碑记

明朝初年，白氏兄弟四人，由洪洞大槐树下迁来此地，繁衍生息，百年后，此地由康家沟村改名为卜家庄村，后又改名为白家庄村，时至今日，已有六百多年的历史。大明嘉靖年间，卜家庄村民在村旁修建了观音、关公圣庙，大清乾隆年间，庠生白文先主持修建了东岳文塔，全县人才倍出，但本族又以后院人口不甚兴旺。于是他又主持修建了娘娘庙，祈求本族人口兴旺。数百余载，经历沧桑，时至民国，满目凋凉，殿宇破烂，风雨无挡。又逾百年，正逢开放，正本清源，国富民强，华夏文化，广大发扬，文物古迹，视其珍宝，庚寅吉年，风调雨顺，五谷丰登，村民动意，组建文保，庙址选在红墕山冈，此属圣地，金驹藏宝，名师工匠，精心设计，立木起梁，飞檐斗拱，高雅轩昂，五脊六兽，琉璃装潢，正殿观音，文殊骑狮，普贤坐象。南殿娘娘，北殿关帝，道教文化，大放异光，劝世行善，扶正祛邪，善有善报，作恶遭殃。五神坐镇，护国佑民，信男善女，捐资帮忙，现立丰碑，镌名留芳。

经领人　白金顺　白俊钦　白谈顺　白春平　白利宏　白海芳　白旭

撰文　白俊钦

塑像　郝金顺

公元二〇一〇年九月四日立

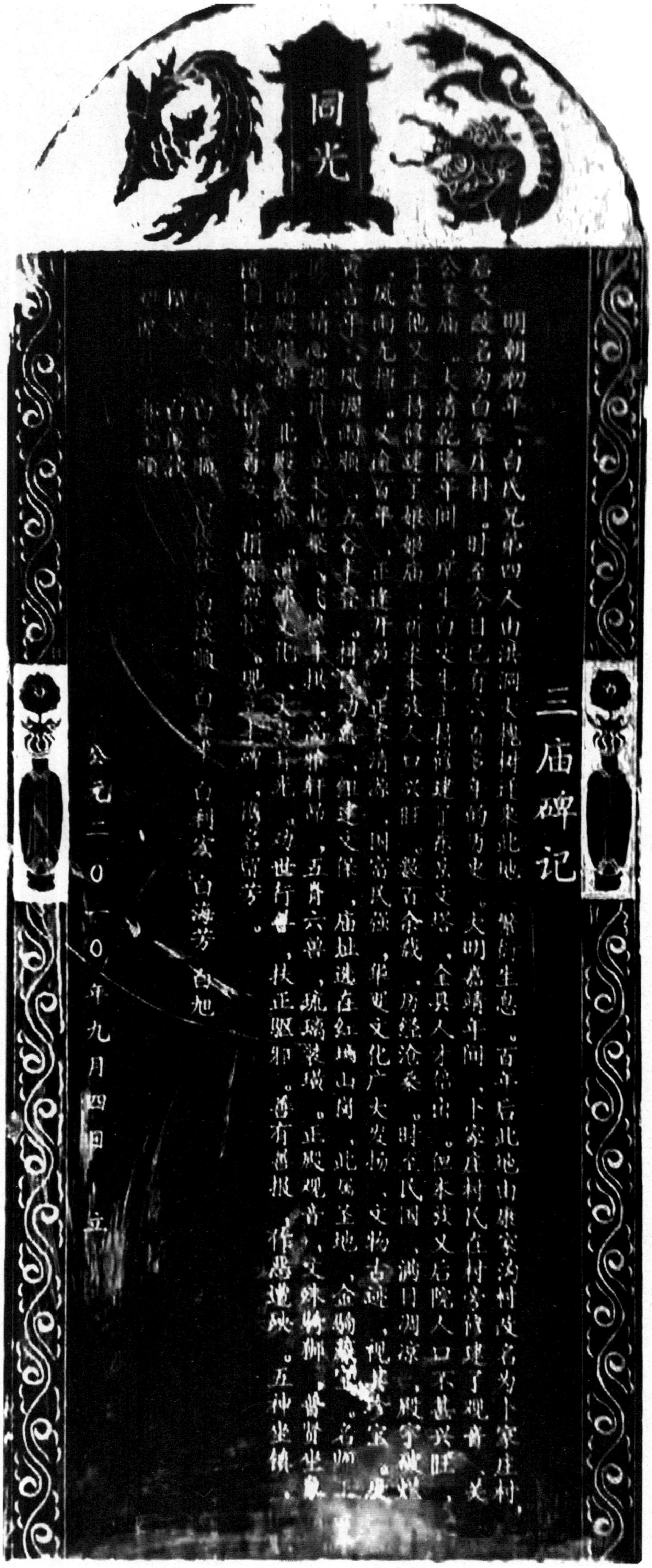

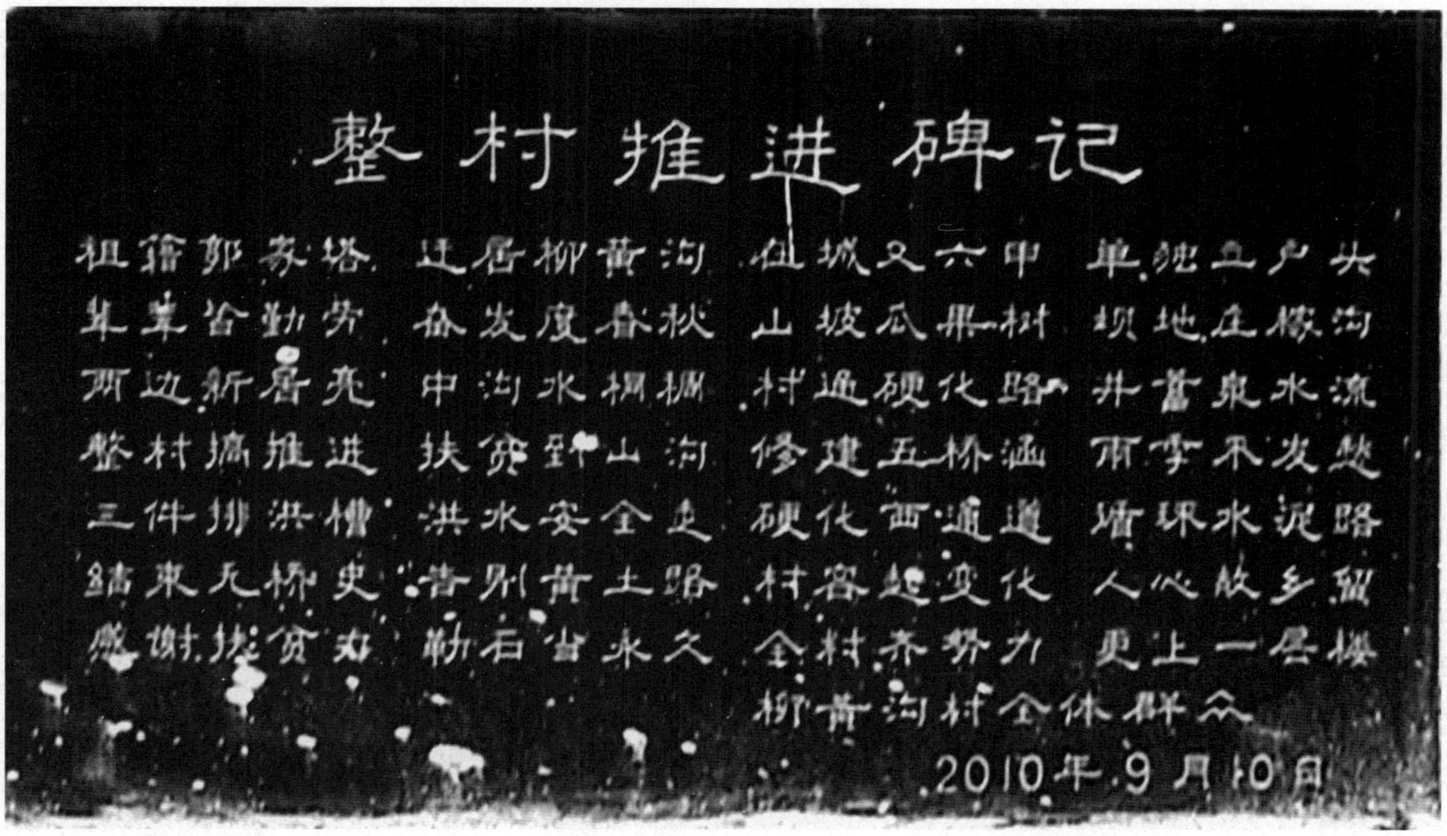

整村推进碑记

【简介】

2010 年 9 月勒石。现存于临县玉坪乡柳黄沟村。碑青石质，长方形，高 80、宽 130、厚 8 厘米。碑文隶体，正文 7 行，满行 20 字。为柳黄沟村实施整村推进工程碑记。保存完好。（注：郭时键撰文）

【碑文】

整村推进碑记

祖籍郭家塔，迁居柳黄沟，在城又六甲，单独立户头。

辈辈皆勤劳，奋发度春秋，山坡瓜果树，坝地庄稼沟。

两边新居亮，中沟水桐稠，村通硬化路，井蓄泉水流。

整村搞推进，扶贫到山沟，修建五桥涵，雨季不发愁。

三件排洪槽，洪水安全走，硬化西通道，循环水泥路。

结束无桥史，告别黄土路，村容起变化，人心故乡留。

感谢扶贫办，勒石当永久，全村齐合力，更上一层楼。

柳黄沟村全体群众

2010 年 9 月 10 日

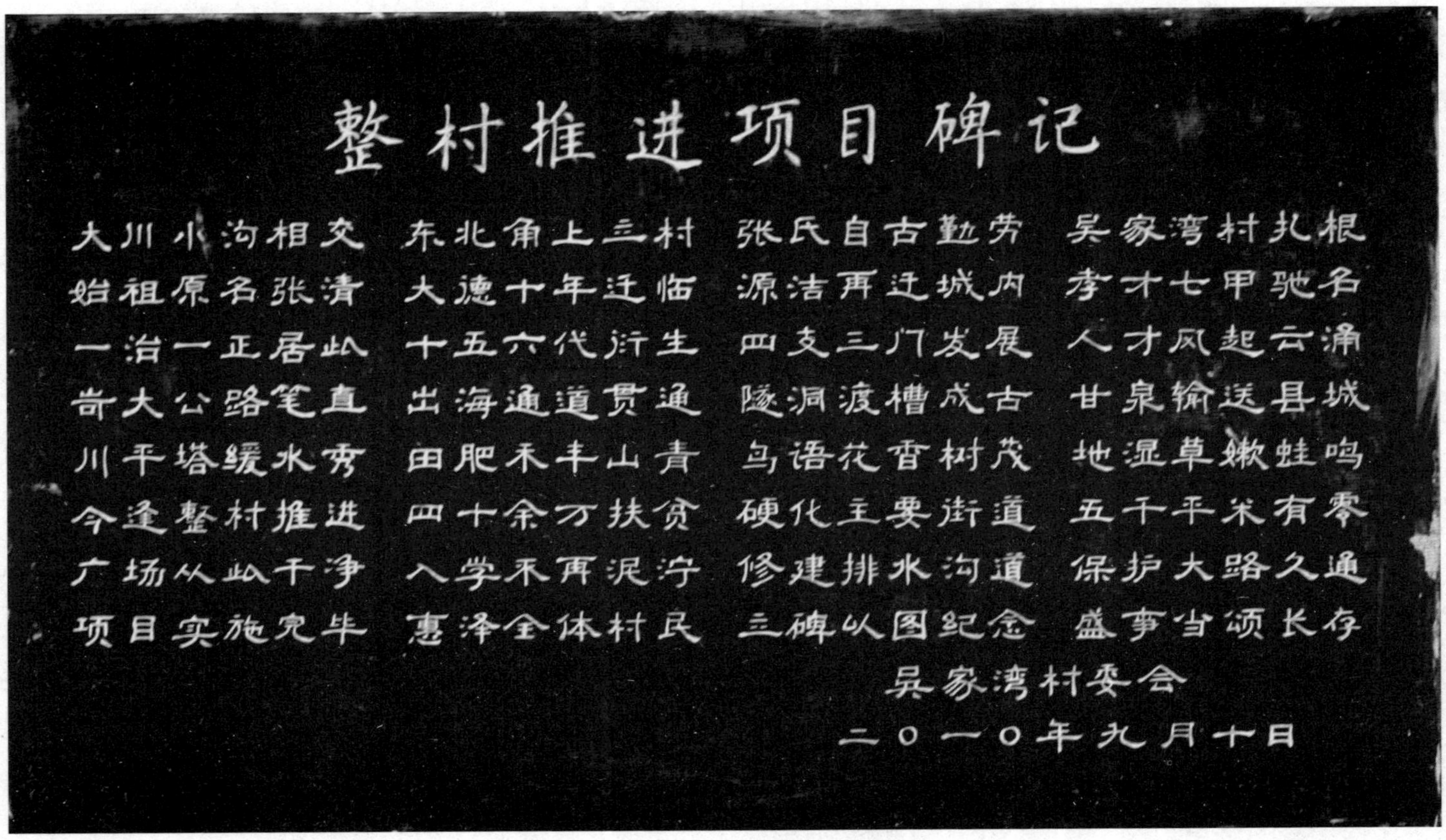

整村推进项目碑记

【简介】

2010 年 9 月勒石。现存于临县白文镇吴家湾村。碑青石质，长方形，高 89、宽 131 厘米。碑文隶体，正文 8 行，满行 24 字。为吴家湾村实施整村推进工程的情况。保存完好。（注：郭时键撰文）

【碑文】

整村推进项目碑记

大川小沟相交，东北角上立村。张氏自古勤劳，吴家湾村扎根。

始祖原名张清，大德十年迁临，源洁再迁城内，孝才七甲驰名。

一治一正居此，十五六代衍生。四支三门发展，人才风起云涌。

岢大公路笔直，出海通道贯通。隧洞渡槽成古，甘泉输送县城。

川平塔缓水秀，田肥禾丰山青，鸟语花香树茂，地湿草嫩蛙鸣。

今逢整村推进，四十余万扶贫，硬化主要街道，五千平米有零。

广场从此干净，入学不再泥泞。修建排水沟道，保护大路久通。

项目实施完毕，惠泽全体村民。立碑以图纪念，盛事当颂长存。

吴家湾村委会

二〇一〇年九月十日

关帝庙附属设施修建碑记

【简介】

2010年9月勒石。现存于临县三交镇正坡村。碑青石质，圆首，高145、宽52、厚8厘米。碑阳额题“流芳千古”4字。碑文隶体，正文9行，满行45字。记载正坡村关帝庙附属设施修建情况。碑阴为捐款花名。保存完好。

【碑文】

（碑阳）

关帝庙附属设施修建碑记

正坡关帝庙雄踞北寨则山之巅，五百余年香烟不断，二十世纪末，邦国安定，物阜民殷，村民团结一致对关帝庙再次进行修复，彰显了昔日的雄宏气煊。

为了使关帝庙设施齐备完善，二〇〇九年秋在刘保富的带动下，许多村民踊跃捐资，开始对庙宇附属设施的修建。

经领人王殿明、刘财兴、张三勤、姚清有、王乃虎、刘候戏、刘俊虎、王贵宝、刘汝安、武明元等积极配合，迫力协作，于当年九月十三日，四间平房，一间仓库，两间公厕，硬化戏院，安装自来水塔及补修调顶围墙等工程全面竣工。自此，巍峨耸立的关帝庙以亮丽的雄姿和完备的设施在世人面前得以展现。

关帝建筑用建材三万六千八百八十三元，工程杂支二千九百三十四元，大小工工资二万二千九百三十四元，竣工庆典乐队吃喝四千八百二十一点四元，总支六万七千五百七十二点四元。

公元二〇一〇年农历九月十三日吉立

（碑阴）

关帝庙附属工程捐款花名

六千元者　刘保富　二千元者　王殿明　一千八百元者　张三勤　一千元者　刘绳英　刘源　郝玉珍　六百元者　刘平国　高林照　李改田　李纪田　张建国　樊建勤　张候龙　五百元者　（6人，姓名略）　四百元者　西坡村委　东坡村委　正街村委　西街村委　南临学校（3人，姓名略）　三百元者　（3人，姓名略）　五星学校　二百元者　（35人，姓名略）

正坡功德碑记

【简介】

2010年9月勒石。现存于临县三交镇正坡村。碑青石质，圆首，高145、宽52、厚8厘米。额题“功德千秋”4字。碑文隶体，正文5行，满行32字。记载刘保富捐款修戏台之善事。碑文完整，字迹清晰，碑体完好。

【碑文】

功德碑记

正坡沃土，人杰地灵，盛名卓立，民风厚淳，岁月悠久，辈出贤能。刘氏保富，时代精英，志在必得，举事成仁。未进而立，村委主任，工作三载，受人尊重。荣升书记，更具先进，成就突出，提拔重用。政府副科，能力出众，兼搞煤矿，至诚经营，企业腾达，家业兴隆。心系桑梓，感念乡亲。公益事业，鼎力捐赠，修复关庙，竭力尽心。捐修戏台，三万有零，完善设施，亲自带动。又捐六千，大功告成。为彰义道，激励后昆，勒石作记，万古殊荣。

撰文　严良

正坡村关帝庙修复筹备组

公元二〇一〇年九月十三日吉立

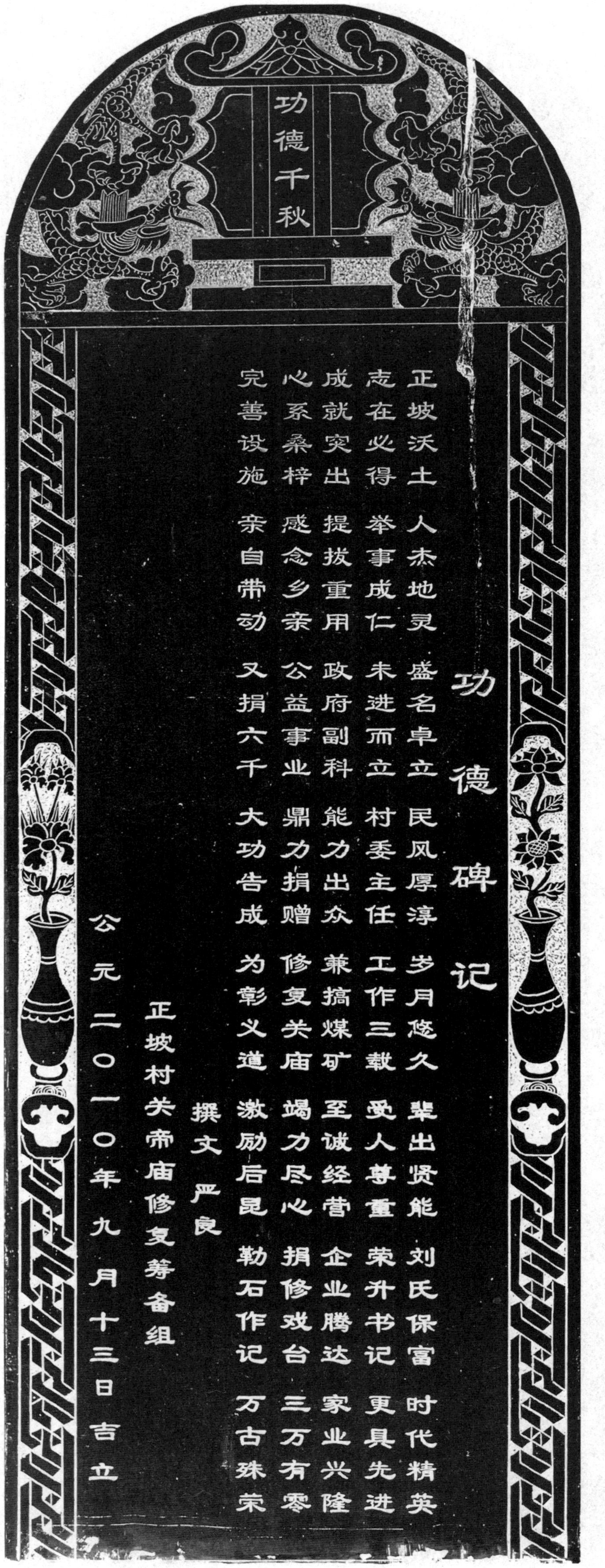

寨子山村观音庙修缮碑记

【简介】

2010 年 9 月勒石。现存于临县碛口镇寨子山村。碑青石质，方首，高 181、宽 65、厚 10 厘米。碑文楷体，正文 23 行，满行 19 字。记载寨子山村修缮观音庙之事。碑阴额题“流芳千古”4 字，碑文为捐款花名。保存完好。

【碑文】

（碑阳）

寨子山村观音庙修缮碑记

寨子山，环山面水，负阴抱阳，乃储精毓秀之地。追溯历史，曾有几度辉煌。古籍载，寨子山相传古大同镇，汉武帝元朔年间疑为平周县城。此庙也有残碑云：寨子山即古大同镇。一九四八年三月廿三日毛主席东渡黄河下榻陈家宅第，又给寨子山增添红色旅游圣地。本村观音庙，续建于清朝光绪五年，整个建筑严谨合理，雕梁画栋，古朴典雅。正殿三间，内供观音菩萨、关帝圣君、三官大帝、文昌帝君、财神。偏殿二间，内供河神、五道将军、土地神。神光普照，佑我先民，香火鼎盛，有求必应。后在土改破四旧期间搬神拆庙，惨遭破坏，年久失修，破旧不堪。时逢盛世，政通人和，国泰民安，顺应民意，为保护历史文物，重新修缮。

本届纠首于农历二〇〇九年六月十三日接任，组织成立了古庙修缮塑绘募委员会，在村支部、村委及全体村民的大力支持下，历时十五个月圆满完成了观音庙神灵塑像和壁画工程，并于二〇一〇年九月十九日举行了盛大的开光典礼。

修缮期间共收善款 309568 元。

经领人纠首：王春平　李世锋　陈六六　刘元山　郭平　陈利民　陈继平　刘小虎　陈文平

募捐委员会：陈文承　白探宝　陈文海　陈希章　郭来应

雕塑彩绘：陈继平

撰文：郭平

镌刻：薛建斌

寨子山村古庙修缮塑绘募捐委员会

农历二〇一〇年九月十九日

（碑阴）

布施芳名

陈文海　叁万五千元　观音瓷像一尊　喷绘广告　佛音播放器四个　募捐请柬

陈来应　贰万元　实木对联一付　钛金牌五块　胡麻油贰百斤

白氏家族　贰万壹千元

陈氏七门家族　壹万贰千零柒拾捌元

郭氏家族　壹万元　陈桃生兄妹　壹万元

陈建玉兄弟　壹万元　陈海平兄弟　壹万元

陈建中　伍千元　实木对联一付

（下略）

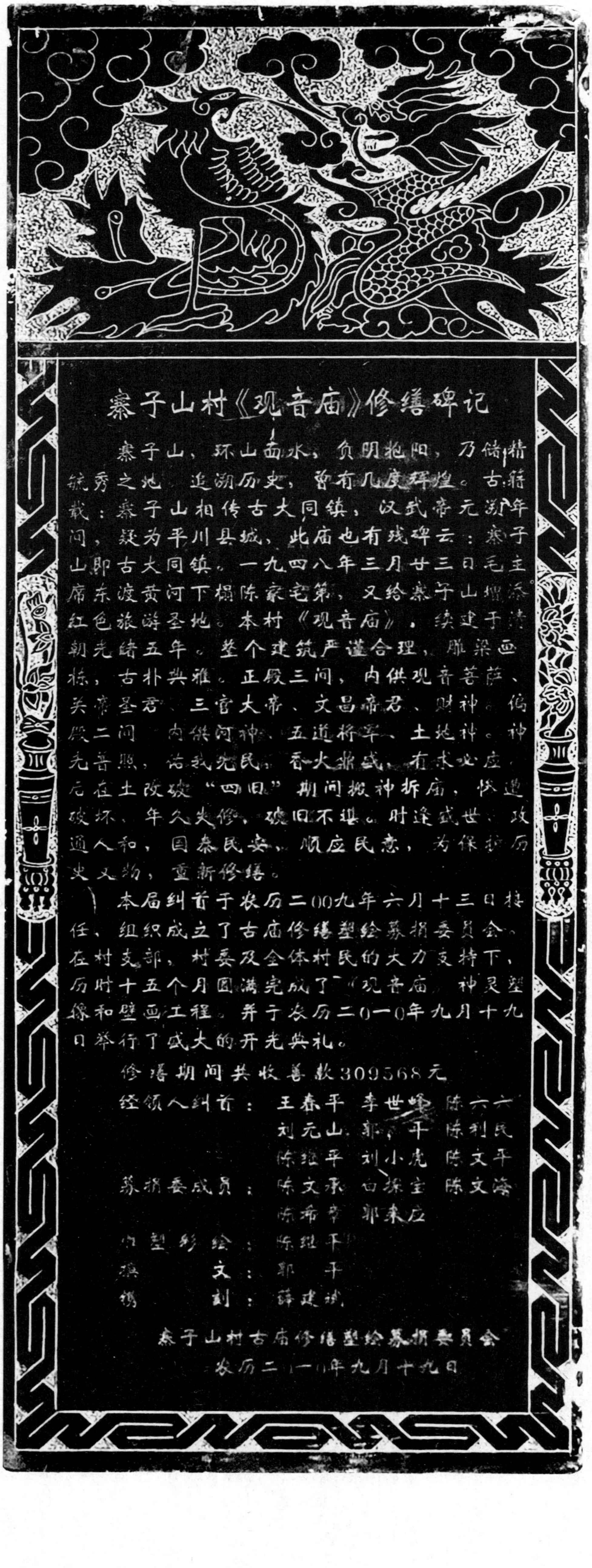

寨子山村《观音庙》修缮碑记

寨子山，环山面水，负明抱阳，乃储精毓秀之地。追溯历史，曾有几度辉煌。古籍载：寨子山相传古大同镇，汉武帝元朔年间，疑为平川县城，此庙也有残碑云：寨子山即古大同镇。一九四八年三月廿三日毛主席东渡黄河下榻陈家宅第，又给寨子山增添红色旅游圣地。本村《观音庙》，续建于清朝光绪五年。整个建筑严谨合理，雕梁画栋，古朴典雅。正殿三间，内供观音菩萨、关帝圣君、三官大帝、文昌帝君、财神。偏殿二间，内供河神、五道将军、土地神。神光普照，佑我先民。香火鼎盛，有求必应。后在土改破“四旧”期间搬神拆庙，惨遭破坏，年久失修，破旧不堪。时逢盛世，政通人和，国泰民安，顺应民意，为保护历史文物，重新修缮。

本届纠首于农历二00九年六月十三日接任，组织成立了古庙修缮塑绘募捐委员会。在村支部，村委及全体村民的大力支持下，历时十五个月圆满完成了《观音庙》神灵塑像和壁画工程。并于农历二0一0年九月十九日举行了盛大的开光典礼。

修缮期间共收善款309568元

经领人纠首：王春平　李世峰　陈六六
刘元山　郭□平　陈利民
陈继平　刘小虎　陈文平

募捐委成员：陈文承　白探宝　陈文海
陈希孝　郭来应

内塑彩绘：陈继平

撰文：郭平

镌刻：薛建斌

寨子山村古庙修缮塑绘募捐委员会

农历二□一□年九月十九日

修缮观音庙陈来应捐款碑记

【简介】

2010年9月勒石。现存于临县碛口镇寨子山村。碑青石质，方首，高181、宽66、厚11厘米。碑文隶体，正文11行，满行41字。内容为寨子山村修缮观音庙陈来应捐款功德碑。保存完好。

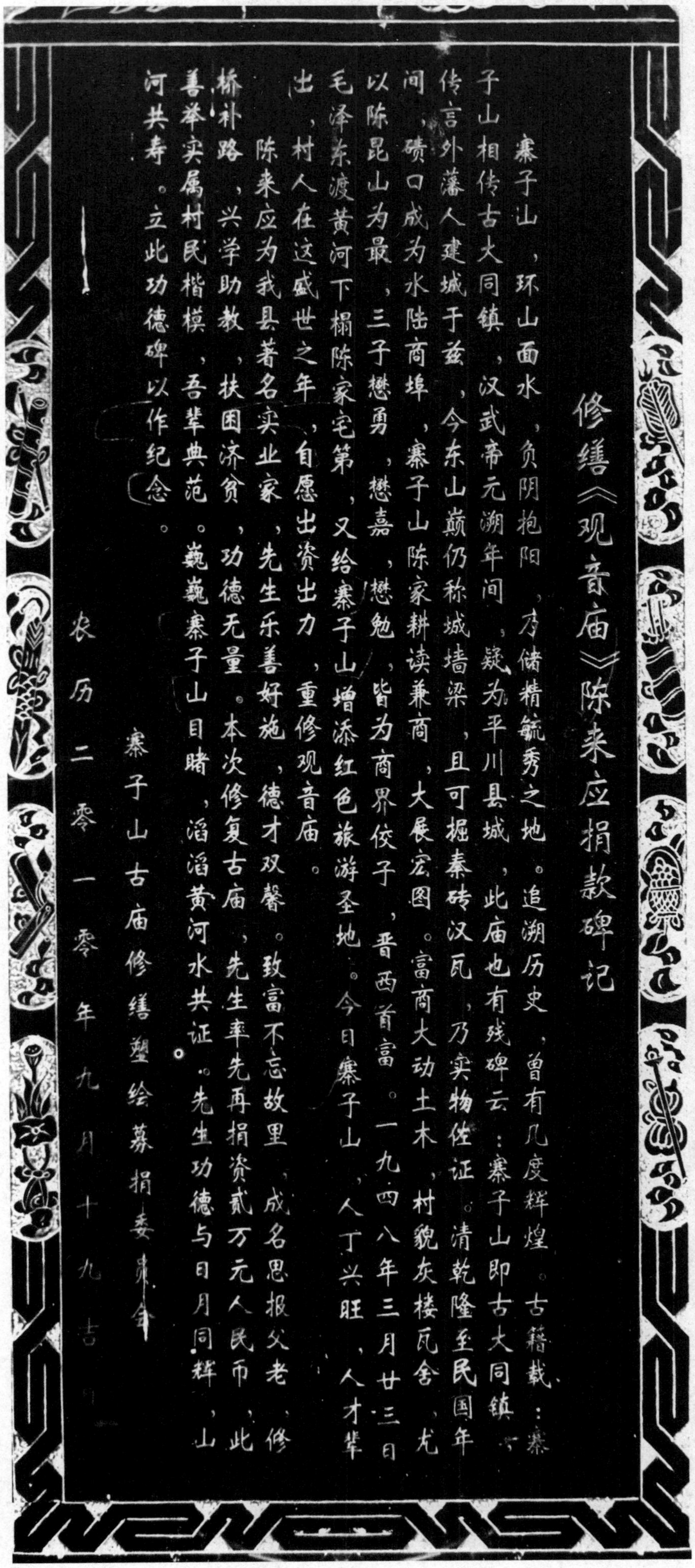

修缮《观音庙》陈来应捐款碑记

寨子山，环山面水，负阴抱阳，乃储精毓秀之地。追溯历史，曾有几度辉煌。古籍载：寨子山相传古大同镇，汉武帝元朔年间，疑为平川县城，此庙也有残碑云：寨子山即古大同镇，传言外藩人建城于兹，今东山巅仍称城墙梁，且可掘秦砖汉瓦，乃实物佐证。清乾隆至民国年间，碛口成为水陆商埠，寨子山陈家耕读兼商，大展宏图。富商大动土木，村貌灰楼瓦舍，尤以陈昆山为最，三子懋勇，懋嘉，懋勉，皆为商界佼子，晋西首富。一九四八年三月廿三日毛泽东渡黄河下榻陈家宅第，又给寨子山增添红色旅游圣地。今日寨子山，人丁兴旺，人才辈出，村人在这盛世之年，自愿出资出力，重修观音庙。

陈来应为我县著名实业家，先生乐善好施，德才双馨。致富不忘故里，成名思报父老，修桥补路，兴学助教，扶困济贫，功德无量。本次修复古庙，先生率先再捐资贰万元人民币，此善举实属村民楷模，吾辈典范。巍巍寨子山目睹，滔滔黄河水共证。先生功德与日月同辉，山河共寿。立此功德碑以作纪念。

寨子山古庙修缮塑绘募捐委员会

农历二零一零年九月十九吉日

【碑文】

（碑阳）

修缮观音庙陈来应捐款碑记

寨子山环山面水，负阴抱阳，乃储精毓秀之地。追溯历史，曾有几度辉煌，古籍载，寨子山相传古大同镇，汉武帝元朔年间疑为平周县城。此庙亦有残碑云：“寨子山即古大同镇，传言外藩人建城于兹。”今东山梁仍称城墙梁，且可掘秦砖汉瓦，乃实物佐证。清乾隆至民国年间，碛口成为水陆商埠，寨子山陈家耕读兼商，大展鸿图，富商大动土木，村貌灰楼瓦舍，尤以陈昆山为最。三子懋勇、懋嘉、懋勉皆为商界佼子，晋西首富。一九四八年三月二十三日，毛主席东渡黄河下榻陈家宅第，又给寨子山增添红色旅游圣地。今日寨子山，人丁兴旺，人才辈出，村人在这盛世之时，自愿出资出力，重修观音庙。

陈来应为我县著名实业家。先生乐善好施，德才双馨，致富不忘故里，成名思报父老，修桥补路，兴学助教，扶困济贫，功德无量，本次修复古庙，先生率先捐助两万元人民币，此善举实属村民楷模，吾辈典范，巍巍寨子山目睹，滔滔黄河水共证，先生功德与日月同辉，山河共寿，立此功德碑，以作纪念。

寨子山古庙修缮塑绘募捐委员会

农历二〇一〇年九月十九吉日

（碑阴）

功德碑

修缮观音古庙，保护历史文物。

陈来应捐款贰万元。

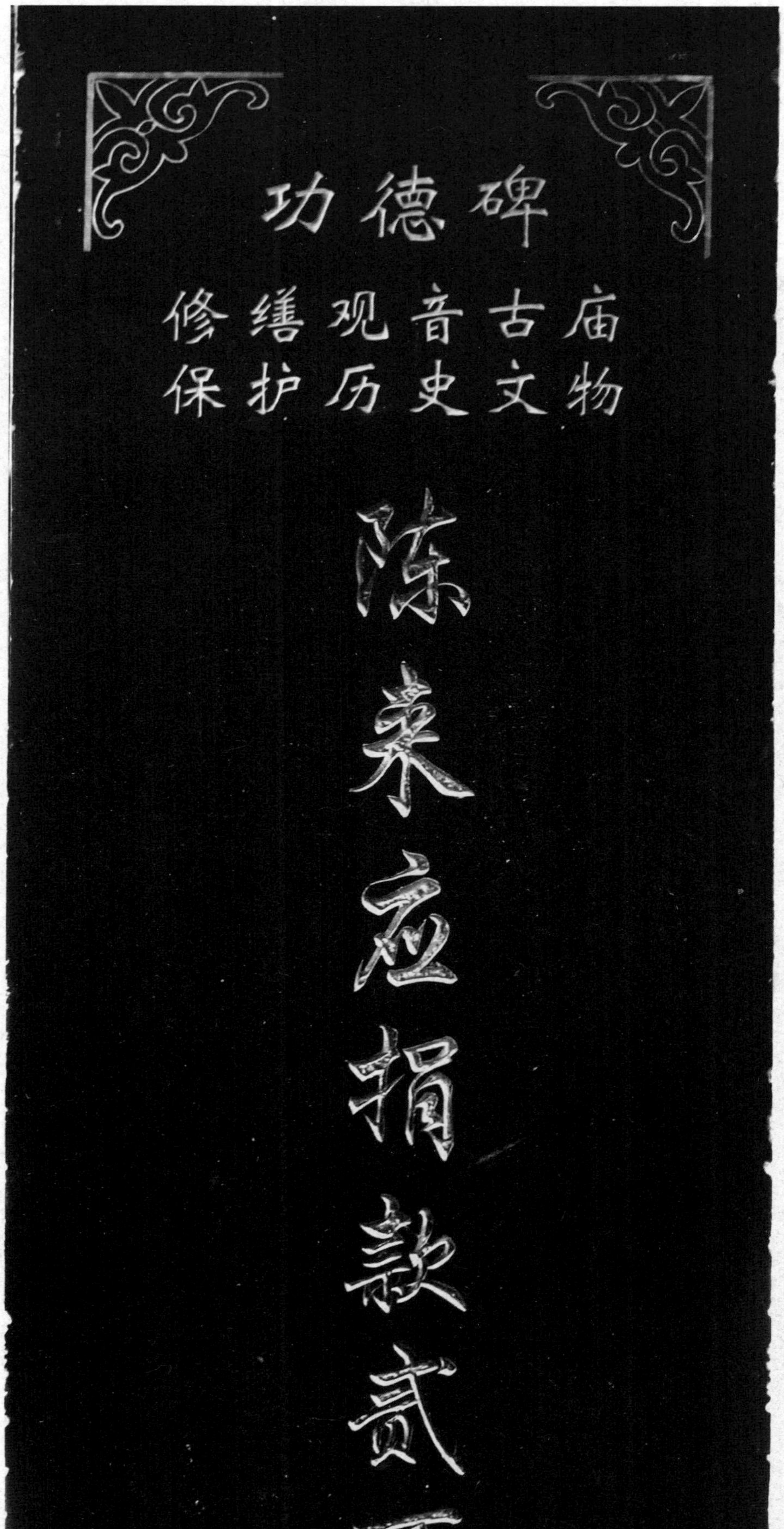
功德碑
修缮观音古庙
保护历史文物
陈东应捐款贰万元

修缮观音庙郭氏家族捐款碑记

【简介】

2010 年 9 月勒石。现存于临县碛口镇寨子山村。碑青石质，方首，高 181、宽 66、厚 11 厘米。碑文隶体，正文 9 行，满行 43 字。内容为修缮观音庙郭氏家族捐功德款碑记。保存完好。

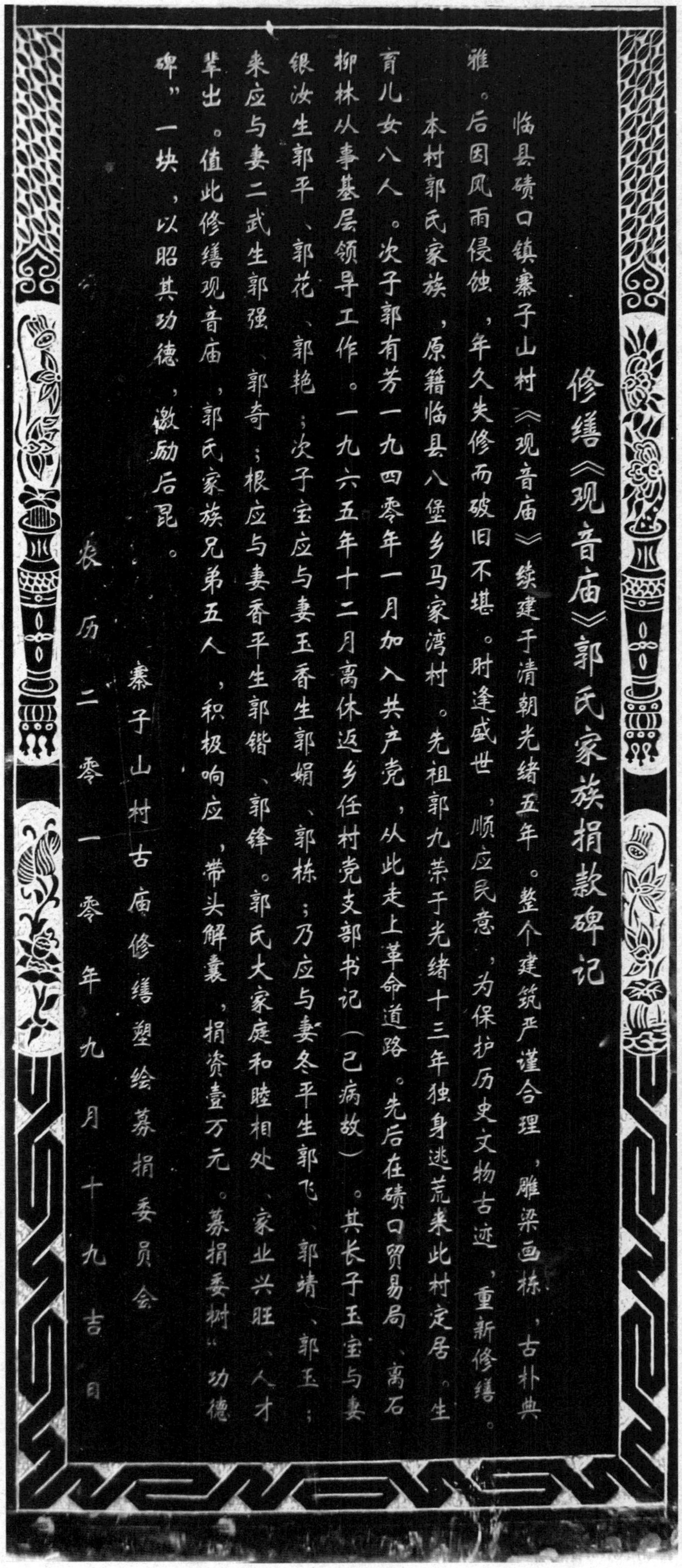

【碑文】

（碑阳）

修缮观音庙郭氏家族捐款碑记

临县碛口镇寨子山村观音庙续建于清朝光绪五年，整个建筑严谨合理，雕梁画栋，古朴典雅，后因风雨侵蚀，年久失修而破旧不堪，时逢盛世，顺应民意，为保护历史文物古迹，重新修缮。

本村郭氏家族，原籍八堡乡马家湾村，先祖郭九荣于光绪 13 年独身逃荒来此地定居，生育儿女 8 人，次子郭有芳 1940 年 1 月加入共产党，从此走上了革命道路，先后在碛口贸易局、离石、柳林从事基层领导工作，1965 年 12 月离休回乡，任村党支部书记（已病故）。其长子玉全与妻银汝生郭平、郭华、郭艳。次子宝应与妻玉香生郭娟、郭栋，乃应与妻冬平生郭飞、郭靖、郭玉，来应与妻二武生郭强、郭奇，根应与妻香平生郭锴、郭峰。郭氏大家族和睦相处，家业兴旺，人才辈出，值此修缮观音庙，郭氏家族兄弟五人，积极响应，带头解囊，捐资一万元，募捐委树功德碑一块，以昭其功德，激励后昆。

寨子山古庙修缮塑绘募捐委员会

农历二零一零年九月十九吉日

（碑阴）

功德碑

修缮观音古庙，

保护历史文物。

郭氏家族捐款壹万元

功德碑
修缮观音古庙
保护历史文物
郭氏家族捐款壹万元

修缮观音庙陈海平、陈有平捐款碑记

【简介】

2010年9月勒石。现存于临县碛口镇寨子山村。碑青石质，方首，高181、宽66、厚11厘米。碑文隶体，正文7行，满行43字。内容为修缮观音庙陈海平、陈有平捐功德款碑记。保存完好。

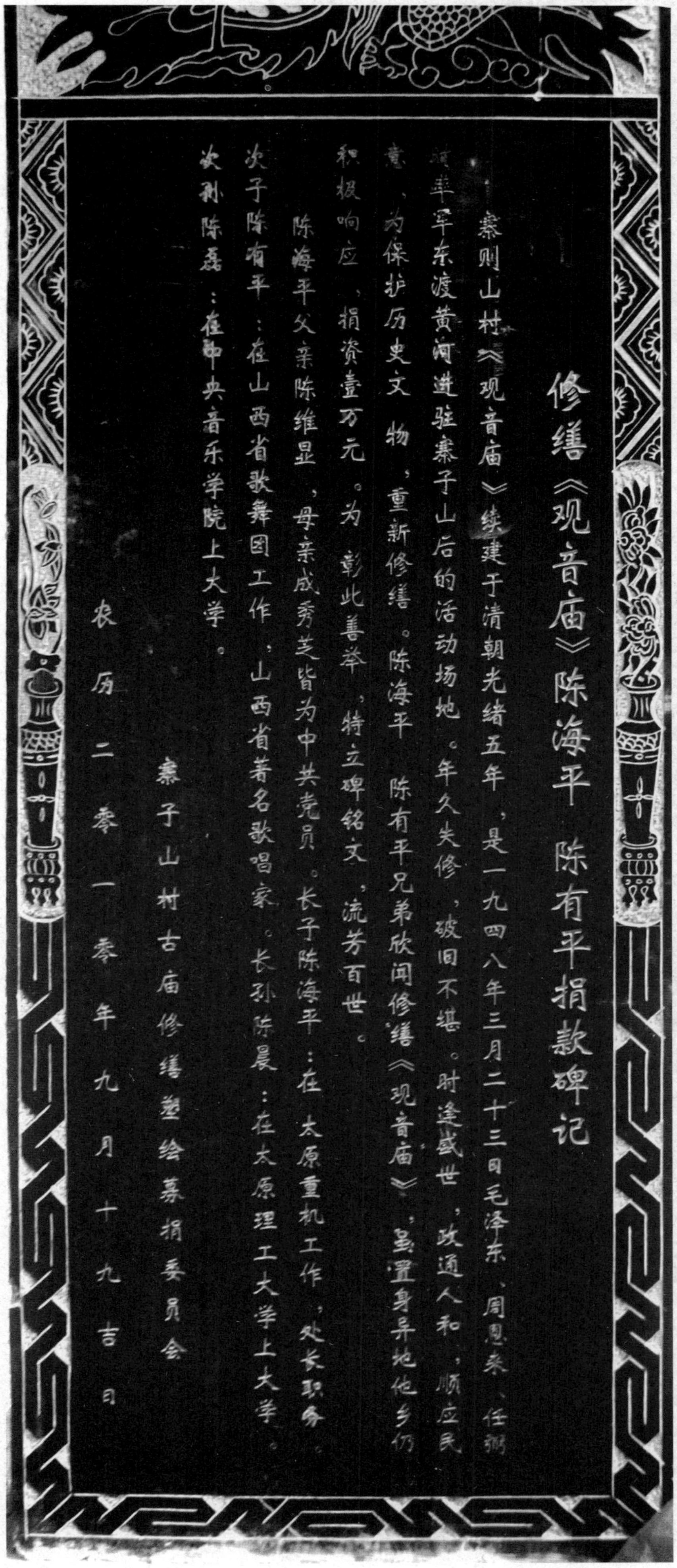

【碑文】

（碑阳）

修缮观音庙陈海平、陈有平捐款碑记

寨子山村观音庙续建于清朝光绪五年，是1948年3月23日毛泽东、周恩来、任弼时率军东渡黄河进驻寨子山后的活动场地，年久失修，破旧不堪，时逢盛世，政通人和，顺应民意，为保护历史文物，重新修缮，陈海平、陈有平弟兄欣闻修缮观音庙，虽置身异地他乡，仍积极响应，捐资一万元。为彰此善举，特立碑铭文，流芳百世。

陈海平父亲陈维显，母亲陈秀芝皆为中共党员，长子陈海平在太原重机工作，处长职务。次子陈有平，在山西省歌舞团工作，山西省著名歌唱家。长孙陈晨，在太原理工大学上大学，次孙陈磊，在中央音乐学院上大学。

寨子山古庙修缮塑绘募捐委员会

农历二零一零年九月十九吉日

（碑阴）

功德碑

修缮观音古庙，

保护历史文物。

陈有平陈海平兄弟捐款壹万元

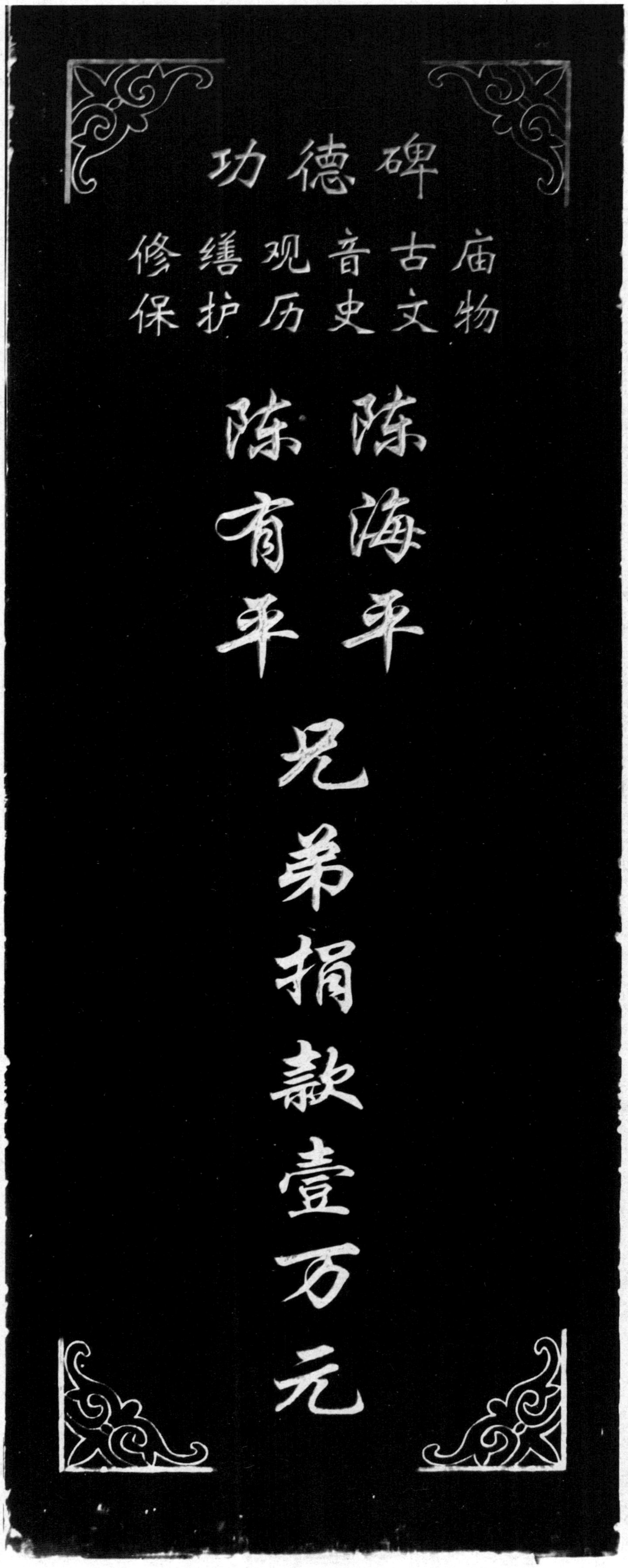
功德碑

修缮观音古庙
保护历史文物

陈海平
陈有平

兄弟捐款壹万元

修缮观音庙陈建玉四兄弟捐款碑记

【简介】

2010年9月勒石。现存于临县碛口镇寨子山村。碑青石质，方首，高181、宽66、厚11厘米。碑文隶体，正文10行，满行44字。内容为寨子山村修缮观音庙陈建玉四兄弟捐款功德碑记。保存完好。

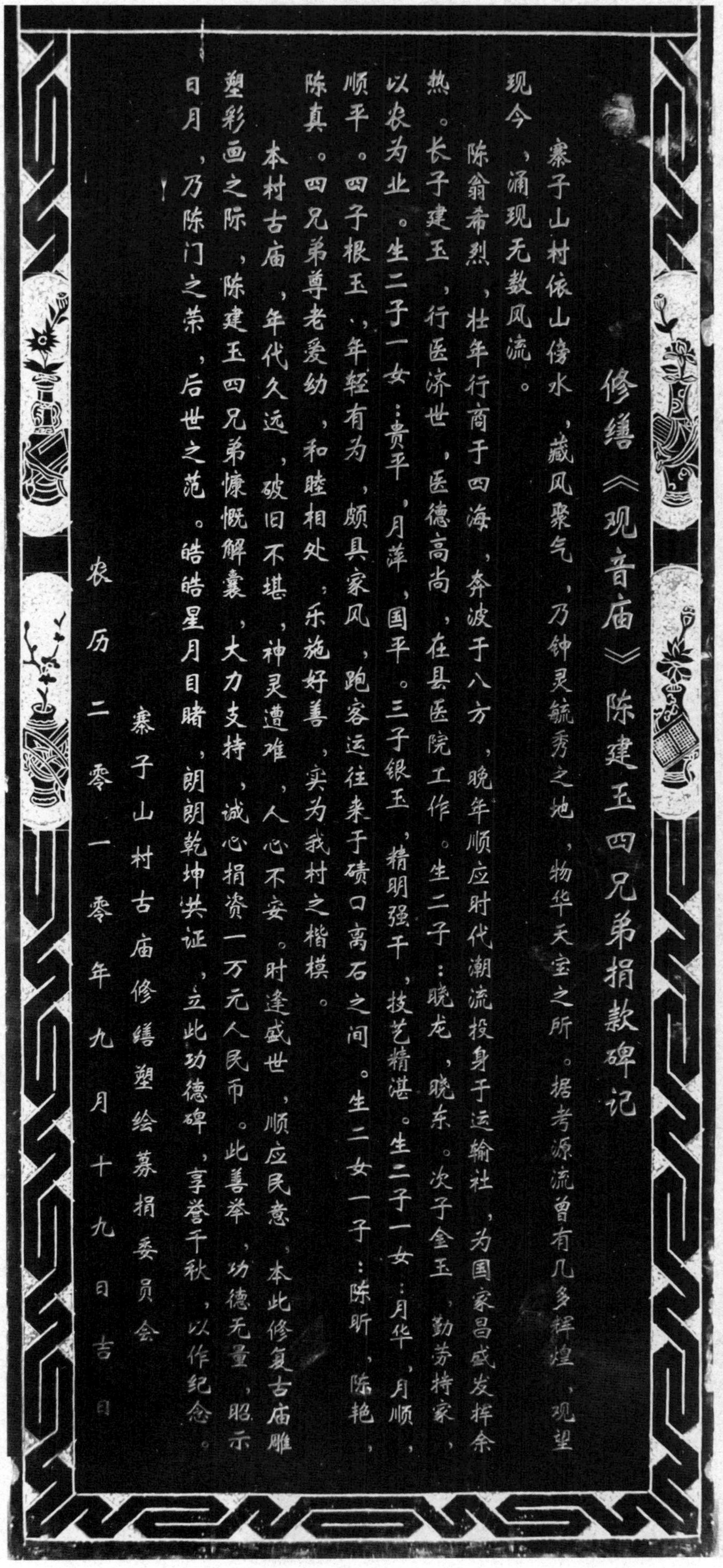

【碑文】

（碑阳）

修缮观音庙陈建玉四兄弟捐款碑记

寨子山村依山傍水，藏风聚气，乃钟灵毓秀之地，物华天宝之区，据考源流曾有几多辉煌，观望现今，涌现无数风流。

陈翁希烈，壮年行商于四海，奔波于八方，晚年顺应时代潮流，投身于运输社，为国家昌盛发挥余热。长子建玉，行医济世，医德高尚，在县医院工作，生二子晓龙、晓东。次子金玉，勤劳持家，以农为业，生二子一女，桂平、月萍、国平。三子银玉，精明强干，技艺精湛，生二子一女，月华、月顺、顺平。四子振玉，年轻有为，颇具家风，跑客运往返于碛口离石之间，生二女一子陈昕、陈艳、陈真。四兄弟尊老爱幼，和睦相处，乐施好善，实为我村之楷模，本村古庙，年代久远，破旧不堪，神灵遭难，人心不安。时逢盛世，顺应民意，本此修复古庙、雕塑彩画之际，陈建玉四兄弟，慷慨解囊，大力支持，诚心捐资一万元人民币。此善举功德无量，昭示日月，乃陈门之荣，后世之范，皓皓星月目睹，朗朗乾坤共证，立此功德碑，享誉千秋，以作纪念。

寨子山古庙修缮塑绘募捐委员会

农历二零一零年九月十九吉日

（碑阴）

功德碑

修缮观音古庙，

保护历史文物。

陈建玉兄弟肆人捐款壹万元

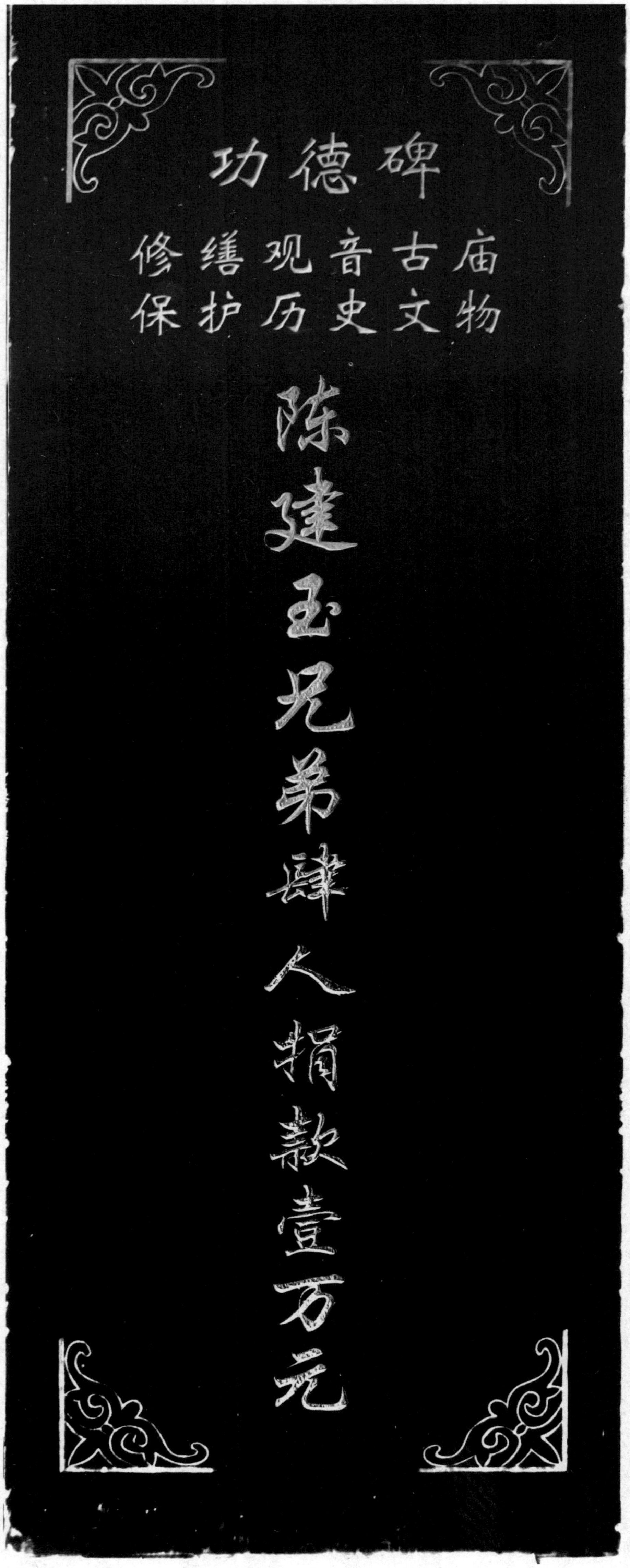
功德碑

修缮观音古庙

保护历史文物

陈建玉兄弟肆人捐款壹万元

修缮观音庙陈桃生携姊妹六人捐款碑记

【简介】

2010年9月勒石。现存于临县碛口镇寨子山村。碑青石质，方首，高181、宽66、厚11厘米。碑文隶体，正文12行，满行46字。内容为寨子山村修缮观音庙陈桃生姊妹六人捐款功德碑记。保存完好。

【碑文】

（碑阳）

修缮观音庙陈桃生携姊妹六人捐款碑记

寨子山村位于古镇碛口东部，依山傍水，景色秀美，人杰地灵，民风淳朴，村中观音庙历史悠久，灵光映耀，一九四八年春，毛泽东主席率军东渡黄河扎营本村，为寨子山冠以“红色旅游圣地”。时逢鼎盛之年，为继承和光大历史文化遗产，再现昔日之风采，村民自愿出资出力，重新修缮观音庙。

先祖陈希清，祖母陈春环，生育两子，长子陈荣太，妻马金妹，次子陈荣祥，妻李振华。陈荣太一九四四年在三分区碛口贸易局参加工作，兴县地委行政干部学校学习期间，加入共产党，先后在临县、柳林、离石县基层银行、邮政局、供销社工作。一九六二年因病退职，返村后任教师、会计。陈荣太长子陈绳生，妻李华早逝，次子陈桃生妻李爱兰生虎虎、红红、美红。三子陈勤生妻子陈改俊生志勇、志锋、志鹏。四子陈侯生妻段丽花生小璐、鑫焱，女儿陈丽萍。陈荣祥1968年山西水利学校毕业分配朔州市平鲁区水利局工作，历任局长、朔州市农委副主任，英年早逝，年仅四十五岁。陈景祥儿子陈林平，妻田清华生雪锋、雪婷，女儿陈秀萍，现居美国。

黄河水长，桑梓情浓，置身异地他乡的陈桃生等姊妹六人，欣闻修缮观音庙，积极响应，随喜捐资一万元，以报故土哺育之恩，为彰此善举，爰立此碑，刻石铭文，冀以百世流传。

寨子山古庙修缮塑绘募捐委员会

农历二零一零年九月十九吉日

（碑阴）

功德碑

修缮观音古庙，

保护历史文物。

陈桃生携姊妹六人捐款壹万元

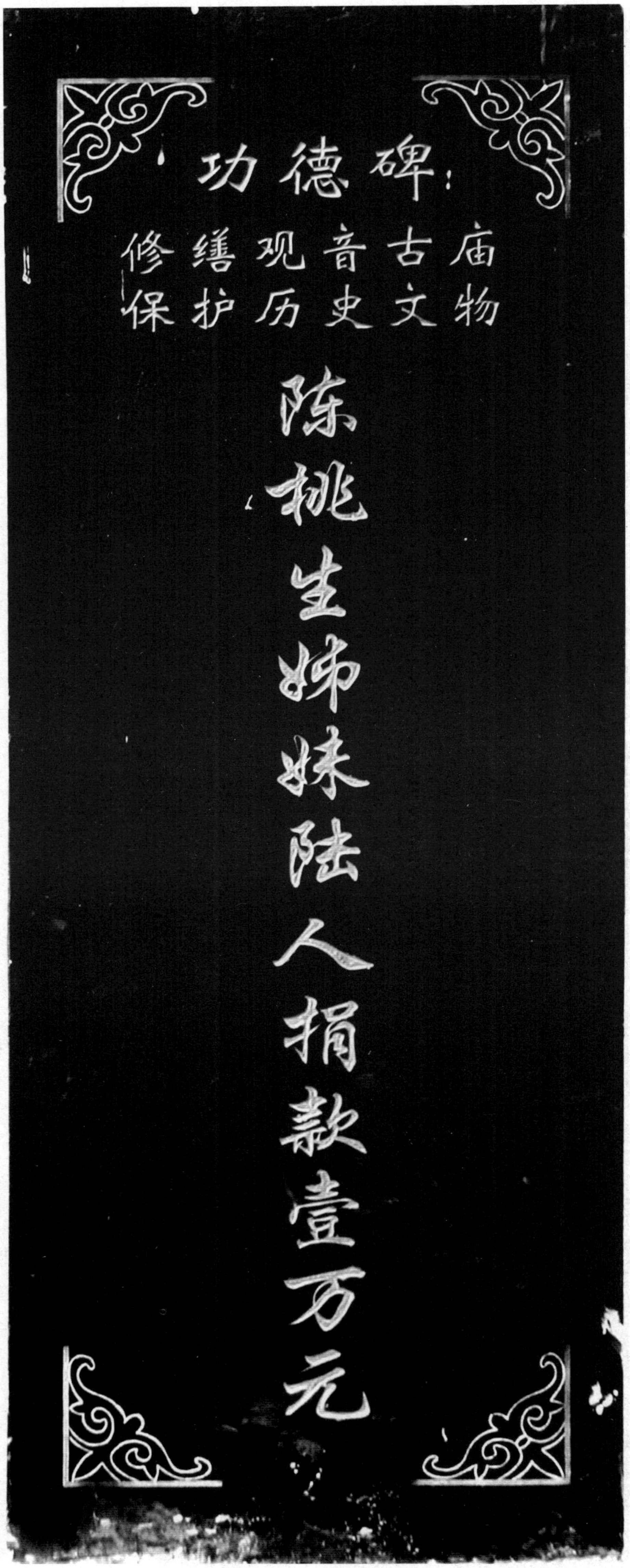
功德碑
修缮观音古庙
保护历史文物
陈桃生姊妹陆人捐款壹万元

陈氏柒门大家族捐款碑记

【简介】

2010年9月勒石。现存于临县碛口镇寨子山村。碑青石质，方首，高181、宽66、厚11厘米。碑文隶体，正文9行，满行52字。内容为寨子山村修缮古庙陈氏柒门大家族捐款功德碑记。保存完好。

【碑文】

（碑阳）

陈氏柒门大家族捐款碑记

寨则山，距城百里，东依巍巍吕梁山，西临滔滔黄河水，乃与闻名遐迩的古镇碛口隔河在望。据考古发现，早在秦汉时期，这方土地就有人类繁衍生息，村之东峁城墙，有秦砖汉瓦为佐证。另据残碑云：系古大同镇也，历来为兵家所争。晋西事变，兵败骑一军，寨子山滩为两军对垒的战场，故毛泽东率众东渡黄河第一栈，就下榻于陈氏富商懋勇府第。

陈氏七门家族，据家谱记载，由宋朝迁来定居，到清康乾盛世，已成为方圆威名显赫的大家族。先祖陈翁之厚：生八子，毓林、梧、桐、椿、桂、树、檀、楠，八子楠少夭折，余者延续至今，故称“大七门”。陈氏七门家族，乃寨子山名门望族也，族内家业兴旺，人才辈出，耕读传家，经商治世，善名远播，后辈中人有党政机关的、自创企业的、行商四海的，比比皆是，教授学者研究生，不胜枚举，足迹遍布祖国的四面八方，乃国家之栋梁、陈门之典范。时逢盛世，物阜民熙，本村古庙因年久失修，破烂不堪，由本族陈保生等人倡议修复，陈继平雕塑彩绘之际，陈氏七门家族积极响应，慷慨解囊，诚心捐资万余元。此善举天地可鉴，日月可表，功德无量。立此碑，享誉千秋，以作纪念。

寨子山村古庙修缮募捐委员会

农历二零一零年九月十九吉日

（碑阴）

陈氏柒门

一辈　陈维照　陈维太　陈维廷

二辈　陈谋智　陈希章　陈章　陈希政　陈希恩　陈希平　陈计汝　陈福虎　陈贵生　陈希崇　陈全应　陈海贵　陈希福　陈银娟　陈海平　陈希海　陈福明　陈希江　陈有平　陈根明　陈希明　陈希祥　陈青云　陈计大　陈计忠　陈希军　陈三利

（三辈至五辈，略）

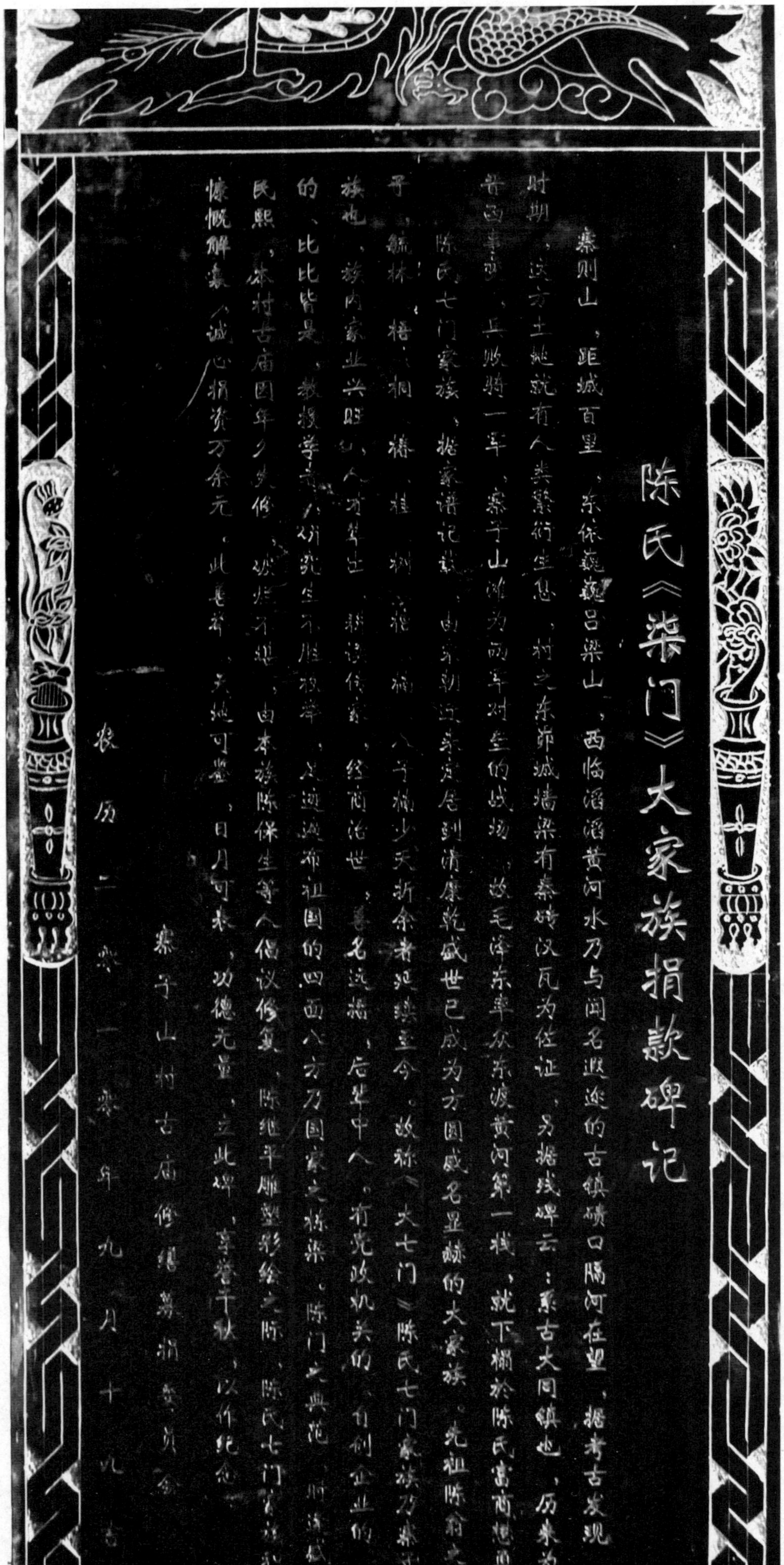
陈氏《柒门》大家族捐款碑记
寨子山村古庙修缮募捐委员会
农历二零一零年九月十九日

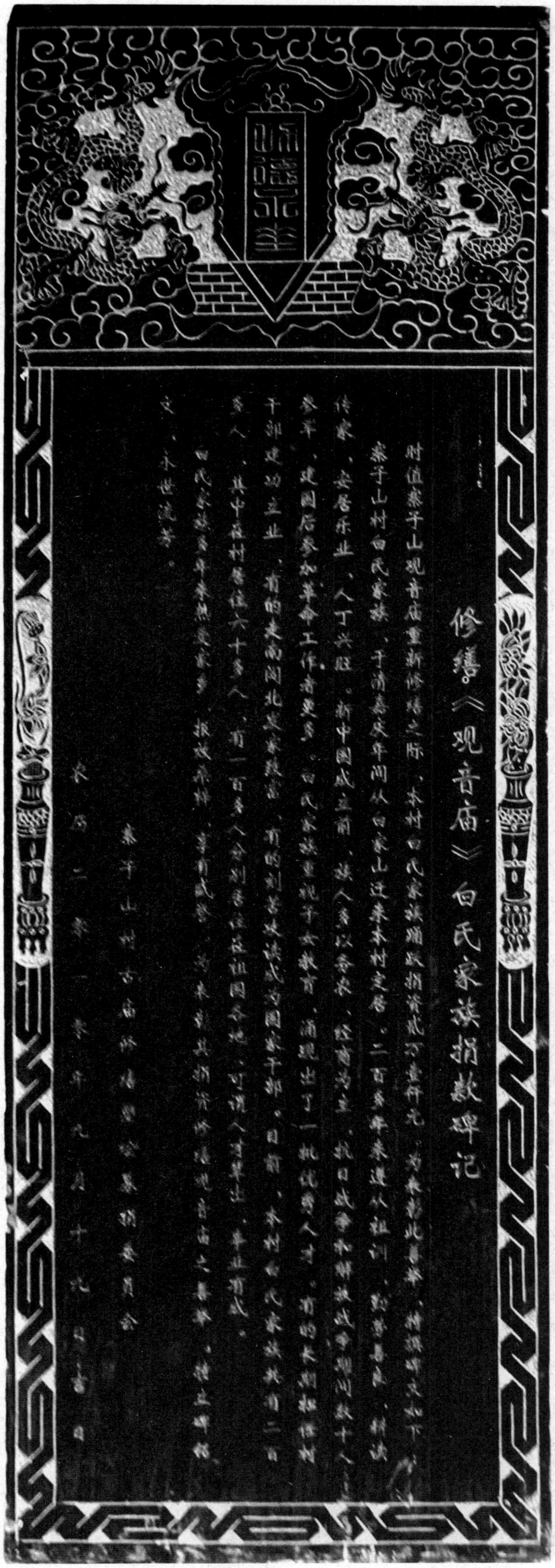

修缮观音庙白氏家族捐款碑记

【简介】

2010年9月勒石。现存于临县碛口镇寨子山村。碑青石质，方首，高181、宽66、厚11厘米。碑文隶体，正文8行，满行46字。内容为寨子山村修缮观音庙白氏家族捐款功德碑记。保存完好。

【碑文】

（碑阳）

修缮观音庙白氏家族捐款碑记

时值寨子山观音庙重新修缮之际，本村白氏家族踊跃捐资贰万壹仟元，为表彰此善举，特撰碑文如下：

寨子山村白氏家族，于清嘉庆年间从白家山迁来本村定居，二百多年来遵从祖训，勤劳善良，耕读传家，安居乐业，人丁兴旺。新中国成立前，族人多以务农、经商为主，抗日战争和解放战争期间，数十人参军，建国后，参加革命工作者更多。白氏家族重视子女教育，涌现了一批优秀人才，有的长期担任村干部建功立业，有的走南闯北发家致富，有的刻苦攻读成为国家干部。目前，本村白氏家族共有二百多人，其中在刘家山六十多人，有一百多人分别居住在祖国各地，可谓人才辈出，事业有成。

白氏家族多年来热爱家乡，报效桑梓，享有盛誉，为表彰其捐资修缮观音庙之善举，特立碑铭。

寨子山村古庙修缮募捐委员会

农历二零一零年九月十九吉日

（碑阴）

功德碑

修缮观音古庙，

保护历史文物。

白氏家族捐款贰万壹仟元

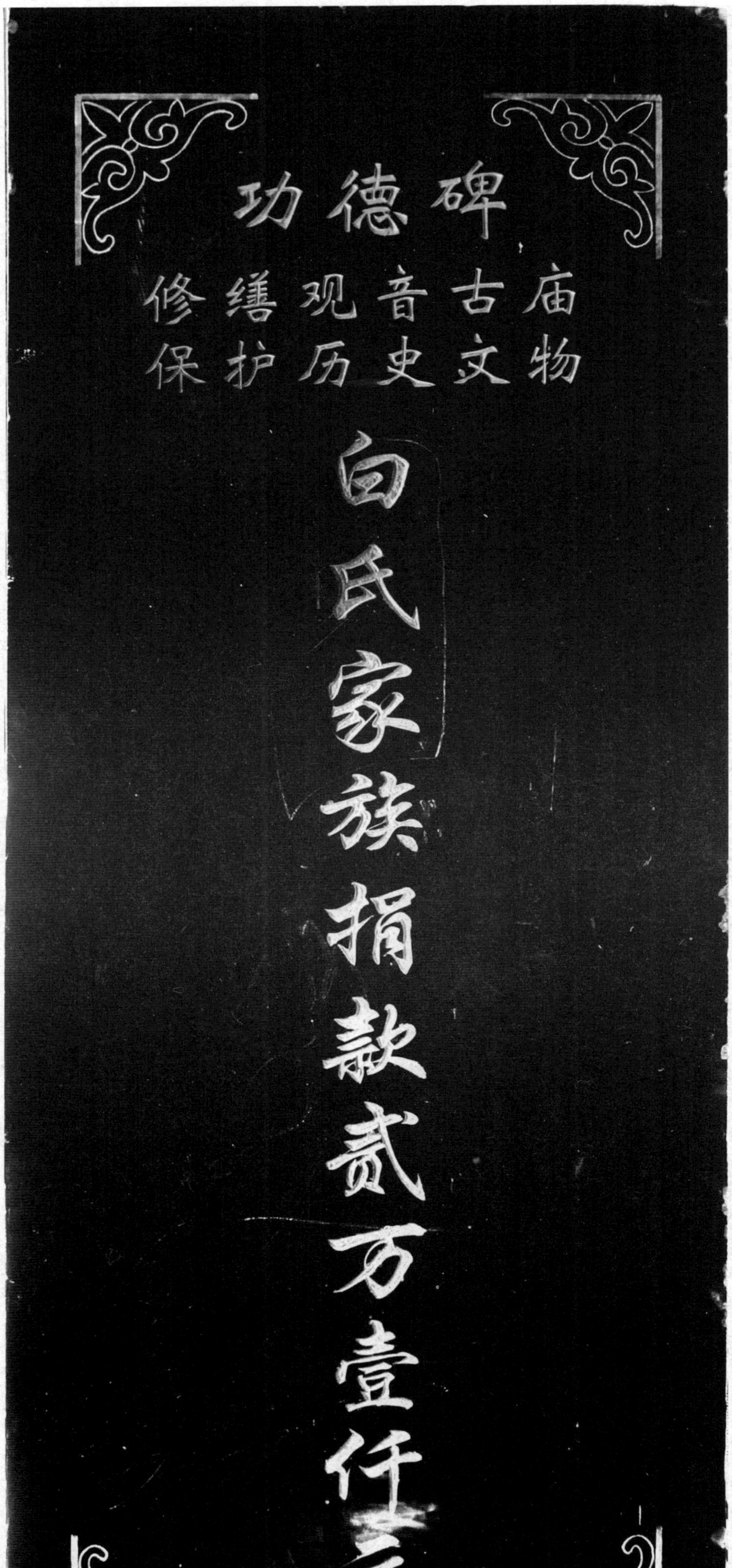
功德碑
修缮观音古庙
保护历史文物
白氏家族捐款贰万壹仟元

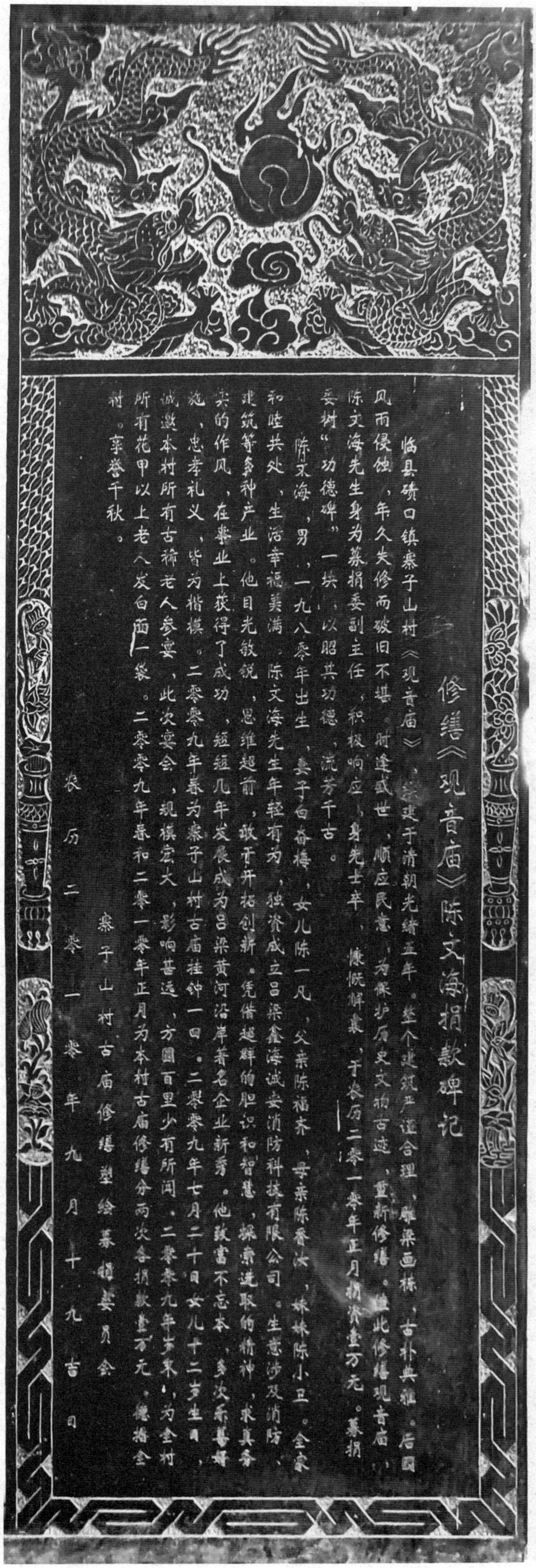

修缮观音庙陈文海捐款碑记

【简介】

2010年9月勒石。现存于临县碛口镇寨子山村。碑青石质，方首，高181、宽66、厚11厘米。碑文隶体，正文12行，满行48字。内容为寨子修缮观音庙陈文海捐款功德碑记。保存完好。

【碑文】

（碑阳）

修缮观音庙陈文海捐款碑记

临县碛口镇寨子山村观音庙续建于清朝光绪五年，整个建筑严谨合理，雕梁画栋，古朴典雅。后因风雨侵蚀，年久失修而破旧不堪。时逢盛世，顺应民意，为保护历史古迹，重新修缮。值此修缮观音庙，陈文海先生身为募捐委副主任，积极响应，身先士卒，慷慨解囊，于农历二零一零年正月捐资壹万元，募捐委树“功德碑”一块，以昭其功德，流芳千古。

陈文海，男，一九八零年出生，妻子白奋梅，女儿陈一凡，父亲陈福齐，母亲陈香女，妹妹陈小玉，全家和睦相处，生活幸福美满。陈文海先生年轻有为，独资成立吕梁鑫海诚安消防科技有限公司，生意涉及消防、建筑等多种产业，他目光敏锐，思维超前，敢于开拓创新，凭借超群的胆识和智慧，锐意进取的精神，求真务实的作风，在事业上获得了成功。短短几年发展成为吕梁黄河两岸著名企业新秀。他致富不忘本，多次乐善好施，忠孝礼义，皆为楷模。二零零九年春为寨子山村古庙挂钟一口， 二零零九年七月二十日，女儿十二岁生日，诚邀本村所有古稀老人参宴。此次宴会规模宏大，影响甚远，方圆百里少有所闻。二零零九年岁末，为全村所有花甲以上老人发白面一袋。二零零九年春和二零一零年正月，为本村古庙修缮，分两次捐现金壹万元。德播全村，享誉千秋。

寨子山村古庙修缮募捐委员会

农历二零一零年九月十九吉日

（碑阴）

功德碑

修缮观音古庙，

保护历史文物。

陈文海捐款壹万元

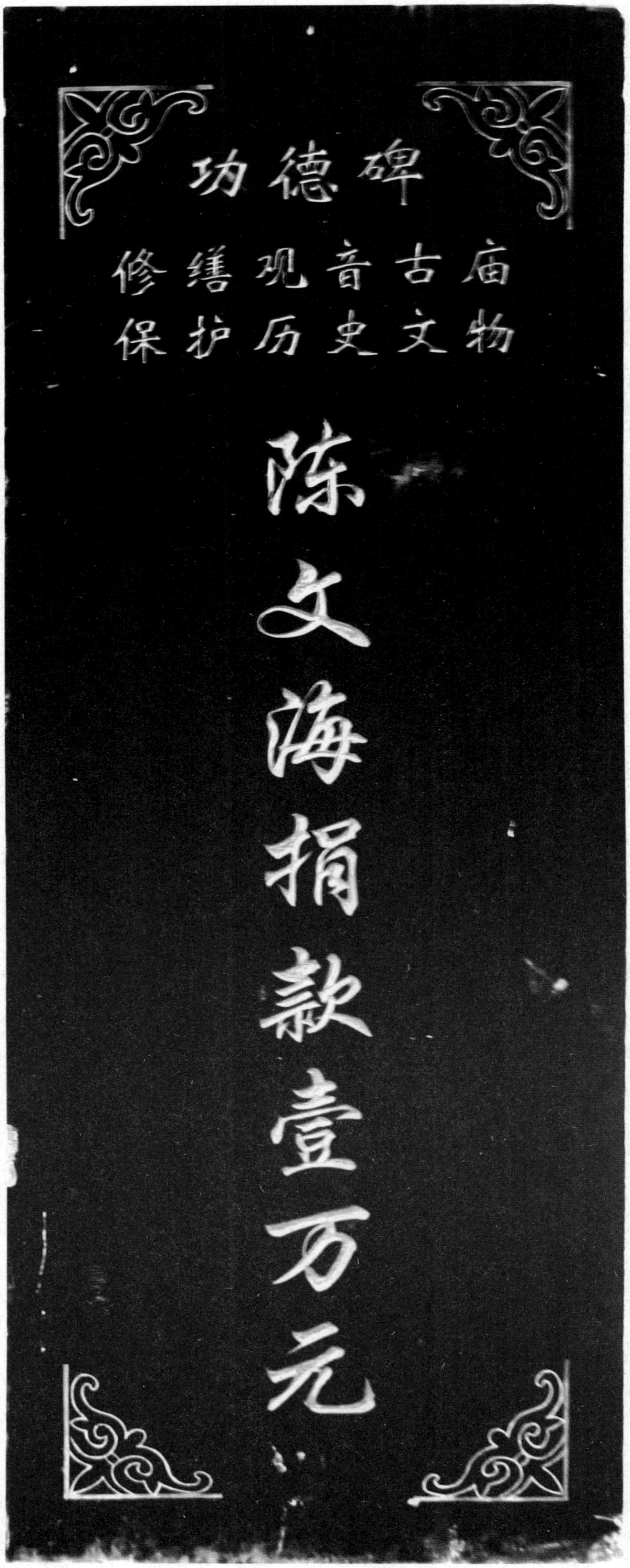
功德碑
修缮观音古庙
保护历史文物
陈文海捐款壹万元

重建龙王庙碑记

【简介】

2010年9月勒石。现存于临县湍水头镇黄家沟村。碑青石质，圆首，碑高152、宽50、厚8厘米。碑阳额题“流芳千古”4字。碑文电脑隶书，正文5行，满行44字。记载黄家沟村重建龙王庙之事。碑阴刊施钱单位及个人名单。保存完好。

【碑文】

（碑阳）

重建龙王庙碑记

临之东南黄家沟村，龙王庙初建于清代，村口道旁。迄今约百余年，因年久失修，庙宇坍塌，壁画剥落。百余年后，仁人志士，纷纷捐资，张继勤等主持。纠首张缠宝等协助，于一九九五年六月重建龙王庙，历时两月竣工。关圣帝君、观音菩萨、龙王、五道将军等庙各挂钟一樽，那时起风调雨顺，五谷丰登，逢年过节，庙内香火鼎盛，香客如流。祈福挂匾，盛况空前。届时纠首郝利勤等主持，郝长顺、郝庆昌相助重塑龙王、五道将军、山神、土地神像，落成安放神台佑合村平安，百业兴旺，福荫后人，吉祥如意。功德无量，勒石流芳。

承办经理　张继勤　薛有政　张天有　郝长顺　郝庆昌

修庙纠首　张缠宝　李海龙　王顺照　曹东桂

塑像纠首　薛利勤　薛利军　郝瑞芳　高建荣

撰文　张秀英　杨生荣

工匠　张吉平　张俊元

刻石　张家庄村曹茂江

公元二零一零年九月二十五日立

（碑阴）

施钱单位及个人

黄家沟煤矿五千元　新建水泥厂二千元　星原水泥厂一千五百元　盛邦搅拌站一千元　孙二平一千元　王旭勤五百元　张伟峰五百元　赵奋新五百元　小寨子上村委五百元　壕则墕村委四百元　枣庄工队三百元　张建国三百元　煤检站二百元　外罗沟村委二百元　焦检站一百元

（下略）

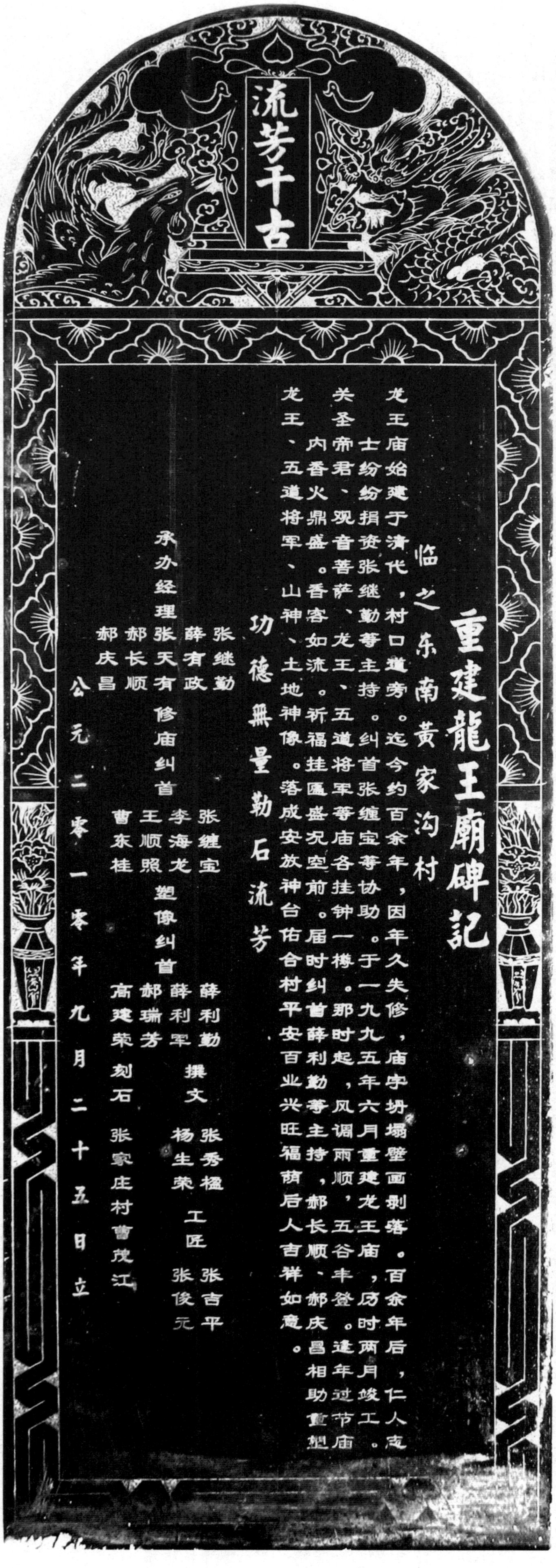

流芳千古

重建龍王廟碑記

临之东南黄家沟村

龙王庙始建于清代，村口道旁。迄今约百余年，因年久失修，庙宇坍塌壁画剥落。百余年后，仁人志士纷纷捐资张继勤等主持。纠首张缠宝等协助。于一九九五年六月重建龙王庙，历时两月竣工。关圣帝君、观音菩萨、龙王、五道将军等庙各挂钟一楼。那时起，风调雨顺，五谷丰登。逢年过节庙内香火鼎盛。香客如流。祈福挂匾盛况空前。届时纠首薛利勤等主持，郝长顺、郝庆昌相助重塑龙王、五道将军、山神、土地神像。落成安放神台佑合村平安百业兴旺福荫后人吉祥如意。

功德無量勒石流芳

承办经理 张继勤 薛有政 张天有 郝长顺 郝庆昌

修庙纠首 张缠宝 李海龙 王顺照 曹东桂

塑像纠首 薛利勤 薛利军 郝瑞芳 高建荣

撰文 张秀楹 杨生荣

刻石 张家庄村曹茂江

工匠 张吉平 张俊元

公元二零一零年九月二十五日立

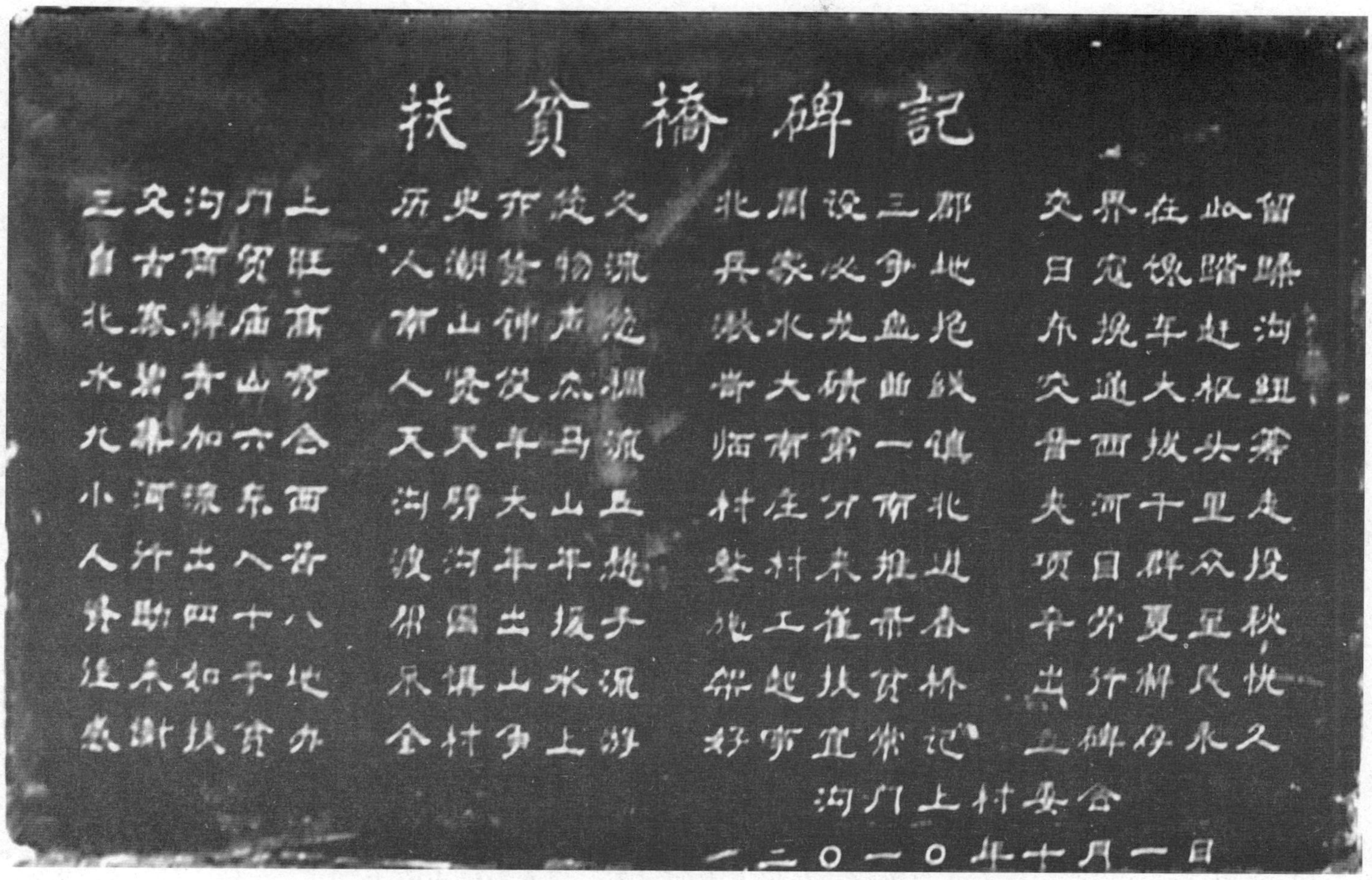

扶贫桥碑记

【简介】

2010年10月勒石。现存于临县三交镇沟门上村。碑青石质，长方形，高80、长130、厚8厘米。碑文隶体，正文10行，满行20字。为沟门上村实施整村推进建桥工程的碑记。保存完好。（注：郭时键撰文）

【碑文】

扶贫桥碑记

三交沟门上，历史亦悠久。北周设三郡，交界在此留。

自古有商贸，人潮货物流。兵家必争地，日寇馋踏蹂。

北寨神庙高，南山钟声悠。湫水龙盘抱，东挽车赶沟。

水碧青山秀，人贤俊杰稠。岢大碛曲线，交通大枢纽。

九集加六会，天天车马流，临南第一镇，晋西拔头筹。

小河流东西，沟劈大山丘，村庄分南北，夹河千里走。

人行出入苦，渡沟年年愁，整村来推进，项目群众投。

资助四十八，帮困出援手，施工崔录春，辛劳夏至秋。

往来如平地，不惧山水流。架起方便桥，扶贫解民忧。

感谢扶贫办，全村争上游。好事宜常记，立碑存永久。

沟门上村委会

二〇一〇年十月一日

蔚家山村重建庙宇碑记

【简介】

2010年10月勒石。现存于临县刘家会镇蔚家山村。碑汉白玉石质，长方形，高202、宽81、厚10厘米。碑文隶体，正文8行，满行42字。记载蔚家山村重建庙宇之事。保存完好。

【碑文】

（碑阳）

蔚家山村重建庙宇碑记

古佛龙天原庙名，始建乾隆四十年。年长日久面貌非，墙倾脊摧岌岌危。

祖先赓清承先志，咸丰十年再修维。占地面积虽不大，庙宇壮观又宏伟。

戏台与庙南北对，逢年过节人神娱。塑像逼真又典雅，匠心独具雕刻细。

古佛龙天行风雨，三教圣人度谜群。三位娘娘赐福童，殿内殿外香飘馥。

八方香客流不息，香火旺盛敬神佛。时代变迁起风云，庙宇神像遭难劫。

破除迷信扫四旧，堆柴放草人心寒。贫友惹火庙宇焚，断绝香火不敬神。

二〇一〇四月中，悟明法师发愿心。秉承天意行宏愿，慈善祖堂策划建。

五次三番定基难，千曲万折心是盘。捐资不足材料缺，工程巨大难上难。

居士村民倾心血，工匠个个显策略。各界人士伸援手，男女老幼出资力。

捐款捐物捐食品，修庙修心又积德。壬午奠基丁亥竣，延续香火拜佛神。

五十升旗古佛观，五洲十方别有灵。明门三大开世佛，摩诃般若波罗密。

修庙经领　蔚桂芳　蔚海平　蔚丑奎　蔚俊贵　蔚可荣　蔚可军　蔚生外　蔚启孝　蔚长旺

石工　蔚可荣　蔚全贵　蔚九旺　蔚全平　蔚金桂　蔚荣富

瓦工　朱永平　屈爱存　蔚平　蔚生外　蔚引顺　蔚润平　蔚可军

木工　郝文顺　张生龙　杜记平　刘存柱　蔚可东　蔚贵亮　蔚玉平　蔚乃照

模型　刘奋旺　蔚缠平　蔚奴儿　蔚智平

塑画　高胜利　苗平平　苗二平　秦海军　臣兴功

撰文　蔚桂芳

刻碑　刘振远

排碑文　郭秀勤

泥工　孙香锥　蔚林富　蔚桂平

公元二〇一〇年岁次庚寅十月十日立

（碑阴）

布施芳名

广严寺　普圣寺　安国寺　刘家会村　白家坂村　李家山村　侯家岭村　薛家山村　桑柏树村　枣洼村　李家洼村　高家山村　200

悟明 30000　李刚 50000　张国义 34000　孙鹏义 30600　马林保　阎俊生 20000　高源 14000　高秀爱 13500　雷泽鑫 12000　李智贵 11000　刘巧爱　王明远　薛春兰　李智慧　李仲虎　李鹏　李明德　孙玲平各 10000　蔚国平 9000　蔚桂芳 8000　薛海平 7000　杜纪平 6000　李庆亮　陆锋　蔚兰香各 5000　（下略）

南无天元太保　阿弥陀佛

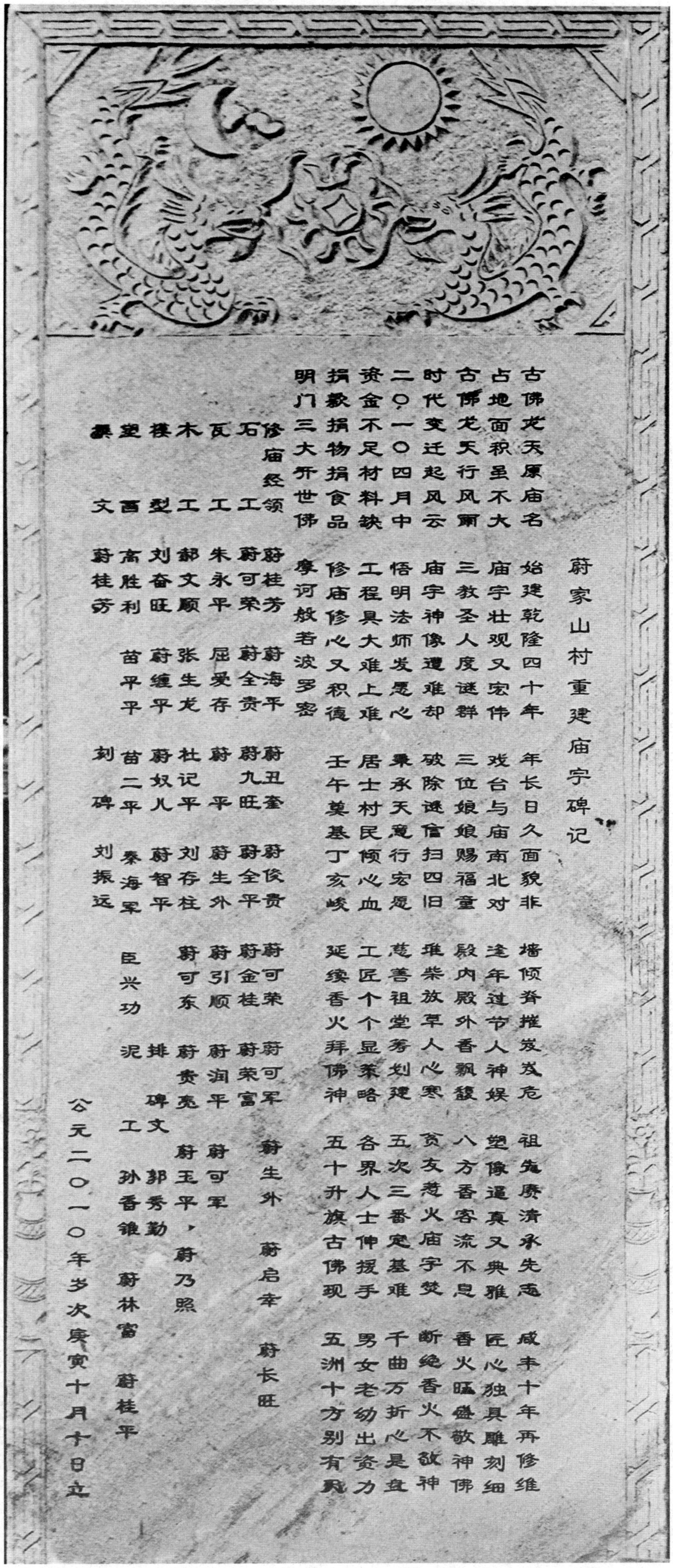

蔚家山村重建庙宇碑记

古佛龙天庙名 始建乾隆四十年 年长日久面貌非 墙倾脊摧岌岌危 祖先赓清承先志 咸丰十年再修维
占地面积虽不大 庙宇壮观又宏伟 戏台与庙南北对 逢年过节人神娱 塑像逼真又典雅 匠心独具雕刻细
古佛龙天行风雨 三教圣人度迷群 三位娘娘赐福童 殿内殿外香飘馥 八方香客流不息 香火旺盛敬神佛
时代变迁起风云 庙宇神像遭难劫 破除迷信扫四旧 堆柴放草人心寒 贫友惹火庙宇焚 断绝香火不敬神
二〇一〇四月中 悟明法师发愿心 秉承天意行宏愿 慈善祖堂筹划建 五次三番定基难 千曲万折心是盘
资金不足材料缺 工程具大难上难 居士村民倾心血 工匠个个显才略 各界人士伸援手 男女老幼出资力
捐款捐物捐食品 修庙修心又积德 壬午奠基丁亥峻 延续香火拜佛神 五十升旗古佛现 五洲十方别有戏
明门三大开世佛 摩诃般若波罗密

修庙经领 蔚桂芳 蔚海平 蔚丑奎 蔚俊贵 蔚可荣 蔚可军 蔚生外 蔚启幸 蔚长旺
石工 蔚可荣 蔚全贵 蔚九旺 蔚全平 蔚金桂 蔚荣富
瓦工 朱永平 屈爱存 蔚平 蔚生外 蔚引顺 蔚润平 蔚可军
木工 郝文顺 张生龙 杜记平 刘存柱 蔚可东 蔚贵亮 蔚玉平，蔚乃照
楼型 刘奋旺 蔚缠平 蔚奴儿 蔚智平 排碑文 郭秀勤
塑画 高胜利 苗平平 苗二平 秦海军 臣兴功 泥工 孙香锁 蔚林富 蔚桂平
撰文 蔚桂芳 刻碑 刘振远

公元二〇一〇年岁次庚寅十月十日立

蔚家山村复建慈善祖堂布施序

【简介】

2010年前勒石。现存于临县刘家会镇蔚家山村。碑青石质，圆首，高139、宽77、厚5厘米。额题“流芳”2字。碑文电脑楷体，正文2行，满行20字。记载蔚家山村复建慈善祖堂布施之事。保存完好。

【碑文】

布施序

庙宇重建，应人顺天，事体甚大，独力难成，各界志士，慷慨资助，芳名典范，旌表于兹。功成名遂，以垂永久。

石工：蔚乃乃　蔚全桂　蔚九旺　蔚全平　蔚金桂　蔚云富

瓦工：蔚平　蔚生外　蔚引顺　蔚润平　蔚可军　屈爱存

木匠：郝文顺　蔚可东　张生龙　杜记平　蔚金旦　蔚玉平　蔚乃照

模型：蔚缠平　蔚奴儿　蔚智平　刘奋旺

泥匠：蔚林富　蔚桂平　孙香锥

塑画：高胜利　苗平平　秦海军　臣兴功

撰文：蔚桂芳

刻碑：杨支贵

书写：严小明

捐款花名：（略）

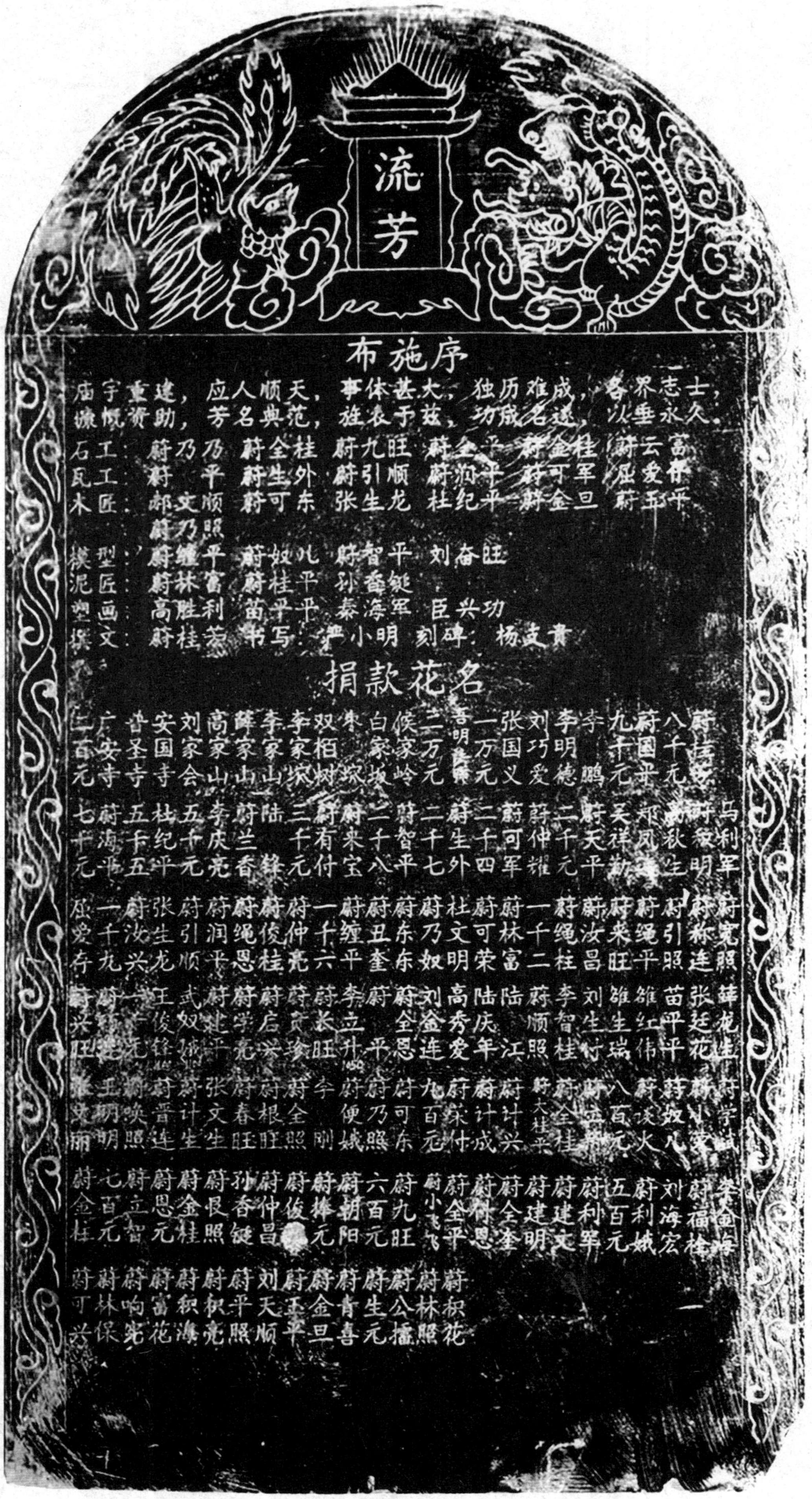

平安门记

【简介】

2010年10月勒石。现存于临县白文镇卜家崖村村口，嵌于墙内。碑青石质，长方形，高80、宽139厘米。碑文行书，正文计11行，满行16字。记载卜家崖建设平安门的情况。现保存完好。

【碑文】

平安门记

庚寅年秋，兴建村门，祈民安康，亦增村景，二柱三楼，雕梁画栋，飞檐斗拱，琉璃饰顶，其宽6.3米，其高9.7米。正面行楷：湫水润千秋物阜民丰，祥光照万代人杰地灵。背面隶书：诚行天下大江南北创伟业，德润春秋长城内外谱华章。八月动土，十月竣工。村委七万，又捐六万，观其形韵，古朴典雅，大气恢弘，风云际会，天人合一，堪称湫水北川第一门。

借此勒石铭记

决策：刘永峰　刘月平　薛兰旺

撰文：薛海平

施工：肖绪祥　□□□

卜家崖村委会

二〇一〇年十月八日

重修龙天庙碑记

【简介】

2010年10月勒石。现存于临县木瓜坪乡张家沟村，嵌于墙内。碑青石质，长方形，高114、宽58厘米。碑文楷书，计15行，满行35字。主要内容是本村重修龙天庙的情况。现保存完好。

【碑文】

重修龙天庙碑记

太平盛世，国泰民安，推崇和谐，仁孝乃先。为光大传统，为全体村民平安健康，应村民意愿，在大南梁原庙旧址，重新修缮龙天尊庙。龙天庙，唯三晋独有，相传公元前一九六年，汉高祖封刘恒为代王，统辖晋阳，恒携生母在晋十七年，以德化民，仁孝闻于天下。登基后，勿忘故地，在位二十三年，曾四次重游，情深意重，足见一斑。百姓沐浴，知恩谢恩，油然敬仰。公元前四十年，朝廷罢祖宗庙在宗国者，官府奉旨毁庙，民间却难忘刘恒贤良，于是唯在三晋出现了龙天庙，以祀之。

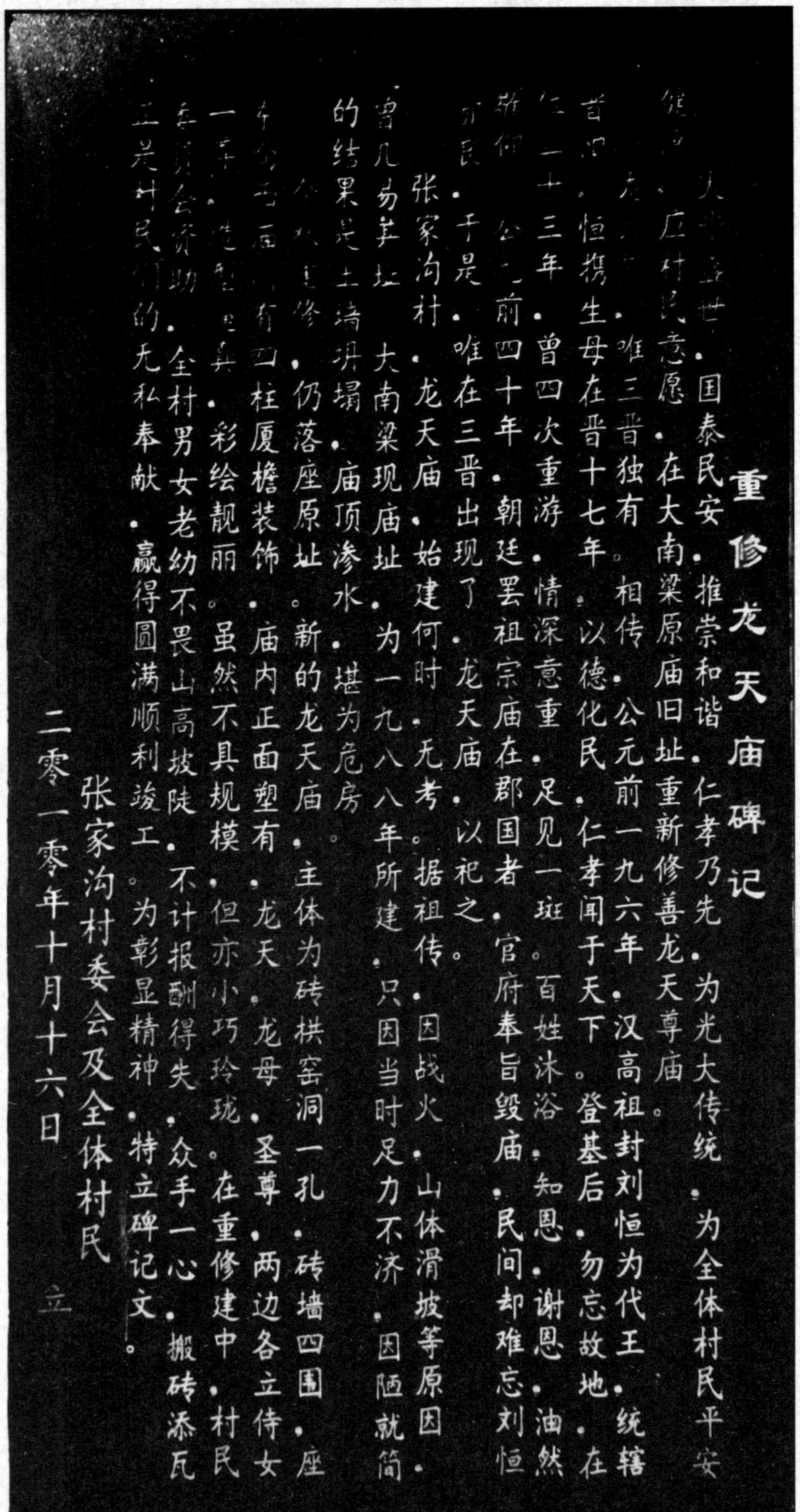

张家沟村龙天庙，始建何时无考，据祖传因战火、山体滑坡等原因，曾几易其址。大南梁现庙址为一九八八年所建，只因当时足力不济，因陋就简的结果是土墙坍塌，庙顶渗水，堪为危房。

今秋重修，仍落座原址，新的龙天庙，主体为砖拱窑洞一孔，砖墙四围，座东向西，庙门有四柱厦檐装饰，庙内正面塑有龙天、龙母圣尊，两边各立侍女一尊，造型逼真，彩绘靓丽。虽然不具规模，但也小巧玲珑。在重修建中，村民委员会资助，全村男女老幼不畏山高坡陡，不计报酬得失，众手一心，搬砖添瓦，正是村民们的无私奉献，赢得圆满顺利竣工。为彰显精神，特立碑记文。

张家沟村委会及全体村民

二零一零年十月十六日立

重修大戏台碑记

【简介】

2010年10月勒石。现存于临县大禹乡下树家山村。方首，青石质。碑高155、宽55、厚5厘米。碑阳额题“功德无量”4字。碑文楷体，正文11行，满行45字。记载下树家山村重修大戏台之事。碑阴额题“铭留后人”4字。碑文为捐款名单等。保存完好。

【碑文】

（碑阳）

重修大戏台碑记

临县大禹乡树家山村，东依果子垣山龙脉，西汲湫水河甘露，北眺汉高，南望石州，是养育了一千三百余子孙的风水宝地，村民世代勤劳耕作，繁衍生息，经济荣盛，文化兴盛，闻名遐迩，享誉吕梁。岁月流逝，时代变迁，随着社会的发展，村民经济生活和文化生活的不断提升和改善，原有文娱活动场所已远不能满足需求。为加强新农村建设步伐，更好地活跃村民文化生活，在王向利的积极倡议和组织下，经过精心策划和设计，将原仅有五十六平米的破旧戏台拆除，于二零一零年二月二十六日至八月十日竣工剪彩，村民无不拍手称赞，堪称千古流芳的好事、善事、盛事。在此感召下，村民蜂拥而至，争先捐资，多者几万元，少者几十元，以表心迹。尤为可嘉的是，远嫁他乡异地的村闺民女也伸出了援手，场面感人，令人振奋，一日之内共捐资二十九万余元。周边邻村邻县传为佳话。为弘扬奉献精神，传承中华美德，村民议定立碑铭记，颂扬善举，名扬千古。

捐资名录如下：

本村　刘管顺五万四千元　王向东五万元　刘相勤一万二千元　王荣荣一万元　五千元者　王兵兵　王向利　四千元者　王小珍　刘志勤　三千元者　王缠锋　王金兆　王全平　王卫星　二千元者　王秋喜　王小平　王平平　王云珍　王永顺　秦香香　一千二百元者　刘谈顺　一千元者　王兆恒　王兆杰　王月有　王国平　王金明　王有平　王继平　王文勤　王乃明　王福生　王永明　王永锋　王利利　刘福贵　刘垫贵　刘挚贵　刘润玮　刘继全　刘宝平　高建忠　秦毛毛　韩海平　八百元者　王瑞勤　高玉山　六百元者　王月勤　高田山

（碑阴）

（捐款人名单略）

承办：王向利

设计：王四有

施工：王全明、刘垫贵

公元二零一零年十月二十日立（庚寅）

功德无量

重修大戏台碑记

临县大禹乡树家山村，东依果子垣山龙脉，西汲湫水河甘露，北眺汉高，南望石州，是养育了一千三百余子孙的风水宝地。村民世代勤劳耕作，繁衍生息，经济荣盛，文化兴盛，闻名遐迩，享誉吕梁。岁月流逝，时代变迁，随着社会的发展，村民经济生活和文化生活的不断提升和改善，原有文娱活动场所已远不能满足需求。为加强新农村建设步伐，更好地活跃村民文化生活，在王向利的积极倡议和组织下，经过精心策划和设计，将原仅有五十六平米的破旧戏台拆除，于二零一零年二月二十六日至八月十日重新修建了一百二十平米，可容二千余人观赏、活动的大戏台及办公、娱乐健身于一体的活动中心。二零一零年八月十日竣工剪彩。村民无不拍手称赞，堪称千古流芳的好事、善事、盛事。在此感召下，村民蜂拥而至，争先捐资，多者几万元，少者几十元，以表心迹。尤为可嘉的是远嫁他乡异地的村闺民女也伸出了援手，场面感人，令人振奋，一日之内共捐资二十九万余元，周边邻村邻县传为佳话。为弘扬奉献精神，传承中华美德，村民议定立碑铭记，颂扬善举，名传千古。

捐资名录如下：本村：

刘管顺 五万四千元　王向东 五万元

刘相勤 一万二千元　王荣荣 一万元

五千元者 王兵兵 王向利　四千元者 王小珍

刘志勤　三千元者 王缠锋 王金照 王金平 王卫星

二千元者 王秋喜 王小平 王平平 王云珍 王引顺 秦香香

刘谈顺 一千二百元　一千元者 王兆恒 王兆杰

王月有 王国平 王全明 王有平 王继平 王文勤 王乃明

王福生 王永明 王永锋 王利利 刘福贵 刘犇贵 刘润玮

刘继全 刘宝平 高建忠 秦毛毛 韩海平

八百元者 王瑞勤 高玉山　六百元者 王月勤 高田山

侯家沟修建戏台碑记

【简介】

2010年10月勒石。现存于临县大禹乡侯家沟村。共2通，均为青石质，盘龙首，高155、宽80、厚10厘米。碑青石质，第一通额题“流芳千古”4字。碑文楷书，正文15行，满行26字。记载侯家沟村修建戏台之事。第二通额题“功德无量”4字。碑文楷书，记载六百元及以下捐款名单。保存完好。

【碑文】

（第一通）

碑记

侯家沟戏台始建于清朝中期，是当时同属一社的侯家沟、马蕊坡两村共建。戏台年久失修，破烂不堪，更不适应现代文化团体演出。

新建大戏台成了广大群众的共同呼声，经退休老干部李润林、李锦尚倡议，村支书李永平牵头，成立了十五人的筹建小组筹谋策划，选址设计。本村李喜亮签约承建。公元二〇一〇年三月十九日择吉动土，历经百日，一座宽大宏伟的大戏台，九百多平米的活动广场及古风古色的大献殿一并建成，农历七月十三日两村村民举行了隆重的庆典活动，省级晋剧、歌舞、秧歌连台演出，花灯彩旗飘扬，烟花爆竹绽放，当地政府及邻村主干亲临登台致词祝贺，场面热烈壮观。午间，来宾及两村村民共进午餐，大摆千人宴。对于村干部开拓创新的进取精神，两村村民乐于捐资的奉献风格，外出工作人员热爱家乡的浓浓情怀，十里八村传为佳话。为了铭记前人业绩，以昭后人，特立此碑。

侯家沟村捐款芳名（以单户大额牵头为序）

贰万元者 李永平 壹万元者 李东先 捌仟元者 李双耀 李旭平 柒仟元者 李如先 伍千元者 李卫忠 侯奋选 李建新 李建勋 刘永红 叁仟元者 李相奇 李锦尚 李思敬 李继珍 李月珍 李润林 李和平 李海先 李先 侯继大 侯海军 侯奴儿 李恩峰 李玉新 贰千元者 侯有宏 李万喜 马新海 李卫强 李利忠 李喜亮 刘永利 刘永峰 刘八兴 李红江 侯喜利 （下略）

（第二通）

（本村捐六百元及以下款名单、马蕊坡捐款名单，略）

流芳千古

碑記

侯家沟戏台始建于清朝中期，是当時同属一社的侯家沟马慈坡两村共建。戏台年久失修破烂不堪，更不适应现代文化团体演出。

新建大戏台成了广大群众的共同呼声。经退休老干部李润林、李錦尚倡议，村支书李永平牵头，成立了十五人的筹建小组筹谋策划，选址设计。本村李喜亮签约承建，公元二〇一〇年农历三月十九日择吉动土，历经百日，一座宽大宏伟的大戏台，九百多平米的活动广场及古风古色的大献殿一并建成。农历七月十三日两村村民举行了隆重的庆典活动。省级晋剧、歌舞、秧歌连台演出，花灯彩旗飘扬，烟花爆竹绽放。当地政府及邻村主千朵临登台致词祝贺，场面热烈壮观。午间，来宾及两村村民共进午餐，大摆“千人宴”。对于村干部开拓创新的进取精神，两村村民乐于捐资的奉献风格，外出工作人员热爱家乡的浓浓情怀，十里八村传为佳话。为了銘记前人业绩以昭后人，特立此碑。

侯家沟村捐款芳名（以单户大额牵头为序）

李先 李海先 李秋平 李润林 李月珍 李继珍 李恩敬 李锦尚 李相奇 叁仟元者 刘永红 李建勋 李建新 侯奋选 李卫忠 伍仟元者 李如先 柒仟元者 李旭平 李双耀 捌仟元者 李东先 壹万元者 李永平 贰万元者

李缠玉 李利强 李锋先 李玉荣 李文兰 李玉清 侯银大 壹仟元者 侯春利 李红江 刘八兴 刘永锋 刘永利 李喜亮 李利忠 李卫强 李新海 李万喜 侯有宏 贰仟元者 李玉新 李恩锋 侯奴儿 侯海军 侯继大

刘耀宗 刘耀光 刘耀德 李宏德 李利勤 李顺孝 李相灏 李新平 李相森 李建新 李建忠 李相扬 李勤顺 李相林 李文耀 李恩恭 李秀林 李清虎 李开桢 李建兵 李建平 李开珍 李风乐 李开润 李建玉

李崇喜 李保顺 李恩泽 侯旭勤 李海明 侯全有 李进宝 吕福全 侯利林 侯东龙 侯□杰 李聪明 侯志利 侯培选 侯庆斌 侯庆选 侯玉勤 侯东选 侯汉贵 李小勤 刘建平

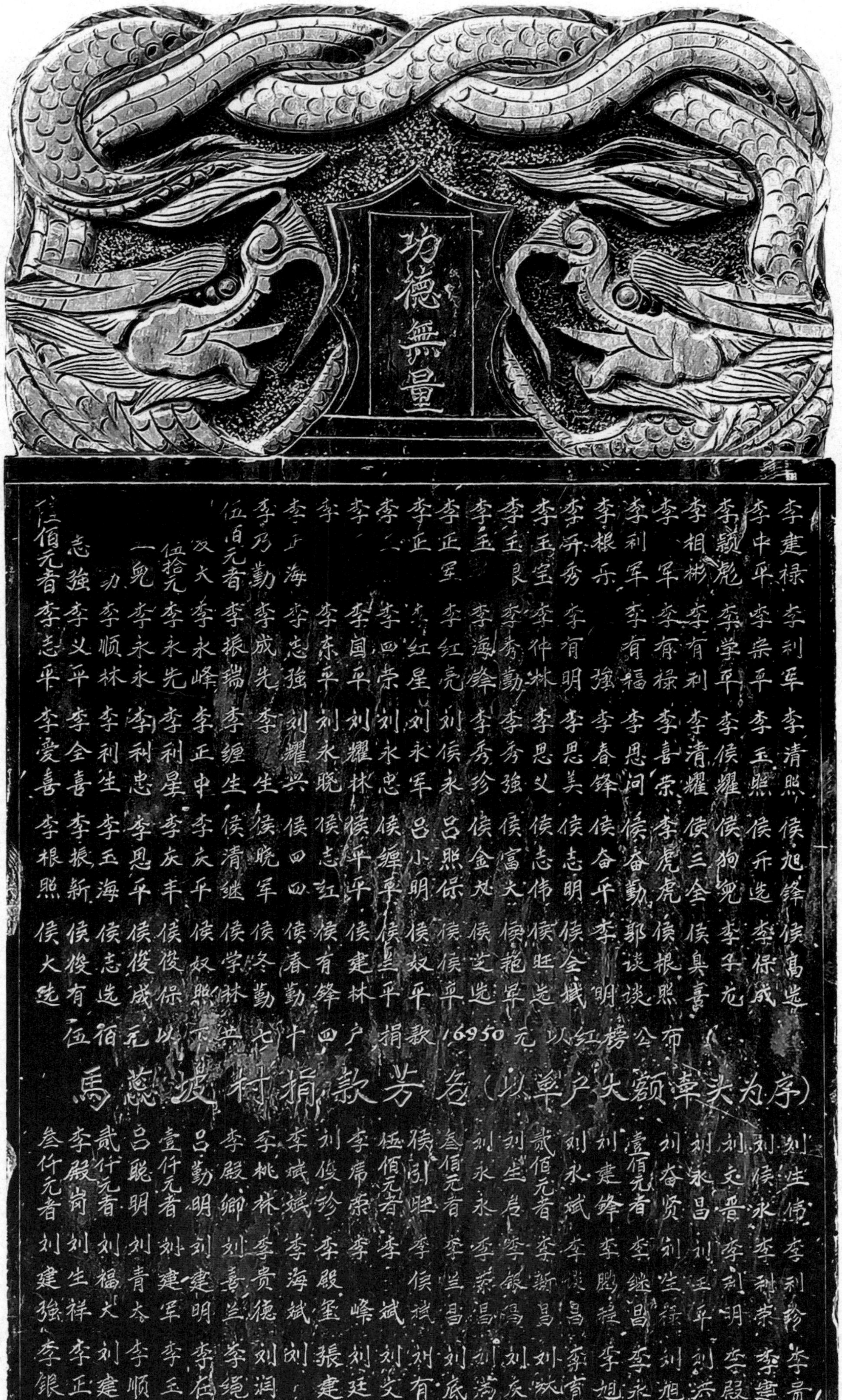
功德無量
伍佰元以下共七十四户捐款16950元以红榜公布
馬慈坡村捐款芳名（以單户大额率头为序）
公元二〇一〇年农历九月九日立

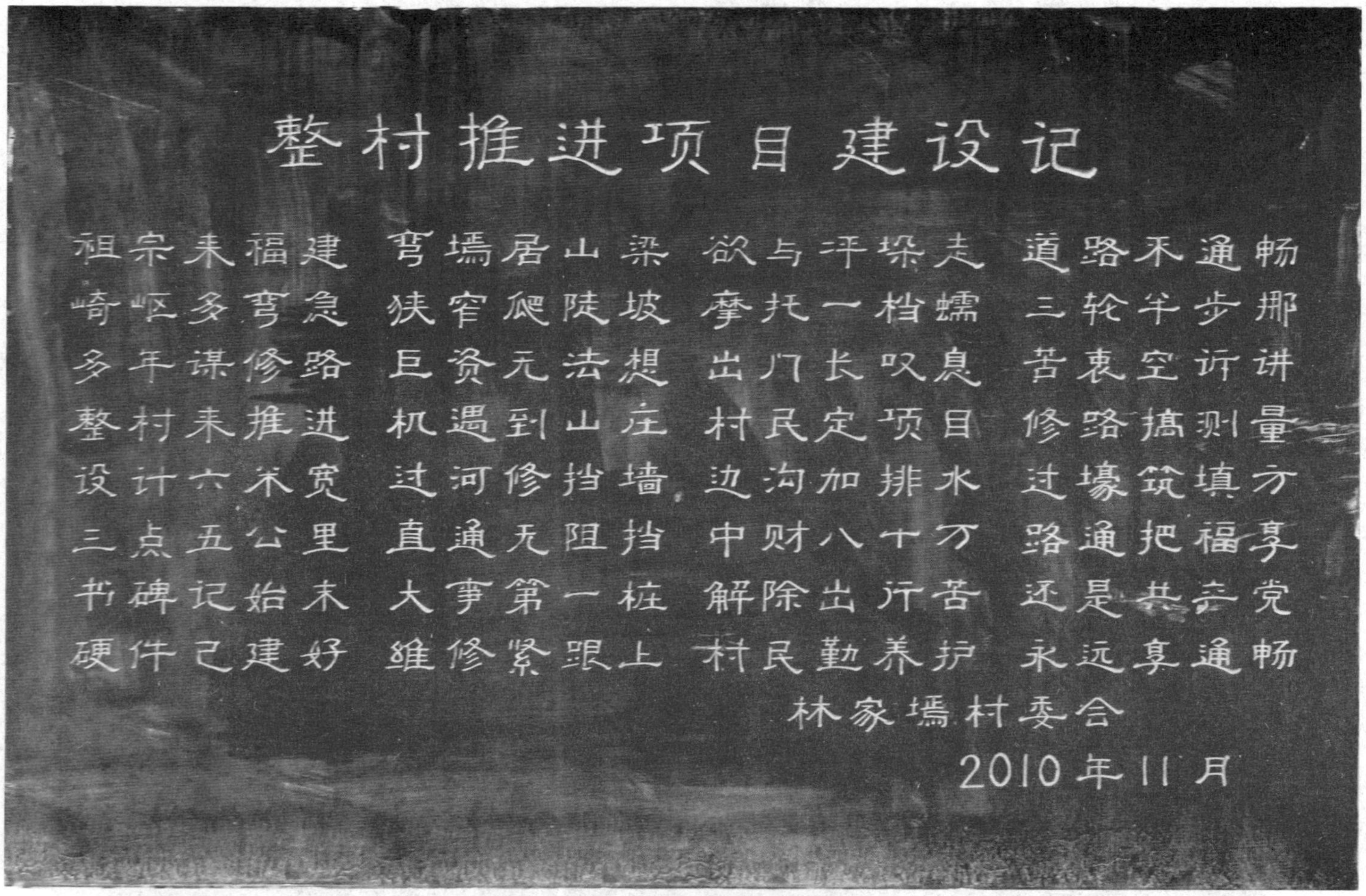

整村推进项目建设记

【简介】

2010年11月勒石。现存于临县林家坪镇林家塌村头。碑青石质，长方形，高80、宽120、厚8厘米。碑文隶书，计11行，满行20字。内容为林家塌村基本情况和实施整村推进项目的情况。现碑已被汽车撞倒在地。（注：郭时键撰文）

【碑文】

整村推进项目建设记

祖宗来福建，湾塌居山梁。欲与坪垛走，道路不通畅。

崎岖多弯急，狭窄爬陡坡。摩托一档蠕，三轮半步挪。

多年谋修路，巨资无法想。出门长叹息，苦衷空诉讲。

整村来推进，机遇落山庄，村民定项目，修路搞测量。

设计六米宽，过河修挡墙。边沟加排水，过壕筑填方。

三点五公里，直通无阻挡。中财八十万，路通把福享。

书碑记始末，大事第一桩。解除出行苦，还是共产党。

硬件已建好，维修紧跟上，村民勤养护，永远享通畅。

林家塌村委会

2010年11月

整村推进项目碑记

【简介】

2010年11月勒石。现存于临县安家庄乡朱家沟村。碑青石质，长方形，高79、长130、厚8厘米。碑文隶体，正文12行，满行12字。内容为朱家沟村实施整村推进建桥工程的碑记。保存完好。（注：郭时键撰文）

【碑文】

整村推进项目碑记

朱家沟，在沟内，无朱氏，问张在。李刘尹，聚村寨，同生活，共利惠。

南北山，高相对，东西沟，通河海。人勤劳，亦能耐，出俊杰，名声外。

闯政界，跃专才，经商贸，文墨辉。沟两边，修住宅，水相隔，难往来。

逢机遇，整村推，建拱桥，搭平台。不跳沟，不湿鞋，免劳苦，免水害。

修护岸，路畅开，通山上，步高抬。四十五，支中财，扶贫办，做安排，

全村民，蒙关怀，受其益，报春晖。立石碑，备详载，大踏步，奔未来。

朱家沟村委会

二〇一〇年十一月五日

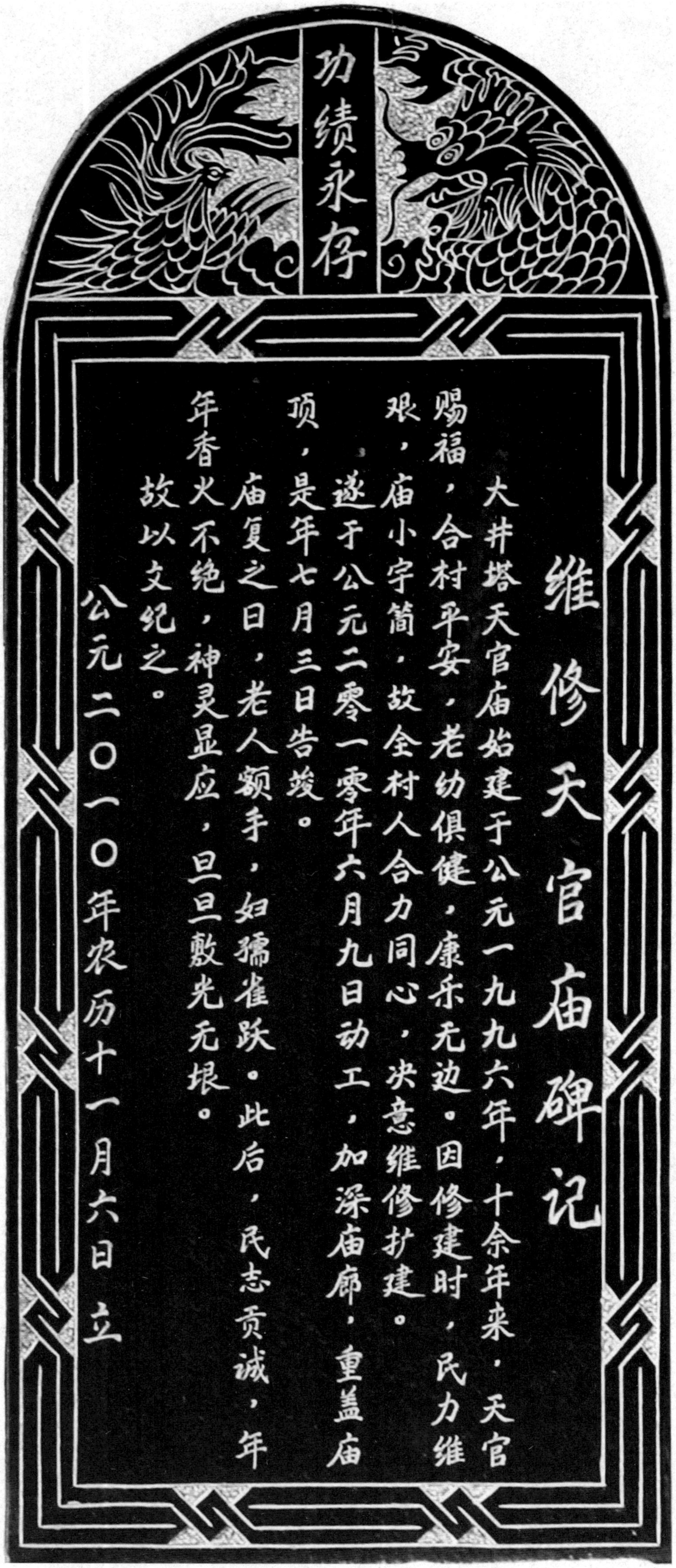

维修天官庙碑记

【简介】

2010年11月勒石。现存于临县招贤镇大井塔村。碑青石质，圆首，碑高124、宽48、厚6厘米。额题“功绩永存”4字。碑文楷体，正文8行，满行26字。记载大井塔村维修天官庙之事。保存完好。

【碑文】

维修天官庙碑记

大井塔天官庙始建于公元一九九六年，十余年来，天官赐福，合村平安，老幼俱健，康乐无边。因修建时，民力维艰，庙小宇简，故全村人合力同心，决意维修扩建。遂于公元二零一零年六月九日动工，加深庙廊，重盖庙顶，是年七月三日告竣。庙复之日，老人额手，妇孺雀跃，此后民志贡诚，年年香火不绝，神灵显应，旦旦敷光无垠。故以文纪之。

公元二〇一〇年农历十一月六日立

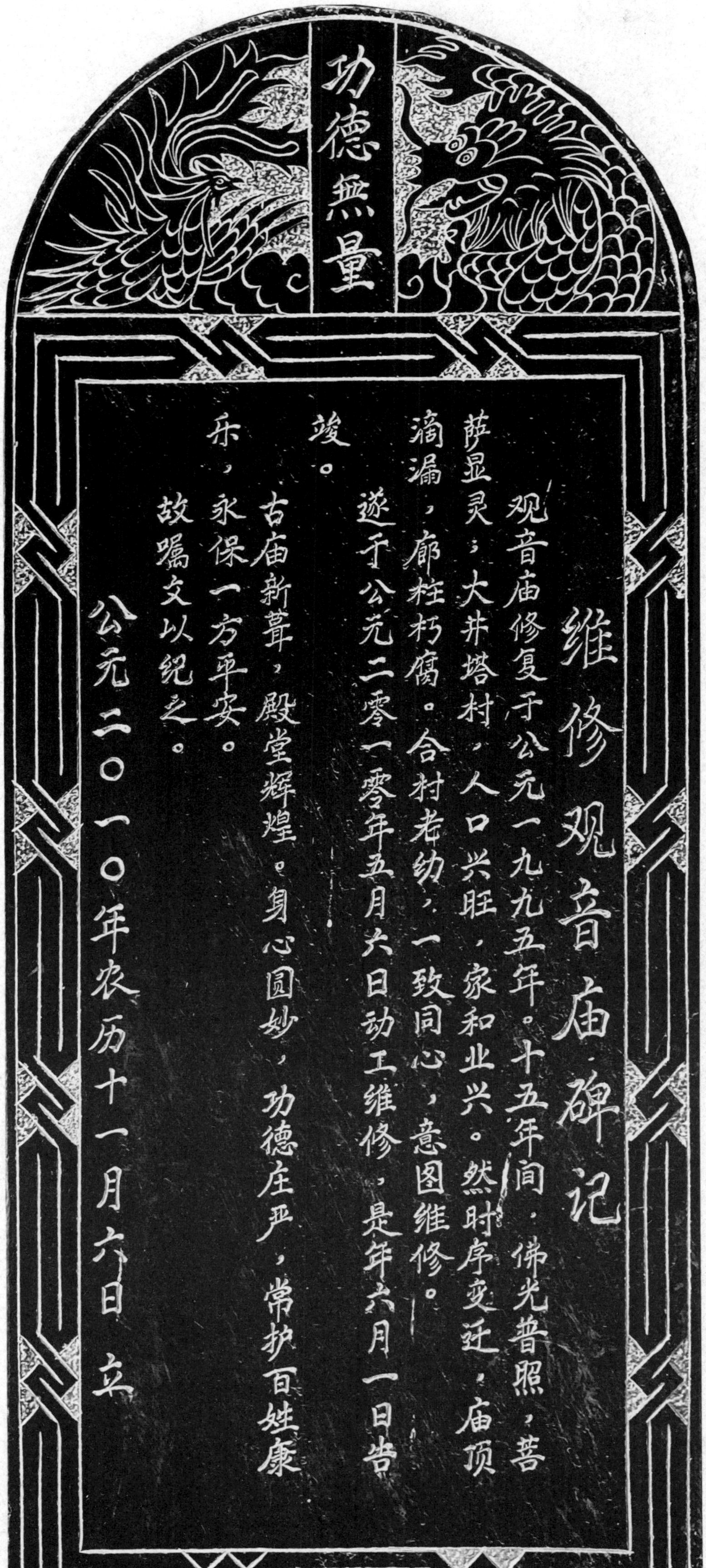

维修观音庙碑记

【简介】

2010年11月勒石。现存于临县招贤镇大井塔村。碑青石质，圆首，碑高123、宽53、厚7厘米。额题“功德无量”4字。碑文楷体，正文8行，满行27字。记载大井塔村维修观音庙之事。保存完好。

【碑文】

维修观音庙碑记

观音庙修复于公元一九九五年。十五年间，佛光普照，菩萨显灵；大井塔村，人口兴旺，家和业兴。然时序变迁，庙顶滴漏，廊柱朽腐。合村老幼，一致同心，意图维修。遂于公元二〇一〇年五月六日动工维修，是年六月一日告竣。古庙新葺，殿堂辉煌。身心圆妙，功德庄严，常护百姓康乐，永保一方平安。故嘱文以记之。

公元二〇一〇年农历十一月六日立

“和谐”石刻

【简介】

2012 年 3 月勒石。现存于临县白文镇故县村。大致方形，火成岩石质。石高约 163、宽约 125、厚 75 厘米。刻文楷书，正文 1 行，满行 2 字。保存完好。

【刻文】

和谐

公元二〇一三年三月五日

“民生”石刻

【简介】

2012年勒石。现存于临县碛口镇寨则山村。大致为三角形，火成岩石质。石体高约220、底宽约100、最厚约50厘米。刻文楷书，正文1行，满行2字。保存完好。

书者康阿青，笔名老阿，号翰逸轩，1954年生于北京，大学文化。自幼研习中国传统书法、绘画艺术，其书法作品师承传统，用笔流畅潇洒，气韵连贯，结构严谨，韵律丰富。他的书法楷、行、草、隶、篆五体兼备。楷书有颜真卿雄壮刚正的风格；行书取法二王，用笔行云流水，犹如彬彬君子，极具魏晋风骨；篆书古朴苍茫，上追三代金石铭文，同时借鉴二李风格，并对清代大家流传的墨迹有所专攻；隶书有汉代简帛遗意，又有沉实清爽的风韵。他是中国书法名家联合会荣誉副会长，中国当代书画艺术家联谊会理事，文化部中国乡土艺术协会文化遗产保护部策划部副主任，中国书法艺术研究院特聘书法家，中国公共关系协会艺术委员会委员，中国书画收藏家会员，北京门头沟区书协主席。

【刻文】

民生
老阿书于石州

“师魂”石刻

【简介】

2015 年 5 月勒石。现存于临县三中学校。形制为不规则形，火成岩石质。石最高 127、最宽 220、最厚 38 厘米。刻文楷体，正文 1 行，满行 2 字。保存完好。

【刻文】

师魂

临县三中一班全体同学

二零一五年五月

“毛主席东渡路居处”石刻

【简介】

2015 年 5 月勒石。现存于临县碛口镇寨则山村。形制大致为长方形，火成岩石质。石最高 280、最宽 120、最厚 45 厘米。刻文楷体，正文 1 行，满行 8 字。保存完好。

【刻文】

全国重点文物保护单位

毛主席东渡路居处

碛口风景名胜区管理局

二〇一五年十二月廿六日立

寨则山

“九曲黄河第一镇”石刻

【简介】

2016年3月勒石。现存于临县碛口镇旅游广场。为砂石质石砌体上刻字。刻体高约300、长约3000厘米。刻文草书，正文1行，满行7字。保存完好。

书者刘文西，1933年生于浙江省嵊州市长乐镇水竹村，当代画家。曾任全国文联委员、中国美术家协会原副主席、中国画艺委会委员、黄土画派艺术研究院院长、中国当代画派联谊会主席、陕西省美术家协会名誉主席、西安美术学院名誉院长、教授、博士研究生导师，第五套人民币毛泽东画像创作者、陕西省文艺界联合会顾问、全国有突出贡献的专家。全国首批百位名师称号获得者，陕西八大家之一。

【刻文】

九曲黄河第一镇
刘文西题
李生端刻石

临县城“阳府井金融街”石刻组

【简介】

2020年秋勒石。现存于临县中元桥西小区内。一组三块，形制不规则形，火成岩石质。主石最高200、最宽500、最厚50厘米。次石一块最高220、最宽138、厚20厘米，另一块最高180、最宽96、最厚30厘米。内容是“阳府井金融街”题词，刻文楷体，正文1行，满行5–6字。保存完好。

书者王保存，男，汉族，1976年出生。祖籍河北定州，擅长国画、当代艺术、书法，中国书画家协会理事，河北省书法家协会会员，河北省诗书画印艺术研究会理事，定州市书法家协会副主席兼秘书长，齐白石第四代传承人，中山春雨书画院院长。2019年拜齐白石再传弟子、当代雕塑家、画家、艺术家张长明为师。王保存擅长国画花鸟、人物、山水，作品曾多次参加全国、省、市展览，并多次获奖，深受国内外人士喜爱并广为收藏。其作品给人以愉悦振奋的美感享受，作品具有极高的收藏价值。其书法如行云流水，飘洒俊逸，神态多姿，舒逸朴实，动静相依，刚柔并济，百看不厌，自成一体。

【刻文】

阳府井金融街
庚子秋月
保存书

金融一条街

半坡村家乡

“前曹底”石刻

【简介】

2021 年 3 月勒石。现存于临县石白头乡前曹底村。形制为不规则形，火成岩石质。石最高 148、最宽 85、最厚 78 厘米。刻文草书，正文 1 行，满行 3 字。保存完好。

书者刘智廷，字铭君，别号右军门下颠狂弟子，室称超然山庄。1954 年重阳节生，山西临县人。中国书法家协会会员，山西省书法家协会会员，临县书法家协会主席。

【碑文】

前曹底

辛丑年桃月

后月镜祠堂院石刻

【简介】

2022 年 7 月勒石。现存于临县临泉镇后月镜祠堂。形制为不规则形，火成岩石质。石最高 170、最宽 320、最厚 25 厘米。内容是“同根共荣”。文体隶书，正文 1 行，满行 4 字。刻石完整，字迹清晰，石体完好。

【刻文】

（碑阳）

同根共荣

月镜刘氏宗亲敬立

二零二二年农历七月十三日

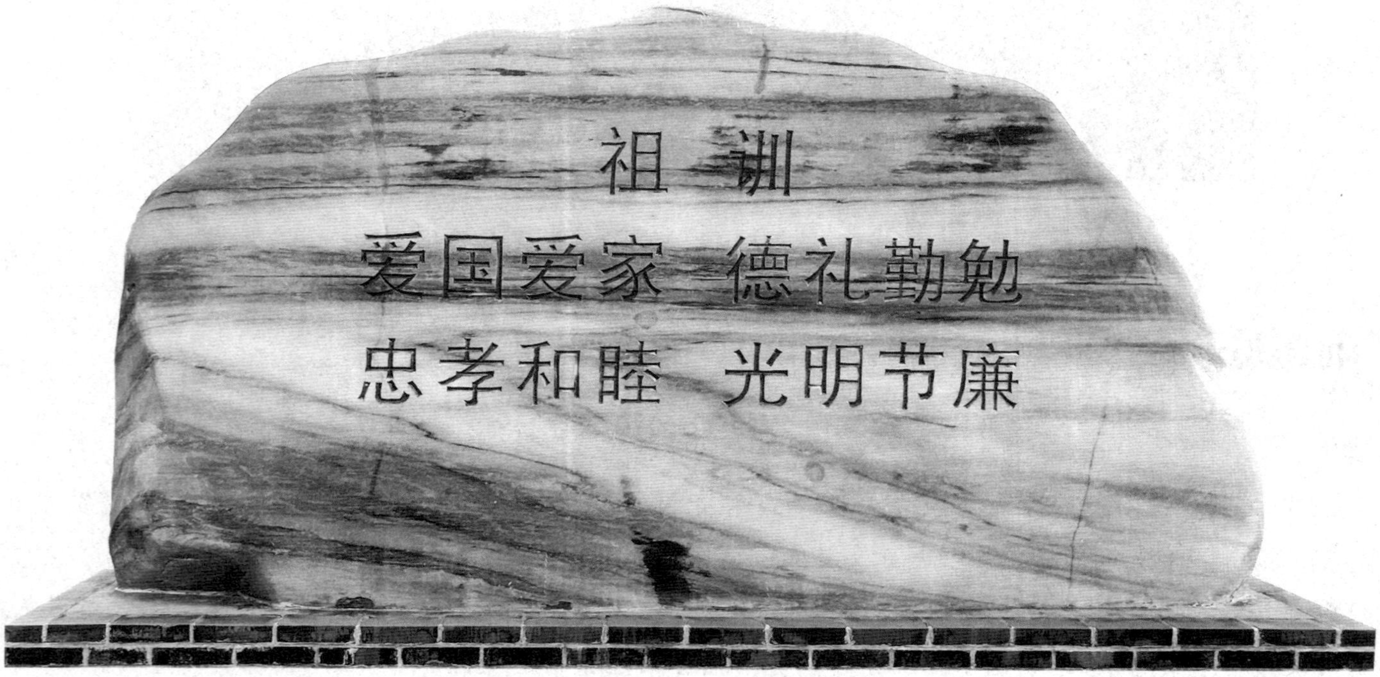

（碑阴）

祖训：爱国爱家，德礼勤勉，忠孝和睦，光明节廉。

下编

佚失石刻

宋将西征祷应克捷碑记

【简介】

宋元符二年（1099）勒石。原在县南郝家塔村，今佚。克捷碑署石州定胡县，考宋时县境，南五十里三交以南属定胡，迄元至元间始析属临州，即今县也。碑在宋明灵公庙廊檐下砖箱壁间，石高四尺、宽二尺余，字寸许大，完好无缺，书法劲秀，为县境内碑石之冠。清光绪二十二年（1896），山西巡抚胡聘之纂辑山西金石时曾经摹拓呈鉴。依民国6年《临县志》卷十六录入。

【碑文】

禮部申准都省送下端明殿學士、大中大夫、河東路經略安撫使、知太原府林希劄子奏：近嵐、石、麟府西路出師進築堡寨，凡所過神祠，並令致祭。今據統制官王文振等申，石州明靈侯，祐助王師，皆有應驗，不敢一一縷陳契勘。明靈侯，世傳趙氏。元豐四年，帥臣孫永奏，爲祈禱有應，先朝封號，經今二十年。本路前後出師，必有冥助。今來王師進築，靈應尤異。伏望聖慈，加封爵號，庶使鬼神效職者，亦被褒録。尚書省牒陳，奉敕石州明靈侯：王師濟河，問罪西夏。元戎慎奉，有祈於侯。正直聰明，惟順是助。晋寧建壘，遂合新秦。我陵我阿，民樂耕牧。底玆勝績，實靈之休。進封貴公，秩冠五等。永福并土，尚其格思。可特封明靈公至牒。

元符二年十月 吉日牒

左正議大夫守左丞蔡　金紫光禄大夫守左丞僕射陳　立

宋明灵公碑文

【简介】

宋建中靖国元年（1101）勒石。原在县南郝家塔村，今佚。依民国6年《临县志》卷十六录入。

【碑文】

朝奉郎權通判晋寧軍事梅昌符撰並書

皇城使知晋寧軍事張世永篆額

石州西北瓊山祠之神，能以言語與人接，叩之無不應。委曲有盡，道人腹中意。言人福禍，若符契之合。水旱諸禱，悉蒙其惠詳。悖慢於庭者，不病即死。四方之奔走祠事不敢懈，而姓氏不著。初，不其果何神也。公嘗自言諱瑩，趙其姓，然後知公在晋高祖時，爲同中書門下平章事，累拜中書令，出爲晋昌軍節度使，見《五代史》中。熙寧七年，端明殿學士孫公守并，聞公之靈亦異矣，請於朝，封爲明靈侯，載在祀典，廣廟貌而新之。元符二年七月，樞密林公帥太原，以麟、府、豐三州，在大河之外，限以西賊，孤遠阻絶，不能與嵐、石通，浸爲邊患，議築四砦以相往來，朝廷許之。於是合兩路之兵數十萬，鳩工動衆，深入虜地。林公禱於公曰："使兵出役，就無驚急之憂，願公陰爲之助。"曾勸高祖毋反，可謂事上忠、行己直。其生也，無詭隨，其死也，又能以禍福警動於人，血食不衰。其遺靈餘烈，望之莫不悚然。五代之晋，迄今百有餘年，公之没固已久矣，未有顯稱爵號之錫，實自本朝。蓋潛德幽光，待熙盛之世而後發也。公之未封，嚴危不可犯，及其增封，而益務寬厚。嘗語其廟巫曰："吾將罕與人言矣。"豈名隆位尊而能若是乎？予聞之，人道在明，鬼神處幽，宜其相遠而兩不相接也。漢武帝時，神君能言，可得見聞其音，與人言，時去時來，來則風肅然也。予以爲殆妄誕不可考。及觀公之事，可信不可疑，而又能福庇斯人，因叙公之出處本末以遺後世。銘曰：

峨峨瓊山，矯矯楹丹，維神居之，接人以言。運逢天宋，爵爲公重。

衮服赤舄，答神之寵。以稼以穡，不乾不溢。垂千萬年，厥祀無斁。

建中靖國元年七月　日　石州定胡縣尉兼主部事龐康孫立石

石州定胡县上招贤村普照禅院记

【简介】

金大定九年（1169）勒石。今佚。依《山右石刻丛编》录入。

原注：碑分二截，连额高三尺四寸九分，广一尺五寸七分，上截十三行，行字不等，下截二十五行，行二十五字，正书。额题“敕赐普照禅院之碑”八字，篆书，今在临县。

【碑文】

大矣哉，我佛之垂慈也。化導群迷，稱揚妙理，天地造化乎陰陽，日月盈虧乎寒暑。大則提諸善惡，細則比於恒沙。巍巍罕測，杳杳難明，至道起於乾元，衆妙生乎太易。拔四生於苦海，流三藏之秘言，含識萬端，弗可盡述。斯古寺者，自漢天會年主僧惠密修崇，綿歷歲久，至唐乾符年，維那楊君綵等崇修未備，想遇明勅，可做蓮宫，至若碑記，尚存在焉。

本朝大定四年，有當里久土，俗士華嚴邑樊彦、李厚、賀權、高祥、高玘，然止俗塵，常規梵刹，摘己財産募衆，有緣復能協力。所謂莊塑圖畫，並選當時良匠名手，錢用諸費，固不鮮矣。有心肯構，增益修崇，奈何力不足耶。偶朝廷許諸人進納名額，李村劉聚、樊志、史禮、樊仙、趙宋、任良、武仙、賈額，同助納粟，數尚不及而備自足。納訖，不期勅額獨得填名後准。勅可特賜普照禪院拾財契清净之智，獲無漏解脱之因，善念生而無數潛臻，惡業生而隨緣皆墮，有頂之風不可壞無涯之水，弗能漂緾。五年一日，惠然相訪，以是因緣，孜孜祈囑山野，衰殘命在呼吸。豈當長久歸着於何住持誰也。願師記其所以然者，刊勒翠琰，庶幾朝昏焚誦上報皇恩。難逢難遇賜額之恩，相傳後世守先之人，素志它日增修，成就一段因緣。作大佛刹，自有主僧巋然立石，求諸高名達士大筆雄文，傳於不朽，計其始末，光揚千古。於兹役何幸焉，命山僧書勒，惶恐不揆，慚悚計其歲月云。

大定九年歲次己丑六月丙戌朔十五日庚子昌化僧寳月記

都維那樊彦　李厚　賀權　高祥

同助緣高受　劉聚　樊志　史禮　樊仙　趙越　任思　武仙　賈顔　同立石

玉亭趙軻刻

石匠　劉諒

原文按：《臨縣志》：普照寺，城南八十里，在招賢鎮。與此碑招賢村合。碑前刻石州定胡縣上招賢村，告本村院自來别無名額，已納訖合著錢折粟七十二石三斗五升，准省錢一百貫文。此金大定時粟折錢之數。又云乞立普照禪院名，勘會是實，合給賜者，與太清觀等牒同後列，僧寳月普照禪院記。碑云斯古寺自漢天會年修，至唐乾符年重修。按天會，北漢劉鈞年號，在唐乾符後。石州定胡縣，元省入石州。

慈云院铭

【简介】

金大定十三年（1173）勒石。今佚。依《山右石刻丛编》录入。

原注：碑连额高五尺八寸，广二尺一寸五，分上下两截，上截敕牒十三行，行字不等，下截铭二十四行，行四十字，正书。额题“敕赐慈云院额”六字，篆书，在临县东南五十里。

碑前刻金赐慈云院牒，按金赵安上陵川龙严寺碑，大定三年二月，诣本军军资库输钱，承买此碑，亦云纳钱一百贯，与福智禅院等牒钱数合，牒末所系衔亦同后刻慈云院铭，云天会七八年间，干戈未定，盗贼充斥，屯军把截，焚毁殆尽。按金天会七八年，即宋绍兴三四年，时金甫得中原，民心未服，而徐徽言，方力守晋宁，与金抗，见《宋史》诸书。

【碑文】

侍郎中奉大夫禮部尚書兼翰林學士承旨知制誥修國史王

唯一真法，性智體圓蝠萬行，齊修随缘理事爰，居酉藏播出鷲峰，道邁百王邪徒未久。故我世尊開八萬法門，度百億世界，利樂人間作大歸依，堪能可信，孰詮此理，未之有也。幸釋門子顯京，篤實人也，先出家於石州天寧寺。禮法義爲師，義以法乳兄，法理辨道尊宿行門無倦，丞慶壽寺。請住持浴室院兼主大藏，不忘手足之愛，行善相從，將京寄度。同理諸子仰慕，屢爲推許，教門職事堅固，道心精懃佛事，務爲修崇。隨方異處，各建道場，力能成就。至如顯京，最爲上首。致爲佛子之因，機慕良田，特爲蓮社。臨泉縣小上谷村，號雲家山。有古佛堂一所，當天會七八年間，干戈未定，盜賊充斥，屯軍把截，焚燬殆盡。顯京於時尚爲净人誘化，善士重興。佛堂落髮受具之後，復修精舍，鑄洪鐘，印藏經，度弟子。善登買墳地，凋圓覺上生金剛般若法華戒經等板，並資常住可度後人，日往月來，修完出力未嘗且止。既成，次弟恨無名額，終日癡迷常自念言，正如綵繪西子，未點眉目，何當滿是願也。一日，朝廷有旨，許天下寺院得以進納，遂其素志，若憂旱成霖，未足爲喜，急速括搜橐所用幻財及結緣，檀越而進買之。選罕賜額書曰慈雲。久已成清净園，同居精舍，所觀聖跡，叨鑿成功，邁古超今，未之有也。乃聖居之異端，一奇殿宇，岫出群峰，祇園聽佛，闡梵音警群生之悟心之一妙門也，稟資禱祝。

聖皇感應，明朝萬德之尊，樂業千秋，干戈永息，實有顯京功能已就。衆聖莊嚴，四衆歸依，無不瞻仰，覩照慈雲迴福未盡善也。誌慕援筆造銘刊石於不墜焉。净覺老人趙爲記。

住持管勾院事門人僧善登立石

本州上院慶壽寺掌經藏浴室院前都納尊宿僧法理住持修經閣門人僧真顯　真善

前住持丞買院額僧顯京　顯能　門人僧善登　善澄　善慶師孫宗教　宗炤　宗智　宗宣　宗性　慈心　慈周　慈淵　慈賛　慈輝

前住持臨泉縣普化院殁故先師和尚法義門人僧顯遠　顯才　顯祥　顯珪　普充　普輝　普現　普中　法眷院平夷縣壽峰院僧真惠　門人善遵　善遷　圓明　禪院僧真遠　方山縣福昌院僧真辯　真喜門人善滿　善藴

鄉官丞奉郎行晋寧軍吴堡寨飛騎尉賜緋魚袋楊庭筠

丞信校尉行臨泉縣主簿兼縣尉韓矚

朝列大夫行臨泉縣令騎都尉太原縣開國男食邑三伯户賜紫金魚袋王衮

儒林郎石州軍事判官武騎尉賜緋魚袋范時可

中議大夫同知石州軍事上騎都尉弘農縣開國子食邑五伯户賜紫金魚袋權州楊俣

定胡縣香嚴禪院僧真嚴　洪濟院僧善霖

本州天寧萬壽禪寺僧法閏　法湛　法章　法廣　法德　法演　法順

太平禪院前都綱講經論傳戒沙門　法益

管内都綱知教門事釋喜庸

文水縣教義村趙時穩書

大金大定十三年癸巳歲十月十五日謹記

玉寧陳裕刊並篆

通玄大师珏公纪行之碑并序

【简介】

元至元二十二年（1285）勒石。今佚。依《山右石刻丛编》录入。

原注：碑连额高四尺八寸二分，广一尺七寸三分，二十三行，行四十三字，行书。额题“通玄大师纪行之碑”八字，篆书，今在临县。

太原府西三给奉先院寓止，传法嗣祖沙门德闲撰并篆额。

“慈云镜碑”曾是临县古八景之一，镜碑共两块，此其一也。碑莹彻如鉴，照见山川人物。

【碑文】

园通智悟大禪師善慶院傳法嗣祖沙門雲閑德演書丹

嘗聞瞿唐、灧滪非可玩之波瀾，性海汪洋，豈凡情能喻議。惟通玄大師者，爲法源之巨浪。作渡海之舟航，津濟群品，諒多有之。今以不勤之翰墨而爲詮表，實輕塵足岳，墜露增流，不量靡才，誠多罪矣。師諱惠珏，姓石氏，嵐州樓煩縣番明下社人也。大父諱裕，妣母蘇氏，生金朝，名當世，妙年秀拔，七歲辞家，礼石州臨泉小谷上村大慈雲寺登公首座爲師。弱冠試經，早年得度。遊詣庵園，所過稱道一時，往還與青山白雲，開遮自在，雖不受然燈記，而自印三昧宗，與歷登祖位者无異。師學問以至甲乙，方書文筆詞翰百家之言，无不貫穿，大爲賢士所喻，司南既正，所適皆通。後大元刱天下，以河東未歸，後間天兵南下，以臨邑與大河爲近，渡乃先得臨邑，改臨爲大定總管府，以便接鎮使。一方遺民早得受職，師以院宇成壞相尋，欲興舊起廢□間一日。有竜虎衛上將軍，兵馬都元帥，總管任昌推師號通玄大師，充府三教提領。后太原一統，烽□稍寧，後改爲臨州，充都綱司句當慈雲寺僧興替此可見矣。其建寺始末，有故碑在，師以鐘鼓不鳴，聖像風雨力求徒衆，開山斬木，再閱廢興。除正堂外，廊廡僧舍有數十楹，皆刱一新，如娟秀人在高明處，有下院數十處，皆有土産額號。師壽六十二，僧夏五十五，示疾於丁未冬初七日卧寂，葬西南寺之新墳。有門弟子皆爲釋中名流，曰净業大師慈憲，曰輔教普德大師慈應，曰寂照大師慈悦，皆預爲本州綱首，又曰妙嚴大師、今爲本州僧正法諱慈德，數昆弟皆英偉人也。鄉黨間可謂豪俠者也，多以禮義接人，其所居實坊庖烟不及，可謂一方之勝地也，暇日德公僧正與雲閑老仝來謁師之銘，予不得辞，乃爲銘之曰：

於戲大士兮，爲凡爲聖；處甘露門兮，作大园鏡。

八面虛通兮，一門了性；寬猛得所兮，佛魔等並。

綱維緇素兮，奚其爲政；雅厚雍容兮，自府大定。

咏月吟風兮，言詞簡静；礱石金書兮，以表名行。

下院飛虎縣白石山講經沙門弘達

法眷　德滿大禪師普化院嗣祖沙門玄懿　崇國大禪師正覺院嗣祖沙門文濟　講經沙門無爲大師玄珍　香嚴院傳戒沙門明現

慈雲院門人　玄起　玄秀　玄鑑　玄開　玄偉　玄英　玄政　玄貴　玄信　玄照　玄安　師孫義□

旹大元國至元二十二年七月日妙嚴大師臨州僧正慈德立石

石匠　鄧寬

原文按：碑題沙門德閑撰並篆額，沙門雲閑德演書碑爲慈雲寺僧惠珏而立，珏公姓石氏，嵐州樓煩縣人。《金史・地理志》：嵐州有樓煩縣。碑云，珏公禮石州臨泉大慈雲寺。登公首座爲師，《金史》志石州縣六臨泉，今《臨縣志》：慈雲寺，城東南五十里，漢時建。舊志云，金大定三年建。

大元故延安兵马总管袁公神道碑铭并序

【简介】

元至元二十五年（1288）勒石。今佚。依《山右石刻丛编》录入。

原注：碑高六尺余，端劲圆满，不失颜平原家法。清光绪二十二年（1896），同刘校尉墓志，奉文拓印呈核。其石质白，相传从陕西运来。曾访长安碑林，青石居多，白石罕见，县境亦无此白石，不知当日由何处购来。自元历明清已五百余年，风雨摧刷，尚少缺残，洵足珍也。

碑文记述了袁姓的来历和袁湘一生的主要经历以及其家庭人员。石碑原立于白文镇木椿峪村，1956年前后修建白吴渠时，人们拆除碑楼，将碑一捣两块，半块又捣成两块，刻了两个五角星，安放于徐家沟渡槽前后的墙脸上。剩余半块安到村的旧井台上，现已深埋于地下。碑文亦记载于民国6年《临县志》卷十五中。

【碑文】

奉議大夫陝西漢中道提刑按察副使姚燧撰

承直郎陝西漢中道巡行勸農副使暢師文書並題

袁，虞舜裔也。舜生姚墟，居嬀汭，子孫以地姚姓，以水嬀姓，以有天下之號則虞姓。及周武封胡公滿於陳，以國陳姓，以陳公謚又胡姓。袁則肇於陳大夫轅濤涂，西京轅固生猶未省文。至後漢太尉安而下始爲袁矣。其家太原石之臨泉者，不知始何世何人，所可譜者則在金。有隱德農畝者，諱亨。生迪，業儒，博極群書，尚氣節，不食然諾。生企，景有父風。生鐸，丰儀峻修，克世其家學。實生今延安路兵馬總管，諱湘，字潤夫。金之蹙國，王公佐持節鎮葭蘆，當吾元勁兵之衝，殫力竭謀，惴不自支。一日集將佐，使各推辟所知可與討事者，或言公賢，爲書致之，三往返始來。用其策，以守則完，以戰則捷，衆論多之。聞諸汴京，官以忠顯校尉，遥主延安之延長主簿，再以功超武節將軍令臨泉，石與嵐之合河，恃公爲藩援以安者五年。后王公佐卒，鎮人心離異，不可復一。公嘆曰：“吾愛一死哉？死而兵民完何害？敵以不即下，蘊怨積忿於我者爲日既久，吾死而捐兵民以甘其心，胡寧忍哉？”遂乘夜載鴟夷濟河，款我大將軍孛罕營降，解所佩誓曰：“所有二於公者，有如此劍。”將孛義之，相與飲酒盡歡，以便宜陞臨爲州。版公爲帥，遣將州兵，略地鄜、延，悉下之，移鎮延安。臨民德之，寧輕去其鄉不忍去公，多携家來從。朝廷賞納土功，授延安路兵馬總管。時既偃兵，民方去危即安。公敦勸耕稼，裁抑游惰，使各食其力。鄰境聞之，逾河而西，雖有良田美業不恤，顧托處深山窮谷者，不可勝計。公符其守令，居借之廬，耕助之牛。儒生之賢而文，實聳人瞻、聲動人聽者，如侯立、嚴昭、焦舉、張華、王明、畢美、邵瑞、張輔之流。欲仕者則登之幕府以師群吏，不者則升之學宫以範多士，由是悍俗消革而禮讓興行矣。

會大料民，止籍主户，漏其僑家浮客，或咎以何獨損吾户數。公曰：“若欲肥版籍以炫庶耶？一日賦役下，僑浮生心必計曰：‘等賦役也。與避人境而不免，何如歸吾家之安焉？客去而主孤，實亡而名存，只益累也。’”人服其能圖遠。其後，河東、山西果來徙其民。公謀使者曰：“若所以必徙者，豈以代吾賦役，而汝無得哉？吾所籍止主户，未嘗妄以僑浮，土箸版册具在，可稽也。何如勿徙，使各奠其居。即是民推擇置吏，歲集其賦入，是以吾土育爾民，奚必其徙？其以是歸語汝帥。”使者亦度民已安此，雖徙之，且道亡不達，許之而還。尋有詔，令民隨在占籍。公猶仁其僑浮，爲輕調庸。同列害其能且位加吾上，多行金帛貴幸以訟公，徵使就辨，公贄貴幸幣殊凉薄，庭臣以訟者之言方騰，能不以賄免，顧嘆重其忠儉，歸益自尅，勵四方。行李至者接踵，廩肉不足，爲射獵鹿豕以繼，勞賮之須皆出其家，不足則從富人稱貸，郡民之豪傑謀曰：“吾屬依公以生，坐視寡乏，莫之省憂。”人曰：“我何捐金餉之？”亦謝不取。及大封宗室，割所治爲公主湯沐邑。有説公厚斂入謁，可結主知，且無令同列得先之也。公曰：“吾豈剥下市寵者耶？”不行。先朝時，今上以太弟之重征南詔，駐兵六盤山。公見行府建言，“始延安之籍民爲兵，皆懸賞募之人，率授銀三十兩始行。及遠戍久役，津饋不如於前，老稚日困於家，則怯者挺身而孤亡，勇者連伍而俱歸，軍吏以法誅之，莫之能止也。非大選閲郡民厚業饒丁者，更代以休其力、盈其氣，則兵帳不完。”上然其策，讓鄰道臣之在行府者曰：“若曹之來，其所請求不過官資之崇卑、符節之輕重，便己私耳。亦嘗有一白軍民利病如袁某者乎？”聞者愧讋。自是，雖不自行，遣官屬有所奏請，上必曰：“若從袁某所來耶？”言輒報可。歲癸丑冬，將適京兆，未至，輿病歸，人來唁疾安之，言笑如平時。夫人問焉：“一旦公病小加於今日，如吾母子寡幼何？惟治命是聞。”公曰：“吾平生所爲，無有不可語人者，天將厚予。是外非若所知也。”以是年十二月十六日卒於正寢，年五十有九，以中統三年十一月二十二日，歸葬臨州太平鄉白文里先人之兆次。凡再娶，元配馬氏、繼配梁氏。子男三人，馬出一人，未名，前公卒。梁出二人，克忠，昭勇大將軍、隴右河西道提刑按察使；克良，提舉太原採木司。女三人，馬出伯，適定西州尹蒲察仲德，仲適中部縣尹張欽用。梁出季，適屯田總管折叔玉。男孫四人，長仕圭，餘未名。女孫八人，在室。十八年，燧以陝西憲副録囚延安，昭勇君自隴右得告家居，一際言色，固已心推爲巨人長者，若不見毛髮比出紈絝家者。古人有云：觀其子可以知其父矣。明年，克良持君書與公事狀碣銘墓碑，因得究公爲人，益自信昔者觀人之不失也。蓋嘗論之人生紛綸尚武之時，懦者固不能自立，惟强之依。而强者，或徑行而無謀，亦旋然敗亡，善謀矣，其力不足以先衆，則人亦莫之信而爲之使。嗚呼！公於此時，克樹功業，裂地而侯以傳諸子，亦戛戛乎其艱哉！是可以載行事於石，見白於後世也。銘曰：

緊袁之先，世繼顯賢。由金百年，力本於田。起跱而行，篤公之自。逢時未靖，實艱初試。
人隸其生，雌從雄鳴。有距跳踉，有翼奮翔。臨泉葭蘆，襟帶河山。公居其間，揵其悖頑。
智資我謀，勇怚吾力。我麾我招，莫不順適。國步未改，效死我臣。天命維新，吾生斯人。
府葭延長，綏丹鄜坊。我旗既降，千里其疆。朝爲逋亡，夕則樂康。人無我敵，束而矛戟。
敏而耕桑，督而蠶織。而方瘠瘠，孰爾朘剋。孰顰孰呻，煦手摩撫。鄰曰時哉，爰適樂土。
寵光不希，釣言不危。説進可行，丹扆肯頤。不年永辭，延民之思。今三十年，如在柩時。
黄髮髫子，枚誦其美。事上之忠，繩下之嚴。生民之仁，與人之謙。顯親之孝，奉己之廉。
人一二有，公乎具兼。延民之思，日遠則亡。我詩之碑，百世昭章。

至元二十五年歲次戊子九月二十九日

男昭毅大將軍西蜀四川道提刑按察使克忠建

善庆寺碑文（赦令）

【简介】

元至元二十五年（1288）勒石。今佚。此文抄录于民国6年《临县志》卷十六。

【碑文】

上天眷命，皇帝聖旨：朕仰荷皇天佑助、祖宗威靈，平定江淮省事者奏陳：兵革之際，無辜之人殞墜鋒鏑，諒多有之，宜建道場，崇修佛事，赦恩。赦恩雖不可頻數，今大會既畢，行之爲宜，可赦天下。自至元十三年九月十二日昧爽以前，應犯死者，減死流遠，其餘一切罪犯，咸赦除之。盜官財者，止徵其財，主者施行。准此。

大元至元二十五年上元日奉訓大夫臨州尹諸軍奥魯馬麟立石

济渎清源王庙碑记

【简介】

明正统九年（1444）勒石。今佚。此文抄录于民国6年《临县志》卷十六。

【碑文】

教諭欒舉

蓋聞后稷播厥百穀，而蒸民乃粒。武王所重民食，而四海永清。周家開國以來，務農種穀，享八百載靈長之國運，豈非國以民爲本、民以食爲天哉？惟我朝太祖高皇帝奄有四海，列聖相承八十餘年矣。惓惓以民食爲務，以農事爲先。遣御史以撫鎮各省，仍諭有司歲祀社稷，祈其嘉穀之生。敕封龍神，求其甘雨之潤。凡所以爲國，本民天之意者，至矣。臨邑地寒風烈，十歲九旱。正統七年壬戌，大旱，官民祈雨，既已秏斁，下土不殄禋祀於諸神之廟，久而不應。知縣郭元寢食不遑，憂形於色，曰："法不可不變，今久祈無應，或本境之内，或外郡之中，求靈神以感應，潤嘉穀以生成，可乎！河南懷慶府濟源縣，濟水出焉。司是水之神號曰龍神，求風而風調，祈雨而雨順，感應丕著，曷往迎之？"乃協議僚屬，擇善誘中素行肫篤者二人，往濟源拜求聖水。匝月而還，乃得甘霖大降，其歲大熟。連年崇墉櫛比，大有屢書焉。因其靈應，恭建濟瀆清源善濟王廟以報貺。正殿一座，崇山旋繞，水樓一所，聖水漣漪，東西兩厦，如翼斯張，奉神貌而居其中。嗚呼！既顯靈感於千載之下，尤望濟生民於萬年之久，爰勒石於廟以誌神功焉。

重修紫金山隆福寺记

【简介】

明正德五年（1510）勒石。现佚失。碑文抄录于民国6年《临县志》卷十六。

【碑文】

通判武思仁

紫金山，去縣治五十里許。其陰有寺曰隆福，蓋古刹也。禪僧號福本者，臨之師莊里人，持戒演法於是寺，沙門多歸向之。嘗謂同行曰："兹寺在金太和時已屬重修，至正統間相繼修葺。今又歲久傾頽，應宏建以拓前模。"既而居士張鸞等咸願以貲助，遂鳩工庀材，於正殿、兩廊增飾，開大中、塑佛像，壁繪水陸。又建三門及鐘鼓樓，旁爲繚垣，規模視舊制十倍，計費貲幾百鍰。工始於正德丁卯之三月，至己巳十月落成，乃囑余記之。嗚呼！釋與儒二教也，今來謁吾，其心必有所慕者。余乃謂之曰："四方浮屠，名號雖多，惟佛爲無上天人師。自漢明帝金人入夢，遣人往西域求佛法，白馬馱經而來，勅於鴻臚寺安置，遂建寺以白馬名。由是，釋教東行，精舍徧天下。凡立寺，繪像皈依，必以佛爲主。然其法必曰：'棄而君臣，去而父子，禁而相生相養之道。'是與吾儒實際之學迥别。爾成爾寺，爾當求之爾衆之中以記其事，何爲向吾徒而來耶？豈爾亦知吾儒教之爲美耶？然爾等歷年苦行建兹道場，求無爲於有爲，亦若頗有實際者，吾姑不之拒，因爲文應之。"

善庆寺伽蓝土地碑记

【简介】

明嘉靖二年（1523）勒石。今佚。此文抄录于民国6年《临县志》卷十六。

【碑文】

伏聞伽藍本姓郭，名法宗，即鎮江府人也，乃舊閏州是也，開國八年改爲鎮軍。自幼出家於寺，布衣草履，不貪美服，日誦《法華經》不輟。有一日寅夜間，忽有人叫門曰："善誘郭法宗，爾明日午時死也，上帝命爾爲此寺伽藍神也。"惟弟子周法善聽得，餘外並無人知者。來日果死也，後遂立祠於寺中，乃伽藍土地之始也。係前漢平帝朝立廟。

大明嘉靖二年八月吉日本寺修造主能安立石

重修善庆寺记

【简介】

明嘉靖二年（1523）勒石。今佚。此文2005年抄录于歧道小学院内，后此碑遗失。

【碑文】

竊惟釋教之傳，其來遠矣，自漢□始於中土，魏武□間初……釋氏□至言……皇□躬……在者□茲……年，無一不備……同植善根或……有功……朝成化年間，有僧能安者，□□幼落……戒……圓律儀冰……不避衆乃降心，人皆從善，或……掄材運……不，煥若一新，內遵□□，外□彩……視昔大……焉，又偈……五部貯之本□□物器皿，一無不備，此□徒以創美，見而……之福哉，皇祝釐下爲吾民祈福……屏而百谷用成□狀矣，而工兵不試草木……基，創業者何人，誓願已足，功德再……言吾豈敢……

大明嘉靖二年歲次……

文林郎臨縣知……

儒學教諭……

修造主持　能安　門人清江　清湖　清淮　清池　……

改修学宫碑记

【简介】

明嘉靖三十九年（1560）勒石。竖戟门之左，今佚。碑文抄录于民国6年《临县志》卷十五。

【碑文】

都御史石州張珩

夫臨，西河離石故地也。奥稽廟學，元至正間建於縣之東郭。明永樂戊戌改遷東南，去舊二里許，蓋遠河圮之患也。逮今百二十餘年，始倡議遷建，當道下檄，皆曰可。適吏土者，坐墨其議，遂格。無何，脱尹鎬以京闈名士遴尹是邑，下車初即以風俗人才爲首務。一日集議廟學故迹，豈但河水崩潰，且臨野無蔽，殆非明時尊崇先師右文興化之盛典也，宜亟圖之。遂登城周顧，相厥攸宜，指原議按察謂衆曰："北枕紫金之險，南帶黄河之固，東控龍山，西接鳳嶺，誠得形勢之最者。況左右前後皆有隙地，可增市價及以官土互易，用成廣袤宏規。"後親爲荒，度其廟之殿廡門池、學之堂齋厨閣，以至新建亭祠，罔不如制。城之上建二樓，以壯左右巨觀。經始於嘉靖丙辰孟夏，戊午季春落成。輪奂孔飾，彝章具舉，永延文明之慶於無疆。尹之賢可例推矣。訓導周官命生員郝齡、白豸、任鳳、陳希烈丐文以詔來者。余謂四子曰："若知國家建學育才之意乎？蓋聖人之道，六經盡之矣。六經非在外也，即人心所具之理，謂之明德本體，上下與天地同流者也。我高皇帝詔天下，立學以六經，造士上宗三代教人之法，明明德於天下後世者也。百九十年來，政教之治、人才之盛，載於皇明名臣録者，迹殊而心未始不同，是故有作霖雨舟楫者，有斷盤根錯節者，有危言見於臺諫、循良著於郡邑者，有學貫天人、立言垂訓者，甚至遇窮不屈、遠竄無悔，高尚樂道，徵辟不至者，皆饜六經之膏腴，以見皇家作人之效彰且著矣。是六經者，實民生日用之不可缺，豈資弄鉛槧以邀利達具耶？逮我皇上復制《敬一箴》以頒布天下，抽關啓鑰，用泄六經之秘。天下之士，可不上體皇心，以追前修，以期明德，共成雍熙太和之世哉？夫學校育才，古今相沿也。溯至唐虞三代，下逮漢唐宋以及今日，千載之間，人材風化，孰替孰隆、孰美孰惡耶？臨邑之士，當廟學更新駿奔禮成之初，審其所當法者，立志以求之，則趨向不差，他日豈無振世豪傑出於其間乎？脱尹往來余石，深知以明德爲政者，故以告同志如此。嗚呼！豈特爲邑學記而已哉？"

临县陈侯石砌城堤记

【简介】

明万历八年（1580）勒石。今佚。碑文抄录于民国6年《临县志》卷十五。

【碑文】

萬曆八年進士雷應志

臨之治，屬於山西太原府，而其城肇於金之大定，我朝洪武二年繕，仍舊址。至正德辛未始增置外城，然崇不過丈餘，闊不盈數尺，亦藩籬之形迹耳，非保障之策也。壬子，高廣其制，第以距東一面，川原平敞，正寇賊躍馬之區，受大河衝决之害，歲傾而歲葺之，官勞心，民勞力，雖智巧百出，莫可施其計也。河南賀侯嘗築堤以防之矣，而湍騰者如故。關中吴公嘗砌石以城之矣，而崩决者如故。編杶挑壕，鑿渠引流，無歲不然，民之業生盡廢。自修葺以來，歲計丁夫之費已至百萬餘金，而百姓迄無寧宇。每歲二月興工之際，逃竄避役者扶携塞道。臨爲太原庶富之鄉，而今困敝若此，以修城之役所致也。使無經久不壞之規，將歲復一歲，工無止息，其財之費又不止於百萬，必至於杼柚其空而後已。其力之徵，又不止於眉穿，必至於村落丘墟而後已。《石壕吏》之詠，安上門之圖，將爲臨而刺之繪之也有日矣。幸際陳侯受天子簡命來莅是邑，明敏果鋭，暇豫以應旁午之政，廢墜悉爲興理，乃集士紳耆老，親詣衝流要害之地，而告之曰："徒濬河漕、築沙堤，以有限之民財填無窮之巨浪耳，無怪其工之不成也。莫若爲大石以砌高堤，而蟠根以護其基，而堅固以完其縫，斯可障狂瀾而東之，此一勞永逸、萬世無疆之休也。"衆皆難之，曰："一石之運尚苦其艱，況千餘丈之石堤表裏相接，自非神運鬼輸，人力豈能爲此？"侯毅然任之，不爲群議所摇。凡規制之方、日期之限、用度之數，靡不計算周悉，且夙夜程督，始終無倦。甫期月而堤成，再逾歲而功就，如崗如陵，水之泛漲者屢至而不愆。其行工始於萬曆丁丑之三月，越戊寅之九月告竣。冱寒之月息役，實計一十有四月而成。夫飲泉酌液，貴思其源，摘葉扶英，必窮其本。侯其立萬載不拔之基，免蒼生荼毒之苦，自是，純其藝黍稷焉，而耒耜舉趾者無擾於供役也，肇牽車牛服賈焉，而懋遷化居者，亦不驚於築鑿也。居者安，勞者息，流移者復業，窮困者復蘇，駸駸乎富庶之舊。孰非成堤成城，有以錫安堵於一時，而何以掇綿綿福澤於無窮也？則是堤也，可名之爲陳公堤也，是城也，可名之爲陳公城也。恐其久而不傳，遠而莫稽焉，於是集儒學生員胡汝濬、白鶴、范學浚、王化、賀表、張靖邦等，理問高胤冠，偕屬官曹友光、南應科等，如晋丐文，以襄厥美。因叙其始末如此。侯諱舜道，字希孟，新槐其别號也，保定府興安縣人。績難以悉數，院道旌章，紛馳疊上。凡國家難剖民情，召侯至而立判之，能聲藉甚，别有功德之石。

创建城台碑记

【简介】

明万历二十三年（1595）勒石。今佚。碑文抄录于民国6年《临县志》卷十五。

【碑文】

李文郁

嘗聞聖人爲戒，必於方盛之時，故泰之。復隍豐之日，中易倦倦焉。臨西北近邊，往歲外藩款貢，西隔黄河天塹，二十餘年，邊無牧馬，農徂其野，士庶方恬熙相慶。我邑侯古瀛常公，憂深慮遠，不憚艱勞，築南北二臺，甃以磚石，繚以周垣，房各十五間，令其中可容千人。南臺中屋扁曰“有備堂”，左栅曰“齊心防守”，右栅曰“協力折衝”。中一大池，名曰“待渴”，取以逸待勞、以近待遠、以飽待飢之意。北臺中匾曰“無侮堂”，左栅曰“未雨徹土”，右栅曰“先霜戒冰”，池亦如之。每臺蓄器械什物，不少缺焉。夫當今盛際，凛凛如對壘，處心積慮，寧可尋常測度耶？昔姬公賦《鴟鴞》，尼父稱知道。周情孔思，孰有如公者？其工始於丁酉四月，至八月而落成。區畫盡方，勸課合矩，民不稱疲，財不稱耗。後必有採拾所聞以傳之史册者，兹姑紀其始末。公諱時芳，字允桂，直隸交河人。

万历二十六年知县交河常时芳重修庙学碑记

【简介】

明万历二十六年（1598）勒石。今佚。碑文抄录于民国6年《临县志》卷十五。

【碑文】

訓導邵汝楫

夫學校者，乃寰區首善之地，賢士之所關也。聖天子之所以儲真才，督學使者之所以比髦俊，守令博士之所以日省月試而陶鑄之者，胥於是乎加之意焉。爲之殿以崇元聖，爲之廡以祀群賢，而豈徒哉重根本、立標的也。爲之堂以明人倫，爲之齋以分訓詁，而豈徒哉彰化源、端士趨也。時修葺以新瞻視，隆禮義以榮橋門，而豈徒哉振風教、作士習也。然則學校之爲國家重也，其來遠矣。邑侯對水常公，甫下車，謁先師廟，升明倫堂，進諸生。授講畢，則遍觀於宫墻中外，乃於廟貌則新之，堂齋則葺之，廟門則磚砌丹塗之。復謂其規制弗偉、科目不振，遂卜日，集工役，量事期，計財用。學之東爲坊三楹，匾之曰“鯤化滄溟”。廟之西爲坊三楹，匾之曰“鶚横霄漢”。堂之前爲大門、爲二門，易舊爲新，匾其外曰“儒學”、内曰“丹桂芳業、風化源頭”。門之南爲屏三楹，匾之曰“雲路”。又其南即内城，建坊於其上，匾曰“龍門”。前後拱向，左右岳峙，峥嶸巍峨，彩色輝煌，焕然稱改觀焉。臨之士感公課士之勤、鼓舞之雅，有願升堂而請益者焉，有睹“雲路”而慕青霄者焉，有過“龍門”

而思騰變者焉，固見其彬彬然向化矣。余復揖而進之曰："噫嘻！是固足以言彰公志，而要未足以言彰公教也。蓋貴士者，先器識而後文藝。董子曰：正其誼不謀其利，明其道不計其功。不有曰升堂入室如仲由者乎？不有曰望雲思親如仁傑者乎？不有又曰聿登龍門如東漢多賢者乎？二三子苟能修德崇道，尚志敦倫，礪節砥行，由是而致身青雲、攀龍附鳳、布列廟堂，而致君澤民焉，斯爲無負於公教，斯爲不孤於公望，斯爲不虛於公首重學校而勞心修創之至意乎。"乃相率拜稽爲公頌。公，直隸交河縣鄉進士，諱時芳，字允桂，別號對水。邑幕信君允，東省齊東人，共襄厥成，例得共書云。

永乐村永兴寺重修碑记

【简介】

明万历二十七年（1599）勒石。碑原在临县永乐村永兴寺正殿之左，今佚。碑文抄录于索达干《阎氏家谱》。另有施钱人碑，在正殿之右，万历二十七年（1599）立碑，刻阎氏有名者百余人。

【碑文】

臨邑南百里許索達干村，肇自前代宣和年已建佛殿一座，東……土地堂，世遠所頹，彩畫昏闇。成化十七年僧道緣重修，但苟……富而完也。朔望行香，往來士夫觀者不過慨嘆而已，胡有重建……佛爲夷狄之法，有漢流入中國，曁觀音俱化民之善，關王名鎮……地奠民居而足民食，咸有績於萬世也，是以殿宇聖像宜乎……於任常丁。弘治三年，本村閻素、閻讓捐己資財，協同僧海……丐緣積聚木植，易買顔料，發心塑堊，俾佛殿觀音煥然一新……耀，兹於弘治五年秋厥功告成，恐世久泯迹，没其善名，於是……碑鎸石，以所示其不朽云。

善士　阎善英

纠首　阎邹　阎得

郭公小楼合葬墓志记

【简介】

明万历四十八年（1620）勒石。古墓志原在临县丛罗峪镇郭家塔村下枝老坟石塔上。于1980年代，被芦子沟郭某某修建窑洞时拆毁丢弃。碑文抄录于郭家塔《郭氏下枝家谱》。

【碑文】

臨邑西鄙，有鎮郭家塔，處士郭公諱三變，字小樓，其爲人也，襟懷磊落，氣宇恢宏；處族里而鄉評無玷，泛江湖而良賈名揚。室人馮氏，幽閑貞静，拔萃超群，以勤儉持家，以義方訓嗣。生男二，震器游泮，次子經商；生女四，俱適名門，克閑婦道。可謂積德厚而貽謨遠矣。宜擊玉獸金，百年偕老。詎意騎風馭氣，一返大荒。嗚呼哀哉！爲之奈何。今卜吉，砌葬於里之西地。其子生員郭見龍，苦椿廷之早游，慨萱堂之續亡，恩愛斷兮天漠漠，哀怨結兮雲昏昏；音容杳而莫接，心緒亂而紛紜；恐世遠而失傳，謹含哀而自致。請題墓誌，以垂不朽。敬爲之記。

郭公三變，字小樓，配馮氏、王氏，婿賀京騰，白三杰庠生、王之綱、郝孔烈。男郭見龍庠生 配高氏，郭瑞龍配武氏，侄郭耀龍、郭隨生、郭根生，孫養兔。

大明萬曆四十八年八月十五日立

郭家岔老坟碑文

【简介】

明崇祯十四年（1641）勒石。今佚。碑文抄录于郭家岔《高氏家谱》。

【碑文】

古昔君子，去而哭墓，歸而展墓，何爲？而重於斯，報本返始爾。由是以觀，爲人子孫，而足不履塚邱，手不拈香楮，以至世系傳遠，昭穆失紀，妣嬪無辨，亦大不賢矣哉！夫殯於五父之衢，問於郰曼父之母者，此古先聖人不得已者之所爲也。厥後以東西南北之踪，不可弗識，崇四尺而封之。嗟乎！安有人而可以忘本，而尚得爲人哉！我高氏宗祧，高曾而上弗及編記，以家譜燼於赤眉，傳聞無所取衷故也。其近在三二世者，或訪之故老，或晋之縣誌，或躬承之當代，斑斑足紀，因得敬録其名諱，並詳載其行事實迹，外不敢有溢詞焉。乃命工人依次勒石，示奉先祀者以考鑑云爾。

崇禎辛巳夏至吉旦考嗣增廣生員高配乾　廩膳生員高如乾　孫高際飛　嗣人自撰書

縣令賀以孝　生員高節

西白家庄新建家佛堂记

【简介】

明末清初勒石。原在旧庙院内，砂石质，风化严重，近年新修该庙时碑石被毁。碑文抄录于2008年。

【碑文】

臨邑西九十里許，有都曰大吉都，都有村曰白家莊……朝思暮想，住世人之貧寶貴……福者少，受福者稀，具佛經説，優填王……武□□蓋佛頭兜率百寶莊嚴座俱……人人尚乃修福益况幾及而不……燒磚□自己力所成，基址……玉皇藥所七佛……

顺治三年知县济南谢道重修文庙碑文

【简介】

清顺治三年（1646）勒石。原嵌于戟门左壁，今佚。碑文抄录于民国6年《临县志》卷十五。

作者申朝纪（？—1658），汉军镶蓝旗人，初籍辽东，清初官吏。天聪八年，授刑部启心郎。文馆朱延庆疏陈时事，荐朝纪温雅正直，练达世务，处家俭，守身约，讷言敏行，足任鸿钜。崇德元年，赐人户、牲畜。顺治元年，授河南河北道，驻怀庆，李自成之党二万余来犯，朝纪登陴守御，昼夜不少懈，有渠乘白马薄壕，麾众攻城，朝纪举炮殪之，贼悉惊窜。二年，迁江南布政使，擢山西巡抚。

【碑文】

都御史申朝紀

千岩競秀之中，巍然而蟠踞者，則臨邑也。邑之北有縣治，縣治之南曰學宫。厥位面陽，厥土燥剛，厥材孔良。殿堂門廡，黝堊丹漆，舉以法舊籍有可考者。崇禎癸酉之季，西賊蹂躪，一炬焦土。嗟乎！

此一變也。予嘗讀邵子，有云：自有天地以來，一元有十二會，會有一萬八百年。自子丑寅歷戌會，則閉物而消天。至子會則又生天，而循環無窮。此數也？理也？信乎天不變道亦不變也。有神明變通之人出，德行動天地，制作侔神明，昔人所謂蹴崑崙使西倒，蹋泰山令東覆者。噫嘻！斯人豈易得也哉？邑令謝君，滿洲人傑也，奉新朝簡命，來涖兹邑。時闖賊播虐之後，兇焰煽天，則屍横骨暴，妖氛蕩地，則徑斷煙寒。嗟乎！此又一變也。唯時，公單騎之任，甫下車即布澤流仁，免群生於湯火，納百姓於休和。不數月間，而寇孽靖掃，治具畢張。流離亡散者，始聚而有室家之慶矣。乃進諸生，慨學宫闕狀，愕然嘆曰："學校廢則人材散失，人材散失則儒效闊疏，大可懼也。"於是出諸俸金，庀材鳩工，而謀鼎建之。正殿傾圮也，易其棟宇，厚其墻垣，鳥革翬飛，而廟貌聿新矣。以及兩廡名賢，鞠爲茂草，則更新創立。於神主之廢者增之，而神有所依矣。戟門之頹者樹，大門之缺者補，而堂舍内外，一時燦然改觀矣。且有門壁塞於前，坊牌易置於左右，金碧輝煌，無一不舉。昔人所謂殿堂門廡，黝堊丹漆，舉以法者，復如故也。興起斯文，其在兹乎？公可謂殫厥心矣。不特此也，如築雉堞，如砥河瀾，如葺文樓，如蠲荒租以軫民困，如罷協濟以恤驛疲。入其境政簡刑清，徭輕訟息，遺不拾，犬不吠，行者相與歌於途，商賈相與忭於市，農夫相與歡於野，而人工適成。遠眺之，則吞嵐光，挹碧波，雲蒸而龍翔，霧騰而豹變。奇哉！此廟之大觀也。闔邑中紳衿耆庶，既立祠以祀焉。有學博先生張奇勳者，陳牲告奠我先聖、先賢，張筵明倫堂爲公謝之。予聞其攘袂競先，老者、少者、躭者、籌者、歡迎者、候門者，無一不畢集，恍乎如嬰兒之投慈母也。此又一變也。猗歟！公何以得此於人心也哉？總之，德及故信孚，信孚故人和，人和故政多暇。公之志不在功名，不在富貴，惟德被生民而功施社稷。後之人陶鑄於宫墻中者，沐公之澤，炙公之光，感慕奮興，秀傑挺而科甲繩，我夫子血食馨香萬年，謝夫子教化，亦馨香萬年。所謂神明變化者，此耶？信乎天不變道亦不變也。公諱道，號路然，今陞江南淮安府知府。滿洲人，原籍山東濟南府學生。

郭家岔村六代祖廪生高节孝行碑文

【简介】

清顺治九年（1652）勒石。今佚。碑文抄录于郭家岔《高氏家谱》。

【碑文】

明處士高老先生廬墓孝迹記

余生平無他嗜好，惟緇衣一念，最切見一方有善士焉，輒忻忻爲其地喜，見一人有善行焉，輒忻忻爲其人喜。居今求古，恨不獲顧。余生也晚，問詢諸故老，得高先生乃當年樂善隱約諱賢之子也，其嘉言懿行，載在邑志者，當於古哲人君子中求之。先生諱節，字崇古，夷考品行，大抵宅心若玉潔，可矢天日，志節若蒼松古柏，經霜不改，更資穎絶倫，日記千言，髫年游芹食餼，直當高搏漢表，雄視石渠，殊爲是池中物也。邑宰賀中，尊耳其名，欽其才，折節敦請館之上賓。比入館，一以筆硯從事公事，絶口不及，即問亦在不答。當時有邑曲峪鎮重大事，其人以百金干托，即邑宰亦明説，以此市情，先生廉介愛名節，□不苟取，竟卸乃事，邑宰重之。亦曾路拾遺金一封，先生未嘗一顧，急出示覓其人以償之。其人執牲禮來謝，先生並揮之。昔華歆、管寧共鋤，見遺金，歆拾在手，擲地，寧揮之不顧，遂以此優劣其人，千載下僅見一先生也。先生素以色戒，至妓尤深厭惡。一日筵前一妓者，以手抹先生衣袖，筵别歸，即將衣袖割去，以示不污。一生行誼難以概，紀尤大者。先生專以孝著，明發不寐，有懷二人，晨昏定省，菽水承歡，却以親之憂爲憂，親之喜爲喜，得親順親，大有底豫風，親歿其家，距墳四十里，廬墓三載，無一内顧，言枯石涌泉，白兔來友，孝德格天，於先生見之，一時宗族鄉黨，聲名洋溢，縣宰即以優行薦之，督學報之，兩臺各深加旌獎焉。其行事遂登縣府志里，公議入鄉賢，血食永永而不果，或者見忤於世俗也乎。嗣是仁人有後，麟趾呈祥，男諱紹芳，號於崗，修學賑荒，德重鄉評，縣令每以士禮待之。孫象乾，字嗣崗，亦古人矣；配乾字友玄；如乾，字一清。曾孫際飛，俱列黌序。而一清公暫以秀昇登天府，他日奪標鄉闈，樹幟京都，良有待也。其曾玄高雲飛等，森森濟濟，蘭芽桂茁，寧有極耶。占盡三多，享全五福。噫！此天所以報善人也，吉人天相，亶其然，亶其然，勒之石以誌不朽云。

邑歲進士竹道人趙陶薰沐頓首謹撰

順治九年歲次壬辰春二月之吉

男冠帶官高紹芳　孫生員配乾　象乾　貢士如乾　曾孫際飛生員　鴻飛　雲飛　鸞飛　鳳飛　龍飛　玄孫達　遠　明　全竪石

邑侯朱公德政碑记

【简介】

清顺治年间勒石。今佚。碑文抄录于康熙五十六年《临县志》。

【碑文】

太史朱之俊撰

宜蘇王太史爲侯尺木階，而予階王文衡，世講誼同骨肉，故於諸邑長吏，喜道其所有餘，於侯獨箴其所不足，謂夫成敗利鈍、相與共之者也。日計歲計，縈繞肝鬲間，竊恐其髦予而瑱之。今瓜期及矣，一邑治定功成，果出諸黽勉，亦佳事，乃性之所至，非由黽勉來者。始悔曩所箴之言爲贅，乃可以明目張膽頌言之，始信侯之始終如一日，而天下後世亦信予之不敢妄語也。臨處窮山，山城下三面臨河，歲受淙囓。自己丑兵興，蠢蠢焉慮伏莽。侯之來也，值困且革。惟清公立名品至，近人則平易，激勸婉切曰："寧使人書生易我，毋機阱疑我也。一人入獄，十人廢業，能安寢靡中乎？"徒流以下率一日中决遣之，略盡獄。中歲，得櫓穀一碩。乳燕呢喃，翔舞牢户。因嘆前乎此者獄之不靖，由教之不行，教之不行，由學宫之不飭。遂立議土工，而士民雜糅，銜持萎謝不止。侯曰："土工屬民，獨建學無與疏也。建學屬士，然亦無所取資，貧也。"括邑中廩餼俸薪牲醂，别所羸縮，得三百金，强募人需，日月綏輯之。晝棟高墉，槐宫棘宇，頓復故觀。而後，集多士肄業兩廡間，問難考課，自經濟、歷律、鼓鑄、鹽策、屯田、河渠、容臺、兵事，皆窮極本源，條對别白。督學奇臨文，以爲有湖學風氣，拔衿佩倍往年。前此爲土工，後此爲養士，縻財不貲。其出孔入孔，可以相當，處計無如墾荒田、懲遊惰，一鄉中糞種樓犁，通融質劑，牧牸牛、草馬皆有章程。露積、窨封者，不聞楚撻相摅聲。兩税立辦。民間寢屑越用之，啓奢靡而召戎寇，足之爲害也，甚於不足。則又爲深長慮，及比閭寄伍，兩習坐作擊刺。唐人以團結民兵爲苟且之政，施諸山僻小邑，遂爲勁旅。政貴知變，此類是也。刑措士奮，既仁且良。地墾武備，既富且强。侯時登城遠眺，酌酒賦詩，觀水波曲直上下，知可導而徙，徙而障也。移檄馮蠵，使退處百步之外。築堤爲限，游波寬緩，其不與山埤麗譙争此土，採蘋藻而狎鷗鷺，又公德政中一段風流韻事也。其諸通商惠工，評估薄賦，清丈便民，不足瑣述者輟之。夫侯之始至也，英年文士，愛以德，因贈以言，且數數微行臨地，其間黄童白叟，纚纚叙徽美，如出一口。遂文武兼修，唯所設施若是，是爲公足哉。王介甫爲靳循吏，新法則褊。蔣公琰醉不視事，無適莫則。優材守度量，問兼之者幾人？丙申大計群吏，兩臺使者果上公卓異，爲三晋冠。行且爲天上人矣，又當進言其有餘者。公諱紹鳳，字儀聖，别號嵩庵，順治己丑進士，江南華亭，其故里也。

重修善庆寺碑记

【简介】

清康熙初年勒石。今佚。碑文抄录于民国6年《临县志》卷十六。

【碑文】

曹席珍

康熙元年，是國家明辟初服遺哲之日也。維時，交廣底定，滇黔大平，甌閩鱗静，吴奧波澄。由日出以至日入，自絶漠以及北向户，驛尉交馳，車書大同，亦可謂田里康寧、鬼神介福之候矣。因思古今離合合離、成毁毁成何限乎？而人民之生死、鬼神之治亂亦因之。姬姒而上無論已，由嬴政以至季子，狐火示妖、勝廣發難爲一離。縶嬰鹹項、綿蕞禮貴爲一合。外戚鼓逆、金刀中絶爲一離。銅馬帝朔、漢官復見爲一合。山陽禪終、吴蜀分帝爲一離。出峡斷鏁、羊車引宫爲一合。未幾，而天光背馳、海宇瓜分，北十六南六朝爲一離。而背井銜壁、臺登單于爲大合。麻叔首禍、遼東浪死爲大離。神堯夜劫、元武箭飛、天策受極爲大合。閹寺鬪寵、白馬沉流、五代鶵距、馮老販國，離其合。戮斧告終、龍虎承休，合其離。由是而一汴二杭三閩四廣，遼夏交訌，金元遞禪，高皇應運於北斗，成祖兆業於箕尾，合離離合，殆不可紀數矣。大約離之極則毁成，合之久則成毁。當崇禎之末，造高奴、雕陰、葭蘆、圁水之地，亭毒妖孽、飛沛兇宿，葦河滋蔓，蹈瑕破城，而矛鋋頭顱、刀俎嬰孩，伐井夷竈，焚寺毁觀，一時香火消沉，僧徒四散。而善慶一塊土，殆寥寥無人焉。釋子了欽，歷治亂兵燹之始末。住持於此，憫棟梁之圮頹，悲龍象之殘落，因與僧寮悟化、了欲等大發願力，募諸四方。一時三門兩廊、鐘樓翼室，漸就增設。因國家有事東南，徵租索賦，迄無寧日，而正殿尚未底績。恐時日推移，興亡不具，丐文以誌其顛末。余亦世居此土，借庇神庥，於順治五年，列名賢書之第二，不敢妄爲支詞，止叙其古今之治亂，以及余身並僧人艱難求成之力，告後之君子云爾。

邑侯庄公建修城楼碑记

【简介】

清康熙二十一年前后勒石。今佚。碑文抄录于民国6年《临县志》卷十五。

【碑文】

曹席珍

國家襲夏殷，奠神皋於析木之次，寄肘腋於并肆，鍵關梁於西河，故自寧雁以南，右轉而濱於上郡，雖邊腹不同，或稱極要，或稱次衝，咸禁暴禦亂之懔焉。臨邑孤懸兩河，當新秦、五原之孔道，爲全汾肩髀，驗往占來，蓋亦西北之重地也。由懷廟以迄今，甫歷三紀，而數見攻圍。一則始於援遼之叛將介甲投門，一則起於□綏之草竊蹈瑕抵間，一則鄰寧之士弁勾絡交寇，一則秦中之廢帥遥應平賊，數者禍亂不等。或得則殲其醜，或失則毁其邪，總依此戍陴墐户涂隙，效死嬰守之重地也。然當時慮先庚甲，内外暇備。内則方面之中有巨樓，耳臺之上有箭櫓，雉堞之口有楯蔽，分甲之地有泛舖。下至弓刀、砲石、篝箭、更燈，咸殷殷秩秩。外則城麓之下有却月，重濠之外有品坎，南北之繚有虹堤。隱短伏垣，跳蕩堵截。風鶴一傳，扶携如歸。自勝國以來，湮廢積久，前迹泯然，且南北兩臺包絡孤角，最爲險闊。壬申之歲，禍本所發，至今尚談虎而色變也。然朝斯夕斯者，慶禍未及，煦煦相樂，不思事變無常，焚棟之或及己也。幸莊公以吴世族巍科，試鲜山邑，數年之内，政通人和。其補偏救弊，如市水田以濟殘里，賠工食以給閽役，厚衣粥以贍獄囚，種種嘉績，悉出己資。兹歲在辛酉季夏，周視城垣，進蓮幕王公暨弟子員張生、郭生、趙、崔、白生而告之曰："臨邑盤踞萬山，介吕梁岢嵐，其氛甚惡。今城之苦窳若此，是豈勇夫重關擊柝禦暴之義乎？"爰出俸金，倣劉晏理財必用士人之意，屬諸子弟董治之。遂率義士高標等，朝夕拮据，庀材飭匠，課日督工。復恐糜廢錙銖，將各匠口食輪流而犒勞之。於是費省功倍，不日告成。復於文昌舊址建置臺閣，既塗茨，仍勤其丹雘迤廓，遥望雲隱翬飛，宛然西偏一重地也。然前此非無民牧，一病其涎金而好人，一病其邪刻而不出。公痛革紙贖等弊，絲毫不入，公私有事輒措自己手。如此良有司，今天下能有幾人哉？能有幾人哉？

康熙二十四年创建儒学碑记

【简介】

清康熙二十四年（1685）勒石。原嵌于戟门内右壁，今佚。碑文抄录于民国6年《临县志》卷十五。文甚长，节录十之一。

【碑文】

……又於鄉縉紳先生曹君席珍處購回儒學基地，以備兩署之建。而倡捐學前基址者，則有庠生張表與其族天麟、來麟，義民張承志、張承映若而人。但學後係曹君地，仍苦於登堂無自，幸曹君志在崇學，慨然分己所有，而前後左右因以畢。周先生與諸生輩，洵有道君子哉。

重修圣母庙碑记

【简介】

清康熙中期勒石。現佚失。碑文抄录于民国6年《临县志》卷十六。

【碑文】

郝衷赤

聖母一祀，所在多有，而名號各殊，若宓妃玉女、晋溪水府諸祠，謂川源能興雲致雨而祀，故俏像乾元，從水類也。至貞婦烈女，遠如湘夫人漂老，近如汾城聖仙長命女，均以老稱，胥能繩螽羽而遠椒條者。吾臨舊有廟，相傳漢高皇征陳豨，有隨行宫娃仙煉於漢高山者三人，兹殆其一。然又有聖公聖母並之者，何也？或云漢高公主爲趙王張敖所尚意，並像者即敖。與弗具詳，而披殘碑斷碣，多金元時語，知來由遠矣。前熹廟間北平白公莅政，稍稍葺治。閲歷六十蜡臘，殿宇傾欹，神貌剥落。兹值昆陵莊公以世閥名宿鳴琴兹土，詣是廟，亟生感慨。爰命父老數輩暨僧明光董役重修，助貲三十餘緡，供土木費。聖殿洎廊廡及院墀，缺者補之，敝者新之，低者增之，隆者削之。雖邑里市廛微有施予，然非公倡之於前，弗能成也。以己未孟夏經始，凡數易蓂莢，而金碧丹雘，鳥革翬飛，奕奕閟侐矣。逾四祀，癸亥，天子以西南新定，匪長材莫勝，擢我公六詔，騰越守。將行，呼父老謂曰："修聖母廟，吾願也。今營繕粗就而往，僧慰給，後將誰守？"仍捐腰纏十有五金，購時家灘水田五畝以贍之，俾奉昕夕，尸掃廟貌，其永保綺麗乎。猗歟！我公碩德高誼，振古未有。顧春秋方四衮有奇，芝蘭玉樹生庭階者凡六。震索阿戎，已摶羊角上公車，餘悉夜光明月，鐵網珊瑚。雖我公積德使然，未必無明神蔭佑降之百祥也。

阖邑绅衿耆庶公记崔公德行碑文

【简介】

清康熙二十六年（1687）勒石。今佚。碑文抄录于民国6年《临县志》卷十七。

崔景辉，顺治、康熙两朝贡生，临县三交崔家坪人，儿子崔鹤龄是康熙五十一年的进士，侄子崔南龄是康熙五十三年的举人，祖父崔依汉是万历年间贡生，累绩升为大同府教授。

【碑文】

在昔，博陵啓世，標繁靈於冀土；清河衍胄，綿瓜嗣於參墟。高者鼎鉉三台，卑亦邦伯九州。惟德斯慶，惟才斯美，而降年有永有不永，弗問也。今星禽畢曜紀元之四年，乃國家之二十六年也。歲在彊圉單於，日道磨於大火。閼伯禍歲，處士星沉。嘆月建於厲晬，奄崔公之西行。公大父依漢，以横經奪席，曾人倫於東國。乃父鍾秀，以芹宫碩彦，克繩武於家風。公諱景輝，字萬藻，秉秀山嶽，受氣星辰。年在髫髮，已齊名於郭伋；學甫勝衣，即見賞於王澄。豈直童子之明經，書生之説卦而已？起家尚書有聲，弟子才可決科。未獲一鳴於上苑，翼足摶風僅爾。兩介於秋闈，雖陰德已注於星宫，而文魔尚壓其一頭。乃循資格，爰校次第。甲子之歲，作賓上國。公温温者性，悃悃者質，休休者量。夸大辨而持之以訥，包大采而守之以白。不修夷齊之潔，故其清不可尚也；不學惠連之辱，故其道不可屈也。乃憚宗廟之犧，守不靈之龜。因制業之不就，遂移志於岐黄。遵《靈樞》《素問》之旨，彙劉、李、張、朱之成。洞達乎表裏經絡，曉暢乎砭石炳炙。究五科七律之機，行十濟七方之制。故發無不中，療無不瘳，何異乎倉扁神術？帶下老弱之數變乎。然公之才情閎肆，學問該洽，治不一家，攻不一術。袖裏巫咸，枕上天官。盡甘石梓禆之能，知四國之皆火；算出入盈縮之數，卜庚辰之入郢。又龍傳廖賴，針神子午。陶八州之牛眠，一抔不爽；孫大帝之鴉飛，有喝斯應。又理窮《河》《洛》，術盡京焦。《春秋》之《元命苞》，悉取諸懷；《孝經》之《援神契》，如指諸掌。更復精耶律喬拗之經，抽《轆轤》《殿架》之秘。修短皆知，禍福如響。方期術極衆庶，道濟公卿，乃玉京徵作，不相其年。彭竪纏魂，故促其算。堯典入棺，關西罷講。病門墻之生莠，嗟山木之長頹。途登石鈕，路入金城。塞塋樹直，秋草雲平。悠悠丁令，歸來何日。聊記謬言，以垂不朽。

大清康熙二十六年歲次丁卯菊月上浣八日

戊子亞元原任湖廣荆州府彝陵州知州眷弟曹席珍頓首拜撰

高家山明葬碑文

【简介】

清康熙年间勒石。2010年左右毁坏。碑文抄录于2005年。

【碑文】

……世……房二……間諸……有公……世之……仁歷成……沐勸愁所何羡……未幾……端木之才識云……康熙三十年十月……時，妻高氏、吕氏……如元祖於飛……□飛……生在鄉在國……書，王振……開烈、開統、開猷……孫興仁、興讓……而敬而瑾……鬱……榮，保兒……行珍……邦武……第而建恕……温良明亮……處繩……瑜惠……英敏寬……正……

重修下西坡祖坟碑记

【简介】

清乾隆四年（1739）勒石。原立于临县下西坡李家堬坟地，今佚。碑文抄录于碛口李家山《李氏家谱》。

【碑文】

安業村南李氏墳，三都四甲人始祖也。一安業都三甲，一招賢都三甲、四甲，一義居都十甲。甲墓百餘，族譜自分，而始祖在焉。三都四甲人合祀之者久矣，邇年來風雨飄摇，不無頹傾。三都四甲人，協力整理，築垣墉，建門樓，厥復歲時致祭不懈，今者公同勒石，用展孝思無窮爾。

歲進士李有莒撰記

乾隆四年

今將三都四甲人助錢人書列於後：

成家莊招賢都三甲……蘇家坡賢都四甲……田家山義居都十甲……

乾隆二十八年知县丁宗懋增修石堤碑记

【简介】

清乾隆二十八年（1763）勒石。今佚。碑文抄录于民国6年《临县志》卷十五。

【碑文】

臨城東距湫河，湫水經大小連枝山，北與榆林諸溝匯，激而西射，以與城嚙。築堤所以護城也。自前明嘉靖兵備副使趙公度地河壖，伐石爲堰，後之續斯役者，屢修屢圮，歲以有事。明季，兵燹相仍，而當年遺迹遂與山埤麗樵盡付馮夷矣。越雍正壬子，水暴至，延及城内，居民蕩析。時請於覺羅石大中丞，得報，可發公款三千金築而新之。從東門而南，延袤一百三十丈，則兹之石堤是也。昔爲荒墟，今列廛市，依斯堤以宅爾宅者且三十年。亡何歲月寖深，根埽剥落，縫裂罅穿，難與持久。其迤北一帶，水勢益蹙。近時，郡伯張公曾加補苴，叠亂石而糁以灰沙，亦隨滮漫而不可復識。壬午春，予令兹土，竊以爲欲衛民，莫先完城，欲完城，莫急修堤。顧未信而勞弗敢也。其明年，遂與邑之紳士里老謀，謀僉同，不以予爲劣而任之，量力捐輸，匪徵而集則費省於前也。群力趨赴，必值乃傭，則人不滋累也。方春經始，徂秋告竣，庀石蟠基，惟深且固。編縫則綴以鐵釘，層累則貫以鐵管。蓋歷稽前代興廢之迹而底法加密焉。堤既成，或曰：水之爲城患者，以不由東山崖下故道行耳，宜鑿渠以引之。或又曰：城以北，舊爲趙家崖，崖踣而水乃直薄城下，宜墩於崖以捍之。顧予觀湫水漲溢，奔沙徙岸，木石俱下，鑿未息肩，淤不旋踵。若趙家崖，踞其上游，適抵最衝，挾甃石之功以禦撼山之勢，是螳臂而當車也，何足與洪濤争怒哉？因扼堤之中，權更爲築臺，狀如偃月，與堤相抱，以避趙家崖之衝，水勢至此得稍停泊，又若迴既倒之狂瀾以障而東之者。登臺南望，則石大中丞之遺澤新焉。其北則今所增築，直統城隅而止。枕殘堞，駕長虹。晨炊宿靄，空翠霏濛。此湫川煙雨之所以稱勝概也，竊於斯臺有取云，故並及之。

乾隆二十八年知县丁宗懋开学宫前路碑记

【简介】

清乾隆三十四年（1769）勒石。今佚。碑文抄录于民国6年《临县志》卷十五。

【碑文】

聖人之道若大路，然以極高明，則壅蔽者務去焉，以致廣大，則窒礙者必通焉。要在識其所從入，毋惑於他歧而已。學宫，前臨大街，廣不盈數武，南向廬舍，參差規模，湫隘跬步間，未嘗不嘆面墻也。其窒礙壅蔽也孰甚？癸未冬，予亟與諸紳士約捐，置李姓、常姓宅若干間，撤而去之。既復購楊姓、牛姓宅各一區，惟牛姓宅之在西偏者，留爲邑尉廨，餘亦撤而去之。自是，叠嶂層巒，軒豁呈露，攬秀挹青，令人意境俱遠矣。學者觀於此，誠知擴充聞見，開拓心胸，而得所從入，以馴至於高明廣大之域。斯所謂能由是路者乎？予方擬構先師牌樓以崇觀瞻，引牛澗水作外泮池，尋以有事於城工，未遑就緒，爲紀。其長寬各丈尺，以俟君子。

時乾隆己丑天中節也。

修建公署碑记

【简介】

清乾隆三十九年（1774）勒石。今佚。碑文抄录于民国6年《临县志》。

【碑文】

吕公

臨舊署在鳳山東麓，今申明亭之西，創自元知州馬君麟，歷明以來，久成廢址。國朝順治七年，乃有今署，志所稱“僦居民屋於厚德坊者”是也。乾隆三十八年四月，余始來，兹署有堂者三，舉欹斜欲傾，而大堂尤甚。大門僅列兩壁，門内亦無他房室。從事役吏，悉寄寓酒肆中。一出入，必先傳呼以待。三堂後益湫隘，雨淋日曝，不可以寧家室。按例有捐廉修葺分年抵扣之條，乃請於上官，預借養廉銀九百八十餘兩，更之以新。明年仲春望日起工，五閱月而工畢。拆修者十六七，若大門、若班房、若寅賓館，則皆創而增之者也。門外又增石獅二，而移照墻南出於衢，以壯觀瞻，以肅體制。又從而丹雘之。於戲！傳曰：叔孫取館，雖一日必葺其墻屋。此物此誌也，敢以傳舍也而置之乎哉？是爲記。

乾隆三十九年六月望日泐石

乾隆四十年知县吕公滋重修凤山书院碑记

【简介】

清乾隆四十年（1775）勒石。今佚。碑文抄录于民国6年《临县志》卷十五。

【碑文】

書院之名始於唐，而其事盛於宋。嗣後代有建設，大略皆仿四大書院以爲法。上與太學、儒學相表裏，下爲義學、社學所觀望。猗歟休哉！國朝各省皆建書院，隆師課士，視古有加。蕞爾臨，晋之邊邑也，前代建置不可考。舊志載有鳳山書院，康熙間知縣莫友仁置，並田若干畝，今僅餘堂齋基址數間，田租湮没無存，其廢墜殆八十餘年矣。余承乏兹土，民風儉樸，士習謹醇，而僻壤山陬，尚少風雅。因即莫公舊址，捐俸修葺，以爲講課地。正其斜攲，覆其滲漏，傾倒缺失者補立之。三閲月而工畢。招集諸生童，課其中者，食以蔬食，加以奬勵。逾年乃有願來肄業者。余顧而樂之，額定肄業十人、看夫一名，量給膏火，其餘多士，依舊會課。又念簿書之餘，講背或疎，乃請予兄寸田先生暫主講席，可省束脩之課。商之兩學師，以爲可。遂擇日開舘，諸生欣然樂從。兄曾掌教荆山，多所成就，其訓課之法，則自有鵝湖、鹿洞遺規在。諸生其各奮勉刻勵，以期副此意也夫。

郭门高孺人墓碑

【简介】

清乾隆年间勒石。现佚失。碑文抄录于张景星手抄本《文汇堂直格》。

【碑文】

酣古氏（趙中元）

孺人高氏，鄉先生高太公，閒静淡泊，不慕榮利，與孺人之舅郭太公，雅志投契，作鷄黍交也。爰結朱陳歡，及笄適郭，先生時方肄業儒，讀恒少君傳，孺人聞而心識之。謂先生曰：舅在吾臨，偉人也，子不可不修德守業，以承厥志，若修行婦道，妾既聞命矣。以機杼聲雜咿唔聲者，歷有年，不幸郭先生大業未就，中道棄捐，孺人撫棺慟曰：若志未遂，而幸有三雛，可使死者復生，責在未亡人。於是茹蘗飲冰，躬親紡績，以理家事。苦無餘資，不得已督長公歸業農，業稍贍，即以次公執家塾，不數年頭角峥嶸，巍然望重膠庠矣。其季公以磊落英奇，馳譽四方，論者擬之以長安遊俠云。嗚呼！世之士大夫儒冠儒服，印累累而綬若若者，不知凡幾矣。隨塵浮世，萬不可作一孤高事大約□軟性生，視斯世有難能之事，輒謂原於己乎？無與寧碌碌以終身已耳，不知爲臣盡忠，爲子盡孝，爲婦盡節，此自性分中應有之數，豈得謂於己無與，遂可推而遠之也？當孺人賦柏舟時，初未嘗讀古聖賢書，講究綱常倫理之義，熟聞某婦可方某忠臣，某婦可方某孝子宜是，則而是效，乃其一腔血性，一片真貞心，竟作匪石之不轉，遂以慈顔加嚴訓，撫有三子，飲之食之，教之誨之，今也鳴鳳河東，蘭滿幽谷，孺人之垂裕遠矣。孺人之雅操視世之士大夫爲何如也？忠孝節義，性分之事也，而世罕有其人，不得不推爲難能之事，則丈夫中有能之者，必舉以爲奇男子，今孺人之抱一貞也，托諸孤也，終歸於大節而無缺也。孺人少清苦，老而康寧和態，之後繼以含飴福壽綿長，某年月日卒於内寢，享壽七十有□歲，今合兆於□之原，珊佩瑽瑢，顔無少汗，有以報郭老先生於地下也。今嗣輩環泣而送之，孺人自拂袖而去，銘曰：

天經地義，炳若日星。緊惟氏德，不慮而精。鬚眉無色，巾幗吐英。綿綿瓜瓞，鬱鬱佳城。

俾爾昌大，壽諸貞珉。應知聞風者風揭高山而愈遠，慕節者節流湫水而常清。

堡子峪王太君碑记

【简介】

清乾隆年间勒石。现佚失。碑文抄录于张景星手抄本《文汇堂直格》。

【碑文】

酣古氏（趙中元）

王太君者，世族之女也。臨之西南鄉有堡子峪者，爲王氏世居其地，西臨大河奔流而環抱，山勢蜿蜒，青翠欲滴，天地之精華萃焉。故王氏英杰輩出而風土淳厚，名公碩彦之叠生者，□樸茂近古，蓋余臨之嘉迹，於斯爲盛云。雖然，准是以觀，不獨鬚眉可知也，太君生於王氏先□，王老先生以磊落雄豪，渾全璞玉人品，正己齊家，庭訓諸子維嚴，□於長公明經，陸海潘江，冠冕余臨者數十年，而明經公之長公，以庚子發解晋省，世澤相傳，淵源有自矣。故知王老先生教女也與教子無以異，自食食以至笄，總胥代師氏之任，婉娩聽從，婦德無慚，乃至手不輟麻枲之業耳，習聞詩書之訓，則以父子兄弟家常告語者，皆古今名節大□。太君饜而飫之，不啻瞽蒙朝夕諷誦已也。長適處士張門，惟是善主中饋，治爲絲蘭，以供衣服，治爲酒漿，以供俎豆。《詩》云：無父母遺罹。太君之婦道，可謂修矣，何遺罹之有焉。張公天性孝友，太君敬事舅姑，娣姒中獨稱純善，當同居時，迨各爨後，總不聞有一閑言與娣姒輩競長短，以是兄弟既翕，父母其順。《禮》曰：無違夫子。必如是而後可云無違也。至如張公之爲人也好静，太君以致遠助之，張公之生理也務勤，太君以鷄鳴警之，張公之秉性也□嗜慾，太君以淡泊之。操共之相守白頭，而詬誶之聲從未有屬耳垣墻者，太君之和順爲何如也？張公之歿，距今十餘年，雖未同時，亦可云偕老矣。抑猶有足稱者，太君之長公，正直聰明，聲重膠庠，謂是張公在日得力椿庭之訓矣，太君之少子，行成名立，則張公既歿之後也，而今巍然人望若是者，謂非太君以母道兼父道，和態以督勤苦者，不減河東柳氏夫人耶。且諸子輩篤行好學，及子孫綿綿，俱英敏出衆，後此之發祥，方未有艾也，然而太君之聖善積累，亦近今所罕聞矣。太君有四子，長庠生，先太君卒，次爲伐檀君子，次篤修，業儒。次武庠生，孫幾人俱耕讀生理，太君以……年月日卒於内寢，享壽□十有□，今卜葬於□之原，德與澤而俱長，福與壽而並茂。其爲女也，則班氏之大姑也，其爲婦也，則山南之孝敬也，其爲母也，則敬姜之勤勞也，巾幗中而有是，是謂不愧於鬚眉矣，亦天地之精華流於閨壼者，然乎？是不可以不爲之述也。是爲記。

嘉庆二十四年知县长安赵廷澍复修学宫前路碑记

【简介】

清嘉庆二十四年（1819）勒石。今佚。碑文抄录于民国6年《临县志》卷十五。

【碑文】

嘉慶二十四年季夏月朔九日，予奉檄莅兹土之二日，恭謁文廟，見夫殿堂鼎新，而門廡黝堊丹漆未之及，是以暫妥先師於尊經閣下静室。謁聖成禮退，升明倫堂，進諸生，授講畢，投刺於學博兩先生。東學趙，有數椽以蔽風雨，西學王，則寄居書院别室。出，遍觀中外存木石之料若干，土泥之料若干，磚瓦之料若干，顛之倒之，匠工濟濟，力作紛紛，幾乎足不能行而目未易辨也。及秋，而丹雘施矣，兩廡建矣。又及冬，而啓聖宫焕然新矣。明年仲春月上丁日，恭迓先師入龕，四配十二哲，兩廡先賢先儒，各復其次，以享祭焉，昭其敬也。暨道光元年二三年，漸次增修者，後則有尊經閣，前則有照墻，式增其廓。由北升階，上爲欞星門，由欞星門前進爲戟門，兩門内外間平地，鑿土甃石以爲泮池，池之上卧以橋，左右添修更衣廳、神厨、神庫、齋戒所、造酒所、廟夫房，並創名宦、鄉賢、忠義、節孝等祠二十七間。由南創磚門三洞，階級如地勢，旁修聖域、賢關兩門，閅以花磚。磚門下有古坊焉，藻彩之，有孔道焉，坦平之，四圍百堵皆興，二仲籩豆司存，而廟工於是乎備。廼修明倫堂五楹，並後之敬一亭、左右之齋房、前之泮宫。風化源頭，騰蛟起鳳，諸門額華然麗矣，與宫墻齊新。於焉育才，於焉興化，以復古之規，豈不盛哉？乃修學署，自居室、齋厨、講堂，以至於客廳，書吏之辦公、門丁之棲宿，莫不各得其所。龍門以外，照墻雙輝。蓋從此振興文教，真可謂居安自得也夫。嘻！是役也，自嘉慶二十三年春前任戚公爲之經始，庀材鳩工，費萬餘金，落成於道光四年冬。首事武生秦光清、監生高時泰、延壽昌等來丐文以爲記。予詰之曰："將以紀聖德之至乎？將以紀首事之勤勞乎？將以紀闔屬人心之樂善乎？"曰："是三者皆欲記之。"余應之曰："唯唯否否，夫以聖人之德之至也，及門讚嘆之，歷代尊崇之，盡矣，蔑以加矣，不必紀。爾諸在事之勤勞，霜星七易，不但邑之人耳而目之，即四方來觀亦有過而問焉者，對大廷而質幽，獨可信無愧矣，亦不必紀。至於我國家列聖相傳，大化翔洽，加以近來年豐歲稔，臨之地不改辟，臨之民不改聚，臨之文化蒸蒸日上，所謂不惜財不吝貲，以共襄厥成此巨功者，特其餘事耳，又何必紀？"予爲之紀。年月日以勒諸珉。

显岩上村修桥碑文

【简介】

清道光二十五年（1845）勒石。2006年尚存于显岩上村路边，今佚。碑文抄录于原碑。

【碑文】

昔周王之制，杠之成也十一月，梁之成也十二月，自古及今，名雖不一，理實無二。今顯岩村舊有小橋兩座，不意於道光二十三年將前橋傾毀，此橋雖小，通州要路，往來行人，莫不感嘆，因而重修補舊，但人力不加，無奈前後村求助，此橋方成，前後村人猶恐此舉久而不著，爰立碑誌。

宋士忠　宋五土　徐萬喜　杜聚奎　王如臣　高福玘　段榮卿　馬廷秀　雒繼雄　武圓喜　温自昇　白文喜　嚴立功　劉玉明　樊喜成　王元林　郭守中　李鳳蛟　周繼唐　任萬星　秦振元　張乃成　郝成寬　薛　……

經理人　李四海

道光二十五年十月初三日立

招贤上孙家塔科举条老六门碑序

【简介】

清道光二十六年（1846）勒石。今佚。碑文抄录于孙氏家谱。

【碑文】

蓋聞萬物本乎天，人本乎祖。祖者後人之所由，以生而不可忽忘者也。我孫户至歷代相傳以迄於今，原係山西汾州府臨縣樂平里義居都九甲人氏，顧户口繁多，子孫分派，難以盡志，惟我七世祖諱書，世居招賢鎮東山上孫家峁村，三代祖宗墳塋在焉。據墓碑所誌，原與柏局村分爲二支。我支居孫家塔村有五世祖墳在科舉條内，厥後子孫繁衍，一村難容，因散居大坪塔、小塔則與上下桑坪□吉。孫□雖遠近異勢疏異形要……皆出我祖一人之身，豈可止人之身，□爲子孫□相視如途人而不顧哉？是當立碑以志之，碑以記名，寔誌其志。

稽我始祖，行幾難名。然人傳言，託業於農。諱稱創基，德行遠聞。所生二子，世魁世鵬。

自食其力，從不負人。維兄與弟，育子九名。伯夏伯含，仲吕仲宜。叔堯叔艾，季本季盈。

惟我太祖，存心爲善。立品超群，性好尚書。誦讀最勤，循名責寔。諱非無因，意欲宣力。

□□□□，丕振家聲。男諱汝爲，亦從書中。克紹先德，嚴憒爲雄。承先啓後，創業垂統。
誕生二子，永安永寧。寧生居次，子惟鳳鳴。安長多男，六鳳成群。翔而後期，奮翥振翎。
展翅飛騰，高崗齊鳴。積德昌從，瑞應無窮。綿綿□□，桂子連生。始而茂盛，繼焉豐隆。
直公和順，昌全而興。貴重榮顯，於見光明。元亨利貞，無有不通。芳奎文秀，位正士林。
伯仲叔季，二十八人。猶有君□，茂英克明。不與排行，未知何門。發祥衍慶，於斯爲盛。
祖德宗功，信非無徵。同族子孫，咸當奉尊。永垂不朽，勒石刻銘。

□孫庠生時□謹撰

道光二十六年歲□年秋月合族人仝立

普照寺增修牌坊新殿宇碑记

【简介】

清道光二十七年（1847）勒石。现佚失。碑文抄录于民国6年《临县志》。

【碑文】

高如岱記

普照寺，創於漢，修崇於唐乾符間，惜其迹無存者，獨有天會五年所刊石碣，字迹剥落，不可句讀。要之，殆記重修事也。而給牒賜名，則在大定四年。按之史，天會者，北漢孝和帝劉承鈞年號，其五年，宋太祖建隆二年。大定者，金世宗完顔雍年號，其四年，宋孝宗隆興二年。前人諸記，序天會於唐前，指大定爲元世，誤矣。夫劉承鈞，以十二州苦瘠之地，抗拒中原完顔雍，則南北割據，遼夏又雜於其方。度其時，干戈擾攘，民間騷動，生計日蹙，而猶勤勤於佛事，何耶？蓋嘗考之，自漢明帝永平八年，遣使之天竺得心經大悲咒等四十章，而佛教遂入於中國，姚秦、蕭梁崇奉尤謹。迄李唐而梵宇遍天下，後之人又以補苴修葺爲功德，故雖偏安之朝，上下多事，而有其舉之，莫或廢焉，况一統太平之世乎？此由元明以及我朝所以屢事整飭者也。嘉慶丁丑春，復設緣募化，夏四月，鳩工興役，道光乙酉冬告竣。然而是役也，與聖母廟役相表裏，彼未觀成，此難叙績。逮丁酉而西陵就圮，再施補築。又十年，聖母廟亦竣，謀並勒石而索記於余。余嘗謂三教宗旨均不外乎心性。存心養性，儒教也。明心見性，釋教也。修心煉性，道教也。特爲二氏者拾其粗而遺其精。故斥二氏者，因其徒而及其祖。不知今世之儒，其傳亦失真矣。不得以此咎文宣，豈得以彼咎佛老哉？故儒必守乎儒之教，然後可以斥二氏。二氏苟各守其教，又何至見斥於儒？釋與道不妨於有寺與觀，安能以無前人創之可也，後人因之亦可也？余故記之如此，使覽斯碑者，知釋教之始終本末，而釋氏子亦知所以自重焉云爾。

孟家塌新建献殿乐楼碑记

【简介】

清同治九年（1870）勒石。原在临县玉坪乡孟家塌村个人院内。2020年拆迁复垦时深埋。碑文抄录于2007年。本碑文除底部少一小条且模糊外，其余字迹清晰，因系草书，有些字可能认错。

【碑文】

自古事之未有，而創立者詔之，□事之番有，而改作者詔之。固然因之於……勢蒙爾人慶我疏往大來，今並落獻殿，又少香樓，每逢獻戲之日，不免……神位無栖。不建樂樓，戲逢雨□性此志者落日不思，籌建之氣遠惜費者……今□不憚功程之浩盪，創立之艱難。初邇來年景豐稔，創建合時，合社……孺者善。遂集衆社之□賓者各出己資，公者以多爲貴，仲者次之，季者又次之。人歲相歲而來於是氣，二人爲功德，□人爲協辦，擇市中地勢寬闊者……殿人曰：神靈可以妥矣，南面又建樂樓，規格彩飾，人曰：風雨可以避矣……理之至勤。工程告竣，勒石垂名，囑余爲文，以傳將來。余不自揣□哂□明……辭事□□包羅官有净，有賴傳後望云。

邑庠生秦如登撰並書

總理人　秦崗敏　秦宰雍

郎王山（龍王山）郭恩田

大清同治九年冬月穀旦立

光绪二十二年知县孔繁昌复修凤山书院碑记

【简介】

清光绪二十二年（1896）勒石。今佚。碑文抄录于民国6年《临县志》卷十五。

【碑文】

臨城居鳳山之麓，書院即以是名焉。屋宇傾頹，不蔽風雨，歲費所入，不足以充膏火之資。於是肄業之人無復至焉者，蓋數十年矣。夫前人之雅意創設，不能必其無廢墜之虞，所恃後來者維持之、調護之，增益其所不足，振興其所已廢，斯可望垂諸久遠耳。余莅是邦三年矣，而聽其廢壞不治，其誰之咎也？乃集議新之，邑之人好義者從而踴躍焉，遂集資五千緡，因其舊址，重加修葺，膏火之設，則增於舊。今而後，庶幾講肄之有資也。工既竣，邑人來請記，余曰："是烏足記哉！"雖然，余竊有言矣。天下之大，自州縣積之，天下之人才，亦自州縣基之。國家建立學校之外，自京師以至一州一縣，莫不各有書院之設，蓋所以濟學校之不及，而爲育才之地也。方今外侮頻仍，需材孔亟。大中丞天門胡公，於會垣創立格致書院，講求時務。其秀而才者，將於諸州縣取之。來學於是者，苟能實事而求其是，以與斯選，不以俗學自誤，不以小就自封，吾見炳炳烺烺，登諸闕廷。其爲一時有用之才者，將於是焉基矣，則是舉也，亦未可小之乎視之。經始者爲吴君景符若而人。自始至終，鳩工庀材，經營而勿懈者，則延君實之一人力也，并記之。

新建南城魁星楼碑记

【简介】

清光绪二十二年（1896）勒石。今佚。碑文抄录于民国6年《临县志》卷十六。

【碑文】

吴命新

地方科名之盛，論者謂天地獨鍾毓之靈，非人力之所能爭。而吾謂無人力以維持其間，天地皆退處於無權。國朝定鼎之初，吾臨人文蔚起。壬辰甲午，科名鼎盛，至今傳爲佳談。然年深日久，莫究其所以然之故，迄嘉道間，絶科第者六十餘年。豈無積學宿儒足貢選舉者？咸歸咎於氣運否塞。咸豐六年，司鐸寧武劉邁千夫子來臨，觀風之餘，巡視城廟，乃謂此地非無人材，特恨振興不早耳。急延紳矜商議，改建魁樓於文廟之東南隅，並補修白佛崖頂之文塔，而且月課生童，果然三科三捷。厥後二十餘年，鄉會又停。己卯春，學博延實之先生倡議，城東南隅再建魁樓以扶文運，詢謀僉同。先生任勞任怨，募化興工。尚在經始之秋，劉公諱潔己者已舉於鄉，嗣後科名聯絡。壬午中，劉公振翼、劉公汝訢亦中副車。是年，邑侯舞陽胡星輔先生莅任，先生品學俱佳，而旁精地學，乃謂鳳城之西北隅必建文塔，庶文運顯達、科名蒸蒸日上。於是依議建塔。逮乙酉，賈公鳳書、馮公汝驊同領鄉薦。戊子，劉公汝訢中正榜，己丑聯捷。其年秋，恩榜特開，余與韓公學程同上公車。乙未，余中一百二十八名貢士，以主事觀政工曹，乞假旋里省親。是冬，奉先大夫諱，讀禮家居，延先生屬余作記以存顛末。余以吾臨登科者，惟余最後亦最少，無論不能作，且不敢作也。先生曰："否，否。己卯及今十數年間，劉公子清、馮公駿一、韓公正甫皆已作古，劉怡亭宦遊陝省，賈桐圃主講鳳山，劉圖南設教城南，皆有生徒之事，惟子賦閒，可從容爲之。且今日不記，恐後有不及記者。"余辭不獲已，不覺感傷交集。回憶魁樓鳩工之日，正縣志重修之時，諸先生皆任分修，余叨附末光，亦與分繕，方十餘年，已不勝離合存亡之感。余本不能文，而重先生命，且感先生扶持之德而爲之記。願後之覽者，知科名之權不在天地，而在一人一家然、一縣然。推之天下無不然。士苟有志上達，慎勿以時地自誣云。是爲記。

大清光緒二十二年歲在柔兆涒灘重陽月吉日立石

徐家沟重修观音殿碑记

【简介】

清中晚期勒石。后庙毁，移立于徐家沟村旧学校大门上，2020年修建沟内林区公路时，挖移填埋于地下。碑文抄录于2010年。

【碑文】

凡事有其舉之，莫或廢之。徐家溝後村觀音殿係先父創修於乾隆年間，廟宇雖小，規模略備，亦聊足壯觀瞻而安神靈也。但歷年久遠，椽瓦不無腐毀，欲維修，苦於銀兩不給，幸賴衆君子協力幫助，奮然補葺而翬飛鳥革，焕然一新。工程告竣之日，略書俚言，一以繼先父創修之志，一以誌諸君施給之美，三以期後諸子不時補修，勿致之圮毀云爾。

劉廷明施石

霍公祷雨灵应碑文

【简介】

清代勒石。今佚。碑文抄录于张景星笔记《文汇堂直格》。

【碑文】

公慈惠清勤，純乎儒者，保赤臨邑，誠求如傷。丁巳歉收，公遍歷山嶇，恤問疾苦，詳報發賑，極力奉行，一邑賴以安堵。戊午夏旱，公徒步虔禱，至三交所，蓬頭跣足，跪烈日中，哀求泣下，三日甘霖沛，七日普雨沾，於是一邑村落，凡公足迹所至，雨即隨之，蓋人神感應矣。如此之準而捷者，士民愛戴，爰立是碑，非圖志神異效頌聲焉，亦使後之學道君子，知實心爲民□矣不能格天通神者。

新建乐楼碑序

【简介】

清代勒石。今佚。碑文抄录于张景行《文汇堂直格》。

【碑文】

從來戲樓之設，所以格神靈而時報賽，而壯觀鎮俗之説不與焉。一方之人民必有一方之神靈以主之，一方之神靈必有一方之人民以祀之。而神奠厥居，以爲香火之所，理固然也。時值西成，迎神報賽，遂爲歌舞以格之，所設幃帳，不免風雨之飄摇，數金之費煩，此戲樓之設所在多有，而吾鄉獨缺焉。吾鄉雖蕞爾乎，民各有心，食神之德，不敢忘神之惠。且今皇上新膺寶箓，人樂堯天舜日之中，太平有道，時和年豐，爰因神賽之會，議爲創造之舉，與其煩幃帳之費於歲歲，曷若萃幃帳於一時，倘能廣厦告成，不畏風雨，亦不煩歲費，豈非吾鄉之盛事也哉！遂卜地於南河之南，建神殿三間，戲樓一座，度其縻費若干，吾鄉或輸金、或輸粟、或輸木石、或輸人力，務同心以襄盛事，集千狐之腋，遂得成裘，差一歲之餘，還以置閏，非曰歌臺暖響，舞殿冷袖，如大邑之巍焕，而廬舍數椽，聊避風雨，庶經之營之，樓殿可成於不日，以妥以侑神靈，永佑於萬年報賽，便而歲費省此，吾鄉之盛事，而理之可爲者也，奚壯觀而鎮俗之爲？

王家坪遺囑碑

【简介】

清代勒石。原遗弃于村内大路旁边，后毁成几块，再后佚失。碑文抄录于 2006 年。

【碑文】

……德卿先生大人忠厚傳家，善良重俗，乃長男名修行少遘奇疾，延年不起，幼轉名門……五歲於歸，十六歲修行修己棄世，天道難測，良可傷矣。伊時德卿膝前現有令二……以終身乃翁，因而憂鬱頓疏，煩憤全釋，有婦如此，吾門之光，抑□鄉邦之望也。兒……多凡家内人等，不得私耗餘資，目下因艱於嗣，選擇承繼長君，尚須俟諸異日，是舉……

親友

生員劉仲元　生員秦大望　生員劉運昌　生員賈世雄　生員郝士道　□生劉照雄　佾生賈世忠　介賓秦楊烈　監生郝士賢　舉人賈鳳書　生員劉維才　處士秦士魁　從九賈道原　武生劉昇榮　生員劉杰　處士劉扶□仝頌

人生不滿百，常懷千歲憂。吾之所不滿意，因長子名修行□亡，幸有媳在，立……文，權爲子母行息，以後不覺光陰似箭，日月如輪，□今之計，二十有七載……穩當，以爲久遠之計耳，今同親友家族□實，凡家内人等，不能廢壞此……大門經營，不許廢壞，吾雖瞑目，亦甘心矣。空口難憑，立碑爲證，將地名開後……

劉運賓　劉杰　劉尚賓　□賓　友賓　修身同證

三交重修文昌庙门墙引

【简介】

清代勒石。现佚失。碑文抄录于张景星手抄本《文汇堂直格》。

【碑文】

文昌帝君，桂籍流香，主天下文章命脉，蘭宫孕秀，司人間胤嗣根苗。薦亨通乎士民，有求必應；俎豆奉於鄉曲，無地不靈。臨治三交舊建臺閣，時維二月，樂奏笙歌，歷年物换星移，寧能視今猶昔。玆圖丹雘，復整垣墉，粉堊重施，頓耀金碧之彩，錙銖日累，永垂明禋之文。將由積少以成多，還望倡予而和汝。朱提白水，請破今日慳囊；駟馬高車，賞君他年果報。並受景福，齊注芳名。

重修魁星楼引

【简介】

清代勒石。现佚失。碑文抄录于张景星手抄本《文汇堂直格》。

【碑文】

文章爲道統命脈，惟神爲文章司命。接心傳者，不必借像，而衍斯文者，所以借鑒也，見墟而哀，入廟而敬，人情類爾。前縉紳先生之建魁星樓於治東南，甘泉之嶺，意在斯乎？乃年久傾圮，神像剥落，在神爲衰敬，在人爲棄舊是用，於丙寅之歲，同議補葺，新聖人之居，纘前人之志，爲吾徒者，當共勉和，以襄厥事焉，感應禍福爲涉於果報圖□之私也，故略而不書云。

徐家沟重修神庙碑记

【简介】

清晚期勒石。现佚失。碑文抄录于民国六6年《临县志》卷十六。

【碑文】

劉如蘭

人生世間，儻得身家無患難，交際無詐虞，田禾無害，老幼無驚，此生人之大幸也。然而不可必得於是。有患難則求救觀音，有私曲則求質關帝，欲田禾之滋長而無害也，則祈之龍神蚄蜡，欲老幼之安恬而無驚也，則禱之山神土地，此神之最切於人而人之最宜祀者也。本村舊有此廟，奈歲久傾圮，剥落不堪。歲戊午，闔社人等公議，重爲修理。爰爲之募缘拮据，鳩工庀材，修觀音廟爲一院，修關帝廟爲一院，龍王、蚄蚄、虮蜡、山神、土地爲一院，閲月而告成功。從此廟貌一新，神人胥悦，庶無憾乎。然而有説焉。夫應禱而救濟者，神道也。求己而自盡者，人道也。舍人道之顯，求神道之幽，今以不良之人而求正直之神，神其佑之乎？試思，因患難而求菩薩，非以菩薩之慈悲純爲仁乎？吾性亦有仁，胡不以仁存心也？因私曲而質帝君，非以帝君之威靈純爲義乎？吾性亦有義，胡不以義制事也？若然，則仁義之人尚有蒙患難者乎？仁義之人尚有徇私曲者乎？且仁義之氣格於神明，風雨爲之時，蝗蝻不爲害，狼虎爲之遠。老幼均安，神人兩得，豈非大快？顧仁義之理，可語之聰明俊秀，難語之愚夫愚婦。

然試思，誰無父母？不可不孝也。孝則仁之本也。誰無兄弟？不可不悌也，悌則義之實也。孝悌之德通於神明，一念之誠，海枯石爛。意有聰明俊秀不能而愚夫愚婦能之者，人其省之乎？神則聽之矣。

三交重修河神庙彩绘碑文

【简介】

清晚期勒石。现佚失。碑文抄录于张景星手抄本《文汇堂直格》。

【碑文】

神之爲靈，昭昭也，位列六府，咨警切乎，唐虞功配，五行生成，助夫天地，亘古之永賴，源委可推生民之急需，朝夕難緩，然而豐歉乎雖闕乎氣數予奪，實默宰大神靈者也。今吾鄉舊祠已經重修，廟貌巍峨，功既告竣，詎料神像忽傾頽於湫水，垣墉旋毀壞於洪波，兹圖重振，合議增修，慨一隅之獨力莫支，□四方之餘囊樂助，恭於□月□日獻戲，廟内大設綵繪，羅列盡實，輕重不同，挨排無虚，多置有數，竭誠而來，利豈止於十倍，隨意而得，决不嘆夫空歸，欲知神之有求必應，試看人之無感不靈，齊注芳名，□受景福。謹疏。

三交重修石洞阁引

【简介】

清晚期勒石。现佚失。碑文抄录于张景星手抄本《文汇堂直格》。

【碑文】

湫河之爲患，至今日而特甚矣，街浸大半，路絶行人，集市爲之無地，前此未之聞、未之見也。噫！傷心慘目，至斯極耶。是豈氣數之變遷爲之，抑人事之不修使然耶。夫氣數之冥冥者不可知，而人事之昭昭者則不可忽，倘女諉諸氣數，而置人事於不問，殊非君子恐懼修省之意也。吾鄉舊建石洞閣，塑神祠，予以保障一方，由來久矣。在夕湫水暴漲，洞祠俱湮，神像爲之露處，鄉人目擊心傷，議建者數次，感時艱而不古。今歲春合村公議，衆謀僉同，爰鳩工庀材，將卜基改建焉。從此虔修祀事，吁神鎮壓，此則人事之所當盡，而予以挽回氣數者乎？但秉彝好德，人有同心，四方君子聞之，必有慨然而樂施者。不便之助友，無以快其心，爰弁數言，請注芳名，共受景福於無疆云。

重修中脚沟龙王庙碑记

【简介】

清晚期勒石。现佚失。碑文抄录于张景星手抄本《文汇堂直格》。

【碑文】

一方之人民土地必有一方之神以主之，一方之神必有一方之廟以祀之。於是乎旱潦之不時，則有祈禱陰陽之順序，則有告報百千萬億之神，神之在天下者，非必物物而有之，譬如水之在地中矣，所往而不在也。又如牽一髮而頭爲之動，拔一毛而身爲之變，凡人心向往之處，即爲神所憑依之處，理有固然矣。足異者，吾臨中脚溝之西隅，厥土燥剛，厥位正陽，西臨湫水，背倚孝文，堪輿家交口稱善。爰建龍王廟以主一方之報賽，維時廟貌輝煌，香火稠密，土人時其耕作，以膺神庥者，多歷年所。獨□廟制既久，修葺又疏，風雨薄擊，瓦老檐頽，殿宇塵封，金身居然霜處，享堂草宅鬼土矣。由奮興功德主，目擊心傷，謀所以更新之，而一方之善信，莫不共襄盛事，其正殿五楹，中塑關帝及二郎像，東則龍王所居，西則風神所棲，而又爲之設獻殿，以隆妥侑。厚垣墉以肅觀瞻，水草大王列於東廊，山神土地位於西廡，植其傾者，窒其窪者，窬者涂覫，其駁鈍者，丹雘金碧，煥然一新，凡此皆遵循舊制，非敢意爲增損。工始某年月日，迄某年月日落成，余正喜其廟之克新，而功德主有成也，適土人問記於余，余即以土人之言爲余言者，命書之石。

重修关帝庙等碑记

【简介】

中华民国13年（1924）勒石。原存临县西沟村内的排洪水道上，当水嘴子用，2020年拆迁复垦时，将碑填埋，不知下落。碑文抄录于2008年，因两边封压，无法抄全。

【碑文】

從來事莫爲前者，雖美□□後者雖善非□□也。自古人物安寧，全賴神靈默佑□□敢□□在人心善。西溝村舊有□廟，歷年久遠，風雨剥落，廟貌傾頹，神像暴……竭誠好善，目睹心傷，集合全村老少，共同商議修理，而人皆向善，樂於助成，於民國十二年……又擬建戲臺社窑，苦無地□□君煥愷施地一塊，村人不願甘受奉贈，備禮一只於……堂一座，神閣一間，社窑一孔，馬棚三間，共費緡五百餘千文，然而天遂人願，不……較前日之景况，大有天淵之别。是年村人於吾求序，予不揣固陋，冒昧直□以期不……後之觀今，亦猶今之觀昔。是爲序。

民國十三年…

皇清例授国子监太学生显公登魁字之路刘府君之墓

【简介】

中华民国15年（1926）勒石。原存秦家坪刘氏祖坟，2012年修建瓦日铁路时，占坟拆除，将碑填埋，不知下落。碑文抄录于2008年。

【碑文】

皇清例授國子監太學生顯公登魁字之路劉府君之墓

墓之志由來尚矣。我父猶有足謀者，然公之爲人也，秉性温良，處世和平，内則持家勤儉，教育有方，外則忠信待人，公正無私，其餘非敢自譽，亦外人所稱之曰："皆賢人也。"享壽七十有二，前清光緒三十三年八月十九日戌時升天界，迄今十有九載，千倉萬箱，田連阡陌，欲立石以記歲月，乞予爲文以誌之。予本無文，不揣固陋，聊措俚語，以誌永垂不朽之云爾也。是爲序。

盟侄劉祚興薰沐撰並恭書

孝男寶善（從九）　寶賢（監生）　孫炳驤　炳驎　炳斳　炳騏　曾孫丑則　敬叩

民國十五年十月穀旦立

宋家沟辛氏碑谱

【简介】

中华民国20年（1931）勒石。原存临县木瓜坪乡显岩上村辛氏祖坟，2008年修建太佳高速路时，占坟拆除，将碑填埋，不知下落。碑文抄录于2007年。

【碑文】

嘗聞人倫之道，莫大於孝親，孝親者生而思敬，死而埋塚致祭，此後人當然之理也。臨邑距城東五十里宋家溝村，有辛公者，係下郭家嶺村世□，至光緒初年徙居於此，故逝新擇其墳，合塚於顯崖村前坪陳家坪，乃山環水抱之地，立石以記其不朽云爾。

辛敦明字亮臣（白太君）

男厚謙　孫汝誠

民國二十年仲秋立

下寨上村公修永靖桥碑记

【简介】

中华民国23年（1934）十月勒石。原存临县下寨上村山底的桥侧，并有碑窑护之。2012年修建垃圾填埋场时拆除，将碑填埋，不知下落。碑文抄录于2007年。

【碑文】

橋何以名焉，象虹也，夫虹在天成象，在地則成形焉。故古今之人每遇深溝大壑，必築橋洞以利交通焉。本村之南約二里處，舊名曰橋岔，是通磧鎮之孔道，每逢夏秋之際，山洪暴發，往來行人諸多不便，前人屢議其地建築石橋一座，兹因籌款乏術，故輟。是秋，余適在家，村中老幼復提前謀，因爾與余商之。余曰：建築斯橋，除逐户援工外，欲需洋三十餘元方能落成。斯橋村人公議，人丁與地畝籌洋十一元，余村人樂與資助洋二十元二角，適符估計之數。即推余等及村副閭鄰長爲經理，察因本村往來之要道，難拂其盛意，故允爲協助，玉成村人之美意焉。兹將經理暨資助人等姓名立録於左，以記不朽云。

村副劉光昇　閭長白進德　白安祥　白□□　鄰長七人

山西省第一師範學校畢業生劉光第撰

山西高等專門警察學校肄業生劉光昇書

民國二十三年十月五日吉立

显岩上贺氏墓碑

【简介】

中华民国24年（1935）十月勒石。原存临县木瓜坪乡显岩上贺氏坟地，2008年修建太佳高速时占坟，不知埋于何处。碑文抄录于2007年。

【碑文】

孝爲百首，千載易服，思則難忍，親恩浩大。臨邑距城東五十里榆林溝顯岩村有賀公者，祖居河西五里麻峪村，至光緒初年遷居於此，壽享六十八歲，卒於民國二十三年，合家塚於陽坪上，建立始祖，立石以誌之也。

賀清孝字明賢宋氏侯氏高氏

長男積福　閆氏　薛氏　積德　積榮　積富

（后代下略）

民國二十四年十月吉立

秦家坪刘氏碑文

【简介】

中华民国年间勒石。原在秦家坪村刘氏的祖坟上放置，2012年修建瓦日铁路时，占坟拆除，将碑填埋，不知下落。碑文抄录于2008年。碑后有刘氏世系图，惜未抄。

【碑文】

公諱大奎，先祖玉德，先父克儉，原居固賢村度日，不□遷於城内，以□爲業。至我父登魁，幼而讀書，長而未能耕於田畝之中，又遷於秦家坪村，數十年後，子孫興旺，稍有餘裕。追其今真可謂光前裕後，富且貴也。公早逝，乏子無後，□□賓賢之次子福莊立爲今之後，以奉其祀而昌其後，使百世勿替云爾。

胞長兄名仲魁，次登魁、士魁，弟應魁、成魁。名仲魁、士魁、應魁、成魁，此四人者，俱在南門外石溝壕上邊祖塋安厝。

郭家塔新建郭氏祠堂碑记

【简介】

1982年郭家塔第一次修祠堂时勒石。2008年第二次修祠堂时毁弃不存。碑文2006年抄于原碑。

【碑文】

郭氏祠堂新建于公元1982年，农历正月二十九日动工，四月底圆满竣工。闰四月初八在晋剧助兴的欢乐声中开了堂。修建期间，得到了户内乡友人力财力物力等各方面的大力支持，有海、秉连、成乾等不辞辛苦，组织了方圆百里内十二村庄的老小参加了建堂，九林通过翻阅查考走访，搞清了氏内二百余年来新造成的世数问题，使先祖之灵顺利准确地进堂定了位。

总收 2974 元，总支 2936 元。

兹为氏内村门祭钱花名开列于后，以资纪念。

郭家塔 544 元　杨家山 262 元　黑圪垯 120 元

艾家峁底 120 元　枣洼 81 元　郭家沟 50 元

李家圪台 28 元　石盘头 21 元　后李家沟 17 元

李家甲 16 元　郭友海 35 元　郭康斌 15 元

郭锡伍 15 元　（其余人名省略）

公元 1982 年 2 月 22 日立

郭家塔郭氏新建祠堂概况碑文

【简介】

1982 年郭家塔第一次修祠堂时勒石。2008 年第二次修祠堂时毁弃不存。碑文 2006 年抄录于原碑。

【碑文】

郭家塔郭氏新建祠堂概况

公元一九八二年农历正月二十九日动土，四月底圆满竣工。在神仙洞盖修石窑祠堂一孔，圈墙并建了大门，窑腿上立了两通碑。左通记有郭氏简史及建堂意义、功德主、经领人和书文人名，右通记建堂时祭钱者，郭氏后裔的村名人名以及石木工匠师人名。闰四月初八日早上，十二村郭氏经领人捧着先祖之灵，两班响工带路，由老坟招魂进祠堂。十二村经领人手捧花圈花环、大贡和六块匾（米脂黑圪垯、艾家峁底、佳县郭家沟、临县枣洼、大王家庄、老户仁支郭含书共送六块匾），老户数百人随后绕村一周，到祠堂给先祖之灵献了花圈，送了匾，晌午请了先生，数百人祭典先祖，下午石白头公社乔家山晋剧团正式开了戏，共唱了四天。方圆数十里乡友百姓，人山人海，无不钦佩。开堂期间，郭九林、郭文选等给黑圪垯、艾家峁底、郭家沟、大王家庄、枣洼礼字户等郭氏后裔建了家谱。从二十八世起统一排行至四十世，给今后郭氏统一排行奠定了基础。通过这一活动，郭氏先祖之灵进了祠堂，实现了郭氏先祖之愿，完全搞清了二三百年来，由于郭氏后裔过于分散所造成的世系不清问题。更重要的是郭氏先祖三条优良传统得到家喻户晓，人人皆知，郭氏家族教育子孙后代有了良方。

书文整理：二十六世郭九林

书写：一步墕村王康

公元一九八二年农历闰四月初八日开堂留念

正觉寺重修碑记

【简介】

1989 年第一次恢复正觉寺时勒石。立于正殿，后来第二次扩建正觉寺时毁弃不存。碑文 2006 年抄录于原碑。

【碑文】

正觉寺者，乃临县十三官寺之一。汉末初建，兴盛于唐，千载不衰。斯地山势起伏，□□□□□似□□□楼阁亭殿就势布建，犹如蓝天繁星；浮雕石刻彩油壁画栩栩如生，敬神拜佛旅游观景人流如潮。□□古代文化今变废墟，民众伤心。苗君长宽，顺应民心，遵照宗教信仰自由，保护文物古迹之法规，建文管组、佛教会、□社组织，三方共同筹建，分工负责，民众同心同德，施款六万余元，投工二千二百多个。其中最著者刘辅魁施洋八千元，历时二年修复万佛洞、三清殿、玉帝殿、观音阁等，补植北斗七星、南斗六郎等名柏2750株。民众功绩当歌当颂，勒石记之，名留千古，万代永存。

功德主　苗长宽

总经领人　高长林　刘辅魁　高长山　郝存义　贺唤元

经领人　……

老僧人贺省三撰

李登岳书

苗光旭　李绍广

一九八九年仲夏立

一步墕村王氏始祖石碑

【简介】

1990年勒石。今佚。碑文抄录于堡子峪家谱。

【碑文】

木本水源，上下同情，报本追源，古今一理。我六甲王户，原系堡子峪村人氏，移来此地，未知何代，虽有祖宗坟茔，亦不能分支别派，所以开会公议，欲建碑于祖茔，□遇之时，不论远近亲疏，均以碑前为祭扫之地，确有征矣，继宗绍祖。

一步墕村公立

一九九〇年

曲峪钟鼓山庙复修碑记

【简介】

1994年勒石。今佚。碑文2007年抄录于原碑。

【碑文】

钟鼓山庙始建于1368年，上筑真武正殿、东岳庙、文昌庙、娘娘庙、七星庙、钟楼、鼓楼，四周松柏苍翠，景色壮观。庙内香烟缭绕，山上游人不绝。香客远自河南、内蒙古、陕西等地。孙嘉淦、高祥武曾在此读书，故此山更闻名遐迩。后因时代变迁，此山遭劫，文物被毁。1987年，白马店、前曲峪、后曲峪之群众进行复修，今立石于此，以示后人，保护文物，恢复名胜。

施主　……

书碑人　贺志生

刻碑人　高学富

画碑人　高文顺

一九九四年四月八日立

卜家岩取水枢纽碑文

【简介】

1994年勒石。近年佚失。碑文2008年抄录于原碑。

【碑文】

筑此坝乃卜家岩全民已盼之夙愿，兴村富民之源泉，托福于地委姚新章书记，地委驻村工作队杨安胜、□广义、张建益、□建军，受之于支书□、主任□领导，造福受益于子孙后代，可谓千秋业绩，勒石铭记，永远不忘。

此坝总长70米，总工程量万余方，共投资62万余元，于1994年5月20日开工，同年8月20日竣工。

设计：地区水利局马降民

建设：卜家岩党支部、村委会

施工：临县城关镇李学林工队

技术指导：临县水利局张全祥

投资：山西省计委、水利厅

1994年8月24日

东王家沟、孙家沟修路建桥碑记

【简介】

1995年勒石。碑原立于三交沟前陡泉村前桥之北头，后推倒不存。碑文2006年抄录于原碑。

【碑文】

为便利交通，发展经济，改变落后面貌，东王家沟、孙家沟二村群众，在党支部组织领导下，集资20多万元，修路建桥，工程从1993年10月动工，苦战三年修成，村级公路12华里，长40米、宽6米的石拱桥一座。工程期间群众自愿义务投工3800余个，动用土石50余万方，家乡有识之士，在外工作人员，不仅出力，而且捐资2万余元。此项工程的开展，得到省、地、县领导的支持，县交通部门组织实施，三交镇党委书记王润奎，镇长李子斌，副书记高思恩、杜丙荣等，深入工地视察指导，该工程已顺利完成，为鼓舞精神，激励后人，特立此碑。

工程领导成员：王佩永　王俊成　张汝民　马芝荣　孙明田　……

设计：薛昌茂

三交镇东王家沟、孙家沟党支部、村委会

刻石：李生端

王士平1000元、王永平500元　……

公元1995年10月18日立

赵家圪台扶贫攻坚责任碑文

【简介】

1996 年勒石。碑原立于村大路旁，2019 年因修卫生室拆除。2010 年郭时键抄录其文。从胡富国任山西省委书记开始，省地县各单位包村扶贫，村村立了扶贫责任碑，这是其中之一。多数碑工作队走后不久被拆毁，这块碑是寿命最长的。

【碑文】

包扶村：临县安业赵家圪台村　第一责任人：董宗祥

考核目标：整顿建设好以党支部为核心的村级基层组织；

全村农民人均纯收入达到 1990 年不变价 500 元以上；

全村人均占有粮食 300 公斤以上；

全村实现 2000 年前稳定脱贫；

主要措施：完成基本农田 1000 亩，人均达到 2 亩；

营造经济林 750 亩，人均达到 1.5 亩；

全村养猪 270 头，户均 2 头，发展养鸡专业户 5 个；

基础设施建设在解决通电情况下，新建一座标准化学校，完善现有公路，打水井一眼；

兴建一座粉条加工厂。

中共吕梁地委下乡办公室监制

公元 1996 年 10 月

林家坪军工大桥碑记

【简介】

1998 年勒石。碑原立于临县林家坪红沙坪大桥东头，1998 年 10 月 2 日胡富国题桥名。2008 年被灌水掀掉，碑文 2006 年抄录于原碑。

【碑文】

公元 1996 年，省国防科工委驻本镇扶贫攻坚，修公路，推梯田，兴水利，育枣林，搞养殖，通电话，装卫视，拓市场，建学校，抓党建，尤其为老区人民多方筹资 160 余万元，建起了长 130 米、宽 6.5 米的致富桥。他们团结务实，苦战三载，成绩卓著，功德常存，妇孺皆碑，为世代永铭，特命此桥为“军工大桥”。

临县林家坪镇人民政府

公元 1998 年 8 月立

秉明拨款兴学感赋

【简介】

2000 年勒石。碑原立于临县上冯家山村学校墙壁上，十多年后拆除。2007 年抄录。

【碑文】

秉明拨款兴学感赋

育人兴学事当头，倍让穷乡老少愁，

幸有秉明归故里，喜将桃李植田畴。

京临夜骋周旋急，省地奔波投友求。

一座学堂平地起，人才济济满神州。

建校人　冯玉生

2000 年 3 月

重修观音阁关帝庙碑记

【简介】

2000 年勒石。碑原立于石白头村庙中，2020 年左右重新修庙，原碑损坏。2009 年抄录碑文。

【碑文】

观音阁关帝庙年久失修，踪迹全无，多年来，香烟冷落，无法祈求奉敬，望神灵广施法力，佑全村人丁兴旺，福寿安康，广大村民心怀诚意，自愿捐资投工，重修庙宇，再塑金身，并推举张瑞杰等 8 人经领，于 2000 年 5 月 26 日筹建开工，历时 100 多天，建塑两庙，圆满竣工，9 月 12 日举行了隆重的开光庆典。

丹青：刘宝宝　陈探玉

2000 年 9 月 12 日

寨上村“6·24”遇难英烈纪念碑

【简介】

2003 年勒石。碑原立于临县青凉寺乡寨上村坞口，后因大车撞倒，原碑损坏。2009 年抄录碑文。

【碑文】

2000 年农历 6 月 24 日，乡里通知全村男女劳力义务修路，由于山高坡陡，村干部安全意识不强，突遇大山滑坡，11 人被活埋土中。乡政府组织百余人经一天一夜抢救，结果 4 人受伤，7 人身亡。

霹雳一声天地惊，天坍地陷震乾坤。

大山滑坡亡七人，修路捐躯献丹心。

高山默哀水悲吟，数百村民泪满襟。

精神永存死犹生，千古不灭留英名。

遇难英雄芳名：

高谈旺　48 岁　王月娥　36 岁　李金秀　33 岁　王建建　5 岁

李喜玲　43 岁　刘桂俊　34 岁　高清连　26 岁

青凉寺乡寨上村委会

2003 年 6 月 24 日

观音庙改建碑记

【简介】

2003年7月勒石。碑原立于临县小马坊村庙中，后来碑不知去向。2009年抄录碑文。

【碑文】

本村观音庙由来已久，历经风雨消磨，破旧不堪，而今政通人和，百废俱兴，村民议定，提倡随喜助应，人民久安，群策群力，捐款大庙重修，设塑神像，选定移址，卜定2003年5月3日安基改建，同年7月3日正式竣工，大兴土木，石砖瓦结构，古朴典雅，宏伟壮观，同年7月19日大吉开光庆典，刻碑记之，永昭后世，谨将捐款经领人、工匠人芳名列后。

经领人：张秀国　张凤照

……

2003年7月19日

200元　张志平　……

注：2008年再捐款8490元，扩大规模，共塑了西天姑佛、观音、老爷、龙天、白龙、崇应侯，加上后小马坊的青龙、黑龙、白龙共9尊神像。但主体还是老爷庙。

寨上村十件大事碑记

【简介】

2003年10月勒石。碑原立于临县寨上村堳口，后来碑不知去向。2009年抄录碑文。

【碑文】

寨上穷僻壤，人穷志图强，改革形势好，挺起铁脊梁。干群一股劲，气象样样新。好事一桩桩，人民谢党恩，本村十件事，两件属事故。勿忘痛心处，教训要记住。十之八件功，群众心里明，不忘高维恩，家乡献爱心。

1.1957年3月，张根顺、张有顺、张全顺、王子顺四人，在羊肠堳为集体打羊圈，献出了生命。

2.1978年10月，修开第一条公路，通了汽车。

3.1979年通上了高压线，告别了煤油灯。

4.1993年4月建成人畜饮水工程，耗资12万元。

5.1994年修标准化教室2个，窑洞4孔，围墙、大门、厕所俱全，花款7万元。

6.1994年冬，劈山建路，修成四级公路一条（土路），全长1500米，耗资18万元。

7.2000年6月24日早7点，高谈旺等七人为集体修路，因高山滑坡，光荣牺牲。

8.2003年5月，重建公路，修涵洞一处，涵管3处，加宽路面，栽树1500株，耗资12万元。

9.2003年5月23日，观音阁、佛殿庙重修竣工，隆重开光。

10.2003年6月全村农网改造，线路标准化。

大度山大善寺引水上山用电设施道路拓宽工程纪念碑

【简介】

2005 年勒石。碑原立于大度山第一个平台的路旁，2017 年大修寺庙时撤除。2007 年郭时键抄录其文并照相。惜碑文模糊，不能录全，但前人功德，不可被后人遗忘。

【碑文】

碑记

大渡山风景区……峰顶……缺水……士投款出力，历尽……水上山，此大……功主圣人……千秋□立此碑记，□以……

大渡山大善寺引水上山　用电设施　道路拓宽工程纪念碑

功德芳名

功德主　高□廷　刘□□

经领人　□□□一千　高宝明五百　田新民　郭绳旺　□□□　王光玉　孙唤梅　□□□　□□□　□□□　□□□　□□□　□□□　李乃顺　□□□　□□□　□□□　张建峰　□□□　□□□　□□□　□□□　□□□　□□□　□□□　刘金平

承办人　豪有荣

书碑　刘玉珍

石刻　□□□

公元二〇〇五年（岁次乙酉）九月九日立

临县烈士陵园碑记

【简介】

2005 年勒石。碑文原刻于纪念塔底墩上，十几年后改建而除掉碑文。2010 年抄录其文。

【碑文】

县城之西，凤岭东麓，真武旧庙遗址，于 1964 年建成烈士陵园，占地万余平米，园内建有馆碑亭阁八处，纪念馆内树碑 15 通，893 位英烈，名彪青史，丹心永垂。

为缅怀先烈，贻厥后代，抗战胜利 60 周年纪念之际，由省、市民政部门资助，县民政局承办，对园内濒危建筑，予以修葺改建，增建亭门楼台，筑路围墙，绿化园区，使陵园日臻完美，特镌石记之，以昭后人。

临县人民政府

2005 年 8 月 15 日

整村推进项目路基工程碑记

【简介】

2008 年勒石。碑原立于临县陈家山村底大路口，三四年后被毁。本工程系临县扶贫办实施，郭时键当时任技术员，并起草了碑文，李生端刻石，留有原稿。

【碑文】

陈家山，住山顶，临黄河，好风景。地杰出，人更灵，大宅院，出举人。

交通难，困出行，去碛口，绕山峰。沿黄路，山底通，接土路，解瓶颈。

有不足，路泥泞，一下雨，断交通。欲改善，缺资金，写报告，诉苦情。

扶贫办，推进村，三十万，送上门。铺砂砾，垫底层，修排水，防水冲。

一千八，横穿村，路改善，方便行。立碑记，告村民，爱护路，做好人。

勤护理，保畅通，公路通，百业兴。

陈家山村委会

公元 2008 年 11 月

整村推进项目兴修涵洞碑记

【简介】

2008 年勒石。碑原立于临县东峪沟沟内，四五年后被毁。本工程系临县扶贫办实施，郭时键当时任技术员，并起草了碑文，李生端刻石，留有原稿。

【碑文】

东峪沟村，县城之东。地灵人杰，水秀山清。东林古寺，遐迩闻名。夕阳晚照，临州八景。

教育圣地，临县三中。工行人行，金融中心。东关市场，市场繁荣。东岳大街，车轮滚滚。

过境公路，在村之东。东峪沟后，交通要冲。东西钻沟，连接县城。可惜沟内，洪水横行。

规划治理，势在必行。兴建涵洞，上路下洪。狭窄沟道，用土填平。宽阔马路，靓展新容。

五里长街，直达东门。商贸走廊，一望无垠。村貌巨变，经济振兴。村民欢喜，小康有门。

工程宏大，缺乏资金。整村推进，列项施行。八十万元，资助兴工。二百二十，现已建成。

为鼓干劲，特撰碑文。再接再厉，直到竣工。

东峪沟村委会

公元 2008 年 11 月 28 日

正觉寺重修万佛殿记略

【简介】

2008 年勒石。碑原立于该殿门外，后不知因何除掉。碑文于 2010 年抄录。

【碑文】

中共十一届三中全会以来，调整大政方针，实行富民政策，使民生改善，思想自由，国富民强，社会昌明。万佛殿原称万佛洞，为正觉寺之重要殿宇，正觉寺始建于金泰和三年或云汉时，万佛洞始建年代不详，度与正觉寺不远。千百年来，几经兴废，早已残破不堪，临县有识之士及广大民众，深惜正觉寺优美建筑被毁，葱茏古柏遭伐，贤者百余人成立起保护正觉寺唐柏十二连城促进会，构建和谐，县政府成立领导组主持，几经波折，多历艰辛，凡三年筹善款四五百万元，终于 2008 年启动十二连城保护与万佛殿重建工程。促进会刘平泽、刘黎明、高卫平等操劳尤多，领导组刘永平、薛凤奎、杨卫华等经理尤善，离柳煤焦、吕梁煤运奉资尤巨，山西省古建研究所之能工巧匠承建。今悬梁在即，特此存记。

保护正觉寺唐柏十二连城促进会

公元2008年12月14日

撰文　刘和平　　书丹　李永民

周家沟建坝碑

【简介】

2009年勒石。本村集资十几万，在沟中建一土坝，打通了两岸的交通，遂立碑纪念。碑原立于坝北侧，2010年夏季洪水冲毁土坝，碑失去意义，被搬回寒窑。郭时键于2009年照相抄文。

【碑文】

（碑阳）

千年古村沟，南北分两头，令人造建坝，万代存永留。

周文选题

公元二〇〇九年八月十七日

（碑阴）

碑记

我村居于山西临县黄河东岸，两省四县交界。根据历史记载，周家沟是千年文明古村，现在依然是古老的旧貌。输通南北交通，坚持自力更生，发扬大禹治水的精神，不分昼夜，废寝忘食，创建这座前人未想的幸福大坝。

公元二〇〇九年八月十七日立

整村推进项目碑记

【简介】

2009年勒石。碑原立于杨家坡后村小沟桥东侧，2012年“7·22”大洪水，水翻桥顶而被冲走。本桥是扶贫办实施的项目，由郭时键设计施工，碑文亦由郭时键撰写，留有底稿。

【碑文】

整村推进项目碑记

杨家坡村，小沟之中。南都六甲，杨氏立村。时世变迁，王姓登临。南一义户，繁衍生存。

山高卧虎，沟深藏龙。弯弯坪地，红枣成林。溪水长流，空气清新。田园锦绣，景色宜人。

三曲公路，横穿全村。直达沿黄，立通离临。美中不足，后坪孤村。小河隔断，常渡泥泞。

祖辈涉水，世代苦情。二零零九，整村推进。四十九万，小桥修通。扶贫开发，专门利民。

村连一体，不惧雨冰。西连庙塬，沿途十村。打通咽喉，意义无穷。爱护公物，维修有人。

书碑记事，谨颂国恩。

杨家坡村委会
2009 年 10 月 10 日

整村推进项目河坝工程碑记

【简介】

2009 年勒石。碑原立于民乐村村改河工程旁边，四五年后消失。本工程是扶贫办实施的项目，由郭时键设计施工，碑文由郭时键所写，留有底稿。

【碑文】

整村推进项目河坝工程碑记

青凉寺河，源于紫金。交汇民乐，人杰地灵。村西河段，弯曲如虹。裁弯取直，势在必行。
戊子开春，改河兴工。挖通弓弦，移河初成。资金短缺，完善亏银。整村推进，国家扶贫。
支助建设，送炭雪中。修建河坝，百米有零。旧河封口，大功告成。多造地界，安全防洪。
整治河道，崭然一新。记此盛事，特刻碑文。励我村民，再上楼层。愿我新村，更加繁荣。

民乐村村委会
2009 年 10 月 28 日

附录

一、有关临县的域外重要碑刻选录

临州高里村施醮石幢记

【简介】

元至正十年（1350）四月勒石。现存于柳林县成家庄村。幢青石质，六棱柱体，高59、宽16、厚28厘米。内容为临州高里村施醮幢记，刻文楷书，正文35行，满行11至19字不等。张存甫撰，薄陀庄书。幢文完整，字迹清晰，石体基本完好。

【幢文】

臨州高里村李世廣，之西黄河流，之東□崗復嶺，如出平原，土地豐饒，人物秀整，原頭勝地，中有廟堂。耆老相曰：龍天土地廟予舊聞焉，里中高里村李世廣諸社人施財，命工於李廟前創建石醮鑪一座，鐫磨落成，以爲祭祀之壯觀，命予爲文，以記載廟之行事，兼寫諸□社人姓名刊其上，幸無我辭。予應之曰諾，謹按史傳敘其大略云。

龍天土地欲作亂，漢大臣周勃、陳平誅夷，詣吕自伐，迎龍天土地至長安登大寶焉。土地智通明寬，弘慈孝，恭節儉，外省徭役焉。還千里之獻臺，惜百金之費，減肉形，除田租，故天下人安。海内富殷，又且養民仁於龍天土地，美也善也，厥後継世之賢君，亦有謚文者，此龍天土地慚德多矣。辞不盡言，

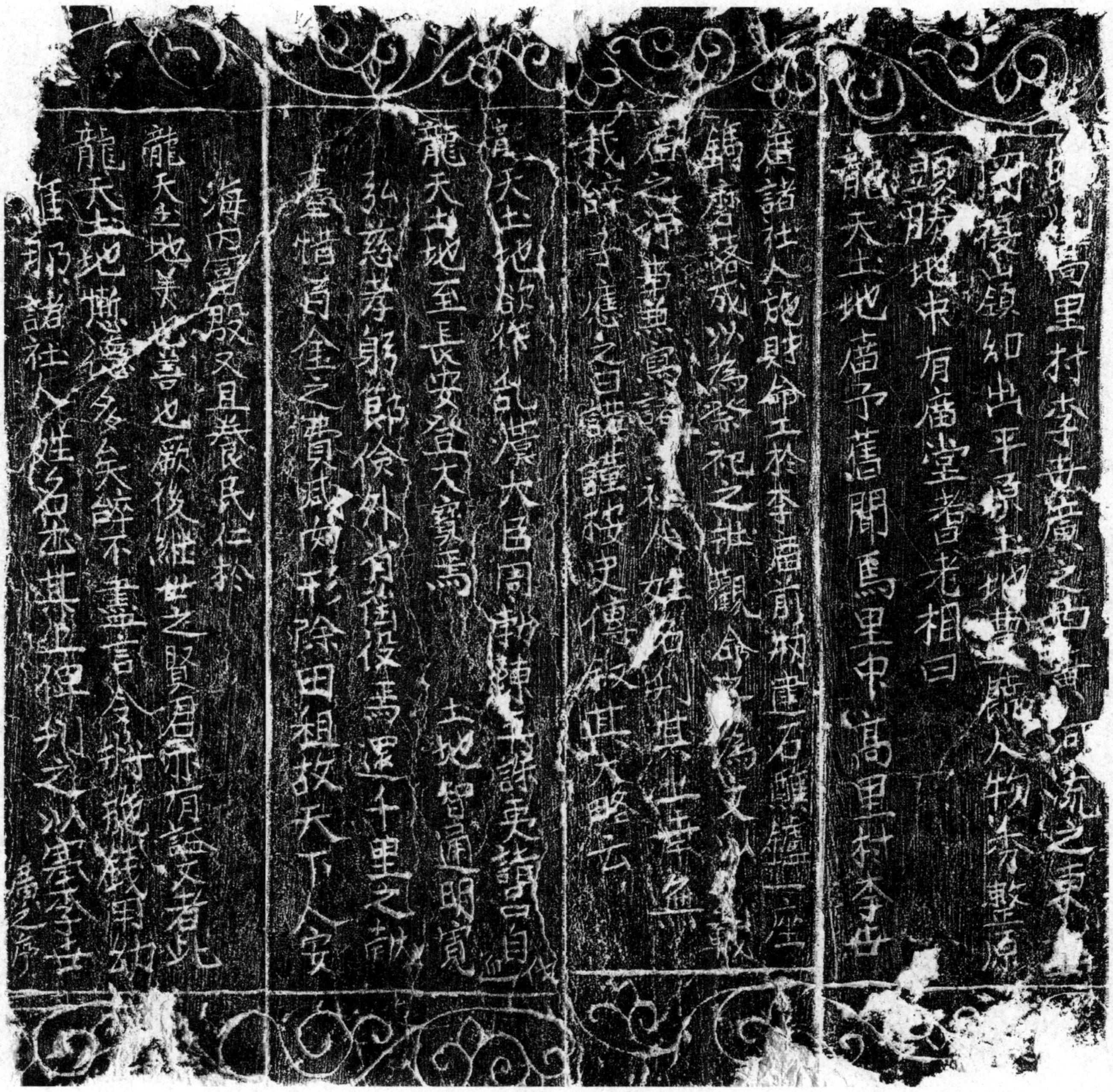

今將施錢用功維那諸社人姓名書其上，俾刊之，以塞李吉廣之序。

故祖父李仲和　男李德民　男李聚　李海　李潮　男李濟川　李隱濟寬　孫男思義　重孫李英　李俊　重孫鵬翼

男李文秀　男李伯通　彦通　彦才　男李思忠　李思温　□□　存定　存友

故祖父李仲璋　男李德欽　男李世廣　男李思政　思整　思恭

男李德敬　男李世安　李艮甫　男李進　李泰　李倉　李庫　男鄰兒　郝禮　小鄰

男李德恩　男李吉云　男李國進　國寶

功德主李暉　故男李傑　李貴　男李恭慶　恭智

故祖父李守寧　男李德信　男李存廣　李存周　李存显

男李居全　男李存棟　李存義　李興　李存吉

男李居仁　男李朗　李彦明

男李居慶　男李存甫　李進甫　李存智　李元存貴

大散樂　郭還朝　劉廣了

大元國冀寧路臨州高里村施醮鑪人李吉廣　男李思政　李思整　李思恭　孫男李勇　李娥　立石

靈顯真君　龍天土地　義勇武安王

高里村石匠提控楊恭秀　男楊存道

至正十年四月初五日　書禪人薄陀莊　張存甫拙筆

歲次庚寅年孟夏上旬己丑吉時

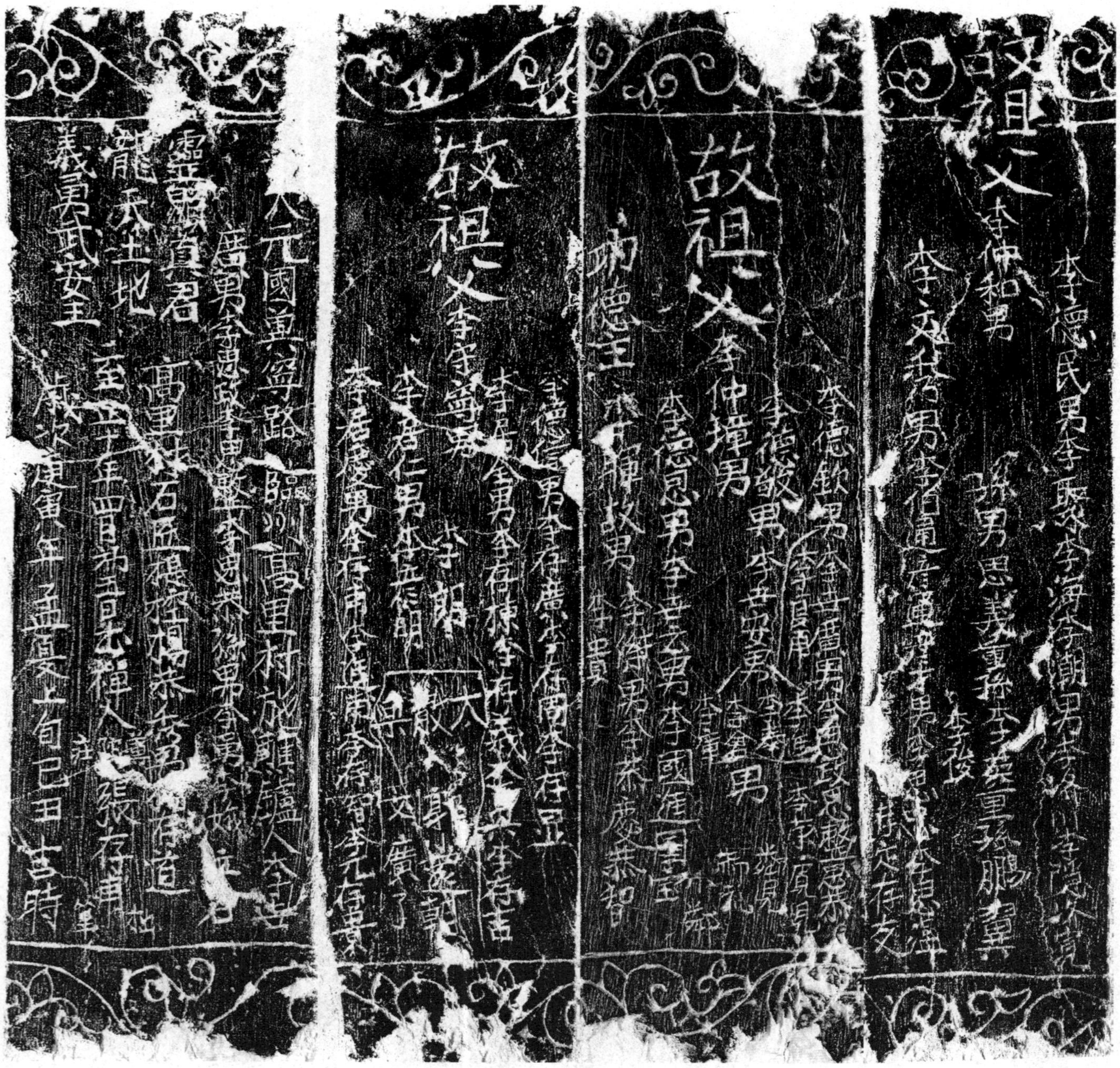

新建三台圣母碑志

【简介】

清乾隆四十一年（1776）十月勒石。现存于方山县马坊镇君子沟村。碑砂石质，圜首，高103、宽49、厚14厘米。额题“皇清”“日”“月”。碑文楷书，正文共9行，各行字数不等。记述弟兄三人复修三台圣母庙之事。李德隆撰文。碑体完好，但碑文剥蚀严重。本碑证明，在清乾隆年间，这里是临县的一块飞地。

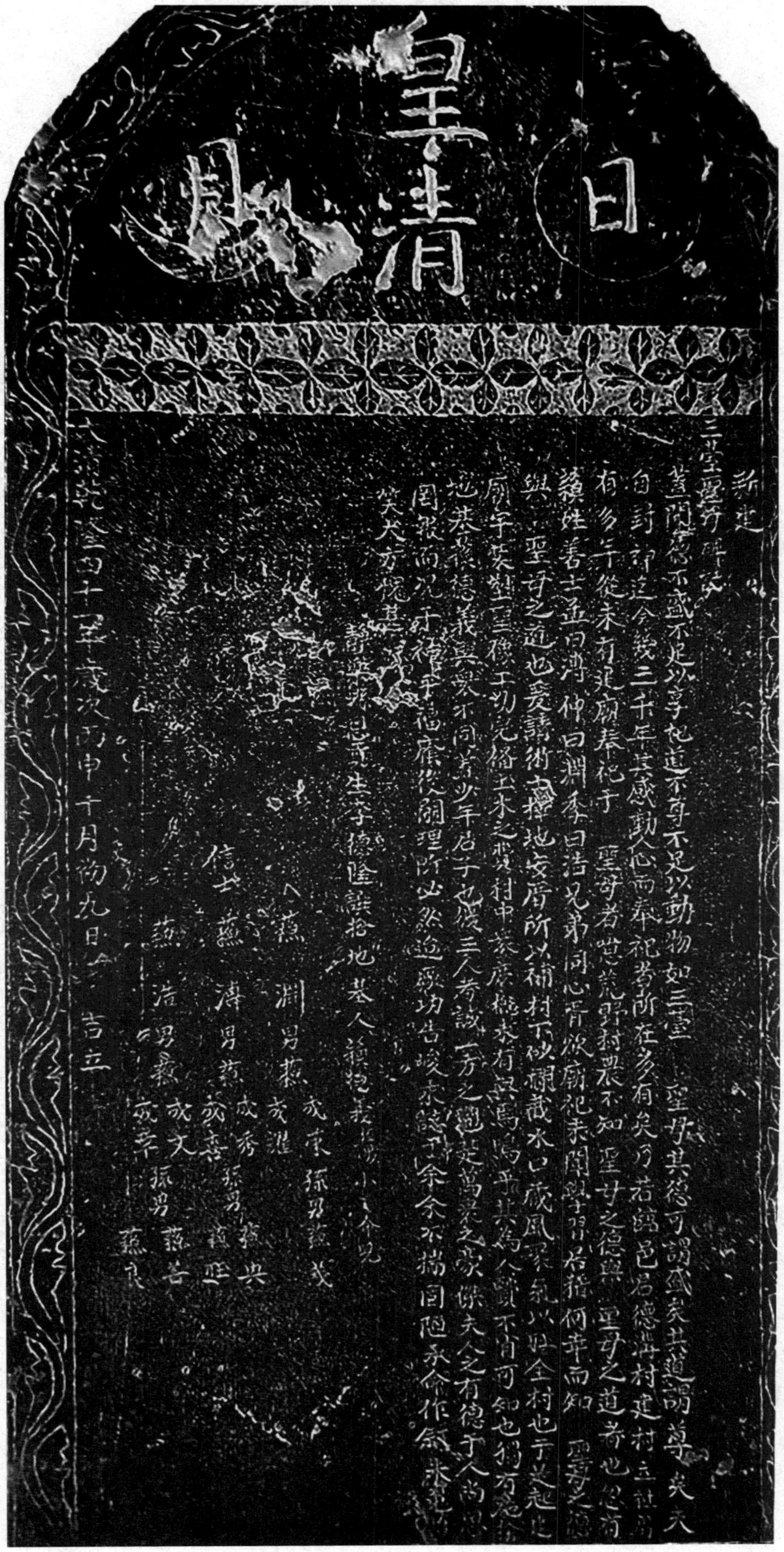

【碑文】

新建三臺聖母碑誌

蓋聞德不盛不足以享祀，道不尊不足以動物，如三臺聖母，其德可謂盛矣，其道可謂尊矣，夫自封神迄今，幾三千年，其感動人心而奉祀者，所在多有矣。乃若臨邑君德溝村，建村立社，歷有多年，從未有建廟奉祀于聖母者。噫！荒野村農，不知聖母之德與聖母之道者也。忽有蘇姓善士：孟曰溥、仲曰淵、季曰浩，兄弟同心，胥欲廟祀，未聞學習居稽，何幸而知聖母之德與聖母之道也。爰請術士擇地安厝，所以補村下砂，攔截水口，藏風聚氣，以旺全村也。于是起建廟宇，裝塑聖像，工功完備，土木之費，村中衆庶概未有與焉。嗚乎！其爲人賢不肖可知也。獨有施捨地基蘇德義與衆不同，蓋少年君子也。彼三人者，誠一方之翹楚、萬衆之豪傑。夫人之有德于人，尚思罔報，而况于神乎！福蔭後嗣，理所必然。迨厥功告竣，求志于余，余不揣固陋，承命作敘，未免貽笑大方，愧甚！

靜樂縣恩貢生李德隆撰

舍地基人　蘇德義　侄男小□命兒

信士　蘇溥　蘇淵　蘇浩　男蘇成喜　蘇成秀　男蘇成榮　蘇成耀　男蘇成文　蘇成章　孫男蘇興　蘇旺　孫男蘇茂　孫男蘇善　蘇良

大清乾隆四十一年歲次丙申十月初九日吉立

清太曾祖考杨公讳鼐字良弼妣薛氏继妣刘氏之墓

【简介】

清嘉庆年间（1796—1820）勒石。现存于离石区坪头乡长龙山村。碑青石质，圆首，高127、宽56、厚15厘米。额题“永垂不朽”4字。碑文楷书，正文计12行，满行33字。碑体断为两截。本碑虽在离石区界内，但叙述的是临县村内的事，故收录于本书附录中。

【碑文】

（碑阳）

清太曾祖考楊公諱鼐字良弼妣薛氏繼妣劉氏之墓

承重曾孫男耀祖　懷祖書行

孫男進持　進源　曾孫男實　殳　繩

元孫化醇　化醴薰沐

嘉慶□□年七月十五日立

（碑阴）

墓碑記

曾祖考楊公行二，祖居臨邑留鄰庄，遷寺坂底，享壽七十七歲。公之高祖汝後，高祖母段氏、賀氏葬布郎塌祖墳。曾祖父□□，曾祖母薛氏，祖英福、祖母孫氏，父民通、字順□、行一，母張氏，繼母王氏，三輩皆葬於此。二叔民順，三叔民和另葬，兄鼎布郎塌另墳；弟鼐鼎、奇鼎留鄰庄另墳。公少貧，曾出西府二十八年，哈密大灣修住宅數處，至今哈密道生店猶存，歸經商鋪房數十間。至老精神嚴肅。先娶妻薛氏，存理村薛德通公之妹，生曾孫□□□二祖父名其璋，一女，先嫁老陽塌□君，輔君終後，改配安局則薛仁□，□□出外。曾祖母勤勞持家，辛苦備至□□曾孫之祖父治生二祖父讀書。□□□西域。曾孫之二祖父遂入□□□商學。曾孫之祖父生二子逢清、逢□入太學。二祖父生二子逢春、逢時，皆入鄉學。□□幸曾孫之伯父卒，無子，曾孫之父□□長念祖早逝，奉祖母命以曾孫懷祖承祀，與伯父昭穆相當，從伯父春亦無子，躬承宗祧，敢不與諸叔父昆弟共勉焉。繼曾祖妣劉氏，大庄村之女，三塚皆□□□。是爲記。

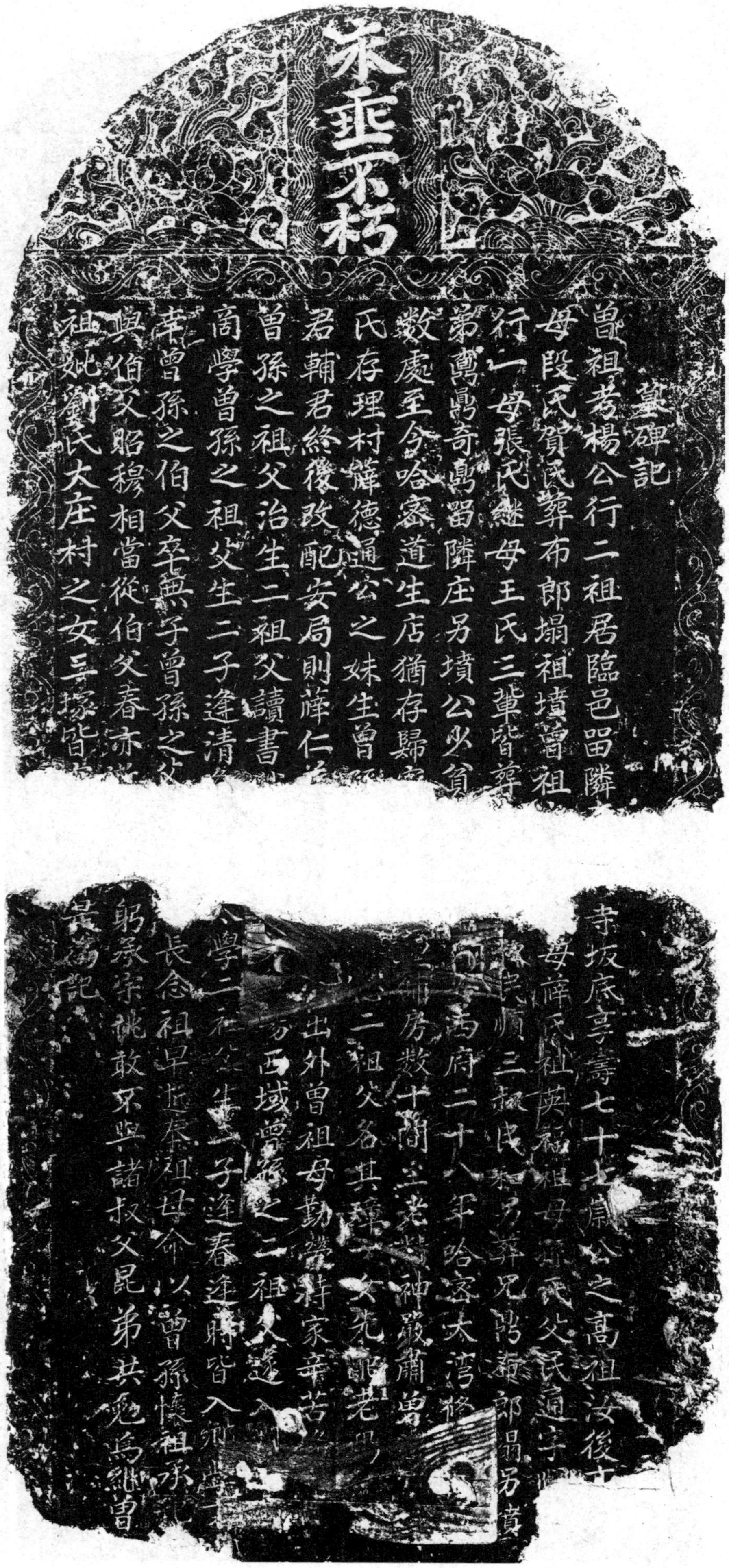

二、临县砖刻选录

汉高山施钱人砖刻

【简介】

元至大元年（1264）六月刻石，现存于汉高山上。砖刻，正方形，砖高32、宽32、厚6厘米。内容为施钱人名。刻文楷书，正文计10行，满行12字。刻文残缺少半，字迹模糊，砖体缺左上角。

【刻文】

糺首維那

符仲禄　符仲賢　符仲才　男符行富

馮吉安　馮吉荣　馮□　秦……

秦政　曹錫　曹伯全　……

馮世之　馮貴　馮□□　……

鄭荣　曹伯聚　常□□　……

孫海　男孫伯川　孫伯明　孫伯聚

刘□玉　任興　張糸□　張從政

張全　張子寬　張頑羊

至大元年六月　日刊

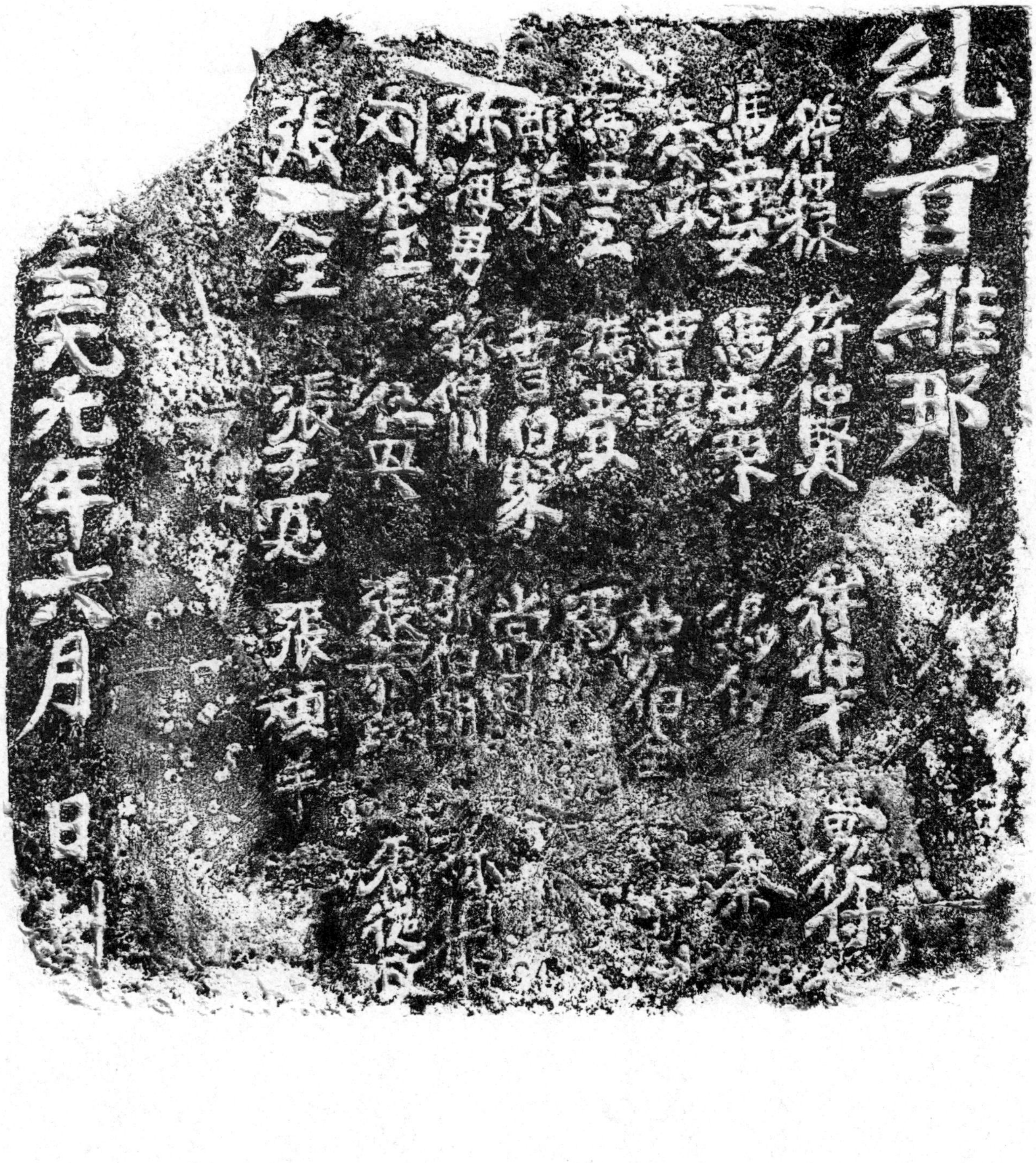

三、分时代统计表

时　代	统计数量	
	现　存	佚　失
唐	4	0
五代	1	0
宋	3	2
金	1	2
元	7	3
明	79	12
清	343	33
中华民国	31	6
中华人民共和国	518	22
纪年不详	0	0
总　计	987	80

四、分类统计表

类　别	统计数量	
	现　存	佚　失
记事类	705	73
乡规民约类	3	0
墓志墓表墓志铭类	160	4
烈士纪念碑类	3	1
题刻题诗类	45	0
匾额楹联类	37	0
摩崖石刻经幢塔铭类	11	0
其他类	23	2
总　计	987	80

索　引

一、记事类

●现存石刻

平满刘氏灵位碑（元至治元年） …………（三二）
李公思温高年耆德之碑（元至正十六年） …………（三六）
关王辞曹操书（明永乐十八年） …………（三九）
和尚闵如兰游历记事（明永乐二十年） …………（四〇）
白公琻塔文记（明宣德九年） …………（四七）
增修林峰禅寺记（明景泰五年） …………（五一）
历代祖师碑（明景泰五年） …………（五四）
增修林峰禅寺赞碑（明景泰五年） …………（五五）
重修奉天寺碑记（明成化元年） …………（五七）
宝峰寺记（明成化三年） …………（五九）
重建宿皇寺记（明成化十五年） …………（六六）
重建长乐寺记（明弘治十一年） …………（七〇）
重修东岳庙记（明弘治十六年） …………（七二）
增新恒岳碑记（明正德元年） …………（七三）
周家沟正德元年石碑（明正德元年） …………（七五）
白文镇张家湾村施钱人碑记（明正德二年） …………（七六）
重修浮济庙记（明正德七年） …………（八一）
重修浮屠阁碑记（明正德十三年） …………（八四）
新建高佛岭佛堂碑记（明正德十六年） …………（八六）
刘家洼村石佛堂碑记（明嘉靖七年） …………（九〇）
新修□南山圆洞庵观音殿记（明嘉靖八年） …………（九四）
东林落成寺记（明嘉靖十二年） …………（一〇一）
新增石佛堂记（明嘉靖十七年） …………（一〇二）
重建五龙灵感庙碑（明嘉靖四十一年） …………（一一五）
明上舍刘公墓志铭（明隆庆二年） …………（一一八）
重建宿皇寺碑记（明隆庆四年） …………（一二〇）
青凉寺寨上张氏坟碑记（明隆庆五年） …………（一二二）
复建观音殿记（明万历七年） …………（一二三）
佛堂寺御契续入藏经序（明万历十四年） …………（一二四）
增修佛堂寺并创建广济禅院碑记（明万历十九年） …………（一二七）

佛堂寺经藏记（明万历二十四年） …………………………（一三一）
重修浮济庙记（明万历三十四年） …………………………（一三六）
先祖碑记（明万历三十七年） …………………………（一四〇）
宝珠山重修庙残碑（明万历四十三年） …………………………（一四一）
火燎坡重修诸庙碑记（明万历四十四年） …………………………（一四二）
王公东山苗裔碑（明万历四十五年） …………………………（一四六）
兴福碑记（明天启六年） …………………………（一五五）
重修神庙记（明天启六年） …………………………（一五七）
长安堡碑记（明崇祯十年） …………………………（一五九）
重修紫金山崇应侯庙碑记（明崇祯十三年） …………………………（一六一）
明故显考讳养性张公神位碑（明崇祯十三年） …………………………（一六二）
黄龙山重修北岳庙碑记（清康熙二十一年） …………………………（一七一）
重修龙天庙记（清康熙二十五年） …………………………（一七二）
重修浮济大王庙碑记（清康熙三十三年） …………………………（一七七）
重修庙碑记（清康熙四十二年） …………………………（一八一）
重修庙碑记（清康熙四十六年） …………………………（一八三）
东王家沟重修龙天庙碑记（清康熙四十七年） …………………………（一八五）
重修三郎庙碑记（清康熙四十九年） …………………………（一八八）
重修佛堂碑记（清康熙五十一年） …………………………（一九〇）
新建菩萨殿碑记（清康熙五十六年） …………………………（一九二）
黄龙山重修北岳庙碑记（清康熙年间） …………………………（一九三）
桑树峁蔚家窊重修三教观音佛殿碑记（清雍正四年） …………………………（一九六）
吕家湾创建观音庙碑记（清雍正五年） …………………………（一九八）
重修佛堂庙碑记（清雍正六年） …………………………（二〇〇）
重修北岳庙碑记（清雍正六年） …………………………（二〇二）
重修奉天寺山门碑记（清雍正十一年） …………………………（二〇四）
重修观音圣母地藏碑记（清乾隆五年） …………………………（二〇七）
重修复生庵碑序（清乾隆十年） …………………………（二一一）
杨公施地序（清乾隆十二年） …………………………（二一二）
重修兴隆寺（清乾隆十二年） …………………………（二一四）
增修观音大士阁碑记（清乾隆十四年） …………………………（二一六）
重修观音寺碑记（清乾隆十五年） …………………………（二一八）
重修碑记（清乾隆十八年） …………………………（二二〇）
重修黑龙庙碑记（清乾隆二十一年） …………………………（二二一）
重修龙天庙碑记（清乾隆二十九年） …………………………（二二五）
设立香烟况化地土财物碑记（清乾隆三十年） …………………………（二二九）
重修碑记（清乾隆三十八年） …………………………（二三六）
重修龙天庙碑记（清乾隆三十八年） …………………………（二三九）
关帝庙重修碑记（清乾隆四十年） …………………………（二四一）
创修戏楼神棚碑记（清乾隆四十二年） …………………………（二四三）
重修庙碑记（清乾隆四十二年） …………………………（二四四）

重修庙记（清乾隆四十三年）……（二四六）
辛家塔乡贤碑记（清乾隆四十四年）……（二四七）
重修庙记（清乾隆五十年）……（二四九）
重建神庙碑记（清乾隆五十年）……（二五一）
重修关夫子庙碑记（清乾隆五十二年）……（二五三）
吕家岭新建献殿碑记（清乾隆五十三年）……（二五七）
重修北岳庙碑记（清乾隆五十三年）……（二五八）
移修佛殿碑记（清乾隆五十四年）……（二五九）
东林寺和尚碑（清乾隆五十五年）……（二六一）
重修观音殿碑记（清乾隆五十五年）……（二六二）
重修关帝祠碑记（清乾隆五十六年）……（二六三）
王氏碑记（清乾隆五十九年）……（二六五）
重修关圣庙殿并诸神庙宇碑记（清乾隆五十九年）……（二六六）
皇宿寺买地碑记（清乾隆五十九年）……（二六八）
创建关圣帝君观音大士暨诸神庙碑记（清乾隆六十年）……（二七〇）
赵公行述碑记（清乾隆六十年）……（二七一）
新建奎光楼重修龙王庙碑记（清乾隆年间）……（二七三）
忠义神武灵佑关圣大帝庙移动重修碑记（清嘉庆元年）……（二七五）
谱系序记（清嘉庆元年）……（二七八）
大王庙重修碑记（清嘉庆元年）……（二八〇）
重修奉天寺碑记（清嘉庆二年）……（二八二）
新修观音庙碑记（清嘉庆五年）……（二八三）
重修汉高山列神庙碑记（清嘉庆六年）……（二八五）
重修神殿乐楼记（清嘉庆七年）……（二八九）
皇宿寺重修碑记（清嘉庆八年）……（二九一）
重修汉高山正殿真武及列圣碑记（清嘉庆八年）……（二九三）
重修佛殿功德碑记（清嘉庆十年）……（二九七）
祈雨碑记（清嘉庆十二年）……（三〇〇）
重修观音殿新建关帝庙碑记（清嘉庆十四年）……（三〇三）
新建南海大士关圣帝君庙序（清嘉庆十五年）……（三〇五）
重修北山寨关帝庙院碑记（清嘉庆十九年）……（三〇九）
新建祠堂碑记（清嘉庆二十年）……（三一二）
重修奉天寺碑记（清嘉庆二十一年）……（三一四）
重建文昌帝君阁碑记（清嘉庆二十三年）……（三一六）
新设祭田碑记（清嘉庆二十四年）……（三一九）
重修财神庙西墙碑记（清嘉庆二十四年）……（三二一）
创修文昌帝君庙碑记（清嘉庆二十五年）……（三二三）
重修圣母庙碑记序（清嘉庆二十五年）……（三二六）
重修观音庙记（清嘉庆年间）……（三二八）
增修关圣帝君庙记（清道光元年）……（三二九）
重修龙天虸蛾风神山神土神碑记（清道光元年）……（三三〇）

重修观音庙碑记（清道光元年） …………………………………………………………（三三一）
重修碑记（清道光二年） ………………………………………………………………（三三三）
重修龙王庙碑记（清道光二年） …………………………………………………………（三三五）
重修大王庙碑记（清道光二年） …………………………………………………………（三三六）
重修碑记（清道光三年） ………………………………………………………………（三三九）
新修王家塌石峁路碑序（清道光四年） …………………………………………………（三四一）
重修弥勒庙碑记（清道光五年） …………………………………………………………（三四三）
后寨村重修庙记（清道光五年） …………………………………………………………（三四六）
重修浮济大王庙碑记（清道光六年） ……………………………………………………（三五四）
紫金山神祠香火碑记（清道光六年） ……………………………………………………（三五六）
重修永兴寺碑记（清道光六年） …………………………………………………………（三五八）
重修观音庵碑记（清道光六年） …………………………………………………………（三六〇）
重修圣母庙碑记（清道光六年） …………………………………………………………（三六一）
观音阁碑记（清道光八年） ……………………………………………………………（三六三）
前小峪新建奎星文昌财神庙（清道光八年） ……………………………………………（三六四）
重修庙记（清道光十年） ………………………………………………………………（三六五）
重修碑记（清道光十年） ………………………………………………………………（三六七）
王家庄重修诸神庙碑记（清道光十二年） ………………………………………………（三六九）
重修碑记（清道光十二年） ……………………………………………………………（三七一）
河神庙募化碑记（清道光十二年） ………………………………………………………（三七三）
张氏祖坟碑记（清道光十三年） …………………………………………………………（三七五）
新修北塞关帝庙序（清道光十三年） ……………………………………………………（三七七）
新建关帝庙碑记（清道光十四年） ………………………………………………………（三七九）
移修碑记（清道光十五年） ……………………………………………………………（三八一）
刘氏建坟碑记（一）（清道光十六年） …………………………………………………（三八六）
刘氏建坟碑记（二）（清道光十六年） …………………………………………………（三八七）
重修碑记（清道光十六年） ……………………………………………………………（三八八）
新庙碑记（清道光十八年） ……………………………………………………………（三九一）
高家沟新修关帝、观音庙碑记（清道光十九年） ………………………………………（三九三）
新建河神庙碑记（清道光十九年） ………………………………………………………（三九五）
新建河神庙布施碑（清道光十九年） ……………………………………………………（三九七）
重修关帝庙碑记（清道光二十年） ………………………………………………………（四〇〇）
临邑普照寺僧觉涛自叙（清道光二十年） ………………………………………………（四〇一）
普照寺檀越公旌仙舟大禅师懿范（清道光二十年） ……………………………………（四〇二）
龙王庙碑记（清道光二十年） ……………………………………………………………（四〇三）
丛罗峪贺氏列祖碑（清道光二十一年） …………………………………………………（四〇四）
重修龙天□□庙碑记（清道光二十一年） ………………………………………………（四〇五）
沟底村张氏家谱碑（清道光二十二年） …………………………………………………（四〇六）
重修碑记（清道光二十二年） ……………………………………………………………（四〇七）
志美碑记（清道光二十三年） ……………………………………………………………（四一〇）
重修玉皇庙碑记（清道光二十三年） ……………………………………………………（四一一）

新建观音庙碑记（清道光二十三年） …………………………………………………………（四一三）
重修佛庙碑记（清道光二十四年） ……………………………………………………………（四一七）
重建观音庙关帝庙碑记（清道光二十四年） …………………………………………………（四一九）
重修观音殿碑记（清道光二十四年） …………………………………………………………（四二一）
补修观音庙碑记（清道光二十五年） …………………………………………………………（四二三）
重修庙记（清道光二十五年） …………………………………………………………………（四二六）
重修菩萨庙碑记（清道光二十六年） …………………………………………………………（四三〇）
龙天庙建窑碑记（清道光二十六年） …………………………………………………………（四三二）
重修佛殿碑序（清道光二十六年） ……………………………………………………………（四三三）
卧虎山黑龙王庙碑（清道光二十七年） ………………………………………………………（四三五）
奉天寺新立石碑记（清道光二十八年） ………………………………………………………（四四三）
重修浮济大王庙碑记（清道光二十八年） ……………………………………………………（四四六）
重修庙记（清道光二十八年） …………………………………………………………………（四四八）
建修庙记（清道光二十九年） …………………………………………………………………（四五〇）
遵父命重修庙碑记（清道光年间） ……………………………………………………………（四五三）
新修庙堂记（清咸丰元年） ……………………………………………………………………（四五五）
重修庙宇碑记（清咸丰元年） …………………………………………………………………（四五七）
重修关帝庙记（清咸丰元年） …………………………………………………………………（四五九）
重修浮济王圣母庙碑志（清咸丰二年） ………………………………………………………（四六一）
嘉庆十二年移修关帝庙碑记（清咸丰二年） …………………………………………………（四六四）
戏楼碑记（清咸丰五年） ………………………………………………………………………（四七一）
重修神阁乐楼碑记（清咸丰六年） ……………………………………………………………（四七四）
赠高公洪庵碑铭并序（清咸丰七年） …………………………………………………………（四七九）
赠高公讳君赐字三锡妻氏薛碑铭并序（清咸丰七年） ………………………………………（四八二）
重修天官庙观音庙碑记（清咸丰七年） ………………………………………………………（四八四）
重修碑记（清咸丰七年） ………………………………………………………………………（四八七）
重修诸庙碑记（清咸丰八年） …………………………………………………………………（四九一）
中南山观音庙碑记（一）（清咸丰八年） ……………………………………………………（四九八）
中南山观音庙碑记（二）（清咸丰八年） ……………………………………………………（四九九）
求子献地碑记（清咸丰十一年） ………………………………………………………………（五〇三）
重修观音关帝庙施地碑记（清咸丰十一年） …………………………………………………（五〇四）
王裕后祭母碑文（清同治元年） ………………………………………………………………（五〇六）
新建乐楼碑记（清同治元年） …………………………………………………………………（五〇八）
杜家圪垛新修献殿布施碑（清同治元年） ……………………………………………………（五一〇）
重修皇宿寺碑记（清同治元年） ………………………………………………………………（五一二）
兴荣山碑记（清同治三年） ……………………………………………………………………（五一七）
兔坂水槽沟山神灵梦记（清同治三年） ………………………………………………………（五二〇）
重修菩萨阁记（清同治三年） …………………………………………………………………（五二一）
南庄真武庙碑记（清同治五年） ………………………………………………………………（五二五）
卜家崖村重修神庙碑记（清同治五年） ………………………………………………………（五二七）
创修碑记（清同治五年） ………………………………………………………………………（五三四）

榆林村补葺新建庙宇碑记（清同治六年） …………………………………………（五四一）
新建乐楼序（清同治七年） ………………………………………………………（五四五）
重修关帝庙碑记（清同治七年） …………………………………………………（五四六）
西孙家沟整修大庙碑（清同治八年） ……………………………………………（五四八）
新修关圣观音庙碑记（清同治八年） ……………………………………………（五五一）
重修观音庙碑记（清同治八年） …………………………………………………（五五三）
玄天大帝庙社内存钱碑记（清同治九年） ………………………………………（五五六）
新建魁星楼碑记（清同治九年） …………………………………………………（五五七）
木村峪村重修神庙碑记（清同治十年） …………………………………………（五五九）
高家墕高氏祖坟碑记（清同治十一年） …………………………………………（五六三）
重修龙天庙碑记（清同治十一年） ………………………………………………（五六五）
重补修庙碑记（清同治十一年） …………………………………………………（五七二）
重修观音庙碑记（清同治十二年） ………………………………………………（五七四）
张家湾修庙碑记（清同治十三年） ………………………………………………（五七六）
陈家庄重修庙碑（清同治十□年） ………………………………………………（五七八）
重修观音堂碑记（清同治年间） …………………………………………………（五七九）
枣宂沟村改建重修七佛观音牛王并新建财神庙碑记（清光绪元年） ……………（五八〇）
宝珠山地基争讼调停碑记（清光绪元年） ………………………………………（五八四）
山西汾州府临邑七村合社重修神庙碑记（清光绪三年） …………………………（五八八）
乔家沟重修五龙圣母祠碑记（清光绪七年） ……………………………………（五九三）
重修庙碑记（清光绪七年） ………………………………………………………（五九五）
重修观音庙碑记（清光绪七年） …………………………………………………（五九七）
户内碑记（清光绪九年） …………………………………………………………（六〇〇）
重修观音风神龙天蚸蛂庙碑记（清光绪十年） …………………………………（六〇一）
胡氏碑记（清光绪十三年） ………………………………………………………（六〇三）
重修浮济大王祠（清光绪十四年） ………………………………………………（六〇八）
重修诸神庙碑记（清光绪十五年） ………………………………………………（六一三）
重修三位娘娘庙碑记（清光绪十六年） …………………………………………（六一五）
重修义居寺碑记（清光绪十八年） ………………………………………………（六一七）
新建关帝财神庙碑记（清光绪十八年） …………………………………………（六二三）
重修财神祠记（清光绪十八年） …………………………………………………（六二四）
高家沟重修关帝庙碑记（清光绪二十年） ………………………………………（六二五）
重修黄龙山北岳庙碑序（清光绪二十一年） ……………………………………（六二七）
重修五龙圣母祠碑记（清光绪二十二年） ………………………………………（六二九）
例授昭武都尉兵部候推都阃□杜开英募化施钱题名碑（清光绪二十二年） ……（六三一）
怀少堂义学碑序（清光绪二十五年） ……………………………………………（六三三）
五甲秦户议立户首碑记（清光绪二十五年） ……………………………………（六三四）
新建龙王庙碑记（清光绪二十五年） ……………………………………………（六三六）
重移庙碑记（清光绪二十八年） …………………………………………………（六三八）
新修奎星楼并补葺前后村各庙碑记（清光绪二十八年） …………………………（六四〇）
修补诸庙碑记（清光绪二十九年） ………………………………………………（六四二）

观音古刹诸祠重修碑记（清光绪二十九年） …………（六四四）
补修关帝火帝庙碑记（清光绪三十年） …………（六四七）
重修山神土地庙碑记（清光绪三十年） …………（六四九）
重修关王庙碑记（清光绪三十二年） …………（六五四）
新修圣母庙碑（清宣统二年） …………（六六一）
重修龙天庙碑记（清宣统三年） …………（六六六）
紫金山无量佛庙碑铭（清代） …………（六六八）
李兆麟长生之位碑（清代） …………（六六九）
张家庄施钱碑序（清代） …………（六七〇）
重修三官龙天龙王庙碑记（清代） …………（六七二）
重修观音庙记（清代） …………（六七三）
重修北岳庙碑记（清代） …………（六七六）
重修北岳庙碑序（清代） …………（六七七）
正坡村施钱人名碑（清代） …………（六八一）
正坡村领疏人名碑记（清代） …………（六八三）
重修关帝观音庙碑记（中华民国 2 年） …………（六八七）
重修三教圣人观音庙碑记（中华民国 5 年） …………（六九三）
重修关圣帝君庙碑记（中华民国 5 年） …………（六九五）
重修圣母关帝等庙新修蚜蝗虮蜡庙记（中华民国 6 年） …………（六九七）
关帝庙复建碑记（中华民国 6 年） …………（六九九）
修建阖村庙阁碑记（中华民国 7 年） …………（七〇一）
补修经堂宗祠碑记（中华民国 8 年） …………（七〇六）
重修庙宇新建戏楼碑记（中华民国 9 年） …………（七〇九）
重修阖村各庙碑记（中华民国 9 年） …………（七一二）
白家山白氏族产售卖碑记（中华民国 16 年） …………（七一七）
重修观音庙碑记（中华民国 17 年） …………（七一九）
吕家岭重修关帝火帝庙碑记（中华民国 17 年） …………（七二〇）
重修观音三圣母庙碑记（中华民国 17 年） …………（七二二）
清耆宾兴盛刘老先生暨德配辛太孺人碑铭（中华民国 17 年） …………（七二四）
五甲秦户议立分粮碑记（中华民国 24 年） …………（七二九）
黄龙山残碑（中华民国年间） …………（七三二）
临县白文修建防洪堤碑记（1952 年） …………（七三六）
刘文纪念碑（1958 年） …………（七三八）
阳坡水库简介碑（1959 年） …………（七四〇）
建设水库甲等模范（1959 年） …………（七四二）
伟大领袖和导师毛主席东渡黄河登岸处（1978 年） …………（七四九）
郭户纪念堂碑记（1982 年） …………（七五三）
重修宝珠山碑记（1986 年） …………（七五七）
庵庙社补修戏台山门碑记（1987 年） …………（七六〇）
建戏院志（1987 年） …………（七六一）
复修真武观碑记（1988 年） …………（七六二）

补修寨则凤凰山共天寺记（1988 年）…………（七六五）
重补建凤凰山共天寺碑记（1988 年）…………（七六七）
临县善庆寺碑序（1988 年）…………（七六八）
卜家岩村重修神庙碑记（1988 年）…………（七六九）
人民舞台落成纪念（1988 年）…………（七七一）
重修碑记（1988 年）…………（七七二）
修献殿芳名碑（1989 年）…………（七七四）
复建真武正殿碑记（1989 年）…………（七七五）
重修观音寺序言（1989 年）…………（七七七）
三交复修南山寺碑记（1989 年）…………（七七八）
神峪塔补修关帝庙碑记（1989 年）…………（七七九）
重修扶济大王庙碑志（1989 年）…………（七八〇）
善庆寺史记（1990 年）…………（七八三）
安家圪台修戏台碑记（1990 年）…………（七八五）
西二千取水枢纽碑文（1990 年）…………（七八七）
观音圣母庙重修碑记（1991 年）…………（七八八）
重修关帝庙正殿碑记（1991 年）…………（七九一）
维修黑龙王庙碑记（1991 年）…………（七九三）
丛罗峪戏台碑记（1991 年）…………（七九五）
关圣帝君碑文（1991 年）…………（七九六）
修葺东岳庙碑记（1991 年）…………（七九七）
玄天上帝真武祖师碑序（1992 年）…………（七九九）
重建共天寺序言（1992 年）…………（八〇一）
宝珠山维修观音殿碑记（1992 年）…………（八〇二）
复修碑记（1992 年）…………（八〇三）
三交南山寺重建碑记（1992 年）…………（八〇五）
佛兴寺碑记（1992 年）…………（八〇七）
维修龙王庙碑记（1992 年）…………（八〇八）
重修广化寺碑记（1992 年）…………（八〇九）
重修五道庙碑记（1992 年）…………（八一一）
修复皇姑墓碑记（1992 年）…………（八一二）
北寨山关帝庙碑记（1992 年）…………（八一三）
重塑圣像整修庙宇碑记（1992 年）…………（八一四）
重修关帝财神庙碑记（1992 年）…………（八一五）
重修关帝财神庙捐款芳名碑记（1992 年）…………（八一六）
王家沟重修关帝庙碑记（1992 年）…………（八一七）
大庙考绪（1992 年）…………（八一八）
安家圪台重修大王庙碑记（1992 年）…………（八二〇）
黄白塔重修庙碑记（1993 年）…………（八二一）
重修五庙之碑记（1993 年）…………（八二二）
重修佛殿庙碑记（1993 年）…………（八二三）

张家圪埮舞台竣工碑记（1993年） ……（八二四）
火燎坡河坝工程碑（1993年） ……（八二六）
复修观音殿碑记（1993年） ……（八二八）
西坡重修弥勒佛庙碑记（一）（1993年） ……（八二九）
西坡重修弥勒佛庙碑记（二）（1993年） ……（八三〇）
再建天龙庙碑记（1993年） ……（八三一）
重建观音庙碑记（1994年） ……（八三三）
复修庙宇碑记（1994年） ……（八三四）
江泽民总书记视察临县纪实碑文（1994年） ……（八三六）
武家沟关帝财神庙塑像壁画碑记（1994年） ……（八三八）
重修庙碑序（1994年） ……（八三九）
王家沟重修观音庙碑记（1994年） ……（八四一）
三清殿普救殿药王殿补修碑记（1994年） ……（八四二）
重修碑记（1994年） ……（八四三）
重建广严寺碑记（1994年） ……（八四四）
刘家会广严寺布施碑（1994年） ……（八四六）
东王家沟修路移井碑记（1994年） ……（八四七）
郭家沟重修庙宇碑记（1994年） ……（八四八）
贺家圪台观音庙碑志（1995年） ……（八四九）
冯门祠堂碑记（1995年） ……（八五〇）
浮济大王庙碑记（1995年） ……（八五一）
重修观音庙碑记（1995年） ……（八五三）
重修济渎庙碑记（1995年） ……（八五四）
建学校舞台纪念碑（1995年） ……（八五五）
修庙碑记（1995年） ……（八五六）
明旺塔综合治理区碑记（1995年） ……（八五八）
白文职中江泽民复信碑和兴建职业技校纪念碑（1995年） ……（八六〇）
郝家梁大王庙碑（1995年） ……（八六三）
张家湾村重修罗汉寺庙记（1995年） ……（八六五）
扩建关帝庙碑记（1995年） ……（八六七）
禹家梁修关帝庙碑记（1995年） ……（八六九）
重修五龙圣母庙碑记（1995年） ……（八七〇）
重建胜利坪学校记（1995年） ……（八七二）
复修唐僧庙碑序（1995年） ……（八七三）
重修观音寺碑记（1995年） ……（八七四）
水源关帝庙碑记（1996年） ……（八七五）
上冯家山烈士碑记（1996年） ……（八七六）
补修关帝诸庙简序（1996年） ……（八七七）
临佳黄河公路大桥碑记（1996年） ……（八九六）
重修关帝财神庙捐款芳名碑记（1996年） ……（八九八）
碛口湫河大桥碑（1996年） ……（八九九）

新建天官庙碑记（1996 年）……………………………………………………（九〇〇）
吕家岭村补修关帝、火帝庙碑记（1997 年）……………………………………（九〇一）
重建观音庙碑记（1997 年）……………………………………………………（九〇三）
天官敬祀道物新址碑文（1997 年）……………………………………………（九〇四）
龙天庙碑（1997 年）……………………………………………………………（九〇五）
弘法寺由来始末碑记（1997 年）………………………………………………（九〇六）
水平山新修庙碑记（1997 年）…………………………………………………（九〇八）
重修四庙正殿碑记（1997 年）…………………………………………………（九一〇）
丰达桥碑记（1997 年）…………………………………………………………（九一三）
药王孙真人碑记（1998 年）……………………………………………………（九一四）
钟鼓山庙群碑记（1998 年）……………………………………………………（九一六）
重修钟鼓山碑记（1998 年）……………………………………………………（九一七）
赤卜浪修建学校碑记（1998 年）………………………………………………（九一八）
新庙碑铭（1998 年）……………………………………………………………（九二〇）
后青塘村护村堤、山上自来水工程碑志（1998 年）…………………………（九二二）
雕塑关帝财神庙碑记（1998 年）………………………………………………（九二四）
维修正殿碑记（1998 年）………………………………………………………（九二五）
重建文昌庙碑记（1998 年）……………………………………………………（九二六）
村庙重建碑记（1998 年）………………………………………………………（九二七）
新建庙宇碑记（1998 年）………………………………………………………（九二八）
重修王氏宗祠碑序（一）（1999 年）…………………………………………（九二九）
重修王氏宗祠碑序（二）（1999 年）…………………………………………（九三〇）
王家湾天官庙碑记（1999 年）…………………………………………………（九三二）
重修龙泉庵碑记（1999 年）……………………………………………………（九三三）
重修青龙庙高佛殿碑记（1999 年）……………………………………………（九三五）
大窑沟修复观音庙碑记（1999 年）……………………………………………（九三六）
关圣帝君觉世真经碑（1999 年）………………………………………………（九三七）
新建学校戏台维修古庙碑记（1999 年）………………………………………（九四二）
尧子坡村功德碑记（2000 年）…………………………………………………（九四三）
火燎坡建修庙记（2000 年）……………………………………………………（九四四）
文庙学校兴学碑文（2000 年）…………………………………………………（九四五）
维修观音庙碑记（2000 年）……………………………………………………（九四六）
圪麻岭村戏台之碑并序（2000 年）……………………………………………（九四七）
重修武圣宫碑记（2000 年）……………………………………………………（九四八）
重修南山寺碑记（2000 年）……………………………………………………（九五〇）
关圣帝君庙碑记（2000 年）……………………………………………………（九五一）
建校碑记（2000 年）……………………………………………………………（九五四）
重修观音庙碑记（2000 年）……………………………………………………（九五五）
重塑诸神碑记（2000 年）………………………………………………………（九五六）
大峪沟河坝工程碑记（2000 年）………………………………………………（九五八）
曲峪大桥碑（2000 年）…………………………………………………………（九六〇）

建文昌庙碑记（2001 年）……（九六二）
戏台碑铭（2001 年）……（九六五）
观世音菩萨庙复修碑铭（2001 年）……（九六六）
复修龙王庙碑记（2001 年）……（九六七）
万安里普善寺碑志（2001 年）……（九六八）
重修关圣庙碑记（2001 年）……（九六九）
重修关圣庙功德碑（2001 年）……（九七〇）
重修观音庙碑记（2001 年）……（九七一）
重修关帝庙碑记（2001 年）……（九七二）
瓦舍坪修戏台碑记（2001 年）……（九七三）
观音庙重塑圣像碑记（2001 年）……（九七四）
观音庙重修碑记（2001 年）……（九七五）
修庙碑志（2001 年）……（九七六）
重建关帝庙简介（2001 年）……（九七七）
筹建关帝庙概况（2001 年）……（九七八）
续修关帝圣君庙碑记（2001 年）……（九八〇）
重修真武圣庙碑记（2002 年）……（九八一）
真武大帝的来历（2002 年）……（九八二）
观音庙碑记（2002 年）……（九八三）
乔家坪龙天庙碑记（2002 年）……（九八五）
维修真武祖师庙碑序（2002 年）……（九八七）
关帝庙维修碑记（2002 年）……（九八八）
植树纪念碑记（2002 年）……（九八九）
重建大王庙碑记（2002 年）……（九九〇）
广化寺佛殿庙碑记（2002 年）……（九九一）
观音堂重修碑记（2002 年）……（九九二）
重修观音庙碑记（2002 年）……（九九三）
重修石踏碑记（2002 年）……（九九四）
东西林家坪首届关帝庙会碑记（2002 年）……（九九五）
三次重修庙碑记（2002 年）……（九九六）
临之东南隅黄家沟村重修庙宇扩建舞台碑记（2002 年）……（九九七）
重修关帝庙碑记（2002 年）……（九九九）
重修庙碑序（2002 年）……（一〇〇〇）
高家塥老爷庙碑记（2003 年）……（一〇〇二）
修建戏台碑序（2003 年）……（一〇〇三）
重修城隍庙碑记（2003 年）……（一〇〇六）
重修观音庙碑记（2003 年）……（一〇〇八）
新修天官庙碑记（2003 年）……（一〇〇九）
重修观音阁佛殿庙碑记（2003 年）……（一〇一〇）
修复龙天庙简介（2003 年）……（一〇一二）
官地学校碑记（2003 年）……（一〇一三）

岩头观音庙碑记（2003年） …………………………………………………… （一〇一四）
刘王庙碑记（2003年） …………………………………………………… （一〇一五）
张阳会佛殿庙碑记（2003年） …………………………………………………… （一〇一九）
修建文化中心碑记（2003年） …………………………………………………… （一〇二一）
观音神像开光碑记（2003年） …………………………………………………… （一〇二二）
兴建操场石记（2003年） …………………………………………………… （一〇二四）
修建文昌庙魁星楼碑记（2003年） …………………………………………………… （一〇二五）
重修观音老爷龙王三庙碑记（2003年） …………………………………………………… （一〇三〇）
重修庙碑记（2004年） …………………………………………………… （一〇三二）
麻塔村功名碑文（2004年） …………………………………………………… （一〇三四）
董家塌观音庙碑记（2004年） …………………………………………………… （一〇三五）
重修本寺西侧碑记（2004年） …………………………………………………… （一〇三六）
复修文昌庙碑记（2004年） …………………………………………………… （一〇三七）
重修宝珠山正殿碑记（2004年） …………………………………………………… （一〇三九）
重修观音庙碑记（2004年） …………………………………………………… （一〇四一）
维修观世音菩萨庙碑记（2004年） …………………………………………………… （一〇四三）
重修东林寺碑记（2004年） …………………………………………………… （一〇四五）
重修菩萨阁碑记（2004年） …………………………………………………… （一〇四七）
重修观音殿碑记（2004年） …………………………………………………… （一〇四八）
修观音菩萨庙碑记（2004年） …………………………………………………… （一〇五〇）
易风学校碑记（2004年） …………………………………………………… （一〇五一）
义圪垛重修庙宇碑记（2004年） …………………………………………………… （一〇五三）
重修戏台碑记（2004年） …………………………………………………… （一〇五四）
关圣帝君、观世音菩萨神位碑（2004年） …………………………………………………… （一〇五五）
薛家坪诸神位碑（2004年） …………………………………………………… （一〇五六）
新建观音关帝庙碑记（2004年） …………………………………………………… （一〇五七）
警民大桥修建碑记（2004年） …………………………………………………… （一〇五八）
维修茶亭碑记（2004年） …………………………………………………… （一〇六〇）
修庙碑记（2004年） …………………………………………………… （一〇六二）
重修财神庙碑记（2004年） …………………………………………………… （一〇六三）
心桥碑记（2004年） …………………………………………………… （一〇六四）
玉荐村王氏坟碑（2004年） …………………………………………………… （一〇六五）
修庙碑记（2005年） …………………………………………………… （一〇六六）
殿宇落成碑记（2005年） …………………………………………………… （一〇六八）
新修佛殿庙碑记（2005年） …………………………………………………… （一〇七〇）
忠孝剧场碑记（2005年） …………………………………………………… （一〇七一）
保护母亲河工程山西临县项目东渡黄河纪念林碑（2005年） …………………………………………………… （一〇七六）
临县青少年爱国主义教育基地碑（2005年） …………………………………………………… （一〇七七）
重修观音庙碑记（2005年） …………………………………………………… （一〇七八）
补修关帝庙记（2005年） …………………………………………………… （一〇七九）
新修乡音舞台碑记（2005年） …………………………………………………… （一〇八〇）

北寨山关帝庙碑记（2005 年） ……（一〇八二）
北寨山关帝庙碑序（2005 年） ……（一〇八四）
府底村重建关帝庙碑记（2005 年） ……（一〇八六）
南庄村五路一街工程简介碑（2005 年） ……（一〇八八）
重修观音关帝庙碑记（2005 年） ……（一〇九〇）
观音庙志（2005 年） ……（一〇九二）
重建观音庙序（2005 年） ……（一〇九三）
父母合厝碑记（2005 年） ……（一〇九四）
重修观音庙龙王庙碑记（2005 年） ……（一〇九五）
修路碑记（2005 年） ……（一〇九七）
大后沟村新建剧场碑记（2005 年） ……（一〇九八）
坪堝村修学校舞台碑记（2005 年） ……（一〇九九）
敬铸地藏王菩萨铜像功德碑记（2005 年） ……（一一〇〇）
维修庙宇碑记（2005 年） ……（一一〇二）
重修龙王庙碑记（2005 年） ……（一一〇三）
重修东林玉佛寺缘起碑记（2005 年） ……（一一〇五）
上马家山重修关帝观音庙碑记（2005 年） ……（一一〇八）
九凤庵道教三清殿碑记（2005 年） ……（一一〇九）
九凤庵道教三清殿补充碑记（2005 年） ……（一一一一）
惠民桥碑（2005 年） ……（一一一三）
李家峁关帝庙碑记（2005 年） ……（一一一四）
毛泽东主席路经处碑（2005 年） ……（一一一五）
复修五龙圣母古庙碑记（2005 年） ……（一一一六）
修庙碑志（2006 年） ……（一一一七）
刘家沟塑像志（2006 年） ……（一一一八）
扩建祠堂施款碑记（2006 年） ……（一一二〇）
观音殿宇落成序言（2006 年） ……（一一二二）
重建观音庙碑记（2006 年） ……（一一二三）
小王家塔王氏先祖碑记（2006 年） ……（一一二四）
石板沟修墙碑记（2006 年） ……（一一二六）
“爸爸妈妈生平”碑（2006 年） ……（一一二七）
重修青龙庙碑记（2006 年） ……（一一二九）
重修真武庙碑记（2006 年） ……（一一三〇）
修建观音庙碑记（2006 年） ……（一一三二）
重修天官庙碑记（2006 年） ……（一一三三）
娘娘庙缮记（2006 年） ……（一一三八）
娘娘庙修缮碑记（2006 年） ……（一一四〇）
沿黄扶贫旅游公路碑文（2006 年） ……（一一四一）
重修佛殿庙碑记（2006 年） ……（一一四二）
白家庄建祠碑记（2006 年） ……（一一四三）
柏局上修庙碑记（2006 年） ……（一一四四）

建文昌庙碑记（2006 年） ……………………………………………………………… （一一四六）
观音寺修建碑记（2006 年） ………………………………………………………… （一一四九）
重修龙王庙碑记（2006 年） ………………………………………………………… （一一五一）
重塑东岳关帝庙神像记（2006 年） ……………………………………………… （一一五二）
兴修五道庙碑记（2006 年） ………………………………………………………… （一一五四）
筑道铭（2006 年） ……………………………………………………………………… （一一五五）
天地坛释文（2006 年） ……………………………………………………………… （一一五九）
南河桥碑记（2006 年） ……………………………………………………………… （一一六一）
财神庙重建碑记（2006 年） ………………………………………………………… （一一六二）
补修碑记（2006 年） ………………………………………………………………… （一一六三）
迁茶亭庙铭记（2006 年） …………………………………………………………… （一一六五）
西关新区门楼落成碑记（2006 年） ……………………………………………… （一一六七）
重修观音庙碑记（2007 年） ………………………………………………………… （一一六九）
重塑观音圣像碑文（2007 年） ……………………………………………………… （一一七〇）
修缮庙宇戏台碑记（2007 年） ……………………………………………………… （一一七一）
玉荐佛殿修复碑记（2007 年） ……………………………………………………… （一一七三）
李氏家族文化纪念碑（2007 年） ………………………………………………… （一一七四）
柏局上维修庙功德碑（2007 年） ………………………………………………… （一一七六）
柏树林园修复记事（2007 年） ……………………………………………………… （一一七八）
王家坪新建戏台碑记（2007 年） ………………………………………………… （一一七九）
维修山神庙碑记（2007 年） ………………………………………………………… （一一八一）
重修钟鼓楼碑记（2007 年） ………………………………………………………… （一一八五）
临县张家沟村李氏宗族文化纪念园落成碑记（2007 年） …………………… （一一八八）
重修文昌魁星山神土地庙暨补修诸神祠碑记（2007 年） …………………… （一一九一）
重修庙宇碑文（2007 年） …………………………………………………………… （一一九三）
重建普善寺缘起（2007 年） ………………………………………………………… （一一九五）
重修庙碑序（2007 年） ……………………………………………………………… （一一九七）
补修庙碑记（2007 年） ……………………………………………………………… （一一九八）
重修黑龙大王庙碑记（2007 年） ………………………………………………… （一二〇〇）
修庙碑记（2007 年） ………………………………………………………………… （一二〇二）
真武山修复功德碑记（2007 年） ………………………………………………… （一二〇三）
薛家坪村整修文昌庙碑记（2007 年） …………………………………………… （一二〇五）
重修庙碑记（2007 年） ……………………………………………………………… （一二〇六）
真武圣庙塑像碑记（2007 年） ……………………………………………………… （一二〇八）
修复三皇庙碑记（2007 年） ………………………………………………………… （一二一〇）
重修观音庙碑记（2008 年） ………………………………………………………… （一二一一）
关帝庙重修碑记（2008 年） ………………………………………………………… （一二一二）
凰背局戏台碑志（2008 年） ………………………………………………………… （一二一三）
观音庙简介（2008 年） ……………………………………………………………… （一二一四）
补修观音庙碑（2008 年） …………………………………………………………… （一二一五）
庙甲村黑龙庙重修碑记（2008 年） ……………………………………………… （一二一七）

曹步清先生碑记（2008 年） …………（一二一八）
秦英泰背石碑记（2008 年） …………（一二二〇）
重建冯家会王氏祖坟晚孙献资纪念碑（2008 年） …………（一二二一）
冉子庙重修碑记（2008 年） …………（一二二二）
神武圣人关羽碑（2008 年） …………（一二二三）
怀塥桥碑记（2008 年） …………（一二二四）
观音庙老爷庙财神庙维修塑像碑记（2008 年） …………（一二二五）
重建观音龙王庙碑记（2008 年） …………（一二二六）
修补路碑记（2008 年） …………（一二二八）
修建献殿功德碑记（2008 年） …………（一二二九）
观音庙碑记（2008 年） …………（一二三〇）
马王庙修缮碑记（2008 年） …………（一二三一）
李氏家族庙碑记（2008 年） …………（一二三二）
官地村重修戏台碑记（2008 年） …………（一二三三）
重修青龙庙剧场碑记（2008 年） …………（一二三五）
修建三官庙碑记（2008 年） …………（一二四一）
葛政峰纪念碑（2008 年） …………（一二四三）
重塑神像碑记（2008 年） …………（一二四七）
松峪村庙维修装饰碑记（2008 年） …………（一二四八）
重修龙王庙碑记（2008 年） …………（一二四九）
修缮观音庙碑记（2008 年） …………（一二五〇）
重修诸庙碑记（2008 年） …………（一二五一）
冯家塔村观音庙碑记（2008 年） …………（一二五二）
玉坪村整村推进项目碑记（2008 年） …………（一二五四）
后柏塔扶贫开发整村推进项目碑记（2008 年） …………（一二五五）
修庙碑记（2008 年） …………（一二五六）
重修真武观音庙碑记（2009 年） …………（一二五八）
新建宝珠山大戏台碑记（2009 年） …………（一二六四）
宝珠山功德碑（2009 年） …………（一二六六）
维修观音庙碑记（2009 年） …………（一二七〇）
临县宝珠山道观发展简介（2009 年） …………（一二七三）
上马家山村人联谊会碑记（2009 年） …………（一二七六）
小王家塔兴村碑记（2009 年） …………（一二七七）
王家庄村天地庙碑记（2009 年） …………（一二七八）
临县大度山大善寺源流碑序（2009 年） …………（一二八二）
重修大度山大善寺碑序（2009 年） …………（一二八四）
重修大度山大善寺碑记（2009 年） …………（一二八六）
圪台上戏台碑记（2009 年） …………（一二八八）
改建大王庙碑序（2009 年） …………（一二九〇）
林家坪盛达大桥碣石记（2009 年） …………（一二九一）
寺家塔世平桥简介（2009 年） …………（一二九三）

修缮关帝财神庙碑记（2009 年） …………………………………………………………（一二九四）
新塑神像碑记（2009 年） …………………………………………………………………（一二九五）
新增建娘娘庙碑记（2009 年） ……………………………………………………………（一二九六）
临县太平沟小流域综合治理工程碑记（2009 年） …………………………………………（一二九七）
五龙圣母庙碑记（2009 年） ………………………………………………………………（一二九八）
重修皇宿寺碑记（2009 年） ………………………………………………………………（一二九九）
大王庙维修碑记（2009 年） ………………………………………………………………（一三〇〇）
南庄村观音庙重建碑记（2009 年） ………………………………………………………（一三〇一）
重修观音关帝庙碑记（2009 年） …………………………………………………………（一三〇三）
重修文昌庙魁星阁碑记（2009 年） ………………………………………………………（一三〇四）
真武山修复碑记（2009 年） ………………………………………………………………（一三〇六）
开化社庙第三次修缮碑记（2009 年） ……………………………………………………（一三〇八）
开化村修庙常小兵功德碑（2009 年） ……………………………………………………（一三一〇）
开化村修庙张侯贵功德碑（2009 年） ……………………………………………………（一三一一）
开化村修庙张海红功德碑（2009 年） ……………………………………………………（一三一二）
重修关帝庙碑记（2009 年） ………………………………………………………………（一三一三）
周家沟创建大坝碑记（2009 年） …………………………………………………………（一三一五）
寨子山观音庙碑记（2009 年） ……………………………………………………………（一三一六）
周家沟重修古庙碑记（2009 年） …………………………………………………………（一三一七）
新建文昌、财神二殿碑记（2009 年） ……………………………………………………（一三一八）
重建碑记（2009 年） ………………………………………………………………………（一三二〇）
白文村整村推进碑记（2009 年） …………………………………………………………（一三二二）
整村推进项目简介碑（2009 年） …………………………………………………………（一三二三）
整村循环路硬化碑记（2009 年） …………………………………………………………（一三二四）
樊家岭观音庙碑记（2009 年） ……………………………………………………………（一三二五）
整村推进项目碑记（2009 年） ……………………………………………………………（一三二七）
扶贫开发整村推进碑记（2009 年） ………………………………………………………（一三二八）
整村推进扶贫开发碑记（2009 年） ………………………………………………………（一三二九）
郭家崖大桥及附属工程简介（2009 年） …………………………………………………（一三三〇）
整村推进扶贫碑记（2009 年） ……………………………………………………………（一三三一）
重修关公伽蓝庙碑记（2009 年） …………………………………………………………（一三三二）
重修观音殿碑记（2009 年） ………………………………………………………………（一三三四）
临县阳宇会村农田水利工程碑（2009 年） ………………………………………………（一三三六）
青家塌新建戏台碑记（2010 年） …………………………………………………………（一三三八）
创建碑记（2010 年） ………………………………………………………………………（一三三九）
高家庄修路碑记（2010 年） ………………………………………………………………（一三四〇）
筑桥寄语（2010 年） ………………………………………………………………………（一三四二）
为献树木者而咏（2010 年） ………………………………………………………………（一三四三）
重修观音庙碑记（2010 年） ………………………………………………………………（一三四四）
扩建观音殿碑记（2010 年） ………………………………………………………………（一三四五）
杨家圪垛维修观音庙碑记（2010 年） ……………………………………………………（一三四七）

重修财神庙碑记（2010 年） …………………………………………………………（一三四八）
重修观音阁碑记（2010 年） …………………………………………………………（一三四九）
饮水碑记（2010 年） ……………………………………………………………………（一三五〇）
重修王户祠堂碑序（2010 年） ……………………………………………………（一三五一）
枣洼沟重修庙宇碑记（2010 年） …………………………………………………（一三五二）
新修戏台碑记（2010 年） ……………………………………………………………（一三五五）
新修祠堂匾记（2010 年） ……………………………………………………………（一三五六）
补修关帝庙记（2010 年） ……………………………………………………………（一三五七）
重修观音关帝庙碑记（2010 年） …………………………………………………（一三五九）
白家庄建庙功德碑（2010 年） ……………………………………………………（一三六〇）
天官庙重修简介（2010 年） …………………………………………………………（一三六一）
庙洞改造之功德碑序（2010 年） …………………………………………………（一三六三）
通水泥路功德碑记（2010 年） ……………………………………………………（一三六五）
重修黑龙庙碑记（2010 年） …………………………………………………………（一三六六）
修庙碑记（2010 年） ……………………………………………………………………（一三六七）
修路碑记（2010 年） ……………………………………………………………………（一三六八）
通村公路硬化碑记（2010 年） ……………………………………………………（一三六九）
孙家圪台饮水碑记（2010 年） ……………………………………………………（一三七〇）
龙天庙修建碑记（2010 年） …………………………………………………………（一三七一）
村通水泥路碑记（2010 年） …………………………………………………………（一三七三）
新建戏台碑记（2010 年） ……………………………………………………………（一三七四）
朱氏家祠碑记（2010 年） ……………………………………………………………（一三七六）
序言与捐款芳名碑（2010 年） ……………………………………………………（一三七七）
重修财神庙碑记（2010 年） …………………………………………………………（一三七八）
东林寺新修地藏王菩萨殿碑记（2010 年） ……………………………………（一三七九）
林家坪整村推进开路碑记（2010 年） ……………………………………………（一三八〇）
小马坊整村推进项目碑记（2010 年） ……………………………………………（一三八一）
大王庙碑记（2010 年） ………………………………………………………………（一三八二）
龙王老爷风神庙碑记（2010 年） …………………………………………………（一三八三）
重修观音庙碑记（2010 年） …………………………………………………………（一三八四）
三交塌头村修桥碑记（2010 年） …………………………………………………（一三八五）
修缮关帝观音庙碑记（2010 年） …………………………………………………（一三八六）
神峪沟戏台碑记（2010 年） …………………………………………………………（一三八七）
革命老区项目简介（2010 年） ……………………………………………………（一三八九）
三庙碑记（2010 年） ……………………………………………………………………（一三九〇）
整村推进碑记（2010 年） ……………………………………………………………（一三九一）
整村推进项目碑记（2010 年） ……………………………………………………（一三九二）
关帝庙附属设施修建碑记（2010 年） ……………………………………………（一三九三）
正坡功德碑记（2010 年） ……………………………………………………………（一三九四）
寨子山村观音庙修缮碑记（2010 年） ……………………………………………（一三九五）
修缮观音庙陈来应捐款碑记（2010 年） …………………………………………（一三九七）

修缮观音庙郭氏家族捐款碑记（2010年） ……（一三九九）
修缮观音庙陈海平、陈有平捐款碑记（2010年） ……（一四〇一）
修缮观音庙陈建玉四兄弟捐款碑记（2010年） ……（一四〇三）
修缮观音庙陈桃生携姊妹六人捐款碑记（2010年） ……（一四〇五）
陈氏柒门大家族捐款碑记（2010年） ……（一四〇七）
修缮观音庙白氏家族捐款碑记（2010年） ……（一四〇九）
修缮观音庙陈文海捐款碑记（2010年） ……（一四一一）
重建龙王庙碑记（2010年） ……（一四一三）
扶贫桥碑记（2010年） ……（一四一五）
蔚家山村重建庙宇碑记（2010年） ……（一四一六）
蔚家山村复建慈善祖堂布施序（2010年） ……（一四一八）
平安门记（2010年） ……（一四一九）
重修龙天庙碑记（2010年） ……（一四二〇）
重修大戏台碑记（2010年） ……（一四二一）
侯家沟修建戏台碑记（2010年） ……（一四二三）
整村推进项目建设记（2010年） ……（一四二六）
整村推进项目碑记（2010年） ……（一四二七）
维修天官庙碑记（2010年） ……（一四二八）
维修观音庙碑记（2010年） ……（一四二九）

●佚失石刻

宋将西征祷应克捷碑记（宋元符二年） ……（一四四一）
宋明灵公碑文（宋建中靖国元年） ……（一四四一）
石州定胡县上招贤村普照禅院记（金大定九年） ……（一四四二）
慈云院铭（金大定十三年） ……（一四四二）
通玄大师珏公纪行之碑并序（元至元二十二年） ……（一四四四）
大元故延安兵马总管袁公神道碑铭并序（元至元二十五年） ……（一四四五）
济渎清源王庙碑记（明正统九年） ……（一四四七）
重修紫金山隆福寺记（明正德五年） ……（一四四七）
善庆寺伽蓝土地碑记（明嘉靖二年） ……（一四四八）
重修善庆寺记（明嘉靖二年） ……（一四四八）
改修学宫碑记（明嘉靖三十九年） ……（一四四八）
临县陈侯石砌城堤记（明万历八年） ……（一四四九）
创建城台碑记（明万历二十三年） ……（一四五〇）
万历二十六年知县交河常时芳重修庙学碑记（明万历二十六年） ……（一四五〇）
永乐村永兴寺重修碑记（明万历二十七年） ……（一四五一）
郭家岔老坟碑文（明崇祯十四年） ……（一四五二）
西白家庄新建家佛堂记（明末清初） ……（一四五二）
顺治三年知县济南谢道重修文庙碑文（清顺治三年） ……（一四五二）
郭家岔村六代祖廪生高节孝行碑文（清顺治九年） ……（一四五三）
邑侯朱公德政碑记（清顺治年间） ……（一四五四）

重修善庆寺碑记（清康熙初年）……（一四五五）
邑侯庄公建修城楼碑记（清康熙二十一年前后）……（一四五五）
康熙二十四年创建儒学碑记（清康熙二十四年）……（一四五六）
重修圣母庙碑记（清康熙中期）……（一四五六）
阖邑绅衿耆庶公记崔公德行碑文（清康熙二十六年）……（一四五七）
高家山明葬碑文（清康熙年间）……（一四五七）
重修下西坡祖坟碑记（清乾隆四年）……（一四五八）
乾隆二十八年知县丁宗懋增修石堤碑记（清乾隆二十八年）……（一四五八）
乾隆二十八年知县丁宗懋开学宫前路碑记（清乾隆三十四年）……（一四五九）
修建公署碑记（清乾隆三十九年）……（一四五九）
乾隆四十年知县吕公滋重修凤山书院碑记（清乾隆四十年）……（一四五九）
堡子峪王太君碑记（清乾隆年间）……（一四六〇）
嘉庆二十四年知县长安赵廷澍复修学宫前路碑记（清嘉庆二十四年）……（一四六一）
显岩上村修桥碑文（清道光二十五年）……（一四六二）
招贤上孙家塔科举条老六门碑序（清道光二十六年）……（一四六二）
普照寺增修牌坊新殿宇碑记（清道光二十七年）……（一四六三）
孟家墕新建献殿乐楼碑记（清同治九年）……（一四六三）
光绪二十二年知县孔繁昌复修凤山书院碑记（清光绪二十二年）……（一四六四）
新建南城魁星楼碑记（清光绪二十二年）……（一四六四）
徐家沟重修观音殿碑记（清中晚期）……（一四六五）
霍公祷雨灵应碑文（清代）……（一四六五）
新建乐楼碑序（清代）……（一四六六）
王家坪遗嘱碑（清代）……（一四六六）
三交重修文昌庙门墙引（清代）……（一四六七）
重修魁星楼引（清代）……（一四六七）
徐家沟重修神庙碑记（清晚期）……（一四六七）
三交重修河神庙彩绘碑文（清晚期）……（一四六八）
三交重修石洞阁引（清晚期）……（一四六八）
重修中脚沟龙王庙碑记（清晚期）……（一四六八）
重修关帝庙等碑记（中华民国 13 年）……（一四六九）
下寨上村公修永靖桥碑记（中华民国 23 年）……（一四七〇）
秦家坪刘氏碑文（中华民国年间）……（一四七一）
郭家塔新建郭氏祠堂碑记（1982 年）……（一四七一）
郭家塔郭氏新建祠堂概况碑文（1982 年）……（一四七二）
正觉寺重修碑记（1989 年）……（一四七二）
一步墕村王氏始祖石碑（1990 年）……（一四七三）
曲峪钟鼓山庙复修碑记（1994 年）……（一四七三）
卜家岩取水枢纽碑文（1994 年）……（一四七四）
东王家沟、孙家沟修路建桥碑记（1995 年）……（一四七四）
赵家圪台扶贫攻坚责任碑文（1996 年）……（一四七五）
林家坪军工大桥碑记（1998 年）……（一四七五）

秉明拨款兴学感赋（2000年） ……（一四七五）
重修观音阁关帝庙碑记（2000年） ……（一四七六）
观音庙改建碑记（2003年） ……（一四七七）
寨上村十件大事碑记（2003年） ……（一四七七）
大度山大善寺引水上山用电设施道路拓宽工程纪念碑（2005年） ……（一四七八）
临县烈士陵园碑记（2005年） ……（一四七八）
整村推进项目路基工程碑记（2008年） ……（一四七八）
整村推进项目兴修涵洞碑记（2008年） ……（一四七九）
正觉寺重修万佛殿记略（2008年） ……（一四七九）
周家沟建坝碑（2008年） ……（一四八〇）
整村推进项目碑记（2009年） ……（一四八〇）
整村推进项目河坝工程碑记（2009年） ……（一四八一）

二、乡规民约类

●现存石刻

关王庙村戒赌碑（清同治三年） ……（五一八）
削去丁首钱碑（清光绪十五年） ……（六一二）
吕杜家岭刘王沟争水判讼碑记（清宣统三年） ……（六六三）

三、墓志墓表墓志铭类

●现存石刻

唐故校尉守左武卫泾州四门府折冲都尉员外置同正员赐紫金鱼袋上柱国刘府君墓志铭并序
（唐长庆二年） ……（五）
唐故河东郡樊府君墓志铭并序（唐开成四年） ……（七）
唐故蓝府君墓志铭并序（唐开成四年） ……（九）
唐故彭城刘府君墓志并序（唐大中元年） ……（一〇）
侯公之墓（明永乐二十二年） ……（四三）
秦公裱寿龛墓志（明永乐年间） ……（四五）
白公之墓（明景泰元年） ……（五〇）
薛公之墓（明成化十年） ……（六一）
冯公墓碑（明成化十四年） ……（六三）
赵家塔赵子威墓碑（明成化二十三年） ……（六九）
先考白子英妣郑氏之墓（明正德七年） ……（七九）
侯公浩室人李氏之墓（明嘉靖六年） ……（八八）
高勲妻张氏墓志（明嘉靖十二年） ……（一〇〇）
郭公墓志（明嘉靖十八年） ……（一〇四）
李公之墓（明嘉靖三十四年） ……（一〇九）
义宰廷瑞室张氏墓志（明嘉靖三十六年） ……（一一一）
陈公之墓（明嘉靖四十一年） ……（一一三）

郭公墓志（明嘉靖四十二年） ……（一一七）
孙家沟孙公墓志（明万历十九年） ……（一二六）
郭家塔赠郭公墓志序（明万历二十二年） ……（一二九）
明处士赵公暨配高氏之墓（明万历二十五年） ……（一三三）
明兵马副指挥襟河郭公之墓（明万历二十八年） ……（一三四）
大明故居士西川马公墓志铭（明万历三十二年） ……（一三五）
明故显考郭公之墓（明万历三十七年） ……（一三八）
山西汾州府临县孝才都王公墓志（明万历四十五年） ……（一四四）
明承德郎赵公仝妻薛氏圹志（明万历四十六年） ……（一四七）
明处士赵公讳应科妻张氏之墓（明万历四十七年） ……（一四九）
明故显考薛汝豸高氏之墓碑（明万历四十七年） ……（一五〇）
明故显考赵公之墓（明天启元年） ……（一五一）
明故孙公汝元室樊氏马氏之葬（明天启二年） ……（一五二）
铭故小泉王公讳敬张氏韩氏刘氏（明天启五年） ……（一五三）
陈公世万字大宽寿葬铭记（明天启六年） ……（一五四）
李君爱墓碑（明天启七年） ……（一五八）
明显考恩妣之墓（明崇祯十五年） ……（一六三）
敕封明承德郎南城正兵马显考小斋赵公孺人秦氏恩妣左氏墓（明崇祯十六年） ……（一六四）
苗友义墓碑（明代） ……（一六五）
明显考赵公恩妣郝氏薛氏之墓（清康熙四年） ……（一六九）
铭显考赵公恩妣刘氏之墓（清康熙四年） ……（一七〇）
皇清赠文林郎王公暨配孺人赵氏合葬墓志铭（清康熙三十年） ……（一七四）
皇清诰封文林郎显考穆公孺人恩妣李氏之墓（清康熙四十年） ……（一七九）
清故王公讳朋选室李氏墓碑（清康熙四十九年） ……（一八七）
老营所儒学掌印训导白公墓碑（清雍正三年） ……（一九五）
修职郎白公墓碑（清乾隆四年） ……（二〇六）
清故显考张翁讳建字立基父元配柔氏恩妣孺人袁氏之墓（清乾隆七年） ……（二〇九）
清故显考□文生赵翁恩妣待赠曹氏之墓（清乾隆十六年） ……（二一九）
清故显考讳永喜字景梅处士苗公妣高氏之墓（清乾隆二十二年） ……（二二三）
三朝特授中大夫敕封诚悫公太监墓碑（清乾隆二十七年） ……（二二四）
赵隆周墓碑（清乾隆三十年） ……（二二七）
皇清待封郝公讳立字卓凡妻王氏之墓（清乾隆三十年） ……（二三一）
清故显祖郝公讳永盛字天禄祖母秦氏之墓（清乾隆三十年） ……（二三三）
皇清待赠处士张公讳愈兰暨淑配郝孺人之墓（清嘉庆元年） ……（二七六）
皇清处士显考王公讳天才字超凡待赠孺人显妣王太君之墓（清嘉庆元年） ……（二七九）
清显考李公之墓（清嘉庆六年） ……（二八四）
张氏墓碑记（清嘉庆七年） ……（二八八）
清泰高祖考吉公讳祚字选朊妣吉门白氏一位之塚（清嘉庆十四年） ……（三〇二）
清故显考刘公妣李氏武氏之墓（清嘉庆二十四年） ……（三二〇）
杨节母郭氏墓志表（清道光二年） ……（三三八）
皇清待赠樊公讳杨字士达元配赵氏之墓（清道光六年） ……（三四八）

皇清例授太学生樊公讳玉麟字启文元配吕氏继配李氏之墓（清道光六年） ……………… （三四九）
皇清给札僧会司圆寂恩师融公讳琎字仙鼎和尚觉灵之墓（清道光六年） ……………… （三五〇）
皇清圆寂亲教恩师通公讳宝字孔方和尚觉灵之墓（清道光六年） ……………………… （三五一）
明处士赵公讳本之墓（清道光六年） ……………………………………………………… （三五二）
故显考郭公讳兆宁字长安显妣郭门儒人李氏之灵柩（清道光七年） ………………… （三六二）
皇清处士杜公讳陟瀛字登仙原配王氏继配姚氏合葬之墓（清道光十三年） …………… （三七六）
高家堬高为舜墓碑文（清道光十五年） …………………………………………………… （三八〇）
清故显考妣白翁讳存荣妻周氏高氏柩之葬（清道光十五年） ………………………… （三八四）
李桂廷墓碑（清道光十五年） ……………………………………………………………… （三八五）
举人王万选墓碑（清道光十七年） ………………………………………………………… （三九〇）
邑庠生兴九薛君之墓（清道光二十二年） ………………………………………………… （四〇九）
皇清待赠武生樊公讳问勇字景汤元配李氏继配辛氏刘氏赵氏之墓（清道光二十八年） … （四三八）
皇清待赠樊公讳问仁字景尧元配闫氏继配张氏任氏高氏之墓（清道光二十八年） ……… （四三九）
皇清待赠府庠生樊公讳晋辉字含清元配张氏继配吕氏李氏之墓（清道光二十八年） …… （四四〇）
皇清曾祖考拔贡刘公讳五教字敬敷又字莲峰妣妣之墓志（清道光二十八年） ………… （四四五）
秦氏阖族始祖之墓（清咸丰元年） ………………………………………………………… （四五四）
皇清恩赠登仕郎显祖考杨公讳克远字文德号云亭待赠孺人妣高太君之墓（清咸丰二年）
…………………………………………………………………………………………………… （四六三）
皇清例授儒林郎显考王公讳佩珩字映芾号南珍安人显妣陈氏合葬之墓（清咸丰四年） … （四六六）
清故庠生樊翁讳裔兴字昌后室人赵氏合葬之墓（清咸丰五年） ……………………… （四六七）
皇清待赠国学樊翁讳联元字廷辂原配崔氏赵氏继配段氏合葬之墓（清咸丰五年） …… （四六八）
皇清待赠庠生樊翁讳铎字圣化原配薛氏合葬之墓（清咸丰五年） …………………… （四六九）
皇清待赠乡饮介宾樊翁讳登三字近台原配雒氏张氏继配李氏合葬之墓（清咸丰五年） … （四七〇）
皇清曾祖考讳如智字象川妣氏之墓（清咸丰六年） ………………………………………… （四七六）
皇清待赠曾祖考讳于连字少牧妣高氏之墓（清咸丰六年） …………………………… （四七七）
皇清待赠祖考讳天祥字文山妣高氏之墓（清咸丰六年） ……………………………… （四七八）
刘炳章墓碑（清咸丰七年） ………………………………………………………………… （四八三）
赵光储墓碑（清咸丰七年） ………………………………………………………………… （四八九）
皇清国子监太学生乡饮介宾高公讳时发字永兴元配张氏继配李氏之墓（清咸丰七年） … （四九〇）
皇清待赠太学生樊公讳映字玉川原配张氏继配李氏赵氏合葬之墓（清咸丰八年） …… （四九三）
皇清待赠登仕佐郎樊翁讳竣字腾霄孺人元配李太君孺人继配李太君合葬之墓
（清咸丰十年） ………………………………………………………………………… （五〇一）
皇清显考国子监太学生高公讳明喜字帝臣妣待赠孺人李太君杨太君郝太君之墓
（清咸丰十一年） ……………………………………………………………………… （五〇二）
皇清待赠樊公讳济清字尚澄原配薛氏继配薛氏王氏崔氏合葬之墓（清同治二年） …… （五一四）
皇清例授乡饮耆宾显考刘公讳树本字培根妣赵氏秦氏牛氏王氏秦氏张氏高氏之墓
（清同治二年） ………………………………………………………………………… （五一五）
皇清祖考刘公讳寸心字省齐妣张氏王氏之墓（清同治二年） ………………………… （五一六）
皇清故处士显考康府君讳应魁元嫡配杨氏侧室郭氏之墓志（清同治四年） ………… （五二三）
皇清显考刘公讳孝基字德元妣待赠孺人张氏合葬之墓（清同治四年） ……………… （五二四）
皇清显考刘公讳映池字清香妣刘氏合葬之墓（清同治五年） ………………………… （五三〇）

清故例授议叙正九显考武公讳巨河字清一妣刘氏之墓（清同治五年） ……………………（五三二）
清故乡饮耆宾显考武公讳巨江字浙亭号珍生妣王氏之墓（清同治五年） …………………（五三三）
皇清三祖考刘公讳寸忱字天真元配崔氏次配徐氏赵氏合葬之墓（清同治六年） ………（五三六）
皇清郭府君讳应城一位之墓（清同治六年） ……………………………………………………（五三七）
皇清待赠显祖考张公讳廷玉字温其妣薛氏合葬之墓（清同治六年） ………………………（五三九）
例授都司显考张公讳锡字纯嘏府君恭人妣原配刘氏继配王氏王氏赵氏太君合葬之墓
（清同治六年） ……………………………………………………………………………………（五四〇）
皇清赵公讳存宽字广亭之墓（清同治七年） ……………………………………………………（五四四）
清故曾祖考张公中的原配郝氏继配高氏之墓（清同治十一年） ……………………………（五六一）
王铎墓碑（清同治十一年） ………………………………………………………………………（五六七）
王秉文墓碑（清同治十一年） ……………………………………………………………………（五六八）
王自禄墓碑（清同治十一年） ……………………………………………………………………（五六九）
王自全墓碑（清同治十一年） ……………………………………………………………………（五七〇）
王生泰墓碑（清同治十一年） ……………………………………………………………………（五七一）
左宗棠书玉坪张济远墓碑（清光绪三年） ………………………………………………………（五八五）
王生长墓碑（清光绪三年） ………………………………………………………………………（五八六）
王思保墓碑（清光绪三年） ………………………………………………………………………（五八七）
王自福墓碑（清光绪三年） ………………………………………………………………………（五九〇）
皇清敕授儒林郎奉直大夫吏部候铨布政司理问显考王公讳佩瑜字映绶号润亭妣樊太君
继妣高太君合葬之墓（清光绪四年） ……………………………………………………………（五九一）
张世治墓碑（清光绪六年） ………………………………………………………………………（五九二）
皇清例授国子监典籍显考王公讳士昣字儒修号睿章妣贾太君合葬之墓（清光绪八年） …（五九九）
清故群庠武生功赏六品职衔显考武公讳中元字廷卫号明亮妣郭氏妣高氏之墓
（清光绪十四年） …………………………………………………………………………………（六〇六）
皇清显考例赠国子监太学生显考讳玉璋字奉之貤赠孺人显妣刘氏合厝墓志（清光绪十四年）
……………………………………………………………………………………………………（六一〇）
王晋美墓碑（清光绪十四年） ……………………………………………………………………（六一一）
清故乡饮介宾显考樊公讳嘉植字茂森府君原配高氏继配李氏杜氏李氏合葬之墓
（清光绪十七年） …………………………………………………………………………………（六一六）
诰授昭信校尉孔昭李公讳潜德暨元配郝安人合葬之墓表（清光绪十八年） ………………（六二〇）
诰授武德将军守御所千总衔显考李公讳长春字竹君府君显妣秦宜人继妣赵宜人樊宜人赵宜人
继妣张宜人张宜人李太君合葬之墓（清光绪十八年） ……………………………………（六二二）
阳宇会高中元墓碑（清光绪二十二年） …………………………………………………………（六二八）
皇清待赠显考讳昌隆妣任氏穆公之墓（清光绪三十一年） …………………………………（六五一）
旌表节孝邑处士张禔妻李孺人墓志（清光绪三十二年） ……………………………………（六五二）
皇清例授国子监显考樊公讳□□妣□氏之墓碑（清宣统元年） ……………………………（六五七）
清故显考樊公讳嘉树字立德元配郭氏继配雷氏之墓（清宣统元年） ………………………（六五八）
皇清例授明经进士显考讳松龄字星南号鹤亭例赠孺人显妣张氏王氏合厝墓志
（清宣统元年） ……………………………………………………………………………………（六五九）
前清故逝显考大人张翁子仁府君正妣穆氏继妣陈氏之墓（中华民国 4 年） ………………（六九〇）
清故邑庠生俊卿孙老先生暨德配孺人之墓表（中华民国 4 年） ……………………………（六九一）

清故武略佐骑尉国学生孙公暨德配赵安人秦安人刘安人李安人之墓志（中华民国 8 年）……（七〇五）
故显考李公讳振勋府君妣李母高太君墓（中华民国 8 年）……（七〇七）
皇清例授贡元候补儒学副堂高公讳树柏字养鳞号心斋元配刘孺人继配郭孺人之墓（中华民国 9 年）……（七一一）
清赠登仕郎显考讳恩波妣曹太君合葬之墓（中华民国 16 年）……（七一八）
刘兴魁墓表（中华民国 17 年）……（七二五）
前清例授国子监太学生显考讳继林府君嫡妣张太君庶妣刘太君合葬之墓（中华民国 20 年）……（七二六）
吴命新墓碑（中华民国 21 年）……（七二七）
前清处士胡府君讳尚道字得中妻刘氏一位之墓（中华民国 21 年）……（七二八）
先考胡公长讳尚嘉字子美次讳尚善字子良室人曹氏吕氏高氏之墓（中华民国 33 年）……（七三一）
先父樊希骞未婚母赵氏先母高玉廉暨胞妹长沂合葬之墓（1984 年）……（七五五）
共和故显考高公讳增荣字伯仁妣武氏修文合葬之墓（1986 年）……（七五九）
刘万山墓碑（1990 年）……（七八一）
张应官之墓位（1990 年）……（七八二）
孙庆谦墓碑（1991 年）……（七九〇）
王修善墓碑（1997 年）……（九一一）
吴荣庆墓碑（1999 年）……（九三八）
吴祥彝墓碑（1999 年）……（九三九）
刘健墓碑（1999 年）……（九四〇）
李西苑夫人墓碑（2001 年）……（九六四）
秦谆益墓碑（2002 年）……（九八六）
王门先祖考清代庠生讳灼中妣□杨家山郭氏合葬之墓（2003 年）……（一〇〇四）
王门先考清代处士讳贤妣六甲王氏讳瑞娥合葬之墓（2003 年）……（一〇〇五）
郭家塔郭昌仁墓碑文（2003 年）……（一〇一七）
郭宝华墓碑（2005 年）……（一〇七三）
郭庆增墓碑（2005 年）……（一〇七四）
李树莲墓碑（2007 年）……（一一八二）
郭元善坟墓碑文（2007 年）……（一一八三）
世祖王公讳功杰至六代祖之墓碑（2007 年）……（一二〇九）
秦懋益夫妇墓碑（2009 年）……（一二七二）
张家沟李光德高月仙夫妇墓碑（2009 年）……（一二八〇）
吴大光秦应明夫妇墓碑（2010 年）……（一三五四）

●佚失石刻

郭公小楼合葬墓志记（明万历四十八年）……（一四五一）
郭门高孺人墓碑（清乾隆年间）……（一四六〇）
皇清例授国子监太学生显公登魁字之路刘府君之墓（中华民国 15 年）……（一四六九）
显岩上贺氏墓碑（中华民国 24 年）……（一四七一）

四、烈士纪念碑类

●现存石刻

寨子山烈士纪念碑（1969年） ……（七四五）

李探保烈士碑（1974年） ……（七四八）

烈士碑记（1999年） ……（九四一）

●佚失石刻

寨上村“6·24”遇难英烈纪念碑（2003年） ……（一四七六）

五、题刻题诗类

●现存石刻

莲花池无梁殿石柱题刻（明正德九年） ……（八二）

刘家洼村石佛堂石柱题记（明嘉靖七年） ……（九一）

刘家洼村石佛堂石梁石刻（明嘉靖七年） ……（九三）

莲花池无梁殿石梁题记（明代） ……（一六六）

香炉题刻（清乾隆三十六年） ……（二三五）

“豪族墓坟”石刻（清乾隆三十八年） ……（二三八）

高洪庵墓志诗碑（清咸丰七年） ……（四八一）

“为人民服务”石刻（1978年） ……（七五一）

“创业桥”石刻（1978年） ……（七五二）

碛口张一题词碑（1991年） ……（七八九）

郑社奎为佳临大桥题词（1996年） ……（八八一）

姚新章为黄河大桥题词（1996年） ……（八八二）

陆绪为临佳大桥题词（1996年） ……（八八三）

樊吉厚为临佳大桥题词（1996年） ……（八八四）

郝有亮为临佳大桥题词（1996年） ……（八八五）

孙文盛为佳临大桥题词（1996年） ……（八八六）

薛军为临佳黄河大桥题词（1996年） ……（八八七）

李盘盛为临佳大桥题词（1996年） ……（八八八）

郭海亮为临佳大桥题词（1996年） ……（八八九）

柳学耀为临佳大桥题词（1996年） ……（八九〇）

薛万明为临佳大桥题词（1996年） ……（八九一）

赵有珍为临佳大桥题词（1996年） ……（八九二）

胡富国为临佳大桥题词（1996年） ……（八九三）

段丽卿为临佳大桥题词（1996年） ……（八九四）

薄一波为大桥题词（1996年） ……（八九五）

“虔诚”碑（2002年） ……（九九八）

“南山寺”碑（2003年） ……（一〇二七）

"验"字碑（2003年） ……（一〇二八）
"姜太公在此"碑（2006年） ……（一一二五）
宝珠山郝枝锋题词碑（2008年） ……（一二三八）
宝珠山王犁青题词碑（2008年） ……（一二三九）
宝珠山贺建平题词碑（2008年） ……（一二四〇）
宝珠山李金峰题词碑（2009年） ……（一二六〇）
宝珠山王焕立撰李省斌书碑（2009年） ……（一二六一）
宝珠山王焕立题词碑（2009年） ……（一二六二）
宝珠山张莹源题词碑（2009年） ……（一二六三）
"灵光普照"石刻（2009年） ……（一三三五）
"和谐"石刻（2012年） ……（一四三〇）
"民生"石刻（2012年） ……（一四三一）
"师魂"石刻（2015年） ……（一四三二）
"毛主席东渡路居处"石刻（2015年） ……（一四三三）
"九曲黄河第一镇"石刻（2016年） ……（一四三四）
临县城"阳府井金融街"石刻组（2020年） ……（一四三五）
"前曹底"石刻（2021年） ……（一四三七）
后月镜祠堂院石刻（2022年） ……（一四三八）

六、匾额楹联类

●现存石刻

"生气绵连"石匾（清乾隆四十六年） ……（二四八）
"马氏坟"匾额（清嘉庆十六年） ……（三〇七）
"大宾"匾额（清嘉庆十八年） ……（三〇八）
"桂郁兰芳"匾额（清嘉庆二十五年） ……（三二五）
"明经第"匾额（清道光五年） ……（三四五）
碛口黑龙庙大门匾额楹联（清道光二十三年） ……（四一六）
碛口黑龙庙大门楹联（清道光二十五年） ……（四二五）
"欲绍先谟"匾额（清道光二十六年） ……（四二九）
"其旋元吉"匾额（清道光二十七年） ……（四三七）
"安之居"匾额（清道光二十八年） ……（四四一）
"安且吉"匾额（清道光二十八年） ……（四四二）
"瑞气绕屋"匾额（清道光二十九年） ……（四五二）
"神恩永护"匾额（清道光三十年） ……（四五二）
"福备三多"匾额（清咸丰三年） ……（四六五）
"恩进士"匾额（清咸丰六年） ……（四七三）
"善居室"匾额（清咸丰七年） ……（四八六）
"和顺店"匾额（清同治元年） ……（五〇五）
"善为宝"匾额（清同治六年） ……（五三八）
"复顺店"匾额（清同治六年） ……（五四三）

"福如东海"匾额（清同治八年）……（五四七）
"好本成业"匾额（清同治九年）……（五五五）
"当局"匾额（清光绪十三年）……（六〇四）
"文景德厚"匾额（清光绪十三年）……（六〇五）
"克昌后"匾额（清光绪十八年）……（六一九）
"望隆山斗"匾额（清宣统元年）……（六六〇）
冉子庙大门楹联（清代）……（六七四）
曹家畔斜山庙楹联（清代）……（六七五）
中舍永兴寺楹联（清代）……（六七八）
"惠迪吉"匾额（中华民国3年）……（六八九）
"进善堂"匾额（中华民国5年）……（六九二）
"型绍太邱"匾额（中华民国8年）……（七〇八）
"福海寿山"匾额（中华民国9年）……（七一六）
"发家致富"匾额（1950年）……（七三五）
"全面发展"匾额（1962年）……（七四四）
李氏纪念园大门楹联（2007年）……（一一八七）
宝珠山张明贵题联碑（2008年）……（一二三七）
"观音庙""关帝庙"匾额（2008年）……（一二五三）

七、摩崖石刻经幢塔铭类

●**现存石刻**

王家庄摩崖石刻（宋天禧四年）……（一四）
菩萨神咒经幢（金大定十八年）……（二一）
堡子峪摩崖石刻（蒙古至元五年）……（二五）
前青塘元代敏公禅师塔铭（元至元二十二年）……（二六）
免坂常胜塔观音堂摩崖石刻（元代大德四年）……（二八）
宋家沟北庙香炉石幢记（元延祐二年）……（二九）
渠家坡渠仲禄墓塔铭（元至治二年）……（三三）
侯台大禅师天渊灵塔铭（明嘉靖十年）……（九八）
刘家沟玉皇庙香盆柱铭文（明嘉靖二十五年）……（一〇七）
文塔铭（清乾隆二年）……（二〇五）
圆寂亲教师上圣下轩懋公和尚寿塔（清乾隆九年）……（二一〇）

八、其他类

●**现存石刻**

开阳村高君买地券（后晋开运二年）……（一二）
长乐村买地券石刻（宋天圣十年）……（一五）
赵家社税户买地券（宋代）……（一七）
白氏世系记（明成化二十一年）……（六八）

白家山白姓世系碑（明嘉靖二十三年） …………………………………………………… （一〇六）
秦元岗祖父母等敕命碑（清乾隆五十二年） ……………………………………………… （二五五）
王佩瑜父母王居和李氏敕命碑（清嘉庆十一年） ………………………………………… （二九九）
樊氏家谱碑（清咸丰八年） ……………………………………………………………… （四九五）
本山后土神位（清同治五年） …………………………………………………………… （五二九）
王裕后父母敕命碑（清同治五年） ……………………………………………………… （五三一）
前甘泉郭氏世系碑（清代） ……………………………………………………………… （六七九）
武举郭万清祖父郭廷槐敕命碑（清代） ………………………………………………… （六八〇）
“月镜新石器时代文化遗址”保护标志碑（1959 年） ……………………………………… （七三九）
皇姑墓文物古迹保护标志（1960 年） …………………………………………………… （七四三）
樊氏家谱（1996 年） ……………………………………………………………………… （八七九）
供奉本山后土皇帝之神位碑（2005 年） ……………………………………………… （一〇七五）
日元贷款植树造林项目工程区标志碑（2005 年） ……………………………………… （一一一二）
善庆寺文物保护标志碑（2006 年） ……………………………………………………… （一一三四）
碛口古建筑文物保护标志碑（2006 年） ………………………………………………… （一一三五）
义居寺文物保护标志碑（2006 年） ……………………………………………………… （一一三七）
魁星楼文物保护标志碑（2006 年） ……………………………………………………… （一一五七）
乌突戍古城遗址文物保护标志碑（2006 年） …………………………………………… （一一五八）
高氏家族简谱（2008 年） ………………………………………………………………… （一二四五）

●**佚失石刻**

善庆寺碑文（赦令）（元至元二十五年） ………………………………………………… （一四四六）
宋家沟辛氏碑谱（中华民国 20 年） ……………………………………………………… （一四七〇）

后 记

从2006年开始抄写全县的碑文，到现在断断续续已经十八年了。作为一项业余爱好，这项活动充满了我的业余时间，填充了我的人生空隙，重合了全省整理出版石刻大全的行动，取得了得以成书的成果，真可聊以自慰了！

可以说，这是我人生最大的成就，虽然放到人世间，它是如此的渺小。它的每一个字，浸透着我四五滴汗水，每一幅图，饱含着我无以言表的艰辛。书中所费的心血，超过了我在孩子们身上的付出，希望它能够像孩子们那样远走高飞！

感谢张文飞同志的紧密配合，感谢相关同志的关心帮助，感谢相关领导的重视和支持，希望通过他们，使它更加圆满！

感谢三晋出版社的编辑们和落馥香编审的厚爱，他们纠正了多少错误和缺陷，很难计数，经过反复补正，才有今天的问世！

需要特别指出的是，本卷所收的当代石刻，明显多于其他卷，这是基于历史的教训，因为后之视今，亦犹今之视昔，今天若不趁有条件收录，恐后又成遗失、佚失之憾。这部分碑刻大都据内容拟题，繁简体也未强行与正文对应，以正明显之误，或与凡例有牴牾，望读者明鉴。

本书出版后，希望得到方家和读者的进一步指正和帮助。

郭时键

2024年8月

图书在版编目（CIP）数据

三晋石刻大全. 吕梁市临县卷 / 郭时键主编. —太原：三晋出版社，2024.8 --ISBN 978-7-5457-2979-5

Ⅰ. K877.402

中国国家版本馆 CIP 数据核字第 2024H9C392 号

三晋石刻大全·吕梁市临县卷

总 主 编： 李玉明　李俊明
本卷主编： 郭时键
责任编辑： 落馥香
审　　订： 王宗政
责任印制： 李佳音

出 版 者： 山西出版传媒集团·三晋出版社
地　　址： 太原市建设南路 21 号
邮　　编： 030012
电　　话： 0351-4956036（总编室）
0351-4922203（印制部）
网　　址： http://www.sjcbs.cn

经 销 者： 新华书店
承 印 者： 山西万佳印业有限公司

开　　本： 787mm × 1092mm 1/8
印　　张： 195.5
字　　数： 2420 千字
版　　次： 2024 年 9 月 第 1 版
印　　次： 2024 年 9 月 第 1 次印刷
书　　号： ISBN 978-7-5457-2979-5
定　　价： 1800.00 元（上下册）

ISBN 978-7-5457-2979-5

9 787545 729795 >

如有印装质量问题，请与本社发行部联系。电话：0351-4922268

史料载体　文化积淀　定格瞬间　昭示永恒

《三晋石刻大全》

荣列国家十二五规划、山西省十二五规划，并荣获山西出版传媒集团2009年度十大好书、优秀晋版图书一等奖、全国古籍优秀图书一等奖。

已(即)出书目(有★号者为已出)	定(估)价	已(即)出书目(有★号者为已出)	定(估)价
★《临汾市洪洞县卷》	600元	★《晋城市城区卷》	480元
★《临汾市尧都区卷》	480元	★《晋城市泽州县卷》	690元
★《临汾市安泽县卷》	280元	★《长治市沁源县卷》	350元
★《临汾市侯马市卷》	260元	★《长治市平顺县卷》(增订本)	1200元
★《临汾市曲沃县卷》	380元	★《长治市黎城县卷》	500元
★《临汾市浮山县卷》	480元	★《长治市长治县卷》	300元
★《临汾市古县卷》	380元	★《长治市长治县炎帝碑林卷》	600元
★《临汾市蒲县卷》	340元	★《长治市屯留县卷》	200元
★《临汾市大宁县卷》	180元	★《长治市长子县卷》	350元
★《临汾市乡宁县卷》	630元	★《长治市武乡县卷》	660元
★《临汾市霍州市卷》	600元	★《长治市壶关县卷》	600元
★《临汾市永和县卷》	240元	★《长治市襄垣县卷》	750元
★《临汾市襄汾县卷》	990元	★《太原市古交市卷》	200元
★《临汾市吉县卷》	600元	★《太原市杏花岭区卷》	400元
★《临汾市汾西县卷》	400元	★《太原市尖草坪区卷》	300元
★《临汾市翼城县卷》	1500元	★《太原市万柏林区卷》	150元
《临汾市隰县卷》	220元	★《太原市迎泽区卷》	370元
★《运城市盐湖区卷》	420元	★《太原市娄烦县卷》	300元
★《运城市绛县卷》	610元	《太原市阳曲县卷》	400元
★《运城市新绛县卷》	520元	《太原市晋源区卷》	400元
★《运城市临猗县卷》	400元	★《吕梁市孝义市卷》	380元
★《运城市芮城县卷》	620元	★《吕梁市柳林县卷》	360元
★《运城市稷山县卷》	900元	★《吕梁市石楼县卷》	310元
★《运城市永济市卷》	900元	★《吕梁市方山县卷》	390元
★《运城市平陆县卷》	360元	★《吕梁市兴县卷》	480元
★《运城市夏县卷》	1500元	《吕梁市兴县卷续编》	500元
★《运城市万荣县卷》	500元	★《吕梁市汾阳市卷》	1900元
★《运城市河津市卷》	1100元	★《吕梁市文水县卷》	500元
★《运城市垣曲县卷》	400元	★《吕梁市临县卷》	1800元
★《运城市闻喜县卷》	550元	★《忻州市宁武县卷》(增订本)	400元
★《晋中市寿阳县卷》	580元	★《朔州市平鲁区卷》	380元
★《晋中市灵石县卷》	580元	★《朔州市怀仁县卷》	320元
★《晋中市左权县卷》	380元	★《朔州市朔城区卷》	1300元
★《晋中市榆次区卷》	460元	★《朔州市应县卷》	500元
★《晋中市和顺县卷》	300元	★《朔州市右玉县卷》	500元
★《晋中市太谷县卷》	400元	《朔州市山阴县卷》	600元
★《晋中市平遥县卷》	1800元	★《大同市灵丘县卷》	200元
★《晋中市介休市卷》	1250元	★《大同市灵丘县卷续编》	200元
★《阳泉市盂县卷》	620元	★《大同市左云县卷》	240元
《阳泉市平定县卷》	1000元	★《大同市浑源县卷》(增订本)	720元
《阳泉市郊区(城区·矿区)卷》	1800元	★《大同市广灵县卷》	380元
★《晋城市高平市卷》	680元	★《大同市南郊区卷》	300元
★《晋城市沁水县卷》	500元	★《大同市大同县卷》	200元
★《晋城市阳城县卷》	660元	《大同市天镇县卷》	500元
★《晋城市陵川县卷》	620元		